U0455223

2025

法律法规全书系列

中华人民共和国

刑事诉讼法

及司法解释全书

（含指导案例）

中国法治出版社

CHINA LEGAL PUBLISHING HOUSE

出 版 说 明

随着中国特色社会主义法律体系的建成，中国的立法进入了"修法时代"。在这一时期，为了使法律体系进一步保持内部的科学、和谐、统一，会频繁出现对法律各层级文件的适时清理。目前，清理工作已经全面展开且取得了阶段性的成果，但这一清理过程在未来几年仍将持续。这对于读者如何了解最新法律修改信息、如何准确适用法律带来了使用上的不便。基于这一考虑，我们精心编辑出版了本丛书，一方面重在向读者展示我国立法的成果与现状，另一方面旨在帮助读者在法律文件修改频率较高的时代准确适用法律。

本书独具以下四重价值：

1. **文本权威，内容全面**。本书涵盖刑事诉讼相关法律、法规、国务院文件、部门规章、规范性文件、司法解释，独家梳理和收录人大代表建议的重要答复，书中收录文件均为经过清理修改的现行有效文本，方便读者及时掌握最新法律文件。

2. **查找方便，附录实用**。全书法律文件按照紧密程度排列，方便读者对某一类问题的集中查找；重点法律附加条旨，指引读者快速找到目标条文；附录相关典型案例、文书范本，其中案例具有指引"同案同判"的作用。同时，本书采用可平摊使用的独特开本，避免因书籍太厚难以摊开使用的弊端。

3. **免费增补，动态更新**。为保持本书与新法的同步更新，避免读者因部分法律的修改而反复购买同类图书，我们为读者专门设置了以下服务：（1）扫码添加书后"法规编辑部"公众号→点击菜单栏→进入资料下载栏→选择法律法规全书资料项→点击网址或扫码下载，即可获取本书下次改版修订内容的电子版文件；（2）通过"法规编辑部"公众号，及时了解最新立法信息，并可线上留言，编辑团队会就图书相关疑问动态解答。

4. **目录赠送，配套使用**。赠送本书目录的电子版，与纸书配套，立体化、电子化使用，便于检索、快速定位；同时实现将本书装进电脑，随时随地查。

修 订 说 明

本书自出版以来，深受广大读者的欢迎和好评。本书在上一版的基础上，根据国家法律、行政法规、部门规章、司法解释等相关文件的制定和修改情况，进行了相应的增删和修订。修订情况如下：

1. 删除失效及与刑事诉讼关系不密切文件。

2. 补充或修改法律法规如下：国家安全机关办理刑事案件程序规定；人民检察院办理伤害类案件技术性证据实质审查工作规定；法律援助法实施工作办法；最高人民法院关于办理减刑、假释案件审查财产性判项执行问题的规定；中华人民共和国未成年人保护法；最高人民法院关于全面加强未成年人司法保护及犯罪防治工作的意见（节录）；最高人民法院关于2024年作出的国家赔偿决定涉及侵犯公民人身自由赔偿金计算标准的通知。

3. 更新最高法、最高检指导案例：刘甲、刘乙恶势力犯罪集团侦查活动监督案；曾某甲等人故意伤害纠正遗漏同案犯罪嫌疑人侦查监督案；朱某涉嫌盗窃不批捕复议复核案；杨某涉嫌虚假诉讼不批捕复议案；王某掩饰、隐瞒犯罪所得不批捕复议复核案；尹某某等人诈骗立案监督案；郭某甲、林某甲拒不执行判决、裁定立案监督案；付某盗窃侦查活动监督案；茅某组织卖淫不起诉复议复核案；隋某某利用网络猥亵儿童，强奸，敲诈勒索制作、贩卖、传播淫秽物品牟利案；姚某某等人网络诈骗案；康某某利用网络侵犯公民个人信息案；李某某帮助信息网络犯罪活动案；禁止向未成年人租售网络游戏账号检察监督案。

总 目 录

目　录[*]

一、综　合

---

[*] 编者按：本目录中的时间为法律文件的公布时间或最后一次修正、修订公布时间。

二、管辖与回避

三、辩护与代理

四、证　据

五、强制措施

六、立案侦查

七、附带民事诉讼

八、提起公诉

九、审判组织

十、第一审、第二审程序

十一、死刑复核程序

十二、审判监督程序

十三、执行程序

十四、特别程序与刑事司法协助

十五、刑事司法赔偿

一、综　合

中华人民共和国刑事诉讼法

- 1979 年 7 月 1 日第五届全国人民代表大会第二次会议通过
- 根据 1996 年 3 月 17 日第八届全国人民代表大会第四次会议《关于修改〈中华人民共和国刑事诉讼法〉的决定》第一次修正
- 根据 2012 年 3 月 14 日第十一届全国人民代表大会第五次会议《关于修改〈中华人民共和国刑事诉讼法〉的决定》第二次修正
- 根据 2018 年 10 月 26 日第十三届全国人民代表大会常务委员会第六次会议《关于修改〈中华人民共和国刑事诉讼法〉的决定》第三次修正

第一编　总　则

第一章　任务和基本原则

第一条　【立法宗旨】①为了保证刑法的正确实施，惩罚犯罪，保护人民，保障国家安全和社会公共安全，维护社会主义社会秩序，根据宪法，制定本法。

第二条　【本法任务】中华人民共和国刑事诉讼法的任务，是保证准确、及时地查明犯罪事实，正确应用法律，惩罚犯罪分子，保障无罪的人不受刑事追究，教育公民自觉遵守法律，积极同犯罪行为作斗争，维护社会主义法制，尊重和保障人权，保护公民的人身权利、财产权利、民主权利和其他权利，保障社会主义建设事业的顺利进行。

第三条　【刑事诉讼专门机关的职权】【严格遵守法律程序原则】对刑事案件的侦查、拘留、执行逮捕、预审，由公安机关负责。检察、批准逮捕、检察机关直接受理的案件的侦查、提起公诉，由人民检察院负责。审判由人民法院负责。除法律特别规定的以外，其他任何机关、团体和个人都无权行使这些权力。

人民法院、人民检察院和公安机关进行刑事诉讼，必须严格遵守本法和其他法律的有关规定。

第四条　【国家安全机关职权】国家安全机关依照法律规定，办理危害国家安全的刑事案件，行使与公安机关相同的职权。

第五条　【独立行使审判权、检察权】人民法院依照法律规定独立行使审判权，人民检察院依照法律规定独立行使检察权，不受行政机关、社会团体和个人的干涉。

第六条　【以事实为依据、以法律为准绳原则】【平等适用法律原则】人民法院、人民检察院和公安机关进行刑事诉讼，必须依靠群众，必须以事实为根据，以法律为准绳。对于一切公民，在适用法律上一律平等，在法律面前，不允许有任何特权。

第七条　【分工负责、互相配合、互相监督原则】人民法院、人民检察院和公安机关进行刑事诉讼，应当分工负责，互相配合，互相制约，以保证准确有效地执行法律。

第八条　【检察院法律监督原则】人民检察院依法对刑事诉讼实行法律监督。

第九条　【使用本民族语言文字原则】各民族公民都有用本民族语言文字进行诉讼的权利。人民法院、人民检察院和公安机关对于不通晓当地通用的语言文字的诉讼参与人，应当为他们翻译。

在少数民族聚居或者多民族杂居的地区，应当用当地通用的语言进行审讯，用当地通用的文字发布判决书、布告和其他文件。

第十条　【两审终审制】人民法院审判案件，实行两审终审制。

第十一条　【审判公开原则】【辩护原则】人民法院审判案件，除本法另有规定的以外，一律公开进行。被告人有权获得辩护，人民法院有义务保证被告人获得辩护。

第十二条　【未经法院判决不得确定有罪原则】未经人民法院依法判决，对任何人都不得确定有罪。

第十三条　【人民陪审制度】人民法院审判案件，依照本法实行人民陪审员陪审的制度。

第十四条　【诉讼权利的保障与救济】人民法院、人民检察院和公安机关应当保障犯罪嫌疑人、被告人和其他诉讼参与人依法享有的辩护权和其他诉讼权利。

---

① 条文主旨为编者所加，下同。

诉讼参与人对于审判人员、检察人员和侦查人员侵犯公民诉讼权利和人身侮辱的行为，有权提出控告。

第十五条 【认罪认罚从宽原则】犯罪嫌疑人、被告人自愿如实供述自己的罪行，承认指控的犯罪事实，愿意接受处罚的，可以依法从宽处理。

第十六条 【不追究刑事责任的法定情形】有下列情形之一的，不追究刑事责任，已经追究的，应当撤销案件，或者不起诉，或者终止审理，或者宣告无罪：

（一）情节显著轻微、危害不大，不认为是犯罪的；

（二）犯罪已过追诉时效期限的；

（三）经特赦令免除刑罚的；

（四）依照刑法告诉才处理的犯罪，没有告诉或者撤回告诉的；

（五）犯罪嫌疑人、被告人死亡的；

（六）其他法律规定免予追究刑事责任的。

第十七条 【外国人刑事责任的追究】对于外国人犯罪应当追究刑事责任的，适用本法的规定。

对于享有外交特权和豁免权的外国人犯罪应当追究刑事责任的，通过外交途径解决。

第十八条 【刑事司法协助】根据中华人民共和国缔结或者参加的国际条约，或者按照互惠原则，我国司法机关和外国司法机关可以相互请求刑事司法协助。

第二章 管 辖

第十九条 【立案管辖】刑事案件的侦查由公安机关进行，法律另有规定的除外。

人民检察院在对诉讼活动实行法律监督中发现的司法工作人员利用职权实施的非法拘禁、刑讯逼供、非法搜查等侵犯公民权利、损害司法公正的犯罪，可以由人民检察院立案侦查。对于公安机关管辖的国家机关工作人员利用职权实施的重大犯罪案件，需要由人民检察院直接受理的时候，经省级以上人民检察院决定，可以由人民检察院立案侦查。

自诉案件，由人民法院直接受理。

第二十条 【基层法院管辖】基层人民法院管辖第一审普通刑事案件，但是依照本法由上级人民法院管辖的除外。

第二十一条 【中级法院管辖】中级人民法院管辖下列第一审刑事案件：

（一）危害国家安全、恐怖活动案件；

（二）可能判处无期徒刑、死刑的案件。

第二十二条 【高级法院管辖】高级人民法院管辖的第一审刑事案件，是全省（自治区、直辖市）性的重大刑事案件。

第二十三条 【最高法院管辖】最高人民法院管辖的第一审刑事案件，是全国性的重大刑事案件。

第二十四条 【级别管辖变通】上级人民法院在必要的时候，可以审判下级人民法院管辖的第一审刑事案件；下级人民法院认为案情重大、复杂需要由上级人民法院审判的第一审刑事案件，可以请求移送上一级人民法院审判。

第二十五条 【地区管辖】刑事案件由犯罪地的人民法院管辖。如果由被告人居住地的人民法院审判更为适宜的，可以由被告人居住地的人民法院管辖。

第二十六条 【优先管辖】【移送管辖】几个同级人民法院都有权管辖的案件，由最初受理的人民法院审判。在必要的时候，可以移送主要犯罪地的人民法院审判。

第二十七条 【指定管辖】上级人民法院可以指定下级人民法院审判管辖不明的案件，也可以指定下级人民法院将案件移送其他人民法院审判。

第二十八条 【专门管辖】专门人民法院案件的管辖另行规定。

第三章 回 避

第二十九条 【回避的法定情形】审判人员、检察人员、侦查人员有下列情形之一的，应当自行回避，当事人及其法定代理人也有权要求他们回避：

（一）是本案的当事人或者是当事人的近亲属的；

（二）本人或者他的近亲属和本案有利害关系的；

（三）担任过本案的证人、鉴定人、辩护人、诉讼代理人的；

（四）与本案当事人有其他关系，可能影响公正处理案件的。

第三十条 【办案人员违反禁止行为的回避】审判人员、检察人员、侦查人员不得接受当事人及其委托的人的请客送礼，不得违反规定会见当事人及其委托的人。

审判人员、检察人员、侦查人员违反前款规定的，应当依法追究法律责任。当事人及其法定代理人有权要求他们回避。

第三十一条 【决定回避的程序】审判人员、检察人员、侦查人员的回避，应当分别由院长、检察长、公安机关负责人决定；院长的回避，由本院审判委员会决定；检察长和公安机关负责人的回避，由同级人民检察院检察委员会决定。

对侦查人员的回避作出决定前，侦查人员不能停止对案件的侦查。

对驳回申请回避的决定,当事人及其法定代理人可以申请复议一次。

第三十二条 【回避制度的准用规定】本章关于回避的规定适用于书记员、翻译人员和鉴定人。

辩护人、诉讼代理人可以依照本章的规定要求回避、申请复议。

第四章 辩护与代理

第三十三条 【自行辩护与委托辩护】【辩护人的范围】犯罪嫌疑人、被告人除自己行使辩护权以外,还可以委托一至二人作为辩护人。下列的人可以被委托为辩护人:

(一)律师;

(二)人民团体或者犯罪嫌疑人、被告人所在单位推荐的人;

(三)犯罪嫌疑人、被告人的监护人、亲友。

正在被执行刑罚或者依法被剥夺、限制人身自由的人,不得担任辩护人。

被开除公职和被吊销律师、公证员执业证书的人,不得担任辩护人,但系犯罪嫌疑人、被告人的监护人、近亲属的除外。

第三十四条 【委托辩护的时间及辩护告知】犯罪嫌疑人自被侦查机关第一次讯问或者采取强制措施之日起,有权委托辩护人;在侦查期间,只能委托律师作为辩护人。被告人有权随时委托辩护人。

侦查机关在第一次讯问犯罪嫌疑人或者对犯罪嫌疑人采取强制措施的时候,应当告知犯罪嫌疑人有权委托辩护人。人民检察院自收到移送审查起诉的案件材料之日起三日以内,应当告知犯罪嫌疑人有权委托辩护人。人民法院自受理案件之日起三日以内,应当告知被告人有权委托辩护人。犯罪嫌疑人、被告人在押期间要求委托辩护人的,人民法院、人民检察院和公安机关应当及时转达其要求。

犯罪嫌疑人、被告人在押的,也可以由其监护人、近亲属代为委托辩护人。

辩护人接受犯罪嫌疑人、被告人委托后,应当及时告知办理案件的机关。

第三十五条 【法律援助机构指派辩护】犯罪嫌疑人、被告人因经济困难或者其他原因没有委托辩护人的,本人及其近亲属可以向法律援助机构提出申请。对符合法律援助条件的,法律援助机构应当指派律师为其提供辩护。

犯罪嫌疑人、被告人是盲、聋、哑人,或者是尚未完全丧失辨认或者控制自己行为能力的精神病人,没有委托辩护人的,人民法院、人民检察院和公安机关应当通知法律援助机构指派律师为其提供辩护。

犯罪嫌疑人、被告人可能被判处无期徒刑、死刑,没有委托辩护人的,人民法院、人民检察院和公安机关应当通知法律援助机构指派律师为其提供辩护。

第三十六条 【值班律师】法律援助机构可以在人民法院、看守所等场所派驻值班律师。犯罪嫌疑人、被告人没有委托辩护人,法律援助机构没有指派律师为其提供辩护的,由值班律师为犯罪嫌疑人、被告人提供法律咨询、程序选择建议、申请变更强制措施、对案件处理提出意见等法律帮助。

人民法院、人民检察院、看守所应当告知犯罪嫌疑人、被告人有权约见值班律师,并为犯罪嫌疑人、被告人约见值班律师提供便利。

第三十七条 【辩护人的责任】辩护人的责任是根据事实和法律,提出犯罪嫌疑人、被告人无罪、罪轻或者减轻、免除其刑事责任的材料和意见,维护犯罪嫌疑人、被告人的诉讼权利和其他合法权益。

第三十八条 【侦查期间的辩护】辩护律师在侦查期间可以为犯罪嫌疑人提供法律帮助;代理申诉、控告;申请变更强制措施;向侦查机关了解犯罪嫌疑人涉嫌的罪名和案件有关情况,提出意见。

第三十九条 【辩护人会见、通信】辩护律师可以同在押的犯罪嫌疑人、被告人会见和通信。其他辩护人经人民法院、人民检察院许可,也可以同在押的犯罪嫌疑人、被告人会见和通信。

辩护律师持律师执业证书、律师事务所证明和委托书或者法律援助公函要求会见在押的犯罪嫌疑人、被告人的,看守所应当及时安排会见,至迟不得超过四十八小时。

危害国家安全犯罪、恐怖活动犯罪案件,在侦查期间辩护律师会见在押的犯罪嫌疑人,应当经侦查机关许可。上述案件,侦查机关应当事先通知看守所。

辩护律师会见在押的犯罪嫌疑人、被告人,可以了解案件有关情况,提供法律咨询等;自案件移送审查起诉之日起,可以向犯罪嫌疑人、被告人核实有关证据。辩护律师会见犯罪嫌疑人、被告人时不被监听。

辩护律师同被监视居住的犯罪嫌疑人、被告人会见、通信,适用第一款、第三款、第四款的规定。

第四十条 【辩护人查阅、摘抄、复制卷宗材料】辩护律师自人民检察院对案件审查起诉之日起,可以查阅、摘抄、复制本案的案卷材料。其他辩护人经人民法院、人民检察院许可,也可以查阅、摘抄、复制上述材料。

第四十一条　【辩护人向办案机关申请调取证据】辩护人认为在侦查、审查起诉期间公安机关、人民检察院收集的证明犯罪嫌疑人、被告人无罪或者罪轻的证据材料未提交的,有权申请人民检察院、人民法院调取。

第四十二条　【辩护人向办案机关告知证据】辩护人收集的有关犯罪嫌疑人不在犯罪现场、未达到刑事责任年龄、属于依法不负刑事责任的精神病人的证据,应当及时告知公安机关、人民检察院。

第四十三条　【辩护律师收集材料】【辩护律师申请取证及证人出庭】辩护律师经证人或者其他有关单位和个人同意,可以向他们收集与本案有关的材料,也可以申请人民检察院、人民法院收集、调取证据,或者申请人民法院通知证人出庭作证。

辩护律师经人民检察院或者人民法院许可,并且经被害人或者其近亲属、被害人提供的证人同意,可以向他们收集与本案有关的材料。

第四十四条　【辩护人行为禁止及法律责任】辩护人或者其他任何人,不得帮助犯罪嫌疑人、被告人隐匿、毁灭、伪造证据或者串供,不得威胁、引诱证人作伪证以及进行其他干扰司法机关诉讼活动的行为。

违反前款规定的,应当依法追究法律责任,辩护人涉嫌犯罪的,应当由办理辩护人所承办案件的侦查机关以外的侦查机关办理。辩护人是律师的,应当及时通知其所在的律师事务所或者所属的律师协会。

第四十五条　【被告人拒绝辩护】在审判过程中,被告人可以拒绝辩护人继续为他辩护,也可以另行委托辩护人辩护。

第四十六条　【诉讼代理】公诉案件的被害人及其法定代理人或者其近亲属,附带民事诉讼的当事人及其法定代理人,自案件移送审查起诉之日起,有权委托诉讼代理人。自诉案件的自诉人及其法定代理人,附带民事诉讼的当事人及其法定代理人,有权随时委托诉讼代理人。

人民检察院自收到移送审查起诉的案件材料之日起三日以内,应当告知被害人及其法定代理人或者其近亲属、附带民事诉讼的当事人及其法定代理人有权委托诉讼代理人。人民法院自受理自诉案件之日起三日以内,应当告知自诉人及其法定代理人、附带民事诉讼的当事人及其法定代理人有权委托诉讼代理人。

第四十七条　【委托诉讼代理人】委托诉讼代理人,参照本法第三十三条的规定执行。

第四十八条　【辩护律师执业保密及例外】辩护律师对在执业活动中知悉的委托人的有关情况和信息,有权予以保密。但是,辩护律师在执业活动中知悉委托人或者其他人,准备或者正在实施危害国家安全、公共安全以及严重危害他人人身安全的犯罪的,应当及时告知司法机关。

第四十九条　【妨碍辩护人、诉讼代理人行使诉讼权利的救济】辩护人、诉讼代理人认为公安机关、人民检察院、人民法院及其工作人员阻碍其依法行使诉讼权利的,有权向同级或者上一级人民检察院申诉或者控告。人民检察院对申诉或者控告应当及时进行审查,情况属实的,通知有关机关予以纠正。

第五章　证　据

第五十条　【证据的含义及法定种类】可以用于证明案件事实的材料,都是证据。

证据包括:

(一)物证;

(二)书证;

(三)证人证言;

(四)被害人陈述;

(五)犯罪嫌疑人、被告人供述和辩解;

(六)鉴定意见;

(七)勘验、检查、辨认、侦查实验等笔录;

(八)视听资料、电子数据。

证据必须经过查证属实,才能作为定案的根据。

第五十一条　【举证责任】公诉案件中被告人有罪的举证责任由人民检察院承担,自诉案件中被告人有罪的举证责任由自诉人承担。

第五十二条　【依法收集证据】【不得强迫任何人自证其罪】审判人员、检察人员、侦查人员必须依照法定程序,收集能够证实犯罪嫌疑人、被告人有罪或者无罪、犯罪情节轻重的各种证据。严禁刑讯逼供和以威胁、引诱、欺骗以及其他非法方法收集证据,不得强迫任何人证实自己有罪。必须保证一切与案件有关或者了解案情的公民,有客观地充分地提供证据的条件,除特殊情况外,可以吸收他们协助调查。

第五十三条　【办案机关法律文书的证据要求】公安机关提请批准逮捕书、人民检察院起诉书、人民法院判决书,必须忠实于事实真象。故意隐瞒事实真象的,应当追究责任。

第五十四条　【向单位和个人收集、调取证据】【行政执法办案证据的使用】【证据保密】【伪造、隐匿、毁灭证据的责任】人民法院、人民检察院和公安机关有权向有关单位和个人收集、调取证据。有关单位和个人应当如实提供证据。

行政机关在行政执法和查办案件过程中收集的物证、书证、视听资料、电子数据等证据材料，在刑事诉讼中可以作为证据使用。

对涉及国家秘密、商业秘密、个人隐私的证据，应当保密。

凡是伪造证据、隐匿证据或者毁灭证据的，无论属于何方，必须受法律追究。

第五十五条　【重证据、不轻信口供】【证据确实、充分的法定条件】对一切案件的判处都要重证据，重调查研究，不轻信口供。只有被告人供述，没有其他证据的，不能认定被告人有罪和处以刑罚；没有被告人供述，证据确实、充分的，可以认定被告人有罪和处以刑罚。

证据确实、充分，应当符合以下条件：

（一）定罪量刑的事实都有证据证明；

（二）据以定案的证据均经法定程序查证属实；

（三）综合全案证据，对所认定事实已排除合理怀疑。

第五十六条　【非法证据排除】采用刑讯逼供等非法方法收集的犯罪嫌疑人、被告人供述和采用暴力、威胁等非法方法收集的证人证言、被害人陈述，应当予以排除。收集物证、书证不符合法定程序，可能严重影响司法公正的，应当予以补正或者作出合理解释；不能补正或者作出合理解释的，对该证据应当予以排除。

在侦查、审查起诉、审判时发现有应当排除的证据的，应当依法予以排除，不得作为起诉意见、起诉决定和判决的依据。

第五十七条　【检察院对非法收集证据的法律监督】人民检察院接到报案、控告、举报或者发现侦查人员以非法方法收集证据的，应当进行调查核实。对于确有以非法方法收集证据情形的，应当提出纠正意见；构成犯罪的，依法追究刑事责任。

第五十八条　【对证据收集合法性的法庭调查】【申请排除非法证据】法庭审理过程中，审判人员认为可能存在本法第五十六条规定的以非法方法收集证据情形的，应当对证据收集的合法性进行法庭调查。

当事人及其辩护人、诉讼代理人有权申请人民法院对以非法方法收集的证据依法予以排除。申请排除以非法方法收集的证据的，应当提供相关线索或者材料。

第五十九条　【对证据收集合法性的证明】在对证据收集的合法性进行法庭调查的过程中，人民检察院应当对证据收集的合法性加以证明。

现有证据材料不能证明证据收集的合法性的，人民检察院可以提请人民法院通知有关侦查人员或者其他人员出庭说明情况；人民法院可以通知有关侦查人员或者其他人员出庭说明情况。有关侦查人员或者其他人员也可以要求出庭说明情况。经人民法院通知，有关人员应当出庭。

第六十条　【庭审排除非法证据】对于经过法庭审理，确认或者不能排除存在本法第五十六条规定的以非法方法收集证据情形的，对有关证据应当予以排除。

第六十一条　【证人证言的质证与查实】【有意作伪证或隐匿罪证的责任】证人证言必须在法庭上经过公诉人、被害人和被告人、辩护人双方质证并且查实以后，才能作为定案的根据。法庭查明证人有意作伪证或者隐匿罪证的时候，应当依法处理。

第六十二条　【证人的范围和作证义务】凡是知道案件情况的人，都有作证的义务。

生理上、精神上有缺陷或者年幼，不能辨别是非、不能正确表达的人，不能作证人。

第六十三条　【证人及其近亲属的安全保障】人民法院、人民检察院和公安机关应当保障证人及其近亲属的安全。

对证人及其近亲属进行威胁、侮辱、殴打或者打击报复，构成犯罪的，依法追究刑事责任；尚不够刑事处罚的，依法给予治安管理处罚。

第六十四条　【对特定犯罪中有关诉讼参与人及其近亲属人身安全的保护措施】对于危害国家安全犯罪、恐怖活动犯罪、黑社会性质的组织犯罪、毒品犯罪等案件，证人、鉴定人、被害人因在诉讼中作证，本人或者其近亲属的人身安全面临危险的，人民法院、人民检察院和公安机关应当采取以下一项或者多项保护措施：

（一）不公开真实姓名、住址和工作单位等个人信息；

（二）采取不暴露外貌、真实声音等出庭作证措施；

（三）禁止特定的人员接触证人、鉴定人、被害人及其近亲属；

（四）对人身和住宅采取专门性保护措施；

（五）其他必要的保护措施。

证人、鉴定人、被害人认为因在诉讼中作证，本人或者其近亲属的人身安全面临危险的，可以向人民法院、人民检察院、公安机关请求予以保护。

人民法院、人民检察院、公安机关依法采取保护措施，有关单位和个人应当配合。

第六十五条　【证人作证补助与保障】证人因履行

作证义务而支出的交通、住宿、就餐等费用，应当给予补助。证人作证的补助列入司法机关业务经费，由同级政府财政予以保障。

有工作单位的证人作证，所在单位不得克扣或者变相克扣其工资、奖金及其他福利待遇。

第六章　强制措施

第六十六条　【拘传、取保候审或者监视居住】人民法院、人民检察院和公安机关根据案件情况，对犯罪嫌疑人、被告人可以拘传、取保候审或者监视居住。

第六十七条　【取保候审的法定情形与执行】人民法院、人民检察院和公安机关对有下列情形之一的犯罪嫌疑人、被告人，可以取保候审：

（一）可能判处管制、拘役或者独立适用附加刑的；

（二）可能判处有期徒刑以上刑罚，采取取保候审不致发生社会危险性的；

（三）患有严重疾病、生活不能自理，怀孕或者正在哺乳自己婴儿的妇女，采取取保候审不致发生社会危险性的；

（四）羁押期限届满，案件尚未办结，需要采取取保候审的。

取保候审由公安机关执行。

第六十八条　【取保候审的方式】人民法院、人民检察院和公安机关决定对犯罪嫌疑人、被告人取保候审，应当责令犯罪嫌疑人、被告人提出保证人或者交纳保证金。

第六十九条　【保证人的法定条件】保证人必须符合下列条件：

（一）与本案无牵连；

（二）有能力履行保证义务；

（三）享有政治权利，人身自由未受到限制；

（四）有固定的住处和收入。

第七十条　【保证人的法定义务】保证人应当履行以下义务：

（一）监督被保证人遵守本法第七十一条的规定；

（二）发现被保证人可能发生或者已经发生违反本法第七十一条规定的行为的，应当及时向执行机关报告。

被保证人有违反本法第七十一条规定的行为，保证人未履行保证义务的，对保证人处以罚款，构成犯罪的，依法追究刑事责任。

第七十一条　【被取保候审人应遵守的一般规定和特别规定】【对被取保候审人违反规定的处理】被取保候审的犯罪嫌疑人、被告人应当遵守以下规定：

（一）未经执行机关批准不得离开所居住的市、县；

（二）住址、工作单位和联系方式发生变动的，在二十四小时以内向执行机关报告；

（三）在传讯的时候及时到案；

（四）不得以任何形式干扰证人作证；

（五）不得毁灭、伪造证据或者串供。

人民法院、人民检察院和公安机关可以根据案件情况，责令被取保候审的犯罪嫌疑人、被告人遵守以下一项或者多项规定：

（一）不得进入特定的场所；

（二）不得与特定的人员会见或者通信；

（三）不得从事特定的活动；

（四）将护照等出入境证件、驾驶证件交执行机关保存。

被取保候审的犯罪嫌疑人、被告人违反前两款规定，已交纳保证金的，没收部分或者全部保证金，并且区别情形，责令犯罪嫌疑人、被告人具结悔过，重新交纳保证金、提出保证人，或者监视居住、予以逮捕。

对违反取保候审规定，需要予以逮捕的，可以对犯罪嫌疑人、被告人先行拘留。

第七十二条　【保证金数额的确定与执行】取保候审的决定机关应当综合考虑保证诉讼活动正常进行的需要，被取保候审人的社会危险性，案件的性质、情节，可能判处刑罚的轻重，被取保候审人的经济状况等情况，确定保证金的数额。

提供保证金的人应当将保证金存入执行机关指定银行的专门账户。

第七十三条　【保证金的退还】犯罪嫌疑人、被告人在取保候审期间未违反本法第七十一条规定的，取保候审结束的时候，凭解除取保候审的通知或者有关法律文书到银行领取退还的保证金。

第七十四条　【监视居住的法定情形与执行】人民法院、人民检察院和公安机关对符合逮捕条件，有下列情形之一的犯罪嫌疑人、被告人，可以监视居住：

（一）患有严重疾病、生活不能自理的；

（二）怀孕或者正在哺乳自己婴儿的妇女；

（三）系生活不能自理的人的唯一扶养人；

（四）因为案件的特殊情况或者办理案件的需要，采取监视居住措施更为适宜的；

（五）羁押期限届满，案件尚未办结，需要采取监视居住措施的。

对符合取保候审条件，但犯罪嫌疑人、被告人不能提出保证人，也不交纳保证金的，可以监视居住。

监视居住由公安机关执行。

第七十五条　【监视居住的执行处所与被监视居住人的权利保障】监视居住应当在犯罪嫌疑人、被告人的住处执行；无固定住处的，可以在指定的居所执行。对于涉嫌危害国家安全犯罪、恐怖活动犯罪，在住处执行可能有碍侦查的，经上一级公安机关批准，也可以在指定的居所执行。但是，不得在羁押场所、专门的办案场所执行。

指定居所监视居住的，除无法通知的以外，应当在执行监视居住后二十四小时以内，通知被监视居住人的家属。

被监视居住的犯罪嫌疑人、被告人委托辩护人，适用本法第三十四条的规定。

人民检察院对指定居所监视居住的决定和执行是否合法实行监督。

第七十六条　【监视居住期限的刑期折抵】指定居所监视居住的期限应当折抵刑期。被判处管制的，监视居住一日折抵刑期一日；被判处拘役、有期徒刑的，监视居住二日折抵刑期一日。

第七十七条　【被监视居住人应遵守的规定】【对被监视居住人违反规定的处理】被监视居住的犯罪嫌疑人、被告人应当遵守以下规定：

（一）未经执行机关批准不得离开执行监视居住的处所；

（二）未经执行机关批准不得会见他人或者通信；

（三）在传讯的时候及时到案；

（四）不得以任何形式干扰证人作证；

（五）不得毁灭、伪造证据或者串供；

（六）将护照等出入境证件、身份证件、驾驶证件交执行机关保存。

被监视居住的犯罪嫌疑人、被告人违反前款规定，情节严重的，可以予以逮捕；需要予以逮捕的，可以对犯罪嫌疑人、被告人先行拘留。

第七十八条　【执行机关对被监视居住人的监督与监控】执行机关对被监视居住的犯罪嫌疑人、被告人，可以采取电子监控、不定期检查等监视方法对其遵守监视居住规定的情况进行监督；在侦查期间，可以对被监视居住的犯罪嫌疑人的通信进行监控。

第七十九条　【取保候审、监视居住的法定期限及其解除】人民法院、人民检察院和公安机关对犯罪嫌疑人、被告人取保候审最长不得超过十二个月，监视居住最长不得超过六个月。

在取保候审、监视居住期间，不得中断对案件的侦查、起诉和审理。对于发现不应当追究刑事责任或者取保候审、监视居住期限届满的，应当及时解除取保候审、监视居住。解除取保候审、监视居住，应当及时通知被取保候审、监视居住人和有关单位。

第八十条　【逮捕的批准、决定与执行】逮捕犯罪嫌疑人、被告人，必须经过人民检察院批准或者人民法院决定，由公安机关执行。

第八十一条　【逮捕的法定情形】对有证据证明有犯罪事实，可能判处徒刑以上刑罚的犯罪嫌疑人、被告人，采取取保候审尚不足以防止发生下列社会危险性的，应当予以逮捕：

（一）可能实施新的犯罪的；

（二）有危害国家安全、公共安全或者社会秩序的现实危险的；

（三）可能毁灭、伪造证据，干扰证人作证或者串供的；

（四）可能对被害人、举报人、控告人实施打击报复的；

（五）企图自杀或者逃跑的。

批准或者决定逮捕，应当将犯罪嫌疑人、被告人涉嫌犯罪的性质、情节，认罪认罚等情况，作为是否可能发生社会危险性的考虑因素。

对有证据证明有犯罪事实，可能判处十年有期徒刑以上刑罚的，或者有证据证明有犯罪事实，可能判处徒刑以上刑罚，曾经故意犯罪或者身份不明的，应当予以逮捕。

被取保候审、监视居住的犯罪嫌疑人、被告人违反取保候审、监视居住规定，情节严重的，可以予以逮捕。

第八十二条　【拘留的法定情形】公安机关对于现行犯或者重大嫌疑分子，如果有下列情形之一的，可以先行拘留：

（一）正在预备犯罪、实行犯罪或者在犯罪后即时被发觉的；

（二）被害人或者在场亲眼看见的人指认他犯罪的；

（三）在身边或者住处发现有犯罪证据的；

（四）犯罪后企图自杀、逃跑或者在逃的；

（五）有毁灭、伪造证据或者串供可能的；

（六）不讲真实姓名、住址，身份不明的；

（七）有流窜作案、多次作案、结伙作案重大嫌疑的。

第八十三条　【异地拘留、逮捕】公安机关在异地执行拘留、逮捕的时候，应当通知被拘留、逮捕人所在地的公安机关，被拘留、逮捕人所在地的公安机关应当予以配合。

第八十四条 　**【扭送的法定情形】**对于有下列情形的人,任何公民都可以立即扭送公安机关、人民检察院或者人民法院处理:

(一)正在实行犯罪或者在犯罪后即时被发觉的;

(二)通缉在案的;

(三)越狱逃跑的;

(四)正在被追捕的。

第八十五条 　**【拘留的程序与通知家属】**公安机关拘留人的时候,必须出示拘留证。

拘留后,应当立即将被拘留人送看守所羁押,至迟不得超过二十四小时。除无法通知或者涉嫌危害国家安全犯罪、恐怖活动犯罪通知可能有碍侦查的情形以外,应当在拘留后二十四小时以内,通知被拘留人的家属。有碍侦查的情形消失以后,应当立即通知被拘留人的家属。

第八十六条 　**【拘留后的讯问与释放】**公安机关对被拘留的人,应当在拘留后的二十四小时以内进行讯问。在发现不应当拘留的时候,必须立即释放,发给释放证明。

第八十七条 　**【提请逮捕】**公安机关要求逮捕犯罪嫌疑人的时候,应当写出提请批准逮捕书,连同案卷材料、证据,一并移送同级人民检察院审查批准。必要的时候,人民检察院可以派人参加公安机关对于重大案件的讨论。

第八十八条 　**【审查批准逮捕】**人民检察院审查批准逮捕,可以讯问犯罪嫌疑人;有下列情形之一的,应当讯问犯罪嫌疑人:

(一)对是否符合逮捕条件有疑问的;

(二)犯罪嫌疑人要求向检察人员当面陈述的;

(三)侦查活动可能有重大违法行为的。

人民检察院审查批准逮捕,可以询问证人等诉讼参与人,听取辩护律师的意见;辩护律师提出要求的,应当听取辩护律师的意见。

第八十九条 　**【审查批准逮捕的决定】**人民检察院审查批准逮捕犯罪嫌疑人由检察长决定。重大案件应当提交检察委员会讨论决定。

第九十条 　**【批准逮捕与不批准逮捕】**人民检察院对于公安机关提请批准逮捕的案件进行审查后,应当根据情况分别作出批准逮捕或者不批准逮捕的决定。对于批准逮捕的决定,公安机关应当立即执行,并且将执行情况及时通知人民检察院。对于不批准逮捕的,人民检察院应当说明理由,需要补充侦查的,应当同时通知公安机关。

第九十一条 　**【提请批捕对其审查处理】**公安机关对被拘留的人,认为需要逮捕的,应当在拘留后的三日以内,提请人民检察院审查批准。在特殊情况下,提请审查批准的时间可以延长一日至四日。

对于流窜作案、多次作案、结伙作案的重大嫌疑分子,提请审查批准的时间可以延长至三十日。

人民检察院应当自接到公安机关提请批准逮捕书后的七日以内,作出批准逮捕或者不批准逮捕的决定。人民检察院不批准逮捕的,公安机关应当在接到通知后立即释放,并且将执行情况及时通知人民检察院。对于需要继续侦查,并且符合取保候审、监视居住条件的,依法取保候审或者监视居住。

第九十二条 　**【公安机关对不批准逮捕的异议】**公安机关对人民检察院不批准逮捕的决定,认为有错误的时候,可以要求复议,但是必须将被拘留的人立即释放。如果意见不被接受,可以向上一级人民检察院提请复核。上级人民检察院应当立即复核,作出是否变更的决定,通知下级人民检察院和公安机关执行。

第九十三条 　**【逮捕的程序与通知家属】**公安机关逮捕人的时候,必须出示逮捕证。

逮捕后,应当立即将被逮捕人送看守所羁押。除无法通知的以外,应当在逮捕后二十四小时以内,通知被逮捕人的家属。

第九十四条 　**【逮捕后的讯问】**人民法院、人民检察院对于各自决定逮捕的人,公安机关对于经人民检察院批准逮捕的人,都必须在逮捕后的二十四小时以内进行讯问。在发现不应当逮捕的时候,必须立即释放,发给释放证明。

第九十五条 　**【检察院对羁押必要性的审查】**犯罪嫌疑人、被告人被逮捕后,人民检察院仍应当对羁押的必要性进行审查。对不需要继续羁押的,应当建议予以释放或者变更强制措施。有关机关应当在十日以内将处理情况通知人民检察院。

第九十六条 　**【强制措施的撤销与变更】**人民法院、人民检察院和公安机关如果发现对犯罪嫌疑人、被告人采取强制措施不当的,应当及时撤销或者变更。公安机关释放被逮捕的人或者变更逮捕措施的,应当通知原批准的人民检察院。

第九十七条 　**【变更强制措施的申请与决定程序】**犯罪嫌疑人、被告人及其法定代理人、近亲属或者辩护人有权申请变更强制措施。人民法院、人民检察院和公安机关收到申请后,应当在三日以内作出决定;不同意变更强制措施的,应当告知申请人,并说明不同意的理由。

第九十八条　【对不能按期结案强制措施的变更】犯罪嫌疑人、被告人被羁押的案件，不能在本法规定的侦查羁押、审查起诉、一审、二审期限内办结的，对犯罪嫌疑人、被告人应当予以释放；需要继续查证、审理的，对犯罪嫌疑人、被告人可以取保候审或者监视居住。

第九十九条　【法定期限届满要求解除强制措施】人民法院、人民检察院或者公安机关对被采取强制措施法定期限届满的犯罪嫌疑人、被告人，应当予以释放、解除取保候审、监视居住或者依法变更强制措施。犯罪嫌疑人、被告人及其法定代理人、近亲属或者辩护人对于人民法院、人民检察院或者公安机关采取强制措施法定期限届满的，有权要求解除强制措施。

第一百条　【侦查监督】人民检察院在审查批准逮捕工作中，如果发现公安机关的侦查活动有违法情况，应当通知公安机关予以纠正，公安机关应当将纠正情况通知人民检察院。

第七章　附带民事诉讼

第一百零一条　【附带民事诉讼的提起】被害人由于被告人的犯罪行为而遭受物质损失的，在刑事诉讼过程中，有权提起附带民事诉讼。被害人死亡或者丧失行为能力的，被害人的法定代理人、近亲属有权提起附带民事诉讼。

如果是国家财产、集体财产遭受损失的，人民检察院在提起公诉的时候，可以提起附带民事诉讼。

第一百零二条　【附带民事诉讼中的保全措施】人民法院在必要的时候，可以采取保全措施，查封、扣押或者冻结被告人的财产。附带民事诉讼原告人或者人民检察院可以申请人民法院采取保全措施。人民法院采取保全措施，适用民事诉讼法的有关规定。

第一百零三条　【附带民事诉讼的调解和裁判】人民法院审理附带民事诉讼案件，可以进行调解，或者根据物质损失情况作出判决、裁定。

第一百零四条　【附带民事诉讼一并审判及例外】附带民事诉讼应当同刑事案件一并审判，只有为了防止刑事案件审判的过分迟延，才可以在刑事案件审判后，由同一审判组织继续审理附带民事诉讼。

第八章　期间、送达

第一百零五条　【期间及其计算】期间以时、日、月计算。

期间开始的时和日不算在期间以内。

法定期间不包括路途上的时间。上诉状或者其他文件在期满前已经交邮的，不算过期。

期间的最后一日为节假日的，以节假日后的第一日为期满日期，但犯罪嫌疑人、被告人或者罪犯在押期间，应当至期满之日为止，不得因节假日而延长。

第一百零六条　【期间的耽误及补救】当事人由于不能抗拒的原因或者有其他正当理由而耽误期限的，在障碍消除后五日以内，可以申请继续进行应当在期满以前完成的诉讼活动。

前款申请是否准许，由人民法院裁定。

第一百零七条　【送达】送达传票、通知书和其他诉讼文件应当交给收件人本人；如果本人不在，可以交给他的成年家属或者所在单位的负责人员代收。

收件人本人或者代收人拒绝接收或者拒绝签名、盖章的时候，送达人可以邀请他的邻居或者其他见证人到场，说明情况，把文件留在他的住处，在送达证上记明拒绝的事由、送达的日期，由送达人签名，即认为已经送达。

第九章　其他规定

第一百零八条　【本法用语解释】本法下列用语的含意是：

（一）"侦查"是指公安机关、人民检察院对于刑事案件，依照法律进行的收集证据、查明案情的工作和有关的强制性措施；

（二）"当事人"是指被害人、自诉人、犯罪嫌疑人、被告人、附带民事诉讼的原告人和被告人；

（三）"法定代理人"是指被代理人的父母、养父母、监护人和负有保护责任的机关、团体的代表；

（四）"诉讼参与人"是指当事人、法定代理人、诉讼代理人、辩护人、证人、鉴定人和翻译人员；

（五）"诉讼代理人"是指公诉案件的被害人及其法定代理人或者近亲属、自诉案件的自诉人及其法定代理人委托代为参加诉讼的人和附带民事诉讼的当事人及其法定代理人委托代为参加诉讼的人；

（六）"近亲属"是指夫、妻、父、母、子、女、同胞兄弟姊妹。

第二编　立案、侦查和提起公诉
第一章　立案

第一百零九条　【立案侦查机关】公安机关或者人民检察院发现犯罪事实或者犯罪嫌疑人，应当按照管辖范围，立案侦查。

第一百一十条　【报案、举报、控告及自首的处理】任何单位和个人发现有犯罪事实或者犯罪嫌疑人，有权利也有义务向公安机关、人民检察院或者人民法院报案或者举报。

被害人对侵犯其人身、财产权利的犯罪事实或者犯罪嫌疑人，有权向公安机关、人民检察院或者人民法院报案或者控告。

公安机关、人民检察院或者人民法院对于报案、控告、举报，都应当接受。对于不属于自己管辖的，应当移送主管机关处理，并且通知报案人、控告人、举报人；对于不属于自己管辖而又必须采取紧急措施的，应当先采取紧急措施，然后移送主管机关。

犯罪人向公安机关、人民检察院或者人民法院自首的，适用第三款规定。

第一百一十一条　【报案、控告、举报的形式、程序及保障】报案、控告、举报可以用书面或者口头提出。接受口头报案、控告、举报的工作人员，应当写成笔录，经宣读无误后，由报案人、控告人、举报人签名或者盖章。

接受控告、举报的工作人员，应当向控告人、举报人说明诬告应负的法律责任。但是，只要不是捏造事实，伪造证据，即使控告、举报的事实有出入，甚至是错告的，也要和诬告严格加以区别。

公安机关、人民检察院或者人民法院应当保障报案人、控告人、举报人及其近亲属的安全。报案人、控告人、举报人如果不愿公开自己的姓名和报案、控告、举报的行为，应当为他保守秘密。

第一百一十二条　【对报案、控告、举报和自首的审查】人民法院、人民检察院或者公安机关对于报案、控告、举报和自首的材料，应当按照管辖范围，迅速进行审查，认为有犯罪事实需要追究刑事责任的时候，应当立案；认为没有犯罪事实，或者犯罪事实显著轻微，不需要追究刑事责任的时候，不予立案，并且将不立案的原因通知控告人。控告人如果不服，可以申请复议。

第一百一十三条　【立案监督】人民检察院认为公安机关对应当立案侦查的案件而不立案侦查的，或者被害人认为公安机关对应当立案侦查的案件而不立案侦查，向人民检察院提出的，人民检察院应当要求公安机关说明不立案的理由。人民检察院认为公安机关不立案理由不能成立的，应当通知公安机关立案，公安机关接到通知后应当立案。

第一百一十四条　【自诉案件的起诉与受理】对于自诉案件，被害人有权向人民法院直接起诉。被害人死亡或者丧失行为能力的，被害人的法定代理人、近亲属有权向人民法院起诉。人民法院应当依法受理。

第二章　侦　查
第一节　一般规定

第一百一十五条　【侦查】公安机关对已经立案的刑事案件，应当进行侦查，收集、调取犯罪嫌疑人有罪或者无罪、罪轻或者罪重的证据材料。对现行犯或者重大嫌疑分子可以依法先行拘留，对符合逮捕条件的犯罪嫌疑人，应当依法逮捕。

第一百一十六条　【预审】公安机关经过侦查，对有证据证明有犯罪事实的案件，应当进行预审，对收集、调取的证据材料予以核实。

第一百一十七条　【对违法侦查的申诉、控告与处理】当事人和辩护人、诉讼代理人、利害关系人对于司法机关及其工作人员有下列行为之一的，有权向该机关申诉或者控告：

（一）采取强制措施法定期限届满，不予以释放、解除或者变更的；

（二）应当退还取保候审保证金不退还的；

（三）对与案件无关的财物采取查封、扣押、冻结措施的；

（四）应当解除查封、扣押、冻结不解除的；

（五）贪污、挪用、私分、调换、违反规定使用查封、扣押、冻结的财物的。

受理申诉或者控告的机关应当及时处理。对处理不服的，可以向同级人民检察院申诉；人民检察院直接受理的案件，可以向上一级人民检察院申诉。人民检察院对申诉应当及时进行审查，情况属实的，通知有关机关予以纠正。

第二节　讯问犯罪嫌疑人

第一百一十八条　【讯问的主体】【对被羁押犯罪嫌疑人讯问地点】讯问犯罪嫌疑人必须由人民检察院或者公安机关的侦查人员负责进行。讯问的时候，侦查人员不得少于二人。

犯罪嫌疑人被送交看守所羁押以后，侦查人员对其进行讯问，应当在看守所内进行。

第一百一十九条　【传唤、拘传讯问的地点、持续期间及权利保障】对不需要逮捕、拘留的犯罪嫌疑人，可以传唤到犯罪嫌疑人所在市、县内的指定地点或者到他的住处进行讯问，但是应当出示人民检察院或者公安机关的证明文件。对在现场发现的犯罪嫌疑人，经出示工作证件，可以口头传唤，但应当在讯问笔录中注明。

传唤、拘传持续的时间不得超过十二小时；案情特别重大、复杂，需要采取拘留、逮捕措施的，传唤、拘传持续的时间不得超过二十四小时。

不得以连续传唤、拘传的形式变相拘禁犯罪嫌疑人。传唤、拘传犯罪嫌疑人，应当保证犯罪嫌疑人的饮食和必要的休息时间。

第一百二十条　【讯问程序】侦查人员在讯问犯罪嫌疑人的时候，应当首先讯问犯罪嫌疑人是否有犯罪行为，让他陈述有罪的情节或者无罪的辩解，然后向他提出问题。犯罪嫌疑人对侦查人员的提问，应当如实回答。但是对与本案无关的问题，有拒绝回答的权利。

侦查人员在讯问犯罪嫌疑人的时候，应当告知犯罪嫌疑人享有的诉讼权利，如实供述自己罪行可以从宽处理和认罪认罚的法律规定。

第一百二十一条　【对聋、哑犯罪嫌疑人讯问的要求】讯问聋、哑的犯罪嫌疑人，应当有通晓聋、哑手势的人参加，并且将这种情况记明笔录。

第一百二十二条　【讯问笔录】讯问笔录应当交犯罪嫌疑人核对，对于没有阅读能力的，应当向他宣读。如果记载有遗漏或者差错，犯罪嫌疑人可以提出补充或者改正。犯罪嫌疑人承认笔录没有错误后，应当签名或者盖章。侦查人员也应当在笔录上签名。犯罪嫌疑人请求自行书写供述的，应当准许。必要的时候，侦查人员也可以要犯罪嫌疑人亲笔书写供词。

第一百二十三条　【讯问过程录音录像】侦查人员在讯问犯罪嫌疑人的时候，可以对讯问过程进行录音或者录像；对于可能判处无期徒刑、死刑的案件或者其他重大犯罪案件，应当对讯问过程进行录音或者录像。

录音或者录像应当全程进行，保持完整性。

第三节　询问证人

第一百二十四条　【询问证人的地点、方式】侦查人员询问证人，可以在现场进行，也可以到证人所在单位、住处或者证人提出的地点进行，在必要的时候，可以通知证人到人民检察院或者公安机关提供证言。在现场询问证人，应当出示工作证件，到证人所在单位、住处或者证人提出的地点询问证人，应当出示人民检察院或者公安机关的证明文件。

询问证人应当个别进行。

第一百二十五条　【询问证人的告知事项】询问证人，应当告知他应当如实地提供证据、证言和有意作伪证或者隐匿罪证要负的法律责任。

第一百二十六条　【询问证人笔录】本法第一百二十二条的规定，也适用于询问证人。

第一百二十七条　【询问被害人的法律适用】询问被害人，适用本节各条规定。

第四节　勘验、检查

第一百二十八条　【勘验、检查的主体和范围】侦查人员对于与犯罪有关的场所、物品、人身、尸体应当进行勘验或者检查。在必要的时候，可以指派或者聘请具有专门知识的人，在侦查人员的主持下进行勘验、检查。

第一百二十九条　【犯罪现场保护】任何单位和个人，都有义务保护犯罪现场，并且立即通知公安机关派员勘验。

第一百三十条　【勘验、检查的手续】侦查人员执行勘验、检查，必须持有人民检察院或者公安机关的证明文件。

第一百三十一条　【尸体解剖】对于死因不明的尸体，公安机关有权决定解剖，并且通知死者家属到场。

第一百三十二条　【对被害人、犯罪嫌疑人的人身检查】为了确定被害人、犯罪嫌疑人的某些特征、伤害情况或者生理状态，可以对人身进行检查，可以提取指纹信息，采集血液、尿液等生物样本。

犯罪嫌疑人如果拒绝检查，侦查人员认为必要的时候，可以强制检查。

检查妇女的身体，应当由女工作人员或者医师进行。

第一百三十三条　【勘验、检查笔录制作】勘验、检查的情况应当写成笔录，由参加勘验、检查的人和见证人签名或者盖章。

第一百三十四条　【复验、复查】人民检察院审查案件的时候，对公安机关的勘验、检查，认为需要复验、复查时，可以要求公安机关复验、复查，并且可以派检察人员参加。

第一百三十五条　【侦查实验】为了查明案情，在必要的时候，经公安机关负责人批准，可以进行侦查实验。

侦查实验的情况应当写成笔录，由参加实验的人签名或者盖章。

侦查实验，禁止一切足以造成危险、侮辱人格或者有伤风化的行为。

第五节　搜　查

第一百三十六条　【搜查的主体和范围】为了收集犯罪证据、查获犯罪人，侦查人员可以对犯罪嫌疑人以及可能隐藏罪犯或者犯罪证据的人的身体、物品、住处和其他有关的地方进行搜查。

第一百三十七条　【协助义务】任何单位和个人,有义务按照人民检察院和公安机关的要求,交出可以证明犯罪嫌疑人有罪或者无罪的物证、书证、视听资料等证据。

第一百三十八条　【持证搜查与无证搜查】进行搜查,必须向被搜查人出示搜查证。

在执行逮捕、拘留的时候,遇有紧急情况,不另用搜查证也可以进行搜查。

第一百三十九条　【搜查程序】在搜查的时候,应当有被搜查人或者他的家属,邻居或者其他见证人在场。

搜查妇女的身体,应当由女工作人员进行。

第一百四十条　【搜查笔录制作】搜查的情况应当写成笔录,由侦查人员和被搜查人或者他的家属,邻居或者其他见证人签名或者盖章。如果被搜查人或者他的家属在逃或者拒绝签名、盖章,应当在笔录上注明。

第六节　查封、扣押物证、书证

第一百四十一条　【查封、扣押的范围及保管、封存】在侦查活动中发现的可用以证明犯罪嫌疑人有罪或者无罪的各种财物、文件,应当查封、扣押;与案件无关的财物、文件,不得查封、扣押。

对查封、扣押的财物、文件,要妥善保管或者封存,不得使用、调换或者损毁。

第一百四十二条　【查封、扣押清单】对查封、扣押的财物、文件,应当会同在场见证人和被查封、扣押财物、文件持有人查点清楚,当场开列清单一式二份,由侦查人员、见证人和持有人签名或者盖章,一份交给持有人,另一份附卷备查。

第一百四十三条　【扣押邮件、电报的程序】侦查人员认为需要扣押犯罪嫌疑人的邮件、电报的时候,经公安机关或者人民检察院批准,即可通知邮电机关将有关的邮件、电报检交扣押。

不需要继续扣押的时候,应即通知邮电机关。

第一百四十四条　【查询、冻结犯罪嫌疑人财产的程序】人民检察院、公安机关根据侦查犯罪的需要,可以依照规定查询、冻结犯罪嫌疑人的存款、汇款、债券、股票、基金份额等财产。有关单位和个人应当配合。

犯罪嫌疑人的存款、汇款、债券、股票、基金份额等财产已被冻结的,不得重复冻结。

第一百四十五条　【查封、扣押、冻结的解除】对查封、扣押的财物、文件、邮件、电报或者冻结的存款、汇款、债券、股票、基金份额等财产,经查明确实与案件无关的,应当在三日以内解除查封、扣押、冻结,予以退还。

第七节　鉴　定

第一百四十六条　【鉴定的启动】为了查明案情,需要解决案件中某些专门性问题的时候,应当指派、聘请有专门知识的人进行鉴定。

第一百四十七条　【鉴定意见的制作】【故意作虚假鉴定的责任】鉴定人进行鉴定后,应当写出鉴定意见,并且签名。

鉴定人故意作虚假鉴定的,应当承担法律责任。

第一百四十八条　【告知鉴定意见与补充鉴定、重新鉴定】侦查机关应当将用作证据的鉴定意见告知犯罪嫌疑人、被害人。如果犯罪嫌疑人、被害人提出申请,可以补充鉴定或者重新鉴定。

第一百四十九条　【对犯罪嫌疑人作精神病鉴定的期间】对犯罪嫌疑人作精神病鉴定的期间不计入办案期限。

第八节　技术侦查措施

第一百五十条　【技术侦查措施的适用范围和批准手续】公安机关在立案后,对于危害国家安全犯罪、恐怖活动犯罪、黑社会性质的组织犯罪、重大毒品犯罪或者其他严重危害社会的犯罪案件,根据侦查犯罪的需要,经过严格的批准手续,可以采取技术侦查措施。

人民检察院在立案后,对于利用职权实施的严重侵犯公民人身权利的重大犯罪案件,根据侦查犯罪的需要,经过严格的批准手续,可以采取技术侦查措施,按照规定交有关机关执行。

追捕被通缉或者批准、决定逮捕的在逃的犯罪嫌疑人、被告人,经过批准,可以采取追捕所必需的技术侦查措施。

第一百五十一条　【技术侦查措施的有效期限及其延长程序】批准决定应当根据侦查犯罪的需要,确定采取技术侦查措施的种类和适用对象。批准决定自签发之日起三个月以内有效。对于不需要继续采取技术侦查措施的,应当及时解除;对于复杂、疑难案件,期限届满仍有必要继续采取技术侦查措施的,经过批准,有效期可以延长,每次不得超过三个月。

第一百五十二条　【技术侦查措施的执行、保密及获取材料的用途限制】采取技术侦查措施,必须严格按照批准的措施种类、适用对象和期限执行。

侦查人员对采取技术侦查措施过程中知悉的国家秘密、商业秘密和个人隐私,应当保密;对采取技术侦查措施获取的与案件无关的材料,必须及时销毁。

采取技术侦查措施获取的材料,只能用于对犯罪的侦查、起诉和审判,不得用于其他用途。

公安机关依法采取技术侦查措施,有关单位和个人应当配合,并对有关情况予以保密。

第一百五十三条　【隐匿身份侦查及其限制】【控制下交付的适用范围】为了查明案情,在必要的时候,经公安机关负责人决定,可以由有关人员隐匿其身份实施侦查。但是,不得诱使他人犯罪,不得采用可能危害公共安全或者发生重大人身危险的方法。

对涉及给付毒品等违禁品或者财物的犯罪活动,公安机关根据侦查犯罪的需要,可以依照规定实施控制下交付。

第一百五十四条　【技术侦查措施收集材料用作证据的特别规定】依照本节规定采取侦查措施收集的材料在刑事诉讼中可以作为证据使用。如果使用该证据可能危及有关人员的人身安全,或者可能产生其他严重后果的,应当采取不暴露有关人员身份、技术方法等保护措施,必要的时候,可以由审判人员在庭外对证据进行核实。

第九节　通缉

第一百五十五条　【通缉令的发布】应当逮捕的犯罪嫌疑人如果在逃,公安机关可以发布通缉令,采取有效措施,追捕归案。

各级公安机关在自己管辖的地区以内,可以直接发布通缉令;超出自己管辖的地区,应当报请有权决定的上级机关发布。

第十节　侦查终结

第一百五十六条　【一般侦查羁押期限】对犯罪嫌疑人逮捕后的侦查羁押期限不得超过二个月。案情复杂、期限届满不能终结的案件,可以经上一级人民检察院批准延长一个月。

第一百五十七条　【特殊侦查羁押期限】因为特殊原因,在较长时间内不宜交付审判的特别重大复杂的案件,由最高人民检察院报请全国人民代表大会常务委员会批准延期审理。

第一百五十八条　【重大复杂案件的侦查羁押期限】下列案件在本法第一百五十六条规定的期限届满不能侦查终结的,经省、自治区、直辖市人民检察院批准或者决定,可以延长二个月:

(一)交通十分不便的边远地区的重大复杂案件;

(二)重大的犯罪集团案件;

(三)流窜作案的重大复杂案件;

(四)犯罪涉及面广,取证困难的重大复杂案件。

第一百五十九条　【重刑案件的侦查羁押期限】对犯罪嫌疑人可能判处十年有期徒刑以上刑罚,依照本法第一百五十八条规定延长期限届满,仍不能侦查终结的,经省、自治区、直辖市人民检察院批准或者决定,可以再延长二个月。

第一百六十条　【侦查羁押期限的重新计算】在侦查期间,发现犯罪嫌疑人另有重要罪行的,自发现之日起依照本法第一百五十六条的规定重新计算侦查羁押期限。

犯罪嫌疑人不讲真实姓名、住址,身份不明的,应当对其身份进行调查,侦查羁押期限自查清其身份之日起计算,但是不得停止对其犯罪行为的侦查取证。对于犯罪事实清楚,证据确实、充分,确实无法查明其身份的,也可以按其自报的姓名起诉、审判。

第一百六十一条　【听取辩护律师意见】在案件侦查终结前,辩护律师提出要求的,侦查机关应当听取辩护律师的意见,并记录在案。辩护律师提出书面意见的,应当附卷。

第一百六十二条　【侦查终结的条件和手续】公安机关侦查终结的案件,应当做到犯罪事实清楚,证据确实、充分,并且写出起诉意见书,连同案卷材料、证据一并移送同级人民检察院审查决定;同时将案件移送情况告知犯罪嫌疑人及其辩护律师。

犯罪嫌疑人自愿认罪的,应当记录在案,随案移送,并在起诉意见书中写明有关情况。

第一百六十三条　【撤销案件及其处理】在侦查过程中,发现不应对犯罪嫌疑人追究刑事责任的,应当撤销案件;犯罪嫌疑人已被逮捕的,应当立即释放,发给释放证明,并且通知原批准逮捕的人民检察院。

第十一节　人民检察院对直接受理的案件的侦查

第一百六十四条　【检察院自侦案件的法律适用】人民检察院对直接受理的案件的侦查适用本章规定。

第一百六十五条　【检察院自侦案件的逮捕、拘留】人民检察院直接受理的案件中符合本法第八十一条、第八十二条第四项、第五项规定情形,需要逮捕、拘留犯罪嫌疑人的,由人民检察院作出决定,由公安机关执行。

第一百六十六条　【检察院自侦案件中对被拘留人的讯问】人民检察院对直接受理的案件中被拘留的人,应当在拘留后的二十四小时以内进行讯问。在发现不应当拘留的时候,必须立即释放,发给释放证明。

第一百六十七条　【检察院自侦案件决定逮捕的期限】人民检察院对直接受理的案件中被拘留的人，认为需要逮捕的，应当在十四日以内作出决定。在特殊情况下，决定逮捕的时间可以延长一日至三日。对不需要逮捕的，应当立即释放；对需要继续侦查，并且符合取保候审、监视居住条件的，依法取保候审或者监视居住。

第一百六十八条　【检察院自侦案件侦查终结的处理】人民检察院侦查终结的案件，应当作出提起公诉、不起诉或者撤销案件的决定。

第三章　提起公诉

第一百六十九条　【检察院审查决定公诉】凡需要提起公诉的案件，一律由人民检察院审查决定。

第一百七十条　【对监察机关移送起诉案件的处理】人民检察院对于监察机关移送起诉的案件，依照本法和监察法的有关规定进行审查。人民检察院经审查，认为需要补充核实的，应当退回监察机关补充调查，必要时可以自行补充侦查。

对于监察机关移送起诉的已采取留置措施的案件，人民检察院应当对犯罪嫌疑人先行拘留，留置措施自动解除。人民检察院应当在拘留后的十日以内作出是否逮捕、取保候审或者监视居住的决定。在特殊情况下，决定的时间可以延长一日至四日。人民检察院决定采取强制措施的期间不计入审查起诉期限。

第一百七十一条　【审查起诉的内容】人民检察院审查案件的时候，必须查明：

（一）犯罪事实、情节是否清楚，证据是否确实、充分，犯罪性质和罪名的认定是否正确；

（二）有无遗漏罪行和其他应当追究刑事责任的人；

（三）是否属于不应追究刑事责任的；

（四）有无附带民事诉讼；

（五）侦查活动是否合法。

第一百七十二条　【审查起诉的期限】人民检察院对于监察机关、公安机关移送起诉的案件，应当在一个月以内作出决定，重大、复杂的案件，可以延长十五日；犯罪嫌疑人认罪认罚，符合速裁程序适用条件的，应当在十日以内作出决定，对可能判处的有期徒刑超过一年的，可以延长至十五日。

人民检察院审查起诉的案件，改变管辖的，从改变后的人民检察院收到案件之日起计算审查起诉期限。

第一百七十三条　【审查起诉程序】人民检察院审查案件，应当讯问犯罪嫌疑人，听取辩护人或者值班律师、被害人及其诉讼代理人的意见，并记录在案。辩护人或者值班律师、被害人及其诉讼代理人提出书面意见的，应当附卷。

犯罪嫌疑人认罪认罚的，人民检察院应当告知其享有的诉讼权利和认罪认罚的法律规定，听取犯罪嫌疑人、辩护人或者值班律师、被害人及其诉讼代理人对下列事项的意见，并记录在案：

（一）涉嫌的犯罪事实、罪名及适用的法律规定；

（二）从轻、减轻或者免除处罚等从宽处罚的建议；

（三）认罪认罚后案件审理适用的程序；

（四）其他需要听取意见的事项。

人民检察院依照前两款规定听取值班律师意见的，应当提前为值班律师了解案件有关情况提供必要的便利。

第一百七十四条　【签署认罪认罚具结书】犯罪嫌疑人自愿认罪，同意量刑建议和程序适用的，应当在辩护人或者值班律师在场的情况下签署认罪认罚具结书。

犯罪嫌疑人认罪认罚，有下列情形之一的，不需要签署认罪认罚具结书：

（一）犯罪嫌疑人是盲、聋、哑人，或者是尚未完全丧失辨认或者控制自己行为能力的精神病人的；

（二）未成年犯罪嫌疑人的法定代理人、辩护人对未成年人认罪认罚有异议的；

（三）其他不需要签署认罪认罚具结书的情形。

第一百七十五条　【证据收集合法性说明】【补充侦查】人民检察院审查案件，可以要求公安机关提供法庭审判所必需的证据材料；认为可能存在本法第五十六条规定的以非法方法收集证据情形的，可以要求其对证据收集的合法性作出说明。

人民检察院审查案件，对于需要补充侦查的，可以退回公安机关补充侦查，也可以自行侦查。

对于补充侦查的案件，应当在一个月以内补充侦查完毕。补充侦查以二次为限。补充侦查完毕移送人民检察院后，人民检察院重新计算审查起诉期限。

对于二次补充侦查的案件，人民检察院仍然认为证据不足，不符合起诉条件的，应当作出不起诉的决定。

第一百七十六条　【提起公诉的条件和程序】【提出量刑建议】人民检察院认为犯罪嫌疑人的犯罪事实已经查清，证据确实、充分，依法应当追究刑事责任的，应当作出起诉决定，按照审判管辖的规定，向人民法院提起公诉，并将案卷材料、证据移送人民法院。

犯罪嫌疑人认罪认罚的，人民检察院应当就主刑、附加刑、是否适用缓刑等提出量刑建议，并随案移送认罪认罚具结书等材料。

第一百七十七条　【不起诉的情形及处理】犯罪嫌疑人没有犯罪事实，或者有本法第十六条规定的情形之一的，人民检察院应当作出不起诉决定。

对于犯罪情节轻微，依照刑法规定不需要判处刑罚或者免除刑罚的，人民检察院可以作出不起诉决定。

人民检察院决定不起诉的案件，应当同时对侦查中查封、扣押、冻结的财物解除查封、扣押、冻结。对被不起诉人需要给予行政处罚、处分或者需要没收其违法所得的，人民检察院应当提出检察意见，移送有关主管机关处理。有关主管机关应当将处理结果及时通知人民检察院。

第一百七十八条　【不起诉决定的宣布与释放被不起诉人】不起诉的决定，应当公开宣布，并且将不起诉决定书送达被不起诉人和他的所在单位。如果被不起诉人在押，应当立即释放。

第一百七十九条　【公安机关对不起诉决定的异议】对于公安机关移送起诉的案件，人民检察院决定不起诉的，应当将不起诉决定书送达公安机关。公安机关认为不起诉的决定有错误的时候，可以要求复议，如果意见不被接受，可以向上一级人民检察院提请复核。

第一百八十条　【被害人对不起诉决定的异议】对于有被害人的案件，决定不起诉的，人民检察院应当将不起诉决定书送达被害人。被害人如果不服，可以自收到决定书后七日以内向上一级人民检察院申诉，请求提起公诉。人民检察院应当将复查决定告知被害人。对人民检察院维持不起诉决定的，被害人可以向人民法院起诉。被害人也可以不经申诉，直接向人民法院起诉。人民法院受理案件后，人民检察院应当将有关案件材料移送人民法院。

第一百八十一条　【被不起诉人对不起诉决定的异议】对于人民检察院依照本法第一百七十七条第二款规定作出的不起诉决定，被不起诉人如果不服，可以自收到决定书后七日以内向人民检察院申诉。人民检察院应当作出复查决定，通知被不起诉的人，同时抄送公安机关。

第一百八十二条　【对特殊犯罪嫌疑人的处理】犯罪嫌疑人自愿如实供述涉嫌犯罪的事实，有重大立功或者案件涉及国家重大利益的，经最高人民检察院核准，公安机关可以撤销案件，人民检察院可以作出不起诉决定，也可以对涉嫌数罪中的一项或者多项不起诉。

根据前款规定不起诉或者撤销案件的，人民检察院、公安机关应当及时对查封、扣押、冻结的财物及其孳息作出处理。

第三编　审　判

第一章　审判组织

第一百八十三条　【审判组织】【合议庭的组成】基层人民法院、中级人民法院审判第一审案件，应当由审判员三人或者由审判员和人民陪审员共三人或者七人组成合议庭进行，但是基层人民法院适用简易程序、速裁程序的案件可以由审判员一人独任审判。

高级人民法院审判第一审案件，应当由审判员三人至七人或者由审判员和人民陪审员共三人或者七人组成合议庭进行。

最高人民法院审判第一审案件，应当由审判员三人至七人组成合议庭进行。

人民法院审判上诉和抗诉案件，由审判员三人或者五人组成合议庭进行。

合议庭的成员人数应当是单数。

第一百八十四条　【合议庭评议规则】合议庭进行评议的时候，如果意见分歧，应当按多数人的意见作出决定，但是少数人的意见应当写入笔录。评议笔录由合议庭的组成人员签名。

第一百八十五条　【合议庭评议案件与审判委员会讨论决定案件】合议庭开庭审理并且评议后，应当作出判决。对于疑难、复杂、重大的案件，合议庭认为难以作出决定的，由合议庭提请院长决定提交审判委员会讨论决定。审判委员会的决定，合议庭应当执行。

第二章　第一审程序

第一节　公诉案件

第一百八十六条　【庭前审查】人民法院对提起公诉的案件进行审查后，对于起诉书中有明确的指控犯罪事实的，应当决定开庭审判。

第一百八十七条　【开庭前的准备】人民法院决定开庭审判后，应当确定合议庭的组成人员，将人民检察院的起诉书副本至迟在开庭十日以前送达被告人及其辩护人。

在开庭以前，审判人员可以召集公诉人、当事人和辩护人、诉讼代理人，对回避、出证人名单、非法证据排除等与审判相关的问题，了解情况，听取意见。

人民法院确定开庭日期后，应当将开庭的时间、地点通知人民检察院，传唤当事人，通知辩护人、诉讼代理人、证人、鉴定人和翻译人员，传票和通知书至迟在开庭三日以前送达。公开审判的案件，应当在开庭三日以前先期公布案由、被告人姓名、开庭时间和地点。

上述活动情形应当写入笔录,由审判人员和书记员签名。

第一百八十八条 【公开审理与不公开审理】人民法院审判第一审案件应当公开进行。但是有关国家秘密或者个人隐私的案件,不公开审理;涉及商业秘密的案件,当事人申请不公开审理的,可以不公开审理。

不公开审理的案件,应当当庭宣布不公开审理的理由。

第一百八十九条 【检察院派员出庭】人民法院审判公诉案件,人民检察院应当派员出席法庭支持公诉。

第一百九十条 【开庭】开庭的时候,审判长查明当事人是否到庭,宣布案由;宣布合议庭的组成人员、书记员、公诉人、辩护人、诉讼代理人、鉴定人和翻译人员的名单;告知当事人有权对合议庭组成人员、书记员、公诉人、鉴定人和翻译人员申请回避;告知被告人享有辩护权利。

被告人认罪认罚的,审判长应当告知被告人享有的诉讼权利和认罪认罚的法律规定,审查认罪认罚的自愿性和认罪认罚具结书内容的真实性、合法性。

第一百九十一条 【宣读起诉书与讯问、发问被告人】公诉人在法庭上宣读起诉书后,被告人、被害人可以就起诉书指控的犯罪进行陈述,公诉人可以讯问被告人。

被害人、附带民事诉讼的原告人和辩护人、诉讼代理人,经审判长许可,可以向被告人发问。

审判人员可以讯问被告人。

第一百九十二条 【证人出庭】【鉴定人出庭】公诉人、当事人或者辩护人、诉讼代理人对证人证言有异议,且该证人证言对案件定罪量刑有重大影响,人民法院认为证人有必要出庭作证的,证人应当出庭作证。

人民警察就其执行职务时目击的犯罪情况作为证人出庭作证,适用前款规定。

公诉人、当事人或者辩护人、诉讼代理人对鉴定意见有异议,人民法院认为鉴定人有必要出庭的,鉴定人应当出庭作证。经人民法院通知,鉴定人拒不出庭作证的,鉴定意见不得作为定案的根据。

第一百九十三条 【强制证人到庭及其例外】【对无正当理由拒绝作证的处罚】经人民法院通知,证人没有正当理由不出庭作证的,人民法院可以强制其到庭,但是被告人的配偶、父母、子女除外。

证人没有正当理由拒绝出庭或者出庭后拒绝作证的,予以训诫,情节严重的,经院长批准,处以十日以下的拘留。被处罚人对拘留决定不服的,可以向上一级人民

法院申请复议。复议期间不停止执行。

第一百九十四条 【对出庭证人、鉴定人的发问与询问】证人作证,审判人员应当告知他要如实地提供证言和有意作伪证或者隐匿罪证要负的法律责任。公诉人、当事人和辩护人、诉讼代理人经审判长许可,可以对证人、鉴定人发问。审判长认为发问的内容与案件无关的时候,应当制止。

审判人员可以询问证人、鉴定人。

第一百九十五条 【调查核实实物证据与未到庭证人、鉴定人的言词证据】公诉人、辩护人应当向法庭出示物证,让当事人辨认,对未到庭的证人的证言笔录、鉴定人的鉴定意见、勘验笔录和其他作为证据的文书,应当当庭宣读。审判人员应当听取公诉人、当事人和辩护人、诉讼代理人的意见。

第一百九十六条 【庭外调查核实证据】法庭审理过程中,合议庭对证据有疑问的,可以宣布休庭,对证据进行调查核实。

人民法院调查核实证据,可以进行勘验、检查、查封、扣押、鉴定和查询、冻结。

第一百九十七条 【调取新证据】【申请通知专业人士出庭】法庭审理过程中,当事人和辩护人、诉讼代理人有权申请通知新的证人到庭,调取新的物证,申请重新鉴定或者勘验。

公诉人、当事人和辩护人、诉讼代理人可以申请法庭通知有专门知识的人出庭,就鉴定人作出的鉴定意见提出意见。

法庭对于上述申请,应当作出是否同意的决定。

第二款规定的有专门知识的人出庭,适用鉴定人的有关规定。

第一百九十八条 【法庭调查、法庭辩论与被告人最后陈述】法庭审理过程中,对与定罪、量刑有关的事实、证据都应当进行调查、辩论。

经审判长许可,公诉人、当事人和辩护人、诉讼代理人可以对证据和案件情况发表意见并且可以互相辩论。

审判长在宣布辩论终结后,被告人有最后陈述的权利。

第一百九十九条 【对违反法庭秩序的处理】在法庭审判过程中,如果诉讼参与人或者旁听人员违反法庭秩序,审判长应当警告制止。对不听制止的,可以强行带出法庭;情节严重的,处以一千元以下的罚款或者十五日以下的拘留。罚款、拘留必须经院长批准。被处罚人对罚款、拘留的决定不服的,可以向上一级人民法院申请复

议。复议期间不停止执行。

对聚众哄闹、冲击法庭或者侮辱、诽谤、威胁、殴打司法工作人员或者诉讼参与人,严重扰乱法庭秩序,构成犯罪的,依法追究刑事责任。

第二百条　【评议与判决】在被告人最后陈述后,审判长宣布休庭,合议庭进行评议,根据已经查明的事实、证据和有关的法律规定,分别作出以下判决:

(一)案件事实清楚,证据确实、充分,依据法律认定被告人有罪的,应当作出有罪判决;

(二)依据法律认定被告人无罪的,应当作出无罪判决;

(三)证据不足,不能认定被告人有罪的,应当作出证据不足、指控的犯罪不能成立的无罪判决。

第二百零一条　【认罪认罚案件中指控罪名和量刑建议的采纳】对于认罪认罚案件,人民法院依法作出判决时,一般应当采纳人民检察院指控的罪名和量刑建议,但有下列情形的除外:

(一)被告人的行为不构成犯罪或者不应当追究其刑事责任的;

(二)被告人违背意愿认罪认罚的;

(三)被告人否认指控的犯罪事实的;

(四)起诉指控的罪名与审理认定的罪名不一致的;

(五)其他可能影响公正审判的情形。

人民法院经审理认为量刑建议明显不当,或者被告人、辩护人对量刑建议提出异议的,人民检察院可以调整量刑建议。人民检察院不调整量刑建议或者调整量刑建议后仍然明显不当的,人民法院应当依法作出判决。

第二百零二条　【宣告判决】宣告判决,一律公开进行。

当庭宣告判决的,应当在五日以内将判决书送达当事人和提起公诉的人民检察院;定期宣告判决的,应当在宣告后立即将判决书送达当事人和提起公诉的人民检察院。判决书应当同时送达辩护人、诉讼代理人。

第二百零三条　【判决书署名与权利告知】判决书应当由审判人员和书记员署名,并且写明上诉的期限和上诉的法院。

第二百零四条　【延期审理】在法庭审判过程中,遇有下列情形之一,影响审判进行的,可以延期审理:

(一)需要通知新的证人到庭,调取新的物证,重新鉴定或者勘验的;

(二)检察人员发现提起公诉的案件需要补充侦查,提出建议的;

(三)由于申请回避而不能进行审判的。

第二百零五条　【庭审中补充侦查期限】依照本法第二百零四条第二项的规定延期审理的案件,人民检察院应当在一个月以内补充侦查完毕。

第二百零六条　【中止审理】在审判过程中,有下列情形之一,致使案件在较长时间内无法继续审理的,可以中止审理:

(一)被告人患有严重疾病,无法出庭的;

(二)被告人脱逃的;

(三)自诉人患有严重疾病,无法出庭,未委托诉讼代理人出庭的;

(四)由于不能抗拒的原因。

中止审理的原因消失后,应当恢复审理。中止审理的期间不计入审理期限。

第二百零七条　【法庭笔录】法庭审判的全部活动,应当由书记员写成笔录,经审判长审阅后,由审判长和书记员签名。

法庭笔录中的证人证言部分,应当当庭宣读或者交给证人阅读。证人在承认没有错误后,应当签名或者盖章。

法庭笔录应当交给当事人阅读或者向他宣读。当事人认为记载有遗漏或者差错的,可以请求补充或者改正。当事人承认没有错误后,应当签名或者盖章。

第二百零八条　【公诉案件的审限】人民法院审理公诉案件,应当在受理后二个月以内宣判,至迟不得超过三个月。对于可能判处死刑的案件或者附带民事诉讼的案件,以及有本法第一百五十八条规定情形之一的,经上一级人民法院批准,可以延长三个月;因特殊情况还需要延长的,报请最高人民法院批准。

人民法院改变管辖的案件,从改变后的人民法院收到案件之日起计算审理期限。

人民检察院补充侦查的案件,补充侦查完毕移送人民法院后,人民法院重新计算审理期限。

第二百零九条　【检察院对法庭审理的法律监督】人民检察院发现人民法院审理案件违反法律规定的诉讼程序,有权向人民法院提出纠正意见。

第二节　自诉案件

第二百一十条　【自诉案件适用范围】自诉案件包括下列案件:

(一)告诉才处理的案件;

(二)被害人有证据证明的轻微刑事案件;

(三)被害人有证据证明对被告人侵犯自己人身、财产权利的行为应当依法追究刑事责任,而公安机关或者人民检察院不予追究被告人刑事责任的案件。

第二百一十一条 【自诉案件审查后的处理】人民法院对于自诉案件进行审查后,按照下列情形分别处理:

(一)犯罪事实清楚,有足够证据的案件,应当开庭审判;

(二)缺乏罪证的自诉案件,如果自诉人提不出补充证据,应当说服自诉人撤回自诉,或者裁定驳回。

自诉人经两次依法传唤,无正当理由拒不到庭的,或者未经法庭许可中途退庭的,按撤诉处理。

法庭审理过程中,审判人员对证据有疑问,需要调查核实的,适用本法第一百九十六条的规定。

第二百一十二条 【自诉案件的调解、和解与撤诉】【自诉案件的审限】人民法院对自诉案件,可以进行调解;自诉人在宣告判决前,可以同被告人自行和解或者撤回自诉。本法第二百一十条第三项规定的案件不适用调解。

人民法院审理自诉案件的期限,被告人被羁押的,适用本法第二百零八条第一款、第二款的规定;未被羁押的,应当在受理后六个月以内宣判。

第二百一十三条 【自诉案件中的反诉】自诉案件的被告人在诉讼过程中,可以对自诉人提起反诉。反诉适用自诉的规定。

第三节　简易程序

第二百一十四条 【简易程序的适用条件】基层人民法院管辖的案件,符合下列条件的,可以适用简易程序审判:

(一)案件事实清楚、证据充分的;

(二)被告人承认自己所犯罪行,对指控的犯罪事实没有异议的;

(三)被告人对适用简易程序没有异议的。

人民检察院在提起公诉的时候,可以建议人民法院适用简易程序。

第二百一十五条 【不适用简易程序的情形】有下列情形之一的,不适用简易程序:

(一)被告人是盲、聋、哑人,或者是尚未完全丧失辨认或者控制自己行为能力的精神病人的;

(二)有重大社会影响的;

(三)共同犯罪案件中部分被告人不认罪或者对适用简易程序有异议的;

(四)其他不宜适用简易程序审理的。

第二百一十六条 【简易程序的审判组织】【公诉案件检察院派员出庭】适用简易程序审理案件,对可能判处三年有期徒刑以下刑罚的,可以组成合议庭进行审判,也可以由审判员一人独任审判;对可能判处的有期徒刑超过三年的,应当组成合议庭进行审判。

适用简易程序审理公诉案件,人民检察院应当派员出席法庭。

第二百一十七条 【简易程序的法庭调查】适用简易程序审理案件,审判人员应当询问被告人对指控的犯罪事实的意见,告知被告人适用简易程序审理的法律规定,确认被告人是否同意适用简易程序审理。

第二百一十八条 【简易程序的法庭辩论】适用简易程序审理案件,经审判人员许可,被告人及其辩护人可以同公诉人、自诉人及其诉讼代理人互相辩论。

第二百一十九条 【简易程序的程序简化及保留】适用简易程序审理案件,不受本章第一节关于送达期限、讯问被告人、询问证人、鉴定人、出示证据、法庭辩论程序规定的限制。但在判决宣告前应当听取被告人的最后陈述意见。

第二百二十条 【简易程序的审限】适用简易程序审理案件,人民法院应当在受理后二十日以内审结;对可能判处的有期徒刑超过三年的,可以延长至一个半月。

第二百二十一条 【转化普通程序】人民法院在审理过程中,发现不宜适用简易程序的,应当按照本章第一节或者第二节的规定重新审理。

第四节　速裁程序

第二百二十二条 【速裁程序的适用范围与条件】基层人民法院管辖的可能判处三年有期徒刑以下刑罚的案件,案件事实清楚,证据确实、充分,被告人认罪认罚并同意适用速裁程序的,可以适用速裁程序,由审判员一人独任审判。

人民检察院在提起公诉的时候,可以建议人民法院适用速裁程序。

第二百二十三条 【不适用速裁程序的情形】有下列情形之一的,不适用速裁程序:

(一)被告人是盲、聋、哑人,或者是尚未完全丧失辨认或者控制自己行为能力的精神病人的;

(二)被告人是未成年人的;

(三)案件有重大社会影响的;

(四)共同犯罪案件中部分被告人对指控的犯罪事实、罪名、量刑建议或者适用速裁程序有异议的;

(五)被告人与被害人或者其法定代理人没有就附带民事诉讼赔偿等事项达成调解或者和解协议的;

（六）其他不宜适用速裁程序审理的。

第二百二十四条　【速裁程序的程序简化及保留】 适用速裁程序审理案件，不受本章第一节规定的送达期限的限制，一般不进行法庭调查、法庭辩论，但在判决宣告前应当听取辩护人的意见和被告人的最后陈述意见。

适用速裁程序审理案件，应当当庭宣判。

第二百二十五条　【速裁程序的期限】 适用速裁程序审理案件，人民法院应当在受理后十日以内审结；对可能判处的有期徒刑超过一年的，可以延长至十五日。

第二百二十六条　【转化普通程序或简易程序】 人民法院在审理过程中，发现有被告人的行为不构成犯罪或者不应当追究其刑事责任、被告人违背意愿认罪认罚、被告人否认指控的犯罪事实或者其他不宜适用速裁程序审理的情形的，应当按照本章第一节或者第三节的规定重新审理。

第三章　第二审程序

第二百二十七条　【上诉主体及上诉权保障】 被告人、自诉人和他们的法定代理人，不服地方各级人民法院第一审的判决、裁定，有权用书状或者口头向上一级人民法院上诉。被告人的辩护人和近亲属，经被告人同意，可以提出上诉。

附带民事诉讼的当事人和他们的法定代理人，可以对地方各级人民法院第一审的判决、裁定中的附带民事诉讼部分，提出上诉。

对被告人的上诉权，不得以任何借口加以剥夺。

第二百二十八条　【抗诉主体】 地方各级人民检察院认为本级人民法院第一审的判决、裁定确有错误的时候，应当向上一级人民法院提出抗诉。

第二百二十九条　【请求抗诉】 被害人及其法定代理人不服地方各级人民法院第一审的判决的，自收到判决书后五日以内，有权请求人民检察院提出抗诉。人民检察院自收到被害人及其法定代理人的请求后五日以内，应当作出是否抗诉的决定并且答复请求人。

第二百三十条　【上诉、抗诉期限】 不服判决的上诉和抗诉的期限为十日，不服裁定的上诉和抗诉的期限为五日，从接到判决书、裁定书的第二日起算。

第二百三十一条　【上诉程序】 被告人、自诉人、附带民事诉讼的原告人和被告人通过原审人民法院提出上诉的，原审人民法院应当在三日以内将上诉状连同案卷、证据移送上一级人民法院，同时将上诉状副本送交同级人民检察院和对方当事人。

被告人、自诉人、附带民事诉讼的原告人和被告人直接向第二审人民法院提出上诉的，第二审人民法院应当在三日以内将上诉状交原审人民法院送交同级人民检察院和对方当事人。

第二百三十二条　【抗诉程序】 地方各级人民检察院对同级人民法院第一审判决、裁定的抗诉，应当通过原审人民法院提出抗诉书，并且将抗诉书抄送上一级人民检察院。原审人民法院应当将抗诉书连同案卷、证据移送上一级人民法院，并且将抗诉书副本送交当事人。

上级人民检察院如果认为抗诉不当，可以向同级人民法院撤回抗诉，并且通知下级人民检察院。

第二百三十三条　【全面审查原则】 第二审人民法院应当就第一审判决认定的事实和适用法律进行全面审查，不受上诉或者抗诉范围的限制。

共同犯罪的案件只有部分被告人上诉的，应当对全案进行审查，一并处理。

第二百三十四条　【二审开庭审理与不开庭审理】 第二审人民法院对于下列案件，应当组成合议庭，开庭审理：

（一）被告人、自诉人及其法定代理人对第一审认定的事实、证据提出异议，可能影响定罪量刑的上诉案件；

（二）被告人被判处死刑的上诉案件；

（三）人民检察院抗诉的案件；

（四）其他应当开庭审理的案件。

第二审人民法院决定不开庭审理的，应当讯问被告人，听取其他当事人、辩护人、诉讼代理人的意见。

第二审人民法院开庭审理上诉、抗诉案件，可以到案件发生地或者原审人民法院所在地进行。

第二百三十五条　【二审检察院派员出庭】 人民检察院提出抗诉的案件或者第二审人民法院开庭审理的公诉案件，同级人民检察院都应当派员出席法庭。第二审人民法院应当在决定开庭审理后及时通知人民检察院查阅案卷。人民检察院应当在一个月以内查阅完毕。人民检察院查阅案卷的时间不计入审理期限。

第二百三十六条　【二审对一审判决的处理】 第二审人民法院对不服第一审判决的上诉、抗诉案件，经过审理后，应当按照下列情形分别处理：

（一）原判决认定事实和适用法律正确、量刑适当的，应当裁定驳回上诉或者抗诉，维持原判；

（二）原判决认定事实没有错误，但适用法律有错误，或者量刑不当的，应当改判；

（三）原判决事实不清楚或者证据不足的，可以在查清事实后改判；也可以裁定撤销原判，发回原审人民法院重新审判。

原审人民法院对于依照前款第三项规定发回重新审判的案件作出判决后，被告人提出上诉或者人民检察院提出抗诉的，第二审人民法院应当依法作出判决或者裁定，不得再发回原审人民法院重新审判。

第二百三十七条　【上诉不加刑原则及其限制】第二审人民法院审理被告人或者他的法定代理人、辩护人、近亲属上诉的案件，不得加重被告人的刑罚。第二审人民法院发回原审人民法院重新审判的案件，除有新的犯罪事实，人民检察院补充起诉的以外，原审人民法院也不得加重被告人的刑罚。

人民检察院提出抗诉或者自诉人提出上诉的，不受前款规定的限制。

第二百三十八条　【违反法定诉讼程序的处理】第二审人民法院发现第一审人民法院的审理有下列违反法律规定的诉讼程序的情形之一的，应当裁定撤销原判，发回原审人民法院重新审判：

（一）违反本法有关公开审判的规定的；

（二）违反回避制度的；

（三）剥夺或者限制了当事人的法定诉讼权利，可能影响公正审判的；

（四）审判组织的组成不合法的；

（五）其他违反法律规定的诉讼程序，可能影响公正审判的。

第二百三十九条　【重新审判】原审人民法院对于发回重新审判的案件，应当另行组成合议庭，依照第一审程序进行审判。对于重新审判后的判决，依照本法第二百二十七条、第二百二十八条、第二百二十九条的规定可以上诉、抗诉。

第二百四十条　【二审后对一审裁定的处理】第二审人民法院对不服第一审裁定的上诉或者抗诉，经过审查后，应当参照本法第二百三十六条、第二百三十八条和第二百三十九条的规定，分别情形用裁定驳回上诉、抗诉，或者撤销、变更原裁定。

第二百四十一条　【发回重审案件审理期限的计算】第二审人民法院发回原审人民法院重新审判的案件，原审人民法院从收到发回的案件之日起，重新计算审理期限。

第二百四十二条　【二审法律程序适用】第二审人民法院审判上诉或者抗诉案件的程序，除本章已有规定的以外，参照第一审程序的规定进行。

第二百四十三条　【二审的审限】第二审人民法院受理上诉、抗诉案件，应当在二个月以内审结。对于可能判处死刑的案件或者附带民事诉讼的案件，以及有本法第一百五十八条规定情形之一的，经省、自治区、直辖市高级人民法院批准或者决定，可以延长二个月；因特殊情况还需要延长的，报请最高人民法院批准。

最高人民法院受理上诉、抗诉案件的审理期限，由最高人民法院决定。

第二百四十四条　【终审判决、裁定】第二审的判决、裁定和最高人民法院的判决、裁定，都是终审的判决、裁定。

第二百四十五条　【查封、扣押、冻结财物及其孳息的保管与处理】公安机关、人民检察院和人民法院对查封、扣押、冻结的犯罪嫌疑人、被告人的财物及其孳息，应当妥善保管，以供核查，并制作清单，随案移送。任何单位和个人不得挪用或者自行处理。对被害人的合法财产，应当及时返还。对违禁品或者不宜长期保存的物品，应当依照国家有关规定处理。

对作为证据使用的实物应当随案移送，对不宜移送的，应当将其清单、照片或者其他证明文件随案移送。

人民法院作出的判决，应当对查封、扣押、冻结的财物及其孳息作出处理。

人民法院作出的判决生效以后，有关机关应当根据判决对查封、扣押、冻结的财物及其孳息进行处理。对查封、扣押、冻结的赃款赃物及其孳息，除依法返还被害人的以外，一律上缴国库。

司法工作人员贪污、挪用或者私自处理查封、扣押、冻结的财物及其孳息的，依法追究刑事责任；不构成犯罪的，给予处分。

第四章　死刑复核程序

第二百四十六条　【死刑核准权】死刑由最高人民法院核准。

第二百四十七条　【死刑核准程序】中级人民法院判处死刑的第一审案件，被告人不上诉的，应当由高级人民法院复核后，报请最高人民法院核准。高级人民法院不同意判处死刑的，可以提审或者发回重新审判。

高级人民法院判处死刑的第一审案件被告人不上诉的，和判处死刑的第二审案件，都应当报请最高人民法院核准。

第二百四十八条　【死刑缓期二年执行核准权】中级人民法院判处死刑缓期二年执行的案件，由高级人民法院核准。

第二百四十九条　【死刑复核合议庭组成】最高人

民法院复核死刑案件,高级人民法院复核死刑缓期执行的案件,应当由审判员三人组成合议庭进行。

第二百五十条　【最高法院复核后的处理】最高人民法院复核死刑案件,应当作出核准或者不核准死刑的裁定。对于不核准死刑的,最高人民法院可以发回重新审判或者予以改判。

第二百五十一条　【最高法院复核的程序要求及最高检察院的监督】最高人民法院复核死刑案件,应当讯问被告人,辩护律师提出要求的,应当听取辩护律师的意见。

在复核死刑案件过程中,最高人民检察院可以向最高人民法院提出意见。最高人民法院应当将死刑复核结果通报最高人民检察院。

第五章　审判监督程序

第二百五十二条　【申诉的主体和申诉的效力】当事人及其法定代理人、近亲属,对已经发生法律效力的判决、裁定,可以向人民法院或者人民检察院提出申诉,但是不能停止判决、裁定的执行。

第二百五十三条　【对申诉应当重新审判的法定情形】当事人及其法定代理人、近亲属的申诉符合下列情形之一的,人民法院应当重新审判:

(一)有新的证据证明原判决、裁定认定的事实确有错误,可能影响定罪量刑的;

(二)据以定罪量刑的证据不确实、不充分、依法应当予以排除,或者证明案件事实的主要证据之间存在矛盾的;

(三)原判决、裁定适用法律确有错误的;

(四)违反法律规定的诉讼程序,可能影响公正审判的;

(五)审判人员在审理该案件的时候,有贪污受贿,徇私舞弊,枉法裁判行为的。

第二百五十四条　【提起再审的主体、方式和理由】各级人民法院院长对本院已经发生法律效力的判决和裁定,如果发现在认定事实上或者在适用法律上确有错误,必须提交审判委员会处理。

最高人民法院对各级人民法院已经发生法律效力的判决和裁定,上级人民法院对下级人民法院已经发生法律效力的判决和裁定,如果发现确有错误,有权提审或者指令下级人民法院再审。

最高人民检察院对各级人民法院已经发生法律效力的判决和裁定,上级人民检察院对下级人民法院已经发生法律效力的判决和裁定,如果发现确有错误,有权按照审判监督程序向同级人民法院提出抗诉。

人民检察院抗诉的案件,接受抗诉的人民法院应当组成合议庭重新审理,对于原判决事实不清楚或者证据不足的,可以指令下级人民法院再审。

第二百五十五条　【再审法院】上级人民法院指令下级人民法院再审的,应当指令原审人民法院以外的下级人民法院审理;由原审人民法院审理更为适宜的,也可以指令原审人民法院审理。

第二百五十六条　【再审的程序及效力】人民法院按照审判监督程序重新审判的案件,由原审人民法院审理的,应当另行组成合议庭进行。如果原来是第一审案件,应当依照第一审程序进行审判,所作的判决、裁定,可以上诉、抗诉;如果原来是第二审案件,或者是上级人民法院提审的案件,应当依照第二审程序进行审判,所作的判决、裁定,是终审的判决、裁定。

人民法院开庭审理的再审案件,同级人民检察院应当派员出席法庭。

第二百五十七条　【再审中的强制措施】【中止原判决、裁定执行】人民法院决定再审的案件,需要对被告人采取强制措施的,由人民法院依法决定;人民检察院提出抗诉的再审案件,需要对被告人采取强制措施的,由人民检察院依法决定。

人民法院按照审判监督程序审判的案件,可以决定中止原判决、裁定的执行。

第二百五十八条　【再审的审限】人民法院按照审判监督程序重新审判的案件,应当在作出提审、再审决定之日起三个月以内审结,需要延长期限的,不得超过六个月。

接受抗诉的人民法院按照审判监督程序审判抗诉的案件,审理期限适用前款规定;对需要指令下级人民法院再审的,应当自接受抗诉之日起一个月以内作出决定,下级人民法院审理案件的期限适用前款规定。

第四编　执　行

第二百五十九条　【执行依据】判决和裁定在发生法律效力后执行。

下列判决和裁定是发生法律效力的判决和裁定:

(一)已过法定期限没有上诉、抗诉的判决和裁定;

(二)终审的判决和裁定;

(三)最高人民法院核准的死刑的判决和高级人民法院核准的死刑缓期二年执行的判决。

第二百六十条　【无罪、免除刑事处罚判决的执行】第一审人民法院判决被告人无罪、免除刑事处罚的,如果被告人在押,在宣判后应当立即释放。

第二百六十一条 【执行死刑的命令】【死刑缓期执行的处理】最高人民法院判处和核准的死刑立即执行的判决,应当由最高人民法院院长签发执行死刑的命令。

被判处死刑缓期二年执行的罪犯,在死刑缓期执行期间,如果没有故意犯罪,死刑缓期执行期满,应当予以减刑的,由执行机关提出书面意见,报请高级人民法院裁定;如果故意犯罪,情节恶劣,查证属实,应当执行死刑的,由高级人民法院报请最高人民法院核准;对于故意犯罪未执行死刑的,死刑缓期执行的期间重新计算,并报最高人民法院备案。

第二百六十二条 【死刑的停止执行】下级人民法院接到最高人民法院执行死刑的命令后,应当在七日以内交付执行。但是发现有下列情形之一的,应当停止执行,并且立即报告最高人民法院,由最高人民法院作出裁定:

(一)在执行前发现判决可能有错误的;

(二)在执行前罪犯揭发重大犯罪事实或者有其他重大立功表现,可能需要改判的;

(三)罪犯正在怀孕。

前款第一项、第二项停止执行的原因消失后,必须报请最高人民法院院长再签发执行死刑的命令才能执行;由于前款第三项原因停止执行的,应当报请最高人民法院依法改判。

第二百六十三条 【死刑的执行程序】人民法院在交付执行死刑前,应当通知同级人民检察院派员临场监督。

死刑采用枪决或者注射等方法执行。

死刑可以在刑场或者指定的羁押场所内执行。

指挥执行的审判人员,对罪犯应当验明正身,讯问有无遗言、信札,然后交付执行人员执行死刑。在执行前,如果发现可能有错误,应当暂停执行,报请最高人民法院裁定。

执行死刑应当公布,不应示众。

执行死刑后,在场书记员应当写成笔录。交付执行的人民法院应当将执行死刑情况报告最高人民法院。

执行死刑后,交付执行的人民法院应当通知罪犯家属。

第二百六十四条 【死刑缓期二年执行、无期徒刑、有期徒刑、拘役的执行程序】罪犯被交付执行刑罚的时候,应当由交付执行的人民法院在判决生效后十日以内将有关的法律文书送达公安机关、监狱或者其他执行机关。

对被判处死刑缓期二年执行、无期徒刑、有期徒刑的罪犯,由公安机关依法将该罪犯送交监狱执行刑罚。对被判处有期徒刑的罪犯,在被交付执行刑罚前,剩余刑期在三个月以下的,由看守所代为执行。对被判处拘役的罪犯,由公安机关执行。

对未成年犯应当在未成年犯管教所执行刑罚。

执行机关应当将罪犯及时收押,并且通知罪犯家属。

判处有期徒刑、拘役的罪犯,执行期满,应当由执行机关发给释放证明书。

第二百六十五条 【暂予监外执行的法定情形和决定程序】对被判处有期徒刑或者拘役的罪犯,有下列情形之一的,可以暂予监外执行:

(一)有严重疾病需要保外就医的;

(二)怀孕或者正在哺乳自己婴儿的妇女;

(三)生活不能自理,适用暂予监外执行不致危害社会的。

对被判处无期徒刑的罪犯,有前款第二项规定情形的,可以暂予监外执行。

对适用保外就医可能有社会危险性的罪犯,或者自伤自残的罪犯,不得保外就医。

对罪犯确有严重疾病,必须保外就医的,由省级人民政府指定的医院诊断并开具证明文件。

在交付执行前,暂予监外执行由交付执行的人民法院决定;在交付执行后,暂予监外执行由监狱或者看守所提出书面意见,报省级以上监狱管理机关或者设区的市一级以上公安机关批准。

第二百六十六条 【检察院对暂予监外执行的监督】监狱、看守所提出暂予监外执行的书面意见的,应当将书面意见的副本抄送人民检察院。人民检察院可以向决定或者批准机关提出书面意见。

第二百六十七条 【对暂予监外执行的重新核查】决定或者批准暂予监外执行的机关应当将暂予监外执行决定抄送人民检察院。人民检察院认为暂予监外执行不当的,应当自接到通知之日起一个月以内将书面意见送交决定或者批准暂予监外执行的机关,决定或者批准暂予监外执行的机关接到人民检察院的书面意见后,应当立即对该决定进行重新核查。

第二百六十八条 【暂予监外执行的收监、不计入执行刑期的情形及罪犯死亡的通知】对暂予监外执行的罪犯,有下列情形之一的,应当及时收监:

(一)发现不符合暂予监外执行条件的;

(二)严重违反有关暂予监外执行监督管理规定的;

（三）暂予监外执行的情形消失后，罪犯刑期未满的。

对于人民法院决定暂予监外执行的罪犯应当予以收监的，由人民法院作出决定，将有关的法律文书送达公安机关、监狱或者其他执行机关。

不符合暂予监外执行条件的罪犯通过贿赂等非法手段被暂予监外执行的，在监外执行的期间不计入执行刑期。罪犯在暂予监外执行期间脱逃的，脱逃的期间不计入执行刑期。

罪犯在暂予监外执行期间死亡的，执行机关应当及时通知监狱或者看守所。

第二百六十九条　【对管制、缓刑、假释或暂予监外执行罪犯的社区矫正】对被判处管制、宣告缓刑、假释或者暂予监外执行的罪犯，依法实行社区矫正，由社区矫正机构负责执行。

第二百七十条　【剥夺政治权利的执行】对被判处剥夺政治权利的罪犯，由公安机关执行。执行期满，应当由执行机关书面通知本人及其所在单位、居住地基层组织。

第二百七十一条　【罚金的执行】被判处罚金的罪犯，期满不缴纳的，人民法院应当强制缴纳；如果由于遭遇不能抗拒的灾祸等原因缴纳确实有困难的，经人民法院裁定，可以延期缴纳、酌情减少或者免除。

第二百七十二条　【没收财产的执行】没收财产的判决，无论附加适用或者独立适用，都由人民法院执行；在必要的时候，可以会同公安机关执行。

第二百七十三条　【对新罪、漏罪的处理及减刑、假释的程序】罪犯在服刑期间又犯罪的，或者发现了判决的时候所没有发现的罪行，由执行机关移送人民检察院处理。

被判处管制、拘役、有期徒刑或者无期徒刑的罪犯，在执行期间确有悔改或者立功表现，应当依法予以减刑、假释的时候，由执行机关提出建议书，报请人民法院审核裁定，并将建议书副本抄送人民检察院。人民检察院可以向人民法院提出书面意见。

第二百七十四条　【检察院对减刑、假释的监督】人民检察院认为人民法院减刑、假释的裁定不当，应当在收到裁定书副本后二十日以内，向人民法院提出书面纠正意见。人民法院应当在收到纠正意见后一个月以内重新组成合议庭进行审理，作出最终裁定。

第二百七十五条　【刑罚执行中对判决错误和申诉的处理】监狱和其他执行机关在刑罚执行中，如果认为判决有错误或者罪犯提出申诉，应当转请人民检察院或者原判人民法院处理。

第二百七十六条　【检察院对执行刑罚的监督】人民检察院对执行机关执行刑罚的活动是否合法实行监督。如果发现有违法的情况，应当通知执行机关纠正。

第五编　特别程序
第一章　未成年人刑事案件诉讼程序

第二百七十七条　【未成年人刑事案件的办案方针、原则及总体要求】对犯罪的未成年人实行教育、感化、挽救的方针，坚持教育为主、惩罚为辅的原则。

人民法院、人民检察院和公安机关办理未成年人刑事案件，应当保障未成年人行使其诉讼权利，保障未成年人得到法律帮助，并由熟悉未成年人身心特点的审判人员、检察人员、侦查人员承办。

第二百七十八条　【法律援助机构指派辩护律师】未成年犯罪嫌疑人、被告人没有委托辩护人的，人民法院、人民检察院、公安机关应当通知法律援助机构指派律师为其提供辩护。

第二百七十九条　【对未成年犯罪嫌疑人、被告人有关情况的调查】公安机关、人民检察院、人民法院办理未成年人刑事案件，根据情况可以对未成年犯罪嫌疑人、被告人的成长经历、犯罪原因、监护教育等情况进行调查。

第二百八十条　【严格限制适用逮捕措施】【与成年人分别关押、管理和教育】对未成年犯罪嫌疑人、被告人应当严格限制适用逮捕措施。人民检察院审查批准逮捕和人民法院决定逮捕，应当讯问未成年犯罪嫌疑人、被告人，听取辩护律师的意见。

对被拘留、逮捕和执行刑罚的未成年人与成年人应当分别关押、分别管理、分别教育。

第二百八十一条　【讯问、审判、询问未成年诉讼参与人的特别规定】对于未成年人刑事案件，在讯问和审判的时候，应当通知未成年犯罪嫌疑人、被告人的法定代理人到场。无法通知、法定代理人不能到场或者法定代理人是共犯的，也可以通知未成年犯罪嫌疑人、被告人的其他成年亲属，所在学校、单位、居住地基层组织或者未成年人保护组织的代表到场，并将有关情况记录在案。到场的法定代理人可以代为行使未成年犯罪嫌疑人、被告人的诉讼权利。

到场的法定代理人或者其他人员认为办案人员在讯问、审判中侵犯未成年人合法权益的，可以提出意见。讯问笔录、法庭笔录应当交给到场的法定代理人或者其他人员阅读或者向他宣读。

讯问女性未成年犯罪嫌疑人，应当有女工作人员在场。

审判未成年人刑事案件，未成年被告人最后陈述后，其法定代理人可以进行补充陈述。

询问未成年被害人、证人，适用第一款、第二款、第三款的规定。

第二百八十二条 　【附条件不起诉的适用及异议】对于未成年人涉嫌刑法分则第四章、第五章、第六章规定的犯罪，可能判处一年有期徒刑以下刑罚，符合起诉条件，但有悔罪表现的，人民检察院可以作出附条件不起诉的决定。人民检察院在作出附条件不起诉的决定以前，应当听取公安机关、被害人的意见。

对附条件不起诉的决定，公安机关要求复议、提请复核或者被害人申诉的，适用本法第一百七十九条、第一百八十条的规定。

未成年犯罪嫌疑人及其法定代理人对人民检察院决定附条件不起诉有异议的，人民检察院应当作出起诉的决定。

第二百八十三条 　【对附条件不起诉未成年犯罪嫌疑人的监督考察】在附条件不起诉的考验期内，由人民检察院对被附条件不起诉的未成年犯罪嫌疑人进行监督考察。未成年犯罪嫌疑人的监护人，应当对未成年犯罪嫌疑人加强管教，配合人民检察院做好监督考察工作。

附条件不起诉的考验期为六个月以上一年以下，从人民检察院作出附条件不起诉的决定之日起计算。

被附条件不起诉的未成年犯罪嫌疑人，应当遵守下列规定：

（一）遵守法律法规，服从监督；

（二）按照考察机关的规定报告自己的活动情况；

（三）离开所居住的市、县或者迁居，应当报经考察机关批准；

（四）按照考察机关的要求接受矫治和教育。

第二百八十四条 　【附条件不起诉的撤销与不起诉决定的作出】被附条件不起诉的未成年犯罪嫌疑人，在考验期内有下列情形之一的，人民检察院应当撤销附条件不起诉的决定，提起公诉：

（一）实施新的犯罪或者发现决定附条件不起诉以前还有其他犯罪需要追诉的；

（二）违反治安管理规定或者考察机关有关附条件不起诉的监督管理规定，情节严重的。

被附条件不起诉的未成年犯罪嫌疑人，在考验期内

没有上述情形，考验期满的，人民检察院应当作出不起诉的决定。

第二百八十五条 　【不公开审理及其例外】审判的时候被告人不满十八周岁的案件，不公开审理。但是，经未成年被告人及其法定代理人同意，未成年被告人所在学校和未成年人保护组织可以派代表到场。

第二百八十六条 　【犯罪记录封存】犯罪的时候不满十八周岁，被判处五年有期徒刑以下刑罚的，应当对相关犯罪记录予以封存。

犯罪记录被封存的，不得向任何单位和个人提供，但司法机关为办案需要或者有关单位根据国家规定进行查询的除外。依法进行查询的单位，应当对被封存的犯罪记录的情况予以保密。

第二百八十七条 　【未成年刑事案件的法律适用】办理未成年人刑事案件，除本章已有规定的以外，按照本法的其他规定进行。

第二章　当事人和解的公诉案件诉讼程序

第二百八十八条 　【适用范围】下列公诉案件，犯罪嫌疑人、被告人真诚悔罪，通过向被害人赔偿损失、赔礼道歉等方式获得被害人谅解，被害人自愿和解的，双方当事人可以和解：

（一）因民间纠纷引起，涉嫌刑法分则第四章、第五章规定的犯罪案件，可能判处三年有期徒刑以下刑罚的；

（二）除渎职犯罪以外的可能判处七年有期徒刑以下刑罚的过失犯罪案件。

犯罪嫌疑人、被告人在五年以内曾经故意犯罪的，不适用本章规定的程序。

第二百八十九条 　【对当事人和解的审查】【主持制作和解协议书】双方当事人和解的，公安机关、人民检察院、人民法院应当听取当事人和其他有关人员的意见，对和解的自愿性、合法性进行审查，并主持制作和解协议书。

第二百九十条 　【对达成和解协议案件的从宽处理】对于达成和解协议的案件，公安机关可以向人民检察院提出从宽处理的建议。人民检察院可以向人民法院提出从宽处罚的建议；对于犯罪情节轻微，不需要判处刑罚的，可以作出不起诉的决定。人民法院可以依法对被告人从宽处罚。

第三章　缺席审判程序

第二百九十一条 　【缺席审判案件范围和管辖】对于贪污贿赂犯罪案件，以及需要及时进行审判，经最高人民检察院核准的严重危害国家安全犯罪、恐怖活动犯罪

案件,犯罪嫌疑人、被告人在境外,监察机关、公安机关移送起诉,人民检察院认为犯罪事实已经查清,证据确实、充分,依法应当追究刑事责任的,可以向人民法院提起公诉。人民法院进行审查后,对于起诉书中有明确的指控犯罪事实,符合缺席审判程序适用条件的,应当决定开庭审判。

前款案件,由犯罪地、被告人离境前居住地或者最高人民法院指定的中级人民法院组成合议庭进行审理。

第二百九十二条　【司法文书送达】人民法院应当通过有关国际条约规定的或者外交途径提出的司法协助方式,或者被告人所在地法律允许的其他方式,将传票和人民检察院的起诉书副本送达被告人。传票和起诉书副本送达后,被告人未按要求到案的,人民法院应当开庭审理,依法作出判决,并对违法所得及其他涉案财产作出处理。

第二百九十三条　【被告人辩护权】人民法院缺席审判案件,被告人有权委托辩护人,被告人的近亲属可以代为委托辩护人。被告人及其近亲属没有委托辩护人的,人民法院应当通知法律援助机构指派律师为其提供辩护。

第二百九十四条　【判决书送达】【上诉、抗诉主体】人民法院应当将判决书送达被告人及其近亲属、辩护人。被告人或者其近亲属不服判决的,有权向上一级人民法院上诉。辩护人经被告人或者其近亲属同意,可以提出上诉。

人民检察院认为人民法院的判决确有错误的,应当向上一级人民法院提出抗诉。

第二百九十五条　【缺席被告人、罪犯到案的处理】【财产处理错误的救济】在审理过程中,被告人自动投案或者被抓获的,人民法院应当重新审理。

罪犯在判决、裁定发生法律效力后到案的,人民法院应当将罪犯交付执行刑罚。交付执行刑罚前,人民法院应当告知罪犯有权对判决、裁定提出异议。罪犯对判决、裁定提出异议的,人民法院应当重新审理。

依照生效判决、裁定对罪犯的财产进行的处理确有错误的,应当予以返还、赔偿。

第二百九十六条　【中止审理案件的缺席审判情形】因被告人患有严重疾病无法出庭,中止审理超过六个月,被告人仍无法出庭,被告人及其法定代理人、近亲属申请或者同意恢复审理的,人民法院可以在被告人不出庭的情况下缺席审理,依法作出判决。

第二百九十七条　【被告人死亡案件的缺席审判情形】被告人死亡的,人民法院应当裁定终止审理,但有证据证明被告人无罪,人民法院经缺席审理确认无罪的,应当依法作出判决。

人民法院按照审判监督程序重新审判的案件,被告人死亡的,人民法院可以缺席审理,依法作出判决。

第四章　犯罪嫌疑人、被告人逃匿、死亡案件违法所得的没收程序

第二百九十八条　【适用范围、申请程序及保全措施】对于贪污贿赂犯罪、恐怖活动犯罪等重大犯罪案件,犯罪嫌疑人、被告人逃匿,在通缉一年后不能到案,或者犯罪嫌疑人、被告人死亡,依照刑法规定应当追缴其违法所得及其他涉案财产的,人民检察院可以向人民法院提出没收违法所得的申请。

公安机关认为有前款规定情形的,应当写出没收违法所得意见书,移送人民检察院。

没收违法所得的申请应当提供与犯罪事实、违法所得相关的证据材料,并列明财产的种类、数量、所在地及查封、扣押、冻结的情况。

人民法院在必要的时候,可以查封、扣押、冻结申请没收的财产。

第二百九十九条　【对没收违法所得及其他涉案财产的审理程序】没收违法所得的申请,由犯罪地或者犯罪嫌疑人、被告人居住地的中级人民法院组成合议庭进行审理。

人民法院受理没收违法所得的申请后,应当发出公告。公告期间为六个月。犯罪嫌疑人、被告人的近亲属和其他利害关系人有权申请参加诉讼,也可以委托诉讼代理人参加诉讼。

人民法院在公告期满后对没收违法所得的申请进行审理。利害关系人参加诉讼的,人民法院应当开庭审理。

第三百条　【裁定的作出】人民法院经审理,对经查证属于违法所得及其他涉案财产,除依法返还被害人的以外,应当裁定予以没收;对不属于应当追缴的财产的,应当裁定驳回申请,解除查封、扣押、冻结措施。

对于人民法院依照前款规定作出的裁定,犯罪嫌疑人、被告人的近亲属和其他利害关系人或者人民检察院可以提出上诉、抗诉。

第三百零一条　【本程序的终止】【没收错误的返还与赔偿】在审理过程中,在逃的犯罪嫌疑人、被告人自动投案或者被抓获的,人民法院应当终止审理。

没收犯罪嫌疑人、被告人财产确有错误的,应当予以返还、赔偿。

第五章　依法不负刑事责任的精神病人的强制医疗程序

第三百零二条　【强制医疗的适用范围】实施暴力行为,危害公共安全或者严重危害公民人身安全,经法定程序鉴定依法不负刑事责任的精神病人,有继续危害社会可能的,可以予以强制医疗。

第三百零三条　【强制医疗的决定程序】【临时保护性约束措施】根据本章规定对精神病人强制医疗的,由人民法院决定。

公安机关发现精神病人符合强制医疗条件的,应当写出强制医疗意见书,移送人民检察院。对于公安机关移送的或者在审查起诉过程中发现的精神病人符合强制医疗条件的,人民检察院应当向人民法院提出强制医疗的申请。人民法院在审理案件过程中发现被告人符合强制医疗条件的,可以作出强制医疗的决定。

对实施暴力行为的精神病人,在人民法院决定强制医疗前,公安机关可以采取临时的保护性约束措施。

第三百零四条　【强制医疗的审理及诉讼权利保障】人民法院受理强制医疗的申请后,应当组成合议庭进行审理。

人民法院审理强制医疗案件,应当通知被申请人或者被告人的法定代理人到场。被申请人或者被告人没有委托诉讼代理人的,人民法院应当通知法律援助机构指派律师为其提供法律帮助。

第三百零五条　【强制医疗决定的作出及复议】人民法院经审理,对于被申请人或者被告人符合强制医疗条件的,应当在一个月以内作出强制医疗的决定。

被决定强制医疗的人、被害人及其法定代理人、近亲属对强制医疗决定不服的,可以向上一级人民法院申请复议。

第三百零六条　【定期评估与强制医疗的解除程序】强制医疗机构应当定期对被强制医疗的人进行诊断评估。对于已不具有人身危险性,不需要继续强制医疗的,应当及时提出解除意见,报决定强制医疗的人民法院批准。

被强制医疗的人及其近亲属有权申请解除强制医疗。

第三百零七条　【检察院对强制医疗程序的监督】人民检察院对强制医疗的决定和执行实行监督。

附　则

第三百零八条　【军队保卫部门、中国海警局、监狱的侦查权】军队保卫部门对军队内部发生的刑事案件行使侦查权。

中国海警局履行海上维权执法职责,对海上发生的刑事案件行使侦查权。

对罪犯在监狱内犯罪的案件由监狱进行侦查。

军队保卫部门、中国海警局、监狱办理刑事案件,适用本法的有关规定。

全国人民代表大会常务委员会关于《中华人民共和国刑事诉讼法》第七十九条第三款的解释①

· 2014 年 4 月 24 日第十二届全国人民代表大会常务委员会第八次会议通过

全国人民代表大会常务委员会根据司法实践中遇到的情况,讨论了刑事诉讼法第七十九条第三款关于违反取保候审、监视居住规定情节严重可以逮捕的规定,是否适用于可能判处徒刑以下刑罚的犯罪嫌疑人、被告人的问题,解释如下:

根据刑事诉讼法第七十九条第三款的规定,对于被取保候审、监视居住的可能判处徒刑以下刑罚的犯罪嫌疑人、被告人,违反取保候审、监视居住规定,严重影响诉讼活动正常进行的,可以予以逮捕。

现予公告。

全国人民代表大会常务委员会关于《中华人民共和国刑事诉讼法》第二百五十四条第五款、第二百五十七条第二款的解释

· 2014 年 4 月 24 日第十二届全国人民代表大会常务委员会第八次会议通过

全国人民代表大会常务委员会根据司法实践中遇到的情况,讨论了刑事诉讼法第二百五十四条第五款、第二百五十七条第二款的含义及人民法院决定暂予监外执行的案件,由哪个机关负责组织病情诊断、妊娠检查和生活

---

①本书立法解释、司法解释、部门规章等文件中涉及的《中华人民共和国刑事诉讼法》的条文序号,指的是文件公布当时有效的《中华人民共和国刑事诉讼法》。例如,《全国人民代表大会常务委员会关于〈中华人民共和国刑事诉讼法〉第七十九条第三款的解释》(2014 年 4 月 24 日)规定的"刑事诉讼法第七十九条第三款",指的是当时有效的 2012 年 3 月 14 日公布的《中华人民共和国刑事诉讼法》的第 79 条第 3 款,而对应现行《中华人民共和国刑事诉讼法》的第 81 条第 3 款。

不能自理的鉴别和由哪个机关对予以收监执行的罪犯送交执行刑罚的问题，解释如下：

罪犯在被交付执行前，因有严重疾病、怀孕或者正在哺乳自己婴儿的妇女、生活不能自理的原因，依法提出暂予监外执行的申请的，有关病情诊断、妊娠检查和生活不能自理的鉴别，由人民法院负责组织进行。

根据刑事诉讼法第二百五十七条第二款的规定，对人民法院决定暂予监外执行的罪犯，有刑事诉讼法第二百五十七条第一款规定的情形，依法应当予以收监的，在人民法院作出决定后，由公安机关依照刑事诉讼法第二百五十三条第二款的规定送交执行刑罚。

现予公告。

全国人民代表大会常务委员会关于《中华人民共和国刑事诉讼法》第二百七十一条第二款的解释

·2014 年 4 月 24 日第十二届全国人民代表大会常务委员会第八次会议通过

全国人民代表大会常务委员会根据司法实践中遇到的情况，讨论了刑事诉讼法第二百七十一条第二款的含义及被害人对附条件不起诉的案件能否依照第一百七十六条的规定向人民法院起诉的问题，解释如下：

人民检察院办理未成年人刑事案件，在作出附条件不起诉的决定以及考验期满作出不起诉的决定以前，应当听取被害人的意见。被害人对人民检察院对未成年犯罪嫌疑人作出的附条件不起诉的决定和不起诉的决定，可以向上一级人民检察院申诉，不适用刑事诉讼法第一百七十六条关于被害人可以向人民法院起诉的规定。

现予公告。

最高人民法院、最高人民检察院、公安部、国家安全部、司法部、全国人大常委会法制工作委员会关于实施刑事诉讼法若干问题的规定

·2012 年 12 月 26 日

一、管　辖

1. 公安机关侦查刑事案件涉及人民检察院管辖的贪污贿赂案件时，应当将贪污贿赂案件移送人民检察院；人民检察院侦查贪污贿赂案件涉及公安机关管辖的刑事案件，应当将属于公安机关管辖的刑事案件移送公安机关。在上述情况中，如果涉嫌主罪属于公安机关管辖，由公安机关为主侦查，人民检察院予以配合；如果涉嫌主罪属于人民检察院管辖，由人民检察院为主侦查，公安机关予以配合。

2. 刑事诉讼法第二十四条中规定："刑事案件由犯罪地的人民法院管辖。"刑事诉讼法规定的"犯罪地"，包括犯罪的行为发生地和结果发生地。

3. 具有下列情形之一的，人民法院、人民检察院、公安机关可以在其职责范围内并案处理：

（一）一人犯数罪的；

（二）共同犯罪的；

（三）共同犯罪的犯罪嫌疑人、被告人还实施其他犯罪的；

（四）多个犯罪嫌疑人、被告人实施的犯罪存在关联，并案处理有利于查明案件事实的。

二、辩护与代理

4. 人民法院、人民检察院、公安机关、国家安全机关、监狱的现职人员，人民陪审员，外国人或者无国籍人，以及与本案有利害关系的人，不得担任辩护人。但是，上述人员系犯罪嫌疑人、被告人的监护人或者近亲属，犯罪嫌疑人、被告人委托其担任辩护人的，可以准许。无行为能力或者限制行为能力的人，不得担任辩护人。

一名辩护人不得为两名以上的同案犯罪嫌疑人、被告人辩护，不得为两名以上的未同案处理但实施的犯罪存在关联的犯罪嫌疑人、被告人辩护。

5. 刑事诉讼法第三十四条、第二百六十七条、第二百八十六条对法律援助作了规定。对于人民法院、人民检察院、公安机关根据上述规定，通知法律援助机构指派律师提供辩护或者法律帮助的，法律援助机构应当在接到通知后三日以内指派律师，并将律师的姓名、单位、联系方式书面通知人民法院、人民检察院、公安机关。

6. 刑事诉讼法第三十六条规定："辩护律师在侦查期间可以为犯罪嫌疑人提供法律帮助；代理申诉、控告；申请变更强制措施；向侦查机关了解犯罪嫌疑人涉嫌的罪名和案件有关情况，提出意见。"根据上述规定，辩护律师在侦查期间可以向侦查机关了解犯罪嫌疑人涉嫌的罪名及当时已查明的该罪的主要事实，犯罪嫌疑人被采取、变更、解除强制措施的情况，侦查机关延长侦查羁押期限等情况。

7. 刑事诉讼法第三十七条第二款规定："辩护律师持律师执业证书、律师事务所证明和委托书或者法律援助公函要求会见在押的犯罪嫌疑人、被告人的，看守所应当及时安排会见，至迟不得超过四十八小时。"根据上述

规定，辩护律师要求会见在押的犯罪嫌疑人、被告人的，看守所应当及时安排会见，保证辩护律师在四十八小时以内见到在押的犯罪嫌疑人、被告人。

8. 刑事诉讼法第四十一条第一款规定："辩护律师经证人或者其他有关单位和个人同意，可以向他们收集与本案有关的材料，也可以申请人民检察院、人民法院收集、调取证据，或者申请人民法院通知证人出庭作证。"对于辩护律师申请人民检察院、人民法院收集、调取证据，人民检察院、人民法院认为需要调查取证的，应当由人民检察院、人民法院收集、调取证据，不得向律师签发准许调查决定书，让律师收集、调取证据。

9. 刑事诉讼法第四十二条第二款中规定："违反前款规定的，应当依法追究法律责任，辩护人涉嫌犯罪的，应当由办理辩护人所承办案件的侦查机关以外的侦查机关办理。"根据上述规定，公安机关、人民检察院发现辩护人涉嫌犯罪，或者接受报案、控告、举报、有关机关的移送，依照侦查管辖分工进行审查后认为符合立案条件的，应当按照规定报请办理辩护人所承办案件的侦查机关的上一级侦查机关指定其他侦查机关立案侦查，或者由上一级侦查机关立案侦查。不得指定办理辩护人所承办案件的侦查机关的下级侦查机关立案侦查。

10. 刑事诉讼法第四十七条规定："辩护人、诉讼代理人认为公安机关、人民检察院、人民法院及其工作人员阻碍其依法行使诉讼权利的，有权向同级或者上一级人民检察院申诉或者控告。人民检察院对申诉或者控告应当及时进行审查，情况属实的，通知有关机关予以纠正。"人民检察院受理辩护人、诉讼代理人的申诉或者控告后，应当在十日以内将处理情况书面答复提出申诉或者控告的辩护人、诉讼代理人。

三、证　据

11. 刑事诉讼法第五十六条第一款规定："法庭审理过程中，审判人员认为可能存在本法第五十四条规定的以非法方法收集证据情形的，应当对证据收集的合法性进行法庭调查。"法庭经对当事人及其辩护人、诉讼代理人提供的相关线索或者材料进行审查后，认为可能存在刑事诉讼法第五十四条规定的以非法方法收集证据情形的，应当对证据收集的合法性进行法庭调查。法庭调查的顺序由法庭根据案件审理情况确定。

12. 刑事诉讼法第六十二条规定，对证人、鉴定人、被害人可以采取"不公开真实姓名、住址和工作单位等个人信息"的保护措施。人民法院、人民检察院和公安机关依法决定不公开证人、鉴定人、被害人的真实姓名、住址和工作单位等个人信息的，可以在判决书、裁定书、起诉书、询问笔录等法律文书、证据材料中使用化名等代替证人、鉴定人、被害人的个人信息。但是，应当书面说明使用化名的情况并标明密级，单独成卷。辩护律师经法庭许可，查阅对证人、鉴定人、被害人使用化名情况的，应当签署保密承诺书。

四、强制措施

13. 被取保候审、监视居住的犯罪嫌疑人、被告人无正当理由不得离开所居住的市、县或者执行监视居住的处所，有正当理由需要离开所居住的市、县或者执行监视居住的处所，应当经执行机关批准。如果取保候审、监视居住是由人民检察院、人民法院决定的，执行机关在批准犯罪嫌疑人、被告人离开所居住的市、县或者执行监视居住的处所前，应当征得决定机关同意。

14. 对取保候审保证人是否履行了保证义务，由公安机关认定，对保证人的罚款决定，也由公安机关作出。

15. 指定居所监视居住的，不得要求被监视居住人支付费用。

16. 刑事诉讼法规定，拘留由公安机关执行。对于人民检察院直接受理的案件，人民检察院作出的拘留决定，应当送达公安机关执行，公安机关应当立即执行，人民检察院可以协助公安机关执行。

17. 对于人民检察院批准逮捕的决定，公安机关应当立即执行，并将执行回执及时送达批准逮捕的人民检察院。如果未能执行，也应当将回执送达人民检察院，并写明未能执行的原因。对于人民检察院决定不批准逮捕的，公安机关在收到不批准逮捕决定书后，应当立即释放在押的犯罪嫌疑人或者变更强制措施，并将执行回执在收到不批准逮捕决定书后的三日内送达作出不批准逮捕决定的人民检察院。

五、立　案

18. 刑事诉讼法第一百一十一条规定："人民检察院认为公安机关对应当立案侦查的案件而不立案侦查的，或者被害人认为公安机关对应当立案侦查的案件而不立案侦查，向人民检察院提出的，人民检察院应当要求公安机关说明不立案的理由。人民检察院认为公安机关不立案理由不能成立的，应当通知公安机关立案，公安机关接到通知后应当立案。"根据上述规定，公安机关收到人民检察院要求说明不立案理由通知书后，应当在七日内将说明情况书面答复人民检察院。人民检察院认为公安机关不立案理由不能成立，发出通知立案书时，应当将有关证明应当立案的材料同时移送公安机关。公安机关收到通知立案书后，应当在十五日内决定立案，并将立案决定书送达人民检察院。

六、侦　查

19. 刑事诉讼法第一百二十一条第一款规定："侦查人员在讯问犯罪嫌疑人的时候，可以对讯问过程进行录音或者录像；对于可能判处无期徒刑、死刑的案件或者其他重大犯罪案件，应当对讯问过程进行录音或者录像。"侦查人员对讯问过程进行录音或者录像的，应当在讯问笔录中注明。人民检察院、人民法院可以根据需要调取讯问犯罪嫌疑人的录音或者录像，有关机关应当及时提供。

20. 刑事诉讼法第一百四十九条中规定："批准决定应当根据侦查犯罪的需要，确定采取技术侦查措施的种类和适用对象。"采取技术侦查措施收集的材料作为证据使用的，批准采取技术侦查措施的法律文书应当附卷，辩护律师可以依法查阅、摘抄、复制，在审判过程中可以向法庭出示。

21. 公安机关对案件提请延长羁押期限的，应当在羁押期限届满七日前提出，并书面呈报延长羁押期限案件的主要案情和延长羁押期限的具体理由，人民检察院应当在羁押期限届满前作出决定。

22. 刑事诉讼法第一百五十八条第一款规定："在侦查期间，发现犯罪嫌疑人另有重要罪行的，自发现之日起依照本法第一百五十四条的规定重新计算侦查羁押期限。"公安机关依照上述规定重新计算侦查羁押期限的，不需要经人民检察院批准，但应当报人民检察院备案，人民检察院可以进行监督。

七、提起公诉

23. 上级公安机关指定下级公安机关立案侦查的案件，需要逮捕犯罪嫌疑人的，由侦查该案件的公安机关提请同级人民检察院审查批准；需要提起公诉的，由侦查该案件的公安机关移送同级人民检察院审查起诉。

人民检察院对于审查起诉的案件，按照刑事诉讼法的管辖规定，认为应当由上级人民检察院或者同级其他人民检察院起诉的，应当将案件移送有管辖权的人民检察院。人民检察院认为需要依照刑事诉讼法的规定指定审判管辖的，应当协商同级人民法院办理指定管辖有关事宜。

24. 人民检察院向人民法院提起公诉时，应当将案卷材料和全部证据移送人民法院，包括犯罪嫌疑人、被告人翻供的材料，证人改变证言的材料，以及对犯罪嫌疑人、被告人有利的其他证据材料。

八、审　判

25. 刑事诉讼法第一百八十一条规定："人民法院对提起公诉的案件进行审查后，对于起诉书中有明确的指控犯罪事实的，应当决定开庭审判。"对于人民检察院提起公诉的案件，人民法院都应当受理。人民法院对提起公诉的案件进行审查后，对于起诉书中有明确的指控犯罪事实并且附有案卷材料、证据的，应当决定开庭审判，不得以上述材料不充足为由而不开庭审判。如果人民检察院移送的材料中缺少上述材料的，人民法院可以通知人民检察院补充材料，人民检察院应当自收到通知之日起三日内补送。

人民法院对提起公诉的案件进行审查的期限计入人民法院的审理期限。

26. 人民法院开庭审理公诉案件时，出庭的检察人员和辩护人需要出示、宣读、播放已移交人民法院的证据的，可以申请法庭出示、宣读、播放。

27. 刑事诉讼法第三十九条规定："辩护人认为在侦查、审查起诉期间公安机关、人民检察院收集的证明犯罪嫌疑人、被告人无罪或者罪轻的证据材料未提交的，有权申请人民检察院、人民法院调取。"第一百九十一条第一款规定："法庭审理过程中，合议庭对证据有疑问的，可以宣布休庭，对证据进行调查核实。"第一百九十二条第一款规定："法庭审理过程中，当事人和辩护人、诉讼代理人有权申请通知新的证人到庭，调取新的物证，申请重新鉴定或者勘验。"根据上述规定，自案件移送审查起诉之日起，人民检察院可以根据辩护人的申请，向公安机关调取未提交的证明犯罪嫌疑人、被告人无罪或者罪轻的证据材料。在法庭审理过程中，人民法院可以根据辩护人的申请，向人民检察院调取未提交的证明被告人无罪或者罪轻的证据材料，也可以向人民检察院调取需要调查核实的证据材料。公安机关、人民检察院应当自收到要求调取证据材料决定书后三日内移交。

28. 人民法院依法通知证人、鉴定人出庭作证的，应当同时将证人、鉴定人出庭通知书送交控辩双方，控辩双方应当予以配合。

29. 刑事诉讼法第一百八十七条第三款规定："公诉人、当事人或者辩护人、诉讼代理人对鉴定意见有异议，人民法院认为鉴定人有必要出庭的，鉴定人应当出庭作证。经人民法院通知，鉴定人拒不出庭作证的，鉴定意见不得作为定案的根据。"根据上述规定，依法应当出庭的鉴定人经人民法院通知未出庭作证的,鉴定意见不得作为定案的根据。鉴定人由于不能抗拒的原因或者有其他正当理由无法出庭的,人民法院可以根据案件审理情况决定延期审理。

30. 人民法院审理公诉案件,发现有新的事实,可能影响定罪的,人民检察院可以要求补充起诉或者变更起诉,人民法院可以建议人民检察院补充起诉或者变更起诉。人民法院建议人民检察院补充起诉或者变更起诉的,人民检察院应当在七日以内回复意见。

31. 法庭审理过程中,被告人揭发他人犯罪行为或者提供重要线索,人民检察院认为需要进行查证的,可以建议补充侦查。

32. 刑事诉讼法第二百零三条规定:"人民检察院发现人民法院审理案件违反法律规定的诉讼程序,有权向人民法院提出纠正意见。"人民检察院对违反法定程序的庭审活动提出纠正意见,应当由人民检察院在庭审后提出。

九、执行

33. 刑事诉讼法第二百五十四条第五款中规定:"在交付执行前,暂予监外执行由交付执行的人民法院决定"。对于被告人可能被判处拘役、有期徒刑、无期徒刑,符合暂予监外执行条件的,被告人及其辩护人有权向人民法院提出暂予监外执行的申请,看守所可以将有关情况通报人民法院。人民法院应当进行审查,并在交付执行前作出是否暂予监外执行的决定。

34. 刑事诉讼法第二百五十七条第三款规定:"不符合暂予监外执行条件的罪犯通过贿赂等非法手段被暂予监外执行的,在监外执行的期间不计入执行刑期。罪犯在暂予监外执行期间脱逃的,脱逃的期间不计入执行刑期。"对于人民法院决定暂予监外执行的罪犯具有上述情形的,人民法院在决定予以收监的同时,应当确定不计入刑期的期间。对于监狱管理机关或者公安机关决定暂予监外执行的罪犯具有上述情形的,罪犯被收监后,所在监狱或者看守所应当及时向所在地的中级人民法院提出不计入执行刑期的建议书,由人民法院审核裁定。

35. 被决定收监执行的社区矫正人员在逃的,社区矫正机构应当立即通知公安机关,由公安机关负责追捕。

十、涉案财产的处理

36. 对于依照刑法规定应当追缴的违法所得及其他涉案财产,除依法返还被害人的财物以及依法销毁的违禁品外,必须一律上缴国库。查封、扣押的涉案财产,依

法不移送的,待人民法院作出生效判决、裁定后,由人民法院通知查封、扣押机关上缴国库,查封、扣押机关应当向人民法院送交执行回单;冻结在金融机构的违法所得及其他涉案财产,待人民法院作出生效判决、裁定后,由人民法院通知有关金融机构上缴国库,有关金融机构应当向人民法院送交执行回单。

对于被扣押、冻结的债券、股票、基金份额等财产,在扣押、冻结期间权利人申请出售,经扣押、冻结机关审查,不损害国家利益、被害人利益,不影响诉讼正常进行的,以及扣押、冻结的汇票、本票、支票的有效期即将届满的,可以在判决生效前依法出售或者变现,所得价款由扣押、冻结机关保管,并及时告知当事人或者其近亲属。

37. 刑事诉讼法第一百四十二条第一款中规定:"人民检察院、公安机关根据侦查犯罪的需要,可以依照规定查询、冻结犯罪嫌疑人的存款、汇款、债券、股票、基金份额等财产。"根据上述规定,人民检察院、公安机关不能扣划存款、汇款、债券、股票、基金份额等财产。对于犯罪嫌疑人、被告人死亡,依照刑法规定应当追缴其违法所得及其他涉案财产的,适用刑事诉讼法第五编第三章规定的程序,由人民检察院向人民法院提出没收违法所得的申请。

38. 犯罪嫌疑人、被告人死亡,现有证据证明存在违法所得及其他涉案财产应当予以没收的,公安机关、人民检察院可以进行调查。公安机关、人民检察院进行调查,可以依法进行查封、扣押、查询、冻结。

人民法院在审理案件过程中,被告人死亡的,应当裁定终止审理;被告人脱逃的,应当裁定中止审理。人民检察院可以依法另行向人民法院提出没收违法所得的申请。

39. 对于人民法院依法作出的没收违法所得的裁定,犯罪嫌疑人、被告人的近亲属和其他利害关系人或者人民检察院可以在五日内提出上诉、抗诉。

十一、其他

40. 刑事诉讼法第一百四十七条规定:"对犯罪嫌疑人作精神病鉴定的期间不计入办案期限。"根据上述规定,犯罪嫌疑人、被告人在押的案件,除对犯罪嫌疑人、被告人的精神病鉴定期间不计入办案期限外,其他鉴定期间都应当计入办案期限。对于因鉴定时间较长,办案期限届满仍不能终结的案件,自期限届满之日起,应当对被羁押的犯罪嫌疑人、被告人变更强制措施,改为取保候审或者监视居住。

国家安全机关依照法律规定,办理危害国家安全的

刑事案件,适用本规定中有关公安机关的规定。

本规定自 2013 年 1 月 1 日起施行。1998 年 1 月 19 日发布的《最高人民法院、最高人民检察院、公安部、国家安全部、司法部、全国人大常委会法制工作委员会关于刑事诉讼法实施中若干问题的规定》同时废止。

人民检察院刑事诉讼规则

·2019 年 12 月 2 日最高人民检察院第十三届检察委员会第二十八次会议通过
·2019 年 12 月 30 日最高人民检察院公告公布
·自 2019 年 12 月 30 日起施行
·高检发释字〔2019〕4 号

第一章　通　则

第一条　为保证人民检察院在刑事诉讼中严格依照法定程序办案,正确履行职权,实现惩罚犯罪与保障人权的统一,根据《中华人民共和国刑事诉讼法》《中华人民共和国人民检察院组织法》和有关法律规定,结合人民检察院工作实际,制定本规则。

第二条　人民检察院在刑事诉讼中的任务,是立案侦查直接受理的案件、审查逮捕、审查起诉和提起公诉、对刑事诉讼实行法律监督,保证准确、及时查明犯罪事实,正确应用法律,惩罚犯罪分子,保障无罪的人不受刑事追究,保障刑事法律的统一正确实施,维护社会主义法制,尊重和保障人权,保护公民的人身权利、财产权利、民主权利和其他权利,保障社会主义建设事业的顺利进行。

第三条　人民检察院办理刑事案件,应当严格遵守《中华人民共和国刑事诉讼法》以及其他法律的有关规定,秉持客观公正的立场,尊重和保障人权,既要追诉犯罪,也要保障无罪的人不受刑事追究。

第四条　人民检察院办理刑事案件,由检察官、检察长、检察委员会在各自职权范围内对办案事项作出决定,并依照规定承担相应司法责任。

检察官在检察长领导下开展工作。重大办案事项,由检察长决定。检察长可以根据案件情况,提交检察委员会讨论决定。其他办案事项,检察长可以自行决定,也可以委托检察官决定。

本规则对应当由检察长或者检察委员会决定的重大办案事项有明确规定的,依照本规则的规定。本规则没有明确规定的,省级人民检察院可以制定有关规定,报最高人民检察院批准。

以人民检察院名义制发的法律文书,由检察长签发;属于检察官职权范围内决定事项的,检察长可以授权检

察官签发。

重大、疑难、复杂或者有社会影响的案件,应当向检察长报告。

第五条　人民检察院办理刑事案件,根据案件情况,可以由一名检察官独任办理,也可以由两名以上检察官组成办案组办理。由检察官办案组办理的,检察长应当指定一名检察官担任主办检察官,组织、指挥办案组办理案件。

检察官办理案件,可以根据需要配备检察官助理、书记员、司法警察、检察技术人员等检察辅助人员。检察辅助人员依照法律规定承担相应的检察辅助事务。

第六条　人民检察院根据检察工作需要设置业务机构,在刑事诉讼中按照分工履行职责。

业务机构负责人对本部门的办案活动进行监督管理。需要报请检察长决定的事项和需要向检察长报告的案件,应当先由业务机构负责人审核。业务机构负责人可以主持召开检察官联席会议进行讨论,也可以直接报请检察长决定或者向检察长报告。

第七条　检察长不同意检察官处理意见的,可以要求检察官复核,也可以直接作出决定,或者提请检察委员会讨论决定。

检察官执行检察长决定时,认为决定错误的,应当书面提出意见。检察长不改变原决定的,检察官应当执行。

第八条　对同一刑事案件的审查逮捕、审查起诉、出庭支持公诉和立案监督、侦查监督、审判监督等工作,由同一检察官或者检察官办案组负责,但是审查逮捕、审查起诉由不同人民检察院管辖,或者依照法律、有关规定应当另行指派检察官或者检察官办案组办理的除外。

人民检察院履行审查逮捕和审查起诉职责的办案部门,本规则中统称为负责捕诉的部门。

第九条　最高人民检察院领导地方各级人民检察院和专门人民检察院的工作,上级人民检察院领导下级人民检察院的工作。检察长统一领导人民检察院的工作。

上级人民检察院可以依法统一调用辖区的检察人员办理案件,调用的决定应当以书面形式作出。被调用的检察官可以代表办理案件的人民检察院履行出庭支持公诉等各项检察职责。

第十条　上级人民检察院对下级人民检察院作出的决定,有权予以撤销或者变更;发现下级人民检察院办理的案件有错误的,有权指令下级人民检察院予以纠正。

下级人民检察院对上级人民检察院的决定应当执行。如果认为有错误的,应当在执行的同时向上级人民

检察院报告。

第十一条　犯罪嫌疑人、被告人自愿如实供述自己的罪行,承认指控的犯罪事实,愿意接受处罚的,可以依法从宽处理。

认罪认罚从宽制度适用于所有刑事案件。人民检察院办理刑事案件的各个诉讼环节,都应当做好认罪认罚的相关工作。

第十二条　人民检察院办理刑事案件的活动依照规定接受人民监督员监督。

第二章　管　辖

第十三条　人民检察院在对诉讼活动实行法律监督中发现的司法工作人员利用职权实施的非法拘禁、刑讯逼供、非法搜查等侵犯公民权利、损害司法公正的犯罪,可以由人民检察院立案侦查。

对于公安机关管辖的国家机关工作人员利用职权实施的重大犯罪案件,需要由人民检察院直接受理的,经省级以上人民检察院决定,可以由人民检察院立案侦查。

第十四条　人民检察院办理直接受理侦查的案件,由设区的市级人民检察院立案侦查。基层人民检察院发现犯罪线索的,应当报设区的市级人民检察院决定立案侦查。

设区的市级人民检察院根据案件情况也可以将案件交由基层人民检察院立案侦查,或者要求基层人民检察院协助侦查。对于刑事执行派出检察院辖区内与刑事执行活动有关的犯罪线索,可以交由刑事执行派出检察院立案侦查。

最高人民检察院、省级人民检察院发现犯罪线索的,可以自行立案侦查,也可以将犯罪线索交由指定的省级人民检察院或者设区的市级人民检察院立案侦查。

第十五条　对本规则第十三条第二款规定的案件,人民检察院需要直接立案侦查的,应当层报省级人民检察院决定。

报请省级人民检察院决定立案侦查的案件,应当制作提请批准直接受理书,写明案件情况以及需要由人民检察院立案侦查的理由,并附有关材料。

省级人民检察院应当在收到提请批准直接受理书后十日以内作出是否立案侦查的决定。省级人民检察院可以决定由设区的市级人民检察院立案侦查,也可以自行立案侦查。

第十六条　上级人民检察院在必要的时候,可以直接立案侦查或者组织、指挥、参与侦查下级人民检察院管辖的案件。下级人民检察院认为案情重大、复杂,需要由

上级人民检察院立案侦查的案件,可以请求移送上级人民检察院立案侦查。

第十七条　人民检察院办理直接受理侦查的案件,发现犯罪嫌疑人同时涉嫌监察机关管辖的职务犯罪线索的,应当及时与同级监察机关沟通。

经沟通,认为全案由监察机关管辖更为适宜的,人民检察院应当将案件和相应职务犯罪线索一并移送监察机关;认为由监察机关和人民检察院分别管辖更为适宜的,人民检察院应当将监察机关管辖的相应职务犯罪线索移送监察机关,对依法由人民检察院管辖的犯罪案件继续侦查。

人民检察院应当及时将沟通情况报告上一级人民检察院。沟通期间不得停止对案件的侦查。

第十八条　人民检察院办理直接受理侦查的案件涉及公安机关管辖的刑事案件,应当将属于公安机关管辖的刑事案件移送公安机关。如果涉嫌的主罪属于公安机关管辖,由公安机关为主侦查,人民检察院予以配合;如果涉嫌的主罪属于人民检察院管辖,由人民检察院为主侦查,公安机关予以配合。

对于一人犯数罪、共同犯罪、共同犯罪的犯罪嫌疑人还实施其他犯罪、多个犯罪嫌疑人实施的犯罪存在关联,并案处理有利于查明案件事实和诉讼进行的,人民检察院可以在职责范围内对相关犯罪案件并案处理。

第十九条　本规则第十三条规定的案件,由犯罪嫌疑人工作单位所在地的人民检察院管辖。如果由其他人民检察院管辖更为适宜的,可以由其他人民检察院管辖。

第二十条　对管辖不明确的案件,可以由有关人民检察院协商确定管辖。

第二十一条　几个人民检察院都有权管辖的案件,由最初受理的人民检察院管辖。必要时,可以由主要犯罪地的人民检察院管辖。

第二十二条　对于下列案件,上级人民检察院可以指定管辖:

(一)管辖有争议的案件;

(二)需要改变管辖的案件;

(三)需要集中管辖的特定类型的案件;

(四)其他需要指定管辖的案件。

对前款案件的审查起诉指定管辖的,人民检察院应当与相应的人民法院协商一致。对前款第三项案件的审查逮捕指定管辖的,人民检察院应当与相应的公安机关协商一致。

第二十三条　军事检察院等专门人民检察院的管辖

以及军队与地方互涉刑事案件的管辖,按照有关规定执行。

第三章 回 避

第二十四条 检察人员在受理举报和办理案件过程中,发现有刑事诉讼法第二十九条或者第三十条规定的情形之一的,应当自行提出回避;没有自行提出回避的,人民检察院应当决定其回避,当事人及其法定代理人有权要求其回避。

第二十五条 检察人员自行回避的,应当书面或者口头提出,并说明理由。口头提出的,应当记录在案。

第二十六条 人民检察院应当告知当事人及其法定代理人有依法申请回避的权利,并告知办理相关案件的检察人员、书记员等人员的姓名、职务等有关情况。

第二十七条 当事人及其法定代理人要求检察人员回避的,应当书面或者口头向人民检察院提出,并说明理由。口头提出的,应当记录在案。根据刑事诉讼法第三十条的规定要求检察人员回避的,应当提供有关证明材料。

人民检察院经过审查或者调查,认为检察人员符合回避条件的,应当作出回避决定;不符合回避条件的,应当驳回申请。

第二十八条 在开庭审理过程中,当事人及其法定代理人向法庭申请出庭的检察人员回避的,在收到人民法院通知后,人民检察院应当作出回避或者驳回申请的决定。不属于刑事诉讼法第二十九条、第三十条规定情形的回避申请,出席法庭的检察人员应当建议法庭当庭驳回。

第二十九条 检察长的回避,由检察委员会讨论决定。检察委员会讨论检察长回避问题时,由副检察长主持,检察长不得参加。

其他检察人员的回避,由检察长决定。

第三十条 当事人及其法定代理人要求公安机关负责人回避,向同级人民检察院提出,或者向公安机关提出后,公安机关移送同级人民检察院的,由检察长提交检察委员会讨论决定。

第三十一条 检察长应当回避,本人没有自行回避,当事人及其法定代理人也没有申请其回避的,检察委员会应当决定其回避。

其他检察人员有前款规定情形的,检察长应当决定其回避。

第三十二条 人民检察院作出驳回申请回避的决定后,应当告知当事人及其法定代理人如不服本决定,有权

在收到驳回申请回避的决定书后五日以内向原决定机关申请复议一次。

第三十三条 当事人及其法定代理人对驳回申请回避的决定不服申请复议的,决定机关应当在三日以内作出复议决定并书面通知申请人。

第三十四条 对人民检察院直接受理的案件进行侦查的人员或者进行补充侦查的人员在回避决定作出以前和复议期间,不得停止对案件的侦查。

第三十五条 参加过同一案件侦查的人员,不得承办该案的审查逮捕、审查起诉、出庭支持公诉和诉讼监督工作,但在审查起诉阶段参加自行补充侦查的人员除外。

第三十六条 被决定回避的检察长在回避决定作出以前所取得的证据和进行的诉讼行为是否有效,由检察委员会根据案件具体情况决定。

被决定回避的其他检察人员在回避决定作出以前所取得的证据和进行的诉讼行为是否有效,由检察长根据案件具体情况决定。

被决定回避的公安机关负责人在回避决定作出以前所进行的诉讼行为是否有效,由作出决定的人民检察院检察委员会根据案件具体情况决定。

第三十七条 本规则关于回避的规定,适用于书记员、司法警察和人民检察院聘请或者指派的翻译人员、鉴定人。

书记员、司法警察和人民检察院聘请或者指派的翻译人员、鉴定人的回避由检察长决定。

辩护人、诉讼代理人可以依照刑事诉讼法及本规则关于回避的规定要求回避、申请复议。

第四章 辩护与代理

第三十八条 人民检察院在办案过程中,应当依法保障犯罪嫌疑人行使辩护权利。

第三十九条 辩护人、诉讼代理人向人民检察院提出有关申请、要求或者提交有关书面材料的,负责案件管理的部门应当接收并及时移送办案部门或者与办案部门联系,具体业务由办案部门负责办理,本规则另有规定的除外。

第四十条 人民检察院负责侦查的部门在第一次讯问犯罪嫌疑人或者对其采取强制措施时,应当告知犯罪嫌疑人有权委托辩护人,并告知其如果因经济困难或者其他原因没有委托辩护人的,可以申请法律援助。属于刑事诉讼法第三十五条规定情形的,应当告知犯罪嫌疑人有权获得法律援助。

人民检察院自收到移送起诉案卷材料之日起三日以

内,应当告知犯罪嫌疑人有权委托辩护人,并告知其如果因经济困难或者其他原因没有委托辩护人的,可以申请法律援助。属于刑事诉讼法第三十五条规定情形的,应当告知犯罪嫌疑人有权获得法律援助。

当面口头告知的,应当记入笔录,由被告人签名;电话告知的,应当记录在案;书面告知的,应当将送达回执入卷。

第四十一条　在押或者被指定居所监视居住的犯罪嫌疑人向人民检察院提出委托辩护人要求的,人民检察院应当及时向其监护人、近亲属或者其指定的人员转达要求,并记录在案。

第四十二条　人民检察院办理直接受理侦查案件和审查起诉案件,发现犯罪嫌疑人是盲、聋、哑人或者是尚未完全丧失辨认或者控制自己行为能力的精神病人,或者可能被判处无期徒刑、死刑,没有委托辩护人的,应当自发现之日起三日以内书面通知法律援助机构指派律师为其提供辩护。

第四十三条　人民检察院收到在押或者被指定居所监视居住的犯罪嫌疑人提出的法律援助申请,应当在二十四小时以内将申请材料转交法律援助机构,并通知犯罪嫌疑人的监护人、近亲属或者其委托的其他人员协助提供有关证件、证明等材料。

第四十四条　属于应当提供法律援助的情形,犯罪嫌疑人拒绝法律援助机构指派的律师作为辩护人的,人民检察院应当查明拒绝的原因。有正当理由的,予以准许,但犯罪嫌疑人需另行委托辩护人;犯罪嫌疑人未另行委托辩护人的,应当书面通知法律援助机构另行指派律师为其提供辩护。

第四十五条　辩护人接受委托后告知人民检察院,或者法律援助机构指派律师后通知人民检察院的,人民检察院负责案件管理的部门应当及时登记辩护人的相关信息,并将有关情况和材料及时通知、移交办案部门。

负责案件管理的部门对办理业务的辩护律师,应当查验其律师执业证书、律师事务所证明和授权委托书或者法律援助公函。对其他辩护人、诉讼代理人,应当查验其身份证明和授权委托书。

第四十六条　人民检察院负责案件管理的部门应当依照法律规定对辩护人、诉讼代理人的资格进行审查,办案部门应当予以协助。

第四十七条　自人民检察院对案件审查起诉之日起,应当允许辩护律师查阅、摘抄、复制本案的案卷材料。案卷材料包括案件的诉讼文书和证据材料。

人民检察院直接受理侦查案件移送起诉,审查起诉案件退回补充侦查、改变管辖、提起公诉的,应当及时告知辩护律师。

第四十八条　自人民检察院对案件审查起诉之日起,律师以外的辩护人向人民检察院申请查阅、摘抄、复制本案的案卷材料或者申请同在押、被监视居住的犯罪嫌疑人会见和通信的,由人民检察院负责捕诉的部门进行审查并作出是否许可的决定,在三日以内书面通知申请人。

人民检察院许可律师以外的辩护人同在押或者被监视居住的犯罪嫌疑人通信的,可以要求看守所或者公安机关将书信送交人民检察院进行检查。

律师以外的辩护人申请查阅、摘抄、复制案卷材料或者申请同在押、被监视居住的犯罪嫌疑人会见和通信,具有下列情形之一的,人民检察院可以不予许可:

(一)同案犯罪嫌疑人在逃的;

(二)案件事实不清,证据不足,或者遗漏罪行、遗漏同案犯罪嫌疑人需要补充侦查的;

(三)涉及国家秘密或者商业秘密的;

(四)有事实表明存在串供、毁灭、伪造证据或者危害证人人身安全可能的。

第四十九条　辩护律师或者经过许可的其他辩护人到人民检察院查阅、摘抄、复制本案的案卷材料,由负责案件管理的部门及时安排,由办案部门提供案卷材料。因办案部门工作等原因无法及时安排的,应当向辩护人说明,并自即日起三个工作日以内安排辩护人阅卷,办案部门应当予以配合。

人民检察院应当为辩护人查阅、摘抄、复制案卷材料设置专门的场所或者电子卷宗阅卷终端设备。必要时,人民检察院可以派员在场协助。

辩护人复制案卷材料可以采取复印、拍照、扫描、刻录等方式,人民检察院不收取费用。

第五十条　案件提请批准逮捕或者移送起诉后,辩护人认为公安机关在侦查期间收集的证明犯罪嫌疑人无罪或者罪轻的证据材料未提交,申请人民检察院向公安机关调取的,人民检察院负责捕诉的部门应当及时审查。经审查,认为辩护人申请调取的证据已收集并且与案件事实有联系的,应当予以调取;认为辩护人申请调取的证据未收集或者与案件事实没有联系的,应当决定不予调取并向辩护人说明理由。公安机关移送相关证据材料的,人民检察院应当在三日以内告知辩护人。

人民检察院办理直接受理侦查的案件,适用前款规定。

第五十一条 在人民检察院侦查、审查逮捕、审查起诉过程中,辩护人收集的有关犯罪嫌疑人不在犯罪现场、未达到刑事责任年龄、属于依法不负刑事责任的精神病人的证据,告知人民检察院的,人民检察院应当及时审查。

第五十二条 案件移送起诉后,辩护律师依据刑事诉讼法第四十三条第一款的规定申请人民检察院收集、调取证据的,人民检察院负责捕诉的部门应当及时审查。经审查,认为需要收集、调取证据的,应当决定收集、调取并制作笔录附卷;决定不予收集、调取的,应当书面说明理由。

人民检察院根据辩护律师的申请收集、调取证据时,辩护律师可以在场。

第五十三条 辩护律师申请人民检察院许可其向被害人或者其近亲属、被害人提供的证人收集与本案有关材料的,人民检察院负责捕诉的部门应当及时进行审查。人民检察院应当在五日以内作出是否许可的决定,通知辩护律师;不予许可的,应当书面说明理由。

第五十四条 在人民检察院侦查、审查逮捕、审查起诉过程中,辩护人要求听取其意见的,办案部门应当及时安排。辩护人提出书面意见的,办案部门应当接收并登记。

听取辩护人意见应当制作笔录或者记录在案,辩护人提出的书面意见应当附卷。

辩护人提交案件相关材料的,办案部门应当将辩护人提交材料的目的、来源及内容等情况记录在案,一并附卷。

第五十五条 人民检察院自收到移送起诉案卷材料之日起三日以内,应当告知被害人及其法定代理人或者其近亲属、附带民事诉讼的当事人及其法定代理人有权委托诉讼代理人。被害人及其法定代理人、近亲属因经济困难没有委托诉讼代理人的,应当告知其可以申请法律援助。

当面口头告知的,应当记入笔录,由被告人签名;电话告知的,应当记录在案;书面告知的,应当将送达回执入卷。被害人众多或者不确定,无法以上述方式逐一告知的,可以公告告知。无法告知的,应当记录在案。

被害人有法定代理人的,应当告知其法定代理人;没有法定代理人的,应当告知其近亲属。

法定代理人或者近亲属为二人以上的,可以告知其中一人。告知时应当按照刑事诉讼法第一百零八条第三项、第六项列举的顺序择先进行。

当事人及其法定代理人、近亲属委托诉讼代理人的,参照刑事诉讼法第三十三条等法律规定执行。

第五十六条 经人民检察院许可,诉讼代理人查阅、摘抄、复制本案案卷材料的,参照本规则第四十九条的规定办理。

律师担任诉讼代理人,需要申请人民检察院收集、调取证据的,参照本规则第五十二条的规定办理。

第五十七条 辩护人、诉讼代理人认为公安机关、人民检察院、人民法院及其工作人员具有下列阻碍其依法行使诉讼权利行为之一,向同级或者上一级人民检察院申诉或者控告的,人民检察院负责控告申诉检察的部门应当接受并依法办理,其他办案部门应当予以配合:

(一)违反规定,对辩护人、诉讼代理人提出的回避要求不予受理或者对不予回避决定不服的复议申请不予受理的;

(二)未依法告知犯罪嫌疑人、被告人有权委托辩护人的;

(三)未转达在押或者被监视居住的犯罪嫌疑人、被告人委托辩护人的要求或者未转交其申请法律援助材料的;

(四)应当通知而不通知法律援助机构为符合条件的犯罪嫌疑人、被告人或者被申请强制医疗的人指派律师提供辩护或者法律援助的;

(五)在规定时间内不受理、不答复辩护人提出的变更强制措施申请或者解除强制措施要求的;

(六)未依法告知辩护律师犯罪嫌疑人涉嫌的罪名和案件有关情况的;

(七)违法限制辩护律师同在押、被监视居住的犯罪嫌疑人、被告人会见和通信的;

(八)违法不允许辩护律师查阅、摘抄、复制本案的案卷材料的;

(九)违法限制辩护律师收集、核实有关证据材料的;

(十)没有正当理由不同意辩护律师收集、调取证据或者通知证人出庭作证的申请,或者不答复、不说明理由的;

(十一)未依法提交证明犯罪嫌疑人、被告人无罪或者罪轻的证据材料的;

(十二)未依法听取辩护人、诉讼代理人意见的;

(十三)未依法将开庭的时间、地点及时通知辩护人、诉讼代理人的;

(十四)未依法向辩护人、诉讼代理人及时送达本案

的法律文书或者及时告知案件移送情况的;

(十五)阻碍辩护人、诉讼代理人在法庭审理过程中依法行使诉讼权利的;

(十六)其他阻碍辩护人、诉讼代理人依法行使诉讼权利的。

对于直接向上一级人民检察院申诉或者控告的,上一级人民检察院可以交下级人民检察院办理,也可以直接办理。

辩护人、诉讼代理人认为看守所及其工作人员有阻碍其依法行使诉讼权利的行为,向人民检察院申诉或者控告的,由负责刑事执行检察的部门接受并依法办理;其他办案部门收到申诉或者控告的,应当及时移送负责刑事执行检察的部门。

第五十八条　辩护人、诉讼代理人认为其依法行使诉讼权利受到阻碍向人民检察院申诉或者控告的,人民检察院应当及时受理并调查核实,在十日以内办结并书面答复。情况属实的,通知有关机关或者本院有关部门、下级人民检察院予以纠正。

第五十九条　辩护律师告知人民检察院其委托人或者其他人员准备实施、正在实施危害国家安全、危害公共安全以及严重危及他人人身安全犯罪的,人民检察院应当接受并立即移送有关机关依法处理。

人民检察院应当为反映情况的辩护律师保密。

第六十条　人民检察院发现辩护人有帮助犯罪嫌疑人、被告人隐匿、毁灭、伪造证据、串供,或者威胁、引诱证人作伪证以及其他干扰司法机关诉讼活动的行为,可能涉嫌犯罪的,应当将涉嫌犯罪的线索或者证据材料移送有管辖权的机关依法处理。

人民检察院发现辩护律师在刑事诉讼中违反法律、法规或者执业纪律的,应当及时向其所在的律师事务所、所属的律师协会以及司法行政机关通报。

第五章　证　据

第六十一条　人民检察院认定案件事实,应当以证据为根据。

公诉案件中被告人有罪的举证责任由人民检察院承担。人民检察院在提起公诉指控犯罪时,应当提出确实、充分的证据,并运用证据加以证明。

人民检察院提起公诉,应当秉持客观公正立场,对被告人有罪、罪重、罪轻的证据都应当向人民法院提出。

第六十二条　证据的审查认定,应当结合案件的具体情况,从证据与待证事实的关联程度、各证据之间的联系、是否依照法定程序收集等方面进行综合审查判断。

第六十三条　人民检察院侦查终结或者提起公诉的案件,证据应当确实、充分。证据确实、充分,应当符合以下条件:

(一)定罪量刑的事实都有证据证明;

(二)据以定案的证据均经法定程序查证属实;

(三)综合全案证据,对所认定事实已排除合理怀疑。

第六十四条　行政机关在行政执法和查办案件过程中收集的物证、书证、视听资料、电子数据等证据材料,经人民检察院审查符合法定要求的,可以作为证据使用。

行政机关在行政执法和查办案件过程中收集的鉴定意见、勘验、检查笔录,经人民检察院审查符合法定要求的,可以作为证据使用。

第六十五条　监察机关依照法律规定收集的物证、书证、证人证言、被调查人供述和辩解、视听资料、电子数据等证据材料,在刑事诉讼中可以作为证据使用。

第六十六条　对采用刑讯逼供等非法方法收集的犯罪嫌疑人供述和采用暴力、威胁等非法方法收集的证人证言、被害人陈述,应当依法排除,不得作为移送审查逮捕、批准或者决定逮捕、移送起诉以及提起公诉的依据。

第六十七条　对采用下列方法收集的犯罪嫌疑人供述,应当予以排除:

(一)采用殴打、违法使用戒具等暴力方法或者变相肉刑的恶劣手段,使犯罪嫌疑人遭受难以忍受的痛苦而违背意愿作出的供述;

(二)采用以暴力或者严重损害本人及其近亲属合法权益等进行威胁的方法,使犯罪嫌疑人遭受难以忍受的痛苦而违背意愿作出的供述;

(三)采用非法拘禁等非法限制人身自由的方法收集的供述。

第六十八条　对采用刑讯逼供方法使犯罪嫌疑人作出供述,之后犯罪嫌疑人受该刑讯逼供行为影响而作出的与该供述相同的重复性供述,应当一并排除,但下列情形除外:

(一)侦查期间,根据控告、举报或者自己发现等,公安机关确认或者不能排除以非法方法收集证据而更换侦查人员,其他侦查人员再次讯问时告知诉讼权利和认罪认罚的法律规定,犯罪嫌疑人自愿供述的;

(二)审查逮捕、审查起诉期间,检察人员讯问时告知诉讼权利和认罪认罚的法律规定,犯罪嫌疑人自愿供述的。

第六十九条　采用暴力、威胁以及非法限制人身自由等非法方法收集的证人证言、被害人陈述,应当予以排除。

第七十条　收集物证、书证不符合法定程序,可能严重影响司法公正的,人民检察院应当及时要求公安机关补正或者作出书面解释;不能补正或者无法作出合理解释的,对该证据应当予以排除。

对公安机关的补正或者解释,人民检察院应当予以审查。经补正或者作出合理解释的,可以作为批准或者决定逮捕、提起公诉的依据。

第七十一条　对重大案件,人民检察院驻看守所检察人员在侦查终结前应当对讯问合法性进行核查并全程同步录音、录像,核查情况应当及时通知本院负责捕诉的部门。

负责捕诉的部门认为确有刑讯逼供等非法取证情形的,应当要求公安机关依法排除非法证据,不得作为提请批准逮捕、移送起诉的依据。

第七十二条　人民检察院发现侦查人员以非法方法收集证据的,应当及时进行调查核实。

当事人及其辩护人或者值班律师、诉讼代理人报案、控告、举报侦查人员采用刑讯逼供等非法方法收集证据,并提供涉嫌非法取证的人员、时间、地点、方式和内容等材料或者线索的,人民检察院应当受理并进行审查。根据现有材料无法证明证据收集合法性的,应当及时进行调查核实。

上一级人民检察院接到对侦查人员采用刑讯逼供等非法方法收集证据的报案、控告、举报,可以直接进行调查核实,也可以交由下级人民检察院调查核实。交由下级人民检察院调查核实的,下级人民检察院应当及时将调查结果报告上一级人民检察院。

人民检察院决定调查核实的,应当及时通知公安机关。

第七十三条　人民检察院经审查认定存在非法取证行为的,对该证据应当予以排除,其他证据不能证明犯罪嫌疑人实施犯罪行为的,应当不批准或者决定逮捕。已经移送起诉的,可以依法将案件退回监察机关补充调查或者退回公安机关补充侦查,或者作出不起诉决定。被排除的非法证据应当随案移送,并写明为依法排除的非法证据。

对于侦查人员的非法取证行为,尚未构成犯罪的,应当依法向其所在机关提出纠正意见。对于需要补正或者作出合理解释的,应当提出明确要求。

对于非法取证行为涉嫌犯罪需要追究刑事责任的,应当依法立案侦查。

第七十四条　人民检察院认为可能存在以刑讯逼供等非法方法收集证据情形的,可以书面要求监察机关或者公安机关对证据收集的合法性作出说明。说明应当加盖单位公章,并由调查人员或者侦查人员签名。

第七十五条　对于公安机关立案侦查的案件,存在下列情形之一的,人民检察院在审查逮捕、审查起诉和审判阶段,可以调取公安机关讯问犯罪嫌疑人的录音、录像,对证据收集的合法性以及犯罪嫌疑人、被告人供述的真实性进行审查:

(一)认为讯问活动可能存在刑讯逼供等非法取证行为的;

(二)犯罪嫌疑人、被告人或者辩护人提出犯罪嫌疑人、被告人供述系非法取得,并提供相关线索或者材料的;

(三)犯罪嫌疑人、被告人提出讯问活动违反法定程序或者翻供,并提供相关线索或者材料的;

(四)犯罪嫌疑人、被告人或者辩护人提出讯问笔录内容不真实,并提供相关线索或者材料的;

(五)案情重大、疑难、复杂的。

人民检察院调取公安机关讯问犯罪嫌疑人的录音、录像,公安机关未提供,人民检察院经审查认为不能排除有刑讯逼供等非法取证行为的,相关供述不得作为批准逮捕、提起公诉的依据。

人民检察院直接受理侦查的案件,负责侦查的部门移送审查逮捕、移送起诉时,应当将讯问录音、录像连同案卷材料一并移送审查。

第七十六条　对于提起公诉的案件,被告人及其辩护人提出审前供述系非法取得,并提供相关线索或者材料的,人民检察院可以将讯问录音、录像连同案卷材料一并移送人民法院。

第七十七条　在法庭审理过程中,被告人或者辩护人对讯问活动合法性提出异议,公诉人可以要求被告人及其辩护人提供相关线索或者材料。必要时,公诉人可以提请法庭当庭播放相关时段的讯问录音、录像,对有关异议或者事实进行质证。

需要播放的讯问录音、录像中涉及国家秘密、商业秘密、个人隐私或者含有其他不宜公开内容的,公诉人应当建议在法庭组成人员、公诉人、侦查人员、被告人及其辩护人范围内播放。因涉及国家秘密、商业秘密、个人隐私或者其他犯罪线索等内容,人民检察院对讯问录音、录像的相关内容进行技术处理的,公诉人应当向法庭作出说明。

第七十八条　人民检察院认为第一审人民法院有关证据收集合法性的审查、调查结论导致第一审判决、裁定错误的,可以依照刑事诉讼法第二百二十八条的规定向人民法院提出抗诉。

第七十九条　人民检察院在办理危害国家安全犯罪、恐怖活动犯罪、黑社会性质的组织犯罪、毒品犯罪等案件过程中,证人、鉴定人、被害人因在诉讼中作证,本人或者其近亲属人身安全面临危险,向人民检察院请求保护的,人民检察院应当受理并及时进行审查。对于确实存在人身安全危险的,应当立即采取必要的保护措施。人民检察院发现存在上述情形的,应当主动采取保护措施。

人民检察院可以采取以下一项或者多项保护措施:

(一)不公开真实姓名、住址和工作单位等个人信息;

(二)建议法庭采取不暴露外貌、真实声音等出庭作证措施;

(三)禁止特定的人员接触证人、鉴定人、被害人及其近亲属;

(四)对人身和住宅采取专门性保护措施;

(五)其他必要的保护措施。

人民检察院依法决定不公开证人、鉴定人、被害人的真实姓名、住址和工作单位等个人信息的,可以在起诉书、询问笔录等法律文书、证据材料中使用化名。但是应当另行书面说明使用化名的情况并标明密级,单独成卷。

人民检察院依法采取保护措施,可以要求有关单位和个人予以配合。

对证人及其近亲属进行威胁、侮辱、殴打或者打击报复,构成犯罪或者应当给予治安管理处罚的,人民检察院应当移送公安机关处理;情节轻微的,予以批评教育、训诫。

第八十条　证人在人民检察院侦查、审查逮捕、审查起诉期间因履行作证义务而支出的交通、住宿、就餐等费用,人民检察院应当给予补助。

第六章　强制措施
第一节　拘传

第八十一条　人民检察院根据案件情况,对犯罪嫌疑人可以拘传。

第八十二条　拘传时,应当向被拘传的犯罪嫌疑人出示拘传证。对抗拒拘传的,可以使用戒具,强制到案。

执行拘传的人员不得少于二人。

第八十三条　拘传的时间从犯罪嫌疑人到案时开始计算。犯罪嫌疑人到案后,应当责令其在拘传证上填写到案时间,签名或者盖章,并捺指印,然后立即讯问。拘传结束后,应当责令犯罪嫌疑人在拘传证上填写拘传结束时间。犯罪嫌疑人拒绝填写的,应当在拘传证上注明。

一次拘传持续的时间不得超过十二小时;案情特别重大、复杂,需要采取拘留、逮捕措施的,拘传持续的时间不得超过二十四小时。两次拘传间隔的时间一般不得少于十二小时,不得以连续拘传的方式变相拘禁犯罪嫌疑人。

拘传犯罪嫌疑人,应当保证犯罪嫌疑人的饮食和必要的休息时间。

第八十四条　人民检察院拘传犯罪嫌疑人,应当在犯罪嫌疑人所在市、县内的地点进行。

犯罪嫌疑人工作单位与居住地不在同一市、县的,拘传应当在犯罪嫌疑人工作单位所在的市、县内进行;特殊情况下,也可以在犯罪嫌疑人居住地所在的市、县内进行。

第八十五条　需要对被拘传的犯罪嫌疑人变更强制措施的,应当在拘传期限内办理变更手续。

在拘传期间决定不采取其他强制措施的,拘传期限届满,应当结束拘传。

第二节　取保候审

第八十六条　人民检察院对于具有下列情形之一的犯罪嫌疑人,可以取保候审:

(一)可能判处管制、拘役或者独立适用附加刑的;

(二)可能判处有期徒刑以上刑罚,采取取保候审不致发生社会危险性的;

(三)患有严重疾病、生活不能自理,怀孕或者正在哺乳自己婴儿的妇女,采取取保候审不致发生社会危险性的;

(四)羁押期限届满,案件尚未办结,需要采取取保候审的。

第八十七条　人民检察院对于严重危害社会治安的犯罪嫌疑人,以及其他犯罪性质恶劣、情节严重的犯罪嫌疑人不得取保候审。

第八十八条　被羁押或者监视居住的犯罪嫌疑人及其法定代理人、近亲属或者辩护人向人民检察院申请取保候审,人民检察院应当在三日以内作出是否同意的答复。经审查符合本规则第八十六条规定情形之一的,可以对被羁押或者监视居住的犯罪嫌疑人依法办理取保候审手续。经审查不符合取保候审条件的,应当告知申请人，并说明不同意取保候审的理由。

第八十九条 人民检察院决定对犯罪嫌疑人取保候审，应当责令犯罪嫌疑人提出保证人或者交纳保证金。

对同一犯罪嫌疑人决定取保候审，不得同时使用保证人保证和保证金保证方式。

对符合取保候审条件，具有下列情形之一的犯罪嫌疑人，人民检察院决定取保候审时，可以责令其提供一至二名保证人：

（一）无力交纳保证金的；

（二）系未成年人或者已满七十五周岁的人；

（三）其他不宜收取保证金的。

第九十条 采取保证人保证方式的，保证人应当符合刑事诉讼法第六十九条规定的条件，并经人民检察院审查同意。

第九十一条 人民检察院应当告知保证人履行以下义务：

（一）监督被保证人遵守刑事诉讼法第七十一条的规定；

（二）发现被保证人可能发生或者已经发生违反刑事诉讼法第七十一条规定的行为的，及时向执行机关报告。

保证人保证承担上述义务后，应当在取保候审保证书上签名或者盖章。

第九十二条 采取保证金保证方式的，人民检察院可以根据犯罪嫌疑人的社会危险性、案件的性质、情节，可能判处刑罚的轻重，犯罪嫌疑人的经济状况等，责令犯罪嫌疑人交纳一千元以上的保证金。对于未成年犯罪嫌疑人，可以责令交纳五百元以上的保证金。

第九十三条 人民检察院决定对犯罪嫌疑人取保候审的，应当制作取保候审决定书，载明取保候审开始的时间、保证方式、被取保候审人应当履行的义务和应当遵守的规定。

人民检察院作出取保候审决定时，可以根据犯罪嫌疑人涉嫌犯罪的性质、危害后果、社会影响，犯罪嫌疑人、被害人的具体情况等，有针对性地责令其遵守以下一项或者多项规定：

（一）不得进入特定的场所；

（二）不得与特定的人员会见或者通信；

（三）不得从事特定的活动；

（四）将护照等出入境证件、驾驶证件交执行机关保存。

第九十四条 人民检察院应当向取保候审的犯罪嫌

疑人宣读取保候审决定书，由犯罪嫌疑人签名或者盖章，并捺指印，责令犯罪嫌疑人遵守刑事诉讼法第七十一条的规定，告知其违反规定应负的法律责任。以保证金方式保证的，应当同时告知犯罪嫌疑人一次性将保证金存入公安机关指定银行的专门账户。

第九十五条 向犯罪嫌疑人宣布取保候审决定后，人民检察院应当将执行取保候审通知书送达公安机关执行，并告知公安机关在执行期间拟批准犯罪嫌疑人离开所居住的市、县的，应当事先征得人民检察院同意。以保证人方式保证的，应当将取保候审保证书同时送交公安机关。

人民检察院核实保证金已经交纳到公安机关指定银行的凭证后，应当将银行出具的凭证及其他有关材料与执行取保候审通知书一并送交公安机关。

第九十六条 采取保证人保证方式的，如果保证人在取保候审期间不愿继续保证或者丧失保证条件的，人民检察院应当在收到保证人不愿继续保证的申请或者发现其丧失保证条件后三日以内，责令犯罪嫌疑人重新提出保证人或者交纳保证金，并将变更情况通知公安机关。

第九十七条 采取保证金保证方式的，被取保候审人拒绝交纳保证金或者交纳保证金不足决定数额时，人民检察院应当作出变更取保候审措施、变更保证方式或者变更保证金数额的决定，并将变更情况通知公安机关。

第九十八条 公安机关在执行取保候审期间向人民检察院征询是否同意批准犯罪嫌疑人离开所居住的市、县时，人民检察院应当根据案件的具体情况及时作出决定，并通知公安机关。

第九十九条 人民检察院发现保证人没有履行刑事诉讼法第七十条规定的义务，应当通知公安机关，要求公安机关对保证人作出罚款决定。构成犯罪的，依法追究保证人的刑事责任。

第一百条 人民检察院发现犯罪嫌疑人违反刑事诉讼法第七十一条的规定，已交纳保证金的，应当书面通知公安机关没收部分或者全部保证金，并且根据案件的具体情况，责令犯罪嫌疑人具结悔过，重新交纳保证金、提出保证人，或者决定对其监视居住、予以逮捕。

公安机关发现犯罪嫌疑人违反刑事诉讼法第七十一条的规定，提出没收保证金或者变更强制措施意见的，人民检察院应当在收到意见后五日以内作出决定，并通知公安机关。

重新交纳保证金的程序适用本规则第九十二条的规定；提出保证人的程序适用本规则第九十条、第九十一条的规定。对犯罪嫌疑人继续取保候审的,取保候审的时间应当累计计算。

对犯罪嫌疑人决定监视居住的,应当办理监视居住手续。监视居住的期限应当自执行监视居住决定之日起计算并告知犯罪嫌疑人。

第一百零一条　犯罪嫌疑人有下列违反取保候审规定的行为,人民检察院应当对犯罪嫌疑人予以逮捕:

(一)故意实施新的犯罪;

(二)企图自杀、逃跑;

(三)实施毁灭、伪造证据,串供或者干扰证人作证,足以影响侦查、审查起诉工作正常进行;

(四)对被害人、证人、鉴定人、举报人、控告人及其他人员实施打击报复。

犯罪嫌疑人有下列违反取保候审规定的行为,人民检察院可以对犯罪嫌疑人予以逮捕:

(一)未经批准,擅自离开所居住的市、县,造成严重后果,或者两次未经批准,擅自离开所居住的市、县;

(二)经传讯不到案,造成严重后果,或者经两次传讯不到案;

(三)住址、工作单位和联系方式发生变动,未在二十四小时以内向公安机关报告,造成严重后果;

(四)违反规定进入特定场所、与特定人员会见或者通信、从事特定活动,严重妨碍诉讼程序正常进行。

有前两款情形,需要对犯罪嫌疑人予以逮捕的,可以先行拘留;已交纳保证金的,同时书面通知公安机关没收保证金。

第一百零二条　人民检察院决定对犯罪嫌疑人取保候审,最长不得超过十二个月。

第一百零三条　公安机关决定对犯罪嫌疑人取保候审,案件移送人民检察院审查起诉后,对于需要继续取保候审的,人民检察院应当依法重新作出取保候审决定,并对犯罪嫌疑人办理取保候审手续。取保候审的期限应当重新计算并告知犯罪嫌疑人。对继续采取保证金方式取保候审的,被取保候审人没有违反刑事诉讼法第七十一条规定的,不变更保证金数额,不再重新收取保证金。

第一百零四条　在取保候审期间,不得中断对案件的侦查、审查起诉。

第一百零五条　取保候审期限届满或者发现不应当追究犯罪嫌疑人的刑事责任的,应当及时解除或者撤销取保候审。

解除或者撤销取保候审的决定,应当及时通知执行机关,并将解除或者撤销取保候审的决定书送达犯罪嫌

疑人;有保证人的,应当通知保证人解除保证义务。

第一百零六条　犯罪嫌疑人在取保候审期间没有违反刑事诉讼法第七十一条的规定,或者发现不应当追究犯罪嫌疑人刑事责任的,变更、解除或者撤销取保候审时,应当告知犯罪嫌疑人可以凭变更、解除或者撤销取保候审的通知或者有关法律文书到银行领取退还的保证金。

第三节　监视居住

第一百零七条　人民检察院对于符合逮捕条件,具有下列情形之一的犯罪嫌疑人,可以监视居住:

(一)患有严重疾病、生活不能自理的;

(二)怀孕或者正在哺乳自己婴儿的妇女;

(三)系生活不能自理的人的唯一扶养人;

(四)因为案件的特殊情况或者办理案件的需要,采取监视居住措施更为适宜的;

(五)羁押期限届满,案件尚未办结,需要采取监视居住措施的。

前款第三项中的扶养包括父母、祖父母、外祖父母对子女、孙子女、外孙子女的抚养和子女、孙子女、外孙子女对父母、祖父母、外祖父母的赡养以及配偶、兄弟姐妹之间的相互扶养。

对符合取保候审条件,但犯罪嫌疑人不能提出保证人,也不交纳保证金的,可以监视居住。

第一百零八条　人民检察院应当向被监视居住的犯罪嫌疑人宣读监视居住决定书,由犯罪嫌疑人签名或者盖章,并捺指印,责令犯罪嫌疑人遵守刑事诉讼法第七十七条的规定,告知其违反规定应负的法律责任。

指定居所监视居住的,不得要求被监视居住人支付费用。

第一百零九条　人民检察院核实犯罪嫌疑人住处或者为其指定居所后,应当制作监视居住执行通知书,将有关法律文书和案由、犯罪嫌疑人基本情况材料,送交监视居住地的公安机关执行,必要时人民检察院可以协助公安机关执行。

人民检察院应当告知公安机关在执行期间拟批准犯罪嫌疑人离开执行监视居住的处所、会见他人或者通信的,应当事先征得人民检察院同意。

第一百一十条　人民检察院可以根据案件的具体情况,商请公安机关对被监视居住的犯罪嫌疑人采取电子监控、不定期检查等监视方法,对其遵守监视居住规定的情况进行监督。

人民检察院办理直接受理侦查的案件对犯罪嫌疑人

采取监视居住的,在侦查期间可以商请公安机关对其通信进行监控。

第一百一十一条　犯罪嫌疑人有下列违反监视居住规定的行为,人民检察院应当对犯罪嫌疑人予以逮捕:

(一)故意实施新的犯罪行为;

(二)企图自杀、逃跑;

(三)实施毁灭、伪造证据或者串供、干扰证人作证行为,足以影响侦查、审查起诉工作正常进行;

(四)对被害人、证人、鉴定人、举报人、控告人及其他人员实施打击报复。

犯罪嫌疑人有下列违反监视居住规定的行为,人民检察院可以对犯罪嫌疑人予以逮捕:

(一)未经批准,擅自离开执行监视居住的处所,造成严重后果,或者两次未经批准,擅自离开执行监视居住的处所;

(二)未经批准,擅自会见他人或者通信,造成严重后果,或者两次未经批准,擅自会见他人或者通信;

(三)经传讯不到案,造成严重后果,或者经两次传讯不到案。

有前两款情形,需要对犯罪嫌疑人予以逮捕的,可以先行拘留。

第一百一十二条　人民检察院决定对犯罪嫌疑人监视居住,最长不得超过六个月。

第一百一十三条　公安机关决定对犯罪嫌疑人监视居住,案件移送人民检察院审查起诉后,对于需要继续监视居住的,人民检察院应当依法重新作出监视居住决定,并对犯罪嫌疑人办理监视居住手续。监视居住的期限应当重新计算并告知犯罪嫌疑人。

第一百一十四条　在监视居住期间,不得中断对案件的侦查、审查起诉。

第一百一十五条　监视居住期限届满或者发现不应当追究犯罪嫌疑人刑事责任的,应当解除或者撤销监视居住。

解除或者撤销监视居住的决定应当通知执行机关,并将解除或者撤销监视居住的决定书送达犯罪嫌疑人。

第一百一十六条　监视居住应当在犯罪嫌疑人的住处执行。犯罪嫌疑人无固定住处的,可以在指定的居所执行。

固定住处是指犯罪嫌疑人在办案机关所在地的市、县内工作、生活的合法居所。

指定的居所应当符合下列条件:

(一)具备正常的生活、休息条件;

(二)便于监视、管理;

(三)能够保证安全。

采取指定居所监视居住,不得在看守所、拘留所、监狱等羁押、监管场所以及留置室、讯问室等专门的办案场所、办公区域执行。

第一百一十七条　在指定的居所执行监视居住,除无法通知的以外,人民检察院应当在执行监视居住后二十四小时以内,将指定居所监视居住的原因通知被监视居住人的家属。无法通知的,应当将原因写明附卷。无法通知的情形消除后,应当立即通知。

无法通知包括下列情形:

(一)被监视居住人无家属;

(二)与其家属无法取得联系;

(三)受自然灾害等不可抗力阻碍。

第一百一十八条　对于公安机关、人民法院决定指定居所监视居住的案件,由批准或者决定的公安机关、人民法院的同级人民检察院负责捕诉的部门对决定是否合法实行监督。

人民检察院决定指定居所监视居住的案件,由负责控告申诉检察的部门对决定是否合法实行监督。

第一百一十九条　被指定居所监视居住人及其法定代理人、近亲属或者辩护人认为指定居所监视居住决定存在违法情形,提出控告或者举报的,人民检察院应当受理。

人民检察院可以要求有关机关提供指定居所监视居住决定书和相关案卷材料。经审查,发现存在下列违法情形之一的,应当及时通知其纠正:

(一)不符合指定居所监视居住的适用条件的;

(二)未按法定程序履行批准手续的;

(三)在决定过程中有其他违反刑事诉讼法规定的行为的。

第一百二十条　对于公安机关、人民法院决定指定居所监视居住的案件,由人民检察院负责刑事执行检察的部门对指定居所监视居住的执行活动是否合法实行监督。发现存在下列违法情形之一的,应当及时提出纠正意见:

(一)执行机关收到指定居所监视居住决定书、执行通知书等法律文书后不派员执行或者不及时派员执行的;

(二)在执行指定居所监视居住后二十四小时以内没有通知被监视居住人的家属的;

(三)在羁押场所、专门的办案场所执行监视居住的;

（四）为被监视居住人通风报信、私自传递信件、物品的；

（五）违反规定安排辩护人同被监视居住人会见、通信，或者违法限制被监视居住人与辩护人会见、通信的；

（六）对被监视居住人刑讯逼供、体罚、虐待或者变相体罚、虐待的；

（七）有其他侵犯被监视居住人合法权利行为或者其他违法行为的。

被监视居住人及其法定代理人、近亲属或者辩护人认为执行机关或者执行人员存在上述违法情形，提出控告或者举报的，人民检察院应当受理。

人民检察院决定指定居所监视居住的案件，由负责控告申诉检察的部门对指定居所监视居住的执行活动是否合法实行监督。

第四节　拘　留

第一百二十一条　人民检察院对于具有下列情形之一的犯罪嫌疑人，可以决定拘留：

（一）犯罪后企图自杀、逃跑或者在逃的；

（二）有毁灭、伪造证据或者串供可能的。

第一百二十二条　人民检察院作出拘留决定后，应当将有关法律文书和案由、犯罪嫌疑人基本情况的材料送交同级公安机关执行。必要时，人民检察院可以协助公安机关执行。

拘留后，应当立即将被拘留人送看守所羁押，至迟不得超过二十四小时。

第一百二十三条　对犯罪嫌疑人拘留后，除无法通知的以外，人民检察院应当在二十四小时以内，通知被拘留人的家属。

无法通知的，应当将原因写明附卷。无法通知的情形消除后，应当立即通知其家属。

第一百二十四条　对被拘留的犯罪嫌疑人，应当在拘留后二十四小时以内进行讯问。

第一百二十五条　对被拘留的犯罪嫌疑人，发现不应当拘留的，应当立即释放；依法可以取保候审或者监视居住的，按照本规则的有关规定办理取保候审或者监视居住手续。

对被拘留的犯罪嫌疑人，需要逮捕的，按照本规则的有关规定办理逮捕手续；决定不予逮捕，应当及时变更强制措施。

第一百二十六条　人民检察院直接受理侦查的案件，拘留犯罪嫌疑人的羁押期限为十四日，特殊情况下可以延长一日至三日。

第一百二十七条　公民将正在实行犯罪或者在犯罪后即被发觉的、通缉在案的、越狱逃跑的、正在被追捕的犯罪嫌疑人或者犯罪人扭送到人民检察院的，人民检察院应当予以接受，并且根据具体情况决定是否采取相应的紧急措施。不属于自己管辖的，应当移送主管机关处理。

第五节　逮　捕

第一百二十八条　人民检察院对有证据证明有犯罪事实，可能判处徒刑以上刑罚的犯罪嫌疑人，采取取保候审尚不足以防止发生下列社会危险性的，应当批准或者决定逮捕：

（一）可能实施新的犯罪的；

（二）有危害国家安全、公共安全或者社会秩序的现实危险的；

（三）可能毁灭、伪造证据，干扰证人作证或者串供的；

（四）可能对被害人、举报人、控告人实施打击报复的；

（五）企图自杀或者逃跑的。

有证据证明有犯罪事实是指同时具备下列情形：

（一）有证据证明发生了犯罪事实；

（二）有证据证明该犯罪事实是犯罪嫌疑人实施的；

（三）证明犯罪嫌疑人实施犯罪行为的证据已经查证属实。

犯罪事实既可以是单一犯罪行为的事实，也可以是数个犯罪行为中任何一个犯罪行为的事实。

第一百二十九条　犯罪嫌疑人具有下列情形之一的，可以认定为"可能实施新的犯罪"：

（一）案发前或者案发后正在策划、组织或者预备实施新的犯罪的；

（二）扬言实施新的犯罪的；

（三）多次作案、连续作案、流窜作案的；

（四）一年内曾因故意实施同类违法行为受到行政处罚的；

（五）以犯罪所得为主要生活来源的；

（六）有吸毒、赌博等恶习的；

（七）其他可能实施新的犯罪的情形。

第一百三十条　犯罪嫌疑人具有下列情形之一的，可以认定为"有危害国家安全、公共安全或者社会秩序的现实危险"：

（一）案发前或者案发后正在积极策划、组织或者预备实施危害国家安全、公共安全或者社会秩序的重大违

法犯罪行为的;

(二)曾因危害国家安全、公共安全或者社会秩序受到刑事处罚或者行政处罚的;

(三)在危害国家安全、黑恶势力、恐怖活动、毒品犯罪中起组织、策划、指挥作用或者积极参加的;

(四)其他有危害国家安全、公共安全或者社会秩序的现实危险的情形。

第一百三十一条　犯罪嫌疑人具有下列情形之一的,可以认定为"可能毁灭、伪造证据,干扰证人作证或者串供":

(一)曾经或者企图毁灭、伪造、隐匿、转移证据的;

(二)曾经或者企图威逼、恐吓、利诱、收买证人,干扰证人作证的;

(三)有同案犯罪嫌疑人或者与其在事实上存在密切关联犯罪的犯罪嫌疑人在逃,重要证据尚未收集到位的;

(四)其他可能毁灭、伪造证据,干扰证人作证或者串供的情形。

第一百三十二条　犯罪嫌疑人具有下列情形之一的,可以认定为"可能对被害人、举报人、控告人实施打击报复":

(一)扬言或者准备、策划对被害人、举报人、控告人实施打击报复的;

(二)曾经对被害人、举报人、控告人实施打击、要挟、迫害等行为的;

(三)采取其他方式滋扰被害人、举报人、控告人的正常生活、工作的;

(四)其他可能对被害人、举报人、控告人实施打击报复的情形。

第一百三十三条　犯罪嫌疑人具有下列情形之一的,可以认定为"企图自杀或者逃跑":

(一)着手准备自杀、自残或者逃跑的;

(二)曾经自杀、自残或者逃跑的;

(三)有自杀、自残或者逃跑的意思表示的;

(四)曾经以暴力、威胁手段抗拒抓捕的;

(五)其他企图自杀或者逃跑的情形。

第一百三十四条　人民检察院办理审查逮捕案件,应当全面把握逮捕条件,对有证据证明有犯罪事实、可能判处徒刑以上刑罚的犯罪嫌疑人,除具有刑事诉讼法第八十一条第三款、第四款规定的情形外,应当严格审查是否具备社会危险性条件。

第一百三十五条　人民检察院审查认定犯罪嫌疑人是否具有社会危险性,应当以公安机关移送的社会危险性相关证据为依据,并结合案件具体情况综合认定。必要时,可以通过讯问犯罪嫌疑人、询问证人等诉讼参与人、听取辩护律师意见等方式,核实相关证据。

依据在案证据不能认定犯罪嫌疑人符合逮捕社会危险性条件的,人民检察院可以要求公安机关补充相关证据,公安机关没有补充移送的,应当作出不批准逮捕的决定。

第一百三十六条　对有证据证明有犯罪事实,可能判处十年有期徒刑以上刑罚的犯罪嫌疑人,应当批准或者决定逮捕。

对有证据证明有犯罪事实,可能判处徒刑以上刑罚,犯罪嫌疑人曾经故意犯罪或者不讲真实姓名、住址,身份不明的,应当批准或者决定逮捕。

第一百三十七条　人民检察院经审查认为被取保候审、监视居住的犯罪嫌疑人违反取保候审、监视居住规定,依照本规则第一百零一条、第一百一十一条的规定办理。

对于被取保候审、监视居住的可能判处徒刑以下刑罚的犯罪嫌疑人,违反取保候审、监视居住规定,严重影响诉讼活动正常进行的,可以予以逮捕。

第一百三十八条　对实施多个犯罪行为或者共同犯罪案件的犯罪嫌疑人,符合本规则第一百二十八条的规定,具有下列情形之一的,应当批准或者决定逮捕:

(一)有证据证明犯有数罪中的一罪的;

(二)有证据证明实施多次犯罪中的一次犯罪的;

(三)共同犯罪中,已有证据证明有犯罪事实的犯罪嫌疑人。

第一百三十九条　对具有下列情形之一的犯罪嫌疑人,人民检察院应当作出不批准逮捕或者不予逮捕的决定:

(一)不符合本规则规定的逮捕条件的;

(二)具有刑事诉讼法第十六条规定的情形之一的。

第一百四十条　犯罪嫌疑人涉嫌的罪行较轻,且没有其他重大犯罪嫌疑,具有下列情形之一的,可以作出不批准逮捕或者不予逮捕的决定:

(一)属于预备犯、中止犯,或者防卫过当、避险过当的;

(二)主观恶性较小的初犯,共同犯罪中的从犯、胁从犯,犯罪后自首、有立功表现或者积极退赃、赔偿损失、确有悔罪表现的;

(三)过失犯罪的犯罪嫌疑人,犯罪后有悔罪表现,有效控制损失或者积极赔偿损失的;

（四）犯罪嫌疑人与被害人双方根据刑事诉讼法的有关规定达成和解协议，经审查，认为和解系自愿、合法且已经履行或者提供担保的；

（五）犯罪嫌疑人认罪认罚的；

（六）犯罪嫌疑人系已满十四周岁未满十八周岁的未成年人或者在校学生，本人有悔罪表现，其家庭、学校或者所在社区、居民委员会、村民委员会具备监护、帮教条件的；

（七）犯罪嫌疑人系已满七十五周岁的人。

第一百四十一条 对符合刑事诉讼法第七十四条第一款规定的犯罪嫌疑人，人民检察院经审查认为不需要逮捕的，可以在作出不批准逮捕决定的同时，向公安机关提出采取监视居住措施的建议。

第六节 监察机关移送案件的强制措施

第一百四十二条 对于监察机关移送起诉的已采取留置措施的案件，人民检察院应当在受理案件后，及时对犯罪嫌疑人作出拘留决定，交公安机关执行。执行拘留后，留置措施自动解除。

第一百四十三条 人民检察院应当在执行拘留后十日以内，作出是否逮捕、取保候审或者监视居住的决定。特殊情况下，决定的时间可以延长一日至四日。

人民检察院决定采取强制措施的期间不计入审查起诉期限。

第一百四十四条 除无法通知的以外，人民检察院应当在公安机关执行拘留、逮捕后二十四小时以内，通知犯罪嫌疑人的家属。

第一百四十五条 人民检察院应当自收到移送起诉的案卷材料之日起三日以内告知犯罪嫌疑人有权委托辩护人。对已经采取留置措施的，应当在执行拘留时告知。

第一百四十六条 对于监察机关移送起诉的未采取留置措施的案件，人民检察院受理后，在审查起诉过程中根据案件情况，可以依照本规则相关规定决定是否采取逮捕、取保候审或者监视居住措施。

第一百四十七条 对于监察机关移送起诉案件的犯罪嫌疑人采取强制措施，本节未规定的，适用本规则相关规定。

第七节 其他规定

第一百四十八条 人民检察院对担任县级以上各级人民代表大会代表的犯罪嫌疑人决定采取拘传、取保候审、监视居住、拘留、逮捕强制措施的，应当报请该代表所属的人民代表大会主席团或者常务委员会许可。

人民检察院对担任本级人民代表大会代表的犯罪嫌疑人决定采取强制措施的，应当报请本级人民代表大会主席团或者常务委员会许可。

对担任上级人民代表大会代表的犯罪嫌疑人决定采取强制措施的，应当层报该代表所属的人民代表大会同级的人民检察院报请许可。

对担任下级人民代表大会代表的犯罪嫌疑人决定采取强制措施的，可以直接报请该代表所属的人民代表大会主席团或者常务委员会许可，也可以委托该代表所属的人民代表大会同级的人民检察院报请许可。

对担任两级以上的人民代表大会代表的犯罪嫌疑人决定采取强制措施的，分别依照本条第二、三、四款的规定报请许可。

对担任办案单位所在省、市、县（区）以外的其他地区人民代表大会代表的犯罪嫌疑人决定采取强制措施的，应当委托该代表所属的人民代表大会同级的人民检察院报请许可；担任两级以上人民代表大会代表的，应当分别委托该代表所属的人民代表大会同级的人民检察院报请许可。

对于公安机关提请人民检察院批准逮捕的案件，犯罪嫌疑人担任人民代表大会代表的，报请许可手续由公安机关负责办理。

担任县级以上人民代表大会代表的犯罪嫌疑人，经报请该代表所属人民代表大会主席团或者常务委员会许可后被刑事拘留的，适用逮捕措施时不需要再次报请许可。

第一百四十九条 担任县级以上人民代表大会代表的犯罪嫌疑人因现行犯被人民检察院拘留的，人民检察院应当立即向该代表所属的人民代表大会主席团或者常务委员会报告。报告的程序参照本规则第一百四十八条报请许可的程序规定。

对担任乡、民族乡、镇的人民代表大会代表的犯罪嫌疑人决定采取强制措施的，由县级人民检察院向乡、民族乡、镇的人民代表大会报告。

第一百五十条 犯罪嫌疑人及其法定代理人、近亲属或者辩护人认为人民检察院采取强制措施法定期限届满，要求解除、变更强制措施或者释放犯罪嫌疑人的，人民检察院应当在收到申请后三日以内作出决定。

经审查，认为法定期限届满的，应当决定解除、变更强制措施或者释放犯罪嫌疑人，并通知公安机关执行；认为法定期限未满的，书面答复申请人。

第一百五十一条 犯罪嫌疑人及其法定代理人、近亲属或者辩护人向人民检察院提出变更强制措施申请的,人民检察院应当在收到申请后三日以内作出决定。

经审查,同意变更强制措施的,应当在作出决定的同时通知公安机关执行;不同意变更强制措施的,应当书面告知申请人,并说明不同意的理由。

犯罪嫌疑人及其法定代理人、近亲属或者辩护人提出变更强制措施申请的,应当说明理由,有证据和其他材料的,应当附上相关材料。

第一百五十二条　人民检察院在侦查、审查起诉期间,对犯罪嫌疑人拘留、逮捕后发生依法延长侦查羁押期限、审查起诉期限、重新计算侦查羁押期限、审查起诉期限等期限改变的情形的,应当及时将变更后的期限书面通知看守所。

第一百五十三条　人民检察院决定对涉嫌犯罪的机关事业单位工作人员取保候审、监视居住、拘留、逮捕的,应当在采取或者解除强制措施后五日以内告知其所在单位;决定撤销案件或者不起诉的,应当在作出决定后十日以内告知其所在单位。

第一百五十四条　取保候审变更为监视居住,或者取保候审、监视居住变更为拘留、逮捕的,在变更的同时原强制措施自动解除,不再办理解除法律手续。

第一百五十五条　人民检察院已经对犯罪嫌疑人取保候审、监视居住,案件起诉至人民法院后,人民法院决定取保候审、监视居住或者变更强制措施的,原强制措施自动解除,不再办理解除法律手续。

第七章　案件受理

第一百五十六条　下列案件,由人民检察院负责案件管理的部门统一受理:

(一)公安机关提请批准逮捕、移送起诉、提请批准延长侦查羁押期限、要求复议、提请复核、申请复查、移送申请强制医疗、移送申请没收违法所得的案件;

(二)监察机关移送起诉、提请没收违法所得、对不起诉决定提请复议的案件;

(三)下级人民检察院提出或者提请抗诉、报请指定管辖、报请核准追诉、报请核准缺席审判或者提请死刑复核监督的案件;

(四)人民法院通知出席第二审法庭或者再审法庭的案件;

(五)其他依照规定由负责案件管理的部门受理的案件。

第一百五十七条　人民检察院负责案件管理的部门受理案件时,应当接收案卷材料,并立即审查下列内容:

(一)依据移送的法律文书载明的内容确定案件是否属于本院管辖;

(二)案卷材料是否齐备、规范,符合有关规定的要求;

(三)移送的款项或者物品与移送清单是否相符;

(四)犯罪嫌疑人是否在案以及采取强制措施的情况;

(五)是否在规定的期限内移送案件。

第一百五十八条　人民检察院负责案件管理的部门对接收的案卷材料审查后,认为具备受理条件的,应当及时进行登记,并立即将案卷材料和案件受理登记表移送办案部门办理。

经审查,认为案卷材料不齐备的,应当及时要求移送案件的单位补送相关材料。对于案卷装订不符合要求的,应当要求移送案件的单位重新装订后移送。

对于移送起诉的案件,犯罪嫌疑人在逃的,应当要求公安机关采取措施保证犯罪嫌疑人到案后再移送起诉。共同犯罪案件中部分犯罪嫌疑人在逃的,对在案犯罪嫌疑人的移送起诉应当受理。

第一百五十九条　对公安机关送达的执行情况回执和人民法院送达的判决书、裁定书等法律文书,人民检察院负责案件管理的部门应当接收,即时登记。

第一百六十条　人民检察院直接受理侦查的案件,移送审查逮捕、移送起诉的,按照本规则第一百五十六条至第一百五十八条的规定办理。

第一百六十一条　人民检察院负责控告申诉检察的部门统一接受报案、控告、举报、申诉和犯罪嫌疑人投案自首,并依法审查,在七日以内作出以下处理:

(一)属于本院管辖且符合受理条件的,应当予以受理;

(二)不属于本院管辖的报案、控告、举报、自首,应当移送主管机关处理。必须采取紧急措施的,应当先采取紧急措施,然后移送主管机关。不属于本院管辖的申诉,应当告知其向有管辖权的机关提出;

(三)案件情况不明的,应当进行必要的调查核实,查明情况后依法作出处理。

负责控告申诉检察的部门可以向下级人民检察院交办控告、申诉、举报案件,并依照有关规定进行督办。

第一百六十二条　控告、申诉符合下列条件的,人民检察院应当受理:

(一)属于人民检察院受理案件范围;

(二)本院具有管辖权;

(三)申诉人是原案的当事人或者其法定代理人、近

亲属;

(四)控告、申诉材料符合受理要求。

控告人、申诉人委托律师代理控告、申诉,符合上述条件的,应当受理。

控告、申诉材料不齐备的,应当告知控告人、申诉人补齐。受理时间从控告人、申诉人补齐相关材料之日起计算。

第一百六十三条　对于收到的群众来信,负责控告申诉检察的部门应当在七日以内进行程序性答复,办案部门应当在三个月以内将办理进展或者办理结果答复来信人。

第一百六十四条　负责控告申诉检察的部门对受理的刑事申诉案件应当根据事实、法律进行审查,必要时可以进行调查核实。认为原案处理可能错误的,应当移送相关办案部门办理;认为原案处理没有错误的,应当书面答复申诉人。

第一百六十五条　办案部门应当在规定期限内办结控告、申诉案件,制作相关法律文书,送达报案人、控告人、申诉人、举报人、自首人,并做好释法说理工作。

第八章　立　案

第一节　立案审查

第一百六十六条　人民检察院直接受理侦查案件的线索,由负责侦查的部门统一受理、登记和管理。负责控告申诉检察的部门接受的控告、举报,或者本院其他办案部门发现的案件线索,属于人民检察院直接受理侦查案件线索的,应当在七日以内移送负责侦查的部门。

负责侦查的部门对案件线索进行审查后,认为属于本院管辖,需要进一步调查核实的,应当报检察长决定。

第一百六十七条　对于人民检察院直接受理侦查案件的线索,上级人民检察院在必要时,可以直接调查核实或者组织、指挥、参与下级人民检察院的调查核实,可以将下级人民检察院管辖的案件线索指定辖区内其他人民检察院调查核实,也可以将本院管辖的案件线索交由下级人民检察院调查核实;下级人民检察院认为案件线索重大、复杂,需要由上级人民检察院调查核实的,可以提请移送上级人民检察院调查核实。

第一百六十八条　调查核实一般不得接触被调查对象。必须接触被调查对象的,应当经检察长批准。

第一百六十九条　进行调查核实,可以采取询问、查询、勘验、检查、鉴定、调取证据材料等不限制被调查对象人身、财产权利的措施。不得对被调查对象采取强制措施,不得查封、扣押、冻结被调查对象的财产,不得采取技术侦查措施。

第一百七十条　负责侦查的部门调查核实后,应当制作审查报告。

调查核实终结后,相关材料应当立卷归档。立案进入侦查程序的,对于作为诉讼证据以外的其他材料应当归入侦查内卷。

第二节　立案决定

第一百七十一条　人民检察院对于直接受理的案件,经审查认为有犯罪事实需要追究刑事责任的,应当制作立案报告书,经检察长批准后予以立案。

符合立案条件,但犯罪嫌疑人尚未确定的,可以依据已查明的犯罪事实作出立案决定。

对具有下列情形之一的,报请检察长决定不予立案:

(一)具有刑事诉讼法第十六条规定情形之一的;

(二)认为没有犯罪事实的;

(三)事实或者证据尚不符合立案条件的。

第一百七十二条　对于其他机关或者本院其他办案部门移送的案件线索,决定不予立案的,负责侦查的部门应当制作不立案通知书,写明案由和案件来源、决定不立案的原因和法律依据,自作出不立案决定之日起十日以内送达移送案件线索的机关或者部门。

第一百七十三条　对于控告和实名举报,决定不予立案的,应当制作不立案通知书,写明案由和案件来源、决定不立案的原因和法律依据,由负责侦查的部门在十五日以内送达控告人、举报人,同时告知本院负责控告申诉检察的部门。

控告人如果不服,可以在收到不立案通知书后十日以内向上一级人民检察院申请复议。不立案的复议,由上一级人民检察院负责侦查的部门审查办理。

人民检察院认为被控告人、被举报人的行为未构成犯罪,决定不予立案,但需要追究其党纪、政纪、违法责任的,应当移送有管辖权的主管机关处理。

第一百七十四条　错告对被控告人、被举报人造成不良影响的,人民检察院应当自作出不立案决定之日起一个月以内向其所在单位或者有关部门通报调查核实的结论,澄清事实。

属于诬告陷害的,应当移送有关机关处理。

第一百七十五条　人民检察院决定对人民代表大会代表立案,应当按照本规则第一百四十八条、第一百四十九条规定的程序向该代表所属的人民代表大会主席团或者常务委员会进行通报。

第九章　侦　查

第一节　一般规定

第一百七十六条　人民检察院办理直接受理侦查的案件,应当全面、客观地收集、调取犯罪嫌疑人有罪或者无罪、罪轻或者罪重的证据材料,并依法进行审查、核实。办案过程中必须重证据,重调查研究,不轻信口供。严禁刑讯逼供和以威胁、引诱、欺骗以及其他非法方法收集证据,不得强迫任何人证实自己有罪。

第一百七十七条　人民检察院办理直接受理侦查的案件,应当保障犯罪嫌疑人和其他诉讼参与人依法享有的辩护权和其他各项诉讼权利。

第一百七十八条　人民检察院办理直接受理侦查的案件,应当严格依照刑事诉讼法规定的程序,严格遵守刑事案件办案期限的规定,依法提请批准逮捕、移送起诉、不起诉或者撤销案件。

对犯罪嫌疑人采取强制措施,应当经检察长批准。

第一百七十九条　人民检察院办理直接受理侦查的案件,应当对侦查过程中知悉的国家秘密、商业秘密及个人隐私予以保密。

第一百八十条　办理案件的人民检察院需要派员到本辖区以外进行搜查,调取物证、书证等证据材料,或者查封、扣押财物和文件的,应当持相关法律文书和证明文件等与当地人民检察院联系,当地人民检察院应当予以协助。

需要到本辖区以外调取证据材料的,必要时,可以向证据所在地的人民检察院发函调取证据。调取证据的函件应当注明具体的取证对象、地址和内容。证据所在地的人民检察院应当在收到函件后一个月以内将取证结果送达办理案件的人民检察院。

被请求协助的人民检察院有异议的,可以与办理案件的人民检察院进行协商。必要时,报请共同的上级人民检察院决定。

第一百八十一条　人民检察院对于直接受理案件的侦查,可以适用刑事诉讼法第二编第二章规定的各项侦查措施。

刑事诉讼法规定进行侦查活动需要制作笔录的,应当制作笔录。必要时,可以对相关活动进行录音、录像。

第二节　讯问犯罪嫌疑人

第一百八十二条　讯问犯罪嫌疑人,由检察人员负责进行。讯问时,检察人员或者检察人员和书记员不得少于二人。

讯问同案的犯罪嫌疑人,应当个别进行。

第一百八十三条　对于不需要逮捕、拘留的犯罪嫌疑人,可以传唤到犯罪嫌疑人所在市、县内的指定地点或者到他的住处进行讯问。

传唤犯罪嫌疑人,应当出示传唤证和工作证件,并责令犯罪嫌疑人在传唤证上签名或者盖章,并捺指印。

犯罪嫌疑人到案后,应当由其在传唤证上填写到案时间。传唤结束时,应当由其在传唤证上填写传唤结束时间。拒绝填写的,应当在传唤证上注明。

对在现场发现的犯罪嫌疑人,经出示工作证件,可以口头传唤,并将传唤的原因和依据告知被传唤人。在讯问笔录中应当注明犯罪嫌疑人到案时间、到案经过和传唤结束时间。

本规则第八十四条第二款的规定适用于传唤犯罪嫌疑人。

第一百八十四条　传唤犯罪嫌疑人时,其家属在场的,应当当场将传唤的原因和处所口头告知其家属,并在讯问笔录中注明。其家属不在场的,应当及时将传唤的原因和处所通知被传唤人家属。无法通知的,应当在讯问笔录中注明。

第一百八十五条　传唤持续的时间不得超过十二小时。案情特别重大、复杂,需要采取拘留、逮捕措施的,传唤持续的时间不得超过二十四小时。两次传唤间隔的时间一般不得少于十二小时,不得以连续传唤的方式变相拘禁犯罪嫌疑人。

传唤犯罪嫌疑人,应当保证犯罪嫌疑人的饮食和必要的休息时间。

第一百八十六条　犯罪嫌疑人被送交看守所羁押后,检察人员对其进行讯问,应当填写提讯、提解证,在看守所讯问室进行。

因辨认、鉴定、侦查实验或者追缴犯罪有关财物的需要,经检察长批准,可以提押犯罪嫌疑人出所,并应当由两名以上司法警察押解。不得以讯问为目的将犯罪嫌疑人提押出所进行讯问。

第一百八十七条　讯问犯罪嫌疑人一般按照下列顺序进行:

(一)核实犯罪嫌疑人的基本情况,包括姓名、出生年月日、户籍地、公民身份号码、民族、职业、文化程度、工作单位及职务、住所、家庭情况、社会经历、是否属于人大代表、政协委员等;

(二)告知犯罪嫌疑人在侦查阶段的诉讼权利,有权自行辩护或者委托律师辩护,告知其如实供述自己罪行可以依法从宽处理和认罪认罚的法律规定；

(三)讯问犯罪嫌疑人是否有犯罪行为，让他陈述有罪的事实或者无罪的辩解，应当允许其连贯陈述。

犯罪嫌疑人对检察人员的提问，应当如实回答。但是对与本案无关的问题，有拒绝回答的权利。

讯问犯罪嫌疑人时，应当告知犯罪嫌疑人将对讯问进行全程同步录音、录像。告知情况应当在录音、录像中予以反映，并记明笔录。

讯问时，对犯罪嫌疑人提出的辩解要认真查核。严禁刑讯逼供和以威胁、引诱、欺骗以及其他非法的方法获取供述。

第一百八十八条　讯问犯罪嫌疑人，应当制作讯问笔录。讯问笔录应当忠实于原话，字迹清楚，详细具体，并交犯罪嫌疑人核对。犯罪嫌疑人没有阅读能力的，应当向他宣读。如果记载有遗漏或者差错，应当补充或者改正。犯罪嫌疑人认为讯问笔录没有错误的，由其在笔录上逐页签名或者盖章，并捺指印，在末页写明"以上笔录我看过(向我宣读过)，和我说的相符"，同时签名或者盖章，并捺指印，注明日期。如果犯罪嫌疑人拒绝签名、盖章、捺指印的，应当在笔录上注明。讯问的检察人员、书记员也应当在笔录上签名。

第一百八十九条　犯罪嫌疑人请求自行书写供述的，检察人员应当准许。必要时，检察人员也可以要求犯罪嫌疑人亲笔书写供述。犯罪嫌疑人应当在亲笔供述的末页签名或者盖章，并捺指印，注明书写日期。检察人员收到后，应当在首页右上方写明"于某年某月某日收到"，并签名。

第一百九十条　人民检察院办理直接受理侦查的案件，应当在每次讯问犯罪嫌疑人时，对讯问过程实行全程录音、录像，并在讯问笔录中注明。

第三节　询问证人、被害人

第一百九十一条　人民检察院在侦查过程中，应当及时询问证人，并且告知证人履行作证的权利和义务。

人民检察院应当保证一切与案件有关或者了解案情的公民有客观充分地提供证据的条件，并为他们保守秘密。除特殊情况外，人民检察院可以吸收他们协助调查。

第一百九十二条　询问证人，应当由检察人员负责进行。询问时，检察人员或者检察人员和书记员不得少于二人。

第一百九十三条　询问证人，可以在现场进行，也可以到证人所在单位、住处或者证人提出的地点进行。必要时，也可以通知证人到人民检察院提供证言。到证人

提出的地点进行询问的，应当在笔录中记明。

询问证人应当个别进行。

在现场询问证人，应当出示工作证件。到证人所在单位、住处或者证人提出的地点询问证人，应当出示人民检察院的证明文件。

第一百九十四条　询问证人，应当问明证人的基本情况以及与当事人的关系，并且告知证人应当如实提供证据、证言和故意作伪证或者隐匿罪证应当承担的法律责任，但是不得向证人泄露案情，不得采用拘禁、暴力、威胁、引诱、欺骗以及其他非法方法获取证言。

询问重大或者有社会影响的案件的重要证人，应当对询问过程实行全程录音、录像，并在询问笔录中注明。

第一百九十五条　询问被害人，适用询问证人的规定。

第四节　勘验、检查

第一百九十六条　检察人员对于与犯罪有关的场所、物品、人身、尸体应当进行勘验或者检查。必要时，可以指派检察技术人员或者聘请其他具有专门知识的人，在检察人员的主持下进行勘验、检查。

第一百九十七条　勘验时，人民检察院应当邀请两名与案件无关的见证人在场。

勘查现场，应当拍摄现场照片。勘查的情况应当写明笔录并制作现场图，由参加勘查的人和见证人签名。勘查重大案件的现场，应当录像。

第一百九十八条　人民检察院解剖死因不明的尸体，应当通知死者家属到场，并让其在解剖通知书上签名或者盖章。

死者家属无正当理由拒不到场或者拒绝签名、盖章的，不影响解剖的进行，但是应当在解剖通知书上记明。对于身份不明的尸体，无法通知死者家属的，应当记明笔录。

第一百九十九条　为了确定被害人、犯罪嫌疑人的某些特征、伤害情况或者生理状态，人民检察院可以对其人身进行检查，可以提取指纹信息，采集血液、尿液等生物样本。

必要时，可以指派、聘请法医或者医师进行人身检查。采集血液等生物样本应当由医师进行。

犯罪嫌疑人如果拒绝检查，检察人员认为必要时可以强制检查。

检查妇女的身体，应当由女工作人员或者医师进行。

人身检查不得采用损害被检查人生命、健康或者贬低其名誉、人格的方法。在人身检查过程中知悉的被检

查人的个人隐私，检察人员应当予以保密。

第二百条 为了查明案情，必要时经检察长批准，可以进行侦查实验。

侦查实验，禁止一切足以造成危险、侮辱人格或者有伤风化的行为。

第二百零一条 侦查实验，必要时可以聘请有关专业人员参加，也可以要求犯罪嫌疑人、被害人、证人参加。

第五节 搜查

第二百零二条 人民检察院有权要求有关单位和个人，交出能够证明犯罪嫌疑人有罪或者无罪以及犯罪情节轻重的证据。

第二百零三条 为了收集犯罪证据，查获犯罪人，经检察长批准，检察人员可以对犯罪嫌疑人以及可能隐藏罪犯或者犯罪证据的人的身体、物品、住处、工作地点和其他有关的地方进行搜查。

第二百零四条 搜查应当在检察人员的主持下进行，可以有司法警察参加。必要时，可以指派检察技术人员参加或者邀请当地公安机关、有关单位协助进行。

执行搜查的人员不得少于二人。

第二百零五条 搜查时，应当向被搜查人或者他的家属出示搜查证。

在执行逮捕、拘留的时候，遇有下列紧急情况之一，不另用搜查证也可以进行搜查：

（一）可能随身携带凶器的；

（二）可能隐藏爆炸、剧毒等危险物品的；

（三）可能隐匿、毁弃、转移犯罪证据的；

（四）可能隐匿其他犯罪嫌疑人的；

（五）其他紧急情况。

搜查结束后，搜查人员应当在二十四小时以内补办有关手续。

第二百零六条 搜查时，应当有被搜查人或者其家属、邻居或者其他见证人在场，并且对被搜查人或者其家属说明阻碍搜查、妨碍公务应负的法律责任。

搜查妇女的身体，应当由女工作人员进行。

第二百零七条 搜查时，如果遇到阻碍，可以强制进行搜查。对以暴力、威胁方法阻碍搜查的，应当予以制止，或者由司法警察将其带离现场。阻碍搜查构成犯罪的，应当依法追究刑事责任。

第六节 调取、查封、扣押、查询、冻结

第二百零八条 检察人员可以凭人民检察院的证明文件，向有关单位和个人调取能够证明犯罪嫌疑人有罪或者无罪以及犯罪情节轻重的证据材料，并且可以根据需要拍照、录像、复印和复制。

第二百零九条 调取物证应当调取原物。原物不便搬运、保存，或者依法应当返还被害人，或者因保密工作需要不能调取原物的，可以将原物封存，并拍照、录像。对原物拍照或者录像应当足以反映原物的外形、内容。

调取书证、视听资料应当调取原件。取得原件确有困难或者因保密需要不能调取原件的，可以调取副本或者复制件。

调取书证、视听资料的副本、复制件和物证的照片、录像的，应当书面记明不能调取原件、原物的原因，制作过程和原件、原物存放地点，并由制作人员和原书证、视听资料、物证持有人签名或者盖章。

第二百一十条 在侦查活动中发现的可以证明犯罪嫌疑人有罪、无罪或者犯罪情节轻重的各种财物和文件，应当查封或者扣押；与案件无关的，不得查封或者扣押。查封或者扣押应当经检察长批准。

不能立即查明是否与案件有关的可疑的财物和文件，也可以查封或者扣押，但应当及时审查。经查明确实与案件无关的，应当在三日以内解除查封或者予以退还。

持有人拒绝交出应当查封、扣押的财物和文件的，可以强制查封、扣押。

对于犯罪嫌疑人、被告人到案时随身携带的物品需要扣押的，可以依照前款规定办理。对于与案件无关的个人用品，应当逐件登记，并随案移交或者退还其家属。

第二百一十一条 对犯罪嫌疑人使用违法所得与合法收入共同购置的不可分割的财产，可以先行查封、扣押、冻结。对无法分割退还的财产，应当在结案后予以拍卖、变卖，对不属于违法所得的部分予以退还。

第二百一十二条 人民检察院根据侦查犯罪的需要，可以依照规定查询、冻结犯罪嫌疑人的存款、汇款、债券、股票、基金份额等财产，并可以要求有关单位和个人配合。

查询、冻结前款规定的财产，应当制作查询、冻结财产通知书，通知银行或者其他金融机构、邮政部门执行。冻结财产的，应当经检察长批准。

第二百一十三条 犯罪嫌疑人的存款、汇款、债券、股票、基金份额等财产已冻结的，人民检察院不得重复冻结，可以轮候冻结。人民检察院应当要求有关银行或者其他金融机构、邮政部门在解除冻结或者作出处理前通知人民检察院。

第二百一十四条 扣押、冻结债券、股票、基金份额

等财产,应当书面告知当事人或者其法定代理人、委托代理人有权申请出售。

对于被扣押、冻结的债券、股票、基金份额等财产,在扣押、冻结期间权利人申请出售,经审查认为不损害国家利益、被害人利益,不影响诉讼正常进行的,以及扣押、冻结的汇票、本票、支票的有效期即将届满的,经检察长批准,可以在案件办结前依法出售或者变现,所得价款由人民检察院指定的银行账户保管,并及时告知当事人或者其近亲属。

第二百一十五条　对于冻结的存款、汇款、债券、股票、基金份额等财产,经查明确实与案件无关的,应当在三日以内解除冻结,并通知财产所有人。

第二百一十六条　查询、冻结与案件有关的单位的存款、汇款、债券、股票、基金份额等财产的办法适用本规则第二百一十二条至第二百一十五条的规定。

第二百一十七条　对于扣押的款项和物品,应当在三日以内将款项存入唯一合规账户,将物品送负责案件管理的部门保管。法律或者有关规定另有规定的除外。

对于查封、扣押在人民检察院的物品、文件、邮件、电报,人民检察院应当妥善保管。经查明确实与案件无关的,应当在三日以内作出解除或者退还决定,并通知有关单位、当事人办理相关手续。

第七节　鉴　定

第二百一十八条　人民检察院为了查明案情,解决案件中某些专门性的问题,可以进行鉴定。

鉴定由人民检察院有鉴定资格的人员进行。必要时,也可以聘请其他有鉴定资格的人员进行,但是应当征得鉴定人所在单位同意。

第二百一十九条　人民检察院应当为鉴定人提供必要条件,及时向鉴定人送交有关检材和对比样本等原始材料,介绍与鉴定有关的情况,并明确提出要求鉴定解决的问题,但是不得暗示或者强迫鉴定人作出某种鉴定意见。

第二百二十条　对于鉴定意见,检察人员应当进行审查,必要时可以进行补充鉴定或者重新鉴定。重新鉴定的,应当另行指派或者聘请鉴定人。

第二百二十一条　用作证据的鉴定意见,人民检察院办案部门应当告知犯罪嫌疑人、被害人;被害人死亡或者没有诉讼行为能力的,应当告知其法定代理人、近亲属或诉讼代理人。

犯罪嫌疑人、被害人或被害人的法定代理人、近亲属、诉讼代理人提出申请,可以补充鉴定或者重新鉴定,

鉴定费用由请求方承担。但原鉴定违反法定程序的,由人民检察院承担。

犯罪嫌疑人的辩护人或者近亲属以犯罪嫌疑人有患精神病可能而申请对犯罪嫌疑人进行鉴定的,鉴定费用由申请方承担。

第二百二十二条　对犯罪嫌疑人作精神病鉴定的期间不计入羁押期限和办案期限。

第八节　辨　认

第二百二十三条　为了查明案情,必要时,检察人员可以让被害人、证人和犯罪嫌疑人对与犯罪有关的物品、文件、尸体或场所进行辨认;也可以让被害人、证人对犯罪嫌疑人进行辨认,或者让犯罪嫌疑人对其他犯罪嫌疑人进行辨认。

第二百二十四条　辨认应当在检察人员的主持下进行,执行辨认的人员不得少于二人。在辨认前,应当向辨认人详细询问被辨认对象的具体特征,避免辨认人见到被辨认对象,并应当告知辨认人有意作虚假辨认应负的法律责任。

第二百二十五条　几名辨认人对同一被辨认对象进行辨认时,应当由每名辨认人单独进行。必要时,可以有见证人在场。

第二百二十六条　辨认时,应当将辨认对象混杂在其他对象中。不得在辨认前向辨认人展示辨认对象及其影像资料,不得给辨认人任何暗示。

辨认犯罪嫌疑人时,被辨认的人数不得少于七人,照片不得少于十张。

辨认物品时,同类物品不得少于五件,照片不得少于五张。

对犯罪嫌疑人的辨认,辨认人不愿公开进行时,可以在不暴露辨认人的情况下进行,并应当为其保守秘密。

第九节　技术侦查措施

第二百二十七条　人民检察院在立案后,对于利用职权实施的严重侵犯公民人身权利的重大犯罪案件,经过严格的批准手续,可以采取技术侦查措施,交有关机关执行。

第二百二十八条　人民检察院办理直接受理侦查的案件,需要追捕被通缉或者决定逮捕的在逃犯罪嫌疑人、被告人的,经过批准,可以采取追捕所必需的技术侦查措施,不受本规则第二百二十七条规定的案件范围的限制。

第二百二十九条　人民检察院采取技术侦查措施应当根据侦查犯罪的需要,确定采取技术侦查措施的种类

和适用对象,按照有关规定报请批准。批准决定自签发之日起三个月以内有效。对于不需要继续采取技术侦查措施的,应当及时解除;对于复杂、疑难案件,期限届满仍有必要继续采取技术侦查措施的,应当在期限届满前十日以内制作呈请延长技术侦查措施期限报告书,写明延长的期限及理由,经过原批准机关批准,有效期可以延长,每次不得超过三个月。

采取技术侦查措施收集的材料作为证据使用的,批准采取技术侦查措施的法律文书应当附卷,辩护律师可以依法查阅、摘抄、复制。

第二百三十条　采取技术侦查措施收集的物证、书证及其他证据材料,检察人员应当制作相应的说明材料,写明获取证据的时间、地点、数量、特征以及采取技术侦查措施的批准机关、种类等,并签名和盖章。

对于使用技术侦查措施获取的证据材料,如果可能危及特定人员的人身安全、涉及国家秘密或者公开后可能暴露侦查秘密或者严重损害商业秘密、个人隐私的,应当采取不暴露有关人员身份、技术方法等保护措施。必要时,可以建议不在法庭上质证,由审判人员在庭外对证据进行核实。

第二百三十一条　检察人员对采取技术侦查措施过程中知悉的国家秘密、商业秘密和个人隐私,应当保密;对采取技术侦查措施获取的与案件无关的材料,应当及时销毁,并对销毁情况制作记录。

采取技术侦查措施获取的证据、线索及其他有关材料,只能用于对犯罪的侦查、起诉和审判,不得用于其他用途。

第十节　通　缉

第二百三十二条　人民检察院办理直接受理侦查的案件,应当逮捕的犯罪嫌疑人在逃,或者已被逮捕的犯罪嫌疑人脱逃的,经检察长批准,可以通缉。

第二百三十三条　各级人民检察院需要在本辖区内通缉犯罪嫌疑人的,可以直接决定通缉;需要在本辖区外通缉犯罪嫌疑人的,由有决定权的上级人民检察院决定。

第二百三十四条　人民检察院应当将通缉通知书和通缉对象的照片、身份、特征、案情简况送达公安机关,由公安机关发布通缉令,追捕归案。

第二百三十五条　为防止犯罪嫌疑人等涉案人员逃往境外,需要在边防口岸采取边控措施的,人民检察院应当按照有关规定制作边控对象通知书,商请公安机关办理边控手续。

第二百三十六条　应当逮捕的犯罪嫌疑人潜逃出境的,可以按照有关规定层报最高人民检察院商请国际刑警组织中国国家中心局,请求有关方面协助,或者通过其他法律规定的途径进行追捕。

第十一节　侦查终结

第二百三十七条　人民检察院经过侦查,认为犯罪事实清楚,证据确实、充分,依法应当追究刑事责任的,应当写出侦查终结报告,并且制作起诉意见书。

犯罪嫌疑人自愿认罪的,应当记录在案,随案移送,并在起诉意见书中写明有关情况。

对于犯罪情节轻微,依照刑法规定不需要判处刑罚或者免除刑罚的案件,应当写出侦查终结报告,并且制作不起诉意见书。

侦查终结报告和起诉意见书或者不起诉意见书应当报请检察长批准。

第二百三十八条　负责侦查的部门应当将起诉意见书或者不起诉意见书,查封、扣押、冻结的犯罪嫌疑人的财物及其孳息、文件清单以及对查封、扣押、冻结的涉案财物的处理意见和其他案卷材料,一并移送本院负责捕诉的部门审查。国家或者集体财产遭受损失的,在提出提起公诉意见的同时,可以提出提起附带民事诉讼的意见。

第二百三十九条　在案件侦查过程中,犯罪嫌疑人委托辩护律师的,检察人员可以听取辩护律师的意见。

辩护律师要求当面提出意见的,检察人员应当听取意见,并制作笔录附卷。辩护律师提出书面意见的,应当附卷。

侦查终结前,犯罪嫌疑人提出无罪或者罪轻的辩解,辩护律师提出犯罪嫌疑人无罪或者依法不应当追究刑事责任意见的,人民检察院应当依法予以核实。

案件侦查终结移送起诉时,人民检察院应当同时将案件移送情况告知犯罪嫌疑人及其辩护律师。

第二百四十条　人民检察院侦查终结的案件,需要在异地起诉、审判的,应当在移送起诉前与人民法院协商指定管辖的相关事宜。

第二百四十一条　上级人民检察院侦查终结的案件,依照刑事诉讼法的规定应当由下级人民检察院提起公诉或者不起诉的,应当将有关决定、侦查终结报告连同案卷材料交由下级人民检察院审查。

下级人民检察院认为上级人民检察院的决定有错误的,可以向上级人民检察院报告。上级人民检察院维持原决定的,下级人民检察院应当执行。

第二百四十二条　人民检察院在侦查过程中或者侦

查终结后，发现具有下列情形之一的，负责侦查的部门应当制作拟撤销案件意见书，报请检察长决定：

（一）具有刑事诉讼法第十六条规定情形之一的；

（二）没有犯罪事实的，或者依照刑法规定不负刑事责任或者不是犯罪的；

（三）虽有犯罪事实，但不是犯罪嫌疑人所为的。

对于共同犯罪的案件，如有符合本条规定情形的犯罪嫌疑人，应当撤销对该犯罪嫌疑人的立案。

第二百四十三条　地方各级人民检察院决定撤销案件的，负责侦查的部门应当将撤销案件意见书连同本案全部案卷材料，在法定期限届满七日前报上一级人民检察院审查；重大、复杂案件在法定期限届满十日前报上一级人民检察院审查。

对于共同犯罪案件，应当将处理同案犯罪嫌疑人的有关法律文书以及案件事实、证据材料复印件等，一并报送上一级人民检察院。

上一级人民检察院负责侦查的部门应当对案件事实、证据和适用法律进行全面审查。必要时，可以讯问犯罪嫌疑人。

上一级人民检察院负责侦查的部门审查后，应当提出是否同意撤销案件的意见，报请检察长决定。

人民检察院决定撤销案件的，应当告知控告人、举报人，听取其意见并记明笔录。

第二百四十四条　上一级人民检察院审查下级人民检察院报送的拟撤销案件，应当在收到案件后七日以内批复；重大、复杂案件，应当在收到案件后十日以内批复。情况紧急或者因其他特殊原因不能按时送达的，可以先行通知下级人民检察院执行。

第二百四十五条　上一级人民检察院同意撤销案件的，下级人民检察院应当作出撤销案件决定，并制作撤销案件决定书。上一级人民检察院不同意撤销案件的，下级人民检察院应当执行上一级人民检察院的决定。

报请上一级人民检察院审查期间，犯罪嫌疑人羁押期限届满的，应当依法释放犯罪嫌疑人或者变更强制措施。

第二百四十六条　撤销案件的决定，应当分别送达犯罪嫌疑人所在单位和犯罪嫌疑人。犯罪嫌疑人死亡的，应当送达犯罪嫌疑人原所在单位。如果犯罪嫌疑人在押，应当制作决定释放通知书，通知公安机关依法释放。

第二百四十七条　人民检察院作出撤销案件决定的，应当在三十日以内报经检察长批准，对犯罪嫌疑人的违法所得作出处理。情况特殊的，可以延长三十日。

第二百四十八条　人民检察院撤销案件时，对犯罪嫌疑人的违法所得及其他涉案财产应当区分不同情形，作出相应处理：

（一）因犯罪嫌疑人死亡而撤销案件，依照刑法规定应当追缴其违法所得及其他涉案财产的，按照本规则第十二章第四节的规定办理。

（二）因其他原因撤销案件，对于查封、扣押、冻结的犯罪嫌疑人违法所得及其他涉案财产需要没收的，应当提出检察意见，移送有关主管机关处理。

（三）对于冻结的犯罪嫌疑人存款、汇款、债券、股票、基金份额等财产需要返还被害人的，可以通知金融机构、邮政部门返还被害人；对于查封、扣押的犯罪嫌疑人的违法所得及其他涉案财产需要返还被害人的，直接决定返还被害人。

人民检察院申请人民法院裁定处理犯罪嫌疑人涉案财产的，应当向人民法院移送有关案卷材料。

第二百四十九条　人民检察院撤销案件时，对查封、扣押、冻结的犯罪嫌疑人的涉案财产需要返还犯罪嫌疑人的，应当解除查封、扣押或者书面通知有关金融机构、邮政部门解除冻结，返还犯罪嫌疑人或者其合法继承人。

第二百五十条　查封、扣押、冻结的财物，除依法应当返还被害人或者经查明确实与案件无关的以外，不得在诉讼程序终结之前处理。法律或者有关规定另有规定的除外。

第二百五十一条　处理查封、扣押、冻结的涉案财物，应当由检察长决定。

第二百五十二条　人民检察院直接受理侦查的共同犯罪案件，如果同案犯罪嫌疑人在逃，但在案犯罪嫌疑人犯罪事实清楚，证据确实、充分的，对在案犯罪嫌疑人应当根据本规则第二百三十七条的规定分别移送起诉或者移送不起诉。

由于同案犯罪嫌疑人在逃，在案犯罪嫌疑人的犯罪事实无法查清的，对在案犯罪嫌疑人应当根据案件的不同情况分别报请延长侦查羁押期限、变更强制措施或者解除强制措施。

第二百五十三条　人民检察院直接受理侦查的案件，对犯罪嫌疑人没有采取取保候审、监视居住、拘留或者逮捕措施的，负责侦查的部门应当在立案后二年以内提出移送起诉、移送不起诉或者撤销案件的意见；对犯罪嫌疑人采取取保候审、监视居住、拘留或者逮捕措施的，负责侦查的部门应当在解除或者撤销强制措施后一年以内提出移送起诉、移送不起诉或者撤销案件的意见。

第二百五十四条　人民检察院直接受理侦查的案件，撤销案件以后，又发现新的事实或者证据，认为有犯罪事实需要追究刑事责任的，可以重新立案侦查。

第十章　审查逮捕和审查起诉
第一节　一般规定

第二百五十五条　人民检察院办理审查逮捕、审查起诉案件，应当全面审查证明犯罪嫌疑人有罪或者无罪、罪轻或者罪重的证据。

第二百五十六条　经公安机关商请或者人民检察院认为确有必要时，可以派员适时介入重大、疑难、复杂案件的侦查活动，参加公安机关对于重大案件的讨论，对案件性质、收集证据、适用法律等提出意见，监督侦查活动是否合法。

经监察机关商请，人民检察院可以派员介入监察机关办理的职务犯罪案件。

第二百五十七条　对于批准逮捕后要求公安机关继续侦查、不批准逮捕后要求公安机关补充侦查或者审查起诉阶段退回公安机关补充侦查的案件，人民检察院应当分别制作继续侦查提纲或者补充侦查提纲，写明需要继续侦查或者补充侦查的事项、理由、侦查方向、需补充收集的证据及其证明作用等，送交公安机关。

第二百五十八条　人民检察院讯问犯罪嫌疑人时，应当首先查明犯罪嫌疑人的基本情况，依法告知犯罪嫌疑人诉讼权利和义务，以及认罪认罚的法律规定，听取其供述和辩解。犯罪嫌疑人翻供的，应当讯问其原因。犯罪嫌疑人申请排除非法证据的，应当告知其提供相关线索或者材料。犯罪嫌疑人检举揭发他人犯罪的，应当予以记录，并依照有关规定移送有关机关、部门处理。

讯问犯罪嫌疑人应当制作讯问笔录，并交犯罪嫌疑人核对或者向其宣读。经核对无误后逐页签名或者盖章，并捺指印后附卷。犯罪嫌疑人请求自行书写供述的，应当准许，但不得以自行书写的供述代替讯问笔录。

犯罪嫌疑人被羁押的，讯问应当在看守所讯问室进行。

第二百五十九条　办理审查逮捕、审查起诉案件，可以询问证人、被害人、鉴定人等诉讼参与人，并制作笔录附卷。询问时，应当告知其诉讼权利和义务。

询问证人、被害人的地点按照刑事诉讼法第一百二十四条的规定执行。

第二百六十条　讯问犯罪嫌疑人，询问被害人、证人、鉴定人，听取辩护人、被害人及其诉讼代理人的意见，应当由检察人员负责进行。检察人员或者检察人员和书记员不得少于二人。

讯问犯罪嫌疑人，询问证人、鉴定人、被害人，应当个别进行。

第二百六十一条　办理审查逮捕案件，犯罪嫌疑人已经委托辩护律师的，可以听取辩护律师的意见。辩护律师提出要求的，应当听取辩护律师的意见。对辩护律师的意见应当制作笔录，辩护律师提出的书面意见应当附卷。

办理审查起诉案件，应当听取辩护人或者值班律师、被害人及其诉讼代理人的意见，并制作笔录。辩护人或者值班律师、被害人及其诉讼代理人提出书面意见的，应当附卷。

对于辩护律师在审查逮捕、审查起诉阶段多次提出意见的，均应如实记录。

辩护律师提出犯罪嫌疑人不构成犯罪、无社会危险性、不适宜羁押或者侦查活动有违法犯罪情形等书面意见的，检察人员应当审查，并在相关工作文书中说明是否采纳的情况和理由。

第二百六十二条　直接听取辩护人、被害人及其诉讼代理人的意见有困难的，可以通过电话、视频等方式听取意见并记录在案，或者通知辩护人、被害人及其诉讼代理人提出书面意见。无法通知或者在指定期限内未提出意见的，应当记录在案。

第二百六十三条　对于公安机关提请批准逮捕、移送起诉的案件，检察人员审查时发现存在本规则第七十五条第一款规定情形的，可以调取公安机关讯问犯罪嫌疑人的录音、录像并审查相关的录音、录像。对于重大、疑难、复杂的案件，必要时可以审查全部录音、录像。

对于监察机关移送起诉的案件，认为需要调取有关录音、录像的，可以商监察机关调取。

对于人民检察院直接受理侦查的案件，审查时发现负责侦查的部门未按照本规则第七十五条第三款的规定移送录音、录像或者移送不全的，应当要求其补充移送。对取证合法性或者讯问笔录真实性等产生疑问的，应当有针对性地审查相关的录音、录像。对于重大、疑难、复杂的案件，可以审查全部录音、录像。

第二百六十四条　经审查讯问犯罪嫌疑人录音、录像，发现公安机关、本院负责侦查的部门讯问不规范，讯问过程存在违法行为，录音、录像内容与讯问笔录不一致等情形的，应当逐一列明并向公安机关、本院负责侦查的部门书面提出，要求其予以纠正、补正或者书面作出合理解释。发现讯问笔录与讯问犯罪嫌疑人录音、录像内容有重大实质性差异的，或者公安机关、本院负责侦查的部门不能补正或者作出合理解释的，该讯问笔录不能作为批准或者决定逮捕、提起公诉的依据。

第二百六十五条　犯罪嫌疑人及其辩护人申请排除非法证据，并提供相关线索或者材料的，人民检察院应当调查核实。发现侦查人员以刑讯逼供等非法方法收集证据的，应当依法排除相关证据并提出纠正意见。

审查逮捕期限届满前，经审查无法确定存在非法取证的行为，但也不能排除非法取证可能的，该证据不作为批准逮捕的依据。检察官应当根据在案的其他证据认定案件事实和决定是否逮捕，并在作出批准或者不批准逮捕的决定后，继续对可能存在的非法取证行为进行调查核实。经调查核实确认存在以刑讯逼供等非法方法收集证据情形的，应当向公安机关提出纠正意见。以非法方法收集的证据，不得作为提起公诉的依据。

第二百六十六条　审查逮捕期间，犯罪嫌疑人申请排除非法证据，但未提交相关线索或者材料，人民检察院经全面审查案件事实、证据，未发现侦查人员存在以非法方法收集证据的情形，认为符合逮捕条件的，可以批准逮捕。

审查起诉期间，犯罪嫌疑人及其辩护人又提出新的线索或者证据，或者人民检察院发现新的证据，经调查核实认为侦查人员存在以刑讯逼供等非法方法收集证据情形的，应当依法排除非法证据，不得作为提起公诉的依据。

排除非法证据后，犯罪嫌疑人不再符合逮捕条件但案件需要继续审查起诉的，应当及时变更强制措施。案件不符合起诉条件的，应当作出不起诉决定。

第二节　认罪认罚从宽案件办理

第二百六十七条　人民检察院办理犯罪嫌疑人认罪认罚案件，应当保障犯罪嫌疑人获得有效法律帮助，确保其了解认罪认罚的性质和法律后果，自愿认罪认罚。

人民检察院受理案件后，应当向犯罪嫌疑人了解其委托辩护人的情况。犯罪嫌疑人自愿认罪认罚、没有辩护人的，在审查逮捕阶段，人民检察院应当要求公安机关通知值班律师为其提供法律帮助；在审查起诉阶段，人民检察院应当通知值班律师为其提供法律帮助。符合通知辩护条件的，应当依法通知法律援助机构指派律师为其提供辩护。

第二百六十八条　人民检察院应当商法律援助机构设立法律援助工作站派驻值班律师或者及时安排值班律师，为犯罪嫌疑人提供法律咨询、程序选择建议、申请变更强制措施、对案件处理提出意见等法律帮助。

人民检察院应当告知犯罪嫌疑人有权约见值班律师，并为其约见值班律师提供便利。

第二百六十九条　犯罪嫌疑人认罪认罚的，人民检察院应当告知其享有的诉讼权利和认罪认罚的法律规定，听取犯罪嫌疑人、辩护人或者值班律师、被害人及其诉讼代理人对下列事项的意见，并记录在案：

（一）涉嫌的犯罪事实、罪名及适用的法律规定；

（二）从轻、减轻或者免除处罚等从宽处罚的建议；

（三）认罪认罚后案件审理适用的程序；

（四）其他需要听取意见的事项。

依照前款规定听取值班律师意见的，应当提前为值班律师了解案件有关情况提供必要的便利。自人民检察院对案件审查起诉之日起，值班律师可以查阅案卷材料，了解案情。人民检察院应当为值班律师查阅案卷材料提供便利。

人民检察院不采纳辩护人或者值班律师所提意见的，应当向其说明理由。

第二百七十条　批准或者决定逮捕，应当将犯罪嫌疑人涉嫌犯罪的性质、情节，认罪认罚等情况，作为是否可能发生社会危险性的考虑因素。

已经逮捕的犯罪嫌疑人认罪认罚的，人民检察院应当及时对羁押必要性进行审查。经审查，认为没有继续羁押必要的，应当予以释放或者变更强制措施。

第二百七十一条　审查起诉阶段，对于在侦查阶段认罪认罚的案件，人民检察院应当重点审查以下内容：

（一）犯罪嫌疑人是否自愿认罪认罚，有无因受到暴力、威胁、引诱而违背意愿认罪认罚；

（二）犯罪嫌疑人认罪认罚时的认知能力和精神状态是否正常；

（三）犯罪嫌疑人是否理解认罪认罚的性质和可能导致的法律后果；

（四）公安机关是否告知犯罪嫌疑人享有的诉讼权利，如实供述自己罪行可以从宽处理和认罪认罚的法律规定，并听取意见；

（五）起诉意见书中是否写明犯罪嫌疑人认罪认罚情况；

（六）犯罪嫌疑人是否真诚悔罪，是否向被害人赔礼道歉。

经审查，犯罪嫌疑人违背意愿认罪认罚的，人民检察院可以重新开展认罪认罚工作。存在刑讯逼供等非法取证行为的，依照法律规定处理。

第二百七十二条　犯罪嫌疑人自愿认罪认罚，同意量刑建议和程序适用的，应当在辩护人或者值班律师在场的情况下签署认罪认罚具结书。具结书应当包括犯罪嫌疑人如实供述罪行、同意量刑建议和程序适用等内容，由犯罪嫌疑人及其辩护人、值班律师签名。

犯罪嫌疑人具有下列情形之一的，不需要签署认罪认罚具结书：

（一）犯罪嫌疑人是盲、聋、哑人，或者是尚未完全丧失辨认或者控制自己行为能力的精神病人的；

（二）未成年犯罪嫌疑人的法定代理人、辩护人对未成年人认罪认罚有异议的；

（三）其他不需要签署认罪认罚具结书的情形。

有前款情形，犯罪嫌疑人未签署认罪认罚具结书的，不影响认罪认罚从宽制度的适用。

第二百七十三条　犯罪嫌疑人认罪认罚，人民检察院经审查，认为符合速裁程序适用条件的，应当在十日以内作出是否提起公诉的决定，对可能判处的有期徒刑超过一年的，可以延长至十五日；认为不符合速裁程序适用条件的，应当在本规则第三百五十一条规定的期限以内作出是否提起公诉的决定。

对于公安机关建议适用速裁程序办理的案件，人民检察院负责案件管理的部门应当在受理案件的当日将案件移送负责捕诉的部门。

第二百七十四条　认罪认罚案件，人民检察院向人民法院提起公诉的，应当提出量刑建议，在起诉书中写明被告人认罪认罚情况，并移送认罪认罚具结书等材料。量刑建议可以另行制作文书，也可以在起诉书中写明。

第二百七十五条　犯罪嫌疑人认罪认罚的，人民检察院应当就主刑、附加刑、是否适用缓刑等提出量刑建议。量刑建议一般应当为确定刑。对新类型、不常见犯罪案件，量刑情节复杂的重罪案件等，也可以提出幅度刑量刑建议。

第二百七十六条　办理认罪认罚案件，人民检察院应当将犯罪嫌疑人是否与被害方达成和解或者调解协议，或者赔偿被害方损失，取得被害方谅解，或者自愿承担公益损害修复、赔偿责任，作为提出量刑建议的重要考虑因素。

犯罪嫌疑人自愿认罪并且愿意积极赔偿损失，但由于被害方赔偿请求明显不合理，未能达成和解或者调解协议的，一般不影响对犯罪嫌疑人从宽处理。

对于符合当事人和解程序适用条件的公诉案件，犯罪嫌疑人认罪认罚的，人民检察院应当积极促使当事人自愿达成和解。和解协议书和被害方出具的谅解意见应当随案移送。被害方符合司法救助条件的，人民检察院应当积极协调办理。

第二百七十七条　犯罪嫌疑人认罪认罚，人民检察院拟提出适用缓刑或者判处管制的量刑建议，可以委托犯罪嫌疑人居住地的社区矫正机构进行调查评估，也可以自行调查评估。

第二百七十八条　犯罪嫌疑人认罪认罚，人民检察院依照刑事诉讼法第一百七十七条第二款作出不起诉决定后，犯罪嫌疑人反悔的，人民检察院应当进行审查，并区分下列情形依法作出处理：

（一）发现犯罪嫌疑人没有犯罪事实，或者符合刑事诉讼法第十六条规定的情形之一的，应当撤销原不起诉决定，依照刑事诉讼法第一百七十七条第一款的规定重新作出不起诉决定；

（二）犯罪嫌疑人犯罪情节轻微，依照刑法不需要判处刑罚或者免除刑罚的，可以维持原不起诉决定；

（三）排除认罪认罚因素后，符合起诉条件的，应当根据案件具体情况撤销原不起诉决定，依法提起公诉。

第二百七十九条　犯罪嫌疑人自愿如实供述涉嫌犯罪的事实，有重大立功或者案件涉及国家重大利益的，经最高人民检察院核准，公安机关可以撤销案件，人民检察院可以作出不起诉决定，也可以对涉嫌数罪中的一项或者多项不起诉。

前款规定的不起诉，应当由检察长决定。决定不起诉的，人民检察院应当及时对查封、扣押、冻结的财物及其孳息作出处理。

第三节　审查批准逮捕

第二百八十条　人民检察院办理审查逮捕案件，可以讯问犯罪嫌疑人；具有下列情形之一的，应当讯问犯罪嫌疑人：

（一）对是否符合逮捕条件有疑问的；

（二）犯罪嫌疑人要求向检察人员当面陈述的；

（三）侦查活动可能有重大违法行为的；

（四）案情重大、疑难、复杂的；

（五）犯罪嫌疑人认罪认罚的；

（六）犯罪嫌疑人系未成年人的；

（七）犯罪嫌疑人是盲、聋、哑人或者是尚未完全丧失辨认或者控制自己行为能力的精神病人的。

讯问未被拘留的犯罪嫌疑人，讯问前应当听取公安机关的意见。

办理审查逮捕案件，对被拘留的犯罪嫌疑人不予讯问的，应当送达听取犯罪嫌疑人意见书，由犯罪嫌疑人填写后及时收回审查并附卷。经审查认为应当讯问犯罪嫌疑人的，应当及时讯问。

第二百八十一条　对有重大影响的案件，可以采取当面听取侦查人员、犯罪嫌疑人及其辩护人等意见的方式进行公开审查。

第二百八十二条　对公安机关提请批准逮捕的犯罪嫌疑人，已经被拘留的，人民检察院应当在收到提请批准逮捕书后七日以内作出是否批准逮捕的决定；未被拘留的，应当在收到提请批准逮捕书后十五日以内作出是否批准逮捕的决定，重大、复杂案件，不得超过二十日。

第二百八十三条　上级公安机关指定犯罪地或者犯罪嫌疑人居住地以外的下级公安机关立案侦查的案件，需要逮捕犯罪嫌疑人的，由侦查该案件的公安机关提请同级人民检察院审查批准逮捕。人民检察院应当依法作出批准或者不批准逮捕的决定。

第二百八十四条　对公安机关提请批准逮捕的犯罪嫌疑人，人民检察院经审查认为符合本规则第一百二十八条、第一百三十六条、第一百三十八条规定情形，应当作出批准逮捕的决定，连同案卷材料送达公安机关执行，并可以制作继续侦查提纲，送交公安机关。

第二百八十五条　对公安机关提请批准逮捕的犯罪嫌疑人，具有本规则第一百三十九条至第一百四十一条规定情形，人民检察院作出不批准逮捕决定的，应当说明理由，连同案卷材料送达公安机关执行。需要补充侦查的，应当制作补充侦查提纲，送交公安机关。

人民检察院办理审查逮捕案件，不另行侦查，不得直接提出采取取保候审措施的意见。

对于因犯罪嫌疑人没有犯罪事实、具有刑事诉讼法第十六条规定的情形之一或者证据不足，人民检察院拟作出不批准逮捕决定的，应当经检察长批准。

第二百八十六条　人民检察院应当将批准逮捕的决定交公安机关立即执行，并要求公安机关将执行回执及时送达作出批准决定的人民检察院。如果未能执行，也应当要求其将回执及时送达人民检察院，并写明未能执行的原因。对于人民检察院不批准逮捕的，应当要求公安机关在收到不批准逮捕决定书后，立即释放在押的犯罪嫌疑人或者变更强制措施，并将执行回执在收到不批准逮捕决定书后三日以内送达作出不批准逮捕决定的人民检察院。

公安机关在收到不批准逮捕决定书后对在押的犯罪嫌疑人不立即释放或者变更强制措施的，人民检察院应当提出纠正意见。

第二百八十七条　对于没有犯罪事实或者犯罪嫌疑人具有刑事诉讼法第十六条规定情形之一，人民检察院作出不批准逮捕决定的，应当同时告知公安机关撤销案件。

对于有犯罪事实需要追究刑事责任，但不是被立案侦查的犯罪嫌疑人实施，或者共同犯罪案件中部分犯罪嫌疑人不负刑事责任，人民检察院作出不批准逮捕决定的，应当同时告知公安机关对有关犯罪嫌疑人终止侦查。

公安机关在收到不批准逮捕决定书后超过十五日未要求复议、提请复核，也不撤销案件或者终止侦查的，人民检察院应当发出纠正违法通知书。公安机关仍不纠正的，报上一级人民检察院协商同级公安机关处理。

第二百八十八条　人民检察院办理公安机关提请批准逮捕的案件，发现遗漏应当逮捕的犯罪嫌疑人的，应当经检察长批准，要求公安机关提请批准逮捕。公安机关不提请批准逮捕或者说明的不提请批准逮捕的理由不成立的，人民检察院可以直接作出逮捕决定，送达公安机关执行。

第二百八十九条　对已经作出的批准逮捕决定发现确有错误的，人民检察院应当撤销原批准逮捕决定，送达公安机关执行。

对已经作出的不批准逮捕决定发现确有错误，需要批准逮捕的，人民检察院应当撤销原不批准逮捕决定，并重新作出批准逮捕决定，送达公安机关执行。

对因撤销原批准逮捕决定而被释放的犯罪嫌疑人或者逮捕后公安机关变更为取保候审、监视居住的犯罪嫌疑人，又发现需要逮捕的，人民检察院应当重新办理逮捕手续。

第二百九十条　对不批准逮捕的案件，公安机关要求复议的，人民检察院负责捕诉的部门应当另行指派检察官或者检察官办案组进行审查，并在收到要求复议意见书和案卷材料后七日以内，经检察长批准，作出是否变更的决定，通知公安机关。

第二百九十一条　对不批准逮捕的案件，公安机关提请上一级人民检察院复核的，上一级人民检察院应当在收到提请复核意见书和案卷材料后十五日以内，经检察长批准，作出是否变更的决定，通知下级人民检察院和公安机关执行。需要改变原决定的，应当通知作出不批准逮捕决定的人民检察院撤销原不批准逮捕决定，另行制作批准逮捕决定书。必要时,上级人民检察院也可以直接作出批准逮捕决定,通知下级人民检察院送达公安机关执行。

对于经复议复核维持原不批准逮捕决定的,人民检察院向公安机关送达复议复核决定时应当说明理由。

第二百九十二条　人民检察院作出不批准逮捕决定,并且通知公安机关补充侦查的案件,公安机关在补充侦查后又要求复议的,人民检察院应当告知公安机关重新提请批准逮捕。公安机关坚持要求复议的,人民检察院不予受理。

对于公安机关补充侦查后应当提请批准逮捕而不提请批准逮捕的,按照本规则第二百八十八条的规定办理。

第二百九十三条　对公安机关提请批准逮捕的案件,负责捕诉的部门应当将批准、变更、撤销逮捕措施的情况书面通知本院负责刑事执行检察的部门。

第二百九十四条　外国人、无国籍人涉嫌危害国家安全犯罪的案件或者涉及国与国之间政治、外交关系的案件以及在适用法律上确有疑难的案件,需要逮捕犯罪嫌疑人的,按照刑事诉讼法关于管辖的规定,分别由基层人民检察院或者设区的市级人民检察院审查并提出意见,层报最高人民检察院审查。最高人民检察院认为需要逮捕的,经征求外交部的意见后,作出批准逮捕的批复;认为不需要逮捕的,作出不批准逮捕的批复。基层人民检察院或者设区的市级人民检察院根据最高人民检察院的批复,依法作出批准或者不批准逮捕的决定。层报过程中,上级人民检察院认为不需要逮捕的,应当作出不批准逮捕的批复。报送的人民检察院根据批复依法作出不批准逮捕的决定。

基层人民检察院或者设区的市级人民检察院认为不需要逮捕的,可以直接依法作出不批准逮捕的决定。

外国人、无国籍人涉嫌本条第一款规定以外的其他犯罪案件,决定批准逮捕的人民检察院应当在作出批准逮捕决定后四十八小时以内报上一级人民检察院备案,同时向同级人民政府外事部门通报。上一级人民检察院经审查发现批准逮捕决定错误的,应当依法及时纠正。

第二百九十五条　人民检察院办理审查逮捕的危害国家安全犯罪案件,应当报上一级人民检察院备案。

上一级人民检察院经审查发现错误的,应当依法及时纠正。

第四节　审查决定逮捕

第二百九十六条　人民检察院办理直接受理侦查的案件,需要逮捕犯罪嫌疑人的,由负责侦查的部门制作逮捕犯罪嫌疑人意见书,连同案卷材料、讯问犯罪嫌疑人录音、录像一并移送本院负责捕诉的部门审查。犯罪嫌疑人已被拘留的,负责侦查的部门应当在拘留后七日以内将案件移送本院负责捕诉的部门审查。

第二百九十七条　对本院负责侦查的部门移送审查逮捕的案件,犯罪嫌疑人已被拘留的,负责捕诉的部门应当在收到逮捕犯罪嫌疑人意见书后七日以内,报请检察长决定是否逮捕,特殊情况下,决定逮捕的时间可以延长一日至三日;犯罪嫌疑人未被拘留的,负责捕诉的部门应当在收到逮捕犯罪嫌疑人意见书后十五日以内,报请检察长决定是否逮捕,重大、复杂案件,不得超过二十日。

第二百九十八条　对犯罪嫌疑人决定逮捕的,负责捕诉的部门应当将逮捕决定书连同案卷材料、讯问犯罪嫌疑人录音、录像移交负责侦查的部门,并可以对收集证据、适用法律提出意见。由负责侦查的部门通知公安机关执行,必要时可以协助执行。

第二百九十九条　对犯罪嫌疑人决定不予逮捕的,负责捕诉的部门应当将不予逮捕的决定连同案卷材料、讯问犯罪嫌疑人录音、录像移交负责侦查的部门,并说明理由。需要补充侦查的,应当制作补充侦查提纲。犯罪嫌疑人已被拘留的,负责侦查的部门应当通知公安机关立即释放。

第三百条　对应当逮捕而本院负责侦查的部门未移送审查逮捕的犯罪嫌疑人,负责捕诉的部门应当向负责侦查的部门提出移送审查逮捕犯罪嫌疑人的建议。建议不被采纳的,应当报请检察长决定。

第三百零一条　逮捕犯罪嫌疑人后,应当立即送看守所羁押。除无法通知的以外,负责侦查的部门应当把逮捕的原因和羁押的处所,在二十四小时以内通知其家属。对于无法通知的,在无法通知的情形消除后,应当立即通知其家属。

第三百零二条　对被逮捕的犯罪嫌疑人,应当在逮捕后二十四小时以内进行讯问。

发现不应当逮捕的,应当经检察长批准,撤销逮捕决定或者变更为其他强制措施,并通知公安机关执行,同时通知负责捕诉的部门。

对按照前款规定被释放或者变更强制措施的犯罪嫌疑人,又发现需要逮捕的,应当重新移送审查逮捕。

第三百零三条　已经作出不予逮捕的决定,又发现需要逮捕犯罪嫌疑人的,应当重新办理逮捕手续。

第三百零四条　犯罪嫌疑人在异地羁押的,负责侦查的部门应当将决定、变更、撤销逮捕措施的情况书面通知羁押地人民检察院负责刑事执行检察的部门。

第五节　延长侦查羁押期限和重新计算侦查羁押期限

第三百零五条　人民检察院办理直接受理侦查的案件，对犯罪嫌疑人逮捕后的侦查羁押期限不得超过二个月。案情复杂、期限届满不能终结的案件，可以经上一级人民检察院批准延长一个月。

第三百零六条　设区的市级人民检察院和基层人民检察院办理直接受理侦查的案件，符合刑事诉讼法第一百五十八条规定，在本规则第三百零五条规定的期限届满前不能侦查终结的，经省级人民检察院批准，可以延长二个月。

省级人民检察院直接受理侦查的案件，有前款情形的，可以直接决定延长二个月。

第三百零七条　设区的市级人民检察院和基层人民检察院办理直接受理侦查的案件，对犯罪嫌疑人可能判处十年有期徒刑以上刑罚，依照本规则第三百零六条的规定依法延长羁押期限届满，仍不能侦查终结的，经省级人民检察院批准，可以再延长二个月。

省级人民检察院办理直接受理侦查的案件，有前款情形的，可以直接决定再延长二个月。

第三百零八条　最高人民检察院办理直接受理侦查的案件，依照刑事诉讼法的规定需要延长侦查羁押期限的，直接决定延长侦查羁押期限。

第三百零九条　公安机关需要延长侦查羁押期限的，人民检察院应当要求其在侦查羁押期限届满七日前提请批准延长侦查羁押期限。

人民检察院办理直接受理侦查的案件，负责侦查的部门认为需要延长侦查羁押期限的，应当按照前款规定向本院负责捕诉的部门移送延长侦查羁押期限意见书及有关材料。

对于超过法定羁押期限提请延长侦查羁押期限的，不予受理。

第三百一十条　人民检察院审查批准或者决定延长侦查羁押期限，由负责捕诉的部门办理。

受理案件的人民检察院对延长侦查羁押期限的意见审查后，应当提出是否同意延长侦查羁押期限的意见，将公安机关延长侦查羁押期限的意见和本院的审查意见层报有决定权的人民检察院审查决定。

第三百一十一条　对于同时具备下列条件的案件，人民检察院应当作出批准延长侦查羁押期限一个月的决定：

（一）符合刑事诉讼法第一百五十六条的规定；

（二）符合逮捕条件；

（三）犯罪嫌疑人有继续羁押的必要。

第三百一十二条　犯罪嫌疑人虽然符合逮捕条件，但经审查，公安机关在对犯罪嫌疑人执行逮捕后二个月以内未有效开展侦查工作或者侦查取证工作没有实质进展的，人民检察院可以作出不批准延长侦查羁押期限的决定。

犯罪嫌疑人不符合逮捕条件，需要撤销下级人民检察院逮捕决定的，上级人民检察院在作出不批准延长侦查羁押期限决定的同时，应当作出撤销逮捕的决定，或者通知下级人民检察院撤销逮捕决定。

第三百一十三条　有决定权的人民检察院作出批准延长侦查羁押期限或者不批准延长侦查羁押期限的决定后，应当将决定书交由最初受理案件的人民检察院送达公安机关。

最初受理案件的人民检察院负责捕诉的部门收到批准延长侦查羁押期限决定书或者不批准延长侦查羁押期限决定书，应当书面告知本院负责刑事执行检察的部门。

第三百一十四条　因为特殊原因，在较长时间内不宜交付审判的特别重大复杂的案件，由最高人民检察院报请全国人民代表大会常务委员会批准延期审理。

第三百一十五条　人民检察院在侦查期间发现犯罪嫌疑人另有重要罪行的，自发现之日起依照本规则第三百零五条的规定重新计算侦查羁押期限。

另有重要罪行是指与逮捕时的罪行不同种的重大犯罪或者同种的影响罪名认定、量刑档次的重大犯罪。

第三百一十六条　人民检察院重新计算侦查羁押期限，应当由负责侦查的部门提出重新计算侦查羁押期限的意见，移送本院负责捕诉的部门审查。负责捕诉的部门审查后应当提出是否同意重新计算侦查羁押期限的意见，报检察长决定。

第三百一十七条　对公安机关重新计算侦查羁押期限的备案，由负责捕诉的部门审查。负责捕诉的部门认为公安机关重新计算侦查羁押期限不当的，应当提出纠正意见。

第三百一十八条　人民检察院直接受理侦查的案件，不能在法定侦查羁押期限内侦查终结的，应当依法释放犯罪嫌疑人或者变更强制措施。

第三百一十九条　负责捕诉的部门审查延长侦查羁押期限、审查重新计算侦查羁押期限，可以讯问犯罪嫌疑人，听取辩护律师和侦查人员的意见，调取案卷及相关材料等。

第六节　核准追诉

第三百二十条　法定最高刑为无期徒刑、死刑的犯罪,已过二十年追诉期限的,不再追诉。如果认为必须追诉的,须报请最高人民检察院核准。

第三百二十一条　须报请最高人民检察院核准追诉的案件,公安机关在核准之前可以依法对犯罪嫌疑人采取强制措施。

公安机关报请核准追诉并提请逮捕犯罪嫌疑人,人民检察院经审查认为必须追诉而且符合法定逮捕条件的,可以依法批准逮捕,同时要求公安机关在报请核准追诉期间不得停止对案件的侦查。

未经最高人民检察院核准,不得对案件提起公诉。

第三百二十二条　报请核准追诉的案件应当同时符合下列条件:

(一)有证据证明存在犯罪事实,且犯罪事实是犯罪嫌疑人实施的;

(二)涉嫌犯罪的行为应当适用的法定量刑幅度的最高刑为无期徒刑或者死刑的;

(三)涉嫌犯罪的性质、情节和后果特别严重,虽然已过二十年追诉期限,但社会危害性和影响依然存在,不追诉会严重影响社会稳定或者产生其他严重后果,而必须追诉的;

(四)犯罪嫌疑人能够及时到案接受追诉。

第三百二十三条　公安机关报请核准追诉的案件,由同级人民检察院受理并层报最高人民检察院审查决定。

第三百二十四条　地方各级人民检察院对公安机关报请核准追诉的案件,应当及时进行审查并开展必要的调查。经检察委员会审议提出是否同意核准追诉的意见,制作报请核准追诉案件报告书,连同案卷材料一并层报最高人民检察院。

第三百二十五条　最高人民检察院收到省级人民检察院报送的报请核准追诉案件报告书及案卷材料后,应当及时审查,必要时指派检察人员到案发地了解案件有关情况。经检察长批准,作出是否核准追诉的决定,并制作核准追诉决定书或者不予核准追诉决定书,逐级下达至最初受理案件的人民检察院,由其送达报请核准追诉的公安机关。

第三百二十六条　对已经采取强制措施的案件,强制措施期限届满不能作出是否核准追诉决定的,应当对犯罪嫌疑人变更强制措施或者延长侦查羁押期限。

第三百二十七条　最高人民检察院决定核准追诉的案件,最初受理案件的人民检察院应当监督公安机关的侦查工作。

最高人民检察院决定不予核准追诉,公安机关未及时撤销案件的,同级人民检察院应当提出纠正意见。犯罪嫌疑人在押的,应当立即释放。

第七节　审查起诉

第三百二十八条　各级人民检察院提起公诉,应当与人民法院审判管辖相适应。负责捕诉的部门收到移送起诉的案件后,经审查认为不属于本院管辖的,应当在发现之日起五日以内经由负责案件管理的部门移送有管辖权的人民检察院。

属于上级人民法院管辖的第一审案件,应当报送上级人民检察院,同时通知移送起诉的公安机关;属于同级其他人民法院管辖的第一审案件,应当移送有管辖权的人民检察院或者报送共同的上级人民检察院指定管辖,同时通知移送起诉的公安机关。

上级人民检察院受理同级公安机关移送起诉的案件,认为属于下级人民法院管辖的,可以交下级人民检察院审查,由下级人民检察院向同级人民法院提起公诉,同时通知移送起诉的公安机关。

一人犯数罪、共同犯罪和其他需要并案审理的案件,只要其中一人或者一罪属于上级人民检察院管辖的,全案由上级人民检察院审查起诉。

公安机关移送起诉的案件,需要依照刑事诉讼法的规定指定审判管辖的,人民检察院应当在公安机关移送起诉前协商同级人民法院办理指定管辖有关事宜。

第三百二十九条　监察机关移送起诉的案件,需要依照刑事诉讼法的规定指定审判管辖的,人民检察院应当在监察机关移送起诉二十日前协商同级人民法院办理指定管辖有关事宜。

第三百三十条　人民检察院审查移送起诉的案件,应当查明:

(一)犯罪嫌疑人身份状况是否清楚,包括姓名、性别、国籍、出生年月日、职业和单位等;单位犯罪的,单位的相关情况是否清楚;

(二)犯罪事实、情节是否清楚;实施犯罪的时间、地点、手段、危害后果是否明确;

(三)认定犯罪性质和罪名的意见是否正确;有无法定的从重、从轻、减轻或者免除处罚情节及酌定从重、从轻情节;共同犯罪案件的犯罪嫌疑人在犯罪活动中的责任认定是否恰当;

(四)犯罪嫌疑人是否认罪认罚;

（五）证明犯罪事实的证据材料是否随案移送；证明相关财产系违法所得的证据材料是否随案移送；不宜移送的证据的清单、复制件、照片或者其他证明文件是否随案移送；

（六）证据是否确实、充分，是否依法收集，有无应当排除非法证据的情形；

（七）采取侦查措施包括技术侦查措施的法律手续和诉讼文书是否完备；

（八）有无遗漏罪行和其他应当追究刑事责任的人；

（九）是否属于不应当追究刑事责任的；

（十）有无附带民事诉讼；对于国家财产、集体财产遭受损失的，是否需要由人民检察院提起附带民事诉讼；对于破坏生态环境和资源保护，食品药品安全领域侵害众多消费者合法权益，侵害英雄烈士的姓名、肖像、名誉、荣誉等损害社会公共利益的行为，是否需要由人民检察院提起附带民事公益诉讼；

（十一）采取的强制措施是否适当，对于已经逮捕的犯罪嫌疑人，有无继续羁押的必要；

（十二）侦查活动是否合法；

（十三）涉案财物是否查封、扣押、冻结并妥善保管，清单是否齐备；对被害人合法财产的返还和对违禁品或者不宜长期保存的物品的处理是否妥当，移送的证明文件是否完备。

第三百三十一条　人民检察院办理审查起诉案件应当讯问犯罪嫌疑人。

第三百三十二条　人民检察院认为需要对案件中某些专门性问题进行鉴定而监察机关或者公安机关没有鉴定的，应当要求监察机关或者公安机关进行鉴定。必要时，也可以由人民检察院进行鉴定，或者由人民检察院聘请有鉴定资格的人进行鉴定。

人民检察院自行进行鉴定的，可以商请监察机关或者公安机关派员参加，必要时可以聘请有鉴定资格或者有专门知识的人参加。

第三百三十三条　在审查起诉中，发现犯罪嫌疑人可能患有精神病的，人民检察院应当依照本规则的有关规定对犯罪嫌疑人进行鉴定。

犯罪嫌疑人的辩护人或者近亲属以犯罪嫌疑人可能患有精神病而申请对犯罪嫌疑人进行鉴定的，人民检察院也可以依照本规则的有关规定对犯罪嫌疑人进行鉴定。鉴定费用由申请方承担。

第三百三十四条　人民检察院对鉴定意见有疑问的，可以询问鉴定人或者有专门知识的人并制作笔录附卷，也可以指派有鉴定资格的检察技术人员或者聘请其他有鉴定资格的人进行补充鉴定或者重新鉴定。

人民检察院对鉴定意见等技术性证据材料需要进行专门审查的，按照有关规定交检察技术人员或者其他有专门知识的人进行审查并出具审查意见。

第三百三十五条　人民检察院审查案件时，对监察机关或者公安机关的勘验、检查，认为需要复验、复查的，应当要求其复验、复查，人民检察院可以派员参加；也可以自行复验、复查，商请监察机关或者公安机关派员参加，必要时也可以指派检察技术人员或者聘请其他有专门知识的人参加。

第三百三十六条　人民检察院对物证、书证、视听资料、电子数据及勘验、检查、辨认、侦查实验等笔录存在疑问的，可以要求调查人员或者侦查人员提供获取、制作的有关情况，必要时也可以询问提供相关证据材料的人员和见证人并制作笔录附卷，对物证、书证、视听资料、电子数据进行鉴定。

第三百三十七条　人民检察院在审查起诉阶段认为需要逮捕犯罪嫌疑人的，应当经检察长决定。

第三百三十八条　对于人民检察院正在审查起诉的案件，被逮捕的犯罪嫌疑人及其法定代理人、近亲属或者辩护人认为羁押期限届满，向人民检察院提出释放犯罪嫌疑人或者变更强制措施要求的，人民检察院应当在三日以内审查决定。经审查，认为法定期限届满的，应当决定释放或者依法变更强制措施，并通知公安机关执行；认为法定期限未满的，书面答复申请人。

第三百三十九条　人民检察院对案件进行审查后，应当依法作出起诉或者不起诉以及是否提起附带民事诉讼、附带民事公益诉讼的决定。

第三百四十条　人民检察院对监察机关或者公安机关移送的案件进行审查后，在人民法院作出生效判决之前，认为需要补充提供证据材料的，可以书面要求监察机关或者公安机关提供。

第三百四十一条　人民检察院在审查起诉中发现有应当排除的非法证据，应当依法排除，同时可以要求监察机关或者公安机关另行指派调查人员或者侦查人员重新取证。必要时，人民检察院也可以自行调查取证。

第三百四十二条　人民检察院认为犯罪事实不清、证据不足或者存在遗漏罪行、遗漏同案犯罪嫌疑人等情形需要补充侦查的，应当制作补充侦查提纲，连同案卷材料一并退回公安机关补充侦查。人民检察院也可以自行侦查，必要时可以要求公安机关提供协助。

第三百四十三条　人民检察院对于监察机关移送起诉的案件，认为需要补充调查的，应当退回监察机关补充调查。必要时，可以自行补充侦查。

需要退回补充调查的案件，人民检察院应当出具补充调查决定书、补充调查提纲，写明补充调查的事项、理由、调查方向、需补充收集的证据及其证明作用等，连同案卷材料一并送交监察机关。

人民检察院决定退回补充调查的案件，犯罪嫌疑人已被采取强制措施的，应当将退回补充调查情况书面通知强制措施执行机关。监察机关需要讯问的，人民检察院应当予以配合。

第三百四十四条　对于监察机关移送起诉的案件，具有下列情形之一的，人民检察院可以自行补充侦查：

（一）证人证言、犯罪嫌疑人供述和辩解、被害人陈述的内容主要情节一致，个别情节不一致的；

（二）物证、书证等证据材料需要补充鉴定的；

（三）其他由人民检察院查证更为便利、更有效率、更有利于查清案件事实的情形。

自行补充侦查完毕后，应当将相关证据材料入卷，同时抄送监察机关。人民检察院自行补充侦查的，可以商请监察机关提供协助。

第三百四十五条　人民检察院负责捕诉的部门对本院负责侦查的部门移送起诉的案件进行审查后，认为犯罪事实不清、证据不足或者存在遗漏罪行、遗漏同案犯罪嫌疑人等情形需要补充侦查的，应当制作补充侦查提纲，连同案卷材料一并退回负责侦查的部门补充侦查。必要时，也可以自行侦查，可以要求负责侦查的部门予以协助。

第三百四十六条　退回监察机关补充调查、退回公安机关补充侦查的案件，均应当在一个月以内补充调查、补充侦查完毕。

补充调查、补充侦查以二次为限。

补充调查、补充侦查完毕移送起诉后，人民检察院重新计算审查起诉期限。

人民检察院负责捕诉的部门退回本院负责侦查的部门补充侦查的期限、次数按照本条第一款至第三款的规定执行。

第三百四十七条　补充侦查期限届满，公安机关未将案件重新移送起诉的，人民检察院应当要求公安机关说明理由。

人民检察院发现公安机关违反法律规定撤销案件的，应当提出纠正意见。

第三百四十八条　人民检察院在审查起诉中决定自行侦查的，应当在审查起诉期限内侦查完毕。

第三百四十九条　人民检察院对已经退回监察机关二次补充调查或者退回公安机关二次补充侦查的案件，在审查起诉中又发现新的犯罪事实，应当将线索移送监察机关或者公安机关。对已经查清的犯罪事实，应当依法提起公诉。

第三百五十条　对于在审查起诉期间改变管辖的案件，改变后的人民检察院对于符合刑事诉讼法第一百七十五条第二款规定的案件，可以经原受理案件的人民检察院协助，直接退回原侦查案件的公安机关补充侦查，也可以自行侦查。改变管辖前后退回补充侦查的次数总共不得超过二次。

第三百五十一条　人民检察院对于移送起诉的案件，应当在一个月以内作出决定；重大、复杂的案件，一个月以内不能作出决定的，可以延长十五日。

人民检察院审查起诉的案件，改变管辖的，从改变后的人民检察院收到案件之日起计算审查起诉期限。

第三百五十二条　追缴的财物中，属于被害人的合法财产，不需要在法庭出示的，应当及时返还被害人，并由被害人在发还款物清单上签名或者盖章，注明返还的理由，并将清单、照片附卷。

第三百五十三条　追缴的财物中，属于违禁品或者不宜长期保存的物品，应当依照国家有关规定处理，并将清单、照片、处理结果附卷。

第三百五十四条　人民检察院在审查起诉阶段，可以适用本规则规定的侦查措施和程序。

第八节　起　诉

第三百五十五条　人民检察院认为犯罪嫌疑人的犯罪事实已经查清，证据确实、充分，依法应当追究刑事责任的，应当作出起诉决定。

具有下列情形之一的，可以认为犯罪事实已经查清：

（一）属于单一罪行的案件，查清的事实足以定罪量刑或者与定罪量刑有关的事实已经查清，不影响定罪量刑的事实无法查清的；

（二）属于数个罪行的案件，部分罪行已经查清并符合起诉条件，其他罪行无法查清的；

（三）无法查清作案工具、赃物去向，但有其他证据足以对被告人定罪量刑的；

（四）证人证言、犯罪嫌疑人供述和辩解、被害人陈述的内容主要情节一致，个别情节不一致，但不影响定罪的。

对于符合前款第二项情形的,应当以已经查清的罪行起诉。

第三百五十六条 人民检察院在办理公安机关移送起诉的案件中,发现遗漏罪行或者有依法应当移送起诉的同案犯罪嫌疑人未移送起诉的,应当要求公安机关补充侦查或者补充移送起诉。对于犯罪事实清楚,证据确实、充分的,也可以直接提起公诉。

第三百五十七条 人民检察院立案侦查时认为属于直接受理侦查的案件,在审查起诉阶段发现属于监察机关管辖的,应当及时商监察机关办理。属于公安机关管辖,案件事实清楚,证据确实、充分,符合起诉条件的,可以直接起诉;事实不清、证据不足的,应当及时移送有管辖权的机关办理。

在审查起诉阶段,发现公安机关移送起诉的案件属于监察机关管辖,或者监察机关移送起诉的案件属于公安机关管辖,但案件事实清楚,证据确实、充分,符合起诉条件的,经征求监察机关、公安机关意见后,没有不同意见的,可以直接起诉;提出不同意见,或者事实不清、证据不足的,应当将案件退回移送案件的机关并说明理由,建议其移送有管辖权的机关办理。

第三百五十八条 人民检察院决定起诉的,应当制作起诉书。

起诉书的主要内容包括:

(一)被告人的基本情况,包括姓名、性别、出生年月日、出生地和户籍地、公民身份证号码、民族、文化程度、职业、工作单位及职务、住址,是否受过刑事处分及处分的种类和时间,采取强制措施的情况等;如果是单位犯罪,应当写明犯罪单位的名称和组织机构代码、所在地址、联系方式,法定代表人和诉讼代表人的姓名、职务、联系方式;如果还有应当负刑事责任的直接负责的主管人员或其他直接责任人员,应当按上述被告人基本情况的内容叙写;

(二)案由和案件来源;

(三)案件事实,包括犯罪的时间、地点、经过、手段、动机、目的、危害后果等与定罪量刑有关的事实要素。起诉书叙述的指控犯罪事实的必备要素应当明晰、准确。被告人被控有多项犯罪事实的,应当逐一列举,对于犯罪手段相同的同一犯罪可以概括叙写;

(四)起诉的根据和理由,包括被告人触犯的刑法条款、犯罪的性质及认定的罪名、处罚条款、法定从轻、减轻或者从重处罚的情节,共同犯罪各被告人应负的罪责等;

(五)被告人认罪认罚情况,包括认罪认罚的内容、具结书签署情况等。

被告人真实姓名、住址无法查清的,可以按其绰号或者自报的姓名、住址制作起诉书,并在起诉书中注明。被告人自报的姓名可能造成损害他人名誉、败坏道德风俗等不良影响的,可以对被告人编号并按编号制作起诉书,附具被告人的照片,记明足以确定被告人面貌、体格、指纹以及其他反映被告人特征的事项。

起诉书应当附有被告人现在处所,证人、鉴定人、需要出庭的有专门知识的人的名单,需要保护的被害人、证人、鉴定人的化名名单,查封、扣押、冻结的财物及孳息的清单,附带民事诉讼、附带民事公益诉讼情况以及其他需要附注的情况。

证人、鉴定人、有专门知识的人的名单应当列明姓名、性别、年龄、职业、住址、联系方式,并注明证人、鉴定人是否出庭。

第三百五十九条 人民检察院提起公诉的案件,应当向人民法院移送起诉书、案卷材料、证据和认罪认罚具结书等材料。

起诉书应当一式八份,每增加一名被告人增加起诉书五份。

关于被害人姓名、住址、联系方式,被告人被采取强制措施的种类、是否在案及羁押处所等问题,人民检察院应当在起诉书中列明,不再单独移送材料;对于涉及被害人隐私或者为保护证人、鉴定人、被害人人身安全,而不宜公开证人、鉴定人、被害人姓名、住址、工作单位和联系方式等个人信息的,可以在起诉书中使用化名。但是应当另行书面说明使用化名的情况并标明密级,单独成卷。

第三百六十条 人民检察院对于犯罪嫌疑人、被告人或者证人等翻供、翻证的材料以及对犯罪嫌疑人、被告人有利的其他证据材料,应当移送人民法院。

第三百六十一条 人民法院向人民检察院提出书面意见要求补充移送材料,人民检察院认为有必要移送的,应当自收到通知之日起三日以内补送。

第三百六十二条 对提起公诉后,在人民法院宣告判决前补充收集的证据材料,人民检察院应当及时移送人民法院。

第三百六十三条 在审查起诉期间,人民检察院可以根据辩护人的申请,向监察机关、公安机关调取在调查、侦查期间收集的证明犯罪嫌疑人、被告人无罪或者罪轻的证据材料。

第三百六十四条 人民检察院提起公诉的案件,可以向人民法院提出量刑建议。除有减轻处罚或者免除处罚情节外,量刑建议应当在法定量刑幅度内提出。建议判处有期徒刑、管制、拘役的,可以具有一定的幅度,也可以提出具体确定的建议。

提出量刑建议的,可以制作量刑建议书,与起诉书一并移送人民法院。量刑建议书的主要内容应当包括被告人所犯罪行的法定刑、量刑情节、建议人民法院对被告人判处刑罚的种类、刑罚幅度、可以适用的刑罚执行方式以及提出量刑建议的依据和理由等。

认罪认罚案件的量刑建议,按照本章第二节的规定办理。

第九节　不起诉

第三百六十五条　人民检察院对于监察机关或者公安机关移送起诉的案件,发现犯罪嫌疑人没有犯罪事实,或者符合刑事诉讼法第十六条规定的情形之一的,经检察长批准,应当作出不起诉决定。

对于犯罪事实并非犯罪嫌疑人所为,需要重新调查或者侦查的,应当在作出不起诉决定后书面说明理由,将案卷材料退回监察机关或者公安机关并建议重新调查或者侦查。

第三百六十六条　负责捕诉的部门对于本院负责侦查的部门移送起诉的案件,发现具有本规则第三百六十五条第一款规定情形的,应当退回本院负责侦查的部门,建议撤销案件。

第三百六十七条　人民检察院对于二次退回补充调查或者补充侦查的案件,仍然认为证据不足,不符合起诉条件的,经检察长批准,依法作出不起诉决定。

人民检察院对于经过一次退回补充调查或者补充侦查的案件,认为证据不足,不符合起诉条件,且没有再次退回补充调查或者补充侦查必要的,经检察长批准,可以作出不起诉决定。

第三百六十八条　具有下列情形之一,不能确定犯罪嫌疑人构成犯罪和需要追究刑事责任的,属于证据不足,不符合起诉条件:

(一)犯罪构成要件事实缺乏必要的证据予以证明的;

(二)据以定罪的证据存在疑问,无法查证属实的;

(三)据以定罪的证据之间、证据与案件事实之间的矛盾不能合理排除的;

(四)根据证据得出的结论具有其他可能性,不能排除合理怀疑的;

(五)根据证据认定案件事实不符合逻辑和经验法则,得出的结论明显不符合常理的。

第三百六十九条　人民检察院根据刑事诉讼法第一

百七十五条第四款规定决定不起诉的,在发现新的证据,符合起诉条件时,可以提起公诉。

第三百七十条　人民检察院对于犯罪情节轻微,依照刑法规定不需要判处刑罚或者免除刑罚的,经检察长批准,可以作出不起诉决定。

第三百七十一条　人民检察院直接受理侦查的案件,以及监察机关移送起诉的案件,拟作不起诉决定的,应当报请上一级人民检察院批准。

第三百七十二条　人民检察院决定不起诉的,应当制作不起诉决定书。

不起诉决定书的主要内容包括:

(一)被不起诉人的基本情况,包括姓名、性别、出生年月日、出生地和户籍地、公民身份号码、民族、文化程度、职业、工作单位及职务、住址,是否受过刑事处分,采取强制措施的情况以及羁押处所等;如果是单位犯罪,应当写明犯罪单位的名称和组织机构代码、所在地址、联系方式,法定代表人和诉讼代表人的姓名、职务、联系方式;

(二)案由和案件来源;

(三)案件事实,包括否定或者指控被不起诉人构成犯罪的事实以及作为不起诉决定根据的事实;

(四)不起诉的法律根据和理由,写明作出不起诉决定适用的法律条款;

(五)查封、扣押、冻结的涉案财物的处理情况;

(六)有关告知事项。

第三百七十三条　人民检察院决定不起诉的案件,可以根据案件的不同情况,对被不起诉人予以训诫或者责令具结悔过、赔礼道歉、赔偿损失。

对被不起诉人需要给予行政处罚、政务处分或者其他处分的,经检察长批准,人民检察院应当提出检察意见,连同不起诉决定书一并移送有关主管机关处理,并要求有关主管机关及时通报处理情况。

第三百七十四条　人民检察院决定不起诉的案件,应当同时书面通知作出查封、扣押、冻结决定的机关或者执行查封、扣押、冻结决定的机关解除查封、扣押、冻结。

第三百七十五条　人民检察院决定不起诉的案件,需要没收违法所得的,经检察长批准,应当提出检察意见,移送有关主管机关处理,并要求有关主管机关及时通报处理情况。具体程序可以参照本规则第二百四十八条的规定办理。

第三百七十六条　不起诉的决定,由人民检察院公开宣布。公开宣布不起诉决定的活动应当记录在案。

不起诉决定书自公开宣布之日起生效。

被不起诉人在押的,应当立即释放;被采取其他强制措施的,应当通知执行机关解除。

第三百七十七条 不起诉决定书应当送达被害人或者其近亲属及其诉讼代理人、被不起诉人及其辩护人以及被不起诉人所在单位。送达时,应当告知被害人或者其近亲属及其诉讼代理人,如果对不起诉决定不服,可以自收到不起诉决定书后七日以内向上一级人民检察院申诉;也可以不经申诉,直接向人民法院起诉。依照刑事诉讼法第一百七十七条第二款作出不起诉决定的,应当告知被不起诉人,如果对不起诉决定不服,可以自收到不起诉决定书后七日以内向人民检察院申诉。

第三百七十八条 对于监察机关或者公安机关移送起诉的案件,人民检察院决定不起诉的,应当将不起诉决定书送达监察机关或者公安机关。

第三百七十九条 监察机关认为不起诉的决定有错误,向上一级人民检察院提请复议的,上一级人民检察院应当在收到提请复议意见书后三十日以内,经检察长批准,作出复议决定,通知监察机关。

公安机关认为不起诉决定有错误要求复议的,人民检察院负责捕诉的部门应当另行指派检察官或者检察官办案组进行审查,并在收到要求复议意见书后三十日以内,经检察长批准,作出复议决定,通知公安机关。

第三百八十条 公安机关对不起诉决定提请复核的,上一级人民检察院应当在收到提请复核意见书后三十日以内,经检察长批准,作出复核决定,通知提请复核的公安机关和下级人民检察院。经复核认为下级人民检察院不起诉决定错误的,应当指令下级人民检察院纠正,或者撤销、变更下级人民检察院作出的不起诉决定。

第三百八十一条 被害人不服不起诉决定,在收到不起诉决定书后七日以内提出申诉的,由作出不起诉决定的人民检察院的上一级人民检察院负责捕诉的部门进行复查。

被害人向作出不起诉决定的人民检察院提出申诉的,作出决定的人民检察院应当将申诉材料连同案卷一并报送上一级人民检察院。

第三百八十二条 被害人不服不起诉决定,在收到不起诉决定书七日以后提出申诉的,由作出不起诉决定的人民检察院负责控告申诉检察的部门进行审查。经审查,认为不起诉决定正确的,出具审查结论直接答复申诉人,并做好释法说理工作;认为不起诉决定可能存在错误的,移送负责捕诉的部门进行复查。

第三百八十三条 人民检察院应当将复查决定书送达被害人、被不起诉人和作出不起诉决定的人民检察院。

上级人民检察院经复查作出起诉决定的,应当撤销下级人民检察院的不起诉决定,交由下级人民检察院提起公诉,并将复查决定抄送移送起诉的监察机关或者公安机关。

第三百八十四条 人民检察院收到人民法院受理被害人对被不起诉人起诉的通知后,应当终止复查,将作出不起诉决定所依据的有关案卷材料移送人民法院。

第三百八十五条 对于人民检察院依照刑事诉讼法第一百七十七条第二款规定作出的不起诉决定,被不起诉人不服,在收到不起诉决定书后七日以内提出申诉的,应当由作出决定的人民检察院负责捕诉的部门进行复查;被不起诉人在收到不起诉决定书七日以后提出申诉的,由负责控告申诉检察的部门进行审查。经审查,认为不起诉决定正确的,出具审查结论直接答复申诉人,并做好释法说理工作;认为不起诉决定可能存在错误的,移送负责捕诉的部门复查。

人民检察院应当将复查决定书送达被不起诉人、被害人。复查后,撤销不起诉决定,变更不起诉的事实或者法律依据的,应当同时将复查决定书抄送移送起诉的监察机关或者公安机关。

第三百八十六条 人民检察院复查不服不起诉决定的申诉,应当在立案后三个月以内报经检察长批准作出复查决定。案情复杂的,不得超过六个月。

第三百八十七条 被害人、被不起诉人对不起诉决定不服提出申诉的,应当递交申诉书,写明申诉理由。没有书写能力的,也可以口头提出申诉。人民检察院应当根据其口头提出的申诉制作笔录。

第三百八十八条 人民检察院发现不起诉决定确有错误,符合起诉条件的,应当撤销不起诉决定,提起公诉。

第三百八十九条 最高人民检察院对地方各级人民检察院的起诉、不起诉决定,上级人民检察院对下级人民检察院的起诉、不起诉决定,发现确有错误的,应当予以撤销或者指令下级人民检察院纠正。

第十一章 出席法庭
第一节 出席第一审法庭

第三百九十条 提起公诉的案件,人民检察院应当派员以国家公诉人的身份出席第一审法庭,支持公诉。

公诉人应当由检察官担任。检察官助理可以协助检察官出庭。根据需要可以配备书记员担任记录。

第三百九十一条 对于提起公诉后人民法院改变管

辖的案件,提起公诉的人民检察院参照本规则第三百二十八条的规定将案件移送与审判管辖相对应的人民检察院。

接受移送的人民检察院重新对案件进行审查的,根据刑事诉讼法第一百七十二条第二款的规定自收到案件之日起计算审查起诉期限。

第三百九十二条 人民法院决定开庭审判的,公诉人应当做好以下准备工作:

(一)进一步熟悉案情,掌握证据情况;

(二)深入研究与本案有关的法律政策问题;

(三)充实审判中可能涉及的专业知识;

(四)拟定讯问被告人、询问证人、鉴定人、有专门知识的人和宣读、出示、播放证据的计划并制定质证方案;

(五)对可能出现证据合法性争议的,拟定证明证据合法性的提纲并准备相关材料;

(六)拟定公诉意见,准备辩论提纲;

(七)需要对出庭证人等的保护向人民法院提出建议或者配合工作的,做好相关准备。

第三百九十三条 人民检察院在开庭审理前收到人民法院或者被告人及其辩护人、被害人、证人等送交的反映证据系非法取得的书面材料的,应当进行审查。对于审查逮捕、审查起诉期间已经提出并经查证不存在非法取证行为的,应当通知人民法院、有关当事人和辩护人,并按照查证的情况做好庭审准备。对于新的材料或者线索,可以要求监察机关、公安机关对证据收集的合法性进行说明或者提供相关证明材料。

第三百九十四条 人民法院通知人民检察院派员参加庭前会议的,由出席法庭的公诉人参加。检察官助理可以协助。根据需要可以配备书记员担任记录。

人民检察院认为有必要召开庭前会议的,可以建议人民法院召开庭前会议。

第三百九十五条 在庭前会议中,公诉人可以对案件管辖、回避、出庭证人、鉴定人、有专门知识的人的名单、辩护人提供的无罪证据、非法证据排除、不公开审理、延期审理、适用简易程序或者速裁程序、庭审方案等与审判相关的问题提出和交换意见,了解辩护人收集的证据等情况。

对辩护人收集的证据有异议的,应当提出,并简要说明理由。

公诉人通过参加庭前会议,了解案件事实、证据和法律适用的争议和不同意见,解决有关程序问题,为参加法庭审理做好准备。

第三百九十六条 当事人、辩护人、诉讼代理人在庭前会议中提出证据系非法取得,人民法院认为可能存在以非法方法收集证据情形的,人民检察院应当对证据收集的合法性进行说明。需要调查核实的,在开庭审理前进行。

第三百九十七条 人民检察院向人民法院移送全部案卷材料后,在法庭审理过程中,公诉人需要出示、宣读、播放有关证据的,可以申请法庭出示、宣读、播放。

人民检察院基于出庭准备和庭审举证工作的需要,可以取回有关案卷材料和证据。

取回案卷材料和证据后,辩护律师要求查阅案卷材料的,应当允许辩护律师在人民检察院查阅、摘抄、复制案卷材料。

第三百九十八条 公诉人在法庭上应当依法进行下列活动:

(一)宣读起诉书,代表国家指控犯罪,提请人民法院对被告人依法审判;

(二)讯问被告人;

(三)询问证人、被害人、鉴定人;

(四)申请法庭出示物证,宣读书证、未到庭证人的证言笔录、鉴定人的鉴定意见、勘验、检查、辨认、侦查实验等笔录和其他作为证据的文书,播放作为证据的视听资料、电子数据等;

(五)对证据采信、法律适用和案件情况发表意见,提出量刑建议及理由,针对被告人、辩护人的辩护意见进行答辩,全面阐述公诉意见;

(六)维护诉讼参与人的合法权利;

(七)对法庭审理案件有无违反法律规定诉讼程序的情况记明笔录;

(八)依法从事其他诉讼活动。

第三百九十九条 在法庭审理中,公诉人应当客观、全面、公正地向法庭出示与定罪、量刑有关的证明被告人有罪、罪重或者罪轻的证据。

按照审判长要求,或者经审判长同意,公诉人可以按照以下方式举证、质证:

(一)对于可能影响定罪量刑的关键证据和控辩双方存在争议的证据,一般应当单独举证、质证;

(二)对于不影响定罪量刑且控辩双方无异议的证据,可以仅就证据的名称及其证明的事项、内容作出说明;

(三)对于证明方向一致、证明内容相近或者证据种类相同,存在内在逻辑关系的证据,可以归纳、分组示证、质证。

公诉人出示证据时,可以借助多媒体设备等方式出示、播放或者演示证据内容。

定罪证据与量刑证据需要分开的,应当分别出示。

第四百条　公诉人讯问被告人,询问证人、被害人、鉴定人,出示物证,宣读书证、未出庭证人的证言笔录等应当围绕下列事实进行:

(一)被告人的身份;

(二)指控的犯罪事实是否存在,是否为被告人所实施;

(三)实施犯罪行为的时间、地点、方法、手段、结果,被告人犯罪后的表现等;

(四)犯罪集团或者其他共同犯罪案件中参与犯罪人员的各自地位和应负的责任;

(五)被告人有无刑事责任能力,有无故意或者过失,行为的动机、目的;

(六)有无依法不应当追究刑事责任的情况,有无法定的从重或者从轻、减轻以及免除处罚的情节;

(七)犯罪对象、作案工具的主要特征,与犯罪有关的财物的来源、数量以及去向;

(八)被告人全部或者部分否认起诉书指控的犯罪事实的,否认的根据和理由能否成立;

(九)与定罪、量刑有关的其他事实。

第四百零一条　在法庭审理中,下列事实不必提出证据进行证明:

(一)为一般人共同知晓的常识性事实;

(二)人民法院生效裁判所确认并且未依审判监督程序重新审理的事实;

(三)法律、法规的内容以及适用等属于审判人员履行职务所应当知晓的事实;

(四)在法庭审理中不存在异议的程序事实;

(五)法律规定的推定事实;

(六)自然规律或者定律。

第四百零二条　讯问被告人、询问证人不得采取可能影响陈述或者证言客观真实的诱导性发问以及其他不当发问方式。

辩护人向被告人或者证人进行诱导性发问以及其他不当发问可能影响陈述或者证言的客观真实的,公诉人可以要求审判长制止或者要求对该项陈述或者证言不予采纳。

讯问共同犯罪案件的被告人、询问证人应当个别进行。

被告人、证人、被害人对同一事实的陈述存在矛盾的,公诉人可以建议法庭传唤有关被告人、通知有关证人同时到庭对质,必要时可以建议法庭询问被害人。

第四百零三条　被告人在庭审中的陈述与在侦查、审查起诉中的供述一致或者不一致的内容不影响定罪量刑的,可以不宣读被告人供述笔录。

被告人在庭审中的陈述与在侦查、审查起诉中的供述不一致,足以影响定罪量刑的,可以宣读被告人供述笔录,并针对笔录中被告人的供述内容对被告人进行讯问,或者提出其他证据进行证明。

第四百零四条　公诉人对证人证言有异议,且该证人证言对案件定罪量刑有重大影响的,可以申请人民法院通知证人出庭作证。

人民警察就其执行职务时目击的犯罪情况作为证人出庭作证,适用前款规定。

公诉人对鉴定意见有异议的,可以申请人民法院通知鉴定人出庭作证。经人民法院通知,鉴定人拒不出庭作证的,公诉人可以建议法庭不予采纳该鉴定意见作为定案的根据,也可以申请法庭重新通知鉴定人出庭作证或者申请重新鉴定。

必要时,公诉人可以申请法庭通知有专门知识的人出庭,就鉴定人作出的鉴定意见提出意见。

当事人或者辩护人、诉讼代理人对证人证言、鉴定意见有异议的,公诉人认为必要时,可以申请人民法院通知证人、鉴定人出庭作证。

第四百零五条　证人应当由人民法院通知并负责安排出庭作证。

对于经人民法院通知而未到庭的证人或者出庭后拒绝作证的证人的证言笔录,公诉人应当当庭宣读。

对于经人民法院通知而未到庭的证人的证言笔录存在疑问,确实需要证人出庭作证,且可以强制其到庭的,公诉人应当建议人民法院强制证人到庭作证和接受质证。

第四百零六条　证人在法庭上提供证言,公诉人应当按照审判长确定的顺序向证人发问。可以要求证人就其所了解的与案件有关的事实进行陈述,也可以直接发问。

证人不能连贯陈述的,公诉人可以直接发问。

向证人发问,应当针对证言中有遗漏、矛盾、模糊不清和有争议的内容,并着重围绕与定罪量刑紧密相关的事实进行。

发问采取一问一答形式,提问应当简洁、清楚。

证人进行虚假陈述的,应当通过发问澄清事实,必要时可以宣读在侦查、审查起诉阶段制作的该证人的证言笔录或者出示、宣读其他证据。

当事人和辩护人、诉讼代理人向证人发问后，公诉人可以根据证人回答的情况，经审判长许可，再次向证人发问。

询问鉴定人、有专门知识的人参照上述规定进行。

第四百零七条　必要时，公诉人可以建议法庭采取不暴露证人、鉴定人、被害人外貌、真实声音等出庭作证保护措施，或者建议法庭根据刑事诉讼法第一百五十四条的规定在庭外对证据进行核实。

第四百零八条　对于鉴定意见、勘验、检查、辨认、侦查实验等笔录和其他作为证据的文书以及经人民法院通知而未到庭的被害人的陈述笔录，公诉人应当当庭宣读。

第四百零九条　公诉人向法庭出示物证，一般应当出示原物，原物不易搬运、不易保存或者已返还被害人的，可以出示反映原物外形和特征的照片、录像、复制品，并向法庭说明情况及与原物的同一性。

公诉人向法庭出示书证，一般应当出示原件。获取书证原件确有困难的，可以出示书证副本或者复制件，并向法庭说明情况及与原件的同一性。

公诉人向法庭出示物证、书证，应当对该物证、书证所要证明的内容、获取情况作出说明，并向当事人、证人等问明物证的主要特征，让其辨认。对该物证、书证进行鉴定的，应当宣读鉴定意见。

第四百一十条　在法庭审理过程中，被告人及其辩护人提出被告人庭前供述系非法取得，审判人员认为需要进行法庭调查的，公诉人可以通过出示讯问笔录、提讯登记、体检记录、采取强制措施或者侦查措施的法律文书、侦查终结前对讯问合法性进行核查的材料等证据材料，有针对性地播放讯问录音、录像，提请法庭通知调查人员、侦查人员或者其他人员出庭说明情况等方式，对证据收集的合法性加以证明。

审判人员认为可能存在刑事诉讼法第五十六条规定的以非法方法收集其他证据的情形，需要进行法庭调查的，公诉人可以参照前款规定对证据收集的合法性进行证明。

公诉人不能当庭证明证据收集的合法性，需要调查核实的，可以建议法庭休庭或者延期审理。

在法庭审理期间，人民检察院可以要求监察机关或者公安机关对证据收集的合法性进行说明或者提供相关证明材料。必要时，可以自行调查核实。

第四百一十一条　公诉人对证据收集的合法性进行证明后，法庭仍有疑问的，可以建议法庭休庭，由人民法院对相关证据进行调查核实。人民法院调查核实证据，通知人民检察院派员到场的，人民检察院可以派员到场。

第四百一十二条　在法庭审理过程中，对证据合法性以外的其他程序事实存在争议的，公诉人应当出示、宣读有关诉讼文书、侦查或者审查起诉活动笔录。

第四百一十三条　对于搜查、查封、扣押、冻结、勘验、检查、辨认、侦查实验等活动中形成的笔录存在争议，需要调查人员、侦查人员以及上述活动的见证人出庭陈述有关情况的，公诉人可以建议合议庭通知其出庭。

第四百一十四条　在法庭审理过程中，合议庭对证据有疑问或者人民法院根据辩护人、被告人的申请，向人民检察院调取在侦查、审查起诉中收集的有关被告人无罪或者罪轻的证据材料的，人民检察院应当自收到人民法院要求调取证据材料决定书后三日以内移交。没有上述材料的，应当向人民法院说明情况。

第四百一十五条　在法庭审理过程中，合议庭对证据有疑问并在休庭后进行勘验、检查、查封、扣押、鉴定和查询、冻结的，人民检察院应当依法进行监督，发现上述活动有违法情况的，应当提出纠正意见。

第四百一十六条　人民法院根据申请收集、调取的证据或者在合议庭休庭后自行调查取得的证据，应当经过庭审出示、质证才能决定是否作为判决的依据。未经庭审出示、质证直接采纳为判决依据的，人民检察院应当提出纠正意见。

第四百一十七条　在法庭审理过程中，经审判长许可，公诉人可以逐一对正在调查的证据和案件情况发表意见，并同被告人、辩护人进行辩论。证据调查结束时，公诉人应当发表总结性意见。

在法庭辩论中，公诉人与被害人、诉讼代理人意见不一致的，公诉人应当认真听取被害人、诉讼代理人的意见，阐明自己的意见和理由。

第四百一十八条　人民检察院向人民法院提出量刑建议的，公诉人应当在发表公诉意见时提出。

对认罪认罚案件，人民法院经审理认为人民检察院的量刑建议明显不当向人民检察院提出的，或者被告人、辩护人对量刑建议提出异议的，人民检察院可以调整量刑建议。

第四百一十九条　适用普通程序审理的认罪认罚案件，公诉人可以建议适当简化法庭调查、辩论程序。

第四百二十条　在法庭审判过程中，遇有下列情形之一的，公诉人可以建议法庭延期审理：

（一）发现事实不清、证据不足,或者遗漏罪行、遗漏同案犯罪嫌疑人,需要补充侦查或者补充提供证据的;

（二）被告人揭发他人犯罪行为或者提供重要线索,需要补充侦查进行查证的;

（三）发现遗漏罪行或者遗漏同案犯罪嫌疑人,虽不需要补充侦查和补充提供证据,但需要补充、追加起诉的;

（四）申请人民法院通知证人、鉴定人出庭作证或者有专门知识的人出庭提出意见的;

（五）需要调取新的证据,重新鉴定或者勘验的;

（六）公诉人出示、宣读开庭前移送人民法院的证据以外的证据,或者补充、追加、变更起诉,需要给予被告人、辩护人必要时间进行辩护准备的;

（七）被告人、辩护人向法庭出示公诉人不掌握的与定罪量刑有关的证据,需要调查核实的;

（八）公诉人对证据收集的合法性进行证明,需要调查核实的。

在人民法院开庭审理前发现具有前款情形之一的,人民检察院可以建议人民法院延期审理。

第四百二十一条　法庭宣布延期审理后,人民检察院应当在补充侦查期限内提请人民法院恢复法庭审理或者撤回起诉。

公诉人在法庭审理过程中建议延期审理的次数不得超过两次,每次不得超过一个月。

第四百二十二条　在审判过程中,对于需要补充提供法庭审判所必需的证据或者补充侦查的,人民检察院应当自行收集证据和进行侦查,必要时可以要求监察机关或者公安机关提供协助;也可以书面要求监察机关或者公安机关补充提供证据。

人民检察院补充侦查,适用本规则第六章、第九章、第十章的规定。

补充侦查不得超过一个月。

第四百二十三条　人民法院宣告判决前,人民检察院发现被告人的真实身份或者犯罪事实与起诉书中叙述的身份或者指控犯罪事实不符的,或者事实、证据没有变化,但罪名、适用法律与起诉书不一致的,可以变更起诉。发现遗漏同案犯罪嫌疑人或者罪行的,应当要求公安机关补充移送起诉或者补充侦查;对于犯罪事实清楚,证据确实、充分的,可以直接追加、补充起诉。

第四百二十四条　人民法院宣告判决前,人民检察院发现具有下列情形之一的,经检察长批准,可以撤回起诉:

（一）不存在犯罪事实的;

（二）犯罪事实并非被告人所为的;

（三）情节显著轻微、危害不大,不认为是犯罪的;

（四）证据不足或证据发生变化,不符合起诉条件的;

（五）被告人因未达到刑事责任年龄,不负刑事责任的;

（六）法律、司法解释发生变化导致不应当追究被告人刑事责任的;

（七）其他不应当追究被告人刑事责任的。

对于撤回起诉的案件,人民检察院应当在撤回起诉后三十日以内作出不起诉决定。需要重新调查或者侦查的,应当在作出不起诉决定后将案卷材料退回监察机关或者公安机关,建议监察机关或者公安机关重新调查或者侦查,并书面说明理由。

对于撤回起诉的案件,没有新的事实或新的证据,人民检察院不得再行起诉。

新的事实是指原起诉书中未指控的犯罪事实。该犯罪事实触犯的罪名既可以是原指控罪名的同一罪名,也可以是其他罪名。

新的证据是指撤回起诉后收集、调取的足以证明原指控犯罪事实的证据。

第四百二十五条　在法庭审理过程中,人民法院建议人民检察院补充侦查、补充起诉、追加起诉或者变更起诉的,人民检察院应当审查有无理由,并作出是否补充侦查、补充起诉、追加起诉或者变更起诉的决定。人民检察院不同意的,可以要求人民法院就起诉指控的犯罪事实依法作出裁判。

第四百二十六条　变更、追加、补充或者撤回起诉应当以书面方式在判决宣告前向人民法院提出。

第四百二十七条　出庭的书记员应当制作出庭笔录,详细记载庭审的时间、地点、参加人员、公诉人出庭执行任务情况和法庭调查、法庭辩论的主要内容以及法庭判决结果,由公诉人和书记员签名。

第四百二十八条　人民检察院应当当庭向人民法院移交取回的案卷材料和证据。在审判长宣布休庭后,公诉人应当与审判人员办理交接手续。无法当庭移交的,应当在休庭后三日以内移交。

第四百二十九条　人民检察院对查封、扣押、冻结的被告人财物及其孳息,应当根据不同情况作以下处理:

（一）对作为证据使用的实物,应当依法随案移送;对不宜移送的,应当将其清单、照片或者其他证明文件随案移送。

（二）冻结在金融机构、邮政部门的违法所得及其他涉案财产，应当向人民法院随案移送该金融机构、邮政部门出具的证明文件。待人民法院作出生效判决、裁定后，由人民法院通知该金融机构上缴国库。

（三）查封、扣押的涉案财物，对依法不移送的，应当随案移送清单、照片或者其他证明文件。待人民法院作出生效判决、裁定后，由人民检察院根据人民法院的通知上缴国库，并向人民法院送交执行回单。

（四）对于被扣押、冻结的债券、股票、基金份额等财产，在扣押、冻结期间权利人申请出售的，参照本规则第二百一十四条的规定办理。

第二节　简易程序

第四百三十条　人民检察院对于基层人民法院管辖的案件，符合下列条件的，可以建议人民法院适用简易程序审理：

（一）案件事实清楚、证据充分的；

（二）被告人承认自己所犯罪行，对指控的犯罪事实没有异议的；

（三）被告人对适用简易程序没有异议的。

第四百三十一条　具有下列情形之一的，人民检察院不得建议人民法院适用简易程序：

（一）被告人是盲、聋、哑人，或者是尚未完全丧失辨认或者控制自己行为能力的精神病人的；

（二）有重大社会影响的；

（三）共同犯罪案件中部分被告人不认罪或者对适用简易程序有异议的；

（四）比较复杂的共同犯罪案件；

（五）辩护人作无罪辩护或者对主要犯罪事实有异议的；

（六）其他不宜适用简易程序的。

人民法院决定适用简易程序审理的案件，人民检察院认为具有刑事诉讼法第二百一十五条规定情形之一的，应当向人民法院提出纠正意见；具有其他不宜适用简易程序情形的，人民检察院可以建议人民法院不适用简易程序。

第四百三十二条　基层人民检察院审查案件，认为案件事实清楚、证据充分的，应当在讯问犯罪嫌疑人时，了解其是否承认自己所犯罪行，对指控的犯罪事实有无异议，告知其适用简易程序的法律规定，确认其是否同意适用简易程序。

第四百三十三条　适用简易程序审理的公诉案件，人民检察院应当派员出席法庭。

第四百三十四条　公诉人出席简易程序法庭时，应当主要围绕量刑以及其他有争议的问题进行法庭调查和法庭辩论。在确认被告人庭前收到起诉书并对起诉书指控的犯罪事实没有异议后，可以简化宣读起诉书，根据案件情况决定是否讯问被告人、询问证人、鉴定人和出示证据。

根据案件情况，公诉人可以建议法庭简化法庭调查和法庭辩论程序。

第四百三十五条　适用简易程序审理的公诉案件，公诉人发现不宜适用简易程序审理的，应当建议法庭按照第一审普通程序重新审理。

第四百三十六条　转为普通程序审理的案件，公诉人需要为出席法庭进行准备的，可以建议人民法院延期审理。

第三节　速裁程序

第四百三十七条　人民检察院对基层人民法院管辖的案件，符合下列条件的，在提起公诉时，可以建议人民法院适用速裁程序审理：

（一）可能判处三年有期徒刑以下刑罚；

（二）案件事实清楚，证据确实、充分；

（三）被告人认罪认罚、同意适用速裁程序。

第四百三十八条　具有下列情形之一的，人民检察院不得建议人民法院适用速裁程序：

（一）被告人是盲、聋、哑人，或者是尚未完全丧失辨认或者控制自己行为能力的精神病人的；

（二）被告人是未成年人的；

（三）案件有重大社会影响的；

（四）共同犯罪案件中部分被告人对指控的犯罪事实、罪名、量刑建议或者适用速裁程序有异议的；

（五）被告人与被害人或者其法定代理人没有就附带民事诉讼赔偿等事项达成调解或者和解协议的；

（六）其他不宜适用速裁程序审理的。

第四百三十九条　公安机关、犯罪嫌疑人及其辩护人建议适用速裁程序，人民检察院经审查认为符合条件的，可以建议人民法院适用速裁程序审理。

公安机关、辩护人未建议适用速裁程序，人民检察院经审查认为符合速裁程序适用条件，且犯罪嫌疑人同意适用的，可以建议人民法院适用速裁程序审理。

第四百四十条　人民检察院建议人民法院适用速裁程序的案件，起诉书内容可以适当简化，重点写明指控的事实和适用的法律。

第四百四十一条　人民法院适用速裁程序审理的案

件,人民检察院应当派员出席法庭。

第四百四十二条 公诉人出席速裁程序法庭时,可以简要宣读起诉书指控的犯罪事实、证据、适用法律及量刑建议,一般不再讯问被告人。

第四百四十三条 适用速裁程序审理的案件,人民检察院发现有不宜适用速裁程序审理情形的,应当建议人民法院转为普通程序或者简易程序重新审理。

第四百四十四条 转为普通程序审理的案件,公诉人需要为出席法庭进行准备的,可以建议人民法院延期审理。

第四节 出席第二审法庭

第四百四十五条 对提出抗诉的案件或者公诉案件中人民法院决定开庭审理的上诉案件,同级人民检察院应当指派检察官出席第二审法庭。检察官助理可以协助检察官出庭。根据需要可以配备书记员担任记录。

第四百四十六条 检察官出席第二审法庭的任务是:

(一)支持抗诉或者听取上诉意见,对原审人民法院作出的错误判决或者裁定提出纠正意见;

(二)维护原审人民法院正确的判决或者裁定,建议法庭维持原判;

(三)维护诉讼参与人的合法权利;

(四)对法庭审理案件有无违反法律规定诉讼程序的情况记明笔录;

(五)依法从事其他诉讼活动。

第四百四十七条 对抗诉和上诉案件,第二审人民法院的同级人民检察院可以调取下级人民检察院与案件有关的材料。

人民检察院在接到第二审人民法院决定开庭、查阅案卷通知后,可以查阅或者调阅案卷材料。查阅或者调阅案卷材料应当在接到人民法院的通知之日起一个月以内完成。在一个月以内无法完成的,可以商请人民法院延期审理。

第四百四十八条 检察人员应当客观全面地审查原审案卷材料,不受上诉或者抗诉范围的限制。应当审查原审判决认定案件事实、适用法律是否正确,证据是否确实、充分,量刑是否适当,审判活动是否合法,并应当审查下级人民检察院的抗诉书或者上诉人的上诉状,了解抗诉或者上诉的理由是否正确、充分,重点审查有争议的案件事实、证据和法律适用问题,有针对性地做好庭审准备工作。

第四百四十九条 检察人员在审查第一审案卷材料时,应当复核主要证据,可以讯问原审被告人。必要时,可以补充收集证据、重新鉴定或者补充鉴定。需要原侦查案件的公安机关补充收集证据的,可以要求其补充收集。

被告人、辩护人提出被告人自首、立功等可能影响定罪量刑的材料和线索的,可以移交公安机关调查核实,也可以自行调查核实。发现遗漏罪行或者同案犯罪嫌疑人的,应当建议公安机关侦查。

对于下列原审被告人,应当进行讯问:

(一)提出上诉的;

(二)人民检察院提出抗诉的;

(三)被判处无期徒刑以上刑罚的。

第四百五十条 人民检察院办理死刑上诉、抗诉案件,应当进行下列工作:

(一)讯问原审被告人,听取原审被告人的上诉理由或者辩解;

(二)听取辩护人的意见;

(三)复核主要证据,必要时询问证人;

(四)必要时补充收集证据;

(五)对鉴定意见有疑问的,可以重新鉴定或者补充鉴定;

(六)根据案件情况,可以听取被害人的意见。

第四百五十一条 出席第二审法庭前,检察人员应当制作讯问原审被告人、询问被害人、证人、鉴定人和出示、宣读、播放证据计划,拟写答辩提纲,并制作出庭意见。

第四百五十二条 在法庭审理中,检察官应当针对原审判决或者裁定认定事实或适用法律、量刑等方面的问题,围绕抗诉或者上诉理由以及辩护人的辩护意见,讯问原审被告人,询问被害人、证人、鉴定人,出示和宣读证据,并提出意见和进行辩论。

第四百五十三条 需要出示、宣读、播放第一审期间已移交人民法院的证据的,出庭的检察官可以申请法庭出示、宣读、播放。

在第二审法庭宣布休庭后需要移交证据材料的,参照本规则第四百二十八条的规定办理。

第五节 出席再审法庭

第四百五十四条 人民法院开庭审理再审案件,同级人民检察院应当派员出席法庭。

第四百五十五条 人民检察院对于人民法院按照审判监督程序重新审判的案件,应当对原判决、裁定认定的事实、证据、适用法律进行全面审查,重点审查有争议的案件事实、证据和法律适用问题。

第四百五十六条　人民检察院派员出席再审法庭，如果再审案件按照第一审程序审理，参照本章第一节有关规定执行；如果再审案件按照第二审程序审理，参照本章第四节有关规定执行。

第十二章　特别程序
第一节　未成年人刑事案件诉讼程序

第四百五十七条　人民检察院办理未成年人刑事案件，应当贯彻"教育、感化、挽救"方针和"教育为主、惩罚为辅"的原则，坚持优先保护、特殊保护、双向保护，以帮助教育和预防重新犯罪为目的。

人民检察院可以借助社会力量开展帮助教育未成年人的工作。

第四百五十八条　人民检察院应当指定熟悉未成年人身心特点的检察人员办理未成年人刑事案件。

第四百五十九条　人民检察院办理未成年人与成年人共同犯罪案件，一般应当对未成年人与成年人分案办理、分别起诉。不宜分案处理的，应当对未成年人采取隐私保护、快速办理等特殊保护措施。

第四百六十条　人民检察院受理案件后，应当向未成年犯罪嫌疑人及其法定代理人了解其委托辩护人的情况，并告知其有权委托辩护人。

未成年犯罪嫌疑人没有委托辩护人的，人民检察院应当书面通知法律援助机构指派律师为其提供辩护。

对于公安机关未通知法律援助机构指派律师为未成年犯罪嫌疑人提供辩护的，人民检察院应当提出纠正意见。

第四百六十一条　人民检察院根据情况可以对未成年犯罪嫌疑人的成长经历、犯罪原因、监护教育等情况进行调查，并制作社会调查报告，作为办案和教育的参考。

人民检察院开展社会调查，可以委托有关组织和机构进行。开展社会调查应当尊重和保护未成年人隐私，不得向不知情人员泄露未成年犯罪嫌疑人的涉案信息。

人民检察院应当对公安机关移送的社会调查报告进行审查。必要时，可以进行补充调查。

人民检察院制作的社会调查报告应当随案移送人民法院。

第四百六十二条　人民检察院对未成年犯罪嫌疑人审查逮捕，应当根据未成年犯罪嫌疑人涉嫌犯罪的性质、情节、主观恶性、有无监护与社会帮教条件、认罪认罚等情况，综合衡量其社会危险性，严格限制适用逮捕措施。

第四百六十三条　对于罪行较轻，具备有效监护条件或者社会帮教措施，没有社会危险性或者社会危险性较小的未成年犯罪嫌疑人，应当不批准逮捕。

对于罪行比较严重，但主观恶性不大，有悔罪表现，具备有效监护条件或者社会帮教措施，具有下列情形之一，不逮捕不致发生社会危险性的未成年犯罪嫌疑人，可以不批准逮捕：

（一）初次犯罪、过失犯罪的；

（二）犯罪预备、中止、未遂的；

（三）防卫过当、避险过当的；

（四）有自首或者立功表现的；

（五）犯罪后认罪认罚，或者积极退赃，尽力减少和赔偿损失，被害人谅解的；

（六）不属于共同犯罪的主犯或者集团犯罪中的首要分子的；

（七）属于已满十四周岁不满十六周岁的未成年人或者系在校学生的；

（八）其他可以不批准逮捕的情形。

对于没有固定住所、无法提供保证人的未成年犯罪嫌疑人适用取保候审的，可以指定合适的成年人作为保证人。

第四百六十四条　审查逮捕未成年犯罪嫌疑人，应当重点查清其是否已满十四、十六、十八周岁。

对犯罪嫌疑人实际年龄难以判断，影响对该犯罪嫌疑人是否应负刑事责任认定的，应当不批准逮捕。需要补充侦查，同时通知公安机关。

第四百六十五条　在审查逮捕、审查起诉中，人民检察院应当讯问未成年犯罪嫌疑人，听取辩护人的意见，并制作笔录附卷。辩护人提出书面意见的，应当附卷。对于辩护人提出犯罪嫌疑人无罪、罪轻或者减轻、免除刑事责任、不适宜羁押或者侦查活动有违法情形等意见的，检察人员应当进行审查，并在相关工作文书中叙明辩护人提出的意见，说明是否采纳的情况和理由。

讯问未成年犯罪嫌疑人，应当通知其法定代理人到场，告知法定代理人依法享有的诉讼权利和应当履行的义务。到场的法定代理人可以代为行使未成年犯罪嫌疑人的诉讼权利，代为行使权利时不得损害未成年犯罪嫌疑人的合法权益。

无法通知、法定代理人不能到场或者法定代理人是共犯的，也可以通知未成年犯罪嫌疑人的其他成年亲属，所在学校、单位或者居住地的村民委员会、居民委员会、未成年人保护组织的代表到场，并将有关情况记录在案。

未成年犯罪嫌疑人明确拒绝法定代理人以外的合适成年人到场，且有正当理由的，人民检察院可以准许，但应当在征求其意见后通知其他合适成年人到场。

到场的法定代理人或者其他人员认为检察人员在讯问中侵犯未成年犯罪嫌疑人合法权益提出意见的，人民检察院应当记录在案。对合理意见，应当接受并纠正。讯问笔录应当交由到场的法定代理人或者其他人员阅读或者向其宣读，并由其在笔录上签名或者盖章，并捺指印。

讯问女性未成年犯罪嫌疑人，应当有女性检察人员参加。

询问未成年被害人、证人，适用本条第二款至第五款的规定。询问应当以一次为原则，避免反复询问。

第四百六十六条　讯问未成年犯罪嫌疑人应当保护其人格尊严。

讯问未成年犯罪嫌疑人一般不得使用戒具。对于确有人身危险性必须使用戒具的，在现实危险消除后应当立即停止使用。

第四百六十七条　未成年犯罪嫌疑人认罪认罚的，人民检察院应当告知本人及其法定代理人享有的诉讼权利和认罪认罚的法律规定，并依照刑事诉讼法第一百七十三条的规定，听取、记录未成年犯罪嫌疑人及其法定代理人、辩护人、被害人及其诉讼代理人的意见。

第四百六十八条　未成年犯罪嫌疑人认罪认罚的，应当在法定代理人、辩护人在场的情况下签署认罪认罚具结书。法定代理人、辩护人对认罪认罚有异议的，不需要签署具结书。

因未成年犯罪嫌疑人的法定代理人、辩护人对其认罪认罚有异议而不签署具结书的，人民检察院应当对未成年人认罪认罚情况，法定代理人、辩护人的异议情况如实记录。提起公诉的，应当将该材料与其他案卷材料一并移送人民法院。

未成年犯罪嫌疑人的法定代理人、辩护人对认罪认罚有异议而不签署具结书的，不影响从宽处理。

法定代理人无法到场的，合适成年人可以代为行使到场权、知情权、异议权等。法定代理人未到场的原因以及听取合适成年人意见等情况应当记录在案。

第四百六十九条　对于符合刑事诉讼法第二百八十二条第一款规定条件的未成年人刑事案件，人民检察院可以作出附条件不起诉的决定。

人民检察院在作出附条件不起诉的决定以前，应当听取公安机关、被害人、未成年犯罪嫌疑人及其法定代理

人、辩护人的意见，并制作笔录附卷。

第四百七十条　未成年犯罪嫌疑人及其法定代理人对拟作出附条件不起诉决定提出异议的，人民检察院应当提起公诉。但是，未成年犯罪嫌疑人及其法定代理人提出无罪辩解，人民检察院经审查认为无罪辩解理由成立的，应当按照本规则第三百六十五条的规定作出不起诉决定。

未成年犯罪嫌疑人及其法定代理人对案件作附条件不起诉处理没有异议，仅对所附条件及考验期有异议的，人民检察院可以依法采纳其合理的意见，对考察的内容、方式、时间等进行调整；其意见不利于对未成年犯罪嫌疑人帮教，人民检察院不采纳的，应当进行释法说理。

人民检察院作出起诉决定前，未成年犯罪嫌疑人及其法定代理人撤回异议的，人民检察院可以依法作出附条件不起诉决定。

第四百七十一条　人民检察院作出附条件不起诉的决定后，应当制作附条件不起诉决定书，并在三日以内送达公安机关、被害人或者其近亲属及其诉讼代理人、未成年犯罪嫌疑人及其法定代理人、辩护人。

人民检察院应当面向未成年犯罪嫌疑人及其法定代理人宣布附条件不起诉决定，告知考验期限、在考验期内应当遵守的规定以及违反规定应负的法律责任，并制作笔录附卷。

第四百七十二条　对附条件不起诉的决定，公安机关要求复议、提请复核或者被害人提出申诉的，具体程序参照本规则第三百七十九条至第三百八十三条的规定。被害人不服附条件不起诉决定的，应当告知其不适用刑事诉讼法第一百八十条关于被害人可以向人民法院起诉的规定，并做好释法说理工作。

前款规定的复议、复核、申诉由相应人民检察院负责未成年人检察的部门进行审查。

第四百七十三条　人民检察院作出附条件不起诉决定的，应当确定考验期。考验期为六个月以上一年以下，从人民检察院作出附条件不起诉的决定之日起计算。

第四百七十四条　在附条件不起诉的考验期内，由人民检察院对被附条件不起诉的未成年犯罪嫌疑人进行监督考察。人民检察院应当要求未成年犯罪嫌疑人的监护人对未成年犯罪嫌疑人加强管教，配合人民检察院做好监督考察工作。

人民检察院可以会同未成年犯罪嫌疑人的监护人、所在学校、单位、居住地的村民委员会、居民委员会、未成年人保护组织等的有关人员，定期对未成年犯罪嫌疑人

进行考察、教育,实施跟踪帮教。

第四百七十五条　人民检察院对于被附条件不起诉的未成年犯罪嫌疑人,应当监督考察其是否遵守下列规定:

(一)遵守法律法规,服从监督;

(二)按照规定报告自己的活动情况;

(三)离开所居住的市、县或者迁居,应当报经批准;

(四)按照要求接受矫治和教育。

第四百七十六条　人民检察院可以要求被附条件不起诉的未成年犯罪嫌疑人接受下列矫治和教育:

(一)完成戒瘾治疗、心理辅导或者其他适当的处遇措施;

(二)向社区或者公益团体提供公益劳动;

(三)不得进入特定场所,与特定的人员会见或者通信,从事特定的活动;

(四)向被害人赔偿损失、赔礼道歉等;

(五)接受相关教育;

(六)遵守其他保护被害人安全以及预防再犯的禁止性规定。

第四百七十七条　考验期届满,检察人员应当制作附条件不起诉考察意见书,提出起诉或者不起诉的意见,报请检察长决定。

考验期满作出不起诉的决定以前,应当听取被害人意见。

第四百七十八条　考验期满作出不起诉决定,被害人提出申诉的,依照本规则第四百七十二条规定办理。

第四百七十九条　被附条件不起诉的未成年犯罪嫌疑人,在考验期内具有下列情形之一的,人民检察院应当撤销附条件不起诉的决定,提起公诉:

(一)实施新的犯罪的;

(二)发现决定附条件不起诉以前还有其他犯罪需要追诉的;

(三)违反治安管理规定,造成严重后果,或者多次违反治安管理规定的;

(四)违反有关附条件不起诉的监督管理规定,造成严重后果,或者多次违反有关附条件不起诉的监督管理规定的。

第四百八十条　被附条件不起诉的未成年犯罪嫌疑人,在考验期内没有本规则第四百七十九条规定的情形,考验期满的,人民检察院应当作出不起诉的决定。

第四百八十一条　人民检察院办理未成年人刑事案件过程中,应当对涉案未成年人的资料予以保密,不得公开或者传播涉案未成年人的姓名、住所、照片、图像及可能推断出该未成年人的其他资料。

第四百八十二条　犯罪的时候不满十八周岁,被判处五年有期徒刑以下刑罚的,人民检察院应当在收到人民法院生效判决、裁定后,对犯罪记录予以封存。

生效判决、裁定由第二审人民法院作出的,同级人民检察院依照前款规定封存犯罪记录时,应当通知下级人民检察院对相关犯罪记录予以封存。

第四百八十三条　人民检察院应当将拟封存的未成年人犯罪记录、案卷等相关材料装订成册,加密保存,不予公开,并建立专门的未成年人犯罪档案库,执行严格的保管制度。

第四百八十四条　除司法机关为办案需要或者有关单位根据国家规定进行查询的以外,人民检察院不得向任何单位和个人提供封存的犯罪记录,并不得提供未成年人有犯罪记录的证明。

司法机关或者有关单位需要查询犯罪记录的,应当向封存犯罪记录的人民检察院提出书面申请。人民检察院应当在七日以内作出是否许可的决定。

第四百八十五条　未成年人犯罪记录封存后,没有法定事由、未经法定程序不得解封。

对被封存犯罪记录的未成年人,符合下列条件之一的,应当对其犯罪记录解除封存:

(一)实施新的犯罪,且新罪与封存记录之罪数罪并罚后被决定执行五年有期徒刑以上刑罚的;

(二)发现漏罪,且漏罪与封存记录之罪数罪并罚后被决定执行五年有期徒刑以上刑罚的。

第四百八十六条　人民检察院对未成年犯罪嫌疑人作出不起诉决定后,应当对相关记录予以封存。除司法机关为办案需要进行查询外,不得向任何单位和个人提供。封存的具体程序参照本规则第四百八十三条至第四百八十五条的规定。

第四百八十七条　被封存犯罪记录的未成年人或者其法定代理人申请出具无犯罪记录证明的,人民检察院应当出具。需要协调公安机关、人民法院为其出具无犯罪记录证明的,人民检察院应当予以协助。

第四百八十八条　负责未成年人检察的部门应当依法对看守所、未成年犯管教所监管未成年人的活动实行监督,配合做好对未成年人的教育。发现没有对未成年犯罪嫌疑人、被告人与成年犯罪嫌疑人、被告人分别关押、管理或者违反规定对未成年犯留所执行刑罚的,应当依法提出纠正意见。

负责未成年人检察的部门发现社区矫正机构违反未成年人社区矫正相关规定的,应当依法提出纠正意见。

第四百八十九条　本节所称未成年人刑事案件,是指犯罪嫌疑人实施涉嫌犯罪行为时已满十四周岁、未满十八周岁的刑事案件。

本节第四百六十条、第四百六十五条、第四百六十六条、第四百六十七条、第四百六十八条所称的未成年犯罪嫌疑人,是指在诉讼过程中未满十八周岁的人。犯罪嫌疑人实施涉嫌犯罪行为时未满十八周岁,在诉讼过程中已满十八周岁的,人民检察院可以根据案件的具体情况适用上述规定。

第四百九十条　人民检察院办理侵害未成年人犯罪案件,应当采取适合未成年被害人身心特点的方法,充分保护未成年被害人的合法权益。

第四百九十一条　办理未成年人刑事案件,除本节已有规定的以外,按照刑事诉讼法和其他有关规定进行。

第二节　当事人和解的公诉案件诉讼程序

第四百九十二条　下列公诉案件,双方当事人可以和解:

(一)因民间纠纷引起,涉嫌刑法分则第四章、第五章规定的犯罪案件,可能判处三年有期徒刑以下刑罚的;

(二)除渎职犯罪以外的可能判处七年有期徒刑以下刑罚的过失犯罪案件。

当事人和解的公诉案件应当同时符合下列条件:

(一)犯罪嫌疑人真诚悔罪,向被害人赔偿损失、赔礼道歉等;

(二)被害人明确表示对犯罪嫌疑人予以谅解;

(三)双方当事人自愿和解,符合有关法律规定;

(四)属于侵害特定被害人的故意犯罪或者有直接被害人的过失犯罪;

(五)案件事实清楚,证据确实、充分。

犯罪嫌疑人在五年以内曾经故意犯罪的,不适用本节规定的程序。

犯罪嫌疑人在犯刑事诉讼法第二百八十八条第一款规定的犯罪前五年内曾经故意犯罪,无论该故意犯罪是否已经追究,均应当认定为前款规定的五年以内曾经故意犯罪。

第四百九十三条　被害人死亡的,其法定代理人、近亲属可以与犯罪嫌疑人和解。

被害人系无行为能力或者限制行为能力人的,其法定代理人可以代为和解。

第四百九十四条　犯罪嫌疑人系限制行为能力人的,其法定代理人可以代为和解。

犯罪嫌疑人在押的,经犯罪嫌疑人同意,其法定代理人、近亲属可以代为和解。

第四百九十五条　双方当事人可以就赔偿损失、赔礼道歉等民事责任事项进行和解,并且可以就被害人及其法定代理人或者近亲属是否要求或者同意公安机关、人民检察院、人民法院对犯罪嫌疑人依法从宽处理进行协商,但不得对案件的事实认定、证据采信、法律适用和定罪量刑等依法属于公安机关、人民检察院、人民法院职权范围的事宜进行协商。

第四百九十六条　双方当事人可以自行达成和解,也可以经人民调解委员会、村民委员会、居民委员会、当事人所在单位或者同事、亲友等组织或者个人调解后达成和解。

人民检察院对于本规则第四百九十二条规定的公诉案件,可以建议当事人进行和解,并告知相应的权利义务,必要时可以提供法律咨询。

第四百九十七条　人民检察院应当对和解的自愿性、合法性进行审查,重点审查以下内容:

(一)双方当事人是否自愿和解;

(二)犯罪嫌疑人是否真诚悔罪,是否向被害人赔礼道歉,赔偿数额与其所造成的损害和赔偿能力是否相适应;

(三)被害人及其法定代理人或者近亲属是否明确表示对犯罪嫌疑人予以谅解;

(四)是否符合法律规定;

(五)是否损害国家、集体和社会公共利益或者他人的合法权益;

(六)是否符合社会公德。

审查时,应当听取双方当事人和其他有关人员对和解的意见,告知刑事案件可能从宽处理的法律后果和双方的权利义务,并制作笔录附卷。

第四百九十八条　经审查认为双方自愿和解,内容合法,且符合本规则第四百九十二条规定的范围和条件的,人民检察院应当主持制作和解协议书。

和解协议书的主要内容包括:

(一)双方当事人的基本情况;

(二)案件的主要事实;

(三)犯罪嫌疑人真诚悔罪,承认自己所犯罪行,对指控的犯罪没有异议,向被害人赔偿损失、赔礼道歉等。赔偿损失的,应当写明赔偿的数额、履行的方式、期限等;

(四)被害人及其法定代理人或者近亲属对犯罪嫌

疑人予以谅解,并要求或者同意公安机关、人民检察院、人民法院对犯罪嫌疑人依法从宽处理。

和解协议书应当由双方当事人签字,可以写明和解协议书系在人民检察院主持下制作。检察人员不在当事人和解协议书上签字,也不加盖人民检察院印章。

和解协议书一式三份,双方当事人各持一份,另一份交人民检察院附卷备查。

第四百九十九条　和解协议书约定的赔偿损失内容,应当在双方签署协议后立即履行,至迟在人民检察院作出从宽处理决定前履行。确实难以一次性履行的,在提供有效担保并且被害人同意的情况下,也可以分期履行。

第五百条　双方当事人在侦查阶段达成和解协议,公安机关向人民检察院提出从宽处理建议的,人民检察院在审查逮捕和审查起诉时应当充分考虑公安机关的建议。

第五百零一条　人民检察院对于公安机关提请批准逮捕的案件,双方当事人达成和解协议的,可以作为有无社会危险性或者社会危险性大小的因素予以考虑。经审查认为不需要逮捕的,可以作出不批准逮捕的决定;在审查起诉阶段可以依法变更强制措施。

第五百零二条　人民检察院对于公安机关移送起诉的案件,双方当事人达成和解协议的,可以作为是否需要判处刑罚或者免除刑罚的因素予以考虑。符合法律规定的不起诉条件的,可以决定不起诉。

对于依法应当提起公诉的,人民检察院可以向人民法院提出从宽处罚的量刑建议。

第五百零三条　人民检察院拟对当事人达成和解的公诉案件作出不起诉决定的,应当听取双方当事人对和解的意见,并且查明犯罪嫌疑人是否已经切实履行和解协议、不能即时履行的是否已经提供有效担保,将其作为是否决定不起诉的因素予以考虑。

当事人在不起诉决定作出之前反悔的,可以另行达成和解。不能另行达成和解的,人民检察院应当依法作出起诉或者不起诉决定。

当事人在不起诉决定作出之后反悔的,人民检察院不撤销原决定,但有证据证明和解违反自愿、合法原则的除外。

第五百零四条　犯罪嫌疑人或者其亲友等以暴力、威胁、欺骗或者其他非法方法强迫、引诱被害人和解,或者在协议履行完毕之后威胁、报复被害人的,应当认定和解协议无效。已经作出不批准逮捕或者不起诉决定的,人民检察院根据案件情况可以撤销原决定,对犯罪嫌疑人批准逮捕或者提起公诉。

第三节　缺席审判程序

第五百零五条　对于监察机关移送起诉的贪污贿赂犯罪案件,犯罪嫌疑人、被告人在境外,人民检察院认为犯罪事实已经查清,证据确实、充分,依法应当追究刑事责任的,可以向人民法院提起公诉。

对于公安机关移送起诉的需要及时进行审判的严重危害国家安全犯罪、恐怖活动犯罪案件,犯罪嫌疑人、被告人在境外,人民检察院认为犯罪事实已经查清,证据确实、充分,依法应当追究刑事责任的,经最高人民检察院核准,可以向人民法院提起公诉。

前两款规定的案件,由有管辖权的中级人民法院的同级人民检察院提起公诉。

人民检察院提起公诉的,应当向人民法院提交被告人已出境的证据。

第五百零六条　人民检察院对公安机关移送起诉的需要报请最高人民检察院核准的案件,经检察委员会讨论提出提起公诉意见的,应当层报最高人民检察院核准。报送材料包括起诉意见书、案件审查报告、报请核准的报告及案件证据材料。

第五百零七条　最高人民检察院收到下级人民检察院报请核准提起公诉的案卷材料后,应当及时指派检察官对案卷材料进行审查,提出核准或者不予核准的意见,报检察长决定。

第五百零八条　报请核准的人民检察院收到最高人民检察院核准决定书后,应当提起公诉,起诉书中应当载明经最高人民检察院核准的内容。

第五百零九条　审查起诉期间,犯罪嫌疑人自动投案或者被抓获的,人民检察院应当重新审查。

对严重危害国家安全犯罪、恐怖活动犯罪案件报请核准期间,犯罪嫌疑人自动投案或者被抓获的,报请核准的人民检察院应当及时撤回报请,重新审查案件。

第五百一十条　提起公诉后被告人到案,人民法院拟重新审理的,人民检察院应当商人民法院将案件撤回并重新审查。

第五百一十一条　因被告人患有严重疾病无法出庭,中止审理超过六个月,被告人仍无法出庭,被告人及其法定代理人、近亲属申请或者同意恢复审理的,人民检察院可以建议人民法院适用缺席审判程序审理。

第四节　犯罪嫌疑人、被告人逃匿、死亡 案件违法所得的没收程序

第五百一十二条　对于贪污贿赂犯罪、恐怖活动犯

罪等重大犯罪案件,犯罪嫌疑人、被告人逃匿,在通缉一年后不能到案,依照刑法规定应当追缴其违法所得及其他涉案财产的,人民检察院可以向人民法院提出没收违法所得的申请。

对于犯罪嫌疑人、被告人死亡,依照刑法规定应当追缴其违法所得及其他涉案财产的,人民检察院也可以向人民法院提出没收违法所得的申请。

第五百一十三条　犯罪嫌疑人、被告人为逃避侦查和刑事追究潜逃、隐匿,或者在刑事诉讼过程中脱逃的,应当认定为"逃匿"。

犯罪嫌疑人、被告人因意外事故下落不明满二年,或者因意外事故下落不明,经有关机关证明其不可能生存的,按照前款规定处理。

第五百一十四条　公安机关发布通缉令或者公安部通过国际刑警组织发布红色国际通报,应当认定为"通缉"。

第五百一十五条　犯罪嫌疑人、被告人通过实施犯罪直接或者间接产生、获得的任何财产,应当认定为"违法所得"。

违法所得已经部分或者全部转变、转化为其他财产的,转变、转化后的财产应当视为前款规定的"违法所得"。

来自违法所得转变、转化后的财产收益,或者来自已经与违法所得相混合财产中违法所得相应部分的收益,也应当视为第一款规定的违法所得。

第五百一十六条　犯罪嫌疑人、被告人非法持有的违禁品、供犯罪所用的本人财物,应当认定为"其他涉案财产"。

第五百一十七条　刑事诉讼法第二百九十九条第三款规定的"利害关系人"包括犯罪嫌疑人、被告人的近亲属和其他对申请没收的财产主张权利的自然人和单位。

刑事诉讼法第二百九十九条第二款、第三百条第二款规定的"其他利害关系人"是指前款规定的"其他对申请没收的财产主张权利的自然人和单位"。

第五百一十八条　人民检察院审查监察机关或者公安机关移送的没收违法所得意见书,向人民法院提出没收违法所得的申请以及对违法所得没收程序中调查活动、审判活动的监督,由负责捕诉的部门办理。

第五百一十九条　没收违法所得的申请,应当由有管辖权的中级人民法院的同级人民检察院提出。

第五百二十条　人民检察院向人民法院提出没收违法所得的申请,应当制作没收违法所得申请书。没收违法所得申请书应当载明以下内容:

(一)犯罪嫌疑人、被告人的基本情况,包括姓名、性别、出生年月日、出生地、户籍地、公民身份号码、民族、文化程度、职业、工作单位及职务、住址等;

(二)案由及案件来源;

(三)犯罪嫌疑人、被告人的犯罪事实及相关证据材料;

(四)犯罪嫌疑人、被告人逃匿、被通缉或者死亡的情况;

(五)申请没收的财产种类、数量、价值、所在地以及查封、扣押、冻结财产清单和相关法律手续;

(六)申请没收的财产属于违法所得及其他涉案财产的相关事实及证据材料;

(七)提出没收违法所得申请的理由和法律依据;

(八)有无近亲属和其他利害关系人以及利害关系人的姓名、身份、住址、联系方式;

(九)其他应当写明的内容。

上述材料需要翻译件的,人民检察院应当随没收违法所得申请书一并移送人民法院。

第五百二十一条　监察机关或者公安机关向人民检察院移送没收违法所得意见书,应当由有管辖权的人民检察院的同级监察机关或者公安机关移送。

第五百二十二条　人民检察院审查监察机关或者公安机关移送的没收违法所得意见书,应当审查下列内容:

(一)是否属于本院管辖;

(二)是否符合刑事诉讼法第二百九十八条第一款规定的条件;

(三)犯罪嫌疑人基本情况,包括姓名、性别、国籍、出生年月日、职业和单位等;

(四)犯罪嫌疑人涉嫌犯罪的事实和相关证据材料;

(五)犯罪嫌疑人逃匿、下落不明、被通缉或者死亡的情况,通缉令或者死亡证明是否随案移送;

(六)违法所得及其他涉案财产的种类、数量、所在地以及查封、扣押、冻结的情况,查封、扣押、冻结财产清单和相关法律手续是否随案移送;

(七)违法所得及其他涉案财产的相关事实和证据材料;

(八)有无近亲属和其他利害关系人以及利害关系人的姓名、身份、住址、联系方式。

对于与犯罪事实、违法所得及其他涉案财产相关的证据材料,不宜移送的,应当审查证据的清单、复制件、照片或者其他证明文件是否随案移送。

第五百二十三条　人民检察院应当在接到监察机关或者公安机关移送的没收违法所得意见书后三十日以内作出是否提出没收违法所得申请的决定。三十日以内不能作出决定的，可以延长十五日。

对于监察机关或者公安机关移送的没收违法所得案件，经审查认为不符合刑事诉讼法第二百九十八条第一款规定条件的，应当作出不提出没收违法所得申请的决定，并向监察机关或者公安机关书面说明理由；认为需要补充证据的，应当书面要求监察机关或者公安机关补充证据，必要时也可以自行调查。

监察机关或者公安机关补充证据的时间不计入人民检察院办案期限。

第五百二十四条　人民检察院发现公安机关应当启动违法所得没收程序而不启动的，可以要求公安机关在七日以内书面说明不启动的理由。

经审查，认为公安机关不启动理由不能成立的，应当通知公安机关启动程序。

第五百二十五条　人民检察院发现公安机关在违法所得没收程序的调查活动中有违法情形的，应当向公安机关提出纠正意见。

第五百二十六条　在审查监察机关或者公安机关移送的没收违法所得意见书的过程中，在逃的犯罪嫌疑人、被告人自动投案或者被抓获的，人民检察院应当终止审查，并将案卷退回监察机关或者公安机关处理。

第五百二十七条　人民检察院直接受理侦查的案件，犯罪嫌疑人死亡而撤销案件，符合刑事诉讼法第二百九十八条第一款规定条件的，负责侦查的部门应当启动违法所得没收程序进行调查。

负责侦查的部门进行调查应当查明犯罪嫌疑人涉嫌的犯罪事实，犯罪嫌疑人死亡的情况，以及犯罪嫌疑人的违法所得及其他涉案财产的情况，并可以对违法所得及其他涉案财产依法进行查封、扣押、查询、冻结。

负责侦查的部门认为符合刑事诉讼法第二百九十八条第一款规定条件的，应当写出没收违法所得意见书，连同案卷材料一并移送有管辖权的人民检察院负责侦查的部门，并由有管辖权的人民检察院负责侦查的部门移送本院负责捕诉的部门。

负责捕诉的部门对没收违法所得意见书进行审查，作出是否提出没收违法所得申请的决定，具体程序按照本规则第五百二十二条、第五百二十三条的规定办理。

第五百二十八条　在人民检察院审查起诉过程中，犯罪嫌疑人死亡，或者贪污贿赂犯罪、恐怖活动犯罪等重大犯罪案件的犯罪嫌疑人逃匿，在通缉一年后不能到案，依照刑法规定应当追缴其违法所得及其他涉案财产的，人民检察院可以直接提出没收违法所得的申请。

在人民法院审理案件过程中，被告人死亡而裁定终止审理，或者被告人脱逃而裁定中止审理，人民检察院可以依法另行向人民法院提出没收违法所得的申请。

第五百二十九条　人民法院对没收违法所得的申请进行审理，人民检察院应当承担举证责任。

人民法院对没收违法所得的申请开庭审理的，人民检察院应当派员出席法庭。

第五百三十条　出席法庭的检察官应当宣读没收违法所得申请书，并在法庭调查阶段就申请没收的财产属于违法所得及其他涉案财产等相关事实出示、宣读证据。

第五百三十一条　人民检察院发现人民法院或者审判人员审理没收违法所得案件违反法律规定的诉讼程序，应当向人民法院提出纠正意见。

人民检察院认为同级人民法院按照违法所得没收程序所作的第一审裁定确有错误的，应当在五日以内向上一级人民法院提出抗诉。

最高人民检察院、省级人民检察院认为下级人民法院按照违法所得没收程序所作的已经发生法律效力的裁定确有错误的，应当按照审判监督程序向同级人民法院提出抗诉。

第五百三十二条　在审理案件过程中，在逃的犯罪嫌疑人、被告人自动投案或者被抓获，人民法院按照刑事诉讼法第三百零一条第一款的规定终止审理的，人民检察院应当将案卷退回监察机关或者公安机关处理。

第五百三十三条　对于刑事诉讼法第二百九十八条第一款规定以外需要没收违法所得的，按照有关规定执行。

第五节　依法不负刑事责任的精神病人的强制医疗程序

第五百三十四条　对于实施暴力行为，危害公共安全或者严重危害公民人身安全，已经达到犯罪程度，经法定程序鉴定依法不负刑事责任的精神病人，有继续危害社会可能的，人民检察院应当向人民法院提出强制医疗的申请。

提出强制医疗的申请以及对强制医疗决定的监督，由负责捕诉的部门办理。

第五百三十五条　强制医疗的申请由被申请人实施暴力行为所在地的基层人民检察院提出；由被申请人居住地的人民检察院提出更为适宜的，可以由被申请人居住地的基层人民检察院提出。

第五百三十六条　人民检察院向人民法院提出强制医疗的申请,应当制作强制医疗申请书。强制医疗申请书的主要内容包括:

(一)涉案精神病人的基本情况,包括姓名、性别、出生年月日、出生地、户籍地、公民身份号码、民族、文化程度、职业、工作单位及职务、住址,采取临时保护性约束措施的情况及处所等;

(二)涉案精神病人的法定代理人的基本情况,包括姓名、住址、联系方式等;

(三)案由及案件来源;

(四)涉案精神病人实施危害公共安全或者严重危害公民人身安全的暴力行为的事实,包括实施暴力行为的时间、地点、手段、后果等及相关证据情况;

(五)涉案精神病人不负刑事责任的依据,包括有关鉴定意见和其他证据材料;

(六)涉案精神病人继续危害社会的可能;

(七)提出强制医疗申请的理由和法律依据。

第五百三十七条　人民检察院审查公安机关移送的强制医疗意见书,应当查明:

(一)是否属于本院管辖;

(二)涉案精神病人身份状况是否清楚,包括姓名、性别、国籍、出生年月日、职业和单位等;

(三)涉案精神病人实施危害公共安全或者严重危害公民人身安全的暴力行为的事实;

(四)公安机关对涉案精神病人进行鉴定的程序是否合法,涉案精神病人是否依法不负刑事责任;

(五)涉案精神病人是否有继续危害社会的可能;

(六)证据材料是否随案移送,不宜移送的证据的清单、复制件、照片或者其他证明文件是否随案移送;

(七)证据是否确实、充分;

(八)采取的临时保护性约束措施是否适当。

第五百三十八条　人民检察院办理公安机关移送的强制医疗案件,可以采取以下方式开展调查,调查情况应当记录并附卷:

(一)会见涉案精神病人,听取涉案精神病人的法定代理人、诉讼代理人意见;

(二)询问办案人员、鉴定人;

(三)向被害人及其法定代理人、近亲属了解情况;

(四)向涉案精神病人的主治医生、近亲属、邻居、其他知情人员或者基层组织等了解情况;

(五)就有关专门性技术问题委托具有法定资质的鉴定机构、鉴定人进行鉴定。

第五百三十九条　人民检察院应当在接到公安机关移送的强制医疗意见书后三十日以内作出是否提出强制医疗申请的决定。

对于公安机关移送的强制医疗案件,经审查认为不符合刑事诉讼法第三百零二条规定条件的,应当作出不提出强制医疗申请的决定,并向公安机关书面说明理由。认为需要补充证据的,应当书面要求公安机关补充证据,必要时也可以自行调查。

公安机关补充证据的时间不计入人民检察院办案期限。

第五百四十条　人民检察院发现公安机关应当启动强制医疗程序而不启动的,可以要求公安机关在七日以内书面说明不启动的理由。

经审查,认为公安机关不启动理由不能成立的,应当通知公安机关启动强制医疗程序。

公安机关收到启动强制医疗程序通知书后,未按要求启动强制医疗程序的,人民检察院应当提出纠正意见。

第五百四十一条　人民检察院对公安机关移送的强制医疗案件,发现公安机关对涉案精神病人进行鉴定违反法律规定,具有下列情形之一的,应当依法提出纠正意见:

(一)鉴定机构不具备法定资质的;

(二)鉴定人不具备法定资质或者违反回避规定的;

(三)鉴定程序违反法律或者有关规定,鉴定的过程和方法违反相关专业规范要求的;

(四)鉴定文书不符合法定形式要件的;

(五)鉴定意见没有依法及时告知相关人员的;

(六)鉴定人故意作出虚假鉴定的;

(七)其他违反法律规定的情形。

人民检察院对精神病鉴定程序进行监督,可以要求公安机关补充鉴定或者重新鉴定。必要时,可以询问鉴定人并制作笔录,或者委托具有法定资质的鉴定机构进行补充鉴定或者重新鉴定。

第五百四十二条　人民检察院发现公安机关对涉案精神病人不应当采取临时保护性约束措施而采取的,应当提出纠正意见。

认为公安机关应当采取临时保护性约束措施而未采取的,应当建议公安机关采取临时保护性约束措施。

第五百四十三条　在审查起诉中,犯罪嫌疑人经鉴定系依法不负刑事责任的精神病人的,人民检察院应当作出不起诉决定。认为符合刑事诉讼法第三百零二条规定条件的,应当向人民法院提出强制医疗的申请。

第五百四十四条　人民法院对强制医疗案件开庭审理的,人民检察院应当派员出席法庭。

第五百四十五条　人民检察院发现人民法院强制医疗案件审理活动具有下列情形之一的,应当提出纠正意见:

(一)未通知被申请人或者被告人的法定代理人到场的;

(二)被申请人或者被告人没有委托诉讼代理人,未通知法律援助机构指派律师为其提供法律帮助的;

(三)未组成合议庭或者合议庭组成人员不合法的;

(四)未经被申请人、被告人的法定代理人请求直接作出不开庭审理决定的;

(五)未会见被申请人的;

(六)被申请人、被告人要求出庭且具备出庭条件,未准许其出庭的;

(七)违反法定审理期限的;

(八)收到人民检察院对强制医疗决定不当的书面纠正意见后,未另行组成合议庭审理或者未在一个月以内作出复议决定的;

(九)人民法院作出的强制医疗决定或者驳回强制医疗申请决定不当的;

(十)其他违反法律规定的情形。

第五百四十六条　出席法庭的检察官发现人民法院或者审判人员审理强制医疗案件违反法律规定的诉讼程序,应当记录在案,并在休庭后及时向检察长报告,由人民检察院在庭审后向人民法院提出纠正意见。

第五百四十七条　人民检察院认为人民法院作出的强制医疗决定或者驳回强制医疗申请的决定,具有下列情形之一的,应当在收到决定书副本后二十日以内向人民法院提出纠正意见:

(一)据以作出决定的事实不清或者确有错误的;

(二)据以作出决定的证据不确实、不充分的;

(三)据以作出决定的证据依法应当予以排除的;

(四)据以作出决定的主要证据之间存在矛盾的;

(五)有确实、充分的证据证明应当决定强制医疗而予以驳回的,或者不应当决定强制医疗而决定强制医疗的;

(六)审理过程中严重违反法定诉讼程序,可能影响公正审理和决定的。

第五百四十八条　人民法院在审理案件过程中发现被告人符合强制医疗条件,适用强制医疗程序对案件进行审理的,人民检察院应当在庭审中发表意见。

人民法院作出宣告被告人无罪或者不负刑事责任的判决和强制医疗决定的,人民检察院应当进行审查。对判决确有错误的,应当依法提出抗诉;对强制医疗决定不当或者未作出强制医疗的决定不当的,应当提出纠正意见。

第五百四十九条　人民法院收到被决定强制医疗的人、被害人及其法定代理人、近亲属复议申请后,未组成合议庭审理,或者未在一个月以内作出复议决定,或者有其他违法行为的,人民检察院应当提出纠正意见。

第五百五十条　人民检察院对于人民法院批准解除强制医疗的决定实行监督,发现人民法院解除强制医疗的决定不当的,应当提出纠正意见。

第十三章　刑事诉讼法律监督
第一节　一般规定

第五百五十一条　人民检察院对刑事诉讼活动实行法律监督,发现违法情形的,依法提出抗诉、纠正意见或者检察建议。

人民检察院对于涉嫌违法的事实,可以采取以下方式进行调查核实:

(一)讯问、询问犯罪嫌疑人;

(二)询问证人、被害人或者其他诉讼参与人;

(三)询问办案人员;

(四)询问在场人员或者其他可能知情的人员;

(五)听取申诉人或者控告人的意见;

(六)听取辩护人、值班律师意见;

(七)调取、查询、复制相关登记表册、法律文书、体检记录及案卷材料等;

(八)调取讯问笔录、询问笔录及相关录音、录像或其他视听资料;

(九)进行伤情、病情检查或者鉴定;

(十)其他调查核实方式。

人民检察院在调查核实过程中不得限制被调查对象的人身、财产权利。

第五百五十二条　人民检察院发现刑事诉讼活动中的违法行为,对于情节较轻的,由检察人员以口头方式提出纠正意见;对于情节较重的,经检察长决定,发出纠正违法通知书。对于带有普遍性的违法情形,经检察长决定,向相关机关提出检察建议。构成犯罪的,移送有关机关、部门依法追究刑事责任。

有申诉人、控告人的,调查核实和纠正违法情况应予告知。

第五百五十三条 人民检察院发出纠正违法通知书的,应当监督落实。被监督单位在纠正违法通知书规定的期限内没有回复纠正情况的,人民检察院应当督促回复。经督促被监督单位仍不回复或者没有正当理由不纠正的,人民检察院应当向上一级人民检察院报告。

第五百五十四条 被监督单位对纠正意见申请复查的,人民检察院应当在收到被监督单位的书面意见后七日以内进行复查,并将复查结果及时通知申请复查的单位。经过复查,认为纠正意见正确的,应当及时向上一级人民检察院报告;认为纠正意见错误的,应当及时予以撤销。

上一级人民检察院经审查,认为下级人民检察院纠正意见正确的,应当及时通报被监督单位的上级机关或者主管机关,并建议其督促被监督单位予以纠正;认为下级人民检察院纠正意见错误的,应当书面通知下级人民检察院予以撤销,下级人民检察院应当执行,并及时向被监督单位说明情况。

第五百五十五条 当事人和辩护人、诉讼代理人、利害关系人对于办案机关及其工作人员有刑事诉讼法第一百一十七条规定的行为,向该机关申请或者控告,对该机关作出的处理不服或者该机关未在规定时间内作出答复,而向人民检察院申诉的,办案机关的同级人民检察院应当受理。

人民检察院直接受理侦查的案件,当事人和辩护人、诉讼代理人、利害关系人对办理案件的人民检察院的处理不服的,可以向上一级人民检察院申诉,上一级人民检察院应当受理。

未向办案机关申诉或者控告,或者办案机关在规定时间内尚未作出处理决定,直接向人民检察院申诉的,人民检察院应当告知其向办案机关申诉或者控告。人民检察院在审查逮捕、审查起诉中发现有刑事诉讼法第一百一十七规定的违法情形的,可以直接监督纠正。

当事人和辩护人、诉讼代理人、利害关系人对刑事诉讼法第一百一十七条规定情形之外的违法行为提出申诉或者控告的,人民检察院应当受理,并及时审查,依法处理。

第五百五十六条 对人民检察院及其工作人员办理案件中违法行为的申诉、控告,由负责控告申诉检察的部门受理和审查办理。对其他司法机关处理决定不服向人民检察院提出的申诉,由负责控告申诉检察的部门受理后,移送相关办案部门审查办理。

审查办理的部门应当在受理之日起十五日以内提出审查意见。人民检察院对刑事诉讼法第一百一十七条的申诉,经审查认为需要其他司法机关说明理由的,应当要求有关机关说明理由,并在收到理由说明后十五日以内提出审查意见。

人民检察院及其工作人员办理案件中存在的违法情形属实的,应当予以纠正;不存在违法行为的,书面答复申诉人、控告人。

其他司法机关对申诉、控告的处理不正确的,人民检察院应当通知有关机关予以纠正;处理正确的,书面答复申诉人、控告人。

第二节　刑事立案监督

第五百五十七条 被害人及其法定代理人、近亲属或者行政执法机关,认为公安机关对其控告或者移送的案件应当立案侦查而不立案侦查,或者当事人认为公安机关不应当立案而立案,向人民检察院提出的,人民检察院应当受理并进行审查。

人民检察院发现公安机关可能存在应当立案侦查而不立案侦查情形的,应当依法进行审查。

人民检察院接到控告、举报或者发现行政执法机关不移送涉嫌犯罪案件的,经检察长批准,应当向行政执法机关提出检察意见,要求其按照管辖规定向公安机关移送涉嫌犯罪案件。

第五百五十八条 人民检察院负责控告申诉检察的部门受理对公安机关应当立案而不立案或者不应当立案而立案的控告、申诉,应当根据事实、法律进行审查。认为需要公安机关说明不立案或者立案理由的,应当及时将案件移送负责捕诉的部门办理;认为公安机关立案或者不立案决定正确的,应当制作相关法律文书,答复控告人、申诉人。

第五百五十九条 人民检察院经审查,认为需要公安机关说明不立案理由的,应当要求公安机关书面说明不立案的理由。

对于有证据证明公安机关可能存在违法动用刑事手段插手民事、经济纠纷,或者利用立案实施报复陷害、敲诈勒索以及谋取其他非法利益等违法立案情形,尚未提请批准逮捕或者移送起诉的,人民检察院应当要求公安机关书面说明立案理由。

第五百六十条 人民检察院要求公安机关说明不立案或者立案理由,应当书面通知公安机关,并且告知公安机关在收到通知后七日以内,书面说明不立案或者立案的情况、依据和理由,连同有关证据材料回复人民检察院。

第五百六十一条　公安机关说明不立案或者立案的理由后，人民检察院应当进行审查。认为公安机关不立案或者立案理由不能成立的，经检察长决定，应当通知公安机关立案或者撤销案件。

人民检察院认为公安机关不立案或者立案理由成立的，应当在十日以内将不立案或者立案的依据和理由告知被害人及其法定代理人、近亲属或者行政执法机关。

第五百六十二条　公安机关对当事人的报案、控告、举报或者行政执法机关移送的涉嫌犯罪案件受理后未在规定期限内作出是否立案决定，当事人或者行政执法机关向人民检察院提出的，人民检察院应当受理并进行审查。经审查，认为尚未超过规定期限的，应当移送公安机关处理，并答复报案人、控告人、举报人或者行政执法机关；认为超过规定期限的，应当要求公安机关在七日以内书面说明逾期不作出是否立案决定的理由，连同有关证据材料回复人民检察院。公安机关在七日以内不说明理由也不作出立案或者不立案决定的，人民检察院应当提出纠正意见。人民检察院经审查有关证据材料认为符合立案条件的，应当通知公安机关立案。

第五百六十三条　人民检察院通知公安机关立案或者撤销案件，应当制作通知立案书或者通知撤销案件书，说明依据和理由，连同证据材料送达公安机关，并且告知公安机关应当在收到通知立案书后十五日以内立案，对通知撤销案件书没有异议的应当立即撤销案件，并将立案决定书或者撤销案件决定书及时送达人民检察院。

第五百六十四条　人民检察院通知公安机关立案或者撤销案件的，应当依法对执行情况进行监督。

公安机关在收到通知立案书或者通知撤销案件书后超过十五日不予立案或者未要求复议、提请复核也不撤销案件的，人民检察院应当发出纠正违法通知书。公安机关仍不纠正的，报上一级人民检察院协商同级公安机关处理。

公安机关立案后三个月以内未侦查终结的，人民检察院可以向公安机关发出立案监督案件催办函，要求公安机关及时向人民检察院反馈侦查工作进展情况。

第五百六十五条　公安机关认为人民检察院撤销案件通知有错误，要求同级人民检察院复议的，人民检察院应当重新审查。在收到要求复议意见书和案卷材料后七日以内作出是否变更的决定，并通知公安机关。

公安机关不接受人民检察院复议决定，提请上一级人民检察院复核的，上级人民检察院应当在收到提请复核意见书和案卷材料后十五日以内作出是否变更的决定，通知下级人民检察院和公安机关执行。

上级人民检察院复核认为撤销案件通知有错误的，下级人民检察院应当立即纠正；上级人民检察院复核认为撤销案件通知正确的，应当作出复核决定并送达下级公安机关。

第五百六十六条　人民检察院负责捕诉的部门发现本院负责侦查的部门对应当立案侦查的案件不立案侦查或者对不应当立案侦查的案件立案侦查的，应当建议负责侦查的部门立案侦查或者撤销案件。建议不被采纳的，应当报请检察长决定。

第三节　侦查活动监督

第五百六十七条　人民检察院应当对侦查活动中是否存在以下违法行为进行监督：

（一）采用刑讯逼供以及其他非法方法收集犯罪嫌疑人供述的；

（二）讯问犯罪嫌疑人依法应当录音或者录像而没有录音或者录像，或者未在法定羁押场所讯问犯罪嫌疑人的；

（三）采用暴力、威胁以及非法限制人身自由等非法方法收集证人证言、被害人陈述，或者以暴力、威胁等方法阻止证人作证或者指使他人作伪证的；

（四）伪造、隐匿、销毁、调换、私自涂改证据，或者帮助当事人毁灭、伪造证据的；

（五）违反刑事诉讼法关于决定、执行、变更、撤销强制措施的规定，或者强制措施法定期限届满，不予释放、解除或者变更的；

（六）应当退还取保候审保证金不退还的；

（七）违反刑事诉讼法关于讯问、询问、勘验、检查、搜查、鉴定、采取技术侦查措施等规定的；

（八）对与案件无关的财物采取查封、扣押、冻结措施，或者应当解除查封、扣押、冻结而不解除的；

（九）贪污、挪用、私分、调换、违反规定使用查封、扣押、冻结的财物及其孳息的；

（十）不应当撤案而撤案的；

（十一）侦查人员应当回避而不回避的；

（十二）依法应当告知犯罪嫌疑人诉讼权利而不告知，影响犯罪嫌疑人行使诉讼权利的；

（十三）对犯罪嫌疑人拘留、逮捕、指定居所监视居住后依法应当通知家属而未通知的；

（十四）阻碍当事人、辩护人、诉讼代理人、值班律师依法行使诉讼权利的；

（十五）应当对证据收集的合法性出具说明或者提供证明材料而不出具、不提供的；

（十六）侦查活动中的其他违反法律规定的行为。

第五百六十八条 人民检察院发现侦查活动中的违法情形已涉嫌犯罪，属于人民检察院管辖的，依法立案侦查；不属于人民检察院管辖的，依照有关规定移送有管辖权的机关。

第五百六十九条 人民检察院负责捕诉的部门发现本院负责侦查的部门在侦查活动中有违法情形的，应当提出纠正意见。需要追究相关人员违法违纪责任的，应当报告检察长。

上级人民检察院发现下级人民检察院在侦查活动中有违法情形的，应当通知其纠正。下级人民检察院应当及时纠正，并将纠正情况报告上级人民检察院。

第四节 审判活动监督

第五百七十条 人民检察院应当对审判活动中是否存在以下违法行为进行监督：

（一）人民法院对刑事案件的受理违反管辖规定的；

（二）人民法院审理案件违反法定审理和送达期限的；

（三）法庭组成人员不符合法律规定，或者依照规定应当回避而不回避的；

（四）法庭审理案件违反法定程序的；

（五）侵犯当事人、其他诉讼参与人的诉讼权利和其他合法权利的；

（六）法庭审理时对有关程序问题所作的决定违反法律规定的；

（七）违反法律规定裁定发回重审的；

（八）故意毁弃、篡改、隐匿、伪造、偷换证据或者其他诉讼材料，或者依据未经法定程序调查、质证的证据定案的；

（九）依法应当调查收集相关证据而不收集的；

（十）徇私枉法，故意违背事实和法律作枉法裁判的；

（十一）收受、索取当事人及其近亲属或者其委托的律师等人财物或者其他利益的；

（十二）违反法律规定采取强制措施或者采取强制措施法定期限届满，不予释放、解除或者变更的；

（十三）应当退还取保候审保证金不退还的；

（十四）对与案件无关的财物采取查封、扣押、冻结措施，或者应当解除查封、扣押、冻结而不解除的；

（十五）贪污、挪用、私分、调换、违反规定使用查封、扣押、冻结的财物及其孳息的；

（十六）其他违反法律规定的行为。

第五百七十一条 人民检察院检察长或者检察长委托的副检察长，可以列席同级人民法院审判委员会会议，依法履行法律监督职责。

第五百七十二条 人民检察院在审判活动监督中，发现人民法院或者审判人员审理案件违反法律规定的诉讼程序，应当向人民法院提出纠正意见。

人民检察院对违反程序的庭审活动提出纠正意见，应当由人民检察院在庭审后提出。出席法庭的检察人员发现法庭审判违反法律规定的诉讼程序，应当在休庭后及时向检察长报告。

第五节 羁押必要性审查

第五百七十三条 犯罪嫌疑人、被告人被逮捕后，人民检察院仍应当对羁押的必要性进行审查。

第五百七十四条 人民检察院在办案过程中可以依职权主动进行羁押必要性审查。

犯罪嫌疑人、被告人及其法定代理人、近亲属或者辩护人可以申请人民检察院进行羁押必要性审查。申请时应当说明不需要继续羁押的理由，有相关证据或者其他材料的应当提供。

看守所根据在押人员身体状况，可以建议人民检察院进行羁押必要性审查。

第五百七十五条 负责捕诉的部门依法对侦查和审判阶段的羁押必要性进行审查。经审查认为不需要继续羁押的，应当建议公安机关或者人民法院释放犯罪嫌疑人、被告人或者变更强制措施。

审查起诉阶段，负责捕诉的部门经审查认为不需要继续羁押的，应当直接释放犯罪嫌疑人或者变更强制措施。

负责刑事执行检察的部门收到有关材料或者发现不需要继续羁押的，应当及时将有关材料和意见移送负责捕诉的部门。

第五百七十六条 办案机关对应的同级人民检察院负责控告申诉检察的部门或者负责案件管理的部门收到羁押必要性审查申请后，应当在当日移送本院负责捕诉的部门。

其他人民检察院收到羁押必要性审查申请的，应当告知申请人向办案机关对应的同级人民检察院提出申请，或者在二日以内将申请材料移送办案机关对应的同级人民检察院，并告知申请人。

第五百七十七条 人民检察院可以采取以下方式进

行羁押必要性审查：

（一）审查犯罪嫌疑人、被告人不需要继续羁押的理由和证明材料；

（二）听取犯罪嫌疑人、被告人及其法定代理人、辩护人的意见；

（三）听取被害人及其法定代理人、诉讼代理人的意见，了解是否达成和解协议；

（四）听取办案机关的意见；

（五）调查核实犯罪嫌疑人、被告人的身体健康状况；

（六）需要采取的其他方式。

必要时，可以依照有关规定进行公开审查。

第五百七十八条　人民检察院应当根据犯罪嫌疑人、被告人涉嫌的犯罪事实、主观恶性、悔罪表现、身体状况、案件进展情况、可能判处的刑罚和有无再危害社会的危险等因素，综合评估有无必要继续羁押犯罪嫌疑人、被告人。

第五百七十九条　人民检察院发现犯罪嫌疑人、被告人具有下列情形之一的，应当向办案机关提出释放或者变更强制措施的建议：

（一）案件证据发生重大变化，没有证据证明有犯罪事实或者犯罪行为系犯罪嫌疑人、被告人所为的；

（二）案件事实或者情节发生变化，犯罪嫌疑人、被告人可能被判处拘役、管制、独立适用附加刑、免予刑事处罚或判决无罪的；

（三）继续羁押犯罪嫌疑人、被告人，羁押期限将超过依法可能判处的刑期的；

（四）案件事实基本查清，证据已经收集固定，符合取保候审或者监视居住条件的。

第五百八十条　人民检察院发现犯罪嫌疑人、被告人具有下列情形之一，且具有悔罪表现，不予羁押不致发生社会危险性的，可以向办案机关提出释放或者变更强制措施的建议：

（一）预备犯或者中止犯；

（二）共同犯罪中的从犯或者胁从犯；

（三）过失犯罪的；

（四）防卫过当或者避险过当的；

（五）主观恶性较小的初犯；

（六）系未成年人或者已满七十五周岁的人；

（七）与被害方依法自愿达成和解协议，已经履行或者提供担保的；

（八）认罪认罚的；

（九）患有严重疾病、生活不能自理的；

（十）怀孕或者正在哺乳自己婴儿的妇女；

（十一）系生活不能自理的人的唯一扶养人；

（十二）可能被判处一年以下有期徒刑或者宣告缓刑的；

（十三）其他不需要继续羁押的情形。

第五百八十一条　人民检察院向办案机关发出释放或者变更强制措施建议书的，应当说明不需要继续羁押犯罪嫌疑人、被告人的理由和法律依据，并要求办案机关在十日以内回复处理情况。

人民检察院应当跟踪办案机关对释放或者变更强制措施建议的处理情况。办案机关未在十日以内回复处理情况的，应当提出纠正意见。

第五百八十二条　对于依申请审查的案件，人民检察院办结后，应当将提出建议的情况和公安机关、人民法院的处理情况，或者有继续羁押必要的审查意见和理由及时书面告知申请人。

第六节　刑事判决、裁定监督

第五百八十三条　人民检察院依法对人民法院的判决、裁定是否正确实行法律监督，对人民法院确有错误的判决、裁定，应当依法提出抗诉。

第五百八十四条　人民检察院认为同级人民法院第一审判决、裁定具有下列情形之一的，应当提出抗诉：

（一）认定的事实确有错误或者据以定罪量刑的证据不确实、不充分的；

（二）有确实、充分证据证明有罪判无罪，或者无罪判有罪的；

（三）重罪轻判，轻罪重判，适用刑罚明显不当的；

（四）认定罪名不正确，一罪判数罪、数罪判一罪，影响量刑或者造成严重社会影响的；

（五）免除刑事处罚或者适用缓刑、禁止令、限制减刑等错误的；

（六）人民法院在审理过程中严重违反法律规定的诉讼程序的。

第五百八十五条　人民检察院在收到人民法院第一审判决书或者裁定书后，应当及时审查。对于需要提出抗诉的案件，应当报请检察长决定。

第五百八十六条　人民检察院对同级人民法院第一审判决的抗诉，应当在接到判决书后第二日起十日以内提出；对第一审裁定的抗诉，应当在接到裁定书后第二日起五日以内提出。

第五百八十七条　人民检察院对同级人民法院第一

审判决、裁定的抗诉,应当制作抗诉书,通过原审人民法院向上一级人民法院提出,并将抗诉书副本连同案卷材料报送上一级人民检察院。

第五百八十八条　被害人及其法定代理人不服地方各级人民法院第一审的判决,在收到判决书后五日以内请求人民检察院提出抗诉的,人民检察院应当立即进行审查,在收到被害人及其法定代理人的请求后五日以内作出是否抗诉的决定,并且答复请求人。经审查认为应当抗诉的,适用本规则第五百八十四条至第五百八十七条的规定办理。

被害人及其法定代理人在收到判决书五日以后请求人民检察院提出抗诉的,由人民检察院决定是否受理。

第五百八十九条　上一级人民检察院对下级人民检察院按照第二审程序提出抗诉的案件,认为抗诉正确的,应当支持抗诉。

上一级人民检察院认为抗诉不当的,应当听取下级人民检察院的意见。听取意见后,仍然认为抗诉不当的,应当向同级人民法院撤回抗诉,并且通知下级人民检察院。

上一级人民检察院在上诉、抗诉期限内,发现下级人民检察院应当提出抗诉而没有提出抗诉的案件,可以指令下级人民检察院依法提出抗诉。

上一级人民检察院支持或者部分支持抗诉意见的,可以变更、补充抗诉理由,及时制作支持抗诉意见书,并通知提出抗诉的人民检察院。

第五百九十条　第二审人民法院发回原审人民法院按照第一审程序重新审判的案件,如果人民检察院认为重新审判的判决、裁定确有错误的,可以按照第二审程序提出抗诉。

第五百九十一条　人民检察院认为人民法院已经发生法律效力的判决、裁定确有错误,具有下列情形之一的,应当按照审判监督程序向人民法院提出抗诉:

(一)有新的证据证明原判决、裁定认定的事实确有错误,可能影响定罪量刑的;

(二)据以定罪量刑的证据不确实、不充分的;

(三)据以定罪量刑的证据依法应当予以排除的;

(四)据以定罪量刑的主要证据之间存在矛盾的;

(五)原判决、裁定的主要事实依据被依法变更或者撤销的;

(六)认定罪名错误且明显影响量刑的;

(七)违反法律关于追诉时效期限的规定的;

(八)量刑明显不当的;

(九)违反法律规定的诉讼程序,可能影响公正审判的;

(十)审判人员在审理案件的时候有贪污受贿,徇私舞弊,枉法裁判行为的。

对于同级人民法院已经发生法律效力的判决、裁定,人民检察院认为可能有错误的,应当另行指派检察官或者检察官办案组进行审查。经审查,认为有前款规定情形之一的,应当提请上一级人民检察院提出抗诉。

对已经发生法律效力的判决、裁定的审查,参照本规则第五百八十五条的规定办理。

第五百九十二条　对于高级人民法院判处死刑缓期二年执行的案件,省级人民检察院认为确有错误提请抗诉的,一般应当在收到生效判决、裁定后三个月以内提出,至迟不得超过六个月。

第五百九十三条　当事人及其法定代理人、近亲属认为人民法院已经发生法律效力的判决、裁定确有错误,向人民检察院申诉的,由作出生效判决、裁定的人民法院的同级人民检察院依法办理。

当事人及其法定代理人、近亲属直接向上级人民检察院申诉的,上级人民检察院可以交由作出生效判决、裁定的人民法院的同级人民检察院受理;案情重大、疑难、复杂的,上级人民检察院可以直接受理。

当事人及其法定代理人、近亲属对人民法院已经发生法律效力的判决、裁定提出申诉,经人民检察院复查决定不予抗诉后继续提出申诉的,上一级人民检察院应当受理。

第五百九十四条　对不服人民法院已经发生法律效力的判决、裁定的申诉,经两级人民检察院办理且省级人民检察院已经复查的,如果没有新的证据,人民检察院不再复查,但原审被告人可能被宣告无罪或者判决、裁定有其他重大错误可能的除外。

第五百九十五条　人民检察院对已经发生法律效力的判决、裁定的申诉复查后,认为需要提请或者提出抗诉的,报请检察长决定。

地方各级人民检察院对不服同级人民法院已经发生法律效力的判决、裁定的申诉复查后,认为需要提出抗诉的,应当提请上一级人民检察院抗诉。

上级人民检察院对下一级人民检察院提请抗诉的申诉案件进行审查后,认为需要提出抗诉的,应当向同级人民法院提出抗诉。

人民法院开庭审理时,同级人民检察院应当派员出席法庭。

第五百九十六条　人民检察院对不服人民法院已经发生法律效力的判决、裁定的申诉案件复查终结后,应当制作刑事申诉复查通知书,在十日以内通知申诉人。

经复查向上一级人民检察院提请抗诉的,应当在上一级人民检察院作出是否抗诉的决定后制作刑事申诉复查通知书。

第五百九十七条　最高人民检察院发现各级人民法院已经发生法律效力的判决或者裁定,上级人民检察院发现下级人民法院已经发生法律效力的判决或者裁定确有错误时,可以直接向同级人民法院提出抗诉,或者指令作出生效判决、裁定人民法院的上一级人民检察院向同级人民法院提出抗诉。

第五百九十八条　人民检察院按照审判监督程序向人民法院提出抗诉的,应当将抗诉书副本报送上一级人民检察院。

第五百九十九条　对按照审判监督程序提出抗诉的案件,人民检察院认为人民法院再审作出的判决、裁定仍然确有错误的,如果案件是依照第一审程序审判的,同级人民检察院应当按照第二审程序向上一级人民法院提出抗诉;如果案件是依照第二审程序审判的,上一级人民检察院应当按照审判监督程序向同级人民法院提出抗诉。

第六百条　人民检察院办理按照第二审程序、审判监督程序抗诉的案件,认为需要对被告人采取强制措施的,参照本规则相关规定。决定采取强制措施应当经检察长批准。

第六百零一条　人民检察院对自诉案件的判决、裁定的监督,适用本节的规定。

第七节　死刑复核监督

第六百零二条　最高人民检察院依法对最高人民法院的死刑复核活动实行法律监督。

省级人民检察院依法对高级人民法院复核未上诉且未抗诉死刑立即执行案件和死刑缓期二年执行案件的活动实行法律监督。

第六百零三条　最高人民检察院、省级人民检察院通过办理下列案件对死刑复核活动实行法律监督:

(一)人民法院向人民检察院通报的死刑复核案件;

(二)下级人民检察院提请监督或者报告重大情况的死刑复核案件;

(三)当事人及其近亲属或者受委托的律师向人民检察院申请监督的死刑复核案件;

(四)认为应当监督的其他死刑复核案件。

第六百零四条　省级人民检察院对于进入最高人民法院死刑复核程序的案件,发现具有下列情形之一的,应当及时向最高人民检察院提请监督:

(一)案件事实不清、证据不足,依法应当发回重新审判或者改判的;

(二)被告人具有从宽处罚情节,依法不应当判处死刑的;

(三)适用法律错误的;

(四)违反法律规定的诉讼程序,可能影响公正审判的;

(五)其他应当提请监督的情形。

第六百零五条　省级人民检察院发现死刑复核案件被告人有自首、立功、怀孕或者被告人家属与被害人家属达成赔偿谅解协议等新的重大情况,影响死刑适用的,应当及时向最高人民检察院报告。

第六百零六条　当事人及其近亲属或者受委托的律师向最高人民检察院提出不服死刑裁判的申诉,由负责死刑复核监督的部门审查。

第六百零七条　对于适用死刑存在较大分歧或者在全国有重大影响的死刑第二审案件,省级人民检察院应当及时报最高人民检察院备案。

第六百零八条　高级人民法院死刑复核期间,设区的市级人民检察院向省级人民检察院报告重大情况、备案等程序,参照本规则第六百零五条、第六百零七条规定办理。

第六百零九条　对死刑复核监督案件的审查可以采取下列方式:

(一)审查人民法院移送的材料、下级人民检察院报送的相关案卷材料、当事人及其近亲属或者受委托的律师提交的材料;

(二)向下级人民检察院调取案件审查报告、公诉意见书、出庭意见书等,了解案件相关情况;

(三)向人民法院调阅或者查阅案卷材料;

(四)核实或者委托核实主要证据;

(五)讯问被告人、听取受委托的律师的意见;

(六)就有关技术性问题向专门机构或者有专门知识的人咨询,或者委托进行证据审查;

(七)需要采取的其他方式。

第六百一十条　审查死刑复核监督案件,具有下列情形之一的,应当听取下级人民检察院的意见:

(一)对案件主要事实、证据有疑问的;

(二)对适用死刑存在较大争议的;

（三）可能引起司法办案重大风险的；

（四）其他应当听取意见的情形。

第六百一十一条　最高人民检察院经审查发现死刑复核案件具有下列情形之一的，应当经检察长决定，依法向最高人民法院提出检察意见：

（一）认为适用死刑不当，或者案件事实不清、证据不足，依法不应当核准死刑的；

（二）认为不予核准死刑的理由不成立，依法应当核准死刑的；

（三）发现新的事实和证据，可能影响被告人定罪量刑的；

（四）严重违反法律规定的诉讼程序，可能影响公正审判的；

（五）司法工作人员在办理案件时，有贪污受贿，徇私舞弊，枉法裁判等行为的；

（六）其他需要提出检察意见的情形。

同意最高人民法院核准或者不核准意见的，应当经检察长批准，书面回复最高人民法院。

对于省级人民检察院提请监督、报告重大情况的案件，最高人民检察院认为具有影响死刑适用情形的，应当及时将有关材料转送最高人民法院。

第八节　羁押期限和办案期限监督

第六百一十二条　人民检察院依法对羁押期限和办案期限是否合法实行法律监督。

第六百一十三条　对公安机关、人民法院办理案件相关期限的监督，犯罪嫌疑人、被告人被羁押的，由人民检察院负责刑事执行检察的部门承担；犯罪嫌疑人、被告人未被羁押的，由人民检察院负责捕诉的部门承担。对人民检察院办理案件相关期限的监督，由负责案件管理的部门承担。

第六百一十四条　人民检察院在办理案件过程中，犯罪嫌疑人、被告人被羁押，具有下列情形之一的，办案部门应当在作出决定或者收到决定书、裁定书后十日以内通知本院负有监督职责的部门：

（一）批准或者决定延长侦查羁押期限的；

（二）对于人民检察院直接受理侦查的案件，决定重新计算侦查羁押期限、变更或者解除强制措施的；

（三）对犯罪嫌疑人、被告人进行精神病鉴定的；

（四）审查起诉期间改变管辖、延长审查起诉期限的；

（五）案件退回补充侦查，或者补充侦查完毕移送起诉后重新计算审查起诉期限的；

（六）人民法院决定适用简易程序、速裁程序审理第一审案件，或者将案件由简易程序转为普通程序，由速裁程序转为简易程序、普通程序重新审理的；

（七）人民法院改变管辖，决定延期审理、中止审理，或者同意人民检察院撤回起诉的。

第六百一十五条　人民检察院发现看守所的羁押期限管理活动具有下列情形之一的，应当依法提出纠正意见：

（一）未及时督促办案机关办理换押手续的；

（二）未在犯罪嫌疑人、被告人羁押期限届满前七日以内向办案机关发出羁押期限即将届满通知书的；

（三）犯罪嫌疑人、被告人被超期羁押后，没有立即书面报告人民检察院并通知办案机关的；

（四）收到犯罪嫌疑人、被告人及其法定代理人、近亲属或者辩护人提出的变更强制措施、羁押必要性审查、羁押期限届满要求释放或者变更强制措施的申请、申诉、控告后，没有及时转送有关办案机关或者人民检察院的；

（五）其他违法情形。

第六百一十六条　人民检察院发现公安机关的侦查羁押期限执行情况具有下列情形之一的，应当依法提出纠正意见：

（一）未按规定办理换押手续的；

（二）决定重新计算侦查羁押期限、经批准延长侦查羁押期限，未书面通知人民检察院和看守所的；

（三）对犯罪嫌疑人进行精神病鉴定，没有书面通知人民检察院和看守所的；

（四）其他违法情形。

第六百一十七条　人民检察院发现人民法院的审理期限执行情况具有下列情形之一的，应当依法提出纠正意见：

（一）在一审、二审和死刑复核阶段未按规定办理换押手续的；

（二）违反刑事诉讼法的规定重新计算审理期限、批准延长审理期限、改变管辖、延期审理、中止审理或者发回重审的；

（三）决定重新计算审理期限、批准延长审理期限、改变管辖、延期审理、中止审理、对被告人进行精神病鉴定，没有书面通知人民检察院和看守所的；

（四）其他违法情形。

第六百一十八条　人民检察院发现同级或者下级公安机关、人民法院超期羁押的，应当向该办案机关发出纠正违法通知书。

发现上级公安机关、人民法院超期羁押的,应当及时层报该办案机关的同级人民检察院,由同级人民检察院向该办案机关发出纠正违法通知书。

对异地羁押的案件,发现办案机关超期羁押的,应当通报该办案机关的同级人民检察院,由其依法向办案机关发出纠正违法通知书。

第六百一十九条　人民检察院发出纠正违法通知书后,有关办案机关未回复意见或者继续超期羁押的,应当及时报告上一级人民检察院。

对于造成超期羁押的直接责任人员,可以书面建议其所在单位或者有关主管机关依照法律或者有关规定予以处分;对于造成超期羁押情节严重,涉嫌犯罪的,应当依法追究其刑事责任。

第六百二十条　人民检察院办理直接受理侦查的案件或者审查逮捕、审查起诉案件,在犯罪嫌疑人侦查羁押期限、办案期限即将届满前,负责案件管理的部门应当依照有关规定向本院办案部门进行期限届满提示。发现办案部门办理案件超过规定期限的,应当依照有关规定提出纠正意见。

第十四章　刑罚执行和监管执法监督
第一节　一般规定

第六百二十一条　人民检察院依法对刑事判决、裁定和决定的执行工作以及监狱、看守所等的监管执法活动实行法律监督。

第六百二十二条　人民检察院根据工作需要,可以对监狱、看守所等场所采取巡回检察、派驻检察等方式进行监督。

第六百二十三条　人民检察院对监狱、看守所等场所进行监督,除可以采取本规则第五百五十一条规定的调查核实措施外,还可以采取实地查看禁闭室、会见室、监区、监舍等有关场所,列席监狱、看守所有关会议,与有关监管民警进行谈话,召开座谈会,开展问卷调查等方式。

第六百二十四条　人民检察院对刑罚执行和监管执法活动实行监督,可以根据下列情形分别处理:

(一)发现执法瑕疵、安全隐患,或者违法情节轻微的,口头提出纠正意见,并记录在案;

(二)发现严重违法,发生重大事故,或者口头提出纠正意见后七日以内未予纠正的,书面提出纠正意见;

(三)发现存在可能导致执法不公问题,或者存在重大监管漏洞、重大安全隐患、重大事故风险等问题的,提出检察建议。

对于在巡回检察中发现的前款规定的问题、线索的整改落实情况,通过巡回检察进行督导。

第二节　交付执行监督

第六百二十五条　人民检察院发现人民法院、公安机关、看守所等机关的交付执行活动具有下列情形之一的,应当依法提出纠正意见:

(一)交付执行的第一审人民法院没有在法定期间内将判决书、裁定书、人民检察院的起诉书副本、自诉状复印件、执行通知书、结案登记表等法律文书送达公安机关、监狱、社区矫正机构等执行机关的;

(二)对被判处死刑缓期二年执行、无期徒刑或者有期徒刑余刑在三个月以上的罪犯,公安机关、看守所自接到人民法院执行通知书等法律文书后三十日以内,没有将成年罪犯送交监狱执行刑罚,或者没有将未成年罪犯送交未成年犯管教所执行刑罚的;

(三)对需要收监执行刑罚而判决、裁定生效前未被羁押的罪犯,第一审人民法院没有及时将罪犯收监送交公安机关,并将判决书、裁定书、执行通知书等法律文书送达公安机关的;

(四)公安机关对需要收监执行刑罚但下落不明的罪犯,在收到人民法院的判决书、裁定书、执行通知书等法律文书后,没有及时抓捕、通缉的;

(五)对被判处管制、宣告缓刑或者人民法院决定暂予监外执行的罪犯,在判决、裁定生效后或者收到人民法院暂予监外执行决定后,未依法交付罪犯居住地社区矫正机构执行,或者对被单处剥夺政治权利的罪犯,在判决、裁定生效后,未依法交付罪犯居住地公安机关执行的,或者人民法院依法交付执行,社区矫正机构或者公安机关应当接收而拒绝接收的;

(六)其他违法情形。

第六百二十六条　人民法院判决被告人无罪、免予刑事处罚、判处管制、宣告缓刑、单处罚金或者剥夺政治权利,被告人被羁押的,人民检察院应当监督被告人是否被立即释放。发现被告人没有被立即释放的,应当立即向人民法院或者看守所提出纠正意见。

第六百二十七条　人民检察院发现公安机关未依法执行拘役、剥夺政治权利,拘役执行期满未依法发给释放证明,或者剥夺政治权利执行期满未书面通知本人及其所在单位、居住地基层组织等违法情形的,应当依法提出纠正意见。

第六百二十八条　人民检察院发现监狱、看守所对服刑期满或者依法应当予以释放的人员没有按期释放,对被裁定假释的罪犯依法应当交付罪犯居住地社区矫正机构实行社区矫正而不交付,对主刑执行完毕仍然需要执行附加剥夺政治权利的罪犯依法应当交付罪犯居住地公安机关执行而不交付,或者对服刑期未满又无合法释放根据的罪犯予以释放等违法行为的,应当依法提出纠正意见。

第三节   减刑、假释、暂予监外执行监督

第六百二十九条   人民检察院发现人民法院、监狱、看守所、公安机关暂予监外执行的活动具有下列情形之一的,应当依法提出纠正意见:

(一)将不符合法定条件的罪犯提请、决定暂予监外执行的;

(二)提请、决定暂予监外执行的程序违反法律规定或者没有完备的合法手续,或者对于需要保外就医的罪犯没有省级人民政府指定医院的诊断证明和开具的证明文件的;

(三)监狱、看守所提出暂予监外执行书面意见,没有同时将书面意见副本抄送人民检察院的;

(四)罪犯被决定或者批准暂予监外执行后,未依法交付罪犯居住地社区矫正机构实行社区矫正的;

(五)对符合暂予监外执行条件的罪犯没有依法提请暂予监外执行的;

(六)人民法院在作出暂予监外执行决定前,没有依法征求人民检察院意见的;

(七)发现罪犯不符合暂予监外执行条件,在暂予监外执行期间严重违反暂予监外执行监督管理规定,或者暂予监外执行的条件消失且刑期未满,应当收监执行而未及时收监执行的;

(八)人民法院决定将暂予监外执行的罪犯收监执行,并将有关法律文书送达公安机关、监狱、看守所后,监狱、看守所未及时收监执行的;

(九)对不符合暂予监外执行条件的罪犯通过贿赂、欺骗等非法手段被暂予监外执行以及在暂予监外执行期间脱逃的罪犯,监狱、看守所未建议人民法院将其监外执行期间、脱逃期间不计入执行刑期或者对罪犯执行刑期计算的建议违法、不当的;

(十)暂予监外执行的罪犯刑期届满,未及时办理释放手续的;

(十一)其他违法情形。

第六百三十条   人民检察院收到监狱、看守所抄送的暂予监外执行书面意见副本后,应当逐案进行审查,发现罪犯不符合暂予监外执行法定条件或者提请暂予监外执行违反法定程序的,应当在十日以内报经检察长批准,向决定或者批准机关提出书面检察意见,同时抄送执行机关。

第六百三十一条   人民检察院接到决定或者批准机关抄送的暂予监外执行决定书后,应当及时审查下列内容:

(一)是否属于被判处有期徒刑或者拘役的罪犯;

(二)是否属于有严重疾病需要保外就医的罪犯;

(三)是否属于怀孕或者正在哺乳自己婴儿的妇女;

(四)是否属于生活不能自理,适用暂予监外执行不致危害社会的罪犯;

(五)是否属于适用保外就医可能有社会危险性的罪犯,或者自伤自残的罪犯;

(六)决定或者批准机关是否符合刑事诉讼法第二百六十五条第五款的规定;

(七)办理暂予监外执行是否符合法定程序。

第六百三十二条   人民检察院经审查认为暂予监外执行不当的,应当自接到通知之日起一个月以内,向决定或者批准暂予监外执行的机关提出纠正意见。下级人民检察院认为暂予监外执行不当的,应当立即层报决定或者批准暂予监外执行的机关的同级人民检察院,由其决定是否向决定或者批准暂予监外执行的机关提出纠正意见。

第六百三十三条   人民检察院向决定或者批准暂予监外执行的机关提出不同意暂予监外执行的书面意见后,应当监督其对决定或者批准暂予监外执行的结果进行重新核查,并监督重新核查的结果是否符合法律规定。对核查不符合法律规定的,应当依法提出纠正意见,并向上一级人民检察院报告。

第六百三十四条   对于暂予监外执行的罪犯,人民检察院发现罪犯不符合暂予监外执行条件、严重违反有关暂予监外执行的监督管理规定或者暂予监外执行的情形消失而罪犯刑期未满的,应当通知执行机关收监执行,或者建议决定或者批准暂予监外执行的机关作出收监执行决定。

第六百三十五条   人民检察院收到执行机关抄送的减刑、假释建议书副本后,应当逐案进行审查。发现减刑、假释建议不当或者提请减刑、假释违反法定程序的,应当在十日以内报经检察长批准,向审理减刑、假释案件的人民法院提出书面检察意见,同时也可以向执行机关提出书面纠正意见。案情复杂或者情况特殊的,可以延长十日。

第六百三十六条   人民检察院发现监狱等执行机关

提请人民法院裁定减刑、假释的活动具有下列情形之一的,应当依法提出纠正意见:

(一)将不符合减刑、假释法定条件的罪犯,提请人民法院裁定减刑、假释的;

(二)对依法应当减刑、假释的罪犯,不提请人民法院裁定减刑、假释的;

(三)提请对罪犯减刑、假释违反法定程序,或者没有完备的合法手续的;

(四)提请对罪犯减刑的减刑幅度、起始时间、间隔时间或者减刑后又假释的间隔时间不符合有关规定的;

(五)被提请减刑、假释的罪犯被减刑后实际执行的刑期或者假释考验期不符合有关法律规定的;

(六)其他违法情形。

第六百三十七条　人民法院开庭审理减刑、假释案件,人民检察院应当指派检察人员出席法庭,发表意见。

第六百三十八条　人民检察院收到人民法院减刑、假释的裁定书副本后,应当及时审查下列内容:

(一)被减刑、假释的罪犯是否符合法定条件,对罪犯减刑的减刑幅度、起始时间、间隔时间或者减刑后又假释的间隔时间、罪犯被减刑后实际执行的刑期或者假释考验期是否符合有关规定;

(二)执行机关提请减刑、假释的程序是否合法;

(三)人民法院审理、裁定减刑、假释的程序是否合法;

(四)人民法院对罪犯裁定不予减刑、假释是否符合有关规定;

(五)人民法院减刑、假释裁定书是否依法送达执行并向社会公布。

第六百三十九条　人民检察院经审查认为人民法院减刑、假释的裁定不当,应当在收到裁定书副本后二十日以内,向作出减刑、假释裁定的人民法院提出纠正意见。

第六百四十条　对人民法院减刑、假释裁定的纠正意见,由作出减刑、假释裁定的人民法院的同级人民检察院书面提出。

下级人民检察院发现人民法院减刑、假释裁定不当的,应当向作出减刑、假释裁定的人民法院的同级人民检察院报告。

第六百四十一条　人民检察院对人民法院减刑、假释的裁定提出纠正意见后,应当监督人民法院是否在收到纠正意见后一个月以内重新组成合议庭进行审理,并监督重新作出的裁定是否符合法律规定。对最终裁定不符合法律规定的,应当向同级人民法院提出纠正意见。

第四节　社区矫正监督

第六百四十二条　人民检察院发现社区矫正决定机关、看守所、监狱、社区矫正机构在交付、接收社区矫正对象活动中违反有关规定的,应当依法提出纠正意见。

第六百四十三条　人民检察院发现社区矫正执法活动具有下列情形之一的,应当依法提出纠正意见:

(一)社区矫正对象报到后,社区矫正机构未履行法定告知义务,致使其未按照有关规定接受监督管理的;

(二)违反法律规定批准社区矫正对象离开所居住的市、县,或者违反人民法院禁止令的内容批准社区矫正对象进入特定区域或者场所的;

(三)没有依法监督管理而导致社区矫正对象脱管的;

(四)社区矫正对象违反监督管理规定或者人民法院的禁止令,未依法予以警告、未提请公安机关给予治安管理处罚的;

(五)对社区矫正对象有殴打、体罚、虐待、侮辱人格、强迫其参加超时间或者超体力社区服务等侵犯其合法权利行为的;

(六)未依法办理解除、终止社区矫正的;

(七)其他违法情形。

第六百四十四条　人民检察院发现对社区矫正对象的刑罚变更执行活动具有下列情形之一的,应当依法提出纠正意见:

(一)社区矫正机构未依法向人民法院、公安机关、监狱管理机关提出撤销缓刑、撤销假释建议或者对暂予监外执行的收监执行建议,或者未依法向人民法院提出减刑建议的;

(二)人民法院、公安机关、监狱管理机关未依法作出裁定、决定,或者未依法送达的;

(三)公安机关未依法将罪犯送交看守所、监狱,或者看守所、监狱未依法收监执行的;

(四)公安机关未依法对在逃的罪犯实施追捕的;

(五)其他违法情形。

第五节　刑事裁判涉财产部分执行监督

第六百四十五条　人民检察院发现人民法院执行刑事裁判涉财产部分具有下列情形之一的,应当依法提出纠正意见:

(一)执行立案活动违法的;

(二)延期缴纳、酌情减少或者免除罚金违法的;

(三)中止执行或者终结执行违法的;

（四）被执行人有履行能力，应当执行而不执行的；

（五）损害被执行人、被害人、利害关系人或者案外人合法权益的；

（六）刑事裁判全部或者部分被撤销后未依法返还或者赔偿的；

（七）执行的财产未依法上缴国库的；

（八）其他违法情形。

人民检察院对人民法院执行刑事裁判涉财产部分进行监督，可以对公安机关查封、扣押、冻结涉案财物的情况，人民法院审判部门、立案部门、执行部门移送、立案、执行情况，被执行人的履行能力等情况向有关单位和个人进行调查核实。

第六百四十六条　人民检察院发现被执行人或者其他人员有隐匿、转移、变卖财产等妨碍执行情形的，可以建议人民法院及时查封、扣押、冻结。

公安机关不依法向人民法院移送涉案财物、相关清单、照片和其他证明文件，或者对涉案财物的查封、扣押、冻结、返还、处置等活动存在违法情形的，人民检察院应当依法提出纠正意见。

第六节　死刑执行监督

第六百四十七条　被判处死刑立即执行的罪犯在被执行死刑时，人民检察院应当指派检察官临场监督。

死刑执行临场监督由人民检察院负责刑事执行检察的部门承担。人民检察院派驻看守所、监狱的检察人员应当予以协助，负责捕诉的部门应当提供有关情况。

执行死刑过程中，人民检察院临场监督人员根据需要可以进行拍照、录像。执行死刑后，人民检察院临场监督人员应当检查罪犯是否确已死亡，并填写死刑执行临场监督笔录，签名后入卷归档。

第六百四十八条　省级人民检察院负责案件管理的部门收到高级人民法院报请最高人民法院复核的死刑判决书、裁定书副本后，应当在三日以内将判决书、裁定书副本移送本院负责刑事执行检察的部门。

判处死刑的案件一审是由中级人民法院审理的，省级人民检察院应当及时将死刑判决书、裁定书副本移送中级人民法院的同级人民检察院负责刑事执行检察的部门。

人民检察院收到同级人民法院执行死刑临场监督通知后，应当查明同级人民法院是否收到最高人民法院核准死刑的裁定或者作出的死刑判决、裁定和执行死刑的命令。

第六百四十九条　执行死刑前，人民检察院发现具有下列情形之一的，应当建议人民法院立即停止执行，并

层报最高人民检察院负责死刑复核监督的部门：

（一）被执行人并非应当执行死刑的罪犯的；

（二）罪犯犯罪时不满十八周岁，或者审判的时候已满七十五周岁，依法不应当适用死刑的；

（三）罪犯正在怀孕的；

（四）共同犯罪的其他犯罪嫌疑人到案，共同犯罪的其他罪犯被暂停或者停止执行死刑，可能影响罪犯量刑的；

（五）罪犯可能有其他犯罪的；

（六）罪犯揭发他人重大犯罪事实或者有其他重大立功表现，可能需要改判的；

（七）判决、裁定可能有影响定罪量刑的其他错误的。

在执行死刑活动中，发现人民法院有侵犯被执行死刑罪犯的人身权、财产权或者其近亲属、继承人合法权利等违法情形的，人民检察院应当依法提出纠正意见。

第六百五十条　判处被告人死刑缓期二年执行的判决、裁定在执行过程中，人民检察院监督的内容主要包括：

（一）死刑缓期执行期满，符合法律规定应当减为无期徒刑、有期徒刑条件的，监狱是否及时提出减刑建议提请人民法院裁定，人民法院是否依法裁定；

（二）罪犯在缓期执行期间故意犯罪，监狱是否依法侦查和移送起诉；罪犯确系故意犯罪，情节恶劣，查证属实，应当执行死刑的，人民法院是否依法核准或者裁定执行死刑。

被判处死刑缓期二年执行的罪犯在死刑缓期执行期间故意犯罪，执行机关向人民检察院移送起诉的，由罪犯服刑所在地设区的市级人民检察院审查决定是否提起公诉。

人民检察院发现人民法院对被判处死刑缓期二年执行的罪犯减刑不当的，应当依照本规则第六百三十九条、第六百四十条的规定，向人民法院提出纠正意见。罪犯在死刑缓期执行期间又故意犯罪，经人民检察院起诉后，人民法院仍然予以减刑的，人民检察院应当依照本规则相关规定，向人民法院提出抗诉。

第七节　强制医疗执行监督

第六百五十一条　人民检察院发现人民法院、公安机关、强制医疗机构在对依法不负刑事责任的精神病人的强制医疗的交付执行、医疗、解除等活动中违反有关规定的，应当依法提出纠正意见。

第六百五十二条　人民检察院在强制医疗执行监督

中发现被强制医疗的人不符合强制医疗条件或者需要依法追究刑事责任,人民法院作出的强制医疗决定可能错误的,应当在五日以内将有关材料转交作出强制医疗决定的人民法院的同级人民检察院。收到材料的人民检察院负责捕诉的部门应当在二十日以内进行审查,并将审查情况和处理意见反馈负责强制医疗执行监督的人民检察院。

第六百五十三条　人民检察院发现公安机关在对涉案精神病人采取临时保护性约束措施时有违法情形的,应当依法提出纠正意见。

第八节　监管执法监督

第六百五十四条　人民检察院发现看守所收押活动和监狱收监活动中具有下列情形之一的,应当依法提出纠正意见:

(一)没有收押、收监文书、凭证,文书、凭证不齐全,或者被收押、收监人员与文书、凭证不符的;

(二)依法应当收押、收监而不收押、收监,或者对依法不应当关押的人员收押、收监的;

(三)未告知被收押、收监人员权利、义务的;

(四)其他违法情形。

第六百五十五条　人民检察院发现监狱、看守所等执行机关在管理、教育改造罪犯等活动中有违法行为的,应当依法提出纠正意见。

第六百五十六条　看守所对收押的犯罪嫌疑人进行身体检查时,人民检察院驻看守所检察人员可以在场。发现收押的犯罪嫌疑人有伤或者身体异常的,应当要求看守所进行拍照或者录像,由送押人员、犯罪嫌疑人说明原因,在体检记录中写明,并由送押人员、收押人员和犯罪嫌疑人签字确认。必要时,驻看守所检察人员可以自行拍照或者录像,并将相关情况记录在案。

第六百五十七条　人民检察院发现看守所、监狱等监管场所有殴打、体罚、虐待、违法使用戒具、违法适用禁闭等侵害在押人员人身权利情形的,应当依法提出纠正意见。

第六百五十八条　人民检察院发现看守所违反有关规定,有下列情形之一的,应当依法提出纠正意见:

(一)为在押人员通风报信,私自传递信件、物品,帮助伪造、毁灭、隐匿证据或者干扰证人作证、串供的;

(二)违反规定同意侦查人员将犯罪嫌疑人提出看守所讯问的;

(三)收到在押犯罪嫌疑人、被告人及其法定代理人、近亲属或者辩护人的变更强制措施申请或者其他申

请、申诉、控告、举报,不及时转交、转告人民检察院或者有关办案机关的;

(四)应当安排辩护律师依法会见在押的犯罪嫌疑人、被告人而没有安排的;

(五)违法安排辩护律师或者其他人员会见在押的犯罪嫌疑人、被告人的;

(六)辩护律师会见犯罪嫌疑人、被告人时予以监听的;

(七)其他违法情形。

第六百五十九条　人民检察院发现看守所代为执行刑罚的活动具有下列情形之一的,应当依法提出纠正意见:

(一)将被判处有期徒刑剩余刑期在三个月以上的罪犯留所服刑的;

(二)将留所服刑罪犯与犯罪嫌疑人、被告人混押、混管、混教的;

(三)其他违法情形。

第六百六十条　人民检察院发现监狱没有按照规定对罪犯进行分押分管、监狱人民警察没有对罪犯实行直接管理等违反监管规定情形的,应当依法提出纠正意见。

人民检察院发现监狱具有未按照规定安排罪犯与亲属或者监护人会见、对伤病罪犯未及时治疗以及未执行国家规定的罪犯生活标准等侵犯罪犯合法权益情形的,应当依法提出纠正意见。

第六百六十一条　人民检察院发现看守所出所活动和监狱出监活动具有下列情形之一的,应当依法提出纠正意见:

(一)没有出所、出监文书、凭证,文书、凭证不齐全,或者出所、出监人员与文书、凭证不符的;

(二)应当释放而没有释放,不应当释放而释放,或者未依照规定送达释放通知书的;

(三)对提押、押解、转押出所的在押人员,特许离监、临时离监、调监或者暂予监外执行的罪犯,未依照规定派员押送并办理交接手续的;

(四)其他违法情形。

第九节　事故检察

第六百六十二条　人民检察院发现看守所、监狱、强制医疗机构等场所具有下列情形之一的,应当开展事故检察:

(一)被监管人、被强制医疗人非正常死亡、伤残、脱逃的;

(二)被监管人破坏监管秩序,情节严重的;

(三)突发公共卫生事件的;

(四)其他重大事故。

发生被监管人、被强制医疗人非正常死亡的,应当组织巡回检察。

第六百六十三条　人民检察院应当对看守所、监狱、强制医疗机构等场所或者主管机关的事故调查结论进行审查。具有下列情形之一的,人民检察院应当调查核实:

(一)被监管人、被强制医疗人及其法定代理人、近亲属对调查结论有异议的,人民检察院认为有必要调查的;

(二)人民检察院对调查结论有异议的;

(三)其他需要调查的。

人民检察院应当将调查核实的结论书面通知监管场所或者主管机关和被监管人、被强制医疗人的近亲属。认为监管场所或者主管机关处理意见不当,或者监管执法存在问题的,应当提出纠正意见或者检察建议;认为可能存在违法犯罪情形的,应当移送有关部门处理。

第十五章　案件管理

第六百六十四条　人民检察院负责案件管理的部门对检察机关办理案件的受理、期限、程序、质量等进行管理、监督、预警。

第六百六十五条　人民检察院负责案件管理的部门发现本院办案活动具有下列情形之一的,应当及时提出纠正意见:

(一)查封、扣押、冻结、保管、处理涉案财物不符合有关法律和规定的;

(二)法律文书制作、使用不符合法律和有关规定的;

(三)违反羁押期限、办案期限规定的;

(四)侵害当事人、辩护人、诉讼代理人的诉讼权利的;

(五)未依法对立案、侦查、审查逮捕、公诉、审判等诉讼活动以及执行活动中的违法行为履行法律监督职责的;

(六)其他应当提出纠正意见的情形。

情节轻微的,可以口头提示;情节较重的,应当发送案件流程监控通知书,提示办案部门及时查明情况并予以纠正;情节严重的,应当同时向检察长报告。

办案部门收到案件流程监控通知书后,应当在十日以内将核查情况书面回复负责案件管理的部门。

第六百六十六条　人民检察院负责案件管理的部门对以本院名义制发法律文书实施监督管理。

第六百六十七条　人民检察院办理的案件,办结后需要向其他单位移送案卷材料的,统一由负责案件管理的部门审核移送材料是否规范、齐备。负责案件管理的部门认为材料规范、齐备,符合移送条件的,应当立即由办案部门按照规定移送;认为材料不符合要求的,应当及时通知办案部门补送、更正。

第六百六十八条　监察机关或者公安机关随案移送涉案财物及其孳息的,人民检察院负责案件管理的部门应当在受理案件时进行审查,并及时办理入库保管手续。

第六百六十九条　人民检察院负责案件管理的部门对扣押的涉案物品进行保管,并对查封、扣押、冻结、处理涉案财物工作进行监督管理。对违反规定的行为提出纠正意见;涉嫌违法违纪的,报告检察长。

第六百七十条　人民检察院办案部门需要调用、移送、处理查封、扣押、冻结的涉案财物的,应当按照规定办理审批手续。审批手续齐全的,负责案件管理的部门应当办理出库手续。

第十六章　刑事司法协助

第六百七十一条　人民检察院依据国际刑事司法协助法等有关法律和有关刑事司法协助条约进行刑事司法协助。

第六百七十二条　人民检察院刑事司法协助的范围包括刑事诉讼文书送达,调查取证,安排证人作证或者协助调查,查封、扣押、冻结涉案财物,返还违法所得及其他涉案财物,移管被判刑人以及其他协助。

第六百七十三条　最高人民检察院是检察机关开展国际刑事司法协助的主管机关,负责审核地方各级人民检察院向外国提出的刑事司法协助请求,审查处理对外联系机关转递的外国提出的刑事司法协助请求,审查决定是否批准执行外国的刑事司法协助请求,承担其他与国际刑事司法协助相关的工作。

办理刑事司法协助相关案件的地方各级人民检察院应当向最高人民检察院层报需要向外国提出的刑事司法协助请求,执行最高人民检察院交办的外国提出的刑事司法协助请求。

第六百七十四条　地方各级人民检察院需要向外国请求刑事司法协助的,应当制作刑事司法协助请求书并附相关材料。经省级人民检察院审核同意后,报送最高人民检察院。

刑事司法协助请求书应当依照相关刑事司法协助条约的规定制作;没有条约或者条约没有规定的,可以参照国际刑事司法协助法第十三条的规定制作。被请求方有特殊要求的,在不违反我国法律的基本原则的情况下,可以按照被请求方的特殊要求制作。

第六百七十五条 最高人民检察院收到地方各级人民检察院刑事司法协助请求书及所附相关材料后,应当依照国际刑事司法协助法和有关条约进行审查。对符合规定、所附材料齐全的,最高人民检察院是对外联系机关的,应当及时向外国提出请求;不是对外联系机关的,应当通过对外联系机关向外国提出请求。对不符合规定或者材料不齐全的,应当退回提出请求的人民检察院或者要求其补充、修正。

第六百七十六条 最高人民检察院收到外国提出的刑事司法协助请求后,应当对请求书及所附材料进行审查。对于请求书形式和内容符合要求的,应当按照职责分工,将请求书及所附材料转交有关主管机关或者省级人民检察院处理;对于请求书形式和内容不符合要求的,可以要求请求方补充材料或者重新提出请求。

外国提出的刑事司法协助请求明显损害我国主权、安全和社会公共利益的,可以直接拒绝提供协助。

第六百七十七条 最高人民检察院在收到对外联系机关转交的刑事司法协助请求书及所附材料后,经审查,分别作出以下处理:

(一)根据国际刑事司法协助法和刑事司法协助条约的规定,认为可以协助执行的,作出决定并安排有关省级人民检察院执行;

(二)根据国际刑事司法协助法或者刑事司法协助条约的规定,认为应当全部或者部分拒绝协助的,将请求书及所附材料退回对外联系机关并说明理由;

(三)对执行请求有保密要求或者有其他附加条件的,通过对外联系机关向外国提出,在外国接受条件并且作出书面保证后,决定附条件执行;

(四)需要补充材料的,书面通过对外联系机关要求请求方在合理期限内提供。

第六百七十八条 有关省级人民检察院收到最高人民检察院交办的外国刑事司法协助请求后,应当依法执行,或者交由下级人民检察院执行。

负责执行的人民检察院收到刑事司法协助请求书和所附材料后,应当立即安排执行,并将执行结果及有关材料报经省级人民检察院审查后,报送最高人民检察院。

对于不能执行的,应当将刑事司法协助请求书和所附材料,连同不能执行的理由,通过省级人民检察院报送最高人民检察院。

因请求书提供的地址不详或者材料不齐全,人民检察院难以执行该项请求的,应当立即通过最高人民检察院书面通知对外联系机关,要求请求方补充提供材料。

第六百七十九条 最高人民检察院应当对执行结果进行审查。对于符合请求要求和有关规定的,通过对外联系机关转交或者转告请求方。

第十七章　附　则

第六百八十条 人民检察院办理国家安全机关、海警机关、监狱移送的刑事案件以及对国家安全机关、海警机关、监狱立案、侦查活动的监督,适用本规则关于公安机关的规定。

第六百八十一条 军事检察院等专门人民检察院办理刑事案件,适用本规则和其他有关规定。

第六百八十二条 本规则所称检察官,包括检察长、副检察长、检察委员会委员、检察员。

本规则所称检察人员,包括检察官和检察官助理。

第六百八十三条 本规则由最高人民检察院负责解释。

第六百八十四条 本规则自 2019 年 12 月 30 日起施行。本规则施行后,《人民检察院刑事诉讼规则(试行)》(高检发释字〔2012〕2 号)同时废止;最高人民检察院以前发布的司法解释和规范性文件与本规则不一致的,以本规则为准。

最高人民法院关于适用
《中华人民共和国刑事诉讼法》的解释

· 2020 年 12 月 7 日最高人民法院审判委员会第 1820 次会议通过
· 2021 年 1 月 26 日最高人民法院公告公布
· 自 2021 年 3 月 1 日起施行
· 法释〔2021〕1 号

2018 年 10 月 26 日,第十三届全国人民代表大会常务委员会第六次会议通过了《关于修改〈中华人民共和国刑事诉讼法〉的决定》。为正确理解和适用修改后的刑事诉讼法,结合人民法院审判工作实际,制定本解释。

第一章　管　辖

第一条 人民法院直接受理的自诉案件包括:

(一)告诉才处理的案件:

1. 侮辱、诽谤案(刑法第二百四十六条规定的,但严重危害社会秩序和国家利益的除外);

2. 暴力干涉婚姻自由案(刑法第二百五十七条第一

款规定的);

3. 虐待案(刑法第二百六十条第一款规定的,但被害人没有能力告诉或者因受到强制、威吓无法告诉的除外);

4. 侵占案(刑法第二百七十条规定的)。

(二)人民检察院没有提起公诉,被害人有证据证明的轻微刑事案件:

1. 故意伤害案(刑法第二百三十四条第一款规定的);

2. 非法侵入住宅案(刑法第二百四十五条规定的);

3. 侵犯通信自由案(刑法第二百五十二条规定的);

4. 重婚案(刑法第二百五十八条规定的);

5. 遗弃案(刑法第二百六十一条规定的);

6. 生产、销售伪劣商品案(刑法分则第三章第一节规定的,但严重危害社会秩序和国家利益的除外);

7. 侵犯知识产权案(刑法分则第三章第七节规定的,但严重危害社会秩序和国家利益的除外);

8. 刑法分则第四章、第五章规定的,可能判处三年有期徒刑以下刑罚的案件。

本项规定的案件,被害人直接向人民法院起诉的,人民法院应当依法受理。对其中证据不足,可以由公安机关受理的,或者认为对被告人可能判处三年有期徒刑以上刑罚的,应当告知被害人向公安机关报案,或者移送公安机关立案侦查。

(三)被害人有证据证明对被告人侵犯自己人身、财产权利的行为应当依法追究刑事责任,且有证据证明曾经提出控告,而公安机关或者人民检察院不予追究被告人刑事责任的案件。

第二条　犯罪地包括犯罪行为地和犯罪结果地。

针对或者主要利用计算机网络实施的犯罪,犯罪地包括用于实施犯罪行为的网络服务使用的服务器所在地,网络服务提供者所在地,被侵害的信息网络系统及其管理者所在地,犯罪过程中被告人、被害人使用的信息网络系统所在地,以及被害人被侵害时所在地和被害人财产遭受损失地等。

第三条　被告人的户籍地为其居住地。经常居住地与户籍地不一致的,经常居住地为其居住地。经常居住地为被告人被追诉前已连续居住一年以上的地方,但住院就医的除外。

被告单位登记的住所地为其居住地。主要营业地或者主要办事机构所在地与登记的住所地不一致的,主要营业地或者主要办事机构所在地为其居住地。

第四条　在中华人民共和国内水、领海发生的刑事案件,由犯罪地或者被告人登陆地的人民法院管辖。由被告人居住地的人民法院审判更为适宜的,可以由被告人居住地的人民法院管辖。

第五条　在列车上的犯罪,被告人在列车运行途中被抓获的,由前方停靠站所在地负责审判铁路运输刑事案件的人民法院管辖。必要时,也可以由始发站或者终点站所在地负责审判铁路运输刑事案件的人民法院管辖。

被告人不是在列车运行途中被抓获的,由负责该列车乘务的铁路公安机关对应的审判铁路运输刑事案件的人民法院管辖;被告人在列车运行途经车站被抓获的,也可以由该车站所在地负责审判铁路运输刑事案件的人民法院管辖。

第六条　在国际列车上的犯罪,根据我国与相关国家签订的协定确定管辖;没有协定的,由该列车始发或者前方停靠的中国车站所在地负责审判铁路运输刑事案件的人民法院管辖。

第七条　在中华人民共和国领域外的中国船舶内的犯罪,由该船舶最初停泊的中国口岸所在地或者被告人登陆地、入境地的人民法院管辖。

第八条　在中华人民共和国领域外的中国航空器内的犯罪,由该航空器在中国最初降落地的人民法院管辖。

第九条　中国公民在中国驻外使领馆内的犯罪,由其主管单位所在地或者原户籍地的人民法院管辖。

第十条　中国公民在中华人民共和国领域外的犯罪,由其登陆地、入境地、离境前居住地或者现居住地的人民法院管辖;被害人是中国公民的,也可以由被害人离境前居住地或者现居住地的人民法院管辖。

第十一条　外国人在中华人民共和国领域外对中华人民共和国国家或者公民犯罪,根据《中华人民共和国刑法》应当受处罚的,由该外国人登陆地、入境地或者入境后居住地的人民法院管辖,也可以由被害人离境前居住地或者现居住地的人民法院管辖。

第十二条　对中华人民共和国缔结或者参加的国际条约所规定的罪行,中华人民共和国在所承担条约义务的范围内行使刑事管辖权的,由被告人被抓获地、登陆地或者入境地的人民法院管辖。

第十三条　正在服刑的罪犯在判决宣告前还有其他罪没有判决的,由原审地人民法院管辖;由罪犯服刑地或者犯罪地的人民法院审判更为适宜的,可以由罪犯服刑地或者犯罪地的人民法院管辖。

罪犯在服刑期间又犯罪的,由服刑地的人民法院管辖。

罪犯在脱逃期间又犯罪的,由服刑地的人民法院管辖。但是,在犯罪地抓获罪犯并发现其在脱逃期间犯罪的,由犯罪地的人民法院管辖。

第十四条　人民检察院认为可能判处无期徒刑、死刑,向中级人民法院提起公诉的案件,中级人民法院受理后,认为不需要判处无期徒刑、死刑的,应当依法审判,不再交基层人民法院审判。

第十五条　一人犯数罪、共同犯罪或者其他需要并案审理的案件,其中一人或者一罪属于上级人民法院管辖的,全案由上级人民法院管辖。

第十六条　上级人民法院决定审判下级人民法院管辖的第一审刑事案件的,应当向下级人民法院下达改变管辖决定书,并书面通知同级人民检察院。

第十七条　基层人民法院对可能判处无期徒刑、死刑的第一审刑事案件,应当移送中级人民法院审判。

基层人民法院对下列第一审刑事案件,可以请求移送中级人民法院审判:

(一)重大、复杂案件;

(二)新类型的疑难案件;

(三)在法律适用上具有普遍指导意义的案件。

需要将案件移送中级人民法院审判的,应当在报请院长决定后,至迟于案件审理期限届满十五日以前书面请求移送。中级人民法院应当在接到申请后十日以内作出决定。不同意移送的,应当下达不同意移送决定书,由请求移送的人民法院依法审判;同意移送的,应当下达同意移送决定书,并书面通知同级人民检察院。

第十八条　有管辖权的人民法院因案件涉及本院院长需要回避或者其他原因,不宜行使管辖权的,可以请求移送上一级人民法院管辖。上一级人民法院可以管辖,也可以指定与提出请求的人民法院同级的其他人民法院管辖。

第十九条　两个以上同级人民法院都有管辖权的案件,由最初受理的人民法院审判。必要时,可以移送主要犯罪地的人民法院审判。

管辖权发生争议的,应当在审理期限内协商解决;协商不成的,由争议的人民法院分别层报共同的上级人民法院指定管辖。

第二十条　管辖不明的案件,上级人民法院可以指定下级人民法院审判。

有关案件,由犯罪地、被告人居住地以外的人民法院

审判更为适宜的,上级人民法院可以指定下级人民法院管辖。

第二十一条　上级人民法院指定管辖,应当将指定管辖决定书送达被指定管辖的人民法院和其他有关的人民法院。

第二十二条　原受理案件的人民法院在收到上级人民法院改变管辖决定书、同意移送决定书或者指定其他人民法院管辖的决定书后,对公诉案件,应当书面通知同级人民检察院,并将案卷材料退回,同时书面通知当事人;对自诉案件,应当将案卷材料移送被指定管辖的人民法院,并书面通知当事人。

第二十三条　第二审人民法院发回重新审判的案件,人民检察院撤回起诉后,又向原第一审人民法院的下级人民法院重新提起公诉的,下级人民法院应当将有关情况层报原第二审人民法院。原第二审人民法院根据具体情况,可以决定将案件移送原第一审人民法院或者其他人民法院审判。

第二十四条　人民法院发现被告人还有其他犯罪被起诉的,可以并案审理;涉及同种犯罪的,一般应当并案审理。

人民法院发现被告人还有其他犯罪被审查起诉、立案侦查、立案调查的,可以参照前款规定协商人民检察院、公安机关、监察机关并案处理,但可能造成审判过分迟延的除外。

根据前两款规定并案处理的案件,由最初受理地的人民法院审判。必要时,可以由主要犯罪地的人民法院审判。

第二十五条　第二审人民法院在审理过程中,发现被告人还有其他犯罪没有判决的,参照前条规定处理。第二审人民法院决定并案审理的,应当发回第一审人民法院,由第一审人民法院作出处理。

第二十六条　军队和地方互涉刑事案件,按照有关规定确定管辖。

第二章　回　避

第二十七条　审判人员具有下列情形之一的,应当自行回避,当事人及其法定代理人有权申请其回避:

(一)是本案的当事人或者是当事人的近亲属的;

(二)本人或者其近亲属与本案有利害关系的;

(三)担任过本案的证人、鉴定人、辩护人、诉讼代理人、翻译人员的;

(四)与本案的辩护人、诉讼代理人有近亲属关系的;

（五）与本案当事人有其他利害关系，可能影响公正审判的。

第二十八条　审判人员具有下列情形之一的，当事人及其法定代理人有权申请其回避：

（一）违反规定会见本案当事人、辩护人、诉讼代理人的；

（二）为本案当事人推荐、介绍辩护人、诉讼代理人，或者为律师、其他人员介绍办理本案的；

（三）索取、接受本案当事人及其委托的人的财物或者其他利益的；

（四）接受本案当事人及其委托的人的宴请，或者参加由其支付费用的活动的；

（五）向本案当事人及其委托的人借用款物的；

（六）有其他不正当行为，可能影响公正审判的。

第二十九条　参与过本案调查、侦查、审查起诉工作的监察、侦查、检察人员，调至人民法院工作的，不得担任本案的审判人员。

在一个审判程序中参与过本案审判工作的合议庭组成人员或者独任审判员，不得再参与本案其他程序的审判。但是，发回重新审判的案件，在第一审人民法院作出裁判后又进入第二审程序、在法定刑以下判处刑罚的复核程序或者死刑复核程序的，原第二审程序、在法定刑以下判处刑罚的复核程序或者死刑复核程序中的合议庭组成人员不受本款规定的限制。

第三十条　依照法律和有关规定应当实行任职回避的，不得担任案件的审判人员。

第三十一条　人民法院应当依法告知当事人及其法定代理人有权申请回避，并告知其合议庭组成人员、独任审判员、法官助理、书记员等人员的名单。

第三十二条　审判人员自行申请回避，或者当事人及其法定代理人申请审判人员回避的，可以口头或者书面提出，并说明理由，由院长决定。

院长自行申请回避，或者当事人及其法定代理人申请院长回避的，由审判委员会讨论决定。审判委员会讨论时，由副院长主持，院长不得参加。

第三十三条　当事人及其法定代理人依照刑事诉讼法第三十条和本解释第二十八条的规定申请回避的，应当提供证明材料。

第三十四条　应当回避的审判人员没有自行回避，当事人及其法定代理人也没有申请其回避的，院长或者审判委员会应当决定其回避。

第三十五条　对当事人及其法定代理人提出的回避申请，人民法院可以口头或者书面作出决定，并将决定告知申请人。

当事人及其法定代理人申请回避被驳回的，可以在接到决定时申请复议一次。不属于刑事诉讼法第二十九条、第三十条规定情形的回避申请，由法庭当庭驳回，并不得申请复议。

第三十六条　当事人及其法定代理人申请出庭的检察人员回避的，人民法院应当区分情况作出处理：

（一）属于刑事诉讼法第二十九条、第三十条规定情形的回避申请，应当决定休庭，并通知人民检察院尽快作出决定；

（二）不属于刑事诉讼法第二十九条、第三十条规定情形的回避申请，应当当庭驳回，并不得申请复议。

第三十七条　本章所称的审判人员，包括人民法院院长、副院长、审判委员会委员、庭长、副庭长、审判员和人民陪审员。

第三十八条　法官助理、书记员、翻译人员和鉴定人适用审判人员回避的有关规定，其回避问题由院长决定。

第三十九条　辩护人、诉讼代理人可以依照本章的有关规定要求回避、申请复议。

第三章　辩护与代理

第四十条　人民法院审判案件，应当充分保障被告人依法享有的辩护权利。

被告人除自己行使辩护权以外，还可以委托辩护人辩护。下列人员不得担任辩护人：

（一）正在被执行刑罚或者处于缓刑、假释考验期间的人；

（二）依法被剥夺、限制人身自由的人；

（三）被开除公职或者被吊销律师、公证员执业证书的人；

（四）人民法院、人民检察院、监察机关、公安机关、国家安全机关、监狱的现职人员；

（五）人民陪审员；

（六）与本案审理结果有利害关系的人；

（七）外国人或者无国籍人；

（八）无行为能力或者限制行为能力的人。

前款第三项至第七项规定的人员，如果是被告人的监护人、近亲属，由被告人委托担任辩护人的，可以准许。

第四十一条　审判人员和人民法院其他工作人员从人民法院离任后二年内，不得以律师身份担任辩护人。

审判人员和人民法院其他工作人员从人民法院离任后，不得担任原任职法院所审理案件的辩护人，但系被告人的监护人、近亲属的除外。

审判人员和人民法院其他工作人员的配偶、子女或者父母不得担任其任职法院所审理案件的辩护人,但系被告人的监护人、近亲属的除外。

第四十二条　对接受委托担任辩护人的,人民法院应当核实其身份证明和授权委托书。

第四十三条　一名被告人可以委托一至二人作为辩护人。

一名辩护人不得为两名以上的同案被告人,或者未同案处理但犯罪事实存在关联的被告人辩护。

第四十四条　被告人没有委托辩护人的,人民法院自受理案件之日起三日以内,应当告知其有权委托辩护人;被告人因经济困难或者其他原因没有委托辩护人的,应当告知其可以申请法律援助;被告人属于应当提供法律援助情形的,应当告知其将依法通知法律援助机构指派律师为其提供辩护。

被告人没有委托辩护人,法律援助机构也没有指派律师为其提供辩护的,人民法院应当告知被告人有权约见值班律师,并为被告人约见值班律师提供便利。

告知可以采取口头或者书面方式。

第四十五条　审判期间,在押的被告人要求委托辩护人的,人民法院应当在三日以内向其监护人、近亲属或者其指定的人员转达要求。被告人应当提供有关人员的联系方式。有关人员无法通知的,应当告知被告人。

第四十六条　人民法院收到在押被告人提出的法律援助或者法律帮助申请,应当依照有关规定及时转交法律援助机构或者通知值班律师。

第四十七条　对下列没有委托辩护人的被告人,人民法院应当通知法律援助机构指派律师为其提供辩护:

(一)盲、聋、哑人;

(二)尚未完全丧失辨认或者控制自己行为能力的精神病人;

(三)可能被判处无期徒刑、死刑的人。

高级人民法院复核死刑案件,被告人没有委托辩护人的,应当通知法律援助机构指派律师为其提供辩护。

死刑缓期执行期间故意犯罪的案件,适用前两款规定。

第四十八条　具有下列情形之一,被告人没有委托辩护人的,人民法院可以通知法律援助机构指派律师为其提供辩护:

(一)共同犯罪案件中,其他被告人已经委托辩护人的;

(二)案件有重大社会影响的;

(三)人民检察院抗诉的;

(四)被告人的行为可能不构成犯罪的;

(五)有必要指派律师提供辩护的其他情形。

第四十九条　人民法院通知法律援助机构指派律师提供辩护的,应当将法律援助通知书、起诉书副本或者判决书送达法律援助机构;决定开庭审理的,除适用简易程序或者速裁程序审理的以外,应当在开庭十五日以前将上述材料送达法律援助机构。

法律援助通知书应当写明案由、被告人姓名、提供法律援助的理由、审判人员的姓名和联系方式;已确定开庭审理的,应当写明开庭的时间、地点。

第五十条　被告人拒绝法律援助机构指派的律师为其辩护,坚持自己行使辩护权的,人民法院应当准许。

属于应当提供法律援助的情形,被告人拒绝指派的律师为其辩护的,人民法院应当查明原因。理由正当的,应当准许,但被告人应当在五日以内另行委托辩护人;被告人未另行委托辩护人的,人民法院应当在三日以内通知法律援助机构另行指派律师为其提供辩护。

第五十一条　对法律援助机构指派律师为被告人提供辩护,被告人的监护人、近亲属又代为委托辩护人的,应当听取被告人的意见,由其确定辩护人人选。

第五十二条　审判期间,辩护人接受被告人委托的,应当在接受委托之日起三日以内,将委托手续提交人民法院。

接受法律援助机构指派为被告人提供辩护的,适用前款规定。

第五十三条　辩护律师可以查阅、摘抄、复制案卷材料。其他辩护人经人民法院许可,也可以查阅、摘抄、复制案卷材料。合议庭、审判委员会的讨论记录以及其他依法不公开的材料不得查阅、摘抄、复制。

辩护人查阅、摘抄、复制案卷材料的,人民法院应当提供便利,并保证必要的时间。

值班律师查阅案卷材料的,适用前两款规定。

复制案卷材料可以采用复印、拍照、扫描、电子数据拷贝等方式。

第五十四条　对作为证据材料向人民法院移送的讯问录音录像,辩护律师申请查阅的,人民法院应当准许。

第五十五条　查阅、摘抄、复制案卷材料,涉及国家秘密、商业秘密、个人隐私的,应当保密;对不公开审理案件的信息、材料,或者在办案过程中获悉的案件重要信息、证据材料,不得违反规定泄露、披露,不得用于办案以外的用途。人民法院可以要求相关人员出具承诺书。

违反前款规定的,人民法院可以通报司法行政机关或者有关部门,建议给予相应处罚;构成犯罪的,依法追究刑事责任。

第五十六条　辩护律师可以同在押的或者被监视居住的被告人会见和通信。其他辩护人经人民法院许可,也可以同在押的或者被监视居住的被告人会见和通信。

第五十七条　辩护人认为在调查、侦查、审查起诉期间监察机关、公安机关、人民检察院收集的证明被告人无罪或者罪轻的证据材料未随案移送,申请人民法院调取的,应当以书面形式提出,并提供相关线索或者材料。人民法院接受申请后,应当向人民检察院调取。人民检察院移送相关证据材料后,人民法院应当及时通知辩护人。

第五十八条　辩护律师申请向被害人及其近亲属、被害人提供的证人收集与本案有关的材料,人民法院认为确有必要的,应当签发准许调查书。

第五十九条　辩护律师向证人或者有关单位、个人收集、调取与本案有关的证据材料,因证人或者有关单位、个人不同意,申请人民法院收集、调取,或者申请通知证人出庭作证,人民法院认为确有必要的,应当同意。

第六十条　辩护律师直接申请人民法院向证人或者有关单位、个人收集、调取证据材料,人民法院认为确有必要,且不宜或者不能由辩护律师收集、调取的,应当同意。

人民法院向有关单位收集、调取的书面证据材料,必须由提供人签名,并加盖单位印章;向个人收集、调取的书面证据材料,必须由提供人签名。

人民法院对有关单位、个人提供的证据材料,应当出具收据,写明证据材料的名称、收到的时间、件数、页数以及是否为原件等,由书记员、法官助理或者审判人员签名。

收集、调取证据材料后,应当及时通知辩护律师查阅、摘抄、复制,并告知人民检察院。

第六十一条　本解释第五十八条至第六十条规定的申请,应当以书面形式提出,并说明理由,写明需要收集、调取证据材料的内容或者需要调查问题的提纲。

对辩护律师的申请,人民法院应当在五日以内作出是否准许、同意的决定,并通知申请人;决定不准许、不同意的,应当说明理由。

第六十二条　人民法院自受理自诉案件之日起三日以内,应当告知自诉人及其法定代理人、附带民事诉讼当事人及其法定代理人,有权委托诉讼代理人,并告知其如果经济困难,可以申请法律援助。

第六十三条　当事人委托诉讼代理人的,参照适用刑事诉讼法第三十三条和本解释的有关规定。

第六十四条　诉讼代理人有权根据事实和法律,维护被害人、自诉人或者附带民事诉讼当事人的诉讼权利和其他合法权益。

第六十五条　律师担任诉讼代理人的,可以查阅、摘抄、复制案卷材料。其他诉讼代理人经人民法院许可,也可以查阅、摘抄、复制案卷材料。

律师担任诉讼代理人,需要收集、调取与本案有关的证据材料的,参照适用本解释第五十九条至第六十一条的规定。

第六十六条　诉讼代理人接受当事人委托或者法律援助机构指派后,应当在三日以内将委托手续或者法律援助手续提交人民法院。

第六十七条　辩护律师向人民法院告知其委托人或者其他人准备实施、正在实施危害国家安全、公共安全以及严重危害他人人身安全犯罪的,人民法院应当记录在案,立即转告主管机关依法处理,并为反映有关情况的辩护律师保密。

第六十八条　律师担任辩护人、诉讼代理人,经人民法院准许,可以带一名助理参加庭审。律师助理参加庭审的,可以从事辅助工作,但不得发表辩护、代理意见。

第四章　证　据
第一节　一般规定

第六十九条　认定案件事实,必须以证据为根据。

第七十条　审判人员应当依照法定程序收集、审查、核实、认定证据。

第七十一条　证据未经当庭出示、辨认、质证等法庭调查程序查证属实,不得作为定案的根据。

第七十二条　应当运用证据证明的案件事实包括:

(一)被告人、被害人的身份;

(二)被指控的犯罪是否存在;

(三)被指控的犯罪是否为被告人所实施;

(四)被告人有无刑事责任能力,有无罪过,实施犯罪的动机、目的;

(五)实施犯罪的时间、地点、手段、后果以及案件起因等;

(六)是否系共同犯罪或者犯罪事实存在关联,以及被告人在犯罪中的地位、作用;

(七)被告人有无从重、从轻、减轻、免除处罚情节;

（八）有关涉案财物处理的事实；

（九）有关附带民事诉讼的事实；

（十）有关管辖、回避、延期审理等的程序事实；

（十一）与定罪量刑有关的其他事实。

认定被告人有罪和对被告人从重处罚，适用证据确实、充分的证明标准。

第七十三条 对提起公诉的案件，人民法院应当审查证明被告人有罪、无罪、罪重、罪轻的证据材料是否全部随案移送；未随案移送的，应当通知人民检察院在指定时间内移送。人民检察院未移送的，人民法院应当根据在案证据对案件事实作出认定。

第七十四条 依法应当对讯问过程录音录像的案件，相关录音录像未随案移送的，必要时，人民法院可以通知人民检察院在指定时间内移送。人民检察院未移送，导致不能排除属于刑事诉讼法第五十六条规定的以非法方法收集证据情形的，对有关证据应当依法排除；导致有关证据的真实性无法确认的，不得作为定案的根据。

第七十五条 行政机关在行政执法和查办案件过程中收集的物证、书证、视听资料、电子数据等证据材料，经法庭查证属实，且收集程序符合有关法律、行政法规规定的，可以作为定案的根据。

根据法律、行政法规规定行使国家行政管理职权的组织，在行政执法和查办案件过程中收集的证据材料，视为行政机关收集的证据材料。

第七十六条 监察机关依法收集的证据材料，在刑事诉讼中可以作为证据使用。

对前款规定证据的审查判断，适用刑事审判关于证据的要求和标准。

第七十七条 对来自境外的证据材料，人民检察院应当随案移送有关材料来源、提供人、提取人、提取时间等情况的说明。经人民法院审查，相关证据材料能够证明案件事实且符合刑事诉讼法规定的，可以作为证据使用，但提供人或者我国与有关国家签订的双边条约对材料的使用范围有明确限制的除外；材料来源不明或者真实性无法确认的，不得作为定案的根据。

当事人及其辩护人、诉讼代理人提供来自境外的证据材料的，该证据材料应当经所在国公证机关证明，所在国中央外交主管机关或者其授权机关认证，并经中华人民共和国驻该国使领馆认证，或者履行中华人民共和国与该所在国订立的有关条约中规定的证明手续，但我国与该国之间有互免认证协定的除外。

第七十八条 控辩双方提供的证据材料涉及外国语言、文字的，应当附中文译本。

第七十九条 人民法院依照刑事诉讼法第一百九十六条的规定调查核实证据，必要时，可以通知检察人员、辩护人、自诉人及其法定代理人到场。上述人员未到场的，应当记录在案。

人民法院调查核实证据时，发现对定罪量刑有重大影响的新的证据材料的，应当告知检察人员、辩护人、自诉人及其法定代理人。必要时，也可以直接提取，并及时通知检察人员、辩护人、自诉人及其法定代理人查阅、摘抄、复制。

第八十条 下列人员不得担任见证人：

（一）生理上、精神上有缺陷或者年幼，不具有相应辨别能力或者不能正确表达的人；

（二）与案件有利害关系，可能影响案件公正处理的人；

（三）行使勘验、检查、搜查、扣押、组织辨认等监察调查、刑事诉讼职权的监察、公安、司法机关的工作人员或者其聘用的人员。

对见证人是否属于前款规定的人员，人民法院可以通过相关笔录载明的见证人的姓名、身份证件种类及号码、联系方式以及常住人口信息登记表等材料进行审查。

由于客观原因无法由符合条件的人员担任见证人的，应当在笔录材料中注明情况，并对相关活动进行全程录音录像。

第八十一条 公开审理案件时，公诉人、诉讼参与人提出涉及国家秘密、商业秘密或者个人隐私的证据的，法庭应当制止；确与本案有关的，可以根据具体情况，决定将案件转为不公开审理，或者对相关证据的法庭调查不公开进行。

第二节 物证、书证的审查与认定

第八十二条 对物证、书证应当着重审查以下内容：

（一）物证、书证是否为原物、原件，是否经过辨认、鉴定；物证的照片、录像、复制品或者书证的副本、复制件是否与原物、原件相符，是否由二人以上制作，有无制作人关于制作过程以及原物、原件存放于何处的文字说明和签名；

（二）物证、书证的收集程序、方式是否符合法律、有关规定；经勘验、检查、搜查提取、扣押的物证、书证，是否附有相关笔录、清单，笔录、清单是否经调查人员或者侦查人员、物品持有人、见证人签名，没有签名的，是否注明原因；物品的名称、特征、数量、质量等是否注明清楚；

（三）物证、书证在收集、保管、鉴定过程中是否受损或者改变；

（四）物证、书证与案件事实有无关联；对现场遗留与犯罪有关的具备鉴定条件的血迹、体液、毛发、指纹等生物样本、痕迹、物品，是否已作 DNA 鉴定、指纹鉴定等，并与被告人或者被害人的相应生物特征、物品等比对；

（五）与案件事实有关联的物证、书证是否全面收集。

第八十三条　据以定案的物证应当是原物。原物不便搬运、不易保存、依法应当返还或者依法应当由有关部门保管、处理的，可以拍摄、制作足以反映原物外形和特征的照片、录像、复制品。必要时，审判人员可以前往保管场所查看原物。

物证的照片、录像、复制品，不能反映原物的外形和特征的，不得作为定案的根据。

物证的照片、录像、复制品，经与原物核对无误、经鉴定或者以其他方式确认真实的，可以作为定案的根据。

第八十四条　据以定案的书证应当是原件。取得原件确有困难的，可以使用副本、复制件。

对书证的更改或者更改迹象不能作出合理解释，或者书证的副本、复制件不能反映原件及其内容的，不得作为定案的根据。

书证的副本、复制件，经与原件核对无误、经鉴定或者以其他方式确认真实的，可以作为定案的根据。

第八十五条　对与案件事实可能有关联的血迹、体液、毛发、人体组织、指纹、足迹、字迹等生物样本、痕迹和物品，应当提取而没有提取，应当鉴定而没有鉴定，应当移送鉴定意见而没有移送，导致案件事实存疑的，人民法院应当通知人民检察院依法补充收集、调取、移送证据。

第八十六条　在勘验、检查、搜查过程中提取、扣押的物证、书证，未附笔录或者清单，不能证明物证、书证来源的，不得作为定案的根据。

物证、书证的收集程序、方式有下列瑕疵，经补正或者作出合理解释的，可以采用：

（一）勘验、检查、搜查、提取笔录或者扣押清单上没有调查人员或者侦查人员、物品持有人、见证人签名，或者对物品的名称、特征、数量、质量等注明不详的；

（二）物证的照片、录像、复制品，书证的副本、复制件未注明与原件核对无异，无复制时间，或者无被收集、调取人签名的；

（三）物证的照片、录像、复制品，书证的副本、复制件没有制作人关于制作过程和原物、原件存放地点的说明，或者说明中无签名的；

（四）有其他瑕疵的。

物证、书证的来源、收集程序有疑问，不能作出合理解释的，不得作为定案的根据。

第三节　证人证言、被害人陈述的审查与认定

第八十七条　对证人证言应当着重审查以下内容：

（一）证言的内容是否为证人直接感知；

（二）证人作证时的年龄，认知、记忆和表达能力，生理和精神状态是否影响作证；

（三）证人与案件当事人、案件处理结果有无利害关系；

（四）询问证人是否个别进行；

（五）询问笔录的制作、修改是否符合法律、有关规定，是否注明询问的起止时间和地点，首次询问时是否告知证人有关权利义务和法律责任，证人对询问笔录是否核对确认；

（六）询问未成年证人时，是否通知其法定代理人或者刑事诉讼法第二百八十一条第一款规定的合适成年人到场，有关人员是否到场；

（七）有无以暴力、威胁等非法方法收集证人证言的情形；

（八）证言之间以及与其他证据之间能否相互印证，有无矛盾；存在矛盾的，能否得到合理解释。

第八十八条　处于明显醉酒、中毒或者麻醉等状态，不能正常感知或者正确表达的证人所提供的证言，不得作为证据使用。

证人的猜测性、评论性、推断性的证言，不得作为证据使用，但根据一般生活经验判断符合事实的除外。

第八十九条　证人证言具有下列情形之一的，不得作为定案的根据：

（一）询问证人没有个别进行的；

（二）书面证言没有经证人核对确认的；

（三）询问聋、哑人，应当提供通晓聋、哑手势的人员而未提供的；

（四）询问不通晓当地通用语言、文字的证人，应当提供翻译人员而未提供的。

第九十条　证人证言的收集程序、方式有下列瑕疵，经补正或者作出合理解释的，可以采用；不能补正或者作出合理解释的，不得作为定案的根据：

（一）询问笔录没有填写询问人、记录人、法定代理人姓名以及询问的起止时间、地点的；

（二）询问地点不符合规定的；

（三）询问笔录没有记录告知证人有关权利义务和法律责任的；

（四）询问笔录反映出在同一时段，同一询问人员询问不同证人的；

（五）询问未成年人，其法定代理人或者合适成年人不在场的。

第九十一条　证人当庭作出的证言，经控辩双方质证、法庭查证属实的，应当作为定案的根据。

证人当庭作出的证言与其庭前证言矛盾，证人能够作出合理解释，并有其他证据印证的，应当采信其庭审证言；不能作出合理解释，而其庭前证言有其他证据印证的，可以采信其庭前证言。

经人民法院通知，证人没有正当理由拒绝出庭或者出庭后拒绝作证，法庭对其证言的真实性无法确认的，该证人证言不得作为定案的根据。

第九十二条　对被害人陈述的审查与认定，参照适用本节的有关规定。

第四节　被告人供述和辩解的审查与认定

第九十三条　对被告人供述和辩解应当着重审查以下内容：

（一）讯问的时间、地点，讯问人的身份、人数以及讯问方式等是否符合法律、有关规定；

（二）讯问笔录的制作、修改是否符合法律、有关规定，是否注明讯问的具体起止时间和地点，首次讯问时是否告知被告人有关权利和法律规定，被告人是否核对确认；

（三）讯问未成年被告人时，是否通知其法定代理人或者合适成年人到场，有关人员是否到场；

（四）讯问女性未成年被告人时，是否有女性工作人员在场；

（五）有无以刑讯逼供等非法方法收集被告人供述的情形；

（六）被告人的供述是否前后一致，有无反复以及出现反复的原因；

（七）被告人的供述和辩解是否全部随案移送；

（八）被告人的辩解内容是否符合案情和常理，有无矛盾；

（九）被告人的供述和辩解与同案被告人的供述和辩解以及其他证据能否相互印证，有无矛盾；存在矛盾的，能否得到合理解释。

必要时，可以结合现场执法音视频记录、讯问录音录像、被告人进出看守所的健康检查记录、笔录等，对被告

人的供述和辩解进行审查。

第九十四条　被告人供述具有下列情形之一的，不得作为定案的根据：

（一）讯问笔录没有经被告人核对确认的；

（二）讯问聋、哑人，应当提供通晓聋、哑手势的人员而未提供的；

（三）讯问不通晓当地通用语言、文字的被告人，应当提供翻译人员而未提供的；

（四）讯问未成年人，其法定代理人或者合适成年人不在场的。

第九十五条　讯问笔录有下列瑕疵，经补正或者作出合理解释的，可以采用；不能补正或者作出合理解释的，不得作为定案的根据：

（一）讯问笔录填写的讯问时间、讯问地点、讯问人、记录人、法定代理人等有误或者存在矛盾的；

（二）讯问人没有签名的；

（三）首次讯问笔录没有记录告知被讯问人有关权利和法律规定的。

第九十六条　审查被告人供述和辩解，应当结合控辩双方提供的所有证据以及被告人的全部供述和辩解进行。

被告人庭审中翻供，但不能合理说明翻供原因或者其辩解与全案证据矛盾，而其庭前供述与其他证据相互印证的，可以采信其庭前供述。

被告人庭前供述和辩解存在反复，但庭审中供认，且与其他证据相互印证的，可以采信其庭审供述；被告人庭前供述和辩解存在反复，庭审中不供认，且无其他证据与庭前供述印证的，不得采信其庭前供述。

第五节　鉴定意见的审查与认定

第九十七条　对鉴定意见应当着重审查以下内容：

（一）鉴定机构和鉴定人是否具有法定资质；

（二）鉴定人是否存在应当回避的情形；

（三）检材的来源、取得、保管、送检是否符合法律、有关规定，与相关提取笔录、扣押清单等记载的内容是否相符，检材是否可靠；

（四）鉴定意见的形式要件是否完备，是否注明提起鉴定的事由、鉴定委托人、鉴定机构、鉴定要求、鉴定过程、鉴定方法、鉴定日期等相关内容，是否由鉴定机构盖章并由鉴定人签名；

（五）鉴定程序是否符合法律、有关规定；

（六）鉴定的过程和方法是否符合相关专业的规范要求；

（七）鉴定意见是否明确；

（八）鉴定意见与案件事实有无关联；

（九）鉴定意见与勘验、检查笔录及相关照片等其他证据是否矛盾；存在矛盾的，能否得到合理解释；

（十）鉴定意见是否依法及时告知相关人员，当事人对鉴定意见有无异议。

第九十八条　鉴定意见具有下列情形之一的，不得作为定案的根据：

（一）鉴定机构不具备法定资质，或者鉴定事项超出该鉴定机构业务范围、技术条件的；

（二）鉴定人不具备法定资质，不具有相关专业技术或者职称，或者违反回避规定的；

（三）送检材料、样本来源不明，或者因污染不具备鉴定条件的；

（四）鉴定对象与送检材料、样本不一致的；

（五）鉴定程序违反规定的；

（六）鉴定过程和方法不符合相关专业的规范要求的；

（七）鉴定文书缺少签名、盖章的；

（八）鉴定意见与案件事实没有关联的；

（九）违反有关规定的其他情形。

第九十九条　经人民法院通知，鉴定人拒不出庭作证的，鉴定意见不得作为定案的根据。

鉴定人由于不能抗拒的原因或者有其他正当理由无法出庭的，人民法院可以根据情况决定延期审理或者重新鉴定。

鉴定人无正当理由拒不出庭作证的，人民法院应当通报司法行政机关或者有关部门。

第一百条　因无鉴定机构，或者根据法律、司法解释的规定，指派、聘请有专门知识的人就案件的专门性问题出具的报告，可以作为证据使用。

对前款规定的报告的审查与认定，参照适用本节的有关规定。

经人民法院通知，出具报告的人拒不出庭作证的，有关报告不得作为定案的根据。

第一百零一条　有关部门对事故进行调查形成的报告，在刑事诉讼中可以作为证据使用；报告中涉及专门性问题的意见，经法庭查证属实，且调查程序符合法律、有关规定的，可以作为定案的根据。

第六节　勘验、检查、辨认、侦查实验等笔录的审查与认定

第一百零二条　对勘验、检查笔录应当着重审查以下内容：

（一）勘验、检查是否依法进行，笔录制作是否符合法律、有关规定，勘验、检查人员和见证人是否签名或者盖章；

（二）勘验、检查笔录是否记录了提起勘验、检查的事由，勘验、检查的时间、地点，在场人员、现场方位、周围环境等，现场的物品、人身、尸体等的位置、特征等情况，以及勘验、检查的过程；文字记录与实物或者绘图、照片、录像是否相符；现场、物品、痕迹等是否伪造、有无破坏；人身特征、伤害情况、生理状态有无伪装或者变化等；

（三）补充进行勘验、检查的，是否说明了再次勘验、检查的原由，前后勘验、检查的情况是否矛盾。

第一百零三条　勘验、检查笔录存在明显不符合法律、有关规定的情形，不能作出合理解释的，不得作为定案的根据。

第一百零四条　对辨认笔录应当着重审查辨认的过程、方法，以及辨认笔录的制作是否符合有关规定。

第一百零五条　辨认笔录具有下列情形之一的，不得作为定案的根据：

（一）辨认不是在调查人员、侦查人员主持下进行的；

（二）辨认前使辨认人见到辨认对象的；

（三）辨认活动没有个别进行的；

（四）辨认对象没有混杂在具有类似特征的其他对象中，或者供辨认的对象数量不符合规定的；

（五）辨认中给辨认人明显暗示或者明显有指认嫌疑的；

（六）违反有关规定，不能确定辨认笔录真实性的其他情形。

第一百零六条　对侦查实验笔录应当着重审查实验的过程、方法，以及笔录的制作是否符合有关规定。

第一百零七条　侦查实验的条件与事件发生时的条件有明显差异，或者存在影响实验结论科学性的其他情形的，侦查实验笔录不得作为定案的根据。

第七节　视听资料、电子数据的审查与认定

第一百零八条　对视听资料应当着重审查以下内容：

（一）是否附有提取过程的说明，来源是否合法；

（二）是否为原件，有无复制及复制份数；是复制件的，是否附有无法调取原件的原因、复制件制作过程和原件存放地点的说明，制作人、原视听资料持有人是否签名；

（三）制作过程中是否存在威胁、引诱当事人等违反法律、有关规定的情形；

（四）是否写明制作人、持有人的身份，制作的时间、地点、条件和方法；

（五）内容和制作过程是否真实，有无剪辑、增加、删改等情形；

（六）内容与案件事实有无关联。

对视听资料有疑问的，应当进行鉴定。

第一百零九条　视听资料具有下列情形之一的，不得作为定案的根据：

（一）系篡改、伪造或者无法确定真伪的；

（二）制作、取得的时间、地点、方式等有疑问，不能作出合理解释的。

第一百一十条　对电子数据是否真实，应当着重审查以下内容：

（一）是否移送原始存储介质；在原始存储介质无法封存、不便移动时，有无说明原因，并注明收集、提取过程及原始存储介质的存放地点或者电子数据的来源等情况；

（二）是否具有数字签名、数字证书等特殊标识；

（三）收集、提取的过程是否可以重现；

（四）如有增加、删除、修改等情形的，是否附有说明；

（五）完整性是否可以保证。

第一百一十一条　对电子数据是否完整，应当根据保护电子数据完整性的相应方法进行审查、验证：

（一）审查原始存储介质的扣押、封存状态；

（二）审查电子数据的收集、提取过程，查看录像；

（三）比对电子数据完整性校验值；

（四）与备份的电子数据进行比较；

（五）审查冻结后的访问操作日志；

（六）其他方法。

第一百一十二条　对收集、提取电子数据是否合法，应当着重审查以下内容：

（一）收集、提取电子数据是否由二名以上调查人员、侦查人员进行，取证方法是否符合相关技术标准；

（二）收集、提取电子数据，是否附有笔录、清单，并经调查人员、侦查人员、电子数据持有人、提供人、见证人签名或者盖章；没有签名或者盖章的，是否注明原因；对电子数据的类别、文件格式等是否注明清楚；

（三）是否依照有关规定由符合条件的人员担任见证人，是否对相关活动进行录像；

（四）采用技术调查、侦查措施收集、提取电子数据

的，是否依法经过严格的批准手续；

（五）进行电子数据检查的，检查程序是否符合有关规定。

第一百一十三条　电子数据的收集、提取程序有下列瑕疵，经补正或者作出合理解释的，可以采用；不能补正或者作出合理解释的，不得作为定案的根据：

（一）未以封存状态移送的；

（二）笔录或者清单上没有调查人员或者侦查人员、电子数据持有人、提供人、见证人签名或者盖章的；

（三）对电子数据的名称、类别、格式等注明不清的；

（四）有其他瑕疵的。

第一百一十四条　电子数据具有下列情形之一的，不得作为定案的根据：

（一）系篡改、伪造或者无法确定真伪的；

（二）有增加、删除、修改等情形，影响电子数据真实性的；

（三）其他无法保证电子数据真实性的情形。

第一百一十五条　对视听资料、电子数据，还应当审查是否移送文字抄清材料以及对绰号、暗语、俗语、方言等不易理解内容的说明。未移送的，必要时，可以要求人民检察院移送。

第八节　技术调查、侦查证据的审查与认定

第一百一十六条　依法采取技术调查、侦查措施收集的材料在刑事诉讼中可以作为证据使用。

采取技术调查、侦查措施收集的材料，作为证据使用的，应当随案移送。

第一百一十七条　使用采取技术调查、侦查措施收集的证据材料可能危及有关人员的人身安全，或者可能产生其他严重后果的，可以采取下列保护措施：

（一）使用化名等代替调查、侦查人员及有关人员的个人信息；

（二）不具体写明技术调查、侦查措施使用的技术设备和技术方法；

（三）其他必要的保护措施。

第一百一十八条　移送技术调查、侦查证据材料的，应当附采取技术调查、侦查措施的法律文书、技术调查、侦查证据材料清单和有关说明材料。

移送采用技术调查、侦查措施收集的视听资料、电子数据的，应当制作新的存储介质，并附制作说明，写明原始证据材料、原始存储介质的存放地点等信息，由制作人签名，并加盖单位印章。

第一百一十九条　对采取技术调查、侦查措施收集

的证据材料,除根据相关证据材料所属的证据种类,依照本章第二节至第七节的相应规定进行审查外,还应当着重审查以下内容:

(一)技术调查、侦查措施所针对的案件是否符合法律规定;

(二)技术调查措施是否经过严格的批准手续,按照规定交有关机关执行;技术侦查措施是否在刑事立案后,经过严格的批准手续;

(三)采取技术调查、侦查措施的种类、适用对象和期限是否按照批准决定载明的内容执行;

(四)采取技术调查、侦查措施收集的证据材料与其他证据是否矛盾;存在矛盾的,能否得到合理解释。

第一百二十条　采取技术调查、侦查措施收集的证据材料,应当经过当庭出示、辨认、质证等法庭调查程序查证。

当庭调查技术调查、侦查证据材料可能危及有关人员的人身安全,或者可能产生其他严重后果的,法庭应当采取不暴露有关人员身份和技术调查、侦查措施使用的技术设备、技术方法等保护措施。必要时,审判人员可以在庭外对证据进行核实。

第一百二十一条　采用技术调查、侦查证据作为定案根据的,人民法院在裁判文书中可以表述相关证据的名称、证据种类和证明对象,但不得表述有关人员身份和技术调查、侦查措施使用的技术设备、技术方法等。

第一百二十二条　人民法院认为应当移送的技术调查、侦查证据材料未随案移送的,应当通知人民检察院在指定时间内移送。人民检察院未移送的,人民法院应当根据在案证据对案件事实作出认定。

第九节　非法证据排除

第一百二十三条　采用下列非法方法收集的被告人供述,应当予以排除:

(一)采用殴打、违法使用戒具等暴力方法或者变相肉刑的恶劣手段,使被告人遭受难以忍受的痛苦而违背意愿作出的供述;

(二)采用以暴力或者严重损害本人及其近亲属合法权益等相威胁的方法,使被告人遭受难以忍受的痛苦而违背意愿作出的供述;

(三)采用非法拘禁等非法限制人身自由的方法收集的被告人供述。

第一百二十四条　采用刑讯逼供方法使被告人作出供述,之后被告人受该刑讯逼供行为影响而作出的与该供述相同的重复性供述,应当一并排除,但下列情形除外:

(一)调查、侦查期间,监察机关、侦查机关根据控告、举报或者自己发现等,确认或者不能排除以非法方法收集证据而更换调查、侦查人员,其他调查、侦查人员再次讯问时告知有关权利和认罪的法律后果,被告人自愿供述的;

(二)审查逮捕、审查起诉和审判期间,检察人员、审判人员讯问时告知诉讼权利和认罪的法律后果,被告人自愿供述的。

第一百二十五条　采用暴力、威胁以及非法限制人身自由等非法方法收集的证人证言、被害人陈述,应当予以排除。

第一百二十六条　收集物证、书证不符合法定程序,可能严重影响司法公正的,应当予以补正或者作出合理解释;不能补正或者作出合理解释的,对该证据应当予以排除。

认定"可能严重影响司法公正",应当综合考虑收集证据违反法定程序以及所造成后果的严重程度等情况。

第一百二十七条　当事人及其辩护人、诉讼代理人申请人民法院排除以非法方法收集的证据的,应当提供涉嫌非法取证的人员、时间、地点、方式、内容等相关线索或者材料。

第一百二十八条　人民法院向被告人及其辩护人送达起诉书副本时,应当告知其申请排除非法证据的,应当在开庭审理前提出,但庭审期间才发现相关线索或者材料的除外。

第一百二十九条　开庭审理前,当事人及其辩护人、诉讼代理人申请人民法院排除非法证据的,人民法院应当在开庭前及时将申请书或者申请笔录及相关线索、材料的复制件送交人民检察院。

第一百三十条　开庭审理前,人民法院可以召开庭前会议,就非法证据排除等问题了解情况,听取意见。

在庭前会议中,人民检察院可以通过出示有关证据材料等方式,对证据收集的合法性加以说明。必要时,可以通知调查人员、侦查人员或者其他人员参加庭前会议,说明情况。

第一百三十一条　在庭前会议中,人民检察院可以撤回有关证据。撤回的证据,没有新的理由,不得在庭审中出示。

当事人及其辩护人、诉讼代理人可以撤回排除非法证据的申请。撤回申请后,没有新的线索或者材料,不得再次对有关证据提出排除申请。

第一百三十二条　当事人及其辩护人、诉讼代理人在开庭审理前未申请排除非法证据,在庭审过程中提出申请的,应当说明理由。人民法院经审查,对证据收集的合法性有疑问的,应当进行调查;没有疑问的,驳回申请。

驳回排除非法证据的申请后,当事人及其辩护人、诉讼代理人没有新的线索或者材料,以相同理由再次提出申请的,人民法院不再审查。

第一百三十三条　控辩双方在庭前会议中对证据收集是否合法未达成一致意见,人民法院对证据收集的合法性有疑问的,应当在庭审中进行调查;对证据收集的合法性没有疑问,且无新的线索或者材料表明可能存在非法取证的,可以决定不再进行调查并说明理由。

第一百三十四条　庭审期间,法庭决定对证据收集的合法性进行调查的,应当先行当庭调查。但为防止庭审过分迟延,也可以在法庭调查结束前调查。

第一百三十五条　法庭决定对证据收集的合法性进行调查的,由公诉人通过宣读调查、侦查讯问笔录,出示提讯登记、体检记录、对讯问合法性的核查材料等证据材料,有针对性地播放讯问录音录像,提请法庭通知有关调查人员、侦查人员或者其他人员出庭说明情况等方式,证明证据收集的合法性。

讯问录音录像涉及国家秘密、商业秘密、个人隐私或者其他不宜公开内容的,法庭可以决定对讯问录音录像不公开播放、质证。

公诉人提交的取证过程合法的说明材料,应当经有关调查人员、侦查人员签名,并加盖单位印章。未经签名或者盖章的,不得作为证据使用。上述说明材料不能单独作为证明取证过程合法的根据。

第一百三十六条　控辩双方申请法庭通知调查人员、侦查人员或者其他人员出庭说明情况,法庭认为有必要的,应当通知有关人员出庭。

根据案件情况,法庭可以依职权通知调查人员、侦查人员或者其他人员出庭说明情况。

调查人员、侦查人员或者其他人员出庭的,应当向法庭说明证据收集过程,并就相关情况接受控辩双方和法庭的询问。

第一百三十七条　法庭对证据收集的合法性进行调查后,确认或者不能排除存在刑事诉讼法第五十六条规定的以非法方法收集证据情形的,对有关证据应当排除。

第一百三十八条　具有下列情形之一的,第二审人民法院应当对证据收集的合法性进行审查,并根据刑事诉讼法和本解释的有关规定作出处理:

(一)第一审人民法院对当事人及其辩护人、诉讼代理人排除非法证据的申请没有审查,且以该证据作为定案根据的;

(二)人民检察院或者被告人、自诉人及其法定代理人不服第一审人民法院作出的有关证据收集合法性的调查结论,提出抗诉、上诉的;

(三)当事人及其辩护人、诉讼代理人在第一审结束后才发现相关线索或者材料,申请人民法院排除非法证据的。

第十节　证据的综合审查与运用

第一百三十九条　对证据的真实性,应当综合全案证据进行审查。

对证据的证明力,应当根据具体情况,从证据与案件事实的关联程度、证据之间的联系等方面进行审查判断。

第一百四十条　没有直接证据,但间接证据同时符合下列条件的,可以认定被告人有罪:

(一)证据已经查证属实;

(二)证据之间相互印证,不存在无法排除的矛盾和无法解释的疑问;

(三)全案证据形成完整的证据链;

(四)根据证据认定案件事实足以排除合理怀疑,结论具有唯一性;

(五)运用证据进行的推理符合逻辑和经验。

第一百四十一条　根据被告人的供述、指认提取到了隐蔽性很强的物证、书证,且被告人的供述与其他证明犯罪事实发生的证据相互印证,并排除串供、逼供、诱供等可能性的,可以认定被告人有罪。

第一百四十二条　对监察机关、侦查机关出具的被告人到案经过、抓获经过等材料,应当审查是否有出具该说明材料的办案人员、办案机关的签名、盖章。

对到案经过、抓获经过或者确定被告人有重大嫌疑的根据有疑问的,应当通知人民检察院补充说明。

第一百四十三条　下列证据应当慎重使用,有其他证据印证的,可以采信:

(一)生理上、精神上有缺陷,对案件事实的认知和表达存在一定困难,但尚未丧失正确认知、表达能力的被害人、证人和被告人所作的陈述、证言和供述;

(二)与被告人有亲属关系或者其他密切关系的证人所作的有利于被告人的证言,或者与被告人有利害冲突的证人所作的不利于被告人的证言。

第一百四十四条　证明被告人自首、坦白、立功的证据材料,没有加盖接受被告人投案、坦白、检举揭发等的单位的印章,或者接受人员没有签名的,不得作为定案的根据。

对被告人及其辩护人提出有自首、坦白、立功的事实和理由，有关机关未予认定，或者有关机关提出被告人有自首、坦白、立功表现，但证据材料不全的，人民法院应当要求有关机关提供证明材料，或者要求有关人员作证，并结合其他证据作出认定。

第一百四十五条　证明被告人具有累犯、毒品再犯情节等的证据材料，应当包括前罪的裁判文书、释放证明等材料；材料不全的，应当通知人民检察院提供。

第一百四十六条　审查被告人实施被指控的犯罪时或者审判时是否达到相应法定责任年龄，应当根据户籍证明、出生证明文件、学籍卡、人口普查登记、无利害关系人的证言等证据综合判断。

证明被告人已满十二周岁、十四周岁、十六周岁、十八周岁或者不满七十五周岁的证据不足的，应当作出有利于被告人的认定。

第五章　强制措施

第一百四十七条　人民法院根据案件情况，可以决定对被告人拘传、取保候审、监视居住或者逮捕。

对被告人采取、撤销或者变更强制措施的，由院长决定；决定继续取保候审、监视居住的，可以由合议庭或者独任审判员决定。

第一百四十八条　对经依法传唤拒不到庭的被告人，或者根据案件情况有必要拘传的被告人，可以拘传。

拘传被告人，应当由院长签发拘传票，由司法警察执行，执行人员不得少于二人。

拘传被告人，应当出示拘传票。对抗拒拘传的被告人，可以使用戒具。

第一百四十九条　拘传被告人，持续的时间不得超过十二小时；案情特别重大、复杂，需要采取逮捕措施的，持续的时间不得超过二十四小时。不得以连续拘传的形式变相拘禁被告人。应当保证被拘传人的饮食和必要的休息时间。

第一百五十条　被告人具有刑事诉讼法第六十七条第一款规定情形之一的，人民法院可以决定取保候审。

对被告人决定取保候审的，应当责令其提出保证人或者交纳保证金，不得同时使用保证人保证与保证金保证。

第一百五十一条　对下列被告人决定取保候审的，可以责令其提出一至二名保证人：

（一）无力交纳保证金的；

（二）未成年或者已满七十五周岁的；

（三）不宜收取保证金的其他被告人。

第一百五十二条　人民法院应当审查保证人是否符合法定条件。符合条件的，应当告知其必须履行的保证义务，以及不履行义务的法律后果，并由其出具保证书。

第一百五十三条　对决定取保候审的被告人使用保证金保证的，应当依照刑事诉讼法第七十二条第一款的规定确定保证金的具体数额，并责令被告人或者为其提供保证金的单位、个人将保证金一次性存入公安机关指定银行的专门账户。

第一百五十四条　人民法院向被告人宣布取保候审决定后，应当将取保候审决定书等相关材料送交当地公安机关。

对被告人使用保证金保证的，应当在核实保证金已经存入公安机关指定银行的专门账户后，将银行出具的收款凭证一并送交公安机关。

第一百五十五条　被告人被取保候审期间，保证人不愿继续履行保证义务或者丧失履行保证义务能力的，人民法院应当在收到保证人的申请或者公安机关的书面通知后三日以内，责令被告人重新提出保证人或者交纳保证金，或者变更强制措施，并通知公安机关。

第一百五十六条　人民法院发现保证人未履行保证义务的，应当书面通知公安机关依法处理。

第一百五十七条　根据案件事实和法律规定，认为已经构成犯罪的被告人在取保候审期间逃匿的，如果系保证人协助被告人逃匿，或者保证人明知被告人藏匿地点但拒绝向司法机关提供，对保证人应当依法追究责任。

第一百五十八条　人民法院发现使用保证金保证的被取保候审人违反刑事诉讼法第七十一条第一款、第二款规定的，应当书面通知公安机关依法处理。

人民法院收到公安机关已经没收保证金的书面通知或者变更强制措施的建议后，应当区别情形，在五日以内责令被告人具结悔过，重新交纳保证金或者提出保证人，或者变更强制措施，并通知公安机关。

人民法院决定对被依法没收保证金的被告人继续取保候审的，取保候审的期限连续计算。

第一百五十九条　对被取保候审的被告人的判决、裁定生效后，如果保证金属于其个人财产，且需要用以退赔被害人、履行附带民事赔偿义务或者执行财产刑的，人民法院可以书面通知公安机关移交全部保证金，由人民法院作出处理，剩余部分退还被告人。

第一百六十条　对具有刑事诉讼法第七十四条第一款、第二款规定情形的被告人，人民法院可以决定监视居住。

人民法院决定对被告人监视居住的，应当核实其住处；没有固定住处的，应当为其指定居所。

第一百六十一条　人民法院向被告人宣布监视居住决定后，应当将监视居住决定书等相关材料送交被告人住处或者指定居所所在地的公安机关执行。

对被告人指定居所监视居住后，人民法院应当在二十四小时以内，将监视居住的原因和处所通知其家属；确实无法通知的，应当记录在案。

第一百六十二条　人民检察院、公安机关已经对犯罪嫌疑人取保候审、监视居住，案件起诉至人民法院后，需要继续取保候审、监视居住或者变更强制措施的，人民法院应当在七日以内作出决定，并通知人民检察院、公安机关。

决定继续取保候审、监视居住的，应当重新办理手续，期限重新计算；继续使用保证金保证的，不再收取保证金。

第一百六十三条　对具有刑事诉讼法第八十一条第一款、第三款规定情形的被告人，人民法院应当决定逮捕。

第一百六十四条　被取保候审的被告人具有下列情形之一的，人民法院应当决定逮捕：

（一）故意实施新的犯罪的；

（二）企图自杀或者逃跑的；

（三）毁灭、伪造证据，干扰证人作证或者串供的；

（四）打击报复、恐吓滋扰被害人、证人、鉴定人、举报人、控告人等的；

（五）经传唤，无正当理由不到案，影响审判活动正常进行的；

（六）擅自改变联系方式或者居住地，导致无法传唤，影响审判活动正常进行的；

（七）未经批准，擅自离开所居住的市、县，影响审判活动正常进行，或者两次未经批准，擅自离开所居住的市、县的；

（八）违反规定进入特定场所、与特定人员会见或者通信、从事特定活动，影响审判活动正常进行，或者两次违反有关规定的；

（九）依法应当逮捕的其他情形。

第一百六十五条　被监视居住的被告人具有下列情形之一的，人民法院应当决定逮捕：

（一）具有前条第一项至第五项规定情形之一的；

（二）未经批准，擅自离开执行监视居住的处所，影响审判活动正常进行，或者两次未经批准，擅自离开执行监视居住的处所的；

（三）未经批准，擅自会见他人或者通信，影响审判活动正常进行，或者两次未经批准，擅自会见他人或者通信的；

（四）对因患有严重疾病、生活不能自理，或者因怀孕、正在哺乳自己婴儿而未予逮捕的被告人，疾病痊愈或者哺乳期已满的；

（五）依法应当决定逮捕的其他情形。

第一百六十六条　对可能判处徒刑以下刑罚的被告人，违反取保候审、监视居住规定，严重影响诉讼活动正常进行的，可以决定逮捕。

第一百六十七条　人民法院作出逮捕决定后，应当将逮捕决定书等相关材料送交公安机关执行，并将逮捕决定书抄送人民检察院。逮捕被告人后，人民法院应当将逮捕的原因和羁押的处所，在二十四小时以内通知其家属；确实无法通知的，应当记录在案。

第一百六十八条　人民法院对决定逮捕的被告人，应当在逮捕后二十四小时以内讯问。发现不应当逮捕的，应当立即释放。必要时，可以依法变更强制措施。

第一百六十九条　被逮捕的被告人具有下列情形之一的，人民法院可以变更强制措施：

（一）患有严重疾病、生活不能自理的；

（二）怀孕或者正在哺乳自己婴儿的；

（三）系生活不能自理的人的唯一扶养人。

第一百七十条　被逮捕的被告人具有下列情形之一的，人民法院应当立即释放；必要时，可以依法变更强制措施：

（一）第一审人民法院判决被告人无罪、不负刑事责任或者免予刑事处罚的；

（二）第一审人民法院判处管制、宣告缓刑、单独适用附加刑，判决尚未发生法律效力的；

（三）被告人被羁押的时间已到第一审人民法院对其判处的刑期期限的；

（四）案件不能在法律规定的期限内审结的。

第一百七十一条　人民法院决定释放被告人的，应当立即将释放通知书送交公安机关执行。

第一百七十二条　被采取强制措施的被告人，被判处管制、缓刑的，在社区矫正开始后，强制措施自动解除；被单处附加刑的，在判决、裁定发生法律效力后，强制措施自动解除；被判处监禁刑的，在刑罚开始执行后，强制措施自动解除。

第一百七十三条　对人民法院决定逮捕的被告人，人民检察院建议释放或者变更强制措施的，人民法院应当在收到建议后十日以内将处理情况通知人民检察院。

第一百七十四条　被告人及其法定代理人、近亲属或者辩护人申请变更、解除强制措施的,应当说明理由。人民法院收到申请后,应当在三日以内作出决定。同意变更、解除强制措施的,应当依照本解释规定处理;不同意的,应当告知申请人,并说明理由。

第六章　附带民事诉讼

第一百七十五条　被害人因人身权利受到犯罪侵犯或者财物被犯罪分子毁坏而遭受物质损失的,有权在刑事诉讼过程中提起附带民事诉讼;被害人死亡或者丧失行为能力,其法定代理人、近亲属有权提起附带民事诉讼。

因受到犯罪侵犯,提起附带民事诉讼或者单独提起民事诉讼要求赔偿精神损失的,人民法院一般不予受理。

第一百七十六条　被告人非法占有、处置被害人财产的,应当依法予以追缴或者责令退赔。被害人提起附带民事诉讼的,人民法院不予受理。追缴、退赔的情况,可以作为量刑情节考虑。

第一百七十七条　国家机关工作人员在行使职权时,侵犯他人人身、财产权利构成犯罪,被害人或者其法定代理人、近亲属提起附带民事诉讼的,人民法院不予受理,但应当告知其可以依法申请国家赔偿。

第一百七十八条　人民法院受理刑事案件后,对符合刑事诉讼法第一百零一条和本解释第一百七十五条第一款规定的,可以告知被害人或者其法定代理人、近亲属有权提起附带民事诉讼。

有权提起附带民事诉讼的人放弃诉讼权利的,应当准许,并记录在案。

第一百七十九条　国家财产、集体财产遭受损失,受损失的单位未提起附带民事诉讼,人民检察院在提起公诉时提起附带民事诉讼的,人民法院应当受理。

人民检察院提起附带民事诉讼的,应当列为附带民事诉讼原告人。

被告人非法占有、处置国家财产、集体财产的,依照本解释第一百七十六条的规定处理。

第一百八十条　附带民事诉讼中依法负有赔偿责任的人包括:

(一)刑事被告人以及未被追究刑事责任的其他共同侵害人;

(二)刑事被告人的监护人;

(三)死刑罪犯的遗产继承人;

(四)共同犯罪案件中,案件审结前死亡的被告人的遗产继承人;

(五)对被害人的物质损失依法应当承担赔偿责任的其他单位和个人。

附带民事诉讼被告人的亲友自愿代为赔偿的,可以准许。

第一百八十一条　被害人或者其法定代理人、近亲属仅对部分共同侵害人提起附带民事诉讼的,人民法院应当告知其可以对其他共同侵害人,包括没有被追究刑事责任的共同侵害人,一并提起附带民事诉讼,但共同犯罪案件中同案犯在逃的除外。

被害人或者其法定代理人、近亲属放弃对其他共同侵害人的诉讼权利的,人民法院应当告知其相应法律后果,并在裁判文书中说明其放弃诉讼请求的情况。

第一百八十二条　附带民事诉讼的起诉条件是:

(一)起诉人符合法定条件;

(二)有明确的被告人;

(三)有请求赔偿的具体要求和事实、理由;

(四)属于人民法院受理附带民事诉讼的范围。

第一百八十三条　共同犯罪案件,同案犯在逃的,不应列为附带民事诉讼被告人。逃跑的同案犯到案后,被害人或者其法定代理人、近亲属可以对其提起附带民事诉讼,但已经从其他共同犯罪人处获得足额赔偿的除外。

第一百八十四条　附带民事诉讼应当在刑事案件立案后及时提起。

提起附带民事诉讼应当提交附带民事起诉状。

第一百八十五条　侦查、审查起诉期间,有权提起附带民事诉讼的人提出赔偿要求,经公安机关、人民检察院调解,当事人双方已经达成协议并全部履行,被害人或者其法定代理人、近亲属又提起附带民事诉讼的,人民法院不予受理,但有证据证明调解违反自愿、合法原则的除外。

第一百八十六条　被害人或者其法定代理人、近亲属提起附带民事诉讼的,人民法院应当在七日以内决定是否受理。符合刑事诉讼法第一百零一条以及本解释有关规定的,应当受理;不符合的,裁定不予受理。

第一百八十七条　人民法院受理附带民事诉讼后,应当在五日以内将附带民事起诉状副本送达附带民事诉讼被告人及其法定代理人,或者将口头起诉的内容及时通知附带民事诉讼被告人及其法定代理人,并制作笔录。

人民法院送达附带民事起诉状副本时,应当根据刑事案件的审理期限,确定被告人及其法定代理人的答辩准备时间。

第一百八十八条　附带民事诉讼当事人对自己提出的主张,有责任提供证据。

第一百八十九条 人民法院对可能因被告人的行为或者其他原因，使附带民事判决难以执行的案件，根据附带民事诉讼原告人的申请，可以裁定采取保全措施，查封、扣押或者冻结被告人的财产；附带民事诉讼原告人未提出申请的，必要时，人民法院也可以采取保全措施。

有权提起附带民事诉讼的人因情况紧急，不立即申请保全将会使其合法权益受到难以弥补的损害的，可以在提起附带民事诉讼前，向被保全财产所在地、被申请人居住地或者对案件有管辖权的人民法院申请采取保全措施。申请人在人民法院受理刑事案件后十五日以内未提起附带民事诉讼的，人民法院应当解除保全措施。

人民法院采取保全措施，适用民事诉讼法第一百条至第一百零五条的有关规定，但民事诉讼法第一百零一条第三款的规定除外。

第一百九十条 人民法院审理附带民事诉讼案件，可以根据自愿、合法的原则进行调解。经调解达成协议的，应当制作调解书。调解书经双方当事人签收后即具有法律效力。

调解达成协议并即时履行完毕的，可以不制作调解书，但应当制作笔录，经双方当事人、审判人员、书记员签名后即发生法律效力。

第一百九十一条 调解未达成协议或者调解书签收前当事人反悔的，附带民事诉讼应当同刑事诉讼一并判决。

第一百九十二条 对附带民事诉讼作出判决，应当根据犯罪行为造成的物质损失，结合案件具体情况，确定被告人应当赔偿的数额。

犯罪行为造成被害人人身损害的，应当赔偿医疗费、护理费、交通费等为治疗和康复支付的合理费用，以及因误工减少的收入。造成被害人残疾的，还应当赔偿残疾生活辅助器具费等费用；造成被害人死亡的，还应当赔偿丧葬费等费用。

驾驶机动车致人伤亡或者造成公私财产重大损失，构成犯罪的，依照《中华人民共和国道路交通安全法》第七十六条的规定确定赔偿责任。

附带民事诉讼当事人就民事赔偿问题达成调解、和解协议的，赔偿范围、数额不受第二款、第三款规定的限制。

第一百九十三条 人民检察院提起附带民事诉讼的，人民法院经审理，认为附带民事诉讼被告人依法应当承担赔偿责任的，应当判令附带民事诉讼被告人直接向遭受损失的单位作出赔偿；遭受损失的单位已经终止，有权利义务继受人的，应当判令其向继受人作出赔偿；没有权利义务继受人的，应当判令其向人民检察院交付赔偿款，由人民检察院上缴国库。

第一百九十四条 审理刑事附带民事诉讼案件，人民法院应当结合被告人赔偿被害人物质损失的情况认定其悔罪表现，并在量刑时予以考虑。

第一百九十五条 附带民事诉讼原告人经传唤，无正当理由拒不到庭，或者未经法庭许可中途退庭的，应当按撤诉处理。

刑事被告人以外的附带民事诉讼被告人经传唤，无正当理由拒不到庭，或者未经法庭许可中途退庭的，附带民事部分可以缺席判决。

刑事被告人以外的附带民事诉讼被告人下落不明，或者用公告送达以外的其他方式无法送达，可能导致刑事案件审判过分迟延的，可以不将其列为附带民事诉讼被告人，告知附带民事诉讼原告人另行提起民事诉讼。

第一百九十六条 附带民事诉讼应当同刑事案件一并审判，只有为了防止刑事案件审判的过分迟延，才可以在刑事案件审判后，由同一审判组织继续审理附带民事诉讼；同一审判组织的成员确实不能继续参与审判的，可以更换。

第一百九十七条 人民法院认定公诉案件被告人的行为不构成犯罪，对已经提起的附带民事诉讼，经调解不能达成协议的，可以一并作出刑事附带民事判决，也可以告知附带民事原告人另行提起民事诉讼。

人民法院准许人民检察院撤回起诉的公诉案件，对已经提起的附带民事诉讼，可以进行调解；不宜调解或者经调解不能达成协议的，应当裁定驳回起诉，并告知附带民事诉讼原告人可以另行提起民事诉讼。

第一百九十八条 第一审期间未提起附带民事诉讼，在第二审期间提起的，第二审人民法院可以依法进行调解；调解不成的，告知当事人可以在刑事判决、裁定生效后另行提起民事诉讼。

第一百九十九条 人民法院审理附带民事诉讼案件，不收取诉讼费。

第二百条 被害人或者其法定代理人、近亲属在刑事诉讼过程中未提起附带民事诉讼，另行提起民事诉讼的，人民法院可以进行调解，或者根据本解释第一百九十二条第二款、第三款的规定作出判决。

第二百零一条 人民法院审理附带民事诉讼案件，除刑法、刑事诉讼法以及刑事司法解释已有规定的以外，适用民事法律的有关规定。

第七章　期间、送达、审理期限

第二百零二条　以月计算的期间,自本月某日至下月同日为一个月;期限起算日为本月最后一日的,至下月最后一日为一个月;下月同日不存在的,自本月某日至下月最后一日为一个月;半个月一律按十五日计算。

以年计算的刑期,自本年本月某日至次年同月同日的前一日为一年;次年同月同日不存在的,自本年本月某日至次年同月最后一日的前一日为一年。以月计算的刑期,自本月某日至下月同日的前一日为一个月;刑期起算日为本月最后一日的,至下月最后一日的前一日为一个月;下月同日不存在的,自本月某日至下月最后一日的前一日为一个月;半个月一律按十五日计算。

第二百零三条　当事人由于不能抗拒的原因或者有其他正当理由而耽误期限,依法申请继续进行应当在期满前完成的诉讼活动的,人民法院查证属实后,应当裁定准许。

第二百零四条　送达诉讼文书,应当由收件人签收。收件人不在的,可以由其成年家属或者所在单位负责收件的人员代收。收件人或者代收人在送达回证上签收的日期为送达日期。

收件人或者代收人拒绝签收的,送达人可以邀请见证人到场,说明情况,在送达回证上注明拒收的事由和日期,由送达人、见证人签名或者盖章,将诉讼文书留在收件人、代收人的住处或者单位;也可以把诉讼文书留在受送达人的住处,并采用拍照、录像等方式记录送达过程,即视为送达。

第二百零五条　直接送达诉讼文书有困难的,可以委托收件人所在地的人民法院代为送达或者邮寄送达。

第二百零六条　委托送达的,应当将委托函、委托送达的诉讼文书及送达回证寄送受托法院。受托法院收到后,应当登记,在十日以内送达收件人,并将送达回证寄送委托法院;无法送达的,应当告知委托法院,并将诉讼文书及送达回证退回。

第二百零七条　邮寄送达的,应当将诉讼文书、送达回证邮寄给收件人。签收日期为送达日期。

第二百零八条　诉讼文书的收件人是军人的,可以通过其所在部队团级以上单位的政治部门转交。

收件人正在服刑的,可以通过执行机关转交。

收件人正在接受专门矫治教育等的,可以通过相关机构转交。

由有关部门、单位代为转交诉讼文书的,应当请有关部门、单位收到后立即交收件人签收,并将送达回证及时寄送人民法院。

第二百零九条　指定管辖案件的审理期限,自被指定管辖的人民法院收到指定管辖决定书和案卷、证据材料之日起计算。

第二百一十条　对可能判处死刑的案件或者附带民事诉讼的案件,以及有刑事诉讼法第一百五十八条规定情形之一的案件,上一级人民法院可以批准延长审理期限一次,期限为三个月。因特殊情况还需要延长的,应当报请最高人民法院批准。

申请批准延长审理期限的,应当在期限届满十五日以前层报。有权决定的人民法院不同意的,应当在审理期限届满五日以前作出决定。

因特殊情况报请最高人民法院批准延长审理期限,最高人民法院经审查,予以批准的,可以延长审理期限一至三个月。期限届满案件仍然不能审结的,可以再次提出申请。

第二百一十一条　审判期间,对被告人作精神病鉴定的时间不计入审理期限。

第八章　审判组织

第二百一十二条　合议庭由审判员担任审判长。院长或者庭长参加审理案件时,由其本人担任审判长。

审判员依法独任审判时,行使与审判长相同的职权。

第二百一十三条　基层人民法院、中级人民法院、高级人民法院审判下列第一审刑事案件,由审判员和人民陪审员组成合议庭进行:

(一)涉及群体利益、公共利益的;

(二)人民群众广泛关注或者其他社会影响较大的;

(三)案情复杂或者有其他情形,需要由人民陪审员参加审判的。

基层人民法院、中级人民法院、高级人民法院审判下列第一审刑事案件,由审判员和人民陪审员组成七人合议庭进行:

(一)可能判处十年以上有期徒刑、无期徒刑、死刑,且社会影响重大的;

(二)涉及征地拆迁、生态环境保护、食品药品安全,且社会影响重大的;

(三)其他社会影响重大的。

第二百一十四条　开庭审理和评议案件,应当由同一合议庭进行。合议庭成员在评议案件时,应当独立发表意见并说明理由。意见分歧的,应当按多数意见作出决定,但少数意见应当记入笔录。评议笔录由合议庭的组成人员在审阅确认无误后签名。评议情况应当保密。

第二百一十五条　人民陪审员参加三人合议庭审判案件,应当对事实认定、法律适用独立发表意见,行使表决权。

人民陪审员参加七人合议庭审判案件,应当对事实认定独立发表意见,并与审判员共同表决;对法律适用可以发表意见,但不参加表决。

第二百一十六条　合议庭审理、评议后,应当及时作出判决、裁定。

对下列案件,合议庭应当提请院长决定提交审判委员会讨论决定:

(一)高级人民法院、中级人民法院拟判处死刑立即执行的案件,以及中级人民法院拟判处死刑缓期执行的案件;

(二)本院已经发生法律效力的判决、裁定确有错误需要再审的案件;

(三)人民检察院依照审判监督程序提出抗诉的案件。

对合议庭成员意见有重大分歧的案件、新类型案件、社会影响重大的案件以及其他疑难、复杂、重大的案件,合议庭认为难以作出决定的,可以提请院长决定提交审判委员会讨论决定。

人民陪审员可以要求合议庭将案件提请院长决定是否提交审判委员会讨论决定。

对提请院长决定提交审判委员会讨论决定的案件,院长认为不必要的,可以建议合议庭复议一次。

独任审判的案件,审判员认为有必要的,也可以提请院长决定提交审判委员会讨论决定。

第二百一十七条　审判委员会的决定,合议庭、独任审判员应当执行;有不同意见的,可以建议院长提交审判委员会复议。

第九章　公诉案件第一审普通程序
第一节　审查受理与庭前准备

第二百一十八条　对提起公诉的案件,人民法院应当在收到起诉书(一式八份,每增加一名被告人,增加起诉书五份)和案卷、证据后,审查以下内容:

(一)是否属于本院管辖;

(二)起诉书是否写明被告人的身份,是否受过或者正在接受刑事处罚、行政处罚、处分,被采取留置措施的情况,被采取强制措施的时间、种类、羁押地点,犯罪的时间、地点、手段、后果以及其他可能影响定罪量刑的情节;有多起犯罪事实的,是否在起诉书中将事实分别列明;

(三)是否移送证明指控犯罪事实及影响量刑的证据材料,包括采取技术调查、侦查措施的法律文书和所收集的证据材料;

(四)是否查封、扣押、冻结被告人的违法所得或者其他涉案财物,查封、扣押、冻结是否逾期;是否随案移送涉案财物、附涉案财物清单;是否列明涉案财物权属情况;是否就涉案财物处理提供相关证据材料;

(五)是否列明被害人的姓名、住址、联系方式;是否附有证人、鉴定人名单;是否申请法庭通知证人、鉴定人、有专门知识的人出庭,并列明有关人员的姓名、性别、年龄、职业、住址、联系方式;是否附有需要保护的证人、鉴定人、被害人名单;

(六)当事人已委托辩护人、诉讼代理人或者已接受法律援助的,是否列明辩护人、诉讼代理人的姓名、住址、联系方式;

(七)是否提起附带民事诉讼;提起附带民事诉讼的,是否列明附带民事诉讼当事人的姓名、住址、联系方式等,是否附有相关证据材料;

(八)监察调查、侦查、审查起诉程序的各种法律手续和诉讼文书是否齐全;

(九)被告人认罪认罚的,是否提出量刑建议、移送认罪认罚具结书等材料;

(十)有无刑事诉讼法第十六条第二项至第六项规定的不追究刑事责任的情形。

第二百一十九条　人民法院对提起公诉的案件审查后,应当按照下列情形分别处理:

(一)不属于本院管辖的,应当退回人民检察院;

(二)属于刑事诉讼法第十六条第二项至第六项规定情形的,应当退回人民检察院;属于告诉才处理的案件,应当同时告知被害人有权提起自诉;

(三)被告人不在案的,应当退回人民检察院;但是,对人民检察院按照缺席审判程序提起公诉的,应当依照本解释第二十四章的规定作出处理;

(四)不符合前条第二项至第九项规定之一,需要补充材料的,应当通知人民检察院在三日以内补送;

(五)依照刑事诉讼法第二百条第三项规定宣告被告人无罪后,人民检察院根据新的事实、证据重新起诉的,应当依法受理;

(六)依照本解释第二百九十六条规定裁定准许撤诉的案件,没有新的影响定罪量刑的事实、证据,重新起诉的,应当退回人民检察院;

(七)被告人真实身份不明,但符合刑事诉讼法第一百六十条第二款规定的,应当依法受理。

对公诉案件是否受理,应当在七日以内审查完毕。

第二百二十条　对一案起诉的共同犯罪或者关联犯罪案件,被告人人数众多、案情复杂,人民法院经审查认为,分案审理更有利于保障庭审质量和效率的,可以分案审理。分案审理不得影响当事人质证权等诉讼权利的行使。

对分案起诉的共同犯罪或者关联犯罪案件,人民法院经审查认为,合并审理更有利于查明案件事实、保障诉讼权利、准确定罪量刑的,可以并案审理。

第二百二十一条　开庭审理前,人民法院应当进行下列工作:

(一)确定审判长及合议庭组成人员;

(二)开庭十日以前将起诉书副本送达被告人、辩护人;

(三)通知当事人、法定代理人、辩护人、诉讼代理人在开庭五日以前提供证人、鉴定人名单,以及拟当庭出示的证据;申请证人、鉴定人、有专门知识的人出庭的,应当列明有关人员的姓名、性别、年龄、职业、住址、联系方式;

(四)开庭三日以前将开庭的时间、地点通知人民检察院;

(五)开庭三日以前将传唤当事人的传票和通知辩护人、诉讼代理人、法定代理人、证人、鉴定人等出庭的通知书送达;通知有关人员出庭,也可以采取电话、短信、传真、电子邮件、即时通讯等能够确认对方收悉的方式;对被害人人数众多的涉众型犯罪案件,可以通过互联网公布相关文书,通知有关人员出庭;

(六)公开审理的案件,在开庭三日以前公布案由、被告人姓名、开庭时间和地点。

上述工作情况应当记录在案。

第二百二十二条　审判案件应当公开进行。

案件涉及国家秘密或者个人隐私的,不公开审理;涉及商业秘密,当事人提出申请的,法庭可以决定不公开审理。

不公开审理的案件,任何人不得旁听,但具有刑事诉讼法第二百八十五条规定情形的除外。

第二百二十三条　精神病人、醉酒的人、未经人民法院批准的未成年人以及其他不宜旁听的人不得旁听案件审理。

第二百二十四条　被害人人数众多,且案件不属于附带民事诉讼范围的,被害人可以推选若干代表人参加庭审。

第二百二十五条　被害人、诉讼代理人经传唤或者通知未到庭,不影响开庭审理的,人民法院可以开庭审理。

辩护人经通知未到庭,被告人同意的,人民法院可以开庭审理,但被告人属于应当提供法律援助情形的除外。

第二节　庭前会议与庭审衔接

第二百二十六条　案件具有下列情形之一的,人民法院可以决定召开庭前会议:

(一)证据材料较多、案情重大复杂的;

(二)控辩双方对事实、证据存在较大争议的;

(三)社会影响重大的;

(四)需要召开庭前会议的其他情形。

第二百二十七条　控辩双方可以申请人民法院召开庭前会议,提出申请应当说明理由。人民法院经审查认为有必要的,应当召开庭前会议;决定不召开的,应当告知申请人。

第二百二十八条　庭前会议可以就下列事项向控辩双方了解情况,听取意见:

(一)是否对案件管辖有异议;

(二)是否申请有关人员回避;

(三)是否申请不公开审理;

(四)是否申请排除非法证据;

(五)是否提供新的证据材料;

(六)是否申请重新鉴定或者勘验;

(七)是否申请收集、调取证明被告人无罪或者罪轻的证据材料;

(八)是否申请证人、鉴定人、有专门知识的人、调查人员、侦查人员或者其他人员出庭,是否对出庭人员名单有异议;

(九)是否对涉案财物的权属情况和人民检察院的处理建议有异议;

(十)与审判相关的其他问题。

庭前会议中,人民法院可以开展附带民事调解。

对第一款规定中可能导致庭审中断的程序性事项,人民法院可以在庭前会议后依法作出处理,并在庭审中说明处理决定和理由。控辩双方没有新的理由,在庭审中再次提出有关申请或者异议的,法庭可以在说明庭前会议情况和处理决定理由后,依法予以驳回。

庭前会议情况应当制作笔录,由参会人员核对后签名。

第二百二十九条　庭前会议中,审判人员可以询问控辩双方对证据材料有无异议,对有异议的证据,应当在庭审时重点调查；无异议的，庭审时举证、质证可以简化。

第二百三十条　　庭前会议由审判长主持，合议庭其他审判员也可以主持庭前会议。

召开庭前会议应当通知公诉人、辩护人到场。

庭前会议准备就非法证据排除了解情况、听取意见，或者准备询问控辩双方对证据材料的意见的，应当通知被告人到场。有多名被告人的案件，可以根据情况确定参加庭前会议的被告人。

第二百三十一条　　庭前会议一般不公开进行。

根据案件情况，庭前会议可以采用视频等方式进行。

第二百三十二条　　人民法院在庭前会议中听取控辩双方对案件事实、证据材料的意见后，对明显事实不清、证据不足的案件，可以建议人民检察院补充材料或者撤回起诉。建议撤回起诉的案件，人民检察院不同意的，开庭审理后，没有新的事实和理由，一般不准许撤回起诉。

第二百三十三条　　对召开庭前会议的案件，可以在开庭时告知庭前会议情况。对庭前会议中达成一致意见的事项，法庭在向控辩双方核实后，可以当庭予以确认；未达成一致意见的事项，法庭可以归纳控辩双方争议焦点，听取控辩双方意见，依法作出处理。

控辩双方在庭前会议中就有关事项达成一致意见，在庭审中反悔的，除有正当理由外，法庭一般不再进行处理。

第三节　宣布开庭与法庭调查

第二百三十四条　　开庭审理前，书记员应当依次进行下列工作：

（一）受审判长委托，查明公诉人、当事人、辩护人、诉讼代理人、证人及其他诉讼参与人是否到庭；

（二）核实旁听人员中是否有证人、鉴定人、有专门知识的人；

（三）请公诉人、辩护人、诉讼代理人及其他诉讼参与人入庭；

（四）宣读法庭规则；

（五）请审判长、审判员、人民陪审员入庭；

（六）审判人员就座后，向审判长报告开庭前的准备工作已经就绪。

第二百三十五条　　审判长宣布开庭，传被告人到庭后，应当查明被告人的下列情况：

（一）姓名、出生日期、民族、出生地、文化程度、职业、住址，或者被告单位的名称、住所地、法定代表人、实际控制人以及诉讼代表人的姓名、职务；

（二）是否受过刑事处罚、行政处罚、处分及其种类、时间；

（三）是否被采取留置措施及留置的时间，是否被采取强制措施及强制措施的种类、时间；

（四）收到起诉书副本的日期；有附带民事诉讼的，附带民事诉讼被告人收到附带民事起诉状的日期。

被告人较多的，可以在开庭前查明上述情况，但开庭时审判长应当作出说明。

第二百三十六条　　审判长宣布案件的来源、起诉的案由、附带民事诉讼当事人的姓名及是否公开审理；不公开审理的，应当宣布理由。

第二百三十七条　　审判长宣布合议庭组成人员、法官助理、书记员、公诉人的名单，以及辩护人、诉讼代理人、鉴定人、翻译人员等诉讼参与人的名单。

第二百三十八条　　审判长应当告知当事人及其法定代理人、辩护人、诉讼代理人在法庭审理过程中依法享有下列诉讼权利：

（一）可以申请合议庭组成人员、法官助理、书记员、公诉人、鉴定人和翻译人员回避；

（二）可以提出证据，申请通知新的证人到庭、调取新的证据，申请重新鉴定或者勘验；

（三）被告人可以自行辩护；

（四）被告人可以在法庭辩论终结后作最后陈述。

第二百三十九条　　审判长应当询问当事人及其法定代理人、辩护人、诉讼代理人是否申请回避、申请何人回避和申请回避的理由。

当事人及其法定代理人、辩护人、诉讼代理人申请回避的，依照刑事诉讼法及本解释的有关规定处理。

同意或者驳回回避申请的决定及复议决定，由审判长宣布，并说明理由。必要时，也可以由院长到庭宣布。

第二百四十条　　审判长宣布法庭调查开始后，应当先由公诉人宣读起诉书；公诉人宣读起诉书后，审判长应当询问被告人对起诉书指控的犯罪事实和罪名有无异议。

有附带民事诉讼的，公诉人宣读起诉书后，由附带民事诉讼原告人或者其法定代理人、诉讼代理人宣读附带民事起诉状。

第二百四十一条　　在审判长主持下，被告人、被害人可以就起诉书指控的犯罪事实分别陈述。

第二百四十二条　　在审判长主持下，公诉人可以就起诉书指控的犯罪事实讯问被告人。

经审判长准许，被害人及其法定代理人、诉讼代理人可以就公诉人讯问的犯罪事实补充发问；附带民事诉讼原告人及其法定代理人、诉讼代理人可以就附带民事部分的事实向被告人发问;被告人的法定代理人、辩护人,附带民事诉讼被告人及其法定代理人、诉讼代理人可以在控诉方、附带民事诉讼原告就某一问题讯问、发问完毕后向被告人发问。

根据案件情况,就证据问题对被告人的讯问、发问可以在举证、质证环节进行。

第二百四十三条 讯问同案审理的被告人,应当分别进行。

第二百四十四条 经审判长准许,控辩双方可以向被害人、附带民事诉讼原告人发问。

第二百四十五条 必要时,审判人员可以讯问被告人,也可以向被害人、附带民事诉讼当事人发问。

第二百四十六条 公诉人可以提请法庭通知证人、鉴定人、有专门知识的人、调查人员、侦查人员或者其他人员出庭,或者出示证据。被害人及其法定代理人、诉讼代理人,附带民事诉讼原告人及其诉讼代理人也可以提出申请。

在控诉方举证后,被告人及其法定代理人、辩护人可以提请法庭通知证人、鉴定人、有专门知识的人、调查人员、侦查人员或者其他人员出庭,或者出示证据。

第二百四十七条 控辩双方申请证人出庭作证,出示证据,应当说明证据的名称、来源和拟证明的事实。法庭认为有必要的,应当准许;对方提出异议,认为有关证据与案件无关或者明显重复、不必要,法庭经审查异议成立的,可以不予准许。

第二百四十八条 已经移送人民法院的案卷和证据材料,控辩双方需要出示的,可以向法庭提出申请,法庭可以准许。案卷和证据材料应当在质证后当庭归还。

需要播放录音录像或者需要将证据材料交由法庭、公诉人或者诉讼参与人查看的,法庭可以指令值庭法警或者相关人员予以协助。

第二百四十九条 公诉人、当事人或者辩护人、诉讼代理人对证人证言有异议,且该证人证言对定罪量刑有重大影响,或者对鉴定意见有异议,人民法院认为证人、鉴定人有必要出庭作证的,应当通知证人、鉴定人出庭。

控辩双方对侦破经过、证据来源、证据真实性或者合法性等有异议,申请调查人员、侦查人员或者有关人员出庭,人民法院认为有必要的,应当通知调查人员、侦查人员或者有关人员出庭。

第二百五十条 公诉人、当事人及其辩护人、诉讼代理人申请法庭通知有专门知识的人出庭,就鉴定意见提出意见的,应当说明理由。法庭认为有必要的,应当通知有专门知识的人出庭。

申请有专门知识的人出庭,不得超过二人。有多种类鉴定意见的,可以相应增加人数。

第二百五十一条 为查明案件事实,调查核实证据,人民法院可以依职权通知证人、鉴定人、有专门知识的人、调查人员、侦查人员或者其他人员出庭。

第二百五十二条 人民法院通知有关人员出庭的,可以要求控辩双方予以协助。

第二百五十三条 证人具有下列情形之一,无法出庭作证的,人民法院可以准许其不出庭:

(一)庭审期间身患严重疾病或者行动极为不便的;

(二)居所远离开庭地点且交通极为不便的;

(三)身处国外短期无法回国的;

(四)有其他客观原因,确实无法出庭的。

具有前款规定情形的,可以通过视频等方式作证。

第二百五十四条 证人出庭作证所支出的交通、住宿、就餐等费用,人民法院应当给予补助。

第二百五十五条 强制证人出庭的,应当由院长签发强制证人出庭令,由法警执行。必要时,可以商请公安机关协助。

第二百五十六条 证人、鉴定人、被害人因出庭作证,本人或者其近亲属的人身安全面临危险的,人民法院应当采取不公开其真实姓名、住址和工作单位等个人信息,或者不暴露其外貌、真实声音等保护措施。辩护律师经法庭许可,查阅对证人、鉴定人、被害人使用化名情况的,应当签署保密承诺书。

审判期间,证人、鉴定人、被害人提出保护请求的,人民法院应当立即审查;认为确有保护必要的,应当及时决定采取相应保护措施。必要时,可以商请公安机关协助。

第二百五十七条 决定对出庭作证的证人、鉴定人、被害人采取不公开个人信息的保护措施的,审判人员应当在开庭前核实其身份,对证人、鉴定人如实作证的保证书不得公开,在判决书、裁定书等法律文书中可以使用化名等代替其个人信息。

第二百五十八条 证人出庭的,法庭应当核实其身份、与当事人以及本案的关系,并告知其有关权利义务和法律责任。证人应当保证向法庭如实提供证言,并在保证书上签名。

第二百五十九条 证人出庭后,一般先向法庭陈述证言;其后,经审判长许可,由申请通知证人出庭的一方发问,发问完毕后,对方也可以发问。

法庭依职权通知证人出庭的,发问顺序由审判长根据案件情况确定。

第二百六十条　鉴定人、有专门知识的人、调查人员、侦查人员或者其他人员出庭的,参照适用前两条规定。

第二百六十一条　向证人发问应当遵循以下规则:

(一)发问的内容应当与本案事实有关;

(二)不得以诱导方式发问;

(三)不得威胁证人;

(四)不得损害证人的人格尊严。

对被告人、被害人、附带民事诉讼当事人、鉴定人、有专门知识的人、调查人员、侦查人员或者其他人员的讯问、发问,适用前款规定。

第二百六十二条　控辩双方的讯问、发问方式不当或者内容与本案无关的,对方可以提出异议,申请审判长制止,审判长应当查明情况予以支持或者驳回;对方未提出异议的,审判长也可以根据情况予以制止。

第二百六十三条　审判人员认为必要时,可以询问证人、鉴定人、有专门知识的人、调查人员、侦查人员或者其他人员。

第二百六十四条　向证人、调查人员、侦查人员发问应当分别进行。

第二百六十五条　证人、鉴定人、有专门知识的人、调查人员、侦查人员或者其他人员不得旁听对本案的审理。有关人员作证或者发表意见后,审判长应当告知其退庭。

第二百六十六条　审理涉及未成年人的刑事案件,询问未成年被害人、证人,通知未成年被害人、证人出庭作证,适用本解释第二十二章的有关规定。

第二百六十七条　举证方当庭出示证据后,由对方发表质证意见。

第二百六十八条　对可能影响定罪量刑的关键证据和控辩双方存在争议的证据,一般应当单独举证、质证,充分听取质证意见。

对控辩双方无异议的非关键证据,举证方可以仅就证据的名称及拟证明的事实作出说明。

召开庭前会议的案件,举证、质证可以按照庭前会议确定的方式进行。

根据案件和庭审情况,法庭可以对控辩双方的举证、质证方式进行必要的指引。

第二百六十九条　审理过程中,法庭认为有必要的,可以传唤同案被告人、分案审理的共同犯罪或者关联犯罪案件的被告人等到庭对质。

第二百七十条　当庭出示的证据,尚未移送人民法院的,应当在质证后当庭移交。

第二百七十一条　法庭对证据有疑问的,可以告知公诉人、当事人及其法定代理人、辩护人、诉讼代理人补充证据或者作出说明;必要时,可以宣布休庭,对证据进行调查核实。

对公诉人、当事人及其法定代理人、辩护人、诉讼代理人补充的和审判人员庭外调查核实取得的证据,应当经过当庭质证才能作为定案的根据。但是,对不影响定罪量刑的非关键证据、有利于被告人的量刑证据以及认定被告人有犯罪前科的裁判文书等证据,经庭外征求意见,控辩双方没有异议的除外。

有关情况,应当记录在案。

第二百七十二条　公诉人申请出示开庭前未移送或者提交人民法院的证据,辩护方提出异议的,审判长应当要求公诉人说明理由;理由成立并确有出示必要的,应当准许。

辩护方提出需要对新的证据作辩护准备的,法庭可以宣布休庭,并确定准备辩护的时间。

辩护方申请出示开庭前未提交的证据,参照适用前两款规定。

第二百七十三条　法庭审理过程中,控辩双方申请通知新的证人到庭,调取新的证据,申请重新鉴定或者勘验的,应当提供证人的基本信息、证据的存放地点,说明拟证明的事项,申请重新鉴定或者勘验的理由。法庭认为有必要的,应当同意,并宣布休庭;根据案件情况,可以决定延期审理。

人民法院决定重新鉴定的,应当及时委托鉴定,并将鉴定意见告知人民检察院、当事人及其辩护人、诉讼代理人。

第二百七十四条　审判期间,公诉人发现案件需要补充侦查,建议延期审理的,合议庭可以同意,但建议延期审理不得超过两次。

人民检察院将补充收集的证据移送人民法院的,人民法院应当通知辩护人、诉讼代理人查阅、摘抄、复制。

补充侦查期限届满后,人民检察院未将补充的证据材料移送人民法院的,人民法院可以根据在案证据作出判决、裁定。

第二百七十五条　人民法院向人民检察院调取需要调查核实的证据材料,或者根据被告人、辩护人的申请,向人民检察院调取在调查、侦查、审查起诉期间收集的有关被告人无罪或者罪轻的证据材料,应当通知人民检察院在收到调取证据材料决定书后三日以内移交。

第二百七十六条　法庭审理过程中,对与量刑有关的事实、证据,应当进行调查。

人民法院除应当审查被告人是否具有法定量刑情节外,还应当根据案件情况审查以下影响量刑的情节:

(一)案件起因;

(二)被害人有无过错及过错程度,是否对矛盾激化负有责任及责任大小;

(三)被告人的近亲属是否协助抓获被告人;

(四)被告人平时表现,有无悔罪态度;

(五)退赃、退赔及赔偿情况;

(六)被告人是否取得被害人或者其近亲属谅解;

(七)影响量刑的其他情节。

第二百七十七条　审判期间,合议庭发现被告人可能有自首、坦白、立功等法定量刑情节,而人民检察院移送的案卷中没有相关证据材料的,应当通知人民检察院在指定时间内移送。

审判期间,被告人提出新的立功线索的,人民法院可以建议人民检察院补充侦查。

第二百七十八条　对被告人认罪的案件,在确认被告人了解起诉指控的犯罪事实和罪名,自愿认罪且知悉认罪的法律后果后,法庭调查可以主要围绕量刑和其他有争议的问题进行。

对被告人不认罪或者辩护人作无罪辩护的案件,法庭调查应当在查明定罪事实的基础上,查明有关量刑事实。

第二百七十九条　法庭审理过程中,应当对查封、扣押、冻结财物及其孳息的权属、来源等情况,是否属于违法所得或者依法应当追缴的其他涉案财物进行调查,由公诉人说明情况、出示证据、提出处理建议,并听取被告人、辩护人等诉讼参与人的意见。

案外人对查封、扣押、冻结的财物及其孳息提出权属异议的,人民法院应当听取案外人的意见;必要时,可以通知案外人出庭。

经审查,不能确认查封、扣押、冻结的财物及其孳息属于违法所得或者依法应当追缴的其他涉案财物的,不得没收。

第四节　法庭辩论与最后陈述

第二百八十条　合议庭认为案件事实已经调查清楚的,应当由审判长宣布法庭调查结束,开始就定罪、量刑、涉案财物处理的事实、证据、适用法律等问题进行法庭辩论。

第二百八十一条　法庭辩论应当在审判长的主持下,按照下列顺序进行:

(一)公诉人发言;

(二)被害人及其诉讼代理人发言;

(三)被告人自行辩护;

(四)辩护人辩护;

(五)控辩双方进行辩论。

第二百八十二条　人民检察院可以提出量刑建议并说明理由;建议判处管制、宣告缓刑的,一般应当附有调查评估报告,或者附有委托调查函。

当事人及其辩护人、诉讼代理人可以对量刑提出意见并说明理由。

第二百八十三条　对被告人认罪的案件,法庭辩论时,应当指引控辩双方主要围绕量刑和其他有争议的问题进行。

对被告人不认罪或者辩护人作无罪辩护的案件,法庭辩论时,可以指引控辩双方先辩论定罪问题,后辩论量刑和其他问题。

第二百八十四条　附带民事部分的辩论应当在刑事部分的辩论结束后进行,先由附带民事诉讼原告人及其诉讼代理人发言,后由附带民事诉讼被告人及其诉讼代理人答辩。

第二百八十五条　法庭辩论过程中,审判长应当充分听取控辩双方的意见,对控辩双方与案件无关、重复或者指责对方的发言应当提醒、制止。

第二百八十六条　法庭辩论过程中,合议庭发现与定罪、量刑有关的新的事实,有必要调查的,审判长可以宣布恢复法庭调查,在对新的事实调查后,继续法庭辩论。

第二百八十七条　审判长宣布法庭辩论终结后,合议庭应当保证被告人充分行使最后陈述的权利。

被告人在最后陈述中多次重复自己的意见的,法庭可以制止;陈述内容蔑视法庭、公诉人,损害他人及社会公共利益,或者与本案无关的,应当制止。

在公开审理的案件中,被告人最后陈述的内容涉及国家秘密、个人隐私或者商业秘密的,应当制止。

第二百八十八条　被告人在最后陈述中提出新的事实、证据,合议庭认为可能影响正确裁判的,应当恢复法庭调查;被告人提出新的辩解理由,合议庭认为可能影响正确裁判的,应当恢复法庭辩论。

第二百八十九条　公诉人当庭发表与起诉书不同的意见,属于变更、追加、补充或者撤回起诉的,人民法院应当要求人民检察院在指定时间内以书面方式提出;必要时,可以宣布休庭。人民检察院在指定时间内未提出的,人民法院应当根据法庭审理情况,就起诉书指控的犯罪事实依法作出判决、裁定。

人民检察院变更、追加、补充起诉的,人民法院应当给予被告人及其辩护人必要的准备时间。

第二百九十条　辩护人应当及时将书面辩护意见提交人民法院。

第五节　评议案件与宣告判决

第二百九十一条　被告人最后陈述后,审判长应当宣布休庭,由合议庭进行评议。

第二百九十二条　开庭审理的全部活动,应当由书记员制作笔录;笔录经审判长审阅后,分别由审判长和书记员签名。

第二百九十三条　法庭笔录应当在庭审后交由当事人、法定代理人、辩护人、诉讼代理人阅读或者向其宣读。

法庭笔录中的出庭证人、鉴定人、有专门知识的人、调查人员、侦查人员或者其他人员的证言、意见部分,应当在庭审后分别交由有关人员阅读或者向其宣读。

前两款所列人员认为记录有遗漏或者差错的,可以请求补充或者改正;确认无误后,应当签名;拒绝签名的,应当记录在案;要求改变庭审中陈述的,不予准许。

第二百九十四条　合议庭评议案件,应当根据已经查明的事实、证据和有关法律规定,在充分考虑控辩双方意见的基础上,确定被告人是否有罪、构成何罪,有无从重、从轻、减轻或者免除处罚情节,应否处以刑罚、判处何种刑罚,附带民事诉讼如何解决,查封、扣押、冻结的财物及其孳息如何处理等,并依法作出判决、裁定。

第二百九十五条　对第一审公诉案件,人民法院审理后,应当按照下列情形分别作出判决、裁定:

(一)起诉指控的事实清楚,证据确实、充分,依据法律认定指控被告人的罪名成立的,应当作出有罪判决;

(二)起诉指控的事实清楚,证据确实、充分,但指控的罪名不当的,应当依据法律和审理认定的事实作出有罪判决;

(三)案件事实清楚,证据确实、充分,依据法律认定被告人无罪的,应当判决宣告被告人无罪;

(四)证据不足,不能认定被告人有罪的,应当以证据不足、指控的犯罪不能成立,判决宣告被告人无罪;

(五)案件部分事实清楚,证据确实、充分的,应当作出有罪或者无罪的判决;对事实不清、证据不足部分,不予认定;

(六)被告人因未达到刑事责任年龄,不予刑事处罚的,应当判决宣告被告人不负刑事责任;

(七)被告人是精神病人,在不能辨认或者不能控制自己行为时造成危害结果,不予刑事处罚的,应当判决宣告被告人不负刑事责任;被告人符合强制医疗条件的,应当依照本解释第二十六章的规定进行审理并作出判决;

(八)犯罪已过追诉时效期限且不是必须追诉,或者经特赦令免除刑罚的,应当裁定终止审理;

(九)属于告诉才处理的案件,应当裁定终止审理,并告知被害人有权提起自诉;

(十)被告人死亡的,应当裁定终止审理;但有证据证明被告人无罪,经缺席审理确认无罪的,应当判决宣告被告人无罪。

对涉案财物,人民法院应当根据审理查明的情况,依照本解释第十八章的规定作出处理。

具有第一款第二项规定情形的,人民法院应当在判决前听取控辩双方的意见,保障被告人、辩护人充分行使辩护权。必要时,可以再次开庭,组织控辩双方围绕被告人的行为构成何罪及如何量刑进行辩论。

第二百九十六条　在开庭后、宣告判决前,人民检察院要求撤回起诉的,人民法院应当审查撤回起诉的理由,作出是否准许的裁定。

第二百九十七条　审判期间,人民法院发现新的事实,可能影响定罪量刑的,或者需要补查补证的,应当通知人民检察院,由其决定是否补充、变更、追加起诉或者补充侦查。

人民检察院不同意或者在指定时间内未回复书面意见的,人民法院应当就起诉指控的事实,依照本解释第二百九十五条的规定作出判决、裁定。

第二百九十八条　对依照本解释第二百一十九条第一款第五项规定受理的案件,人民法院应当在判决中写明被告人曾被人民检察院提起公诉,因证据不足,指控的犯罪不能成立,被人民法院依法判决宣告无罪的情况;前案依照刑事诉讼法第二百条第三项规定作出的判决不予撤销。

第二百九十九条　合议庭成员、法官助理、书记员应当在评议笔录上签名,在判决书、裁定书等法律文书上署名。

第三百条　裁判文书应当写明裁判依据,阐释裁判理由,反映控辩双方的意见并说明采纳或者不予采纳的理由。

适用普通程序审理的被告人认罪的案件,裁判文书可以适当简化。

第三百零一条　庭审结束后、评议前,部分合议庭成员不能继续履行审判职责的,人民法院应当依法更换合议庭组成人员,重新开庭审理。

评议后、宣判前,部分合议庭成员因调动、退休等正常原因不能参加宣判,在不改变原评议结论的情况下,可以由审判本案的其他审判员宣判,裁判文书上仍署审判本案的合议庭成员的姓名。

第三百零二条　当庭宣告判决的,应当在五日以内送达判决书。定期宣告判决的,应当在宣判前,先期公告宣判的时间和地点,传唤当事人并通知公诉人、法定代理人、辩护人和诉讼代理人;判决宣告后,应当立即送达判决书。

第三百零三条　判决书应当送达人民检察院、当事人、法定代理人、辩护人、诉讼代理人,并可以送达被告人的近亲属。被害人死亡,其近亲属申请领取判决书的,人民法院应当及时提供。

判决生效后,还应当送达被告人的所在单位或者户籍地的公安派出所,或者被告单位的注册登记机关。被告人系外国人,且在境内有居住地的,应当送达居住地的公安派出所。

第三百零四条　宣告判决,一律公开进行。宣告判决结果时,法庭内全体人员应当起立。

公诉人、辩护人、诉讼代理人、被害人、自诉人或者附带民事诉讼原告人未到庭的,不影响宣判的进行。

第六节　法庭纪律与其他规定

第三百零五条　在押被告人出庭受审时,不着监管机构的识别服。

庭审期间不得对被告人使用戒具,但法庭认为其人身危险性大,可能危害法庭安全的除外。

第三百零六条　庭审期间,全体人员应当服从法庭指挥,遵守法庭纪律,尊重司法礼仪,不得实施下列行为:

(一)鼓掌、喧哗、随意走动;

(二)吸烟、进食;

(三)拨打、接听电话,或者使用即时通讯工具;

(四)对庭审活动进行录音、录像、拍照或者使用即时通讯工具等传播庭审活动;

(五)其他危害法庭安全或者扰乱法庭秩序的行为。

旁听人员不得进入审判活动区,不得随意站立、走动,不得发言和提问。

记者经许可实施第一款第四项规定的行为,应当在指定的时间及区域进行,不得干扰庭审活动。

第三百零七条　有关人员危害法庭安全或者扰乱法庭秩序的,审判长应当按照下列情形分别处理:

(一)情节较轻的,应当警告制止;根据具体情况,也可以进行训诫;

(二)训诫无效的,责令退出法庭;拒不退出的,指令法警强行带出法庭;

(三)情节严重的,报经院长批准后,可以对行为人处一千元以下的罚款或者十五日以下的拘留。

未经许可对庭审活动进行录音、录像、拍照或者使用即时通讯工具等传播庭审活动的,可以暂扣相关设备及存储介质,删除相关内容。

有关人员对罚款、拘留的决定不服的,可以直接向上一级人民法院申请复议,也可以通过决定罚款、拘留的人民法院向上一级人民法院申请复议。通过决定罚款、拘留的人民法院申请复议的,该人民法院应当自收到复议申请之日起三日以内,将复议申请、罚款或者拘留决定书和有关事实、证据材料一并报上一级人民法院复议。复议期间,不停止决定的执行。

第三百零八条　担任辩护人、诉讼代理人的律师严重扰乱法庭秩序,被强行带出法庭或者被处以罚款、拘留的,人民法院应当通报司法行政机关,并可以建议依法给予相应处罚。

第三百零九条　实施下列行为之一,危害法庭安全或者扰乱法庭秩序,构成犯罪的,依法追究刑事责任:

(一)非法携带枪支、弹药、管制刀具或者爆炸性、易燃性、毒害性、放射性以及传染病病原体等危险物质进入法庭;

(二)哄闹、冲击法庭;

(三)侮辱、诽谤、威胁、殴打司法工作人员或者诉讼参与人;

(四)毁坏法庭设施,抢夺、损毁诉讼文书、证据;

(五)其他危害法庭安全或者扰乱法庭秩序的行为。

第三百一十条　辩护人严重扰乱法庭秩序,被责令退出法庭、强行带出法庭或者被处以罚款、拘留,被告人自行辩护的,庭审继续进行;被告人要求另行委托辩护人,或者被告人属于应当提供法律援助情形的,应当宣布休庭。

辩护人、诉讼代理人被责令退出法庭、强行带出法庭或者被处以罚款后,具结保证书,保证服从法庭指挥、不再扰乱法庭秩序的,经法庭许可,可以继续担任辩护人、诉讼代理人。

辩护人、诉讼代理人具有下列情形之一的,不得继续

担任同一案件的辩护人、诉讼代理人:

（一）擅自退庭的;

（二）无正当理由不出庭或者不按时出庭,严重影响审判顺利进行的;

（三）被拘留或者具结保证书后再次被责令退出法庭、强行带出法庭的。

第三百一十一条 被告人在一个审判程序中更换辩护人一般不得超过两次。

被告人当庭拒绝辩护人辩护,要求另行委托辩护人或者指派律师的,合议庭应当准许。被告人拒绝辩护人辩护后,没有辩护人的,应当宣布休庭;仍有辩护人的,庭审可以继续进行。

有多名被告人的案件,部分被告人拒绝辩护人辩护后,没有辩护人的,根据案件情况,可以对该部分被告人另案处理,对其他被告人的庭审继续进行。

重新开庭后,被告人再次当庭拒绝辩护人辩护的,可以准许,但被告人不得再次另行委托辩护人或者要求另行指派律师,由其自行辩护。

被告人属于应当提供法律援助的情形,重新开庭后再次当庭拒绝辩护人辩护的,不予准许。

第三百一十二条 法庭审理过程中,辩护人拒绝为被告人辩护,有正当理由的,应当准许;是否继续庭审,参照适用前条规定。

第三百一十三条 依照前两条规定另行委托辩护人或者通知法律援助机构指派律师的,自案件宣布休庭之日起至第十五日止,由辩护人准备辩护,但被告人及其辩护人自愿缩短时间的除外。

庭审结束后、判决宣告前另行委托辩护人的,可以不重新开庭;辩护人提交书面辩护意见的,应当接受。

第三百一十四条 有多名被告人的案件,部分被告人具有刑事诉讼法第二百零六条第一款规定情形的,人民法院可以对全案中止审理;根据案件情况,也可以对该部分被告人中止审理,对其他被告人继续审理。

对中止审理的部分被告人,可以根据案件情况另案处理。

第三百一十五条 人民检察院认为人民法院审理案件违反法定程序,在庭审后提出书面纠正意见,人民法院认为正确的,应当采纳。

第十章 自诉案件第一审程序

第三百一十六条 人民法院受理自诉案件必须符合下列条件:

（一）符合刑事诉讼法第二百一十条、本解释第一条

的规定;

（二）属于本院管辖;

（三）被害人告诉;

（四）有明确的被告人、具体的诉讼请求和证明被告人犯罪事实的证据。

第三百一十七条 本解释第一条规定的案件,如果被害人死亡、丧失行为能力或者因受强制、威吓等无法告诉,或者是限制行为能力人以及因年老、患病、盲、聋、哑等不能亲自告诉,其法定代理人、近亲属告诉或者代为告诉的,人民法院应当依法受理。

被害人的法定代理人、近亲属告诉或者代为告诉的,应当提供与被害人关系的证明和被害人不能亲自告诉的原因的证明。

第三百一十八条 提起自诉应当提交刑事自诉状;同时提起附带民事诉讼的,应当提交刑事附带民事自诉状。

第三百一十九条 自诉状一般应当包括以下内容:

（一）自诉人（代为告诉人）、被告人的姓名、性别、年龄、民族、出生地、文化程度、职业、工作单位、住址、联系方式;

（二）被告人实施犯罪的时间、地点、手段、情节和危害后果等;

（三）具体的诉讼请求;

（四）致送的人民法院和具状时间;

（五）证据的名称、来源等;

（六）证人的姓名、住址、联系方式等。

对两名以上被告人提出告诉的,应当按照被告人的人数提供自诉状副本。

第三百二十条 对自诉案件,人民法院应当在十五日以内审查完毕。经审查,符合受理条件的,应当决定立案,并书面通知自诉人或者代为告诉人。

具有下列情形之一的,应当说服自诉人撤回起诉;自诉人不撤回起诉的,裁定不予受理:

（一）不属于本解释第一条规定的案件的;

（二）缺乏罪证的;

（三）犯罪已过追诉时效期限的;

（四）被告人死亡的;

（五）被告人下落不明的;

（六）除因证据不足而撤诉的以外,自诉人撤诉后,就同一事实又告诉的;

（七）经人民法院调解结案后,自诉人反悔,就同一事实再行告诉的;

（八）属于本解释第一条第二项规定的案件，公安机关正在立案侦查或者人民检察院正在审查起诉的；

（九）不服人民检察院对未成年犯罪嫌疑人作出的附条件不起诉决定或者附条件不起诉考验期满后作出的不起诉决定，向人民法院起诉的。

第三百二十一条　对已经立案，经审查缺乏罪证的自诉案件，自诉人提不出补充证据的，人民法院应当说服其撤回起诉或者裁定驳回起诉；自诉人撤回起诉或者被驳回起诉后，又提出了新的足以证明被告人有罪的证据，再次提起自诉的，人民法院应当受理。

第三百二十二条　自诉人对不予受理或者驳回起诉的裁定不服的，可以提起上诉。

第二审人民法院查明第一审人民法院作出的不予受理裁定有错误的，应当在撤销原裁定的同时，指令第一审人民法院立案受理；查明第一审人民法院驳回起诉裁定有错误的，应当在撤销原裁定的同时，指令第一审人民法院进行审理。

第三百二十三条　自诉人明知有其他共同侵害人，但只对部分侵害人提起自诉的，人民法院应当受理，并告知其放弃告诉的法律后果；自诉人放弃告诉，判决宣告后又对其他共同侵害人就同一事实提起自诉的，人民法院不予受理。

共同被害人中只有部分人告诉的，人民法院应当通知其他被害人参加诉讼，并告知其不参加诉讼的法律后果。被通知人接到通知后表示不参加诉讼或者不出庭的，视为放弃告诉。第一审宣判后，被通知人就同一事实又提起自诉的，人民法院不予受理。但是，当事人另行提起民事诉讼的，不受本解释限制。

第三百二十四条　被告人实施两个以上犯罪行为，分别属于公诉案件和自诉案件，人民法院可以一并审理。对自诉部分的审理，适用本章的规定。

第三百二十五条　自诉案件当事人因客观原因不能取得的证据，申请人民法院调取的，应当说明理由，并提供相关线索或者材料。人民法院认为有必要的，应当及时调取。

对通过信息网络实施的侮辱、诽谤行为，被害人向人民法院告诉，但提供证据确有困难的，人民法院可以要求公安机关提供协助。

第三百二十六条　对犯罪事实清楚，有足够证据的自诉案件，应当开庭审理。

第三百二十七条　自诉案件符合简易程序适用条件的，可以适用简易程序审理。

不适用简易程序审理的自诉案件，参照适用公诉案件第一审普通程序的有关规定。

第三百二十八条　人民法院审理自诉案件，可以在查明事实、分清是非的基础上，根据自愿、合法的原则进行调解。调解达成协议的，应当制作刑事调解书，由审判人员、法官助理、书记员署名，并加盖人民法院印章。调解书经双方当事人签收后，即具有法律效力。调解没有达成协议，或者调解书签收前当事人反悔的，应当及时作出判决。

刑事诉讼法第二百一十条第三项规定的案件不适用调解。

第三百二十九条　判决宣告前，自诉案件的当事人可以自行和解，自诉人可以撤回自诉。

人民法院经审查，认为和解、撤回自诉确属自愿的，应当裁定准许；认为系被强迫、威吓等，并非自愿的，不予准许。

第三百三十条　裁定准许撤诉的自诉案件，被告人被采取强制措施的，人民法院应当立即解除。

第三百三十一条　自诉人经两次传唤，无正当理由拒不到庭，或者未经法庭准许中途退庭的，人民法院应当裁定按撤诉处理。

部分自诉人撤诉或者被裁定按撤诉处理的，不影响案件的继续审理。

第三百三十二条　被告人在自诉案件审判期间下落不明的，人民法院可以裁定中止审理；符合条件的，可以对被告人依法决定逮捕。

第三百三十三条　对自诉案件，应当参照刑事诉讼法第二百条和本解释第二百九十五条的有关规定作出判决。对依法宣告无罪的案件，有附带民事诉讼的，其附带民事部分可以依法进行调解或者一并作出判决，也可以告知附带民事诉讼原告人另行提起民事诉讼。

第三百三十四条　告诉才处理和被害人有证据证明的轻微刑事案件的被告人或者其法定代理人在诉讼过程中，可以对自诉人提起反诉。反诉必须符合下列条件：

（一）反诉的对象必须是本案自诉人；

（二）反诉的内容必须是与本案有关的行为；

（三）反诉的案件必须符合本解释第一条第一项、第二项的规定。

反诉案件适用自诉案件的规定，应当与自诉案件一并审理。自诉人撤诉的，不影响反诉案件的继续审理。

第十一章　单位犯罪案件的审理

第三百三十五条　人民法院受理单位犯罪案件，除依照本解释第二百一十八条的有关规定进行审查外，还应当审查起诉书是否列明被告单位的名称、住所地、联系方式、法定代表人、实际控制人、主要负责人以及代表被告单位出庭的诉讼代表人的姓名、职务、联系方式。需要人民检察院补充材料的，应当通知人民检察院在三日以内补送。

第三百三十六条 被告单位的诉讼代表人，应当是法定代表人、实际控制人或者主要负责人；法定代表人、实际控制人或者主要负责人被指控为单位犯罪直接责任人员或者因客观原因无法出庭的，应当由被告单位委托其他负责人或者职工作为诉讼代表人。但是，有关人员被指控为单位犯罪直接责任人员或者知道案件情况、负有作证义务的除外。

依据前款规定难以确定诉讼代表人的，可以由被告单位委托律师等单位以外的人员作为诉讼代表人。

诉讼代表人不得同时担任被告单位或者被指控为单位犯罪直接责任人员的有关人员的辩护人。

第三百三十七条 开庭审理单位犯罪案件，应当通知被告单位的诉讼代表人出庭；诉讼代表人不符合前条规定的，应当要求人民检察院另行确定。

被告单位的诉讼代表人不出庭的，应当按照下列情形分别处理：

（一）诉讼代表人系被告单位的法定代表人、实际控制人或者主要负责人，无正当理由拒不出庭的，可以拘传其到庭；因客观原因无法出庭，或者下落不明的，应当要求人民检察院另行确定诉讼代表人；

（二）诉讼代表人系其他人员的，应当要求人民检察院另行确定诉讼代表人。

第三百三十八条 被告单位的诉讼代表人享有刑事诉讼法规定的有关被告人的诉讼权利。开庭时，诉讼代表人席位置于审判台前左侧，与辩护人席并列。

第三百三十九条 被告单位委托辩护人的，参照适用本解释的有关规定。

第三百四十条 对应当认定为单位犯罪的案件，人民检察院只作为自然人犯罪起诉的，人民法院应当建议人民检察院对犯罪单位追加起诉。人民检察院仍以自然人犯罪起诉的，人民法院应当依法审理，按照单位犯罪直接负责的主管人员或者其他直接责任人员追究刑事责任，并援引刑法分则关于追究单位犯罪中直接负责的主管人员和其他直接责任人员刑事责任的条款。

第三百四十一条 被告单位的违法所得及其他涉案财物，尚未被依法追缴或者查封、扣押、冻结的，人民法院应当决定追缴或者查封、扣押、冻结。

第三百四十二条 为保证判决的执行，人民法院可以先行查封、扣押、冻结被告单位的财产，或者由被告单位提出担保。

第三百四十三条 采取查封、扣押、冻结等措施，应当严格依照法定程序进行，最大限度降低对被告单位正常生产经营活动的影响。

第三百四十四条 审判期间，被告单位被吊销营业执照、宣告破产但尚未完成清算、注销登记的，应当继续审理；被告单位被撤销、注销的，对单位犯罪直接负责的主管人员和其他直接责任人员应当继续审理。

第三百四十五条 审判期间，被告单位合并、分立的，应当将原单位列为被告单位，并注明合并、分立情况。对被告单位所判处的罚金以其在新单位的财产及收益为限。

第三百四十六条 审理单位犯罪案件，本章没有规定的，参照适用本解释的有关规定。

第十二章 认罪认罚案件的审理

第三百四十七条 刑事诉讼法第十五条规定的"认罪"，是指犯罪嫌疑人、被告人自愿如实供述自己的罪行，对指控的犯罪事实没有异议。

刑事诉讼法第十五条规定的"认罚"，是指犯罪嫌疑人、被告人真诚悔罪，愿意接受处罚。

被告人认罪认罚的，可以依照刑事诉讼法第十五条的规定，在程序上从简、实体上从宽处理。

第三百四十八条 对认罪认罚案件，应当根据案件情况，依法适用速裁程序、简易程序或者普通程序审理。

第三百四十九条 对人民检察院提起公诉的认罪认罚案件，人民法院应当重点审查以下内容：

（一）人民检察院讯问犯罪嫌疑人时，是否告知其诉讼权利和认罪认罚的法律规定；

（二）是否随案移送听取犯罪嫌疑人、辩护人或者值班律师、被害人及其诉讼代理人意见的笔录；

（三）被告人与被害人达成调解、和解协议或者取得被害人谅解的，是否随案移送调解、和解协议、被害人谅解书等相关材料；

（四）需要签署认罪认罚具结书的，是否随案移送具结书。

未随案移送前款规定的材料的，应当要求人民检察院补充。

第三百五十条 人民法院应当将被告人认罪认罚作为其是否具有社会危险性的重要考虑因素。被告人罪行较轻，采用非羁押性强制措施足以防止发生社会危险性的,应当依法适用非羁押性强制措施。

第三百五十一条　对认罪认罚案件,法庭审理时应当告知被告人享有的诉讼权利和认罪认罚的法律规定,审查认罪认罚的自愿性和认罪认罚具结书内容的真实性、合法性。

第三百五十二条　对认罪认罚案件,人民检察院起诉指控的事实清楚,但指控的罪名与审判认定的罪名不一致的,人民法院应当听取人民检察院、被告人及其辩护人对审理认定罪名的意见,依法作出判决。

第三百五十三条　对认罪认罚案件,人民法院经审理认为量刑建议明显不当,或者被告人、辩护人对量刑建议提出异议的,人民检察院可以调整量刑建议。人民检察院不调整或者调整后仍然明显不当的,人民法院应当依法作出判决。

适用速裁程序审理认罪认罚案件,需要调整量刑建议的,应当在庭前或者当庭作出调整;调整量刑建议后,仍然符合速裁程序适用条件的,继续适用速裁程序审理。

第三百五十四条　对量刑建议是否明显不当,应当根据审理认定的犯罪事实、认罪认罚的具体情况,结合相关犯罪的法定刑、类似案件的刑罚适用等作出审查判断。

第三百五十五条　对认罪认罚案件,人民法院一般应当对被告人从轻处罚;符合非监禁刑适用条件的,应当适用非监禁刑;具有法定减轻处罚情节的,可以减轻处罚。

对认罪认罚案件,应当根据被告人认罪认罚的阶段早晚以及认罪认罚的主动性、稳定性、彻底性等,在从宽幅度上体现差异。

共同犯罪案件,部分被告人认罪认罚的,可以依法对该部分被告人从宽处罚,但应当注意全案的量刑平衡。

第三百五十六条　被告人在人民检察院提起公诉前未认罪认罚,在审判阶段认罪认罚的,人民法院可以不再通知人民检察院提出或者调整量刑建议。

对前款规定的案件,人民法院应当就定罪量刑听取控辩双方意见,根据刑事诉讼法第十五条和本解释第三百五十五条的规定作出判决。

第三百五十七条　对被告人在第一审程序中未认罪认罚,在第二审程序中认罪认罚的案件,应当根据其认罪认罚的具体情况决定是否从宽,并依法作出裁判。确定从宽幅度时应当与第一审程序认罪认罚有所区别。

第三百五十八条　案件审理过程中,被告人不再认罪认罚的,人民法院应当根据审理查明的事实,依法作出裁判。需要转换程序的,依照本解释的相关规定处理。

第十三章　简易程序

第三百五十九条　基层人民法院受理公诉案件后,经审查认为案件事实清楚、证据充分的,在将起诉书副本送达被告人时,应当询问被告人对指控的犯罪事实的意见,告知其适用简易程序的法律规定。被告人对指控的犯罪事实没有异议并同意适用简易程序的,可以决定适用简易程序,并在开庭前通知人民检察院和辩护人。

对人民检察院建议或者被告人及其辩护人申请适用简易程序审理的案件,依照前款规定处理;不符合简易程序适用条件的,应当通知人民检察院或者被告人及其辩护人。

第三百六十条　具有下列情形之一的,不适用简易程序:

(一)被告人是盲、聋、哑人的;

(二)被告人是尚未完全丧失辨认或者控制自己行为能力的精神病人的;

(三)案件有重大社会影响的;

(四)共同犯罪案件中部分被告人不认罪或者对适用简易程序有异议的;

(五)辩护人作无罪辩护的;

(六)被告人认罪但经审查认为可能不构成犯罪的;

(七)不宜适用简易程序审理的其他情形。

第三百六十一条　适用简易程序审理的案件,符合刑事诉讼法第三十五条第一款规定的,人民法院应当告知被告人及其近亲属可以申请法律援助。

第三百六十二条　适用简易程序审理案件,人民法院应当在开庭前将开庭的时间、地点通知人民检察院、自诉人、被告人、辩护人,也可以通知其他诉讼参与人。

通知可以采用简便方式,但应当记录在案。

第三百六十三条　适用简易程序审理案件,被告人有辩护人的,应当通知其出庭。

第三百六十四条　适用简易程序审理案件,审判长或者独任审判员应当当庭询问被告人对指控的犯罪事实的意见,告知被告人适用简易程序审理的法律规定,确认被告人是否同意适用简易程序。

第三百六十五条　适用简易程序审理案件,可以对庭审作如下简化:

(一)公诉人可以摘要宣读起诉书;

(二)公诉人、辩护人、审判人员对被告人的讯问、发问可以简化或者省略;

(三)对控辩双方无异议的证据,可以仅就证据的名称及所证明的事项作出说明;对控辩双方有异议或者法

庭认为有必要调查核实的证据,应当出示,并进行质证;

(四)控辩双方对与定罪量刑有关的事实、证据没有异议的,法庭审理可以直接围绕罪名确定和量刑问题进行。

适用简易程序审理案件,判决宣告前应当听取被告人的最后陈述。

第三百六十六条　适用简易程序独任审判过程中,发现对被告人可能判处的有期徒刑超过三年的,应当转由合议庭审理。

第三百六十七条　适用简易程序审理案件,裁判文书可以简化。

适用简易程序审理案件,一般应当当庭宣判。

第三百六十八条　适用简易程序审理案件,在法庭审理过程中,具有下列情形之一的,应当转为普通程序审理:

(一)被告人的行为可能不构成犯罪的;

(二)被告人可能不负刑事责任的;

(三)被告人当庭对起诉指控的犯罪事实予以否认的;

(四)案件事实不清、证据不足的;

(五)不应当或者不宜适用简易程序的其他情形。

决定转为普通程序审理的案件,审理期限应当从作出决定之日起计算。

第十四章　速裁程序

第三百六十九条　对人民检察院在提起公诉时建议适用速裁程序的案件,基层人民法院经审查认为案件事实清楚,证据确实、充分,可能判处三年有期徒刑以下刑罚的,在将起诉书副本送达被告人时,应当告知被告人适用速裁程序的法律规定,询问其是否同意适用速裁程序。被告人同意适用速裁程序的,可以决定适用速裁程序,并在开庭前通知人民检察院和辩护人。

对人民检察院未建议适用速裁程序的案件,人民法院经审查认为符合速裁程序适用条件的,可以决定适用速裁程序,并在开庭前通知人民检察院和辩护人。

被告人及其辩护人可以向人民法院提出适用速裁程序的申请。

第三百七十条　具有下列情形之一的,不适用速裁程序:

(一)被告人是盲、聋、哑人的;

(二)被告人是尚未完全丧失辨认或者控制自己行为能力的精神病人的;

(三)被告人是未成年人的;

(四)案件有重大社会影响的;

(五)共同犯罪案件中部分被告人对指控的犯罪事实、罪名、量刑建议或者适用速裁程序有异议的;

(六)被告人与被害人或者其法定代理人没有就附带民事诉讼赔偿等事项达成调解、和解协议的;

(七)辩护人作无罪辩护的;

(八)其他不宜适用速裁程序的情形。

第三百七十一条　适用速裁程序审理案件,人民法院应当在开庭前将开庭的时间、地点通知人民检察院、被告人、辩护人,也可以通知其他诉讼参与人。

通知可以采用简便方式,但应当记录在案。

第三百七十二条　适用速裁程序审理案件,可以集中开庭,逐案审理。公诉人简要宣读起诉书后,审判人员应当当庭询问被告人对指控事实、证据、量刑建议以及适用速裁程序的意见,核实具结书签署的自愿性、真实性、合法性,并核实附带民事诉讼赔偿等情况。

第三百七十三条　适用速裁程序审理案件,一般不进行法庭调查、法庭辩论,但在判决宣告前应当听取辩护人的意见和被告人的最后陈述。

第三百七十四条　适用速裁程序审理案件,裁判文书可以简化。

适用速裁程序审理案件,应当当庭宣判。

第三百七十五条　适用速裁程序审理案件,在法庭审理过程中,具有下列情形之一的,应当转为普通程序或者简易程序审理:

(一)被告人的行为可能不构成犯罪或者不应当追究刑事责任的;

(二)被告人违背意愿认罪认罚的;

(三)被告人否认指控的犯罪事实的;

(四)案件疑难、复杂或者对适用法律有重大争议的;

(五)其他不宜适用速裁程序的情形。

第三百七十六条　决定转为普通程序或者简易程序审理的案件,审理期限应当从作出决定之日起计算。

第三百七十七条　适用速裁程序审理的案件,第二审人民法院依照刑事诉讼法第二百三十六条第一款第三项的规定发回原审人民法院重新审判的,原审人民法院应当适用第一审普通程序重新审判。

第十五章　第二审程序

第三百七十八条　地方各级人民法院在宣告第一审判决、裁定时,应当告知被告人、自诉人及其法定代理人不服判决和准许撤回起诉、终止审理等裁定的,有权在法定期限内以书面或者口头形式，通过本院或者直接向上一级人民法院提出上诉；被告人的辩护人、近亲属经被告人同意，也可以提出上诉；附带民事诉讼当事人及其法定代理人，可以对判决、裁定中的附带民事部分提出上诉。

被告人、自诉人、附带民事诉讼当事人及其法定代理人是否提出上诉，以其在上诉期满前最后一次的意思表示为准。

第三百七十九条　人民法院受理的上诉案件，一般应当有上诉状正本及副本。

上诉状内容一般包括：第一审判决书、裁定书的文号和上诉人收到的时间，第一审人民法院的名称，上诉的请求和理由，提出上诉的时间。被告人的辩护人、近亲属经被告人同意提出上诉的，还应当写明其与被告人的关系，并应当以被告人作为上诉人。

第三百八十条　上诉、抗诉必须在法定期限内提出。不服判决的上诉、抗诉的期限为十日；不服裁定的上诉、抗诉的期限为五日。上诉、抗诉的期限，从接到判决书、裁定书的第二日起计算。

对附带民事判决、裁定的上诉、抗诉期限，应当按照刑事部分的上诉、抗诉期限确定。附带民事部分另行审判的，上诉期限也应当按照刑事诉讼法规定的期限确定。

第三百八十一条　上诉人通过第一审人民法院提出上诉的，第一审人民法院应当审查。上诉符合法律规定的，应当在上诉期满后三日以内将上诉状连同案卷、证据移送上一级人民法院，并将上诉状副本送交同级人民检察院和对方当事人。

第三百八十二条　上诉人直接向第二审人民法院提出上诉的，第二审人民法院应当在收到上诉状后三日以内将上诉状交第一审人民法院。第一审人民法院应当审查上诉是否符合法律规定。符合法律规定的，应当在接到上诉状后三日以内将上诉状连同案卷、证据移送上一级人民法院，并将上诉状副本送交同级人民检察院和对方当事人。

第三百八十三条　上诉人在上诉期限内要求撤回上诉的，人民法院应当准许。

上诉人在上诉期满后要求撤回上诉的，第二审人民法院经审查，认为原判认定事实和适用法律正确，量刑适当的，应当裁定准许；认为原判确有错误的，应当不予准许，继续按照上诉案件审理。

被判处死刑立即执行的被告人提出上诉，在第二审开庭后宣告裁判前申请撤回上诉的，应当不予准许，继续按照上诉案件审理。

第三百八十四条　地方各级人民检察院对同级人民法院第一审判决、裁定的抗诉，应当通过第一审人民法院提交抗诉书。第一审人民法院应当在抗诉期满后三日以内将抗诉书连同案卷、证据移送上一级人民法院，并将抗诉书副本送交当事人。

第三百八十五条　人民检察院在抗诉期限内要求撤回抗诉的，人民法院应当准许。

人民检察院在抗诉期满后要求撤回抗诉的，第二审人民法院可以裁定准许，但是认为原判存在将无罪判为有罪、轻罪重判等情形的，应当不予准许，继续审理。

上级人民检察院认为下级人民检察院抗诉不当，向第二审人民法院要求撤回抗诉的，适用前两款规定。

第三百八十六条　在上诉、抗诉期满前撤回上诉、抗诉的，第一审判决、裁定在上诉、抗诉期满之日起生效。在上诉、抗诉期满后要求撤回上诉、抗诉，第二审人民法院裁定准许的，第一审判决、裁定应当自第二审裁定书送达上诉人或者抗诉机关之日起生效。

第三百八十七条　第二审人民法院对第一审人民法院移送的上诉、抗诉案卷、证据，应当审查是否包括下列内容：

（一）移送上诉、抗诉案件函；

（二）上诉状或者抗诉书；

（三）第一审判决书、裁定书八份（每增加一名被告人增加一份）及其电子文本；

（四）全部案卷、证据，包括案件审理报告和其他应当移送的材料。

前款所列材料齐全的，第二审人民法院应当收案；材料不全的，应当通知第一审人民法院及时补送。

第三百八十八条　第二审人民法院审理上诉、抗诉案件，应当就第一审判决、裁定认定的事实和适用法律进行全面审查，不受上诉、抗诉范围的限制。

第三百八十九条　共同犯罪案件，只有部分被告人提出上诉，或者自诉人只对部分被告人的判决提出上诉，或者人民检察院只对部分被告人的判决提出抗诉的，第二审人民法院应当对全案进行审查，一并处理。

第三百九十条　共同犯罪案件，上诉的被告人死亡，其他被告人未上诉的，第二审人民法院应当对死亡的被告人终止审理；但有证据证明被告人无罪，经缺席审理确认无罪的，应当判决宣告被告人无罪。

具有前款规定的情形，第二审人民法院仍应对全案进行审查，对其他同案被告人作出判决、裁定。

第三百九十一条　对上诉、抗诉案件，应当着重审查下列内容：

（一）第一审判决认定的事实是否清楚，证据是否确实、充分；

（二）第一审判决适用法律是否正确，量刑是否适当；

（三）在调查、侦查、审查起诉、第一审程序中，有无违反法定程序的情形；

（四）上诉、抗诉是否提出新的事实、证据；

（五）被告人的供述和辩解情况；

（六）辩护人的辩护意见及采纳情况；

（七）附带民事部分的判决、裁定是否合法、适当；

（八）对涉案财物的处理是否正确；

（九）第一审人民法院合议庭、审判委员会讨论的意见。

第三百九十二条　第二审期间，被告人除自行辩护外，还可以继续委托第一审辩护人或者另行委托辩护人辩护。

共同犯罪案件，只有部分被告人提出上诉，或者自诉人只对部分被告人的判决提出上诉，或者人民检察院只对部分被告人的判决提出抗诉的，其他同案被告人也可以委托辩护人辩护。

第三百九十三条　下列案件，根据刑事诉讼法第二百三十四条的规定，应当开庭审理：

（一）被告人、自诉人及其法定代理人对第一审认定的事实、证据提出异议，可能影响定罪量刑的上诉案件；

（二）被告人被判处死刑的上诉案件；

（三）人民检察院抗诉的案件；

（四）应当开庭审理的其他案件。

被判处死刑的被告人没有上诉，同案的其他被告人上诉的案件，第二审人民法院应当开庭审理。

第三百九十四条　对上诉、抗诉案件，第二审人民法院经审查，认为原判事实不清、证据不足，或者具有刑事诉讼法第二百三十八条规定的违反法定诉讼程序情形，需要发回重新审判的，可以不开庭审理。

第三百九十五条　第二审期间，人民检察院或者被告人及其辩护人提交新证据的，人民法院应当及时通知对方查阅、摘抄或者复制。

第三百九十六条　开庭审理第二审公诉案件，应当在决定开庭审理后及时通知人民检察院查阅案卷。自通知后的第二日起，人民检察院查阅案卷的时间不计入审理期限。

第三百九十七条　开庭审理上诉、抗诉的公诉案件，应当通知同级人民检察院派员出庭。

抗诉案件，人民检察院接到开庭通知后不派员出庭，且未说明原因的，人民法院可以裁定按人民检察院撤回抗诉处理。

第三百九十八条　开庭审理上诉、抗诉案件，除参照适用第一审程序的有关规定外，应当按照下列规定进行：

（一）法庭调查阶段，审判人员宣读第一审判决书、裁定书后，上诉案件由上诉人或者辩护人先宣读上诉状或者陈述上诉理由，抗诉案件由检察员先宣读抗诉书；既有上诉又有抗诉的案件，先由检察员宣读抗诉书，再由上诉人或者辩护人宣读上诉状或者陈述上诉理由；

（二）法庭辩论阶段，上诉案件，先由上诉人、辩护人发言，后由检察员、诉讼代理人发言；抗诉案件，先由检察员、诉讼代理人发言，后由被告人、辩护人发言；既有上诉又有抗诉的案件，先由检察员、诉讼代理人发言，后由上诉人、辩护人发言。

第三百九十九条　开庭审理上诉、抗诉案件，可以重点围绕对第一审判决、裁定有争议的问题或者有疑问的部分进行。根据案件情况，可以按照下列方式审理：

（一）宣读第一审判决书，可以只宣读案由、主要事实、证据名称和判决主文等；

（二）法庭调查应当重点围绕对第一审判决提出异议的事实、证据以及新的证据等进行；对没有异议的事实、证据和情节，可以直接确认；

（三）对同案审理案件中未上诉的被告人，未被申请出庭或者人民法院认为没有必要到庭的，可以不再传唤到庭；

（四）被告人犯有数罪的案件，对其中事实清楚且无异议的犯罪，可以不在庭审时审理。

同案审理的案件，未提出上诉、人民检察院也未对其判决提出抗诉的被告人要求出庭的，应当准许。出庭的被告人可以参加法庭调查和辩论。

第四百条　第二审案件依法不开庭审理的，应当讯问被告人，听取其他当事人、辩护人、诉讼代理人的意见。合议庭全体成员应当阅卷，必要时应当提交书面阅卷意见。

第四百零一条　审理被告人或者其法定代理人、辩护人、近亲属提出上诉的案件，不得对被告人的刑罚作出实质不利的改判，并应当执行下列规定：

（一）同案审理的案件，只有部分被告人上诉的，既不得加重上诉人的刑罚，也不得加重其他同案被告人的刑罚；

（二）原判认定的罪名不当的，可以改变罪名，但不得加重刑罚或者对刑罚执行产生不利影响；

（三）原判认定的罪数不当的，可以改变罪数，并调整刑罚，但不得加重决定执行的刑罚或者对刑罚执行产生不利影响；

（四）原判对被告人宣告缓刑的，不得撤销缓刑或者延长缓刑考验期；

（五）原判没有宣告职业禁止、禁止令的，不得增加宣告；原判宣告职业禁止、禁止令的，不得增加内容、延长期限；

（六）原判对被告人判处死刑缓期执行没有限制减刑、决定终身监禁的，不得限制减刑、决定终身监禁；

（七）原判判处的刑罚不当、应当适用附加刑而没有适用的，不得直接加重刑罚、适用附加刑。原判判处的刑罚畸轻，必须依法改判的，应当在第二审判决、裁定生效后，依照审判监督程序重新审判。

人民检察院抗诉或者自诉人上诉的案件，不受前款规定的限制。

第四百零二条 人民检察院只对部分被告人的判决提出抗诉，或者自诉人只对部分被告人的判决提出上诉的，第二审人民法院不得对其他同案被告人加重刑罚。

第四百零三条 被告人或者其法定代理人、辩护人、近亲属提出上诉，人民检察院未提出抗诉的案件，第二审人民法院发回重新审判后，除有新的犯罪事实且人民检察院补充起诉的以外，原审人民法院不得加重被告人的刑罚。

对前款规定的案件，原审人民法院对上诉发回重新审判的案件依法作出判决后，人民检察院抗诉的，第二审人民法院不得改判为重于原审人民法院第一次判处的刑罚。

第四百零四条 第二审人民法院认为第一审判决事实不清、证据不足的，可以在查清事实后改判，也可以裁定撤销原判，发回原审人民法院重新审判。

有多名被告人的案件，部分被告人的犯罪事实不清、证据不足或者有新的犯罪事实需要追诉，且有关犯罪与其他同案被告人没有关联的，第二审人民法院根据案件情况，可以对该部分被告人分案处理，将该部分被告人发回原审人民法院重新审判。原审人民法院重新作出判决后，被告人上诉或者人民检察院抗诉，其他被告人的案件尚未作出第二审判决、裁定的，第二审人民法院可以并案审理。

第四百零五条 原判事实不清、证据不足，第二审人民法院发回重新审判的案件，原审人民法院重新作出判决后，被告人上诉或者人民检察院抗诉的，第二审人民法院应当依法作出判决、裁定，不得再发回重新审判。

第四百零六条 第二审人民法院发现原审人民法院在重新审判过程中，有刑事诉讼法第二百三十八条规定的情形之一，或者违反第二百三十九条规定的，应当裁定撤销原判，发回重新审判。

第四百零七条 第二审人民法院审理对刑事部分提出上诉、抗诉，附带民事部分已经发生法律效力的案件，发现第一审判决、裁定中的附带民事部分确有错误的，应当依照审判监督程序对附带民事部分予以纠正。

第四百零八条 刑事附带民事诉讼案件，只有附带民事诉讼当事人及其法定代理人上诉的，第一审刑事部分的判决在上诉期满后即发生法律效力。

应当送监执行的第一审刑事被告人是第二审附带民事诉讼被告人的，在第二审附带民事诉讼案件审结前，可以暂缓送监执行。

第四百零九条 第二审人民法院审理对附带民事部分提出上诉，刑事部分已经发生法律效力的案件，应当对全案进行审查，并按照下列情形分别处理：

（一）第一审判决的刑事部分并无不当的，只需就附带民事部分作出处理；

（二）第一审判决的刑事部分确有错误的，依照审判监督程序对刑事部分进行再审，并将附带民事部分与刑事部分一并审理。

第四百一十条 第二审期间，第一审附带民事诉讼原告人增加独立的诉讼请求或者第一审附带民事诉讼被告人提出反诉的，第二审人民法院可以根据自愿、合法的原则进行调解；调解不成的，告知当事人另行起诉。

第四百一十一条 对第二审自诉案件，必要时可以调解，当事人也可以自行和解。调解结案的，应当制作调解书，第一审判决、裁定视为自动撤销。当事人自行和解的，依照本解释第三百二十九条的规定处理；裁定准许撤回自诉的，应当撤销第一审判决、裁定。

第四百一十二条 第二审期间，自诉案件的当事人提出反诉的，应当告知其另行起诉。

第四百一十三条 第二审人民法院可以委托第一审人民法院代为宣判，并向当事人送达第二审判决书、裁定书。第一审人民法院应当在代为宣判后五日以内将宣判笔录送交第二审人民法院，并在送达完毕后及时将送达回证送交第二审人民法院。

委托宣判的，第二审人民法院应当直接向同级人民检察院送达第二审判决书、裁定书。

第二审判决、裁定是终审的判决、裁定的，自宣告之日起发生法律效力。

第十六章　在法定刑以下判处刑罚和特殊假释的核准

第四百一十四条　报请最高人民法院核准在法定刑以下判处刑罚的案件，应当按照下列情形分别处理：

（一）被告人未上诉、人民检察院未抗诉的，在上诉、抗诉期满后三日以内报请上一级人民法院复核。上级人民法院同意原判的，应当书面层报最高人民法院核准；不同意的，应当裁定发回重新审判，或者按照第二审程序提审；

（二）被告人上诉或者人民检察院抗诉的，上一级人民法院维持原判，或者改判后仍在法定刑以下判处刑罚的，应当依照前项规定层报最高人民法院核准。

第四百一十五条　对符合刑法第六十三条第二款规定的案件，第一审人民法院未在法定刑以下判处刑罚的，第二审人民法院可以在法定刑以下判处刑罚，并层报最高人民法院核准。

第四百一十六条　报请最高人民法院核准在法定刑以下判处刑罚的案件，应当报送判决书、报请核准的报告各五份，以及全部案卷、证据。

第四百一十七条　对在法定刑以下判处刑罚的案件，最高人民法院予以核准的，应当作出核准裁定书；不予核准的，应当作出不核准裁定书，并撤销原判决、裁定，发回原审人民法院重新审判或者指定其他下级人民法院重新审判。

第四百一十八条　依照本解释第四百一十四条、第四百一十七条规定发回第二审人民法院重新审判的案件，第二审人民法院可以直接改判；必须通过开庭查清事实、核实证据或者纠正原审程序违法的，应当开庭审理。

第四百一十九条　最高人民法院和上级人民法院复核在法定刑以下判处刑罚案件的审理期限，参照适用刑事诉讼法第二百四十三条的规定。

第四百二十条　报请最高人民法院核准因罪犯具有特殊情况，不受执行刑期限制的假释案件，应当按照下列情形分别处理：

（一）中级人民法院依法作出假释裁定后，应当报请高级人民法院复核。高级人民法院同意的，应当书面报请最高人民法院核准；不同意的，应当裁定撤销中级人民法院的假释裁定；

（二）高级人民法院依法作出假释裁定的，应当报请最高人民法院核准。

第四百二十一条　报请最高人民法院核准因罪犯具有特殊情况，不受执行刑期限制的假释案件，应当报送报请核准的报告、罪犯具有特殊情况的报告、假释裁定书各五份，以及全部案卷。

第四百二十二条　对因罪犯具有特殊情况，不受执行刑期限制的假释案件，最高人民法院予以核准的，应当作出核准裁定书；不予核准的，应当作出不核准裁定书，并撤销原裁定。

第十七章　死刑复核程序

第四百二十三条　报请最高人民法院核准死刑的案件，应当按照下列情形分别处理：

（一）中级人民法院判处死刑的第一审案件，被告人未上诉、人民检察院未抗诉的，在上诉、抗诉期满后十日以内报请高级人民法院复核。高级人民法院同意判处死刑的，应当在作出裁定后十日以内报请最高人民法院核准；认为原判认定的某一具体事实或者引用的法律条款等存在瑕疵，但判处被告人死刑并无不当的，可以在纠正后作出核准的判决、裁定；不同意判处死刑的，应当依照第二审程序提审或者发回重新审判；

（二）中级人民法院判处死刑的第一审案件，被告人上诉或者人民检察院抗诉，高级人民法院裁定维持的，应当在作出裁定后十日以内报请最高人民法院核准；

（三）高级人民法院判处死刑的第一审案件，被告人未上诉、人民检察院未抗诉的，应当在上诉、抗诉期满后十日以内报请最高人民法院核准。

高级人民法院复核死刑案件，应当讯问被告人。

第四百二十四条　中级人民法院判处死刑缓期执行的第一审案件，被告人未上诉、人民检察院未抗诉的，应当报请高级人民法院核准。

高级人民法院复核死刑缓期执行案件，应当讯问被告人。

第四百二十五条　报请复核的死刑、死刑缓期执行案件，应当一案一报。报送的材料包括报请复核的报告，第一、二审裁判文书，案件综合报告各五份以及全部案卷、证据。案件综合报告，第一、二审裁判文书和审理报告应当附送电子文本。

同案审理的案件应当报送全案案卷、证据。

曾经发回重新审判的案件，原第一、二审案卷应当一并报送。

第四百二十六条　报请复核死刑、死刑缓期执行的报告，应当写明案由、简要案情、审理过程和判决结果。

案件综合报告应当包括以下内容：

（一）被告人、被害人的基本情况。被告人有前科或者曾受过行政处罚、处分的，应当写明；

（二）案件的由来和审理经过。案件曾经发回重新审判的，应当写明发回重新审判的原因、时间、案号等；

（三）案件侦破情况。通过技术调查、侦查措施抓获被告人、侦破案件，以及与自首、立功认定有关的情况，应当写明；

（四）第一审审理情况。包括控辩双方意见，第一审认定的犯罪事实，合议庭和审判委员会意见；

（五）第二审审理或者高级人民法院复核情况。包括上诉理由、人民检察院的意见，第二审审理或者高级人民法院复核认定的事实，证据采信情况及理由，控辩双方意见及采纳情况；

（六）需要说明的问题。包括共同犯罪案件中另案处理的同案犯的处理情况，案件有无重大社会影响，以及当事人的反应等情况；

（七）处理意见。写明合议庭和审判委员会的意见。

第四百二十七条　复核死刑、死刑缓期执行案件，应当全面审查以下内容：

（一）被告人的年龄，被告人有无刑事责任能力、是否系怀孕的妇女；

（二）原判认定的事实是否清楚，证据是否确实、充分；

（三）犯罪情节、后果及危害程度；

（四）原判适用法律是否正确，是否必须判处死刑，是否必须立即执行；

（五）有无法定、酌定从重、从轻或者减轻处罚情节；

（六）诉讼程序是否合法；

（七）应当审查的其他情况。

复核死刑、死刑缓期执行案件，应当重视审查被告人及其辩护人的辩解、辩护意见。

第四百二十八条　高级人民法院复核死刑缓期执行案件，应当按照下列情形分别处理：

（一）原判认定事实和适用法律正确、量刑适当、诉讼程序合法的，应当裁定核准；

（二）原判认定的某一具体事实或者引用的法律条款等存在瑕疵，但判处被告人死刑缓期执行并无不当的，可以在纠正后作出核准的判决、裁定；

（三）原判认定事实正确，但适用法律有错误，或者量刑过重的，应当改判；

（四）原判事实不清、证据不足的，可以裁定不予核准，并撤销原判，发回重新审判，或者依法改判；

（五）复核期间出现新的影响定罪量刑的事实、证据的，可以裁定不予核准，并撤销原判，发回重新审判，或者依照本解释第二百七十一条的规定审理后依法改判；

（六）原审违反法定诉讼程序，可能影响公正审判的，应当裁定不予核准，并撤销原判，发回重新审判。

复核死刑缓期执行案件，不得加重被告人的刑罚。

第四百二十九条　最高人民法院复核死刑案件，应当按照下列情形分别处理：

（一）原判认定事实和适用法律正确、量刑适当、诉讼程序合法的，应当裁定核准；

（二）原判认定的某一具体事实或者引用的法律条款等存在瑕疵，但判处被告人死刑并无不当的，可以在纠正后作出核准的判决、裁定；

（三）原判事实不清、证据不足的，应当裁定不予核准，并撤销原判，发回重新审判；

（四）复核期间出现新的影响定罪量刑的事实、证据的，应当裁定不予核准，并撤销原判，发回重新审判；

（五）原判认定事实正确、证据充分，但依法不应当判处死刑的，应当裁定不予核准，并撤销原判，发回重新审判；根据案件情况，必要时，也可以依法改判；

（六）原审违反法定诉讼程序，可能影响公正审判的，应当裁定不予核准，并撤销原判，发回重新审判。

第四百三十条　最高人民法院裁定不予核准死刑的，根据案件情况，可以发回第二审人民法院或者第一审人民法院重新审判。

对最高人民法院发回第二审人民法院重新审判的案件，第二审人民法院一般不得发回第一审人民法院重新审判。

第一审人民法院重新审判的，应当开庭审理。第二审人民法院重新审判的，可以直接改判；必须通过开庭查清事实、核实证据或者纠正原审程序违法的，应当开庭审理。

第四百三十一条　高级人民法院依照复核程序审理后报请最高人民法院核准死刑，最高人民法院裁定不予核准，发回高级人民法院重新审判的，高级人民法院可以依照第二审程序提审或者发回重新审判。

第四百三十二条　最高人民法院裁定不予核准死刑，发回重新审判的案件，原审人民法院应当另行组成合议庭审理，但本解释第四百二十九条第四项、第五项规定的案件除外。

第四百三十三条　依照本解释第四百三十条、第四百三十一条发回重新审判的案件，第一审人民法院判处死刑、死刑缓期执行的,上一级人民法院依照第二审程序或者复核程序审理后,应当依法作出判决或者裁定,不得再发回重新审判。但是,第一审人民法院有刑事诉讼法第二百三十八条规定的情形或者违反刑事诉讼法第二百三十九条规定的除外。

第四百三十四条　死刑复核期间,辩护律师要求当面反映意见的,最高人民法院有关合议庭应当在办公场所听取其意见,并制作笔录;辩护律师提出书面意见的,应当附卷。

第四百三十五条　死刑复核期间,最高人民检察院提出意见的,最高人民法院应当审查,并将采纳情况及理由反馈最高人民检察院。

第四百三十六条　最高人民法院应当根据有关规定向最高人民检察院通报死刑案件复核结果。

第十八章　涉案财物处理

第四百三十七条　人民法院对查封、扣押、冻结的涉案财物及其孳息,应当妥善保管,并制作清单,附卷备查;对人民检察院随案移送的实物,应当根据清单核查后妥善保管。任何单位和个人不得挪用或者自行处理。

查封不动产、车辆、船舶、航空器等财物,应当扣押其权利证书,经拍照或者录像后原地封存,或者交持有人、被告人的近亲属保管,登记并写明财物的名称、型号、权属、地址等详细信息,并通知有关财物的登记、管理部门办理查封登记手续。

扣押物品,应当登记并写明物品名称、型号、规格、数量、重量、质量、成色、纯度、颜色、新旧程度、缺损特征和来源等。扣押货币、有价证券,应当登记并写明货币、有价证券的名称、数额、面额等,货币应当存入银行专门账户,并登记银行存款凭证的名称、内容。扣押文物、金银、珠宝、名贵字画等贵重物品以及违禁品,应当拍照,需要鉴定的,应当及时鉴定。对扣押的物品应当根据有关规定及时估价。

冻结存款、汇款、债券、股票、基金份额等财产,应当登记并写明编号、种类、面值、张数、金额等。

第四百三十八条　对被害人的合法财产,权属明确的,应当依法及时返还,但须经拍照、鉴定、估价,并在案卷中注明返还的理由,将原物照片、清单和被害人的领取手续附卷备查;权属不明的,应当在人民法院判决、裁定生效后,按比例返还被害人,但已获退赔的部分应予扣除。

第四百三十九条　审判期间,对不宜长期保存、易贬值或者市场价格波动大的财产,或者有效期即将届满的

票据等,经权利人申请或者同意,并经院长批准,可以依法先行处置,所得款项由人民法院保管。

涉案财物先行处置应当依法、公开、公平。

第四百四十条　对作为证据使用的实物,应当随案移送。第一审判决、裁定宣告后,被告人上诉或者人民检察院抗诉的,第一审人民法院应当将上述证据移送第二审人民法院。

第四百四十一条　对实物未随案移送的,应当根据情况,分别审查以下内容:

(一)大宗的、不便搬运的物品,是否随案移送查封、扣押清单,并附原物照片和封存手续,注明存放地点等;

(二)易腐烂、霉变和不易保管的物品,查封、扣押机关变卖处理后,是否随案移送原物照片、清单、变价处理的凭证(复印件)等;

(三)枪支弹药、剧毒物品、易燃易爆物品以及其他违禁品、危险物品,查封、扣押机关根据有关规定处理后,是否随案移送原物照片和清单等。

上述未随案移送的实物,应当依法鉴定、估价的,还应当审查是否附有鉴定、估价意见。

对查封、扣押的货币、有价证券等,未移送实物的,应当审查是否附有原物照片、清单或者其他证明文件。

第四百四十二条　法庭审理过程中,应当依照本解释第二百七十九条的规定,依法对查封、扣押、冻结的财物及其孳息进行审查。

第四百四十三条　被告人将依法应当追缴的涉案财物用于投资或者置业的,对因此形成的财产及其收益,应当追缴。

被告人将依法应当追缴的涉案财物与其他合法财产共同用于投资或者置业的,对因此形成的财产中与涉案财物对应的份额及其收益,应当追缴。

第四百四十四条　对查封、扣押、冻结的财物及其孳息,应当在判决书中写明名称、金额、数量、存放地点及其处理方式等。涉案财物较多,不宜在判决主文中详细列明的,可以附清单。

判决追缴违法所得或者责令退赔的,应当写明追缴、退赔的金额或者财物的名称、数量等情况;已经发还的,应当在判决书中写明。

第四百四十五条　查封、扣押、冻结的财物及其孳息,经审查,确属违法所得或者依法应当追缴的其他涉案财物的,应当判决返还被害人,或者没收上缴国库,但法律另有规定的除外。

对判决时尚未追缴到案或者尚未足额退赔的违法所

得,应当判决继续追缴或者责令退赔。

判决返还被害人的涉案财物,应当通知被害人认领;无人认领的,应当公告通知;公告满一年无人认领的,应当上缴国库;上缴国库后有人认领,经查证属实的,应当申请退库予以返还;原物已经拍卖、变卖的,应当返还价款。

对侵犯国有财产的案件,被害单位已经终止且没有权利义务继受人,或者损失已经被核销的,查封、扣押、冻结的财物及其孳息应当上缴国库。

第四百四十六条 第二审期间,发现第一审判决未对随案移送的涉案财物及其孳息作出处理的,可以裁定撤销原判,发回原审人民法院重新审判,由原审人民法院依法对涉案财物及其孳息一并作出处理。

判决生效后,发现原判未对随案移送的涉案财物及其孳息作出处理的,由原审人民法院依法对涉案财物及其孳息另行作出处理。

第四百四十七条 随案移送的或者人民法院查封、扣押的财物及其孳息,由第一审人民法院在判决生效后负责处理。

实物未随案移送、由扣押机关保管的,人民法院应当在判决生效后十日以内,将判决书、裁定书送达扣押机关,并告知其在一个月以内将执行回单送回,确因客观原因无法按时完成的,应当说明原因。

第四百四十八条 对冻结的存款、汇款、债券、股票、基金份额等财产判决没收的,第一审人民法院应当在判决生效后,将判决书、裁定书送达相关金融机构和财政部门,通知相关金融机构依法上缴国库并在接到执行通知书后十五日以内,将上缴国库的凭证、执行回单送回。

第四百四十九条 查封、扣押、冻结的财物与本案无关但已列入清单的,应当由查封、扣押、冻结机关依法处理。

查封、扣押、冻结的财物属于被告人合法所有的,应当在赔偿被害人损失、执行财产刑后及时返还被告人。

第四百五十条 查封、扣押、冻结财物及其处理,本解释没有规定的,参照适用其他司法解释的有关规定。

第十九章 审判监督程序

第四百五十一条 当事人及其法定代理人、近亲属对已经发生法律效力的判决、裁定提出申诉的,人民法院应当审查处理。

案外人认为已经发生法律效力的判决、裁定侵害其合法权益,提出申诉的,人民法院应当审查处理。

申诉可以委托律师代为进行。

第四百五十二条 向人民法院申诉,应当提交以下材料:

(一)申诉状。应当写明当事人的基本情况、联系方式以及申诉的事实与理由;

(二)原一、二审判决书、裁定书等法律文书。经过人民法院复查或者再审的,应当附有驳回申诉通知书、再审决定书、再审判决书、裁定书;

(三)其他相关材料。以有新的证据证明原判决、裁定认定的事实确有错误为由申诉的,应当同时附有相关证据材料;申请人民法院调查取证的,应当附有相关线索或者材料。

申诉符合前款规定的,人民法院应当出具收到申诉材料的回执。申诉不符合前款规定的,人民法院应当告知申诉人补充材料;申诉人拒绝补充必要材料且无正当理由的,不予审查。

第四百五十三条 申诉由终审人民法院审查处理。但是,第二审人民法院裁定准许撤回上诉的案件,申诉人对第一审判决提出申诉的,可以由第一审人民法院审查处理。

上一级人民法院对未经终审人民法院审查处理的申诉,可以告知申诉人向终审人民法院提出申诉,或者直接交终审人民法院审查处理,并告知申诉人;案件疑难、复杂、重大的,也可以直接审查处理。

对未经终审人民法院及其上一级人民法院审查处理,直接向上级人民法院申诉的,上级人民法院应当告知申诉人向下级人民法院提出。

第四百五十四条 最高人民法院或者上级人民法院可以指定终审人民法院以外的人民法院对申诉进行审查。被指定的人民法院审查后,应当制作审查报告,提出处理意见,层报最高人民法院或者上级人民法院审查处理。

第四百五十五条 对死刑案件的申诉,可以由原核准的人民法院直接审查处理,也可以交由原审人民法院审查。原审人民法院应当制作审查报告,提出处理意见,层报原核准的人民法院审查处理。

第四百五十六条 对立案审查的申诉案件,人民法院可以听取当事人和原办案单位的意见,也可以对原据以定罪量刑的证据和新的证据进行核实。必要时,可以进行听证。

第四百五十七条 对立案审查的申诉案件,应当在三个月以内作出决定,至迟不得超过六个月。因案件疑难、复杂、重大或者其他特殊原因需要延长审查期限的,参照本解释第二百一十条的规定处理。

经审查,具有下列情形之一的,应当根据刑事诉讼法第二百五十三条的规定,决定重新审判:

(一)有新的证据证明原判决、裁定认定的事实确有错误,可能影响定罪量刑的;

(二)据以定罪量刑的证据不确实、不充分、依法应当排除的;

(三)证明案件事实的主要证据之间存在矛盾的;

(四)主要事实依据被依法变更或者撤销的;

(五)认定罪名错误的;

(六)量刑明显不当的;

(七)对违法所得或者其他涉案财物的处理确有明显错误的;

(八)违反法律关于溯及力规定的;

(九)违反法定诉讼程序,可能影响公正裁判的;

(十)审判人员在审理该案件时有贪污受贿、徇私舞弊、枉法裁判行为的。

申诉不具有上述情形的,应当说服申诉人撤回申诉;对仍然坚持申诉的,应当书面通知驳回。

第四百五十八条　具有下列情形之一,可能改变原判决、裁定据以定罪量刑的事实的证据,应当认定为刑事诉讼法第二百五十三条第一项规定的"新的证据":

(一)原判决、裁定生效后新发现的证据;

(二)原判决、裁定生效前已经发现,但未予收集的证据;

(三)原判决、裁定生效前已经收集,但未经质证的证据;

(四)原判决、裁定所依据的鉴定意见,勘验、检查等笔录被改变或者否定的;

(五)原判决、裁定所依据的被告人供述、证人证言等证据发生变化,影响定罪量刑,且有合理理由的。

第四百五十九条　申诉人对驳回申诉不服的,可以向上一级人民法院申诉。上一级人民法院经审查认为申诉不符合刑事诉讼法第二百五十三条和本解释第四百五十七条第二款规定的,应当说服申诉人撤回申诉;对仍然坚持申诉的,应当驳回或者通知不予重新审判。

第四百六十条　各级人民法院院长发现本院已经发生法律效力的判决、裁定确有错误的,应当提交审判委员会讨论决定是否再审。

第四百六十一条　上级人民法院发现下级人民法院已经发生法律效力的判决、裁定确有错误的,可以指令下级人民法院再审;原判决、裁定认定事实正确但适用法律错误,或者案件疑难、复杂、重大,或者有不宜由原审人民

法院审理情形的,也可以提审。

上级人民法院指令下级人民法院再审的,一般应当指令原审人民法院以外的下级人民法院审理;由原审人民法院审理更有利于查明案件事实、纠正裁判错误的,可以指令原审人民法院审理。

第四百六十二条　对人民检察院依照审判监督程序提出抗诉的案件,人民法院应当在收到抗诉书后一个月以内立案。但是,有下列情形之一的,应当区别情况予以处理:

(一)不属于本院管辖的,应当将案件退回人民检察院;

(二)按照抗诉书提供的住址无法向被抗诉的原审被告人送达抗诉书的,应当通知人民检察院在三日以内重新提供原审被告人的住址;逾期未提供的,将案件退回人民检察院;

(三)以有新的证据为由提出抗诉,但未附相关证据材料或者有关证据不是指向原起诉事实的,应当通知人民检察院在三日以内补送相关材料;逾期未补送的,将案件退回人民检察院。

决定退回的抗诉案件,人民检察院经补充相关材料后再次抗诉,经审查符合受理条件的,人民法院应当受理。

第四百六十三条　对人民检察院依照审判监督程序提出抗诉的案件,接受抗诉的人民法院应当组成合议庭审理。对原判事实不清、证据不足,包括有新的证据证明原判可能有错误,需要指令下级人民法院再审的,应当在立案之日起一个月以内作出决定,并将指令再审决定书送达抗诉的人民检察院。

第四百六十四条　对决定依照审判监督程序重新审判的案件,人民法院应当制作再审决定书。再审期间不停止原判决、裁定的执行,但被告人可能经再审改判无罪,或者可能经再审减轻原判刑罚而致刑期届满的,可以决定中止原判决、裁定的执行,必要时,可以对被告人采取取保候审、监视居住措施。

第四百六十五条　依照审判监督程序重新审判的案件,人民法院应当重点针对申诉、抗诉和决定再审的理由进行审理。必要时,应当对原判决、裁定认定的事实、证据和适用法律进行全面审查。

第四百六十六条　原审人民法院审理依照审判监督程序重新审判的案件,应当另行组成合议庭。

原来是第一审案件,应当依照第一审程序进行审判,所作的判决、裁定可以上诉、抗诉;原来是第二审案件,或

者是上级人民法院提审的案件,应当依照第二审程序进行审判,所作的判决、裁定是终审的判决、裁定。

符合刑事诉讼法第二百九十六条、第二百九十七条规定的,可以缺席审判。

第四百六十七条　对依照审判监督程序重新审判的案件,人民法院在依照第一审程序进行审判的过程中,发现原审被告人还有其他犯罪的,一般应当并案审理,但分案审理更为适宜的,可以分案审理。

第四百六十八条　开庭审理再审案件,再审决定书或者抗诉书只针对部分原审被告人,其他同案原审被告人不出庭不影响审理的,可以不出庭参加诉讼。

第四百六十九条　除人民检察院抗诉的以外,再审一般不得加重原审被告人的刑罚。再审决定书或者抗诉书只针对部分原审被告人的,不得加重其他同案原审被告人的刑罚。

第四百七十条　人民法院审理人民检察院抗诉的再审案件,人民检察院在开庭审理前撤回抗诉的,应当裁定准许;人民检察院接到出庭通知后不派员出庭,且未说明原因的,可以裁定按撤回抗诉处理,并通知诉讼参与人。

人民法院审理申诉人申诉的再审案件,申诉人在再审期间撤回申诉的,可以裁定准许;但认为原判确有错误的,应当不予准许,继续按照再审案件审理。申诉人经依法通知无正当理由拒不到庭,或者未经法庭许可中途退庭的,可以裁定按撤回申诉处理,但申诉人不是原审当事人的除外。

第四百七十一条　开庭审理的再审案件,系人民法院决定再审的,由合议庭组成人员宣读再审决定书;系人民检察院抗诉的,由检察员宣读抗诉书;系申诉人申诉的,由申诉人或者其辩护人、诉讼代理人陈述申诉理由。

第四百七十二条　再审案件经过重新审理后,应当按照下列情形分别处理:

(一)原判决、裁定认定事实和适用法律正确、量刑适当的,应当裁定驳回申诉或者抗诉,维持原判决、裁定;

(二)原判决、裁定定罪准确、量刑适当,但在认定事实、适用法律等方面有瑕疵的,应当裁定纠正并维持原判决、裁定;

(三)原判决、裁定认定事实没有错误,但适用法律错误或者量刑不当的,应当撤销原判决、裁定,依法改判;

(四)依照第二审程序审理的案件,原判决、裁定事实不清、证据不足的,可以在查清事实后改判,也可以裁定撤销原判,发回原审人民法院重新审判。

原判决、裁定事实不清或者证据不足,经审理事实已经查清的,应当根据查清的事实依法裁判;事实仍无法查清,证据不足,不能认定被告人有罪的,应当撤销原判决、裁定,判决宣告被告人无罪。

第四百七十三条　原判决、裁定认定被告人姓名等身份信息有误,但认定事实和适用法律正确、量刑适当的,作出生效判决、裁定的人民法院可以通过裁定对有关信息予以更正。

第四百七十四条　对再审改判宣告无罪并依法享有申请国家赔偿权利的当事人,人民法院宣判时,应当告知其在判决发生法律效力后可以依法申请国家赔偿。

第二十章　涉外刑事案件的审理和刑事司法协助
第一节　涉外刑事案件的审理

第四百七十五条　本解释所称的涉外刑事案件是指:

(一)在中华人民共和国领域内,外国人犯罪或者我国公民对外国、外国人犯罪的案件;

(二)符合刑法第七条、第十条规定情形的我国公民在中华人民共和国领域外犯罪的案件;

(三)符合刑法第八条、第十条规定情形的外国人犯罪的案件;

(四)符合刑法第九条规定情形的中华人民共和国在所承担国际条约义务范围内行使管辖权的案件。

第四百七十六条　第一审涉外刑事案件,除刑事诉讼法第二十一条至第二十三条规定的以外,由基层人民法院管辖。必要时,中级人民法院可以指定辖区内若干基层人民法院集中管辖第一审涉外刑事案件,也可以依照刑事诉讼法第二十四条的规定,审理基层人民法院管辖的第一审涉外刑事案件。

第四百七十七条　外国人的国籍,根据其入境时持用的有效证件确认;国籍不明的,根据公安机关或者有关国家驻华使领馆出具的证明确认。

国籍无法查明的,以无国籍人对待,适用本章有关规定,在裁判文书中写明"国籍不明"。

第四百七十八条　在刑事诉讼中,外国籍当事人享有我国法律规定的诉讼权利并承担相应义务。

第四百七十九条　涉外刑事案件审判期间,人民法院应当将下列事项及时通报同级人民政府外事主管部门,并依照有关规定通知有关国家驻华使领馆:

(一)人民法院决定对外国籍被告人采取强制措施的情况,包括外国籍当事人的姓名(包括译名)、性别、入境时间、护照或者证件号码、采取的强制措施及法律依

据、羁押地点等;

（二）开庭的时间、地点、是否公开审理等事项;

（三）宣判的时间、地点。

涉外刑事案件宣判后,应当将处理结果及时通报同级人民政府外事主管部门。

对外国籍被告人执行死刑的,死刑裁决下达后执行前,应当通知其国籍国驻华使领馆。

外国籍被告人在案件审理中死亡的,应当及时通报同级人民政府外事主管部门,并通知有关国家驻华使领馆。

第四百八十条　需要向有关国家驻华使领馆通知有关事项的,应当层报高级人民法院,由高级人民法院按照下列规定通知:

（一）外国籍当事人国籍国与我国签订有双边领事条约的,根据条约规定办理;未与我国签订双边领事条约,但参加《维也纳领事关系公约》的,根据公约规定办理;未与我国签订领事条约,也未参加《维也纳领事关系公约》,但与我国有外交关系的,可以根据外事主管部门的意见,按照互惠原则,根据有关规定和国际惯例办理;

（二）在外国驻华领馆领区内发生的涉外刑事案件,通知有关外国驻该地区的领馆;在外国领馆领区外发生的涉外刑事案件,通知有关外国驻华使馆;与我国有外交关系,但未设使领馆的国家,可以通知其代管国家驻华领馆;无代管国家、代管国家不明的,可以不通知;

（三）双边领事条约规定通知时限的,应当在规定的期限内通知;没有规定的,应当根据或者参照《维也纳领事关系公约》和国际惯例尽快通知,至迟不得超过七日;

（四）双边领事条约没有规定必须通知,外国籍当事人要求不通知其国籍国驻华使领馆的,可以不通知,但应当由其本人出具书面声明。

高级人民法院向外国驻华使领馆通知有关事项,必要时,可以请人民政府外事主管部门协助。

第四百八十一条　人民法院受理涉外刑事案件后,应当告知在押的外国籍被告人享有与其国籍国驻华使领馆联系,与其监护人、近亲属会见、通信,以及请求人民法院提供翻译的权利。

第四百八十二条　涉外刑事案件审判期间,外国籍被告人在押,其国籍国驻华使领馆官员要求探视的,可以向受理案件的人民法院所在地的高级人民法院提出。人民法院应当根据我国与被告人国籍国签订的双边领事条约规定的时限予以安排;没有条约规定的,应当尽快安排。必要时,可以请人民政府外事主管部门协助。

涉外刑事案件审判期间,外国籍被告人在押,其监护人、近亲属申请会见的,可以向受理案件的人民法院所在地的高级人民法院提出,并依照本解释第四百八十六条的规定提供与被告人关系的证明。人民法院经审查认为不妨碍案件审判的,可以批准。

被告人拒绝接受探视、会见的,应当由其本人出具书面声明。拒绝出具书面声明的,应当记录在案;必要时,应当录音录像。

探视、会见被告人应当遵守我国法律规定。

第四百八十三条　人民法院审理涉外刑事案件,应当公开进行,但依法不应公开审理的除外。

公开审理的涉外刑事案件,外国籍当事人国籍国驻华使领馆官员要求旁听的,可以向受理案件的人民法院所在地的高级人民法院提出申请,人民法院应当安排。

第四百八十四条　人民法院审判涉外刑事案件,使用中华人民共和国通用的语言、文字,应当为外国籍当事人提供翻译。翻译人员应当在翻译文件上签名。

人民法院的诉讼文书为中文本。外国籍当事人不通晓中文的,应当附有外文译本,译本不加盖人民法院印章,以中文本为准。

外国籍当事人通晓中国语言、文字,拒绝他人翻译,或者不需要诉讼文书外文译本的,应当由其本人出具书面声明。拒绝出具书面声明的,应当记录在案;必要时,应当录音录像。

第四百八十五条　外国籍被告人委托律师辩护,或者外国籍附带民事诉讼原告人、自诉人委托律师代理诉讼的,应当委托具有中华人民共和国律师资格并依法取得执业证书的律师。

外国籍被告人在押的,其监护人、近亲属或者其国籍国驻华使领馆可以代为委托辩护人。其监护人、近亲属代为委托的,应当提供与被告人关系的有效证明。

外国籍当事人委托其监护人、近亲属担任辩护人、诉讼代理人的,被委托人应当提供与当事人关系的有效证明。经审查,符合刑事诉讼法、有关司法解释规定的,人民法院应当准许。

外国籍被告人没有委托辩护人的,人民法院可以通知法律援助机构为其指派律师提供辩护。被告人拒绝辩护人辩护的,应当由其出具书面声明,或者将其口头声明记录在案;必要时,应当录音录像。被告人属于应当提供法律援助情形的,依照本解释第五十条规定处理。

第四百八十六条　外国籍当事人从中华人民共和国领域外寄交或者托交给中国律师或者中国公民的委托

书,以及外国籍当事人的监护人、近亲属提供的与当事人关系的证明,必须经所在国公证机关证明,所在国中央外交主管机关或者其授权机关认证,并经中华人民共和国驻该国使领馆认证,或者履行中华人民共和国与该所在国订立的有关条约中规定的证明手续,但我国与该国之间有互免认证协定的除外。

第四百八十七条 对涉外刑事案件的被告人,可以决定限制出境;对开庭审理案件时必须到庭的证人,可以要求暂缓出境。限制外国人出境的,应当通报同级人民政府外事主管部门和当事人国籍国驻华使领馆。

人民法院决定限制外国人和中国公民出境的,应当书面通知被限制出境的人在案件审理终结前不得离境,并可以采取扣留护照或者其他出入境证件的办法限制其出境;扣留证件的,应当履行必要手续,并发给本人扣留证件的证明。

需要对外国人和中国公民在口岸采取边控措施的,受理案件的人民法院应当按照规定制作边控对象通知书,并附有关法律文书,层报高级人民法院办理交控手续。紧急情况下,需要采取临时边控措施的,受理案件的人民法院可以先向有关口岸所在地出入境边防检查机关交控,但应当在七日以内按照规定层报高级人民法院办理手续。

第四百八十八条 涉外刑事案件,符合刑事诉讼法第二百零八条第一款、第二百四十三条规定的,经有关人民法院批准或者决定,可以延长审理期限。

第四百八十九条 涉外刑事案件宣判后,外国籍当事人国籍国驻华使领馆要求提供裁判文书的,可以向受理案件的人民法院所在地的高级人民法院提出,人民法院可以提供。

第四百九十条 涉外刑事案件审理过程中的其他事项,依照法律、司法解释和其他有关规定办理。

第二节 刑事司法协助

第四百九十一条 请求和提供司法协助,应当依照《中华人民共和国国际刑事司法协助法》、我国与有关国家、地区签订的刑事司法协助条约、移管被判刑人条约和有关法律规定进行。

对请求书的签署机关、请求书及所附材料的语言文字、有关办理期限和具体程序等事项,在不违反中华人民共和国法律的基本原则的情况下,可以按照刑事司法协助条约规定或者双方协商办理。

第四百九十二条 外国法院请求的事项有损中华人民共和国的主权、安全、社会公共利益以及违反中华人民共和国法律的基本原则的,人民法院不予协助;属于有关法律规定的可以拒绝提供刑事司法协助情形的,可以不予协助。

第四百九十三条 人民法院请求外国提供司法协助的,应当层报最高人民法院,经最高人民法院审核同意后交由有关对外联系机关及时向外国提出请求。

外国法院请求我国提供司法协助,有关对外联系机关认为属于人民法院职权范围的,经最高人民法院审核同意后转有关人民法院办理。

第四百九十四条 人民法院请求外国提供司法协助的请求书,应当依照刑事司法协助条约的规定提出;没有条约或者条约没有规定的,应当载明法律规定的相关信息并附相关材料。请求书及其所附材料应当以中文制作,并附有被请求国官方文字的译本。

外国请求我国法院提供司法协助的请求书,应当依照刑事司法协助条约的规定提出;没有条约或者条约没有规定的,应当载明我国法律规定的相关信息并附相关材料。请求书及所附材料应当附有中文译本。

第四百九十五条 人民法院向在中华人民共和国领域外居住的当事人送达刑事诉讼文书,可以采用下列方式:

(一)根据受送达人所在国与中华人民共和国缔结或者共同参加的国际条约规定的方式送达;

(二)通过外交途径送达;

(三)对中国籍当事人,所在国法律允许或者经所在国同意的,可以委托我国驻受送达人所在国的使领馆代为送达;

(四)当事人是自诉案件的自诉人或者附带民事诉讼原告人的,可以向有权代其接受送达的诉讼代理人送达;

(五)当事人是外国单位的,可以向其在中华人民共和国领域内设立的代表机构或者有权接受送达的分支机构、业务代办人送达;

(六)受送达人所在国法律允许的,可以邮寄送达;自邮寄之日起满三个月,送达回证未退回,但根据各种情况足以认定已经送达的,视为送达;

(七)受送达人所在国法律允许的,可以采用传真、电子邮件等能够确认受送达人收悉的方式送达。

第四百九十六条 人民法院通过外交途径向在中华人民共和国领域外居住的受送达人送达刑事诉讼文书的,所送达的文书应当经高级人民法院审查后报最高人民法院审核。最高人民法院认为可以发出的,由最高人民法院交外交部主管部门转递。

外国法院通过外交途径请求人民法院送达刑事诉讼文书的,由该国驻华使馆将法律文书交我国外交部主管部门转最高人民法院。最高人民法院审核后认为属于人民法院职权范围,且可以代为送达的,应当转有关人民法院办理。

第二十一章　执行程序
第一节　死刑的执行

第四百九十七条　被判处死刑缓期执行的罪犯,在死刑缓期执行期间犯罪的,应当由罪犯服刑地的中级人民法院依法审判,所作的判决可以上诉、抗诉。

认定故意犯罪,情节恶劣,应当执行死刑的,在判决、裁定发生法律效力后,应当层报最高人民法院核准执行死刑。

对故意犯罪未执行死刑的,不再报高级人民法院核准,死刑缓期执行的期间重新计算,并层报最高人民法院备案。备案不影响判决、裁定的生效和执行。

最高人民法院经备案审查,认为原判不予执行死刑错误,确需改判的,应当依照审判监督程序予以纠正。

第四百九十八条　死刑缓期执行的期间,从判决或者裁定核准死刑缓期执行的法律文书宣告或者送达之日起计算。

死刑缓期执行期满,依法应当减刑的,人民法院应当及时减刑。死刑缓期执行期满减为无期徒刑、有期徒刑的,刑期自死刑缓期执行期满之日起计算。

第四百九十九条　最高人民法院的执行死刑命令,由高级人民法院交付第一审人民法院执行。第一审人民法院接到执行死刑命令后,应当在七日以内执行。

在死刑缓期执行期间故意犯罪,最高人民法院核准执行死刑的,由罪犯服刑地的中级人民法院执行。

第五百条　下级人民法院在接到执行死刑命令后、执行前,发现有下列情形之一的,应当暂停执行,并立即将请求停止执行死刑的报告和相关材料层报最高人民法院:

(一)罪犯可能有其他犯罪的;

(二)共同犯罪的其他犯罪嫌疑人到案,可能影响罪犯量刑的;

(三)共同犯罪的其他罪犯被暂停或者停止执行死刑,可能影响罪犯量刑的;

(四)罪犯揭发重大犯罪事实或者有其他重大立功表现,可能需要改判的;

(五)罪犯怀孕的;

(六)判决、裁定可能有影响定罪量刑的其他错误的。

最高人民法院经审查,认为可能影响罪犯定罪量刑的,应当裁定停止执行死刑;认为不影响的,应当决定继续执行死刑。

第五百零一条　最高人民法院在执行死刑命令签发后、执行前,发现有前条第一款规定情形的,应当立即裁定停止执行死刑,并将有关材料移交下级人民法院。

第五百零二条　下级人民法院接到最高人民法院停止执行死刑的裁定后,应当会同有关部门调查核实停止执行死刑的事由,并及时将调查结果和意见层报最高人民法院审核。

第五百零三条　对下级人民法院报送的停止执行死刑的调查结果和意见,由最高人民法院原作出核准死刑判决、裁定的合议庭负责审查;必要时,另行组成合议庭进行审查。

第五百零四条　最高人民法院对停止执行死刑的案件,应当按照下列情形分别处理:

(一)确认罪犯怀孕的,应当改判;

(二)确认罪犯有其他犯罪,依法应当追诉的,应当裁定不予核准死刑,撤销原判,发回重新审判;

(三)确认原判决、裁定有错误或者罪犯有重大立功表现,需要改判的,应当裁定不予核准死刑,撤销原判,发回重新审判;

(四)确认原判决、裁定没有错误,罪犯没有重大立功表现,或者重大立功表现不影响原判决、裁定执行的,应当裁定继续执行死刑,并由院长重新签发执行死刑的命令。

第五百零五条　第一审人民法院在执行死刑前,应当告知罪犯有权会见其近亲属。罪犯申请会见并提供具体联系方式的,人民法院应当通知其近亲属。确实无法与罪犯近亲属取得联系,或者其近亲属拒绝会见的,应当告知罪犯。罪犯申请通过录音录像等方式留下遗言的,人民法院可以准许。

罪犯近亲属申请会见的,人民法院应当准许并及时安排,但罪犯拒绝会见的除外。罪犯拒绝会见的,应当记录在案并及时告知其近亲属;必要时,应当录音录像。

罪犯申请会见近亲属以外的亲友,经人民法院审查,确有正当理由的,在确保安全的情况下可以准许。

罪犯申请会见未成年子女的,应当经未成年子女的监护人同意;会见可能影响未成年人身心健康的,人民法院可以通过视频方式安排会见,会见时监护人应当在场。

会见一般在罪犯羁押场所进行。

会见情况应当记录在案,附卷存档。

第五百零六条　第一审人民法院在执行死刑三日以前,应当通知同级人民检察院派员临场监督。

第五百零七条　死刑采用枪决或者注射等方法执行。

采用注射方法执行死刑的,应当在指定的刑场或者羁押场所内执行。

采用枪决、注射以外的其他方法执行死刑的,应当事先层报最高人民法院批准。

第五百零八条　执行死刑前,指挥执行的审判人员应当对罪犯验明正身,讯问有无遗言、信札,并制作笔录,再交执行人员执行死刑。

执行死刑应当公布,禁止游街示众或者其他有辱罪犯人格的行为。

第五百零九条　执行死刑后,应当由法医验明罪犯确实死亡,在场书记员制作笔录。负责执行的人民法院应当在执行死刑后十五日以内将执行情况,包括罪犯被执行死刑前后的照片,上报最高人民法院。

第五百一十条　执行死刑后,负责执行的人民法院应当办理以下事项:

(一)对罪犯的遗书、遗言笔录,应当及时审查;涉及财产继承、债务清偿、家事嘱托等内容的,将遗书、遗言笔录交给家属,同时复制附卷备查;涉及案件线索等问题的,抄送有关机关;

(二)通知罪犯家属在限期内领取罪犯骨灰;没有火化条件或者因民族、宗教等原因不宜火化的,通知领取尸体;过期不领取的,由人民法院通知有关单位处理,并要求有关单位出具处理情况的说明;对罪犯骨灰或者尸体的处理情况,应当记录在案;

(三)对外国籍罪犯执行死刑后,通知外国驻华使领馆的程序和时限,根据有关规定办理。

第二节　死刑缓期执行、无期徒刑、有期徒刑、拘役的交付执行

第五百一十一条　被判处死刑缓期执行、无期徒刑、有期徒刑、拘役的罪犯,第一审人民法院应当在判决、裁定生效后十日以内,将判决书、裁定书、起诉书副本、自诉状复印件、执行通知书、结案登记表送达公安机关、监狱或者其他执行机关。

第五百一十二条　同案审理的案件中,部分被告人被判处死刑,对未被判处死刑的同案被告人需要羁押执行刑罚的,应当根据前条规定及时交付执行。但是,该同案被告人参与实施有关死刑之罪的,应当在复核讯问被判处死刑的被告人后交付执行。

第五百一十三条　执行通知书回执经看守所盖章后,应当附卷备查。

第五百一十四条　罪犯在被交付执行前,因有严重疾病、怀孕或者正在哺乳自己婴儿的妇女、生活不能自理的原因,依法提出暂予监外执行的申请的,有关病情诊断、妊娠检查和生活不能自理的鉴别,由人民法院负责组织进行。

第五百一十五条　被判处无期徒刑、有期徒刑或者拘役的罪犯,符合刑事诉讼法第二百六十五条第一款、第二款的规定,人民法院决定暂予监外执行的,应当制作暂予监外执行决定书,写明罪犯基本情况、判决确定的罪名和刑罚、决定暂予监外执行的原因、依据等。

人民法院在作出暂予监外执行决定前,应当征求人民检察院的意见。

人民检察院认为人民法院的暂予监外执行决定不当,在法定期限内提出书面意见的,人民法院应当立即对该决定重新核查,并在一个月以内作出决定。

对暂予监外执行的罪犯,适用本解释第五百一十九条的有关规定,依法实行社区矫正。

人民法院决定暂予监外执行的,由看守所或者执行取保候审、监视居住的公安机关自收到决定之日起十日以内将罪犯移送社区矫正机构。

第五百一十六条　人民法院收到社区矫正机构的收监执行建议书后,经审查,确认暂予监外执行的罪犯具有下列情形之一的,应当作出收监执行的决定:

(一)不符合暂予监外执行条件的;

(二)未经批准离开所居住的市、县,经警告拒不改正,或者拒不报告行踪,脱离监管的;

(三)因违反监督管理规定受到治安管理处罚,仍不改正的;

(四)受到执行机关两次警告,仍不改正的;

(五)保外就医期间不按规定提交病情复查情况,经警告拒不改正的;

(六)暂予监外执行的情形消失后,刑期未满的;

(七)保证人丧失保证条件或者因不履行义务被取消保证人资格,不能在规定期限内提出新的保证人的;

(八)违反法律、行政法规和监督管理规定,情节严重的其他情形。

第五百一十七条　人民法院应当在收到社区矫正机构的收监执行建议书后三十日以内作出决定。收监执行决定书一经作出,立即生效。

人民法院应当将收监执行决定书送达社区矫正机构

和公安机关,并抄送人民检察院,由公安机关将罪犯交付执行。

第五百一十八条　被收监执行的罪犯有不计入执行刑期情形的,人民法院应当在作出收监决定时,确定不计入执行刑期的具体时间。

第三节　管制、缓刑、剥夺政治权利的交付执行

第五百一十九条　对被判处管制、宣告缓刑的罪犯,人民法院应当依法确定社区矫正执行地。社区矫正执行地为罪犯的居住地;罪犯在多个地方居住的,可以确定其经常居住地为执行地;罪犯的居住地、经常居住地无法确定或者不适宜执行社区矫正的,应当根据有利于罪犯接受矫正、更好地融入社会的原则,确定执行地。

宣判时,应当告知罪犯自判决、裁定生效之日起十日以内到执行地社区矫正机构报到,以及不按期报到的后果。

人民法院应当自判决、裁定生效之日起五日以内通知执行地社区矫正机构,并在十日以内将判决书、裁定书、执行通知书等法律文书送达执行地社区矫正机构,同时抄送人民检察院和执行地公安机关。人民法院与社区矫正执行地不在同一地方的,由执行地社区矫正机构将法律文书转送所在地的人民检察院和公安机关。

第五百二十条　对单处剥夺政治权利的罪犯,人民法院应当在判决、裁定生效后十日以内,将判决书、裁定书、执行通知书等法律文书送达罪犯居住地的县级公安机关,并抄送罪犯居住地的县级人民检察院。

第四节　刑事裁判涉财产部分和附带民事裁判的执行

第五百二十一条　刑事裁判涉财产部分的执行,是指发生法律效力的刑事裁判中下列判项的执行:

(一)罚金、没收财产;

(二)追缴、责令退赔违法所得;

(三)处置随案移送的赃款赃物;

(四)没收随案移送的供犯罪所用本人财物;

(五)其他应当由人民法院执行的相关涉财产的判项。

第五百二十二条　刑事裁判涉财产部分和附带民事裁判应当由人民法院执行的,由第一审人民法院负责裁判执行的机构执行。

第五百二十三条　罚金在判决规定的期限内一次或者分期缴纳。期满无故不缴纳或者未足额缴纳的,人民法院应当强制缴纳。经强制缴纳仍不能全部缴纳的,在任何时候,包括主刑执行完毕后,发现被执行人有可供执行的财产的,应当追缴。

行政机关对被告人就同一事实已经处以罚款的,人民法院判处罚金时应当折抵,扣除行政处罚已执行的部分。

第五百二十四条　因遭遇不能抗拒的灾祸等原因缴纳罚金确有困难,被执行人申请延期缴纳、酌情减少或者免除罚金的,应当提交相关证明材料。人民法院应当在收到申请后一个月以内作出裁定。符合法定条件的,应当准许;不符合条件的,驳回申请。

第五百二十五条　判处没收财产的,判决生效后,应当立即执行。

第五百二十六条　执行财产刑,应当参照被扶养人住所地政府公布的上一年度当地居民最低生活费标准,保留被执行人及其所扶养人的生活必需费用。

第五百二十七条　被判处财产刑,同时又承担附带民事赔偿责任的被执行人,应当先履行民事赔偿责任。

第五百二十八条　执行刑事裁判涉财产部分、附带民事裁判过程中,当事人、利害关系人认为执行行为违反法律规定,或者案外人对被执行标的书面提出异议的,人民法院应当参照民事诉讼法的有关规定处理。

第五百二十九条　执行刑事裁判涉财产部分、附带民事裁判过程中,具有下列情形之一的,人民法院应当裁定终结执行:

(一)据以执行的判决、裁定被撤销的;

(二)被执行人死亡或者被执行死刑,且无财产可供执行的;

(三)被判处罚金的单位终止,且无财产可供执行的;

(四)依照刑法第五十三条规定免除罚金的;

(五)应当终结执行的其他情形。

裁定终结执行后,发现被执行人的财产有被隐匿、转移等情形的,应当追缴。

第五百三十条　被执行财产在外地的,第一审人民法院可以委托财产所在地的同级人民法院执行。

第五百三十一条　刑事裁判涉财产部分、附带民事裁判全部或者部分被撤销的,已经执行的财产应当全部或者部分返还被执行人;无法返还的,应当依法赔偿。

第五百三十二条　刑事裁判涉财产部分、附带民事裁判的执行,刑事诉讼法及有关刑事司法解释没有规定的,参照适用民事执行的有关规定。

第五节　减刑、假释案件的审理

第五百三十三条　被判处死刑缓期执行的罪犯,在死刑缓期执行期间,没有故意犯罪的,死刑缓期执行期满

后,应当裁定减刑;死刑缓期执行期满后,尚未裁定减刑前又犯罪的,应当在依法减刑后,对其所犯新罪另行审判。

第五百三十四条　对减刑、假释案件,应当按照下列情形分别处理:

(一)对被判处死刑缓期执行的罪犯的减刑,由罪犯服刑地的高级人民法院在收到同级监狱管理机关审核同意的减刑建议书后一个月以内作出裁定;

(二)对被判处无期徒刑的罪犯的减刑、假释,由罪犯服刑地的高级人民法院在收到同级监狱管理机关审核同意的减刑、假释建议书后一个月以内作出裁定,案情复杂或者情况特殊的,可以延长一个月;

(三)对被判处有期徒刑和被减为有期徒刑的罪犯的减刑、假释,由罪犯服刑地的中级人民法院在收到执行机关提出的减刑、假释建议书后一个月以内作出裁定,案情复杂或者情况特殊的,可以延长一个月;

(四)对被判处管制、拘役的罪犯的减刑,由罪犯服刑地的中级人民法院在收到同级执行机关审核同意的减刑建议书后一个月以内作出裁定。

对社区矫正对象的减刑,由社区矫正执行地的中级以上人民法院在收到社区矫正机构减刑建议书后三十日以内作出裁定。

第五百三十五条　受理减刑、假释案件,应当审查执行机关移送的材料是否包括下列内容:

(一)减刑、假释建议书;

(二)原审法院的裁判文书、执行通知书、历次减刑裁定书的复制件;

(三)证明罪犯确有悔改、立功或者重大立功表现具体事实的书面材料;

(四)罪犯评审鉴定表、奖惩审批表等;

(五)罪犯假释后对所居住社区影响的调查评估报告;

(六)刑事裁判涉财产部分、附带民事裁判的执行、履行情况;

(七)根据案件情况需要移送的其他材料。

人民检察院对报请减刑、假释案件提出意见的,执行机关应当一并移送受理减刑、假释案件的人民法院。

经审查,材料不全的,应当通知提请减刑、假释的执行机关在三日以内补送;逾期未补送的,不予立案。

第五百三十六条　审理减刑、假释案件,对罪犯积极履行刑事裁判涉财产部分、附带民事裁判确定的义务的,可以认定有悔改表现,在减刑、假释时从宽掌握;对确有

履行能力而不履行或者不全部履行的,在减刑、假释时从严掌握。

第五百三十七条　审理减刑、假释案件,应当在立案后五日以内对下列事项予以公示:

(一)罪犯的姓名、年龄等个人基本情况;

(二)原判认定的罪名和刑期;

(三)罪犯历次减刑情况;

(四)执行机关的减刑、假释建议和依据。

公示应当写明公示期限和提出意见的方式。

第五百三十八条　审理减刑、假释案件,应当组成合议庭,可以采用书面审理的方式,但下列案件应当开庭审理:

(一)因罪犯有重大立功表现提请减刑的;

(二)提请减刑的起始时间、间隔时间或者减刑幅度不符合一般规定的;

(三)被提请减刑、假释罪犯系职务犯罪罪犯,组织、领导、参加、包庇、纵容黑社会性质组织罪犯,破坏金融管理秩序罪犯或者金融诈骗罪犯的;

(四)社会影响重大或者社会关注度高的;

(五)公示期间收到不同意见的;

(六)人民检察院提出异议的;

(七)有必要开庭审理的其他案件。

第五百三十九条　人民法院作出减刑、假释裁定后,应当在七日以内送达提请减刑、假释的执行机关、同级人民检察院以及罪犯本人。人民检察院认为减刑、假释裁定不当,在法定期限内提出书面纠正意见的,人民法院应当在收到意见后另行组成合议庭审理,并在一个月以内作出裁定。

对假释的罪犯,适用本解释第五百一十九条的有关规定,依法实行社区矫正。

第五百四十条　减刑、假释裁定作出前,执行机关书面提请撤回减刑、假释建议的,人民法院可以决定是否准许。

第五百四十一条　人民法院发现本院已经生效的减刑、假释裁定确有错误的,应当另行组成合议庭审理;发现下级人民法院已经生效的减刑、假释裁定确有错误的,可以指令下级人民法院另行组成合议庭审理,也可以自行组成合议庭审理。

第六节　缓刑、假释的撤销

第五百四十二条　罪犯在缓刑、假释考验期限内犯新罪或者被发现在判决宣告前还有其他罪没有判决,应当撤销缓刑、假释的,由审判新罪的人民法院撤销原判

决、裁定宣告的缓刑、假释,并书面通知原审人民法院和执行机关。

第五百四十三条　人民法院收到社区矫正机构的撤销缓刑建议书后,经审查,确认罪犯在缓刑考验期限内具有下列情形之一的,应当作出撤销缓刑的裁定:

(一)违反禁止令,情节严重的;

(二)无正当理由不按规定时间报到或者接受社区矫正期间脱离监管,超过一个月的;

(三)因违反监督管理规定受到治安管理处罚,仍不改正的;

(四)受到执行机关二次警告,仍不改正的;

(五)违反法律、行政法规和监督管理规定,情节严重的其他情形。

人民法院收到社区矫正机构的撤销假释建议书后,经审查,确认罪犯在假释考验期限内具有前款第二项、第四项规定情形之一,或者有其他违反监督管理规定的行为,尚未构成新的犯罪的,应当作出撤销假释的裁定。

第五百四十四条　被提请撤销缓刑、假释的罪犯可能逃跑或者可能发生社会危险,社区矫正机构在提出撤销缓刑、假释建议的同时,提请人民法院决定对其予以逮捕,人民法院应当在四十八小时以内作出是否逮捕的决定。决定逮捕的,由公安机关执行。逮捕后的羁押期限不得超过三十日。

第五百四十五条　人民法院应当在收到社区矫正机构的撤销缓刑、假释建议书后三十日以内作出裁定。撤销缓刑、假释的裁定一经作出,立即生效。

人民法院应当将撤销缓刑、假释裁定书送达社区矫正机构和公安机关,并抄送人民检察院,由公安机关将罪犯送交执行。执行以前被逮捕的,羁押一日折抵刑期一日。

第二十二章　未成年人刑事案件诉讼程序
第一节　一般规定

第五百四十六条　人民法院审理未成年人刑事案件,应当贯彻教育、感化、挽救的方针,坚持教育为主、惩罚为辅的原则,加强对未成年人的特殊保护。

第五百四十七条　人民法院应当加强同政府有关部门、人民团体、社会组织等的配合,推动未成年人刑事案件人民陪审、情况调查、安置帮教等工作的开展,充分保障未成年人的合法权益,积极参与社会治安综合治理。

第五百四十八条　人民法院应当加强同政府有关部门、人民团体、社会组织等的配合,对遭受性侵害或者暴力伤害的未成年被害人及其家庭实施必要的心理干预、经济救助、法律援助、转学安置等保护措施。

第五百四十九条　人民法院应当确定专门机构或者指定专门人员,负责审理未成年人刑事案件。审理未成年人刑事案件的人员应当经过专门培训,熟悉未成年人身心特点、善于做未成年人思想教育工作。

参加审理未成年人刑事案件的人民陪审员,可以从熟悉未成年人身心特点、关心未成年人保护工作的人民陪审员名单中随机抽取确定。

第五百五十条　被告人实施被指控的犯罪时不满十八周岁、人民法院立案时不满二十周岁的案件,由未成年人案件审判组织审理。

下列案件可以由未成年人案件审判组织审理:

(一)人民法院立案时不满二十二周岁的在校学生犯罪案件;

(二)强奸、猥亵、虐待、遗弃未成年人等侵害未成年人人身权利的犯罪案件;

(三)由未成年人案件审判组织审理更为适宜的其他案件。

共同犯罪案件有未成年被告人的或者其他涉及未成年人的刑事案件,是否由未成年人案件审判组织审理,由院长根据实际情况决定。

第五百五十一条　对分案起诉至同一人民法院的未成年人与成年人共同犯罪案件,可以由同一个审判组织审理;不宜由同一个审判组织审理的,可以分别审理。

未成年人与成年人共同犯罪案件,由不同人民法院或者不同审判组织分别审理的,有关人民法院或者审判组织应当互相了解共同犯罪被告人的审判情况,注意全案的量刑平衡。

第五百五十二条　对未成年人刑事案件,必要时,上级人民法院可以根据刑事诉讼法第二十七条的规定,指定下级人民法院将案件移送其他人民法院审判。

第五百五十三条　对未成年被告人应当严格限制适用逮捕措施。

人民法院决定逮捕,应当讯问未成年被告人,听取辩护律师的意见。

对被逮捕且没有完成义务教育的未成年被告人,人民法院应当与教育行政部门互相配合,保证其接受义务教育。

第五百五十四条　人民法院对无固定住所、无法提供保证人的未成年被告人适用取保候审的,应当指定合适成年人作为保证人,必要时可以安排取保候审的被告人接受社会观护。

第五百五十五条　人民法院审理未成年人刑事案件,在讯问和开庭时,应当通知未成年被告人的法定代理人到场。法定代理人无法通知、不能到场或者是共犯的,也可以通知合适成年人到场,并将有关情况记录在案。

到场的法定代理人或者其他人员,除依法行使刑事诉讼法第二百八十一条第二款规定的权利外,经法庭同意,可以参与对未成年被告人的法庭教育等工作。

适用简易程序审理未成年人刑事案件,适用前两款规定。

第五百五十六条　询问未成年被害人、证人,适用前条规定。

审理未成年人遭受性侵害或者暴力伤害案件,在询问未成年被害人、证人时,应当采取同步录音录像等措施,尽量一次完成;未成年被害人、证人是女性的,应当由女性工作人员进行。

第五百五十七条　开庭审理时被告人不满十八周岁的案件,一律不公开审理。经未成年被告人及其法定代理人同意,未成年被告人所在学校和未成年人保护组织可以派代表到场。到场代表的人数和范围,由法庭决定。经法庭同意,到场代表可以参与对未成年被告人的法庭教育工作。

对依法公开审理,但可能需要封存犯罪记录的案件,不得组织人员旁听;有旁听人员的,应当告知其不得传播案件信息。

第五百五十八条　开庭审理涉及未成年人的刑事案件,未成年被害人、证人一般不出庭作证;必须出庭的,应当采取保护其隐私的技术手段和心理干预等保护措施。

第五百五十九条　审理涉及未成年人的刑事案件,不得向外界披露未成年人的姓名、住所、照片以及可能推断出未成年人身份的其他资料。

查阅、摘抄、复制的案卷材料,涉及未成年人的,不得公开和传播。

第五百六十条　人民法院发现有关单位未尽到未成年人教育、管理、救助、看护等保护职责的,应当向该单位提出司法建议。

第五百六十一条　人民法院应当结合实际,根据涉及未成年人刑事案件的特点,开展未成年人法治宣传教育工作。

第五百六十二条　审理未成年人刑事案件,本章没有规定的,适用本解释的有关规定。

第二节　开庭准备

第五百六十三条　人民法院向未成年被告人送达起诉书副本时,应当向其讲明被指控的罪行和有关法律规定,并告知其审判程序和诉讼权利、义务。

第五百六十四条　审判时不满十八周岁的未成年被告人没有委托辩护人的,人民法院应当通知法律援助机构指派熟悉未成年人身心特点的律师为其提供辩护。

第五百六十五条　未成年被害人及其法定代理人因经济困难或者其他原因没有委托诉讼代理人的,人民法院应当帮助其申请法律援助。

第五百六十六条　对未成年人刑事案件,人民法院决定适用简易程序审理的,应当征求未成年被告人及其法定代理人、辩护人的意见。上述人员提出异议的,不适用简易程序。

第五百六十七条　被告人实施被指控的犯罪时不满十八周岁、开庭时已满十八周岁、不满二十周岁的,人民法院开庭时,一般应当通知其近亲属到庭。经法庭同意,近亲属可以发表意见。近亲属无法通知、不能到场或者是共犯的,应当记录在案。

第五百六十八条　对人民检察院移送的关于未成年被告人性格特点、家庭情况、社会交往、成长经历、犯罪原因、犯罪前后的表现、监护教育等情况的调查报告,以及辩护人提交的反映未成年被告人上述情况的书面材料,法庭应当接受。

必要时,人民法院可以委托社区矫正机构、共青团、社会组织等对未成年被告人的上述情况进行调查,或者自行调查。

第五百六十九条　人民法院根据情况,可以对未成年被告人、被害人、证人进行心理疏导;根据实际需要并经未成年被告人及其法定代理人同意,可以对未成年被告人进行心理测评。

心理疏导、心理测评可以委托专门机构、专业人员进行。

心理测评报告可以作为办理案件和教育未成年人的参考。

第五百七十条　开庭前和休庭时,法庭根据情况,可以安排未成年被告人与其法定代理人或者合适成年人会见。

第三节　审　判

第五百七十一条　人民法院应当在辩护台靠近旁听区一侧为未成年被告人的法定代理人或者合适成年人设

置席位。

审理可能判处五年有期徒刑以下刑罚或者过失犯罪的未成年人刑事案件,可以采取适合未成年人特点的方式设置法庭席位。

第五百七十二条 未成年被告人或者其法定代理人当庭拒绝辩护人辩护的,适用本解释第三百一十一条第二款、第三款的规定。

重新开庭后,未成年被告人或者其法定代理人再次当庭拒绝辩护人辩护的,不予准许。重新开庭时被告人已满十八周岁的,可以准许,但不得再另行委托辩护人或者要求另行指派律师,由其自行辩护。

第五百七十三条 法庭审理过程中,审判人员应当根据未成年被告人的智力发育程度和心理状态,使用适合未成年人的语言表达方式。

发现有对未成年被告人威胁、训斥、诱供或者讽刺等情形的,审判长应当制止。

第五百七十四条 控辩双方提出对未成年被告人判处管制、宣告缓刑等量刑建议的,应当向法庭提供有关未成年被告人能够获得监护、帮教以及对所居住社区无重大不良影响的书面材料。

第五百七十五条 对未成年被告人情况的调查报告,以及辩护人提交的有关未成年被告人情况的书面材料,法庭应当审查并听取控辩双方意见。上述报告和材料可以作为办理案件和教育未成年人的参考。

人民法院可以通知作出调查报告的人员出庭说明情况,接受控辩双方和法庭的询问。

第五百七十六条 法庭辩论结束后,法庭可以根据未成年人的生理、心理特点和案件情况,对未成年被告人进行法治教育;判决未成年被告人有罪的,宣判后,应当对未成年被告人进行法治教育。

对未成年被告人进行教育,其法定代理人以外的成年亲属或者教师、辅导员等参与有利于感化、挽救未成年人的,人民法院应当邀请其参加有关活动。

适用简易程序审理的案件,对未成年被告人进行法庭教育,适用前两款规定。

第五百七十七条 未成年被告人最后陈述后,法庭应当询问其法定代理人是否补充陈述。

第五百七十八条 对未成年人刑事案件,宣告判决应当公开进行。

对依法应当封存犯罪记录的案件,宣判时,不得组织人员旁听;有旁听人员的,应当告知其不得传播案件信息。

第五百七十九条 定期宣告判决的未成年人刑事案件,未成年被告人的法定代理人无法通知、不能到场或者是共犯的,法庭可以通知合适成年人到庭,并在宣判后向未成年被告人的成年亲属送达判决书。

第四节 执 行

第五百八十条 将未成年罪犯送监执行刑罚或者送交社区矫正时,人民法院应当将有关未成年罪犯的调查报告及其在案件审理中的表现材料,连同有关法律文书,一并送达执行机关。

第五百八十一条 犯罪时不满十八周岁,被判处五年有期徒刑以下刑罚以及免予刑事处罚的未成年人的犯罪记录,应当封存。

司法机关或者有关单位向人民法院申请查询封存的犯罪记录的,应当提供查询的理由和依据。对查询申请,人民法院应当及时作出是否同意的决定。

第五百八十二条 人民法院可以与未成年犯管教所等服刑场所建立联系,了解未成年罪犯的改造情况,协助做好帮教、改造工作,并可以对正在服刑的未成年罪犯进行回访考察。

第五百八十三条 人民法院认为必要时,可以督促被收监服刑的未成年罪犯的父母或者其他监护人及时探视。

第五百八十四条 对被判处管制、宣告缓刑、裁定假释、决定暂予监外执行的未成年罪犯,人民法院可以协助社区矫正机构制定帮教措施。

第五百八十五条 人民法院可以适时走访被判处管制、宣告缓刑、免予刑事处罚、裁定假释、决定暂予监外执行等的未成年罪犯及其家庭,了解未成年罪犯的管理和教育情况,引导未成年罪犯的家庭承担管教责任,为未成年罪犯改过自新创造良好环境。

第五百八十六条 被判处管制、宣告缓刑、免予刑事处罚、裁定假释、决定暂予监外执行等的未成年罪犯,具备就学、就业条件的,人民法院可以就其安置问题向有关部门提出建议,并附送必要的材料。

第二十三章 当事人和解的公诉案件诉讼程序

第五百八十七条 对符合刑事诉讼法第二百八十八条规定的公诉案件,事实清楚、证据充分的,人民法院应当告知当事人可以自行和解;当事人提出申请的,人民法院可以主持双方当事人协商以达成和解。

根据案件情况,人民法院可以邀请人民调解员、辩护人、诉讼代理人、当事人亲友等参与促成双方当事人和解。

第五百八十八条　符合刑事诉讼法第二百八十八条规定的公诉案件，被害人死亡的，其近亲属可以与被告人和解。近亲属有多人的，达成和解协议，应当经处于最先继承顺序的所有近亲属同意。

被害人系无行为能力或者限制行为能力人的，其法定代理人、近亲属可以代为和解。

第五百八十九条　被告人的近亲属经被告人同意，可以代为和解。

被告人系限制行为能力人的，其法定代理人可以代为和解。

被告人的法定代理人、近亲属依照前两款规定代为和解的，和解协议约定的赔礼道歉等事项，应当由被告人本人履行。

第五百九十条　对公安机关、人民检察院主持制作的和解协议书，当事人提出异议的，人民法院应当审查。经审查，和解自愿、合法的，予以确认，无需重新制作和解协议书；和解违反自愿、合法原则的，应当认定无效。和解协议被认定无效后，双方当事人重新达成和解的，人民法院应当主持制作新的和解协议书。

第五百九十一条　审判期间，双方当事人和解的，人民法院应当听取当事人及其法定代理人等有关人员的意见。双方当事人在庭外达成和解的，人民法院应当通知人民检察院，并听取其意见。经审查，和解自愿、合法的，应当主持制作和解协议书。

第五百九十二条　和解协议书应当包括以下内容：

（一）被告人承认自己所犯罪行，对犯罪事实没有异议，并真诚悔罪；

（二）被告人通过向被害人赔礼道歉、赔偿损失等方式获得被害人谅解；涉及赔偿损失的，应当写明赔偿的数额、方式等；提起附带民事诉讼的，由附带民事诉讼原告人撤回起诉；

（三）被害人自愿和解，请求或者同意对被告人依法从宽处罚。

和解协议书应当由双方当事人和审判人员签名，但不加盖人民法院印章。

和解协议书一式三份，双方当事人各持一份，另一份交人民法院附卷备查。

对和解协议中的赔偿损失内容，双方当事人要求保密的，人民法院应当准许，并采取相应的保密措施。

第五百九十三条　和解协议约定的赔偿损失内容，被告人应当在协议签署后即时履行。

和解协议已经全部履行，当事人反悔的，人民法院不予支持，但有证据证明和解违反自愿、合法原则的除外。

第五百九十四条　双方当事人在侦查、审查起诉期间已经达成和解协议并全部履行，被害人或者其法定代理人、近亲属又提起附带民事诉讼的，人民法院不予受理，但有证据证明和解违反自愿、合法原则的除外。

第五百九十五条　被害人或者其法定代理人、近亲属提起附带民事诉讼后，双方愿意和解，但被告人不能即时履行全部赔偿义务的，人民法院应当制作附带民事调解书。

第五百九十六条　对达成和解协议的案件，人民法院应当对被告人从轻处罚；符合非监禁刑适用条件的，应当适用非监禁刑；判处法定最低刑仍然过重的，可以减轻处罚；综合全案认为犯罪情节轻微不需要判处刑罚的，可以免予刑事处罚。

共同犯罪案件，部分被告人与被害人达成和解协议的，可以依法对该部分被告人从宽处罚，但应当注意全案的量刑平衡。

第五百九十七条　达成和解协议的，裁判文书应当叙明，并援引刑事诉讼法的相关条文。

第二十四章　缺席审判程序

第五百九十八条　对人民检察院依照刑事诉讼法第二百九十一条第一款的规定提起公诉的案件，人民法院应当重点审查以下内容：

（一）是否属于可以适用缺席审判程序的案件范围；

（二）是否属于本院管辖；

（三）是否写明被告人的基本情况，包括明确的境外居住地、联系方式等；

（四）是否写明被告人涉嫌有关犯罪的主要事实，并附证据材料；

（五）是否写明被告人有无近亲属以及近亲属的姓名、身份、住址、联系方式等情况；

（六）是否列明违法所得及其他涉案财产的种类、数量、价值、所在地等，并附证据材料；

（七）是否附有查封、扣押、冻结违法所得及其他涉案财产的清单和相关法律手续。

前款规定的材料需要翻译件的，人民法院应当要求人民检察院一并移送。

第五百九十九条　对人民检察院依照刑事诉讼法第二百九十一条第一款的规定提起公诉的案件，人民法院审查后，应当按照下列情形分别处理：

（一）符合缺席审判程序适用条件，属于本院管辖，且材料齐全的，应当受理；

（二）不属于可以适用缺席审判程序的案件范围、不属于本院管辖或者不符合缺席审判程序的其他适用条件的，应当退回人民检察院；

（三）材料不全的，应当通知人民检察院在三十日以内补送；三十日以内不能补送的，应当退回人民检察院。

第六百条　对人民检察院依照刑事诉讼法第二百九十一条第一款的规定提起公诉的案件，人民法院立案后，应当将传票和起诉书副本送达被告人，传票应当载明被告人到案期限以及不按要求到案的法律后果等事项；应当将起诉书副本送达被告人近亲属，告知其有权代为委托辩护人，并通知其敦促被告人归案。

第六百零一条　人民法院审理人民检察院依照刑事诉讼法第二百九十一条第一款的规定提起公诉的案件，被告人有权委托或者由近亲属代为委托一至二名辩护人。委托律师担任辩护人的，应当委托具有中华人民共和国律师资格并依法取得执业证书的律师；在境外委托的，应当依照本解释第四百八十六条的规定对授权委托进行公证、认证。

被告人及其近亲属没有委托辩护人的，人民法院应当通知法律援助机构指派律师为被告人提供辩护。

被告人及其近亲属拒绝法律援助机构指派的律师辩护的，依照本解释第五十条第二款的规定处理。

第六百零二条　人民法院审理人民检察院依照刑事诉讼法第二百九十一条第一款的规定提起公诉的案件，被告人的近亲属申请参加诉讼的，应当在收到起诉书副本后、第一审开庭前提出，并提供与被告人关系的证明材料。有多名近亲属的，应当推选一至二人参加诉讼。

对被告人的近亲属提出申请的，人民法院应当及时审查决定。

第六百零三条　人民法院审理人民检察院依照刑事诉讼法第二百九十一条第一款的规定提起公诉的案件，参照适用公诉案件第一审普通程序的有关规定。被告人的近亲属参加诉讼的，可以发表意见，出示证据，申请法庭通知证人、鉴定人等出庭，进行辩论。

第六百零四条　对人民检察院依照刑事诉讼法第二百九十一条第一款的规定提起公诉的案件，人民法院审理后应当参照本解释第二百九十五条的规定作出判决、裁定。

作出有罪判决的，应当达到证据确实、充分的证明标准。

经审理认定的罪名不属于刑事诉讼法第二百九十一条第一款规定的罪名的，应当终止审理。

适用缺席审判程序审理案件，可以对违法所得及其他涉案财产一并作出处理。

第六百零五条　因被告人患有严重疾病导致缺乏受审能力，无法出庭受审，中止审理超过六个月，被告人仍无法出庭，被告人及其法定代理人、近亲属申请或者同意恢复审理的，人民法院可以根据刑事诉讼法第二百九十六条的规定缺席审判。

符合前款规定的情形，被告人无法表达意愿的，其法定代理人、近亲属可以代为申请或者同意恢复审理。

第六百零六条　人民法院受理案件后被告人死亡的，应当裁定终止审理；但有证据证明被告人无罪，经缺席审理确认无罪的，应当判决宣告被告人无罪。

前款所称"有证据证明被告人无罪，经缺席审理确认无罪"，包括案件事实清楚，证据确实、充分，依据法律认定被告人无罪的情形，以及证据不足，不能认定被告人有罪的情形。

第六百零七条　人民法院按照审判监督程序重新审判的案件，被告人死亡的，可以缺席审理。有证据证明被告人无罪，经缺席审理确认被告人无罪的，应当判决宣告被告人无罪；虽然构成犯罪，但原判量刑畸重的，应当依法作出判决。

第六百零八条　人民法院缺席审理案件，本章没有规定的，参照适用本解释的有关规定。

第二十五章　犯罪嫌疑人、被告人逃匿、死亡案件违法所得的没收程序

第六百零九条　刑事诉讼法第二百九十八条规定的"贪污贿赂犯罪、恐怖活动犯罪等"犯罪案件，是指下列案件：

（一）贪污贿赂、失职渎职等职务犯罪案件；

（二）刑法分则第二章规定的相关恐怖活动犯罪案件，以及恐怖活动组织、恐怖活动人员实施的杀人、爆炸、绑架等犯罪案件；

（三）危害国家安全、走私、洗钱、金融诈骗、黑社会性质组织、毒品犯罪案件；

（四）电信诈骗、网络诈骗犯罪案件。

第六百一十条　在省、自治区、直辖市或者全国范围内具有较大影响的犯罪案件，或者犯罪嫌疑人、被告人逃匿境外的犯罪案件，应当认定为刑事诉讼法第二百九十八条第一款规定的"重大犯罪案件"。

第六百一十一条　犯罪嫌疑人、被告人死亡，依照刑法规定应当追缴其违法所得及其他涉案财产，人民检察院提出没收违法所得申请的，人民法院应当依法受理。

第六百一十二条 对人民检察院提出的没收违法所得申请,人民法院应当审查以下内容:

(一)是否属于可以适用违法所得没收程序的案件范围;

(二)是否属于本院管辖;

(三)是否写明犯罪嫌疑人、被告人基本情况,以及涉嫌有关犯罪的情况,并附证据材料;

(四)是否写明犯罪嫌疑人、被告人逃匿、被通缉、脱逃、下落不明、死亡等情况,并附证据材料;

(五)是否列明违法所得及其他涉案财产的种类、数量、价值、所在地等,并附证据材料;

(六)是否附有查封、扣押、冻结违法所得及其他涉案财产的清单和法律手续;

(七)是否写明犯罪嫌疑人、被告人有无利害关系人,利害关系人的姓名、身份、住址、联系方式及其要求等情况;

(八)是否写明申请没收的理由和法律依据;

(九)其他依法需要审查的内容和材料。

前款规定的材料需要翻译件的,人民法院应当要求人民检察院一并移送。

第六百一十三条 对没收违法所得的申请,人民法院应当在三十日以内审查完毕,并按照下列情形分别处理:

(一)属于没收违法所得申请受案范围和本院管辖,且材料齐全、有证据证明有犯罪事实的,应当受理;

(二)不属于没收违法所得申请受案范围或者本院管辖的,应当退回人民检察院;

(三)没收违法所得申请不符合"有证据证明有犯罪事实"标准要求的,应当通知人民检察院撤回申请;

(四)材料不全的,应当通知人民检察院在七日以内补送;七日以内不能补送的,应当退回人民检察院。

人民检察院尚未查封、扣押、冻结申请没收的财产或者查封、扣押、冻结期限即将届满,涉案财产有被隐匿、转移或者毁损、灭失危险的,人民法院可以查封、扣押、冻结申请没收的财产。

第六百一十四条 人民法院受理没收违法所得的申请后,应当在十五日以内发布公告。公告应当载明以下内容:

(一)案由、案件来源;

(二)犯罪嫌疑人、被告人的基本情况;

(三)犯罪嫌疑人、被告人涉嫌犯罪的事实;

(四)犯罪嫌疑人、被告人逃匿、被通缉、脱逃、下落不明、死亡等情况;

(五)申请没收的财产的种类、数量、价值、所在地等以及已查封、扣押、冻结财产的清单和法律手续;

(六)申请没收的财产属于违法所得及其他涉案财产的相关事实;

(七)申请没收的理由和法律依据;

(八)利害关系人申请参加诉讼的期限、方式以及未按照该期限、方式申请参加诉讼可能承担的不利法律后果;

(九)其他应当公告的情况。

公告期为六个月,公告期间不适用中止、中断、延长的规定。

第六百一十五条 公告应当在全国公开发行的报纸、信息网络媒体、最高人民法院的官方网站发布,并在人民法院公告栏发布。必要时,公告可以在犯罪地、犯罪嫌疑人、被告人居住地或者被申请没收财产所在地发布。最后发布的公告的日期为公告日期。发布公告的,应当采取拍照、录像等方式记录发布过程。

人民法院已经掌握境内利害关系人联系方式的,应当直接送达含有公告内容的通知;直接送达有困难的,可以委托代为送达、邮寄送达。经受送达人同意的,可以采用传真、电子邮件等能够确认其收悉的方式告知公告内容,并记录在案。

人民法院已经掌握境外犯罪嫌疑人、被告人、利害关系人联系方式,经受送达人同意的,可以采用传真、电子邮件等能够确认其收悉的方式告知公告内容,并记录在案;受送达人未表示同意,或者人民法院未掌握境外犯罪嫌疑人、被告人、利害关系人联系方式,其所在国、地区的主管机关明确提出应当向受送达人送达含有公告内容的通知,人民法院可以决定是否送达。决定送达的,应当依照本解释第四百九十三条的规定请求所在国、地区提供司法协助。

第六百一十六条 刑事诉讼法第二百九十九条第二款、第三百条第二款规定的"其他利害关系人",是指除犯罪嫌疑人、被告人的近亲属以外的,对申请没收的财产主张权利的自然人和单位。

第六百一十七条 犯罪嫌疑人、被告人的近亲属和其他利害关系人申请参加诉讼的,应当在公告期间内提出。犯罪嫌疑人、被告人的近亲属应当提供其与犯罪嫌疑人、被告人关系的证明材料,其他利害关系人应当提供证明其对违法所得及其他涉案财产主张权利的证据材料。

利害关系人可以委托诉讼代理人参加诉讼。委托律师担任诉讼代理人的，应当委托具有中华人民共和国律师资格并依法取得执业证书的律师；在境外委托的，应当依照本解释第四百八十六条的规定对授权委托进行公证、认证。

利害关系人在公告期满后申请参加诉讼，能够合理说明理由的，人民法院应当准许。

第六百一十八条　犯罪嫌疑人、被告人逃匿境外，委托诉讼代理人申请参加诉讼，且违法所得或者其他涉案财产所在国、地区主管机关明确提出意见予以支持的，人民法院可以准许。

人民法院准许参加诉讼的，犯罪嫌疑人、被告人的诉讼代理人依照本解释关于利害关系人的诉讼代理人的规定行使诉讼权利。

第六百一十九条　公告期满后，人民法院应当组成合议庭对申请没收违法所得的案件进行审理。

利害关系人申请参加或者委托诉讼代理人参加诉讼的，应当开庭审理。没有利害关系人申请参加诉讼的，或者利害关系人及其诉讼代理人无正当理由拒不到庭的，可以不开庭审理。

人民法院确定开庭日期后，应当将开庭的时间、地点通知人民检察院、利害关系人及其诉讼代理人、证人、鉴定人、翻译人员。通知书应当依照本解释第六百一十五条第二款、第三款规定的方式，至迟在开庭审理三日以前送达；受送达人在境外的，至迟在开庭审理三十日以前送达。

第六百二十条　开庭审理申请没收违法所得的案件，按照下列程序进行：

（一）审判长宣布法庭调查开始后，先由检察员宣读申请书，后由利害关系人、诉讼代理人发表意见；

（二）法庭应当依次就犯罪嫌疑人、被告人是否实施了贪污贿赂犯罪、恐怖活动犯罪等重大犯罪并已经通缉一年不能到案，或者是否已经死亡，以及申请没收的财产是否依法应当追缴进行调查；调查时，先由检察员出示证据，后由利害关系人、诉讼代理人出示证据，并进行质证；

（三）法庭辩论阶段，先由检察员发言，后由利害关系人、诉讼代理人发言，并进行辩论。

利害关系人接到通知后无正当理由拒不到庭，或者未经法庭许可中途退庭的，可以转为不开庭审理，但还有其他利害关系人参加诉讼的除外。

第六百二十一条　对申请没收违法所得的案件，人民法院审理后，应当按照下列情形分别处理：

（一）申请没收的财产属于违法所得及其他涉案财产的，除依法返还被害人的以外，应当裁定没收；

（二）不符合刑事诉讼法第二百九十八条第一款规定的条件的，应当裁定驳回申请，解除查封、扣押、冻结措施。

申请没收的财产具有高度可能属于违法所得及其他涉案财产的，应当认定为前款规定的"申请没收的财产属于违法所得及其他涉案财产"。巨额财产来源不明犯罪案件中，没有利害关系人对违法所得及其他涉案财产主张权利，或者利害关系人对违法所得及其他涉案财产虽然主张权利但提供的证据没有达到相应证明标准的，应当视为"申请没收的财产属于违法所得及其他涉案财产"。

第六百二十二条　对没收违法所得或者驳回申请的裁定，犯罪嫌疑人、被告人的近亲属和其他利害关系人或者人民检察院可以在五日以内提出上诉、抗诉。

第六百二十三条　对不服第一审没收违法所得或者驳回申请裁定的上诉、抗诉案件，第二审人民法院经审理，应当按照下列情形分别处理：

（一）第一审裁定认定事实清楚和适用法律正确的，应当驳回上诉或者抗诉，维持原裁定；

（二）第一审裁定认定事实清楚，但适用法律有错误的，应当改变原裁定；

（三）第一审裁定认定事实不清的，可以在查清事实后改变原裁定，也可以撤销原裁定，发回原审人民法院重新审判；

（四）第一审裁定违反法定诉讼程序，可能影响公正审判的，应当撤销原裁定，发回原审人民法院重新审判。

第一审人民法院对发回重新审判的案件作出裁定后，第二审人民法院对不服第一审人民法院裁定的上诉、抗诉，应当依法作出裁定，不得再发回原审人民法院重新审判；但是，第一审人民法院在重新审判过程中违反法定诉讼程序，可能影响公正审判的除外。

第六百二十四条　利害关系人非因故意或者重大过失在第一审期间未参加诉讼，在第二审期间申请参加诉讼的，人民法院应当准许，并撤销原裁定，发回原审人民法院重新审判。

第六百二十五条　在审理申请没收违法所得的案件过程中，在逃的犯罪嫌疑人、被告人到案的，人民法院应当裁定终止审理。人民检察院向原受理申请的人民法院提起公诉的，可以由同一审判组织审理。

第六百二十六条　在审理案件过程中，被告人脱逃或者死亡，符合刑事诉讼法第二百九十八条第一款规定的，人民检察院可以向人民法院提出没收违法所得的申请；符合刑事诉讼法第二百九十一条第一款规定的，人民检察院可以按照缺席审判程序向人民法院提起公诉。

人民检察院向原受理案件的人民法院提出没收违法所得申请的，可以由同一审判组织审理。

第六百二十七条　审理申请没收违法所得案件的期限，参照公诉案件第一审普通程序和第二审程序的审理期限执行。

公告期间和请求刑事司法协助的时间不计入审理期限。

第六百二十八条　没收违法所得裁定生效后，犯罪嫌疑人、被告人到案并对没收裁定提出异议，人民检察院向原作出裁定的人民法院提起公诉的，可以由同一审判组织审理。

人民法院经审理，应当按照下列情形分别处理：

（一）原裁定正确的，予以维持，不再对涉案财产作出判决；

（二）原裁定确有错误的，应当撤销原裁定，并在判决中对有关涉案财产一并作出处理。

人民法院生效的没收裁定确有错误的，除第一款规定的情形外，应当依照审判监督程序予以纠正。

第六百二十九条　人民法院审理申请没收违法所得的案件，本章没有规定的，参照适用本解释的有关规定。

第二十六章　依法不负刑事责任的精神病人的强制医疗程序

第六百三十条　实施暴力行为，危害公共安全或者严重危害公民人身安全，社会危害性已经达到犯罪程度，但经法定程序鉴定依法不负刑事责任的精神病人，有继续危害社会可能的，可以予以强制医疗。

第六百三十一条　人民检察院申请对依法不负刑事责任的精神病人强制医疗的案件，由被申请人实施暴力行为所在地的基层人民法院管辖；由被申请人居住地的人民法院审判更为适宜的，可以由被申请人居住地的基层人民法院管辖。

第六百三十二条　对人民检察院提出的强制医疗申请，人民法院应当审查以下内容：

（一）是否属于本院管辖；

（二）是否写明被申请人的身份，实施暴力行为的时间、地点、手段、所造成的损害等情况，并附证据材料；

（三）是否附有法医精神病鉴定意见和其他证明被申请人属于依法不负刑事责任的精神病人的证据材料；

（四）是否列明被申请人的法定代理人的姓名、住址、联系方式；

（五）需要审查的其他事项。

第六百三十三条　对人民检察院提出的强制医疗申请，人民法院应当在七日以内审查完毕，并按照下列情形分别处理：

（一）属于强制医疗程序受案范围和本院管辖，且材料齐全的，应当受理；

（二）不属于本院管辖的，应当退回人民检察院；

（三）材料不全的，应当通知人民检察院在三日以内补送；三日以内不能补送的，应当退回人民检察院。

第六百三十四条　审理强制医疗案件，应当通知被申请人或者被告人的法定代理人到场；被申请人或者被告人的法定代理人经通知未到场的，可以通知被申请人或者被告人的其他近亲属到场。

被申请人或者被告人没有委托诉讼代理人的，应当自受理强制医疗申请或者发现被告人符合强制医疗条件之日起三日以内，通知法律援助机构指派律师担任其诉讼代理人，为其提供法律帮助。

第六百三十五条　审理强制医疗案件，应当组成合议庭，开庭审理。但是，被申请人、被告人的法定代理人请求不开庭审理，并经人民法院审查同意的除外。

审理强制医疗案件，应当会见被申请人，听取被害人及其法定代理人的意见。

第六百三十六条　开庭审理申请强制医疗的案件，按照下列程序进行：

（一）审判长宣布法庭调查开始后，先由检察员宣读申请书，后由被申请人的法定代理人、诉讼代理人发表意见；

（二）法庭依次就被申请人是否实施了危害公共安全或者严重危害公民人身安全的暴力行为、是否属于依法不负刑事责任的精神病人、是否有继续危害社会的可能进行调查；调查时，先由检察员出示证据，后由被申请人的法定代理人、诉讼代理人出示证据，并进行质证；必要时，可以通知鉴定人出庭对鉴定意见作出说明；

（三）法庭辩论阶段，先由检察员发言，后由被申请人的法定代理人、诉讼代理人发言，并进行辩论。

被申请人要求出庭，人民法院经审查其身体和精神状态，认为可以出庭的，应当准许。出庭的被申请人，在法庭调查、辩论阶段，可以发表意见。

检察员宣读申请书后，被申请人的法定代理人、诉讼代理人无异议的，法庭调查可以简化。

第六百三十七条　对申请强制医疗的案件，人民法院审理后，应当按照下列情形分别处理：

（一）符合刑事诉讼法第三百零二条规定的强制医疗条件的，应当作出对被申请人强制医疗的决定；

（二）被申请人属于依法不负刑事责任的精神病人，但不符合强制医疗条件的，应当作出驳回强制医疗申请的决定；被申请人已经造成危害结果的，应当同时责令其家属或者监护人严加看管和医疗；

（三）被申请人具有完全或者部分刑事责任能力，依法应当追究刑事责任的，应当作出驳回强制医疗申请的决定，并退回人民检察院依法处理。

第六百三十八条　第一审人民法院在审理刑事案件过程中，发现被告人可能符合强制医疗条件的，应当依照法定程序对被告人进行法医精神病鉴定。经鉴定，被告人属于依法不负刑事责任的精神病人的，应当适用强制医疗程序，对案件进行审理。

开庭审理前款规定的案件，应当先由合议庭组成人员宣读对被告人的法医精神病鉴定意见，说明被告人可能符合强制医疗的条件，后依次由公诉人和被告人的法定代理人、诉讼代理人发表意见。经审判长许可，公诉人和被告人的法定代理人、诉讼代理人可以进行辩论。

第六百三十九条　对前条规定的案件，人民法院审理后，应当按照下列情形分别处理：

（一）被告人符合强制医疗条件的，应当判决宣告被告人不负刑事责任，同时作出对被告人强制医疗的决定；

（二）被告人属于依法不负刑事责任的精神病人，但不符合强制医疗条件的，应当判决宣告被告人无罪或者不负刑事责任；被告人已经造成危害结果的，应当同时责令其家属或者监护人严加看管和医疗；

（三）被告人具有完全或者部分刑事责任能力，依法应当追究刑事责任的，应当依照普通程序继续审理。

第六百四十条　第二审人民法院在审理刑事案件过程中，发现被告人可能符合强制医疗条件的，可以依照强制医疗程序对案件作出处理，也可以裁定发回原审人民法院重新审判。

第六百四十一条　人民法院决定强制医疗的，应当在作出决定后五日以内，向公安机关送达强制医疗决定书和强制医疗执行通知书，由公安机关将被决定强制医疗的人送交强制医疗。

第六百四十二条　被决定强制医疗的人、被害人及其法定代理人、近亲属对强制医疗决定不服的，可以自收到决定书第二日起五日以内向上一级人民法院申请复议。复议期间不停止执行强制医疗的决定。

第六百四十三条　对不服强制医疗决定的复议申请，上一级人民法院应当组成合议庭审理，并在一个月以内，按照下列情形分别作出复议决定：

（一）被决定强制医疗的人符合强制医疗条件的，应当驳回复议申请，维持原决定；

（二）被决定强制医疗的人不符合强制医疗条件的，应当撤销原决定；

（三）原审违反法定诉讼程序，可能影响公正审判的，应当撤销原决定，发回原审人民法院重新审判。

第六百四十四条　对本解释第六百三十九条第一项规定的判决、决定，人民检察院提出抗诉，同时被决定强制医疗的人、被害人及其法定代理人、近亲属申请复议的，上一级人民法院应当依照第二审程序一并处理。

第六百四十五条　被强制医疗的人及其近亲属申请解除强制医疗的，应当向决定强制医疗的人民法院提出。

被强制医疗的人及其近亲属提出的解除强制医疗申请被人民法院驳回，六个月后再次提出申请的，人民法院应当受理。

第六百四十六条　强制医疗机构提出解除强制医疗意见，或者被强制医疗的人及其近亲属申请解除强制医疗的，人民法院应当审查是否附有对被强制医疗的人的诊断评估报告。

强制医疗机构提出解除强制医疗意见，未附诊断评估报告的，人民法院应当要求其提供。

被强制医疗的人及其近亲属向人民法院申请解除强制医疗，强制医疗机构未提供诊断评估报告的，申请人可以申请人民法院调取。必要时，人民法院可以委托鉴定机构对被强制医疗的人进行鉴定。

第六百四十七条　强制医疗机构提出解除强制医疗意见，或者被强制医疗的人及其近亲属申请解除强制医疗的，人民法院应当组成合议庭进行审查，并在一个月以内，按照下列情形分别处理：

（一）被强制医疗的人已不具有人身危险性，不需要继续强制医疗的，应当作出解除强制医疗的决定，并可责令被强制医疗的人的家属严加看管和医疗；

（二）被强制医疗的人仍具有人身危险性，需要继续强制医疗的，应当作出继续强制医疗的决定。

对前款规定的案件，必要时，人民法院可以开庭审理，通知人民检察院派员出庭。

人民法院应当在作出决定后五日以内,将决定书送达强制医疗机构、申请解除强制医疗的人、被决定强制医疗的人和人民检察院。决定解除强制医疗的,应当通知强制医疗机构在收到决定书的当日解除强制医疗。

第六百四十八条　人民检察院认为强制医疗决定或者解除强制医疗决定不当,在收到决定书后二十日以内提出书面纠正意见的,人民法院应当另行组成合议庭审理,并在一个月以内作出决定。

第六百四十九条　审理强制医疗案件,本章没有规定的,参照适用本解释的有关规定。

第二十七章　附　则

第六百五十条　人民法院讯问被告人,宣告判决,审理减刑、假释案件等,可以根据情况采取视频方式。

第六百五十一条　向人民法院提出自诉、上诉、申诉、申请等的,应当以书面形式提出。书写有困难的,除另有规定的以外,可以口头提出,由人民法院工作人员制作笔录或者记录在案,并向口述人宣读或者交其阅读。

第六百五十二条　诉讼期间制作、形成的工作记录、告知笔录等材料,应当由制作人员和其他有关人员签名、盖章。宣告或者送达裁判文书、通知书等诉讼文书的,应当由接受宣告或者送达的人在诉讼文书、送达回证上签名、盖章。

诉讼参与人未签名、盖章的,应当捺指印;刑事被告人除签名、盖章外,还应当捺指印。

当事人拒绝签名、盖章、捺指印的,办案人员应当在诉讼文书或者笔录材料中注明情况,有见证人见证或者有录音录像证明的,不影响相关诉讼文书或者笔录材料的效力。

第六百五十三条　本解释的有关规定适用于军事法院等专门人民法院。

第六百五十四条　本解释有关公安机关的规定,依照刑事诉讼法的有关规定,适用于国家安全机关、军队保卫部门、中国海警局和监狱。

第六百五十五条　本解释自 2021 年 3 月 1 日起施行。最高人民法院 2012 年 12 月 20 日发布的《关于适用〈中华人民共和国刑事诉讼法〉的解释》(法释〔2012〕21号)同时废止。最高人民法院以前发布的司法解释和规范性文件,与本解释不一致的,以本解释为准。

公安机关办理刑事案件程序规定

· 2012 年 12 月 13 日公安部令第 127 号修订发布
· 根据 2020 年 7 月 20 日公安部令第 159 号《公安部关于修改〈公安机关办理刑事案件程序规定〉的决定》修正

第一章　任务和基本原则

第一条　为了保障《中华人民共和国刑事诉讼法》的贯彻实施,保证公安机关在刑事诉讼中正确履行职权,规范办案程序,确保办案质量,提高办案效率,制定本规定。

第二条　公安机关在刑事诉讼中的任务,是保证准确、及时地查明犯罪事实,正确应用法律,惩罚犯罪分子,保障无罪的人不受刑事追究,教育公民自觉遵守法律,积极同犯罪行为作斗争,维护社会主义法制,尊重和保障人权,保护公民的人身权利、财产权利、民主权利和其他权利,保障社会主义建设事业的顺利进行。

第三条　公安机关在刑事诉讼中的基本职权,是依照法律对刑事案件立案、侦查、预审;决定、执行强制措施;对依法不追究刑事责任的不予立案,已经追究的撤销案件;对侦查终结应当起诉的案件,移送人民检察院审查决定;对不够刑事处罚的犯罪嫌疑人需要行政处理的,依法予以处理或者移送有关部门;对被判处有期徒刑的罪犯,在被交付执行刑罚前,剩余刑期在三个月以下的,代为执行刑罚;执行拘役、剥夺政治权利、驱逐出境。

第四条　公安机关进行刑事诉讼,必须依靠群众,以事实为根据,以法律为准绳。对于一切公民,在适用法律上一律平等,在法律面前,不允许有任何特权。

第五条　公安机关进行刑事诉讼,同人民法院、人民检察院分工负责,互相配合,互相制约,以保证准确有效地执行法律。

第六条　公安机关进行刑事诉讼,依法接受人民检察院的法律监督。

第七条　公安机关进行刑事诉讼,应当建立、完善和严格执行办案责任制度、执法过错责任追究制度等内部执法监督制度。

在刑事诉讼中,上级公安机关发现下级公安机关作出的决定或者办理的案件有错误的,有权予以撤销或者变更,也可以指令下级公安机关予以纠正。

下级公安机关对上级公安机关的决定必须执行,如果认为有错误,可以在执行的同时向上级公安机关报告。

第八条　公安机关办理刑事案件,应当重证据,重调查研究,不轻信口供。严禁刑讯逼供和以威胁、引诱、欺骗以及其他非法方法收集证据，不得强迫任何人证实自己有罪。

第九条　公安机关在刑事诉讼中，应当保障犯罪嫌疑人、被告人和其他诉讼参与人依法享有的辩护权和其他诉讼权利。

第十条　公安机关办理刑事案件，应当向同级人民检察院提请批准逮捕、移送审查起诉。

第十一条　公安机关办理刑事案件，对不通晓当地通用的语言文字的诉讼参与人，应当为他们翻译。

在少数民族聚居或者多民族杂居的地区，应当使用当地通用的语言进行讯问。对外公布的诉讼文书，应当使用当地通用的文字。

第十二条　公安机关办理刑事案件，各地区、各部门之间应当加强协作和配合，依法履行协查、协办职责。

上级公安机关应当加强监督、协调和指导。

第十三条　根据《中华人民共和国引渡法》《中华人民共和国国际刑事司法协助法》，中华人民共和国缔结或者参加的国际条约和公安部签订的双边、多边合作协议，或者按照互惠原则，我国公安机关可以和外国警察机关开展刑事司法协助和警务合作。

第二章　管　辖

第十四条　根据刑事诉讼法的规定，除下列情形外，刑事案件由公安机关管辖：

（一）监察机关管辖的职务犯罪案件；

（二）人民检察院管辖的在对诉讼活动实行法律监督中发现的司法工作人员利用职权实施的非法拘禁、刑讯逼供、非法搜查等侵犯公民权利、损害司法公正的犯罪，以及经省级以上人民检察院决定立案侦查的公安机关管辖的国家机关工作人员利用职权实施的重大犯罪案件；

（三）人民法院管辖的自诉案件。对于人民法院直接受理的被害人有证据证明的轻微刑事案件，因证据不足驳回起诉，人民法院移送公安机关或者被害人向公安机关控告的，公安机关应当受理；被害人直接向公安机关控告的，公安机关应当受理；

（四）军队保卫部门管辖的军人违反职责的犯罪和军队内部发生的刑事案件；

（五）监狱管辖的罪犯在监狱内犯罪的刑事案件；

（六）海警部门管辖的海（岛屿）岸线以外我国管辖海域内发生的刑事案件。对于发生在沿海港岙口、码头、滩涂、台轮停泊点等区域的，由公安机关管辖；

（七）其他依照法律和规定应当由其他机关管辖的

刑事案件。

第十五条　刑事案件由犯罪地的公安机关管辖。如果由犯罪嫌疑人居住地的公安机关管辖更为适宜的，可以由犯罪嫌疑人居住地的公安机关管辖。

法律、司法解释或者其他规范性文件对有关犯罪案件的管辖作出特别规定的，从其规定。

第十六条　犯罪地包括犯罪行为发生地和犯罪结果发生地。犯罪行为发生地，包括犯罪行为的实施地以及预备地、开始地、途经地、结束地等与犯罪行为有关的地点；犯罪行为有连续、持续或者继续状态的，犯罪行为连续、持续或者继续实施的地方都属于犯罪行为发生地。犯罪结果发生地，包括犯罪对象被侵害地、犯罪所得的实际取得地、藏匿地、转移地、使用地、销售地。

居住地包括户籍所在地、经常居住地。经常居住地是指公民离开户籍所在地最后连续居住一年以上的地方，但住院就医的除外。单位登记的住所地为其居住地。主要营业地或者主要办事机构所在地与登记的住所地不一致的，主要营业地或者主要办事机构所在地为其居住地。

第十七条　针对或者主要利用计算机网络实施的犯罪，用于实施犯罪行为的网络服务使用的服务器所在地，网络服务提供者所在地，被侵害的网络信息系统及其管理者所在地，以及犯罪过程中犯罪嫌疑人、被害人使用的网络信息系统所在地，被害人被侵害时所在地和被害人财产遭受损失地公安机关可以管辖。

第十八条　行驶中的交通工具上发生的刑事案件，由交通工具最初停靠地公安机关管辖；必要时，交通工具始发地、途经地、目的地公安机关也可以管辖。

第十九条　在中华人民共和国领域外的中国航空器内发生的刑事案件，由该航空器在中国最初降落地的公安机关管辖。

第二十条　中国公民在中国驻外使、领馆内的犯罪，由其主管单位所在地或者原户籍地的公安机关管辖。

中国公民在中华人民共和国领域外的犯罪，由其入境地、离境前居住地或者现居住地的公安机关管辖；被害人是中国公民的，也可由被害人离境前居住地或者现居住地的公安机关管辖。

第二十一条　几个公安机关都有权管辖的刑事案件，由最初受理的公安机关管辖。必要时，可以由主要犯罪地的公安机关管辖。

具有下列情形之一的，公安机关可以在职责范围内并案侦查：

（一）一人犯数罪的；

（二）共同犯罪的；

（三）共同犯罪的犯罪嫌疑人还实施其他犯罪的；

（四）多个犯罪嫌疑人实施的犯罪存在关联，并案处理有利于查明犯罪事实的。

第二十二条　对管辖不明确或者有争议的刑事案件，可以由有关公安机关协商。协商不成的，由共同的上级公安机关指定管辖。

对情况特殊的刑事案件，可以由共同的上级公安机关指定管辖。

提请上级公安机关指定管辖时，应当在有关材料中列明犯罪嫌疑人基本情况、涉嫌罪名、案件基本事实、管辖争议情况、协商情况和指定管辖理由，经公安机关负责人批准后，层报有权指定管辖的上级公安机关。

第二十三条　上级公安机关指定管辖的，应当将指定管辖决定书分别送达被指定管辖的公安机关和其他有关的公安机关，并根据办案需要抄送同级人民法院、人民检察院。

原受理案件的公安机关，在收到上级公安机关指定其他公安机关管辖的决定书后，不再行使管辖权，同时应当将犯罪嫌疑人、涉案财物以及案卷材料等移送被指定管辖的公安机关。

对指定管辖的案件，需要逮捕犯罪嫌疑人的，由被指定管辖的公安机关提请同级人民检察院审查批准；需要提起公诉的，由该公安机关移送同级人民检察院审查决定。

第二十四条　县级公安机关负责侦查发生在本辖区内的刑事案件。

设区的市一级以上公安机关负责下列犯罪中重大案件的侦查：

（一）危害国家安全犯罪；

（二）恐怖活动犯罪；

（三）涉外犯罪；

（四）经济犯罪；

（五）集团犯罪；

（六）跨区域犯罪。

上级公安机关认为有必要的，可以侦查下级公安机关管辖的刑事案件；下级公安机关认为案情重大需要上级公安机关侦查的刑事案件，可以请求上一级公安机关管辖。

第二十五条　公安机关内部对刑事案件的管辖，按照刑事侦查机构的设置及其职责分工确定。

第二十六条　铁路公安机关管辖铁路系统的机关、厂、段、院、校、所、队、工区等单位发生的刑事案件，车站工作区域内、列车内发生的刑事案件，铁路沿线发生的盗窃或者破坏铁路、通信、电力线路和其他重要设施的刑事案件，以及内部职工在铁路线上工作时发生的刑事案件。

铁路系统的计算机信息系统延伸到地方涉及铁路业务的网点，其计算机信息系统发生的刑事案件由铁路公安机关管辖。

对倒卖、伪造、变造火车票的刑事案件，由最初受理案件的铁路公安机关或者地方公安机关管辖。必要时，可以移送主要犯罪地的铁路公安机关或者地方公安机关管辖。

在列车上发生的刑事案件，犯罪嫌疑人在列车运行途中被抓获的，由前方停靠站所在地的铁路公安机关管辖；必要时，也可以由列车始发站、终点站所在地的铁路公安机关管辖。犯罪嫌疑人不是在列车运行途中被抓获的，由负责该列车乘务的铁路公安机关管辖；但在列车运行途经的车站被抓获的，也可以由该车站所在地的铁路公安机关管辖。

在国际列车上发生的刑事案件，根据我国与相关国家签订的协定确定管辖；没有协定的，由该列车始发或者前方停靠的中国车站所在地的铁路公安机关管辖。

铁路建设施工工地发生的刑事案件由地方公安机关管辖。

第二十七条　民航公安机关管辖民航系统的机关、厂、段、院、校、所、队、工区等单位、机场工作区域内、民航飞机内发生的刑事案件。

重大飞行事故刑事案件由犯罪结果发生地机场公安机关管辖。犯罪结果发生地未设机场公安机关或者不在机场公安机关管辖范围内的，由地方公安机关管辖，有关机场公安机关予以协助。

第二十八条　海关走私犯罪侦查机构管辖中华人民共和国海关境内发生的涉税走私犯罪和发生在海关监管区内的非涉税走私犯罪等刑事案件。

第二十九条　公安机关侦查的刑事案件的犯罪嫌疑人涉及监察机关管辖的案件时，应当及时与同级监察机关协商，一般应当由监察机关为主调查，公安机关予以协助。

第三十条　公安机关侦查的刑事案件涉及人民检察院管辖的案件时，应当将属于人民检察院管辖的刑事案件移送人民检察院。涉嫌主罪属于公安机关管辖的，由公安机关为主侦查；涉嫌主罪属于人民检察院管辖的，公安机关予以配合。

公安机关侦查的刑事案件涉及其他侦查机关管辖的案件时,参照前款规定办理。

第三十一条 公安机关和军队互涉刑事案件的管辖分工按照有关规定办理。

公安机关和武装警察部队互涉刑事案件的管辖分工依照公安机关和军队互涉刑事案件的管辖分工的原则办理。

第三章 回 避

第三十二条 公安机关负责人、侦查人员有下列情形之一的,应当自行提出回避申请,没有自行提出回避申请的,应当责令其回避,当事人及其法定代理人也有权要求他们回避:

(一)是本案的当事人或者是当事人的近亲属的;

(二)本人或者他的近亲属和本案有利害关系的;

(三)担任过本案的证人、鉴定人、辩护人、诉讼代理人的;

(四)与本案当事人有其他关系,可能影响公正处理案件的。

第三十三条 公安机关负责人、侦查人员不得有下列行为:

(一)违反规定会见本案当事人及其委托人;

(二)索取、接受本案当事人及其委托人的财物或者其他利益;

(三)接受本案当事人及其委托人的宴请,或者参加由其支付费用的活动;

(四)其他可能影响案件公正办理的不正当行为。

违反前款规定的,应当责令其回避并依法追究法律责任。当事人及其法定代理人有权要求其回避。

第三十四条 公安机关负责人、侦查人员自行提出回避申请的,应当说明回避的理由;口头提出申请的,公安机关应当记录在案。

当事人及其法定代理人要求公安机关负责人、侦查人员回避,应当提出申请,并说明理由;口头提出申请的,公安机关应当记录在案。

第三十五条 侦查人员的回避,由县级以上公安机关负责人决定;县级以上公安机关负责人的回避,由同级人民检察院检察委员会决定。

第三十六条 当事人及其法定代理人对侦查人员提出回避申请的,公安机关应当在收到回避申请后二日以内作出决定并通知申请人;情况复杂的,经县级以上公安机关负责人批准,可以在收到回避申请后五日以内作出决定。

当事人及其法定代理人对县级以上公安机关负责人提出回避申请的,公安机关应当及时将申请移送同级人民检察院。

第三十七条 当事人及其法定代理人对驳回申请回避的决定不服的,可以在收到驳回申请回避决定书后五日以内向作出决定的公安机关申请复议。

公安机关应当在收到复议申请后五日以内作出复议决定并书面通知申请人。

第三十八条 在作出回避决定前,申请或者被申请回避的公安机关负责人、侦查人员不得停止对案件的侦查。

作出回避决定后,申请或者被申请回避的公安机关负责人、侦查人员不得再参与本案的侦查工作。

第三十九条 被决定回避的公安机关负责人、侦查人员在回避决定作出以前所进行的诉讼活动是否有效,由作出决定的机关根据案件情况决定。

第四十条 本章关于回避的规定适用于记录人、翻译人员和鉴定人。

记录人、翻译人员和鉴定人需要回避的,由县级以上公安机关负责人决定。

第四十一条 辩护人、诉讼代理人可以依照本章的规定要求回避、申请复议。

第四章 律师参与刑事诉讼

第四十二条 公安机关应当保障辩护律师在侦查阶段依法从事下列执业活动:

(一)向公安机关了解犯罪嫌疑人涉嫌的罪名和案件有关情况,提出意见;

(二)与犯罪嫌疑人会见和通信,向犯罪嫌疑人了解案件有关情况;

(三)为犯罪嫌疑人提供法律帮助、代理申诉、控告;

(四)为犯罪嫌疑人申请变更强制措施。

第四十三条 公安机关在第一次讯问犯罪嫌疑人或者对犯罪嫌疑人采取强制措施的时候,应当告知犯罪嫌疑人有权委托律师作为辩护人,并告知其如果因经济困难或者其他原因没有委托辩护律师的,可以向法律援助机构申请法律援助。告知的情形应当记录在案。

对于同案的犯罪嫌疑人委托同一名辩护律师的,或者两名以上未同案处理但实施的犯罪存在关联的犯罪嫌疑人委托同一名辩护律师的,公安机关应当要求其更换辩护律师。

第四十四条 犯罪嫌疑人可以自己委托辩护律师。犯罪嫌疑人在押的,也可以由其监护人、近亲属代为委托辩护律师。

犯罪嫌疑人委托辩护律师的请求可以书面提出,也可以口头提出。口头提出的,公安机关应当制作笔录,由犯罪嫌疑人签名、捺指印。

第四十五条 在押的犯罪嫌疑人向看守所提出委托辩护律师要求的,看守所应当及时将其请求转达给办案部门,办案部门应当及时向犯罪嫌疑人委托的辩护律师或者律师事务所转达该项请求。

在押的犯罪嫌疑人仅提出委托辩护律师的要求,但提不出具体对象的,办案部门应当及时通知犯罪嫌疑人的监护人、近亲属代为委托辩护律师。犯罪嫌疑人无监护人或者近亲属的,办案部门应当及时通知当地律师协会或者司法行政机关为其推荐辩护律师。

第四十六条 符合下列情形之一,犯罪嫌疑人没有委托辩护人的,公安机关应当自发现该情形之日起三日以内通知法律援助机构为犯罪嫌疑人指派辩护律师:

(一)犯罪嫌疑人是盲、聋、哑人,或者是尚未完全丧失辨认或者控制自己行为能力的精神病人;

(二)犯罪嫌疑人可能被判处无期徒刑、死刑。

第四十七条 公安机关收到在押的犯罪嫌疑人提出的法律援助申请后,应当在二十四小时以内将其申请转交所在地的法律援助机构,并在三日以内通知申请人的法定代理人、近亲属或者其委托的其他人员协助提供有关证件、证明等相关材料。犯罪嫌疑人的法定代理人、近亲属或者其委托的其他人员地址不详无法通知,应当在转交申请时一并告知法律援助机构。

犯罪嫌疑人拒绝法律援助机构指派的律师作为辩护人或者自行委托辩护人的,公安机关应当在三日以内通知法律援助机构。

第四十八条 辩护律师接受犯罪嫌疑人委托或者法律援助机构的指派后,应当及时告知公安机关并出示律师执业证书、律师事务所证明和委托书或者法律援助公函。

第四十九条 犯罪嫌疑人、被告人入所羁押时没有委托辩护人,法律援助机构也没有指派律师提供辩护的,看守所应当告知其有权约见值班律师,获得法律咨询、程序选择建议、申请变更强制措施、对案件处理提出意见等法律帮助,并为犯罪嫌疑人、被告人约见值班律师提供便利。

没有委托辩护人、法律援助机构没有指派律师提供辩护的犯罪嫌疑人、被告人,向看守所申请由值班律师提供法律帮助的,看守所应当在二十四小时内通知值班律师。

第五十条 辩护律师向公安机关了解案件有关情况的,公安机关应当依法将犯罪嫌疑人涉嫌的罪名以及当时已查明的该罪的主要事实,犯罪嫌疑人被采取、变更、解除强制措施,延长侦查羁押期限等案件有关情况,告知接受委托或者指派的辩护律师,并记录在案。

第五十一条 辩护律师可以同在押或者被监视居住的犯罪嫌疑人会见、通信。

第五十二条 对危害国家安全犯罪案件、恐怖活动犯罪案件,办案部门应当在将犯罪嫌疑人送看守所羁押时书面通知看守所;犯罪嫌疑人被监视居住的,应当在送交执行时书面通知执行机关。

辩护律师在侦查期间要求会见前款规定案件的在押或者被监视居住的犯罪嫌疑人,应当向办案部门提出申请。

对辩护律师提出的会见申请,办案部门应当在收到申请后三日以内,报经县级以上公安机关负责人批准,作出许可或者不许可的决定,书面通知辩护律师,并及时通知看守所或者执行监视居住的部门。除有碍侦查或者可能泄露国家秘密的情形外,应当作出许可的决定。

公安机关不许可会见的,应当说明理由。有碍侦查或者可能泄露国家秘密的情形消失后,公安机关应当许可会见。

有下列情形之一的,属于本条规定的"有碍侦查":

(一)可能毁灭、伪造证据,干扰证人作证或者串供的;

(二)可能引起犯罪嫌疑人自残、自杀或者逃跑的;

(三)可能引起同案犯逃避、妨碍侦查的;

(四)犯罪嫌疑人的家属与犯罪有牵连的。

第五十三条 辩护律师要求会见在押的犯罪嫌疑人,看守所应当在查验其律师执业证书、律师事务所证明和委托书或者法律援助公函后,在四十八小时以内安排律师会见到犯罪嫌疑人,同时通知办案部门。

侦查期间,辩护律师会见危害国家安全犯罪案件、恐怖活动犯罪案件在押或者被监视居住的犯罪嫌疑人时,看守所或者监视居住执行机关还应当查验侦查机关的许可决定文书。

第五十四条 辩护律师会见在押或者被监视居住的犯罪嫌疑人需要聘请翻译人员的,应当向办案部门提出申请。办案部门应当在收到申请后三日以内,报经县级以上公安机关负责人批准,作出许可或者不许可的决定,书面通知辩护律师。对于具有本规定第三十二条所列情形之一的,作出不予许可的决定,并通知其更换;不具有相关情形的，应当许可。

翻译人员参与会见的，看守所或者监视居住执行机关应当查验公安机关的许可决定文书。

第五十五条　辩护律师会见在押或者被监视居住的犯罪嫌疑人时，看守所或者监视居住执行机关应当采取必要的管理措施，保障会见顺利进行，并告知其遵守会见的有关规定。辩护律师会见犯罪嫌疑人时，公安机关不得监听，不得派员在场。

辩护律师会见在押或者被监视居住的犯罪嫌疑人时，违反法律规定或者会见的规定的，看守所或者监视居住执行机关应当制止。对于严重违反规定或者不听劝阻的，可以决定停止本次会见，并及时通报其所在的律师事务所、所属的律师协会以及司法行政机关。

第五十六条　辩护人或者其他任何人在刑事诉讼中，违反法律规定，实施干扰诉讼活动行为的，应当依法追究法律责任。

辩护人实施干扰诉讼活动行为，涉嫌犯罪，属于公安机关管辖的，应当由办理辩护人所承办案件的公安机关报请上一级公安机关指定其他公安机关立案侦查，或者由上一级公安机关立案侦查。不得指定原承办案件公安机关的下级公安机关立案侦查。辩护人是律师的，立案侦查的公安机关应当及时通知其所在的律师事务所、所属的律师协会以及司法行政机关。

第五十七条　辩护律师对在执业活动中知悉的委托人的有关情况和信息，有权予以保密。但是，辩护律师在执业活动中知悉委托人或者其他人，准备或者正在实施危害国家安全、公共安全以及严重危害他人人身安全的犯罪，应当及时告知司法机关。

第五十八条　案件侦查终结前，辩护律师提出要求的，公安机关应当听取辩护律师的意见，根据情况进行核实，并记录在案。辩护律师提出书面意见的，应当附卷。

对辩护律师收集的犯罪嫌疑人不在犯罪现场、未达到刑事责任年龄、属于依法不负刑事责任的精神病人的证据，公安机关应当进行核实并将有关情况记录在案，有关证据应当附卷。

第五章　证　据

第五十九条　可以用于证明案件事实的材料，都是证据。

证据包括：

（一）物证；

（二）书证；

（三）证人证言；

（四）被害人陈述；

（五）犯罪嫌疑人供述和辩解；

（六）鉴定意见；

（七）勘验、检查、侦查实验、搜查、查封、扣押、提取、辨认等笔录；

（八）视听资料、电子数据。

证据必须经过查证属实，才能作为认定案件事实的根据。

第六十条　公安机关必须依照法定程序，收集、调取能够证实犯罪嫌疑人有罪或者无罪、犯罪情节轻重的各种证据。必须保证一切与案件有关或者了解案情的公民，有客观地充分地提供证据的条件，除特殊情况外，可以吸收他们协助调查。

第六十一条　公安机关向有关单位和个人收集、调取证据时，应当告知其必须如实提供证据。

对涉及国家秘密、商业秘密、个人隐私的证据，应当保密。

对于伪造证据、隐匿证据或者毁灭证据的，应当追究其法律责任。

第六十二条　公安机关向有关单位和个人调取证据，应当经办案部门负责人批准，开具调取证据通知书，明确调取的证据和提供时限。被调取单位及其经办人、持有证据的个人应当在通知书上盖章或者签名，拒绝盖章或者签名的，公安机关应当注明。必要时，应当采用录音录像方式固定证据内容及取证过程。

第六十三条　公安机关接受或者依法调取的行政机关在行政执法和查办案件过程中收集的物证、书证、视听资料、电子数据、鉴定意见、勘验笔录、检查笔录等证据材料，经公安机关审查符合法定要求的，可以作为证据使用。

第六十四条　收集、调取的物证应当是原物。只有在原物不便搬运、不易保存或者依法应当由有关部门保管、处理或者依法应当返还时，才可以拍摄或者制作足以反映原物外形或者内容的照片、录像或者复制品。

物证的照片、录像或者复制品经与原物核实无误或者经鉴定证明为真实的，或者以其他方式确能证明其真实的，可以作为证据使用。原物的照片、录像或者复制品，不能反映原物的外形和特征的，不能作为证据使用。

第六十五条　收集、调取的书证应当是原件。只有在取得原件确有困难时，才可以使用副本或者复制件。

书证的副本、复制件，经与原件核实无误或者经鉴定证明为真实的，或者以其他方式确能证明其真实的，可以作为证据使用。书证有更改或者更改迹象不能作出合理解释的，或者书证的副本、复制件不能反映书证原件及其内容的，不能作为证据使用。

第六十六条　收集、调取电子数据，能够扣押电子数据原始存储介质的，应当扣押原始存储介质，并制作笔录，予以封存。

确因客观原因无法扣押原始存储介质的，可以现场提取或者网络在线提取电子数据。无法扣押原始存储介质，也无法现场提取或者网络在线提取的，可以采取打印、拍照或者录音录像等方式固定相关证据，并在笔录中注明原因。

收集、调取的电子数据，足以保证完整性，无删除、修改、增加等情形的，可以作为证据使用。经审查无法确定真伪，或者制作、取得的时间、地点、方式等有疑问，不能提供必要证明或者作出合理解释的，不能作为证据使用。

第六十七条　物证的照片、录像或者复制品，书证的副本、复制件，视听资料、电子数据的复制件，应当附有关制作过程及原件、原物存放处的文字说明，并由制作人和物品持有人或者物品持有单位有关人员签名。

第六十八条　公安机关提请批准逮捕书、起诉意见书必须忠实于事实真象。故意隐瞒事实真象的，应当依法追究责任。

第六十九条　需要查明的案件事实包括：

（一）犯罪行为是否存在；

（二）实施犯罪行为的时间、地点、手段、后果以及其他情节；

（三）犯罪行为是否为犯罪嫌疑人实施；

（四）犯罪嫌疑人的身份；

（五）犯罪嫌疑人实施犯罪行为的动机、目的；

（六）犯罪嫌疑人的责任以及与其他同案人的关系；

（七）犯罪嫌疑人有无法定从重、从轻、减轻处罚以及免除处罚的情节；

（八）其他与案件有关的事实。

第七十条　公安机关移送审查起诉的案件，应当做到犯罪事实清楚，证据确实、充分。

证据确实、充分，应当符合以下条件：

（一）认定的案件事实都有证据证明；

（二）认定案件事实的证据均经法定程序查证属实；

（三）综合全案证据，对所认定事实已排除合理怀疑。

对证据的审查，应当结合案件的具体情况，从各证据与待证事实的关联程度、各证据之间的联系等方面进行

审查判断。

只有犯罪嫌疑人供述，没有其他证据的，不能认定案件事实；没有犯罪嫌疑人供述，证据确实、充分的，可以认定案件事实。

第七十一条　采用刑讯逼供等非法方法收集的犯罪嫌疑人供述和采用暴力、威胁等非法方法收集的证人证言、被害人陈述，应当予以排除。

收集物证、书证、视听资料、电子数据违反法定程序，可能严重影响司法公正的，应当予以补正或者作出合理解释；不能补正或者作出合理解释的，对该证据应当予以排除。

在侦查阶段发现有应当排除的证据的，经县级以上公安机关负责人批准，应当依法予以排除，不得作为提请批准逮捕、移送审查起诉的依据。

人民检察院认为可能存在以非法方法收集证据情形，要求公安机关进行说明的，公安机关应当及时进行调查，并向人民检察院作出书面说明。

第七十二条　人民法院认为现有证据材料不能证明证据收集的合法性，通知有关侦查人员或者公安机关其他人员出庭说明情况的，有关侦查人员或者其他人员应当出庭。必要时，有关侦查人员或者其他人员也可以要求出庭说明情况。侦查人员或者其他人员出庭，应当向法庭说明证据收集过程，并就相关情况接受发问。

经人民法院通知，人民警察应当就其执行职务时目击的犯罪情况出庭作证。

第七十三条　凡是知道案件情况的人，都有作证的义务。

生理上、精神上有缺陷或者年幼，不能辨别是非，不能正确表达的人，不能作证人。

对于证人能否辨别是非，能否正确表达，必要时可以进行审查或者鉴别。

第七十四条　公安机关应当保障证人及其近亲属的安全。

对证人及其近亲属进行威胁、侮辱、殴打或者打击报复，构成犯罪的，依法追究刑事责任；尚不够刑事处罚的，依法给予治安管理处罚。

第七十五条　对危害国家安全犯罪、恐怖活动犯罪、黑社会性质的组织犯罪、毒品犯罪等案件，证人、鉴定人、被害人因在侦查过程中作证，本人或者其近亲属的人身安全面临危险的，公安机关应当采取以下一项或者多项保护措施：

（一）不公开真实姓名、住址、通讯方式和工作单位

等个人信息；

（二）禁止特定的人员接触被保护人；

（三）对被保护人的人身和住宅采取专门性保护措施；

（四）将被保护人带到安全场所保护；

（五）变更被保护人的住所和姓名；

（六）其他必要的保护措施。

证人、鉴定人、被害人认为因在侦查过程中作证，本人或者其近亲属的人身安全面临危险，向公安机关请求予以保护，公安机关经审查认为符合前款规定的条件，确有必要采取保护措施的，应当采取上述一项或者多项保护措施。

公安机关依法采取保护措施，可以要求有关单位和个人配合。

案件移送审查起诉时，应当将采取保护措施的相关情况一并移交人民检察院。

第七十六条 公安机关依法决定不公开证人、鉴定人、被害人的真实姓名、住址、通讯方式和工作单位等个人信息的，可以在起诉意见书、询问笔录等法律文书、证据材料中使用化名等代替证人、鉴定人、被害人的个人信息。但是，应当另行书面说明使用化名的情况并标明密级，单独成卷。

第七十七条 证人保护工作所必需的人员、经费、装备等，应当予以保障。

证人因履行作证义务而支出的交通、住宿、就餐等费用，应当给予补助。证人作证的补助列入公安机关业务经费。

第六章 强制措施
第一节 拘 传

第七十八条 公安机关根据案件情况对需要拘传的犯罪嫌疑人，或者经过传唤没有正当理由不到案的犯罪嫌疑人，可以拘传到其所在市、县公安机关执法办案场所进行讯问。

需要拘传的，应当填写呈请拘传报告书，并附有关材料，报县级以上公安机关负责人批准。

第七十九条 公安机关拘传犯罪嫌疑人应当出示拘传证，并责令其在拘传证上签名、捺指印。

犯罪嫌疑人到案后，应当责令其在拘传证上填写到案时间；拘传结束后，应当由其在拘传证上填写拘传结束时间。犯罪嫌疑人拒绝填写的，侦查人员应当在拘传证上注明。

第八十条 拘传持续的时间不得超过十二小时；案情特别重大、复杂，需要采取拘留、逮捕措施的，经县级以上公安机关负责人批准，拘传持续的时间不得超过二十四小时。不得以连续拘传的形式变相拘禁犯罪嫌疑人。

拘传期限届满，未作出采取其他强制措施决定的，应当立即结束拘传。

第二节 取保候审

第八十一条 公安机关对具有下列情形之一的犯罪嫌疑人，可以取保候审：

（一）可能判处管制、拘役或者独立适用附加刑的；

（二）可能判处有期徒刑以上刑罚，采取取保候审不致发生社会危险性的；

（三）患有严重疾病、生活不能自理，怀孕或者正在哺乳自己婴儿的妇女，采取取保候审不致发生社会危险性的；

（四）羁押期限届满，案件尚未办结，需要继续侦查的。

对拘留的犯罪嫌疑人，证据不符合逮捕条件，以及提请逮捕后，人民检察院不批准逮捕，需要继续侦查，并且符合取保候审条件的，可以依法取保候审。

第八十二条 对累犯、犯罪集团的主犯，以自伤、自残办法逃避侦查的犯罪嫌疑人，严重暴力犯罪以及其他严重犯罪的犯罪嫌疑人不得取保候审，但犯罪嫌疑人具有本规定第八十一条第一款第三项、第四项规定情形的除外。

第八十三条 需要对犯罪嫌疑人取保候审的，应当制作呈请取保候审报告书，说明取保候审的理由、采取的保证方式以及应当遵守的规定，经县级以上公安机关负责人批准，制作取保候审决定书。取保候审决定书应当向犯罪嫌疑人宣读，由犯罪嫌疑人签名、捺指印。

第八十四条 公安机关决定对犯罪嫌疑人取保候审的，应当责令犯罪嫌疑人提出保证人或者交纳保证金。

对同一犯罪嫌疑人，不得同时责令其提出保证人和交纳保证金。对未成年人取保候审，应当优先适用保证人保证。

第八十五条 采取保证人保证的，保证人必须符合以下条件，并经公安机关审查同意：

（一）与本案无牵连；

（二）有能力履行保证义务；

（三）享有政治权利，人身自由未受到限制；

（四）有固定的住处和收入。

第八十六条 保证人应当履行以下义务：

（一）监督被保证人遵守本规定第八十九条、第九十条的规定；

（二）发现被保证人可能发生或者已经发生违反本规定第八十九条、第九十条规定的行为的，应当及时向执行机关报告。

保证人应当填写保证书，并在保证书上签名、捺指印。

第八十七条　犯罪嫌疑人的保证金起点数额为人民币一千元。犯罪嫌疑人为未成年人的，保证金起点数额为人民币五百元。具体数额应当综合考虑保证诉讼活动正常进行的需要、犯罪嫌疑人的社会危险性、案件的性质、情节、可能判处刑罚的轻重以及犯罪嫌疑人的经济状况等情况确定。

第八十八条　县级以上公安机关应当在其指定的银行设立取保候审保证金专门账户，委托银行代为收取和保管保证金。

提供保证金的人，应当一次性将保证金存入取保候审保证金专门账户。保证金应当以人民币交纳。

保证金应当由办案部门以外的部门管理。严禁截留、坐支、挪用或者以其他任何形式侵吞保证金。

第八十九条　公安机关在宣布取保候审决定时，应当告知被取保候审人遵守以下规定：

（一）未经执行机关批准不得离开所居住的市、县；

（二）住址、工作单位和联系方式发生变动的，在二十四小时以内向执行机关报告；

（三）在传讯的时候及时到案；

（四）不得以任何形式干扰证人作证；

（五）不得毁灭、伪造证据或者串供。

第九十条　公安机关在决定取保候审时，还可以根据案件情况，责令被取保候审人遵守以下一项或者多项规定：

（一）不得进入与其犯罪活动等相关联的特定场所；

（二）不得与证人、被害人及其近亲属、同案犯以及与案件有关联的其他特定人员会见或者以任何方式通信；

（三）不得从事与其犯罪行为等相关联的特定活动；

（四）将护照等出入境证件、驾驶证件交执行机关保存。

公安机关应当综合考虑案件的性质、情节、社会影响、犯罪嫌疑人的社会关系等因素，确定特定场所、特定人员和特定活动的范围。

第九十一条　公安机关决定取保候审的，应当及时通知被取保候审人居住地的派出所执行。必要时，办案部门可以协助执行。

采取保证人担保形式的，应当同时送交有关法律文书、被取保候审人基本情况、保证人基本情况等材料。采取保证金担保形式的，应当同时送交有关法律文书、被取保候审人基本情况和保证金交纳情况等材料。

第九十二条　人民法院、人民检察院决定取保候审的，负责执行的县级公安机关应当在收到法律文书和有关材料后二十四小时以内，指定被取保候审人居住地派出所核实情况后执行。

第九十三条　执行取保候审的派出所应当履行下列职责：

（一）告知被取保候审人必须遵守的规定，及其违反规定或者在取保候审期间重新犯罪应当承担的法律后果；

（二）监督、考察被取保候审人遵守有关规定，及时掌握其活动、住址、工作单位、联系方式及变动情况；

（三）监督保证人履行保证义务；

（四）被取保候审人违反应当遵守的规定以及保证人未履行保证义务的，应当及时制止、采取紧急措施，同时告知决定机关。

第九十四条　执行取保候审的派出所应当定期了解被取保候审人遵守取保候审规定的有关情况，并制作笔录。

第九十五条　被取保候审人无正当理由不得离开所居住的市、县。有正当理由需要离开所居住的市、县的，应当经负责执行的派出所负责人批准。

人民法院、人民检察院决定取保候审的，负责执行的派出所在批准被取保候审人离开所居住的市、县前，应当征得决定取保候审的机关同意。

第九十六条　被取保候审人在取保候审期间违反本规定第八十九条、第九十条规定，已交纳保证金的，公安机关应当根据其违反规定的情节，决定没收部分或者全部保证金，并且区别情形，责令其具结悔过、重新交纳保证金、提出保证人，变更强制措施或者给予治安管理处罚；需要予以逮捕的，可以对其先行拘留。

人民法院、人民检察院决定取保候审的，被取保候审人违反应当遵守的规定，负责执行的派出所应当及时通知决定取保候审的机关。

第九十七条　需要没收保证金的，应当经过严格审核后，报县级以上公安机关负责人批准，制作没收保证金决定书。

决定没收五万元以上保证金的，应当经设区的市一级以上公安机关负责人批准。

第九十八条　没收保证金的决定,公安机关应当在三日以内向被取保候审人宣读,并责令其在没收保证金决定书上签名、捺指印;被取保候审人在逃或者具有其他情形不能到场的,应当向其成年家属、法定代理人、辩护人或者单位、居住地的居民委员会、村民委员会宣布,由其成年家属、法定代理人、辩护人或者单位、居住地的居民委员会或者村民委员会的负责人在没收保证金决定书上签名。

被取保候审人或者其成年家属、法定代理人、辩护人或者单位、居民委员会、村民委员会负责人拒绝签名的,公安机关应当在没收保证金决定书上注明。

第九十九条　公安机关在宣读没收保证金决定书时,应当告知如果对没收保证金的决定不服,被取保候审人或者其法定代理人可以在五日以内向作出决定的公安机关申请复议。公安机关应当在收到复议申请后七日以内作出决定。

被取保候审人或者其法定代理人对复议决定不服的,可以在收到复议决定书后五日以内向上一级公安机关申请复核一次。上一级公安机关应当在收到复核申请后七日以内作出决定。对上级公安机关撤销或者变更没收保证金决定的,下级公安机关应当执行。

第一百条　没收保证金的决定已过复议期限,或者复议、复核后维持原决定或者变更没收保证金数额的,公安机关应当及时通知指定的银行将没收的保证金按照国家的有关规定上缴国库。人民法院、人民检察院决定取保候审的,还应当在三日以内通知决定取保候审的机关。

第一百零一条　被取保候审人在取保候审期间,没有违反本规定第八十九条、第九十条有关规定,也没有重新故意犯罪的,或者具有本规定第一百八十六条规定的情形之一的,在解除取保候审、变更强制措施的同时,公安机关应当制作退还保证金决定书,通知银行如数退还保证金。

被取保候审人可以凭退还保证金决定书到银行领取退还的保证金。被取保候审人委托他人领取的,应当出具委托书。

第一百零二条　被取保候审人没有违反本规定第八十九条、第九十条规定,但在取保候审期间涉嫌重新故意犯罪被立案侦查的,负责执行的公安机关应当暂扣其交纳的保证金,待人民法院判决生效后,根据有关判决作出处理。

第一百零三条　被保证人违反应当遵守的规定,保证人未履行保证义务的,查证属实后,经县级以上公安机关负责人批准,对保证人处一千元以上二万元以下罚款;构成犯罪的,依法追究刑事责任。

第一百零四条　决定对保证人罚款的,应当报经县级以上公安机关负责人批准,制作对保证人罚款决定书,在三日以内送达保证人,告知其如果对罚款决定不服,可以在收到决定书之日起五日以内向作出决定的公安机关申请复议。公安机关应当在收到复议申请后七日以内作出决定。

保证人对复议决定不服的,可以在收到复议决定书后五日以内向上一级公安机关申请复核一次。上一级公安机关应当在收到复核申请后七日以内作出决定。对上级公安机关撤销或者变更罚款决定的,下级公安机关应当执行。

第一百零五条　对于保证人罚款的决定已过复议期限,或者复议、复核后维持原决定或者变更罚款数额的,公安机关应当及时通知指定的银行将保证人罚款按照国家的有关规定上缴国库。人民法院、人民检察院决定取保候审的,还应当在三日以内通知决定取保候审的机关。

第一百零六条　对于犯罪嫌疑人采取保证人保证的,如果保证人在取保候审期间情况发生变化,不愿继续担保或者丧失担保条件,公安机关应当责令被取保候审人重新提出保证人或者交纳保证金,或者作出变更强制措施的决定。

人民法院、人民检察院决定取保候审的,负责执行的派出所应当自发现保证人不愿继续担保或者丧失担保条件之日起三日以内通知决定取保候审的机关。

第一百零七条　公安机关在取保候审期间不得中断对案件的侦查,对取保候审的犯罪嫌疑人,根据案情变化,应当及时变更强制措施或者解除取保候审。

取保候审最长不得超过十二个月。

第一百零八条　需要解除取保候审的,应当经县级以上公安机关负责人批准,制作解除取保候审决定书、通知书,并及时通知负责执行的派出所、被取保候审人、保证人和有关单位。

人民法院、人民检察院作出解除取保候审决定的,负责执行的公安机关应当根据决定书及时解除取保候审,并通知被取保候审人、保证人和有关单位。

第三节　监视居住

第一百零九条　公安机关对符合逮捕条件,有下列情形之一的犯罪嫌疑人,可以监视居住:

(一)患有严重疾病、生活不能自理的;

(二)怀孕或者正在哺乳自己婴儿的妇女;

（三）系生活不能自理的人的唯一扶养人；

（四）因案件的特殊情况或者办理案件的需要，采取监视居住措施更为适宜的；

（五）羁押期限届满，案件尚未办结，需要采取监视居住措施的。

对人民检察院决定不批准逮捕的犯罪嫌疑人，需要继续侦查，并且符合监视居住条件的，可以监视居住。

对于符合取保候审条件，但犯罪嫌疑人不能提出保证人，也不交纳保证金的，可以监视居住。

对于被取保候审人违反本规定第八十九条、第九十条规定的，可以监视居住。

第一百一十条　对犯罪嫌疑人监视居住，应当制作呈请监视居住报告书，说明监视居住的理由、采取监视居住的方式以及应当遵守的规定，经县级以上公安机关负责人批准，制作监视居住决定书。监视居住决定书应当向犯罪嫌疑人宣读，由犯罪嫌疑人签名、捺指印。

第一百一十一条　监视居住应当在犯罪嫌疑人、被告人住处执行；无固定住处的，可以在指定的居所执行。对于涉嫌危害国家安全犯罪、恐怖活动犯罪，在住处执行可能有碍侦查的，经上一级公安机关批准，也可以在指定的居所执行。

有下列情形之一的，属于本条规定的"有碍侦查"：

（一）可能毁灭、伪造证据，干扰证人作证或者串供的；

（二）可能引起犯罪嫌疑人自残、自杀或者逃跑的；

（三）可能引起同案犯逃避、妨碍侦查的；

（四）犯罪嫌疑人、被告人在住处执行监视居住有人身危险的；

（五）犯罪嫌疑人、被告人的家属或者所在单位人员与犯罪有牵连的。

指定居所监视居住的，不得要求被监视居住人支付费用。

第一百一十二条　固定住处，是指被监视居住人在办案机关所在的市、县内生活的合法住处；指定的居所，是指公安机关根据案件情况，在办案机关所在的市、县内为被监视居住人指定的生活居所。

指定的居所应当符合下列条件：

（一）具备正常的生活、休息条件；

（二）便于监视、管理；

（三）保证安全。

公安机关不得在羁押场所、专门的办案场所或者办公场所执行监视居住。

第一百一十三条　指定居所监视居住的，除无法通知的以外，应当制作监视居住通知书，在执行监视居住后二十四小时以内，由决定机关通知被监视居住人的家属。

有下列情形之一的，属于本条规定的"无法通知"：

（一）不讲真实姓名、住址、身份不明的；

（二）没有家属的；

（三）提供的家属联系方式无法取得联系的；

（四）因自然灾害等不可抗力导致无法通知的。

无法通知的情形消失以后，应当立即通知被监视居住人的家属。

无法通知家属的，应当在监视居住通知书中注明原因。

第一百一十四条　被监视居住人委托辩护律师，适用本规定第四十三条、第四十四条、第四十五条规定。

第一百一十五条　公安机关在宣布监视居住决定时，应当告知被监视居住人必须遵守以下规定：

（一）未经执行机关批准不得离开执行监视居住的处所；

（二）未经执行机关批准不得会见他人或者以任何方式通信；

（三）在传讯的时候及时到案；

（四）不得以任何形式干扰证人作证；

（五）不得毁灭、伪造证据或者串供；

（六）将护照等出入境证件、身份证件、驾驶证件交执行机关保存。

第一百一十六条　公安机关对被监视居住人，可以采取电子监控、不定期检查等监视方法对其遵守监视居住规定的情况进行监督；在侦查期间，可以对被监视居住的犯罪嫌疑人的电话、传真、信函、邮件、网络等通信进行监控。

第一百一十七条　公安机关决定监视居住的，由被监视居住人住处或者指定居所所在地的派出所执行，办案部门可以协助执行。必要时，也可以由办案部门负责执行，派出所或者其他部门协助执行。

第一百一十八条　人民法院、人民检察院决定监视居住的，负责执行的县级公安机关应当在收到法律文书和有关材料后二十四小时以内，通知被监视居住人住处或者指定居所所在地的派出所，核实被监视居住人身份、住处或者居所等情况后执行。必要时，可以由人民法院、人民检察院协助执行。

负责执行的派出所应当及时将执行情况通知决定监视居住的机关。

第一百一十九条 负责执行监视居住的派出所或者办案部门应当严格对被监视居住人进行监督考察,确保安全。

第一百二十条 被监视居住人有正当理由要求离开住处或者指定的居所以及要求会见他人或者通信的,应当经负责执行的派出所或者办案部门负责人批准。

人民法院、人民检察院决定监视居住的,负责执行的派出所在批准被监视居住人离开住处或者指定的居所以及与他人会见或者通信前,应当征得决定监视居住的机关同意。

第一百二十一条 被监视居住人违反应当遵守的规定,公安机关应当区分情形责令被监视居住人具结悔过或者给予治安管理处罚。情节严重的,可以予以逮捕;需要予以逮捕的,可以对其先行拘留。

人民法院、人民检察院决定监视居住的,被监视居住人违反应当遵守的规定,负责执行的派出所应当及时通知决定监视居住的机关。

第一百二十二条 在监视居住期间,公安机关不得中断案件的侦查,对被监视居住的犯罪嫌疑人,应当根据案情变化,及时解除监视居住或者变更强制措施。

监视居住最长不得超过六个月。

第一百二十三条 需要解除监视居住的,应当经县级以上公安机关负责人批准,制作解除监视居住决定书,并及时通知负责执行的派出所、被监视居住人和有关单位。

人民法院、人民检察院作出解除、变更监视居住决定的,负责执行的公安机关应当及时解除并通知被监视居住人和有关单位。

第四节 拘 留

第一百二十四条 公安机关对于现行犯或者重大嫌疑分子,有下列情形之一的,可以先行拘留:

(一)正在预备犯罪、实行犯罪或者在犯罪后即时被发觉的;

(二)被害人或者在场亲眼看见的人指认他犯罪的;

(三)在身边或者住处发现有犯罪证据的;

(四)犯罪后企图自杀、逃跑或者在逃的;

(五)有毁灭、伪造证据或者串供可能的;

(六)不讲真实姓名、住址,身份不明的;

(七)有流窜作案、多次作案、结伙作案重大嫌疑的。

第一百二十五条 拘留犯罪嫌疑人,应当填写呈请拘留报告书,经县级以上公安机关负责人批准,制作拘留证。执行拘留时,必须出示拘留证,并责令被拘留人在拘留证上签名、捺指印,拒绝签名、捺指印的,侦查人员应当注明。

紧急情况下,对于符合本规定第一百二十四条所列情形之一的,经出示人民警察证,可以将犯罪嫌疑人口头传唤至公安机关后立即审查,办理法律手续。

第一百二十六条 拘留后,应当立即将被拘留人送看守所羁押,至迟不得超过二十四小时。

异地执行拘留,无法及时将犯罪嫌疑人押解回管辖地的,应当在宣布拘留后立即将其送抓获地看守所羁押,至迟不得超过二十四小时。到达管辖地后,应当立即将犯罪嫌疑人送看守所羁押。

第一百二十七条 除无法通知或者涉嫌危害国家安全犯罪、恐怖活动犯罪通知可能有碍侦查的情形以外,应当在拘留后二十四小时以内制作拘留通知书,通知被拘留人的家属。拘留通知书应当写明拘留原因和羁押处所。

本条规定的"无法通知"的情形适用本规定第一百一十三条第二款的规定。

有下列情形之一的,属于本条规定的"有碍侦查":

(一)可能毁灭、伪造证据,干扰证人作证或者串供的;

(二)可能引起同案犯逃避、妨碍侦查的;

(三)犯罪嫌疑人的家属与犯罪有牵连的。

无法通知、有碍侦查的情形消失以后,应当立即通知被拘留人的家属。

对于没有在二十四小时以内通知家属的,应当在拘留通知书中注明原因。

第一百二十八条 对被拘留的人,应当在拘留后二十四小时以内进行讯问。发现不应当拘留的,应当经县级以上公安机关负责人批准,制作释放通知书,看守所凭释放通知书发给被拘留人释放证明书,将其立即释放。

第一百二十九条 对被拘留的犯罪嫌疑人,经过审查认为需要逮捕的,应当在拘留后的三日以内,提请人民检察院审查批准。在特殊情况下,经县级以上公安机关负责人批准,提请审查批准逮捕的时间可以延长一日至四日。

对流窜作案、多次作案、结伙作案的重大嫌疑分子,经县级以上公安机关负责人批准,提请审查批准逮捕的时间可以延长至三十日。

本条规定的"流窜作案",是指跨市、县管辖范围连续作案,或者在居住地作案后逃跑到外市、县继续作案;"多次作案",是指三次以上作案;"结伙作案",是指二人以上共同作案。

第一百三十条 犯罪嫌疑人不讲真实姓名、住址,身份不明的,应当对其身份进行调查。对符合逮捕条件的犯罪嫌疑人,也可以按其自报的姓名提请批准逮捕。

第一百三十一条 对被拘留的犯罪嫌疑人审查后,根据案件情况报经县级以上公安机关负责人批准,分别作出如下处理:

(一)需要逮捕的,在拘留期限内,依法办理提请批准逮捕手续;

(二)应当追究刑事责任,但不需要逮捕的,依法直接向人民检察院移送审查起诉,或者依法办理取保候审或者监视居住手续后,向人民检察院移送审查起诉;

(三)拘留期限届满,案件尚未办结,需要继续侦查的,依法办理取保候审或者监视居住手续;

(四)具有本规定第一百八十六条规定情形之一的,释放被拘留人,发给释放证明书;需要行政处理的,依法予以处理或者移送有关部门。

第一百三十二条 人民检察院决定拘留犯罪嫌疑人的,由县级以上公安机关凭人民检察院送达的决定拘留的法律文书制作拘留证并立即执行。必要时,可以请人民检察院协助。拘留后,应当及时通知人民检察院。

公安机关未能抓获犯罪嫌疑人的,应当将执行情况和未能抓获犯罪嫌疑人的原因通知作出拘留决定的人民检察院。对于犯罪嫌疑人在逃的,在人民检察院撤销拘留决定之前,公安机关应当组织力量继续执行。

第五节 逮 捕

第一百三十三条 对有证据证明有犯罪事实,可能判处徒刑以上刑罚的犯罪嫌疑人,采取取保候审尚不足以防止发生下列社会危险性的,应当提请批准逮捕:

(一)可能实施新的犯罪的;

(二)有危害国家安全、公共安全或者社会秩序的现实危险的;

(三)可能毁灭、伪造证据,干扰证人作证或者串供的;

(四)可能对被害人、举报人、控告人实施打击报复的;

(五)企图自杀或者逃跑的。

对于有证据证明有犯罪事实,可能判处十年有期徒刑以上刑罚的,或者有证据证明有犯罪事实,可能判处徒刑以上刑罚,曾经故意犯罪或者身份不明的,应当提请批准逮捕。

公安机关在根据第一款的规定提请人民检察院审查批准逮捕时,应当对犯罪嫌疑人具有社会危险性说明理由。

第一百三十四条 有证据证明有犯罪事实,是指同时具备下列情形:

(一)有证据证明发生了犯罪事实;

(二)有证据证明该犯罪事实是犯罪嫌疑人实施的;

(三)证明犯罪嫌疑人实施犯罪行为的证据已有查证属实的。

前款规定的"犯罪事实"既可以是单一犯罪行为的事实,也可以是数个犯罪行为中任何一个犯罪行为的事实。

第一百三十五条 被取保候审人违反取保候审规定,具有下列情形之一的,可以提请批准逮捕:

(一)涉嫌故意实施新的犯罪行为的;

(二)有危害国家安全、公共安全或者社会秩序的现实危险的;

(三)实施毁灭、伪造证据或者干扰证人作证、串供行为,足以影响侦查工作正常进行的;

(四)对被害人、举报人、控告人实施打击报复的;

(五)企图自杀、逃跑,逃避侦查的;

(六)未经批准,擅自离开所居住的市、县,情节严重的,或者两次以上未经批准,擅自离开所居住的市、县的;

(七)经传讯无正当理由不到案,情节严重的,或者经两次以上传讯不到案的;

(八)违反规定进入特定场所、从事特定活动或者与特定人员会见、通信两次以上的。

第一百三十六条 被监视居住人违反监视居住规定,具有下列情形之一的,可以提请批准逮捕:

(一)涉嫌故意实施新的犯罪行为的;

(二)实施毁灭、伪造证据或者干扰证人作证、串供行为,足以影响侦查工作正常进行的;

(三)对被害人、举报人、控告人实施打击报复的;

(四)企图自杀、逃跑,逃避侦查的;

(五)未经批准,擅自离开执行监视居住的处所,情节严重的,或者两次以上未经批准,擅自离开执行监视居住的处所的;

(六)未经批准,擅自会见他人或者通信,情节严重的,或者两次以上未经批准,擅自会见他人或者通信的;

(七)经传讯无正当理由不到案,情节严重的,或者经两次以上传讯不到案的。

第一百三十七条 需要提请批准逮捕犯罪嫌疑人的,应当经县级以上公安机关负责人批准,制作提请批准逮捕书,连同案卷材料、证据,一并移送同级人民检察院审查批准。

犯罪嫌疑人自愿认罪认罚的,应当记录在案,并在提请批准逮捕书中写明有关情况。

第一百三十八条 对于人民检察院不批准逮捕并通知补充侦查的,公安机关应当按照人民检察院的补充侦查提纲补充侦查。

公安机关补充侦查完毕,认为符合逮捕条件的,应当重新提请批准逮捕。

第一百三十九条 对于人民检察院不批准逮捕而未说明理由的,公安机关可以要求人民检察院说明理由。

第一百四十条 对于人民检察院决定不批准逮捕的,公安机关在收到不批准逮捕决定书后,如果犯罪嫌疑人已被拘留的,应当立即释放,发给释放证明书,并在执行完毕后三日以内将执行回执送达作出不批准逮捕决定的人民检察院。

第一百四十一条 对人民检察院不批准逮捕的决定,认为有错误需要复议的,应当在收到不批准逮捕决定书后五日以内制作要求复议意见书,报经县级以上公安机关负责人批准后,送交同级人民检察院复议。

如果意见不被接受,认为需要复核的,应当在收到人民检察院的复议决定书后五日以内制作提请复核意见书,报经县级以上公安机关负责人批准后,连同人民检察院的复议决定书,一并提请上一级人民检察院复核。

第一百四十二条 接到人民检察院批准逮捕决定书后,应当由县级以上公安机关负责人签发逮捕证,立即执行,并在执行完毕后三日以内将执行回执送达作出批准逮捕决定的人民检察院。如果未能执行,也应当将回执送达人民检察院,并写明未能执行的原因。

第一百四十三条 执行逮捕时,必须出示逮捕证,并责令被逮捕人在逮捕证上签名、捺指印,拒绝签名、捺指印的,侦查人员应当注明。逮捕后,应当立即将被逮捕人送看守所羁押。

执行逮捕的侦查人员不得少于二人。

第一百四十四条 对被逮捕的人,必须在逮捕后的二十四小时以内进行讯问。发现不应当逮捕的,经县级以上公安机关负责人批准,制作释放通知书,送看守所和原批准逮捕的人民检察院。看守所凭释放通知书立即释放被逮捕人,并发给释放证明书。

第一百四十五条 对犯罪嫌疑人执行逮捕后,除无法通知的情形以外,应当在逮捕后二十四小时以内,制作逮捕通知书,通知被逮捕人的家属。逮捕通知书应当写明逮捕原因和羁押处所。

本条规定的"无法通知"的情形适用本规定第一百

一十三条第二款的规定。

无法通知的情形消除后,应当立即通知被逮捕人的家属。

对于没有在二十四小时以内通知家属的,应当在逮捕通知书中注明原因。

第一百四十六条 人民法院、人民检察院决定逮捕犯罪嫌疑人、被告人的,由县级以上公安机关凭人民法院、人民检察院决定逮捕的法律文书制作逮捕证并立即执行。必要时,可以请人民法院、人民检察院协助执行。执行逮捕后,应当及时通知决定机关。

公安机关未能抓获犯罪嫌疑人、被告人的,应当将执行情况和未能抓获的原因通知决定逮捕的人民检察院、人民法院。对于犯罪嫌疑人、被告人在逃的,在人民检察院、人民法院撤销逮捕决定之前,公安机关应当组织力量继续执行。

第一百四十七条 人民检察院在审查批准逮捕工作中发现公安机关的侦查活动存在违法情况,通知公安机关予以纠正的,公安机关应当调查核实,对于发现的违法情况应当及时纠正,并将纠正情况书面通知人民检察院。

第六节 羁 押

第一百四十八条 对犯罪嫌疑人逮捕后的侦查羁押期限不得超过二个月。案情复杂、期限届满不能侦查终结的案件,应当制作提请批准延长侦查羁押期限意见书,经县级以上公安机关负责人批准后,在期限届满七日前送请同级人民检察院转报上一级人民检察院批准延长一个月。

第一百四十九条 下列案件在本规定第一百四十八条规定的期限届满不能侦查终结的,应当制作提请批准延长侦查羁押期限意见书,经县级以上公安机关负责人批准,在期限届满七日前送请同级人民检察院层报省、自治区、直辖市人民检察院批准,延长二个月:

(一)交通十分不便的边远地区的重大复杂案件;

(二)重大的犯罪集团案件;

(三)流窜作案的重大复杂案件;

(四)犯罪涉及面广,取证困难的重大复杂案件。

第一百五十条 对犯罪嫌疑人可能判处十年有期徒刑以上刑罚,依照本规定第一百四十九条规定的延长期限届满,仍不能侦查终结的,应当制作提请批准延长侦查羁押期限意见书,经县级以上公安机关负责人批准,在期限届满七日前送请同级人民检察院层报省、自治区、直辖市人民检察院批准,再延长二个月。

第一百五十一条 在侦查期间,发现犯罪嫌疑人另有重要罪行的,应当自发现之日起五日以内报县级以上公安机关负责人批准后,重新计算侦查羁押期限,制作变更羁押期限通知书,送达看守所,并报批准逮捕的人民检察院备案。

前款规定的"另有重要罪行",是指与逮捕时的罪行不同种的重大犯罪以及同种犯罪并将影响罪名认定、量刑档次的重大犯罪。

第一百五十二条 犯罪嫌疑人不讲真实姓名、住址,身份不明的,应当对其身份进行调查。经县级以上公安机关负责人批准,侦查羁押期限自查清其身份之日起计算,但不得停止对其犯罪行为的侦查取证。

对于犯罪事实清楚,证据确实、充分,确实无法查明其身份的,按其自报的姓名移送人民检察院审查起诉。

第一百五十三条 看守所应当凭公安机关签发的拘留证、逮捕证收押被拘留、逮捕的犯罪嫌疑人、被告人。犯罪嫌疑人、被告人被送至看守所羁押时,看守所应当在拘留证、逮捕证上注明犯罪嫌疑人、被告人到达看守所的时间。

查获被通缉、脱逃的犯罪嫌疑人以及执行追捕、押解任务需要临时寄押的,应当持通缉令或者其他有关法律文书并经寄押地县级以上公安机关负责人批准,送看守所寄押。

临时寄押的犯罪嫌疑人出所时,看守所应当出具羁押该犯罪嫌疑人的证明,载明该犯罪嫌疑人基本情况、羁押原因、入所和出所时间。

第一百五十四条 看守所收押犯罪嫌疑人、被告人和罪犯,应当进行健康和体表检查,并予以记录。

第一百五十五条 看守所收押犯罪嫌疑人、被告人和罪犯,应当对其人身和携带的物品进行安全检查。发现违禁物品、犯罪证据和可疑物品,应当制作笔录,由被羁押人签名、捺指印后,送办案机关处理。

对女性的人身检查,应当由女工作人员进行。

第七节　其他规定

第一百五十六条 继续盘问期间发现需要对犯罪嫌疑人拘留、逮捕、取保候审或者监视居住的,应当立即办理法律手续。

第一百五十七条 对犯罪嫌疑人执行拘传、拘留、逮捕、押解过程中,应当依法使用约束性警械。遇有暴力性对抗或者暴力犯罪行为,可以依法使用制服性警械或者武器。

第一百五十八条 公安机关发现对犯罪嫌疑人采取强制措施不当的,应当及时撤销或者变更。犯罪嫌疑人在押的,应当及时释放。公安机关释放被逮捕的人或者变更逮捕措施的,应当通知批准逮捕的人民检察院。

第一百五十九条 犯罪嫌疑人被逮捕后,人民检察院经审查认为不需要继续羁押,建议予以释放或者变更强制措施的,公安机关应当予以调查核实。认为不需要继续羁押的,应当予以释放或者变更强制措施;认为需要继续羁押的,应当说明理由。

公安机关应当在十日以内将处理情况通知人民检察院。

第一百六十条 犯罪嫌疑人及其法定代理人、近亲属或者辩护人有权申请变更强制措施。公安机关应当在收到申请后三日以内作出决定;不同意变更强制措施的,应当告知申请人,并说明理由。

第一百六十一条 公安机关对被采取强制措施法定期限届满的犯罪嫌疑人,应当予以释放,解除取保候审、监视居住或者依法变更强制措施。

犯罪嫌疑人及其法定代理人、近亲属或者辩护人对于公安机关采取强制措施法定期限届满的,有权要求公安机关解除强制措施。公安机关应当进行审查,对于情况属实的,应当立即解除或者变更强制措施。

对于犯罪嫌疑人、被告人羁押期限即将届满的,看守所应当立即通知办案机关。

第一百六十二条 取保候审变更为监视居住的,取保候审、监视居住变更为拘留、逮捕的,对原强制措施不再办理解除法律手续。

第一百六十三条 案件在取保候审、监视居住期间移送审查起诉后,人民检察院决定重新取保候审、监视居住或者变更强制措施的,对原强制措施不再办理解除法律手续。

第一百六十四条 公安机关依法对县级以上各级人民代表大会代表拘传、取保候审、监视居住、拘留或者提请批准逮捕的,应当书面报请该代表所属的人民代表大会主席团或者常务委员会许可。

第一百六十五条 公安机关对现行犯拘留的时候,发现其是县级以上人民代表大会代表的,应当立即向其所属的人民代表大会主席团或者常务委员会报告。

公安机关在依法执行拘传、取保候审、监视居住、拘留或者逮捕中,发现被执行人是县级以上人民代表大会代表的,应当暂缓执行,并报告决定或者批准机关。如果在执行后发现被执行人是县级以上人民代表大会代表的,应当立即解除,并报告决定或者批准机关。

第一百六十六条 公安机关依法对乡、民族乡、镇的人民代表大会代表拘传、取保候审、监视居住、拘留或者执行逮捕的，应当在执行后立即报告其所属的人民代表大会。

第一百六十七条　公安机关依法对政治协商委员会委员拘传、取保候审、监视居住的，应当将有关情况通报给该委员所属的政协组织。

第一百六十八条　公安机关依法对政治协商委员会委员执行拘留、逮捕前，应当向该委员所属的政协组织通报情况；情况紧急的，可在执行的同时或者执行以后及时通报。

第七章　立案、撤案
第一节　受案

第一百六十九条　公安机关对于公民扭送、报案、控告、举报或者犯罪嫌疑人自动投案的，都应当立即接受，问明情况，并制作笔录，经核对无误后，由扭送人、报案人、控告人、举报人、投案人签名、捺指印。必要时，应当对接受过程录音录像。

第一百七十条　公安机关对扭送人、报案人、控告人、举报人、投案人提供的有关证据材料等应当登记，制作接受证据材料清单，由扭送人、报案人、控告人、举报人、投案人签名，并妥善保管。必要时，应当拍照或者录音录像。

第一百七十一条　公安机关接受案件时，应当制作受案登记表和受案回执，并将受案回执交扭送人、报案人、控告人、举报人。扭送人、报案人、控告人、举报人无法取得联系或者拒绝接受回执的，应当在回执中注明。

第一百七十二条　公安机关接受控告、举报的工作人员，应当向控告人、举报人说明诬告应负的法律责任。但是，只要不是捏造事实、伪造证据，即使控告、举报的事实有出入，甚至是错告的，也要和诬告严格加以区别。

第一百七十三条　公安机关应当保障扭送人、报案人、控告人、举报人及其近亲属的安全。

扭送人、报案人、控告人、举报人如果不愿意公开自己的身份，应当为其保守秘密，并在材料中注明。

第一百七十四条　对接受的案件，或者发现的犯罪线索，公安机关应当迅速进行审查。发现案件事实或者线索不明的，必要时，经办案部门负责人批准，可以进行调查核实。

调查核实过程中，公安机关可以依照有关法律和规定采取询问、查询、勘验、鉴定和调取证据材料等不限制被调查对象人身、财产权利的措施。但是，不得对被调查对象采取强制措施，不得查封、扣押、冻结被调查对象的财产，不得采取技术侦查措施。

第一百七十五条　经过审查，认为有犯罪事实，但不属于自己管辖的案件，应当立即报经县级以上公安机关负责人批准，制作移送案件通知书，在二十四小时以内移送有管辖权的机关处理，并告知扭送人、报案人、控告人、举报人。对于不属于自己管辖而又必须采取紧急措施的，应当先采取紧急措施，然后办理手续，移送主管机关。

对不属于公安机关职责范围的事项，在接报案时能够当场判断的，应当立即口头告知扭送人、报案人、控告人、举报人向其他主管机关报案。

对于重复报案、案件正在办理或者已经办结的，应当向扭送人、报案人、控告人、举报人作出解释，不再登记，但有新的事实或者证据的除外。

第一百七十六条　经过审查，对告诉才处理的案件，公安机关应当告知当事人向人民法院起诉。

对被害人有证据证明的轻微刑事案件，公安机关应当告知被害人可以向人民法院起诉；被害人要求公安机关处理的，公安机关应当依法受理。

人民法院审理自诉案件，依法调取公安机关已经收集的案件材料和有关证据的，公安机关应当及时移交。

第一百七十七条　经过审查，对于不够刑事处罚需要给予行政处理的，依法予以处理或者移送有关部门。

第二节　立案

第一百七十八条　公安机关接受案件后，经审查，认为有犯罪事实需要追究刑事责任，且属于自己管辖的，经县级以上公安机关负责人批准，予以立案；认为没有犯罪事实，或者犯罪事实显著轻微不需要追究刑事责任，或者具有其他依法不追究刑事责任情形的，经县级以上公安机关负责人批准，不予立案。

对有控告人的案件，决定不予立案的，公安机关应当制作不予立案通知书，并在三日以内送达控告人。

决定不予立案后又发现新的事实或者证据，或者发现原认定事实错误，需要追究刑事责任的，应当及时立案处理。

第一百七十九条　控告人对不予立案决定不服的，可以在收到不予立案通知书后七日以内向作出决定的公安机关申请复议；公安机关应当在收到复议申请后三十日以内作出决定，并将决定书送达控告人。

控告人对不予立案的复议决定不服的，可以在收到复议决定书后七日以内向上一级公安机关申请复核；上一级公安机关应当在收到复核申请后三十日以内作出决定。对上级公安机关撤销不予立案决定的，下级公安机关应当执行。

案情重大、复杂的，公安机关可以延长复议、复核时限，但是延长时限不得超过三十日，并书面告知申请人。

第一百八十条 对行政执法机关移送的案件，公安机关应当自接受案件之日起三日以内进行审查，认为有犯罪事实，需要追究刑事责任，依法决定立案的，应当书面通知移送案件的行政执法机关；认为没有犯罪事实，或者犯罪事实显著轻微，不需要追究刑事责任，依法不予立案的，应当说明理由，并将不予立案通知书送达移送案件的行政执法机关，相应退回案件材料。

公安机关认为行政执法机关移送的案件材料不全的，应当在接受案件后二十四小时以内通知移送案件的行政执法机关在三日以内补正，但不得以材料不全为由不接受移送案件。

公安机关认为行政执法机关移送的案件不属于公安机关职责范围的，应当书面通知移送案件的行政执法机关向其他主管机关移送案件，并说明理由。

第一百八十一条 移送案件的行政执法机关对不予立案决定不服的，可以在收到不予立案通知书后三日以内向作出决定的公安机关申请复议；公安机关应当在收到行政执法机关的复议申请后三日以内作出决定，并书面通知移送案件的行政执法机关。

第一百八十二条 对人民检察院要求说明不立案理由的案件，公安机关应当在收到通知书后七日以内，对不立案的情况、依据和理由作出书面说明，回复人民检察院。公安机关作出立案决定的，应当将立案决定书复印件送达人民检察院。

人民检察院通知公安机关立案的，公安机关应当在收到通知书后十五日以内立案，并将立案决定书复印件送达人民检察院。

第一百八十三条 人民检察院认为公安机关不应当立案而立案，提出纠正意见的，公安机关应当进行调查核实，并将有关情况回复人民检察院。

第一百八十四条 经过立案侦查，认为有犯罪事实需要追究刑事责任，但不属于自己管辖或者需要由其他公安机关并案侦查的案件，经县级以上公安机关负责人批准，制作移送案件通知书，移送有管辖权的机关或者并案侦查的公安机关，并在移送案件后三日以内书面通知扭送人、报案人、控告人、举报人或者移送案件的行政执法机关；犯罪嫌疑人已经到案的，应当依照本规定的有关规定通知其家属。

第一百八十五条 案件变更管辖或者移送其他公安机关并案侦查时，与案件有关的法律文书、证据、财物及其孳息等应当随案移交。

移交时，由接收人、移交人当面查点清楚，并在交接单据上共同签名。

第三节　撤　案

第一百八十六条 经过侦查，发现具有下列情形之一的，应当撤销案件：

（一）没有犯罪事实的；

（二）情节显著轻微、危害不大，不认为是犯罪的；

（三）犯罪已过追诉时效期限的；

（四）经特赦令免除刑罚的；

（五）犯罪嫌疑人死亡的；

（六）其他依法不追究刑事责任的。

对于经过侦查，发现有犯罪事实需要追究刑事责任，但不是被立案侦查的犯罪嫌疑人实施的，或者共同犯罪案件中部分犯罪嫌疑人不够刑事处罚的，应当对有关犯罪嫌疑人终止侦查，并对该案件继续侦查。

第一百八十七条 需要撤销案件或者对犯罪嫌疑人终止侦查的，办案部门应当制作撤销案件或者终止侦查报告书，报县级以上公安机关负责人批准。

公安机关决定撤销案件或者对犯罪嫌疑人终止侦查时，原犯罪嫌疑人在押的，应当立即释放，发给释放证明书。原犯罪嫌疑人被逮捕的，应当通知原批准逮捕的人民检察院。对原犯罪嫌疑人采取其他强制措施的，应当立即解除强制措施；需要行政处理的，依法予以处理或者移交有关部门。

对查封、扣押的财物及其孳息、文件，或者冻结的财产，除按照法律和有关规定另行处理的以外，应当解除查封、扣押、冻结，并及时返还或者通知当事人。

第一百八十八条 犯罪嫌疑人自愿如实供述涉嫌犯罪的事实，有重大立功或者案件涉及国家重大利益，需要撤销案件的，应当层报公安部，由公安部商请最高人民检察院核准后撤销案件。报请撤销案件的公安机关应当同时将相关情况通报同级人民检察院。

公安机关根据前款规定撤销案件的，应当对查封、扣押、冻结的财物及其孳息作出处理。

第一百八十九条 公安机关作出撤销案件决定后，应当在三日以内告知原犯罪嫌疑人、被害人或者其近亲属、法定代理人以及案件移送机关。

公安机关作出终止侦查决定后，应当在三日以内告知原犯罪嫌疑人。

第一百九十条 公安机关撤销案件以后又发现新的事实或者证据,或者发现原认定事实错误,认为有犯罪事实需要追究刑事责任的,应当重新立案侦查。

对犯罪嫌疑人终止侦查后又发现新的事实或者证据,或者发现原认定事实错误,需要对其追究刑事责任的,应当继续侦查。

第八章 侦 查
第一节 一般规定

第一百九十一条 公安机关对已经立案的刑事案件,应当及时进行侦查,全面、客观地收集、调取犯罪嫌疑人有罪或者无罪、罪轻或者罪重的证据材料。

第一百九十二条 公安机关经过侦查,对有证据证明有犯罪事实的案件,应当进行预审,对收集、调取的证据材料的真实性、合法性、关联性及证明力予以审查、核实。

第一百九十三条 公安机关侦查犯罪,应当严格依照法律规定的条件和程序采取强制措施和侦查措施,严禁在没有证据的情况下,仅凭怀疑就对犯罪嫌疑人采取强制措施和侦查措施。

第一百九十四条 公安机关开展勘验、检查、搜查、辨认、查封、扣押等侦查活动,应当邀请有关公民作为见证人。

下列人员不得担任侦查活动的见证人:

(一)生理上、精神上有缺陷或者年幼,不具有相应辨别能力或者不能正确表达的人;

(二)与案件有利害关系,可能影响案件公正处理的人;

(三)公安机关的工作人员或者其聘用的人员。

确因客观原因无法由符合条件的人员担任见证人的,应当对有关侦查活动进行全程录音录像,并在笔录中注明有关情况。

第一百九十五条 公安机关侦查犯罪,涉及国家秘密、商业秘密、个人隐私的,应当保密。

第一百九十六条 当事人和辩护人、诉讼代理人、利害关系人对于公安机关及其侦查人员有下列行为之一的,有权向该机关申诉或者控告:

(一)采取强制措施法定期限届满,不予以释放、解除或者变更的;

(二)应当退还取保候审保证金不退还的;

(三)对与案件无关的财物采取查封、扣押、冻结措施的;

(四)应当解除查封、扣押、冻结不解除的;

(五)贪污、挪用、私分、调换、违反规定使用查封、扣押、冻结的财物的。

受理申诉或者控告的公安机关应当及时进行调查核实,并在收到申诉、控告之日起三十日以内作出处理决定,书面回复申诉人、控告人。发现公安机关及其侦查人员有上述行为之一的,应当立即纠正。

第一百九十七条 上级公安机关发现下级公安机关存在本规定第一百九十六条第一款规定的违法行为或者对申诉、控告事项不按照规定处理的,应当责令下级公安机关限期纠正,下级公安机关应当立即执行。必要时,上级公安机关可以就申诉、控告事项直接作出处理决定。

第二节 讯问犯罪嫌疑人

第一百九十八条 讯问犯罪嫌疑人,除下列情形以外,应当在公安机关执法办案场所的讯问室进行:

(一)紧急情况下在现场进行讯问的;

(二)对有严重伤病或者残疾、行动不便的,以及正在怀孕的犯罪嫌疑人,在其住处或者就诊的医疗机构进行讯问的。

对于已送交看守所羁押的犯罪嫌疑人,应当在看守所讯问室进行讯问。

对于正在被执行行政拘留、强制隔离戒毒的人员以及正在监狱服刑的罪犯,可以在其执行场所进行讯问。

对于不需要拘留、逮捕的犯罪嫌疑人,经办案部门负责人批准,可以传唤到犯罪嫌疑人所在市、县公安机关执法办案场所或者到他的住处进行讯问。

第一百九十九条 传唤犯罪嫌疑人时,应当出示传唤证和侦查人员的人民警察证,并责令其在传唤证上签名、捺指印。

犯罪嫌疑人到案后,应当由其在传唤证上填写到案时间。传唤结束时,应当由其在传唤证上填写传唤结束时间。犯罪嫌疑人拒绝填写的,侦查人员应当在传唤证上注明。

对在现场发现的犯罪嫌疑人,侦查人员经出示人民警察证,可以口头传唤,并将传唤的原因和依据告知被传唤人。在讯问笔录中应当注明犯罪嫌疑人到案方式,并由犯罪嫌疑人注明到案时间和传唤结束时间。

对自动投案或者群众扭送到公安机关的犯罪嫌疑人,可以依法传唤。

第二百条 传唤持续的时间不得超过十二小时。案情特别重大、复杂,需要采取拘留、逮捕措施的,经办案部门负责人批准,传唤持续的时间不得超过二十四小时。

不得以连续传唤的形式变相拘禁犯罪嫌疑人。

传唤期限届满,未作出采取其他强制措施决定的,应当立即结束传唤。

第二百零一条　传唤、拘传、讯问犯罪嫌疑人,应当保证犯罪嫌疑人的饮食和必要的休息时间,并记录在案。

第二百零二条　讯问犯罪嫌疑人,必须由侦查人员进行。讯问的时候,侦查人员不得少于二人。

讯问同案的犯罪嫌疑人,应当个别进行。

第二百零三条　侦查人员讯问犯罪嫌疑人时,应当首先讯问犯罪嫌疑人是否有犯罪行为,并告知犯罪嫌疑人享有的诉讼权利,如实供述自己罪行可以从宽处理以及认罪认罚的法律规定,让他陈述有罪的情节或者无罪的辩解,然后向他提出问题。

犯罪嫌疑人对侦查人员的提问,应当如实回答。但是对与本案无关的问题,有拒绝回答的权利。

第一次讯问,应当问明犯罪嫌疑人的姓名、别名、曾用名、出生年月日、户籍所在地、现住地、籍贯、出生地、民族、职业、文化程度、政治面貌、工作单位、家庭情况、社会经历,是否属于人大代表、政协委员,是否受过刑事处罚或者行政处理等情况。

第二百零四条　讯问聋、哑的犯罪嫌疑人,应当有通晓聋、哑手势的人参加,并在讯问笔录上注明犯罪嫌疑人的聋、哑情况,以及翻译人员的姓名、工作单位和职业。

讯问不通晓当地语言文字的犯罪嫌疑人,应当配备翻译人员。

第二百零五条　侦查人员应当将问话和犯罪嫌疑人的供述或者辩解如实地记录清楚。制作讯问笔录应当使用能够长期保持字迹的材料。

第二百零六条　讯问笔录应当交犯罪嫌疑人核对;对于没有阅读能力的,应当向他宣读。如果记录有遗漏或者差错,应当允许犯罪嫌疑人补充或者更正,并捺指印。笔录经犯罪嫌疑人核对无误后,应当由其在笔录上逐页签名、捺指印,并在末页写明"以上笔录我看过(或向我宣读过),和我说的相符"。拒绝签名、捺指印的,侦查人员应当在笔录上注明。

讯问笔录上所列项目,应当按照规定填写齐全。侦查人员、翻译人员应当在讯问笔录上签名。

第二百零七条　犯罪嫌疑人请求自行书写供述的,应当准许;必要时,侦查人员也可以要求犯罪嫌疑人亲笔书写供词。犯罪嫌疑人应当在亲笔供词上逐页签名、捺指印。侦查人员收到后,应当在首页右上方写明"于某年某月某日收到",并签名。

第二百零八条　讯问犯罪嫌疑人,在文字记录的同时,可以对讯问过程进行录音录像。对于可能判处无期徒刑、死刑的案件或者其他重大犯罪案件,应当对讯问过程进行录音录像。

前款规定的"可能判处无期徒刑、死刑的案件",是指应当适用的法定刑或者量刑档次包含无期徒刑、死刑的案件。"其他重大犯罪案件",是指致人重伤、死亡的严重危害公共安全犯罪、严重侵犯公民人身权利犯罪,以及黑社会性质组织犯罪、严重毒品犯罪等重大故意犯罪案件。

对讯问过程录音录像的,应当对每一次讯问全程不间断进行,保持完整性。不得选择性地录制,不得剪接、删改。

第二百零九条　对犯罪嫌疑人供述的犯罪事实、无罪或者罪轻的事实、申辩和反证,以及犯罪嫌疑人提供的证明自己无罪、罪轻的证据,公安机关应当认真核查;对有关证据,无论是否采信,都应当如实记录、妥善保管,并连同核查情况附卷。

第三节　询问证人、被害人

第二百一十条　询问证人、被害人,可以在现场进行,也可以到证人、被害人所在单位、住处或者证人、被害人提出的地点进行。在必要的时候,可以书面、电话或者当场通知证人、被害人到公安机关提供证言。

询问证人、被害人应当个别进行。

在现场询问证人、被害人,侦查人员应当出示人民警察证。到证人、被害人所在单位、住处或者证人、被害人提出的地点询问证人、被害人,应当经办案部门负责人批准,制作询问通知书。询问前,侦查人员应当出示询问通知书和人民警察证。

第二百一十一条　询问前,应当了解证人、被害人的身份,证人、被害人、犯罪嫌疑人之间的关系。询问时,应当告知证人、被害人必须如实地提供证据、证言和有意作伪证或者隐匿罪证应负的法律责任。

侦查人员不得向证人、被害人泄露案情或者表示对案件的看法,严禁采用暴力、威胁等非法方法询问证人、被害人。

第二百一十二条　本规定第二百零六条、第二百零七条的规定,也适用于询问证人、被害人。

第四节　勘验、检查

第二百一十三条　侦查人员对于与犯罪有关的场所、物品、人身、尸体应当进行勘验或者检查,及时提取、采集与案件有关的痕迹、物证、生物样本等。在必要的时候，可以指派或者聘请具有专门知识的人，在侦查人员的主持下进行勘验、检查。

第二百一十四条 发案地派出所、巡警等部门应当妥善保护犯罪现场和证据，控制犯罪嫌疑人，并立即报告公安机关主管部门。

执行勘查的侦查人员接到通知后，应当立即赶赴现场；勘查现场，应当持有刑事犯罪现场勘查证。

第二百一十五条 公安机关对案件现场进行勘查，侦查人员不得少于二人。

第二百一十六条 勘查现场，应当拍摄现场照片、绘制现场图，制作笔录，由参加勘查的人和见证人签名。对重大案件的现场勘查，应当录音录像。

第二百一十七条 为了确定被害人、犯罪嫌疑人的某些特征、伤害情况或者生理状态，可以对人身进行检查，依法提取、采集肖像、指纹等人体生物识别信息，采集血液、尿液等生物样本。被害人死亡的，应当通过被害人近亲属辨认、提取生物样本鉴定等方式确定被害人身份。

犯罪嫌疑人拒绝检查、提取、采集的，侦查人员认为必要的时候，经办案部门负责人批准，可以强制检查、提取、采集。

检查妇女的身体，应当由女工作人员或者医师进行。

检查的情况应当制作笔录，由参加检查的侦查人员、检查人员、被检查人员和见证人签名。被检查人员拒绝签名的，侦查人员应当在笔录中注明。

第二百一十八条 为了确定死因，经县级以上公安机关负责人批准，可以解剖尸体，并且通知死者家属到场，让其在解剖尸体通知书上签名。

死者家属无正当理由拒不到场或者拒绝签名的，侦查人员应当在解剖尸体通知书上注明。对身份不明的尸体，无法通知死者家属的，应当在笔录中注明。

第二百一十九条 对已查明死因，没有继续保存必要的尸体，应当通知家属领回处理，对于无法通知或者通知后家属拒绝领回的，经县级以上公安机关负责人批准，可以及时处理。

第二百二十条 公安机关进行勘验、检查后，人民检察院要求复验、复查的，公安机关应当进行复验、复查，并可以通知人民检察院派员参加。

第二百二十一条 为了查明案情，在必要的时候，经县级以上公安机关负责人批准，可以进行侦查实验。

进行侦查实验，应当全程录音录像，并制作侦查实验笔录，由参加实验的人签名。

进行侦查实验，禁止一切足以造成危险、侮辱人格或者有伤风化的行为。

第五节　搜　查

第二百二十二条 为了收集犯罪证据、查获犯罪人，经县级以上公安机关负责人批准，侦查人员可以对犯罪嫌疑人以及可能隐藏罪犯或者犯罪证据的人的身体、物品、住处和其他有关的地方进行搜查。

第二百二十三条 进行搜查，必须向被搜查人出示搜查证，执行搜查的侦查人员不得少于二人。

第二百二十四条 执行拘留、逮捕的时候，遇有下列紧急情况之一的，不用搜查证也可以进行搜查：

（一）可能随身携带凶器的；

（二）可能隐藏爆炸、剧毒等危险物品的；

（三）可能隐匿、毁弃、转移犯罪证据的；

（四）可能隐匿其他犯罪嫌疑人的；

（五）其他突然发生的紧急情况。

第二百二十五条 进行搜查时，应当有被搜查人或者他的家属、邻居或者其他见证人在场。

公安机关可以要求有关单位和个人交出可以证明犯罪嫌疑人有罪或者无罪的物证、书证、视听资料等证据。遇到阻碍搜查的，侦查人员可以强制搜查。

搜查妇女的身体，应当由女工作人员进行。

第二百二十六条 搜查的情况应当制作笔录，由侦查人员和被搜查人或者他的家属，邻居或者其他见证人签名。

如果被搜查人拒绝签名，或者被搜查人在逃，他的家属拒绝签名或者不在场的，侦查人员应当在笔录中注明。

第六节　查封、扣押

第二百二十七条 在侦查活动中发现的可用以证明犯罪嫌疑人有罪或者无罪的各种财物、文件，应当查封、扣押；但与案件无关的财物、文件，不得查封、扣押。

持有人拒绝交出应当查封、扣押的财物、文件的，公安机关可以强制查封、扣押。

第二百二十八条 在侦查过程中需要扣押财物、文件的，应当经办案部门负责人批准，制作扣押决定书；在现场勘查或者搜查中需要扣押财物、文件的，由现场指挥人员决定；但扣押财物、文件价值较高或者可能严重影响正常生产经营的，应当经县级以上公安机关负责人批准，制作扣押决定书。

在侦查过程中需要查封土地、房屋等不动产，或者船舶、航空器以及其他不宜移动的大型机器、设备等特定动产的,应当经县级以上公安机关负责人批准并制作查封决定书。

第二百二十九条 执行查封、扣押的侦查人员不得少于二人,并出示本规定第二百二十八条规定的有关法律文书。

查封、扣押的情况应当制作笔录,由侦查人员、持有人和见证人签名。对于无法确定持有人或者持有人拒绝签名的,侦查人员应当在笔录中注明。

第二百三十条 对查封、扣押的财物和文件,应当会同在场见证人和被查封、扣押财物、文件的持有人查点清楚,当场开列查封、扣押清单一式三份,写明财物或者文件的名称、编号、数量、特征及其来源等,由侦查人员、持有人和见证人签名,一份交给持有人,一份交给公安机关保管人员,一份附卷备查。

对于财物、文件的持有人无法确定,以及持有人不在现场或者拒绝签名的,侦查人员应当在清单中注明。

依法扣押文物、贵金属、珠宝、字画等贵重财物的,应当拍照或者录音录像,并及时鉴定、估价。

执行查封、扣押时,应当为犯罪嫌疑人及其所扶养的亲属保留必需的生活费用和物品。能够保证侦查活动正常进行的,可以允许有关当事人继续合理使用有关涉案财物,但应当采取必要的保值、保管措施。

第二百三十一条 对作为犯罪证据但不便提取或者没有必要提取的财物、文件,经登记、拍照或者录音录像、估价后,可以交财物、文件持有人保管或者封存,并且开具登记保存清单一式两份,由侦查人员、持有人和见证人签名,一份交给财物、文件持有人,另一份连同照片或者录音录像资料附卷备查。财物、文件持有人应当妥善保管,不得转移、变卖、毁损。

第二百三十二条 扣押犯罪嫌疑人的邮件、电子邮件、电报,应当经县级以上公安机关负责人批准,制作扣押邮件、电报通知书,通知邮电部门或者网络服务单位检交扣押。

不需要继续扣押的时候,应当经县级以上公安机关负责人批准,制作解除扣押邮件、电报通知书,立即通知邮电部门或者网络服务单位。

第二百三十三条 对查封、扣押的财物、文件、邮件、电子邮件、电报,经查明确实与案件无关的,应当在三日以内解除查封、扣押,退还原主或者原邮电部门、网络服务单位;原主不明确的,应当采取公告方式告知原主认领。在通知原主或者公告后六个月以内,无人认领的,按照无主财物处理,登记后上缴国库。

第二百三十四条 有关犯罪事实查证属实后,对于有证据证明权属明确且无争议的被害人合法财产及其孳息,且返还不损害其他被害人或者利害关系人的利益,不影响案件正常办理的,应当在登记、拍照或者录音录像和估价后,报经县级以上公安机关负责人批准,开具发还清单返还,并在案卷材料中注明返还的理由,将原物照片、发还清单和被害人的领取手续存卷备查。

领取人应当是涉案财物的合法权利人或者其委托的人;委托他人领取的,应当出具委托书。侦查人员或者公安机关其他工作人员不得代为领取。

查找不到被害人,或者通知被害人后,无人领取的,应当将有关财产及其孳息随案移送。

第二百三十五条 对查封、扣押的财物及其孳息、文件,公安机关应当妥善保管,以供核查。任何单位和个人不得违规使用、调换、损毁或者自行处理。

县级以上公安机关应当指定一个内设部门作为涉案财物管理部门,负责对涉案财物实行统一管理,并设立或者指定专门保管场所,对涉案财物进行集中保管。

对价值较低、易于保管,或者需要作为证据继续使用,以及需要先行返还被害人的涉案财物,可以由办案部门设置专门的场所进行保管。办案部门应当指定不承担办案工作的民警负责本部门涉案财物的接收、保管、移交等管理工作;严禁由侦查人员自行保管涉案财物。

第二百三十六条 在侦查期间,对于易损毁、灭失、腐烂、变质而不宜长期保存,或者难以保管的物品,经县级以上公安机关主要负责人批准,可以在拍照或者录音录像后委托有关部门变卖、拍卖,变卖、拍卖的价款暂予保存,待诉讼终结后一并处理。

对于违禁品,应当依照国家有关规定处理;需要作为证据使用的,应当在诉讼终结后处理。

第七节 查询、冻结

第二百三十七条 公安机关根据侦查犯罪的需要,可以依照规定查询、冻结犯罪嫌疑人的存款、汇款、证券交易结算资金、期货保证金等资金,债券、股票、基金份额和其他证券,以及股权、保单权益和其他投资权益等财产,并可以要求有关单位和个人配合。

对于前款规定的财产,不得划转、转账或者以其他方式变相扣押。

第二百三十八条 向金融机构等单位查询犯罪嫌疑人的存款、汇款、证券交易结算资金、期货保证金等资金,债券、股票、基金份额和其他证券,以及股权、保单权益和其他投资权益等财产,应当经县级以上公安机关负责人批准,制作协助查询财产通知书,通知金融机构等单位协助办理。

第二百三十九条　需要冻结犯罪嫌疑人财产的,应当经县级以上公安机关负责人批准,制作协助冻结财产通知书,明确冻结财产的账户名称、账户号码、冻结数额、冻结期限、冻结范围以及是否及于孳息等事项,通知金融机构等单位协助办理。

冻结股权、保单权益的,应当经设区的市一级以上公安机关负责人批准。

冻结上市公司股权的,应当经省级以上公安机关负责人批准。

第二百四十条　需要延长冻结期限的,应当按照原批准权限和程序,在冻结期限届满前办理继续冻结手续。逾期不办理继续冻结手续的,视为自动解除冻结。

第二百四十一条　不需要继续冻结犯罪嫌疑人财产时,应当经原批准冻结的公安机关负责人批准,制作协助解除冻结财产通知书,通知金融机构等单位协助办理。

第二百四十二条　犯罪嫌疑人的财产已被冻结的,不得重复冻结,但可以轮候冻结。

第二百四十三条　冻结存款、汇款、证券交易结算资金、期货保证金等财产的期限为六个月。每次续冻期限最长不得超过六个月。

对于重大、复杂案件,经设区的市一级以上公安机关负责人批准,冻结存款、汇款、证券交易结算资金、期货保证金等财产的期限可以为一年。每次续冻期限最长不得超过一年。

第二百四十四条　冻结债券、股票、基金份额等证券的期限为二年。每次续冻期限最长不得超过二年。

第二百四十五条　冻结股权、保单权益或者投资权益的期限为六个月。每次续冻期限最长不得超过六个月。

第二百四十六条　对冻结的债券、股票、基金份额等财产,应当告知当事人或者其法定代理人、委托代理人有权申请出售。

权利人书面申请出售被冻结的债券、股票、基金份额等财产,不损害国家利益、被害人、其他权利人利益,不影响诉讼正常进行的,以及冻结的汇票、本票、支票的有效期即将届满的,经县级以上公安机关负责人批准,可以依法出售或者变现,所得价款应当继续冻结在其对应的银行账户中;没有对应的银行账户的,所得价款由公安机关在银行指定专门账户保管,并及时告知当事人或者其近亲属。

第二百四十七条　对冻结的财产,经查明确实与案件无关的,应当在三日以内通知金融机构等单位解除冻结,并通知被冻结财产的所有人。

第八节　鉴　定

第二百四十八条　为了查明案情,解决案件中某些专门性问题,应当指派、聘请有专门知识的人进行鉴定。

需要聘请有专门知识的人进行鉴定,应当经县级以上公安机关负责人批准后,制作鉴定聘请书。

第二百四十九条　公安机关应当为鉴定人进行鉴定提供必要的条件,及时向鉴定人送交有关检材和对比样本等原始材料,介绍与鉴定有关的情况,并且明确提出要求鉴定解决的问题。

禁止暗示或者强迫鉴定人作出某种鉴定意见。

第二百五十条　侦查人员应当做好检材的保管和送检工作,并注明检材送检环节的责任人,确保检材在流转环节中的同一性和不被污染。

第二百五十一条　鉴定人应当按照鉴定规则,运用科学方法独立进行鉴定。鉴定后,应当出具鉴定意见,并在鉴定意见书上签名,同时附上鉴定机构和鉴定人的资质证明或者其他证明文件。

多人参加鉴定,鉴定人有不同意见的,应当注明。

第二百五十二条　对鉴定意见,侦查人员应当进行审查。

对经审查作为证据使用的鉴定意见,公安机关应当及时告知犯罪嫌疑人、被害人或者其法定代理人。

第二百五十三条　犯罪嫌疑人、被害人对鉴定意见有异议提出申请,以及办案部门或者侦查人员对鉴定意见有疑义的,可以将鉴定意见送交其他有专门知识的人员提出意见。必要时,询问鉴定人并制作笔录附卷。

第二百五十四条　经审查,发现有下列情形之一的,经县级以上公安机关负责人批准,应当补充鉴定:

(一)鉴定内容有明显遗漏的;

(二)发现新的有鉴定意义的证物的;

(三)对鉴定证物有新的鉴定要求的;

(四)鉴定意见不完整,委托事项无法确定的;

(五)其他需要补充鉴定的情形。

经审查,不符合上述情形的,经县级以上公安机关负责人批准,作出不准予补充鉴定的决定,并在作出决定后三日以内书面通知申请人。

第二百五十五条　经审查,发现有下列情形之一的,经县级以上公安机关负责人批准,应当重新鉴定:

(一)鉴定程序违法或者违反相关专业技术要求的;

(二)鉴定机构、鉴定人不具备鉴定资质和条件的;

（三）鉴定人故意作虚假鉴定或者违反回避规定的；

（四）鉴定意见依据明显不足的；

（五）检材虚假或者被损坏的；

（六）其他应当重新鉴定的情形。

重新鉴定，应当另行指派或者聘请鉴定人。

经审查，不符合上述情形的，经县级以上公安机关负责人批准，作出不准予重新鉴定的决定，并在作出决定后三日以内书面通知申请人。

第二百五十六条　公诉人、当事人或者辩护人、诉讼代理人对鉴定意见有异议，经人民法院依法通知的，公安机关鉴定人应当出庭作证。

鉴定人故意作虚假鉴定的，应当依法追究其法律责任。

第二百五十七条　对犯罪嫌疑人作精神病鉴定的时间不计入办案期限，其他鉴定时间都应当计入办案期限。

第九节　辨　认

第二百五十八条　为了查明案情，在必要的时候，侦查人员可以让被害人、证人或者犯罪嫌疑人对与犯罪有关的物品、文件、尸体、场所或者犯罪嫌疑人进行辨认。

第二百五十九条　辨认应当在侦查人员的主持下进行。主持辨认的侦查人员不得少于二人。

几名辨认人对同一辨认对象进行辨认时，应当由辨认人个别进行。

第二百六十条　辨认时，应当将辨认对象混杂在特征相类似的其他对象中，不得在辨认前向辨认人展示辨认对象及其影像资料，不得给辨认人任何暗示。

辨认犯罪嫌疑人时，被辨认的人数不得少于七人；对犯罪嫌疑人照片进行辨认的，不得少于十人的照片。

辨认物品时，混杂的同类物品不得少于五件；对物品的照片进行辨认的，不得少于十个物品的照片。

对场所、尸体等特定辨认对象进行辨认，或者辨认人能够准确描述物品独有特征的，陪衬物不受数量的限制。

第二百六十一条　对犯罪嫌疑人的辨认，辨认人不愿意公开进行时，可以在不暴露辨认人的情况下进行，并应当为其保守秘密。

第二百六十二条　对辨认经过和结果，应当制作辨认笔录，由侦查人员、辨认人、见证人签名。必要时，应当对辨认过程进行录音录像。

第十节　技术侦查

第二百六十三条　公安机关在立案后，根据侦查犯罪的需要，可以对下列严重危害社会的犯罪案件采取技术侦查措施：

（一）危害国家安全犯罪、恐怖活动犯罪、黑社会性质的组织犯罪、重大毒品犯罪案件；

（二）故意杀人、故意伤害致人重伤或者死亡、强奸、抢劫、绑架、放火、爆炸、投放危险物质等严重暴力犯罪案件；

（三）集团性、系列性、跨区域性重大犯罪案件；

（四）利用电信、计算机网络、寄递渠道等实施的重大犯罪案件，以及针对计算机网络实施的重大犯罪案件；

（五）其他严重危害社会的犯罪案件，依法可能判处七年以上有期徒刑的。

公安机关追捕被通缉或者批准、决定逮捕的在逃的犯罪嫌疑人、被告人，可以采取追捕所必需的技术侦查措施。

第二百六十四条　技术侦查措施是指由设区的市一级以上公安机关负责技术侦查的部门实施的记录监控、行踪监控、通信监控、场所监控等措施。

技术侦查措施的适用对象是犯罪嫌疑人、被告人以及与犯罪活动直接关联的人员。

第二百六十五条　需要采取技术侦查措施的，应当制作呈请采取技术侦查措施报告书，报设区的市一级以上公安机关负责人批准，制作采取技术侦查措施决定书。

人民检察院等部门决定采取技术侦查措施，交公安机关执行的，由设区的市一级以上公安机关按照规定办理相关手续后，交负责技术侦查的部门执行，并将执行情况通知人民检察院等部门。

第二百六十六条　批准采取技术侦查措施的决定自签发之日起三个月以内有效。

在有效期限内，对不需要继续采取技术侦查措施的，办案部门应当立即书面通知负责技术侦查的部门解除技术侦查措施；负责技术侦查的部门认为需要解除技术侦查措施的，报批准机关负责人批准，制作解除技术侦查措施决定书，并及时通知办案部门。

对复杂、疑难案件，采取技术侦查措施的有效期限届满仍需要继续采取技术侦查措施的，经负责技术侦查的部门审核后，报批准机关负责人批准，制作延长技术侦查措施期限决定书。批准延长期限，每次不得超过三个月。

有效期限届满，负责技术侦查的部门应当立即解除技术侦查措施。

第二百六十七条　采取技术侦查措施，必须严格按照批准的措施种类、适用对象和期限执行。

在有效期限内，需要变更技术侦查措施种类或者适用对象的，应当按照本规定第二百六十五条规定重新办理批准手续。

第二百六十八条　采取技术侦查措施收集的材料在刑事诉讼中可以作为证据使用。使用技术侦查措施收集的材料作为证据时，可能危及有关人员的人身安全，或者可能产生其他严重后果的，应当采取不暴露有关人员身份和使用的技术设备、侦查方法等保护措施。

采取技术侦查措施收集的材料作为证据使用的，采取技术侦查措施决定书应当附卷。

第二百六十九条　采取技术侦查措施收集的材料，应当严格依照有关规定存放，只能用于对犯罪的侦查、起诉和审判，不得用于其他用途。

采取技术侦查措施收集的与案件无关的材料，必须及时销毁，并制作销毁记录。

第二百七十条　侦查人员对采取技术侦查措施过程中知悉的国家秘密、商业秘密和个人隐私，应当保密。

公安机关依法采取技术侦查措施，有关单位和个人应当配合，并对有关情况予以保密。

第二百七十一条　为了查明案情，在必要的时候，经县级以上公安机关负责人决定，可以由侦查人员或者公安机关指定的其他人员隐匿身份实施侦查。

隐匿身份实施侦查时，不得使用促使他人产生犯罪意图的方法诱使他人犯罪，不得采用可能危害公共安全或者发生重大人身危险的方法。

第二百七十二条　对涉及给付毒品等违禁品或者财物的犯罪活动，为查明参与该项犯罪的人员和犯罪事实，根据侦查需要，经县级以上公安机关负责人决定，可以实施控制下交付。

第二百七十三条　公安机关依照本节规定实施隐匿身份侦查和控制下交付收集的材料在刑事诉讼中可以作为证据使用。

使用隐匿身份侦查和控制下交付收集的材料作为证据时，可能危及隐匿身份人员的人身安全，或者可能产生其他严重后果的，应当采取不暴露有关人员身份等保护措施。

第十一节　通　缉

第二百七十四条　应当逮捕的犯罪嫌疑人在逃的，经县级以上公安机关负责人批准，可以发布通缉令，采取有效措施，追捕归案。

县级以上公安机关在自己管辖的地区内，可以直接发布通缉令；超出自己管辖的地区，应当报请有权决定的上级公安机关发布。

通缉令的发送范围，由签发通缉令的公安机关负责

人决定。

第二百七十五条　通缉令中应当尽可能写明被通缉人的姓名、别名、曾用名、绰号、性别、年龄、民族、籍贯、出生地、户籍所在地、居住地、职业、身份证号码、衣着和体貌特征、口音、行为习惯，并附被通缉人近期照片，可以附指纹及其他物证的照片。除了必须保密的事项以外，应当写明发案的时间、地点和简要案情。

第二百七十六条　通缉令发出后，如果发现新的重要情况可以补发通报。通报必须注明原通缉令的编号和日期。

第二百七十七条　公安机关接到通缉令后，应当及时布置查缉。抓获犯罪嫌疑人后，报经县级以上公安机关负责人批准，凭通缉令或者相关法律文书羁押，并通知通缉令发布机关进行核实，办理交接手续。

第二百七十八条　需要对犯罪嫌疑人在口岸采取边控措施的，应当按照有关规定制作边控对象通知书，并附有关法律文书，经县级以上公安机关负责人审核后，层报省级公安机关批准，办理全国范围内的边控措施。需要限制犯罪嫌疑人人身自由的，应当附有关限制人身自由的法律文书。

紧急情况下，需要采取边控措施的，县级以上公安机关可以出具公函，先向有关口岸所在地出入境边防检查机关交控，但应当在七日以内按照规定程序办理全国范围内的边控措施。

第二百七十九条　为发现重大犯罪线索，追缴涉案财物、证据，查获犯罪嫌疑人，必要时，经县级以上公安机关负责人批准，可以发布悬赏通告。

悬赏通告应当写明悬赏对象的基本情况和赏金的具体数额。

第二百八十条　通缉令、悬赏通告应当广泛张贴，并可以通过广播、电视、报刊、计算机网络等方式发布。

第二百八十一条　经核实，犯罪嫌疑人已经自动投案、被击毙或者被抓获，以及发现有其他不需要采取通缉、边控、悬赏通告的情形的，发布机关应当在原通缉、通知、通告范围内，撤销通缉令、边控通知、悬赏通告。

第二百八十二条　通缉越狱逃跑的犯罪嫌疑人、被告人或者罪犯，适用本节的有关规定。

第十二节　侦查终结

第二百八十三条　侦查终结的案件，应当同时符合以下条件：

（一）案件事实清楚；

（二）证据确实、充分；

（三）犯罪性质和罪名认定正确；

（四）法律手续完备；

（五）依法应当追究刑事责任。

第二百八十四条　对侦查终结的案件，公安机关应当全面审查证明证据收集合法性的证据材料，依法排除非法证据。排除非法证据后证据不足的，不得移送审查起诉。

公安机关发现侦查人员非法取证的，应当依法作出处理，并可另行指派侦查人员重新调查取证。

第二百八十五条　侦查终结的案件，侦查人员应当制作结案报告。

结案报告应当包括以下内容：

（一）犯罪嫌疑人的基本情况；

（二）是否采取了强制措施及其理由；

（三）案件的事实和证据；

（四）法律依据和处理意见。

第二百八十六条　侦查终结案件的处理，由县级以上公安机关负责人批准；重大、复杂、疑难的案件应当经过集体讨论。

第二百八十七条　侦查终结后，应当将全部案卷材料按照要求装订立卷。

向人民检察院移送案件时，只移送诉讼卷，侦查卷由公安机关存档备查。

第二百八十八条　对查封、扣押的犯罪嫌疑人的财物及其孳息、文件或者冻结的财产，作为证据使用的，应当随案移送，并制作随案移送清单一式两份，一份留存，一份交人民检察院。制作清单时，应当根据已经查明的案情，写明对涉案财物的处理建议。

对于实物不宜移送的，应当将其清单、照片或者其他证明文件随案移送。待人民法院作出生效判决后，按照人民法院送达的生效判决书、裁定书依法作出处理，并向人民法院送交回执。人民法院在判决、裁定中未对涉案财物作出处理的，公安机关应当征求人民法院意见，并根据人民法院的决定依法作出处理。

第二百八十九条　对侦查终结的案件，应当制作起诉意见书，经县级以上公安机关负责人批准后，连同全部案卷材料、证据，以及辩护律师提出的意见，一并移送同级人民检察院审查决定；同时将案件移送情况告知犯罪嫌疑人及其辩护律师。

犯罪嫌疑人自愿认罪的，应当记录在案，随案移送，并在起诉意见书中写明有关情况；认为案件符合速裁程序适用条件的，可以向人民检察院提出适用速裁程序的建议。

第二百九十条　对于犯罪嫌疑人在境外，需要及时进行审判的严重危害国家安全犯罪、恐怖活动犯罪案件，应当在侦查终结后层报公安部批准，移送同级人民检察院审查起诉。

在审查起诉或者缺席审理过程中，犯罪嫌疑人、被告人向公安机关自动投案或者被公安机关抓获的，公安机关应立即通知人民检察院、人民法院。

第二百九十一条　共同犯罪案件的起诉意见书，应当写明每个犯罪嫌疑人在共同犯罪中的地位、作用、具体罪责和认罪态度，并分别提出处理意见。

第二百九十二条　被害人提出附带民事诉讼的，应当记录在案；移送审查起诉时，应当在起诉意见书末页注明。

第二百九十三条　人民检察院作出不起诉决定的，如果被不起诉人在押，公安机关应当立即办理释放手续。除依法转为行政案件办理外，应当根据人民检察院解除查封、扣押、冻结财物的书面通知，及时解除查封、扣押、冻结。

人民检察院提出对被不起诉人给予行政处罚、处分或者没收其违法所得的检察意见，移送公安机关处理的，公安机关应当将处理结果及时通知人民检察院。

第二百九十四条　认为人民检察院作出的不起诉决定有错误的，应当在收到不起诉决定书后七日以内制作要求复议意见书，经县级以上公安机关负责人批准后，移送人民检察院复议。

要求复议的意见不被接受的，可以在收到人民检察院的复议决定书后七日以内制作提请复核意见书，经县级以上公安机关负责人批准后，连同人民检察院的复议决定书，一并提请上一级人民检察院复核。

第十三节　补充侦查

第二百九十五条　侦查终结，移送人民检察院审查起诉的案件，人民检察院退回公安机关补充侦查的，公安机关接到人民检察院退回补充侦查的法律文书后，应当按照补充侦查提纲在一个月以内补充侦查完毕。

补充侦查以二次为限。

第二百九十六条　对人民检察院退回补充侦查的案件，根据不同情况，报县级以上公安机关负责人批准，分别作如下处理：

（一）原认定犯罪事实不清或者证据不够充分的，应当在查清事实、补充证据后，制作补充侦查报告书，移送人民检察院审查；对确实无法查明的事项或者无法补充的证据，应当书面向人民检察院说明情况；

（二）在补充侦查过程中，发现新的同案犯或者新的罪行，需要追究刑事责任的，应当重新制作起诉意见书，移送人民检察院审查；

（三）发现原认定的犯罪事实有重大变化，不应当追究刑事责任的，应当撤销案件或者对犯罪嫌疑人终止侦查，并将有关情况通知退查的人民检察院；

（四）原认定犯罪事实清楚，证据确实、充分，人民检察院退回补充侦查不当的，应当说明理由，移送人民检察院审查。

第二百九十七条　对于人民检察院在审查起诉过程中以及在人民法院作出生效判决前，要求公安机关提供法庭审判所必需的证据材料的，应当及时收集和提供。

第九章　执行刑罚
第一节　罪犯的交付

第二百九十八条　对被依法判处刑罚的罪犯，如果罪犯已被采取强制措施的，公安机关应当依据人民法院生效的判决书、裁定书以及执行通知书，将罪犯交付执行。

对人民法院作出无罪或者免除刑事处罚的判决，如果被告人在押，公安机关在收到相应的法律文书后应当立即办理释放手续；对人民法院建议给予行政处理的，应当依照有关规定处理或者移送有关部门。

第二百九十九条　对被判处死刑的罪犯，公安机关应当依据人民法院执行死刑的命令，将罪犯交由人民法院执行。

第三百条　公安机关接到人民法院生效的判处死刑缓期二年执行、无期徒刑、有期徒刑的判决书、裁定书以及执行通知书后，应当在一个月以内将罪犯送交监狱执行。

对未成年犯应当送交未成年犯管教所执行刑罚。

第三百零一条　对被判处有期徒刑的罪犯，在被交付执行刑罚前，剩余刑期在三个月以下的，由看守所根据人民法院的判决代为执行。

对被判处拘役的罪犯，由看守所执行。

第三百零二条　对被判处管制、宣告缓刑、假释或者暂予监外执行的罪犯，已被羁押的，由看守所将其交付社区矫正机构执行。

对被判处剥夺政治权利的罪犯，由罪犯居住地的派出所负责执行。

第三百零三条　对被判处有期徒刑由看守所代为执行和被判处拘役的罪犯，执行期间如果没有再犯新罪，执行期满，看守所应当发给刑满释放证明书。

第三百零四条　公安机关在执行刑罚中，如果认为判决有错误或者罪犯提出申诉，应当转请人民检察院或者原判人民法院处理。

第二节　减刑、假释、暂予监外执行

第三百零五条　对依法留看守所执行刑罚的罪犯，符合减刑条件的，由看守所制作减刑建议书，经设区的市一级以上公安机关审查同意后，报请所在地中级以上人民法院审核裁定。

第三百零六条　对依法留看守所执行刑罚的罪犯，符合假释条件的，由看守所制作假释建议书，经设区的市一级以上公安机关审查同意后，报请所在地中级以上人民法院审核裁定。

第三百零七条　对依法留所执行刑罚的罪犯，有下列情形之一的，可以暂予监外执行：

（一）有严重疾病需要保外就医的；

（二）怀孕或者正在哺乳自己婴儿的妇女；

（三）生活不能自理，适用暂予监外执行不致危害社会的。

对罪犯暂予监外执行的，看守所应当提出书面意见，报设区的市一级以上公安机关批准，同时将书面意见抄送同级人民检察院。

对适用保外就医可能有社会危险性的罪犯，或者自伤自残的罪犯，不得保外就医。

对罪犯确有严重疾病，必须保外就医的，由省级人民政府指定的医院诊断并开具证明文件。

第三百零八条　公安机关决定对罪犯暂予监外执行的，应当将暂予监外执行决定书送被暂予监外执行的罪犯和负责监外执行的社区矫正机构，同时抄送同级人民检察院。

第三百零九条　批准暂予监外执行的公安机关接到人民检察院认为暂予监外执行不当的意见后，应当立即对暂予监外执行的决定进行重新核查。

第三百一十条　对暂予监外执行的罪犯，有下列情形之一的，批准暂予监外执行的公安机关应当作出收监执行决定：

（一）发现不符合暂予监外执行条件的；

（二）严重违反有关暂予监外执行监督管理规定的；

（三）暂予监外执行的情形消失后，罪犯刑期未满的。

对暂予监外执行的罪犯决定收监执行的，由暂予监外执行地看守所将罪犯收监执行。

不符合暂予监外执行条件的罪犯通过贿赂等非法手

段被暂予监外执行的,或者罪犯在暂予监外执行期间脱逃的,罪犯被收监执行后,所在看守所应当提出不计入执行刑期的建议,经设区的市一级以上公安机关审查同意后,报请所在地中级以上人民法院审核裁定。

第三节 剥夺政治权利

第三百一十一条 负责执行剥夺政治权利的派出所应当按照人民法院的判决,向罪犯及其所在单位、居住地基层组织宣布其犯罪事实、被剥夺政治权利的期限,以及罪犯在执行期间应当遵守的规定。

第三百一十二条 被剥夺政治权利的罪犯在执行期间应当遵守下列规定:

(一)遵守国家法律、行政法规和公安部制定的有关规定,服从监督管理;

(二)不得享有选举权和被选举权;

(三)不得组织或者参加集会、游行、示威、结社活动;

(四)不得出版、制作、发行书籍、音像制品;

(五)不得接受采访,发表演说;

(六)不得在境内外发表有损国家荣誉、利益或者其他具有社会危害性的言论;

(七)不得担任国家机关职务;

(八)不得担任国有公司、企业、事业单位和人民团体的领导职务。

第三百一十三条 被剥夺政治权利的罪犯违反本规定第三百一十二条的规定,尚未构成新的犯罪的,公安机关依法可以给予治安管理处罚。

第三百一十四条 被剥夺政治权利的罪犯,执行期满,公安机关应当书面通知本人及其所在单位、居住地基层组织。

第四节 对又犯新罪罪犯的处理

第三百一十五条 对留看守所执行刑罚的罪犯,在暂予监外执行期间又犯新罪的,由犯罪地公安机关立案侦查,并通知批准机关。批准机关作出收监执行决定后,应当根据侦查、审判需要,由犯罪地看守所或者暂予监外执行地看守所收监执行。

第三百一十六条 被剥夺政治权利、管制、宣告缓刑和假释的罪犯在执行期间又犯新罪的,由犯罪地公安机关立案侦查。

对留看守所执行刑罚的罪犯,因犯新罪被撤销假释的,应当根据侦查、审判需要,由犯罪地看守所或者原执行看守所收监执行。

第十章 特别程序

第一节 未成年人刑事案件诉讼程序

第三百一十七条 公安机关办理未成年人刑事案件,实行教育、感化、挽救的方针,坚持教育为主、惩罚为辅的原则。

第三百一十八条 公安机关办理未成年人刑事案件,应当保障未成年人行使其诉讼权利并得到法律帮助,依法保护未成年人的名誉和隐私,尊重其人格尊严。

第三百一十九条 公安机关应当设置专门机构或者配备专职人员办理未成年人刑事案件。

未成年人刑事案件应当由熟悉未成年人身心特点,善于做未成年人思想教育工作,具有一定办案经验的人员办理。

第三百二十条 未成年犯罪嫌疑人没有委托辩护人的,公安机关应当通知法律援助机构指派律师为其提供辩护。

第三百二十一条 公安机关办理未成年人刑事案件时,应当重点查清未成年犯罪嫌疑人实施犯罪行为时是否已满十四周岁、十六周岁、十八周岁的临界年龄。

第三百二十二条 公安机关办理未成年人刑事案件,根据情况可以对未成年犯罪嫌疑人的成长经历、犯罪原因、监护教育等情况进行调查并制作调查报告。

作出调查报告的,在提请批准逮捕、移送审查起诉时,应当结合案情综合考虑,并将调查报告与案卷材料一并移送人民检察院。

第三百二十三条 讯问未成年犯罪嫌疑人,应当通知未成年犯罪嫌疑人的法定代理人到场。无法通知、法定代理人不能到场或者法定代理人是共犯的,也可以通知未成年犯罪嫌疑人的其他成年亲属,所在学校、单位、居住地或者办案单位所在地基层组织或者未成年人保护组织的代表到场,并将有关情况记录在案。到场的法定代理人可以代为行使未成年犯罪嫌疑人的诉讼权利。

到场的法定代理人或者其他人员提出侦查人员在讯问中侵犯未成年人合法权益的,公安机关应当认真核查,依法处理。

第三百二十四条 讯问未成年犯罪嫌疑人应当采取适合未成年人的方式,耐心细致地听取其供述或者辩解,认真审核、查证与案件有关的证据和线索,并针对其思想顾虑、恐惧心理、抵触情绪进行疏导和教育。

讯问女性未成年犯罪嫌疑人,应当有女工作人员在场。

第三百二十五条　讯问笔录应当交未成年犯罪嫌疑人、到场的法定代理人或者其他人员阅读或者向其宣读；对笔录内容有异议的，应当核实清楚，准予更正或者补充。

第三百二十六条　询问未成年被害人、证人，适用本规定第三百二十三条、第三百二十四条、第三百二十五条的规定。

询问未成年被害人、证人，应当以适当的方式进行，注意保护其隐私和名誉，尽可能减少询问频次，避免造成二次伤害。必要时，可以聘请熟悉未成年人身心特点的专业人员协助。

第三百二十七条　对未成年犯罪嫌疑人应当严格限制和尽量减少使用逮捕措施。

未成年犯罪嫌疑人被拘留、逮捕后服从管理、依法变更强制措施不致发生社会危险性，能够保证诉讼正常进行的，公安机关应当依法及时变更强制措施；人民检察院批准逮捕的案件，公安机关应当将变更强制措施情况及时通知人民检察院。

第三百二十八条　对被羁押的未成年人应当与成年人分别关押、分别管理、分别教育，并根据其生理和心理特点在生活和学习方面给予照顾。

第三百二十九条　人民检察院在对未成年人作出附条件不起诉的决定前，听取公安机关意见时，公安机关应当提出书面意见，经县级以上公安机关负责人批准，移送同级人民检察院。

第三百三十条　认为人民检察院作出的附条件不起诉决定有错误的，应当在收到不起诉决定书后七日以内制作要求复议意见书，经县级以上公安机关负责人批准，移送同级人民检察院复议。

要求复议的意见不被接受的，可以在收到人民检察院的复议决定书后七日以内制作提请复核意见书，经县级以上公安机关负责人批准后，连同人民检察院的复议决定书，一并提请上一级人民检察院复核。

第三百三十一条　未成年人犯罪的时候不满十八周岁，被判处五年有期徒刑以下刑罚的，公安机关应当依据人民法院已经生效的判决书，将该未成年人的犯罪记录予以封存。

犯罪记录被封存的，除司法机关为办案需要或者有关单位根据国家规定进行查询外，公安机关不得向其他任何单位和个人提供。

被封存犯罪记录的未成年人，如果发现漏罪，合并被判处五年有期徒刑以上刑罚的，应当对其犯罪记录解除封存。

第三百三十二条　办理未成年人刑事案件，除本节已有规定的以外，按照本规定的其他规定进行。

第二节　当事人和解的公诉案件诉讼程序

第三百三十三条　下列公诉案件，犯罪嫌疑人真诚悔罪，通过向被害人赔偿损失、赔礼道歉等方式获得被害人谅解，被害人自愿和解的，经县级以上公安机关负责人批准，可以依法作为当事人和解的公诉案件办理：

（一）因民间纠纷引起，涉嫌刑法分则第四章、第五章规定的犯罪案件，可能判处三年有期徒刑以下刑罚的；

（二）除渎职犯罪以外的可能判处七年有期徒刑以下刑罚的过失犯罪案件。

犯罪嫌疑人在五年以内曾经故意犯罪的，不得作为当事人和解的公诉案件办理。

第三百三十四条　有下列情形之一的，不属于因民间纠纷引起的犯罪案件：

（一）雇凶伤害他人的；

（二）涉及黑社会性质组织犯罪的；

（三）涉及寻衅滋事的；

（四）涉及聚众斗殴的；

（五）多次故意伤害他人身体的；

（六）其他不宜和解的。

第三百三十五条　双方当事人和解的，公安机关应当审查案件事实是否清楚，被害人是否自愿和解，是否符合规定的条件。

公安机关审查时，应当听取双方当事人的意见，并记录在案；必要时，可以听取双方当事人亲属、当地居民委员会或者村民委员会人员以及其他了解案件情况的相关人员的意见。

第三百三十六条　达成和解的，公安机关应当主持制作和解协议书，并由双方当事人及其他参加人员签名。

当事人中有未成年人的，未成年当事人的法定代理人或者其他成年亲属应当在场。

第三百三十七条　和解协议书应当包括以下内容：

（一）案件的基本事实和主要证据；

（二）犯罪嫌疑人承认自己所犯罪行，对指控的犯罪事实没有异议，真诚悔罪；

（三）犯罪嫌疑人通过向被害人赔礼道歉、赔偿损失等方式获得被害人谅解；涉及赔偿损失的，应当写明赔偿的数额、方式等；提起附带民事诉讼的，由附带民事诉讼原告人撤回附带民事诉讼；

（四）被害人自愿和解，请求或者同意对犯罪嫌疑人依法从宽处罚。

和解协议应当及时履行。

第三百三十八条　对达成和解协议的案件，经县级以上公安机关负责人批准，公安机关将案件移送人民检察院审查起诉时，可以提出从宽处理的建议。

第三节　犯罪嫌疑人逃匿、死亡案件违法所得的没收程序

第三百三十九条　有下列情形之一，依照刑法规定应当追缴其违法所得及其他涉案财产的，经县级以上公安机关负责人批准，公安机关应当写出没收违法所得意见书，连同相关证据材料一并移送同级人民检察院：

（一）恐怖活动犯罪等重大犯罪案件，犯罪嫌疑人逃匿，在通缉一年后不能到案的；

（二）犯罪嫌疑人死亡的。

犯罪嫌疑人死亡，现有证据证明其存在违法所得及其他涉案财产应当予以没收的，公安机关可以进行调查。公安机关进行调查，可以依法进行查封、扣押、查询、冻结。

第三百四十条　没收违法所得意见书应当包括以下内容：

（一）犯罪嫌疑人的基本情况；

（二）犯罪事实和相关的证据材料；

（三）犯罪嫌疑人逃匿、被通缉或者死亡的情况；

（四）犯罪嫌疑人的违法所得及其他涉案财产的种类、数量、所在地；

（五）查封、扣押、冻结的情况等。

第三百四十一条　公安机关将没收违法所得意见书移送人民检察院后，在逃的犯罪嫌疑人自动投案或者被抓获的，公安机关应当及时通知同级人民检察院。

第四节　依法不负刑事责任的精神病人的强制医疗程序

第三百四十二条　公安机关发现实施暴力行为，危害公共安全或者严重危害公民人身安全的犯罪嫌疑人，可能属于依法不负刑事责任的精神病人，应当对其进行精神病鉴定。

第三百四十三条　对经法定程序鉴定依法不负刑事责任的精神病人，有继续危害社会可能，符合强制医疗条件的，公安机关应当在七日以内写出强制医疗意见书，经县级以上公安机关负责人批准，连同相关证据材料和鉴定意见一并移送同级人民检察院。

第三百四十四条　对实施暴力行为的精神病人，在人民法院决定强制医疗前，经县级以上公安机关负责人批准，公安机关可以采取临时的保护性约束措施。必要时，可以将其送精神病医院接受治疗。

第三百四十五条　采取临时的保护性约束措施时，应当对精神病人严加看管，并注意约束的方式、方法和力度，以避免和防止危害他人和精神病人的自身安全为限度。

对于精神病人已没有继续危害社会可能，解除约束后不致发生社会危险性的，公安机关应当及时解除保护性约束措施。

第十一章　办案协作

第三百四十六条　公安机关在异地执行传唤、拘传、拘留、逮捕，开展勘验、检查、搜查、查封、扣押、冻结、讯问等侦查活动，应当向当地公安机关提出办案协作请求，并在当地公安机关协助下进行，或者委托当地公安机关代为执行。

开展查询、询问、辨认等侦查活动或者送达法律文书的，也可以向当地公安机关提出办案协作请求，并按照有关规定进行通报。

第三百四十七条　需要异地公安机关协助的，办案地公安机关应当制作办案协作函件，连同有关法律文书和人民警察证复印件一并提供给协作地公安机关。必要时，可以将前述法律手续传真或者通过公安机关有关信息系统传输至协作地公安机关。

请求协助执行传唤、拘传、拘留、逮捕的，应当提供传唤证、拘传证、拘留证、逮捕证；请求协助开展搜查、查封、扣押、查询、冻结等侦查活动的，应当提供搜查证、查封决定书、扣押决定书、协助查询财产通知书、协助冻结财产通知书；请求协助开展勘验、检查、讯问、询问等侦查活动的，应当提供立案决定书。

第三百四十八条　公安机关应当指定一个部门归口接收协作请求，并进行审核。对符合本规定第三百四十七条规定的协作请求，应当及时交主管业务部门办理。

异地公安机关提出协作请求的，只要法律手续完备，协作地公安机关就应当及时无条件予以配合，不得收取任何形式的费用或者设置其他条件。

第三百四十九条　对协作过程中获取的犯罪线索，不属于自己管辖的，应当及时移交有管辖权的公安机关或者其他有关部门。

第三百五十条　异地执行传唤、拘传的，协作地公安机关应当协助将犯罪嫌疑人传唤、拘传到本市、县公安机关执法办案场所或者到他的住处进行讯问。

异地执行拘留、逮捕的，协作地公安机关应当派员协

助执行。

第三百五十一条　已被决定拘留、逮捕的犯罪嫌疑人在逃的,可以通过网上工作平台发布犯罪嫌疑人相关信息、拘留证或者逮捕证。各地公安机关发现网上逃犯的,应当立即组织抓捕。

协作地公安机关抓获犯罪嫌疑人后,应当立即通知办案地公安机关。办案地公安机关应当立即携带法律文书及时提解,提解的侦查人员不得少于二人。

办案地公安机关不能及时到达协作地的,应当委托协作地公安机关在拘留、逮捕后二十四小时以内进行讯问。

第三百五十二条　办案地公安机关请求代为讯问、询问、辨认的,协作地公安机关应当制作讯问、询问、辨认笔录,交被讯问、询问人和辨认人签名、捺指印后,提供给办案地公安机关。

办案地公安机关可以委托协作地公安机关协助进行远程视频讯问、询问,讯问、询问过程应当全程录音录像。

第三百五十三条　办案地公安机关请求协查犯罪嫌疑人的身份、年龄、违法犯罪经历等情况的,协作地公安机关应当在接到请求后七日以内将协查结果通知办案地公安机关;交通十分不便的边远地区,应当在十五日以内将协查结果通知办案地公安机关。

办案地公安机关请求协助调查取证或者查询犯罪信息、资料的,协作地公安机关应当及时协查并反馈。

第三百五十四条　对不履行办案协作程序或者协作职责造成严重后果的,对直接负责的主管人员和其他直接责任人员,应当给予处分;构成犯罪的,依法追究刑事责任。

第三百五十五条　协作地公安机关依照办案地公安机关的协作请求履行办案协作职责所产生的法律责任,由办案地公安机关承担。但是,协作行为超出协作请求范围,造成执法过错的,由协作地公安机关承担相应法律责任。

第三百五十六条　办案地和协作地公安机关对于案件管辖、定性处理等发生争议的,可以进行协商。协商不成的,提请共同的上级公安机关决定。

第十二章　外国人犯罪案件的办理

第三百五十七条　办理外国人犯罪案件,应当严格依照我国法律、法规、规章,维护国家主权和利益,并在对等互惠原则的基础上,履行我国所承担的国际条约义务。

第三百五十八条　外国籍犯罪嫌疑人在刑事诉讼中,享有我国法律规定的诉讼权利,并承担相应的义务。

第三百五十九条　外国籍犯罪嫌疑人的国籍,以其在入境时持用的有效证件予以确认;国籍不明的,由出入境管理部门协助予以查明。国籍确实无法查明的,以无国籍人对待。

第三百六十条　确认外国籍犯罪嫌疑人身份,可以依照有关国际条约或者通过国际刑事警察组织、警务合作渠道办理。确实无法查明的,可以按其自报的姓名移送人民检察院审查起诉。

第三百六十一条　犯罪嫌疑人为享有外交或者领事特权和豁免权的外国人的,应当层报公安部,同时通报同级人民政府外事办公室,由公安部商请外交部通过外交途径办理。

第三百六十二条　公安机关办理外国人犯罪案件,使用中华人民共和国通用的语言文字。犯罪嫌疑人不通晓我国语言文字的,公安机关应当为他翻译;犯罪嫌疑人通晓我国语言文字,不需要他人翻译的,应当出具书面声明。

第三百六十三条　外国人犯罪案件,由犯罪地的县级以上公安机关立案侦查。

第三百六十四条　外国人犯中华人民共和国缔结或者参加的国际条约规定的罪行后进入我国领域内的,由该外国人被抓获地的设区的市一级以上公安机关立案侦查。

第三百六十五条　外国人在中华人民共和国领域外对中华人民共和国国家或者公民犯罪,应当受刑罚处罚的,由该外国人入境地或者入境后居住地的县级以上公安机关立案侦查;该外国人未入境的,由被害人居住地的县级以上公安机关立案侦查;没有被害人或者是对中华人民共和国国家犯罪的,由公安部指定管辖。

第三百六十六条　发生重大或者可能引起外交交涉的外国人犯罪案件的,有关省级公安机关应当及时将案件办理情况报告公安部,同时通报同级人民政府外事办公室。必要时,由公安部商外交部将案件情况通知我国驻外使馆、领事馆。

第三百六十七条　对外国籍犯罪嫌疑人依法作出取保候审、监视居住决定或者执行拘留、逮捕后,应当在四十八小时以内层报省级公安机关,同时通报同级人民政府外事办公室。

重大涉外案件应当在四十八小时以内层报公安部,同时通报同级人民政府外事办公室。

第三百六十八条　对外国籍犯罪嫌疑人依法作出取保候审、监视居住决定或者执行拘留、逮捕后,由省级公安机关根据有关规定,将其姓名、性别、入境时间、护照或者证件号码、案件发生的时间、地点、涉嫌犯罪的主要事实、已采取的强制措施及其法律依据等,通知该外国人所属国家的驻华使馆、领事馆,同时报告公安部。经省级公安机关批准,领事通报任务较重的副省级城市公安局可以直接行使领事通报职能。

外国人在公安机关侦查或者执行刑罚期间死亡的,有关省级公安机关应当通知该外国人国籍国的驻华使馆、领事馆,同时报告公安部。

未在华设立使馆、领事馆的国家,可以通知其代管国家的驻华使馆、领事馆;无代管国家或者代管国家不明的,可以不予通知。

第三百六十九条 外国籍犯罪嫌疑人委托辩护人的,应当委托在中华人民共和国的律师事务所执业的律师。

第三百七十条 公安机关侦查终结前,外国驻华外交、领事官员要求探视被监视居住、拘留、逮捕或者正在看守所服刑的本国公民的,应当及时安排有关探视事宜。犯罪嫌疑人拒绝其国籍国驻外外交、领事官员探视的,公安机关可以不予安排,但应当由其本人提出书面声明。

在公安机关侦查羁押期间,经公安机关批准,外国籍犯罪嫌疑人可以与其近亲属、监护人会见、与外界通信。

第三百七十一条 对判处独立适用驱逐出境刑罚的外国人,省级公安机关在收到人民法院的刑事判决书、执行通知书的副本后,应当指定该外国人所在地的设区的市一级公安机关执行。

被判处徒刑的外国人,主刑执行期满后应当执行驱逐出境附加刑的,省级公安机关在收到执行监狱的上级主管部门转交的刑事判决书、执行通知书副本或者复印件后,应当通知该外国人所在地的设区的市一级公安机关或者指定有关公安机关执行。

我国政府已按照国际条约或者《中华人民共和国外交特权与豁免条例》的规定,对实施犯罪,但享有外交或者领事特权和豁免权的外国人宣布为不受欢迎的人,或者不可接受并拒绝承认其外交或者领事人员身份,责令限期出境的人,无正当理由逾期不自动出境的,由公安部凭外交部公文指定该外国人所在地的省级公安机关负责执行或者监督执行。

第三百七十二条 办理外国人犯罪案件,本章未规定的,适用本规定其他各章的有关规定。

第三百七十三条 办理无国籍人犯罪案件,适用本章的规定。

第十三章 刑事司法协助和警务合作

第三百七十四条 公安部是公安机关进行刑事司法协助和警务合作的中央主管机关,通过有关法律、国际条约、协议规定的联系途径、外交途径或者国际刑事警察组织渠道,接收或者向外国提出刑事司法协助或者警务合作请求。

地方各级公安机关依照职责权限办理刑事司法协助事务和警务合作事务。

其他司法机关在办理刑事案件中,需要外国警方协助的,由其中央主管机关与公安部联系办理。

第三百七十五条 公安机关进行刑事司法协助和警务合作的范围,主要包括犯罪情报信息的交流与合作,调查取证,安排证人作证或者协助调查,查封、扣押、冻结涉案财物,没收、返还违法所得及其他涉案财物,送达刑事诉讼文书,引渡、缉捕和递解犯罪嫌疑人、被告人或者罪犯,以及国际条约、协议规定的其他刑事司法协助和警务合作事宜。

第三百七十六条 在不违背我国法律和有关国际条约、协议的前提下,我国边境地区设区的市一级公安机关和县级公安机关与相邻国家的警察机关,可以按照惯例相互开展执法会晤、人员往来、边境管控、情报信息交流等警务合作,但应当报省级公安机关批准,并报公安部备案;开展其他警务合作的,应当报公安部批准。

第三百七十七条 公安部收到外国的刑事司法协助或者警务合作请求后,应当依据我国法律和国际条约、协议的规定进行审查。对于符合规定的,交有关省级公安机关办理,或者移交其他有关中央主管机关;对于不符合条约或者协议规定的,通过接收请求的途径退回请求方。

对于请求书的签署机关、请求书及所附材料的语言文字、有关办理期限和具体程序等事项,在不违反我国法律基本原则的情况下,可以按照刑事司法协助条约、警务合作协议规定或者双方协商办理。

第三百七十八条 负责执行刑事司法协助或者警务合作的公安机关收到请求书和所附材料后,应当按照我国法律和有关国际条约、协议的规定安排执行,并将执行结果及其有关材料报经省级公安机关审核后报送公安部。

在执行过程中,需要采取查询、查封、扣押、冻结等措施或者返还涉案财物,且符合法律规定的条件的,可以根据我国有关法律和公安部的执行通知办理有关法律手续。

请求书提供的信息不准确或者材料不齐全难以执行

的,应当立即通过省级公安机关报请公安部要求请求方补充材料;因其他原因无法执行或者具有应当拒绝协助、合作的情形等不能执行的,应当将请求书和所附材料,连同不能执行的理由通过省级公安机关报送公安部。

第三百七十九条 执行刑事司法协助和警务合作,请求书中附有办理期限的,应当按期完成。未附办理期限的,调查取证应当在三个月以内完成;送达刑事诉讼文书,应当在十日以内完成。不能按期完成的,应当说明情况和理由,层报公安部。

第三百八十条 需要请求外国警方提供刑事司法协助或者警务合作的,应当按照我国有关法律、国际条约、协议的规定提出刑事司法协助或者警务合作请求书,所附文件及相应译文,经省级公安机关审核后报送公安部。

第三百八十一条 需要通过国际刑事警察组织查找或者缉捕犯罪嫌疑人、被告人或者罪犯,查询资料、调查取证的,应当提出申请层报国际刑事警察组织中国国家中心局。

第三百八十二条 公安机关需要外国协助安排证人、鉴定人来中华人民共和国作证或者通过视频、音频作证,或者协助调查的,应当制作刑事司法协助请求书并附相关材料,经公安部审核同意后,由对外联系机关及时向外国提出请求。

来中华人民共和国作证或者协助调查的证人、鉴定人离境前,公安机关不得就其入境前实施的犯罪进行追究;除因入境后实施违法犯罪而被采取强制措施的以外,其人身自由不受限制。

证人、鉴定人在条约规定的期限内或者被通知无需继续停留后十五日内没有离境的,前款规定不再适用,但是由于不可抗力或者其他特殊原因未能离境的除外。

第三百八十三条 公安机关提供或者请求外国提供刑事司法协助或者警务合作,应当收取或者支付费用的,根据有关国际条约、协议的规定,或者按照对等互惠的原则协商办理。

第三百八十四条 办理引渡案件,依照《中华人民共和国引渡法》等法律规定和有关条约执行。

第十四章 附 则

第三百八十五条 本规定所称"危害国家安全犯罪",包括刑法分则第一章规定的危害国家安全罪以及危害国家安全的其他犯罪;"恐怖活动犯罪",包括以制造社会恐慌、危害公共安全或者胁迫国家机关、国际组织为目的,采取暴力、破坏、恐吓等手段,造成或者意图造成人员伤亡、重大财产损失、公共设施损坏、社会秩序混乱等

严重社会危害的犯罪,以及煽动、资助或者以其他方式协助实施上述活动的犯罪。

第三百八十六条 当事人及其法定代理人、诉讼代理人、辩护律师提出的复议复核请求,由公安机关法制部门办理。

办理刑事复议、复核案件的具体程序,适用《公安机关办理刑事复议复核案件程序规定》。

第三百八十七条 公安机关可以使用电子签名、电子指纹捺印技术制作电子笔录等材料,可以使用电子印章制作法律文书。对案件当事人进行电子签名、电子指纹捺印的过程,公安机关应当同步录音录像。

第三百八十八条 本规定自2013年1月1日起施行。1998年5月14日发布的《公安机关办理刑事案件程序规定》(公安部令第35号)和2007年10月25日发布的《公安机关办理刑事案件程序规定修正案》(公安部令第95号)同时废止。

海警机构办理刑事案件程序规定

· 2023 年 5 月 15 日审议通过
· 2023 年 5 月 15 日中国海警局令第 1 号公布
· 自 2023 年 6 月 15 日起施行

第一章 总 则

第一条 为了保证海警机构在刑事诉讼中正确履行职权,规范办案程序,确保办案质量,提高办案效率,根据《中华人民共和国刑事诉讼法》、《中华人民共和国海警法》和其他有关法律,制定本规定。

第二条 海警机构在刑事诉讼中的任务,是保证准确、及时地查明犯罪事实,正确应用法律,惩罚犯罪分子,保障无罪的人不受刑事追究,教育公民自觉遵守法律,积极同犯罪行为作斗争,维护社会主义法制,尊重和保障人权,保护公民的人身权利、财产权利、民主权利和其他权利,保障社会主义建设事业的顺利进行。

第三条 海警机构在刑事诉讼中的基本职权,是依照法律对海上发生的刑事案件进行立案、侦查、预审;决定、执行强制措施;对依法不应当追究刑事责任的不予立案,已经追究的撤销案件;对侦查终结应当起诉的案件,移送人民检察院审查决定;对不够刑事处罚的犯罪嫌疑人需要行政处理的,依法予以处理或者移送有关部门。

第四条 海警机构办理刑事案件,必须依靠群众,以事实为根据,以法律为准绳。对于一切公民,在适用法律上一律平等,在法律面前,不允许有任何特权。

第五条　海警机构在刑事诉讼中,应当与人民法院、人民检察院分工负责,互相配合,互相制约,以保证准确有效地执行法律。

海警机构办理刑事案件,应当与公安机关、国家安全机关、军队保卫部门等部门加强协作。

第六条　海警机构在刑事诉讼中,依法接受人民检察院的法律监督。

第七条　海警机构办理刑事案件,应当保障犯罪嫌疑人、被告人和其他诉讼参与人依法享有的辩护权和其他诉讼权利。

任何组织和个人对海警机构及其工作人员在办理刑事案件中超越职权、滥用职权和其他违法行为,都有权依法提出申诉、控告。

第八条　海警机构办理刑事案件,对不通晓当地通用的语言文字的诉讼参与人,应当为他们翻译。

第九条　海警机构办理刑事案件,应当重证据,重调查研究,不轻信口供;严格按照法律规定的证据裁判要求和标准收集、固定、审查、运用证据;严禁刑讯逼供和以威胁、引诱、欺骗以及其他非法方法收集证据,不得强迫任何人证实自己有罪。

第十条　海警机构办理刑事案件,应当加强执法规范化建设,建立健全并严格执行办案责任制度、执法过错责任追究制度等内部执法监督制度。

在刑事诉讼中,上级海警机构发现下级海警机构作出的决定不当或者办理的案件有错误的,有权指令下级海警机构予以纠正,也可以予以撤销或者变更。下级海警机构应当执行上级海警机构的决定和命令,如果认为有错误,应当在执行的同时向上级海警机构报告。

第十一条　海警机构办理刑事案件,应当向所在地相应人民检察院提请批准逮捕、移送审查起诉。

第十二条　海警机构办理刑事案件,各单位之间应当加强协作和配合,依法履行协查、协办职责。

上级海警机构应当加强监督、协调和指导。

第二章　管　辖

第十三条　依照《中华人民共和国刑事诉讼法》、《中华人民共和国海警法》的规定,除下列案件外,海上发生的刑事案件由海警机构管辖:

(一)监察机关、人民检察院管辖的犯罪案件;

(二)人民法院管辖的自诉案件。但是,对于人民法院直接受理的被害人有证据证明的轻微刑事案件,因证据不足驳回起诉,人民法院移送海警机构或者被害人向海警机构控告的,海警机构应当受理;被害人直接向海警机构控告的,海警机构应当受理;

(三)公安机关管辖的发生在沿海港岙口、码头、滩涂、台轮停泊点以及设有公安机构的岛屿等区域的刑事案件;

(四)国家安全机关管辖的危害国家安全的刑事案件;

(五)其他依照法律和规定由其他机关管辖的刑事案件。

第十四条　在中华人民共和国内水、领海发生的刑事案件,由犯罪地或者犯罪嫌疑人登陆地的海警机构管辖;如果由犯罪嫌疑人居住地的海警机构管辖更为适宜的,可以由犯罪嫌疑人居住地的海警机构管辖。

犯罪地包括犯罪行为发生地和犯罪结果发生地。犯罪行为发生地,包括犯罪行为的实施地以及预备地、开始地、途经地、结束地等与犯罪行为有关的地点;犯罪行为有连续或者继续状态的,犯罪行为连续或者继续实施的地方都属于犯罪行为发生地。犯罪结果发生地,包括犯罪对象被侵害地,犯罪所得的实际取得地、藏匿地、转移地、使用地、销售地以及损害结果发生地。

居住地包括户籍所在地、经常居住地。经常居住地是指公民离开户籍所在地最后连续居住一年以上的地方,但住院就医的除外。单位登记的住所地为其居住地。主要营业地或者主要办事机构所在地与登记的住所地不一致的,主要营业地或者主要办事机构所在地为其居住地。

第十五条　在中华人民共和国领域外发生的海上刑事案件,按照以下原则确定管辖:

(一)在中华人民共和国领域外的中国船舶内发生的刑事案件,由该船舶最初停泊的中国口岸所在地或者犯罪嫌疑人登陆地、入境地的海警机构管辖;

(二)中国公民在中华人民共和国领海以外的海域犯罪,由其登陆地、入境地、离境前居住地或者现居住地的海警机构管辖;被害人是中国公民的,也可以由被害人离境前居住地或者现居住地的海警机构管辖;

(三)外国人在中华人民共和国领海以外的海域对中华人民共和国国家或者公民犯罪,根据《中华人民共和国刑法》规定应当受到处罚的,由该外国人登陆地、入境地、入境后居住地的海警机构管辖,也可以由被害人离境前居住地或者现居住地的海警机构管辖;该外国人未入境,且没有被害人或者是对中华人民共和国国家犯罪的,由中国海警局指定管辖;

(四)对中华人民共和国缔结或者参加的国际条约

所规定的罪行,中华人民共和国在所承担的条约义务范围内行使刑事管辖权的,由犯罪嫌疑人被抓获地、登陆地或者入境地的海警机构管辖。

入境地包括进入我国陆地边境、领海以及航空器降落在我国境内的地点。登陆地是指从海上登陆我国陆地的地点,包括犯罪嫌疑人自行上岸以及被押解、扭送上岸的地点。

第十六条　几个海警机构都有权管辖的刑事案件,由最初受理的海警机构管辖。必要时,可以由主要犯罪地或者主要犯罪嫌疑人登陆地、入境地的海警机构管辖。

依据本规定第十四条、第十五条确定的管辖地未设海警机构的,由有关海警机构与相应人民法院、人民检察院协商指定管辖。

第十七条　海警机构在侦查过程中,发现有下列情形之一的,可以在职权范围内并案侦查:

(一)一人犯数罪的;

(二)共同犯罪的;

(三)共同犯罪的犯罪嫌疑人还实施其他犯罪的;

(四)多个犯罪嫌疑人实施的犯罪存在关联,并案处理有利于查明犯罪事实的。

第十八条　对管辖不明确或者有争议的刑事案件,可以由有关海警机构协商。协商不成的,由共同的上级海警机构指定管辖。

对其他情况特殊的刑事案件,可以由共同的上级海警机构指定管辖。

提请上级海警机构指定管辖时,应当在有关材料中列明犯罪嫌疑人基本情况、涉嫌罪名、案件基本事实、管辖争议情况、协商情况和指定管辖理由,经海警机构负责人批准后,层报有权指定管辖的上级海警机构。

第十九条　上级海警机构指定管辖的,应当将指定管辖决定书分别送达被指定管辖的海警机构和其他有关的海警机构,根据办案需要抄送相应人民法院、人民检察院。

原受理案件的海警机构,在收到上级海警机构指定其他海警机构管辖的决定书后,不再行使管辖权,同时将犯罪嫌疑人、涉案财物以及案卷材料移送被指定管辖的海警机构。

对指定管辖的案件,需要逮捕犯罪嫌疑人的,由被指定管辖的海警机构提请相应人民检察院审查批准;需要提起公诉的,由该海警机构移送相应人民检察院审查决定。

第二十条　海警工作站负责侦查发生在本管辖区域内的海上刑事案件。

市级海警局以上海警机构负责管辖区域内下列犯罪中重大案件的侦查:

(一)危害国家安全犯罪;

(二)恐怖活动犯罪;

(三)涉外犯罪;

(四)经济犯罪;

(五)集团犯罪;

(六)其他重大犯罪案件。

上级海警机构认为有必要的,可以侦查下级海警机构管辖的刑事案件;下级海警机构认为案情重大需要上级海警机构侦查的刑事案件,可以报请上级海警机构管辖。

第二十一条　犯罪嫌疑人的犯罪行为涉及其他侦查机关管辖的,海警机构应当按照有关规定与其他侦查机关协调案件管辖。涉嫌主罪属于海警机构管辖的,由海警机构为主侦查;涉嫌主罪属于其他侦查机关管辖的,海警机构予以配合。

第二十二条　其他规章或者规范性文件对有关犯罪案件的管辖作出特别规定的,从其规定。

第三章　回　避

第二十三条　海警机构负责人、侦查人员有下列情形之一的,应当自行提出回避申请:

(一)是本案的当事人或者是当事人的近亲属的;

(二)本人或者他的近亲属和本案有利害关系的;

(三)担任过本案的证人、鉴定人、辩护人、诉讼代理人的;

(四)与本案当事人有其他关系,可能影响公正处理案件的。

违反前款规定,没有自行提出回避申请的,应当责令其回避,当事人及其法定代理人、辩护人、诉讼代理人也有权要求他们回避。

第二十四条　海警机构负责人、侦查人员不得有下列行为:

(一)违反规定会见本案当事人及其委托人;

(二)索取、接受本案当事人及其委托人的财物或者其他利益;

(三)接受本案当事人及其委托人的宴请,或者参加由其支付费用的活动;

(四)其他可能影响案件公正办理的不正当行为。

违反前款规定的,应当责令其回避并依法追究法律责任。当事人及其法定代理人、辩护人、诉讼代理人有权要求其回避。

第二十五条　海警机构负责人、侦查人员自行提出回避申请的,应当说明回避的理由;口头提出申请的,海警机构应当记录在案。

当事人及其法定代理人、辩护人、诉讼代理人要求海警机构负责人、侦查人员回避的,应当提出申请,并说明理由;口头提出申请的,海警机构应当记录在案。

第二十六条　侦查人员的回避,由海警机构负责人决定;海警机构负责人的回避,由相应人民检察院检察委员会决定。

第二十七条　当事人及其法定代理人、辩护人、诉讼代理人对侦查人员提出回避申请的,海警机构应当在收到回避申请后二日以内作出决定并通知申请人;情况复杂的,经海警机构负责人批准,可以在收到回避申请后五日以内作出决定。

当事人及其法定代理人、辩护人、诉讼代理人对海警机构负责人提出回避申请的,海警机构应当及时将申请移送相应人民检察院。

第二十八条　海警机构作出驳回申请回避的决定后,应当告知申请人,如不服决定可以在收到驳回申请回避决定书后五日以内,向作出决定的海警机构申请复议。

海警机构应当在收到复议申请后五日以内作出复议决定,并书面通知申请人。

第二十九条　在作出回避决定前,申请或者被申请回避的海警机构负责人、侦查人员不得停止对案件的侦查。

作出回避决定后,申请或者被申请回避的海警机构负责人、侦查人员不得再参与本案的侦查工作。

第三十条　被决定回避的海警机构负责人、侦查人员在回避决定作出以前所进行的诉讼活动是否有效,由作出决定的机关根据案件情况决定。

第三十一条　本章关于回避的规定适用于记录人、翻译人员和鉴定人。

记录人、翻译人员和鉴定人需要回避的,由海警机构负责人决定。

第四章　律师参与刑事诉讼

第三十二条　海警机构应当保障辩护律师在侦查阶段依法从事下列执业活动:

(一)向海警机构了解犯罪嫌疑人涉嫌的罪名和案件有关情况,提出意见;

(二)与犯罪嫌疑人会见和通信,向犯罪嫌疑人了解案件有关情况;

(三)为犯罪嫌疑人提供法律帮助,代理申诉、控告;

(四)为犯罪嫌疑人申请变更强制措施。

第三十三条　海警机构在第一次讯问犯罪嫌疑人或者对犯罪嫌疑人采取强制措施的时候,应当告知犯罪嫌疑人有权委托律师作为辩护人,并告知其如果因经济困难或者其他原因没有委托辩护律师的,可以向法律援助机构申请法律援助。告知的情形应当记录在案。

第三十四条　犯罪嫌疑人可以自己委托辩护律师。犯罪嫌疑人在押的,也可以由其监护人、近亲属代为委托辩护律师。

犯罪嫌疑人委托辩护律师的请求可以书面提出,也可以口头提出。口头提出的,海警机构应当制作笔录,由犯罪嫌疑人签名、捺指印。

第三十五条　犯罪嫌疑人在押期间,海警机构收到看守所转交的犯罪嫌疑人提出的委托辩护律师请求,应当及时向其委托的辩护律师或者律师事务所转达。

在押的犯罪嫌疑人仅提出委托辩护律师的要求,但提不出具体对象的,海警机构应当及时通知犯罪嫌疑人的监护人、近亲属代为委托辩护律师。犯罪嫌疑人无监护人或者近亲属的,海警机构应当及时通知当地律师协会或者司法行政机关为其推荐辩护律师。

第三十六条　犯罪嫌疑人符合下列情形之一,没有委托辩护人的,海警机构应当自发现该情形之日起三日以内通知法律援助机构为犯罪嫌疑人指派辩护律师:

(一)犯罪嫌疑人是盲、聋、哑人,或者是尚未完全丧失辨认或者控制自己行为能力的精神病人;

(二)犯罪嫌疑人可能被判处无期徒刑、死刑。

第三十七条　海警机构收到在押的犯罪嫌疑人提出的法律援助申请后,应当在二十四小时以内将申请转交所在地的法律援助机构,并在三日以内通知申请人的法定代理人、近亲属或者其委托的其他人员协助提供有关证件、证明等相关材料。犯罪嫌疑人的法定代理人、近亲属或者其委托的其他人员地址不详无法通知的,应当在转交申请时一并告知法律援助机构。

犯罪嫌疑人拒绝法律援助机构指派的律师作为辩护人或者自行委托辩护人的,海警机构应当在三日以内通知法律援助机构。

第三十八条　辩护律师接受犯罪嫌疑人委托或者法律援助机构的指派后,应当及时告知海警机构并出示律师执业证书、律师事务所证明和委托书或者法律援助公函。

第三十九条　对于同案的犯罪嫌疑人委托同一名辩

护律师的,或者两名以上未同案处理但实施的犯罪存在关联的犯罪嫌疑人委托同一名辩护律师的,海警机构应当要求其更换辩护律师。

第四十条　辩护律师向海警机构了解案件有关情况的,海警机构应当依法将犯罪嫌疑人涉嫌的罪名以及当时已查明的该罪的主要事实,犯罪嫌疑人被采取、变更、解除强制措施,延长侦查羁押期限等案件有关情况,告知接受委托或者指派的辩护律师,并记录在案。

第四十一条　辩护律师可以同在押或者被监视居住的犯罪嫌疑人会见、通信。

第四十二条　对危害国家安全犯罪案件、恐怖活动犯罪案件,海警机构在将犯罪嫌疑人送看守所羁押时应当书面通知看守所;犯罪嫌疑人被监视居住的,在送交执行时应当书面通知执行监视居住的海警机构。

辩护律师在侦查期间要求会见前款规定案件的在押或者被监视居住的犯罪嫌疑人,应当向负责办案的海警机构提出申请。

对辩护律师提出的会见申请,应当在收到申请后三日以内,经海警机构负责人批准,作出许可或者不予许可的决定,书面通知辩护律师,并及时通知看守所或者执行监视居住的海警机构。除有碍侦查或者可能泄露国家秘密的情形外,应当作出许可的决定。

海警机构不予许可会见的,应当说明理由。有碍侦查或者可能泄露国家秘密的情形消失后,海警机构应当许可会见。

有下列情形之一的,属于本条规定的"有碍侦查":

(一)可能毁灭、伪造证据,干扰证人作证或者串供的;

(二)可能引起犯罪嫌疑人自残、自杀或者逃跑的;

(三)可能引起同案犯逃避、妨碍侦查的;

(四)犯罪嫌疑人的家属与犯罪有牵连的。

律师会见被监视居住人时,执行监视居住的海警机构应当查验许可决定文书。

第四十三条　辩护律师会见在押或者被监视居住的犯罪嫌疑人时,需要翻译人员随同参加的,应当提前向海警机构提出申请,并提交翻译人员身份证明。对辩护律师提出的申请,应当在收到申请后三日以内,经海警机构负责人批准作出决定,书面通知辩护律师。对于具有本规定第二十三条所列情形之一的,作出不予许可的决定,并通知其更换;不具有相关情形的,应当许可。

翻译人员参与会见被监视居住人时,执行监视居住的海警机构应当查验许可决定文书。

第四十四条　辩护律师会见被监视居住的犯罪嫌疑人时,执行监视居住的海警机构应当采取必要的管理措施,保障会见顺利进行,并告知其遵守会见的有关规定。辩护律师会见犯罪嫌疑人时,海警机构不得监听,不得派员在场。

辩护律师会见被监视居住的犯罪嫌疑人时,违反法律规定或者会见规定的,执行监视居住的海警机构应当制止。对于严重违反规定或者不听劝阻的,可以决定停止本次会见,并及时通报其所在的律师事务所、所属的律师协会以及司法行政机关。

第四十五条　辩护人或者其他任何人在刑事诉讼中,违反法律规定,干扰诉讼活动的,应当依法追究法律责任。

第四十六条　辩护律师对在执业活动中知悉的委托人的有关情况和信息,有权予以保密。但是,辩护律师在执业活动中知悉委托人或者其他人,准备或者正在实施危害国家安全、公共安全以及严重危害他人人身安全的犯罪的,应当及时告知司法机关。

第四十七条　案件侦查终结前,辩护律师提出要求的,海警机构应当听取辩护律师的意见,根据情况进行核实,并记录在案。辩护律师提出书面意见的,应当附卷。

对辩护律师收集的犯罪嫌疑人不在犯罪现场、未达到刑事责任年龄、属于依法不负刑事责任的精神病人的证据,海警机构应当进行核实并将有关情况记录在案,有关证据应当附卷。

第五章　证　据

第四十八条　可以用于证明案件事实的材料,都是证据。

证据包括:

(一)物证;

(二)书证;

(三)证人证言;

(四)被害人陈述;

(五)犯罪嫌疑人供述和辩解;

(六)鉴定意见;

(七)勘验、检查、侦查实验、搜查、查封、扣押、提取、辨认等笔录;

(八)视听资料、电子数据。

证据必须经过查证属实,才能作为认定案件事实的根据。

第四十九条　海警机构必须依照法定程序,收集、调取能够证实犯罪嫌疑人有罪或者无罪、犯罪情节轻重的各种证据。必须保证一切与案件有关或者了解案情的公民，有客观地充分地提供证据的条件，除特殊情况外，可以吸收他们协助调查。

第五十条　海警机构向有关单位和个人收集、调取证据时，应当告知其必须如实提供证据。

对涉及国家秘密、商业秘密、个人隐私的证据，应当保密。

对于伪造证据、隐匿证据或者毁灭证据的，应当追究其法律责任。

第五十一条　海警机构向有关单位和个人调取证据，应当经办案部门以上负责人批准，开具调取证据通知书，明确调取的证据和提供时限。被调取单位及其经办人、持有证据的个人应当在通知书上盖章或者签名，拒绝盖章或者签名的，侦查人员应当注明。必要时，应当采用录音录像等方式固定证据内容及取证过程。

侦查人员调取证据时，应当向有关人员问明证据的来源、内容、保存情况等，必要时制作询问笔录；被调取人拒绝配合制作询问笔录的，侦查人员应当制作调取证据的说明材料。

第五十二条　海警机构接受或者依法调取的行政机关在行政执法和查办案件过程中收集的物证、书证、视听资料、电子数据等证据材料，经海警机构审查符合法定要求的，可以作为证据使用。

第五十三条　收集、调取的物证应当是原物。只有在原物不便搬运、不易保存或者依法应当由有关部门保管、处理或者依法应当返还时，才可以拍摄或者制作足以反映原物外形或者内容的照片、录像或者复制品。

物证的照片、录像、复制品，经与原物核对无误、经鉴定或者以其他方式确认真实的，可以作为证据使用。原物的照片、录像、复制品，不能反映原物的外形和特征的，不得作为证据使用。

第五十四条　收集、调取的书证应当是原件。只有在取得原件确有困难时，才可以使用副本或者复制件。

书证的副本、复制件，经与原件核对无误、经鉴定或者以其他方式确认真实的，可以作为证据使用。书证有更改或者更改迹象不能作出合理解释的，或者书证的副本、复制件不能反映书证原件及其内容的，不得作为证据使用。

第五十五条　电子数据是案件发生过程中形成的，以数字化形式存储、处理、传输的，能够证明案件事实的数据。电子数据包括但不限于下列信息、电子文件：

（一）电子海图、船舶航行轨迹等信息；

（二）网页、博客、微博客、朋友圈、贴吧、网盘等网络平台发布的信息；

（三）手机短信、电子邮件、即时通信、通讯群组等网络应用服务的通信信息；

（四）用户注册信息、身份认证信息、电子交易记录、通信记录、登录日志等信息；

（五）文档、图片、音视频、数字证书、计算机程序等电子文件。

第五十六条　收集、调取电子数据，能够扣押电子数据原始存储介质的，应当扣押原始存储介质，并制作笔录、予以封存。

确因客观原因无法扣押原始存储介质的，可以现场提取或者网络在线提取电子数据。无法扣押原始存储介质，也无法现场提取或者网络在线提取的，可以采取打印、拍照或者录音录像等方式固定相关证据，并在笔录中注明原因。

收集、调取的电子数据，足以保证完整性，无删除、修改、增加等情形的，可以作为证据使用。经审查无法确定真伪，或者制作、取得的时间、地点、方式等有疑问，不能提供必要证明或者作出合理解释的，不得作为证据使用。

第五十七条　物证的照片、录像、复制品，书证的副本、复制件，视听资料、电子数据的复制件，应当附有关制作过程及原件、原物存放处的文字说明，并由制作人和物品持有人或者持有单位有关人员签名。

第五十八条　需要查明的案件事实主要包括：

（一）犯罪行为是否存在；

（二）实施犯罪行为的时间、地点、手段、后果以及其他情节；

（三）犯罪行为是否为犯罪嫌疑人实施；

（四）犯罪嫌疑人的身份；

（五）犯罪嫌疑人实施犯罪行为的动机、目的；

（六）犯罪嫌疑人的责任以及与其他同案人的关系；

（七）犯罪嫌疑人有无法定从重、从轻、减轻处罚以及免除处罚的情节；

（八）其他与案件有关的事实。

第五十九条　海警机构移送审查起诉的案件，应当做到犯罪事实清楚，证据确实、充分。

证据确实、充分，应当符合以下条件：

（一）认定的案件事实都有证据证明；

（二）认定案件事实的证据均经法定程序查证属实；

（三）综合全案证据，对所认定事实已排除合理怀疑。

对证据的审查,应当结合案件的具体情况,从各证据与待证事实的关联程度、各证据之间的联系等方面进行审查判断。

只有犯罪嫌疑人供述,没有其他证据的,不能认定案件事实;没有犯罪嫌疑人供述,证据确实、充分的,可以认定案件事实。

第六十条　采用刑讯逼供等非法方法收集的犯罪嫌疑人供述和采用暴力、威胁等非法方法收集的证人证言、被害人陈述,应当予以排除。

收集物证、书证、视听资料、电子数据违反法定程序,可能严重影响司法公正的,应当予以补正或者作出合理解释;不能补正或者作出合理解释的,应当予以排除。

第六十一条　在侦查阶段发现有应当排除的证据的,经海警机构负责人批准,应当依法予以排除,不得作为提请批准逮捕、移送审查起诉的依据。

第六十二条　人民检察院要求海警机构对证据收集的合法性进行说明的,海警机构应当作出书面说明。说明应当加盖单位公章,并由侦查人员签名。

第六十三条　人民法院认为现有证据材料不能证明证据收集的合法性,通知有关侦查人员或者海警机构其他人员出庭说明情况的,有关侦查人员或者其他人员应当出庭。必要时,有关侦查人员或者其他人员也可以要求出庭说明情况。侦查人员或者其他人员出庭,应当向法庭说明证据收集过程,并就相关情况接受询问。

经人民法院通知,侦查人员或者其他人员应当就其执行职务时目击的犯罪情况出庭作证。

第六十四条　凡是知道案件情况的人,都有作证的义务。

生理上、精神上有缺陷或者年幼,不能辨别是非,不能正确表达的人,不能作证人。

对于证人能否辨别是非,能否正确表达,必要时可以进行审查或者鉴别。

第六十五条　海警机构应当保障证人及其近亲属的安全。

对证人及其近亲属进行威胁、侮辱、殴打或者打击报复,构成犯罪的,由有管辖权的机关依法追究刑事责任;尚不够刑事处罚的,由海警机构或者公安机关依法给予治安管理处罚。

第六十六条　对危害国家安全犯罪、恐怖活动犯罪、黑社会性质的组织犯罪、毒品犯罪等案件,证人、鉴定人、被害人因在侦查过程中作证,本人或者其近亲属的人身安全面临危险的,海警机构应当采取以下一项或者多项保护措施:

(一)不公开真实姓名、住址、通讯方式和工作单位等个人信息;

(二)禁止特定的人员接触被保护人;

(三)对被保护人的人身和住宅采取专门性保护措施;

(四)将被保护人带到安全场所保护;

(五)其他必要的保护措施。

证人、鉴定人、被害人认为因在侦查过程中作证,本人或者其近亲属的人身安全面临危险,向海警机构请求予以保护,海警机构经审查认为符合前款规定的条件,确有必要采取保护措施的,应当采取前款所列一项或者多项保护措施。

海警机构依法采取保护措施,可以要求有关单位和个人配合。

案件移送审查起诉时,应当将采取保护措施的相关情况一并移交人民检察院。

第六十七条　海警机构依法决定不公开证人、鉴定人、被害人的真实姓名、住址、通讯方式和工作单位等个人信息的,可以在起诉意见书、询问笔录等法律文书、证据材料中使用化名等代替证人、鉴定人、被害人的个人信息。但是,应当另行书面说明使用化名的情况并标明密级,单独成卷。

第六十八条　证人保护工作所必需的人员、经费、装备等,应当予以保障。

证人因履行作证义务而支出的交通、住宿、就餐等费用,应当给予补助。证人作证的补助列入海警机构执法业务经费。

第六章　强制措施
第一节　拘传

第六十九条　海警机构根据案件情况对需要拘传的犯罪嫌疑人,或者经过传唤没有正当理由不到案的犯罪嫌疑人,可以拘传到其所在市、县海警机构执法办案场所进行讯问。拘传对象所在市、县无海警机构的,可以拘传到其所在市、县的公安机关执法办案场所进行讯问。海警机构应当做好人身安全检查、身份辨认、物品扣押、人员看管和押解等相关工作。

第七十条　拘传犯罪嫌疑人,应当填写呈请拘传报告书,经海警机构负责人批准,制作拘传证。

执行拘传时,应当向犯罪嫌疑人出示拘传证,责令其签名、捺指印。犯罪嫌疑人到案后,应当责令其在拘传证上填写到案时间;拘传结束后,应当责令其在拘传证上填写拘传结束时间。犯罪嫌疑人拒绝填写的,侦查人员应当在拘传证上注明。

执行拘传的侦查人员不得少于二人。

第七十一条　拘传持续的时间不得超过十二小时;案情特别重大、复杂,需要采取拘留、逮捕措施的,经海警机构负责人批准,拘传持续的时间不得超过二十四小时。不得以连续拘传的形式变相拘禁犯罪嫌疑人。

拘传期限届满,未作出采取其他强制措施决定的,应当立即结束拘传。

第二节　取保候审

第七十二条　海警机构对有下列情形之一的犯罪嫌疑人,可以取保候审:

(一)可能判处管制、拘役或者独立适用附加刑的;

(二)可能判处有期徒刑以上刑罚,采取取保候审不致发生社会危险性的;

(三)患有严重疾病、生活不能自理,怀孕或者正在哺乳自己婴儿的妇女,采取取保候审不致发生社会危险性的;

(四)羁押期限届满,案件尚未办结,需要继续侦查的。

对拘留的犯罪嫌疑人,证据不符合逮捕条件,以及提请逮捕后,人民检察院不批准逮捕,需要继续侦查,并且符合取保候审条件的,可以依法取保候审。

第七十三条　海警机构对有下列情形之一的犯罪嫌疑人,不得取保候审,但有本规定第七十二条第一款第三项、第四项规定情形的除外:

(一)累犯和犯罪集团的主犯;

(二)以自伤、自残办法逃避侦查的;

(三)严重暴力犯罪的;

(四)其他严重犯罪的。

第七十四条　需要对犯罪嫌疑人取保候审的,应当制作呈请取保候审报告书,说明取保候审的理由、采取的保证方式以及应当遵守的规定,经海警机构负责人批准,制作取保候审决定书。取保候审决定书应当向犯罪嫌疑人宣读,由犯罪嫌疑人签名、捺指印。

第七十五条　海警机构决定对犯罪嫌疑人取保候审的,应当责令犯罪嫌疑人提出保证人或者交纳保证金。

对同一犯罪嫌疑人,不能责令其同时提出保证人和交纳保证金。对未成年人取保候审,应当优先适用保证人保证。

第七十六条　采取保证人保证的,保证人必须符合以下条件,并经海警机构审查同意:

(一)与本案无牵连;

(二)有能力履行保证义务;

(三)享有政治权利,人身自由未受到限制;

(四)有固定的住处和收入。

第七十七条　保证人应当履行以下义务:

(一)监督被保证人遵守本规定第八十条、第八十一条的规定;

(二)发现被保证人可能发生或者已经发生违反本规定第八十条、第八十一条规定的行为的,应当及时向执行机关报告。

保证人应当填写保证书,并在保证书上签名、捺指印。

第七十八条　采取保证金形式取保候审的,保证金的起点数额为人民币一千元。犯罪嫌疑人为未成年人的,保证金起点数额为人民币五百元。

具体数额应当综合考虑保证诉讼活动正常进行的需要,犯罪嫌疑人的社会危险性,案件的性质、情节,可能判处刑罚的轻重,犯罪嫌疑人的经济状况等情况确定。

第七十九条　海警机构应当在其指定的银行设立取保候审保证金专门账户,委托银行代为收取和保管保证金,并将相关信息通知相应人民法院、人民检察院。

海警机构作出取保候审决定后,对于采取保证金形式的,应当及时将收取保证金通知书送达被取保候审人,责令其在三日内向指定的银行交纳保证金。

被取保候审人或者为其提供保证金的人,应当一次性将保证金存入取保候审保证金专门账户,并由银行出具相关凭证。保证金应当以人民币交纳。

保证金应当由办案部门以外的部门管理。严禁截留、坐支、挪用或者以其他任何形式侵吞保证金。

第八十条　海警机构在宣布取保候审决定时,应当告知被取保候审人遵守以下规定:

(一)未经执行机关批准不得离开所居住的市、县;

(二)住址、工作单位和联系方式发生变动的,在二十四小时以内向执行机关报告;

(三)在传讯的时候及时到案;

(四)不得以任何形式干扰证人作证;

(五)不得毁灭、伪造证据或者串供。

第八十一条　海警机构在决定取保候审时,还可以根据案件情况,责令被取保候审人遵守以下一项或者多项规定:

(一)不得进入特定的场所、特定的海域;

（二）不得与特定的人员会见或者通信；

（三）不得从事特定的活动；

（四）将护照等出入境证件、驾驶证件交执行机关保存。

前款中的"通信"包括以信件、短信、电子邮件、通话，通过网络平台或者网络应用服务交流信息等各种方式直接或者间接通信。

第八十二条　"特定的场所"指下列场所：

（一）可能导致其再次实施犯罪的场所；

（二）可能导致其实施妨害社会秩序、干扰他人正常活动行为的场所；

（三）与其所涉嫌犯罪活动有关联的场所；

（四）可能导致其实施毁灭证据、干扰证人作证等妨害诉讼活动的场所；

（五）其他可能妨害取保候审执行的特定场所。

第八十三条　"特定的人员"指下列人员：

（一）证人、鉴定人、被害人及其法定代理人和近亲属；

（二）同案违法行为人、犯罪嫌疑人、被告人以及与案件有关联的其他人员；

（三）可能遭受被取保候审人侵害、滋扰的人员；

（四）可能实施妨害取保候审执行、影响诉讼活动的人员。

第八十四条　"特定的活动"指下列活动：

（一）可能导致其再次实施犯罪的活动；

（二）可能对国家安全、公共安全、社会秩序造成不良影响的活动；

（三）与所涉嫌犯罪相关联的活动；

（四）可能妨害诉讼的活动；

（五）其他可能妨害取保候审执行的特定活动。

第八十五条　海警机构应当综合考虑案件的性质、情节、社会影响、犯罪嫌疑人的社会关系等因素，确定特定场所、特定海域、特定人员和特定活动的范围。

第八十六条　取保候审由被取保候审人居住地的海警工作站执行。被取保候审人居住地未设海警工作站的，由负责办案的海警机构执行，并协调当地公安机关协助执行。

被取保候审人具有下列情形之一的，也可以在其暂住地执行取保候审：

（一）被取保候审人离开户籍所在地一年以上且无经常居住地，但在暂住地有固定住处的；

（二）被取保候审人系外国人、无国籍人，香港特别

行政区、澳门特别行政区、台湾地区居民的；

（三）被取保候审人户籍所在地无法查清且无经常居住地的。

取保候审交付执行时，应当同时送交有关法律文书、被取保候审人基本情况、保证人基本情况或者保证金交纳情况等材料。

第八十七条　人民法院、人民检察院决定取保候审的，负责执行的海警机构应当在收到法律文书和有关材料后二十四小时以内，核实有关情况后执行。

人民法院、人民检察院采用电子方式向海警机构送交法律文书和有关材料的，海警机构应当接收。

第八十八条　执行取保候审的海警机构应当履行下列职责：

（一）告知被取保候审人应当遵守的规定，及其违反规定或者在取保候审期间重新犯罪应当承担的法律后果；

（二）监督、考察被取保候审人遵守有关规定，及时掌握其活动、住址、工作单位、联系方式及变动情况；

（三）监督保证人履行保证义务；

（四）被取保候审人违反应当遵守的规定以及保证人未履行保证义务的，应当及时制止、采取紧急措施，同时告知决定机关。

第八十九条　执行取保候审的海警机构应当定期了解被取保候审人遵守取保候审规定的有关情况，并制作笔录。

第九十条　被取保候审人无正当理由不得离开所居住的市、县。有正当理由需要离开所居住的市、县的，应当经负责执行的海警机构负责人批准。

人民法院、人民检察院决定取保候审的，负责执行的海警机构在批准被取保候审人离开所居住的市、县前，应当征得决定取保候审的人民法院、人民检察院同意。

第九十一条　被取保候审人在取保候审期间违反本规定第八十条、第八十一条规定，已交纳保证金的，海警机构应当根据其违反规定的情节，决定没收部分或者全部保证金，并且区别情形，责令其具结悔过、重新交纳保证金、提出保证人，变更强制措施或者给予治安管理处罚；需要予以逮捕的，可以对其先行拘留。

人民法院、人民检察院决定取保候审的，被取保候审人违反应当遵守的规定，负责执行的海警机构应当及时通知决定取保候审的人民法院、人民检察院。

第九十二条　需要没收保证金的，应当经过严格审核后，报负责执行取保候审的海警机构负责人批准，制作

没收保证金决定书。

决定没收五万元以上保证金的,应当经市级海警局以上海警机构负责人批准。

第九十三条　没收保证金的决定,海警机构应当在三日以内向被取保候审人宣读,并责令其在没收保证金决定书上签名、捺指印;被取保候审人在逃或者具有其他情形不能到场的,应当向其成年家属、法定代理人、辩护人或者单位、居住地的居民委员会或者村民委员会宣布,由其成年家属、法定代理人、辩护人或者单位、居住地的居民委员会或者村民委员会的负责人在没收保证金决定书上签名。

被取保候审人或者其成年家属、法定代理人、辩护人或者单位、居民委员会、村民委员会的负责人拒绝签名的,海警机构应当在没收保证金决定书上注明。

第九十四条　海警机构在宣读没收保证金决定书时,应当告知如果对没收保证金的决定不服,被取保候审人或者其法定代理人可以在五日以内向作出决定的海警机构申请复议。海警机构应当在收到复议申请后七日以内作出决定。

被取保候审人或者其法定代理人对复议决定不服的,可以在收到复议决定书后五日以内向上一级海警机构申请复核一次。上一级海警机构应当在收到复核申请后七日以内作出决定。对上级海警机构撤销或者变更没收保证金决定的,下级海警机构应当执行。

第九十五条　没收保证金的决定已过复议期限,或者复议、复核后维持原决定或者变更没收保证金数额的,海警机构应当及时通知指定的银行将没收的保证金按照国家有关规定上缴国库。人民法院、人民检察院决定取保候审的,还应当在三日以内通知决定取保候审的人民法院、人民检察院。

第九十六条　采取保证金方式保证的被取保候审人在取保候审期间没有违反本规定第八十条、第八十一条的规定,也没有重新故意犯罪的,或者具有本规定第一百八十条规定的情形之一的,在解除取保候审、变更强制措施的同时,海警机构应当制作退还保证金决定书,通知银行如数退还保证金。

被取保候审人可以凭有关法律文书到银行领取退还的保证金。被取保候审人委托他人领取的,应当出具委托书。

第九十七条　被取保候审人没有违反本规定第八十条、第八十一条的规定,但在取保候审期间涉嫌重新故意犯罪被立案侦查的,海警机构应当暂扣其交纳的保证金,根据人民法院的生效判决作出处理。

第九十八条　被保证人违反应当遵守的规定,保证人未履行保证义务的,查证属实后,经海警机构负责人批准,对保证人处一千元以上二万元以下罚款;构成犯罪的,依法追究刑事责任。

第九十九条　决定对保证人罚款的,应当经海警机构负责人批准,制作对保证人罚款决定书,在三日以内送达保证人,告知其如果对罚款决定不服,可以在收到决定书之日起五日以内向作出决定的海警机构申请复议。海警机构应当在收到复议申请后七日以内作出决定。

保证人对复议决定不服的,可以在收到复议决定书后五日以内向上一级海警机构申请复核一次。上一级海警机构应当在收到复核申请后七日以内作出决定。对上级海警机构撤销或者变更罚款的决定,下级海警机构应当执行。

第一百条　对于保证人罚款的决定已过复议期限,或者复议、复核后维持原决定或者变更罚款数额的,海警机构应当及时通知指定的银行将保证人罚款按照国家的有关规定上缴国库。

人民法院、人民检察院决定取保候审的,还应当在三日以内通知决定取保候审的人民法院、人民检察院。

第一百零一条　对于犯罪嫌疑人采取保证人保证的,如果保证人在取保候审期间情况发生变化,不愿继续担保或者丧失担保条件,海警机构应当责令被取保候审人重新提出保证人或者交纳保证金,或者作出变更强制措施决定。

人民法院、人民检察院决定取保候审的,负责执行的海警机构应当自发现保证人不愿继续担保或者丧失担保条件之日起三日以内通知决定取保候审的人民法院、人民检察院。

第一百零二条　海警机构在取保候审期间不得中断对案件的侦查,对取保候审的犯罪嫌疑人,根据案情变化,应当及时变更强制措施或者解除取保候审。

取保候审的期限最长不得超过十二个月。

第一百零三条　需要解除取保候审的,应当制作呈请解除取保候审报告书,经海警机构负责人批准,制作解除取保候审决定书、通知书,并及时通知负责执行的海警机构、被取保候审人、保证人和有关单位。

人民法院、人民检察院作出解除取保候审决定的,负责执行的海警机构应当根据决定书及时解除取保候审,并通知被取保候审人、保证人和有关单位。

第三节　监视居住

第一百零四条　海警机构对符合逮捕条件,有下列情形之一的犯罪嫌疑人,可以监视居住:

(一)患有严重疾病、生活不能自理的;

(二)怀孕或者正在哺乳自己婴儿的妇女;

(三)系生活不能自理的人的唯一扶养人;

(四)因案件的特殊情况或者办理案件的需要,采取监视居住措施更为适宜的;

(五)羁押期限届满,案件尚未办结,需要采取监视居住措施的。

对人民检察院决定不批准逮捕的犯罪嫌疑人,需要继续侦查,并且符合监视居住条件的,可以监视居住。

对于符合取保候审条件,但犯罪嫌疑人不能提出保证人,也不交纳保证金的,可以监视居住。

对于被取保候审人违反本规定第八十条、第八十一条规定的,可以监视居住。

第一百零五条　对犯罪嫌疑人监视居住,应当制作呈请监视居住报告书,说明监视居住的理由、采取监视居住的方式以及应当遵守的规定,经海警机构负责人批准,制作监视居住决定书。监视居住决定书应当向犯罪嫌疑人宣读,由犯罪嫌疑人签名、捺指印。

第一百零六条　监视居住应当在犯罪嫌疑人、被告人住处执行;无固定住处的,可以在指定的居所执行。对于涉嫌危害国家安全犯罪、恐怖活动犯罪,在住处执行可能有碍侦查的,经上一级海警机构批准,也可以在指定的居所执行。

有下列情形之一的,属于本条规定的"有碍侦查":

(一)可能毁灭、伪造证据,干扰证人作证或者串供的;

(二)可能引起犯罪嫌疑人自残、自杀或者逃跑的;

(三)可能引起同案犯逃避、妨碍侦查的;

(四)犯罪嫌疑人、被告人在住处执行监视居住有人身危险的;

(五)犯罪嫌疑人、被告人的家属或者所在单位人员与犯罪有牵连的。

指定居所监视居住的,不得要求被监视居住人支付费用。

第一百零七条　固定住处,是指被监视居住人在负责办案的海警机构所在的市、县内生活的合法住处;指定的居所,是指海警机构根据案件情况,在负责办案的海警机构所在的市、县内为被监视居住人指定的生活居所。

指定的居所应当符合下列条件:

(一)具备正常的生活、休息条件;

(二)便于监视、管理;

(三)保证安全。

海警机构不得在羁押场所、专门的执法办案场所或者办公场所执行监视居住。

第一百零八条　指定居所监视居住,除无法通知的以外,应当制作监视居住通知书,在执行监视居住后二十四小时以内,由作出决定的海警机构通知被监视居住人的家属。无法通知的,侦查人员应当在监视居住通知书中注明。

有下列情形之一的,属于前款规定的"无法通知":

(一)不讲真实姓名、住址,身份不明的;

(二)没有家属的;

(三)提供的家属联系方式无法取得联系的;

(四)因自然灾害等不可抗力导致无法通知的。

无法通知的情形消失以后,应当立即通知被监视居住人的家属。

第一百零九条　被监视居住人委托辩护律师,适用本规定第三十三条、第三十四条、第三十五条的规定。

第一百一十条　海警机构在宣布监视居住决定时,应当告知被监视居住人遵守以下规定:

(一)未经执行机关批准不得离开执行监视居住的处所;

(二)未经执行机关批准不得会见他人或者以任何方式通信;

(三)在传讯的时候及时到案;

(四)不得以任何形式干扰证人作证;

(五)不得毁灭、伪造证据或者串供;

(六)将护照等出入境证件、身份证件、驾驶证件交执行机关保存。

第一百一十一条　海警机构对被监视居住人,可以采取电子监控、不定期检查等监视方法对其遵守监视居住规定的情况进行监督;在侦查期间,可以对被监视居住的犯罪嫌疑人的电话、传真、信函、邮件、网络等通信进行监控。

第一百一十二条　监视居住由被监视居住人住处的海警工作站执行,被监视居住人住处未设海警工作站以及指定居所监视居住或者案件情况复杂特殊的,由负责办案的海警机构执行。必要时,可以协调当地公安机关协助执行。

第一百一十三条　人民法院、人民检察院决定监视居住的,负责执行的海警机构应当在收到法律文书和有关材料后二十四小时以内，核实被监视居住人身份、住处或者居所等情况后执行。必要时，可以由人民法院、人民检察院协助执行。

负责执行的海警机构应当及时将执行情况通知决定监视居住的人民法院、人民检察院。

第一百一十四条　负责执行监视居住的海警机构应当严格对被监视居住人进行监督考察，确保安全。

第一百一十五条　被监视居住人有正当理由要求离开住处或者指定的居所以及要求会见他人或者通信的，应当经负责执行的海警机构负责人批准。

人民法院、人民检察院决定监视居住的，负责执行的海警机构在批准被监视居住人离开住处或者指定的居所以及与他人会见或者通信前，应当征得决定监视居住的人民法院、人民检察院同意。

第一百一十六条　被监视居住人违反应当遵守的规定，海警机构应当区分情形责令被监视居住人具结悔过或者给予治安管理处罚。情节严重的，可以予以逮捕；需要予以逮捕的，可以对其先行拘留。

人民法院、人民检察院决定监视居住的，被监视居住人违反应当遵守的规定，负责执行的海警机构应当及时通知决定监视居住的人民法院、人民检察院。

第一百一十七条　在监视居住期间，海警机构不得中断案件的侦查。对被监视居住的犯罪嫌疑人，根据案情变化，应当及时解除监视居住或者变更强制措施。

监视居住的期限最长不得超过六个月。

第一百一十八条　需要解除监视居住的，应当制作呈请解除监视居住报告书，经海警机构负责人批准，制作解除监视居住决定书，并及时通知负责执行的海警机构、被监视居住人和有关单位。

人民法院、人民检察院作出解除、变更监视居住决定的，负责执行的海警机构应当及时解除并通知被监视居住人和有关单位。

第四节　拘　留

第一百一十九条　海警机构对于现行犯或者重大嫌疑分子，有下列情形之一的，可以先行拘留：

（一）正在预备犯罪、实行犯罪或者在犯罪后即时被发觉的；

（二）被害人或者在场亲眼看见的人指认他犯罪的；

（三）在身边或者住处发现有犯罪证据的；

（四）犯罪后企图自杀、逃跑或者在逃的；

（五）有毁灭、伪造证据或者串供可能的；

（六）不讲真实姓名、住址，身份不明的；

（七）有流窜作案、多次作案、结伙作案重大嫌疑的。

第一百二十条　拘留犯罪嫌疑人，应当填写呈请拘留报告书，经海警机构负责人批准，制作拘留证。执行拘留时，必须出示拘留证，并责令被拘留人在拘留证上签名、捺指印，拒绝签名、捺指印的，侦查人员应当注明。

执行拘留，应当由二名以上侦查人员进行。

紧急情况下，对于符合本规定第一百一十九条所列情形之一的，经出示中国海警执法证，可以将犯罪嫌疑人口头传唤至海警机构后立即审查，办理法律手续。

第一百二十一条　拘留后，应当立即将被拘留人送看守所羁押，至迟不得超过二十四小时。

异地执行拘留，无法及时将犯罪嫌疑人押解回管辖地的，应当在宣布拘留后立即将其送抓获地看守所羁押，至迟不得超过二十四小时。到达管辖地后，应当立即将犯罪嫌疑人送看守所羁押。

海上执行拘留，应当在抵岸后立即将犯罪嫌疑人送看守所羁押，至迟不得超过二十四小时。

第一百二十二条　拘留后，除无法通知或者涉嫌危害国家安全犯罪、恐怖活动犯罪通知可能有碍侦查的情形以外，应当在拘留后二十四小时以内制作拘留通知书，通知被拘留人的家属。拘留通知书应当写明拘留原因和羁押处所。

本条规定的"无法通知"的情形适用本规定第一百零八条第二款的规定。

有下列情形之一的，属于本条规定的"有碍侦查"：

（一）可能毁灭、伪造证据，干扰证人作证或者串供的；

（二）可能引起同案犯逃避、妨碍侦查的；

（三）犯罪嫌疑人的家属与犯罪有牵连的。

无法通知、有碍侦查的情形消失以后，应当立即通知被拘留人的家属。

对于没有在二十四小时以内通知家属的，应当在拘留通知书中注明原因。

第一百二十三条　对被拘留的人，应当在拘留后二十四小时以内进行讯问。发现不应当拘留的，应当经海警机构负责人批准，制作释放通知书。看守所凭释放通知书发给被拘留人释放证明书，将其立即释放。

第一百二十四条　对被拘留的犯罪嫌疑人，经过审查认为需要逮捕的，应当在拘留后的三日以内，提请人民检察院审查批准。在特殊情况下，经海警机构负责人批准，提请审查批准逮捕的时间可以延长一日至四日。

对流窜作案、多次作案、结伙作案的重大嫌疑分子，经海警机构负责人批准,提请审查批准逮捕的时间可以延长至三十日。

本条规定的"流窜作案",是指跨中国海警局直属局或者海警工作站管辖海域连续作案;"多次作案",是指三次以上作案;"结伙作案",是指二人以上共同作案。

第一百二十五条 犯罪嫌疑人不讲真实姓名、住址,身份不明的,应当对其身份进行调查。对符合逮捕条件的犯罪嫌疑人,也可以按其自报的姓名提请批准逮捕。

第一百二十六条 对被拘留的犯罪嫌疑人审查后,根据案件情况报经海警机构负责人批准,分别作出如下处理:

(一)需要逮捕的,在拘留期限内,依法办理提请批准逮捕手续;

(二)应当追究刑事责任,但不需要逮捕的,依法直接向人民检察院移送审查起诉,或者依法办理取保候审或者监视居住手续后,向人民检察院移送审查起诉;

(三)拘留期限届满,案件尚未办结,需要继续侦查的,依法办理取保候审或者监视居住手续;

(四)具有本规定第一百八十条规定情形之一的,应当制作释放通知书送达看守所;需要行政处理的,依法予以处理或者移送有关部门。

第五节　逮　捕

第一百二十七条 对有证据证明有犯罪事实,可能判处徒刑以上刑罚的犯罪嫌疑人,采取取保候审尚不足以防止发生下列社会危险性的,应当提请批准逮捕:

(一)可能实施新的犯罪的;

(二)有危害国家安全、公共安全或者社会秩序的现实危险的;

(三)可能毁灭、伪造证据,干扰证人作证或者串供的;

(四)可能对被害人、举报人、控告人实施打击报复的;

(五)企图自杀或者逃跑的。

对于有证据证明有犯罪事实,可能判处十年有期徒刑以上刑罚的,或者有证据证明有犯罪事实,可能判处徒刑以上刑罚,曾经故意犯罪或者身份不明的,应当提请批准逮捕。

海警机构根据第一款的规定提请人民检察院审查批准逮捕时,应当收集、固定犯罪嫌疑人具有社会危险性的证据,并在提请逮捕时随卷移送。对于证明犯罪事实的证据能够证明犯罪嫌疑人具有社会危险性的,应当在提请批准逮捕书中专门予以说明。

第一百二十八条 有证据证明有犯罪事实,是指同时具备下列情形:

(一)有证据证明发生了犯罪事实;

(二)有证据证明该犯罪事实是犯罪嫌疑人实施的;

(三)证明犯罪嫌疑人实施犯罪行为的证据已有查证属实的。

前款规定的"犯罪事实"既可以是单一犯罪行为的事实,也可以是数个犯罪行为中任何一个犯罪行为的事实。

第一百二十九条 被取保候审人违反取保候审规定,有下列情形之一的,可以提请批准逮捕:

(一)涉嫌故意实施新的犯罪行为的;

(二)有危害国家安全、公共安全或者社会秩序的现实危险的;

(三)实施毁灭、伪造证据或者干扰证人作证、串供行为,足以影响侦查工作正常进行的;

(四)对被害人、举报人、控告人实施打击报复的;

(五)企图自杀、逃跑,逃避侦查的;

(六)未经批准,擅自离开所居住的市、县,情节严重的,或者两次以上未经批准,擅自离开所居住的市、县的;

(七)经传讯无正当理由不到案,情节严重的,或者经两次以上传讯不到案的;

(八)违反规定进入特定场所、特定海域、从事特定活动或者与特定人员会见、通信两次以上的。

第一百三十条 被监视居住人违反监视居住规定,有下列情形之一的,可以提请批准逮捕:

(一)涉嫌故意实施新的犯罪行为的;

(二)实施毁灭、伪造证据或者干扰证人作证、串供行为,足以影响侦查工作正常进行的;

(三)对被害人、举报人、控告人实施打击报复的;

(四)企图自杀、逃跑,逃避侦查的;

(五)未经批准,擅自离开执行监视居住的处所,情节严重的,或者两次以上未经批准,擅自离开执行监视居住的处所的;

(六)未经批准,擅自会见他人或者通信,情节严重的,或者两次以上未经批准,擅自会见他人或者通信的;

(七)经传讯无正当理由不到案,情节严重的,或者经两次以上传讯不到案的。

第一百三十一条 需要提请批准逮捕犯罪嫌疑人的,应当经海警机构负责人批准,制作提请批准逮捕书,连同案卷材料、证据,一并移送相应人民检察院审查批准。

犯罪嫌疑人自愿认罪认罚的,应当记录在案,并在提请批准逮捕书中写明有关情况。

第一百三十二条 对于人民检察院不批准逮捕并通知补充侦查的,海警机构应当按照人民检察院的补充侦查提纲补充侦查。

海警机构补充侦查完毕,认为符合逮捕条件的,应当重新提请批准逮捕。

第一百三十三条 对于人民检察院不批准逮捕而未说明理由的,海警机构可以要求人民检察院说明理由。

第一百三十四条 对于人民检察院决定不批准逮捕的,海警机构在收到不批准逮捕决定书后,如果犯罪嫌疑人已被拘留的,应当制作释放通知书送达看守所。海警机构在执行完毕后三日以内将执行回执送达作出不批准逮捕决定的人民检察院。

第一百三十五条 对人民检察院不批准逮捕的决定,认为有错误需要复议的,应当在收到不批准逮捕决定书后五日以内制作要求复议意见书,经海警机构负责人批准后,送交相应人民检察院复议。

复议意见不被接受,认为需要复核的,应当在收到人民检察院的复议决定书后五日以内制作提请复核意见书,经海警机构负责人批准后,连同人民检察院的复议决定书,一并提请上一级人民检察院复核。

第一百三十六条 接到人民检察院批准逮捕决定书后,应当由海警机构负责人签发逮捕证,立即执行,并在执行完毕后三日以内将执行回执送达作出批准逮捕决定的人民检察院。逮捕未能执行的,也应当将回执送达人民检察院,并写明未能执行的原因。

第一百三十七条 执行逮捕时,必须出示逮捕证,并责令被逮捕人在逮捕证上签名、捺指印,拒绝签名、捺指印的,侦查人员应当注明。逮捕后,应当立即将被逮捕人送看守所羁押。

执行逮捕的侦查人员不得少于二人。

第一百三十八条 对被逮捕的人,必须在逮捕后的二十四小时以内进行讯问。发现不应当逮捕的,经海警机构负责人批准,制作释放通知书,送看守所和原批准逮捕的人民检察院。

第一百三十九条 对犯罪嫌疑人执行逮捕后,除无法通知的情形以外,应当在逮捕后二十四小时以内,制作逮捕通知书,通知被逮捕人的家属。逮捕通知书应当写明逮捕原因和羁押处所。

本条规定的"无法通知"的情形适用本规定第一百零八条第二款的规定。

无法通知的情形消除后,应当立即通知被逮捕人的家属。

对于没有在二十四小时以内通知家属的,应当在逮捕通知书中注明原因。

第一百四十条 人民法院、人民检察院决定逮捕犯罪嫌疑人、被告人的,海警机构凭人民法院、人民检察院决定逮捕的法律文书制作逮捕证并立即执行。必要时,可以请人民法院、人民检察院协助执行。执行逮捕后,应当及时通知人民法院、人民检察院。

海警机构未能抓获犯罪嫌疑人、被告人的,应当将执行情况和未能抓获的原因通知决定逮捕的人民检察院、人民法院。对于犯罪嫌疑人、被告人在逃的,在人民检察院、人民法院撤销逮捕决定之前,海警机构应当组织力量继续执行。

第一百四十一条 人民检察院在审查批准逮捕工作中发现海警机构的侦查活动存在违法情况,通知海警机构予以纠正的,海警机构应当调查核实,对于发现的违法情况应当及时纠正,并将纠正情况书面通知人民检察院。

第六节 羁押

第一百四十二条 海警机构对犯罪嫌疑人逮捕后的侦查羁押期限,不得超过二个月。

案情复杂、期限届满不能侦查终结的,应当制作提请批准延长侦查羁押期限意见书,经海警机构负责人批准后,在期限届满七日前送请相应人民检察院报上一级人民检察院批准延长一个月。

第一百四十三条 下列案件在本规定第一百四十二条规定的期限届满不能侦查终结的,应当制作提请批准延长侦查羁押期限意见书,经海警机构负责人批准,在期限届满七日前送请相应人民检察院层报省、自治区、直辖市人民检察院批准,延长二个月:

(一)交通十分不便的边远海岛、海域的重大复杂案件;

(二)重大的犯罪集团案件;

(三)流窜作案的重大复杂案件;

(四)犯罪涉及面广,取证困难的重大复杂案件。

第一百四十四条 对犯罪嫌疑人可能判处十年有期徒刑以上刑罚,依照本规定第一百四十三条规定的延长期限届满,仍不能侦查终结的,应当制作提请批准延长侦查羁押期限意见书,经海警机构负责人批准,在期限届满七日前送请相应人民检察院层报省、自治区、直辖市人民检察院批准,再延长二个月。

第一百四十五条 对于延长侦查羁押期限的,海警机构应当制作变更羁押期限通知书,在羁押期限届满前送达看守所。

第一百四十六条 在侦查期间,发现犯罪嫌疑人另有重要罪行的,应当自发现之日起五日以内报海警机构负责人批准后,重新计算侦查羁押期限,制作变更羁押期限通知书,送达看守所,并报批准逮捕的人民检察院备案。

前款规定的"另有重要罪行",是指与逮捕时的罪行不同种的重大犯罪以及同种犯罪并将影响罪名认定、量刑档次的重大犯罪。

第一百四十七条 犯罪嫌疑人不讲真实姓名、住址,身份不明的,应当对其身份进行调查。经海警机构负责人批准,侦查羁押期限自查清其身份之日起计算,但不得停止对其犯罪行为的侦查取证。

对于犯罪事实清楚,证据确实、充分,确实无法查明其身份的,按其自报的姓名移送人民检察院审查起诉。

第一百四十八条 查获被通缉、脱逃的犯罪嫌疑人以及执行追捕、押解任务需要临时寄押的,应当持通缉令或者其他有关法律文书并经寄押地海警机构负责人批准,送看守所寄押。寄押地未设海警机构的,应当持通缉令或者其他有关法律文书商请当地公安机关予以协助。

第一百四十九条 有下列情形之一,应当办理换押手续:

(一)海警机构侦查终结,移送人民检察院审查起诉的;

(二)人民检察院退回补充侦查的,以及海警机构补充侦查完毕后重新移送人民检察院审查起诉的;

(三)案件在侦查阶段改变办案机关的。

第七节 其他规定

第一百五十条 继续盘问期间发现需要对犯罪嫌疑人拘留、逮捕、取保候审或者监视居住的,应当立即办理法律手续。

第一百五十一条 对犯罪嫌疑人执行拘传、拘留、逮捕、押解过程中,应当依法使用约束性警械。遇有暴力性对抗或者暴力犯罪行为,可以依法使用制服性警械或者武器。

第一百五十二条 海警机构发现对犯罪嫌疑人采取强制措施不当的,应当及时撤销或者变更。犯罪嫌疑人在押的,应当及时通知看守所释放。释放被逮捕的人或者变更逮捕措施的,海警机构应当通知批准逮捕的人民检察院。

第一百五十三条 犯罪嫌疑人被逮捕后,人民检察院依法对羁押的必要性进行审查,需要向海警机构了解侦查取证的进展情况,听取海警机构及侦查人员意见,查阅有关案卷材料的,海警机构应当予以配合。

人民检察院提出释放或者变更强制措施建议的,海警机构应当予以调查核实。认为不需要继续羁押的,应当予以释放或者变更强制措施;认为需要继续羁押的,应当说明理由。

海警机构应当在十日以内将处理情况通知人民检察院。

第一百五十四条 犯罪嫌疑人及其法定代理人、近亲属或者辩护人有权申请变更强制措施。海警机构应当在收到申请后三日以内作出决定;不同意变更强制措施的,应当告知申请人,并说明理由。

第一百五十五条 海警机构对被采取强制措施法定期限届满的犯罪嫌疑人,应当予以释放,解除取保候审、监视居住或者依法变更强制措施。

犯罪嫌疑人及其法定代理人、近亲属或者辩护人对于海警机构采取强制措施法定期限届满的,有权要求海警机构解除强制措施。海警机构应当进行审查,对于情况属实的,应当立即解除或者变更强制措施。

第一百五十六条 取保候审变更为监视居住的,取保候审、监视居住变更为拘留、逮捕的,对原强制措施不再办理解除法律手续。

第一百五十七条 案件在取保候审、监视居住期间移送审查起诉后,人民检察院决定重新取保候审、监视居住或者变更强制措施的,对原强制措施不再办理解除法律手续。

第一百五十八条 海警机构依法对县级以上各级人民代表大会代表拘传、取保候审、监视居住、拘留或者提请批准逮捕的,应当书面报请该代表所属的人民代表大会主席团或者常务委员会许可。

第一百五十九条 海警机构对现行犯拘留时,发现其是县级以上人民代表大会代表的,应当立即向其所属的人民代表大会主席团或者常务委员会报告。

海警机构在依法执行拘传、取保候审、监视居住、拘留或者逮捕中,发现被执行人是县级以上人民代表大会代表的,应当暂缓执行,并报告决定或者批准机关。如果在执行后发现被执行人是县级以上人民代表大会代表的,应当立即解除,并报告决定或者批准机关。

第一百六十条 海警机构依法对乡、民族乡、镇的人民代表大会代表拘传、取保候审、监视居住、拘留或者执行逮捕的,应当在执行后立即报告其所属的人民代表大会。

第一百六十一条　海警机构依法对政治协商委员会委员拘传、取保候审、监视居住的，应当将有关情况通报给该委员所属的政协组织。

第一百六十二条　海警机构依法对政治协商委员会委员执行拘留、逮捕前，应当向该委员所属的政协组织通报情况；情况紧急的，可在执行的同时或者执行以后及时通报。

第七章　受案、立案、撤案
第一节　受　案

第一百六十三条　海警机构对于公民扭送、报案、控告、举报或者犯罪嫌疑人自动投案的，都应当立即接受，问明情况，并制作笔录，经核对无误后，由扭送人、报案人、控告人、举报人、投案人确认并签名、捺指印。必要时，应当对接受过程录音录像。

第一百六十四条　海警机构对扭送人、报案人、控告人、举报人、投案人提供的有关证据材料等应当登记，制作接受证据材料清单，由扭送人、报案人、控告人、举报人、投案人签名，并妥善保管。必要时，应当拍照或者录音录像。

第一百六十五条　海警机构接受案件时，应当制作受案登记表和受案回执，并将受案回执交扭送人、报案人、控告人、举报人。扭送人、报案人、控告人、举报人无法取得联系或者拒绝接受回执的，应当在回执中注明。

第一百六十六条　海警机构接受控告、举报的工作人员，应当向控告人、举报人说明诬告应负的法律责任。但是，只要不是捏造事实、伪造证据，即使控告、举报的事实有出入，甚至是错告的，也要和诬告严格区别。

第一百六十七条　海警机构应当保障扭送人、报案人、控告人、举报人及其近亲属的安全。

扭送人、报案人、控告人、举报人不愿意公开自己的身份的，应当为其保守秘密，并在材料中注明。

第一百六十八条　对接受的案件，或者发现的犯罪线索，海警机构应当迅速进行审查。发现案件事实或者线索不明的，必要时，经办案部门以上负责人批准，可以进行调查核实。

调查核实过程中，海警机构可以依照有关法律和规定采取询问、查询、勘验、鉴定和调取证据材料等不限制被调查对象人身、财产权利的措施。不得对被调查对象采取强制措施，不得查封、扣押、冻结被调查对象的财产，不得采取技术侦查措施。

第一百六十九条　经过审查，认为有犯罪事实，但不属于自己管辖的案件，应当经海警机构负责人批准，制作移送案件通知书，在二十四小时以内移送主管机关处理，并通知扭送人、报案人、控告人、举报人。对于不属于自己管辖而又必须采取紧急措施的，应当先采取紧急措施，然后办理手续，移送主管机关。

对不属于海警机构职责范围的事项，在接报案时能够当场判断的，应当立即口头告知扭送人、报案人、控告人、举报人向其他主管机关报案。

对于重复报案、案件正在办理或者已经办结的，应当向扭送人、报案人、控告人、举报人作出解释，不再登记，但有新的事实或者证据的除外。

第一百七十条　经过审查，对告诉才处理的案件，海警机构应当告知当事人向人民法院起诉。

对被害人有证据证明的轻微刑事案件，海警机构应当告知被害人可以向人民法院起诉；被害人要求海警机构处理的，海警机构应当依法受理。

人民法院审理自诉案件，依法调取海警机构已经收集的案件材料和有关证据的，海警机构应当及时移交。

第一百七十一条　经过审查，对于不够刑事处罚需要给予行政处理的，海警机构依法予以处理或者移送有关部门。

第二节　立　案

第一百七十二条　对于接受的案件，或者发现的案件线索，海警机构经过审查，认为有犯罪事实，需要追究刑事责任，且属于自己管辖的，应当经海警机构负责人批准，制作立案决定书，予以立案；认为没有犯罪事实，或者犯罪事实显著轻微，不需要追究刑事责任，或者具有其他依法不追究刑事责任情形的，经海警机构负责人批准，不予立案。

对有控告人的案件，决定不予立案的，海警机构应当制作不予立案通知书，并在三日以内送达控告人。

决定不予立案后又发现新的事实或者证据，或者发现原认定事实错误，需要追究刑事责任的，应当及时立案处理。

第一百七十三条　控告人对不予立案决定不服的，可以在收到不予立案通知书后七日以内向作出决定的海警机构申请复议；海警机构应当在收到复议申请后三十日以内作出决定，并将决定书送达控告人。

控告人对不予立案的复议决定不服的，可以在收到复议决定书后七日以内向上一级海警机构申请复核；上一级海警机构应当在收到复核申请后三十日以内作出决定。对上级海警机构撤销不予立案决定的，下级海警机构应当执行。

案情重大、复杂的，海警机构可以延长复议、复核时限，但是延长时限不得超过三十日，并书面告知申请人。

第一百七十四条 对于行政执法机关移送的案件，海警机构应当自接受案件之日起三日以内进行审查，认为有犯罪事实，需要追究刑事责任，依法决定立案的，应当书面通知移送案件的行政执法机关；认为属于海警机构职责范围但不属于本机构管辖的，应当移送有关海警机构，并书面通知移送案件的行政执法机关；认为没有犯罪事实，或者犯罪事实显著轻微，不需要追究刑事责任，依法不予立案的，应当说明理由，并将不予立案通知书送达移送案件的行政执法机关，相应退回案件材料。

海警机构认为行政执法机关移送的案件材料不全的，应当在接受案件后二十四小时以内通知移送案件的行政执法机关在三日以内补正，但不得以材料不全为由不接受移送案件。

海警机构认为行政执法机关移送的案件不属于海警机构职责范围的，应当书面通知移送案件的行政执法机关向其他主管机关移送案件，并说明理由。

第一百七十五条 移送案件的行政执法机关对不予立案决定不服的，可以在收到不予立案通知书后三日以内向作出决定的海警机构申请复议；海警机构应当在收到行政执法机关的复议申请后三日以内作出决定，并书面通知移送案件的行政执法机关。

第一百七十六条 人民检察院要求海警机构说明不立案理由的案件，海警机构应当在收到通知书后七日以内，对不立案的情况、依据和理由作出书面说明，回复人民检察院。海警机构作出立案决定的，应当将立案决定书复印件送达人民检察院。

人民检察院通知海警机构立案的，海警机构应当在收到立案通知书后十五日以内立案，并将立案决定书复印件送达人民检察院。

第一百七十七条 人民检察院认为海警机构不应当立案而立案，提出纠正意见的，海警机构应当进行调查核实，并将有关情况回复人民检察院。

第一百七十八条 经立案侦查，认为有犯罪事实需要追究刑事责任，但不属于自己管辖或者需要由其他海警机构并案侦查的案件，经海警机构负责人批准，制作移送案件通知书，移送有管辖权的机关或者并案侦查的海警机构，并在移送案件后三日以内书面通知扭送人、报案人、控告人、举报人或者移送案件的行政执法机关；犯罪嫌疑人已经到案的，应当依照本规定的有关规定通知其家属。

第一百七十九条 案件变更管辖或者移送其他海警机构并案侦查时，与案件有关的法律文书、证据、财物及其孳息等应当随案移交。

移交时，由接收人、移交人当面查点清楚，并在交接单据上共同签名。

第三节 撤 案

第一百八十条 经过侦查，发现有下列情形之一的，应当撤销案件：

（一）没有犯罪事实的；

（二）情节显著轻微、危害不大，不认为是犯罪的；

（三）犯罪已过追诉时效期限的；

（四）犯罪嫌疑人死亡的；

（五）其他依法不追究刑事责任的。

对于经过侦查，发现有犯罪事实需要追究刑事责任，但不是被立案侦查的犯罪嫌疑人实施的，或者共同犯罪案件中部分犯罪嫌疑人不够刑事处罚的，应当对有关犯罪嫌疑人终止侦查，并对该案件继续侦查。

第一百八十一条 需要撤销案件或者对犯罪嫌疑人终止侦查的，办案部门应当制作撤销案件或者终止侦查报告书，报海警机构负责人批准。

海警机构决定撤销案件或者对犯罪嫌疑人终止侦查时，原犯罪嫌疑人在押的，应当制作释放通知书送达看守所。原犯罪嫌疑人被逮捕的，应当通知原批准逮捕的人民检察院。对原犯罪嫌疑人采取其他强制措施的，应当立即解除强制措施；需要行政处理的，依法予以处理或者移送有关部门。

对查封、扣押的财物及其孳息、文件，或者冻结的财产，除按照法律和有关规定另行处理的以外，应当解除查封、扣押、冻结，并及时返还或者通知当事人。

第一百八十二条 犯罪嫌疑人自愿如实供述涉嫌犯罪的事实，有重大立功或者案件涉及国家重大利益，需要撤销案件的，应当层报中国海警局，由中国海警局商请最高人民检察院核准。报请撤销案件的海警机构应当同时将相关情况通报相应人民检察院。

海警机构根据前款规定撤销案件的，应当对查封、扣押、冻结的财物及其孳息作出处理。

第一百八十三条 海警机构作出撤销案件决定后，应当在三日以内告知原犯罪嫌疑人、被害人或者其近亲属、法定代理人以及案件移送机关。

海警机构作出终止侦查决定后，应当在三日以内告知原犯罪嫌疑人。

第一百八十四条　海警机构撤销案件以后又发现新的事实或者证据,或者发现原认定事实错误,认为有犯罪事实需要追究刑事责任的,应当重新立案侦查。

对犯罪嫌疑人终止侦查后又发现新的事实或者证据,或者发现原认定事实错误,需要对其追究刑事责任的,应当继续侦查。

第八章　侦　查
第一节　一般规定

第一百八十五条　海警机构对已经立案的刑事案件,应当及时进行侦查,全面、客观地收集、调取犯罪嫌疑人有罪或者无罪、罪轻或者罪重的证据材料。

第一百八十六条　海警机构经过侦查,对有证据证明有犯罪事实的案件,应当进行预审,对收集、调取的证据材料的真实性、合法性、关联性及证明力予以审查、核实。

第一百八十七条　海警机构侦查犯罪,应当严格依照法律规定的条件和程序采取强制措施和侦查措施,严禁在没有证据的情况下,仅凭怀疑就对犯罪嫌疑人采取强制措施和侦查措施。

第一百八十八条　海警机构开展勘验、检查、搜查、辨认、查封、扣押等侦查活动,应当邀请有关公民作为见证人。

下列人员不得担任见证人:

(一)生理上、精神上有缺陷或者年幼,不具有相应辨别能力或者不能正确表达的人;

(二)与案件有利害关系,可能影响案件公正处理的人;

(三)海警机构的工作人员或者其聘用的人员。

确因客观原因无法由符合条件的人员担任见证人的,应当对有关侦查活动进行全程录音录像,并在笔录中注明有关情况。

第一百八十九条　海警机构侦查犯罪,涉及国家秘密、商业秘密、个人隐私的,应当保密。

第一百九十条　当事人和辩护人、诉讼代理人、利害关系人对于海警机构及其侦查人员有下列行为之一的,有权向该机构申诉或者控告:

(一)采取强制措施法定期限届满,不予释放、解除或者变更的;

(二)应当退还取保候审保证金不退还的;

(三)对与案件无关的财物采取查封、扣押、冻结措施的;

(四)应当解除查封、扣押、冻结不解除的;

(五)贪污、挪用、私分、调换、违反规定使用查封、扣押、冻结的财物的。

受理申诉或者控告的海警机构应当及时进行调查核实,并在收到申诉、控告之日起三十日以内作出处理决定,书面回复申诉人、控告人。发现海警机构及其侦查人员有上述行为之一的,应当立即纠正。

第一百九十一条　上级海警机构发现下级海警机构存在本规定第一百九十条第一款规定的违法行为或者对申诉、控告事项不按照规定处理的,应当责令下级海警机构限期纠正,下级海警机构应当立即执行。必要时,上级海警机构可以就申诉、控告事项直接作出处理决定。

第一百九十二条　人民检察院发现海警机构的侦查活动存在违法情况,通知海警机构予以纠正的,海警机构应当调查核实,对于发现的违法情况应当及时纠正,并将纠正情况书面回复人民检察院。

海警机构办理重大、疑难、复杂案件,可以商请人民检察院介入侦查活动,并听取人民检察院的意见和建议。人民检察院派员介入海警机构的侦查活动,对收集证据、适用法律提出意见,监督侦查活动是否合法的,海警机构应当予以配合。

第二节　讯问犯罪嫌疑人

第一百九十三条　讯问犯罪嫌疑人,除下列情形以外,应当在执法办案场所的讯问室进行:

(一)紧急情况下在现场进行讯问的;

(二)对有严重伤病或者残疾、行动不便的,以及正在怀孕的犯罪嫌疑人,在其住处或者就诊的医疗机构进行讯问的。

对于已送交看守所羁押的犯罪嫌疑人,应当在看守所讯问室进行讯问。

对于正在被执行行政拘留、强制隔离戒毒的人员以及正在监狱服刑的罪犯,可以在其执行场所进行讯问。

对于不需要拘留、逮捕的犯罪嫌疑人,经海警机构办案部门以上负责人批准,可以传唤到犯罪嫌疑人所在市、县内的执法办案场所或者到他的住处进行讯问。

第一百九十四条　传唤犯罪嫌疑人时,应当出示传唤证和侦查人员的中国海警执法证,责令其在传唤证上签名、捺指印。

犯罪嫌疑人到案后,应当由其在传唤证上填写到案时间。传唤结束时,应当责令其在传唤证上填写传唤结束时间。犯罪嫌疑人拒绝填写的,侦查人员应当在传唤证上注明。

对在现场发现的犯罪嫌疑人,侦查人员经出示中国海警执法证,可以口头传唤,并将传唤的原因和依据告知被传唤人。在讯问笔录中应当注明犯罪嫌疑人到案方式,并由犯罪嫌疑人注明到案时间和传唤结束时间。

对自动投案或者群众扭送到海警机构的犯罪嫌疑人,可以依法传唤。

第一百九十五条　传唤持续的时间从犯罪嫌疑人到案时开始计算,不得超过十二小时。案情特别重大、复杂,需要采取拘留、逮捕措施的,经海警机构办案部门以上负责人批准,传唤持续的时间不得超过二十四小时。不得以连续传唤的形式变相拘禁犯罪嫌疑人。

犯罪嫌疑人在海上被抓获后,应当立即送往执法办案场所,传唤持续的时间从犯罪嫌疑人到达执法办案场所时开始计算。

传唤期限届满,未作出采取其他强制措施决定的,应当立即结束传唤。

第一百九十六条　传唤、拘传、讯问犯罪嫌疑人,应当保证犯罪嫌疑人的饮食和必要的休息时间,并记录在案。

第一百九十七条　讯问犯罪嫌疑人,应当由侦查人员进行。讯问时,侦查人员不得少于二人。

讯问同案的犯罪嫌疑人,应当个别进行。

第一百九十八条　侦查人员讯问犯罪嫌疑人时,应当首先讯问犯罪嫌疑人是否有犯罪行为,并告知犯罪嫌疑人享有的诉讼权利,如实供述自己罪行可以从宽处理以及认罪认罚的法律规定,让其陈述有罪的情节或者无罪的辩解,然后向其提出问题。

犯罪嫌疑人对侦查人员的提问,应当如实回答。但是对与本案无关的问题,有拒绝回答的权利。

第一次讯问,应当问明犯罪嫌疑人的姓名、别名、曾用名、出生年月日、户籍所在地、现住地、籍贯、出生地、民族、职业、文化程度、政治面貌、工作单位、家庭情况、社会经历,是否属于人民代表大会代表、政治协商委员会委员,是否受过刑事处罚或者行政处理等情况。

第一百九十九条　讯问聋、哑的犯罪嫌疑人,应当有通晓聋、哑手势的人参加,并在讯问笔录上注明犯罪嫌疑人的聋、哑情况,以及翻译人员的姓名、工作单位和职业。

讯问不通晓当地通用的语言文字的犯罪嫌疑人,应当配备翻译人员。

第二百条　侦查人员应当将问话和犯罪嫌疑人的供述或者辩解如实地记录清楚。制作讯问笔录应当使用能够长期保持字迹的材料。

第二百零一条　讯问笔录应当交犯罪嫌疑人核对;对于没有阅读能力的,应当向其宣读。如果记录有遗漏或者差错,应当允许犯罪嫌疑人补充或者更正,并捺指印。笔录经犯罪嫌疑人核对无误后,应当由其在笔录上逐页签名、捺指印,并在末页写明"以上笔录我看过(或向我宣读过),和我说的相符"。拒绝签名、捺指印的,侦查人员应当在笔录上注明。

讯问笔录上所列项目,应当按照规定填写齐全。侦查人员、翻译人员应当在讯问笔录上签名。

第二百零二条　犯罪嫌疑人请求自行书写供述的,应当准许;必要时,侦查人员也可以要求犯罪嫌疑人亲笔书写供词。犯罪嫌疑人应当在亲笔供词上逐页签名、捺指印。侦查人员收到后,应当在首页右上方写明"于某年某月某日收到",并签名。

第二百零三条　讯问犯罪嫌疑人,在文字记录的同时,可以对讯问过程进行录音录像。对于可能判处无期徒刑、死刑的案件或者其他重大犯罪案件,应当对讯问过程进行录音录像。

前款规定的"可能判处无期徒刑、死刑的案件",是指应当适用的法定刑或者量刑档次包含无期徒刑、死刑的案件。"其他重大犯罪案件",是指致人重伤、死亡的严重危害公共安全犯罪、严重侵犯公民人身权利犯罪,以及黑社会性质组织犯罪、严重毒品犯罪、走私集团犯罪等重大故意犯罪案件。

对讯问过程录音录像应当全程同步不间断进行,保持完整性。不得选择性地录制,不得剪接、删改。

第二百零四条　对讯问过程录音录像的,侦查人员应当告知犯罪嫌疑人,告知情况应当在录音录像中予以反映,并在讯问笔录中注明。

对于人民法院、人民检察院根据需要调取讯问犯罪嫌疑人的录音录像的,海警机构应当及时提供。涉及国家秘密的,应当标明密级,并提出保密要求。

第二百零五条　对犯罪嫌疑人供述的犯罪事实、无罪或者罪轻的事实、申辩和反证,以及犯罪嫌疑人提供的证明自己无罪、罪轻的证据,海警机构应当认真核查;对有关证据,无论是否采信,都应当如实记录、妥善保管,并连同核查情况附卷。

第三节　询问证人、被害人

第二百零六条　询问证人、被害人,可以在现场进行,也可以到证人、被害人所在单位、住处或者证人、被害人提出的地点进行。必要时,可以书面、电话或者当场通知证人、被害人到海警机构提供证言。

在现场询问证人、被害人，侦查人员应当出示中国海警执法证。到证人、被害人所在单位、住处或者证人、被害人提出的地点询问证人、被害人，应当经海警机构办案部门以上负责人批准，制作询问通知书。询问前，侦查人员应当出示询问通知书和中国海警执法证。

询问证人、被害人应当个别进行。

第二百零七条　询问前，应当了解证人、被害人的身份，证人、被害人、犯罪嫌疑人之间的关系。询问时，应当告知证人、被害人必须如实地提供证据、证言和有意作伪证或者隐匿罪证应负的法律责任。

侦查人员不得向证人、被害人泄露案情或者表示对案件的看法，严禁采用暴力、威胁等非法方法询问证人、被害人。

第二百零八条　本规定第一百九十九条、第二百条、第二百零一条、第二百零二条，也适用于询问证人、被害人。

第四节　勘验、检查

第二百零九条　侦查人员对于与犯罪有关的场所、物品、人身、尸体应当进行勘验或者检查，及时提取、采集与案件有关的痕迹、物证、生物样本等。必要时，可以聘请有专门知识的人，在侦查人员的主持下进行勘验、检查。

侦查人员执行勘验、检查，不得少于二人，并应持有关证明文件。

第二百一十条　勘查现场，应当拍摄现场照片、绘制现场图，制作笔录，由参加勘查的人和见证人签名。对重大案件的现场勘查，应当录音录像。

第二百一十一条　为了确定被害人、犯罪嫌疑人的某些特征、伤害情况或者生理状态，可以对人身进行检查，依法提取、采集肖像、指纹等人体生物识别信息，采集血液、尿液等生物样本。被害人死亡的，应当通过被害人近亲属辨认、提取生物样本鉴定等方式确定被害人身份。必要时，可以聘请法医或者医师进行人身检查。犯罪嫌疑人拒绝检查、提取、采集的，侦查人员认为必要的时候，经海警机构办案部门以上负责人批准，可以强制检查、提取、采集。

检查妇女的身体，应当由女工作人员或者医师进行。

人身检查不得采用损害被检查人生命、健康或者贬低其名誉、人格的方法。

检查的情况应当制作笔录，由参加检查的侦查人员、检查人员、被检查人员和见证人签名。被检查人员拒绝签名的，侦查人员应当在笔录中注明。

第二百一十二条　为了确定死因，经海警机构负责人批准，可以聘请法医解剖尸体，并且通知死者家属到场，让其在解剖尸体通知书上签名。

死者家属无正当理由拒不到场或者拒绝签名的，侦查人员应当在解剖尸体通知书上注明。对身份不明的尸体，无法通知死者家属的，应当在笔录中注明。

第二百一十三条　对已查明死因，没有继续保存必要的尸体，应当通知家属领回处理，对于无法通知或者通知后家属拒绝领回的，经海警机构负责人批准，可以及时处理。

第二百一十四条　海警机构进行勘验、检查后，遇有下列情形之一，应当对现场进行复验、复查：

（一）案情重大、现场情况复杂的；

（二）需要从现场进一步收集信息、获取证据的；

（三）人民检察院审查案件时认为需要复验、复查的；

（四）当事人提出不同意见，海警机构认为有必要复验、复查的；

（五）其他需要复验、复查的。

人民检察院要求复验、复查的，海警机构可以通知人民检察院派员参加。

第二百一十五条　为了查明案情，必要时，经海警机构负责人批准，可以进行侦查实验。

对于侦查实验的条件、经过和结果，应当制作侦查实验笔录，由参加实验的人签名。侦查实验过程应当全程录音录像。

进行侦查实验，禁止一切足以造成危险、侮辱人格或者有伤风化的行为。

第五节　搜　查

第二百一十六条　为了收集犯罪证据、查获犯罪人，经海警机构负责人批准，侦查人员可以对犯罪嫌疑人以及可能隐藏罪犯或者犯罪证据的人的身体、物品、住处和其他有关的地方进行搜查。

第二百一十七条　进行搜查，必须向被搜查人出示搜查证。执行搜查的侦查人员不得少于二人。

第二百一十八条　执行拘留、逮捕时，遇有下列紧急情况之一的，不用搜查证也可以进行搜查：

（一）可能随身携带凶器的；

（二）可能隐藏爆炸、剧毒等危险物品的；

（三）可能隐匿、毁弃、转移犯罪证据的；

（四）可能隐匿其他犯罪嫌疑人的；

（五）其他突然发生的紧急情况。

第二百一十九条　搜查应当全面、细致、及时，并且指派专人严密注视搜查现场动向，控制搜查现场。

搜查时，应当有被搜查人或者他的家属、邻居或者其他见证人在场。

海警机构可以要求有关单位和个人交出可以证明犯罪嫌疑人有罪或者无罪的物证、书证、视听资料、电子数据等证据。遇到阻碍搜查的，侦查人员可以强制搜查，并记录在案。

搜查妇女的身体，应当由女工作人员进行。

第二百二十条　搜查的情况应当制作笔录，由侦查人员和被搜查人或者他的家属，邻居或者其他见证人签名。被搜查人拒绝签名，或者被搜查人在逃，他的家属拒绝签名或者不在场的，侦查人员应当在笔录中注明。

对于搜查中查获的重要书证、物证、视听资料、电子数据及其放置、存储地点，应当录像或者拍照，并在笔录中注明。

第六节　查封、扣押

第二百二十一条　在侦查活动中发现的可用以证明犯罪嫌疑人有罪或者无罪的各种财物、文件，应当查封、扣押；但与案件无关的财物、文件，不得查封、扣押。

持有人拒绝交出应当查封、扣押的财物、文件的，海警机构可以强制查封、扣押。

第二百二十二条　在侦查过程中需要查封、扣押财物、文件的，应当经海警机构负责人批准，制作查封、扣押决定书。

在现场勘查、搜查，执行拘留、逮捕时，遇紧急情况需要扣押财物、文件的，由现场指挥人员决定；但扣押财物、文件价值较高或者可能严重影响正常生产经营的，应当经海警机构负责人批准，制作扣押决定书。

第二百二十三条　执行查封、扣押的侦查人员不得少于二人，并应当持有有关法律文书。

查封、扣押的情况应当制作笔录，由侦查人员、持有人和见证人签名。对于无法确定持有人或者持有人拒绝签名的，侦查人员应当注明。

第二百二十四条　对查封、扣押的财物、文件，应当会同在场见证人和持有人查点清楚，当场开列查封、扣押清单一式三份，写明财物、文件的名称、编号、规格、数量、质量、特征及其来源等，由侦查人员、持有人和见证人签名，一份交给持有人，一份交给海警机构保管人员，一份附卷备查。对于财物、文件的持有人无法确定，以及拒绝签名或者不在场的，侦查人员应当注明。

依法扣押外币、金银、珠宝、文物、名贵字画以及其他不易辨别真伪的贵重财物，应当在拍照或者录音录像后当场密封，由侦查人员、持有人和见证人在密封材料上签名，并及时鉴定、估价。

第二百二十五条　对作为犯罪证据但不便提取或者没有必要提取的财物、文件，经登记、拍照或者录音录像、估价后，可以交财物、文件持有人保管或者封存，并且开具登记保存清单一式两份，由侦查人员、持有人和见证人签名，一份交给财物、文件持有人，另一份连同照片或者录音录像资料附卷备查。财物、文件持有人应当妥善保管，不得转移、变卖、毁损。

第二百二十六条　海警机构依法查封涉案的土地、房屋等不动产，以及涉案的车辆、船舶、航空器等特定动产，必要时，可以一并扣押其权利证书。置于不动产上的设施、家具和其他相关物品，需要作为证据使用的，应当扣押；不宜移动的，可以一并查封。

查封前款规定的不动产和特定动产，海警机构应当制作协助查封通知书，载明涉案财物的名称、权属、地址等事项，送交有关登记管理部门协助办理。

第二百二十七条　扣押犯罪嫌疑人的邮件、电子邮件、电报，应当经海警机构负责人批准，制作扣押邮件、电报通知书，通知邮政部门或者网络服务单位检交扣押。

不需要继续扣押的，应当经海警机构负责人批准，制作解除扣押邮件、电报通知书，立即通知邮政部门或者网络服务单位。

第七节　查询、冻结

第二百二十八条　海警机构根据侦查犯罪的需要，可以依照规定查询、冻结犯罪嫌疑人的存款、汇款、证券交易结算资金、期货保证金等资金，债券、股票、基金份额和其他证券，以及股权、保单权益和其他投资权益等财产，并可以要求有关单位和个人配合。

对于前款规定的财产，不得划转、转账或者以其他方式变相扣押。

第二百二十九条　向金融机构等单位查询犯罪嫌疑人的存款、汇款、证券交易结算资金、期货保证金等资金，债券、股票、基金份额和其他证券，以及股权、保单权益和其他投资权益等财产，应当经海警机构负责人批准，制作协助查询财产通知书，通知金融机构等单位协助办理。

第二百三十条　需要冻结犯罪嫌疑人财产的，应当经海警机构负责人批准，制作协助冻结财产通知书，明确冻结财产的账户名称、账户号码、冻结数额、冻结期限、冻结范围以及是否及于孳息等事项，通知金融机构等单位协助办理。

冻结股权、保单权益的,应当经市级海警局以上海警机构负责人批准。

冻结上市公司股权的,应当经省级海警局以上海警机构负责人批准。

第二百三十一条 需要延长冻结期限的,应当按照原批准权限和程序,在冻结期限届满前办理继续冻结手续。逾期不办理继续冻结手续的,冻结自动解除。

第二百三十二条 不需要继续冻结犯罪嫌疑人财产时,应当经原批准冻结的海警机构负责人批准,制作协助解除冻结财产通知书,通知金融机构等单位协助办理。

第二百三十三条 犯罪嫌疑人的财产已被冻结的,不得重复冻结,但可以轮候冻结。

第二百三十四条 冻结存款、汇款、证券交易结算资金、期货保证金等财产的期限为六个月。每次续冻期限最长不得超过六个月。

对于重大、复杂案件,经市级海警局以上海警机构负责人批准,冻结存款、汇款、证券交易结算资金、期货保证金等财产的期限可以为一年。每次续冻期限最长不得超过一年。

第二百三十五条 冻结债券、股票、基金份额等证券的期限为二年。每次续冻期限最长不得超过二年。

第二百三十六条 冻结股权、保单权益或者投资权益的期限为六个月。每次续冻期限最长不得超过六个月。

第八节　涉案财物处置

第二百三十七条 查封、扣押、冻结涉案财物,海警机构应当为犯罪嫌疑人及其所扶养的亲属保留必需的生活费用和物品,减少对涉案单位正常办公、生产、经营等活动的影响。能够保证侦查活动正常进行的,可以允许有关当事人继续合理使用涉案财物,但应当采取必要的保值、保管措施。

第二百三十八条 对查封、扣押的财物、文件、邮件、电子邮件、电报,经查明确实与案件无关的,应当在三日以内解除查封、扣押,退还所有人、其他当事人或者原邮政部门、网络服务单位;所有人不明确的,应当采取公告方式告知所有人认领。在通知所有人、其他当事人或者公告后六个月以内无人认领的,按照无主财物处理,依法拍卖或者变卖后将所得款项上缴国库;遇有特殊情况的,可以延期处理,延期期限最长不超过三个月。

第二百三十九条 有关犯罪事实查证属实后,对于有证据证明权属明确且无争议的被害人合法财产及其孳息,且返还不损害其他被害人或者利害关系人的利益,不

影响案件正常办理的,应当在登记、拍照或者录音录像和估价后,经海警机构负责人批准,开具发还清单返还,并在案卷材料中注明返还的理由,将原物照片、发还清单和被害人的领取手续存卷备查。

领取人应当是涉案财物的合法权利人或者其委托的人;委托他人领取的,应当出具委托书。侦查人员或者海警机构其他工作人员不得代为领取。

查找不到被害人,或者通知被害人后,无人领取的,应当将有关财产及其孳息随案移送。

第二百四十条 对冻结的债券、股票、基金份额等财产,应当告知当事人或者其法定代理人、委托代理人有权申请出售。

权利人书面申请出售被冻结的债券、股票、基金份额等财产,不损害国家利益、被害人利益、其他权利人利益,不影响诉讼正常进行的,以及冻结的汇票、本票、支票的有效期即将届满的,经海警机构负责人批准,可以依法出售或者变现,所得价款应当继续冻结在其对应的银行账户中;没有对应的银行账户的,所得价款由海警机构在银行指定账户保管,并及时告知当事人或者其近亲属。

第二百四十一条 对冻结的财产,经查明确实与案件无关的,应当在三日以内通知金融机构等单位解除冻结,并通知被冻结的财产所有人。

第二百四十二条 对查封、扣押的涉案财物及其孳息、文件,应当妥善保管,以供核查。任何单位和个人不得违规使用、调换、损毁或者自行处理。

海警机构应当指定内设部门或者专门人员,负责对涉案财物进行统一管理,并设立专门保管场所或者委托社会保管机构,对涉案财物进行集中保管;对特殊的涉案财物,也可以移交有关主管部门进行保管。

对价值较低、易于保管,或者需要作为证据继续使用,以及需要先行返还被害人的涉案财物,可以由办案部门设置专门的场所进行保管。办案部门应当指定不承担办案工作的人员负责本部门涉案财物的接收、保管、移交等管理工作;严禁由负责本案的侦查人员自行保管涉案财物。

第二百四十三条 在侦查期间,对于成品油等危险品,鲜活、易腐、易失效等不宜长期保存的物品,长期不使用容易导致机械性能下降、价值贬损的车辆、船舶,体量巨大难以保管或者所有人申请先行拍卖或者变卖的物品,经市级海警局以上海警机构负责人批准,可以在拍照或者录音录像后委托有关部门拍卖、变卖,拍卖或者变卖所得款项由海警机构暂行保存,待诉讼终结后按照国家

有关规定处理。

对于违禁品，应当依照国家有关规定处理；需要作为证据使用的，应当在诉讼终结后处理。

第二百四十四条　对当事人、利害关系人就涉案财物处置提出异议、投诉、举报的，海警机构应当依法及时受理并反馈处理结果。

第九节　鉴　定

第二百四十五条　为了查明案情，解决案件中某些专门性问题，海警机构应当聘请有专门知识的人进行鉴定。

聘请有专门知识的人进行鉴定，应当经海警机构负责人批准后，制作鉴定聘请书。

第二百四十六条　海警机构应当为鉴定人进行鉴定提供必要的条件，及时向鉴定人送交有关检材和对比样本等原始材料，介绍与鉴定有关的情况，并且明确提出要求鉴定解决的问题。

送检的检材，应当是原物、原件。无法提供原物、原件的，应当提供符合本专业鉴定要求的复制件、复印件。送检的检材，应当包装规范、标记清晰、来源真实、提取合法。对具有爆炸性、毒害性、放射性、传染性等危险检材、样本，应当作出文字说明和明显标识，并在排除危险后送检。

禁止暗示或者强迫鉴定人作出某种鉴定意见。

第二百四十七条　侦查人员应当做好检材的保管和送检工作，并注明检材送检环节的责任人，确保检材在流转环节中的同一性和不被污染。

第二百四十八条　鉴定人应当按照鉴定规则，运用科学方法独立进行鉴定。鉴定后，应当出具鉴定意见，并在鉴定意见书上签名，由鉴定机构加盖鉴定机构鉴定专用章，同时附上鉴定机构和鉴定人的资质证明或者其他证明文件。

多人参加鉴定，鉴定人有不同意见的，应当注明。

鉴定人故意作虚假鉴定的，应当承担法律责任。

第二百四十九条　对鉴定意见，侦查人员应当进行审查。

对经审查作为证据使用的鉴定意见，海警机构应当及时告知犯罪嫌疑人、被害人或者其法定代理人。

第二百五十条　犯罪嫌疑人、被害人对鉴定意见有异议提出申请，以及办案部门或者侦查人员对鉴定意见有疑义的，可以将鉴定意见送交其他有专门知识的人员提出意见。必要时，询问鉴定人并制作笔录附卷。

第二百五十一条　经审查，发现有下列情形之一的，经海警机构负责人批准，应当补充鉴定：

（一）鉴定内容有明显遗漏的；

（二）发现新的有鉴定意义的证物的；

（三）对鉴定证物有新的鉴定要求的；

（四）鉴定意见不完整，委托事项无法确定的；

（五）其他需要补充鉴定的情形。

经审查，不符合上述情形的，经海警机构负责人批准，作出不准予补充鉴定的决定，并在作出决定后三日以内书面通知申请人。

第二百五十二条　经审查，发现有下列情形之一的，经海警机构负责人批准，应当重新鉴定：

（一）鉴定程序违法或者违反相关专业技术要求的；

（二）鉴定机构、鉴定人不具备鉴定资质和条件的；

（三）鉴定人故意作虚假鉴定或者违反回避规定的；

（四）鉴定意见依据明显不足的；

（五）检材虚假或者被损坏的；

（六）其他应当重新鉴定的情形。

重新鉴定，应当另行聘请鉴定人。

经审查，不符合上述情形的，经海警机构负责人批准，作出不准予重新鉴定的决定，并在作出决定后三日以内书面通知申请人。

第二百五十三条　对犯罪嫌疑人作精神病鉴定的时间不计入办案期限，其他鉴定时间都应当计入办案期限。

第十节　辨　认

第二百五十四条　为了查明案情，必要时，侦查人员可以让犯罪嫌疑人或者被害人、证人对与犯罪有关的物品、文件、尸体、场所或者犯罪嫌疑人进行辨认。

第二百五十五条　辨认应当在侦查人员的主持下进行。主持辨认的侦查人员不得少于二人。

几名辨认人对同一辨认对象进行辨认时，应当由辨认人个别进行。

第二百五十六条　辨认时，应当将辨认对象混杂在特征相类似的其他对象中，不得在辨认前向辨认人展示辨认对象及其影像资料，不得给辨认人任何暗示。

辨认犯罪嫌疑人时，被辨认的人数不得少于七人；对犯罪嫌疑人照片进行辨认的，不得少于十人的照片。

辨认物品时，混杂的同类物品不得少于五件；对物品的照片进行辨认的，不得少于十个物品的照片。

对场所、尸体等特定辨认对象进行辨认，或者辨认人能够准确描述物品独有特征的，陪衬物不受数量的限制。

第二百五十七条　对犯罪嫌疑人的辨认，辨认人不愿意公开进行的，可以在不暴露辨认人的情况下进行，并应当为其保守秘密。

第二百五十八条 辨认应当制作辨认笔录,写明辨认经过和结果,由辨认人签名、捺指印,侦查人员、见证人也应当签名。必要时,应当对辨认过程进行录音录像。

第十一节 技术侦查

第二百五十九条 海警机构在立案后,根据侦查犯罪的需要,可以对下列严重危害社会的犯罪案件采取技术侦查措施:

(一)危害国家安全犯罪、恐怖活动犯罪、黑社会性质的组织犯罪、重大毒品犯罪案件;

(二)故意杀人、故意伤害致人重伤或者死亡、强奸、抢劫、绑架、放火、爆炸、投放危险物质等严重暴力犯罪案件;

(三)集团性、系列性、跨区域性重大犯罪案件;

(四)其他严重危害社会的犯罪案件,依法可能判处七年以上有期徒刑的。

海警机构追捕被通缉或者批准、决定逮捕的在逃的犯罪嫌疑人、被告人,可以采取追捕所必需的技术侦查措施。

第二百六十条 需要采取技术侦查措施的,应当制作呈请采取技术侦查措施报告书,并提交呈请立案报告书、立案决定书的复印件,经市级海警局以上海警机构负责人批准后,交公安机关、国家安全机关等部门按程序办理。

需要采取技术侦查措施追捕通缉或者批准、决定逮捕的在逃的犯罪嫌疑人、被告人的,应当制作呈请采取技术侦查措施报告书,并提交通缉令或者逮捕证的复印件,经市级海警局以上海警机构负责人批准后,交公安机关、国家安全机关等部门按程序办理。

第二百六十一条 采取技术侦查措施获取的材料,应当严格依照有关规定存放,只能用于对犯罪的侦查、起诉和审判,不得用于其他用途。

采取技术侦查措施收集的与案件无关的材料,必须及时销毁,并制作销毁记录。

第二百六十二条 采取技术侦查措施收集的材料在刑事诉讼中可以作为证据使用。

采取技术侦查措施收集的材料作为证据使用的,批准采取技术侦查措施的相关文书应当附卷。

第二百六十三条 为了查明案情,必要时,经市级海警局以上海警机构负责人决定,可以由有关人员隐匿其身份实施侦查,但是不得使用促使他人产生犯罪意图的方法诱使他人犯罪,不得采用可能危害公共安全或者发生重大人身危险的方法。

第二百六十四条 对涉及给付毒品等违禁品或者财物的犯罪活动,根据侦查需要,经省级海警局以上海警机构负责人决定,可以实施控制下交付。

第二百六十五条 依照本节规定实施隐匿身份侦查和控制下交付收集的材料在刑事诉讼中可以作为证据使用。

使用隐匿身份侦查和控制下交付收集的材料作为证据时,可能危及隐匿身份人员的人身安全,或者可能产生其他严重后果的,应当采取不暴露有关人员身份等保护措施。

第十二节 通 缉

第二百六十六条 应当逮捕的犯罪嫌疑人在逃的,经省级海警局以上海警机构负责人批准,可以在对应的行政区划范围内发布通缉令,采取有效措施,追捕归案。中国海警局直属局可以在所在省、自治区、直辖市范围内直接发布通缉令。

海警机构发布的通缉令应当通报公安机关,商请公安机关协助追捕。

第二百六十七条 通缉令中应当尽可能写明被通缉人的姓名、别名、曾用名、绰号、性别、年龄、民族、籍贯、出生地、户籍所在地、居住地、职业、身份证号码、身高、衣着和体貌特征、口音、行为习惯等,并附被通缉人近期照片,可以附指纹及其他物证的照片。除了必须保密的事项以外,应当写明发案的时间、地点和简要案情。

第二百六十八条 通缉令发出后,如果发现新的重要情况可以补发通报。通报应当注明原通缉令的编号和日期。

第二百六十九条 接到通缉令的海警机构,应当及时布置查缉。抓获犯罪嫌疑人后,报海警机构负责人批准,凭通缉令或者相关法律文书羁押,并通知发布通缉令的海警机构进行核实,办理交接手续。

第二百七十条 需要对犯罪嫌疑人在口岸采取边控措施的,应当按照有关规定制作边控对象通知书,并附有关法律文书,由省级海警局向所在地出入境边防检查总站交控,办理全国范围内的边控措施。需要限制犯罪嫌疑人人身自由的,应当附有关法律文书。

紧急情况下,需要采取边控措施的,海警机构可以出具公函,先向有关口岸所在地出入境边防检查机关交控,但应当在七日以内按规定程序办理全国范围内的边控措施。

第二百七十一条 为发现重大犯罪线索,追缴涉案财物、证据,查获犯罪嫌疑人,必要时,经海警机构负责人批准,可以发布悬赏通告。

悬赏通告应当写明悬赏对象的基本情况和赏金的具体数额。

第二百七十二条　通缉令、悬赏通告应当广泛张贴,并可以通过广播、电视、报刊、互联网等方式发布。

第二百七十三条　犯罪嫌疑人已经自动投案、被抓获或者死亡,以及有其他不需要采取通缉、边控、悬赏通告的情形的,发布机关应当在原通缉、通知、通告范围内,撤销通缉令、边控通知、悬赏通告。

第十三节　侦查终结

第二百七十四条　侦查终结的案件,应当同时符合以下条件:

(一)案件事实清楚;

(二)证据确实、充分;

(三)犯罪性质和罪名认定正确;

(四)法律手续完备;

(五)依法应当追究刑事责任。

第二百七十五条　侦查终结的案件,海警机构应当全面审查证明证据收集合法性的证据材料,依法排除非法证据。排除非法证据后证据不足的,不得移送审查起诉。

海警机构发现侦查人员非法取证的,应当依法作出处理,并可以另行指派侦查人员重新调查取证。

第二百七十六条　侦查终结的案件,侦查人员应当制作结案报告。

结案报告应当包括以下内容:

(一)犯罪嫌疑人的基本情况;

(二)是否采取了强制措施及其理由;

(三)案件的事实和证据;

(四)法律依据和处理意见。

第二百七十七条　侦查终结案件的处理,由海警机构负责人批准;重大、复杂、疑难的案件应当经过集体讨论。

第二百七十八条　侦查终结后,应当将全部案卷材料按照要求装订立卷。

向人民检察院移送案件时,只移送诉讼卷,侦查卷由海警机构存档备查。

第二百七十九条　对查封、扣押的犯罪嫌疑人的财物及其孳息、文件或者冻结的财产,作为证据使用的,应当随案移送,并制作随案移送清单一式两份,一份留存,一份交人民检察院。制作清单时,应当根据已经查明的

案情,写明对涉案财物的处理建议。

对于不宜移送的实物,应当将其清单、照片或者其他证明文件随案移送。待人民法院作出生效判决后,按照人民法院送达的生效判决书、裁定书依法作出处理,并向人民法院送交回执。人民法院在判决、裁定中未对涉案财物作出处理的,海警机构应当征求人民法院意见,并根据人民法院的决定依法作出处理。

第二百八十条　对侦查终结的案件,应当制作起诉意见书,经海警机构负责人批准后,连同全部案卷材料、证据,以及辩护律师提出的意见,一并移送所在地相应人民检察院审查决定;同时将案件移送情况告知犯罪嫌疑人及其辩护律师。

犯罪嫌疑人自愿认罪的,应当记录在案,随案移送,并在起诉意见书中写明有关情况;认为案件符合速裁程序适用条件的,可以向人民检察院提出适用速裁程序的建议。

第二百八十一条　对于犯罪嫌疑人在境外,需要及时进行审判的严重危害国家安全犯罪、恐怖活动犯罪案件,应当在侦查终结后层报中国海警局批准,移送所在地相应人民检察院审查起诉。

在审查起诉或者缺席审理过程中,犯罪嫌疑人、被告人向海警机构自动投案或者被抓获的,海警机构应当立即通知人民法院、人民检察院。

第二百八十二条　共同犯罪案件的起诉意见书,应当写明每个犯罪嫌疑人在共同犯罪中的地位、作用、具体罪责和认罪态度,并分别提出处理意见。

第二百八十三条　被害人提出附带民事诉讼的,应当记录在案;移送审查起诉时,应当在起诉意见书末页注明。

第二百八十四条　人民检察院决定不起诉的,如果被不起诉人在押,海警机构应当立即办理释放手续。除依法转为行政案件办理外,应当根据人民检察院解除查封、扣押、冻结财物的书面通知,及时解除查封、扣押、冻结。

人民检察院提出对被不起诉人给予行政处理或者没收其违法所得的检察意见,移送海警机构处理的,海警机构应当将处理结果及时通知人民检察院。

第二百八十五条　认为人民检察院作出的不起诉决定有错误的,应当在收到不起诉决定书后七日以内制作要求复议意见书,经海警机构负责人批准后,移送人民检察院复议。

要求复议的意见不被接受的,可以在收到人民检察

院的复议决定书后七日以内制作提请复核意见书,经海警机构负责人批准后,连同人民检察院的复议决定书,一并提请上一级人民检察院复核。

第十四节　补充侦查

第二百八十六条　案件移送起诉后,人民检察院退回补充侦查的,海警机构应当按照补充侦查提纲在一个月以内补充侦查完毕。

补充侦查以二次为限。

第二百八十七条　对人民检察院退回补充侦查的案件,根据不同情况,经海警机构负责人批准,分别作如下处理:

(一)原认定犯罪事实不清或者证据不够充分的,应当在查清事实、补充证据后,制作补充侦查报告书,移送人民检察院审查;对确实无法查明的事项或者无法补充的证据,应当书面向人民检察院说明情况;

(二)在补充侦查过程中,发现新的同案犯或者新的罪行,需要追究刑事责任的,应当重新制作起诉意见书,移送人民检察院审查;

(三)发现原认定的犯罪事实有重大变化,不应当追究刑事责任的,应当撤销案件或者对犯罪嫌疑人终止侦查,并将有关情况书面通知退查的人民检察院;

(四)原认定犯罪事实清楚,证据确实、充分,人民检察院退回补充侦查不当的,应当说明理由,移送人民检察院审查。

第二百八十八条　对于人民检察院在审查起诉过程中以及在人民法院作出生效判决前,要求海警机构提供法庭审判所必需的证据材料的,应当及时收集和提供。

第九章　特别程序

第一节　未成年人刑事案件诉讼程序

第二百八十九条　海警机构办理未成年人刑事案件,实行教育、感化、挽救的方针,坚持教育为主、惩罚为辅的原则。

第二百九十条　海警机构办理未成年人刑事案件,应当保障未成年人行使其诉讼权利并得到法律帮助,依法保护未成年人的名誉和隐私,尊重其人格尊严。

第二百九十一条　未成年人刑事案件应当由熟悉未成年人身心特点,善于做未成年人思想教育工作,具有一定办案经验的侦查人员办理。

第二百九十二条　未成年犯罪嫌疑人没有委托辩护人的,海警机构应当通知法律援助机构指派律师为其提供辩护。

第二百九十三条　海警机构办理未成年人刑事案件时,应当重点查清未成年犯罪嫌疑人实施犯罪行为时是否已满十二周岁、十四周岁、十六周岁、十八周岁的临界年龄。

第二百九十四条　海警机构办理未成年人刑事案件,根据情况可以对未成年犯罪嫌疑人的成长经历、犯罪原因、监护教育等情况进行调查并制作调查报告。

作出调查报告的,在提请批准逮捕、移送审查起诉时,应当结合案情综合考虑,并将调查报告与案卷材料一并移送人民检察院。

第二百九十五条　讯问未成年犯罪嫌疑人,应当通知未成年犯罪嫌疑人的法定代理人到场。无法通知、法定代理人不能到场或者法定代理人是共犯的,也可以通知未成年犯罪嫌疑人的其他成年亲属,所在学校、单位、居住地或者海警机构所在地基层组织或者未成年人保护组织的代表到场,并将有关情况记录在案。到场的法定代理人可以代为行使未成年犯罪嫌疑人的诉讼权利。

到场的法定代理人或者其他人员提出侦查人员在讯问中侵犯未成年人合法权益的,海警机构应当认真核查,依法处理。

第二百九十六条　讯问未成年犯罪嫌疑人应当采取适合未成年人的方式,耐心细致地听取其供述或者辩解,认真审核、查证与案件有关的证据和线索,并针对其思想顾虑、恐惧心理、抵触情绪进行疏导和教育。

讯问女性未成年犯罪嫌疑人,应当有女工作人员在场。

第二百九十七条　讯问笔录应当交未成年犯罪嫌疑人、到场的法定代理人或者其他人员阅读或者向其宣读;对笔录内容有异议的,应当核实清楚,准予更正或者补充。

第二百九十八条　询问未成年被害人、证人,适用本规定第二百九十五条、第二百九十六条、第二百九十七条的规定。

询问未成年被害人、证人,应当以适当的方式进行,注意保护其隐私和名誉,尽可能减少询问频次,避免造成二次伤害。必要时,可以聘请熟悉未成年人身心特点的专业人员协助。

第二百九十九条　对未成年犯罪嫌疑人应当严格限制和尽量减少使用逮捕措施。

未成年犯罪嫌疑人被拘留、逮捕后服从管理,依法变更强制措施不致发生社会危险性,能够保证诉讼正常进行的,海警机构应当依法及时变更强制措施;人民检察院批准逮捕的案件,海警机构应当将变更强制措施情况及时通知人民检察院。

第三百条　人民检察院在对未成年人作出附条件不起诉的决定前,听取海警机构意见时,海警机构应当提出书面意见,经海警机构负责人批准,移送所在地相应人民检察院。

第三百零一条　认为人民检察院作出的附条件不起诉决定有错误的,应当在收到不起诉决定书后七日以内制作要求复议意见书,经海警机构负责人批准,移送所在地相应人民检察院复议。

要求复议的意见不被接受的,可以在收到人民检察院的复议决定书后七日以内制作提请复核意见书,经海警机构负责人批准后,连同人民检察院的复议决定书,一并提请上一级人民检察院复核。

第三百零二条　未成年人犯罪的时候不满十八周岁,被判处五年有期徒刑以下刑罚的,海警机构应当依据人民法院已经生效的判决书,将该未成年人的犯罪记录予以封存。

犯罪记录被封存的,除司法机关为办案需要或者有关单位根据国家规定进行查询外,海警机构不得向其他任何单位和个人提供。

被封存犯罪记录的未成年人,如果发现漏罪,合并被判处五年有期徒刑以上刑罚的,应当对其犯罪记录解除封存。

第三百零三条　办理未成年人刑事案件,除本节已有规定的以外,按照本规定的其他规定进行。

第二节　当事人和解的公诉案件诉讼程序

第三百零四条　下列公诉案件,犯罪嫌疑人真诚悔罪,通过向被害人赔偿损失、赔礼道歉等方式获得被害人谅解,被害人自愿和解的,经海警机构负责人批准,可以依法作为当事人和解的公诉案件办理:

(一)因民间纠纷引起,涉嫌《中华人民共和国刑法》分则第四章、第五章规定的犯罪案件,可能判处三年有期徒刑以下刑罚的;

(二)除渎职犯罪以外的可能判处七年有期徒刑以下刑罚的过失犯罪案件。

犯罪嫌疑人在五年以内曾经故意犯罪的,不得作为当事人和解的公诉案件办理。

第三百零五条　有下列情形之一的,不属于因民间纠纷引起的犯罪案件:

(一)雇凶伤害他人的;

(二)涉及黑社会性质组织犯罪的;

(三)涉及寻衅滋事的;

(四)涉及聚众斗殴的;

(五)多次故意伤害他人身体的;

(六)其他不宜和解的情形。

第三百零六条　双方当事人和解的,海警机构应当审查案件事实是否清楚,被害人是否自愿和解,是否符合规定的条件。

海警机构审查时,应当听取双方当事人的意见,并记录在案;必要时,可以听取双方当事人亲属、当地居民委员会或者村民委员会人员以及其他了解案件情况的相关人员的意见。

第三百零七条　达成和解的,海警机构应当主持制作和解协议书,并由双方当事人及其他参加人员签名。

当事人中有未成年人的,未成年当事人的法定代理人或者其他成年亲属应当在场。

第三百零八条　和解协议书应当包括以下内容:

(一)案件的基本事实和主要证据;

(二)犯罪嫌疑人承认自己所犯罪行,对指控的犯罪事实没有异议,真诚悔罪;

(三)犯罪嫌疑人通过向被害人赔礼道歉、赔偿损失等方式获得被害人谅解;涉及赔偿损失的,应当写明赔偿的数额、方式等;提起附带民事诉讼的,由附带民事诉讼原告人撤回附带民事诉讼;

(四)被害人自愿和解,请求或者同意对犯罪嫌疑人依法从宽处罚。

和解协议应当及时履行。

第三百零九条　对达成和解协议的案件,经海警机构负责人批准,海警机构将案件移送人民检察院审查起诉时,可以提出从宽处理的建议。

第三节　犯罪嫌疑人逃匿、死亡案件违法所得的没收程序

第三百一十条　有下列情形之一,依照《中华人民共和国刑法》规定应当追缴违法所得及其他涉案财产的,经海警机构负责人批准,海警机构应当出具没收违法所得意见书,连同相关证据材料一并移送所在地相应人民检察院:

(一)恐怖活动犯罪等重大犯罪案件,犯罪嫌疑人逃匿,在通缉一年后不能到案的;

(二)犯罪嫌疑人死亡的。

犯罪嫌疑人死亡,现有证据证明其存在违法所得及其他涉案财产应当予以没收的,海警机构可以进行调查。海警机构进行调查,可以依法进行查封、扣押、查询、冻结。

第三百一十一条　没收违法所得意见书应当包括以下内容：

（一）犯罪嫌疑人的基本情况；

（二）犯罪事实和相关的证据材料；

（三）犯罪嫌疑人逃匿、被通缉或者死亡的情况；

（四）犯罪嫌疑人的违法所得及其他涉案财产的种类、数量、所在地；

（五）查封、扣押、冻结的情况等。

第三百一十二条　海警机构将没收违法所得意见书移送人民检察院后，在逃的犯罪嫌疑人自动投案或者被抓获的，海警机构应当及时通知所在地相应人民检察院。

第四节　依法不负刑事责任的精神病人的强制医疗程序

第三百一十三条　海警机构发现实施暴力行为，危害公共安全或者严重危害公民人身安全的犯罪嫌疑人，可能属于依法不负刑事责任的精神病人的，应当对其进行精神病鉴定。

第三百一十四条　对经法定程序鉴定依法不负刑事责任的精神病人，有继续危害社会可能，符合强制医疗条件的，海警机构应当在七日以内写出强制医疗意见书，经海警机构负责人批准，连同相关证据材料和鉴定意见一并移送所在地相应人民检察院。

第三百一十五条　对实施暴力行为的精神病人，在人民法院决定强制医疗前，经海警机构负责人批准，海警机构可以采取临时的保护性约束措施。必要时，可以将其送精神病医院接受治疗。

第三百一十六条　采取临时的保护性约束措施时，应当对精神病人严加看管，并注意约束的方式、方法和力度，以避免和防止危害他人和精神病人自身的安全为限度。

对于精神病人已没有继续危害社会可能，解除约束后不致发生社会危险性的，海警机构应当及时解除保护性约束措施。

第十章　涉外案件办理

第三百一十七条　海警机构办理外国人犯罪的刑事案件，应当严格按照我国法律、法规、规章，维护国家主权和利益，并在对等互惠原则的基础上，履行我国所承担的国际条约义务。

第三百一十八条　外国籍犯罪嫌疑人在刑事诉讼中，享有我国法律规定的诉讼权利，并承担相应的义务。

第三百一十九条　外国籍犯罪嫌疑人的国籍，根据其在入境时持用的有效证件确认；国籍不明的，通过公安机关出入境管理部门协助查明；国籍确实无法查明的，以无国籍人对待。

第三百二十条　确认外国籍犯罪嫌疑人身份，可以依照有关国际条约或者通过国际合作渠道办理。确实无法查明的，可以按其自报的姓名移送人民检察院审查起诉。

第三百二十一条　海警机构发现外国籍犯罪嫌疑人享有外交或者领事特权和豁免权的，应当在四十八小时以内层报中国海警局，同时通报相应人民政府外事主管部门，由中国海警局商请外交部通过外交途径办理。

第三百二十二条　海警机构办理外国人犯罪案件，应当使用中华人民共和国通用的语言文字。犯罪嫌疑人不通晓我国语言文字的，海警机构应当为他翻译；犯罪嫌疑人通晓我国语言文字，不需要他人翻译的，应当出具书面声明。

第三百二十三条　外国籍犯罪嫌疑人委托辩护人的，应当委托在中华人民共和国的律师事务所执业的律师。

外国籍犯罪嫌疑人在押的，其监护人、近亲属或者其国籍国驻华使馆、领馆可以代为委托辩护人；其监护人、近亲属代为委托，应当提供与犯罪嫌疑人关系的有效证明。

第三百二十四条　发生重大或者可能引起外交交涉的外国人犯罪案件的，海警机构应当及时将案件受理、办理情况层报中国海警局，同时通报省级人民政府外事主管部门。必要时，由中国海警局商外交部将案件情况通知我国驻外使馆、领馆。

第三百二十五条　海警机构对外国籍犯罪嫌疑人依法作出取保候审、监视居住决定或者执行拘留、逮捕后，应当在四十八小时以内层报中国海警局，同时通报相应人民政府外事主管部门。

第三百二十六条　对外国籍犯罪嫌疑人依法作出取保候审、监视居住决定或者执行拘留、逮捕后，由省级海警局根据有关规定，将其姓名、性别、护照或者证件号码，入境时间，案件发生的时间、地点，涉嫌犯罪的主要事实，已采取的强制措施及其法律依据等，通知该外国人所属国家的驻华使馆、领馆，同时报告中国海警局。

外国人在海警机构侦查期间死亡的，有关省级海警局应当通知该外国人国籍国的驻华使馆、领馆，同时报告中国海警局。

未在华设立使馆、领馆的国家，可以通知其代管国家的驻华使馆、领馆；无代管国家或者代管国家不明的，可以不予通知。

第三百二十七条　海警机构侦查终结前，外国驻华外交、领事官员要求探视被海警机构监视居住、拘留、逮捕的本国公民的，应当向省级海警局提出。海警机构应当在双边领事条约规定的时限以内予以安排；没有条约规定的，应当尽快安排。

在海警机构侦查羁押期间，外国籍犯罪嫌疑人的监护人、近亲属申请会见的，应当向省级海警局提出，并提供与犯罪嫌疑人关系的证明文件。证明文件应当经犯罪嫌疑人监护人、近亲属所在国公证机关公证，所在国中央外交主管机关或者其授权机关认证，并经中华人民共和国驻该国使馆、领馆认证，或者履行中华人民共和国与该所在国订立的有关条约中规定的证明手续，但我国与该国之间有互免认证协定的除外。海警机构经审核认为不影响案件侦办的，可以批准。

外国籍犯罪嫌疑人拒绝探视、会见的，可以不予安排，但应当由其本人出具书面声明。拒绝出具书面证明的，应当记录在案；必要时，应当录音录像。

探视、会见外国籍犯罪嫌疑人应当遵守我国法律规定。

第三百二十八条　在海警机构侦查羁押期间，经省级海警局负责人批准，外国籍犯罪嫌疑人可以与外界通信。

第三百二十九条　办理外国人犯罪案件，本章未规定的，适用本规定其他各章的有关规定。

第三百三十条　办理无国籍人犯罪案件，适用办理外国人犯罪案件有关规定。

第十一章　办案协作

第三百三十一条　海警机构在异地执行传唤、拘传、拘留、逮捕，开展勘验、检查、搜查、查封、扣押、冻结、讯问等侦查活动，应当向当地海警机构提出办案协作请求，并在当地海警机构协助下进行，或者委托当地海警机构代为执行。协作地未设海警机构的，可以按照规定向当地公安机关提出协作请求。

开展查询、询问、辨认等侦查活动或者送达法律文书的，也可以向当地海警机构提出办案协作请求。

第三百三十二条　需要异地海警机构协助的，办案地海警机构应当制作办案协作函件，连同有关法律文书和中国海警执法证复印件一并提供给协作地海警机构。必要时，可以将前述法律手续传真或者通过有关信息系统传输至协作地海警机构。

请求协助执行传唤、拘传、拘留、逮捕的，应当提供传唤证、拘传证、拘留证、逮捕证；请求协助开展搜查、查封、扣押、查询、冻结等侦查活动的，应当提供搜查证、查封决定书、扣押决定书、协助查询财产通知书、协助冻结财产通知书；请求协助开展勘验、检查、讯问、询问、辨认等侦查活动的，应当提供立案决定书。

办案地海警机构向协作地海警机构提出协作请求，法律手续完备的，协作地海警机构应当及时无条件予以配合。

第三百三十三条　对协作过程中获取的犯罪线索，不属于自己管辖的，应当及时移交有管辖权的海警机构或者其他有关部门。

第三百三十四条　异地执行传唤、拘传的，协作地海警机构应当协助将犯罪嫌疑人传唤、拘传到本市、县内的执法办案场所或者到他的住处进行讯问。

异地执行拘留、逮捕的，协作地海警机构应当派员协助执行。

第三百三十五条　办案地海警机构请求代为讯问、询问、辨认的，协作地海警机构应当制作讯问、询问、辨认笔录，交被讯问、询问人和辨认人签名、捺指印后，提供给办案地海警机构。

办案地海警机构可以委托协作地海警机构协助进行远程视频讯问、询问，讯问、询问过程应当全程录音录像。

第三百三十六条　办案地海警机构请求协助调查取证或者查询犯罪信息、资料的，协作地海警机构应当及时协查并反馈。

第三百三十七条　不履行办案协作程序或者协作职责造成严重后果的，对直接负责的主管人员和其他直接责任人员，应当给予处分；构成犯罪的，依法追究刑事责任。

第三百三十八条　协作地海警机构依照办案地海警机构的协作请求履行办案协作职责所产生的法律责任，由办案地海警机构承担。但是，协作行为超出协作请求范围，造成执法过错的，由协作地海警机构承担相应法律责任。

第十二章　附　则

第三百三十九条　本规定所称"危害国家安全犯罪"，包括《中华人民共和国刑法》分则第一章规定的危害国家安全罪以及危害国家安全的其他犯罪；"恐怖活动犯罪"，包括以制造社会恐慌、危害公共安全或者胁迫国家机关、国际组织为目的，采取暴力、破坏、恐吓等手段，造成或者意图造成人员伤亡、重大财产损失、公共设施损坏、社会秩序混乱等严重社会危害的犯罪，以及煽动、资助或者以其他方式协助实施上述活动的犯罪。

第三百四十条　本规定所称"内水",是指领海基线向陆一侧的海域。

第三百四十一条　本规定所称"海警机构负责人"是指海警机构的正职领导。"海警机构办案部门"是指海警机构内部负责案件办理的内设机构、直属机构;未编设相应内设机构、直属机构的海警工作站,本规定关于办案部门负责人的职责权限由该海警工作站负责人行使。

第三百四十二条　海警机构可以使用电子签名、电子指纹捺印技术制作电子笔录等材料,可以使用电子印章制作法律文书。对案件当事人进行电子签名、电子指纹捺印的过程,海警机构应当同步录音录像。

第三百四十三条　海警机构办理刑事案件,需要请求国际刑警组织协助或者借助公安部跨境警务协作机制的,由中国海警局商请公安部办理。

第三百四十四条　中国海警局直属局办理刑事案件,行使省级海警局同等权限。

第三百四十五条　本规定自 2023 年 6 月 15 日起施行。

国家安全机关办理刑事案件程序规定

·2024 年 4 月 26 日国家安全部令第 4 号公布
·自 2024 年 7 月 1 日起施行

第一章　总　则

第一条　为了保障《中华人民共和国刑事诉讼法》的贯彻实施,保证国家安全机关在刑事诉讼中正确履行职权,规范办案程序,确保办案质量,提高办案效率,根据有关法律,制定本规定。

第二条　国家安全机关在刑事诉讼中的任务,是保证准确、及时地查明犯罪事实,正确应用法律,惩罚犯罪分子,保障无罪的人不受刑事追究,教育公民自觉遵守法律,积极同危害国家安全的犯罪行为作斗争,维护社会主义法制,尊重和保障人权,保护公民的人身权利、财产权利、民主权利和其他权利,维护国家主权、安全、发展利益,保障社会主义建设事业的顺利进行。

第三条　国家安全机关在刑事诉讼中的基本职权,是依照法律对危害国家安全的刑事案件立案、侦查、预审;决定、执行强制措施;对依法不追究刑事责任的不予立案,已经追究的撤销案件;对侦查终结应当起诉的案件,移送人民检察院审查决定;对不够刑事处罚的犯罪嫌疑人需要行政处理的,依法予以处理或者移送有关部门;对被判处有期徒刑,在被交付执行前剩余刑期在三个月

以下的罪犯,由看守所代为执行刑罚;执行驱逐出境。

第四条　国家安全机关进行刑事诉讼,必须依靠群众,以事实为根据,以法律为准绳。对于一切公民,在适用法律上一律平等,在法律面前,不允许有任何特权。

第五条　国家安全机关进行刑事诉讼,同人民法院、人民检察院分工负责,互相配合,互相制约,以保证准确有效地执行法律。

第六条　国家安全机关进行刑事诉讼,依法接受人民检察院的法律监督。

第七条　国家安全机关办理刑事案件,应当与公安、保密、监狱等有关部门和军队有关部门加强协作,共同维护国家安全。

第八条　国家安全机关在刑事诉讼中,应当保障犯罪嫌疑人、被告人和其他诉讼参与人依法享有的辩护权和其他诉讼权利。

第九条　犯罪嫌疑人、被告人自愿如实供述自己的罪行,承认指控的犯罪事实,愿意接受处罚的,可以依法从宽处理。

第十条　国家安全机关办理刑事案件,应当重证据,重调查研究,不轻信口供,严格按照法律规定的证据裁判要求和标准收集、固定、审查、运用证据。严禁刑讯逼供和以暴力、威胁、引诱、欺骗以及其他非法方法收集证据,不得强迫任何人证实自己有罪。

第十一条　国家安全机关进行刑事诉讼,应当加强执法规范化建设,完善执法程序,严格执法责任,严格执行执法监督制度。

第十二条　国家安全机关办理刑事案件,应当向同级人民检察院提请批准逮捕、移送审查起诉。

第十三条　国家安全机关办理刑事案件,对于不通晓当地通用的语言文字的诉讼参与人,应当为他们提供翻译。

在少数民族聚居或者多民族杂居的地区,应当用当地通用的语言进行讯问。对外公布的诉讼文书,应当使用当地通用的文字。

第十四条　办理外国人犯罪案件,应当依照我国法律法规和有关规定,做好国籍确认、通知通报等工作,落实相关办案要求。

第十五条　国家安全机关及其工作人员在刑事诉讼中,应当严格依法办案,不得超越职权、滥用职权。

任何组织和人员对国家安全机关及其工作人员在刑事诉讼中超越职权、滥用职权和其他违法行为,都有权依法提出检举、控告。

第二章 管 辖

第十六条 国家安全机关依照法律规定,办理危害国家安全的刑事案件。

第十七条 刑事案件由犯罪地的国家安全机关管辖。如果由犯罪嫌疑人居住地的国家安全机关管辖更为适宜的,可以由犯罪嫌疑人居住地国家安全机关管辖。

法律、司法解释或者其他规范性文件对有关犯罪案件的管辖作出特别规定的,从其规定。

第十八条 犯罪地包括犯罪行为发生地和犯罪结果发生地。犯罪行为发生地,包括犯罪行为的实施地以及预备地、开始地、途经地、结束地等与犯罪行为有关的地点;犯罪行为有连续、持续或者继续状态的,犯罪行为连续、持续或者继续实施的地方都属于犯罪行为发生地。犯罪结果发生地,包括犯罪对象被侵害地、犯罪所得的实际取得地、藏匿地、转移地、使用地、销售地。

犯罪嫌疑人的户籍地为其居住地。经常居住地与户籍地不一致的,经常居住地为其居住地。经常居住地是指公民离开户籍所在地最后连续居住一年以上的地方,但住院就医的除外。单位登记的住所地为其居住地。主要营业地或者主要办事机构所在地与登记的住所地不一致的,主要营业地或者主要办事机构所在地为其居住地。

第十九条 针对或者主要利用计算机网络实施的危害中华人民共和国国家安全的犯罪,用于实施犯罪行为的网络服务使用的服务器所在地,网络服务提供者所在地,被侵害的网络信息系统及其管理者所在地,以及犯罪过程中犯罪嫌疑人、被害人使用的网络信息系统所在地,被害人被侵害时所在地和被害人财产遭受损失地国家安全机关可以管辖。

第二十条 在行驶中的交通工具上实施危害中华人民共和国国家安全的犯罪的,由交通工具最初停靠地国家安全机关管辖;必要时,交通工具始发地、途经地、目的地国家安全机关也可以管辖。

第二十一条 中国公民在中国驻外外交机构内实施危害中华人民共和国国家安全的犯罪的,由其派出单位所在地或者原户籍地的国家安全机关管辖。

中国公民在中华人民共和国领域外实施危害中华人民共和国国家安全的犯罪的,由其登陆地、入境地、离境前居住地或者现居住地的国家安全机关管辖;被害人是中国公民的,也可以由被害人离境前居住地或者现居住地的国家安全机关管辖。

第二十二条 在中华人民共和国领域外的中国航空器内实施危害中华人民共和国国家安全的犯罪的,由该航空器在中国最初降落地的国家安全机关管辖。

第二十三条 在中华人民共和国领域外的中国船舶内实施危害中华人民共和国国家安全的犯罪的,由该船舶最初停泊的中国口岸所在地或者被告人登陆地、入境地的国家安全机关管辖。

第二十四条 在国际列车上实施危害中华人民共和国国家安全的犯罪的,根据我国与相关国家签订的协定确定管辖;没有协定的,由该列车始发或者前方停靠的中国车站所在地的国家安全机关管辖。

第二十五条 多个国家安全机关都有管辖权的案件,由最初受理的国家安全机关管辖。必要时,可以由主要犯罪地的国家安全机关管辖。

第二十六条 对于管辖不明确或者管辖有争议的案件,可以由有关国家安全机关协商。协商不成的,由共同的上级国家安全机关指定管辖。

对于情况特殊的案件,可以由共同的上级国家安全机关指定管辖。

跨省、自治区、直辖市犯罪案件具有特殊情况,由异地国家安全机关立案侦查更有利于查清犯罪事实、保证案件公正处理的,可以由国家安全部商最高人民检察院和最高人民法院指定管辖。

第二十七条 上级国家安全机关指定管辖的,应当将指定管辖决定书分别送达被指定管辖的国家安全机关和其他有关的国家安全机关。

原受理案件的国家安全机关,在收到上级国家安全机关指定其他国家安全机关管辖的决定书后,不再行使管辖权。

对于指定管辖的案件,需要逮捕犯罪嫌疑人的,由被指定管辖的国家安全机关依法提请人民检察院审查批准;需要提起公诉的,由该国家安全机关按照有关规定移送人民检察院办理。

第二十八条 国家安全机关在侦查过程中,发现具有下列情形之一的,可以在其职责范围内并案侦查:

(一)一人犯数罪的;

(二)共同犯罪的;

(三)共同犯罪的犯罪嫌疑人还实施其他犯罪的;

(四)多个犯罪嫌疑人实施的犯罪存在关联,并案侦查有利于查明案件事实的。

第二十九条 犯罪嫌疑人的犯罪行为涉及其他机关管辖的,国家安全机关应当按照有关规定与其他机关协调案件管辖。主罪属于国家安全机关管辖的,由国家安全机关为主侦查;主罪属于其他机关管辖的,由其他机关为主办理,国家安全机关予以配合。

第三章　回避

第三十条　国家安全机关负责人、侦查人员有下列情形之一的,应当自行提出回避申请,没有自行提出回避申请的,应当责令其回避,当事人及其法定代理人也有权要求他们回避:

(一)是本案的当事人或者是当事人的近亲属的;

(二)本人或者他的近亲属和本案有利害关系的;

(三)担任过本案的证人、鉴定人、辩护人、诉讼代理人的;

(四)与本案当事人有其他关系,可能影响公正处理案件的。

第三十一条　国家安全机关负责人、侦查人员不得有下列行为:

(一)违反规定会见本案当事人及其委托人的;

(二)索取、接受本案当事人及其委托人的财物或者其他利益;

(三)接受本案当事人及其委托人的宴请,或者参加由其支付费用的活动;

(四)其他可能影响案件公正的不正当行为。

违反前款规定的,应当责令其回避并配合接受调查。当事人及其法定代理人有权要求其回避。

第三十二条　国家安全机关负责人、侦查人员自行提出回避申请的,应当提出书面申请,说明回避的理由。

当事人及其法定代理人要求国家安全机关负责人、侦查人员回避的,应当提出申请,并说明理由;口头提出回避申请的,国家安全机关应当记录在案。

第三十三条　侦查人员的回避,由国家安全机关负责人决定;国家安全机关负责人的回避,由同级人民检察院检察委员会决定。

第三十四条　当事人及其法定代理人对侦查人员提出回避申请的,国家安全机关应当在收到回避申请后五日以内作出决定并通知申请人。

当事人及其法定代理人对国家安全机关负责人提出回避申请的,国家安全机关应当及时将申请移送同级人民检察院。

第三十五条　当事人及其法定代理人对驳回申请回避的决定不服的,可以在收到驳回申请回避决定书后五日以内向作出决定的国家安全机关申请复议一次。

国家安全机关应当在收到复议申请后五日以内作出复议决定并书面通知申请人。

第三十六条　在作出回避决定前,申请或者被申请回避的国家安全机关负责人、侦查人员不得停止对案件的侦查。

作出回避决定后,申请或者被申请回避的国家安全机关负责人、侦查人员不得再参与本案的侦查工作。

第三十七条　被决定回避的国家安全机关负责人、侦查人员在回避决定作出以前所进行的诉讼活动是否有效,由作出决定的机关根据案件情况决定。

第三十八条　本章关于回避的规定适用于记录人、翻译人员和鉴定人。

前款人员需要回避的,由国家安全机关负责人决定。

第三十九条　辩护人、诉讼代理人可以依照本章的规定要求回避、申请复议。

第四章　律师参与刑事诉讼

第四十条　国家安全机关在第一次讯问犯罪嫌疑人或者对犯罪嫌疑人采取强制措施的时候,应当告知犯罪嫌疑人有权委托律师作为辩护人,并告知其如果因经济困难或者其他原因没有委托辩护律师的,本人及其近亲属可以向法律援助机构申请法律援助。告知的情形应当记录在案。

第四十一条　犯罪嫌疑人有权自行委托辩护律师。犯罪嫌疑人在押的,也可以由其监护人、近亲属代为委托辩护律师。

犯罪嫌疑人委托辩护律师的请求可以书面提出,也可以口头提出。口头提出的,国家安全机关应当制作笔录,由犯罪嫌疑人签名、捺指印。

第四十二条　对于同案的犯罪嫌疑人委托同一名辩护律师的,或者两名以上未同案处理但实施的犯罪存在关联的犯罪嫌疑人委托同一名辩护律师的,国家安全机关应当要求犯罪嫌疑人更换辩护律师。

第四十三条　在押的犯罪嫌疑人向看守所提出委托辩护律师要求的,看守所应当及时将其请求转达给办案部门,办案部门应当及时向犯罪嫌疑人委托的辩护律师或者律师事务所转达该项请求。

在押的犯罪嫌疑人仅提出委托辩护律师的要求,但提不出具体对象的,应当提供监护人或者近亲属的联系方式。办案部门应当及时通知犯罪嫌疑人的监护人、近亲属代为委托辩护律师,无法通知的,应当告知犯罪嫌疑人。犯罪嫌疑人无监护人或者近亲属的,办案部门应当及时通知当地律师协会或者司法行政机关为其推荐辩护律师。

第四十四条　国家安全机关收到在押的犯罪嫌疑人

提出的法律援助申请后，应当在二十四小时以内将其申请转交所在地的法律援助机构，并在三日以内通知申请人的法定代理人、近亲属或者其委托的其他人员协助向法律援助机构提供相关材料。因申请人原因无法通知其法定代理人、近亲属或者其委托的其他人员的，应当在转交申请时一并告知法律援助机构。

犯罪嫌疑人拒绝法律援助机构指派的律师作为辩护人或者自行委托辩护人的，国家安全机关应当在三日以内通知法律援助机构。对于应当通知辩护的案件，犯罪嫌疑人、被告人拒绝法律援助机构指派的律师为其辩护的，国家安全机关应当查明原因。理由正当的，应当允许，但犯罪嫌疑人应当在五日以内另行委托辩护人；犯罪嫌疑人未另行委托辩护人的，国家安全机关应当在三日以内通知法律援助机构另行指派律师为其提供辩护。

第四十五条　符合下列情形之一，犯罪嫌疑人没有委托辩护人的，国家安全机关应当自发现该情形之日起三日以内制作法律援助通知书，通知法律援助机构为犯罪嫌疑人指派辩护律师：

（一）犯罪嫌疑人是未成年人；

（二）犯罪嫌疑人是视力、听力、言语残疾人；

（三）犯罪嫌疑人是不能完全辨认自己行为的成年人；

（四）犯罪嫌疑人可能被判处无期徒刑、死刑；

（五）法律法规规定的其他人员。

第四十六条　犯罪嫌疑人、被告人入所羁押时没有委托辩护人，法律援助机构也没有指派律师提供辩护的，看守所应当告知其有权约见值班律师，获得法律咨询、程序选择建议、申请变更强制措施、对案件处理提出意见等法律帮助，并为犯罪嫌疑人、被告人约见值班律师提供便利。

犯罪嫌疑人、被告人没有委托辩护人并且不符合法律援助机构指派律师为其提供辩护的条件，要求约见值班律师的，国家安全机关应当按照有关规定及时通知法律援助机构安排。

值班律师应约会见在押的危害国家安全犯罪、恐怖活动犯罪案件犯罪嫌疑人的，应当经国家安全机关许可。

第四十七条　辩护律师接受犯罪嫌疑人委托或者法律援助机构的指派后，应当及时告知国家安全机关并出示律师执业证书、律师事务所证明和委托书或者法律援助公函。

第四十八条　在押的犯罪嫌疑人提出解除委托关系的，办案部门应当要求其出具或签署书面文件，并在三日

以内转交受委托的律师或者律师事务所。辩护律师要求会见在押的犯罪嫌疑人，当面向其确认解除委托关系的，经办案部门许可，看守所应当安排会见；但犯罪嫌疑人书面拒绝会见的，看守所应当将有关书面材料转交辩护律师，不予安排会见。

在押的犯罪嫌疑人的监护人、近亲属解除代为委托辩护律师关系的，经犯罪嫌疑人同意，并经办案部门许可，看守所应当允许新代为委托的辩护律师会见，由犯罪嫌疑人确认新的委托关系。

第四十九条　国家安全机关应当保障辩护律师在侦查阶段依法从事下列执业活动：

（一）向国家安全机关了解犯罪嫌疑人涉嫌的罪名和案件有关情况，提出意见；

（二）与犯罪嫌疑人会见和通信，向犯罪嫌疑人了解案件有关情况；

（三）为犯罪嫌疑人提供法律帮助、代理申诉、控告；

（四）为犯罪嫌疑人申请变更强制措施。

第五十条　辩护律师向国家安全机关了解犯罪嫌疑人涉嫌的罪名以及当时已查明的该罪的主要事实，犯罪嫌疑人被采取、变更、解除强制措施的情况，国家安全机关延长侦查羁押期限等情况的，国家安全机关应当依法及时告知。

国家安全机关作出移送审查起诉决定的，应当依法及时告知辩护律师。

第五十一条　对于危害国家安全犯罪、恐怖活动犯罪案件，在侦查期间辩护律师会见在押或者被监视居住的犯罪嫌疑人，应当经国家安全机关许可。办案部门在将犯罪嫌疑人送看守所羁押或者交付执行监视居住时，应当通知看守所或者监视居住执行机关凭国家安全机关的许可决定安排律师会见事项。

第五十二条　辩护律师在侦查期间要求会见危害国家安全犯罪、恐怖活动犯罪在押或者被监视居住的犯罪嫌疑人时，应当向国家安全机关提出申请，填写会见犯罪嫌疑人申请表，国家安全机关应当依法及时审查辩护律师提出的会见申请，在三日以内将是否许可的决定书面答复辩护律师，并告知联系人员及方式。

第五十三条　国家安全机关许可会见的，应当向辩护律师出具许可会见犯罪嫌疑人决定书；看守所或者监视居住执行机关在查验律师执业证书、律师事务所证明和委托书或者法律援助公函，以及许可会见犯罪嫌疑人决定书后，应当及时安排会见，能当时安排的，应当当时安排；不能当时安排的，看守所或者监视居住执行机关应

当向辩护律师说明情况,并保证辩护律师在四十八小时以内会见到在押或者被监视居住的犯罪嫌疑人,同时通知办案部门。

第五十四条　国家安全机关因有碍侦查而不许可会见的,应当书面通知辩护律师,并说明理由。有碍侦查的情形消失后,应当许可会见,并及时通知看守所或者监视居住执行机关和辩护律师。

有下列情形之一的,属于本条规定的"有碍侦查":

(一)可能毁灭、伪造证据,干扰证人作证或者串供的;

(二)可能引起犯罪嫌疑人自残、自杀或者逃跑的;

(三)可能引起同案犯逃避、妨碍侦查的;

(四)犯罪嫌疑人的家属与犯罪有牵连的。

第五十五条　看守所或者监视居住执行机关安排辩护律师会见,不得附加其他条件或者变相要求辩护律师提交法律规定以外的其他文件、材料,不得以未收到办案部门通知为由拒绝安排辩护律师会见。

预约会见,应当由辩护律师本人进行。

第五十六条　犯罪嫌疑人委托两名律师担任辩护人的,两名辩护律师可以共同会见,也可以单独会见。辩护律师可以带一名律师助理协助会见。助理人员随同辩护律师参加会见的,应当在提出会见申请时一并提出,并在参加会见时出示律师事务所证明和律师执业证书或申请律师执业人员实习证。国家安全机关应当核实律师助理的身份。

第五十七条　辩护律师会见在押或者被监视居住的犯罪嫌疑人需要翻译人员随同参加的,应当提前向国家安全机关提出申请,并提交翻译人员身份证明及其所在单位出具的证明。国家安全机关应当及时审查并在三日以内作出是否许可的决定。许可翻译人员参加会见的,应当向辩护律师出具许可翻译人员参与会见决定书,并通知看守所或者监视居住执行机关。不许可的,应当向辩护律师书面说明理由,并通知其更换。

依法应当予以回避、正在被执行刑罚或者依法被剥夺、限制人身自由的人员,不得担任翻译人员。

翻译人员应当持国家安全机关许可决定书和本人身份证明,随同辩护律师参加会见。

第五十八条　辩护律师会见在押或者被监视居住的犯罪嫌疑人时,看守所或者监视居住执行机关应当采取必要的管理措施,保障会见安全顺利进行。

辩护律师会见犯罪嫌疑人时,国家安全机关不得监听,不得派员在场。

第五十九条　辩护律师会见在押或者被监视居住的犯罪嫌疑人,不得违反规定为犯罪嫌疑人传递违禁品、药品、纸条等物品,不得将通讯工具交给犯罪嫌疑人使用。

辩护律师会见在押或者被监视居住的犯罪嫌疑人时,应当遵守法律和会见场所的有关规定。违反法律或者会见场所的有关规定及前款要求的,看守所或者监视居住执行机关应当制止。对于严重违反规定或者不听劝阻的,可以终止本次会见,暂扣传递物品、通讯工具,及时通报该辩护律师所在的律师事务所、所属的律师协会以及司法行政机关。

第六十条　辩护律师可以同在押或者被监视居住的犯罪嫌疑人通信。

第六十一条　辩护律师提交与案件有关材料的,国家安全机关应当当面了解辩护律师提交材料的目的、材料的来源和主要内容等有关情况并出具回执。辩护律师应当提交材料原件,提交材料原件确有困难的,经国家安全机关准许,也可以提交复印件,经与原件核对无误后由辩护律师签名确认。

第六十二条　对于辩护律师提供的犯罪嫌疑人不在犯罪现场、未达到刑事责任年龄、属于依法不负刑事责任的精神病人的证据,国家安全机关应当进行核实,有关证据应当附卷。

第六十三条　案件侦查终结前,辩护律师提出要求的,国家安全机关应当听取辩护律师的意见,并记录在案。听取辩护律师意见的笔录、辩护律师提出犯罪嫌疑人无罪或者依法不应追究刑事责任的意见,或者提出证据材料的,国家安全机关应当依法予以核实。辩护律师提出书面意见的,应当附卷。

第六十四条　辩护律师对在执业活动中知悉的委托人的有关情况和信息,有权予以保密。但是,辩护律师在执业活动中知悉委托人或者其他人,准备或者正在实施危害国家安全、公共安全以及严重危害他人人身安全的犯罪的,应当及时告知有关司法机关;辩护律师告知国家安全机关的,国家安全机关应当接受。对于不属于自己管辖的,应当及时移送有管辖权的机关处理。

国家安全机关应当为反映情况的辩护律师保密。

第六十五条　辩护律师在侦查期间发现案件有关证据存在刑事诉讼法第五十六条规定的情形,向国家安全机关申请排除非法证据的,国家安全机关应当听取辩护律师的意见,按照法定程序审查核实相关证据,并依法决定是否予以排除。

第六十六条　辩护律师认为国家安全机关及其工作

人员明显违反法律规定、阻碍律师依法履行辩护职责、侵犯律师执业权利，向该国家安全机关或者其上一级国家安全机关投诉的，受理投诉的国家安全机关应当及时调查。辩护律师要求当面反映情况的，国家安全机关应当及时安排、当面听取辩护律师的意见。经调查情况属实的，应当依法立即纠正，及时答复辩护律师，做好说明解释工作，并将处理情况通报其所在地司法行政机关或者所属的律师协会。

第六十七条　国家安全机关对辩护律师提出的投诉、申诉、控告，经调查核实后要求有关办案部门予以纠正，办案部门拒不纠正或者累纠累犯的，应当依照有关规定调查处理，相关责任人构成违纪的，给予纪律处分。

第六十八条　辩护律师或者其他任何人帮助犯罪嫌疑人隐匿、毁灭、伪造证据或者串供，或者威胁、引诱证人作伪证以及进行其他干扰国家安全机关侦查活动的行为，涉嫌犯罪的，应当由办理辩护律师所承办案件的国家安全机关报请上一级国家安全机关指定其他国家安全机关立案侦查，或者由上一级国家安全机关立案侦查。不得指定办理辩护律师所承办案件的国家安全机关的下级国家安全机关立案侦查。国家安全机关依法对涉嫌犯罪的辩护律师采取强制措施后，应当在四十八小时以内通知其所在的律师事务所或者所属的律师协会。

国家安全机关发现辩护律师在刑事诉讼中违反法律、法规或者执业纪律的，应当及时向其所在的律师事务所、所属的律师协会以及司法行政机关通报。

第五章　证　据

第六十九条　可以用于证明案件事实的材料，都是证据。

证据包括：

（一）物证；

（二）书证；

（三）证人证言；

（四）被害人陈述；

（五）犯罪嫌疑人供述和辩解；

（六）鉴定意见；

（七）勘验、检查、辨认、搜查、查封、扣押、提取、侦查实验等笔录；

（八）视听资料、电子数据。

证据必须经过查证属实，才能作为定案的根据。

第七十条　国家安全机关必须依照法定程序，全面、客观、及时收集能够证实犯罪嫌疑人有罪或者无罪、犯罪情节轻重的各种与案件有关的证据。必须保证一切与案件有关或者了解案情的公民，有客观地充分地提供证据的条件，除特殊情况外，可以吸收他们协助调查。

第七十一条　国家安全机关提请批准逮捕书、起诉意见书必须忠实于事实真相。故意隐瞒事实真相的，应当依法追究责任。

第七十二条　国家安全机关有权向有关单位和个人收集、调取证据，并告知其应当如实提供证据。

对于伪造、隐匿或者毁灭证据的，应当追究其法律责任。

第七十三条　对涉及国家秘密、商业秘密、个人隐私的证据，应当保密。记录、存储、传递、查阅、摘抄、复制相关证据时，应当采取必要的保密措施，保护证据的具体内容和来源。

第七十四条　国家安全机关在行政执法和查办案件过程中收集的物证、书证、视听资料、电子数据等证据材料，在刑事诉讼中可以作为证据使用。

国家安全机关接受或者依法调取的其他行政机关在行政执法和查办案件过程中收集的物证、书证、视听资料、电子数据等证据材料，经国家安全机关审查符合法定要求的，在刑事诉讼中可以作为证据使用。根据法律、行政法规规定行使国家行政管理职权的组织，在行政执法和查办案件过程中收集的证据材料，视为行政机关收集的证据材料。

第七十五条　国家安全机关向有关单位和个人调取证据时，应当经国家安全机关负责人批准，开具调取证据通知书，明确调取的证据和提供时限。被调取单位及其经办人、持有证据的个人应当在通知书回执上盖章或者签名。必要时，应当采用录音录像方式固定证据内容及取证过程。

第七十六条　国家安全机关调取证据时，应当会同证据的持有人或者保管人查点清楚，当场制作调取证据清单一式三份，由侦查人员、证据持有人或者保管人签名，一份交证据持有人或者保管人，一份附卷备查，一份交物证保管人。

调取证据的侦查人员不得少于二人。

第七十七条　收集、调取的物证应当是原物。原物不便搬运、不易保存或者依法应当由有关部门保管、处理或者依法应当返还时，可以拍摄或者制作足以反映原物外形、特征或者内容的照片、录像或者复制品。

物证的照片、录像或者复制品，经与原物核实无误，或者经鉴定证明为真实的，或者以其他方式确能证明其真实的，可以作为证据使用。原物的照片、录像或者复制品,不能反映原物的外形、特征或者内容的,不能作为证据使用。

第七十八条 收集、调取的书证、视听资料应当是原件。取得原件确有困难时,可以使用副本或者复制件。

书证、视听资料的副本、复制件,经与原件核实无误或者经鉴定证明为真实的,或者以其他方式确能证明其真实的,可以作为证据使用。书证、视听资料有更改或者更改迹象,不能作出合理解释的,或者书证、视听资料的副本、复制件不能反映原件及其内容的,不能作为证据使用。

根据本规定开展调查核实过程中收集、提取的电子数据,以及通过网络在线提取的电子数据,可以作为证据使用。

对作为证据使用的电子数据,应当采取扣押、封存电子数据原始存储介质,计算电子数据完整性校验值,制作、封存电子数据备份,对收集、提取电子数据的相关活动进行录像等方法保护电子数据的完整性。

第七十九条 收集、调取的物证、书证等实物证据需要鉴定的,应当及时送检。

第八十条 电子数据是案件发生过程中形成的,以数字化形式存储、处理、传输的,能够证明案件事实的数据。电子数据包括但不限于下列信息、电子文件:

(一)网页、博客、微博客、朋友圈、贴吧、网盘等网络平台发布的信息;

(二)手机短信、电子邮件、即时通信、通讯群组等网络应用服务的通信信息;

(三)用户注册信息、身份认证信息、电子交易记录、通信记录、登录日志等信息;

(四)文档、图片、音视频、数字证书、程序、计算机网络设备运行日志记录等电子文件。

第八十一条 收集、提取电子数据,应当由二名以上侦查人员进行。取证设备和方法、过程应当符合相关技术标准和工作规范,并保证所收集、调取的电子数据的完整性、客观性。

收集、提取电子数据,应当由符合条件的人员担任见证人。针对同一现场多个计算机信息系统收集、提取电子数据的,可以由一名见证人见证。由于客观原因无法由符合条件的人员担任见证人的,应当在笔录中注明情况,并对相关活动进行录像。

第八十二条 收集、调取电子数据,能够扣押电子数据原始存储介质的,应当对原始存储介质予以封存,不得对电子数据的内容进行剪裁、拼凑、篡改、添加。扣押、封存原始存储介质,并制作笔录,记录原始储存介质的封存状态,由侦查人员、原始存储介质持有人签名或者盖章;持有人无法签名、盖章或者拒绝签名、盖章的,应当在笔录中注明,由见证人签名或者盖章。侦查人员可以采取打印、拍照或者录音录像等方式固定相关证据。

扣押原始存储介质时,应当收集证人证言以及犯罪嫌疑人供述和辩解等与原始存储介质相关联的证据材料,并在笔录中记录。

封存前后应当拍摄被封存原始存储介质的照片,清晰反映封口或者张贴封条处的状况。封存后,应当保证在不解除封存状态的情况下,无法使用或者启动被封存的原始存储介质。必要时,具备数据信息存储功能的电子设备和硬盘、存储卡等内部存储介质,可以分别封存。封存手机等具有无线通信功能的存储介质,应当采取信号屏蔽、信号阻断或者切断电源等措施。

第八十三条 具有下列情形之一,无法扣押原始存储介质的,可以现场提取电子数据:

(一)原始存储介质不便封存的;

(二)提取计算机内存存储的数据、网络传输的数据等不是存储在存储介质上的电子数据的;

(三)案件情况紧急,不立即提取电子数据可能会造成电子数据灭失或者其他严重后果的;

(四)关闭电子设备会导致重要信息系统停止服务的;

(五)需通过现场提取电子数据排查可疑存储介质的;

(六)正在运行的计算机信息系统功能或者应用程序关闭后,没有密码无法提取的;

(七)原始存储介质位于境外的;

(八)其他无法扣押原始存储介质的情形。

无法扣押原始存储介质的情形消失后,应当及时扣押、封存原始存储介质。

第八十四条 现场提取电子数据,应当在笔录中注明不能扣押原始存储介质的原因、原始存储介质的存放地点或者电子数据来源等情况,并计算电子数据的完整性校验值,由侦查人员、电子数据持有人、提供人签名或者盖章;持有人、提供人无法签名或者拒绝签名的,应当在笔录中注明,由见证人签名或者盖章。侦查人员可以采取打印、拍照或者录音录像等方式固定相关证据。

第八十五条 现场提取电子数据,可以采取以下措施保护相关电子设备:

(一)及时将犯罪嫌疑人或者其他相关人员与电子

设备分离;

（二）在未确定是否易丢失数据的情况下,不能关闭正在运行状态的电子设备;

（三）对现场计算机信息系统可能被远程控制的,应当及时采取信号屏蔽、信号阻断、断开网络连接等措施;

（四）保护电源稳定运行;

（五）有必要采取的其他保护措施。

现场提取电子数据,应当在有关笔录中详细、准确记录相关操作,不得将提取的数据存储在原始存储介质中,不得在目标系统中安装新的应用程序。确因情况特殊,需在目标系统中安装新的应用程序的,应当在笔录中记录所安装的程序及安装原因。对提取的电子数据进行数据压缩的,应当在笔录中注明数据压缩的方法和压缩后文件的完整性校验值。

第八十六条 对无法扣押的原始存储介质,无法一次性完成电子数据提取的,经登记、拍照或者录像后,可以封存并交其持有人、提供人保管。

电子数据持有人、提供人应当妥善保管原始存储介质,不得转移、变卖、毁损,不得解除封存状态,不得未经国家安全机关批准接入网络,不得对其中可能用作证据的电子数据增加、删除、修改。必要时,应当按照国家安全机关的要求,保持网络信息系统处于开机状态。

对由电子数据持有人、提供人保管的原始存储介质,应当在七日以内作出处理决定,逾期不作出处理决定的,视为自动解除。经查明确实与案件无关的,应当在三日内解除。

第八十七条 网络在线提取时需要进一步查明有关情形的,可以进行网络远程勘验。网络远程勘验应当由符合条件的人员作为见证人,并按规定进行全程同步录音录像。由于客观原因无法由符合条件的人员担任见证人的,应当在远程勘验笔录中注明情况。

全程同步录音录像可以采用屏幕录录像或者录像机录音录像等方式,录音录像文件应当计算完整性校验值并记入笔录。

网络远程勘验结束后,应当制作远程勘验笔录,详细记录远程勘验有关情况以及勘验照片、截获的屏幕截图等内容,由侦查人员和见证人签名或盖章。对计算机信息系统进行多次远程勘验的,在制作首次远程勘验笔录后,应当逐次制作补充的远程勘验笔录。

第八十八条 国家安全机关向有关单位和个人调取电子数据,应当经国家安全机关负责人批准,开具调取证据通知书,注明需要调取电子数据的相关信息,通知电子数据持有人、网络服务提供者或者有关部门执行。被调取单位、个人应当在通知书回执上签名或者盖章,并附完整性校验值等保护电子数据完整性方法的说明。必要时,国家安全机关应当对采用录音或者录像等方式固定证据内容及取证过程提出要求,电子数据持有人、网络服务提供者或者有关部门应当予以配合。

第八十九条 对扣押的原始存储介质或者提取的电子数据,可以通过搜索、恢复、破解、统计、关联、比对等方式进行电子数据检查。

电子数据检查,应当对电子数据存储介质拆封过程进行全程录像,并将电子数据存储介质通过写保护设备接入到检查设备进行检查,或者制作电子数据备份,对备份进行检查。无法使用写保护设备且无法制作备份的,应当注明原因,并对相关活动进行全程录像。

检查具有无线通信功能的原始存储介质,应当采取信号屏蔽、信号阻断或者切断电源等措施保护电子数据的完整性。

电子数据检查应当制作笔录,由有关人员签名或者盖章。

第九十条 进行电子数据侦查实验,应当采取技术措施保护原始存储介质数据的完整性。有条件的,电子数据侦查实验应当进行二次以上。侦查实验使用的电子设备、网络环境等应当与实施犯罪行为的现场情况一致或者基本一致。电子数据侦查实验不得泄露国家秘密、工作秘密、商业秘密和公民个人信息。

进行电子数据侦查实验,应当使用拍照、录像、录音、通信数据采集等一种或者多种方式客观记录实验过程,并制作笔录,由参加侦查实验的人员签名或者盖章。

第九十一条 收集电子数据应当制作笔录,记录案由、对象、内容,收集、提取电子数据的时间、地点、方法、过程,并由收集、提取电子数据的侦查人员签名或者盖章。

制作电子数据的清单应包括规格、类别、文件格式、完整性校验值等。

远程提取电子数据的,应当说明原因,制作远程勘验笔录并注明相关情况,可以对相关活动进行录像。

第九十二条 具有下列情形之一的,可以采取打印、拍照或者录像等方式固定相关证据,并在笔录中说明原因:

（一）无法扣押原始存储介质且无法提取电子数据的;

（二）存在电子数据自毁功能或装置,需要及时固定相关证据的；

（三）需现场展示、查看相关电子数据的；

（四）由于其他客观原因无法或者不宜收集、提取电子数据的。

第九十三条 收集、提取的原始存储介质或者电子数据，应当以封存状态随案移送，并制作电子数据的备份一并移送。对网页、文档、图片等可以直接展示的电子数据，可以不随案移送电子数据打印件；人民法院、人民检察院因设备等条件限制无法直接展示电子数据的，国家安全机关应当随案移送打印件，或者附展示工具和展示方法说明。

对侵入、非法控制计算机信息系统的程序、工具以及计算机病毒等无法直接展示的电子数据，应当附有电子数据属性、功能等情况的说明。

对数据统计量、数据同一性等问题，应当出具说明。

第九十四条 国家安全机关采取技术侦查措施收集的物证、书证及其他证据材料，侦查人员应当制作相应的说明材料，写明获取证据的时间、地点、数量、特征以及采取技术侦查措施的批准机关、种类等，并签名和盖章。

对于使用技术侦查措施获取的证据材料，如果可能危及特定人员的人身安全或者可能产生其他严重后果的，应当采取不暴露有关人员身份和使用的技术设备、技术方法等保护措施。必要时，可以由审判人员在庭外对证据进行核实。

第九十五条 物证的照片、录像或者复制品，书证的副本、复制件，视听资料、电子数据的复制件，应当由二名以上侦查人员制作，并附文字说明，载明复制份数，无法调取原件、原物的原因，制作过程及原件、原物存放处等内容，由制作人和持有人或者保管人、见证人签名。

第九十六条 国家安全机关办理刑事案件需要查明的案件事实包括：

（一）犯罪行为是否存在；

（二）实施犯罪行为的时间、地点、手段、后果以及其他情节；

（三）犯罪行为是否为犯罪嫌疑人所实施；

（四）犯罪嫌疑人的身份、年龄；

（五）犯罪嫌疑人实施犯罪行为的动机、目的；

（六）犯罪嫌疑人的责任以及与其他同案人的关系；

（七）犯罪嫌疑人有无法定或者酌定从重、从轻、减轻、免除处罚的情节；

（八）其他与案件有关的事实。

第九十七条 国家安全机关移送审查起诉的案件，应当做到犯罪事实清楚，证据确实、充分。

证据确实、充分，应当符合以下条件：

（一）认定的案件事实都有证据证明；

（二）认定案件事实的证据均经法定程序查证属实；

（三）综合全案证据，对所认定事实已排除合理怀疑。

对证据的审查，应当结合案件的具体情况，从各证据与待证事实的关联程度、各证据之间的联系等方面进行审查判断。

只有犯罪嫌疑人供述，没有其他证据的，不能认定案件事实；没有犯罪嫌疑人供述，证据确实、充分的，可以认定案件事实。

第九十八条 采取刑讯逼供等非法方法收集的犯罪嫌疑人供述和采用暴力、威胁等非法方法收集的证人证言、被害人陈述，应当依法予以排除。

收集物证、书证、视听资料、电子数据不符合法定程序，可能严重影响司法公正的，应当予以补正或者作出合理解释；不能补正或者作出合理解释的，对该证据应当依法予以排除。

在侦查阶段发现有应当排除的证据的，经国家安全机关负责人批准，应当依法予以排除，不得作为提请批准逮捕、移送审查起诉的依据。对排除情况应当记录在案，并说明理由。

人民检察院要求国家安全机关对物证、书证进行补正或者作出合理解释的，或者要求对证据收集的合法性进行说明的，国家安全机关应当予以补正或者作出书面说明。

第九十九条 人民法院认为现有证据材料不能说明证据收集的合法性，通知有关侦查人员或者其他人员出庭说明情况的，有关侦查人员或者其他人员应当出庭。必要时，有关侦查人员或者其他人员也可以要求出庭说明情况。侦查人员或者其他人员出庭，应当向法庭说明证据收集过程，并就相关情况接受发问。

经人民法院通知，人民警察应当就其执行职务时目击的犯罪情况出庭作证。

本条第一款、第二款规定的出庭作证的人员，适用证人保护的有关措施。

第一百条 凡是知道案件情况的人，都有作证的义务。

生理上、精神上有缺陷或者年幼，不能辨别是非、不能正确表达的人，不能作为证人。

对于证人能否辨别是非，能否正确表达，必要时可以进行审查或者鉴别。

第一百零一条　国家安全机关应当保障证人、鉴定人及其近亲属的安全。

对证人、鉴定人及其近亲属进行威胁、侮辱、殴打或者打击报复，构成犯罪的，依法追究刑事责任；尚不构成犯罪的，依照有关法律法规追究责任。

第一百零二条　对于危害国家安全犯罪、恐怖活动犯罪等案件，证人、鉴定人、被害人及其近亲属的人身安全面临危险的，国家安全机关应当采取以下一项或者多项保护措施：

（一）不公开真实姓名、住址、通讯方式和工作单位等个人信息；

（二）禁止特定的人员接触证人、鉴定人、被害人及其近亲属；

（三）对人身和住宅采取专门性保护措施；

（四）将被保护人带到安全场所保护；

（五）变更被保护人的住所和姓名；

（六）其他必要的保护措施。

证人、鉴定人、被害人认为因在诉讼中作证，本人或者近亲属的人身安全面临危险，向国家安全机关请求予以保护，国家安全机关经审查认为确有必要采取保护措施的，应当采取上述一项或者多项保护措施。

国家安全机关依法采取保护措施，可以要求有关单位和个人配合。

案件移送审查起诉时，国家安全机关应当将采取保护措施的相关情况一并移交人民检察院。

第一百零三条　国家安全机关依法决定不公开证人、鉴定人、被害人的真实姓名、住址、通讯方式和工作单位等个人信息的，可以在起诉意见书、询问笔录等法律文书、证据材料中使用化名等代替证人、鉴定人、被害人的个人信息。但是，应当另行书面说明使用化名的情况并标明密级，单独成卷。

第一百零四条　证人、鉴定人、被害人及其近亲属保护工作所必需的人员、经费、装备等，应当予以保障。

证人因履行作证义务而支出的交通、住宿、就餐等费用，应当给予补助。

第六章　强制措施
第一节　拘　传

第一百零五条　国家安全机关根据案件情况对需要拘传的犯罪嫌疑人，或者经过传唤没有正当理由不到案的犯罪嫌疑人，可以拘传到其所在市、县内的指定地点进行讯问。

第一百零六条　拘传犯罪嫌疑人，应当经国家安全机关负责人批准，制作拘传证。

执行拘传时，应当向被拘传的犯罪嫌疑人出示拘传证，并责令其签名、捺指印。

被拘传人到案后，应当责令其在拘传证上填写到案时间。拘传结束后，应当责令其在拘传证上填写拘传结束时间。

执行拘传的侦查人员不得少于二人。

第一百零七条　拘传持续的时间不得超过十二小时；案情特别重大、复杂，需要采取拘留、逮捕措施的，经国家安全机关负责人批准，拘传持续的时间不得超过二十四小时。不得以连续拘传的形式变相拘禁犯罪嫌疑人。

第一百零八条　需要对被拘传人变更为其他强制措施的，国家安全机关应当在拘传期限届满前，作出批准或者不批准的决定；未作出变更强制措施决定的，应当立即结束拘传。

第二节　取保候审

第一百零九条　国家安全机关对于有下列情形之一的犯罪嫌疑人，可以取保候审：

（一）可能判处管制、拘役或者独立适用附加刑的；

（二）可能判处有期徒刑以上刑罚，采取取保候审不致发生社会危险性的；

（三）患有严重疾病、生活不能自理，怀孕或者正在哺乳自己婴儿的妇女，采取取保候审不致发生社会危险性的；

（四）羁押期限届满，案件尚未办结，需要采取取保候审的。

对于拘留的犯罪嫌疑人，证据不符合逮捕条件，以及提请逮捕后，人民检察院不批准逮捕，需要继续侦查，并且符合取保候审条件的，可以依法取保候审。

第一百一十条　需要对犯罪嫌疑人取保候审的，经国家安全机关负责人批准，制作取保候审决定书。取保候审决定书应当向犯罪嫌疑人宣读，由犯罪嫌疑人签名、捺指印。

第一百一十一条　国家安全机关决定对犯罪嫌疑人取保候审的，应当根据案件情况，责令其提出保证人或者交纳保证金。

对同一犯罪嫌疑人，不得同时责令其提出保证人和交纳保证金。对未成年人取保候审的，应当优先适用保证人保证。

第一百一十二条 国家安全机关在宣布取保候审决定时,应当告知被取保候审人遵守以下规定:

(一)未经执行机关批准不得离开所居住的市、县;

(二)住址、工作单位和联系方式发生变动的,在二十四小时以内向国家安全机关报告;

(三)在传讯的时候及时到案;

(四)不得以任何形式干扰证人作证;

(五)不得毁灭、伪造证据或者串供。

第一百一十三条 国家安全机关在决定取保候审时,还可以根据案件情况,责令被取保候审人遵守以下一项或者多项规定:

(一)不得进入特定的场所;

(二)不得与特定的人员会见或者通信;

(三)不得从事特定的活动;

(四)将护照等出入境证件、驾驶证件交国家安全机关保存。

被取保候审人不得向任何人员泄露所知悉的国家秘密。

国家安全机关应当综合考虑案件的性质、情节、危害后果、社会影响、犯罪嫌疑人的具体情况等因素,有针对性地确定特定场所、特定人员和特定活动的范围。

第一百一十四条 人民法院、人民检察院决定取保候审的,负责执行的国家安全机关应当在收到法律文书和有关材料后二十四小时以内,核实有关情况后执行。

第一百一十五条 被取保候审人无正当理由不得离开所居住的市、县。有正当理由需要离开所居住的市、县的,应当经执行机关批准。

人民法院、人民检察院决定取保候审的,负责执行的国家安全机关在批准被取保候审人离开所居住的市、县前,应当征得决定机关同意。

第一百一十六条 执行取保候审的国家安全机关应当履行下列职责:

(一)告知被取保候审人必须遵守的规定,及其违反规定或者在取保候审期间重新犯罪应当承担的法律后果;

(二)定期了解被取保候审人遵守取保候审规定的有关情况,并制作笔录;

(三)监督、考察被取保候审人遵守有关规定,及时掌握其活动、住址、工作单位、联系方式及变动情况;

(四)监督保证人履行保证义务;

(五)被取保候审人违反应当遵守的规定以及保证人未履行保证义务的,应当及时制止、采取紧急措施,同时告知取保候审的决定机关。

第一百一十七条 采取保证金保证的,国家安全机关应当综合考虑保证诉讼活动正常进行的需要,被取保候审人的社会危险性,案件的性质、情节,可能判处刑罚的轻重,被取保候审人的经济状况等情况,确定保证金的数额,并制作收取保证金通知书。

保证金起点数额为人民币一千元;被取保候审人为未成年人的,保证金的起点数额为人民币五百元。

第一百一十八条 国家安全机关应当在其指定的银行设立专门账户,委托银行代为收取和保管保证金。

提供保证金的人应当将保证金一次性存入专门账户。保证金应当以人民币交纳。

保证金应当按照有关规定严格管理。

第一百一十九条 采取保证人保证的,保证人必须符合下列条件,并经国家安全机关审查同意:

(一)与本案无牵连;

(二)有能力履行保证义务;

(三)享有政治权利,人身自由未受到限制;

(四)有固定的住处和收入。

第一百二十条 保证人应当履行以下义务:

(一)监督被保证人遵守本规定第一百一十二条、第一百一十三条的规定;

(二)发现被保证人可能发生或者已经发生违反本规定第一百一十二条、第一百一十三条规定行为的,应当及时向国家安全机关报告。

保证人应当填写取保候审保证书,并在保证书上签名、捺指印。

第一百二十一条 保证人不愿意继续保证或者丧失保证条件的,保证人或者被取保候审人应当及时报告国家安全机关。国家安全机关应当责令被取保候审人重新提出保证人或者交纳保证金,或者作出变更强制措施的决定。

人民法院、人民检察院决定取保候审的,负责执行的国家安全机关应当自发现或者被告知保证人不愿继续保证或者丧失保证条件之日起三日以内通知决定机关。

第一百二十二条 保证人未履行监督义务,或者被取保候审人违反应当遵守的规定,保证人未及时报告或者隐瞒不报告的,查证属实后,经国家安全机关负责人批准,可以对保证人处一千元以上二万元以下罚款;构成犯罪的,依法追究刑事责任。

人民法院、人民检察院决定取保候审的,国家安全机关应当将有关情况及时通知决定机关。

第一百二十三条　决定对保证人罚款的，应当经国家安全机关负责人批准，制作对保证人罚款决定书，在三日以内向保证人宣布，告知其如果对罚款决定不服，可以在五日以内向作出罚款决定的国家安全机关申请复议。国家安全机关收到复议申请后，应当在七日以内作出复议决定。

保证人对复议决定不服的，可以在收到复议决定书后五日以内向上一级国家安全机关申请复核一次。上一级国家安全机关应当在收到复核申请后七日以内作出复核决定。对上级国家安全机关撤销或者变更罚款决定的，下级国家安全机关应当执行。

第一百二十四条　被取保候审人在取保候审期间违反本规定第一百一十二条、第一百一十三条规定，已交纳保证金的，经国家安全机关负责人批准，可以根据被取保候审人违反规定的情节，决定没收部分或者全部保证金，并且区别情形，责令其具结悔过、重新交纳保证金、提出保证人，或者变更强制措施。

对于违反取保候审规定，需要予以逮捕的，可以对犯罪嫌疑人先行拘留。

人民法院、人民检察院决定取保候审的，被取保候审人违反应当遵守的规定，负责执行的国家安全机关应当及时通知决定机关。

第一百二十五条　国家安全机关决定没收保证金的，应当制作没收保证金决定书，在三日以内向被取保候审人宣读，并责令其在没收保证金决定书上签名、捺指印。被取保候审人在逃或者具有其他情形不能到场的，应当向其成年家属、法定代理人、辩护人或者单位、居住地的居民委员会、村民委员会宣布，由其成年家属、法定代理人、辩护人或者单位、居住地的居民委员会、村民委员会的负责人在没收保证金决定书上签名。

第一百二十六条　国家安全机关在宣读没收保证金决定书时，应当告知如果对没收保证金的决定不服，被取保候审人或者其法定代理人可以在五日以内向作出决定的国家安全机关申请复议。国家安全机关应当在收到复议申请后七日以内作出复议决定。

被取保候审人或者其法定代理人对复议决定不服的，可以在收到复议决定书后五日以内向上一级国家安全机关申请复核一次。上一级国家安全机关应当在收到复核申请后七日以内作出复核决定。上级国家安全机关撤销或者变更没收保证金决定的，下级国家安全机关应当执行。

第一百二十七条　没收保证金的决定、对保证人罚款的决定已过复议期限，或者复议、复核后维持原决定或者变更没收保证金、罚款数额的，国家安全机关应当及时通知指定的银行将没收的保证金、保证人罚款按照国家有关规定上缴国库。人民法院、人民检察院决定取保候审的，国家安全机关应当在三日以内通知决定机关。

没收部分保证金的，国家安全机关应当制作退还保证金决定书，被取保候审人或者其法定代理人可以凭此决定书到银行领取剩余的保证金。

第一百二十八条　取保候审最长不得超过十二个月。

在取保候审期间，国家安全机关不得中断对案件的侦查。对被取保候审的犯罪嫌疑人，根据案件情况或者取保候审期满，应当及时变更强制措施或者解除取保候审。

第一百二十九条　被取保候审人在取保候审期间未违反本规定第一百一十二条、第一百一十三条规定，也没有故意实施新的犯罪，取保候审期限届满的，或者具有本规定第二百零六条规定的情形之一的，应当及时解除取保候审，并通知被取保候审人、保证人和有关单位。

人民法院、人民检察院作出解除取保候审决定的，国家安全机关应当及时解除，并通知被取保候审人、保证人和有关单位。

第一百三十条　被取保候审人或者其法定代理人可以凭解除取保候审决定书或者有关法律文书，到银行领取退还的保证金。

被取保候审人不能自己领取退还的保证金的，经本人出具书面申请并经国家安全机关同意，由国家安全机关书面通知银行将退还的保证金转账至被取保候审人或者其委托的人提供的银行账户。

第一百三十一条　被取保候审人没有违反本规定第一百一十二条、第一百一十三条规定，但在取保候审期间涉嫌故意实施新的犯罪被立案侦查的，国家安全机关应当暂扣保证金，待人民法院判决生效后，决定是否没收保证金。对故意实施新的犯罪的，应当没收保证金；对过失实施新的犯罪或者不构成犯罪的，应当退还保证金。

第三节　监视居住

第一百三十二条　国家安全机关对符合逮捕条件，有下列情形之一的犯罪嫌疑人，可以监视居住：

（一）患有严重疾病、生活不能自理的；

（二）怀孕或者正在哺乳自己婴儿的妇女；

（三）系生活不能自理的人的唯一扶养人；

（四）因为案件的特殊情况或者办理案件的需要，采取监视居住措施更为适宜的；

（五）羁押期限届满，案件尚未办结，需要采取监视居住措施的。

对于人民检察院决定不批准逮捕的犯罪嫌疑人，需要继续侦查，并且符合监视居住条件的，可以监视居住。

对于符合取保候审条件，但犯罪嫌疑人不能提出保证人，也不交纳保证金的，可以监视居住。

对于被取保候审人违反本规定第一百一十二条、第一百一十三条规定，需要监视居住的，可以监视居住。

第一百三十三条　对犯罪嫌疑人监视居住，应当经国家安全机关负责人批准，制作监视居住决定书。监视居住决定书应当向犯罪嫌疑人宣读，由犯罪嫌疑人签名、捺指印。

第一百三十四条　监视居住应当在犯罪嫌疑人、被告人的住处执行，无固定住处的，可以在指定的居所执行。

对涉嫌危害国家安全犯罪、恐怖活动犯罪，在住处执行可能有碍侦查的，经上一级国家安全机关批准，可以在指定的居所执行监视居住。指定居所监视居住的，不得要求被监视居住人支付费用。

有下列情形之一的，属于本条规定的"有碍侦查"：

（一）可能毁灭、伪造证据，干扰证人作证或者串供的；

（二）可能引起犯罪嫌疑人自残、自杀或者逃跑的；

（三）可能引起同案犯逃避、妨碍侦查的；

（四）犯罪嫌疑人、被告人在住处执行监视居住有人身危险的；

（五）犯罪嫌疑人、被告人的家属或者所在单位人员与犯罪有牵连的。

第一百三十五条　指定的居所应当符合下列条件：

（一）具备正常的生活、休息条件；

（二）便于监视、管理；

（三）保证安全。

不得在羁押场所、专门的办案场所或者办公场所执行监视居住。

第一百三十六条　人民法院、人民检察院决定监视居住的，负责执行的国家安全机关应当在收到法律文书和有关材料二十四小时以内，核实被监视居住人身份、住处或者居所等情况后执行。必要时，可以由人民法院、人民检察院协助执行。

第一百三十七条　指定居所监视居住，除无法通知的以外，应当制作指定居所监视居住通知书，在执行监视居住后二十四小时以内，由决定机关通知被监视居住人的家属。

无法通知的情形消失后，应当立即通知被监视居住人的家属。

第一百三十八条　国家安全机关执行监视居住，应当严格对被监视居住人进行监督考察，确保安全。

人民法院、人民检察院决定监视居住的，负责执行的国家安全机关应当及时将监视居住的执行情况通知决定机关。

第一百三十九条　国家安全机关在宣布监视居住决定时，应当告知被监视居住人遵守以下规定：

（一）未经国家安全机关批准不得离开执行监视居住的处所；

（二）未经国家安全机关批准不得会见他人或者通信；

（三）在传讯的时候及时到案；

（四）不得以任何形式干扰证人作证；

（五）不得毁灭、伪造证据或者串供；

（六）将护照等出入境证件、身份证件、驾驶证件交国家安全机关保存。

第一百四十条　被监视居住人有正当理由要求离开住处或者指定的居所以及要求会见他人或者通信的，应当经国家安全机关批准。

人民法院、人民检察院决定监视居住的，负责执行的国家安全机关在批准被监视居住人离开住处或者指定的居所以及与他人会见或者通信前，应当征得决定机关同意。

第一百四十一条　国家安全机关可以采取电子监控、不定期检查等监视方法，对被监视居住人遵守有关规定的情况进行监督；在侦查期间，可以对被监视居住人的通信进行监控。

第一百四十二条　被监视居住人委托辩护律师，适用本规定第四十一条、第四十三条、第四十四条和第四十五条规定。

第一百四十三条　被监视居住人违反应当遵守的规定，国家安全机关应当责令其具结悔过或者依照有关法律法规追究责任；情节严重的，可以提请人民检察院批准逮捕；需要予以逮捕的，可以对其先行拘留。

人民法院、人民检察院决定监视居住的，被监视居住人违反应当遵守的规定，负责执行的国家安全机关应当及时告知决定机关。

第一百四十四条　监视居住最长不得超过六个月。

在监视居住期间，国家安全机关不得中断对案件的侦查。对被监视居住的犯罪嫌疑人，根据案件情况或者监视居住期满，应当及时解除监视居住或者变更强制措施。

第一百四十五条　需要解除监视居住的，应当经国家安全机关负责人批准，制作解除监视居住决定书，并及时通知被监视居住人和有关单位。

人民法院、人民检察院作出解除、变更监视居住决定的，负责执行的国家安全机关应当及时解除，并通知被监视居住人和有关单位。

第一百四十六条　国家安全机关对犯罪嫌疑人决定和执行指定居所监视居住时，应当接受人民检察院的监督。

人民检察院向国家安全机关提出纠正意见的，国家安全机关应当及时纠正，并将有关情况回复人民检察院。

第四节　拘　留

第一百四十七条　国家安全机关对现行犯或者重大嫌疑分子，如果有下列情形之一的，可以先行拘留：

（一）正在预备犯罪、实行犯罪或者在犯罪后即时被发觉的；

（二）被害人或者在场亲眼看见的人指认他犯罪的；

（三）在身边或者住处发现有犯罪证据的；

（四）犯罪后企图自杀、逃跑或者在逃的；

（五）有毁灭、伪造证据或者串供可能的；

（六）不讲真实姓名、住址，身份不明的；

（七）有流窜作案、多次作案、结伙作案重大嫌疑的。

第一百四十八条　拘留犯罪嫌疑人，应当经国家安全机关负责人批准，制作拘留证。

执行拘留的侦查人员不得少于二人。执行拘留时，应当向被拘留人出示拘留证，并责令其在拘留证上签名、捺指印。

紧急情况下，对于符合本规定第一百四十七条所列情形之一的，经出示人民警察证或者侦察证，可以将犯罪嫌疑人口头传唤至国家安全机关后立即审查，办理法律手续。

第一百四十九条　拘留后，应当立即将被拘留人送看守所羁押，至迟不得超过二十四小时。异地执行拘留，无法及时将犯罪嫌疑人押解回管辖地的，应当在宣布拘留后立即将其送就近的看守所羁押，至迟不得超过二十四小时。到达管辖地后，应当立即将犯罪嫌疑人送看守所羁押。

第一百五十条　除无法通知或者涉嫌危害国家安全犯罪、恐怖活动犯罪通知可能有碍侦查的情形以外，应当在拘留后二十四小时以内制作拘留通知书，通知被拘留

人的家属。拘留通知书应当写明拘留原因和羁押处所。无法通知或者有碍侦查的情形消失以后，应当立即通知被拘留人的家属。对于没有在二十四小时以内通知家属的，应当在拘留通知书中注明原因。

有下列情形之一的，属于本条规定的"有碍侦查"：

（一）可能毁灭、伪造证据，干扰证人作证或者串供的；

（二）可能引起同案犯逃避、妨碍侦查的；

（三）犯罪嫌疑人的家属与犯罪有牵连的。

第一百五十一条　对于被拘留人，应当在拘留后的二十四小时以内进行讯问。发现不应当拘留的，经国家安全机关负责人批准，制作释放通知书，通知看守所。看守所应当立即释放被拘留人，并发给释放证明书。

第一百五十二条　国家安全机关对被拘留人，经过审查认为需要逮捕的，应当在拘留后的三日以内，提请人民检察院审查批准。在特殊情况下，经国家安全机关负责人批准，提请审查批准的时间可以延长一日至四日。

对于流窜作案、多次作案、结伙作案的重大嫌疑分子，经国家安全机关负责人批准，提请审查批准的时间可以延长至三十日。

延长提请审查批准逮捕时间的，应当经国家安全机关负责人批准，制作变更羁押期限通知书，通知看守所和被拘留人。

第一百五十三条　犯罪嫌疑人不讲真实姓名、住址，身份不明的，应当对其身份进行调查。对于符合逮捕条件的犯罪嫌疑人，也可以按其自报的姓名提请批准逮捕。

第一百五十四条　对被拘留的犯罪嫌疑人审查后，根据案件情况报经国家安全机关负责人批准，分别作出如下处理：

（一）需要逮捕的，在拘留期限内，依法办理提请批准逮捕手续；

（二）应当追究刑事责任，但不需要逮捕的，依法办理取保候审或者监视居住手续后，向人民检察院移送审查起诉；

（三）拘留期限届满，案件尚未办结，需要继续侦查的，依法办理取保候审或者监视居住手续；

（四）具有本规定第二百零六条规定情形之一的，释放被拘留人，发给释放证明书；需要行政处理的，依法予以处理或者移送有关部门。

第五节　逮　捕

第一百五十五条　国家安全机关对有证据证明有犯罪事实，可能判处徒刑以上刑罚的犯罪嫌疑人，采取取保

候审尚不足以防止发生下列社会危险性的,应当提请批准逮捕:

(一)可能实施新的犯罪的;

(二)有危害国家安全、公共安全或者社会秩序的现实危险的;

(三)可能毁灭、伪造证据,干扰证人作证或者串供的;

(四)可能对被害人、举报人、控告人实施打击报复的;

(五)企图自杀或者逃跑的。

对于有证据证明有犯罪事实,可能判处十年有期徒刑以上刑罚的,或者有证据证明有犯罪事实,可能判处徒刑以上刑罚,曾经故意犯罪或者身份不明的,应当提请批准逮捕。

第一百五十六条　有证据证明有犯罪事实,是指同时具备下列情形:

(一)有证据证明发生了犯罪事实;

(二)有证据证明该犯罪事实是犯罪嫌疑人实施的;

(三)证明犯罪嫌疑人实施犯罪行为的证据已有查证属实的。

前款规定的"犯罪事实"既可以是单一犯罪行为的事实,也可以是数个犯罪行为中任何一个犯罪行为的事实。

第一百五十七条　提请批准逮捕,应当将犯罪嫌疑人涉嫌犯罪的性质、情节,认罪认罚等情况,作为是否可能发生社会危险性的考虑因素。

国家安全机关提请人民检察院审查批准逮捕时,应当收集、固定犯罪嫌疑人具有社会危险性的证据,并在提请批准逮捕时随卷移送。对于证明犯罪事实的证据能够证明犯罪嫌疑人具有社会危险性的,应当在提请批准逮捕书中专门予以说明。

第一百五十八条　被取保候审人违反取保候审规定,具有下列情形之一的,可以提请批准逮捕:

(一)涉嫌故意实施新的犯罪的;

(二)有危害国家安全、公共安全或者社会秩序的现实危险的;

(三)实施毁灭、伪造证据或者干扰证人作证、串供行为,足以影响侦查工作正常进行的;

(四)对被害人、证人、鉴定人、举报人、控告人及其他人员实施打击报复或者恐吓滋扰的;

(五)企图自杀、逃跑,逃避侦查的;

(六)未经批准,擅自离开所居住的市、县,情节严重

的,或者两次以上未经批准,擅自离开所居住的市、县的;

(七)经传讯无正当理由不到案,情节严重的,或者经两次以上传讯不到案的;

(八)住址、工作单位和联系方式发生变动,未在二十四小时以内向国家安全机关报告,造成严重后果的;

(九)违反规定进入特定场所、从事特定活动或者与特定人员会见、通信,严重妨碍侦查正常进行的;

(十)有其他依法应当提请批准逮捕的情形的。

第一百五十九条　被监视居住人违反监视居住规定,具有下列情形之一的,可以提请批准逮捕:

(一)涉嫌故意实施新的犯罪的;

(二)实施毁灭、伪造证据或者干扰证人作证、串供行为,足以影响侦查工作正常进行的;

(三)对被害人、证人、鉴定人、举报人、控告人及其他人员实施打击报复或者恐吓滋扰的;

(四)企图自杀、逃跑,逃避侦查的;

(五)未经批准,擅自离开执行监视居住的处所,情节严重的,或者两次以上未经批准,擅自离开执行监视居住的处所的;

(六)未经批准,擅自会见他人或者通信,情节严重的,或者两次以上未经批准,擅自会见他人或者通信的;

(七)经传讯无正当理由不到案,情节严重的,或者经两次以上传讯不到案的;

(八)有其他依法应当提请批准逮捕的情形的。

第一百六十条　提请批准逮捕犯罪嫌疑人时,应当经国家安全机关负责人批准,制作提请批准逮捕书,连同案卷材料、证据,一并移送同级人民检察院审查。

犯罪嫌疑人自愿认罪认罚的,应当记录在案,并在提请批准逮捕书中写明有关情况。

第一百六十一条　对于人民检察院在审查批准逮捕过程中通知补充侦查的,国家安全机关应当按照人民检察院的补充侦查提纲补充侦查,并将补充侦查的案件材料及时送人民检察院。

国家安全机关补充侦查完毕,认为符合逮捕条件的,应当重新提请批准逮捕。

第一百六十二条　补充侦查期间正在执行的强制措施期限届满的,应当及时变更强制措施。

第一百六十三条　接到人民检察院批准逮捕决定后,应当由国家安全机关负责人签发逮捕证,立即执行,并将执行回执三日内送达作出批准逮捕决定的人民检察院。

如果未能执行的,也应当将执行回执送达人民检察

院,并写明未能执行的原因。

第一百六十四条　国家安全机关执行逮捕时,应当向被逮捕人出示逮捕证,并责令其在逮捕证上签名、捺指印。逮捕后,应当立即将被逮捕人送看守所羁押。

执行逮捕的侦查人员不得少于二人。

第一百六十五条　对于被逮捕的人,应当在逮捕后二十四小时以内进行讯问。发现不应当逮捕的,经国家安全机关负责人批准,制作释放通知书,通知看守所和原批准逮捕的人民检察院。看守所应当立即释放被逮捕人,并发给释放证明书。

第一百六十六条　对犯罪嫌疑人执行逮捕后,除无法通知的情形以外,应当在逮捕后二十四小时以内,制作逮捕通知书,通知被逮捕人的家属。逮捕通知书应当写明逮捕原因和羁押处所。

无法通知的情形消失后,应当立即通知被逮捕人的家属。

对于没有在二十四小时以内通知家属的,应当在逮捕通知书中注明原因。

第一百六十七条　对于人民检察院不批准逮捕的,国家安全机关在收到不批准逮捕决定书后,如果犯罪嫌疑人已被拘留的,应当立即释放或者变更强制措施,并将执行回执在收到不批准逮捕决定书后的三日以内送达作出不批准逮捕决定的人民检察院。

第一百六十八条　对于人民检察院不批准逮捕而未说明理由的,国家安全机关可以要求人民检察院说明理由。

第一百六十九条　对人民检察院不批准逮捕的决定,国家安全机关认为有错误需要复议的,应当在收到不批准逮捕决定书后五日以内,经国家安全机关负责人批准,制作要求复议意见书,送交同级人民检察院复议。

如果意见不被接受,认为需要复核的,应当在收到人民检察院的复议决定书后五日以内,经国家安全机关负责人批准,制作提请复核意见书,连同人民检察院的复议决定,一并提请上一级人民检察院复核。

第一百七十条　人民法院、人民检察院决定逮捕犯罪嫌疑人、被告人的,由国家安全机关凭人民法院、人民检察院决定逮捕的法律文书制作逮捕证并立即执行。必要时,可以请人民法院、人民检察院协助执行。执行逮捕后,应当及时通知决定机关。

国家安全机关未能抓获犯罪嫌疑人、被告人的,应当将执行情况和未能抓获的原因通知决定逮捕的人民检察院、人民法院。对于犯罪嫌疑人、被告人在逃的,在人民检察院、人民法院撤销逮捕决定之前,国家安全机关应当组织力量继续执行。

第一百七十一条　人民检察院在审查批准逮捕工作中发现国家安全机关的侦查活动存在违法情况,通知国家安全机关予以纠正的,国家安全机关应当调查核实,对于发现的违法情况应当及时纠正,并将有关情况书面回复人民检察院。

第六节　羁押

第一百七十二条　对犯罪嫌疑人逮捕后的侦查羁押期限,不得超过二个月。

案情复杂、期限届满不能侦查终结,需要提请延长侦查羁押期限的,应当经国家安全机关负责人批准,制作提请批准变更侦查羁押期限意见书,说明延长羁押期限案件的主要案情和延长羁押期限的具体理由,在羁押期限届满七日前提请同级人民检察院转报上一级人民检察院批准延长一个月。

第一百七十三条　下列案件在本规定第一百七十二条规定的期限届满不能侦查终结的,应当经国家安全机关负责人批准,制作提请批准变更羁押期限意见书,在羁押期限届满七日前提请人民检察院批准,延长二个月:

(一)交通十分不便的边远地区的重大复杂案件;

(二)重大的犯罪集团案件;

(三)流窜作案的重大复杂案件;

(四)犯罪涉及面广,取证困难的重大复杂案件。

第一百七十四条　对于犯罪嫌疑人可能判处十年有期徒刑以上刑罚,依照本规定第一百七十三条规定延长期限届满,仍不能侦查终结的,应当经国家安全机关负责人批准,制作提请批准变更羁押期限意见书,在羁押期限届满七日前提请同级人民检察院转报省、自治区、直辖市人民检察院批准,再延长二个月。

第一百七十五条　国家安全机关执行逮捕后,有下列情形之一的,应当释放犯罪嫌疑人或者变更强制措施,并通知原批准逮捕的人民检察院:

(一)案件证据发生重大变化,没有证据证明有犯罪事实或者犯罪行为系犯罪嫌疑人所为的;

(二)案件事实或者情节发生变化,犯罪嫌疑人可能判处拘役、管制、独立适用附加刑、免予刑事处罚或者判决无罪的;

(三)继续羁押犯罪嫌疑人,羁押期限可能超过依法可能判处的刑期的。

第一百七十六条　犯罪嫌疑人被逮捕后,人民检察院认为不需要继续羁押,建议予以释放或者变更强制措施的,国家安全机关应当予以调查核实。经调查核实后,认为不需要继续羁押的,应当予以释放或者变更强制措施,并在十日以内将处理情况通知人民检察院;认为需要继续羁押的,应当通知人民检察院并说明理由。

第一百七十七条　对于延长侦查羁押期限的,国家安全机关的办案部门应当制作变更羁押期限通知书,通知看守所。

第一百七十八条　侦查期间,发现犯罪嫌疑人另有重要罪行,自发现之日起依照本规定第一百七十二条重新计算侦查羁押期限。国家安全机关应当自发现之日起五日以内,经国家安全机关负责人批准,制作变更羁押期限通知书,送达看守所,并报批准逮捕的人民检察院备案。

前款规定的“另有重要罪行”,是指与逮捕时的罪不同种的重大犯罪和同种的影响罪名认定、量刑档次的重大犯罪。

第一百七十九条　犯罪嫌疑人不讲真实姓名、住址,身份不明的,应当对其身份进行调查。经国家安全机关负责人批准,侦查羁押期限自查清身份之日起计算,但是不得停止对其犯罪行为的侦查取证。

对于犯罪事实清楚,证据确实、充分,确实无法查明其身份的,可以按其自报的姓名移送人民检察院审查起诉。

第一百八十条　看守所应当凭国家安全机关签发的拘留证、逮捕证收押被拘留、逮捕的犯罪嫌疑人、被告人。犯罪嫌疑人、被告人被送至看守所羁押时,看守所应当在拘留证、逮捕证上注明犯罪嫌疑人、被告人到达看守所的时间。

查获被通缉、脱逃的犯罪嫌疑人以及执行追捕、押解任务需要临时寄押的,应当持通缉令或者其他有关法律文书并经寄押地国家安全机关负责人批准,送国家安全机关看守所寄押,看守所应当及时予以配合。

临时寄押的犯罪嫌疑人出所时,看守所应当出具羁押该犯罪嫌疑人的证明,载明该犯罪嫌疑人基本情况、羁押原因、入所和出所时间。

第一百八十一条　看守所收押犯罪嫌疑人、被告人和罪犯,应当进行健康和体表检查,并予以记录。

第一百八十二条　看守所收押犯罪嫌疑人、被告人和罪犯,应当对其人身和携带的物品进行安全检查。发现违禁物品、犯罪证据和可疑物品,应当制作笔录,由被羁押人签名、捺指印后,送办案部门处理。

对于妇女的人身检查,应当由女工作人员进行。

第七节　其他规定

第一百八十三条　对犯罪嫌疑人执行拘传、拘留、逮捕、押解过程中,应当依法使用约束性警械。遇有暴力性对抗或者暴力犯罪行为,可以依法使用制服性警械或者武器。

第一百八十四条　国家安全机关发现对犯罪嫌疑人采取强制措施不当的,应当及时撤销或者变更。犯罪嫌疑人在押的,应当及时释放。释放被逮捕的人或者变更逮捕措施的,应当通知批准逮捕的人民检察院。

第一百八十五条　犯罪嫌疑人及其法定代理人、近亲属或者辩护律师有权申请变更强制措施。国家安全机关收到申请后,应当在三日以内作出决定。同意变更的,应当制作有关法律文书,通知申请人;不同意变更的,应当制作不予变更强制措施决定书,通知申请人,并说明理由。

第一百八十六条　国家安全机关对被采取强制措施法定期限届满的犯罪嫌疑人,应当予以释放、解除取保候审、监视居住或者依法变更强制措施。

犯罪嫌疑人及其法定代理人、近亲属或者辩护律师对犯罪嫌疑人被采取强制措施法定期限届满的,有权要求国家安全机关解除。国家安全机关应当立即进行审查,对于情况属实的,依照前款规定执行。

对于犯罪嫌疑人、被告人羁押期限即将届满的,看守所应当立即通知办案部门。

第一百八十七条　取保候审变更为监视居住的,取保候审、监视居住变更为拘留、逮捕的,对原强制措施不再办理解除法律手续。

第一百八十八条　案件在取保候审、监视居住期间移送审查起诉后,人民检察院决定重新取保候审、监视居住或者变更强制措施的,对原强制措施不再办理解除法律手续。

第一百八十九条　国家安全机关依法对县级以上各级人民代表大会代表拘传、取保候审、监视居住、拘留或者提请批准逮捕的,应当按照《中华人民共和国全国人民代表大会和地方各级人民代表大会代表法》和有关规定办理。

第一百九十条　有下列情形之一的,属于本章中规定的“无法通知”:

(一)犯罪嫌疑人不讲真实姓名、住址、身份不明的;

(二)犯罪嫌疑人无家属的;

(三)提供的家属联系方式无法取得联系的;

(四)因自然灾害等不可抗力导致无法通知的。

第七章　立案、撤案
第一节　受　案

第一百九十一条　国家安全机关对于公民扭送、报案、控告、举报或者犯罪嫌疑人自动投案的，都应当接受，问明情况，并制作笔录，经核对无误后，由扭送人、报案人、控告人、举报人、投案人确认并签名、捺指印。必要时，应当对接受过程录音录像。

第一百九十二条　国家安全机关对扭送人、报案人、控告人、举报人、投案人提供的有关证据材料等，应当登记制作接受证据材料清单，由扭送人、报案人、控告人、举报人、投案人签名。必要时，应当拍照或者录音录像。

第一百九十三条　国家安全机关接受案件时，应当制作接受刑事案件登记表，并出具回执，将回执交扭送人、报案人、控告人、举报人。扭送人、报案人、控告人、举报人无法取得联系或者拒绝接受回执的，应当注明。

第一百九十四条　国家安全机关接受控告、举报的工作人员，应当向控告人、举报人说明诬告应负的法律责任。但是，只要不是捏造事实、伪造证据，即使控告、举报的事实有出入，甚至是错告的，也要和诬告严格加以区别。

第一百九十五条　扭送人、报案人、控告人、举报人如果不愿意公开自己的身份和扭送、报案、控告、举报的行为，国家安全机关应当在材料中注明，并为其保守秘密。

第一百九十六条　国家安全机关对行政机关、其他侦查机关移送的犯罪案件线索或者犯罪嫌疑人，应当依照本规定第一百九十一条、第一百九十二条和第一百九十三条的规定，办理相关受案手续。

第一百九十七条　国家安全机关对接受的案件，或者发现的案件线索，应当迅速进行审查。

对于在审查中发现案件事实或者线索不明的，必要时，经国家安全机关负责人批准，可以进行调查核实。

调查核实过程中，国家安全机关可以依照有关法律和规定采取不限制被调查对象人身、财产权利的措施。

第一百九十八条　国家安全机关经过审查，认为有犯罪事实，但不属于自己管辖的，应当经国家安全机关负责人批准，制作移送案件通知书，及时移送有管辖权的机关处理，并且通知扭送人、报案人、控告人、举报人和移送案件的机关。对于不属于自己管辖而又必须采取紧急措施的，应当先采取紧急措施，然后办理手续，移送主管机关。

对不属于国家安全机关职责范围的事项，在接报案时能够当场判断的，应当立即口头告知扭送人、报案人、控告人、举报人向其他主管机关报案。

第一百九十九条　经过审查，对于不够刑事处罚需要给予行政处理的，依法予以处理或者移送有关部门。

第二节　立　案

第二百条　国家安全机关对于接受的案件，或者发现的案件线索，经过审查，认为有犯罪事实，需要追究刑事责任，且属于自己管辖的，应当经国家安全机关负责人批准，制作立案决定书，予以立案；认为没有犯罪事实，或者犯罪事实显著轻微不需要追究刑事责任，或者具有其他依法不追究刑事责任情形的，经国家安全机关负责人批准，不予立案，并制作不立案通知书，书面通知移送案件的机关或者控告人。

决定不予立案后又发现新的事实或者证据，或者发现原认定事实错误，需要追究刑事责任的，应当及时立案处理。

第二百零一条　控告人对不予立案决定不服的，可以在收到不予立案通知书后七日以内向作出决定的国家安全机关申请复议；国家安全机关应当在收到复议申请后三十日以内作出决定，并将决定书送达控告人。控告人对不予立案的复议决定不服的，可以在收到复议决定书后七日以内向上一级国家安全机关申请复核；上一级国家安全机关应当在收到复核申请后三十日以内作出决定。对上级国家安全机关撤销不予立案决定的，下级国家安全机关应当执行。案情重大、复杂的，国家安全机关可以延长复议、复核时限，但是延长时限不得超过三十日，并书面告知申请人。

移送案件的行政执法机关对不予立案决定不服的，可以在收到不予立案通知书后三日以内向作出决定的国家安全机关申请复议；国家安全机关应当在收到行政执法机关的复议申请后三日以内作出决定，并书面通知移送案件的行政执法机关。

第二百零二条　人民检察院要求国家安全机关说明不立案理由的，国家安全机关应当在收到人民检察院法律文书之日起七日以内，制作不立案理由说明书，说明不立案的情况、依据和理由，回复人民检察院。国家安全机关作出立案决定的，应当将立案决定书复印件送达人民检察院。

人民检察院通知国家安全机关予以立案的，国家安全机关应当在收到立案通知后十五日以内立案，并将立案决定书复印件送达人民检察院。

第二百零三条　人民检察院认为国家安全机关不应当立案而立案，提出纠正意见的，国家安全机关应当进行调查核实，并将有关情况回复人民检察院。

第二百零四条　经立案侦查，认为有犯罪事实需要追究刑事责任，但不属于自己管辖或者需要由其他国家安全机关并案侦查的案件，经国家安全机关负责人批准，制作移送案件通知书，移送有管辖权的机关或者并案侦查的国家安全机关，并在移送案件后三日以内书面通知扭送人、报案人、控告人、举报人或者移送案件的机关；犯罪嫌疑人已经到案的，应当依照本规定的有关规定通知其家属。

第二百零五条　案件变更管辖或者移送其他国家安全机关并案侦查时，与案件有关的法律文书、证据、财物及其孳息应当随案移交。

移交时，由接收人、移交人当面查点清楚，并在交接单据上共同签名。

第三节　撤　案

第二百零六条　经过侦查，发现具有下列情形之一的，应当撤销案件：

（一）没有犯罪事实的；

（二）情节显著轻微、危害不大，不认为是犯罪的；

（三）犯罪已过追诉时效期限的；

（四）经特赦令免除刑罚的；

（五）犯罪嫌疑人死亡的；

（六）其他依法不追究刑事责任的。

对于经过侦查，发现有犯罪事实需要追究刑事责任，但不是被立案侦查的犯罪嫌疑人实施的，或者共同犯罪案件中部分犯罪嫌疑人不够刑事处罚的，应当对有关犯罪嫌疑人终止侦查，并对该案件继续侦查。

第二百零七条　需要撤销案件或者对犯罪嫌疑人终止侦查的，应当报国家安全机关负责人批准。

国家安全机关决定撤销案件或者对犯罪嫌疑人终止侦查时，原犯罪嫌疑人在押的，应当立即释放，发给释放证明书。原犯罪嫌疑人被逮捕的，应当通知原批准逮捕的人民检察院。对原犯罪嫌疑人采取其他强制措施的，应当立即解除强制措施；需要行政处理的，依法予以处理或者移交有关部门。

对于查封、扣押的财物及其孳息、文件，或者冻结的财产，除按照法律和有关规定另行处理的以外，应当解除查封、扣押、冻结，并及时返还或者通知当事人。

第二百零八条　犯罪嫌疑人自愿如实供述涉嫌犯罪的事实，有重大立功或者案件涉及国家重大利益，需要撤销案件的，办理案件的国家安全机关应当层报国家安全部，由国家安全部提请最高人民检察院核准后撤销案件。报请撤销案件的国家安全机关应当同时将相关情况通报同级人民检察院。

根据前款规定撤销案件的，国家安全机关应当及时对查封、扣押、冻结的财物及其孳息作出处理。

第二百零九条　国家安全机关作出撤销案件决定后，应当在三日以内告知原犯罪嫌疑人、被害人或者其近亲属、法定代理人以及移送案件的机关。

国家安全机关作出终止侦查决定后，应当在三日以内告知原犯罪嫌疑人。

第二百一十条　国家安全机关撤销案件以后又发现新的事实或者证据，或者发现原认定事实错误，认为有犯罪事实需要追究刑事责任的，应当重新立案侦查。

对犯罪嫌疑人终止侦查以后又发现新的事实或者证据，或者发现原认定事实错误，需要对其追究刑事责任的，应当继续侦查。

第八章　侦　查
第一节　一般规定

第二百一十一条　国家安全机关对已经立案的刑事案件，应当进行侦查，全面、客观地收集、调取犯罪嫌疑人有罪或者无罪、罪轻或者罪重的证据材料。

第二百一十二条　国家安全机关经过侦查，对有证据证明有犯罪事实的案件，应当进行预审，对收集、调取的证据材料的真实性、合法性、关联性及证明力予以审查。

第二百一十三条　国家安全机关侦查犯罪，应当严格依照法律规定的条件和程序采取强制措施和侦查措施，严禁在没有证据的情况下，仅凭怀疑就对犯罪嫌疑人采取强制措施和侦查措施。

国家安全机关依法查封、扣押、冻结涉案财物，应当为犯罪嫌疑人及其所扶养的亲属保留必需的生活费用和物品，减少对涉案单位正常办公、生产、经营等活动的影响。严禁在立案之前查封、扣押、冻结财物，不得查封、扣押、冻结与案件无关的财物。对查封、扣押、冻结的财物，应当及时进行审查。能够保证侦查活动正常进行的，可以允许有关当事人继续合理使用有关涉案财物，但应当采取必要的保值、保管措施。

第二百一十四条　国家安全机关开展勘验、检查、搜查、辨认、查封、扣押等侦查活动，应当邀请有关公民作为见证人。

下列人员不得担任侦查活动的见证人：

（一）生理上、精神上有缺陷或者年幼，不具有相应辨别能力或者不能正确表达的人；

（二）与案件有利害关系，可能影响案件公正处理的人；

（三）国家安全机关的工作人员或者其聘用的人员。

确因客观原因无法由符合条件的人员担任见证人的，应当对有关侦查活动进行全程录音录像，并在笔录中注明有关情况。

第二百一十五条　国家安全机关侦查犯罪，涉及国家秘密、工作秘密、商业秘密和个人隐私、个人信息的，应当保密。

第二百一十六条　当事人和辩护人、诉讼代理人、利害关系人对于国家安全机关及其侦查人员有下列行为之一的，有权向该机关申诉或者控告：

（一）采取强制措施法定期限届满，不予以释放、解除或者变更的；

（二）应当退还取保候审保证金不退还的；

（三）对与案件无关的财物采取查封、扣押、冻结措施的；

（四）应当解除查封、扣押、冻结不解除的；

（五）贪污、挪用、私分、调换、违反规定使用查封、扣押、冻结的财物的。

受理申诉或者控告的国家安全机关应当及时进行调查核实，并在收到申诉、控告之日起三十日以内作出处理决定，书面回复申诉人、控告人。发现国家安全机关及其侦查人员有上述行为之一的，应当立即纠正。

申诉人、控告人对处理决定不服的，可以向同级人民检察院申诉。人民检察院提出纠正意见，国家安全机关应当纠正并及时将处理情况回复人民检察院。

第二节　讯问犯罪嫌疑人

第二百一十七条　讯问犯罪嫌疑人应当在讯问室进行。下列情形除外：

（一）紧急情况下在现场进行讯问的；

（二）对有严重伤病或者残疾、行动不便的，以及正在怀孕的犯罪嫌疑人，在其住处或者就诊的医疗机构进行讯问的。

对于已送交看守所羁押的犯罪嫌疑人，应当在看守所讯问室进行讯问。

对于正在被执行行政拘留、强制隔离戒毒的人员以及正在监狱服刑的罪犯，可以在其执行场所进行讯问。

对于不需要逮捕、拘留的犯罪嫌疑人，经办案部门负责人批准，可以传唤到犯罪嫌疑人所在市、县内的指定地点或者到他的住处进行讯问。

第二百一十八条　传唤犯罪嫌疑人时，应当出示传唤证和人民警察证或者侦察证，责令其在传唤证上签名、捺指印。

犯罪嫌疑人到案后，应当由其在传唤证上填写到案时间。传唤结束后，应当责令其在传唤证上填写传唤结束时间。

对于在现场发现的犯罪嫌疑人，侦查人员经出示人民警察证或者侦察证，可以口头传唤，并将传唤的原因和依据告知被传唤人。讯问笔录中应当注明犯罪嫌疑人到案经过，并由犯罪嫌疑人注明到案时间和传唤结束时间。

对自动投案或者群众扭送到国家安全机关的犯罪嫌疑人，可以依法传唤。

第二百一十九条　传唤持续的时间从犯罪嫌疑人到案时开始计算，不得超过十二小时；案情特别重大、复杂，需要采取拘留、逮捕措施的，经办案部门负责人批准，传唤持续的时间不得超过二十四小时。不得以连续传唤的形式变相拘禁犯罪嫌疑人。

传唤期限届满，未作出采取其他强制措施决定的，应当立即结束传唤。

第二百二十条　传唤、拘传、讯问犯罪嫌疑人，应当保证犯罪嫌疑人的饮食和必要的休息时间，并记录在案。

第二百二十一条　讯问犯罪嫌疑人，应当由国家安全机关侦查人员进行。讯问时，侦查人员不得少于二人。

讯问同案的犯罪嫌疑人，应当个别进行。

第二百二十二条　第一次讯问犯罪嫌疑人，侦查人员应当告知犯罪嫌疑人所享有的诉讼权利和应履行的诉讼义务，并在笔录中予以注明。

第一次讯问，应当问明犯罪嫌疑人的基本情况。

第二百二十三条　侦查人员讯问犯罪嫌疑人时，应当首先讯问犯罪嫌疑人是否有犯罪行为，并告知犯罪嫌疑人享有的诉讼权利，如实供述自己罪行可以从宽处理和认罪认罚的法律规定，让其陈述有罪的情节或者无罪的辩解，然后向其提出问题。犯罪嫌疑人对侦查人员的提问，应当如实回答。但是对与本案无关的问题，有拒绝回答的权利。

第二百二十四条　讯问聋、哑的犯罪嫌疑人，应当有通晓聋、哑手势的人参加，并在讯问笔录中注明犯罪嫌疑人的聋、哑情况。

讯问不通晓当地通用的语言文字的犯罪嫌疑人，应当配备翻译人员。

翻译人员的姓名、工作单位和职业等基本情况应当记录在案。

第二百二十五条　侦查人员应当将问话和犯罪嫌疑人的供述或者辩解如实地记录清楚。制作讯问笔录应当使用能够长期保持字迹的材料。

第二百二十六条　讯问犯罪嫌疑人时，犯罪嫌疑人或者辩护律师提出下列情况的，应当予以核实：

（一）犯罪嫌疑人在犯罪后投案自首，如实供述自己罪行，或者被采取强制措施后如实供述国家安全机关尚未掌握的其本人其他罪行的；

（二）犯罪嫌疑人有揭发他人犯罪行为，或者提供线索，从而得以侦破其他案件等立功表现的。

第二百二十七条　讯问笔录应当交犯罪嫌疑人核对。犯罪嫌疑人没有阅读能力的，应当向其宣读。如果记录有遗漏或者差错，犯罪嫌疑人可以提出补充或者改正。笔录中修改的地方应当经犯罪嫌疑人阅看、捺指印。犯罪嫌疑人核对无误后，应当逐页签名、捺指印，并在末页写明"以上笔录我看过（或：向我宣读过），和我说的相符"，同时签名、注明日期并捺指印。

侦查人员、翻译人员应当在讯问笔录中签名。

第二百二十八条　犯罪嫌疑人请求自行书写供述的，应当准许。必要时，侦查人员也可以要求犯罪嫌疑人书写亲笔供词。犯罪嫌疑人应当在亲笔供词的末页签名、注明书写日期，并捺指印。侦查人员收到后，应当在首页右上方写明"于某年某月某日收到"，并签名。

第二百二十九条　讯问犯罪嫌疑人，在文字记录的同时，可以对讯问过程进行录音或者录像；对于可能判处无期徒刑、死刑的案件或者其他重大犯罪案件，应当对讯问过程进行全程同步录音或者录像。录音或者录像应当全程同步不间断进行，保持完整性。不得选择性地录制，不得剪接、删改。

侦查人员应当告知犯罪嫌疑人将对讯问过程进行全程同步录音或者录像，告知情况应当在录音录像中予以反映，并在讯问笔录中注明。

对于人民检察院、人民法院根据需要调取讯问犯罪嫌疑人的录音或者录像的，国家安全机关应当及时提供。涉及国家秘密的，应当保密。

第二百三十条　对于犯罪嫌疑人供述的犯罪事实、无罪或者罪轻的事实、申辩和反证，以及犯罪嫌疑人提供的证明自己无罪、罪轻的证据，国家安全机关应当认真核实；对有关证据，无论是否采信，都应当如实记录、妥善保管，并连同核实情况附卷。

犯罪嫌疑人自愿认罪的，国家安全机关应当记录在案，随案移送。

第二百三十一条　重大案件侦查终结前，应当及时制作重大案件即将侦查终结通知书，通知人民检察院驻看守所检察人员对讯问合法性进行核查。经核实确有刑讯逼供等非法取证情形的，国家安全机关应当及时排除非法证据，不得作为提请批准逮捕、移送审查起诉的根据。

第三节　询问证人、被害人

第二百三十二条　询问证人，可以在现场进行，也可以到证人所在单位、住处或者证人提出的地点进行。必要时，可以书面、电话或者当场通知证人到国家安全机关提供证言。

在现场询问证人，侦查人员应当出示人民警察证或者侦察证。

到证人所在单位、住处或者证人提出的地点询问证人，应当经办案部门负责人批准，制作询问通知书。询问前，侦查人员应当出示询问通知书和人民警察证或者侦察证。

询问证人应当个别进行。

第二百三十三条　询问证人，应当由国家安全机关侦查人员进行。询问时，侦查人员不得少于二人。

第二百三十四条　询问证人，应当问明证人的基本情况、与犯罪嫌疑人的关系，告知证人必须如实提供证据、证言，以及有意作伪证或者隐匿罪证、泄露国家秘密应负的法律责任。问明和告知的情况，应当记录在案。

询问证人需要录音或者录像的，应当事先征得证人同意。

第二百三十五条　侦查人员不得向证人泄露案情或者表示对案件的看法，严禁采用拘禁、暴力、威胁、引诱、欺骗以及其他非法方法询问证人。

第二百三十六条　本规定第二百二十四条、第二百二十五条、第二百二十七条和第二百二十八条的规定，也适用于询问证人。

第二百三十七条　询问被害人，适用本节规定。

第四节　勘验、检查

第二百三十八条　侦查人员对与犯罪有关的场所、物品、文件、人身、尸体应当进行勘验或者检查，及时提取、采集与案件有关的痕迹、物证、生物样本、图像等。必要时，可以指派或者聘请具有专门知识的人，在侦查人员的主持下进行勘验、检查。

侦查人员执行勘验、检查，不得少于二人，并应持有有关证明文件。

第二百三十九条　勘验现场，应当拍摄现场照片、绘制现场图，制作笔录，由参加勘查的人和见证人签名。对重大案件的现场，应当录像。

第二百四十条　为了确定被害人、犯罪嫌疑人的某些特征、生理状态或者伤害情况，侦查人员可以对人身进行检查，依法提取、采集肖像、指纹等人体生物识别信息，采集血液、尿液等生物样本。必要时，可以指派、聘请法医或者医师进行人身检查。采集血液等生物样本应当由医师进行。被害人死亡的，应当通过被害人近亲属辨认、提取生物样本鉴定等方式确定被害人身份。

犯罪嫌疑人拒绝检查、提取、采集的，侦查人员认为必要的时候，经办案部门负责人批准，可以强制检查、提取、采集。

检查妇女的身体，应当由女工作人员或者医师进行。

人身检查不得采用损害被检查人生命、健康或者贬低其名誉或人格的方法。

检查的情况应当制作笔录，由参加检查的侦查人员、检查人员、被检查人员和见证人签名。

第二百四十一条　为了确定死因，经国家安全机关负责人批准，可以解剖尸体，并且通知死者家属到场，让其在解剖尸体通知书上签名。死者家属无正当理由拒不到场或者拒绝签名的，侦查人员应当注明。对身份不明的尸体，无法通知死者家属的，应当在笔录中注明。

对于已查明死因，没有继续保存必要的尸体，应当通知家属领回处理，对于无法通知或者通知后家属拒绝领回的，经国家安全机关负责人批准，可以及时处理。

第二百四十二条　国家安全机关进行勘验、检查后，人民检察院要求复验、复查的，国家安全机关应当进行复验、复查，并可以通知人民检察院派员参加。

第二百四十三条　为了查明案情，在必要的时候，经国家安全机关负责人批准，可以进行侦查实验。

侦查实验应当制作侦查实验笔录，由参加实验的人签名。必要时，应当对侦查实验过程进行录音录像。

进行侦查实验，禁止一切足以造成危险、侮辱人格或者有伤风化的行为。

第五节　搜　查

第二百四十四条　为了收集犯罪证据、查获犯罪人，经国家安全机关负责人批准，侦查人员可以对犯罪嫌疑人以及可能隐藏罪犯或者犯罪证据的人的身体、物品、住处、工作地点和其他有关的地方进行搜查。

第二百四十五条　进行搜查时，应当向被搜查人出示搜查证。执行搜查的人员不得少于二人。

搜查妇女的身体，应当由女工作人员进行。

第二百四十六条　执行拘留、逮捕的时候，遇有下列紧急情况之一的，不用搜查证也可以进行搜查：

（一）可能随身携带凶器的；

（二）可能隐藏爆炸、剧毒等危险物品的；

（三）可能隐匿、毁弃、转移犯罪证据的；

（四）可能隐匿其他犯罪嫌疑人的；

（五）其他突然发生的紧急情况。

搜查结束后，应当及时补办有关批准手续。

第二百四十七条　在搜查的时候，应当有被搜查人或者他的家属，邻居或者其他见证人在场。

国家安全机关可以要求有关单位和个人交出可以证明犯罪嫌疑人有罪或者无罪的物证、书证、视听资料等证据。遇到阻碍搜查的，侦查人员可以决定强制搜查，并记录在案。

第二百四十八条　搜查的情况应当制作笔录，由侦查人员和被搜查人或者他的家属，邻居或者其他见证人签名。

被搜查人拒绝签名，或者被搜查人在逃，其家属拒绝签名或者不在场的，侦查人员应当注明。

第六节　查封、扣押

第二百四十九条　在侦查中发现的可用以证明犯罪嫌疑人有罪或者无罪的各种财物、文件，应当查封、扣押；但与案件无关的财物、文件，不得查封、扣押。

持有人或者保管人拒绝交出应当查封、扣押的财物、文件的，国家安全机关可以强制查封、扣押。

第二百五十条　在侦查过程中需要查封、扣押财物、文件的，应当经国家安全机关负责人批准，制作查封、扣押决定书。执行查封、扣押的侦查人员不得少于二人。

在现场勘查、执行拘留、逮捕、搜查时，需要扣押财物、文件的，由现场负责人决定。执行扣押后，应当按前款规定及时补办有关批准手续。

第二百五十一条　查封、扣押的情况应当制作笔录，由侦查人员、持有人或者保管人、见证人签名。

对于查封、扣押的财物、文件，侦查人员应当会同在场的见证人、持有人或者保管人查点清楚，当场制作查封、扣押财物、文件清单一式三份，写明财物、文件的名称、编号、数量、特征及其来源等，由侦查人员、见证人、持有人或者保管人签名，一份交持有人或者保管人，一份附卷备查，一份交物证保管人员。

对于持有人、保管人无法确定或者不在现场的,侦查人员应当注明。

第二百五十二条　对作为犯罪证据但不便提取或者没有必要提取的财物、文件,经登记、拍照或者录音录像、估价后,可以交财物、文件持有人保管或者封存,并且开具登记保存清单一式两份,由侦查人员、持有人和见证人签名,一份交给财物、文件持有人,另一份连同照片或者录音录像资料附卷备查。财物、文件持有人应当妥善保管,不得转移、变卖、毁损。

第二百五十三条　对于应当查封土地、房屋等不动产和置于该不动产上不宜移动的设施、家具和其他相关财物,以及涉案的车辆、船舶、航空器和大型机器、设备等财物的,必要时可以扣押其权利证书,经拍照或者录像后原地封存,并在查封清单中注明相关财物的详细地址和相关特征,同时注明已经拍照或者录像及其权利证书已被扣押。

国家安全机关查封不动产和置于该不动产上不宜移动的设施、家具和其他相关财物,以及涉案的车辆、船舶、航空器和大型机械、设备等财物,应当在保证侦查活动正常进行的同时,尽量不影响有关当事人的正常生活和生产经营活动。必要时,可以将被查封的财物交持有人或者其近亲属保管,并书面告知保管人对被查封的财物应当妥善保管,不得擅自处置。

第二百五十四条　查封土地、房屋等涉案不动产,需要查询不动产权属情况的,应当制作协助查询财产通知书。

国家安全机关侦查人员到自然资源、房地产管理等有关部门办理查询时,应当出示人民警察证或者侦察证,提交协助查询财产通知书。自然资源、房地产管理等有关部门应当及时协助国家安全机关办理查询事项。国家安全机关查询并复制的有关书面材料,由权属登记机构或者权属档案管理机构加盖印章。因情况特殊,不能当场提供查询的,应当在五日以内提供查询结果。无法查询的,有关部门应当在五日以内书面告知国家安全机关。

第二百五十五条　查封、扣押外币、金银珠宝、文物、名贵字画以及其他不易辨别真伪的贵重物品,具备当场密封条件的,应当当场密封,由二名以上侦查人员在密封材料上签名并记明密封时间。不具备当场密封条件的,应当在笔录中记明,以拍照、录像等方法加以保全后进行封存。查封、扣押的贵重物品需要鉴定的,应当及时鉴定。

对于需要启封的财物和文件,应当由二名以上侦查人员共同办理。重新密封时,由二名以上侦查人员在密封材料上签名、记明时间。

第二百五十六条　对于不宜随案移送的物品,应当移送相关清单、照片或者其他证明文件。

第二百五十七条　对于因自身材质原因易损毁、灭失、腐烂、变质而不宜长期保存的食品、药品及其原材料等物品,长期不使用容易导致机械性能下降、价值贬损的车辆、船舶等物品,市场价格波动大的债券、股票、基金份额等财产和有效期即将届满的汇票、本票、支票等,权利人明确的,经其本人书面同意或者申请,并经设区的市级以上国家安全机关负责人批准,可以依法变卖、拍卖,所得款项存入本单位唯一合规账户;其中,对于冻结的债券、股票、基金份额等财产,有对应的银行账户的,应当将变现后的款项继续冻结在对应账户中。

善意第三人等案外人与涉案财物处理存在利害关系的,国家安全机关应当告知其相关诉讼权利。

第二百五十八条　对于违禁品,应当依照国家有关规定处理;对于需要作为证据使用的,应当在诉讼终结后处理。

第二百五十九条　需要扣押犯罪嫌疑人的邮件、电子邮件、电报的,应当经国家安全机关负责人批准,制作扣押邮件、电报通知书,通知邮电部门或者网络运营者将有关的邮件、电子邮件、电报检交扣押。

不需要继续扣押的,应当经国家安全机关负责人批准,制作解除扣押邮件、电报通知书,通知有关单位。

第二百六十条　对于查封、扣押的财物、文件、邮件、电子邮件、电报,经查明确实与案件无关的,应当在三日以内解除查封、扣押,退还原主或者原邮电部门、网络运营者;原主不明确的,应当采取公告方式告知原主认领。在通知原主或者公告后六个月以内,无人认领的,按照无主财物处理,登记后上缴国库。

第二百六十一条　有关犯罪事实查证属实后,对于有证据证明权属明确且无争议的被害人合法财产及其孳息,且返还不损害其他被害人或者利害关系人的利益,不影响案件正常办理的,应当在登记、拍照或者录音录像和估价后,报经国家安全机关负责人批准,开具发还清单返还,并在案卷材料中注明返还的理由,将原物照片、发还清单和被害人的领取手续存卷备查。

领取人应当是涉案财物的合法权利人或者其委托的人;委托他人领取的,应当出具委托书。侦查人员或者国家安全机关其他工作人员不得代为领取。

查找不到被害人,或者通知被害人后,无人领取的,应当将有关财产及其孳息随案移送。

第二百六十二条　对查封、扣押的财物及其孳息、文件，国家安全机关应当妥善保管，以供核查。任何单位和个人不得违规使用、调换、损毁、截留、坐支、私分或者擅自处理。

国家安全机关应当依照有关规定，严格管理涉案财物，及时办理涉案财物的移送、返还、变卖、拍卖、销毁、上缴国库等工作。

第七节　查询、冻结

第二百六十三条　国家安全机关根据侦查犯罪的需要，可以依照规定查询、冻结犯罪嫌疑人的存款、汇款、证券交易结算资金、期货保证金等资金，债券、股票、基金份额和其他证券，以及股权、保单权益和其他投资权益等财产，并可以要求有关单位和个人予以配合。

对于前款规定的财产，不得划转、转账或者以其他方式变相扣押。

第二百六十四条　查询、冻结犯罪嫌疑人的存款、汇款、证券交易结算资金、期货保证金等资金，债券、股票、基金份额和其他证券，以及股权、保单权益和其他投资权益等财产，应当经国家安全机关负责人批准，制作查询财产通知书或者冻结财产通知书，通知银行和其他单位执行。

第二百六十五条　涉案账户较多，属于同一省、自治区、直辖市内的不同地区，或者分属不同省、自治区、直辖市，国家安全机关需要对其集中查询、冻结的，可以按照有关规定，由办案地国家安全机关指派二名以上侦查人员持相关法律文书和人民警察证或者侦察证，通过有关银行和其他单位办理。

第二百六十六条　需要延长冻结期限的，应当按照原批准程序，在冻结期限届满前办理继续冻结手续。逾期不办理继续冻结手续的，视为自动解除冻结。

第二百六十七条　不需要继续冻结犯罪嫌疑人财产时，应当按照原批准程序，制作协助解除冻结财产通知书，通知银行和其他单位协助办理。

第二百六十八条　犯罪嫌疑人的财产已被冻结的，不得重复冻结，但可以轮候冻结。

第二百六十九条　冻结存款、汇款、证券交易结算资金、期货保证金等财产的期限为六个月。每次续冻期限最长不得超过六个月。对于重大、复杂案件，经设区的市级以上国家安全机关负责人批准，冻结存款、汇款、证券交易结算资金、期货保证金等财产的期限可以为一年。每次续冻期限最长不得超过一年。

冻结债券、股票、基金份额等证券的期限为二年。每次续冻期限最长不得超过二年。

冻结股权、保单权益或者投资权益的期限为六个月。每次续冻期限最长不得超过六个月。

第二百七十条　对于冻结的债券、股票、基金份额等财产，应当告知当事人或者其法定代理人、委托代理人有权申请出售。

权利人申请出售被冻结的债券、股票、基金份额等财产，不损害国家利益、被害人、其他权利人利益，不影响诉讼正常进行的，以及冻结的汇票、本票、支票的有效期即将届满的，经国家安全机关负责人批准，可以依法出售或者变现，所得价款应当继续冻结在其对应的银行账户中；没有对应的银行账户的，所得价款由国家安全机关在银行指定专门账户保管，并及时告知当事人或者其近亲属。

第二百七十一条　对冻结的财产，经查明确实与案件无关的，应当在三日以内通知银行和其他单位解除冻结，并通知被冻结财产的所有人。

第八节　鉴定

第二百七十二条　为了查明案情，解决案件中某些专门性问题，国家安全机关可以指派有鉴定资格的人进行鉴定，或者聘请具有合法资质的鉴定机构的鉴定人进行鉴定。

需要聘请鉴定人的，经国家安全机关负责人批准，制作鉴定聘请书。

第二百七十三条　国家安全机关应当为鉴定人进行鉴定提供必要的条件。

及时向鉴定人送交有关检材和对比样本等原始材料，介绍与鉴定有关的情况，并且明确提出要求鉴定解决的问题。

禁止暗示或者强迫鉴定人作出某种鉴定意见。

第二百七十四条　侦查人员应当做好检材的保管和送检工作，确保检材在流转环节的同一性和不被污染。

第二百七十五条　鉴定人应当按照鉴定规则，运用科学方法独立进行鉴定。鉴定后，应当出具鉴定意见，并在鉴定意见书上签名，由鉴定机构加盖鉴定机构司法鉴定专用章，同时附上鉴定机构和鉴定人的资质证明或者其他证明文件。

多人参加鉴定，鉴定人有不同意见的，应当注明。

鉴定人故意作虚假鉴定的，应当承担法律责任。

第二百七十六条　对于鉴定人出具的鉴定意见，国家安全机关应当进行审查。发现文字表达有瑕疵或者错别字，但不影响司法鉴定意见的，可以要求司法鉴定机构对鉴定意见进行补正。

对于经审查作为证据使用的鉴定意见，国家安全机关应当制作鉴定意见通知书，及时告知犯罪嫌疑人或者其法定代理人、被害人或者其家属。

第二百七十七条　犯罪嫌疑人、被害人对鉴定意见有异议提出申请，以及办案部门或者侦查人员对鉴定意见有疑义的，可以将鉴定意见送交其他有专门知识的人员提出意见。必要时，询问鉴定人并制作笔录附卷。

第二百七十八条　经审查，发现有下列情形之一的，经国家安全机关负责人批准，应当补充鉴定：

（一）鉴定内容有明显遗漏的；

（二）发现新的有鉴定意义的证物的；

（三）对鉴定证物有新的鉴定要求的；

（四）鉴定意见不完整，委托事项无法确定的；

（五）其他需要补充鉴定的情形。

经审查，不符合上述情形的，经国家安全机关负责人批准，作出不予补充鉴定的决定，并在作出决定后三日以内书面通知申请人。

第二百七十九条　经审查，发现有下列情形之一的，经国家安全机关负责人批准，应当重新鉴定：

（一）鉴定程序违法或者违反相关专业技术要求的；

（二）鉴定机构、鉴定人不具备鉴定资质和条件的；

（三）鉴定人故意作虚假鉴定或者违反回避规定的；

（四）鉴定意见依据明显不足的；

（五）检材虚假或者被损坏的；

（六）其他应当重新鉴定的情形。

重新鉴定，应当另行指派或者聘请鉴定人。

经审查，不符合上述情形的，经国家安全机关负责人批准，作出不予重新鉴定的决定，并在作出决定后三日以内书面通知申请人。

第二百八十条　公诉人、当事人或者辩护人、诉讼代理人对司法鉴定机构出具的鉴定意见有异议，经人民法院依法通知的，鉴定人应当出庭作证。

第二百八十一条　对犯罪嫌疑人作精神病鉴定的时间不计入办案期限，其他鉴定时间应当计入办案期限。

第九节　辨　认

第二百八十二条　为了查明案情，在必要的时候，侦查人员可以让犯罪嫌疑人或者证人、被害人对与犯罪有关的物品、文件、尸体、场所或者犯罪嫌疑人进行辨认。

第二百八十三条　辨认应当在侦查人员的主持下进行，主持辨认的侦查人员不得少于二人。

第二百八十四条　几名辨认人对同一辨认对象进行辨认时，应当由每名辨认人个别进行。

第二百八十五条　辨认时，应当首先让辨认人说明被辨认对象的特征，并在辨认笔录中注明，必要时，可以有见证人在场。

辨认时，应当将辨认对象混杂在特征相类似的其他对象中，不得在辨认前向辨认人展示辨认对象及其影像资料，不得给辨认人任何暗示。

辨认犯罪嫌疑人时，被辨认的人数不得少于七人；对犯罪嫌疑人照片进行辨认的，不得少于十人的照片。

辨认物品时，混杂的同类物品不得少于五件；对物品的照片进行辨认的，不得少于十个物品的照片。

对场所、尸体等特定辨认对象进行辨认，或者辨认人能够准确描述物品独有特征的，或者物品已经损坏、变形的，陪衬物不受数量的限制。

第二百八十六条　对犯罪嫌疑人的辨认，辨认人不愿意公开进行的，可以在不暴露辨认人的情况下进行，并应当为其保守秘密。

第二百八十七条　对辨认经过和结果，应当制作辨认笔录，由侦查人员、辨认人、见证人签名。必要时，应当对辨认过程进行录音录像。

辨认笔录和被辨认对象的照片、录音、录像等资料，应当一并附卷。

第十节　技术侦查

第二百八十八条　国家安全机关在立案后，对于危害国家安全犯罪、恐怖活动犯罪等案件，依照刑事诉讼法需要采取技术侦查措施的，应当经设区的市级以上国家安全机关负责人批准，制作采取技术侦查措施决定书。情况紧急需要立即采取技术侦查措施的，经设区的市级以上国家安全机关负责人批准后，可以先行采取技术侦查措施，但应当在四十八小时以内补办采取技术侦查措施的审批手续。逾期未办理的，应当立即停止技术侦查措施，并仍应补办手续。

批准采取技术侦查措施的决定自签发之日起三个月内有效，对于不需要继续采取技术侦查措施的，应当及时解除。对于复杂、疑难案件，期限届满仍有必要继续采取技术侦查措施的，应当经设区的市级以上国家安全机关负责人批准，制作延长技术侦查措施期限决定书，批准延长期限，每次不得超过三个月。有效期限届满，负责技术侦查的部门应当立即解除技术侦查措施。

第二百八十九条　技术侦查措施包括记录监控、行踪监控、通信监控、场所监控等措施。

技术侦查措施的适用对象是犯罪嫌疑人、被告人以及与犯罪活动直接关联的人员。

第二百九十条　采取技术侦查措施,应当严格按照批准的措施种类、适用对象和期限执行。

在采取技术侦查措施期间,需要变更技术侦查措施种类或者适用对象的,应当重新办理批准手续。

第二百九十一条　侦查人员对采取技术侦查措施过程中知悉的国家秘密、工作秘密、商业秘密和个人隐私、个人信息,应当保密。

采用技术侦查措施获取的材料,应当严格依照有关规定存放,只能用于对犯罪的侦查、起诉和审判,不得用于其他用途。

采取技术侦查措施收集的与案件无关的材料,必须及时销毁,并制作销毁记录。

第二百九十二条　采取技术侦查措施收集的材料在刑事诉讼中可以作为证据使用。

采取技术侦查措施收集的材料作为证据使用的,批准采取技术侦查措施的法律文书应当附卷。

第二百九十三条　国家安全机关依法采取技术侦查措施,有关单位和个人应当配合,并对有关情况予以保密。

第二百九十四条　为了查明案情,在必要的时候,经设区的市级以上国家安全机关负责人决定,可以由有关人员隐匿其身份实施侦查。但是,不得诱使他人犯罪,不得采用可能危害公共安全或者发生重大人身危险的方法。

第二百九十五条　对于涉及给付违禁品或者财物的犯罪活动,为查明参与该项犯罪的人员和犯罪事实,根据侦查需要,经设区的市级以上国家安全机关负责人决定,可以实施控制下交付。

第二百九十六条　实施隐匿身份侦查和控制下交付收集的材料在刑事诉讼中可以作为证据使用。

使用隐匿身份侦查和控制下交付收集的材料作为证据时,可能危及隐匿身份人员的人身安全,或者可能产生其他严重后果的,应当采取不暴露有关人员身份等保护措施。

第十一节　通　缉

第二百九十七条　对于应当逮捕的犯罪嫌疑人在逃的,或者越狱逃跑的犯罪嫌疑人、被告人或者罪犯,国家安全机关可以发布通缉令,采取有效措施,追捕归案。

各级国家安全机关在自己管辖的地区以内,可以直接发布通缉令;超出自己管辖的地区,应当报请有权决定的上级国家安全机关发布。

通缉令的发送范围,由签发通缉令的国家安全机关负责人决定。

第二百九十八条　通缉令中应当尽可能写明被通缉人的姓名、别名、曾用名、绰号、性别、年龄、民族、籍贯、出生地、户籍所在地、居住地、职业、身份证号码、衣着和体貌特征、口音、行为习惯,并附被通缉人近期照片,可以附指纹及其他物证的照片。除了必须保密的事项以外,应当写明发案的时间、地点和简要案情。

第二百九十九条　通缉令发出后,如果发现新的重要情况可以补发通报。通报必须注明原通缉令的编号和日期。

第三百条　国家安全机关接到通缉令后,应当及时布置查缉。抓获犯罪嫌疑人后,经设区的市级以上国家安全机关负责人批准,凭通缉令或者相关法律文书羁押,并通知通缉令发布机关进行核实,办理交接手续。

第三百零一条　需要对犯罪嫌疑人在口岸采取边控措施的,应当按照有关规定办理边控手续。

第三百零二条　为发现重大犯罪线索,追缴涉案财物、证据,查获犯罪嫌疑人,必要时,经国家安全机关负责人批准,可以发布悬赏通告。

悬赏通告应当写明悬赏对象的基本情况和赏金的具体数额。

第三百零三条　通缉令、悬赏通告应当广泛张贴,并可以通过广播、电视、报刊、网络等方式发布。

第三百零四条　被通缉的犯罪嫌疑人已经自动投案、被抓获或者死亡,以及发现有其他不需要采取通缉、边控、悬赏通告的情形的,发布机关应当在原通缉、通知、通告范围内,撤销通缉令、边控通知、悬赏通告。

第十二节　侦查终结

第三百零五条　侦查终结的案件应当同时具备以下条件:

(一)案件事实清楚;

(二)证据确实、充分;

(三)犯罪性质和罪名认定正确;

(四)法律手续完备;

(五)依法应当追究刑事责任。

第三百零六条　对侦查终结的案件,国家安全机关应当全面审查证明证据收集合法性的证据材料,依法排除非法证据。排除非法证据后,证据不足的,不得移送审查起诉。

国家安全机关发现侦查人员非法取证的,应当依法作出处理,并可另行指派侦查人员重新调查取证。

第三百零七条 侦查终结的案件,侦查人员应当制作结案报告。

结案报告应当包括以下内容:

(一)犯罪嫌疑人的基本情况;

(二)是否采取了强制措施及其理由;

(三)案件的事实和证据;

(四)法律依据和处理意见。

第三百零八条 侦查终结案件的处理,由设区的市级以上国家安全机关负责人批准;重大、复杂、疑难的案件应当报上一级国家安全机关负责人批准。

第三百零九条 侦查终结后,应当将全部案卷材料按照要求分别装订立卷。向人民检察院移送案卷时,有关材料涉及国家秘密、工作秘密、商业秘密、个人隐私的,应当保密。

第三百一十条 对于查封、扣押的犯罪嫌疑人的财物及其孳息、文件或者冻结的财产,作为证据使用的,应当随案移送,并制作随案移送清单一式两份,一份留存,一份交人民检察院。

对于实物不宜移送的,应当将其清单、照片或者其他证明文件随案移送。待人民法院作出生效判决后,按照人民法院送达的生效判决、裁定书依法作出处理,并向人民法院送交回执。人民法院未作出处理的,应当征求人民法院意见,并根据人民法院的决定依法作出处理。

第三百一十一条 对侦查终结的案件,应当制作起诉意见书,经国家安全机关负责人批准后,连同全部案卷材料、证据,以及辩护律师提出的意见,一并移送同级人民检察院审查决定;同时将案件移送情况告知犯罪嫌疑人及其辩护律师。

犯罪嫌疑人自愿认罪的,应当记录在案,随案移送,并在起诉意见书中写明有关情况。

对于犯罪嫌疑人在押的,应当制作换押证并随案移送。

第三百一十二条 对于犯罪嫌疑人在境外,需要及时进行审判的严重危害国家安全犯罪、恐怖活动犯罪案件,应当在侦查终结后层报国家安全部批准,按照有关规定移送审查起诉。

在审查起诉或者缺席审理过程中,犯罪嫌疑人、被告人向国家安全机关自动投案或者被国家安全机关抓获的,国家安全机关应当立即通知人民检察院、人民法院。

第三百一十三条 共同犯罪案件的起诉意见书,应当写明每个犯罪嫌疑人在共同犯罪中的地位、作用、具体罪责和认罪态度,并分别提出处理意见。

第三百一十四条 被害人提出附带民事诉讼的,应当记录在案;移送审查起诉时,应当在起诉意见书末页注明。

对于达成当事人和解的公诉案件,经国家安全机关负责人批准,国家安全机关移送审查起诉时,可以提出从宽处理的建议。

第三百一十五条 人民检察院作出不起诉决定的,如果被不起诉人在押,国家安全机关应当立即办理释放手续,发给释放证明书。犯罪嫌疑人被采取其他强制措施的,应当予以解除。对查封、扣押、冻结的财物,应当依法进行处理。

人民检察院提出对被不起诉人给予行政处罚、处分或者没收其违法所得的检察意见,移送国家安全机关处理的,国家安全机关应当将处理结果及时通知人民检察院。

第三百一十六条 国家安全机关认为人民检察院作出的不起诉决定有错误的,应当在收到不起诉决定书后七日以内,经国家安全机关负责人批准,制作要求复议意见书,移送人民检察院复议。

要求复议的意见不被接受的,可以在收到人民检察院的复议决定书后七日以内,经国家安全机关负责人批准,制作提请复核意见书,连同人民检察院的复议决定书,一并提请上一级人民检察院复核。

第十三节　补充侦查

第三百一十七条 侦查终结,移送人民检察院审查起诉的案件,人民检察院退回国家安全机关补充侦查的,国家安全机关接到人民检察院退回补充侦查的法律文书后,应当按照补充侦查提纲在一个月以内补充侦查完毕。

补充侦查以二次为限。

第三百一十八条 对人民检察院退回补充侦查的案件,国家安全机关应当根据不同情况,分别作出如下处理:

(一)原认定犯罪事实不清或者证据不够充分的,应当在查清事实、补充证据后,制作补充侦查报告书,移送人民检察院审查;对确实无法查明的事项或者无法补充的证据,应当书面向人民检察院说明情况;

(二)在补充侦查过程中,发现新的同案犯或者新的罪行,需要追究刑事责任的,应当重新制作起诉意见书或者制作补充起诉意见书,移送人民检察院审查;

(三)发现原认定的犯罪事实有重大变化,不应当追究刑事责任的,应当撤销案件或者对犯罪嫌疑人终止侦查,并将有关情况通知人民检察院;

（四）原认定犯罪事实清楚，证据确实、充分，人民检察院退回补充侦查不当的，应当说明理由，移送人民检察院审查。

第三百一十九条　对于人民检察院在审查起诉过程中以及在人民法院作出生效判决前，向国家安全机关调取有关证据材料，或者通知国家安全机关补充移送、通知国家安全机关对已移送的电子数据进行补正的，国家安全机关应当自收到有关法律文书后三日以内移送有关证据材料，或者补充有关材料。

第九章　执行刑罚

第三百二十条　对于被人民法院依法判处刑罚的罪犯，如果罪犯已被采取强制措施的，国家安全机关应当依据人民法院生效的判决书、裁定书、执行通知书，将罪犯交付执行。

第三百二十一条　对于人民法院作出的无罪或者免除刑事处罚的判决，如果被告人在押的，国家安全机关在收到相应的法律文书后，应当立即办理释放手续；对人民法院建议给予行政处理的，应当依照有关法律和规定处理或者移送有关部门。

第三百二十二条　国家安全机关在收到人民法院生效的判处死刑缓期二年执行、无期徒刑、有期徒刑的判决书、裁定书、执行通知书后，应当在一个月以内将罪犯送交监狱执行刑罚。

未成年犯应当送交未成年犯管教所执行刑罚。

第三百二十三条　对于被判处死刑的罪犯，国家安全机关应当依据人民法院执行死刑的命令，将罪犯交由人民法院执行。

第三百二十四条　对于被判处有期徒刑的罪犯，在被交付执行刑罚前，剩余刑期在三个月以下的，由看守所根据人民法院的判决代为执行。

第三百二十五条　对于被判处管制、宣告缓刑、假释或者暂予监外执行的罪犯，已被羁押的，由看守所依法及时将其交付社区矫正机构执行。被执行取保候审、监视居住的，由国家安全机关依法按时将其移交社区矫正机构。

第三百二十六条　对于被判处有期徒刑由看守所代为执行的罪犯，执行期满，看守所应当发给释放证明书。

第三百二十七条　国家安全机关在执行刑罚中，如果认为判决有错误或者罪犯提出申诉，应当转请人民检察院或者原判人民法院处理。

第三百二十八条　对于依法留所服刑的罪犯，有下列情形之一的，可以暂予监外执行：

（一）有严重疾病需要保外就医的；

（二）怀孕或者正在哺乳自己婴儿的妇女；

（三）生活不能自理，适用暂予监外执行不致危害社会的。

第三百二十九条　看守所对留所服刑的罪犯符合暂予监外执行条件的，应当提出书面意见，报设区的市级以上国家安全机关批准，并将书面意见的副本抄送同级人民检察院。

对于适用保外就医可能有社会危险性的罪犯，或者自伤自残的罪犯，不得保外就医。

对于罪犯确有严重疾病，必须保外就医的，由省级人民政府指定的医院诊断并开具证明文件。

第三百三十条　国家安全机关应当自暂予监外执行的决定生效之日起五日内通知执行地社区矫正机构，并在十日内将暂予监外执行决定书送达执行地社区矫正机构，同时抄送同级人民检察院和执行地公安机关。

第三百三十一条　批准暂予监外执行的国家安全机关收到人民检察院认为暂予监外执行不当的意见后，应当立即对暂予监外执行的决定进行重新核查，并将有关情况回复人民检察院。

第三百三十二条　对于暂予监外执行的罪犯，有下列情形之一的，执行地国家安全机关或原批准暂予监外执行的国家安全机关应当及时作出收监执行决定：

（一）发现不符合暂予监外执行条件的；

（二）严重违反有关暂予监外执行监督管理规定的；

（三）暂予监外执行的情形消失后，罪犯刑期未满的。

对于暂予监外执行的罪犯决定收监执行的，由罪犯执行地看守所将罪犯收监执行。

第三百三十三条　对于不符合暂予监外执行条件的罪犯通过贿赂等非法手段被暂予监外执行的，或者罪犯在暂予监外执行期间脱逃的，罪犯被收监执行后，所在看守所应当提出不计入执行刑期的建议，经设区的市级以上国家安全机关审查同意后，报请所在地中级以上人民法院审核裁定。

第三百三十四条　看守所对留所服刑的罪犯符合减刑、假释条件的，经设区的市级以上国家安全机关批准，制作减刑、假释建议书，报请中级以上人民法院审核裁定，并将建议书副本抄送人民检察院。

第三百三十五条　对于留所服刑的罪犯，在暂予监外执行期间又犯新罪，属于国家安全机关管辖的，由犯罪地国家安全机关立案侦查，并通知批准机关。批准机关作出收监执行决定后,应当根据侦查、审判需要,由犯罪地看守所或者暂予监外执行地看守所收监执行。

第三百三十六条 被剥夺政治权利、管制、宣告缓刑和假释的罪犯在执行期间又犯新罪,属于国家安全机关管辖的,由犯罪地国家安全机关立案侦查。

对于留所服刑的罪犯,因犯新罪被撤销假释的,应当根据侦查、审判需要,由犯罪地看守所或者原执行地看守所收监执行。

第三百三十七条 对审判时尚未追缴到案或者尚未足额退赔的违法所得,人民法院判决继续追缴或者责令退赔的,国家安全机关应当配合人民法院执行。

第十章 特别程序
第一节 未成年人刑事案件诉讼程序

第三百三十八条 国家安全机关办理未成年人刑事案件,实行教育、感化、挽救的方针,坚持教育为主、惩罚为辅的原则,保障未成年人行使其诉讼权利并得到法律帮助,依法保护未成年人的名誉和隐私,尊重其人格尊严。

未成年人刑事案件应当由熟悉未成年人身心特点,善于做未成年人思想教育工作,具有一定办案经验的人员办理。

第三百三十九条 未成年犯罪嫌疑人没有委托辩护人的,国家安全机关应当通知法律援助机构指派律师为其提供辩护。

第三百四十条 国家安全机关办理未成年人刑事案件时,应当重点查清未成年犯罪嫌疑人实施犯罪行为时是否已满十二周岁、十四周岁、十六周岁、十八周岁的临界年龄。

第三百四十一条 国家安全机关办理未成年人刑事案件,根据情况可以对未成年犯罪嫌疑人的成长经历、犯罪原因、监护教育等情况进行调查并制作调查报告。

作出调查报告的,在提请批准逮捕、移送审查起诉时,应当结合案情综合考虑,并将调查报告与案卷材料一并移送人民检察院。

第三百四十二条 讯问未成年犯罪嫌疑人,应当通知未成年犯罪嫌疑人的法定代理人到场。无法通知、法定代理人不能到场或者法定代理人是共犯的,也可以通知未成年犯罪嫌疑人的其他成年亲属,所在学校、单位、居住地或者办案单位所在地基层组织或者未成年人保护组织的代表到场,并将有关情况记录在案。到场的法定代理人可以代为行使未成年犯罪嫌疑人的诉讼权利。

到场的法定代理人或者其他人员提出侦查人员在讯问中侵犯未成年人合法权益的,国家安全机关应当认真核查,依法处理。

第三百四十三条 讯问未成年犯罪嫌疑人应当采取适合未成年人的方式,耐心细致地听取其供述或者辩解,认真审核、查证与案件有关的证据和线索,并针对其思想顾虑、恐惧心理、抵触情绪进行疏导和教育。

讯问女性未成年犯罪嫌疑人,应当有女工作人员在场。

第三百四十四条 讯问笔录应当交未成年犯罪嫌疑人、到场的法定代理人或者其他人员阅读或者向其宣读;对笔录内容有异议的,应当核实清楚,准予更正或者补充。

第三百四十五条 询问未成年被害人、证人,适用本规定第三百四十二条、第三百四十三条和第三百四十四条的规定。

询问未成年被害人、证人,应当以适当的方式进行,注意保护其隐私和名誉,尽可能减少询问频次,避免造成二次伤害。必要时,可以聘请熟悉未成年人身心特点的专业人员协助。

第三百四十六条 对未成年犯罪嫌疑人应当严格限制和尽量减少使用逮捕措施。

未成年犯罪嫌疑人被拘留、逮捕后服从管理、依法变更强制措施不致发生社会危险性,能够保证诉讼正常进行的,国家安全机关应当依法及时变更强制措施;人民检察院批准逮捕的案件,国家安全机关应当将变更强制措施情况及时通知人民检察院。

第三百四十七条 对被羁押的未成年人应当与成年人分别关押、分别管理、分别教育,并根据其生理和心理特点在生活和学习方面给予照顾。

第三百四十八条 符合刑事诉讼法规定条件的未成年人附条件不起诉刑事案件,人民检察院在对未成年人作出附条件不起诉的决定前,听取国家安全机关意见时,国家安全机关应当提出书面意见,经国家安全机关负责人批准,移送同级人民检察院。

第三百四十九条 认为人民检察院作出的附条件不起诉决定有错误的,应当在收到不起诉决定书后七日以内制作要求复议意见书,经国家安全机关负责人批准,移送同级人民检察院复议。

要求复议的意见不被接受的,可以在收到人民检察院的复议决定书后七日以内制作提请复核意见书,经国家安全机关负责人批准后,连同人民检察院的复议决定书,一并提请上一级人民检察院复核。

第三百五十条　未成年人犯罪的时候不满十八周岁,被判处五年有期徒刑以下刑罚的,国家安全机关应当依据人民法院已经生效的判决书,将该未成年人的犯罪记录予以封存。

犯罪记录被封存的,除司法机关为办案需要或者有关单位根据国家规定进行查询外,国家安全机关不得向其他任何单位和个人提供。

被封存犯罪记录的未成年人,如果发现漏罪,合并被判处五年有期徒刑以上刑罚的,应当对其犯罪记录解除封存。

第三百五十一条　办理未成年人刑事案件,除本节已有规定的以外,按照本规定的其他规定进行。

第二节　犯罪嫌疑人逃匿、死亡案件违法所得的没收程序

第三百五十二条　对于重大的危害国家安全案件,犯罪嫌疑人逃匿、在通缉一年后不能到案或者死亡,依照法律和有关规定应当追缴其违法所得及其他涉案财产的,经国家安全机关负责人批准,制作没收违法所得意见书,连同案卷材料、证据一并移送同级人民检察院审查决定。

犯罪嫌疑人死亡,现有证据证明存在违法所得及其他涉案财产应当予以没收的,国家安全机关可以进行调查。国家安全机关进行调查,可以依法进行查封、扣押、查询、冻结。

第三百五十三条　犯罪嫌疑人为逃避侦查和刑事追究潜逃、隐匿,或者在刑事诉讼过程中脱逃的,应当认定为"逃匿"。

犯罪嫌疑人因意外事故下落不明满二年,或者因意外事故下落不明,经有关机关证明其不可能生存的,按照前款规定处理。

第三百五十四条　犯罪嫌疑人通过实施犯罪直接或者间接产生、获得的任何财产,应当认定为"违法所得"。

违法所得已经部分或者全部转变、转化为其他财产的,转变、转化后的财产应当视为前款规定的"违法所得"。

来自违法所得转变、转化后的财产收益,或者来自已经与违法所得相混合财产中违法所得相应部分的收益,也应当视为第一款规定的"违法所得"。

第三百五十五条　犯罪嫌疑人非法持有的违禁品、供犯罪所用的本人财物,属于"其他涉案财产"。

第三百五十六条　没收违法所得意见书应当包括以下内容:

(一)犯罪嫌疑人的基本情况;

(二)犯罪事实和相关的证据材料;

(三)犯罪嫌疑人逃匿、被通缉或者死亡的情况;

(四)犯罪嫌疑人的违法所得及其他涉案财产的种类、数量、所在地;

(五)查封、扣押、冻结的情况等。

第三百五十七条　国家安全机关将没收违法所得意见书移送人民检察院后,在逃的犯罪嫌疑人自动投案或者被抓获的,国家安全机关应当及时通知同级人民检察院。

第十一章　附　则

第三百五十八条　根据《中华人民共和国反恐怖主义法》《中华人民共和国引渡法》《中华人民共和国国际刑事司法协助法》等法律,中华人民共和国缔结或者参加的国际条约和国家安全部签订的双边、多边合作协议,或者按照互惠原则,国家安全机关可以依法开展刑事司法协助和国际合作。

第三百五十九条　国家安全机关和军队互涉案件的管辖分工,按照有关规定执行。

第三百六十条　本规定2024年7月1日起施行。

公安机关办理伤害案件规定

· 2005 年 12 月 27 日
· 公通字〔2005〕98 号

第一章　总　则

第一条　为规范公安机关办理伤害案件,正确适用法律,确保案件合法、公正、及时处理,根据《中华人民共和国刑法》、《中华人民共和国刑事诉讼法》等法律法规,制定本规定。

第二条　本规定所称伤害案件是指伤害他人身体,依法应当由公安机关办理的案件。

第三条　公安机关办理伤害案件,应当遵循迅速调查取证,及时采取措施,规范准确鉴定,严格依法处理的原则。

第二章　管　辖

第四条　轻伤以下的伤害案件由公安派出所管辖。

第五条　重伤及因伤害致人死亡的案件由公安机关刑事侦查部门管辖。

第六条　伤情不明、难以确定管辖的,由最先受理的部门先行办理,待伤情鉴定后,按第四条、第五条规定移交主管部门办理。

第七条　因管辖问题发生争议的,由共同的上级公安机关指定管辖。

第八条　被害人有证据证明的故意伤害(轻伤)案件,办案人员应当告知被害人可以直接向人民法院起诉。如果被害人要求公安机关处理的,公安机关应当受理。

第九条　人民法院直接受理的故意伤害(轻伤)案件,因证据不足,移送公安机关侦查的,公安机关应当受理。

第三章　前期处置

第十条　接到伤害案件报警后,接警部门应当根据案情,组织警力,立即赶赴现场。

第十一条　对正在发生的伤害案件,先期到达现场的民警应当做好以下处置工作:

(一)制止伤害行为;

(二)组织救治伤员;

(三)采取措施控制嫌疑人;

(四)及时登记在场人员姓名、单位、住址和联系方式,询问当事人和访问现场目击证人;

(五)保护现场;

(六)收集、固定证据。

第十二条　对已经发生的伤害案件,先期到达现场的民警应当做好以下处置工作:

(一)组织救治伤员;

(二)了解案件发生经过和伤情;

(三)及时登记在场人员姓名、单位、住址和联系方式,询问当事人和访问现场目击证人;

(四)追查嫌疑人;

(五)保护现场;

(六)收集、固定证据。

第四章　勘验、检查

第十三条　公安机关办理伤害案件,现场具备勘验、检查条件的,应当及时进行勘验、检查。

第十四条　伤害案件现场勘验、检查的任务是发现、固定、提取与伤害行为有关的痕迹、物证及其他信息,确定伤害状态,分析伤害过程,为查处伤害案件提供线索和证据。

办案单位对提取的痕迹、物证和致伤工具等应当妥善保管。

第十五条　公安机关对伤害案件现场进行勘验、检查不得少于二人。

勘验、检查现场时,应当邀请一至二名与案件无关的公民作见证人。

第十六条　勘验、检查伤害案件现场,应当制作现场勘验、检查笔录,绘制现场图,对现场情况和被伤害人的伤情进行照相,并将上述材料装订成卷宗。

第五章　鉴　定

第十七条　公安机关办理伤害案件,应当对人身损伤程度和用作证据的痕迹、物证、致伤工具等进行检验、鉴定。

第十八条　公安机关受理伤害案件后,应当在24小时内开具伤情鉴定委托书,告知被害人到指定的鉴定机构进行伤情鉴定。

第十九条　根据国家有关部门颁布的人身伤情鉴定标准和被害人当时的伤情及医院诊断证明,具备即时进行伤情鉴定条件的,公安机关的鉴定机构应当在受委托之时起24小时内提出鉴定意见,并在3日内出具鉴定文书。

对伤情比较复杂,不具备即时进行鉴定条件的,应当在受委托之日起7日内提出鉴定意见并出具鉴定文书。

对影响组织、器官功能或者伤情复杂,一时难以进行鉴定的,待伤情稳定后及时提出鉴定意见,并出具鉴定文书。

第二十条　对人身伤情进行鉴定,应当由县级以上公安机关鉴定机构二名以上鉴定人负责实施。伤情鉴定比较疑难,对鉴定意见可能发生争议或者鉴定委托主体有明确要求的,伤情鉴定应当由三名以上主检法医师或者四级以上法医官负责实施。

需要聘请其他具有专门知识的人员进行鉴定的,应当经县级以上公安机关负责人批准,制作《鉴定聘请书》,送达被聘请人。

第二十一条　对人身伤情鉴定意见有争议需要重新鉴定的,应当依照《中华人民共和国刑事诉讼法》的有关规定进行。

第二十二条　人身伤情鉴定文书格式和内容应当符合规范要求。鉴定文书中应当有被害人正面免冠照片及其人体需要鉴定的所有损伤部位的细目照片。对用作证据的鉴定意见,公安机关办案单位应当制作《鉴定意见通知书》,送达被害人和违法犯罪嫌疑人。

第六章　调查取证

第二十三条　询问被害人,应当重点问明伤害行为发生的时间,地点,原因,经过,伤害工具、方式、部位,伤情,嫌疑人情况等。

第二十四条　询问伤害行为人,应当重点问明实施伤害行为的时间,地点,原因,经过,致伤工具、方式、部位等具体情节。

多人参与的,还应当问明参与人员的情况,所持凶器,所处位置,实施伤害行为的先后顺序,致伤工具、方式、部位及预谋情况等。

第二十五条　询问目击证人,应当重点问明伤害行为发生的时间,地点,经过,双方当事人人数及各自所处位置,持有的凶器,实施伤害行为的先后顺序,致伤工具、方式、部位,衣着、体貌特征,目击证人所处位置及目击证人与双方当事人之间的关系等。

第二十六条　询问其他证人应当问清其听到、看到的与伤害行为有关的情况。

第二十七条　办理伤害案件,应当重点收集以下物证、书证:

(一)凶器、血衣以及能够证明伤害情况的其他物品;

(二)相关的医院诊断及病历资料;

(三)与案件有关的其他证据。

办案单位应当将证据保管责任落实到人,完善证据保管制度,建立证据保管室,妥善保管证据,避免因保管不善导致证据损毁、污染、丢失或者消磁,影响刑事诉讼和案件处理。

第七章　案件处理

第二十八条　被害人伤情构成轻伤、重伤或者死亡,需要追究犯罪嫌疑人刑事责任的,依照《中华人民共和国刑事诉讼法》的有关规定办理。

第二十九条　根据《中华人民共和国刑法》第十三条及《中华人民共和国刑事诉讼法》第十五条第一项规定,对故意伤害他人致轻伤,情节显著轻微、危害不大,不认为是犯罪的,以及被害人伤情达不到轻伤的,应当依法予以治安管理处罚。

第三十条　对于因民间纠纷引起的殴打他人或者故意伤害他人身体的行为,情节较轻尚不够刑事处罚,具有下列情形之一的,经双方当事人同意,公安机关可以依法调解处理:

(一)亲友、邻里或者同事之间因琐事发生纠纷,双方均有过错的;

(二)未成年人、在校学生殴打他人或者故意伤害他人身体的;

(三)行为人的侵害行为系由被害人事前的过错行为引起的;

(四)其他适用调解处理更易化解矛盾的。

第三十一条　有下列情形之一的,不得调解处理:

(一)雇凶伤害他人的;

(二)涉及黑社会性质组织的;

(三)寻衅滋事的;

(四)聚众斗殴的;

(五)累犯;

(六)多次伤害他人身体的;

(七)其他不宜调解处理的。

第三十二条　公安机关调解处理的伤害案件,除下列情形外,应当公开进行:

(一)涉及个人隐私的;

(二)行为人为未成年人的;

(三)行为人和被害人都要求不公开调解的。

第三十三条　公安机关进行调解处理时,应当遵循合法、公正、自愿、及时的原则,注重教育和疏导,化解矛盾。

第三十四条　当事人中有未成年人的,调解时未成年当事人的父母或者其他监护人应当在场。

第三十五条　对因邻里纠纷引起的伤害案件进行调解时,可以邀请当地居民委员会、村民委员会的人员或者双方当事人熟悉的人员参加。

第三十六条　调解原则上为一次,必要时可以增加一次。对明显不构成轻伤、不需要伤情鉴定的治安案件,应当在受理案件后的3个工作日内完成调解;对需要伤情鉴定的治安案件,应当在伤情鉴定文书出具后的3个工作日内完成调解。

对一次调解不成,有必要再次调解的,应当在第一次调解后的7个工作日内完成第二次调解。

第三十七条　调解必须履行以下手续:

(一)征得双方当事人同意;

(二)在公安机关的主持下制作调解书。

第三十八条　调解处理时,应当制作调解笔录。达成调解协议的,应当制作调解书。调解书应当由调解机关、调解主持人、双方当事人及其他参加人签名、盖章。调解书一式三份,双方当事人各一份,调解机关留存一份备查。

第三十九条　经调解当事人达成协议并履行的,不予处罚。经调解未达成协议或者达成协议后不履行的,公安机关应当对违反治安管理行为人依法予以处罚,并告知当事人可以就民事争议依法向人民法院提起民事诉讼。

第八章　卷宗

第四十条　公安机关办理伤害案件,应当严格按照办理刑事案件或者治安案件的要求,形成完整卷宗。

卷宗内的材料应当包括受案、立案文书、询问、讯问笔录、现场、伤情照片、检验、鉴定结论等证据材料、审批手续、处理意见等。

第四十一条　卷宗应当整齐规范,字迹工整。

第四十二条　犯罪嫌疑人被追究刑事责任的,侦查卷(正卷)移送检察机关,侦查工作卷(副卷)由公安机关保存。

侦查卷(正卷)内容应包括立案决定书、现场照片、现场图、现场勘查笔录、强制措施和侦查措施决定书、通知书、告知书、各种证据材料、起诉意见书等法律文书。

侦查工作卷(副卷)内容应包括各种呈请报告书、审批表、侦查、调查计划、对案件分析意见、起诉意见书草稿等文书材料。

第四十三条　伤害案件未办结的,卷宗由办案单位保存。

第四十四条　治安管理处罚或者调解处理的伤害案件,结案后卷宗交档案部门保存。

第九章　责任追究

第四十五条　违反本规定,造成案件难以审结、侵害当事人合法权益的,依照《公安机关人民警察执法过错责任追究规定》追究办案人员和主管领导的执法过错责任。

第十章　附　则

第四十六条　本规定所称以上、以下,包括本数。

第四十七条　本规定自 2006 年 2 月 1 日起施行。

最高人民检察院、公安部关于公安机关办理经济犯罪案件的若干规定

· 2017 年 11 月 24 日
· 公通字〔2017〕25 号

第一章　总　则

第一条　为了规范公安机关办理经济犯罪案件程序,加强人民检察院的法律监督,保证严格、规范、公正、文明执法,依法惩治经济犯罪,维护社会主义市场经济秩序,保护公民、法人和其他组织的合法权益,依据《中华人民共和国刑事诉讼法》等有关法律、法规和规章,结合工作实际,制定本规定。

第二条　公安机关办理经济犯罪案件,应当坚持惩罚犯罪与保障人权并重、实体公正与程序公正并重、查证犯罪与挽回损失并重,严格区分经济犯罪与经济纠纷的界限,不得滥用职权、玩忽职守。

第三条　公安机关办理经济犯罪案件,应当坚持平等保护公有制经济与非公有制经济,坚持各类市场主体的诉讼地位平等、法律适用平等、法律责任平等,加强对各种所有制经济产权与合法利益的保护。

第四条　公安机关办理经济犯罪案件,应当严格依照法定程序进行,规范使用调查性侦查措施,准确适用限制人身、财产权利的强制性措施。

第五条　公安机关办理经济犯罪案件,应当既坚持严格依法办案,又注意办案方法,慎重选择办案时机和方式,注重保障正常的生产经营活动顺利进行。

第六条　公安机关办理经济犯罪案件,应当坚持以事实为根据、以法律为准绳,同人民检察院、人民法院分工负责、互相配合、互相制约,以保证准确有效地执行法律。

第七条　公安机关、人民检察院应当按照法律规定的证据裁判要求和标准收集、固定、审查、运用证据,没有确实、充分的证据不得认定犯罪事实,严禁刑讯逼供和以威胁、引诱、欺骗以及其他非法方法收集证据,不得强迫任何人证实自己有罪。

第二章　管　辖

第八条　经济犯罪案件由犯罪地的公安机关管辖。如果由犯罪嫌疑人居住地的公安机关管辖更为适宜的,可以由犯罪嫌疑人居住地的公安机关管辖。

犯罪地包括犯罪行为发生地和犯罪结果发生地。犯罪行为发生地,包括犯罪行为的实施地以及预备地、开始地、途经地、结束地等与犯罪行为有关的地点;犯罪行为有连续、持续或者继续状态的,犯罪行为连续、持续或者继续实施的地方都属于犯罪行为发生地。犯罪结果发生地,包括犯罪对象被侵害地、犯罪所得的实际取得地、藏匿地、转移地、使用地、销售地。

居住地包括户籍所在地、经常居住地。户籍所在地与经常居住地不一致的,由经常居住地的公安机关管辖。经常居住地是指公民离开户籍所在地最后连续居住一年以上的地方,但是住院就医的除外。

单位涉嫌经济犯罪的,由犯罪地或者所在地公安机关管辖。所在地是指单位登记的住所地。主要营业地或者主要办事机构所在地与登记的住所地不一致的,主要营业地或者主要办事机构所在地为其所在地。

法律、司法解释或者其他规范性文件对有关经济犯罪案件的管辖作出特别规定的,从其规定。

第九条　非国家工作人员利用职务上的便利实施经济犯罪的,由犯罪嫌疑人工作单位所在地公安机关管辖。如果由犯罪行为实施地或者犯罪嫌疑人居住地的公安机

关管辖更为适宜的，也可以由犯罪行为实施地或者犯罪嫌疑人居住地的公安机关管辖。

第十条　上级公安机关必要时可以立案侦查或者组织、指挥、参与侦查下级公安机关管辖的经济犯罪案件。

对重大、疑难、复杂或者跨区域性经济犯罪案件，需要由上级公安机关立案侦查的，下级公安机关可以请求移送上一级公安机关立案侦查。

第十一条　几个公安机关都有权管辖的经济犯罪案件，由最初受理的公安机关管辖。必要时，可以由主要犯罪地的公安机关管辖。对管辖不明确或者有争议的，应当协商管辖；协商不成的，由共同的上级公安机关指定管辖。

主要利用通讯工具、互联网等技术手段实施的经济犯罪案件，由最初发现、受理的公安机关或者主要犯罪地的公安机关管辖。

第十二条　公安机关办理跨区域性涉众型经济犯罪案件，应当坚持统一指挥协调、统一办案要求的原则。

对跨区域性涉众型经济犯罪案件，犯罪地公安机关应当立案侦查，并由一个地方公安机关为主侦查，其他公安机关应当积极协助。必要时，可以并案侦查。

第十三条　上级公安机关指定下级公安机关立案侦查的经济犯罪案件，需要逮捕犯罪嫌疑人的，由侦查该案件的公安机关提请同级人民检察院审查批准；需要移送审查起诉的，由侦查该案件的公安机关移送同级人民检察院审查起诉。

人民检察院受理公安机关移送审查起诉的经济犯罪案件，认为需要依照刑事诉讼法的规定指定审判管辖的，应当协商同级人民法院办理指定管辖有关事宜。

对跨区域性涉众型经济犯罪案件，公安机关指定管辖的，应当事先向同级人民检察院、人民法院通报和协商。

第三章　立案、撤案

第十四条　公安机关对涉嫌经济犯罪线索的报案、控告、举报、自动投案，不论是否有管辖权，都应当接受并登记，由最初受理的公安机关依照法定程序办理，不得以管辖权为由推诿或者拒绝。

经审查，认为有犯罪事实，但不属于其管辖的案件，应当及时移送有管辖权的机关处理。对于不属于其管辖又必须采取紧急措施的，应当先采取紧急措施，再移送主管机关。

第十五条　公安机关接受涉嫌经济犯罪线索的报案、控告、举报、自动投案后，应当立即进行审查，并在七日以内决定是否立案；重大、疑难、复杂线索，经县级以上公安机关负责人批准，立案审查期限可以延长至三十日；特别重大、疑难、复杂或者跨区域性的线索，经上一级公安机关负责人批准，立案审查期限可以再延长三十日。

上级公安机关指定管辖或者书面通知立案的，应当在指定期限以内立案侦查。人民检察院通知立案的，应当在十五日以内立案侦查。

第十六条　公安机关接受行政执法机关移送的涉嫌经济犯罪案件后，移送材料符合相关规定的，应当在三日以内进行审查并决定是否立案，至迟应当在十日以内作出决定。案情重大、疑难、复杂或者跨区域性的，经县级以上公安机关负责人批准，应当在三十日以内决定是否立案。情况特殊的，经上一级公安机关负责人批准，可以再延长三十日作出决定。

第十七条　公安机关经立案审查，同时符合下列条件的，应当立案：

（一）认为有犯罪事实；

（二）涉嫌犯罪数额、结果或者其他情节符合经济犯罪案件的立案追诉标准，需要追究刑事责任；

（三）属于该公安机关管辖。

第十八条　在立案审查中，发现案件事实或者线索不明的，经公安机关办案部门负责人批准，可以依照有关规定采取询问、查询、勘验、鉴定和调取证据材料等不限制被调查对象人身、财产权利的措施。经审查，认为有犯罪事实，需要追究刑事责任的，经县级以上公安机关负责人批准，予以立案。

公安机关立案后，应当采取调查性侦查措施，但是一般不得采取限制人身、财产权利的强制性措施。确有必要采取的，必须严格依照法律规定的条件和程序。严禁在没有证据的情况下，查封、扣押、冻结涉案财物或者拘留、逮捕犯罪嫌疑人。

公安机关立案后，在三十日以内经积极侦查，仍然无法收集到证明有犯罪事实需要对犯罪嫌疑人追究刑事责任的充分证据的，应当立即撤销案件或者终止侦查。重大、疑难、复杂案件，经上一级公安机关负责人批准，可以再延长三十日。

上级公安机关认为不应当立案，责令限期纠正的，或者人民检察院认为不应当立案，通知撤销案件的，公安机关应当及时撤销案件。

第十九条　对有控告人的案件，经审查决定不予立案的，应当在立案审查的期限内制作不予立案通知书，并在三日以内送达控告人。

第二十条　涉嫌经济犯罪的案件与人民法院正在审

理或者作出生效裁判文书的民事案件,属于同一法律事实或者有牵连关系,符合下列条件之一的,应当立案:

(一)人民法院在审理民事案件或者执行过程中,发现有经济犯罪嫌疑,裁定不予受理、驳回起诉、中止诉讼、判决驳回诉讼请求或者中止执行生效裁判文书,并将有关材料移送公安机关的;

(二)人民检察院依法通知公安机关立案的;

(三)公安机关认为有证据证明有犯罪事实,需要追究刑事责任,经省级以上公安机关负责人批准的。

有前款第二项、第三项情形的,公安机关立案后,应当严格依照法律规定的条件和程序采取强制措施和侦查措施,并将立案决定书等法律文书及相关案件材料复印件抄送正在审理或者作出生效裁判文书的人民法院并说明立案理由,同时通报与办理民事案件的人民法院同级的人民检察院,必要时可以报告上级公安机关。

在侦查过程中,不得妨碍人民法院民事诉讼活动的正常进行。

第二十一条 公安机关在侦查过程中、人民检察院在审查起诉过程中,发现具有下列情形之一的,应当将立案决定书、起诉意见书等法律文书及相关案件材料复印件抄送正在审理或者作出生效裁判文书的人民法院,由人民法院依法处理:

(一)侦查、审查起诉的经济犯罪案件与人民法院正在审理或者作出生效裁判文书的民事案件属于同一法律事实或者有牵连关系的;

(二)涉案财物已被有关当事人申请执行的。

有前款规定情形的,公安机关、人民检察院应当同时将有关情况通报与办理民事案件的人民法院同级的人民检察院。

公安机关将相关法律文书及案件材料复印件抄送人民法院后一个月以内未收到回复的,必要时,可以报告上级公安机关。

立案侦查、审查起诉的经济犯罪案件与仲裁机构作出仲裁裁决的民事案件属于同一法律事实或者有牵连关系,且人民法院已经受理与该仲裁裁决相关申请的,依照本条第一款至第三款的规定办理。

第二十二条 涉嫌经济犯罪的案件与人民法院正在审理或者作出生效裁判文书以及仲裁机构作出裁决的民事案件有关联但不属同一法律事实的,公安机关可以立案侦查,但是不得以刑事立案为由要求人民法院移送案件、裁定驳回起诉、中止诉讼、判决驳回诉讼请求、中止执行或者撤销判决、裁定,或者要求人民法院撤销仲裁裁决。

第二十三条 人民法院在办理民事案件过程中,认为该案件不属于民事纠纷而有经济犯罪嫌疑需要追究刑事责任,并将涉嫌经济犯罪的线索、材料移送公安机关的,接受案件的公安机关应当立即审查,并在十日以内决定是否立案。公安机关不立案的,应当及时告知人民法院。

第二十四条 人民法院在办理民事案件过程中,发现与民事纠纷虽然不是同一事实但是有关联的经济犯罪线索、材料,并将涉嫌经济犯罪的线索、材料移送公安机关的,接受案件的公安机关应当立即审查,并在十日以内决定是否立案。公安机关不立案的,应当及时告知人民法院。

第二十五条 在侦查过程中,公安机关发现具有下列情形之一的,应当及时撤销案件:

(一)对犯罪嫌疑人解除强制措施之日起十二个月以内,仍然不能移送审查起诉或者依法作其他处理的;

(二)对犯罪嫌疑人未采取强制措施,自立案之日起二年以内,仍然不能移送审查起诉或者依法作其他处理的;

(三)人民检察院通知撤销案件的;

(四)其他符合法律规定的撤销案件情形的。

有前款第一项、第二项情形,但是有证据证明有犯罪事实需要进一步侦查的,经省级以上公安机关负责人批准,可以不撤销案件,继续侦查。

撤销案件后,公安机关应当立即停止侦查活动,并解除相关的侦查措施和强制措施。

撤销案件后,又发现新的事实或者证据,依法需要追究刑事责任的,公安机关应当重新立案侦查。

第二十六条 公安机关接报案件后,报案人、控告人、举报人、被害人及其法定代理人、近亲属查询立案情况的,应当在三日以内告知立案情况并记录在案。对已经立案的,应当告知立案时间、涉嫌罪名、办案单位等情况。

第二十七条 对报案、控告、举报、移送的经济犯罪案件,公安机关作出不予立案决定、撤销案件决定或者逾期未作出是否立案决定有异议的,报案人、控告人、举报人可以申请人民检察院进行立案监督,移送案件的行政执法机关可以建议人民检察院进行立案监督。

人民检察院认为需要公安机关说明不予立案、撤销案件或者逾期未作出是否立案决定的理由的,应当要求公安机关在七日以内说明理由。公安机关应当书面说明理由,连同有关证据材料回复人民检察院。人民检察院认为不予立案或者撤销案件的理由不能成立的,应当通知公安机关立案。人民检察院要求公安机关说明逾期未作出是否立案决定的理由后,公安机关在七日以内既不说明理由又不作出是否立案的决定的,人民检察院应当发出纠正违法通知书予以纠正,经审查案件有关证据材料,认为符合立案条件的,应当通知公安机关立案。

第二十八条　犯罪嫌疑人及其法定代理人、近亲属或者辩护律师对公安机关立案提出异议的,公安机关应当及时受理、认真核查。

有证据证明公安机关可能存在违法介入经济纠纷,或者利用立案实施报复陷害、敲诈勒索以及谋取其他非法利益等违法立案情形的,人民检察院应当要求公安机关书面说明立案的理由。公安机关应当在七日以内书面说明立案的依据和理由,连同有关证据材料回复人民检察院。人民检察院认为立案理由不能成立的,应当通知公安机关撤销案件。

第二十九条　人民检察院发现公安机关在办理经济犯罪案件过程中适用另案处理存在违法或者不当的,可以向公安机关提出书面纠正意见或者检察建议。公安机关应当认真审查,并将结果及时反馈人民检察院。没有采纳的,应当说明理由。

第三十条　依照本规定,报经省级以上公安机关负责人批准立案侦查或者继续侦查的案件,撤销案件时应当经原审批的省级以上公安机关负责人批准。

人民检察院通知撤销案件的,应当立即撤销案件,并报告原审批的省级以上公安机关。

第四章　强制措施

第三十一条　公安机关决定采取强制措施时,应当考虑犯罪嫌疑人涉嫌犯罪情节的轻重程度、有无继续犯罪和逃避或者妨碍侦查的可能性,使所适用的强制措施同犯罪的严重程度、犯罪嫌疑人的社会危险性相适应,依法慎用羁押性强制措施。

采取取保候审、监视居住措施足以防止发生社会危险性的,不得适用羁押性强制措施。

第三十二条　公安机关应当依照法律规定的条件和程序适用取保候审措施。

采取保证金担保方式的,应当综合考虑保证诉讼活动正常进行的需要,犯罪嫌疑人的社会危险性的大小,案件的性质、情节、涉案金额,可能判处刑罚的轻重以及犯罪嫌疑人的经济状况等情况,确定适当的保证金数额。

在取保候审期间,不得中断对经济犯罪案件的侦查。执行取保候审超过三个月的,应当至少每个月讯问一次

被取保候审人。

第三十三条　对于被决定采取强制措施并上网追逃的犯罪嫌疑人,经审查发现不构成犯罪或者依法不予追究刑事责任的,应当立即撤销强制措施决定,并按照有关规定,报请省级以上公安机关删除相关信息。

第三十四条　公安机关办理经济犯罪案件应当加强统一审核,依照法律规定的条件和程序逐案逐人审查采取强制措施的合法性和适当性,发现采取强制措施不当的,应当及时撤销或者变更。犯罪嫌疑人在押的,应当立即释放。公安机关释放被逮捕的犯罪嫌疑人或者变更逮捕措施的,应当及时通知作出批准逮捕决定的人民检察院。

犯罪嫌疑人被逮捕后,人民检察院经审查认为不需要继续羁押提出检察建议的,公安机关应当予以调查核实,认为不需要继续羁押的,应当予以释放或者变更强制措施;认为需要继续羁押的,应当说明理由,并在十日以内将处理情况通知人民检察院。

犯罪嫌疑人及其法定代理人、近亲属或者辩护人有权申请人民检察院进行羁押必要性审查。

第五章　侦查取证

第三十五条　公安机关办理经济犯罪案件,应当及时进行侦查,依法全面、客观、及时地收集、调取、固定、审查能够证实犯罪嫌疑人有罪或者无罪、罪重或者罪轻以及与涉案财物有关的各种证据,并防止犯罪嫌疑人逃匿、销毁证据或者转移、隐匿涉案财物。

严禁调取与经济犯罪案件无关的证据材料,不得以侦查犯罪为由滥用侦查措施为他人收集民事诉讼证据。

第三十六条　公安机关办理经济犯罪案件,应当遵守法定程序,遵循有关技术标准,全面、客观、及时地收集、提取电子数据;人民检察院应当围绕真实性、合法性、关联性审查判断电子数据。

依照规定程序通过网络在线提取的电子数据,可以作为证据使用。

第三十七条　公安机关办理经济犯罪案件,需要采取技术侦查措施的,应当严格依照有关法律、规章和规范性文件规定的范围和程序办理。

第三十八条　公安机关办理非法集资、传销以及利用通讯工具、互联网等技术手段实施的经济犯罪案件,确因客观条件的限制无法逐一收集被害人陈述、证人证言等相关证据的,可以结合已收集的言词证据和依法收集并查证属实的物证、书证、视听资料、电子数据等实物证据,综合认定涉案人员人数和涉案资金数额等犯罪事实,

做到证据确实、充分。

第三十九条 公安机关办理生产、销售伪劣商品犯罪案件、走私犯罪案件、侵犯知识产权犯罪案件,对同一批次或者同一类型的涉案物品,确因实物数量较大,无法逐一勘验、鉴定、检测、评估的,可以委托或者商请有资格的鉴定机构、专业机构或者行政执法机关依照程序按照一定比例随机抽样勘验、鉴定、检测、评估,并由其制作样记录和出具相关书面意见。有关抽样勘验、鉴定、检测、评估的结果可以作为该批次或者该类型全部涉案物品的勘验、鉴定、检测、评估结果,但是不符合法定程序,且不能补正或者作出合理解释,可能严重影响案件公正处理的除外。

法律、法规和规范性文件对鉴定机构或者抽样方法另有规定的,从其规定。

第四十条 公安机关办理经济犯罪案件应当与行政执法机关加强联系、密切配合,保证准确有效地执行法律。

公安机关应当根据案件事实、证据和法律规定依法认定案件性质,对案情复杂、疑难、涉及专业性、技术性问题的,可以参考有关行政执法机关的认定意见。

行政执法机关对经济犯罪案件中有关行为性质的认定,不是案件进入刑事诉讼程序的必经程序或者前置条件。法律、法规和规章另有规定的,从其规定。

第四十一条 公安机关办理重大、疑难、复杂的经济犯罪案件,可以听取人民检察院的意见,人民检察院认为确有必要时,可以派员适时介入侦查活动,对收集证据、适用法律提出意见,监督侦查活动是否合法。对人民检察院提出的意见,公安机关应当认真审查,并将结果及时反馈人民检察院。没有采纳的,应当说明理由。

第四十二条 公安机关办理跨区域性的重大经济犯罪案件,应当向人民检察院通报立案侦查情况,人民检察院可以根据通报情况调度办案力量,开展指导协调等工作。需要逮捕犯罪嫌疑人的,公安机关应当提前与人民检察院沟通。

第四十三条 人民检察院在审查逮捕、审查起诉中发现公安机关办案人员以非法方法收集犯罪嫌疑人供述、被害人陈述、证人证言等证据材料的,应当依法排除非法证据并提出纠正意见。需要重新调查取证的,经县级以上公安机关负责人批准,应当另行指派办案人员重新调查取证。必要时,人民检察院也可以自行收集犯罪嫌疑人供述、被害人陈述、证人证言等证据材料。

公安机关发现收集物证、书证不符合法定程序,可能严重影响司法公正的,应当要求办案人员予以补正或者作出合理解释;不能补正或者作出合理解释的,应当依法予以排除,不得作为提请批准逮捕、移送审查起诉的依据。

人民检察院发现收集物证、书证不符合法定程序,可能严重影响司法公正的,应当要求公安机关予以补正或者作出合理解释,不能补正或者作出合理解释的,应当依法予以排除,不得作为批准逮捕、提起公诉的依据。

第四十四条 对民事诉讼中的证据材料,公安机关在立案后应当依照刑事诉讼法以及相关司法解释的规定进行审查或者重新收集。未经查证核实的证据材料,不得作为刑事证据使用。

第四十五条 人民检察院已经作出不起诉决定的案件,公安机关不得针对同一法律事实的同一犯罪嫌疑人继续侦查或者补充侦查,但是有新的事实或者证据的,可以重新立案侦查。

第六章 涉案财物的控制和处置

第四十六条 查封、扣押、冻结以及处置涉案财物,应当依照法律规定的条件和程序进行。除法律法规和规范性文件另有规定以外,公安机关不得在诉讼程序终结之前处置涉案财物。严格区分违法所得、其他涉案财产与合法财产,严格区分企业法人财产与股东个人财产,严格区分犯罪嫌疑人个人财产与家庭成员财产,不得超权限、超范围、超数额、超时限查封、扣押、冻结,并注意保护利害关系人的合法权益。

对涉众型经济犯罪案件,需要追缴、返还涉案财物的,应当坚持统一资产处置原则。公安机关移送审查起诉时,应当将有关涉案财物及其清单随案移送人民检察院。人民检察院提起公诉时,应当将有关涉案财物及其清单一并移送受理案件的人民法院,并提出处理意见。

第四十七条 对依照有关规定可以分割的土地、房屋等涉案不动产,应当只对与案件有关的部分进行查封。

对不可分割的土地、房屋等涉案不动产或者车辆、船舶、航空器以及大型机器、设备等特定动产,可以查封、扣押、冻结犯罪嫌疑人提供的与涉案金额相当的其他财物。犯罪嫌疑人不能提供的,可以予以整体查封。

冻结涉案账户的款项数额,应当与涉案金额相当。

第四十八条 对自动投案时主动提交的涉案财物和权属证书等,公安机关可以先行接收,如实登记并出具接收财物凭证,根据立案和侦查情况决定是否查封、扣押、冻结。

第四十九条 已被依法查封、冻结的涉案财物,公安机关不得重复查封、冻结,但是可以轮候查封、冻结。

已被人民法院采取民事财产保全措施的涉案财物，依照前款规定办理。

第五十条　对不宜查封、扣押、冻结的经营性涉案财物，在保证侦查活动正常进行的同时，可以允许有关当事人继续合理使用，并采取必要的保值保管措施，以减少侦查办案对正常办公和合法生产经营的影响。必要时，可以申请当地政府指定有关部门或者委托有关机构代管。

第五十一条　对查封、扣押、冻结的涉案财物及其孳息，以及作为证据使用的实物，公安机关应当如实登记，妥善保管，随案移送，并与人民检察院及时交接，变更法律手续。

在查封、扣押、冻结涉案财物时，应当收集、固定与涉案财物来源、权属、性质等有关的证据材料并随案移送。对不宜移送或者依法不移送的实物，应当将其清单、照片或者其他证明文件随案移送。

第五十二条　涉嫌犯罪事实查证属实后，对有证据证明权属关系明确的被害人合法财产及其孳息，及时返还不损害其他被害人或者利害关系人的利益、不影响诉讼正常进行的，可以在登记、拍照或者录像、估价后，经县级以上公安机关负责人批准，开具发还清单，在诉讼程序终结之前返还被害人。办案人员应当在案卷中注明返还的理由，将原物照片、清单和被害人的领取手续存卷备查。

具有下列情形之一的，不得在诉讼程序终结之前返还：

（一）涉嫌犯罪事实尚未查清的；

（二）涉案财物及其孳息的权属关系不明确或者存在争议的；

（三）案件需要变更管辖的；

（四）可能损害其他被害人或者利害关系人利益的；

（五）可能影响诉讼程序正常进行的；

（六）其他不宜返还的。

第五十三条　有下列情形之一的，除依照有关法律法规和规范性文件另行处理的以外，应当立即解除对涉案财物的查封、扣押、冻结措施，并及时返还有关当事人：

（一）公安机关决定撤销案件或者对犯罪嫌疑人终止侦查的；

（二）人民检察院通知撤销案件或者作出不起诉决定的；

（三）人民法院作出生效判决、裁定应当返还的。

第五十四条　犯罪分子违法所得的一切财物及其孳息，应当予以追缴或者责令退赔。

发现犯罪嫌疑人将经济犯罪违法所得和其他涉案财物用于清偿债务、转让或者设定其他权利负担，具有下列情形之一的，应当依法查封、扣押、冻结：

（一）他人明知是经济犯罪违法所得和其他涉案财物而接受的；

（二）他人无偿或者以明显低于市场价格取得上述财物的；

（三）他人通过非法债务清偿或者违法犯罪活动取得上述财物的；

（四）他人通过其他恶意方式取得上述财物的。

他人明知是经济犯罪违法所得及其产生的收益，通过虚构债权债务关系、虚假交易等方式予以窝藏、转移、收购、代为销售或者以其他方法掩饰、隐瞒，构成犯罪的，应当依法追究刑事责任。

第五十五条　具有下列情形之一，依照刑法规定应当追缴其违法所得及其他涉案财物的，经县级以上公安机关负责人批准，公安机关应当出具没收违法所得意见书，连同相关证据材料一并移送同级人民检察院：

（一）重大的走私、金融诈骗、洗钱犯罪案件，犯罪嫌疑人逃匿，在通缉一年后不能到案的；

（二）犯罪嫌疑人死亡的；

（三）涉嫌重大走私、金融诈骗、洗钱犯罪的单位被撤销、注销，直接负责的主管人员和其他直接责任人员逃匿、死亡，导致案件无法适用普通刑事诉讼程序审理的。

犯罪嫌疑人死亡，现有证据证明其存在违法所得及其他涉案财物应当予以没收的，公安机关可以继续调查，并依法进行查封、扣押、冻结。

第七章　办案协作

第五十六条　公安机关办理经济犯罪案件，应当加强协作和配合，依法履行协查、协办等职责。

上级公安机关应当加强监督、协调和指导，及时解决跨区域性协作的争议事项。

第五十七条　办理经济犯罪案件需要异地公安机关协作的，委托地公安机关应当对案件的管辖、定性、证据认定以及所采取的侦查措施负责，办理有关的法律文书和手续，并对协作事项承担法律责任。但是协作地公安机关超权限、超范围采取相关措施的，应当承担相应的法律责任。

第五十八条　办理经济犯罪案件需要异地公安机关协作的，由委托地的县级以上公安机关制作办案协作函件和有关法律文书，通过协作地的县级以上公安机关联系有关协作事宜。协作地公安机关接到委托地公安机关请求协作的函件后，应当指定主管业务部门办理。

各省、自治区、直辖市公安机关根据本地实际情况，就需要外省、自治区、直辖市公安机关协助对犯罪嫌疑人采取强制措施或者查封、扣押、冻结涉案财物事项制定相关审批程序。

第五十九条 协作地公安机关应当对委托地公安机关出具的法律文书和手续予以审核，对法律文书和手续完备的，协作地公安机关应当及时无条件予以配合，不得收取任何形式的费用。

第六十条 委托地公安机关派员赴异地公安机关请求协助查询资料、调查取证等事项时，应当出具办案协作函件和有关法律文书。

委托地公安机关认为不需要派员赴异地的，可以将办案协作函件和有关法律文书寄送协作地公安机关，协作地公安机关协查不得超过十五日；案情重大、情况紧急的，协作地公安机关应当在七日以内回复；因特殊情况不能按时回复的，协作地公安机关应当及时向委托地公安机关说明情况。

必要时，委托地公安机关可以将办案协作函件和有关法律文书通过电传、网络等保密手段或者相关工作机制传至协作地公安机关，协作地公安机关应当及时协查。

第六十一条 委托地公安机关派员赴异地公安机关请求协助采取强制措施或者搜查，查封、扣押、冻结涉案财物等事项时，应当持办案协作函件、有关侦查措施或者强制措施的法律文书、工作证件及相关案件材料，与协作地县级以上公安机关联系，协作地公安机关应当派员协助执行。

第六十二条 对不及时采取措施，有可能导致犯罪嫌疑人逃匿，或者有可能转移涉案财物以及重要证据的，委托地公安机关可以商请紧急协作，将办案协作函件和有关法律文书通过电传、网络等保密手段传至协作地县级以上公安机关，协作地公安机关收到协作函件后，应当及时采取措施，落实协作事项。委托地公安机关应当立即派员携带法律文书前往协作地办理有关事宜。

第六十三条 协作地公安机关在协作过程中，发现委托地公安机关明显存在违反法律规定的行为时，应当及时向委托地公安机关提出并报上一级公安机关。跨省协作的，应当通过协作地的省级公安机关通报委托地的省级公安机关，协商处理。未能达成一致意见的，协作地的省级公安机关应当及时报告公安部。

第六十四条 立案地公安机关赴其他省、自治区、直辖市办案，应当按照有关规定呈报上级公安机关审查批准。

第八章　保障诉讼参与人合法权益

第六十五条 公安机关办理经济犯罪案件，应当尊重和保障人权，保障犯罪嫌疑人、被害人和其他诉讼参与人依法享有的辩护权和其他诉讼权利，在职责范围内依法保障律师的执业权利。

第六十六条 辩护律师向公安机关了解犯罪嫌疑人涉嫌的罪名以及现已查明的该罪的主要事实，犯罪嫌疑人被采取、变更、解除强制措施，延长侦查羁押期限、移送审查起诉等案件有关情况的，公安机关应当依法将上述情况告知辩护律师，并记录在案。

第六十七条 辩护律师向公安机关提交与经济犯罪案件有关的申诉、控告等材料的，公安机关应当在执法办案场所予以接收，当面了解有关情况并记录在案。对辩护律师提供的材料，公安机关应当及时依法审查，并在三十日以内予以答复。

第六十八条 被害人、犯罪嫌疑人及其法定代理人、近亲属或者律师对案件管辖有异议，向立案侦查的公安机关提出申诉的，接受申诉的公安机关应当在接到申诉后的七日以内予以答复。

第六十九条 犯罪嫌疑人及其法定代理人、近亲属或者辩护人认为公安机关所采取的强制措施超过法定期限，有权向原批准或者决定的公安机关提出申诉，接受该项申诉的公安机关应当在接到申诉之日起三十日以内审查完毕并作出决定，将结果书面通知申诉人。对超过法定期限的强制措施，应当立即解除或者变更。

第七十条 辩护人、诉讼代理人认为公安机关阻碍其依法行使诉讼权利并向人民检察院申诉或者控告，人民检察院经审查情况属实后通知公安机关予以纠正的，公安机关应当立即纠正，并将监督执行情况书面答复人民检察院。

第七十一条 辩护人、诉讼代理人对公安机关侦查活动有异议的，可以向有关公安机关提出申诉、控告，或者提请人民检察院依法监督。

第九章　执法监督与责任追究

第七十二条 公安机关应当依据《中华人民共和国人民警察法》等有关法律法规和规范性文件的规定，加强对办理经济犯罪案件活动的执法监督和督察工作。

上级公安机关发现下级公安机关存在违反法律和有关规定行为的，应当责令其限期纠正。必要时，上级公安机关可以就其违法行为直接作出相关处理决定。

人民检察院发现公安机关办理经济犯罪案件中存在

违法行为的，或者对有关当事人及其辩护律师、诉讼代理人、利害关系人的申诉、控告事项查证属实的，应当通知公安机关予以纠正。

第七十三条　具有下列情形之一的，公安机关应当责令依法纠正，或者直接作出撤销、变更或者纠正决定。对发生执法过错的，应当根据办案人员在办案中各自承担的职责，区分不同情况，分别追究案件审批人、审核人、办案人及其他直接责任人的责任。构成犯罪的，依法追究刑事责任。

（一）越权管辖或者推诿管辖的；

（二）违反规定立案、不予立案或者撤销案件的；

（三）违反规定对犯罪嫌疑人采取强制措施的；

（四）违反规定对财物采取查封、扣押、冻结措施的；

（五）违反规定处置涉案财物的；

（六）拒不履行办案协作职责，或者阻碍异地公安机关依法办案的；

（七）阻碍当事人、辩护人、诉讼代理人依法行使诉讼权利的；

（八）其他应当予以追究责任的。

对于导致国家赔偿的责任人员，应当依据《中华人民共和国国家赔偿法》的有关规定，追偿其部分或者全部赔偿费用。

第七十四条　公安机关在受理、立案、移送以及涉案财物处置等过程中，与人民检察院、人民法院以及仲裁机构发生争议的，应当协商解决。必要时，可以报告上级公安机关协调解决。上级公安机关应当加强监督，依法处理。

人民检察院发现公安机关存在执法不当行为的，可以向公安机关提出书面纠正意见或者检察建议。公安机关应当认真审查，并将结果及时反馈人民检察院。没有采纳的，应当说明理由。

第七十五条　公安机关办理经济犯罪案件应当加强执法安全防范工作，规范执法办案活动，执行执法办案规定，加强执法监督，对执法不当造成严重后果的，依据相关规定追究责任。

第十章　附　则

第七十六条　本规定所称的"经济犯罪案件"，主要是指公安机关经济犯罪侦查部门按照有关规定依法管辖的各种刑事案件，但以资助方式实施的帮助恐怖活动案件，不适用本规定。

公安机关其他办案部门依法管辖刑法分则第三章规定的破坏社会主义市场经济秩序犯罪有关案件的，适用本规定。

第七十七条　本规定所称的"调查性侦查措施"，是指公安机关在办理经济犯罪案件过程中，依照法律规定进行的专门调查工作和有关侦查措施，但是不包括限制犯罪嫌疑人人身、财产权利的强制性措施。

第七十八条　本规定所称的"涉众型经济犯罪案件"，是指基于同一法律事实、利益受损人数众多、可能影响社会秩序稳定的经济犯罪案件，包括但不限于非法吸收公众存款，集资诈骗，组织、领导传销活动，擅自设立金融机构，擅自发行股票、公司企业债券等犯罪。

第七十九条　本规定所称的"跨区域性"，是指涉及两个以上县级行政区域。

第八十条　本规定自 2018 年 1 月 1 日起施行。2005 年 12 月 31 日发布的《公安机关办理经济犯罪案件的若干规定》（公通字〔2005〕101 号）同时废止。本规定发布以前最高人民检察院、公安部制定的关于办理经济犯罪案件的规范性文件与本规定不一致的，适用本规定。

人民检察院监狱检察办法

·2008 年 3 月 23 日
·高检发监字〔2008〕1 号

第一章　总　则

第一条　为规范监狱检察工作，根据《中华人民共和国刑事诉讼法》、《中华人民共和国监狱法》等法律规定，结合监狱检察工作实际，制定本办法。

第二条　人民检察院监狱检察的任务是：保证国家法律法规在刑罚执行活动中的正确实施，维护罪犯合法权益，维护监狱监管秩序稳定，保障惩罚与改造罪犯工作的顺利进行。

第三条　人民检察院监狱检察的职责是：

（一）对监狱执行刑罚活动是否合法实行监督；

（二）对人民法院裁定减刑、假释活动是否合法实行监督；

（三）对监狱管理机关批准暂予监外执行活动是否合法实行监督；

（四）对刑罚执行和监管活动中发生的职务犯罪案件进行侦查，开展职务犯罪预防工作；

（五）对监狱侦查的罪犯又犯罪案件审查逮捕、审查起诉和出庭支持公诉，对监狱的立案、侦查活动和人民法院的审判活动是否合法实行监督；

（六）受理罪犯及其法定代理人、近亲属的控告、举

报和申诉;

（七）其他依法应当行使的监督职责。

第四条 人民检察院在监狱检察工作中,应当依法独立行使检察权,应当以事实为根据、以法律为准绳。

监狱检察人员履行法律监督职责,应当严格遵守法律,恪守检察职业道德,忠于职守,清正廉洁;应当坚持原则,讲究方法,注重实效。

第二章 收监、出监检察
第一节 收监检察

第五条 收监检察的内容:

（一）监狱对罪犯的收监管理活动是否符合有关法律规定。

（二）监狱收押罪犯有无相关凭证:

1. 收监交付执行的罪犯,是否具备人民检察院的起诉书副本和人民法院的刑事判决（裁定）书、执行通知书、结案登记表;

2. 收监监外执行的罪犯,是否具备撤销假释裁定书、撤销缓刑裁定书或者撤销暂予监外执行的收监执行决定书;

3. 从其他监狱调入罪犯,是否具备审批手续。

（三）监狱是否收押了依法不应当收押的人员。

第六条 收监检察的方法:

（一）对个别收监罪犯,实行逐人检察;

（二）对集体收监罪犯,实行重点检察;

（三）对新收罪犯监区,实行巡视检察。

第七条 发现监狱在收监管理活动中有下列情形的,应当及时提出纠正意见:

（一）没有收监凭证或者收监凭证不齐全而收监的;

（二）收监罪犯与收监凭证不符的;

（三）应当收监而拒绝收监的;

（四）不应当收监而收监的;

（五）罪犯收监后未按时通知其家属的;

（六）其他违反收监规定的。

第二节 出监检察

第八条 出监检察的内容:

（一）监狱对罪犯的出监管理活动是否符合有关法律规定。

（二）罪犯出监有无相关凭证:

1. 刑满释放罪犯,是否具备刑满释放证明书;

2. 假释罪犯,是否具备假释裁定书、执行通知书、假释证明书;

3. 暂予监外执行罪犯,是否具备暂予监外执行审批表、暂予监外执行决定书;

4. 离监探亲和特许离监罪犯,是否具备离监探亲审批表、离监探亲证明;

5. 临时离监罪犯,是否具备临时离监解回再审的审批手续;

6. 调监罪犯,是否具备调监的审批手续。

第九条 出监检察的方法:

（一）查阅罪犯出监登记和出监凭证;

（二）与出监罪犯进行个别谈话,了解情况。

第十条 发现监狱在出监管理活动中有下列情形的,应当及时提出纠正意见:

（一）没有出监凭证或者出监凭证不齐全而出监的;

（二）出监罪犯与出监凭证不符的;

（三）应当释放而没有释放或者不应当释放而释放的;

（四）罪犯没有监狱人民警察或者办案人员押解而特许离监、临时离监或者调监的;

（五）没有派员押送暂予监外执行罪犯到达执行地公安机关的;

（六）没有向假释罪犯、暂予监外执行罪犯、刑满释放仍需执行附加剥夺政治权利罪犯的执行地公安机关送达有关法律文书的;

（七）没有向刑满释放人员居住地公安机关送达释放通知书的;

（八）其他违反出监规定的。

第十一条 假释罪犯、暂予监外执行罪犯、刑满释放仍需执行附加剥夺政治权利罪犯出监时,派驻检察机构应当填写《监外执行罪犯出监告知表》,寄送执行地人民检察院监所检察部门。

第三章 刑罚变更执行检察
第一节 减刑、假释检察

第十二条 对监狱提请减刑、假释活动检察的内容:

（一）提请减刑、假释罪犯是否符合法律规定条件;

（二）提请减刑、假释的程序是否符合法律和有关规定;

（三）对依法应当减刑、假释的罪犯,监狱是否提请减刑、假释。

第十三条 对监狱提请减刑、假释活动检察的方法:

（一）查阅被提请减刑、假释罪犯的案卷材料;

（二）查阅监区集体评议减刑、假释会议记录,罪犯计

分考核原始凭证,刑罚执行(狱政管理)部门审查意见;

(三)列席监狱审核拟提请罪犯减刑、假释的会议;

(四)向有关人员了解被提请减刑、假释罪犯的表现等情况。

第十四条　发现监狱在提请减刑、假释活动中有下列情形的,应当及时提出纠正意见:

(一)对没有悔改表现或者立功表现的罪犯,提请减刑的;

(二)对没有悔改表现,假释后可能再危害社会的罪犯,提请假释的;

(三)对累犯以及因杀人、爆炸、抢劫、强奸、绑架等暴力性犯罪被判处十年以上有期徒刑、无期徒刑的罪犯,提请假释的;

(四)对依法应当减刑、假释的罪犯没有提请减刑、假释的;

(五)提请对罪犯减刑的起始时间、间隔时间和减刑后又假释的间隔时间不符合有关规定的;

(六)被提请减刑、假释的罪犯被减刑后实际执行的刑期或者假释考验期不符合有关规定的;

(七)提请减刑、假释没有完备的合法手续的;

(八)其他违反提请减刑、假释规定的。

第十五条　派驻检察机构收到监狱移送的提请减刑材料的,应当及时审查并签署意见。认为提请减刑不当的,应当提出纠正意见,填写《监狱提请减刑不当情况登记表》。所提纠正意见未被采纳的,可以报经本院检察长批准,向受理本案的人民法院的同级人民检察院报送。

第十六条　派驻检察机构收到监狱移送的提请假释材料的,应当及时审查并签署意见,填写《监狱提请假释情况登记表》,向受理本案的人民法院的同级人民检察院报送。认为提请假释不当的,应当提出纠正意见,将意见以及监狱采纳情况一并填入《监狱提请假释情况登记表》。

第十七条　人民检察院收到人民法院减刑、假释裁定书副本后,应当及时审查。认为减刑、假释裁定不当的,应当在收到裁定书副本后二十日内,向作出减刑、假释裁定的人民法院提出书面纠正意见。

第十八条　人民检察院对人民法院减刑、假释的裁定提出纠正意见后,应当监督人民法院是否在收到纠正意见后一个月内重新组成合议庭进行审理。

第十九条　对人民法院减刑、假释裁定的纠正意见,由作出减刑、假释裁定的人民法院的同级人民检察院书面提出。

下级人民检察院发现人民法院减刑、假释裁定不当的,应当立即向作出减刑、假释裁定的人民法院的同级人民检察院报告。

第二十条　对人民法院采取听证或者庭审方式审理减刑、假释案件的,同级人民检察院应当派员参加,发表检察意见并对听证或者庭审过程是否合法进行监督。

第二节　暂予监外执行检察

第二十一条　对监狱呈报暂予监外执行活动检察的内容:

(一)呈报暂予监外执行罪犯是否符合法律规定条件;

(二)呈报暂予监外执行的程序是否符合法律和有关规定。

第二十二条　对监狱呈报暂予监外执行活动检察的方法:

(一)审查被呈报暂予监外执行罪犯的病残鉴定和病历资料;

(二)列席监狱审核拟呈报罪犯暂予监外执行的会议;

(三)向有关人员了解被呈报暂予监外执行罪犯的患病及表现等情况。

第二十三条　发现监狱在呈报暂予监外执行活动中有下列情形的,应当及时提出纠正意见:

(一)呈报保外就医罪犯所患疾病不属于《罪犯保外就医疾病伤残范围》的;

(二)呈报保外就医罪犯属于因患严重慢性疾病长期医治无效情形,执行原判刑期未达三分之一以上的;

(三)呈报保外就医罪犯属于自伤自残的;

(四)呈报保外就医罪犯没有省级人民政府指定医院开具的相关证明文件的;

(五)对适用暂予监外执行可能有社会危险性的罪犯呈报暂予监外执行的;

(六)对罪犯呈报暂予监外执行没有完备的合法手续的;

(七)其他违反暂予监外执行规定的。

第二十四条　派驻检察机构收到监狱抄送的呈报罪犯暂予监外执行的材料后,应当及时审查并签署意见。认为呈报暂予监外执行不当的,应当提出纠正意见。审查情况应当填入《监狱呈报暂予监外执行情况登记表》,层报省级人民检察院监所检察部门。

省级人民检察院监所检察部门审查认为监狱呈报暂予监外执行不当的,应当及时将审查意见告知省级监狱管理机关。

第二十五条　省级人民检察院收到省级监狱管理机

关批准暂予监外执行的通知后,应当及时审查。认为暂予监外执行不当的,应当自接到通知之日起一个月内向省级监狱管理机关提出书面纠正意见。

省级人民检察院应当监督省级监狱管理机关是否在收到书面纠正意见后一个月内进行重新核查和核查决定是否符合法律规定。

第二十六条　下级人民检察院发现暂予监外执行不当的,应当立即层报省级人民检察院。

第四章　监管活动检察

第一节　禁闭检察

第二十七条　禁闭检察的内容:

(一)适用禁闭是否符合规定条件;

(二)适用禁闭的程序是否符合有关规定;

(三)执行禁闭是否符合有关规定。

第二十八条　禁闭检察的方法:

(一)对禁闭室进行现场检察;

(二)查阅禁闭登记和审批手续;

(三)听取被禁闭人和有关人员的意见。

第二十九条　发现监狱在适用禁闭活动中有下列情形的,应当及时提出纠正意见:

(一)对罪犯适用禁闭不符合规定条件的;

(二)禁闭的审批手续不完备的;

(三)超期限禁闭的;

(四)使用戒具不符合有关规定的;

(五)其他违反禁闭规定的。

第二节　事故检察

第三十条　事故检察的内容:

(一)罪犯脱逃;

(二)罪犯破坏监管秩序;

(三)罪犯群体病疫;

(四)罪犯伤残;

(五)罪犯非正常死亡;

(六)其他事故。

第三十一条　事故检察的方法:

(一)派驻检察机构接到监狱关于罪犯脱逃、破坏监管秩序、群体病疫、伤残、死亡等事故报告,应当立即派员赴现场了解情况,并及时报告本院检察长;

(二)认为可能存在违法犯罪问题的,派驻检察人员应当深入事故现场,调查取证;

(三)派驻检察机构与监狱共同剖析事故原因,研究对策,完善监管措施。

第三十二条　罪犯在服刑期间因病死亡,其家属对监狱提供的医疗鉴定有疑义向人民检察院提出的,人民检察院应当受理。经审查认为医疗鉴定有错误的,可以重新对死亡原因作出鉴定。

罪犯非正常死亡的,人民检察院接到监狱通知后,原则上应在二十四小时内对尸体进行检验,对死亡原因进行鉴定,并根据鉴定结论依法及时处理。

第三十三条　对于监狱发生的重大事故,派驻检察机构应当及时填写《重大事故登记表》,报送上一级人民检察院,同时对监狱是否存在执法过错责任进行检察。

辖区内监狱发生重大事故的,省级人民检察院应当检查派驻检察机构是否存在不履行或者不认真履行监督职责的问题。

第三节　狱政管理、教育改造活动检察

第三十四条　狱政管理、教育改造活动检察的内容:

(一)监狱的狱政管理、教育改造活动是否符合有关法律规定;

(二)罪犯的合法权益是否得到保障。

第三十五条　狱政管理、教育改造活动检察的方法:

(一)对罪犯生活、学习、劳动现场和会见室进行实地检察和巡视检察;

(二)查阅罪犯名册、伙食账簿、会见登记和会见手续;

(三)向罪犯及其亲属和监狱人民警察了解情况,听取意见;

(四)在法定节日、重大活动之前或者期间,督促监狱进行安全防范和生活卫生检查。

第三十六条　发现监狱在狱政管理、教育改造活动中有下列情形的,应当及时提出纠正意见:

(一)监狱人民警察体罚、虐待或者变相体罚、虐待罪犯的;

(二)没有按照规定对罪犯进行分押分管的;

(三)监狱人民警察没有对罪犯实行直接管理的;

(四)安全防范警戒设施不完备的;

(五)监狱人民警察违法使用戒具的;

(六)没有按照规定安排罪犯与其亲属会见的;

(七)对伤病罪犯没有及时治疗的;

(八)没有执行罪犯生活标准规定的;

(九)没有按照规定时间安排罪犯劳动,存在罪犯超时间、超体力劳动情况的;

(十)其他违反狱政管理、教育改造规定的。

第三十七条　派驻检察机构参加监狱狱情分析会,

应当针对罪犯思想动态、监管秩序等方面存在的问题,提出意见和建议,与监狱共同研究对策、制定措施。

第三十八条　派驻检察机构应当与监狱建立联席会议制度,及时了解监狱发生的重大情况,共同分析监管执法和检察监督中存在的问题,研究改进工作的措施。联席会议每半年召开一次,必要时可以随时召开。

第三十九条　派驻检察机构每半年协助监狱对罪犯进行一次集体法制宣传教育。

派驻检察人员应当每周至少选择一名罪犯进行个别谈话,并及时与要求约见的罪犯谈话,听取情况反映,提供法律咨询,接收递交的材料等。

第五章　办理罪犯又犯罪案件

第四十条　人民检察院监所检察部门负责监狱侦查的罪犯又犯罪案件的审查逮捕、审查起诉和出庭支持公诉,以及立案监督、侦查监督、审判监督、死刑临场监督等工作。

第四十一条　办理罪犯又犯罪案件期间该罪犯原判刑期届满的,在侦查阶段由监狱提请人民检察院审查批准逮捕,在审查起诉阶段由人民检察院决定逮捕。

第四十二条　发现罪犯在判决宣告前还有其他罪行没有判决的,应当分别情形作出处理:

(一)适宜于服刑地人民法院审理的,依照本办法第四十条、第四十一条的规定办理;

(二)适宜于原审地或者犯罪地人民法院审理的,转交当地人民检察院办理;

(三)属于职务犯罪的,交由原提起公诉的人民检察院办理。

第六章　受理控告、举报和申诉

第四十三条　派驻检察机构应当受理罪犯及其法定代理人、近亲属向检察机关提出的控告、举报和申诉,根据罪犯反映的情况,及时审查处理,并填写《控告、举报和申诉登记表》。

第四十四条　派驻检察机构应当在监区或者分监区设立检察官信箱,接收罪犯控告、举报和申诉材料。信箱应当每周开启。

派驻检察人员应当每月定期接待罪犯近亲属、监护人来访,受理控告、举报和申诉,提供法律咨询。

第四十五条　派驻检察机构对罪犯向检察机关提交的自首、检举和揭发犯罪线索等材料,依照本办法第四十三条的规定办理,并检察兑现政策情况。

第四十六条　派驻检察机构办理控告、举报案件,对

控告人、举报人要求回复处理结果的,应当将调查核实情况反馈控告人、举报人。

第四十七条　人民检察院监所检察部门审查刑事申诉,认为原判决、裁定正确、申诉理由不成立的,应当将审查结果答复申诉人并做好息诉工作;认为原判决、裁定有错误可能,需要立案复查的,应当移送刑事申诉检察部门办理。

第七章　纠正违法和检察建议

第四十八条　纠正违法的程序:

(一)派驻检察人员发现轻微违法情况,可以当场提出口头纠正意见,并及时向派驻检察机构负责人报告,填写《检察纠正违法情况登记表》;

(二)派驻检察机构发现严重违法情况,或者在提出口头纠正意见后被监督单位七日内未予纠正且不说明理由的,应当报经本院检察长批准,及时发出《纠正违法通知书》;

(三)人民检察院发出《纠正违法通知书》后十五日内,被监督单位仍未纠正或者回复意见的,应当及时向上一级人民检察院报告。

对严重违法情况,派驻检察机构应当填写《严重违法情况登记表》,向上一级人民检察院监所检察部门报送并续报检察纠正情况。

第四十九条　被监督单位对人民检察院的纠正违法意见书面提出异议的,人民检察院应当复议。被监督单位对于复议结论仍然提出异议的,由上一级人民检察院复核。

第五十条　发现刑罚执行活动中存在执法不规范等可能导致执法不公和重大事故等苗头性、倾向性问题的,应当报经本院检察长批准,向有关单位提出检察建议。

第八章　其他规定

第五十一条　派驻检察人员每月派驻监狱检察时间不得少于十六个工作日,遇有突发事件时应当及时检察。

派驻检察人员应当将罪犯每日变动情况、开展检察工作情况和其他有关情况,全面、及时、准确地填入《监狱检察日志》。

第五十二条　派驻检察机构应当实行检务公开。对收监交付执行的罪犯,应当及时告知其权利和义务。

第五十三条　派驻检察人员在工作中,故意违反法律和有关规定,或者严重不负责任,造成严重后果的,应当追究法律责任、纪律责任。

第五十四条　人民检察院监狱检察工作实行"一志

八表"的检察业务登记制度。"一志八表"是指《监狱检察日志》《监外执行罪犯出监告知表》《监狱提请减刑不当情况登记表》《监狱提请假释情况登记表》《监狱呈报暂予监外执行情况登记表》《重大事故登记表》《控告、举报和申诉登记表》《检察纠正违法情况登记表》和《严重违法情况登记表》。

派驻检察机构登记"一志八表",应当按照"微机联网、动态监督"的要求,实行办公自动化管理。

第九章　附　则

第五十五条　本办法与《人民检察院监狱检察工作图示》配套使用。

第五十六条　本办法由最高人民检察院负责解释。

第五十七条　本办法自印发之日起施行。1994年11月25日最高人民检察院监所检察厅印发的《监狱检察工作一志十一表(式样)》停止使用。

附件:略

人民检察院看守所检察办法

·2008年3月23日
·高检发监字〔2008〕1号

第一章　总　则

第一条　为规范看守所检察工作,根据《中华人民共和国刑事诉讼法》《中华人民共和国看守所条例》等规定,结合看守所检察工作实际,制定本办法。

第二条　人民检察院看守所检察的任务是:保证国家法律法规在刑罚执行和监管活动中的正确实施,维护在押人员合法权益,维护看守所监管秩序稳定,保障刑事诉讼活动顺利进行。

第三条　人民检察院看守所检察的职责是:

(一)对看守所的监管活动是否合法实行监督;

(二)对在押犯罪嫌疑人、被告人羁押期限是否合法实行监督;

(三)对看守所代为执行刑罚的活动是否合法实行监督;

(四)对刑罚执行和监管活动中发生的职务犯罪案件进行侦查,开展职务犯罪预防工作;

(五)对公安机关侦查的留所服刑罪犯又犯罪案件,审查逮捕、审查起诉和出庭支持公诉,对公安机关的立案、侦查活动和人民法院的审判活动是否合法实行监督;

(六)受理在押人员及其法定代理人、近亲属的控告、举报和申诉;

(七)其他依法应当行使的监督职责。

第四条　人民检察院在看守所检察工作中,应当依法独立行使检察权,以事实为根据、以法律为准绳。

看守所检察人员履行法律监督职责,应当严格遵守法律,恪守检察职业道德,忠于职守,清正廉洁;应当坚持原则,讲究方法,注重实效。

第二章　收押、出所检察
第一节　收押检察

第五条　收押检察的内容:

(一)看守所对犯罪嫌疑人、被告人和罪犯的收押管理活动是否符合有关法律规定。

(二)看守所收押犯罪嫌疑人、被告人和罪犯有无相关凭证:

1. 收押犯罪嫌疑人、被告人,是否具备县级以上公安机关、国家安全机关签发的刑事拘留证、逮捕证;

2. 临时收押异地犯罪嫌疑人、被告人和罪犯,是否具备县级以上人民法院、人民检察院、公安机关、国家安全机关或者监狱签发的通缉、追捕、押解、寄押等法律文书;

3. 收押剩余刑期在一年以下的有期徒刑罪犯、判决确定前未被羁押的罪犯,是否具备人民检察院的起诉书副本、人民法院的判决(裁定)书、执行通知书、结案登记表;

4. 收押被决定收监执行的罪犯,是否具备撤销假释裁定书、撤销缓刑裁定书或者撤销暂予监外执行的收监执行决定书。

(三)看守所是否收押了依法不应当收押的人员。

第六条　收押检察的方法:

(一)审查收押凭证;

(二)现场检察收押活动。

第七条　发现看守所在收押管理活动中有下列情形的,应当及时提出纠正意见:

(一)没有收押凭证或者收押凭证不齐全而收押的;

(二)被收押人员与收押凭证不符的;

(三)应当收押而拒绝收押的;

(四)收押除特殊情形外的怀孕或者正在哺乳自己婴儿的妇女的;

(五)收押除特殊情形外的患有急性传染病或者其他严重疾病的人员的;

(六)收押法律规定不负刑事责任的人员的;

(七)收押时未告知被收押人员权利、义务以及应当遵守的有关规定的;

（八）其他违反收押规定的。

第八条　收押检察应当逐人建立《在押人员情况检察台账》。

第二节　出所检察

第九条　出所检察的内容：

（一）看守所对在押人员的出所管理活动是否符合有关法律规定。

（二）在押人员出所有无相关凭证：

1. 被释放的犯罪嫌疑人、被告人或者罪犯，是否具备释放证明书；

2. 被释放的管制、缓刑、独立适用附加刑的罪犯，是否具备人民法院的判决书、执行通知书；

3. 假释罪犯，是否具备假释裁定书、执行通知书、假释证明书；

4. 暂予监外执行罪犯，是否具备暂予监外执行裁定书或者决定书；

5. 交付监狱执行的罪犯，是否具备生效的刑事判决（裁定）书和执行通知书；

6. 交付劳教所执行的劳教人员，是否具备劳动教养决定书和劳动教养通知书；

7. 提押、押解或者转押出所的在押人员，是否具备相关凭证。

第十条　出所检察的方法：

（一）查阅出所人员出所登记和出所凭证；

（二）与出所人员进行个别谈话，了解情况。

第十一条　发现看守所在出所管理活动中有下列情形的，应当及时提出纠正意见：

（一）出所人员没有出所凭证或者出所凭证不齐全的；

（二）出所人员与出所凭证不符的；

（三）应当释放而没有释放或者不应当释放而释放的；

（四）没有看守所民警或者办案人员提押、押解或者转押在押人员出所的；

（五）判处死刑缓期二年执行、无期徒刑、剩余刑期在一年以上有期徒刑罪犯或者被决定劳动教养人员，没有在一个月内交付执行的；

（六）对判处管制、宣告缓刑、裁定假释、独立适用剥夺政治权利、决定或者批准暂予监外执行罪犯，没有及时交付执行的；

（七）没有向刑满释放人员居住地公安机关送达释放通知书的；

（八）其他违反出所规定的。

第十二条　监狱违反规定拒收看守所交付执行罪犯的，驻所检察室应当及时报经本院检察长批准，建议监狱所在地人民检察院监所检察部门向监狱提出纠正意见。

第十三条　被判处管制、宣告缓刑、裁定假释、决定或者批准暂予监外执行的罪犯，独立适用剥夺政治权利或者刑满释放仍需执行附加剥夺政治权利的罪犯出所时，驻所检察室应当填写《监外执行罪犯出所告知表》，寄送执行地人民检察院监所检察部门。

第三章　羁押期限检察

第十四条　羁押期限检察的内容：

（一）看守所执行办案换押制度是否严格，应当换押的是否及时督促办案机关换押；

（二）看守所是否在犯罪嫌疑人、被告人的羁押期限届满前七日，向办案机关发出羁押期限即将届满通知书；

（三）看守所是否在犯罪嫌疑人、被告人被超期羁押后，立即向人民检察院发出超期羁押报告书并抄送办案机关。

第十五条　羁押期限检察的方法：

（一）查阅看守所登记和换押手续，逐一核对在押人员诉讼环节及其羁押期限，及时记录诉讼环节及其羁押期限变更情况；

（二）驻所检察室应当与看守所信息联网，对羁押期限实行动态监督；

（三）提示看守所及时履行羁押期限预警职责；

（四）对检察机关立案侦查的职务犯罪案件，在犯罪嫌疑人羁押期限届满前七日，监所检察部门应当向本院办案部门发出《犯罪嫌疑人羁押期限即将届满提示函》。

第十六条　纠正超期羁押的程序：

（一）发现看守所没有报告超期羁押的，立即向看守所提出纠正意见；

（二）发现同级办案机关超期羁押的，立即报经本院检察长批准，向办案机关发出纠正违法通知书；

（三）发现上级办案机关超期羁押的，及时层报上级办案机关的同级人民检察院；

（四）发出纠正违法通知书后五日内，办案机关未回复意见或者仍然超期羁押的，报告上一级人民检察院处理。

第四章　监管活动检察

第一节　事故检察

第十七条　事故检察的内容：

（一）在押人员脱逃；

（二）在押人员破坏监管秩序；

（三）在押人员群体病疫；

（四）在押人员伤残；

（五）在押人员非正常死亡；

（六）其他事故。

第十八条　事故检察的方法：

（一）驻所检察室接到看守所关于在押人员脱逃、破坏监管秩序、群体病疫、伤残、死亡等事故报告，应当立即派员赴现场了解情况，并及时报告本院检察长；

（二）认为可能存在违法犯罪问题的，派驻检察人员应当深入事故现场，调查取证；

（三）驻所检察室与看守所共同剖析事故原因，研究对策，完善监管措施。

第十九条　在押人员因病死亡，其家属对看守所提供的医疗鉴定有疑义向人民检察院提出的，人民检察院监所检察部门应当受理。经审查认为医疗鉴定有错误的，可以重新对死亡原因作出鉴定。

在押人员非正常死亡的，人民检察院接到看守所通知后，原则上应当在二十四小时内对尸体进行检验，对死亡原因进行鉴定，并根据鉴定结论依法及时处理。

第二十条　对于看守所发生的重大事故，驻所检察室应当及时填写《重大事故登记表》，报送上一级人民检察院，同时对看守所是否存在执法过错责任进行检察。

看守所发生重大事故的，上一级人民检察院应当检查驻所检察室是否存在不履行或者不认真履行监督职责的问题。

第二节　教育管理活动检察

第二十一条　教育管理活动检察的内容：

（一）看守所的教育管理活动是否符合有关规定；

（二）在押人员的合法权益是否得到保障。

第二十二条　教育管理活动检察的方法：

（一）对监区、监室、提讯室、会见室进行实地检察和巡视检察；

（二）查阅在押人员登记名册、伙食账簿、会见登记和会见手续；

（三）向在押人员及其亲属和监管民警了解情况，听取意见；

（四）在法定节日、重大活动之前或者期间，督促看守所进行安全防范和生活卫生检查。

第二十三条　发现看守所在教育管理活动中有下列情形的，应当及时提出纠正意见：

（一）监管民警体罚、虐待或者变相体罚、虐待在押人员的；

（二）监管民警为在押人员通风报信、私自传递信件物品、伪造立功材料的；

（三）没有按照规定对在押人员进行分别羁押的；

（四）监管民警违法使用警械具或者使用非法定械具的；

（五）违反规定对在押人员适用禁闭措施的；

（六）没有按照规定安排办案人员提讯的；

（七）没有按照规定安排律师及在押人员家属与在押人员会见的；

（八）没有及时治疗伤病在押人员的；

（九）没有执行在押人员生活标准规定的；

（十）没有按照规定安排在押人员劳动，存在在押人员超时间、超体力劳动情况的；

（十一）其他违反教育管理规定的。

第二十四条　驻所检察室应当与看守所建立联席会议制度，及时了解看守所发生的重大情况，共同分析监管执法和检察监督中存在的问题，研究改进工作的措施。联席会议每半年召开一次，必要时可以随时召开。

第二十五条　驻所检察室应当协助看守所对在押人员进行经常性的法制宣传教育。

驻所检察人员应当每周至少选择一名在押人员进行个别谈话，并及时与要求约见的在押人员谈话，听取情况反映，提供法律咨询，接收递交的材料等。

第五章　执行刑罚活动检察

第一节　留所服刑检察

第二十六条　留所服刑检察的内容：

（一）看守所办理罪犯留所服刑是否符合有关规定；

（二）对剩余刑期在一年以上罪犯留所服刑的，是否按照规定履行批准手续；

（三）看守所是否将未成年犯或者被决定劳教人员留所执行；

（四）看守所是否将留所服刑罪犯与其他在押人员分别关押。

第二十七条　留所服刑检察的方法：

（一）审查看守所《呈报留所服刑罪犯审批表》及相关材料；

（二）向有关人员了解留所服刑罪犯的表现情况；

（三）对留所服刑人员的监室实行巡视检察。

第二十八条　发现看守所办理罪犯留所服刑活动有下列情形的，应当及时提出纠正意见：

（一）对剩余刑期在一年以上罪犯留所服刑，看守所

没有履行报批手续或者手续不齐全的;

（二）将未成年犯和劳教人员留所执行的;

（三）将留所服刑罪犯与其他在押人员混管混押的;

（四）其他违反留所服刑规定的。

第二节　减刑、假释、暂予监外执行检察

第二十九条　对看守所提请或者呈报减刑、假释、暂予监外执行活动检察的内容:

（一）提请或者呈报减刑、假释、暂予监外执行的罪犯,是否符合法律规定条件;

（二）提请或者呈报减刑、假释、暂予监外执行的程序是否符合法律和有关规定;

（三）对依法应当减刑、假释、暂予监外执行的罪犯,看守所是否提请或者呈报减刑、假释、暂予监外执行。

第三十条　对看守所提请或者呈报减刑、假释、暂予监外执行活动检察的方法:

（一）查阅被提请减刑、假释罪犯的案卷材料;

（二）审查被呈报暂予监外执行罪犯的病残鉴定和病历资料;

（三）列席看守所审核拟提请或者呈报罪犯减刑、假释、暂予监外执行的会议;

（四）向有关人员了解被提请或者呈报减刑、假释、暂予监外执行罪犯的表现等情况。

第三十一条　对于看守所提请或者呈报减刑、假释、暂予监外执行活动的检察情况,驻所检察室应当记入《看守所办理减刑、假释、暂予监外执行情况登记表》。

第三十二条　本办法对看守所提请或者呈报减刑、假释、暂予监外执行检察的未尽事项,参照《人民检察院监狱检察办法》第三章刑罚变更执行检察的有关规定执行。

第六章　办理罪犯又犯罪案件

第三十三条　人民检察院监所检察部门负责公安机关侦查的留所服刑罪犯又犯罪案件的审查逮捕、审查起诉和出庭支持公诉,以及立案监督、侦查监督和审判监督等工作。

第三十四条　发现留所服刑罪犯在判决宣告前还有其他罪行没有判决的,应当分别情形作出处理:

（一）适宜于服刑地人民法院审理的,依照本办法第三十三条的规定办理;

（二）适宜于原审地或者犯罪地人民法院审理的,转交当地人民检察院办理;

（三）属于职务犯罪的,交由原提起公诉的人民检察院办理。

第三十五条　犯罪嫌疑人、被告人羁押期间的犯罪案件,由原办案机关处理。驻所检察室发现公安机关应当立案而没有立案的,应当告知本院侦查监督部门。

第七章　受理控告、举报和申诉

第三十六条　驻所检察室应当受理在押人员及其法定代理人、近亲属向检察机关提出的控告、举报和申诉,根据在押人员反映的情况,及时审查处理,并填写《控告、举报和申诉登记表》。

第三十七条　驻所检察室应当在看守所内设立检察官信箱,及时接收在押人员控告、举报和申诉材料。

第三十八条　驻所检察室对在押人员向检察机关提交的自首、检举和揭发犯罪线索等材料,依照本办法第三十六条的规定办理,并检察兑现政策情况。

第三十九条　驻所检察室办理控告、举报案件,对控告人或者举报人要求回复处理结果的,应当将调查核实情况反馈控告人、举报人。

第四十条　驻所检察室受理犯罪嫌疑人、被告人及其法定代理人、近亲属有关羁押期限的申诉,应当认真进行核实,并将结果及时反馈申诉人。

第四十一条　人民检察院监所检察部门审查留所服刑罪犯的刑事申诉,认为原判决或者裁定正确、申诉理由不成立的,应当将审查结果答复申诉人并做好息诉工作;认为原判决、裁定有错误可能,需要立案复查的,应当移送刑事申诉检察部门办理。

第八章　纠正违法和检察建议

第四十二条　纠正违法的程序:

（一）驻所检察人员发现轻微违法情况,可以当场提出口头纠正意见,并及时向驻所检察室负责人报告,填写《检察纠正违法情况登记表》;

（二）驻所检察室发现严重违法情况,或者在提出口头纠正意见后被监督单位七日内未予纠正且不说明理由的,应当报经本院检察长批准,及时发出《纠正违法通知书》;

（三）人民检察院发出《纠正违法通知书》后十五日内,被监督单位仍未纠正或者回复意见的,应当及时向上一级人民检察院报告。

对严重违法情况,驻所检察室应当填写《严重违法情况登记表》,向上一级人民检察院监所检察部门报送并续报检察纠正情况。

第四十三条　被监督单位对人民检察院的纠正违法意见书面提出异议的,人民检察院应当复议。被监督单

位对于复议结论仍然提出异议的,由上一级人民检察院复核。

第四十四条 发现刑罚执行和监管活动中存在执法不规范等可能导致执法不公和重大事故等苗头性、倾向性问题的,应当报经本院检察长批准,向有关单位提出检察建议。

第九章 其他规定

第四十五条 派驻检察人员每月派驻看守所检察时间不得少于十六个工作日,遇有突发事件时应当及时检察。

派驻检察人员应当将在押人员每日变动情况、开展检察工作情况和其他有关情况,全面、及时、准确地填入《看守所检察日志》。

第四十六条 驻所检察室实行检务公开制度。对新收押人员,应当及时告知其权利和义务。

第四十七条 派驻检察人员在工作中,故意违反法律和有关规定,或者严重不负责任,造成严重后果的,应当追究法律责任、纪律责任。

第四十八条 人民检察院看守所检察工作实行"一志一账六表"的检察业务登记制度。"一志一账六表"是指《看守所检察日志》、《在押人员情况检察台账》、《监外执行罪犯出所告知表》、《看守所办理减刑、假释、暂予监外执行情况登记表》、《重大事故登记表》、《控告、举报和申诉登记表》、《检察纠正违法情况登记表》和《严重违法情况登记表》。

驻所检察机构登记"一志一账六表",应当按照"微机联网、动态监督"的要求,实行办公自动化管理。

第十章 附 则

第四十九条 本办法与《人民检察院看守所检察工作图示》配套使用。

第五十条 本办法由最高人民检察院负责解释。

第五十一条 本办法自印发之日起施行。1990 年 5 月 11 日最高人民检察院监所检察厅《关于统一使用看守所检察业务登记表的通知》中看守所检察业务登记"一志八表"停止使用。

附件:略

人民检察院监外执行检察办法

· 2008 年 3 月 23 日
· 高检发监字〔2008〕1 号

第一章 总 则

第一条 为规范监外执行检察工作,根据《中华人民共和国刑法》、《中华人民共和国刑事诉讼法》等法律规定,结合监外执行检察工作实际,制定本办法。

第二条 人民检察院监外执行检察的任务是:保证国家法律法规在刑罚执行活动中的正确实施,维护监外执行罪犯合法权益,维护社会和谐稳定。

第三条 人民检察院监外执行检察的职责是:

(一)对人民法院、监狱、看守所交付执行活动是否合法实行监督;

(二)对公安机关监督管理监外执行罪犯活动是否合法实行监督;

(三)对公安机关、人民法院、监狱、看守所变更执行活动是否合法实行监督;

(四)对监外执行活动中发生的职务犯罪案件进行侦查,开展职务犯罪预防工作;

(五)其他依法应当行使的监督职责。

第四条 人民检察院在监外执行检察工作中,应当坚持依法独立行使检察权,坚持以事实为根据、以法律为准绳。

检察人员履行法律监督职责,应当严格遵守法律,恪守检察职业道德,忠于职守,清正廉洁;应当坚持原则,讲究方法,注重实效。

第二章 交付执行检察

第五条 交付执行检察的内容:

(一)人民法院、监狱、看守所交付执行活动是否符合有关法律规定;

(二)人民法院、监狱、看守所交付执行的相关法律手续是否完备;

(三)人民法院、监狱、看守所交付执行是否及时。

第六条 交付执行检察的方法:

(一)监所检察部门收到本院公诉部门移送的人民法院判处管制、独立适用剥夺政治权利、宣告缓刑、决定暂予监外执行的法律文书后,应当认真审查并登记,掌握人民法院交付执行的情况;

(二)通过对人民检察院派驻监狱、看守所检察机构的《监外执行罪犯出监(所)告知表》内容进行登记,掌握监狱、看守所向执行地公安机关交付执行被裁定假释、批准暂予监外执行以及刑满释放仍需执行附加剥夺政治权利的罪犯情况;

(三)向执行地公安机关了解核查监外执行罪犯的有关法律文书送达以及监外执行罪犯报到等情况。

第七条 发现在交付执行活动中有下列情形的,应当及时提出纠正意见:

（一）人民法院、监狱、看守所没有向执行地公安机关送达监外执行罪犯有关法律文书或者送达的法律文书不齐全的；

（二）监狱没有派员将暂予监外执行罪犯押送至执行地公安机关的；

（三）人民法院、监狱、看守所没有将监外执行罪犯的有关法律文书抄送人民检察院的；

（四）人民法院、监狱、看守所因交付执行不及时等原因造成监外执行罪犯漏管的；

（五）其他违反交付执行规定的。

第八条　县、市、区人民检察院对辖区内的监外执行罪犯，应当逐一填写《罪犯监外执行情况检察台账》，并记录有关检察情况。

第三章　监管活动检察

第九条　监管活动检察的内容：

（一）公安机关监督管理监外执行罪犯活动是否符合有关法律规定；

（二）监外执行罪犯是否发生脱管现象；

（三）监外执行罪犯的合法权益是否得到保障。

第十条　监管活动检察的方法：

（一）查阅公安机关监外执行罪犯监督管理档案；

（二）向协助公安机关监督考察监外执行罪犯的单位和基层组织了解、核实有关情况；

（三）与监外执行罪犯及其亲属谈话，了解情况，听取意见。

第十一条　发现公安机关在监管活动中有下列情形的，应当及时提出纠正意见：

（一）没有建立监外执行罪犯监管档案和组织的；

（二）没有向监外执行罪犯告知应当遵守的各项规定的；

（三）监外执行罪犯迁居，迁出地公安机关没有移送监督考察档案，迁入地公安机关没有接续监管的；

（四）对监外执行罪犯违法或者重新犯罪，没有依法予以治安处罚或者追究刑事责任的；

（五）公安民警对监外执行罪犯有打骂体罚、侮辱人格等侵害合法权益行为的；

（六）公安机关没有及时向人民检察院通报对监外执行罪犯的监督管理情况的；

（七）其他违反监督管理规定的。

第十二条　人民检察院监所检察部门应当与公安机关、人民法院的有关部门建立联席会议制度，及时通报有关情况，分析交付执行、监督管理活动和检察监督中存在

的问题，研究改进工作的措施。联席会议可每半年召开一次，必要时可以随时召开。

第四章　变更执行检察

第一节　收监执行检察

第十三条　收监执行检察的内容：

（一）公安机关撤销缓刑、假释的建议和对暂予监外执行罪犯的收监执行是否符合有关法律规定；

（二）人民法院撤销缓刑、假释裁定是否符合有关法律规定；

（三）监狱、看守所收监执行活动是否符合有关法律规定。

第十四条　收监执行检察的方法：

（一）查阅公安机关记录缓刑、假释、暂予监外执行罪犯违法违规情况的相关材料；

（二）向与缓刑、假释、暂予监外执行罪犯监管有关的单位、基层组织了解有关情况；

（三）必要时可以与违法违规的缓刑、假释、暂予监外执行罪犯谈话，了解情况。

第十五条　发现在收监执行活动中有下列情形的，应当及时提出纠正意见：

（一）公安机关对缓刑罪犯在考验期内违反法律、行政法规或者公安部门监督管理规定，情节严重，没有及时向人民法院提出撤销缓刑建议的；

（二）公安机关对假释罪犯在考验期内违反法律、行政法规或者公安部门监督管理规定，尚未构成新的犯罪，没有及时向人民法院提出撤销假释建议的；

（三）原作出缓刑、假释裁判的人民法院收到公安机关提出的撤销缓刑、假释的建议书后没有依法作出裁定的；

（四）公安机关对人民法院裁定撤销缓刑、假释的罪犯，没有及时送交监狱或者看守所收监执行的；

（五）公安机关对具有下列情形之一的暂予监外执行罪犯，没有及时通知监狱、看守所收监执行的：

1. 未经公安机关批准擅自外出，应当收监执行的；

2. 骗取保外就医的；

3. 以自伤、自残、欺骗等手段故意拖延保外就医时间的；

4. 办理保外就医后无故不就医的；

5. 违反监督管理规定经教育不改的；

6. 暂予监外执行条件消失且刑期未满的。

（六）监狱、看守所收到公安机关对暂予监外执行罪

犯的收监执行通知后,没有及时收监执行的;

(七)不应当收监执行而收监执行的;

(八)其他违反收监执行规定的。

第二节 减刑检察

第十六条 减刑检察的内容:

(一)提请、裁定减刑罪犯是否符合法律规定条件;

(二)提请、裁定减刑的程序是否符合法律和有关规定;

(三)对依法应当减刑的罪犯是否提请、裁定减刑。

第十七条 减刑检察的方法:

(一)查阅被提请减刑罪犯的案卷材料;

(二)向有关人员了解被提请减刑罪犯的表现等情况;

(三)必要时向提请、裁定减刑的机关了解有关情况。

第十八条 本办法对管制、缓刑罪犯的减刑检察的未尽事项,参照《人民检察院监狱检察办法》第三章刑罚变更执行检察的有关规定执行。

第十九条 县、市、区人民检察院监所检察部门应当将提请、裁定减刑检察活动情况,填入《监外执行罪犯减刑情况登记表》。

第五章 终止执行检察

第二十条 终止执行检察的内容:

(一)终止执行的罪犯是否符合法律规定条件;

(二)终止执行的程序是否合法,是否具备相关手续。

第二十一条 终止执行检察的方法:

(一)查阅刑事判决(裁定)书等法律文书中所确定的监外执行罪犯的刑期、考验期;

(二)了解公安机关对终止执行罪犯的释放、解除等情况;

(三)与刑期、考验期届满的罪犯谈话,了解情况,听取意见。

第二十二条 发现在终止执行活动中有下列情形的,应当及时提出纠正意见:

(一)公安机关对执行期满的管制罪犯,没有按期宣布解除并发给《解除管制通知书》的;

(二)公安机关对执行期满的剥夺政治权利罪犯,没有按期向其本人和所在单位、居住地群众宣布恢复其政治权利的;

(三)公安机关对考验期满的缓刑、假释罪犯没有按期予以公开宣告的;

(四)公安机关对刑期届满的暂予监外执行罪犯没有通报监狱的;监狱对刑期届满的暂予监外执行罪犯没

有办理释放手续的;

(五)公安机关对死亡的监外执行罪犯,没有及时向原判人民法院或者原关押监狱、看守所通报的;

(六)公安机关、人民法院、监狱、看守所对刑期、考验期限未满的罪犯提前释放、解除、宣告的;

(七)其他违反终止执行规定的。

第六章 纠正违法和检察建议

第二十三条 纠正违法的程序:

(一)监所检察人员发现轻微违法情况,可以当场提出口头纠正意见,并及时向监所检察部门负责人报告,填写《检察纠正违法情况登记表》;

(二)监所检察部门发现严重违法情况,或者在提出口头纠正意见后被监督单位七日内未予纠正且不说明理由的,应当报经本院检察长批准,及时发出《纠正违法通知书》;

(三)人民检察院发出《纠正违法通知书》后十五日内,被监督单位仍未纠正或者回复意见的,应当及时向上一级人民检察院报告。

对严重违法情况,监所检察部门应当填写《严重违法情况登记表》,向上一级人民检察院监所检察部门报送并续报检察纠正情况。

第二十四条 被监督单位对人民检察院的纠正违法意见书面提出异议的,人民检察院应当复议。被监督单位对于复议结论仍然提出异议的,由上一级人民检察院复核。

第二十五条 发现对于监外执行罪犯的交付执行、监督管理活动中存在执法不规范、管理不严格等可能导致执法不公等苗头性、倾向性问题的,应当报经本院检察长批准,向有关单位提出检察建议。

第七章 其他规定

第二十六条 人民检察院开展监外执行检察工作,可以采取定期与不定期检察,全面检察与重点检察,会同有关部门联合检查等方式进行。

县、市、区人民检察院在监外执行检察工作中,每半年至少开展一次全面检察。

第二十七条 检察人员在工作中,故意违反法律和有关规定,或者严重不负责任,造成严重后果的,应当追究法律责任、纪律责任。

第二十八条 人民检察院监外执行检察工作实行"一账三表"的检察业务登记制度。"一账三表"是指《罪犯监外执行情况检察台账》、《检察纠正违法情况登记表》、《严重违法情况登记表》、《监外执行罪犯减刑情况登记表》。

监所检察部门登记"一账三表",应当按照"微机联网、动态监督"的要求,实现办公自动化管理。

第八章　附　则

第二十九条　本办法由最高人民检察院负责解释。

第三十条　本办法自印发之日起施行。

附件:略

最高人民法院关于贯彻宽严相济刑事政策的若干意见

· 2010 年 2 月 8 日

· 法发〔2010〕9 号

宽严相济刑事政策是我国的基本刑事政策,贯穿于刑事立法、刑事司法和刑罚执行的全过程,是惩办与宽大相结合政策在新时期的继承、发展和完善,是司法机关惩罚犯罪,预防犯罪,保护人民,保障人权,正确实施国家法律的指南。为了在刑事审判工作中切实贯彻执行这一政策,特制定本意见。

一、贯彻宽严相济刑事政策的总体要求

1. 贯彻宽严相济刑事政策,要根据犯罪的具体情况,实行区别对待,做到该宽则宽,当严则严,宽严相济,罚当其罪,打击和孤立极少数,教育、感化和挽救大多数,最大限度地减少社会对立面,促进社会和谐稳定,维护国家长治久安。

2. 要正确把握宽与严的关系,切实做到宽严并用。既要注意克服重刑主义思想影响,防止片面从严,也要避免受轻刑化思想影响,一味从宽。

3. 贯彻宽严相济刑事政策,必须坚持严格依法办案,切实贯彻落实罪刑法定原则、罪刑相适应原则和法律面前人人平等原则,依照法律规定准确定罪量刑。从宽和从严都必须依照法律规定进行,做到宽严有据,罚当其罪。

4. 要根据经济社会的发展和治安形势的变化,尤其要根据犯罪情况的变化,在法律规定的范围内,适时调整从宽和从严的对象、范围和力度。要全面、客观把握不同时期不同地区的经济社会状况和社会治安形势,充分考虑人民群众的安全感以及惩治犯罪的实际需要,注重从严打击严重危害国家安全、社会治安和人民群众利益的犯罪。对于犯罪性质尚不严重,情节较轻和社会危害性较小的犯罪,以及被告人认罪、悔罪,从宽处罚更有利于社会和谐稳定的,依法可以从宽处理。

5. 贯彻宽严相济刑事政策,必须严格依法进行,维护法律的统一和权威,确保良好的法律效果。同时,必须充分考虑案件的处理是否有利于赢得广大人民群众的支持和社会稳定,是否有利于瓦解犯罪,化解矛盾,是否有利于罪犯的教育改造和回归社会,是否有利于减少社会对抗,促进社会和谐,争取更好的社会效果。要注意在裁判文书中充分说明裁判理由,尤其是从宽或从严的理由,促使被告人认罪服法,注重教育群众,实现案件裁判法律效果和社会效果的有机统一。

二、准确把握和正确适用依法从"严"的政策要求

6. 宽严相济刑事政策中的从"严",主要是指对于罪行十分严重、社会危害性极大,依法应当判处重刑或死刑的,要坚决地判处重刑或死刑;对于社会危害大或者具有法定、酌定从重处罚情节,以及主观恶性深、人身危险性大的被告人,要依法从严惩处。在审判活动中通过体现依法从"严"的政策要求,有效震慑犯罪分子和社会不稳定分子,达到有效遏制犯罪、预防犯罪的目的。

7. 贯彻宽严相济刑事政策,必须毫不动摇地坚持依法严惩严重刑事犯罪的方针。对于危害国家安全犯罪、恐怖组织犯罪、邪教组织犯罪、黑社会性质组织犯罪、恶势力犯罪、故意危害公共安全犯罪等严重危害国家政权稳固和社会治安的犯罪,故意杀人、故意伤害致人死亡、强奸、绑架、拐卖妇女儿童、抢劫、重大抢劫、重大盗窃等严重暴力犯罪和严重影响人民群众安全的犯罪,走私、贩卖、运输、制造毒品等毒害人民健康的犯罪,要作为严惩的重点,依法从重处罚。尤其对于极端仇视国家和社会,以不特定人为侵害对象,所犯罪行特别严重的犯罪分子,该重判的要坚决依法重判,该判处死刑的要坚决依法判处死刑。

8. 对于国家工作人员贪污贿赂、滥用职权、失职渎职的严重犯罪,黑恶势力犯罪、重大安全责任事故、制售伪劣食品药品所涉及的国家工作人员职务犯罪,发生在社会保障、征地拆迁、灾后重建、企业改制、医疗、教育、就业等领域严重损害群众利益、社会影响恶劣、群众反映强烈的国家工作人员职务犯罪,发生在经济社会建设重点领域、重点行业的严重商业贿赂犯罪等,要依法从严惩处。

对于国家工作人员职务犯罪和商业贿赂犯罪中性质恶劣、情节严重、涉案范围广、影响面大的,或者案发后隐瞒犯罪事实、毁灭证据、订立攻守同盟、负案潜逃等拒不认罪悔罪的,要坚决依法从严惩处。

对于被告人犯罪所得数额不大,但对国家财产和人

民群众利益造成重大损失、社会影响极其恶劣的职务犯罪和商业贿赂犯罪案件,也应依法从严惩处。

要严格掌握职务犯罪法定减轻处罚情节的认定标准与减轻处罚的幅度,严格控制依法减轻处罚后判处三年以下有期徒刑适用缓刑的范围,切实规范职务犯罪缓刑、免予刑事处罚的适用。

9. 当前和今后一段时期,对于集资诈骗、贷款诈骗、制贩假币以及扰乱、操纵证券、期货市场等严重危害金融秩序的犯罪,生产、销售假药、劣药、有毒有害食品等严重危害食品药品安全的犯罪,走私等严重侵害国家经济利益的犯罪,造成严重后果的重大安全责任事故犯罪,重大环境污染、非法采矿、盗伐林木等各种严重破坏环境资源的犯罪等,要依法从严惩处,维护国家的经济秩序,保护广大人民群众的生命健康安全。

10. 严惩严重刑事犯罪,必须充分考虑被告人的主观恶性和人身危险性。对于事先精心预谋、策划犯罪的被告人,具有惯犯、职业犯等情节的被告人,或者因故意犯罪受过刑事处罚、在缓刑、假释考验期内又犯罪的被告人,要依法严惩,以实现刑罚特殊预防的功能。

11. 要依法从严惩处累犯和毒品再犯。凡是依法构成累犯和毒品再犯的,即使犯罪情节较轻,也要体现从严惩处的精神。尤其是对于前罪为暴力犯罪或被判处重刑的累犯,更要依法从严惩处。

12. 要注重综合运用多种刑罚手段,特别是要重视依法适用财产刑,有效惩治犯罪。对于法律规定有附加财产刑的,要依法适用。对于侵财型和贪利型犯罪,更要注重通过依法适用财产刑使犯罪分子受到经济上的惩罚,剥夺其重新犯罪的能力和条件。要切实加大财产刑的执行力度,确保刑罚的严厉性和惩罚功能得以实现。被告人非法占有、处置被害人财产不能退赃的,在决定刑罚时,应作为重要情节予以考虑,体现从严惩处的精神。

13. 对于刑事案件被告人,要严格依法追究刑事责任,切实做到不枉不纵。要在确保司法公正的前提下,努力提高司法效率。特别是对于那些严重危害社会治安、引起社会关注的刑事案件,要在确保案件质量的前提下,抓紧审理,及时宣判。

三、准确把握和正确适用依法从"宽"的政策要求

14. 宽严相济刑事政策中的从"宽",主要是指对于情节较轻、社会危害性较小的犯罪,或者罪行虽然严重,但具有法定、酌定从宽处罚情节,以及主观恶性相对较小、人身危险性不大的被告人,可以依法从轻、减轻或者免除处罚;对于具有一定社会危害性,但情节显著轻微危

害不大的行为,不作为犯罪处理;对于依法可不监禁的,尽量适用缓刑或者判处管制、单处罚金等非监禁刑。

15. 被告人的行为已经构成犯罪,但犯罪情节轻微,或者未成年人、在校学生实施的较轻犯罪,或者被告人具有犯罪预备、犯罪中止、从犯、胁从犯、防卫过当、避险过当等情节,依法不需要判处刑罚的,可以免予刑事处罚。对免予刑事处罚的,应当根据刑法第三十七条规定,做好善后、帮教工作或者交由有关部门进行处理,争取更好的社会效果。

16. 对于所犯罪行不重、主观恶性不深、人身危险性较小、有悔改表现、不致再危害社会的犯罪分子,要依法从宽处理。对于其中具备条件的,应当依法适用缓刑或者管制、单处罚金等非监禁刑。同时配合做好社区矫正,加强教育、感化、帮教、挽救工作。

17. 对于自首的被告人,除了罪行极其严重、主观恶性极深、人身危险性极大,或者恶意地利用自首规避法律制裁者以外,一般均应当依法从宽处罚。

对于亲属以不同形式送被告人归案或协助司法机关抓获被告人而认定为自首的,原则上都应当依法从宽处罚;有的虽然不能认定为自首,但考虑到被告人亲属支持司法机关工作,促使被告人到案、认罪、悔罪,在决定对被告人具体处罚时,也应当予以充分考虑。

18. 对于被告人检举揭发他人犯罪构成立功的,一般均应当依法从宽处罚。对于犯罪情节不是十分恶劣,犯罪后果不是十分严重的被告人立功的,从宽处罚的幅度应当更大。

19. 对于较轻犯罪的初犯、偶犯,应当综合考虑其犯罪的动机、手段、情节、后果和犯罪时的主观状态,酌情予以从宽处罚。对于犯罪情节轻微的初犯、偶犯,可以免予刑事处罚;依法应当予以刑事处罚的,也应当尽量适用缓刑或者判处管制、单处罚金等非监禁刑。

20. 对于未成年人犯罪,在具体考虑其实施犯罪的动机和目的、犯罪性质、情节和社会危害程度的同时,还要充分考虑其是否属于初犯,归案后是否悔罪,以及个人成长经历和一贯表现等因素,坚持"教育为主、惩罚为辅"的原则和"教育、感化、挽救"的方针进行处理。对于偶尔盗窃、抢夺、诈骗,数额刚达到较大的标准,案发后能如实交代并积极退赃的,可以认定为情节显著轻微,不作为犯罪处理。对于罪行较轻的,可以依法适当多适用缓刑或者判处管制、单处罚金等非监禁刑;依法可免予刑事处罚的,应当免予刑事处罚。对于犯罪情节严重的未成年人,也应当依照刑法第十七条第三款的规定予以从轻

或者减轻处罚。对于已满十四周岁不满十六周岁的未成年犯罪人，一般不判处无期徒刑。

21. 对于老年人犯罪，要充分考虑其犯罪的动机、目的、情节、后果以及悔罪表现等，并结合其人身危险性和再犯可能性，酌情予以从宽处罚。

22. 对于因恋爱、婚姻、家庭、邻里纠纷等民间矛盾激化引发的犯罪，因劳动纠纷、管理失当等原因引发、犯罪动机不属恶劣的犯罪，因被害方过错或者基于义愤引发的或者具有防卫因素的突发性犯罪，应酌情从宽处罚。

23. 被告人案发后对被害人积极进行赔偿，并认罪、悔罪的，依法可以作为酌定量刑情节予以考虑。因婚姻家庭等民间纠纷激化引发的犯罪，被害人及其家属对被告人表示谅解的，应当作为酌定量刑情节予以考虑。犯罪情节轻微，取得被害人谅解的，可以依法从宽处理，不需判处刑罚的，可以免予刑事处罚。

24. 对于刑事被告人，如果采取取保候审、监视居住等非羁押性强制措施足以防止发生社会危险性，且不影响刑事诉讼正常进行的，一般可不采取羁押措施。对人民检察院提起公诉而被告人未被采取逮捕措施的，除存在被告人逃跑、串供、重新犯罪等具有人身危险性或者可能影响刑事诉讼正常进行的情形外，人民法院一般可不决定逮捕被告人。

四、准确把握和正确适用宽严"相济"的政策要求

25. 宽严相济刑事政策中的"相济"，主要是指在对各类犯罪依法处罚时，要善于综合运用宽和严两种手段，对不同的犯罪和犯罪分子区别对待，做到严中有宽、宽以济严；宽中有严、严以济宽。

26. 在对严重刑事犯罪依法从严惩处的同时，对被告人具有自首、立功、从犯等法定或酌定从宽处罚情节的，还要注意宽以济严，根据犯罪的具体情况，依法应当或可以从宽的，都应当在量刑上予以充分考虑。

27. 在对较轻刑事犯罪依法从轻处罚的同时，要注意严以济宽，充分考虑被告人是否具有屡教不改、严重滋扰社会、群众反映强烈等酌定从严处罚的情况，对于不从严不足以有效惩戒者，也应当在量刑上有所体现，做到济之以严，使犯罪分子受到应有处罚，切实增强改造效果。

28. 对于被告人同时具有法定、酌定从严和法定、酌定从宽处罚情节的案件，要在全面考察犯罪的事实、性质、情节和对社会危害程度的基础上，结合被告人的主观恶性、人身危险性、社会治安状况等因素，综合作出分析判断，总体从严，或者总体从宽。

29. 要准确理解和严格执行"保留死刑，严格控制和

慎重适用死刑"的政策。对于罪行极其严重的犯罪分子，论罪应当判处死刑的，要坚决依法判处死刑。要依法严格控制死刑的适用，统一死刑案件的裁判标准，确保死刑只适用于极少数罪行极其严重的犯罪分子。拟判处死刑的具体案件定罪或者量刑的证据必须确实、充分，得出唯一结论。对于罪行极其严重，但只要是依法可不立即执行的，就不应当判处死刑立即执行。

30. 对于恐怖组织犯罪、邪教组织犯罪、黑社会性质组织犯罪和进行走私、诈骗、贩毒等犯罪活动的犯罪集团，在处理时要分别情况，区别对待：对犯罪组织或集团中的为首组织、指挥、策划者和骨干分子，要依法从严惩处，该判处重刑或死刑的要坚决判处重刑或死刑；对受欺骗、胁迫参加犯罪组织、犯罪集团或只是一般参加者，在犯罪中起次要、辅助作用的从犯，依法应当从轻或减轻处罚，符合缓刑条件的，可以适用缓刑。

对于群体性事件中发生的杀人、放火、抢劫、伤害等犯罪案件，要注意重点打击其中的组织、指挥、策划者和直接实施犯罪行为的积极参与者；对因被煽动、欺骗、裹胁而参加，情节较轻，经教育确有悔改表现的，应当依法从宽处理。

31. 对于一般共同犯罪案件，应当充分考虑各被告人在共同犯罪中的地位和作用，以及在主观恶性和人身危险性方面的不同，根据事实和证据能分清主从犯的，都应当认定主从犯。有多名主犯的，应在主犯中进一步区分出罪行最为严重者。对于多名被告人共同致死一名被害人的案件，要进一步分清各被告人的作用，准确确定各被告人的罪责，以做到区别对待；不能以分不清主次为由，简单地一律判处重刑。

32. 对于过失犯罪，如安全责任事故犯罪等，主要应当根据犯罪造成危害后果的严重程度、被告人主观罪过的大小以及被告人案发后的表现等，综合掌握处罚的宽严尺度。对于过失犯罪后积极抢救、挽回损失或者有效防止损失进一步扩大的，要依法从宽。对于造成的危害后果虽然不是特别严重，但情节特别恶劣或案发后故意隐瞒案情，甚至逃逸，给及时查明事故原因和迅速组织抢救造成贻误的，则要依法从重处罚。

33. 在共同犯罪案件中，对于主犯或首要分子检举、揭发同案地位、作用较次犯罪分子构成立功的，从轻或者减轻处罚应当从严掌握，如果从轻处罚可能导致全案量刑失衡的，一般不予从轻处罚；如果检举、揭发的是其他犯罪案件中罪行同样严重的犯罪分子，或者协助抓获的是同案中的其他主犯、首要分子的，原则上应予依法从轻

或者减轻处罚。对于从犯或犯罪集团中的一般成员立功,特别是协助抓获主犯、首要分子的,应当充分体现政策,依法从轻、减轻或者免除处罚。

34. 对于危害国家安全犯罪、故意危害公共安全犯罪、严重暴力犯罪、涉众型经济犯罪等严重犯罪;恐怖组织犯罪、邪教组织犯罪、黑恶势力犯罪等有组织犯罪的领导者、组织者和骨干分子;毒品犯罪再犯的严重犯罪者;确有执行能力而拒不依法积极主动缴付财产执行财产刑或确有履行能力而不积极主动履行附带民事赔偿责任的,在依法减刑、假释时,应当从严掌握。对累计减刑时,应当从严掌握。拒不交代真实身份或对减刑、假释材料弄虚作假,不符合减刑、假释条件的,不得减刑、假释。

对于因犯故意杀人、爆炸、抢劫、强奸、绑架等暴力犯罪,致人死亡或严重残疾而被判处死刑缓期二年执行或无期徒刑的罪犯,要严格控制减刑的频度和每次减刑的幅度,要保证其相对较长的实际服刑期限,维护公平正义,确保改造效果。

对于未成年犯、老年犯、残疾罪犯、过失犯、中止犯、胁从犯、积极主动缴付财产执行财产刑或履行民事赔偿责任的罪犯、因防卫过当或避险过当而判处徒刑的罪犯以及其他主观恶性不深、人身危险性不大的罪犯,在依法减刑、假释时,应当根据悔改表现予以从宽掌握。对认罪服法,遵守监规,积极参加学习、劳动,确有悔改表现的,依法予以减刑,减刑的幅度可以适当放宽,间隔的时间可以相应缩短。符合刑法第八十一条第一款规定的假释条件的,应当依法多适用假释。

五、完善贯彻宽严相济刑事政策的工作机制

35. 要注意总结审判经验,积极稳妥地推进量刑规范化工作。要规范法官的自由裁量权,逐步把量刑纳入法庭审理程序,增强量刑的公开性和透明度,充分实现量刑的公正和均衡,不断提高审理刑事案件的质量和效率。

36. 最高人民法院将继续通过总结审判经验,制发典型案例,加强审判指导,并制定关于案例指导制度的规范性文件,推进对贯彻宽严相济刑事政策案例指导制度的不断健全和完善。

37. 要积极探索人民法庭受理轻微刑事案件的工作机制,充分发挥人民法庭便民、利民和受案、审理快捷的优势,进一步促进轻微刑事案件及时审判,确保法律效果和社会效果的有机统一。

38. 要充分发挥刑事简易程序节约司法资源、提高审判效率、促进司法公正的功能,进一步强化简易程序的适用。对于被告人对被指控的基本犯罪事实无异议,并自愿认罪的第一审公诉案件,要依法进一步强化普通程序简化审的适用力度,以保障符合条件的案件都能得到及时高效的审理。

39. 要建立健全符合未成年人特点的刑事案件审理机制,寓教于审,惩教结合,通过科学、人性化的审理方式,更好地实现"教育、感化、挽救"的目的,促使未成年犯罪人早日回归社会。要积极推动有利于未成年犯罪人改造和管理的各项制度建设。对公安部门针对未成年人在缓刑、假释期间违法犯罪情况报送的拟撤销未成年犯罪人的缓刑或假释的报告,要及时审查,并在法定期限内及时做出决定,以真正形成合力,共同做好未成年人犯罪的惩戒和预防工作。

40. 对于刑事自诉案件,要尽可能多做化解矛盾的调解工作,促进双方自行和解。对于经过司法机关做工作,被告人认罪悔过,愿意赔偿被害人损失,取得被害人谅解,从而达成和解协议的,可以由自诉人撤回起诉,或者对被告人依法从轻或免予刑事处罚。对于可公诉、也可自诉的刑事案件,检察机关提起公诉的,人民法院应当依法进行审理,依法定罪处罚。对民间纠纷引发的轻伤害等轻微刑事案件,诉至法院后当事人自行和解的,应当予以准许并记录在案。人民法院也可以在不违反法律规定的前提下,对此类案件尝试做一些促进和解的工作。

41. 要尽可能把握一切有利于附带民事诉讼调解结案的积极因素,多做促进当事人双方和解的辩法析理工作,以更好地落实宽严相济刑事政策,努力做到案结事了。要充分发挥被告人、被害人所在单位、社区基层组织、辩护人、诉讼代理人和近亲属在附带民事诉讼调解工作中的积极作用,协调各方共同做好促进调解工作,尽可能通过调解达成民事赔偿协议并以此取得被害人及其家属对被告人的谅解,化解矛盾,促进社会和谐。

42. 对于因受到犯罪行为侵害、无法及时获得有效赔偿,存在特殊生活困难的被害人及其亲属,由有关方面给予适当的资金救助,有利于化解矛盾纠纷,促进社会和谐稳定。各地法院要结合当地实际,在党委、政府的统筹协调和具体指导下,落实好、执行好刑事被害人救助制度,确保此项工作顺利开展,取得实效。

43. 对减刑、假释案件,要采取开庭审理与书面审理相结合的方式。对于职务犯罪案件,尤其是原为县处级以上领导干部罪犯的减刑、假释案件,要一律开庭审理。对于故意杀人、抢劫、故意伤害等严重危害社会治安的暴力犯罪分子,有组织犯罪案件中的首要分子和其他主犯以及其他重大、有影响案件罪犯的减刑、假释,原则上也要开庭审理。书面审理的案件，拟裁定减刑、假释的，要在羁押场所公示拟减刑、假释人员名单，接受其他在押罪犯的广泛监督。

44. 要完善对刑事审判人员贯彻宽严相济刑事政策的监督机制，防止宽严失当、枉法裁判、以权谋私。要改进审判考核考评指标体系，完善错案认定标准和错案责任追究制度，完善法官考核机制。要切实改变单纯以改判率、发回重审率的高低来衡量刑事审判工作质量和法官业绩的做法。要探索建立既能体现审判规律、符合法官职业特点，又能准确反映法官综合素质和司法能力的考评体制，对法官审理刑事案件质量，落实宽严相济刑事政策，实现刑事审判法律效果和社会效果有机统一进行全面、科学的考核。

45. 各级人民法院要加强与公安机关、国家安全机关、人民检察院、司法行政机关等部门的联系和协调，建立经常性的工作协调机制，共同研究贯彻宽严相济刑事政策的工作措施，及时解决工作中出现的具体问题。要根据"分工负责、相互配合、相互制约"的法律原则，加强与公安机关、人民检察院的工作联系，既各司其职，又进一步形成合力，不断提高司法公信，维护司法权威。要在律师辩护代理、法律援助、监狱提请减刑假释、开展社区矫正等方面加强与司法行政机关的沟通和协调，促进宽严相济刑事政策的有效实施。

最高人民法院、最高人民检察院、公安部、国家安全部、司法部关于推进以审判为中心的刑事诉讼制度改革的意见

· 2016 年 7 月 20 日
· 法发〔2016〕18 号

为贯彻落实《中共中央关于全面推进依法治国若干重大问题的决定》的有关要求，推进以审判为中心的刑事诉讼制度改革，依据宪法法律规定，结合司法工作实际，制定本意见。

一、未经人民法院依法判决，对任何人都不得确定有罪。人民法院、人民检察院和公安机关办理刑事案件，应当分工负责，互相配合，互相制约，保证准确、及时地查明犯罪事实，正确应用法律，惩罚犯罪分子，保障无罪的人不受刑事追究。

二、严格按照法律规定的证据裁判要求，没有证据不得认定犯罪事实。侦查机关侦查终结，人民检察院提起公诉，人民法院作出有罪判决，都应当做到犯罪事实清楚，证据确实、充分。

侦查机关、人民检察院应当按照裁判的要求和标准收集、固定、审查、运用证据，人民法院应当按照法定程序认定证据，依法作出裁判。

人民法院作出有罪判决，对于证明犯罪构成要件的事实，应当综合全案证据排除合理怀疑，对于量刑证据存疑的，应当作出有利于被告人的认定。

三、建立健全符合裁判要求、适应各类案件特点的证据收集指引。探索建立命案等重大案件检查、搜查、辨认、指认等过程录音录像制度。完善技术侦查证据的移送、审查、法庭调查和使用规则以及庭外核实程序。统一司法鉴定标准和程序。完善见证人制度。

四、侦查机关应当全面、客观、及时收集与案件有关的证据。

侦查机关应当依法收集证据。对采取刑讯逼供、暴力、威胁等非法方法收集的言词证据，应当依法予以排除。侦查机关收集物证、书证不符合法定程序，可能严重影响司法公正，不能补正或者作出合理解释的，应当依法予以排除。

对物证、书证等实物证据，一般应当提取原物、原件，确保证据的真实性。需要鉴定的，应当及时送检。证据之间有矛盾的，应当及时查证。所有证据应当妥善保管，随案移送。

五、完善讯问制度，防止刑讯逼供，不得强迫任何人证实自己有罪。严格按照有关规定要求，在规范的讯问场所讯问犯罪嫌疑人。严格依照法律规定对讯问过程全程同步录音录像，逐步实行对所有案件的讯问过程全程同步录音录像。

探索建立重大案件侦查终结前对讯问合法性进行核查制度。对公安机关、国家安全机关和人民检察院侦查的重大案件，由人民检察院驻看守所检察人员询问犯罪嫌疑人，核查是否存在刑讯逼供、非法取证情形，并同步录音录像。经核查，确有刑讯逼供、非法取证情形的，侦查机关应当及时排除非法证据，不得作为提请批准逮捕、移送审查起诉的根据。

六、在案件侦查终结前，犯罪嫌疑人提出无罪或者罪轻的辩解，辩护律师提出犯罪嫌疑人无罪或者依法不应追究刑事责任的意见，侦查机关应当依法予以核实。

七、完善补充侦查制度。进一步明确退回补充侦查的条件，建立人民检察院退回补充侦查引导和说理机制，明确补充侦查方向、标准和要求。规范补充侦查行为，对于确实无法查明的事项，公安机关、国家安全机关应当书

面向人民检察院说明理由。对于二次退回补充侦查后，仍然证据不足、不符合起诉条件的，依法作出不起诉决定。

八、进一步完善公诉机制，被告人有罪的举证责任，由人民检察院承担。对被告人不认罪的，人民检察院应当强化庭前准备和当庭讯问、举证、质证。

九、完善不起诉制度，对未达到法定证明标准的案件，人民检察院应当依法作出不起诉决定，防止事实不清、证据不足的案件进入审判程序。完善撤回起诉制度，规范撤回起诉的条件和程序。

十、完善庭前会议程序，对适用普通程序审理的案件，健全庭前证据展示制度，听取出庭证人名单、非法证据排除等方面的意见。

十一、规范法庭调查程序，确保诉讼证据出示在法庭、案件事实查明在法庭。证明被告人有罪或者无罪、罪轻或者罪重的证据，都应当在法庭上出示，依法保障控辩双方的质证权利。对定罪量刑的证据，控辩双方存在争议的，应当单独质证；对庭前会议中控辩双方没有异议的证据，可以简化举证、质证。

十二、完善对证人、鉴定人的法庭质证规则。落实证人、鉴定人、侦查人员出庭作证制度，提高出庭作证率。公诉人、当事人或者辩护人、诉讼代理人对证人证言有异议，人民法院认为该证人证言对案件定罪量刑有重大影响的，证人应当出庭作证。

健全证人保护工作机制，对因作证面临人身安全等危险的人员依法采取保护措施。建立证人、鉴定人等作证补助专项经费划拨机制。完善强制证人到庭制度。

十三、完善法庭辩论规则，确保控辩意见发表在法庭。法庭辩论应当围绕定罪、量刑分别进行，对被告人认罪的案件，主要围绕量刑进行。法庭应当充分听取控辩双方意见，依法保障被告人及其辩护人的辩论辩护权。

十四、完善当庭宣判制度，确保裁判结果形成在法庭。适用速裁程序审理的案件，除附带民事诉讼的案件以外，一律当庭宣判；适用简易程序审理的案件一般应当当庭宣判；适用普通程序审理的案件逐步提高当庭宣判率。规范定期宣判制度。

十五、严格依法裁判。人民法院经审理，对案件事实清楚，证据确实、充分，依据法律认定被告人有罪的，应当作出有罪判决。依据法律规定认定被告人无罪的，应当作出无罪判决。证据不足，不能认定被告人有罪的，应当按照疑罪从无原则，依法作出无罪判决。

十六、完善人民检察院对侦查活动和刑事审判活动的监督机制。建立健全对强制措施的监督机制。加强人民检察院对逮捕后羁押必要性的审查，规范非羁押性强制措施的适用。进一步规范和加强人民检察院对人民法院确有错误的刑事判决和裁定的抗诉工作，保证刑事抗诉的及时性、准确性和全面性。

十七、健全当事人、辩护人和其他诉讼参与人的权利保障制度。

依法保障当事人和其他诉讼参与人的知情权、陈述权、辩论辩护权、申请权、申诉权。犯罪嫌疑人、被告人有权获得辩护，人民法院、人民检察院、公安机关、国家安全机关有义务保证犯罪嫌疑人、被告人获得辩护。

依法保障辩护人会见、阅卷、收集证据和发问、质证、辩论辩护等权利，完善便利辩护人参与诉讼的工作机制。

十八、辩护人或者其他任何人，不得帮助犯罪嫌疑人、被告人隐匿、毁灭、伪造证据或者串供，不得威胁、引诱证人作伪证以及进行其他干扰司法机关诉讼活动的行为。对于实施上述行为的，应当依法追究法律责任。

十九、当事人、诉讼参与人和旁听人员在庭审活动中应当服从审判长或独任审判员的指挥，遵守法庭纪律。对扰乱法庭秩序、危及法庭安全等违法行为，应当依法处理；构成犯罪的，依法追究刑事责任。

二十、建立法律援助值班律师制度，法律援助机构在看守所、人民法院派驻值班律师，为犯罪嫌疑人、被告人提供法律帮助。

完善法律援助制度，健全依申请法律援助工作机制和办案机关通知辩护工作机制。对未履行通知或者指派辩护职责的办案人员，严格实行责任追究。

二十一、推进案件繁简分流，优化司法资源配置。完善刑事案件速裁程序和认罪认罚从宽制度，对案件事实清楚、证据充分的轻微刑事案件，或者犯罪嫌疑人、被告人自愿认罪认罚的，可以适用速裁程序、简易程序或者普通程序简化审理。

公安机关办理犯罪记录查询工作规定

· 2021 年 12 月 3 日

· 公通字〔2021〕19 号

第一章　总　则

第一条　为适应经济社会发展需要，方便有关单位和个人开展、从事相关活动，规范公安机关办理犯罪记录查询工作，根据《中华人民共和国刑法》《中华人民共和国刑事诉讼法》等有关法律，制定本规定。

第二条　本规定所称的犯罪记录，是指我国国家专门机关对犯罪人员的客观记载。除人民法院生效裁判文书确认有罪外，其他情况均应当视为无罪。

有关人员涉嫌犯罪，但人民法院尚未作出生效判决、裁定，或者人民检察院作出不起诉决定，或者办案单位撤销案件、撤回起诉、对其终止侦查的，属于无犯罪记录人员。

第三条　公安部建立犯罪人员信息查询平台。查询结果只反映查询时平台录入和存在的信息。

第二章　申请与受理

第四条　个人可以查询本人犯罪记录，也可以委托他人代为查询，受托人应当具有完全民事行为能力。

单位可以查询本单位在职人员或者拟招录人员的犯罪记录，但应当符合法律、行政法规关于从业禁止的规定。

行政机关实施行政许可、授予职业资格，公证处办理犯罪记录公证时，可以依法查询相关人员的犯罪记录。有关查询程序参照单位查询的相关规定。

第五条　中国公民申请查询，由户籍地或者居住地公安派出所受理；在中国境内居留180天（含）以上的外国人申请查询，由居住地县级以上公安出入境管理部门受理；委托他人查询的，由委托人户籍地或者居住地受理。

单位申请查询，由住所地公安派出所受理。查询对象为外国人的，由单位住所地县级以上公安出入境管理部门受理。

各地根据本地工作实际和便民服务需要，可以增加查询受理单位，也可以采取线上办理、自助办理等方式开展犯罪记录查询工作。

第六条　公民在户籍地申请查询的，应当提交本人有效身份证明和查询申请表；在居住地申请查询的，应当提交本人有效身份证明、居住证和查询申请表。外国人申请查询的，应当提交本人有效身份证明和查询申请表。委托他人查询的，还应当提交委托书和受托人有效身份证明。

个人在一年内申请查询3次以上的，应当提交开具证明系用于合理用途的有关材料。

单位申请查询的，应当提交单位介绍信、经办人有效身份证明、加盖单位公章的查询申请表，以及查询对象系单位在职人员或者拟招录人员的有关材料。查询申请表应当列明申请查询依据的具体法律条款。

第七条　受理单位对申请单位或者申请人提交的相关材料，应当认真审查。材料齐全的，予以受理；材料不全的，一次性告知应当补充的材料；对于单位查询不符合法定情形的，不予受理，并向申请单位说明理由。

第三章　查询与告知

第八条　受理单位能够当场办理的，应当当场办理；无法当场办理的，应当向申请单位或者申请人出具《受理回执》，并在3个工作日内办结。

情况复杂的，经县级以上公安机关负责人批准，可以进行调查核实。调查核实的时间不计入办理期限。调查核实需要当事人配合的，当事人应当配合。

第九条　对于个人查询，未发现申请人有犯罪记录的，应当出具《无犯罪记录证明》；发现申请人有犯罪记录，应当出具《不予出具无犯罪记录证明通知书》。

对于单位查询，查询结果以《查询告知函》的形式告知查询单位。

第十条　查询结果的反馈，应当符合《中华人民共和国刑事诉讼法》关于未成年人犯罪记录封存的规定。

对于个人查询，申请人有犯罪记录，但犯罪的时候不满十八周岁，被判处五年有期徒刑以下刑罚的，受理单位应当出具《无犯罪记录证明》。

对于单位查询，被查询对象有犯罪记录，但犯罪的时候不满十八周岁，被判处五年有期徒刑以下刑罚的，受理单位应当出具《查询告知函》，并载明查询对象无犯罪记录。法律另有规定的，从其规定。

第四章　异议与投诉

第十一条　当事人对查询结果不服的，可以向原受理单位提出书面异议，申请复查。提出异议的，异议申请人应当配合公安机关开展复查工作。

第十二条　原受理单位对于查询异议应当进行复查，复查结果应当在受理后15个工作日内书面答复异议申请人。情况复杂，不能在规定期限内查清并做出答复的，经县级以上公安机关负责人批准，可以适当延长，并告知异议申请人，但延长期限最多不超过30个工作日。

第十三条　对于开具的《无犯罪记录证明》《不予出具无犯罪记录证明通知书》《查询告知函》确有错误，经查证属实的，出具文书的公安机关或者其上级公安机关应当及时予以撤销和重新出具有关文书。

第十四条　异议申请人认为受理单位不予出具无犯罪记录证明依据的法院判决有误，符合法定申诉条件的，受理单位可以告知异议申请人按照法定程序向有关法院、检察院申诉。

第五章　法律责任

第十五条　任何单位和个人不得采用编造事实、隐瞒真相、提供虚假材料、冒用身份等申请查询犯罪记录，或伪造、变造《查询告知函》《无犯罪记录证明》。查证属实的，依法给予处罚；构成犯罪的，依法追究刑事责任。

第十六条　有关单位和个人应当严格依照本规范规定的程序开展查询，并对查询获悉的有关犯罪信息保密，不得散布或者用于其他用途。违反规定的，依法追究相应责任；构成犯罪的，依法追究刑事责任。

第十七条　有关单位和个人违规开展查询工作，造成严重后果的，应当依法追究有关单位和个人的责任；构成犯罪的，依法追究刑事责任。

第六章　附　则

第十八条　各地可以结合本地实际和工作需要，制定实施细则。

第十九条　国家有关单位对特定事项的犯罪记录工作有专门查询规定的，从其规定。

第二十条　本规定自 2021 年 12 月 31 日起施行。

附件：

1. 查询申请表（单位）
2. 查询申请表（中国公民）
3. 查询申请表（外国人）
4. 复查申请表（中国公民）
5. 复查申请表（外国人）
6. 无犯罪记录证明
7. 不予出具无犯罪记录证明通知书
8. 犯罪记录查询结果告知函
9. 复查意见

人民检察院案件流程监控工作规定（试行）

· 2016 年 7 月 27 日

第一条　为加强对人民检察院司法办案工作的监督管理，进一步规范司法办案行为，促进公正、高效司法，根据有关法律规定，结合检察工作实际，制定本规定。

第二条　本规定所称案件流程监控，是指对人民检察院正在受理或者办理的案件（包括对控告、举报、申诉、国家赔偿申请材料的处理活动），依照法律规定和相关司法解释、规范性文件等，对办理程序是否合法、规范、及时、完备，进行实时、动态的监督、提示、防控。

第三条　案件流程监控工作应当坚持加强监督管理与服务司法办案相结合、全程管理与重点监控相结合、人工管理与依托信息技术相结合的原则。

第四条　案件管理部门负责案件流程监控工作的组织协调和具体实施。

办案部门应当协助、配合案件管理部门开展案件流程监控工作，及时核实情况、反馈意见、纠正问题、加强管理。

履行诉讼监督职责的部门和纪检监察机构应当加强与案件管理部门的协作配合，及时查处案件流程监控中发现的违纪违法问题。

技术信息部门应当根据案件流程监控工作需要提供技术保障。

第五条　对正在受理的案件，案件管理部门应当重点审查下列内容：

（一）是否属于本院管辖；

（二）案卷材料是否齐备、规范；

（三）移送的款项或者物品与移送清单是否相符；

（四）是否存在其他不符合受理要求的情形。

第六条　在强制措施方面，应当重点监督、审查下列内容：

（一）适用、变更、解除强制措施是否依法办理审批手续、法律文书是否齐全；

（二）是否依法及时通知被监视居住人、被拘留人、被逮捕人的家属；

（三）强制措施期满是否依法及时变更或者解除；

（四）审查起诉依法应当重新办理监视居住、取保候审的，是否依法办理；

（五）是否存在其他违反法律和有关规定的情形。

第七条　对涉案财物查封、扣押、冻结、保管、处理等工作，应当重点监督、审查下列内容：

（一）是否未立案即采取查封、扣押、冻结措施；

（二）是否未开具法律文书即采取查封、扣押、冻结措施；

（三）查封、扣押、冻结的涉案财物与清单是否一致；

（四）查封、扣押、冻结涉案财物时，是否依照有关规定进行密封、签名或者盖章；

（五）查封、扣押、冻结涉案财物后，是否及时存入合规账户、办理入库保管手续，是否及时向案件管理部门登记；

（六）是否在诉讼程序依法终结之前将涉案财物上缴国库或者作其他处理；

（七）是否在诉讼程序依法终结之后依法及时处理涉案财物；

（八）是否存在因不负责任造成查封、扣押、冻结的涉案财物丢失、损毁，贪污、挪用、截留、私分、调换、违反规定使用查封、扣押、冻结涉案财物的情形；

（九）是否存在其他违反法律和有关规定的情形。

第八条　在文书制作、使用方面，应当重点监督、审查下列内容：

（一）文书名称、类型、文号、格式、文字、数字等是否规范；

（二）应当制作的文书是否制作；

（三）是否违反规定开具、使用、处理空白文书；

（四）是否依照规定程序审批；

（五）是否违反规定在统一业务应用系统外制作文书；

（六）对文书样式中的提示性语言是否删除、修改；

（七）在统一业务应用系统中制作的文书是否依照规定使用印章、打印、送达；

（八）是否存在其他不规范制作、使用文书的情形。

第九条　在办案期限方面，应当重点监督、审查下列内容：

（一）是否超过法定办案期限仍未办结案件；

（二）中止、延长、重新计算办案期限是否依照规定办理审批手续；

（三）是否依法就变更办案期限告知相关诉讼参与人；

（四）是否存在其他违反办案期限规定的情形。

第十条　在诉讼权利保障方面，应当重点监督、审查下列内容：

（一）是否依法告知当事人相关诉讼权利义务；

（二）是否依法答复当事人、辩护人、诉讼代理人；

（三）是否依法听取辩护人、被害人及其诉讼代理人意见；

（四）是否依法向诉讼参与人送达法律文书；

（五）是否依法、及时告知辩护人、诉讼代理人重大程序性决定；

（六）是否依照规定保障律师行使知情权、会见权、阅卷权、申请收集调取证据权等执业权利；

（七）是否依法保证当事人获得法律援助；

（八）对未成年人刑事案件是否依法落实特殊程序规定；

（九）是否依照规定办理其他诉讼权利保障事项。

第十一条　对拟向外移送、退回的案件，应当重点监督、审查下列内容：

（一）案卷材料是否齐备、规范；

（二）是否存在审查逮捕案件、审查起诉案件符合受理条件却作出退回侦查机关处理决定的情形；

（三）是否存在审查起诉案件受理后未实际办理却作出退回补充侦查决定的情形；

（四）是否存在审查起诉中违反法律规定程序退回侦查机关处理的情形；

（五）是否存在其他不符合移送、退回要求的情形。

第十二条　对已经移送人民法院、侦查机关或者退回侦查机关补充侦查的案件，应当重点监督、审查下列内容：

（一）已经作出批准逮捕或者不批准逮捕决定的案件，三日以内是否收到侦查机关的执行回执；

（二）退回补充侦查的案件，一个月以内是否重新移送审查起诉；

（三）提起公诉、提出抗诉的案件，超过审理期限十日是否收到人民法院判决书、裁定书或者延期审理通知。

第十三条　在司法办案风险评估方面，应当重点监督、审查下列内容：

（一）对应当进行司法办案风险评估的案件是否作出评估；

（二）对存在重大涉检信访或者引发社会矛盾的风险是否及时向有关部门提示；

（三）对存在办案风险的案件是否制定、落实相应司法办案风险预警工作预案。

第十四条　在统一业务应用系统使用方面，应当重点监督、审查下列内容：

（一）是否违反规定在统一业务应用系统外办理、审批案件；

（二）在统一业务应用系统上运行的办案进程与实际办案进程是否一致、同步；

（三）是否违反规定修改、删除统一业务应用系统中的案件、线索；

（四）是否依照规定执行相关流程操作；

（五）是否依照规定填录案件信息；

（六）是否依照规定制作、上传、使用电子卷宗；

（七）是否依照规定使用账号、密钥；

（八）是否依照规定对统一业务应用系统用户进行注册、审核、注销及权限分配等系统操作；

（九）是否存在其他违反统一业务应用系统使用管理规定的情形。

第十五条　在案件信息公开方面，应当重点监督、审查下列内容：

（一）是否存在应当公开的案件信息被标记为不公开或者未及时办理公开事项的情形；

（二）是否存在不应当公开的案件信息却公开的情形；

（三）对拟公开的案件信息、法律文书是否依照规定进行格式处理；

（四）是否存在其他不符合案件信息公开工作规定的情形。

第十六条　对正在受理、办理的案件开展案件流程监控,应当通过下列方式了解情况、发现问题：

（一）审查受理的案卷材料；

（二）查阅统一业务应用系统、案件信息公开系统的案卡、流程、文书、数据等相关信息；

（三）对需要向其他单位或者部门移送的案卷材料进行统一审核；

（四）向办案人员或者办案部门核实情况；

（五）上级人民检察院或者本院检察长、检察委员会决定的其他方式。

对诉讼参与人签收后附卷的通知书、告知书等,应当上传到统一业务应用系统备查。

第十七条　对案件流程监控中发现的问题,应当按照不同情形作出处理：

（一）网上操作不规范、法律文书错漏等违规办案情节轻微的,应当向办案人员进行口头提示,或者通过统一业务应用系统提示；

（二）违规办案情节较重的,应当向办案部门发送案件流程监控通知书,提示办案部门及时查明情况并予以纠正；

（三）违规办案情节严重的,应当向办案部门发送案件流程监控通知书,同时通报相关诉讼监督部门,并报告检察长。

涉嫌违纪违法的,应当移送纪检监察机构处理。

发现侦查机关、审判机关违法办案的,应当及时移送本院相关部门依法处理。

第十八条　办案人员收到口头提示后,应当立即核查,并在收到口头提示后三个工作日以内,将核查、纠正情况回复案件管理部门。

办案部门收到案件流程监控通知书后,应当立即开展核查,并在收到通知书后十个工作日以内,将核查、纠正情况书面回复案件管理部门。

办案部门对案件流程监控通知书内容有异议的,案件管理部门应当进行复核,重新审查并与办案部门充分交换意见。经复核后,仍有意见分歧的,报检察长决定。

第十九条　案件管理部门应当建立案件流程监控日志和台账,记录每日开展的案件流程监控工作情况、发现的问题、处理纠正结果等,及时向办案部门反馈,定期汇总分析、通报,提出改进工作意见。

第二十条　案件流程监控情况应当纳入检察人员司法档案,作为检察人员业绩评价等方面的重要依据。

第二十一条　负有案件流程监控职责的人员,应当依照规定履行工作职责,遵守工作纪律和有关保密规定,不得违规干预正常办案活动。因故意或者重大过失怠于或者不当履行流程监控职责,造成严重后果的,应当承担相应的责任。

第二十二条　本规定由最高人民检察院负责解释。

第二十三条　本规定自发布之日起试行。

人民检察院检察建议工作规定

· 2018 年 12 月 25 日最高人民检察院第十三届检察委员会第十二次会议通过
· 2019 年 2 月 26 日最高人民检察院公告公布
· 自公布之日起施行
· 高检发释字〔2019〕1 号

第一章　总　则

第一条　为了进一步加强和规范检察建议工作,确保检察建议的质量和效果,充分发挥检察建议的作用,根据《中华人民共和国人民检察院组织法》等法律规定,结合检察工作实际,制定本规定。

第二条　检察建议是人民检察院依法履行法律监督职责,参与社会治理,维护司法公正,促进依法行政,预防和减少违法犯罪,保护国家利益和社会公共利益,维护个人和组织合法权益,保障法律统一正确实施的重要方式。

第三条　人民检察院可以直接向本院所办理案件的涉案单位、本级有关主管机关以及其他有关单位提出检察建议。

需要向涉案单位以外的上级有关主管机关提出检察建议的,应当层报被建议单位的同级人民检察院决定并提出检察建议,或者由办理案件的人民检察院制作检察建议书后,报被建议单位的同级人民检察院审核并转送被建议单位。

需要向下级有关单位提出检察建议的,应当指令对应的下级人民检察院提出检察建议。

需要向异地有关单位提出检察建议的,应当征求被建议单位所在地同级人民检察院意见。被建议单位所在地同级人民检察院提出不同意见,办理案件的人民检察院坚持认为应当提出检察建议的,层报共同的上级人民检察院决定。

第四条　提出检察建议,应当立足检察职能,结合司法办案工作,坚持严格依法、准确及时、必要审慎、注重实效的原则。

第五条　检察建议主要包括以下类型:

(一)再审检察建议;

(二)纠正违法检察建议;

(三)公益诉讼检察建议;

(四)社会治理检察建议;

(五)其他检察建议。

第六条　检察建议应当由检察官办案组或者检察官办理。

第七条　制发检察建议应当在统一业务应用系统中进行,实行以院名义统一编号、统一签发、全程留痕、全程监督。

第二章　适用范围

第八条　人民检察院发现同级人民法院已经发生法律效力的判决、裁定具有法律规定的应当再审情形的,或者发现调解书损害国家利益、社会公共利益的,可以向同级人民法院提出再审检察建议。

第九条　人民检察院在履行对诉讼活动的法律监督职责中发现有关执法、司法机关具有下列情形之一的,可以向有关执法、司法机关提出纠正违法检察建议:

(一)人民法院审判人员在民事、行政审判活动中存在违法行为的;

(二)人民法院在执行生效民事、行政判决、裁定、决定或者调解书、支付令、仲裁裁决书、公证债权文书等法律文书过程中存在违法执行、不执行、怠于执行等行为,或者有其他重大隐患的;

(三)人民检察院办理行政诉讼监督案件或者执行监督案件,发现行政机关有违反法律规定、可能影响人民法院公正审理和执行的行为的;

(四)公安机关、人民法院、监狱、社区矫正机构、强制医疗执行机构等在刑事诉讼活动中或者执行人民法院生效刑事判决、裁定、决定等法律文书过程中存在普遍性、倾向性违法问题,或者有其他重大隐患,需要引起重视予以解决的;

(五)诉讼活动中其他需要以检察建议形式纠正违法的情形。

第十条　人民检察院在履行职责中发现生态环境和资源保护、食品药品安全、国有财产保护、国有土地使用权出让等领域负有监督管理职责的行政机关违法行使职权或者不作为,致使国家利益或者社会公共利益受到侵害,符合法律规定的公益诉讼条件的,应当按照公益诉讼案件办理程序向行政机关提出督促依法履职的检察建议。

第十一条　人民检察院在办理案件中发现社会治理工作存在下列情形之一的,可以向有关单位和部门提出改进工作、完善治理的检察建议:

(一)涉案单位在预防违法犯罪方面制度不健全、不落实,管理不完善,存在违法犯罪隐患,需要及时消除的;

(二)一定时期某类违法犯罪案件多发、频发,或者已发生的案件暴露出明显的管理监督漏洞,需要督促行业主管部门加强和改进管理监督工作的;

(三)涉及一定群体的民间纠纷问题突出,可能导致发生群体性事件或者恶性案件,需要督促相关部门完善风险预警防范措施,加强调解疏导工作的;

(四)相关单位或者部门不依法及时履行职责,致使个人或者组织合法权益受到损害或者存在损害危险,需要及时整改消除的;

(五)需要给予有关涉案人员、责任人员或者组织行政处罚、政务处分、行业惩戒,或者需要追究有关责任人员的司法责任的;

(六)其他需要提出检察建议的情形。

第十二条　对执法、司法机关在诉讼活动中的违法情形,以及需要对被不起诉人给予行政处罚、处分或者需要没收其违法所得,法律、司法解释和其他有关规范性文件明确规定应当发出纠正违法通知书、检察意见书的,依照相关规定执行。

第三章　调查办理和督促落实

第十三条　检察官在履行职责中发现有应当依照本规定提出检察建议情形的,应当报经检察长决定,对相关事项进行调查核实,做到事实清楚、准确。

第十四条　检察官可以采取以下措施进行调查核实:

(一)查询、调取、复制相关证据材料;

(二)向当事人、有关知情人员或者其他相关人员了解情况;

(三)听取被建议单位意见;

(四)咨询专业人员、相关部门或者行业协会等对专门问题的意见;

(五)委托鉴定、评估、审计;

(六)现场走访、查验;

(七)查明事实所需要采取的其他措施。

进行调查核实,不得采取限制人身自由和查封、扣押、冻结财产等强制性措施。

第十五条　检察官一般应当在检察长作出决定后两个月以内完成检察建议事项的调查核实。情况紧急的，应当及时办结。

检察官调查核实完毕，应当制作调查终结报告，写明调查过程和认定的事实与证据，提出处理意见。认为需要提出检察建议的，应当起草检察建议书，一并报送检察长，由检察长或者检察委员会讨论决定是否提出检察建议。

经调查核实，查明相关单位不存在需要纠正或者整改的违法事实或者重大隐患，决定不提出检察建议的，检察官应当将调查终结报告连同相关材料订卷存档。

第十六条　检察建议书要阐明相关的事实和依据，提出的建议应当符合法律、法规及其他有关规定，明确具体、说理充分、论证严谨、语言简洁、有操作性。

检察建议书一般包括以下内容：

（一）案件或者问题的来源；

（二）依法认定的案件事实或者经调查核实的事实及其证据；

（三）存在的违法情形或者应当消除的隐患；

（四）建议的具体内容及所依据的法律、法规和有关文件等的规定；

（五）被建议单位提出异议的期限；

（六）被建议单位书面回复落实情况的期限；

（七）其他需要说明的事项。

第十七条　检察官依据本规定第十一条的规定起草的检察建议书，报送检察长前，应当送本院负责法律政策研究的部门对检察建议的必要性、合法性、说理性等进行审核。

检察建议书正式发出前，可以征求被建议单位的意见。

第十八条　检察建议书应当以人民检察院的名义送达有关单位。送达检察建议书，可以书面送达，也可以现场宣告送达。

宣告送达检察建议书应当商被建议单位同意，可以在人民检察院、被建议单位或者其他适宜场所进行，由检察官向被建议单位负责人当面宣读检察建议书并进行示证、说理，听取被建议单位负责人意见。必要时，可以邀请人大代表、政协委员或者特约检察员、人民监督员等第三方人员参加。

第十九条　人民检察院提出检察建议，除另有规定外，应当要求被建议单位自收到检察建议书之日起两个月以内作出相应处理，并书面回复人民检察院。因情况

紧急需要被建议单位尽快处理的，可以根据实际情况确定相应的回复期限。

第二十条　涉及事项社会影响大、群众关注度高、违法情形具有典型性、所涉问题应当引起有关部门重视的检察建议书，可以抄送同级党委、人大、政府、纪检监察机关或者被建议单位的上级机关、行政主管部门以及行业自律组织等。

第二十一条　发出的检察建议书，应当于五日内报上一级人民检察院对口业务部门和负责法律政策研究的部门备案。

第二十二条　检察长认为本院发出的检察建议书确有不当的，应当决定变更或者撤回，并及时通知有关单位，说明理由。

上级人民检察院认为下级人民检察院发出的检察建议书确有不当的，应当指令下级人民检察院变更或者撤回，并及时通知有关单位，说明理由。

第二十三条　被建议单位对检察建议提出异议的，检察官应当立即进行复核。经复核，异议成立的，应当报经检察长或者检察委员会讨论决定后，及时对检察建议书作出修改或者撤回检察建议书；异议不成立的，应当报经检察长同意后，向被建议单位说明理由。

第二十四条　人民检察院应当积极督促和支持配合被建议单位落实检察建议。督促落实工作由原承办检察官办理，可以采取询问、走访、不定期会商、召开联席会议等方式，并制作笔录或者工作记录。

第二十五条　被建议单位在规定期限内经督促无正当理由不予整改或者整改不到位的，经检察长决定，可以将相关情况报告上级人民检察院，通报被建议单位的上级机关、行政主管部门或者行业自律组织等，必要时可以报告同级党委、人大，通报同级政府、纪检监察机关。符合提起公益诉讼条件的，依法提起公益诉讼。

第四章　监督管理

第二十六条　各级人民检察院检察委员会应当定期对本院制发的检察建议的落实效果进行评估。

第二十七条　人民检察院案件管理部门负责检察建议的流程监控和分类统计，定期组织对检察建议进行质量评查，对检察建议工作情况进行综合分析。

第二十八条　人民检察院应当将制发检察建议的质量和效果纳入检察官履职绩效考核。

第二十九条　上级人民检察院应当加强对下级人民检察院开展检察建议工作的指导，及时通报情况，帮助解决检察建议工作中的问题。

第五章　附　则

第三十条　法律、司法解释和其他有关规范性文件对再审检察建议、纠正违法检察建议和公益诉讼检察建议的办理有规定的,依照其规定办理;没有规定的,参照本规定办理。

第三十一条　本规定由最高人民检察院负责解释。

第三十二条　本规定自公布之日起施行,2009年印发的《人民检察院检察建议工作规定(试行)》同时废止。

最高人民法院、最高人民检察院、公安部、国家安全部、司法部关于适用认罪认罚从宽制度的指导意见

· 2019年10月11日

适用认罪认罚从宽制度,对准确及时惩罚犯罪、强化人权司法保障、推动刑事案件繁简分流、节约司法资源、化解社会矛盾、推动国家治理体系和治理能力现代化,具有重要意义。为贯彻落实修改后刑事诉讼法,确保认罪认罚从宽制度正确有效实施,根据法律和有关规定,结合司法工作实际,制定本意见。

一、基本原则

1. 贯彻宽严相济刑事政策。落实认罪认罚从宽制度,应当根据犯罪的具体情况,区分案件性质、情节和对社会的危害程度,实行区别对待,做到该宽则宽,当严则严,宽严相济,罚当其罪。对可能判处三年有期徒刑以下刑罚的认罪认罚案件,要尽量依法从简从快从宽办理,探索相适应的处理原则和办案方式;对因民间矛盾引发的犯罪,犯罪嫌疑人、被告人自愿认罪、真诚悔罪并取得谅解、达成和解、尚未严重影响人民群众安全感的,要积极适用认罪认罚从宽制度,特别是对其中社会危害不大的初犯、偶犯、过失犯、未成年犯,一般应当体现从宽;对严重危害国家安全、公共安全犯罪,严重暴力犯罪,以及社会普遍关注的重大敏感案件,应当慎重把握从宽,避免案件处理明显违背人民群众的公平正义观念。

2. 坚持罪责刑相适应原则。办理认罪认罚案件,既要考虑体现认罪认罚从宽,又要考虑其所犯罪行的轻重、应负刑事责任和人身危险性的大小,依照法律规定提出量刑建议,准确裁量刑罚,确保罚当其罪,避免罪刑失衡。特别是对于共同犯罪案件,主犯认罪认罚,从犯不认罪认罚的,人民法院、人民检察院应当注意两者之间的量刑平衡,防止因量刑失当严重偏离一般的司法认知。

3. 坚持证据裁判原则。办理认罪认罚案件,应当以事实为根据,以法律为准绳,严格按照证据裁判要求,全面收集、固定、审查和认定证据。坚持法定证明标准,侦查终结、提起公诉、作出有罪裁判应当做到犯罪事实清楚,证据确实、充分,防止因犯罪嫌疑人、被告人认罪而降低证据要求和证明标准。对犯罪嫌疑人、被告人认罪认罚,但证据不足,不能认定其有罪的,依法作出撤销案件、不起诉决定或者宣告无罪。

4. 坚持公检法三机关配合制约原则。办理认罪认罚案件,公、检、法三机关应当分工负责、互相配合、互相制约,保证犯罪嫌疑人、被告人自愿认罪认罚,依法推进从宽落实。要严格执法、公正司法,强化对自身执法司法办案活动的监督,防止产生"权权交易"、"权钱交易"等司法腐败问题。

二、适用范围和适用条件

5. 适用阶段和适用案件范围。认罪认罚从宽制度贯穿刑事诉讼全过程,适用于侦查、起诉、审判各个阶段。

认罪认罚从宽制度没有适用罪名和可能判处刑罚的限定,所有刑事案件都可以适用,不能因罪轻、罪重或者罪名特殊等原因而剥夺犯罪嫌疑人、被告人自愿认罪认罚获得从宽处理的机会。但"可以"适用不是一律适用,犯罪嫌疑人、被告人认罪认罚后是否从宽,由司法机关根据案件具体情况决定。

6. "认罪"的把握。认罪认罚从宽制度中的"认罪",是指犯罪嫌疑人、被告人自愿如实供述自己的罪行,对指控的犯罪事实没有异议。承认指控的主要犯罪事实,仅对个别事实情节提出异议,或者虽然对行为性质提出辩解但表示接受司法机关认定意见的,不影响"认罪"的认定。犯罪嫌疑人、被告人犯数罪,仅如实供述其中一罪或部分罪名事实的,全案不作"认罪"的认定,不适用认罪认罚从宽制度,但对如实供述的部分,人民检察院可以提出从宽处罚的建议,人民法院可以从宽处罚。

7. "认罚"的把握。认罪认罚从宽制度中的"认罚",是指犯罪嫌疑人、被告人真诚悔罪,愿意接受处罚。"认罚",在侦查阶段表现为表示愿意接受处罚;在审查起诉阶段表现为接受人民检察院拟作出的起诉或不起诉决定,认可人民检察院的量刑建议,签署认罪认罚具结书;在审判阶段表现为当庭确认自愿签署具结书,愿意接受刑罚处罚。

"认罚"考察的重点是犯罪嫌疑人、被告人的悔罪态度和悔罪表现,应当结合退赃退赔、赔偿损失、赔礼道歉等因素来考量。犯罪嫌疑人、被告人虽然表示"认罚",却暗中串供、干扰证人作证、毁灭、伪造证据或者隐匿、转

移财产,有赔偿能力而不赔偿损失,则不能适用认罪认罚从宽制度。犯罪嫌疑人、被告人享有程序选择权,不同意适用速裁程序、简易程序的,不影响"认罚"的认定。

三、认罪认罚后"从宽"的把握

8."从宽"的理解。从宽处理既包括实体上从宽处罚,也包括程序上从简处理。"可以从宽",是指一般应当体现法律规定和政策精神,予以从宽处理。但可以从宽不是一律从宽,对犯罪性质和危害后果特别严重、犯罪手段特别残忍、社会影响特别恶劣的犯罪嫌疑人、被告人,认罪认罚不足以从轻处罚的,依法不予从宽处罚。

办理认罪认罚案件,应当依照刑法、刑事诉讼法的基本原则,根据犯罪的事实、性质、情节和对社会的危害程度,结合法定、酌定的量刑情节,综合考虑认罪认罚的具体情况,依法决定是否从宽、如何从宽。对于减轻、免除处罚,应当于法有据;不具备减轻处罚情节的,应当在法定幅度以内提出从轻处罚的量刑建议和量刑;对其中犯罪情节轻微不需要判处刑罚的,可以依法作出不起诉决定或者判决免予刑事处罚。

9.从宽幅度的把握。办理认罪认罚案件,应当区别认罪认罚的不同诉讼阶段、对查明案件事实的价值和意义、是否确有悔罪表现,以及罪行严重程度等,综合考量确定从宽的限度和幅度。在刑罚评价上,主动认罪优于被动认罪,早认罪优于晚认罪,彻底认罪优于不彻底认罪,稳定认罪优于不稳定认罪。

认罪认罚的从宽幅度一般应当大于仅有坦白,或者虽认罪但不认罚的从宽幅度。对犯罪嫌疑人、被告人具有自首、坦白情节,同时认罪认罚的,应当在法定刑幅度内给予相对更大的从宽幅度。认罪认罚与自首、坦白不作重复评价。

对罪行较轻、人身危险性较小的,特别是初犯、偶犯,从宽幅度可以大一些;罪行较重、人身危险性较大的,以及累犯、再犯,从宽幅度应当从严把握。

四、犯罪嫌疑人、被告人辩护权保障

10.获得法律帮助权。人民法院、人民检察院、公安机关办理认罪认罚案件,应当保障犯罪嫌疑人、被告人获得有效法律帮助,确保其了解认罪认罚的性质和法律后果,自愿认罪认罚。

犯罪嫌疑人、被告人自愿认罪认罚,没有辩护人的,人民法院、人民检察院、公安机关(看守所)应当通知值班律师为其提供法律咨询、程序选择建议、申请变更强制措施等法律帮助。符合通知辩护条件的,应当依法通知法律援助机构指派律师为其提供辩护。

人民法院、人民检察院、公安机关(看守所)应当告知犯罪嫌疑人、被告人有权约见值班律师,获得法律帮助,并为其约见值班律师提供便利。犯罪嫌疑人、被告人及其近亲属提出法律帮助请求的,人民法院、人民检察院、公安机关(看守所)应当通知值班律师为其提供法律帮助。

11.派驻值班律师。法律援助机构可以在人民法院、人民检察院、看守所派驻值班律师。人民法院、人民检察院、看守所应当为派驻值班律师提供必要办公场所和设施。

法律援助机构应当根据人民法院、人民检察院、看守所的法律帮助需求和当地法律服务资源,合理安排值班律师。值班律师可以定期值班或轮流值班,律师资源短缺的地区可以通过探索现场值班和电话、网络值班相结合,在人民法院、人民检察院毗邻设置联合工作站,省内和市内统筹调配律师资源,以及建立政府购买值班律师服务机制等方式,保障法律援助值班律师工作有序开展。

12.值班律师的职责。值班律师应当维护犯罪嫌疑人、被告人的合法权益,确保犯罪嫌疑人、被告人在充分了解认罪认罚性质和法律后果的情况下,自愿认罪认罚。值班律师应当为认罪认罚的犯罪嫌疑人、被告人提供下列法律帮助:

(一)提供法律咨询,包括告知涉嫌或指控的罪名、相关法律规定,认罪认罚的性质和法律后果等;

(二)提出程序适用的建议;

(三)帮助申请变更强制措施;

(四)对人民检察院认定罪名、量刑建议提出意见;

(五)就案件处理,向人民法院、人民检察院、公安机关提出意见;

(六)引导、帮助犯罪嫌疑人、被告人及其近亲属申请法律援助;

(七)法律法规规定的其他事项。

值班律师可以会见犯罪嫌疑人、被告人,看守所应当为值班律师会见提供便利。危害国家安全犯罪、恐怖活动犯罪案件,侦查期间值班律师会见在押犯罪嫌疑人的,应当经侦查机关许可。自人民检察院对案件审查起诉之日起,值班律师可以查阅案卷材料、了解案情。人民法院、人民检察院应当为值班律师查阅案卷材料提供便利。

值班律师提供法律咨询、查阅案卷材料、会见犯罪嫌疑人或者被告人、提出书面意见等法律帮助活动的相关情况应当记录在案,并随案移送。

13.法律帮助的衔接。对于被羁押的犯罪嫌疑人、被

告人,在不同诉讼阶段,可以由派驻看守所的同一值班律师提供法律帮助。对于未被羁押的犯罪嫌疑人、被告人,前一诉讼阶段的值班律师可以在后续诉讼阶段继续为犯罪嫌疑人、被告人提供法律帮助。

14. 拒绝法律帮助的处理。犯罪嫌疑人、被告人自愿认罪认罚,没有委托辩护人,拒绝值班律师帮助的,人民法院、人民检察院、公安机关应当允许,记录在案并随案移送。但是审查起诉阶段签署认罪认罚具结书时,人民检察院应当通知值班律师到场。

15. 辩护人职责。认罪认罚案件犯罪嫌疑人、被告人委托辩护人或者法律援助机构指派律师为其辩护的,辩护律师在侦查、审查起诉和审判阶段,应当与犯罪嫌疑人、被告人就是否认罪认罚进行沟通,提供法律咨询和帮助,并就定罪量刑、诉讼程序适用等向办案机关提出意见。

五、被害方权益保障

16. 听取意见。办理认罪认罚案件,应当听取被害人及其诉讼代理人的意见,并将犯罪嫌疑人、被告人是否与被害方达成和解协议、调解协议或者赔偿被害方损失,取得被害方谅解,作为从宽处罚的重要考虑因素。人民检察院、公安机关听取意见情况应当记录在案并随案移送。

17. 促进和解谅解。对符合当事人和解程序适用条件的公诉案件,犯罪嫌疑人、被告人认罪认罚的,人民法院、人民检察院、公安机关应当积极促进当事人自愿达成和解。对其他认罪认罚案件,人民法院、人民检察院、公安机关可以促进犯罪嫌疑人、被告人通过向被害方赔偿损失、赔礼道歉等方式获得谅解,被害方出具的谅解意见应当随案移送。

人民法院、人民检察院、公安机关在促进当事人和解谅解过程中,应当向被害方释明认罪认罚从宽、公诉案件当事人和解适用程序等具体法律规定,充分听取被害方意见,符合司法救助条件的,应当积极协调办理。

18. 被害方异议的处理。被害人及其诉讼代理人不同意对认罪认罚的犯罪嫌疑人、被告人从宽处理的,不影响认罪认罚从宽制度的适用。犯罪嫌疑人、被告人认罪认罚,但没有退赃退赔、赔偿损失,未能与被害方达成调解或者和解协议的,从宽时应当予以酌减。犯罪嫌疑人、被告人自愿认罪并且愿意积极赔偿损失,但由于被害方赔偿请求明显不合理,未能达成调解或者和解协议的,一般不影响对犯罪嫌疑人、被告人从宽处理。

六、强制措施的适用

19. 社会危险性评估。人民法院、人民检察院、公安机关应当将犯罪嫌疑人、被告人认罪认罚作为其是否具有社会危险性的重要考虑因素。对于罪行较轻、采用非羁押性强制措施足以防止发生刑事诉讼法第八十一条第一款规定的社会危险性的犯罪嫌疑人、被告人,根据犯罪性质及可能判处的刑罚,依法可不适用羁押性强制措施。

20. 逮捕的适用。犯罪嫌疑人认罪认罚,公安机关认为罪行较轻、没有社会危险性的,应当不再提请人民检察院审查逮捕。对提请逮捕的,人民检察院认为没有社会危险性不需要逮捕的,应当作出不批准逮捕的决定。

21. 逮捕的变更。已经逮捕的犯罪嫌疑人、被告人认罪认罚的,人民法院、人民检察院应当及时审查羁押的必要性,经审查认为没有继续羁押必要的,应当变更为取保候审或者监视居住。

七、侦查机关的职责

22. 权利告知和听取意见。公安机关在侦查过程中,应当告知犯罪嫌疑人享有的诉讼权利、如实供述罪行可以从宽处理和认罪认罚的法律规定,听取犯罪嫌疑人及其辩护人或者值班律师的意见,记录在案并随案移送。

对在非讯问时间、办案人员不在场情况下,犯罪嫌疑人向看守所工作人员或者辩护人、值班律师表示愿意认罪认罚的,有关人员应当及时告知办案单位。

23. 认罪教育。公安机关在侦查阶段应当同步开展认罪教育工作,但不得强迫犯罪嫌疑人认罪,不得作出具体的从宽承诺。犯罪嫌疑人自愿认罪,愿意接受司法机关处罚的,应当记录在案并附卷。

24. 起诉意见。对移送审查起诉的案件,公安机关应当在起诉意见书中写明犯罪嫌疑人自愿认罪认罚情况。认为案件符合速裁程序适用条件的,可以在起诉意见书中建议人民检察院适用速裁程序办理,并简要说明理由。

对可能适用速裁程序的案件,公安机关应当快速办理,对犯罪嫌疑人未被羁押的,可以集中移送审查起诉,但不得为集中移送拖延案件办理。

对人民检察院在审查逮捕期间或者重大案件听取意见中提出的开展认罪认罚工作的意见或建议,公安机关应当认真听取,积极开展相关工作。

25. 执法办案管理中心建设。加快推进公安机关执法办案管理中心建设,探索在执法办案管理中心设置速裁法庭,对适用速裁程序的案件进行快速办理。

八、审查起诉阶段人民检察院的职责

26. 权利告知。案件移送审查起诉后,人民检察院应当告知犯罪嫌疑人享有的诉讼权利和认罪认罚的法律规定,保障犯罪嫌疑人的程序选择权。告知应当采取书面形式,必要时应当充分释明。

27. 听取意见。犯罪嫌疑人认罪认罚的,人民检察院应当就下列事项听取犯罪嫌疑人、辩护人或者值班律师的意见,记录在案并附卷:

(一)涉嫌的犯罪事实、罪名及适用的法律规定;

(二)从轻、减轻或者免除处罚等从宽处罚的建议;

(三)认罪认罚后案件审理适用的程序;

(四)其他需要听取意见的情形。

人民检察院未采纳辩护人、值班律师意见的,应当说明理由。

28. 自愿性、合法性审查。对侦查阶段认罪认罚的案件,人民检察院应当重点审查以下内容:

(一)犯罪嫌疑人是否自愿认罪认罚,有无因受到暴力、威胁、引诱而违背意愿认罪认罚;

(二)犯罪嫌疑人认罪认罚时的认知能力和精神状态是否正常;

(三)犯罪嫌疑人是否理解认罪认罚的性质和可能导致的法律后果;

(四)侦查机关是否告知犯罪嫌疑人享有的诉讼权利,如实供述自己罪行可以从宽处理和认罪认罚的法律规定,并听取意见;

(五)起诉意见书中是否写明犯罪嫌疑人认罪认罚情况;

(六)犯罪嫌疑人是否真诚悔罪,是否向被害人赔礼道歉。

经审查,犯罪嫌疑人违背意愿认罪认罚的,人民检察院可以重新开展认罪认罚工作。存在刑讯逼供等非法取证行为的,依照法律规定处理。

29. 证据开示。人民检察院可以针对案件具体情况,探索证据开示制度,保障犯罪嫌疑人的知情权和认罪认罚的真实性及自愿性。

30. 不起诉的适用。完善起诉裁量权,充分发挥不起诉的审前分流和过滤作用,逐步扩大相对不起诉在认罪认罚案件中的适用。对认罪认罚后没有争议,不需要判处刑罚的轻微刑事案件,人民检察院可以依法作出不起诉决定。人民检察院应当加强对案件量刑的预判,对其中可能判处免刑的轻微刑事案件,可以依法作出不起诉决定。

对认罪认罚后案件事实不清、证据不足的案件,应当依法作出不起诉决定。

31. 签署具结书。犯罪嫌疑人自愿认罪,同意量刑建议和程序适用的,应当在辩护人或者值班律师在场的情况下签署认罪认罚具结书。犯罪嫌疑人被羁押的,看守所应当为签署具结书提供场所。具结书应当包括犯罪嫌疑人如实供述罪行、同意量刑建议、程序适用等内容,由犯罪嫌疑人、辩护人或者值班律师签名。

犯罪嫌疑人认罪认罚,有下列情形之一的,不需要签署认罪认罚具结书:

(一)犯罪嫌疑人是盲、聋、哑人,或者是尚未完全丧失辨认或者控制自己行为能力的精神病人的;

(二)未成年犯罪嫌疑人的法定代理人、辩护人对未成年人认罪认罚有异议的;

(三)其他不需要签署认罪认罚具结书的情形。

上述情形犯罪嫌疑人未签署认罪认罚具结书的,不影响认罪认罚从宽制度的适用。

32. 提起公诉。人民检察院向人民法院提起公诉的,应当在起诉书中写明被告人认罪认罚情况,提出量刑建议,并移送认罪认罚具结书等材料。量刑建议书可以另行制作,也可以在起诉书中写明。

33. 量刑建议的提出。犯罪嫌疑人认罪认罚的,人民检察院应当就主刑、附加刑、是否适用缓刑等提出量刑建议。人民检察院提出量刑建议前,应当充分听取犯罪嫌疑人、辩护人或者值班律师的意见,尽量协商一致。

办理认罪认罚案件,人民检察院一般应当提出确定刑量刑建议。对新类型、不常见犯罪案件,量刑情节复杂的重罪案件等,也可以提出幅度刑量刑建议。提出量刑建议,应当说明理由和依据。

犯罪嫌疑人认罪认罚没有其他法定量刑情节的,人民检察院可以根据犯罪的事实、性质等,在基准刑基础上适当减让提出确定刑量刑建议。有其他法定量刑情节的,人民检察院应当综合认罪认罚和其他法定量刑情节,参照相关量刑规范提出确定刑量刑建议。

犯罪嫌疑人在侦查阶段认罪认罚的,主刑从宽的幅度可以在前款基础上适当放宽;被告人在审判阶段认罪认罚的,在前款基础上可以适当缩减。建议判处罚金的,参照主刑的从宽幅度提出确定的数额。

34. 速裁程序的办案期限。犯罪嫌疑人认罪认罚,人民检察院经审查,认为符合速裁程序适用条件的,应当在十日以内作出是否提起公诉的决定;对可能判处的有期徒刑超过一年的,可以在十五日以内作出是否提起公诉的决定。

九、社会调查评估

35. 侦查阶段的社会调查。犯罪嫌疑人认罪认罚,可能判处管制、宣告缓刑的,公安机关可以委托犯罪嫌疑人居住地的社区矫正机构进行调查评估。

公安机关在侦查阶段委托社区矫正机构进行调查评估，社区矫正机构在公安机关移送审查起诉后完成调查评估的，应当及时将评估意见提交受理案件的人民检察院或者人民法院，并抄送公安机关。

36. 审查起诉阶段的社会调查。犯罪嫌疑人认罪认罚，人民检察院拟提出缓刑或者管制量刑建议的，可以及时委托犯罪嫌疑人居住地的社区矫正机构进行调查评估，也可以自行调查评估。人民检察院提起公诉时，已收到调查材料的，应当将材料一并移送，未收到调查材料的，应当将委托文书随案移送；在提起公诉后收到调查材料的，应当及时移送人民法院。

37. 审判阶段的社会调查。被告人认罪认罚，人民法院拟判处管制或者宣告缓刑的，可以及时委托被告人居住地的社区矫正机构进行调查评估，也可以自行调查评估。

社区矫正机构出具的调查评估意见，是人民法院判处管制、宣告缓刑的重要参考。对没有委托社区矫正机构进行调查评估或者判决前未收到社区矫正机构调查评估报告的认罪认罚案件，人民法院经审理认为被告人符合管制、缓刑适用条件的，可以判处管制、宣告缓刑。

38. 司法行政机关的职责。受委托的社区矫正机构应当根据委托机关的要求，对犯罪嫌疑人、被告人的居所情况、家庭和社会关系、一贯表现、犯罪行为的后果和影响、居住地村(居)民委员会和被害人意见、拟禁止的事项等进行调查了解，形成评估意见，及时提交委托机关。

十、审判程序和人民法院的职责

39. 审判阶段认罪认罚自愿性、合法性审查。办理认罪认罚案件，人民法院应当告知被告人享有的诉讼权利和认罪认罚的法律规定，听取被告人及其辩护人或者值班律师的意见。庭审中应当对认罪认罚的自愿性、具结书内容的真实性和合法性进行审查核实，重点核实以下内容：

(一)被告人是否自愿认罪认罚，有无因受到暴力、威胁、引诱而违背意愿认罪认罚；

(二)被告人认罪认罚时的认知能力和精神状态是否正常；

(三)被告人是否理解认罪认罚的性质和可能导致的法律后果；

(四)人民检察院、公安机关是否履行告知义务并听取意见；

(五)值班律师或者辩护人是否与人民检察院进行沟通，提供了有效法律帮助或者辩护，并在场见证认罪认罚具结书的签署。

庭审中审判人员可以根据具体案情，围绕定罪量刑的关键事实，对被告人认罪认罚的自愿性、真实性等进行发问，确认被告人是否实施犯罪，是否真诚悔罪。

被告人违背意愿认罪认罚，或者认罪认罚后又反悔，依法需要转换程序的，应当按照普通程序对案件重新审理。发现存在刑讯逼供等非法取证行为的，依照法律规定处理。

40. 量刑建议的采纳。对于人民检察院提出的量刑建议，人民法院应当依法进行审查。对于事实清楚，证据确实、充分，指控的罪名准确，量刑建议适当的，人民法院应当采纳。具有下列情形之一的，不予采纳：

(一)被告人的行为不构成犯罪或者不应当追究刑事责任的；

(二)被告人违背意愿认罪认罚的；

(三)被告人否认指控的犯罪事实的；

(四)起诉指控的罪名与审理认定的罪名不一致的；

(五)其他可能影响公正审判的情形。

对于人民检察院起诉指控的事实清楚，量刑建议适当，但指控的罪名与审理认定的罪名不一致的，人民法院可以听取人民检察院、被告人及其辩护人对审理认定罪名的意见，依法作出裁判。

人民法院不采纳人民检察院量刑建议的，应当说明理由和依据。

41. 量刑建议的调整。人民法院经审理，认为量刑建议明显不当，或者被告人、辩护人对量刑建议有异议且有理有据的，人民法院应当告知人民检察院，人民检察院可以调整量刑建议。人民法院认为调整后的量刑建议适当的，应当予以采纳；人民检察院不调整量刑建议或者调整后仍然明显不当的，人民法院应当依法作出判决。

适用速裁程序审理的，人民检察院调整量刑建议应当在庭前或者当庭提出。调整量刑建议后，被告人同意继续适用速裁程序的，不需要转换程序处理。

42. 速裁程序的适用条件。基层人民法院管辖的可能判处三年有期徒刑以下刑罚的案件，案件事实清楚，证据确实、充分，被告人认罪认罚并同意适用速裁程序的，可以适用速裁程序，由审判员一人独任审判。人民检察院提起公诉时，可以建议人民法院适用速裁程序。

有下列情形之一的，不适用速裁程序办理：

(一)被告人是盲、聋、哑人，或者是尚未完全丧失辨认或者控制自己行为能力的精神病人的；

（二）被告人是未成年人的；

（三）案件有重大社会影响的；

（四）共同犯罪案件中部分被告人对指控的犯罪事实、罪名、量刑建议或者适用速裁程序有异议的；

（五）被告人与被害人或者其法定代理人没有就附带民事诉讼赔偿等事项达成调解或者和解协议的；

（六）其他不宜适用速裁程序办理的案件。

43.速裁程序的审理期限。适用速裁程序审理案件，人民法院应当在受理后十日以内审结；对可能判处的有期徒刑超过一年的，应当在十五日以内审结。

44.速裁案件的审理程序。适用速裁程序审理案件，不受刑事诉讼法规定的送达期限的限制，一般不进行法庭调查、法庭辩论，但在判决宣告前应当听取辩护人的意见和被告人的最后陈述意见。

人民法院适用速裁程序审理案件，可以在向被告人送达起诉书时一并送达权利义务告知书、开庭传票，并核实被告人自然信息等情况。根据需要，可以集中送达。

人民法院适用速裁程序审理案件，可以集中开庭，逐案审理。人民检察院可以指派公诉人集中出庭支持公诉。公诉人简要宣读起诉书后，审判人员应当当庭询问被告人对指控事实、证据、量刑建议以及适用速裁程序的意见，核实具结书签署的自愿性、真实性、合法性，并核实附带民事诉讼赔偿等情况。

适用速裁程序审理案件，应当当庭宣判。集中审理的，可以集中当庭宣判。宣判时，根据案件需要，可以由审判员进行法庭教育。裁判文书可以简化。

45.速裁案件的二审程序。被告人不服适用速裁程序作出的第一审判决提出上诉的案件，可以不开庭审理。第二审人民法院审查后，按照下列情形分别处理：

（一）发现被告人以事实不清、证据不足为由提出上诉的，应当裁定撤销原判，发回原审人民法院适用普通程序重新审理，不再按认罪认罚案件从宽处罚；

（二）发现被告人以量刑不当为由提出上诉的，原判量刑适当的，应当裁定驳回上诉，维持原判；原判量刑不当的，经审理后依法改判。

46.简易程序的适用。基层人民法院管辖的被告人认罪认罚案件，事实清楚、证据充分，被告人对适用简易程序没有异议的，可以适用简易程序审判。

适用简易程序审理认罪认罚案件，公诉人可以简要宣读起诉书，审判人员当庭询问被告人对指控的犯罪事实、证据、量刑建议及适用简易程序的意见，核实具结书签署的自愿性、真实性、合法性。法庭调查可以简化，但对有争议的事实和证据应当进行调查、质证，法庭辩论可以仅围绕有争议的问题进行。裁判文书可以简化。

47.普通程序的适用。适用普通程序办理认罪认罚案件，可以适当简化法庭调查、辩论程序。公诉人宣读起诉书后，合议庭当庭询问被告人对指控的犯罪事实、证据及量刑建议的意见，核实具结书签署的自愿性、真实性、合法性。公诉人、辩护人、审判人员对被告人的讯问、发问可以简化。对控辩双方无异议的证据，可以仅就证据名称及证明内容进行说明；对控辩双方有异议，或者法庭认为有必要调查核实的证据，应当出示并进行质证。法庭辩论主要围绕有争议的问题进行，裁判文书可以适当简化。

48.程序转换。人民法院在适用速裁程序审理过程中，发现有被告人的行为不构成犯罪或者不应当追究刑事责任、被告人违背意愿认罪认罚、被告人否认指控的犯罪事实情形的，应当转为普通程序审理。发现其他不宜适用速裁程序但符合简易程序适用条件的，应当转为简易程序重新审理。

发现有不宜适用简易程序审理情形的，应当转为普通程序审理。

人民检察院在人民法院适用速裁程序审理案件过程中，发现有不宜适用速裁程序审理情形的，应当建议人民法院转为普通程序或者简易程序重新审理；发现有不宜适用简易程序审理情形的，应当建议人民法院转为普通程序重新审理。

49.被告人当庭认罪认罚案件的处理。被告人在侦查、审查起诉阶段没有认罪认罚，但当庭认罪，愿意接受处罚的，人民法院应当根据审理查明的事实，就定罪和量刑听取控辩双方意见，依法作出裁判。

50.第二审程序中被告人认罪认罚案件的处理。被告人在第一审程序中未认罪认罚，在第二审程序中认罪认罚的，审理程序依照刑事诉讼法规定的第二审程序进行。第二审人民法院应当根据其认罪认罚的价值、作用决定是否从宽，并依法作出裁判。确定从宽幅度时应当与第一审程序认罪认罚有所区别。

十一、认罪认罚的反悔和撤回

51.不起诉后反悔的处理。因犯罪嫌疑人认罪认罚，人民检察院依照刑事诉讼法第一百七十七条第二款作出不起诉决定后，犯罪嫌疑人否认指控的犯罪事实或者不积极履行赔礼道歉、退赃退赔、赔偿损失等义务的，人民检察院应当进行审查，区分下列情形依法作出处理：

（一）发现犯罪嫌疑人没有犯罪事实，或者符合刑事诉讼法第十六条规定的情形之一的，应当撤销原不起诉决定，依法重新作出不起诉决定；

（二）认为犯罪嫌疑人仍属于犯罪情节轻微，依照刑法规定不需要判处刑罚或者免除刑罚的，可以维持原不起诉决定；

（三）排除认罪认罚因素后，符合起诉条件的，应当根据案件具体情况撤销原不起诉决定，依法提起公诉。

52. 起诉前反悔的处理。犯罪嫌疑人认罪认罚，签署认罪认罚具结书，在人民检察院提起公诉前反悔的，具结书失效，人民检察院应当在全面审查事实证据的基础上，依法提起公诉。

53. 审判阶段反悔的处理。案件审理过程中，被告人反悔不再认罪认罚的，人民法院应当根据审理查明的事实，依法作出裁判。需要转换程序的，依照本意见的相关规定处理。

54. 人民检察院的法律监督。完善人民检察院对侦查活动和刑事审判活动的监督机制，加强对认罪认罚案件办理全过程的监督，规范认罪认罚案件的抗诉工作，确保无罪的人不受刑事追究、有罪的人受到公正处罚。

十二、未成年人认罪认罚案件的办理

55. 听取意见。人民法院、人民检察院办理未成年人认罪认罚案件，应当听取未成年犯罪嫌疑人、被告人的法定代理人的意见，法定代理人无法到场的，应当听取合适成年人的意见，但受案时犯罪嫌疑人已经成年的除外。

56. 具结书签署。未成年犯罪嫌疑人签署认罪认罚具结书时，其法定代理人应当到场并签字确认。法定代理人无法到场的，合适成年人应当到场签字确认。法定代理人、辩护人对未成年人认罪认罚有异议的，不需要签署认罪认罚具结书。

57. 程序适用。未成年人认罪认罚案件，不适用速裁程序，但应当贯彻教育、感化、挽救的方针，坚持从快从宽原则，确保案件及时办理，最大限度保护未成年人合法权益。

58. 法治教育。办理未成年人认罪认罚案件，应当做好未成年犯罪嫌疑人、被告人的认罪服法、悔过教育工作，实现惩教结合目的。

十三、附则

59. 国家安全机关、军队保卫部门、中国海警局、监狱办理刑事案件，适用本意见的有关规定。

60. 本指导意见由会签单位协商解释，自发布之日起施行。

人民检察院办理认罪认罚案件监督管理办法

·2020 年 5 月 11 日

第一条　为健全办理认罪认罚案件检察权运行监督机制，加强检察官办案廉政风险防控，确保依法规范适用认罪认罚从宽制度，根据《刑事诉讼法》《人民检察院刑事诉讼规则》《关于加强司法权力运行监督管理的意见》等相关规定，结合检察工作实际，制定本办法。

第二条　加强对检察官办理认罪认罚案件监督管理，应当坚持以下原则：

（一）坚持加强对办案活动的监督管理与保障检察官依法行使职权相结合；

（二）坚持检察官办案主体职责与分级分类监督管理职责相结合；

（三）坚持案件管理、流程监控与信息留痕、公开透明相结合；

（四）坚持加强检察机关内部监督管理与外部监督制约相结合。

第三条　办理认罪认罚案件，检察官应当依法履行听取犯罪嫌疑人、被告人及其辩护人或者值班律师、被害人及其诉讼代理人的意见等各项法定职责，依法保障犯罪嫌疑人、被告人诉讼权利和认罪认罚的自愿性、真实性和合法性。

听取意见可以采取当面或者电话、视频等方式进行，听取情况应当记录在案，对提交的书面意见应当附卷。对于有关意见，办案检察官应当认真审查，并将审查意见写入案件审查报告。

第四条　辩护人、被害人及其诉讼代理人要求当面反映意见的，检察官应当在工作时间和办公场所接待。确因特殊且正当原因需要在非工作时间或者非办公场所接待的，检察官应当依照相关规定办理审批手续并获批准后方可会见。因不明情况或者其他原因在非工作时间或者非工作场所接触听取相关意见的，应当在当日或者次日向本院检务督察部门报告有关情况。

辩护人、被害人及其诉讼代理人当面提交书面意见、证据材料的，检察官应当了解其提交材料的目的、材料的来源和主要内容等有关情况并记录在案，与相关材料一并附卷，并出具执据。

当面听取意见时，检察人员不得少于二人，必要时可进行同步录音或者录像。

第五条　办理认罪认罚案件，检察官应当依法在权限范围内提出量刑建议。在确定和提出量刑建议前，应当充分听取犯罪嫌疑人、被告人、辩护人或者值班律师的意见，切实开展量刑协商工作，保证量刑建议依法体现从宽、适当，并在协商一致后由犯罪嫌疑人签署认罪认罚具结书。

第六条　检察官提出量刑建议，应当与审判机关对同一类型、情节相当案件的判罚尺度保持基本均衡。在起诉文书中，应当对量刑建议说明理由和依据，其中拟以速裁程序审理的案件可以在起诉书中概括说明，拟以简易程序、普通程序审理的案件应当在起诉书或者量刑建议书中充分叙明。

第七条　案件提起公诉后，出现新的量刑情节，或者法官经审理认为量刑建议明显不当建议检察官作出调整的，或者被告人、辩护人对量刑建议提出异议的，检察官可以视情作出调整。若原量刑建议由检察官提出的，检察官调整量刑建议后应当向部门负责人报告备案；若原量刑建议由检察长（分管副检察长）决定的，由检察官报请检察长（分管副检察长）决定。

第八条　办理认罪认罚案件，出现以下情形的，检察官应当向部门负责人报告：

（一）案件处理结果可能与同类案件或者关联案件处理结果明显不一致的；

（二）案件处理与监察机关、侦查机关、人民法院存在重大意见分歧的；

（三）犯罪嫌疑人、被告人签署认罪认罚具结书后拟调整量刑建议的；

（四）因案件存在特殊情形，提出的量刑建议与同类案件相比明显失衡的；

（五）变更、补充起诉的；

（六）犯罪嫌疑人、被告人自愿认罪认罚，拟不适用认罪认罚从宽制度办理的；

（七）法院建议调整量刑建议，或者判决未采纳量刑建议的；

（八）被告人、辩护人、值班律师对事实认定、案件定性、量刑建议存在重大意见分歧的；

（九）一审判决后被告人决定上诉的；

（十）其他应当报告的情形。

部门负责人、分管副检察长承办案件遇有以上情形的，应当向上一级领导报告。

第九条　对于犯罪嫌疑人罪行较轻且认罪认罚，检察官拟作出不批准逮捕或者不起诉决定的案件，应当报请检察长决定。报请检察长决定前，可以提请部门负责人召开检察官联席会议研究讨论。检察官联席会议可以

由本部门全体检察官组成，也可以由三名以上检察官（不包括承办检察官）组成。

参加联席会议的检察官应当根据案件的类型、讨论重点等情况，通过查阅卷宗、案件审查报告、听取承办检察官介绍等方式，在全面准确掌握案件事实、情节的基础上参加讨论、发表意见，供承办检察官决策参考，并在讨论笔录上签字确认。

检察官联席会议讨论意见一致或者形成多数意见的，由承办检察官自行决定或者按检察官职权配置规定报请决定。承办检察官与多数意见分歧的，应当提交部门负责人审核后报请检察长（分管副检察长）决定。

第十条　对于下列拟作不批捕、不起诉的认罪认罚从宽案件，可以进行公开听证：

（一）被害人不谅解、不同意从宽处理的；

（二）具有一定社会影响，有必要向社会释法介绍案件情况的；

（三）当事人多次涉诉信访，引发的社会矛盾尚未化解的；

（四）食品、医疗、教育、环境等领域与民生密切相关，公开听证有利于宣扬法治、促进社会综合治理的；

（五）具有一定典型性，有法治宣传教育意义的。

人民检察院办理认罪认罚案件应当按照规定接受人民监督员的监督。对公开听证的认罪认罚案件，可以邀请人民监督员参加，听取人民监督员对案件事实、证据认定和案件处理的意见。

第十一条　检察长、分管副检察长和部门负责人要认真履行检察官办案中的监督管理责任，承担全面从严治党、全面从严治检主体责任，检务督察、案件管理等有关部门承担相应的监督管理责任，自觉接受派驻纪检监察机构的监督检查，对涉嫌违纪违法的依照规定及时移交派驻纪检监察机构处理。

第十二条　部门负责人除作为检察官承办案件，履行检察官职责外，还应当履行以下监督管理职责：

（一）听取或者要求检察官报告办案情况；

（二）对检察官办理的认罪认罚案件进行监督管理，必要时审阅案卷，调阅与案件有关材料，要求承办检察官对案件情况进行说明，要求检察官复核、补充、完善证据；

（三）召集或者根据检察官申请召集并主持检察官联席会议；

（四）对于应当由检察长（分管副检察长）决定的事项，经审核并提出处理意见后报检察长（分管副检察长）决定；

（五）定期组织分析、汇总通报本部门办案情况，指导检察官均衡把握捕与不捕、诉与不诉法律政策、量刑建议等问题，提请检察委员会审议作出决定；

（六）其他应当履行的职责，或者依据检察长（分管副检察长）授权履行的职责。

第十三条 部门负责人、分管副检察长对检察官办理案件出现以下情形的，应当报请检察长决定：

（一）处理意见与检察官联席会议多数检察官意见存在分歧的；

（二）案件处理与监察机关、侦查机关、人民法院存在重大意见分歧需要报请检察长（分管副检察长）决定的；

（三）发现检察官提出的处理意见错误，量刑建议明显不当，或者明显失衡的，应当及时提示检察官，经提示后承办检察官仍然坚持原处理意见或者量刑建议的；

（四）变更、补充起诉的；

（五）其他应当报告的情形。

第十四条 检察长（分管副检察长）除作为检察官承办案件，履行检察官职责外，还应当履行以下职责：

（一）听取或者要求检察官报告办案情况；

（二）对检察官的办案活动进行监督管理；

（三）发现检察官不正确履行职责的，应当予以纠正；

（四）依据职权清单，在职权范围内对检察官办理的认罪认罚案件作出决定；

（五）听取部门负责人关于认罪认罚案件办理情况的报告；

（六）要求部门负责人对本院办理的认罪认罚案件定期分析、汇总通报，涉及法律、政策理解、适用的办案经验总结、规则明确等，提请检察委员会审议，必要时向上级检察院汇报；

（七）其他应当履行的职责。

第十五条 检察长（分管副检察长）发现检察官办理认罪认罚案件不适当的，可以要求检察官复核，也可以直接作出决定或者提请检察委员会讨论决定。检察长（分管副检察长）要求复核的意见、决定应当以书面形式作出并附卷。

第十六条 案件管理部门对认罪认罚案件办理应当履行以下监督管理职责：

（一）进行案件流程监控，对案件办理期限、诉讼权利保障、文书制作的规范化等进行监督；

（二）组织案件评查，对评查中发现的重要情况及时向检察长报告；

（三）发现违反检察职责行为、违纪违法线索的，及时向相关部门移送；

（四）其他应当履行的职责。

第十七条 下列情形的案件应当作为重点评查案件，经检察长（分管副检察长）批准后进行评查，由案件管理部门或者相关办案部门组织开展：

（一）检察官超越授权范围、职权清单作出处理决定的；

（二）经复议、复核、复查后改变原决定的；

（三）量刑建议明显不当的；

（四）犯罪嫌疑人、被告人认罪认罚后又反悔的；

（五）当事人对人民检察院的处理决定不服提出申诉的；

（六）人民法院裁判宣告无罪、改变指控罪名或者新发现影响定罪量刑重要情节的；

（七）其他需要重点评查的。

第十八条 检务督察部门应当指导办案部门做好认罪认罚案件廉政风险防控和检察官履职督查和失责惩戒工作，重点履行以下监督职责：

（一）对检察官办理认罪认罚案件执行法律、规范性文件和最高人民检察院规定、决定等情况进行执法督察；

（二）在执法督察、巡视巡察、追责惩戒、内部审计中发现以及有关单位、个人举报投诉办案检察官违反检察职责的，依职权进行调查，提出处理意见；

（三）对检察官违反检察职责和违规过问案件，不当接触当事人及其律师、特殊关系人、中介组织等利害关系人的，依职权进行调查，提出处理意见；

（四）针对认罪认罚案件办案廉政风险，加强廉政风险防控制度建设和工作指导，开展司法办案廉政教育；

（五）其他应当监督的情形。

第十九条 上级人民检察院要履行对下级人民检察院办理认罪认罚案件指导、监督管理责任，定期分析、汇总通报本辖区内办案整体情况，通过案件指导、备案备查、专项检查、错案责任倒查、审核决定等方式，对下级人民检察院办理认罪认罚案件进行监督。对存在严重瑕疵或者不规范司法行为，提出监督纠正意见。案件处理决定确有错误的，依法通过指令下级人民检察院批准逮捕、提起公诉、提出抗诉或者撤销逮捕、撤回起诉等方式予以纠正。

第二十条 人民检察院办理认罪认罚案件，应当按照规定公开案件程序性信息、重要案件信息和法律文书，接受社会监督。

第二十一条　严格落实领导干部干预司法活动、插手具体案件处理,司法机关内部或者其他人员过问案件,司法人员不正当接触交往的记录报告和责任追究等相关规定,对违反规定的严肃追责问责。

检察官对存在过问或者干预、插手办案活动,发现有与当事人、律师、特殊关系人、中介组织不当接触交往行为情况的,应当如实记录并及时报告部门负责人。

检察长、分管副检察长和部门负责人口头或者短信、微信、电话等形式向检察官提出指导性意见的,检察官记录在案后,依程序办理。

第二十二条　当事人、律师等举报、投诉检察官违反法律规定办理认罪认罚案件或者有过失行为并提供相关线索或者证据的,检察长(分管副检察长)可以要求检察官报告办案情况。检察长(分管副检察长)认为确有必要的,可以更换承办案件的检察官,将涉嫌违反检察职责行为、违纪违法线索向有关部门移送,并将相关情况记录在案。

第二十三条　对检察官办理认罪认罚案件的质量效果、办案活动等情况进行绩效考核,考核结果纳入司法业绩档案,作为检察官奖惩、晋升、调整职务职级和工资、离岗培训、免职、降职、辞退的重要依据。

第二十四条　检察官因故意违反法律法规或者因重大过失导致案件办理出现错误并造成严重后果的,应当承担司法责任。

检察官在事实认定、证据采信、法律适用、办案程序、文书制作以及司法作风等方面不符合法律和有关规定,存在司法瑕疵但不影响案件结论的正确性和效力的,依照相关纪律规定处理。

第二十五条　负有监督管理职责的检察人员因故意或者重大过失怠于行使或者不当行使职责,造成严重后果的,应当承担司法责任。

人民检察院办理认罪认罚案件
听取意见同步录音录像规定

· 2021 年 12 月 2 日

第一条　为规范人民检察院办理认罪认罚案件听取意见活动,依法保障犯罪嫌疑人、被告人诉讼权利,确保认罪认罚自愿性、真实性、合法性,根据法律和相关规定,结合办案实际,制定本规定。

第二条　人民检察院办理认罪认罚案件,对于检察官围绕量刑建议、程序适用等事项听取犯罪嫌疑人、被告人、辩护人或者值班律师意见、签署具结书活动,应当同步录音录像。

听取意见同步录音录像不包括讯问过程,但是讯问与听取意见、签署具结书同时进行的,可以一并录制。

多次听取意见的,至少要对量刑建议形成、确认以及最后的具结书签署过程进行同步录音录像。对依法不需要签署具结书的案件,应当对能够反映量刑建议形成的环节同步录音录像。

第三条　认罪认罚案件听取意见同步录音录像适用于所有认罪认罚案件。

第四条　同步录音录像一般应当包含如下内容:

(一)告知犯罪嫌疑人、被告人、辩护人或者值班律师对听取意见过程进行同步录音录像的情况;

(二)告知犯罪嫌疑人、被告人诉讼权利义务和认罪认罚法律规定,释明认罪认罚的法律性质和法律后果的情况;

(三)告知犯罪嫌疑人、被告人无正当理由反悔的法律后果的情况;

(四)告知认定的犯罪事实、罪名、处理意见,提出的量刑建议、程序适用建议并进行说明的情况;

(五)检察官听取犯罪嫌疑人、被告人、辩护人或者值班律师意见,犯罪嫌疑人、被告人听取辩护人或者值班律师意见的情况;

(六)根据需要,开示证据的情况;

(七)犯罪嫌疑人、被告人签署具结书及辩护人或者值班律师见证的情况;

(八)其他需要录制的情况。

第五条　认罪认罚案件听取意见应当由检察官主持,检察官助理、检察技术人员、司法警察、书记员协助。犯罪嫌疑人、被告人、辩护人或者值班律师等人员参与。

同步录音录像由检察技术人员或其他检察辅助人员负责录制。

第六条　同步录音录像一般应当在羁押场所或者检察机关办案区进行,有条件的可以探索在上述地点单独设置听取意见室。

采取远程视频等方式听取意见的,应当保存视频音频作为同步录音录像资料。

第七条　听取意见前,人民检察院应当告知辩护人或者值班律师听取意见的时间、地点,并听取辩护人或者值班律师意见。

在听取意见过程中,人民检察院应当为辩护人或者值班律师会见犯罪嫌疑人、查阅案卷材料提供必要的便利。

第八条　同步录音录像,应当客观、全面地反映听取意见的参与人员、听取意见过程,画面完整、端正,声音和影像清晰可辨。同步录音录像应当保持完整、连续,不得选择性录制,不得篡改、删改。

第九条　同步录音录像的起始和结束由检察官宣布。开始录像前,应当告知犯罪嫌疑人、被告人、辩护人或者值班律师。

第十条　听取意见过程中发现可能影响定罪量刑的新情况,需要补充核实的,应当中止听取意见和同步录音录像。核实完毕后,视情决定重新或者继续听取意见并进行同步录音录像。

因技术故障无法录制的,一般应当中止听取意见,待故障排除后再行听取意见和录制。技术故障一时难以排除的,征得犯罪嫌疑人、被告人、辩护人或者值班律师同意,可以继续听取意见,但应当记录在案。

第十一条　同步录音录像结束后,录制人员应当及时制作同步录音录像文件,交由案件承办人员办案使用,案件办结后由案件承办人员随案归档。同步录音录像文件的命名应当与全国检察业务应用系统内案件对应。各级人民检察院应当逐步建立同步录音录像文件管理系统,统一存储和保管同步录音录像文件。同步录音录像文件保存期限为十年。

第十二条　同步录音录像文件是人民检察院办理认罪认罚案件的工作资料,实行有条件调取使用。因人民法院、犯罪嫌疑人、被告人、辩护人或者值班律师对认罪认罚自愿性、真实性、合法性提出异议或者疑问等原因,需要查阅同步录音录像文件的,人民检察院可以出示,也可以将同步录音录像文件移送人民法院,必要时提请法庭播放。

因案件质量评查、复查、检务督察等工作,需要查阅、调取、复制、出示同步录音录像文件的,应当履行审批手续并记录在案。

第十三条　检察人员听取意见应当着检察制服,做到仪表整洁,举止严肃、端庄,用语文明、规范。

第十四条　人民检察院刑事检察、检察技术、计划财务装备、案件管理、司法警察、档案管理等部门应当各司其职、各负其责、协调配合,保障同步录音录像工作规范、高效、有序开展。

第十五条　人民检察院办理未成年人认罪认罚案件开展听取意见同步录音录像工作的,根据相关法律规定,结合未成年人检察工作实际,参照本规定执行。

第十六条　本规定自2022年3月1日起实施。

人民检察院办理认罪认罚案件开展量刑建议工作的指导意见

·2021年12月3日

为深入贯彻落实宽严相济刑事政策,规范人民检察院办理认罪认罚案件量刑建议工作,促进量刑公开公正,加强对检察机关量刑建议活动的监督制约,根据刑事诉讼法、人民检察院刑事诉讼规则等规定,结合检察工作实际,制定本意见。

第一章　一般规定

第一条　犯罪嫌疑人认罪认罚的,人民检察院应当就主刑、附加刑、是否适用缓刑等提出量刑建议。

对认罪认罚案件,人民检察院应当在全面审查证据、查明事实、准确认定犯罪的基础上提出量刑建议。

第二条　人民检察院对认罪认罚案件提出量刑建议,应当坚持以下原则:

(一)宽严相济。应当根据犯罪的具体情况,综合考虑从重、从轻、减轻或者免除处罚等各种量刑情节提出量刑建议,做到该宽则宽,当严则严,宽严相济,轻重有度。

(二)依法建议。应当根据犯罪的事实、性质、情节和对于社会的危害程度等,依照刑法、刑事诉讼法以及相关司法解释的规定提出量刑建议。

(三)客观公正。应当全面收集、审查有罪、无罪、罪轻、罪重、从宽、从严等证据,依法听取犯罪嫌疑人、辩护人或者值班律师、被害人及其诉讼代理人的意见,客观公正提出量刑建议。

(四)罪责刑相适应。提出量刑建议既要体现认罪认罚从宽,又要考虑犯罪嫌疑人、被告人所犯罪行的轻重、应负的刑事责任和社会危险性的大小,确保罚当其罪,避免罪责刑失衡。

(五)量刑均衡。涉嫌犯罪的事实、情节基本相同的案件,提出的量刑建议应当保持基本均衡。

第三条　人民检察院对认罪认罚案件提出量刑建议,应当符合以下条件:

(一)犯罪事实清楚,证据确实、充分;

(二)提出量刑建议所依据的法定从重、从轻、减轻或者免除处罚等量刑情节已查清;

(三)提出量刑建议所依据的酌定从重、从轻处罚等量刑情节已查清。

第四条　办理认罪认罚案件,人民检察院一般应当提出确定刑量刑建议。对新类型、不常见犯罪案件,量刑情节复杂的重罪案件等,也可以提出幅度刑量刑建议,但应当严格控制所提量刑建议的幅度。

第五条　人民检察院办理认罪认罚案件提出量刑建议,应当按照有关规定对听取意见情况进行同步录音录像。

第二章　量刑证据的审查

第六条　影响量刑的基本事实和各量刑情节均应有相应的证据加以证明。

对侦查机关移送审查起诉的案件,人民检察院应当审查犯罪嫌疑人有罪和无罪、罪重和罪轻、从宽和从严的证据是否全部随案移送,未随案移送的,应当通知侦查机关在指定时间内移送。侦查机关应当收集而未收集量刑证据的,人民检察院可以通知侦查机关补充相关证据或者退回侦查机关补充侦查,也可以自行补充侦查。

对于依法需要判处财产刑的案件,人民检察院应当要求侦查机关收集并随案移送涉及犯罪嫌疑人财产状况的证据材料。

第七条　对于自首情节,应当重点审查投案的主动性、供述的真实性和稳定性等情况。

对于立功情节,应当重点审查揭发罪行的轻重、提供的线索对侦破案件或者协助抓捕其他犯罪嫌疑人所起的作用、被检举揭发的人可能或者已经被判处的刑罚等情况。犯罪嫌疑人提出检举、揭发犯罪立功线索的,应当审查犯罪嫌疑人掌握线索的来源、有无移送侦查机关、侦查机关是否开展调查核实等。

对于累犯、惯犯以及前科、劣迹等情节,应当调取相关的判决、裁定、释放证明等材料,并重点审查前后行为的性质、间隔长短、次数、罪行轻重等情况。

第八条　人民检察院应当根据案件情况对犯罪嫌疑人犯罪手段、犯罪动机、主观恶性、是否和解谅解、是否退赃退赔、有无前科劣迹等酌定量刑情节进行审查,并结合犯罪嫌疑人的家庭状况、成长环境、心理健康情况等进行审查,综合判断。

有关个人品格方面的证据材料不得作为定罪证据,但与犯罪相关的个人品格情况可以作为的酌定量刑情节予以综合考虑。

第九条　人民检察院办理认罪认罚案件提出量刑建议,应当听取被害人及其诉讼代理人的意见,并将犯罪嫌疑人是否与被害方达成调解协议、和解协议或者赔偿被害方损失,取得被害方谅解,是否自愿承担公益损害修复及赔偿责任等,作为从宽处罚的重要考虑因素。

犯罪嫌疑人自愿认罪并且有赔偿意愿,但被害方拒绝接受赔偿或者赔偿请求明显不合理,未能达成调解或者和解协议的,可以综合考量赔偿情况及全案情节对犯罪嫌疑人予以适当从宽,但罪行极其严重、情节极其恶劣的除外。

必要时,人民检察院可以听取侦查机关、相关行政执法机关、案发地或者居住地基层组织和群众的意见。

第十条　人民检察院应当认真审查侦查机关移送的关于犯罪嫌疑人社会危险性和案件对所居住社区影响的调查评估意见。侦查机关未委托调查评估,人民检察院拟提出判处管制、缓刑量刑建议的,一般应当委托犯罪嫌疑人居住地的社区矫正机构或者有关组织进行调查评估,必要时,也可以自行调查评估。

调查评估意见是人民检察院提出判处管制、缓刑量刑建议的重要参考。人民检察院提起公诉时,已收到调查评估材料的,应当一并移送人民法院,已经委托调查评估但尚未收到调查评估材料的,人民检察院经审查全案情况认为犯罪嫌疑人符合管制、缓刑适用条件的,可以提出判处管制、缓刑的量刑建议,同时将委托文书随案移送人民法院。

第三章　量刑建议的提出

第十一条　人民检察院应当按照有关量刑指导意见规定的量刑基本方法,依次确定量刑起点、基准刑和拟宣告刑,提出量刑建议。对新类型、不常见犯罪案件,可以参照相关量刑规范和相似案件的判决提出量刑建议。

第十二条　提出确定刑量刑建议应当明确主刑适用刑种、刑期和是否适用缓刑。

建议判处拘役的,一般应当提出确定刑量刑建议。

建议判处附加刑的,应当提出附加刑的类型。

建议判处罚金刑的,应当以犯罪情节为根据,综合考虑犯罪嫌疑人缴纳罚金的能力提出确定的数额。

建议适用缓刑的,应当明确提出。

第十三条　除有减轻处罚情节外,幅度刑量刑建议应当在法定量刑幅度内提出,不得跨两种以上主刑。

建议判处有期徒刑的,一般应当提出相对明确的量刑幅度。建议判处六个月以上不满一年有期徒刑的,幅度一般不超过二个月;建议判处一年以上不满三年有期徒刑的,幅度一般不超过六个月;建议判处三年以上不满十年有期徒刑的,幅度一般不超过一年;建议判处十年以上有期徒刑的,幅度一般不超过二年。

建议判处管制的,幅度一般不超过三个月。

第十四条　人民检察院提出量刑建议应当区别认罪认罚的不同诉讼阶段,对查明案件事实的价值和意义、是否确有悔罪表现,以及罪行严重程度等,综合考量确定从宽的限度和幅度。在从宽幅度上,主动认罪认罚优于被动认罪认罚,早认罪认罚优于晚认罪认罚,彻底认罪认罚优于不彻底认罪认罚,稳定认罪认罚优于不稳定认罪认罚。

认罪认罚的从宽幅度一般应当大于仅有坦白,或者虽认罪但不认罚的从宽幅度。对犯罪嫌疑人具有自首、坦白情节,同时认罪认罚的,应当在法定刑幅度内给予相对更大的从宽幅度。

第十五条　犯罪嫌疑人虽然认罪认罚,但所犯罪行具有下列情形之一的,提出量刑建议应当从严把握从宽幅度或者依法不予从宽:

(一)危害国家安全犯罪、恐怖活动犯罪、黑社会性质组织犯罪的首要分子、主犯;

(二)犯罪性质和危害后果特别严重、犯罪手段特别残忍、社会影响特别恶劣的;

(三)虽然罪行较轻但具有累犯、惯犯等恶劣情节的;

(四)性侵等严重侵害未成年人的;

(五)其他应当从严把握从宽幅度或者不宜从宽的情形。

第十六条　犯罪嫌疑人既有从重又有从轻、减轻处罚情节,应当全面考虑各情节的调节幅度,综合分析提出量刑建议,不能仅根据某一情节一律从轻或者从重。

犯罪嫌疑人具有减轻处罚情节的,应当在法定刑以下提出量刑建议,有数个量刑幅度的,应当在法定量刑幅度的下一个量刑幅度内提出量刑建议。

第十七条　犯罪嫌疑人犯数罪,同时具有立功、累犯等量刑情节的,先适用该量刑情节调节个罪基准刑,分别提出量刑建议,再依法提出数罪并罚后决定执行的刑罚的量刑建议。人民检察院提出量刑建议时应当分别列明个罪量刑建议和数罪并罚后决定执行的刑罚的量刑建议。

第十八条　对于共同犯罪案件,人民检察院应当根据各犯罪嫌疑人在共同犯罪中的地位、作用以及应当承担的刑事责任分别提出量刑建议。提出量刑建议时应当注意各犯罪嫌疑人之间的量刑平衡。

第十九条　人民检察院可以根据案件实际情况,充分考虑提起公诉后可能出现的退赃退赔、刑事和解、修复损害等量刑情节变化,提出满足相应条件情况下的量刑建议。

第二十条　人民检察院可以借助量刑智能辅助系统

分析案件、计算量刑,在参考相关结论的基础上,结合案件具体情况,依法提出量刑建议。

第二十一条　检察官应当全面审查事实证据,准确认定案件性质,根据量刑情节拟定初步的量刑建议,并组织听取意见。

案件具有下列情形之一的,检察官应当向部门负责人报告或者建议召开检察官联席会议讨论,确定量刑建议范围后再组织听取意见:

(一)新类型、不常见犯罪;

(二)案情重大、疑难、复杂的;

(三)涉案犯罪嫌疑人人数众多的;

(四)性侵未成年人的;

(五)与同类案件或者关联案件处理结果明显不一致的;

(六)其他认为有必要报告或讨论的。

检察官应当按照有关规定在权限范围内提出量刑建议。案情重大、疑难、复杂的,量刑建议应当由检察长或者检察委员会讨论决定。

第四章　听取意见

第二十二条　办理认罪认罚案件,人民检察院应当依法保障犯罪嫌疑人获得有效法律帮助。犯罪嫌疑人要求委托辩护人的,应当充分保障其辩护权,严禁要求犯罪嫌疑人解除委托。

对没有委托辩护人的,应当及时通知值班律师为犯罪嫌疑人提供法律咨询、程序选择建议、申请变更强制措施等法律帮助。对符合通知辩护条件的,应当通知法律援助机构指派律师为其提供辩护。

人民检察院应当为辩护人、值班律师会见、阅卷等提供便利。

第二十三条　对法律援助机构指派律师为犯罪嫌疑人提供辩护,犯罪嫌疑人的监护人、近亲属又代为委托辩护人的,应当听取犯罪嫌疑人的意见,由其确定辩护人人选。犯罪嫌疑人是未成年人的,应当听取其监护人意见。

第二十四条　人民检察院在听取意见时,应当将犯罪嫌疑人享有的诉讼权利和认罪认罚从宽的法律规定,拟认定的犯罪事实、涉嫌罪名、量刑情节,拟提出的量刑建议及法律依据告知犯罪嫌疑人及其辩护人或者值班律师。

人民检察院听取意见可以采取当面、远程视频等方式进行。

第二十五条　人民检察院应当充分说明量刑建议的理由和依据,听取犯罪嫌疑人及其辩护人或者值班律师对量刑建议的意见。

犯罪嫌疑人及其辩护人或者值班律师对量刑建议提出不同意见，或者提交影响量刑的证据材料，人民检察院经审查认为犯罪嫌疑人及其辩护人或者值班律师意见合理的，应当采纳，相应调整量刑建议，审查认为意见不合理的，应当结合法律规定、全案情节、相似案件判决等作出解释、说明。

第二十六条　人民检察院在听取意见的过程中，必要时可以通过出示、宣读、播放等方式向犯罪嫌疑人开示或部分开示影响定罪量刑的主要证据材料，说明证据证明的内容，促使犯罪嫌疑人认罪认罚。

言词证据确需开示的，应注意合理选择开示内容及方式，避免妨碍诉讼、影响庭审。

第二十七条　听取意见后，达成一致意见的，犯罪嫌疑人应当签署认罪认罚具结书。有刑事诉讼法第一百七十四条第二款不需要签署具结书情形的，不影响对其提出从宽的量刑建议。

犯罪嫌疑人有辩护人的，应当由辩护人在场见证具结并签字，不得绕开辩护人安排值班律师代为见证具结。辩护人确因客观原因无法到场，可以通过远程视频方式见证具结。

犯罪嫌疑人自愿认罪认罚，没有委托辩护人，拒绝值班律师帮助的，签署具结书时，应当通知值班律师到场见证，并在具结书上注明。值班律师对人民检察院量刑建议、程序适用有异议的，检察官应当听取其意见，告知其确认犯罪嫌疑人认罪认罚的自愿性后应当在具结书上签字。

未成年犯罪嫌疑人签署具结书时，其法定代理人应当到场并签字确认。法定代理人无法到场的，合适成年人应当到场签字确认。法定代理人、辩护人对未成年人认罪认罚有异议的，未成年犯罪嫌疑人不需要签署具结书。

第二十八条　听取意见过程中，犯罪嫌疑人及其辩护人或者值班律师提供可能影响量刑的新的证据材料或者提出不同意见，需要审查、核实的，可以中止听取意见。人民检察院经审查、核实并充分准备后可以继续听取意见。

第二十九条　人民检察院提起公诉后开庭前，被告人自愿认罪认罚的，人民检察院可以组织听取意见。达成一致的，被告人应当在辩护人或者值班律师在场的情况下签署认罪认罚具结书。

第三十条　对于认罪认罚案件，犯罪嫌疑人签署具结书后，没有新的事实和证据，且犯罪嫌疑人未反悔的，

人民检察院不得撤销具结书、变更量刑建议。除发现犯罪嫌疑人认罪悔罪不真实、认罪认罚后又反悔或者不履行具结书中需要履行的赔偿损失、退赃退赔等情形外，不得提出加重犯罪嫌疑人刑罚的量刑建议。

第三十一条　人民检察院提出量刑建议，一般应当制作量刑建议书，与起诉书一并移送人民法院。对于案情简单、量刑情节简单，适用速裁程序的案件，也可以在起诉书中载明量刑建议。

量刑建议书中应当写明建议对犯罪嫌疑人科处的主刑、附加刑、是否适用缓刑等及其理由和依据，必要时可以单独出具量刑建议理由说明书。适用速裁程序审理的案件，通过起诉书载明量刑建议的，可以在起诉书中简化说理。

第五章　量刑建议的调整

第三十二条　人民法院经审理，认为量刑建议明显不当或者认为被告人、辩护人对量刑建议的异议合理，建议人民检察院调整量刑建议的，人民检察院应当认真审查，认为人民法院建议合理的，应当调整量刑建议，认为人民法院建议不当的，应当说明理由和依据。

人民检察院调整量刑建议，可以制作量刑建议调整书移送人民法院。

第三十三条　开庭审理前或者休庭期间调整量刑建议的，应当重新听取被告人及其辩护人或者值班律师的意见。

庭审中调整量刑建议，被告人及其辩护人没有异议的，人民检察院可以当庭调整量刑建议并记录在案。当庭无法达成一致或者调整量刑建议需要履行相应报告、决定程序的，可以建议法庭休庭，按照本意见第二十四条、第二十五条的规定组织听取意见，履行相应程序后决定是否调整。

适用速裁程序审理认罪认罚案件，需要调整量刑建议的，应当在庭前或者当庭作出调整。

第三十四条　被告人签署认罪认罚具结书后，庭审中反悔不再认罪认罚的，人民检察院应当了解反悔的原因，被告人明确不再认罪认罚的，人民检察院应当建议人民法院不再适用认罪认罚从宽制度，撤回从宽量刑建议，并建议法院在量刑时考虑相应情况。依法需要转为普通程序或者简易程序审理的，人民检察院应当向人民法院提出建议。

第三十五条　被告人认罪认罚而庭审中辩护人作无罪辩护的，人民检察院应当核实被告人认罪认罚的真实性、自愿性。被告人仍然认罪认罚的，可以继续适用认罪

认罪从宽制度,被告人反悔不再认罪认罚的,按照本意见第三十四条的规定处理。

第三十六条　检察官应当在职责权限范围内调整量刑建议。根据本意见第二十一条规定,属于检察官职责权限范围内的,可以由检察官调整量刑建议并向部门负责人报告备案;属于检察长或者检察委员会职责权限范围内的,应当由检察长或者检察委员会决定调整。

第六章　量刑监督

第三十七条　人民法院违反刑事诉讼法第二百零一条第二款规定,未告知人民检察院调整量刑建议而直接作出判决的,人民检察院一般应当以违反法定程序为由依法提出抗诉。

第三十八条　认罪认罚案件审理中,人民法院认为量刑建议明显不当建议人民检察院调整,人民检察院不予调整或者调整后人民法院不予采纳,人民检察院认为判决、裁定量刑确有错误的,应当依法提出抗诉,或者根据案件情况,通过提出检察建议或者发出纠正违法通知书等进行监督。

第三十九条　认罪认罚案件中,人民法院采纳人民检察院提出的量刑建议作出判决、裁定,被告人仅以量刑过重为由提出上诉,因被告人反悔不再认罪认罚致从宽量刑明显不当的,人民检察院应当依法提出抗诉。

第七章　附　则

第四十条　人民检察院办理认罪认罚二审、再审案件,参照本意见提出量刑建议。

第四十一条　本意见自发布之日起施行。

最高人民法院关于法律适用问题请示答复的规定

· 2023 年 5 月 26 日
· 法〔2023〕88 号

一、一般规定

第一条　为规范人民法院法律适用问题请示答复工作,加强审判监督指导,提升司法公正与效率,根据有关法律、司法解释的规定,结合审判工作实际,制定本规定。

第二条　具有下列情形之一的,高级人民法院可以向最高人民法院提出请示:

(一)法律、法规、司法解释、规范性文件等没有明确规定,适用法律存在重大争议的;

(二)对法律、法规、司法解释、规范性文件等规定具体含义的理解存在重大争议的;

(三)司法解释、规范性文件制定时所依据的客观情况发生重大变化,继续适用有关规定明显有违公平正义的;

(四)类似案件裁判规则明显不统一的;

(五)其他对法律适用存在重大争议的。

技术类知识产权和反垄断法律适用问题,具有前款规定情形之一的,第一审人民法院可以向最高人民法院提出请示。

最高人民法院认为必要时,可以要求下级人民法院报告有关情况。

第三条　不得就案件的事实认定问题提出请示。

二、请　示

第四条　向最高人民法院提出请示,应当经本院审判委员会讨论决定,就法律适用问题提出意见,并说明理由;有分歧意见的,应当写明倾向性意见。

第五条　请示应当按照审级逐级层报。

第六条　提出请示的人民法院应当以院名义制作书面请示,扼要写明请示的法律适用问题,并制作请示综合报告,写明以下内容:

(一)请示的法律适用问题及由来;

(二)合议庭、审判委员会对请示的法律适用问题的讨论情况、分歧意见及各自理由;

(三)类案检索情况;

(四)需要报告的其他情况;

(五)联系人及联系方式。

高级人民法院就基层、中级人民法院请示的法律适用问题向最高人民法院请示的,应当同时附下级人民法院的请示综合报告。

请示、请示综合报告一式五份,连同电子文本,一并报送最高人民法院立案庭。

三、办　理

第七条　最高人民法院立案庭应当自收到请示材料之日起三个工作日内审查完毕。请示材料符合要求的,应当编定案号,并按照下列情形分别处理:

(一)符合请示范围、程序的,应当受理,并确定请示的承办部门;

(二)不属于请示范围,或者违反请示程序的,不予受理,并书面告知提出请示的人民法院。

请示材料不符合要求的,应当一次性告知提出请示的人民法院在指定的期限内补充。

第八条　最高人民法院立案庭应当按照下列规定确定请示的承办部门:

（一）请示的法律适用问题涉及司法解释、规范性文件规定的具体含义，或者属于司法解释、规范性文件所针对的同类问题的，由起草部门承办；有多个起草部门的，由主要起草部门承办；

（二）不属于前项规定情形的，根据职责分工确定请示的承办部门。

承办部门难以确定的，由立案庭会同研究室确定。

第九条 承办部门收到立案庭转来的请示材料后，经审查认为不属于本部门职责范围的，应当在三个工作日内，与立案庭协商退回；协商不成的，报分管院领导批准后，退回立案庭重新提出分办意见。有关部门不得自行移送、转办。

其他部门认为请示应当由本部门办理的，应当报分管院领导批准后，向立案庭提出意见。

第十条 承办部门应当指定专人办理请示。承办人研究提出处理意见后，承办部门应当组织集体研究。

对请示的法律适用问题，承办部门可以商请院内有关部门共同研究，或者提出初步处理意见后，征求院内有关部门意见。必要时，可以征求院外有关部门或者专家的意见。

第十一条 承办部门应当将处理意见报分管院领导审批。必要时，分管院领导可以报院长审批或者提请审判委员会讨论决定。

在报分管院领导审批前，承办部门应当将处理意见送研究室审核。研究室一般在五个工作日内出具审核意见。研究室提出不同意见的，承办部门在报分管院领导审批时，应当作出说明。

第十二条 最高人民法院应当分别按照以下情形作出处理：

（一）对请示的法律适用问题作出明确答复，并写明答复依据；

（二）不属于请示范围，或者违反请示程序的，不予答复，并书面告知提出请示的人民法院；

（三）最高人民法院对相同或者类似法律适用问题作出过答复的，可以不予答复，并将有关情况告知提出请示的人民法院。

第十三条 最高人民法院的答复应当以院名义作出。

答复一般采用书面形式。以电话答复等其他形式作出的，应当将底稿等材料留存备查。

答复作出后，承办部门应当及时将答复上传至查询数据库。

第十四条 最高人民法院应当尽快办理请示，至迟

在受理请示之日起二个月内办结。需要征求院外有关部门意见或者提请审判委员会讨论的，可以延长二个月。

因特殊原因不能在前款规定的期限内办结的，承办部门应当在报告分管院领导后，及时通知提出请示的人民法院，并抄送审判管理办公室。

对于涉及刑事法律适用问题的请示，必要时，可以提醒有关人民法院依法变更强制措施。

第十五条 对最高人民法院的答复，提出请示的人民法院应当执行，但不得作为裁判依据援引。

第十六条 可以公开的答复，最高人民法院应当通过适当方式向社会公布。

四、其他规定

第十七条 最高人民法院对办理请示答复编定案号，类型代字为"法复"。

第十八条 最高人民法院在办理请示答复过程中，认为请示的法律适用问题具有普遍性、代表性，影响特别重大的，可以通知下级人民法院依法将有关案件移送本院审判。

第十九条 答复针对的法律适用问题具有普遍指导意义的，提出请示的人民法院可以编写案例，作为备选指导性案例向最高人民法院推荐。

第二十条 对请示的法律适用问题，必要时，最高人民法院可以制定司法解释作出明确。

第二十一条 最高人民法院应当建设本院办理请示答复的专门模块和查询数据库，对请示答复进行信息化办理、智能化管理和数字化分析应用。

请示答复的流程管理、质量评查等由审判管理办公室负责。

承办部门超过本规定第十四条规定期限未办结的，审判管理办公室应当要求承办部门书面说明情况，督促其限期办结，并视情予以通报。

第二十二条 提出、办理请示等工作，应当遵守有关保密工作规定。

第二十三条 基层、中级人民法院就法律适用问题提出请示，中级、高级人民法院对法律适用问题作出处理的，参照适用本规定。

第二十四条 各高级人民法院、解放军军事法院应当在每年1月31日之前，将上一年度本院作出的答复报送最高人民法院研究室。

第二十五条 本规定自2023年9月1日起施行。此前的规范性文件与本规定不一致的，以本规定为准。

附件：文书参考样式（略）

中华人民共和国刑法

- 1979 年 7 月 1 日第五届全国人民代表大会第二次会议通过
- 1997 年 3 月 14 日第八届全国人民代表大会第五次会议修订
- 根据 1998 年 12 月 29 日第九届全国人民代表大会常务委员会第六次会议通过的《全国人民代表大会常务委员会关于惩治骗购外汇、逃汇和非法买卖外汇犯罪的决定》、1999 年 12 月 25 日第九届全国人民代表大会常务委员会第十三次会议通过的《中华人民共和国刑法修正案》、2001 年 8 月 31 日第九届全国人民代表大会常务委员会第二十三次会议通过的《中华人民共和国刑法修正案(二)》、2001 年 12 月 29 日第九届全国人民代表大会常务委员会第二十五次会议通过的《中华人民共和国刑法修正案(三)》、2002 年 12 月 28 日第九届全国人民代表大会常务委员会第三十一次会议通过的《中华人民共和国刑法修正案(四)》、2005 年 2 月 28 日第十届全国人民代表大会常务委员会第十四次会议通过的《中华人民共和国刑法修正案(五)》、2006 年 6 月 29 日第十届全国人民代表大会常务委员会第二十二次会议通过的《中华人民共和国刑法修正案(六)》、2009 年 2 月 28 日第十一届全国人民代表大会常务委员会第七次会议通过的《中华人民共和国刑法修正案(七)》、2009 年 8 月 27 日第十一届全国人民代表大会常务委员会第十次会议通过的《全国人民代表大会常务委员会关于修改部分法律的决定》、2011 年 2 月 25 日第十一届全国人民代表大会常务委员会第十九次会议通过的《中华人民共和国刑法修正案(八)》、2015 年 8 月 29 日第十二届全国人民代表大会常务委员会第十六次会议通过的《中华人民共和国刑法修正案(九)》、2017 年 11 月 4 日第十二届全国人民代表大会常务委员会第三十次会议通过的《中华人民共和国刑法修正案(十)》、2020 年 12 月 26 日第十三届全国人民代表大会常务委员会第二十四次会议通过的《中华人民共和国刑法修正案(十一)》和 2023 年 12 月 29 日第十四届全国人民代表大会常务委员会第七次会议通过的《中华人民共和国刑法修正案(十二)》修正①

第一编　总　则

第一章　刑法的任务、基本原则和适用范围

第一条　【立法宗旨】为了惩罚犯罪，保护人民，根据宪法，结合我国同犯罪作斗争的具体经验及实际情况，制定本法。

第二条　【本法任务】中华人民共和国刑法的任务，是用刑罚同一切犯罪行为作斗争，以保卫国家安全，保卫人民民主专政的政权和社会主义制度，保护国有财产和劳动群众集体所有的财产，保护公民私人所有的财产，保护公民的人身权利、民主权利和其他权利，维护社会秩序、经济秩序，保障社会主义建设事业的顺利进行。

第三条　【罪刑法定】法律明文规定为犯罪行为的，依照法律定罪处刑；法律没有明文规定为犯罪行为的，不得定罪处刑。

第四条　【适用刑法人人平等】对任何人犯罪，在适用法律上一律平等。不允许任何人有超越法律的特权。

第五条　【罪责刑相适应】刑罚的轻重，应当与犯罪分子所犯罪行和承担的刑事责任相适应。

第六条　【属地管辖权】凡在中华人民共和国领域内犯罪的，除法律有特别规定的以外，都适用本法。

凡在中华人民共和国船舶或者航空器内犯罪的，也适用本法。

犯罪的行为或者结果有一项发生在中华人民共和国领域内的，就认为是在中华人民共和国领域内犯罪。

第七条　【属人管辖权】中华人民共和国公民在中华人民共和国领域外犯本法规定之罪的，适用本法，但是按本法规定的最高刑为三年以下有期徒刑的，可以不予追究。

中华人民共和国国家工作人员和军人在中华人民共和国领域外犯本法规定之罪的，适用本法。

第八条　【保护管辖权】外国人在中华人民共和国领域外对中华人民共和国国家或者公民犯罪，而按本法规定的最低刑为三年以上有期徒刑的，可以适用本法，但是按照犯罪地的法律不受处罚的除外。

第九条　【普遍管辖权】对于中华人民共和国缔结或者参加的国际条约所规定的罪行，中华人民共和国在所承担条约义务的范围内行使刑事管辖权的，适用本法。

第十条　【对外国刑事判决的消极承认】凡在中华人民共和国领域外犯罪，依照本法应当负刑事责任的，虽然经过外国审判，仍然可以依照本法追究，但是在外国已经受过刑罚处罚的，可以免除或者减轻处罚。

第十一条　【外交代表刑事管辖豁免】享有外交特权和豁免权的外国人的刑事责任，通过外交途径解决。

第十二条　【刑法溯及力】中华人民共和国成立以后本法施行以前的行为，如果当时的法律不认为是犯罪的，适用当时的法律；如果当时的法律认为是犯罪的，依照本法总则第四章第八节的规定应当追诉的，按照当时的法律追究刑事责任，但是如果本法不认为是犯罪或者

---

① 刑法、历次刑法修正案、涉及修改刑法的决定的施行日期，分别依据各法律所规定的施行日期确定。

另，总则部分条文主旨为编者所加，分则部分条文主旨是根据司法解释确定罪名所加。

处刑较轻的,适用本法。

本法施行以前,依照当时的法律已经作出的生效判决,继续有效。

第二章 犯 罪

第一节 犯罪和刑事责任

第十三条 【犯罪概念】一切危害国家主权、领土完整和安全,分裂国家、颠覆人民民主专政的政权和推翻社会主义制度,破坏社会秩序和经济秩序,侵犯国有财产或者劳动群众集体所有的财产,侵犯公民私人所有的财产,侵犯公民的人身权利、民主权利和其他权利,以及其他危害社会的行为,依照法律应当受刑罚处罚的,都是犯罪,但是情节显著轻微危害不大的,不认为是犯罪。

第十四条 【故意犯罪】明知自己的行为会发生危害社会的结果,并且希望或者放任这种结果发生,因而构成犯罪的,是故意犯罪。

故意犯罪,应当负刑事责任。

第十五条 【过失犯罪】应当预见自己的行为可能发生危害社会的结果,因为疏忽大意而没有预见,或者已经预见而轻信能够避免,以致发生这种结果的,是过失犯罪。

过失犯罪,法律有规定的才负刑事责任。

第十六条 【不可抗力和意外事件】行为在客观上虽然造成了损害结果,但是不是出于故意或者过失,而是由于不能抗拒或者不能预见的原因所引起的,不是犯罪。

第十七条 【刑事责任年龄】已满十六周岁的人犯罪,应当负刑事责任。

已满十四周岁不满十六周岁的人,犯故意杀人、故意伤害致人重伤或者死亡、强奸、抢劫、贩卖毒品、放火、爆炸、投放危险物质罪的,应当负刑事责任。

已满十二周岁不满十四周岁的人,犯故意杀人、故意伤害罪,致人死亡或者以特别残忍手段致人重伤造成严重残疾,情节恶劣,经最高人民检察院核准追诉的,应当负刑事责任。

对依照前三款规定追究刑事责任的不满十八周岁的人,应当从轻或者减轻处罚。

因不满十六周岁不予刑事处罚的,责令其父母或者其他监护人加以管教;在必要的时候,依法进行专门矫治

教育。[①]

第十七条之一 【已满七十五周岁的人的刑事责任】已满七十五周岁的人故意犯罪的,可以从轻或者减轻处罚;过失犯罪的,应当从轻或者减轻处罚。[②]

第十八条 【特殊人员的刑事责任能力】精神病人在不能辨认或者不能控制自己行为的时候造成危害结果,经法定程序鉴定确认的,不负刑事责任,但是应当责令他的家属或者监护人严加看管和医疗;在必要的时候,由政府强制医疗。

间歇性的精神病人在精神正常的时候犯罪,应当负刑事责任。

尚未完全丧失辨认或者控制自己行为能力的精神病人犯罪的,应当负刑事责任,但是可以从轻或者减轻处罚。

醉酒的人犯罪,应当负刑事责任。

第十九条 【又聋又哑的人或盲人犯罪的刑事责任】又聋又哑的人或者盲人犯罪,可以从轻、减轻或者免除处罚。

第二十条 【正当防卫】为了使国家、公共利益、本人或者他人的人身、财产和其他权利免受正在进行的不法侵害,而采取的制止不法侵害的行为,对不法侵害人造成损害的,属于正当防卫,不负刑事责任。

正当防卫明显超过必要限度造成重大损害的,应当负刑事责任,但是应当减轻或者免除处罚。

对正在进行行凶、杀人、抢劫、强奸、绑架以及其他严重危及人身安全的暴力犯罪,采取防卫行为,造成不法侵害人伤亡的,不属于防卫过当,不负刑事责任。

第二十一条 【紧急避险】为了使国家、公共利益、本人或者他人的人身、财产和其他权利免受正在发生的危险,不得已采取的紧急避险行为,造成损害的,不负刑事责任。

紧急避险超过必要限度造成不应有的损害的,应当负刑事责任,但是应当减轻或者免除处罚。

第一款中关于避免本人危险的规定,不适用于职务上、业务上负有特定责任的人。

第二节 犯罪的预备、未遂和中止

第二十二条 【犯罪预备】为了犯罪,准备工具、制

---

① 根据 2020 年 12 月 26 日《中华人民共和国刑法修正案(十一)》修改。原条文为:"已满十六周岁的人犯罪,应当负刑事责任。
"已满十四周岁不满十六周岁的人,犯故意杀人、故意伤害致人重伤或者死亡、强奸、抢劫、贩卖毒品、放火、爆炸、投毒罪的,应当负刑事责任。
"已满十四周岁不满十八周岁的人犯罪,应当从轻或者减轻处罚。
"因不满十六周岁不予刑事处罚的,责令他的家长或者监护人加以管教;在必要的时候,也可以由政府收容教养。"——编者注,下同。
② 根据 2011 年 2 月 25 日《中华人民共和国刑法修正案(八)》增加。

造条件的,是犯罪预备。

对于预备犯,可以比照既遂犯从轻、减轻处罚或者免除处罚。

第二十三条　【犯罪未遂】已经着手实行犯罪,由于犯罪分子意志以外的原因而未得逞的,是犯罪未遂。

对于未遂犯,可以比照既遂犯从轻或者减轻处罚。

第二十四条　【犯罪中止】在犯罪过程中,自动放弃犯罪或者自动有效地防止犯罪结果发生的,是犯罪中止。

对于中止犯,没有造成损害的,应当免除处罚;造成损害的,应当减轻处罚。

第三节　共同犯罪

第二十五条　【共同犯罪概念】共同犯罪是指二人以上共同故意犯罪。

二人以上共同过失犯罪,不以共同犯罪论处;应当负刑事责任的,按照他们所犯的罪分别处罚。

第二十六条　【主犯】组织、领导犯罪集团进行犯罪活动的或者在共同犯罪中起主要作用的,是主犯。

三人以上为共同实施犯罪而组成的较为固定的犯罪组织,是犯罪集团。

对组织、领导犯罪集团的首要分子,按照集团所犯的全部罪行处罚。

对于第三款规定以外的主犯,应当按照其所参与的或者组织、指挥的全部犯罪处罚。

第二十七条　【从犯】在共同犯罪中起次要或者辅助作用的,是从犯。

对于从犯,应当从轻、减轻处罚或者免除处罚。

第二十八条　【胁从犯】对于被胁迫参加犯罪的,应当按照他的犯罪情节减轻处罚或者免除处罚。

第二十九条　【教唆犯】教唆他人犯罪的,应当按照他在共同犯罪中所起的作用处罚。教唆不满十八周岁的人犯罪的,应当从重处罚。

如果被教唆的人没有犯被教唆的罪,对于教唆犯,可以从轻或者减轻处罚。

第四节　单位犯罪

第三十条　【单位负刑事责任的范围】公司、企业、事业单位、机关、团体实施的危害社会的行为,法律规定为单位犯罪的,应当负刑事责任。

第三十一条　【单位犯罪的处罚原则】单位犯罪的,对单位判处罚金,并对其直接负责的主管人员和其他直接责任人员判处刑罚。本法分则和其他法律另有规定的,依照规定。

第三章　刑　罚
第一节　刑罚的种类

第三十二条　【主刑和附加刑】刑罚分为主刑和附加刑。

第三十三条　【主刑种类】主刑的种类如下:

(一)管制;

(二)拘役;

(三)有期徒刑;

(四)无期徒刑;

(五)死刑。

第三十四条　【附加刑种类】附加刑的种类如下:

(一)罚金;

(二)剥夺政治权利;

(三)没收财产。

附加刑也可以独立适用。

第三十五条　【驱逐出境】对于犯罪的外国人,可以独立适用或者附加适用驱逐出境。

第三十六条　【赔偿经济损失与民事优先原则】由于犯罪行为而使被害人遭受经济损失的,对犯罪分子除依法给予刑事处罚外,并应根据情况判处赔偿经济损失。

承担民事赔偿责任的犯罪分子,同时被判处罚金,其财产不足以全部支付的,或者被判处没收财产的,应当先承担对被害人的民事赔偿责任。

第三十七条　【非刑罚性处置措施】对于犯罪情节轻微不需要判处刑罚的,可以免予刑事处罚,但是可以根据案件的不同情况,予以训诫或者责令具结悔过、赔礼道歉、赔偿损失,或者由主管部门予以行政处罚或者行政处分。

第三十七条之一　【利用职业便利实施犯罪的禁业限制】因利用职业便利实施犯罪,或者实施违背职业要求的特定义务的犯罪被判处刑罚的,人民法院可以根据犯罪情况和预防再犯罪的需要,禁止其自刑罚执行完毕之日或者假释之日起从事相关职业,期限为三年至五年。

被禁止从事相关职业的人违反人民法院依照前款规定作出的决定的,由公安机关依法给予处罚;情节严重的,依照本法第三百一十三条的规定定罪处罚。

其他法律、行政法规对其从事相关职业另有禁止或者限制性规定的,从其规定。①

---

① 　根据 2015 年 8 月 29 日《中华人民共和国刑法修正案(九)》增加。

第二节　管　制

第三十八条　【管制的期限与执行机关】管制的期限，为三个月以上二年以下。

判处管制，可以根据犯罪情况，同时禁止犯罪分子在执行期间从事特定活动，进入特定区域、场所，接触特定的人。①

对判处管制的犯罪分子，依法实行社区矫正。②

违反第二款规定的禁止令的，由公安机关依照《中华人民共和国治安管理处罚法》的规定处罚。③

第三十九条　【被管制罪犯的义务与权利】被判处管制的犯罪分子，在执行期间，应当遵守下列规定：

（一）遵守法律、行政法规，服从监督；

（二）未经执行机关批准，不得行使言论、出版、集会、结社、游行、示威自由的权利；

（三）按照执行机关规定报告自己的活动情况；

（四）遵守执行机关关于会客的规定；

（五）离开所居住的市、县或者迁居，应当报经执行机关批准。

对于被判处管制的犯罪分子，在劳动中应当同工同酬。

第四十条　【管制期满解除】被判处管制的犯罪分子，管制期满，执行机关应即向本人和其所在单位或者居住地的群众宣布解除管制。

第四十一条　【管制刑期的计算和折抵】管制的刑期，从判决执行之日起计算；判决执行以前先行羁押的，羁押一日折抵刑期二日。

第三节　拘　役

第四十二条　【拘役的期限】拘役的期限，为一个月以上六个月以下。

第四十三条　【拘役的执行】被判处拘役的犯罪分子，由公安机关就近执行。

在执行期间，被判处拘役的犯罪分子每月可以回家一天至两天；参加劳动的，可以酌量发给报酬。

第四十四条　【拘役刑期的计算和折抵】拘役的刑期，从判决执行之日起计算；判决执行以前先行羁押的，羁押一日折抵刑期一日。

第四节　有期徒刑、无期徒刑

第四十五条　【有期徒刑的期限】有期徒刑的期限，除本法第五十条、第六十九条规定外，为六个月以上十五年以下。

第四十六条　【有期徒刑与无期徒刑的执行】被判处有期徒刑、无期徒刑的犯罪分子，在监狱或者其他执行场所执行；凡有劳动能力的，都应当参加劳动，接受教育和改造。

第四十七条　【有期徒刑刑期的计算与折抵】有期徒刑的刑期，从判决执行之日起计算；判决执行以前先行羁押的，羁押一日折抵刑期一日。

第五节　死　刑

第四十八条　【死刑、死缓的适用对象及核准程序】死刑只适用于罪行极其严重的犯罪分子。对于应当判处死刑的犯罪分子，如果不是必须立即执行的，可以判处死刑同时宣告缓期二年执行。

死刑除依法由最高人民法院判决的以外，都应当报请最高人民法院核准。死刑缓期执行的，可以由高级人民法院判决或者核准。

第四十九条　【死刑适用对象的限制】犯罪的时候不满十八周岁的人和审判的时候怀孕的妇女，不适用死刑。

审判的时候已满七十五周岁的人，不适用死刑，但以特别残忍手段致人死亡的除外。④

第五十条　【死缓变更】判处死刑缓期执行的，在死刑缓期执行期间，如果没有故意犯罪，二年期满以后，减为无期徒刑；如果确有重大立功表现，二年期满以后，减为二十五年有期徒刑；如果故意犯罪，情节恶劣的，报请最高人民法院核准后执行死刑；对于故意犯罪未执行死刑的，死刑缓期执行的期间重新计算，并报最高人民法院备案。⑤

---

① 根据 2011 年 2 月 25 日《中华人民共和国刑法修正案（八）》增加一款，作为第二款。

② 根据 2011 年 2 月 25 日《中华人民共和国刑法修正案（八）》修改。原条文为："被判处管制的犯罪分子，由公安机关执行。"

③ 根据 2011 年 2 月 25 日《中华人民共和国刑法修正案（八）》增加一款，作为第四款。

④ 根据 2011 年 2 月 25 日《中华人民共和国刑法修正案（八）》增加一款，作为第二款。

⑤ 根据 2011 年 2 月 25 日《中华人民共和国刑法修正案（八）》第一次修改。原条文为："判处死刑缓期执行的，在死刑缓期执行期间，如果没有故意犯罪，二年期满以后，减为无期徒刑；如果确有重大立功表现，二年期满以后，减为十五年以上二十年以下有期徒刑；如果故意犯罪，查证属实的，由最高人民法院核准，执行死刑。"

根据 2015 年 8 月 29 日《中华人民共和国刑法修正案（九）》第二次修改。原第一款条文为："判处死刑缓期执行的，在死刑缓期执行期间，如果没有故意犯罪，二年期满以后，减为无期徒刑；如果确有重大立功表现，二年期满以后，减为二十五年有期徒刑；如果故意犯罪，查证属实的，由最高人民法院核准，执行死刑。"

对被判处死刑缓期执行的累犯以及因故意杀人、强奸、抢劫、绑架、放火、爆炸、投放危险物质或者有组织的暴力性犯罪被判处死刑缓期执行的犯罪分子，人民法院根据犯罪情节等情况可以同时决定对其限制减刑。①

第五十一条　【死缓期间及减为有期徒刑的刑期计算】死刑缓期执行的期间，从判决确定之日起计算。死刑缓期执行减为有期徒刑的刑期，从死刑缓期执行期满之日起计算。

第六节　罚　金

第五十二条　【罚金数额的裁量】判处罚金，应当根据犯罪情节决定罚金数额。

第五十三条　【罚金的缴纳】罚金在判决指定的期限内一次或者分期缴纳。期满不缴纳的，强制缴纳。对于不能全部缴纳罚金的，人民法院在任何时候发现被执行人有可以执行的财产，应当随时追缴。

由于遭遇不能抗拒的灾祸等原因缴纳确实有困难的，经人民法院裁定，可以延期缴纳、酌情减少或者免除。②

第七节　剥夺政治权利

第五十四条　【剥夺政治权利的含义】剥夺政治权利是剥夺下列权利：

（一）选举权和被选举权；

（二）言论、出版、集会、结社、游行、示威自由的权利；

（三）担任国家机关职务的权利；

（四）担任国有公司、企业、事业单位和人民团体领导职务的权利。

第五十五条　【剥夺政治权利的期限】剥夺政治权利的期限，除本法第五十七条规定外，为一年以上五年以下。

判处管制附加剥夺政治权利的，剥夺政治权利的期限与管制的期限相等，同时执行。

第五十六条　【剥夺政治权利的附加、独立适用】对于危害国家安全的犯罪分子应当附加剥夺政治权利；对于故意杀人、强奸、放火、爆炸、投毒、抢劫等严重破坏社会秩序的犯罪分子，可以附加剥夺政治权利。

独立适用剥夺政治权利的，依照本法分则的规定。

第五十七条　【对死刑、无期徒刑罪犯剥夺政治权利的适用】对于被判处死刑、无期徒刑的犯罪分子，应当剥夺政治权利终身。

在死刑缓期执行减为有期徒刑或者无期徒刑减为有期徒刑的时候，应当把附加剥夺政治权利的期限改为三年以上十年以下。

第五十八条　【剥夺政治权利的刑期计算、效力与执行】附加剥夺政治权利的刑期，从徒刑、拘役执行完毕之日或者从假释之日起计算；剥夺政治权利的效力当然施用于主刑执行期间。

被剥夺政治权利的犯罪分子，在执行期间，应当遵守法律、行政法规和国务院公安部门有关监督管理的规定，服从监督；不得行使本法第五十四条规定的各项权利。

第八节　没收财产

第五十九条　【没收财产的范围】没收财产是没收犯罪分子个人所有财产的一部或者全部。没收全部财产的，应当对犯罪分子个人及其扶养的家属保留必需的生活费用。

在判处没收财产的时候，不得没收属于犯罪分子家属所有或者应有的财产。

第六十条　【以没收的财产偿还债务】没收财产以前犯罪分子所负的正当债务，需要以没收的财产偿还的，经债权人请求，应当偿还。

第四章　刑罚的具体运用
第一节　量　刑

第六十一条　【量刑的一般原则】对于犯罪分子决定刑罚的时候，应当根据犯罪的事实、犯罪的性质、情节和对于社会的危害程度，依照本法的有关规定判处。

第六十二条　【从重处罚与从轻处罚】犯罪分子具有本法规定的从重处罚、从轻处罚情节的，应当在法定刑的限度以内判处刑罚。

第六十三条　【减轻处罚】犯罪分子具有本法规定的减轻处罚情节的，应当在法定刑以下判处刑罚；本法规定有数个量刑幅度的，应当在法定量刑幅度的下一个量刑幅度内判处刑罚。③

---

① 根据 2011 年 2 月 25 日《中华人民共和国刑法修正案（八）》增加。
② 根据 2015 年 8 月 29 日《中华人民共和国刑法修正案（九）》修改。原条文为："罚金在判决指定的期限内一次或者分期缴纳。期满不缴纳的，强制缴纳。对于不能全部缴纳罚金的，人民法院在任何时候发现被执行人有可以执行的财产，应当随时追缴。如果由于遭遇不能抗拒的灾祸缴纳确实有困难的，可以酌情减少或者免除。"
③ 根据 2011 年 2 月 25 日《中华人民共和国刑法修正案（八）》修改。原第一款条文为："犯罪分子具有本法规定的减轻处罚情节的，应当在法定刑以下判处刑罚。"

犯罪分子虽然不具有本法规定的减轻处罚情节，但是根据案件的特殊情况，经最高人民法院核准，也可以在法定刑以下判处刑罚。

第六十四条 【涉案财物的处理】犯罪分子违法所得的一切财物，应当予以追缴或者责令退赔；对被害人的合法财产，应当及时返还；违禁品和供犯罪所用的本人财物，应当予以没收。没收的财物和罚金，一律上缴国库，不得挪用和自行处理。

第二节 累 犯

第六十五条 【一般累犯】被判处有期徒刑以上刑罚的犯罪分子，刑罚执行完毕或者赦免以后，在五年以内再犯应当判处有期徒刑以上刑罚之罪的，是累犯，应当从重处罚，但是过失犯罪和不满十八周岁的人犯罪的除外。①

前款规定的期限，对于被假释的犯罪分子，从假释期满之日起计算。

第六十六条 【特别累犯】危害国家安全犯罪、恐怖活动犯罪、黑社会性质的组织犯罪的犯罪分子，在刑罚执行完毕或者赦免以后，在任何时候再犯上述任一类罪的，都以累犯论处。②

第三节 自首和立功

第六十七条 【自首和坦白】犯罪以后自动投案，如实供述自己的罪行的，是自首。对于自首的犯罪分子，可以从轻或者减轻处罚。其中，犯罪较轻的，可以免除处罚。

被采取强制措施的犯罪嫌疑人、被告人和正在服刑的罪犯，如实供述司法机关还未掌握的本人其他罪行的，以自首论。

犯罪嫌疑人虽不具有前两款规定的自首情节，但是如实供述自己罪行的，可以从轻处罚；因其如实供述自己罪行，避免特别严重后果发生的，可以减轻处罚。③

第六十八条 【立功】犯罪分子有揭发他人犯罪行为，查证属实的，或者提供重要线索，从而得以侦破其他案件等立功表现的，可以从轻或者减轻处罚；有重大立功表现的，可以减轻或者免除处罚。④

第四节 数罪并罚

第六十九条 【数罪并罚的一般原则】判决宣告以前一人犯数罪的，除判处死刑和无期徒刑的以外，应当在总和刑期以下、数刑中最高刑期以上，酌情决定执行的刑期，但是管制最高不能超过三年，拘役最高不能超过一年，有期徒刑总和刑期不满三十五年的，最高不能超过二十年，总和刑期在三十五年以上的，最高不能超过二十五年。

数罪中有判处有期徒刑和拘役的，执行有期徒刑。数罪中有判处有期徒刑和管制，或者拘役和管制的，有期徒刑、拘役执行完毕后，管制仍须执行。⑤

数罪中有判处附加刑的，附加刑仍须执行，其中附加刑种类相同的，合并执行，种类不同的，分别执行。⑥

第七十条 【判决宣告后发现漏罪的并罚】判决宣告以后，刑罚执行完毕以前，发现被判刑的犯罪分子在判决宣告以前还有其他罪没有判决的，应当对新发现的罪作出判决，把前后两个判决所判处的刑罚，依照本法第六十九条的规定，决定执行的刑罚。已经执行的刑期，应当计算在新判决决定的刑期以内。

第七十一条 【判决宣告后又犯新罪的并罚】判决宣告以后，刑罚执行完毕以前，被判刑的犯罪分子又犯罪的，应当对新犯的罪作出判决，把前罪没有执行的刑罚和后罪所判处的刑罚，依照本法第六十九条的规定，决定执行的刑罚。

第五节 缓 刑

第七十二条 【缓刑的适用条件】对于被判处拘役、三年以下有期徒刑的犯罪分子，同时符合下列条件的，可

---

① 根据 2011 年 2 月 25 日《中华人民共和国刑法修正案（八）》修改。原第一款条文为："被判处有期徒刑以上刑罚的犯罪分子，刑罚执行完毕或者赦免以后，在五年以内再犯应当判处有期徒刑以上刑罚之罪的，是累犯，应当从重处罚，但是过失犯罪除外。"

② 根据 2011 年 2 月 25 日《中华人民共和国刑法修正案（八）》修改。原条文为："危害国家安全的犯罪分子在刑罚执行完毕或者赦免以后，在任何时候再犯危害国家安全罪的，都以累犯论处。"

③ 根据 2011 年 2 月 25 日《中华人民共和国刑法修正案（八）》增加一款，作为第三款。

④ 根据 2011 年 2 月 25 日《中华人民共和国刑法修正案（八）》修改，删去本条第二款。原第二款条文为："犯罪后自首又有重大立功表现的，应当减轻或者免除处罚。"

⑤ 根据 2015 年 8 月 29 日《中华人民共和国刑法修正案（九）》增加一款，作为第二款。原第二款作为第三款。

⑥ 根据 2011 年 2 月 25 日《中华人民共和国刑法修正案（八）》修改。原条文为："判决宣告以前一人犯数罪的，除判处死刑和无期徒刑的以外，应当在总和刑期以下、数刑中最高刑期以上，酌情决定执行的刑期，但是管制最高不能超过三年，拘役最高不能超过一年，有期徒刑最高不能超过二十年。

"如果数罪中有判处附加刑的，附加刑仍须执行。"

以宣告缓刑,对其中不满十八周岁的人、怀孕的妇女和已满七十五周岁的人,应当宣告缓刑:

(一)犯罪情节较轻;

(二)有悔罪表现;

(三)没有再犯的危险;

(四)宣告缓刑对所居住社区没有重大不良影响。

宣告缓刑,可以根据犯罪情况,同时禁止犯罪分子在缓刑考验期限内从事特定活动,进入特定区域、场所,接触特定的人。

被宣告缓刑的犯罪分子,如果被判处附加刑,附加刑仍须执行。①

第七十三条　【缓刑的考验期限】拘役的缓刑考验期限为原判刑期以上一年以下,但是不能少于二个月。

有期徒刑的缓刑考验期限为原判刑期以上五年以下,但是不能少于一年。

缓刑考验期限,从判决确定之日起计算。

第七十四条　【累犯、犯罪集团的首要分子不适用缓刑】对于累犯和犯罪集团的首要分子,不适用缓刑。②

第七十五条　【被宣告缓刑的犯罪分子应遵守的规定】被宣告缓刑的犯罪分子,应当遵守下列规定:

(一)遵守法律、行政法规,服从监督;

(二)按照考察机关的规定报告自己的活动情况;

(三)遵守考察机关关于会客的规定;

(四)离开所居住的市、县或者迁居,应当报经考察机关批准。

第七十六条　【缓刑的考验及其积极后果】对宣告缓刑的犯罪分子,在缓刑考验期限内,依法实行社区矫正,如果没有本法第七十七条规定的情形,缓刑考验期满,原判的刑罚就不再执行,并公开予以宣告。③

第七十七条　【缓刑的撤销及其处理】被宣告缓刑的犯罪分子,在缓刑考验期限内犯新罪或者发现判决宣告以前还有其他罪没有判决的,应当撤销缓刑,对新犯的罪或者新发现的罪作出判决,把前罪和后罪所判处的刑

罚,依照本法第六十九条的规定,决定执行的刑罚。

被宣告缓刑的犯罪分子,在缓刑考验期限内,违反法律、行政法规或者国务院有关部门关于缓刑的监督管理规定,或者违反人民法院判决中的禁止令,情节严重的,应当撤销缓刑,执行原判刑罚。④

第六节　减　刑

第七十八条　【减刑条件与限度】被判处管制、拘役、有期徒刑、无期徒刑的犯罪分子,在执行期间,如果认真遵守监规,接受教育改造,确有悔改表现的,或者有立功表现的,可以减刑;有下列重大立功表现之一的,应当减刑:

(一)阻止他人重大犯罪活动的;

(二)检举监狱内外重大犯罪活动,经查证属实的;

(三)有发明创造或者重大技术革新的;

(四)在日常生产、生活中舍己救人的;

(五)在抗御自然灾害或者排除重大事故中,有突出表现的;

(六)对国家和社会有其他重大贡献的。

减刑以后实际执行的刑期不能少于下列期限:

(一)判处管制、拘役、有期徒刑的,不能少于原判刑期的二分之一;

(二)判处无期徒刑的,不能少于十三年;

(三)人民法院依照本法第五十条第二款规定限制减刑的死刑缓期执行的犯罪分子,缓期执行期满后依法减为无期徒刑的,不能少于二十五年,缓期执行期满后依法减为二十五年有期徒刑的,不能少于二十年。⑤

第七十九条　【减刑程序】对于犯罪分子的减刑,由执行机关向中级以上人民法院提出减刑建议书。人民法院应当组成合议庭进行审理,对确有悔改或者立功事实的,裁定予以减刑。非经法定程序不得减刑。

第八十条　【无期徒刑减刑的刑期计算】无期徒刑减为有期徒刑的刑期,从裁定减刑之日起计算。

---

①　根据 2011 年 2 月 25 日《中华人民共和国刑法修正案(八)》修改。原条文为:"对于被判处拘役、三年以下有期徒刑的犯罪分子,根据犯罪分子的犯罪情节和悔罪表现,适用缓刑确实不致再危害社会的,可以宣告缓刑。
"被宣告缓刑的犯罪分子,如果被判处附加刑,附加刑仍须执行。"

②　根据 2011 年 2 月 25 日《中华人民共和国刑法修正案(八)》修改。原条文为:"对于累犯,不适用缓刑。"

③　根据 2011 年 2 月 25 日《中华人民共和国刑法修正案(八)》修改。原条文为:"被宣告缓刑的犯罪分子,在缓刑考验期限内,由公安机关考察,所在单位或者基层组织予以配合,如果没有本法第七十七条规定的情形,缓刑考验期满,原判的刑罚就不再执行,并公开予以宣告。"

④　根据 2011 年 2 月 25 日《中华人民共和国刑法修正案(八)》修改。原第二款条文为:"被宣告缓刑的犯罪分子,在缓刑考验期限内,违反法律、行政法规或者国务院公安部门有关缓刑的监督管理规定,情节严重的,应当撤销缓刑,执行原判刑罚。"

⑤　根据 2011 年 2 月 25 日《中华人民共和国刑法修正案(八)》修改。原第二款条文为:"减刑以后实际执行的刑期,判处管制、拘役、有期徒刑的,不能少于原判刑期的二分之一;判处无期徒刑的,不能少于十年。"

第七节　假　释

第八十一条　【假释的适用条件】被判处有期徒刑的犯罪分子，执行原判刑期二分之一以上，被判处无期徒刑的犯罪分子，实际执行十三年以上，如果认真遵守监规，接受教育改造，确有悔改表现，没有再犯罪的危险的，可以假释。如果有特殊情况，经最高人民法院核准，可以不受上述执行刑期的限制。

对累犯以及因故意杀人、强奸、抢劫、绑架、放火、爆炸、投放危险物质或者有组织的暴力性犯罪被判处十年以上有期徒刑、无期徒刑的犯罪分子，不得假释。

对犯罪分子决定假释时，应当考虑其假释后对所居住社区的影响。①

第八十二条　【假释的程序】对于犯罪分子的假释，依照本法第七十九条规定的程序进行。非经法定程序不得假释。

第八十三条　【假释的考验期限】有期徒刑的假释考验期限，为没有执行完毕的刑期；无期徒刑的假释考验期限为十年。

假释考验期限，从假释之日起计算。

第八十四条　【假释犯应遵守的规定】被宣告假释的犯罪分子，应当遵守下列规定：

（一）遵守法律、行政法规，服从监督；

（二）按照监督机关的规定报告自己的活动情况；

（三）遵守监督机关关于会客的规定；

（四）离开所居住的市、县或者迁居，应当报经监督机关批准。

第八十五条　【假释考验及其积极后果】对假释的犯罪分子，在假释考验期限内，依法实行社区矫正，如果没有本法第八十六条规定的情形，假释考验期满，就认为原判刑罚已经执行完毕，并公开予以宣告。②

第八十六条　【假释的撤销及其处理】被假释的犯罪分子，在假释考验期限内犯新罪，应当撤销假释，依照本法第七十一条的规定实行数罪并罚。

在假释考验期限内，发现被假释的犯罪分子在判决宣告以前还有其他罪没有判决的，应当撤销假释，依照本法第七十条的规定实行数罪并罚。

被假释的犯罪分子，在假释考验期限内，有违反法律、行政法规或者国务院有关部门关于假释的监督管理规定的行为，尚未构成新的犯罪的，应当依照法定程序撤销假释，收监执行未执行完毕的刑罚。③

第八节　时　效

第八十七条　【追诉时效期限】犯罪经过下列期限不再追诉：

（一）法定最高刑为不满五年有期徒刑的，经过五年；

（二）法定最高刑为五年以上不满十年有期徒刑的，经过十年；

（三）法定最高刑为十年以上有期徒刑的，经过十五年；

（四）法定最高刑为无期徒刑、死刑的，经过二十年。如果二十年以后认为必须追诉的，须报请最高人民检察院核准。

第八十八条　【不受追诉时效限制】在人民检察院、公安机关、国家安全机关立案侦查或者在人民法院受理案件以后，逃避侦查或者审判的，不受追诉期限的限制。

被害人在追诉期限内提出控告，人民法院、人民检察院、公安机关应当立案而不予立案的，不受追诉期限的限制。

第八十九条　【追诉期限的计算与中断】追诉期限从犯罪之日起计算；犯罪行为有连续或者继续状态的，从犯罪行为终了之日起计算。

在追诉期限以内又犯罪的，前罪追诉的期限从犯后罪之日起计算。

第五章　其他规定

第九十条　【民族自治地方刑法适用的变通】民族自治地方不能全部适用本法规定的，可以由自治区或者省的人民代表大会根据当地民族的政治、经济、文化的特点和本法规定的基本原则，制定变通或者补充的规定，报请全国人民代表大会常务委员会批准施行。

第九十一条　【公共财产的范围】本法所称公共财产，是指下列财产：

---

①　根据 2011 年 2 月 25 日《中华人民共和国刑法修正案（八）》修改。原条文为："被判处有期徒刑的犯罪分子，执行原判刑期二分之一以上，被判处无期徒刑的犯罪分子，实际执行十年以上，如果认真遵守监规，接受教育改造，确有悔改表现，假释后不致再危害社会的，可以假释。如果有特殊情况，经最高人民法院核准，可以不受上述执行刑期的限制。

"对累犯以及因杀人、爆炸、抢劫、强奸、绑架等暴力性犯罪被判处十年以上有期徒刑、无期徒刑的犯罪分子，不得假释。"

②　根据 2011 年 2 月 25 日《中华人民共和国刑法修正案（八）》修改。原条文为："被假释的犯罪分子，在假释考验期限内，由公安机关予以监督，如果没有本法第八十六条规定的情形，假释考验期满，就认为原判刑罚已经执行完毕，并公开予以宣告。"

③　根据 2011 年 2 月 25 日《中华人民共和国刑法修正案（八）》修改。原第三款条文为："被假释的犯罪分子，在假释考验期限内，有违反法律、行政法规或者国务院公安部门有关假释的监督管理规定的行为，尚未构成新的犯罪的，应当依照法定程序撤销假释，收监执行未执行完毕的刑罚。"

（一）国有财产；

（二）劳动群众集体所有的财产；

（三）用于扶贫和其他公益事业的社会捐助或者专项基金的财产。

在国家机关、国有公司、企业、集体企业和人民团体管理、使用或者运输中的私人财产，以公共财产论。

第九十二条　【公民私人所有财产的范围】本法所称公民私人所有的财产，是指下列财产：

（一）公民的合法收入、储蓄、房屋和其他生活资料；

（二）依法归于个人、家庭所有的生产资料；

（三）个体户和私营企业的合法财产；

（四）依法归个人所有的股份、股票、债券和其他财产。

第九十三条　【国家工作人员的范围】本法所称国家工作人员，是指国家机关中从事公务的人员。

国有公司、企业、事业单位、人民团体中从事公务的人员和国家机关、国有公司、企业、事业单位委派到非国有公司、企业、事业单位、社会团体从事公务的人员，以及其他依照法律从事公务的人员，以国家工作人员论。

第九十四条　【司法工作人员的范围】本法所称司法工作人员，是指有侦查、检察、审判、监管职责的工作人员。

第九十五条　【重伤】本法所称重伤，是指有下列情形之一的伤害：

（一）使人肢体残废或者毁人容貌的；

（二）使人丧失听觉、视觉或者其他器官机能的；

（三）其他对于人身健康有重大伤害的。

第九十六条　【违反国家规定之含义】本法所称违反国家规定，是指违反全国人民代表大会及其常务委员会制定的法律和决定，国务院制定的行政法规、规定的行政措施、发布的决定和命令。

第九十七条　【首要分子的范围】本法所称首要分子，是指在犯罪集团或者聚众犯罪中起组织、策划、指挥作用的犯罪分子。

第九十八条　【告诉才处理的含义】本法所称告诉才处理，是指被害人告诉才处理。如果被害人因受强制、威吓无法告诉的，人民检察院和被害人的近亲属也可以告诉。

第九十九条　【以上、以下、以内之界定】本法所称以上、以下、以内，包括本数。

第一百条　【前科报告制度】依法受过刑事处罚的人，在入伍、就业的时候，应当如实向有关单位报告自己曾受过刑事处罚，不得隐瞒。

犯罪的时候不满十八周岁被判处五年有期徒刑以下刑罚的人，免除前款规定的报告义务。①

第一百零一条　【总则的效力】本法总则适用于其他有刑罚规定的法律，但是其他法律有特别规定的除外。

第二编　分　则
第一章　危害国家安全罪

第一百零二条　【背叛国家罪】勾结外国，危害中华人民共和国的主权、领土完整和安全的，处无期徒刑或者十年以上有期徒刑。

与境外机构、组织、个人相勾结，犯前款罪的，依照前款的规定处罚。

第一百零三条　【分裂国家罪】组织、策划、实施分裂国家、破坏国家统一的，对首要分子或者罪行重大的，处无期徒刑或者十年以上有期徒刑；对积极参加的，处三年以上十年以下有期徒刑；对其他参加的，处三年以下有期徒刑、拘役、管制或者剥夺政治权利。

【煽动分裂国家罪】煽动分裂国家、破坏国家统一的，处五年以下有期徒刑、拘役、管制或者剥夺政治权利；首要分子或者罪行重大的，处五年以上有期徒刑。

第一百零四条　【武装叛乱、暴乱罪】组织、策划、实施武装叛乱或者武装暴乱的，对首要分子或者罪行重大的，处无期徒刑或者十年以上有期徒刑；对积极参加的，处三年以上十年以下有期徒刑；对其他参加的，处三年以下有期徒刑、拘役、管制或者剥夺政治权利。

策动、胁迫、勾引、收买国家机关工作人员、武装部队人员、人民警察、民兵进行武装叛乱或者武装暴乱的，依照前款的规定从重处罚。

第一百零五条　【颠覆国家政权罪】组织、策划、实施颠覆国家政权、推翻社会主义制度的，对首要分子或者罪行重大的，处无期徒刑或者十年以上有期徒刑；对积极参加的，处三年以上十年以下有期徒刑；对其他参加的，处三年以下有期徒刑、拘役、管制或者剥夺政治权利。

【煽动颠覆国家政权罪】以造谣、诽谤或者其他方式煽动颠覆国家政权、推翻社会主义制度的，处五年以下有期徒刑、拘役、管制或者剥夺政治权利；首要分子或者罪行重大的，处五年以上有期徒刑。

第一百零六条　【与境外勾结的处罚规定】与境外机构、组织、个人相勾结，实施本章第一百零三条、第一百

---

① 根据 2011 年 2 月 25 日《中华人民共和国刑法修正案（八）》增加一款，作为第二款。

零四条、第一百零五条规定之罪的,依照各该条的规定从重处罚。

第一百零七条　【资助危害国家安全犯罪活动罪】境内外机构、组织或者个人资助实施本章第一百零二条、第一百零三条、第一百零四条、第一百零五条规定之罪的,对直接责任人员,处五年以下有期徒刑、拘役、管制或者剥夺政治权利;情节严重的,处五年以上有期徒刑。①

第一百零八条　【投敌叛变罪】投敌叛变的,处三年以上十年以下有期徒刑;情节严重或者带领武装部队人员、人民警察、民兵投敌叛变的,处十年以上有期徒刑或者无期徒刑。

第一百零九条　【叛逃罪】国家机关工作人员在履行公务期间,擅离岗位,叛逃境外或者在境外叛逃的,处五年以下有期徒刑、拘役、管制或者剥夺政治权利;情节严重的,处五年以上十年以下有期徒刑。

掌握国家秘密的国家工作人员叛逃境外或者在境外叛逃的,依照前款的规定从重处罚。②

第一百一十条　【间谍罪】有下列间谍行为之一,危害国家安全的,处十年以上有期徒刑或者无期徒刑;情节较轻的,处三年以上十年以下有期徒刑:

(一)参加间谍组织或者接受间谍组织及其代理人的任务的;

(二)为敌人指示轰击目标的。

第一百一十一条　【为境外窃取、刺探、收买、非法提供国家秘密、情报罪】为境外的机构、组织、人员窃取、刺探、收买、非法提供国家秘密或者情报的,处五年以上十年以下有期徒刑;情节特别严重的,处十年以上有期徒刑或者无期徒刑;情节较轻的,处五年以下有期徒刑、拘役、管制或者剥夺政治权利。

第一百一十二条　【资敌罪】战时供给敌人武器装备、军用物资资敌的,处十年以上有期徒刑或者无期徒刑;情节较轻的,处三年以上十年以下有期徒刑。

第一百一十三条　【危害国家安全罪适用死刑、没收财产的规定】本章上述危害国家安全罪行中,除第一百零三条第二款、第一百零五条、第一百零七条、第一百零九条外,对国家和人民危害特别严重、情节特别恶劣的,可以判处死刑。

犯本章之罪的,可以并处没收财产。

第二章　危害公共安全罪

第一百一十四条　【放火罪】【决水罪】【爆炸罪】【投放危险物质罪】【以危险方法危害公共安全罪】放火、决水、爆炸以及投放毒害性、放射性、传染病病原体等物质或者以其他危险方法危害公共安全,尚未造成严重后果的,处三年以上十年以下有期徒刑。③

第一百一十五条　【放火罪】【决水罪】【爆炸罪】【投放危险物质罪】【以危险方法危害公共安全罪】放火、决水、爆炸以及投放毒害性、放射性、传染病病原体等物质或者以其他危险方法致人重伤、死亡或者使公私财产遭受重大损失的,处十年以上有期徒刑、无期徒刑或者死刑。④

【失火罪】【过失决水罪】【过失爆炸罪】【过失投放危险物质罪】【过失以危险方法危害公共安全罪】过失犯前款罪的,处三年以上七年以下有期徒刑;情节较轻的,处三年以下有期徒刑或者拘役。

第一百一十六条　【破坏交通工具罪】破坏火车、汽车、电车、船只、航空器,足以使火车、汽车、电车、船只、航空器发生倾覆、毁坏危险,尚未造成严重后果的,处三年以上十年以下有期徒刑。

第一百一十七条　【破坏交通设施罪】破坏轨道、桥梁、隧道、公路、机场、航道、灯塔、标志或者进行其他破坏活动,足以使火车、汽车、电车、船只、航空器发生倾覆、毁坏危险,尚未造成严重后果的,处三年以上十年以下有期徒刑。

第一百一十八条　【破坏电力设备罪】【破坏易燃易爆设备罪】破坏电力、燃气或者其他易燃易爆设备,危害公共安全,尚未造成严重后果的,处三年以上十年以下有

---

① 　根据 2011 年 2 月 25 日《中华人民共和国刑法修正案(八)》修改。原条文为:"境内外机构、组织或者个人资助境内组织或者个人实施本章第一百零二条、第一百零三条、第一百零四条、第一百零五条规定之罪的,对直接责任人员,处五年以下有期徒刑、拘役、管制或者剥夺政治权利;情节严重的,处五年以上有期徒刑。"

② 　根据 2011 年 2 月 25 日《中华人民共和国刑法修正案(八)》修改。原条文为:"国家机关工作人员在履行公务期间,擅离岗位,叛逃境外或者在境外叛逃,危害中华人民共和国国家安全的,处五年以下有期徒刑、拘役、管制或者剥夺政治权利;情节严重的,处五年以上十年以下有期徒刑。

"掌握国家秘密的国家工作人员犯前款罪的,依照前款的规定从重处罚。"

③ 　根据 2001 年 12 月 29 日《中华人民共和国刑法修正案(三)》修改。原条文为:"放火、决水、爆炸、投毒或者以其他危险方法破坏工厂、矿场、油田、港口、河流、水源、仓库、住宅、森林、农场、谷场、牧场、重要管道、公共建筑物或者其他公私财产,危害公共安全,尚未造成严重后果的,处三年以上十年以下有期徒刑。"

④ 　根据 2001 年 12 月 29 日《中华人民共和国刑法修正案(三)》修改。原第一款条文为:"放火、决水、爆炸、投毒或者以其他危险方法致人重伤、死亡或者使公私财产遭受重大损失的,处十年以上有期徒刑、无期徒刑或者死刑。"

期徒刑。

第一百一十九条　【破坏交通工具罪】【破坏交通设施罪】【破坏电力设备罪】【破坏易燃易爆设备罪】破坏交通工具、交通设施、电力设备、燃气设备、易燃易爆设备，造成严重后果的，处十年以上有期徒刑、无期徒刑或者死刑。

【过失损坏交通工具罪】【过失损坏交通设施罪】【过失损坏电力设备罪】【过失损坏易燃易爆设备罪】过失犯前款罪的，处三年以上七年以下有期徒刑；情节较轻的，处三年以下有期徒刑或者拘役。

第一百二十条　【组织、领导、参加恐怖组织罪】组织、领导恐怖活动组织的，处十年以上有期徒刑或者无期徒刑，并处没收财产；积极参加的，处三年以上十年以下有期徒刑，并处罚金；其他参加的，处三年以下有期徒刑、拘役、管制或者剥夺政治权利，可以并处罚金。

犯前款罪并实施杀人、爆炸、绑架等犯罪的，依照数罪并罚的规定处罚。①

第一百二十条之一　【帮助恐怖活动罪】资助恐怖活动组织、实施恐怖活动的个人的，或者资助恐怖活动培训的，处五年以下有期徒刑、拘役、管制或者剥夺政治权利，并处罚金；情节严重的，处五年以上有期徒刑，并处罚金或者没收财产。

为恐怖活动组织、实施恐怖活动或者恐怖活动培训招募、运送人员的，依照前款的规定处罚。

单位犯前两款罪的，对单位判处罚金，并对其直接负责的主管人员和其他直接责任人员，依照第一款的规定处罚。②

第一百二十条之二　【准备实施恐怖活动罪】有下列情形之一的，处五年以下有期徒刑、拘役、管制或者剥夺政治权利，并处罚金；情节严重的，处五年以上有期徒刑，并处罚金或者没收财产：

（一）为实施恐怖活动准备凶器、危险物品或者其他工具的；

（二）组织恐怖活动培训或者积极参加恐怖活动培训的；

（三）为实施恐怖活动与境外恐怖活动组织或者人员联络的；

（四）为实施恐怖活动进行策划或者其他准备的。

有前款行为，同时构成其他犯罪的，依照处罚较重的规定定罪处罚。③

第一百二十条之三　【宣扬恐怖主义、极端主义、煽动实施恐怖活动罪】以制作、散发宣扬恐怖主义、极端主义的图书、音频视频资料或者其他物品，或者通过讲授、发布信息等方式宣扬恐怖主义、极端主义的，或者煽动实施恐怖活动的，处五年以下有期徒刑、拘役、管制或者剥夺政治权利，并处罚金；情节严重的，处五年以上有期徒刑，并处罚金或者没收财产。④

第一百二十条之四　【利用极端主义破坏法律实施罪】利用极端主义煽动、胁迫群众破坏国家法律确立的婚姻、司法、教育、社会管理等制度实施的，处三年以下有期徒刑、拘役或者管制，并处罚金；情节严重的，处三年以上七年以下有期徒刑，并处罚金；情节特别严重的，处七年以上有期徒刑，并处罚金或者没收财产。⑤

第一百二十条之五　【强制穿戴宣扬恐怖主义、极端主义服饰、标志罪】以暴力、胁迫等方式强制他人在公共场所穿着、佩戴宣扬恐怖主义、极端主义服饰、标志的，处三年以下有期徒刑、拘役或者管制，并处罚金。⑥

第一百二十条之六　【非法持有宣扬恐怖主义、极端主义物品罪】明知是宣扬恐怖主义、极端主义的图书、音频视频资料或者其他物品而非法持有，情节严重的，处三

---

①　根据 2001 年 12 月 29 日《中华人民共和国刑法修正案（三）》第一次修改。原第一款条文为："组织、领导和积极参加恐怖活动组织的，处三年以上十年以下有期徒刑；其他参加的，处三年以下有期徒刑、拘役或者管制。"

根据 2015 年 8 月 29 日《中华人民共和国刑法修正案（九）》第二次修改。原条文为："组织、领导恐怖活动组织的，处十年以上有期徒刑或者无期徒刑；积极参加的，处三年以上十年以下有期徒刑；其他参加的，处三年以下有期徒刑、拘役、管制或者剥夺政治权利。

"犯前款罪并实施杀人、爆炸、绑架等犯罪的，依照数罪并罚的规定处罚。"

②　根据 2001 年 12 月 29 日《中华人民共和国刑法修正案（三）》增加。根据 2015 年 8 月 29 日《中华人民共和国刑法修正案（九）》修改。原条文为："资助恐怖活动组织或者实施恐怖活动的个人的，处五年以下有期徒刑、拘役、管制或者剥夺政治权利，并处罚金；情节严重的，处五年以上有期徒刑，并处罚金或者没收财产。

"单位犯前款罪的，对单位判处罚金，并对其直接负责的主管人员和其他直接责任人员，依照前款的规定处罚。"

③　根据 2015 年 8 月 29 日《中华人民共和国刑法修正案（九）》增加。

④　根据 2015 年 8 月 29 日《中华人民共和国刑法修正案（九）》增加。

⑤　根据 2015 年 8 月 29 日《中华人民共和国刑法修正案（九）》增加。

⑥　根据 2015 年 8 月 29 日《中华人民共和国刑法修正案（九）》增加。

年以下有期徒刑、拘役或者管制,并处或者单处罚金。①

第一百二十一条 【劫持航空器罪】以暴力、胁迫或者其他方法劫持航空器的,处十年以上有期徒刑或者无期徒刑;致人重伤、死亡或者使航空器遭受严重破坏的,处死刑。

第一百二十二条 【劫持船只、汽车罪】以暴力、胁迫或者其他方法劫持船只、汽车的,处五年以上十年以下有期徒刑;造成严重后果的,处十年以上有期徒刑或者无期徒刑。

第一百二十三条 【暴力危及飞行安全罪】对飞行中的航空器上的人员使用暴力,危及飞行安全,尚未造成严重后果的,处五年以下有期徒刑或者拘役;造成严重后果的,处五年以上有期徒刑。

第一百二十四条 【破坏广播电视设施、公用电信设施罪】破坏广播电视设施、公用电信设施,危害公共安全的,处三年以上七年以下有期徒刑;造成严重后果的,处七年以上有期徒刑。

【过失损坏广播电视设施、公用电信设施罪】过失犯前款罪的,处三年以上七年以下有期徒刑;情节较轻的,处三年以下有期徒刑或者拘役。

第一百二十五条 【非法制造、买卖、运输、邮寄、储存枪支、弹药、爆炸物罪】非法制造、买卖、运输、邮寄、储存枪支、弹药、爆炸物的,处三年以上十年以下有期徒刑;情节严重的,处十年以上有期徒刑、无期徒刑或者死刑。

【非法制造、买卖、运输、储存危险物质罪】非法制造、买卖、运输、储存毒害性、放射性、传染病病原体等物质,危害公共安全的,依照前款的规定处罚。②

单位犯前两款罪的,对单位判处罚金,并对其直接负责的主管人员和其他直接责任人员,依照第一款的规定处罚。

第一百二十六条 【违规制造、销售枪支罪】依法被指定、确定的枪支制造企业、销售企业,违反枪支管理规定,有下列行为之一的,对单位判处罚金,并对其直接负责的主管人员和其他直接责任人员,处五年以下有期徒刑;情节严重的,处五年以上十年以下有期徒刑;情节特别严重的,处十年以上有期徒刑或者无期徒刑:

(一)以非法销售为目的,超过限额或者不按照规定的品种制造、配售枪支的;

(二)以非法销售为目的,制造无号、重号、假号的枪支的;

(三)非法销售枪支或者在境内销售为出口制造的枪支的。

第一百二十七条 【盗窃、抢夺枪支、弹药、爆炸物、危险物质罪】盗窃、抢夺枪支、弹药、爆炸物的,或者盗窃、抢夺毒害性、放射性、传染病病原体等物质,危害公共安全的,处三年以上十年以下有期徒刑;情节严重的,处十年以上有期徒刑、无期徒刑或者死刑。

【抢劫枪支、弹药、爆炸物、危险物质罪】【盗窃、抢夺枪支、弹药、爆炸物、危险物质罪】抢劫枪支、弹药、爆炸物的,或者抢劫毒害性、放射性、传染病病原体等物质,危害公共安全的,或者盗窃、抢夺国家机关、军警人员、民兵的枪支、弹药、爆炸物的,处十年以上有期徒刑、无期徒刑或者死刑。③

第一百二十八条 【非法持有、私藏枪支、弹药罪】违反枪支管理规定,非法持有、私藏枪支、弹药的,处三年以下有期徒刑、拘役或者管制;情节严重的,处三年以上七年以下有期徒刑。

【非法出租、出借枪支罪】依法配备公务用枪的人员,非法出租、出借枪支的,依照前款的规定处罚。

【非法出租、出借枪支罪】依法配置枪支的人员,非法出租、出借枪支,造成严重后果的,依照第一款的规定处罚。

单位犯第二款、第三款罪的,对单位判处罚金,并对其直接负责的主管人员和其他直接责任人员,依照第一款的规定处罚。

第一百二十九条 【丢失枪支不报罪】依法配备公务用枪的人员,丢失枪支不及时报告,造成严重后果的,处三年以下有期徒刑或者拘役。

第一百三十条 【非法携带枪支、弹药、管制刀具、危险物品危及公共安全罪】非法携带枪支、弹药、管制刀具或者爆炸性、易燃性、放射性、毒害性、腐蚀性物品,进入公共场所或者公共交通工具,危及公共安全,情节严重的,处三年以下有期徒刑、拘役或者管制。

第一百三十一条 【重大飞行事故罪】航空人员违反规章制度,致使发生重大飞行事故,造成严重后果的,

---

① 根据 2015 年 8 月 29 日《中华人民共和国刑法修正案(九)》增加。

② 根据 2001 年 12 月 29 日《中华人民共和国刑法修正案(三)》修改。原第二款条文为:"非法买卖、运输核材料的,依照前款的规定处罚。"

③ 根据 2001 年 12 月 29 日《中华人民共和国刑法修正案(三)》修改。原条文为:"盗窃、抢夺枪支、弹药、爆炸物的,处三年以上十年以下有期徒刑;情节严重的,处十年以上有期徒刑、无期徒刑或者死刑。

"抢劫枪支、弹药、爆炸物或者盗窃、抢夺国家机关、军警人员、民兵的枪支、弹药、爆炸物的,处十年以上有期徒刑、无期徒刑或者死刑。"

处三年以下有期徒刑或者拘役;造成飞机坠毁或者人员死亡的,处三年以上七年以下有期徒刑。

第一百三十二条　【铁路运营安全事故罪】铁路职工违反规章制度,致使发生铁路运营安全事故,造成严重后果的,处三年以下有期徒刑或者拘役;造成特别严重后果的,处三年以上七年以下有期徒刑。

第一百三十三条　【交通肇事罪】违反交通运输管理法规,因而发生重大事故,致人重伤、死亡或者使公私财产遭受重大损失的,处三年以下有期徒刑或者拘役;交通运输肇事后逃逸或者有其他特别恶劣情节的,处三年以上七年以下有期徒刑;因逃逸致人死亡的,处七年以上有期徒刑。

第一百三十三条之一　【危险驾驶罪】在道路上驾驶机动车,有下列情形之一的,处拘役,并处罚金:

(一)追逐竞驶,情节恶劣的;

(二)醉酒驾驶机动车的;

(三)从事校车业务或者旅客运输,严重超过额定乘员载客,或者严重超过规定时速行驶的;

(四)违反危险化学品安全管理规定运输危险化学品,危及公共安全的。

机动车所有人、管理人对前款第三项、第四项行为负有直接责任的,依照前款的规定处罚。

有前两款行为,同时构成其他犯罪的,依照处罚较重的规定定罪处罚。①

第一百三十三条之二　【妨害安全驾驶罪】对行驶中的公共交通工具的驾驶人员使用暴力或者抢控驾驶操纵装置,干扰公共交通工具正常行驶,危及公共安全的,处一年以下有期徒刑、拘役或者管制,并处或者单处罚金。

前款规定的驾驶人员在行驶的公共交通工具上擅离职守,与他人互殴或者殴打他人,危及公共安全的,依照前款的规定处罚。

有前两款行为,同时构成其他犯罪的,依照处罚较重的规定定罪处罚。②

第一百三十四条　【重大责任事故罪】在生产、作业中违反有关安全管理的规定,因而发生重大伤亡事故或者造成其他严重后果的,处三年以下有期徒刑或者拘役;情节特别恶劣的,处三年以上七年以下有期徒刑。

【强令、组织他人违章冒险作业罪】强令他人违章冒险作业,或者明知存在重大事故隐患而不排除,仍冒险组织作业,因而发生重大伤亡事故或者造成其他严重后果的,处五年以下有期徒刑或者拘役;情节特别恶劣的,处五年以上有期徒刑。③

第一百三十四条之一　【危险作业罪】在生产、作业中违反有关安全管理的规定,有下列情形之一,具有发生重大伤亡事故或者其他严重后果的现实危险的,处一年以下有期徒刑、拘役或者管制:

(一)关闭、破坏直接关系生产安全的监控、报警、防护、救生设备、设施,或者篡改、隐瞒、销毁其相关数据、信息的;

(二)因存在重大事故隐患被依法责令停产停业、停止施工、停止使用有关设备、设施、场所或者立即采取排除危险的整改措施,而拒不执行的;

(三)涉及安全生产的事项未经依法批准或者许可,擅自从事矿山开采、金属冶炼、建筑施工,以及危险物品生产、经营、储存等高度危险的生产作业活动的。④

第一百三十五条　【重大劳动安全事故罪】安全生产设施或者安全生产条件不符合国家规定,因而发生重大伤亡事故或者造成其他严重后果的,对直接负责的主管人员和其他直接责任人员,处三年以下有期徒刑或者拘役;情节特别恶劣的,处三年以上七年以下有期徒刑。⑤

第一百三十五条之一　【大型群众性活动重大安全事故罪】举办大型群众性活动违反安全管理规定,因而发

① 根据2011年2月25日《中华人民共和国刑法修正案(八)》增加。根据2015年8月29日《中华人民共和国刑法修正案(九)》修改。原条文为:"在道路上驾驶机动车追逐竞驶,情节恶劣的,或者在道路上醉酒驾驶机动车的,处拘役,并处罚金。
"有前款行为,同时构成其他犯罪的,依照处罚较重的规定定罪处罚。"
② 根据2020年12月26日《中华人民共和国刑法修正案(十一)》增加。
③ 根据2006年6月29日《中华人民共和国刑法修正案(六)》第一次修改。原条文为:"工厂、矿山、林场、建筑企业或者其他企业、事业单位的职工,由于不服管理、违反规章制度,或者强令工人违章冒险作业,因而发生重大伤亡事故或者造成其他严重后果的,处三年以下有期徒刑或者拘役;情节特别恶劣的,处三年以上七年以下有期徒刑。"
根据2020年12月26日《中华人民共和国刑法修正案(十一)》第二次修改。原第二款条文为:"强令他人违章冒险作业,因而发生重大伤亡事故或者造成其他严重后果的,处三年以下有期徒刑或者拘役;情节特别恶劣的,处五年以上有期徒刑。"
④ 根据2020年12月26日《中华人民共和国刑法修正案(十一)》增加。
⑤ 根据2006年6月29日《中华人民共和国刑法修正案(六)》修改。原条文为:"工厂、矿山、林场、建筑企业或者其他企业、事业单位的劳动安全设施不符合国家规定,经有关部门或者单位职工提出后,对事故隐患仍不采取措施,因而发生重大伤亡事故或者造成其他严重后果的,对直接责任人员,处三年以下有期徒刑或者拘役;情节特别恶劣的,处三年以上七年以下有期徒刑。"

生重大伤亡事故或者造成其他严重后果的，对直接负责的主管人员和其他直接责任人员，处三年以下有期徒刑或者拘役；情节特别恶劣的，处三年以上七年以下有期徒刑。①

第一百三十六条　【危险物品肇事罪】违反爆炸性、易燃性、放射性、毒害性、腐蚀性物品的管理规定，在生产、储存、运输、使用中发生重大事故，造成严重后果的，处三年以下有期徒刑或者拘役；后果特别严重的，处三年以上七年以下有期徒刑。

第一百三十七条　【工程重大安全事故罪】建设单位、设计单位、施工单位、工程监理单位违反国家规定，降低工程质量标准，造成重大安全事故的，对直接责任人员，处五年以下有期徒刑或者拘役，并处罚金；后果特别严重的，处五年以上十年以下有期徒刑，并处罚金。

第一百三十八条　【教育设施重大安全事故罪】明知校舍或者教育教学设施有危险，而不采取措施或者不及时报告，致使发生重大伤亡事故的，对直接责任人员，处三年以下有期徒刑或者拘役；后果特别严重的，处三年以上七年以下有期徒刑。

第一百三十九条　【消防责任事故罪】违反消防管理法规，经消防监督机构通知采取改正措施而拒绝执行，造成严重后果的，对直接责任人员，处三年以下有期徒刑或者拘役；后果特别严重的，处三年以上七年以下有期徒刑。

第一百三十九条之一　【不报、谎报安全事故罪】在安全事故发生后，负有报告职责的人员不报或者谎报事故情况，贻误事故抢救，情节严重的，处三年以下有期徒刑或者拘役；情节特别严重的，处三年以上七年以下有期徒刑。②

第三章　破坏社会主义市场经济秩序罪
第一节　生产、销售伪劣商品罪
第一百四十条　【生产、销售伪劣产品罪】生产者、销售者在产品中掺杂、掺假，以假充真，以次充好或者以不合格产品冒充合格产品，销售金额五万元以上不满二十万元的，处二年以下有期徒刑或者拘役，并处或者单处销售金额百分之五十以上二倍以下罚金；销售金额二十万元以上不满五十万元的，处二年以上七年以下有期徒刑，并处销售金额百分之五十以上二倍以下罚金；销售金额五十万元以上不满二百万元的，处七年以上有期徒刑，并处销售金额百分之五十以上二倍以下罚金；销售金额二百万元以上的，处十五年有期徒刑或者无期徒刑，并处销售金额百分之五十以上二倍以下罚金或者没收财产。

第一百四十一条　【生产、销售、提供假药罪】生产、销售假药的，处三年以下有期徒刑或者拘役，并处罚金；对人体健康造成严重危害或者有其他严重情节的，处三年以上十年以下有期徒刑，并处罚金；致人死亡或者有其他特别严重情节的，处十年以上有期徒刑、无期徒刑或者死刑，并处罚金或者没收财产。③

药品使用单位的人员明知是假药而提供给他人使用的，依照前款的规定处罚。④

第一百四十二条　【生产、销售、提供劣药罪】生产、销售劣药，对人体健康造成严重危害的，处三年以上十年以下有期徒刑，并处罚金；后果特别严重的，处十年以上有期徒刑或者无期徒刑，并处罚金或者没收财产。

药品使用单位的人员明知是劣药而提供给他人使用的，依照前款的规定处罚。⑤

第一百四十二条之一　【妨害药品管理罪】违反药品管理法规，有下列情形之一，足以严重危害人体健康的，处三年以下有期徒刑或者拘役，并处或者单处罚金；对人体健康造成严重危害或者有其他严重情节的，处三年以上七年以下有期徒刑，并处罚金：

---

①　根据 2006 年 6 月 29 日《中华人民共和国刑法修正案（六）》增加。
②　根据 2006 年 6 月 29 日《中华人民共和国刑法修正案（六）》增加。
③　根据 2011 年 2 月 25 日《中华人民共和国刑法修正案（八）》修改。原第一款条文为："生产、销售假药，足以严重危害人体健康的，处三年以下有期徒刑或者拘役，并处或者单处销售金额百分之五十以上二倍以下罚金；对人体健康造成严重危害的，处三年以上十年以下有期徒刑，并处销售金额百分之五十以上二倍以下罚金；致人死亡或者对人体健康造成特别严重危害的，处十年以上有期徒刑、无期徒刑或者死刑，并处销售金额百分之五十以上二倍以下罚金或者没收财产。"
④　根据 2020 年 12 月 26 日《中华人民共和国刑法修正案（十一）》修改。原条文为："生产、销售假药的，处三年以下有期徒刑或者拘役，并处罚金；对人体健康造成严重危害或者有其他严重情节的，处三年以上十年以下有期徒刑，并处罚金；致人死亡或者有其他特别严重情节的，处十年以上有期徒刑、无期徒刑或者死刑，并处罚金或者没收财产。"
"本条所称假药，是指依照《中华人民共和国药品管理法》的规定属于假药和按假药处理的药品、非药品。"
⑤　根据 2020 年 12 月 26 日《中华人民共和国刑法修正案（十一）》修改。原条文为："生产、销售劣药，对人体健康造成严重危害的，处三年以上十年以下有期徒刑，并处销售金额百分之五十以上二倍以下罚金；后果特别严重的，处十年以上有期徒刑或者无期徒刑，并处销售金额百分之五十以上二倍以下罚金或者没收财产。"
"本条所称劣药，是指依照《中华人民共和国药品管理法》的规定属于劣药的药品。"

（一）生产、销售国务院药品监督管理部门禁止使用的药品的；

（二）未取得药品相关批准证明文件生产、进口药品或者明知是上述药品而销售的；

（三）药品申请注册中提供虚假的证明、数据、资料、样品或者采取其他欺骗手段的；

（四）编造生产、检验记录的。

有前款行为，同时又构成本法第一百四十一条、第一百四十二条规定之罪或者其他犯罪的，依照处罚较重的规定定罪处罚。①

第一百四十三条　【生产、销售不符合安全标准的食品罪】生产、销售不符合食品安全标准的食品，足以造成严重食物中毒事故或者其他严重食源性疾病的，处三年以下有期徒刑或者拘役，并处罚金；对人体健康造成严重危害或者有其他严重情节的，处三年以上七年以下有期徒刑，并处罚金；后果特别严重的，处七年以上有期徒刑或者无期徒刑，并处罚金或者没收财产。②

第一百四十四条　【生产、销售有毒、有害食品罪】在生产、销售的食品中掺入有毒、有害的非食品原料的，或者销售明知掺有有毒、有害的非食品原料的食品的，处五年以下有期徒刑，并处罚金；对人体健康造成严重危害或者有其他严重情节的，处五年以上十年以下有期徒刑，并处罚金；致人死亡或者有其他特别严重情节的，依照本法第一百四十一条的规定处罚。③

第一百四十五条　【生产、销售不符合标准的医用器材罪】生产不符合保障人体健康的国家标准、行业标准的医疗器械、医用卫生材料，或者销售明知是不符合保障人体健康的国家标准、行业标准的医疗器械、医用卫生材料，足以严重危害人体健康的，处三年以下有期徒刑或者拘役，并处销售金额百分之五十以上二倍以下罚金；对人

体健康造成严重危害的，处三年以上十年以下有期徒刑，并处销售金额百分之五十以上二倍以下罚金；后果特别严重的，处十年以上有期徒刑或者无期徒刑，并处销售金额百分之五十以上二倍以下罚金或者没收财产。④

第一百四十六条　【生产、销售不符合安全标准的产品罪】生产不符合保障人身、财产安全的国家标准、行业标准的电器、压力容器、易燃易爆产品或者其他不符合保障人身、财产安全的国家标准、行业标准的产品，或者销售明知是以上不符合保障人身、财产安全的国家标准、行业标准的产品，造成严重后果的，处五年以下有期徒刑，并处销售金额百分之五十以上二倍以下罚金；后果特别严重的，处五年以上有期徒刑，并处销售金额百分之五十以上二倍以下罚金。

第一百四十七条　【生产、销售伪劣农药、兽药、化肥、种子罪】生产假农药、假兽药、假化肥，销售明知是假的或者失去使用效能的农药、兽药、化肥、种子，或者生产者、销售者以不合格的农药、兽药、化肥、种子冒充合格的农药、兽药、化肥、种子，使生产遭受较大损失的，处三年以下有期徒刑或者拘役，并处或者单处销售金额百分之五十以上二倍以下罚金；使生产遭受重大损失的，处三年以上七年以下有期徒刑，并处销售金额百分之五十以上二倍以下罚金；使生产遭受特别重大损失的，处七年以上有期徒刑或者无期徒刑，并处销售金额百分之五十以上二倍以下罚金或者没收财产。

第一百四十八条　【生产、销售不符合卫生标准的化妆品罪】生产不符合卫生标准的化妆品，或者销售明知是不符合卫生标准的化妆品，造成严重后果的，处三年以下有期徒刑或者拘役，并处或者单处销售金额百分之五十以上二倍以下罚金。

第一百四十九条　【对生产销售伪劣商品行为的法

---

①　根据 2020 年 12 月 26 日《中华人民共和国刑法修正案（十一）》增加。

②　根据 2011 年 2 月 25 日《中华人民共和国刑法修正案（八）》修改。原条文为："生产、销售不符合卫生标准的食品，足以造成严重食物中毒事故或者其他严重食源性疾患的，处三年以下有期徒刑或者拘役，并处或者单处销售金额百分之五十以上二倍以下罚金；对人体健康造成严重危害的，处三年以上七年以下有期徒刑，并处销售金额百分之五十以上二倍以下罚金；后果特别严重的，处七年以上有期徒刑或者无期徒刑，并处销售金额百分之五十以上二倍以下罚金或者没收财产。"

③　根据 2011 年 2 月 25 日《中华人民共和国刑法修正案（八）》修改。原条文为："在生产、销售的食品中掺入有毒、有害的非食品原料的，或者销售明知掺有有毒、有害的非食品原料的食品的，处五年以下有期徒刑或者拘役，并处或者单处销售金额百分之五十以上二倍以下罚金；造成严重食物中毒事故或者其他严重食源性疾患，对人体健康造成严重危害的，处五年以上十年以下有期徒刑，并处销售金额百分之五十以上二倍以下罚金；致人死亡或者对人体健康造成特别严重危害的，依照本法第一百四十一条的规定处罚。"

④　根据 2002 年 12 月 28 日《中华人民共和国刑法修正案（四）》修改。原条文为："生产不符合保障人体健康的国家标准、行业标准的医疗器械、医用卫生材料，或者销售明知是不符合保障人体健康的国家标准、行业标准的医疗器械、医用卫生材料，对人体健康造成严重危害的，处五年以下有期徒刑，并处销售金额百分之五十以上二倍以下罚金；后果特别严重的，处五年以上十年以下有期徒刑，并处销售金额百分之五十以上二倍以下罚金，其中情节特别恶劣的，处十年以上有期徒刑或者无期徒刑，并处销售金额百分之五十以上二倍以下罚金或者没收财产。"

条适用】生产、销售本节第一百四十一条至第一百四十八条所列产品,不构成各该条规定的犯罪,但是销售金额在五万元以上的,依照本节第一百四十条的规定定罪处罚。

生产、销售本节第一百四十一条至第一百四十八条所列产品,构成各该条规定的犯罪,同时又构成本节第一百四十条规定之罪的,依照处罚较重的规定定罪处罚。

第一百五十条　【单位犯本节规定之罪的处理】单位犯本节第一百四十条至第一百四十八条规定之罪的,对单位判处罚金,并对其直接负责的主管人员和其他直接责任人员,依照各该条的规定处罚。

第二节　走私罪

第一百五十一条　【走私武器、弹药罪】【走私核材料罪】【走私假币罪】走私武器、弹药、核材料或者伪造的货币的,处七年以上有期徒刑,并处罚金或者没收财产;情节特别严重的,处无期徒刑,并处没收财产;情节较轻的,处三年以上七年以下有期徒刑,并处罚金。

【走私文物罪】【走私贵重金属罪】【走私珍贵动物、珍贵动物制品罪】走私国家禁止出口的文物、黄金、白银和其他贵重金属或者国家禁止进出口的珍贵动物及其制品的,处五年以上十年以下有期徒刑,并处罚金;情节特别严重的,处十年以上有期徒刑或者无期徒刑,并处没收财产;情节较轻的,处五年以下有期徒刑,并处罚金。

【走私国家禁止进出口的货物、物品罪】走私珍稀植物及其制品等国家禁止进出口的其他货物、物品的,处五年以下有期徒刑或者拘役,并处或者单处罚金;情节严重的,处五年以上有期徒刑,并处罚金。

单位犯本条规定之罪的,对单位判处罚金,并对其直接负责的主管人员和其他直接责任人员,依照本条各款

的规定处罚。①

第一百五十二条　【走私淫秽物品罪】以牟利或者传播为目的,走私淫秽的影片、录像带、录音带、图片、书刊或者其他淫秽物品的,处三年以上十年以下有期徒刑,并处罚金;情节严重的,处十年以上有期徒刑或者无期徒刑,并处罚金或者没收财产;情节较轻的,处三年以下有期徒刑、拘役或者管制,并处罚金。

【走私废物罪】逃避海关监管将境外固体废物、液态废物和气态废物运输进境,情节严重的,处五年以下有期徒刑,并处或者单处罚金;情节特别严重的,处五年以上有期徒刑,并处罚金。②

单位犯前两款罪的,对单位判处罚金,并对其直接负责的主管人员和其他直接责任人员,依照前两款的规定处罚。③

第一百五十三条　【走私普通货物、物品罪】走私本法第一百五十一条、第一百五十二条、第三百四十七条规定以外的货物、物品的,根据情节轻重,分别依照下列规定处罚:

(一)走私货物、物品偷逃应缴税额较大或者一年内曾因走私被给予二次行政处罚后又走私的,处三年以下有期徒刑或者拘役,并处偷逃应缴税额一倍以上五倍以下罚金。

(二)走私货物、物品偷逃应缴税额巨大或者有其他严重情节的,处三年以上十年以下有期徒刑,并处偷逃应缴税额一倍以上五倍以下罚金。

(三)走私货物、物品偷逃应缴税额特别巨大或者有其他特别严重情节的,处十年以上有期徒刑或者无期徒刑,并处偷逃应缴税额一倍以上五倍以下罚金或者没收

---

①　根据 2009 年 2 月 28 日《中华人民共和国刑法修正案(七)》第一次修改。原第三款条文为:"走私国家禁止进出口的珍稀植物及其制品的,处五年以下有期徒刑,并处或者单处罚金;情节严重的,处五年以上有期徒刑,并处罚金。"

根据 2011 年 2 月 25 日《中华人民共和国刑法修正案(八)》第二次修改。原条文为:"走私武器、弹药、核材料或者伪造的货币的,处七年以上有期徒刑,并处罚金或者没收财产;情节较轻的,处三年以上七年以下有期徒刑,并处罚金。

"走私国家禁止出口的文物、黄金、白银和其他贵重金属或者国家禁止进出口的珍贵动物及其制品的,处五年以上有期徒刑,并处罚金;情节较轻的,处五年以下有期徒刑,并处罚金。

"走私珍稀植物及其制品等国家禁止进出口的其他货物、物品的,处五年以下有期徒刑或者拘役,并处或者单处罚金;情节严重的,处五年以上有期徒刑,并处罚金。

"犯第一款、第二款罪,情节特别严重的,处无期徒刑或者死刑,并处没收财产。

"单位犯本条规定之罪的,对单位判处罚金,并对其直接负责的主管人员和其他直接责任人员,依照本条各款的规定处罚。"

根据 2015 年 8 月 29 日《中华人民共和国刑法修正案(九)》第三次修改。原第一款条文为:"走私武器、弹药、核材料或者伪造的货币的,处七年以上有期徒刑,并处罚金或者没收财产;情节特别严重的,处无期徒刑或者死刑,并处没收财产;情节较轻的,处三年以上七年以下有期徒刑,并处罚金。"

②　根据 2002 年 12 月 28 日《中华人民共和国刑法修正案(四)》增加一款,作为第二款,原第二款改为本条第三款。

③　根据 2002 年 12 月 28 日《中华人民共和国刑法修正案(四)》修改。本款原条文为:"单位犯前款罪的,对单位判处罚金,并对其直接负责的主管人员和其他直接责任人员,依照前款的规定处罚。"

财产。①

单位犯前款罪的,对单位判处罚金,并对其直接负责的主管人员和其他直接责任人员,处三年以下有期徒刑或者拘役;情节严重的,处三年以上十年以下有期徒刑;情节特别严重的,处十年以上有期徒刑。

对多次走私未经处理的,按照累计走私货物、物品的偷逃应缴税额处罚。

第一百五十四条   【走私普通货物、物品罪的特殊形式】下列走私行为,根据本节规定构成犯罪的,依照本法第一百五十三条的规定定罪处罚:

(一)未经海关许可并且未补缴应缴税额,擅自将批准进口的来料加工、来件装配、补偿贸易的原材料、零件、制成品、设备等保税货物,在境内销售牟利的;

(二)未经海关许可并且未补缴应缴税额,擅自将特定减税、免税进口的货物、物品,在境内销售牟利的。

第一百五十五条   【以走私罪论处的间接走私行为】下列行为,以走私罪论处,依照本节的有关规定处罚:

(一)直接向走私人非法收购国家禁止进口物品的,或者直接向走私人非法收购走私进口的其他货物、物品,数额较大的;

(二)在内海、领海、界河、界湖运输、收购、贩卖国家禁止进出口物品的,或者运输、收购、贩卖国家限制进出口货物、物品,数额较大,没有合法证明的。②

第一百五十六条   【走私罪的共犯】与走私罪犯通谋,为其提供贷款、资金、帐号、发票、证明,或者为其提供运输、保管、邮寄或者其他方便的,以走私罪的共犯论处。

第一百五十七条   【武装掩护走私、抗拒缉私的刑事处罚规定】武装掩护走私的,依照本法第一百五十一条第一款的规定从重处罚。③

以暴力、威胁方法抗拒缉私的,以走私罪和本法第二

百七十七条规定的阻碍国家机关工作人员依法执行职务罪,依照数罪并罚的规定处罚。

第三节   妨害对公司、企业的管理秩序罪

第一百五十八条   【虚报注册资本罪】申请公司登记使用虚假证明文件或者采取其他欺诈手段虚报注册资本,欺骗公司登记主管部门,取得公司登记,虚报注册资本数额巨大、后果严重或者有其他严重情节的,处三年以下有期徒刑或者拘役,并处或者单处虚报注册资本金额百分之一以上百分之五以下罚金。

单位犯前款罪的,对单位判处罚金,并对其直接负责的主管人员和其他直接责任人员,处三年以下有期徒刑或者拘役。

第一百五十九条   【虚假出资、抽逃出资罪】公司发起人、股东违反公司法的规定未交付货币、实物或者未转移财产权,虚假出资,或者在公司成立后又抽逃其出资,数额巨大、后果严重或者有其他严重情节的,处五年以下有期徒刑或者拘役,并处或者单处虚假出资金额或者抽逃出资金额百分之二以上百分之十以下罚金。

单位犯前款罪的,对单位判处罚金,并对其直接负责的主管人员和其他直接责任人员,处五年以下有期徒刑或者拘役。

第一百六十条   【欺诈发行证券罪】在招股说明书、认股书、公司、企业债券募集办法等发行文件中隐瞒重要事实或者编造重大虚假内容,发行股票或者公司、企业债券、存托凭证或者国务院依法认定的其他证券,数额巨大、后果严重或者有其他严重情节的,处五年以下有期徒刑或者拘役,并处或者单处罚金;数额特别巨大、后果特别严重或者有其他特别严重情节的,处五年以上有期徒刑,并处罚金。

控股股东、实际控制人组织、指使实施前款行为的,

---

① 根据 2011 年 2 月 25 日《中华人民共和国刑法修正案(八)》修改。原第一款条文为:"走私本法第一百五十一条、第一百五十二条、第三百四十七条规定以外的货物、物品的,根据情节轻重,分别依照下列规定处罚:

"(一)走私货物、物品偷逃应缴税额在五十万元以上的,处十年以上有期徒刑或者无期徒刑,并处偷逃应缴税额一倍以上五倍以下罚金或者没收财产;情节特别严重的,依照本法第一百五十一条第四款的规定处罚。

"(二)走私货物、物品偷逃应缴税额在十五万元以上不满五十万元的,处三年以上十年以下有期徒刑,并处偷逃应缴税额一倍以上五倍以下罚金;情节特别严重的,处十年以上有期徒刑或者无期徒刑,并处偷逃应缴税额一倍以上五倍以下罚金或者没收财产。

"(三)走私货物、物品偷逃应缴税额在五万元以上不满十五万元的,处三年以下有期徒刑或者拘役,并处偷逃应缴税额一倍以上五倍以下罚金。"

② 根据 2002 年 12 月 28 日《中华人民共和国刑法修正案(四)》修改。原条文为:"下列行为,以走私罪论,依照本节的有关规定处罚:

"(一)直接向走私人非法收购国家禁止进口物品的,或者直接向走私人非法收购走私进口的其他货物、物品,数额较大的;

"(二)在内海、领海运输、收购、贩卖国家禁止进出口物品的,或者运输、收购、贩卖国家限制进出口货物、物品,数额较大,没有合法证明的;

"(三)逃避海关监管将境外固体废物运输进境的。"

③ 根据 2011 年 2 月 25 日《中华人民共和国刑法修正案(八)》修改。原第一款条文为:"武装掩护走私的,依照本法第一百五十一条第一款、第四款的规定从重处罚。"

处五年以下有期徒刑或者拘役，并处或者单处非法募集资金金额百分之二十以上一倍以下罚金；数额特别巨大、后果特别严重或者有其他特别严重情节的，处五年以上有期徒刑，并处非法募集资金金额百分之二十以上一倍以下罚金。

单位犯前两款罪的，对单位判处非法募集资金金额百分之二十以上一倍以下罚金，并对其直接负责的主管人员和其他直接责任人员，依照第一款的规定处罚。①

第一百六十一条　【违规披露、不披露重要信息罪】依法负有信息披露义务的公司、企业向股东和社会公众提供虚假的或者隐瞒重要事实的财务会计报告，或者对依法应当披露的其他重要信息不按照规定披露，严重损害股东或者其他人利益，或者有其他严重情节的，对其直接负责的主管人员和其他直接责任人员，处五年以下有期徒刑或者拘役，并处或者单处罚金；情节特别严重的，处五年以上十年以下有期徒刑，并处罚金。

前款规定的公司、企业的控股股东、实际控制人实施或者组织、指使实施前款行为的，或者隐瞒相关事项导致前款规定的情形发生的，依照前款的规定处罚。

犯前款罪的控股股东、实际控制人是单位的，对单位判处罚金，并对其直接负责的主管人员和其他直接责任人员，依照第一款的规定处罚。②

第一百六十二条　【妨害清算罪】公司、企业进行清算时，隐匿财产，对资产负债表或者财产清单作虚伪记载或者在未清偿债务前分配公司、企业财产，严重损害债权人或者其他人利益的，对其直接负责的主管人员和其他直接责任人员，处五年以下有期徒刑或者

单处二万元以上二十万元以下罚金。

第一百六十二条之一　【隐匿、故意销毁会计凭证、会计账簿、财务会计报告罪】隐匿或者故意销毁依法应当保存的会计凭证、会计帐簿、财务会计报告，情节严重的，处五年以下有期徒刑或者拘役，并处或者单处二万元以上二十万元以下罚金。

单位犯前款罪的，对单位判处罚金，并对其直接负责的主管人员和其他直接责任人员，依照前款的规定处罚。③

第一百六十二条之二　【虚假破产罪】公司、企业通过隐匿财产、承担虚构的债务或者以其他方法转移、处分财产，实施虚假破产，严重损害债权人或者其他人利益的，对其直接负责的主管人员和其他直接责任人员，处五年以下有期徒刑或者拘役，并处或者单处二万元以上二十万元以下罚金。④

第一百六十三条　【非国家工作人员受贿罪】公司、企业或者其他单位的工作人员，利用职务上的便利，索取他人财物或者非法收受他人财物，为他人谋取利益，数额较大的，处三年以下有期徒刑或者拘役，并处罚金；数额巨大或者有其他严重情节的，处三年以上十年以下有期徒刑，并处罚金；数额特别巨大或者有其他特别严重情节的，处十年以上有期徒刑或者无期徒刑，并处罚金。⑤

公司、企业或者其他单位的工作人员在经济往来中，利用职务上的便利，违反国家规定，收受各种名义的回扣、手续费，归个人所有的，依照前款的规定处罚。

国有公司、企业或者其他国有单位中从事公务的人员和国有公司、企业或者其他国有单位委派到非国有公司、企业以及其他单位从事公务的人员有前两款行为的，依照

---

① 根据 2020 年 12 月 26 日《中华人民共和国刑法修正案（十一）》修改。原条文为："在招股说明书、认股书、公司、企业债券募集办法中隐瞒重要事实或者编造重大虚假内容，发行股票或者公司、企业债券，数额巨大、后果严重或者有其他严重情节的，处五年以下有期徒刑或者拘役，并处或者单处非法募集资金金额百分之一以上百分之五以下罚金。"
"单位犯前款罪的，对单位判处罚金，并对其直接负责的主管人员和其他直接责任人员，处五年以下有期徒刑或者拘役。"
② 根据 2006 年 6 月 29 日《中华人民共和国刑法修正案（六）》第一次修改。原条文为："公司向股东和社会公众提供虚假的或者隐瞒重要事实的财务会计报告，严重损害股东或者其他人利益的，对其直接负责的主管人员和其他直接责任人员，处三年以下有期徒刑或者拘役，并处或者单处二万元以上二十万元以下罚金。"
根据 2020 年 12 月 26 日《中华人民共和国刑法修正案（十一）》第二次修改。原条文为："依法负有信息披露义务的公司、企业向股东和社会公众提供虚假的或者隐瞒重要事实的财务会计报告，或者对依法应当披露的其他重要信息不按照规定披露，严重损害股东或者其他人利益，或者有其他严重情节的，对其直接负责的主管人员和其他直接责任人员，处三年以下有期徒刑或者拘役，并处或者单处二万元以上二十万元以下罚金。"
③ 根据 1999 年 12 月 25 日《中华人民共和国刑法修正案》增加。
④ 根据 2006 年 6 月 29 日《中华人民共和国刑法修正案（六）》增加。
⑤ 根据 2020 年 12 月 26 日《中华人民共和国刑法修正案（十一）》修改。原第一款条文为："公司、企业或者其他单位的工作人员利用职务上的便利，索取他人财物或者非法收受他人财物，为他人谋取利益，数额较大的，处五年以下有期徒刑或者拘役；数额巨大的，处五年以上有期徒刑，可以并处没收财产。"

本法第三百八十五条、第三百八十六条的规定定罪处罚。①

第一百六十四条　【对非国家工作人员行贿罪】为谋取不正当利益,给予公司、企业或者其他单位的工作人员以财物,数额较大的,处三年以下有期徒刑或者拘役,并处罚金;数额巨大的,处三年以上十年以下有期徒刑,并处罚金。

【对外国公职人员、国际公共组织官员行贿罪】为谋取不正当商业利益,给予外国公职人员或者国际公共组织官员以财物的,依照前款的规定处罚。

单位犯前两款罪的,对单位判处罚金,并对其直接负责的主管人员和其他直接责任人员,依照第一款的规定处罚。

行贿人在被追诉前主动交待行贿行为的,可以减轻处罚或者免除处罚。②

第一百六十五条　【非法经营同类营业罪】国有公司、企业的董事、监事、高级管理人员,利用职务便利,自己经营或者为他人经营与其所任职公司、企业同类的营业,获取非法利益,数额巨大的,处三年以下有期徒刑或者拘役,并处或者单处罚金;数额特别巨大的,处三年以上七年以下有期徒刑,并处罚金。③

其他公司、企业的董事、监事、高级管理人员违反法律、行政法规规定,实施前款行为,致使公司、企业利益遭受重大损失的,依照前款的规定处罚。④

第一百六十六条　【为亲友非法牟利罪】国有公司、企业、事业单位的工作人员,利用职务便利,有下列情形之一,致使国家利益遭受重大损失的,处三年以下有期徒刑或者拘役,并处或者单处罚金;致使国家利益遭受特别重大损失的,处三年以上七年以下有期徒刑,并处罚金:

(一)将本单位的盈利业务交由自己的亲友进行经营的;

(二)以明显高于市场的价格从自己的亲友经营管理的单位采购商品、接受服务或者以明显低于市场的价格向自己的亲友经营管理的单位销售商品、提供服务的;

(三)从自己的亲友经营管理的单位采购、接受不合格商品、服务的。⑤

其他公司、企业的工作人员违反法律、行政法规规定,实施前款行为,致使公司、企业利益遭受重大损失的,依照前款的规定处罚。⑥

第一百六十七条　【签订、履行合同失职被骗罪】国有公司、企业、事业单位直接负责的主管人员,在签订、履行合同过程中,因严重不负责任被诈骗,致使国家利益遭受重大损失的,处三年以下有期徒刑或者拘役;致使国家利益遭受特别重大损失的,处三年以上七年以下有期徒刑。

第一百六十八条　【国有公司、企业、事业单位人员

①　根据2006年6月29日《中华人民共和国刑法修正案(六)》修改。原条文为:"公司、企业的工作人员利用职务上的便利,索取他人财物或者非法收受他人财物,为他人谋取利益,数额较大的,处五年以下有期徒刑或者拘役;数额巨大的,处五年以上有期徒刑,可以并处没收财产。

"公司、企业的工作人员在经济往来中,违反国家规定,收受各种名义的回扣、手续费,归个人所有的,依照前款的规定处罚。

"国有公司、企业中从事公务的人员和国有公司、企业委派到非国有公司、企业从事公务的人员有前两款行为的,依照本法第三百八十五条、第三百八十六条的规定定罪处罚。"

②　根据2006年6月29日《中华人民共和国刑法修正案(六)》第一次修改。原第一款条文为:"为谋取不正当利益,给予公司、企业的工作人员以财物,数额较大的,处三年以下有期徒刑或者拘役;数额巨大的,处三年以上十年以下有期徒刑,并处罚金。"

根据2011年2月25日《中华人民共和国刑法修正案(八)》第二次修改。原条文为:"为谋取不正当利益,给予公司、企业或者其他单位的工作人员以财物,数额较大的,处三年以下有期徒刑或者拘役;数额巨大的,处三年以上十年以下有期徒刑,并处罚金。

"单位犯前款罪的,对单位判处罚金,并对其直接负责的主管人员和其他直接责任人员,依照前款的规定处罚。

"行贿人在被追诉前主动交待行贿行为的,可以减轻处罚或者免除处罚。"

根据2015年8月29日《中华人民共和国刑法修正案(九)》第三次修改。原第一款条文为:"为谋取不正当利益,给予公司、企业或者其他单位的工作人员以财物,数额较大的,处三年以下有期徒刑或者拘役;数额巨大的,处三年以上十年以下有期徒刑,并处罚金。"

③　根据2023年12月29日《中华人民共和国刑法修正案(十二)》修改。原第一款条文为:"国有公司、企业的董事、经理利用职务便利,自己经营或者为他人经营与其所任职公司、企业同类的营业,获取非法利益,数额巨大的,处三年以下有期徒刑或者拘役,并处或者单处罚金;数额特别巨大的,处三年以上七年以下有期徒刑,并处罚金。"

④　根据2023年12月29日《中华人民共和国刑法修正案(十二)》增加一款作为第二款。

⑤　根据2023年12月29日《中华人民共和国刑法修正案(十二)》修改。原第一款条文为:"国有公司、企业、事业单位的工作人员,利用职务便利,有下列情形之一,使国家利益遭受重大损失的,处三年以下有期徒刑或者拘役,并处或者单处罚金;致使国家利益遭受特别重大损失的,处三年以上七年以下有期徒刑,并处罚金。

"(一)将本单位的盈利业务交由自己的亲友进行经营的;

"(二)以明显高于市场的价格向自己的亲友经营管理的单位采购商品或以明显低于市场的价格向自己的亲友经营管理的单位销售商品的;

"(三)向自己的亲友经营管理的单位采购不合格商品的。"

⑥　根据2023年12月29日《中华人民共和国刑法修正案(十二)》增加一款作为第二款。

失职罪】【国有公司、企业、事业单位人员滥用职权罪】国有公司、企业的工作人员,由于严重不负责任或者滥用职权,造成国有公司、企业破产或者严重损失,致使国家利益遭受重大损失的,处三年以下有期徒刑或者拘役;致使国家利益遭受特别重大损失的,处三年以上七年以下有期徒刑。

国有事业单位的工作人员有前款行为,致使国家利益遭受重大损失的,依照前款的规定处罚。

国有公司、企业、事业单位的工作人员,徇私舞弊,犯前两款罪的,依照第一款的规定从重处罚。①

第一百六十九条　【徇私舞弊低价折股、出售公司、企业资产罪】国有公司、企业或者其上级主管部门直接负责的主管人员,徇私舞弊,将国有资产低价折股或者低价出售,致使国家利益遭受重大损失的,处三年以下有期徒刑或者拘役;致使国家利益遭受特别重大损失的,处三年以上七年以下有期徒刑。

其他公司、企业直接负责的主管人员,徇私舞弊,将公司、企业资产低价折股或者低价出售,致使公司、企业利益遭受重大损失的,依照前款的规定处罚。②

第一百六十九条之一　【背信损害上市公司利益罪】上市公司的董事、监事、高级管理人员违背对公司的忠实义务,利用职务便利,操纵上市公司从事下列行为之一,致使上市公司利益遭受重大损失的,处三年以下有期徒刑或者拘役,并处或者单处罚金;致使上市公司利益遭受特别重大损失的,处三年以上七年以下有期徒刑,并处罚金:

(一)无偿向其他单位或者个人提供资金、商品、服务或者其他资产的;

(二)以明显不公平的条件,提供或者接受资金、商品、服务或者其他资产的;

(三)向明显不具有清偿能力的单位或者个人提供资金、商品、服务或者其他资产的;

(四)为明显不具有清偿能力的单位或者个人提供担保,或者无正当理由为其他单位或者个人提供担保的;

(五)无正当理由放弃债权、承担债务的;

(六)采用其他方式损害上市公司利益的。

上市公司的控股股东或者实际控制人,指使上市公司董事、监事、高级管理人员实施前款行为的,依照前款的规定处罚。

犯前款罪的上市公司的控股股东或者实际控制人是单位的,对单位判处罚金,并对其直接负责的主管人员和其他直接责任人员,依照第一款的规定处罚。③

第四节　破坏金融管理秩序罪

第一百七十条　【伪造货币罪】伪造货币的,处三年以上十年以下有期徒刑,并处罚金;有下列情形之一的,处十年以上有期徒刑或者无期徒刑,并处罚金或者没收财产:

(一)伪造货币集团的首要分子;

(二)伪造货币数额特别巨大的;

(三)有其他特别严重情节的。④

第一百七十一条　【出售、购买、运输假币罪】出售、购买伪造的货币或者明知是伪造的货币而运输,数额较大的,处三年以下有期徒刑或者拘役,并处二万元以上二十万元以下罚金;数额巨大的,处三年以上十年以下有期徒刑,并处五万元以上五十万元以下罚金;数额特别巨大的,处十年以上有期徒刑或者无期徒刑,并处五万元以上五十万元以下罚金或者没收财产。

【金融工作人员购买假币、以假币换取货币罪】银行或者其他金融机构的工作人员购买伪造的货币或者利用职务上的便利,以伪造的货币换取货币的,处三年以上十年以下有期徒刑,并处二万元以上二十万元以下罚金;数额巨大或者有其他严重情节的,处十年以上有期徒刑或者无期徒刑,并处二万元以上二十万元以下罚金或者没收财产;情节较轻的,处三年以下有期徒刑或者拘役,并处或者单处一万元以上十万元以下罚金。

伪造货币并出售或者运输伪造的货币的,依照本法第一百七十条的规定定罪从重处罚。

第一百七十二条　【持有、使用假币罪】明知是伪造的货币而持有、使用,数额较大的,处三年以下有期徒刑或者拘役,并处或者单处一万元以上十万元以下罚金;数

---

① 根据 1999 年 12 月 25 日《中华人民共和国刑法修正案》修改。原条文为:"国有公司、企业直接负责的主管人员,徇私舞弊,造成国有公司、企业破产或者严重亏损,致使国家利益遭受重大损失的,处三年以下有期徒刑或者拘役。"

② 根据 2023 年 12 月 29 日《中华人民共和国刑法修正案(十二)》增加一款作为第二款。

③ 根据 2006 年 6 月 29 日《中华人民共和国刑法修正案(六)》增加。

④ 根据 2015 年 8 月 29 日《中华人民共和国刑法修正案(九)》修改。原条文为:"伪造货币的,处三年以上十年以下有期徒刑,并处五万元以上五十万元以下罚金;有下列情形之一的,处十年以上有期徒刑、无期徒刑或者死刑,并处五万元以上五十万元以下罚金或者没收财产:

"(一)伪造货币集团的首要分子;

"(二)伪造货币数额特别巨大的;

"(三)有其他特别严重情节的。"

额巨大的,处三年以上十年以下有期徒刑,并处二万元以上二十万元以下罚金;数额特别巨大的,处十年以上有期徒刑,并处五万元以上五十万元以下罚金或者没收财产。

第一百七十三条　【变造货币罪】变造货币,数额较大的,处三年以下有期徒刑或者拘役,并处或者单处一万元以上十万元以下罚金;数额巨大的,处三年以上十年以下有期徒刑,并处二万元以上二十万元以下罚金。

第一百七十四条　【擅自设立金融机构罪】未经国家有关主管部门批准,擅自设立商业银行、证券交易所、期货交易所、证券公司、期货经纪公司、保险公司或者其他金融机构的,处三年以下有期徒刑或者拘役,并处或者单处二万元以上二十万元以下罚金;情节严重的,处三年以上十年以下有期徒刑,并处五万元以上五十万元以下罚金。

【伪造、变造、转让金融机构经营许可证、批准文件罪】伪造、变造、转让商业银行、证券交易所、期货交易所、证券公司、期货经纪公司、保险公司或者其他金融机构的经营许可证或者批准文件的,依照前款的规定处罚。

单位犯前两款罪的,对单位判处罚金,并对其直接负责的主管人员和其他直接责任人员,依照第一款的规定处罚。①

第一百七十五条　【高利转贷罪】以转贷牟利为目的,套取金融机构信贷资金高利转贷他人,违法所得数额较大的,处三年以下有期徒刑或者拘役,并处违法所得一倍以上五倍以下罚金;数额巨大的,处三年以上七年以下有期徒刑,并处违法所得一倍以上五倍以下罚金。

单位犯前款罪的,对单位判处罚金,并对其直接负责的主管人员和其他直接责任人员,处三年以下有期徒刑或者拘役。

第一百七十五条之一　【骗取贷款、票据承兑、金融票证罪】以欺骗手段取得银行或者其他金融机构贷款、票据承兑、信用证、保函等,给银行或者其他金融机构造成重大损失的,处三年以下有期徒刑或者拘役,并处或者单处罚金;给银行或者其他金融机构造成特别重大损失或者有其他特别严重情节的,处三年以上七年以下有期徒刑,并处罚金。②

单位犯前款罪的,对单位判处罚金,并对其直接负责的主管人员和其他直接责任人员,依照前款的规定处罚。③

第一百七十六条　【非法吸收公众存款罪】非法吸收公众存款或者变相吸收公众存款,扰乱金融秩序的,处三年以下有期徒刑或者拘役,并处或者单处罚金;数额巨大或者有其他严重情节的,处三年以上十年以下有期徒刑,并处罚金;数额特别巨大或者有其他特别严重情节的,处十年以上有期徒刑,并处罚金。

单位犯前款罪的,对单位判处罚金,并对其直接负责的主管人员和其他直接责任人员,依照前款的规定处罚。

有前两款行为,在提起公诉前积极退赃退赔,减少损害结果发生的,可以从轻或者减轻处罚。④

第一百七十七条　【伪造、变造金融票证罪】有下列情形之一,伪造、变造金融票证的,处五年以下有期徒刑或者拘役,并处或者单处二万元以上二十万元以下罚金;情节严重的,处五年以上十年以下有期徒刑,并处五万元以上五十万元以下罚金;情节特别严重的,处十年以上有期徒刑或者无期徒刑,并处五万元以上五十万元以下罚金或者没收财产:

(一)伪造、变造汇票、本票、支票的;

(二)伪造、变造委托收款凭证、汇款凭证、银行存单等其他银行结算凭证的;

(三)伪造、变造信用证或者附随的单据、文件的;

(四)伪造信用卡的。

单位犯前款罪的,对单位判处罚金,并对其直接负责

① 根据1999年12月25日《中华人民共和国刑法修正案》修改。原条文为:"未经中国人民银行批准,擅自设立商业银行或者其他金融机构的,处三年以下有期徒刑或者拘役,并处或者单处二万元以上二十万元以下罚金;情节严重的,处三年以上十年以下有期徒刑,并处五万元以上五十万元以下罚金。

"伪造、变造、转让商业银行或者其他金融机构经营许可证的,依照前款的规定处罚。

"单位犯前两款罪的,对单位判处罚金,并对其直接负责的主管人员和其他直接责任人员,依照第一款的规定处罚。"

② 根据2020年12月26日《中华人民共和国刑法修正案(十一)》修改。原第一款条文为:"以欺骗手段取得银行或者其他金融机构贷款、票据承兑、信用证、保函等,给银行或者其他金融机构造成重大损失或者有其他严重情节的,处三年以下有期徒刑或者拘役,并处或者单处罚金;给银行或者其他金融机构造成特别重大损失或者有其他特别严重情节的,处三年以上七年以下有期徒刑,并处罚金。"

③ 根据2006年6月29日《中华人民共和国刑法修正案(六)》增加。

④ 根据2020年12月26日《中华人民共和国刑法修正案(十一)》修改。原条文为:"非法吸收公众存款或者变相吸收公众存款,扰乱金融秩序的,处三年以下有期徒刑或者拘役,并处或者单处二万元以上二十万元以下罚金;数额巨大或者有其他严重情节的,处三年以上十年以下有期徒刑,并处五万元以上五十万元以下罚金。

"单位犯前款罪的,对单位判处罚金,并对其直接负责的主管人员和其他直接责任人员,依照前款的规定处罚。"

的主管人员和其他直接责任人员,依照前款的规定处罚。

第一百七十七条之一　【妨害信用卡管理罪】有下列情形之一,妨害信用卡管理的,处三年以下有期徒刑或者拘役,并处或者单处一万元以上十万元以下罚金;数量巨大或者有其他严重情节的,处三年以上十年以下有期徒刑,并处二万元以上二十万元以下罚金:

（一）明知是伪造的信用卡而持有、运输的,或者明知是伪造的空白信用卡而持有、运输,数量较大的;

（二）非法持有他人信用卡,数量较大的;

（三）使用虚假的身份证明骗领信用卡的;

（四）出售、购买、为他人提供伪造的信用卡或者以虚假的身份证明骗领的信用卡的。

【窃取、收买、非法提供信用卡信息罪】窃取、收买或者非法提供他人信用卡信息资料的,依照前款规定处罚。

银行或者其他金融机构的工作人员利用职务上的便利,犯第二款罪的,从重处罚。①

第一百七十八条　【伪造、变造国家有价证券罪】伪造、变造国库券或者国家发行的其他有价证券,数额较大的,处三年以下有期徒刑或者拘役,并处或者单处二万元以上二十万元以下罚金;数额巨大的,处三年以上十年以下有期徒刑,并处五万元以上五十万元以下罚金;数额特别巨大的,处十年以上有期徒刑或者无期徒刑,并处五万元以上五十万元以下罚金或者没收财产。

【伪造、变造股票、公司、企业债券罪】伪造、变造股票或者公司、企业债券,数额较大的,处三年以下有期徒刑或者拘役,并处或者单处一万元以上十万元以下罚金;数额巨大的,处三年以上十年以下有期徒刑,并处二万元以上二十万元以下罚金。

单位犯前两款罪的,对单位判处罚金,并对其直接负责的主管人员和其他直接责任人员,依照前两款的规定处罚。

第一百七十九条　【擅自发行股票、公司、企业债券罪】未经国家有关主管部门批准,擅自发行股票或者公司、企业债券,数额巨大、后果严重或者有其他严重情节的,处五年以下有期徒刑或者拘役,并处或者单处非法募集资金金额百分之一以上百分之五以下罚金。

单位犯前款罪的,对单位判处罚金,并对其直接负责的主管人员和其他直接责任人员,处五年以下有期徒刑或者拘役。

第一百八十条　【内幕交易、泄露内幕信息罪】证券、期货交易内幕信息的知情人员或者非法获取证券、期货交易内幕信息的人员,在涉及证券的发行,证券、期货交易或者其他对证券、期货交易价格有重大影响的信息尚未公开前,买入或者卖出该证券,或者从事与该内幕信息有关的期货交易,或者泄露该信息,或者明示、暗示他人从事上述交易活动,情节严重的,处五年以下有期徒刑或者拘役,并处或者单处违法所得一倍以上五倍以下罚金;情节特别严重的,处五年以上十年以下有期徒刑,并处违法所得一倍以上五倍以下罚金。

单位犯前款罪的,对单位判处罚金,并对其直接负责的主管人员和其他直接责任人员,处五年以下有期徒刑或者拘役。

内幕信息、知情人员的范围,依照法律、行政法规的规定确定。

【利用未公开信息交易罪】证券交易所、期货交易所、证券公司、期货经纪公司、基金管理公司、商业银行、保险公司等金融机构的从业人员以及有关监管部门或者行业协会的工作人员,利用因职务便利获取的内幕信息以外的其他未公开的信息,违反规定,从事与该信息相关的证券、期货交易活动,或者明示、暗示他人从事相关交易活动,情节严重的,依照第一款的规定处罚。②

---

①　根据 2005 年 2 月 28 日《中华人民共和国刑法修正案（五）》增加。

②　根据 1999 年 12 月 25 日《中华人民共和国刑法修正案》第一次修改。原条文为:"证券交易内幕信息的知情人员或者非法获取证券交易内幕信息的人员,在涉及证券的发行、交易或者其他对证券的价格有重大影响的信息尚未公开前,买入或者卖出该证券,或者泄露该信息,情节严重的,处五年以下有期徒刑或者拘役,并处或者单处违法所得一倍以上五倍以下罚金;情节特别严重的,处五年以上十年以下有期徒刑,并处违法所得一倍以上五倍以下罚金。

"单位犯前款罪的,对单位判处罚金,并对其直接负责的主管人员和其他直接责任人员,处五年以下有期徒刑或者拘役。

"内幕信息的范围,依照法律、行政法规的规定确定。

"知情人员的范围,依照法律、行政法规的规定确定。"

根据 2009 年 2 月 28 日《中华人民共和国刑法修正案（七）》第二次修改。原第一款条文为:"证券、期货交易内幕信息的知情人员或者非法获取证券、期货交易内幕信息的人员,在涉及证券的发行,证券、期货交易或者其他对证券、期货交易价格有重大影响的信息尚未公开前,买入或者卖出该证券,或者从事与该内幕信息有关的期货交易,或者泄露该信息,情节严重的,处五年以下有期徒刑或者拘役,并处或者单处违法所得一倍以上五倍以下罚金;情节特别严重的,处五年以上十年以下有期徒刑,并处违法所得一倍以上五倍以下罚金。"

根据 2009 年 2 月 28 日《中华人民共和国刑法修正案（七）》增加一款,作为第四款。

第一百八十一条　**【编造并传播证券、期货交易虚假信息罪】**编造并且传播影响证券、期货交易的虚假信息，扰乱证券、期货交易市场，造成严重后果的，处五年以下有期徒刑或者拘役，并处或者单处一万元以上十万元以下罚金。

【诱骗投资者买卖证券、期货合约罪】证券交易所、期货交易所、证券公司、期货经纪公司的从业人员，证券业协会、期货业协会或者证券期货监督管理部门的工作人员，故意提供虚假信息或者伪造、变造、销毁交易记录，诱骗投资者买卖证券、期货合约，造成严重后果的，处五年以下有期徒刑或者拘役，并处或者单处一万元以上十万元以下罚金；情节特别恶劣的，处五年以上十年以下有期徒刑，并处二万元以上二十万元以下罚金。

单位犯前两款罪的，对单位判处罚金，并对其直接负责的主管人员和其他直接责任人员，处五年以下有期徒刑或者拘役。①

第一百八十二条　**【操纵证券、期货市场罪】**有下列情形之一，操纵证券、期货市场，影响证券、期货交易价格或者证券、期货交易量，情节严重的，处五年以下有期徒刑或者拘役，并处或者单处罚金；情节特别严重的，处五年以上十年以下有期徒刑，并处罚金：

（一）单独或者合谋，集中资金优势、持股或者持仓优势或者利用信息优势联合或者连续买卖的；

（二）与他人串通，以事先约定的时间、价格和方式相互进行证券、期货交易的；

（三）在自己实际控制的帐户之间进行证券交易，或者以自己为交易对象，自买自卖期货合约的；

（四）不以成交为目的，频繁或者大量申报买入、卖出证券、期货合约并撤销申报的；

（五）利用虚假或者不确定的重大信息，诱导投资者进行证券、期货交易的；

（六）对证券、证券发行人、期货交易标的公开作出评价、预测或者投资建议，同时进行反向证券交易或者相关期货交易的；

（七）以其他方法操纵证券、期货市场的。

单位犯前款罪的，对单位判处罚金，并对其直接负责的主管人员和其他直接责任人员，依照前款的规定处罚。②

---

① 根据1999年12月25日《中华人民共和国刑法修正案》修改。原条文为："编造并且传播影响证券交易的虚假信息，扰乱证券交易市场，造成严重后果的，处五年以下有期徒刑或者拘役，并处或者单处一万元以上十万元以下罚金。

"证券交易所、证券公司的从业人员，证券业协会或者证券管理部门的工作人员，故意提供虚假信息或者伪造、变造、销毁交易记录，诱骗投资者买卖证券，造成严重后果的，处五年以下有期徒刑或者拘役，并处或者单处一万元以上十万元以下罚金；情节特别恶劣的，处五年以上十年以下有期徒刑，并处二万元以上二十万元以下罚金。

"单位犯前两款罪的，对单位判处罚金，并对其直接负责的主管人员和其他直接责任人员，处五年以下有期徒刑或者拘役。"

② 根据1999年12月25日《中华人民共和国刑法修正案》第一次修改。原条文为："有下列情形之一，操纵证券交易价格，获取不正当利益或者转嫁风险，情节严重的，处五年以下有期徒刑或者拘役，并处或者单处违法所得一倍以上五倍以下罚金：

"（一）单独或者合谋，集中资金优势、持股优势或者利用信息优势联合或者连续买卖，操纵证券交易价格的；

"（二）与他人串通，以事先约定的时间、价格和方式相互进行证券交易或者相互买卖并不持有的证券，影响证券交易价格或者证券交易量的；

"（三）以自己为交易对象，进行不转移证券所有权的自买自卖，影响证券交易价格或者证券交易量的；

"（四）以其他方法操纵证券交易价格的。

"单位犯前款罪的，对单位判处罚金，并对其直接负责的主管人员和其他直接责任人员，处五年以下有期徒刑或者拘役。"

根据2006年6月29日《中华人民共和国刑法修正案（六）》第二次修改。原条文为："有下列情形之一，操纵证券、期货交易价格，获取不正当利益或者转嫁风险，情节严重的，处五年以下有期徒刑或者拘役，并处或者单处违法所得一倍以上五倍以下罚金：

"（一）单独或者合谋，集中资金优势、持股或者持仓优势或者利用信息优势联合或者连续买卖，操纵证券、期货交易价格的；

"（二）与他人串通，以事先约定的时间、价格和方式相互进行证券、期货交易，或者相互买卖并不持有的证券，影响证券、期货交易价格或者证券、期货交易量的；

"（三）以自己为交易对象，进行不转移证券所有权的自买自卖，或者以自己为交易对象，自买自卖期货合约，影响证券、期货交易价格或者证券、期货交易量的；

"（四）以其他方法操纵证券、期货交易价格的。

"单位犯前款罪的，对单位判处罚金，并对其直接负责的主管人员和其他直接责任人员，处五年以下有期徒刑或者拘役。"

根据2020年12月26日《中华人民共和国刑法修正案（十一）》第三次修改。原第一款条文为："有下列情形之一，操纵证券、期货市场，情节严重的，处五年以下有期徒刑或者拘役，并处或者单处罚金；情节特别严重的，处五年以上十年以下有期徒刑，并处罚金：

"（一）单独或者合谋，集中资金优势、持股或者持仓优势或者利用信息优势联合或者连续买卖，操纵证券、期货交易价格或者证券、期货交易量的；

"（二）与他人串通，以事先约定的时间、价格和方式相互进行证券、期货交易，影响证券、期货交易价格或者证券、期货交易量的；

"（三）在自己实际控制的帐户之间进行证券交易，或者以自己为交易对象，自买自卖期货合约，影响证券、期货交易价格或者证券、期货交易量的；

"（四）以其他方法操纵证券、期货市场的。"

第一百八十三条 　**【职务侵占罪】**保险公司的工作人员利用职务上的便利,故意编造未曾发生的保险事故进行虚假理赔,骗取保险金归自己所有的,依照本法第二百七十一条的规定定罪处罚。

【贪污罪】国有保险公司工作人员和国有保险公司委派到非国有保险公司从事公务的人员有前款行为的,依照本法第三百八十二条、第三百八十三条的规定定罪处罚。

第一百八十四条 　**【金融机构工作人员受贿犯罪如何定罪处罚的规定】**银行或者其他金融机构的工作人员在金融业务活动中索取他人财物或者非法收受他人财物,为他人谋取利益的,或者违反国家规定,收受各种名义的回扣、手续费,归个人所有的,依照本法第一百六十三条的规定定罪处罚。

国有金融机构工作人员和国有金融机构委派到非国有金融机构从事公务的人员有前款行为的,依照本法第三百八十五条、第三百八十六条的规定定罪处罚。

第一百八十五条 　**【挪用资金罪】**商业银行、证券交易所、期货交易所、证券公司、期货经纪公司、保险公司或者其他金融机构的工作人员利用职务上的便利,挪用本单位或者客户资金的,依照本法第二百七十二条的规定定罪处罚。

【挪用公款罪】国有商业银行、证券交易所、期货交易所、证券公司、期货经纪公司、保险公司或者其他国有金融机构的工作人员和国有商业银行、证券交易所、期货交易所、证券公司、期货经纪公司、保险公司或者其他国有金融机构委派到前款规定中的非国有机构从事公务的人员有前款行为的,依照本法第三百八十四条的规定定罪处罚。①

第一百八十五条之一 　**【背信运用受托财产罪】**商业银行、证券交易所、期货交易所、证券公司、期货经纪公司、保险公司或者其他金融机构,违背受托义务,擅自运用客户资金或者其他委托、信托的财产,情节严重的,对单位判处罚金,并对其直接负责的主管人员和其他直接

责任人员,处三年以下有期徒刑或者拘役,并处三万元以上三十万元以下罚金;情节特别严重的,处三年以上十年以下有期徒刑,并处五万元以上五十万元以下罚金。

【违法运用资金罪】社会保障基金管理机构、住房公积金管理机构等公众资金管理机构,以及保险公司、保险资产管理公司、证券投资基金管理公司,违反国家规定运用资金的,对其直接负责的主管人员和其他直接责任人员,依照前款的规定处罚。②

第一百八十六条 　**【违法发放贷款罪】**银行或者其他金融机构的工作人员违反国家规定发放贷款,数额巨大或者造成重大损失的,处五年以下有期徒刑或者拘役,并处一万元以上十万元以下罚金;数额特别巨大或者造成特别重大损失的,处五年以上有期徒刑,并处二万元以上二十万元以下罚金。

银行或者其他金融机构的工作人员违反国家规定,向关系人发放贷款的,依照前款的规定从重处罚。③

单位犯前两款罪的,对单位判处罚金,并对其直接负责的主管人员和其他直接责任人员,依照前两款的规定处罚。

关系人的范围,依照《中华人民共和国商业银行法》和有关金融法规确定。

第一百八十七条 　**【吸收客户资金不入账罪】**银行或者其他金融机构的工作人员吸收客户资金不入帐,数额巨大或者造成重大损失的,处五年以下有期徒刑或者拘役,并处二万元以上二十万元以下罚金;数额特别巨大或者造成特别重大损失的,处五年以上有期徒刑,并处五万元以上五十万元以下罚金。④

单位犯前款罪的,对单位判处罚金,并对其直接负责的主管人员和其他直接责任人员,依照前款的规定处罚。

第一百八十八条 　**【违规出具金融票证罪】**银行或者其他金融机构的工作人员违反规定,为他人出具信用证或者其他保函、票据、存单、资信证明,情节严重的,处

---

① 根据1999年12月25日《中华人民共和国刑法修正案》修改。原条文为:"银行或者其他金融机构的工作人员利用职务上的便利,挪用本单位或者客户资金的,依照本法第二百七十二条的规定定罪处罚。

"国有金融机构工作人员和国有金融机构委派到非国有金融机构从事公务的人员有前款行为的,依照本法第三百八十四条的规定定罪处罚。"

② 根据2006年6月29日《中华人民共和国刑法修正案(六)》增加。

③ 根据2006年6月29日《中华人民共和国刑法修正案(六)》修改。原第一款、第二款条文为:"银行或者其他金融机构的工作人员违反法律、行政法规规定,向关系人发放信用贷款或者发放担保贷款的条件优于其他借款人同类贷款的条件,造成较大损失的,处五年以下有期徒刑或者拘役,并处一万元以上十万元以下罚金;造成重大损失的,处五年以上有期徒刑,并处二万元以上二十万元以下罚金。

"银行或者其他金融机构的工作人员违反法律、行政法规规定,向关系人以外的其他人发放贷款,造成重大损失的,处五年以下有期徒刑或者拘役,并处一万元以上十万元以下罚金;造成特别重大损失的,处五年以上有期徒刑,并处二万元以上二十万元以下罚金。"

④ 根据2006年6月29日《中华人民共和国刑法修正案(六)》修改。原第一款条文为:"银行或者其他金融机构的工作人员以牟利为目的,采取吸收客户资金不入帐的方式,将资金用于非法拆借、发放贷款,造成重大损失的,处五年以下有期徒刑或者拘役,并处二万元以上二十万元以下罚金;造成特别重大损失的,处五年以上有期徒刑,并处五万元以上五十万元以下罚金。"

五年以下有期徒刑或者拘役;情节特别严重的,处五年以上有期徒刑。①

单位犯前罪的,对单位判处罚金,并对其直接负责的主管人员和其他直接责任人员,依照前款的规定处罚。

第一百八十九条　【对违法票据承兑、付款、保证罪】银行或者其他金融机构的工作人员在票据业务中,对违反票据法规定的票据予以承兑、付款或者保证,造成重大损失的,处五年以下有期徒刑或者拘役;造成特别重大损失的,处五年以上有期徒刑。

单位犯前款罪的,对单位判处罚金,并对其直接负责的主管人员和其他直接责任人员,依照前款的规定处罚。

第一百九十条　【逃汇罪】公司、企业或者其他单位,违反国家规定,擅自将外汇存放境外,或者将境内的外汇非法转移到境外,数额较大的,对单位判处逃汇数额百分之五以上百分之三十以下罚金,并对其直接负责的主管人员和其他直接责任人员,处五年以下有期徒刑或者拘役;数额巨大或者有其他严重情节的,对单位判处逃汇数额百分之五以上百分之三十以下罚金,并对其直

负责的主管人员和其他直接责任人员,处五年以上有期徒刑。②

第一百九十一条　【洗钱罪】为掩饰、隐瞒毒品犯罪、黑社会性质的组织犯罪、恐怖活动犯罪、走私犯罪、贪污贿赂犯罪、破坏金融管理秩序犯罪、金融诈骗犯罪的所得及其产生的收益的来源和性质,有下列行为之一的,没收实施以上犯罪的所得及其产生的收益,处五年以下有期徒刑或者拘役,并处或者单处罚金;情节严重的,处五年以上十年以下有期徒刑,并处罚金:

（一）提供资金帐户的;

（二）将财产转换为现金、金融票据、有价证券的;

（三）通过转帐或者其他支付结算方式转移资金的;

（四）跨境转移资产的;

（五）以其他方法掩饰、隐瞒犯罪所得及其收益的来源和性质的。

单位犯前款罪的,对单位判处罚金,并对其直接负责的主管人员和其他直接责任人员,依照前款的规定处罚。③

---

①　根据 2006 年 6 月 29 日《中华人民共和国刑法修正案(六)》修改。原第一款条文为:"银行或者其他金融机构的工作人员违反规定,为他人出具信用证或者其他保函、票据、存单、资信证明,造成较大损失的,处五年以下有期徒刑或者拘役;造成重大损失的,处五年以上有期徒刑。"

②　根据 1998 年 12 月 29 日通过的《全国人民代表大会常务委员会关于惩治骗购外汇、逃汇和非法买卖外汇犯罪的决定》修改。原条文为:"国有公司、企业或者其他国有单位,违反国家规定,擅自将外汇存放境外,或者将境内的外汇非法转移到境外,情节严重的,对单位判处罚金,并对其直接负责的主管人员和其他直接责任人员,处五年以下有期徒刑或者拘役。"

③　根据 2001 年 12 月 29 日《中华人民共和国刑法修正案(三)》第一次修改。原条文为:"明知是毒品犯罪、黑社会性质的组织犯罪、走私犯罪的违法所得及其产生的收益,为掩饰、隐瞒其来源和性质,有下列行为之一的,没收实施以上犯罪的违法所得及其产生的收益,处五年以下有期徒刑或者拘役,并处或者单处洗钱数额百分之五以上百分之二十以下罚金;情节严重的,处五年以上十年以下有期徒刑,并处洗钱数额百分之五以上百分之二十以下罚金:

"（一）提供资金帐户的;

"（二）协助将财产转换为现金或者金融票据的;

"（三）通过转帐或者其他结算方式协助资金转移的;

"（四）协助将资金汇往境外的;

"（五）以其他方法掩饰、隐瞒犯罪的违法所得及其收益的性质和来源的。

"单位犯前款罪的,对单位判处罚金,并对其直接负责的主管人员和其他直接责任人员,处五年以下有期徒刑或者拘役。"

根据 2006 年 6 月 29 日《中华人民共和国刑法修正案(六)》第二次修改。原第一款条文为:"明知是毒品犯罪、黑社会性质的组织犯罪、恐怖活动犯罪、走私犯罪的违法所得及其产生的收益,为掩饰、隐瞒其来源和性质,有下列行为之一的,没收实施以上犯罪的违法所得及其产生的收益,处五年以下有期徒刑或者拘役,并处或者单处洗钱数额百分之五以上百分之二十以下罚金;情节严重的,处五年以上十年以下有期徒刑,并处洗钱数额百分之五以上百分之二十以下罚金:

"（一）提供资金帐户的;

"（二）协助将财产转换为现金或者金融票据的;

"（三）通过转帐或者其他结算方式协助资金转移的;

"（四）协助将资金汇往境外的;

"（五）以其他方法掩饰、隐瞒犯罪的违法所得及其收益的来源和性质的。"

根据 2020 年 12 月 26 日《中华人民共和国刑法修正案(十一)》第三次修改。原条文为:"明知是毒品犯罪、黑社会性质的组织犯罪、恐怖活动犯罪、走私犯罪、贪污贿赂犯罪、破坏金融管理秩序犯罪、金融诈骗犯罪的所得及其产生的收益,为掩饰、隐瞒其来源和性质,有下列行为之一的,没收实施以上犯罪的所得及其产生的收益,处五年以下有期徒刑或者拘役,并处或者单处洗钱数额百分之五以上百分之二十以下罚金;情节严重的,处五年以上十年以下有期徒刑,并处洗钱数额百分之五以上百分之二十以下罚金:

"（一）提供资金帐户的;

"（二）协助将财产转换为现金、金融票据、有价证券的;

"（三）通过转帐或者其他结算方式协助资金转移的;

"（四）协助将资金汇往境外的;

"（五）以其他方法掩饰、隐瞒犯罪所得及其收益的来源和性质的。

"单位犯前款罪的,对单位判处罚金,并对其直接负责的主管人员和其他直接责任人员,处五年以下有期徒刑或者拘役;情节严重的,处五年以上十年以下有期徒刑。"

第五节　金融诈骗罪

第一百九十二条 【集资诈骗罪】以非法占有为目的,使用诈骗方法非法集资,数额较大的,处三年以上七年以下有期徒刑,并处罚金;数额巨大或者有其他严重情节的,处七年以上有期徒刑或者无期徒刑,并处罚金或者没收财产。

单位犯前款罪的,对单位判处罚金,并对其直接负责的主管人员和其他直接责任人员,依照前款的规定处罚。①

第一百九十三条 【贷款诈骗罪】有下列情形之一,以非法占有为目的,诈骗银行或者其他金融机构的贷款,数额较大的,处五年以下有期徒刑或者拘役,并处二万元以上二十万元以下罚金;数额巨大或者有其他严重情节的,处五年以上十年以下有期徒刑,并处五万元以上五十万元以下罚金;数额特别巨大或者有其他特别严重情节的,处十年以上有期徒刑或者无期徒刑,并处五万元以上五十万元以下罚金或者没收财产:

(一)编造引进资金、项目等虚假理由的;

(二)使用虚假的经济合同的;

(三)使用虚假的证明文件的;

(四)使用虚假的产权证明作担保或者超出抵押物价值重复担保的;

(五)以其他方法诈骗贷款的。

第一百九十四条 【票据诈骗罪】有下列情形之一,进行金融票据诈骗活动,数额较大的,处五年以下有期徒刑或者拘役,并处二万元以上二十万元以下罚金;数额巨大或者有其他严重情节的,处五年以上十年以下有期徒刑,并处五万元以上五十万元以下罚金;数额特别巨大或者有其他特别严重情节的,处十年以上有期徒刑或者无期徒刑,并处五万元以上五十万元以下罚金或者没收财产:

(一)明知是伪造、变造的汇票、本票、支票而使用的;

(二)明知是作废的汇票、本票、支票而使用的;

(三)冒用他人的汇票、本票、支票的;

(四)签发空头支票或者与其预留印鉴不符的支票,骗取财物的;

(五)汇票、本票的出票人签发无资金保证的汇票、本票或者在出票时作虚假记载,骗取财物的。

【金融凭证诈骗罪】使用伪造、变造的委托收款凭证、汇款凭证、银行存单等其他银行结算凭证的,依照前款的规定处罚。

第一百九十五条 【信用证诈骗罪】有下列情形之一,进行信用证诈骗活动的,处五年以下有期徒刑或者拘役,并处二万元以上二十万元以下罚金;数额巨大或者有其他严重情节的,处五年以上十年以下有期徒刑,并处五万元以上五十万元以下罚金;数额特别巨大或者有其他特别严重情节的,处十年以上有期徒刑或者无期徒刑,并处五万元以上五十万元以下罚金或者没收财产:

(一)使用伪造、变造的信用证或者附随的单据、文件的;

(二)使用作废的信用证的;

(三)骗取信用证的;

(四)以其他方法进行信用证诈骗活动的。

第一百九十六条 【信用卡诈骗罪】有下列情形之一,进行信用卡诈骗活动,数额较大的,处五年以下有期徒刑或者拘役,并处二万元以上二十万元以下罚金;数额巨大或者有其他严重情节的,处五年以上十年以下有期徒刑,并处五万元以上五十万元以下罚金;数额特别巨大或者有其他特别严重情节的,处十年以上有期徒刑或者无期徒刑,并处五万元以上五十万元以下罚金或者没收财产:

(一)使用伪造的信用卡,或者使用以虚假的身份证明骗领的信用卡的;

(二)使用作废的信用卡的;

(三)冒用他人信用卡的;

(四)恶意透支的。

前款所称恶意透支,是指持卡人以非法占有为目的,超过规定限额或者规定期限透支,并且经发卡银行催收后仍不归还的行为。

盗窃信用卡并使用的,依照本法第二百六十四条的

---

① 根据 2020 年 12 月 26 日《中华人民共和国刑法修正案(十一)》修改。原条文为:"以非法占有为目的,使用诈骗方法非法集资,数额较大的,处五年以下有期徒刑或者拘役,并处二万元以上二十万元以下罚金;数额巨大或者有其他严重情节的,处五年以上十年以下有期徒刑,并处五万元以上五十万元以下罚金;数额特别巨大或者有其他特别严重情节的,处十年以上有期徒刑或者无期徒刑,并处五万元以上五十万元以下罚金或者没收财产。"

规定定罪处罚。①

第一百九十七条 【有价证券诈骗罪】使用伪造、变造的国库券或者国家发行的其他有价证券，进行诈骗活动，数额较大的，处五年以下有期徒刑或者拘役，并处二万元以上二十万元以下罚金；数额巨大或者有其他严重情节的，处五年以上十年以下有期徒刑，并处五万元以上五十万元以下罚金；数额特别巨大或者有其他特别严重情节的，处十年以上有期徒刑或者无期徒刑，并处五万元以上五十万元以下罚金或者没收财产。

第一百九十八条 【保险诈骗罪】有下列情形之一，进行保险诈骗活动，数额较大的，处五年以下有期徒刑或者拘役，并处一万元以上十万元以下罚金；数额巨大或者有其他严重情节的，处五年以上十年以下有期徒刑，并处二万元以上二十万元以下罚金；数额特别巨大或者有其他特别严重情节的，处十年以上有期徒刑，并处二万元以上二十万元以下罚金或者没收财产：

（一）投保人故意虚构保险标的，骗取保险金的；

（二）投保人、被保险人或者受益人对发生的保险事故编造虚假的原因或者夸大损失的程度，骗取保险金的；

（三）投保人、被保险人或者受益人编造未曾发生的保险事故，骗取保险金的；

（四）投保人、被保险人故意造成财产损失的保险事故，骗取保险金的；

（五）投保人、受益人故意造成被保险人死亡、伤残或者疾病，骗取保险金的。

有前款第四项、第五项所列行为，同时构成其他犯罪的，依照数罪并罚的规定处罚。

单位犯第一款罪的，对单位判处罚金，并对其直接负责的主管人员和其他直接责任人员，处五年以下有期徒刑或者拘役；数额巨大或者有其他严重情节的，处五年以上十年以下有期徒刑；数额特别巨大或者有其他特别严重情节的，处十年以上有期徒刑。

保险事故的鉴定人、证明人、财产评估人故意提供虚假的证明文件，为他人诈骗提供条件的，以保险诈骗的共犯论处。

第一百九十九条 （删去）②

第二百条 【单位犯金融诈骗罪的处罚规定】单位犯本节第一百九十四条、第一百九十五条规定之罪的，对单位判处罚金，并对其直接负责的主管人员和其他直接责任人员，处五年以下有期徒刑或者拘役，可以并处罚金；数额巨大或者有其他严重情节的，处五年以上十年以下有期徒刑，并处罚金；数额特别巨大或者有其他特别严重情节的，处十年以上有期徒刑或者无期徒刑，并处罚金。③

第六节　危害税收征管罪

第二百零一条 【逃税罪】纳税人采取欺骗、隐瞒手段进行虚假纳税申报或者不申报，逃避缴纳税款数额较大并且占应纳税额百分之十以上的，处三年以下有期徒刑或者拘役，并处罚金；数额巨大并且占应纳税额百分之

---

① 根据2005年2月28日《中华人民共和国刑法修正案（五）》修改。原条文为："有下列情形之一，进行信用卡诈骗活动，数额较大的，处五年以下有期徒刑或者拘役，并处二万元以上二十万元以下罚金；数额巨大或者有其他严重情节的，处五年以上十年以下有期徒刑，并处五万元以上五十万元以下罚金；数额特别巨大或者有其他特别严重情节的，处十年以上有期徒刑或者无期徒刑，并处五万元以上五十万元以下罚金或者没收财产：

"（一）使用伪造的信用卡的；

"（二）使用作废的信用卡的；

"（三）冒用他人信用卡的；

"（四）恶意透支的。

"前款所称恶意透支，是指持卡人以非法占有为目的，超过规定限额或者规定期限透支，并且经发卡银行催收后仍不归还的行为。

"盗窃信用卡并使用的，依照本法第二百六十四条的规定定罪处罚。"

② 根据2011年2月25日《中华人民共和国刑法修正案（八）》修改。原条文为："犯本节第一百九十二条、第一百九十四条、第一百九十五条规定之罪，数额特别巨大并且给国家和人民利益造成特别重大损失的，处无期徒刑或者死刑，并处没收财产。"

根据2015年8月29日《中华人民共和国刑法修正案（九）》删除。原条文为："犯本节第一百九十二条规定之罪，数额特别巨大并且给国家和人民利益造成特别重大损失的，处无期徒刑或者死刑，并处没收财产。"

③ 根据2011年2月25日《中华人民共和国刑法修正案（八）》第一次修改。原条文为："单位犯本节第一百九十二条、第一百九十四条、第一百九十五条规定之罪的，对单位判处罚金，并对其直接负责的主管人员和其他直接责任人员，处五年以下有期徒刑或者拘役；数额巨大或者有其他严重情节的，处五年以上十年以下有期徒刑；数额特别巨大或者有其他特别严重情节的，处十年以上有期徒刑或者无期徒刑。"

根据2020年12月26日《中华人民共和国刑法修正案（十一）》第二次修改。原条文为："单位犯本节第一百九十二条、第一百九十四条、第一百九十五条规定之罪的，对单位判处罚金，并对其直接负责的主管人员和其他直接责任人员，处五年以下有期徒刑或者拘役，可以并处罚金；数额巨大或者有其他严重情节的，处五年以上十年以下有期徒刑，并处罚金；数额特别巨大或者有其他特别严重情节的，处十年以上有期徒刑或者无期徒刑，并处罚金。"

三十以上的,处三年以上七年以下有期徒刑,并处罚金。

扣缴义务人采取前款所列手段,不缴或者少缴已扣、已收税款,数额较大的,依照前款的规定处罚。

对多次实施前两款行为,未经处理的,按照累计数额计算。

有第一款行为,经税务机关依法下达追缴通知后,补缴应纳税款,缴纳滞纳金,已受行政处罚的,不予追究刑事责任;但是,五年内因逃避缴纳税款受过刑事处罚或者被税务机关给予二次以上行政处罚的除外。①

第二百零二条   【抗税罪】以暴力、威胁方法拒不缴纳税款的,处三年以下有期徒刑或者拘役,并处拒缴税款一倍以上五倍以下罚金;情节严重的,处三年以上七年以下有期徒刑,并处拒缴税款一倍以上五倍以下罚金。

第二百零三条   【逃避追缴欠税罪】纳税人欠缴应纳税款,采取转移或者隐匿财产的手段,致使税务机关无法追缴欠缴的税款,数额在一万元以上不满十万元的,处三年以下有期徒刑或者拘役,并处或者单处欠缴税款一倍以上五倍以下罚金;数额在十万元以上的,处三年以上七年以下有期徒刑,并处欠缴税款一倍以上五倍以下罚金。

第二百零四条   【骗取出口退税罪】以假报出口或者其他欺骗手段,骗取国家出口退税款,数额较大的,处五年以下有期徒刑或者拘役,并处骗取税款一倍以上五倍以下罚金;数额巨大或者有其他严重情节的,处五年以上十年以下有期徒刑,并处骗取税款一倍以上五倍以下罚金;数额特别巨大或者有其他特别严重情节的,处十年以上有期徒刑或者无期徒刑,并处骗取税款一倍以上五倍以下罚金或者没收财产。

纳税人缴纳税款后,采取前款规定的欺骗方法,骗取所缴纳的税款的,依照本法第二百零一条的规定定罪处罚;骗取税款超过所缴纳的税款部分,依照前款的规定处罚。

第二百零五条   【虚开增值税专用发票、用于骗取出口退税、抵扣税款发票罪】虚开增值税专用发票或者虚开用于骗取出口退税、抵扣税款的其他发票的,处三年以下有期徒刑或者拘役,并处二万元以上二十万元以下罚金;虚开的税款数额较大或者有其他严重情节的,处三年以上十年以下有期徒刑,并处五万元以上五十万元以下罚金;虚开的税款数额巨大或者有其他特别严重情节的,处十年以上有期徒刑或者无期徒刑,并处五万元以上五十万元以下罚金或者没收财产。

单位犯本条规定之罪的,对单位判处罚金,并对其直接负责的主管人员和其他直接责任人员,处三年以下有期徒刑或者拘役;虚开的税款数额较大或者有其他严重情节的,处三年以上十年以下有期徒刑;虚开的税款数额巨大或者有其他特别严重情节的,处十年以上有期徒刑或者无期徒刑。

虚开增值税专用发票或者虚开用于骗取出口退税、抵扣税款的其他发票,是指有为他人虚开、为自己虚开、让他人为自己虚开、介绍他人虚开行为之一的。②

第二百零五条之一   【虚开发票罪】虚开本法第二百零五条规定以外的其他发票,情节严重的,处二年以下有期徒刑、拘役或者管制,并处罚金;情节特别严重的,处二年以上七年以下有期徒刑,并处罚金。

单位犯前款罪的,对单位判处罚金,并对其直接负责的主管人员和其他直接责任人员,依照前款的规定处罚。③

第二百零六条   【伪造、出售伪造的增值税专用发票罪】伪造或者出售伪造的增值税专用发票的,处三年以下有期徒刑、拘役或者管制,并处二万元以上二十万元以下罚金;数量较大或者有其他严重情节的,处三年以上十年以下有期徒刑,并处五万元以上五十万元以下罚金;数量巨大或者有其他特别严重情节的,处十年以上有期徒刑或者无期徒刑,并处五万元以上五十万元以下罚金或者没收财产。

---

①   根据 2009 年 2 月 28 日《中华人民共和国刑法修正案(七)》修改。原条文为:"纳税人采取伪造、变造、隐匿、擅自销毁帐簿、记帐凭证,在帐簿上多列支出或者不列、少列收入,经税务机关通知申报而拒不申报或者进行虚假的纳税申报的手段,不缴或者少缴应纳税款,偷税数额占应纳税额的百分之十以上不满百分之三十并且偷税数额在一万元以上不满十万元的,或者因偷税被税务机关给予二次行政处罚又偷税的,处三年以下有期徒刑或者拘役,并处偷税数额一倍以上五倍以下罚金;偷税数额占应纳税额的百分之三十以上并且偷税数额在十万元以上的,处三年以上七年以下有期徒刑,并处偷税数额一倍以上五倍以下罚金。

"扣缴义务人采取前款所列手段,不缴或者少缴已扣、已收税款,数额占应缴税额的百分之十以上并且数额在一万元以上的,依照前款的规定处罚。

"对多次犯有前两款行为,未经处理的,按照累计数额计算。"

②   根据 2011 年 2 月 25 日《中华人民共和国刑法修正案(八)》修改,本条删去第二款。原第二款条文为:"有前款行为骗取国家税款,数额特别巨大,情节特别严重,给国家利益造成特别重大损失的,处无期徒刑或者死刑,并处没收财产。"

③   根据 2011 年 2 月 25 日《中华人民共和国刑法修正案(八)》增加。

单位犯本条规定之罪的，对单位判处罚金，并对其直接负责的主管人员和其他直接责任人员，处三年以下有期徒刑、拘役或者管制；数量较大或者有其他严重情节的，处三年以上十年以下有期徒刑；数量巨大或者有其他特别严重情节的，处十年以上有期徒刑或者无期徒刑。①

第二百零七条　【非法出售增值税专用发票罪】非法出售增值税专用发票的，处三年以下有期徒刑、拘役或者管制，并处二万元以上二十万元以下罚金；数量较大的，处三年以上十年以下有期徒刑，并处五万元以上五十万元以下罚金；数量巨大的，处十年以上有期徒刑或者无期徒刑，并处五万元以上五十万元以下罚金或者没收财产。

第二百零八条　【非法购买增值税专用发票、购买伪造的增值税专用发票罪】非法购买增值税专用发票或者购买伪造的增值税专用发票的，处五年以下有期徒刑或者拘役，并处或者单处二万元以上二十万元以下罚金。

非法购买增值税专用发票或者购买伪造的增值税专用发票又虚开或者出售的，分别依照本法第二百零五条、第二百零六条、第二百零七条的规定定罪处罚。

第二百零九条　【非法制造、出售非法制造的用于骗取出口退税、抵扣税款发票罪】伪造、擅自制造或者出售伪造、擅自制造的可以用于骗取出口退税、抵扣税款的其他发票的，处三年以下有期徒刑、拘役或者管制，并处二万元以上二十万元以下罚金；数量巨大的，处三年以上七年以下有期徒刑，并处五万元以上五十万元以下罚金；数量特别巨大的，处七年以上有期徒刑，并处五万元以上五十万元以下罚金或者没收财产。

【非法制造、出售非法制造的发票罪】伪造、擅自制造或者出售伪造、擅自制造的前款规定以外的其他发票的，处二年以下有期徒刑、拘役或者管制，并处或者单处一万元以上五万元以下罚金；情节严重的，处二年以上七年以下有期徒刑，并处五万元以上五十万元以下罚金。

【非法出售用于骗取出口退税、抵扣税款发票罪】非法出售可以用于骗取出口退税、抵扣税款的其他发票的，依照第一款的规定处罚。

【非法出售发票罪】非法出售第三款规定以外的其他发票的，依照第二款的规定处罚。

第二百一十条　【盗窃罪】盗窃增值税专用发票或者可以用于骗取出口退税、抵扣税款的其他发票的，依照本法第二百六十四条的规定定罪处罚。

【诈骗罪】使用欺骗手段骗取增值税专用发票或者可以用于骗取出口退税、抵扣税款的其他发票的，依照本法第二百六十六条的规定定罪处罚。

第二百一十条之一　【持有伪造的发票罪】明知是伪造的发票而持有，数量较大的，处二年以下有期徒刑、拘役或者管制，并处罚金；数量巨大的，处二年以上七年以下有期徒刑，并处罚金。

单位犯前款罪的，对单位判处罚金，并对其直接负责的主管人员和其他直接责任人员，依照前款的规定处罚。②

第二百一十一条　【单位犯危害税收征管罪的处罚规定】单位犯本节第二百零一条、第二百零三条、第二百零四条、第二百零七条、第二百零八条、第二百零九条规定之罪的，对单位判处罚金，并对其直接负责的主管人员和其他直接责任人员，依照各该条的规定处罚。

第二百一十二条　【税收征缴优先原则】犯本节第二百零一条至第二百零五条规定之罪，被判处罚金、没收财产的，在执行前，应当先由税务机关追缴税款和所骗取的出口退税款。

第七节　侵犯知识产权罪

第二百一十三条　【假冒注册商标罪】未经注册商标所有人许可，在同一种商品、服务上使用与其注册商标相同的商标，情节严重的，处三年以下有期徒刑，并处或者单处罚金；情节特别严重的，处三年以上十年以下有期徒刑，并处罚金。③

第二百一十四条　【销售假冒注册商标的商品罪】销售明知是假冒注册商标的商品，违法所得数额较大或者有其他严重情节的，处三年以下有期徒刑，并处或者单处罚金；违法所得数额巨大或者有其他特别严重情节的，

① 根据2011年2月25日《中华人民共和国刑法修正案（八）》修改，本条删去第二款。原第二款条文为："伪造并出售伪造的增值税专用发票，数量特别巨大，情节特别严重，严重破坏经济秩序的，处无期徒刑或者死刑，并处没收财产。"
② 根据2011年2月25日《中华人民共和国刑法修正案（八）》增加。
③ 根据2020年12月26日《中华人民共和国刑法修正案（十一）》修改。原条文为："未经注册商标所有人许可，在同一种商品上使用与其注册商标相同的商标，情节严重的，处三年以下有期徒刑或者拘役，并处或者单处罚金；情节特别严重的，处三年以上七年以下有期徒刑，并处罚金。"

处三年以上十年以下有期徒刑,并处罚金。①

第二百一十五条 【非法制造、销售非法制造的注册商标标识罪】 伪造、擅自制造他人注册商标标识或者销售伪造、擅自制造的注册商标标识,情节严重的,处三年以下有期徒刑,并处或者单处罚金;情节特别严重的,处三年以上十年以下有期徒刑,并处罚金。②

第二百一十六条 【假冒专利罪】 假冒他人专利,情节严重的,处三年以下有期徒刑或者拘役,并处或者单处罚金。

第二百一十七条 【侵犯著作权罪】 以营利为目的,有下列侵犯著作权或者与著作权有关的权利的情形之一,违法所得数额较大或者有其他严重情节的,处三年以下有期徒刑,并处或者单处罚金;违法所得数额巨大或者有其他特别严重情节的,处三年以上十年以下有期徒刑,并处罚金:

(一)未经著作权人许可,复制发行、通过信息网络向公众传播其文字作品、音乐、美术、视听作品、计算机软件及法律、行政法规规定的其他作品的;

(二)出版他人享有专有出版权的图书的;

(三)未经录音录像制作者许可,复制发行、通过信息网络向公众传播其制作的录音录像的;

(四)未经表演者许可,复制发行录有其表演的录音录像制品,或者通过信息网络向公众传播其表演的;

(五)制作、出售假冒他人署名的美术作品的;

(六)未经著作权人或者与著作权有关的权利人许可,故意避开或者破坏权利人为其作品、录音录像制品等采取的保护著作权或者与著作权有关的权利的技术措施的。③

第二百一十八条 【销售侵权复制品罪】 以营利为目的,销售明知是本法第二百一十七条规定的侵权复制品,违法所得数额巨大或者有其他严重情节的,处五年以下有期徒刑,并处或者单处罚金。④

第二百一十九条 【侵犯商业秘密罪】 有下列侵犯商业秘密行为之一,情节严重的,处三年以下有期徒刑,并处或者单处罚金;情节特别严重的,处三年以上十年以下有期徒刑,并处罚金:

(一)以盗窃、贿赂、欺诈、胁迫、电子侵入或者其他不正当手段获取权利人的商业秘密的;

(二)披露、使用或者允许他人使用以前项手段获取的权利人的商业秘密的;

(三)违反保密义务或者违反权利人有关保守商业秘密的要求,披露、使用或者允许他人使用其所掌握的商业秘密的。

明知前款所列行为,获取、披露、使用或者允许他人使用该商业秘密的,以侵犯商业秘密论。

本条所称权利人,是指商业秘密的所有人和经商业秘密所有人许可的商业秘密使用人。⑤

---

① 根据 2020 年 12 月 26 日《中华人民共和国刑法修正案(十一)》修改。原条文为:"销售明知是假冒注册商标的商品,销售金额数额较大的,处三年以下有期徒刑或者拘役,并处或者单处罚金;销售金额数额巨大的,处三年以上七年以下有期徒刑,并处罚金。"

② 根据 2020 年 12 月 26 日《中华人民共和国刑法修正案(十一)》修改。原条文为:"伪造、擅自制造他人注册商标标识或者销售伪造、擅自制造的注册商标标识,情节严重的,处三年以下有期徒刑、拘役或者管制,并处或者单处罚金;情节特别严重的,处三年以上七年以下有期徒刑,并处罚金。"

③ 根据 2020 年 12 月 26 日《中华人民共和国刑法修正案(十一)》修改。原条文为:"以营利为目的,有下列侵犯著作权情形之一,违法所得数额较大或者有其他严重情节的,处三年以下有期徒刑或者拘役,并处或者单处罚金;违法所得数额巨大或者有其他特别严重情节的,处三年以上七年以下有期徒刑,并处罚金:

"(一)未经著作权人许可,复制发行其文字作品、音乐、电影、电视、录像作品、计算机软件及其他作品的;

"(二)出版他人享有专有出版权的图书的;

"(三)未经录音录像制作者许可,复制发行其制作的录音录像的;

"(四)制作、出售假冒他人署名的美术作品的。"

④ 根据 2020 年 12 月 26 日《中华人民共和国刑法修正案(十一)》修改。原条文为:"以营利为目的,销售明知是本法第二百一十七条规定的侵权复制品,违法所得数额巨大的,处三年以下有期徒刑或者拘役,并处或者单处罚金。"

⑤ 根据 2020 年 12 月 26 日《中华人民共和国刑法修正案(十一)》修改。原条文为:"有下列侵犯商业秘密行为之一,给商业秘密的权利人造成重大损失的,处三年以下有期徒刑或者拘役,并处或者单处罚金;造成特别严重后果的,处三年以上七年以下有期徒刑,并处罚金:

"(一)以盗窃、利诱、胁迫或者其他不正当手段获取权利人的商业秘密的;

"(二)披露、使用或者允许他人使用以前项手段获取的权利人的商业秘密的;

"(三)违反约定或者违反权利人有关保守商业秘密的要求,披露、使用或者允许他人使用其所掌握的商业秘密的。

"明知或者应知前款所列行为,获取、使用或者披露他人的商业秘密的,以侵犯商业秘密论。

"本条所称商业秘密,是指不为公众所知悉,能为权利人带来经济利益,具有实用性并经权利人采取保密措施的技术信息和经营信息。

"本条所称权利人,是指商业秘密的所有人和经商业秘密所有人许可的商业秘密使用人。"

第二百一十九条之一　【为境外窃取、刺探、收买、非法提供商业秘密罪】为境外的机构、组织、人员窃取、刺探、收买、非法提供商业秘密的，处五年以下有期徒刑，并处或者单处罚金；情节严重的，处五年以上有期徒刑，并处罚金。①

第二百二十条　【单位犯侵犯知识产权罪的处罚规定】单位犯本节第二百一十三条至第二百一十九条之一规定之罪的，对单位判处罚金，并对其直接负责的主管人员和其他直接责任人员，依照本节各该条的规定处罚。②

第八节　扰乱市场秩序罪

第二百二十一条　【损害商业信誉、商品声誉罪】捏造并散布虚伪事实，损害他人的商业信誉、商品声誉，给他人造成重大损失或者有其他严重情节的，处二年以下有期徒刑或者拘役，并处或者单处罚金。

第二百二十二条　【虚假广告罪】广告主、广告经营者、广告发布者违反国家规定，利用广告对商品或者服务作虚假宣传，情节严重的，处二年以下有期徒刑或者拘役，并处或者单处罚金。

第二百二十三条　【串通投标罪】投标人相互串通投标报价，损害招标人或者其他投标人利益，情节严重的，处三年以下有期徒刑或者拘役，并处或者单处罚金。

投标人与招标人串通投标，损害国家、集体、公民的合法利益的，依照前款的规定处罚。

第二百二十四条　【合同诈骗罪】有下列情形之一，以非法占有为目的，在签订、履行合同过程中，骗取对方当事人财物，数额较大的，处三年以下有期徒刑或者拘役，并处或者单处罚金；数额巨大或者有其他严重情节的，处三年以上十年以下有期徒刑，并处罚金；数额特别巨大或者有其他特别严重情节的，处十年以上有期徒刑或者无期徒刑，并处罚金或者没收财产：

（一）以虚构的单位或者冒用他人名义签订合同的；

（二）以伪造、变造、作废的票据或者其他虚假的产权证明作担保的；

（三）没有实际履行能力，以先履行小额合同或者部分履行合同的方法，诱骗对方当事人继续签订和履行合同的；

（四）收受对方当事人给付的货物、货款、预付款或者担保财产后逃匿的；

（五）以其他方法骗取对方当事人财物的。

第二百二十四条之一　【组织、领导传销活动罪】组织、领导以推销商品、提供服务等经营活动为名，要求参加者以缴纳费用或者购买商品、服务等方式获得加入资格，并按照一定顺序组成层级，直接或者间接以发展人员的数量作为计酬或者返利依据，引诱、胁迫参加者继续发展他人参加，骗取财物，扰乱经济社会秩序的传销活动的，处五年以下有期徒刑或者拘役，并处罚金；情节严重的，处五年以上有期徒刑，并处罚金。③

第二百二十五条　【非法经营罪】违反国家规定，有下列非法经营行为之一，扰乱市场秩序，情节严重的，处五年以下有期徒刑或者拘役，并处或者单处违法所得一倍以上五倍以下罚金；情节特别严重的，处五年以上有期徒刑，并处违法所得一倍以上五倍以下罚金或者没收财产：

（一）未经许可经营法律、行政法规规定的专营、专卖物品或者其他限制买卖的物品的；

（二）买卖进出口许可证、进出口原产地证明以及其他法律、行政法规规定的经营许可证或者批准文件的；

（三）未经国家有关主管部门批准非法经营证券、期货、保险业务的，或者非法从事资金支付结算业务的；④

（四）其他严重扰乱市场秩序的非法经营行为。

第二百二十六条　【强迫交易罪】以暴力、威胁手段，实施下列行为之一，情节严重的，处三年以下有期徒刑或者拘役，并处或者单处罚金；情节特别严重的，处三年以上七年以下有期徒刑，并处罚金：

（一）强买强卖商品的；

（二）强迫他人提供或者接受服务的；

（三）强迫他人参与或者退出投标、拍卖的；

（四）强迫他人转让或者收购公司、企业的股份、债券或者其他资产的；

（五）强迫他人参与或者退出特定的经营活动的。⑤

---

①　根据 2020 年 12 月 26 日《中华人民共和国刑法修正案（十一）》增加。

②　根据 2020 年 12 月 26 日《中华人民共和国刑法修正案（十一）》修改。原条文为："单位犯本节第二百一十三条至第二百一十九条规定之罪的，对单位判处罚金，并对其直接负责的主管人员和其他直接责任人员，依照本节各该条的规定处罚。"

③　根据 2009 年 2 月 28 日《中华人民共和国刑法修正案（七）》增加。

④　根据 1999 年 12 月 25 日《中华人民共和国刑法修正案》增加一项，作为第三项，原第三项改为第四项。根据 2009 年 2 月 28 日《中华人民共和国刑法修正案（七）》修改。1999 年 12 月 25 日增加的第三项原条文为："未经国家有关主管部门批准，非法经营证券、期货或者保险业务的"。

⑤　根据 2011 年 2 月 25 日《中华人民共和国刑法修正案（八）》修改。原条文为："以暴力、威胁手段强买强卖商品、强迫他人提供服务或者强迫他人接受服务，情节严重的，处三年以下有期徒刑或者拘役，并处或者单处罚金。"

第二百二十七条　【伪造、倒卖伪造的有价票证罪】 伪造或者倒卖伪造的车票、船票、邮票或者其他有价票证,数额较大的,处二年以下有期徒刑、拘役或者管制,并处或者单处票证价额一倍以上五倍以下罚金;数额巨大的,处二年以上七年以下有期徒刑,并处票证价额一倍以上五倍以下罚金。

【倒卖车票、船票罪】 倒卖车票、船票,情节严重的,处三年以下有期徒刑、拘役或者管制,并处或者单处票证价额一倍以上五倍以下罚金。

第二百二十八条　【非法转让、倒卖土地使用权罪】 以牟利为目的,违反土地管理法规,非法转让、倒卖土地使用权,情节严重的,处三年以下有期徒刑或者拘役,并处或者单处非法转让、倒卖土地使用权价额百分之五以上百分之二十以下罚金;情节特别严重的,处三年以上七年以下有期徒刑,并处非法转让、倒卖土地使用权价额百分之五以上百分之二十以下罚金。

第二百二十九条　【提供虚假证明文件罪】 承担资产评估、验资、验证、会计、审计、法律服务、保荐、安全评价、环境影响评价、环境监测等职责的中介组织的人员故意提供虚假证明文件,情节严重的,处五年以下有期徒刑或者拘役,并处罚金;有下列情形之一的,处五年以上十年以下有期徒刑,并处罚金:

(一)提供与证券发行相关的虚假的资产评估、会计、审计、法律服务、保荐等证明文件,情节特别严重的;

(二)提供与重大资产交易相关的虚假的资产评估、会计、审计等证明文件,情节特别严重的;

(三)在涉及公共安全的重大工程、项目中提供虚假的安全评价、环境影响评价等证明文件,致使公共财产、国家和人民利益遭受特别重大损失的。

有前款行为,同时索取他人财物或者非法收受他人财物构成犯罪的,依照处罚较重的规定定罪处罚。

【出具证明文件重大失实罪】 第一款规定的人员,严重不负责任,出具的证明文件有重大失实,造成严重后果的,处三年以下有期徒刑或者拘役,并处或者单处罚金。[①]

第二百三十条　【逃避商检罪】 违反进出口商品检验法的规定,逃避商品检验,将必须经商检机构检验的进口商品未报经检验而擅自销售、使用,或者将必须经商检机构检验的出口商品未报经检验合格而擅自出口,情节严重的,处三年以下有期徒刑或者拘役,并处或者单处罚金。

第二百三十一条　【单位犯扰乱市场秩序罪的处罚规定】 单位犯本节第二百二十一条至第二百三十条规定之罪的,对单位判处罚金,并对其直接负责的主管人员和其他直接责任人员,依照本节各该条的规定处罚。

第四章　侵犯公民人身权利、民主权利罪

第二百三十二条　【故意杀人罪】 故意杀人的,处死刑、无期徒刑或者十年以上有期徒刑;情节较轻的,处三年以上十年以下有期徒刑。

第二百三十三条　【过失致人死亡罪】 过失致人死亡的,处三年以上七年以下有期徒刑;情节较轻的,处三年以下有期徒刑。本法另有规定的,依照规定。

第二百三十四条　【故意伤害罪】 故意伤害他人身体的,处三年以下有期徒刑、拘役或者管制。

犯前款罪,致人重伤的,处三年以上十年以下有期徒刑;致人死亡或者以特别残忍手段致人重伤造成严重残疾的,处十年以上有期徒刑、无期徒刑或者死刑。本法另有规定的,依照规定。

第二百三十四条之一　【组织出卖人体器官罪】 组织他人出卖人体器官的,处五年以下有期徒刑,并处罚金;情节严重的,处五年以上有期徒刑,并处罚金或者没收财产。

未经本人同意摘取其器官,或者摘取不满十八周岁的人的器官,或者强迫、欺骗他人捐献器官的,依照本法第二百三十四条、第二百三十二条的规定定罪处罚。

违背本人生前意愿摘取其尸体器官,或者本人生前未表示同意,违反国家规定,违背其近亲属意愿摘取其尸体器官的,依照本法第三百零二条的规定定罪处罚。[②]

第二百三十五条　【过失致人重伤罪】 过失伤害他人致人重伤的,处三年以下有期徒刑或者拘役。本法另有规定的,依照规定。

第二百三十六条　【强奸罪】 以暴力、胁迫或者其他手段强奸妇女的,处三年以上十年以下有期徒刑。

奸淫不满十四周岁的幼女的,以强奸论,从重处罚。

强奸妇女、奸淫幼女,有下列情形之一的,处十年以

---

① 根据2020年12月26日《中华人民共和国刑法修正案(十一)》修改。原条文为:"承担资产评估、验资、验证、会计、审计、法律服务等职责的中介组织的人员故意提供虚假证明文件,情节严重的,处五年以下有期徒刑或者拘役,并处罚金。

"前款规定的人员,索取他人财物或者非法收受他人财物,犯前款罪的,处五年以上十年以下有期徒刑,并处罚金。

"第一款规定的人员,严重不负责任,出具的证明文件有重大失实,造成严重后果的,处三年以下有期徒刑或者拘役,并处或者单处罚金。"

② 根据2011年2月25日《中华人民共和国刑法修正案(八)》增加。

上有期徒刑、无期徒刑或者死刑：

（一）强奸妇女、奸淫幼女情节恶劣的；

（二）强奸妇女、奸淫幼女多人的；

（三）在公共场所当众强奸妇女、奸淫幼女的；

（四）二人以上轮奸的；

（五）奸淫不满十周岁的幼女或者造成幼女伤害的；

（六）致使被害人重伤、死亡或者造成其他严重后果的。①

第二百三十六条之一　【负有照护职责人员性侵罪】 对已满十四周岁不满十六周岁的未成年女性负有监护、收养、看护、教育、医疗等特殊职责的人员，与该未成年女性发生性关系的，处三年以下有期徒刑；情节恶劣的，处三年以上十年以下有期徒刑。

有前款行为，同时又构成本法第二百三十六条规定之罪的，依照处罚较重的规定定罪处罚。②

第二百三十七条　【强制猥亵、侮辱罪】 以暴力、胁迫或者其他方法强制猥亵他人或者侮辱妇女的，处五年以下有期徒刑或者拘役。

聚众或者在公共场所当众犯前款罪的，或者有其他恶劣情节的，处五年以上有期徒刑。③

【猥亵儿童罪】 猥亵儿童的，处五年以下有期徒刑；有下列情形之一的，处五年以上有期徒刑：

（一）猥亵儿童多人或者多次的；

（二）聚众猥亵儿童的，或者在公共场所当众猥亵儿童，情节恶劣的；

（三）造成儿童伤害或者其他严重后果的；

（四）猥亵手段恶劣或者有其他恶劣情节的。④

第二百三十八条　【非法拘禁罪】 非法拘禁他人或者以其他方法非法剥夺他人人身自由的，处三年以下有期徒刑、拘役、管制或者剥夺政治权利。具有殴打、侮辱情节的，从重处罚。

犯前款罪，致人重伤的，处三年以上十年以下有期徒刑；致人死亡的，处十年以上有期徒刑。使用暴力致人伤残、死亡的，依照本法第二百三十四条、第二百三十二条的规定定罪处罚。

为索取债务非法扣押、拘禁他人的，依照前两款的规定处罚。

国家机关工作人员利用职权犯前三款罪的，依照前三款的规定从重处罚。

第二百三十九条　【绑架罪】 以勒索财物为目的绑架他人的，或者绑架他人作为人质的，处十年以上有期徒刑或者无期徒刑，并处罚金或者没收财产；情节较轻的，处五年以上十年以下有期徒刑，并处罚金。

犯前款罪，杀害被绑架人的，或者故意伤害被绑架人，致人重伤、死亡的，处无期徒刑或者死刑，并处没收财产。

以勒索财物为目的偷盗婴幼儿的，依照前两款的规定处罚。⑤

第二百四十条　【拐卖妇女、儿童罪】 拐卖妇女、儿童的，处五年以上十年以下有期徒刑，并处罚金；有下列

---

① 根据2020年12月26日《中华人民共和国刑法修正案（十一）》修改。原条文为："以暴力、胁迫或者其他手段强奸妇女的，处三年以上十年以下有期徒刑。

"奸淫不满十四周岁的幼女的，以强奸论，从重处罚。

"强奸妇女、奸淫幼女，有下列情形之一的，处十年以上有期徒刑、无期徒刑或者死刑：

"（一）强奸妇女、奸淫幼女情节恶劣的；

"（二）强奸妇女、奸淫幼女多人的；

"（三）在公共场所当众强奸妇女的；

"（四）二人以上轮奸的；

"（五）致使被害人重伤、死亡或者造成其他严重后果的。"

② 根据2020年12月26日《中华人民共和国刑法修正案（十一）》增加。

③ 根据2015年8月29日《中华人民共和国刑法修正案（九）》修改。原条文为："以暴力、胁迫或者其他方法强制猥亵妇女或者侮辱妇女的，处五年以下有期徒刑或者拘役。

"聚众或者在公共场所当众犯前款罪的，处五年以上有期徒刑。

"猥亵儿童的，依照前两款的规定从重处罚。"

④ 根据2020年12月26日《中华人民共和国刑法修正案（十一）》修改。原第三款条文为："猥亵儿童的，依照前两款的规定从重处罚。"

⑤ 根据2009年2月28日《中华人民共和国刑法修正案（七）》第一次修改。原条文为："以勒索财物为目的绑架他人的，或者绑架他人作为人质的，处十年以上有期徒刑或者无期徒刑，并处罚金或者没收财产；致使被绑架人死亡或者杀害被绑架人的，处死刑，并处没收财产。

"以勒索财物为目的偷盗婴幼儿的，依照前款的规定处罚。"

根据2015年8月29日《中华人民共和国刑法修正案（九）》第二次修改。原第二款条文为："犯前款罪，致使被绑架人死亡或者杀害被绑架人的，处死刑，并处没收财产。"

情形之一的,处十年以上有期徒刑或者无期徒刑,并处罚金或者没收财产;情节特别严重的,处死刑,并处没收财产:

（一）拐卖妇女、儿童集团的首要分子;

（二）拐卖妇女、儿童三人以上的;

（三）奸淫被拐卖的妇女的;

（四）诱骗、强迫被拐卖的妇女卖淫或者将被拐卖的妇女卖给他人迫使其卖淫的;

（五）以出卖为目的,使用暴力、胁迫或者麻醉方法绑架妇女、儿童的;

（六）以出卖为目的,偷盗婴幼儿的;

（七）造成被拐卖的妇女、儿童或者其亲属重伤、死亡或者其他严重后果的;

（八）将妇女、儿童卖往境外的。

拐卖妇女、儿童是指以出卖为目的,有拐骗、绑架、收买、贩卖、接送、中转妇女、儿童的行为之一的。

第二百四十一条　【收买被拐卖的妇女、儿童罪】收买被拐卖的妇女、儿童的,处三年以下有期徒刑、拘役或者管制。

收买被拐卖的妇女,强行与其发生性关系的,依照本法第二百三十六条的规定定罪处罚。

收买被拐卖的妇女、儿童,非法剥夺、限制其人身自由或者有伤害、侮辱等犯罪行为的,依照本法的有关规定定罪处罚。

收买被拐卖的妇女、儿童,并有第二款、第三款规定的犯罪行为的,依照数罪并罚的规定处罚。

收买被拐卖的妇女、儿童又出卖的,依照本法第二百四十条的规定定罪处罚。

收买被拐卖的妇女、儿童,对被买儿童没有虐待行为,不阻碍对其进行解救的,可以从轻处罚;按照被买妇女的意愿,不阻碍其返回原居住地的,可以从轻或者减轻处罚。①

第二百四十二条　【妨害公务罪】以暴力、威胁方法阻碍国家机关工作人员解救被收买的妇女、儿童的,依照本法第二百七十七条的规定定罪处罚。

【聚众阻碍解救被收买的妇女、儿童罪】聚众阻碍国家机关工作人员解救被收买的妇女、儿童的首要分子,处五年以下有期徒刑或者拘役;其他参与者使用暴力、威胁方法的,依照前款的规定处罚。

第二百四十三条　【诬告陷害罪】捏造事实诬告陷害他人,意图使他人受刑事追究,情节严重的,处三年以下有期徒刑、拘役或者管制;造成严重后果的,处三年以上十年以下有期徒刑。

国家机关工作人员犯前款罪的,从重处罚。

不是有意诬陷,而是错告,或者检举失实的,不适用前两款的规定。

第二百四十四条　【强迫劳动罪】以暴力、威胁或者限制人身自由的方法强迫他人劳动的,处三年以下有期徒刑或者拘役,并处罚金;情节严重的,处三年以上十年以下有期徒刑,并处罚金。

明知他人实施前款行为,为其招募、运送人员或者有其他协助强迫他人劳动行为的,依照前款的规定处罚。

单位犯前两款罪的,对单位判处罚金,并对其直接负责的主管人员和其他直接责任人员,依照第一款的规定处罚。②

第二百四十四条之一　【雇用童工从事危重劳动罪】违反劳动管理法规,雇用未满十六周岁的未成年人从事超强度体力劳动的,或者从事高空、井下作业的,或者在爆炸性、易燃性、放射性、毒害性等危险环境下从事劳动,情节严重的,对直接责任人员,处三年以下有期徒刑或者拘役,并处罚金;情节特别严重的,处三年以上七年以下有期徒刑,并处罚金。

有前款行为,造成事故,又构成其他犯罪的,依照数罪并罚的规定处罚。③

第二百四十五条　【非法搜查罪】【非法侵入住宅罪】非法搜查他人身体、住宅,或者非法侵入他人住宅的,处三年以下有期徒刑或者拘役。

司法工作人员滥用职权,犯前款罪的,从重处罚。

第二百四十六条　【侮辱罪】【诽谤罪】以暴力或者其他方法公然侮辱他人或者捏造事实诽谤他人,情节严重的,处三年以下有期徒刑、拘役、管制或者剥夺政治权利。

前款罪,告诉的才处理,但是严重危害社会秩序和国

---

①　根据2015年8月29日《中华人民共和国刑法修正案（九）》修改。原第六款条文为:"收买被拐卖的妇女、儿童,按照被买妇女的意愿,不阻碍其返回原居住地的,对被买儿童没有虐待行为,不阻碍对其进行解救的,可以不追究刑事责任。"

②　根据2011年2月25日《中华人民共和国刑法修正案（八）》修改。原条文为:"用人单位违反劳动管理法规,以限制人身自由方法强迫职工劳动,情节严重的,对直接责任人员,处三年以下有期徒刑或者拘役,并处或者单处罚金。"

③　根据2002年12月28日《中华人民共和国刑法修正案（四）》增加。

家利益的除外。

通过信息网络实施第一款规定的行为，被害人向人民法院告诉，但提供证据确有困难的，人民法院可以要求公安机关提供协助。①

第二百四十七条　【刑讯逼供罪】【暴力取证罪】司法工作人员对犯罪嫌疑人、被告人实行刑讯逼供或者使用暴力逼取证人证言的，处三年以下有期徒刑或者拘役。致人伤残、死亡的，依照本法第二百三十四条、第二百三十二条的规定定罪从重处罚。

第二百四十八条　【虐待被监管人罪】监狱、拘留所、看守所等监管机构的监管人员对被监管人进行殴打或者体罚虐待，情节严重的，处三年以下有期徒刑或者拘役；情节特别严重的，处三年以上十年以下有期徒刑。致人伤残、死亡的，依照本法第二百三十四条、第二百三十二条的规定定罪从重处罚。

监管人员指使被监管人殴打或者体罚虐待其他被监管人的，依照前款的规定处罚。

第二百四十九条　【煽动民族仇恨、民族歧视罪】煽动民族仇恨、民族歧视，情节严重的，处三年以下有期徒刑、拘役、管制或者剥夺政治权利；情节特别严重的，处三年以上十年以下有期徒刑。

第二百五十条　【出版歧视、侮辱少数民族作品罪】在出版物中刊载歧视、侮辱少数民族的内容，情节恶劣，造成严重后果的，对直接责任人员，处三年以下有期徒刑、拘役或者管制。

第二百五十一条　【非法剥夺公民宗教信仰自由罪】【侵犯少数民族风俗习惯罪】国家机关工作人员非法剥夺公民的宗教信仰自由和侵犯少数民族风俗习惯，情节严重的，处二年以下有期徒刑或者拘役。

第二百五十二条　【侵犯通信自由罪】隐匿、毁弃或者非法开拆他人信件，侵犯公民通信自由权利，情节严重的，处一年以下有期徒刑或者拘役。

第二百五十三条　【私自开拆、隐匿、毁弃邮件、电报罪】邮政工作人员私自开拆或者隐匿、毁弃邮件、电报的，处二年以下有期徒刑或者拘役。

犯前款罪而窃取财物的，依照本法第二百六十四条的规定定罪从重处罚。

第二百五十三条之一　【侵犯公民个人信息罪】违反国家有关规定，向他人出售或者提供公民个人信息，情节严重的，处三年以下有期徒刑或者拘役，并处或者单处罚金；情节特别严重的，处三年以上七年以下有期徒刑，并处罚金。

违反国家有关规定，将在履行职责或者提供服务过程中获得的公民个人信息，出售或者提供给他人的，依照前款的规定从重处罚。

窃取或者以其他方法非法获取公民个人信息的，依照第一款的规定处罚。

单位犯前三款罪的，对单位判处罚金，并对其直接负责的主管人员和其他直接责任人员，依照各该款的规定处罚。②

第二百五十四条　【报复陷害罪】国家机关工作人员滥用职权、假公济私，对控告人、申诉人、批评人、举报人实行报复陷害的，处二年以下有期徒刑或者拘役；情节严重的，处二年以上七年以下有期徒刑。

第二百五十五条　【打击报复会计、统计人员罪】公司、企业、事业单位、机关、团体的领导人，对依法履行职责、抵制违反会计法、统计法行为的会计、统计人员实行打击报复，情节恶劣的，处三年以下有期徒刑或者拘役。

第二百五十六条　【破坏选举罪】在选举各级人民代表大会代表和国家机关领导人员时，以暴力、威胁、欺骗、贿赂、伪造选举文件、虚报选举票数等手段破坏选举或者妨害选民和代表自由行使选举权和被选举权，情节严重的，处三年以下有期徒刑、拘役或者剥夺政治权利。

第二百五十七条　【暴力干涉婚姻自由罪】以暴力干涉他人婚姻自由的，处二年以下有期徒刑或者拘役。

犯前款罪，致使被害人死亡的，处二年以上七年以下有期徒刑。

第一款罪，告诉的才处理。

第二百五十八条　【重婚罪】有配偶而重婚的，或者明知他人有配偶而与之结婚的，处二年以下有期徒刑或者拘役。

---

① 根据2015年8月29日《中华人民共和国刑法修正案（九）》增加一款，作为第三款。

② 根据2009年2月28日《中华人民共和国刑法修正案（七）》增加。根据2015年8月29日《中华人民共和国刑法修正案（九）》修改。原条文为："国家机关或者金融、电信、交通、教育、医疗等单位的工作人员，违反国家规定，将本单位在履行职责或者提供服务过程中获得的公民个人信息，出售或者非法提供给他人，情节严重的，处三年以下有期徒刑或者拘役，并处或者单处罚金。

"窃取或者以其他方法非法获取上述信息，情节严重的，依照前款的规定处罚。

"单位犯前两款罪的，对单位判处罚金，并对其直接负责的主管人员和其他直接责任人员，依照该款的规定处罚。"

第二百五十九条 【破坏军婚罪】明知是现役军人的配偶而与之同居或者结婚的，处三年以下有期徒刑或者拘役。

利用职权、从属关系，以胁迫手段奸淫现役军人的妻子的，依照本法第二百三十六条的规定定罪处罚。

第二百六十条 【虐待罪】虐待家庭成员，情节恶劣的，处二年以下有期徒刑、拘役或者管制。

犯前款罪，致使被害人重伤、死亡的，处二年以上七年以下有期徒刑。

第一款罪，告诉的才处理，但被害人没有能力告诉，或者因受到强制、威吓无法告诉的除外。①

第二百六十条之一 【虐待被监护、看护人罪】对未成年人、老年人、患病的人、残疾人等负有监护、看护职责的人虐待被监护、看护的人，情节恶劣的，处三年以下有期徒刑或者拘役。

单位犯前款罪的，对单位判处罚金，并对其直接负责的主管人员和其他直接责任人员，依照前款的规定处罚。

有第一款行为，同时构成其他犯罪的，依照处罚较重的规定定罪处罚。②

第二百六十一条 【遗弃罪】对于年老、年幼、患病或者其他没有独立生活能力的人，负有扶养义务而拒绝扶养，情节恶劣的，处五年以下有期徒刑、拘役或者管制。

第二百六十二条 【拐骗儿童罪】拐骗不满十四周岁的未成年人，脱离家庭或者监护人的，处五年以下有期徒刑或者拘役。

第二百六十二条之一 【组织残疾人、儿童乞讨罪】以暴力、胁迫手段组织残疾人或者不满十四周岁的未成年人乞讨的，处三年以下有期徒刑或者拘役，并处罚金；情节严重的，处三年以上七年以下有期徒刑，并处罚金。③

第二百六十二条之二 【组织未成年人进行违反治安管理活动罪】组织未成年人进行盗窃、诈骗、抢夺、敲诈勒索等违反治安管理活动的，处三年以下有期徒刑或者拘役，并处罚金；情节严重的，处三年以上七年以下有期

徒刑，并处罚金。④

第五章 侵犯财产罪

第二百六十三条 【抢劫罪】以暴力、胁迫或者其他方法抢劫公私财物的，处三年以上十年以下有期徒刑，并处罚金；有下列情形之一的，处十年以上有期徒刑、无期徒刑或者死刑，并处罚金或者没收财产：

（一）入户抢劫的；

（二）在公共交通工具上抢劫的；

（三）抢劫银行或者其他金融机构的；

（四）多次抢劫或者抢劫数额巨大的；

（五）抢劫致人重伤、死亡的；

（六）冒充军警人员抢劫的；

（七）持枪抢劫的；

（八）抢劫军用物资或者抢险、救灾、救济物资的。

第二百六十四条 【盗窃罪】盗窃公私财物，数额较大的，或者多次盗窃、入户盗窃、携带凶器盗窃、扒窃的，处三年以下有期徒刑、拘役或者管制，并处或者单处罚金；数额巨大或者有其他严重情节的，处三年以上十年以下有期徒刑，并处罚金；数额特别巨大或者有其他特别严重情节的，处十年以上有期徒刑或者无期徒刑，并处罚金或者没收财产。⑤

第二百六十五条 【盗窃罪】以牟利为目的，盗接他人通信线路、复制他人电信码号或者明知是盗接、复制的电信设备、设施而使用的，依照本法第二百六十四条的规定定罪处罚。

第二百六十六条 【诈骗罪】诈骗公私财物，数额较大的，处三年以下有期徒刑、拘役或者管制，并处或者单处罚金；数额巨大或者有其他严重情节的，处三年以上十年以下有期徒刑，并处罚金；数额特别巨大或者有其他特别严重情节的，处十年以上有期徒刑或者无期徒刑，并处罚金或者没收财产。本法另有规定的，依照规定。

第二百六十七条 【抢夺罪】抢夺公私财物，数额较大的，或者多次抢夺的，处三年以下有期徒刑、拘役或者

---

① 根据 2015 年 8 月 29 日《中华人民共和国刑法修正案（九）》修改。原第三款条文为："第一款罪，告诉的才处理。"

② 根据 2015 年 8 月 29 日《中华人民共和国刑法修正案（九）》增加。

③ 根据 2006 年 6 月 29 日《中华人民共和国刑法修正案（六）》增加。

④ 根据 2009 年 2 月 28 日《中华人民共和国刑法修正案（七）》增加。

⑤ 根据 2011 年 2 月 25 日《中华人民共和国刑法修正案（八）》修改。原条文为："盗窃公私财物，数额较大或者多次盗窃的，处三年以下有期徒刑、拘役或者管制，并处或者单处罚金；数额巨大或者有其他严重情节的，处三年以上十年以下有期徒刑，并处罚金；数额特别巨大或者有其他特别严重情节的，处十年以上有期徒刑或者无期徒刑，并处罚金或者没收财产；有下列情形之一的，处无期徒刑或者死刑，并处没收财产：

"（一）盗窃金融机构，数额特别巨大的；

"（二）盗窃珍贵文物，情节严重的。"

管制,并处或者单处罚金;数额巨大或者有其他严重情节的,处三年以上十年以下有期徒刑,并处罚金;数额特别巨大或者有其他特别严重情节的,处十年以上有期徒刑或者无期徒刑,并处罚金或者没收财产。①

携带凶器抢夺的,依照本法第二百六十三条的规定定罪处罚。

第二百六十八条　【聚众哄抢罪】聚众哄抢公私财物,数额较大或者有其他严重情节的,对首要分子和积极参加的,处三年以下有期徒刑、拘役或者管制,并处罚金;数额巨大或者有其他特别严重情节的,处三年以上十年以下有期徒刑,并处罚金。

第二百六十九条　【转化的抢劫罪】犯盗窃、诈骗、抢夺罪,为窝藏赃物、抗拒抓捕或者毁灭罪证而当场使用暴力或者以暴力相威胁的,依照本法第二百六十三条的规定定罪处罚。

第二百七十条　【侵占罪】将代为保管的他人财物非法占为己有,数额较大,拒不退还的,处二年以下有期徒刑、拘役或者罚金;数额巨大或者有其他严重情节的,处二年以上五年以下有期徒刑,并处罚金。

将他人的遗忘物或者埋藏物非法占为己有,数额较大,拒不交出的,依照前款的规定处罚。

本条罪,告诉的才处理。

第二百七十一条　【职务侵占罪】公司、企业或者其他单位的工作人员,利用职务上的便利,将本单位财物非法占为己有,数额较大的,处三年以下有期徒刑或者拘役,并处罚金;数额巨大的,处三年以上十年以下有期徒刑,并处罚金;数额特别巨大的,处十年以上有期徒刑或者无期徒刑,并处罚金。②

国有公司、企业或者其他国有单位中从事公务的人员和国有公司、企业或者其他国有单位委派到非国有公司、企业以及其他单位从事公务的人员有前款行为的,依

照本法第三百八十二条、第三百八十三条的规定定罪处罚。

第二百七十二条　【挪用资金罪】公司、企业或者其他单位的工作人员,利用职务上的便利,挪用本单位资金归个人使用或者借贷给他人,数额较大,超过三个月未还的,或者虽未超过三个月,但数额较大、进行营利活动的,或者进行非法活动的,处三年以下有期徒刑或者拘役;挪用本单位资金数额巨大的,处三年以上七年以下有期徒刑;数额特别巨大的,处七年以上有期徒刑。

国有公司、企业或者其他国有单位中从事公务的人员和国有公司、企业或者其他国有单位委派到非国有公司、企业以及其他单位从事公务的人员有前款行为的,依照本法第三百八十四条的规定定罪处罚。

有第一款行为,在提起公诉前将挪用的资金退还的,可以从轻或者减轻处罚。其中,犯罪较轻的,可以减轻或者免除处罚。③

第二百七十三条　【挪用特定款物罪】挪用用于救灾、抢险、防汛、优抚、扶贫、移民、救济款物,情节严重,致使国家和人民群众利益遭受重大损害的,对直接责任人员,处三年以下有期徒刑或者拘役;情节特别严重的,处三年以上七年以下有期徒刑。

第二百七十四条　【敲诈勒索罪】敲诈勒索公私财物,数额较大或者多次敲诈勒索的,处三年以下有期徒刑、拘役或者管制,并处或者单处罚金;数额巨大或者有其他严重情节的,处三年以上十年以下有期徒刑,并处罚金;数额特别巨大或者有其他特别严重情节的,处十年以上有期徒刑,并处罚金。④

第二百七十五条　【故意毁坏财物罪】故意毁坏公私财物,数额较大或者有其他严重情节的,处三年以下有期徒刑、拘役或者罚金;数额巨大或者有其他特别严重情节的,处三年以上七年以下有期徒刑。

① 根据 2015 年 8 月 29 日《中华人民共和国刑法修正案(九)》修改。原第一款条文为:"抢夺公私财物,数额较大的,处三年以下有期徒刑、拘役或者管制,并处或者单处罚金;数额巨大或者有其他严重情节的,处三年以上十年以下有期徒刑,并处罚金;数额特别巨大或者有其他特别严重情节的,处十年以上有期徒刑或者无期徒刑,并处罚金或者没收财产。"

② 根据 2020 年 12 月 26 日《中华人民共和国刑法修正案(十一)》修改。原第一款条文为:"公司、企业或者其他单位的人员,利用职务上的便利,将本单位财物非法占为己有,数额较大的,处五年以下有期徒刑或者拘役;数额巨大的,处五年以上有期徒刑,可以并处没收财产。"

③ 根据 2020 年 12 月 26 日《中华人民共和国刑法修正案(十一)》修改。原条文为:"公司、企业或者其他单位的工作人员,利用职务上的便利,挪用本单位资金归个人使用或者借贷给他人,数额较大、超过三个月未还的,或者虽未超过三个月,但数额较大、进行营利活动的,或者进行非法活动的,处三年以下有期徒刑或者拘役;挪用本单位资金数额巨大的,或者数额较大不退还的,处三年以上十年以下有期徒刑。
"国有公司、企业或者其他国有单位中从事公务的人员和国有公司、企业或者其他国有单位委派到非国有公司、企业以及其他单位从事公务的人员有前款行为的,依照本法第三百八十四条的规定定罪处罚。"

④ 根据 2011 年 2 月 25 日《中华人民共和国刑法修正案(八)》修改。原条文为:"敲诈勒索公私财物,数额较大的,处三年以下有期徒刑、拘役或者管制;数额巨大或者有其他严重情节的,处三年以上十年以下有期徒刑。"

第二百七十六条　【破坏生产经营罪】由于泄愤报复或者其他个人目的,毁坏机器设备、残害耕畜或者以其他方法破坏生产经营的,处三年以下有期徒刑、拘役或者管制;情节严重的,处三年以上七年以下有期徒刑。

第二百七十六条之一　【拒不支付劳动报酬罪】以转移财产、逃匿等方法逃避支付劳动者的劳动报酬或者有能力支付而不支付劳动者的劳动报酬,数额较大,经政府有关部门责令支付仍不支付的,处三年以下有期徒刑或者拘役,并处或者单处罚金;造成严重后果的,处三年以上七年以下有期徒刑,并处罚金。

单位犯前款罪的,对单位判处罚金,并对其直接负责的主管人员和其他直接责任人员,依照前款的规定处罚。

有前两款行为,尚未造成严重后果,在提起公诉前支付劳动者的劳动报酬,并依法承担相应赔偿责任的,可以减轻或者免除处罚。[①]

第六章　妨害社会管理秩序罪
第一节　扰乱公共秩序罪

第二百七十七条　【妨害公务罪】以暴力、威胁方法阻碍国家机关工作人员依法执行职务的,处三年以下有期徒刑、拘役、管制或者罚金。

以暴力、威胁方法阻碍全国人民代表大会和地方各级人民代表大会代表依法执行代表职务的,依照前款的规定处罚。

在自然灾害和突发事件中,以暴力、威胁方法阻碍红十字会工作人员依法履行职责的,依照第一款的规定处罚。

故意阻碍国家安全机关、公安机关依法执行国家安全工作任务,未使用暴力、威胁方法,造成严重后果的,依照第一款的规定处罚。

【袭警罪】暴力袭击正在依法执行职务的人民警察的,处三年以下有期徒刑、拘役或者管制;使用枪支、管制刀具,或者以驾驶机动车撞击等手段,严重危及其人身安全的,处三年以上七年以下有期徒刑。[②]

第二百七十八条　【煽动暴力抗拒法律实施罪】煽动群众暴力抗拒国家法律、行政法规实施的,处三年以下有期徒刑、拘役、管制或者剥夺政治权利;造成严重后果的,处三年以上七年以下有期徒刑。

第二百七十九条　【招摇撞骗罪】冒充国家机关工作人员招摇撞骗的,处三年以下有期徒刑、拘役、管制或者剥夺政治权利;情节严重的,处三年以上十年以下有期徒刑。

冒充人民警察招摇撞骗的,依照前款的规定从重处罚。

第二百八十条　【伪造、变造、买卖国家机关公文、证件、印章罪】【盗窃、抢夺、毁灭国家机关公文、证件、印章罪】伪造、变造、买卖或者盗窃、抢夺、毁灭国家机关的公文、证件、印章的,处三年以下有期徒刑、拘役、管制或者剥夺政治权利,并处罚金;情节严重的,处三年以上十年以下有期徒刑,并处罚金。

【伪造公司、企业、事业单位、人民团体印章罪】伪造公司、企业、事业单位、人民团体的印章的,处三年以下有期徒刑、拘役、管制或者剥夺政治权利,并处罚金。

【伪造、变造、买卖身份证件罪】伪造、变造、买卖居民身份证、护照、社会保障卡、驾驶证等依法可以用于证明身份的证件的,处三年以下有期徒刑、拘役、管制或者剥夺政治权利,并处罚金;情节严重的,处三年以上七年以下有期徒刑,并处罚金。[③]

第二百八十条之一　【使用虚假身份证件、盗用身份证件罪】在依照国家规定应当提供身份证明的活动中,使用伪造、变造的或者盗用他人的居民身份证、护照、社会保障卡、驾驶证等依法可以用于证明身份的证件,情节严重的,处拘役或者管制,并处或者单处罚金。

有前款行为,同时构成其他犯罪的,依照处罚较重的规定定罪处罚。[④]

第二百八十条之二　【冒名顶替罪】盗用、冒用他人身份,顶替他人取得的高等学历教育入学资格、公务员录

---

① 根据2011年2月25日《中华人民共和国刑法修正案(八)》增加。

② 根据2015年8月29日《中华人民共和国刑法修正案(九)》增加一款,作为第五款。

根据2020年12月26日《中华人民共和国刑法修正案(十一)》修改。原第五款条文为:"暴力袭击正在依法执行职务的人民警察的,依照第一款的规定从重处罚。"

③ 根据2015年8月29日《中华人民共和国刑法修正案(九)》修改。原条文为:"伪造、变造、买卖或者盗窃、抢夺、毁灭国家机关的公文、证件、印章的,处三年以下有期徒刑、拘役、管制或者剥夺政治权利;情节严重的,处三年以上十年以下有期徒刑。

"伪造公司、企业、事业单位、人民团体的印章的,处三年以下有期徒刑、拘役、管制或者剥夺政治权利。

"伪造、变造居民身份证的,处三年以下有期徒刑、拘役、管制或者剥夺政治权利;情节严重的,处三年以上七年以下有期徒刑。"

④ 根据2015年8月29日《中华人民共和国刑法修正案(九)》增加。

用资格、就业安置待遇的,处三年以下有期徒刑、拘役或者管制,并处罚金。

组织、指使他人实施前款行为的,依照前款的规定从重处罚。

国家工作人员有前两款行为,又构成其他犯罪的,依照数罪并罚的规定处罚。[1]

第二百八十一条 【非法生产、买卖警用装备罪】非法生产、买卖人民警察制式服装、车辆号牌等专用标志、警械,情节严重的,处三年以下有期徒刑、拘役或者管制,并处或者单处罚金。

单位犯前款罪的,对单位判处罚金,并对其直接负责的主管人员和其他直接责任人员,依照前款的规定处罚。

第二百八十二条 【非法获取国家秘密罪】以窃取、刺探、收买方法,非法获取国家秘密的,处三年以下有期徒刑、拘役、管制或者剥夺政治权利;情节严重的,处三年以上七年以下有期徒刑。

【非法持有国家绝密、机密文件、资料、物品罪】非法持有属于国家绝密、机密的文件、资料或者其他物品,拒不说明来源与用途的,处三年以下有期徒刑、拘役或者管制。

第二百八十三条 【非法生产、销售专用间谍器材、窃听、窃照专用器材罪】非法生产、销售专用间谍器材或者窃听、窃照专用器材的,处三年以下有期徒刑、拘役或者管制,并处或者单处罚金;情节严重的,处三年以上七年以下有期徒刑,并处罚金。

单位犯前款罪的,对单位判处罚金,并对其直接负责的主管人员和其他直接责任人员,依照前款的规定处罚。[2]

第二百八十四条 【非法使用窃听、窃照专用器材罪】非法使用窃听、窃照专用器材,造成严重后果的,处二年以下有期徒刑、拘役或者管制。

第二百八十四条之一 【组织考试作弊罪】在法律规定的国家考试中,组织作弊的,处三年以下有期徒刑或者拘役,并处或者单处罚金;情节严重的,处三年以上七年以下有期徒刑,并处罚金。

为他人实施前款犯罪提供作弊器材或者其他帮助的,依照前款的规定处罚。

【非法出售、提供试题、答案罪】为实施考试作弊行为,向他人非法出售或者提供第一款规定的考试的试题、答案的,依照第一款的规定处罚。

【代替考试罪】代替他人或者让他人代替自己参加第一款规定的考试的,处拘役或者管制,并处或者单处罚金。[3]

第二百八十五条 【非法侵入计算机信息系统罪】违反国家规定,侵入国家事务、国防建设、尖端科学技术领域的计算机信息系统的,处三年以下有期徒刑或者拘役。

【非法获取计算机信息系统数据、非法控制计算机信息系统罪】违反国家规定,侵入前款规定以外的计算机信息系统或者采用其他技术手段,获取该计算机信息系统中存储、处理或者传输的数据,或者对该计算机信息系统实施非法控制,情节严重的,处三年以下有期徒刑或者拘役,并处或者单处罚金;情节特别严重的,处三年以上七年以下有期徒刑,并处罚金。

【提供侵入、非法控制计算机信息系统程序、工具罪】提供专门用于侵入、非法控制计算机信息系统的程序、工具,或者明知他人实施侵入、非法控制计算机信息系统的违法犯罪行为而为其提供程序、工具,情节严重的,依照前款的规定处罚。

单位犯前三款罪的,对单位判处罚金,并对其直接负责的主管人员和其他直接责任人员,依照各该款的规定处罚。[4]

第二百八十六条 【破坏计算机信息系统罪】违反国家规定,对计算机信息系统功能进行删除、修改、增加、干扰,造成计算机信息系统不能正常运行,后果严重的,处五年以下有期徒刑或者拘役;后果特别严重的,处五年以上有期徒刑。

违反国家规定,对计算机信息系统中存储、处理或者传输的数据和应用程序进行删除、修改、增加的操作,后果严重的,依照前款的规定处罚。

故意制作、传播计算机病毒等破坏性程序,影响计算

---

[1] 根据 2020 年 12 月 26 日《中华人民共和国刑法修正案(十一)》增加。

[2] 根据 2015 年 8 月 29 日《中华人民共和国刑法修正案(九)》修改。原条文为:"非法生产、销售窃听、窃照等专用间谍器材的,处三年以下有期徒刑、拘役或者管制。"

[3] 根据 2015 年 8 月 29 日《中华人民共和国刑法修正案(九)》增加。

[4] 根据 2009 年 2 月 28 日《中华人民共和国刑法修正案(七)》增加两款,作为第二款、第三款。根据 2015 年 8 月 29 日《中华人民共和国刑法修正案(九)》增加一款,作为第四款。

机系统正常运行,后果严重的,依照第一款的规定处罚。

单位犯前三款罪的,对单位判处罚金,并对其直接负责的主管人员和其他直接责任人员,依照第一款的规定处罚。①

第二百八十六条之一　【拒不履行信息网络安全管理义务罪】网络服务提供者不履行法律、行政法规规定的信息网络安全管理义务,经监管部门责令采取改正措施而拒不改正,有下列情形之一的,处三年以下有期徒刑、拘役或者管制,并处或者单处罚金:

(一)致使违法信息大量传播的;

(二)致使用户信息泄露,造成严重后果的;

(三)致使刑事案件证据灭失,情节严重的;

(四)有其他严重情节的。

单位犯前款罪的,对单位判处罚金,并对其直接负责的主管人员和其他直接责任人员,依照前款的规定处罚。

有前两款行为,同时构成其他犯罪的,依照处罚较重的规定定罪处罚。②

第二百八十七条　【利用计算机实施犯罪的定罪处罚】利用计算机实施金融诈骗、盗窃、贪污、挪用公款、窃取国家秘密或者其他犯罪的,依照本法有关规定定罪处罚。

第二百八十七条之一　【非法利用信息网络罪】利用信息网络实施下列行为之一,情节严重的,处三年以下有期徒刑或者拘役,并处或者单处罚金:

(一)设立用于实施诈骗、传授犯罪方法、制作或者销售违禁物品、管制物品等违法犯罪活动的网站、通讯群组的;

(二)发布有关制作或者销售毒品、枪支、淫秽物品等违禁物品、管制物品或者其他违法犯罪信息的;

(三)为实施诈骗等违法犯罪活动发布信息的。

单位犯前款罪的,对单位判处罚金,并对其直接负责的主管人员和其他直接责任人员,依照第一款的规定处罚。

有前两款行为,同时构成其他犯罪的,依照处罚较重的规定定罪处罚。③

第二百八十七条之二　【帮助信息网络犯罪活动罪】明知他人利用信息网络实施犯罪,为其犯罪提供互联网接入、服务器托管、网络存储、通讯传输等技术支持,或者提供广告推广、支付结算等帮助,情节严重的,处三年以下有期徒刑或者拘役,并处或者单处罚金。

单位犯前款罪的,对单位判处罚金,并对其直接负责的主管人员和其他直接责任人员,依照第一款的规定处罚。

有前两款行为,同时构成其他犯罪的,依照处罚较重的规定定罪处罚。④

第二百八十八条　【扰乱无线电通讯管理秩序罪】违反国家规定,擅自设置、使用无线电台(站),或者擅自使用无线电频率,干扰无线电通讯秩序,情节严重的,处三年以下有期徒刑、拘役或者管制,并处或者单处罚金;情节特别严重的,处三年以上七年以下有期徒刑,并处罚金。⑤

单位犯前款罪的,对单位判处罚金,并对其直接负责的主管人员和其他直接责任人员,依照前款的规定处罚。

第二百八十九条　【故意伤害罪】【故意杀人罪】【抢劫罪】聚众"打砸抢",致人伤残、死亡的,依照本法第二百三十四条、第二百三十二条的规定定罪处罚。毁坏或者抢走公私财物的,除判令退赔外,对首要分子,依照本法第二百六十三条的规定定罪处罚。

第二百九十条　【聚众扰乱社会秩序罪】聚众扰乱社会秩序,情节严重,致使工作、生产、营业和教学、科研、医疗无法进行,造成严重损失的,对首要分子,处三年以上七年以下有期徒刑;对其他积极参加的,处三年以下有期徒刑、拘役、管制或者剥夺政治权利。

【聚众冲击国家机关罪】聚众冲击国家机关,致使国家机关工作无法进行,造成严重损失的,对首要分子,处五年以上十年以下有期徒刑;对其他积极参加的,处五年以下有期徒刑、拘役、管制或者剥夺政治权利。

【扰乱国家机关工作秩序罪】多次扰乱国家机关工作秩序,经行政处罚后仍不改正,造成严重后果的,处三年以下有期徒刑、拘役或者管制。

【组织、资助非法聚集罪】多次组织、资助他人非法聚

---

①　根据 2015 年 8 月 29 日《中华人民共和国刑法修正案(九)》增加一款,作为第四款。

②　根据 2015 年 8 月 29 日《中华人民共和国刑法修正案(九)》增加。

③　根据 2015 年 8 月 29 日《中华人民共和国刑法修正案(九)》增加。

④　根据 2015 年 8 月 29 日《中华人民共和国刑法修正案(九)》增加。

⑤　根据 2015 年 8 月 29 日《中华人民共和国刑法修正案(九)》修改。原第一款条文为:"违反国家规定,擅自设置、使用无线电台(站),或者擅自占用频率,经责令停止使用后拒不停止使用,干扰无线电通讯正常进行,造成严重后果的,处三年以下有期徒刑、拘役或者管制,并处或者单处罚金。"

集,扰乱社会秩序,情节严重的,依照前款的规定处罚。①

第二百九十一条 【**聚众扰乱公共场所秩序、交通秩序罪**】聚众扰乱车站、码头、民用航空站、商场、公园、影剧院、展览会、运动场或者其他公共场所秩序,聚众堵塞交通或者破坏交通秩序,抗拒、阻碍国家治安管理工作人员依法执行职务,情节严重的,对首要分子,处五年以下有期徒刑、拘役或者管制。

第二百九十一条之一 【**投放虚假危险物质罪**】【**编造、故意传播虚假恐怖信息罪**】投放虚假的爆炸性、毒害性、放射性、传染病病原体等物质,或者编造爆炸威胁、生化威胁、放射威胁等恐怖信息,或者明知是编造的恐怖信息而故意传播,严重扰乱社会秩序的,处五年以下有期徒刑、拘役或者管制;造成严重后果的,处五年以上有期徒刑。

【**编造、故意传播虚假信息罪**】编造虚假的险情、疫情、灾情、警情,在信息网络或者其他媒体上传播,或者明知是上述虚假信息,故意在信息网络或者其他媒体上传播,严重扰乱社会秩序的,处三年以下有期徒刑、拘役或者管制;造成严重后果的,处三年以上七年以下有期徒刑。②

第二百九十一条之二 【**高空抛物罪**】从建筑物或者其他高空抛掷物品,情节严重的,处一年以下有期徒刑、拘役或者管制,并处或者单处罚金。

有前款行为,同时构成其他犯罪的,依照处罚较重的规定定罪处罚。③

第二百九十二条 【**聚众斗殴罪**】聚众斗殴的,对首要分子和其他积极参加的,处三年以下有期徒刑、拘役或者管制;有下列情形之一的,对首要分子和其他积极参加的,处三年以上十年以下有期徒刑:

(一)多次聚众斗殴的;

(二)聚众斗殴人数多,规模大,社会影响恶劣的;

(三)在公共场所或者交通要道聚众斗殴,造成社会秩序严重混乱的;

(四)持械聚众斗殴的。

聚众斗殴,致人重伤、死亡的,依照本法第二百三十四条、第二百三十二条的规定定罪处罚。

第二百九十三条 【**寻衅滋事罪**】有下列寻衅滋事行为之一,破坏社会秩序的,处五年以下有期徒刑、拘役或者管制:

(一)随意殴打他人,情节恶劣的;

(二)追逐、拦截、辱骂、恐吓他人,情节恶劣的;

(三)强拿硬要或者任意损毁、占用公私财物,情节严重的;

(四)在公共场所起哄闹事,造成公共场所秩序严重混乱的。

纠集他人多次实施前款行为,严重破坏社会秩序的,处五年以上十年以下有期徒刑,可以并处罚金。④

第二百九十三条之一 【**催收非法债务罪**】有下列情形之一,催收高利放贷等产生的非法债务,情节严重的,处三年以下有期徒刑、拘役或者管制,并处或者单处罚金:

(一)使用暴力、胁迫方法的;

(二)限制他人人身自由或者侵入他人住宅的;

(三)恐吓、跟踪、骚扰他人的。⑤

第二百九十四条 【**组织、领导、参加黑社会性质组织罪**】组织、领导黑社会性质的组织的,处七年以上有期徒刑,并处没收财产;积极参加的,处三年以上七年以下有期徒刑,可以并处罚金或者没收财产;其他参加的,处三年以下有期徒刑、拘役、管制或者剥夺政治权利,可以并处罚金。

【**入境发展黑社会组织罪**】境外的黑社会组织的人员到中华人民共和国境内发展组织成员的,处三年以上十年以下有期徒刑。

【**包庇、纵容黑社会性质组织罪**】国家机关工作人员

---

① 根据2015年8月29日《中华人民共和国刑法修正案(九)》修改。原第一款条文为:"聚众扰乱社会秩序,情节严重,致使工作、生产、营业和教学、科研无法进行,造成严重损失的,对首要分子,处三年以上七年以下有期徒刑;对其他积极参加的,处三年以下有期徒刑、拘役、管制或者剥夺政治权利。"增加二款,作为第三款、第四款。

② 根据2001年12月29日《中华人民共和国刑法修正案(三)》增加。根据2015年8月29日《中华人民共和国刑法修正案(九)》增加一款,作为第二款。

③ 根据2020年12月26日《中华人民共和国刑法修正案(十一)》增加。

④ 根据2011年2月25日《中华人民共和国刑法修正案(八)》修改。原条文为:"有下列寻衅滋事行为之一,破坏社会秩序的,处五年以下有期徒刑、拘役或者管制:

"(一)随意殴打他人,情节恶劣的;

"(二)追逐、拦截、辱骂他人,情节恶劣的;

"(三)强拿硬要或者任意损毁、占用公私财物,情节严重的;

"(四)在公共场所起哄闹事,造成公共场所秩序严重混乱的。"

⑤ 根据2020年12月26日《中华人民共和国刑法修正案(十一)》增加。

包庇黑社会性质的组织，或者纵容黑社会性质的组织进行违法犯罪活动的，处五年以下有期徒刑；情节严重的，处五年以上有期徒刑。

犯前三款罪又有其他犯罪行为的，依照数罪并罚的规定处罚。

黑社会性质的组织应当同时具备以下特征：

（一）形成较稳定的犯罪组织，人数较多，有明确的组织者、领导者，骨干成员基本固定；

（二）有组织地通过违法犯罪活动或者其他手段获取经济利益，具有一定的经济实力，以支持该组织的活动；

（三）以暴力、威胁或者其他手段，有组织地多次进行违法犯罪活动，为非作恶，欺压、残害群众；

（四）通过实施违法犯罪活动，或者利用国家工作人员的包庇或者纵容，称霸一方，在一定区域或者行业内，形成非法控制或者重大影响，严重破坏经济、社会生活秩序。①

第二百九十五条　【传授犯罪方法罪】传授犯罪方法的，处五年以下有期徒刑、拘役或者管制；情节严重的，处五年以上十年以下有期徒刑；情节特别严重的，处十年以上有期徒刑或者无期徒刑。②

第二百九十六条　【非法集会、游行、示威罪】举行集会、游行、示威，未依照法律规定申请或者申请未获许可，或者未按照主管机关许可的起止时间、地点、路线进行，又拒不服从解散命令，严重破坏社会秩序的，对集会、游行、示威的负责人和直接责任人员，处五年以下有期徒刑、拘役、管制或者剥夺政治权利。

第二百九十七条　【非法携带武器、管制刀具、爆炸物参加集会、游行、示威罪】违反法律规定，携带武器、管制刀具或者爆炸物参加集会、游行、示威的，处三年以下有期徒刑、拘役、管制或者剥夺政治权利。

第二百九十八条　【破坏集会、游行、示威罪】扰乱、冲击或者以其他方法破坏依法举行的集会、游行、示威，造成公共秩序混乱，处五年以下有期徒刑、拘役、管制或者剥夺政治权利。

第二百九十九条　【侮辱国旗、国徽、国歌罪】在公共场合，故意以焚烧、毁损、涂划、玷污、践踏等方式侮辱中华人民共和国国旗、国徽的，处三年以下有期徒刑、拘役、管制或者剥夺政治权利。

在公共场合，故意篡改中华人民共和国国歌歌词、曲谱，以歪曲、贬损方式奏唱国歌，或者以其他方式侮辱国歌，情节严重的，依照前款的规定处罚。③

第二百九十九条之一　【侵害英雄烈士名誉、荣誉罪】侮辱、诽谤或者以其他方式侵害英雄烈士的名誉、荣誉，损害社会公共利益，情节严重的，处三年以下有期徒刑、拘役、管制或者剥夺政治权利。④

第三百条　【组织、利用会道门、邪教组织、利用迷信破坏法律实施罪】组织、利用会道门、邪教组织或者利用迷信破坏国家法律、行政法规实施的，处三年以上七年以下有期徒刑，并处罚金；情节特别严重的，处七年以上有期徒刑或者无期徒刑，并处罚金或者没收财产；情节较轻的，处三年以下有期徒刑、拘役、管制或者剥夺政治权利，并处或者单处罚金。

【组织、利用会道门、邪教组织、利用迷信致人重伤、死亡罪】组织、利用会道门、邪教组织或者利用迷信蒙骗他人，致人重伤、死亡的，依照前款的规定处罚。

犯第一款罪又有奸淫妇女、诈骗财物等犯罪行为的，依照数罪并罚的规定处罚。⑤

第三百零一条　【聚众淫乱罪】聚众进行淫乱活动的，对首要分子或者多次参加的，处五年以下有期徒刑、

---

① 根据 2011 年 2 月 25 日《中华人民共和国刑法修正案（八）》修改。原条文为："组织、领导和积极参加以暴力、威胁或者其他手段，有组织地进行违法犯罪活动，称霸一方，为非作恶，欺压、残害群众，严重破坏经济、社会生活秩序的黑社会性质的组织的，处三年以上十年以下有期徒刑；其他参加的，处三年以下有期徒刑、拘役、管制或者剥夺政治权利。

"境外的黑社会组织的人员到中华人民共和国境内发展组织成员的，处三年以上十年以下有期徒刑。

"犯前两款罪又有其他犯罪行为的，依照数罪并罚的规定处罚。

"国家机关工作人员包庇黑社会性质的组织，或者纵容黑社会性质的组织进行违法犯罪活动的，处三年以下有期徒刑、拘役或者剥夺政治权利；情节严重的，处三年以上十年以下有期徒刑。"

② 根据 2011 年 2 月 25 日《中华人民共和国刑法修正案（八）》修改。原条文为："传授犯罪方法的，处五年以下有期徒刑、拘役或者管制；情节严重的，处五年以上有期徒刑；情节特别严重的，处无期徒刑或者死刑。"

③ 根据 2017 年 11 月 4 日《中华人民共和国刑法修正案（十）》增加第二款。原条文为："在公众场合故意以焚烧、毁损、涂划、玷污、践踏等方式侮辱中华人民共和国国旗、国徽的，处三年以下有期徒刑、拘役、管制或者剥夺政治权利。"

④ 根据 2020 年 12 月 26 日《中华人民共和国刑法修正案（十一）》增加。

⑤ 根据 2015 年 8 月 29 日《中华人民共和国刑法修正案（九）》修改。原条文为："组织和利用会道门、邪教组织或者利用迷信破坏国家法律、行政法规实施的，处三年以上七年以下有期徒刑；情节特别严重的，处七年以上有期徒刑。

"组织和利用会道门、邪教组织或者利用迷信蒙骗他人，致人死亡的，依照前款的规定处罚。

"组织和利用会道门、邪教组织或者利用迷信奸淫妇女、诈骗财物的，分别依照本法第二百三十六条、第二百六十六条的规定定罪处罚。"

拘役或者管制。

【引诱未成年人聚众淫乱罪】引诱未成年人参加聚众淫乱活动的,依照前款的规定从重处罚。

第三百零二条　【盗窃、侮辱、故意毁坏尸体、尸骨、骨灰罪】盗窃、侮辱、故意毁坏尸体、尸骨、骨灰的,处三年以下有期徒刑、拘役或者管制。①

第三百零三条　【赌博罪】以营利为目的,聚众赌博或者以赌博为业的,处三年以下有期徒刑、拘役或者管制,并处罚金。

【开设赌场罪】开设赌场的,处五年以下有期徒刑、拘役或者管制,并处罚金;情节严重的,处五年以上十年以下有期徒刑,并处罚金。

【组织参与国(境)外赌博罪】组织中华人民共和国公民参与国(境)外赌博,数额巨大或者有其他严重情节的,依照前款的规定处罚。②

第三百零四条　【故意延误投递邮件罪】邮政工作人员严重不负责任,故意延误投递邮件,致使公共财产、国家和人民利益遭受重大损失的,处二年以下有期徒刑或者拘役。

第二节　妨害司法罪

第三百零五条　【伪证罪】在刑事诉讼中,证人、鉴定人、记录人、翻译人对与案件有重要关系的情节,故意作虚假证明、鉴定、记录、翻译,意图陷害他人或者隐匿罪证的,处三年以下有期徒刑或者拘役;情节严重的,处三年以上七年以下有期徒刑。

第三百零六条　【辩护人、诉讼代理人毁灭证据、伪造证据、妨害作证罪】在刑事诉讼中,辩护人、诉讼代理人毁灭、伪造证据,帮助当事人毁灭、伪造证据,威胁、引诱证人违背事实改变证言或者作伪证的,处三年以下有期徒刑或者拘役;情节严重的,处三年以上七年以下有期徒刑。

辩护人、诉讼代理人提供、出示、引用的证人证言或者其他证据失实,不是有意伪造的,不属于伪造证据。

第三百零七条　【妨害作证罪】以暴力、威胁、贿买等方法阻止证人作证或者指使他人作伪证的,处三年以下有期徒刑或者拘役;情节严重的,处三年以上七年以下

有期徒刑。

【帮助毁灭、伪造证据罪】帮助当事人毁灭、伪造证据,情节严重的,处三年以下有期徒刑或者拘役。

司法工作人员犯前两款罪的,从重处罚。

第三百零七条之一　【虚假诉讼罪】以捏造的事实提起民事诉讼,妨害司法秩序或者严重侵害他人合法权益的,处三年以下有期徒刑、拘役或者管制,并处或者单处罚金;情节严重的,处三年以上七年以下有期徒刑,并处罚金。

单位犯前款罪的,对单位判处罚金,并对其直接负责的主管人员和其他直接责任人员,依照前款的规定处罚。

有第一款行为,非法占有他人财产或者逃避合法债务,又构成其他犯罪的,依照处罚较重的规定定罪从重处罚。

司法工作人员利用职权,与他人共同实施前三款行为的,从重处罚;同时构成其他犯罪的,依照处罚较重的规定定罪从重处罚。③

第三百零八条　【打击报复证人罪】对证人进行打击报复的,处三年以下有期徒刑或者拘役;情节严重的,处三年以上七年以下有期徒刑。

第三百零八条之一　【泄露不应公开的案件信息罪】司法工作人员、辩护人、诉讼代理人或者其他诉讼参与人,泄露依法不公开审理的案件中不应当公开的信息,造成信息公开传播或者其他严重后果的,处三年以下有期徒刑、拘役或者管制,并处或者单处罚金。

有前款行为,泄露国家秘密的,依照本法第三百九十八条的规定定罪处罚。

【披露、报道不应公开的案件信息罪】公开披露、报道第一款规定的案件信息,情节严重的,依照第一款的规定处罚。

单位犯前款罪的,对单位判处罚金,并对其直接负责的主管人员和其他直接责任人员,依照第一款的规定处罚。④

第三百零九条　【扰乱法庭秩序罪】有下列扰乱法庭秩序情形之一的,处三年以下有期徒刑、拘役、管制或者罚金:

(一)聚众哄闹、冲击法庭的;

---

①　根据 2015 年 8 月 29 日《中华人民共和国刑法修正案(九)》修改。原条文为:"盗窃、侮辱尸体的,处三年以下有期徒刑、拘役或者管制。"

②　根据 2006 年 6 月 29 日《中华人民共和国刑法修正案(六)》第一次修改。原条文为:"以营利为目的,聚众赌博、开设赌场或者以赌博为业的,处三年以下有期徒刑、拘役或者管制,并处罚金。

根据 2020 年 12 月 26 日《中华人民共和国刑法修正案(十一)》第二次修改。原条文为:"以营利为目的,聚众赌博或者以赌博为业的,处三年以下有期徒刑、拘役或者管制,并处罚金。

"开设赌场的,处三年以下有期徒刑、拘役或者管制,并处罚金;情节严重的,处三年以上十年以下有期徒刑,并处罚金。"

③　根据 2015 年 8 月 29 日《中华人民共和国刑法修正案(九)》增加。

④　根据 2015 年 8 月 29 日《中华人民共和国刑法修正案(九)》增加。

（二）殴打司法工作人员或者诉讼参与人的；

（三）侮辱、诽谤、威胁司法工作人员或者诉讼参与人，不听法庭制止，严重扰乱法庭秩序的；

（四）有毁坏法庭设施，抢夺、损毁诉讼文书、证据等扰乱法庭秩序行为，情节严重的。①

第三百一十条　【窝藏、包庇罪】明知是犯罪的人而为其提供隐藏处所、财物，帮助其逃匿或者作假证明包庇的，处三年以下有期徒刑、拘役或者管制；情节严重的，处三年以上十年以下有期徒刑。

犯前款罪，事前通谋的，以共同犯罪论处。

第三百一十一条　【拒绝提供间谍犯罪、恐怖主义犯罪、极端主义犯罪证据罪】明知他人有间谍犯罪或者恐怖主义、极端主义犯罪行为，在司法机关向其调查有关情况、收集有关证据时，拒绝提供，情节严重的，处三年以下有期徒刑、拘役或者管制。②

第三百一十二条　【掩饰、隐瞒犯罪所得、犯罪所得收益罪】明知是犯罪所得及其产生的收益而予以窝藏、转移、收购、代为销售或者以其他方法掩饰、隐瞒的，处三年以下有期徒刑、拘役或者管制，并处或者单处罚金；情节严重的，处三年以上七年以下有期徒刑，并处罚金。

单位犯前款罪的，对单位判处罚金，并对其直接负责的主管人员和其他直接责任人员，依照前款的规定处罚。③

第三百一十三条　【拒不执行判决、裁定罪】对人民法院的判决、裁定有能力执行而拒不执行，情节严重的，处三年以下有期徒刑、拘役或者罚金；情节特别严重的，处三年以上七年以下有期徒刑，并处罚金。

单位犯前款罪的，对单位判处罚金，并对其直接负责的主管人员和其他直接责任人员，依照前款的规定处罚。④

第三百一十四条　【非法处置查封、扣押、冻结的财产罪】隐藏、转移、变卖、故意毁损已被司法机关查封、扣押、冻结的财产，情节严重的，处三年以下有期徒刑、拘役或者罚金。

第三百一十五条　【破坏监管秩序罪】依法被关押的罪犯，有下列破坏监管秩序行为之一，情节严重的，处

三年以下有期徒刑：

（一）殴打监管人员的；

（二）组织其他被监管人破坏监管秩序的；

（三）聚众闹事，扰乱正常监管秩序的；

（四）殴打、体罚或者指使他人殴打、体罚其他被监管人的。

第三百一十六条　【脱逃罪】依法被关押的罪犯、被告人、犯罪嫌疑人脱逃的，处五年以下有期徒刑或者拘役。

【劫夺被押解人员罪】劫夺押解途中的罪犯、被告人、犯罪嫌疑人的，处三年以上七年以下有期徒刑；情节严重的，处七年以上有期徒刑。

第三百一十七条　【组织越狱罪】组织越狱的首要分子和积极参加的，处五年以上有期徒刑；其他参加的，处五年以下有期徒刑或者拘役。

【暴动越狱罪】【聚众持械劫狱罪】暴动越狱或者聚众持械劫狱的首要分子和积极参加的，处十年以上有期徒刑或者无期徒刑；情节特别严重的，处死刑；其他参加的，处三年以上十年以下有期徒刑。

第三节　妨害国（边）境管理罪

第三百一十八条　【组织他人偷越国（边）境罪】组织他人偷越国（边）境的，处二年以上七年以下有期徒刑，并处罚金；有下列情形之一的，处七年以上有期徒刑或者无期徒刑，并处罚金或者没收财产：

（一）组织他人偷越国（边）境集团的首要分子；

（二）多次组织他人偷越国（边）境或者组织他人偷越国（边）境人数众多的；

（三）造成被组织人重伤、死亡的；

（四）剥夺或者限制被组织人人身自由的；

（五）以暴力、威胁方法抗拒检查的；

（六）违法所得数额巨大的；

（七）有其他特别严重情节的。

犯前款罪，对被组织人有杀害、伤害、强奸、拐卖等犯罪行为，或者对检查人员有杀害、伤害等犯罪行为的，依

---

①　根据 2015 年 8 月 29 日《中华人民共和国刑法修正案（九）》修改。原条文为："聚众哄闹、冲击法庭，或者殴打司法工作人员，严重扰乱法庭秩序的，处三年以下有期徒刑、拘役、管制或者罚金。"

②　根据 2015 年 8 月 29 日《中华人民共和国刑法修正案（九）》修改。原条文为："明知他人有间谍犯罪行为，在国家安全机关向其调查有关情况、收集有关证据时，拒绝提供，情节严重的，处三年以下有期徒刑、拘役或者管制。"

③　根据 2006 年 6 月 29 日《中华人民共和国刑法修正案（六）》修改。原条文为："明知是犯罪所得的赃物而予以窝藏、转移、收购或者代为销售的，处三年以下有期徒刑、拘役或者管制，并处或者单处罚金。"

根据 2009 年 2 月 28 日《中华人民共和国刑法修正案（七）》增加一款，作为第二款。

④　根据 2015 年 8 月 29 日《中华人民共和国刑法修正案（九）》修改。原条文为："对人民法院的判决、裁定有能力执行而拒不执行，情节严重的，处三年以下有期徒刑、拘役或者罚金。"

照数罪并罚的规定处罚。

第三百一十九条 【骗取出境证件罪】以劳务输出、经贸往来或者其他名义，弄虚作假，骗取护照、签证等出境证件，为组织他人偷越国（边）境使用的，处三年以下有期徒刑，并处罚金；情节严重的，处三年以上十年以下有期徒刑，并处罚金。

单位犯前款罪的，对单位判处罚金，并对其直接负责的主管人员和其他直接责任人员，依照前款的规定处罚。

第三百二十条 【提供伪造、变造的出入境证件罪】【出售出入境证件罪】为他人提供伪造、变造的护照、签证等出入境证件，或者出售护照、签证等出入境证件的，处五年以下有期徒刑，并处罚金；情节严重的，处五年以上有期徒刑，并处罚金。

第三百二十一条 【运送他人偷越国（边）境罪】运送他人偷越国（边）境的，处五年以下有期徒刑、拘役或者管制，并处罚金；有下列情形之一的，处五年以上十年以下有期徒刑，并处罚金：

（一）多次实施运送行为或者运送人数众多的；

（二）所使用的船只、车辆等交通工具不具备必要的安全条件，足以造成严重后果的；

（三）违法所得数额巨大的；

（四）有其他特别严重情节的。

在运送他人偷越国（边）境中造成被运送人重伤、死亡，或者以暴力、威胁方法抗拒检查的，处七年以上有期徒刑，并处罚金。

犯前两款罪，对被运送人有杀害、伤害、强奸、拐卖等犯罪行为，或者对检查人员有杀害、伤害等犯罪行为的，依照数罪并罚的规定处罚。

第三百二十二条 【偷越国（边）境罪】违反国（边）境管理法规，偷越国（边）境，情节严重的，处一年以下有期徒刑、拘役或者管制，并处罚金；为参加恐怖活动组织、接受恐怖活动培训或者实施恐怖活动，偷越国（边）境的，处一年以上三年以下有期徒刑，并处罚金。①

第三百二十三条 【破坏界碑、界桩罪】【破坏永久性测量标志罪】故意破坏国家边境的界碑、界桩或者永久性测量标志的，处三年以下有期徒刑或者拘役。

第四节　妨害文物管理罪

第三百二十四条 【故意损毁文物罪】故意损毁国家保护的珍贵文物或者被确定为全国重点文物保护单位、省级文物保护单位的文物的，处三年以下有期徒刑或者拘役，并处或者单处罚金；情节严重的，处三年以上十年以下有期徒刑，并处罚金。

【故意损毁名胜古迹罪】故意损毁国家保护的名胜古迹，情节严重的，处五年以下有期徒刑或者拘役，并处或者单处罚金。

【过失损毁文物罪】过失损毁国家保护的珍贵文物或者被确定为全国重点文物保护单位、省级文物保护单位的文物，造成严重后果的，处三年以下有期徒刑或者拘役。

第三百二十五条 【非法向外国人出售、赠送珍贵文物罪】违反文物保护法规，将收藏的国家禁止出口的珍贵文物私自出售或者私自赠送给外国人的，处五年以下有期徒刑或者拘役，可以并处罚金。

单位犯前款罪的，对单位判处罚金，并对其直接负责的主管人员和其他直接责任人员，依照前款的规定处罚。

第三百二十六条 【倒卖文物罪】以牟利为目的，倒卖国家禁止经营的文物，情节严重的，处五年以下有期徒刑或者拘役，并处罚金；情节特别严重的，处五年以上十年以下有期徒刑，并处罚金。

单位犯前款罪的，对单位判处罚金，并对其直接负责的主管人员和其他直接责任人员，依照前款的规定处罚。

第三百二十七条 【非法出售、私赠文物藏品罪】违反文物保护法规，国有博物馆、图书馆等单位将国家保护的文物藏品出售或者私自送给非国有单位或者个人的，对单位判处罚金，并对其直接负责的主管人员和其他直接责任人员，处三年以下有期徒刑或者拘役。

第三百二十八条 【盗掘古文化遗址、古墓葬罪】盗掘具有历史、艺术、科学价值的古文化遗址、古墓葬的，处三年以上十年以下有期徒刑，并处罚金；情节较轻的，处三年以下有期徒刑、拘役或者管制，并处罚金；有下列情形之一的，处十年以上有期徒刑或者无期徒刑，并处罚金或者没收财产：

（一）盗掘确定为全国重点文物保护单位和省级文物保护单位的古文化遗址、古墓葬的；

（二）盗掘古文化遗址、古墓葬集团的首要分子；

（三）多次盗掘古文化遗址、古墓葬的；

（四）盗掘古文化遗址、古墓葬，并盗窃珍贵文物或

---

① 根据 2015 年 8 月 29 日《中华人民共和国刑法修正案（九）》修改。原条文为："违反国（边）境管理法规，偷越国（边）境，情节严重的，处一年以下有期徒刑、拘役或者管制，并处罚金。"

者造成珍贵文物严重破坏的。①

【盗掘古人类化石、古脊椎动物化石罪】盗掘国家保护的具有科学价值的古人类化石和古脊椎动物化石的，依照前款的规定处罚。

第三百二十九条 【抢夺、窃取国有档案罪】抢夺、窃取国家所有的档案的，处五年以下有期徒刑或者拘役。

【擅自出卖、转让国有档案罪】违反档案法的规定，擅自出卖、转让国家所有的档案，情节严重的，处三年以下有期徒刑或者拘役。

有前两款行为，同时又构成本法规定的其他犯罪的，依照处罚较重的规定定罪处罚。

第五节　危害公共卫生罪

第三百三十条 【妨害传染病防治罪】违反传染病防治法的规定，有下列情形之一，引起甲类传染病以及依法确定采取甲类传染病预防、控制措施的传染病传播或者有传播严重危险的，处三年以下有期徒刑或者拘役；后果特别严重的，处三年以上七年以下有期徒刑：

（一）供水单位供应的饮用水不符合国家规定的卫生标准的；

（二）拒绝按照疾病预防控制机构提出的卫生要求，对传染病病原体污染的污水、污物、场所和物品进行消毒处理的；

（三）准许或者纵容传染病病人、病原携带者和疑似传染病病人从事国务院卫生行政部门规定禁止从事的易使该传染病扩散的工作的；

（四）出售、运输疫区中被传染病病原体污染或者可能被传染病病原体污染的物品，未进行消毒处理的；

（五）拒绝执行县级以上人民政府、疾病预防控制机构依照传染病防治法提出的预防、控制措施的。②

单位犯前款罪的，对单位判处罚金，并对其直接负责

的主管人员和其他直接责任人员，依照前款的规定处罚。

甲类传染病的范围，依照《中华人民共和国传染病防治法》和国务院有关规定确定。

第三百三十一条 【传染病菌种、毒种扩散罪】从事实验、保藏、携带、运输传染病菌种、毒种的人员，违反国务院卫生行政部门的有关规定，造成传染病菌种、毒种扩散，后果严重的，处三年以下有期徒刑或者拘役；后果特别严重的，处三年以上七年以下有期徒刑。

第三百三十二条 【妨害国境卫生检疫罪】违反国境卫生检疫规定，引起检疫传染病传播或者有传播严重危险的，处三年以下有期徒刑或者拘役，并处或者单处罚金。

单位犯前款罪的，对单位判处罚金，并对其直接负责的主管人员和其他直接责任人员，依照前款的规定处罚。

第三百三十三条 【非法组织卖血罪】【强迫卖血罪】非法组织他人出卖血液的，处五年以下有期徒刑，并处罚金；以暴力、威胁方法强迫他人出卖血液的，处五年以上十年以下有期徒刑，并处罚金。

有前款行为，对他人造成伤害的，依照本法第二百三十四条的规定定罪处罚。

第三百三十四条 【非法采集、供应血液、制作、供应血液制品罪】非法采集、供应血液或者制作、供应血液制品，不符合国家规定的标准，足以危害人体健康的，处五年以下有期徒刑或者拘役，并处罚金；对人体健康造成严重危害的，处五年以上十年以下有期徒刑，并处罚金；造成特别严重后果的，处十年以上有期徒刑或者无期徒刑，并处罚金或者没收财产。

【采集、供应血液、制作、供应血液制品事故罪】经国家主管部门批准采集、供应血液或者制作、供应血液制品的部门，不依照规定进行检测或者违背其他操作规定，造成危害他人身体健康后果的，对单位判处罚金，并对其直

---

① 根据 2011 年 2 月 25 日《中华人民共和国刑法修正案（八）》修改。原第一款条文为："盗掘具有历史、艺术、科学价值的古文化遗址、古墓葬的，处三年以上十年以下有期徒刑，并处罚金；情节较轻的，处三年以下有期徒刑、拘役或者管制，并处罚金；有下列情形之一的，处十年以上有期徒刑、无期徒刑或者死刑，并处罚金或者没收财产：

"（一）盗掘确定为全国重点文物保护单位和省级文物保护单位的古文化遗址、古墓葬的；

"（二）盗掘古文化遗址、古墓葬集团的首要分子；

"（三）多次盗掘古文化遗址、古墓葬的；

"（四）盗掘古文化遗址、古墓葬，并盗窃珍贵文物或者造成珍贵文物严重破坏的。"

② 根据 2020 年 12 月 26 日《中华人民共和国刑法修正案（十一）》修改。原第一款条文为："违反传染病防治法的规定，有下列情形之一，引起甲类传染病传播或者有传播严重危险的，处三年以下有期徒刑或者拘役；后果特别严重的，处三年以上七年以下有期徒刑：

"（一）供水单位供应的饮用水不符合国家规定的卫生标准的；

"（二）拒绝按照卫生防疫机构提出的卫生要求，对传染病病原体污染的污水、污物、粪便进行消毒处理的；

"（三）准许或者纵容传染病病人、病原携带者和疑似传染病病人从事国务院卫生行政部门规定禁止从事的易使该传染病扩散的工作的；

"（四）拒绝执行卫生防疫机构依照传染病防治法提出的预防、控制措施的。"

接负责的主管人员和其他直接责任人员,处五年以下有期徒刑或者拘役。

第三百三十四条之一　【**非法采集人类遗传资源、走私人类遗传资源材料罪**】违反国家有关规定,非法采集我国人类遗传资源或者非法运送、邮寄、携带我国人类遗传资源材料出境,危害公众健康或者社会公共利益,情节严重的,处三年以下有期徒刑、拘役或者管制,并处或者单处罚金;情节特别严重的,处三年以上七年以下有期徒刑,并处罚金。①

第三百三十五条　【**医疗事故罪**】医务人员由于严重不负责任,造成就诊人死亡或者严重损害就诊人身体健康的,处三年以下有期徒刑或者拘役。

第三百三十六条　【**非法行医罪**】未取得医生执业资格的人非法行医,情节严重的,处三年以下有期徒刑、拘役或者管制,并处或者单处罚金;严重损害就诊人身体健康的,处三年以上十年以下有期徒刑,并处罚金;造成就诊人死亡的,处十年以上有期徒刑,并处罚金。

【**非法进行节育手术罪**】未取得医生执业资格的人擅自为他人进行节育复通手术、假节育手术、终止妊娠手术或者摘取宫内节育器,情节严重的,处三年以下有期徒刑、拘役或者管制,并处或者单处罚金;严重损害就诊人身体健康的,处三年以上十年以下有期徒刑,并处罚金;造成就诊人死亡的,处十年以上有期徒刑,并处罚金。

第三百三十六条之一　【**非法植入基因编辑、克隆胚胎罪**】将基因编辑、克隆的人类胚胎植入人体或者动物体内,或者将基因编辑、克隆的动物胚胎植入人体内,情节严重的,处三年以下有期徒刑或者拘役,并处罚金;情节特别严重的,处三年以上七年以下有期徒刑,并处罚金。②

第三百三十七条　【**妨害动植物防疫、检疫罪**】违反有关动植物防疫、检疫的国家规定,引起重大动植物疫情的,或者有引起重大动植物疫情危险,情节严重的,处三年以下有期徒刑或者拘役,并处或者单处罚金。③

单位犯前款罪的,对单位判处罚金,并对其直接负责的主管人员和其他直接责任人员,依照前款的规定处罚。

第六节　破坏环境资源保护罪

第三百三十八条　【**污染环境罪**】违反国家规定,排放、倾倒或者处置有放射性的废物、含传染病病原体的废物、有毒物质或者其他有害物质,严重污染环境的,处三年以下有期徒刑或者拘役,并处或者单处罚金;情节严重的,处三年以上七年以下有期徒刑,并处罚金;有下列情形之一的,处七年以上有期徒刑,并处罚金:

(一)在饮用水水源保护区、自然保护地核心保护区等依法确定的重点保护区域排放、倾倒、处置有放射性的废物、含传染病病原体的废物、有毒物质,情节特别严重的;

(二)向国家确定的重要江河、湖泊水域排放、倾倒、处置有放射性的废物、含传染病病原体的废物、有毒物质,情节特别严重的;

(三)致使大量永久基本农田基本功能丧失或者遭受永久性破坏的;

(四)致使多人重伤、严重疾病,或者致人严重残疾、死亡的。

有前款行为,同时构成其他犯罪的,依照处罚较重的规定定罪处罚。④

第三百三十九条　【**非法处置进口的固体废物罪**】违反国家规定,将境外的固体废物进境倾倒、堆放、处置的,处五年以下有期徒刑或者拘役,并处罚金;造成重大环境污染事故,致使公私财产遭受重大损失或者严重危害人体健康的,处五年以上十年以下有期徒刑,并处罚金;后果特别严重的,处十年以上有期徒刑,并处罚金。

【**擅自进口固体废物罪**】未经国务院有关主管部门许可,擅自进口固体废物用作原料,造成重大环境污染事故,致使公私财产遭受重大损失或者严重危害人体健康的,处五年以下有期徒刑或者拘役,并处罚金;后果特别严重的,处五年以上十年以下有期徒刑,并处罚金。

以原料利用为名,进口不能用作原料的固体废物、液态废物和气态废物的,依照本法第一百五十二条第二款、

---

①　根据 2020 年 12 月 26 日《中华人民共和国刑法修正案(十一)》增加。

②　根据 2020 年 12 月 26 日《中华人民共和国刑法修正案(十一)》增加。

③　根据 2009 年 2 月 28 日《中华人民共和国刑法修正案(七)》修改。原第一款条文为:"违反进出境动植物检疫法的规定,逃避动植物检疫,引起重大动植物疫情的,处三年以下有期徒刑或者拘役,并处或者单处罚金。"

④　根据 2011 年 2 月 25 日《中华人民共和国刑法修正案(八)》第一次修改。原条文为:"违反国家规定,向土地、水体、大气排放、倾倒或者处置有放射性的废物、含传染病病原体的废物、有毒物质或者其他危险废物,造成重大环境污染事故,致使公私财产遭受重大损失或者人身伤亡的严重后果的,处三年以下有期徒刑或者拘役,并处或者单处罚金;后果特别严重的,处三年以上七年以下有期徒刑,并处罚金。"

根据 2020 年 12 月 26 日《中华人民共和国刑法修正案(十一)》第二次修改。原条文为:"违反国家规定,排放、倾倒或者处置有放射性的废物、含传染病病原体的废物、有毒物质或者其他有害物质,严重污染环境的,处三年以下有期徒刑或者拘役,并处或者单处罚金;后果特别严重的,处三年以上七年以下有期徒刑,并处罚金。"

第三款的规定定罪处罚。①

第三百四十条　【非法捕捞水产品罪】违反保护水产资源法规,在禁渔区、禁渔期或者使用禁用的工具、方法捕捞水产品,情节严重的,处三年以下有期徒刑、拘役、管制或者罚金。

第三百四十一条　【危害珍贵、濒危野生动物罪】非法猎捕、杀害国家重点保护的珍贵、濒危野生动物的,或者非法收购、运输、出售国家重点保护的珍贵、濒危野生动物及其制品的,处五年以下有期徒刑或者拘役,并处罚金;情节严重的,处五年以上十年以下有期徒刑,并处罚金;情节特别严重的,处十年以上有期徒刑,并处罚金或者没收财产。

【非法狩猎罪】违反狩猎法规,在禁猎区、禁猎期或者使用禁用的工具、方法进行狩猎,破坏野生动物资源,情节严重的,处三年以下有期徒刑、拘役、管制或者罚金。

【非法猎捕、收购、运输、出售陆生野生动物罪】违反野生动物保护管理法规,以食用为目的非法猎捕、收购、运输、出售第一款规定以外的在野外环境自然生长繁殖的陆生野生动物,情节严重的,依照前款的规定处罚。②

第三百四十二条　【非法占用农用地罪】违反土地管理法规,非法占用耕地、林地等农用地,改变被占用土地用途,数量较大,造成耕地、林地等农用地大量毁坏的,处五年以下有期徒刑或者拘役,并处或者单处罚金。③

第三百四十二条之一　【破坏自然保护地罪】违反自然保护地管理法规,在国家公园、国家级自然保护区进行开垦、开发活动或者修建建筑物,造成严重后果或者有其他恶劣情节的,处五年以下有期徒刑或者拘役,并处或者单处罚金。

有前款行为,同时构成其他犯罪的,依照处罚较重的规定定罪处罚。④

第三百四十三条　【非法采矿罪】违反矿产资源法的规定,未取得采矿许可证擅自采矿,擅自进入国家规划矿区、对国民经济具有重要价值的矿区和他人矿区范围采矿,或者擅自开采国家规定实行保护性开采的特定矿种,情节严重的,处三年以下有期徒刑、拘役或者管制,并处或者单处罚金;情节特别严重的,处三年以上七年以下有期徒刑,并处罚金。⑤

【破坏性采矿罪】违反矿产资源法的规定,采取破坏性的开采方法开采矿产资源,造成矿产资源严重破坏的,处五年以下有期徒刑或者拘役,并处罚金。

第三百四十四条　【危害国家重点保护植物罪】违反国家规定,非法采伐、毁坏珍贵树木或者国家重点保护的其他植物的,或者非法收购、运输、加工、出售珍贵树木或者国家重点保护的其他植物及其制品的,处三年以下有期徒刑、拘役或者管制,并处罚金;情节严重的,处三年以上七年以下有期徒刑,并处罚金。⑥

第三百四十四条之一　【非法引进、释放、丢弃外来入侵物种罪】违反国家规定,非法引进、释放或者丢弃外来入侵物种,情节严重的,处三年以下有期徒刑或者拘役,并处或者单处罚金。⑦

第三百四十五条　【盗伐林木罪】盗伐森林或者其他林木,数量较大的,处三年以下有期徒刑、拘役或者管制,并处或者单处罚金;数量巨大的,处三年以上七年以下有期徒刑,并处罚金;数量特别巨大的,处七年以上有期徒刑,并处罚金。

【滥伐林木罪】违反森林法的规定,滥伐森林或者其他林木,数量较大的,处三年以下有期徒刑、拘役或者管制,并处或者单处罚金;数量巨大的,处三年以上七年以下有期徒刑,并处罚金。

【非法收购、运输盗伐、滥伐的林木罪】非法收购、运输明知是盗伐、滥伐的林木,情节严重的,处三年以下有期徒刑、拘役或者管制,并处或者单处罚金;情节特别严

---

①　根据 2002 年 12 月 28 日《中华人民共和国刑法修正案(四)》修改。原第三款条文为:"以原料利用为名,进口不能用作原料的固体废物的,依照本法第一百五十五条的规定定罪处罚。"

②　根据 2020 年 12 月 26 日《中华人民共和国刑法修正案(十一)》增加。

③　根据 2001 年 8 月 31 日《中华人民共和国刑法修正案(二)》修改。原条文为:"违反土地管理法规,非法占用耕地改作他用,数量较大,造成耕地大量毁坏的,处五年以下有期徒刑或者拘役,并处或者单处罚金。"

④　根据 2020 年 12 月 26 日《中华人民共和国刑法修正案(十一)》增加。

⑤　根据 2011 年 2 月 25 日《中华人民共和国刑法修正案(八)》修改。原第一款条文为:"违反矿产资源法的规定,未取得采矿许可证擅自采矿的,擅自进入国家规划矿区、对国民经济具有重要价值的矿区和他人矿区范围采矿的,擅自开采国家规定实行保护性开采的特定矿种,经责令停止开采后拒不停止开采,造成矿产资源破坏的,处三年以下有期徒刑、拘役或者管制,并处或者单处罚金;造成矿产资源严重破坏的,处三年以上七年以下有期徒刑,并处罚金。"

⑥　根据 2002 年 12 月 28 日《中华人民共和国刑法修正案(四)》修改。原条文为:"违反森林法的规定,非法采伐、毁坏珍贵树木的,处三年以下有期徒刑、拘役或者管制,并处罚金;情节严重的,处三年以上七年以下有期徒刑,并处罚金。"

⑦　根据 2020 年 12 月 26 日《中华人民共和国刑法修正案(十一)》增加。

重的，处三年以上七年以下有期徒刑，并处罚金。

盗伐、滥伐国家级自然保护区内的森林或者其他林木的，从重处罚。①

第三百四十六条　【单位犯破坏环境资源保护罪的处罚规定】单位犯本节第三百三十八条至第三百四十五条规定之罪的，对单位判处罚金，并对其直接负责的主管人员和其他直接责任人员，依照本节各该条的规定处罚。

第七节　走私、贩卖、运输、制造毒品罪

第三百四十七条　【走私、贩卖、运输、制造毒品罪】走私、贩卖、运输、制造毒品，无论数量多少，都应当追究刑事责任，予以刑事处罚。

走私、贩卖、运输、制造毒品，有下列情形之一的，处十五年有期徒刑、无期徒刑或者死刑，并处没收财产：

（一）走私、贩卖、运输、制造鸦片一千克以上、海洛因或者甲基苯丙胺五十克以上或者其他毒品数量大的；

（二）走私、贩卖、运输、制造毒品集团的首要分子；

（三）武装掩护走私、贩卖、运输、制造毒品的；

（四）以暴力抗拒检查、拘留、逮捕，情节严重的；

（五）参与有组织的国际贩毒活动的。

走私、贩卖、运输、制造鸦片二百克以上不满一千克、海洛因或者甲基苯丙胺十克以上不满五十克或者其他毒品数量较大的，处七年以上有期徒刑，并处罚金。

走私、贩卖、运输、制造鸦片不满二百克、海洛因或者甲基苯丙胺不满十克或者其他少量毒品的，处三年以下有期徒刑、拘役或者管制，并处罚金；情节严重的，处三年以上七年以下有期徒刑，并处罚金。

单位犯第二款、第三款、第四款罪的，对单位判处罚金，并对其直接负责的主管人员和其他直接责任人员，依照各该款的规定处罚。

利用、教唆未成年人走私、贩卖、运输、制造毒品，或者向未成年人出售毒品的，从重处罚。

对多次走私、贩卖、运输、制造毒品，未经处理的，毒品数量累计计算。

第三百四十八条　【非法持有毒品罪】非法持有鸦片一千克以上、海洛因或者甲基苯丙胺五十克以上或者其他毒品数量大的，处七年以上有期徒刑或者无期徒刑，并处罚金；非法持有鸦片二百克以上不满一千克、海洛因或者甲基苯丙胺十克以上不满五十克或者其他毒品数量较大的，处三年以下有期徒刑、拘役或者管制，并处罚金；情节严重的，处三年以上七年以下有期徒刑，并处罚金。

第三百四十九条　【包庇毒品犯罪分子罪】【窝藏、转移、隐瞒毒品、毒赃罪】包庇走私、贩卖、运输、制造毒品的犯罪分子的，为犯罪分子窝藏、转移、隐瞒毒品或者犯罪所得的财物的，处三年以下有期徒刑、拘役或者管制；情节严重的，处三年以上十年以下有期徒刑。

缉毒人员或者其他国家机关工作人员掩护、包庇走私、贩卖、运输、制造毒品的犯罪分子的，依照前款的规定从重处罚。

犯前两款罪，事先通谋的，以走私、贩卖、运输、制造毒品罪的共犯论处。

第三百五十条　【非法生产、买卖、运输制毒物品、走私制毒物品罪】违反国家规定，非法生产、买卖、运输醋酸酐、乙醚、三氯甲烷或者其他用于制造毒品的原料、配剂，或者携带上述物品进出境，情节较重的，处三年以下有期徒刑、拘役或者管制，并处罚金；情节严重的，处三年以上七年以下有期徒刑，并处罚金；情节特别严重的，处七年以上有期徒刑，并处罚金或者没收财产。②

明知他人制造毒品而为其生产、买卖、运输前款规定的物品的，以制造毒品罪的共犯论处。

单位犯前两款罪的，对单位判处罚金，并对其直接负责的主管人员和其他直接责任人员，依照前两款的规定处罚。

第三百五十一条　【非法种植毒品原植物罪】非法种植罂粟、大麻等毒品原植物的，一律强制铲除。有下列情形之一的，处五年以下有期徒刑、拘役或者管制，并处罚金：

---

① 根据 2002 年 12 月 28 日《中华人民共和国刑法修正案（四）》修改。原条文为："盗伐森林或者其他林木，数量较大的，处三年以下有期徒刑、拘役或者管制，并处或者单处罚金；数量巨大的，处三年以上七年以下有期徒刑，并处罚金；数量特别巨大的，处七年以上有期徒刑，并处罚金。

"违反森林法的规定，滥伐森林或者其他林木，数量较大的，处三年以下有期徒刑、拘役或者管制，并处或者单处罚金；数量巨大的，处三年以上七年以下有期徒刑，并处罚金。

"以牟利为目的，在林区非法收购明知是盗伐、滥伐的林木，情节严重的，处三年以下有期徒刑、拘役或者管制，并处或者单处罚金；情节特别严重的，处三年以上七年以下有期徒刑，并处罚金。

"盗伐、滥伐国家级自然保护区内的森林或者其他林木的，从重处罚。"

② 根据 2015 年 8 月 29 日《中华人民共和国刑法修正案（九）》修改。原第一款、第二款条文为："违反国家规定，非法运输、携带醋酸酐、乙醚、三氯甲烷或者其他用于制造毒品的原料或者配剂进出境的，或者违反国家规定，在境内非法买卖上述物品的，处三年以下有期徒刑、拘役或者管制，并处罚金；数量大的，处三年以上十年以下有期徒刑，并处罚金。

"明知他人制造毒品而为其提供前款规定的物品的，以制造毒品罪的共犯论处。"

（一）种植罂粟五百株以上不满三千株或者其他毒品原植物数量较大的；

（二）经公安机关处理后又种植的；

（三）抗拒铲除的。

非法种植罂粟三千株以上或者其他毒品原植物数量大的，处五年以上有期徒刑，并处罚金或者没收财产。

非法种植罂粟或者其他毒品原植物，在收获前自动铲除的，可以免除处罚。

第三百五十二条　【非法买卖、运输、携带、持有毒品原植物种子、幼苗罪】非法买卖、运输、携带、持有未经灭活的罂粟等毒品原植物种子或者幼苗，数量较大的，处三年以下有期徒刑、拘役或者管制，并处或者单处罚金。

第三百五十三条　【引诱、教唆、欺骗他人吸毒罪】引诱、教唆、欺骗他人吸食、注射毒品的，处三年以下有期徒刑、拘役或者管制，并处罚金；情节严重的，处三年以上七年以下有期徒刑，并处罚金。

【强迫他人吸毒罪】强迫他人吸食、注射毒品的，处三年以上十年以下有期徒刑，并处罚金。

引诱、教唆、欺骗或者强迫未成年人吸食、注射毒品的，从重处罚。

第三百五十四条　【容留他人吸毒罪】容留他人吸食、注射毒品的，处三年以下有期徒刑、拘役或者管制，并处罚金。

第三百五十五条　【非法提供麻醉药品、精神药品罪】依法从事生产、运输、管理、使用国家管制的麻醉药品、精神药品的人员，违反国家规定，向吸食、注射毒品的人提供国家规定管制的能够使人形成瘾癖的麻醉药品、精神药品的，处三年以下有期徒刑或者拘役，并处罚金；情节严重的，处三年以上七年以下有期徒刑，并处罚金。向走私、贩卖毒品的犯罪分子或者以牟利为目的，向吸食、注射毒品的人提供国家规定管制的能够使人形成瘾癖的麻醉药品、精神药品的，依照本法第三百四十七条的

规定定罪处罚。

单位犯前款罪的，对单位判处罚金，并对其直接负责的主管人员和其他直接责任人员，依照前款的规定处罚。

第三百五十五条之一　【妨害兴奋剂管理罪】引诱、教唆、欺骗运动员使用兴奋剂参加国内、国际重大体育竞赛，或者明知运动员参加上述竞赛而向其提供兴奋剂，情节严重的，处三年以下有期徒刑或者拘役，并处罚金。

组织、强迫运动员使用兴奋剂参加国内、国际重大体育竞赛的，依照前款的规定从重处罚。①

第三百五十六条　【毒品犯罪的再犯】因走私、贩卖、运输、制造、非法持有毒品罪被判过刑，又犯本节规定之罪的，从重处罚。

第三百五十七条　【毒品犯罪及毒品数量的计算】本法所称的毒品，是指鸦片、海洛因、甲基苯丙胺（冰毒）、吗啡、大麻、可卡因以及国家规定管制的其他能够使人形成瘾癖的麻醉药品和精神药品。

毒品的数量以查证属实的走私、贩卖、运输、制造、非法持有毒品的数量计算，不以纯度折算。

第八节　组织、强迫、引诱、容留、介绍卖淫罪

第三百五十八条　【组织卖淫罪】【强迫卖淫罪】组织、强迫他人卖淫的，处五年以上十年以下有期徒刑，并处罚金；情节严重的，处十年以上有期徒刑或者无期徒刑，并处罚金或者没收财产。

组织、强迫未成年人卖淫的，依照前款的规定从重处罚。

犯前两款罪，并有杀害、伤害、强奸、绑架等犯罪行为的，依照数罪并罚的规定处罚。

【协助组织卖淫罪】为组织卖淫的人招募、运送人员或者有其他协助组织他人卖淫行为的，处五年以下有期徒刑，并处罚金；情节严重的，处五年以上十年以下有期徒刑，并处罚金。②

第三百五十九条　【引诱、容留、介绍卖淫罪】引诱、

---

① 根据 2020 年 12 月 26 日《中华人民共和国刑法修正案（十一）》增加。

② 根据 2011 年 2 月 25 日《中华人民共和国刑法修正案（八）》第一次修改。原第三款条文为："协助组织他人卖淫的，处五年以下有期徒刑，并处罚金；情节严重的，处五年以上十年以下有期徒刑，并处罚金。"

根据 2015 年 8 月 29 日《中华人民共和国刑法修正案（九）》第二次修改。原条文为："组织他人卖淫或者强迫他人卖淫的，处五年以上十年以下有期徒刑，并处罚金；有下列情形之一的，处十年以上有期徒刑或者无期徒刑，并处罚金或者没收财产：

"（一）组织他人卖淫，情节严重的；

"（二）强迫不满十四周岁的幼女卖淫的；

"（三）强迫多人卖淫或者多次强迫他人卖淫的；

"（四）强奸后迫使卖淫的；

"（五）造成被强迫卖淫的人重伤、死亡或者其他严重后果的。

"有前款所列情形之一，情节特别严重的，处无期徒刑或者死刑，并处没收财产。

"为组织卖淫的人招募、运送人员或者有其他协助组织他人卖淫行为的，处五年以下有期徒刑，并处罚金；情节严重的，处五年以上十年以下有期徒刑，并处罚金。"

容留、介绍他人卖淫的,处五年以下有期徒刑、拘役或者管制,并处罚金;情节严重的,处五年以上有期徒刑,并处罚金。

【引诱幼女卖淫罪】引诱不满十四周岁的幼女卖淫的,处五年以上有期徒刑,并处罚金。

第三百六十条 **【传播性病罪】**明知自己患有梅毒、淋病等严重性病卖淫、嫖娼的,处五年以下有期徒刑、拘役或者管制,并处罚金。①

第三百六十一条 **【利用本单位条件犯罪的定罪及处罚规定】**旅馆业、饮食服务业、文化娱乐业、出租汽车业等单位的人员,利用本单位的条件,组织、强迫、引诱、容留、介绍他人卖淫的,依照本法第三百五十八条、第三百五十九条的规定定罪处罚。

前款所列单位的主要负责人,犯前款罪的,从重处罚。

第三百六十二条 **【为违法犯罪分子通风报信的定罪及处罚】**旅馆业、饮食服务业、文化娱乐业、出租汽车业等单位的人员,在公安机关查处卖淫、嫖娼活动时,为违法犯罪分子通风报信,情节严重的,依照本法第三百一十条的规定定罪处罚。

第九节　制作、贩卖、传播淫秽物品罪

第三百六十三条 **【制作、复制、出版、贩卖、传播淫秽物品牟利罪】**以牟利为目的,制作、复制、出版、贩卖、传播淫秽物品的,处三年以下有期徒刑、拘役或者管制,并处罚金;情节严重的,处三年以上十年以下有期徒刑,并处罚金;情节特别严重的,处十年以上有期徒刑或者无期徒刑,并处罚金或者没收财产。

【为他人提供书号出版淫秽书刊罪】为他人提供书号,出版淫秽书刊的,处三年以下有期徒刑、拘役或者管制,并处或者单处罚金;明知他人用于出版淫秽书刊而提供书号的,依照前款的规定处罚。

第三百六十四条 **【传播淫秽物品罪】**传播淫秽的书刊、影片、音像、图片或者其他淫秽物品,情节严重的,处二年以下有期徒刑、拘役或者管制。

【组织播放淫秽音像制品罪】组织播放淫秽的电影、录像等音像制品的,处三年以下有期徒刑、拘役或者管制,并处罚金;情节严重的,处三年以上十年以下有期徒刑,并处罚金。

制作、复制淫秽的电影、录像等音像制品组织播放的,依照第二款的规定从重处罚。

向不满十八周岁的未成年人传播淫秽物品的,从重处罚。

第三百六十五条 **【组织淫秽表演罪】**组织进行淫秽表演的,处三年以下有期徒刑、拘役或者管制,并处罚金;情节严重的,处三年以上十年以下有期徒刑,并处罚金。

第三百六十六条 **【单位实施有关淫秽物品犯罪的处罚】**单位犯本节第三百六十三条、第三百六十四条、第三百六十五条规定之罪的,对单位判处罚金,并对其直接负责的主管人员和其他直接责任人员,依照各该条的规定处罚。

第三百六十七条 **【淫秽物品的界定】**本法所称淫秽物品,是指具体描绘性行为或者露骨宣扬色情的诲淫性的书刊、影片、录像带、录音带、图片及其他淫秽物品。

有关人体生理、医学知识的科学著作不是淫秽物品。

包含有色情内容的有艺术价值的文学、艺术作品不视为淫秽物品。

第七章　危害国防利益罪

第三百六十八条 **【阻碍军人执行职务罪】**以暴力、威胁方法阻碍军人依法执行职务的,处三年以下有期徒刑、拘役、管制或者罚金。

【阻碍军事行动罪】故意阻碍武装部队军事行动,造成严重后果的,处五年以下有期徒刑或者拘役。

第三百六十九条 **【破坏武器装备、军事设施、军事通信罪】**破坏武器装备、军事设施、军事通信的,处三年以下有期徒刑、拘役或者管制;破坏重要武器装备、军事设施、军事通信的,处三年以上十年以下有期徒刑;情节特别严重的,处十年以上有期徒刑、无期徒刑或者死刑。

【过失损坏武器装备、军事设施、军事通信罪】过失犯前款罪,造成严重后果的,处三年以下有期徒刑或者拘役;造成特别严重后果的,处三年以上七年以下有期徒刑。

战时犯前两款罪的,从重处罚。②

第三百七十条 **【故意提供不合格武器装备、军事设施罪】**明知是不合格的武器装备、军事设施而提供给武装部队的,处五年以下有期徒刑或者拘役;情节严重的,处

---

① 根据2015年8月29日《中华人民共和国刑法修正案(九)》修改,本条删去第二款。原第二款条文为:"嫖宿不满十四周岁的幼女的,处五年以上有期徒刑,并处罚金。"

② 根据2005年2月28日《中华人民共和国刑法修正案(五)》修改。原条文为:"破坏武器装备、军事设施、军事通信的,处三年以下有期徒刑、拘役或者管制;破坏重要武器装备、军事设施、军事通信的,处三年以上十年以下有期徒刑;情节特别严重的,处十年以上有期徒刑、无期徒刑或者死刑。战时从重处罚。"

五年以上十年以下有期徒刑;情节特别严重的,处十年以上有期徒刑、无期徒刑或者死刑。

【过失提供不合格武器装备、军事设施罪】过失犯前款罪,造成严重后果的,处三年以下有期徒刑或者拘役;造成特别严重后果的,处三年以上七年以下有期徒刑。

单位犯第一款罪的,对单位判处罚金,并对其直接负责的主管人员和其他直接责任人员,依照第一款的规定处罚。

第三百七十一条　【聚众冲击军事禁区罪】聚众冲击军事禁区,严重扰乱军事禁区秩序的,对首要分子,处五年以上十年以下有期徒刑;对其他积极参加的,处五年以下有期徒刑、拘役、管制或者剥夺政治权利。

【聚众扰乱军事管理区秩序罪】聚众扰乱军事管理区秩序,情节严重,致使军事管理区工作无法进行,造成严重损失的,对首要分子,处三年以上七年以下有期徒刑;对其他积极参加的,处三年以下有期徒刑、拘役、管制或者剥夺政治权利。

第三百七十二条　【冒充军人招摇撞骗罪】冒充军人招摇撞骗的,处三年以下有期徒刑、拘役、管制或者剥夺政治权利;情节严重的,处三年以上十年以下有期徒刑。

第三百七十三条　【煽动军人逃离部队罪】【雇用逃离部队军人罪】煽动军人逃离部队或者明知是逃离部队的军人而雇用,情节严重的,处三年以下有期徒刑、拘役或者管制。

第三百七十四条　【接送不合格兵员罪】在征兵工作中徇私舞弊,接送不合格兵员,情节严重的,处三年以下有期徒刑或者拘役;造成特别严重后果的,处三年以上七年以下有期徒刑。

第三百七十五条　【伪造、变造、买卖武装部队公文、证件、印章罪】【盗窃、抢夺武装部队公文、证件、印章罪】伪造、变造、买卖或者盗窃、抢夺武装部队公文、证件、印章的,处三年以下有期徒刑、拘役、管制或者剥夺政治权利;情节严重的,处三年以上十年以下有期徒刑。

【非法生产、买卖武装部队制式服装罪】非法生产、买卖武装部队制式服装,情节严重的,处三年以下有期徒刑、拘役或者管制,并处或者单处罚金。①

【伪造、盗窃、买卖、非法提供、非法使用武装部队专用标志罪】伪造、盗窃、买卖或者非法提供、使用武装部队车辆号牌等专用标志,情节严重的,处三年以下有期徒刑、拘役或者管制,并处或者单处罚金;情节特别严重的,处三年以上七年以下有期徒刑,并处罚金。②

单位犯第二款、第三款罪的,对单位判处罚金,并对其直接负责的主管人员和其他直接责任人员,依照各该款的规定处罚。③

第三百七十六条　【战时拒绝、逃避征召、军事训练罪】预备役人员战时拒绝、逃避征召或者军事训练,情节严重的,处三年以下有期徒刑或者拘役。

【战时拒绝、逃避服役罪】公民战时拒绝、逃避服役,情节严重的,处二年以下有期徒刑或者拘役。

第三百七十七条　【战时故意提供虚假敌情罪】战时故意向武装部队提供虚假敌情,造成严重后果的,处三年以上十年以下有期徒刑;造成特别严重后果的,处十年以上有期徒刑或者无期徒刑。

第三百七十八条　【战时造谣扰乱军心罪】战时造谣惑众,扰乱军心的,处三年以下有期徒刑、拘役或者管制;情节严重的,处三年以上十年以下有期徒刑。

第三百七十九条　【战时窝藏逃离部队军人罪】战时明知是逃离部队的军人而为其提供隐蔽处所、财物,情节严重的,处三年以下有期徒刑或者拘役。

第三百八十条　【战时拒绝、故意延误军事订货罪】战时拒绝或者故意延误军事订货,情节严重的,对单位判处罚金,并对其直接负责的主管人员和其他直接责任人员,处五年以下有期徒刑或者拘役;造成严重后果的,处五年以上有期徒刑。

第三百八十一条　【战时拒绝军事征收、征用罪】战时拒绝军事征收、征用,情节严重的,处三年以下有期徒刑或者拘役。

第八章　贪污贿赂罪

第三百八十二条　【贪污罪】国家工作人员利用职务上的便利,侵吞、窃取、骗取或者以其他手段非法占有公共财物的,是贪污罪。

受国家机关、国有公司、企业、事业单位、人民团体委

---

①　根据2009年2月28日《中华人民共和国刑法修正案(七)》修改。原第二款条文为:"非法生产、买卖武装部队制式服装、车辆号牌等专用标志,情节严重的,处三年以下有期徒刑、拘役或者管制,并处或者单处罚金。"

②　根据2009年2月28日《中华人民共和国刑法修正案(七)》增加一款,作为第三款。原第三款改为第四款。

③　根据2009年2月28日《中华人民共和国刑法修正案(七)》修改。本款原条文为:"单位犯第二款罪的,对单位判处罚金,并对其直接负责的主管人员和其他直接责任人员,依照该款的规定处罚。"

托管理、经营国有财产的人员,利用职务上的便利,侵吞、窃取、骗取或者以其他手段非法占有国有财物的,以贪污论。

与前两款所列人员勾结,伙同贪污的,以共犯论处。

第三百八十三条　【对贪污罪的处罚】对犯贪污罪的,根据情节轻重,分别依照下列规定处罚:

(一)贪污数额较大或者有其他较重情节的,处三年以下有期徒刑或者拘役,并处罚金。

(二)贪污数额巨大或者有其他严重情节的,处三年以上十年以下有期徒刑,并处罚金或者没收财产。

(三)贪污数额特别巨大或者有其他特别严重情节的,处十年以上有期徒刑或者无期徒刑,并处罚金或者没收财产;数额特别巨大,并使国家和人民利益遭受特别重大损失的,处无期徒刑或者死刑,并处没收财产。

对多次贪污未经处理的,按照累计贪污数额处罚。

犯第一款罪,在提起公诉前如实供述自己罪行、真诚悔罪、积极退赃,避免、减少损害结果的发生,有第一项规定情形的,可以从轻、减轻或者免除处罚;有第二项、第三项规定情形的,可以从轻处罚。

犯第一款罪,有第三项规定情形被判处死刑缓期执行的,人民法院根据犯罪情节等情况可以同时决定在其死刑缓期执行二年期满依法减为无期徒刑后,终身监禁,不得减刑、假释。①

第三百八十四条　【挪用公款罪】国家工作人员利用职务上的便利,挪用公款归个人使用,进行非法活动的,或者挪用公款数额较大、进行营利活动的,或者挪用公款数额较大、超过三个月未还的,是挪用公款罪,处五年以下有期徒刑或者拘役;情节严重的,处五年以上有期徒刑。挪用公款数额巨大不退还的,处十年以上有期徒刑或者无期徒刑。

挪用用于救灾、抢险、防汛、优抚、扶贫、移民、救济款物归个人使用的,从重处罚。

第三百八十五条　【受贿罪】国家工作人员利用职务上的便利,索取他人财物的,或者非法收受他人财物,为他人谋取利益的,是受贿罪。

国家工作人员在经济往来中,违反国家规定,收受各种名义的回扣、手续费,归个人所有的,以受贿论处。

第三百八十六条　【对受贿罪的处罚】对犯受贿罪的,根据受贿所得数额及情节,依照本法第三百八十三条的规定处罚。索贿的从重处罚。

第三百八十七条　【单位受贿罪】国家机关、国有公司、企业、事业单位、人民团体,索取、非法收受他人财物,为他人谋取利益,情节严重的,对单位判处罚金,并对其直接负责的主管人员和其他直接责任人员,处三年以下有期徒刑或者拘役;情节特别严重的,处三年以上十年以下有期徒刑。②

前款所列单位,在经济往来中,在帐外暗中收受各种名义的回扣、手续费的,以受贿论,依照前款的规定处罚。

第三百八十八条　【受贿罪】国家工作人员利用本人职权或者地位形成的便利条件,通过其他国家工作人员职务上的行为,为请托人谋取不正当利益,索取请托人财物或者收受请托人财物的,以受贿论处。

第三百八十八条之一　【利用影响力受贿罪】国家工作人员的近亲属或者其他与该国家工作人员关系密切的人,通过该国家工作人员职务上的行为,或者利用该国家工作人员职权或者地位形成的便利条件,通过其他国家工作人员职务上的行为,为请托人谋取不正当利益,索取请托人财物或者收受请托人财物,数额较大或者有其他较重情节的,处三年以下有期徒刑或者拘役,并处罚金;数额巨大或者有其他严重情节的,处三年以上七年以下有期徒刑,并处罚金;数额特别巨大或者有其他特别严重情节的,处七年以上有期徒刑,并处罚金或者没收财产。

离职的国家工作人员或者其近亲属以及其他与其关

---

① 根据 2015 年 8 月 29 日《中华人民共和国刑法修正案(九)》修改。原条文为:"对犯贪污罪的,根据情节轻重,分别依照下列规定处罚:

"(一)个人贪污数额在十万元以上的,处十年以上有期徒刑或者无期徒刑,可以并处没收财产;情节特别严重的,处死刑,并处没收财产。

"(二)个人贪污数额在五万元以上不满十万元的,处五年以上有期徒刑,可以并处没收财产;情节特别严重的,处无期徒刑,并处没收财产。

"(三)个人贪污数额在五千元以上不满五万元的,处一年以上七年以下有期徒刑;情节严重的,处七年以上十年以下有期徒刑。个人贪污数额在五千元以上不满一万元,犯罪后有悔改表现、积极退赃的,可以减轻处罚或者免予刑事处罚,由其所在单位或者上级主管机关给予行政处分。

"(四)个人贪污数额不满五千元,情节较重的,处二年以下有期徒刑或者拘役;情节较轻的,由其所在单位或者上级主管机关酌情给予行政处分。

"对多次贪污未经处理的,按照累计贪污数额处罚。"

② 根据 2023 年 12 月 29 日《中华人民共和国刑法修正案(十二)》修改。原第一款条文为:"国家机关、国有公司、企业、事业单位、人民团体,索取、非法收受他人财物,为他人谋取利益,情节严重的,对单位判处罚金,并对其直接负责的主管人员和其他直接责任人员,处五年以下有期徒刑或者拘役。"

系密切的人,利用该离职的国家工作人员原职权或者地位形成的便利条件实施前款行为的,依照前款的规定定罪处罚。①

第三百八十九条　【行贿罪】 为谋取不正当利益,给予国家工作人员以财物的,是行贿罪。

在经济往来中,违反国家规定,给予国家工作人员以财物,数额较大的,或者违反国家规定,给予国家工作人员以各种名义的回扣、手续费的,以行贿论处。

因被勒索给予国家工作人员以财物,没有获得不正当利益的,不是行贿。

第三百九十条　【对行贿罪的处罚】 对犯行贿罪的,处三年以下有期徒刑或者拘役,并处罚金;因行贿谋取不正当利益,情节严重的,或者使国家利益遭受重大损失的,处三年以上十年以下有期徒刑,并处罚金;情节特别严重的,或者使国家利益遭受特别重大损失的,处十年以上有期徒刑或者无期徒刑,并处罚金或者没收财产。

有下列情形之一的,从重处罚:

(一)多次行贿或者向多人行贿的;

(二)国家工作人员行贿的;

(三)在国家重点工程、重大项目中行贿的;

(四)为谋取职务、职级晋升、调整行贿的;

(五)对监察、行政执法、司法工作人员行贿的;

(六)在生态环境、财政金融、安全生产、食品药品、防灾救灾、社会保障、教育、医疗等领域行贿,实施违法犯罪活动的;

(七)将违法所得用于行贿的。

行贿人在被追诉前主动交待行贿行为的,可以从轻或者减轻处罚。其中,犯罪较轻的,对调查突破、侦破重大案件起关键作用的,或者有重大立功表现的,可以减轻或者免除处罚。②

第三百九十条之一　【对有影响力的人行贿罪】 为谋取不正当利益,向国家工作人员的近亲属或者其他与该国家工作人员关系密切的人,或者向离职的国家工作人员或者其近亲属以及其他与其关系密切的人行贿的,处三年以下有期徒刑或者拘役,并处罚金;情节严重的,或者使国家利益遭受重大损失的,处三年以上七年以下有期徒刑,并处罚金;情节特别严重的,或者使国家利益遭受特别重大损失的,处七年以上十年以下有期徒刑,并处罚金。

单位犯前款罪的,对单位判处罚金,并对其直接负责的主管人员和其他直接责任人员,处三年以下有期徒刑或者拘役,并处罚金。③

第三百九十一条　【对单位行贿罪】 为谋取不正当利益,给予国家机关、国有公司、企业、事业单位、人民团体以财物的,或者在经济往来中,违反国家规定,给予各种名义的回扣、手续费的,处三年以下有期徒刑或者拘役,并处罚金;情节严重的,处三年以上七年以下有期徒刑,并处罚金。④

单位犯前款罪的,对单位判处罚金,并对其直接负责的主管人员和其他直接责任人员,依照前款的规定处罚。

第三百九十二条　【介绍贿赂罪】 向国家工作人员介绍贿赂,情节严重的,处三年以下有期徒刑或者拘役,并处罚金。⑤

---

①　根据 2009 年 2 月 28 日《中华人民共和国刑法修正案(七)》增加。

②　根据 2015 年 8 月 29 日《中华人民共和国刑法修正案(九)》第一次修改。原条文为:"对犯行贿罪的,处五年以下有期徒刑或者拘役;因行贿谋取不正当利益,情节严重的,或者使国家利益遭受重大损失的,处五年以上十年以下有期徒刑;情节特别严重的,处十年以上有期徒刑或者无期徒刑,可以并处没收财产。

"行贿人在被追诉前主动交待行贿行为的,可以减轻处罚或者免除处罚。"

根据 2023 年 12 月 29 日《中华人民共和国刑法修正案(十二)》第二次修改。原条文为:"对犯行贿罪的,处五年以下有期徒刑或者拘役,并处罚金;因行贿谋取不正当利益,情节严重的,或者使国家利益遭受重大损失的,处五年以上十年以下有期徒刑,并处罚金;情节特别严重的,或者使国家利益遭受特别重大损失的,处十年以上有期徒刑或者无期徒刑,并处罚金或者没收财产。

"行贿人在被追诉前主动交待行贿行为的,可以从轻或者减轻处罚。其中,犯罪较轻的,对侦破重大案件起关键作用的,或者有重大立功表现的,可以减轻或者免除处罚。"

③　根据 2015 年 8 月 29 日《中华人民共和国刑法修正案(九)》增加。

④　根据 2015 年 8 月 29 日《中华人民共和国刑法修正案(九)》第一次修改。原第一款条文为:"为谋取不正当利益,给予国家机关、国有公司、企业、事业单位、人民团体以财物的,或者在经济往来中,违反国家规定,给予各种名义的回扣、手续费的,处三年以下有期徒刑或者拘役。"

根据 2023 年 12 月 29 日《中华人民共和国刑法修正案(十二)》第二次修改。原第一款条文为:"为谋取不正当利益,给予国家机关、国有公司、企业、事业单位、人民团体以财物的,或者在经济往来中,违反国家规定,给予各种名义的回扣、手续费的,处三年以下有期徒刑或者拘役,并处罚金。"

⑤　根据 2015 年 8 月 29 日《中华人民共和国刑法修正案(九)》修改。原第一款条文为:"向国家工作人员介绍贿赂,情节严重的,处三年以下有期徒刑或者拘役。"

介绍贿赂人在被追诉前主动交待介绍贿赂行为的，可以减轻处罚或者免除处罚。

第三百九十三条　【单位行贿罪】单位为谋取不正当利益而行贿，或者违反国家规定，给予国家工作人员以回扣、手续费，情节严重的，对单位判处罚金，并对其直接负责的主管人员和其他直接责任人员，处三年以下有期徒刑或者拘役，并处罚金；情节特别严重的，处三年以上十年以下有期徒刑，并处罚金。因行贿取得的违法所得归个人所有的，依照本法第三百八十九条、第三百九十条的规定定罪处罚。①

第三百九十四条　【贪污罪】国家工作人员在国内公务活动或者对外交往中接受礼物，依照国家规定应当交公而不交公，数额较大的，依照本法第三百八十二条、第三百八十三条的规定定罪处罚。

第三百九十五条　【巨额财产来源不明罪】国家工作人员的财产、支出明显超过合法收入，差额巨大的，可以责令该国家工作人员说明来源，不能说明来源的，差额部分以非法所得论，处五年以下有期徒刑或者拘役；差额特别巨大的，处五年以上十年以下有期徒刑。财产的差额部分予以追缴。②

【隐瞒境外存款罪】国家工作人员在境外的存款，应当依照国家规定申报。数额较大、隐瞒不报的，处二年以下有期徒刑或者拘役；情节较轻的，由其所在单位或者上级主管机关酌情给予行政处分。

第三百九十六条　【私分国有资产罪】国家机关、国有公司、企业、事业单位、人民团体，违反国家规定，以单位名义将国有资产集体私分给个人，数额较大的，对其直接负责的主管人员和其他直接责任人员，处三年以下有期徒刑或者拘役，并处或者单处罚金；数额巨大的，处三年以上七年以下有期徒刑，并处罚金。

【私分罚没财物罪】司法机关、行政执法机关违反国家规定，将应当上缴国家的罚没财物，以单位名义集体私分给个人的，依照前款的规定处罚。

第九章　渎职罪

第三百九十七条　【滥用职权罪】【玩忽职守罪】国家机关工作人员滥用职权或者玩忽职守，致使公共财产、国家和人民利益遭受重大损失的，处三年以下有期徒刑或者拘役；情节特别严重的，处三年以上七年以下有期徒刑。本法另有规定的，依照规定。

国家机关工作人员徇私舞弊，犯前款罪的，处五年以下有期徒刑或者拘役；情节特别严重的，处五年以上十年以下有期徒刑。本法另有规定的，依照规定。

第三百九十八条　【故意泄露国家秘密罪】【过失泄露国家秘密罪】国家机关工作人员违反保守国家秘密法的规定，故意或者过失泄露国家秘密，情节严重的，处三年以下有期徒刑或者拘役；情节特别严重的，处三年以上七年以下有期徒刑。

非国家机关工作人员犯前款罪的，依照前款的规定酌情处罚。

第三百九十九条　【徇私枉法罪】司法工作人员徇私枉法、徇情枉法，对明知是无罪的人而使他受追诉、对明知是有罪的人而故意包庇不使他受追诉，或者在刑事审判活动中故意违背事实和法律作枉法裁判的，处五年以下有期徒刑或者拘役；情节严重的，处五年以上十年以下有期徒刑；情节特别严重的，处十年以上有期徒刑。

【民事、行政枉法裁判罪】在民事、行政审判活动中故意违背事实和法律作枉法裁判，情节严重的，处五年以下有期徒刑或者拘役；情节特别严重的，处五年以上十年以下有期徒刑。

【执行判决、裁定失职罪】【执行判决、裁定滥用职权罪】在执行判决、裁定活动中，严重不负责任或者滥用职权，不依法采取诉讼保全措施、不履行法定执行职责，或者违法采取诉讼保全措施、强制执行措施，致使当事人或者其他人的利益遭受重大损失的，处五年以下有期徒刑或者拘役；致使当事人或者其他人的利益遭受特别重大

---

① 根据 2015 年 8 月 29 日《中华人民共和国刑法修正案（九）》第一次修改。原条文为："单位为谋取不正当利益而行贿，或者违反国家规定，给予国家工作人员以回扣、手续费，情节严重的，对单位判处罚金，并对其直接负责的主管人员和其他直接责任人员，处五年以下有期徒刑或者拘役。因行贿取得的违法所得归个人所有的，依照本法第三百八十九条、第三百九十条的规定定罪处罚。"

根据 2023 年 12 月 29 日《中华人民共和国刑法修正案（十二）》第二次修改。原条文为："单位为谋取不正当利益而行贿，或者违反国家规定，给予国家工作人员以回扣、手续费，情节严重的，对单位判处罚金，并对其直接负责的主管人员和其他直接责任人员，处五年以下有期徒刑或者拘役，并处罚金。因行贿取得的违法所得归个人所有的，依照本法第三百八十九条、第三百九十条的规定定罪处罚。"

② 根据 2009 年 2 月 28 日《中华人民共和国刑法修正案（七）》修改。原第一款条文为："国家工作人员的财产或者支出明显超过合法收入，差额巨大的，可以责令说明来源。本人不能说明其来源是合法的，差额部分以非法所得论，处五年以下有期徒刑或者拘役，财产的差额部分予以追缴。"

损失的,处五年以上十年以下有期徒刑。

司法工作人员收受贿赂,有前三款行为的,同时又构成本法第三百八十五条规定之罪的,依照处罚较重的规定定罪处罚。①

第三百九十九条之一　【枉法仲裁罪】依法承担仲裁职责的人员,在仲裁活动中故意违背事实和法律作枉法裁决,情节严重的,处三年以下有期徒刑或者拘役;情节特别严重的,处三年以上七年以下有期徒刑。②

第四百条　【私放在押人员罪】司法工作人员私放在押的犯罪嫌疑人、被告人或者罪犯的,处五年以下有期徒刑或者拘役;情节严重的,处五年以上十年以下有期徒刑;情节特别严重的,处十年以上有期徒刑。

【失职致使在押人员脱逃罪】司法工作人员由于严重不负责任,致使在押的犯罪嫌疑人、被告人或者罪犯脱逃,造成严重后果的,处三年以下有期徒刑或者拘役;造成特别严重后果的,处三年以上十年以下有期徒刑。

第四百零一条　【徇私舞弊减刑、假释、暂予监外执行罪】司法工作人员徇私舞弊,对不符合减刑、假释、暂予监外执行条件的罪犯,予以减刑、假释或者暂予监外执行的,处三年以下有期徒刑或者拘役;情节严重的,处三年以上七年以下有期徒刑。

第四百零二条　【徇私舞弊不移交刑事案件罪】行政执法人员徇私舞弊,对依法应当移交司法机关追究刑事责任的不移交,情节严重的,处三年以下有期徒刑或者拘役;造成严重后果的,处三年以上七年以下有期徒刑。

第四百零三条　【滥用管理公司、证券职权罪】国家有关主管部门的国家机关工作人员,徇私舞弊,滥用职权,对不符合法律规定条件的公司设立、登记申请或者股票、债券发行、上市申请,予以批准或者登记,致使公共财产、国家和人民利益遭受重大损失的,处五年以下有期徒刑或者拘役。

上级部门强令登记机关及其工作人员实施前款行为的,对其直接负责的主管人员,依照前款的规定处罚。

第四百零四条　【徇私舞弊不征、少征税款罪】税务机关的工作人员徇私舞弊,不征或者少征应征税款,致使国家税收遭受重大损失的,处五年以下有期徒刑或者拘役;造成特别重大损失的,处五年以上有期徒刑。

第四百零五条　【徇私舞弊发售发票、抵扣税款、出口退税罪】税务机关的工作人员违反法律、行政法规的规定,在办理发售发票、抵扣税款、出口退税工作中,徇私舞弊,致使国家利益遭受重大损失的,处五年以下有期徒刑或者拘役;致使国家利益遭受特别重大损失的,处五年以上有期徒刑。

【违法提供出口退税凭证罪】其他国家机关工作人员违反国家规定,在提供出口货物报关单、出口收汇核销单等出口退税凭证的工作中,徇私舞弊,致使国家利益遭受重大损失的,依照前款的规定处罚。

第四百零六条　【国家机关工作人员签订、履行合同失职被骗罪】国家机关工作人员在签订、履行合同过程中,因严重不负责任被诈骗,致使国家利益遭受重大损失的,处三年以下有期徒刑或者拘役;致使国家利益遭受特别重大损失的,处三年以上七年以下有期徒刑。

第四百零七条　【违法发放林木采伐许可证罪】林业主管部门的工作人员违反森林法的规定,超过批准的年采伐限额发放林木采伐许可证或者违反规定滥发林木采伐许可证,情节严重,致使森林遭受严重破坏的,处三年以下有期徒刑或者拘役。

第四百零八条　【环境监管失职罪】负有环境保护监督管理职责的国家机关工作人员严重不负责任,导致发生重大环境污染事故,致使公私财产遭受重大损失或者造成人身伤亡的严重后果的,处三年以下有期徒刑或者拘役。

第四百零八条之一　【食品、药品监管渎职罪】负有食品药品安全监督管理职责的国家机关工作人员,滥用职权或者玩忽职守,有下列情形之一,造成严重后果或者有其他严重情节的,处五年以下有期徒刑或者拘役;造成特别严重后果或者有其他特别严重情节的,处五年以上十年以下有期徒刑:

---

① 根据2002年12月28日《中华人民共和国刑法修正案(四)》修改。原条文为:"司法工作人员徇私枉法、徇情枉法,对明知是无罪的人而使他受追诉、对明知是有罪的人而故意包庇不使他受追诉,或者在刑事审判活动中故意违背事实和法律作枉法裁判的,处五年以下有期徒刑或者拘役;情节严重的,处五年以上十年以下有期徒刑;情节特别严重的,处十年以上有期徒刑。

"在民事、行政审判活动中故意违背事实和法律作枉法裁判,情节严重的,处五年以下有期徒刑或者拘役;情节特别严重的,处五年以上十年以下有期徒刑。

"司法工作人员贪赃枉法,有前两款行为的,同时又构成本法第三百八十五条规定之罪的,依照处罚较重的规定定罪处罚。"

② 根据2006年6月29日《中华人民共和国刑法修正案(六)》增加。

（一）瞒报、谎报食品安全事故、药品安全事件的；

（二）对发现的严重食品药品安全违法行为未按规定查处的；

（三）在药品和特殊食品审批审评过程中，对不符合条件的申请准予许可的；

（四）依法应当移交司法机关追究刑事责任不移交的；

（五）有其他滥用职权或者玩忽职守行为的。①

徇私舞弊犯前款罪的，从重处罚。②

第四百零九条　**【传染病防治失职罪】**从事传染病防治的政府卫生行政部门的工作人员严重不负责任，导致传染病传播或者流行，情节严重的，处三年以下有期徒刑或者拘役。

第四百一十条　**【非法批准征收、征用、占用土地罪】【非法低价出让国有土地使用权罪】**国家机关工作人员徇私舞弊，违反土地管理法规，滥用职权，非法批准征收、征用、占用土地，或者非法低价出让国有土地使用权，情节严重的，处三年以下有期徒刑或者拘役；致使国家或者集体利益遭受特别重大损失的，处三年以上七年以下有期徒刑。

第四百一十一条　**【放纵走私罪】**海关工作人员徇私舞弊，放纵走私，情节严重的，处五年以下有期徒刑或者拘役；情节特别严重的，处五年以上有期徒刑。

第四百一十二条　**【商检徇私舞弊罪】**国家商检部门、商检机构的工作人员徇私舞弊，伪造检验结果的，处五年以下有期徒刑或者拘役；造成严重后果的，处五年以上十年以下有期徒刑。

【商检失职罪】前款所列人员严重不负责任，对应当检验的物品不检验，或者延误检验出证、错误出证，致使国家利益遭受重大损失的，处三年以下有期徒刑或者拘役。

第四百一十三条　**【动植物检疫徇私舞弊罪】**动植物检疫机关的检疫人员徇私舞弊，伪造检疫结果的，处五年以下有期徒刑或者拘役；造成严重后果的，处五年以上十年以下有期徒刑。

【动植物检疫失职罪】前款所列人员严重不负责任，对应当检疫的检疫物不检疫，或者延误检疫出证、错误出证，致使国家利益遭受重大损失的，处三年以下有期徒刑

或者拘役。

第四百一十四条　**【放纵制售伪劣商品犯罪行为罪】**对生产、销售伪劣商品犯罪行为负有追究责任的国家机关工作人员，徇私舞弊，不履行法律规定的追究职责，情节严重的，处五年以下有期徒刑或者拘役。

第四百一十五条　**【办理偷越国（边）境人员出入境证件罪】【放行偷越国（边）境人员罪】**负责办理护照、签证以及其他出入境证件的国家机关工作人员，对明知是企图偷越国（边）境的人员，予以办理出入境证件的，或者边防、海关等国家机关工作人员，对明知是偷越国（边）境的人员，予以放行的，处三年以下有期徒刑或者拘役；情节严重的，处三年以上七年以下有期徒刑。

第四百一十六条　**【不解救被拐卖、绑架妇女、儿童罪】**对被拐卖、绑架的妇女、儿童负有解救职责的国家机关工作人员，接到被拐卖、绑架的妇女、儿童及其家属的解救要求或者接到其他人的举报，而对被拐卖、绑架的妇女、儿童不进行解救，造成严重后果的，处五年以下有期徒刑或者拘役。

【阻碍解救被拐卖、绑架妇女、儿童罪】负有解救职责的国家机关工作人员利用职务阻碍解救的，处二年以上七年以下有期徒刑；情节较轻的，处二年以下有期徒刑或者拘役。

第四百一十七条　**【帮助犯罪分子逃避处罚罪】**有查禁犯罪活动职责的国家机关工作人员，向犯罪分子通风报信、提供便利，帮助犯罪分子逃避处罚的，处三年以下有期徒刑或者拘役；情节严重的，处三年以上十年以下有期徒刑。

第四百一十八条　**【招收公务员、学生徇私舞弊罪】**国家机关工作人员在招收公务员、学生工作中徇私舞弊，情节严重的，处三年以下有期徒刑或者拘役。

第四百一十九条　**【失职造成珍贵文物损毁、流失罪】**国家机关工作人员严重不负责任，造成珍贵文物损毁或者流失，后果严重的，处三年以下有期徒刑或者拘役。

第十章　军人违反职责罪

第四百二十条　**【军人违反职责罪的概念】**军人违

---

①　根据 2020 年 12 月 26 日《中华人民共和国刑法修正案（十一）》修改。原第一款条文为："负有食品安全监督管理职责的国家机关工作人员，滥用职权或者玩忽职守，导致发生重大食品安全事故或者造成其他严重后果的，处五年以下有期徒刑或者拘役；造成特别严重后果的，处五年以上十年以下有期徒刑。"

②　根据 2011 年 2 月 25 日《中华人民共和国刑法修正案（八）》增加。

反职责,危害国家军事利益,依照法律应当受刑罚处罚的行为,是军人违反职责罪。

第四百二十一条　【战时违抗命令罪】战时违抗命令,对作战造成危害的,处三年以上十年以下有期徒刑;致使战斗、战役遭受重大损失的,处十年以上有期徒刑、无期徒刑或者死刑。

第四百二十二条　【隐瞒、谎报军情罪】【拒传、假传军令罪】故意隐瞒、谎报军情或者拒传、假传军令,对作战造成危害的,处三年以上十年以下有期徒刑;致使战斗、战役遭受重大损失的,处十年以上有期徒刑、无期徒刑或者死刑。

第四百二十三条　【投降罪】在战场上贪生怕死,自动放下武器投降敌人的,处三年以上十年以下有期徒刑;情节严重的,处十年以上有期徒刑或者无期徒刑。

投降后为敌人效劳的,处十年以上有期徒刑、无期徒刑或者死刑。

第四百二十四条　【战时临阵脱逃罪】战时临阵脱逃的,处三年以下有期徒刑;情节严重的,处三年以上十年以下有期徒刑;致使战斗、战役遭受重大损失的,处十年以上有期徒刑、无期徒刑或者死刑。

第四百二十五条　【擅离、玩忽军事职守罪】指挥人员和值班、值勤人员擅离职守或者玩忽职守,造成严重后果的,处三年以下有期徒刑或者拘役;造成特别严重后果的,处三年以上七年以下有期徒刑。

战时犯前款罪的,处五年以上有期徒刑。

第四百二十六条　【阻碍执行军事职务罪】以暴力、威胁方法,阻碍指挥人员或者值班、值勤人员执行职务的,处五年以下有期徒刑或者拘役;情节严重的,处五年以上十年以下有期徒刑;情节特别严重的,处十年以上有期徒刑或者无期徒刑。战时从重处罚。①

第四百二十七条　【指使部属违反职责罪】滥用职权,指使部属进行违反职责的活动,造成严重后果的,处五年以下有期徒刑或者拘役;情节特别严重的,处五年以上十年以下有期徒刑。

第四百二十八条　【违令作战消极罪】指挥人员违抗命令,临阵畏缩,作战消极,造成严重后果的,处五年以下有期徒刑;致使战斗、战役遭受重大损失或者有其他特别严重情节的,处五年以上有期徒刑。

第四百二十九条　【拒不救援友邻部队罪】在战场上明知友邻部队处境危急请求救援,能救援而不救援,致使友邻部队遭受重大损失的,对指挥人员,处五年以下有期徒刑。

第四百三十条　【军人叛逃罪】在履行公务期间,擅离岗位,叛逃境外或者在境外叛逃,危害国家军事利益的,处五年以下有期徒刑或者拘役;情节严重的,处五年以上有期徒刑。

驾驶航空器、舰船叛逃的,或者有其他特别严重情节的,处十年以上有期徒刑、无期徒刑或者死刑。

第四百三十一条　【非法获取军事秘密罪】以窃取、刺探、收买方法,非法获取军事秘密的,处五年以下有期徒刑;情节严重的,处五年以上十年以下有期徒刑;情节特别严重的,处十年以上有期徒刑。

【为境外窃取、刺探、收买、非法提供军事秘密罪】为境外的机构、组织、人员窃取、刺探、收买、非法提供军事秘密的,处五年以上十年以下有期徒刑;情节严重的,处十年以上有期徒刑、无期徒刑或者死刑。②

第四百三十二条　【故意泄露军事秘密罪】【过失泄露军事秘密罪】违反保守国家秘密法规,故意或者过失泄露军事秘密,情节严重的,处五年以下有期徒刑或者拘役;情节特别严重的,处五年以上十年以下有期徒刑。

战时犯前款罪的,处五年以上十年以下有期徒刑;情节特别严重的,处十年以上有期徒刑或者无期徒刑。

第四百三十三条　【战时造谣惑众罪】战时造谣惑众,动摇军心的,处三年以下有期徒刑;情节严重的,处三年以上十年以下有期徒刑;情节特别严重的,处十年以上有期徒刑或者无期徒刑。③

第四百三十四条　【战时自伤罪】战时自伤身体,逃避军事义务的,处三年以下有期徒刑;情节严重的,处三

---

①　根据 2015 年 8 月 29 日《中华人民共和国刑法修正案(九)》修改。原条文为:"以暴力、威胁方法,阻碍指挥人员或者值班、值勤人员执行职务的,处五年以下有期徒刑或者拘役;情节严重的,处五年以上有期徒刑;致人重伤、死亡的,或者有其他特别严重情节的,处无期徒刑或者死刑。战时从重处罚。"

②　根据 2020 年 12 月 26 日《中华人民共和国刑法修正案(十一)》修改。原第二款条文为:"为境外的机构、组织、人员窃取、刺探、收买、非法提供军事秘密的,处十年以上有期徒刑、无期徒刑或者死刑。"

③　根据 2015 年 8 月 29 日《中华人民共和国刑法修正案(九)》修改。原条文为:"战时造谣惑众,动摇军心的,处三年以下有期徒刑;情节严重的,处三年以上十年以下有期徒刑。

"勾结敌人造谣惑众,动摇军心的,处十年以上有期徒刑或者无期徒刑;情节特别严重的,可以判处死刑。"

年以上七年以下有期徒刑。

第四百三十五条　【逃离部队罪】违反兵役法规,逃离部队,情节严重的,处三年以下有期徒刑或者拘役。

战时犯前款罪的,处三年以上七年以下有期徒刑。

第四百三十六条　【武器装备肇事罪】违反武器装备使用规定,情节严重,因而发生责任事故,致人重伤、死亡或者造成其他严重后果的,处三年以下有期徒刑或者拘役;后果特别严重的,处三年以上七年以下有期徒刑。

第四百三十七条　【擅自改变武器装备编配用途罪】违反武器装备管理规定,擅自改变武器装备的编配用途,造成严重后果的,处三年以下有期徒刑或者拘役;造成特别严重的,处三年以上七年以下有期徒刑。

第四百三十八条　【盗窃、抢夺武器装备、军用物资罪】盗窃、抢夺武器装备或者军用物资的,处五年以下有期徒刑或者拘役;情节严重的,处五年以上十年以下有期徒刑;情节特别严重的,处十年以上有期徒刑、无期徒刑或者死刑。

盗窃、抢夺枪支、弹药、爆炸物的,依照本法第一百二十七条的规定处罚。

第四百三十九条　【非法出卖、转让武器装备罪】非法出卖、转让军队武器装备的,处三年以上十年以下有期徒刑;出卖、转让大量武器装备或者有其他特别严重情节的,处十年以上有期徒刑、无期徒刑或者死刑。

第四百四十条　【遗弃武器装备罪】违抗命令,遗弃武器装备的,处五年以下有期徒刑或者拘役;遗弃重要或者大量武器装备的,或者有其他严重情节的,处五年以上有期徒刑。

第四百四十一条　【遗失武器装备罪】遗失武器装备,不及时报告或者有其他严重情节的,处三年以下有期徒刑或者拘役。

第四百四十二条　【擅自出卖、转让军队房地产罪】违反规定,擅自出卖、转让军队房地产,情节严重的,对直接责任人员,处三年以下有期徒刑或者拘役;情节特别严重的,处三年以上十年以下有期徒刑。

第四百四十三条　【虐待部属罪】滥用职权,虐待部属,情节恶劣,致人重伤或者造成其他严重后果的,处五年以下有期徒刑或者拘役;致人死亡的,处五年以上有期徒刑。

第四百四十四条　【遗弃伤病军人罪】在战场上故意遗弃伤病军人,情节恶劣的,对直接责任人员,处五年以下有期徒刑。

第四百四十五条　【战时拒不救治伤病军人罪】战时在救护治疗职位上,有条件救治而拒不救治危重伤病军人的,处五年以下有期徒刑或者拘役;造成伤病军人重残、死亡或者有其他严重情节的,处五年以上十年以下有期徒刑。

第四百四十六条　【战时残害居民、掠夺居民财物罪】战时在军事行动地区,残害无辜居民或者掠夺无辜居民财物的,处五年以下有期徒刑;情节严重的,处五年以上十年以下有期徒刑;情节特别严重的,处十年以上有期徒刑、无期徒刑或者死刑。

第四百四十七条　【私放俘虏罪】私放俘虏的,处五年以下有期徒刑;私放重要俘虏、私放俘虏多人或者有其他严重情节的,处五年以上有期徒刑。

第四百四十八条　【虐待俘虏罪】虐待俘虏,情节恶劣的,处三年以下有期徒刑。

第四百四十九条　【战时缓刑】在战时,对被判处三年以下有期徒刑没有现实危险宣告缓刑的犯罪军人,允许其戴罪立功,确有立功表现时,可以撤销原判刑罚,不以犯罪论处。

第四百五十条　【本章适用范围】本章适用于中国人民解放军的现役军官、文职干部、士兵及具有军籍的学员和中国人民武装警察部队的现役警官、文职干部、士兵及具有军籍的学员以及文职人员、执行军事任务的预备役人员和其他人员。①

第四百五十一条　【战时的概念】本章所称战时,是指国家宣布进入战争状态、部队受领作战任务或者遭敌突然袭击时。

部队执行戒严任务或者处置突发性暴力事件时,以战时论。

附　则

第四百五十二条　【施行日期】本法自 1997 年 10 月 1 日起施行。

列于本法附件一的全国人民代表大会常务委员会制定的条例、补充规定和决定,已纳入本法或者已不适用,自本法施行之日起,予以废止。

---

①　根据 2020 年 12 月 26 日《中华人民共和国刑法修正案(十一)》修改。原条文为:"本章适用于中国人民解放军的现役军官、文职干部、士兵及具有军籍的学员和中国人民武装警察部队的现役警官、文职干部、士兵及具有军籍的学员以及执行军事任务的预备役人员和其他人员。"

列于本法附件二的全国人民代表大会常务委员会制定的补充规定和决定予以保留。其中,有关行政处罚和行政措施的规定继续有效;有关刑事责任的规定已纳入本法,自本法施行之日起,适用本法规定。

附件一

全国人民代表大会常务委员会制定的下列条例、补充规定和决定,已纳入本法或者已不适用,自本法施行之日起,予以废止:

1. 中华人民共和国惩治军人违反职责罪暂行条例
2. 关于严惩严重破坏经济的罪犯的决定
3. 关于严惩严重危害社会治安的犯罪分子的决定
4. 关于惩治走私罪的补充规定
5. 关于惩治贪污罪贿赂罪的补充规定
6. 关于惩治泄露国家秘密犯罪的补充规定
7. 关于惩治捕杀国家重点保护的珍贵、濒危野生动物犯罪的补充规定
8. 关于惩治侮辱中华人民共和国国旗国徽罪的决定
9. 关于惩治盗掘古文化遗址古墓葬犯罪的补充规定
10. 关于惩治劫持航空器犯罪分子的决定
11. 关于惩治假冒注册商标犯罪的补充规定
12. 关于惩治生产、销售伪劣商品犯罪的决定
13. 关于惩治侵犯著作权的犯罪的决定
14. 关于惩治违反公司法的犯罪的决定
15. 关于处理逃跑或者重新犯罪的劳改犯和劳教人员的决定

附件二

全国人民代表大会常务委员会制定的下列补充规定和决定予以保留,其中,有关行政处罚和行政措施的规定继续有效;有关刑事责任的规定已纳入本法,自本法施行之日起,适用本法规定:

1. 关于禁毒的决定①
2. 关于惩治走私、制作、贩卖、传播淫秽物品的犯罪分子的决定

3. 关于严禁卖淫嫖娼的决定②
4. 关于严惩拐卖、绑架妇女、儿童的犯罪分子的决定
5. 关于惩治偷税、抗税犯罪的补充规定③
6. 关于严惩组织、运送他人偷越国(边)境犯罪的补充规定④
7. 关于惩治破坏金融秩序犯罪的决定
8. 关于惩治虚开、伪造和非法出售增值税专用发票犯罪的决定

中华人民共和国人民检察院组织法

· 1979 年 7 月 1 日第五届全国人民代表大会第二次会议通过
· 根据 1983 年 9 月 2 日第六届全国人民代表大会常务委员会第二次会议《关于修改〈中华人民共和国人民检察院组织法〉的决定》第一次修正
· 根据 1986 年 12 月 2 日第六届全国人民代表大会常务委员会第十八次会议《关于修改〈中华人民共和国地方各级人民代表大会和地方各级人民政府组织法〉的决定》第二次修正
· 2018 年 10 月 26 日第十三届全国人民代表大会常务委员会第六次会议修订
· 2018 年 10 月 26 日中华人民共和国主席令第 12 号公布
· 自 2019 年 1 月 1 日起施行

第一章　总　则

第一条　为了规范人民检察院的设置、组织和职权,保障人民检察院依法履行职责,根据宪法,制定本法。

第二条　人民检察院是国家的法律监督机关。

人民检察院通过行使检察权,追诉犯罪,维护国家安全和社会秩序,维护个人和组织的合法权益,维护国家利益和社会公共利益,保障法律正确实施,维护社会公平正义,维护国家法制统一、尊严和权威,保障中国特色社会主义建设的顺利进行。

第三条　人民检察院依照宪法、法律和全国人民代表大会常务委员会的决定设置。

第四条　人民检察院依照法律规定独立行使检察权,不受行政机关、社会团体和个人的干涉。

第五条　人民检察院行使检察权在适用法律上一律

---

① 根据《中华人民共和国禁毒法》第七十一条的规定,本决定自 2008 年 6 月 1 日起废止。
② 根据《全国人民代表大会常务委员会关于废止有关收容教育法律规定和制度的决定》,该决定中第四条第二款、第四款,以及据此实行的收容教育制度自 2019 年 12 月 29 日起废止。
③ 根据《全国人民代表大会常务委员会关于废止部分法律的决定》,该补充规定自 2009 年 6 月 27 日起废止。
④ 根据《全国人民代表大会常务委员会关于废止部分法律的决定》,该补充规定自 2009 年 6 月 27 日起废止。

平等,不允许任何组织和个人有超越法律的特权,禁止任何形式的歧视。

第六条 人民检察院坚持司法公正,以事实为根据,以法律为准绳,遵守法定程序,尊重和保障人权。

第七条 人民检察院实行司法公开,法律另有规定的除外。

第八条 人民检察院实行司法责任制,建立健全权责统一的司法权力运行机制。

第九条 最高人民检察院对全国人民代表大会及其常务委员会负责并报告工作。地方各级人民检察院对本级人民代表大会及其常务委员会负责并报告工作。

各级人民代表大会及其常务委员会对本级人民检察院的工作实施监督。

第十条 最高人民检察院是最高检察机关。

最高人民检察院领导地方各级人民检察院和专门人民检察院的工作,上级人民检察院领导下级人民检察院的工作。

第十一条 人民检察院应当接受人民群众监督,保障人民群众对人民检察院工作依法享有知情权、参与权和监督权。

第二章 人民检察院的设置和职权

第十二条 人民检察院分为:

(一)最高人民检察院;

(二)地方各级人民检察院;

(三)军事检察院等专门人民检察院。

第十三条 地方各级人民检察院分为:

(一)省级人民检察院,包括省、自治区、直辖市人民检察院;

(二)设区的市级人民检察院,包括省、自治区辖市人民检察院,自治州人民检察院,省、自治区、直辖市人民检察院分院;

(三)基层人民检察院,包括县、自治县、不设区的市、市辖区人民检察院。

第十四条 在新疆生产建设兵团设立的人民检察院的组织、案件管辖范围和检察官任免,依照全国人民代表大会常务委员会的有关规定。

第十五条 专门人民检察院的设置、组织、职权和检察官任免,由全国人民代表大会常务委员会规定。

第十六条 省级人民检察院和设区的市级人民检察院根据检察工作需要,经最高人民检察院和省级有关部门同意,并请本级人民代表大会常务委员会批准,可以在辖区内特定区域设立人民检察院,作为派出机构。

第十七条 人民检察院根据检察工作需要,可以在监狱、看守所等场所设立检察室,行使派出它的人民检察院的部分职权,也可以对上述场所进行巡回检察。

省级人民检察院设立检察室,应当经最高人民检察院和省级有关部门同意。设区的市级人民检察院、基层人民检察院设立检察室,应当经省级人民检察院和省级有关部门同意。

第十八条 人民检察院根据检察工作需要,设必要的业务机构。检察官员额较少的设区的市级人民检察院和基层人民检察院,可以设综合业务机构。

第十九条 人民检察院根据工作需要,可以设必要的检察辅助机构和行政管理机构。

第二十条 人民检察院行使下列职权:

(一)依照法律规定对有关刑事案件行使侦查权;

(二)对刑事案件进行审查,批准或者决定是否逮捕犯罪嫌疑人;

(三)对刑事案件进行审查,决定是否提起公诉,对决定提起公诉的案件支持公诉;

(四)依照法律规定提起公益诉讼;

(五)对诉讼活动实行法律监督;

(六)对判决、裁定等生效法律文书的执行工作实行法律监督;

(七)对监狱、看守所的执法活动实行法律监督;

(八)法律规定的其他职权。

第二十一条 人民检察院行使本法第二十条规定的法律监督职权,可以进行调查核实,并依法提出抗诉、纠正意见、检察建议。有关单位应当予以配合,并及时将采纳纠正意见、检察建议的情况书面回复人民检察院。

抗诉、纠正意见、检察建议的适用范围及其程序,依照法律有关规定。

第二十二条 最高人民检察院对最高人民法院的死刑复核活动实行监督;对报请核准追诉的案件进行审查,决定是否追诉。

第二十三条 最高人民检察院可以对属于检察工作中具体应用法律的问题进行解释。

最高人民检察院可以发布指导性案例。

第二十四条 上级人民检察院对下级人民检察院行使下列职权:

(一)认为下级人民检察院的决定错误的,指令下级人民检察院纠正,或者依法撤销、变更;

(二)可以对下级人民检察院管辖的案件指定管辖;

(三)可以办理下级人民检察院管辖的案件;

（四）可以统一调用辖区的检察人员办理案件。

上级人民检察院的决定，应当以书面形式作出。

第二十五条　下级人民检察院应当执行上级人民检察院的决定；有不同意见的，可以在执行的同时向上级人民检察院报告。

第二十六条　人民检察院检察长或者检察长委托的副检察长，可以列席同级人民法院审判委员会会议。

第二十七条　人民监督员依照规定对人民检察院的办案活动实行监督。

第三章　人民检察院的办案组织

第二十八条　人民检察院办理案件，根据案件情况可以由一名检察官独任办理，也可以由两名以上检察官组成办案组办理。

由检察官办案组办理的，检察长应当指定一名检察官担任主办检察官，组织、指挥办案组办理案件。

第二十九条　检察官在检察长领导下开展工作，重大办案事项由检察长决定。检察长可以将部分职权委托检察官行使，可以授权检察官签发法律文书。

第三十条　各级人民检察院设检察委员会。检察委员会由检察长、副检察长和若干资深检察官组成，成员应当为单数。

第三十一条　检察委员会履行下列职能：

（一）总结检察工作经验；

（二）讨论决定重大、疑难、复杂案件；

（三）讨论决定其他有关检察工作的重大问题。

最高人民检察院对属于检察工作中具体应用法律的问题进行解释、发布指导性案例，应当由检察委员会讨论通过。

第三十二条　检察委员会召开会议，应当有其组成人员的过半数出席。

检察委员会会议由检察长或者检察长委托的副检察长主持。检察委员会实行民主集中制。

地方各级人民检察院的检察长不同意本院检察委员会多数人的意见，属于办理案件的，可以报请上一级人民检察院决定；属于重大事项的，可以报请上一级人民检察院或者本级人民代表大会常务委员会决定。

第三十三条　检察官可以就重大案件和其他重大问题，提请检察长决定。检察长可以根据案件情况，提交检察委员会讨论决定。

检察委员会讨论案件，检察官对其汇报的事实负责，检察委员会委员对本人发表的意见和表决负责。检察委员会的决定，检察官应当执行。

第三十四条　人民检察院实行检察官办案责任制。检察官对其职权范围内就案件作出的决定负责。检察长、检察委员会对案件作出决定的，承担相应责任。

第四章　人民检察院的人员组成

第三十五条　人民检察院的检察人员由检察长、副检察长、检察委员会委员和检察员等人员组成。

第三十六条　人民检察院检察长领导本院检察工作，管理本院行政事务。人民检察院副检察长协助检察长工作。

第三十七条　最高人民检察院检察长由全国人民代表大会选举和罢免，副检察长、检察委员会委员和检察员由检察长提请全国人民代表大会常务委员会任免。

第三十八条　地方各级人民检察院检察长由本级人民代表大会选举和罢免，副检察长、检察委员会委员和检察员由检察长提请本级人民代表大会常务委员会任免。

地方各级人民检察院检察长的任免，须报上一级人民检察院检察长提请本级人民代表大会常务委员会批准。

省、自治区、直辖市人民检察院分院检察长、副检察长、检察委员会委员和检察员，由省、自治区、直辖市人民检察院检察长提请本级人民代表大会常务委员会任免。

第三十九条　人民检察院检察长任期与产生它的人民代表大会每届任期相同。

全国人民代表大会常务委员会和省、自治区、直辖市人民代表大会常务委员会根据本级人民检察院检察长的建议，可以撤换下级人民检察院检察长、副检察长和检察委员会委员。

第四十条　人民检察院的检察官、检察辅助人员和司法行政人员实行分类管理。

第四十一条　检察官实行员额制。检察官员额根据案件数量、经济社会发展情况、人口数量和人民检察院层级等因素确定。

最高人民检察院检察官员额由最高人民检察院商有关部门确定。地方各级人民检察院检察官员额，在省、自治区、直辖市内实行总量控制、动态管理。

第四十二条　检察官从取得法律职业资格并且具备法律规定的其他条件的人员中选任。初任检察官应当由检察官遴选委员会进行专业能力审核。上级人民检察院的检察官一般从下级人民检察院的检察官中择优遴选。

检察长应当具有法学专业知识和法律职业经历。副检察长、检察委员会委员应当从检察官、法官或者其他具备检察官、法官条件的人员中产生。

检察官的职责、管理和保障，依照《中华人民共和国检察官法》的规定。

第四十三条　人民检察院的检察官助理在检察官指导下负责审查案件材料、草拟法律文书等检察辅助事务。

符合检察官任职条件的检察官助理，经遴选后可以按照检察官任免程序任命为检察官。

第四十四条　人民检察院的书记员负责案件记录等检察辅助事务。

第四十五条　人民检察院的司法警察负责办案场所警戒、人员押解和看管等警务事项。

司法警察依照《中华人民共和国人民警察法》管理。

第四十六条　人民检察院根据检察工作需要，可以设检察技术人员，负责与检察工作有关的事项。

第五章　人民检察院行使职权的保障

第四十七条　任何单位或者个人不得要求检察官从事超出法定职责范围的事务。

对于领导干部等干预司法活动、插手具体案件处理，或者人民检察院内部人员过问案件情况的，办案人员应当全面如实记录并报告；有违法违纪情形的，由有关机关根据情节轻重追究行为人的责任。

第四十八条　人民检察院采取必要措施，维护办案安全。对妨碍人民检察院依法行使职权的违法犯罪行为，依法追究法律责任。

第四十九条　人民检察院实行培训制度，检察官、检察辅助人员和司法行政人员应当接受理论和业务培训。

第五十条　人民检察院人员编制实行专项管理。

第五十一条　人民检察院的经费按照事权划分的原则列入财政预算，保障检察工作需要。

第五十二条　人民检察院应当加强信息化建设，运用现代信息技术，促进司法公开，提高工作效率。

第六章　附　则

第五十三条　本法自 2019 年 1 月 1 日起施行。

中华人民共和国人民法院组织法

- 1979 年 7 月 1 日第五届全国人民代表大会第二次会议通过
- 根据 1983 年 9 月 2 日第六届全国人民代表大会常务委员会第二次会议《关于修改〈中华人民共和国人民法院组织法〉的决定》第一次修正
- 根据 1986 年 12 月 2 日第六届全国人民代表大会常务委员会第十八次会议《关于修改〈中华人民共和国地方各级人民代表大会和地方各级人民政府组织法〉的决定》第二次修正
- 根据 2006 年 10 月 31 日第十届全国人民代表大会常务委员会第二十四次会议《关于修改〈中华人民共和国人民法院组织法〉的决定》第三次修正
- 2018 年 10 月 26 日第十三届全国人民代表大会常务委员会第六次会议修订
- 2018 年 10 月 26 日中华人民共和国主席令第 11 号公布
- 自 2019 年 1 月 1 日起施行

第一章　总　则

第一条　为了规范人民法院的设置、组织和职权，保障人民法院依法履行职责，根据宪法，制定本法。

第二条　人民法院是国家的审判机关。

人民法院通过审判刑事案件、民事案件、行政案件以及法律规定的其他案件，惩罚犯罪，保障无罪的人不受刑事追究，解决民事、行政纠纷，保护个人和组织的合法权益，监督行政机关依法行使职权，维护国家安全和社会秩序，维护社会公平正义，维护国家法制统一、尊严和权威，保障中国特色社会主义建设的顺利进行。

第三条　人民法院依照宪法、法律和全国人民代表大会常务委员会的决定设置。

第四条　人民法院依照法律规定独立行使审判权，不受行政机关、社会团体和个人的干涉。

第五条　人民法院审判案件在适用法律上一律平等，不允许任何组织和个人有超越法律的特权，禁止任何形式的歧视。

第六条　人民法院坚持司法公正，以事实为根据，以法律为准绳，遵守法定程序，依法保护个人和组织的诉讼权利和其他合法权益，尊重和保障人权。

第七条　人民法院实行司法公开，法律另有规定的除外。

第八条　人民法院实行司法责任制，建立健全权责统一的司法权力运行机制。

第九条　最高人民法院对全国人民代表大会及其常务委员会负责并报告工作。地方各级人民法院对本级人民代表大会及其常务委员会负责并报告工作。

各级人民代表大会及其常务委员会对本级人民法院的工作实施监督。

第十条　最高人民法院是最高审判机关。

最高人民法院监督地方各级人民法院和专门人民法院的审判工作，上级人民法院监督下级人民法院的审判工作。

第十一条　人民法院应当接受人民群众监督，保障人民群众对人民法院工作依法享有知情权、参与权和监督权。

第二章　人民法院的设置和职权

第十二条　人民法院分为：

（一）最高人民法院；

（二）地方各级人民法院；

（三）专门人民法院。

第十三条　地方各级人民法院分为高级人民法院、中级人民法院和基层人民法院。

第十四条　在新疆生产建设兵团设立的人民法院的组织、案件管辖范围和法官任免，依照全国人民代表大会常务委员会的有关规定。

第十五条　专门人民法院包括军事法院和海事法院、知识产权法院、金融法院等。

专门人民法院的设置、组织、职权和法官任免，由全国人民代表大会常务委员会规定。

第十六条　最高人民法院审理下列案件：

（一）法律规定由其管辖的和其认为应当由自己管辖的第一审案件；

（二）对高级人民法院判决和裁定的上诉、抗诉案件；

（三）按照全国人民代表大会常务委员会的规定提起的上诉、抗诉案件；

（四）按照审判监督程序提起的再审案件；

（五）高级人民法院报请核准的死刑案件。

第十七条　死刑除依法由最高人民法院判决的以外，应当报请最高人民法院核准。

第十八条　最高人民法院可以对属于审判工作中具体应用法律的问题进行解释。

最高人民法院可以发布指导性案例。

第十九条　最高人民法院可以设巡回法庭，审理最高人民法院依法确定的案件。

巡回法庭是最高人民法院的组成部分。巡回法庭的判决和裁定即最高人民法院的判决和裁定。

第二十条　高级人民法院包括：

（一）省高级人民法院；

（二）自治区高级人民法院；

（三）直辖市高级人民法院。

第二十一条　高级人民法院审理下列案件：

（一）法律规定由其管辖的第一审案件；

（二）下级人民法院报请审理的第一审案件；

（三）最高人民法院指定管辖的第一审案件；

（四）对中级人民法院判决和裁定的上诉、抗诉案件；

（五）按照审判监督程序提起的再审案件；

（六）中级人民法院报请复核的死刑案件。

第二十二条　中级人民法院包括：

（一）省、自治区辖市的中级人民法院；

（二）在直辖市内设立的中级人民法院；

（三）自治州中级人民法院；

（四）在省、自治区内按地区设立的中级人民法院。

第二十三条　中级人民法院审理下列案件：

（一）法律规定由其管辖的第一审案件；

（二）基层人民法院报请审理的第一审案件；

（三）上级人民法院指定管辖的第一审案件；

（四）对基层人民法院判决和裁定的上诉、抗诉案件；

（五）按照审判监督程序提起的再审案件。

第二十四条　基层人民法院包括：

（一）县、自治县人民法院；

（二）不设区的市人民法院；

（三）市辖区人民法院。

第二十五条　基层人民法院审理第一审案件，法律另有规定的除外。

基层人民法院对人民调解委员会的调解工作进行业务指导。

第二十六条　基层人民法院根据地区、人口和案件情况，可以设立若干人民法庭。

人民法庭是基层人民法院的组成部分。人民法庭的判决和裁定即基层人民法院的判决和裁定。

第二十七条　人民法院根据审判工作需要，可以设必要的专业审判庭。法官员额较少的中级人民法院和基层人民法院，可以设综合审判庭或者不设审判庭。

人民法院根据审判工作需要，可以设综合业务机构。法官员额较少的中级人民法院和基层人民法院，可以不设综合业务机构。

第二十八条　人民法院根据工作需要，可以设必要的审判辅助机构和行政管理机构。

第三章　人民法院的审判组织

第二十九条　人民法院审理案件,由合议庭或者法官一人独任审理。

合议庭和法官独任审理的案件范围由法律规定。

第三十条　合议庭由法官组成,或者由法官和人民陪审员组成,成员为三人以上单数。

合议庭由一名法官担任审判长。院长或者庭长参加审理案件时,由自己担任审判长。

审判长主持庭审、组织评议案件,评议案件时与合议庭其他成员权利平等。

第三十一条　合议庭评议案件应当按照多数人的意见作出决定,少数人的意见应当记入笔录。评议案件笔录由合议庭全体组成人员签名。

第三十二条　合议庭或者法官独任审理案件形成的裁判文书,经合议庭组成人员或者独任法官签署,由人民法院发布。

第三十三条　合议庭审理案件,法官对案件的事实认定和法律适用负责;法官独任审理案件,独任法官对案件的事实认定和法律适用负责。

人民法院应当加强内部监督,审判活动有违法情形的,应当及时调查核实,并根据违法情形依法处理。

第三十四条　人民陪审员依照法律规定参加合议庭审理案件。

第三十五条　中级以上人民法院设赔偿委员会,依法审理国家赔偿案件。

赔偿委员会由三名以上法官组成,成员应当为单数,按照多数人的意见作出决定。

第三十六条　各级人民法院设审判委员会。审判委员会由院长、副院长和若干资深法官组成,成员应当为单数。

审判委员会会议分为全体会议和专业委员会会议。

中级以上人民法院根据审判工作需要,可以按照审判委员会委员专业和工作分工,召开刑事审判、民事行政审判等专业委员会会议。

第三十七条　审判委员会履行下列职能:

(一)总结审判工作经验;

(二)讨论决定重大、疑难、复杂案件的法律适用;

(三)讨论决定本院已经发生法律效力的判决、裁定、调解书是否应当再审;

(四)讨论决定其他有关审判工作的重大问题。

最高人民法院对属于审判工作中具体应用法律的问题进行解释,应当由审判委员会全体会议讨论通过;发布

指导性案例,可以由审判委员会专业委员会会议讨论通过。

第三十八条　审判委员会召开全体会议和专业委员会会议,应当有其组成人员的过半数出席。

审判委员会会议由院长或者院长委托的副院长主持。审判委员会实行民主集中制。

审判委员会举行会议时,同级人民检察院检察长或者检察长委托的副检察长可以列席。

第三十九条　合议庭认为案件需要提交审判委员会讨论决定的,由审判长提出申请,院长批准。

审判委员会讨论案件,合议庭对其汇报的事实负责,审判委员会委员对本人发表的意见和表决负责。审判委员会的决定,合议庭应当执行。

审判委员会讨论案件的决定及其理由应当在裁判文书中公开,法律规定不公开的除外。

第四章　人民法院的人员组成

第四十条　人民法院的审判人员由院长、副院长、审判委员会委员和审判员等人员组成。

第四十一条　人民法院院长负责本院全面工作,监督本院审判工作,管理本院行政事务。人民法院副院长协助院长工作。

第四十二条　最高人民法院院长由全国人民代表大会选举,副院长、审判委员会委员、庭长、副庭长和审判员由院长提请全国人民代表大会常务委员会任免。

最高人民法院巡回法庭庭长、副庭长,由最高人民法院院长提请全国人民代表大会常务委员会任免。

第四十三条　地方各级人民法院院长由本级人民代表大会选举,副院长、审判委员会委员、庭长、副庭长和审判员由院长提请本级人民代表大会常务委员会任免。

在省、自治区按地区设立的和在直辖市内设立的中级人民法院院长,由省、自治区、直辖市人民代表大会常务委员会根据主任会议的提名决定任免,副院长、审判委员会委员、庭长、副庭长和审判员由高级人民法院院长提请省、自治区、直辖市人民代表大会常务委员会任免。

第四十四条　人民法院院长任期与产生它的人民代表大会每届任期相同。

各级人民代表大会有权罢免由其选出的人民法院院长。在地方人民代表大会闭会期间,本级人民代表大会常务委员会认为人民法院院长需要撤换的,应当报请上级人民代表大会常务委员会批准。

第四十五条　人民法院的法官、审判辅助人员和司

法行政人员实行分类管理。

第四十六条　法官实行员额制。法官员额根据案件数量、经济社会发展情况、人口数量和人民法院审级等因素确定。

最高人民法院法官员额由最高人民法院商有关部门确定。地方各级人民法院法官员额，在省、自治区、直辖市内实行总量控制、动态管理。

第四十七条　法官从取得法律职业资格并且具备法律规定的其他条件的人员中选任。初任法官应当由法官遴选委员会进行专业能力审核。上级人民法院的法官一般从下级人民法院的法官中择优遴选。

院长应当具有法学专业知识和法律职业经历。副院长、审判委员会委员应当从法官、检察官或者其他具备法官、检察官条件的人员中产生。

法官的职责、管理和保障，依照《中华人民共和国法官法》的规定。

第四十八条　人民法院的法官助理在法官指导下负责审查案件材料、草拟法律文书等审判辅助事务。

符合法官任职条件的法官助理，经遴选后可以按照法官任免程序任命为法官。

第四十九条　人民法院的书记员负责法庭审理记录等审判辅助事务。

第五十条　人民法院的司法警察负责法庭警戒、人员押解和看管等警务事项。

司法警察依照《中华人民共和国人民警察法》管理。

第五十一条　人民法院根据审判工作需要，可以设司法技术人员，负责与审判工作有关的事项。

第五章　人民法院行使职权的保障

第五十二条　任何单位或者个人不得要求法官从事超出法定职责范围的事务。

对于领导干部等干预司法活动、插手具体案件处理，或者人民法院内部人员过问案件情况的，办案人员应当全面如实记录并报告；有违法违纪情形的，由有关机关根据情节轻重追究行为人的责任。

第五十三条　人民法院作出的判决、裁定等生效法律文书，义务人应当依法履行；拒不履行的，依法追究法律责任。

第五十四条　人民法院采取必要措施，维护法庭秩序和审判权威。对妨碍人民法院依法行使职权的违法犯罪行为，依法追究法律责任。

第五十五条　人民法院实行培训制度，法官、审判辅助人员和司法行政人员应当接受理论和业务培训。

第五十六条　人民法院人员编制实行专项管理。

第五十七条　人民法院的经费按照事权划分的原则列入财政预算，保障审判工作需要。

第五十八条　人民法院应当加强信息化建设，运用现代信息技术，促进司法公开，提高工作效率。

第六章　附　则

第五十九条　本法自2019年1月1日起施行。

· 请示答复

公安部关于正确执行《公安机关办理刑事案件程序规定》第一百九十九条的批复

· 2008年10月22日
· 公复字〔2008〕5号

黑龙江省公安厅：

你厅《关于〈公安机关办理刑事案件程序规定〉第一百九十九条应如何理解的请示》（黑公传发〔2008〕521号）收悉。现批复如下：

一、根据《公安机关办理刑事案件程序规定》第一百九十九条的规定，死者家属无正当理由拒不到场或者拒绝签名、盖章的，不影响解剖或者开棺检验，公安机关可以在履行规定的审批程序后，解剖尸体；但应当认真核实死者家属提出的不到场或者拒绝签名、盖章的理由，对于有正当理由的，应当予以妥善处理，争取家属的配合，而不能简单地作为无正当理由对待。

二、对于重大、疑难、复杂的案件，可能引起争议的案件，或者死者家属无正当理由拒不到场或者拒绝签名、盖章的案件，为确保取得良好的社会效果，公安机关在进行尸体解剖、开棺检验、死因鉴定时，应当进行全程录音录像，商请检察机关派员到场，并邀请与案件无关的第三方或者死者家属聘请的律师到场见证。

• 指导案例

1. 琚某忠盗窃案①

【关键词】

认罪认罚   无正当理由上诉   抗诉   取消从宽量刑

【要旨】

对于犯罪事实清楚,证据确实、充分,被告人自愿认罪认罚,一审法院采纳从宽量刑建议判决的案件,因被告人无正当理由上诉而不再具有认罪认罚从宽的条件,检察机关可以依法提出抗诉,建议法院取消因认罪认罚给予被告人的从宽量刑。

【相关规定】

《中华人民共和国刑法》第二百六十四条

《中华人民共和国刑事诉讼法》第十五条、第一百七十三条、第一百七十四条、第一百七十六条

最高人民法院、最高人民检察院、公安部、国家安全部、司法部《关于适用认罪认罚从宽制度的指导意见》

【基本案情】

被告人琚某忠,男,1985 年 11 月生,浙江省常山县人,农民。

2017 年 11 月 16 日下午,被告人琚某忠以爬窗入室的方式,潜入浙江省杭州市下城区某小区 502 室,盗取被害人张某、阮某某贵金属制品 9 件(共计价值人民币 28213元)、现金人民币 400 余元、港币 600 余元。案发后公安机关追回上述 9 件贵金属制品,并已发还被害人。

审查起诉期间,检察机关依法告知被告人琚某忠诉讼权利义务、认罪认罚的具体规定,向琚某忠核实案件事实和证据,并出示监控录像等证据后,之前认罪态度反复的被告人琚某忠表示愿意认罪认罚。经与值班律师沟通、听取意见,并在值班律师见证下,检察官向琚某忠详细说明本案量刑情节和量刑依据,提出有期徒刑二年三个月,并处罚金人民币三千元的量刑建议,琚某忠表示认可和接受,自愿签署《认罪认罚具结书》。2018 年 3 月 6 日,杭州市下城区人民检察院以被告人琚某忠犯盗窃罪提起公诉。杭州市下城区人民法院适用刑事速裁程序审理该案,判决采纳检察机关指控的罪名和量刑建议。

同年 3 月 19 日,琚某忠以量刑过重为由提出上诉,下城区人民检察院提出抗诉。杭州市中级人民法院认为,被告人琚某忠不服原判量刑提出上诉,导致原审适用认罪认

罚从宽制度的基础已不存在,为保障案件公正审判,裁定撤销原判,发回重审。下城区人民法院经重新审理,维持原判认定的被告人琚某忠犯盗窃罪的事实和定性,改判琚某忠有期徒刑二年九个月,并处罚金人民币三千元。判决后,琚某忠未上诉。

【检察履职情况】

1. 全面了解上诉原因。琚某忠上诉后,检察机关再次阅卷审查,了解上诉原因,核实认罪认罚从宽制度的适用过程,确认本案不存在事实不清、证据不足、定性错误、量刑不当等情形;确认权利告知规范、量刑建议准确适用、具结协商依法进行。被告人提出上诉并无正当理由,违背了认罪认罚的具结承诺。

2. 依法提出抗诉。琚某忠无正当理由上诉表明其认罪不认罚的主观心态,其因认罪认罚而获得从宽量刑的条件已不存在,由此导致一审判决罪责刑不相适应。在这种情况下,检察机关以"被告人不服判决并提出上诉,导致本案适用认罪认罚从宽制度的条件不再具备,并致量刑不当"为由提出抗诉,并在抗诉书中就审查起诉和一审期间依法开展认罪认罚工作情况作出详细阐述。

【指导意义】

被告人通过认罪认罚获得量刑从宽后,在没有新事实、新证据的情况下,违背具结承诺以量刑过重为由提出上诉,无正当理由引起二审程序,消耗国家司法资源,检察机关可以依法提出抗诉。一审判决量刑适当、自愿性保障充分,因为认罪认罚后反悔上诉导致量刑不当的案件,检察机关依法提出抗诉有利于促使被告人遵守协商承诺,促进认罪认罚从宽制度健康稳定运行。检察机关提出抗诉时,应当建议法院取消基于认罪认罚给予被告人的从宽量刑,但不能因被告人反悔行为对其加重处罚。

2. 林某彬等人组织、领导、参加黑社会性质组织案②

【关键词】

认罪认罚   黑社会性质组织犯罪   宽严相济   追赃挽损

【要旨】

认罪认罚从宽制度可以适用于所有刑事案件,没有适

① 案例来源:2020 年 11 月 24 日最高人民检察院检例第 83 号。
② 案例来源:2020 年 11 月 24 日最高人民检察院检例第 84 号。

用罪名和可能判处刑罚的限定,涉黑涉恶犯罪案件依法可以适用该制度。认罪认罚从宽制度贯穿刑事诉讼全过程,适用于侦查、起诉、审判各个阶段。检察机关办理涉黑涉恶犯罪案件,要积极履行主导责任,发挥认罪认罚从宽制度在查明案件事实、提升指控效果、有效追赃挽损等方面的作用。

【相关规定】

《中华人民共和国刑法》第二百六十六条、第二百七十四条、第二百九十三条、第二百九十四条、第三百零七条之一

《中华人民共和国刑事诉讼法》第十五条、第一百七十三条、第一百七十四条、第一百七十六条

最高人民法院、最高人民检察院、公安部、国家安全部、司法部《关于适用认罪认罚从宽制度的指导意见》

最高人民法院、最高人民检察院、公安部、司法部《关于办理"套路贷"刑事案件若干问题的意见》

【基本案情】

被告人林某彬,男,1983年8月生,北京某投资有限公司法定代表人,某金融服务外包(北京)有限公司实际控制人。

胡某某等其他51名被告人基本情况略。

被告人林某彬自2013年9月至2018年10月,以实际控制的北京某投资有限公司、某金融服务外包(北京)有限公司,通过招募股东、吸收业务员的方式,逐步形成了以林某彬为核心,被告人增某、胡某凯等9人为骨干,被告人林某强、杨某明等9人为成员的黑社会性质组织。该组织以老年人群体为主要目标,专门针对房产实施系列"套路贷"犯罪活动,勾结个别公安民警、公证员、律师以及暴力清房团伙,先后实施了诈骗、敲诈勒索、寻衅滋事、虚假诉讼等违法犯罪活动,涉及北京市朝阳区、海淀区等11个区、72名被害人、74套房产,造成被害人经济损失人民币1.8亿余元。

林某彬黑社会性质组织拉拢公安民警被告人庞某天入股,利用其身份查询被害人信息,利用其专业知识为暴力清房人员谋划支招。拉拢律师被告人李某杰以法律顾问身份帮助林某彬犯罪组织修改"套路贷"合同模板、代为应诉,并实施虚假诉讼处置房产。公证员被告人王某等人为获得费用提成或收受林某彬黑社会性质组织给予的财物,出具虚假公证文书。

在北京市人民检察院第三分院主持下,全案52名被告人中先后有36名签署了《认罪认罚具结书》。2019年12月30日,北京市第三中级人民法院依法宣判,全部采纳检察机关量刑建议。林某彬等人上诉后,2020年7月16日,北京市高级人民法院二审裁定驳回上诉,维持原判。

【检察履职情况】

1. 通过部分被告人认罪认罚,进一步查清案件事实,教育转化同案犯。在案件侦查过程中,检察机关在梳理全案证据基础上,引导侦查机关根据先认罪的胡某凯负责公司财务、熟悉公司全部运作的情况,向其讲明认罪认罚的法律规定,促使其全面供述,查清了林某彬黑社会性质组织诈骗被害人房产所实施的多个步骤,证实了林某彬等人以房产抵押借款并非民间借贷,而是为诈骗被害人房产所实施的"套路贷"犯罪行为,推动了全案取证工作。审查起诉阶段,通过胡某凯认罪认罚以及根据其供述调取的微信股东群聊天记录等客观证据,对股东韩某军、庞某天等被告人进行教育转化。同时开展对公司业务人员的教育转化工作,后业务人员白某金、吴某等被告人认罪认罚。审查起诉阶段共有12名被告人签了《认罪认罚具结书》。通过被告人的供述及据此补充完善的相关证据,林某彬黑社会性质组织的人员结构、运作模式、资金分配等事实更加清晰。庭前会议阶段,围绕定罪量刑重点,展示全案证据,释明认定犯罪依据,促成14名被告人认罪认罚,在庭前会议结束后签署了《认罪认罚具结书》。开庭前,又有10名被告人表示愿意认罪认罚,签署了《认罪认罚具结书》。

2. 根据被告人在犯罪中的地位和作用以及认罪认罚的阶段,坚持宽严相济刑事政策,依法确定是否从宽以及从宽幅度。一是将被告人划分为"三类三档"。"三类"分别是公司股东及业务员、暴力清房人员、公证人员,"三档"是根据每一类被告人在犯罪中的地位和作用确定三档量刑范围,为精细化提出量刑建议提供基础。二是是否从宽以及从宽幅度坚持区别对待。一方面,坚持罪责刑相适应,对黑社会性质组织的组织者、领导者林某彬从严惩处,建议法庭依法不予从宽;对积极参加者,从严把握从宽幅度。另一方面,根据被告人认罪认罚的时间先后、对查明案件事实所起的作用、认罪悔罪表现、退赃退赔等不同情况,提出更具针对性的量刑建议。

3. 发挥认罪认罚从宽制度的积极作用,提升出庭公诉效果。出庭公诉人通过讯问和举证质证,继续开展认罪认罚教育,取得良好庭审效果。首要分子林某彬当庭表示愿意认罪认罚,在暴力清房首犯万某春当庭否认知晓"套路贷"运作流程的情况下,林某彬主动向法庭指证万某春的犯罪事实,使万某春的辩解不攻自破。在法庭最后陈述阶段,不认罪的被告人受到触动,也向被害人表达了歉意。

4. 运用认罪认罚做好追赃挽损,最大限度为被害人挽回经济损失。审查起诉阶段,通过强化对认罪认罚被告人的讯问,及时发现涉案房产因多次过户、抵押而涉及多起

民事诉讼,已被法院查封或执行的关键线索,查清涉案财产走向。审判阶段,通过继续推动认罪认罚,不断扩大追赃挽损的效果。在庭前会议阶段,林某彬等多名被告人表示愿意退赃退赔;在庭审阶段,针对当庭认罪态度较好,部分退赔已落实到位或者明确表示退赔的被告人,公诉人向法庭建议在退赔到位时可以在检察机关量刑建议幅度以下判处适当的刑罚,促使被告人退赃退赔。全案在起诉时已查封、扣押、冻结涉案财产的基础上,一审宣判前,被告人又主动退赃退赔人民币 400 余万元。

【指导意义】

1. 对于黑社会性质组织犯罪等共同犯罪案件,适用认罪认罚从宽制度有助于提升指控犯罪质效。检察机关应当注重认罪认罚从宽制度的全流程适用,通过犯罪嫌疑人、被告人认罪认罚,有针对性地收集、完善和固定证据,同时以点带面促使其他被告人认罪认罚,完善指控犯罪的证据体系。对于黑社会性质组织等涉案人数众多的共同犯罪案件,通过对被告人开展认罪认罚教育转化工作,有利于分化瓦解犯罪组织,提升指控犯罪的效果。

2. 将认罪认罚与追赃挽损有机结合,彻底清除有组织犯罪的经济基础,尽力挽回被害人损失。检察机关应当运用认罪认罚深挖涉案财产线索,将退赃退赔情况作为是否认罚的考察重点,灵活运用量刑建议从宽幅度激励被告人退赃退赔,通过认罪认罚成果巩固和扩大追赃挽损的效果。

3. 区别对待,准确贯彻宽严相济刑事政策。认罪认罚从宽制度可以适用于所有案件,但"可以"适用不是一律适用,被告人认罪认罚后是否从宽,要根据案件性质、情节和对社会造成的危害后果等具体情况,坚持罪责刑相适应原则,区分情况、区别对待,做到该宽则宽,当严则严,宽严相济,罚当其罪。对犯罪性质恶劣、犯罪手段残忍、危害后果严重的犯罪分子,即使认罪认罚也不足以从宽处罚的,依法可不予以从宽处罚。

3. 金某某受贿案①

【关键词】

职务犯罪　认罪认罚　确定刑量刑建议

【要旨】

对于犯罪嫌疑人自愿认罪认罚的职务犯罪案件,应当依法适用认罪认罚从宽制度办理。在适用认罪认罚从宽制度办理职务犯罪案件过程中,检察机关应切实履行主导

责任,与监察机关、审判机关互相配合,互相制约,充分保障犯罪嫌疑人、被告人的程序选择权。要坚持罪刑法定和罪责刑相适应原则,对符合有关规定条件的,一般应当就主刑、附加刑、是否适用缓刑等提出确定刑量刑建议。

【相关规定】

《中华人民共和国刑法》第六十七条第三款,第三百八十三条第一款第三项、第二款、第三款,第三百八十五条第一款,第三百八十六条

《中华人民共和国刑事诉讼法》第十五条,第一百七十三条,第一百七十四条第一款,第一百七十六条,第二百零一条

《最高人民法院、最高人民检察院关于办理职务犯罪案件认定自首、立功等量刑情节若干问题的意见》第三部分

【基本案情】

被告人金某某,女,安徽省某医院原党委书记、院长。

2007 年至 2018 年,被告人金某某在担任安徽省某医院党委书记、院长期间,利用职务上的便利,为请托人在承建工程项目、销售医疗设备、销售药品、支付货款、结算工程款、职务晋升等事项上提供帮助,非法收受他人财物共计人民币 1161.1 万元、4000 欧元。

【检察工作情况】

(一)提前介入全面掌握案情,充分了解被调查人的认罪悔罪情况。安徽省检察机关在提前介入金某某案过程中,通过对安徽省监察委员会调查的证据材料进行初步审查,认为金某某涉嫌受贿犯罪的基本事实清楚,基本证据确实充分。同时注意到,金某某到案后,不但如实交代了监察机关已经掌握的受贿 170 余万元的犯罪事实,还主动交代了监察机关尚未掌握的受贿 980 余万元的犯罪事实,真诚认罪悔罪,表示愿意接受处罚,并已积极退缴全部赃款。初步判定本案具备适用认罪认罚从宽制度条件。

(二)检察长直接承办,积极推动认罪认罚从宽制度适用。安徽省监察委员会调查终结后,于 2019 年 1 月 16 日以金某某涉嫌受贿罪移送安徽省人民检察院起诉,安徽省人民检察院于同月 29 日将案件交由淮北市人民检察院审查起诉,淮北市人民检察院检察长作为承办人办案。经全面审查认定,金某某受贿案数额特别巨大,在安徽省医疗卫生系统有重大影响,但其自愿如实供述自己的罪行,真诚悔罪,愿意接受处罚,全部退赃,符合刑事诉讼法规定的

---

① 案例来源:2020 年 7 月 16 日最高人民检察院检例第 75 号。

认罪认罚从宽制度适用条件,检察机关经慎重研究,依法决定适用认罪认罚从宽制度办理。

(三)严格依法确保认罪认罚的真实性、自愿性、合法性。一是及时告知权利。案件移送起诉后,淮北市人民检察院在第一次讯问时,告知金某某享有的诉讼权利和认罪认罚相关法律规定,加强释法说理,充分保障其程序选择权和认罪认罚的真实性、自愿性。二是充分听取意见。切实保障金某某辩护律师的阅卷权、会见权,就金某某涉嫌的犯罪事实、罪名及适用的法律规定,从轻处罚建议,认罪认罚后案件审理适用的程序等,充分听取金某某及其辩护律师的意见,记录在案并附卷。三是提出确定刑量刑建议。金某某虽然犯罪持续时间长、犯罪数额特别巨大,但其自监委调查阶段即自愿如实供述自己的罪行,尤其是主动交代了监察机关尚未掌握的大部分犯罪事实,具有法定从轻处罚的坦白情节;且真诚悔罪,认罪彻底稳定,全部退赃,自愿表示认罪认罚,应当在法定刑幅度内相应从宽,检察机关综合上述情况,提出确定刑量刑建议。四是签署具结书。金某某及其辩护律师同意检察机关量刑建议,并同意适用普通程序简化审理,在辩护律师见证下,金某某自愿签署了《认罪认罚具结书》。

2019年3月13日,淮北市人民检察院以被告人金某某犯受贿罪,向淮北市中级人民法院提起公诉,建议判处金某某有期徒刑十年,并处罚金人民币五十万元,并建议适用普通程序简化审理。2019年4月10日,淮北市中级人民法院公开开庭,适用普通程序简化审理本案。经过庭审,认定起诉书指控被告人金某某犯受贿罪事实清楚、证据确实充分,采纳淮北市人民检察院提出的量刑建议并当庭宣判,金某某当庭表示服判不上诉。

【指导意义】

(一)对于犯罪嫌疑人自愿认罪认罚的职务犯罪案件,检察机关应当依法适用认罪认罚从宽制度办理。依据刑事诉讼法第十五条规定,认罪认罚从宽制度贯穿刑事诉讼全过程,没有适用罪名和可能判处刑罚的限定,所有刑事案件都可以适用。职务犯罪案件适用认罪认罚从宽制度,符合宽严相济刑事政策,有利于最大限度实现办理职务犯罪案件效果,有利于推进反腐败工作。职务犯罪案件的犯罪嫌疑人自愿如实供述自己的罪行,真诚悔罪,愿意接受处罚,检察机关应当依法适用认罪认罚从宽制度办理。

(二)适用认罪认罚从宽制度办理职务犯罪案件,检察机关应切实履行主导责任。检察机关通过提前介入监察机关办理职务犯罪案件工作,即可根据案件事实、证据、性质、情节、被调查人态度等基本情况,初步判定能否适用认罪认罚从宽制度。案件移送起诉后,人民检察院应当及时告知犯罪嫌疑人享有的诉讼权利和认罪认罚从宽制度相关法律规定,保障犯罪嫌疑人的程序选择权。犯罪嫌疑人自愿认罪认罚的,人民检察院应当就涉嫌的犯罪事实、罪名及适用的法律规定,从轻、减轻或者免除处罚等从宽处罚的建议,认罪认罚后案件审理适用的程序及其他需要听取意见的情形,听取犯罪嫌疑人、辩护人或者值班律师的意见并记录在案,同时加强与监察机关、审判机关的沟通,听取意见。

(三)依法提出量刑建议,提升职务犯罪案件适用认罪认罚从宽制度效果。检察机关办理认罪认罚职务犯罪案件,应当根据犯罪的事实、性质、情节和对社会的危害程度,结合法定、酌定的量刑情节,综合考虑认罪认罚的具体情况,依法决定是否从宽、如何从宽。对符合有关规定条件的,一般应当就主刑、附加刑、是否适用缓刑等提出确定刑量刑建议。对于减轻、免除处罚,应当于法有据;不具备减轻处罚情节的,应当在法定幅度以内提出从轻处罚的量刑建议。

二、管辖与回避

1. 管 辖

全国人民代表大会常务委员会关于国家安全机关行使公安机关的侦查、拘留、预审和执行逮捕的职权的决定

· 1983 年 9 月 2 日第六届全国人民代表大会常务委员会第二次会议通过

第六届全国人民代表大会第一次会议决定设立的国家安全机关,承担原由公安机关主管的间谍、特务案件的侦查工作,是国家公安机关的性质,因而国家安全机关可以行使宪法和法律规定的公安机关的侦查、拘留、预审和执行逮捕的职权。

附:(略)

全国人民代表大会常务委员会关于中国人民解放军保卫部门对军队内部发生的刑事案件行使公安机关的侦查、拘留、预审和执行逮捕的职权的决定

· 1993 年 12 月 29 日第八届全国人民代表大会常务委员会第五次会议通过

中国人民解放军保卫部门承担军队内部发生的刑事案件的侦查工作,同公安机关对刑事案件的侦查工作性质是相同的,因此,军队保卫部门对军队内部发生的刑事案件,可以行使宪法和法律规定的公安机关的侦查、拘留、预审和执行逮捕的职权。

最高人民检察院关于对服刑罪犯暂予监外执行期间在异地又犯罪应由何地检察院受理审查起诉问题的批复

· 1998 年 11 月 26 日
· 高检发释字〔1998〕5 号

四川省人民检察院:

你院川检发研〔1998〕12 号《关于服刑罪犯暂予监外执行期间在异地又犯罪应由何地检察院受理审查起诉的问题的请示》收悉。经研究,批复如下:

对罪犯在暂予监外执行期间在异地犯罪,如果罪行是在犯罪地被发现、罪犯是在犯罪地被捕获的,由犯罪地人民检察院审查起诉;如果案件由罪犯暂予监外执行地人民法院审判更为适宜的,也可以由罪犯暂予监外执行地的人民检察院审查起诉;如果罪行是在暂予监外执行的情形消失,罪犯被继续收监执行剩余刑期期间发现的,由罪犯服刑地的人民检察院审查起诉。

最高人民法院、最高人民检察院、公安部关于旅客列车上发生的刑事案件管辖问题的通知

· 2001 年 8 月 23 日
· 公通字〔2001〕70 号

各省、自治区、直辖市高级人民法院,人民检察院,公安厅、局,新疆维吾尔自治区高级人民法院生产建设兵团分院、新疆生产建设兵团人民检察院、公安局:

为维护旅客列车的治安秩序,及时、有效地处理发生在旅客列车上的刑事案件,现对旅客列车上发生的刑事案件的管辖问题规定如下:

一、列车上发生的刑事案件,由负责该车乘务的乘警队所属的铁路公安机关立案,列车乘警应及时收集案件证据,填写有关法律文书。对于已经查获犯罪嫌疑人的,列车乘警应对犯罪嫌疑人认真盘查,制作盘查笔录。对被害人、证人要进行询问,制作询问笔录,或者由被害人、证人书写被害经过、证言。取证结束后,列车乘警应当将犯罪嫌疑人及盘查笔录、被害人、证人的证明材料以及其他与案件有关证据一并移交前方停车站铁路公安机关。对于未查获犯罪嫌疑人的案件,列车乘警应当及时收集案件线索及证据,并由负责该车乘务的乘警队所属的铁路公安机关继续侦查。

二、车站铁路公安机关对于法律手续齐全并附有相关证据材料的交站处理案件应当受理。经审查和进一步侦查,认为需要逮捕犯罪嫌疑人或者移送审查起诉的,应当依法向同级铁路运输检察院提请批准逮捕或者移送审查起诉。

三、铁路运输检察院对同级公安机关提请批准逮捕或者移送审查起诉的交站处理案件应当受理。经审查符合逮捕条件的,应当依法批准逮捕;符合起诉条件的,应当依

法提起公诉或者将案件移送有管辖权的铁路运输检察院审查起诉。

四、铁路运输法院对铁路运输检察院提起公诉的交站处理案件,经审查认为符合受理条件的,应当受理并依法审判。

各地接本通知后,请认真贯彻执行。执行中遇到的问题,请及时分别报告最高人民法院、最高人民检察院、公安部。

最高人民法院、最高人民检察院、公安部等关于外国人犯罪案件管辖问题的通知

· 2013 年 1 月 17 日
· 法发〔2013〕2 号

各省、自治区、直辖市高级人民法院、人民检察院、公安厅(局)、国家安全厅(局)、司法厅(局),新疆维吾尔自治区高级人民法院生产建设兵团分院,新疆生产建设兵团人民检察院、公安局、国家安全局、司法局:

为贯彻实施好修改后刑事诉讼法关于犯罪案件管辖的规定,确保外国人犯罪案件办理质量,结合外国人犯罪案件的特点和案件办理工作实际,现就外国人犯罪案件管辖的有关事项通知如下:

一、第一审外国人犯罪案件,除刑事诉讼法第二十条至第二十二条规定的以外,由基层人民法院管辖。外国人犯罪案件较多的地区,中级人民法院可以指定辖区内一个或者几个基层人民法院集中管辖第一审外国人犯罪案件;外国人犯罪案件较少的地区,中级人民法院可以依照刑事诉讼法第二十三条的规定,审理基层人民法院管辖的第一审外国人犯罪案件。

二、外国人犯罪案件的侦查,由犯罪地或者犯罪嫌疑人居住地的公安机关或者国家安全机关负责。需要逮捕犯罪嫌疑人的,由负责侦查的公安机关或者国家安全机关向所在地同级人民检察院提请批准逮捕;侦查终结需要移送审查起诉的案件,应当向侦查机关所在地的同级人民检察院移送。人民检察院受理同级侦查机关移送审查起诉的案件,按照刑事诉讼法的管辖规定和本通知要求,认为应当由上级人民检察院或者同级其他人民检察院起诉的,应当将案件移送有管辖权的人民检察院审查起诉。

三、辖区内集中管辖第一审外国人犯罪案件的基层人民法院,应当由中级人民法院商同级人民检察院、公安局、国家安全局、司法局综合考虑办案质量、效率、工作衔接配合等因素提出,分别报高级人民法院、省级人民检察院、公安厅(局)、

国家安全厅(局)、司法厅(局)同意后确定,并报最高人民法院、最高人民检察院、公安部、国家安全部、司法部备案。

各高级人民法院、省级人民检察院、公安厅(局)、国家安全厅(局)要切实加强对基层人民法院、人民检察院、公安机关、国家安全机关办理外国人犯罪案件工作的监督、指导。司法行政机关要加强对外国人犯罪案件中律师辩护、代理工作的指导、监督。对于遇到的法律适用等重大问题要及时层报最高人民法院、最高人民检察院、公安部、国家安全部、司法部。

最高人民法院、最高人民检察院、中国海警局关于海上刑事案件管辖等有关问题的通知

· 2020 年 2 月 20 日
· 海警〔2020〕1 号

各省、自治区、直辖市高级人民法院、人民检察院,解放军军事法院、军事检察院,新疆维吾尔自治区高级人民法院生产建设兵团分院,新疆生产建设兵团人民检察院,中国海警局各分局、直属局,沿海省、自治区、直辖市海警局:

为依法惩治海上犯罪,维护国家主权、安全、海洋权益和海上秩序,根据《中华人民共和国刑事诉讼法》《全国人民代表大会常务委员会关于中国海警局行使海上维权执法职权的决定》以及其他相关法律,现就海上刑事案件管辖等有关问题通知如下:

一、对海上发生的刑事案件,按照下列原则确定管辖:

(一)在中华人民共和国内水、领海发生的犯罪,由犯罪地或者被告人登陆地的人民法院管辖,如果由被告人居住地的人民法院审判更为适宜的,可以由被告人居住地的人民法院管辖;

(二)在中华人民共和国领域外的中国船舶内的犯罪,由该船舶最初停泊的中国口岸所在地或者被告人登陆地、入境地的人民法院管辖;

(三)中国公民在中华人民共和国领海以外的海域犯罪,由其登陆地、入境地、离境前居住地或者现居住地的人民法院管辖;被害人是中国公民的,也可以由被害人离境前居住地或者现居住地的人民法院管辖;

(四)外国人在中华人民共和国领海以外的海域对中华人民共和国国家或者公民犯罪,根据《中华人民共和国刑法》应当受到处罚的,由该外国人登陆地、入境地、入境后居住地的人民法院管辖,也可以由被害人离境前居住地或者现居住地的人民法院管辖;

(五)对中华人民共和国缔结或者参加的国际条约所

规定的罪行,中华人民共和国在所承担的条约义务的范围内行使刑事管辖权的,由被告人被抓获地、登陆地或者入境地的人民法院管辖。

前款第一项规定的犯罪地包括犯罪行为发生地和犯罪结果发生地。前款第二项至第五项规定的入境地,包括进入我国陆地边境、领海以及航空器降落在我国境内的地点。

二、海上发生的刑事案件的立案侦查,由海警机构根据本通知第一条规定的管辖原则进行。

依据第一条规定确定的管辖地未设置海警机构的,由有关海警局商同级人民检察院、人民法院指定管辖。

三、沿海省、自治区、直辖市海警局办理刑事案件,需要提请批准逮捕或者移送起诉的,依法向所在地省级人民检察院提请或者移送。

沿海省、自治区、直辖市海警局下属海警局、中国海警局各分局、直属局办理刑事案件,需要提请批准逮捕或者移送起诉的,依法向所在地设区的市级人民检察院提请或者移送。

海警工作站办理刑事案件,需要提请批准逮捕或者移送起诉的,依法向所在地基层人民检察院提请或者移送。

四、人民检察院对于海警机构移送起诉的海上刑事案件,按照刑事诉讼法、司法解释以及本通知的有关规定进行审查后,认为应当由其他人民检察院起诉的,应当将案件移送有管辖权的人民检察院。

需要按照刑事诉讼法、司法解释以及本通知的有关规定指定审判管辖的,海警机构应当在移送起诉前向人民检察院通报,由人民检察院协商同级人民法院办理指定管辖有关事宜。

五、对人民检察院提起公诉的海上刑事案件,人民法院经审查认为符合刑事诉讼法、司法解释以及本通知有关规定的,应当依法受理。

六、海警机构办理刑事案件应当主动接受检察机关监督,与检察机关建立信息共享平台,定期向检察机关通报行政执法与刑事司法衔接,刑事立案、破案,采取强制措施等情况。

海警机构所在地的人民检察院依法对海警机构的刑事立案、侦查活动实行监督。

海警机构办理重大、疑难、复杂的刑事案件,可以商请人民检察院介入侦查活动,并听取人民检察院的意见和建议。人民检察院认为确有必要时,可以派员介入海警机构的侦查活动,对收集证据、适用法律提出意见,监督侦查活动是否合法,海警机构应当予以配合。

本通知自印发之日起施行。各地接本通知后,请认真贯彻执行。执行中遇到的问题,请及时分别报告最高人民法院、最高人民检察院、中国海警局。

人民检察院公益诉讼办案规则(节录)

· 2020年9月28日最高人民检察院第十三届检察委员会第五十二次会议通过
· 2021年6月29日最高人民检察院公告公布
· 自2021年7月1日起施行
· 高检发释字〔2021〕2号

第一章　总　则

第一条　为了规范人民检察院履行公益诉讼检察职责,加强对国家利益和社会公共利益的保护,根据《中华人民共和国人民检察院组织法》《中华人民共和国民事诉讼法》《中华人民共和国行政诉讼法》等法律规定,结合人民检察院工作实际,制定本规则。

第二条　人民检察院办理公益诉讼案件的任务,是通过依法独立行使检察权,督促行政机关依法履行监督管理职责,支持适格主体依法行使公益诉权,维护国家利益和社会公共利益,维护社会公平正义,维护宪法和法律权威,促进国家治理体系和治理能力现代化。

第三条　人民检察院办理公益诉讼案件,应当遵守宪法、法律和相关法规,秉持客观公正立场,遵循相关诉讼制度的基本原则和程序规定,坚持司法公开。

第四条　人民检察院通过提出检察建议、提起诉讼和支持起诉等方式履行公益诉讼检察职责。

第五条　人民检察院办理公益诉讼案件,由检察官、检察长、检察委员会在各自职权范围内对办案事项作出决定,并依照规定承担相应司法责任。

检察官在检察长领导下开展工作。重大办案事项,由检察长决定。检察长可以根据案件情况,提交检察委员会讨论决定。其他办案事项,检察长可以自行决定,也可以授权检察官决定。

以人民检察院名义制发的法律文书,由检察长签发;属于检察官职权范围内决定事项的,检察长可以授权检察官签发。

第六条　人民检察院办理公益诉讼案件,根据案件情况,可以由一名检察官独任办理,也可以由两名以上检察官组成办案组办理。由检察官办案组办理的,检察长应当指定一名检察官担任主办检察官,组织、指挥办案组办理案件。

检察官办理案件,可以根据需要配备检察官助理、书记员、司法警察、检察技术人员等检察辅助人员。检察辅助人员依照法律规定承担相应的检察辅助事务。

第七条　负责公益诉讼检察的部门负责人对本部门的办案活动进行监督管理。需要报请检察长决定的事项，应当先由部门负责人审核。部门负责人可以主持召开检察官联席会议进行讨论，也可以直接报请检察长决定。

第八条　检察长不同意检察官处理意见的，可以要求检察官复核，也可以直接作出决定，或者提请检察委员会讨论决定。

检察官执行检察长决定时，认为决定错误的，应当书面提出意见。检察长不改变原决定的，检察官应当执行。

第九条　人民检察院提起诉讼或者支持起诉的民事、行政公益诉讼案件，由负责民事、行政检察的部门或者办案组织分别履行诉讼监督的职责。

第十条　最高人民检察院领导地方各级人民检察院和专门人民检察院的公益诉讼检察工作，上级人民检察院领导下级人民检察院的公益诉讼检察工作。

上级人民检察院对下级人民检察院作出的决定，有权予以撤销或者变更；发现下级人民检察院办理的案件有错误的，有权指令下级人民检察院予以纠正。

下级人民检察院对上级人民检察院的决定应当执行。如果认为有错误的，应当在执行的同时向上级人民检察院报告。

第十一条　人民检察院办理公益诉讼案件，实行一体化工作机制，上级人民检察院根据办案需要，可以交办、提办、督办、领办案件。

上级人民检察院可以依法统一调用辖区的检察人员办理案件，调用的决定应当以书面形式作出。被调用的检察官可以代表办理案件的人民检察院履行调查、出庭等职责。

第十二条　人民检察院办理公益诉讼案件，依照规定接受人民监督员监督。

……

第十四条　人民检察院办理民事公益诉讼案件，由违法行为发生地、损害结果地或者违法行为人住所地基层人民检察院立案管辖。

刑事附带民事公益诉讼案件，由办理刑事案件的人民检察院立案管辖。

……

第八十二条　有下列情形之一的，人民检察院可以认定行政机关未依法履行职责：

（一）逾期不回复检察建议，也没有采取有效整改措施的；

（二）已经制定整改措施，但没有实质性执行的；

（三）虽按期回复，但未采取整改措施或者仅采取部分整改措施的；

（四）违法行为人已经被追究刑事责任或者案件已经移送刑事司法机关处理，但行政机关仍应当继续依法履行职责的；

（五）因客观障碍导致整改方案难以按期执行，但客观障碍消除后未及时恢复整改的；

（六）整改措施违反法律法规规定的；

（七）其他没有依法履行职责的情形。

……

第八十七条　人民检察院办理涉及刑事犯罪的民事公益诉讼案件，在刑事案件的委托鉴定评估中，可以同步提出公益诉讼案件办理的鉴定评估需求。

第八十八条　刑事侦查中依法收集的证据材料，可以在基于同一违法事实提起的民事公益诉讼案件中作为证据使用。

……

第九十七条　人民检察院在刑事案件提起公诉时，对破坏生态环境和资源保护，食品药品安全领域侵害众多消费者合法权益，侵犯未成年人合法权益，侵害英雄烈士等的姓名、肖像、名誉、荣誉等损害社会公共利益的违法行为，可以向人民法院提起刑事附带民事公益诉讼。

……

最高人民法院关于加强和规范案件提级管辖和再审提审工作的指导意见

· 2023 年 7 月 28 日
· 法发〔2023〕13 号

为加强人民法院审级监督体系建设，做深做实新时代能动司法，推动以审判工作现代化服务保障中国式现代化，现根据相关法律和司法解释的规定，结合审判工作实际，就加强和规范人民法院案件提级管辖、再审提审工作，制定本意见。

一、一般规定

第一条　健全完善案件提级管辖、再审提审工作机制，是完善四级法院审级职能定位改革的重要内容，有利于促进诉源治理、统一法律适用、维护群众权益。各级人民法院应当通过积极、规范、合理适用提级管辖，推动将具有指导意义、涉及重大利益、可能受到干预的案件交由较高层级人民法院审理,发挥典型案件裁判的示范引领作用,实现政治效果、社会效果、法律效果的有机统一。中级以上人民法院应当加大再审提审适用力度,精准履行审级监督和再审纠错职能。最高人民法院聚焦提审具有普遍法律适用指导意义、存在重大法律适用分歧的典型案件,充分发挥最高审判机关监督指导全国审判工作、确保法律正确统一适用的职能。

第二条　本意见所称"提级管辖",是指根据《中华人民共和国刑事诉讼法》第二十四条、《中华人民共和国民事诉讼法》第三十九条、《中华人民共和国行政诉讼法》第二十四条的规定,下级人民法院将所管辖的第一审案件转移至上级人民法院审理,包括上级人民法院依下级人民法院报请提级管辖、上级人民法院依职权提级管辖。

第三条　本意见所称"再审提审",是指根据《中华人民共和国民事诉讼法》第二百零五条第二款、第二百一十一条第二款,《中华人民共和国行政诉讼法》第九十一条、第九十二条第二款的规定,上级人民法院对下级人民法院已经发生法律效力的民事、行政判决、裁定,认为确有错误并有必要提审的,裁定由本院再审,包括上级人民法院依职权提审、上级人民法院依当事人再审申请提审、最高人民法院依高级人民法院报请提审。

二、完善提级管辖机制

第四条　下级人民法院对已经受理的第一审刑事、民事、行政案件,认为属于下列情形之一,不宜由本院审理的,应当报请上一级人民法院审理:

(一)涉及重大国家利益、社会公共利益的;

(二)在辖区内属于新类型,且案情疑难复杂的;

(三)具有诉源治理效应,有助于形成示范性裁判,推动同类纠纷统一、高效、妥善化解的;

(四)具有法律适用指导意义的;

(五)上一级人民法院或者其辖区内人民法院之间近三年裁判生效的同类案件存在重大法律适用分歧的;

(六)由上一级人民法院一审更有利于公正审理的。

上级人民法院对辖区内人民法院已经受理的第一审刑事、民事、行政案件,认为属于上述情形之一,有必要由本院审理的,可以决定提级管辖。

第五条　"在辖区内属于新类型,且案情疑难复杂的"案件,主要指案件所涉领域、法律关系、规制范围等在辖区内具有首案效应或者相对少见,在法律适用上存在难点和争议。

"具有诉源治理效应,有助于形成示范性裁判,推动同类纠纷统一、高效、妥善化解的"案件,是指案件具有示范

引领价值,通过确立典型案件的裁判规则,能够对处理类似纠纷形成规范指引,引导当事人作出理性选择,促进批量纠纷系统化解,实现纠纷源头治理。

"具有法律适用指导意义的"案件,是指法律、法规、司法解释、司法指导性文件等没有明确规定,需要通过典型案件裁判进一步明确法律适用;司法解释、司法指导性文件、指导性案例发布时所依据的客观情况发生重大变化,继续适用有关规则审理明显有违公平正义。

"由上一级人民法院一审更有利于公正审理的"案件,是指案件因所涉领域、主体、利益等因素,可能受地方因素影响或者外部干预,下级人民法院不宜行使管辖权。

第六条　下级人民法院报请上一级人民法院提级管辖的案件,应当经本院院长或者分管院领导批准,以书面形式请示。请示应当包含案件基本情况、报请提级管辖的事实和理由等内容,并附必要的案件材料。

第七条　民事、行政第一审案件报请提级管辖的,应当在当事人答辩期届满后,至迟于案件法定审理期限届满三十日前向上一级人民法院报请。

刑事第一审案件报请提级管辖的,应当至迟于案件法定审理期限届满十五日前向上一级人民法院报请。

第八条　上一级人民法院收到案件报请提级管辖的请示和材料后,由立案庭编立"辖"字号,转相关审判庭组成合议庭审查。上一级人民法院应当在编立案号之日起三十日内完成审查,但法律和司法解释对审查时限另有规定的除外。

合议庭经审查并报本院院长或者分管院领导批准后,根据本意见所附诉讼文书样式,作出同意或者不同意提级管辖的法律文书。相关法律文书一经作出即生效。

第九条　上级人民法院根据本意见第二十一条规定的渠道,发现下级人民法院受理的第一审案件可能需要提级管辖的,可以及时与相关人民法院沟通,并书面通知提供必要的案件材料。

上级人民法院认为案件应当提级管辖的,经本院院长或者分管院领导批准后,根据本意见所附诉讼文书样式,作出提级管辖的法律文书。

第十条　上级人民法院作出的提级管辖法律文书,应当载明以下内容:

(一)案件基本信息;

(二)本院决定提级管辖的理由和分析意见。

上级人民法院不同意提级管辖的,应当在相关法律文书中载明理由和分析意见。

第十一条　上级人民法院决定提级管辖的,应当在作

出法律文书后五日内，将法律文书送原受诉人民法院。原受诉人民法院收到提级管辖的法律文书后，应当在五日内送达当事人，并在十日内将案卷材料移送上级人民法院。上级人民法院应当在收到案卷材料后五日内立案。对检察机关提起公诉的案件，上级人民法院决定提级管辖的，应当书面通知同级人民检察院，原受诉人民法院应当将案卷材料退回同级人民检察院，并书面通知当事人。

上级人民法院决定不予提级管辖的，应当在作出法律文书后五日内，将法律文书送原受诉人民法院并退回相关案卷材料。案件由原受诉人民法院继续审理。

第十二条　上级人民法院决定提级管辖的案件，应当依法组成合议庭适用第一审普通程序审理。

原受诉人民法院已经依法完成的送达、保全、鉴定等程序性工作，上级人民法院可以不再重复开展。

第十三条　中级人民法院、高级人民法院决定提级管辖的案件，应当报上一级人民法院立案庭备案。

第十四条　按照本意见提级管辖的案件，审理期限自上级人民法院立案之日起重新计算。

下级人民法院向上级人民法院报送提级管辖请示的期间和上级人民法院审查处理期间，均不计入案件审理期限。

对依报请不同意提级管辖的案件，自原受诉人民法院收到相关法律文书之日起恢复案件审限计算。

三、规范民事、行政再审提审机制

第十五条　上级人民法院对下级人民法院已经发生法律效力的民事、行政判决、裁定，认为符合再审条件的，一般应当提审。

对于符合再审条件的民事、行政判决、裁定，存在下列情形之一的，最高人民法院、高级人民法院可以指令原审人民法院再审，或者指定与原审人民法院同级的其他人民法院再审，但法律和司法解释另有规定的除外：

（一）原判决、裁定认定事实的主要证据未经质证的；

（二）对审理案件需要的主要证据，当事人因客观原因不能自行收集，书面申请人民法院调查收集，人民法院未调查收集的；

（三）违反法律规定，剥夺当事人辩论权利的；

（四）发生法律效力的判决、裁定是由第一审法院作出的；

（五）当事人一方人数众多或者当事人双方均为公民的民事案件；

（六）经审判委员会讨论决定的其他情形。

第十六条　最高人民法院依法受理的民事、行政申请再审审查案件，除法律和司法解释规定应当提审的情形外，符合下列情形之一的，也应当裁定提审：

（一）在全国有重大影响的；

（二）具有普遍法律适用指导意义的；

（三）所涉法律适用问题在最高人民法院内部存在重大分歧的；

（四）所涉法律适用问题在不同高级人民法院之间裁判生效的同类案件存在重大分歧的；

（五）由最高人民法院提审更有利于案件公正审理的；

（六）最高人民法院认为应当提审的其他情形。

最高人民法院依职权主动发现地方各级人民法院已经发生法律效力的民事、行政判决、裁定确有错误，并且符合前款规定的，应当提审。

第十七条　高级人民法院对于本院和辖区内人民法院作出的已经发生法律效力的民事、行政判决、裁定，认为适用法律确有错误，且属于本意见第十六条第一款第一项至第五项所列情形之一的，经本院审判委员会讨论决定后，可以报请最高人民法院提审。

第十八条　高级人民法院报请最高人民法院再审提审的案件，应当向最高人民法院提交书面请示，请示应当包括以下内容：

（一）案件基本情况；

（二）本院再审申请审查情况；

（三）报请再审提审的理由；

（四）合议庭评议意见、审判委员会讨论意见；

（五）必要的案件材料。

第十九条　最高人民法院收到高级人民法院报送的再审提审请示及材料后，由立案庭编立"监"字号，转相关审判庭组成合议庭审查，并在三个月以内作出下述处理：

（一）符合提审条件的，作出提审裁定；

（二）不符合提审条件的，作出不同意提审的批复。

最高人民法院不同意提审的，应当在批复中说明意见和理由。

第二十条　案件报请最高人民法院再审提审的期间和最高人民法院审查处理期间，不计入申请再审审查案件办理期限。

对不同意再审提审的案件，自高级人民法院收到批复之日起，恢复申请再审审查案件的办理期限计算。

四、完善提级管辖、再审提审的保障机制

第二十一条　上级人民法院应当健全完善特殊类型案件的发现、监测、甄别机制，注重通过以下渠道，主动启动提级管辖或者再审提审程序：

（一）办理下级人民法院关于法律适用问题的请示；

（二）开展审务督察、司法巡查、案件评查；

（三）办理检察监督意见；

（四）办理人大代表、政协委员关注的事项或者问题；

（五）办理涉及具体案件的群众来信来访；

（六）处理当事人提出的提级管辖或者再审提审请求；

（七）开展案件舆情监测；

（八）办理有关国家机关、社会团体等移送的其他事项。

第二十二条 对于提级管辖、再审提审案件，相关人民法院应当加大监督管理力度，配套完善激励、考核机制，把提级管辖、再审提审案件的规则示范意义、对下指导效果、诉源治理成效、成果转化情况、社会各界反映等作为重要评价内容。

第二十三条 最高人民法院各审判庭应当强化对下监督指导，统筹做好本审判条线相关案件的提级管辖、再审提审工作，全面掌握案件情况，及时办理请示事项。各高级人民法院应当定期向最高人民法院报送提级管辖案件情况，加强辖区内人民法院各审判业务条线的沟通交流、问题反馈和业务指导，结合辖区审判工作实际，细化明确提级管辖、再审提审案件的范围、情形和程序。

第二十四条 最高人民法院、高级人民法院应当健全完善提级管辖、再审提审案件的裁判规则转化机制，将提级管辖案件的裁判统一纳入人民法院案例库，积极将具有法律适用指导意义的提级管辖、再审提审案件作为指导性案例、参考性案例培育，推动将具有规则确立意义、示范引领作用的裁判转化为司法解释、司法指导性文件、司法建议、调解指引等。加大对提级管辖、再审提审案件的宣传力度，将宣传重点聚焦到增强人民群众获得感、促进提升司法公信力、有力破除"诉讼主客场"现象上来，积极通过庭审公开、文书说理、案例发布、新闻报道、座谈交流等方式，充分展示相关审判工作成效，促进公众和社会法治意识的养成，为有序推进相关工作营造良好氛围。

五、附　则

第二十五条 本意见由最高人民法院解释。各高级人民法院可以根据相关法律、司法解释和本意见，结合审判工作实际，制定或者修订本地区关于提级管辖、再审提审的实施细则，报最高人民法院备案。

第二十六条 本意见自 2023 年 8 月 1 日起施行。之前有关规定与本意见不一致的，按照本意见执行。

附件：（略）

2. 回　避

检察人员任职回避和公务回避暂行办法

·2000 年 7 月 17 日

·高检发〔2000〕18 号

第一条 为保证检察人员依法履行公务，促进检察机关的廉政建设，维护司法公正，根据《中华人民共和国刑事诉讼法》《中华人民共和国检察官法》和其他有关法律、法规，制定本办法。

第二条 检察人员之间有下列亲属关系之一的，必须按规定实行任职回避：

（一）夫妻关系；

（二）直系血亲关系；

（三）三代以内旁系血亲关系，包括伯叔姑舅姨、兄弟姐妹、堂弟兄姐妹、表兄弟姐妹、侄子女、甥子女；

（四）近姻亲关系，包括配偶的父母、配偶的兄弟姐妹及其配偶、子女的配偶及子女配偶的父母、三代以内旁系血亲的配偶。

第三条 检察人员之间凡具有本办法第二条所列亲属关系的，不得同时担任下列职务：

（一）同一人民检察院的检察长、副检察长、检察委员会委员；

（二）同一人民检察院的检察长、副检察长和检察员、助理检察员、书记员、司法警察、司法行政人员；

（三）同一工作部门的检察员、助理检察员、书记员、司法警察、司法行政人员；

（四）上下相邻两级人民检察院的检察长、副检察长。

第四条 担任县一级人民检察院检察长的，一般不得在原籍任职。但是，民族自治地方县一级人民检察院的检察人员除外。

第五条 检察人员任职回避按照以下程序进行：

（一）本人提出回避申请或者所在人民检察院的人事管理部门提出回避要求；

（二）按照管理权限进行审核，需要回避的，予以调整，并按照法律及有关规定办理任免手续。

第六条 检察人员任职回避，职务不同的，由职务较低的一方回避，个别因工作特殊需要的，经所在人民检察院批准，也可以由职务较高的一方回避；职务相同的，由所在人民检察院根据工作需要和检察人员的情况决定其中一方回避。

在本检察院内无法调整的，可以与其他单位协商调整;与其他单位协商调整确有困难的,商请有关管理部门或者上级人民检察院协调解决。

第七条　检察人员在录用、晋升、调配过程中应当如实地向人民检察院申报应回避的亲属情况。各级人民检察院在检察人员录用、晋升、调配过程中应当按照回避规定严格审查。对原已形成的应回避的关系,应当制定计划,逐步调整;对因婚姻、职务变化等新形成的应回避关系,应当及时调整。

第八条　检察人员从事人事管理、财务管理、监察、审计等公务活动,涉及本人或与本人有本办法第二条所列亲属关系人员的利害关系时,必须回避,不得参加有关考核、调查、讨论、审核、决定,也不得以任何形式施加影响。

第九条　检察人员从事检察活动,具有下列情形之一的,应当自行回避,当事人及其法定代理人也有权要求其回避:

(一)是本案的当事人或者是当事人的近亲属的;

(二)本人或者他的近亲属和本案有利害关系的;

(三)担任过本案的证人、鉴定人、辩护人、诉讼代理人的;

(四)与本案当事人有其他关系,可能影响公正处理案件的。

第十条　检察人员在检察活动中,接受当事人及其委托的人的请客送礼或者违反规定会见当事人及其委托的人的,当事人及其法定代理人有权要求其回避。

第十一条　检察人员在检察活动中的回避,按照以下程序进行:

(一)检察人员自行回避申请的,可以书面或者口头向所在人民检察院提出回避申请,并说明理由;当事人及其法定代理人要求检察人员回避的,应当向该检察人员所在人民检察院提出书面或者口头申请,并说明理由,根据本办法第十条的规定提出回避的,应当提供有关证明材料。

(二)检察人员所在人民检察院有关工作部门对回避申请进行审查,调查核实有关情况,提出是否回避的意见。

(三)检察长作出是否同意检察人员回避的决定;对检察长的回避,由检察委员会作出决定并报上一级人民检察院备案。检察委员会讨论检察长回避问题时,由副检察长主持会议,检察长不得参加。

应当回避的检察人员,本人没有自行回避,当事人及其法定代理人也没有要求其回避的,检察长或者检察委员会应当决定其回避。

第十二条　对人民检察院作出的驳回回避申请的决定,当事人及其法定代理人不服的,可以在收到驳回回避申请决定的5日内,向作出决定的人民检察院申请复议。

人民检察院对当事人及其法定代理人的复议申请,应当在3日内作出复议决定,并书面通知申请人。

第十三条　检察人员自行回避或者被申请回避,在检察长或者检察委员会作出决定前,应当暂停参与案件的办理;但是,对人民检察院直接受理案件进行侦查或者补充侦查的检察人员,在回避决定作出前不能停止对案件的侦查。

第十四条　因符合本办法第九条或者第十条规定的情形之一而决定回避的检察人员,在回避决定作出前所取得的证据和进行诉讼的行为是否有效,由检察长或者检察委员会根据案件的具体情况决定。

第十五条　检察人员离任后2年内,不得担任诉讼代理人和辩护人。

第十六条　检察人员在检察活动中具有以下情形的,视情予以批评教育、组织调整或者给予相应的纪律处分:

(一)明知具有本办法第九条或者第十条规定的情形,故意不依法自行回避或者对符合回避条件的申请故意不作出回避决定的;

(二)明知诉讼代理人、辩护人具有本办法第十五条规定情形,故意隐瞒的;

(三)拒不服从回避决定,继续参与办案或者干预办案的。

第十七条　当事人、诉讼代理人、辩护人或者其他知情人认为检察人员有违反法律、法规有关回避规定行为的,可以向检察人员所在人民检察院监察部门举报。受理举报的部门应当及时处理,并将有关意见反馈举报人。

第十八条　本规定所称检察人员,是指各级人民检察院检察官、书记员、司法行政人员和司法警察。

人民检察院聘请或者指派的翻译人员、司法鉴定人员、勘验人员在诉讼活动中的回避,参照检察人员回避的有关规定执行。

第十九条　各级人民检察院的监察和人事管理部门负责检察人员回避工作的监督检查。

第二十条　本办法由最高人民检察院负责解释。

第二十一条　本办法自公布之日起施行。

最高人民法院关于审判人员在诉讼活动中执行回避制度若干问题的规定

· 2011 年 4 月 11 日最高人民法院审判委员会第 1517 次会议通过
· 2011 年 6 月 10 日最高人民法院公告公布
· 自 2011 年 6 月 13 日起施行
· 法释〔2011〕12 号

为进一步规范审判人员的诉讼回避行为，维护司法公正，根据《中华人民共和国人民法院组织法》、《中华人民共和国法官法》、《中华人民共和国民事诉讼法》、《中华人民共和国刑事诉讼法》、《中华人民共和国行政诉讼法》等法律规定，结合人民法院审判工作实际，制定本规定。

第一条 审判人员具有下列情形之一的，应当自行回避，当事人及其法定代理人有权以口头或者书面形式申请其回避：

（一）是本案的当事人或者与当事人有近亲属关系的；

（二）本人或者其近亲属与本案有利害关系的；

（三）担任过本案的证人、翻译人员、鉴定人、勘验人、诉讼代理人、辩护人的；

（四）与本案的诉讼代理人、辩护人有夫妻、父母、子女或者兄弟姐妹关系的；

（五）与本案当事人之间存在其他利害关系，可能影响案件公正审理的。

本规定所称近亲属，包括与审判人员有夫妻、直系血亲、三代以内旁系血亲及近姻亲关系的亲属。

第二条 当事人及其法定代理人发现审判人员违反规定，具有下列情形之一的，有权申请其回避：

（一）私下会见本案一方当事人及其诉讼代理人、辩护人的；

（二）为本案当事人推荐、介绍诉讼代理人、辩护人，或者为律师、其他人员介绍办理该案件的；

（三）索取、接受本案当事人及其受托人的财物、其他利益，或者要求当事人及其受托人报销费用的；

（四）接受本案当事人及其受托人的宴请，或者参加由其支付费用的各项活动的；

（五）向本案当事人及其受托人借款，借用交通工具、通讯工具或者其他物品，或者索取、接受当事人及其受托人在购买商品、装修住房以及其他方面给予的好处的；

（六）有其他不正当行为，可能影响案件公正审理的。

第三条 凡在一个审判程序中参与过本案审判工作的审判人员，不得再参与该案其他程序的审判。但是，经过第二审程序发回重审的案件，在一审法院作出裁判后又进入第二审程序的，原第二审程序中合议庭组成人员不受本条规定的限制。

第四条 审判人员应当回避，本人没有自行回避，当事人及其法定代理人也没有申请其回避的，院长或者审判委员会应当决定其回避。

第五条 人民法院应当依法告知当事人及其法定代理人有申请回避的权利，以及合议庭组成人员、书记员的姓名、职务等相关信息。

第六条 人民法院依法调解案件，应当告知当事人及其法定代理人有申请回避的权利，以及主持调解工作的审判人员及其他参与调解工作的人员的姓名、职务等相关信息。

第七条 第二审人民法院认为第一审人民法院的审理有违反本规定第一条至第三条规定的，应当裁定撤销原判，发回原审人民法院重新审判。

第八条 审判人员及法院其他工作人员从人民法院离任后二年内，不得以律师身份担任诉讼代理人或者辩护人。

审判人员及法院其他工作人员从人民法院离任后，不得担任原任职法院所审理案件的诉讼代理人或者辩护人，但是作为当事人的监护人或者近亲属代理诉讼或者进行辩护的除外。

本条所规定的离任，包括退休、调离、解聘、辞职、辞退、开除等离开法院工作岗位的情形。

本条所规定的原任职法院，包括审判人员及法院其他工作人员曾任职的所有法院。

第九条 审判人员及法院其他工作人员的配偶、子女或者父母不得担任其所任职法院审理案件的诉讼代理人或者辩护人。

第十条 人民法院发现诉讼代理人或者辩护人违反本规定第八条、第九条的规定的，应当责令其停止相关诉讼代理或者辩护行为。

第十一条 当事人及其法定代理人、诉讼代理人、辩护人认为审判人员有违反本规定行为的，可以向法院纪检、监察部门或者其他有关部门举报。受理举报的人民法院应当及时处理，并将相关意见反馈给举报人。

第十二条 对明知具有本规定第一条至第三条规定情形不依法自行回避的审判人员，依照《人民法院工作人员处分条例》的规定予以处分。

对明知诉讼代理人、辩护人具有本规定第八条、第九条规定情形之一，未责令其停止相关诉讼代理或者辩护行为的审判人员，依照《人民法院工作人员处分条例》的规定予以处分。

第十三条　本规定所称审判人员，包括各级人民法院院长、副院长、审判委员会委员、庭长、副庭长、审判员和助理审判员。

本规定所称法院其他工作人员，是指审判人员以外的在编工作人员。

第十四条　人民陪审员、书记员和执行员适用审判人员回避的有关规定，但不属于本规定第十三条所规定人员的，不适用本规定第八条、第九条的规定。

第十五条　自本规定施行之日起，《最高人民法院关于审判人员严格执行回避制度的若干规定》（法发〔2000〕5号）即行废止；本规定施行前本院发布的司法解释与本规定不一致的，以本规定为准。

3. 案件移送

行政执法机关移送涉嫌犯罪案件的规定

·2001年7月9日中华人民共和国国务院令第310号公布
·根据2020年8月7日《国务院关于修改〈行政执法机关移送涉嫌犯罪案件的规定〉的决定》修订

第一条　为了保证行政执法机关向公安机关及时移送涉嫌犯罪案件，依法惩罚破坏社会主义市场经济秩序罪、妨害社会管理秩序罪以及其他罪，保障社会主义建设事业顺利进行，制定本规定。

第二条　本规定所称行政执法机关，是指依照法律、法规或者规章的规定，对破坏社会主义市场经济秩序、妨害社会管理秩序以及其他违法行为具有行政处罚权的行政机关，以及法律、法规授权的具有管理公共事务职能、在法定授权范围内实施行政处罚的组织。

第三条　行政执法机关在依法查处违法行为过程中，发现违法事实涉及的金额、违法事实的情节、违法事实造成的后果等，根据刑法关于破坏社会主义市场经济秩序罪、妨害社会管理秩序罪等罪的规定和最高人民法院、最高人民检察院关于破坏社会主义市场经济秩序罪、妨害社会管理秩序罪等罪的司法解释以及最高人民检察院、公安部关于经济犯罪案件的追诉标准等规定，涉嫌构成犯罪，依法需要追究刑事责任的，必须依照本规定向公安机关移送。

知识产权领域的违法案件，行政执法机关根据调查收集的证据和查明的案件事实，认为存在犯罪的合理嫌疑，需要公安机关采取措施进一步获取证据以判断是否达到刑事案件立案追诉标准的，应当向公安机关移送。

第四条　行政执法机关在查处违法行为过程中，必须妥善保存所收集的与违法行为有关的证据。

行政执法机关对查获的涉案物品，应当如实填写涉案物品清单，并按照国家有关规定予以处理。对易腐烂、变质等不宜或者不易保管的涉案物品，应当采取必要措施，留取证据；对需要进行检验、鉴定的涉案物品，应当由法定检验、鉴定机构进行检验、鉴定，并出具检验报告或者鉴定结论。

第五条　行政执法机关对应当向公安机关移送的涉嫌犯罪案件，应当立即指定2名或者2名以上行政执法人员组成专案组专门负责，核实情况后提出移送涉嫌犯罪案件的书面报告，报经本机关正职负责人或者主持工作的负责人审批。

行政执法机关正职负责人或者主持工作的负责人应当自接到报告之日起3日内作出批准移送或者不批准移送的决定。决定批准的，应当在24小时内向同级公安机关移送；决定不批准的，应当将不予批准的理由记录在案。

第六条　行政执法机关向公安机关移送涉嫌犯罪案件，应当附有下列材料：

（一）涉嫌犯罪案件移送书；

（二）涉嫌犯罪案件情况的调查报告；

（三）涉案物品清单；

（四）有关检验报告或者鉴定结论；

（五）其他有关涉嫌犯罪的材料。

第七条　公安机关对行政执法机关移送的涉嫌犯罪案件，应当在涉嫌犯罪案件移送书的回执上签字；其中，不属于本机关管辖的，应当在24小时内转送有管辖权的机关，并书面告知移送案件的行政执法机关。

第八条　公安机关应当自接受行政执法机关移送的涉嫌犯罪案件之日起3日内，依照刑法、刑事诉讼法以及最高人民法院、最高人民检察院关于立案标准和公安部关于公安机关办理刑事案件程序的规定，对所移送的案件进行审查。认为有犯罪事实，需要追究刑事责任，依法决定立案的，应当书面通知移送案件的行政执法机关；认为没有犯罪事实，或者犯罪事实显著轻微，不需要追究刑事责任，依法不予立案的，应当说明理由，并书面通知移送案件的行政执法机关，相应退回案卷材料。

第九条　行政执法机关接到公安机关不予立案的通知书后，认为依法应当由公安机关决定立案的，可以自接到不予立案通知书之日起 3 日内,提请作出不予立案决定的公安机关复议,也可以建议人民检察院依法进行立案监督。

作出不予立案决定的公安机关应当自收到行政执法机关提请复议的文件之日起 3 日内作出立案或者不予立案的决定,并书面通知移送案件的行政执法机关。移送案件的行政执法机关对公安机关不予立案的复议决定仍有异议的,应当自收到复议决定通知书之日起 3 日内建议人民检察院依法进行立案监督。

公安机关应当接受人民检察院依法进行的立案监督。

第十条　行政执法机关对公安机关决定不予立案的案件,应当依法作出处理;其中,依照有关法律、法规或者规章的规定应当给予行政处罚的,应当依法实施行政处罚。

第十一条　行政执法机关对应当向公安机关移送的涉嫌犯罪案件,不得以行政处罚代替移送。

行政执法机关向公安机关移送涉嫌犯罪案件前已经作出的警告,责令停产停业,暂扣或者吊销许可证、暂扣或者吊销执照的行政处罚决定,不停止执行。

依照行政处罚法的规定,行政执法机关向公安机关移送涉嫌犯罪案件前,已经依法给予当事人罚款的,人民法院判处罚金时,依法折抵相应罚金。

第十二条　行政执法机关对公安机关决定立案的案件,应当自接到立案通知书之日起 3 日内将涉案物品以及与案件有关的其他材料移交公安机关,并办结交接手续;法律、行政法规另有规定的,依照其规定。

第十三条　公安机关对发现的违法行为,经审查,没有犯罪事实,或者立案侦查后认为犯罪事实显著轻微,不需要追究刑事责任,但依法应当追究行政责任的,应当及时将案件移送同级行政执法机关,有关行政执法机关应当依法作出处理。

第十四条　行政执法机关移送涉嫌犯罪案件,应当接受人民检察院和监察机关依法实施的监督。

任何单位和个人对行政执法机关违反本规定,应当向公安机关移送涉嫌犯罪案件而不移送的,有权向人民检察院、监察机关或者上级行政执法机关举报。

第十五条　行政执法机关违反本规定,隐匿、私分、销毁涉案物品的,由本级或者上级人民政府,或者实行垂直管理的上级行政执法机关,对其正职负责人根据情节轻重,给予降级以上的处分;构成犯罪的,依法追究刑事责任。

对前款所列行为直接负责的主管人员和其他直接责任人员,比照前款的规定给予处分;构成犯罪的,依法追究

刑事责任。

第十六条　行政执法机关违反本规定,逾期不将案件移送公安机关的,由本级或者上级人民政府,或者实行垂直管理的上级行政执法机关,责令限期移送,并对其正职负责人或者主持工作的负责人根据情节轻重,给予记过以上的处分;构成犯罪的,依法追究刑事责任。

行政执法机关违反本规定,对应当向公安机关移送的案件不移送,或者以行政处罚代替移送的,由本级或者上级人民政府,或者实行垂直管理的上级行政执法机关,责令改正,给予通报;拒不改正的,对其正职负责人或者主持工作的负责人给予记过以上的处分;构成犯罪的,依法追究刑事责任。

对本条第一款、第二款所列行为直接负责的主管人员和其他直接责任人员,分别比照前两款的规定给予处分;构成犯罪的,依法追究刑事责任。

第十七条　公安机关违反本规定,不接受行政执法机关移送的涉嫌犯罪案件,或者逾期不作出立案或者不予立案的决定的,除由人民检察院依法实施立案监督外,由本级或者上级人民政府责令改正,对其正职负责人根据情节轻重,给予记过以上的处分;构成犯罪的,依法追究刑事责任。

对前款所列行为直接负责的主管人员和其他直接责任人员,比照前款的规定给予处分;构成犯罪的,依法追究刑事责任。

第十八条　有关机关存在本规定第十五条、第十六条、第十七条所列违法行为,需要由监察机关依法给予违法的公职人员政务处分的,该机关及其上级主管机关或者有关人民政府应当依照有关规定将相关案件线索移送监察机关处理。

第十九条　行政执法机关在依法查处违法行为过程中,发现公职人员有贪污贿赂、失职渎职或者利用职权侵犯公民人身权利和民主权利等违法行为,涉嫌构成职务犯罪的,应当依照刑法、刑事诉讼法、监察法等法律规定及时将案件线索移送监察机关或者人民检察院处理。

第二十条　本规定自公布之日起施行。

公安机关受理行政执法机关移送涉嫌犯罪案件规定

· 2016 年 6 月 16 日
· 公通字〔2016〕16 号

第一条　为规范公安机关受理行政执法机关移送涉嫌犯罪案件工作,完善行政执法与刑事司法衔接工作机

制,根据有关法律、法规,制定本规定。

第二条　对行政执法机关移送的涉嫌犯罪案件,公安机关应当接受,及时录入执法办案信息系统,并检查是否附有下列材料:

(一)案件移送书,载明移送机关名称、行政违法行为涉嫌犯罪罪名、案件主办人及联系电话等。案件移送书应当附移送材料清单,并加盖移送机关公章;

(二)案件调查报告,载明案件来源、查获情况、嫌疑人基本情况、涉嫌犯罪的事实、证据和法律依据、处理建议等;

(三)涉案物品清单,载明涉案物品的名称、数量、特征、存放地等事项,并附采取行政强制措施、现场笔录等表明涉案物品来源的相关材料;

(四)附有鉴定机构和鉴定人资质证明或者其他证明文件的检验报告或者鉴定意见;

(五)现场照片、询问笔录、电子数据、视听资料、认定意见、责令整改通知书等其他与案件有关的证据材料。

移送材料表明移送案件的行政执法机关已经或者曾经作出有关行政处罚决定的,应当检查是否附有有关行政处罚决定书。

对材料不全的,应当在接受案件的二十四小时内书面告知移送的行政执法机关在三日内补正。但不得以材料不全为由,不接受移送案件。

第三条　对接受的案件,公安机关应当按照下列情形分别处理:

(一)对属于本公安机关管辖的,迅速进行立案审查;

(二)对属于公安机关管辖但不属于本公安机关管辖的,移送有管辖权的公安机关,并书面告知移送案件的行政执法机关;

(三)对不属于公安机关管辖的,退回移送案件的行政执法机关,并书面说明理由。

第四条　对接受的案件,公安机关应当立即审查,并在规定的时间内作出立案或者不立案的决定。

决定立案的,应当书面通知移送案件的行政执法机关。对决定不立案的,应当说明理由,制作不予立案通知书,连同案卷材料在三日内送达移送案件的行政执法机关。

第五条　公安机关审查发现涉嫌犯罪案件移送材料不全、证据不充分的,可以就证明有犯罪事实的相关证据要求等提出补充调查意见,商请移送案件的行政执法机关补充调查。必要时,公安机关可以自行调查。

第六条　对决定立案的,公安机关应当自立案之日起三日内与行政执法机关交接涉案物品以及与案件有关的其他证据材料。

对保管条件、保管场所有特殊要求的涉案物品,公安机关可以在采取必要措施固定留取证据后,商请行政执法机关代为保管。

移送案件的行政执法机关在移送案件后,需要作出责令停产停业、吊销许可证等行政处罚,或者在相关行政复议、行政诉讼中,需要使用已移送公安机关证据材料的,公安机关应当协助。

第七条　单位或者个人认为行政执法机关办理的行政案件涉嫌犯罪,向公安机关报案、控告、举报或者自首的,公安机关应当接受,不得要求相关单位或者人员先行向行政执法机关报案、控告、举报或者自首。

第八条　对行政执法机关移送的涉嫌犯罪案件,公安机关立案后决定撤销案件的,应当将撤销案件决定书连同案卷材料送达移送案件的行政执法机关。对依法应当追究行政法律责任的,可以同时向行政执法机关提出书面建议。

第九条　公安机关应当定期总结受理审查行政执法机关移送涉嫌犯罪案件情况,分析衔接工作中存在的问题,并提出意见建议,通报行政执法机关、同级人民检察院。必要时,同时通报本级或者上一级人民政府,或者实行垂直管理的行政执法机关的上一级机关。

第十条　公安机关受理行政执法机关移送涉嫌犯罪案件,依法接受人民检察院的法律监督。

第十一条　公安机关可以根据法律法规,联合同级人民检察院、人民法院、行政执法机关制定行政执法机关移送涉嫌犯罪案件类型、移送标准、证据要求、法律文书等文件。

第十二条　本规定自印发之日起实施。

最高人民检察院、全国整顿和规范市场经济秩序领导小组办公室、公安部、监察部关于在行政执法中及时移送涉嫌犯罪案件的意见

・2006 年 1 月 26 日
・高检会〔2006〕2 号

各省、自治区、直辖市人民检察院、整顿和规范市场经济秩序领导小组办公室、公安厅(局)、监察厅(局)、新疆生产建设兵团人民检察院、整顿和规范市场经济秩序领导小组办公室、公安局、监察局:

为了完善行政执法与刑事司法相衔接工作机制,加大对破坏社会主义市场经济秩序犯罪、妨害社会管理秩序犯罪以及其他犯罪的打击力度,根据《中华人民共和国刑事诉讼法》、国务院《行政执法机关移送涉嫌犯罪案件的规定》等有关规定,现就在行政执法中及时移送涉嫌犯罪案

件提出如下意见：

一、行政执法机关在查办案件过程中,对符合刑事追诉标准、涉嫌犯罪的案件,应当制作《涉嫌犯罪案件移送书》,及时将案件向同级公安机关移送,并抄送同级人民检察院。对未能及时移送并已作出行政处罚的涉嫌犯罪案件,行政执法机关应当于作出行政处罚十日以内向同级公安机关、人民检察院抄送《行政处罚决定书》副本,并书面告知相关权利人。

现场查获的涉案货值或者案件其他情节明显达到刑事追诉标准、涉嫌犯罪的,应当立即移送公安机关查处。

二、任何单位和个人发现行政执法机关不按规定向公安机关移送涉嫌犯罪案件,向公安机关、人民检察院、监察机关或者上级行政执法机关举报的,公安机关、人民检察院、监察机关或者上级行政执法机关应当根据有关规定及时处理,并向举报人反馈处理结果。

三、人民检察院接到控告、举报或者发现行政执法机关不移送涉嫌犯罪案件,经审查或者调查后认为情况基本属实的,可以向行政执法机关查询案件情况、要求行政执法机关提供有关案件材料或者派员查阅案卷材料,行政执法机关应当配合。确属应当移送公安机关而不移送的,人民检察院应当向行政执法机关提出移送的书面意见,行政执法机关应当移送。

四、行政执法机关在查办案件过程中,应当妥善保存案件的相关证据。对易腐烂、变质、灭失等不宜或者不易保管的涉案物品,应当采取必要措施固定证据;对需要进行检验、鉴定的涉案物品,应当由有关部门或者机构依法检验、鉴定,并出具检验报告或者鉴定结论。

行政执法机关向公安机关移送涉嫌犯罪的案件,应当附涉嫌犯罪案件的调查报告、涉案物品清单、有关检验报告或者鉴定结论及其他有关涉嫌犯罪的材料。

五、对行政执法机关移送的涉嫌犯罪案件,公安机关应当及时审查,自受理之日起十日以内作出立案或者不立案的决定;案情重大、复杂的,可以在受理之日起三十日以内作出立案或者不立案的决定。公安机关作出立案或者不立案决定,应当书面告知移送案件的行政执法机关、同级人民检察院及相关权利人。

公安机关对不属于本机关管辖的案件,应当在二十四小时以内转送有管辖权的机关,并书面告知移送案件的行政执法机关、同级人民检察院及相关权利人。

六、行政执法机关对公安机关决定立案的案件,应当自接到立案通知书之日起三日以内将涉案物品以及与案件有关的其他材料移送公安机关,并办理交接手续;法律、

行政法规另有规定的,依照其规定办理。

七、行政执法机关对公安机关不立案决定有异议的,在接到不立案通知书后的三日以内,可以向作出不立案决定的公安机关提请复议,也可以建议人民检察院依法进行立案监督。

公安机关接到行政执法机关提请复议书后,应当在三日以内作出复议决定,并书面告知提请复议的行政执法机关。行政执法机关对公安机关不立案的复议决定仍有异议的,可以在接到复议决定书后的三日以内,建议人民检察院依法进行立案监督。

八、人民检察院接到行政执法机关提出的对涉嫌犯罪案件进行立案监督的建议后,应当要求公安机关说明不立案理由,公安机关应当在七日以内向人民检察院作出书面说明。对公安机关的说明,人民检察院应当进行审查,必要时可以进行调查,认为公安机关不立案理由成立的,应当将审查结论书面告知提出立案监督建议的行政执法机关;认为公安机关不立案理由不能成立的,应当通知公安机关立案。公安机关接到立案通知书后应当在十五日以内立案,同时将立案决定书送达人民检察院,并书面告知行政执法机关。

九、公安机关对发现的违法行为,经审查,没有犯罪事实,或者立案侦查后认为犯罪情节显著轻微,不需要追究刑事责任,但依法应当追究行政责任的,应当及时将案件移送行政执法机关,有关行政执法机关应当依法作出处理,并将处理结果书面告知公安机关和人民检察院。

十、行政执法机关对案情复杂、疑难,性质难以认定的案件,可以向公安机关、人民检察院咨询,公安机关、人民检察院应当认真研究,在七日以内回复意见。对有证据表明可能涉嫌犯罪的行为人可能逃匿或者销毁证据,需要公安机关参与、配合的,行政执法机关可以商请公安机关提前介入,公安机关可以派员介入。对涉嫌犯罪的,公安机关应当及时依法立案侦查。

十一、对重大、有影响的涉嫌犯罪案件,人民检察院可以根据公安机关的请求派员介入公安机关的侦查,参加案件讨论,审查相关案件材料,提出取证建议,并对侦查活动实施法律监督。

十二、行政执法机关在依法查处违法行为过程中,发现国家工作人员贪污贿赂或者国家机关工作人员渎职等违纪、犯罪线索的,应当根据案件的性质,及时向监察机关或者人民检察院移送。监察机关、人民检察院应当认真审查,依纪、依法处理,并将处理结果书面告知移送案件线索的行政执法机关。

十三、监察机关依法对行政执法机关查处违法案件和移送涉嫌犯罪案件工作进行监督，发现违纪、违法问题的，依照有关规定进行处理。发现涉嫌职务犯罪的，应当及时移送人民检察院。

十四、人民检察院依法对行政执法机关移送涉嫌犯罪案件情况实施监督，发现行政执法人员徇私舞弊，对依法应当移送的涉嫌犯罪案件不移送，情节严重，构成犯罪的，应当依照刑法有关的规定追究其刑事责任。

十五、国家机关工作人员以及在依照法律、法规规定行使国家行政管理职权的组织中从事公务的人员，或者在受国家机关委托代表国家机关行使职权的组织中从事公务的人员，或者虽未列入国家机关人员编制但在国家机关中从事公务的人员，利用职权干预行政执法机关和公安机关执法，阻挠案件移送和刑事追诉，构成犯罪的，人民检察院应当依照刑法关于渎职罪的规定追究其刑事责任。国家行政机关和法律、法规授权的具有管理公共事务职能的组织以及国家行政机关依法委托的组织及其工勤人员以外的工作人员，利用职权干预行政执法机关和公安机关执法，阻挠案件移送和刑事追诉，构成违纪的，监察机关应当依法追究其纪律责任。

十六、在查办违法犯罪案件工作中，公安机关、监察机关、行政执法机关和人民检察院应当建立联席会议、情况通报、信息共享等机制，加强联系，密切配合，各司其职，相互制约，保证准确有效地执行法律。

十七、本意见所称行政执法机关，是指依照法律、法规或者规章的规定，对破坏社会主义市场经济秩序、妨害社会管理秩序以及其他违法行为具有行政处罚权的行政机关，以及法律、法规授权的具有管理公共事务职能、在法定授权范围内实施行政处罚的组织，不包括公安机关、监察机关。

环境保护行政执法与刑事司法衔接工作办法

· 2017 年 1 月 25 日
· 环环监〔2017〕17 号

第一章　总　则

第一条　为进一步健全环境保护行政执法与刑事司法衔接工作机制，依法惩治环境犯罪行为，切实保障公众健康，推进生态文明建设，依据《刑法》《刑事诉讼法》《环境保护法》《行政执法机关移送涉嫌犯罪案件的规定》（国务院令第 310 号）等法律、法规及有关规定，制定本办法。

第二条　本办法适用于各级环境保护主管部门（以下简称环保部门）、公安机关和人民检察院办理的涉嫌环境犯罪案件。

第三条　各级环保部门、公安机关和人民检察院应当加强协作，统一法律适用，不断完善线索通报、案件移送、资源共享和信息发布等工作机制。

第四条　人民检察院对环保部门移送涉嫌环境犯罪案件活动和公安机关对移送案件的立案活动，依法实施法律监督。

第二章　案件移送与法律监督

第五条　环保部门在查办环境违法案件过程中，发现涉嫌环境犯罪案件，应当核实情况并作出移送涉嫌环境犯罪案件的书面报告。

本机关负责人应当自接到报告之日起 3 日内作出批准移送或者不批准移送的决定。向公安机关移送的涉嫌环境犯罪案件，应当符合下列条件：

（一）实施行政执法的主体与程序合法。

（二）有合法证据证明有涉嫌环境犯罪的事实发生。

第六条　环保部门移送涉嫌环境犯罪案件，应当自作出移送决定后 24 小时内向同级公安机关移交案件材料，并将案件移送书抄送同级人民检察院。

环保部门向公安机关移送涉嫌环境犯罪案件时，应当附下列材料：

（一）案件移送书，载明移送机关名称、涉嫌犯罪罪名及主要依据、案件主办人及联系方式等。案件移送书应当附移送材料清单，并加盖移送机关公章。

（二）案件调查报告，载明案件来源、查获情况、犯罪嫌疑人基本情况、涉嫌犯罪的事实、证据和法律依据、处理建议和法律依据等。

（三）现场检查（勘察）笔录、调查询问笔录、现场勘验图、采样记录单等。

（四）涉案物品清单，载明已查封、扣押等采取行政强制措施的涉案物品名称、数量、特征、存放地等事项，并附采取行政强制措施、现场笔录等表明涉案物品来源的相关材料。

（五）现场照片或者录音录像资料及清单，载明需证明的事实对象、拍摄人、拍摄时间、拍摄地点等。

（六）监测、检验报告、突发环境事件调查报告、认定意见。

（七）其他有关涉嫌犯罪的材料。

对环境违法行为已经作出行政处罚决定的，还应当附行政处罚决定书。

第七条　对环保部门移送的涉嫌环境犯罪案件，公安机关应当依法接受,并立即出具接受案件回执或者在涉嫌环境犯罪案件移送书的回执上签字。

第八条　公安机关审查发现移送的涉嫌环境犯罪案件材料不全的,应当在接受案件的24小时内书面告知移送的环保部门在3日内补正。但不得以材料不全为由,不接受移送案件。

公安机关审查发现移送的涉嫌环境犯罪案件证据不充分的,可以就证明有犯罪事实的相关证据等提出补充调查意见,由移送案件的环保部门补充调查。环保部门应当按照要求补充调查,并及时将调查结果反馈公安机关。因客观条件所限,无法补正的,环保部门应当向公安机关作出书面说明。

第九条　公安机关对环保部门移送的涉嫌环境犯罪案件,应当自接受案件之日起3日内作出立案或者不予立案的决定;涉嫌环境犯罪线索需要查证的,应当自接受案件之日起7日内作出决定;重大疑难复杂案件,经县级以上公安机关负责人批准,可以自受案之日起30日内作出决定。接受案件后对属于公安机关管辖但不属于本公安机关管辖的案件,应当在24小时内移送有管辖权的公安机关,并书面通知移送案件的环保部门,抄送同级人民检察院。对不属于公安机关管辖的,应当在24小时内退回移送案件的环保部门。

公安机关作出立案、不予立案、撤销案件决定的,应当自作出决定之日起3日内书面通知环保部门,并抄送同级人民检察院。公安机关作出不予立案或者撤销案件决定的,应当书面说明理由,并将案卷材料退回环保部门。

第十条　环保部门应当自接到公安机关立案通知书之日起3日内将涉案物品以及与案件有关的其他材料移交公安机关,并办理交接手续。

涉及查封、扣押物品的,环保部门和公安机关应当密切配合,加强协作,防止涉案物品转移、隐匿、损毁、灭失等情况发生。对具有危险性或者环境危害性的涉案物品,环保部门应当组织临时处理处置,公安机关应当积极协助;对无明确责任人、责任人不具备履行责任能力或者超出部门处置能力的,应当呈报涉案物品所在地政府组织处置。上述处置费用清单随附处置合同、缴费凭证等作为犯罪获利的证据,及时补充移送公安机关。

第十一条　环保部门认为公安机关不予立案决定不当的,可以自接到不予立案通知书之日起3个工作日内向作出决定的公安机关申请复议,公安机关应当自收到复议申请之日起3个工作日内作出立案或者不予立案的复议决定,并书面通知环保部门。

第十二条　环保部门对公安机关逾期未作出是否立案决定、以及对不予立案决定、复议决定、立案后撤销案件决定有异议的,应当建议人民检察院进行立案监督。人民检察院应当受理并进行审查。

第十三条　环保部门建议人民检察院进行立案监督的案件,应当提供立案监督建议书、相关案件材料,并附公安机关不予立案、立案后撤销案件决定及说明理由材料,复议维持不予立案决定材料或者公安机关逾期未作出是否立案决定的材料。

第十四条　人民检察院发现环保部门不移送涉嫌环境犯罪案件的,可以派员查询、调阅有关案件材料,认为涉嫌环境犯罪应当移送的,应当提出建议移送的检察意见。环保部门应当自收到检察意见后3日内将案件移送公安机关,并将执行情况通知人民检察院。

第十五条　人民检察院发现公安机关可能存在应当立案而不立案或者逾期未作出是否立案决定的,应当启动立案监督程序。

第十六条　环保部门向公安机关移送涉嫌环境犯罪案件,已作出的警告、责令停产停业、暂扣或者吊销许可证的行政处罚决定,不停止执行。未作出行政处罚决定的,原则上应当在公安机关决定不予立案或者撤销案件、人民检察院作出不起诉决定、人民法院作出无罪判决或者免予刑事处罚后,再决定是否给予行政处罚。涉嫌犯罪案件的移送办理期间,不计入行政处罚期限。

对尚未作出生效裁判的案件,环保部门依法应当给予或者提请人民政府给予暂扣或者吊销许可证、责令停产停业等行政处罚,需要配合的,公安机关、人民检察院应当给予配合。

第十七条　公安机关对涉嫌环境犯罪案件,经审查没有犯罪事实,或者立案侦查后认为犯罪事实显著轻微、不需要追究刑事责任,但经审查依法应当予以行政处罚的,应当及时将案件移交环保部门,并抄送同级人民检察院。

第十八条　人民检察院对符合逮捕、起诉条件的环境犯罪嫌疑人,应当及时批准逮捕、提起公诉。人民检察院对决定不起诉的案件,应当自作出决定之日起3日内,书面告知移送案件的环保部门,认为应当给予行政处罚的,可以提出予以行政处罚的检察意见。

第十九条　人民检察院对公安机关提请批准逮捕的犯罪嫌疑人作出不批准逮捕决定,并通知公安机关补充侦查的,或者人民检察院对公安机关移送审查起诉的案件审查后,认为犯罪事实不清、证据不足,将案件退回补充侦查的,应当制作补充侦查提纲,写明补充侦查的方向和要求。

对退回补充侦查的案件，公安机关应当按照补充侦查提纲的要求，在一个月内补充侦查完毕。公安机关补充侦查和人民检察院自行侦查需要环保部门协助的，环保部门应当予以协助。

第三章　证据的收集与使用

第二十条　环保部门在行政执法和查办案件过程中依法收集制作的物证、书证、视听资料、电子数据、监测报告、检验报告、认定意见、鉴定意见、勘验笔录、检查笔录等证据材料，在刑事诉讼中可以作为证据使用。

第二十一条　环保部门、公安机关、人民检察院收集的证据材料，经法庭查证属实，且收集程序符合有关法律、行政法规规定的，可以作为定案的根据。

第二十二条　环保部门或者公安机关依据《国家危险废物名录》或者组织专家研判等得出认定意见的，应当载明涉案单位名称、案由、涉案物品识别认定的理由，按照"经认定，……属于\不属于……危险废物，废物代码……"的格式出具结论，加盖公章。

第四章　协作机制

第二十三条　环保部门、公安机关和人民检察院应当建立健全环境行政执法与刑事司法衔接的长效工作机制。确定牵头部门及联络人，定期召开联席会议，通报衔接工作情况，研究存在的问题，提出加强部门衔接的对策，协调解决环境执法问题，开展部门联合培训。联席会议应明确议定事项。

第二十四条　环保部门、公安机关、人民检察院应当建立双向案件咨询制度。环保部门对重大疑难复杂案件，可以就刑事案件立案追诉标准、证据的固定和保全等问题咨询公安机关、人民检察院；公安机关、人民检察院可以就案件办理中的专业性问题咨询环保部门。受咨询的机关应当认真研究，及时答复；书面咨询的，应当在 7 日内书面答复。

第二十五条　公安机关、人民检察院办理涉嫌环境污染犯罪案件，需要环保部门提供环境监测或者技术支持的，环保部门应当按照上述部门刑事案件办理的法定时限要求积极协助，及时提供现场勘验、环境监测及认定意见。所需经费，应当列入本机关的行政经费预算，由同级财政予以保障。

第二十六条　环保部门在执法检查时，发现违法行为明显涉嫌犯罪的，应当及时向公安机关通报。公安机关认为有必要的可以依法开展初查，对符合立案条件的，应当及时依法立案侦查。在公安机关立案侦查前，环保部门应当继续对违法行为进行调查。

第二十七条　环保部门、公安机关应当相互依托"12369"环保举报热线和"110"报警服务平台，建立完善接处警的快速响应和联合调查机制，强化对打击涉嫌环境犯罪的联勤联动。在办案过程中，环保部门、公安机关应当依法及时启动相应的调查程序，分工协作，防止证据灭失。

第二十八条　在联合调查中，环保部门应当重点查明排污者严重污染环境的事实，污染物的排放方式，及时收集、提取、监测、固定污染物种类、浓度、数量、排放去向等。公安机关应当注意控制现场，重点查明相关责任人身份、岗位信息，视情节轻重对直接负责的主管人员和其他责任人员依法采取相应强制措施。两部门均应规范制作笔录，并留存现场摄像或照片。

第二十九条　对案情重大或者复杂疑难案件，公安机关可以听取人民检察院的意见。人民检察院应当及时提出意见和建议。

第三十条　涉及移送的案件在庭审中，需要出庭说明情况的，相关执法或者技术人员有义务出庭说明情况，接受庭审质证。

第三十一条　环保部门、公安机关和人民检察院应当加强对重大案件的联合督办工作，适时对重大案件进行联合挂牌督办，督促案件办理。同时，要逐步建立专家库，吸纳污染防治、重点行业以及环境案件侦办等方面的专家和技术骨干，为查处打击环境污染犯罪案件提供专业支持。

第三十二条　环保部门和公安机关在查办环境污染违法犯罪案件过程中发现包庇纵容、徇私舞弊、贪污受贿、失职渎职等涉嫌职务犯罪行为的，应当及时将线索移送人民检察院。

第五章　信息共享

第三十三条　各级环保部门、公安机关、人民检察院应当积极建设、规范使用行政执法与刑事司法衔接信息共享平台，逐步实现涉嫌环境犯罪案件的网上移送、网上受理和网上监督。

第三十四条　已经接入信息共享平台的环保部门、公安机关、人民检察院，应当自作出相关决定之日起 7 日内分别录入下列信息：

（一）适用一般程序的环境违法事实、案件行政处罚、案件移送、提请复议和建议人民检察院进行立案监督的信息；

（二）移送涉嫌犯罪案件的立案、不予立案、立案后撤销案件、复议、人民检察院监督立案后的处理情况，以及提请批准逮捕、移送审查起诉的信息；

（三）监督移送、监督立案以及批准逮捕、提起公诉、裁判结果的信息。

尚未建成信息共享平台的环保部门、公安机关、人民检察院，应当自作出相关决定后及时向其他部门通报前款规定的信息。

第三十五条　各级环保部门、公安机关、人民检察院应当对信息共享平台录入的案件信息及时汇总、分析、综合研判，定期总结通报平台运行情况。

第六章　附　则

第三十六条　各省、自治区、直辖市的环保部门、公安机关、人民检察院可以根据本办法制定本行政区域的实施细则。

第三十七条　环境行政执法中部分专有名词的含义。

（一）"现场勘验图"，是指描绘主要生产及排污设备布置等案发现场情况、现场周边环境、各采样点位、污染物排放途径的平面示意图。

（二）"外环境"，是指污染物排入的自然环境。满足下列条件之一的，视同为外环境。

1. 排污单位停产或没有排污，但有依法取得的证据证明其有持续或间歇排污，而且无可处理相应污染因子的措施的，经核实生产工艺后，其产污环节之后的废水收集池（槽、罐、沟）内。

2. 发现暗管，虽无当场排污，但在外环境有确认由该单位排放污染物的痕迹，此暗管连通的废水收集池（槽、罐、沟）内。

3. 排污单位连通外环境的雨水沟（井、渠）中任何一处。

4. 对排放含第一类污染物的废水，其产生车间或车间处理设施的排放口。无法在车间或者车间处理设施排放口对含第一类污染物的废水采样的，废水总排放口或查实由该企业排入其他外环境处。

第三十八条　本办法所称期间除明确为工作日以外，其余均以自然日计算。期间开始之日不算在期间以内。期间的最后一日为节假日的，以节假日后的第一日为期满日期。

第三十九条　本办法自发布之日起施行。原国家环保总局、公安部和最高人民检察院《关于环境保护主管部门移送涉嫌环境犯罪案件的若干规定》（环发〔2007〕78号）同时废止。

应急管理部、公安部、最高人民法院、最高人民检察院安全生产行政执法与刑事司法衔接工作办法

· 2019 年 4 月 16 日

第一章　总　则

第一条　为了建立健全安全生产行政执法与刑事司法衔接工作机制，依法惩治安全生产违法犯罪行为，保障人民群众生命财产安全和社会稳定，依据《中华人民共和国刑法》《中华人民共和国刑事诉讼法》《中华人民共和国安全生产法》《中华人民共和国消防法》和《行政执法机关移送涉嫌犯罪案件的规定》《生产安全事故报告和调查处理条例》《最高人民法院 最高人民检察院关于办理危害生产安全刑事案件适用法律若干问题的解释》等法律、行政法规、司法解释及有关规定，制定本办法。

第二条　本办法适用于应急管理部门、公安机关、人民法院、人民检察院办理的涉嫌安全生产犯罪案件。

应急管理部门查处违法行为时发现的涉嫌其他犯罪案件，参照本办法办理。

本办法所称应急管理部门，包括煤矿安全监察机构、消防机构。

属于《中华人民共和国监察法》规定的公职人员在行使公权力过程中发生的依法由监察机关负责调查的涉嫌安全生产犯罪案件，不适用本办法，应当依法及时移送监察机关处理。

第三条　涉嫌安全生产犯罪案件主要包括下列案件：

（一）重大责任事故案件；

（二）强令违章冒险作业案件；

（三）重大劳动安全事故案件；

（四）危险物品肇事案件；

（五）消防责任事故、失火案件；

（六）不报、谎报安全事故案件；

（七）非法采矿，非法制造、买卖、储存爆炸物，非法经营，伪造、变造、买卖国家机关公文、证件、印章等涉嫌安全生产的其他犯罪案件。

第四条　人民检察院对应急管理部门移送涉嫌安全生产犯罪案件和公安机关有关立案活动，依法实施法律监督。

第五条　各级应急管理部门、公安机关、人民检察院、人民法院应当加强协作，统一法律适用，不断完善案件移送、案情通报、信息共享等工作机制。

第六条　应急管理部门在行政执法过程中发现行使公权力的公职人员涉嫌安全生产犯罪的问题线索，或者应

急管理部门、公安机关、人民检察院在查处有关违法犯罪行为过程中发现行使公权力的公职人员涉嫌贪污贿赂、失职渎职等职务违法或者职务犯罪的问题线索,应当依法及时移送监察机关处理。

第二章 日常执法中的案件移送与法律监督

第七条 应急管理部门在查处违法行为过程中发现涉嫌安全生产犯罪案件的,应当立即指定 2 名以上行政执法人员组成专案组专门负责,核实情况后提出移送涉嫌犯罪案件的书面报告。应急管理部门正职负责人或者主持工作的负责人应当自接到报告之日起 3 日内作出批准移送或者不批准移送的决定。批准移送的,应当在 24 小时内向同级公安机关移送;不批准移送的,应当将不予批准的理由记录在案。

第八条 应急管理部门向公安机关移送涉嫌安全生产犯罪案件,应当附下列材料,并将案件移送书抄送同级人民检察院。

(一)案件移送书,载明移送案件的应急管理部门名称、违法行为涉嫌犯罪罪名、案件主办人及联系电话等。案件移送书应当附移送材料清单,并加盖应急管理部门公章;

(二)案件调查报告,载明案件来源、查获情况、嫌疑人基本情况、涉嫌犯罪的事实、证据和法律依据、处理建议等;

(三)涉案物品清单,载明涉案物品的名称、数量、特征、存放地等事项,并附采取行政强制措施、现场笔录等表明涉案物品来源的相关材料;

(四)附有鉴定机构和鉴定人资质证明或者其他证明文件的检验报告或者鉴定意见;

(五)现场照片、询问笔录、电子数据、视听资料、认定意见、责令整改通知书等其他与案件有关的证据材料。

对有关违法行为已经作出行政处罚决定的,还应当附行政处罚决定书。

第九条 公安机关对应急管理部门移送的涉嫌安全生产犯罪案件,应当出具接受案件的回执或者在案件移送书的回执上签字。

第十条 公安机关审查发现移送的涉嫌安全生产犯罪案件材料不全的,应当在接受案件的 24 小时内书面告知应急管理部门在 3 日内补正。

公安机关审查发现涉嫌安全生产犯罪案件移送材料不全、证据不充分的,可以就证明有犯罪事实的相关证据要求等提出补充调查意见,由移送案件的应急管理部门补充调查。根据实际情况,公安机关可以依法自行

调查。

第十一条 公安机关对移送的涉嫌安全生产犯罪案件,应当自接受案件之日起 3 日内作出立案或者不予立案的决定;涉嫌犯罪线索需要查证的,应当自接受案件之日起 7 日内作出决定;重大疑难复杂案件,经县级以上公安机关负责人批准,可以自受案之日起 30 日内作出决定。依法不予立案的,应当说明理由,相应退回案件材料。

对属于公安机关管辖但不属于本公安机关管辖的案件,应当在接受案件后 24 小时内移送有管辖权的公安机关,并书面通知移送案件的应急管理部门,抄送同级人民检察院。对不属于公安机关管辖的案件,应当在 24 小时内退回移送案件的应急管理部门。

第十二条 公安机关作出立案、不予立案决定的,应当自作出决定之日起 3 日内书面通知应急管理部门,并抄送同级人民检察院。

对移送的涉嫌安全生产犯罪案件,公安机关立案后决定撤销案件的,应当将撤销案件决定书送达移送案件的应急管理部门,并退回案卷材料。对依法应当追究行政法律责任的,可以同时提出书面建议。有关撤销案件决定书应当抄送同级人民检察院。

第十三条 应急管理部门应当自接到公安机关立案通知书之日起 3 日内将涉案物品以及与案件有关的其他材料移交公安机关,并办理交接手续。

对保管条件、保管场所有特殊要求的涉案物品,可以在公安机关采取必要措施固定留取证据后,由应急管理部门代为保管。应急管理部门应当妥善保管涉案物品,并配合公安机关、人民检察院、人民法院在办案过程中对涉案物品的调取、使用及鉴定等工作。

第十四条 应急管理部门接到公安机关不予立案的通知书后,认为依法应当由公安机关决定立案的,可以自接到不予立案通知书之日起 3 日内提请作出不予立案决定的公安机关复议,也可以建议人民检察院进行立案监督。

公安机关应当自收到提请复议的文件之日起 3 日内作出复议决定,并书面通知应急管理部门。应急管理部门对公安机关的复议决定仍有异议的,应当自收到复议决定之日起 3 日内建议人民检察院进行立案监督。

应急管理部门对公安机关逾期未作出是否立案决定以及立案后撤销案件决定有异议的,可以建议人民检察院进行立案监督。

第十五条 应急管理部门建议人民检察院进行立案监督的,应当提供立案监督建议书、相关案件材料,并附公安机关不予立案通知、复议维持不予立案通知或者立案后

撤销案件决定及有关说明理由材料。

第十六条　人民检察院应当对应急管理部门立案监督建议进行审查,认为需要公安机关说明不予立案、立案后撤销案件的理由的,应当要求公安机关在 7 日内说明理由。公安机关应当书面说明理由,回复人民检察院。

人民检察院经审查认为公安机关不予立案或者立案后撤销案件理由充分,符合法律规定情形的,应当作出支持不予立案、撤销案件的检察意见。认为有关理由不能成立的,应当通知公安机关立案。

公安机关收到立案通知书后,应当在 15 日内立案,并将立案决定书送达人民检察院。

第十七条　人民检察院发现应急管理部门不移送涉嫌安全生产犯罪案件的,可以派员查询、调阅有关案件材料,认为应当移送的,应当提出检察意见。应急管理部门应当自收到检察意见后 3 日内将案件移送公安机关,并将案件移送书抄送人民检察院。

第十八条　人民检察院对符合逮捕、起诉条件的犯罪嫌疑人,应当依法批准逮捕、提起公诉。

人民检察院对决定不起诉的案件,应当自作出决定之日起 3 日内,将不起诉决定书送达公安机关和应急管理部门。对依法应当追究行政法律责任的,可以同时提出检察意见,并要求应急管理部门及时通报处理情况。

第三章　事故调查中的案件移送与法律监督

第十九条　事故发生地有管辖权的公安机关根据事故的情况,对涉嫌安全生产犯罪的,应当依法立案侦查。

第二十条　事故调查中发现涉嫌安全生产犯罪的,事故调查组或者负责火灾调查的消防机构应当及时将有关材料或者其复印件移交有管辖权的公安机关依法处理。

事故调查过程中,事故调查组或者负责火灾调查的消防机构可以召开专题会议,向有管辖权的公安机关通报事故调查进展情况。

有管辖权的公安机关对涉嫌安全生产犯罪案件立案侦查的,应当在 3 日内将立案决定书抄送同级应急管理部门、人民检察院和组织事故调查的应急管理部门。

第二十一条　对有重大社会影响的涉嫌安全生产犯罪案件,上级公安机关采取挂牌督办、派员参与等方法加强指导和督促,必要时,可以按照有关规定直接组织办理。

第二十二条　组织事故调查的应急管理部门及同级公安机关、人民检察院对涉嫌安全生产犯罪案件的事实、性质认定、证据采信、法律适用以及责任追究有意见分歧的,应当加强协调沟通。必要时,可以就法律适用等方面问题听取人民法院意见。

第二十三条　对发生一人以上死亡的情形,经依法组织调查,作出不属于生产安全事故或者生产安全责任事故的书面调查结论的,应急管理部门应当将该调查结论及时抄送同级监察机关、公安机关、人民检察院。

第四章　证据的收集与使用

第二十四条　在查处违法行为的过程中,有关应急管理部门应当全面收集、妥善保存证据材料。对容易灭失的痕迹、物证,应当采取措施提取、固定;对查获的涉案物品,如实填写涉案物品清单,并按照国家有关规定予以处理;对需要进行检验、鉴定的涉案物品,由法定检验、鉴定机构进行检验、鉴定,并出具检验报告或者鉴定意见。

在事故调查的过程中,有关部门根据有关法律法规的规定或者事故调查组的安排,按照前款规定收集、保存相关的证据材料。

第二十五条　在查处违法行为或者事故调查的过程中依法收集制作的物证、书证、视听资料、电子数据、检验报告、鉴定意见、勘验笔录、检查笔录等证据材料以及经依法批复的事故调查报告,在刑事诉讼中可以作为证据使用。

事故调查组依照有关规定提交的事故调查报告应当由其成员签名。没有签名的,应当予以补正或者作出合理解释。

第二十六条　当事人及其辩护人、诉讼代理人对检验报告、鉴定意见、勘验笔录、检查笔录等提出异议,申请重新检验、鉴定、勘验或者检查的,应当说明理由。人民法院经审理认为有必要的,应当同意。人民法院同意重新鉴定申请的,应当及时委托鉴定,并将鉴定意见告知人民检察院、当事人及其辩护人、诉讼代理人;也可以由公安机关自行或者委托相关机构重新进行检验、鉴定、勘验、检查等。

第五章　协作机制

第二十七条　各级应急管理部门、公安机关、人民检察院、人民法院应当建立安全生产行政执法与刑事司法衔接长效工作机制。明确本单位的牵头机构和联系人,加强日常工作沟通与协作。定期召开联席会议,协调解决重要问题,并以会议纪要等方式明确议定事项。

各省、自治区、直辖市应急管理部门、公安机关、人民检察院、人民法院应当每年定期联合通报辖区内有关涉嫌安全生产犯罪案件移送、立案、批捕、起诉、裁判结果等方面信息。

第二十八条　应急管理部门对重大疑难复杂案件,可以就刑事案件立案追诉标准、证据的固定和保全等问题咨询公安机关、人民检察院;公安机关、人民检察院可以就案件办理中的专业性问题咨询应急管理部门。受咨询的机关应当及时答复;书面咨询的,应当在 7 日内书面答复。

第二十九条　人民法院应当在有关案件的判决、裁定生效后,按照规定及时将判决书、裁定书在互联网公布。适用职业禁止措施的,应当在判决、裁定生效后 10 日内将判决书、裁定书送达罪犯居住地的县级应急管理部门和公安机关,同时抄送罪犯居住地的县级人民检察院。具有国家工作人员身份的,应当将判决书、裁定书送达罪犯原所在单位。

第三十条　人民检察院、人民法院发现有关生产经营单位在安全生产保障方面存在问题或者有关部门在履行安全生产监督管理职责方面存在违法、不当情形的,可以发出检察建议、司法建议。有关生产经营单位或者有关部门应当按规定及时处理,并将处理情况书面反馈提出建议的人民检察院、人民法院。

第三十一条　各级应急管理部门、公安机关、人民检察院应当运用信息化手段,逐步实现涉嫌安全生产犯罪案件的网上移送、网上受理和网上监督。

第六章　附　则

第三十二条　各省、自治区、直辖市的应急管理部门、公安机关、人民检察院、人民法院可以根据本地区实际情况制定实施办法。

第三十三条　本办法自印发之日起施行。

最高人民检察院关于推进行政执法与刑事司法衔接工作的规定

·2021 年 9 月 6 日
·高检发释字〔2021〕4 号

第一条　为了健全行政执法与刑事司法衔接工作机制,根据《中华人民共和国人民检察院组织法》《中华人民共和国行政处罚法》《中华人民共和国刑事诉讼法》等有关规定,结合《行政执法机关移送涉嫌犯罪案件的规定》,制定本规定。

第二条　人民检察院开展行政执法与刑事司法衔接工作,应当严格依法、准确及时,加强与监察机关、公安机关、司法行政机关和行政执法机关的协调配合,确保行政执法与刑事司法有效衔接。

第三条　人民检察院开展行政执法与刑事司法衔接工作由负责捕诉的部门按照管辖案件类别办理。负责捕诉的部门可以在办理时听取其他办案部门的意见。

本院其他办案部门在履行检察职能过程中,发现涉及行政执法与刑事司法衔接线索的,应当及时移送本院负责捕诉的部门。

第四条　人民检察院依法履行职责时,应当注意审查是否存在行政执法机关对涉嫌犯罪案件应当移送公安机关立案侦查而不移送,或者公安机关对行政执法机关移送的涉嫌犯罪案件应当立案侦查而不立案侦查的情形。

第五条　公安机关收到行政执法机关移送涉嫌犯罪案件后应当立案侦查而不立案侦查,行政执法机关建议人民检察院依法监督的,人民检察院应当依法受理并进行审查。

第六条　对于行政执法机关应当依法移送涉嫌犯罪案件而不移送,或者公安机关应当立案侦查而不立案侦查的举报,属于本院管辖且符合受理条件的,人民检察院应当受理并进行审查。

第七条　人民检察院对本规定第四条至第六条的线索审查后,认为行政执法机关应当依法移送涉嫌犯罪案件而不移送的,经检察长批准,应当向同级行政执法机关提出检察意见,要求行政执法机关及时向公安机关移送案件并将有关材料抄送人民检察院。人民检察院应当将检察意见抄送同级司法行政机关,行政执法机关实行垂直管理的,应当将检察意见抄送其上级机关。

行政执法机关收到检察意见后无正当理由仍不移送的,人民检察院应当将有关情况书面通知公安机关。

对于公安机关可能存在应当立案而不立案情形的,人民检察院应当依法开展立案监督。

第八条　人民检察院决定不起诉的案件,应当同时审查是否需要对被不起诉人给予行政处罚。对被不起诉人需要给予行政处罚的,经检察长批准,人民检察院应当向同级有关主管机关提出检察意见,自不起诉决定作出之日起三日以内连同不起诉决定书一并送达。人民检察院应当将检察意见抄送同级司法行政机关,主管机关实行垂直管理的,应当将检察意见抄送其上级机关。

检察意见书应当写明采取和解除刑事强制措施,查封、扣押、冻结涉案财物以及对被不起诉人予以训诫或者责令具结悔过、赔礼道歉、赔偿损失等情况。对于需要没收违法所得的,人民检察院应当将查封、扣押、冻结的涉案财物一并移送。对于在办案过程中收集的相关证据材料,人民检察院可以一并移送。

第九条　人民检察院提出对被不起诉人给予行政处罚的检察意见,应当要求有关主管机关自收到检察意见书之日起两个月以内将处理结果或者办理情况书面回复人民检察院。因情况紧急需要立即处理的,人民检察院可以根据实际情况确定回复期限。

第十条　需要向上级有关单位提出检察意见的,应当层报其同级人民检察院决定并提出,或者由办理案件的人民检察院制作检察意见书后,报上级有关单位的同级人民检察院审核并转送。

需要向下级有关单位提出检察意见的,应当指令对应的下级人民检察院提出。

需要异地提出检察意见的,应当征求有关单位所在地同级人民检察院意见。意见不一致的,层报共同的上级人民检察院决定。

第十一条　有关单位在要求的期限内不回复或者无正当理由不作处理的,经检察长决定,人民检察院可以将有关情况书面通报同级司法行政机关,或者提请上级人民检察院通报其上级机关。必要时可以报告同级党委和人民代表大会常务委员会。

第十二条　人民检察院发现行政执法人员涉嫌职务违法、犯罪的,应当将案件线索移送监察机关处理。

第十三条　行政执法机关就刑事案件立案追诉标准、证据收集固定保全等问题咨询人民检察院,或者公安机关就行政执法机关移送的涉嫌犯罪案件主动听取人民检察院意见建议的,人民检察院应当及时答复。书面咨询的,人民检察院应当在七日以内书面回复。

人民检察院在办理案件过程中,可以就行政执法专业问题向相关行政执法机关咨询。

第十四条　人民检察院应当定期向有关单位通报开展行政执法与刑事司法衔接工作的情况。发现存在需要完善工作机制等问题的,可以征求被建议单位的意见,依法提出检察建议。

第十五条　人民检察院根据工作需要,可以会同有关单位研究分析行政执法与刑事司法衔接工作中的问题,提出解决方案。

第十六条　人民检察院应当配合司法行政机关建设行政执法与刑事司法衔接信息共享平台。已经接入信息共享平台的人民检察院,应当自作出相关决定之日起七日以内,录入相关案件信息。尚未建成信息共享平台的人民检察院,应当及时向有关单位通报相关案件信息。

第十七条　本规定自公布之日起施行,《人民检察院办理行政执法机关移送涉嫌犯罪案件的规定》(高检发释字〔2001〕4号)同时废止。

・*指导案例*

黄某某等人重大责任事故、谎报安全事故案①

【关键词】

谎报安全事故罪　引导侦查取证　污染处置　化解社会矛盾

【要旨】

检察机关要充分运用行政执法和刑事司法衔接工作机制,通过积极履职,加强对线索移送和立案的法律监督。认定谎报安全事故罪,要重点审查谎报行为与贻误事故抢救结果之间的因果关系。对同时构成重大责任事故罪和谎报安全事故罪的,应当数罪并罚。应注重督促涉事单位或有关部门及时赔偿被害人损失,有效化解社会矛盾。安全生产事故涉及生态环境污染等公益损害的,刑事检察部门要和公益诉讼检察部门加强协作配合,督促协同行政监管部门,统筹运用法律、行政、经济等手段严格落实企业主体责任,修复受损公益,防控安全风险。

【相关规定】

《中华人民共和国刑法》第二十五条、第六十九条、第一百三十四条第一款、第一百三十九条之一

《最高人民法院、最高人民检察院关于办理危害生产安全刑事案件适用法律若干问题的解释》第一条、第四条、第六条、第七条、第八条、第十六条

国务院《行政执法机关移送涉嫌犯罪案件的规定》

中共中央办公厅、国务院办公厅转发的原国务院法制办等八部门《关于加强行政执法与刑事司法衔接工作的意见》

应急管理部、公安部、最高人民法院、最高人民检察院《安全生产行政执法与刑事司法衔接工作办法》

---

①　案例来源:2021年1月20日最高人民检察院检例第96号。

【基本案情】

被告人黄某某，男，福建 A 石油化工实业有限公司(简称 A 公司)原法定代表人兼执行董事。

被告人雷某某，男，A 公司原副总经理。

被告人陈某某，男，A 公司原常务副总经理兼安全生产管理委员会主任。

被告人陈小某，男，A 公司码头原操作工。

被告人刘某某，男，A 公司码头原操作班长。

被告人林某某，男，B 船务有限公司(简称 B 公司)"天桐 1"船舶原水手。

被告人叶某某，男，B 公司"天桐 1"船舶原水手长。

被告人徐某某，男，A 公司原安全环保部经理。

2018 年 3 月，C 材料科技有限公司(简称 C 公司)与 A 公司签订货品仓储租赁合同，租用 A 公司 3005#、3006#储罐用于存储其向福建某石油化工有限公司购买的工业用裂解碳九(简称碳九)。同年，B 公司与 C 公司签订船舶运输合同，委派"天桐 1"船舶到 A 公司码头装载碳九。

同年 11 月 3 日 16 时许，"天桐 1"船舶靠泊在 A 公司 2000 吨级码头，准备接运 A 公司 3005#储罐内的碳九。18 时 30 分许，当班的刘某某、陈小某开始碳九装船作业，因码头吊机自 2018 年以来一直处于故障状态，二人便违规操作，人工拖拽输油软管，将岸上输送碳九的管道终端阀门和船舶货油总阀门相连接。陈小某用绳索把输油软管固定在岸上操作平台的固定支脚上，船上值班人员将船上的输油软管固定在船舶的右舷护栏上。19 时许，刘某某、陈小某打开码头输油阀门开始输送碳九。其间，被告人徐某某作为值班经理，刘某某、陈小某作为现场操作班长及操作工，叶某某、林某某作为值班水手长及水手，均未按规定在各自职责范围内对装船情况进行巡查。4 日凌晨，输油软管因两端被绳索固定致下拉长度受限而破裂，约 69.1 吨碳九泄漏，造成 A 公司码头附近海域水体、空气等受到污染，周边 69 名居民身体不适接受治疗。泄漏的碳九越过围油栏扩散至附近海域网箱养殖区，部分浮体被碳九溶解，导致网箱下沉。

事故发生后，雷某某到达现场向 A 公司生产运行部副经理卢某和计量员庄某核实碳九泄漏量，在得知实际泄漏量约 69.1 吨的情况下，要求船方隐瞒事故原因和泄漏量。黄某某、雷某某、陈某某等人经商议，决定在对外通报及向相关部门书面报告中谎报事故发生的原因是法兰垫片老化、碳九泄漏量为 6.97 吨。A 公司也未按照海上溢油事故专项应急预案等有关规定启动一级应急响应程序，导致不能及时有效地组织应急处置人员开展事故抢救工作，直接贻误事故抢救时机，进一步扩大事故危

害后果，并造成不良的社会影响。经审计，事故造成直接经济损失 672.73 万元。经泉州市生态环境局委托，生态环境部华南环境科学研究所作出技术评估报告，认定该起事故泄露的碳九是一种组分复杂的混合物，其中含量最高的双环戊二烯为低毒化学品，长期接触会刺激眼睛、皮肤、呼吸道及消化道系统，遇明火、高热或与氧化剂接触，有引起燃烧爆炸的危险。本次事故泄露的碳九对海水水质的影响天数为 25 天，对海洋沉积物及潮间带泥滩的影响天数为 100 天，对海洋生物质量的影响天数为 51 天，对海洋生态影响的最大时间以潮间带残留污染物全部挥发计，约 100 天。

【检察机关履职过程】

(一)介入侦查

经事故调查组认定，该事故为企业生产管理责任不落实引发的化学品泄漏事故。事故发生后，泉州市泉港区人民检察院与泉州市及泉港区原安监部门、公安机关等共同就事故定性与侦查取证方向问题进行会商。泉港区人民检察院根据已掌握的情况并听取省、市两级检察院指导意见，提出涉案人员可能涉嫌重大责任事故罪、谎报安全事故罪。2018 年 11 月 10 日、11 月 23 日，泉港公安分局分别以涉嫌上述两罪对黄某某等 8 人立案侦查。泉港区人民检察院提前介入引导侦查，提出取证方向和重点：尽快固定现场证据，调取能体现涉案人员违规操作及未履行日常隐患排查和治理职责的相关证据，及船舶安全管理文件、复合软管使用操作规程、油船码头安全作业规程、A 公司操作规程等证据材料；根据案件定性，加强对犯罪现场的勘验，强化勘验现场与言词证据的印证关系；注重客观证据的收集，全面调取监控视频、语音通话、短信、聊天记录等电子证据。侦查过程中，持续跟进案件办理，就事实认定、强制措施适用、办案程序规范等进一步提出意见建议。11 月 24 日，泉港区人民检察院对相关责任人员批准逮捕后，发出《逮捕案件继续侦查取证意见书》，要求公安机关及时调取事故调查报告，收集固定直接经济损失、人员受损、环境污染等相关证据，委托相关机构出具涉案碳九属性的检验报告，调取 A 公司谎报事故发生原因、泄漏量以及谎报贻误抢救时机等相关证据材料，并全程跟踪、引导侦查取证工作。上述证据公安机关均补充到位，为后续案件办理奠定了扎实的基础。

(二)审查起诉

案件移送起诉后，泉港区人民检察院成立以检察长为主办检察官的办案组，针对被告人陈某某及其辩护人提出的陈某某虽被任命为常务副总经理职务，但并未实际参与安全生产，也未履行安全生产工作职责，其不构成重大责

任事故罪的意见，及时要求公安机关调取 A 公司内部有关材料，证实了陈某某实际履行 A 公司安全生产职责，系安全生产第一责任人的事实。针对公安机关出具的陈某某、刘某某、陈小某系主动投案的到案经过说明与案件实际情况不符等问题，通过讯问被告人、向事故调查组核实等方式自行侦查进行核实。经查，公安机关根据掌握的线索，先后将陈某某、刘某某、陈小某带至办案中心进行审查，3 人均不具备到案的主动性。本案未经退回补充侦查，2019 年 6 月 6 日，泉港区人民检察院以黄某某、雷某某、陈某某涉嫌重大责任事故罪、谎报安全事故罪，以陈小某等 5 人涉嫌重大责任事故罪向泉港区人民法院提起公诉，并分别提出量刑建议。

（三）指控与证明犯罪

鉴于该案重大复杂，泉港区人民检察院建议法院召开庭前会议，充分听取被告人、辩护人的意见。2019 年 7 月 5 日，泉港区人民法院开庭审理此案。庭审中，部分被告人及辩护人提出黄某某、雷某某、陈某某的谎报行为未贻误抢救时机，不构成谎报安全事故罪；被告人陈某某不具有安全生产监管责任，不构成重大责任事故罪；对部分被告人应当适用缓刑等辩解和辩护意见。公诉人针对上述辩护意见有针对性地对各被告人展开讯问，并全面出示证据，充分证实了检察机关指控的各被告人的犯罪事实清楚、证据确实充分。针对黄某某等人的行为不构成谎报安全事故罪的辩解，公诉人答辩指出，黄某某等人合谋并串通他人瞒报碳九泄露数量，致使 A 公司未能采取最高级别的一级响应（溢油量 50 吨以上），而只是采取最低级别的三级响应（溢油量 10 吨以下）。按照规定，一级响应需要全公司和社会力量参与应急，三级响应则仅需运行部门和协议单位参与应急。黄某某等人的谎报行为贻误了事故救援时机，导致直接经济损失扩大，同时造成了恶劣社会影响，依法构成谎报安全事故罪。针对陈某某不构成重大责任事故罪的辩解，公诉人指出，根据补充调取的书证及相关证人证言、被告人供述和辩解等证据，足以证实陈某某在案发前被任命为常务副总经理兼安全生产管理委员会主任，并已实际履行职务，系 A 公司安全生产第一责任人，其未在责任范围内有效履行安全生产管理职责，未发现并制止企业日常经营中长期存在的违规操作行为，致使企业在生产、作业过程中存在重大安全隐患，最终导致本案事故的发生，其应当对事故的发生承担主要责任，构成重大责任事故罪。针对应当对部分被告人适用缓刑的辩护意见，公诉人指出，本案性质恶劣，后果严重，不应对被告人适用缓刑。公诉人在庭审中的意见均得到一、二审法院的采纳。

（四）处理结果

2019 年 10 月 8 日，泉港区人民法院作出一审判决，采纳检察机关指控的事实、罪名及量刑建议。对被告人黄某某以重大责任事故罪、谎报安全事故罪分别判处有期徒刑三年六个月、一年六个月，数罪并罚决定执行四年六个月；对被告人雷某某以重大责任事故罪、谎报安全事故罪分别判处有期徒刑二年六个月、二年三个月，数罪并罚决定执行四年三个月；对被告人陈某某以重大责任事故罪、谎报安全事故罪分别判处有期徒刑一年六个月，数罪并罚决定执行二年六个月。对陈小某等 5 名被告人，以重大责任事故罪判处有期徒刑一年六个月至二年三个月不等。禁止黄某某、雷某某在判决规定期限内从事与安全生产相关的职业。雷某某等 6 人不服一审判决，提出上诉。2019 年 12 月 2 日，泉州市中级人民法院裁定驳回上诉，维持原判。判决已生效。

（五）污染处置

该起事故造成码头附近海域及海上网箱养殖区被污染，部分区域空气刺鼻，当地医院陆续接治接触泄漏碳九的群众 69 名，其中留院观察 11 名。泄漏的碳九越过围油栏扩散至网箱养殖区约 300 亩，直接影响海域面积约 0.6 平方公里，受损网箱养殖区涉及养殖户 152 户、养殖面积 99 单元。针对事故造成的危害后果，泉港区人民检察院认真听取被害人的意见和诉求，积极协调政府相关职能部门督促 A 公司赔偿事故周边群众的经济损失。在一审判决前，A 公司向受损养殖户回购了受污染的网箱养殖鲍鱼等海产品，及时弥补了养殖户损失，化解了社会矛盾。

泉港区人民检察院在提前介入侦查过程中，发现事故对附近海域及大气造成污染，刑事检察部门与公益诉讼检察部门同步介入，密切协作配合，根据当地行政执法与刑事司法衔接工作规定，及时启动重大案件会商机制，联系环保、海洋与渔业等部门，实地查看污染现场，了解事件进展情况。并针对案件性质、可能导致的后果等情况进行风险评估研判，就污染监测鉴定、公私财产损失计算、海域污染清理、修复等事宜对公安机关侦查和环保部门取证工作提出意见建议。前期取证工作，为泉州市生态环境局向厦门海事法院提起海洋自然资源与生态环境损害赔偿诉讼，奠定了良好基础。

【指导意义】

（一）准确认定谎报安全事故罪。一是本罪主体为特殊主体，是指对安全事故负有报告职责的人员，一般为发生安全事故的单位中负有组织、指挥或者管理职责的负责人、管理人员、实际控制人、投资人以及其他负有报告职责的人员，不包括没有法定或者职务要求报告义务的普通工人。二是认定本罪,应重点审查谎报事故的行为与贻误事故抢救结果之间是否存在刑法上的因果关系。只有谎报事故的行为造成贻误事故抢救的后果,即造成事故后果扩大或致使不能及时有效开展事故抢救,才可能构成本罪。如果事故已经完成抢救,或者没有抢救时机(危害结果不可能加重或扩大),则不构成本罪。构成重大责任事故罪,同时又构成谎报安全事故罪的,应当数罪并罚。

(二)健全完善行政执法与刑事司法衔接工作机制,提升法律监督实效。检察机关要认真贯彻落实国务院《行政执法机关移送涉嫌犯罪案件的规定》和中共中央办公厅、国务院办公厅转发的原国务院法制办等八部门《关于加强行政执法与刑事司法衔接工作的意见》以及应急管理部、公安部、最高人民法院、最高人民检察院联合制定的《安全生产行政执法与刑事司法衔接工作办法》,依照本地有关细化规定,加强相关执法司法信息交流、规范案件移送、加强法律监督。重大安全生产事故发生后,检察机关可通过查阅案件资料、参与案件会商等方式及时了解案情,从案件定性、证据收集、法律适用等方面提出意见建议,发现涉嫌犯罪的要及时建议相关行政执法部门向公安机关或者监察机关移送线索,着力解决安全生产事故有案不移、以罚代刑、有案不立等问题,形成查处和治理重大安全生产

事故的合力。

(三)重视被害人权益保障,化解社会矛盾。一些重大安全生产事故影响范围广泛,被害人人数众多,人身损害和财产损失交织。检察机关办案中应高度重视维护被害人合法权益,注重听取被害人意见,全面掌握被害人诉求。要加强与相关职能部门的沟通配合,督促事故单位尽早赔偿被害人损失,及时回应社会关切,有效化解社会矛盾,确保实现办案政治效果、法律效果和社会效果相统一。

(四)安全生产事故涉及生态环境污染的,刑事检察部门要和公益诉讼检察部门加强协作配合,减少公共利益损害。化工等领域的安全生产事故,造成生态环境污染破坏的,刑事检察部门和公益诉讼检察部门要加强沟通,探索"一案双查",提高效率,及时通报情况、移送线索,需要进行公益损害鉴定的,及时引导公安机关在侦查过程中进行鉴定。要积极与行政机关磋商,协同追究事故企业刑事、民事、生态损害赔偿责任。推动建立健全刑事制裁、民事赔偿和生态补偿有机衔接的生态环境修复责任制度。依托办理安全生产领域刑事案件,同步办好所涉及的生态环境和资源保护等领域公益诉讼案件,积极稳妥推进安全生产等新领域公益诉讼检察工作。

三、辩护与代理

1．律师执业

中华人民共和国律师法

- 1996 年 5 月 15 日第八届全国人民代表大会常务委员会第十九次会议通过
- 根据 2001 年 12 月 29 日第九届全国人民代表大会常务委员会第二十五次会议《关于修改〈中华人民共和国律师法〉的决定》第一次修正
- 2007 年 10 月 28 日第十届全国人民代表大会常务委员会第三十次会议修订
- 根据 2012 年 10 月 26 日第十一届全国人民代表大会常务委员会第二十九次会议《关于修改〈中华人民共和国律师法〉的决定》第二次修正
- 根据 2017 年 9 月 1 日第十二届全国人民代表大会常务委员会第二十九次会议《关于修改〈中华人民共和国法官法〉等八部法律的决定》第三次修正

第一章　总　则

第一条　为了完善律师制度，规范律师执业行为，保障律师依法执业，发挥律师在社会主义法制建设中的作用，制定本法。

第二条　本法所称律师，是指依法取得律师执业证书，接受委托或者指定，为当事人提供法律服务的执业人员。

律师应当维护当事人合法权益，维护法律正确实施，维护社会公平和正义。

第三条　律师执业必须遵守宪法和法律，恪守律师职业道德和执业纪律。

律师执业必须以事实为根据，以法律为准绳。

律师执业应当接受国家、社会和当事人的监督。

律师依法执业受法律保护，任何组织和个人不得侵害律师的合法权益。

第四条　司法行政部门依照本法对律师、律师事务所和律师协会进行监督、指导。

第二章　律师执业许可

第五条　申请律师执业，应当具备下列条件：

（一）拥护中华人民共和国宪法；

（二）通过国家统一法律职业资格考试取得法律职业资格；

（三）在律师事务所实习满一年；

（四）品行良好。

实行国家统一法律职业资格考试前取得的国家统一司法考试合格证书、律师资格凭证，与国家统一法律职业资格证书具有同等效力。

第六条　申请律师执业，应当向设区的市级或者直辖市的区人民政府司法行政部门提出申请，并提交下列材料：

（一）国家统一法律职业资格证书；

（二）律师协会出具的申请人实习考核合格的材料；

（三）申请人的身份证明；

（四）律师事务所出具的同意接收申请人的证明。

申请兼职律师执业的，还应当提交所在单位同意申请人兼职从事律师职业的证明。

受理申请的部门应当自受理之日起二十日内予以审查，并将审查意见和全部申请材料报送省、自治区、直辖市人民政府司法行政部门。省、自治区、直辖市人民政府司法行政部门应当自收到报送材料之日起十日内予以审核，作出是否准予执业的决定。准予执业的，向申请人颁发律师执业证书；不准予执业的，向申请人书面说明理由。

第七条　申请人有下列情形之一的，不予颁发律师执业证书：

（一）无民事行为能力或者限制民事行为能力的；

（二）受过刑事处罚的，但过失犯罪的除外；

（三）被开除公职或者被吊销律师、公证员执业证书的。

第八条　具有高等院校本科以上学历，在法律服务人员紧缺领域从事专业工作满十五年，具有高级职称或者同等专业水平并具有相应的专业法律知识的人员，申请专职律师执业的，经国务院司法行政部门考核合格，准予执业。具体办法由国务院规定。

第九条　有下列情形之一的，由省、自治区、直辖市人民政府司法行政部门撤销准予执业的决定，并注销被准予执业人员的律师执业证书：

（一）申请人以欺诈、贿赂等不正当手段取得律师执业证书的；

（二）对不符合本法规定条件的申请人准予执业的。

第十条　律师只能在一个律师事务所执业。律师变更执业机构的，应当申请换发律师执业证书。

律师执业不受地域限制。

第十一条　公务员不得兼任执业律师。

律师担任各级人民代表大会常务委员会组成人员的，任职期间不得从事诉讼代理或者辩护业务。

第十二条　高等院校、科研机构中从事法学教育、研究工作的人员，符合本法第五条规定条件的，经所在单位同意，依照本法第六条规定的程序，可以申请兼职律师执业。

第十三条　没有取得律师执业证书的人员，不得以律师名义从事法律服务业务；除法律另有规定外，不得从事诉讼代理或者辩护业务。

第三章　律师事务所

第十四条　律师事务所是律师的执业机构。设立律师事务所应当具备下列条件：

（一）有自己的名称、住所和章程；

（二）有符合本法规定的律师；

（三）设立人应当是具有一定的执业经历，且三年内未受过停止执业处罚的律师；

（四）有符合国务院司法行政部门规定数额的资产。

第十五条　设立合伙律师事务所，除应当符合本法第十四条规定的条件外，还应当有三名以上合伙人，设立人应当是具有三年以上执业经历的律师。

合伙律师事务所可以采用普通合伙或者特殊的普通合伙形式设立。合伙律师事务所的合伙人按照合伙形式对该律师事务所的债务依法承担责任。

第十六条　设立个人律师事务所，除应当符合本法第十四条规定的条件外，设立人还应当是具有五年以上执业经历的律师。设立人对律师事务所的债务承担无限责任。

第十七条　申请设立律师事务所，应当提交下列材料：

（一）申请书；

（二）律师事务所的名称、章程；

（三）律师的名单、简历、身份证明、律师执业证书；

（四）住所证明；

（五）资产证明。

设立合伙律师事务所，还应当提交合伙协议。

第十八条　设立律师事务所，应当向设区的市级或者直辖市的区人民政府司法行政部门提出申请，受理申请的部门应当自受理之日起二十日内予以审查，并将审查意见和全部申请材料报送省、自治区、直辖市人民政府司法行政部门。省、自治区、直辖市人民政府司法行政部门应当自收到报送材料之日起十日内予以审核，作出是否准予设立的决定。准予设立的，向申请人颁发律师事务所执业证书；不准予设立的，向申请人书面说明理由。

第十九条　成立三年以上并具有二十名以上执业律师的合伙律师事务所，可以设立分所。设立分所，须经拟设立分所所在地的省、自治区、直辖市人民政府司法行政部门审核。申请设立分所的，依照本法第十八条规定的程序办理。

合伙律师事务所对其分所的债务承担责任。

第二十条　国家出资设立的律师事务所，依法自主开展律师业务，以该律师事务所的全部资产对其债务承担责任。

第二十一条　律师事务所变更名称、负责人、章程、合伙协议的，应当报原审核部门批准。

律师事务所变更住所、合伙人的，应当自变更之日起十五日内报原审核部门备案。

第二十二条　律师事务所有下列情形之一的，应当终止：

（一）不能保持法定设立条件，经限期整改仍不符合条件的；

（二）律师事务所执业证书被依法吊销的；

（三）自行决定解散的；

（四）法律、行政法规规定应当终止的其他情形。

律师事务所终止的，由颁发执业证书的部门注销该律师事务所的执业证书。

第二十三条　律师事务所应当建立健全执业管理、利益冲突审查、收费与财务管理、投诉查处、年度考核、档案管理等制度，对律师在执业活动中遵守职业道德、执业纪律的情况进行监督。

第二十四条　律师事务所应当于每年的年度考核后，向设区的市级或者直辖市的区人民政府司法行政部门提交本所的年度执业情况报告和律师执业考核结果。

第二十五条　律师承办业务，由律师事务所统一接受委托，与委托人签订书面委托合同，按照国家规定统一收取费用并如实入账。

律师事务所和律师应当依法纳税。

第二十六条　律师事务所和律师不得以诋毁其他律师事务所、律师或者支付介绍费等不正当手段承揽业务。

第二十七条　律师事务所不得从事法律服务以外的经营活动。

第四章　律师的业务和权利、义务

第二十八条　律师可以从事下列业务:

(一)接受自然人、法人或者其他组织的委托,担任法律顾问;

(二)接受民事案件、行政案件当事人的委托,担任代理人,参加诉讼;

(三)接受刑事案件犯罪嫌疑人、被告人的委托或者依法接受法律援助机构的指派,担任辩护人,接受自诉案件自诉人、公诉案件被害人或者其近亲属的委托,担任代理人,参加诉讼;

(四)接受委托,代理各类诉讼案件的申诉;

(五)接受委托,参加调解、仲裁活动;

(六)接受委托,提供非诉讼法律服务;

(七)解答有关法律的询问、代写诉讼文书和有关法律事务的其他文书。

第二十九条　律师担任法律顾问的,应当按照约定为委托人就有关法律问题提供意见,草拟、审查法律文书,代理参加诉讼、调解或者仲裁活动,办理委托的其他法律事务,维护委托人的合法权益。

第三十条　律师担任诉讼法律事务代理人或者非诉讼法律事务代理人的,应当在受委托的权限内,维护委托人的合法权益。

第三十一条　律师担任辩护人的,应当根据事实和法律,提出犯罪嫌疑人、被告人无罪、罪轻或者减轻、免除其刑事责任的材料和意见,维护犯罪嫌疑人、被告人的诉讼权利和其他合法权益。

第三十二条　委托人可以拒绝已委托的律师为其继续辩护或者代理,同时可以另行委托律师担任辩护人或者代理人。

律师接受委托后,无正当理由的,不得拒绝辩护或者代理。但是,委托事项违法、委托人利用律师提供的服务从事违法活动或者委托人故意隐瞒与案件有关的重要事实的,律师有权拒绝辩护或者代理。

第三十三条　律师担任辩护人的,有权持律师执业证书、律师事务所证明和委托书或者法律援助公函,依照刑事诉讼法的规定会见在押或者被监视居住的犯罪嫌疑人、被告人。辩护律师会见犯罪嫌疑人、被告人时不被监听。

第三十四条　律师担任辩护人的,自人民检察院对案件审查起诉之日起,有权查阅、摘抄、复制本案的案卷材料。

第三十五条　受委托的律师根据案情的需要,可以申请人民检察院、人民法院收集、调取证据或者申请人民法院通知证人出庭作证。

律师自行调查取证的,凭律师执业证书和律师事务所证明,可以向有关单位或者个人调查与承办法律事务有关的情况。

第三十六条　律师担任诉讼代理人或者辩护人的,其辩论或者辩护的权利依法受到保障。

第三十七条　律师在执业活动中的人身权利不受侵犯。

律师在法庭上发表的代理、辩护意见不受法律追究。但是,发表危害国家安全、恶意诽谤他人、严重扰乱法庭秩序的言论除外。

律师在参与诉讼活动中涉嫌犯罪的,侦查机关应当及时通知其所在的律师事务所或者所属的律师协会;被依法拘留、逮捕的,侦查机关应当依照刑事诉讼法的规定通知该律师的家属。

第三十八条　律师应当保守在执业活动中知悉的国家秘密、商业秘密,不得泄露当事人的隐私。

律师对在执业活动中知悉的委托人和其他人不愿泄露的有关情况和信息,应当予以保密。但是,委托人或者其他人准备或者正在实施危害国家安全、公共安全以及严重危害他人人身安全的犯罪事实和信息除外。

第三十九条　律师不得在同一案件中为双方当事人担任代理人,不得代理与本人或者其近亲属有利益冲突的法律事务。

第四十条　律师在执业活动中不得有下列行为:

(一)私自接受委托、收取费用,接受委托人的财物或者其他利益;

(二)利用提供法律服务的便利牟取当事人争议的权益;

(三)接受对方当事人的财物或者其他利益,与对方当事人或者第三人恶意串通,侵害委托人的权益;

(四)违反规定会见法官、检察官、仲裁员以及其他有关工作人员;

(五)向法官、检察官、仲裁员以及其他有关工作人员行贿,介绍贿赂或者指使、诱导当事人行贿,或者以其他不正当方式影响法官、检察官、仲裁员以及其他有关工作人员依法办理案件;

(六)故意提供虚假证据或者威胁、利诱他人提供虚

假证据,妨碍对方当事人合法取得证据;

(七)煽动、教唆当事人采取扰乱公共秩序、危害公共安全等非法手段解决争议;

(八)扰乱法庭、仲裁庭秩序,干扰诉讼、仲裁活动的正常进行。

第四十一条　曾经担任法官、检察官的律师,从人民法院、人民检察院离任后二年内,不得担任诉讼代理人或者辩护人。

第四十二条　律师、律师事务所应当按照国家规定履行法律援助义务,为受援人提供符合标准的法律服务,维护受援人的合法权益。

第五章　律师协会

第四十三条　律师协会是社会团体法人,是律师的自律性组织。

全国设立中华全国律师协会,省、自治区、直辖市设立地方律师协会,设区的市根据需要可以设立地方律师协会。

第四十四条　全国律师协会章程由全国会员代表大会制定,报国务院司法行政部门备案。

地方律师协会章程由地方会员代表大会制定,报同级司法行政部门备案。地方律师协会章程不得与全国律师协会章程相抵触。

第四十五条　律师、律师事务所应当加入所在地的地方律师协会。加入地方律师协会的律师、律师事务所,同时是全国律师协会的会员。

律师协会会员享有律师协会章程规定的权利,履行律师协会章程规定的义务。

第四十六条　律师协会应当履行下列职责:

(一)保障律师依法执业,维护律师的合法权益;

(二)总结、交流律师工作经验;

(三)制定行业规范和惩戒规则;

(四)组织律师业务培训和职业道德、执业纪律教育,对律师的执业活动进行考核;

(五)组织管理申请律师执业人员的实习活动,对实习人员进行考核;

(六)对律师、律师事务所实施奖励和惩戒;

(七)受理对律师的投诉或者举报,调解律师执业活动中发生的纠纷,受理律师的申诉;

(八)法律、行政法规、规章以及律师协会章程规定的其他职责。

律师协会制定的行业规范和惩戒规则,不得与有关法律、行政法规、规章相抵触。

第六章　法律责任

第四十七条　律师有下列行为之一的,由设区的市级或者直辖市的区人民政府司法行政部门给予警告,可以处五千元以下的罚款;有违法所得的,没收违法所得;情节严重的,给予停止执业三个月以下的处罚:

(一)同时在两个以上律师事务所执业的;

(二)以不正当手段承揽业务的;

(三)在同一案件中为双方当事人担任代理人,或者代理与本人及其近亲属有利益冲突的法律事务的;

(四)从人民法院、人民检察院离任后二年内担任诉讼代理人或者辩护人的;

(五)拒绝履行法律援助义务的。

第四十八条　律师有下列行为之一的,由设区的市级或者直辖市的区人民政府司法行政部门给予警告,可以处一万元以下的罚款;有违法所得的,没收违法所得;情节严重的,给予停止执业三个月以上六个月以下的处罚:

(一)私自接受委托、收取费用,接受委托人财物或者其他利益的;

(二)接受委托后,无正当理由,拒绝辩护或者代理,不按时出庭参加诉讼或者仲裁的;

(三)利用提供法律服务的便利牟取当事人争议的权益的;

(四)泄露商业秘密或者个人隐私的。

第四十九条　律师有下列行为之一的,由设区的市级或者直辖市的区人民政府司法行政部门给予停止执业六个月以上一年以下的处罚,可以处五万元以下的罚款;有违法所得的,没收违法所得;情节严重的,由省、自治区、直辖市人民政府司法行政部门吊销其律师执业证书;构成犯罪的,依法追究刑事责任:

(一)违反规定会见法官、检察官、仲裁员以及其他有关工作人员,或者以其他不正当方式影响依法办理案件的;

(二)向法官、检察官、仲裁员以及其他有关工作人员行贿,介绍贿赂或者指使、诱导当事人行贿的;

(三)向司法行政部门提供虚假材料或者有其他弄虚作假行为的;

(四)故意提供虚假证据或者威胁、利诱他人提供虚假证据,妨碍对方当事人合法取得证据的;

(五)接受对方当事人财物或者其他利益,与对方当事人或者第三人恶意串通,侵害委托人权益的;

(六)扰乱法庭、仲裁庭秩序,干扰诉讼、仲裁活动的正常进行的；

（七）煽动、教唆当事人采取扰乱公共秩序、危害公共安全等非法手段解决争议的；

（八）发表危害国家安全、恶意诽谤他人、严重扰乱法庭秩序的言论的；

（九）泄露国家秘密的。

律师因故意犯罪受到刑事处罚的，由省、自治区、直辖市人民政府司法行政部门吊销其律师执业证书。

第五十条　律师事务所有下列行为之一的，由设区的市级或者直辖市的区人民政府司法行政部门视其情节给予警告、停业整顿一个月以上六个月以下的处罚，可以处十万元以下的罚款；有违法所得的，没收违法所得；情节特别严重的，由省、自治区、直辖市人民政府司法行政部门吊销律师事务所执业证书：

（一）违反规定接受委托、收取费用的；

（二）违反法定程序办理变更名称、负责人、章程、合伙协议、住所、合伙人等重大事项的；

（三）从事法律服务以外的经营活动的；

（四）以诋毁其他律师事务所、律师或者支付介绍费等不正当手段承揽业务的；

（五）违反规定接受有利益冲突的案件的；

（六）拒绝履行法律援助义务的；

（七）向司法行政部门提供虚假材料或者有其他弄虚作假行为的；

（八）对本所律师疏于管理，造成严重后果的。

律师事务所因前款违法行为受到处罚的，对其负责人视情节轻重，给予警告或者处二万元以下的罚款。

第五十一条　律师因违反本法规定，在受到警告处罚后一年内又发生应当给予警告处罚情形的，由设区的市级或者直辖市的区人民政府司法行政部门给予停止执业三个月以上一年以下的处罚；在受到停止执业处罚期满后二年内又发生应当给予停止执业处罚情形的，由省、自治区、直辖市人民政府司法行政部门吊销其律师执业证书。

律师事务所因违反本法规定，在受到停业整顿处罚期满后二年内又发生应当给予停业整顿处罚情形的，由省、自治区、直辖市人民政府司法行政部门吊销律师事务所执业证书。

第五十二条　县级人民政府司法行政部门对律师和律师事务所的执业活动实施日常监督管理，对检查发现的问题，责令改正；对当事人的投诉，应当及时进行调查。县级人民政府司法行政部门认为律师和律师事务所的违

法行为应当给予行政处罚的，应当向上级司法行政部门提出处罚建议。

第五十三条　受到六个月以上停止执业处罚的律师，处罚期满未逾三年的，不得担任合伙人。

被吊销律师执业证书的，不得担任辩护人、诉讼代理人，但系刑事诉讼、民事诉讼、行政诉讼当事人的监护人、近亲属的除外。

第五十四条　律师违法执业或者因过错给当事人造成损失的，由其所在的律师事务所承担赔偿责任。律师事务所赔偿后，可以向有故意或者重大过失行为的律师追偿。

第五十五条　没有取得律师执业证书的人员以律师名义从事法律服务业务的，由所在地的县级以上地方人民政府司法行政部门责令停止非法执业，没收违法所得，处违法所得一倍以上五倍以下的罚款。

第五十六条　司法行政部门工作人员违反本法规定，滥用职权、玩忽职守，构成犯罪的，依法追究刑事责任；尚不构成犯罪的，依法给予处分。

第七章　附　则

第五十七条　为军队提供法律服务的军队律师，其律师资格的取得和权利、义务及行为准则，适用本法规定。军队律师的具体管理办法，由国务院和中央军事委员会制定。

第五十八条　外国律师事务所在中华人民共和国境内设立机构从事法律服务活动的管理办法，由国务院制定。

第五十九条　律师收费办法，由国务院价格主管部门会同国务院司法行政部门制定。

第六十条　本法自 2008 年 6 月 1 日起施行。

最高人民法院、司法部关于规范法官和律师相互关系维护司法公正的若干规定

· 2004 年 3 月 19 日
· 法发〔2004〕9 号

为了加强对法官和律师在诉讼活动中的职业纪律约束，规范法官和律师的相互关系，维护司法公正，根据《中华人民共和国法官法》、《中华人民共和国律师法》等有关法律、法规，制定本规定。

第一条　法官和律师在诉讼活动中应当忠实于宪法和法律，依法履行职责，共同维护法律尊严和司法权威。

第二条　法官应当严格依法办案,不受当事人及其委托的律师利用各种关系、以不正当方式对案件审判进行的干涉或者施加的影响。

律师在代理案件之前及其代理过程中,不得向当事人宣称自己与受理案件法院的法官具有亲朋、同学、师生、曾经同事等关系,并不得利用这种关系或者以法律禁止的其他形式干涉或者影响案件的审判。

第三条　法官不得私自单方面会见当事人及其委托的律师。

律师不得违反规定单方面会见法官。

第四条　法官应当严格执行回避制度,如果与本案当事人委托的律师有亲朋、同学、师生、曾经同事等关系,可能影响案件公正处理的,应当自行申请回避,是否回避由本院院长或者审判委员会决定。

律师因法定事由或者根据相关规定不得担任诉讼代理人或者辩护人的,应当谢绝当事人的委托,或者解除委托代理合同。

第五条　法官应当严格执行公开审判制度,依法告知当事人及其委托的律师本案审判的相关情况,但是不得泄露审判秘密。

律师不得以各种非法手段打听案情,不得违法误导当事人的诉讼行为。

第六条　法官不得为当事人推荐、介绍律师作为其代理人、辩护人,或者暗示更换承办律师,或者为律师介绍代理、辩护等法律服务业务,并且不得违反规定向当事人及其委托的律师提供咨询意见或者法律意见。

律师不得明示或者暗示法官为其介绍代理、辩护等法律服务业务。

第七条　法官不得向当事人及其委托律师索取或者收取礼品、金钱、有价证券等;不得借婚丧喜庆事宜向律师索取或者收取礼品、礼金;不得接受当事人及其委托律师的宴请;不得要求或者接受当事人及其委托律师出资装修住宅、购买商品或者进行各种娱乐、旅游活动;不得要求当事人及其委托的律师报销任何费用;不得向当事人及其委托的律师借用交通工具、通讯工具或者其他物品。

当事人委托的律师不得借法官或者其近亲属婚丧喜庆事宜馈赠礼品、金钱、有价证券等;不得向法官请客送礼、行贿或者指使、诱导当事人送礼、行贿;不得为法官装修住宅、购买商品或者出资邀请法官进行娱乐、旅游活动;不得为法官报销任何费用;不得向法官出借交通工具、通讯工具或者其他物品。

第八条　法官不得要求或者暗示律师向当事人索取财物或者其他利益。

当事人委托的律师不得假借法官的名义或者以联络、酬谢法官为由,向当事人索取财物或者其他利益。

第九条　法官应当严格遵守法律规定的审理期限,合理安排审判事务,遵守开庭时间。

律师应当严格遵守法律规定的提交诉讼文书的期限及其他相关程序性规定,遵守开庭时间。

法官和律师均不得借故延迟开庭。法官确有正当理由不能按期开庭,或者律师确有正当理由不能按期出庭的,人民法院应当在不影响案件审理期限的情况下,另行安排开庭时间,并及时通知当事人及其委托的律师。

第十条　法官在庭审过程中,应当严格按照法律规定的诉讼程序进行审判活动,尊重律师的执业权利,认真听取诉讼双方的意见。

律师应当自觉遵守法庭规则,尊重法官权威,依法履行辩护、代理职责。

第十一条　法官和律师在诉讼活动中应当严格遵守司法礼仪,保持良好的仪表,举止文明。

第十二条　律师对于法官有违反本规定行为的,可以自行或者通过司法行政部门、律师协会向有关人民法院反映情况,或者署名举报,提出追究违纪法官党纪、政纪或者法律责任的意见。

法官对于律师有违反本规定行为的,可以直接或者通过人民法院向有关司法行政部门、律师协会反映情况,或者提出给予行业处分、行政处罚直至追究法律责任的司法建议。

第十三条　当事人、案外人发现法官或者律师有违反本规定行为的,可以向有关人民法院、司法行政部门、纪检监察部门、律师协会反映情况或者署名举报。

第十四条　人民法院、司法行政部门、律师协会对于法官、律师违反本规定的,应当视其情节,按照有关法律、法规或者规定给予处理;构成犯罪的,依法追究刑事责任。

第十五条　对法官和律师在案件执行过程中的纪律约束,按照本规定执行。

对人民法院其他工作人员和律师辅助人员的纪律约束,参照本规定的有关内容执行。

第十六条　本规定由最高人民法院、司法部负责解释。

第十七条　本规定自公布之日起实施。

最高人民法院、司法部关于充分保障律师依法履行辩护职责确保死刑案件办理质量的若干规定

· 2008 年 5 月 21 日
· 法发〔2008〕14 号

为确保死刑案件的办理质量,根据《中华人民共和国刑事诉讼法》及相关法律、法规和司法解释的有关规定,结合人民法院刑事审判和律师辩护、法律援助工作的实际,现就人民法院审理死刑案件,律师依法履行辩护职责的具体问题规定如下:

一、人民法院对可能被处死刑的被告人,应当根据刑事诉讼法的规定,充分保障其辩护权及其他合法权益,并充分保障辩护律师依法履行辩护职责。司法行政机关、律师协会应当加强对死刑案件辩护工作的指导,积极争取政府财政部门落实并逐步提高法律援助工作经费。律师办理死刑案件应当恪尽职守,切实维护被告人的合法权益。

二、被告人可能被判处死刑而没有委托辩护人的,人民法院应当通过法律援助机构指定律师为其提供辩护。被告人拒绝指定的律师为其辩护,有正当理由的,人民法院应当准许,被告人可以另行委托辩护人;被告人没有委托辩护人的,人民法院应当通知法律援助机构为其另行指定辩护人;被告人无正当理由再次拒绝指定的律师为其辩护的,人民法院应当不予准许并记录在案。

三、法律援助机构在收到指定辩护通知书三日以内,指派具有刑事案件出庭辩护经验的律师担任死刑案件的辩护人。

四、被指定担任死刑案件辩护人的律师,不得将案件转由律师助理办理;有正当理由不能接受指派的,经法律援助机构同意,由法律援助机构另行指派其他律师办理。

五、人民法院受理死刑案件后,应当及时通知辩护律师查阅案卷,并积极创造条件,为律师查阅、复制指控犯罪事实的材料提供方便。

人民法院对承办法律援助案件的律师复制涉及被告人主要犯罪事实并直接影响定罪量刑的证据材料的复制费用,应当免收或者按照复制材料所必须的工本费减收。

律师接受委托或者被指定担任死刑案件的辩护人后,应当及时到人民法院阅卷;对于查阅的材料中涉及国家秘密、商业秘密、个人隐私、证人身份等情况的,应当保守秘密。

六、律师应当在开庭前会见在押的被告人,征询是否同意为其辩护,并听取被告人的陈述和意见。

七、律师书面申请人民法院收集、调取证据,申请通知证人出庭作证,申请鉴定或者补充鉴定、重新鉴定的,人民法院应当及时予以书面答复并附卷。

八、第二审开庭前,人民检察院提交新证据、进行重新鉴定或者补充鉴定的,人民法院应当至迟在开庭三日以前通知律师查阅。

九、律师出庭辩护应当认真做好准备工作,围绕案件事实、证据、适用法律、量刑、诉讼程序等,从被告人无罪、罪轻或者减轻、免除其刑事责任等方面提出辩护意见,切实保证辩护质量,维护被告人的合法权益。

十、律师接到人民法院开庭通知后,应当保证准时出庭。人民法院应当按时开庭。法庭因故不能按期开庭,或者律师确有正当理由不能按期出庭的,人民法院应当在不影响案件审理期限的情况下,另行安排开庭时间,并于开庭三日前通知当事人、律师和人民检察院。

十一、人民法院应当加强审判场所的安全保卫,保障律师及其他诉讼参与人的人身安全,确保审判活动的顺利进行。

十二、法官应当严格按照法定诉讼程序进行审判活动,尊重律师的诉讼权利,认真听取控辩双方的意见,保障律师发言的完整性。对于律师发言过于冗长、明显重复或者与案件无关,或者在公开开庭审理中发言涉及国家秘密、个人隐私,或者进行人身攻击的,法官应当提醒或者制止。

十三、法庭审理中,人民法院应当如实、详细地记录律师意见。法庭审理结束后,律师应当在闭庭三日以内向人民法院提交书面辩护意见。

十四、人民法院审理被告人可能被判处死刑的刑事附带民事诉讼案件,在对赔偿事项进行调解时,律师应当在其职责权限范围内,根据案件和当事人的具体情况,依法提出有利于案件处理、切实维护当事人合法权益的意见,促进附带民事诉讼案件调解解决。

十五、人民法院在裁判文书中应当写明指派律师担任辩护人的法律援助机构、律师姓名及其所在的执业机构。对于律师的辩护意见,合议庭、审判委员会在讨论案件时应当认真进行研究,并在裁判文书中写明采纳与否的理由。

人民法院应当按照有关规定将裁判文书送达律师。

十六、人民法院审理案件过程中,律师提出会见法官请求的,合议庭根据案件具体情况,可以在工作时间和办公场所安排会见、听取意见。会见活动,由书记员制作笔录,律师签名后附卷。

十七、死刑案件复核期间,被告人的律师提出当面反映意见要求或者提交证据材料的,人民法院有关合议庭

应当在工作时间和办公场所接待,并制作笔录附卷。律师提出的书面意见,应当附卷。

十八、司法行政机关和律师协会应当加强对律师的业务指导和培训,以及职业道德和执业纪律教育,不断提高律师办理死刑案件的质量,并建立对律师从事法律援助工作的考核机制。

最高人民法院刑事审判第二庭关于辩护律师能否复制侦查机关讯问录像问题的批复

· 2013 年 9 月 22 日
· 〔2013〕刑他字第 239 号

广东省高级人民法院:

你院〔2013〕粤高法刑二终字第 12 号《关于辩护律师请求复制侦查机关讯问录像法律适用问题的请示》收悉。经研究,答复如下:

根据《中华人民共和国刑事诉讼法》第三十八条和最高人民法院《关于适用〈中华人民共和国刑事诉讼法〉的解释》第四十七条的规定,自人民检察院对案件审查起诉之日起,辩护律师可以查阅、摘抄、复制案卷材料,但其中涉及国家秘密、个人隐私的,应严格履行保密义务。你院请示的案件,侦查机关对被告人的讯问录音录像已经作为证据材料向人民法院移送并已在庭审中播放,不属于依法不能公开的材料,在辩护律师提出要求复制有关录音录像的情况下,应当准许。

此复。

最高人民检察院关于依法保障律师执业权利的规定

· 2014 年 12 月 23 日

第一条 为了切实保障律师依法行使执业权利,严肃检察人员违法行使职权行为的责任追究,促进人民检察院规范司法,维护司法公正,根据《中华人民共和国刑事诉讼法》《中华人民共和国民事诉讼法》《中华人民共和国行政诉讼法》和《中华人民共和国律师法》等有关法律规定,结合工作实际,制定本规定。

第二条 各级人民检察院和全体检察人员应当充分认识律师在法治建设中的重要作用,认真贯彻落实各项法律规定,尊重和支持律师依法履行职责,依法为当事人委托律师和律师履职提供相关协助和便利,切实保障律师依法行使执业权利,共同维护国家法律统一、正确实

施,维护社会公平正义。

第三条 人民检察院应当依法保障当事人委托权的行使。人民检察院在办理案件中应当依法告知当事人有权委托辩护人、诉讼代理人。对于在押或者被指定居所监视居住的犯罪嫌疑人提出委托辩护人要求的,人民检察院应当及时转达其要求。犯罪嫌疑人的监护人、近亲属代为委托辩护律师的,应当由犯罪嫌疑人确认委托关系。

人民检察院应当及时查验接受委托的律师是否具有辩护资格,发现有不得担任辩护人情形的,应当及时告知当事人、律师或者律师事务所解除委托关系。

第四条 人民检察院应当依法保障当事人获得法律援助的权利。对于符合法律援助情形而没有委托辩护人或者诉讼代理人的,人民检察院应当及时告知当事人有权申请法律援助,并依照相关规定向法律援助机构转交申请材料。人民检察院发现犯罪嫌疑人属于法定通知辩护情形的,应当及时通知法律援助机构指派律师为其提供辩护,对于犯罪嫌疑人拒绝法律援助的,应当查明原因,依照相关规定处理。

第五条 人民检察院应当依法保障律师在刑事诉讼中的会见权。人民检察院办理直接受理立案侦查案件,除特别重大贿赂犯罪案件外,其他案件依法不需要经许可会见。律师在侦查阶段提出会见特别重大贿赂案件犯罪嫌疑人的,人民检察院应当严格按照法律和相关规定及时审查决定是否许可,并在三日以内答复;有碍侦查的情形消失后,应当通知律师,可以不经许可会见犯罪嫌疑人;侦查终结前,应当许可律师会见犯罪嫌疑人。人民检察院在会见时不得派员在场,不得通过任何方式监听律师会见的谈话内容。

第六条 人民检察院应当依法保障律师的阅卷权。自案件移送审查起诉之日起,人民检察院应当允许辩护律师查阅、摘抄、复制本案的案卷材料;经人民检察院许可,诉讼代理人也可以查阅、摘抄、复制本案的案卷材料。人民检察院应当及时受理并安排律师阅卷,无法及时安排的,应当向律师说明并安排其在三个工作日以内阅卷。人民检察院应当依照检务公开的相关规定,完善互联网等律师服务平台,并配备必要的速拍、复印、刻录等设施,为律师阅卷提供尽可能的便利。律师查阅、摘抄、复制案卷材料应当在人民检察院设置的专门场所进行。必要时,人民检察院可以派员在场协助。

第七条 人民检察院应当依法保障律师在刑事诉讼中的申请收集、调取证据权。律师收集到有关犯罪嫌疑人不在犯罪现场、未达到刑事责任年龄、属于依法不负刑

事责任的精神病人的证据,告知人民检察院的,人民检察院相关办案部门应当及时进行审查。

案件移送审查逮捕或者审查起诉后,律师依据刑事诉讼法第三十九条申请人民检察院调取侦查部门收集但未提交的证明犯罪嫌疑人无罪或者罪轻的证据材料的,人民检察院应当及时进行审查,决定是否调取。经审查,认为律师申请调取的证据未收集或者与案件事实没有联系决定不予调取的,人民检察院应当向律师说明理由。人民检察院决定调取后,侦查机关移送相关证据材料的,人民检察院应当在三日以内告知律师。

案件移送审查起诉后,律师依据刑事诉讼法第四十一条第一款的规定申请人民检察院收集、调取证据,人民检察院认为需要收集、调取证据的,应当决定收集、调取并制作笔录附卷;决定不予收集、调取的,应当书面说明理由。人民检察院根据律师的申请收集、调取证据时,律师可以在场。

律师向被害人或者其近亲属、被害人提供的证人收集与本案有关的材料,向人民检察院提出申请的,人民检察院应当在七日以内作出是否许可的决定。人民检察院没有许可的,应当书面说明理由。

第八条　人民检察院应当依法保障律师在诉讼中提出意见的权利。人民检察院应当主动听取并高度重视律师意见。法律未作规定但律师要求听取意见的,也应当及时安排听取。听取律师意见应当制作笔录,律师提出的书面意见应当附卷。对于律师提出不构成犯罪,罪轻或者减轻、免除刑事责任,无社会危险性,不适宜羁押,侦查活动有违法情形等书面意见的,办案人员必须进行审查,在相关工作文书中叙明律师提出的意见并说明是否采纳的情况和理由。

第九条　人民检察院应当依法保障律师在刑事诉讼中的知情权。律师在侦查期间向人民检察院了解犯罪嫌疑人涉嫌的罪名以及当时已查明的涉嫌犯罪的主要事实,犯罪嫌疑人被采取、变更、解除强制措施等情况的,人民检察院应当依法及时告知。办理直接受理立案侦查案件报请上一级人民检察院审查逮捕时,人民检察院应当将报请情况告知律师。案件侦查终结移送审查起诉时,人民检察院应当将案件移送情况告知律师。

第十条　人民检察院应当依法保障律师在民事、行政诉讼中的代理权。在民事行政检察工作中,当事人委托律师代理的,人民检察院应当尊重律师的权利,依法听取律师意见,认真审查律师提交的证据材料。律师根据当事人的委托要求参加人民检察院案件听证的,人民检

察院应当允许。

第十一条　人民检察院应当切实履行对妨碍律师依法执业的法律监督职责。律师根据刑事诉讼法第四十七条的规定,认为公安机关、人民检察院、人民法院及其工作人员阻碍其依法行使诉讼权利,向同级或者上一级人民检察院申诉或者控告的,接受申诉或者控告的人民检察院控告检察部门应当在受理后十日以内进行审查,情况属实的,通知有关机关或者本院有关部门、下级人民检察院予以纠正,并将处理情况书面答复律师;情况不属实的,应当将办理情况书面答复律师,并做好说明解释工作。人民检察院在办案过程中发现有阻碍律师依法行使诉讼权利行为的,应当依法提出纠正意见。

第十二条　建立完善检察机关办案部门和检察人员违法行使职权行为记录、通报和责任追究制度。对检察机关办案部门或者检察人员在诉讼活动中阻碍律师依法行使会见权、阅卷权等诉讼权利的申诉或者控告,接受申诉或者控告的人民检察院控告检察部门应当立即进行调查核实,情节较轻的,应当提出纠正意见;具有违反规定扩大经许可会见案件的范围、不按规定时间答复是否许可会见等严重情节的,应当发出纠正通知书。通知后仍不纠正或者屡纠屡犯的,应当向纪检监察部门通报并报告检察长,由纪检监察部门依照有关规定调查处理,相关责任人构成违纪的给予纪律处分,并记入执法档案,予以通报。

第十三条　人民检察院应当主动加强与司法行政机关、律师协会和广大律师的工作联系,通过业务研讨、情况通报、交流会商、定期听取意见等形式,分析律师依法行使执业权利中存在的问题,共同研究解决办法,共同提高业务素质。

第十四条　本规定自发布之日起施行。2004年2月10日最高人民检察院发布的《关于人民检察院保障律师在刑事诉讼中依法执业的规定》、2006年2月23日最高人民检察院发布的《关于进一步加强律师执业权利保障工作的通知》同时废止。最高人民检察院以前发布的有关规定与本规定不一致的,以本规定为准。

最高人民法院、最高人民检察院、公安部、国家安全部、司法部关于依法保障律师执业权利的规定

· 2015年9月16日

第一条　为切实保障律师执业权利,充分发挥律师维护当事人合法权益、维护法律正确实施、维护社会公平

和正义的作用，促进司法公正，根据有关法律法规，制定本规定。

第二条　人民法院、人民检察院、公安机关、国家安全机关、司法行政机关应当尊重律师，健全律师执业权利保障制度，依照刑事诉讼法、民事诉讼法、行政诉讼法及律师法的规定，在各自职责范围内依法保障律师知情权、申请权、申诉权，以及会见、阅卷、收集证据和发问、质证、辩论等方面的执业权利，不得阻碍律师依法履行辩护、代理职责，不得侵害律师合法权利。

第三条　人民法院、人民检察院、公安机关、国家安全机关、司法行政机关和律师协会应当建立健全律师执业权利救济机制。

律师因依法执业受到侮辱、诽谤、威胁、报复、人身伤害的，有关机关应当及时制止并依法处理，必要时对律师采取保护措施。

第四条　人民法院、人民检察院、公安机关、国家安全机关、司法行政机关应当建立和完善诉讼服务中心、立案或受案场所、律师会见室、阅卷室，规范工作流程，方便律师办理立案、会见、阅卷、参与庭审、申请执行等事务。探索建立网络信息系统和律师服务平台，提高案件办理效率。

第五条　办案机关在办理案件中应当依法告知当事人有权委托辩护人、诉讼代理人。对于符合法律援助条件而没有委托辩护人或者诉讼代理人的，办案机关应当及时告知当事人有权申请法律援助，并按照相关规定向法律援助机构转交申请材料。办案机关发现犯罪嫌疑人、被告人属于依法应当提供法律援助的情形的，应当及时通知法律援助机构指派律师为其提供辩护。

第六条　辩护律师接受犯罪嫌疑人、被告人委托或者法律援助机构的指派后，应当告知办案机关，并可以依法向办案机关了解犯罪嫌疑人、被告人涉嫌或者被指控的罪名及当时已查明的该罪的主要事实，犯罪嫌疑人、被告人被采取、变更、解除强制措施的情况，侦查机关延长侦查羁押期限等情况，办案机关应当依法及时告知辩护律师。

办案机关作出移送审查起诉、退回补充侦查、提起公诉、延期审理、二审不开庭审理、宣告判决等重大程序性决定的，以及人民检察院将直接受理立案侦查案件报请上一级人民检察院审查决定逮捕的，应当依法及时告知辩护律师。

第七条　辩护律师到看守所会见在押的犯罪嫌疑人、被告人，看守所在查验律师执业证书、律师事务所证明和委托书或者法律援助公函后，应当及时安排会见。能当时安排的，应当当时安排；不能当时安排的，看守所应当向辩护律师说明情况，并保证辩护律师在四十八小时以内会见到在押的犯罪嫌疑人、被告人。

看守所安排会见不得附加其他条件或者变相要求辩护律师提交法律规定以外的其他文件、材料，不得以未收到办案机关通知为由拒绝安排辩护律师会见。

看守所应当设立会见预约平台，采取网上预约、电话预约等方式为辩护律师会见提供便利，但不得以未预约会见为由拒绝安排辩护律师会见。

辩护律师会见在押的犯罪嫌疑人、被告人时，看守所应当采取必要措施，保障会见顺利和安全进行。律师会见在押的犯罪嫌疑人、被告人的，看守所应当保障律师履行辩护职责需要的时间和次数，并与看守所工作安排和办案机关侦查工作相协调。辩护律师会见犯罪嫌疑人、被告人时不被监听，办案机关不得派员在场。在律师会见室不足的情况下，看守所经辩护律师书面同意，可以安排在讯问室会见，但应当关闭录音、监听设备。犯罪嫌疑人、被告人委托两名律师担任辩护人的，两名辩护律师可以共同会见，也可以单独会见。辩护律师可以带一名律师助理协助会见。助理人员随同辩护律师参加会见的，应当出示律师事务所证明和律师执业证书或申请律师执业人员实习证。办案机关应当核实律师助理的身份。

第八条　在押的犯罪嫌疑人、被告人提出解除委托关系的，办案机关应当要求其出具或签署书面文件，并在三日以内转交受委托的律师或者律师事务所。辩护律师可以要求会见在押的犯罪嫌疑人、被告人，当面向其确认解除委托关系，看守所应当安排会见；但犯罪嫌疑人、被告人书面拒绝会见的，看守所应当将有关书面材料转交辩护律师，不予安排会见。

在押的犯罪嫌疑人、被告人的监护人、近亲属解除代为委托辩护律师关系的，经犯罪嫌疑人、被告人同意的，看守所应当允许新代为委托的辩护律师会见，由犯罪嫌疑人、被告人确认新的委托关系；犯罪嫌疑人、被告人不同意解除原辩护律师的委托关系的，看守所应当终止新代为委托的辩护律师会见。

第九条　辩护律师在侦查期间要求会见危害国家安全犯罪、恐怖活动犯罪、特别重大贿赂犯罪案件在押的犯罪嫌疑人的，应当向侦查机关提出申请。侦查机关应当依法及时审查辩护律师提出的会见申请，在三日以内将是否许可的决定书面答复辩护律师，并明确告知负责与辩护律师联系的部门及工作人员的联系方式。对许可会见的,应当向辩护律师出具许可决定文书;因有碍侦查或者可能泄露国家秘密而不许可会见的,应当向辩护律师说明理由。有碍侦查或者可能泄露国家秘密的情形消失后,应当许可会见,并及时通知看守所和辩护律师。对特别重大贿赂案件在侦查终结前,侦查机关应当许可辩护律师至少会见一次犯罪嫌疑人。

侦查机关不得随意解释和扩大前款所述三类案件的范围,限制律师会见。

第十条 自案件移送审查起诉之日起,辩护律师会见犯罪嫌疑人、被告人,可以向其核实有关证据。

第十一条 辩护律师会见在押的犯罪嫌疑人、被告人,可以根据需要制作会见笔录,并要求犯罪嫌疑人、被告人确认无误后在笔录上签名。

第十二条 辩护律师会见在押的犯罪嫌疑人、被告人需要翻译人员随同参加的,应当提前向办案机关提出申请,并提交翻译人员身份证明及其所在单位出具的证明。办案机关应当及时审查并在三日以内作出是否许可的决定。许可翻译人员参加会见的,应当向辩护律师出具许可决定文书,并通知看守所。不许可的,应当向辩护律师书面说明理由,并通知其更换。

翻译人员应当持办案机关许可决定文书和本人身份证明,随同辩护律师参加会见。

第十三条 看守所应当及时传递辩护律师同犯罪嫌疑人、被告人的往来信件。看守所可以对信件进行必要的检查,但不得截留、复制、删改信件,不得向办案机关提供信件内容,但信件内容涉及危害国家安全、公共安全、严重危害他人人身安全以及涉嫌串供、毁灭证据等情形的除外。

第十四条 辩护律师自人民检察院对案件审查起诉之日起,可以查阅、摘抄、复制本案的案卷材料,人民检察院检察委员会的讨论记录、人民法院合议庭、审判委员会的讨论记录以及其他依法不能公开的材料除外。人民检察院、人民法院应当为辩护律师查阅、摘抄、复制案卷材料提供便利,有条件的地方可以推行电子化阅卷,允许刻录、下载材料。侦查机关应当在案件移送审查起诉后三日以内,人民检察院应当在提起公诉后三日以内,将案件移送情况告知辩护律师。案件提起公诉后,人民检察院对案卷所附证据材料有调整或者补充的,应当及时告知辩护律师。辩护律师对调整或者补充的证据材料,有权查阅、摘抄、复制。辩护律师办理申诉、抗诉案件,在人民检察院、人民法院经审查决定立案后,可以持律师执业证书、律师事务所证明和委托书或者法律援助公函到案卷档案管理部门、持有案卷档案的办案部门查阅、摘抄、复制已经审理终结案件的案卷材料。

辩护律师提出阅卷要求的,人民检察院、人民法院应当当时安排辩护律师阅卷,无法当时安排的,应当向辩护律师说明并安排其在三个工作日以内阅卷,不得限制辩护律师阅卷的次数和时间。有条件的地方可以设立阅卷预约平台。

人民检察院、人民法院应当为辩护律师阅卷提供场所和便利,配备必要的设备。因复制材料发生费用的,只收取工本费用。律师办理法律援助案件复制材料发生的费用,应当予以免收或者减收。辩护律师可以采用复印、拍照、扫描、电子数据拷贝等方式复制案卷材料,可以根据需要带律师助理协助阅卷。办案机关应当核实律师助理的身份。

辩护律师查阅、摘抄、复制的案卷材料属于国家秘密的,应当经过人民检察院、人民法院同意并遵守国家保密规定。律师不得违反规定,披露、散布案件重要信息和案卷材料,或者将其用于本案辩护、代理以外的其他用途。

第十五条 辩护律师提交与案件有关材料的,办案机关应当在工作时间和办公场所予以接待,当面了解辩护律师提交材料的目的、材料的来源和主要内容等有关情况并记录在案,与相关材料一并附卷,并出具回执。辩护律师应当提交原件,提交原件确有困难的,经办案机关准许,也可以提交复印件,经与原件核对无误后由辩护律师签名确认。辩护律师通过服务平台网上提交相关材料的,办案机关应当在网上出具回执。辩护律师应当及时向办案机关提供原件核对,并签名确认。

第十六条 在刑事诉讼审查起诉、审理期间,辩护律师书面申请调取公安机关、人民检察院在侦查、审查起诉期间收集但未提交的证明犯罪嫌疑人、被告人无罪或者罪轻的证据材料的,人民检察院、人民法院应当依法及时审查。经审查,认为辩护律师申请调取的证据材料已收集并且与案件事实有联系的,应当及时调取。相关证据材料提交后,人民检察院、人民法院应当及时通知辩护律师查阅、摘抄、复制。经审查决定不予调取的,应当书面说明理由。

第十七条 辩护律师申请向被害人或者其近亲属、被害人提供的证人收集与本案有关的材料的,人民检察院、人民法院应当在七日以内作出是否许可的决定,并通知辩护律师。辩护律师书面提出有关申请时,办案机关不许可的,应当书面说明理由;辩护律师口头提出申请的,办案机关可以口头答复。

第十八条　辩护律师申请人民检察院、人民法院收集、调取证据的，人民检察院、人民法院应当在三日以内作出是否同意的决定，并通知辩护律师。辩护律师书面提出有关申请时，办案机关不同意的，应当书面说明理由；辩护律师口头提出申请的，办案机关可以口头答复。

第十九条　辩护律师申请向正在服刑的罪犯收集与案件有关的材料的，监狱和其他监管机关在查验律师执业证书、律师事务所证明和犯罪嫌疑人、被告人委托书或法律援助公函后，应当及时安排并提供合适的场所和便利。

正在服刑的罪犯属于辩护律师所承办案件的被害人或者其近亲属、被害人提供的证人的，应当经人民检察院或者人民法院许可。

第二十条　在民事诉讼、行政诉讼过程中，律师因客观原因无法自行收集证据的，可以依法向人民法院申请调取。经审查符合规定的，人民法院应当予以调取。

第二十一条　侦查机关在案件侦查终结前，人民检察院、人民法院在审查批准、决定逮捕期间，最高人民法院在复核死刑案件期间，辩护律师提出要求的，办案机关应当听取辩护律师的意见。人民检察院审查起诉、第二审人民法院决定不开庭审理的，应当充分听取辩护律师的意见。

辩护律师要求当面反映意见或者提交证据材料的，办案机关应当依法办理，并制作笔录附卷。辩护律师提出的书面意见和证据材料，应当附卷。

第二十二条　辩护律师书面申请变更或者解除强制措施的，办案机关应当在三日以内作出处理决定。辩护律师的申请符合法律规定的，办案机关应当及时变更或者解除强制措施；经审查认为不应当变更或者解除强制措施的，应当告知辩护律师，并书面说明理由。

第二十三条　辩护律师在侦查、审查起诉、审判期间发现案件有关证据存在刑事诉讼法第五十四条规定的情形的，可以向办案机关申请排除非法证据。

辩护律师在开庭以前申请排除非法证据，人民法院对证据收集合法性有疑问的，应当依照刑事诉讼法第一百八十二条第二款的规定召开庭前会议，就非法证据排除问题了解情况，听取意见。

辩护律师申请排除非法证据的，办案机关应当听取辩护律师的意见，按照法定程序审查核实相关证据，并依法决定是否予以排除。

第二十四条　辩护律师在开庭以前提出召开庭前会议、回避、补充鉴定或者重新鉴定以及证人、鉴定人出庭等申请的，人民法院应当及时审查作出处理决定，并告知辩护律师。

第二十五条　人民法院确定案件开庭日期时，应当为律师出庭预留必要的准备时间并书面通知律师。律师因开庭日期冲突等正当理由申请变更开庭日期的，人民法院应当在不影响案件审理期限的情况下，予以考虑并调整日期，决定调整日期的，应当及时通知律师。

律师可以根据需要，向人民法院申请带律师助理参加庭审。律师助理参加庭审仅能从事相关辅助工作，不得发表辩护、代理意见。

第二十六条　有条件的人民法院应当建立律师参与诉讼专门通道，律师进入人民法院参与诉讼确需安全检查的，应当与出庭履行职务的检察人员同等对待。有条件的人民法院应当设置专门的律师更衣室、休息室或者休息区域，并配备必要的桌椅、饮水及上网设施等，为律师参与诉讼提供便利。

第二十七条　法庭审理过程中，律师对审判人员、检察人员提出回避申请的，人民法院、人民检察院应当依法作出处理。

第二十八条　法庭审理过程中，经审判长准许，律师可以向当事人、证人、鉴定人和有专门知识的人发问。

第二十九条　法庭审理过程中，律师可以就证据的真实性、合法性、关联性，从证明目的、证明效果、证明标准、证明过程等方面，进行法庭质证和相关辩论。

第三十条　法庭审理过程中，律师可以就案件事实、证据和适用法律等问题，进行法庭辩论。

第三十一条　法庭审理过程中，法官应当注重诉讼权利平等和控辩平衡。对于律师发问、质证、辩论的内容、方式、时间等，法庭应当依法公正保障，以便律师充分发表意见，查清案件事实。

法庭审理过程中，法官可以对律师的发问、辩论进行引导，除发言过于重复、相关问题已在庭前会议达成一致、与案件无关或者侮辱、诽谤、威胁他人，故意扰乱法庭秩序的情况外，法官不得随意打断或者制止律师按程序进行的发言。

第三十二条　法庭审理过程中，律师可以提出证据材料，申请通知新的证人、有专门知识的人出庭，申请调取新的证据，申请重新鉴定或者勘验、检查。在民事诉讼中，申请有专门知识的人出庭，应当在举证期限届满前向人民法院申请，经法庭许可后才可以出庭。

第三十三条　法庭审理过程中，遇有被告人供述发生重大变化、拒绝辩护等重大情形，经审判长许可，辩护律师可以与被告人进行交流。

第三十四条 法庭审理过程中,有下列情形之一的,律师可以向法庭申请休庭:

(一)辩护律师因法定情形拒绝为被告人辩护的;

(二)被告人拒绝辩护律师为其辩护的;

(三)需要对新的证据作辩护准备的;

(四)其他严重影响庭审正常进行的情形。

第三十五条 辩护律师作无罪辩护的,可以当庭就量刑问题发表辩护意见,也可以庭后提交量刑辩护意见。

第三十六条 人民法院适用普通程序审理案件,应当在裁判文书中写明律师依法提出的辩护、代理意见,以及是否采纳的情况,并说明理由。

第三十七条 对于诉讼中的重大程序信息和送达当事人的诉讼文书,办案机关应当通知辩护、代理律师。

第三十八条 法庭审理过程中,律师就回避、案件管辖,非法证据排除、申请通知证人、鉴定人、有专门知识的人出庭,申请通知新的证人到庭,调取新的证据,申请重新鉴定、勘验等问题当庭提出申请,或者对法庭审理程序提出异议的,法庭原则上应当休庭进行审查,依照法定程序作出决定。其他律师有相同异议的,应一并提出,法庭一并休庭审查。法庭决定驳回申请或者异议的,律师可当庭提出复议。经复议后,律师应当尊重法庭的决定,服从法庭的安排。

律师不服法庭决定保留意见的内容应当详细记入法庭笔录,可以作为上诉理由,或者向同级或者上一级人民检察院申诉、控告。

第三十九条 律师申请查阅人民法院录制的庭审过程的录音、录像的,人民法院应当准许。

第四十条 侦查机关依法对在诉讼活动中涉嫌犯罪的律师采取强制措施后,应当在四十八小时以内通知其所在的律师事务所或者所属的律师协会。

第四十一条 律师认为办案机关及其工作人员明显违反法律规定,阻碍律师依法履行辩护、代理职责,侵犯律师执业权利的,可以向该办案机关或者其上一级机关投诉。

办案机关应当畅通律师反映问题和投诉的渠道,明确专门部门负责处理律师投诉,并公开联系方式。

办案机关应当对律师的投诉及时调查,律师要求当面反映情况的,应当当面听取律师的意见。经调查情况属实的,应当依法立即纠正,及时答复律师,做好说明解释工作,并将处理情况通报其所在地司法行政机关或者所属的律师协会。

第四十二条 在刑事诉讼中,律师认为办案机关及其工作人员的下列行为阻碍律师依法行使诉讼权利的,可以向同级或者上一级人民检察院申诉、控告:

(一)未依法向律师履行告知、转达、通知和送达义务的;

(二)办案机关认定律师不得担任辩护人、代理人的情形有误的;

(三)对律师依法提出的申请,不接收、不答复的;

(四)依法应当许可律师提出的申请未许可的;

(五)依法应当听取律师的意见未听取的;

(六)其他阻碍律师依法行使诉讼权利的行为。

律师依照前款规定提出申诉、控告的,人民检察院应当在受理后十日以内进行审查,并将处理情况书面答复律师。情况属实的,通知有关机关予以纠正。情况不属实的,做好说明解释工作。

人民检察院应当依法严格履行保障律师依法执业的法律监督职责,处理律师申诉控告。在办案过程中发现有阻碍律师依法行使诉讼权利行为的,应当依法、及时提出纠正意见。

第四十三条 办案机关或者其上一级机关、人民检察院对律师提出的投诉、申诉、控告,经调查核实后要求有关机关予以纠正,有关机关拒不纠正或者累纠累犯的,应当由相关机关的纪检监察部门依照有关规定调查处理,相关责任人构成违纪的,给予纪律处分。

第四十四条 律师认为办案机关及其工作人员阻碍其依法行使执业权利的,可以向其所执业律师事务所所在地的市级司法行政机关、所属的律师协会申请维护执业权利。情况紧急的,可以向事发地的司法行政机关、律师协会申请维护执业权利。事发地的司法行政机关、律师协会应当给予协助。

司法行政机关、律师协会应当建立维护律师执业权利快速处置机制和联动机制,及时安排专人负责协调处理。律师的维权申请合法有据的,司法行政机关、律师协会应当建议有关办案机关依法处理,有关办案机关应当将处理情况及时反馈司法行政机关、律师协会。

司法行政机关、律师协会持有关证明调查核实律师权益保障或者违纪有关情况的,办案机关应当予以配合、协助,提供相关材料。

第四十五条 人民法院、人民检察院、公安机关、国家安全机关、司法行政机关和律师协会应当建立联席会议制度,定期沟通保障律师执业权利工作情况,及时调查处理侵犯律师执业权利的突发事件。

第四十六条 依法规范法律服务秩序，严肃查处假冒律师执业和非法从事法律服务的行为。对未取得律师执业证书或者已经被注销、吊销执业证书的人员以律师名义提供法律服务或者从事相关活动的，或者利用相关法律关于公民代理的规定从事诉讼代理或者辩护业务非法牟利的，依法追究责任，造成严重后果的，依法追究刑事责任。

第四十七条 本规定所称"办案机关"，是指负责侦查、审查逮捕、审查起诉和审判工作的公安机关、国家安全机关、人民检察院和人民法院。

第四十八条 本规定所称"律师助理"，是指辩护、代理律师所在律师事务所的其他律师和申请律师执业实习人员。

第四十九条 本规定自发布之日起施行。

最高人民法院关于依法切实保障律师诉讼权利的规定

· 2015 年 12 月 29 日
· 法发〔2015〕16 号

为深入贯彻落实全面推进依法治国战略，充分发挥律师维护当事人合法权益、促进司法公正的积极作用，切实保障律师诉讼权利，根据中华人民共和国刑事诉讼法、民事诉讼法、行政诉讼法、律师法和《最高人民法院、最高人民检察院、公安部、国家安全部、司法部关于依法保障律师执业权利的规定》，作出如下规定：

一、依法保障律师知情权。人民法院要不断完善审判流程公开、裁判文书公开、执行信息公开"三大平台"建设，方便律师及时获取诉讼信息。对诉讼程序、诉权保障、调解和解、裁判文书等重要事项及相关进展情况，应当依法及时告知律师。

二、依法保障律师阅卷权。对律师申请阅卷的，应当在合理时间内安排。案卷材料被其他诉讼主体查阅的，应当协调安排各方阅卷时间。律师依法查阅、摘抄、复制有关卷宗材料或者查看庭审录音录像的，应当提供场所和设施。有条件的法院，可提供网上卷宗查阅服务。

三、依法保障律师出庭权。确定开庭日期时，应当为律师预留必要的出庭准备时间。因特殊情况更改开庭日期的，应当提前三日告知律师。律师因正当理由请求变更开庭日期的，法官可在征询其他当事人意见后准许。律师带助理出庭的，应当准许。

四、依法保障律师辩论、辩护权。法官在庭审过程中应合理分配诉讼各方发问、质证、陈述和辩护的时间，充分听取律师意见。除律师发言过于重复、与案件无关或者相关问题已在庭前达成一致等情况外，不应打断律师发言。

五、依法保障律师申请排除非法证据的权利。律师申请排除非法证据并提供相关线索或者材料，法官经审查对证据收集合法性有疑问的，应当召开庭前会议或者进行法庭调查。经审查确认存在法律规定的以非法方法收集证据情形的，对有关证据应当予以排除。

六、依法保障律师申请调取证据的权利。律师因客观原因无法自行收集证据的，可以依法向人民法院书面申请调取证据。律师申请调取证据符合法定条件的，法官应当准许。

七、依法保障律师的人身安全。案件审理过程中出现当事人矛盾激化，可能危及律师人身安全情形的，应当及时采取必要措施。对在法庭上发生的殴打、威胁、侮辱、诽谤律师等行为，法官应当及时制止，依法处置。

八、依法保障律师代理申诉的权利。对律师代理当事人对案件提出申诉的，要依照法律规定的程序认真处理。认为原案件处理正确的，要支持律师向申诉人做好释法析理、息诉息访工作。

九、为律师依法履职提供便利。要进一步完善网上立案、缴费、查询、阅卷、申请保全、提交代理词、开庭排期、文书送达等功能。有条件的法院要为参加庭审的律师提供休息场所，配备桌椅、饮水及其他必要设施。

十、完善保障律师诉讼权利的救济机制。要指定专门机构负责处理律师投诉，公开联系方式，畅通投诉渠道。对投诉要及时调查，依法处理，并将结果及时告知律师。对司法行政机关、律师协会就维护律师执业权利提出的建议，要及时予以答复。

公安部、司法部关于进一步保障和规范看守所律师会见工作的通知

· 2019 年 10 月 18 日
· 公监管〔2019〕372 号

各省、自治区、直辖市公安厅（局）、司法厅（局），新疆生产建设兵团公安局、司法局：

近年来，全国公安机关、司法行政机关切实加强协作配合，按照最高人民法院、最高人民检察院、公安部、国家安全部、司法部《关于依法保障律师执业权利的规定》（司发〔2015〕14 号）要求，不断创新协作机制、完善保障制度、加强硬件建设，严格依法保障律师在看守所会见在

押犯罪嫌疑人、被告人的权利，取得明显成效。但随着刑事案件律师辩护全覆盖、法律援助值班律师等新制度的实施，看守所律师会见量急剧增多，一些看守所律师会见排队时间过长，甚至出现个别变相限制律师会见的现象，影响了律师的正常执业。同时，个别律师违反会见管理相关规定，甚至发生假冒律师会见等问题，影响了监所安全。对此，公安部、司法部经共同协商研究，现就进一步保障和规范看守所律师会见工作的相关要求通知如下：

一、依法安排及时会见，保障律师正常执业。辩护律师到看守所要求会见在押的犯罪嫌疑人、被告人，看守所在核验律师执业证书、律师事务所证明和委托书或者法律援助公函后，应当及时安排会见，能当时安排的应当时安排，不能当时安排的应向辩护律师说明情况，并保证辩护律师在48小时内会见到在押的犯罪嫌疑人、被告人。看守所安排会见不得附加其他条件或者变相要求辩护律师提交法律规定以外的其他文件、材料，不得以未收到办案部门通知为由拒绝安排辩护律师会见。在押犯罪嫌疑人、被告人提出解除委托关系的，辩护律师要求当面向其确认解除委托关系的，看守所应当安排会见；犯罪嫌疑人、被告人书面拒绝会见的，看守所应当将有关书面材料转交辩护律师。

二、加强制度硬件建设，满足律师会见需求。要加强制度建设，看守所应设立律师会见预约平台，在确保在押人员信息安全的前提下，通过网络、微信、电话等方式为律师预约会见，但不得以未预约为由拒绝安排律师会见，有条件的地方可以探索视频会见。要加强会见场所建设，新建看守所律师会见室数量要按照设计押量每百人4间的标准建设，老旧看守所要因地制宜、挖掘潜力，通过改建、扩建等办法，进一步增加律师会见室数量。在律师会见室不足的情况下，经书面征得律师同意，可以使用讯问室安排律师会见，但应当关闭录音、监听设备。律师会见量较大的看守所可设置快速会见室，对于会见时间不超过30分钟的会见申请，看守所应安排快速会见。要加强服务保障，有条件的看守所可设立律师等候休息区，并配备一些必要的服务设施及办公设备，最大限度为律师会见提供便利。律师可以携带个人电脑会见，但应当遵守相关法律法规的规定，确保会见安全。在正常工作时间内无法满足律师会见需求的，经看守所所长批准可适当延长工作时间，或利用公休日安排律师会见。

三、加强信息共享和协作配合，确保羁押秩序和安全。公安部、司法部建立全国律师信息共享机制，共享全国律师的执业资格、执业状态等相关信息，并进一步规范

辩护委托书、会见介绍信和刑事法律援助辩护（代理）函等文书的格式。律师应当遵守看守所安全管理规定，严禁携带违禁物品进入会见区，严禁带经办案单位核实或许可的律师助理、翻译以外的其他人员参加会见，严禁将通讯工具提供给犯罪嫌疑人、被告人使用或者传递违禁物品、文件。发现律师在会见中有违规行为的，看守所应立即制止，并及时通报同级司法行政机关、律师协会。律师认为自己的会见权利受到侵害的，可以向看守所及所属公安机关、司法行政机关、律师协会或者检察机关投诉，公安机关应当公开受理律师投诉的机构名称和具体联系人、联系方式等。司法行政机关和律师协会要协同相关部门依法整治看守所周边违法设点执业的律师事务所，严肃查处违规执业、以不正当手段争揽业务和扰乱正常会见秩序等行为。

各地贯彻落实情况及工作中遇到的问题，请及时报公安部监所管理局、司法部律师工作局。

最高人民法院、最高人民检察院、司法部关于建立健全禁止法官、检察官与律师不正当接触交往制度机制的意见

· 2021年9月30日
· 司发通〔2021〕60号

第一条 为深入贯彻习近平法治思想，认真贯彻落实防止干预司法"三个规定"，建立健全禁止法官、检察官与律师不正当接触交往制度机制，防止利益输送和利益勾连，切实维护司法廉洁和司法公正，依据《中华人民共和国法官法》《中华人民共和国检察官法》《中华人民共和国律师法》等有关规定，结合实际情况，制定本意见。

第二条 本意见适用于各级人民法院、人民检察院依法履行审判、执行、检察职责的人员和司法行政人员。

本意见所称律师，是指在律师事务所执业的专兼职律师（包括从事非诉讼法律事务的律师）和公职律师、公司律师。本意见所称律师事务所"法律顾问"，是指不以律师名义执业，但就相关业务领域或者个案提供法律咨询、法律论证，或者代表律师事务所开展协调、业务拓展等活动的人员。本意见所称律师事务所行政人员，是指律师事务所聘用的从事秘书、财务、行政、人力资源、信息技术、风险管控等工作的人员。

第三条 严禁法官、检察官与律师有下列接触交往行为：

（一）在案件办理过程中，非因办案需要且未经批准

在非工作场所、非工作时间与辩护、代理律师接触。

（二）接受律师或者律师事务所请托，过问、干预或者插手其他法官、检察官正在办理的案件，为律师或者律师事务所请托说情、打探案情、通风报信；为案件承办法官、检察官私下会见案件辩护、代理律师牵线搭桥；非因工作需要，为律师或者律师事务所转递涉案材料；向律师泄露案情、办案工作秘密或者其他依法依规不得泄露的情况；违规为律师或律师事务所出具与案件有关的各类专家意见。

（三）为律师介绍案件；为当事人推荐、介绍律师作为诉讼代理人、辩护人；要求、建议或者暗示当事人更换符合代理条件的律师；索取或者收受案件代理费用或者其他利益。

（四）向律师或者其当事人索贿，接受律师或者其当事人行贿；索取或者收受律师借礼尚往来、婚丧嫁娶等赠送的礼金、礼品、消费卡和有价证券、股权、其他金融产品等财物；向律师借款、租借房屋、借用交通工具、通讯工具或者其他物品；接受律师吃请、娱乐等可能影响公正履行职务的安排。

（五）非因工作需要且未经批准，擅自参加律师事务所或者律师举办的讲座、座谈、研讨、培训、论坛、学术交流、开业庆典等活动；以提供法律咨询、法律服务等名义接受律师事务所或者律师输送的相关利益。

（六）与律师以合作、合资、代持等方式，经商办企业或者从事其他营利性活动；本人配偶、子女及其配偶在律师事务所担任"隐名合伙人"；本人配偶、子女及其配偶显名或者隐名与律师"合作"开办企业或者"合作"投资；默许、纵容、包庇配偶、子女及其配偶或者其他特定关系人在律师事务所违规取酬；向律师或律师事务所放贷收取高额利息。

（七）其他可能影响司法公正和司法权威的不正当接触交往行为。

严禁律师事务所及其律师从事与前款所列行为相关的不正当接触交往行为。

第四条　各级人民法院、人民检察院和司法行政机关探索建立法官、检察官与律师办理案件动态监测机制，依托人民法院、人民检察院案件管理系统和律师管理系统，对法官、检察官承办的案件在一定期限内由同一律师事务所或者律师代理达到规定次数的，启动预警机制，要求法官、检察官及律师说明情况，除非有正当理由排除不正当交往可能的，依法启动调查程序。各省、自治区、直辖市高级人民法院、人民检察院根据本地实际，就上述规定的需要启动预警机制的次数予以明确。

第五条　各级人民法院、人民检察院在办理案件过程中发现律师与法官、检察官不正当接触交往线索的，应当按照有关规定将相关律师的线索移送相关司法行政机关或者纪检监察机关处理。各级司法行政机关、律师协会收到投诉举报涉及律师与法官、检察官不正当接触交往线索的，应当按照有关规定将涉及法官、检察官的线索移送相关人民法院、人民检察院或者纪检监察机关。

第六条　各级人民法院、人民检察院可以根据需要与司法行政机关组成联合调查组，对法官、检察官与律师不正当接触交往问题共同开展调查。

对查实的不正当接触交往问题，要坚持从严的原则，综合考虑行为性质、情节、后果、社会影响以及是否存在主动交代等因素，依规依纪依法对法官、检察官作出处分，对律师作出行政处罚、行业处分和党纪处分。律师事务所默认、纵容或者放任本所律师及"法律顾问"、行政人员与法官、检察官不正当接触交往的，要同时对律师事务所作出处罚处分，并视情况对律师事务所党组织跟进作出处理。法官、检察官和律师涉嫌违法犯罪的，依法按照规定移送相关纪检监察机关或者司法机关等。

第七条　各级人民法院、人民检察院和司法行政机关、律师协会要常态化开展警示教育，在人民法院、人民检察院、司法行政系统定期通报不正当接触交往典型案件，印发不正当接触交往典型案例汇编，引导法官、检察官与律师深刻汲取教训，心存敬畏戒惧，不碰底线红线。

第八条　各级人民法院、人民检察院和司法行政机关、律师协会要加强法官、检察官和律师职业道德培训，把法官、检察官与律师接触交往相关制度规范作为职前培训和继续教育的必修课和培训重点，引导法官、检察官和律师把握政策界限，澄清模糊认识，强化行动自觉。

第九条　各级人民法院、人民检察院要完善司法权力内部运行机制，充分发挥审判监督和检察监督职能，健全类案参考、裁判指引、指导性案例等机制，促进裁判尺度统一，防止法官、检察官滥用自由裁量权。强化内外部监督制约，将法官、检察官与律师接触交往，法官、检察官近亲属从事律师职业等问题，纳入司法巡查、巡视巡察和审务督察、检务督察范围。

各级人民法院、人民检察院要加强对法官、检察官的日常监管，强化法官、检察官工作时间之外监督管理，对发现的苗头性倾向性问题，早发现早提醒早纠正。严格落实防止干预司法"三个规定"月报告制度，定期分析处理记录报告平台中的相关数据，及时发现违纪违法线索。

第十条　各级司法行政机关要切实加强律师执业监

管,通过加强律师和律师事务所年度考核、完善律师投诉查处机制等,强化日常监督管理。

完善律师诚信信息公示制度,加快律师诚信信息公示平台建设,及时向社会公开律师与法官、检察官不正当接触交往受处罚处分信息,强化社会公众监督,引导督促律师依法依规诚信执业。

完善律师收费管理制度,强化对统一收案、统一收费的日常监管,规范律师风险代理行为,限制风险代理适用范围,避免风险代理诱发司法腐败。

第十一条　律师事务所应当切实履行对本所律师及"法律顾问"、行政人员的监督管理责任,不得指使、纵容或者放任本所律师及"法律顾问"、行政人员与法官、检察官不正当接触交往。律师事务所违反上述规定的,由司法行政机关依法依规处理。

第十二条　各级人民法院、人民检察院要加强律师执业权利保障,持续推动审判流程公开和检务公开,落实听取律师辩护代理意见制度,完善便利律师参与诉讼机制,最大限度减少权力设租寻租和不正当接触交往空间。

各级人民法院、人民检察院和司法行政机关要建立健全法官、检察官与律师正当沟通交流机制,通过同堂培训、联席会议、学术研讨、交流互访等方式,为法官、检察官和律师搭建公开透明的沟通交流平台。探索建立法官、检察官与律师互评监督机制。

完善从律师中选拔法官、检察官制度,推荐优秀律师进入法官、检察官遴选和惩戒委员会,支持律师担任人民法院、人民检察院特邀监督员,共同维护司法廉洁和司法公正。

最高人民法院、最高人民检察院、司法部关于进一步规范法院、检察院离任人员从事律师职业的意见

· 2021 年 9 月 30 日
· 司发通〔2021〕61 号

第一条　为深入贯彻习近平法治思想,认真贯彻落实防止干预司法"三个规定",进一步规范法院、检察院离任人员从事律师职业,防止利益输送和利益勾连,切实维护司法廉洁和司法公正,依据《中华人民共和国公务员法》《中华人民共和国法官法》《中华人民共和国检察官法》《中华人民共和国律师法》等有关规定,结合实际情况,制定本意见。

第二条　本意见适用于从各级人民法院、人民检察院离任且在离任时具有公务员身份的工作人员。离任包括退休、辞去公职、开除、辞退、调离等。

本意见所称律师,是指在律师事务所执业的专兼职律师(包括从事非诉讼法律事务的律师)。本意见所称律师事务所"法律顾问",是指不以律师名义执业,但就相关业务领域或者个案提供法律咨询、法律论证,或者代表律师事务所开展协调、业务拓展等活动的人员。本意见所称律师事务所行政人员,是指律师事务所聘用的从事秘书、财务、行政、人力资源、信息技术、风险管控等工作的人员。

第三条　各级人民法院、人民检察院离任人员从事律师职业或者担任律师事务所"法律顾问"、行政人员,应当严格执行《中华人民共和国法官法》《中华人民共和国检察官法》《中华人民共和国律师法》和公务员管理相关规定。

各级人民法院、人民检察院离任人员在离任后二年内,不得以律师身份担任诉讼代理人或者辩护人。各级人民法院、人民检察院离任人员终身不得担任原任职人民法院、人民检察院办理案件的诉讼代理人或者辩护人,但是作为当事人的监护人或者近亲属代理诉讼或者进行辩护的除外。

第四条　被人民法院、人民检察院开除人员和从人民法院、人民检察院辞去公职、退休的人员除符合本意见第三条规定外,还应当符合下列规定:

(一)被开除公职的人民法院、人民检察院工作人员不得在律师事务所从事任何工作。

(二)辞去公职或者退休的人民法院、人民检察院领导班子成员,四级高级及以上法官、检察官,四级高级法官助理、检察官助理以上及相当职级层次的审判、检察辅助人员在离职三年内,其他辞去公职或退休的人民法院、人民检察院工作人员在离职二年内,不得到原任职人民法院、人民检察院管辖地区内的律师事务所从事律师职业或者担任"法律顾问"、行政人员等,不得以律师身份从事与原任职人民法院、人民检察院相关的有偿法律服务活动。

(三)人民法院、人民检察院退休人员在不违反前项从业限制规定的情况下,确因工作需要从事律师职业或者担任律师事务所"法律顾问"、行政人员的,应当严格执行中共中央组织部《关于进一步规范党政领导干部在企业兼职(任职)问题的意见》(中组发〔2013〕18 号)规定和审批程序,并及时将行政、工资等关系转出人民法院、人民检察院,不再保留机关的各种待遇。

第五条　各级人民法院、人民检察院离任人员不得

以任何形式，为法官、检察官与律师不正当接触交往牵线搭桥，充当司法掮客；不得采用隐名代理等方式，规避从业限制规定，违规提供法律服务。

第六条　人民法院、人民检察院工作人员拟在离任后从事律师职业或者担任律师事务所"法律顾问"、行政人员的，应当在离任时向所在人民法院、人民检察院如实报告从业去向，签署承诺书，对遵守从业限制规定、在从业限制期内主动报告从业变动情况等作出承诺。

人民法院、人民检察院离任人员向律师协会申请律师实习登记时，应当主动报告曾在人民法院、人民检察院工作的情况，并作出遵守从业限制的承诺。

第七条　律师协会应当对人民法院、人民检察院离任人员申请实习登记进行严格审核，就申请人是否存在不宜从事律师职业的情形征求原任职人民法院、人民检察院意见，对不符合相关条件的人员不予实习登记。司法行政机关在办理人民法院、人民检察院离任人员申请律师执业核准时，应当严格审核把关，对不符合相关条件的人员不予核准执业。

第八条　各级人民法院、人民检察院应当在离任人员离任前与本人谈话，提醒其严格遵守从业限制规定，告知违规从业应承担的法律责任，对不符合从业限制规定的，劝其调整从业意向。

司法行政机关在作出核准人民法院、人民检察院离任人员从事律师职业决定时，应当与本人谈话，提醒其严格遵守从业限制规定，告知违规从业应承担的法律责任。

第九条　各级人民法院、人民检察院在案件办理过程中，发现担任诉讼代理人、辩护人的律师违反人民法院、人民检察院离任人员从业限制规定情况的，应当通知当事人更换诉讼代理人、辩护人，并及时通报司法行政机关。

司法行政机关应当加强从人民法院、人民检察院离任后在律师事务所从业人员的监督管理，通过投诉举报调查、"双随机一公开"抽查等方式，及时发现离任人员违法违规问题线索并依法作出处理。

第十条　律师事务所应当切实履行对本所律师及工作人员的监督管理责任，不得接收不符合条件的人民法院、人民检察院离任人员到本所执业或者工作，不得指派本所律师违反从业限制规定担任诉讼代理人、辩护人。律师事务所违反上述规定的，由司法行政机关依法依规处理。

第十一条　各级人民法院、人民检察院应当建立离任人员信息库，并实现与律师管理系统的对接。司法行政机关应当依托离任人员信息库，加强对人民法院、人民检察院离任人员申请律师执业的审核把关。

各级司法行政机关应当会同人民法院、人民检察院，建立人民法院、人民检察院离任人员在律师事务所从业信息库和人民法院、人民检察院工作人员近亲属从事律师职业信息库，并实现与人民法院、人民检察院立案、办案系统的对接。人民法院、人民检察院应当依托相关信息库，加强对离任人员违规担任案件诉讼代理人、辩护人的甄别、监管，做好人民法院、人民检察院工作人员回避工作。

第十二条　各级人民法院、人民检察院和司法行政机关应当定期对人民法院、人民检察院离任人员在律师事务所违规从业情况开展核查，并按照相关规定进行清理。

对人民法院、人民检察院离任人员违规从事律师职业或者担任律师事务所"法律顾问"、行政人员的，司法行政机关应当要求其在规定时间内申请注销律师执业证书、与律所解除劳动劳务关系；对在规定时间内没有主动申请注销执业证书或者解除劳动劳务关系的，司法行政机关应当依法注销其执业证书或者责令律所与其解除劳动劳务关系。

本意见印发前，已经在律师事务所从业的人民法院、人民检察院退休人员，按照中共中央组织部《关于进一步规范党政领导干部在企业兼职（任职）问题的意见》（中组发〔2013〕18号）相关规定处理。

· 请 示 答 复

司法部关于申请兼职律师执业人员范围有关问题的批复

· 2021年12月2日
· 司复〔2021〕24号

北京市司法局：

你局《关于明确申请兼职律师执业人员范围的请示》（京司文〔2021〕71号）收悉。经研究，批复如下：

根据《中华人民共和国律师法》第十二条规定，高等院校中从事法学研究工作的人员可以依法申请兼职律师执业，博士后流动站（工作站）的博士不符合申请兼职律师执业的条件。该条规定的"法学"应理解为狭义上的"法学"，不包括政治学、社会学、民族学等。

此复。

2. 法律援助

中华人民共和国法律援助法

· 2021 年 8 月 20 日第十三届全国人民代表大会常务委员会第三十次会议通过
· 2021 年 8 月 20 日中华人民共和国主席令第 93 号公布
· 自 2022 年 1 月 1 日起施行

第一章　总　则

第一条　为了规范和促进法律援助工作，保障公民和有关当事人的合法权益，保障法律正确实施，维护社会公平正义，制定本法。

第二条　本法所称法律援助，是国家建立的为经济困难公民和符合法定条件的其他当事人无偿提供法律咨询、代理、刑事辩护等法律服务的制度，是公共法律服务体系的组成部分。

第三条　法律援助工作坚持中国共产党领导，坚持以人民为中心，尊重和保障人权，遵循公开、公平、公正的原则，实行国家保障与社会参与相结合。

第四条　县级以上人民政府应当将法律援助工作纳入国民经济和社会发展规划、基本公共服务体系，保障法律援助事业与经济社会协调发展。

县级以上人民政府应当健全法律援助保障体系，将法律援助相关经费列入本级政府预算，建立动态调整机制，保障法律援助工作需要，促进法律援助均衡发展。

第五条　国务院司法行政部门指导、监督全国的法律援助工作。县级以上地方人民政府司法行政部门指导、监督本行政区域的法律援助工作。

县级以上人民政府其他有关部门依照各自职责，为法律援助工作提供支持和保障。

第六条　人民法院、人民检察院、公安机关应当在各自职责范围内保障当事人依法获得法律援助，为法律援助人员开展工作提供便利。

第七条　律师协会应当指导和支持律师事务所、律师参与法律援助工作。

第八条　国家鼓励和支持群团组织、事业单位、社会组织在司法行政部门指导下，依法提供法律援助。

第九条　国家鼓励和支持企业事业单位、社会组织和个人等社会力量，依法通过捐赠等方式为法律援助事业提供支持；对符合条件的，给予税收优惠。

第十条　司法行政部门应当开展经常性的法律援助宣传教育，普及法律援助知识。

新闻媒体应当积极开展法律援助公益宣传，并加强舆论监督。

第十一条　国家对在法律援助工作中做出突出贡献的组织和个人，按照有关规定给予表彰、奖励。

第二章　机构和人员

第十二条　县级以上人民政府司法行政部门应当设立法律援助机构。法律援助机构负责组织实施法律援助工作，受理、审查法律援助申请，指派律师、基层法律服务工作者、法律援助志愿者等法律援助人员提供法律援助，支付法律援助补贴。

第十三条　法律援助机构根据工作需要，可以安排本机构具有律师资格或者法律职业资格的工作人员提供法律援助；可以设置法律援助工作站或者联络点，就近受理法律援助申请。

第十四条　法律援助机构可以在人民法院、人民检察院和看守所等场所派驻值班律师，依法为没有辩护人的犯罪嫌疑人、被告人提供法律援助。

第十五条　司法行政部门可以通过政府采购等方式，择优选择律师事务所等法律服务机构为受援人提供法律援助。

第十六条　律师事务所、基层法律服务所、律师、基层法律服务工作者负有依法提供法律援助的义务。

律师事务所、基层法律服务所应当支持和保障本所律师、基层法律服务工作者履行法律援助义务。

第十七条　国家鼓励和规范法律援助志愿服务；支持符合条件的个人作为法律援助志愿者，依法提供法律援助。

高等院校、科研机构可以组织从事法学教育、研究工作的人员和法学专业学生作为法律援助志愿者，在司法行政部门指导下，为当事人提供法律咨询、代拟法律文书等法律援助。

法律援助志愿者具体管理办法由国务院有关部门规定。

第十八条　国家建立健全法律服务资源依法跨区域流动机制，鼓励和支持律师事务所、律师、法律援助志愿者等在法律服务资源相对短缺地区提供法律援助。

第十九条　法律援助人员应当依法履行职责，及时为受援人提供符合标准的法律援助服务，维护受援人的合法权益。

第二十条　法律援助人员应当恪守职业道德和执业纪律，不得向受援人收取任何财物。

第二十一条　法律援助机构、法律援助人员对提供法律援助过程中知悉的国家秘密、商业秘密和个人隐私应当予以保密。

第三章　形式和范围

第二十二条　法律援助机构可以组织法律援助人员依法提供下列形式的法律援助服务：

（一）法律咨询；

（二）代拟法律文书；

（三）刑事辩护与代理；

（四）民事案件、行政案件、国家赔偿案件的诉讼代理及非诉讼代理；

（五）值班律师法律帮助；

（六）劳动争议调解与仲裁代理；

（七）法律、法规、规章规定的其他形式。

第二十三条　法律援助机构应当通过服务窗口、电话、网络等多种方式提供法律咨询服务；提示当事人享有依法申请法律援助的权利，并告知申请法律援助的条件和程序。

第二十四条　刑事案件的犯罪嫌疑人、被告人因经济困难或者其他原因没有委托辩护人的，本人及其近亲属可以向法律援助机构申请法律援助。

第二十五条　刑事案件的犯罪嫌疑人、被告人属于下列人员之一，没有委托辩护人的，人民法院、人民检察院、公安机关应当通知法律援助机构指派律师担任辩护人：

（一）未成年人；

（二）视力、听力、言语残疾人；

（三）不能完全辨认自己行为的成年人；

（四）可能被判处无期徒刑、死刑的人；

（五）申请法律援助的死刑复核案件被告人；

（六）缺席审判案件的被告人；

（七）法律法规规定的其他人员。

其他适用普通程序审理的刑事案件，被告人没有委托辩护人的，人民法院可以通知法律援助机构指派律师担任辩护人。

第二十六条　对可能被判处无期徒刑、死刑的人，以及死刑复核案件的被告人，法律援助机构收到人民法院、人民检察院、公安机关通知后，应当指派具有三年以上相关执业经历的律师担任辩护人。

第二十七条　人民法院、人民检察院、公安机关通知法律援助机构指派律师担任辩护人时，不得限制或者损害犯罪嫌疑人、被告人委托辩护人的权利。

第二十八条　强制医疗案件的被申请人或者被告人没有委托诉讼代理人的，人民法院应当通知法律援助机构指派律师为其提供法律援助。

第二十九条　刑事公诉案件的被害人及其法定代理人或者近亲属，刑事自诉案件的自诉人及其法定代理人，刑事附带民事诉讼案件的原告人及其法定代理人，因经济困难没有委托诉讼代理人的，可以向法律援助机构申请法律援助。

第三十条　值班律师应当依法为没有辩护人的犯罪嫌疑人、被告人提供法律咨询、程序选择建议、申请变更强制措施、对案件处理提出意见等法律帮助。

第三十一条　下列事项的当事人，因经济困难没有委托代理人的，可以向法律援助机构申请法律援助：

（一）依法请求国家赔偿；

（二）请求给予社会保险待遇或者社会救助；

（三）请求发给抚恤金；

（四）请求给付赡养费、抚养费、扶养费；

（五）请求确认劳动关系或者支付劳动报酬；

（六）请求认定公民无民事行为能力或者限制民事行为能力；

（七）请求工伤事故、交通事故、食品药品安全事故、医疗事故人身损害赔偿；

（八）请求环境污染、生态破坏损害赔偿；

（九）法律、法规、规章规定的其他情形。

第三十二条　有下列情形之一，当事人申请法律援助的，不受经济困难条件的限制：

（一）英雄烈士近亲属为维护英雄烈士的人格权益；

（二）因见义勇为行为主张相关民事权益；

（三）再审改判无罪请求国家赔偿；

（四）遭受虐待、遗弃或者家庭暴力的受害人主张相关权益；

（五）法律、法规、规章规定的其他情形。

第三十三条　当事人不服司法机关生效裁判或者决定提出申诉或者申请再审，人民法院决定、裁定再审或者人民检察院提出抗诉，因经济困难没有委托辩护人或者诉讼代理人的，本人及其近亲属可以向法律援助机构申请法律援助。

第三十四条　经济困难的标准，由省、自治区、直辖市人民政府根据本行政区域经济发展状况和法律援助工作需要确定，并实行动态调整。

第四章　程序和实施

第三十五条　人民法院、人民检察院、公安机关和有关部门在办理案件或者相关事务中，应当及时告知有关当事人有权依法申请法律援助。

第三十六条　人民法院、人民检察院、公安机关办理刑事案件,发现有本法第二十五条第一款、第二十八条规定情形的,应当在三日内通知法律援助机构指派律师。法律援助机构收到通知后,应当在三日内指派律师并通知人民法院、人民检察院、公安机关。

　　第三十七条　人民法院、人民检察院、公安机关应当保障值班律师依法提供法律帮助,告知没有辩护人的犯罪嫌疑人、被告人有权约见值班律师,并依法为值班律师了解案件有关情况、阅卷、会见等提供便利。

　　第三十八条　对诉讼事项的法律援助,由申请人向办案机关所在地的法律援助机构提出申请;对非诉讼事项的法律援助,由申请人向争议处理机关所在地或者事由发生地的法律援助机构提出申请。

　　第三十九条　被羁押的犯罪嫌疑人、被告人、服刑人员,以及强制隔离戒毒人员等提出法律援助申请的,办案机关、监管场所应当在二十四小时内将申请转交法律援助机构。

　　犯罪嫌疑人、被告人通过值班律师提出代理、刑事辩护等法律援助申请的,值班律师应当在二十四小时内将申请转交法律援助机构。

　　第四十条　无民事行为能力人或者限制民事行为能力人需要法律援助的,可以由其法定代理人代为提出申请。法定代理人侵犯无民事行为能力人、限制民事行为能力人合法权益的,其他法定代理人或者近亲属可以代为提出法律援助申请。

　　被羁押的犯罪嫌疑人、被告人、服刑人员,以及强制隔离戒毒人员,可以由其法定代理人或者近亲属代为提出法律援助申请。

　　第四十一条　因经济困难申请法律援助的,申请人应当如实说明经济困难状况。

　　法律援助机构核查申请人的经济困难状况,可以通过信息共享查询,或者由申请人进行个人诚信承诺。

　　法律援助机构开展核查工作,有关部门、单位、村民委员会、居民委员会和个人应当予以配合。

　　第四十二条　法律援助申请人有材料证明属于下列人员之一的,免予核查经济困难状况:

　　(一)无固定生活来源的未成年人、老年人、残疾人等特定群体;

　　(二)社会救助、司法救助或者优抚对象;

　　(三)申请支付劳动报酬或者请求工伤事故人身损害赔偿的进城务工人员;

　　(四)法律、法规、规章规定的其他人员。

　　第四十三条　法律援助机构应当自收到法律援助申请之日起七日内进行审查,作出是否给予法律援助的决定。决定给予法律援助的,应当自作出决定之日起三日内指派法律援助人员为受援人提供法律援助;决定不给予法律援助的,应当书面告知申请人,并说明理由。

　　申请人提交的申请材料不齐全的,法律援助机构应当一次性告知申请人需要补充的材料或者要求申请人作出说明。申请人未按要求补充材料或作出说明的,视为撤回申请。

　　第四十四条　法律援助机构收到法律援助申请后,发现有下列情形之一的,可以决定先行提供法律援助:

　　(一)距法定时效或者期限届满不足七日,需要及时提起诉讼或者申请仲裁、行政复议;

　　(二)需要立即申请财产保全、证据保全或者先予执行;

　　(三)法律、法规、规章规定的其他情形。

　　法律援助机构先行提供法律援助的,受援人应当及时补办有关手续,补充有关材料。

　　第四十五条　法律援助机构为老年人、残疾人提供法律援助服务的,应当根据实际情况提供无障碍设施设备和服务。

　　法律法规对向特定群体提供法律援助有其他特别规定的,依照其规定。

　　第四十六条　法律援助人员接受指派后,无正当理由不得拒绝、拖延或者终止提供法律援助服务。

　　法律援助人员应当按照规定向受援人通报法律援助事项办理情况,不得损害受援人合法权益。

　　第四十七条　受援人应当向法律援助人员如实陈述与法律援助事项有关的情况,及时提供证据材料,协助、配合办理法律援助事项。

　　第四十八条　有下列情形之一的,法律援助机构应当作出终止法律援助的决定:

　　(一)受援人以欺骗或者其他不正当手段获得法律援助;

　　(二)受援人故意隐瞒与案件有关的重要事实或者提供虚假证据;

　　(三)受援人利用法律援助从事违法活动;

　　(四)受援人的经济状况发生变化,不再符合法律援助条件;

　　(五)案件终止审理或者已经被撤销;

　　(六)受援人自行委托律师或者其他代理人;

　　(七)受援人有正当理由要求终止法律援助;

　　(八)法律法规规定的其他情形。

法律援助人员发现有前款规定情形的,应当及时向法律援助机构报告。

第四十九条　申请人、受援人对法律援助机构不予法律援助、终止法律援助的决定有异议的,可以向设立该法律援助机构的司法行政部门提出。

司法行政部门应当自收到异议之日起五日内进行审查,作出维持法律援助机构决定或者责令法律援助机构改正的决定。

申请人、受援人对司法行政部门维持法律援助机构决定不服的,可以依法申请行政复议或者提起行政诉讼。

第五十条　法律援助事项办理结束后,法律援助人员应当及时向法律援助机构报告,提交有关法律文书的副本或者复印件、办理情况报告等材料。

第五章　保障和监督

第五十一条　国家加强法律援助信息化建设,促进司法行政部门与司法机关及其他有关部门实现信息共享和工作协同。

第五十二条　法律援助机构应当依照有关规定及时向法律援助人员支付法律援助补贴。

法律援助补贴的标准,由省、自治区、直辖市人民政府司法行政部门会同同级财政部门,根据当地经济发展水平和法律援助的服务类型、承办成本、基本劳务费用等确定,并实行动态调整。

法律援助补贴免征增值税和个人所得税。

第五十三条　人民法院应当根据情况对受援人缓收、减收或者免收诉讼费用;对法律援助人员复制相关材料等费用予以免收或者减收。

公证机构、司法鉴定机构应当对受援人减收或者免收公证费、鉴定费。

第五十四条　县级以上人民政府司法行政部门应当有计划地对法律援助人员进行培训,提高法律援助人员的专业素质和服务能力。

第五十五条　受援人有权向法律援助机构、法律援助人员了解法律援助事项办理情况;法律援助机构、法律援助人员未依法履行职责的,受援人可以向司法行政部门投诉,并可以请求法律援助机构更换法律援助人员。

第五十六条　司法行政部门应当建立法律援助工作投诉查处制度;接到投诉后,应当依照有关规定受理和调查处理,并及时向投诉人告知处理结果。

第五十七条　司法行政部门应当加强对法律援助服务的监督,制定法律援助服务质量标准,通过第三方评估等方式定期进行质量考核。

第五十八条　司法行政部门、法律援助机构应当建立法律援助信息公开制度,定期向社会公布法律援助资金使用、案件办理、质量考核结果等情况,接受社会监督。

第五十九条　法律援助机构应当综合运用庭审旁听、案卷检查、征询司法机关意见和回访受援人等措施,督促法律援助人员提升服务质量。

第六十条　律师协会应当将律师事务所、律师履行法律援助义务的情况纳入年度考核内容,对拒不履行或者怠于履行法律援助义务的律师事务所、律师,依照有关规定进行惩戒。

第六章　法律责任

第六十一条　法律援助机构及其工作人员有下列情形之一的,由设立该法律援助机构的司法行政部门责令限期改正;有违法所得的,责令退还或者没收违法所得;对直接负责的主管人员和其他直接责任人员,依法给予处分:

(一)拒绝为符合法律援助条件的人员提供法律援助,或者故意为不符合法律援助条件的人员提供法律援助;

(二)指派不符合本法规定的人员提供法律援助;

(三)收取受援人财物;

(四)从事有偿法律服务;

(五)侵占、私分、挪用法律援助经费;

(六)泄露法律援助过程中知悉的国家秘密、商业秘密和个人隐私;

(七)法律法规规定的其他情形。

第六十二条　律师事务所、基层法律服务所有下列情形之一的,由司法行政部门依法给予处罚:

(一)无正当理由拒绝接受法律援助机构指派;

(二)接受指派后,不及时安排本所律师、基层法律服务工作者办理法律援助事项或者拒绝为本所律师、基层法律服务工作者办理法律援助事项提供支持和保障;

(三)纵容或者放任本所律师、基层法律服务工作者怠于履行法律援助义务或者擅自终止提供法律援助;

(四)法律法规规定的其他情形。

第六十三条　律师、基层法律服务工作者有下列情形之一的,由司法行政部门依法给予处罚:

(一)无正当理由拒绝履行法律援助义务或者怠于履行法律援助义务;

(二)擅自终止提供法律援助;

(三)收取受援人财物;

(四)泄露法律援助过程中知悉的国家秘密、商业秘

密和个人隐私;

(五)法律法规规定的其他情形。

第六十四条　受援人以欺骗或者其他不正当手段获得法律援助的,由司法行政部门责令其支付已实施法律援助的费用,并处三千元以下罚款。

第六十五条　违反本法规定,冒用法律援助名义提供法律服务并谋取利益的,由司法行政部门责令改正,没收违法所得,并处违法所得一倍以上三倍以下罚款。

第六十六条　国家机关及其工作人员在法律援助工作中滥用职权、玩忽职守、徇私舞弊的,对直接负责的主管人员和其他直接责任人员,依法给予处分。

第六十七条　违反本法规定,构成犯罪的,依法追究刑事责任。

第七章　附　则

第六十八条　工会、共产主义青年团、妇女联合会、残疾人联合会等群团组织开展法律援助工作,参照适用本法的相关规定。

第六十九条　对外国人和无国籍人提供法律援助,我国法律有规定的,适用法律规定;我国法律没有规定的,可以根据我国缔结或者参加的国际条约,或者按照互惠原则,参照适用本法的相关规定。

第七十条　对军人军属提供法律援助的具体办法,由国务院和中央军事委员会有关部门制定。

第七十一条　本法自2022年1月1日起施行。

法律援助法实施工作办法

·2023年11月20日

第一条　为规范和促进法律援助工作,保障法律正确实施,根据《中华人民共和国法律援助法》等有关法律规定,制定本办法。

第二条　法律援助工作坚持中国共产党领导,坚持以人民为中心,尊重和保障人权,遵循公开、公平、公正的原则,实行国家保障与社会参与相结合。

第三条　司法部指导、监督全国的法律援助工作。县级以上司法行政机关指导、监督本行政区域的法律援助工作。

第四条　人民法院、人民检察院、公安机关应当在各自职责范围内保障当事人依法获得法律援助,为法律援助人员开展工作提供便利。

人民法院、人民检察院、公安机关、司法行政机关应当建立健全沟通协调机制,做好权利告知、申请转交、案件办理等方面的衔接工作,保障法律援助工作正常开展。

第五条　司法行政机关指导、监督法律援助工作,依法履行下列职责:

(一)组织贯彻法律援助法律、法规和规章等,健全法律援助制度,加强信息化建设、人员培训、普法宣传等工作;

(二)指导监督法律援助机构和法律援助工作人员,监督管理法律援助服务质量和经费使用等工作;

(三)协调推进高素质法律援助队伍建设,统筹调配法律服务资源,支持和规范社会力量参与法律援助工作;

(四)对在法律援助工作中做出突出贡献的组织、个人,按照有关规定给予表彰、奖励;

(五)受理和调查处理管辖范围内的法律援助异议、投诉和举报;

(六)建立法律援助信息公开制度,依法向社会公布法律援助相关法律法规、政策公告、案件质量监督管理情况等信息,接受社会监督;

(七)其他依法应当履行的职责。

第六条　人民法院、人民检察院、公安机关在办理案件或者相关事务中,依法履行下列职责:

(一)及时告知有关当事人有权依法申请法律援助,转交被羁押的犯罪嫌疑人、被告人提出的法律援助申请;

(二)告知没有委托辩护人,法律援助机构也没有指派律师为其提供辩护的犯罪嫌疑人、被告人有权约见值班律师,保障值班律师依法提供法律帮助;

(三)刑事案件的犯罪嫌疑人、被告人属于《中华人民共和国法律援助法》规定应当通知辩护情形的,通知法律援助机构指派符合条件的律师担任辩护人;

(四)为法律援助人员依法了解案件有关情况、阅卷、会见等提供便利;

(五)其他依法应当履行的职责。

第七条　看守所、监狱、强制隔离戒毒所等监管场所依法履行下列职责:

(一)转交被羁押的犯罪嫌疑人、被告人、服刑人员,以及强制隔离戒毒人员等提出的法律援助申请;

(二)为法律援助人员依法了解案件有关情况、会见等提供便利;

(三)其他依法应当履行的职责。

第八条　法律援助机构组织实施法律援助工作,依法履行下列职责:

(一)通过服务窗口、电话、网络等多种方式提供法

律咨询服务,提示当事人享有依法申请法律援助的权利,并告知申请法律援助的条件和程序;

(二)受理、审查法律援助申请,及时作出给予或者不给予法律援助的决定;

(三)指派或者安排法律援助人员提供符合标准的法律援助服务;

(四)支付法律援助补贴;

(五)根据工作需要设置法律援助工作站或者联络点;

(六)定期向社会公布法律援助资金使用、案件办理、质量考核工作等信息,接受社会监督;

(七)其他依法应当履行的职责。

第九条 人民法院、人民检察院、公安机关依法履行如下告知义务:

(一)公安机关、人民检察院在第一次讯问犯罪嫌疑人或者对犯罪嫌疑人采取强制措施的时候,应当告知犯罪嫌疑人有权委托辩护人,并告知其如果符合法律援助条件,本人及其近亲属可以向法律援助机构申请法律援助;

(二)人民检察院自收到移送审查起诉的案件材料之日起三日内,应当告知犯罪嫌疑人有权委托辩护人,并告知其如果符合法律援助条件,本人及其近亲属可以向法律援助机构申请法律援助,应当告知被害人及其法定代理人或者近亲属有权委托诉讼代理人,并告知其如果符合法律援助条件,可以向法律援助机构申请法律援助;

(三)人民法院自受理案件之日起三日内,应当告知案件当事人及其法定代理人或者近亲属有权依法申请法律援助;

(四)当事人不服司法机关生效裁判或者决定提出申诉或者申请再审,人民法院决定、裁定再审或者人民检察院提出抗诉的,应当自决定、裁定再审或者提出抗诉之日起三日内履行相关告知职责;

(五)犯罪嫌疑人、被告人具有《中华人民共和国法律援助法》第二十五条规定情形的,人民法院、人民检察院、公安机关应当告知其如果不委托辩护人,将依法通知法律援助机构为其指派辩护人。

第十条 告知可以采取口头或者书面方式,告知的内容应当易于被告知人理解。当面口头告知的,应当制作笔录,由被告知人签名;电话告知的,应当记录在案;书面告知的,应当将送达回执入卷。对于被告知人当场表达申请法律援助意愿的,应当记录在案。

第十一条 被羁押的犯罪嫌疑人、被告人、服刑人员,以及强制隔离戒毒人员等提出法律援助申请的,人民法院、人民检察院、公安机关及监管场所应当在收到申请后二十四小时内将申请转交法律援助机构,并于三日内通知申请人的法定代理人、近亲属或者其委托的其他人员协助向法律援助机构提供有关证件、证明等材料。因申请人原因无法通知其法定代理人、近亲属或者其委托的其他人员的,应当在转交申请时一并告知法律援助机构,法律援助机构应当做好记录。

对于犯罪嫌疑人、被告人申请法律援助的案件,法律援助机构可以向人民法院、人民检察院、公安机关了解案件办理过程中掌握的犯罪嫌疑人、被告人是否具有经济困难等法定法律援助申请条件的情况。

第十二条 人民法院、人民检察院、公安机关发现犯罪嫌疑人、被告人属于《中华人民共和国法律援助法》规定应当通知辩护情形的,应当自发现之日起三日内,通知法律援助机构指派律师。

人民法院、人民检察院、公安机关通知法律援助机构指派律师担任辩护人的,应当将法律援助通知文书、采取强制措施决定书或者起诉意见书、起诉书副本、判决书等文书材料送交法律援助机构。

法律援助通知文书应当载明犯罪嫌疑人或者被告人的姓名、涉嫌的罪名、羁押场所或者住所、通知辩护的理由和依据、办案机关联系人姓名和联系方式等。

第十三条 人民法院自受理强制医疗申请或者发现被告人符合强制医疗条件之日起三日内,对于被申请人或者被告人没有委托诉讼代理人的,应当向法律援助机构送交法律援助通知文书,通知法律援助机构指派律师担任被申请人或者被告人的诉讼代理人,为其提供法律援助。

人民检察院提出强制医疗申请的,人民法院应当将强制医疗申请书副本一并送交法律援助机构。

法律援助通知文书应当载明被申请人或者被告人的姓名、法定代理人的姓名和联系方式、办案机关及联系人姓名和联系方式。

第十四条 值班律师依法为没有辩护人的犯罪嫌疑人、被告人提供法律咨询、程序选择建议、申请变更强制措施、对案件处理提出意见等法律帮助。

人民法院、人民检察院、公安机关应当在确定的法律帮助日期前三个工作日,将法律帮助通知书送达法律援助机构,或者直接送达现场值班律师。该期间没有安排现场值班律师的,法律援助机构应当自收到法律帮助通知书之日起两个工作日内确定值班律师,并通知人民法院、人民检察院、公安机关。

第十五条 当事人以人民法院、人民检察院、公安机关给予国家司法救助的决定或者人民法院给予司法救助的决定为依据，向法律援助机构申请法律援助的，法律援助机构免予核查经济困难状况。

第十六条 法律援助机构应当自收到法律援助申请之日起七日内进行审查，作出是否给予法律援助的决定。决定给予法律援助的，应当自作出决定之日起三日内指派法律援助人员为受援人提供法律援助；决定不给予法律援助的，应当书面告知申请人，并说明理由。

法律援助机构应当自收到人民法院、人民检察院、公安机关的法律援助通知文书之日起三日内，指派律师并函告人民法院、人民检察院、公安机关，法律援助公函应当载明承办律师的姓名、所属单位及联系方式。

第十七条 法律援助人员应当遵守有关法律、法规、规章和规定，根据案件情况做好会见、阅卷、调查情况、收集证据、参加庭审、提交书面意见等工作，依法为受援人提供符合标准的法律援助服务。

第十八条 人民法院确定案件开庭日期时，应当为法律援助人员出庭预留必要的准备时间，并在开庭三日前通知法律援助人员，但法律另有规定的除外。

人民法院决定变更开庭日期的，应当在开庭三日前通知法律援助人员，但法律另有规定的除外。法律援助人员有正当理由不能按时出庭的，可以申请人民法院延期开庭。人民法院同意延期开庭的，应当及时通知法律援助人员。

第十九条 人民法院、人民检察院、公安机关对犯罪嫌疑人、被告人变更强制措施或者羁押场所的，应当及时告知承办法律援助案件的律师。

第二十条 对于刑事法律援助案件，公安机关在撤销案件或者移送审查起诉后，人民检察院在作出提起公诉、不起诉或者撤销案件决定后，人民法院在终止审理或者作出裁决后，以及公安机关、人民检察院、人民法院将案件移送其他机关办理后，应当在五日内将相关法律文书副本或者复印件送达承办法律援助案件的律师。

公安机关的起诉意见书，人民检察院的起诉书、不起诉决定书，人民法院的判决书、裁定书等法律文书，应当载明作出指派的法律援助机构名称、承办律师姓名以及所属单位等情况。

第二十一条 法律援助人员应当及时接收所承办案件的判决书、裁定书、调解书、仲裁裁决书、行政复议决定书等相关法律文书，并按规定提交结案归档材料。

第二十二条 具有《中华人民共和国法律援助法》第四十八条规定情形之一的，法律援助机构应当作出终止法律援助决定，制作终止法律援助决定书送达受援人，并自作出决定之日起三日内函告人民法院、人民检察院、公安机关。

人民法院、人民检察院、公安机关在案件办理过程中发现有前款规定情形的，应当及时函告法律援助机构。

第二十三条 被告人拒绝法律援助机构指派的律师为其辩护，坚持自己行使辩护权，人民法院依法准许的，法律援助机构应当作出终止法律援助的决定。

对于应当通知辩护的案件，犯罪嫌疑人、被告人拒绝指派的律师为其辩护的，人民法院、人民检察院、公安机关应当查明原因。理由正当的，应当准许，但犯罪嫌疑人、被告人应当在五日内另行委托辩护人；犯罪嫌疑人、被告人未另行委托辩护人的，人民法院、人民检察院、公安机关应当在三日内通知法律援助机构另行指派律师为其提供辩护。

第二十四条 法律援助人员的人身安全和职业尊严受法律保护。

对任何干涉法律援助人员履行职责的行为，法律援助人员有权拒绝，并按照规定如实记录和报告。对于侵犯法律援助人员权利的行为，法律援助人员有权提出控告。

法律援助人员因依法履行职责遭受不实举报、诬告陷害、侮辱诽谤，致使名誉受到损害的，依法追究相关单位或者个人的责任。

第二十五条 人民法院、人民检察院、公安机关、司法行政机关应当加强信息化建设，建立完善法律援助信息交换平台，实现业务协同、信息互联互通，运用现代信息技术及时准确传输交换有关法律文书，提高法律援助信息化水平，保障法律援助工作有效开展。

第二十六条 法律援助机构应当综合运用庭审旁听、案卷检查、征询司法机关意见和回访受援人等措施，督促法律援助人员提升服务质量。

人民法院、人民检察院、公安机关应当配合司法行政机关、法律援助机构做好法律援助服务质量监督相关工作，协助司法行政机关、法律援助机构调查核实投诉举报情况，回复征询意见。

第二十七条 人民法院、人民检察院、公安机关在案件办理过程中发现法律援助人员有违法违规行为的，应当及时向司法行政机关、法律援助机构通报有关情况，司法行政机关、法律援助机构应当将调查处理结果反馈通报单位。

第二十八条　国家安全机关、军队保卫部门、中国海警局、监狱办理刑事案件,除法律有特别规定的以外,适用本办法中有关公安机关的规定。

第二十九条　本办法所称法律援助人员,是指接受法律援助机构的指派或者安排,依法为经济困难公民和符合法定条件的其他当事人提供法律援助服务的律师、基层法律服务工作者、法律援助志愿者以及法律援助机构中具有律师资格或者法律职业资格的工作人员等。

第三十条　本办法自发布之日起施行。

办理法律援助案件程序规定

·2012 年 4 月 9 日司法部令第 124 号公布
·2023 年 7 月 11 日司法部令第 148 号修订

第一章　总　　则

第一条　为了规范办理法律援助案件程序,保证法律援助质量,根据《中华人民共和国法律援助法》《法律援助条例》等有关法律、行政法规的规定,制定本规定。

第二条　法律援助机构组织办理法律援助案件,律师事务所、基层法律服务所和法律援助人员承办法律援助案件,适用本规定。

本规定所称法律援助人员,是指接受法律援助机构的指派或者安排,依法为经济困难公民和符合法定条件的其他当事人提供法律援助服务的律师、基层法律服务工作者、法律援助志愿者以及法律援助机构中具有律师资格或者法律职业资格的工作人员等。

第三条　办理法律援助案件应当坚持中国共产党领导,坚持以人民为中心,尊重和保障人权,遵循公开、公平、公正的原则。

第四条　法律援助机构应当建立健全工作机制,加强信息化建设,为公民获得法律援助提供便利。

法律援助机构为老年人、残疾人提供法律援助服务的,应当根据实际情况提供无障碍设施设备和服务。

第五条　法律援助人员应当依照法律、法规及本规定,遵守有关法律服务业务规程,及时为受援人提供符合标准的法律援助服务,维护受援人的合法权益。

第六条　法律援助人员应当恪守职业道德和执业纪律,自觉接受监督,不得向受援人收取任何财物。

第七条　法律援助机构、法律援助人员对提供法律援助过程中知悉的国家秘密、商业秘密和个人隐私应当予以保密。

第二章　申请与受理

第八条　法律援助机构应当向社会公布办公地址、联系方式等信息,在接待场所和司法行政机关政府网站公示并及时更新法律援助条件、程序、申请材料目录和申请示范文本等。

第九条　法律援助机构组织法律援助人员,依照有关规定和服务规范要求提供法律咨询、代拟法律文书、值班律师法律帮助。法律援助人员在提供法律咨询、代拟法律文书、值班律师法律帮助过程中,对可能符合代理或者刑事辩护法律援助条件的,应当告知其可以依法提出申请。

第十条　对诉讼事项的法律援助,由申请人向办案机关所在地的法律援助机构提出申请;对非诉讼事项的法律援助,由申请人向争议处理机关所在地或者事由发生地的法律援助机构提出申请。

申请人就同一事项向两个以上有管辖权的法律援助机构提出申请的,由最先收到申请的法律援助机构受理。

第十一条　因经济困难申请代理、刑事辩护法律援助的,申请人应当如实提交下列材料:

(一)法律援助申请表;

(二)居民身份证或者其他有效身份证明,代为申请的还应当提交有代理权的证明;

(三)经济困难状况说明表,如有能够说明经济状况的证件或者证明材料,可以一并提供;

(四)与所申请法律援助事项有关的其他材料。

填写法律援助申请表、经济困难状况说明表确有困难的,由法律援助机构工作人员或者转交申请的机关、单位工作人员代为填写,申请人确认无误后签名或者按指印。

符合《中华人民共和国法律援助法》第三十二条规定情形的当事人申请代理、刑事辩护法律援助的,应当提交第一款第一项、第二项、第四项规定的材料。

第十二条　被羁押的犯罪嫌疑人、被告人、服刑人员以及强制隔离戒毒人员等提出法律援助申请的,可以通过办案机关或者监管场所转交申请。办案机关、监管场所应当在二十四小时内将申请材料转交法律援助机构。

犯罪嫌疑人、被告人通过值班律师提出代理、刑事辩护等法律援助申请的,值班律师应当在二十四小时内将申请材料转交法律援助机构。

第十三条　法律援助机构对申请人提出的法律援助申请,应当根据下列情况分别作出处理:

(一)申请人提交的申请材料符合规定的,应当予以受理,并向申请人出具收到申请材料的书面凭证,载明收到申请材料的名称、数量、日期等;

（二）申请人提交的申请材料不齐全,应当一次性告知申请人需要补充的全部内容,或者要求申请人作出必要的说明。申请人未按要求补充材料或者作出说明的,视为撤回申请;

（三）申请事项不属于本法律援助机构受理范围的,应当告知申请人向有管辖权的法律援助机构申请或者向有关部门申请处理。

第三章　审　查

第十四条　法律援助机构应当对法律援助申请进行审查,确定是否具备下列条件:

（一）申请人系公民或者符合法定条件的其他当事人;

（二）申请事项属于法律援助范围;

（三）符合经济困难标准或者其他法定条件。

第十五条　法律援助机构核查申请人的经济困难状况,可以通过信息共享查询,或者由申请人进行个人诚信承诺。

法律援助机构开展核查工作,可以依法向有关部门、单位、村民委员会、居民委员会或者个人核实有关情况。

第十六条　受理申请的法律援助机构需要异地核查有关情况的,可以向核查事项所在地的法律援助机构请求协作。

法律援助机构请求协作的,应当向被请求的法律援助机构发出协作函,说明基本情况、需要核查的事项、办理时限等。被请求的法律援助机构应当予以协作。因客观原因无法协作的,应当及时向请求协作的法律援助机构书面说明理由。

第十七条　法律援助机构应当自收到法律援助申请之日起七日内进行审查,作出是否给予法律援助的决定。

申请人补充材料、作出说明所需的时间,法律援助机构请求异地法律援助机构协作核查的时间,不计入审查期限。

第十八条　法律援助机构经审查,对于有下列情形之一的,应当认定申请人经济困难:

（一）申请人及与其共同生活的家庭成员符合受理的法律援助机构所在省、自治区、直辖市人民政府规定的经济困难标准的;

（二）申请事项的对方当事人是与申请人共同生活的家庭成员,申请人符合受理的法律援助机构所在省、自治区、直辖市人民政府规定的经济困难标准的;

（三）符合《中华人民共和国法律援助法》第四十二条规定,申请人所提交材料真实有效的。

第十九条　法律援助机构经审查,对符合法律援助条件的,应当决定给予法律援助,并制作给予法律援助决定书;对不符合法律援助条件的,应当决定不予法律援助,并制作不予法律援助决定书。

不予法律援助决定书应当载明不予法律援助的理由及申请人提出异议的途径和方式。

第二十条　给予法律援助决定书或者不予法律援助决定书应当发送申请人;属于《中华人民共和国法律援助法》第三十九条规定情形的,法律援助机构还应当同时函告有关办案机关、监管场所。

第二十一条　法律援助机构依据《中华人民共和国法律援助法》第四十四条规定先行提供法律援助的,受援人应当在法律援助机构要求的时限内,补办有关手续,补充有关材料。

第二十二条　申请人对法律援助机构不予法律援助的决定有异议的,应当自收到决定之日起十五日内向设立该法律援助机构的司法行政机关提出。

第二十三条　司法行政机关应当自收到异议之日起五日内进行审查,认为申请人符合法律援助条件的,应当以书面形式责令法律援助机构对该申请人提供法律援助,同时书面告知申请人;认为申请人不符合法律援助条件的,应当作出维持法律援助机构不予法律援助的决定,书面告知申请人并说明理由。

申请人对司法行政机关维持法律援助机构决定不服的,可以依法申请行政复议或者提起行政诉讼。

第四章　指　派

第二十四条　法律援助机构应当自作出给予法律援助决定之日起三日内依法指派律师事务所、基层法律服务所安排本所律师或者基层法律服务工作者,或者安排本机构具有律师资格或者法律职业资格的工作人员承办法律援助案件。

对于通知辩护或者通知代理的刑事法律援助案件,法律援助机构收到人民法院、人民检察院、公安机关要求指派律师的通知后,应当在三日内指派律师承办法律援助案件,并通知人民法院、人民检察院、公安机关。

第二十五条　法律援助机构应当根据本机构、律师事务所、基层法律服务所的人员数量、专业特长、执业经验等因素,合理指派承办机构或者安排法律援助机构工作人员承办案件。

律师事务所、基层法律服务所收到指派后,应当及时安排本所律师、基层法律服务工作者承办法律援助案件。

第二十六条　对可能被判处无期徒刑、死刑的人,以及死刑复核案件的被告人,法律援助机构收到人民法院、人民检察院、公安机关通知后,应当指派具有三年以上刑事辩护经历的律师担任辩护人。

对于未成年人刑事案件,法律援助机构收到人民法院、人民检察院、公安机关通知后,应当指派熟悉未成年人身心特点的律师担任辩护人。

第二十七条　法律援助人员所属单位应当自安排或者收到指派之日起五日内与受援人或者其法定代理人、近亲属签订委托协议和授权委托书,但因受援人原因或者其他客观原因无法按时签订的除外。

第二十八条　法律援助机构已指派律师为犯罪嫌疑人、被告人提供辩护,犯罪嫌疑人、被告人的监护人或者近亲属又代为委托辩护人,犯罪嫌疑人、被告人决定接受委托辩护的,律师应当及时向法律援助机构报告。法律援助机构按照有关规定进行处理。

第五章　承　办

第二十九条　律师承办刑事辩护法律援助案件,应当依法及时会见犯罪嫌疑人、被告人,了解案件情况并制作笔录。笔录应当经犯罪嫌疑人、被告人确认无误后签名或者按指印。犯罪嫌疑人、被告人无阅读能力的,律师应当向犯罪嫌疑人、被告人宣读笔录,并在笔录上载明。

对于通知辩护的案件,律师应当在首次会见犯罪嫌疑人、被告人时,询问是否同意为其辩护,并记录在案。犯罪嫌疑人、被告人不同意的,律师应当书面告知人民法院、人民检察院、公安机关和法律援助机构。

第三十条　法律援助人员承办刑事代理、民事、行政等法律援助案件,应当约见受援人或者其法定代理人、近亲属,了解案件情况并制作笔录,但因受援人原因无法按时约见的除外。

法律援助人员首次约见受援人或者其法定代理人、近亲属时,应当告知下列事项:

(一)法律援助人员的代理职责;

(二)发现受援人可能符合司法救助条件的,告知其申请方式和途径;

(三)本案主要诉讼风险及法律后果;

(四)受援人在诉讼中的权利和义务。

第三十一条　法律援助人员承办案件,可以根据需要依法向有关单位或者个人调查与承办案件有关的情况,收集与承办案件有关的材料,并可以根据需要请求法律援助机构出具必要的证明文件或者与有关机关、单位进行协调。

法律援助人员认为需要异地调查情况、收集材料的,可以向作出指派或者安排的法律援助机构报告。法律援

助机构可以按照本规定第十六条向调查事项所在地的法律援助机构请求协作。

第三十二条　法律援助人员可以帮助受援人通过和解、调解及其他非诉讼方式解决纠纷,依法最大限度维护受援人合法权益。

法律援助人员代理受援人以和解或者调解方式解决纠纷的,应当征得受援人同意。

第三十三条　对处于侦查、审查起诉阶段的刑事辩护法律援助案件,承办律师应当积极履行辩护职责,在办案期限内依法完成会见、阅卷,并根据案情提出辩护意见。

第三十四条　对于开庭审理的案件,法律援助人员应当做好开庭前准备;庭审中充分发表意见、举证、质证;庭审结束后,应当向人民法院或者劳动人事争议仲裁机构提交书面法律意见。

对于不开庭审理的案件,法律援助人员应当在会见或者约见受援人、查阅案卷材料、了解案件主要事实后,及时向人民法院提交书面法律意见。

第三十五条　法律援助人员应当向受援人通报案件办理情况,答复受援人询问,并制作通报情况记录。

第三十六条　法律援助人员应当按照法律援助机构要求报告案件承办情况。

法律援助案件有下列情形之一的,法律援助人员应当向法律援助机构报告:

(一)主要证据认定、适用法律等方面存在重大疑义的;

(二)涉及群体性事件的;

(三)有重大社会影响的;

(四)其他复杂、疑难情形。

第三十七条　受援人有证据证明法律援助人员未依法履行职责的,可以请求法律援助机构更换法律援助人员。

法律援助机构应当自受援人申请更换之日起五日内决定是否更换。决定更换的,应当另行指派或者安排人员承办。对犯罪嫌疑人、被告人具有应当通知辩护情形,人民法院、人民检察院、公安机关决定为其另行通知辩护的,法律援助机构应当另行指派或者安排人员承办。法律援助机构应当及时将变更情况通知办案机关。

更换法律援助人员的,原法律援助人员所属单位应当与受援人解除或者变更委托协议和授权委托书,原法律援助人员应当与更换后的法律援助人员办理案件材料移交手续。

第三十八条　法律援助人员在承办案件过程中,发

现与本案存在利害关系或者因客观原因无法继续承办案件的,应当向法律援助机构报告。法律援助机构认为需要更换法律援助人员的,按照本规定第三十七条办理。

第三十九条　存在《中华人民共和国法律援助法》第四十八条规定情形,法律援助机构决定终止法律援助的,应当制作终止法律援助决定书,并于三日内,发送受援人、通知法律援助人员所属单位并函告办案机关。

受援人对法律援助机构终止法律援助的决定有异议的,按照本规定第二十二条、第二十三条办理。

第四十条　法律援助案件办理结束后,法律援助人员应当及时向法律援助机构报告,并自结案之日起三十日内向法律援助机构提交结案归档材料。

刑事诉讼案件侦查阶段应以承办律师收到起诉意见书或撤销案件的相关法律文书之日为结案日;审查起诉阶段应以承办律师收到起诉书或不起诉决定书之日为结案日;审判阶段应以承办律师收到判决书、裁定书、调解书之日为结案日。其他诉讼案件以法律援助人员收到判决书、裁定书、调解书之日为结案日。劳动争议仲裁案件或者行政复议案件以法律援助人员收到仲裁裁决书、行政复议决定书之日为结案日。其他非诉讼法律事务以受援人与对方当事人达成和解、调解协议之日为结案日。无相关文书的,以义务人开始履行义务之日为结案日。法律援助机构终止法律援助的,以法律援助人员所属单位收到终止法律援助决定书之日为结案日。

第四十一条　法律援助机构应当自收到法律援助人员提交的结案归档材料之日起三十日内进行审查。对于结案归档材料齐全规范的,应当及时向法律援助人员支付法律援助补贴。

第四十二条　法律援助机构应当对法律援助案件申请、审查、指派等材料以及法律援助人员提交的结案归档材料进行整理,一案一卷,统一归档管理。

第六章　附　则

第四十三条　法律援助机构、律师事务所、基层法律服务所和法律援助人员从事法律援助活动违反本规定的,依照《中华人民共和国法律援助法》《中华人民共和国律师法》《法律援助条例》《律师和律师事务所违法行为处罚办法》等法律、法规和规章的规定追究法律责任。

第四十四条　本规定中期间开始的日,不算在期间以内。期间的最后一日是节假日的,以节假日后的第一日为期满日期。

第四十五条　法律援助文书格式由司法部统一规定。

第四十六条　本规定自 2023 年 9 月 1 日起施行。

司法部 2012 年 4 月 9 日公布的《办理法律援助案件程序规定》(司法部令第 124 号)同时废止。

最高人民法院、最高人民检察院、公安部、司法部关于刑事诉讼法律援助工作的规定

· 2013 年 2 月 4 日
· 司发通〔2013〕18 号

第一条　为加强和规范刑事诉讼法律援助工作,根据《中华人民共和国刑事诉讼法》、《中华人民共和国律师法》、《法律援助条例》以及其他相关规定,结合法律援助工作实际,制定本规定。

第二条　犯罪嫌疑人、被告人因经济困难没有委托辩护人的,本人及其近亲属可以向办理案件的公安机关、人民检察院、人民法院所在地同级司法行政机关所属法律援助机构申请法律援助。

具有下列情形之一,犯罪嫌疑人、被告人没有委托辩护人的,可以依照前款规定申请法律援助:

(一)有证据证明犯罪嫌疑人、被告人属于一级或者二级智力残疾的;

(二)共同犯罪案件中,其他犯罪嫌疑人、被告人已委托辩护人的;

(三)人民检察院抗诉的;

(四)案件具有重大社会影响的。

第三条　公诉案件中的被害人及其法定代理人或者近亲属,自诉案件中的自诉人及其法定代理人,因经济困难没有委托诉讼代理人的,可以向办理案件的人民检察院、人民法院所在地同级司法行政机关所属法律援助机构申请法律援助。

第四条　公民经济困难的标准,按案件受理地所在的省、自治区、直辖市人民政府的规定执行。

第五条　公安机关、人民检察院在第一次讯问犯罪嫌疑人或者采取强制措施的时候,应当告知犯罪嫌疑人有权委托辩护人,并告知其如果符合本规定第二条规定,本人及其近亲属可以向法律援助机构申请法律援助。

人民检察院自收到移送审查起诉的案件材料之日起 3 日内,应当告知犯罪嫌疑人有权委托辩护人,并告知其如果符合本规定第二条规定,本人及其近亲属可以向法律援助机构申请法律援助;应当告知被害人及其法定代理人或者近亲属有权委托诉讼代理人,并告知其如果经济困难,可以向法律援助机构申请法律援助。

人民法院自受理案件之日起 3 日内,应当告知被告

人有权委托辩护人,并告知其如果符合本规定第二条规定,本人及其近亲属可以向法律援助机构申请法律援助;应当告知自诉人及其法定代理人有权委托诉讼代理人,并告知其如果经济困难,可以向法律援助机构申请法律援助。人民法院决定再审的案件,应当自决定再审之日起 3 日内履行相关告知职责。

犯罪嫌疑人、被告人具有本规定第九条规定情形的,公安机关、人民检察院、人民法院应当告知其如果不委托辩护人,将依法通知法律援助机构指派律师为其提供辩护。

第六条 告知可以采取口头或者书面方式,告知的内容应当易于被告知人理解。口头告知的,应当制作笔录,由被告知人签名;书面告知的,应当将送达回执入卷。对于被告知人当场表达申请法律援助意愿的,应当记录在案。

第七条 被羁押的犯罪嫌疑人、被告人提出法律援助申请的,公安机关、人民检察院、人民法院应当在收到申请24 小时内将其申请转交或者告知法律援助机构,并于 3 日内通知申请人的法定代理人、近亲属或者其委托的其他人员协助向法律援助机构提供有关证件、证明等相关材料。犯罪嫌疑人、被告人的法定代理人或者近亲属无法通知的,应当在转交申请时一并告知法律援助机构。

第八条 法律援助机构收到申请后应当及时进行审查并于 7 日内作出决定。对符合法律援助条件的,应当决定给予法律援助,并制作给予法律援助决定书;对不符合法律援助条件的,应当决定不予法律援助,制作不予法律援助决定书。给予法律援助决定书和不予法律援助决定书应当及时发送申请人,并函告公安机关、人民检察院、人民法院。

对于犯罪嫌疑人、被告人申请法律援助的案件,法律援助机构可以向公安机关、人民检察院、人民法院了解案件办理过程中掌握的犯罪嫌疑人、被告人是否具有本规定第二条规定情形等情况。

第九条 犯罪嫌疑人、被告人具有下列情形之一没有委托辩护人的,公安机关、人民检察院、人民法院应当自发现该情形之日起 3 日内,通知所在地同级司法行政机关所属法律援助机构指派律师为其提供辩护:

(一)未成年人;

(二)盲、聋、哑人;

(三)尚未完全丧失辨认或者控制自己行为能力的精神病人;

(四)可能被判处无期徒刑、死刑的人。

第十条 公安机关、人民检察院、人民法院通知辩护的,应当将通知辩护公函和采取强制措施决定书、起诉意见书、起诉书、判决书副本或者复印件送交法律援助机构。

通知辩护公函应当载明犯罪嫌疑人或者被告人的姓名、涉嫌的罪名、羁押场所或者住所、通知辩护的理由、办案机关联系人姓名和联系方式等。

第十一条 人民法院自受理强制医疗申请或者发现被告人符合强制医疗条件之日起 3 日内,对于被申请人或者被告人没有委托诉讼代理人的,应当向法律援助机构送交通知代理公函,通知其指派律师担任被申请人或被告人的诉讼代理人,为其提供法律帮助。

人民检察院申请强制医疗的,人民法院应当将强制医疗申请书副本一并送交法律援助机构。

通知代理公函应当载明被申请人或者被告人的姓名、法定代理人的姓名和联系方式、办案机关联系人姓名和联系方式。

第十二条 法律援助机构应当自作出给予法律援助决定或者自收到通知辩护公函、通知代理公函之日起 3 日内,确定承办律师并函告公安机关、人民检察院、人民法院。

法律援助机构出具的法律援助公函应当载明承办律师的姓名、所属单位及联系方式。

第十三条 对于可能被判处无期徒刑、死刑的案件,法律援助机构应当指派具有一定年限刑事辩护执业经历的律师担任辩护人。

对于未成年人案件,应当指派熟悉未成年人身心特点的律师担任辩护人。

第十四条 承办律师接受法律援助机构指派后,应当按照有关规定及时办理委托手续。

承办律师应当在首次会见犯罪嫌疑人、被告人时,询问是否同意为其辩护,并制作笔录。犯罪嫌疑人、被告人不同意的,律师应当书面告知公安机关、人民检察院、人民法院和法律援助机构。

第十五条 对于依申请提供法律援助的案件,犯罪嫌疑人、被告人坚持自己辩护,拒绝法律援助机构指派的律师为其辩护的,法律援助机构应当准许,并作出终止法律援助的决定;对于有正当理由要求更换律师的,法律援助机构应当另行指派律师为其提供辩护。

对于应当通知辩护的案件,犯罪嫌疑人、被告人拒绝法律援助机构指派的律师为其辩护的,公安机关、人民检察院、人民法院应当查明拒绝的原因,有正当理由的,应当准许,同时告知犯罪嫌疑人、被告人需另行委托辩护人。犯罪嫌疑人、被告人未另行委托辩护人的，公安机关、人民检察院、人民法院应当及时通知法律援助机构另行指派律师为其提供辩护。

第十六条　人民检察院审查批准逮捕时，认为犯罪嫌疑人具有应当通知辩护的情形，公安机关未通知法律援助机构指派律师的，应当通知公安机关予以纠正，公安机关应当将纠正情况通知人民检察院。

第十七条　在案件侦查终结前，承办律师提出要求的，侦查机关应当听取其意见，并记录在案。承办律师提出书面意见的，应当附卷。

第十八条　人民法院决定变更开庭时间的，应当在开庭3日前通知承办律师。承办律师有正当理由不能按时出庭的，可以申请人民法院延期开庭。人民法院同意延期开庭的，应当及时通知承办律师。

第十九条　人民法院决定不开庭审理的案件，承办律师应当在接到人民法院不开庭通知之日起10日内向人民法院提交书面辩护意见。

第二十条　人民检察院、人民法院应当对承办律师复制案卷材料的费用予以免收或者减收。

第二十一条　公安机关在撤销案件或者移送审查起诉后，人民检察院在作出提起公诉、不起诉或者撤销案件决定后，人民法院在终止审理或者作出裁决后，以及公安机关、人民检察院、人民法院将案件移送其他机关办理后，应当在5日内将相关法律文书副本或者复印件送达承办律师，或者书面告知承办律师。

公安机关的起诉意见书，人民检察院的起诉书、不起诉决定书，人民法院的判决书、裁定书等法律文书，应当载明作出指派的法律援助机构名称、承办律师姓名以及所属单位等情况。

第二十二条　具有下列情形之一的，法律援助机构应当作出终止法律援助决定，制作终止法律援助决定书发送受援人，并自作出决定之日起3日内函告公安机关、人民检察院、人民法院：

（一）受援人的经济收入状况发生变化，不再符合法律援助条件的；

（二）案件终止办理或者已被撤销的；

（三）受援人自行委托辩护人或者代理人的；

（四）受援人要求终止法律援助的，但应当通知辩护的情形除外；

（五）法律、法规规定应当终止的其他情形。

公安机关、人民检察院、人民法院在案件办理过程中发现有前款规定情形的，应当及时函告法律援助机构。

第二十三条　申请人对法律援助机构不予援助的决定有异议的，可以向主管该法律援助机构的司法行政机关提出。司法行政机关应当在收到异议之日起5个工作日内进行审查，经审查认为申请人符合法律援助条件的，应当以书面形式责令法律援助机构及时对该申请人提供法律援助，同时通知申请人；认为申请人不符合法律援助条件的，应当维持法律援助机构不予援助的决定，并书面告知申请人。

受援人对法律援助机构终止法律援助的决定有异议的，按照前款规定办理。

第二十四条　犯罪嫌疑人、被告人及其近亲属、法定代理人，强制医疗案件中的被申请人、被告人的法定代理人认为公安机关、人民检察院、人民法院应当告知其可以向法律援助机构申请法律援助而没有告知，或者应当通知法律援助机构指派律师为其提供辩护或者诉讼代理而没有通知的，有权向同级或者上一级人民检察院申诉或者控告。人民检察院应当对申诉或者控告及时进行审查，情况属实的，通知有关机关予以纠正。

第二十五条　律师应当遵守有关法律法规和法律援助业务规程，做好会见、阅卷、调查取证、解答咨询、参加庭审等工作，依法为受援人提供法律服务。

律师事务所应当对律师办理法律援助案件进行业务指导，督促律师在办案过程中尽职尽责，恪守职业道德和执业纪律。

第二十六条　法律援助机构依法对律师事务所、律师开展法律援助活动进行指导监督，确保办案质量。

司法行政机关和律师协会根据律师事务所、律师履行法律援助义务情况实施奖励和惩戒。

公安机关、人民检察院、人民法院在案件办理过程中发现律师有违法或者违反职业道德和执业纪律行为，损害受援人利益的，应当及时向法律援助机构通报有关情况。

第二十七条　公安机关、人民检察院、人民法院和司法行政机关应当加强协调，建立健全工作机制，做好法律援助咨询、申请转交、组织实施等方面的衔接工作，促进刑事法律援助工作有效开展。

第二十八条　本规定自2013年3月1日起施行。2005年9月28日最高人民法院、最高人民检察院、公安部、司法部下发的《关于刑事诉讼法律援助工作的规定》同时废止。

四、证　据

1. 鉴　定

全国人民代表大会常务委员会
关于司法鉴定管理问题的决定

· 2005 年 2 月 28 日第十届全国人民代表大会常务委员会第十四次会议通过

· 根据 2015 年 4 月 24 日第十二届全国人民代表大会常务委员会第十四次会议《关于修改〈中华人民共和国义务教育法〉等五部法律的决定》修正

为了加强对鉴定人和鉴定机构的管理,适应司法机关和公民、组织进行诉讼的需要,保障诉讼活动的顺利进行,特作如下决定:

一、司法鉴定是指在诉讼活动中鉴定人运用科学技术或者专门知识对诉讼涉及的专门性问题进行鉴别和判断并提供鉴定意见的活动。

二、国家对从事下列司法鉴定业务的鉴定人和鉴定机构实行登记管理制度:

（一）法医类鉴定;

（二）物证类鉴定;

（三）声像资料鉴定;

（四）根据诉讼需要由国务院司法行政部门商最高人民法院、最高人民检察院确定的其他应当对鉴定人和鉴定机构实行登记管理的鉴定事项。

法律对前款规定事项的鉴定人和鉴定机构的管理另有规定的,从其规定。

三、国务院司法行政部门主管全国鉴定人和鉴定机构的登记管理工作。省级人民政府司法行政部门依照本决定的规定,负责对鉴定人和鉴定机构的登记、名册编制和公告。

四、具备下列条件之一的人员,可以申请登记从事司法鉴定业务:

（一）具有与所申请从事的司法鉴定业务相关的高级专业技术职称;

（二）具有与所申请从事的司法鉴定业务相关的专业执业资格或者高等院校相关专业本科以上学历,从事

相关工作 5 年以上;

（三）具有与所申请从事的司法鉴定业务相关工作 10 年以上经历,具有较强的专业技能。

因故意犯罪或者职务过失犯罪受过刑事处罚的,受过开除公职处分的,以及被撤销鉴定人登记的人员,不得从事司法鉴定业务。

五、法人或者其他组织申请从事司法鉴定业务的,应当具备下列条件:

（一）有明确的业务范围;

（二）有在业务范围内进行司法鉴定所必需的仪器、设备;

（三）有在业务范围内进行司法鉴定所必需的依法通过计量认证或者实验室认可的检测实验室;

（四）每项司法鉴定业务有 3 名以上鉴定人。

六、申请从事司法鉴定业务的个人、法人或者其他组织,由省级人民政府司法行政部门审核,对符合条件的予以登记,编入鉴定人和鉴定机构名册并公告。

省级人民政府司法行政部门应当根据鉴定人或者鉴定机构的增加和撤销登记情况,定期更新所编制的鉴定人和鉴定机构名册并公告。

七、侦查机关根据侦查工作的需要设立的鉴定机构,不得面向社会接受委托从事司法鉴定业务。

人民法院和司法行政部门不得设立鉴定机构。

八、各鉴定机构之间没有隶属关系;鉴定机构接受委托从事司法鉴定业务,不受地域范围的限制。

鉴定人应当在一个鉴定机构中从事司法鉴定业务。

九、在诉讼中,对本决定第二条所规定的鉴定事项发生争议,需要鉴定的,应当委托列入鉴定人名册的鉴定人进行鉴定。鉴定人从事司法鉴定业务,由所在的鉴定机构统一接受委托。

鉴定人和鉴定机构应当在鉴定人和鉴定机构名册注明的业务范围内从事司法鉴定业务。

鉴定人应当依照诉讼法律规定实行回避。

十、司法鉴定实行鉴定人负责制度。鉴定人应当独立进行鉴定,对鉴定意见负责并在鉴定书上签名或者盖章。多人参加的鉴定,对鉴定意见有不同意见的,应当注明。

十一、在诉讼中，当事人对鉴定意见有异议的，经人民法院依法通知，鉴定人应当出庭作证。

十二、鉴定人和鉴定机构从事司法鉴定业务，应当遵守法律、法规，遵守职业道德和职业纪律，尊重科学，遵守技术操作规范。

十三、鉴定人或者鉴定机构有违反本决定规定行为的，由省级人民政府司法行政部门予以警告，责令改正。

鉴定人或者鉴定机构有下列情形之一的，由省级人民政府司法行政部门给予停止从事司法鉴定业务3个月以上1年以下的处罚；情节严重的，撤销登记：

（一）因严重不负责任给当事人合法权益造成重大损失的；

（二）提供虚假证明文件或者采取其他欺诈手段，骗取登记的；

（三）经人民法院依法通知，拒绝出庭作证的；

（四）法律、行政法规规定的其他情形。

鉴定人故意作虚假鉴定，构成犯罪的，依法追究刑事责任；尚不构成犯罪的，依照前款规定处罚。

十四、司法行政部门在鉴定人和鉴定机构的登记管理工作中，应当严格依法办事，积极推进司法鉴定的规范化、法制化。对于滥用职权、玩忽职守，造成严重后果的直接责任人员，应当追究相应的法律责任。

十五、司法鉴定的收费标准由省、自治区、直辖市人民政府价格主管部门会同同级司法行政部门制定。

十六、对鉴定人和鉴定机构进行登记、名册编制和公告的具体办法，由国务院司法行政部门制定，报国务院批准。

十七、本决定下列用语的含义是：

（一）法医类鉴定，包括法医病理鉴定、法医临床鉴定、法医精神病鉴定、法医物证鉴定和法医毒物鉴定。

（二）物证类鉴定，包括文书鉴定、痕迹鉴定和微量鉴定。

（三）声像资料鉴定，包括对录音带、录像带、磁盘、光盘、图片等载体上记录的声音、图像信息的真实性、完整性及其所反映的情况过程进行的鉴定和对记录的声音、图像中的语言、人体、物体作出种类或者同一认定。

十八、本决定自2005年10月1日起施行。

司法鉴定程序通则

· 2016年3月2日司法部令第132号公布
· 自2016年5月1日起施行

第一章　总　则

第一条　为了规范司法鉴定机构和司法鉴定人的司法鉴定活动，保障司法鉴定质量，保障诉讼活动的顺利进行，根据《全国人民代表大会常务委员会关于司法鉴定管理问题的决定》和有关法律、法规的规定，制定本通则。

第二条　司法鉴定是指在诉讼活动中鉴定人运用科学技术或者专门知识对诉讼涉及的专门性问题进行鉴别和判断并提供鉴定意见的活动。司法鉴定程序是指司法鉴定机构和司法鉴定人进行司法鉴定活动的方式、步骤以及相关规则的总称。

第三条　本通则适用于司法鉴定机构和司法鉴定人从事各类司法鉴定业务的活动。

第四条　司法鉴定机构和司法鉴定人进行司法鉴定活动，应当遵守法律、法规、规章，遵守职业道德和执业纪律，尊重科学，遵守技术操作规范。

第五条　司法鉴定实行鉴定人负责制度。司法鉴定人应当依法独立、客观、公正地进行鉴定，并对自己作出的鉴定意见负责。司法鉴定人不得违反规定会见诉讼当事人及其委托的人。

第六条　司法鉴定机构和司法鉴定人应当保守在执业活动中知悉的国家秘密、商业秘密，不得泄露个人隐私。

第七条　司法鉴定人在执业活动中应当依照有关诉讼法律和本通则规定实行回避。

第八条　司法鉴定收费执行国家有关规定。

第九条　司法鉴定机构和司法鉴定人进行司法鉴定活动应当依法接受监督。对于有违反有关法律、法规、规章规定行为的，由司法行政机关依法给予相应的行政处罚；对于有违反司法鉴定行业规范行为的，由司法鉴定协会给予相应的行业处分。

第十条　司法鉴定机构应当加强对司法鉴定人执业活动的管理和监督。司法鉴定人违反本通则规定的，司法鉴定机构应当予以纠正。

第二章　司法鉴定的委托与受理

第十一条　司法鉴定机构应当统一受理办案机关的司法鉴定委托。

第十二条　委托人委托鉴定的，应当向司法鉴定机构提供真实、完整、充分的鉴定材料，并对鉴定材料的真实性、合法性负责。司法鉴定机构应当核对并记录鉴定材料的名称、种类、数量、性状、保存状况、收到时间等。

诉讼当事人对鉴定材料有异议的，应当向委托人提出。

本通则所称鉴定材料包括生物检材和非生物检材、比对样本材料以及其他与鉴定事项有关的鉴定资料。

第十三条 司法鉴定机构应当自收到委托之日起七个工作日内作出是否受理的决定。对于复杂、疑难或者特殊鉴定事项的委托，司法鉴定机构可以与委托人协商决定受理的时间。

第十四条 司法鉴定机构应当对委托鉴定事项、鉴定材料等进行审查。对属于本机构司法鉴定业务范围，鉴定用途合法，提供的鉴定材料能够满足鉴定需要的，应当受理。

对于鉴定材料不完整、不充分，不能满足鉴定需要的，司法鉴定机构可以要求委托人补充；经补充后能够满足鉴定需要的，应当受理。

第十五条 具有下列情形之一的鉴定委托，司法鉴定机构不得受理：

（一）委托鉴定事项超出本机构司法鉴定业务范围的；

（二）发现鉴定材料不真实、不完整、不充分或者取得方式不合法的；

（三）鉴定用途不合法或者违背社会公德的；

（四）鉴定要求不符合司法鉴定执业规则或者相关鉴定技术规范的；

（五）鉴定要求超出本机构技术条件或者鉴定能力的；

（六）委托人就同一鉴定事项同时委托其他司法鉴定机构进行鉴定的；

（七）其他不符合法律、法规、规章规定的情形。

第十六条 司法鉴定机构决定受理鉴定委托的，应当与委托人签订司法鉴定委托书。司法鉴定委托书应当载明委托人名称、司法鉴定机构名称、委托鉴定事项、是否属于重新鉴定、鉴定用途、与鉴定有关的基本案情、鉴定材料的提供和退还、鉴定风险，以及双方商定的鉴定时限、鉴定费用及收取方式、双方权利义务等其他需要载明的事项。

第十七条 司法鉴定机构决定不予受理鉴定委托的，应当向委托人说明理由，退还鉴定材料。

第三章　司法鉴定的实施

第十八条 司法鉴定机构受理鉴定委托后，应当指定本机构具有该鉴定事项执业资格的司法鉴定人进行鉴定。

委托人有特殊要求的，经双方协商一致，也可以从本机构中选择符合条件的司法鉴定人进行鉴定。

委托人不得要求或者暗示司法鉴定机构、司法鉴定人按其意图或者特定目的提供鉴定意见。

第十九条 司法鉴定机构对同一鉴定事项，应当指定或者选择二名司法鉴定人进行鉴定；对复杂、疑难或者特殊鉴定事项，可以指定或者选择多名司法鉴定人进行鉴定。

第二十条 司法鉴定人本人或者其近亲属与诉讼当事人、鉴定事项涉及的案件有利害关系，可能影响其独立、客观、公正进行鉴定的，应当回避。

司法鉴定人曾经参加过同一鉴定事项鉴定的，或者曾经作为专家提供过咨询意见的，或者曾被聘请为有专门知识的人参与过同一鉴定事项法庭质证的，应当回避。

第二十一条 司法鉴定人自行提出回避的，由其所属的司法鉴定机构决定；委托人要求司法鉴定人回避的，应当向该司法鉴定人所属的司法鉴定机构提出，由司法鉴定机构决定。

委托人对司法鉴定机构作出的司法鉴定人是否回避的决定有异议的，可以撤销鉴定委托。

第二十二条 司法鉴定机构应当建立鉴定材料管理制度，严格监控鉴定材料的接收、保管、使用和退还。

司法鉴定机构和司法鉴定人在鉴定过程中应当严格依照技术规范保管和使用鉴定材料，因严重不负责任造成鉴定材料损毁、遗失的，应当依法承担责任。

第二十三条 司法鉴定人进行鉴定，应当依下列顺序遵守和采用该专业领域的技术标准、技术规范和技术方法：

（一）国家标准；

（二）行业标准和技术规范；

（三）该专业领域多数专家认可的技术方法。

第二十四条 司法鉴定人有权了解进行鉴定所需要的案件材料，可以查阅、复制相关资料，必要时可以询问诉讼当事人、证人。

经委托人同意，司法鉴定机构可以派员到现场提取鉴定材料。现场提取鉴定材料应当由不少于二名司法鉴定机构的工作人员进行，其中至少一名应为该鉴定事项的司法鉴定人。现场提取鉴定材料时，应当有委托人指派或者委托的人员在场见证并在提取记录上签名。

第二十五条 鉴定过程中，需要对无民事行为能力人或者限制民事行为能力人进行身体检查的，应当通知其监护人或者近亲属到场见证；必要时，可以通知委托人到场见证。

对被鉴定人进行法医精神病鉴定的，应当通知委托人或者被鉴定人的近亲属或者监护人到场见证。

对需要进行尸体解剖的，应当通知委托人或者死者的近亲属或者监护人到场见证。

到场见证人员应当在鉴定记录上签名。见证人员未到场的,司法鉴定人不得开展相关鉴定活动,延误时间不计入鉴定时限。

第二十六条　鉴定过程中,需要对被鉴定人身体进行法医临床检查的,应当采取必要措施保护其隐私。

第二十七条　司法鉴定人应当对鉴定过程进行实时记录并签名。记录可以采取笔记、录音、录像、拍照等方式。记录应当载明主要的鉴定方法和过程,检查、检验、检测结果,以及仪器设备使用情况等。记录的内容应当真实、客观、准确、完整、清晰,记录的文本资料、音像资料等应当存入鉴定档案。

第二十八条　司法鉴定机构应当自司法鉴定委托书生效之日起三十个工作日内完成鉴定。

鉴定事项涉及复杂、疑难、特殊技术问题或者鉴定过程需要较长时间的,经本机构负责人批准,完成鉴定的时限可以延长,延长时限一般不得超过三十个工作日。鉴定时限延长的,应当及时告知委托人。

司法鉴定机构与委托人对鉴定时限另有约定的,从其约定。

在鉴定过程中补充或者重新提取鉴定材料所需的时间,不计入鉴定时限。

第二十九条　司法鉴定机构在鉴定过程中,有下列情形之一的,可以终止鉴定:

(一)发现有本通则第十五条第二项至第七项规定情形的;

(二)鉴定材料发生耗损,委托人不能补充提供的;

(三)委托人拒不履行司法鉴定委托书规定的义务、被鉴定人拒不配合或者鉴定活动受到严重干扰,致使鉴定无法继续进行的;

(四)委托人主动撤销鉴定委托,或者委托人、诉讼当事人拒绝支付鉴定费用的;

(五)因不可抗力致使鉴定无法继续进行的;

(六)其他需要终止鉴定的情形。

终止鉴定的,司法鉴定机构应当书面通知委托人,说明理由并退还鉴定材料。

第三十条　有下列情形之一的,司法鉴定机构可以根据委托人的要求进行补充鉴定:

(一)原委托鉴定事项有遗漏的;

(二)委托人就原委托鉴定事项提供新的鉴定材料的;

(三)其他需要补充鉴定的情形。

补充鉴定是原委托鉴定的组成部分,应当由原司法鉴定人进行。

第三十一条　有下列情形之一的,司法鉴定机构可以接受办案机关委托进行重新鉴定:

(一)原司法鉴定人不具有从事委托鉴定事项执业资格的;

(二)原司法鉴定机构超出登记的业务范围组织鉴定的;

(三)原司法鉴定人应当回避没有回避的;

(四)办案机关认为需要重新鉴定的;

(五)法律规定的其他情形。

第三十二条　重新鉴定应当委托原司法鉴定机构以外的其他司法鉴定机构进行;因特殊原因,委托人也可以委托原司法鉴定机构进行,但原司法鉴定机构应当指定原司法鉴定人以外的其他符合条件的司法鉴定人进行。

接受重新鉴定委托的司法鉴定机构的资质条件应当不低于原司法鉴定机构,进行重新鉴定的司法鉴定人中应当至少有一名具有相关专业高级专业技术职称。

第三十三条　鉴定过程中,涉及复杂、疑难、特殊技术问题的,可以向本机构以外的相关专业领域的专家进行咨询,但最终的鉴定意见应当由本机构的司法鉴定人出具。

专家提供咨询意见应当签名,并存入鉴定档案。

第三十四条　对于涉及重大案件或者特别复杂、疑难、特殊技术问题或者多个鉴定类别的鉴定事项,办案机关可以委托司法鉴定行业协会组织协调多个司法鉴定机构进行鉴定。

第三十五条　司法鉴定人完成鉴定后,司法鉴定机构应当指定具有相应资质的人员对鉴定程序和鉴定意见进行复核;对于涉及复杂、疑难、特殊技术问题或者重新鉴定的鉴定事项,可以组织三名以上的专家进行复核。

复核人员完成复核后,应当提出复核意见并签名,存入鉴定档案。

第四章　司法鉴定意见书的出具

第三十六条　司法鉴定机构和司法鉴定人应当按照统一规定的文本格式制作司法鉴定意见书。

第三十七条　司法鉴定意见书应当由司法鉴定人签名。多人参加的鉴定,对鉴定意见有不同意见的,应当注明。

第三十八条　司法鉴定意见书应当加盖司法鉴定机构的司法鉴定专用章。

第三十九条　司法鉴定意见书应当一式四份,三份交委托人收执,一份由司法鉴定机构存档。司法鉴定机构应当按照有关规定或者与委托人约定的方式,向委托人发送司法鉴定意见书。

第四十条　委托人对鉴定过程、鉴定意见提出询问的,司法鉴定机构和司法鉴定人应当给予解释或者说明。

第四十一条　司法鉴定意见书出具后,发现有下列情形之一的,司法鉴定机构可以进行补正:

(一)图像、谱图、表格不清晰的;

(二)签名、盖章或者编号不符合制作要求的;

(三)文字表达有瑕疵或者错别字,但不影响司法鉴定意见的。

补正应当在原司法鉴定意见书上进行,由至少一名司法鉴定人在补正处签名。必要时,可以出具补正书。

对司法鉴定意见书进行补正,不得改变司法鉴定意见的原意。

第四十二条　司法鉴定机构应当按照规定将司法鉴定意见书以及有关资料整理立卷、归档保管。

第五章　司法鉴定人出庭作证

第四十三条　经人民法院依法通知,司法鉴定人应当出庭作证,回答与鉴定事项有关的问题。

第四十四条　司法鉴定机构接到出庭通知后,应当及时与人民法院确认司法鉴定人出庭的时间、地点、人数、费用、要求等。

第四十五条　司法鉴定机构应当支持司法鉴定人出庭作证,为司法鉴定人依法出庭提供必要条件。

第四十六条　司法鉴定人出庭作证,应当举止文明,遵守法庭纪律。

第六章　附　则

第四十七条　本通则是司法鉴定机构和司法鉴定人进行司法鉴定活动应当遵守和采用的一般程序规则,不同专业领域对鉴定程序有特殊要求的,可以依据本通则制定鉴定程序细则。

第四十八条　本通则所称办案机关,是指办理诉讼案件的侦查机关、审查起诉机关和审判机关。

第四十九条　在诉讼活动之外,司法鉴定机构和司法鉴定人依法开展相关鉴定业务的,参照本通则规定执行。

第五十条　本通则自 2016 年 5 月 1 日起施行。司法部 2007 年 8 月 7 日发布的《司法鉴定程序通则》(司法部第 107 号令)同时废止。

精神疾病司法鉴定暂行规定

· 1989 年 7 月 11 日

· 卫医字〔1989〕第 17 号

第一章　总　则

第一条　根据《中华人民共和国刑法》、《中华人民共和国刑事诉讼法》、《中华人民共和国民法通则》、《中华人民共和国民事诉讼法(试行)》、《中华人民共和国治安管理处罚条例》及其他有关法规,为司法机关依法正确处理案件,保护精神疾病患者的合法权益,特制定本规定。

第二条　精神疾病的司法鉴定,根据案件事实和被鉴定人的精神状态,作出鉴定结论,为委托鉴定机关提供有关法定能力的科学证据。

第二章　司法鉴定机构

第三条　为开展精神疾病的司法鉴定工作,各省、自治区、直辖市、地区、地级市,应当成立精神疾病司法鉴定委员会,负责审查、批准鉴定人,组织技术鉴定组,协调、开展鉴定工作。

第四条　鉴定委员会由人民法院、人民检察院和公安、司法、卫生机关的有关负责干部和专家若干人组成,人选由上述机关协商确定。

第五条　鉴定委员会根据需要,可以设置若干个技术鉴定组,承担具体鉴定工作,其成员由鉴定委员会聘请、指派。技术鉴定组不得少于 2 名成员参加鉴定。

第六条　对疑难案件,在省、自治区、直辖市内难以鉴定的,可以由委托鉴定机关重新委托其他省、自治区、直辖市鉴定委员会进行鉴定。

第三章　鉴定内容

第七条　对可能患有精神疾病的下列人员应当进行鉴定:

(一)刑事案件的被告人、被害人;

(二)民事案件的当事人;

(三)行政案件的原告人(自然人);

(四)违反治安管理应当受拘留处罚的人员;

(五)劳动改造的罪犯;

(六)劳动教养人员;

(七)收容审查人员;

(八)与案件有关需要鉴定的其他人员。

第八条　鉴定委员会根据情况可以接受被鉴定人补充鉴定、重新鉴定、复核鉴定的要求。

第九条　刑事案件中,精神疾病司法鉴定包括:

（一）确定被鉴定人是否患有精神疾病，患何种精神疾病，实施危害行为时的精神状态，精神疾病和所实施的危害行为之间的关系，以及有无刑事责任能力。

（二）确定被鉴定人在诉讼过程中的精神状态以及有无诉讼能力。

（三）确定被鉴定人在服刑期间的精神状态以及对应当采取的法律措施的建议。

第十条　民事案件中精神疾病司法鉴定任务如下：

（一）确定被鉴定人是否患有精神疾病，患何种精神疾病，在进行民事活动时的精神状态，精神疾病对其意思表达能力的影响，以及有无民事行为能力。

（二）确定被鉴定人在调解或审理阶段期间的精神状态，以及有无诉讼能力。

第十一条　确定各类案件的被害人等，在其人身、财产等合法权益遭受侵害时的精神状态，以及对侵犯行为有无辨认能力或者自我防卫、保护能力。

第十二条　确定案件中有关证人的精神状态，以及有无作证能力。

第四章　鉴定人

第十三条　具有下列资格之一的，可以担任鉴定人：

（一）具有5年以上精神科临床经验并具有司法精神病学知识的主治医师以上人员。

（二）具有司法精神病学知识、经验和工作能力的主检法医师以上人员。

第十四条　鉴定人权利

（一）被鉴定人案件材料不充分时，可以要求委托鉴定机关提供所需要的案件材料。

（二）鉴定人有权通过委托鉴定机关，向被鉴定人的工作单位和亲属以及有关证人了解情况。

（三）鉴定人根据需要有权要求委托鉴定机关将被鉴定人移送至收治精神病人的医院住院检查和鉴定。

（四）鉴定机构可以向委托鉴定机关了解鉴定后的处理情况。

第十五条　鉴定人义务

（一）进行鉴定时，应当履行职责，正确、及时地作出鉴定结论。

（二）解答委托鉴定机关提出的与鉴定结论有关的问题。

（三）保守案件秘密。

（四）遵守有关回避的法律规定。

第十六条　鉴定人在鉴定过程中徇私舞弊、故意作虚假鉴定的，应当追究法律责任。

第五章　委托鉴定和鉴定书

第十七条　司法机关委托鉴定时，需有《委托鉴定书》，说明鉴定的要求和目的，并应当提供下列材料：

（一）被鉴定人及其家庭情况；

（二）案件的有关材料；

（三）工作单位提供的有关材料；

（四）知情人对被鉴定人精神状态的有关证言；

（五）医疗记录和其他有关检查结果。

第十八条　鉴定结束后，应当制作《鉴定书》。

《鉴定书》包括以下内容：

（一）委托鉴定机关的名称；

（二）案由、案号，鉴定书号；

（三）鉴定的目的和要求；

（四）鉴定的日期、场所、在场人；

（五）案情摘要；

（六）被鉴定人的一般情况；

（七）被鉴定人发案时和发案前后各阶段的精神状态；

（八）被鉴定人精神状态检查和其他检查所见；

（九）分析说明；

（十）鉴定结论；

（十一）鉴定人员签名，并加盖鉴定专用章；

（十二）有关医疗或监护的建议。

第六章　责任能力和行为能力的评定

第十九条　刑事案件被鉴定人责任能力的评定：

被鉴定人实施危害行为时，经鉴定患有精神疾病，由于严重的精神活动障碍，致使不能辨认或者不能控制自己行为的，为无刑事责任能力。

被鉴定人实施危害行为时，经鉴定属于下列情况之一的，为具有责任能力：

1. 具有精神疾病的既往史，但实施危害行为时并无精神异常；

2. 精神疾病的间歇期，精神症状已经完全消失。

第二十条　民事案件被鉴定人行为能力的评定：

（一）被鉴定人在进行民事活动时，经鉴定患有精神疾病，由于严重的精神活动障碍，致使不能辨认或者不能保护自己合法权益的，为无民事行为能力。

（二）被鉴定人在进行民事活动时，经鉴定患有精神疾病，由于精神活动障碍，致使不能完全辨认、不能控制或者不能完全保护自己合法权益的、为限制民事行为能力。

（三）被鉴定人在进行民事活动时，经鉴定属于下列情况之一的，为具有民事行为能力：

1. 具有精神疾病既往史,但在民事活动时并无精神异常;

2. 精神疾病的间歇期,精神症状已经消失;

3. 虽患有精神疾病,但其病理性精神活动具有明显局限性,并对他所进行的民事活动具有辨认能力和能保护自己合法权益的;

4. 智能低下,但对自己的合法权益仍具有辨认能力和保护能力的。

第二十一条 诉讼过程中有关法定能力的评定

(一)被鉴定人为刑事案件的被告人,在诉讼过程中,经鉴定患有精神疾病,致使不能行使诉讼权利的,为无诉讼能力。

(二)被鉴定人为民事案件的当事人或者是刑事案件的自诉人,在诉讼过程中经鉴定患有精神疾病,致使不能行使诉讼权利的,为无诉讼能力。

(三)控告人、检举人、证人等提供不符合事实的证言,经鉴定患有精神疾病,致使缺乏对客观事实的理解力或判断力的,为无作证能力。

第二十二条 其他有关法定能力的评定

(一)被鉴定人是女性,经鉴定患有精神疾病,在她的性不可侵犯权遭到侵害时,对自身所受的侵害或严重后果缺乏实质性理解能力的,为无自我防卫能力。

(二)被鉴定人在服刑、劳动教养或者被裁决受治安处罚中,经鉴定患有精神疾病,由于严重的精神活动障碍,致使其无辨认能力或控制能力,为无服刑、受劳动教养能力或者无受处罚能力。

第七章　附　则

第二十三条 本规定自 1989 年 8 月 1 日起施行。

人民法院司法鉴定工作暂行规定

· 2001 年 11 月 16 日
· 法发〔2001〕23 号

第一章　总　则

第一条 为了规范人民法院司法鉴定工作,根据《中华人民共和国刑事诉讼法》、《中华人民共和国民事诉讼法》、《中华人民共和国行政诉讼法》、《中华人民共和国人民法院组织法》等法律,制定本规定。

第二条 本规定所称司法鉴定,是指在诉讼过程中,为查明案件事实,人民法院依据职权,或者应当事人及其他诉讼参与人的申请,指派或委托具有专门知识人,对专门性问题进行检验、鉴别和评定的活动。

第三条 司法鉴定应当遵循下列原则:

(一)合法、独立、公开;

(二)客观、科学、准确;

(三)文明、公正、高效。

第四条 凡需要进行司法鉴定的案件,应当由人民法院司法鉴定机构鉴定,或者由人民法院司法鉴定机构统一对外委托鉴定。

第五条 最高人民法院指导地方各级人民法院的司法鉴定工作,上级人民法院指导下级人民法院的司法鉴定工作。

第二章　司法鉴定机构及鉴定人

第六条 最高人民法院、各高级人民法院和有条件的中级人民法院设立独立的司法鉴定机构。新建司法鉴定机构须报最高人民法院批准。

最高人民法院的司法鉴定机构为人民法院司法鉴定中心,根据工作需要可设立分支机构。

第七条 鉴定人权利:

(一)了解案情,要求委托人提供鉴定所需的材料;

(二)勘验现场,进行有关的检验,询问与鉴定有关的当事人。必要时,可申请人民法院依据职权采集鉴定材料,决定鉴定方法和处理检材;

(三)自主阐述鉴定观点,与其他鉴定人意见不同时,可不在鉴定文书上署名;

(四)拒绝受理违反法律规定的委托。

第八条 鉴定人义务:

(一)尊重科学,恪守职业道德;

(二)保守案件秘密;

(三)及时出具鉴定结论;

(四)依法出庭宣读鉴定结论并回答与鉴定相关的提问。

第九条 有下列情形之一的,鉴定人应当回避:

(一)鉴定人系案件的当事人,或者当事人的近亲属;

(二)鉴定人的近亲属与案件有利害关系;

(三)鉴定人担任过本案的证人、辩护人、诉讼代理人;

(四)其他可能影响准确鉴定的情形。

第三章　委托与受理

第十条 各级人民法院司法鉴定机构,受理本院及下级人民法院委托的司法鉴定。下级人民法院可逐级委托上级人民法院司法鉴定机构鉴定。

第十一条 司法鉴定应当采用书面委托形式,提出鉴定目的、要求,提供必要的案情说明材料和鉴定材料。

第十二条　司法鉴定机构应当在 3 日内做出是否受理的决定。对不予受理的，应当向委托人说明原因。

第十三条　司法鉴定机构接受委托后，可根据情况自行鉴定，也可以组织专家、联合科研机构或者委托从相关鉴定人名册中随机选定的鉴定人进行鉴定。

第十四条　有下列情形之一需要重新鉴定的，人民法院应当委托上级法院的司法鉴定机构做重新鉴定：

（一）鉴定人不具备相关鉴定资格的；

（二）鉴定程序不符合法律规定的；

（三）鉴定结论与其他证据有矛盾的；

（四）鉴定材料有虚假，或者原鉴定方法有缺陷的；

（五）鉴定人应当回避没有回避，而对其鉴定结论有持不同意见的；

（六）同一案件具有多个不同鉴定结论的；

（七）有证据证明存在影响鉴定人准确鉴定因素的。

第十五条　司法鉴定机构可受人民法院的委托，对拟作为证据使用的鉴定文书、检验报告、勘验检查记录、医疗病情资料、会计资料等材料作文证审查。

第四章　检验与鉴定

第十六条　鉴定工作一般应按下列步骤进行：

（一）审查鉴定委托书；

（二）查验送检材料、客体，审查相关技术资料；

（三）根据技术规范制定鉴定方案；

（四）对鉴定活动进行详细记录；

（五）出具鉴定文书。

第十七条　对存在损耗检材的鉴定，应当向委托人说明。必要时，应由委托人出具检材处理授权书。

第十八条　检验取样和鉴定取样时，应当通知委托人、当事人或者代理人到场。

第十九条　进行身体检查时，受检人、鉴定人互为异性的，应当增派一名女性工作人员在场。

第二十条　对疑难或者涉及多学科的鉴定，出具鉴定结论前，可听取有关专家的意见。

第五章　鉴定期限、鉴定中止与鉴定终结

第二十一条　鉴定期限是指决定受理委托鉴定之日起，到发出鉴定文书之日止的时间。

一般的司法鉴定应当在 30 个工作日内完成；疑难的司法鉴定应当在 60 个工作日内完成。

第二十二条　具有下列情形之一，影响鉴定期限的，应当中止鉴定：

（一）受检人或者其他受检物处于不稳定状态，影响

鉴定结论的；

（二）受检人不能在指定的时间、地点接受检验的；

（三）因特殊检验需预约时间或者等待检验结果的；

（四）须补充鉴定材料的。

第二十三条　具有下列情形之一的，可终结鉴定：

（一）无法获取必要的鉴定材料的；

（二）被鉴定人或者受检人不配合检验，经做工作仍不配合的；

（三）鉴定过程中撤诉或者调解结案的；

（四）其他情况使鉴定无法进行的。

在规定期限内，鉴定人因鉴定中止、终结或者其他特殊情况不能完成鉴定的，应当向司法鉴定机构申请办理延长期限或者终结手续。司法鉴定机构对是否中止、终结应当做出决定。做出中止、终结决定的，应当函告委托人。

第六章　其　他

第二十四条　人民法院司法鉴定机构工作人员因徇私舞弊、严重不负责任造成鉴定错误导致错案的，参照《人民法院审判人员违法审判责任追究办法（试行）》和《人民法院审判纪律处分办法（试行）》追究责任。

其他鉴定人因鉴定结论错误导致错案的，依法追究其法律责任。

第二十五条　司法鉴定按国家价格主管部门核定的标准收取费用。

第二十六条　人民法院司法鉴定中心根据本规定制定细则。

第二十七条　本规定自颁布之日起实行。

第二十八条　本规定由最高人民法院负责解释。

人民法院对外委托司法鉴定管理规定

· 2002 年 2 月 22 日最高人民法院审判委员会第 1214 次会议通过
· 2002 年 3 月 27 日最高人民法院公告公布
· 自 2002 年 4 月 1 日起施行
· 法释〔2002〕8 号

第一条　为规范人民法院对外委托和组织司法鉴定工作，根据《人民法院司法鉴定工作暂行规定》，制定本办法。

第二条　人民法院司法鉴定机构负责统一对外委托和组织司法鉴定。未设司法鉴定机构的人民法院，可在司法行政管理部门配备专职司法鉴定人员，并由司法行政管理部门代行对外委托司法鉴定的职责。

第三条　人民法院司法鉴定机构建立社会鉴定机构和鉴定人(以下简称鉴定人)名册,根据鉴定对象对专业技术的要求,随机选择和委托鉴定人进行司法鉴定。

第四条　自愿接受人民法院委托从事司法鉴定,申请进入人民法院司法鉴定人名册的社会鉴定、检测、评估机构,应当向人民法院司法鉴定机构提交申请书和以下材料:

(一)企业或社团法人营业执照副本;

(二)专业资质证书;

(三)专业技术人员名单、执业资格和主要业绩;

(四)年检文书;

(五)其他必要的文件、资料。

第五条　以个人名义自愿接受人民法院委托从事司法鉴定,申请进入人民法院司法鉴定人名册的专业技术人员,应当向人民法院司法鉴定机构提交申请书和以下材料:

(一)单位介绍信;

(二)专业资格证书;

(三)主要业绩证明;

(四)其他必要的文件、资料等。

第六条　人民法院司法鉴定机构应当对提出申请的鉴定人进行全面审查,择优确定对外委托和组织司法鉴定的鉴定人候选名单。

第七条　申请进入地方人民法院鉴定人名册的单位和个人,其入册资格由有关人民法院司法鉴定机构审核,报上一级人民法院司法鉴定机构批准,并报最高人民法院司法鉴定机构备案。

第八条　经批准列入人民法院司法鉴定人名册的鉴定人,在《人民法院报》予以公告。

第九条　已列入名册的鉴定人应当接受有关人民法院司法鉴定机构的年度审核,并提交以下材料:

(一)年度业务工作报告书;

(二)专业技术人员变更情况;

(三)仪器设备更新情况;

(四)其他变更情况和要求提交的材料。

年度审核有变更事项的,有关司法鉴定机构应当逐级报最高人民法院司法鉴定机构备案。

第十条　人民法院司法鉴定机构依据尊重当事人选择和人民法院指定相结合的原则,组织诉讼双方当事人进行司法鉴定的对外委托。

诉讼双方当事人协商不一致的,由人民法院司法鉴定机构在列入名册的、符合鉴定要求的鉴定人中,选择受委托人鉴定。

第十一条　司法鉴定所涉及的专业未纳入名册时,人民法院司法鉴定机构可以从社会相关专业中,择优选定受委托单位或专业人员进行鉴定。如果被选定的单位或专业人员需要进入鉴定人名册的,仍应当呈报上一级人民法院司法鉴定机构批准。

第十二条　遇有鉴定人应当回避等情形时,有关人民法院司法鉴定机构应当重新选择鉴定人。

第十三条　人民法院司法鉴定机构对外委托鉴定的,应当指派专人负责协调,主动了解鉴定的有关情况,及时处理可能影响鉴定的问题。

第十四条　接受委托的鉴定人认为需要补充鉴定材料时,如果由申请鉴定的当事人提供确有困难的,可以向有关人民法院司法鉴定机构提出请求,由人民法院决定依据职权采集鉴定材料。

第十五条　鉴定人应当依法履行出庭接受质询的义务。人民法院司法鉴定机构应当协调鉴定人做好出庭工作。

第十六条　列入名册的鉴定人有不履行义务,违反司法鉴定有关规定的,由有关人民法院视情节取消入册资格,并在《人民法院报》公告。

人民检察院鉴定规则(试行)

· 2006 年 11 月 30 日
· 高检发办字〔2006〕33 号

第一章　总　则

第一条　为规范人民检察院鉴定工作,根据《中华人民共和国刑事诉讼法》和《全国人民代表大会常务委员会关于司法鉴定管理问题的决定》等有关规定,结合检察工作实际,制定本规则。

第二条　本规则所称鉴定,是指人民检察院鉴定机构及其鉴定人运用科学技术或者专门知识,就案件中某些专门性问题进行鉴别和判断并出具鉴定意见的活动。

第三条　鉴定工作应当遵循依法、科学、客观、公正、独立的原则。

第二章　鉴定机构、鉴定人

第四条　本规则所称鉴定机构,是指在人民检察院设立的,取得鉴定机构资格并开展鉴定工作的部门。

第五条　本规则所称鉴定人,是指取得鉴定人资格,在人民检察院鉴定机构中从事法医类、物证类、声像资料、司法会计鉴定以及心理测试等工作的专业技术人员。

第六条　鉴定人享有下列权利:

(一)了解与鉴定有关的案件情况,要求委托单位提

供鉴定所需的材料;

（二）进行必要的勘验、检查;

（三）查阅与鉴定有关的案件材料,询问与鉴定事项有关的人员;

（四）对违反法律规定委托的案件、不具备鉴定条件或者提供虚假鉴定材料的案件,有权拒绝鉴定;

（五）对与鉴定无关问题的询问,有权拒绝回答;

（六）与其他鉴定人意见不一致时,有权保留意见;

（七）法律、法规规定的其他权利。

第七条　鉴定人应当履行下列义务:

（一）严格遵守法律、法规和鉴定工作规章制度;

（二）保守案件秘密;

（三）妥善保管送检的检材、样本和资料;

（四）接受委托单位与鉴定有关问题的咨询;

（五）出庭接受质证;

（六）法律、法规规定的其他义务。

第八条　鉴定人有下列情形之一的,应当自行回避,委托单位也有权要求鉴定人回避:

（一）是本案的当事人或者是当事人的近亲属的;

（二）本人或者其近亲属和本案有利害关系的;

（三）担任过本案的证人或者诉讼代理人的;

（四）重新鉴定时,是本案原鉴定人的;

（五）其他可能影响鉴定客观、公正的情形。

鉴定人自行提出回避的,应当说明理由,由所在鉴定机构负责人决定是否回避。

委托单位要求鉴定人回避的,应当提出书面申请,由检察长决定是否回避。

第三章　委托与受理

第九条　鉴定机构可以受理人民检察院、人民法院和公安机关以及其他侦查机关委托的鉴定。

第十条　人民检察院内部委托的鉴定实行逐级受理制度,对其他机关委托的鉴定实行同级受理制度。

第十一条　人民检察院各业务部门向上级人民检察院或者对外委托鉴定时,应当通过本院或者上级人民检察院检察技术部门统一协助办理。

第十二条　委托鉴定应当以书面委托为依据,客观反映案件基本情况、送检材料和鉴定要求等内容。鉴定机构受理鉴定时,应当制作委托受理登记表。

第十三条　鉴定机构对不符合法律规定、办案程序和不具备鉴定条件的委托,应当拒绝受理。

第四章　鉴　定

第十四条　鉴定机构接受鉴定委托后,应当指派两

名以上鉴定人共同进行鉴定。根据鉴定需要可以聘请其他鉴定机构的鉴定人参与鉴定。

第十五条　具备鉴定条件的,一般应当在受理后十五个工作日以内完成鉴定;特殊情况不能完成的,经检察长批准,可以适当延长,并告知委托单位。

第十六条　鉴定应当严格执行技术标准和操作规程。需要进行实验的,应当记录实验时间、条件、方法、过程、结果等,并由实验人签名,存档备查。

第十七条　具有下列情形之一的,鉴定机构可以接受案件承办单位的委托,进行重新鉴定:

（一）鉴定意见与案件中其他证据相矛盾的;

（二）有证据证明鉴定意见确有错误的;

（三）送检材料不真实的;

（四）鉴定程序不符合法律规定的;

（五）鉴定人应当回避而未回避的;

（六）鉴定人或者鉴定机构不具备鉴定资格的;

（七）其他可能影响鉴定客观、公正情形的.

重新鉴定时,应当另行指派或者聘请鉴定人。

第十八条　鉴定事项有遗漏或者发现新的相关重要鉴定材料的,鉴定机构可以接受委托,进行补充鉴定。

第十九条　遇有重大、疑难、复杂的专门性问题时,经检察长批准,鉴定机构可以组织会检鉴定。

会检鉴定人可以由本鉴定机构的鉴定人与聘请的其他鉴定机构的鉴定人共同组成;也可以全部由聘请的其他鉴定机构的鉴定人组成。

会检鉴定人应当不少于三名,采取鉴定人分别独立检验,集体讨论的方式进行。

会检鉴定应当出具鉴定意见。鉴定人意见有分歧的,应当在鉴定意见中写明分歧的内容和理由,并分别签名或者盖章。

第五章　鉴定文书

第二十条　鉴定完成后,应当制作鉴定文书。鉴定文书包括鉴定书、检验报告等。

第二十一条　鉴定文书应当语言规范,内容完整,描述准确,论证严谨,结论科学。

鉴定文书应当由鉴定人签名,有专业技术职称的,应当注明,并加盖鉴定专用章。

第二十二条　鉴定文书包括正本和副本,正本交委托单位,副本由鉴定机构存档备查。

第二十三条　鉴定文书的归档管理,依照人民检察院立卷归档管理的相关规定执行。

第六章　出　庭

第二十四条　鉴定人接到人民法院的出庭通知后,应当出庭。因特殊情况不能出庭的,应当向法庭说明原因。

第二十五条　鉴定人在出庭前,应当准备出庭需要的相关材料。

鉴定人出庭时,应当遵守法庭规则,依法接受法庭质证,回答与鉴定有关的询问。

第七章　附　则

第二十六条　本规则自 2007 年 1 月 1 日起实施,最高人民检察院此前有关规定与本规则不一致的,以本规则为准。

第二十七条　本规则由最高人民检察院负责解释。

人体损伤程度鉴定标准

·2013 年 8 月 30 日

1 范围

本标准规定了人体损伤程度鉴定的原则、方法、内容和等级划分。

本标准适用于《中华人民共和国刑法》及其他法律、法规所涉及的人体损伤程度鉴定。

2 规范性引用文件

下列文件对于本文件的应用是必不可少的。本标准引用文件的最新版本适用于本标准。

GB 18667 道路交通事故受伤人员伤残评定

GB/T 16180 劳动能力鉴定 职工工伤与职业病致残等级

GB/T 26341-2010 残疾人残疾分类和分级

3 术语和定义

3.1 重伤

使人肢体残废、毁人容貌、丧失听觉、丧失视觉、丧失其他器官功能或者其他对于人身健康有重大伤害的损伤,包括重伤一级和重伤二级。

3.2 轻伤

使人肢体或者容貌损害,听觉、视觉或者其他器官功能部分障碍或者其他对于人身健康有中度伤害的损伤,包括轻伤一级和轻伤二级。

3.3 轻微伤

各种致伤因素所致的原发性损伤,造成组织器官结构轻微损害或者轻微功能障碍。

4 总则

4.1 鉴定原则

4.1.1 遵循实事求是的原则,坚持以致伤因素对人体直接造成的原发性损伤及由损伤引起的并发症或者后遗症为依据,全面分析,综合鉴定。

4.1.2 对于以原发性损伤及其并发症作为鉴定依据的,鉴定时应以损伤当时伤情为主,损伤的后果为辅,综合鉴定。

4.1.3 对于以容貌损害或者组织器官功能障碍作为鉴定依据的,鉴定时应以损伤的后果为主,损伤当时伤情为辅,综合鉴定。

4.2 鉴定时机

4.2.1 以原发性损伤为主要鉴定依据的,伤后即可进行鉴定;以损伤所致的并发症为主要鉴定依据的,在伤情稳定后进行鉴定。

4.2.2 以容貌损害或者组织器官功能障碍为主要鉴定依据的,在损伤 90 日后进行鉴定;在特殊情况下可以根据原发性损伤及其并发症出具鉴定意见,但须对有可能出现的后遗症加以说明,必要时应进行复检并予以补充鉴定。

4.2.3 疑难、复杂的损伤,在临床治疗终结或者伤情稳定后进行鉴定。

4.3 伤病关系处理原则

4.3.1 损伤为主要作用的,既往伤/病为次要或者轻微作用的,应依据本标准相应条款进行鉴定。

4.3.2 损伤与既往伤/病共同作用的,即二者作用相当的,应依据本标准相应条款适度降低损伤程度等级,即等级为重伤一级和重伤二级的,可视具体情况鉴定为轻伤一级或者轻伤二级,等级为轻伤一级和轻伤二级的,均鉴定为轻微伤。

4.3.3 既往伤/病为主要作用的,即损伤为次要或者轻微作用的,不宜进行损伤程度鉴定,只说明因果关系。

5 损伤程度分级

5.1 颅脑、脊髓损伤

5.1.1 重伤一级

a)植物生存状态。

b)四肢瘫(三肢以上肌力 3 级以下)。

c)偏瘫、截瘫(肌力 2 级以下),伴大便、小便失禁。

d)非肢体瘫的运动障碍(重度)。

e)重度智能减退或者器质性精神障碍,生活完全不能自理。

5.1.2 重伤二级

a)头皮缺损面积累计 75.0cm^2 以上。

b）开放性颅骨骨折伴硬脑膜破裂。

c）颅骨凹陷性或者粉碎性骨折，出现脑受压症状和体征，须手术治疗。

d）颅底骨折，伴脑脊液漏持续 4 周以上。

e）颅底骨折，伴面神经或者听神经损伤引起相应神经功能障碍。

f）外伤性蛛网膜下腔出血，伴神经系统症状和体征。

g）脑挫（裂）伤，伴神经系统症状和体征。

h）颅内出血，伴脑受压症状和体征。

i）外伤性脑梗死，伴神经系统症状和体征。

j）外伤性脑脓肿。

k）外伤性脑动脉瘤，须手术治疗。

l）外伤性迟发性癫痫。

m）外伤性脑积水，须手术治疗。

n）外伤性颈动脉海绵窦瘘。

o）外伤性下丘脑综合征。

p）外伤性尿崩症。

q）单肢瘫（肌力 3 级以下）。

r）脊髓损伤致重度肛门失禁或者重度排尿障碍。

5.1.3 轻伤一级

a）头皮创口或者瘢痕长度累计 20.0cm 以上。

b）头皮撕脱伤面积累计 50.0cm² 以上；头皮缺损面积累计 24.0cm² 以上。

c）颅骨凹陷性或者粉碎性骨折。

d）颅底骨折伴脑脊液漏。

e）脑挫（裂）伤；颅内出血；慢性颅内血肿；外伤性硬脑膜下积液。

f）外伤性脑积水；外伤性颅内动脉瘤；外伤性脑梗死；外伤性颅内低压综合征。

g）脊髓损伤致排便或者排尿功能障碍（轻度）。

h）脊髓挫裂伤。

5.1.4 轻伤二级

a）头皮创口或者瘢痕长度累计 8.0cm 以上。

b）头皮撕脱伤面积累计 20.0cm² 以上；头皮缺损面积累计 10.0cm² 以上。

c）帽状腱膜下血肿范围 50.0cm² 以上。

d）颅骨骨折。

e）外伤性蛛网膜下腔出血。

f）脑神经损伤引起相应神经功能障碍。

5.1.5 轻微伤

a）头部外伤后伴有神经症状。

b）头皮擦伤面积 5.0cm² 以上；头皮挫伤；头皮下血肿。

c）头皮创口或者瘢痕。

5.2 面部、耳廓损伤

5.2.1 重伤一级

a）容貌毁损（重度）。

5.2.2 重伤二级

a）面部条状瘢痕（50% 以上位于中心区），单条长度 10.0cm 以上，或者两条以上长度累计 15.0cm 以上。

b）面部块状瘢痕（50% 以上位于中心区），单块面积 6.0cm² 以上，或者两块以上面积累计 10.0cm² 以上。

c）面部片状细小瘢痕或者显著色素异常，面积累计达面部 30%。

d）一侧眼球萎缩或者缺失。

e）眼睑缺失相当于一侧上眼睑 1/2 以上。

f）一侧眼睑重度外翻或者双侧眼睑中度外翻。

g）一侧上睑下垂完全覆盖瞳孔。

h）一侧眼眶骨折致眼球内陷 0.5cm 以上。

i）一侧鼻泪管和内眦韧带断裂。

j）鼻部离断或者缺损 30% 以上。

k）耳廓离断、缺损或者挛缩畸形累计相当于一侧耳廓面积 50% 以上。

l）口唇离断或者缺损致牙齿外露 3 枚以上。

m）舌体离断或者缺损达舌系带。

n）牙齿脱落或者牙折共 7 枚以上。

o）损伤致张口困难Ⅲ度。

p）面神经损伤致一侧面肌大部分瘫痪，遗留眼睑闭合不全和口角歪斜。

q）容貌毁损（轻度）。

5.2.3 轻伤一级

a）面部单个创口或者瘢痕长度 6.0cm 以上；多个创口或者瘢痕长度累计 10.0cm 以上。

b）面部块状瘢痕，单块面积 4.0cm² 以上；多块面积累计 7.0cm² 以上。

c）面部片状细小瘢痕或者明显色素异常，面积累计 30.0cm² 以上。

d）眼睑缺失相当于一侧上眼睑 1/4 以上。

e）一侧眼睑中度外翻；双侧眼睑轻度外翻。

f）一侧上眼睑下垂覆盖瞳孔超过 1/2。

g）两处以上不同眶壁骨折；一侧眶壁骨折致眼球内陷 0.2cm 以上。

h）双侧泪器损伤伴溢泪。

i）一侧鼻泪管断裂；一侧内眦韧带断裂。

j）耳廓离断、缺损或者挛缩畸形累计相当于一侧耳廓面积 30% 以上。

k)鼻部离断或者缺损 15% 以上。

l)口唇离断或者缺损致牙齿外露 1 枚以上。

m)牙齿脱落或者牙折共 4 枚以上。

n)损伤致张口困难 Ⅱ 度。

o)腮腺总导管完全断裂。

p)面神经损伤致一侧面肌部分瘫痪,遗留眼睑闭合不全或者口角歪斜。

5.2.4 轻伤二级

a)面部单个创口或者瘢痕长度 4.5cm 以上;多个创口或者瘢痕长度累计 6.0cm 以上。

b)面颊穿透创,皮肤创口或者瘢痕长度 1.0cm 以上。

c)口唇全层裂创,皮肤创口或者瘢痕长度 1.0cm 以上。

d)面部块状瘢痕,单块面积 3.0cm² 以上或多块面积累计 5.0cm² 以上。

e)面部片状细小瘢痕或者色素异常,面积累计 8.0cm² 以上。

f)眶壁骨折(单纯眶内壁骨折除外)。

g)眼睑缺损。

h)一侧眼睑轻度外翻。

i)一侧上眼睑下垂覆盖瞳孔。

j)一侧眼睑闭合不全。

k)一侧泪器损伤伴溢泪。

l)耳廓创口或者瘢痕长度累计 6.0cm 以上。

m)耳廓离断、缺损或者挛缩畸形累计相当于一侧耳廓面积 15% 以上。

n)鼻尖或者一侧鼻翼缺损。

o)鼻骨粉碎性骨折;双侧鼻骨骨折;鼻骨骨折合并上颌骨额突骨折;鼻骨骨折合并鼻中隔骨折;双侧上颌骨额突骨折。

p)舌缺损。

q)牙齿脱落或者牙折 2 枚以上。

r)腮腺、颌下腺或者舌下腺实质性损伤。

s)损伤致张口困难 Ⅰ 度。

t)颌骨骨折(牙槽突骨折及一侧上颌骨额突骨折除外)。

u)颧骨骨折。

5.2.5 轻微伤

a)面部软组织创。

b)面部损伤留有瘢痕或者色素改变。

c)面部皮肤擦伤,面积 2.0cm² 以上;面部软组织挫伤;面部划伤 4.0cm 以上。

d)眶内壁骨折。

e)眼部挫伤;眼部外伤后影响外观。

f)耳廓创。

g)鼻骨骨折;鼻出血。

h)上颌骨额突骨折。

i)口腔粘膜破损;舌损伤。

j)牙齿脱落或者缺损;牙槽突骨折;牙齿松动 2 枚以上或者 Ⅲ 度松动 1 枚以上。

5.3 听器听力损伤

5.3.1 重伤一级

a)双耳听力障碍(≥91dB HL)。

5.3.2 重伤二级

a)一耳听力障碍(≥91dB HL)。

b)一耳听力障碍(≥81dB HL),另一耳听力障碍(≥41dB HL)。

c)一耳听力障碍(≥81dB HL),伴同侧前庭平衡功能障碍。

d)双耳听力障碍(≥61dB HL)。

e)双侧前庭平衡功能丧失,睁眼行走困难,不能并足站立。

5.3.3 轻伤一级

a)双耳听力障碍(≥41dB HL)。

b)双耳外耳道闭锁。

5.3.4 轻伤二级

a)外伤性鼓膜穿孔 6 周不能自行愈合。

b)听骨骨折或者脱位;听骨链固定。

c)一耳听力障碍(≥41dB HL)。

d)一侧前庭平衡功能障碍,伴同侧听力减退。

e)一耳外耳道横截面 1/2 以上狭窄。

5.3.5 轻微伤

a)外伤性鼓膜穿孔。

b)鼓室积血。

c)外伤后听力减退。

5.4 视器视力损伤

5.4.1 重伤一级

a)一眼眼球萎缩或者缺失,另一眼盲目 3 级。

b)一眼视野完全缺损,另一眼视野半径 20° 以下(视野有效值 32% 以下)。

c)双眼盲目 4 级。

5.4.2 重伤二级

a)一眼盲目 3 级。

b)一眼重度视力损害,另一眼中度视力损害。

c)一眼视野半径 10° 以下(视野有效值 16% 以下)。

d)双眼偏盲;双眼残留视野半径 30° 以下(视野有效值 48% 以下)。

5.4.3 轻伤一级

a）外伤性青光眼，经治疗难以控制眼压。

b）一眼虹膜完全缺损。

c）一眼重度视力损害；双眼中度视力损害。

d）一眼视野半径 30°以下（视野有效值 48%以下）；双眼视野半径 50°以下（视野有效值 80%以下）。

5.4.4 轻伤二级

a）眼球穿通伤或者眼球破裂伤；前房出血须手术治疗；房角后退；虹膜根部断离或者虹膜缺损超过 1 个象限；睫状体脱离；晶状体脱位；玻璃体积血；外伤性视网膜脱离；外伤性视网膜出血；外伤性黄斑裂孔；外伤性脉络膜脱离。

b）角膜斑翳或者血管翳；外伤性白内障；外伤性低眼压；外伤性青光眼。

c）瞳孔括约肌损伤致瞳孔显著变形或者瞳孔散大（直径 0.6cm 以上）。

d）斜视；复视。

e）睑球粘连。

f）一眼矫正视力减退至 0.5 以下（或者较伤前视力下降 0.3 以上）；双眼矫正视力减退至 0.7 以下（或者较伤前视力下降 0.2 以上）；原单眼中度以上视力损害者，伤后视力降低一个级别。

g）一眼视野半径 50°以下（视野有效值 80%以下）。

5.4.5 轻微伤

a）眼球损伤影响视力。

5.5 颈部损伤

5.5.1 重伤一级

a）颈部大血管破裂。

b）咽喉部广泛毁损，呼吸完全依赖气管套管或者造口。

c）咽或者食管广泛毁损，进食完全依赖胃管或者造口。

5.5.2 重伤二级

a）甲状旁腺功能低下（重度）。

b）甲状腺功能低下，药物依赖。

c）咽部、咽后区、喉或者气管穿孔。

d）咽喉或者颈部气管损伤，遗留呼吸困难（3 级）。

e）咽或者食管损伤，遗留吞咽功能障碍（只能进流食）。

f）喉损伤遗留发声障碍（重度）。

g）颈内动脉血栓形成，血管腔狭窄（50%以上）。

h）颈总动脉血栓形成，血管腔狭窄（25%以上）。

i）颈前三角区增生瘢痕，面积累计 30.0cm² 以上。

5.5.3 轻伤一级

a）颈前部单个创口或者瘢痕长度 10.0cm 以上；多个创口或者瘢痕长度累计 16.0cm 以上。

b）颈前三角区瘢痕，单块面积 10.0cm² 以上；多块面积累

计 12.0cm² 以上。

c）咽喉部损伤遗留发声或者构音障碍。

d）咽或者食管损伤，遗留吞咽功能障碍（只能进半流食）。

e）颈总动脉血栓形成；颈内动脉血栓形成；颈外动脉血栓形成；椎动脉血栓形成。

5.5.4 轻伤二级

a）颈前部单个创口或者瘢痕长度 5.0cm 以上；多个创口或者瘢痕长度累计 8.0cm 以上。

b）颈前部瘢痕，单块面积 4.0cm² 以上，或者两块以上面积累计 6.0cm² 以上。

c）甲状腺挫裂伤。

d）咽喉软骨折。

e）喉或者气管损伤。

f）舌骨骨折。

g）膈神经损伤。

h）颈部损伤出现窒息征象。

5.5.5 轻微伤

a）颈部创口或者瘢痕长度 1.0cm 以上。

b）颈部擦伤面积 4.0cm² 以上。

c）颈部挫伤面积 2.0cm² 以上。

d）颈部划伤长度 5.0cm 以上。

5.6 胸部损伤

5.6.1 重伤一级

a）心脏损伤，遗留心功能不全（心功能 IV 级）。

b）肺损伤致一侧全肺切除或者双肺三肺叶切除。

5.6.2 重伤二级

a）心脏损伤，遗留心功能不全（心功能 III 级）。

b）心脏破裂；心包破裂。

c）女性双侧乳房损伤，完全丧失哺乳功能；女性一侧乳房大部分缺失。

d）纵隔血肿或者气肿，须手术治疗。

e）气管或者支气管破裂，须手术治疗。

f）肺破裂，须手术治疗。

g）血胸、气胸或者血气胸，伴一侧肺萎陷 70%以上，或者双侧肺萎陷均在 50%以上。

h）食管穿孔或者全层破裂，须手术治疗。

i）脓胸或者肺脓肿；乳糜胸；支气管胸膜瘘；食管胸膜瘘；食管支气管瘘。

j）胸腔大血管破裂。

k）膈肌破裂。

5.6.3 轻伤一级

a）心脏挫伤致心包积血。

b)女性一侧乳房损伤,丧失哺乳功能。

c)肋骨骨折 6 处以上。

d)纵隔血肿;纵隔气肿。

e)血胸、气胸或者血气胸,伴一侧肺萎陷 30%以上,或者双侧肺萎陷均在 20%以上。

f)食管挫裂伤。

5.6.4 轻伤二级

a)女性一侧乳房部分缺失或者乳腺导管损伤。

b)肋骨骨折 2 处以上。

c)胸骨骨折;锁骨骨折;肩胛骨骨折。

d)胸锁关节脱位;肩锁关节脱位。

e)胸部损伤,致皮下气肿 1 周不能自行吸收。

f)胸腔积血;胸腔积气。

g)胸壁穿透创。

h)胸部挤压出现窒息征象。

5.6.5 轻微伤

a)肋骨骨折;肋软骨骨折。

b)女性乳房擦挫伤。

5.7 腹部损伤

5.7.1 重伤一级

a)肝功能损害(重度)。

b)胃肠道损伤致消化吸收功能严重障碍,依赖肠外营养。

c)肾功能不全(尿毒症期)。

5.7.2 重伤二级

a)腹腔大血管破裂。

b)胃、肠、胆囊或者胆道全层破裂,须手术治疗。

c)肝、脾、胰或者肾破裂,须手术治疗。

d)输尿管损伤致尿外渗,须手术治疗。

e)腹部损伤致肠瘘或者尿瘘。

f)腹部损伤引起弥漫性腹膜炎或者感染性休克。

g)肾周血肿或者肾包膜下血肿,须手术治疗。

h)肾功能不全(失代偿期)。

i)肾损伤致肾性高血压。

j)外伤性肾积水;外伤性肾动脉瘤;外伤性肾动静脉瘘。

k)腹腔积血或者腹膜后血肿,须手术治疗。

5.7.3 轻伤一级

a)胃、肠、胆囊或者胆道非全层破裂。

b)肝包膜破裂;肝脏实质内血肿直径 2.0cm 以上。

c)脾包膜破裂;脾实质内血肿直径 2.0cm 以上。

d)胰腺包膜破裂。

e)肾功能不全(代偿期)。

5.7.4 轻伤二级

a)胃、肠、胆囊或者胆道挫伤。

b)肝包膜下或者实质内出血。

c)脾包膜下或者实质内出血。

d)胰腺挫伤。

e)肾包膜下或者实质内出血。

f)肝功能损害(轻度)。

g)急性肾功能障碍(可恢复)。

h)腹腔积血或者腹膜后血肿。

i)腹壁穿透创。

5.7.5 轻微伤

a)外伤性血尿。

5.8 盆部及会阴损伤

5.8.1 重伤一级

a)阴茎及睾丸全部缺失。

b)子宫及卵巢全部缺失。

5.8.2 重伤二级

a)骨盆骨折畸形愈合,致双下肢相对长度相差 5.0cm 以上。

b)骨盆不稳定性骨折,须手术治疗。

c)直肠破裂,须手术治疗。

d)肛管损伤致大便失禁或者肛管重度狭窄,须手术治疗。

e)膀胱破裂,须手术治疗。

f)后尿道破裂,须手术治疗。

g)尿道损伤致重度狭窄。

h)损伤致早产或者死胎;损伤致胎盘早期剥离或者流产,合并轻度休克。

i)子宫破裂,须手术治疗。

j)卵巢或者输卵管破裂,须手术治疗。

k)阴道重度狭窄。

l)幼女阴道 II 度撕裂伤。

m)女性会阴或者阴道 III 度撕裂伤。

n)龟头缺失达冠状沟。

o)阴囊皮肤撕脱伤面积占阴囊皮肤面积 50%以上。

p)双侧睾丸损伤,丧失生育能力。

q)双侧附睾或者输精管损伤,丧失生育能力。

r)直肠阴道瘘;膀胱阴道瘘;直肠膀胱瘘。

s)重度排尿障碍。

5.8.3 轻伤一级

a)骨盆 2 处以上骨折;骨盆骨折畸形愈合;髋臼骨折。

b)前尿道破裂,须手术治疗。

c)输尿管狭窄。

d)一侧卵巢缺失或者萎缩。

e）阴道轻度狭窄。

f）龟头缺失 1/2 以上。

g）阴囊皮肤撕脱伤面积占阴囊皮肤面积 30% 以上。

h）一侧睾丸或者附睾缺失；一侧睾丸或者附睾萎缩。

5.8.4 轻伤二级

a）骨盆骨折。

b）直肠或者肛管挫裂伤。

c）一侧输尿管挫裂伤；膀胱挫裂伤；尿道挫裂伤。

d）子宫挫裂伤；一侧卵巢或者输卵管挫裂伤。

e）阴道撕裂伤。

f）女性外阴皮肤创口或者瘢痕长度累计 4.0cm 以上。

g）龟头部分缺损。

h）阴茎撕脱伤；阴茎皮肤创口或者瘢痕长度 2.0cm 以上；阴茎海绵体出血并形成硬结。

i）阴囊壁贯通创；阴囊皮肤创口或者瘢痕长度累计 4.0cm 以上；阴囊内积血，2 周内未完全吸收。

j）一侧睾丸破裂、血肿、脱位或者扭转。

k）一侧输精管破裂。

l）轻度肛门失禁或者轻度肛门狭窄。

m）轻度排尿障碍。

n）外伤性难免流产；外伤性胎盘早剥。

5.8.5 轻微伤

a）会阴部软组织挫伤。

b）会阴创；阴囊创；阴茎创。

c）阴囊皮肤挫伤。

d）睾丸或者阴茎挫伤。

e）外伤性先兆流产。

5.9 脊柱四肢损伤

5.9.1 重伤一级

a）二肢以上离断或者缺失（上肢腕关节以上、下肢踝关节以上）。

b）二肢六大关节功能完全丧失。

5.9.2 重伤二级

a）四肢任一大关节强直畸形或者功能丧失 50% 以上。

b）臂丛神经干性或者束性损伤，遗留肌瘫（肌力 3 级以下）。

c）正中神经肘部以上损伤，遗留肌瘫（肌力 3 级以下）。

d）桡神经肘部以上损伤，遗留肌瘫（肌力 3 级以下）。

e）尺神经肘部以上损伤，遗留肌瘫（肌力 3 级以下）。

f）骶丛神经或者坐骨神经损伤，遗留肌瘫（肌力 3 级以下）。

g）股骨干骨折缩短 5.0cm 以上、成角畸形 30° 以上或者严重旋转畸形。

h）胫腓骨骨折缩短 5.0cm 以上、成角畸形 30° 以上或者

严重旋转畸形。

i）膝关节挛缩畸形屈曲 30° 以上。

j）一侧膝关节交叉韧带完全断裂遗留旋转不稳。

k）股骨颈骨折或者髋关节脱位，致股骨头坏死。

l）四肢长骨骨折不愈合或者假关节形成；四肢长骨骨折并发慢性骨髓炎。

m）一足离断或者缺失 50% 以上；足跟离断或者缺失 50% 以上。

n）一足的第一趾和其余任何二趾离断或者缺失；一足除第一趾外，离断或者缺失 4 趾。

o）两足 5 个以上足趾离断或者缺失。

p）一足第一趾及其相连的跖骨离断或者缺失。

q）一足除第一趾外，任何三趾及其相连的跖骨离断或者缺失。

5.9.3 轻伤一级

a）四肢任一大关节功能丧失 25% 以上。

b）一节椎体压缩骨折超过 1/3 以上；二节以上椎体骨折；三处以上横突、棘突或者椎弓骨折。

c）膝关节韧带断裂伴半月板破裂。

d）四肢长骨骨折畸形愈合。

e）四肢长骨粉碎性骨折或者两处以上骨折。

f）四肢长骨骨折累及关节面。

g）股骨颈骨折未见股骨头坏死，已行假体置换。

h）髌板断裂。

i）一足离断或者缺失 10% 以上；足跟离断或者缺失 20% 以上。

j）一足的第一趾离断或者缺失；一足除第一趾外的任何二趾离断或者缺失。

k）三个以上足趾离断或者缺失。

l）除第一趾外任何一趾及其相连的跖骨离断或者缺失。

m）肢体皮肤创口或者瘢痕长度累计 45.0cm 以上。

5.9.4 轻伤二级

a）四肢任一大关节功能丧失 10% 以上。

b）四肢重要神经损伤。

c）四肢重要血管破裂。

d）椎骨骨折或者脊椎脱位（尾椎脱位不影响功能的除外）；外伤性椎间盘突出。

e）肢体大关节韧带断裂；半月板破裂。

f）四肢长骨骨折；髌骨骨折。

g）骨骺分离。

h）损伤致肢体大关节脱位。

i）第一趾缺失超过趾间关节；除第一趾外，任何二趾缺失

超过趾间关节;一趾缺失。

j)两节趾骨骨折;一节趾骨骨折合并一跖骨骨折。

k)两跖骨骨折或者一跖骨完全骨折;距骨、跟骨、骰骨、楔骨或者足舟骨骨折;跗跖关节脱位。

l)肢体皮肤一处创口或者瘢痕长度 10.0cm 以上;两处以上创口或者瘢痕长度累计 15.0cm 以上。

5.9.5 轻微伤

a)肢体一处创口或者瘢痕长度 1.0cm 以上;两处以上创口或者瘢痕长度累计 1.5cm 以上;刺创深达肌层。

b)肢体关节、肌腱或者韧带损伤。

c)骨挫伤。

d)足骨骨折。

e)外伤致趾甲脱落,甲床暴露;甲床出血。

f)尾椎脱位。

5.10 手损伤

5.10.1 重伤一级

a)双手离断、缺失或者功能完全丧失。

5.10.2 重伤二级

a)手功能丧失累计达一手功能 36%。

b)一手拇指挛缩畸形不能对指和握物。

c)一手除拇指外,其余任何三指挛缩畸形,不能对指和握物。

d)一手拇指离断或者缺失超过指间关节。

e)一手示指和中指全部离断或者缺失。

f)一手除拇指外的任何三指离断或者缺失均超过近侧指间关节。

5.10.3 轻伤一级

a)手功能丧失累计达一手功能 16%。

b)一手拇指离断或者缺失未超过指间关节。

c)一手除拇指外的示指和中指离断或者缺失均超过远侧指间关节。

d)一手除拇指外的环指和小指离断或者缺失均超过近侧指间关节。

5.10.4 轻伤二级

a)手功能丧失累计达一手功能 4%。

b)除拇指外的一个指节离断或者缺失。

c)两节指骨线性骨折或者一节指骨粉碎性骨折(不含第 2 至 5 指末节)。

d)舟骨骨折、月骨脱位或者掌骨完全性骨折。

5.10.5 轻微伤

a)手擦伤面积 10.0cm² 以上或者挫伤面积 6.0cm² 以上。

b)手一处创口或者瘢痕长度 1.0cm 以上;两处以上创口或者瘢痕长度累计 1.5cm 以上;刺创深达肌层。

c)手关节或者肌腱损伤。

d)腕骨、掌骨或者指骨骨折。

e)外伤致指甲脱落,甲床暴露;甲床出血。

5.11 体表损伤

5.11.1 重伤二级

a)挫伤面积累计达体表面积 30%。

b)创口或者瘢痕长度累计 200.0cm 以上。

5.11.2 轻伤一级

a)挫伤面积累计达体表面积 10%。

b)创口或者瘢痕长度累计 40.0cm 以上。

c)撕脱伤面积 100.0cm² 以上。

d)皮肤缺损 30.0cm² 以上。

5.11.3 轻伤二级

a)挫伤面积达体表面积 6%。

b)单个创口或者瘢痕长度 10.0cm 以上;多个创口或者瘢痕长度累计 15.0cm 以上。

c)撕脱伤面积 50.0cm² 以上。

d)皮肤缺损 6.0cm² 以上。

5.11.4 轻微伤

a)擦伤面积 20.0cm² 以上或者挫伤面积 15.0cm² 以上。

b)一处创口或者瘢痕长度 1.0cm 以上;两处以上创口或者瘢痕长度累计 1.5cm 以上;刺创深达肌层。

c)咬伤致皮肤破损。

5.12 其他损伤

5.12.1 重伤一级

a)深 II° 以上烧烫伤面积达体表面积 70%或者 III°面积达 30%。

5.12.2 重伤二级

a)II° 以上烧烫伤面积达体表面积 30%或者 III°面积达 10%;面积低于上述程度但合并吸入有毒气体中毒或者严重呼吸道烧烫伤。

b)枪弹创,创道长度累计 180.0cm。

c)各种损伤引起脑水肿(脑肿胀)、脑疝形成。

d)各种损伤引起休克(中度)。

e)挤压综合征(II 级)。

f)损伤引起脂肪栓塞综合征(完全型)。

g)各种损伤致急性呼吸窘迫综合征(重度)。

h)电击伤(II°)。

i)溺水(中度)。

j)脑内异物存留;心脏异物存留。

k)器质性阴茎勃起障碍(重度)。

5.12.3 轻伤一级

a)Ⅱ°以上烧烫伤面积达体表面积 20%或者Ⅲ°面积达 5%。

b)损伤引起脂肪栓塞综合征(不完全型)。

c)器质性阴茎勃起障碍(中度)。

5.12.4 轻伤二级

a)Ⅱ°以上烧烫伤面积达体表面积 5%或者Ⅲ°面积达 0.5%。

b)呼吸道烧伤。

c)挤压综合征(Ⅰ级)。

d)电击伤(Ⅰ°)。

e)溺水(轻度)。

f)各种损伤引起休克(轻度)。

g)呼吸功能障碍,出现窒息征象。

h)面部异物存留;眶内异物存留;鼻窦异物存留。

i)胸腔内异物存留;腹腔内异物存留;盆腔内异物存留。

j)深部组织内异物存留。

k)骨折内固定物损坏需要手术更换或者修复。

l)各种置入式假体装置损坏需要手术更换或者修复。

m)器质性阴茎勃起障碍(轻度)。

5.12.5 轻微伤

a)身体各部位骨皮质的砍(刺)痕;轻微撕脱性骨折,无功能障碍。

b)面部Ⅰ°烧烫伤面积 10.0cm² 以上;浅Ⅱ°烧烫伤。

c)颈部Ⅰ°烧烫伤面积 15.0cm² 以上;浅Ⅱ°烧烫伤面积 2.0cm² 以上。

d)体表Ⅰ°烧烫伤面积 20.0cm² 以上;浅Ⅱ°烧烫伤面积 4.0cm² 以上;深Ⅱ°烧烫伤。

6 附则

6.1 伤后因其他原因死亡的个体,其生前损伤比照本标准相关条款综合鉴定。

6.2 未列入本标准中的物理性、化学性和生物性等致伤因素造成的人体损伤,比照本标准中的相应条款综合鉴定。

6.3 本标准所称的损伤是指各种致伤因素所引起的人体组织器官结构破坏或者功能障碍。反应性精神病、癔症等,均为内源性疾病,不宜鉴定损伤程度。

6.4 本标准未作具体规定的损伤,可以遵循损伤程度等级划分原则,比照本标准相近条款进行损伤程度鉴定。

6.5 盲管创、贯通创,其创道长度可视为皮肤创口长度,并参照皮肤创口长度相应条款鉴定损伤程度。

6.6 牙折包括冠折、根折和根冠折,冠折须暴露髓腔。

6.7 骨皮质的砍(刺)痕或者轻微撕脱性骨折(无功能障碍)的,不构成本标准所指的轻伤。

6.8 本标准所称大血管是指胸主动脉、主动脉弓分支、肺动脉、肺静脉、上腔静脉和下腔静脉,腹主动脉、髂总动脉、髂外动脉、髂外静脉。

6.9 本标准四肢大关节是指肩、肘、腕、髋、膝、踝等六大关节。

6.10 本标准四肢重要神经是指臂丛及其分支神经(包括正中神经、尺神经、桡神经和肌皮神经等)和腰骶丛及其分支神经(包括坐骨神经、腓总神经、腓浅神经和胫神经等)。

6.11 本标准四肢重要血管是指与四肢重要神经伴行的同名动、静脉。

6.12 本标准幼女或者儿童是指年龄不满 14 周岁的个体。

6.13 本标准所称的假体是指植入体内替代组织器官功能的装置,如:颅骨修补材料、人工晶体、义眼座、固定义齿(种植牙)、阴茎假体、人工关节、起搏器、支架等,但可摘式义眼、义齿等除外。

6.14 移植器官损伤参照相应条款综合鉴定。

6.15 本标准所称组织器官包括再植或者再造成活的。

6.16 组织器官缺失是指损伤当时完全离体或者仅有少量皮肤和皮下组织相连,或者因损伤经手术切除的。器官离断(包括牙齿脱落),经再植、再造手术成功的,按损伤当时情形鉴定损伤程度。

6.17 对于两个部位以上同类损伤可以累加,比照相关部位数值规定高的条款进行评定。

6.18 本标准所涉及的体表损伤数值,0~6 岁按 50%计算,7~10 岁按 60%计算,11~14 岁按 80%计算。

6.19 本标准中出现的数字均含本数。

附录 A
（规范性附录）
损伤程度等级划分原则

A.1 重伤一级

各种致伤因素所致的原发性损伤或者由原发性损伤引起的并发症,严重危及生命;遗留肢体严重残废或者重度容貌毁损;严重丧失听觉、视觉或者其他重要器官功能。

A.2 重伤二级

各种致伤因素所致的原发性损伤或者由原发性损伤引起的并发症,危及生命;遗留肢体残废或者轻度容貌毁损;丧失听觉、视觉或者其他重要器官功能。

A.3 轻伤一级

各种致伤因素所致的原发性损伤或者由原发性损伤引起的并发症,未危及生命;遗留组织器官结构、功能中度损害或者明显影响容貌。

A.4 轻伤二级

各种致伤因素所致的原发性损伤或者由原发性损伤引起的并发症,未危及生命;遗留组织器官结构、功能轻度损害或者影响容貌。

A.5 轻微伤

各种致伤因素所致的原发性损伤,造成组织器官结构轻微损害或者轻微功能障碍。

A.6 等级限度

重伤二级是重伤的下限,与重伤一级相衔接,重伤一级的上限是致人死亡;轻伤二级是轻伤的下限,与轻伤一级相衔接,轻伤一级的上限与重伤二级相衔接;轻微伤的上限与轻伤二级相衔接,未达轻微伤标准的,不鉴定为轻微伤。

附录 B

（规范性附录）

功能损害判定基准和使用说明

B.1 颅脑损伤

B.1.1 智能（IQ）减退

极重度智能减退:IQ 低于 25;语言功能丧失;生活完全不能自理。

重度智能减退:IQ25～39 之间;语言功能严重受损,不能进行有效的语言交流;生活大部分不能自理。

中度智能减退:IQ40～54 之间;能掌握日常生活用语,但词汇贫乏,对周围环境辨别能力差,只能以简单的方式与人交往;生活部分不能自理,能做简单劳动。

轻度智能减退:IQ55～69 之间;无明显语言障碍,对周围环境有较好的辨别能力,能比较恰当的与人交往;生活能自理,能做一般非技术性工作。

边缘智能状态:IQ70～84 之间;抽象思维能力或者思维广度、深度机敏性显示不良;不能完成高级复杂的脑力劳动。

B.1.2 器质性精神障碍

有明确的颅脑损伤伴不同程度的意识障碍病史,并且精神障碍发生和病程与颅脑损伤相关。症状表现为:意识障碍、遗忘综合征、痴呆、器质性人格改变、精神病性症状、神经症样症状、现实检验能力或者社会功能减退。

B.1.3 生活自理能力

生活自理能力主要包括以下五项:

（1）进食。

（2）翻身。

（3）大、小便。

（4）穿衣、洗漱。

（5）自主行动。

生活完全不能自理:是指上述五项均需依赖护理者。

生活大部分不能自理:是指上述五项中三项以上需依赖护理者。

生活部分不能自理:是指上述五项中一项以上需依赖护理者。

B.1.4 肌瘫（肌力）

0 级:肌肉完全瘫痪,毫无收缩。

1 级:可看到或者触及肌肉轻微收缩,但不能产生动作。

2 级:肌肉在不受重力影响下,可进行运动,即肢体能在床面上移动,但不能抬高。

3 级:在和地心引力相反的方向中尚能完成其动作,但不能对抗外加的阻力。

4 级:能对抗一定的阻力,但较正常人为低。

5 级:正常肌力。

B.1.5 非肢体瘫的运动障碍

非肢体瘫的运动障碍包括肌张力增高,共济失调,不自主运动或者震颤等。根据其对生活自理影响的程度划分为轻、中、重三度。

重度:不能自行进食,大小便,洗漱,翻身和穿衣,需要他人护理。

中度:上述动作困难,但在他人帮助下可以完成。

轻度:完成上述动作虽有一些困难,但基本可以自理。

B.1.6 外伤性迟发性癫痫应具备的条件

（1）确证的头部外伤史。

（2）头部外伤 90 日后仍被证实有癫痫的临床表现。

（3）脑电图检查（包括常规清醒脑电图检查、睡眠脑电图检查或者较长时间连续同步录像脑电图检查等）显示异常脑电图。

（4）影像学检查确证颅脑器质性损伤。

B.1.7 肛门失禁

重度:大便不能控制;肛门括约肌收缩力很弱或者丧失;肛门括约肌收缩反射很弱或者消失;直肠内压测定,肛门注水法<20cmH_2O。

轻度:稀便不能控制;肛门括约肌收缩力较弱;肛门括约肌收缩反射较弱;直肠内压测定,肛门注水法 20～30cmH_2O。

B.1.8 排尿障碍

重度:出现真性重度尿失禁或者尿潴留残余尿≥50mL。

轻度:出现真性轻度尿失禁或者尿潴留残余尿<50mL。

B.2 头面部损伤

B.2.1 眼睑外翻

重度外翻:睑结膜严重外翻,穹隆部消失。

中度外翻:睑结膜和睑板结膜外翻。

轻度外翻:睑结膜与眼球分离,泪点脱离泪阜。

B.2.2 容貌毁损

重度:面部瘢痕畸形,并有以下六项中四项者。(1)眉毛缺失;(2)双睑外翻或者缺失;(3)外耳缺失;(4)鼻缺失;(5)上、下唇外翻或者小口畸形;(6)颈颏粘连。

中度:具有以下六项中三项者。(1)眉毛部分缺失;(2)眼睑外翻或者部分缺失;(3)耳廓部分缺失;(4)鼻翼部分缺失;(5)唇外翻或者小口畸形;(6)颈部瘢痕畸形。

轻度:含中度畸形六项中二项者。

B.2.3 面部及中心区

面部的范围是指前额发际下,两耳屏前与下颌下缘之间的区域,包括额部、眶部、鼻部、口唇部、颏部、颧部、颊部、腮腺咬肌部。

面部中心区:以眉弓水平线为上横线,以下唇唇红缘中点处作水平线为下横线,以双侧外眦处作两条垂直线,上述四条线围绕的中央部分为中心区。

B.2.4 面瘫(面神经麻痹)

本标准涉及的面瘫主要是指外周性(核下性)面神经损伤所致。

完全性面瘫:是指面神经 5 个分支(颞支、颧支、颊支、下颌缘支和颈支)支配的全部颜面肌肉瘫痪,表现为:额纹消失,不能皱眉;眼睑不能充分闭合,鼻唇沟变浅;口角下垂,不能示齿,鼓腮,吹口哨,饮食时汤水流逸。

不完全性面瘫:是指面神经颞支、下颌支或者颞支和颊支损伤出现部分上述症状和体征。

B.2.5 张口困难分级

张口困难 I 度:大张口时,只能垂直置入示指和中指。

张口困难 II 度:大张口时,只能垂直置入示指。

张口困难 III 度:大张口时,上、下切牙间距小于示指之横径。

B.3 听器听力损伤

听力损失计算应按照世界卫生组织推荐的听力减退分级的频率范围,取 0.5、1、2、4kHz 四个频率气导听阈级的平均值。如所得均值不是整数,则小数点后之尾数采用 4 舍 5 入法进为整数。

纯音听阈级测试时,如某一频率纯音气导最大声输出仍无反应时,以最大声输出值作为该频率听阈级。

听觉诱发电位测试时,若最大输出声强仍引不出反应波形的,以最大输出声强为反应阈值。在听阈评估时,听力学单位一律使用听力级(dB HL)。一般情况下,受试者听觉诱发电位反应阈要比其行为听阈高 10~20 dB(该差值又称"校正值"),即受试者的行为听阈等于其听觉诱发电位反应阈减去"校正值"。听觉诱发电位检测实验室应建立自己的"校正值",如果没有自己的"校正值",则取平均值(15 dB)作为"较正值"。

纯音气导听阈级应考虑年龄因素,按照《纯音气导阈的年龄修正值》(GB7582-87)听阈级偏差的中值(50%)进行修正,其中4000Hz的修正值参考2000Hz的数值。

表 B.1　纯音气导阈值的年龄修正值(GB7582-87)

年龄	男			女		
	500Hz	1000Hz	2000Hz	500Hz	1000Hz	2000Hz
30	1	1	1	1	1	1
40	2	2	3	2	2	3
50	4	4	7	4	4	6
60	6	7	12	6	7	11
70	10	11	19	10	11	16

B.4 视觉器官损伤

B.4.1 盲及视力损害分级

表 B.2 盲及视力损害分级标准(2003年,WHO)

分类	远视力低于	远视力等于或优于
轻度或无视力损害		0.3
中度视力损害(视力损害1级)	0.3	0.1
重度视力损害(视力损害2级)	0.1	0.05
盲(盲目3级)	0.05	0.02
盲(盲目4级)	0.02	光感
盲(盲目5级)		无光感

B.4.2 视野缺损

视野有效值计算公式:

$$实测视野有效值(\%) = \frac{8 条子午线实测视野值}{500}$$

表 B.3 视野有效值与视野半径的换算

视野有效值(%)	视野度数(半径)
8	5°
16	10°
24	15°
32	20°
40	25°
48	30°
56	35°
64	40°
72	45°
80	50°
88	55°
96	60°

B.5 颈部损伤

B.5.1 甲状腺功能低下

重度:临床症状严重;T3、T4 或者 FT3、FT4 低于正常值,TSH>50μU/L。

中度:临床症状较重;T3、T4 或者 FT3、FT4 正常,TSH>50μU/L。

轻度:临床症状较轻;T3、T4 或者 FT3、FT4 正常,TSH,轻度增高但<50μU/L。

B.5.2 甲状旁腺功能低下(以下分级需结合临床症状分析)

重度:空腹血钙<6mg/dL。

中度:空腹血钙6~7mg/dL。

轻度:空腹血钙7.1~8mg/dL。

B.5.3 发声功能障碍

重度:声哑、不能出声。

轻度:发音过弱、声嘶、低调、粗糙、带鼻音。

B.5.4 构音障碍

严重构音碍:表现为发音不分明,语不成句,难以听懂,甚至完全不能说话。

轻度构音障碍:表现为发音不准,吐字不清,语调速度、节律等异常,鼻音过重。

B.6 胸部损伤

B.6.1 心功能分级

Ⅰ级:体力活动不受限,日常活动不引起过度的乏力、呼吸困难或者心悸。即心功能代偿期。

Ⅱ级:体力活动轻度受限,休息时无症状,日常活动即可引起乏力、心悸、呼吸困难或者心绞痛。亦称 Ⅰ 度或者轻度心衰。

Ⅲ级:体力活动明显受限,休息时无症状,轻于日常的活动即可引起上述症状。亦称Ⅱ度或者中度心衰。

Ⅳ级:不能从事任何体力活动,休息时亦有充血性心衰或心绞痛症状,任何体力活动后加重。亦称Ⅲ度或者重度心衰。

B.6.2 呼吸困难

　　1级:与同年龄健康者在平地一同步行无气短,但登山或者上楼时呈气短。

　　2级:平路步行1000m无气短,但不能与同龄健康者保持同样速度,平路快步走呈现气短,登山或者上楼时气短明显。

　　3级:平路步行100m即有气短。

　　4级:稍活动(如穿衣、谈话)即气短。

B.6.3 窒息征象

　　临床表现为面、颈、上胸部皮肤出现针尖大小的出血点,以面部与眼眶部为明显;球睑结膜下出现出血斑点。

B.7 腹部损伤

B.7.1 肝功能损害

表B.4　肝功能损害分度

程度	血清清蛋白	血清总胆红素	腹水	脑症	凝血酶原时间
重度	<2.5g/dL	>3.0mg/dL	顽固性	明显	明显延长 (较对照组>9秒)
中度	2.5~3.0g/dL	2.0~3.0mg/dL	无或者少量, 治疗后消失	无或者轻度	延长 (较对照组>6秒)
轻度	3.1~3.5g/dL	1.5~2.0mg/dL	无	无	稍延长 (较对照组>3秒)

B.7.2 肾功能不全

表B.5　肾功能不全分期

分期	内生肌酐清除率	血尿素氮浓度	血肌酐浓度	临床症状
代偿期	降至正常的50% 50~70mL/min	正常	正常	通常无明显临床症状
失代偿期	25~49 mL/min		>177μmol/L (2mg/dL)但 <450μmol/L (5mg/dL)	无明显临床症状,可有轻度贫血;夜尿、多尿
尿毒症期	<25 mL/min	>21.4mmol/L (60mg/dL)	450~707μmol/L (5~8mg/dL)	常伴有酸中毒和严重尿毒症临床症状

B.7.3 会阴及阴道撕裂

　　Ⅰ度:会阴部粘膜、阴唇系带、前庭粘膜、阴道粘膜等处有撕裂,但未累及肌层及筋膜。

　　Ⅱ度:撕裂伤及盆底肌肉筋膜,但未累及肛门括约肌。

　　Ⅲ度:肛门括约肌全部或者部分撕裂,甚至直肠前壁亦被撕裂。

B.8 其他损伤

B.8.1 烧烫伤分度

表B.6　烧伤深度分度

程度	损伤组织	烧伤部位特点	愈后情况
Ⅰ度	表皮	皮肤红肿,有热、痛感,无水疱,干燥,局部温度稍有增高	不留瘢痕

程　度		损伤组织	烧伤部位特点	愈后情况
Ⅱ度	浅Ⅱ度	真皮浅层	剧痛,表皮有大而薄的水疱,疱底有组织充血和明显水肿;组织坏死仅限于皮肤的真皮层,局部温度明显增高	不留瘢痕
	深Ⅱ度	真皮深层	痛,损伤已达真皮深层,水疱较小,表皮和真皮层大部分凝固和坏死。将已分离的表皮揭去,可见基底微湿,色泽苍白上有红出血点,局部温度较低	可留下瘢痕
Ⅲ度		全层皮肤或者皮下组织、肌肉、骨骼	不痛,皮肤全层坏死,干燥如皮革样,不起水疱,蜡白或者焦黄、炭化,知觉丧失,脂肪层的大静脉全部坏死,局部温度低,发凉	需自体皮肤移植,有瘢痕或者畸形

B.8.2 电击伤

Ⅰ度:全身症状轻微,只有轻度心悸。触电肢体麻木,全身无力,如极短时间内脱离电源,稍休息可恢复正常。

Ⅱ度:触电肢体麻木,面色苍白,心跳、呼吸增快,甚至昏厥、意识丧失,但瞳孔不散大。对光反射存在。

Ⅲ度:呼吸浅而弱、不规则,甚至呼吸骤停。心律不齐,有室颤或者心搏骤停。

B.8.3 溺水

重度:落水后 3~4 分钟,神志昏迷,呼吸不规则,上腹部膨胀,心音减弱或者心跳、呼吸停止。淹溺到死亡的时间一般为 5~6 分钟。

中度:落水后 1~2 分钟,神志模糊,呼吸不规则或者表浅,血压下降,心跳减慢,反射减弱。

轻度:刚落水片刻,神志清,血压升高,心率、呼吸增快。

B.8.4 挤压综合征

系人体肌肉丰富的四肢与躯干部位因长时间受压(例如暴力挤压)或者其他原因造成局部循环障碍,结果引起肌肉缺血性坏死,出现肢体明显肿胀、肌红蛋白尿及高血钾等为特征的急性肾功能衰竭。

Ⅰ级:肌红蛋白尿试验阳性,肌酸磷酸激酶(CPK)增高,而无肾衰等周身反应者。

Ⅱ级:肌红蛋白尿试验阳性,肌酸磷酸激酶(CPK)明显升高,血肌酐和尿素氮增高,少尿,有明显血浆渗入组织间隙,致有效血容量丢失,出现低血压者。

Ⅲ级:肌红蛋白尿试验阳性,肌酸磷酸激酶(CPK)显著升高,少尿或者尿闭,休克,代谢性酸中毒以及高血钾者。

B.8.5 急性呼吸窘迫综合征

急性呼吸窘迫综合征(ARDS)须具备以下条件:

(1)有发病的高危因素。

(2)急性起病,呼吸频率数和/或呼吸窘迫。

(3)低氧血症,$PaO_2/FiO_2 \leqslant 200mmHg$。

(4)胸部 X 线检查两肺浸润影。

(5)肺毛细血管楔压(PCWP)$\leqslant 18mmHg$,或者临床上除外心源性肺水肿。

凡符合以上 5 项可诊断为 ARDS。

表 B.7　急性呼吸窘迫综合征分度

程度	临床分级			血气分析分级	
	呼吸频率	临床表现	X 线示	吸空气	吸纯氧 15 分钟后
轻度	>35 次/分	无发绀	无异常或者纹理增多,边缘模糊	氧分压<8.0kPa 二氧化碳分压<4.7kPa	氧分压<46.7kPa Qs/Qt>10%
中度	>40 次/分	发绀,肺部有异常体征	斑片状阴影或者呈磨玻璃样改变,可见支气管气相	氧分压<6.7kPa 二氧化碳分压<5.3kPa	氧分压<20.0kPa Qs/Qt>20%

续表

程度	临床分级			血气分析分级	
	呼吸频率	临床表现	X线示	吸空气	吸纯氧15分钟后
重度	呼吸极度窘迫	发绀进行性加重，肺广泛湿罗音或者实变	双肺大部分密度普遍增高，支气管气相明显	氧分压<5.3kPa（40mmHg）二氧化碳分压>6.0kPa	氧分压<13.3kPa Qs/Qt>30%

B.8.6 脂肪栓塞综合征

不完全型（或者称部分症候群型）：伤者骨折后出现胸部疼痛，咳呛震痛，胸闷气急，痰中带血，神疲身软，面色无华，皮肤出现瘀血点，上肢无力伸举，脉多细涩。实验室检查有明显低氧血症，预后一般良好。

完全型（或者称典型症候群型）：伤者创伤骨折后出现神志恍惚，严重呼吸困难，口唇紫绀，胸闷欲绝，脉细涩。本型初起表现为呼吸和心动过速、高热等非特异症状。此后出现呼吸窘迫、神志不清以至昏迷等神经系统症状，在眼结膜及肩、胸皮下可见散在瘀血点，实验室检查可见血色素降低，血小板减少，血沉增快以及出现低氧血症。肺部X线检查可见多变的进行性的肺部斑片状阴影改变和右心扩大。

B.8.7 休克分度

表 B.8　休克分度

程度	血压（收缩压）kPa	脉搏（次/分）	全身状况
轻度	12~13.3（90~100mmHg）	90~100	尚好
中度	10~12（75~90mmHg）	110~130	抑制、苍白、皮肤冷
重度	<10（<75mmHg）	120~160	明显抑制
垂危	0		呼吸障碍、意识模糊

B.8.8 器质性阴茎勃起障碍

重度：阴茎无勃起反应，阴茎硬度及周径均无改变。

中度：阴茎勃起时最大硬度>0，<40%，每次勃起持续时间<10分钟。

轻度：阴茎勃起时最大硬度≥40%，<60%，每次勃起持续时间<10分钟。

附 录 C
（资料性附录）
人体损伤程度鉴定常用技术

C.1 视力障碍检查

视力记录可采用小数记录或者5分记录两种方式。视力（指远距视力）经用镜片（包括接触镜，针孔镜等），纠正达到正常视力范围（0.8以上）或者接近正常视力范围（0.4-0.8）的都不属视力障碍范围。

中心视力好而视野缩小，以注视点为中心，视野半径小于10度而大于5度者为盲目3级，如半径小于5度者为盲目4级。

周边视野检查：视野缩小系指因损伤致眼球注视前方而不转动所能看到的空间范围缩窄，以致难以从事正常工作、学习或者其他活动。

对视野检查要求，视标颜色：白色，视标大小：5mm，检查距离330mm，视野背景亮度：31.5asb。

周边视野缩小，鉴定以实测得八条子午线视野值的总和计算平均值，即有效视野值。

视力障碍检查具体方法参考《视觉功能障碍法医鉴定指南》（SF/Z JD0103004）。

C.2 听力障碍检查

听力障碍检查应符合《听力障碍的法医学评定》（GA/T 914）。

C.3 前庭平衡功能检查

本标准所指的前庭平衡功能丧失及前庭平衡功能减退，是指外力作用颅脑或者耳部，造成前庭系统的损伤。伤后出现前庭平衡功能障碍的临床表现，自发性前庭体征检查法和诱发性前庭功能检查法等有阳性发现（如眼震电图/眼震视图、静、动态平衡仪、前庭诱发电位等检查），结合听力检查和神经系统检查，以及影像学检查综合判定，确定前庭平衡功能是丧失，或者减退。

C.4 阴茎勃起功能检测

阴茎勃起功能检测应满足阴茎勃起障碍法医学鉴定的基本要求，具体方法参考《男子性功能障碍法医学鉴定规范》（SF/Z JD0103002）。

C.5 体表面积计算

九分估算法：成人体表面积视为100%，将总体表面积划分为11个9%等面积区域，即头（面）颈部占一个9%，双上肢占二个9%，躯干前后及会阴部占三个9%，臀部及双下肢占五个9%+1%（见表C1）。

表 C.1　体表面积的九分估算法

部位	面积，%	按九分法面积，%
头	6	（1×9）= 9
颈	3	
前躯	13	（3×9）= 27
后躯	13	
会阴	1	
双上臂	7	（2×9）= 18
双前臂	6	
双手	5	
臀	5	（5×9+1）= 46
双大腿	21	
双小腿	13	
双足	7	
全身合计	100	（11×9+1）= 100

注：12 岁以下儿童体表面积：头颈部 = 9+（12−年龄），双下肢 = 46−（12−年龄）

手掌法：受检者五指并拢，一掌面相当其自身体表面积的1%。

公式计算法：S（平方米）= 0.0061×身长（cm）+0.0128×体重（kg）−0.1529

C.6 肢体关节功能丧失程度评价

肢体关节功能评价使用说明（适用于四肢大关节功能评定）：

1. 各关节功能丧失程度等于相应关节所有轴位（如腕关节有两个轴位）和所有方位（如腕关节有四个方位）功能丧失值的之和再除以相应关节活动的方位数之和。例如：腕关节掌屈 40 度，背屈 30 度，桡屈 15 度，尺屈 20 度。查表得相应功能丧失值分别为 30%、40%、60% 和 60%，求得腕关节功能丧失程度为 47.5%。如果掌屈伴肌力下降（肌力 3 级），查表得相应功能丧失值分别为 65%、40%、60% 和 60%。求得腕关节功能丧失程度为 56.25%。

2. 当关节活动受限于某一方位时，其同一轴位的另一方位功能丧失值以 100% 计。如腕关节掌屈和背屈轴位上的活动限制在掌屈 10 度与 40 度之间，则背屈功能丧失值以 100% 计，而掌屈以 40 度计，查表得功能丧失值为 30%，背屈功能以 100% 计，则腕关节功能丧失程度为 65%。

3. 对疑有关节病变（如退行性变）并影响关节功能时，伤侧关节功能丧失值应与对侧进行比较，即同时用查表法分别求出伤侧和对侧关节功能丧失值，并用伤侧关节功能丧失值减去对侧关节功能丧失值即为伤侧关节功能实际丧失值。

4. 由于本标准对于关节功能的评定已经考虑到肌力减退对于关节功能的影响，故在测量关节运动活动度时，应以关节被动活动度为准。

C.6.1 肩关节功能丧失程度评定

表 C.2　肩关节功能丧失程度(%)

关节运动活动度	肌　力				
	≤M1	M2	M3	M4	M5
前屈 ≥171	100	75	50	25	0
151~170	100	77	55	32	10
131~150	100	80	60	40	20
111~130	100	82	65	47	30
91~110	100	85	70	55	40
71~90	100	87	75	62	50
51~70	100	90	80	70	60
31~50	100	92	85	77	70
≤30	100	95	90	85	80
后伸 ≥41	100	75	50	25	0
31~40	100	80	60	40	20
21~30	100	85	70	55	40
11~20	100	90	80	70	60
外展 ≥171	100	75	50	25	0
151~170	100	77	55	32	10
131~150	100	80	60	40	20
111~130	100	82	65	47	30
91~110	100	85	70	55	40
71~90	100	87	75	62	50
51~70	100	90	80	70	60
31~50	100	92	85	77	70
≤30	100	95	90	85	80
内收 ≥41	100	75	50	25	0
31~40	100	80	60	40	20
21~30	100	85	70	55	40
11~20	100	90	80	70	60
≤10	100	95	90	85	80
内旋 ≥81	100	75	50	25	0
71~80	100	77	55	32	10
61~70	100	80	60	40	20
51~60	100	82	65	47	30
41~50	100	85	70	55	40
31~40	100	87	75	62	50
21~30	100	90	80	70	60
11~20	100	92	85	77	70
≤10	100	95	90	85	80

续表

关节运动活动度	肌　力				
	≤M1	M2	M3	M4	M5
≥81	100	75	50	25	0
71～80	100	77	55	32	10
61～70	100	80	60	40	20
外 旋 51～60	100	82	65	47	30
41～50	100	85	70	55	40
31～40	100	87	75	62	50
21～30	100	90	80	70	60
11～20	100	92	85	77	70
≤10	100	95	90	85	80

C.6.2 肘关节功能丧失程度评定

表 C.3　肘关节功能丧失程度(%)

关节运动活动度	肌　力				
	≤M1	M2	M3	M4	M5
≥41	100	75	50	25	0
36～40	100	77	55	32	10
31～35	100	80	60	40	20
屈 曲 26～30	100	82	65	47	30
21～25	100	85	70	55	40
16～20	100	87	75	62	50
11～15	100	90	80	70	60
6～10	100	92	85	77	70
≤5	100	95	90	85	80
81～90	100	75	50	25	0
71～80	100	77	55	32	10
61～70	100	80	60	40	20
伸 展 51～60	100	82	65	47	30
41～50	100	85	70	55	40
31～40	100	87	75	62	50
21～30	100	90	80	70	60
11～20	100	92	85	77	70
≤10	100	95	90	85	80

注:为方便肘关节功能计算,此处规定肘关节以屈曲90度为中立位0度。

C.6.3 腕关节功能丧失程度评定

表 C.4　腕关节功能丧失程度(%)

关节运动活动度		肌　力			
	≤M1	M2	M3	M4	M5
掌屈 ≥61	100	75	50	25	0
51~60	100	77	55	32	10
41~50	100	80	60	40	20
31~40	100	82	65	47	30
26~30	100	85	70	55	40
21~25	100	87	75	62	50
16~20	100	90	80	70	60
11~15	100	92	85	77	70
≤10	100	95	90	85	80
背屈 ≥61	100	75	50	25	0
51~60	100	77	55	32	10
41~50	100	80	60	40	20
31~40	100	82	65	47	30
26~30	100	85	70	55	40
21~25	100	87	75	62	50
16~20	100	90	80	70	60
11~15	100	92	85	77	70
≤10	100	95	90	85	80
桡屈 ≥21	100	75	50	25	0
16~20	100	80	60	40	20
11~15	100	85	70	55	40
6~10	100	90	80	70	60
≤5	100	95	90	85	80
尺屈 ≥41	100	75	50	25	0
31~40	100	80	60	40	20
21~30	100	85	70	55	40
11~20	100	90	80	70	60
≤10	100	95	90	85	80

C.6.4 髋关节功能丧失程度评定

表 C.5 髋关节功能丧失程度(%)

关节运动活动度	肌 力				
	≤M1	M2	M3	M4	M5
前屈 ≥121	100	75	50	25	0
106~120	100	77	55	32	10
91~105	100	80	60	40	20
76~90	100	82	65	47	30
61~75	100	85	70	55	40
46~60	100	87	75	62	50
31~45	100	90	80	70	60
16~30	100	92	85	77	70
≤15	100	95	90	85	80
后伸 ≥11	100	75	50	25	0
6~10	100	85	70	55	20
1~5	100	90	80	70	50
0	100	95	90	85	80
外展 ≥41	100	75	50	25	0
31~40	100	80	60	40	20
21~30	100	85	70	55	40
11~20	100	90	80	70	60
≤10	100	95	90	85	80
内收 ≥16	100	75	50	25	0
11~15	100	80	60	40	20
6~10	100	85	70	55	40
1~5	100	90	80	70	60
0	100	95	90	85	80
外旋 ≥41	100	75	50	25	0
31~40	100	80	60	40	20
21~30	100	85	70	55	40
11~20	100	90	80	70	60
≤10	100	95	90	85	80
内旋 ≥41	100	75	50	25	0
31~40	100	80	60	40	20
21~30	100	85	70	55	40
11~20	100	90	80	70	60
≤10	100	95	90	85	80

注:表中前屈指屈膝位前屈。

C.6.5 膝关节功能丧失程度评定

表 C.6　膝关节功能丧失程度(%)

关节运动活动度	肌　力				
	≤M1	M2	M3	M4	M5
屈曲 ≥130	100	75	50	25	0
116~129	100	77	55	32	10
101~115	100	80	60	40	20
86~100	100	82	65	47	30
71~85	100	85	70	55	40
61~70	100	87	75	62	50
46~60	100	90	80	70	60
31~45	100	92	85	77	70
≤30	100	95	90	85	80
伸展 ≤-5	100	75	50	25	0
-6~-10	100	77	55	32	10
-11~-20	100	80	60	40	20
-21~-25	100	82	65	47	30
-26~-30	100	85	70	55	40
-31~-35	100	87	75	62	50
-36~-40	100	90	80	70	60
-41~-45	100	92	85	77	70
≥46	100	95	90	85	80

注:表中负值表示膝关节伸展时到达功能位(直立位)所差的度数。

使用说明:考虑到膝关节同一轴位屈伸活动相互重叠,膝关节功能丧失程度的计算方法与其他关节略有不同,即根据关节屈曲与伸展运动活动度查表得出相应功能丧失程度,再求和即为膝关节功能丧失程度。当二者之和大于100%时,以100%计算。

C.6.6 踝关节功能丧失程度评定

表 C.7　踝关节功能丧失程度(%)

关节运动活动度	肌　力				
	≤M1	M2	M3	M4	M5
背屈 ≥16	100	75	50	25	0
11~15	100	80	60	40	20
6~10	100	85	70	55	40
1~5	100	90	80	70	60
0	100	95	90	85	80

续　表

	关节运动活动度	肌　　力				
		≤M1	M2	M3	M4	M5
跖	≥41	100	75	50	25	0
	31～40	100	80	60	40	20
屈	21～30	100	85	70	55	40
	11～20	100	90	80	70	60
	≤10	100	95	90	85	80

C.7 手功能计算

C.7.1 手缺失和丧失功能的计算

一手拇指占一手功能的 36%,其中末节和近节指节各占 18%;食指、中指各占一手功能的 18%,其中末节指节占 8%,中节指节占 7%,近节指节占 3%;无名指和小指各占一手功能的 9%,其中末节指节占 4%,中节指节占 3%,近节指节占 2%。一手掌占一手功能的 10%,其中第一掌骨占 4%,第二、第三掌骨各占 2%,第四、第五掌骨各占 1%。本标准中,双手缺失或丧失功能的程度是按前面方法累加计算的结果。

C.7.2 手感觉丧失功能的计算

手感觉丧失功能是指因事故损伤所致手的掌侧感觉功能的丧失。手感觉丧失功能的计算按相应手功能丧失程度的 50%计算。

2.　其　他

最高人民法院、最高人民检察院、公安部、国家安全部、司法部关于办理死刑案件审查判断证据若干问题的规定

·2010 年 6 月 13 日
·法发〔2010〕20 号

为依法、公正、准确、慎重地办理死刑案件,惩罚犯罪,保障人权,根据《中华人民共和国刑事诉讼法》等有关法律规定,结合司法实际,制定本规定。

一、一般规定

第一条　办理死刑案件,必须严格执行刑法和刑事诉讼法,切实做到事实清楚,证据确实、充分,程序合法,适用法律正确,确保案件质量。

第二条　认定案件事实,必须以证据为根据。

第三条　侦查人员、检察人员、审判人员应当严格遵守法定程序,全面、客观地收集、审查、核实和认定证据。

第四条　经过当庭出示、辨认、质证等法庭调查程序查证属实的证据,才能作为定罪量刑的根据。

第五条　办理死刑案件,对被告人犯罪事实的认定,必须达到证据确实、充分。

证据确实、充分是指:

(一)定罪量刑的事实都有证据证明;

(二)每一个定案的证据均已经法定程序查证属实;

(三)证据与证据之间、证据与案件事实之间不存在矛盾或者矛盾得以合理排除;

(四)共同犯罪案件中,被告人的地位、作用均已查清;

(五)根据证据认定案件事实的过程符合逻辑和经验规则,由证据得出的结论为唯一结论。

办理死刑案件,对于以下事实的证明必须达到证据确实、充分:

(一)被指控的犯罪事实的发生;

(二)被告人实施了犯罪行为与被告人实施犯罪行为的时间、地点、手段、后果以及其他情节;

(三)影响被告人定罪的身份情况;

(四)被告人有刑事责任能力;

(五)被告人的罪过;

(六)是否共同犯罪及被告人在共同犯罪中的地位、作用;

(七)对被告人从重处罚的事实。

二、证据的分类审查与认定

1. 物证、书证

第六条　对物证、书证应当着重审查以下内容:

(一)物证、书证是否为原物、原件,物证的照片、录像或者复制品及书证的副本、复制件与原物、原件是否相符;物证、书证是否经过辨认、鉴定;物证的照片、录像或

者复制品和书证的副本、复制件是否由二人以上制作,有无制作人关于制作过程及原件、原物存放于何处的文字说明及签名。

(二)物证、书证的收集程序、方式是否符合法律及有关规定;经勘验、检查、搜查提取、扣押的物证、书证,是否附有相关笔录或者清单;笔录或者清单是否有侦查人员、物品持有人、见证人签名,没有物品持有人签名的,是否注明原因;对物品的特征、数量、质量、名称等注明是否清楚。

(三)物证、书证在收集、保管及鉴定过程中是否受到破坏或者改变。

(四)物证、书证与案件事实有无关联。对现场遗留与犯罪有关的具备检验鉴定条件的血迹、指纹、毛发、体液等生物物证、痕迹、物品,是否通过 DNA 鉴定、指纹鉴定等鉴定方式与被告人或者被害人的相应生物检材、生物特征、物品等作同一认定。

(五)与案件事实有关联的物证、书证是否全面收集。

第七条　对在勘验、检查、搜查中发现与案件事实可能有关联的血迹、指纹、足迹、字迹、毛发、体液、人体组织等痕迹和物品应当提取而没有提取,应当检验而没有检验,导致案件事实存疑的,人民法院应当向人民检察院说明情况,人民检察院依法可以补充收集、调取证据,作出合理的说明或者退回侦查机关补充侦查,调取有关证据。

第八条　据以定案的物证应当是原物。只有在原物不便搬运、不易保存或者依法应当由有关部门保管、处理或者依法应当返还时,才可以拍摄或者制作足以反映原物外形或者内容的照片、录像或者复制品。物证的照片、录像或者复制品,经与原物核实无误或者经鉴定证明为真实的,或者以其他方式确能证明其真实的,可以作为定案的根据。原物的照片、录像或者复制品,不能反映原物的外形和特征的,不能作为定案的根据。

据以定案的书证应当是原件。只有在取得原件确有困难时,才可以使用副本或者复制件。书证的副本、复制件,经与原件核实无误或者经鉴定证明为真实的,或者以其他方式确能证明其真实的,可以作为定案的根据。书证有更改或者更改迹象不能作出合理解释的,书证的副本、复制件不能反映书证原件及其内容的,不能作为定案的根据。

第九条　经勘验、检查、搜查提取、扣押的物证、书证,未附有勘验、检查笔录,搜查笔录,提取笔录,扣押清单,不能证明物证、书证来源的,不能作为定案的根据。

物证、书证的收集程序、方式存在下列瑕疵,通过有关办案人员的补正或者作出合理解释的,可以采用:

(一)收集调取的物证、书证,在勘验、检查笔录,搜查笔录,提取笔录,扣押清单上没有侦查人员、物品持有人、见证人签名或者物品特征、数量、质量、名称等注明不详的;

(二)收集调取物证照片、录像或者复制品,书证的副本、复制件未注明与原件核对无异,无复制时间、无被收集、调取人(单位)签名(盖章)的;

(三)物证照片、录像或者复制品,书证的副本、复制件没有制作人关于制作过程及原物、原件存放于何处的说明或者说明中无签名的;

(四)物证、书证的收集程序、方式存在其他瑕疵的。

对物证、书证的来源及收集过程有疑问,不能作出合理解释的,该物证、书证不能作为定案的根据。

第十条　具备辨认条件的物证、书证应当交由当事人或者证人进行辨认,必要时应当进行鉴定。

2. 证人证言

第十一条　对证人证言应当着重审查以下内容:

(一)证言的内容是否为证人直接感知。

(二)证人作证时的年龄、认知水平、记忆能力和表达能力,生理上和精神上的状态是否影响作证。

(三)证人与案件当事人、案件处理结果有无利害关系。

(四)证言的取得程序、方式是否符合法律及有关规定:有无使用暴力、威胁、引诱、欺骗以及其他非法手段取证的情形;有无违反询问证人应当个别进行的规定;笔录是否经证人核对确认并签名(盖章)、捺指印;询问未成年证人,是否通知了其法定代理人到场,其法定代理人是否在场等。

(五)证人证言之间以及与其他证据之间能否相互印证,有无矛盾。

第十二条　以暴力、威胁等非法手段取得的证人证言,不能作为定案的根据。

处于明显醉酒、麻醉品中毒或者精神药物麻醉状态,以致不能正确表达的证人所提供的证言,不能作为定案的根据。

证人的猜测性、评论性、推断性的证言,不能作为证据使用,但根据一般生活经验判断符合事实的除外。

第十三条　具有下列情形之一的证人证言,不能作为定案的根据:

(一)询问证人没有个别进行而取得的证言;

(二)没有经证人核对确认并签名(盖章)、捺指印的书面证言；

（三）询问聋哑人或者不通晓当地通用语言、文字的少数民族人员、外国人，应当提供翻译而未提供的。

第十四条　证人证言的收集程序和方式有下列瑕疵，通过有关办案人员的补正或者作出合理解释的，可以采用：

（一）没有填写询问人、记录人、法定代理人姓名或者询问的起止时间、地点的；

（二）询问证人的地点不符合规定的；

（三）询问笔录没有记录告知证人应当如实提供证言和有意作伪证或者隐匿罪证要负法律责任内容的；

（四）询问笔录反映出在同一时间段内，同一询问人员询问不同证人的。

第十五条　具有下列情形的证人，人民法院应当通知出庭作证；经依法通知不出庭作证证人的书面证言经质证无法确认的，不能作为定案的根据：

（一）人民检察院、被告人及其辩护人对证人证言有异议，该证人证言对定罪量刑有重大影响的；

（二）人民法院认为其他应当出庭作证的。

证人在法庭上的证言与其庭前证言相互矛盾，如果证人当庭能够对其翻证作出合理解释，并有相关证据印证的，应当采信庭审证言。

对未出庭作证证人的书面证言，应当听取出庭检察人员、被告人及其辩护人的意见，并结合其他证据综合判断。未出庭作证证人的书面证言出现矛盾，不能排除矛盾且无证据印证的，不能作为定案的根据。

第十六条　证人作证，涉及国家秘密或者个人隐私的，应当保守秘密。

证人出庭作证，必要时，人民法院可以采取限制公开证人信息、限制询问、遮蔽容貌、改变声音等保护性措施。

3. 被害人陈述

第十七条　对被害人陈述的审查与认定适用前述关于证人证言的有关规定。

4. 被告人供述和辩解

第十八条　对被告人供述和辩解应当着重审查以下内容：

（一）讯问的时间、地点、讯问人的身份等是否符合法律及有关规定，讯问被告人的侦查人员是否不少于二人，讯问被告人是否个别进行等。

（二）讯问笔录的制作、修改是否符合法律及有关规定，讯问笔录是否注明讯问的起止时间和讯问地点，首次讯问时是否告知被告人申请回避、聘请律师等诉讼权利，被告人是否核对确认并签名（盖章）、捺指印，是否有不少于二人的讯问人签名等。

（三）讯问聋哑人、少数民族人员、外国人时是否提供了通晓聋、哑手势的人员或者翻译人员，讯问未成年同案犯时，是否通知了其法定代理人到场，其法定代理人是否在场。

（四）被告人的供述有无以刑讯逼供等非法手段获取的情形，必要时可以调取被告人进出看守所的健康检查记录、笔录。

（五）被告人的供述是否前后一致，有无反复以及出现反复的原因；被告人的所有供述和辩解是否均已收集入卷；应当入卷的供述和辩解没有入卷的，是否出具了相关说明。

（六）被告人的辩解内容是否符合案情和常理，有无矛盾。

（七）被告人的供述和辩解与同案犯的供述和辩解以及其他证据能否相互印证，有无矛盾。

对于上述内容，侦查机关随案移送有录音录像资料的，应当结合相关录音录像资料进行审查。

第十九条　采用刑讯逼供等非法手段取得的被告人供述，不能作为定案的根据。

第二十条　具有下列情形之一的被告人供述，不能作为定案的根据：

（一）讯问笔录没有经被告人核对确认并签名（盖章）、捺指印的；

（二）讯问聋哑人、不通晓当地通用语言、文字的人员时，应当提供通晓聋、哑手势的人员或者翻译人员而未提供的。

第二十一条　讯问笔录有下列瑕疵，通过有关办案人员的补正或者作出合理解释的，可以采用：

（一）笔录填写的讯问时间、讯问人、记录人、法定代理人等有误或者存在矛盾的；

（二）讯问人没有签名的；

（三）首次讯问笔录没有记录告知被讯问人诉讼权利内容的。

第二十二条　对被告人供述和辩解的审查，应当结合控辩双方提供的所有证据以及被告人本人的全部供述和辩解进行。

被告人庭前供述一致，庭审中翻供，但被告人不能合理说明翻供理由或者其辩解与全案证据相矛盾，而庭前供述与其他证据能够相互印证的，可以采信被告人庭前供述。

被告人庭前供述和辩解出现反复，但庭审中供认的，且庭审中的供述与其他证据能够印证的，可以采信庭审中的供述；被告人庭前供述和辩解出现反复，庭审中不供认，且无其他证据与庭前供述印证的，不能采信庭前供述。

5. 鉴定意见

第二十三条　对鉴定意见应当着重审查以下内容：

（一）鉴定人是否存在应当回避而未回避的情形。

（二）鉴定机构和鉴定人是否具有合法的资质。

（三）鉴定程序是否符合法律及有关规定。

（四）检材的来源、取得、保管、送检是否符合法律及有关规定，与相关提取笔录、扣押物品清单等记载的内容是否相符，检材是否充足、可靠。

（五）鉴定的程序、方法、分析过程是否符合本专业的检验鉴定规程和技术方法要求。

（六）鉴定意见的形式要件是否完备，是否注明提起鉴定的事由、鉴定委托人、鉴定机构、鉴定要求、鉴定过程、检验方法、鉴定文书的日期等相关内容，是否由鉴定机构加盖鉴定专用章并由鉴定人签名盖章。

（七）鉴定意见是否明确。

（八）鉴定意见与案件待证事实有无关联。

（九）鉴定意见与其他证据之间是否有矛盾，鉴定意见与检验笔录及相关照片是否有矛盾。

（十）鉴定意见是否依法及时告知相关人员，当事人对鉴定意见是否有异议。

第二十四条　鉴定意见具有下列情形之一的，不能作为定案的根据：

（一）鉴定机构不具备法定的资格和条件，或者鉴定事项超出本鉴定机构项目范围或者鉴定能力的；

（二）鉴定人不具备法定的资格和条件、鉴定人不具有相关专业技术或者职称、鉴定人违反回避规定的；

（三）鉴定程序、方法有错误的；

（四）鉴定意见与证明对象没有关联的；

（五）鉴定对象与送检材料、样本不一致的；

（六）送检材料、样本来源不明或者确实被污染且不具备鉴定条件的；

（七）违反有关鉴定特定标准的；

（八）鉴定文书缺少签名、盖章的；

（九）其他违反有关规定的情形。

对鉴定意见有疑问的，人民法院应当依法通知鉴定人出庭作证或者由其出具相关说明，也可以依法补充鉴定或者重新鉴定。

6. 勘验、检查笔录

第二十五条　对勘验、检查笔录应当着重审查以下内容：

（一）勘验、检查是否依法进行，笔录的制作是否符合法律及有关规定的要求，勘验、检查人员和见证人是否签名或者盖章等。

（二）勘验、检查笔录的内容是否全面、详细、准确、规范：是否准确记录了提起勘验、检查的事由，勘验、检查的时间、地点，在场人员、现场方位、周围环境等情况；是否准确记载了现场、物品、人身、尸体等的位置、特征等详细情况以及勘验、检查、搜查的过程；文字记载与实物或者绘图、录像、照片是否相符；固定证据的形式、方法是否科学、规范；现场、物品、痕迹等是否被破坏或者伪造，是否是原始现场；人身特征、伤害情况、生理状况有无伪装或者变化等。

（三）补充进行勘验、检查的，前后勘验、检查的情况是否有矛盾，是否说明了再次勘验、检查的原由。

（四）勘验、检查笔录中记载的情况与被告人供述、被害人陈述、鉴定意见等其他证据能否印证，有无矛盾。

第二十六条　勘验、检查笔录存在明显不符合法律及有关规定的情形，并且不能作出合理解释或者说明的，不能作为证据使用。

勘验、检查笔录存在勘验、检查没有见证人的，勘验、检查人员和见证人没有签名、盖章的，勘验、检查人员违反回避规定的等情形，应当结合案件其他证据，审查其真实性和关联性。

7. 视听资料

第二十七条　对视听资料应当着重审查以下内容：

（一）视听资料的来源是否合法，制作过程中当事人有无受到威胁、引诱等违反法律及有关规定的情形；

（二）是否载明制作人或者持有人的身份，制作的时间、地点和条件以及制作方法；

（三）是否为原件，有无复制及复制份数；调取的视听资料是复制件的，是否附有无法调取原件的原因、制作过程和原件存放地点的说明，是否有制作人和原视听资料持有人签名或者盖章；

（四）内容和制作过程是否真实，有无经过剪辑、增加、删改、编辑等伪造、变造情形；

（五）内容与案件事实有无关联性。

对视听资料有疑问的，应当进行鉴定。

对视听资料，应当结合案件其他证据，审查其真实性和关联性。

第二十八条　具有下列情形之一的视听资料,不能作为定案的根据:

(一)视听资料经审查或者鉴定无法确定真伪的;

(二)对视听资料的制作和取得的时间、地点、方式等有异议,不能作出合理解释或者提供必要证明的。

8. 其他规定

第二十九条　对于电子邮件、电子数据交换、网上聊天记录、网络博客、手机短信、电子签名、域名等电子证据,应当主要审查以下内容:

(一)该电子证据存储磁盘、存储光盘等可移动存储介质是否与打印件一并提交;

(二)是否载明该电子证据形成的时间、地点、对象、制作人、制作过程及设备情况等;

(三)制作、储存、传递、获得、收集、出示等程序和环节是否合法,取证人、制作人、持有人、见证人等是否签名或者盖章;

(四)内容是否真实,有无剪裁、拼凑、篡改、添加等伪造、变造情形;

(五)该电子证据与案件事实有无关联性。

对电子证据有疑问的,应当进行鉴定。

对电子证据,应当结合案件其他证据,审查其真实性和关联性。

第三十条　侦查机关组织的辨认,存在下列情形之一的,应当严格审查,不能确定其真实性的,辨认结果不能作为定案的根据:

(一)辨认不是在侦查人员主持下进行的;

(二)辨认前使辨认人见到辨认对象的;

(三)辨认人的辨认活动没有个别进行的;

(四)辨认对象没有混杂在具有类似特征的其他对象中,或者供辨认的对象数量不符合规定;尸体、场所等特定辨认对象除外;

(五)辨认中给辨认人明显暗示或者明显有指认嫌疑的。

有下列情形之一的,通过有关办案人员的补正或者作出合理解释的,辨认结果可以作为证据使用:

(一)主持辨认的侦查人员少于二人的;

(二)没有向辨认人详细询问辨认对象的具体特征的;

(三)对辨认经过和结果没有制作专门的规范的辨认笔录,或者辨认笔录没有侦查人员、辨认人、见证人的签名或者盖章的;

(四)辨认记录过于简单,只有结果没有过程的;

(五)案卷中只有辨认笔录,没有被辨认对象的照片、录像等资料,无法获悉辨认的真实情况的。

第三十一条　对侦查机关出具的破案经过等材料,应当审查是否有出具该说明材料的办案人、办案机关的签字或者盖章。

对破案经过有疑问,或者对确定被告人有重大嫌疑的根据有疑问的,应当要求侦查机关补充说明。

三、证据的综合审查和运用

第三十二条　对证据的证明力,应当结合案件的具体情况,从各证据与待证事实的关联程度、各证据之间的联系等方面进行审查判断。

证据之间具有内在的联系,共同指向同一待证事实,且能合理排除矛盾的,才能作为定案的根据。

第三十三条　没有直接证据证明犯罪行为系被告人实施,但同时符合下列条件的可以认定被告人有罪:

(一)据以定案的间接证据已经查证属实;

(二)据以定案的间接证据之间相互印证,不存在无法排除的矛盾和无法解释的疑问;

(三)据以定案的间接证据已经形成完整的证明体系;

(四)依据间接证据认定的案件事实,结论是唯一的,足以排除一切合理怀疑;

(五)运用间接证据进行的推理符合逻辑和经验判断。

根据间接证据定案的,判处死刑应当特别慎重。

第三十四条　根据被告人的供述、指认提取到了隐蔽性很强的物证、书证,且与其他证明犯罪事实发生的证据互相印证,并排除串供、逼供、诱供等可能性的,可以认定有罪。

第三十五条　侦查机关依照有关规定采用特殊侦查措施所收集的物证、书证及其他证据材料,经法庭查证属实,可以作为定案的根据。

法庭依法不公开特殊侦查措施的过程及方法。

第三十六条　在对被告人作出有罪认定后,人民法院认定被告人的量刑事实,除审查法定情节外,还应审查以下影响量刑的情节:

(一)案件起因;

(二)被害人有无过错及过错程度,是否对矛盾激化负有责任及责任大小;

(三)被告人的近亲属是否协助抓获被告人;

(四)被告人平时表现及有无悔罪态度;

（五）被害人附带民事诉讼赔偿情况，被告人是否取得被害人或者被害人近亲属谅解；

（六）其他影响量刑的情节。

既有从轻、减轻处罚等情节，又有从重处罚等情节的，应当依法综合相关情节予以考虑。

不能排除被告人具有从轻、减轻处罚等量刑情节的，判处死刑应当特别慎重。

第三十七条　对于有下列情形的证据应当慎重使用，有其他证据印证的，可以采信：

（一）生理上、精神上有缺陷的被害人、证人和被告人，在对案件事实的认知和表达上存在一定困难，但尚未丧失正确认知、正确表达能力而作的陈述、证言和供述；

（二）与被告人有亲属关系或者其他密切关系的证人所作的对该被告人有利的证言，或者与被告人有利害冲突的证人所作的对该被告人不利的证言。

第三十八条　法庭对证据有疑问的，可以告知出庭检察人员、被告人及其辩护人补充证据或者作出说明；确有核实必要的，可以宣布休庭，对证据进行调查核实。法庭进行庭外调查时，必要时，可以通知出庭检察人员、辩护人到场。出庭检察人员、辩护人一方或者双方不到场的，法庭记录在案。

人民检察院、辩护人补充的和法庭庭外调查核实取得的证据，法庭可以庭外征求出庭检察人员、辩护人的意见。双方意见不一致，有一方要求人民法院开庭进行调查的，人民法院应当开庭。

第三十九条　被告人及其辩护人提出有自首的事实及理由，有关机关未予认定，应当要求有关机关提供证明材料或者要求相关人员作证，并结合其他证据判断自首是否成立。

被告人是否协助或者如何协助抓获同案犯的证明材料不全，导致无法认定被告人构成立功的，应当要求有关机关提供证明材料或者要求相关人员作证，并结合其他证据判断立功是否成立。

被告人有检举揭发他人犯罪情形的，应当审查是否已经查证属实；尚未查证的，应当及时查证。

被告人累犯的证明材料不全，应当要求有关机关提供证明材料。

第四十条　审查被告人实施犯罪时是否已满十八周岁，一般应当以户籍证明为依据；对户籍证明有异议，并有经查证属实的出生证明文件、无利害关系人的证言等证据证明被告人不满十八周岁的，应认定被告人不满十八周岁；没有户籍证明以及出生证明文件的，应当根据人口普查登记、无利害关系人的证言等证据综合进行判断，必要时，可以进行骨龄鉴定，并将结果作为判断被告人年龄的参考。

未排除证据之间的矛盾，无充分证据证明被告人实施被指控的犯罪时已满十八周岁且确实无法查明的，不能认定其已满十八周岁。

第四十一条　本规定自二〇一〇年七月一日起施行。

最高人民法院、最高人民检察院、公安部、国家安全部、司法部关于办理刑事案件排除非法证据若干问题的规定

· 2010 年 6 月 13 日
· 法发〔2010〕20 号

为规范司法行为，促进司法公正，根据刑事诉讼法和相关司法解释，结合人民法院、人民检察院、公安机关、国家安全机关和司法行政机关办理刑事案件工作实际，制定本规定。

第一条　采用刑讯逼供等非法手段取得的犯罪嫌疑人、被告人供述和采用暴力、威胁等非法手段取得的证人证言、被害人陈述，属于非法言词证据。

第二条　经依法确认的非法言词证据，应当予以排除，不能作为定案的根据。

第三条　人民检察院在审查批准逮捕、审查起诉中，对于非法言词证据应当依法予以排除，不能作为批准逮捕、提起公诉的根据。

第四条　起诉书副本送达后开庭审判前，被告人提出其审判前供述是非法取得的，应当向人民法院提交书面意见。被告人书写确有困难的，可以口头告诉，由人民法院工作人员或者其辩护人作出笔录，并由被告人签名或者捺指印。

人民法院应当将被告人的书面意见或者告诉笔录复印件在开庭前交人民检察院。

第五条　被告人及其辩护人在开庭审理前或者庭审中，提出被告人审判前供述是非法取得的，法庭在公诉人宣读起诉书之后，应当先行当庭调查。

法庭辩论结束前，被告人及其辩护人提出被告人审判前供述是非法取得的，法庭也应当进行调查。

第六条　被告人及其辩护人提出被告人审判前供述是非法取得的，法庭应当要求其提供涉嫌非法取证的人员、时间、地点、方式、内容等相关线索或者证据。

第七条　经审查，法庭对被告人审判前供述取得的合法性有疑问的，公诉人应当向法庭提供讯问笔录、原始的讯问过程录音录像或者其他证据，提请法庭通知讯问时其他在场人员或者其他证人出庭作证，仍不能排除刑讯逼供嫌疑的，提请法庭通知讯问人员出庭作证，对该供述取得的合法性予以证明。公诉人当庭不能举证的，可以根据刑事诉讼法第一百六十五条的规定，建议法庭延期审理。

经依法通知，讯问人员或者其他人员应当出庭作证。

公诉人提交加盖公章的说明材料，未经有关讯问人员签名或者盖章的，不能作为证明取证合法性的证据。

控辩双方可以就被告人审判前供述取得的合法性问题进行质证、辩论。

第八条　法庭对于控辩双方提供的证据有疑问的，可以宣布休庭，对证据进行调查核实。必要时，可以通知检察人员、辩护人到场。

第九条　庭审中，公诉人为提供新的证据需要补充侦查，建议延期审理的，法庭应当同意。

被告人及其辩护人申请通知讯问人员、讯问时其他在场人员或者其他证人到庭，法庭认为有必要的，可以宣布延期审理。

第十条　经法庭审查，具有下列情形之一的，被告人审判前供述可以当庭宣读、质证：

（一）被告人及其辩护人未提供非法取证的相关线索或者证据的；

（二）被告人及其辩护人已提供非法取证的相关线索或者证据，法庭对被告人审判前供述取得的合法性没有疑问的；

（三）公诉人提供的证据确实、充分，能够排除被告人审判前供述属非法取得的。

对于当庭宣读的被告人审判前供述，应当结合被告人当庭供述以及其他证据确定能否作为定案的根据。

第十一条　对被告人审判前供述的合法性，公诉人不提供证据加以证明，或者已提供的证据不够确实、充分的，该供述不能作为定案的根据。

第十二条　对于被告人及其辩护人提出的被告人审判前供述是非法取得的意见，第一审人民法院没有审查，并以被告人审判前供述作为定案根据的，第二审人民法院应当对被告人审判前供述取得的合法性进行审查。检察人员不提供证据加以证明，或者已提供的证据不够确实、充分的，被告人该供述不能作为定案的根据。

第十三条　庭审中，检察人员、被告人及其辩护人提出未到庭证人的书面证言、未到庭被害人的书面陈述是非法取得的，举证方应当对其取证的合法性予以证明。

对前款所述证据，法庭应当参照本规定有关规定进行调查。

第十四条　物证、书证的取得明显违反法律规定，可能影响公正审判的，应当予以补正或者作出合理解释，否则，该物证、书证不能作为定案的根据。

第十五条　本规定自二〇一〇年七月一日起施行。

最高人民法院、最高人民检察院、公安部关于办理刑事案件收集提取和审查判断电子数据若干问题的规定

· 2016 年 9 月 9 日
· 法发〔2016〕22 号

为规范电子数据的收集提取和审查判断，提高刑事案件办理质量，根据《中华人民共和国刑事诉讼法》等有关法律规定，结合司法实际，制定本规定。

一、一般规定

第一条　电子数据是案件发生过程中形成的，以数字化形式存储、处理、传输的，能够证明案件事实的数据。

电子数据包括但不限于下列信息、电子文件：

（一）网页、博客、微博客、朋友圈、贴吧、网盘等网络平台发布的信息；

（二）手机短信、电子邮件、即时通信、通讯群组等网络应用服务的通信信息；

（三）用户注册信息、身份认证信息、电子交易记录、通信记录、登录日志等信息；

（四）文档、图片、音视频、数字证书、计算机程序等电子文件。

以数字化形式记载的证人证言、被害人陈述以及犯罪嫌疑人、被告人供述和辩解等证据，不属于电子数据。确有必要的，对相关证据的收集、提取、移送、审查，可以参照适用本规定。

第二条　侦查机关应当遵守法定程序，遵循有关技术标准，全面、客观、及时地收集、提取电子数据；人民检察院、人民法院应当围绕真实性、合法性、关联性审查判断电子数据。

第三条　人民法院、人民检察院和公安机关有权依法向有关单位和个人收集、调取电子数据。有关单位和个人应当如实提供。

第四条　电子数据涉及国家秘密、商业秘密、个人隐私的,应当保密。

第五条　对作为证据使用的电子数据,应当采取以下一种或者几种方法保护电子数据的完整性:

(一)扣押、封存电子数据原始存储介质;

(二)计算电子数据完整性校验值;

(三)制作、封存电子数据备份;

(四)冻结电子数据;

(五)对收集、提取电子数据的相关活动进行录像;

(六)其他保护电子数据完整性的方法。

第六条　初查过程中收集、提取的电子数据,以及通过网络在线提取的电子数据,可以作为证据使用。

二、电子数据的收集与提取

第七条　收集、提取电子数据,应当由二名以上侦查人员进行。取证方法应当符合相关技术标准。

第八条　收集、提取电子数据,能够扣押电子数据原始存储介质的,应当扣押、封存原始存储介质,并制作笔录,记录原始存储介质的封存状态。

封存电子数据原始存储介质,应当保证在不解除封存状态的情况下,无法增加、删除、修改电子数据。封存前后应当拍摄被封存原始存储介质的照片,清晰反映封口或者张贴封条处的状况。

封存手机等具有无线通信功能的存储介质,应当采取信号屏蔽、信号阻断或者切断电源等措施。

第九条　具有下列情形之一,无法扣押原始存储介质的,可以提取电子数据,但应当在笔录中注明不能扣押原始存储介质的原因、原始存储介质的存放地点或者电子数据的来源等情况,并计算电子数据的完整性校验值:

(一)原始存储介质不便封存的;

(二)提取计算机内存数据、网络传输数据等不是存储在存储介质上的电子数据的;

(三)原始存储介质位于境外的;

(四)其他无法扣押原始存储介质的情形。

对于原始存储介质位于境外或者远程计算机信息系统上的电子数据,可以通过网络在线提取。

为进一步查明有关情况,必要时,可以对远程计算机信息系统进行网络远程勘验。进行网络远程勘验,需要采取技术侦查措施的,应当依法经过严格的批准手续。

第十条　由于客观原因无法或者不宜依据第八条、第九条的规定收集、提取电子数据的,可以采取打印、拍照或者录像等方式固定相关证据,并在笔录中说明原因。

第十一条　具有下列情形之一的,经县级以上公安机关负责人或者检察长批准,可以对电子数据进行冻结:

(一)数据量大,无法或者不便提取的;

(二)提取时间长,可能造成电子数据被篡改或者灭失的;

(三)通过网络应用可以更为直观地展示电子数据的;

(四)其他需要冻结的情形。

第十二条　冻结电子数据,应当制作协助冻结通知书,注明冻结电子数据的网络应用账号等信息,送交电子数据持有人、网络服务提供者或者有关部门协助办理。解除冻结的,应当在三日内制作协助解除冻结通知书,送交电子数据持有人、网络服务提供者或者有关部门协助办理。

冻结电子数据,应当采取以下一种或者几种方法:

(一)计算电子数据的完整性校验值;

(二)锁定网络应用账号;

(三)其他防止增加、删除、修改电子数据的措施。

第十三条　调取电子数据,应当制作调取证据通知书,注明需要调取电子数据的相关信息,通知电子数据持有人、网络服务提供者或者有关部门执行。

第十四条　收集、提取电子数据,应当制作笔录,记录案由、对象、内容、收集、提取电子数据的时间、地点、方法、过程,并附电子数据清单,注明类别、文件格式、完整性校验值等,由侦查人员、电子数据持有人(提供人)签名或者盖章;电子数据持有人(提供人)无法签名或者拒绝签名的,应当在笔录中注明,由见证人签名或者盖章。有条件的,应当对相关活动进行录像。

第十五条　收集、提取电子数据,应当根据刑事诉讼法的规定,由符合条件的人员担任见证人。由于客观原因无法由符合条件的人员担任见证人的,应当在笔录中注明情况,并对相关活动进行录像。

针对同一现场多个计算机信息系统收集、提取电子数据的,可以由一名见证人见证。

第十六条　对扣押的原始存储介质或者提取的电子数据,可以通过恢复、破解、统计、关联、比对等方式进行检查。必要时,可以进行侦查实验。

电子数据检查,应当对电子数据存储介质拆封过程进行录像,并将电子数据存储介质通过写保护设备接入到检查设备进行检查;有条件的,应当制作电子数据备份,对备份进行检查;无法使用写保护设备且无法制作备份的,应当注明原因,并对相关活动进行录像。

电子数据检查应当制作笔录,注明检查方法、过程和结果,由有关人员签名或者盖章。进行侦查实验的,应当制作侦查实验笔录,注明侦查实验的条件、经过和结果,由参加实验的人员签名或者盖章。

第十七条　对电子数据涉及的专门性问题难以确定的,由司法鉴定机构出具鉴定意见,或者由公安部指定的机构出具报告。对于人民检察院直接受理的案件,也可以由最高人民检察院指定的机构出具报告。

具体办法由公安部、最高人民检察院分别制定。

三、电子数据的移送与展示

第十八条　收集、提取的原始存储介质或者电子数据,应当以封存状态随案移送,并制作电子数据的备份一并移送。

对网页、文档、图片等可以直接展示的电子数据,可以不随案移送打印件;人民法院、人民检察院因设备等条件限制无法直接展示电子数据的,侦查机关应当随案移送打印件,或者附展示工具和展示方法说明。

对冻结的电子数据,应当移送被冻结电子数据的清单,注明类别、文件格式、冻结主体、证据要点、相关网络应用账号,并附查看工具和方法的说明。

第十九条　对侵入、非法控制计算机信息系统的程序、工具以及计算机病毒等无法直接展示的电子数据,应当附电子数据属性、功能等情况的说明。

对数据统计量、数据同一性等问题,侦查机关应当出具说明。

第二十条　公安机关报请人民检察院审查批准逮捕犯罪嫌疑人,或者对侦查终结的案件移送人民检察院审查起诉的,应当将电子数据等证据一并移送人民检察院。人民检察院在审查批准逮捕和审查起诉过程中发现应当移送的电子数据没有移送或者移送的电子数据不符合相关要求的,应当通知公安机关补充移送或者进行补正。

对于提起公诉的案件,人民法院发现应当移送的电子数据没有移送或者移送的电子数据不符合相关要求的,应当通知人民检察院。

公安机关、人民检察院应当自收到通知后三日内移送电子数据或者补充有关材料。

第二十一条　控辩双方向法庭提交的电子数据需要展示的,可以根据电子数据的具体类型,借助多媒体设备出示、播放或者演示。必要时,可以聘请具有专门知识的人进行操作,并就相关技术问题作出说明。

四、电子数据的审查与判断

第二十二条　对电子数据是否真实,应当着重审查

以下内容:

(一)是否移送原始存储介质;在原始存储介质无法封存、不便移动时,有无说明原因,并注明收集、提取过程及原始存储介质的存放地点或者电子数据的来源等情况;

(二)电子数据是否具有数字签名、数字证书等特殊标识;

(三)电子数据的收集、提取过程是否可以重现;

(四)电子数据如有增加、删除、修改等情形的,是否附有说明;

(五)电子数据的完整性是否可以保证。

第二十三条　对电子数据是否完整,应当根据保护电子数据完整性的相应方法进行验证:

(一)审查原始存储介质的扣押、封存状态;

(二)审查电子数据的收集、提取过程,查看录像;

(三)比对电子数据完整性校验值;

(四)与备份的电子数据进行比较;

(五)审查冻结后的访问操作日志;

(六)其他方法。

第二十四条　对收集、提取电子数据是否合法,应当着重审查以下内容:

(一)收集、提取电子数据是否由二名以上侦查人员进行,取证方法是否符合相关技术标准;

(二)收集、提取电子数据,是否附有笔录、清单,并经侦查人员、电子数据持有人(提供人)、见证人签名或者盖章;没有持有人(提供人)签名或者盖章的,是否注明原因;对电子数据的类别、文件格式等是否注明清楚;

(三)是否依照有关规定由符合条件的人员担任见证人,是否对相关活动进行录像;

(四)电子数据检查是否将电子数据存储介质通过写保护设备接入到检查设备;有条件的,是否制作电子数据备份,并对备份进行检查;无法制作备份且无法使用写保护设备的,是否附有录像。

第二十五条　认定犯罪嫌疑人、被告人的网络身份与现实身份的同一性,可以通过核查相关 IP 地址、网络活动记录、上网终端归属、相关证人证言以及犯罪嫌疑人、被告人供述和辩解等进行综合判断。

认定犯罪嫌疑人、被告人与存储介质的关联性,可以通过核查相关证人证言以及犯罪嫌疑人、被告人供述和辩解等进行综合判断。

第二十六条　公诉人、当事人或者辩护人、诉讼代理人对电子数据鉴定意见有异议,可以申请人民法院通知

鉴定人出庭作证。人民法院认为鉴定人有必要出庭的，鉴定人应当出庭作证。

经人民法院通知，鉴定人拒不出庭作证的，鉴定意见不得作为定案的根据。对没有正当理由拒不出庭作证的鉴定人，人民法院应当通报司法行政机关或者有关部门。

公诉人、当事人或者辩护人、诉讼代理人可以申请法庭通知有专门知识的人出庭，就鉴定意见提出意见。

对电子数据涉及的专门性问题的报告，参照适用前三款规定。

第二十七条　电子数据的收集、提取程序有下列瑕疵，经补正或者作出合理解释的，可以采用；不能补正或者作出合理解释的，不得作为定案的根据：

（一）未以封存状态移送的；

（二）笔录或者清单上没有侦查人员、电子数据持有人（提供人）、见证人签名或者盖章的；

（三）对电子数据的名称、类别、格式等注明不清的；

（四）有其他瑕疵的。

第二十八条　电子数据具有下列情形之一的，不得作为定案的根据：

（一）电子数据系篡改、伪造或者无法确定真伪的；

（二）电子数据有增加、删除、修改等情形，影响电子数据真实性的；

（三）其他无法保证电子数据真实性的情形。

五、附　则

第二十九条　本规定中下列用语的含义：

（一）存储介质，是指具备数据信息存储功能的电子设备、硬盘、光盘、优盘、记忆棒、存储卡、存储芯片等载体。

（二）完整性校验值，是指为防止电子数据被篡改或者破坏，使用散列算法等特定算法对电子数据进行计算，得出的用于校验数据完整性的数据值。

（三）网络远程勘验，是指通过网络对远程计算机信息系统实施勘验，发现、提取与犯罪有关的电子数据，记录计算机信息系统状态，判断案件性质，分析犯罪过程，确定侦查方向和范围，为侦查破案、刑事诉讼提供线索和证据的侦查活动。

（四）数字签名，是指利用特定算法对电子数据进行计算，得出的用于验证电子数据来源和完整性的数据值。

（五）数字证书，是指包含数字签名并对电子数据来源、完整性进行认证的电子文件。

（六）访问操作日志，是指为审查电子数据是否被增加、删除或者修改，由计算机信息系统自动生成的对电子

数据访问、操作情况的详细记录。

第三十条　本规定自 2016 年 10 月 1 日起施行。之前发布的规范性文件与本规定不一致的，以本规定为准。

最高人民法院、最高人民检察院、公安部、国家安全部、司法部关于办理刑事案件严格排除非法证据若干问题的规定

· 2017 年 6 月 20 日
· 法发〔2017〕15 号

为准确惩罚犯罪，切实保障人权，规范司法行为，促进司法公正，根据《中华人民共和国刑事诉讼法》及有关司法解释等规定，结合司法实际，制定如下规定。

一、一般规定

第一条　严禁刑讯逼供和以威胁、引诱、欺骗以及其他非法方法收集证据，不得强迫任何人证实自己有罪。对一切案件的判处都要重证据，重调查研究，不轻信口供。

第二条　采取殴打、违法使用戒具等暴力方法或者变相肉刑的恶劣手段，使犯罪嫌疑人、被告人遭受难以忍受的痛苦而违背意愿作出的供述，应当予以排除。

第三条　采用以暴力或者严重损害本人及其近亲属合法权益等进行威胁的方法，使犯罪嫌疑人、被告人遭受难以忍受的痛苦而违背意愿作出的供述，应当予以排除。

第四条　采用非法拘禁等非法限制人身自由的方法收集的犯罪嫌疑人、被告人供述，应当予以排除。

第五条　采用刑讯逼供方法使犯罪嫌疑人、被告人作出供述，之后犯罪嫌疑人、被告人受该刑讯逼供行为影响而作出的与该供述相同的重复性供述，应当一并排除，但下列情形除外：

（一）侦查期间，根据控告、举报或者自己发现等，侦查机关确认或者不能排除以非法方法收集证据而更换侦查人员，其他侦查人员再次讯问时告知诉讼权利和认罪的法律后果，犯罪嫌疑人自愿供述的；

（二）审查逮捕、审查起诉和审判期间，检察人员、审判人员讯问时告知诉讼权利和认罪的法律后果，犯罪嫌疑人、被告人自愿供述的。

第六条　采用暴力、威胁以及非法限制人身自由等非法方法收集的证人证言、被害人陈述，应当予以排除。

第七条　收集物证、书证不符合法定程序，可能严重影响司法公正的，应当予以补正或者作出合理解释；不能

补正或者作出合理解释的,对有关证据应当予以排除。

二、侦　查

第八条　侦查机关应当依照法定程序开展侦查,收集、调取能够证实犯罪嫌疑人有罪或者无罪、罪轻或者罪重的证据材料。

第九条　拘留、逮捕犯罪嫌疑人后,应当按照法律规定送看守所羁押。犯罪嫌疑人被送交看守所羁押后,讯问应当在看守所讯问室进行。因客观原因侦查机关在看守所讯问室以外的场所进行讯问的,应当作出合理解释。

第十条　侦查人员在讯问犯罪嫌疑人的时候,可以对讯问过程进行录音录像;对于可能判处无期徒刑、死刑的案件或者其他重大犯罪案件,应当对讯问过程进行录音录像。

侦查人员应当告知犯罪嫌疑人对讯问过程录音录像,并在讯问笔录中写明。

第十一条　对讯问过程录音录像,应当不间断进行,保持完整性,不得选择性地录制,不得剪接、删改。

第十二条　侦查人员讯问犯罪嫌疑人,应当依法制作讯问笔录。讯问笔录应当交犯罪嫌疑人核对,对于没有阅读能力的,应当向他宣读。对讯问笔录中有遗漏或者差错等情形,犯罪嫌疑人可以提出补充或者改正。

第十三条　看守所应当对提讯进行登记,写明提讯单位、人员、事由、起止时间以及犯罪嫌疑人姓名等情况。

看守所收押犯罪嫌疑人,应当进行身体检查。检查时,人民检察院驻看守所检察人员可以在场。检查发现犯罪嫌疑人有伤或者身体异常的,看守所应当拍照或者录像,分别由送押人员、犯罪嫌疑人说明原因,并在体检记录中写明,由送押人员、收押人员和犯罪嫌疑人签字确认。

第十四条　犯罪嫌疑人及其辩护人在侦查期间可以向人民检察院申请排除非法证据。对犯罪嫌疑人及其辩护人提供相关线索或者材料的,人民检察院应当调查核实。调查结论应当书面告知犯罪嫌疑人及其辩护人。对确有以非法方法收集证据情形的,人民检察院应当向侦查机关提出纠正意见。

侦查机关对审查认定的非法证据,应当予以排除,不得作为提请批准逮捕、移送审查起诉的根据。

对重大案件,人民检察院驻看守所检察人员应当在侦查终结前询问犯罪嫌疑人,核查是否存在刑讯逼供、非法取证情形,并同步录音录像。经核查,确有刑讯逼供、非法取证情形的,侦查机关应当及时排除非法证据,不得作为提请批准逮捕、移送审查起诉的根据。

第十五条　对侦查终结的案件,侦查机关应当全面审查证明证据收集合法性的证据材料,依法排除非法证据。排除非法证据后,证据不足的,不得移送审查起诉。

侦查机关发现办案人员非法取证的,应当依法作出处理,并可另行指派侦查人员重新调查取证。

三、审查逮捕、审查起诉

第十六条　审查逮捕、审查起诉期间讯问犯罪嫌疑人,应当告知其有权申请排除非法证据,并告知诉讼权利和认罪的法律后果。

第十七条　审查逮捕、审查起诉期间,犯罪嫌疑人及其辩护人申请排除非法证据,并提供相关线索或者材料的,人民检察院应当调查核实。调查结论应当书面告知犯罪嫌疑人及其辩护人。

人民检察院在审查起诉期间发现侦查人员以刑讯逼供等非法方法收集证据的,应当依法排除相关证据并提出纠正意见,必要时人民检察院可以自行调查取证。

人民检察院对审查认定的非法证据,应当予以排除,不得作为批准或者决定逮捕、提起公诉的根据。被排除的非法证据应当随案移送,并写明为依法排除的非法证据。

第十八条　人民检察院依法排除非法证据后,证据不足,不符合逮捕、起诉条件的,不得批准或者决定逮捕、提起公诉。

对于人民检察院排除有关证据导致对涉嫌的重要犯罪事实未予认定,从而作出不批准逮捕、不起诉决定,或者对涉嫌的部分重要犯罪事实决定不起诉的,公安机关、国家安全机关可要求复议、提请复核。

四、辩　护

第十九条　犯罪嫌疑人、被告人申请提供法律援助的,应当按照有关规定指派法律援助律师。

法律援助值班律师可以为犯罪嫌疑人、被告人提供法律帮助,对刑讯逼供、非法取证情形代理申诉、控告。

第二十条　犯罪嫌疑人、被告人及其辩护人申请排除非法证据,应当提供涉嫌非法取证的人员、时间、地点、方式、内容等相关线索或者材料。

第二十一条　辩护律师自人民检察院对案件审查起诉之日起,可以查阅、摘抄、复制讯问笔录、提讯登记、采取强制措施或者侦查措施的法律文书等证据材料。其他辩护人经人民法院、人民检察院许可,也可以查阅、摘抄、复制上述证据材料。

第二十二条　犯罪嫌疑人、被告人及其辩护人向人民法院、人民检察院申请调取公安机关、国家安全机关、人民检察院收集但未提交的讯问录音录像、体检记录等证据材料,人民法院、人民检察院经审查认为犯罪嫌疑人、被告人及其辩护人申请调取的证据材料与证明证据收集的合法性有联系的,应当予以调取;认为与证明证据收集的合法性没有联系的,应当决定不予调取并向犯罪嫌疑人、被告人及其辩护人说明理由。

五、审　判

第二十三条　人民法院向被告人及其辩护人送达起诉书副本时,应当告知其有权申请排除非法证据。

被告人及其辩护人申请排除非法证据,应当在开庭审理前提出,但在庭审期间发现相关线索或者材料等情形除外。人民法院应当在开庭审理前将申请书和相关线索或者材料的复制件送交人民检察院。

第二十四条　被告人及其辩护人在开庭审理前申请排除非法证据,未提供相关线索或者材料,不符合法律规定的申请条件的,人民法院对申请不予受理。

第二十五条　被告人及其辩护人在开庭审理前申请排除非法证据,按照法律规定提供相关线索或者材料的,人民法院应当召开庭前会议。人民检察院应当通过出示有关证据材料等方式,有针对性地对证据收集的合法性作出说明。人民法院可以核实情况,听取意见。

人民检察院可以决定撤回有关证据,撤回的证据,没有新的理由,不得在庭审中出示。

被告人及其辩护人可以撤回排除非法证据的申请。撤回申请后,没有新的线索或者材料,不得再次对有关证据提出排除申请。

第二十六条　公诉人、被告人及其辩护人在庭前会议中对证据收集是否合法未达成一致意见,人民法院对证据收集的合法性有疑问的,应当在庭审中进行调查;人民法院对证据收集的合法性没有疑问,且没有新的线索或者材料表明可能存在非法取证的,可以决定不再进行调查。

第二十七条　被告人及其辩护人申请人民法院通知侦查人员或者其他人员出庭,人民法院认为现有证据材料不能证明证据收集的合法性,确有必要通知上述人员出庭作证或者说明情况的,可以通知上述人员出庭。

第二十八条　公诉人宣读起诉书后,法庭应当宣布开庭审理前对证据收集合法性的审查及处理情况。

第二十九条　被告人及其辩护人在开庭审理前未申请排除非法证据,在法庭审理过程中提出申请的,应当说明理由。

对前述情形,法庭经审查,对证据收集的合法性有疑问的,应当进行调查;没有疑问的,应当驳回申请。

法庭驳回排除非法证据申请后,被告人及其辩护人没有新的线索或者材料,以相同理由再次提出申请的,法庭不再审查。

第三十条　庭审期间,法庭决定对证据收集的合法性进行调查的,应当先行当庭调查。但为防止庭审过分迟延,也可以在法庭调查结束前进行调查。

第三十一条　公诉人对证据收集的合法性加以证明,可以出示讯问笔录、提讯登记、体检记录、采取强制措施或者侦查措施的法律文书、侦查终结前对讯问合法性的核查材料等证据材料,有针对性地播放讯问录音录像,提请法庭通知侦查人员或者其他人员出庭说明情况。

被告人及其辩护人可以出示相关线索或者材料,并申请法庭播放特定时段的讯问录音录像。

侦查人员或者其他人员出庭,应当向法庭说明证据收集过程,并就相关情况接受发问。对发问方式不当或者内容与证据收集的合法性无关的,法庭应当制止。

公诉人、被告人及其辩护人可以对证据收集的合法性进行质证、辩论。

第三十二条　法庭对控辩双方提供的证据有疑问的,可以宣布休庭,对证据进行调查核实。必要时,可以通知公诉人、辩护人到场。

第三十三条　法庭对证据收集的合法性进行调查后,应当当庭作出是否排除有关证据的决定。必要时,可以宣布休庭,由合议庭评议或者提交审判委员会讨论,再次开庭时宣布决定。

在法庭作出是否排除有关证据的决定前,不得对有关证据宣读、质证。

第三十四条　经法庭审理,确认存在本规定所规定的以非法方法收集证据情形的,对有关证据应当予以排除。法庭根据相关线索或者材料对证据收集的合法性有疑问,而人民检察院未提供证据或者提供的证据不能证明证据收集的合法性,不能排除存在本规定所规定的以非法方法收集证据情形的,对有关证据应当予以排除。

对依法予以排除的证据,不得宣读、质证,不得作为判决的根据。

第三十五条　人民法院排除非法证据后,案件事实清楚,证据确实、充分,依据法律认定被告人有罪的,应当作出有罪判决;证据不足,不能认定被告人有罪的,应当作出证据不足、指控的犯罪不能成立的无罪判决;案件部分事实清楚,证据确实、充分的,依法认定该部分事实。

第三十六条　人民法院对证据收集合法性的审查、调查结论,应当在裁判文书中写明,并说明理由。

第三十七条　人民法院对证人证言、被害人陈述等证据收集合法性的审查、调查,参照上述规定。

第三十八条　人民检察院、被告人及其法定代理人提出抗诉、上诉,对第一审人民法院有关证据收集合法性的审查、调查结论提出异议的,第二审人民法院应当审查。

被告人及其辩护人在第一审程序中未申请排除非法证据,在第二审程序中提出申请的,应当说明理由。第二审人民法院应当审查。

人民检察院在第一审程序中未出示证据证明证据收集的合法性,第一审人民法院依法排除有关证据的,人民检察院在第二审程序中不得出示之前未出示的证据,但在第一审程序后发现的除外。

第三十九条　第二审人民法院对证据收集合法性的调查,参照上述第一审程序的规定。

第四十条　第一审人民法院对被告人及其辩护人排除非法证据的申请未予审查,并以有关证据作为定案根据,可能影响公正审判的,第二审人民法院可以裁定撤销原判,发回原审人民法院重新审判。

第一审人民法院对依法应当排除的非法证据未予排除的,第二审人民法院可以依法排除非法证据。排除非法证据后,原判决认定事实和适用法律正确、量刑适当的,应当裁定驳回上诉或者抗诉,维持原判;原判决认定事实没有错误,但适用法律有错误,或者量刑不当的,应当改判;原判决事实不清楚或者证据不足的,可以裁定撤销原判,发回原审人民法院重新审判。

第四十一条　审判监督程序、死刑复核程序中对证据收集合法性的审查、调查,参照上述规定。

第四十二条　本规定自 2017 年 6 月 27 日起施行。

人民检察院办理伤害类案件技术性证据实质审查工作规定

· 2024 年 10 月 12 日

第一条　为高质效办好每一个案件,强化伤害类案件技术性证据审查实质化,进一步提升伤害类案件审查办理的专业化、规范化水平,根据法律和有关规定,结合检察工作实际,制定本规定。

第二条　本规定所指伤害类案件,是指行为涉及损害他人身体健康,破坏他人身体机能的刑事案件。

第三条　本规定中技术性证据实质审查,是指人民检察院在案件办理过程中,对案件中的鉴定意见、勘验笔录、检查笔录、视听资料、电子数据等技术性证据及其所依据的基础性材料,运用专业技术知识、逻辑和经验,对其合法性、客观性、关联性和科学性进行全面审查的活动。

第四条　开展技术性证据实质审查,应当遵守法律规定,遵循技术标准和规范,坚持客观公正、全面审查、科学解释原则。

第五条　检察官应当综合全案证据,审查判断技术性证据是否客观、真实反映案件事实,发现和排除技术性证据与其他证据之间、技术性证据与案件事实之间以及技术性证据之间的矛盾。需要对技术性证据进行专门审查的,可以按照有关规定交由检察技术人员或者其他有专门知识的人进行审查并出具审查意见。

检察技术人员应当运用专门知识,审查技术性证据及其基础性材料,解决案件中的专门性问题,为查明案件事实提供技术支持。

第六条　对伤害类案件鉴定意见的审查,应当着重审查鉴定机构和鉴定人是否具有法定资质,鉴定程序是否合法,检材是否可靠,鉴定时机是否适当,鉴定标准是否有效,鉴定方法和过程是否科学,鉴定依据是否充分,论证分析是否客观、全面、严谨,鉴定意见是否明确,鉴定意见与案件事实有无关联等。

应注重结合伤害类案件的特点,审查评定损伤程度、残疾等级依据的病历资料、检材是否完整、可靠,被害人后续治疗及恢复情况的相关材料是否收集移送,鉴定机构在伤情认定、标准适用方面是否符合专业规范要求,不同鉴定意见产生矛盾的原因等。

第七条　伤害类案件鉴定意见涉及成伤机制或致伤方式的,应当依据损伤的类型、部位、大小、程度、形态、分布等特征,结合案情和现场勘验、视听资料等情况,综合损伤形成过程及致伤物特征进行分析判断。着重审查损伤的性质、外力作用的方式、伤情新旧程度、损伤发生的生物力学或者病理生理学机制,排除诈伤(病)、造作伤、陈旧伤与攻击伤等。结合骨折部位与受力部位区分直接外力或是间接外力;结合损伤部位、形态、分布、试切创等特征排除造作伤。

第八条　伤害类案件鉴定意见涉及伤病关系的,应当调取与鉴定有关的病历资料、影像学资料等基础性材料,着重审查损伤或者疾病是否符合医学转归规律,分析既往损伤或疾病与本次损伤之间的关系,是否存在医疗介入因素等,综合判断伤病关系鉴定意见是否客观、准确。

通过审查致伤过程、病历资料、影像学资料、诊疗过程等,综合分析病理过程的连续性和时间间隔规律性。对于损伤与既往伤、病并存,损伤独自存在不能造成现有后果的,应着重审查是否对损伤程度降级评定或者不作评定。

第九条 伤害类案件鉴定意见涉及损伤形成时间的,应当依据损伤的形态特征,区分新鲜伤与陈旧伤,重点关注损伤的愈合过程及其动态变化,结合骨痂形成时间、创口愈合周期变化等,排除与案件无关的陈旧性损伤或者自身病理改变。

第十条 对勘验、检查笔录的审查,应注重结合伤害类案件的特点,关注证据收集、制作程序是否合法,通过审查勘验、检查笔录,根据作案工具、打斗痕迹、现场血迹分布等还原案发现场状况,判断犯罪嫌疑人案发时是否在现场、造成他人人身伤害的过程等。

第十一条 对视听资料的审查,应注重结合伤害类案件的特点,关注反映案件现场的录音、录像资料的来源,对提取情况是否有明确记录;现场录音、录像资料是否封存完好,形式要件是否齐备;录音、录像资料是否经过技术处理或者剪辑。注重审查视听资料显示时间与实际时间是否存在误差,是否有侦查人员、视听资料所有人、见证人签字捺印的时间校对说明,是否能够完整体现造成人身伤害的全过程等。

第十二条 对电子数据的审查,应注重结合伤害类案件的特点,关注电子数据的来源,是否移送原始存储介质,是否附有笔录、清单,形式要件是否齐备,电子数据取证方法是否符合相关技术标准,确保电子数据完整性、真实性、合法性。注重审查涉案的微信记录、手机短信记录、网上聊天记录、手机转账记录等电子数据,判断造成伤害后果的主观心态,是否共同犯罪,有无预谋、纠集、分工、实施等。

第十三条 在技术性证据审查过程中,发现证据收集不符合法定程序的,应当依法及时要求侦查机关予以补正或者作出合理解释;不能补正或者无法作出合理解释,可能严重影响司法公正的,对该证据应当依法予以排除。

第十四条 伤害类案件审查办理中,检察官可以就有关专门性问题向检察技术人员咨询,或者邀请检察技术人员列席检察官联席会议、参与案件会商研究等,协助解决专门性问题或者就专门性问题发表意见。

检察官讯问犯罪嫌疑人,询问被害人、鉴定人、证人等,调取与技术性证据相关的基础性材料,或者补充收集其他有关证据时,可以邀请检察技术人员协助。

第十五条 检察官在办理伤害类案件中,发现具有以下情形之一的,一般应当委托进行技术性证据专门审查:

(一)同一专门性问题有两份以上鉴定意见且相互矛盾无法排除的;

(二)起关键性作用的技术性证据与其他证据之间存在明显矛盾且无法排除的;

(三)当事人及其诉讼代理人、法定代理人、辩护人等对技术性证据提出异议,足以影响证据采纳的。

第十六条 检察官在办理伤害类案件中,发现具有以下情形之一的,可以委托进行技术性证据专门审查:

(一)对技术性证据中伤害行为与伤害结果之间因果关系、原因力大小等有疑问的;

(二)对技术性证据材料涉及的鉴定时机、致伤物推断、成伤机制、伤病关系等专业技术问题有疑问的;

(三)技术性证据材料决定罪与非罪、罪轻与罪重等关键性问题,对定罪量刑有重大影响的;

(四)对技术性证据与在案其他证据材料间存在的矛盾有疑问的;

(五)其他需要委托专门审查的情形。

第十七条 经审查,认为鉴定意见具有下列情形之一的,应当补充鉴定:

(一)原委托鉴定事项有明显遗漏的;

(二)发现新的有鉴定意义的证物的;

(三)对原鉴定证物有新的鉴定要求的;

(四)鉴定意见不完整,委托事项无法确定的;

(五)其他需要补充鉴定的情形。

第十八条 经审查,认为鉴定意见具有下列情形之一的,应当重新鉴定:

(一)鉴定机构或者鉴定人不具备鉴定资质的;

(二)鉴定人应当回避而未回避的;

(三)送检材料不真实或者不具备鉴定条件的;

(四)鉴定程序违法或者违反相关专业技术要求的;

(五)有证据证明鉴定意见确有错误的;

(六)其他可能影响鉴定客观、公正情形的。

重新鉴定时,应当另行指派或者聘请鉴定人。

第十九条 检察官委托开展技术性证据专门审查的,应当按照规定履行委托手续,移送相关证据材料。本院无相应专业检察技术人员的,可以按规定委托上级检察技术职能部门办理。

第二十条 检察技术职能部门接受委托后,应根据委托事项,依据相关规定,一般应在受理之日起5个工作日内完成并出具相关文书。对于疑难复杂、补充材料等情形需要延长审查时间的,应向委托部门说明原因后及时办理。

对伤害类案件中鉴定意见等技术性证据审查工作按照《伤害类案件人体损伤程度鉴定意见专门审查指引》等规定执行。

检察技术人员对技术性证据专门审查意见承担相应司法责任。

第二十一条 检察技术人员出具专门审查意见后,应当及时向检察官解释审查中发现的问题,必要时协助检察官开展重新鉴定、补充鉴定、补充收集和固定相关证据等工作,进一步完善证据体系。

第二十二条 技术性证据专门审查意见可以作为检察官判断运用证据或者作出相关决定的依据,必要时可以提交法庭。

第二十三条 人民法院决定开庭后,必要时,检察官可以邀请检察技术人员协助做好法庭讯问、询问、举证、质证、辩论等庭审中可能涉及的专门性问题的准备工作。

第二十四条 伤害类案件法庭审理中,检察官可以向法庭申请检察技术人员出庭,就相关专门性问题发表意见。

当事人或者辩护人、诉讼代理人对技术性证据专门审查意见有异议,人民法院认为检察技术人员有必要出庭的,检察技术人员应当出庭就审查意见进行解释说明。

第二十五条 对伤害类案件中涉及的疑难复杂专门性问题,检察官、检察技术人员可以组织召开专家论证会。专家费用参照相关规定从办案经费中列支。

检察官可以根据案件需要,邀请检察技术人员参加刑事和解、公开听证、公开宣告、当面答复等活动,就案件中的专门性问题进行解释说明。

在开展技术性证据实质审查中发现可能影响合法性、客观性、关联性和科学性的普遍性问题,检察官可以在检察技术人员的协助下对相关事项开展调查核实,向有关部门制发检察建议。

第二十六条 技术性证据的专门审查交由检察技术人员以外的其他有专门知识的人进行的,参照本规定及其他相关规定。

第二十七条 本规定自发布之日起施行。

最高人民检察院关于CPS多道心理测试鉴定结论能否作为诉讼证据使用问题的批复

· 1999年9月10日
· 高检发研字〔1999〕12号

四川省人民检察院:

你院川检发研〔1999〕20号《关于CPS多道心理测试鉴定结论能否作为诉讼证据使用的请示》收悉。经研究,批复如下:

CPS多道心理测试(俗称测谎)鉴定结论与刑事诉讼法规定的鉴定结论不同,不属于刑事诉讼法规定的证据种类。人民检察院办理案件,可以使用CPS多道心理测试鉴定结论帮助审查、判断证据,但不能将CPS多道心理测试鉴定结论作为证据使用。

最高人民检察院关于"骨龄鉴定"能否作为确定刑事责任年龄证据使用的批复

· 2000年2月21日
· 高检发研字〔2000〕6号

宁夏回族自治区人民检察院:

你院《关于"骨龄鉴定"能否作为证据使用的请示》收悉,经研究批复如下:

犯罪嫌疑人不讲真实姓名、住址,年龄不明的,可以委托进行骨龄鉴定或其他科学鉴定,经审查,鉴定结论能够准确确定犯罪嫌疑人实施犯罪行为时的年龄的,可以作为判断犯罪嫌疑人年龄的证据使用。如果鉴定结论不能准确确定犯罪嫌疑人实施犯罪行为时的年龄,而且鉴定结论又表明犯罪嫌疑人年龄在刑法规定的应负刑事责任年龄上下的,应当依法慎重处理。

公安机关办理刑事案件电子数据取证规则

· 2019年1月2日

第一章 总 则

第一条 为规范公安机关办理刑事案件电子数据取证工作,确保电子数据取证质量,提高电子数据取证效率,根据《中华人民共和国刑事诉讼法》《公安机关办理刑事案件程序规定》等有关规定,制定本规则。

第二条 公安机关办理刑事案件应当遵守法定程序,遵循有关技术标准,全面、客观、及时地收集、提取涉案电子数据,确保电子数据的真实、完整。

第三条　电子数据取证包括但不限于：

（一）收集、提取电子数据；

（二）电子数据检查和侦查实验；

（三）电子数据检验与鉴定。

第四条　公安机关电子数据取证涉及国家秘密、警务工作秘密、商业秘密、个人隐私的，应当保密；对于获取的材料与案件无关的，应当及时退还或者销毁。

第五条　公安机关接受或者依法调取的其他国家机关在行政执法和查办案件过程中依法收集、提取的电子数据可以作为刑事案件的证据使用。

第二章　收集提取电子数据
第一节　一般规定

第六条　收集、提取电子数据，应当由二名以上侦查人员进行。必要时，可以指派或者聘请专业技术人员在侦查人员主持下进行收集、提取电子数据。

第七条　收集、提取电子数据，可以根据案情需要采取以下一种或者几种措施、方法：

（一）扣押、封存原始存储介质；

（二）现场提取电子数据；

（三）网络在线提取电子数据；

（四）冻结电子数据；

（五）调取电子数据。

第八条　具有下列情形之一的，可以采取打印、拍照或者录像等方式固定相关证据：

（一）无法扣押原始存储介质并且无法提取电子数据的；

（二）存在电子数据自毁功能或装置，需要及时固定相关证据的；

（三）需现场展示、查看相关电子数据的。

根据前款第二、三项的规定采取打印、拍照或者录像等方式固定相关证据后，能够扣押原始存储介质的，应当扣押原始存储介质；不能扣押原始存储介质但能够提取电子数据的，应当提取电子数据。

第九条　采取打印、拍照或者录像方式固定相关证据的，应当清晰反映电子数据的内容，并在相关笔录中注明采取打印、拍照或者录像等方式固定相关证据的原因，电子数据的存储位置、原始存储介质特征和所在位置等情况，由侦查人员、电子数据持有人（提供人）签名或者盖章；电子数据持有人（提供人）无法签名或者拒绝签名的，应当在笔录中注明，由见证人签名或者盖章。

第二节　扣押、封存原始存储介质

第十条　在侦查活动中发现的可以证明犯罪嫌疑人有罪或者无罪、罪轻或者罪重的电子数据，能够扣押原始存储介质的，应当扣押、封存原始存储介质，并制作笔录，记录原始存储介质的封存状态。

勘验、检查与电子数据有关的犯罪现场时，应当按照有关规范处置相关设备，扣押、封存原始存储介质。

第十一条　对扣押的原始存储介质，应当按照以下要求封存：

（一）保证在不解除封存状态的情况下，无法使用或者启动被封存的原始存储介质，必要时，具备数据信息存储功能的电子设备和硬盘、存储卡等内部存储介质可以分别封存；

（二）封存前后应当拍摄被封存原始存储介质的照片。照片应当反映原始存储介质封存前后的状况，清晰反映封口或者张贴封条处的状况；必要时，照片还要清晰反映电子设备的内部存储介质细节；

（三）封存手机等具有无线通信功能的原始存储介质，应当采取信号屏蔽、信号阻断或者切断电源等措施。

第十二条　对扣押的原始存储介质，应当会同在场见证人和原始存储介质持有人（提供人）查点清楚，当场开列《扣押清单》一式三份，写明原始存储介质名称、编号、数量、特征及其来源等，由侦查人员、持有人（提供人）和见证人签名或者盖章，一份交给持有人（提供人），一份交给公安机关保管人员，一份附卷备查。

第十三条　对无法确定原始存储介质持有人（提供人）或者原始存储介质持有人（提供人）无法签名、盖章或者拒绝签名、盖章的，应当在有关笔录中注明，由见证人签名或者盖章。由于客观原因无法由符合条件的人员担任见证人的，应当在有关笔录中注明情况，并对扣押原始存储介质的过程全程录像。

第十四条　扣押原始存储介质，应当收集证人证言以及犯罪嫌疑人供述和辩解等与原始存储介质相关联的证据。

第十五条　扣押原始存储介质时，可以向相关人员了解、收集并在有关笔录中注明以下情况：

（一）原始存储介质及应用系统管理情况，网络拓扑与系统架构情况，是否由多人使用及管理，管理及使用人员的身份情况；

（二）原始存储介质及应用系统管理的用户名、密码情况；

（三）原始存储介质的数据备份情况，有无加密磁盘、容器，有无自毁功能，有无其它移动存储介质，是否进行过备份，备份数据的存储位置等情况；

（四）其他相关的内容。

第三节　现场提取电子数据

第十六条　具有下列无法扣押原始存储介质情形之一的,可以现场提取电子数据:

(一)原始存储介质不便封存的;

(二)提取计算机内存数据、网络传输数据等不是存储在存储介质上的电子数据的;

(三)案件情况紧急,不立即提取电子数据可能会造成电子数据灭失或者其他严重后果的;

(四)关闭电子设备会导致重要信息系统停止服务的;

(五)需通过现场提取电子数据排查可疑存储介质的;

(六)正在运行的计算机信息系统功能或者应用程序关闭后,没有密码无法提取的;

(七)其他无法扣押原始存储介质的情形。

无法扣押原始存储介质的情形消失后,应当及时扣押、封存原始存储介质。

第十七条　现场提取电子数据可以采取以下措施保护相关电子设备:

(一)及时将犯罪嫌疑人或者其他相关人员与电子设备分离;

(二)在未确定是否易丢失数据的情况下,不能关闭正在运行状态的电子设备;

(三)对现场计算机信息系统可能被远程控制的,应当及时采取信号屏蔽、信号阻断、断开网络连接等措施;

(四)保护电源;

(五)有必要采取的其他保护措施。

第十八条　现场提取电子数据,应当遵守以下规定:

(一)不得将提取的数据存储在原始存储介质中;

(二)不得在目标系统中安装新的应用程序。如果因为特殊原因,需要在目标系统中安装新的应用程序的,应当在笔录中记录所安装的程序及目的;

(三)应当在有关笔录中详细、准确记录实施的操作。

第十九条　现场提取电子数据,应当制作《电子数据现场提取笔录》,注明电子数据的来源、事由和目的、对象、提取电子数据的时间、地点、方法、过程、不能扣押原始存储介质的原因、原始存储介质的存放地点,并附《电子数据提取固定清单》,注明类别、文件格式、完整性校验值等,由侦查人员、电子数据持有人(提供人)签名或者盖章;电子数据持有人(提供人)无法签名或者拒绝签名的,应当在笔录中注明,由见证人签名或者盖章。

第二十条　对提取的电子数据可以进行数据压缩,并在笔录中注明相应的方法和压缩后文件的完整性校验值。

第二十一条　由于客观原因无法由符合条件的人员担任见证人的,应当在《电子数据现场提取笔录》中注明情况,并全程录像,对录像文件应当计算完整性校验值并记入笔录。

第二十二条　对无法扣押的原始存储介质且无法一次性完成电子数据提取的,经登记、拍照或者录像后,可以封存后交其持有人(提供人)保管,并且开具《登记保存清单》一式两份,由侦查人员、持有人(提供人)和见证人签名或者盖章,一份交给持有人(提供人),另一份连同照片或者录像资料附卷备查。

持有人(提供人)应当妥善保管,不得转移、变卖、毁损,不得解除封存状态,不得未经办案部门批准接入网络,不得对其中可能用作证据的电子数据增加、删除、修改。必要时,应当保持计算机信息系统处于开机状态。

对登记保存的原始存储介质,应当在七日以内作出处理决定,逾期不作出处理决定的,视为自动解除。经查明确实与案件无关的,应当在三日以内解除。

第四节　网络在线提取电子数据

第二十三条　对公开发布的电子数据、境内远程计算机信息系统上的电子数据,可以通过网络在线提取。

第二十四条　网络在线提取应当计算电子数据的完整性校验值;必要时,可以提取有关电子签名认证证书、数字签名、注册信息等关联性信息。

第二十五条　网络在线提取时,对可能无法重复提取或者可能会出现变化的电子数据,应当采用录像、拍照、截获计算机屏幕内容等方式记录以下信息:

(一)远程计算机信息系统的访问方式;

(二)提取的日期和时间;

(三)提取使用的工具和方法;

(四)电子数据的网络地址、存储路径或者数据提取时的进入步骤等;

(五)计算完整性校验值的过程和结果。

第二十六条　网络在线提取电子数据应当在有关笔录中注明电子数据的来源、事由和目的、对象,提取电子数据的时间、地点、方法、过程,不能扣押原始存储介质的原因,并附《电子数据提取固定清单》,注明类别、文件格式、完整性校验值等,由侦查人员签名或者盖章。

第二十七条　网络在线提取时需要进一步查明下列情形之一的,应当对远程计算机信息系统进行网络远程勘验:

(一)需要分析、判断提取的电子数据范围的;

(二)需要展示或者描述电子数据内容或者状态的;

（三）需要在远程计算机信息系统中安装新的应用程序的；

（四）需要通过勘验行为让远程计算机信息系统生成新的除正常运行数据外电子数据的；

（五）需要收集远程计算机信息系统状态信息、系统架构、内部系统关系、文件目录结构、系统工作方式等电子数据相关信息的；

（六）其他网络在线提取时需要进一步查明有关情况的情形。

第二十八条　网络远程勘验由办理案件的县级公安机关负责。上级公安机关对下级公安机关刑事案件网络远程勘验提供技术支援。对于案情重大、现场复杂的案件，上级公安机关认为有必要时，可以直接组织指挥网络远程勘验。

第二十九条　网络远程勘验应当统一指挥，周密组织，明确分工，落实责任。

第三十条　网络远程勘验应当由符合条件的人员作为见证人。由于客观原因无法由符合条件的人员担任见证人的，应当在《远程勘验笔录》中注明情况，并按照本规则第二十五条的规定录像，录像可以采用屏幕录像或者录像机录像等方式，录像文件应当计算完整性校验值并记入笔录。

第三十一条　远程勘验结束后，应当及时制作《远程勘验笔录》，详细记录远程勘验有关情况以及勘验照片、截获的屏幕截图等内容。由侦查人员和见证人签名或者盖章。

远程勘验并且提取电子数据的，应当按照本规则第二十六条的规定，在《远程勘验笔录》注明有关情况，并附《电子数据提取固定清单》。

第三十二条　《远程勘验笔录》应当客观、全面、详细、准确、规范，能够作为还原远程计算机信息系统原始情况的依据，符合法定的证据要求。

对计算机信息系统进行多次远程勘验的，在制作首次《远程勘验笔录》后，逐次制作补充《远程勘验笔录》。

第三十三条　网络在线提取或者网络远程勘验时，应当使用电子数据持有人、网络服务提供者提供的用户名、密码等远程计算机信息系统访问权限。

采用技术侦查措施收集电子数据的，应当严格依照有关规定办理批准手续。收集的电子数据在诉讼中作为证据使用时，应当依照刑事诉讼法第一百五十四条规定执行。

第三十四条　对以下犯罪案件，网络在线提取、远程勘验过程应当全程同步录像：

（一）严重危害国家安全、公共安全的案件；

（二）电子数据是罪与非罪、是否判处无期徒刑、死刑等定罪量刑关键证据的案件；

（三）社会影响较大的案件；

（四）犯罪嫌疑人可能被判处五年有期徒刑以上刑罚的案件；

（五）其他需要全程同步录像的重大案件。

第三十五条　网络在线提取、远程勘验使用代理服务器、点对点传输软件、下载加速软件等网络工具的，应当在《网络在线提取笔录》或者《远程勘验笔录》中注明采用的相关软件名称和版本号。

第五节　冻结电子数据

第三十六条　具有下列情形之一的，可以对电子数据进行冻结：

（一）数据量大，无法或者不便提取的；

（二）提取时间长，可能造成电子数据被篡改或者灭失的；

（三）通过网络应用可以更为直观地展示电子数据的；

（四）其他需要冻结的情形。

第三十七条　冻结电子数据，应当经县级以上公安机关负责人批准，制作《协助冻结电子数据通知书》，注明冻结电子数据的网络应用账号等信息，送交电子数据持有人、网络服务提供者或者有关部门协助办理。

第三十八条　不需要继续冻结电子数据时，应当经县级以上公安机关负责人批准，在三日以内制作《解除冻结电子数据通知书》，通知电子数据持有人、网络服务提供者或者有关部门执行。

第三十九条　冻结电子数据的期限为六个月。有特殊原因需要延长期限的，公安机关应当在冻结期限届满前办理继续冻结手续。每次续冻期限最长不得超过六个月。继续冻结的，应当按照本规则第三十七条的规定重新办理冻结手续。逾期不办理继续冻结手续的，视为自动解除。

第四十条　冻结电子数据，应当采取以下一种或者几种方法：

（一）计算电子数据的完整性校验值；

（二）锁定网络应用账号；

（三）采取写保护措施；

（四）其他防止增加、删除、修改电子数据的措施。

第六节　调取电子数据

第四十一条　公安机关向有关单位和个人调取电子数据,应当经办案部门负责人批准,开具《调取证据通知书》,注明需要调取电子数据的相关信息,通知电子数据持有人、网络服务提供者或者有关部门执行。被调取单位、个人应当在通知书回执上签名或者盖章,并附完整性校验值等保护电子数据完整性方法的说明,被调取单位、个人拒绝盖章、签名或者附说明的,公安机关应当注明。必要时,应当采用录音或者录像等方式固定证据内容及取证过程。

公安机关应当协助因客观条件限制无法保护电子数据完整性的被调取单位、个人进行电子数据完整性的保护。

第四十二条　公安机关跨地域调查取证的,可以将《办案协作函》和相关法律文书及凭证传真或者通过公安机关信息化系统传输至协作地公安机关。协作地办案部门经审查确认后,在传来的法律文书上加盖本地办案部门印章后,代为调查取证。

协作地办案部门代为调查取证后,可以将相关法律文书回执或者笔录邮寄至办案地公安机关,将电子数据或者电子数据的获取、查看工具和方法说明通过公安机关信息化系统传输至办案地公安机关。

办案地公安机关应当审查调取电子数据的完整性,对保证电子数据的完整性有疑问的,协作地办案部门应当重新代为调取。

第三章　电子数据的检查和侦查实验

第一节　电子数据检查

第四十三条　对扣押的原始存储介质或者提取的电子数据,需要通过数据恢复、破解、搜索、仿真、关联、统计、比对等方式,以进一步发现和提取与案件相关的线索和证据时,可以进行电子数据检查。

第四十四条　电子数据检查,应当由二名以上具有专业技术的侦查人员进行。必要时,可以指派或者聘请有专门知识的人参加。

第四十五条　电子数据检查应当符合相关技术标准。

第四十六条　电子数据检查应当保护在公安机关内部移交过程中电子数据的完整性。移交时,应当办理移交手续,并按照以下方式核对电子数据:

(一)核对其完整性校验值是否正确;

(二)核对封存的照片与当前封存的状态是否一致。

对于移交时电子数据完整性校验值不正确、原始存储介质封存状态不一致或者未封存可能影响证据真实性、完整性的,检查人员应当在有关笔录中注明。

第四十七条　检查电子数据应当遵循以下原则:

(一)通过写保护设备接入到检查设备进行检查,或者制作电子数据备份,对备份进行检查;

(二)无法使用写保护设备且无法制作备份的,应当注明原因,并全程录像;

(三)检查前解除封存、检查后重新封存前后应当拍摄被封存原始存储介质的照片,清晰反映封口或者张贴封条处的状况;

(四)检查具有无线通信功能的原始存储介质,应当采取信号屏蔽、信号阻断或者切断电源等措施保护电子数据的完整性。

第四十八条　检查电子数据,应当制作《电子数据检查笔录》,记录以下内容:

(一)基本情况。包括检查的起止时间,指挥人员、检查人员的姓名、职务,检查的对象,检查的目的等;

(二)检查过程。包括检查过程使用的工具,检查的方法与步骤等;

(三)检查结果。包括通过检查发现的案件线索、电子数据等相关信息。

(四)其他需要记录的内容。

第四十九条　电子数据检查时需要提取电子数据的,应当制作《电子数据提取固定清单》,记录该电子数据的来源、提取方法和完整性校验值。

第二节　电子数据侦查实验

第五十条　为了查明案情,必要时,经县级以上公安机关负责人批准可以进行电子数据侦查实验。

第五十一条　电子数据侦查实验的任务包括:

(一)验证一定条件下电子设备发生的某种异常或者电子数据发生的某种变化;

(二)验证在一定时间内能否完成对电子数据的某种操作行为;

(三)验证在某种条件下使用特定软件、硬件能否完成某种特定行为,造成特定后果;

(四)确定一定条件下某种计算机信息系统应用或者网络行为能否修改、删除特定的电子数据;

(五)其他需要验证的情况。

第五十二条　电子数据侦查实验应当符合以下要求:

(一)应当采取技术措施保护原始存储介质数据的

完整性;

(二)有条件的,电子数据侦查实验应当进行二次以上;

(三)侦查实验使用的电子设备、网络环境等应当与发案现场一致或者基本一致;必要时,可以采用相关技术方法对相关环境进行模拟或者进行对照实验;

(四)禁止可能泄露公民信息或者影响非实验环境计算机信息系统正常运行的行为。

第五十三条　进行电子数据侦查实验,应当使用拍照、录像、录音、通信数据采集等一种或多种方式客观记录实验过程。

第五十四条　进行电子数据侦查实验,应当制作《电子数据侦查实验笔录》,记录侦查实验的条件、过程和结果,并由参加侦查实验的人员签名或者盖章。

第四章　电子数据委托检验与鉴定

第五十五条　为了查明案情,解决案件中某些专门性问题,应当指派、聘请有专门知识的人进行鉴定,或者委托公安部指定的机构出具报告。

需要聘请有专门知识的人进行鉴定,或者委托公安部指定的机构出具报告的,应当经县级以上公安机关负责人批准。

第五十六条　侦查人员送检时,应当封存原始存储介质、采取相应措施保护电子数据完整性,并提供必要的案件相关信息。

第五十七条　公安部指定的机构及其承担检验工作的人员应当独立开展业务并承担相应责任,不受其他机构和个人影响。

第五十八条　公安部指定的机构应当按照法律规定和司法审判机关要求承担回避、保密、出庭作证等义务,并对报告的真实性、合法性负责。

公安部指定的机构应当运用科学方法进行检验、检测,并出具报告。

第五十九条　公安部指定的机构应当具备必需的仪器、设备并且依法通过资质认定或者实验室认可。

第六十条　委托公安部指定的机构出具报告的其他事宜,参照《公安机关鉴定规则》等有关规定执行。

第五章　附　则

第六十一条　本规则自2019年2月1日起施行。公安部之前发布的文件与本规则不一致的,以本规则为准。

办理海上涉砂刑事案件证据指引

·2023年10月23日

为依法严厉打击海上涉砂违法犯罪活动,规范盗采海砂犯罪案件和相关掩饰、隐瞒犯罪所得案件办理工作,确保案件办案质效,根据有关法律规定,结合办理涉砂类案件执法、司法实践,现就海上涉砂类犯罪常见多发的非法采矿罪和掩饰、隐瞒犯罪所得罪案件证据问题,制定本指引。

一、基本原则

检察机关、侦查机关要坚持严格依法办案,强化证据意识和程序意识,严格落实证据裁判、程序公正等法律原则,统一执法司法标准,确保办案质量和办案效率相统一。

(一)证据裁判原则

要将证据作为事实认定和法律适用的基础,以事实为根据、以法律为准绳,认定犯罪的事实和情节都应当有相应证据证明,无证据证明的事实和情节不得认定。

(二)全面客观原则

要全面客观收集、提取、移送、审查与案件定罪量刑有关的证据材料,包括证明犯罪嫌疑人、被告人有罪、罪重的证据以及证明犯罪嫌疑人、被告人无罪、罪轻的证据,不得选择性取证和选择性移送。

(三)依法规范原则

要合法、科学、规范地收集、固定、审查、运用证据,依法规范适用查封、扣押、冻结等措施,严禁刑讯逼供和以威胁、引诱、欺骗等非法手段收集证据,不得隐瞒证据和伪造证据。

(四)权利保障原则

要充分保障犯罪嫌疑人、被告人及其他诉讼参与人依法享有的辩护权和其他诉讼权利,确保司法公正。

二、证明犯罪客体方面的证据

(一)非法采矿罪

盗采海砂犯罪案件侵犯的客体为海砂开采的管理秩序、国家对海砂资源享有的所有权以及海洋生态环境等,应当重点收集以下证据:

1.相关矿产资源主管机关出具的批准文件或情况说明,证明涉案主体是否具有采砂资格、海域使用权等;

2.涉案企业营业执照、经营许可证以及相关工程施工批准文件、有关施工范围的设计方案等,证明犯罪嫌疑人、被告人是否明知公司有无相关采砂资格、是否超过经营范围、是否以合法形式掩盖非法目的变相采砂;

3. 相关矿产资源主管部门出具的行政处罚决定书等,证明犯罪嫌疑人、被告人的行为被行政机关作出否定性认定。

(二)掩饰、隐瞒犯罪所得罪

掩饰、隐瞒犯罪所得案件侵犯的客体为正常的司法办案秩序,应当重点收集以下证据:

1. 涉案海砂情况,包含数量、价值、特征等;

2. 涉案海砂非法占有情况,包含占有的时间、地点以及来源、流向等。

三、证明犯罪客观方面的证据

(一)非法采矿罪

盗采海砂犯罪案件在客观方面表现为违反矿产资源法的规定,未取得海砂开采海域使用权证和采矿许可证擅自采矿,且情节严重,应证明犯罪嫌疑人、被告人在客观上实施了盗采的行为,盗采的对象是非法开采的海砂以及盗采的价值达到"情节严重"的标准,应当重点收集以下证据:

1. 证明盗采经过的客观证据

①侦查机关海上查缉时需摄录查缉过程视频,并对视频内容进行相应说明;

②调取现场相关视频,包括船载监控录像、码头监控录像及周边的视频监控资料或无人机侦查拍摄的视频资料;

③侦查机关查缉时需全面搜查涉案船舶、犯罪嫌疑人的住所、车辆等相关场所,制作《搜查笔录》和查封、扣押清单;

④扣押航海日志、船上通讯导航设备等,证明涉案船舶航行中所处的位置、停留时长、航向、航速及机器运转、船上货物的装卸等情况;

⑤调取采(运)砂船进出港记录、船舶轨迹图及经纬度标识图,证明犯罪嫌疑人、被告人行为轨迹及相关盗采、运输的区域等与案件管辖相关的证据;

⑥扣押电脑、U盘、网络存储器等可能存储犯罪证据的电子设备;

⑦扣押涉案船舶、船舶证件,船舶买卖、租赁合同等,并向船舶主管机关调取船舶登记情况、相关船舶证书等证明材料,特别是应对涉案船舶的犯罪性、关联性、功能性方面进行取证,为认定涉案财物是否属于作案工具提供依据;

⑧扣押涉案人员的手机,依法进行手机电子数据的提取、固定及电子数据恢复工作,调取其中能够证明相关犯罪事实的通话记录、短信记录、微信聊天记录等通讯信息;

⑨调取涉案人员的支付宝、微信、银行卡等资金账户的资金交易明细、海砂销售账本、账单等,证明盗采海砂的去处以及盗采价值等事实;

⑩扣押赃物海砂、扣押或冻结涉案人员的银行账户内涉案款项或相关现金等赃款,证明盗采海砂的价值及销赃获利情况;

⑪现场勘验、检查等笔录,包括但不限于涉案船舶勘验、检查笔录、案发地点勘验、检查笔录、涉案海砂提取或扣押笔录。相关笔录记录内容应当详实、人员签字齐全,其中涉案海砂提取或扣押笔录要针对每条船分别提取、扣押样本,禁止让船员帮忙取样,抽取样本现场封存编号、称重,并及时移送进行砂石性质鉴定。

2. 证明盗采经过的言词证据

(1)犯罪嫌疑人的供述和辩解,包括但不限于股东、船主、中介、业务员、船长、船上负责人员、其他担任一定职务的船员、上游出售海砂人员、下游知情购买海砂人员的供述与辩解,涉嫌单位犯罪的,还应包括单位主管人员的供述与辩解等。侦查机关在押解途中应当采取必要措施,防止犯罪嫌疑人串供,待到达执法办案场所后开展全面深入细致的调查取证工作。在讯问过程中,要注意讯问以下内容:

①问明犯罪嫌疑人主观故意情况,实施犯罪行为的主观心态以及对犯罪后果的认识程度,包括作案的动机、目的等主观情况;

②问明共同犯罪情况,包括共同犯罪嫌疑人(出资者、组织者、主要实施者)的基本情况、组织架构,"采、运、销"各个环节的连接和实施方式,各个环节共同犯罪的起意、预谋、分工、实施、分赃等情况,每个犯罪嫌疑人在共同犯罪中的地位和作用;

③问明非法"采、运、销"海砂的详细经过,包括时间、地点、关系人、次数、采运砂量、现场环境、运输路线、起止时间、实施方式、使用工具等;

④问明所采海砂的销售渠道、获利情况、结算方式、资金账目往来数量、方式、赃款的流向;

⑤问明涉案船舶的特征、数量、来源、登记、实际权属和改装等情况;

⑥问明采矿许可证、开采海域使用权证等证件是否齐全,采矿证规定的开采时间、期限、地点、数量等情况;

⑦问明犯罪嫌疑人的采矿从业经历,对办理海域使用权证和采矿许可证等手续的知晓程度、参与涉砂违法犯罪活动和受行政处罚次数;

⑧问明是否存在知情人、关系人等证人;

⑨问明阻碍执法部门执行公务的情况；

⑩犯罪嫌疑人的其他供述或辩解。

（2）证人证言，包括但不限于一般船员、下游不知情收购海砂人员、购买运输保管过程中的工作人员、财务人员、亲属、朋友等知情人员、举报人员、海上执法人员等证言。在询问过程中，要注意询问以下内容：

①问明"采、运、销"各个环节的作案动机、时间、地点、人物、实施方式、次数、数量的详细经过；

②问明何时、何地、何人实施"采、运、销"等环节犯罪的详细经过；

③问明船舶买卖、租赁的情况；

④问明犯罪嫌疑人逃避监管和处罚的情况；

⑤其他需要了解的情况。

3. 证明盗采犯罪数额和生态环境损害后果的证据

对于涉案海砂价值，有销赃数额的，一般根据销赃数额认定；对于无销赃数额，销赃数额难以查证，或者根据销赃数额认定明显不合理的，根据海砂市场交易价格和数量认定，应当重点收集以下证据：

①对涉案砂石性质委托相关部门进行鉴定或认定，证明犯罪嫌疑人、被告人盗采的系海砂及海砂的成分；

②侦查机关要及时查扣盗采的海砂实物，对查获的海砂进行称重，根据运输船只的吃水线或者其他有资质的第三方鉴定机构称重结果认定海砂的重量，称量过程需要同步录音录像并随案移送光盘；

③对犯罪嫌疑人、被告人的微信、支付宝、银行卡交易明细、相关账本等客观证据进行梳理，全面查清以往盗采海砂的吨数和销售价值，相关成本不予扣除；

④对尚未销赃的海砂，委托当地政府相关部门所属价格认证机构进行海砂价格认定，或者委托省级以上人民政府自然资源、水行政、海洋等主管部门出具报告，并结合其他证据作出认定。认定时，以盗采行为终了时或者采挖期间当地海砂平均市场价格为基准；

⑤查证的海砂盗采重量和销赃数额或者价格认定结论要交由犯罪嫌疑人、被告人及相关证人确认；

⑥涉嫌犯罪的生态环境损害赔偿案件、刑事附带民事公益诉讼案件中，行政主管部门、检察机关可商请侦查机关依据《生态环境损害赔偿管理规定》第十九条等规定，提供其在办理涉嫌破坏海砂资源犯罪案件时委托相关机构或者专家出具的鉴定意见、鉴定评估报告、专家意见等，并承担相关费用。

（二）掩饰、隐瞒犯罪所得罪

掩饰、隐瞒犯罪所得案件在客观方面表现为实施了窝藏、转移、收购、代为销售等掩饰、隐瞒行为，应当重点收集以下证据：

1. 证明上游犯罪事实成立的证据

2. 证明窝藏、转移、收购、代为销售或以其他方法掩饰、隐瞒犯罪所得的证据

①上游犯罪嫌疑人的供述和辩解、本罪犯罪嫌疑人的供述和辩解以及相关证人证言，证明犯罪所得的来源、种类、特征、数量等；

②微信、支付宝、银行卡交易明细、现金、买卖合同等，证明上、下游犯罪嫌疑人、被告人非法交易海砂资金往来的金额、数量等情况；

③对于犯罪嫌疑人、被告人辩解与上游犯罪嫌疑人、被告人存在合法经济往来的，应重点审查双方是否存在买卖合同、借款收据等经济往来的基础，以及相关资金交易记录是否具有明确的指向性和连续性；

④发现赃款、赃物等犯罪所得现场的勘验、检查笔录，扣押物品清单，起赃、收缴、返赃、退赃笔录等。

四、证明犯罪主观方面的证据

（一）非法采矿罪

在盗采海砂犯罪案件中认定犯罪主体的主观故意时，原则上只要求犯罪嫌疑人、被告人知道或者应当知道自己未取得海砂开采海域使用权证和采矿许可证等相关许可，或者未办理涉海建设项目产生剩余海砂销售有关手续。

事先与采砂者约定运输、过驳、收购海砂，属于事前共谋，构成非法采矿罪的共犯，还需查明共谋的情况。

虽未与采砂者事前共谋，但明知采砂行为正在进行，仍实施过驳和运输行为的，亦属于非法采矿的共犯。

证明非法采矿罪的主观故意，应当重点收集以下证据：

1. 全案犯罪嫌疑人的供述和辩解，讯问其职业经历、专业背景、培训经历等背景资料，以及组织者是否要求在被侦查机关或者相关行政主管部门查获时统一对外口径、不作如实供述的情形；

2. 相关证人证言以及执法人员出具的关于犯罪嫌疑人是否存在逃避检查的情况说明；

3. 船舶轨迹、航海日志，审查涉案船舶航行情况，是否存在关闭、毁弃船舶自动识别系统或者船舶上有多套船舶自动识别系统；

4. 海事局出具的船只进出港口报港记录，审查其是否存在进出港未申报或进行虚假申报；

5. 船舶有关证件材料，审查船舶系内河船舶还是海

上船舶；

6. 船舶的过往运输业务记录及处罚记录，证明过往是否有运输海砂的行为；

7. 审查海砂交易价格是否异常，相关劳动报酬是否异常高于同工种正常劳动报酬；

8. 无法提供相关许可证、拍卖手续、合同等文件资料；

9. 与涉案行为有关联性的前科劣迹证据，如行政处罚决定书、刑事判决书等；

10. 微信等网络软件聊天记录等电子数据。

（二）掩饰、隐瞒犯罪所得罪

对于事前无共谋或者采砂行为已经结束后实施运输、过驳、收购的犯罪嫌疑人、被告人，需证明其明知系非法采挖的海砂，应当重点收集以下证据：

1. 犯罪嫌疑人的供述和辩解，重点讯问其对涉案砂石来源的明知情况，包括但不限于"看到吸砂船吸砂后直接装载""他人告知系海砂""与他人讨论系海砂"等供述；

2. 相关证人证言，重点询问其对涉案砂石来源的明知情况，包括但不限于"看到吸砂船吸砂后直接装载""他人告知系海砂""与他人讨论系海砂"等证言；

3. 微信、支付宝、银行交易明细等账目；

4. 虚假购销合同等证明文件；

5. 执法人员出具的关于犯罪嫌疑人是否存在逃避检查的情况说明。

6. 与涉案行为有关联性的前科劣迹证据，如行政处罚决定书、刑事判决书等；

7. 微信等网络软件聊天记录等电子数据。

五、证明犯罪主体方面的证据

盗采海砂犯罪案件和掩饰、隐瞒犯罪所得案件的主体均为一般主体，包括已满 16 周岁，且具备完全刑事责任能力的自然人和单位。准确区分单位犯罪和自然人犯罪，应当重点收集以下证据：

（一）对于自然人主体

1. 户籍所在地公安机关出具的户籍证明材料，应附免冠照片以及同户家庭成员情况并加盖户籍专用章，未附照片的，应当收集犯罪嫌疑人亲属或者其他知情人员辨认犯罪嫌疑人或者其照片的笔录；

2. 户口簿、居民身份证、居住证、工作证、护照等。

（二）对于单位主体

重点审查单位是否为了实施犯罪而设立，单位设立后是否以实施非法采砂为主要业务，犯罪所得是否进入单位所有、控制的账户，实施犯罪是单位意志还是个人意志。

1. 企业法人营业执照、工商注册登记证明；

2. 证明事业单位、社会团体性质的相应法律文件，机关、团体法人代码；

3. 单位财务账目、银行账号证明、年检情况、审计或清理证明等，证明单位管理及资产收益、流向、处分等情况；

4. 单位内部组织的有关合同、章程、协议书等证明单位的组织形式、直接负责的主管人员和其他直接人员等情况；

5. 单位相关会议记录、会议纪要等材料，证明是否能够体现单位意志；

6. 单位已经被撤销的，应有其主管单位出具的证明或工商注销登记资料；

7. 单位的主管人员、其他直接责任人员的供述或证言，重点问明单位基本情况和犯罪嫌疑人、被告人个人任职、职责等情况，查明犯罪活动是否经单位决策实施。

六、证明量刑情节方面的证据

犯罪嫌疑人、被告人具有法定从重、从轻、减轻或酌定从重、从轻的相关情节，应当重点收集以下证据：

1. 发破案经过证据

①以上游犯罪嫌疑人供述为线索的，应收集、审查上游犯罪嫌疑人供述、同案犯供述、证人证言、受案登记表等；

②因形迹可疑被盘查或者自动投案的，应收集、审查犯罪嫌疑人供述、受案登记表、盘查或接受投案人员的证言等；

③侦查机关工作中发现并立案的，应收集、审查侦查机关相关工作汇报、总结材料、受案登记表等；

④行政机关移送的，应收集、审查案件受理、登记、审批、移送手续等。

2. 地位和作用的证据

犯罪嫌疑人供述和辩解、证人证言、分赃、获利情况等。

3. 认罪认罚的证据

犯罪嫌疑人供述和辩解、退赃退赔证明等。

4. 前科劣迹证据

刑事判决书、刑事裁定书、刑满释放证明、不起诉决定书等。

5. 犯罪嫌疑人检举揭发材料等。

· 人大代表建议答复

最高检答复全国人大代表朱列玉关于落实非法证据排除制度的建议（节录）①

《关于办理刑事案件严格排除非法证据若干问题的规定》（下称《非法证据排除规定》），由最高人民法院、最高人民检察院、公安部、国家安全部、司法部会签下发，从启动程序、申请时限、法庭对证据收集合法性的处理和二审程序中控辩双方对证据收集合法性裁判的救济程序等四个方面完善了非法证据排除制度。

一是关于非法证据排除的申请时间。针对朱列玉代表在建议中提出，应当赋予被告人或者辩护人在审判环节各阶段提出非法证据排除申请的权利。最高检答复称，我们研究认为，因为非法证据排除规则涉及诉讼程序，为避免被告人及其辩护人在庭审过程中突然提出排除非法证据申请而导致庭审中断，有必要督促其在开庭前尽早提出申请，此为一般原则。因此，《非法证据排除规定》对此作了原则性规定。但是，《非法证据排除规定》还明确被告人及其辩护人如果能够说明理由，在一审开庭审理前未提出申请的，也可以在一审开庭审理过程中提出，在一审程序中未提出的，也可以在二审程序中提出。对于该类申请，法庭经审查，对证据收集合法性有疑问的，应当进行调查。

二是关于非法证据排除的启动程序。朱列玉代表在建议中提出，应当明确被告人或者辩护人提出非法证据排除申请的，必然进入审查程序。对此，《非法证据排除规定》有相关规定。只要被告人及其辩护人在开庭审理前申请排除非法证据，按照法律规定提供相关线索或者材料的，人民法院就应当召开庭前会议。也就是说，只要被告人及其辩护人能够按照法律规定提供相关线索或者材料的，召开庭前会议就是一个必经程序。

三是关于将非法证据排除纳入人民监督员监督范围。最高检认为，朱列玉代表关于将非法证据排除和人民监督员监督结合起来的建议很有价值，可以有效发挥人民监督员这一体制外监督力量，扩大群众司法参与，促进司法民主，对于进一步深化人民监督员制度改革也具有积极意义。但根据《关于人民监督员监督工作的规定》，人民监督员是对检察环节权力运行的监督，不包括对审判环节的监督。

· 指导案例

1. 于英生申诉案②

【关键词】

刑事申诉　再审检察建议　改判无罪

【基本案情】

于英生，男，1962年3月生。

1996年12月2日，于英生的妻子韩某在家中被人杀害。安徽省蚌埠市中区公安分局侦查认为于英生有重大犯罪嫌疑，于1996年12月12日将其刑事拘留。1996年12月21日，蚌埠市中市区人民检察院以于英生涉嫌故意杀人罪，将其批准逮捕。在侦查阶段的审讯中，于英生供认了杀害妻子的主要犯罪事实。蚌埠市中区公安分局侦查终结后，移送蚌埠市中市区人民检察院审查起诉。蚌埠市中市区人民检察院审查后，依法移送蚌埠市人民检察院审查起诉。1997年12月24日，蚌埠市人民检察院以涉嫌故意杀人罪对于英生提起公诉。蚌埠市中级人民法院一审判决认定以下事实：1996年12月1日，于英生一家三口在逛商场时，韩某将2800元现金交给于英生让其存入银行，但却不愿告诉这笔钱的来源，引起于英生的不满。12月2日7时20分，于英生送其子去上学，回家后再次追问韩某2800元现金是哪来的。因韩某坚持不愿说明来源，二人发生争吵厮打。厮打过程中，于英生见韩某声音越来越大，即恼羞成怒将其推倒在床上，然后从厨房拿了一根塑料绳，将韩某的双手拧到背后上捆上。接着又用棉被盖住韩某头面部并隔着棉被用双手紧捂其口鼻，将其捂昏迷后匆忙离开现场到单位上班。约9时50分，于英生从单位返回家中，发现韩某已经死亡，便先解开捆绑韩某的塑料绳，用菜刀对韩某的颈部割了数刀，然后将其内衣向上推至胸部、将其外面穿的毛线衣拉平，并将尸体翻成俯卧状。接着又将屋内家具的柜门、抽屉拉开，将物品翻乱，造成家中被抢劫、韩某被奸杀的假象。临走时，于英生又将液化气打开并点燃一根蜡烛放在床头柜上的烟灰缸里，企图使

---

① 访问网址：https://www.spp.gov.cn/zdgz/201812/t20181203_401293.shtml，最后访问时间：2021年12月29日。
② 案例来源：2016年5月31日最高人民检察院检例第25号。

液化气排放到一定程度,烛火引燃液化气,达到烧毁现场的目的。后因被及时发现而未引燃。经法医鉴定:死者韩某口、鼻腔受暴力作用,致机械性窒息死亡。

【诉讼过程】

1998 年 4 月 7 日,蚌埠市中级人民法院以故意杀人罪判处于英生死刑,缓期二年执行。于英生不服,向安徽省高级人民法院提出上诉。

1998 年 9 月 14 日,安徽省高级人民法院以原审判决认定于英生故意杀人的部分事实不清,证据不足为由,裁定撤销原判,发回重审。被害人韩某的父母提起附带民事诉讼。

1999 年 9 月 16 日,蚌埠市中级人民法院以故意杀人罪判处于英生死刑,缓期二年执行。于英生不服,再次向安徽省高级人民法院提出上诉。

2000 年 5 月 15 日,安徽省高级人民法院以原审判决事实不清,证据不足为由,裁定撤销原判,发回重审。

2000 年 10 月 25 日,蚌埠市中级人民法院以故意杀人罪判处于英生无期徒刑。于英生不服,向安徽省高级人民法院提出上诉。2002 年 7 月 1 日,安徽省高级人民法院裁定驳回上诉,维持原判。

2002 年 12 月 8 日,于英生向安徽省高级人民法院提出申诉。2004 年 8 月 9 日,安徽省高级人民法院驳回于英生的申诉。后于英生向安徽省人民检察院提出申诉。

安徽省人民检察院经复查,提请最高人民检察院按照审判监督程序提出抗诉。最高人民检察院经审查,于 2013 年 5 月 24 日向最高人民法院提出再审检察建议。

【建议再审理由】

最高人民检察院审查认为,原审判决、裁定认定于英生故意杀人的事实不清,证据不足,案件存在的矛盾和疑点无法得到合理排除,案件事实结论不具有唯一性。

一、原审判决认定事实的证据不确实、不充分。一是根据安徽省人民检察院复查调取的公安机关侦查内卷中的手写"现场手印检验报告"及其他相关证据,能够证实现场存在的 2 枚指纹不是于英生及其家人所留,但侦查机关并未将该情况写入检验报告。原审判决依据该"现场手印检验报告"得出"没有发现外人进入现场的痕迹"的结论与客观事实不符。二是关于于英生送孩子上学以及到单位上班的时间,缺少明确证据支持,且证人证言之间存在矛盾。原审判决认定于英生 9 时 50 分回家伪造现场,10 时 20 分回到单位,而于英生辩解其 10 时左右回到单位,后接到传呼并用办公室电话回此传呼,并在侦查阶段将传呼机提交侦查机关。安徽省人民检察院复查及最高人民检察院审查时,相关人员证实侦查机关曾对有关人员

及传呼机信息问题进行了调查,并调取了通话记录,但案卷中并没有相关调查材料及通话记录,于英生关于在 10 时左右回到单位的辩解不能合理排除。因此依据现有证据,原审判决认定于英生具有 20 分钟作案时间和 30 分钟伪造现场时间的证据不足。

二、原审判决定罪的主要证据之间存在矛盾。原审判决认定于英生有罪的证据主要是现场勘查笔录、尸检报告以及于英生曾作过的有罪供述。而于英生在侦查阶段虽曾作过有罪供述,但其有罪供述不稳定,时供时翻,供述前后矛盾。且其有罪供述与现场勘查笔录、尸检报告等证据亦存在诸多不一致的地方,如于英生曾作有罪供述中有关菜刀放置的位置、掐断电话线、用于点燃蜡烛的火柴梗丢弃在现场以及与被害人发生性行为等情节与现场勘查笔录、尸检报告等证据均存在矛盾。

三、原审判决认定于英生故意杀人的结论不具有唯一性。根据从公安机关侦查内卷中调取的手写"手印检验报告"以及 DNA 鉴定意见,现场提取到外来指纹,被害人阴道提取的精子也不是于英生的精子,因此存在其他人作案的可能。同时,根据侦查机关蜡烛燃烧试验反映的情况,该案存在杀害被害人并伪造现场均在 8 时之前完成的可能。原审判决认定于英生故意杀害韩某的证据未形成完整的证据链,认定的事实不能排除合理怀疑。

【案件结果】

2013 年 6 月 6 日,最高人民法院将最高人民检察院再审检察建议转安徽省高级人民法院。2013 年 6 月 27 日,安徽省高级人民法院对该案决定再审。2013 年 8 月 5 日,安徽省高级人民法院不公开开庭审理了该案。安徽省高级人民法院审理认为,原判决、裁定根据于英生的有罪供述、现场勘查笔录、尸体检验报告、刑事科学技术鉴定、证人证言等证据,认定原审被告人于英生杀害了韩某。但于英生供述中部分情节与现场勘查笔录、尸体检验报告、刑事科学技术鉴定等证据存在矛盾,且韩某阴道擦拭纱布及三角内裤上的精子经 DNA 鉴定不是于英生的,安徽省人民检察院提供的侦查人员从现场提取的没有比对结果的他人指纹等证据没有得到合理排除,因此原审判决、裁定认定于英生犯故意杀人罪的事实不清、证据不足,指控的犯罪不能成立。2013 年 8 月 8 日,安徽省高级人民法院作出再审判决:撤销原审判决裁定,原审被告人于英生无罪。

【要旨】

坚守防止冤假错案底线,是保障社会公平正义的重要方面。检察机关既要依法监督纠正确有错误的生效刑事裁判,又要注意在审查逮捕、审查起诉等环节有效发挥监督制约作用,努力从源头上防止冤假错案发生。在监督纠

正冤错案件方面,要严格把握纠错标准,对于被告人供述反复,有罪供述前后矛盾,且有罪供述的关键情节与其他在案证据存在无法排除的重大矛盾,不能排除其他人作案可能的,应当依法进行监督。

【指导意义】

1. 对案件事实结论应当坚持"唯一性"证明标准。《刑事诉讼法》第一百九十五条第一项规定:"案件事实清楚,证据确实、充分,依据法律认定被告人有罪的,应当作出有罪判决。"《刑事诉讼法》第五十三条第二款对于认定"证据确实、充分"的条件进行了规定:"(一)定罪量刑的事实都有证据证明;(二)据以定案的证据均经法定程序查证属实;(三)综合全案证据,对所认定的案件事实已排除合理怀疑。"排除合理怀疑,要求对于认定的案件事实,从证据角度已经没有符合常理的、有根据的怀疑,特别在是否存在犯罪事实和被告人是否实施了犯罪等关键问题上,确信证据指向的案件结论具有唯一性。只有坚持对案件事实结论的唯一性标准,才能够保证裁判认定的案件事实与客观事实相符,最大限度避免冤假错案的发生。

2. 坚持全面收集证据,严格把握纠错标准。在复查刑事申诉案件过程中,除全面审查原有证据外,还应当注意补充收集、调取能够证实被告人有罪或者无罪、犯罪情节轻重的新证据,通过正向肯定与反向否定,检验原审裁判是否做到案件事实清楚,证据确实、充分。要坚持疑罪从无原则,严格把握纠错标准,对于被告人有罪供述出现反复且前后矛盾,关键情节与其他在案证据存在无法排除的重大矛盾,不能排除有其他人作案可能的,应当认为认定主要案件事实的结论不具有唯一性。人民法院据此判决被告人有罪的,人民检察院应当按照审判监督程序向人民法院提出抗诉,或者向同级人民法院提出再审检察建议。

【相关法律规定】

《中华人民共和国刑事诉讼法》

第五十三条　对一切案件的判处都要重证据,重调查研究,不轻信口供。只有被告人供述,没有其他证据的,不能认定被告人有罪和处以刑罚;没有被告人供述,证据确实、充分的,可以认定被告人有罪和处以刑罚。

证据确实、充分,应当符合以下条件:

(一)定罪量刑的事实都有证据证明;

(二)据以定案的证据均经法定程序查证属实;

(三)综合全案证据,对所认定事实已排除合理怀疑。

第二百四十二条　当事人及其法定代理人、近亲属的申诉符合下列情形之一的,人民法院应当重新审判:

(一)有新的证据证明原判决、裁定认定的事实确有错误,可能影响定罪量刑的;

(二)据以定罪量刑的证据不确实、不充分、依法应当予以排除,或者证明案件事实的主要证据之间存在矛盾的;

(三)原判决、裁定适用法律确有错误的;

(四)违反法律规定的诉讼程序,可能影响公正审判的;

(五)审判人员在审理该案件的时候,有贪污受贿,徇私舞弊,枉法裁判行为的。

第二百四十三条　各级人民法院院长对本院已经发生法律效力的判决和裁定,如果发现在认定事实上或者在适用法律上确有错误,必须提交审判委员会处理。

最高人民法院对各级人民法院已经发生法律效力的判决和裁定,上级人民法院对下级人民法院已经发生法律效力的判决和裁定,如果发现确有错误,有权提审或者指令下级人民法院再审。

最高人民检察院对各级人民法院已经发生法律效力的判决和裁定,上级人民检察院对下级人民法院已经发生法律效力的判决和裁定,如果发现确有错误,有权按照审判监督程序向同级人民法院提出抗诉。

人民检察院抗诉的案件,接受抗诉的人民法院应当组成合议庭重新审理,对于原判决事实不清楚或者证据不足的,可以指令下级人民法院再审。

2. 张凯闵等52人电信网络诈骗案[①]

【关键词】

跨境电信网络诈骗　境外证据审查　电子数据　引导取证

【要旨】

跨境电信网络诈骗犯罪往往涉及大量的境外证据和庞杂的电子数据。对境外获取的证据应着重审查合法性,对电子数据应着重审查客观性。主要成员固定,其他人员有一定流动性的电信网络诈骗犯罪组织,可认定为犯罪集团。

【相关规定】

《中华人民共和国刑法》第六条、第二十六条、第二百

六十六条

《中华人民共和国刑事诉讼法》第十八条、第二十五条

《中华人民共和国国际刑事司法协助法》第九条、第十条、第二十五条、第二十六条、第三十九条、第四十条、第四十一条、第六十八条

《最高人民法院、最高人民检察院关于办理诈骗刑事案件具体应用法律若干问题的解释》第一条、第二条

《最高人民法院、最高人民检察院、公安部关于办理电信网络诈骗等刑事案件适用法律若干问题的意见》

《最高人民法院、最高人民检察院、公安部关于办理刑事案件收集提取和审查判断电子数据若干问题的规定》

《检察机关办理电信网络诈骗案件指引》

《最高人民法院关于适用〈中华人民共和国刑事诉讼法〉的解释》第四百零五条

【基本案情】

被告人张凯闵,男,1981 年 11 月 21 日出生,中国台湾地区居民,无业。

林金德等其他被告人、被不起诉人基本情况略。

2015 年 6 月至 2016 年 4 月间,被告人张凯闵等 52 人先后在印度尼西亚共和国和肯尼亚共和国参加对中国大陆居民进行电信网络诈骗的犯罪集团。在实施电信网络诈骗过程中,各被告人分工合作,其中部分被告人负责利用电信网络技术手段对大陆居民的手机和座机电话进行语音群呼,群呼的主要内容为"有快递未签收,经查询还有护照签证即将过期,将被限制出境管制,身份信息可能遭泄露"等。当被害人按照语音内容操作后,电话会自动接通冒充快递公司客服人员的一线话务员。一线话务员以帮助被害人报案为由,在被害人不挂断电话时,将电话转接至冒充公安局办案人员的二线话务员。二线话务员向被害人谎称"因泄露的个人信息被用于犯罪活动,需对被害人资金流向进行调查",欺骗被害人转账、汇款至指定账户。如果被害人对二线话务员的说法仍有怀疑,二线话务员会将电话转给冒充检察官的三线话务员继续实施诈骗。

至案发,张凯闵等被告人通过上述诈骗手段骗取 75 名被害人钱款共计人民币 2300 余万元。

【指控与证明犯罪】

(一)介入侦查引导取证

由于本案被害人均是中国大陆居民,根据属地管辖优先原则,2016 年 4 月,肯尼亚将 76 名电信网络诈骗犯罪嫌疑人(其中大陆居民 32 人,台湾地区居民 44 人)遣返中国大陆。经初步审查,张凯闵等 41 人与其他被遣返的人分属互不关联的诈骗团伙,公安机关依法分案处理。2016 年 5 月,北京市人民检察院第二分院经指定管辖本案,并应公安机关邀请,介入侦查引导取证。

鉴于肯尼亚在遣返犯罪嫌疑人前已将起获的涉案笔记本电脑、语音网关(指能将语音通信集成到数据网络中实现通信功能的设备)、手机等物证移交我国公安机关,为确保证据的客观性、关联性和合法性,检察机关就案件证据需要达到的证明标准以及涉外电子数据的提取等问题与公安机关沟通,提出提取、恢复涉案的 Skype 聊天记录、Excel 和 Word 文档、网络电话拨打记录清单等电子数据,并对电子数据进行无污损鉴定的意见。在审查电子数据的过程中,检察人员与侦查人员在恢复的 Excel 文档中找到多份"返乡订票记录单"以及早期大量的 Skype 聊天记录。依据此线索,查实部分犯罪嫌疑人在去肯尼亚之前曾在印度尼西亚两度针对中国大陆居民进行诈骗,诈骗数额累计达 2000 余万元人民币。随后,11 名曾在印度尼西亚参与张凯闵团伙实施电信诈骗,未赴肯尼亚继续诈骗的犯罪嫌疑人陆续被缉捕到案。至此,张凯闵案 52 名犯罪嫌疑人全部到案。

(二)审查起诉

审查起诉期间,在案犯罪嫌疑人均表示认罪,但对其在犯罪集团中的作用和参与犯罪数额各自作出辩解。

经审查,北京市人民检察院第二分院认为现有证据足以证实张凯闵等人利用电信网络实施诈骗,但案件证据还存在以下问题:一是电子数据无污损鉴定意见的鉴定起始基准时间晚于犯罪嫌疑人归案的时间近 11 个小时,不能确定在此期间电子数据是否被增加、删除、修改。二是被害人与诈骗犯罪组织间的关联性证据调取不完整,无法证实部分被害人系本案犯罪组织所骗。三是台湾地区警方提供的台湾地区犯罪嫌疑人出入境记录不完整,北京市公安局出入境管理总队出具的出入境记录与犯罪嫌疑人的供述等其他证据不尽一致,现有证据不能证实各犯罪嫌疑人参加诈骗犯罪组织的具体时间。

针对上述问题,北京市人民检察院第二分院于 2016 年 12 月 17 日、2017 年 3 月 7 日两次将案件退回公安机关补充侦查,并提出以下补充侦查意见:一是通过中国驻肯尼亚大使馆确认抓获犯罪嫌疑人和外方起获物证的具体时间,将此时间作为电子数据无污损鉴定的起始基准时间,对电子数据重新进行无污损鉴定,以确保电子数据的客观性。二是补充调取犯罪嫌疑人使用网络电话与被害人通话的记录、被害人向犯罪嫌疑人指定银行账户转账汇款的记录、犯罪嫌疑人的收款账户交易明细等证据,以准确认定本案被害人。三是调取各犯罪嫌疑人护照,由北京市公安局出入境管理总队结合护照,出具完整的出入境记录,补充讯问负责管理护照的犯罪嫌疑人,核实部分犯罪

嫌疑人是否中途离开过诈骗窝点,以准确认定各犯罪嫌疑人参加犯罪组织的具体时间。补充侦查期间,检察机关就补侦事项及时与公安机关加强当面沟通,落实补证要求。与此同时,检察人员会同侦查人员共赴国家信息中心电子数据司法鉴定中心,就电子数据提取和无污损鉴定等问题向行业专家咨询,解决了无污损鉴定的具体要求以及提取、固定电子数据的范围、程序等问题。检察机关还对公安机关以《司法鉴定书》记录电子数据勘验过程的做法提出意见,要求将《司法鉴定书》转化为勘验笔录。通过上述工作,全案证据得到进一步完善,最终形成补充侦查卷21册,为案件的审查和提起公诉奠定了坚实基础。

检察机关经审查认为,根据肯尼亚警方出具的《调查报告》、我国驻肯尼亚大使馆出具的《情况说明》以及公安机关出具的扣押决定书、扣押清单等,能够确定境外获取的证据来源合法,移交过程真实、连贯、合法。国家信息中心电子数据司法鉴定中心重新作出的无污损鉴定,鉴定的起始基准时间与肯尼亚警方抓获犯罪嫌疑人并起获涉案设备的时间一致,能够证实电子数据的真实性。涉案笔记本电脑和手机中提取的 Skype 账户登录信息等电子数据与犯罪嫌疑人的供述相互印证,能够确定犯罪嫌疑人的网络身份和现实身份具有一致性。75 名被害人与诈骗犯罪组织间的关联性证据已补充到位,具体表现为:网络电话、Skype 聊天记录等与被害人陈述的诈骗电话号码、银行账号等证据相互印证;电子数据中的聊天时间、通话时间与银行交易记录中的转账时间相互印证;被害人陈述的被骗经过与被告人供述的诈骗方式相互印证。本案的 75 名被害人被骗的证据均满足上述印证关系。

(三)出庭指控犯罪

2017 年 4 月 1 日,北京市人民检察院第二分院根据犯罪情节,对该诈骗犯罪集团中的 52 名犯罪嫌疑人作出不同处理决定。对张凯闵等 50 人以诈骗罪分两案向北京市第二中级人民法院提起公诉,对另 2 名情节较轻的犯罪嫌疑人作出不起诉决定。7 月 18 日、7 月 19 日,北京市第二中级人民法院公开开庭审理了本案。

庭审中,50 名被告人对指控的罪名均未提出异议,部分被告人及其辩护人主要提出以下辩解及辩护意见:一是认定犯罪集团缺乏法律依据,应以被告人实际参与诈骗成功的数额认定其犯罪数额。二是被告人系犯罪组织雇用的话务员,在本案中起次要和辅助作用,应认定为从犯。三是检察机关指控的犯罪金额证据不足,没有形成完整的证据链条,不能证明被害人是被告人所骗。

针对上述辩护意见,公诉人答辩如下:

一是该犯罪组织以共同实施电信网络诈骗犯罪为目

的而组建,首要分子虽然没有到案,但在案证据充分证明该犯罪组织在首要分子的领导指挥下,有固定人员负责窝点的组建管理、人员的召集培训,分工担任一线、二线、三线话务员,该诈骗犯罪组织符合刑法关于犯罪集团的规定,应当认定为犯罪集团。

二是在案证据能够证实二线、三线话务员不仅实施了冒充警察、检察官接听拨打电话的行为,还在犯罪集团中承担了组织管理工作,在共同犯罪中起主要作用,应认定为主犯。对从事一线接听拨打诈骗电话的被告人,已作区别对待。该犯罪集团在印度尼西亚和肯尼亚先后设立 3 个窝点,参加过 2 个以上窝点犯罪的一线人员属于积极参加犯罪,在犯罪中起主要作用,应认定为主犯;仅参加其中一个窝点犯罪的一线人员,参与时间相对较短,实际获利较少,可认定为从犯。

三是本案认定诈骗犯罪集团与被害人之间关联性的证据主要有:犯罪集团使用网络电话与被害人电话联系的通话记录;犯罪集团的 Skype 聊天记录中提到了被害人姓名、公民身份号码等个人信息;被害人向被告人指定银行账户转账汇款的记录。起诉书认定的 75 名被害人至少包含上述一种关联方式,实施诈骗与被骗的证据能够形成印证关系,足以认定 75 名被害人被本案诈骗犯罪组织所骗。

(四)处理结果

2017 年 12 月 21 日,北京市第二中级人民法院作出一审判决,认定被告人张凯闵等 50 人以非法占有为目的,参加诈骗犯罪集团,利用电信网络技术手段,分工合作,冒充国家机关工作人员或其他单位工作人员,诈骗被害人钱财,各被告人的行为均已构成诈骗罪,其中 28 人系主犯,22 人系从犯。法院根据犯罪事实、情节并结合各被告人的认罪态度、悔罪表现,对张凯闵等 50 人判处十五年至一年九个月不等有期徒刑,并处剥夺政治权利及罚金。张凯闵等部分被告人以量刑过重为由提出上诉。2018 年 3 月,北京市高级人民法院二审裁定驳回上诉,维持原判。

【指导意义】

(一)对境外实施犯罪的证据应着重审查合法性

对在境外获取的实施犯罪的证据,一是要审查是否符合我国刑事诉讼法的相关规定,对能够证明案件事实且符合刑事诉讼法规定的,可以作为证据使用。二是对基于有关条约、司法互助协定、两岸司法互助协议或通过国际组织委托调取的证据,应注意审查相关办理程序、手续是否完备,取证程序和条件是否符合有关法律文件的规定。对不具有规定规范的,一般应当要求提供所在国公证机关证明,由所在国中央外交主管机关或其授权机关认证,并经我国驻该国使、领馆认证。三是对委托取得的境外证据,移交过程中应注意审查过程是否连续、手续是否齐全、交接物品是否完整、双方的交接清单记载的物品信息是否一致、交接清单与交接物品是否一一对应。四是对当事人及其辩护人、诉讼代理人提供的来自境外的证据材料，要审查其是否按照条约等相关规定办理了公证和认证，并经我国驻该国使、领馆认证。

（二）对电子数据应重点审查客观性

一要审查电子数据存储介质的真实性。通过审查存储介质的扣押、移交等法律手续及清单，核实电子数据存储介质在收集、保管、鉴定、检查等环节中是否保持原始性和同一性。二要审查电子数据本身是否客观、真实、完整。通过审查电子数据的来源和收集过程，核实电子数据是否从原始存储介质中提取，收集的程序和方法是否符合法律和相关技术规范。对从境外起获的存储介质中提取、恢复的电子数据应当进行无污损鉴定，将起获设备的时间作为鉴定的起始基准时间，以保证电子数据的客观、真实、完整。三要审查电子数据内容的真实性。通过审查在案言词证据能否与电子数据相互印证，不同的电子数据间能否相互印证等，核实电子数据包含的案件信息能否与在案的其他证据相互印证。

（三）紧紧围绕电话卡和银行卡审查认定案件事实

办理电信网络诈骗犯罪案件，认定被害人数量及诈骗资金数额的相关证据，应当紧紧围绕电话卡和银行卡等证据的关联性来认定犯罪事实。一是通过电话卡建立被害人与诈骗犯罪组织间的关联。通过审查诈骗犯罪组织使用的网络电话拨打记录清单、被害人接到诈骗电话号码的陈述以及被害人提供的通话记录详单等通讯类证据，认定被害人与诈骗犯罪组织间的关联性。二是通过银行卡建立被害人与诈骗犯罪组织间的关联。通过审查被害人提供的银行账户交易明细、银行客户通知书、诈骗犯罪集团指定银行账户信息等书证以及诈骗犯罪组织使用的互联网软件聊天记录，核实聊天记录中是否出现被害人的转账账户，以确定被害人与诈骗犯罪组织间的关联性。三是将电话卡和银行卡结合起来认定被害人及诈骗数额。审查被害人接到诈骗电话的时间、向诈骗犯罪组织指定账户转款的时间，诈骗犯罪组织手机或电脑中储存的聊天记录中出现的被害人的账户信息和转账时间是否印证。相互关联印证的，可以认定为案件被害人，被害人实际转账的金额可以认定为诈骗数额。

（四）有明显首要分子，主要成员固定，其他人员有一定流动性的电信网络诈骗犯罪组织，可以认定为诈骗犯罪集团

实施电信网络诈骗犯罪，大都涉案人员众多、组织严密、层级分明、各环节分工明确。对符合刑法关于犯罪集团规定，有明确首要分子，主要成员固定，其他人员虽有一定流动性的电信网络诈骗犯罪组织，依法可以认定为诈骗犯罪集团。对出资筹建诈骗窝点、掌控诈骗所得资金、制定犯罪计划等起组织、指挥管理作用的，依法可以认定为诈骗犯罪集团首要分子，按照集团所犯的全部罪行处罚。对负责协助首要分子组建窝点、招募培训人员等起积极作用的，或加入时间较长，通过接听拨打电话对受害人进行诱骗，次数较多、诈骗金额较大的，依法可以认定为主犯，按照其参与或组织、指挥的全部犯罪处罚。对诈骗次数较少、诈骗金额较小，在共同犯罪中起次要或者辅助作用的，依法可以认定为从犯，依法从轻、减轻或免除处罚。

3. 姚晓杰等 11 人破坏计算机信息系统案①

【关键词】

破坏计算机信息系统　网络攻击　引导取证　损失认定

【要旨】

为有效打击网络攻击犯罪，检察机关应加强与公安机关的配合，及时介入侦查引导取证，结合案件特点提出明确具体的补充侦查意见。对被害互联网企业提供的证据和技术支持意见，应当结合其他证据进行审查认定，客观全面准确认定破坏计算机信息系统罪的危害后果。

【相关规定】

《中华人民共和国刑法》第二百八十六条

《最高人民法院、最高人民检察院关于办理危害计算机信息系统安全刑事案件应用法律若干问题的解释》第四条、第六条、第十一条

【基本案情】

被告人姚晓杰，男，1983 年 3 月 27 日出生，无固定职业。

被告人丁虎子，男，1998 年 2 月 7 日出生，无固定职业。

其他 9 名被告人基本情况略。

2017 年初，被告人姚晓杰等人接受王某某（另案处理）雇佣，招募多名网络技术人员，在境外成立"暗夜小

---

① 案例来源：2020 年 3 月 28 日最高人民检察院检例第 69 号。

组"黑客组织。"暗夜小组"从被告人丁虎子等 3 人处购买大量服务器资源,再利用木马软件操控控制端服务器实施 DDoS 攻击(指黑客通过远程控制服务器或计算机等资源,对目标发动高频服务请求,使目标服务器因来不及处理海量请求而瘫痪)。2017 年 2—3 月间,"暗夜小组"成员三次利用 14 台控制端服务器下的计算机,持续对某互联网公司云服务器上运营的三家游戏公司的客户端 IP 进行 DDoS 攻击。攻击导致三家游戏公司的 IP 被封堵,出现游戏无法登录、用户频繁掉线、游戏无法正常运行等问题。为恢复云服务器的正常运营,某互联网公司组织人员对服务器进行了抢修并为此支付 4 万余元。

【指控与证明犯罪】

(一)介入侦查引导取证

2017 年初,某互联网公司网络安全团队在日常工作中监测到多起针对该公司云服务器的大流量高峰值 DDoS 攻击,攻击源 IP 地址来源不明,该公司随即报案。公安机关立案后,同步邀请广东省深圳市人民检察院介入侦查、引导取证。

针对案件专业性、技术性强的特点,深圳市人民检察院会同公安机关多次召开案件讨论会,就被害单位云服务器受到的 DDoS 攻击的特点和取证策略进行研究,建议公安机关及时将被害单位报案提供的电子数据送国家计算机网络应急技术处理协调中心广东分中心进行分析,确定主要攻击源的 IP 地址。

2017 年 6—9 月间,公安机关陆续将 11 名犯罪嫌疑人抓获。侦查发现,"暗夜小组"成员为逃避打击,在作案后已串供并将手机、笔记本电脑等作案工具销毁或者进行了加密处理。"暗夜小组"成员到案后大多作无罪辩解。有证据证实丁虎子等人实施了远程控制大量计算机的行为,但证明其将控制权出售给"暗夜小组"用于 DDoS 网络攻击的证据薄弱。

鉴于此,深圳市检察机关与公安机关多次会商研究"暗夜小组"团伙内部结构、犯罪行为和技术特点等问题,建议公安机关重点做好以下三方面工作:一是查明导致云服务器不能正常运行的原因与"暗夜小组"攻击行为间的关系。具体包括:对被害单位提供的受攻击 IP 和近 20 万个攻击源 IP 作进一步筛查分析,找出主要攻击源的 IP 地址,并与丁虎子等人出售的控制端服务器 IP 地址进行比对;查清主要攻击源的波形特征和网络协议,并和丁虎子等人控制的攻击服务器特征进行比对,以确定主要攻击是否来自于该控制端服务器;查清攻击时间和云服务器因被攻击无法为三家游戏公司提供正常服务的时间;查清攻击的规模;调取"暗夜小组"实施攻击后给三

家游戏公司发的邮件。二是做好犯罪嫌疑人线上身份和线下身份同一性的认定工作,并查清"暗夜小组"各成员在犯罪中的分工、地位和作用。三是查清犯罪行为造成的危害后果。

(二)审查起诉

2017 年 9 月 19 日,公安机关将案件移送广东省深圳市南山区人民检察院审查起诉。鉴于在案证据已基本厘清"暗夜小组"实施犯罪的脉络,"暗夜小组"成员的认罪态度开始有了转变。经审查,全案基本事实已经查清,基本证据已经调取,能够认定姚晓杰等人的行为已涉嫌破坏计算机信息系统罪:一是可以认定系"暗夜小组"对某互联网公司云服务器实施了大流量攻击。国家计算机网络应急技术处理协调中心广东分中心出具的报告证实,筛选出的大流量攻击源 IP 中有 198 个 IP 为僵尸网络中的被控主机,这些主机由 14 个控制端服务器控制。通过比对丁虎子等人电脑中的电子数据,证实丁虎子等人控制的服务器就是对三家游戏公司客户端实施网络攻击的服务器。分析报告还明确了云服务器受到的攻击类型和攻击采用的网络协议、波形特征,这些证据与"暗夜小组"成员供述的攻击资源特征一致。网络聊天内容和银行交易流水等证据证实"暗夜小组"向丁虎子等三人购买上述 14 个控制端服务器控制权的事实。电子邮件等证据进一步印证了"暗夜小组"实施攻击的事实。二是通过进一步提取犯罪嫌疑人网络活动记录、犯罪嫌疑人之间的通讯信息、资金往来等证据,结合对电子数据的分析,查清了"暗夜小组"成员虚拟身份与真实身份的对应关系,查明了小组成员在招募人员、日常管理、购买控制端服务器、实施攻击和后勤等各个环节中的分工负责情况。

审查中,检察机关发现,攻击行为造成的损失仍未查清:部分犯罪嫌疑人实施犯罪的次数,上下游间交易的证据仍欠缺。针对存在的问题,深圳市南山区人民检察院与公安机关进行了积极沟通,于 2017 年 11 月 2 日和 2018 年 1 月 16 日两次将案件退回公安机关补充侦查。一是鉴于证实受影响计算机信息系统和用户数量的证据已无法调取,本案只能以造成的经济损失认定危害后果。因此要求公安机关补充调取能够证实某互联网公司直接经济损失或为恢复网络正常运行支出的必要费用等证据,并交专门机构作出评估。二是进一步补充证实"暗夜小组"成员参与每次网络攻击具体情况以及攻击服务器控制权在"暗夜小组"与丁虎子等人间流转情况的证据。三是对丁虎子等人向"暗夜小组"提供攻击服务器控制权的主观明知证据作进一步补强。

公安机关按要求对证据作了补强和完善,全案事实已

查清,案件证据确实充分,已经形成了完整的证据链条。

（三）出庭指控犯罪

2018年3月6日,深圳市南山区人民检察院以被告人姚晓杰等11人构成破坏计算机信息系统罪向深圳市南山区人民法院提起公诉。4月27日,法院公开开庭审理了本案。

庭审中,11名被告人对检察机关的指控均表示无异议。部分辩护人提出以下辩护意见:一是网络攻击无处不在,现有证据不能认定三家网络游戏公司受到的攻击均是"暗夜小组"发动的,不能排除攻击来自其他方面。二是即便认定"暗夜小组"参与对三家网络游戏公司的攻击,也不能将某互联网公司支付给抢修系统数据的员工工资认定为本案的经济损失。

针对辩护意见,公诉人答辩如下:一是案发时并不存在其他大规模网络攻击,在案证据足以证实只有"暗夜小组"针对云服务器进行了DDoS高流量攻击,每次的攻击时间和被攻击的时间完全吻合,攻击手法、流量波形、攻击源IP和攻击路径与被告人供述及其他证据相互印证,现有证据足以证明三家网络游戏公司客户端不能正常运行系受"暗夜小组"攻击导致。二是根据法律规定,"经济损失"包括危害计算机信息系统犯罪行为给用户直接造成的经济损失以及用户为恢复数据、功能而支出的必要费用。某互联网公司为修复系统数据、功能而支出的员工工资系因犯罪产生的必要费用,应当认定为本案的经济损失。

（四）处理结果

2018年6月8日,广东省深圳市南山区人民法院判决认定被告人姚晓杰等11人犯破坏计算机信息系统罪;鉴于各被告人均表示认罪悔罪,部分被告人具有自首等法定从轻、减轻处罚情节,对11名被告人分别判处有期徒刑一年至二年不等。宣判后,11名被告人均未提出上诉,判决已生效。

【指导意义】

（一）立足网络攻击犯罪案件特点引导公安机关收集调取证据。对重大、疑难、复杂的网络攻击类犯罪案件,检察机关可以适时介入侦查引导取证,会同公安机关研究侦查方向,在收集、固定证据等方面提出法律意见。一是引导公安机关及时调取证明网络攻击犯罪发生、证明危害后果达到追诉标准的证据。委托专业技术人员对收集提取到的电子数据等进行检验、鉴定,结合在案其他证据,明确网络攻击类型、攻击特点和攻击后果。二是引导公安机关调取证明网络攻击是犯罪嫌疑人实施的证据。借助专门技术对攻击源进行分析,溯源网络犯罪路径。审查认定犯罪嫌疑人网络身份与现实身份的同一性时,通过核查IP地址、网络活动记录、上网终端归属,以及证实犯罪嫌疑人与网络终端、存储介质间的关联性综合判断。犯罪嫌疑人在实施网络攻击后,威胁被害人的证据可作为认定攻击事实和因果关系的证据。有证据证明犯罪嫌疑人实施了攻击行为,网络攻击类型和特点与犯罪嫌疑人实施的攻击一致,攻击时间和被攻击时间吻合的,可以认定网络攻击系犯罪嫌疑人实施。三是网络攻击类犯罪多为共同犯罪,应重点审查各犯罪嫌疑人的供述和辩解、手机通信记录等,通过审查自供和互证的情况以及与其他证据间的印证情况,查明各犯罪嫌疑人间的犯意联络、分工和作用,准确认定主、从犯。四是对需要通过退回补充侦查进一步完善上述证据的,在提出补充侦查意见时,应明确列出每一项证据的补侦目的,以及为了达到目的需要开展的工作。在补充侦查过程中,要适时与公安机关面对面会商,了解和掌握补充侦查工作的进展,共同研究分析补充到的证据是否符合起诉和审判的标准和要求,为补充侦查工作提供必要的引导和指导。

（二）对被害单位提供的证据和技术支持意见需结合其他在案证据作出准确认定。网络攻击类犯罪案件的被害人多为大型互联网企业。在打击该类犯罪的过程中,司法机关往往会借助被攻击的互联网企业在网络技术、网络资源和大数据等方面的优势,进行溯源分析或对攻击造成的危害进行评估。由于互联网企业既是受害方,有时也是技术支持协助方,为确保被害单位提供的证据客观真实,必须特别注意审查取证过程的规范性;有条件的,应当聘请专门机构对证据的完整性进行鉴定。如条件不具备,应当要求提供证据的被害单位对证据作出说明。同时要充分运用印证分析审查思路,将被害单位提供的证据与在案其他证据,如从犯罪嫌疑人处提取的电子数据、社交软件聊天记录、银行流水、第三方机构出具的鉴定意见、证人证言、犯罪嫌疑人供述等证据作对照分析,确保不存在人为改变案件事实或改变案件危害后果的情形。

（三）对破坏计算机信息系统的危害后果应作客观全面准确认定。实践中,往往倾向于依据犯罪违法所得数额或造成的经济损失认定破坏计算机信息系统罪的危害后果。但是在一些案件中,违法所得或经济损失并不能全面、准确反映出犯罪行为所造成的危害。有的案件违法所得或者经济损失的数额并不大,但网络攻击行为导致受影响的用户数量特别大,有的导致用户满意度降低或用户流失,有的造成了恶劣社会影响。对这类案件,如果仅根据违法所得或经济损失数额来评估危害后果,可能会导致罪刑不相适应。因此,在办理破坏计算机信息系统犯罪案件时,检察机关应发挥好介入侦查引导取证的作用,及时引导公安机关按照法律规定,从扰乱公共秩序的角度,收集、固定能够证实受影响的计算机信息系统数量或用户数量、受影响或被攻击的计算机信息系统不能正常运行的累计时间、对被害企业造成的影响等证据,对危害后果作出客观、全面、准确认定,做到罪责相当、罚当其罪,使被告人受到应有惩处。

4. 王鹏等人利用未公开信息交易案①

【关键词】

利用未公开信息交易　间接证据　证明方法

【要旨】

具有获取未公开信息职务便利条件的金融机构从业人员及其近亲属从事相关证券交易行为明显异常,且与未公开信息相关交易高度趋同,即使其拒不供述未公开信息传递过程等犯罪事实,但其他证据之间相互印证,能够形成证明利用未公开信息犯罪的完整证明体系,足以排除其他可能的,可以依法认定犯罪事实。

【相关规定】

《中华人民共和国刑法》第一百八十条第四款

《中华人民共和国刑事诉讼法》(2018修正)第五十五条

《最高人民法院、最高人民检察院关于办理利用未公开信息交易刑事案件适用法律若干问题的解释》(法释〔2019〕10号)第四条

【基本案情】

被告人王鹏,男,某基金管理有限公司原债券交易员。

被告人王慧强,男,无业,系王鹏父亲。

被告人宋玲祥,女,无业,系王鹏母亲。

2008年11月至2014年5月,被告人王鹏担任某基金公司交易管理部债券交易员。在工作期间,王鹏作为债券交易员的个人账号为6610。因工作需要,某基金公司为王鹏等债券交易员开通了恒生系统6609账号的站点权限。自2008年7月7日起,该6609账号开通了股票交易指令查询权限,王鹏有权查询证券买卖方向、投资类别、证券代码、交易价格、成交金额、下达人等股票交易相关未公开信息;自2009年7月6日起又陆续增加了包含委托流水、证券成交回报、证券资金流水、组合证券持仓、基金资产情况等未公开信息查询权限。2011年8月9日,因新系统启用,某基金公司交易管理部申请关闭了所有债券交易员登录6609账号的权限。

---

① 案例来源:2020年2月5日最高人民检察院检例第65号。

2009年3月2日至2011年8月8日期间,被告人王鹏多次登录6609账号获某基金公司股票交易指令等未公开信息,王慧强、宋玲祥操作牛某、宋某祥、宋某珍的证券账户,同期或稍晚于某基金公司进行证券交易,与某基金公司交易指令高度趋同,证券交易金额共计8.78亿余元,非法获利共计1773万余元。其中,王慧强交易金额9661万余元,非法获利201万余元;宋玲祥交易金额7.8亿余元,非法获利1572万余元。

【指控与证明犯罪】

2015年6月5日,重庆市公安局以被告人王鹏、王慧强、宋玲祥涉嫌利用未公开信息交易罪移送重庆市人民检察院第一分院审查起诉。

审查起诉阶段,重庆市人民检察院第一分院审查了全案卷宗,讯问了被告人。被告人王鹏辩称,没有获取未公开信息的条件,也没有向其父母传递过未公开信息。被告人王慧强、宋玲祥辩称,王鹏没有向其传递过未公开信息,买卖股票均根据自己的判断进行。针对三人均不供认犯罪事实的情况,为进一步查清王鹏与王慧强、宋玲祥是否存在利用未公开信息交易行为,重庆市人民检察院第一分院将本案两次退回重庆市公安局补充侦查,并提出补充侦查意见:(1)继续讯问三被告人,以查明三人之间传递未公开信息的情况;(2)询问某基金公司有关工作人员,调取工作制度规定,核查工作区通讯设备保管情况,调取某基金债券交易工作区现场图,以查明王鹏是否具有传递信息的条件;(3)调查王慧强、宋玲祥的亲友关系,买卖股票的资金来源及获利去向,以查明王鹏是否为未公开信息的唯一来源,三人是否共同参与利用未公开信息交易;(4)询问某基金公司其他债券交易员,收集相关债券交易员登录工作账号与6609账号的查询记录,以查明王鹏登录6609账号是否具有异常性;(5)调取王慧强、宋玲祥在王鹏不具有获取未公开信息的职务便利期间买卖股票情况、与某基金股票交易指令趋同情况,以查明王慧强、宋玲祥在被指控犯罪时段的交易行为与其他时段的交易行为是否明显异常。经补充侦查,三被告人仍不供认犯罪事实,重庆市公安局补充收集了前述第2项至第5项证据,进一步补强证明王鹏具有获取和传递信息的条件,王慧强、宋玲祥交易习惯的显著异常性等事实。

2015年12月18日,重庆市人民检察院第一分院以利用未公开信息交易罪对王鹏、王慧强、宋玲祥提起公诉。重庆市第一中级人民法院公开开庭审理本案。

法庭调查阶段，公诉人宣读起诉书指控三名被告人构成利用未公开信息交易罪，并对三名被告人进行了讯问。三被告人均不供认犯罪事实。公诉人全面出示证据，并针对被告人不供认犯罪事实的情况进行重点举证。

第一，出示王鹏与某基金公司的《劳动合同》《保密管理办法》、6609账号使用权限、操作方法和操作日志、某基金公司交易室照片等证据，证实：王鹏在2009年1月15日至2011年8月9日期间能够通过6609账号登录恒生系统查询到某基金公司对股票和债券的整体持仓和交易情况、指令下达情况、实时头寸变化情况等，王鹏具有获取某基金公司未公开信息的条件。

第二，出示王鹏登录6610个人账号的日志、6609账号权限设置和登录日志、某基金公司工作人员证言等证据，证实：交易员的账号只能在本人电脑上登录，具有唯一性，可以锁定王鹏的电脑只有王鹏一人使用；王鹏通过登录6609账号查看了未公开信息，且登录次数明显多于6610个人账号，与其他债券交易员登录6609账号情况相比存在异常。

第三，出示某基金公司股票指令下达执行情况，牛某、宋某祥、宋某珍三个证券账户不同阶段的账户资金对账单、资金流水、委托流水及成交流水以及牛某、宋某祥、宋某珍的证言等证据，证实：（1）三个证券账户均替王慧强、宋玲祥开设并由他们使用。（2）三个账户证券交易与某基金公司交易指令高度趋同。在王鹏拥有登录6609账号权限之后，王慧强操作牛某证券账户进行股票交易，牛某证券账户在2009年3月6日至2011年8月2日间，买入与某基金旗下股票基金产品趋同股票233只，占比93.95%，累计趋同买入成交金额9661.26万元，占比95.25%。宋玲祥操作宋某祥、宋某珍证券账户进行股票交易，宋某祥证券账户在2009年3月2日至2011年8月8日期间，买入趋同股票343只、占比83.05%，累计趋同买入成交金额1.04亿余元、占比90.87%。宋某珍证券账户在2010年5月13日至2011年8月8日期间，买入趋同股票183只、占比96.32%，累计趋同买入成交金额6.76亿元、占比97.03%。（3）交易异常频繁，明显背离三个账户在王鹏具有获取未公开信息条件前的交易习惯。从买入股数看，2009年之前每笔买入股数一般为数百股，2009年之后买入股数多为数千甚至上万股；从买卖间隔看，2009年之前买卖间隔时间多为几天甚至更久，但2009年之后买卖交易频繁，买卖间隔时间明显缩短，多为一至两天后卖出。（4）牛某、宋某祥、宋某珍三个账户停止股票交易时间与王鹏无权查看6609账号时间即2011年8月9日高度一致。

第四，出示王鹏、王慧强、宋玲祥和牛某、宋某祥、宋某珍的银行账户资料、交易明细、取款转账凭证等证据，证实：三个账户证券交易资金来源于王慧强、宋玲祥和王鹏，王鹏与宋玲祥、王慧强及其控制的账户之间存在大额资金往来记录。

法庭辩论阶段，公诉人发表公诉意见指出，虽然三名被告人均拒不供认犯罪事实，但在案其他证据能够相互印证，形成完整的证据链条，足以证明：王鹏具有获取某基金公司未公开信息的条件，王慧强、宋玲祥操作的证券账户在王鹏具有获取未公开信息条件期间的交易行为与某基金公司的股票交易指令高度趋同，且二人的交易行为与其在其他时间段的交易习惯存在重大差异，明显异常。对上述异常交易行为，二人均不能作出合理解释。王鹏作为基金公司的从业人员，在利用职务便利获取未公开信息后，由王慧强、宋玲祥操作他人账户从事与该信息相关的证券交易活动，情节特别严重，均应当以利用未公开信息交易罪追究刑事责任。

王鹏辩称，没有利用职务便利获取未公开信息，亦未提供信息让王慧强、宋玲祥交易股票，对王慧强、宋玲祥交易股票的事情并不知情；其辩护人认为，现有证据只能证明王鹏有条件获取未公开信息，而不能证明王鹏实际获取了该信息，同时也不能证明王鹏本人利用未公开信息从事交易活动，或王鹏让王慧强、宋玲祥从事相关交易活动。王慧强辩称，王鹏从未向其传递过未公开信息，王鹏到某基金公司后就不知道其还在进行证券交易；其辩护人认为，现有证据不能证实王鹏向王慧强传递了未公开信息，及王慧强利用了王鹏传递的未公开信息进行证券交易。宋玲祥辩称，没有利用王鹏的职务之便获取未公开信息，也未利用未公开信息进行证券交易；其辩护人认为，宋玲祥不是本罪的适格主体，本案指控证据不足。

针对被告人及其辩护人辩护意见，公诉人结合在案证据进行答辩，进一步论本案证据确实、充分，足以排除其他可能。首先，王慧强、宋玲祥与王鹏为亲子关系，关系十分密切，从王慧强、宋玲祥的年龄、从业经历、交易习惯来看，王慧强、宋玲祥不具备专业股票投资人的背景和经验，且始终无法对交易异常行为作出合理解释。其次，王鹏在证监会到某基金公司对其调查时，畏罪出逃，且离开后再没有回到某基金公司工作，亦未办理请假或离职手续。其辩称系因担心证监会工作人员到他家中调查才离开，逃跑行为及理由明显不符合常理。第三，刑法规定利用未公开信息罪的主体为特殊主体，虽然王慧强、宋玲祥本人不具有特殊主体身份，但其与具有特殊主体身份的王鹏系共同犯罪，主体适格。

法庭经审理认为,本案现有证据已形成完整锁链,能够排除合理怀疑,足以认定王鹏、王慧强、宋玲祥构成利用未公开信息交易罪,被告人及其辩护人提出的本案证据不足的意见不予采纳。

2018年3月28日,重庆市第一中级人民法院作出一审判决,以利用未公开信息交易罪,分别判处被告人王鹏有期徒刑六年六个月,并处罚金人民币900万元;判处被告人宋玲祥有期徒刑四年,并处罚金人民币690万元;判处被告人王慧强有期徒刑三年六个月,并处罚金人民币210万元。对三被告人违法所得依法予以追缴,上缴国库。宣判后,三名被告人均未提出上诉,判决已生效。

【指导意义】

经济金融犯罪大多属于精心准备、组织实施的故意犯罪,犯罪嫌疑人、被告人熟悉法律规定和相关行业规则,犯罪隐蔽性强、专业程度高,证据容易被隐匿、毁灭,证明犯罪难度大。特别是在犯罪嫌疑人、被告人不供认犯罪事实、缺乏直接证据的情形下,要加强对间接证据的审查判断,拓宽证明思路和证明方法,通过对间接证据的组织运用,构建证明体系,准确认定案件事实。

1. 明确指控的思路和方法,全面客观补充完善证据。检察机关办案人员应当准确把握犯罪的主要特征和证明的基本要求,明确指控思路和方法,构建清晰明确的证明体系。对于证明体系中证明环节有缺陷的以及关键节点需要补强证据的,要充分发挥检察机关主导作用,通过引导侦查取证、退回补充侦查,准确引导侦查取证方向,明确侦查取证的目的和要求,及时补充完善证据。必要时要与侦查人员直接沟通,说明案件的证明思路、证明方法以及需要补充完善的证据在证明体系中的证明价值、证明方向和证明作用。在涉嫌利用未公开信息交易的犯罪嫌疑人、被告人不供认犯罪事实,缺乏证明犯意联络、信息传递和利用的直接证据的情形下,应当根据指控思路,围绕犯罪嫌疑人、被告人获取信息的便利条件、时间吻合程度、交易异常程度、利益关联程度、行为人专业背景等关键要素,通过引导侦查取证、退回补充侦查或者自行侦查,全面收集相关证据。

2. 加强对间接证据的审查,根据证据反映的客观事实判断案件事实。在缺乏直接证据的情形下,通过对间接证据证明的客观事实的综合判断,运用经验法则和逻辑规则,依法认定案件事实,建立从间接证据证明客观事实,再从客观事实判断案件事实的完整证明体系。本案中,办案人员首先通过对三名被告人被指控犯罪时段和其他时段

证券交易数据、未公开信息相关交易信息等证据,证明其交易与未公开信息的关联性、趋向度及与其平常交易习惯的差异性;通过身份关系、资金往来等证据,证明双方具备传递信息的动机和条件;通过专业背景、职业经历、接触人员等证据,证明交易行为不符合其个人能力经验;然后借助证券市场的基本规律和一般人的经验常识,对上述客观事实进行综合判断,认定了案件事实。

3. 合理排除证据矛盾,确保证明结论唯一。运用间接证据证明案件事实,构成证明体系的间接证据应当相互衔接、相互支撑、相互印证,证据链条完整、证明结论唯一。基于经验和逻辑作出的判断结论并不必然具有唯一性,还要通过审查证据,进一步分析是否存在与指控方向相反的信息,排除其他可能性。既要审查证明体系中单一证据所包含的信息之间以及不同证据之间是否存在矛盾,又要注重审查证明体系之外的其他证据中是否存在相反信息。在犯罪嫌疑人、被告人不供述、不认罪案件中,要高度重视犯罪嫌疑人、被告人的辩解和其他相反证据,综合判断上述证据中的相反信息是否会实质性阻断由各项客观事实到案件事实的判断过程、是否会削弱整个证据链条的证明效力。与证明体系存在实质矛盾并且不能排除其他可能性的,不能认定案件事实。但不能因为犯罪嫌疑人、被告人不供述或者提出辩解,就认为无法排除其他可能性。犯罪嫌疑人、被告人的辩解不具有合理性、正当性,可以认定证明结论唯一。

5. 刘甲、刘乙恶势力犯罪集团侦查活动监督案①

【关键词】

侦查活动监督　指定居所监视居住　排除非法证据　补充侦查

【要旨】

对指定居所监视居住期间的侦查活动,人民检察院应当依法加强监督,发现非法取证线索的,应当依法进行调查核实。对于非法获取的证据,经综合审查取证的方式、频次、后果等情节,认为达到使犯罪嫌疑人遭受难以忍受痛苦程度的,应当依法予以排除。非法证据排除后,需要进一步查清案件事实的,应当采取退回补充侦查、自行补充侦查等方式,补充完善证据链条。

【基本案情】

被告人刘甲,男,1975年10月出生,江苏某投资贷

款咨询有限公司法定代表人。

被告人刘乙,男,1980年11月出生,个体工商户。

被告人卢某某,男,1980年1月出生,无业。

其他被告人基本情况略。

2013年至2018年间,刘甲、刘乙分别纠集卢某某等人,在实施"套路贷"及高利放贷过程中,形成两个恶势力犯罪集团,有组织地多次实施敲诈勒索、非法拘禁、诈骗、寻衅滋事等违法犯罪活动,获取非法经济利益,在江苏省泰州市靖江地区为非作恶、欺压群众,扰乱社会秩序、经济秩序,造成恶劣社会影响。

2019年4月12日,公安机关对该案立案侦查;5月至6月间,先后对刘甲、刘乙、卢某某等人采取指定居所监视居住强制措施;8月至10月间,先后对刘甲、刘乙等人提请江苏省泰州医药高新技术产业开发区(以下简称"高新区")人民检察院批准逮捕。

【检察机关履职过程】

(一)线索发现。2019年10月,在审查逮捕过程中,承办检察官发现卢某某供述前后矛盾,遂要求其说明理由,卢某某长时间沉默不语。后经检察官释法说理、耐心沟通,卢某某反映其在指定居所监视居住期间,曾遭受殴打及饥饿、疲劳讯问。

(二)调查核实。针对发现的侦查违法线索,高新区人民检察院开展了以下调查核实工作:一是根据卢某某反映的遭受殴打的时间、地点,调取并审查指定居所监视居住期间相应时段的录音录像,发现部分关键时段录像缺失。二是调取并审查全案指定居所监视居住期间录音录像,经与传讯通知书、讯问笔录进行比对,发现侦查人员存在较长时间内对犯罪嫌疑人连续疲劳讯问情况,违反了讯问应当保证犯罪嫌疑人必要休息时间的法律规定,并有违法使用戒具等情形。三是逐一讯问被指定居所监视居住的同案犯罪嫌疑人,详细了解饮食、休息等情况,刘甲、刘乙等人均反映存在长时间未保障必要饮食和休息等违法情形,发现有个别犯罪嫌疑人因长期未获得休息、饮食保障,身体健康状况受到严重影响。

(三)纠正侦查违法。经调查核实,高新区人民检察院认为,公安机关侦查活动存在严重违法,涉嫌刑讯逼供,依法应予以监督纠正:一是就疲劳审讯、饥饿审讯、违法使用戒具、连续传唤变相拘禁犯罪嫌疑人等问题制发《纠正违法通知书》,并当面向公安机关通报发现的问题,督促公安机关予以整改。二是依据《人民检察院刑事诉讼规则》第三百四十一条规定,要求公安机关及时

更换侦查人员,重新开展相关侦查取证工作。三是将侦查人员涉嫌刑讯逼供的线索材料移送泰州市人民检察院,并提出初步研判和分析意见。

(四)排除非法证据。根据非法证据排除的相关法律规定,高新区人民检察院认为侦查人员在指定居所监视居住期间采取了违法使用戒具等暴力方法,以及饥饿、疲劳审讯等变相肉刑的恶劣手段,使犯罪嫌疑人遭受难以忍受的痛苦,侦查活动严重违法,依法排除了刘甲、刘乙、卢某某等犯罪嫌疑人在指定居所监视居住期间所作的有罪供述,并告知犯罪嫌疑人及其辩护人。

(五)自行补充侦查和退回补充侦查。非法证据排除后,在案其他证据能够证明刘甲、刘乙等人涉嫌犯罪,但部分事实不清、证据不足,需要进一步侦查取证。为此,检察机关在审查起诉阶段依法开展了自行补充侦查,重点围绕非法证据所涉及的案件事实,重新讯问了犯罪嫌疑人、询问了被害人,核实了各犯罪嫌疑人实施的犯罪行为及其在犯罪集团中的地位、作用,以亲历性审查确保案件事实认定客观准确。同时,就证明恶势力犯罪集团危害性特征等问题,将案件退回公安机关补充侦查,后公安机关补充收集固定证据50余份。

(六)监督结果。高新区人民检察院以涉嫌构成敲诈勒索、非法拘禁、诈骗、寻衅滋事罪,分别对刘甲、刘乙、卢某某等多人提起公诉,全案被告人均自愿认罪认罚。2020年10月30日,高新区人民法院一审判处刘甲、刘乙、卢某某等人有期徒刑十二年至十个月不等的刑罚,被告人均未上诉。对本案中发现的刑讯逼供犯罪线索,经检察机关立案侦查、提起公诉,2名侦查人员被依法追究刑事责任。

(七)建章立制。对于案件中发现的指定居所监视居住不合法、不规范等问题,经高新区人民检察院上报,江苏省人民检察院会同省公安厅开展了深入调研总结,于2021年7月联合制定了《关于适用指定居所监视居住的实施意见》,明确规定公安机关应当在宣布指定居所监视居住决定的24小时内向检察机关抄送相关文书材料;检察机关应及时对决定的合法性进行审查,加强对指定居所监视居住的检察监督;同时规定,指定居所监视居住期间应当保障被监视居住人的饮食和必要的休息等,规范适用有关措施。

【指导意义】

(一)加强对犯罪嫌疑人被指定居所监视居住期间侦查活动合法性的审查和监督。在审查案件中,要认真听取犯罪嫌疑人对侦查违法的控告意见,注意审查侦查

人员的讯问时间、频次以及犯罪嫌疑人供述变化情况，全面了解戒具使用、人身安全检查、饮食休息保障等方面情况，必要时调取并审看同步录音录像。经调查审查发现侦查人员涉嫌刑讯逼供犯罪的，应当将有关线索材料按程序移送检察侦查部门，依法开展初查、侦查工作，全面核实相关情况。

（二）综合审查判断并依法排除非法证据。对于侦查人员采取殴打、违法使用戒具等暴力方法，或者以不保障必要饮食和必要休息时间等变相肉刑恶劣手段，造成受伤、患病等严重损害犯罪嫌疑人身体健康后果的，应当认为已达到犯罪嫌疑人难以忍受的痛苦程度；对于并未造成严重后果的，经综合审查侦查违法行为的方式、频次，对于长时间、频繁实施该类行为的，可以认为达到使犯罪嫌疑人遭受难以忍受痛苦的程度。基于上述情况而获取的有罪供述应当依法排除。

（三）围绕案件事实认定依法做好证据补充完善工作。排除非法证据后，有证据证明犯罪嫌疑人涉嫌犯罪但证据不够确实、充分，证据链条不完整的，检察机关可以退回公安机关补充侦查，明确提出补充侦查的方向和具体意见，并依法要求公安机关另行指派侦查人员重新进行侦查取证；必要时，也可以自行调查取证，以亲历性补充完善证据体系，确保案件事实认定客观准确。

【相关规定】

《中华人民共和国刑事诉讼法》（2018年修正）第五十二条、第五十六条、第五十七条、第一百一十九条、第一百七十五条

《人民检察院刑事诉讼规则》（2019年修订）第二条、第十三条、第六十六条、第六十七条、第六十八条、第七十二条、第七十三条、第七十四条、第七十五条、第三百四十一条、第三百四十二条、第五百六十七条

《最高人民法院、最高人民检察院、公安部、国家安全部、司法部关于办理刑事案件严格排除非法证据若干问题的规定》（法发〔2017〕15号，2017年6月27日起施行）第二条、第四条、第五条、第十七条

《最高人民法院关于建立健全防范刑事冤假错案工作机制的意见》（法发〔2013〕11号，2013年10月9日起施行）第八条

《公安机关办理刑事案件程序规定》（中华人民共和国公安部令第127号，2013年1月1日起施行）第八条、

第六十七条、第一百九十五条、第一百九十六条（现适用2020年修正后《公安机关办理刑事案件程序规定》第八条、第七十一条、第二百条、第二百零一条）

6. 曾某甲等人故意伤害纠正遗漏同案犯罪嫌疑人侦查监督案①

【关键词】

二审阶段侦查监督　纠正遗漏同案犯罪嫌疑人　另案处理　情况说明

【要旨】

人民检察院办理刑事案件，应当把履行侦查监督职责贯穿侦查、批捕、起诉、一审、二审等诉讼全过程。要对公安机关适用"另案处理"的情况加强审查监督，区分情形作出处理。发现"另案处理"的在逃犯罪嫌疑人线索的，及时移送并督促公安机关抓获犯罪嫌疑人，查清犯罪事实。对用于证明案件事实的证据，应当依法收集、固定，不得以《情况说明》替代。经审查发现公安机关以《情况说明》代替法定证据的，应当监督公安机关依法及时重新收集、固定。

【基本案情】

被告人曾某甲，男，1984年10月出生，送餐员。

被告人曾某乙，男，1987年2月出生，工人，系曾某甲胞弟。

被告人秦某某，绰号"阿俊"，男，1984年5月出生，工人，曾因犯聚众斗殴罪，被判处有期徒刑三年六个月，2011年1月5日刑满释放。

2011年6月22日中午，曾某乙因与同厂女工田某某发生冲突，与田某某的朋友邝某某等人产生纠纷。后曾某甲、曾某乙以解决纠纷为由，约邝某某等人于当晚18时许到某餐馆吃饭。同时，曾某乙将欲报复邝某某等人之事告知"阿俊"，并约"阿俊"等人到场。当晚，双方在餐馆发生口角。曾某甲、曾某乙、"阿俊"分别持"阿俊"携带的水果刀、铁棍捅刺、击打邝某某等人，致邝某某右肺破裂大失血死亡，其他2人轻伤。案发后，曾某甲、曾某乙、"阿俊"等人畏罪潜逃。

2011年6月23日，广东省惠州市公安局惠城区分局以"邝某某等被害案"进行立案侦查，并登记曾某甲、曾某乙、"阿俊"等人为在逃人员。2019年9月26

① 案例来源：2024年4月23日最高人民检察院检例第217号。

日,惠城区公安分局将曾某甲、曾某乙2人抓获。12月11日,惠城区公安分局侦查终结,以曾某甲、曾某乙涉嫌故意伤害罪移送惠城区人民检察院审查起诉。经惠城区人民检察院报送,2020年2月5日,惠州市人民检察院以曾某甲、曾某乙构成故意伤害罪,向惠州市中级人民法院提起公诉。11月24日,惠州市中级人民法院判决曾某甲、曾某乙犯故意伤害罪,分别判处死刑缓期二年执行、有期徒刑十四年。曾某甲、曾某乙二人提出上诉。

【检察机关履职过程】

(一)线索发现。广东省人民检察院收到广东省高级人民法院移送案卷后,经审查案件材料、听取上诉理由,发现一审案件可能存在以下问题:一是遗漏同案犯罪嫌疑人。在案证据证明"阿俊"提供了作案工具、直接实施了伤害行为,应作为曾某甲、曾某乙故意伤害案同案犯追究刑事责任,而在案有曾某乙的书面举报等线索,能够帮助查明"阿俊"身份,但侦查阶段未对其有效开展侦查、抓捕工作,至审查起诉、一审判决中均认定"阿俊"为"在逃""另案处理"。二是证据形式不合法、不规范。公安机关对作案工具去向、部分需要证人证言、被害人陈述证明的事实未以法定证据予以证明,而是简单以《情况说明》代替,不符合法定证据形式和取证要求。

(二)纠正遗漏同案犯。针对一审阶段遗漏同案犯问题,广东省人民检察院对曾某乙举报线索开展了调查核实。经提讯,曾某乙称虽不知"阿俊"真实姓名,但知道"阿俊"姓秦,籍贯贵州,从惠州监狱获释不久;同时,其在逃期间,还曾与"阿俊"胞弟"秦某兵"联系,并存有手机号码,有查明"阿俊"真实身份、抓捕到案可能。2021年4月21日,广东省人民检察院将二审阶段发现的"阿俊"身份信息线索和其他证据材料移送公安机关,并建议公安机关及时查明"阿俊"真实身份、抓捕归案。5月17日,公安机关经曾某乙辨认后,将"秦某某(阿俊)"抓捕归案。

(三)跟踪督促。秦某某归案后,辩称作案工具并非其提供、且未实施伤害行为,与曾某乙等人供证存在明显矛盾。为查清案件事实,广东省人民检察院持续跟踪案件侦办情况,并派员就侦查取证提出意见。一是督促公安机关围绕涉案人员预谋商议、矛盾激化、斗殴过程以及作案工具来源、砍伤细节等方面补充完善了被告人供述、被害人陈述。二是督促公安机关补充完善现场勘验、死因鉴定等方面客观性、技术性证据。

(四)规范重新取证。针对公安机关以出具《情况说明》方式,简单替代应当以讯问笔录、询问笔录、辨认笔录、现场勘验检查笔录等法定形式收集、固定证据的问题,广东省人民检察院对公安机关提出规范取证意见,要求严格依照法定程序重新收集、固定相关证据。按照检察机关意见,公安机关对一审卷宗中40余份"情况说明"所涉及的案件事实进行了重新侦查、取证,依照法定程序收集、固定、转化为符合庭审要求的合法证据。

(五)监督结果。经纠正遗漏同案犯、补充完善证据链条、依法转化证据形式,广东省人民检察院审查认为本案上诉理由不能成立。2021年8月24日,广东省高级人民法院经二审开庭审理,认为曾某甲、曾某乙故意伤害一案原判决认定事实和适用法律正确,量刑适当,裁定驳回上诉,维持原判。2021年8月21日,在广东省人民检察院指导下,惠州市人民检察院以秦某某犯故意伤害罪向惠州市中级人民法院提起公诉。10月29日,惠州市中级人民法院判决被告人秦某某犯故意伤害罪,判处有期徒刑十年。秦某某上诉。2022年2月25日,广东省高级人民法院驳回上诉,维持原判。

【指导意义】

(一)检察机关办理二审案件,应当持续履行对侦查活动的监督职责。检察机关的监督职责贯穿侦查、批捕、起诉、一审、二审等刑事诉讼全过程。办理二审案件,也要增强侦查监督意识、履行侦查监督职责,依法监督纠正侦查违法。发现遗漏罪行或者同案犯罪嫌疑人的,要依法建议公安机关侦查并提出侦查取证意见。

(二)对"另案处理"案件要加强跟踪监督,区分情形作出处理。检察机关在审查案件时,应当对公安机关适用"另案处理"的情形进行实质性审查。发现"另案处理"的在逃犯罪嫌疑人线索的,及时移送并督促公安机关抓获犯罪嫌疑人,查清犯罪事实。案件处于审查起诉阶段的,应当要求公安机关补充侦查或者补充移送起诉;二审阶段发现的,应当建议公安机关侦查。发现适用"另案处理"存在违法或者不当的,应当向公安机关提出书面纠正意见。发现属于犯罪嫌疑人长期在逃或者久侦不结的,可以适时发函催办。

(三)《情况说明》不能替代法定证据作为证据使用。检察机关在审查案件时,应当对公安机关出具的《情况说明》内容进行审查。经审查发现公安机关以《情况说明》代替法定证据,用于证明案件事实的,应当督促公安机关依法定程序、以法定形式重新收集、固定;以出具《情况说明》的方式,怠于行使侦查职责的,应当依法提出监督纠正意见。对案件发生后、诉讼活动中形成的事实、材料,在案件审查办理中确有必要进行说明的,如取证合法性、发破案经过、到案经过、抓获经过、退赃退赔情况等,可以使用《情况说明》。

【相关规定】

《中华人民共和国刑法》第二十五条、第二百三十四条

《中华人民共和国刑事诉讼法》(2018 年修正)第二百三十四条、第二百三十六条

《人民检察院刑事诉讼规则》(2019 年修订)第三百四十二条、第四百四十八条、第四百四十九条、第五百五十一条、第五百五十二条、第五百六十七条

《最高人民检察院、公安部关于规范刑事案件"另案处理"适用的指导意见》(高检会〔2014〕1 号,2014 年 3 月 6 日起施行)第三条、第五条、第六条、第十条、第十二条、第十四条

《最高人民检察院、公安部关于加强和规范补充侦查工作的指导意见》(高检会〔2020〕6 号,2020 年 3 月 27 日起施行)第六条、第七条、第八条、第十条、第十三条

五、强制措施

1. 综　合

中华人民共和国看守所条例

· 1990 年 3 月 17 日中华人民共和国国务院令第 52 号发布
· 自发布之日起施行

第一章　总　则

第一条　为保障刑事诉讼活动的顺利进行,依据《中华人民共和国刑事诉讼法》及其他有关法律的规定,制定本条例。

第二条　看守所是羁押依法被逮捕、刑事拘留的人犯的机关。

被判处有期徒刑 1 年以下,或者余刑在 1 年以下,不便送往劳动改造场所执行的罪犯,也可以由看守所监管。

第三条　看守所的任务是依据国家法律对被羁押的人犯实行武装警戒看守,保障安全;对人犯进行教育;管理人犯的生活和卫生;保障侦查、起诉和审判工作的顺利进行。

第四条　看守所监管人犯,必须坚持严密警戒看管与教育相结合的方针,坚持依法管理、严格管理、科学管理和文明管理,保障人犯的合法权益。严禁打骂、体罚、虐待人犯。

第五条　看守所以县级以上的行政区域为单位设置,由本级公安机关管辖。

省、自治区、直辖市国家安全厅(局)根据需要,可以设置看守所。

铁道、交通、林业、民航等系统相当于县级以上的公安机关,可以设置看守所。

第六条　看守所设所长 1 人,副所长 1 至 2 人;根据工作需要,配备看守、管教、医务、财会、炊事等工作人员若干人。

看守所应当配备女工作人员管理女性人犯。

第七条　看守所对人犯的武装警戒和押解由中国人民武装警察部队(以下简称武警)担任。看守所对执行任务的武警实行业务指导。

第八条　看守所的监管活动受人民检察院的法律监督。

第二章　收　押

第九条　看守所收押人犯,须凭送押机关持有的县级以上公安机关、国家安全机关签发的逮捕证、刑事拘留证或者县级以上公安机关、国家安全机关、监狱、劳动改造机关,人民法院、人民检察院追捕、押解人犯临时寄押的证明文书。没有上述凭证,或者凭证的记载与实际情况不符的,不予收押。

第十条　看守所收押人犯,应当进行健康检查,有下列情形之一的,不予收押:

(一)患有精神病或者急性传染病的;

(二)患有其他严重疾病,在羁押中可能发生生命危险或者生活不能自理的,但是罪大恶极不羁押对社会有危险性的除外;

(三)怀孕或者哺乳自己不满一周岁的婴儿的妇女。

第十一条　看守所收押人犯,应当对其人身和携带的物品进行严格检查。非日常用品应当登记,代为保管,出所时核对发还或者转监狱、劳动改造机关。违禁物品予以没收。发现犯罪证据和可疑物品,要当场制作记录,由人犯签字捺指印后,送案件主管机关处理。

对女性人犯的人身检查,由女工作人员进行。

第十二条　收押人犯,应当建立人犯档案。

第十三条　收押人犯,应当告知人犯在羁押期间必须遵守的监规和享有的合法权益。

第十四条　对男性人犯和女性人犯,成年人犯和未成年人犯,同案犯以及其他需要分别羁押的人犯,应当分别羁押。

第十五条　公安机关或者国家安全机关侦查终结、人民检察院决定受理的人犯,人民检察院审查或者侦查终结、人民法院决定受理的人犯,递次移送交接,均应办理换押手续,书面通知看守所。

第三章　警戒、看守

第十六条　看守所实行 24 小时值班制度。值班人员应当坚守岗位,随时巡视监房。

第十七条　对已被判处死刑、尚未执行的犯人,必须加戴械具。

对有事实表明可能行凶、暴动、脱逃、自杀的人犯，经看守所所长批准，可以使用械具。在紧急情况下，可以先行使用，然后报告看守所所长。上述情形消除后，应当予以解除。

第十八条　看守人员和武警遇有下列情形之一，采取其他措施不能制止时，可以按照有关规定开枪射击：

（一）人犯越狱或者暴动的；

（二）人犯脱逃不听制止，或者在追捕中抗拒逮捕的；

（三）劫持人犯的；

（四）人犯持有管制刀具或者其他危险物，正在行凶或者破坏的；

（五）人犯暴力威胁看守人员、武警的生命安全的。

需要开枪射击时，除遇到特别紧迫的情况外，应当先鸣枪警告，人犯有畏服表示，应当立即停止射击。开枪射击后，应当保护现场，并立即报告主管公安机关和人民检察院。

第四章　提讯、押解

第十九条　公安机关、国家安全机关、人民检察院、人民法院提讯人犯时，必须持有提讯证或者提票。提讯人员不得少于2人。

不符合前款规定的，看守所应当拒绝提讯。

第二十条　提讯人员讯问人犯完毕，应当立即将人犯交给值班看守人员收押，并收回提讯证或者提票。

第二十一条　押解人员在押解人犯途中，必须严密看管，防止发生意外。对被押解的人犯，可以使用械具。

押解女性人犯，应当有女工作人员负责途中的生活管理。

第五章　生活、卫生

第二十二条　监室应当通风、采光，能够防潮、防暑、防寒。看守所对监房应当经常检查，及时维修，防止火灾和其他自然灾害。

被羁押人犯的居住面积，应当不影响其日常生活。

第二十三条　人犯在羁押期间的伙食按规定标准供应，禁止克扣、挪用。

对少数民族人犯和外国籍人犯，应当考虑到他们的民族风俗习惯，在生活上予以适当照顾。

第二十四条　人犯应当自备衣服、被褥。确实不能自备的，由看守所提供。

第二十五条　人犯每日应当有必要的睡眠时间和一至两小时的室外活动。

看守所应当建立人犯的防疫和清洁卫生制度。

第二十六条　看守所应当配备必要的医疗器械和常用药品。人犯患病，应当给予及时治疗；需要到医院治疗的，当地医院应当负责治疗；病情严重的可以依法取保候审。

第二十七条　人犯在羁押期间死亡的，应当立即报告人民检察院和办案机关，由法医或者医生作出死亡原因的鉴定，并通知死者家属。

第六章　会见、通信

第二十八条　人犯在羁押期间，经办案机关同意，并经公安机关批准，可以与近亲属通信、会见。

第二十九条　人犯的近亲属病重或者死亡时，应当及时通知人犯。

人犯的配偶、父母或者子女病危时，除案情重大的以外，经办案机关同意，并经公安机关批准，在严格监护的条件下，允许人犯回家探视。

第三十条　人犯近亲属给人犯的物品，须经看守人员检查。

第三十一条　看守所接受办案机关的委托，对人犯发收的信件可以进行检查。如果发现有碍侦查、起诉、审判的，可以扣留，并移送办案机关处理。

第三十二条　人民检察院已经决定提起公诉的案件，被羁押的人犯在接到起诉书副本后，可以与本人委托的辩护人或者由人民法院指定的辩护人会见、通信。

第七章　教育、奖惩

第三十三条　看守所应当对人犯进行法制、道德以及必要的形势和劳动教育。

第三十四条　在保证安全和不影响刑事诉讼活动的前提下，看守所可以组织人犯进行适当的劳动。

人犯的劳动收入和支出，要建立账目，严格手续。

第三十五条　人犯在被羁押期间，遵守监规，表现良好的，应当予以表扬和鼓励；有立功表现的，应当报请办案机关依法从宽处理。

第三十六条　看守所对于违反监规的人犯，可予以警告或者训诫；情节严重，经教育不改的，可以责令具结悔过或者经看守所所长批准予以禁闭。

第三十七条　人犯在羁押期间有犯罪行为的，看守所应当及时将情况通知办案机关依法处理。

第八章　出　所

第三十八条　对于被判处死刑缓期2年执行、无期徒刑、有期徒刑、拘役或者管制的罪犯，看守所根据人民法院的执行通知书、判决书办理出所手续。

第三十九条　对于被依法释放的人，看守所根据人民法院、人民检察院、公安机关或者国家安全机关的释放通知文书，办理释放手续。

释放被羁押人，发给释放证明书。

第四十条　对于被决定劳动教养的人和转送外地羁押的人犯，看守所根据有关主管机关的证明文件，办理出所手续。

第九章　检察监督

第四十一条　看守所应当教育工作人员严格执法，严守纪律，向人民检察院报告监管活动情况。

第四十二条　看守所对人民检察院提出的违法情况的纠正意见，应当认真研究，及时处理，并将处理结果告知人民检察院。

第十章　其他规定

第四十三条　看守所对人犯的法定羁押期限即将到期而案件又尚未审理终结的，应当及时通知办案机关迅速审结；超过法定羁押期限的，应当将情况报告人民检察院。

第四十四条　对于人民检察院或者人民法院没有决定停止行使选举权利的被羁押人犯，准予参加县级以下人民代表大会代表的选举。

第四十五条　看守所在人犯羁押期间发现人犯中有错拘、错捕或者错判的，应当及时通知办案机关查证核实，依法处理。

第四十六条　对人犯的上诉书、申诉书，看守所应当及时转送，不得阻挠和扣押。

人犯揭发、控告司法工作人员违法行为的材料，应当及时报请人民检察院处理。

第十一章　附　则

第四十七条　看守所监管已决犯，执行有关对已决犯管理的法律规定。

第四十八条　看守所所需修缮费和人犯给养费应当编报预算，按隶属关系由各级财政专项拨付。

看守所的经费开支，单立账户，专款专用。

新建和迁建的看守所应当纳入城市建设规划，列入基本建设项目。

第四十九条　本条例所称"以上"、"以下"，均包括本数、本级在内。

第五十条　本条例由公安部负责解释，实施办法由公安部制定。

第五十一条　中国人民解放军根据军队看守所的具体情况，可以另行制定实施办法。

第五十二条　本条例自发布之日起施行，1954年9月7日政务院公布的《中华人民共和国劳动改造条例》中有关看守所的规定即行废止。

公安机关办理刑事复议复核案件程序规定

· 2014年9月13日公安部令第133号公布
· 自2014年11月1日起施行

第一章　总　则

第一条　为了规范公安机关刑事复议、复核案件的办理程序，依法保护公民、法人和其他组织的合法权益，保障和监督公安机关依法行使职责，根据《中华人民共和国刑事诉讼法》及相关规定，制定本规定。

第二条　刑事案件中的相关人员对公安机关作出的驳回申请回避、没收保证金、对保证人罚款、不予立案决定不服，向公安机关提出刑事复议、复核申请，公安机关受理刑事复议、复核申请，作出刑事复议、复核决定，适用本规定。

第三条　公安机关办理刑事复议、复核案件，应当遵循合法公正、有错必纠的原则，确保国家法律正确实施。

第四条　本规定所称刑事复议、复核机构，是指公安机关法制部门。

公安机关各相关部门应当按照职责分工，配合法制部门共同做好刑事复议、复核工作。

第五条　刑事复议、复核机构办理刑事复议、复核案件所需经费应当在本级公安业务费中列支；办理刑事复议、复核事项所需的设备、工作条件，所属公安机关应当予以保障。

第二章　申　请

第六条　在办理刑事案件过程中，下列相关人员可以依法向作出决定的公安机关提出刑事复议申请：

（一）对驳回申请回避决定不服的，当事人及其法定代理人、诉讼代理人、辩护律师可以提出；

（二）对没收保证金决定不服的，被取保候审人或者其法定代理人可以提出；

（三）保证人对罚款决定不服的，其本人可以提出；

（四）对不予立案决定不服的，控告人可以提出；

（五）移送案件的行政机关对不予立案决定不服的，该行政机关可以提出。

第七条　刑事复议申请人对公安机关就本规定第六

条第二至四项决定作出的刑事复议决定不服的,可以向其上一级公安机关提出刑事复核申请。

第八条　申请刑事复议、复核应当在《公安机关办理刑事案件程序规定》规定的期限内提出,因不可抗力或者其他正当理由不能在法定期限内提出的,应当在障碍消除后五个工作日以内提交相应证明材料。经刑事复议、复核机构认定的,耽误的时间不计算在法定申请期限内。

前款规定中的"其他正当理由"包括:

(一)因严重疾病不能在法定申请期限内申请刑事复议、复核的;

(二)无行为能力人或者限制行为能力人的法定代理人在法定申请期限内不能确定的;

(三)法人或者其他组织合并、分立或者终止,承受其权利的法人或者其他组织在法定申请期限内不能确定的;

(四)刑事复议、复核机构认定的其他正当理由。

第九条　申请刑事复议,应当书面申请,但情况紧急或者申请人不便提出书面申请的,可以口头申请。

申请刑事复核,应当书面申请。

第十条　书面申请刑事复议、复核的,应当向刑事复议、复核机构提交刑事复议、复核申请书,载明下列内容:

(一)申请人及其代理人的姓名、性别、出生年月日、工作单位、住所、联系方式;法人或者其他组织的名称、地址、法定代表人或者主要负责人的姓名、职务、住所、联系方式;

(二)作出决定或者复议决定的公安机关名称;

(三)刑事复议、复核请求;

(四)申请刑事复议、复核的事实和理由;

(五)申请刑事复议、复核的日期。

刑事复议、复核申请书应当由申请人签名或者捺指印。

第十一条　申请人口头申请刑事复议的,刑事复议机构工作人员应当按照本规定第十条规定的事项,当场制作刑事复议申请记录,经申请人核对或者向申请人宣读并确认无误后,由申请人签名或者捺指印。

第十二条　申请刑事复议、复核时,申请人应当提交下列材料:

(一)原决定书、通知书的复印件;

(二)申请刑事复核的还应当提交复议决定书复印件;

(三)申请人的身份证明复印件;

(四)诉讼代理人提出申请的,还应当提供当事人的

委托书;

(五)辩护律师提出申请的,还应当提供律师执业证书复印件、律师事务所证明和委托书或者法律援助公函等材料;

(六)申请人自行收集的相关事实、证据材料。

第十三条　刑事复议、复核机构开展下列工作时,办案人员不得少于二人:

(一)接受口头刑事复议申请的;

(二)向有关组织和人员调查情况的;

(三)听取申请人和相关人员意见的。

刑事复议机构参与审核原决定的人员,不得担任刑事复议案件的办案人员。

第三章　受理与审查

第十四条　刑事复议、复核机构收到刑事复议、复核申请后,应当对申请是否同时符合下列条件进行初步审查:

(一)属于本机关受理;

(二)申请人具有法定资格;

(三)有明确的刑事复议、复核请求;

(四)属于刑事复议、复核的范围;

(五)在规定期限内提出;

(六)所附材料齐全。

第十五条　刑事复议、复核机构应当自收到刑事复议、复核申请之日起五个工作日以内分别作出下列处理:

(一)符合本规定第十四条规定条件的,予以受理;

(二)不符合本规定第十四条规定条件的,不予受理。不属于本机关受理的,应当告知申请人向有权受理的公安机关提出;

(三)申请材料不齐全的,应当一次性书面通知申请人在五个工作日以内补充相关材料,刑事复议、复核时限自收到申请人的补充材料之日起计算。

公安机关作出刑事复议、复核决定后,相关人员就同一事项再次申请刑事复议、复核的,不予受理。

第十六条　收到控告人对不予立案决定的刑事复议、复核申请后,公安机关应当对控告人是否就同一事项向检察机关提出控告、申诉进行审核。检察机关已经受理控告人对同一事项的控告、申诉的,公安机关应当决定不予受理;公安机关受理后,控告人就同一事项向检察机关提出控告、申诉,检察机关已经受理的,公安机关应当终止刑事复议、复核程序。

第十七条　申请人申请刑事复议、复核时一并提起国家赔偿申请的,刑事复议、复核机构应当告知申请人另

行提起国家赔偿申请。

第十八条　公安机关不予受理刑事复议、复核申请或者终止刑事复议、复核程序的,应当在作出决定后三个工作日以内书面告知申请人。

第十九条　对受理的驳回申请回避决定的刑事复议案件,刑事复议机构应当重点审核下列事项:

(一)是否具有应当回避的法定事由;

(二)适用依据是否正确;

(三)是否符合法定程序。

第二十条　对受理的没收保证金决定的刑事复议、复核案件,刑事复议、复核机构应当重点审核下列事项:

(一)被取保候审人是否违反在取保候审期间应当遵守的相关规定;

(二)适用依据是否正确;

(三)是否存在明显不当;

(四)是否符合法定程序;

(五)是否超越或者滥用职权。

第二十一条　对受理的保证人不服罚款决定的刑事复议、复核案件,刑事复议、复核机构应当重点审核下列事项:

(一)被取保候审人是否违反在取保候审期间应当遵守的相关规定;

(二)保证人是否未履行保证义务;

(三)适用依据是否正确;

(四)是否存在明显不当;

(五)是否符合法定程序;

(六)是否超越或者滥用职权。

第二十二条　对受理的不予立案决定的刑事复议、复核案件,刑事复议、复核机构应当重点审核下列事项:

(一)是否符合立案条件;

(二)是否有控告行为涉嫌犯罪的证据;

(三)适用依据是否正确;

(四)是否符合法定程序;

(五)是否属于不履行法定职责。

前款第二项规定的“涉嫌犯罪”,不受控告的具体罪名的限制。

办理过程中发现控告行为之外的其他事实,可能涉嫌犯罪的,应当建议办案部门进行调查,但调查结果不作为作出刑事复议、复核决定的依据。

第二十三条　受理刑事复议、复核申请后,刑事复议、复核机构应当及时通知办案部门或者作出刑事复议决定的机关在规定期限内提供作出决定依据的证据以及其他有关材料。

办案部门或者作出刑事复议决定的机关应当在刑事复议、复核机构规定的期限内全面如实提供相关案件材料。

第二十四条　办理刑事复核案件时,刑事复核机构可以征求同级公安机关有关业务部门的意见,有关业务部门应当及时提出意见。

第二十五条　根据申请人提供的材料无法确定案件事实,需要另行调查取证的,经刑事复议、复核机构负责人报公安机关负责人批准,刑事复议、复核机构应当通知办案部门或者作出刑事复议决定的机关调查取证。办案部门或者作出刑事复议决定的机关应当在通知的期限内将调查取证结果反馈给刑事复议、复核机构。

第二十六条　刑事复议、复核决定作出前,申请人要求撤回申请的,应当书面申请并说明理由。刑事复议、复核机构允许申请人撤回申请的,应当终止刑事复议、复核程序。但具有下列情形之一的,不允许申请人撤回申请,并告知申请人:

(一)撤回申请可能损害国家利益、公共利益或者他人合法权益的;

(二)撤回申请不是出于申请人自愿的;

(三)其他不允许撤回申请的情形。

公安机关允许申请人撤回申请后,申请人以同一事实和理由重新提出申请的,不予受理。

第四章　决　定

第二十七条　当事人及其法定代理人、诉讼代理人、辩护律师对驳回申请回避决定申请刑事复议的,公安机关应当在收到申请后五个工作日以内作出决定并书面告知申请人。

第二十八条　移送案件的行政执法机关对不予立案决定申请刑事复议的,公安机关应当在收到申请后三个工作日以内作出决定并书面告知移送案件的行政执法机关。

第二十九条　对没收保证金决定和对保证人罚款决定申请刑事复议、复核的,公安机关应当在收到申请后七个工作日以内作出决定并书面告知申请人。

第三十条　控告人对不予立案决定申请刑事复议、复核的,公安机关应当在收到申请后三十日以内作出决定并书面告知申请人。

案情重大、复杂的,经刑事复议、复核机构负责人批准,可以延长,但是延长时限不得超过三十日,并书面告知申请人。

第三十一条　刑事复议、复核期间,有下列情形之一的,经刑事复议、复核机构负责人批准,可以中止刑事复议、复核,并书面告知申请人:

(一)案件涉及专业问题,需要有关机关或者专业机构作出解释或者确认的;

(二)无法找到有关当事人的;

(三)需要等待鉴定意见的;

(四)其他应当中止复议、复核的情形。

中止事由消失后,刑事复议、复核机构应当及时恢复刑事复议、复核,并书面告知申请人。

第三十二条　原决定或者刑事复议决定认定的事实清楚、证据充分、依据准确、程序合法的,公安机关应当作出维持原决定或者刑事复议决定的复议、复核决定。

第三十三条　原决定或者刑事复议决定认定的主要事实不清、证据不足、依据错误、违反法定程序、超越职权或者滥用职权的,公安机关应当作出撤销、变更原决定或者刑事复议决定的复议、复核决定。

经刑事复议,公安机关撤销原驳回申请回避决定、不予立案决定的,应当重新作出决定;撤销原没收保证金决定、对保证人罚款决定的,应当退还保证金或者罚款;认为没收保证金数额、罚款数额明显不当的,应当作出变更原决定的复议决定,但不得提高没收保证金、罚款的数额。

经刑事复核,上级公安机关撤销刑事复议决定的,作出复议决定的公安机关应当执行;需要重新作出决定的,应当责令作出复议决定的公安机关依法重新作出决定,重新作出的决定不得与原决定相同,不得提高没收保证金、罚款的数额。

第五章　附　则

第三十四条　铁路、交通、民航、森林公安机关,海关走私犯罪侦查机构办理刑事复议、复核案件,适用本规定。

第三十五条　本规定自2014年11月1日起施行。本规定发布前公安部制定的有关规定与本规定不一致的,以本规定为准。

最高人民检察院、公安部关于适用刑事强制措施有关问题的规定

· 2000年8月28日
· 高检会〔2000〕2号

为了正确适用刑事诉讼法规定的强制措施,保障刑事诉讼活动的顺利进行,根据刑事诉讼法和其他有关法律规定,现对人民检察院、公安机关适用刑事强制措施的有关问题作如下规定:

一、取保候审

第一条　人民检察院决定对犯罪嫌疑人采取取保候审措施的,应当在向犯罪嫌疑人宣布后交由公安机关执行。对犯罪嫌疑人采取保证人担保形式的,人民检察院应当将有关法律文书和有关案由、犯罪嫌疑人基本情况、保证人基本情况的材料,送交犯罪嫌疑人居住地的同级公安机关;对犯罪嫌疑人采取保证金担保形式的,人民检察院应当在核实保证金已经交纳到公安机关指定的银行后,将有关法律文书、有关案由、犯罪嫌疑人基本情况的材料和银行出具的收款凭证,送交犯罪嫌疑人居住地的同级公安机关。

第二条　公安机关收到有关法律文书和材料后,应当立即交由犯罪嫌疑人居住地的县级公安机关执行。负责执行的县级公安机关应当在24小时以内核实被取保候审人、保证人的身份以及相关材料,并报告县级公安机关负责人后,通知犯罪嫌疑人居住地派出所执行。

第三条　执行取保候审的派出所应当指定专人负责对被取保候审人进行监督考察,并将取保候审的执行情况报告所属县级公安机关通知决定取保候审的人民检察院。

第四条　人民检察院决定对犯罪嫌疑人取保候审的案件,在执行期间,被取保候审人有正当理由需要离开所居住的市、县的,负责执行的派出所应当及时报告所属县级公安机关,由该县级公安机关征得决定取保候审的人民检察院同意后批准。

第五条　人民检察院决定对犯罪嫌疑人采取保证人担保形式取保候审的,如果保证人在取保候审期间不愿继续担保或者丧失担保条件,人民检察院应当在收到保证人不愿继续担保的申请或者发现其丧失担保条件后的3日以内,责令犯罪嫌疑人重新提出保证人或者交纳保证金,或者变更为其他强制措施,并通知公安机关执行。

公安机关在执行期间收到保证人不愿继续担保的申请或者发现其丧失担保条件的,应当在3日以内通知作出决定的人民检察院。

第六条　人民检察院决定对犯罪嫌疑人取保候审的案件,被取保候审人、保证人违反应当遵守的规定的,由县级以上公安机关决定没收保证金,对保证人罚款,并在执行后3日以内将执行情况通知人民检察院。人民检察院应当在接到通知后5日以内,区别情形,责令犯罪嫌疑人具结悔过、重新交纳保证金、提出保证人或者监视居

住、予以逮捕。

第七条　人民检察院决定对犯罪嫌疑人取保候审的案件,取保候审期限届满 15 日前,负责执行的公安机关应当通知作出决定的人民检察院。人民检察院应当在取保候审期限届满前,作出解除取保候审或者变更强制措施的决定,并通知公安机关执行。

第八条　人民检察院决定对犯罪嫌疑人采取保证金担保方式取保候审的,犯罪嫌疑人在取保候审期间没有违反刑事诉讼法第五十六条规定,也没有故意重新犯罪的,人民检察院解除取保候审时,应当通知公安机关退还保证金。

第九条　公安机关决定对犯罪嫌疑人取保候审的案件,犯罪嫌疑人违反应当遵守的规定,情节严重的,公安机关应当依法提请批准逮捕。人民检察院应当根据刑事诉讼法第五十六条的规定审查批准逮捕。

二、监视居住

第十条　人民检察院决定对犯罪嫌疑人采取监视居住措施的,应当核实犯罪嫌疑人的住处。犯罪嫌疑人没有固定住处的,人民检察院应当为其指定居所。

第十一条　人民检察院核实犯罪嫌疑人住处或者为其指定居所后,应当制作监视居住执行通知书,将有关法律文书和有关案由、犯罪嫌疑人基本情况的材料,送交犯罪嫌疑人住处或者居所地的同级公安机关执行。人民检察院可以协助公安机关执行。

第十二条　公安机关收到有关法律文书和材料后,应当立即交由犯罪嫌疑人住处或者居所地的县级公安机关执行。负责执行的县级公安机关应当在 24 小时以内,核实被监视居住人的身份和住处或者居所,报告县级公安机关负责人后,通知被监视居住人住处或者居所地的派出所执行。

第十三条　负责执行监视居住的派出所应当指定专人对被监视居住人进行监督考察,并及时将监视居住的执行情况报告所属县级公安机关通知决定监视居住的人民检察院。

第十四条　人民检察院决定对犯罪嫌疑人监视居住的案件,在执行期间,犯罪嫌疑人有正当理由需要离开住处或者指定居所的,负责执行的派出所应当及时报告所属县级公安机关,由该县级公安机关征得决定监视居住的人民检察院同意后予以批准。

第十五条　人民检察院决定对犯罪嫌疑人监视居住的案件,犯罪嫌疑人违反应当遵守的规定的,执行监视居住的派出所应当及时报告县级公安机关通知决定监视居

住的人民检察院。情节严重的,人民检察院应当决定予以逮捕,通知公安机关执行。

第十六条　人民检察院决定对犯罪嫌疑人监视居住的,监视居住期限届满 15 日前,负责执行的县级公安机关应当通知决定监视居住的人民检察院。人民检察院应当在监视居住期限届满前,作出解除监视居住或者变更强制措施的决定,并通知公安机关执行。

第十七条　公安机关决定对犯罪嫌疑人监视居住的案件,犯罪嫌疑人违反应当遵守的规定,情节严重的,公安机关应当依法提请批准逮捕。人民检察院应当根据刑事诉讼法第五十七条的规定审查批准逮捕。

三、拘　留

第十八条　人民检察院直接立案侦查的案件,需要拘留犯罪嫌疑人的,应当依法作出拘留决定,并将有关法律文书和有关案由、犯罪嫌疑人基本情况的材料送交同级公安机关执行。

第十九条　公安机关核实有关法律文书和材料后,应当报请县级以上公安机关负责人签发拘留证,并立即派员执行,人民检察院可以协助公安机关执行。

第二十条　人民检察院对于符合刑事诉讼法第六十一条第(四)项或者第(五)项规定情形的犯罪嫌疑人,因情况紧急,来不及办理拘留手续的,可以先行将犯罪嫌疑人带至公安机关,同时立即办理拘留手续。

第二十一条　公安机关拘留犯罪嫌疑人后,应当立即将执行回执送达作出拘留决定的人民检察院。人民检察院应当在拘留后的 24 小时以内对犯罪嫌疑人进行讯问。除有碍侦查或者无法通知的情形以外,人民检察院还应当把拘留的原因和羁押的处所,在 24 小时以内,通知被拘留人的家属或者他的所在单位。

公安机关未能抓获犯罪嫌疑人的,应当在 24 小时以内,将执行情况和未能抓获犯罪嫌疑人的原因通知作出拘留决定的人民检察院。对于犯罪嫌疑人在逃的,在人民检察院撤销拘留决定之前,公安机关应当组织力量继续执行,人民检察院应当及时向公安机关提供新的情况和线索。

第二十二条　人民检察院对于决定拘留的犯罪嫌疑人,经检察长或者检察委员会决定不予逮捕的,应当通知公安机关释放犯罪嫌疑人,公安机关接到通知后应当立即释放;需要逮捕而证据还不充足的,人民检察院可以变更为取保候审或者监视居住,并通知公安机关执行。

第二十三条　公安机关对于决定拘留的犯罪嫌疑人,经审查认为需要逮捕的,应当在法定期限内提请同级

人民检察院审查批准。犯罪嫌疑人不讲真实姓名、住址、身份不明的，拘留期限自查清其真实身份之日起计算。对于有证据证明有犯罪事实的，也可以按犯罪嫌疑人自报的姓名提请人民检察院批准逮捕。

对于需要确认外国籍犯罪嫌疑人身份的，应当按照我国和该犯罪嫌疑人所称的国籍国签订的有关司法协助条约、国际公约的规定，或者通过外交途径、国际刑警组织渠道查明其身份。如果确实无法查清或者有关国家拒绝协助的，只要有证据证明有犯罪事实，可以按照犯罪嫌疑人自报的姓名提请人民检察院批准逮捕。侦查终结后，对于犯罪事实清楚，证据确实、充分的，也可以按其自报的姓名移送人民检察院审查起诉。

四、逮　捕

第二十四条　对于公安机关提请批准逮捕的案件，人民检察院应当就犯罪嫌疑人涉嫌的犯罪事实和证据进行审查。除刑事诉讼法第五十六条和第五十七条规定的情形外，人民检察院应当按照刑事诉讼法第六十条规定的逮捕条件审查批准逮捕。

第二十五条　对于公安机关提请批准逮捕的犯罪嫌疑人，人民检察院决定不批准逮捕的，应当说明理由；不批准逮捕并且通知公安机关补充侦查的，应当同时列出补充侦查提纲。

公安机关接到人民检察院不批准逮捕决定书后，应当立即释放犯罪嫌疑人；认为需要逮捕而进行补充侦查、要求复议或者提请复核的，可以变更为取保候审或者监视居住。

第二十六条　公安机关认为人民检察院不批准逮捕的决定有错误的，应当在收到不批准逮捕决定书后 5 日以内，向同级人民检察院要求复议。人民检察院应当在收到公安机关要求复议意见书后 7 日以内作出复议决定。

公安机关对复议决定不服的，应当在收到人民检察院复议决定书后 5 日以内，向上一级人民检察院提请复核。上一级人民检察院应当在收到公安机关提请复核意见书后 15 日以内作出复核决定。

第二十七条　人民检察院直接立案侦查的案件，依法作出逮捕犯罪嫌疑人的决定后，应当将有关法律文书和有关案由、犯罪嫌疑人基本情况的材料送交同级公安机关执行。

公安机关核实人民检察院送交的有关法律文书和材料后，应当报请县级以上公安机关负责人签发逮捕证，并立即派员执行，人民检察院可以协助公安机关执行。

第二十八条　人民检察院直接立案侦查的案件，公安机关逮捕犯罪嫌疑人后，应当立即将执行回执送达决定逮捕的人民检察院。人民检察院应当在逮捕后 24 小时以内，对犯罪嫌疑人进行讯问。除有碍侦查或者无法通知的情形以外，人民检察院还应当将逮捕的原因和羁押的处所，在 24 小时以内，通知被逮捕人的家属或者其所在单位。

公安机关未能抓获犯罪嫌疑人的，应当在 24 小时以内，将执行情况和未能抓获犯罪嫌疑人的原因通知决定逮捕的人民检察院。对于犯罪嫌疑人在逃的，在人民检察院撤销逮捕决定之前，公安机关应当组织力量继续执行，人民检察院应当及时提供新的情况和线索。

第二十九条　人民检察院直接立案侦查的案件，对已经逮捕的犯罪嫌疑人，发现不应当逮捕的，应当经检察长批准或者检察委员会讨论决定，撤销逮捕决定或者变更为取保候审、监视居住，并通知公安机关执行。人民检察院将逮捕变更为取保候审、监视居住，执行程序适用本规定。

第三十条　人民检察院直接立案侦查的案件，被拘留、逮捕的犯罪嫌疑人或者他的法定代理人、近亲属和律师向负责执行的公安机关提出取保候审申请的，公安机关应当告知其直接向作出决定的人民检察院提出。

被拘留、逮捕的犯罪嫌疑人的法定代理人、近亲属和律师向人民检察院申请对犯罪嫌疑人取保候审的，人民检察院应当在收到申请之日起 7 日内作出是否同意的答复。同意取保候审的，应当作出变更强制措施的决定，办理取保候审手续，并通知公安机关执行。

第三十一条　对于人民检察院决定逮捕的犯罪嫌疑人，公安机关应当在侦查羁押期限届满 10 日前通知决定逮捕的人民检察院。

对于需要延长侦查羁押期限的，人民检察院应当在侦查羁押期限届满前，将延长侦查羁押期限决定书送交公安机关；对于犯罪嫌疑人另有重要罪行，需要重新计算侦查羁押期限的，人民检察院应当在侦查羁押期限届满前，将重新计算侦查羁押期限决定书送交公安机关。

对于不符合移送审查起诉条件或者延长侦查羁押期限条件、重新计算侦查羁押期限条件的，人民检察院应当在侦查羁押期限届满前，作出予以释放或者变更强制措施的决定，并通知公安机关执行。公安机关应当将执行情况及时通知人民检察院。

第三十二条　公安机关立案侦查的案件，对于已经逮捕的犯罪嫌疑人变更为取保候审、监视居住，又发现需要逮捕该犯罪嫌疑人的，公安机关应当重新提请批准逮捕。

人民检察院直接立案侦查的案件具有前款规定情形的,应当重新审查决定逮捕。

五、其他有关规定

第三十三条　人民检察院直接立案侦查的案件,需要通缉犯罪嫌疑人的,应当作出逮捕决定,并将逮捕决定书、通缉通知书和犯罪嫌疑人的照片、身份、特征等情况及简要案情,送达同级公安机关,由公安机关按照规定发布通缉令。人民检察院应当予以协助。

各级人民检察院需要在本辖区内通缉犯罪嫌疑人的,可以直接决定通缉;需要在本辖区外通缉犯罪嫌疑人的,由有决定权的上级人民检察院决定。

第三十四条　公安机关侦查终结后,应当按照刑事诉讼法第一百二十九条的规定,移送同级人民检察院审查起诉。人民检察院认为应当由上级人民检察院、同级其他人民检察院或者下级人民检察院审查起诉的,由人民检察院将案件移送有管辖权的人民检察院审查起诉。

第三十五条　人民检察院审查公安机关移送起诉的案件,认为需要补充侦查的,可以退回公安机关补充侦查,也可以自行侦查。

补充侦查以二次为限。公安机关已经补充侦查二次后移送审查起诉的案件,人民检察院依法改变管辖的,如果需要补充侦查,由人民检察院自行侦查;人民检察院在审查起诉中又发现新的犯罪事实的,应当移送公安机关立案侦查,对已经查清的犯罪事实依法提起公诉。

人民检察院提起公诉后,发现案件需要补充侦查的,由人民检察院自行侦查,公安机关应当予以协助。

第三十六条　公安机关认为人民检察院的不起诉决定有错误的,应当在收到人民检察院不起诉决定书后7日内制作要求复议意见书,要求同级人民检察院复议。人民检察院应当在收到公安机关要求复议意见书后30日内作出复议决定。

公安机关对人民检察院的复议决定不服,可以在收到人民检察院复议决定书后7日内制作提请复核意见书,向上一级人民检察院提请复核。上一级人民检察院应当在收到公安机关提请复核意见书后30日内作出复核决定。

第三十七条　人民检察院应当加强对公安机关、人民检察院办案部门适用刑事强制措施工作的监督,对于超期羁押、超期限办案、不依法执行的,应当及时提出纠正意见,督促公安机关或者人民检察院办案部门依法执行。

公安机关、人民检察院的工作人员违反刑事诉讼法和本规定,玩忽职守、滥用职权、徇私舞弊,导致超期羁押、超期限办案或者实施其他违法行为的,应当依照有关法律和规定追究法律责任;构成犯罪的,依法追究刑事责任。

第三十八条　对于人民检察院直接立案侦查的案件,人民检察院由承办案件的部门负责强制措施的移送执行事宜。公安机关由刑事侦查部门负责拘留、逮捕措施的执行事宜;由治安管理部门负责安排取保候审、监视居住的执行事宜。

第三十九条　各省、自治区、直辖市人民检察院、公安厅(局)和最高人民检察院、公安部直接立案侦查的刑事案件,适用刑事诉讼法和本规定。

第四十条　本规定自公布之日起施行。

2. 拘留、逮捕

最高人民检察院关于对涉嫌盗窃的不满16周岁未成年人采取刑事拘留强制措施是否违法问题的批复

· 2011年1月10日最高人民检察院第十一届检察委员会第五十四次会议通过
· 2011年1月25日最高人民检察院公告公布
· 自2011年1月25日起施行
· 高检发释字〔2011〕1号

北京市人民检察院:

你院京检字〔2010〕107号《关于对涉嫌盗窃的不满16周岁未成年人采取刑事拘留强制措施是否违法的请示》收悉。经研究,批复如下:

根据刑法、刑事诉讼法、未成年人保护法等有关法律规定,对于实施犯罪时未满16周岁的未成年人,且未犯刑法第十七条第二款规定之罪的,公安机关查明犯罪嫌疑人实施犯罪时年龄确系未满16周岁依法不负刑事责任后仍予以刑事拘留的,检察机关应当及时提出纠正意见。

此复。

最高人民检察院、公安部关于依法适用逮捕措施有关问题的规定

· 2001年8月6日
· 高检发〔2001〕10号

为了进一步加强人民检察院和公安机关的配合,依法适用逮捕措施,加大打击犯罪力度,保障刑事诉讼的顺

利进行,维护社会稳定和市场经济秩序,根据《中华人民共和国刑事诉讼法》和其他有关法律的规定,现对人民检察院和公安机关依法适用逮捕措施的有关问题作如下规定:

一、公安机关提请批准逮捕、人民检察院审查批准逮捕都应当严格依照法律规定的条件和程序进行。

(一)刑事诉讼法第六十条规定的"有证据证明有犯罪事实"是指同时具备以下三种情形:1. 有证据证明发生了犯罪事实;2. 有证据证明该犯罪事实是犯罪嫌疑人实施的;3. 证明犯罪嫌疑人实施犯罪行为的证据已有查证属实的。

"有证据证明有犯罪事实",并不要求查清全部犯罪事实。其中"犯罪事实"既可以是单一犯罪行为的事实,也可以是数个犯罪行为中任何一个犯罪行为的事实。

(二)具有下列情形之一的,即为刑事诉讼法第六十条规定的"有逮捕必要":1. 可能继续实施犯罪行为,危害社会的;2. 可能毁灭、伪造证据、干扰证人作证或者串供的;3. 可能自杀或逃跑的;4. 可能实施打击报复行为的;5. 可能有碍其他案件侦查的;6. 其他可能发生社会危险性的情形。

对有组织犯罪、黑社会性质组织犯罪、暴力犯罪和多发性犯罪等严重危害社会治安和社会秩序以及可能有碍侦查的犯罪嫌疑人,一般应予逮捕。

(三)对实施多个犯罪行为或者共同犯罪案件的犯罪嫌疑人,符合本条第(一)项、第(二)项的规定,具有下列情形之一的,应当予以逮捕:1. 有证据证明有数罪中的一罪的;2. 有证据证明有多次犯罪中的一次犯罪的;3. 共同犯罪中,已有证据证明有犯罪行为的。

(四)根据刑事诉讼法第五十六条第二款的规定,对下列违反取保候审规定的犯罪嫌疑人,应当予以逮捕:1. 企图自杀、逃跑、逃避侦查、审查起诉;2. 实施毁灭、伪造证据或者串供、干扰证人作证行为,足以影响侦查、审查起诉工作正常进行的;3. 未经批准,擅自离开所居住的市、县,造成严重后果,或者两次未经批准,擅自离开所居住的市、县的;4. 经传讯不到案,造成严重后果,或者经两次传讯不到案的。

对在取保候审期间故意实施新的犯罪行为的犯罪嫌疑人,应当予以逮捕。

(五)根据刑事诉讼法第五十七条第二款的规定,被监视居住的犯罪嫌疑人具有下列情形之一的,属于"情节严重",应当予以逮捕:1. 故意实施新的犯罪行为的;2. 企图自杀、逃跑、逃避侦查、审查起诉;3. 实施毁灭、伪造证据或者串供、干扰证人作证行为,足以影响侦查、审查起诉工作正常进行的;4. 未经批准,擅自离开住处或者指定的居所,造成严重后果,或者两次未经批准,擅自离开住处或者指定的居所的;5. 未经批准,擅自会见他人,造成严重后果,或者两次未经批准,擅自会见他人的;6. 经传讯不到案,造成严重后果,或者经两次传讯不到案的。

二、公安机关在作出是否提请人民检察院批准逮捕的决定之前,应当对收集、调取的证据材料予以核实。对于符合逮捕条件的犯罪嫌疑人,应当提请人民检察院批准逮捕;对于不符合逮捕条件但需要继续侦查的,公安机关可以依法取保候审或者监视居住。

公安机关认为需要人民检察院派员参加重大案件讨论的,应当及时通知人民检察院,人民检察院接到通知后,应当及时派员参加。参加的检察人员在充分了解案情的基础上,应当对侦查活动提出意见和建议。

三、人民检察院收到公安机关提请批准逮捕的案件后,应当立即指定专人进行审查,发现不符合刑事诉讼法第六十六条规定,提请批准逮捕书、案卷材料和证据不齐全的,应当要求公安机关补充有关材料。

对公安机关提请批准逮捕的案件,人民检察院经审查,认为符合逮捕条件的,应当批准逮捕。对于不符合逮捕条件的,或者具有刑事诉讼法第十五条规定的情形之一的,应当作出不批准逮捕的决定,并说明理由。

对公安机关报请批准逮捕的案件人民检察院在审查逮捕期间不另行侦查。必要的时候,人民检察院可以派人参加公安机关对重大案件的讨论。

四、对公安机关提请批准逮捕的犯罪嫌疑人,已被拘留的,人民检察院应当在接到提请批准逮捕书后的 7 日以内作出是否批准逮捕的决定;未被拘留的,应当在接到提请批准逮捕书后的 15 日以内作出是否批准逮捕的决定,重大、复杂的案件,不得超过 20 日。

五、对不批准逮捕,需要补充侦查的案件,人民检察院应当通知提请批准逮捕的公安机关补充侦查,并附补充侦查提纲,列明需要查清的事实和需要收集、核实的证据。

六、对人民检察院补充侦查提纲中所列的事项,公安机关应当及时进行侦查、核实,并逐一作出说明。不得未经侦查和说明,以相同材料再次提请批准逮捕。公安机关未经侦查、不作说明的,人民检察院可以作出不批准逮捕的决定。

七、人民检察院批准逮捕的决定,公安机关应当立即执行,并将执行回执在执行后 3 日内送达作出批准决定的人民检察院;未能执行的,也应当将执行回执送达人民检察院,并写明未能执行的原因。对于人民检察院决定不批准逮捕的,公安机关在收到不批准逮捕决定书后,应当立即释放在押的犯罪嫌疑人或者变更强制措施,并将执行回执在收到不批准逮捕决定书后 3 日内送达作出不批准逮捕决定的人民检察院。如果公安机关发现逮捕不当的,应当及时予以变更,并将变更的情况及原因在作出变更决定后 3 日内通知原批准逮捕的人民检察院。人民检察院认为变更不当的,应当通知作出变更决定的公安机关纠正。

八、公安机关认为人民检察院不批准逮捕的决定有错误的,应当在收到不批准逮捕决定书后 5 日以内,向同级人民检察院要求复议。人民检察院应当在收到公安机关要求复议意见书后 7 日内作出复议决定。

公安机关对复议决定不服的,应当在收到人民检察院复议决定书后 5 日以内向上一级人民检察院提请复核。上一级人民检察院应当在收到公安机关提请复核意见书后 15 日以内作出复核决定。原不批准逮捕决定错误的,应当及时纠正。

九、人民检察院办理审查逮捕案件,发现应当逮捕而公安机关未提请批准逮捕的犯罪嫌疑人的,应当建议公安机关提请批准逮捕。公安机关认为建议正确的,应当立即提请批准逮捕;认为建议不正确的,应当将不提请批准逮捕的理由通知人民检察院。

十、公安机关需要延长侦查羁押期限的,应当在侦查羁押期限届满 7 日前,向同级人民检察院移送提请延长侦查羁押期限意见书,写明案件的主要案情、延长侦查羁押期限的具体理由和起止日期,并附逮捕证复印件。有决定权的人民检察院应当在侦查羁押期限届满前作出是否批准延长侦查羁押期限的决定,并交由受理案件的人民检察院送达公安机关。

十一、公安机关发现犯罪嫌疑人另有重要罪行,需要重新计算侦查羁押期限的,可以按照刑事诉讼法有关规定决定重新计算侦查羁押期限,同时报送原作出批准逮捕决定的人民检察院备案。

十二、公安机关发现不应当对犯罪嫌疑人追究刑事责任的,应当撤销案件;犯罪嫌疑人已被逮捕的,应当立即释放,并将释放的原因在释放后 3 日内通知原作出批准逮捕决定的人民检察院。

十三、人民检察院在审查批准逮捕工作中,如果发现公安机关的侦查活动有违法情况,应当通知公安机关予以纠正,公安机关应当将纠正情况通知人民检察院。

十四、公安机关、人民检察院在提请批准逮捕和审查批准逮捕工作中,要加强联系,互相配合,在工作中可以建立联席会议制度,定期互通有关情况。

十五、关于适用逮捕措施的其他问题,依照《中华人民共和国刑事诉讼法》《最高人民检察院、公安部关于适用刑事强制措施有关问题的规定》和其他有关规定办理。

3. 取保候审、监视居住

关于取保候审若干问题的规定

· 2022 年 9 月 5 日
· 公通字〔2022〕25 号

第一章　一般规定

第一条　为了规范适用取保候审,贯彻落实少捕慎诉慎押的刑事司法政策,保障刑事诉讼活动顺利进行,保护公民合法权益,根据《中华人民共和国刑事诉讼法》及有关规定,制定本规定。

第二条　对犯罪嫌疑人、被告人取保候审的,由公安机关、国家安全机关、人民检察院、人民法院根据案件的具体情况依法作出决定。

公安机关、人民检察院、人民法院决定取保候审的,由公安机关执行。国家安全机关决定取保候审的,以及人民检察院、人民法院办理国家安全机关移送的刑事案件决定取保候审的,由国家安全机关执行。

第三条　对于采取取保候审足以防止发生社会危险性的犯罪嫌疑人,应当依法适用取保候审。

决定取保候审的,不得中断对案件的侦查、起诉和审理。严禁以取保候审变相放纵犯罪。

第四条　对犯罪嫌疑人、被告人决定取保候审的,应当责令其提出保证人或者交纳保证金。

对同一犯罪嫌疑人、被告人决定取保候审的,不得同时使用保证人保证和保证金保证。对未成年人取保候审的,应当优先适用保证人保证。

第五条　采取保证金形式取保候审的,保证金的起点数额为人民币一千元;被取保候审人为未成年人的,保证金的起点数额为人民币五百元。

决定机关应当综合考虑保证诉讼活动正常进行的需要,被取保候审人的社会危险性,案件的性质、情节,可能判处刑罚的轻重,被取保候审人的经济状况等情况,确定保证金的数额。

第六条　对符合取保候审条件，但犯罪嫌疑人、被告人不能提出保证人也不交纳保证金的，可以监视居住。

前款规定的被监视居住人提出保证人或者交纳保证金的，可以对其变更为取保候审。

第二章　决　定

第七条　决定取保候审时，可以根据案件情况责令被取保候审人不得进入下列"特定的场所"：

（一）可能导致其再次实施犯罪的场所；

（二）可能导致其实施妨害社会秩序、干扰他人正常活动行为的场所；

（三）与其所涉嫌犯罪活动有关联的场所；

（四）可能导致其实施毁灭证据、干扰证人作证等妨害诉讼活动的场所；

（五）其他可能妨害取保候审执行的特定场所。

第八条　决定取保候审时，可以根据案件情况责令被取保候审人不得与下列"特定的人员"会见或者通信：

（一）证人、鉴定人、被害人及其法定代理人和近亲属；

（二）同案违法行为人、犯罪嫌疑人、被告人以及与案件有关联的其他人员；

（三）可能遭受被取保候审人侵害、滋扰的人员；

（四）可能实施妨害取保候审执行、影响诉讼活动的人员。

前款中的"通信"包括以信件、短信、电子邮件、通话，通过网络平台或者网络应用服务交流信息等各种方式直接或者间接通信。

第九条　决定取保候审时，可以根据案件情况责令被取保候审人不得从事下列"特定的活动"：

（一）可能导致其再次实施犯罪的活动；

（二）可能对国家安全、公共安全、社会秩序造成不良影响的活动；

（三）与所涉嫌犯罪相关联的活动；

（四）可能妨害诉讼的活动；

（五）其他可能妨害取保候审执行的特定活动。

第十条　公安机关应当在其指定的银行设立取保候审保证金专门账户，委托银行代为收取和保管保证金，并将相关信息通知同级人民检察院、人民法院。

保证金应当以人民币交纳。

第十一条　公安机关决定使用保证金保证的，应当及时将收取保证金通知书送达被取保候审人，责令其在三日内向指定的银行一次性交纳保证金。

第十二条　人民法院、人民检察院决定使用保证金保证的，应当责令被取保候审人在三日内向公安机关指定银行的专门账户一次性交纳保证金。

第十三条　被取保候审人或者为其提供保证金的人应当将所交纳的保证金存入取保候审保证金专门账户，并由银行出具相关凭证。

第三章　执　行

第十四条　公安机关决定取保候审的，在核实被取保候审人已经交纳保证金后，应当将取保候审决定书、取保候审执行通知书和其他有关材料一并送交执行。

第十五条　公安机关决定取保候审的，应当及时通知被取保候审人居住地的派出所执行。被取保候审人居住地在异地的，应当及时通知居住地公安机关，由其指定被取保候审人居住地的派出所执行。必要时，办案部门可以协助执行。

被取保候审人居住地变更的，执行取保候审的派出所应当及时通知决定取保候审的公安机关，由其重新确定被取保候审人变更后的居住地派出所执行。变更后的居住地在异地的，决定取保候审的公安机关应当通知该地公安机关，由其指定被取保候审人居住地的派出所执行。原执行机关应当与变更后的执行机关进行工作交接。

第十六条　居住地包括户籍所在地、经常居住地。经常居住地是指被取保候审人离开户籍所在地最后连续居住一年以上的地方。

取保候审一般应当在户籍所在地执行，但已形成经常居住地的，可以在经常居住地执行。

被取保候审人具有下列情形之一的，也可以在其暂住地执行取保候审：

（一）被取保候审人离开户籍所在地一年以上且无经常居住地，但在暂住地有固定住处的；

（二）被取保候审人系外国人、无国籍人，香港特别行政区、澳门特别行政区、台湾地区居民的；

（三）被取保候审人户籍所在地无法查清且无经常居住地的。

第十七条　在本地执行取保候审的，决定取保候审的公安机关应当将法律文书和有关材料送达负责执行的派出所。

在异地执行取保候审的，决定取保候审的公安机关应当将法律文书和载有被取保候审人的报到期限、联系方式等信息的有关材料送达执行机关，送达方式包括直接送达、委托送达、邮寄送达等，执行机关应当及时出具回执。被取保候审人应当在收到取保候审决定书后五日以内向执行机关报到。执行机关应当在被取保候审人报到后三日以内向决定机关反馈。

被取保候审人未在规定期限内向负责执行的派出所报到，且无正当事由的，执行机关应当通知决定机关，决定机关应当依法传讯被取保候审人，被取保候审人不到案的，依照法律和本规定第五章的有关规定处理。

第十八条　执行机关在执行取保候审时，应当告知被取保候审人必须遵守刑事诉讼法第七十一条的规定，以及违反规定或者在取保候审期间重新犯罪的法律后果。

保证人保证的，应当告知保证人必须履行的保证义务，以及不履行义务的法律后果，并由其出具保证书。

执行机关应当依法监督、考察被取保候审人遵守规定的有关情况，及时掌握其住址、工作单位、联系方式变动情况，预防、制止其实施违反规定的行为。

被取保候审人应当遵守取保候审有关规定，接受执行机关监督管理，配合执行机关定期了解有关情况。

第十九条　被取保候审人未经批准不得离开所居住的市、县。

被取保候审人需要离开所居住的市、县的，应当向负责执行的派出所提出书面申请，并注明事由、目的地、路线、交通方式、往返日期、联系方式等。被取保候审人有紧急事由，来不及提出书面申请的，可以先通过电话、短信等方式提出申请，并及时补办书面申请手续。

经审查，具有工作、学习、就医等正当合理事由的，由派出所负责人批准。

负责执行的派出所批准后，应当通知决定机关，并告知被取保候审人遵守下列要求：

（一）保持联系方式畅通，并在传讯的时候及时到案；

（二）严格按照批准的地点、路线、往返日期出行；

（三）不得从事妨害诉讼的活动；

（四）返回居住地后及时向执行机关报告。

对于因正常工作和生活需要经常性跨市、县活动的，可以根据情况，简化批准程序。

第二十条　人民法院、人民检察院决定取保候审的，应当将取保候审决定书、取保候审执行通知书和其他有关材料一并送所在地同级公安机关，由所在地同级公安机关依照本规定第十五条、第十六条、第十七条的规定交付执行。

人民法院、人民检察院可以采用电子方式向公安机关送交法律文书和有关材料。

负责执行的县级公安机关应当在收到法律文书和有关材料后二十四小时以内，指定被取保候审人居住地派出所执行，并将执行取保候审的派出所通知作出取保候审决定的人民法院、人民检察院。

被取保候审人居住地变更的，由负责执行的公安机关通知变更后的居住地公安机关执行，并通知作出取保候审决定的人民法院、人民检察院。

人民法院、人民检察院决定取保候审的，执行机关批准被取保候审人离开所居住的市、县前，应当征得决定机关同意。

第二十一条　决定取保候审的公安机关、人民检察院传讯被取保候审人的，应当制作法律文书，并向被取保候审人送达。被传讯的被取保候审人不在场的，也可以交与其同住的成年亲属代收，并与被取保候审人联系确认告知。无法送达或者被取保候审人未按照规定接受传讯的，应当在法律文书上予以注明，并通知执行机关。

情况紧急的，决定取保候审的公安机关、人民检察院可以通过电话通知等方式传讯被取保候审人，但应当在法律文书上予以注明，并通知执行机关。

异地传讯的，决定取保候审的公安机关、人民检察院可以委托执行机关代为送达，执行机关送达后应当及时向决定机关反馈。无法送达的，应当在法律文书上注明，并通知决定机关。

人民法院传讯被取保候审的被告人，依照其他有关规定执行。

第二十二条　保证人应当对被取保候审人遵守取保候审管理规定情况进行监督，发现被保证人已经或者可能违反刑事诉讼法第七十一条规定的，应当及时向执行机关报告。

保证人不愿继续保证或者丧失保证条件的，保证人或者被取保候审人应当及时报告执行机关。执行机关应当在发现或者被告知该情形之日起三日以内通知决定机关。决定机关应当责令被取保候审人重新提出保证人或者交纳保证金，或者变更强制措施，并通知执行机关。

第二十三条　执行机关发现被取保候审人违反应当遵守的规定以及保证人未履行保证义务的，应当及时制止、采取相应措施，同时告知决定机关。

第四章　变更、解除

第二十四条　取保候审期限届满，决定机关应当作出解除取保候审或者变更强制措施的决定，并送交执行机关。决定机关未解除取保候审或者未对被取保候审人采取其他刑事强制措施的,被取保候审人及其法定代理人、近亲属或者辩护人有权要求决定机关解除取保候审。

对于发现不应当追究被取保候审人刑事责任并作出撤销案件或者终止侦查决定的,决定机关应当及时作出解除取保候审决定,并送交执行机关。

有下列情形之一的,取保候审自动解除,不再办理解除手续,决定机关应当及时通知执行机关:

(一)取保候审依法变更为监视居住、拘留、逮捕,变更后的强制措施已经开始执行的;

(二)人民检察院作出不起诉决定的;

(三)人民法院作出的无罪、免予刑事处罚或者不负刑事责任的判决、裁定已经发生法律效力的;

(四)被判处管制或者适用缓刑,社区矫正已经开始执行的;

(五)被单处附加刑,判决、裁定已经发生法律效力的;

(六)被判处监禁刑,刑罚已经开始执行的。

执行机关收到决定机关上述决定书或者通知后,应当立即执行,并将执行情况及时通知决定机关。

第二十五条　采取保证金方式保证的被取保候审人在取保候审期间没有违反刑事诉讼法第七十一条的规定,也没有故意实施新的犯罪的,在解除取保候审、变更强制措施或者执行刑罚的同时,公安机关应当通知银行如数退还保证金。

被取保候审人或者其法定代理人可以凭有关法律文书到银行领取退还的保证金。被取保候审人不能自己领取退还的保证金的,经本人出具书面申请并经公安机关同意,由公安机关书面通知银行将退还的保证金转账至被取保候审人或者其委托的人提供的银行账户。

第二十六条　在侦查或者审查起诉阶段已经采取取保候审的,案件移送至审查起诉或者审判阶段时,需要继续取保候审、变更保证方式或者变更强制措施的,受案机关应当在七日内作出决定,并通知移送案件的机关和执行机关。

受案机关作出取保候审决定并执行后,原取保候审措施自动解除,不再办理解除手续。对继续采取保证金保证的,原则上不变更保证金数额,不再重新收取保证金。受案机关变更的强制措施开始执行后,应当及时通知移送案件的机关和执行机关,原取保候审决定自动解除,不再办理解除手续,执行机关应当依法退还保证金。

取保候审期限即将届满,受案机关仍未作出继续取保候审或者变更强制措施决定的,移送案件的机关应当在期限届满十五日前书面通知受案机关。受案机关应当在取保候审期限届满前作出决定,并通知移送案件的机关和执行机关。

第五章　责　任

第二十七条　使用保证金保证的被取保候审人违反刑事诉讼法第七十一条规定,依法应当没收保证金的,由公安机关作出没收部分或者全部保证金的决定,并通知决定机关。人民检察院、人民法院发现使用保证金保证的被取保候审人违反刑事诉讼法第七十一条规定,应当告知公安机关,由公安机关依法处理。

对被取保候审人没收保证金的,决定机关应当区别情形,责令被取保候审人具结悔过、重新交纳保证金、提出保证人,或者变更强制措施,并通知执行机关。

重新交纳保证金的,适用本规定第十一条、第十二条、第十三条的规定。

第二十八条　被取保候审人构成《中华人民共和国治安管理处罚法》第六十条第四项行为的,依法给予治安管理处罚。

第二十九条　被取保候审人没有违反刑事诉讼法第七十一条的规定,但在取保候审期间涉嫌故意实施新的犯罪被立案侦查的,公安机关应当暂扣保证金,待人民法院判决生效后,决定是否没收保证金。对故意实施新的犯罪的,应当没收保证金;对过失实施新的犯罪或者不构成犯罪的,应当退还保证金。

第三十条　公安机关决定没收保证金的,应当制作没收保证金决定书,在三日以内向被取保候审人宣读,告知其如果对没收保证金决定不服,被取保候审人或者其法定代理人可以在五日以内向作出没收决定的公安机关申请复议。

被取保候审人或者其法定代理人对复议决定不服的,可以在收到复议决定书后五日以内向上一级公安机关申请复核一次。

第三十一条　保证人未履行监督义务,或者被取保候审人违反刑事诉讼法第七十一条的规定,保证人未及时报告或者隐瞒不报告的,经查证属实后,由公安机关对保证人处以罚款,并将有关情况及时通知决定机关。

保证人帮助被取保候审人实施妨害诉讼等行为,构成犯罪的,依法追究其刑事责任。

第三十二条　公安机关决定对保证人罚款的,应当制作对保证人罚款决定书,在三日以内向保证人宣布,告知其如果对罚款决定不服,可以在五日以内向作出罚款决定的公安机关申请复议。

保证人对复议决定不服的，可以在收到复议决定书后五日以内向上一级公安机关申请复核一次。

第三十三条　没收保证金的决定、对保证人罚款的决定已过复议期限，或者复议、复核后维持原决定或者变更罚款数额的，作出没收保证金的决定、对保证人罚款的决定的公安机关应当及时通知指定的银行将没收的保证金、保证人罚款按照国家的有关规定上缴国库，并应当在三日以内通知决定机关。

如果保证金系被取保候审人的个人财产，且需要用以退赔被害人、履行附带民事赔偿义务或者执行财产刑的，人民法院可以书面通知公安机关移交全部保证金，由人民法院作出处理，剩余部分退还被告人。

第三十四条　人民检察院、人民法院决定取保候审的，被取保候审人违反取保候审规定，需要予以逮捕的，可以对被取保候审人先行拘留，并提请人民检察院、人民法院依法作出逮捕决定。人民法院、人民检察院决定逮捕的，由所在地同级公安机关执行。

第三十五条　保证金的收取、管理和没收应当严格按照本规定和国家的财经管理制度执行，任何单位和个人不得擅自收取、没收、退还保证金以及截留、坐支、私分、挪用或者以其他任何方式侵吞保证金。对违反规定的，应当依照有关法律和规定给予行政处分；构成犯罪的，依法追究刑事责任。

第六章　附　则

第三十六条　对于刑事诉讼法第六十七条第一款第三项规定的"严重疾病"和"生活不能自理"，分别参照最高人民法院、最高人民检察院、公安部、司法部、国家卫生计生委印发的《暂予监外执行规定》所附《保外就医严重疾病范围》和《最高人民法院关于印发〈罪犯生活不能自理鉴别标准〉的通知》所附《罪犯生活不能自理鉴别标准》执行。

第三十七条　国家安全机关决定、执行取保候审的，适用本规定中关于公安机关职责的规定。

第三十八条　对于人民法院、人民检察院决定取保候审，但所在地没有同级公安机关的，由省级公安机关会同同级人民法院、人民检察院，依照本规定确定公安机关负责执行或者交付执行，并明确工作衔接机制。

第三十九条　本规定中的执行机关是指负责执行取保候审的公安机关和国家安全机关。

第四十条　本规定自印发之日起施行。

4. 羁押期限

公安机关适用刑事羁押期限规定

· 2006 年 1 月 27 日
· 公通字〔2006〕17 号

第一章　总　则

第一条　为了规范公安机关适用刑事羁押期限工作，维护犯罪嫌疑人的合法权益，保障刑事诉讼活动顺利进行，根据《中华人民共和国刑事诉讼法》等有关法律规定，制定本规定。

第二条　公安机关办理刑事案件，必须严格执行刑事诉讼法关于拘留、逮捕后的羁押期限的规定，对于符合延长羁押期限、重新计算羁押期限条件的，或者应当释放犯罪嫌疑人的，必须在羁押期限届满前及时办理完审批手续。

第三条　公安机关应当切实树立尊重和保障人权意识，防止因超期羁押侵犯犯罪嫌疑人的合法权益。

第四条　对犯罪嫌疑人的羁押期限，按照以下方式计算：

（一）拘留后的提请审查批准逮捕的期限以日计算，执行拘留后满二十四小时为一日；

（二）逮捕后的侦查羁押期限以月计算，自对犯罪嫌疑人执行逮捕之日起至下一个月的对应日止为一个月；没有对应日的，以该月的最后一日为截止日。

对犯罪嫌疑人作精神病鉴定的期间不计入羁押期限。精神病鉴定期限自决定对犯罪嫌疑人进行鉴定之日起至收到鉴定结论后决定恢复计算侦查羁押期限之日止。

第二章　羁　押

第五条　对犯罪嫌疑人第一次讯问开始时或者采取强制措施时，侦查人员应当向犯罪嫌疑人送达《犯罪嫌疑人诉讼权利义务告知书》，并在讯问笔录中注明或者由犯罪嫌疑人在有关强制措施附卷联中签收。犯罪嫌疑人拒绝签收的，侦查人员应当注明。

第六条　县级以上公安机关负责人在作出批准拘留的决定时，应当在呈请报告上同时注明一日至三日的拘留时间。需要延长一日至四日或者延长至三十日的，应当办理延长拘留手续。

第七条　侦查人员应当在宣布拘留或者逮捕决定时，将拘留或者逮捕的决定机关、法定羁押起止时间以及羁押处所告知犯罪嫌疑人。

第八条　侦查人员应当在拘留或者逮捕犯罪嫌疑人后的二十四小时以内对其进行讯问，发现不应当拘留或者逮捕的，应当报经县级以上公安机关负责人批准，制作《释放通知书》送达看守所。看守所凭《释放通知书》发给被拘留或者逮捕人《释放证明书》，将其立即释放。

在羁押期间发现对犯罪嫌疑人拘留或者逮捕不当的，应当在发现后的十二小时以内，经县级以上公安机关负责人批准将被拘留或者逮捕人释放，或者变更强制措施。

释放被逮捕的人或者变更强制措施的，应当在作出决定后的三日以内，将释放或者变更的原因及情况通知原批准逮捕的人民检察院。

第九条　对被拘留的犯罪嫌疑人在拘留后的三日以内无法提请人民检察院审查批准逮捕的，如果有证据证明犯罪嫌疑人有流窜作案、多次作案、结伙作案的重大嫌疑，报经县级以上公安机关负责人批准，可以直接将提请审查批准的时间延长至三十日。

第十条　对人民检察院批准逮捕的，应当在收到人民检察院批准逮捕的决定书后二十四小时以内制作《逮捕证》，向犯罪嫌疑人宣布执行，并将执行回执及时送达作出批准逮捕决定的人民检察院。对未能执行的，应当将回执送达人民检察院，并写明未能执行的原因。

第十一条　拘留或者逮捕犯罪嫌疑人后，除有碍侦查或者无法通知的情形以外，应当在二十四小时以内将拘留或者逮捕的原因和羁押的处所通知被拘留或者逮捕人的家属或者所在单位。对于有碍侦查和无法通知的范围，应当严格按照《公安机关办理刑事案件程序规定》第一百零八条第一款、第一百二十五条第一款的规定执行。

第十二条　对已经被拘留或者逮捕的犯罪嫌疑人，经审查符合取保候审或者监视居住条件的，应当在拘留或者逮捕的法定羁押期限内及时将强制措施变更为取保候审或者监视居住。

第十三条　被羁押的犯罪嫌疑人及其法定代理人、近亲属、被逮捕的犯罪嫌疑人聘请的律师提出取保候审申请的，公安机关应当在接到申请之日起七日以内作出同意或者不同意的答复。同意取保候审的，依法办理取保候审手续；不同意取保候审的，应当书面通知申请人并说明理由。

第十四条　对犯罪嫌疑人已被逮捕的案件，在逮捕后二个月的侦查羁押期限以及依法变更的羁押期限内不能侦查终结移送审查起诉的，应当在侦查羁押期限届满前释放犯罪嫌疑人。需要变更强制措施的，应当在释放

犯罪嫌疑人前办理完审批手续。

第十五条　对人民检察院不批准逮捕被拘留的犯罪嫌疑人的，应当在收到不批准逮捕决定书后十二小时以内，报经县级以上公安机关负责人批准，制作《释放通知书》送交看守所。看守所凭《释放通知书》发给被拘留人《释放证明书》，将其立即释放。需要变更强制措施的，应当在释放犯罪嫌疑人前办理完审批手续。

第十六条　对犯罪嫌疑人因不讲真实姓名、住址，身份不明，经县级以上公安机关负责人批准，侦查羁押期限自查清其身份之日起计算的，办案部门应当在作出决定后的二日以内通知看守所；查清犯罪嫌疑人身份的，应当在查清后的二日以内将侦查羁押期限起止时间通知看守所。

第十七条　对依法延长侦查羁押期限的，办案部门应当在作出决定后的二日以内将延长侦查羁押期限的法律文书送达看守所，并向犯罪嫌疑人宣布。

第十八条　在侦查期间，发现犯罪嫌疑人另有重要罪行的，应当自发现之日起五日以内，报经县级以上公安机关负责人批准，将重新计算侦查羁押期限的法律文书送达看守所，向犯罪嫌疑人宣布，并报原批准逮捕的人民检察院备案。

前款规定的另有重要罪行，是指与逮捕时的罪行不同种的重大犯罪以及同种犯罪并将影响罪名认定、量刑档次的重大犯罪。

第十九条　对于因进行司法精神病鉴定不计入办案期限的，办案部门应当在决定对犯罪嫌疑人进行司法精神病鉴定后的二日以内通知看守所。

办案部门应当自决定进行司法精神病鉴定之日起二日以内将委托鉴定书送达省级人民政府指定的医院。

第二十条　公安机关接到省级人民政府指定的医院的司法精神病鉴定结论后决定恢复计算侦查羁押期限的，办案部门应当在作出恢复计算羁押期限决定后的二十四小时以内将恢复计算羁押期限的决定以及剩余的侦查羁押期限通知看守所。

第二十一条　需要提请有关机关协调或者请示上级主管机关的，应当在办案期限内提请、请示、处理完毕；在法定侦查羁押期限内未处理完毕的，应当依法释放犯罪嫌疑人或者变更强制措施。

第二十二条　公安机关经过侦查，对案件事实清楚，证据确实、充分的，应当在法定羁押期限内移送同级人民检察院审查起诉。

犯罪嫌疑人实施的数个犯罪行为中某一犯罪事实一

时难以查清的,应当在法定羁押期限内对已查清的罪行移送审查起诉。

共同犯罪中同案犯罪嫌疑人在逃的,对已归案的犯罪嫌疑人应当按照基本事实清楚、基本证据确凿的原则,在法定侦查羁押期限内移送审查起诉。

犯罪嫌疑人被羁押的案件,不能在法定侦查羁押期限内办结,需要继续侦查的,对犯罪嫌疑人可以取保候审或者监视居住。

第二十三条　人民检察院对公安机关移送审查起诉的案件,经审查后决定退回公安机关补充侦查的,公安机关在接到人民检察院退回补充侦查的法律文书后,应当按照补充侦查提纲的要求在一个月以内补充侦查完毕。

补充侦查以两次为限。对公安机关移送审查起诉的案件,人民检察院退回补充侦查两次后或者已经提起公诉后再退回补充侦查的,公安机关应当依法拒绝。

对人民检察院因补充侦查需要提出协助请求的,公安机关应当依法予以协助。

第二十四条　对侦查终结移送审查起诉或者补充侦查终结的案件犯罪嫌疑人在押的,应当在案件移送审查起诉的同时,填写《换押证》,随同案件材料移送同级人民检察院,并通知看守所。

第二十五条　人民检察院将案件退回公安机关补充侦查的,办案部门应当在收到人民检察院移送的《换押证》的二十四小时以内,到看守所办理换押手续。

第二十六条　案件改变管辖,犯罪嫌疑人羁押地点不变的,原办案的公安机关和改变管辖后的公安机关均应办理换押手续。

第二十七条　看守所应当在犯罪嫌疑人被延长拘留至三十日的拘留期限届满三日前或者逮捕后的侦查羁押期限届满七日前通知办案部门。

第二十八条　侦查羁押期限届满,原《提讯证》停止使用,看守所应当拒绝办案部门持原《提讯证》提讯犯罪嫌疑人。办案部门将依法变更侦查羁押期限的法律文书送达看守所,看守所在《提讯证》上注明变更后的羁押期限的,可以继续使用《提讯证》提讯犯罪嫌疑人。

第二十九条　看守所对犯罪嫌疑人的羁押情况实行一人一卡登记制度,记明犯罪嫌疑人的基本情况、诉讼阶段的变更、法定羁押期限以及变更情况等。有条件的看守所应当对犯罪嫌疑人的羁押期限实行计算机管理。

第三章　监　督

第三十条　公安机关应当加强对适用羁押措施的执法监督,发现对犯罪嫌疑人超期羁押的,应当立即纠正。

第三十一条　对犯罪嫌疑人及其法定代理人、近亲属或者犯罪嫌疑人委托的律师认为拘留或者逮捕犯罪嫌疑人超过法定期限,要求解除的,公安机关应当在接到申请后三日内进行审查,对确属超期羁押的,应当依法予以纠正。

第三十二条　人民检察院认为公安机关超期羁押犯罪嫌疑人,向公安机关发出纠正违法通知书的,公安机关应当在接到纠正违法通知书后的三日内进行审查。对犯罪嫌疑人超期羁押的,应当依法予以纠正,并将纠正情况及时通知人民检察院。对不属于超期羁押的,应当向人民检察院说明情况。

第三十三条　看守所应当自接到被羁押的犯罪嫌疑人有关超期羁押的申诉、控告后二十四小时以内,将有关申诉、控告材料转送驻所检察室、公安机关执法监督部门或者其他有关机关、部门处理。

驻所检察员接到有关超期羁押的申诉、控告材料后,提出会见被羁押的犯罪嫌疑人的,看守所应当及时安排。

第三十四条　地方各级公安机关应当每月向上一级公安机关报告上月本级公安机关辖区内对犯罪嫌疑人超期羁押的情况。

上级公安机关接到有关超期羁押的报告后,应当责令下级公安机关限期纠正,并每季度通报下级公安机关超期羁押的情况。

第四章　责任追究

第三十五条　对超期羁押的责任认定及处理,按照《公安机关人民警察执法过错责任追究规定》执行。

第三十六条　对犯罪嫌疑人超期羁押,具有下列情形之一的,应当从重处理;构成犯罪的,依法追究刑事责任:

(一)因贪赃枉法、打击报复或者其他非法目的故意致使犯罪嫌疑人被超期羁押的;

(二)弄虚作假隐瞒超期羁押事实的;

(三)超期羁押期间犯罪嫌疑人自残、自杀或者因受到殴打导致重伤、死亡或者发生其他严重后果的;

(四)其他超期羁押犯罪嫌疑人情节严重的。

第三十七条　公安机关所属执法部门或者派出机构超期羁押犯罪嫌疑人,造成犯罪嫌疑人在被超期羁押期间自杀或者因受到殴打导致死亡的,或者有其他严重情节的,本级公安机关年度执法质量考核评议结果应当确定为不达标。

第五章　附　则

第三十八条　本规定所称超期羁押,是指公安机关在侦查过程中,对犯罪嫌疑人拘留、逮捕后,法定羁押期限届满,未依法办理变更羁押期限的手续,未向人民检察院提请批准逮捕和移送审查起诉,对犯罪嫌疑人继续羁押的情形。

第三十九条　超期羁押的时间,是指犯罪嫌疑人实际被羁押的时间扣除法定羁押期限以及依法不计入的羁押期限后的时间。

第四十条　本规定中的办案部门,是指公安机关内设的负责办理刑事案件的部门。

第四十一条　公安机关执行本规定通知有关单位、人员时,如情况紧急或者距离被通知的有关单位、人员路途较远,可以通过电话、传真等方式先行通知,再送达有关法律文书。

第四十二条　本规定自 2006 年 5 月 1 日起实施。

最高人民检察院关于在检察工作中
防止和纠正超期羁押的若干规定

· 2003 年 11 月 24 日

为保证检察机关严格执法、文明执法,有效防止和纠正检察工作中存在的超期羁押现象,维护犯罪嫌疑人的人权及其他合法权益,保障刑事诉讼活动的顺利进行,根据《中华人民共和国刑事诉讼法》等有关法律的规定,结合检察工作实际,制定本规定。

一、严格依法正确适用逮捕措施

各级人民检察院应当严格按照《中华人民共和国刑事诉讼法》的有关规定适用逮捕等剥夺人身自由的强制措施,依法全面、正确掌握逮捕条件,慎用逮捕措施,对确有逮捕必要的,才能适用逮捕措施。办案人员应当树立保障人权意识,提高办案效率,依法快办快结。对犯罪嫌疑人已经采取逮捕措施的案件,要在法定羁押期限内依法办结。严禁违背法律规定的条件,通过滥用退回补充侦查、发现新罪、改变管辖等方式变相超期羁押犯罪嫌疑人。对于在法定羁押期限内确实难以办结的案件,应当根据案件的具体情况依法变更强制措施或者释放犯罪嫌疑人。对于已经逮捕但经侦查或者审查,认定不构成犯罪、不需要追究刑事责任或者证据不足、不符合起诉条件的案件,应当及时、依法作出撤销案件或者不起诉的决定,释放在押的犯罪嫌疑人。

二、实行和完善听取、告知制度

实行听取制度。人民检察院在审查决定、批准逮捕中,应当讯问犯罪嫌疑人。检察人员在讯问犯罪嫌疑人的时候,应当认真听取犯罪嫌疑人的陈述或者无罪、罪轻的辩解。犯罪嫌疑人委托律师提供法律帮助或者委托辩护人的,检察人员应当注意听取律师以及其他辩护人关于适用逮捕措施的意见。

完善告知制度。人民检察院在办理直接受理立案侦查的案件中,对于被逮捕的人,应当由承办部门办案人员在逮捕后的二十四小时以内进行讯问,讯问时即应把逮捕的原因、决定机关、羁押起止日期、羁押处所以及在羁押期间的权利、义务用犯罪嫌疑人能听(看)懂的语言和文书告知犯罪嫌疑人。人民检察院在逮捕犯罪嫌疑人以后,除有碍侦查或者无法通知的情形以外,应当把逮捕的原因和羁押的处所,在二十四小时以内通知被逮捕人的家属或者他的所在单位,并告知其家属有权为犯罪嫌疑人申请变更强制措施,对超期羁押有权向人民检察院投诉。

无论在侦查阶段还是审查起诉阶段,人民检察院依法延长或者重新计算羁押期限,都应当将法律根据、羁押期限书面告知犯罪嫌疑人、被告人及其委托的人。

人民检察院应当将听取和告知记明笔录,并将上述告知文书副本存工作卷中。

三、实行羁押情况通报制度

人民检察院在犯罪嫌疑人被逮捕或者在决定、批准延长侦查羁押期限、重新计算侦查羁押期限以后,侦查部门应当在三日以内将有关情况书面通知本院监所检察部门。

人民检察院在决定对在押的犯罪嫌疑人延长审查起诉期限、改变管辖、退回补充侦查重新计算审查起诉期限以后,公诉部门应当在三日以内将有关情况书面通知本院监所检察部门。

对犯罪嫌疑人异地羁押的,办案部门应当将羁押情况书面通知羁押地人民检察院的监所检察部门。羁押地人民检察院监所检察部门发现羁押超期的,应当及时报告、通知作出羁押决定的人民检察院监所检察部门,由作出羁押决定的人民检察院的监所检察部门对超期羁押提出纠正意见。

已经建成计算机局域网的人民检察院,有关部门可以运用局域网通报、查询羁押情况。

四、实行羁押期限届满提示制度

监所检察部门对本院办理案件的犯罪嫌疑人的羁押情况实行一人一卡登记制度。案卡应当记明犯罪嫌疑人的基本情况、诉讼阶段的变更、羁押起止时间以及变更情况等。有条件的地方应当推广和完善对羁押期限实施网络化管理。监所检察部门应当在每月底向检察长报告本院办理案件的羁押人员情况。

监所检察部门应当在本院办理案件的犯罪嫌疑人羁押期限届满前七日制发《犯罪嫌疑人羁押期满提示函》，通知办案部门犯罪嫌疑人羁押期限即将届满，督促其依法及时办结案件。《犯罪嫌疑人羁押期满提示函》应当载明犯罪嫌疑人的基本情况、案由、逮捕时间、期限届满时间、是否已经延长办案期限等内容。

案件承办人接到提示后，应当检查案件的办理情况并向本部门负责人报告，严格依法在法定期限内办结案件。如果需要延长羁押期限、变更强制措施，应当及时提出意见，按照有关规定办理审批手续。

五、严格依法执行换押制度

人民检察院凡对在押的犯罪嫌疑人依法变更刑事诉讼阶段的，应当严格按照有关规定办理换押手续。

人民检察院对于公安机关等侦查机关侦查终结移送审查起诉的、决定退回补充侦查以及决定提起公诉的案件，公诉部门应当在三日以内将有关换押情况书面通知本院监所检察部门。

六、实行定期检查通报制度

各级人民检察院应当将检察环节遵守法定羁押期限情况作为执法检查工作的重点之一。检察长对本院办理案件的羁押情况、上级检察机关对下级检察机关办理案件的羁押情况应当定期进行检查；对办案期限即将届满的，应当加强督办。各业务部门负责人应当定期了解、检查本部门办理案件的犯罪嫌疑人羁押情况，督促办案人员在法定期限内办结。

基层人民检察院监所检察部门应当向本院检察长及时报告本院业务部门办理案件执行法定羁押期限情况；分、州、市人民检察院应当每月向所辖检察机关通报辖区内检察机关办案中执行法定羁押期限情况；各省、自治区、直辖市人民检察院应当每季度向所辖检察机关通报本省、自治区、直辖市检察机关办案中执行法定羁押期限情况；最高人民检察院应当在每年年中和年底向全国检察机关通报检察机关办案中执行法定羁押期限情况。

七、建立超期羁押投诉和纠正机制

犯罪嫌疑人及其法定代理人、近亲属或者犯罪嫌疑人委托的律师及其他辩护人认为超期羁押的，有权向作出逮捕决定的人民检察院或者其上级人民检察院投诉，要求解除有关强制措施。在押的犯罪嫌疑人可以约见驻所检察人员对超期羁押进行投诉。

人民检察院监所检察部门负责受理关于超期羁押的投诉，接受投诉材料或者将投诉内容记明笔录，并及时对投诉进行审查，提出处理意见报请检察长决定。检察长对于确属超期羁押的，应当立即作出释放犯罪嫌疑人或者变更强制措施的决定。

人民检察院监所检察部门在投诉处理以后，应当及时向投诉人反馈处理意见。

八、实行超期羁押责任追究制

进一步健全和落实超期羁押责任追究制，严肃查处和追究超期羁押有关责任人员。对于违反刑事诉讼法和本规定，滥用职权或者严重不负责任，造成犯罪嫌疑人超期羁押的，应当追究直接负责的主管人员和其他直接责任人员的纪律责任；构成犯罪的，依照《中华人民共和国刑法》第三百九十七条关于滥用职权罪、玩忽职守罪的规定追究刑事责任。

人民检察院、公安机关羁押必要性审查、评估工作规定

· 2023 年 11 月 30 日

为加强对犯罪嫌疑人、被告人被逮捕后羁押必要性的审查、评估工作，规范羁押强制措施适用，依法保障犯罪嫌疑人、被告人合法权益，保障刑事诉讼活动顺利进行，根据《中华人民共和国刑事诉讼法》《人民检察院刑事诉讼规则》《公安机关办理刑事案件程序规定》等，制定本规定。

第一条　犯罪嫌疑人、被告人被逮捕后，人民检察院应当依法对羁押的必要性进行审查。不需要继续羁押的，应当建议公安机关、人民法院予以释放或者变更强制措施。对于审查起诉阶段的案件，应当及时决定释放或者变更强制措施。

公安机关在移送审查起诉前，发现采取逮捕措施不当或者犯罪嫌疑人及其法定代理人、近亲属或者辩护人、值班律师申请变更羁押强制措施的，应当对羁押的必要性进行评估。不需要继续羁押的，应当及时决定释放或者变更强制措施。

第二条　人民检察院、公安机关开展羁押必要性审查、评估工作，应当分工负责、互相配合、互相制约，以保证准确有效地执行法律。

第三条　人民检察院、公安机关应当依法、及时、规范开展羁押必要性审查、评估工作，全面贯彻宽严相济刑事政策，准确把握羁押措施适用条件，严格保守办案秘密和国家秘密、商业秘密、个人隐私。

羁押必要性审查、评估工作不得影响刑事诉讼依法进行。

第四条　人民检察院依法开展羁押必要性审查，由

捕诉部门负责。负责刑事执行、控告申诉、案件管理、检察技术的部门应当予以配合。

公安机关对羁押的必要性进行评估，由办案部门负责，法制部门统一审核。

犯罪嫌疑人、被告人在异地羁押的，羁押地人民检察院、公安机关应当予以配合。

第五条　人民检察院、公安机关应当充分保障犯罪嫌疑人、被告人的诉讼权利，保障被害人合法权益。

公安机关执行逮捕决定时，应当告知被逮捕人有权向办案机关申请变更强制措施，有权向人民检察院申请羁押必要性审查。

第六条　人民检察院在刑事诉讼过程中可以对被逮捕的犯罪嫌疑人、被告人依职权主动进行羁押必要性审查。

人民检察院对审查起诉阶段未经羁押必要性审查、可能判处三年有期徒刑以下刑罚的在押犯罪嫌疑人，在提起公诉前应当依职权开展一次羁押必要性审查。

公安机关根据案件侦查情况，可以对被逮捕的犯罪嫌疑人继续采取羁押强制措施是否适当进行评估。

第七条　人民检察院、公安机关发现犯罪嫌疑人、被告人可能存在下列情形之一的，应当立即开展羁押必要性审查、评估并及时作出审查、评估决定：

（一）因患有严重疾病、生活不能自理等原因不适宜继续羁押的；

（二）怀孕或者正在哺乳自己婴儿的妇女；

（三）系未成年人的唯一抚养人；

（四）系生活不能自理的人的唯一扶养人；

（五）继续羁押犯罪嫌疑人、被告人，羁押期限将超过依法可能判处的刑期的；

（六）案件事实、情节或者法律、司法解释发生变化，可能导致犯罪嫌疑人、被告人被判处拘役、管制、独立适用附加刑、免予刑事处罚或者判决无罪的；

（七）案件证据发生重大变化，可能导致没有证据证明有犯罪事实或者犯罪行为系犯罪嫌疑人、被告人所为的；

（八）存在其他对犯罪嫌疑人、被告人采取羁押强制措施不当情形，应当及时撤销或者变更的。

未成年犯罪嫌疑人、被告人被逮捕后，人民检察院、公安机关应当做好跟踪帮教、感化挽救工作，发现对未成年在押人员不予羁押不致发生社会危险性的，应当及时启动羁押必要性审查、评估工作，依法作出释放或者变更决定。

第八条　犯罪嫌疑人、被告人及其法定代理人、近亲属或者辩护人、值班律师可以向人民检察院申请开展羁押必要性审查。申请人提出申请时，应当说明不需要继续羁押的理由，有相关证据或者其他材料的，应当予以提供。

申请人依据刑事诉讼法第九十七条规定，向人民检察院、公安机关提出变更羁押强制措施申请的，人民检察院、公安机关应当按照本规定对羁押的必要性进行审查、评估。

第九条　经人民检察院、公安机关依法审查、评估后认为有继续羁押的必要，不予释放或者变更的，犯罪嫌疑人、被告人及其法定代理人、近亲属或者辩护人、值班律师未提供新的证明材料或者没有新的理由而再次申请的，人民检察院、公安机关可以不再开展羁押必要性审查、评估工作，并告知申请人。

经依法批准延长侦查羁押期限、重新计算侦查羁押期限、退回补充侦查重新计算审查起诉期限，导致在押人员被羁押期限延长的，变更申请不受前款限制。

第十条　办案机关对应的同级人民检察院负责控告申诉或者案件管理的部门收到羁押必要性审查申请的，应当在当日将相关申请、线索和证据材料移送本院负责捕诉的部门。负责刑事执行检察的部门收到有关材料或者发现不需要继续羁押的，应当及时将有关材料和意见移送负责捕诉的部门。

负责案件办理的公安机关的其他相关部门收到变更申请的，应当在当日移送办案部门。

其他人民检察院、公安机关收到申请的，应当告知申请人向负责案件办理的人民检察院、公安机关提出申请，或者在二日以内将申请材料移送负责案件办理的人民检察院、公安机关，并告知申请人。

第十一条　看守所在工作中发现在押人员不适宜继续羁押的，应当及时提请办案机关依法变更强制措施。

看守所建议人民检察院开展羁押必要性审查的，应当以书面形式提出，并附证明在押人员身体状况的证据材料。

人民检察院收到看守所建议后，应当立即开展羁押必要性审查，依法及时作出审查决定。

第十二条　开展羁押必要性审查、评估工作，应当全面审查、评估犯罪嫌疑人、被告人涉嫌犯罪事实、主观恶性、悔罪表现、案件进展情况、可能判处的刑罚、身体状况、有无社会危险性和继续羁押必要等因素，具体包括以下内容：

（一）犯罪嫌疑人、被告人基本情况，涉嫌罪名、犯罪性质、情节，可能判处的刑罚；

（二）案件所处诉讼阶段，侦查取证进展情况，犯罪事实是否基本查清，证据是否收集固定，犯罪嫌疑人、被告人认罪情况，供述是否稳定；

（三）犯罪嫌疑人、被告人是否有前科劣迹、累犯等从严处理情节；

（四）犯罪嫌疑人、被告人到案方式，是否被通缉到案，或者是否因违反取保候审、监视居住规定而被逮捕；

（五）是否有不在案的共犯，是否存在串供可能；

（六）犯罪嫌疑人、被告人是否有认罪认罚、自首、坦白、立功、积极退赃、获得谅解、与被害方达成和解协议、积极履行赔偿义务或者提供担保等从宽处理情节；

（七）犯罪嫌疑人、被告人身体健康状况；

（八）犯罪嫌疑人、被告人在押期间的表现情况；

（九）犯罪嫌疑人、被告人是否具备采取取保候审、监视居住措施的条件；

（十）对犯罪嫌疑人、被告人的羁押是否符合法律规定，是否即将超过依法可能判处的刑期；

（十一）犯罪嫌疑人、被告人是否存在可能作撤销案件、不起诉处理、被判处拘役、管制、独立适用附加刑、宣告缓刑、免予刑事处罚或者判决无罪的情形；

（十二）与羁押必要性审查、评估有关的其他内容。

犯罪嫌疑人、被告人系未成年人的，应当重点审查其成长经历、犯罪原因以及有无监护或者社会帮教条件。

第十三条　开展羁押必要性审查、评估工作，可以采取以下方式：

（一）审查犯罪嫌疑人、被告人不需要继续羁押的理由和证明材料；

（二）听取犯罪嫌疑人、被告人及其法定代理人、近亲属或者辩护人、值班律师意见；

（三）听取被害人及其法定代理人、诉讼代理人、近亲属或者其他有关人员的意见，了解和解、谅解、赔偿情况；

（四）听取公安机关、人民法院意见，必要时查阅、复制原案卷宗中有关证据材料；

（五）调查核实犯罪嫌疑人、被告人身体健康状况；

（六）向看守所调取有关犯罪嫌疑人、被告人羁押期间表现的材料；

（七）进行羁押必要性审查、评估需要采取的其他方式。

听取意见情况应当制作笔录，与书面意见、调查核实获取的其他证据材料等一并附卷。

第十四条　审查、评估犯罪嫌疑人、被告人是否有继续羁押的必要性，可以采取自行或者委托社会调查、开展量化评估等方式，调查评估情况作为作出审查、评估决定的参考。

犯罪嫌疑人、被告人是未成年人的，经本人及其法定代理人同意，可以对未成年犯罪嫌疑人、被告人进行心理测评。

公安机关应当主动或者按照人民检察院要求收集、固定犯罪嫌疑人、被告人是否具有社会危险性的证据。

第十五条　人民检察院开展羁押必要性审查，可以按照《人民检察院羁押听证办法》组织听证。

第十六条　人民检察院审查后发现犯罪嫌疑人、被告人具有下列情形之一的，应当向公安机关、人民法院提出释放或者变更强制措施建议；审查起诉阶段的，应当及时决定释放或者变更强制措施。

（一）案件证据发生重大变化，没有证据证明有犯罪事实或者犯罪行为系犯罪嫌疑人、被告人所为的；

（二）案件事实、情节或者法律、司法解释发生变化，犯罪嫌疑人、被告人可能被判处拘役、管制、独立适用附加刑、免予刑事处罚或者判决无罪的；

（三）继续羁押犯罪嫌疑人、被告人，羁押期限将超过依法可能判处的刑期的；

（四）案件事实基本查清，证据已经收集固定，符合取保候审或者监视居住条件的；

（五）其他对犯罪嫌疑人、被告人采取羁押强制措施不当，应当及时释放或者变更的。

公安机关评估后发现符合上述情形的，应当及时决定释放或者变更强制措施。

第十七条　人民检察院审查后发现犯罪嫌疑人、被告人具有下列情形之一的，且具有悔罪表现，不予羁押不致发生社会危险性的，可以向公安机关、人民法院提出释放或者变更强制措施建议；审查起诉阶段的，可以决定释放或者变更强制措施。

（一）预备犯或者中止犯；

（二）主观恶性较小的初犯；

（三）共同犯罪中的从犯或者胁从犯；

（四）过失犯罪的；

（五）防卫过当或者避险过当的；

（六）认罪认罚的；

（七）与被害方依法自愿达成和解协议或者获得被害方谅解的；

（八）已经或者部分履行赔偿义务或者提供担保的；

（九）患有严重疾病、生活不能自理的；

（十）怀孕或者正在哺乳自己婴儿的妇女；

（十一）系未成年人或者已满七十五周岁的人；

（十二）系未成年人的唯一抚养人；

（十三）系生活不能自理的人的唯一扶养人；

（十四）可能被判处一年以下有期徒刑的；

（十五）可能被宣告缓刑的；

（十六）其他不予羁押不致发生社会危险性的情形。

公安机关评估后发现符合上述情形的，可以决定释放或者变更强制措施。

第十八条　经审查、评估，发现犯罪嫌疑人、被告人具有下列情形之一的，一般不予释放或者变更强制措施：

（一）涉嫌危害国家安全犯罪、恐怖活动犯罪、黑社会性质组织犯罪、重大毒品犯罪或者其他严重危害社会的犯罪；

（二）涉嫌故意杀人、故意伤害致人重伤或死亡、强奸、抢劫、绑架、放火、爆炸、投放危险物质等严重侵犯公民人身财产权利、危害公共安全的严重暴力犯罪；

（三）涉嫌性侵未成年人的犯罪；

（四）涉嫌重大贪污、贿赂犯罪，或者利用职权实施的严重侵犯公民人身权利的犯罪；

（五）可能判处十年有期徒刑以上刑罚的；

（六）因违反取保候审、监视居住规定而被逮捕的；

（七）可能毁灭、伪造证据，干扰证人作证或者串供的；

（八）可能对被害人、举报人、控告人实施打击报复的；

（九）企图自杀或者逃跑的；

（十）其他社会危险性较大，不宜释放或者变更强制措施的。

犯罪嫌疑人、被告人具有前款规定情形之一，但因患有严重疾病或者具有其他不适宜继续羁押的特殊情形，不予羁押不致发生社会危险性的，可以依法变更强制措施为监视居住、取保候审。

第十九条　人民检察院在侦查阶段、审判阶段收到羁押必要性审查申请或者建议的，应当在十日以内决定是否向公安机关、人民法院提出释放或者变更的建议。

人民检察院在审查起诉阶段、公安机关在侦查阶段收到变更申请的，应当在三日以内作出决定。

审查过程中涉及病情鉴定等专业知识，需要委托鉴定，指派、聘请有专门知识的人就案件的专门性问题出具报告，或者委托技术部门进行技术性证据审查，以及组织

开展听证审查的期间，不计入羁押必要性审查期限。

第二十条　人民检察院开展羁押必要性审查，应当规范制作羁押必要性审查报告，写明犯罪嫌疑人、被告人基本情况、诉讼阶段、简要案情、审查情况和审查意见，并在检察业务应用系统相关捕诉案件中准确填录相关信息。

审查起诉阶段，人民检察院依职权启动羁押必要性审查后认为有继续羁押必要的，可以在审查起诉案件审查报告中载明羁押必要性审查相关内容，不再单独制作羁押必要性审查报告。

公安机关开展羁押必要性评估，应当由办案部门制作羁押必要性评估报告，提出是否具有羁押必要性的意见，送法制部门审核。

第二十一条　人民检察院经审查认为需要对犯罪嫌疑人、被告人予以释放或者变更强制措施的，在侦查和审判阶段，应当规范制作羁押必要性审查建议书，说明不需要继续羁押犯罪嫌疑人、被告人的理由和法律依据，及时送达公安机关或者人民法院。在审查起诉阶段的，应当制作决定释放通知书、取保候审决定书或者监视居住决定书，交由公安机关执行。

侦查阶段，公安机关认为需要对犯罪嫌疑人释放或者变更强制措施的，应当制作释放通知书、取保候审决定书或者监视居住决定书，同时将处理情况通知原批准逮捕的人民检察院。

第二十二条　人民检察院向公安机关、人民法院发出羁押必要性审查建议书后，应当跟踪公安机关、人民法院处理情况。

公安机关、人民法院应当在收到建议书十日以内将处理情况通知人民检察院。认为需要继续羁押的，应当说明理由。

公安机关、人民法院未在十日以内将处理情况通知人民检察院的，人民检察院应当依法提出监督纠正意见。

第二十三条　对于依申请或者看守所建议开展羁押必要性审查的，人民检察院办结后，应当制作羁押必要性审查结果通知书，将提出建议情况和公安机关、人民法院处理情况，或者有继续羁押必要的审查意见和理由及时书面告知申请人或者看守所。

公安机关依申请对继续羁押的必要性进行评估后，认为有继续羁押的必要，不同意变更强制措施的，应当书面告知申请人并说明理由。

第二十四条　经审查、评估后犯罪嫌疑人、被告人被变更强制措施的，公安机关应当加强对变更后被取保候审、监视居住人的监督管理；人民检察院应当加强对取保

候审、监视居住执行情况的监督。

侦查阶段发现犯罪嫌疑人严重违反取保候审、监视居住规定,需要予以逮捕的,公安机关应当按照法定程序重新提请批准逮捕,人民检察院应当依法作出批准逮捕的决定。审查起诉阶段发现的,人民检察院应当依法决定逮捕。审判阶段发现的,人民检察院应当向人民法院提出决定逮捕的建议。

第二十五条　人民检察院直接受理侦查案件的羁押必要性审查参照本规定。

第二十六条　公安机关提请人民检察院审查批准延长侦查羁押期限,应当对继续羁押的必要性进行评估并作出说明。

人民检察院办理提请批准延长侦查羁押期限、重新计算侦查羁押期限备案审查案件,应当依法加强对犯罪嫌疑人羁押必要性的审查。

第二十七条　本规定自发布之日起施行。原《人民检察院办理羁押必要性审查案件规定(试行)》同时废止。

人民检察院羁押听证办法

·2021 年 8 月 17 日

第一条　为了依法贯彻落实少捕慎诉慎押刑事司法政策,进一步加强和规范人民检察院羁押审查工作,准确适用羁押措施,依法保障犯罪嫌疑人、被告人的合法权利,根据《中华人民共和国刑事诉讼法》及有关规定,结合检察工作实际,制定本办法。

第二条　羁押听证是指人民检察院办理审查逮捕、审查延长侦查羁押期限、羁押必要性审查案件,以组织召开听证会的形式,就是否决定逮捕、是否批准延长侦查羁押期限、是否继续羁押听取各方意见的案件审查活动。

第三条　具有下列情形之一,且有必要当面听取各方意见,以依法准确作出审查决定的,可以进行羁押听证:

(一)需要核实评估犯罪嫌疑人、被告人是否具有社会危险性,未成年犯罪嫌疑人、被告人是否具有社会帮教条件的;

(二)有重大社会影响的;

(三)涉及公共利益、民生保障、企业生产经营等领域,听证审查有利于实现案件办理政治效果、法律效果和社会效果统一的;

(四)在押犯罪嫌疑人、被告人及其法定代理人、近亲属或者辩护人申请变更强制措施的;

(五)羁押必要性审查案件在事实认定、法律适用、案件处理等方面存在较大争议的;

(六)其他有必要听证审查的。

第四条　羁押听证由负责办理案件的人民检察院组织开展。

经审查符合本办法第三条规定的羁押审查案件,经检察长批准,可以组织羁押听证。犯罪嫌疑人、被告人及其法定代理人、近亲属或者辩护人申请羁押听证的,人民检察院应当及时作出决定并告知申请人。

第五条　根据本办法开展的羁押听证一般不公开进行。人民检察院认为有必要公开的,经检察长批准,听证活动可以公开进行。

未成年人案件羁押听证一律不公开进行。

第六条　羁押听证由承办案件的检察官办案组的主办检察官或者独任办理案件的检察官主持。检察长或者部门负责人参加听证的,应当主持听证。

第七条　除主持听证的检察官外,参加羁押听证的人员一般包括参加案件办理的其他检察人员、侦查人员、犯罪嫌疑人、被告人及其法定代理人和辩护人、被害人及其诉讼代理人。

其他诉讼参与人,犯罪嫌疑人、被告人、被害人的近亲属,未成年犯罪嫌疑人、被告人的合适成年人等其他人员,经人民检察院许可,可以参加听证并发表意见。必要时,人民检察院可以根据相关规定邀请符合条件的社会人士作为听证员参加听证。

有重大影响的审查逮捕案件和羁押必要性审查案件的公开听证,应当邀请人民监督员参加。

第八条　决定开展听证审查的,承办案件的检察官办案组或者独任检察官应当做好以下准备工作:

(一)认真审查案卷材料,梳理、明确听证审查的重点问题;

(二)拟定听证审查提纲,制定听证方案;

(三)及时通知听证参加人员,并告知其听证案由、听证时间和地点。参加听证人员有书面意见或者相关证据材料的,要求其在听证会前提交人民检察院。

第九条　听证审查按照以下程序进行:

(一)主持人宣布听证审查开始,核实犯罪嫌疑人、被告人身份,介绍参加人员。

(二)告知参加人员权利义务。

(三)宣布听证程序和纪律要求。

(四)介绍案件基本情况、明确听证审查重点问题。

(五)侦查人员围绕听证审查重点问题,说明犯罪嫌疑人、被告人需要羁押或者延长羁押的事实和依据,出示证明社会危险性条件的证据材料。羁押必要性审查听证可以围绕事实认定出示相关证据材料。

（六）犯罪嫌疑人、被告人及其法定代理人和辩护人发表意见，出示相关证据材料。

（七）需要核实评估社会危险性和社会帮教条件的，参加听证的其他相关人员发表意见，提交相关证据材料。

（八）检察官可以向侦查人员、犯罪嫌疑人、被告人、辩护人、被害人及其他相关人员发问。经主持人许可，侦查人员、辩护人可以向犯罪嫌疑人、被告人等相关人员发问。社会人士作为听证员参加听证的，可以向相关人员发问。

（九）经主持人许可，被害人等其他参加人员可以发表意见。

（十）社会人士作为听证员参加听证的，检察官应当听取其意见。必要时，听取意见可以单独进行。

两名以上犯罪嫌疑人、被告人参加听证审查的，应当分别进行。

第十条　涉及国家秘密、商业秘密、侦查秘密和个人隐私案件的羁押听证，参加人员应当严格限制在检察人员和侦查人员、犯罪嫌疑人、被告人及其法定代理人和辩护人、其他诉讼参与人范围内。听证审查过程中认为有必要的，检察官可以在听证会结束后单独听取意见、核实证据。

第十一条　犯罪嫌疑人、被告人认罪认罚的，听证审查时主持听证的检察官应当核实认罪认罚的自愿性、合法性，并听取侦查人员对犯罪嫌疑人是否真诚认罪认罚的意见。

犯罪嫌疑人、被告人认罪认罚的情况是判断其是否具有社会危险性的重要考虑因素。

第十二条　听证过程应当全程录音录像并由书记员制作笔录。

听证笔录由主持听证的检察官、其他参加人和记录人签名或者盖章，与录音录像、相关书面意见等归入案件卷宗。

第十三条　听证员的意见是人民检察院依法提出审查意见和作出审查决定的重要参考。拟不采纳听证员多数意见的，应当向检察长报告并获同意后作出决定。

第十四条　检察官充分听取各方意见后，综合案件情况，依法提出审查意见或者作出审查决定。

当场作出审查决定的，应当当场宣布并说明理由；在听证会后依法作出决定的，应当依照相关规定及时履行宣告、送达和告知义务。

第十五条　人民监督员对羁押听证活动的监督意见，人民检察院应当依照相关规定及时研究处理并做好告知和解释说明等工作。

第十六条　参加羁押听证的人员应当严格遵守有关保密规定，根据案件情况确有必要的，可以要求参加人员签订保密承诺书。

故意或者过失泄露国家秘密、商业秘密、侦查秘密、个人隐私的，依法依纪追究责任人员的法律责任和纪律责任。

第十七条　犯罪嫌疑人、被告人被羁押的，羁押听证应当在看守所进行。犯罪嫌疑人、被告人未被羁押的，听证一般在人民检察院听证室进行。

羁押听证的安全保障、技术保障，由本院司法警察和技术信息等部门负责。

第十八条　本办法自公布之日起施行。

・指导案例

1. 王玉雷不批准逮捕案①

【关键词】

侦查活动监督　排除非法证据　不批准逮捕

【基本案情】

王玉雷，男，1968年3月生。

2014年2月18日22时许，河北省顺平县公安局接王玉雷报案称：当日22时许，其在回家路上发现一名男子躺在地上，旁边有血迹。次日，顺平县公安局对此案立案侦查。经排查，顺平县公安局认为报案人王玉雷有重大嫌疑，遂于2014年3月8日以涉嫌故意杀人罪对王玉雷刑事拘留。

【诉讼过程】

2014年3月15日，顺平县公安局提请顺平县人民检察院批准逮捕王玉雷。顺平县人民检察院办案人员在审查案件时，发现该案事实证据存在许多疑点和矛盾。在提讯过程中，王玉雷推翻了在公安机关所作的全部有罪供述，称有罪供述系被公安机关对其采取非法取证手段后作出。顺平县人民检察院认为，该案事实不清，证据不足，不符合批准逮捕条件。鉴于案情重大，顺平县人民检察院向保定市人民检察院进行了汇报。保定市人民检察院同意

---

① 案例来源：2016年5月31日最高人民检察院检例第27号。

顺平县人民检察院的意见。2014年3月22日,顺平县人民检察院对王玉雷作出不批准逮捕的决定。

【不批准逮捕理由】

顺平县人民检察院在审查公安机关的报捕材料和证据后认为:

一、该案主要证据之间存在矛盾,案件存在的疑点不能合理排除。公安机关认为王玉雷涉嫌故意杀人罪,但除王玉雷的有罪供述外,没有其他证据证实王玉雷实施了杀人行为,且有罪供述与其他证据相互矛盾。王玉雷先后九次接受侦查机关询问、讯问,其中前五次为无罪供述,后四次为有罪供述,前后供述存在矛盾;在有罪供述中,对作案工具有斧子、锤子、刨锛三种不同说法,但去向均未查明;供述的作案工具与尸体照片显示的创口形状不能同一认定。

二、影响定案的相关事实和部分重要证据未依法查证,关键物证未收集在案。侦查机关在办案过程中,对以下事实和证据未能依法查证属实:被害人尸检报告没有判断出被害人死亡的具体时间,公安机关认定王玉雷的作案时间不足信;王玉雷作案的动机不明;现场提取的手套没有进行DNA鉴定;王玉雷供述的三种凶器均未收集在案。

三、犯罪嫌疑人有罪供述属非法言词证据,应当依法予以排除。2014年3月18日,顺平县人民检察院办案人员首次提审王玉雷时发现,其右臂被石膏固定、活动吃力,在询问该伤情原因时,其极力回避,虽然对杀人行为予以供认,但供述内容无法排除案件存在的疑点。在顺平县人民检察院驻所检察室人员发现王玉雷胳膊打了绷带并进行询问时,王玉雷自称是骨折旧伤复发。监所检察部门认为公安机关可能存在违法提讯情况,遂通报顺平县人民检察院侦查监督部门,提示在批捕过程中予以关注。鉴于王玉雷伤情可疑,顺平县人民检察院办案人员向检察长进行了汇报,检察长在阅卷后,亲自到看守所提审犯罪嫌疑人,并对讯问过程进行全程录音录像。经过耐心细致的思想疏导,王玉雷消除顾虑,推翻了在公安机关所作的全部有罪供述,称被害人王某被杀不是其所为,其有罪供述系被公安机关采取非法取证手段后作出。

2014年3月22日,顺平县人民检察院检察委员会研究认为,王玉雷有罪供述系采用非法手段取得,属于非法言词证据,依法应当予以排除。在排除王玉雷有罪供述后,其他在案证据不能证实王玉雷实施了犯罪行为,因此不应对其作出批准逮捕决定。

【案件结果】

2014年3月22日,顺平县人民检察院对王玉雷作出不批准逮捕决定。后公安机关依法解除王玉雷强制措施,予以释放。

顺平县人民检察院对此案进行跟踪监督,依法引导公安机关调查取证并抓获犯罪嫌疑人王斌。2014年7月14日,顺平县人民检察院以涉嫌故意杀人罪对王斌批准逮捕。2015年1月17日,保定市中级人民法院以故意杀人罪判处被告人王斌死刑,缓期二年执行,剥夺政治权利终身。被告人王斌未上诉,一审判决生效。

【要旨】

检察机关办理审查逮捕案件,要严格坚持证据合法性原则,既要善于发现非法证据,又要坚决排除非法证据。非法证据排除后,其他在案证据不能证明犯罪嫌疑人实施犯罪行为的,应当依法对犯罪嫌疑人作出不批准逮捕的决定。要加强对审查逮捕案件的跟踪监督,引导侦查机关全面及时收集证据,促进侦查活动依法规范进行。

【指导意义】

1. 严格坚持非法证据排除规则。根据我国《刑事诉讼法》第七十九条规定,逮捕的证据条件是"有证据证明有犯罪事实",这里的"证据"必须是依法取得的合法证据,不包括采取刑讯逼供、暴力取证等非法方法取得的证据。检察机关在审查逮捕过程中,要高度重视对证据合法性的审查,如果接到犯罪嫌疑人及其辩护人或者证人、被害人等关于刑讯逼供、暴力取证等非法行为的控告、举报及提供的线索,或者在审查案件材料时发现可能存在非法取证行为,以及刑事执行检察部门反映可能存在违法提讯情况的,应当认真进行审查,通过当面讯问犯罪嫌疑人、查看犯罪嫌疑人身体状况、识别犯罪嫌疑人供述是否自然可信以及调阅提审登记表、犯罪嫌疑人入所体检记录等途径,及时发现非法证据,坚决排除非法证据。

2. 严格把握作出批准逮捕决定的条件。构建以客观证据为核心的案件事实认定体系,高度重视无法排除合理怀疑的矛盾证据,注意利用收集在案的客观证据验证、比对全案证据,守住"犯罪事实不能没有、犯罪嫌疑人不能搞错"的逮捕底线。要坚持惩罚犯罪与保障人权并重的理念,重视犯罪嫌疑人不在犯罪现场、没有作案时间等方面的无罪证据以及侦查机关可能存在的非法取证行为的线索。综合审查全案证据,不能证明犯罪嫌疑人实施了犯罪行为的,应当依法作出不批准逮捕的决定。要结合办理审查逮捕案件,注意发挥检察机关侦查监督作用,引导侦查机关及时收集、补充其他证据,促进侦查活动依法规范进行。

【相关法律规定】

《中华人民共和国刑事诉讼法》

第五十四条　采用刑讯逼供等非法方法收集的犯罪嫌疑人、被告人供述和采用暴力、威胁等非法方法收集的证人证言、被害人陈述,应当予以排除。收集物证、书证不符合法定程序,可能严重影响司法公正的,应当予以补正或者作出合理解释;不能补正或者作出合理解释的,对该证据应当予以排除。

在侦查、审查起诉、审判时发现有应当排除的证据的,应当依法予以排除,不得作为起诉意见、起诉决定和判决的依据。

第七十九条　对有证据证明有犯罪事实,可能判处徒刑以上刑罚的犯罪嫌疑人、被告人,采取取保候审尚不足以防止发生下列社会危险性的,应当予以逮捕:

(一)可能实施新的犯罪的;

(二)有危害国家安全、公共安全或者社会秩序的现实危险的;

(三)可能毁灭、伪造证据,干扰证人作证或者串供的;

(四)可能对被害人、举报人、控告人实施打击报复的;

(五)企图自杀或者逃跑的。

对有证据证明有犯罪事实,可能判处十年有期徒刑以上刑罚的,或者有证据证明有犯罪事实,可能判处徒刑以上刑罚,曾经故意犯罪或者身份不明的,应当予以逮捕。

被取保候审、监视居住的犯罪嫌疑人、被告人违反取保候审、监视居住的规定,情节严重的,可以予以逮捕。

第八十六条　人民检察院审查批准逮捕,可以讯问犯罪嫌疑人;有下列情形之一的,应当讯问犯罪嫌疑人:

(一)对是否符合逮捕条件有疑问的;

(二)犯罪嫌疑人要求向检察人员当面陈述的;

(三)侦查活动可能有重大违法行为的。

人民检察院审查批准逮捕,可以询问证人等诉讼参与人,听取辩护律师的意见;辩护律师提出要求的,应当听取辩护律师的意见。

第八十八条　人民检察院对于公安机关提请批准逮捕的案件进行审查后,应当根据情况分别作出批准逮捕或者不批准逮捕的决定。对于批准逮捕的决定,公安机关应当立即执行,并且将执行情况及时通知人民检察院。对于不批准逮捕的,人民检察院应当说明理由,需要补充侦查的,应当同时通知公安机关。

2. 朱某涉嫌盗窃不批捕复议复核案①

【关键词】

盗窃罪　多次盗窃　情节显著轻微　不批捕复议复核

① 案例来源:2024年4月23日最高人民检察院检例第209号。

【要旨】

行为人虽然"多次盗窃",但根据行为的客观危害、情节与行为人的主观恶性等综合考量,不具有严重社会危害性,不应受刑罚处罚,属于情节显著轻微危害不大,不认为是犯罪,人民检察院应当依法作出不批捕决定。对复议复核案件,人民检察院应当开展实质审查,对复议案件,还应当另行指派检察官办理。

【基本案情】

犯罪嫌疑人朱某,女,1968年3月出生,无业。

2021年7月4日至6日,朱某在云南省昆明市五华区某单位附近散步时,先后三次将谢某在单位门口种植的十六盆多肉植物拿回家中。7月7日14时许,谢某发现其种植的多肉植物被盗后报警。当日19时40分许,朱某到案发地散步准备再次盗窃多肉植物时,被保安发现并要求登记身份信息,其提供虚假信息后离开现场。7月15日,民警通过视频监控锁定朱某并前往其住处附近寻找,邻居将该情况告知朱某后,朱某下楼向民警如实交代自己盗窃多肉植物的事实,并将所盗物品交还谢某。经鉴定,朱某盗窃的多肉植物共计价值98元。

【检察机关履职过程】

(一)审查逮捕

2021年7月15日,昆明市公安局五华分局对朱某涉嫌盗窃案立案侦查,次日对其刑事拘留。7月26日,五华分局以朱某涉嫌盗窃罪向昆明市五华区人民检察院提请批准逮捕。

昆明市五华区人民检察院审查认为,朱某在不同时间段内三次盗窃,应当认定为多次盗窃。但其盗窃对象价值微小,只有98元,案发后主动归还被盗财物,挽回被害人经济损失,属于情节显著轻微危害不大,根据刑法第十三条的规定,不认为是犯罪。2021年8月2日,五华区人民检察院作出不批捕决定,并向公安机关送达不批捕理由说明书,当面向公安机关说明理由和依据。

(二)不批捕复议审查

2021年8月5日,昆明市公安局五华分局认为朱某多次盗窃,符合刑法关于盗窃罪的规定,以情节显著轻微危害不大作出不批捕决定错误,且容易模糊违法与犯罪的界限,导致实践中不易执行,向检察机关提出复议。

昆明市五华区人民检察院另行指派检察官办理。检察官调阅案卷、讯问朱某,围绕案件事实、证据、原不批捕理由和复议理由等全面审查。经审查认为,朱某实施三次盗窃行为,符合刑法分则规定的多次盗窃,但刑法总则要求判断罪与非罪时应遵循是否具有严重社会危害性和应受刑罚处罚性。综合考量朱某的客观行为、主观目的、财物价值、追赃挽损等情况,属于情节显著轻微危害不大,不认为是犯罪。

2021 年 8 月 10 日,昆明市五华区人民检察院经检察委员会研究,维持原不批捕决定,并当面向公安机关说明检察机关作出复议决定的理由和依据。

(三)不批捕复核审查

2021 年 8 月 11 日,昆明市公安局五华分局提请昆明市人民检察院复核。公安机关认为,司法解释明确规定"二年内盗窃三次以上"的,应当认定为"多次盗窃"。朱某多次小额盗窃的行为可以评价为情节轻微,但不属于"情节显著轻微危害不大"。将"多次盗窃"的犯罪行为降格为行政违法行为,突破了刑法和行政法的边界,会导致公安机关办理多次盗窃案件时难以准确界定行政违法行为和犯罪行为。

在复核阶段,昆明市人民检察院检察官全面阅卷、核实证据,听取公安机关、下级人民检察院及朱某的意见。经审查认为,刑法规定"多次盗窃"意在惩处惯犯惯偷,朱某的行为系偶尔贪图小利,被盗的多肉植物价值仅为 98 元,且朱某在案发后主动归还被盗的多肉植物,没有造成被害人的经济损失。朱某的行为属于情节显著轻微危害不大,不认为是犯罪,对其行为可予以治安处罚。

昆明市人民检察院决定维持不批捕复议决定,于 2021 年 8 月 25 日向公安机关送达文书并当面释法说理。

(四)处理结果

2021 年 9 月 6 日,昆明市公安局五华分局撤销刑事案件,对朱某作出行政拘留十五日的处罚,因朱某此前已被刑事拘留,刑事拘留日期折抵行政拘留日期。

【指导意义】

(一)审查认定犯罪应当依法准确把握是否具有严重社会危害性的本质特征。准确区分罪与非罪、违法与犯罪的界限,要善于从纷繁复杂的法律事实中准确把握实质法律关系,善于从具体法律条文中深刻领悟法治精神,善于在法理情的有机统一中实现公平正义。理解把握"多次盗窃"的规定,应坚持实质解释,不能简单认为只要"多次盗窃"就一律作为犯罪惩处。一方面应遵循"多次盗窃"与"数额较大、入户盗窃、携带凶器盗窃、扒窃"具有相当的危害性;另一方面要把分则与总则结合起来理解,根据刑法第十三条的规定,进一步审查其行为的社会危害性程度和

是否应予刑罚处罚。对"多次盗窃"的,可以结合行为人实施盗窃的动机、目的、时间、地点、手段、对象、数额等情节综合判断是否认定为盗窃罪。如具有以破坏性手段多次盗窃的,以盗窃为业的,曾因盗窃受过刑事处罚或者行政处罚又多次盗窃的,多次盗窃残疾人、孤寡老人财物等情形的,应当以盗窃罪依法追诉。对于虽然多次盗窃,但行为人属于贪图小利、顺手牵羊,盗窃少量财物、价值较小的,应当认定为情节显著轻微危害不大,不认为是犯罪。

(二)办理复议复核案件,应当开展实质审查。对复议案件,人民检察院应当另行指派检察官办理,要注重听取公安机关的意见,审查、复核证据,加强沟通说理,必要时可以组织听证。对于经复议复核维持原不批捕决定的,人民检察院向公安机关送达复议复核决定时应当说明理由。

【相关规定】

《中华人民共和国刑法》第十三条、第二百六十四条

《中华人民共和国刑事诉讼法》(2018 年修正)第九十条、第九十二条

《人民检察院刑事诉讼规则》(2019 年修订)第二百九十条、第二百九十一条

《最高人民法院、最高人民检察院关于办理盗窃刑事案件适用法律若干问题的解释》(法释〔2013〕8 号,2013 年 4 月 4 日起施行)第三条第一款

3. 杨某涉嫌虚假诉讼不批捕复议案①

【关键词】

虚假诉讼　篡改证据　综合履职　不批捕复议

【要旨】

认定虚假诉讼罪,应当把握行为人是否实施了捏造民事法律关系、虚构民事纠纷的行为。行为人虽然篡改部分证据,但当事人之间存在真实的民事法律关系、民事纠纷的,不认为是犯罪。人民检察院办理不批捕复议案件,应当加强与公安机关沟通,促进对复议决定的理解认同。对行为人的行为虽不构成犯罪,但妨害了司法秩序或者侵害了他人合法权益的,人民检察院应当提出检察建议,使行为人承担相应法律责任。

【基本案情】

犯罪嫌疑人杨某,男,1966 年 4 月出生,四川资阳某生态旅游开发有限公司法定代表人、董事长。

---

① 案例来源:2024 年 4 月 23 日最高人民检察院检例第 210 号。

2018年3月8日,杨某为扩大公司经营项目,引种柑橘树,经中间人介绍,与贺某等四名农户就购买6.3万株柑橘苗事宜协商一致。后由公司员工钟某以个人名义与上述农户分别签订协议。协议约定柑橘苗的定购数量、价格、质量和交付时间、方式及违约责任,但对交付标准、解除协议的条件及后果未约定。其中,对违约责任约定"如有违约,违约方应向守约方支付违约金(按照每株柑橘苗5元钱的标准计算)"。3月9日,杨某安排钟某通过公司账户使用公司资金,按照每株1元钱的标准向上述农户支付预付款6.3万元。后因中间人死亡,其原承诺的由农户负责办理检验检疫手续迟迟未果,直至2018年6月30日履约期满,该协议仍未实际履行,柑橘苗未移挖。

因柑橘苗市场价格持续下降,且公司资金短缺,2020年初,杨某向贺某等提出退还预付款6.3万元。在多次协商未果后,杨某将原协议甲方由"钟某"改为"四川资阳某生态旅游开发有限公司",增加"植物检疫证书"为交付标准,伪造"如不能出具植物检疫证书,有权解除协议"以及"已收取的定金、柑橘苗款、其他任何款项应全额返还"等内容,于2020年9月23日向四川省简阳市人民法院起诉,请求判令"解除原协议""返还购苗款6.3万元及资金占有利息""支付违约金2.52万元"。法院两次组织开庭审理。庭审中,杨某未实际主张违约金问题。后因贺某等农户向法庭提交了原始协议,致使杨某篡改协议的行为被发现。法院认为,杨某提供的协议与原始协议在合同主体、合同内容方面存在差异,可能涉嫌虚假诉讼犯罪,于2020年11月8日将线索移送简阳市公安局。

【检察机关履职过程】

(一)审查逮捕

简阳市公安局于2020年11月11日立案侦查,于2021年3月22日对杨某刑事拘留,于4月2日以杨某涉嫌虚假诉讼罪向简阳市人民检察院提请批准逮捕。

简阳市人民检察院审查认为,杨某作为公司法定代表人代表公司与农户协商并支付预付款,柑橘苗的购买方均为钟某实为公司,贺某等农户对此是明知和认可的。因此,公司与农户之间存在真实的民事法律关系;杨某与农户协商退还预付款而未果,是属于发生在公司与农户之间的民事纠纷,农户对此也是明知和认可的;杨某虽然客观上实施了伪造协议履约人等行为,但主观上是为能够有权起诉,并非无中生有捏造虚假诉讼侵害他人合法权益。因此,杨某的行为不符合刑法第三百零七条之一"以捏造的事实提起民事诉讼"的规定,不构成虚假诉讼罪。

2021年4月9日,简阳市人民检察院依法对杨某作出不批捕决定,并向公安机关送达了不批捕理由说明书,阐

释了不批捕的理由。同日,杨某被释放。

(二)不批捕复议审查

2021年4月14日,简阳市公安局认为杨某篡改民事合同主体,导致民事法律关系主体发生变化,并致使法院两次开庭审理,妨害正常司法秩序,已涉嫌构成虚假诉讼罪,检察机关作出不批捕决定有错误,向简阳市人民检察院提出复议。

简阳市人民检察院另行指派检察官办理。检察官调阅原案卷宗、讯问犯罪嫌疑人、询问关键证人,对证据进行了全面审查核实。经审查认为,根据刑法第三百零七条之一和《最高人民法院、最高人民检察院关于办理虚假诉讼刑事案件适用法律若干问题的解释》的规定,虚假诉讼罪的客观表现为采取伪造证据、虚假陈述等手段捏造民事法律关系,虚构民事纠纷,向人民法院提起诉讼的行为。根据查明的有关权利义务归属、资金支付主体等事实,可以认定原始协议中的甲方(即钟某)实际上并非民事法律关系主体,杨某篡改履约人,只是使原始协议形式上发生变化,并没有导致实际的民事法律关系主体发生变化。协议双方未实际履约、期满近两年后协商退还预付款但未果等事实,可以认定民事纠纷真实发生,并非虚构。杨某篡改协议,目的是能够通过提起诉讼解决纠纷,其"返还购苗款6.3万元"的主张,实为争议内容。因此,杨某的行为不符合虚假诉讼罪的规定。

2021年4月21日,简阳市人民检察院经检察委员会研究维持原不批捕决定。简阳市人民检察院在办理复议案件过程中,与公安机关座谈,主动加强沟通。公安机关对复议决定表示认可,未再提请复核。5月11日,公安机关依法撤销杨某涉嫌虚假诉讼案。

(三)综合履职

对办案中发现的杨某故意篡改证据的违法行为,简阳市人民检察院跟进监督,向简阳市人民法院提出依法给予杨某司法处罚的检察建议。2021年5月25日,法院对杨某作出罚款2万元的司法处罚决定。杨某接受处罚,按期缴纳了罚款。

【指导意义】

(一)办理虚假诉讼刑事案件应当审查行为人是否属于"以捏造的事实提起民事诉讼"。虚假诉讼罪的本质特征在于,行为人与他人之间不存在民事法律关系和民事纠纷,无中生有捏造民事法律关系和民事纠纷并提起民事诉讼。判断是否属于"无中生有"捏造民事法律关系和民事纠纷,应当坚持实质判断。如果行为人与他人之间实际上存在民事法律关系和民事纠纷,为了达到胜诉目的,篡改了部分证据,并没有从实质上改变原民事法律关系和民事

纠纷的,不认定为虚假诉讼罪。如果构成其他违法犯罪的,按照有关规定追究法律责任。

(二)办理复议案件应当注重沟通,促进公安机关对复议决定的理解认同。人民检察院办理审查逮捕案件,经审查认为不构成犯罪的,应当依法作出不构成犯罪的不批捕决定。办理公安机关要求复议案件时,要注重听取公安机关的意见,充分阐明案件事实、不批捕及复议决定的理由和法律依据,促进形成共识。

(三)应当强化综合履职,提升检察监督质效。虚假诉讼行为侵害其他民事主体的合法权益,妨害司法公信、司法秩序。人民检察院在办案中应当强化综合履职,对虽然不构成犯罪,但破坏正常民事诉讼秩序,需要给予司法处罚的,应当依法及时将线索移送人民法院,并提出检察建议。

【相关规定】

《中华人民共和国刑法》第三百零七条之一第一款

《中华人民共和国刑事诉讼法》(2018 年修正)第九十二条

《人民检察院刑事诉讼规则》(2019 年修订)第二百九十条

《最高人民法院、最高人民检察院关于办理虚假诉讼刑事案件适用法律若干问题的解释》(法释〔2018〕17 号,2018 年 10 月 1 日起施行)第一条、第二条

《最高人民法院、最高人民检察院、公安部、司法部关于进一步加强虚假诉讼犯罪惩治工作的意见》(法发〔2021〕10 号,2021 年 3 月 10 日起施行)第二条、第三条、第四条、第二十三条

4. 王某掩饰、隐瞒犯罪所得不批捕复议复核案①

【关键词】

掩饰、隐瞒犯罪所得　明知　追诉标准　情节严重
不批捕复议复核

【要旨】

对掩饰、隐瞒犯罪所得、犯罪所得收益“明知”的认定,应当结合行为人的职业性质、认知能力、赃物形态、收购价格、所获收益等综合判断。人民检察院办理掩饰、隐瞒犯罪所得案件,应当根据案件具体事实、情节、后果及社会危害程度,结合上游犯罪的性质、上下游犯罪量刑均衡等综合判断,决定是否追诉、是否认定为“情节严重”。上级人民检察院办理不批捕复核案件,发现下级人民检察院复议决定有错误的,应当依法予以纠正。

---

① 案例来源:2024 年 4 月 23 日最高人民检察院检例第 211 号。

【基本案情】

被告人徐某,男,1989 年 1 月出生,建筑工地水电工。

被告人王某,男,1988 年 9 月出生,废品收购站个体经营者。

2021 年 4 月至 5 月,在安徽省明光市某产业园工地从事水电工作的徐某,先后 24 次盗窃工地内脚手架扣件,分 29 次卖给经营废品收购站的王某。王某明知脚手架扣件来路不明,仍低价收购并付给徐某 19700 余元。被害人发现工地扣件丢失后报警。

2021 年 5 月 15 日,王某被抓获,徐某接民警电话通知到案。公安机关查扣被盗脚手架扣件 1201 个,已发还被害人。经价格认定,被盗脚手架扣件总价值 32400 元。后徐某退缴赃款。

【检察机关履职过程】

(一)审查逮捕

2021 年 5 月 15 日,安徽省明光市公安局对徐某涉嫌盗窃罪立案侦查,次日对王某涉嫌掩饰、隐瞒犯罪所得罪立案侦查,并对二人刑事拘留。5 月 21 日,以徐某涉嫌盗窃罪、王某涉嫌掩饰、隐瞒犯罪所得罪向明光市人民检察院提请批准逮捕。

明光市人民检察院审查认为,徐某实施盗窃犯罪,数额较大,依法可能判处徒刑以上刑罚,不逮捕可能实施新的犯罪,具有社会危险性;王某的行为不符合《最高人民法院关于审理掩饰、隐瞒犯罪所得、犯罪所得收益刑事案件适用法律若干问题的解释》(以下简称《解释》)第一条第一款规定的四种情形,在第二款“人民法院审理掩饰、隐瞒犯罪所得、犯罪所得收益刑事案件,应综合上游犯罪的性质、掩饰、隐瞒犯罪所得及其收益的情节、后果及社会危害程度等,依法定罪处罚”的规定没有明确、具体的标准的情况下,无法认定王某的行为构成掩饰、隐瞒犯罪所得罪。明光市人民检察院于 2021 年 5 月 28 日决定批准逮捕徐某,以王某不构成犯罪作出不批捕决定,并向公安机关送达不批捕理由说明书。王某当日被释放。

(二)不批捕复议审查

2021 年 5 月 31 日,明光市公安局提出复议,认为王某明知徐某向其出售的脚手架扣件来路不明,仍 29 次予以收购,符合《解释》第三条第一款第(二)项“掩饰、隐瞒犯罪所得及其产生的收益十次以上,属于情节严重”的规定。根据刑法第三百一十二条的规定,应处三年以上七年以下有期徒刑。检察机关以不符合入罪标准作出不构成犯罪

不批捕不当，应当批准逮捕。明光市人民检察院另行指派检察官审查。检察官经审查，并经检察长批准，于6月7日以同样理由决定维持原不批捕决定。

（三）不批捕复核审查

2021年6月8日，明光市公安局向滁州市人民检察院提请复核。滁州市人民检察院指派部门负责人审查。检察官调阅全案卷宗，听取公安机关与明光市人民检察院的意见。经审查认为，王某的行为虽然不符合《解释》第一条第一款规定的四种情形，但应当根据第二款的规定综合考量是否构成犯罪。作为上游盗窃犯罪的徐某，盗窃价值32400元的财物，犯罪事实已查明并被批准逮捕，下游的王某长期从事废品收购，以低价收购，且很多扣件都是整包的，可以认定其明知是犯罪所得，为获取非法利益连续多次低价收购，数额也远超修改前《解释》规定的三千元至一万元以上的数额标准，已涉嫌构成掩饰、隐瞒犯罪所得罪。考虑到王某归案后如实供述犯罪事实、自愿认罪认罚、愿意退赃，在综合评判其社会危险性后，经检察长批准，于6月18日作出无社会危险性不批捕的复核决定，并当面向公安机关说明理由。

（四）处理结果

2021年6月24日，明光市公安局以徐某涉嫌盗窃罪，王某涉嫌掩饰、隐瞒犯罪所得罪移送明光市人民检察院审查起诉。

明光市人民检察院审查认为，王某已涉嫌构成掩饰、隐瞒犯罪所得罪，但不属于"情节严重"的情形。对"情节严重"的认定不能单纯从形式上判断，王某基于掩饰、隐瞒的概括故意，在较短时间内对同一被害单位的同一类被盗物品多次收购，不宜机械地认定为"情节严重"。7月23日，明光市人民检察院以徐某涉嫌盗窃罪，王某涉嫌掩饰、隐瞒犯罪所得罪提起公诉。

2021年8月19日，明光市人民法院以盗窃罪判处徐某有期徒刑一年六个月，并处罚金一万八千元；以掩饰、隐瞒犯罪所得罪判处王某有期徒刑七个月，并处罚金八千元。宣判后，二被告人均未提出上诉，判决已生效。

【指导意义】

（一）办理掩饰、隐瞒犯罪所得案件，应当根据具体情节、后果、社会危害程度，以及上游犯罪的性质、危害后果等全面审查，决定是否追诉。认定"明知"时，应当结合行为人的职业性质、认知能力、赃物形态、收购价格、所获收益等综合判断。认定"情节严重"时，不能简单地以收赃次数作为判断标准，应当结合行为人的故意内容、收赃次数、赃物价值、持续时间、犯罪对象、危害后果，以及上下游犯罪的量刑均衡等综合判断。

（二）上级人民检察院办理复核案件，对不批捕及复议决定有错误的，要依法予以纠正。对公安机关提请复核的案件，人民检察院应当全面审查不批捕决定认定事实、适用法律是否正确，处理是否适当，是否违反法定程序，文书使用是否准确，法条援引有无错漏，释法说理是否充分，复议是否提出新事实、新证据等。对公安机关提请复核理由正确的，应依法予以采纳，纠正下级院的不当决定。

【相关规定】

《中华人民共和国刑法》第三百一十二条第一款

《中华人民共和国刑事诉讼法》（2018年修正）第六十七条第一款，第八十一条第一款、第二款，第九十二条

《人民检察院刑事诉讼规则》（2019年修订）第八十六条、第一百二十八条第一款、第一百三十四条、第二百九十条、第二百九十一条

《最高人民法院关于审理掩饰、隐瞒犯罪所得、犯罪所得收益刑事案件适用法律若干问题的解释》（法释〔2015〕11号，2021年4月7日修正，2021年4月15日起施行）第一条第二款、第三条第一款第二项

六、立案侦查

1. 立案追诉标准

最高人民检察院、公安部关于公安机关管辖的刑事案件立案追诉标准的规定(一)①

· 2008 年 6 月 25 日
· 公通字〔2008〕36 号

一、危害公共安全案

第一条 【失火案(刑法第一百一十五条第二款)】 过失引起火灾,涉嫌下列情形之一的,应予立案追诉:

(一)造成死亡一人以上,或者重伤三人以上的;

(二)造成公共财产或者他人财产直接经济损失五十万元以上的;

(三)造成十户以上家庭的房屋以及其他基本生活资料烧毁的;

(四)造成森林火灾,过火有林地面积二公顷以上,或者过火疏林地、灌木林地、未成林地、苗圃地面积四公顷以上的;

(五)其他造成严重后果的情形。

本条和本规定第十五条规定的"有林地"、"疏林地"、"灌木林地"、"未成林地"、"苗圃地",按照国家林业主管部门的有关规定确定。

第二条 【非法制造、买卖、运输、储存危险物质案(刑法第一百二十五条第二款)】 非法制造、买卖、运输、储存毒害性、放射性、传染病病原体等物质,危害公共安全,涉嫌下列情形之一的,应予立案追诉:

(一)造成人员重伤或者死亡的;

(二)造成直接经济损失十万元以上的;

(三)非法制造、买卖、运输、储存毒鼠强、氟乙酰胺、氟乙酸钠、毒鼠硅、甘氟原粉、原液、制剂五十克以上,或者饵料二千克以上的;

(四)造成急性中毒、放射性疾病或者造成传染病流行、暴发的;

(五)造成严重环境污染的;

(六)造成毒害性、放射性、传染病病原体等危险物质丢失、被盗、被抢或者被他人利用进行违法犯罪活动的;

(七)其他危害公共安全的情形。

第三条 【违规制造、销售枪支案(刑法第一百二十六条)】 依法被指定、确定的枪支制造企业、销售企业,违反枪支管理规定,以非法销售为目的,超过限额或者不按照规定的品种制造、配售枪支,或者以非法销售为目的,制造无号、重号、假号的枪支,或者非法销售枪支或者在境内销售为出口制造的枪支,涉嫌下列情形之一的,应予立案追诉:

(一)违规制造枪支五支以上的;

(二)违规销售枪支二支以上的;

(三)虽未达到上述数量标准,但具有造成严重后果等其他恶劣情节的。

本条和本规定第四条、第七条规定的"枪支",包括枪支散件。成套枪支散件,以相应数量的枪支计;非成套枪支散件,以每三十件为一成套枪支散件计。

第四条 【非法持有、私藏枪支、弹药案(刑法第一百二十八条第一款)】 违反枪支管理规定,非法持有、私藏枪支、弹药,涉嫌下列情形之一的,应予立案追诉:

(一)非法持有、私藏军用枪支一支以上的;

(二)非法持有、私藏以火药为动力发射枪弹的非军用枪支一支以上,或者以压缩气体等为动力的其他非军用枪支二支以上的;

(三)非法持有、私藏军用子弹二十发以上、气枪铅弹一千发以上或者其他非军用子弹二百发以上的;

(四)非法持有、私藏手榴弹、炸弹、地雷、手雷等具有杀伤性弹药一枚以上的;

(五)非法持有、私藏的弹药造成人员伤亡、财产损失的。

本条规定的"非法持有",是指不符合配备、配置枪支、弹药条件的人员,擅自持有枪支、弹药的行为;"私

---

① 本规定部分条文已被 2017 年 4 月 27 日公布的《最高人民检察院、公安部关于公安机关管辖的刑事案件立案追诉标准的规定(一)的补充规定》修改。其中,对第 17、19、20、31、37、59、60、68、77、94、99 条进行了修改,对第 15、34、94 条进行了增加,对第 81 条进行了删除。

藏"，是指依法配备、配置枪支、弹药的人员，在配备、配置枪支、弹药的条件消除后，私自藏匿所配备、配置的枪支、弹药且拒不交出的行为。

第五条　【非法出租、出借枪支案（刑法第一百二十八条第二、三、四款）】依法配备公务用枪的人员或者单位，非法将枪支出租、出借给未取得公务用枪配备资格的人员或者单位，或者将公务用枪用作借债质押物的，应予立案追诉。

依法配备公务用枪的人员或者单位，非法将枪支出租、出借给具有公务用枪配备资格的人员或者单位，以及依法配置民用枪支的人员或者单位，非法出租、出借民用枪支，涉嫌下列情形之一的，应予立案追诉：

（一）造成人员轻伤以上伤亡事故的；

（二）造成枪支丢失、被盗、被抢的；

（三）枪支被他人利用进行违法犯罪活动的；

（四）其他造成严重后果的情形。

第六条　【丢失枪支不报案（刑法第一百二十九条）】依法配备公务用枪的人员，丢失枪支不及时报告，涉嫌下列情形之一的，应予立案追诉：

（一）丢失的枪支被他人使用造成人员轻伤以上伤亡事故的；

（二）丢失的枪支被他人利用进行违法犯罪活动的；

（三）其他造成严重后果的情形。

第七条　【非法携带枪支、弹药、管制刀具、危险物品危及公共安全案（刑法第一百三十条）】非法携带枪支、弹药、管制刀具或者爆炸性、易燃性、放射性、毒害性、腐蚀性物品，进入公共场所或者公共交通工具，危及公共安全，涉嫌下列情形之一的，应予立案追诉：

（一）携带枪支一支以上或者手榴弹、炸弹、地雷、手雷等具有杀伤性弹药一枚以上的；

（二）携带爆炸装置一套以上的；

（三）携带炸药、发射药、黑火药五百克以上或者烟火药一千克以上，雷管二十枚以上或者导火索、导爆索二十米以上，或者虽未达到上述数量标准，但拒不交出的；

（四）携带的弹药、爆炸物在公共场所或者公共交通工具上发生爆炸或者燃烧，尚未造成严重后果的；

（五）携带管制刀具二十把以上，或者虽未达到上述数量标准，但拒不交出，或者用来进行违法活动尚未构成其他犯罪的；

（六）携带的爆炸性、易燃性、放射性、毒害性、腐蚀性物品在公共场所或者公共交通工具上发生泄漏、遗洒，尚未造成严重后果的；

（七）其他情节严重的情形。

第八条　【重大责任事故案（刑法第一百三十四条第一款）】在生产、作业中违反有关安全管理的规定，涉嫌下列情形之一的，应予立案追诉：

（一）造成死亡一人以上，或者重伤三人以上的；

（二）造成直接经济损失五十万元以上的；

（三）发生矿山生产安全事故，造成直接经济损失一百万元以上的；

（四）其他造成严重后果的情形。

第九条　【强令违章冒险作业案（刑法第一百三十四条第二款）】强令他人违章冒险作业，涉嫌下列情形之一的，应予立案追诉：

（一）造成死亡一人以上，或者重伤三人以上的；

（二）造成直接经济损失五十万元以上的；

（三）发生矿山生产安全事故，造成直接经济损失一百万元以上的；

（四）其他造成严重后果的情形。

第十条　【重大劳动安全事故案（刑法第一百三十五条）】安全生产设施或者安全生产条件不符合国家规定，涉嫌下列情形之一的，应予立案追诉：

（一）造成死亡一人以上，或者重伤三人以上的；

（二）造成直接经济损失五十万元以上的；

（三）发生矿山生产安全事故，造成直接经济损失一百万元以上的；

（四）其他造成严重后果的情形。

第十一条　【大型群众性活动重大安全事故案（刑法第一百三十五条之一）】举办大型群众性活动违反安全管理规定，涉嫌下列情形之一的，应予立案追诉：

（一）造成死亡一人以上，或者重伤三人以上的；

（二）造成直接经济损失五十万元以上的；

（三）其他造成严重后果的情形。

第十二条　【危险物品肇事案（刑法第一百三十六条）】违反爆炸性、易燃性、放射性、毒害性、腐蚀性物品的管理规定，在生产、储存、运输、使用中发生重大事故，涉嫌下列情形之一的，应予立案追诉：

（一）造成死亡一人以上，或者重伤三人以上的；

（二）造成直接经济损失五十万元以上的；

（三）其他造成严重后果的情形。

第十三条　【工程重大安全事故案（刑法第一百三十七条）】建设单位、设计单位、施工单位、工程监理单位违反国家规定，降低工程质量标准，涉嫌下列情形之一的，应予立案追诉：

（一）造成死亡一人以上，或者重伤三人以上的；

（二）造成直接经济损失五十万元以上的；

（三）其他造成严重后果的情形。

第十四条　【教育设施重大安全事故案（刑法第一百三十八条）】明知校舍或者教育教学设施有危险，而不采取措施或者不及时报告，涉嫌下列情形之一的，应予立案追诉：

（一）造成死亡一人以上、重伤三人以上或者轻伤十人以上的；

（二）其他致使发生重大伤亡事故的情形。

第十五条　【消防责任事故案（刑法第一百三十九条）】违反消防管理法规，经消防监督机构通知采取改正措施而拒绝执行，涉嫌下列情形之一的，应予立案追诉：

（一）造成死亡一人以上，或者重伤三人以上的；

（二）造成直接经济损失五十万元以上的；

（三）造成森林火灾，过火有林地面积二公顷以上，或者过火疏林地、灌木林地、未成林地、苗圃地面积四公顷以上的；

（四）其他造成严重后果的情形。

二、破坏社会主义市场经济秩序案

第十六条　【生产、销售伪劣产品案（刑法第一百四十条）】生产者、销售者在产品中掺杂、掺假，以假充真，以次充好或者以不合格产品冒充合格产品，涉嫌下列情形之一的，应予立案追诉：

（一）伪劣产品销售金额五万元以上的；

（二）伪劣产品尚未销售，货值金额十五万元以上的；

（三）伪劣产品销售金额不满五万元，但将已销售金额乘以三倍后，与尚未销售的伪劣产品货值金额合计十五万元以上的。

本条规定的"掺杂、掺假"，是指在产品中掺入杂质或者异物，致使产品质量不符合国家法律、法规或者产品明示质量标准规定的质量要求，降低、失去应有使用性能的行为；"以假充真"，是指以不具有某种使用性能的产品冒充具有该种使用性能的产品的行为；"以次充好"，是指以低等级、低档次产品冒充高等级、高档次产品，或者以残次、废旧零配件组合、拼装后冒充正品或者新产品的行为；"不合格产品"，是指不符合《中华人民共和国产品质量法》规定的质量要求的产品。

对本条规定的上述行为难以确定的，应当委托法律、行政法规规定的产品质量检验机构进行鉴定。本条规定的"销售金额"，是指生产者、销售者出售伪劣产品后所得和应得的全部违法收入；"货值金额"，以违法生产、销售的伪劣产品的标价计算；没有标价的，按照同类合格产品的市场中间价格计算。货值金额难以确定的，按照《扣押、追缴、没收物品估价管理办法》的规定，委托估价机构进行确定。

第十七条　【生产、销售假药案（刑法第一百四十一条）】生产（包括配制）、销售假药，涉嫌下列情形之一的，应予立案追诉：

（一）含有超标准的有毒有害物质的；

（二）不含所标明的有效成份，可能贻误诊治的；

（三）所标明的适应症或者功能主治超出规定范围，可能造成贻误诊治的；

（四）缺乏所标明的急救必需的有效成份的；

（五）其他足以严重危害人体健康或者对人体健康造成严重危害的情形。

本条规定的"假药"，是指依照《中华人民共和国药品管理法》的规定属于假药和按假药论处的药品、非药品。

第十八条　【生产、销售劣药案（刑法第一百四十二条）】生产（包括配制）、销售劣药，涉嫌下列情形之一的，应予立案追诉：

（一）造成人员轻伤、重伤或者死亡的；

（二）其他对人体健康造成严重危害的情形。

本条规定的"劣药"，是指依照《中华人民共和国药品管理法》的规定，药品成份的含量不符合国家药品标准的药品和按劣药论处的药品。

第十九条　【生产、销售不符合卫生标准的食品案（刑法第一百四十三条）】生产、销售不符合卫生标准的食品，涉嫌下列情形之一的，应予立案追诉：

（一）含有可能导致严重食物中毒事故或者其他严重食源性疾患的超标准的有害细菌的；

（二）含有可能导致严重食物中毒事故或者其他严重食源性疾患的其他污染物的。

本条规定的"不符合卫生标准的食品"，由省级以上卫生行政部门确定的机构进行鉴定。

第二十条　【生产、销售有毒、有害食品案（刑法第一百四十四条）】在生产、销售的食品中掺入有毒、有害的非食品原料的，或者销售明知掺有有毒、有害的非食品原料的食品的，应予立案追诉。

使用盐酸克仑特罗（俗称"瘦肉精"）等禁止在饲料和动物饮用水中使用的药品或者含有该类药品的饲料养殖供人食用的动物，或者销售明知是使用该类药品或者含有该类药品的饲料养殖的供人食用的动物的,应予立案追诉。

明知是使用盐酸克仑特罗等禁止在饲料和动物饮用水中使用的药品或者含有该类药品的饲料养殖的供人食用的动物,而提供屠宰等加工服务,或者销售其制品的,应予立案追诉。

第二十一条　【生产、销售不符合标准的医用器材案(刑法第一百四十五条)】生产不符合保障人体健康的国家标准、行业标准的医疗器械、医用卫生材料,或者销售明知是不符合保障人体健康的国家标准、行业标准的医疗器械、医用卫生材料,涉嫌下列情形之一的,应予立案追诉:

(一)进入人体的医疗器械的材料中含有超过标准的有毒有害物质的;

(二)进入人体的医疗器械的有效性指标不符合标准要求,导致治疗、替代、调节、补偿功能部分或者全部丧失,可能造成贻误诊治或者人体严重损伤的;

(三)用于诊断、监护、治疗的有源医疗器械的安全指标不符合强制性标准要求,可能对人体构成伤害或者潜在危害的;

(四)用于诊断、监护、治疗的有源医疗器械的主要性能指标不合格,可能造成贻误诊治或者人体严重损伤的;

(五)未经批准,擅自增加功能或者适用范围,可能造成贻误诊治或者人体严重损伤的;

(六)其他足以严重危害人体健康或者对人体健康造成严重危害的情形。

医疗机构或者个人知道或者应当知道是不符合保障人体健康的国家标准、行业标准的医疗器械、医用卫生材料而购买并有偿使用的,视为本条规定的"销售"。

第二十二条　【生产、销售不符合安全标准的产品案(刑法第一百四十六条)】生产不符合保障人身、财产安全的国家标准、行业标准的电器、压力容器、易燃易爆产品或者其他不符合保障人身、财产安全的国家标准、行业标准的产品,或者销售明知是以上不符合保障人身、财产安全的国家标准、行业标准的产品,涉嫌下列情形之一的,应予立案追诉:

(一)造成人员重伤或者死亡的;

(二)造成直接经济损失十万元以上的;

(三)其他造成严重后果的情形。

第二十三条　【生产、销售伪劣农药、兽药、化肥、种子案(刑法第一百四十七条)】生产假农药、假兽药、假化肥,销售明知是假的或者失去使用效能的农药、兽药、化肥、种子,或者生产者、销售者以不合格的农药、兽药、化肥、种子冒充合格的农药、兽药、化肥、种子,涉嫌下列情形之一的,应予立案追诉:

(一)使生产遭受损失二万元以上的;

(二)其他使生产遭受较大损失的情形。

第二十四条　【生产、销售不符合卫生标准的化妆品案(刑法第一百四十八条)】生产不符合卫生标准的化妆品,或者销售明知是不符合卫生标准的化妆品,涉嫌下列情形之一的,应予立案追诉:

(一)造成他人容貌毁损或者皮肤严重损伤的;

(二)造成他人器官组织损伤导致严重功能障碍的;

(三)致使他人精神失常或者自杀、自残造成重伤、死亡的;

(四)其他造成严重后果的情形。

第二十五条　【走私淫秽物品案(刑法第一百五十二条第一款)】以牟利或者传播为目的,走私淫秽的影片、录像带、录音带、图片、书刊或者其他通过文字、声音、形象等形式表现淫秽内容的影碟、音碟、电子出版物等物品,涉嫌下列情形之一的,应予立案追诉:

(一)走私淫秽录像带、影碟五十盘(张)以上的;

(二)走私淫秽录音带、音碟一百盘(张)以上的;

(三)走私淫秽扑克、书刊、画册一百副(册)以上的;

(四)走私淫秽照片、图片五百张以上的;

(五)走私其他淫秽物品相当于上述数量的;

(六)走私淫秽物品数量虽未达到本条第(一)项至第(四)项规定标准,但分别达到其中两项以上标准的百分之五十以上的。

第二十六条　【侵犯著作权案(刑法第二百一十七条)】以营利为目的,未经著作权人许可,复制发行其文字作品、音乐、电影、电视、录像作品、计算机软件及其他作品,或者出版他人享有专有出版权的图书,或者未经录音录像制作者许可,复制发行其制作的录音录像,或者制作、出售假冒他人署名的美术作品,涉嫌下列情形之一的,应予立案追诉:

(一)违法所得数额三万元以上的;

(二)非法经营数额五万元以上的;

(三)未经著作权人许可,复制发行其文字作品、音乐、电影、电视、录像作品、计算机软件及其他作品,复制品数量合计五百张(份)以上的;

(四)未经录音录像制作者许可,复制发行其制作的录音录像制品,复制品数量合计五百张(份)以上的;

（五）其他情节严重的情形。

以刊登收费广告等方式直接或者间接收取费用的情形，属于本条规定的"以营利为目的"。

本条规定的"未经著作权人许可"，是指没有得到著作权人授权或者伪造、涂改著作权人授权许可文件或者超出授权许可范围的情形。

本条规定的"复制发行"，包括复制、发行或者既复制又发行的行为。

通过信息网络向公众传播他人文字作品、音乐、电影、电视、录像作品、计算机软件及其他作品，或者通过信息网络传播他人制作的录音录像制品的行为，应当视为本条规定的"复制发行"。

侵权产品的持有人通过广告、征订等方式推销侵权产品的，属于本条规定的"发行"。

本条规定的"非法经营数额"，是指行为人在实施侵犯知识产权行为过程中，制造、储存、运输、销售侵权产品的价值。已销售的侵权产品的价值，按照实际销售的价格计算。制造、储存、运输和未销售的侵权产品的价值，按照标价或者已经查清的侵权产品的实际销售平均价格计算。侵权产品没有标价或者无法查清其实际销售价格的，按照被侵权产品的市场中间价格计算。

第二十七条　【销售侵权复制品案（刑法第二百一十八条）】 以营利为目的，销售明知是刑法第二百一十七条规定的侵权复制品，涉嫌下列情形之一的，应予立案追诉：

（一）违法所得数额十万元以上的；

（二）违法所得数额虽未达到上述数额标准，但尚未销售的侵权复制品货值金额达到三十万元以上的。

第二十八条　【强迫交易案（刑法第二百二十六条）】 以暴力、威胁手段强买强卖商品、强迫他人提供服务或者强迫他人接受服务，涉嫌下列情形之一的，应予立案追诉：

（一）造成被害人轻微伤或者其他严重后果的；

（二）造成直接经济损失二千元以上的；

（三）强迫交易三次以上或者强迫三人以上交易的；

（四）强迫交易数额一万元以上，或者违法所得数额二千元以上的；

（五）强迫他人购买伪劣商品数额五千元以上，或者违法所得数额一千元以上的；

（六）其他情节严重的情形。

第二十九条　【伪造、倒卖伪造的有价票证案（刑法第二百二十七条第一款）】 伪造或者倒卖伪造的车票、船票、邮票或者其他有价票证，涉嫌下列情形之一的，应予立案追诉：

（一）车票、船票票面数额累计二千元以上，或者数量累计五十张以上的；

（二）邮票票面数额累计五千元以上，或者数量累计一千枚以上的；

（三）其他有价票证价额累计五千元以上，或者数量累计一百张以上的；

（四）非法获利累计一千元以上的；

（五）其他数额较大的情形。

第三十条　【倒卖车票、船票案（刑法第二百二十七条第二款）】 倒卖车票、船票或者倒卖车票坐席、卧铺签字号以及订购车票、船票凭证，涉嫌下列情形之一的，应予立案追诉：

（一）票面数额累计五千元以上的；

（二）非法获利累计二千元以上的；

（三）其他情节严重的情形。

三、侵犯公民人身权利、民主权利案

第三十一条　【强迫职工劳动案（刑法第二百四十四条）】 用人单位违反劳动管理法规，以限制人身自由方法强迫职工劳动，涉嫌下列情形之一的，应予立案追诉：

（一）强迫他人劳动，造成人员伤亡或者患职业病的；

（二）采取殴打、胁迫、扣发工资、扣留身份证件等手段限制人身自由，强迫他人劳动的；

（三）强迫妇女从事井下劳动、国家规定的第四级体力劳动强度的劳动或者其他禁忌从事的劳动，或者强迫处于经期、孕期和哺乳期妇女从事国家规定的第三级体力劳动强度以上的劳动或者其他禁忌从事的劳动的；

（四）强迫已满十六周岁未满十八周岁的未成年人从事国家规定的第四级体力劳动强度的劳动，或者从事高空、井下劳动，或者在爆炸性、易燃性、放射性、毒害性等危险环境下从事劳动的；

（五）其他情节严重的情形。

第三十二条　【雇用童工从事危重劳动案（刑法第二百四十四条之一）】 违反劳动管理法规，雇用未满十六周岁的未成年人从事国家规定的第四级体力劳动强度的劳动，或者从事高空、井下作业，或者在爆炸性、易燃性、放射性、毒害性等危险环境下从事劳动，涉嫌下列情形之一的，应予立案追诉：

（一）造成未满十六周岁的未成年人伤亡或者对其身体健康造成严重危害的；

　　(二)雇用未满十六周岁的未成年人三人以上的;

　　(三)以强迫、欺骗等手段雇用未满十六周岁的未成年人从事危重劳动的;

　　(四)其他情节严重的情形。

四、侵犯财产案

　　第三十三条　【故意毁坏财物案(刑法第二百七十五条)】故意毁坏公私财物,涉嫌下列情形之一的,应予立案追诉:

　　(一)造成公私财物损失五千元以上的;

　　(二)毁坏公私财物三次以上的;

　　(三)纠集三人以上公然毁坏公私财物的;

　　(四)其他情节严重的情形。

　　第三十四条　【破坏生产经营案(刑法第二百七十六条)】由于泄愤报复或者其他个人目的,毁坏机器设备、残害耕畜或以其他方法破坏生产经营,涉嫌下列情形之一的,应予立案追诉:

　　(一)造成公私财物损失五千元以上的;

　　(二)破坏生产经营三次以上的;

　　(三)纠集三人以上公然破坏生产经营的;

　　(四)其他破坏生产经营应予追究刑事责任的情形。

五、妨害社会管理秩序案

　　第三十五条　【非法生产、买卖警用装备案(刑法第二百八十一条)】非法生产、买卖人民警察制式服装、车辆号牌等专用标志、警械,涉嫌下列情形之一的,应予立案追诉:

　　(一)成套制式服装三十套以上,或者非成套制式服装一百件以上的;

　　(二)手铐、脚镣、警用抓捕网、警用催泪喷射器、警灯、警报器单种或者合计十件以上的;

　　(三)警棍五十根以上的;

　　(四)警衔、警号、胸章、臂章、帽徽等警用标志单种或者合计一百件以上的;

　　(五)警车号牌、省级以上公安机关专段民用车辆号牌一副以上,或者其他公安机关专段民用车辆号牌三副以上的;

　　(六)非法经营数额五千元以上,或者非法获利一千元以上的;

　　(七)被他人利用进行违法犯罪活动的;

　　(八)其他情节严重的情形。

　　第三十六条　【聚众斗殴案(刑法第二百九十二条第一款)】组织、策划、指挥或者积极参加聚众斗殴的,应予立案追诉。

　　第三十七条　【寻衅滋事案(刑法第二百九十三条)】寻衅滋事,破坏社会秩序,涉嫌下列情形之一的,应予立案追诉:

　　(一)随意殴打他人造成他人身体伤害、持械随意殴打他人或者具有其他恶劣情节的;

　　(二)追逐、拦截、辱骂他人,严重影响他人正常工作、生产、生活,或者造成他人精神失常、自杀或者具有其他恶劣情节的;

　　(三)强拿硬要或者任意损毁、占用公私财物价值二千元以上,强拿硬要或者任意损毁、占用公私财物三次以上或者具有其他严重情节的;

　　(四)在公共场所起哄闹事,造成公共场所秩序严重混乱的。

　　第三十八条　【非法集会、游行、示威案(刑法第二百九十六条)】举行集会、游行、示威,未依照法律规定申请或者申请未获许可,或者未按照主管机关许可的起止时间、地点、路线进行,又拒不服从解散命令,严重破坏社会秩序的,应予立案追诉。

　　第三十九条　【非法携带武器、管制刀具、爆炸物参加集会、游行、示威案(刑法第二百九十七条)】违反法律规定,携带武器、管制刀具或者爆炸物参加集会、游行、示威的,应予立案追诉。

　　第四十条　【破坏集会、游行、示威案(刑法第二百九十八条)】扰乱、冲击或者以其他方法破坏依法举行的集会、游行、示威,造成公共秩序混乱的,应予立案追诉。

　　第四十一条　【聚众淫乱案(刑法第三百零一条第一款)】组织、策划、指挥三人以上进行聚众淫乱活动或者参加聚众淫乱活动三次以上的,应予立案追诉。

　　第四十二条　【引诱未成年人聚众淫乱案(刑法第三百零一条第二款)】引诱未成年人参加聚众淫乱活动的,应予立案追诉。

　　第四十三条　【赌博案(刑法第三百零三条第一款)】以营利为目的,聚众赌博,涉嫌下列情形之一的,应予立案追诉:

　　(一)组织三人以上赌博,抽头渔利数额累计五千元以上的;

　　(二)组织三人以上赌博,赌资数额累计五万元以上的;

　　(三)组织三人以上赌博,参赌人数累计二十人以上的;

　　(四)组织中华人民共和国公民十人以上赴境外赌

博,从中收取回扣、介绍费的;

(五)其他聚众赌博应予追究刑事责任的情形。

以营利为目的,以赌博为业的,应予立案追诉。

赌博犯罪中用作赌注的款物、换取筹码的款物和通过赌博赢取的款物属于赌资。通过计算机网络实施赌博犯罪的,赌资数额可以按照在计算机网络上投注或者赢取的点数乘以每一点实际代表的金额认定。

第四十四条　【开设赌场案(刑法第三百零三条第二款)】开设赌场的,应予立案追诉。

在计算机网络上建立赌博网站,或者为赌博网站担任代理,接受投注的,属于本条规定的"开设赌场"。

第四十五条　【故意延误投递邮件案(刑法第三百零四条)】邮政工作人员严重不负责任,故意延误投递邮件,涉嫌下列情形之一的,应予立案追诉:

(一)造成直接经济损失二万元以上的;

(二)延误高校录取通知书或者其他重要邮件投递,致使他人失去高校录取资格或者造成其他无法挽回的重大损失的;

(三)严重损害国家声誉或者造成恶劣社会影响的;

(四)其他致使公共财产、国家和人民利益遭受重大损失的情形。

第四十六条　【故意损毁文物案(刑法第三百二十四条第一款)】故意损毁国家保护的珍贵文物或者被确定为全国重点文物保护单位、省级文物保护单位的文物的,应予立案追诉。

第四十七条　【故意损毁名胜古迹案(刑法第三百二十四条第二款)】故意损毁国家保护的名胜古迹,涉嫌下列情形之一的,应予立案追诉:

(一)造成国家保护的名胜古迹严重损毁的;

(二)损毁国家保护的名胜古迹三次以上或者三处以上,尚未造成严重毁损后果的;

(三)损毁手段特别恶劣的;

(四)其他情节严重的情形。

第四十八条　【过失损毁文物案(刑法第三百二十四条第三款)】过失损毁国家保护的珍贵文物或者被确定为全国重点文物保护单位、省级文物保护单位的文物,涉嫌下列情形之一的,应予立案追诉:

(一)造成珍贵文物严重损毁的;

(二)造成被确定为全国重点文物保护单位、省级文物保护单位的文物严重损毁的;

(三)造成珍贵文物损毁三件以上的;

(四)其他造成严重后果的情形。

第四十九条　【妨害传染病防治案(刑法第三百三十条)】违反传染病防治法的规定,引起甲类或者按甲类管理的传染病传播或者有传播严重危险,涉嫌下列情形之一的,应予立案追诉:

(一)供水单位供应的饮用水不符合国家规定的卫生标准的;

(二)拒绝按照疾病预防控制机构提出的卫生要求,对传染病病原体污染的污水、污物、粪便进行消毒处理的;

(三)准许或者纵容传染病病人、病原携带者和疑似传染病病人从事国务院卫生行政部门规定禁止从事的易使该传染病扩散的工作的;

(四)拒绝执行疾病预防控制机构依照传染病防治法提出的预防、控制措施的。

本条和本规定第五十条规定的"甲类传染病",是指鼠疫、霍乱;"按甲类管理的传染病",是指乙类传染病中传染性非典型肺炎、炭疽中的肺炭疽、人感染高致病性禽流感以及国务院卫生行政部门根据需要报经国务院批准公布实施的其他需要按甲类管理的乙类传染病和突发原因不明的传染病。

第五十条　【传染病菌种、毒种扩散案(刑法第三百三十一条)】从事实验、保藏、携带、运输传染病菌种、毒种的人员,违反国务院卫生行政部门的有关规定,造成传染病菌种、毒种扩散,涉嫌下列情形之一的,应予立案追诉:

(一)导致甲类和按甲类管理的传染病传播的;

(二)导致乙类、丙类传染病流行、暴发的;

(三)造成人员重伤或者死亡的;

(四)严重影响正常的生产、生活秩序的;

(五)其他造成严重后果的情形。

第五十一条　【妨害国境卫生检疫案(刑法第三百三十二条)】违反国境卫生检疫规定,引起检疫传染病传播或者有传播严重危险的,应予立案追诉。

本条规定的"检疫传染病",是指鼠疫、霍乱、黄热病以及国务院确定和公布的其他传染病。

第五十二条　【非法组织卖血案(刑法第三百三十三条第一款)】非法组织他人出卖血液,涉嫌下列情形之一的,应予立案追诉:

(一)组织卖血三人次以上的;

(二)组织卖血非法获利累计二千元以上的;

(三)组织未成年人卖血的;

(四)被组织卖血的人的血液含有艾滋病病毒、乙型肝炎病毒、丙型肝炎病毒、梅毒螺旋体等病原微生物的；

（五）其他非法组织卖血应予追究刑事责任的情形。

第五十三条　【强迫卖血案（刑法第三百三十三条第一款）】以暴力、威胁方法强迫他人出卖血液的，应予立案追诉。

第五十四条　【非法采集、供应血液、制作、供应血液制品案（刑法第三百三十四条第一款）】非法采集、供应血液或者制作、供应血液制品，涉嫌下列情形之一的，应予立案追诉：

（一）采集、供应的血液含有艾滋病病毒、乙型肝炎病毒、丙型肝炎病毒、梅毒螺旋体等病原微生物的；

（二）制作、供应的血液制品含有艾滋病病毒、乙型肝炎病毒、丙型肝炎病毒、梅毒螺旋体等病原微生物，或者将含有上述病原微生物的血液用于制作血液制品的；

（三）使用不符合国家规定的药品、诊断试剂、卫生器材，或者重复使用一次性采血器材采集血液，造成传染病传播危险的；

（四）违反规定对献血者、供血浆者超量、频繁采集血液、血浆，足以危害人体健康的；

（五）其他不符合国家有关采集、供应血液或者制作、供应血液制品的规定，足以危害人体健康或者对人体健康造成严重危害的情形。

未经国家主管部门批准或者超过批准的业务范围，采集、供应血液或者制作、供应血液制品的，属于本条规定的"非法采集、供应血液或者制作、供应血液制品"。

本条和本规定第五十二条、第五十三条、第五十五条规定的"血液"，是指全血、成分血和特殊血液成分。

本条和本规定第五十五条规定的"血液制品"，是指各种人血浆蛋白制品。

第五十五条　【采集、供应血液、制作、供应血液制品事故案（刑法第三百三十四条第二款）】经国家主管部门批准采集、供应血液或者制作、供应血液制品的部门，不依照规定进行检测或者违背其他操作规定，涉嫌下列情形之一的，应予立案追诉：

（一）造成献血者、供血浆者、受血者感染艾滋病病毒、乙型肝炎病毒、丙型肝炎病毒、梅毒螺旋体或者其他经血液传播的病原微生物的；

（二）造成献血者、供血浆者、受血者重度贫血、造血功能障碍或者其他器官组织损伤导致功能障碍等身体严重危害的；

（三）其他造成危害他人身体健康后果的情形。

经国家主管部门批准的采供血机构和血液制品生产经营单位，属于本条规定的"经国家主管部门批准采集、供应血液或者制作、供应血液制品的部门"。采供血机构包括血液中心、中心血站、中心血库、脐带血造血干细胞库和国家卫生行政主管部门根据医学发展需要批准、设置的其他类型血库、单采血浆站。

具有下列情形之一的，属于本条规定的"不依照规定进行检测或者违背其他操作规定"：

（一）血站未用两个企业生产的试剂对艾滋病病毒抗体、乙型肝炎病毒表面抗原、丙型肝炎病毒抗体、梅毒抗体进行两次检测的；

（二）单采血浆站不依照规定对艾滋病病毒抗体、乙型肝炎病毒表面抗原、丙型肝炎病毒抗体、梅毒抗体进行检测的；

（三）血液制品生产企业在投料生产前未用主管部门批准和检定合格的试剂进行复检的；

（四）血站、单采血浆站和血液制品生产企业使用的诊断试剂没有生产单位名称、生产批准文号或者经检定不合格的；

（五）采供血机构在采集检验标本、采集血液和成分血分离时，使用没有生产单位名称、生产批准文号或者超过有效期的一次性注射器等采血器材的；

（六）不依照国家规定的标准和要求包装、储存、运输血液、原料血浆的；

（七）对国家规定检测项目结果呈阳性的血液未及时按照规定予以清除的；

（八）不具备相应资格的医务人员进行采血、检验操作的；

（九）对献血者、供血浆者超量、频繁采集血液、血浆的；

（十）采供血机构采集血液、血浆前，未对献血者或者供血浆者进行身份识别，采集冒名顶替者、健康检查不合格者血液、血浆的；

（十一）血站擅自采集原料血浆，单采血浆站擅自采集临床用血或者向医疗机构供应原料血浆的；

（十二）重复使用一次性采血器材的；

（十三）其他不依照规定进行检测或者违背操作规定的。

第五十六条　【医疗事故案（刑法第三百三十五条）】医务人员由于严重不负责任，造成就诊人死亡或者严重损害就诊人身体健康的，应予立案追诉。

具有下列情形之一的，属于本条规定的"严重不负责任"：

（一）擅离职守的；

（二）无正当理由拒绝对危急就诊人实行必要的医疗救治的；

（三）未经批准擅自开展试验性医疗的；

（四）严重违反查对、复核制度的；

（五）使用未经批准使用的药品、消毒药剂、医疗器械的；

（六）严重违反国家法律法规及有明确规定的诊疗技术规范、常规的；

（七）其他严重不负责任的情形。

本条规定的"严重损害就诊人身体健康"，是指造成就诊人严重残疾、重伤、感染艾滋病、病毒性肝炎等难以治愈的疾病或者其他严重损害就诊人身体健康的后果。

第五十七条　【非法行医案（刑法第三百三十六条第一款）】未取得医生执业资格的人非法行医，涉嫌下列情形之一的，应予立案追诉：

（一）造成就诊人轻度残疾、器官组织损伤导致一般功能障碍，或者中度以上残疾、器官组织损伤导致严重功能障碍，或者死亡的；

（二）造成甲类传染病传播、流行或者有传播、流行危险的；

（三）使用假药、劣药或不符合国家规定标准的卫生材料、医疗器械，足以严重危害人体健康的；

（四）非法行医被卫生行政部门行政处罚两次以后，再次非法行医的；

（五）其他情节严重的情形。

具有下列情形之一的，属于本条规定的"未取得医生执业资格的人非法行医"：

（一）未取得或者以非法手段取得医师资格从事医疗活动的；

（二）个人未取得《医疗机构执业许可证》开办医疗机构的；

（三）被依法吊销医师执业证书期间从事医疗活动的；

（四）未取得乡村医生执业证书，从事乡村医疗活动的；

（五）家庭接生员实施家庭接生以外的医疗行为的。

本条规定的"轻度残疾、器官组织损伤导致一般功能障碍"、"中度以上残疾、器官组织损伤导致严重功能障碍"，参照卫生部《医疗事故分级标准（试行）》认定。

第五十八条　【非法进行节育手术案（刑法第三百三十六条第二款）】未取得医生执业资格的人擅自为他人进行节育复通手术、假节育手术、终止妊娠手术或者摘取宫内节育器，涉嫌下列情形之一的，应予立案追诉：

（一）造成就诊人轻伤、重伤、死亡或者感染艾滋病、病毒性肝炎等难以治愈的疾病的；

（二）非法进行节育复通手术、假节育手术、终止妊娠手术或者摘取宫内节育器五人次以上的；

（三）致使他人超计划生育的；

（四）非法进行选择性别的终止妊娠手术的；

（五）非法获利累计五千元以上的；

（六）其他情节严重的情形。

第五十九条　【逃避动植物检疫案（刑法第三百三十七条）】违反进出境动植物检疫法的规定，逃避动植物检疫，涉嫌下列情形之一的，应予立案追诉：

（一）造成国家规定的《进境动物一、二类传染病、寄生虫病名录》中所列的动物疫病传入或者对农、牧、渔业生产以及人体健康、公共安全造成严重危害的其他动物疫病在国内暴发流行的；

（二）造成国家规定的《进境植物检疫性有害生物名录》中所列的有害生物传入或者对农、林业生产、生态环境以及人体健康有严重危害的其他有害生物在国内传播扩散的。

第六十条　【重大环境污染事故案（刑法第三百三十八条）】违反国家规定，向土地、水体、大气排放、倾倒或者处置有放射性的废物、含传染病病原体的废物、有毒物质或者其他危险废物，造成重大环境污染事故，涉嫌下列情形之一的，应予立案追诉：

（一）致使公私财产损失三十万元以上的；

（二）致使基本农田、防护林地、特种用途林地五亩以上，其他农用地十亩以上，其他土地二十亩以上基本功能丧失或者遭受永久性破坏的；

（三）致使森林或者其他林木死亡五十立方米以上，或者幼树死亡二千五百株以上的；

（四）致使一人以上死亡、三人以上重伤、十人以上轻伤，或者一人以上重伤并且五人以上轻伤的；

（五）致使传染病发生、流行或者人员中毒达到《国家突发公共卫生事件应急预案》中突发公共卫生事件分级Ⅲ级以上情形，严重危害人体健康的；

（六）其他致使公私财产遭受重大损失或者人身伤亡的严重后果的情形。

本条和本规定第六十二条规定的"公私财产损失"，包括污染环境行为直接造成的财产损毁、减少的实际价值，为防止污染扩大以及消除污染而采取的必要的、合理的措施而发生的费用。

第六十一条　【非法处置进口的固体废物案(刑法第三百三十九条第一款)】 违反国家规定,将境外的固体废物进境倾倒、堆放、处置的,应予立案追诉。

第六十二条　【擅自进口固体废物案(刑法第三百三十九条第二款)】 未经国务院有关主管部门许可,擅自进口固体废物用作原料,造成重大环境污染事故,涉嫌下列情形之一的,应予立案追诉:

(一)致使公私财产损失三十万元以上的;

(二)致使基本农田、防护林地、特种用途林地五亩以上,其他农用地十亩以上,其他土地二十亩以上基本功能丧失或者遭受永久性破坏的;

(三)致使森林或者其他林木死亡五十立方米以上,或者幼树死亡二千五百株以上的;

(四)致使一人以上死亡、三人以上重伤、十人以上轻伤,或者一人以上重伤并且五人以上轻伤的;

(五)致使传染病发生、流行或者人员中毒达到《国家突发公共卫生事件应急预案》中突发公共卫生事件分级Ⅲ级以上情形,严重危害人体健康的;

(六)其他致使公私财产遭受重大损失或者严重危害人体健康的情形。

第六十三条　【非法捕捞水产品案(刑法第三百四十条)】 违反保护水产资源法规,在禁渔区、禁渔期或者使用禁用的工具、方法捕捞水产品,涉嫌下列情形之一的,应予立案追诉:

(一)在内陆水域非法捕捞水产品五百公斤以上或者价值五千元以上,或者在海洋水域非法捕捞水产品二千公斤以上或者价值二万元以上的;

(二)非法捕捞有重要经济价值的水生动物苗种、怀卵亲体或者在水产种质资源保护区内捕捞水产品,在内陆水域五十公斤以上或者价值五百元以上,或者在海洋水域二百公斤以上或者价值二千元以上的;

(三)在禁渔区内使用禁用的工具或者禁用的方法捕捞的;

(四)在禁渔期内使用禁用的工具或者禁用的方法捕捞的;

(五)在公海使用禁用渔具从事捕捞作业,造成严重影响的;

(六)其他情节严重的情形。

第六十四条　【非法猎捕、杀害珍贵、濒危野生动物案(刑法第三百四十一条第一款)】 非法猎捕、杀害国家重点保护的珍贵、濒危野生动物的,应予立案追诉。

本条和本规定第六十五条规定的"珍贵、濒危野生动物",包括列入《国家重点保护野生动物名录》的国家一、二级保护野生动物、列入《濒危野生动植物种国际贸易公约》附录一、附录二的野生动物以及驯养繁殖的上述物种。

第六十五条　【非法收购、运输、出售珍贵、濒危野生动物、珍贵、濒危野生动物制品案(刑法第三百四十一条第一款)】 非法收购、运输、出售国家重点保护的珍贵、濒危野生动物及其制品的,应予立案追诉。

本条规定的"收购",包括以营利、自用等为目的的购买行为;"运输",包括采用携带、邮寄、利用他人、使用交通工具等方法进行运送的行为;"出售",包括出卖和以营利为目的的加工利用行为。

第六十六条　【非法狩猎案(刑法第三百四十一条第二款)】 违反狩猎法规,在禁猎区、禁猎期或者使用禁用的工具、方法进行狩猎,破坏野生动物资源,涉嫌下列情形之一的,应予立案追诉:

(一)非法狩猎野生动物二十只以上的;

(二)在禁猎区内使用禁用的工具或者禁用的方法狩猎的;

(三)在禁猎期内使用禁用的工具或者禁用的方法狩猎的;

(四)其他情节严重的情形。

第六十七条　【非法占用农用地案(刑法第三百四十二条)】 违反土地管理法规,非法占用耕地、林地等农用地,改变被占用土地用途,造成耕地、林地等农用地大量毁坏,涉嫌下列情形之一的,应予立案追诉:

(一)非法占用基本农田五亩以上或者基本农田以外的耕地十亩以上的;

(二)非法占用防护林地或者特种用途林地数量单种或者合计五亩以上的;

(三)非法占用其他林地数量十亩以上的;

(四)非法占用本款第(二)项、第(三)项规定的林地,其中一项数量达到相应规定的数量标准的百分之五十以上,且两项数量合计达到该项规定的数量标准的;

(五)非法占用其他农用地数量较大的情形。

违反土地管理法规,非法占用耕地建窑、建坟、建房、挖沙、采石、采矿、取土、堆放固体废弃物或者进行其他非农业建设,造成耕地种植条件严重毁坏或者严重污染,被毁坏耕地数量达到以上规定的,属于本条规定的"造成耕地大量毁坏"。

违反土地管理法规,非法占用林地,改变被占用林地用途,在非法占用的林地上实施建窑、建坟、建房、挖沙、采石、采矿、取土、种植农作物、堆放或者排泄废弃物等行为或者进行其他非林业生产、建设,造成林地的原有植被或者林业种植条件严重毁坏或者严重污染,被毁坏林地数量达到以上规定的,属于本条规定的"造成林地大量毁坏"。

第六十八条　【非法采矿案(刑法第三百四十三条第一款)】违反矿产资源法的规定,未取得采矿许可证擅自采矿的,或者擅自进入国家规划矿区、对国民经济具有重要价值的矿区和他人矿区范围采矿的,或者擅自开采国家规定实行保护性开采的特定矿种,经责令停止开采后拒不停止开采,造成矿产资源破坏的价值数额在五万元至十万元以上的,应予立案追诉。

具有下列情形之一的,属于本条规定的"未取得采矿许可证擅自采矿":

(一)无采矿许可证开采矿产资源的;

(二)采矿许可证被注销、吊销后继续开采矿产资源的;

(三)超越采矿许可证规定的矿区范围开采矿产资源的;

(四)未按采矿许可证规定的矿种开采矿产资源的(共生、伴生矿种除外);

(五)其他未取得采矿许可证开采矿产资源的情形。

在采矿许可证被依法暂扣期间擅自开采的,视为本条规定的"未取得采矿许可证擅自采矿"。

造成矿产资源破坏的价值数额,由省级以上地质矿产主管部门出具鉴定结论,经查证属实后予以认定。

第六十九条　【破坏性采矿案(刑法第三百四十三条第二款)】违反矿产资源法的规定,采取破坏性的开采方法开采矿产资源,造成矿产资源严重破坏,价值数额在三十万元至五十万元以上的,应予立案追诉。

本条规定的"采取破坏性的开采方法开采矿产资源",是指行为人违反地质矿产主管部门审查批准的矿产资源开发利用方案开采矿产资源,并造成矿产资源严重破坏的行为。

破坏性的开采方法以及造成矿产资源严重破坏的价值数额,由省级以上地质矿产主管部门出具鉴定结论,经查证属实后予以认定。

第七十条　【非法采伐、毁坏国家重点保护植物案(刑法第三百四十四条)】违反国家规定,非法采伐、毁坏珍贵树木或者国家重点保护的其他植物的,应予立案追诉。

本条和本规定第七十一条规定的"珍贵树木或者国家重点保护的其他植物",包括由省级以上林业主管部门或者其他部门确定的具有重大历史纪念意义、科学研究价值或者年代久远的古树名木,国家禁止、限制出口的珍贵树木以及列入《国家重点保护野生植物名录》的树木或者其他植物。

第七十一条　【非法收购、运输、加工、出售国家重点保护植物、国家重点保护植物制品案(刑法第三百四十四条)】违反国家规定,非法收购、运输、加工、出售珍贵树木或者国家重点保护的其他植物及其制品的,应予立案追诉。

第七十二条　【盗伐林木案(刑法第三百四十五条第一款)】盗伐森林或者其他林木,涉嫌下列情形之一的,应予立案追诉:

(一)盗伐二至五立方米以上的;

(二)盗伐幼树一百至二百株以上的。

以非法占有为目的,具有下列情形之一的,属于本条规定的"盗伐森林或者其他林木":

(一)擅自砍伐国家、集体、他人所有或者他人承包经营管理的森林或者其他林木的;

(二)擅自砍伐本单位或者本人承包经营管理的森林或者其他林木的;

(三)在林木采伐许可证规定的地点以外采伐国家、集体、他人所有或者他人承包经营管理的森林或者其他林木的。

本条和本规定第七十三条、第七十四条规定的林木数量以立木蓄积计算,计算方法为:原木材积除以该树种的出材率;"幼树",是指胸径五厘米以下的树木。

第七十三条　【滥伐林木案(刑法第三百四十五条第二款)】违反森林法的规定,滥伐森林或者其他林木,涉嫌下列情形之一的,应予立案追诉:

(一)滥伐十至二十立方米以上的;

(二)滥伐幼树五百至一千株以上的。

违反森林法的规定,具有下列情形之一的,属于本条规定的"滥伐森林或者其他林木":

(一)未经林业行政主管部门及法律规定的其他主管部门批准并核发林木采伐许可证,或者虽持有林木采伐许可证,但违反林木采伐许可证规定的时间、数量、树种或者方式,任意采伐本单位所有或者本人所有的森林或者其他林木的;

(二)超过林木采伐许可证规定的数量采伐他人所有的森林或者其他林木的。

违反森林法的规定,在林木采伐许可证规定的地点以外,采伐本单位或者本人所有的森林或者其他林木的,除农村居民采伐自留地和房前屋后个人所有的零星林木以外,属于本条第二款第(一)项"未经林业行政主管部门及法律规定的其他主管部门批准并核发林木采伐许可证"规定的情形。

林木权属争议一方在林木权属确权之前,擅自砍伐森林或者其他林木的,属于本条规定的"滥伐森林或者其他林木"。

滥伐林木的数量,应在伐区调查设计允许的误差额以上计算。

第七十四条　【非法收购、运输盗伐、滥伐的林木案(刑法第三百四十五条第三款)】非法收购、运输明知是盗伐、滥伐的林木,涉嫌下列情形之一的,应予立案追诉:

(一)非法收购、运输盗伐、滥伐的林木二十立方米以上或者幼树一千株以上的;

(二)其他情节严重的情形。

本条规定的"非法收购"的"明知",是指知道或者应当知道。具有下列情形之一的,可以视为应当知道,但是有证据证明确属被蒙骗的除外:

(一)在非法的木材交易场所或者销售单位收购木材的;

(二)收购以明显低于市场价格出售的木材的;

(三)收购违反规定出售的木材的。

第七十五条　【组织卖淫案(刑法第三百五十八条第一款)】以招募、雇佣、强迫、引诱、容留等手段,组织他人卖淫的,应予立案追诉。

第七十六条　【强迫卖淫案(刑法第三百五十八条第一款)】以暴力、胁迫等手段强迫他人卖淫的,应予立案追诉。

第七十七条　【协助组织卖淫案(刑法第三百五十八条第三款)】在组织卖淫的犯罪活动中,充当保镖、打手、管账人等,起帮助作用的,应予立案追诉。

第七十八条　【引诱、容留、介绍卖淫案(刑法第三百五十九条第一款)】引诱、容留、介绍他人卖淫,涉嫌下列情形之一的,应予立案追诉:

(一)引诱、容留、介绍二人次以上卖淫的;

(二)引诱、容留、介绍已满十四周岁未满十八周岁的未成年人卖淫的;

(三)被引诱、容留、介绍卖淫的人患有艾滋病或者患有梅毒、淋病等严重性病的;

(四)其他引诱、容留、介绍卖淫应予追究刑事责任的情形。

第七十九条　【引诱幼女卖淫案(刑法第三百五十九条第二款)】引诱不满十四周岁的幼女卖淫的,应予立案追诉。

第八十条　【传播性病案(刑法第三百六十条第一款)】明知自己患有梅毒、淋病等严重性病卖淫、嫖娼的,应予立案追诉。

具有下列情形之一的,可以认定为本条规定的"明知":

(一)有证据证明曾到医疗机构就医,被诊断为患有严重性病的;

(二)根据本人的知识和经验,能够知道自己患有严重性病的;

(三)通过其他方法能够证明是"明知"的。

第八十一条　【嫖宿幼女案(刑法第三百六十条第二款)】行为人知道被害人是或者可能是不满十四周岁的幼女而嫖宿的,应予立案追诉。

第八十二条　【制作、复制、出版、贩卖、传播淫秽物品牟利案(刑法第三百六十三条第一款、第二款)】以牟利为目的,制作、复制、出版、贩卖、传播淫秽物品,涉嫌下列情形之一的,应予立案追诉:

(一)制作、复制、出版淫秽影碟、软件、录像带五十至一百张(盒)以上,淫秽音碟、录音带一百至二百张(盒)以上,淫秽扑克、书刊、画册一百至二百副(册)以上,淫秽照片、画片五百至一千张以上的;

(二)贩卖淫秽影碟、软件、录像带一百至二百张(盒)以上,淫秽音碟、录音带二百至四百张(盒)以上,淫秽扑克、书刊、画册二百至四百副(册)以上,淫秽照片、画片一千至二千张以上的;

(三)向他人传播淫秽物品达二百至五百人次以上,或者组织播放淫秽影、像达十至二十场次以上的;

(四)制作、复制、出版、贩卖、传播淫秽物品,获利五千至一万元以上的。

以牟利为目的,利用互联网、移动通讯终端制作、复制、出版、贩卖、传播淫秽电子信息,涉嫌下列情形之一的,应予立案追诉:

(一)制作、复制、出版、贩卖、传播淫秽电影、表演、动画等视频文件二十个以上的;

(二)制作、复制、出版、贩卖、传播淫秽音频文件一百个以上的;

(三)制作、复制、出版、贩卖、传播淫秽电子刊物、图片、文章、短信息等二百件以上的;

（四）制作、复制、出版、贩卖、传播的淫秽电子信息，实际被点击数达到一万次以上的；

（五）以会员制方式出版、贩卖、传播淫秽电子信息，注册会员达二百人以上的；

（六）利用淫秽电子信息收取广告费、会员注册费或者其他费用，违法所得一万元以上的；

（七）数量或者数额虽未达到本款第（一）项至第（六）项规定标准，但分别达到其中两项以上标准的百分之五十以上的；

（八）造成严重后果的。

利用聊天室、论坛、即时通信软件、电子邮件等方式，实施本条第二款规定行为的，应予立案追诉。

以牟利为目的，通过声讯台传播淫秽语音信息，涉嫌下列情形之一的，应予立案追诉：

（一）向一百人次以上传播的；

（二）违法所得一万元以上的；

（三）造成严重后果的。

明知他人用于出版淫秽书刊而提供书号、刊号的，应予立案追诉。

第八十三条　【为他人提供书号出版淫秽书刊案（刑法第三百六十三条第二款）】 为他人提供书号、刊号出版淫秽书刊，或者为他人提供版号出版淫秽音像制品的，应予立案追诉。

第八十四条　【传播淫秽物品案（刑法第三百六十四条第一款）】 传播淫秽的书刊、影片、音像、图片或者其他淫秽物品，涉嫌下列情形之一的，应予立案追诉：

（一）向他人传播三百至六百人次以上的；

（二）造成恶劣社会影响的。

不以牟利为目的，利用互联网、移动通讯终端传播淫秽电子信息，涉嫌下列情形之一的，应予立案追诉：

（一）数量达到本规定第八十二条第二款第（一）项至第（五）项规定标准二倍以上的；

（二）数量分别达到本规定第八十二条第二款第（一）项至第（五）项两项以上标准的；

（三）造成严重后果的。

利用聊天室、论坛、即时通信软件、电子邮件等方式，实施本条第二款规定行为的，应予立案追诉。

第八十五条　【组织播放淫秽音像制品案（刑法第三百六十四条第二款）】 组织播放淫秽的电影、录像等音像制品，涉嫌下列情形之一的，应予立案追诉：

（一）组织播放十五至三十场次以上的；

（二）造成恶劣社会影响的。

第八十六条　【组织淫秽表演案（刑法第三百六十五条）】 以策划、招募、强迫、雇用、引诱、提供场地、提供资金等手段，组织进行淫秽表演，涉嫌下列情形之一的，应予立案追诉：

（一）组织表演者进行裸体表演的；

（二）组织表演者利用性器官进行诲淫性表演的；

（三）组织表演者半裸体或者变相裸体表演并通过语言、动作具体描绘性行为的；

（四）其他组织进行淫秽表演应予追究刑事责任的情形。

六、危害国防利益案

第八十七条　【故意提供不合格武器装备、军事设施案（刑法第三百七十条第一款）】 明知是不合格的武器装备、军事设施而提供给武装部队，涉嫌下列情形之一的，应予立案追诉：

（一）造成人员轻伤以上的；

（二）造成直接经济损失十万元以上的；

（三）提供不合格的枪支三支以上、子弹一百发以上、雷管五百枚以上、炸药五千克以上或者其他重要武器装备、军事设施的；

（四）影响作战、演习、抢险救灾等重大任务完成的；

（五）发生在战时的；

（六）其他故意提供不合格武器装备、军事设施应予追究刑事责任的情形。

第八十八条　【过失提供不合格武器装备、军事设施案（刑法第三百七十条第二款）】 过失提供不合格武器装备、军事设施给武装部队，涉嫌下列情形之一的，应予立案追诉：

（一）造成死亡一人以上或者重伤三人以上的；

（二）造成直接经济损失三十万元以上的；

（三）严重影响作战、演习、抢险救灾等重大任务完成的；

（四）其他造成严重后果的情形。

第八十九条　【聚众冲击军事禁区案（刑法第三百七十一条第一款）】 组织、策划、指挥聚众冲击军事禁区或者积极参加聚众冲击军事禁区，严重扰乱军事禁区秩序，涉嫌下列情形之一的，应予立案追诉：

（一）冲击三次以上或者一次冲击持续时间较长的；

（二）持械或者采取暴力手段冲击的；

（三）冲击重要军事禁区的；

（四）发生在战时的；

（五）其他严重扰乱军事禁区秩序应予追究刑事责

任的情形。

第九十条　【聚众扰乱军事管理区秩序案（刑法第三百七十一条第二款）】组织、策划、指挥聚众扰乱军事管理区秩序或者积极参加聚众扰乱军事管理区秩序，致使军事管理区工作无法进行，造成严重损失，涉嫌下列情形之一的，应予立案追诉：

（一）造成人员轻伤以上的；

（二）扰乱三次以上或者一次扰乱时间较长的；

（三）造成直接经济损失五万元以上的；

（四）持械或者采取暴力手段的；

（五）扰乱重要军事管理区秩序的；

（六）发生在战时的；

（七）其他聚众扰乱军事管理区秩序应予追究刑事责任的情形。

第九十一条　【煽动军人逃离部队案（刑法第三百七十三条）】煽动军人逃离部队，涉嫌下列情形之一的，应予立案追诉：

（一）煽动三人以上逃离部队的；

（二）煽动指挥人员、值班执勤人员或者其他负有重要职责人员逃离部队的；

（三）影响重要军事任务完成的；

（四）发生在战时的；

（五）其他情节严重的情形。

第九十二条　【雇用逃离部队军人案（刑法第三百七十三条）】明知是逃离部队的军人而雇用，涉嫌下列情形之一的，应予立案追诉：

（一）雇用一人六个月以上的；

（二）雇用三人以上的；

（三）明知是逃离部队的指挥人员、值班执勤人员或者其他负有重要职责人员而雇用的；

（四）阻碍部队将被雇用军人带回的；

（五）其他情节严重的情形。

第九十三条　【接送不合格兵员案（刑法第三百七十四条）】在征兵工作中徇私舞弊，接送不合格兵员，涉嫌下列情形之一的，应予立案追诉：

（一）接送不合格特种条件兵员一名以上或者普通兵员三名以上的；

（二）发生在战时的；

（三）造成严重后果的；

（四）其他情节严重的情形。

第九十四条　【非法生产、买卖军用标志案（刑法第三百七十五条第二款）】非法生产、买卖武装部队制式服装、车辆号牌等专用标志，涉嫌下列情形之一的，应予立案追诉：

（一）成套制式服装三十套以上，或者非成套制式服装一百件以上的；

（二）军徽、军旗、肩章、星徽、帽徽、军种符号或者其他军用标志单种或者合计一百件以上的；

（三）军以上领导机关专用车辆号牌一副以上或者其他军用车辆号牌三副以上的；

（四）非法经营数额五千元以上，或者非法获利一千元以上的；

（五）被他人利用进行违法犯罪活动的；

（六）其他情节严重的情形。

第九十五条　【战时拒绝、逃避征召、军事训练案（刑法第三百七十六条第一款）】预备役人员战时拒绝、逃避征召或者军事训练，涉嫌下列情形之一的，应予立案追诉：

（一）无正当理由经教育仍拒绝、逃避征召或者军事训练的；

（二）以暴力、威胁、欺骗等手段，或者采取自伤、自残等方式拒绝、逃避征召或者军事训练的；

（三）联络、煽动他人共同拒绝、逃避征召或者军事训练的；

（四）其他情节严重的情形。

第九十六条　【战时拒绝、逃避服役案（刑法第三百七十六条第二款）】公民战时拒绝、逃避服役，涉嫌下列情形之一的，应予立案追诉：

（一）无正当理由经教育仍拒绝、逃避服役的；

（二）以暴力、威胁、欺骗等手段，或者采取自伤、自残等方式拒绝、逃避服役的；

（三）联络、煽动他人共同拒绝、逃避服役的；

（四）其他情节严重的情形。

第九十七条　【战时窝藏逃离部队军人案（刑法第三百七十九条）】战时明知是逃离部队的军人而为其提供隐蔽处所、财物，涉嫌下列情形之一的，应予立案追诉：

（一）窝藏三人次以上的；

（二）明知是指挥人员、值班执勤人员或者其他负有重要职责人员而窝藏的；

（三）有关部门查找时拒不交出的；

（四）其他情节严重的情形。

第九十八条　【战时拒绝、故意延误军事订货案（刑法第三百八十条）】战时拒绝或者故意延误军事订货，涉嫌下列情形之一的，应予立案追诉：

（一）拒绝或者故意延误军事订货三次以上的；

（二）联络、煽动他人共同拒绝或者故意延误军事订货的；

（三）拒绝或者故意延误重要军事订货，影响重要军事任务完成的；

（四）其他情节严重的情形。

第九十九条　【战时拒绝军事征用案（刑法第三百八十一条）】战时拒绝军事征用，涉嫌下列情形之一的，应予立案追诉：

（一）无正当理由拒绝军事征用三次以上的；

（二）采取暴力、威胁、欺骗等手段拒绝军事征用的；

（三）联络、煽动他人共同拒绝军事征用的；

（四）拒绝重要军事征用，影响重要军事任务完成的；

（五）其他情节严重的情形。

附　则

第一百条　本规定中的立案追诉标准，除法律、司法解释另有规定的以外，适用于相关的单位犯罪。

第一百零一条　本规定中的"以上"，包括本数。

第一百零二条　本规定自印发之日起施行。

最高人民检察院、公安部关于公安机关管辖的刑事案件立案追诉标准的规定（一）的补充规定

· 2017 年 4 月 27 日

· 公通字〔2017〕12 号

一、在《最高人民检察院公安部关于公安机关管辖的刑事案件立案追诉标准的规定（一）》（以下简称《立案追诉标准（一）》）第十五条后增加一条，作为第十五条之一：〔不报、谎报安全事故案（刑法第一百三十九条之一）〕在安全事故发生后，负有报告职责的人员不报或者谎报事故情况，贻误事故抢救，涉嫌下列情形之一的，应予立案追诉：

（一）导致事故后果扩大，增加死亡一人以上，或者增加重伤三人以上，或者增加直接经济损失一百万元以上的；

（二）实施下列行为之一，致使不能及时有效开展事故抢救的：

1. 决定不报、迟报、谎报事故情况或者指使、串通有关人员不报、迟报、谎报事故情况的；

2. 在事故抢救期间擅离职守或者逃匿的；

3. 伪造、破坏事故现场，或者转移、藏匿、毁灭遇难人员尸体，或者转移、藏匿受伤人员的；

4. 毁灭、伪造、隐匿与事故有关的图纸、记录、计算机数据等资料以及其他证据的；

（三）其他不报、谎报安全事故情节严重的情形。

本条规定的"负有报告职责的人员"，是指负有组织、指挥或者管理职责的负责人、管理人员、实际控制人、投资人，以及其他负有报告职责的人员。

二、将《立案追诉标准（一）》第十七条修改为：〔生产、销售假药案（刑法第一百四十一条）〕生产、销售假药的，应予立案追诉。但销售少量根据民间传统配方私自加工的药品，或者销售少量未经批准进口的国外、境外药品，没有造成他人伤害后果或者延误诊治，情节显著轻微危害不大的除外。

以生产、销售假药为目的，具有下列情形之一的，属于本条规定的"生产"：

（一）合成、精制、提取、储存、加工炮制药品原料的；

（二）将药品原料、辅料、包装材料制成成品过程中，进行配料、混合、制剂、储存、包装的；

（三）印制包装材料、标签、说明书的。

医疗机构、医疗机构工作人员明知是假药而有偿提供给他人使用，或者为出售而购买、储存的，属于本条规定的"销售"。

本条规定的"假药"，是指依照《中华人民共和国药品管理法》的规定属于假药和按假药处理的药品、非药品。是否属于假药难以确定的，可以根据地市级以上药品监督管理部门出具的认定意见等相关材料进行认定。必要时，可以委托省级以上药品监督管理部门设置或者确定的药品检验机构进行检验。

三、将《立案追诉标准（一）》第十九条修改为：〔生产、销售不符合安全标准的食品案（刑法第一百四十三条）〕生产、销售不符合食品安全标准的食品，涉嫌下列情形之一的，应予立案追诉：

（一）食品含有严重超出标准限量的致病性微生物、农药残留、兽药残留、重金属、污染物质以及其他危害人体健康的物质的；

（二）属于病死、死因不明或者检验检疫不合格的畜、禽、兽、水产动物及其肉类、肉类制品的；

（三）属于国家为防控疾病等特殊需要明令禁止生产、销售的食品的；

（四）婴幼儿食品中生长发育所需营养成分严重不符合食品安全标准的；

（五）其他足以造成严重食物中毒事故或者严重食源性疾病的情形。

在食品加工、销售、运输、贮存等过程中，违反食品安全标准，超限量或者超范围滥用食品添加剂，足以造成严重食物中毒事故或者其他严重食源性疾病的，应予立案追诉。

在食用农产品种植、养殖、销售、运输、贮存等过程中，违反食品安全标准，超限量或者超范围滥用添加剂、农药、兽药等，足以造成严重食物中毒事故或者其他严重食源性疾病的，应予立案追诉。

四、将《立案追诉标准（一）》第二十条修改为：［生产、销售有毒、有害食品案（刑法第一百四十四条）］在生产、销售的食品中掺入有毒、有害的非食品原料的，或者销售明知掺有有毒、有害的非食品原料的食品的，应予立案追诉。

在食品加工、销售、运输、贮存等过程中，掺入有毒、有害的非食品原料，或者使用有毒、有害的非食品原料加工食品的，应予立案追诉。

在食用农产品种植、养殖、销售、运输、贮存等过程中，使用禁用农药、兽药等禁用物质或者其他有毒、有害物质的，应予立案追诉。

在保健食品或者其他食品中非法添加国家禁用药物等有毒、有害物质的，应予立案追诉。

下列物质应当认定为本条规定的"有毒、有害的非食品原料"：

（一）法律、法规禁止在食品生产经营活动中添加、使用的物质；

（二）国务院有关部门公布的《食品中可能违法添加的非食用物质名单》《保健食品中可能非法添加的物质名单》中所列物质；

（三）国务院有关部门公告禁止使用的农药、兽药以及其他有毒、有害物质；

（四）其他危害人体健康的物质。

五、将《立案追诉标准（一）》第二十八条修改为：［强迫交易案（刑法第二百二十六条）］以暴力、威胁手段强买强卖商品，强迫他人提供服务或者接受服务，涉嫌下列情形之一的，应予立案追诉：

（一）造成被害人轻微伤的；

（二）造成直接经济损失二千元以上的；

（三）强迫交易三次以上或者强迫三人以上交易的；

（四）强迫交易数额一万元以上，或者违法所得数额二千元以上的；

（五）强迫他人购买伪劣商品数额五千元以上，或者违法所得数额一千元以上的；

（六）其他情节严重的情形。

以暴力、威胁手段强迫他人参与或者退出投标、拍卖，强迫他人转让或者收购公司、企业的股份、债券或者其他资产，强迫他人参与或者退出特定的经营活动，具有多次实施、手段恶劣、造成严重后果或者恶劣社会影响等情形之一的，应予立案追诉。

六、将《立案追诉标准（一）》第三十一条修改为：［强迫劳动案（刑法第二百四十四条）］以暴力、威胁或者限制人身自由的方法强迫他人劳动的，应予立案追诉。

明知他人以暴力、威胁或者限制人身自由的方法强迫他人劳动，为其招募、运送人员或者有其他协助强迫他人劳动行为的，应予立案追诉。

七、在《立案追诉标准（一）》第三十四条后增加一条，作为第三十四条之一：［拒不支付劳动报酬案（刑法第二百七十六条之一）］以转移财产、逃匿等方法逃避支付劳动者的劳动报酬或者有能力支付而不支付劳动者的劳动报酬，经政府有关部门责令支付仍不支付，涉嫌下列情形之一的，应予立案追诉：

（一）拒不支付一名劳动者三个月以上的劳动报酬且数额在五千元至二万元以上的；

（二）拒不支付十名以上劳动者的劳动报酬且数额累计在三万元至十万元以上的。

不支付劳动者的劳动报酬，尚未造成严重后果，在刑事立案前支付劳动者的劳动报酬，并依法承担相应赔偿责任的，可以不予立案追诉。

八、将《立案追诉标准（一）》第三十七条修改为：［寻衅滋事案（刑法第二百九十三条）］随意殴打他人，破坏社会秩序，涉嫌下列情形之一的，应予立案追诉：

（一）致一人以上轻伤或者二人以上轻微伤的；

（二）引起他人精神失常、自杀等严重后果的；

（三）多次随意殴打他人的；

（四）持凶器随意殴打他人的；

（五）随意殴打精神病人、残疾人、流浪乞讨人员、老年人、孕妇、未成年人，造成恶劣社会影响的；

（六）在公共场所随意殴打他人，造成公共场所秩序严重混乱的；

（七）其他情节恶劣的情形。

追逐、拦截、辱骂、恐吓他人，破坏社会秩序，涉嫌下列情形之一的，应予立案追诉：

（一）多次追逐、拦截、辱骂、恐吓他人，造成恶劣社

会影响的;

(二)持凶器追逐、拦截、辱骂、恐吓他人的;

(三)追逐、拦截、辱骂、恐吓精神病人、残疾人、流浪乞讨人员、老年人、孕妇、未成年人,造成恶劣社会影响的;

(四)引起他人精神失常、自杀等严重后果的;

(五)严重影响他人的工作、生活、生产、经营的;

(六)其他情节恶劣的情形。

强拿硬要或者任意损毁、占用公私财物,破坏社会秩序,涉嫌下列情形之一的,应予立案追诉:

(一)强拿硬要公私财物价值一千元以上,或者任意损毁、占用公私财物价值二千元以上的;

(二)多次强拿硬要或者任意损毁、占用公私财物,造成恶劣社会影响的;

(三)强拿硬要或者任意损毁、占用精神病人、残疾人、流浪乞讨人员、老年人、孕妇、未成年人的财物,造成恶劣社会影响的;

(四)引起他人精神失常、自杀等严重后果的;

(五)严重影响他人的工作、生活、生产、经营的;

(六)其他情节严重的情形。

在车站、码头、机场、医院、商场、公园、影剧院、展览会、运动场或者其他公共场所起哄闹事,应当根据公共场所的性质、公共活动的重要程度、公共场所的人数、起哄闹事的时间、公共场所受影响的范围与程度等因素,综合判断是否造成公共场所秩序严重混乱。

九、将《立案追诉标准(一)》第五十九条修改为:[妨害动植物防疫、检疫案(刑法第三百三十七条)]违反有关动植物防疫、检疫的国家规定,引起重大动植物疫情的,应予立案追诉。

违反有关动植物防疫、检疫的国家规定,有引起重大动植物疫情危险,涉嫌下列情形之一的,应予立案追诉:

(一)非法处置疫区内易感动物或者其产品,货值金额五万元以上的;

(二)非法处置因动植物防疫、检疫需要被依法处理的动植物或者其产品,货值金额二万元以上的;

(三)非法调运、生产、经营感染重大植物检疫性有害生物的林木种子、苗木等繁殖材料或者森林植物产品的;

(四)输入《中华人民共和国进出境动植物检疫法》规定的禁止进境物逃避检疫,或者对特许进境的禁止进境物未有效控制与处置,导致其逃逸、扩散的;

(五)进境动植物及其产品检出有引起重大动植物

疫情危险的动物疫病或者植物有害生物后,非法处置导致进境动植物及其产品流失的;

(六)一年内携带或者寄递《中华人民共和国禁止携带、邮寄进境的动植物及其产品名录》所列物品进境逃避检疫两次以上,或者窃取、抢夺、损毁、抛洒动植物检疫机关截留的《中华人民共和国禁止携带、邮寄进境的动植物及其产品名录》所列物品的;

(七)其他情节严重的情形。

本条规定的"重大动植物疫情",按照国家行政主管部门的有关规定认定。

十、将《立案追诉标准(一)》第六十条修改为:[污染环境案(刑法第三百三十八条)]违反国家规定,排放、倾倒或者处置有放射性的废物、含传染病病原体的废物、有毒物质或者其他有害物质,涉嫌下列情形之一的,应予立案追诉:

(一)在饮用水水源一级保护区、自然保护区核心区排放、倾倒、处置有放射性的废物、含传染病病原体的废物、有毒物质的;

(二)非法排放、倾倒、处置危险废物三吨以上的;

(三)排放、倾倒、处置含铅、汞、镉、铬、砷、铊、锑的污染物,超过国家或者地方污染物排放标准三倍以上的;

(四)排放、倾倒、处置含镍、铜、锌、银、钒、锰、钴的污染物,超过国家或者地方污染物排放标准十倍以上的;

(五)通过暗管、渗井、渗坑、裂隙、溶洞、灌注等逃避监管的方式排放、倾倒、处置有放射性的废物、含传染病病原体的废物、有毒物质的;

(六)二年内曾因违反国家规定,排放、倾倒、处置有放射性的废物、含传染病病原体的废物、有毒物质受过两次以上行政处罚,又实施前列行为的;

(七)重点排污单位篡改、伪造自动监测数据或者干扰自动监测设施,排放化学需氧量、氨氮、二氧化硫、氮氧化物等污染物的;

(八)违法减少防治污染设施运行支出一百万元以上的;

(九)违法所得或者致使公私财产损失三十万元以上的;

(十)造成生态环境严重损害的;

(十一)致使乡镇以上集中式饮用水水源取水中断十二小时以上的;

(十二)致使基本农田、防护林地、特种用途林地五亩以上,其他农用地十亩以上,其他土地二十亩以上基本功能丧失或者遭受永久性破坏的;

（十三）致使森林或者其他林木死亡五十立方米以上，或者幼树死亡二千五百株以上的；

（十四）致使疏散、转移群众五千人以上的；

（十五）致使三十人以上中毒的；

（十六）致使三人以上轻伤、轻度残疾或者器官组织损伤导致一般功能障碍的；

（十七）致使一人以上重伤、中度残疾或者器官组织损伤导致严重功能障碍的；

（十八）其他严重污染环境的情形。

本条规定的"有毒物质"，包括列入国家危险废物名录或者根据国家规定的危险废物鉴别标准和鉴别方法认定的具有危险特性的废物，《关于持久性有机污染物的斯德哥尔摩公约》附件所列物质，含重金属的污染物，以及其他具有毒性可能污染环境的物质。

本条规定的"非法处置危险废物"，包括无危险废物经营许可证，以营利为目的，从危险废物中提取物质作为原材料或者燃料，并具有超标排放污染物、非法倾倒污染物或其他违法造成环境污染情形的行为。

本条规定的"重点排污单位"，是指设区的市级以上人民政府环境保护主管部门依法确定的应当安装、使用污染物排放自动监测设备的重点监控企业及其他单位。

本条规定的"公私财产损失"，包括直接造成财产损毁、减少的实际价值，为防止污染扩大、消除污染而采取必要合理措施所产生的费用，以及处置突发环境事件的应急监测费用。

本条规定的"生态环境损害"，包括生态环境修复费用，生态环境修复期间服务功能的损失和生态环境功能永久性损害造成的损失，以及其他必要合理费用。

本条规定的"无危险废物经营许可证"，是指未取得危险废物经营许可证，或者超出危险废物经营许可证的经营范围。

十一、将《立案追诉标准（一）》第六十八条修改为：
[非法采矿案（刑法第三百四十三条第一款）]违反矿产资源法的规定，未取得采矿许可证擅自采矿，或者擅自进入国家规划矿区、对国民经济具有重要价值的矿区和他人矿区范围采矿，或者擅自开采国家规定实行保护性开采的特定矿种，涉嫌下列情形之一的，应予立案追诉：

（一）开采的矿产品价值或者造成矿产资源破坏的价值在十万元至三十万元以上的；

（二）在国家规划矿区、对国民经济具有重要价值的矿区采矿，开采国家规定实行保护性开采的特定矿种，或者在禁采区、禁采期内采矿，开采的矿产品价值或者造成

矿产资源破坏的价值在五万元至十五万元以上的；

（三）二年内曾因非法采矿受过两次以上行政处罚，又实施非法采矿行为的；

（四）造成生态环境严重损害的；

（五）其他情节严重的情形。

在河道管理范围内采砂，依据相关规定应当办理河道采砂许可证而未取得河道采砂许可证，或者应当办理河道采砂许可证和采矿许可证，既未取得河道采砂许可证又未取得采矿许可证，具有本条第一款规定的情形之一，或者严重影响河势稳定危害防洪安全的，应予立案追诉。

采挖海砂，未取得海砂开采海域使用权证且未取得采矿许可证，具有本条第一款规定的情形之一，或者造成海岸线严重破坏的，应予立案追诉。

具有下列情形之一的，属于本条规定的"未取得采矿许可证"：

（一）无许可证的；

（二）许可证被注销、吊销、撤销的；

（三）超越许可证规定的矿区范围或者开采范围的；

（四）超出许可证规定的矿种的（共生、伴生矿种除外）；

（五）其他未取得许可证的情形。

多次非法采矿构成犯罪，依法应当追诉的，或者二年内多次非法采矿未经处理的，价值数额累计计算。

非法开采的矿产品价值，根据销赃数额认定；无销赃数额，销赃数额难以查证，或者根据销赃数额认定明显不合理的，根据矿产品价格和数量认定。

矿产品价值难以确定的，依据价格认证机构，省级以上人民政府国土资源、水行政、海洋等主管部门，或者国务院水行政主管部门在国家确定的重要江河、湖泊设立的流域管理机构出具的报告，结合其他证据作出认定。

十二、将《立案追诉标准（一）》第七十七条修改为：
[协助组织卖淫案（刑法第三百五十八条第四款）]在组织卖淫的犯罪活动中，帮助招募、运送、培训人员三人以上，或者充当保镖、打手、管账人等，起帮助作用的，应予立案追诉。

十三、将《立案追诉标准（一）》第八十一条删除。

十四、将《立案追诉标准（一）》第九十四条修改为：
[非法生产、买卖武装部队制式服装案（刑法第三百七十五条第二款）]非法生产、买卖武装部队制式服装，涉嫌下列情形之一的，应予立案追诉：

（一）非法生产、买卖成套制式服装三十套以上，或

者非成套制式服装一百件以上的;

(二)非法生产、买卖帽徽、领花、臂章等标志服饰合计一百件(副)以上的;

(三)非法经营数额二万元以上的;

(四)违法所得数额五千元以上的;

(五)其他情节严重的情形。

买卖仿制的现行装备的武装部队制式服装,情节严重的,应予立案追诉。

十五、在《立案追诉标准(一)》第九十四条后增加一条,作为第九十四条之一:〔伪造、盗窃、买卖、非法提供、非法使用武装部队专用标志案(刑法第三百七十五条第三款)〕伪造、盗窃、买卖或者非法提供、使用武装部队车辆号牌等专用标志,涉嫌下列情形之一的,应予立案追诉:

(一)伪造、盗窃、买卖或者非法提供、使用武装部队军以上领导机关车辆号牌一副以上或者其他车辆号牌三副以上的;

(二)非法提供、使用军以上领导机关车辆号牌之外的其他车辆号牌累计六个月以上的;

(三)伪造、盗窃、买卖或者非法提供、使用军徽、军旗、军种符号或者其他军用标志合计一百件(副)以上的;

(四)造成严重后果或者恶劣影响的。

盗窃、买卖、提供、使用伪造、变造的武装部队车辆号牌等专用标志,情节严重的,应予立案追诉。

十六、将《立案追诉标准(一)》第九十九条修改为:〔战时拒绝军事征收、征用案(刑法第三百八十一条)〕战时拒绝军事征收、征用,涉嫌下列情形之一的,应予立案追诉:

(一)无正当理由拒绝军事征收、征用三次以上的;

(二)采取暴力、威胁、欺骗等手段拒绝军事征收、征用的;

(三)联络、煽动他人共同拒绝军事征收、征用的;

(四)拒绝重要军事征收、征用,影响重要军事任务完成的;

(五)其他情节严重的情形。

最高人民检察院、公安部关于公安机关管辖的刑事案件立案追诉标准的规定(二)

·2022 年 4 月 6 日

第一条 〔帮助恐怖活动案(刑法第一百二十条之一第一款)〕资助恐怖活动组织、实施恐怖活动的个人的,或者资助恐怖活动培训的,应予立案追诉。

第二条 〔走私假币案(刑法第一百五十一条第一款)〕走私伪造的货币,涉嫌下列情形之一的,应予立案追诉:

(一)总面额在二千元以上或者币量在二百张(枚)以上的;

(二)总面额在一千元以上或者币量在一百张(枚)以上,二年内因走私假币受过行政处罚,又走私假币的;

(三)其他走私假币应予追究刑事责任的情形。

第三条 〔虚报注册资本案(刑法第一百五十八条)〕申请公司登记使用虚假证明文件或者采取其他欺诈手段虚报注册资本,欺骗公司登记主管部门,取得公司登记,涉嫌下列情形之一的,应予立案追诉:

(一)法定注册资本最低限额在六百万元以下,虚报数额占其应缴出资数额百分之六十以上的;

(二)法定注册资本最低限额超过六百万元,虚报数额占其应缴出资数额百分之三十以上的;

(三)造成投资者或者其他债权人直接经济损失累计数额在五十万元以上的;

(四)虽未达到上述数额标准,但具有下列情形之一的:

1. 二年内因虚报注册资本受过二次以上行政处罚,又虚报注册资本的;

2. 向公司登记主管人员行贿的;

3. 为进行违法活动而注册的。

(五)其他后果严重或者有其他严重情节的情形。

本条只适用于依法实行注册资本实缴登记制的公司。

第四条 〔虚假出资、抽逃出资案(刑法第一百五十九条)〕公司发起人、股东违反公司法的规定未交付货币、实物或者未转移财产权,虚假出资,或者在公司成立后又抽逃其出资,涉嫌下列情形之一的,应予立案追诉:

(一)法定注册资本最低限额在六百万元以下,虚假出资、抽逃出资数额占其应缴出资数额百分之六十以上的;

(二)法定注册资本最低限额超过六百万元,虚假出资、抽逃出资数额占其应缴出资数额百分之三十以上的;

(三)造成公司、股东、债权人的直接经济损失累计数额在五十万元以上的;

(四)虽未达到上述数额标准,但具有下列情形之一的:

1. 致使公司资不抵债或者无法正常经营的;

2. 公司发起人、股东合谋虚假出资、抽逃出资的;

3. 二年内因虚假出资、抽逃出资受过二次以上行政处罚，又虚假出资、抽逃出资的；

4. 利用虚假出资、抽逃出资所得资金进行违法活动的。

（五）其他后果严重或者有其他严重情节的情形。

本条只适用于依法实行注册资本实缴登记制的公司。

第五条　〔欺诈发行证券案（刑法第一百六十条）〕 在招股说明书、认股书、公司、企业债券募集办法等发行文件中隐瞒重要事实或者编造重大虚假内容，发行股票或者公司、企业债券、存托凭证或者国务院依法认定的其他证券，涉嫌下列情形之一的，应予立案追诉：

（一）非法募集资金金额在一千万元以上的；

（二）虚增或者虚减资产达到当期资产总额百分之三十以上的；

（三）虚增或者虚减营业收入达到当期营业收入总额百分之三十以上的；

（四）虚增或者虚减利润达到当期利润总额百分之三十以上的；

（五）隐瞒或者编造的重大诉讼、仲裁、担保、关联交易或者其他重大事项所涉及的数额或者连续十二个月的累计数额达到最近一期披露的净资产百分之五十以上的；

（六）造成投资者直接经济损失数额累计在一百万元以上的；

（七）为欺诈发行证券而伪造、变造国家机关公文、有效证明文件或者相关凭证、单据的；

（八）为欺诈发行证券向负有金融监督管理职责的单位或者人员行贿的；

（九）募集的资金全部或者主要用于违法犯罪活动的；

（十）其他后果严重或者有其他严重情节的情形。

第六条　〔违规披露、不披露重要信息案（刑法第一百六十一条）〕 依法负有信息披露义务的公司、企业向股东和社会公众提供虚假的或者隐瞒重要事实的财务会计报告，或者对依法应当披露的其他重要信息不按规定披露，涉嫌下列情形之一的，应予立案追诉：

（一）造成股东、债权人或者其他人直接经济损失数额累计在一百万元以上的；

（二）虚增或者虚减资产达到当期披露的资产总额百分之三十以上的；

（三）虚增或者虚减营业收入达到当期披露的营业

收入总额百分之三十以上的；

（四）虚增或者虚减利润达到当期披露的利润总额百分之三十以上的；

（五）未按照规定披露的重大诉讼、仲裁、担保、关联交易或者其他重大事项所涉及的数额或者连续十二个月的累计数额达到最近一期披露的净资产百分之五十以上的；

（六）致使不符合发行条件的公司、企业骗取发行核准或者注册并且上市交易的；

（七）致使公司、企业发行的股票或者公司、企业债券、存托凭证或者国务院依法认定的其他证券被终止上市交易的；

（八）在公司财务会计报告中将亏损披露为盈利，或者将盈利披露为亏损的；

（九）多次提供虚假的或者隐瞒重要事实的财务会计报告，或者多次对依法应当披露的其他重要信息不按照规定披露的；

（十）其他严重损害股东、债权人或者其他人利益，或者有其他严重情节的情形。

第七条　〔妨害清算案（刑法第一百六十二条）〕 公司、企业进行清算时，隐匿财产，对资产负债表或者财产清单作虚伪记载或者在未清偿债务前分配公司、企业财产，涉嫌下列情形之一的，应予立案追诉：

（一）隐匿财产价值在五十万元以上的；

（二）对资产负债表或者财产清单作虚伪记载涉及金额在五十万元以上的；

（三）在未清偿债务前分配公司、企业财产价值在五十万元以上的；

（四）造成债权人或者其他人直接经济损失数额累计在十万元以上的；

（五）虽未达到上述数额标准，但应清偿的职工的工资、社会保险费用和法定补偿金得不到及时清偿，造成恶劣社会影响的；

（六）其他严重损害债权人或者其他人利益的情形。

第八条　〔隐匿、故意销毁会计凭证、会计帐簿、财务会计报告案（刑法第一百六十二条之一）〕 隐匿或者故意销毁依法应当保存的会计凭证、会计帐簿、财务会计报告，涉嫌下列情形之一的，应予立案追诉：

（一）隐匿、故意销毁的会计凭证、会计帐簿、财务会计报告涉及金额在五十万元以上的；

（二）依法应当向监察机关、司法机关、行政机关、有关主管部门等提供而隐匿、故意销毁或者拒不交出会计凭证、会计帐簿、财务会计报告的；

（三）其他情节严重的情形。

第九条 〔**虚假破产案**（刑法第一百六十二条之二）〕公司、企业通过隐匿财产、承担虚构的债务或者以其他方法转移、处分财产，实施虚假破产，涉嫌下列情形之一的，应予立案追诉：

（一）隐匿财产价值在五十万元以上的；

（二）承担虚构的债务涉及金额在五十万元以上的；

（三）以其他方法转移、处分财产价值在五十万元以上的；

（四）造成债权人或者其他人直接经济损失数额累计在十万元以上的；

（五）虽未达到上述数额标准，但应清偿的职工的工资、社会保险费用和法定补偿金得不到及时清偿，造成恶劣社会影响的；

（六）其他严重损害债权人或者其他人利益的情形。

第十条 〔**非国家工作人员受贿案**（刑法第一百六十三条）〕公司、企业或者其他单位的工作人员利用职务上的便利，索取他人财物或者非法收受他人财物，为他人谋取利益，或者在经济往来中，利用职务上的便利，违反国家规定，收受各种名义的回扣、手续费，归个人所有，数额在三万元以上的，应予立案追诉。

第十一条 〔**对非国家工作人员行贿案**（刑法第一百六十四条第一款）〕为谋取不正当利益，给予公司、企业或者其他单位的工作人员以财物，个人行贿数额在三万元以上的，单位行贿数额在二十万元以上的，应予立案追诉。

第十二条 〔**对外国公职人员、国际公共组织官员行贿案**（刑法第一百六十四条第二款）〕为谋取不正当商业利益，给予外国公职人员或者国际公共组织官员以财物，个人行贿数额在三万元以上的，单位行贿数额在二十万元以上的，应予立案追诉。

第十三条 〔**背信损害上市公司利益案**（刑法第一百六十九条之一）〕上市公司的董事、监事、高级管理人员违背对公司的忠实义务，利用职务便利，操纵上市公司从事损害上市公司利益的行为，以及上市公司的控股股东或者实际控制人，指使上市公司董事、监事、高级管理人员实施损害上市公司利益的行为，涉嫌下列情形之一的，应予立案追诉：

（一）无偿向其他单位或者个人提供资金、商品、服务或者其他资产，致使上市公司直接经济损失数额在一百五十万元以上的；

（二）以明显不公平的条件，提供或者接受资金、商品、服务或者其他资产，致使上市公司直接经济损失数额在一百五十万元以上的；

（三）向明显不具有清偿能力的单位或者个人提供资金、商品、服务或者其他资产，致使上市公司直接经济损失数额在一百五十万元以上的；

（四）为明显不具有清偿能力的单位或者个人提供担保，或者无正当理由为其他单位或者个人提供担保，致使上市公司直接经济损失数额在一百五十万元以上的；

（五）无正当理由放弃债权、承担债务，致使上市公司直接经济损失数额在一百五十万元以上的；

（六）致使公司、企业发行的股票或者公司、企业债券、存托凭证或者国务院依法认定的其他证券被终止上市交易的；

（七）其他致使上市公司利益遭受重大损失的情形。

第十四条 〔**伪造货币案**（刑法第一百七十条）〕伪造货币，涉嫌下列情形之一的，应予立案追诉：

（一）总面额在二千元以上或者币量在二百张（枚）以上的；

（二）总面额在一千元以上或者币量在一百张（枚）以上，二年内因伪造货币受过行政处罚，又伪造货币的；

（三）制造货币版样或者为他人伪造货币提供版样的；

（四）其他伪造货币应予追究刑事责任的情形。

第十五条 〔**出售、购买、运输假币案**（刑法第一百七十一条第一款）〕出售、购买伪造的货币或者明知是伪造的货币而运输，涉嫌下列情形之一的，应予立案追诉：

（一）总面额在四千元以上或者币量在四百张（枚）以上的；

（二）总面额在二千元以上或者币量在二百张（枚）以上，二年内因出售、购买、运输假币受过行政处罚，又出售、购买、运输假币的；

（三）其他出售、购买、运输假币应予追究刑事责任的情形。

在出售假币时被抓获的，除现场查获的假币应认定为出售假币的数额外，现场之外在行为人住所或者其他藏匿地查获的假币，也应认定为出售假币的数额。

第十六条 〔**金融工作人员购买假币、以假币换取货币案**（刑法第一百七十一条第二款）〕银行或者其他金融机构的工作人员购买伪造的货币或者利用职务上的便利，以伪造的货币换取货币，总面额在二千元以上或者币量在二百张（枚）以上的，应予立案追诉。

第十七条 〔持有、使用假币案(刑法第一百七十二条)〕明知是伪造的货币而持有、使用,涉嫌下列情形之一的,应予立案追诉:

(一)总面额在四千元以上或者币量在四百张(枚)以上的;

(二)总面额在二千元以上或者币量在二百张(枚)以上,二年内因持有、使用假币受过行政处罚,又持有、使用假币的;

(三)其他持有、使用假币应予追究刑事责任的情形。

第十八条 〔变造货币案(刑法第一百七十三条)〕变造货币,涉嫌下列情形之一的,应予立案追诉:

(一)总面额在二千元以上或者币量在二百张(枚)以上的;

(二)总面额在一千元以上或者币量在一百张(枚)以上,二年内因变造货币受过行政处罚,又变造货币的;

(三)其他变造货币应予追究刑事责任的情形。

第十九条 〔擅自设立金融机构案(刑法第一百七十四条第一款)〕未经国家有关主管部门批准,擅自设立金融机构,涉嫌下列情形之一的,应予立案追诉:

(一)擅自设立商业银行、证券交易所、期货交易所、证券公司、期货公司、保险公司或者其他金融机构的;

(二)擅自设立金融机构筹备组织的。

第二十条 〔伪造、变造、转让金融机构经营许可证、批准文件案(刑法第一百七十四条第二款)〕伪造、变造、转让商业银行、证券交易所、期货交易所、证券公司、期货公司、保险公司或者其他金融机构的经营许可证或者批准文件的,应予立案追诉。

第二十一条 〔高利转贷案(刑法第一百七十五条)〕以转贷牟利为目的,套取金融机构信贷资金高利转贷他人,违法所得数额在五十万元以上的,应予立案追诉。

第二十二条 〔骗取贷款、票据承兑、金融票证案(刑法第一百七十五条之一)〕以欺骗手段取得银行或者其他金融机构贷款、票据承兑、信用证、保函等,给银行或者其他金融机构造成直接经济损失数额在五十万元以上的,应予立案追诉。

第二十三条 〔非法吸收公众存款案(刑法第一百七十六条)〕非法吸收公众存款或者变相吸收公众存款,扰乱金融秩序,涉嫌下列情形之一的,应予立案追诉:

(一)非法吸收或者变相吸收公众存款数额在一百万元以上的;

(二)非法吸收或者变相吸收公众存款对象一百五十人以上的;

(三)非法吸收或者变相吸收公众存款,给集资参与人造成直接经济损失数额在五十万元以上的;

非法吸收或者变相吸收公众存款数额在五十万元以上或者给集资参与人造成直接经济损失数额在二十五万元以上,同时涉嫌下列情形之一的,应予立案追诉:

(一)因非法集资受过刑事追究的;

(二)二年内因非法集资受过行政处罚的;

(三)造成恶劣社会影响或者其他严重后果的。

第二十四条 〔伪造、变造金融票证案(刑法第一百七十七条)〕伪造、变造金融票证,涉嫌下列情形之一的,应予立案追诉:

(一)伪造、变造汇票、本票、支票,或者伪造、变造委托收款凭证、汇款凭证、银行存单等其他银行结算凭证,或者伪造、变造信用证或者附随的单据、文件,总面额在一万元以上或者数量在十张以上的;

(二)伪造信用卡一张以上,或者伪造空白信用卡十张以上的。

第二十五条 〔妨害信用卡管理案(刑法第一百七十七条之一第一款)〕妨害信用卡管理,涉嫌下列情形之一的,应予立案追诉:

(一)明知是伪造的信用卡而持有、运输的;

(二)明知是伪造的空白信用卡而持有、运输,数量累计在十张以上的;

(三)非法持有他人信用卡,数量累计在五张以上的;

(四)使用虚假的身份证明骗领信用卡的;

(五)出售、购买、为他人提供伪造的信用卡或者以虚假的身份证明骗领的信用卡的。

违背他人意愿,使用其居民身份证、军官证、士兵证、港澳居民往来内地通行证、台湾居民来往大陆通行证、护照等身份证明申领信用卡的,或者使用伪造、变造的身份证明申领信用卡的,应当认定为"使用虚假的身份证明骗领信用卡"。

第二十六条 〔窃取、收买、非法提供信用卡信息案(刑法第一百七十七条之一第二款)〕窃取、收买或者非法提供他人信用卡信息资料,足以伪造可进行交易的信用卡,或者足以使他人以信用卡持卡人名义进行交易,涉及信用卡一张以上的,应予立案追诉。

第二十七条 〔伪造、变造国家有价证券案(刑法第一百七十八条第一款)〕伪造、变造国库券或者国家发行的其他有价证券,总面额在二千元以上的,应予立案追诉。

第二十八条　〔伪造、变造股票、公司、企业债券案(刑法第一百七十八条第二款)〕 伪造、变造股票或者公司、企业债券,总面额在三万元以上的,应予立案追诉。

第二十九条　〔擅自发行股票、公司、企业债券案(刑法第一百七十九条)〕 未经国家有关主管部门批准或者注册,擅自发行股票或者公司、企业债券,涉嫌下列情形之一的,应予立案追诉:

(一)非法募集资金金额在一百万元以上的;

(二)造成投资者直接经济损失数额累计在五十万元以上的;

(三)募集的资金全部或者主要用于违法犯罪活动的;

(四)其他后果严重或者有其他严重情节的情形。

本条规定的"擅自发行股票或者公司、企业债券",是指向社会不特定对象发行、以转让股权等方式变相发行股票或者公司、企业债券,或者向特定对象发行、变相发行股票或者公司、企业债券累计超过二百人的行为。

第三十条　〔内幕交易、泄露内幕信息案(刑法第一百八十条第一款)〕 证券、期货交易内幕信息的知情人员、单位或者非法获取证券、期货交易内幕信息的人员、单位,在涉及证券的发行,证券、期货交易或者其他对证券、期货交易价格有重大影响的信息尚未公开前,买入或者卖出该证券,或者从事与该内幕信息有关的期货交易,或者泄露该信息,或者明示、暗示他人从事上述交易活动,涉嫌下列情形之一的,应予立案追诉:

(一)获利或者避免损失数额在五十万元以上的;

(二)证券交易成交额在二百万元以上的;

(三)期货交易占用保证金数额在一百万元以上的;

(四)二年内三次以上实施内幕交易、泄露内幕信息行为的;

(五)明示、暗示三人以上从事与内幕信息相关的证券、期货交易活动的;

(六)具有其他严重情节的。

内幕交易获利或者避免损失数额在二十五万元以上,或者证券交易成交额在一百万元以上,或者期货交易占用保证金数额在五十万元以上,同时涉嫌下列情形之一的,应予立案追诉:

(一)证券法规定的证券交易内幕信息的知情人实施或者与他人共同实施内幕交易行为的;

(二)以出售或者变相出售内幕信息等方式,明示、

暗示他人从事与该内幕信息相关的交易活动的;

(三)因证券、期货犯罪行为受过刑事追究的;

(四)二年内因证券、期货违法行为受过行政处罚的;

(五)造成其他严重后果的。

第三十一条　〔利用未公开信息交易案(刑法第一百八十条第四款)〕 证券交易所、期货交易所、证券公司、期货公司、基金管理公司、商业银行、保险公司等金融机构的从业人员以及有关监管部门或者行业协会的工作人员,利用因职务便利获取的内幕信息以外的其他未公开的信息,违反规定,从事与该信息相关的证券、期货交易活动,或者明示、暗示他人从事相关交易活动,涉嫌下列情形之一的,应予立案追诉:

(一)获利或者避免损失数额在一百万元以上的;

(二)二年内三次以上利用未公开信息交易的;

(三)明示、暗示三人以上从事相关交易活动的;

(四)具有其他严重情节的。

利用未公开信息交易,获利或者避免损失数额在五十万元以上,或者证券交易成交额在五百万元以上,或者期货交易占用保证金数额在一百万元以上,同时涉嫌下列情形之一的,应予立案追诉:

(一)以出售或者变相出售未公开信息等方式,明示、暗示他人从事相关交易活动的;

(二)因证券、期货犯罪行为受过刑事追究的;

(三)二年内因证券、期货违法行为受过行政处罚的;

(四)造成其他严重后果的。

第三十二条　〔编造并传播证券、期货交易虚假信息案(刑法第一百八十一条第一款)〕 编造并且传播影响证券、期货交易的虚假信息,扰乱证券、期货交易市场,涉嫌下列情形之一的,应予立案追诉:

(一)获利或者避免损失数额在五万元以上的;

(二)造成投资者直接经济损失数额在五十万元以上的;

(三)虽未达到上述数额标准,但多次编造并且传播影响证券、期货交易的虚假信息的;

(四)致使交易价格或者交易量异常波动的;

(五)造成其他严重后果的。

第三十三条　〔诱骗投资者买卖证券、期货合约案(刑法第一百八十一条第二款)〕 证券交易所、期货交易所、证券公司、期货公司的从业人员,证券业协会、期货业协会或者证券期货监督管理部门的工作人员,故意提供

虚假信息或者伪造、变造、销毁交易记录,诱骗投资者买卖证券、期货合约,涉嫌下列情形之一的,应予立案追诉:

(一)获利或者避免损失数额在五万元以上的;

(二)造成投资者直接经济损失数额在五十万元以上的;

(三)虽未达到上述数额标准,但多次诱骗投资者买卖证券、期货合约的;

(四)致使交易价格或者交易量异常波动的;

(五)造成其他严重后果的。

第三十四条 〔操纵证券、期货市场案(刑法第一百八十二条)〕操纵证券、期货市场,影响证券、期货交易价格或者证券、期货交易量,涉嫌下列情形之一的,应予立案追诉:

(一)持有或者实际控制证券的流通股份数量达到该证券的实际流通股份总量百分之十以上,实施刑法第一百八十二条第一款第一项操纵证券市场行为,连续十个交易日的累计成交量达到同期该证券总成交量百分之二十以上的;

(二)实施刑法第一百八十二条第一款第二项、第三项操纵证券市场行为,连续十个交易日的累计成交量达到同期该证券总成交量百分之二十以上的;

(三)利用虚假或者不确定的重大信息,诱导投资者进行证券交易,行为人进行相关证券交易的成交额在一千万元以上的;

(四)对证券、证券发行人公开作出评价、预测或者投资建议,同时进行反向证券交易,证券交易成交额在一千万元以上的;

(五)通过策划、实施资产收购或者重组、投资新业务、股权转让、上市公司收购等虚假重大事项,误导投资者作出投资决策,并进行相关交易或者谋取相关利益,证券交易成交额在一千万元以上的;

(六)通过控制发行人、上市公司信息的生成或者控制信息披露的内容、时点、节奏,误导投资者作出投资决策,并进行相关交易或者谋取相关利益,证券交易成交额在一千万元以上的;

(七)实施刑法第一百八十二条第一款第一项操纵期货市场行为,实际控制的帐户合并持仓连续十个交易日的最高值超过期货交易所限仓标准的二倍,累计成交量达到同期该期货合约总成交量百分之二十以上,且期货交易占用保证金数额在五百万元以上的;

(八)通过囤积现货,影响特定期货品种市场行情,并进行相关期货交易,实际控制的帐户合并持仓连续十个交易日的最高值超过期货交易所限仓标准的二倍,累计成交量达到同期该期货合约总成交量百分之二十以上,且期货交易占用保证金数额在五百万元以上的;

(九)实施刑法第一百八十二条第一款第二项、第三项操纵期货市场行为,实际控制的帐户连续十个交易日的累计成交量达到同期该期货合约总成交量百分之二十以上,且期货交易占用保证金数额在五百万元以上的;

(十)利用虚假或者不确定的重大信息,诱导投资者进行期货交易,行为人进行相关期货交易,实际控制的帐户连续十个交易日的累计成交量达到同期该期货合约总成交量百分之二十以上,且期货交易占用保证金数额在五百万元以上的;

(十一)对期货交易标的的公开作出评价、预测或者投资建议,同时进行相关期货交易,实际控制的帐户连续十个交易日的累计成交量达到同期该期货合约总成交量的百分之二十以上,且期货交易占用保证金数额在五百万元以上的;

(十二)不以成交为目的,频繁或者大量申报买入、卖出证券、期货合约并撤销申报,当日累计撤回申报量达到同期该证券、期货合约总申报量百分之五十以上,且证券撤回申报额在一千万元以上、撤回申报的期货合约占用保证金数额在五百万元以上的;

(十三)实施操纵证券、期货市场行为,获利或者避免损失数额在一百万元以上的。

操纵证券、期货市场,影响证券、期货交易价格或者证券、期货交易量,获利或者避免损失数额在五十万元以上,同时涉嫌下列情形之一的,应予立案追诉:

(一)发行人、上市公司及其董事、监事、高级管理人员、控股股东或者实际控制人实施操纵证券、期货市场行为的;

(二)收购人、重大资产重组的交易对方及其董事、监事、高级管理人员、控股股东或者实际控制人实施操纵证券、期货市场行为的;

(三)行为人明知操纵证券、期货市场行为被有关部门调查,仍继续实施的;

(四)因操纵证券、期货市场行为受过刑事追究的;

(五)二年内因操纵证券、期货市场行为受过行政处罚的;

(六)在市场出现重大异常波动等特定时段操纵证券、期货市场的;

(七)造成其他严重后果的。

对于在全国中小企业股份转让系统中实施操纵证券

市场行为,社会危害性大,严重破坏公平公正的市场秩序的,比照本条的规定执行,但本条第一款第一项和第二项除外。

第三十五条　〔背信运用受托财产案(刑法第一百八十五条之一第一款)〕商业银行、证券交易所、期货交易所、证券公司、期货公司、保险公司或者其他金融机构,违背受托义务,擅自运用客户资金或者其他委托、信托的财产,涉嫌下列情形之一的,应予立案追诉:

(一)擅自运用客户资金或者其他委托、信托的财产数额在三十万元以上的;

(二)虽未达到上述数额标准,但多次擅自运用客户资金或者其他委托、信托的财产,或者擅自运用多个客户资金或者其他委托、信托的财产的;

(三)其他情节严重的情形。

第三十六条　〔违法运用资金案(刑法第一百八十五条之一第二款)〕社会保障基金管理机构、住房公积金管理机构等公众资金管理机构,以及保险公司、保险资产管理公司、证券投资基金管理公司,违反国家规定运用资金,涉嫌下列情形之一的,应予立案追诉:

(一)违反国家规定运用资金数额在三十万元以上的;

(二)虽未达到上述数额标准,但多次违反国家规定运用资金的;

(三)其他情节严重的情形。

第三十七条　〔违法发放贷款案(刑法第一百八十六条)〕银行或者其他金融机构及其工作人员违反国家规定发放贷款,涉嫌下列情形之一的,应予立案追诉:

(一)违法发放贷款,数额在二百万元以上的;

(二)违法发放贷款,造成直接经济损失数额在五十万元以上的。

第三十八条　〔吸收客户资金不入帐案(刑法第一百八十七条)〕银行或者其他金融机构及其工作人员吸收客户资金不入帐,涉嫌下列情形之一的,应予立案追诉:

(一)吸收客户资金不入帐,数额在二百万元以上的;

(二)吸收客户资金不入帐,造成直接经济损失数额在五十万元以上的。

第三十九条　〔违规出具金融票证案(刑法第一百八十八条)〕银行或者其他金融机构及其工作人员违反规定,为他人出具信用证或者其他保函、票据、存单、资信证明,涉嫌下列情形之一的,应予立案追诉:

(一)违反规定为他人出具信用证或者其他保函、票据、存单、资信证明,数额在二百万元以上的;

(二)违反规定为他人出具信用证或者其他保函、票据、存单、资信证明,造成直接经济损失数额在五十万元以上的;

(三)多次违规出具信用证或者其他保函、票据、存单、资信证明的;

(四)接受贿赂违规出具信用证或者其他保函、票据、存单、资信证明的;

(五)其他情节严重的情形。

第四十条　〔对违法票据承兑、付款、保证案(刑法第一百八十九条)〕银行或者其他金融机构及其工作人员在票据业务中,对违反票据法规定的票据予以承兑、付款或者保证,造成直接经济损失数额在五十万元以上的,应予立案追诉。

第四十一条　〔逃汇案(刑法第一百九十条)〕公司、企业或者其他单位,违反国家规定,擅自将外汇存放境外,或者将境内的外汇非法转移到境外,单笔在二百万美元以上或者累计数额在五百万美元以上的,应予立案追诉。

第四十二条　〔骗购外汇案《全国人民代表大会常务委员会关于惩治骗购外汇、逃汇和非法买卖外汇犯罪的决定》第一条)〕骗购外汇,数额在五十万美元以上的,应予立案追诉。

第四十三条　〔洗钱案(刑法第一百九十一条)〕为掩饰、隐瞒毒品犯罪、黑社会性质的组织犯罪、恐怖活动犯罪、走私犯罪、贪污贿赂犯罪、破坏金融管理秩序犯罪、金融诈骗犯罪的所得及其产生的收益的来源和性质,涉嫌下列情形之一的,应予立案追诉:

(一)提供资金帐户的;

(二)将财产转换为现金、金融票据、有价证券的;

(三)通过转帐或者其他支付结算方式转移资金的;

(四)跨境转移资产的;

(五)以其他方法掩饰、隐瞒犯罪所得及其收益的来源和性质的。

第四十四条　〔集资诈骗案(刑法第一百九十二条)〕以非法占有为目的,使用诈骗方法非法集资,数额在十万元以上的,应予立案追诉。

第四十五条　〔贷款诈骗案(刑法第一百九十三条)〕以非法占有为目的,诈骗银行或者其他金融机构的贷款,数额在五万元以上的,应予立案追诉。

第四十六条　〔票据诈骗案(刑法第一百九十四条

第一款)〕进行金融票据诈骗活动,数额在五万元以上的,应予立案追诉。

第四十七条　〔金融凭证诈骗案(刑法第一百九十四条第二款)〕使用伪造、变造的委托收款凭证、汇款凭证、银行存单等其他银行结算凭证进行诈骗活动,数额在五万元以上的,应予立案追诉。

第四十八条　〔信用证诈骗案(刑法第一百九十五条)〕进行信用证诈骗活动,涉嫌下列情形之一的,应予立案追诉:

(一)使用伪造、变造的信用证或者附随的单据、文件的;

(二)使用作废的信用证的;

(三)骗取信用证的;

(四)以其他方法进行信用证诈骗活动的。

第四十九条　〔信用卡诈骗案(刑法第一百九十六条)〕进行信用卡诈骗活动,涉嫌下列情形之一的,应予立案追诉:

(一)使用伪造的信用卡、以虚假的身份证明骗领的信用卡、作废的信用卡或者冒用他人信用卡,进行诈骗活动,数额在五千元以上的;

(二)恶意透支,数额在五万元以上的。

本条规定的"恶意透支",是指持卡人以非法占有为目的,超过规定限额或者规定期限透支,经发卡银行两次有效催收后超过三个月仍不归还的。

恶意透支的数额,是指公安机关刑事立案时尚未归还的实际透支的本金数额,不包括利息、复利、滞纳金、手续费等发卡银行收取的费用。归还或者支付的数额,应当认定为归还实际透支的本金。

恶意透支,数额在五万元以上不满五十万元的,在提起公诉前全部归还或者具有其他情节轻微情形的,可以不起诉。但是,因信用卡诈骗受过二次以上处罚的除外。

第五十条　〔有价证券诈骗案(刑法第一百九十七条)〕使用伪造、变造的国库券或者国家发行的其他有价证券进行诈骗活动,数额在五万元以上的,应予立案追诉。

第五十一条　〔保险诈骗案(刑法第一百九十八条)〕进行保险诈骗活动,数额在五万元以上的,应予立案追诉。

第五十二条　〔逃税案(刑法第二百零一条)〕逃避缴纳税款,涉嫌下列情形之一的,应予立案追诉:

(一)纳税人采取欺骗、隐瞒手段进行虚假纳税申报或者不申报,逃避缴纳税款,数额在十万元以上并且占各税种应纳税总额百分之十以上,经税务机关依法下达追缴通知后,不补缴应纳税款、不缴纳滞纳金或者不接受行政处罚的;

(二)纳税人五年内因逃避缴纳税款受过刑事处罚或者被税务机关给予二次以上行政处罚,又逃避缴纳税款,数额在十万元以上并且占各税种应纳税总额百分之十以上的;

(三)扣缴义务人采取欺骗、隐瞒手段,不缴或者少缴已扣、已收税款,数额在十万元以上的。

纳税人在公安机关立案后再补缴应纳税款、缴纳滞纳金或者接受行政处罚的,不影响刑事责任的追究。

第五十三条　〔抗税案(刑法第二百零二条)〕以暴力、威胁方法拒不缴纳税款,涉嫌下列情形之一的,应予立案追诉:

(一)造成税务工作人员轻微伤以上的;

(二)以给税务工作人员及其亲友的生命、健康、财产等造成损害为威胁,抗拒缴纳税款的;

(三)聚众抗拒缴纳税款的;

(四)以其他暴力、威胁方法拒不缴纳税款的。

第五十四条　〔逃避追缴欠税案(刑法第二百零三条)〕纳税人欠缴应纳税款,采取转移或者隐匿财产的手段,致使税务机关无法追缴欠缴的税款,数额在一万元以上的,应予立案追诉。

第五十五条　〔骗取出口退税案(刑法第二百零四条)〕以假报出口或者其他欺骗手段,骗取国家出口退税款,数额在十万元以上的,应予立案追诉。

第五十六条　〔虚开增值税专用发票、用于骗取出口退税、抵扣税款发票案(刑法第二百零五条)〕虚开增值税专用发票或者虚开用于骗取出口退税、抵扣税款的其他发票,虚开的税款数额在十万元以上或者造成国家税款损失数额在五万元以上的,应予立案追诉。

第五十七条　〔虚开发票案(刑法第二百零五条之一)〕虚开刑法第二百零五条规定以外的其他发票,涉嫌下列情形之一的,应予立案追诉:

(一)虚开发票金额累计在五十万元以上的;

(二)虚开发票一百份以上且票面金额在三十万元以上的;

(三)五年内因虚开发票受过刑事处罚或者二次以上行政处罚,又虚开发票,数额达到第一、二项标准百分之六十以上的。

第五十八条　〔伪造、出售伪造的增值税专用发票案(刑法第二百零六条)〕伪造或者出售伪造的增值税专用

发票,涉嫌下列情形之一的,应予立案追诉:

(一)票面税额累计在十万元以上的;

(二)伪造或者出售伪造的增值税专用发票十份以上且票面税额在六万元以上的;

(三)非法获利数额在一万元以上的。

第五十九条 〔非法出售增值税专用发票案(刑法第二百零七条)〕非法出售增值税专用发票,涉嫌下列情形之一的,应予立案追诉:

(一)票面税额累计在十万元以上的;

(二)非法出售增值税专用发票十份以上且票面税额在六万元以上的;

(三)非法获利数额在一万元以上的。

第六十条 〔非法购买增值税专用发票、购买伪造的增值税专用发票案(刑法第二百零八条第一款)〕非法购买增值税专用发票或者购买伪造的增值税专用发票,涉嫌下列情形之一的,应予立案追诉:

(一)非法购买增值税专用发票或者购买伪造的增值税专用发票二十份以上且票面税额在十万元以上的;

(二)票面税额累计在二十万元以上的。

第六十一条 〔非法制造、出售非法制造的用于骗取出口退税、抵扣税款发票案(刑法第二百零九条第一款)〕伪造、擅自制造或者出售伪造、擅自制造的用于骗取出口退税、抵扣税款的其他发票,涉嫌下列情形之一的,应予立案追诉:

(一)票面可以退税、抵扣税额累计在十万元以上的;

(二)伪造、擅自制造或者出售伪造、擅自制造的发票十份以上且票面可以退税、抵扣税额在六万元以上的;

(三)非法获利数额在一万元以上的。

第六十二条 〔非法制造、出售非法制造的发票案(刑法第二百零九条第二款)〕伪造、擅自制造或者出售伪造、擅自制造的不具有骗取出口退税、抵扣税款功能的其他发票,涉嫌下列情形之一的,应予立案追诉:

(一)伪造、擅自制造或者出售伪造、擅自制造的不具有骗取出口退税、抵扣税款功能的其他发票一百份以上且票面金额累计在三十万元以上的;

(二)票面金额累计在五十万元以上的;

(三)非法获利数额在一万元以上的。

第六十三条 〔非法出售用于骗取出口退税、抵扣税款发票案(刑法第二百零九条第三款)〕非法出售可以用于骗取出口退税、抵扣税款的其他发票,涉嫌下列情形之一的,应予立案追诉:

(一)票面可以退税、抵扣税额累计在十万元以上的;

(二)非法出售用于骗取出口退税、抵扣税款的其他发票十份以上且票面可以退税、抵扣税额在六万元以上的;

(三)非法获利数额在一万元以上的。

第六十四条 〔非法出售发票案(刑法第二百零九条第四款)〕非法出售增值税专用发票、用于骗取出口退税、抵扣税款的其他发票以外的发票,涉嫌下列情形之一的,应予立案追诉:

(一)非法出售增值税专用发票、用于骗取出口退税、抵扣税款的其他发票以外的发票一百份以上且票面金额累计在三十万元以上的;

(二)票面金额累计在五十万元以上的;

(三)非法获利数额在一万元以上的。

第六十五条 〔持有伪造的发票案(刑法第二百一十条之一)〕明知是伪造的发票而持有,涉嫌下列情形之一的,应予立案追诉:

(一)持有伪造的增值税专用发票或者可以用于骗取出口退税、抵扣税款的其他发票五十份以上且票面税额累计在二十五万元以上的;

(二)持有伪造的增值税专用发票或者可以用于骗取出口退税、抵扣税款的其他发票票面税额累计在五十万元以上的;

(三)持有伪造的第一项规定以外的其他发票一百份以上且票面金额在五十万元以上的;

(四)持有伪造的第一项规定以外的其他发票票面金额累计在一百万元以上的。

第六十六条 〔损害商业信誉、商品声誉案(刑法第二百二十一条)〕捏造并散布虚伪事实,损害他人的商业信誉、商品声誉,涉嫌下列情形之一的,应予立案追诉:

(一)给他人造成直接经济损失数额在五十万元以上的;

(二)虽未达到上述数额标准,但造成公司、企业等单位停业、停产六个月以上,或者破产的;

(三)其他给他人造成重大损失或者有其他严重情节的情形。

第六十七条 〔虚假广告案(刑法第二百二十二条)〕广告主、广告经营者、广告发布者违反国家规定,利用广告对商品或者服务作虚假宣传,涉嫌下列情形之一的,应予立案追诉:

(一)违法所得数额在十万元以上的;

(二)假借预防、控制突发事件、传染病防治的名义,利用广告作虚假宣传,致使多人上当受骗,违法所得数额在三万元以上的;

(三)利用广告对食品、药品作虚假宣传,违法所得数额在三万元以上的;

(四)虽未达到上述数额标准,但二年内因利用广告作虚假宣传受过二次以上行政处罚,又利用广告作虚假宣传的;

(五)造成严重危害后果或者恶劣社会影响的;

(六)其他情节严重的情形。

第六十八条 〔串通投标案(刑法第二百二十三条)〕投标人相互串通投标报价,或者投标人与招标人串通投标,涉嫌下列情形之一的,应予立案追诉:

(一)损害招标人、投标人或者国家、集体、公民的合法利益,造成直接经济损失数额在五十万元以上的;

(二)违法所得数额在二十万元以上的;

(三)中标项目金额在四百万元以上的;

(四)采取威胁、欺骗或者贿赂等非法手段的;

(五)虽未达到上述数额标准,但二年内因串通投标受过二次以上行政处罚,又串通投标的;

(六)其他情节严重的情形。

第六十九条 〔合同诈骗案(刑法第二百二十四条)〕以非法占有为目的,在签订、履行合同过程中,骗取对方当事人财物,数额在二万元以上的,应予立案追诉。

第七十条 〔组织、领导传销活动案(刑法第二百二十四条之一)〕组织、领导以推销商品、提供服务等经营活动为名,要求参加者以缴纳费用或者购买商品、服务等方式获得加入资格,并按照一定顺序组成层级,直接或者间接以发展人员的数量作为计酬或者返利依据,引诱、胁迫参加者继续发展他人参加,骗取财物,扰乱经济社会秩序的传销活动,涉嫌组织、领导的传销活动人员在三十人以上且层级在三级以上的,对组织者、领导者,应予立案追诉。

下列人员可以认定为传销活动的组织者、领导者:

(一)在传销活动中起发起、策划、操纵作用的人员;

(二)在传销活动中承担管理、协调等职责的人员;

(三)在传销活动中承担宣传、培训等职责的人员;

(四)因组织、领导传销活动受过刑事追究,或者一年内因组织、领导传销活动受过行政处罚,又直接或者间接发展参与传销活动人员在十五人以上且层级在三级以上的人员;

(五)其他对传销活动的实施、传销组织的建立、扩

大等起关键作用的人员。

第七十一条 〔非法经营案(刑法第二百二十五条)〕违反国家规定,进行非法经营活动,扰乱市场秩序,涉嫌下列情形之一的,应予立案追诉:

(一)违反国家烟草专卖管理法律法规,未经烟草专卖行政主管部门许可,无烟草专卖生产企业许可证、烟草专卖批发企业许可证、特种烟草专卖经营企业许可证、烟草专卖零售许可证等许可证明,非法经营烟草专卖品,具有下列情形之一的:

1. 非法经营数额在五万元以上,或者违法所得数额在二万元以上的;

2. 非法经营卷烟二十万支以上的;

3. 三年内因非法经营烟草专卖品受过二次以上行政处罚,又非法经营烟草专卖品且数额在三万元以上的。

(二)未经国家有关主管部门批准,非法经营证券、期货、保险业务,或者非法从事资金支付结算业务,具有下列情形之一的:

1. 非法经营证券、期货、保险业务,数额在一百万元以上,或者违法所得数额在十万元以上的;

2. 非法从事资金支付结算业务,数额在五百万元以上,或者违法所得数额在十万元以上的;

3. 非法从事资金支付结算业务,数额在二百五十万元以上不满五百万元,或者违法所得数额在五万元以上不满十万元,且具有下列情形之一的:

(1)因非法从事资金支付结算业务犯罪行为受过刑事追究的;

(2)二年内因非法从事资金支付结算业务违法行为受过行政处罚的;

(3)拒不交代涉案资金去向或者拒不配合追缴工作,致使赃款无法追缴的;

(4)造成其他严重后果的。

4. 使用销售点终端机具(POS机)等方法,以虚构交易、虚开价格、现金退货等方式向信用卡持卡人直接支付现金,数额在一百万元以上的,或者造成金融机构资金二十万元以上逾期未还的,或者造成金融机构经济损失十万元以上的。

(三)实施倒买倒卖外汇或者变相买卖外汇等非法买卖外汇行为,扰乱金融市场秩序,具有下列情形之一的:

1. 非法经营数额在五百万元以上的,或者违法所得数额在十万元以上的;

2. 非法经营数额在二百五十万元以上,或者违法所

得数额在五万元以上，且具有下列情形之一的：

（1）因非法买卖外汇犯罪行为受过刑事追究的；

（2）二年内因非法买卖外汇违法行为受过行政处罚的；

（3）拒不交代涉案资金去向或者拒不配合追缴工作，致使赃款无法追缴的；

（4）造成其他严重后果的。

3. 公司、企业或者其他单位违反有关外贸代理业务的规定，采用非法手段，或者明知是伪造、变造的凭证、商业单据，为他人向外汇指定银行骗购外汇，数额在五百万美元以上或者违法所得数额在五十万元以上的；

4. 居间介绍骗购外汇，数额在一百万美元以上或者违法所得数额在十万元以上的。

（四）出版、印刷、复制、发行严重危害社会秩序和扰乱市场秩序的非法出版物，具有下列情形之一的：

1. 个人非法经营数额在五万元以上的，单位非法经营数额在十五万元以上的；

2. 个人违法所得数额在二万元以上的，单位违法所得数额在五万元以上的；

3. 个人非法经营报纸五千份或者期刊五千本或者图书二千册或者音像制品、电子出版物五百张（盒）以上的，单位非法经营报纸一万五千份或者期刊一万五千本或者图书五千册或者音像制品、电子出版物一千五百张（盒）以上的；

4. 虽未达到上述数额标准，但具有下列情形之一的：

（1）二年内因出版、印刷、复制、发行非法出版物受过二次以上行政处罚，又出版、印刷、复制、发行非法出版物的；

（2）因出版、印刷、复制、发行非法出版物造成恶劣社会影响或者其他严重后果的。

（五）非法从事出版物的出版、印刷、复制、发行业务，严重扰乱市场秩序，具有下列情形之一的：

1. 个人非法经营数额在十五万元以上的，单位非法经营数额在五十万元以上的；

2. 个人违法所得数额在五万元以上的，单位违法所得数额在十五万元以上的；

3. 个人非法经营报纸一万五千份或者期刊一万五千本或者图书五千册或者音像制品、电子出版物一千五百张（盒）以上的，单位非法经营报纸五万份或者期刊五万本或者图书一万五千册或者音像制品、电子出版物五千张（盒）以上的；

4. 虽未达到上述数额标准，二年内因非法从事出版物的出版、印刷、复制、发行业务受过二次以上行政处罚，又非法从事出版物的出版、印刷、复制、发行业务的。

（六）采取租用国际专线、私设转接设备或者其他方法，擅自经营国际电信业务或者涉港澳台电信业务进行营利活动，扰乱电信市场管理秩序，具有下列情形之一的：

1. 经营去话业务数额在一百万元以上的；

2. 经营来话业务造成电信资费损失数额在一百万元以上的；

3. 虽未达到上述数额标准，但具有下列情形之一的：

（1）二年内因非法经营国际电信业务或者涉港澳台电信业务行为受过二次以上行政处罚，又非法经营国际电信业务或者涉港澳台电信业务的；

（2）因非法经营国际电信业务或者涉港澳台电信业务行为造成其他严重后果的。

（七）以营利为目的，通过信息网络有偿提供删除信息服务，或者明知是虚假信息，通过信息网络有偿提供发布信息等服务，扰乱市场秩序，具有下列情形之一的：

1. 个人非法经营数额在五万元以上，或者违法所得数额在二万元以上的；

2. 单位非法经营数额在十五万元以上，或者违法所得数额在五万元以上的。

（八）非法生产、销售"黑广播""伪基站"、无线电干扰器等无线电设备，具有下列情形之一的：

1. 非法生产、销售无线电设备三套以上的；

2. 非法经营数额在五万元以上的；

3. 虽未达到上述数额标准，但二年内因非法生产、销售无线电设备受过二次以上行政处罚，又非法生产、销售无线电设备的。

（九）以提供给他人开设赌场为目的，违反国家规定，非法生产、销售具有退币、退分、退钢珠等赌博功能的电子游戏设施设备或者其专用软件，具有下列情形之一的：

1. 个人非法经营数额在五万元以上，或者违法所得数额在一万元以上的；

2. 单位非法经营数额在五十万元以上，或者违法所得数额在十万元以上的；

3. 虽未达到上述数额标准，但二年内因非法生产、销售赌博机行为受过二次以上行政处罚，又进行同种非法经营行为的；

4. 其他情节严重的情形。

（十）实施下列危害食品安全行为，非法经营数额在

十万元以上,或者违法所得数额在五万元以上的:

1. 以提供给他人生产、销售食品为目的,违反国家规定,生产、销售国家禁止用于食品生产、销售的非食品原料的;

2. 以提供给他人生产、销售食用农产品为目的,违反国家规定,生产、销售国家禁用农药、食品动物中禁止使用的药品及其他化合物等有毒、有害的非食品原料,或者生产、销售添加上述有毒、有害的非食品原料的农药、兽药、饲料、饲料添加剂、饲料原料的;

3. 违反国家规定,私设生猪屠宰厂(场),从事生猪屠宰、销售等经营活动的。

(十一)未经监管部门批准,或者超越经营范围,以营利为目的,以超过百分之三十六的实际年利率经常性地向社会不特定对象发放贷款,具有下列情形之一的:

1. 个人非法放贷数额累计在二百万元以上的,单位非法放贷数额累计在一千万元以上的;

2. 个人违法所得数额累计在八十万元以上的,单位违法所得数额累计在四百万元以上的;

3. 个人非法放贷对象累计在五十人以上的,单位非法放贷对象累计在一百五十人以上的;

4. 造成借款人或者其近亲属自杀、死亡或者精神失常等严重后果的;

5. 虽未达到上述数额标准,但具有下列情形之一的:

(1)二年内因实施非法放贷行为受过二次以上行政处罚的;

(2)以超过百分之七十二的实际年利率实施非法放贷行为十次以上的。

黑恶势力非法放贷的,按照第1、2、3项规定的相应数额、数量标准的百分之五十确定。同时具有第5项规定情形的,按照相应数额、数量标准的百分之四十确定。

(十二)从事其他非法经营活动,具有下列情形之一的:

1. 个人非法经营数额在五万元以上,或者违法所得数额在一万元以上的;

2. 单位非法经营数额在五十万元以上,或者违法所得数额在十万元以上的;

3. 虽未达到上述数额标准,但二年内因非法经营行为受过二次以上行政处罚,又从事同种非法经营行为的;

4. 其他情节严重的情形。

法律、司法解释对非法经营罪的立案追诉标准另有规定的,依照其规定。

第七十二条〔非法转让、倒卖土地使用权案(刑法第二百二十八条)〕以牟利为目的,违反土地管理法规,非法转让、倒卖土地使用权,涉嫌下列情形之一的,应予立案追诉:

(一)非法转让、倒卖永久基本农田五亩以上的;

(二)非法转让、倒卖永久基本农田以外的耕地十亩以上的;

(三)非法转让、倒卖其他土地二十亩以上的;

(四)违法所得数额在五十万元以上的;

(五)虽未达到上述数额标准,但非法转让、倒卖土地使用权受过行政处罚,又非法转让、倒卖土地的;

(六)其他情节严重的情形。

第七十三条〔提供虚假证明文件案(刑法第二百二十九条第一款)〕承担资产评估、验资、验证、会计、审计、法律服务、保荐、安全评价、环境影响评价、环境监测等职责的中介组织的人员故意提供虚假证明文件,涉嫌下列情形之一的,应予立案追诉:

(一)给国家、公众或者其他投资者造成直接经济损失数额在五十万元以上的;

(二)违法所得数额在十万元以上的;

(三)虚假证明文件虚构数额在一百万元以上且占实际数额百分之三十以上的;

(四)虽未达到上述数额标准,但二年内因提供虚假证明文件受过二次以上行政处罚,又提供虚假证明文件的;

(五)其他情节严重的情形。

第七十四条〔出具证明文件重大失实案(刑法第二百二十九条第三款)〕承担资产评估、验资、验证、会计、审计、法律服务、保荐、安全评价、环境影响评价、环境监测等职责的中介组织的人员严重不负责任,出具的证明文件有重大失实,涉嫌下列情形之一的,应予立案追诉:

(一)给国家、公众或者其他投资者造成直接经济损失数额在一百万元以上的;

(二)其他造成严重后果的情形。

第七十五条〔逃避商检案(刑法第二百三十条)〕违反进出口商品检验法的规定,逃避商品检验,将必须经商检机构检验的进口商品未报经检验而擅自销售、使用,或者将必须经商检机构检验的出口商品未报经检验合格而擅自出口,涉嫌下列情形之一的,应予立案追诉:

(一)给国家、单位或者个人造成直接经济损失数额在五十万元以上的;

(二)逃避商检的进出口货物货值金额在三百万元

以上的;

（三）导致病疫流行、灾害事故的;

（四）多次逃避商检的;

（五）引起国际经济贸易纠纷,严重影响国家对外贸易关系,或者严重损害国家声誉的;

（六）其他情节严重的情形。

第七十六条 〔职务侵占案（刑法第二百七十一条第一款）〕公司、企业或者其他单位的工作人员,利用职务上的便利,将本单位财物非法占为己有,数额在三万元以上的,应予立案追诉。

第七十七条 〔挪用资金案（刑法第二百七十二条第一款）〕公司、企业或者其他单位的工作人员,利用职务上的便利,挪用本单位资金归个人使用或者借贷给他人,涉嫌下列情形之一的,应予立案追诉:

（一）挪用本单位资金数额在五万元以上,超过三个月未还的;

（二）挪用本单位资金数额在五万元以上,进行营利活动的;

（三）挪用本单位资金数额在三万元以上,进行非法活动的。

具有下列情形之一的,属于本条规定的"归个人使用":（一）将本单位资金供本人、亲友或者其他自然人使用的;

（二）以个人名义将本单位资金供其他单位使用的;

（三）个人决定以单位名义将本单位资金供其他单位使用,谋取个人利益的。

第七十八条 〔虚假诉讼案（刑法第三百零七条之一）〕单独或者与他人恶意串通,以捏造的事实提起民事诉讼,涉嫌下列情形之一的,应予立案追诉:

（一）致使人民法院基于捏造的事实采取财产保全或者行为保全措施的;

（二）致使人民法院开庭审理,干扰正常司法活动的;

（三）致使人民法院基于捏造的事实作出裁判文书、制作财产分配方案,或者立案执行基于捏造的事实作出的仲裁裁决、公证债权文书的;

（四）多次以捏造的事实提起民事诉讼的;

（五）因以捏造的事实提起民事诉讼被采取民事诉讼强制措施或者受过刑事追究的;

（六）其他妨害司法秩序或者严重侵害他人合法权益的情形。

附　则

第七十九条 本规定中的"货币"是指在境内外正在流通的以下货币:

（一）人民币（含普通纪念币、贵金属纪念币）、港元、澳门元、新台币;

（二）其他国家及地区的法定货币。

贵金属纪念币的面额以中国人民银行授权中国金币总公司的初始发售价格为准。

第八十条 本规定中的"多次",是指三次以上。

第八十一条 本规定中的"虽未达到上述数额标准",是指接近上述数额标准且已达到该数额的百分之八十以上的。

第八十二条 对于预备犯、未遂犯、中止犯,需要追究刑事责任的,应予立案追诉。

第八十三条 本规定中的立案追诉标准,除法律、司法解释、本规定中另有规定的以外,适用于相应的单位犯罪。

第八十四条 本规定中的"以上",包括本数。

第八十五条 本规定自 2022 年 5 月 15 日施行。《最高人民检察院、公安部关于公安机关管辖的刑事案件立案追诉标准的规定（二）》（公通字〔2010〕23 号）和《最高人民检察院、公安部关于公安机关管辖的刑事案件立案追诉标准的规定（二）的补充规定》（公通字〔2011〕47号）同时废止。

最高人民检察院、公安部关于公安机关管辖的刑事案件立案追诉标准的规定（三）

·2012 年 5 月 16 日
·公通字〔2012〕26 号

第一条 【走私、贩卖、运输、制造毒品案（刑法第三百四十七条）】走私、贩卖、运输、制造毒品,无论数量多少,都应予立案追诉。

本条规定的"走私"是指明知是毒品而非法将其运输、携带、寄递进出国（边）境的行为。直接向走私人非法收购走私进口的毒品,或者在内海、领海、界河、界湖运输、收购、贩卖毒品的,以走私毒品罪立案追诉。

本条规定的"贩卖"是指明知是毒品而非法销售或者以贩卖为目的而非法收买的行为。

有证据证明行为人以牟利为目的,为他人代购仅用于吸食、注射的毒品,对代购者以贩卖毒品罪立案追诉。

不以牟利为目的，为他人代购仅用于吸食、注射的毒品，毒品数量达到本规定第二条规定的数量标准的，对托购者和代购者以非法持有毒品罪立案追诉。明知他人实施毒品犯罪而为其居间介绍、代购代卖的，无论是否牟利，都应以相关毒品犯罪的共犯立案追诉。

本条规定的"运输"是指明知是毒品而采用携带、寄递、托运、利用他人或者使用交通工具等方法非法运送毒品的行为。

本条规定的"制造"是指非法利用毒品原植物直接提炼或者用化学方法加工、配制毒品，或者以改变毒品成分和效用为目的，用混合等物理方法加工、配制毒品的行为。为了便于隐蔽运输、销售、使用、欺骗购买者，或者为了增重，对毒品掺杂使假，添加或者去除其他非毒品物质，不属于制造毒品的行为。

为了制造毒品而采用生产、加工、提炼等方法非法制造易制毒化学品的，以制造毒品罪（预备）立案追诉。购进制造毒品的设备和原材料，开始着手制造毒品，尚未制造出毒品或者半成品的，以制造毒品罪（未遂）立案追诉。明知他人制造毒品而为其生产、加工、提炼、提供醋酸酐、乙醚、三氯甲烷等制毒物品的，以制造毒品罪的共犯立案追诉。

走私、贩卖、运输毒品主观故意中的"明知"，是指行为人知道或者应当知道所实施的是走私、贩卖、运输毒品行为。具有下列情形之一，结合行为人的供述和其他证据综合审查判断，可以认定其"应当知道"，但有证据证明确属被蒙骗的除外：

（一）执法人员在口岸、机场、车站、港口、邮局和其他检查站点检查时，要求行为人申报携带、运输、寄递的物品和其他疑似毒品物，并告知其法律责任，而行为人未如实申报，在其携带、运输、寄递的物品中查获毒品的；

（二）以伪报、藏匿、伪装等蒙蔽手段逃避海关、边防等检查，在其携带、运输、寄递的物品中查获毒品的；

（三）执法人员检查时，有逃跑、丢弃携带物品或者逃避、抗拒检查等行为，在其携带、藏匿或者丢弃的物品中查获毒品的；

（四）体内或者贴身隐秘处藏匿毒品的；

（五）为获取不同寻常的高额或者不等值的报酬为他人携带、运输、寄递、收取物品，从中查获毒品的；

（六）采用高度隐蔽的方式携带、运输物品，从中查获毒品的；

（七）采用高度隐蔽的方式交接物品，明显违背合法物品惯常交接方式，从中查获毒品的；

（八）行程路线故意绕开检查站点，在其携带、运输的物品中查获毒品的；

（九）以虚假身份、地址或者其他虚假方式办理托运、寄递手续，在托运、寄递的物品中查获毒品的；

（十）有其他证据足以证明行为人应当知道的。

制造毒品主观故意中的"明知"，是指行为人知道或者应当知道所实施的是制造毒品行为。有下列情形之一，结合行为人的供述和其他证据综合审查判断，可以认定其"应当知道"，但有证据证明确属被蒙骗的除外：

（一）购置了专门用于制造毒品的设备、工具、制毒物品或者配制方案的；

（二）为获取不同寻常的高额或者不等值的报酬为他人制造物品，经检验是毒品的；

（三）在偏远、隐蔽场所制造，或者采取对制造设备进行伪装等方式制造物品，经检验是毒品的；

（四）制造人员在执法人员检查时，有逃跑、抗拒检查等行为，在现场查获制造出的物品，经检验是毒品的；

（五）有其他证据足以证明行为人应当知道的。

走私、贩卖、运输、制造毒品罪是选择性罪名，对同一宗毒品实施了两种以上犯罪行为，并有相应确凿证据的，应当按照所实施的犯罪行为的性质并列适用罪名，毒品数量不重复计算。对同一宗毒品可能实施了两种以上犯罪行为，但相应证据只能认定其中一种或者几种行为，认定其他行为的证据不够确实充分的，只按照依法能够认定的行为的性质适用罪名。对不同宗毒品分别实施了不同种犯罪行为的，应对不同行为并列适用罪名，累计计算毒品数量。

第二条　【非法持有毒品案（刑法第三百四十八条）】明知是毒品而非法持有，涉嫌下列情形之一的，应予立案追诉：

（一）鸦片二百克以上、海洛因、可卡因或者甲基苯丙胺十克以上；

（二）二亚甲基双氧安非他明（MDMA）等苯丙胺类毒品（甲基苯丙胺除外）、吗啡二十克以上；

（三）度冷丁（杜冷丁）五十克以上（针剂100mg/支规格的五百支以上，50mg/支规格的一千支以上；片剂25mg/片规格的二千片以上，50mg/片规格的一千片以上）；

（四）盐酸二氢埃托啡二毫克以上（针剂或者片剂20ug/支、片规格的一百支、片以上）；

（五）氯胺酮、美沙酮二百克以上；

（六）三唑仑、安眠酮十千克以上；

（七）咖啡因五十千克以上；

（八）氯氮卓、艾司唑仑、地西泮、溴西泮一百千克以上；

（九）大麻油一千克以上，大麻脂二千克以上，大麻叶及大麻烟三十千克以上；

（十）罂粟壳五十千克以上；

（十一）上述毒品以外的其他毒品数量较大的。

非法持有两种以上毒品，每种毒品均没有达到本条第一款规定的数量标准，但按前款规定的立案追诉数量比例折算成海洛因后累计相加达到十克以上的，应予立案追诉。

本条规定的"非法持有"，是指违反国家法律和国家主管部门的规定，占有、携带、藏有或者以其他方式持有毒品。

非法持有毒品主观故意中的"明知"，依照本规定第一条第八款的有关规定予以认定。

第三条　【包庇毒品犯罪分子案（刑法第三百四十九条）】 包庇走私、贩卖、运输、制造毒品的犯罪分子，涉嫌下列情形之一的，应予立案追诉：

（一）作虚假证明，帮助掩盖罪行的；

（二）帮助隐藏、转移或者毁灭证据的；

（三）帮助取得虚假身份或者身份证件的；

（四）以其他方式包庇犯罪分子的。

实施前款规定的行为，事先通谋的，以走私、贩卖、运输、制造毒品罪的共犯立案追诉。

第四条　【窝藏、转移、隐瞒毒品、毒赃案（刑法第三百四十九条）】 为走私、贩卖、运输、制造毒品的犯罪分子窝藏、转移、隐瞒毒品或者犯罪所得的财物的，应予立案追诉。

实施前款规定的行为，事先通谋的，以走私、贩卖、运输、制造毒品罪的共犯立案追诉。

第五条　【走私制毒物品案（刑法第三百五十条）】 违反国家规定，非法运输、携带制毒物品进出国（边）境，涉嫌下列情形之一的，应予立案追诉：

（一）1-苯基-2-丙酮五千克以上；

（二）麻黄碱、伪麻黄碱及其盐类和单方制剂一千克以上，麻黄浸膏、麻黄浸膏粉一百千克以上；

（三）3,4-亚甲基二氧苯基-2-丙酮、去甲麻黄素（去甲麻黄碱）、甲基麻黄素（甲基麻黄碱）、羟亚胺及其盐类十千克以上；

（四）胡椒醛、黄樟素、黄樟油、异黄樟素、麦角酸、麦角胺、麦角新碱、苯乙酸二十千克以上；

（五）N-乙酰邻氨基苯酸、邻氨基苯甲酸、哌啶一百五十千克以上；

（六）醋酸酐、三氯甲烷二百千克以上；

（七）乙醚、甲苯、丙酮、甲基乙基酮、高锰酸钾、硫酸、盐酸四百千克以上；

（八）其他用于制造毒品的原料或者配剂相当数量的。

非法运输、携带两种以上制毒物品进出国（边）境，每种制毒物品均没有达到本条第一款规定的数量标准，但按前款规定的立案追诉数量比例折算成一种制毒物品后累计相加达到上述数量标准的，应予立案追诉。

为了走私制毒物品而采用生产、加工、提炼等方法非法制造易制毒化学品的，以走私制毒物品罪（预备）立案追诉。

实施走私制毒物品行为，有下列情形之一，且查获了易制毒化学品，结合行为人的供述和其他证据综合审查判断，可以认定其"明知"是制毒物品而走私或者非法买卖，但有证据证明确属被蒙骗的除外：

（一）改变产品形状、包装或者使用虚假标签、商标等产品标志的；

（二）以藏匿、夹带、伪装或者其他隐蔽方式运输、携带易制毒化学品逃避检查的；

（三）抗拒检查或者在检查时丢弃货物逃跑的；

（四）以伪报、藏匿、伪装等蒙蔽手段逃避海关、边防等检查的；

（五）选择不设海关或者边防检查站的路段绕行出入境的；

（六）以虚假身份、地址或者其他虚假方式办理托运、寄递手续的；

（七）以其他方法隐瞒真相，逃避对易制毒化学品依法监管的。

明知他人实施走私制毒物品犯罪，而为其运输、储存、代理进出口或者以其他方式提供便利的，以走私制毒物品罪的共犯立案追诉。

第六条　【非法买卖制毒物品案（刑法第三百五十条）】 违反国家规定，在境内非法买卖制毒物品，数量达到规定第五条第一款规定情形之一的，应予立案追诉。

非法买卖两种以上制毒物品，每种制毒物品均没有达到本条第一款规定的数量标准，但按前款规定的立案追诉数量比例折算成一种制毒物品后累计相加达到上述数量标准的，应予立案追诉。

违反国家规定，实施下列行为之一的，认定为本条规定的非法买卖制毒物品行为：

（一）未经许可或者备案，擅自购买、销售易制毒化学品的；

（二）超出许可证明或者备案证明的品种、数量范围购买、销售易制毒化学品的；

（三）使用他人的或者伪造、变造、失效的许可证明或者备案证明购买、销售易制毒化学品的；

（四）经营单位违反规定，向无购买许可证明、备案证明的单位、个人销售易制毒化学品的，或者明知购买者使用他人的或者伪造、变造、失效的许可证明或者备案证明，向其销售易制毒化学品的；

（五）以其他方式非法买卖易制毒化学品的。

易制毒化学品生产、经营、使用单位或者个人未办理许可证明或者备案证明，购买、销售易制毒化学品，如果有证据证明确实用于合法生产、生活需要，依法能够办理只是未及时办理许可证明或者备案证明，且未造成严重社会危害的，可不以非法买卖制毒物品罪立案追诉。

为了非法买卖制毒物品而采用生产、加工、提炼等方法非法制造易制毒化学品的，以非法买卖制毒物品罪（预备）立案追诉。

非法买卖制毒物品主观故意中的"明知"，依照本规定第五条第四款的有关规定予以认定。

明知他人实施非法买卖制毒物品犯罪，而为其运输、储存、代理进出口或者以其他方式提供便利的，以非法买卖制毒物品罪的共犯立案追诉。

第七条　【非法种植毒品原植物案（刑法第三百五十一条）】 非法种植罂粟、大麻等毒品原植物，涉嫌下列情形之一的，应予立案追诉：

（一）非法种植罂粟五百株以上的；

（二）非法种植大麻五千株以上的；

（三）非法种植其他毒品原植物数量较大的；

（四）非法种植罂粟二百平方米以上、大麻二千平方米以上或者其他毒品原植物面积较大，尚未出苗的；

（五）经公安机关处理后又种植的；

（六）抗拒铲除的。

本条所规定的"种植"，是指播种、育苗、移栽、插苗、施肥、灌溉、割取津液或者收取种子等行为。非法种植毒品原植物的株数一般应以实际查获的数量为准。因种植面积较大，难以逐株清点数目的，可以抽样测算每平方米平均株数后按实际种植面积测算出种植总株数。

非法种植罂粟或者其他毒品原植物，在收获前自动铲除的，可以不予立案追诉。

第八条　【非法买卖、运输、携带、持有毒品原植物种子、幼苗案（刑法第三百五十二条）】 非法买卖、运输、携带、持有未经灭活的罂粟等毒品原植物种子或者幼苗，涉嫌下列情形之一的，应予立案追诉：

（一）罂粟种子五十克以上、罂粟幼苗五千株以上的；

（二）大麻种子五十千克以上、大麻幼苗五万株以上；

（三）其他毒品原植物种子、幼苗数量较大的。

第九条　【引诱、教唆、欺骗他人吸毒案（刑法第三百五十三条）】 引诱、教唆、欺骗他人吸食、注射毒品的，应予立案追诉。

第十条　【强迫他人吸毒案（刑法第三百五十三条）】 违背他人意志，以暴力、胁迫或者其他强制手段，迫使他人吸食、注射毒品的，应予立案追诉。

第十一条　【容留他人吸毒案（刑法第三百五十四条）】 提供场所，容留他人吸食、注射毒品，涉嫌下列情形之一的，应予立案追诉：

（一）容留他人吸食、注射毒品两次以上的；

（二）一次容留三人以上吸食、注射毒品的；

（三）因容留他人吸食、注射毒品被行政处罚，又容留他人吸食、注射毒品的；

（四）容留未成年人吸食、注射毒品的；

（五）以牟利为目的容留他人吸食、注射毒品的；

（六）容留他人吸食、注射毒品造成严重后果或者其他情节严重的。

第十二条　【非法提供麻醉药品、精神药品案（刑法第三百五十五条）】 依法从事生产、运输、管理、使用国家管制的麻醉药品、精神药品的个人或者单位，违反国家规定，向吸食、注射毒品的人员提供国家规定管制的能够使人形成瘾癖的麻醉药品、精神药品，涉嫌下列情形之一的，应予立案追诉：

（一）非法提供鸦片二十克以上、吗啡二克以上、度冷丁（杜冷丁）五克以上（针剂100mg/支规格的五十支以上，50mg/支规格的一百支以上；片剂25mg/片规格的二百片以上，50mg/片规格的一百片以上）、盐酸二氢埃托啡零点二毫克以上（针剂或者片剂20ug/支、片规格的十支、片以上）、氯胺酮、美沙酮二十克以上、三唑仑、安眠酮一千克以上、咖啡因五千克以上、氯氮卓、艾司唑仑、地西泮、溴西泮十千克以上，以及其他麻醉药品和精神药品数量较大的；

（二）虽未达到上述数量标准，但非法提供麻醉药品、精神药品两次以上，数量累计达到前项规定的数量标准百分之八十以上的；

（三）因非法提供麻醉药品、精神药品被行政处罚，

又非法提供麻醉药品、精神药品的;

(四)向吸食、注射毒品的未成年人提供麻醉药品、精神药品的;

(五)造成严重后果或者其他情节严重的。

依法从事生产、运输、管理、使用国家管制的麻醉药品、精神药品的人员或者单位,违反国家规定,向走私、贩卖毒品的犯罪分子提供国家规定管制的能够使人形成瘾癖的麻醉药品、精神药品的,或以牟利为目的,向吸食、注射毒品的人提供国家规定管制的能够使人形成瘾癖的麻醉药品、精神药品的,以走私、贩卖毒品罪立案追诉。

第十三条 本规定中的毒品是指鸦片、海洛因、甲基苯丙胺(冰毒)、吗啡、大麻、可卡因以及国家规定管制的其他能够使人形成瘾癖的麻醉药品和精神药品。具体品种以国家食品药品监督管理局、公安部、卫生部发布的《麻醉药品品种目录》、《精神药品品种目录》为依据。

本规定中的"制毒物品"是指刑法第三百五十条第一款规定的醋酸酐、乙醚、三氯甲烷或者其他用于制造毒品的原料或者配剂,具体品种范围按照国家关于易制毒化学品管理的规定确定。

第十四条 本规定中未明确立案追诉标准的毒品,有条件折算为海洛因的,参照有关麻醉药品和精神药品折算标准进行折算。

第十五条 本规定中的立案追诉标准,除法律、司法解释另有规定的以外,适用于相关的单位犯罪。

第十六条 本规定中的"以上",包括本数。

第十七条 本规定自印发之日起施行。

2.立案登记与监督

最高人民检察院、公安部关于刑事立案监督有关问题的规定(试行)

· 2010 年 7 月 26 日
· 高检会〔2010〕5 号

为加强和规范刑事立案监督工作,保障刑事侦查权的正确行使,根据《中华人民共和国刑事诉讼法》等有关规定,结合工作实际,制定本规定。

第一条 刑事立案监督的任务是确保依法立案,防止和纠正有案不立和违法立案,依法、及时打击犯罪,保护公民的合法权利,保障国家法律的统一正确实施,维护社会和谐稳定。

第二条 刑事立案监督应当坚持监督与配合相统一,人民检察院法律监督与公安机关内部监督相结合,办案数量、质量、效率、效果相统一和有错必纠的原则。

第三条 公安机关对于接受的案件或者发现的犯罪线索,应当及时进行审查,依照法律和有关规定作出立案或者不予立案的决定。

公安机关与人民检察院应当建立刑事案件信息通报制度,定期相互通报刑事发案、报案、立案、破案和刑事立案监督、侦查活动监督、批捕、起诉等情况,重大案件随时通报。有条件的地方,应当建立刑事案件信息共享平台。

第四条 被害人及其法定代理人、近亲属或者行政执法机关,认为公安机关对其控告或者移送的案件应当立案侦查而不立案侦查,向人民检察院提出的,人民检察院应当受理并进行审查。

人民检察院发现公安机关可能存在应当立案侦查而不立案侦查情形的,应当依法进行审查。

第五条 人民检察院对于公安机关应当立案侦查而不立案侦查的线索进行审查后,应当根据不同情况分别作出处理:

(一)没有犯罪事实发生,或者犯罪情节显著轻微不需要追究刑事责任,或者具有其他依法不追究刑事责任情形的,及时答复投诉人或者行政执法机关;

(二)不属于被投诉的公安机关管辖的,应当将有管辖权的机关告知投诉人或者行政执法机关,并建议向该机关控告或者移送;

(三)公安机关尚未作出不予立案决定的,移送公安机关处理;

(四)有犯罪事实需要追究刑事责任,属于被投诉的公安机关管辖,且公安机关已作出不立案决定的,经检察长批准,应当要求公安机关书面说明不立案理由。

第六条 人民检察院对于不服公安机关立案决定的投诉,可以移送立案的公安机关处理。

人民检察院经审查,有证据证明公安机关可能存在违法动用刑事手段插手民事、经济纠纷,或者办案人员利用立案实施报复陷害、敲诈勒索以及谋取其他非法利益等违法立案情形,且已采取刑事拘留等强制措施或者搜查、扣押、冻结等强制性侦查措施,尚未提请批准逮捕或者移送审查起诉的,经检察长批准,应当要求公安机关书面说明立案理由。

第七条 人民检察院要求公安机关说明不立案或者立案理由,应当制作《要求说明不立案理由通知书》或者《要求说明立案理由通知书》,及时送达公安机关。

公安机关应当在收到《要求说明不立案理由通知

书》或者《要求说明立案理由通知书》后七日以内作出书面说明,客观反映不立案或者立案的情况、依据和理由,连同有关证据材料复印件回复人民检察院。公安机关主动立案或者撤销案件的,应当将《立案决定书》或者《撤销案件决定书》复印件及时送达人民检察院。

第八条 人民检察院经调查核实,认为公安机关不立案或者立案理由不成立的,经检察长或者检察委员会决定,应当通知公安机关立案或者撤销案件。

人民检察院开展调查核实,可以询问办案人员和有关当事人,查阅、复印公安机关刑事受案、立案、破案等登记表册和立案、不立案、撤销案件、治安处罚、劳动教养等相关法律文书及案卷材料,公安机关应当配合。

第九条 人民检察院通知公安机关立案或者撤销案件的,应当制作《通知立案书》或者《通知撤销案件书》,说明依据和理由,连同证据材料移送公安机关。

公安机关应当在收到《通知立案书》后十五日以内决定立案,对《通知撤销案件书》没有异议的应当立即撤销案件,并将《立案决定书》或者《撤销案件决定书》复印件及时送达人民检察院。

第十条 公安机关认为人民检察院撤销案件通知有错误的,应当在五日以内经县级以上公安机关负责人批准,要求同级人民检察院复议。人民检察院应当重新审查,在收到《要求复议意见书》和案卷材料后七日以内作出是否变更的决定,并通知公安机关。

公安机关不接受人民检察院复议决定的,应当在五日以内经县级以上公安机关负责人批准,提请上一级人民检察院复核。上级人民检察院应当在收到《提请复核意见书》和案卷材料后十五日以内作出是否变更的决定,通知下级人民检察院和公安机关执行。

上级人民检察院复核认为撤销案件通知有错误的,下级人民检察院应当立即纠正;上级人民检察院复核认为撤销案件通知正确的,下级公安机关应当立即撤销案件,并将《撤销案件决定书》复印件及时送达同级人民检察院。

第十一条 公安机关对人民检察院监督立案的案件应当及时侦查。犯罪嫌疑人在逃的,应当加大追捕力度;符合逮捕条件的,应当及时提请人民检察院批准逮捕;侦查终结需要追究刑事责任的,应当及时移送人民检察院审查起诉。

监督立案后三个月未侦查终结的,人民检察院可以发出《立案监督案件催办函》,公安机关应当及时向人民检察院反馈侦查进展情况。

第十二条 人民检察院在立案监督过程中,发现侦

查人员涉嫌徇私舞弊等违法违纪行为的,应当移交有关部门处理;涉嫌职务犯罪的,依法立案侦查。

第十三条 公安机关在提请批准逮捕、移送审查起诉时,应当将人民检察院刑事立案监督法律文书和相关材料随案移送。人民检察院在审查逮捕、审查起诉时,应当及时录入刑事立案监督信息。

第十四条 本规定自 2010 年 10 月 1 日起试行。

最高人民法院关于人民法院登记立案若干问题的规定

· 2015 年 4 月 13 日最高人民法院审判委员会第 1647 次会议通过
· 2015 年 4 月 15 日最高人民法院公告公布
· 自 2015 年 5 月 1 日起施行
· 法释〔2015〕8 号

为保护公民、法人和其他组织依法行使诉权,实现人民法院依法、及时受理案件,根据《中华人民共和国民事诉讼法》《中华人民共和国行政诉讼法》《中华人民共和国刑事诉讼法》等法律规定,制定本规定。

第一条 人民法院对依法应该受理的一审民事起诉、行政起诉和刑事自诉,实行立案登记制。

第二条 对起诉、自诉,人民法院应当一律接收诉状,出具书面凭证并注明收到日期。

对符合法律规定的起诉、自诉,人民法院应当当场予以登记立案。

对不符合法律规定的起诉、自诉,人民法院应当予以释明。

第三条 人民法院应当提供诉状样本,为当事人书写诉状提供示范和指引。

当事人书写诉状确有困难的,可以口头提出,由人民法院记入笔录。符合法律规定的,予以登记立案。

第四条 民事起诉状应当记明以下事项:

(一)原告的姓名、性别、年龄、民族、职业、工作单位、住所、联系方式,法人或者其他组织的名称、住所和法定代表人或者主要负责人的姓名、职务、联系方式;

(二)被告的姓名、性别、工作单位、住所等信息,法人或者其他组织的名称、住所等信息;

(三)诉讼请求和所根据的事实与理由;

(四)证据和证据来源;

(五)有证人的,载明证人姓名和住所。

行政起诉状参照民事起诉状书写。

第五条 刑事自诉状应当记明以下事项:

（一）自诉人或者代为告诉人、被告人的姓名、性别、年龄、民族、文化程度、职业、工作单位、住址、联系方式；

（二）被告人实施犯罪的时间、地点、手段、情节和危害后果等；

（三）具体的诉讼请求；

（四）致送的人民法院和告状时间；

（五）证据的名称、来源等；

（六）有证人的，载明证人的姓名、住所、联系方式等。

第六条　当事人提出起诉、自诉的，应当提交以下材料：

（一）起诉人、自诉人是自然人的，提交身份证明复印件；起诉人、自诉人是法人或者其他组织的，提交营业执照或者组织机构代码证复印件、法定代表人或者主要负责人身份证明书；法人或者其他组织不能提供组织机构代码的，应当提供组织机构被注销的情况说明；

（二）委托起诉或者代为告诉的，应当提交授权委托书、代理人身份证明、代为告诉人身份证明等相关材料；

（三）具体明确的足以使被告或者被告人与他人相区别的姓名或者名称、住所等信息；

（四）起诉状原本和与被告或者被告人及其他当事人人数相符的副本；

（五）与诉请相关的证据或者证明材料。

第七条　当事人提交的诉状和材料不符合要求的，人民法院应当一次性书面告知在指定期限内补正。

当事人在指定期限内补正的，人民法院决定是否立案的期间，自收到补正材料之日起计算。

当事人在指定期限内没有补正的，退回诉状并记录在册；坚持起诉、自诉的，裁定或者决定不予受理、不予立案。

经补正仍不符合要求的，裁定或者决定不予受理、不予立案。

第八条　对当事人提出的起诉、自诉，人民法院当场不能判定是否符合法律规定的，应当作出以下处理：

（一）对民事、行政起诉，应当在收到起诉状之日起七日内决定是否立案；

（二）对刑事自诉，应当在收到自诉状次日起十五日内决定是否立案；

（三）对第三人撤销之诉，应当在收到起诉状之日起三十日内决定是否立案；

（四）对执行异议之诉，应当在收到起诉状之日起十五日内决定是否立案。

人民法院在法定期间内不能判定起诉、自诉是否符合法律规定的，应当先行立案。

第九条　人民法院对起诉、自诉不予受理或者不予立案的，应当出具书面裁定或者决定，并载明理由。

第十条　人民法院对下列起诉、自诉不予登记立案：

（一）违法起诉或者不符合法律规定的；

（二）涉及危害国家主权和领土完整的；

（三）危害国家安全的；

（四）破坏国家统一和民族团结的；

（五）破坏国家宗教政策的；

（六）所诉事项不属于人民法院主管的。

第十一条　登记立案后，当事人未在法定期限内交纳诉讼费的，按撤诉处理，但符合法律规定的缓、减、免交诉讼费条件的除外。

第十二条　登记立案后，人民法院立案庭应当及时将案件移送审判庭审理。

第十三条　对立案工作中存在的不接收诉状、接收诉状后不出具书面凭证，不一次性告知当事人补正诉状内容，以及有案不立、拖延立案、干扰立案、既不立案又不作出裁定或者决定等违法违纪情形，当事人可以向受诉人民法院或者上级人民法院投诉。

人民法院应当在受理投诉之日起十五日内，查明事实，并将情况反馈当事人。发现违法违纪行为的，依法依纪追究相关人员责任；构成犯罪的，依法追究刑事责任。

第十四条　为方便当事人行使诉权，人民法院提供网上立案、预约立案、巡回立案等诉讼服务。

第十五条　人民法院推动多元化纠纷解决机制建设，尊重当事人选择人民调解、行政调解、行业调解、仲裁等多种方式维护权益，化解纠纷。

第十六条　人民法院依法维护登记立案秩序，推进诉讼诚信建设。对干扰立案秩序、虚假诉讼的，根据民事诉讼法、行政诉讼法有关规定予以罚款、拘留；构成犯罪的，依法追究刑事责任。

第十七条　本规定的"起诉"，是指当事人提起民事、行政诉讼；"自诉"，是指当事人提起刑事自诉。

第十八条　强制执行和国家赔偿申请登记立案工作，按照本规定执行。

上诉、申请再审、刑事申诉、执行复议和国家赔偿申诉案件立案工作，不适用本规定。

第十九条　人民法庭登记立案工作，按照本规定执行。

第二十条　本规定自2015年5月1日起施行。以前有关立案的规定与本规定不一致的，按照本规定执行。

最高人民检察院、公安部关于健全完善侦查监督与协作配合机制的意见

· 2021 年 10 月 31 日

为贯彻落实《中共中央关于加强新时代检察机关法律监督工作的意见》和《中共中央关于加强新时代公安工作的意见》，最高人民检察院、公安部联合就进一步健全完善侦查监督与协作配合机制制定本意见。

一、目标任务

为深入贯彻习近平法治思想，践行为大局服务、为人民司法要求，加快推进执法司法责任体系改革，构建规范高效的执法司法制约监督体系，各级人民检察院、公安机关要积极适应以审判为中心的刑事诉讼制度改革要求，坚持双赢多赢共赢理念，协同构建以证据为核心的刑事指控体系，进一步健全完善侦查监督与协作配合机制，推动提升公安执法和检察监督规范化水平，确保依法履行刑事诉讼职能，实现惩罚犯罪与保障人权并重的目标，努力让人民群众在每一个司法案件中都能感受到公平正义。

二、总体要求

人民检察院、公安机关进行刑事诉讼，应当坚持分工负责、互相配合、互相制约，以保证准确有效执行法律。公安机关依法负责对刑事案件的侦查、拘留、执行逮捕、预审。人民检察院依法负责检察、批准逮捕、提起公诉，依法对刑事诉讼实行法律监督。

人民检察院、公安机关要严格遵守《刑事诉讼法》《人民检察院刑事诉讼规则》和《公安机关办理刑事案件程序规定》等法律和规定，明确责任分工，依法规范开展侦查活动和侦查监督工作。要加强协作配合，坚持科学务实的执法司法理念，互相理解、支持，统一认识、消除分歧、形成合力，在充分遵循执法司法权力运行规律，尊重侦查规律、监督需要和司法实践的基础上，为公安机关依法及时高效开展侦查、检察机关依法全面履行监督职责提供必要便利和保障。要提升监督效能，坚持问题导向、目标导向与效果导向，注重加强公安机关执法监督与人民检察院侦查监督的相互衔接，实现监督的同向化、系统化，以及时、准确、有效的监督共同推动提升公安执法规范化水平和检察监督能力，保障刑事案件办理质效。

三、机制完善

（一）健全完善监督制约机制

1. 依法履行监督职责。人民检察院要依法开展立案监督、侦查活动监督工作，及时发现和纠正应当立案而不立案、不应当立案而立案、长期"挂案"和以刑事手段插手经济纠纷等违法情形；及时发现和纠正刑讯逼供、非法取证等侦查违法行为，从源头上防范冤假错案发生；规范强制措施和侦查手段适用，切实保障人权。

2. 规范开展监督工作。人民检察院要严格按照法律规定开展立案监督、侦查活动监督工作，坚决防止不应当监督而监督、应当监督而未监督、不当升格或者降格监督等情况发生。开展监督工作过程中，不得干涉侦查人员依法办案，不得干扰和妨碍侦查活动正常进行。

3. 切实保障监督效果。人民检察院接到报案、控告、举报或者工作中发现监督线索，需要进行调查核实的，应当及时通知公安机关，公安机关应当予以支持配合。人民检察院在调查核实过程中，应当加强与公安机关沟通，充分听取办案人员意见。经依法调查核实后，需要监督纠正的，应当及时向公安机关提出监督意见、检察建议。公安机关对人民检察院提出的监督意见和检察建议，应当及时纠正整改并将纠正整改情况通知或回复人民检察院。

4. 加强内外监督衔接。人民检察院、公安机关应当建立刑事案件侦查监督与执法监督相衔接机制，强化对侦查活动内部外部监督的衔接配合，推动检察机关法律监督与公安机关执法监督有机贯通、相互协调。必要时，人民检察院、公安机关可以联合就不批捕不起诉案件开展案件质量评查，针对同时涉及公安机关和人民检察院办案、监督工作的突出问题开展专项检查、监督。

5. 规范落实制约机制。公安机关对人民检察院的不批捕不起诉决定、立案监督意见、纠正侦查违法等监督意见有异议的，可以依据法律规定要求说明理由或者要求复议、提请复核、申请复查，人民检察院应当认真审查并及时回复或者作出决定。人民检察院在审查过程中应当加强与公安机关的沟通，必要时，可以以联席会议等形式充分听取办案人员意见。经复议、复核、复查认为原监督意见确有错误的，应当及时将变更决定通知公安机关或及时撤销原纠正意见。

（二）健全完善协作配合机制

1. 重大疑难案件听取意见机制。公安机关办理重大、疑难案件，可以商请人民检察院派员通过审查证据材料等方式，就案件定性、证据收集、法律适用等提出意见建议。

对于人民检察院派员审查提出意见的案件，公安机关应当全面介绍案件情况，提供相关文书和证据材料，及时向检察机关通报案件侦查进展情况，配合人民检察院的审查工作；根据人民检察院提出的意见建议，进一步收集、固定证据，完善证据体系；对人民检察院提出的证据

瑕疵或取证、强制措施适用违反规定程序等确实存在的问题,应当及时进行补正、纠正。人民检察院应当指派具有丰富刑事法律实务经验的检察官对重大疑难案件审查提出意见建议,就公安机关开展侦查取证等工作提出的意见建议应当必要、明确、可行。

办理社会关注度高、敏感性强的刑事案件时,人民检察院、公安机关应当落实刑事案件应急处置协调机制要求,共同做好依法办理、舆论引导和社会面管控工作。

2. 建立联合督办机制。对于重大、疑难案件,必要时可由上级人民检察院和公安机关联合挂牌督办。承办案件的人民检察院和公安机关应当严格按照督办要求,做好案件办理工作,在案件办理关键节点和取得重大进展时应当及时报告。

3. 加强办案衔接配合。人民检察院、公安机关要加强刑事侦查与审查逮捕、审查起诉等诉讼环节的衔接配合,统一执法司法理念标准。对于公安机关移送的案件,人民检察院应当依法及时接收。对于违反相关规定拒不收卷的,公安机关可以提请负责办理案件的人民检察院或者其上级人民检察院纠正。人民检察院在审查逮捕、审查起诉过程中,应当加强与公安机关的沟通,认为需要补充侦查、拟作不批准逮捕或者不起诉决定的,应当充分听取办案人员意见,加强不批捕不起诉说理,规范制发必要、明确、可行的补充侦查文书。公安机关应当按照人民检察院补充侦查文书的要求及时、规范、有效开展补充侦查。人民检察院自行补充侦查、要求公安机关补充证据材料的,公安机关应当积极配合。庭审阶段,经人民检察院提请人民法院通知有关侦查人员出庭就证据收集的合法性说明情况的,侦查人员应当出庭。

4. 建立健全刑事案件统一对口衔接机制。公安机关要深化完善刑事案件法制部门统一审核、统一出口工作机制。向人民检察院提请批准逮捕、移送审查起诉、要求说明理由、要求复议、提请复核、申请复查等重要事项,由公安机关法制部门统一向人民检察院相关部门提出;人民检察院在审查批准逮捕、审查起诉、法律监督工作中需要与公安机关对接的事项,由公安机关法制部门统一接收与回复。人民检察院、公安机关应当加强沟通协调、理顺衔接流程、健全工作机制、形成工作合力,确保刑事诉讼活动依法、规范进行。

5. 建立业务研判通报制度。人民检察院、公安机关应当加强对刑事办案业务信息的研判、共享,建立健全业务信息、简报、通报的共享交换机制,定期或不定期互相通报交流各自部门就犯罪形势、刑事立案、强制措施适用、类案办理、侦查监督等方面业务分析研判情况。

6. 建立完善联席会议制度。人民检察院和公安机关应当建立联席会议制度,定期或根据工作需要适时召开联席会议,共同分析研判执法办案中出现的新情况、新问题,加强对刑事案件特别是重大、疑难案件和新型案件的证据收集、法律适用、刑事政策等问题的研究,强化类案指导,必要时以制定会议纪要、指导意见等方式明确执法、司法标准;开展案件质量分析,梳理侦查活动和侦查监督、批捕起诉工作中存在的突出问题并分析原因,制定整改方案;分析研判一段时期内刑事案件规律、特点,研究专项打击、防范对策和措施,就专项活动相关事宜进行会商。

7. 共同提升业务能力。人民检察院和公安机关可以通过组织庭审观摩评议、开展联合调研、举办同堂培训、共同编发办案指引、典型案例和指导性案例等方式,统一更新执法监督理念标准,共同促进双方业务能力提升。

(三)健全完善信息共享机制

1. 加快推进跨部门大数据协同办案机制。人民检察院、公安机关要协同加强信息化、智能化建设,运用大数据、区块链等技术推进政法机关跨部门大数据协同办案,实现案件的网上办理、流转,按照有关规定推动实现案件信息共享的常态化、制度化、规范化。

2. 健全完善办案数据信息共享保障机制。依照有关规定,严格规范检察人员、公安民警获取、使用刑事办案、监督相关数据信息的权限。在严格规范信息查询程序、保障办案信息安全、明确失泄密责任的基础上,以信息化手段保障侦查监督职能全面有效发挥。同步健全完善检察机关监督办案数据与公安机关共享的制度机制。实现数据双向交换、共享,保障侦查监督与协作配合机制长期、稳定、有效运行。

四、设立侦查监督与协作配合办公室

人民检察院刑事检察部门与公安机关法制部门共同牵头设立侦查监督与协作配合办公室。办公室依托公安机关执法办案管理中心,由人民检察院指派的常驻检察官和公安机关法制部门指定的专门人员共同负责。办公室应当明确责任分工,建立健全办公室制度规范和工作台账,主要职责:

(一)组织协调。组织协调人民检察院、公安机关相关部门、所队依法开展侦查监督、协作配合等相关工作,组织保障执法办案和侦查监督数据的共享通报。

(二)监督协作。根据办公室人员配置和地方实际,积极开展侦查监督和协作配合相关工作;协调人民检察院、公安机关相关部门加强对重大、疑难案件的会商指导。

（三）督促落实。负责对检察机关补充侦查意见的跟踪指导和督促落实;对联合督办案件的沟通协调、信息通报、督促办理;对监督意见和检察建议整改落实情况的跟踪督促;对公安机关要求说明理由、要求复议、提请复核、申请复查和提出意见建议的跟踪督促和及时反馈;对庭审阶段侦查人员出庭的协调督促。

（四）咨询指导。对公安机关、人民检察院办理刑事案件过程中遇到的疑难复杂问题,以及轻微刑事案件犯罪嫌疑人是否需要提请批准逮捕、移送审查起诉等问题及时提供法律咨询和指导解答。

（五）其他职责。充分发挥协作沟通的平台机制优势,积极推进人民检察院与公安机关加强监督制约、协作配合、信息共享等其他相关制度机制的健全完善和贯彻落实。

五、工作要求

（一）加强组织领导。各地人民检察院、公安机关要把党的领导贯穿在健全完善侦查监督与协作配合机制的全过程,主动向党委政法委请示报告,争取党委、政府的理解支持,推动地方党委将侦查监督与协作配合机制一体纳入司法体制改革部署统筹推进。市县两级人民检察院、公安机关要高度重视相关机制平台的建立健全和推进落实。

（二）加强沟通协调。人民检察院、公安机关要坚持共建共享理念,从双赢多赢共赢的角度求同存异,以求真务实的态度加强沟通协调,互相理解、互相支持,防止因认识分歧影响工作推进。负责内部牵头的刑事检察和法制部门要分别协调本单位内部各部门、警种、所队共同参与、密切配合办公室工作,确保侦查监督和协作配合机制落到实处、取得实效。

（三）抓好贯彻落实。各省级人民检察院、公安厅（局）要结合本地情况,抓好全省工作的谋划部署和督促落实,协调、指导下级单位及时解决遇到的困难问题。市县两级单位要加快推进侦查监督与协作配合办公室的机构设立,健全完善侦查监督与协作配合相关制度机制,细化办公室工作流程、规范,以制度化、规范化保障检警机关监督制约、协作配合、信息共享等机制在执法司法实践中充分有效发挥作用。在工作推进过程中遇到的问题,要及时向上级机关请示报告。

最高人民检察院、中国海警局关于健全完善侦查监督与协作配合机制的指导意见

·2023 年 6 月 2 日

为深入学习贯彻习近平新时代中国特色社会主义思想,全面贯彻习近平法治思想,深入贯彻党的二十大精神,认真落实《中共中央关于加强新时代检察机关法律监督工作的意见》,依法履行检察机关侦查监督职能,协力推进海洋执法司法工作高质量发展,最高人民检察院、中国海警局联合就进一步健全完善侦查监督与协作配合机制制定本指导意见。

一、加强侦查监督与协作配合组织建设

1. 人民检察院、海警机构可以结合本地实际,统筹考虑办案数量、人员配置等因素设立侦查监督与协作配合办公室,承担侦查监督协作配合相关工作。人民检察院原有派驻海警机构的检察室、检察官办公室、联络点,可以加挂牌子,不再重复派出人员。海警机构应当为办公室提供必要的办公场所。

2. 人民检察院可以根据实践需要采用专职常驻、轮值常驻、定期当值等不同模式开展工作。海警机构应当指定专人负责联络配合。

二、健全完善监督制约机制

3. 人民检察院对海警机构办理刑事案件和治安管理领域行刑衔接案件、海警机构协助其他部门侦查刑事案件以及采取取保候审、监视居住等强制措施情况实施法律监督。

4. 人民检察院对海警机构应当立案而不立案、不应当立案而立案、不应当撤案而撤案、应当撤案而不撤案的情形开展监督,重点监督群众反映强烈、影响社会和谐稳定以及涉嫌违法插手经济纠纷、谋取非法利益的案件。对监督立案侦查的案件,人民检察院应当加强跟踪,防止海警机构怠于侦查。对于不应当立案而立案,人民检察院通知撤销案件的,海警机构应当依法及时撤销案件。

5. 人民检察院对海警机构的刑事侦查活动进行监督,重点监督纠正非法取证、违法采取强制措施或者强制措施法定期限届满不予释放、解除、变更,以及违法查封、扣押、冻结、处置涉案财物等情形。

6. 人民检察院对海警机构立案侦查的刑事案件,具有下列情形之一的,应当开展监督:

（一）对犯罪嫌疑人解除强制措施之日起十二个月以内,仍然不能移送起诉或者依法作出其他处理的;

（二）对犯罪嫌疑人未采取强制措施，自立案之日起二年以内，仍然不能移送起诉或者依法作出其他处理的。

人民检察院应当督促海警机构积极开展侦查并跟踪案件进度，具备法定条件的，应当要求海警机构尽快侦查终结。海警机构侦查终结移送起诉的，人民检察院应当依法审查处理；对于人民检察院违反规定拒绝收卷的，海警机构可以向其上一级人民检察院通报。

对于符合法定撤案情形的，人民检察院应当依法监督海警机构撤销案件。海警机构撤销案件后，对相关违法行为应当依法予以行政处罚或者移交有关部门处理。撤销案件后，又发现新的涉嫌犯罪事实或者证据，依法需要追究刑事责任的，海警机构应当重新立案侦查。

海警机构应当通过科学设置考核指标提升案件办理质效。

7. 人民检察院可以对海警机构办理治安管理处罚案件的行刑衔接情况进行监督，重点监督是否存在降格处理、以罚代刑、不当撤案等问题。对于已经涉嫌犯罪但未予刑事立案或者立案后又撤销刑事案件的，人民检察院经审查，要求海警机构说明不立案或者撤案依据和理由的，海警机构应当在七日以内书面说明理由，连同有关证据材料回复人民检察院。人民检察院认为不立案或者撤销案件理由不成立的，应当依法提出监督意见。

对于人民检察院决定不起诉并提出行政处罚检察意见的案件，海警机构应当依法处理，自收到检察意见书之日起两个月以内将处理结果或者办理情况书面回复人民检察院。因情况紧急需要立即处理的，人民检察院可以根据实际情况确定回复期限。

8. 人民检察院开展法律监督应当依法进行调查核实，主要方式包括：

（一）查阅台账、法律文书及工作文书，调阅卷宗及执法记录仪，查看、调取讯问同步录音录像；

（二）讯问、询问犯罪嫌疑人，询问证人、被害人或者其他诉讼参与人；

（三）询问办案人员；

（四）询问在场人员或者其他可能知情的人员；

（五）听取申诉人或者控告人意见；

（六）听取辩护人、值班律师意见；

（七）查看、了解刑事强制措施执行情况以及涉案财物查封、扣押、冻结、返还、处理情况；

（八）进行伤情、病情检查或者鉴定，查询、调取犯罪嫌疑人出入看守所身体检查记录；

（九）其他调查核实方式。

人民检察院开展调查核实，不得干预海警机构侦查人员依法办案，不得干扰和妨碍侦查活动正常进行。

人民检察院在调查核实过程中，应当加强与海警机构沟通，充分听取办案人员意见。经依法调查核实后，需要监督纠正的，应当及时向海警机构提出监督意见。海警机构对人民检察院提出的监督意见，应当依法及时将处理结果或者进展情况回复人民检察院。

9. 海警机构对人民检察院的不批准逮捕、不起诉决定以及立案监督、纠正侦查违法等监督意见有异议的，可以依据法律及相关规定要求说明理由或者要求复议、提请复核、申请复查，人民检察院应当认真审查并及时回复海警机构。人民检察院经复议、复核、复查，认为原决定或者监督意见有错误的，应当及时撤销。

三、健全完善协作配合机制

10. 海警机构办理重大、疑难案件，可以商请检察机关派员，通过审查证据材料、参与案件讨论等方式，就案件定性、证据收集、法律适用等提出意见建议。

海警机构应当向检察机关指派人员全面介绍案件情况，提供相关文书和证据材料，及时通报案件侦查进展，根据检察机关提出的意见建议，进一步收集、固定证据，完善证据体系；存在证据瑕疵或取证、强制措施适用违反规定程序等问题的，应当及时补正纠正。

11. 人民检察院在审查案件过程中，认为需要补充侦查或者依法作出不批准逮捕或者不起诉决定的，应当加强说理，制发补充侦查文书，提出明确、具体、可行的补充侦查意见。海警机构应当按照检察机关补充侦查文书的要求及时、有效开展补充侦查。人民检察院在审查起诉阶段自行补充侦查、要求海警机构补充证据材料的，海警机构应当积极配合。庭审阶段，侦查人员应当依法出庭，配合人民检察院做好取证合法性证明工作。

12. 对发生在出海渔民之间的故意伤害、侵财类案件，双方当事人在侦查环节已达成和解协议，海警机构提出从宽处理建议的，人民检察院在作出审查逮捕、审查起诉决定时应当充分考虑海警机构的建议。对侦查阶段达成的和解协议，经审查符合法律规定，且当事人未提出异议的，人民检察院应当认定和解协议有效。双方当事人和解系自愿、合法且已履行或者提供担保，不采取逮捕措施不致发生社会危险性的，人民检察院可以依法不批准逮捕，或者建议海警机构不提请批准逮捕。

13. 人民检察院和海警机构可以通过组织庭审观摩评议、开展联合调研、举办同堂培训、类案指导、共同编发办案指引、典型案例等方式，统一执法司法理念和标准。

双方建立联席会议机制，研究解决工作中遇到的重大问题，共同提高案件办理质效。

14. 海警机构在行政执法和刑事侦查过程中发现海洋生态环境和渔业资源领域涉及损害国家利益、社会公共利益的线索，应当及时移送人民检察院。对于破坏海洋生态环境资源犯罪案件，人民检察院可以提起刑事附带民事公益诉讼。

四、健全完善信息共享机制

15. 海警机构应当及时向人民检察院提供刑事案件受案、立案、破案、撤案等执法信息。人民检察院应当向海警机构及时提供检察建议、纠正违法、立案监督、追捕追诉等数据和情况。人民检察院、海警机构应当加强信息化建设，逐步实现案件信息跨部门网上实时共享。

16. 检察人员、海警执法人员获取、使用相关数据信息应当保护信息安全，严格依照权限查询、使用信息，对违法泄露案件信息的，依法追究相关责任。人民检察院、海警机构应当加强数据分类分级保护，强化数据授权提取、使用机制，建立数据查询审批和记录制度。

17. 本指导意见由最高人民检察院、中国海警局协商解释，自发布之日起施行。

· 指导案例

1. 温某某合同诈骗立案监督案①

【关键词】

合同诈骗　合同欺诈　不应当立案而立案　侦查环节"挂案"　监督撤案

【要旨】

检察机关办理涉企业合同诈骗犯罪案件，应当严格区分合同诈骗与民事违约行为的界限。要注意审查涉案企业在签订、履行合同过程中是否具有非法占有目的和虚构事实、隐瞒真相的行为，准确认定是否具有诈骗故意。发现公安机关对企业之间的合同纠纷以合同诈骗进行刑事立案的，应当依法监督撤销案件。对于立案后久侦不结的"挂案"，检察机关应当向公安机关提出纠正意见。

【相关规定】

《中华人民共和国刑法》第二百二十四条

《人民检察院刑事诉讼规则》第五百五十七至五百六十一条、第五百六十三条

《最高人民检察院、公安部关于刑事立案监督有关问题的规定（试行）》第六至九条

【基本案情】

犯罪嫌疑人温某某，男，1975年10月出生，广西壮族自治区钦州市甲水务有限公司（以下简称甲公司）负责人。

2010年4月至5月间，甲公司分别与乙建设有限公司（以下简称乙公司）、丙建设股份有限公司（以下简称丙公司）签订钦州市钦北区引水供水工程《建设工程施工合同》。根据合同约定，乙公司和丙公司分别向甲公司支付70万元和110万元的施工合同履约保证金。工程报建审批手续完成后，甲公司和乙公司、丙公司因工程款支付问题发生纠纷。2011年8月31日，丙公司广西分公司经理王某某到南宁市公安局良庆分局（以下简称良庆公安分局）报案，该局于2011年10月14日对甲公司负责人温某某以涉嫌合同诈骗罪刑事立案。此后，公安机关未传唤温某某，也未采取刑事强制措施，直至2019年8月13日，温某某被公安机关采取刑事拘留措施，并被延长刑事拘留期限至9月12日。

【检察机关履职过程】

线索发现。2019年8月26日，温某某的辩护律师向南宁市良庆区人民检察院提出监督申请，认为甲公司与乙公司、丙公司之间的纠纷系支付工程款方面的经济纠纷，并非合同诈骗，请求检察机关监督公安机关撤销案件。良庆区人民检察院经审查，决定予以受理。

调查核实。经走访良庆公安分局，查阅侦查卷宗，核实有关问题，并听取辩护律师意见，接收辩护律师提交的证据材料，良庆区人民检察院查明：一是甲公司案发前处于正常生产经营状态，2006年至2009年间，经政府有关部门审批，同意甲公司建设钦州市钦北区引水供水工程项目，资金由甲公司自筹；二是甲公司与乙公司、丙公司签订《建设工程施工合同》后，向钦州市环境保护局钦北分局等政府部门递交了办理"钦北区引水工程项目管道线路走向意见"的报建手续，但报建审批手续未能在约定的开工日前完成审批，双方因此另行签订补充协议，约定了甲公司所应承担的违约责任；三是报建审批手续完成后，乙公司、丙公司要求先支付工程预付款才进场施工，甲公司要求按照工程进度支付工程款，双方协商不下，乙公司、丙公司未

---

① 案例来源：2020年12月21日最高人民检察院检例第91号。

进场施工,甲公司也未退还履约保证金;四是甲公司在该项目工程中投入勘测、复垦、自来水厂建设等资金 3000 多万元,收取的 180 万元履约保证金已用于自来水厂的生产经营。

监督意见。2019 年 9 月 16 日,良庆区人民检察院向良庆公安分局发出《要求说明立案理由通知书》。良庆公安分局回复认为,温某某以甲公司钦州市钦北区引水供水工程项目与乙公司、丙公司签订合同,并收取履约保证金,而该项目的建设环评及规划许可均未获得政府相关部门批准,不具备实际履行建设工程能力,其行为涉嫌合同诈骗。良庆区人民检察院认为,甲公司与乙公司、丙公司签订《建设工程施工合同》时,引水供水工程项目已经政府有关部门审批同意。合同签订后,甲公司按约定向政府职能部门提交该项目报建手续,得到了相关职能部门的答复,在项目工程未能如期开工后,甲公司又采取签订补充协议、承担相应违约责任等补救措施,并且甲公司在该项目工程中投入大量资金,收取的履约保证金也用于公司生产经营。因此,不足以认定温某某在签订合同时具有虚构事实或者隐瞒真相的行为和非法占有对方财物的目的,公安机关以合同诈骗罪予以刑事立案的理由不能成立。对于甲公司不退还施工合同履约保证金的行为,乙公司、丙公司可以向人民法院提起民事诉讼。同时,良庆区人民检察院审查认为,该案系公安机关立案后久侦未结形成的侦查环节"挂案",应当监督公安机关依法处理。2019 年 9 月 27 日,良庆区人民检察院向良庆公安分局发出《通知撤销案件书》。

监督结果。良庆公安分局接受监督意见,于 2019 年 9 月 30 日作出《撤销案件决定书》,决定撤销温某某合同诈骗案。在此之前,良庆公安分局已于 2019 年 9 月 12 日依法释放了温某某。

【指导意义】

(一)检察机关对公安机关不应当立案而立案的,应当依法监督撤销案件。检察机关负有立案监督职责,有权监督纠正公安机关不应当立案而立案的行为。涉案企业认为公安机关对企业之间的合同纠纷以合同诈骗进行刑事立案,向检察机关提出监督申请的,检察机关应当受理并进行审查。认为需要公安机关说明立案理由的,应当书面通知公安机关。认为公安机关立案理由不能成立的,应当制作《通知撤销案件书》,通知公安机关撤销案件。

(二)严格区分合同诈骗与民事违约行为的界限。注意审查涉案企业在签订、履行合同过程中是否具有虚构事

实、隐瞒真相的行为,是否有刑法第二百二十四条规定的五种情形之一。注重从合同项目真实性、标的物用途、有无实际履约行为、是否有逃匿和转移资产的行为、资金去向、违约原因等方面,综合认定是否具有诈骗的故意,避免片面关注行为结果而忽略主观上是否具有非法占有的目的。对于签订合同时具有部分履约能力,其后完善履约能力并积极履约的,不能以合同诈骗罪追究刑事责任。

(三)对于公安机关立案后久侦未结形成的"挂案",检察机关应当提出监督意见。由于立案标准、工作程序和认识分歧等原因,有些涉民营企业刑事案件逾期滞留在侦查环节,既未被撤销,又未被移送审查起诉,形成"挂案",导致民营企业及企业相关人员长期处于被追诉状态,严重影响企业的正常生产经营,破坏当地营商环境,也损害了司法机关的公信力。检察机关发现侦查环节"挂案"的,应当对公安机关的立案行为进行监督,同时也要对公安机关侦查过程中的违法行为依法提出纠正意见。

2. 尹某某等人诈骗立案监督案①

【关键词】

立案监督　刑民交叉　虚假诉讼　调查核实　跟踪督促　线索移送

【要旨】

对于刑民交叉案件,被害人以涉嫌刑事犯罪向公安机关举报,公安机关不予立案的,人民检察院应当区分情形开展立案监督工作。对确有犯罪嫌疑的监督线索,应当依法充分运用各种手段调查核实。对于重大复杂监督立案案件,应当加强与公安机关的协作配合,持续跟踪督促,对证据收集、事实认定、案件定性等提出意见建议。

【基本案情】

被告人尹某某,男,1966 年 7 月出生,桂林甲公司法定代表人、董事长。

被告人覃某某,男,1960 年 12 月出生,桂林乙公司法定代表人。

被告人申某某,男,1964 年 12 月出生,个体工商户。

其他被告人基本情况略。

2007 年 5 月,尹某某与由覃某某担任法定代表人的桂林乙公司商定合作开发商住楼项目,同时尹某某、申某某等人以挂靠的第三方公司名义承建了该商住楼的地基桩工程。2008 年 1 月,因桂林乙公司与某某银行存在借贷

纠纷，经广西壮族自治区高级人民法院调解，并指定来宾市中级人民法院依法组织了对商住楼土地的司法拍卖。为阻止司法拍卖，尹某某、覃某某及乙公司法律顾问全某某商议后，伪造工程资料，将907万的地基桩工程造价虚增至4191万余元，并以挂靠公司名义向桂林市中级人民法院提起诉讼，后获法院判决确认。随后，尹某某等人以法律规定建设工程价款应优先受偿为由，向桂林市中级人民法院申请强制划扣拍卖款，致使某某银行通过司法拍卖实现债权的目的无法实现。后经该银行和买受人申请，来宾市中级人民法院裁定撤销拍卖成交结果并终止执行。

2013年1月，桂林乙公司股权结构发生变化，新入资公司成为控股公司，覃某某不再作为公司控股人和法定代表人。后尹某某、申某某等人以挂靠公司名义，多次向法院申请强制执行，要求查封拍卖桂林乙公司涉案项目土地，执行判决虚增工程款本息。同时还实施了阻止新项目进场施工、聚集民工闹访等行为。至2016年7月，法院先后执行工程款、违约金及逾期利息合计4729万余元，另有3427万余元逾期利息因案发未得逞。同时，受民事诉讼、查封拍卖影响，与涉案土地相关的下岗职工安置、房屋产权登记等陷入停滞。

【检察机关履职过程】

（一）线索发现。2016年8月31日，桂林乙公司向桂林市人民检察院提出监督立案申请，称尹某某等人多次以伪造公章、虚增地基桩工程量等方式骗取其工程款，已构成犯罪，但该公司自2012年5月起多次向公安机关举报，公安机关均不予立案，请求检察机关监督立案。

（二）调查核实。本案相关民事案件经一审、申请再审、民事抗诉等多个诉讼环节，时间跨度长，但申请人提供的工程资料、民事诉讼材料不齐全，且涉案地基桩因规划变更被挖除，无法据以认定真实工程量，导致检察机关在审查判断当事人的立案监督申请是否成立时面临困难。为依法准确监督履职，桂林市人民检察院开展了以下调查核实工作。一是听取申请人及其代理律师意见，核实工程建设、工程款支付情况，了解相关民事诉讼及强制执行过程。二是询问公安机关工作人员，了解到未予立案侦查的理由，系认为该案事实与人民法院生效民事判决属于同一法律事实，且人民检察院未通知公安机关立案。三是调取民事诉讼卷宗材料和相关公司印章、地基桩设计图、施工合同、抽样质检报告、工程结算单等，比对发现原民事案件存在伪造桂林乙公司印章和工程结算单等行为。四是调取原地质、水文勘测资料、渣土运输审批记录等书证；询问勘测工程师、承运渣土司机等相关施工人员；实地

勘测工程现场和倾倒渣土现场，排除因溶洞、地下暗河导致的工程量超出计划工程量的可能，发现尹某某等人有虚增工程量及相关土石方附属工程量行为。五是委托相关专业机构对实际工程量和工程造价进行鉴定，核实尹某某等人在民事案件中诉请的工程款存在远超实际工程造价的情况。

（三）监督立案。2016年12月14日，桂林市人民检察院向桂林市公安局发出《要求说明不立案理由通知书》。12月19日，桂林市公安局回复《不立案理由说明书》称尹某某等人诈骗一案与生效民事判决的案件属于同一法律事实，没有犯罪事实发生。

桂林市人民检察院审查后认为，根据已有证据材料能够证明尹某某等人通过虚增地基桩工程量，获得法院判决确认后，通过申请强制执行获取虚增工程款，数额特别巨大，涉嫌构成诈骗犯罪，公安机关不立案理由不能成立。同日，桂林市人民检察院向桂林市公安局发出《通知立案书》，并将调查核实取得的证据材料一并移送公安机关。12月29日，公安机关依法对尹某某等人涉嫌诈骗罪立案侦查。

（四）跟踪督促。公安机关立案侦查后，桂林市人民检察院加强与公安机关的协作配合，跟踪督促案件办理情况并及时提出侦查取证意见。一是督促公安机关依照法定程序，对检察机关调查核实所获取的证人证言、被害人陈述、书证等证据材料予以收集固定。二是与公安机关建立关键信息实时共享、重要证据实时联络、重要节点实时会商的协作配合机制，密切跟踪侦查取证进展情况，发现需要补充证据的，列明取证提纲并督促公安机关及时完成取证工作。公安机关根据检察机关意见和会商形成的侦查取证方案，依法搜查获取能够证明真实地基桩工程量的关键书证，查明尹某某伙同覃某某、申某某、全某某等人共同实施诈骗犯罪的事实。三是持续跟踪督促公安机关深挖彻查犯罪线索，最终查明覃某某、尹某某、申某某、全某某等人涉嫌实施诈骗、虚假诉讼、寻衅滋事、行贿、集资诈骗、挪用资金等6个罪名18起违法犯罪事实，涉案金额高达4亿余元，并涉嫌构成恶势力犯罪集团。

（五）移送职务犯罪线索。针对该系列案件中存在的股权变更、土地解封、抵押手续异常等问题，桂林市人民检察院经分析研判，认为可能存在国家机关工作人员职务违法犯罪嫌疑，遂向纪检监察机关和检察机关职务犯罪侦查部门移送了相关线索。

（六）监督结果。2018年6月起，桂林市人民检察院分批对覃某某、尹某某、申某某、全某某等人提起公诉。经依法审理，桂林市中级人民法院判决认定被告人覃某某、

尹某某、申某某、全某某等人长期利用建设项目腐蚀拉拢国家机关工作人员,通过资本运作、弄虚作假、缠访闹访和暴力、软暴力手段攫取非法利益,属于恶势力犯罪集团,分别构成诈骗罪、集资诈骗罪、行贿罪、挪用资金罪、寻衅滋事罪、虚假诉讼罪等罪名,被判处无期徒刑至有期徒刑十年刑罚。一审判决后,部分被告人提出上诉。2021年9月,二审法院裁定驳回上诉,维持原判。同时,有4名审判人员因受贿罪被判处有期徒刑并处罚金,相关行政机关工作人员受到党政纪处分。

刑事判决后,人民法院撤销因虚假诉讼产生的民事判决,解封被查封土地、房产,桂林乙公司挽回经济损失6亿余元、止损4亿余元;900余名购房户的产权证得以办理,400余名下岗职工安置工作得以推动解决。

【指导意义】

(一)对于刑民交叉案件,应当遵循"先刑后民"原则,区分不同情形开展立案监督工作。公安机关以涉嫌刑事犯罪的案件与人民法院作出生效裁判文书的民事案件属于同一事实或者有牵连关系为由不予立案,当事人申请监督立案的,检察机关应当进行全面审查,准确把握实质法律关系。经审查认为民事案件与涉嫌犯罪案件系同一事实,全案不属于民事案件而涉嫌刑事犯罪,或者民事案件与涉嫌犯罪案件虽不是同一事实但有牵连关系,部分涉嫌刑事犯罪,需要追究刑事责任,符合立案条件的,应当依法监督公安机关立案侦查;认为没有犯罪事实发生,或者犯罪情节轻微不需要追究刑事责任,或者具有其他依法不需要追究刑事责任情形,不符合立案条件的,依法答复申请人。既要防止和纠正以刑事手段插手经济纠纷,也要注意避免以经济纠纷为由放纵刑事犯罪。

(二)开展立案监督,应当依法调查核实。在对监督事项、监督线索调查核实中,可以在不限制被调查对象人身、财产权利的情况下,依法运用讯问、询问、听取意见、勘验、检查、鉴定以及调取、查询、复制相关文书卷宗材料等手段,夯实事实和证据基础。

(三)对于监督立案的重大复杂案件,应当持续跟踪督促侦查取证工作。要通过重大疑难案件听取意见、案件会商、法律咨询等方式,就证据收集、事实认定、案件定性等提出必要、明确、可行的意见建议,推动公安机关及时依法收集、固定、转化检察机关调查核实获取的证据材料,切实提升侦查办案质效。

【相关规定】

《中华人民共和国刑法》第二百六十六条

---

① 案例来源:2024年4月23日最高人民检察院检例第214号。

《中华人民共和国刑事诉讼法》(2012年修正)第一百一十一条(现适用2018年修正后《中华人民共和国刑事诉讼法》第一百一十三条)

《人民检察院刑事诉讼规则(试行)》(高检发释字〔2012〕2号,2013年1月1日起施行)第五百五十二条、第五百五十三条、第五百五十四条、第五百五十五条、第五百五十七条、第五百五十八条、第五百五十九条、第五百六十条(现适用2019年修订的《人民检察院刑事诉讼规则》第五百五十七至五百六十一条、第五百六十三条、第五百六十四条)

《最高人民检察院、公安部关于刑事立案监督有关问题的规定(试行)》(高检会〔2010〕5号,2010年10月1日起施行)第四条、第五条、第七条、第八条、第九条

3. 郭某甲、林某甲拒不执行判决、裁定立案监督案①

【关键词】

立案监督　检察一体　调查核实　移送线索　破解"执行难"

【要旨】

对情节严重的拒不执行判决、裁定的被执行人,人民检察院要充分履行法律监督职责,加强线索移送、监督立案、批捕起诉工作,依法及时追究刑事责任。在开展民事执行活动监督工作中,要注意发现、移送涉嫌拒不执行判决、裁定犯罪线索。对转移财产型拒不执行判决、裁定案件,要综合采取询问、查询、勘验、委托鉴定、调取证据材料等手段进行调查核实,查明被执行人是否存在隐藏、转移财产等行为,高质效开展立案监督。要综合运用检察建议、纠正违法、线索移送等手段,推动"执行难"问题的社会治理。

【基本案情】

被告人郭某甲,男,1964年8月出生,无业。

被告人林某甲,女,1966年2月出生,无业,系郭某甲之妻。

2011年至2012年间,债权人林某乙陆续借给郭某甲、林某甲夫妇214万元。债务到期后,郭某甲、林某甲未能偿还借款及利息,被林某乙起诉至福建省福清市人民法院。经法院调解,郭某甲、林某甲承诺分期偿还借款本息,但始终未履行还款义务。2013年3月14日,林某乙向福清市人民法院申请强制执行,后因当事人达成执行和解,

福清市人民法院于 12 月 18 日终结本次执行程序。2014年 3 月，林某乙因郭某甲、林某甲未履行执行和解协议，且发现林某甲有房产待拆迁，遂申请法院恢复执行。

2015 年 1 月 26 日，林某甲位于福清市某街道的房屋被福清市人民政府列入征收拆迁范围，随后在街道办事处组织下开展房屋面积和权属确认工作。其间，郭某甲、林某甲为隐藏、转移财产，让不知情的吴某甲持双方此前因借贷关系签订的房屋抵押条，与街道办事处签订征收拆迁补偿协议。

2015 年 6 月 23 日，福清市人民法院作出查封该房屋、扣留征收拆迁补偿款的《执行裁定书》，同时向街道办事处发出《协助执行通知书》，要求其协助执行扣留、提取上述补偿款，并汇至法院执行账户。而街道办事处未履行协助执行义务，于同年 7 月 28 日将 146 万元房屋征收拆迁补偿款发放至吴某甲账户，吴某甲在扣除 25 万元债权后，将剩余的征收拆迁补偿款 121 万元汇入林某甲指定的银行账户。随后，郭某甲、林某甲将该账户内钱款全部予以转移，致使生效裁定无法执行。

【检察机关履职过程】

（一）线索发现。2019 年 4 月 12 日，债权人林某乙以原民事案件历时 6 年仍未执行到位，福清市人民法院怠于执行为由，向福清市人民检察院申请监督。福清市人民检察院控告申诉检察部门受理后，经审查申请材料、听取林某乙诉求，认为该申请符合民事执行活动监督受理范围，移送民事检察部门办理。

（二）调查核实。因该案可能涉嫌构成拒不执行判决、裁定罪，为整合内部力量、提升监督质效，福清市人民检察院民事检察部门与检察侦查部门抽调人员联合成立专门办案组，经调卷审查、实地调查、走访行政部门后发现，郭某甲、林某甲在房产征收拆迁过程中，通过案外人吴某甲向街道办事处提交借条、抵押条等材料的方式，要求街道办事处将房屋征收拆迁补偿款直接汇给案外人吴某甲；同时，街道办事处未履行福清市人民法院《协助执行通知书》关于扣留征收拆迁补偿款的要求，将征收拆迁补偿款直接发放至吴某甲账户。

为进一步查清案件事实，办案组通过调取银行流水、查询公安户籍系统、询问相关人员等方式对相关款项的流向进行了深入调查，发现 146 万元征迁补偿款流入吴某甲账户后，有 121 万元汇出至郭某甲、林某甲实际控制、使用的他人账户，再从该账户汇转至周某某等十余名郭某甲、林某甲的亲友账户。调查中还发现，福清市人民法院执行人员在获知林某甲的征迁补偿款已被转移给吴某甲的情况下，未依法责令街道办事处相关责任人员限期追回财产，未将郭某甲、林某甲拒不执行判决、裁定的相关线索移送公安机关。

（三）监督意见。福清市人民检察院办案组调查期间，多次与刑事检察部门沟通案件情况，并共同就案件是否涉嫌拒不执行判决、裁定犯罪进行分析研判。2019 年 6 月 3 日，福清市人民检察院民事检察部门将犯罪线索书面移送刑事检察部门。刑事检察部门经审查后，向公安机关通报线索情况、移送证据材料，并持续跟踪督促公安机关及时立案侦查。

2019 年 6 月 26 日，福清市人民检察院向福清市人民法院发出检察建议，建议及时追回执行款；7 月 19 日，向街道办事处发出检察建议，建议针对征迁工作中的失职行为开展自查自纠，健全规章制度，强化法律意识，依法规范行政。

（四）监督结果。经福清市人民检察院依法监督，福清市公安局对郭某甲、林某甲涉嫌拒不执行判决、裁定罪一案立案侦查。2020 年 1 月，福清市人民法院以郭某甲、林某甲犯拒不执行判决、裁定罪，均判处二人有期徒刑一年六个月，二人未上诉。同时，福清市人民法院追回征收拆迁补偿款 146 万元发还林某乙，并更换执行承办人继续跟进后续执行情况。街道办事处认真开展自查自纠、健全相关管理制度。

【指导意义】

（一）发挥检察监督一体化优势，加强对拒不执行判决、裁定罪的立案监督工作。民事检察部门在开展民事执行活动监督工作中，要注意发现、移送涉嫌拒不执行判决、裁定犯罪线索。对转移财产型拒不执行判决、裁定的案件线索，刑事检察、民事检察等部门要协同加强对监督线索的调查核实，围绕被隐藏、转移财产的来源和具体走向等，综合采取询问、查询、勘验、委托鉴定、调取证据材料等手段，全面查明是否存在"有能力执行而拒不执行，情节严重"情形，高质效开展拒不执行判决、裁定罪的监督立案工作。

（二）充分履行法律监督职责，助力解决法院"执行难"问题。依法履行人民法院作出并已发生法律效力的判决、裁定，是被执行人的法定义务。以监督办案确保国家法律正确统一实施，是宪法法律赋予检察机关的重要职责。针对司法实践中突出存在的"执行难"问题，检察机关要加强对民事执行活动的法律监督，在督促人民法院依法开展执行工作的同时，对于违反法律规定，逃避裁判执行义务，情节严重的被执行人，要通过加强线索移送、监督立案、批捕起诉等履职办案工作，依法及时追究被执行人拒不执行判决、裁定的刑事责任，发挥刑罚的惩治、警示、教育作用,助力推动解决"执行难"问题,维护司法权威。

(三)能动、综合履行检察职能,推动"执行难"问题的社会治理。检察机关在办理拒不执行判决、裁定案件过程中,发现法院怠于履行执行职责的,可以以纠正违法、检察建议等方式监督纠正消极执行问题,督促法院及时追回执行款;发现行政机关有不当履职行为的,可以以社会治理检察建议方式督促依法行政,推动堵漏建制。

【相关规定】

《中华人民共和国刑法》第三百一十三条

《中华人民共和国刑事诉讼法》(2018年修正)第一百一十三条

《中华人民共和国民事诉讼法》(2017年修正)第二百一十条、第二百三十五条(现适用2023年修正后《中华人民共和国民事诉讼法》第二百二十一条、第二百四十六条)

《人民检察院刑事诉讼规则(试行)》(高检发释字〔2012〕2号,2013年1月1日起施行)第五百五十三条、第五百五十五条、第五百五十八条(现适用2019年修订后《人民检察院刑事诉讼规则》第五百五十七、第五百五十九条、五百六十一条)

《人民检察院民事诉讼监督规则(试行)》(高检发释字〔2013〕3号,2013年11月18日起施行)第六十五条、第六十六条、第一百零二条(现适用2021年8月1日起施行的《人民检察院民事诉讼监督规则》第六十二条、第六十三条、第一百零四条)

《最高人民检察院、公安部关于刑事立案监督有关问题的规定(试行)》(高检会〔2010〕5号,2010年10月1日起施行)第四条、第五条、第七条、第八条、第九条

《人民检察院检察建议工作规定》(高检发释字〔2019〕1号,2019年2月26日起施行)第九条、第十一条

4. 付某盗窃侦查活动监督案①

【关键词】

侦查活动监督　轻微刑事案件　认罪认罚自愿性审查　防范冤错案件

【要旨】

人民检察院在案件办理中应当严格履行审查监督职责,即使是犯罪嫌疑人认罪认罚的轻微刑事案件,也要加强对侦查活动合法性的监督和认罪认罚自愿性的审查。坚持证据裁判原则,避免因虚假认罪认罚导致冤错案件发生。发现犯罪嫌疑人无罪、罪轻证据线索的,应当坚持客

观公正立场,自行或督促公安机关全面客观收集证据,综合审查认定案件事实。

【基本案情】

被不起诉人付某,男,2000年3月出生,无业。

2019年11月10日6时许,被害人时某某放在某快餐店收银台的一部手机被盗,价值1722元。四川省绵阳市公安局涪城区分局接被害人报案后,于当日以"时某某被盗窃案"立案侦查。经调取快餐店监控视频发现,一用餐男子在店内盗窃手机后进入附近一网吧上网至11时,登记身份信息为"付某"。

2020年5月8日晚,付某在绵阳市一网吧被公安机关抓获,并在当日接受讯问时表示认罪认罚。5月9日,付某因涉嫌盗窃罪被公安机关取保候审。6月15日,公安机关以付某涉嫌盗窃罪向绵阳市涪城区人民检察院移送审查起诉。

【检察机关履职过程】

(一)线索发现。涪城区人民检察院在审查起诉时发现,在案有付某有罪供述、上网登记身份证信息、指认现场笔录等证据,证明付某有盗窃嫌疑。2020年6月22日,涪城区人民检察院在对付某进行第一次讯问时,付某也表示认罪认罚,并于次日主动赔偿了被害人损失。但同时,在案证据也存在疑点,如案发现场监控视频中犯罪嫌疑人头戴帽子、面部特征不清晰,体型与付某存在一定差异;付某关于在案发快餐店购买的食物种类、所盗手机摆放位置以及是否处于充电状态等供述,与被害人陈述不一致等。此外,付某还在讯问后多次以电话形式向承办检察官了解被定罪处罚的法律后果,表现不同于一般的认罪认罚犯罪嫌疑人。

针对上述问题,涪城区人民检察院于6月24日再次讯问付某,在重新核实作案细节的同时,详细向其释明了盗窃犯罪的刑罚责任、认罪认罚的性质和法律后果。经释法说理,付某改变了原有罪供述,称其未实施盗窃行为,案发时自己不在案发城市,且曾经丢失过身份证;侦查阶段的有罪供述系在侦查人员称其不认罪将被关押,以及"事情不严重、赔钱就可以回家"的诱导下,按照侦查人员出示的快餐店监控视频供述了"盗窃""销赃"的全部过程,有罪供述不真实,认罪认罚非自愿。综合在案证据,涪城区人民检察院认为付某认罪认罚的自愿性、真实性、合法性存疑,侦查人员可能存在未客观、全面收集、调取证明犯罪嫌疑人无罪证据的情形。

---

① 案例来源:2024年4月23日最高人民检察院检例第216号。

（二）调查核实。围绕问题线索，涪城区人民检察院组织开展了调查核实、督促取证工作。一是经询问本案侦查人员、查阅案卷材料、调取执法记录影像资料发现，该案侦查人员根据网吧登录的身份信息认定案件系付某所为，未采信付某所作无罪辩解，未依法全面收集调取证明犯罪嫌疑人无罪的证据。二是经查看案发现场监控视频，发现视频清晰度较差，不具备比对、辨认条件，而犯罪嫌疑人使用付某身份证件的网吧监控视频因时间久远已被覆盖无法调取，认定犯罪嫌疑人系付某的客观性证据仅有其身份证登录信息，未能形成完整的证据链条。三是针对付某的无罪辩解，公安机关按照检察机关补充相关证据材料的要求，调取了付某手机定位、骑行记录、其亲属及同事的证人证言，证实案发时段付某在眉山市，不在案发的绵阳市；调取了付某出行记录，通过大数据查询比对后证实案发前后付某无乘坐动车、火车、汽车等公共交通工具的出行记录；核查了户证办理系统，证实付某曾于2016年10月、2018年6月两次因身份证丢失补换身份证。

（三）监督意见。综合调查核实情况以及其他在案证据材料，涪城区人民检察院查明，在案发时段内，付某不在案发城市，盗窃行为非其所为；公安机关仅以网吧登录身份信息认定付某为犯罪嫌疑人错误。2020年7月29日，检察机关依法对付某作出不起诉决定，并要求公安机关对"时某某被盗窃案"继续侦查。8月6日，就侦查人员未收集调取明显可以收集调取的无罪证据等怠于侦查行为，涪城区人民检察院向公安机关制发《纠正违法通知书》，同时将涉嫌失职的案件线索移送相关部门。

（四）监督结果。收到监督纠正意见后，公安机关书面回复了整改落实情况，对本案中存在的侦查活动违法问题启动倒查问责程序，依纪依规对涉案侦查人员作出处理。同时，为规范刑事案件内部监督核查机制，公安机关还专门制定了《刑事案件审核运行规程》。涪城区人民检察院也在总结本案办理经验基础上，制定了《认罪认罚案件证据细节审查制度》，细化对认罪认罚自愿性、真实性、合法性审查，加强和规范侦查活动监督，建立健全办理认罪认罚案件防错纠错机制。

【指导意义】

（一）办理犯罪嫌疑人认罪认罚的轻微刑事案件，应当加强对侦查活动合法性和认罪认罚真实性、自愿性、合法性的审查监督。特别是小额盗窃、危险驾驶等案件，要注重审查侦查取证过程中是否存在暴力、威胁、引诱等侦查违法情形，审查犯罪嫌疑人是否理解认罪认罚的性质和可能导致的法律后果等方面内容，防止出现违背意愿的认罪认罚。

（二）坚持证据裁判原则，强化对证据体系的审查与完善。加强对书证、物证等客观性证据与案件事实之间的关联性以及犯罪主体的同一性审查；重视言辞证据之间的细节差异，确保全案证据相互印证且形成完整的证据链条，做到事实清楚，证据确实、充分。对于犯罪嫌疑人作出的无罪、罪轻辩解，或者审查发现犯罪嫌疑人无罪、罪轻证据线索的，人民检察院应当坚持客观公正立场，通过自行补充侦查调取证据材料，或者督促公安机关继续侦查、补充侦查等方式，全面客观收集无罪、罪轻的证据。对侦查人员怠于侦查，未依法收集明显能够收集调取的无罪、罪轻证据的，应当依法提出纠正意见，涉嫌失职渎职的，应当依法移送相关线索。

【相关规定】

《中华人民共和国刑法》第二百六十四条

《中华人民共和国刑事诉讼法》（2018年修正）第十五条、第五十二条、第五十六条、第五十七条、第一百七十七条

《人民检察院刑事诉讼规则》（2019年修订）第七十二条、第二百七十一条、第三百六十五条、第五百五十一条、第五百五十二条、第五百五十三条、第五百六十七条

《最高人民法院、最高人民检察院、公安部、国家安全部、司法部关于适用认罪认罚从宽制度的指导意见》（高检发〔2019〕13号，2019年10月11日起施行）第三条、第二十八条

《公安机关办理刑事案件程序规定》（中华人民共和国公安部令第127号，2013年1月1日起施行）第一百八十七条（现适用2020年修正后《公安机关办理刑事案件程序规定》第一百九十一条）

3. 涉案财物处理

人民检察院刑事诉讼涉案财物管理规定

· 2015年3月6日
· 高检发〔2015〕6号

第一章　总　则

第一条　为了贯彻落实中央关于规范刑事诉讼涉案财物处置工作的要求，进一步规范人民检察院刑事诉讼涉案财物管理工作，提高司法水平和办案质量，保护公民、法人和其他组织的合法权益，根据刑法、刑事诉讼法、《人民检察院刑事诉讼规则（试行）》，结合检察工作实际，制定本规定。

第二条　本规定所称人民检察院刑事诉讼涉案财物，是指人民检察院在刑事诉讼过程中查封、扣押、冻结

的与案件有关的财物及其孳息以及从其他办案机关接收的财物及其孳息,包括犯罪嫌疑人的违法所得及其孳息、供犯罪所用的财物、非法持有的违禁品以及其他与案件有关的财物及其孳息。

第三条 违法所得的一切财物,应当予以追缴或者责令退赔。对被害人的合法财产,应当依照有关规定返还。违禁品和供犯罪所用的财物,应当予以查封、扣押、冻结,并依法处理。

第四条 人民检察院查封、扣押、冻结、保管、处理涉案财物,必须严格依照刑事诉讼法、《人民检察院刑事诉讼规则(试行)》以及其他相关规定进行。不得查封、扣押、冻结与案件无关的财物。凡查封、扣押、冻结的财物,都应当及时进行审查;经查明确实与案件无关的,应当在三日内予以解除、退还,并通知有关当事人。

严禁以虚假立案或者其他非法方式采取查封、扣押、冻结措施。对涉案单位违规的账外资金但与案件无关的,不得查封、扣押、冻结,可以通知有关主管机关或者其上级单位处理。

查封、扣押、冻结涉案财物,应当为犯罪嫌疑人、被告人及其所扶养的亲属保留必需的生活费用和物品,减少对涉案单位正常办公、生产、经营等活动的影响。

第五条 严禁在立案之前查封、扣押、冻结财物。立案之前发现涉嫌犯罪的财物,符合立案条件的,应当及时立案,并采取查封、扣押、冻结措施,以保全证据和防止涉案财物转移、损毁。

个人或者单位在立案之前向人民检察院自首时携带涉案财物的,人民检察院可以根据管辖规定先行接收,并向自首人开具接收凭证,根据立案和侦查情况决定是否查封、扣押、冻结。

人民检察院查封、扣押、冻结涉案财物后,应当对案件及时进行侦查,不得在无法定理由情况下撤销案件或者停止对案件的侦查。

第六条 犯罪嫌疑人到案后,其亲友受犯罪嫌疑人委托或者主动代为向检察机关退还或者赔偿涉案财物的,参照《人民检察院刑事诉讼规则(试行)》关于查封、扣押、冻结的相关程序办理。符合相关条件的,人民检察院应当开具查封、扣押、冻结决定书,并由检察人员、代为退还或者赔偿的人员和有关规定要求的其他人员在清单上签名或者盖章。

代为退还或者赔偿的人员应当在清单上注明系受犯罪嫌疑人委托或者主动代为犯罪嫌疑人退还或者赔偿。

第七条 人民检察院实行查封、扣押、冻结、处理涉案财物与保管涉案财物相分离的原则,办案部门与案件管理、计划财务装备等部门分工负责、互相配合、互相制约。侦查监督、公诉、控告检察、刑事申诉检察等部门依照刑事诉讼法和其他相关规定对办案部门查封、扣押、冻结、保管、处理涉案财物等活动进行监督。

办案部门负责对涉案财物依法进行查封、扣押、冻结、处理,并对依照本规定第十条第二款、第十二条不移送案件管理部门或者不存入唯一合规账户的涉案财物进行管理;案件管理部门负责对办案部门和其他办案机关移送的涉案物品进行保管,并依照有关规定对查封、扣押、冻结、处理涉案财物工作进行监督管理;计划财务装备部门负责对存入唯一合规账户的扣押款项进行管理。

人民检察院监察部门依照有关规定对查封、扣押、冻结、保管、处理涉案财物工作进行监督。

第八条 人民检察院查封、扣押、冻结、处理涉案财物,应当使用最高人民检察院统一制定的法律文书,填写必须规范、完整。禁止使用不符合规定的文书查封、扣押、冻结、处理涉案财物。

第九条 查封、扣押、冻结、保管、处理涉及国家秘密、商业秘密、个人隐私的财物,应当严格遵守有关保密规定。

第二章　涉案财物的移送与接收

第十条 人民检察院办案部门查封、扣押、冻结涉案财物及其孳息后,应当及时按照下列情形分别办理,至迟不得超过三日,法律和有关规定另有规定的除外:

(一)将扣押的款项存入唯一合规账户;

(二)将扣押的物品和相关权利证书、支付凭证以及具有一定特征能够证明案情的现金等,送案件管理部门入库保管;

(三)将查封、扣押、冻结涉案财物的清单和扣押款项存入唯一合规账户的存款凭证等,送案件管理部门登记;案件管理部门应当对存款凭证复印保存,并将原件送计划财务装备部门。

扣押的款项或者物品因特殊原因不能按时存入唯一合规账户或者送案件管理部门保管的,经检察长批准,可以由办案部门暂时保管,在原因消除后及时存入或者移交,但应当将扣押清单和相关权利证书、支付凭证等依照本条第一款规定的期限送案件管理部门登记、保管。

第十一条 案件管理部门接收人民检察院办案部门移送的涉案财物或者清单时,应当审查是否符合下列要求:

（一）有立案决定书和相应的查封、扣押、冻结法律文书以及查封、扣押清单，并填写规范、完整，符合相关要求；

（二）移送的财物与清单相符；

（三）移送的扣押物品清单，已经依照《人民检察院刑事诉讼规则（试行）》有关扣押的规定注明扣押财物的主要特征；

（四）移送的外币、金银珠宝、文物、名贵字画以及其他不易辨别真伪的贵重物品，已经依照《人民检察院刑事诉讼规则（试行）》有关扣押的规定予以密封，检察人员、见证人和被扣押物品持有人在密封材料上签名或者盖章，经过鉴定的，附有鉴定意见复印件；

（五）移送的存折、信用卡、有价证券等支付凭证和具有一定特征能够证明案情的现金，已经依照《人民检察院刑事诉讼规则（试行）》有关扣押的规定予以密封，注明特征、编号、种类、面值、张数、金额等，检察人员、见证人和被扣押物品持有人在密封材料上签名或者盖章；

（六）移送的查封清单，已经依照《人民检察院刑事诉讼规则（试行）》有关查封的规定注明相关财物的详细地址和相关特征，检察人员、见证人和持有人签名或者盖章，注明已经拍照或者录像及其权利证书是否已被扣押，注明财物被查封后由办案部门保管或者交持有人或其近亲属保管，注明查封决定书副本已送达相关的财物登记、管理部门等。

第十二条　人民检察院办案部门查封、扣押的下列涉案财物不移送案件管理部门保管，由办案部门拍照或者录像后妥善管理或者及时按照有关规定处理：

（一）查封的不动产和置于该不动产上不宜移动的设施等物品，以及涉案的车辆、船舶、航空器和大型机械、设备等财物，及时依照《人民检察院刑事诉讼规则（试行）》有关查封、扣押的规定扣押相关权利证书，将查封决定书副本送达有关登记、管理部门，并告知其在查封期间禁止办理抵押、转让、出售等权属关系变更、转移登记手续；

（二）珍贵文物、珍贵动物及其制品、珍稀植物及其制品，按照国家有关规定移送主管机关；

（三）毒品、淫秽物品等违禁品，及时移送有关主管机关，或者根据办案需要严格封存，不得擅自使用或者扩散；

（四）爆炸性、易燃性、放射性、毒害性、腐蚀性等危险品，及时移送有关部门或者根据办案需要委托有关主管机关妥善保管；

（五）易损毁、灭失、变质等不宜长期保存的物品，易贬值的汽车、船艇等物品，经权利人同意或者申请，并经检察长批准，可以及时委托有关部门先行变卖、拍卖，所得款项存入唯一合规账户。先行变卖、拍卖应当做到公开、公平。

人民检察院办案部门依照前款规定不将涉案财物移送案件管理部门保管的，应当将查封、扣押清单以及相关权利证书、支付凭证等依照本规定第十条第一款的规定送案件管理部门登记、保管。

第十三条　人民检察院案件管理部门接收其他办案机关随案移送的涉案财物的，参照本规定第十一条、第十二条的规定进行审查和办理。

对移送的物品、权利证书、支付凭证以及具备一定特征能够证明案情的现金，案件管理部门审查后认为符合要求的，予以接收并入库保管。对移送的涉案款项，由其他办案机关存入检察机关指定的唯一合规账户，案件管理部门对转账凭证进行登记并联系计划财务装备部门进行核对。其他办案机关直接移送现金的，案件管理部门可以告知其存入指定的唯一合规账户，也可以联系计划财务装备部门清点、接收并及时存入唯一合规账户。计划财务装备部门应当在收到款项后三日以内将收款凭证复印件送案件管理部门登记。

对于其他办案机关移送审查起诉时随案移送的有关实物，案件管理部门经商公诉部门后，认为属于不宜移送的，可以依照刑事诉讼法第二百三十四条第一款、第二款的规定，只接收清单、照片或者其他证明文件。必要时，人民检察院案件管理部门可以会同公诉部门与其他办案机关相关部门进行沟通协商，确定不随案移送的实物。

第十四条　案件管理部门应当指定专门人员，负责有关涉案财物的接收、管理和相关信息录入工作。

第十五条　案件管理部门接收密封的涉案财物，一般不进行拆封。移送部门或者案件管理部门认为有必要拆封的，由移送人员和接收人员共同启封、检查、重新密封，并对全过程进行录像。根据《人民检察院刑事诉讼规则（试行）》有关扣押的规定应当予以密封的涉案财物，启封、检查、重新密封时应当依照规定有见证人、持有人或者单位负责人等在场并签名或者盖章。

第十六条　案件管理部门对于接收的涉案财物、清单及其他相关材料，认为符合条件的，应当及时在移送清单上签字并制作入库清单，办理入库手续。认为不符合条件的，应当将原因告知移送单位，由移送单位及时补送相关材料,或者按照有关规定进行补正或者作出合理解释。

第三章　涉案财物的保管

第十七条　人民检察院对于查封、扣押、冻结的涉案财物及其孳息,应当如实登记,妥善保管。

第十八条　人民检察院计划财务装备部门对扣押款项及其孳息应当逐案设立明细账,严格收付手续。

计划财务装备部门应当定期对唯一合规账户的资金情况进行检查,确保账实相符。

第十九条　案件管理部门对收到的物品应当建账设卡,一案一账,一物一卡(码)。对于贵重物品和细小物品,根据物品种类实行分袋、分件、分箱设卡和保管。

案件管理部门应当定期对涉案物品进行检查,确保账实相符。

第二十条　涉案物品专用保管场所应当符合下列防火、防盗、防潮、防尘等要求:

(一)安装防盗门窗、铁柜和报警器、监视器;

(二)配备必要的储物格、箱、袋等设备设施;

(三)配备必要的除湿、调温、密封、防霉变、防腐烂等设备设施;

(四)配备必要的计量、鉴定、辨认等设备设施;

(五)需要存放电子存储介质类物品的,应当配备防磁柜;

(六)其他必要的设备设施。

第二十一条　人民检察院办案部门人员需要查看、临时调用涉案财物的,应当经办案部门负责人批准;需要移送、处理涉案财物的,应当经检察长批准。案件管理部门对于审批手续齐全的,应当办理查看、出库手续并认真登记。

对于密封的涉案财物,在查看、出库、归还时需要拆封的,应当遵守本规定第十五条的要求。

第四章　涉案财物的处理

第二十二条　对于查封、扣押、冻结的涉案财物及其孳息,除按照有关规定返还被害人或者经查明确实与案件无关的以外,不得在诉讼程序终结之前上缴国库或者作其他处理。法律和有关规定另有规定的除外。

在诉讼过程中,对权属明确的被害人合法财产,凡返还不损害其他被害人或者利害关系人的利益、不影响诉讼正常进行的,人民检察院应当依法及时返还。权属有争议的,应当在决定撤销案件、不起诉或者由人民法院判决时一并处理。

在扣押、冻结期间,权利人申请出售被扣押、冻结的债券、股票、基金份额等财产的,以及扣押、冻结的汇票、本票、支票的有效期即将届满的,人民检察院办案部门应当依照《人民检察院刑事诉讼规则(试行)》的有关规定及时办理。

第二十三条　人民检察院作出撤销案件决定、不起诉决定或者收到人民法院作出的生效判决、裁定后,应当在三十日以内对涉案财物作出处理。情况特殊的,经检察长批准,可以延长三十日。

前款规定的对涉案财物的处理工作,人民检察院决定撤销案件的,由侦查部门负责办理;人民检察院决定不起诉或者人民法院作出判决、裁定的案件,由公诉部门负责办理;对人民检察院直接立案侦查的案件,公诉部门可以要求侦查部门协助配合。

人民检察院按照本规定第五条第二款的规定先行接收涉案财物,如果决定不予立案的,侦查部门应当按照本条第一款规定的期限对先行接收的财物作出处理。

第二十四条　处理由案件管理部门保管的涉案财物,办案部门应当持经检察长批准的相关文书或者报告,到案件管理部门办理出库手续;处理存入唯一合规账户的涉案款项,办案部门应当持经检察长批准的相关文书或者报告,经案件管理部门办理出库手续后,到计划财务装备部门办理提现或者转账手续。案件管理部门或者计划财务装备部门对于符合审批手续的,应当及时办理。

对于依照本规定第十条第二款、第十二条的规定未移交案件管理部门保管或者未存入唯一合规账户的涉案财物,办案部门应当依照本规定第二十三条规定的期限报经检察长批准后及时作出处理。

第二十五条　对涉案财物,应当严格依照有关规定,区分不同情形,及时作出相应处理:

(一)因犯罪嫌疑人死亡而撤销案件、决定不起诉,依照刑法规定应当追缴其违法所得及其他涉案财产的,应当按照《人民检察院刑事诉讼规则(试行)》有关犯罪嫌疑人逃匿、死亡案件违法所得的没收程序的规定办理;对于不需要追缴的涉案财物,应当依照本规定第二十三条规定的期限及时返还犯罪嫌疑人、被不起诉人的合法继承人;

(二)因其他原因撤销案件、决定不起诉,对于查封、扣押、冻结的犯罪嫌疑人违法所得及其他涉案财产需要没收的,应当依照《人民检察院刑事诉讼规则(试行)》有关撤销案件时处理犯罪嫌疑人违法所得的规定提出检察建议或者依照刑事诉讼法第一百七十三条第三款的规定提出检察意见,移送有关主管机关处理;未认定为需要没收并移送有关主管机关处理的涉案财物,应当依照本规定第二十三条规定的期限及时返还犯罪嫌疑人、被不起诉人;

(三)提起公诉的案件,在人民法院作出生效判决、裁定后,对于冻结在金融机构的涉案财产,由人民法院通知该金融机构上缴国库;对于查封、扣押且依法未随案移送人民法院的涉案财物,人民检察院根据人民法院的判决、裁定上缴国库;

(四)人民检察院侦查部门移送审查起诉的案件,起诉意见书中未认定为与犯罪有关的涉案财物;提起公诉的案件,起诉书中未认定或者起诉书认定但人民法院生效判决、裁定中未认定为与犯罪有关的涉案财物,应当依照本条第二项的规定移送有关主管机关处理或者及时返还犯罪嫌疑人、被不起诉人、被告人;

(五)对于需要返还被害人的查封、扣押、冻结涉案财物,应当按照有关规定予以返还。

人民检察院应当加强与人民法院、公安机关、国家安全机关的协调配合,共同研究解决涉案财物处理工作中遇到的突出问题,确保司法工作顺利进行,切实保障当事人合法权益。

第二十六条　对于应当返还被害人的查封、扣押、冻结涉案财物,无人认领的,应当公告通知。公告满六个月无人认领的,依法上缴国库。上缴国库后有人认领,经查证属实的,人民检察院应当向人民政府财政部门申请退库予以返还。原物已经拍卖、变卖的,应当退回价款。

第二十七条　对于贪污、挪用公款等侵犯国有资产犯罪案件中查封、扣押、冻结的涉案财物,除人民法院判决上缴国库的以外,应当归还原单位或者原单位的权利义务继受单位。犯罪金额已经作为损失核销或者原单位已不存在且无权利义务继受单位的,应当上缴国库。

第二十八条　查封、扣押、冻结的涉案财物应当依法上缴国库或者返还有关单位和个人的,如果有孳息,应当一并上缴或者返还。

第五章　涉案财物工作监督

第二十九条　人民检察院监察部门应当对本院和下级人民检察院的涉案财物工作进行检查或者专项督察,每年至少一次,并将结果在本辖区范围内予以通报。发现违纪违法问题的,应当依照有关规定作出处理。

第三十条　人民检察院案件管理部门可以通过受案审查、流程监控、案件质量评查、检察业务考评等途径,对本院和下级人民检察院的涉案财物工作进行监督管理。

发现违法违规问题的,应当依照有关规定督促相关部门依法及时处理。

第三十一条　案件管理部门在涉案财物管理工作中,发现办案部门或者办案人员有下列情形之一的,可以进行口头提示;对于违规情节较重的,应当发送案件流程监控通知书;认为需要追究纪律或者法律责任的,应当移送本院监察部门处理或者向检察长报告:

(一)查封、扣押、冻结的涉案财物与清单存在不一致,不能作出合理解释或者说明的;

(二)查封、扣押、冻结涉案财物时,未按照有关规定进行密封、签名或者盖章,影响案件办理的;

(三)查封、扣押、冻结涉案财物后,未及时存入唯一合规账户,办理入库保管手续,或者未及时向案件管理部门登记,不能作出合理解释或者说明的;

(四)在立案之前采取查封、扣押、冻结措施的,或者未依照有关规定开具法律文书而采取查封、扣押、冻结措施的;

(五)对明知与案件无关的财物采取查封、扣押、冻结措施的,或者对经查明确实与案件无关的财物仍不解除查封、扣押、冻结或者不予退还的,或者应当将被查封、扣押、冻结的财物返还被害人而不返还的;

(六)违反有关规定,在诉讼程序依法终结之前将涉案财物上缴国库或者作其他处理的;

(七)在诉讼程序依法终结之后,未按照有关规定及时、依法处理涉案财物,经督促后仍不及时、依法处理的;

(八)因不负责任造成查封、扣押、冻结的涉案财物丢失、损毁或者泄密的;

(九)贪污、挪用、截留、私分、调换、违反规定使用查封、扣押、冻结的涉案财物的;

(十)其他违反法律和有关规定的情形。

人民检察院办案部门收到案件管理部门的流程监控通知书后,应当在十日以内将核查情况书面回复案件管理部门。

人民检察院侦查监督、公诉、控告检察、刑事申诉检察等部门发现本院办案部门有本条第一款规定的情形的,应当依照刑事诉讼法和其他相关规定履行监督职责。案件管理部门发现办案部门有上述情形,认为有必要的,可以根据案件办理所处的诉讼环节,告知侦查监督、公诉、控告检察或者刑事申诉检察等部门。

第三十二条　人民检察院查封、扣押、冻结、保管、处理涉案财物,应当按照有关规定做好信息查询和公开工作,并为当事人和其他诉讼参与人行使权利提供保障和便利。善意第三人等案外人与涉案财物处理存在利害关系的，人民检察院办案部门应当告知其相关诉讼权利。

当事人及其法定代理人和辩护人、诉讼代理人、利害关系人对人民检察院的查封、扣押、冻结不服或者对人民检察院撤销案件决定、不起诉决定中关于涉案财物的处理部分不服的，可以依照刑事诉讼法和《人民检察院刑事诉讼规则（试行）》的有关规定提出申诉或者控告；人民检察院控告检察部门对申诉或者控告应当依照有关规定及时受理和审查办理并反馈处理结果。人民检察院提起公诉的案件，被告人、自诉人、附带民事诉讼的原告人和被告人对涉案财物处理决定不服的，可以依照有关规定就财物处理部分提出上诉，被害人或者其他利害关系人可以依照有关规定请求人民检察院抗诉。

第三十三条 人民检察院刑事申诉检察部门在办理国家赔偿案件过程中，可以向办案部门调查核实相关查封、扣押、冻结等行为是否合法。国家赔偿决定对相关涉案财物作出处理的，有关办案部门应当及时执行。

第三十四条 人民检察院查封、扣押、冻结、保管、处理涉案财物，应当接受人民监督员的监督。

第三十五条 人民检察院及其工作人员在查封、扣押、冻结、保管、处理涉案财物工作中违反相关规定的，应当追究纪律责任；构成犯罪的，应当依法追究刑事责任；导致国家赔偿的，应当依法向有关责任人员追偿。

第六章 附 则

第三十六条 对涉案财物的保管、鉴定、估价、公告等支付的费用，列入人民检察院办案（业务）经费，不得向当事人收取。

第三十七条 本规定所称犯罪嫌疑人、被告人、被害人，包括自然人、单位。

第三十八条 本规定所称有关主管机关，是指对犯罪嫌疑人违反法律、法规的行为以及对有关违禁品、危险品具有行政管理、行政处罚、行政处分权限的机关和纪检监察部门。

第三十九条 本规定由最高人民检察院解释。

第四十条 本规定自公布之日起施行。最高人民检察院2010年5月9日公布的《人民检察院扣押、冻结涉案款物工作规定》同时废止。

电信网络新型违法犯罪案件冻结资金返还若干规定

· 2016年8月4日
· 银监发〔2016〕41号

第一条 为维护公民、法人和其他组织的财产权益，减少电信网络新型违法犯罪案件被害人的财产损失，确保依法、及时、便捷返还冻结资金，根据《中华人民共和国刑法》《中华人民共和国刑事诉讼法》《中华人民共和国银行业监督管理法》《中华人民共和国商业银行法》等法律、行政法规，制定本规定。

第二条 本规定所称电信网络新型违法犯罪案件，是指不法分子利用电信、互联网等技术，通过发送短信、拨打电话、植入木马等手段，诱骗（盗取）被害人资金汇（存）入其控制的银行账户，实施的违法犯罪案件。

本规定所称冻结资金，是指公安机关依照法律规定对特定银行账户实施冻结措施，并由银行业金融机构协助执行的资金。本规定所称被害人，包括自然人、法人和其他组织。

第三条 公安机关应当依照法律、行政法规和本规定的职责、范围、条件和程序，坚持客观、公正、便民的原则，实施涉案冻结资金返还工作。

银行业金融机构应当依照有关法律、行政法规和本规定，协助公安机关实施涉案冻结资金返还工作。

第四条 公安机关负责查清被害人资金流向，及时通知被害人，并作出资金返还决定，实施返还。

银行业监督管理机构负责督促、检查辖区内银行业金融机构协助查询、冻结、返还工作，并就执行中的问题与公安机关进行协调。

银行业金融机构依法协助公安机关查清被害人资金流向，将所涉资金返还至公安机关指定的被害人账户。

第五条 被害人在办理被骗（盗）资金返还过程中，应当提供真实有效的信息，配合公安机关和银行业金融机构开展相应的工作。

被害人应当由本人办理冻结资金返还手续。本人不能办理的，可以委托代理人办理；公安机关应当核实委托关系的真实性。

被害人委托代理人办理冻结资金返还手续的，应当出具合法的委托手续。

第六条 对电信网络新型违法犯罪案件，公安机关冻结涉案资金后，应当主动告知被害人。

被害人向冻结公安机关或者受理案件地公安机关提出冻结涉案资金返还请求的，应当填写《电信网络新型违法犯罪涉案资金返还申请表》(附件 1)。

冻结公安机关应当对被害人的申请进行审核,经查明冻结资金确属被害人的合法财产,权属明确无争议的,制作《电信网络新型违法犯罪涉案资金流向表》和《呈请返还资金报告书》(附件 2),由设区的市一级以上公安机关批准并出具《电信网络新型违法犯罪冻结资金返还决定书》(附件 3)。

受理案件地公安机关与冻结公安机关不是同一机关的,受理案件地公安机关应当及时向冻结公安机关移交受、立案法律手续、询问笔录、被骗盗银行卡账户证明、身份信息证明、《电信网络新型违法犯罪涉案资金返还申请表》等相关材料,冻结公安机关按照前款规定进行审核决定。

冻结资金应当返还至被害人原汇出银行账户,如原银行账户无法接受返还,也可以向被害人提供的其他银行账户返还。

第七条　冻结公安机关对依法冻结的涉案资金,应当以转账时间戳(银行电子系统记载的时间点)为标记,核查各级转账资金走向,一一对应还原资金流向,制作《电信网络新型违法犯罪案件涉案资金流向表》。

第八条　冻结资金以溯源返还为原则,由公安机关区分不同情况按以下方式返还:

(一)冻结账户内仅有单笔汇(存)款记录,可直接溯源被害人的,直接返还被害人;

(二)冻结账户内有多笔汇(存)款记录,按照时间戳记载可以直接溯源被害人的,直接返还被害人;

(三)冻结账户内有多笔汇(存)款记录,按照时间戳记载无法直接溯源被害人的,按照被害人被骗(盗)金额占冻结在案资金总额的比例返还(返还计算公式见附件 4)。

按比例返还的,公安机关应当发出公告,公告期为30 日,公告期间内被害人、其他利害关系人可就返还冻结提出异议,公安机关依法进行审核。

冻结账户返还后剩余资金在原冻结期内继续冻结;公安机关根据办案需要可以在冻结期满前依法办理续冻手续。如查清新的被害人,公安机关可以按照本规定启动新的返还程序。

第九条　被害人以现金通过自动柜员机或者柜台存入涉案账户内的,涉案账户交易明细账中的存款记录与被害人笔录核对相符的,可以依照本规定第八条的规定,予以返还。

第十条　公安机关办理资金返还工作时,应当制作

《电信网络新型违法犯罪冻结资金协助返还通知书》(附件 5),由两名以上公安机关办案人员持本人有效人民警察证和《电信网络新型违法犯罪冻结资金协助返还通知书》前往冻结银行办理返还工作。

第十一条　立案地涉及多地,对资金返还存在争议的,应当由共同上级公安机关确定一个公安机关负责返还工作。

第十二条　银行业金融机构办理返还时,应当对办案人员的人民警察证和《电信网络新型违法犯罪冻结资金协助返还通知书》进行审查。对于提供的材料不完备的,有权要求办案公安机关补正。

银行业金融机构应当及时协助公安机关办理返还。能够现场办理完毕的,应当现场办理;现场无法办理完毕的,应当在三个工作日内办理完毕。银行业金融机构应当将回执反馈公安机关。

银行业金融机构应当留存《电信网络新型违法犯罪冻结资金协助返还通知书》原件、人民警察证复印件,并妥善保管留存,不得挪作他用。

第十三条　银行业金融机构应当指定专门机构和人员,承办电信网络新型违法犯罪涉案资金返还工作。

第十四条　公安机关违法办理资金返还,造成当事人合法权益损失的,依法承担法律责任。

第十五条　中国银监会和公安部应当加强对新型电信网络违法犯罪冻结资金返还工作的指导和监督。

银行业金融机构违反协助公安机关资金返还义务的,按照《银行业金融机构协助人民检察院公安机关国家安全机关查询冻结工作规定》第二十八条的规定,追究相应机构和人员的责任。

第十六条　本规定由中国银监会和公安部共同解释。执行中遇有具体应用问题,可以向银监会法律部门和公安部刑事侦查局报告。

第十七条　本规定自发布之日起施行。

附件(略)

电信网络新型违法犯罪案件冻结资金返还若干规定实施细则

· 2016 年 12 月 2 日
· 银监办发〔2016〕170 号

第一条　根据《电信网络新型违法犯罪案件冻结资金返还若干规定》(以下简称《返还规定》)制定本实施细则(以下简称《实施细则》)。

第二条　《返还规定》目前仅适用于我国公安机关立案侦办的电信网络犯罪案件。外国通过有关国际条约、协议、规定的联系途径、外交途径，提出刑事司法协助请求的，由银监会和公安部批准后，可参照此规定执行。

第三条　《返还规定》第二条第二款所称的冻结资金不包括止付资金。

第四条　《返还规定》第五条第一款中的"真实有效的信息"，是指被害人应当提供本人有效身份证件、接受资金返还银行卡（卡状态为正常）原件及复印件，并在复印件上注明"此复印件由本人提供，经核对，与原件无误，此件只做冻结资金返还使用"。

第五条　被害人委托代理人办理资金返还手续时，委托代理人需提供本人有效身份证件、被害人有效证件以及被害人签名或盖章的授权委托书。

被害人为无民事行为能力或者限制民事行为能力的，由其监护人办理资金返还；被害人死亡的，由其继承人办理资金返还。被害人的监护人或继承人需提供相应证明文件。

第六条　《返还规定》第五条中的"公安机关"是指受理案件地公安机关。

第七条　受理地公安机关应当制作返还资金询问笔录，笔录中应详细记明被害人接收资金返还的银行账户、银行有无赔偿垫付等内容。告知被返还人应当承担的法律责任，对返还错误的款项应及时退回，如故意伪造证据材料或拒不归还的，将依法追究其法律责任。

第八条　《返还规定》第六条第一款中的"应当主动告知被害人"，是指受理案件地公安机关应当口头或书面告知被害人，告知应当包括以下内容：

（一）涉案资金的冻结情况；

（二）已冻结资金是否属于被害人，需公安机关进一步查证；

（三）资金返还工作一般在立案 3 个月后启动。

第九条　被害人原则上只能向受理案件地公安机关提出申请。《返还规定》第六条第二款中的"冻结公安机关或者受理案件地公安机关"是指"冻结公安机关和受理案件地公安机关为同一公安机关"情形。

第十条　《电信网络新型违法犯罪案件冻结资金返还申请表》应当一人一表、一卡（账户）一表，对多个申请人涉及一个账户或一个申请人涉及多个账户需要办理资金返还的，应当分别填表。

第十一条　《电信网络新型违法犯罪案件冻结资金返还申请表》中"返还银行账户"栏应当填写户名、账号、开户网点、所属银行。立案单位一栏中加盖的公章应与立案决定书的公章一致。冻结单位一栏中加盖的公章应与冻结通知书的公章一致。"冻结金额"栏应当填写返还金额。

第十二条　受理案件地公安机关与冻结公安机关不是同一机关的，由受理案件地公安机关负责核查各级转账资金流向，并负责制作《电信网络新型违法犯罪涉案资金流向表》（附件 1）。

第十三条　《电信网络新型违法犯罪冻结资金返还决定书》应一式两份，一份由冻结地公安机关留存，一份交办理返还工作的银行。

第十四条　《呈请返还资金报告书》中"返还银行账号"栏应当填写户名、账号、开户网点、所属银行。"返还金额"栏金额应当用大写汉字填写（精确到分）。"审核意见"栏签字由冻结公安机关负责人审核并加盖单位公章；"领导批示"栏由设区的市一级以上公安机关负责人审批，并加盖公章。

第十五条　《返还规定》第六条第四款中的"移交"，是指受理案件地公安机关派 2 名民警持本人有效人民警察证，携带相关材料赴冻结地公安机关移交。移交证据材料时，除《返还规定》第六条第四款规定的材料外，还需出具冻结资金返还工作协作函（附件 2）和涉案账户的交易流水明细（加盖公章）。冻结地公安机关收到材料后，应当填写回执交受理地公安机关。

第十六条　《返还规定》第六条第五款中的"如原银行账户无法接受返还"时，原则上应返还至本人的其他银行账户，如确需返还至非本人银行账户，需要由本人出具书面申请，详细说明原因，其与返还账户持有人的关系以及自愿要求返还至该账户的声明，并签字确认。

第十七条　按比例返还的，应当制作《按比例返还资金流向参照表》（附件 3）。冻结公安机关通过其官方网站、微信公众号、官方微博、主流电视、广播、报纸等多种方式发出公告。已明确被害人的，冻结公安机关应当以电话、书面等形式通知所有被害人，并做好记录。

公告期间内被害人、其他利害关系人可就返还被冻结资金提出异议并提供相关证明材料，公安机关应当予以受理，制作书面记录并出具回执。公安机关应当对材料进行审核并作出异议是否成立的决定，同时通知被害人、其他利害关系人。异议成立的，公安机关应当中止冻结资金返还，重新确定返还比例。异议不成立或者公告期内被害人、其他利害关系人未提出异议的，公安机关应当按照原确定的比例返还被冻结资金。

第十八条　冻结资金返还的金额以冻结账户的实际到账金额为准。资金返还产生的手续费从返还金额中扣除。

第十九条　办理资金返还后账户仍有余额的,冻结地公安机关应当在冻结期满前办理续冻手续。

第二十条　被害人以现金通过自动柜员机或者柜台存入涉案账户内的,在返还资金时受理案件地公安机关除向冻结公安机关提供账户交易明细中的存款记录与被害人笔录外,还应当提供银行柜台、ATM 柜员机存(汇)款监控录像、存(汇)款底单等材料。

第二十一条　《返还规定》第十条中"公安机关"是指冻结公安机关。

第二十二条　办理冻结资金返还时,由两名以上冻结公安机关办案人员持本人有效人民警察证、《电信网络新型违法犯罪冻结资金返还决定书》原件和《电信网络新型违法犯罪冻结资金协助返还通知书》原件前往冻结银行办理返还工作,商业银行对相关手续材料内容进行形式审查,并可留存《电信网络新型违法犯罪冻结资金返还决定书》复印件。冻结公安机关在办理冻结资金返还时,应同时告知所在地省级反诈骗中心。

第二十三条　《电信网络新型违法犯罪冻结资金协助返还通知书》中"类型"栏一般填写"银行存款";"所在机构"、"户名或权利人"、"被冻结账号"栏均应填写被冻结账户的信息;"返还接受账号"栏应填写户名、账号、开户网点及所属银行;加盖公章应与原冻结通知书一致。

第二十四条　银行业金融机构应当指定各省的专门分支机构和人员,负责资金返还的办理工作(另件下发)。《返还规定》第十条中"冻结银行"指冻结账户的归属行在冻结地公安机关所在的省一级分支机构。如该银行在冻结地尚未设立分支机构的,冻结公安机关可就近选择该行公安机关所在地其他省一级分支机构办理。

第二十五条　冻结银行受理资金返还时,可以向冻结公安机关所在地的省级反诈骗中心(附件4)电话核实办案民警身份,并按照第二十二条、第二十三条规定,审核冻结公安机关提供的材料。身份有疑问或材料不齐全的,冻结银行有权拒绝办理资金返还工作。

第二十六条　资金返还时,冻结银行发现该冻结账户还有被其他司法部门冻结的,可暂停资金返还工作。协商一致同意并出具加盖司法部门公章函件后,方可启动资金返还工作。

第二十七条　银行业金融机构仅承担审核司法手续齐全性、完备性和核实民警身份的责任,不承担因执行公安机关返还通知书而产生的责任。

第二十八条　各级公安机关和银行业金融机构要认真贯彻落实《返还规定》,切实做好涉案冻结资金返还工作。银监会、公安部将对相关工作进行监督检查,对于不落实《返还规定》造成不良影响的,严肃追究责任,并进行通报。

第二十九条　本《实施细则》自印发之日起施行。

附件:略

最高人民法院、最高人民检察院、公安部关于刑事案件涉扶贫领域财物依法快速返还的若干规定

·2020 年 7 月 24 日
·高检发〔2020〕12 号

第一条　为规范扶贫领域涉案财物快速返还工作,提高扶贫资金使用效能,促进国家惠民利民政策落实,根据《中华人民共和国刑法》《中华人民共和国刑事诉讼法》等法律和有关规定,制定本规定。

第二条　本规定所称涉案财物,是指办案机关办理有关刑事案件过程中,查封、扣押、冻结的与扶贫有关的财物及孳息,以及由上述财物转化而来的财产。

第三条　对于同时符合下列条件的涉案财物,应当依法快速返还有关个人、单位或组织:

(一)犯罪事实清楚,证据确实充分;

(二)涉案财物权属关系已经查明;

(三)有明确的权益被侵害的个人、单位或组织;

(四)返还涉案财物不损害其他被害人或者利害关系人的利益;

(五)不影响诉讼正常进行或者案件公正处理;

(六)犯罪嫌疑人、被告人以及利害关系人对涉案财物快速返还没有异议。

第四条　人民法院、人民检察院、公安机关办理有关扶贫领域刑事案件,应当依法积极追缴涉案财物,对于本办案环节具备快速返还条件的,应当及时快速返还。

第五条　人民法院、人民检察院、公安机关对追缴到案的涉案财物,应当及时调查、审查权属关系。

对于权属关系未查明的,人民法院可以通知人民检察院,由人民检察院通知前一办案环节补充查证,或者由人民检察院自行补充侦查。

第六条　公安机关办理涉扶贫领域财物刑事案件期间,可以就涉案财物处理等问题听取人民检察院意见,人民检察院应当提出相关意见。

第七条　人民法院、人民检察院、公安机关认为涉案财物符合快速返还条件的，应当在作出返还决定五个工作日内返还有关个人、单位或组织。

办案机关返还涉案财物时，应当制作返还财物清单，注明返还理由，由接受个人、单位或组织在返还财物清单上签名或者盖章，并将清单、照片附卷。

第八条　公安机关、人民检察院在侦查阶段、审查起诉阶段返还涉案财物的，在案件移送人民检察院、人民法院时，应当将返还财物清单随案移送，说明返还的理由并附相关证据材料。

未快速返还而随案移送的涉案财物，移送机关应当列明权属情况、提出处理建议并附相关证据材料。

第九条　对涉案财物中易损毁、灭失、变质等不宜长期保存的物品，易贬值的汽车等物品，市场价格波动大的债券、股票、基金份额等财产，有效期即将届满的汇票、本票、支票等，经权利人同意或者申请，并经人民法院、人民检察院、公安机关主要负责人批准，可以及时依法出售、变现或者先行变卖、拍卖。所得款项依照本规定快速返还，或者按照有关规定处理。

第十条　人民法院、人民检察院应当跟踪了解有关单位和村（居）民委员会等组织对返还涉案财物管理发放情况，跟进开展普法宣传教育，对于管理环节存在漏洞的，要及时提出司法建议、检察建议，确保扶贫款物依法正确使用。

第十一条　发现快速返还存在错误的，应当由决定快速返还的机关及时纠正，依法追回返还财物；侵犯财产权的，依据《中华人民共和国国家赔偿法》第十八条及有关规定处理。

第十二条　本规定自印发之日起施行。

七、附带民事诉讼

最高人民法院关于对被判处死刑的被告人未提出上诉、共同犯罪的部分被告人或者附带民事诉讼原告人提出上诉的案件应适用何种程序审理的批复

- 2010 年 3 月 1 日最高人民法院审判委员会第 1485 次会议通过
- 2010 年 3 月 17 日最高人民法院公告公布
- 自 2010 年 4 月 1 日起施行
- 法释〔2010〕6 号

各省、自治区、直辖市高级人民法院,解放军军事法院,新疆维吾尔自治区高级人民法院生产建设兵团分院:

近来,有的高级人民法院请示,对于中级人民法院一审判处死刑的案件,被判处死刑的被告人未提出上诉,但共同犯罪的部分被告人或者附带民事诉讼原告人提出上诉的,应当适用何种程序审理。经研究,批复如下:

根据《中华人民共和国刑事诉讼法》第一百八十六条的规定,中级人民法院一审判处死刑的案件,被判处死刑的被告人未提出上诉,共同犯罪的其他被告人提出上诉的,高级人民法院应当适用第二审程序对全案进行审查,并对涉及死刑之罪的事实和适用法律依法开庭审理,一并处理。

根据《中华人民共和国刑事诉讼法》第二百条第一款的规定,中级人民法院一审判处死刑的案件,被判处死刑的被告人未提出上诉,仅附带民事诉讼原告人提出上诉的,高级人民法院应当适用第二审程序对附带民事诉讼依法审理,并由同一审判组织对未提出上诉的被告人的死刑判决进行复核,作出是否同意判处死刑的裁判。

此复。

最高人民法院、最高人民检察院关于人民检察院提起刑事附带民事公益诉讼应否履行诉前公告程序问题的批复

- 2019 年 9 月 9 日最高人民法院审判委员会第 1776 次会议、2019 年 9 月 12 日最高人民检察院第十三届检察委员会第二十四次会议通过
- 2019 年 11 月 25 日最高人民法院、最高人民检察院公告公布
- 自 2019 年 12 月 6 日起施行
- 法释〔2019〕18 号

各省、自治区、直辖市高级人民法院、人民检察院、解放军军事法院、军事检察院,新疆维吾尔自治区高级人民法院生产建设兵团分院、新疆生产建设兵团人民检察院:

近来,部分高级人民法院、省级人民检察院就人民检察院提起刑事附带民事公益诉讼应否履行诉前公告程序的问题提出请示。经研究,批复如下:

人民检察院提起刑事附带民事公益诉讼,应履行诉前公告程序。对于未履行诉前公告程序的,人民法院应当进行释明,告知人民检察院公告后再行提起诉讼。

因人民检察院履行诉前公告程序,可能影响相关刑事案件审理期限的,人民检察院可以另行提起民事公益诉讼。

此复。

最高人民法院关于在审理经济纠纷案件中涉及经济犯罪嫌疑若干问题的规定

- 1998 年 4 月 9 日最高人民法院审判委员会第 974 次会议通过
- 根据 2020 年 12 月 23 日最高人民法院审判委员会第 1823 次会议通过的《最高人民法院关于修改〈最高人民法院关于在民事审判工作中适用《中华人民共和国工会法》若干问题的解释〉等二十七件民事类司法解释的决定》修正

根据《中华人民共和国民法典》《中华人民共和国刑法》《中华人民共和国民事诉讼法》《中华人民共和国刑事诉讼法》等有关规定,对审理经济纠纷案件中涉及经济犯罪嫌疑问题作以下规定:

第一条　同一自然人、法人或非法人组织因不同的法律事实,分别涉及经济纠纷和经济犯罪嫌疑的,经济纠纷案件和经济犯罪嫌疑案件应当分开审理。

第二条　单位直接负责的主管人员和其他直接责任人员,以为单位骗取财物为目的,采取欺骗手段对外签订经济合同,骗取的财物被该单位占有、使用或处分构成犯罪的,除依法追究有关人员的刑事责任,责令该单位返还骗取的财物外,如给被害人造成经济损失的,单位应当承担赔偿责任。

第三条　单位直接负责的主管人员和其他直接责任人员,以该单位的名义对外签订经济合同,将取得的财物部分或全部占为己有构成犯罪的,除依法追究行为人的刑事责任外,该单位对行为人因签订、履行该经济合同造成的后果,依法应当承担民事责任。

第四条　个人借用单位的业务介绍信、合同专用章或者盖有公章的空白合同书,以出借单位名义签订经济合同,骗取财物归个人占有、使用、处分或者进行其他犯罪活动,给对方造成经济损失构成犯罪的,除依法追究借用人的刑事责任外,出借业务介绍信、合同专用章或者盖有公章的空白合同书的单位,依法应当承担赔偿责任。但是,有证据证明被害人明知签订合同对方当事人是借用行为,仍与之签订合同的除外。

第五条　行为人盗窃、盗用单位的公章、业务介绍信、盖有公章的空白合同书,或者私刻单位的公章签订经济合同,骗取财物归个人占有、使用、处分或者进行其他犯罪活动构成犯罪的,单位对行为人该犯罪行为所造成的经济损失不承担民事责任。

行为人私刻单位公章或者擅自使用单位公章、业务介绍信、盖有公章的空白合同书以签订经济合同的方法进行的犯罪行为,单位有明显过错,且该过错行为与被害人的经济损失之间具有因果关系的,单位对该犯罪行为所造成的经济损失,依法应当承担赔偿责任。

第六条　企业承包、租赁经营合同期满后,企业按规定办理了企业法定代表人的变更登记,而企业法人未采取有效措施收回其公章、业务介绍信、盖有公章的空白合同书,或者没有及时采取措施通知相对人,致原企业承包人、租赁人得以用原承包、租赁企业的名义签订经济合同,骗取财物占为己有构成犯罪的,该企业对被害人的经济损失,依法应当承担赔偿责任。但是,原承包人、承租人利用擅自保留的公章、业务介绍信、盖有公章的空白合同书以原承包、租赁企业的名义签订经济合同,骗取财物占为己

有构成犯罪的,企业一般不承担民事责任。

单位聘用的人员被解聘后,或者受单位委托保管公章的人员被解除委托后,单位未及时收回其公章,行为人擅自利用保留的原单位公章签订经济合同,骗取财物占为己有构成犯罪,如给被害人造成经济损失的,单位应当承担赔偿责任。

第七条　单位直接负责的主管人员和其他直接责任人员,将单位进行走私或其他犯罪活动所得财物以签订经济合同的方法予以销售,买方明知或者应当知道的,如因此造成经济损失,其损失由买方自负。但是,如果买方不知经济合同的标的物是犯罪行为所得财物而购买的,卖方对买方所造成的经济损失应当承担民事责任。

第八条　根据《中华人民共和国刑事诉讼法》第一百零一条第一款的规定,被害人或其法定代理人、近亲属对本规定第二条因单位犯罪行为造成经济损失的,对第四条、第五条第一款、第六条应当承担刑事责任的被告人未能返还财物而遭受经济损失提起附带民事诉讼的,受理刑事案件的人民法院应当依法一并审理。被害人或其法定代理人、近亲属因被害人遭受经济损失也有权对单位另行提起民事诉讼。若被害人或其法定代理人、近亲属另行提起民事诉讼的,有管辖权的人民法院应当依法受理。

第九条　被害人请求保护其民事权利的诉讼时效在公安机关、检察机关查处经济犯罪嫌疑期间中断。如果公安机关决定撤销涉嫌经济犯罪案件或者检察机关决定不起诉,诉讼时效从撤销案件或决定不起诉之次日起重新计算。

第十条　人民法院在审理经济纠纷案件中,发现与本案有牵连,但与本案不是同一法律关系的经济犯罪嫌疑线索、材料,应将犯罪嫌疑线索、材料移送有关公安机关或检察机关查处,经济纠纷案件继续审理。

第十一条　人民法院作为经济纠纷受理的案件,经审理认为不属经济纠纷案件而有经济犯罪嫌疑的,应当裁定驳回起诉,将有关材料移送公安机关或检察机关。

第十二条　人民法院已立案审理的经济纠纷案件,公安机关或检察机关认为有经济犯罪嫌疑,并说明理由附有关材料函告受理该案的人民法院的,有关人民法院应当认真审查。经过审查,认为确有经济犯罪嫌疑的,应当将案件移送公安机关或检察机关,并书面通知当事人,退还案件受理费;如认为确属经济纠纷案件的,应当依法继续审理,并将结果函告有关公安机关或检察机关。

八、提起公诉

人民检察院开展量刑建议工作的指导意见(试行)

· 2010 年 2 月 23 日
· 〔2010〕高检诉发 21 号

为积极推进人民检察院提起公诉案件的量刑建议工作,促进量刑的公开、公正,根据刑事诉讼法和有关司法解释的规定,结合检察工作实际,制定本意见。

第一条　量刑建议是指人民检察院对提起公诉的被告人,依法就其适用的刑罚种类、幅度及执行方式等向人民法院提出的建议。量刑建议是检察机关公诉权的一项重要内容。

第二条　人民检察院提出量刑建议,应当遵循以下原则:

(一)依法建议。应当根据犯罪的事实、犯罪的性质、情节和对于社会的危害程度,依照刑法、刑事诉讼法以及相关司法解释的规定提出量刑建议。

(二)客观公正。应当从案件的实际情况出发,客观、全面地审查证据,严格以事实为根据,提出公正的量刑建议。

(三)宽严相济。应当贯彻宽严相济刑事政策,在综合考虑案件从重、从轻、减轻或者免除处罚等各种情节的基础上,提出量刑建议。

(四)注重效果。提出量刑建议时,既要依法行使检察机关的法律监督职权,也要尊重人民法院独立行使审判权,争取量刑建议的最佳效果。

第三条　人民检察院对向人民法院提起公诉的案件,可以提出量刑建议。

第四条　提出量刑建议的案件应当具备以下条件:

(一)犯罪事实清楚,证据确实充分;

(二)提出量刑建议所依据的各种法定从重、从轻、减轻等量刑情节已查清;

(三)提出量刑建议所依据的重要酌定从重,从轻等量刑情节已查清。

第五条　除有减轻处罚情节外,量刑建议应当在法定量刑幅度内提出,不得兼跨两种以上主刑。

(一)建议判处死刑、无期徒刑的,应当慎重。

(二)建议判处有期徒刑的,一般应当提出一个相对明确的量刑幅度,法定刑的幅度小于 3 年(含 3 年)的,建议幅度一般不超过 1 年;法定刑的幅度大于 3 年小于 5 年(含 5 年)的,建议幅度一般不超过 2 年;法定刑的幅度大于 5 年的,建议幅度一般不超过 3 年。根据案件具体情况,如确有必要,也可以提出确定刑期的建议。

(三)建议判处管制的,幅度一般不超过 3 个月。

(四)建议判处拘役的,幅度一般不超过 1 个月。

(五)建议适用缓刑的,应当明确提出。

(六)建议判处附加刑的,可以只提出适用刑种的建议。

对不宜提出具体量刑建议的特殊案件,可以提出依法从重、从轻、减轻处罚等概括性建议。

第六条　人民检察院指控被告人犯有数罪的,应当对指控的各罪分别提出量刑建议,可以不再提出总的建议。

第七条　对于共同犯罪案件,人民检察院应当根据各被告人在共同犯罪中的地位、作用以及应当承担的刑事责任分别提出量刑建议。

第八条　公诉部门承办人在审查案件时,应当对犯罪嫌疑人所犯罪行、承担的刑事责任和各种量刑情节进行综合评估,并提出量刑的意见。

第九条　量刑评估应当全面考虑案件所有可能影响量刑的因素,包括从重、从轻、减轻或者免除处罚等法定情节和犯罪嫌疑人的认罪态度等酌定情节。

一案中多个法定、酌定情节并存时,每个量刑情节均应得到实际评价。

第十条　提出量刑建议,应当区分不同情形,按照以下审批程序进行:

(一)对于主诉检察官决定提起公诉的一般案件,由主诉检察官决定提出量刑建议;公诉部门负责人对于主诉检察官提出的量刑建议有异议的,报分管副检察长决定。

(二)对于特别重大、复杂的案件、社会高度关注的敏感案件或者建议减轻处罚、免除处罚的案件以及非主诉检察官承办的案件,由承办检察官提出量刑的意见,部门负责人审核,检察长或者检察委员会决定。

第十一条　人民检察院提出量刑建议,一般应制作量刑建议书,根据案件具体情况,也可以在公诉意见书中提出。

对于人民检察院不派员出席法庭的简易程序案件,应当制作量刑建议书。

量刑建议书一般应载明检察机关建议人民法院对被告人处以刑罚的种类、刑罚幅度、可以适用的刑罚执行方式以及提出量刑建议的依据和理由等。

第十二条　在法庭调查中,公诉人可以根据案件的不同种类、特点和庭审的实际情况,合理安排和调整举证顺序。定罪证据和量刑证据可以分开出示的,应当先出示定罪证据,后出示量刑证据。

对于有数起犯罪事实的案件,其中涉及每起犯罪中量刑情节的证据,应当在对该起犯罪事实举证时出示;涉及全案综合量刑情节的证据,应当在举证阶段的最后出示。

第十三条　对于辩护方提出的量刑证据,公诉人应当进行质证。辩护方对公诉人出示的量刑证据质证的,公诉人应当答辩。公诉人质证应紧紧围绕案件事实,证据进行,质证应做到目的明确,重点突出、逻辑清楚,如有必要,可以简要概述已经法庭质证的其他证据,用以反驳辩护方的质疑。

第十四条　公诉人应当在法庭辩论阶段提出量刑建议。根据法庭的安排,可以先对定性问题发表意见,后对量刑问题发表意见,也可以对定性与量刑问题一并发表意见。

对于检察机关未提出明确的量刑建议而辩护方提出量刑意见的,公诉人应当提出答辩意见。

第十五条　对于公诉人出庭的简易程序案件和普通程序审理的被告人认罪案件,参照相关司法解释和规范性文件的规定开展法庭调查,可以主要围绕量刑的事实、情节、法律适用进行辩论。

第十六条　在进行量刑辩论过程中,为查明与量刑有关的重要事实和情节,公诉人可以依法申请恢复法庭调查。

第十七条　在庭审过程中,公诉人发现拟定的量刑建议不当需要调整的,可以根据授权作出调整;需要报检察长决定调整的,应当依法建议法庭休庭后报检察长决定。出现新的事实、证据导致拟定的量刑建议不当需要调整的,可以依法建议法庭延期审理。

第十八条　对于人民检察院派员出席法庭的案件,一般应将量刑建议书与起诉书一并送达人民法院;对庭审中调整量刑建议的,可以在庭审后将修正后的量刑建议书向人民法院提交。

对于人民检察院不派员出席法庭的简易程序案件,应当将量刑建议书与起诉书一并送达人民法院。

第十九条　人民检察院收到人民法院的判决、裁定后,应当对判决、裁定是否采纳检察机关的量刑建议以及量刑理由、依据进行审查,认为判决、裁定量刑确有错误、符合抗诉条件的,经检察委员会讨论决定,依法向人民法院提出抗诉。

人民检察院不能单纯以量刑建议未被采纳作为提出抗诉的理由。人民法院未采纳人民检察院的量刑建议并无不当的,人民检察院在必要时可以向有关当事人解释说明。

第二十条　人民检察院办理刑事二审再审案件,可以参照本意见提出量刑建议。

第二十一条　对于二审或者再审案件,检察机关认为应当维持原审裁判量刑的,可以在出席法庭时直接提出维持意见;认为应当改变原审裁判量刑的,可以另行制作量刑建议书提交法庭审理。

第二十二条　各级人民检察院应当结合办案加强对量刑问题的研究和分析,不断提高量刑建议的质量。

第二十三条　各地可以结合实际情况,根据本意见制定本地的工作规程或者实施细则,并报上一级人民检察院公诉部门备案。

最高人民检察院关于审查起诉期间犯罪嫌疑人脱逃或者患有严重疾病的应当如何处理的批复

· 2013 年 12 月 19 日最高人民检察院第十二届检察委员会第十四次会议通过
· 2013 年 12 月 27 日最高人民检察院公告公布
· 自 2014 年 1 月 1 日起施行
· 高检发释字〔2013〕4 号

北京市人民检察院:

你院京检字〔2013〕75 号《关于审查起诉期间犯罪嫌疑人潜逃或身患严重疾病应如何处理的请示》收悉。经研究,批复如下:

一、人民检察院办理犯罪嫌疑人被羁押的审查起诉案件,应当严格依照法律规定的期限办结。未能依法办结的,应当根据刑事诉讼法第九十六条的规定予以释放或者变更强制措施。

二、人民检察院对于侦查机关移送审查起诉的案件,如果犯罪嫌疑人脱逃的,应当根据《人民检察院刑事诉讼规则(试行)》第一百五十四条第三款的规定,要求侦查机关采取措施保证犯罪嫌疑人到案后再移送审查起诉。

三、人民检察院在审查起诉过程中发现犯罪嫌疑人脱逃的，应当及时通知侦查机关，要求侦查机关开展追捕活动。

人民检察院应当及时全面审阅案卷材料。经审查，对于案件事实不清、证据不足的，可以根据刑事诉讼法第一百七十一条第二款、《人民检察院刑事诉讼规则（试行）》第三百八十条的规定退回侦查机关补充侦查。

侦查机关补充侦查完毕移送审查起诉的，人民检察院应当按照本批复第二条的规定进行审查。

共同犯罪中的部分犯罪嫌疑人脱逃的，对其他犯罪嫌疑人的审查起诉应当照常进行。

四、犯罪嫌疑人患有精神病或者其他严重疾病丧失诉讼行为能力不能接受讯问的，人民检察院可以依法变更强制措施。对实施暴力行为的精神病人，人民检察院可以商请公安机关采取临时的保护性约束措施。

经审查，应当按照下列情形分别处理：

（一）经鉴定系依法不负刑事责任的精神病人的，人民检察院应当作出不起诉决定。符合刑事诉讼法第二百八十四条规定的条件的，可以向人民法院提出强制医疗的申请；

（二）有证据证明患有精神病的犯罪嫌疑人尚未完全丧失辨认或者控制自己行为的能力，或者患有间歇性精神病的犯罪嫌疑人实施犯罪行为时精神正常，符合起诉条件的，可以依法提起公诉；

（三）案件事实不清、证据不足的，可以根据刑事诉讼法第一百七十一条第二款、《人民检察院刑事诉讼规则（试行）》第三百八十条的规定退回侦查机关补充侦查。

五、人民检察院在审查起诉期间，犯罪嫌疑人脱逃或者死亡，符合刑事诉讼法第二百八十条第一款规定的条件的，人民检察院可以向人民法院提出没收违法所得的申请。

此复。

最高人民检察院关于下级人民检察院对上级人民检察院不批准不起诉等决定能否提请复议的批复

· 2015 年 12 月 9 日最高人民检察院第十二届检察委员会第四十四次会议通过
· 2015 年 12 月 15 日最高人民检察院公告公布
· 自 2015 年 12 月 25 日起施行

宁夏回族自治区人民检察院：

你院《关于下级人民检察院对上级人民检察院不批准不起诉等决定能否提请复议的请示》（宁检〔2015〕126 号）

收悉。经研究，批复如下：

一、上级人民检察院的决定，下级人民检察院应当执行。下级人民检察院认为上级人民检察院的决定有错误或者对上级人民检察院的决定有不同意见的，可以在执行的同时向上级人民检察院报告。

二、下级人民检察院对上级人民检察院的决定有不同意见，法律、司法解释设置复议程序或者重新审查程序的，可以向上级人民检察院提请复议或者报请重新审查；法律、司法解释未设置复议程序或者重新审查程序的，不能向上级人民检察院提请复议或者报请重新审查。

三、根据《人民检察院检察委员会组织条例》第十五条的规定，对上级人民检察院检察委员会作出的不批准不起诉等决定，下级人民检察院可以提请复议；上级人民检察院非经检察委员会讨论作出的决定，且不属于法律、司法解释规定的可以提请复议情形的，下级人民检察院不得对上级人民检察院的决定提请复议。

此复

最高人民检察院关于指派、聘请有专门知识的人参与办案若干问题的规定（试行）

· 2018 年 2 月 11 日最高人民检察院第十二届检察委员会第七十三次会议通过
· 2018 年 4 月 3 日最高人民检察院公告公布
· 自公布之日起试行
· 高检发释字〔2018〕1 号

第一条 为了规范和促进人民检察院指派、聘请有专门知识的人参与办案，根据《中华人民共和国刑事诉讼法》《中华人民共和国民事诉讼法》《中华人民共和国行政诉讼法》等法律规定，结合检察工作实际，制定本规定。

第二条 本规定所称"有专门知识的人"，是指运用专门知识参与人民检察院的办案活动，协助解决专门性问题或者提出意见的人，但不包括以鉴定人身份参与办案的人。

本规定所称"专门知识"，是指特定领域内的人员理解和掌握的、具有专业技术性的认识和经验等。

第三条 人民检察院可以指派、聘请有鉴定资格的人员，或者经本院审查具备专业能力的其他人员，作为有专门知识的人参与办案。

有下列情形之一的人员，不得作为有专门知识的人参与办案：

（一）因违反职业道德，被主管部门注销鉴定资格、撤销鉴定人登记，或者吊销其他执业资格、近三年以内被处以停止执业处罚的；

（二）无民事行为能力或者限制民事行为能力的；

（三）近三年以内违反本规定第十八条至第二十一条规定的；

（四）以办案人员等身份参与过本案办理工作的；

（五）不宜作为有专门知识的人参与办案的其他情形。

第四条 人民检察院聘请检察机关以外的人员作为有专门知识的人参与办案，应当核实其有效身份证件和能够证明符合本规定第三条第一款要求的材料。

第五条 具备条件的人民检察院可以明确专门部门，负责建立有专门知识的人推荐名单库。

第六条 有专门知识的人的回避，适用《中华人民共和国刑事诉讼法》《中华人民共和国民事诉讼法》《中华人民共和国行政诉讼法》等法律规定中有关鉴定人回避的规定。

第七条 人民检察院办理刑事案件需要收集证据的，可以指派、聘请有专门知识的人开展下列工作：

（一）在检察官的主持下进行勘验或者检查；

（二）就需要鉴定、但没有法定鉴定机构的专门性问题进行检验；

（三）其他必要的工作。

第八条 人民检察院在审查起诉时，发现涉及专门性问题的证据材料有下列情形之一的，可以指派、聘请有专门知识的人进行审查，出具审查意见：

（一）对定罪量刑有重大影响的；

（二）与其他证据之间存在无法排除的矛盾的；

（三）就同一专门性问题有两份或者两份以上的鉴定意见，且结论不一致的；

（四）当事人、辩护人、诉讼代理人有异议的；

（五）其他必要的情形。

第九条 人民检察院在人民法院决定开庭后，可以指派、聘请有专门知识的人，协助公诉人做好下列准备工作：

（一）掌握涉及专门性问题证据材料的情况；

（二）补充审判中可能涉及的专门知识；

（三）拟定讯问被告人和询问证人、鉴定人、其他有专门知识的人的计划；

（四）拟定出示、播放、演示涉及专门性问题证据材料的计划；

（五）制定质证方案；

（六）其他必要的工作。

第十条 刑事案件法庭审理中，人民检察院可以申请人民法院通知有专门知识的人出庭，就鉴定人作出的鉴定意见提出意见。

第十一条 刑事案件法庭审理中，公诉人出示、播放、演示涉及专门性问题的证据材料需要协助的，人民检察院可以指派、聘请有专门知识的人进行操作。

第十二条 人民检察院在对公益诉讼案件决定立案和调查收集证据时，就涉及专门性问题的证据材料或者专业问题，可以指派、聘请有专门知识的人协助开展下列工作：

（一）对专业问题进行回答、解释、说明；

（二）对涉案专门性问题进行评估、审计；

（三）对涉及复杂、疑难、特殊技术问题的鉴定事项提出意见；

（四）在检察官的主持下勘验物证或者现场；

（五）对行政执法卷宗材料中涉及专门性问题的证据材料进行审查；

（六）其他必要的工作。

第十三条 公益诉讼案件法庭审理中，人民检察院可以申请人民法院通知有专门知识的人出庭，就鉴定人作出的鉴定意见或者专业问题提出意见。

第十四条 人民检察院在下列办案活动中，需要指派、聘请有专门知识的人的，可以适用本规定：

（一）办理控告、申诉、国家赔偿或者国家司法救助案件；

（二）办理监管场所发生的被监管人重伤、死亡案件；

（三）办理民事、行政诉讼监督案件；

（四）检察委员会审议决定重大案件和其他重大问题；

（五）需要指派、聘请有专门知识的人的其他办案活动。

第十五条 人民检察院应当为有专门知识的人参与办案提供下列必要条件：

（一）介绍与涉案专门性问题有关的情况；

（二）提供涉及专门性问题的证据等案卷材料；

（三）明确要求协助或者提出意见的问题；

（四）有专门知识的人参与办案所必需的其他条件。

第十六条 人民检察院依法保障接受指派、聘请参与办案的有专门知识的人及其近亲属的安全。

对有专门知识的人及其近亲属进行威胁、侮辱、殴打、打击报复等，构成违法犯罪的，人民检察院应当移送公安机关处理；情节轻微的，予以批评教育、训诫。

第十七条 有专门知识的人因参与办案而支出的交通、住宿、就餐等费用，由人民检察院承担。对于聘请的有专门知识的人,应当给予适当报酬。

上述费用从人民检察院办案业务经费中列支。

第十八条　有专门知识的人参与办案,应当遵守法律规定,遵循技术标准和规范,恪守职业道德,坚持客观公正原则。

第十九条　有专门知识的人应当保守参与办案中所知悉的国家秘密、商业秘密、个人隐私以及其他不宜公开的内容。

第二十条　有专门知识的人应当妥善保管、使用并及时退还参与办案中所接触的证据等案卷材料。

第二十一条　有专门知识的人不得在同一案件中同时接受刑事诉讼当事人、辩护人、诉讼代理人,民事、行政诉讼对方当事人、诉讼代理人,或者人民法院的委托。

第二十二条　有专门知识的人违反本规定第十八条至第二十一条的规定,出现重大过错,影响正常办案的,人民检察院应当停止其作为有专门知识的人参与办案,并从推荐名单库中除名。必要时,可以建议其所在单位或者有关部门给予行政处分或者其他处分。构成违法犯罪的,依法追究行政责任或者刑事责任。

第二十三条　各省、自治区、直辖市人民检察院可以依照本规定,结合本地实际,制定具体实施办法,并报最高人民检察院备案。

第二十四条　本规定由最高人民检察院负责解释。

第二十五条　本规定自公布之日起试行。

人民检察院公诉人出庭举证质证工作指引

·2018 年 7 月 3 日

第一章　总　则

第一条　为适应以审判为中心的刑事诉讼制度改革新要求,全面贯彻证据裁判规则,进一步加强和改进公诉人出庭举证质证工作,构建认罪和不认罪案件相区别的出庭公诉模式,增强指控犯罪效果,根据《中华人民共和国刑事诉讼法》和相关规定,结合检察工作实际,制定本工作指引。

第二条　举证是指在出庭支持公诉过程中,公诉人向法庭出示、宣读、播放有关证据材料并予以说明,对出庭作证人员进行询问,以证明公诉主张成立的诉讼活动。

质证是指在审判人员的主持下,由控辩双方对所出示证据材料及出庭作证人员的言词证据的证据能力和证明力相互进行质疑和辩驳,以确认是否作为定案依据的诉讼活动。

第三条　公诉人出庭举证质证,应当以辩证唯物主义认识论为指导,以事实为根据,以法律为准绳,注意运用逻辑法则和经验法则,有力揭示和有效证实犯罪,提高举证质证的质量、效率和效果,尊重和保障犯罪嫌疑人、被告人和其他诉讼参与人诉讼权利,努力让人民群众在每一个司法案件中感受到公平正义。

第四条　公诉人举证质证,应当遵循下列原则:

(一)实事求是,客观公正;

(二)突出重点,有的放矢;

(三)尊重辩方,理性文明;

(四)遵循法定程序,服从法庭指挥。

第五条　公诉人可以根据被告人是否认罪,采取不同的举证质证模式。

被告人认罪的案件,经控辩双方协商一致并经法庭同意,举证质证可以简化。

被告人不认罪或者辩护人作无罪辩护的案件,一般应当全面详细举证质证。但对辩护方无异议的证据,经控辩双方协商一致并经法庭同意,举证质证也可以简化。

第六条　公诉人举证质证,应当注重与现代科技手段相融合,积极运用多媒体示证、电子卷宗、出庭一体化平台等,增强庭审指控犯罪效果。

第二章　举证质证的准备

第七条　公诉人审查案件时,应当充分考虑出庭准备和庭审举证质证工作的需要,有针对性地制作审查报告。

第八条　公诉人基于出庭准备和庭审举证质证工作的需要,可以在开庭前从人民法院取回有关案卷材料和证据,或者查阅电子卷宗。

第九条　公诉案件开庭前,公诉人应当进一步熟悉案情,掌握证据情况,深入研究与本案有关的法律政策问题,熟悉审判可能涉及的专业知识,围绕起诉书指控的犯罪事实和情节,制作举证质证提纲,做好举证质证准备。

制作举证质证提纲应当注意以下方面:

(一)证据的取得是否符合法律规定;

(二)证据是否符合法定形式;

(三)证据是否为原件、原物,照片、录像、复制件、副本等与原件、原物是否相符;

(四)发现证据时的客观环境;

(五)证据形成的原因;

(六)证人或者提供证据的人与本案有无利害关系;

(七)证据与待证事实之间的关联关系;

(八)证据之间的相互关系;

(九)证据是否共同指向同一待证事实,有无无法排除的矛盾和无法解释的疑问,全案证据是否形成完整的证明体系,根据全案证据认定的事实是否足以排除合理怀疑,结论是否具有唯一性;

(十)证据是否具有证据能力及其证明力的其他问题。

第十条　公诉人应当通过参加庭前会议,及时掌握辩护方提供的证据,全面了解被告人及其辩护人对证据的主要异议,并在审判人员主持下,就案件的争议焦点、证据的出示方式等进行沟通,确定举证顺序、方式。根据举证需要,公诉人可以申请证人、鉴定人、侦查人员、有专门知识的人出庭,对辩护方出庭人员名单提出异议。

审判人员在庭前会议中组织展示证据的,公诉人应当出示拟在庭审中出示的证据,梳理存在争议的证据,听取被告人及其辩护人的意见。

被告人及其辩护人在开庭审理前申请排除非法证据,并依照法律规定提供相关线索或者材料的,公诉人经查证认为不存在非法取证行为的,应当在庭前会议中通过出示有关证据材料等方式,有针对性地对证据收集的合法性作出说明。

公诉人可以在庭前会议中撤回有关证据。撤回的证据,没有新的理由,不得在庭审中出示。

公诉人应当根据庭前会议上就举证方式达成的一致意见,修改完善举证提纲。

第十一条　公诉人在开庭前收到人民法院转交或者被告人及其辩护人、被害人、证人等递交的反映证据系非法取得的书面材料的,应当进行审查。对于审查逮捕、审查起诉期间已经提出并经查证不存在非法取证行为的,应当通知人民法院,或者告知有关当事人和辩护人,并按照查证的情况做好庭审准备。对于新的材料或者线索,可以要求侦查机关对证据收集的合法性进行说明或者提供相关证明材料,必要时可以自行调查核实。

第十二条　公诉人在庭前会议后依法收集的证据,在开庭前应当及时移送人民法院,并了解被告人或者其辩护人是否提交新的证据。如果有新的证据,公诉人应当对该证据进行审查。

第十三条　公诉人在开庭前,应当通过讯问被告人、听取辩护人意见、参加庭前会议、与法庭沟通等方式,了解掌握辩护方所收集的证明被告人无罪、罪轻或者反映存在非法取证行为的相关材料情况,进一步熟悉拟在庭审中出示的相关证据,围绕证据的真实性、关联性、合法性,全面预测被告人、辩护人可能提出的质证观点,有针对性地制作和完善质证提纲。

第三章　举　证

第一节　举证的基本要求

第十四条　公诉人举证,一般应当遵循下列要求:

(一)公诉人举证,一般应当全面出示证据;出示、宣读、播放每一份(组)证据时,一般应当出示证据的全部内容。根据普通程序、简易程序以及庭前会议确定的举证方式和案件的具体情况,也可以简化出示,但不得随意删减、断章取义。没有召开庭前会议的,公诉人可以当庭与辩护方协商,并经法庭许可确定举证方式。

(二)公诉人举证前,应当先就举证方式作出说明;庭前会议对简化出示证据达成一致意见的,一并作出说明。

(三)出示、宣读、播放每一份(组)证据前,公诉人一般应当先就证据证明方向、证据的种类、名称、收集主体和时间以及所要证明的内容向法庭作概括说明。

(四)对于控辩双方无异议的非关键性证据,举证时可以仅就证据的名称及所证明的事项作出说明;对于可能影响定罪量刑的关键证据和控辩双方存在争议的证据,以及法庭认为有必要调查核实的证据,应当详细出示。

(五)举证完毕后,应当对出示的证据进行归纳总结,明确证明目的。

(六)使用多媒体示证的,应当与公诉人举证同步进行。

第十五条　公诉人举证,应当主要围绕下列事实,重点围绕控辩双方争议的内容进行:

(一)被告人的身份;

(二)指控的犯罪事实是否存在,是否为被告人所实施;

(三)实施犯罪行为的时间、地点、方法、手段、结果,被告人犯罪后的表现等;

(四)犯罪集团或者其他共同犯罪案件中参与犯罪人员的各自地位和应负的责任;

(五)被告人有无刑事责任能力,有无故意或者过失,行为的动机、目的;

(六)有无依法不应当追究刑事责任的情形,有无法定从重或者从轻、减轻以及免除处罚的情节;

(七)犯罪对象、作案工具的主要特征,与犯罪有关的财物的来源、数量以及去向;

(八)被告人全部或者部分否认起诉书指控的犯罪事实的,否认的根据和理由能否成立;

(九)与定罪、量刑有关的其他事实。

第十六条　对于公诉人简化出示的证据,辩护人要求

公诉人详细出示的,可以区分不同情况作出处理。具有下列情形之一的,公诉人应当详细出示:

(一)审判人员要求详细出示的;

(二)辩护方要求详细出示并经法庭同意的;

(三)简化出示证据可能影响举证效果的。

具有下列情形之一的,公诉人可以向法庭说明理由,经法庭同意后,可以不再详细出示:

(一)公诉人已经详细出示过相关证据,辩护方重复要求的;

(二)公诉人简化出示的证据能够证明案件事实并反驳辩护方异议的;

(三)辩护方所要求详细出示的内容与起诉书认定事实无关的;

(四)被告人承认指控的犯罪事实和情节的。

第十七条 辩护方当庭申请公诉人宣读出示案卷中对被告人有利但未经公诉人采信的证据的,可以建议法庭决定由辩护方宣读出示,并说明不采信的理由。法庭采纳辩护方申请要求公诉人宣读出示的,公诉人应当出示。

第十八条 公诉人、被告人及其辩护人对收集被告人供述是否合法未达成一致意见,人民法院在庭审中对证据合法性进行调查的,公诉人可以根据讯问笔录、羁押记录、提讯登记、出入看守所的健康检查记录、医院病历、看守管教人员的谈话记录、采取强制措施或者侦查措施的法律文书、侦查机关对讯问过程合法性的证明材料、侦查机关或者检察机关对证据收集合法性调查核实的结论、驻看守所检察人员在侦查终结前对讯问合法性的核查结论等,对庭前讯问被告人的合法性进行证明,可以要求法庭播放讯问同步录音、录像,必要时可以申请法庭通知侦查人员或者其他人员出庭说明情况。

控辩双方对收集证人证言、被害人陈述、收集物证、书证等的合法性以及其他程序事实发生争议的,公诉人可以参照前款规定出示、宣读有关法律文书、侦查或者审查起诉活动笔录等予以证明。必要时,可以建议法庭通知负责侦查的人员以及搜查、查封、扣押、冻结、勘验、检查、辨认、侦查实验等活动的见证人出庭陈述有关情况。

第二节 举证的一般方法

第十九条 举证一般应当一罪名一举证、一事实一举证,做到条理清楚、层次分明。

第二十条 举证顺序应当以有利于证明公诉主张为目的,公诉人可以根据案件的不同种类、特点和庭审实际情况,合理安排和调整举证顺序。一般先出示定罪证据,后出示量刑证据;先出示主要证据,后出示次要证据。

公诉人可以按照与辩护方协商并经法庭许可确定的举证顺序进行举证。

第二十一条 根据案件的具体情况和证据状况,结合被告人的认罪态度,举证可以采用分组举证或者逐一举证的方式。

案情复杂、同案被告人多、证据数量较多的案件,一般采用分组举证为主、逐一举证为辅的方式。

对证据进行分组时,应当遵循证据之间的内在逻辑关系,可以将证明方向一致或者证明内容相近的证据归为一组;也可以按照证据种类进行分组,并注意各组证据在证明内容上的层次和递进关系。

第二十二条 对于可能影响定罪量刑的关键证据和控辩双方存在争议的证据,应当单独举证。

被告人认罪的案件,对控辩双方无异议的定罪证据,可以简化出示,主要围绕量刑和其他有争议的问题出示证据。

第二十三条 对于被告人不认罪案件,应当立足于证明公诉主张,通过合理举证构建证据体系,反驳被告人的辩解,从正反两个方面予以证明。重点一般放在能够有力证明指控犯罪事实系被告人所为的证据和能够证明被告人无罪辩解不成立的证据上,可以将指控证据和反驳证据同时出示。

对于被告人翻供的,应当综合运用证据,阐明被告人翻供的时机、原因、规律,指出翻供的不合理、不客观、有矛盾之处。

第二十四条 "零口供"案件的举证,可以采用关键证据优先法。公诉人根据案件证据情况,优先出示定案的关键证据,重点出示物证、书证、现场勘查笔录等客观性证据,直接将被告人与案件建立客观联系,在此基础上构建全案证据体系。

辩点较多案件的举证,可以采用先易后难法。公诉人根据案件证据情况和庭前会议了解的被告人及辩护人的质证观点,先出示被告人及辩护人没有异议的证据或者分歧较小的证据,后出示控辩双方分歧较大的证据,使举证顺利推进,为集中精力对分歧证据进行质证作准备。

依靠间接证据定案的不认罪案件的举证,可以采用层层递进法。公诉人应当充分运用逻辑推理,合理安排举证顺序,出示的后一份(组)证据与前一份(组)证据要紧密关联,环环相扣,层层递进,通过逻辑分析揭示各个证据之间的内在联系,综合证明案件已经排除合理怀疑。

第二十五条 对于一名被告人有一起犯罪事实或者案情比较简单的案件,可以根据案件证据情况按照法律规定的证据种类举证。

第二十六条　对于一名被告人有数起犯罪事实的案件,可以以每一起犯罪事实为单元,将证明犯罪事实成立的证据分组举证或者逐一举证。其中,涉及每起犯罪事实中量刑情节的证据,应当在对该起犯罪事实举证中出示;涉及全案综合量刑情节的证据,应当在全案的最后出示。

第二十七条　对于数名被告人有一起犯罪事实的案件,根据各被告人在共同犯罪中的地位、作用及情节,一般先出示证明主犯犯罪事实的证据,再出示证明从犯犯罪事实的证据。

第二十八条　对于数名被告人有数起犯罪事实的案件,可以采用不同的分组方法和举证顺序,或者按照作案时间的先后顺序,或者以主犯参与的犯罪事实为主线,或者以参与人数的多少为标准,并注意区分犯罪集团的犯罪行为、一般共同犯罪行为和个别成员的犯罪行为,分别进行举证。

第二十九条　对于单位犯罪案件,应当先出示证明单位构成犯罪的证据,再出示对其负责的单位主管人员或者其他直接责任人员构成犯罪的证据。对于指控被告单位犯罪与指控单位主管人员或者其他直接责任人员犯罪的同一份证据可以重复出示,但重复出示时仅予以说明即可。

第三节　各类证据的举证要求

第三十条　出示的物证一般应当是原物。原物不易搬运、不易保存或者已返还被害人的,可以出示反映原物外形和特征的照片、录像、复制品,并向法庭说明情况及与原物的同一性。

出示的书证一般应当是原件,获取书证原件确有困难的,可以出示书证副本或者复制件,并向法庭说明情况及与原件的同一性。

出示物证、书证时,应当对物证、书证所要证明的内容、收集情况作概括说明,可以提请法庭让当事人、证人等诉讼参与人辨认。物证、书证经过技术鉴定的,可以宣读鉴定意见。

第三十一条　询问出庭作证的证人,应当遵循以下规则:

(一)发问应当单独进行;

(二)发问应当简洁、清楚;

(三)发问应当采取一问一答形式,不宜同时发问多个内容不同的问题;

(四)发问的内容应当着重围绕与定罪、量刑紧密相关的事实进行;

(五)不得以诱导方式发问;

(六)不得威胁或者误导证人;

(七)不得损害证人的人格尊严;

(八)不得泄露证人个人隐私;

(九)询问未成年人,应当结合未成年人的身心特点进行。

第三十二条　证人出庭的,公诉人可以要求证人就其了解的与案件有关的事实进行陈述,也可以直接发问。对于证人采取猜测性、评论性、推断性语言作证的,公诉人应当提醒其客观表述所知悉的案件事实。

公诉人认为证人作出的回答对案件事实和情节的认定有决定性或者重大影响,可以提请法庭注意。

证人出庭作证的证言与庭前提供的证言相互矛盾的,公诉人应当问明理由,并对该证人进行询问,澄清事实。认为理由不成立的,可以宣读证人在改变证言前的笔录内容,并结合相关证据予以反驳。

对未到庭证人的证言笔录,应当当庭宣读。宣读前,应当说明证人和本案的关系。对证人证言笔录存在疑问、确实需要证人出庭陈述或者有新的证人的,公诉人可以要求延期审理,由人民法院通知证人到庭提供证言和接受质证。

根据案件情况,公诉人可以申请实行证人远程视频作证。

控辩双方对证人证言无异议,证人不需要出庭的,或者证人因客观原因无法出庭且无法通过视频等方式作证的,公诉人可以出示、宣读庭前收集的书面证据材料或者作证过程录音、录像。

第三十三条　公诉人申请出庭的证人当庭改变证言、被害人改变其庭前的陈述,公诉人可以询问其言词发生变化的理由,认为理由不成立的,可以择机有针对性地宣读其在侦查、审查起诉阶段的证言、陈述,或者出示、宣读其他证据,对证人、被害人进行询问,予以反驳。

第三十四条　对被害人、鉴定人、侦查人员、有专门知识的人的询问,参照适用询问证人的规定。

第三十五条　宣读被告人供述,应当根据庭审中被告人供述的情况进行。被告人有多份供述且内容基本一致的,一般选择证明力最充分的一份或者几份出示。被告人当庭供述与庭前供述的实质性内容一致的,可以不再宣读庭前供述,但应当向法庭说明;被告人当庭供述与庭前供述存在实质性差异的,公诉人应当问明理由,认为理由不成立的,应当就存在实质性差异的内容宣读庭前供述,并结合相关证据予以反驳。

第三十六条　被告人作无罪辩解或者当庭供述与庭

前供述内容不一致,足以影响定罪量刑的,公诉人可以有针对性地宣读被告人庭前供述笔录,并针对笔录中被告人的供述内容对被告人进行讯问,或者出示其他证据进行证明,予以反驳,并提请法庭对其当庭供述不予采信。对翻供内容需要调查核实的,可以建议法庭休庭或者延期审理。

第三十七条 鉴定意见以及勘验、检查、辨认和侦查实验等笔录应当当庭宣读,并对鉴定人、勘验人、检查人、辨认人、侦查实验人员的身份、资质、与当事人及本案的关系作出说明,必要时提供证据予以证明。鉴定人、有专门知识的人出庭,公诉人可以根据需要对其发问。发问时适用对证人询问的相关要求。

第三十八条 播放视听资料,应当首先对视听资料的来源、制作过程、制作环境、制作人员以及所要证明的内容进行概括说明。播放一般应当连续进行,也可以根据案情分段进行,但应当保持资料原貌,不得对视听资料进行剪辑。

播放视听资料,应当向法庭提供视听资料的原始载体。提供原始载体确有困难的,可以提供复制件,但应当向法庭说明原因。

出示音频资料,也可以宣读庭前制作的附有声音资料语言内容的文字记录。

第三十九条 出示以数字化形式存储、处理、传输的电子数据证据,应当对该证据的原始存储介质、收集提取过程等予以简要说明,围绕电子数据的真实性、完整性、合法性,以及被告人的网络身份与现实身份的同一性出示证据。

第四章 质 证

第一节 质证的基本要求

第四十条 公诉人质证应当根据辩护方所出示证据的内容以及对公诉方证据提出的质疑,围绕案件事实、证据和适用法律进行。

质证应当一证一质一辩。质证阶段的辩论,一般应当围绕证据本身的真实性、关联性、合法性,针对证据能力有无以及证明力大小进行。对于证据与证据之间的关联性、证据的综合证明作用问题,一般在法庭辩论阶段予以答辩。

第四十一条 对影响定罪量刑的关键证据和控辩双方存在争议的证据,一般应当单独质证。

对控辩双方没有争议的证据,可以在庭审中简化质证。

对于被告人认罪案件,主要围绕量刑和其他有争议的问题质证,对控辩双方无异议的定罪证据,可以不再质证。

第四十二条 公诉人可以根据需要将举证质证、讯问询问结合起来,在质证阶段对辩护方观点予以适当辩驳,但应当区分质证与辩论之间的界限,重点针对证据本身的真实性、关联性、合法性进行辩驳。

第四十三条 在每一份(组)证据或者全部证据质证完毕后,公诉人可以根据具体案件情况,提请法庭对证据进行确认。

第二节 对辩护方质证的答辩

第四十四条 辩护方对公诉方当庭出示、宣读、播放的证据的真实性、关联性、合法性提出的质证意见,公诉人应当进行全面、及时和有针对性地答辩。

辩护方提出的与证据的证据能力或者证明力无关、与公诉主张无关的质证意见,公诉人可以说明理由不予答辩,并提请法庭不予采纳。

公诉人答辩一般应当在辩护方提出质证意见后立即进行。在不影响庭审效果的情况下,也可以根据需要在法庭辩论阶段结合其他证据综合发表意见,但应当向法庭说明。

第四十五条 对辩护方符合事实和法律的质证,公诉人应当实事求是、客观公正地发表意见。

辩护方因对证据内容理解有误而质证的,公诉人可以对证据情况进行简要说明。

第四十六条 公诉人对辩护方质证的答辩,应当重点针对可能动摇或者削弱证据能力、证明力的质证观点进行答辩,对于不影响证据能力、证明力的质证观点可以不予答辩或者简要答辩。

第四十七条 辩护方质疑言词证据之间存在矛盾的,公诉人可以综合全案证据,立足证据证明体系,从认知能力、与当事人的关系、客观环境等角度,进行重点答辩,合理解释证据之间的矛盾。

第四十八条 辩护人询问证人或者被害人有下列情形之一的,公诉人应当及时提请审判长制止,必要时应当提请法庭对该项陈述或者证言不予采信:

(一)以诱导方式发问的;

(二)威胁或者误导证人的;

(三)使被害人、证人以推测性、评论性、推断性意见作为陈述或者证言的;

(四)发问内容与本案事实无关的;

(五)对被害人、证人带有侮辱性发问的;

(六)其他违反法律规定的情形。

对辩护人询问侦查人员、鉴定人和有专门知识的人的质证，参照前款规定。

第四十九条　辩护方质疑证人当庭证言与庭前证言存在矛盾的，公诉人可以有针对性地对证人进行发问，也可以提请法庭决定就有异议的内容由被告人与证人进行对质诘问，在发问或对质诘问过程中，对前后矛盾或者疏漏之处作出合理解释。

第五十条　辩护方质疑被告人庭前供述系非法取得的，公诉人可以综合采取以下方式证明取证的合法性：

（一）宣读被告人在审查（决定）逮捕、审查起诉阶段的讯问笔录，证实其未曾供述过在侦查阶段受到刑讯逼供，或者证实其在侦查机关更换侦查人员且再次讯问告知诉讼权利和认罪的法律后果后仍自愿供述，或者证实其在检察人员讯问并告知诉讼权利和认罪的法律后果后仍自愿供述；

（二）出示被告人的羁押记录，证实其接受讯问的时间、地点、次数等符合法律规定；

（三）出示被告人出入看守所的健康检查记录、医院病历，证实其体表和健康情况；

（四）出示看守管教人员的谈话记录；

（五）出示与被告人同监舍人员的证言材料；

（六）当庭播放或者庭外核实讯问被告人的录音、录像；

（七）宣读重大案件侦查终结前讯问合法性核查笔录，当庭播放或者庭外核实对讯问合法性进行核查时的录音、录像；

（八）申请侦查人员出庭说明办案情况。

公诉人当庭不能证明证据收集的合法性，需要调查核实的，可以建议法庭休庭或者延期审理。

第五十一条　辩护人质疑收集被告人供述存在程序瑕疵申请排除证据的，公诉人可以宣读侦查机关的补正说明。没有补正说明的，也可以从讯问的时间地点符合法律规定，已进行权利告知，不存在威胁、引诱、欺骗等情形，被告人多份供述内容一致，全案证据能够互相印证，被告人供述自愿性未受影响，程序瑕疵没有严重影响司法公正等方面作出合理解释。必要时，可以提请法庭播放同步录音录像，从被告人供述时情绪正常、表达流畅、能够趋利避害等方面证明庭前供述自愿性，对瑕疵证据作出合理解释。

第五十二条　辩护方质疑物证、书证的，公诉人可以宣读侦查机关收集物证、书证的补正说明，从此类证据客观、稳定、不易失真以及取证主体、程序、手段合法等方面有针对性地予以答辩。

第五十三条　辩护方质疑鉴定意见的，公诉人可以从鉴定机构和鉴定人的法定资质、检材来源、鉴定程序、鉴定意见形式要件符合法律规定等方面，有针对性地予以答辩。

第五十四条　辩护方质疑不同鉴定意见存在矛盾的，公诉人可以阐释不同鉴定意见对同一问题得出不同结论的原因，阐明检察机关综合全案情况，结合案件其他证据，采信其中一份鉴定意见的理由。必要时，可以申请鉴定人、有专门知识的人出庭。控辩双方仍存在重大分歧，且辩护方质疑有合理依据，对案件有实质性影响的，可以建议法庭休庭或者延期审理。

第五十五条　辩护方质疑勘验、检查、搜查笔录的，公诉人可以从勘验、检查、搜查系依法进行，笔录的制作符合法律规定，勘验、检查、搜查人员和见证人有签名或者盖章等方面，有针对性地予以答辩。

第五十六条　辩护方质疑辨认笔录的，公诉人可以从辨认的过程、方法，以及辨认笔录的制作符合有关规定等方面，有针对性地予以答辩。

第五十七条　辩护方质疑侦查实验笔录的，公诉人可以从侦查实验的审批、过程、方法、法律依据、技术规范或者标准、侦查实验的环境条件与原案接近程度、结论的科学性等方面，有针对性地予以答辩。

第五十八条　辩护方质疑视听资料的，公诉人可以从此类证据具有不可增添性、真实性强、内容连续完整、所反映的行为人的言语动作连贯自然、提取、复制、制作过程合法、内容与案件事实关联程度等方面，有针对性地予以答辩。

第五十九条　辩护方质疑电子数据的，公诉人可以从此类证据提取、复制、制作过程、内容与案件事实关联程度等方面，有针对性地予以答辩。

第六十条　辩护方质疑采取技术侦查措施获取的证据材料合法性的，公诉人可以通过说明采取技术侦查措施的法律规定、出示批准采取技术侦查措施的法律文书等方式，有针对性地予以答辩。

第六十一条　辩护方在庭前提出排除非法证据申请，经审查被驳回后，在庭审中再次提出排除申请的，或者辩护方撤回申请后再次对有关证据提出排除申请的，公诉人应当审查辩护方是否提出新的线索或者材料。没有新的线索或者材料表明可能存在非法取证的，公诉人可以建议法庭予以驳回。

第六十二条　辩护人仅采用部分证据或者证据的部分内容，对证据证明的事项发表不同意见的，公诉人可以立足证据认定的全面性、同一性原则，综合全案证据予以答辩。必要时，可以扼要概述已经法庭质证过的其他证据,用以反驳辩护方的质疑。

第六十三条　对单个证据质证的同时,公诉人可以简单点明该证据与其他证据的印证情况,以及在整个证据链条中的作用,通过边质证边论证的方式,使案件事实逐渐清晰,减轻辩论环节综合分析论证的任务。

第三节　对辩护方证据的质证

第六十四条　公诉人应当认真审查辩护方向法庭提交的证据。对于开庭五日前未提交给法庭的,可以当庭指出,并根据情况,决定是否要求查阅该证据或者建议休庭;属于下列情况的,可以提请法庭不予采信:

(一)不符合证据的真实性、关联性、合法性要求的证据;

(二)辩护人提供的证据明显有悖常理的;

(三)其他需要提请法庭不予采信的情况。

对辩护方提出的无罪证据,公诉人应当本着实事求是、客观公正的原则进行质证。对于与案件事实不符的证据,公诉人应当针对辩护方证据的真实性、关联性、合法性提出质疑,否定证据的证明力。

对被告人的定罪、量刑有重大影响的证据,当庭难以判断的,公诉人可以建议法庭休庭或者延期审理。

第六十五条　对辩护方提请出庭的证人,公诉人可以从以下方面进行质证:

(一)证人与案件当事人、案件处理结果有无利害关系;

(二)证人的年龄、认知、记忆和表达能力、生理和精神状态是否影响作证;

(三)证言的内容及其来源;

(四)证言的内容是否为证人直接感知,证人感知案件事实时的环境、条件和精神状态;

(五)证人作证是否受到外界的干扰或者影响;

(六)证人与案件事实的关系;

(七)证言前后是否矛盾;

(八)证言之间以及与其他证据之间能否相互印证,有无矛盾。

第六十六条　辩护方证人未出庭的,公诉人认为其证言对案件的定罪量刑有重大影响的,可以提请法庭通知其出庭。

对辩护方证人不出庭的,公诉人可以从取证主体合法性、取证是否征得证人同意、是否告知证人权利义务、询问未成年人时其法定代理人或者有关人员是否到场、是否单独询问证人等方面质证。质证中可以将证言与已经出示的证据材料进行对比分析,发现并反驳前后矛盾且不能作

出合理解释的证人证言。证人证言前后矛盾或者与案件事实无关的,应当提请法庭注意。

第六十七条　对辩护方出示的鉴定意见和提请出庭的鉴定人,公诉人可以从以下方面进行质证:

(一)鉴定机构和鉴定人是否具有法定资质;

(二)鉴定人是否存在应当回避的情形;

(三)检材的来源、取得、保管、送检是否符合法律和有关规定,与相关提取笔录、扣押物品清单等记载的内容是否相符,检材是否充足、可靠;

(四)鉴定意见的形式要件是否完备,是否注明提起鉴定的事由、鉴定委托人、鉴定机构、鉴定要求、鉴定过程、鉴定方法、鉴定日期等相关内容,是否由鉴定机构加盖司法鉴定专用章并由鉴定人签名、盖章;

(五)鉴定程序是否符合法律和有关规定;

(六)鉴定的过程和方法是否符合相关专业的规范要求;

(七)鉴定意见是否明确;

(八)鉴定意见与案件待证事实有无关联;

(九)鉴定意见与勘验、检查笔录及相关照片等其他证据是否矛盾;

(十)鉴定意见是否依法及时告知相关人员,当事人对鉴定意见有无异议。

必要时,公诉人可以申请法庭通知有专门知识的人出庭,对辩护方出示的鉴定意见进行必要的解释说明。

第六十八条　对辩护方出示的物证、书证,公诉人可以从以下方面进行质证:

(一)物证、书证是否为原物、原件;

(二)物证的照片、录像、复制品,是否与原物核对无误;

(三)书证的副本、复制件,是否与原件核对无误;

(四)物证、书证的收集程序、方式是否符合法律和有关规定;

(五)物证、书证在收集、保管、鉴定过程中是否受损或者改变;

(六)物证、书证与案件事实有无关联。

第六十九条　对辩护方出示的视听资料,公诉人可以从以下方面进行质证:

(一)收集过程是否合法,来源及制作目的是否清楚;

(二)是否为原件,是复制件的,是否有复制说明;

(三)制作过程中是否存在威胁、引诱当事人等违反法律、相关规定的情形;

(四)内容和制作过程是否真实,有无剪辑、增加、删

改等情形；

（五）内容与案件事实有无关联。

第七十条 对辩护方出示的电子数据，公诉人可以从以下方面进行质证：

（一）是否随原始存储介质移送，在原始存储介质无法封存、不便移动等情形时，是否有提取、复制过程的说明；

（二）收集程序、方式是否符合法律及有关技术规范；

（三）电子数据内容是否真实，有无删除、修改、增加等情形；

（四）电子数据制作过程中是否受到暴力胁迫或者引诱因素的影响；

（五）电子数据与案件事实有无关联。

第七十一条 对于因专门性问题不能对有关证据发表质证意见的，可以建议休庭，向有专门知识的人咨询意见。必要时，可以建议延期审理，进行鉴定或者重新鉴定。

第四节 法庭对质

第七十二条 控辩双方针对同一事实出示的证据出现矛盾的，公诉人可以提请法庭通知相关人员到庭对质。

第七十三条 被告人、证人对同一事实的陈述存在矛盾需要对质的，公诉人可以建议法庭传唤有关被告人、证人同时到庭对质。

各被告人之间对同一事实的供述存在矛盾需要对质的，公诉人可以在被告人全部陈述完毕后，建议法庭当庭进行对质。

第七十四条 辩护方质疑物证、书证、鉴定意见、勘验、检查、搜查、辨认、侦查实验等笔录、视听资料、电子数据的，必要时，公诉人可以提请法庭通知鉴定人、有专门知识的人、侦查人员、见证人等出庭。

辩护方质疑采取技术侦查措施获取的证据材料合法性的，必要时，公诉人可以建议法庭采取不暴露有关人员身份、不公开技术侦查措施和方法等保护措施，在庭外对证据进行核实，并要求在场人员履行保密义务。

对辩护方出示的鉴定意见等技术性证据和提请出庭的鉴定人，必要时，公诉人可以提请法庭通知有专门知识的人出庭，与辩护方提请出庭的鉴定人对质。

第七十五条 在对质过程中，公诉人应当重点就证据之间的矛盾点进行发问，并适时运用其他证据指出不真实、不客观、有矛盾的证据材料。

第五章 附 则

第七十六条 本指引主要适用于人民检察院派员出庭支持公诉的第一审非速裁程序案件。对于派员出席第二审、再审案件法庭的举证、质证工作，可以参考本指引。

第七十七条 本指引自印发之日起施行。

最高人民检察院、公安部关于加强和规范补充侦查工作的指导意见

- 2020 年 3 月 27 日
- 高检发〔2020〕6 号

第一条 为进一步完善以证据为核心的刑事指控体系，加强和规范补充侦查工作，提高办案质效，根据《中华人民共和国刑事诉讼法》《人民检察院刑事诉讼规则》《公安机关办理刑事案件程序规定》等有关规定，结合办案实践，制定本指导意见。

第二条 补充侦查是依照法定程序，在原有侦查工作的基础上，进一步查清事实，补充完善证据的诉讼活动。

人民检察院审查逮捕提出补充侦查意见，审查起诉退回补充侦查、自行补充侦查，要求公安机关提供证据材料，要求公安机关对证据的合法性作出说明等情形，适用本指导意见的相关规定。

第三条 开展补充侦查工作应当遵循以下原则：

1. 必要性原则。补充侦查工作应当具备必要性，不得因与案件事实、证据无关的原因退回补充侦查。

2. 可行性原则。要求补充侦查的证据材料应当具备收集固定的可行性，补充侦查工作应当具备可操作性，对于无法通过补充侦查收集证据材料的情形，不能适用补充侦查。

3. 说理性原则。补充侦查提纲应当写明补充侦查的理由、案件定性的考虑、补充侦查的方向、每一项补证的目的和意义，对复杂问题、争议问题作适当阐明，具备条件的，可以写明补充侦查的渠道、线索和方法。

4. 配合性原则。人民检察院、公安机关在补充侦查之前和补充侦查过程中，应当就案件事实、证据、定性等方面存在的问题和补充侦查的相关情况，加强当面沟通、协作配合，共同确保案件质量。

5. 有效性原则。人民检察院、公安机关应当以增强补充侦查效果为目标，把提高证据质量、解决证据问题贯穿于侦查、审查逮捕、审查起诉全过程。

第四条 人民检察院开展补充侦查工作，应当书面列出补充侦查提纲。补充侦查提纲应当分别归入检察内卷、侦查内卷。

第五条 公安机关提请人民检察院审查批准逮捕的，

人民检察院应当接收。经审查,不符合批捕条件的,应当依法作出不批准逮捕决定。人民检察院对于因证据不足作出不批准逮捕决定,需要补充侦查的,应当制作补充侦查提纲,列明证据体系存在的问题、补充侦查方向、取证要求等事项并说明理由。公安机关应当按照人民检察院的要求开展补充侦查。补充侦查完毕,认为符合逮捕条件的,应当重新提请批准逮捕。对于人民检察院不批准逮捕而未说明理由的,公安机关可以要求人民检察院说明理由。对人民检察院不批准逮捕的决定认为有错误的,公安机关可以依法要求复议、提请复核。

对于作出批准逮捕决定的案件,确有必要的,人民检察院可以根据案件证据情况,就完善证据体系、补正证据合法性、全面查清案件事实等事项,向公安机关提出捕后侦查意见。逮捕之后,公安机关应当及时开展侦查工作。

第六条　人民检察院在审查起诉期间发现案件存在事实不清、证据不足或者存在遗漏罪行、遗漏同案犯罪嫌疑人等情形需要补充侦查的,应当制作补充侦查提纲,连同案卷材料一并退回公安机关并引导公安机关进一步查明案件事实、补充收集证据。

人民检察院第一次退回补充侦查时,应当向公安机关列明全部补充侦查事项。在案件事实或证据发生变化、公安机关未补充侦查到位、或者重新报送的材料中发现矛盾和问题的,可以第二次退回补充侦查。

第七条　退回补充侦查提纲一般包括以下内容:

(一)阐明补充侦查的理由,包括案件事实不清、证据不足的具体表现和问题;

(二)阐明补充侦查的方向和取证目的;

(三)明确需要补充侦查的具体事项和需要补充收集的证据目录;

(四)根据起诉和审判的证据标准,明确补充、完善证据需要达到的标准和必备要素;

(五)有遗漏罪行的,应当指出在起诉意见书中没有认定的犯罪嫌疑人的罪行;

(六)有遗漏同案犯罪嫌疑人需要追究刑事责任的,应当建议补充移送;

(七)其他需要列明的事项。

补充侦查提纲、捕后侦查意见可参照本条执行。

第八条　案件退回补充侦查后,人民检察院和公安机关的办案人员应当加强沟通,及时就取证方向、落实补证要求等达成一致意见。公安机关办案人员对于补充侦查提纲有异议的,双方及时沟通。

对于事实证据发生重大变化的案件,可能改变定性的

案件,证据标准难以把握的重大、复杂、疑难、新型案件,以及公安机关提出请求的案件,人民检察院在退回补充侦查期间,可以了解补充侦查开展情况,查阅证据材料,对补充侦查方向、重点、取证方式等提出建议,必要时可列席公安机关的案件讨论并发表意见。

第九条　具有下列情形之一的,一般不退回补充侦查:

(一)查清的事实足以定罪量刑或者与定罪量刑有关的事实已经查清,不影响定罪量刑的事实无法查清的;

(二)作案工具、赃物去向等部分事实无法查清,但有其他证据足以认定,不影响定罪量刑的;

(三)犯罪嫌疑人供述和辩解、证人证言、被害人陈述的主要情节能够相互印证,只有个别情节不一致但不影响定罪量刑的;

(四)遗漏同案犯罪嫌疑人或者同案犯罪嫌疑人在逃,在案犯罪嫌疑人定罪量刑的事实已经查清且符合起诉条件,公安机关不能及时补充移送同案犯罪嫌疑人的;

(五)补充侦查事项客观上已经没有查证可能性的;

(六)其他没有必要退回补充侦查的。

第十条　对于具有以下情形可以及时调取的有关证据材料,人民检察院可以发出《调取证据材料通知书》,通知公安机关直接补充相关证据并移送,以提高办案效率:

(一)案件基本事实清楚,虽欠缺某些证据,但收集、补充证据难度不大且在审查起诉期间内能够完成的;

(二)证据存在书写不规范、漏填、错填等瑕疵,公安机关可以在审查起诉期间补正、说明的;

(三)证据材料制作违反程序规定但程度较轻微,通过补正可以弥补的;

(四)案卷诉讼文书存在瑕疵,需进行必要的修改或补充的;

(五)缺少前科材料、释放证明、抓获经过等材料,侦查人员能够及时提供的;

(六)其他可以通知公安机关直接补充相关证据的。

第十一条　人民检察院在审查起诉过程中,具有下列情形之一,自行补充侦查更为适宜的,可以依法自行开展侦查工作:

(一)影响定罪量刑的关键证据存在灭失风险,需要及时收集和固定证据,人民检察院有条件自行侦查的;

(二)经退回补充侦查未达到要求,自行侦查具有可行性的;

(三)有证据证明或者有迹象表明侦查人员可能存在利用侦查活动插手民事、经济纠纷、实施报复陷害等违法

行为和刑讯逼供、非法取证等违法行为,不宜退回补充侦查的;

(四)其他需要自行侦查的。

人民检察院开展自行侦查工作应依法规范开展。

第十二条 自行侦查由检察官组织实施,必要时可以调配办案人员。开展自行侦查的检察人员不得少于二人。自行侦查过程中,需要技术支持和安全保障的,由检察机关的技术部门和警务部门派员协助。

人民检察院通过自行侦查方式补强证据的,公安机关应当依法予以配合。

人民检察院自行侦查,适用《中华人民共和国刑事诉讼法》规定的讯问、询问、勘验、检查、查封、扣押、鉴定等侦查措施,应当遵循法定程序,在法定期限内侦查完毕。

第十三条 人民检察院对公安机关移送的案件进行审查后,在法院作出生效判决前,认为需要补充审判所必需的证据材料的,可以发出《调取证据材料通知书》,要求公安机关提供。人民检察院办理刑事审判监督案件,可以向公安机关发出《调取证据材料通知书》。

第十四条 人民检察院在办理刑事案件过程中,发现可能存在《中华人民共和国刑事诉讼法》第五十六条规定的以非法方法收集证据情形的,可以要求公安机关对证据收集的合法性作出书面说明或者提供相关证明材料,必要时,可以自行调查核实。

第十五条 公安机关经补充侦查重新移送后,人民检察院应当接收,及时审查公安机关制作的书面补充侦查报告和移送的补充证据,根据补充侦查提纲的内容核对公安机关应补充侦查事项是否补查到位,补充侦查活动是否合法,补充侦查后全案证据是否已确实、充分。经审查,公安机关未能按要求开展补充侦查工作,无法达到批捕标准的,应当依法作出不批捕决定;经二次补充侦查仍然证据不足,不符合起诉条件的,人民检察院应当依法作出不起诉决定。对人民检察院不起诉决定认为错误的,公安机关可以依法复议、复核。

对公安机关要求复议的不批准逮捕案件、不起诉案件,人民检察院应当另行指派检察官办理。人民检察院办理公安机关对不批准逮捕决定和不起诉决定要求复议、提请复核的案件,应当充分听取公安机关的意见,相关意见应当附卷备查。

第十六条 公安机关开展补充侦查工作,应当按照人民检察院补充侦查提纲的要求,及时、认真补充完善相关证据材料;对于补充侦查提纲不明确或者有异议的,应当及时与人民检察院沟通;对于无法通过补充侦查取得证据

的,应当书面说明原因、补充侦查过程中所做的工作以及采取的补救措施。公安机关补充侦查后,应当单独立卷移送人民检察院,人民检察院应当依法接收案卷。

第十七条 对公安机关未及时有效开展补充侦查工作的,人民检察院应当进行口头督促,对公安机关不及时补充侦查导致证据无法收集影响案件处理的,必要时可以发出检察建议;公安机关存在非法取证等情形的,应当依法启动调查核实程序,根据情节,依法向公安机关发出纠正违法通知书,涉嫌犯罪的,依法进行侦查。

公安机关以非法方法收集的犯罪嫌疑人供述、被害人陈述、证人证言等证据材料,人民检察院应当依法排除并提出纠正意见,同时可以建议公安机关另行指派侦查人员重新调查取证,必要时人民检察院也可以自行调查取证。公安机关发现办案人员非法取证的,应当依法作出处理,并可另行指派侦查人员重新调查取证。

第十八条 案件补充侦查期限届满,公安机关认为原认定的犯罪事实有重大变化,不应当追究刑事责任而未将案件重新移送审查起诉的,应当以书面形式告知人民检察院,并说明理由。公安机关应当将案件重新移送审查起诉而未重新移送审查起诉的,人民检察院应当要求公安机关说明理由。人民检察院认为公安机关理由不成立的,应当要求公安机关重新移送审查起诉。人民检察院发现公安机关不应当撤案而撤案的,应当进行立案监督。公安机关未重新移送审查起诉,且未及时以书面形式告知并说明理由的,人民检察院应当提出纠正意见。

第十九条 人民检察院、公安机关在自行侦查、补充侦查工作中,根据工作需要,可以提出协作要求或者意见、建议,加强沟通协调。

第二十条 人民检察院、公安机关应当建立联席会议、情况通报会等工作机制,定期通报补充侦查工作总体情况,评析证据收集和固定上存在的问题及争议。针对补充侦查工作中发现的突出问题,适时组织联合调研检查,共同下发问题通报并督促整改,加强沟通,统一认识,共同提升补充侦查工作质量。

推行办案人员旁听法庭审理机制,了解指控犯罪、定罪量刑的证据要求和审判标准。

第二十一条 人民检察院各部门之间应当加强沟通,形成合力,提升补充侦查工作质效。人民检察院需要对技术性证据和专门性证据补充侦查的,可以先由人民检察院技术部门或有专门知识的人进行审查,根据审查意见,开展补充侦查工作。

第二十二条 本指导意见自下发之日起实施。

人民检察院办理网络犯罪案件规定

· 2021 年 1 月 22 日

第一章　一般规定

第一条　为规范人民检察院办理网络犯罪案件，维护国家安全、网络安全、社会公共利益，保护公民、法人和其他组织的合法权益，根据《中华人民共和国刑事诉讼法》《人民检察院刑事诉讼规则》等规定，结合司法实践，制定本规定。

第二条　本规定所称网络犯罪是指针对信息网络实施的犯罪，利用信息网络实施的犯罪，以及其他上下游关联犯罪。

第三条　人民检察院办理网络犯罪案件应当加强全链条惩治，注重审查和发现上下游关联犯罪线索。对涉嫌犯罪，公安机关未立案侦查、应当提请批准逮捕而未提请批准逮捕或者应当移送起诉而未移送起诉的，依法进行监督。

第四条　人民检察院办理网络犯罪案件应当坚持惩治犯罪与预防犯罪并举，建立捕、诉、监、防一体的办案机制，加强以案释法，发挥检察建议的作用，促进有关部门、行业组织、企业等加强网络犯罪预防和治理，净化网络空间。

第五条　网络犯罪案件的管辖适用刑事诉讼法及其他相关规定。

有多个犯罪地的，按照有利于查清犯罪事实、有利于保护被害人合法权益、保证案件公正处理的原则确定管辖。

因跨区域犯罪、共同犯罪、关联犯罪等原因存在管辖争议的，由争议的人民检察院协商解决，协商不成的，报请共同的上级人民检察院指定管辖。

第六条　人民检察院办理网络犯罪案件应当发挥检察一体化优势，加强跨区域协作办案，强化信息互通、证据移交、技术协作，增强惩治网络犯罪的合力。

第七条　人民检察院办理网络犯罪案件应当加强对电子数据收集、提取、保全、固定等的审查，充分运用同一电子数据往往具有的多元关联证明作用，综合运用电子数据与其他证据，准确认定案件事实。

第八条　建立检察技术人员、其他有专门知识的人参与网络犯罪案件办理制度。根据案件办理需要，吸收检察技术人员加入办案组辅助案件办理。积极探索运用大数据、云计算、人工智能等信息技术辅助办案，提高网络犯罪案件办理的专业化水平。

第九条　人民检察院办理网络犯罪案件，对集团犯罪或者涉案人数众多的，根据行为人的客观行为、主观恶性、犯罪情节及地位、作用等综合判断责任轻重和刑事追究的必要性，按照区别对待原则分类处理，依法追诉。

第十条　人民检察院办理网络犯罪案件应当把追赃挽损贯穿始终，主动加强与有关机关协作，保证及时查封、扣押、冻结涉案财物，阻断涉案财物移转链条，督促涉案人员退赃退赔。

第二章　引导取证和案件审查

第十一条　人民检察院办理网络犯罪案件应当重点围绕主体身份同一性、技术手段违法性、上下游行为关联性等方面全面审查案件事实和证据，注重电子数据与其他证据之间的相互印证，构建完整的证据体系。

第十二条　经公安机关商请，根据追诉犯罪的需要，人民检察院可以派员适时介入重大、疑难、复杂网络犯罪案件的侦查活动，并对以下事项提出引导取证意见：

（一）案件的侦查方向及可能适用的罪名；

（二）证据的收集、提取、保全、固定、检验、分析等；

（三）关联犯罪线索；

（四）追赃挽损工作；

（五）其他需要提出意见的事项。

人民检察院开展引导取证活动时，涉及专业性问题的，可以指派检察技术人员共同参与。

第十三条　人民检察院可以通过以下方式了解案件办理情况：

（一）查阅案件材料；

（二）参加公安机关对案件的讨论；

（三）了解讯（询）问犯罪嫌疑人、被害人、证人的情况；

（四）了解、参与电子数据的收集、提取；

（五）其他方式。

第十四条　人民检察院介入网络犯罪案件侦查活动，发现关联犯罪或其他新的犯罪线索，应当建议公安机关依法立案或移送相关部门；对于犯罪嫌疑人不构成犯罪的，依法监督公安机关撤销案件。

第十五条　人民检察院可以根据案件侦查情况，向公安机关提出以下取证意见：

（一）能够扣押、封存原始存储介质的，及时扣押、封存；

（二）扣押可联网设备时，及时采取信号屏蔽、信号阻断或者切断电源等方式，防止电子数据被远程破坏；

（三）及时提取账户密码及相应数据，如电子设备、网络账户、应用软件等的账户密码，以及存储于其中的聊天记录、电子邮件、交易记录等；

（四）及时提取动态数据，如内存数据、缓存数据、网络连接数据等；

（五）及时提取依赖于特定网络环境的数据，如点对点网络传输数据、虚拟专线网络中的数据等；

（六）及时提取书证、物证等客观证据，注意与电子数据相互印证。

第十六条　对于批准逮捕后要求公安机关继续侦查、不批准逮捕后要求公安机关补充侦查或者审查起诉退回公安机关补充侦查的网络犯罪案件，人民检察院应当重点围绕本规定第十二条第一款规定的事项，有针对性地制作继续侦查提纲或者补充侦查提纲。对于专业性问题，应当听取检察技术人员或者其他有专门知识的人的意见。

人民检察院应当及时了解案件继续侦查或者补充侦查的情况。

第十七条　认定网络犯罪的犯罪嫌疑人，应当结合全案证据，围绕犯罪嫌疑人与原始存储介质、电子数据的关联性、犯罪嫌疑人网络身份与现实身份的同一性，注重审查以下内容：

（一）扣押、封存的原始存储介质是否为犯罪嫌疑人所有、持有或者使用；

（二）社交、支付结算、网络游戏、电子商务、物流等平台的账户信息、身份认证信息、数字签名、生物识别信息等是否与犯罪嫌疑人身份关联；

（三）通话记录、短信、聊天信息、文档、图片、语音、视频等文件内容是否能够反映犯罪嫌疑人的身份；

（四）域名、IP 地址、终端 MAC 地址、通信基站信息等是否能够反映电子设备为犯罪嫌疑人所使用；

（五）其他能够反映犯罪嫌疑人主体身份的内容。

第十八条　认定犯罪嫌疑人的客观行为，应当结合全案证据，围绕其利用的程序工具、技术手段的功能及其实现方式、犯罪行为和结果之间的关联性，注重审查以下内容：

（一）设备信息、软件程序代码等作案工具；

（二）系统日志、域名、IP 地址、WiFi 信息、地理位置信息等是否能够反映犯罪嫌疑人的行为轨迹；

（三）操作记录、网络浏览记录、物流信息、交易结算记录、即时通信信息等是否能够反映犯罪嫌疑人的行为内容；

（四）其他能够反映犯罪嫌疑人客观行为的内容。

第十九条　认定犯罪嫌疑人的主观方面，应当结合犯罪嫌疑人的认知能力、专业水平、既往经历、人员关系、行为次数、获利情况等综合认定，注重审查以下内容：

（一）反映犯罪嫌疑人主观故意的聊天记录、发布内容、浏览记录等；

（二）犯罪嫌疑人行为是否明显违背系统提示要求、正常操作流程；

（三）犯罪嫌疑人制作、使用或者向他人提供的软件程序是否主要用于违法犯罪活动；

（四）犯罪嫌疑人支付结算的对象、频次、数额等是否明显违反正常交易习惯；

（五）犯罪嫌疑人是否频繁采用隐蔽上网、加密通信、销毁数据等措施或者使用虚假身份；

（六）其他能够反映犯罪嫌疑人主观方面的内容。

第二十条　认定犯罪行为的情节和后果，应当结合网络空间、网络行为的特性，从违法所得、经济损失、信息系统的破坏、网络秩序的危害程度以及对被害人的侵害程度等综合判断，注重审查以下内容：

（一）聊天记录、交易记录、音视频文件、数据库信息等能够反映犯罪嫌疑人违法所得、获取和传播数据及文件的性质、数量的内容；

（二）账号数量、信息被点击次数、浏览次数、被转发次数等能够反映犯罪行为对网络空间秩序产生影响的内容；

（三）受影响的计算机信息系统数量、服务器日志信息等能够反映犯罪行为对信息网络运行造成影响程度的内容；

（四）被害人数量、财产损失数额、名誉侵害的影响范围等能够反映犯罪行为对被害人的人身、财产等造成侵害的内容；

（五）其他能够反映犯罪行为情节、后果的内容。

第二十一条　人民检察院办理网络犯罪案件，确因客观条件限制无法逐一收集相关言词证据的，可以根据记录被害人人数、被侵害的计算机信息系统数量、涉案资金数额等犯罪事实的电子数据、书证等证据材料，在审查被告人及其辩护人所提辩解、辩护意见的基础上，综合全案证据材料，对相关犯罪事实作出认定。

第二十二条　对于数量众多的同类证据材料，在证明是否具有同样的性质、特征或者功能时，因客观条件限制不能全部验证的，可以进行抽样验证。

第二十三条　对鉴定意见、电子数据等技术性证据材料，需要进行专门审查的，应当指派检察技术人员或者聘请其他有专门知识的人进行审查并提出意见。

第二十四条 人民检察院在审查起诉过程中,具有下列情形之一的,可以依法自行侦查:

(一)公安机关未能收集的证据,特别是存在灭失、增加、删除、修改风险的电子数据,需要及时收集和固定的;

(二)经退回补充侦查未达到补充侦查要求的;

(三)其他需要自行侦查的情形。

第二十五条 自行侦查由检察官组织实施,开展自行侦查的检察人员不得少于二人。需要技术支持和安全保障的,由人民检察院技术部门和警务部门派员协助。必要时,可以要求公安机关予以配合。

第二十六条 人民检察院办理网络犯罪案件的部门,发现或者收到侵害国家利益、社会公共利益的公益诉讼案件线索的,应当及时移送负责公益诉讼的部门处理。

第三章 电子数据的审查

第二十七条 电子数据是以数字化形式存储、处理、传输的,能够证明案件事实的数据,主要包括以下形式:

(一)网页、社交平台、论坛等网络平台发布的信息;

(二)手机短信、电子邮件、即时通信、通讯群组等网络通讯信息;

(三)用户注册信息、身份认证信息、数字签名、生物识别信息等用户身份信息;

(四)电子交易记录、通信记录、浏览记录、操作记录、程序安装、运行、删除记录等用户行为信息;

(五)恶意程序、工具软件、网站源代码、运行脚本等行为工具信息;

(六)系统日志、应用程序日志、安全日志、数据库日志等系统运行信息;

(七)文档、图片、音频、视频、数字证书、数据库文件等电子文件及其创建时间、访问时间、修改时间、大小等文件附属信息。

第二十八条 电子数据取证主要包括以下方式:收集、提取电子数据;电子数据检查和侦查实验;电子数据检验和鉴定。

收集、提取电子数据可以采取以下方式:

(一)扣押、封存原始存储介质;

(二)现场提取电子数据;

(三)在线提取电子数据;

(四)冻结电子数据;

(五)调取电子数据。

第二十九条 人民检察院办理网络犯罪案件,应当围绕客观性、合法性、关联性的要求对电子数据进行全面审查。注重审查电子数据与案件事实之间的多元关联,加强综合分析,充分发挥电子数据的证明作用。

第三十条 对电子数据是否客观、真实,注重审查以下内容:

(一)是否移送原始存储介质,在原始存储介质无法封存、不便移动时,是否说明原因,并注明相关情况;

(二)电子数据是否有数字签名、数字证书等特殊标识;

(三)电子数据的收集、提取过程及结果是否可以重现;

(四)电子数据有增加、删除、修改等情形的,是否附有说明;

(五)电子数据的完整性是否可以保证。

第三十一条 对电子数据是否完整,注重审查以下内容:

(一)原始存储介质的扣押、封存状态是否完好;

(二)比对电子数据完整性校验值是否发生变化;

(三)电子数据的原件与备份是否相同;

(四)冻结后的电子数据是否生成新的操作日志。

第三十二条 对电子数据的合法性,注重审查以下内容:

(一)电子数据的收集、提取、保管的方法和过程是否规范;

(二)查询、勘验、扣押、调取、冻结等的法律手续是否齐全;

(三)勘验笔录、搜查笔录、提取笔录等取证记录是否完备;

(四)是否由符合法律规定的取证人员、见证人、持有人(提供人)等参与,因客观原因没有见证人、持有人(提供人)签名或者盖章的,是否说明原因;

(五)是否按照有关规定进行同步录音录像;

(六)对于收集、提取的境外电子数据是否符合国(区)际司法协作及相关法律规定的要求。

第三十三条 对电子数据的关联性,注重审查以下内容:

(一)电子数据与案件事实之间的关联性;

(二)电子数据及其存储介质与案件当事人之间的关联性。

第三十四条 原始存储介质被扣押封存的,注重从以下方面审查扣押封存过程是否规范:

(一)是否记录原始存储介质的品牌、型号、容量、序

列号、识别码、用户标识等外观信息,是否与实物一一对应;

(二)是否封存或者计算完整性校验值,封存前后是否拍摄被封存原始存储介质的照片,照片是否清晰反映封口或者张贴封条处的状况;

(三)是否由取证人员、见证人、持有人(提供人)签名或者盖章。

第三十五条 对原始存储介质制作数据镜像予以提取固定的,注重审查以下内容:

(一)是否记录原始存储介质的品牌、型号、容量、序列号、识别码、用户标识等外观信息,是否记录原始存储介质的存放位置、使用人、保管人;

(二)是否附有制作数据镜像的工具、方法、过程等必要信息;

(三)是否计算完整性校验值;

(四)是否由取证人员、见证人、持有人(提供人)签名或者盖章。

第三十六条 提取原始存储介质中的数据内容并予以固定的,注重审查以下内容:

(一)是否记录原始存储介质的品牌、型号、容量、序列号、识别码、用户标识等外观信息,是否记录原始存储介质的存放位置、使用人、保管人;

(二)所提取数据内容的原始存储路径,提取的工具、方法、过程等信息,是否一并提取相关的附属信息、关联痕迹、系统环境等信息;

(三)是否计算完整性校验值;

(四)是否由取证人员、见证人、持有人(提供人)签名或者盖章。

第三十七条 对于在线提取的电子数据,注重审查以下内容:

(一)是否记录反映电子数据来源的网络地址、存储路径或者数据提取时的进入步骤等;

(二)是否记录远程计算机信息系统的访问方式、电子数据的提取日期和时间、提取的工具、方法等信息,是否一并提取相关的附属信息、关联痕迹、系统环境等信息;

(三)是否计算完整性校验值;

(四)是否由取证人员、见证人、持有人(提供人)签名或者盖章。

对可能无法重复提取或者可能出现变化的电子数据,是否随案移送反映提取过程的拍照、录像、截屏等材料。

第三十八条 对冻结的电子数据,注重审查以下内容:

(一)冻结手续是否符合规定;

(二)冻结的电子数据是否与案件事实相关;

(三)冻结期限是否即将到期、有无必要继续冻结或者解除;

(四)冻结期间电子数据是否被增加、删除、修改等。

第三十九条 对调取的电子数据,注重审查以下内容:

(一)调取证据通知书是否注明所调取的电子数据的相关信息;

(二)被调取单位、个人是否在通知书回执上签名或者盖章;

(三)被调取单位、个人拒绝签名、盖章的,是否予以说明;

(四)是否计算完整性校验值或者以其他方法保证电子数据的完整性。

第四十条 对电子数据进行检查、侦查实验,注重审查以下内容:

(一)是否记录检查过程、检查结果和其他需要记录的内容,并由检查人员签名或者盖章;

(二)是否记录侦查实验的条件、过程和结果,并由参加侦查实验的人员签名或者盖章;

(三)检查、侦查实验使用的电子设备、网络环境等是否与发案现场一致或者基本一致;

(四)是否使用拍照、录像、录音、通信数据采集等一种或者多种方式客观记录检查、侦查实验过程。

第四十一条 对电子数据进行检验、鉴定,注重审查以下内容:

(一)鉴定主体的合法性。包括审查司法鉴定机构、司法鉴定人员的资质,委托鉴定事项是否符合司法鉴定机构的业务范围,鉴定人员是否存在回避等情形;

(二)鉴定材料的客观性。包括鉴定材料是否真实、完整、充分,取得方式是否合法,是否与原始电子数据一致;

(三)鉴定方法的科学性。包括鉴定方法是否符合国家标准、行业标准,方法标准的选用是否符合相关规定;

(四)鉴定意见的完整性。是否包含委托人、委托时间、检材信息、鉴定或者分析论证过程、鉴定结果以及鉴定人签名、日期等内容;

(五)鉴定意见与其他在案证据能否相互印证。

对于鉴定机构以外的机构出具的检验、检测报告,可以参照本条规定进行审查。

第四十二条 行政机关在行政执法和查办案件过程

中依法收集、提取的电子数据,人民检察院经审查符合法定要求的,可以作为刑事案件的证据使用。

第四十三条　电子数据的收集、提取程序有下列瑕疵,经补正或者作出合理解释的,可以采用;不能补正或者作出合理解释的,不得作为定案的根据:

(一)未以封存状态移送的;

(二)笔录或者清单上没有取证人员、见证人、持有人(提供人)签名或者盖章的;

(三)对电子数据的名称、类别、格式等注明不清的;

(四)有其他瑕疵的。

第四十四条　电子数据系篡改、伪造、无法确定真伪的,或者有其他无法保证电子数据客观、真实情形的,不得作为定案的根据。

电子数据有增加、删除、修改等情形,但经司法鉴定、当事人确认等方式确定与案件相关的重要数据未发生变化,或者能够还原电子数据原始状态、查清变化过程的,可以作为定案的根据。

第四十五条　对于无法直接展示的电子数据,人民检察院可以要求公安机关提供电子数据的内容、存储位置、附属信息、功能作用等情况的说明,随案移送人民法院。

第四章　出庭支持公诉

第四十六条　人民检察院依法提起公诉的网络犯罪案件,具有下列情形之一的,可以建议人民法院召开庭前会议:

(一)案情疑难复杂的;

(二)跨国(边)境、跨区域案件社会影响重大的;

(三)犯罪嫌疑人、被害人等人数众多、证据材料较多的;

(四)控辩双方对电子数据合法性存在较大争议的;

(五)案件涉及技术手段专业性强,需要控辩双方提前交换意见的;

(六)其他有必要召开庭前会议的情形。

必要时,人民检察院可以向法庭申请指派检察技术人员或者聘请其他有专门知识的人参加庭前会议。

第四十七条　人民法院开庭审理网络犯罪案件,公诉人出示证据可以借助多媒体示证、动态演示等方式进行。必要时,可以向法庭申请指派检察技术人员或者聘请其他有专门知识的人进行相关技术操作,并就专门性问题发表意见。

公诉人在出示电子数据时,应当从以下方面进行说明:

(一)电子数据的来源、形成过程;

(二)电子数据所反映的犯罪手段、人员关系、资金流向、行为轨迹等案件事实;

(三)电子数据与被告人供述、被害人陈述、证人证言、物证、书证等的相互印证情况;

(四)其他应当说明的内容。

第四十八条　在法庭审理过程中,被告人及其辩护人针对电子数据的客观性、合法性、关联性提出辩解或者辩护意见的,公诉人可以围绕争议点从证据来源是否合法,提取、复制、制作过程是否规范,内容是否真实完整,与案件事实有无关联等方面,有针对性地予以答辩。

第四十九条　支持、推动人民法院开庭审判网络犯罪案件全程录音录像。对庭审全程录音录像资料,必要时人民检察院可以商请人民法院复制,并将存储介质附检察卷宗保存。

第五章　跨区域协作办案

第五十条　对跨区域网络犯罪案件,上级人民检察院应当加强统一指挥和统筹协调,相关人民检察院应当加强办案协作。

第五十一条　上级人民检察院根据办案需要,可以统一调用辖区内的检察人员参与办理网络犯罪案件。

第五十二条　办理关联网络犯罪案件的人民检察院可以相互申请查阅卷宗材料、法律文书,了解案件情况,被申请的人民检察院应当予以协助。

第五十三条　承办案件的人民检察院需要向办理关联网络犯罪案件的人民检察院调取证据材料的,可以持相关法律文书和证明文件申请调取在案证据材料,被申请的人民检察院应当配合。

第五十四条　承办案件的人民检察院需要异地调查取证的,可以将相关法律文书及证明文件传输至证据所在地的人民检察院,请其代为调查取证。相关法律文书应当注明具体的取证对象、方式、内容和期限等。

被请求协助的人民检察院应当予以协助,及时将取证结果送达承办案件的人民检察院;无法及时调取的,应当作出说明。被请求协助的人民检察院有异议的,可以与承办案件的人民检察院进行协商;无法解决的,由承办案件的人民检察院报请共同的上级人民检察院决定。

第五十五条　承办案件的人民检察院需要询问异地证人、被害人的,可以通过远程视频系统进行询问,证人、被害人所在地的人民检察院应当予以协助。远程询问的,应当对询问过程进行同步录音录像。

第六章　跨国(边)境司法协作

第五十六条　办理跨国网络犯罪案件应当依照《中华

人民共和国国际刑事司法协助法》及我国批准加入的有关刑事司法协助条约,加强国际司法协作,维护我国主权、安全和社会公共利益,尊重协作国司法主权、坚持平等互惠原则,提升跨国司法协作质效。

第五十七条 地方人民检察院在案件办理中需要向外国请求刑事司法协助的,应当制作刑事司法协助请求书并附相关材料,经报最高人民检察院批准后,由我国与被请求国间司法协助条约规定的对外联系机关向外国提出申请。没有刑事司法协助条约的,通过外交途径联系。

第五十八条 人民检察院参加现场移交境外证据的检察人员不少于二人,外方有特殊要求的除外。

移交、开箱、封存、登记的情况应当制作笔录,由最高人民检察院或者承办案件的人民检察院代表、外方移交人员签名或者盖章,一般应当全程录音录像。有其他见证人的,在笔录中注明。

第五十九条 人民检察院对境外收集的证据,应当审查证据来源是否合法、手续是否齐备以及证据的移交、保管、转换等程序是否连续、规范。

第六十条 人民检察院办理涉香港特别行政区、澳门特别行政区、台湾地区的网络犯罪案件,需要当地有关部门协助的,可以参照本规定及其他相关规定执行。

第七章 附 则

第六十一条 人民检察院办理网络犯罪案件适用本规定,本规定没有规定的,适用其他相关规定。

第六十二条 本规定中下列用语的含义:

(一)信息网络,包括以计算机、电视机、固定电话机、移动电话机等电子设备为终端的计算机互联网、广播电视网、固定通信网、移动通信网等信息网络,以及局域网络;

(二)存储介质,是指具备数据存储功能的电子设备、硬盘、光盘、优盘、记忆棒、存储芯片等载体;

(三)完整性校验值,是指为防止电子数据被篡改或者破坏,使用散列算法等特定算法对电子数据进行计算,得出的用于校验数据完整性的数据值;

(四)数字签名,是指利用特定算法对电子数据进行计算,得出的用于验证电子数据来源和完整性的数据值;

(五)数字证书,是指包含数字签名并对电子数据来源、完整性进行认证的电子文件;

(六)生物识别信息,是指计算机利用人体所固有的生理特征(包括人脸、指纹、声纹、虹膜、DNA 等)或者行为特征(步态、击键习惯等)来进行个人身份识别的信息;

(七)运行脚本,是指使用一种特定的计算机编程语言,依据符合语法要求编写的执行指定操作的可执行文件;

(八)数据镜像,是指二进制(0101 排序的数据码流)相同的数据复制件,与原件的内容无差别;

(九)MAC 地址,是指计算机设备中网卡的唯一标识,每个网卡有且只有一个 MAC 地址。

第六十三条 人民检察院办理国家安全机关、海警机关、监狱等移送的网络犯罪案件,适用本规定和其他相关规定。

第六十四条 本规定由最高人民检察院负责解释。

第六十五条 本规定自发布之日起施行。

最高人民检察院关于先后受理同一犯罪嫌疑人涉嫌职务犯罪和其他犯罪的案件审查起诉期限如何起算问题的批复

· 2022 年 11 月 9 日最高人民检察院第十三届检察委员会第一百零八次会议通过
· 2022 年 11 月 15 日最高人民检察院公告公布
· 自 2022 年 11 月 18 日起施行
· 高检发释字〔2022〕2 号

江苏省人民检察院:

你院《关于互涉案件如何起算审查起诉期限的请示》(苏检发三部字〔2022〕2 号)收悉。经研究,批复如下:

对于同一犯罪嫌疑人涉嫌职务犯罪和其他犯罪的案件,监察机关、侦查机关移送人民检察院审查起诉时间不一致,需要并案处理的,审查起诉期限自受理后案之日起重新计算。

此复。

· 指导案例

1. 陈邓昌抢劫、盗窃,付志强盗窃案①

【关键词】

第二审程序刑事抗诉　入户抢劫　盗窃罪　补充起诉

【裁判要旨】

1. 对于入户盗窃,因被发现而当场使用暴力或者以暴力相威胁的行为,应当认定为"入户抢劫"。

2. 在人民法院宣告判决前,人民检察院发现被告人有遗漏的罪行可以一并起诉和审理的,可以补充起诉。

3. 人民检察院认为同级人民法院第一审判决重罪轻判,适用刑罚明显不当的,应当提出抗诉。

【相关法律规定】

《中华人民共和国刑法》第二百六十三条、第二百六十四条、第二百六十九条、第二十五条、第六十九条;《中华人民共和国刑事诉讼法》第二百一十七条、第二百二十五条第一款第二项。

【基本案情】

被告人陈邓昌,男,贵州省人,1989 年出生,无业。

被告人付志强,男,贵州省人,1981 年出生,农民。

一、抢劫罪

2012 年 2 月 18 日 15 时,被告人陈邓昌携带螺丝刀等作案工具来到广东省佛山市禅城区澜石石头后二村田边街 10 巷 1 号的一间出租屋,撬门进入房间盗走现金人民币 100 元,后在客厅遇到被害人陈南姐,陈邓昌拿起铁锤威胁不让其喊叫,并逃离现场。

二、盗窃罪

1. 2012 年 2 月 23 日,被告人付志强携带作案工具来到广东省佛山市高明区荷城街道井溢村 398 号 302 房间,撬门进入房间内盗走现金人民币 300 元。

2. 2012 年 2 月 25 日,被告人付志强、陈邓昌密谋后携带作案工具到佛山市高明区荷城街道井溢村 287 号 502 出租屋,撬锁进入房间盗走一台华硕笔记本电脑(价值人民币 2905 元)。后二人以 1300 元的价格销赃。

3. 2012 年 2 月 28 日,被告人付志强携带作案工具来到佛山市高明区荷城街道井溢村 243 号 402 房间,撬锁进入房间后盗走现金人民币 1500 元。

4. 2012 年 3 月 3 日,被告人付志强、陈邓昌密谋后携带六角匙等作案工具到佛山市高明区荷城街道官当村 34 号 401 房,撬锁进入房间后盗走现金人民币 700 元。

5. 2012 年 3 月 28 日,被告人陈邓昌、叶其元、韦圣伦(后二人另案处理,均已判刑)密谋后携带作案工具来到佛山市禅城区跃进路 31 号 501 房间,叶其元负责望风,陈邓昌、韦圣伦二人撬锁进入房间后盗走联想一体化电脑一台(价值人民币 3928 元)、尼康 P300 数码相机一台(价值人民币 1813 元)及 600 元现金人民币。后在逃离现场的过程中被人发现,陈邓昌等人将一体化电脑丢弃。

6. 2012 年 4 月 3 日,被告人付志强携带作案工具来到佛山市高明区荷城街道岗头冯村 283 号 301 房间,撬锁进入房间后盗走现金人民币 7000 元。

7. 2012 年 4 月 13 日,被告人陈邓昌、叶其元、韦圣伦密谋后携带作案工具来到佛山市禅城区石湾凤凰路隔田坊 63 号 5 座 303 房间,叶其元负责望风,陈邓昌、韦圣伦二人撬锁进入房间后盗走现金人民币 6000 元、港币 900 元以及一台诺基亚 N86 手机(价值人民币 608 元)。

【诉讼过程】

2012 年 4 月 6 日,付志强因涉嫌盗窃罪被广东省佛山市公安局高明分局刑事拘留,同年 5 月 9 日被逮捕。2012 年 5 月 29 日,陈邓昌因涉嫌盗窃罪被佛山市公安局高明分局刑事拘留,同年 7 月 2 日被逮捕。2012 年 7 月 6 日,佛山市公安局高明分局以犯罪嫌疑人付志强、陈邓昌涉嫌盗窃罪向佛山市高明区人民检察院移送审查起诉。2012 年 7 月 23 日,高明区人民检察院以被告人付志强、陈邓昌犯盗窃罪向佛山市高明区人民法院提起公诉。

一审期间,高明区人民检察院经进一步审查,发现被告人陈邓昌有三起遗漏犯罪事实。2012 年 9 月 24 日,高明区人民检察院依法补充起诉被告人陈邓昌入室盗窃转化为抢劫的犯罪事实一起和陈邓昌伙同叶其元、韦圣伦共同盗窃的犯罪事实二起。

2012 年 11 月 14 日,佛山市高明区人民法院一审认为,检察机关指控被告人陈邓昌犯抢劫罪、盗窃罪,被告人付志强犯盗窃罪的犯罪事实清楚,证据确实充分,罪名成立。被告人陈邓昌在入户盗窃后被发现,为抗拒抓捕而当场使用凶器相威胁,其行为符合转化型抢劫的构成要件,应以抢劫罪定罪处罚,但不应认定为"入户抢劫"。理由是陈邓昌入户并不以实施抢劫为犯罪目的,而是在户内临时起意以暴力相威胁,且未造成被害人任何损伤,依法判决:

---

①　案例来源:2014 年 9 月 15 日最高人民检察院检例第 17 号。

被告人陈邓昌犯抢劫罪,处有期徒刑三年九个月,并处罚金人民币四千元;犯盗窃罪,处有期徒刑一年九个月,并处罚金人民币二千元;决定执行有期徒刑五年,并处罚金人民币六千元。被告人付志强犯盗窃罪,处有期徒刑二年,并处罚金人民币二千元。

2012年11月19日,佛山市高明区人民检察院认为一审判决适用法律错误,造成量刑不当,依法向佛山市中级人民法院提出抗诉。2013年3月21日,佛山市中级人民法院二审判决采纳了抗诉意见,撤销原判对原审被告人陈邓昌抢劫罪量刑部分及决定合并执行部分,依法予以改判。

【抗诉理由】

一审宣判后,佛山市高明区人民检察院审查认为一审判决未认定被告人陈邓昌的行为属于"入户抢劫",属于适用法律错误,且造成量刑不当,应予纠正,遂依法向佛山市中级人民法院提出抗诉;佛山市人民检察院支持抗诉。抗诉和支持抗诉理由是:

1. 原判决对"入户抢劫"的理解存在偏差。原判决以"暴力行为虽然发生在户内,但是其不以实施抢劫为目的,而是在户内临时起意并以暴力相威胁,且未造成被害人任何损害"为由,未认定被告人陈邓昌所犯抢劫罪具有"入户"情节。根据2005年7月《最高人民法院关于审理抢劫、抢夺刑事案件适用法律若干问题的意见》关于认定"入户抢劫"的规定,"入户"必须以实施抢劫等犯罪为目的。但是,这里"目的"的非法性不是以抢劫罪为限,还应当包括盗窃等其他犯罪。

2. 原判决适用法律错误。2000年11月《最高人民法院关于审理抢劫案件具体应用法律若干问题的解释》(以下简称《解释》)第一条第二款规定,"对于入户盗窃,因被发现而当场使用暴力或者以暴力相威胁的行为,应当认定为入户抢劫。"依据刑法和《解释》的有关规定,本案中,被告人陈邓昌入室盗窃被发现后当场使用暴力相威胁的行为,应当认定为"入户抢劫"。

3. 原判决适用法律错误,导致量刑不当。"户"对一般公民而言属于最安全的地方。"入户抢劫"不仅严重侵犯公民的财产所有权,更是危及公民的人身安全。因为被害人处于封闭的场所,通常无法求救,与发生在户外的一般抢劫相比,被害人的身心会受到更为严重的惊吓或者伤害。根据刑法第二百六十三条第一项的规定,"入户抢劫"应当判处十年以上有期徒刑、无期徒刑或者死刑,并处罚金或者没收财产。原判决对陈邓昌抢劫罪

判处三年九个月有期徒刑,属于适用法律错误,导致量刑不当。

【终审判决】

广东省佛山市中级人民法院二审认为,一审判决认定原审被告人陈邓昌犯抢劫罪,原审被告人陈邓昌、付志强犯盗窃罪的事实清楚,证据确实、充分。陈邓昌入户盗窃后,被被害人当场发现,意图抗拒抓捕,当场使用暴力威胁被害人不许其喊叫,然后逃离案发现场,依法应当认定为"入户抢劫"。原判决未认定陈邓昌所犯的抢劫罪具有"入户"情节,系适用法律错误,应当予以纠正。检察机关抗诉意见成立,予以采纳。据此,依法判决:撤销一审判决对陈邓昌抢劫罪量刑部分及决定合并执行部分;判决陈邓昌犯抢劫罪,处有期徒刑十年,并处罚金人民币一万元,犯盗窃罪,处有期徒刑一年九个月,并处罚金二千元,决定执行有期徒刑十一年,并处罚金一万二千元。

2. 金义盈侵犯商业秘密案①

【关键词】

侵犯商业秘密　司法鉴定　专家辅助办案　证据链

【要旨】

办理侵犯商业秘密犯罪案件,被告人作无罪辩解的,既要注意审查商业秘密的成立及侵犯商业秘密的证据,又要依法排除被告人取得商业秘密的合法来源,形成指控犯罪的证据链。对鉴定意见的审查,必要时可聘请或指派有专门知识的人辅助办案。

【相关规定】

《中华人民共和国刑法》第二百一十九条

《最高人民法院关于适用〈中华人民共和国刑事诉讼法〉的解释》第一百零五条

《最高人民检察院、公安部关于公安机关管辖的刑事案件立案追诉标准的规定(二)》第七十三条

《最高人民法院关于审理侵犯商业秘密民事案件适用法律若干问题的规定》第四条、第六条

《最高人民检察院关于指派、聘请有专门知识的人参与办案若干问题的规定(试行)》

【基本案情】

被告人金义盈,1981年生,案发前系温州菲涅尔光学仪器有限公司(以下简称菲涅尔公司)法定代表人、总经理。

---

① 案例来源:2021年2月4日最高人民检察院检例第102号。

温州明发光学科技有限公司(以下简称明发公司)成立于1993年,主要生产、销售放大镜、望远镜等光学塑料制品。明发公司自1997年开始研发超薄型平面放大镜生产技术,研发出菲涅尔放大镜("菲涅尔放大镜"系一种超薄放大镜产品的通用名称)批量生产的制作方法——耐高温抗磨专用胶板、不锈钢板、电铸镍模板三合一塑成制作方法和镍模制作方法。明发公司根据其特殊设计,将胶板、模板、液压机分别交给温州市光大橡塑制品公司、宁波市江东精杰模具加工厂、瑞安市永鑫液压机厂生产。随着生产技术的研发推进,明发公司不断调整胶板、模板、液压机的规格和功能,不断变更对供应商的要求,经过长期合作,三家供应商能够提供匹配的产品及设备。

被告人金义盈于2005年应聘到明发公司工作,双方签订劳动合同,最后一次合同约定工作期限为2009年7月16日至2011年7月16日。其间,金义盈先后担任业务员、销售部经理、副总经理,对菲涅尔超薄放大镜制作方法有一定了解,并掌握设备供销渠道、客户名单等信息。金义盈与明发公司签订有保密协议,其承担保密义务的信息包括:(1)技术信息,包括产品设计、产品图纸、生产模具、生产制造工艺、制造技术、技术数据、专利技术、科研成果等;(2)经营信息,包括商品产、供、销渠道,客户名单,买卖意向,成交或商谈的价格,商品性能、质量、数量、交货日期等。并约定劳动合同期限内、终止劳动合同后两年内及上述保密内容未被公众知悉期内,不得向第三方公开上述保密内容。

2011年初,金义盈从明发公司离职,当年3月24日以其姐夫应某甲、应某乙的名义成立菲涅尔公司,该公司2011年度浙江省地方税(费)纳税综合申报表载明金义盈为财务负责人。菲涅尔公司成立后随即向上述三家供应商购买与明发公司相同的胶板、模具和液压机等材料、设备,使用与明发公司相同的工艺生产同一种放大镜进入市场销售,造成明发公司经济损失人民币122万余元。

【检察机关履职情况】

审查起诉 2018年1月23日,浙江省温州市公安局以金义盈涉嫌侵犯商业秘密罪移送温州市人民检察院(以下简称温州市检察院)审查起诉。1月25日,温州市检察院将本案交由瑞安市人民检察院(以下简称瑞安市检察院)办理。本案被告人未作有罪供述,为进一步夯实证据基础,检察机关退回公安机关就以下事项补充侦查:金义盈是否系菲涅尔公司实际经营者,该公司生产技术的取得途径,明发公司向金义盈支付保密费情况以及金义盈到案经过等事实。

8月16日,瑞安市检察院以被告人金义盈构成侵犯商业秘密罪向浙江省瑞安市人民法院(瑞安市法院)提起公诉。

指控与证明犯罪 庭审过程中,检察机关申请两名鉴定人员出庭,辩护人申请有专门知识的人出庭,就《司法鉴定意见书》质证。被告人金义盈及辩护人提出以下辩护意见:1.鉴定人检索策略错误、未进行技术特征比对、鉴定材料厚度未能全覆盖鉴定结论,故现有证据不足以证明明发公司掌握的菲涅尔超薄放大镜生产工艺属于"不为公众所知悉"的技术信息。2.涉案三家供应商信息属于通过公开途径可以获取的信息,不属于商业秘密。3.菲涅尔公司系通过正常渠道获知相关信息,其使用的生产工艺系公司股东应某甲通过向其他厂家学习、询问而得知,金义盈没有使用涉案技术、经营信息的行为及故意,并提供了8份文献证明涉案技术信息已公开。4.保密协议仅对保密内容作了原则性规定,不具有可操作性,保密协议约定了保密津贴,但明发公司未按约向被告人金义盈发放保密津贴。

公诉人答辩如下:第一,涉案工艺具备非公知性。上海市科技咨询服务中心知识产权司法鉴定所鉴定人通过对现有专利、国内外文献以及明发公司对外宣传材料等内容进行检索、鉴定后认为,明发公司菲涅尔超薄放大镜的特殊制作工艺不能从公开渠道获取,属于"不为公众所知悉"的技术信息。该《司法鉴定意见书》系侦查机关委托具备知识产权司法鉴定资质的机构作出的,鉴定程序合法,意见明确,具有证据证明力。涉案菲涅尔超薄放大镜的制作工艺集成了多种技术,不是仅涉及产品尺寸、结构、材料、部件的简单组合,无法通过公开的产品进行直观或简单的测绘、拆卸或投入少量劳动、技术、资金便能直接轻易获得,相反,须经本领域专业技术人员进行长期研究、反复试验方能实现。故该辩护意见不能对鉴定意见形成合理怀疑。

第二,涉案供应商信息属于商业秘密。供应商、明发公司员工证言等证据证实,三家供应商提供的胶板、模具、液压机产品和设备均系明发公司技术研发过程中通过密切合作,对规格、功能逐步调整最终符合批量生产要求后固定下来的,故相关供应商供货能力的信息为明发公司独有的经营信息,具有秘密性。明发公司会计凭证、增值税专用发票以及供应商、明发公司员工证言证实,涉案加工设备、原材料供应均系明发公司花费大量人力、时间和资金,根据明发公司生产工艺的特定要求,对所供产品及设备的规格、功能进行逐步调试、改装后选定,能够给明发公司带来成本优势,具有价值性。明发公司与员工签订的《保密协议》中明确约定了保密事项,应当认定明发公司对该供应商信息采取了合理的保护措施,具有保密性。

第三,金义盈在明发公司任职期间接触并掌握明发公司的商业秘密。明发公司员工证言等证据证实,金义盈作为公司分管销售的副总经理,因工作需要熟悉菲涅尔超薄放大镜生产制作工艺、生产过程、加工流程等技术信息,知悉生产所需的特定设备和原材料的采购信息及销售信息。

第四,金义盈使用了明发公司的商业秘密。明发公司的菲涅尔超薄放大镜制作工艺涉及多种技术,加工时的温度、压力、保压时间等工艺参数均有特定化的要求。根据鉴定意见和专家意见,金义盈使用的超薄放大镜生产工艺与明发公司菲涅尔超薄放大镜生产工艺在相关的技术秘点比对上均实质相同,能够认定金义盈使用了商业秘密。

第五,现有证据足以排除金义盈通过其他合法渠道获取或自行研发超薄放大镜生产工艺的可能。经对菲涅尔公司账册及企业营收情况进行审计,证实该公司无任何研发资金投入,公司相关人员均无超薄放大镜等同类产品经营、技术研发背景,不具有自行研发的能力和行为。金义盈辩称其技术系由其姐夫应某甲从放大镜设备厂家蔡某处习得,但经调查蔡某并未向其传授过放大镜生产技术,且蔡某本人亦不了解该技术。

第六,保密协议约定明确,被告人金义盈应当知晓其对涉案技术信息和经营信息负有保密义务。证人证言、权利人陈述以及保密协议中保密津贴与月工资同时发放的约定,能够证实明发公司支付了保密费。合议庭对公诉意见予以采纳。

处理结果 2019年9月6日,瑞安市法院以侵犯商业秘密罪判处被告人金义盈有期徒刑一年六个月,并处罚金70万元。宣判后,被告人提出上诉,温州市中级人民法院裁定驳回上诉,维持原判。

【指导意义】

(一)依法惩治侵犯商业秘密犯罪,首先要准确把握商业秘密的界定

商业秘密作为企业的核心竞争力,凝聚了企业在社会活动中创造的智力成果,关系到企业生存与发展。依法保护商业秘密是国家知识产权战略的重要组成部分。检察机关依法严惩侵害商业秘密犯罪,对保护企业合法权益,营造良好营商环境,推进科技强国均有十分重要的意义。商业秘密是否成立,是认定是否构成侵犯商业秘密罪的前提条件。检察机关应着重审查以下方面:第一,涉案信息是否不为公众所知悉。注意审查涉案商业秘密是否不为其所属领域的相关人员普遍知悉和容易获得,是否属于《最高人民法院关于审理侵犯商业秘密民事案件适用法律若干问题的规定》第四条规定的已为公众所知悉的情形。第二,涉案信息是否具有商业价值。注意审查证明商业秘

密形成过程中权利人投入研发成本、支付商业秘密许可费、转让费的证据;审查反映权利人实施该商业秘密获取的收益、利润、市场占有率等会计账簿、财务分析报告及其他体现商业秘密市场价值的证据。第三,权利人是否采取了相应的保密措施。注意审查权利人是否采取了《最高人民法院关于审理侵犯商业秘密民事案件适用法律若干问题的规定》第六条规定的保密措施,并注意审查该保密措施与商业秘密的商业价值、重要程度是否相适应、是否得到实际执行。

(二)对于被告人不认罪的情形,要善于运用证据规则,排除被告人合法取得商业秘密的可能性,形成指控犯罪的证据链

由于商业秘密的非公开性和犯罪手段的隐蔽性,认定被告人是否实施了侵犯商业秘密的行为往往面临证明困境。在被告人不作有罪供述时,为查明犯罪事实,检察机关应注意引导公安机关从被告人使用的信息与权利人的商业秘密是否实质上相同、是否具有知悉和掌握权利人商业秘密的条件、有无取得和使用商业秘密的合法来源,全面客观收集证据。特别是要着重审查被告人是否存在合法取得商业秘密的情形,应注意围绕辩方提出的商业秘密系经许可、承继、自行研发、受让、反向工程等合法方式获得的辩解,引导公安机关收集被告人会计账目、支出凭证等能够证明是否有研发费用、资金投入、研发人员工资等研发成本支出的证据;收集被告人所在单位研发人员名单、研发资质能力、实施研发行为、研发过程的证据;收集有关商业秘密的转让合同、许可合同、支付转让费、许可费的证据;收集被告人是否通过公开渠道取得产品并实施反向工程对产品进行拆卸、测绘、分析的证据,以及被告人因传承、承继商业秘密的书证等证据。通过证据之间的相互印证,排除被告人获取、使用商业秘密来源合法的可能的,可以证实其实施侵犯商业秘密的犯罪行为。

(三)应注重对鉴定意见的审查,必要时引入有专门知识的人参与案件办理

办理侵犯商业秘密犯罪案件,由于商业秘密的认定,以及是否构成对商业秘密的侵犯,往往具有较强专业性,通常需要由鉴定机构出具专门的鉴定意见。检察机关对鉴定意见应予全面细致审查,以决定是否采信。对鉴定意见的审查应注意围绕以下方面:一是审查鉴定主体的合法性,包括鉴定机构、鉴定人员是否具有鉴定资质,委托鉴定事项是否符合鉴定机构的业务范围,鉴定人员是否存在应予回避等情形;二是审查鉴定材料的客观性,包括鉴定材料是否真实、完整、充分,取得方式是否合法,是否与原始材料一致等;三是审查鉴定方法的科学性,包括鉴定方法

是否符合国家标准、行业标准,方法和标准的选用是否符合相关规定。同时,要注意审查鉴定意见与其他在案证据能否相互印证,证据之间的矛盾能否得到合理解释。必要时,可聘请或指派有专门知识的人辅助审查案件,出庭公诉时可申请鉴定人及其他有专门知识的人出庭,对鉴定意见的科学依据以及合理性、客观性发表意见,通过对技术性问题的充分质证,准确认定案件事实,加强指控和证明犯罪。

3. 宋某某等人重大责任事故案①

【关键词】

事故调查报告　证据审查　责任划分　不起诉　追诉漏犯

【要旨】

对相关部门出具的安全生产事故调查报告,要综合全案证据进行审查,准确认定案件事实和相关人员责任。要正确区分相关涉案人员的责任和追责方式,发现漏犯及时追诉,对不符合起诉条件的,依法作出不起诉处理。

【相关规定】

《中华人民共和国刑法》第一百三十四条第一款

《中华人民共和国刑事诉讼法》第一百七十一条、第一百七十五条

《人民检察院刑事诉讼规则》第三百五十六条、三百六十七条

《最高人民法院、最高人民检察院关于办理危害生产安全刑事案件适用法律若干问题的解释》第一条、第六条

《最高人民法院关于进一步加强危害生产安全刑事案件审判工作的意见》第四条、第六条、第八条

【基本案情】

被告人宋某某,男,山西A煤业公司(隶属于山西B煤业公司)原矿长。

被告人杨某,男,A煤业公司原总工程师。

被不起诉人赵某某,男,A煤业公司原工人。

2016年5月,宋某某作为A煤业公司矿长,在3号煤层配采项目建设过程中,违反《关于加强煤炭建设项目管理的通知》(发改能源〔2006〕1039号)要求,在没有施工单位和监理单位的情况下,即开始自行组织工人进行施工,并与周某某(以伪造公司印章罪另案处理)签订虚假的施工、监理合同以应付相关单位的验收。杨某作为该矿的总工程师,违反《煤矿安全规程》(国家安全监管总局令第87

号)要求,未结合实际情况加强设计和制订安全措施,在3号煤层配采施工遇到旧巷时仍然采用常规设计,且部分设计数据与相关要求不符,导致旧巷扩刷工程对顶煤支护的力度不够。2017年3月9日3时50分许,该矿施工人员赵某某带领4名工人在3101综采工作面运输顺槽和联络巷交岔口处清煤时,发生顶部支护板塌落事故,导致上覆煤层坍塌,造成3名工人死亡,赵某某及另一名工人受伤,直接经济损失635.9万元。

【检察机关履职过程】

(一)补充侦查

2017年5月5日,长治市事故联合调查组认定宋某某、赵某某分别负事故的主要责任、直接责任,二人行为涉嫌重大责任事故罪,建议由公安机关依法处理,并建议对杨某等相关人员给予党政纪处分或行政处罚。2018年3月18日,长治市公安局上党分局对赵某某、宋某某以涉嫌重大责任事故罪立案侦查,并于5月31日移送长治市上党区(案发时为长治县)人民检察院审查起诉。

上党区人民检察院审查认为,该案相关人员责任不明、部分事实不清,公安机关结合事故调查报告作出的一些结论性事实认定缺乏证据支撑。如调查报告和公安机关均认定赵某某在发现顶板漏煤的情况下未及时组织人员撤离,其涉嫌构成重大责任事故罪。检察机关审查发现,认定该事实的证据主要是工人冯某某的证言,但其说法前后不一,现有证据不足以认定该事实。为查清赵某某的责任,上党区人民检察院开展自行侦查,调查核实相关证人证言等证据。再如调查报告和公安机关均认定总工程师杨某"在运输顺槽遇到旧巷时仍然采用常规设计,未结合实际情况及时修改作业规程或补充安全技术措施",但是公安机关移送的案卷材料中,没有杨某的设计图纸,也没有操作规程的相关规定。针对上述问题检察机关二次退回补充侦查,要求补充杨某的设计图纸、相关操作规程等证据材料;并就全案提出补充施工具体由谁指挥、宋某某和股东代表是否有过商议、安检站站长以及安检员职责等补查意见,以查清相关人员具体行为和责任。后公安机关补充完善了上述证据,查清了相关人员责任等案件事实。

(二)准确认定相关人员责任

上党区人民检察院经审查,认为事故发生的主要原因有:一是该矿违反规定自行施工,项目安全管理不到位;二是项目扩刷支护工程设计不符合行业标准要求。在分清

---

① 案例来源:2021年1月20日最高人民检察院检例第95号。

主要和次要原因、直接和间接原因的基础上,上党区人民检察院对事故责任人进行了准确区分,作出相应处理。

第一,依法追究主要责任人宋某某的刑事责任。检察机关审查认为,《关于加强煤炭建设项目管理的通知》要求建设单位要按有关规定,通过招投标方式,结合煤矿建设施工的灾害特点,确定施工和监理单位。宋某某作为建设单位A煤业公司的矿长,是矿井安全生产第一责任人,负责全矿安全生产工作,为节约成本,其违反上述通知要求,在没有施工单位和监理单位(均要求具备相关资质)的情况下,弄虚作假应付验收,无资质情况下自行组织工人施工,长期危险作业,最终发生这起事故,其对事故的发生负主要责任。且事故发生后,其对事故的迟报负直接责任。遂对宋某某以重大责任事故罪向上党区人民法院提起公诉。

第二,依法对赵某某作出不起诉决定。事故调查报告认定赵某某对事故的发生负直接责任,认为赵某某在发现漏煤时未组织人员撤离而是继续清煤导致了事故的发生,公安机关对其以重大责任事故罪移送起诉。检察机关审查起诉过程中,经自行侦查,发现案发地点当时是否出现过顶板漏煤的情况存在疑点,赵某某、冯某某和其他案发前经过此处及上一班工人的证言,均不能印证现场存在漏煤的事实,不能证明赵某某对危害结果的发生有主观认识,无法确定赵某某的责任。因此,依据刑事诉讼法第175条第4款规定,对赵某某作出不起诉决定。

第三,依法追诉漏犯杨某。公安机关未对杨某移送起诉,检察机关认为,《煤矿安全规程》要求,在采煤工作面遇过断层、过老空区时应制定安全措施,采用锚杆、锚索等支护形式加强支护。杨某作为A煤业公司总工程师,负责全矿技术工作,其未按照上述规程要求,加强安全设计,履行岗位职责不到位,对事故的发生负主要责任。虽然事故调查报告建议"吊销其安全生产管理人员安全生产知识和管理能力考核合格证",但行政处罚不能代替刑事处罚。因此,依法对杨某以涉嫌重大责任事故罪予以追诉。

(三)指控与证明犯罪

庭审中,被告人宋某某辩称,是A煤业公司矿委会集体决定煤矿自行组织工人施工的,并非其一个人的责任。公诉人答辩指出,虽然自行组织施工的决定是由矿委会作出的,但是宋某某作为矿长,是矿井安全生产的第一责任人,明知施工应当由有资质的施工单位进行且应在监理单位监理下施工,仍自行组织工人施工,且在工程日常施工过程中安全管理不到位,最终导致了该起事故的发生,其对事故的发生负主要责任,应当以重大责任事故罪追究其刑事责任。

(四)处理结果

2018年12月21日,上党区人民法院作出一审判决,认定宋某某、杨某犯重大责任事故罪,考虑到二人均当庭认罪悔罪,如实供述自己的犯罪事实,具有坦白情节,且A煤业公司积极对被害方进行赔偿,分别判处二人有期徒刑三年,缓刑三年。二被告人均未提出上诉,判决已生效。

事故发生后,主管部门对A煤业公司作出责令停产整顿四个月、暂扣《安全生产许可证》、罚款270万元的行政处罚。对宋某某开除党籍、吊销矿长安全资格证,给予其终生不得担任矿长职务、处年收入80%罚款等处罚;对杨某给予吊销安全生产知识和管理能力考核合格证的处罚。对A煤业公司生产副矿长、安全副矿长等5人分别予以吊销安全生产知识和管理能力考核合格证、撤销职务、留党察看、罚款或解除合同等处理;对B煤业公司董事长、总经理、驻A煤业公司安检员等9人分别给予相应的党政纪处分及行政处罚;对长治市上党区原煤炭工业局总工程师、煤炭工业局驻A煤业公司原安检员等10人分别给予相应的党政纪处分。对时任长治县委书记、县长等4人也给予相应的党政纪处分。

【指导意义】

(一)安全生产事故调查报告在刑事诉讼中可以作为证据使用,应结合全案证据进行审查。安全生产事故发生后,相关部门作出的事故调查报告,与收集调取的物证、书证、视听资料、电子数据等相关证据材料一并移送给司法机关后,调查报告和这些证据材料在刑事诉讼中可以作为证据使用。调查报告对事故原因、事故性质、责任认定、责任者处理等提出的具体意见和建议,是检察机关办案中是否追究相关人员刑事责任的重要参考,但不应直接作为定案的依据,检察机关应结合全案证据进行审查,准确认定案件事实和涉案人员责任。对于调查报告中未建议移送司法机关处理,侦查(调查)机关也未移送起诉的人员,检察机关审查后认为应当追究刑事责任的,要依法追诉。对于调查报告建议移送司法机关处理,侦查(调查)机关移送起诉的涉案人员,检察机关审查后认为证据不足或者不应当追究刑事责任的,应依法作出不起诉决定。

(二)通过补充侦查完善证据体系,查清涉案人员的具体行为和责任大小。危害生产安全刑事案件往往涉案人员较多,案发原因复杂,检察机关应当根据案件特点,从案发直接原因和间接原因、主要原因和次要原因、涉案人员岗位职责、履职过程、违反有关管理规定的具体表现和事故发生后的施救经过、违规行为与结果之间的因果关系等方面进行审查,证据有欠缺的,应当通过自行侦查或退回补充侦查,补充完善证据,准确区分和认定各涉案人员的责任,做到不枉不纵。

(三)准确区分责任,注重多层次、多手段惩治相关涉案人员。对涉案人员身份多样的案件,要按照各涉案人员在事故中有无主观过错、违反了哪方面职责和规定、具体行为表现及对事故发生所起的作用等,确定其是否需要承担刑事责任。对于不予追究刑事责任的涉案人员,相关部门也未进行处理的,发现需要追究党政纪责任,禁止其从事相关行业,或者应对其作出行政处罚的,要及时向有关部门移送线索,提出意见和建议。确保多层次的追责方式能起到惩戒犯罪、预防再犯、促进安全生产的作用。

4. 刘远鹏涉嫌生产、销售"伪劣产品"(不起诉)案①

【关键词】

民营企业　创新产品　强制标准　听证　不起诉

【要旨】

检察机关办理涉企案件,应当注意保护企业创新发展。对涉及创新的争议案件,可以通过听证方式开展审查。对专业性问题,应当加强与行业主管部门沟通,充分听取行业意见和专家意见,促进完善相关行业领域标准。

【相关规定】

《中华人民共和国刑法》第一百四十条
《中华人民共和国刑事诉讼法》第一百七十七条
《中华人民共和国产品质量法》第二十六条
《最高人民法院、最高人民检察院关于办理生产、销售伪劣商品刑事案件具体应用法律若干问题的解释》第一条

【基本案情】

被不起诉人刘远鹏(化名),男,1982年5月出生,浙江动迈有限公司(化名)法定代表人。

2017年10月26日,刘远鹏以每台1200元的价格将其公司生产的"T600D"型电动跑步机对外出售,销售金额合计5万余元。浙江省永康市市场监督管理部门通过产品质量抽查,委托浙江省家具与五金研究所对所抽样品的18个项目进行检验,发现该跑步机"外部结构""脚踏平台"不符合国家强制标准,被鉴定为不合格产品。2017年11月至12月,刘远鹏将研发的"智能平板健走跑步机"以跑步机的名义对外出售,销售金额共计701.4万元。经市场监督管理部门委托宁波出入境检验检疫技术中心检验,

该产品未根据"跑步机附加的特殊安全要求和试验方法"加装"紧急停止开关",且"安全扶手""脚踏平台"不符合国家强制标准,被鉴定为不合格产品。

【检察机关履职过程】

2018年9月21日,浙江省永康市公安局以刘远鹏涉嫌生产、销售伪劣产品罪对其立案侦查并采取刑事拘留强制措施。案发后,永康市人民检察院介入侦查时了解到涉案企业系当地纳税优胜企业,涉案"智能平板健走跑步机"是该公司历经三年的研发成果,拥有十余项专利。在案件基本事实查清,主要证据已固定的情况下,考虑到刘远鹏系企业负责人和核心技术人员,为保障企业的正常生产经营,检察机关建议对刘远鹏变更强制措施。2018年10月16日,公安机关决定对刘远鹏改为取保候审。

2018年11月2日,公安机关将案件移送永康市人民检察院审查起诉。经审查,本案的关键问题在于:"智能平板健走跑步机"是创新产品还是不合格产品?能否按照跑步机的国家强制标准认定该产品为不合格产品?经赴该企业实地调查核实,永康市人民检察院发现"智能平板健走跑步机"运行速度与传统跑步机有明显区别。通过电话回访,了解到消费者对该产品的质量投诉为零,且普遍反映该产品使用便捷,未造成人身伤害和财产损失。检察机关经进一步审查,鉴定报告中认定"智能平板健走跑步机"为不合格产品的主要依据,是该产品没有根据跑步机的国家强制标准,加装紧急停止装置,安全扶手、脚踏平台等特殊安全配置。经进一步核实,涉案"智能平板健走跑步机"最高限速仅8公里/小时,远低于传统跑步机20公里/小时的速度,加装该公司自主研发的红外感应智能控速、启停系统后,实际使用安全可靠,并无加装前述特殊安全配置的必要。检察机关又进一步咨询了行业协会和专业人士,业内认为"智能平板健走跑步机"是一种新型健身器材,对其适用传统跑步机标准认定是否安全不尽合理。综合全案证据,永康市人民检察院认为,"智能平板健走跑步机"可能是一种区别于传统跑步机的创新产品,鉴定报告依据传统跑步机质量标准认定其为伪劣产品,合理性存疑。

2019年3月11日,永康市人民检察院对本案进行听证,邀请侦查人员、辩护律师、人大代表、相关职能部门代表和跑步机协会代表共20余人参加听证。经评议,与会听证员一致认为,涉案"智能平板健走跑步机"是企业创新产品,从消费者使用体验和技术参数分析,使用该产品不

存在现实隐患,在国家标准出台前,不宜以跑步机的强制标准为依据认定其为不合格产品。

结合听证意见,永康市人民检察院经审查,认定刘远鹏生产、销售的"智能平板健走跑步机"在运行速度、结构设计等方面与传统意义上的跑步机有明显区别,是一种创新产品。对其质量不宜以传统跑步机的标准予以认定,因其性能指标符合"固定式健身器材通用安全要求和试验方法"的国家标准,不属于伪劣产品,刘远鹏生产、销售该创新产品的行为不构成犯罪。综合全案事实,2019年4月28日,永康市人民检察院依法对刘远鹏作出不起诉决定。

该案办理后,经与行业主管、监管部门研究,永康市人民检察院建议永康市市场监督管理部门层报国家有关部委请示"智能平板健走跑步机"的标准适用问题。经层报国家市场监督管理总局,总局书面答复:"智能平板健走跑步机"因具有运行速度较慢、结构相对简单、外形小巧等特点,是一种"创新产品",不适用跑步机的国家标准。总局同时还就"走跑步机"类产品的名称、宣传、安全标准等方面,提出了规范性意见。

【指导意义】

(一)对创新产品要进行实质性审查判断,不宜简单套用现有产品标准认定为"伪劣产品"。刑法规定,以不合格产品冒充合格产品的,构成生产、销售伪劣产品罪。认定"不合格产品",以违反《产品质量法》规定的相关质量要求为前提。《产品质量法》要求产品"不存在危及人身、财产安全的不合理的危险","有保障人体健康和人身、财产安全的国家标准、行业标准的,应当符合该标准"的要求;同时,产品还应当具备使用性能。根据这些要求,对于已有国家标准、行业标准的传统产品,只有符合标准的才能认定为合格产品;对于尚无国家标准、行业标准的创新产品,应当本着既鼓励创新,又保证人身、财产安全的原则,多方听取意见,进行实质性研判。创新产品在使用性能方面与传统产品存在实质性差别的,不宜简单化套用传统产品的标准认定是否"合格"。创新产品不存在危及人身、财产安全隐患,且具备应有使用性能的,不应当认定为伪劣产品。相关质量检验机构作出鉴定意见的,检察机关应当进行实质审查。

(二)改进办案方式,加强对民营企业的平等保护。办理涉民营企业案件,要有针对性地转变理念、改进方法,严格把握罪与非罪、捕与不捕、诉与不诉的界限标准,把办案与保护企业经营结合起来,通过办案保护企业创新,在办

案过程中,注重保障企业正常经营活动。要注重运用听证方式办理涉企疑难案件,善于听取行业意见和专家意见,准确理解法律规定,将法律判断、专业判断与民众的朴素认知结合起来,力争办案"三个效果"的统一。

(三)立足办案积极参与社会治理,促进相关规章制度和行业标准的制定完善。办理涉及企业经营管理和产品技术革新的案件,发现个案反映出的问题带有普遍性、行业性的,应当及时通过与行业主管部门进行沟通并采取提出检察建议等方式,促使行业主管部门制定完善相关制度规范和行业标准等,推进相关领域规章制度健全完善,促进提升治理效果。

5. 钱某故意伤害案①

【关键词】

认罪认罚 律师参与协商 量刑建议说理 司法救助

【要旨】

检察机关应当健全量刑协商机制,规范认罪认罚案件量刑建议的形成过程。依法听取犯罪嫌疑人、辩护人或者值班律师的意见,通过出示有关证据、释法说理等方式,结合案件事实和情节开展量刑协商,促进协商一致。注重运用司法救助等制度措施化解矛盾,提升办案质效。

【相关规定】

《中华人民共和国刑法》第二百三十四条、第六十七条第一款

《中华人民共和国刑事诉讼法》第十五条、第一百七十三条、第一百七十四条、第一百七十六条

最高人民法院、最高人民检察院、公安部、国家安全部、司法部《关于适用认罪认罚从宽制度的指导意见》

《人民检察院国家司法救助工作细则(试行)》

【基本案情】

被告人钱某,1982年5月生,浙江嵊州人,嵊州市某工厂工人。

2019年9月28日晚,钱某应朋友邀请在嵊州市长乐镇某餐馆与被害人马某某等人一起吃饭。其间,钱某与马某某因敬酒发生争吵,马某某不满钱某喝酒态度持玻璃酒杯用力砸向钱某头部,致其额头受伤流血。钱某随后从餐馆门口其电瓶车内取出一把折叠刀,在斯打过程中刺中马

某某胸部、腹部。马某某随即被送往医院救治,经医治无效于同年 11 月 27 日死亡。案发后,钱某即向公安机关主动投案,如实供述了自己的犯罪行为。案件移送检察机关审查起诉后,钱某表示愿意认罪认罚,在辩护人见证下签署了《认罪认罚具结书》。案发后,被告人钱某向被害人亲属进行了民事赔偿,取得被害人亲属谅解。

绍兴市人民检察院以钱某犯故意伤害罪于 2020 年 5 月 15 日向绍兴市中级人民法院提起公诉,提出有期徒刑十二年的量刑建议。绍兴市中级人民法院经开庭审理,当庭判决采纳检察机关指控的罪名和量刑建议。被告人未上诉,判决已生效。

【检察履职情况】

1. 依法听取意见,开展量刑协商。本案被告人自愿认罪认罚,检察机关在依法审查证据、认定事实基础上,围绕如何确定量刑建议开展了听取意见、量刑协商等工作。根据犯罪事实和量刑情节,检察机关初步拟定有期徒刑十五年的量刑建议。针对辩护人提出钱某有正当防卫性质,属防卫过当的辩护意见,检察机关结合证据阐明被告人激愤之下报复伤害的犯罪故意明显,不属于针对不法侵害实施的防卫行为,辩护人表示认同,同时提交了钱某与被害人亲属达成的调解协议及被害人亲属出具的谅解书。检察机关审查并听取被害方意见后予以采纳,经与被告人及其辩护人沟通协商,将量刑建议调整为有期徒刑十二年,控辩双方达成一致意见。

2. 量刑建议说理。被告人签署具结书前,检察机关向被告人和辩护人详细阐释了本案拟起诉认定的事实、罪名、情节,量刑建议的理由和依据,自首、认罪认罚、赔偿损失及取得谅解等情节的量刑从宽幅度等。被告人表示接受,并在辩护人见证下签署了《认罪认罚具结书》。检察机关提起公诉时随案移送《量刑建议说理书》。

3. 开展司法救助。检察机关受理案件后,检察官多次到被害人家中慰问,了解到被害人家中仅有年迈的父亲和年幼的儿子二人,无力支付被害人医疗费和丧葬费,被告人也家境困难,虽然尽力赔付但不足以弥补被害方的损失。检察机关积极为被害人家属申请了司法救助金,帮助其解决困难,促进双方矛盾化解。

【指导意义】

1. 有效保障辩护人或者值班律师参与量刑协商。办理认罪认罚案件,检察机关应当与被告人、辩护人或者值班律师进行充分有效的量刑协商。检察机关组织开展量刑协商时,应当充分听取被告人、辩护人的

意见。检察机关可以通过向被告人出示证据、释法说理等形式,说明量刑建议的理由和依据,保障协商的充分性。被告人及其辩护人或者值班律师提出新的证据材料或者不同意见的,应当重视并认真审查,及时反馈是否采纳并说明理由,需要核实或一时难以达成一致的,可以在充分准备后再开展协商。检察机关应当听取被害方及其诉讼代理人的意见,促进和解谅解,并作为对被告人从宽处罚的重要因素。

2. 运用司法救助促进矛盾化解。对于因民间矛盾纠纷引发,致人伤亡的案件,被告人认罪悔罪态度好,但因家庭经济困难没有赔偿能力或者赔偿能力有限,而被害方又需要救助的,检察机关应当积极促使被告人尽力赔偿被害方损失,争取被害方谅解,促进矛盾化解。同时要积极开展司法救助,落实帮扶措施,切实为被害方纾解困难提供帮助,做实做细化解矛盾等社会治理工作。

6. 浙江省某县图书馆及赵某、徐某某 单位受贿、私分国有资产、贪污案①

【关键词】

单位犯罪　追加起诉　移送线索

【要旨】

人民检察院在对职务犯罪案件审查起诉时,如果认为相关单位亦涉嫌犯罪,且单位犯罪事实清楚、证据确实充分,经与监察机关沟通,可以依法对犯罪单位提起公诉。检察机关在审查起诉中发现遗漏同案犯或犯罪事实的,应当及时与监察机关沟通,依法处理。

【相关规定】

《中华人民共和国刑法》第三十条,第三十一条,第三百八十二条第一款,第三百八十三条第一款第一项、第三款,第三百八十七条,第三百九十六条第一款

《中华人民共和国刑事诉讼法》第一百七十六条

《中华人民共和国监察法》第三十四条

【基本案情】

被告单位浙江省某县图书馆,全额拨款的国有事业单位。

被告人赵某,男,某县图书馆原馆长。

被告人徐某某,男,某县图书馆原副馆长。

(一)单位受贿罪

2012 年至 2016 年,为提高福利待遇,经赵某、徐某某

① 案例来源:2020 年 7 月 16 日最高人民检察院检例第 73 号。

等人集体讨论决定,某县图书馆通过在书籍采购过程中账外暗中收受回扣的方式,收受 A 书社梁某某、B 公司、C 图书经营部潘某某所送人民币共计 36 万余元,用于发放工作人员福利及支付本单位其他开支。

(二)私分国有资产罪

2012 年至 2016 年,某县图书馆通过从 A 书社、B 公司、C 图书经营部虚开购书发票、虚列劳务支出、采购价格虚高的借书卡等手段套取财政资金 63 万余元,经赵某、徐某某等人集体讨论决定,将其中的 56 万余元以单位名义集体私分给本单位工作人员。

(三)贪污罪

2015 年,被告人徐某某利用担任某县图书馆副馆长、分管采购业务的职务之便,通过从 C 图书经营部采购价格虚高的借书卡的方式,套取财政资金 3.8 万元归个人所有。

【检察工作情况】

(一)提前介入提出完善证据体系意见,为案件准确定性奠定基础。某县监察委员会以涉嫌贪污罪、受贿罪对赵某立案调查,县人民检察院提前介入后,通过梳理分析相关证据材料,提出完善证据的意见。根据检察机关意见,监察机关进一步收集证据,完善了证据体系。2018 年 9 月 28 日,县监察委员会调查终结,以赵某涉嫌单位受贿罪、私分国有资产罪移送县人民检察院起诉。

(二)对监察机关未移送起诉的某县图书馆,直接以单位受贿罪提起公诉。某县监察委员会对赵某移送起诉后,检察机关审查认为,某县图书馆作为全额拨款的国有事业单位,在经济往来中,账外暗中收受各种名义的回扣,情节严重,根据《刑法》第三百八十七条之规定,应当以单位受贿罪追究其刑事责任,且单位犯罪事实清楚,证据确实充分。经与监察机关充分沟通,2018 年 11 月 12 日,县人民检察院对某县图书馆以单位受贿罪,对赵某以单位受贿罪、私分国有资产罪提起公诉。

(三)审查起诉阶段及时移送徐某某涉嫌贪污犯罪问题线索,依法追诉漏犯漏罪。检察机关对赵某案审查起诉时,认为徐某某作为参与集体研究并具体负责采购业务的副馆长,属于其他直接责任人员,也应以单位受贿罪、私分国有资产罪追究其刑事责任。同时在审查供书商账目时发现,其共有两次帮助某县图书馆以虚增借书卡制作价格方式套取财政资金,但赵某供述只套取一次财政资金用于私分,检察人员分析另一次套取的 3.8 万元财政资金很有可能被经手该笔资金的徐某某贪污,检察机关遂对徐某某

涉嫌贪污犯罪线索移交监察机关。监察机关立案调查后,通过进一步补充证据,查明了徐某某参与单位受贿、私分国有资产以及个人贪污的犯罪事实。2018 年 11 月 16 日,县监察委员会调查终结,以徐某某涉嫌单位受贿罪、私分国有资产罪、贪污罪移送县人民检察院起诉。2018 年 12 月 27 日,县人民检察院对徐某某以单位受贿罪、私分国有资产罪、贪污罪提起公诉。

2018 年 12 月 20 日,某县人民法院以单位受贿罪判处某县图书馆罚金人民币二十万元;以单位受贿罪、私分国有资产罪判处赵某有期徒刑一年二个月,并处罚金人民币十万元。2019 年 1 月 10 日,某县人民法院以单位受贿罪、私分国有资产罪、贪污罪判处徐某某有期徒刑一年,并处罚金人民币二十万元。

【指导意义】

(一)检察机关对单位犯罪可依法直接追加起诉。人民检察院审查监察机关移送起诉的案件,应当查明有无遗漏罪行和其他应当追究刑事责任的人。对于单位犯罪案件,监察机关只对直接负责的主管人员和其他直接责任人员移送起诉,未移送起诉涉嫌犯罪单位的,如果犯罪事实清楚,证据确实充分,经与监察机关沟通,检察机关对犯罪单位可以依法直接提起公诉。

(二)检察机关在审查起诉中发现遗漏同案犯或犯罪事实的,应当及时与监察机关沟通,依法处理。检察机关在审查起诉中,如果发现监察机关移送起诉的案件遗漏同案职务犯罪人或犯罪事实的,应当及时与监察机关沟通,依法处理。如果监察机关在本案审查起诉期限内调查终结移送起诉,且犯罪事实清楚,证据确实充分的,可以并案起诉;如果监察机关不能在本案审查起诉期限内调查终结移送起诉,或者虽然移送起诉,但因案情重大复杂等原因不能及时审结的,也可分案起诉。

7. 茅某组织卖淫不起诉复议复核案①

【关键词】

组织卖淫　容留卖淫　实质审查　上级复核纠正不起诉复议复核

【要旨】

涉案场所内既有正规消费项目,又存在卖淫活动时,场所经营者辩称不知场所内有卖淫活动的,应全面审查在案证据,运用逻辑规则、经验法则分析判断其是否具有主

① 案例来源:2024 年 4 月 23 日最高人民检察院检例第 212 号。

观明知。场所经营者明知他人租赁其场所后以招募、雇佣等手段管理或者控制他人卖淫,仍为其提供场所,并管理、约定嫖资分配比例,管理卖淫场所和人员的,应当认定为组织卖淫罪。人民检察院办理不起诉复核案件,经审查认为下级人民检察院作出的不起诉决定确有错误的,应当依法指令下级人民检察院纠正,或者撤销、变更下级人民检察院作出的不起诉决定。

【基本案情】

被告人茅某,男,1967年5月出生,某浴场股东兼实际经营者。

茅某出资经营某浴场,并负责实际经营管理。自2012年12月开始,茅某明知王某(因犯组织卖淫罪被判刑)等人招募、雇佣卖淫人员卖淫,仍将浴场一楼包厢区租赁给王某等人,与王某等人约定嫖资分配比例,并管理卖淫场所。其间,王某等人负责管理卖淫人员,浴场负责统一收取嫖资,并按照约定比例先提取浴场获利,再将剩余嫖资转付给王某等人。经营期间,该浴场因存在卖淫嫖娼先后二次被公安机关罚款。2013年5月30日,浙江省天台县公安局从该浴场内当场查获卖淫人员6人。经查,该卖淫场所卖淫记录992次,共计非法获利30余万元,其中,茅某分得约10万元。

【检察机关履职过程】

(一)审查逮捕

2013年5月,浙江省天台县公安局对王某等人涉嫌组织卖淫罪立案侦查。其间,多次传唤茅某。茅某辩称浴场经营正规项目,由经理和出纳负责日常管理和包厢区对外租赁,自己对王某等人组织卖淫活动不知情。天台县公安局认为证实茅某犯罪的证据不足,未对其立案侦查。2018年,台州市公安局在专项评查中认为,茅某负责浴场租赁、管理,有犯罪重大嫌疑,要求天台县公安局继续侦查。

2019年1月22日,天台县公安局对茅某作出刑事拘留决定,并网上追逃。8月26日,茅某投案,但仍称自己对浴场内存在卖淫活动不知情。天台县公安局认为,浴场工作人员证明包厢区租赁须经茅某同意,浴场经理证明曾受茅某指使规避涉黄检查,可以认定茅某明知王某等人从事卖淫活动仍为其提供场所,涉嫌容留卖淫罪,于9月17日向天台县人民检察院提请批准逮捕。

天台县人民检察院审查认为,在王某组织卖淫案中,浴场经理(因犯协助组织卖淫罪被判刑)和茅某互相推诿,均称浴场由对方管理,双方存在利害关系,故浴场经理证言证明力弱,且没有客观性证据,证明茅某主观明知的证据不足,于2019年9月20日作出不批捕决定,并提出补充侦查意见,要求公安机关调取合同等客观性证据,进一步

查明卖淫活动商谈过程。天台县公安局补充调取出纳的证言,证明茅某负责浴场管理和资金结算。

(二)审查起诉

2020年1月2日,天台县公安局以茅某涉嫌容留卖淫罪移送审查起诉。天台县人民检察院两次退回补充侦查后,经检察委员会研究认为,证明茅某明知王某等人在浴场内从事卖淫活动的证据仍不足,于4月27日作出存疑不起诉决定。

(三)不起诉复议审查

天台县公安局认为,有证据证明茅某负责浴场管理、决定项目入场、提供账户收取资金、指使经理规避涉黄检查,可以认定茅某明知存在卖淫嫖娼活动仍为王某等人提供场所,已涉嫌容留卖淫罪,于2020年4月29日对不起诉决定提出复议。

天台县人民检察院另行指派部门负责人办理。经审阅全部案件材料、核实案件事实与证据、听取天台县公安局意见后认为,证明茅某明知浴场存在卖淫活动的证据未达到确实、充分的程度,经检察长批准,于2020年5月29日决定维持原不起诉决定,并当面向公安机关说明理由。

(四)不起诉复核审查

2020年6月4日,天台县公安局向台州市人民检察院提请复核。

台州市人民检察院指派分管副检察长办理,审查了原案卷宗和已判决同案犯的卷宗,核实了案件关键证据,听取了天台县公安局和天台县人民检察院意见。经审查认为,茅某是该浴场的实际经营者,包括卖淫在内的浴场各项事务都由茅某管理、控制,结合浴场经营期间因卖淫嫖娼被行政处罚的事实,即使茅某不认罪,综合全案事实、证据,可以认定茅某明知王某等人在浴场内组织卖淫活动而为其提供场所,同时还负责卖淫资金的管理、结算,卖淫场所和卖淫人员的管理等,已涉嫌组织卖淫罪而非容留卖淫罪。

台州市人民检察院认为,原案在办理中对罪名适用把握不准、对证明标准把握不当,错误作出存疑不起诉决定,于2020年7月3日撤销天台县人民检察院的不起诉决定,并指导天台县人民检察院做好审查起诉和出庭公诉工作。

(五)处理结果

2020年7月3日,天台县人民检察院以涉嫌组织卖淫罪对茅某决定逮捕。茅某被逮捕后,自愿认罪认罚,供述组织卖淫的犯罪事实,并签署认罪认罚具结书。8月12日,天台县人民检察院以茅某涉嫌组织卖淫罪提起公诉。

2020年8月31日,天台县人民法院作出一审判决,采纳检察机关指控的事实、罪名及量刑建议,以茅某犯组织

卖淫罪判处有期徒刑五年三个月,并处罚金二十万元。宣判后,茅某未提出上诉,判决已生效。

【指导意义】

(一)办理涉卖淫刑事案件时,对场所经营者辩解不知场所内有卖淫活动的,应当综合全案证据分析判断。当涉案场所内正规项目与卖淫行为并存时,对场所经营者辩称不知场所内有卖淫活动的,人民检察院认定其是否具有主观明知,应当审查在案证据证明方向是否一致、证据间是否相互印证,并结合场所经营者的职务、职权、有无规避检查以及场所是否曾因卖淫嫖娼受过处罚等因素,运用逻辑规则和经验法则分析行为人的辩解是否符合常理,综合全案证据予以判定。

(二)对于场所经营者为卖淫活动提供场所的同时,还对卖淫活动有管理、控制行为的,应当认定为组织卖淫罪。组织卖淫罪与容留卖淫罪的客观方面可能都有容留卖淫行为,但容留卖淫罪的要件限于提供场所,如果场所经营者明知他人租赁其场所并以招募、雇佣等手段管理或者控制他人卖淫,仍为其提供场所,并约定、管理嫖资分配比例、管理卖淫场所、人员和卖淫收入的,应当认定为组织卖淫罪。

(三)上级人民检察院办理不起诉复核案件,应当进行实质审查,认为下级人民检察院不起诉及复议决定错误的,应当依法予以纠正。公安机关对于不批捕不起诉决定提出复议复核,既是公安机关与检察机关相互制约的体现,也是检察机关内部监督、上级对下级开展监督的体现。要充分发挥通过复议复核程序防错纠偏、统一司法标准的作用,确保检察权的正确行使。对于重大、疑难、复杂的复议复核案件,提倡由部门负责人、分管副检察长或检察长办理。办理复核案件,应当调阅案卷,进行实质审查,并注意听取公安机关和下级人民检察院的意见,必要时要复核证据。经审查认为下级人民检察院作出的不起诉决定确有错误的,应当依法指令下级人民检察院纠正,或者撤销、变更下级人民检察院作出的不起诉决定,并指导下级人民检察院做好案件后续办理工作。

【相关规定】

《中华人民共和国刑法》第三百五十八条第一款、第三百五十九条

《中华人民共和国刑事诉讼法》(2018 年修正)第一百七十九条

《人民检察院刑事诉讼规则》(2019 年修订)第三百七十九条第二款、第三百八十条

《最高人民法院、最高人民检察院关于办理组织、强迫、引诱、容留、介绍卖淫刑事案件适用法律若干问题的解释》(法释〔2017〕13 号,2017 年 7 月 25 日施行)第一条、第八条第一款

九、审判组织

中华人民共和国人民陪审员法

· 2018 年 4 月 27 日第十三届全国人民代表大会常务委员会第二次会议通过
· 2018 年 4 月 27 日中华人民共和国主席令第 4 号公布
· 自公布之日起施行

第一条　为了保障公民依法参加审判活动，促进司法公正，提升司法公信，制定本法。

第二条　公民有依法担任人民陪审员的权利和义务。

人民陪审员依照本法产生，依法参加人民法院的审判活动，除法律另有规定外，同法官有同等权利。

第三条　人民陪审员依法享有参加审判活动、独立发表意见、获得履职保障等权利。

人民陪审员应当忠实履行审判职责，保守审判秘密，注重司法礼仪，维护司法形象。

第四条　人民陪审员依法参加审判活动，受法律保护。

人民法院应当依法保障人民陪审员履行审判职责。

人民陪审员所在单位、户籍所在地或者经常居住地的基层群众性自治组织应当依法保障人民陪审员参加审判活动。

第五条　公民担任人民陪审员，应当具备下列条件：

（一）拥护中华人民共和国宪法；

（二）年满二十八周岁；

（三）遵纪守法、品行良好、公道正派；

（四）具有正常履行职责的身体条件。

担任人民陪审员，一般应当具有高中以上文化程度。

第六条　下列人员不能担任人民陪审员：

（一）人民代表大会常务委员会的组成人员，监察委员会、人民法院、人民检察院、公安机关、国家安全机关、司法行政机关的工作人员；

（二）律师、公证员、仲裁员、基层法律服务工作者；

（三）其他因职务原因不适宜担任人民陪审员的人员。

第七条　有下列情形之一的，不得担任人民陪审员：

（一）受过刑事处罚的；

（二）被开除公职的；

（三）被吊销律师、公证员执业证书的；

（四）被纳入失信被执行人名单的；

（五）因受惩戒被免除人民陪审员职务的；

（六）其他有严重违法违纪行为，可能影响司法公信的。

第八条　人民陪审员的名额，由基层人民法院根据审判案件的需要，提请同级人民代表大会常务委员会确定。

人民陪审员的名额数不低于本院法官数的三倍。

第九条　司法行政机关会同基层人民法院、公安机关，从辖区内的常住居民名单中随机抽选拟任命人民陪审员数五倍以上的人员作为人民陪审员候选人，对人民陪审员候选人进行资格审查，征求候选人意见。

第十条　司法行政机关会同基层人民法院，从通过资格审查的人民陪审员候选人名单中随机抽选确定人民陪审员人选，由基层人民法院院长提请同级人民代表大会常务委员会任命。

第十一条　因审判活动需要，可以通过个人申请和所在单位、户籍所在地或者经常居住地的基层群众性自治组织、人民团体推荐的方式产生人民陪审员候选人，经司法行政机关会同基层人民法院、公安机关进行资格审查，确定人民陪审员人选，由基层人民法院院长提请同级人民代表大会常务委员会任命。

依照前款规定产生的人民陪审员，不得超过人民陪审员名额数的五分之一。

第十二条　人民陪审员经人民代表大会常务委员会任命后，应当公开进行就职宣誓。宣誓仪式由基层人民法院会同司法行政机关组织。

第十三条　人民陪审员的任期为五年，一般不得连任。

第十四条　人民陪审员和法官组成合议庭审判案件，由法官担任审判长，可以组成三人合议庭，也可以由法官三人与人民陪审员四人组成七人合议庭。

第十五条　人民法院审判第一审刑事、民事、行政案件，有下列情形之一的，由人民陪审员和法官组成合议庭进行：

（一）涉及群体利益、公共利益的；

（二）人民群众广泛关注或者其他社会影响较大的；

（三）案情复杂或者有其他情形，需要由人民陪审员参加审判的。

人民法院审判前款规定的案件，法律规定由法官独任审理或者由法官组成合议庭审理的，从其规定。

第十六条　人民法院审判下列第一审案件，由人民陪审员和法官组成七人合议庭进行：

（一）可能判处十年以上有期徒刑、无期徒刑、死刑，社会影响重大的刑事案件；

（二）根据民事诉讼法、行政诉讼法提起的公益诉讼案件；

（三）涉及征地拆迁、生态环境保护、食品药品安全，社会影响重大的案件；

（四）其他社会影响重大的案件。

第十七条　第一审刑事案件被告人、民事案件原告或者被告、行政案件原告申请由人民陪审员参加合议庭审判的，人民法院可以决定由人民陪审员和法官组成合议庭审判。

第十八条　人民陪审员的回避，适用审判人员回避的法律规定。

第十九条　基层人民法院审判案件需要由人民陪审员参加合议庭审判的，应当在人民陪审员名单中随机抽取确定。

中级人民法院、高级人民法院审判案件需要由人民陪审员参加合议庭审判的，在其辖区内的基层人民法院的人民陪审员名单中随机抽取确定。

第二十条　审判长应当履行与案件审判相关的指引、提示义务，但不得妨碍人民陪审员对案件的独立判断。

合议庭评议案件，审判长应当对本案中涉及的事实认定、证据规则、法律规定等事项及应当注意的问题，向人民陪审员进行必要的解释和说明。

第二十一条　人民陪审员参加三人合议庭审判案件，对事实认定、法律适用，独立发表意见，行使表决权。

第二十二条　人民陪审员参加七人合议庭审判案件，对事实认定，独立发表意见，并与法官共同表决；对法律适用，可以发表意见，但不参加表决。

第二十三条　合议庭评议案件，实行少数服从多数的原则。人民陪审员同合议庭其他组成人员意见分歧的，应当将其意见写入笔录。

合议庭组成人员意见有重大分歧的，人民陪审员或者法官可以要求合议庭将案件提请院长决定是否提交审判委员会讨论决定。

第二十四条　人民法院应当结合本辖区实际情况，合理确定每名人民陪审员年度参加审判案件的数量上限，并向社会公告。

第二十五条　人民陪审员的培训、考核和奖惩等日常管理工作，由基层人民法院会同司法行政机关负责。

对人民陪审员应当有计划地进行培训。人民陪审员应当按照要求参加培训。

第二十六条　对于在审判工作中有显著成绩或者有其他突出事迹的人民陪审员，依照有关规定给予表彰和奖励。

第二十七条　人民陪审员有下列情形之一，经所在基层人民法院会同司法行政机关查证属实的，由院长提请同级人民代表大会常务委员会免除其人民陪审员职务：

（一）本人因正当理由申请辞去人民陪审员职务的；

（二）具有本法第六条、第七条所列情形之一的；

（三）无正当理由，拒绝参加审判活动，影响审判工作正常进行的；

（四）违反与审判工作有关的法律及相关规定，徇私舞弊，造成错误裁判或者其他严重后果的。

人民陪审员有前款第三项、第四项所列行为的，可以采取通知其所在单位、户籍所在地或者经常居住地的基层群众性自治组织、人民团体，在辖区范围内公开通报等措施进行惩戒；构成犯罪的，依法追究刑事责任。

第二十八条　人民陪审员的人身和住所安全受法律保护。任何单位和个人不得对人民陪审员及其近亲属打击报复。

对报复陷害、侮辱诽谤、暴力侵害人民陪审员及其近亲属的，依法追究法律责任。

第二十九条　人民陪审员参加审判活动期间，所在单位不得克扣或者变相克扣其工资、奖金及其他福利待遇。

人民陪审员所在单位违反前款规定的，基层人民法院应当及时向人民陪审员所在单位或者所在单位的主管部门、上级部门提出纠正意见。

第三十条　人民陪审员参加审判活动期间，由人民法院依照有关规定按实际工作日给予补助。

人民陪审员因参加审判活动而支出的交通、就餐等费用，由人民法院依照有关规定给予补助。

第三十一条　人民陪审员因参加审判活动应当享受

的补助,人民法院和司法行政机关为实施人民陪审员制度所必需的开支,列入人民法院和司法行政机关业务经费,由相应政府财政予以保障。具体办法由最高人民法院、国务院司法行政部门会同国务院财政部门制定。

第三十二条　本法自公布之日起施行。2004年8月28日第十届全国人民代表大会常务委员会第十一次会议通过的《全国人民代表大会常务委员会关于完善人民陪审员制度的决定》同时废止。

最高人民法院关于适用《中华人民
共和国人民陪审员法》若干问题的解释

·2019年2月18日最高人民法院审判委员会第1761次会议通过
·2019年4月24日最高人民法院公告公布
·自2019年5月1日起施行
·法释〔2019〕5号

为依法保障和规范人民陪审员参加审判活动,根据《中华人民共和国人民陪审员法》等法律的规定,结合审判实际,制定本解释。

第一条　根据人民陪审员法第十五条、第十六条的规定,人民法院决定由人民陪审员和法官组成合议庭审判的,合议庭成员确定后,应当及时告知当事人。

第二条　对于人民陪审员法第十五条、第十六条规定之外的第一审普通程序案件,人民法院应当告知刑事案件被告人、民事案件原告和被告、行政案件原告,在收到通知五日内有权申请由人民陪审员参加合议庭审判案件。

人民法院接到当事人在规定期限内提交的申请后,经审查决定由人民陪审员和法官组成合议庭审判的,合议庭成员确定后,应当及时告知当事人。

第三条　人民法院应当在开庭七日前从人民陪审员名单中随机抽取确定人民陪审员。

人民法院可以根据案件审判需要,从人民陪审员名单中随机抽取一定数量的候补人民陪审员,并确定递补顺序,一并告知当事人。

因案件类型需要具有相应专业知识的人民陪审员参加合议庭审判的,可以根据具体案情,在符合专业需求的人民陪审员名单中随机抽取确定。

第四条　人民陪审员确定后,人民法院应当将参审案件案由、当事人姓名或名称、开庭地点、开庭时间等事项告知参审人民陪审员及候补人民陪审员。

必要时,人民法院可以将参加审判活动的时间、地点等事项书面通知人民陪审员所在单位。

第五条　人民陪审员不参加下列案件的审理:
(一)依照民事诉讼法适用特别程序、督促程序、公示催告程序审理的案件;
(二)申请承认外国法院离婚判决的案件;
(三)裁定不予受理或者不需要开庭审理的案件。

第六条　人民陪审员不得参与审理由其以人民调解员身份先行调解的案件。

第七条　当事人依法有权申请人民陪审员回避。人民陪审员的回避,适用审判人员回避的法律规定。

人民陪审员回避事由经审查成立的,人民法院应当及时确定递补人选。

第八条　人民法院应当在开庭前,将相关权利和义务告知人民陪审员,并为其阅卷提供便利条件。

第九条　七人合议庭开庭前,应当制作事实认定问题清单,根据案件具体情况,区分事实认定问题与法律适用问题,对争议事实问题逐项列举,供人民陪审员在庭审时参考。事实认定问题和法律适用问题难以区分的,视为事实认定问题。

第十条　案件审判过程中,人民陪审员依法有权参加案件调查和调解工作。

第十一条　庭审过程中,人民陪审员依法有权向诉讼参加人发问,审判长应当提示人民陪审员围绕案件争议焦点进行发问。

第十二条　合议庭评议案件时,先由承办法官介绍案件涉及的相关法律、证据规则,然后由人民陪审员和法官依次发表意见,审判长最后发表意见并总结合议庭意见。

第十三条　七人合议庭评议时,审判长应当归纳和介绍需要通过评议讨论决定的案件事实认定问题,并列出案件事实问题清单。

人民陪审员全程参加合议庭评议,对于事实认定问题,由人民陪审员和法官在共同评议的基础上进行表决。对于法律适用问题,人民陪审员不参加表决,但可以发表意见,并记录在卷。

第十四条　人民陪审员应当认真阅读评议笔录,确认无误后签名。

第十五条　人民陪审员列席审判委员会讨论其参加审理的案件时,可以发表意见。

第十六条　案件审结后,人民法院应将裁判文书副本及时送交参加该案审判的人民陪审员。

第十七条　中级、基层人民法院应当保障人民陪审员均衡参审，结合本院实际情况，一般在不超过 30 件的范围内合理确定每名人民陪审员年度参加审判案件的数量上限，报高级人民法院备案，并向社会公告。

第十八条　人民法院应当依法规范和保障人民陪审员参加审判活动，不得安排人民陪审员从事与履行法定审判职责无关的工作。

第十九条　本解释自 2019 年 5 月 1 日起施行。

本解释公布施行后，最高人民法院于 2010 年 1 月 12 日发布的《最高人民法院关于人民陪审员参加审判活动若干问题的规定》同时废止。最高人民法院以前发布的司法解释与本解释不一致的，不再适用。

最高人民法院关于具有专门知识的人民陪审员参加环境资源案件审理的若干规定

· 2023 年 4 月 17 日最高人民法院审判委员会第 1885 次会议通过
· 2023 年 7 月 26 日最高人民法院公告公布
· 自 2023 年 8 月 1 日起施行
· 法释〔2023〕4 号

为依法妥善审理环境资源案件，规范和保障具有专门知识的人民陪审员参加环境资源案件审判活动，根据《中华人民共和国刑事诉讼法》《中华人民共和国民事诉讼法》《中华人民共和国行政诉讼法》《中华人民共和国人民陪审员法》等法律的规定，结合环境资源案件特点和审判实际，制定本规定。

第一条　人民法院审理的第一审环境资源刑事、民事、行政案件，符合人民陪审员法第十五条规定，且案件事实涉及复杂专门性问题的，由不少于一名具有专门知识的人民陪审员参加合议庭审理。

前款规定外的第一审环境资源案件，人民法院认为有必要的，可以由具有专门知识的人民陪审员参加合议庭审理。

第二条　符合下列条件的人民陪审员，为本规定所称具有专门知识的人民陪审员：

（一）具有环境资源领域专门知识；

（二）在环境资源行政主管部门、科研院所、高等院校、企业、社会组织等单位从业三年以上。

第三条　人民法院参与人民陪审员选任，可以根据环境资源审判活动需要，结合案件类型、数量等特点，协商司法行政机关确定一定数量具有专门知识的人民陪审员候选人。

第四条　具有专门知识的人民陪审员任期届满后，人民法院认为有必要的，可以商请本人同意后协商司法行政机关经法定程序再次选任。

第五条　需要具有专门知识的人民陪审员参加案件审理的，人民法院可以根据环境资源案件的特点和具有专门知识的人民陪审员选任情况，在符合专业需求的人民陪审员名单中随机抽取确定。

第六条　基层人民法院可以根据环境资源案件审理的需要，协商司法行政机关选任具有专门知识的人民陪审员。

设立环境资源审判专门机构的基层人民法院，应当协商司法行政机关选任具有专门知识的人民陪审员。

设立环境资源审判专门机构的中级人民法院，辖区内基层人民法院均未设立环境资源审判专门机构的，应当指定辖区内不少于一家基层人民法院协商司法行政机关选任具有专门知识的人民陪审员。

第七条　基层人民法院审理的环境资源案件，需要具有专门知识的人民陪审员参加合议庭审理的，组成不少于一名具有专门知识的人民陪审员参加的三人合议庭。

基层人民法院审理的可能判处十年以上有期徒刑且社会影响重大的环境资源刑事案件，以及环境行政公益诉讼案件，需要具有专门知识的人民陪审员参加合议庭审理的，组成不少于一名具有专门知识的人民陪审员参加的七人合议庭。

第八条　中级人民法院审理的环境民事公益诉讼案件、环境行政公益诉讼案件、生态环境损害赔偿诉讼案件以及其他具有重大社会影响的环境污染防治、生态保护、气候变化应对、资源开发利用、生态环境治理与服务等案件，需要具有专门知识的人民陪审员参加合议庭审理的，组成不少于一名具有专门知识的人民陪审员参加的七人合议庭。

第九条　实行环境资源案件跨区域集中管辖的中级人民法院审理第一审环境资源案件，需要具有专门知识的人民陪审员参加合议庭审理的，可以从环境资源案件集中管辖区域内基层人民法院具有专门知识的人民陪审员名单中随机抽取确定。

第十条　铁路运输法院等没有对应同级人民代表大会的法院审理第一审环境资源案件，需要具有专门知识的人民陪审员参加合议庭审理的，在其所在地级市辖区或案件管辖区域内基层人民法院具有专门知识的人民陪审员名单中随机抽取确定。

第十一条 符合法律规定的审判人员应当回避的情形，或所在单位与案件有利害关系的，具有专门知识的人民陪审员应当自行回避。当事人也可以申请具有专门知识的人民陪审员回避。

第十二条 审判长应当依照人民陪审员法第二十条的规定，对具有专门知识的人民陪审员参加的下列工作，重点进行指引和提示：

（一）专门性事实的调查；

（二）就是否进行证据保全、行为保全提出意见；

（三）庭前会议、证据交换和勘验；

（四）就是否委托司法鉴定，以及鉴定事项、范围、目的和期限提出意见；

（五）生态环境修复方案的审查；

（六）环境民事公益诉讼案件、生态环境损害赔偿诉讼案件的调解、和解协议的审查。

第十三条 具有专门知识的人民陪审员参加环境资源案件评议时，应当就案件事实涉及的专门性问题发表明确意见。

具有专门知识的人民陪审员就该专门性问题发表的意见与合议庭其他成员不一致的，合议庭可以将案件提请院长决定是否提交审判委员会讨论决定。有关情况应当记入评议笔录。

第十四条 具有专门知识的人民陪审员可以参与监督生态环境修复、验收和修复效果评估。

第十五条 具有专门知识的人民陪审员参加环境资源案件的审理，本规定没有规定的，适用《最高人民法院关于适用〈中华人民共和国人民陪审员法〉若干问题的解释》的规定。

第十六条 本规定自 2023 年 8 月 1 日起施行。

最高人民法院关于人民法院合议庭工作的若干规定

· 2002 年 7 月 30 日最高人民法院审判委员会第 1234 次会议通过

· 2002 年 8 月 12 日最高人民法院公告公布

· 自 2002 年 8 月 17 日起施行

· 法释〔2002〕25 号

为了进一步规范合议庭的工作程序，充分发挥合议庭的职能作用，根据《中华人民共和国法院组织法》、《中华人民共和国刑事诉讼法》、《中华人民共和国民事诉讼法》、《中华人民共和国行政诉讼法》等法律的有关规定，结合人民法院审判工作实际，制定本规定。

第一条 人民法院实行合议制审判第一审案件，由法官或者由法官和人民陪审员组成合议庭进行；人民法院实行合议制审判第二审案件和其他应当组成合议庭审判的案件，由法官组成合议庭进行。

人民陪审员在人民法院执行职务期间，除不能担任审判长外，同法官有同等的权利义务。

第二条 合议庭的审判长由符合审判长任职条件的法官担任。

院长或者庭长参加合议庭审判案件的时候，自己担任审判长。

第三条 合议庭组成人员确定后，除因回避或者其他特殊情况，不能继续参加案件审理的之外，不得在案件审理过程中更换。更换合议庭成员，应当报请院长或者庭长决定。合议庭成员的更换情况应当及时通知诉讼当事人。

第四条 合议庭的审判活动由审判长主持，全体成员平等参与案件的审理、评议、裁判，共同对案件认定事实和适用法律负责。

第五条 合议庭承担下列职责：

（一）根据当事人的申请或者案件的具体情况，可以作出财产保全、证据保全、先予执行等裁定；

（二）确定案件委托评估、委托鉴定等事项；

（三）依法开庭审理第一审、第二审和再审案件；

（四）评议案件；

（五）提请院长决定将案件提交审判委员会讨论决定；

（六）按照权限对案件及其有关程序性事项作出裁判或者提出裁判意见；

（七）制作裁判文书；

（八）执行审判委员会决定；

（九）办理有关审判的其他事项。

第六条 审判长履行下列职责：

（一）指导和安排审判辅助人员做好庭前调解、庭前准备及其他审判业务辅助性工作；

（二）确定案件审理方案、庭审提纲、协调合议庭成员的庭审分工以及做好其他必要的庭审准备工作；

（三）主持庭审活动；

（四）主持合议庭对案件进行评议；

（五）依照有关规定，提请院长决定将案件提交审判委员会讨论决定；

（六）制作裁判文书，审核合议庭其他成员制作的裁

判文书;

(七)依照规定权限签发法律文书;

(八)根据院长或者庭长的建议主持合议庭对案件复议;

(九)对合议庭遵守案件审理期限制度的情况负责;

(十)办理有关审判的其他事项。

第七条　合议庭接受案件后,应当根据有关规定确定案件承办法官,或者由审判长指定案件承办法官。

第八条　在案件开庭审理过程中,合议庭成员必须认真履行法定职责,遵守《中华人民共和国法官职业道德基本准则》中有关司法礼仪的要求。

第九条　合议庭评议案件应当在庭审结束后五个工作日内进行。

第十条　合议庭评议案件时,先由承办法官对认定案件事实、证据是否确实、充分以及适用法律等发表意见,审判长最后发表意见;审判长作为承办法官的,由审判长最后发表意见。对案件的裁判结果进行评议时,由审判长最后发表意见。审判长应当根据评议情况总结合议庭评议的结论性意见。

合议庭成员进行评议的时候,应当认真负责,充分陈述意见,独立行使表决权,不得拒绝陈述意见或者仅作同意与否的简单表态。同意他人意见的,也应当提出事实根据和法律依据,进行分析论证。

合议庭成员对评议结果的表决,以口头表决的形式进行。

第十一条　合议庭进行评议的时候,如果意见分歧,应当按多数人的意见作出决定,但是少数人的意见应当写入笔录。

评议笔录由书记员制作,由合议庭的组成人员签名。

第十二条　合议庭应当依照规定的权限,及时对评议意见一致或者形成多数意见的案件直接作出判决或者裁定。但是对于下列案件,合议庭应当提请院长决定提交审判委员会讨论决定:

(一)拟判处死刑的;

(二)疑难、复杂、重大或者新类型的案件,合议庭认为有必要提交审判委员会讨论决定的;

(三)合议庭在适用法律方面有重大意见分歧的;

(四)合议庭认为需要提请审判委员会讨论决定的其他案件,或者本院审判委员会确定的应当由审判委员会讨论决定的案件。

第十三条　合议庭对审判委员会的决定有异议,可以提请院长决定提交审判委员会复议一次。

第十四条　合议庭一般应当在作出评议结论或者审判委员会作出决定后的五个工作日内制作出裁判文书。

第十五条　裁判文书一般由审判长或者承办法官制作。但是审判长或者承办法官的评议意见与合议庭评议结论或者审判委员会的决定有明显分歧的,也可以由其他合议庭成员制作裁判文书。

对制作的裁判文书,合议庭成员应当共同审核,确认无误后签名。

第十六条　院长、庭长可以对合议庭的评议意见和制作的裁判文书进行审核,但是不得改变合议庭的评议结论。

第十七条　院长、庭长在审核合议庭的评议意见和裁判文书过程中,对评议结论有异议的,可以建议合议庭复议,同时应当对要求复议的问题及理由提出书面意见。

合议庭复议后,庭长仍有异议的,可以将案件提请院长审核,院长可以提交审判委员会讨论决定。

第十八条　合议庭应当严格执行案件审理期限的有关规定。遇有特殊情况需要延长审理期限的,应当在审限届满前按规定的时限报请审批。

最高人民法院关于进一步加强合议庭职责的若干规定

· 2009 年 12 月 14 日最高人民法院审判委员会第 1479 次会议通过
· 2010 年 1 月 11 日最高人民法院公告公布
· 自 2010 年 2 月 1 日起施行
· 法释〔2010〕1 号

为了进一步加强合议庭的审判职责,充分发挥合议庭的职能作用,根据《中华人民共和国人民法院组织法》和有关法律规定,结合人民法院工作实际,制定本规定。

第一条　合议庭是人民法院的基本审判组织。合议庭全体成员平等参与案件的审理、评议和裁判,依法履行审判职责。

第二条　合议庭由审判员、助理审判员或者人民陪审员随机组成。合议庭成员相对固定的,应当定期交流。人民陪审员参加合议庭的,应当从人民陪审员名单中随机抽取确定。

第三条　承办法官履行下列职责:

(一)主持或者指导审判辅助人员进行庭前调解、证据交换等庭前准备工作;

(二)拟定庭审提纲,制作阅卷笔录;

(三)协助审判长组织法庭审理活动;

（四）在规定期限内及时制作审理报告；

（五）案件需要提交审判委员会讨论的，受审判长指派向审判委员会汇报案件；

（六）制作裁判文书提交合议庭审核；

（七）办理有关审判的其他事项。

第四条　依法不开庭审理的案件，合议庭全体成员均应当阅卷，必要时提交书面阅卷意见。

第五条　开庭审理时，合议庭全体成员应当共同参加，不得缺席、中途退庭或者从事与该庭审无关的活动。合议庭成员未参加庭审、中途退庭或者从事与该庭审无关的活动，当事人提出异议的，应当纠正。合议庭仍不纠正的，当事人可以要求休庭，并将有关情况记入庭审笔录。

第六条　合议庭全体成员均应当参加案件评议。评议案件时，合议庭成员应当针对案件的证据采信、事实认定、法律适用、裁判结果以及诉讼程序等问题充分发表意见。必要时，合议庭成员还可提交书面评议意见。

合议庭成员评议时发表意见不受追究。

第七条　除提交审判委员会讨论的案件外，合议庭对评议意见一致或者形成多数意见的案件，依法作出判决或者裁定。下列案件可以由审判长提请院长或者庭长决定组织相关审判人员共同讨论，合议庭成员应当参加：

（一）重大、疑难、复杂或者新类型的案件；

（二）合议庭在事实认定或法律适用上有重大分歧的案件；

（三）合议庭意见与本院或上级法院以往同类型案件的裁判有可能不一致的案件；

（四）当事人反映强烈的群体性纠纷案件；

（五）经审判长提请且院长或者庭长认为确有必要讨论的其他案件。

上述案件的讨论意见供合议庭参考，不影响合议庭依法作出裁判。

第八条　各级人民法院的院长、副院长、庭长、副庭长应当参加合议庭审理案件，并逐步增加审理案件的数量。

第九条　各级人民法院应当建立合议制落实情况的考评机制，并将考评结果纳入岗位绩效考评体系。考评可采取抽查卷宗、案件评查、检查庭审情况、回访当事人等方式。考评包括以下内容：

（一）合议庭全体成员参加庭审的情况；

（二）院长、庭长参加合议庭庭审的情况；

（三）审判委员会委员参加合议庭庭审的情况；

（四）承办法官制作阅卷笔录、审理报告以及裁判文书的情况；

（五）合议庭其他成员提交阅卷意见、发表评议意见的情况；

（六）其他应当考核的事项。

第十条　合议庭组成人员存在违法审判行为的，应当按照《人民法院审判人员违法审判责任追究办法（试行）》等规定追究相应责任。合议庭审理案件有下列情形之一的，合议庭成员不承担责任：

（一）因对法律理解和认识上的偏差而导致案件被改判或者发回重审的；

（二）因对案件事实和证据认识上的偏差而导致案件被改判或者发回重审的；

（三）因新的证据而导致案件被改判或者发回重审的；

（四）因法律修订或者政策调整而导致案件被改判或者发回重审的；

（五）因裁判所依据的其他法律文书被撤销或变更而导致案件被改判或者发回重审的；

（六）其他依法履行审判职责不应当承担责任的情形。

第十一条　执行工作中依法需要组成合议庭的，参照本规定执行。

第十二条　本院以前发布的司法解释与本规定不一致的，以本规定为准。

最高人民法院关于完善人民法院司法责任制的若干意见

· 2015 年 9 月 21 日
· 法发〔2015〕13 号

为贯彻中央关于深化司法体制改革的总体部署，优化审判资源配置，明确审判组织权限，完善人民法院的司法责任制，建立健全符合司法规律的审判权力运行机制，增强法官审理案件的亲历性，确保法官依法独立公正履行审判职责，根据有关法律和人民法院工作实际，制定本意见。

一、目标原则

1.完善人民法院的司法责任制，必须以严格的审判责任制为核心，以科学的审判权力运行机制为前提，以明晰的审判组织权限和审判人员职责为基础，以有效的审判管理和监督制度为保障，让审理者裁判、由裁判者负责，确保人民法院依法独立公正行使审判权。

2.推进审判责任制改革，人民法院应当坚持以下基本原则：

（1）坚持党的领导，坚持走中国特色社会主义法治道路；

（2）依照宪法和法律独立行使审判权；

（3）遵循司法权运行规律，体现审判权的判断权和裁决权属性，突出法官办案主体地位；

（4）以审判权为核心，以审判监督权和审判管理权为保障；

（5）权责明晰、权责统一、监督有序、制约有效；

（6）主观过错与客观行为相结合，责任与保障相结合。

3. 法官依法履行审判职责受法律保护。法官有权对案件事实认定和法律适用独立发表意见。非因法定事由，非经法定程序，法官依法履职行为不受追究。

二、改革审判权力运行机制

（一）独任制与合议庭运行机制

4. 基层、中级人民法院可以组建由一名法官与法官助理、书记员以及其他必要的辅助人员组成的审判团队，依法独任审理适用简易程序的案件和法律规定的其他案件。

人民法院可以按照受理案件的类别，通过随机产生的方式，组建由法官或者法官与人民陪审员组成的合议庭，审理适用普通程序和依法由合议庭审理的简易程序的案件。案件数量较多的基层人民法院，可以组建相对固定的审判团队，实行扁平化的管理模式。

人民法院应当结合职能定位和审级情况，为法官合理配置一定数量的法官助理、书记员和其他审判辅助人员。

5. 在加强审判专业化建设基础上，实行随机分案为主、指定分案为辅的案件分配制度。按照审判领域类别，随机确定案件的承办法官。因特殊情况需要对随机分案结果进行调整的，应当将调整理由及结果在法院工作平台上公示。

6. 独任法官审理案件形成的裁判文书，由独任法官直接签署。合议庭审理案件形成的裁判文书，由承办法官、合议庭其他成员、审判长依次签署；审判长作为承办法官的，由审判长最后签署。审判组织的法官依次签署完毕后，裁判文书即可印发。除审判委员会讨论决定的案件以外，院长、副院长、庭长对其未直接参加审理案件的裁判文书不再进行审核签发。

合议庭评议和表决规则，适用人民法院组织法、诉讼法以及《最高人民法院关于人民法院合议庭工作的若干规定》《最高人民法院关于进一步加强合议庭职责的若干规定》。

7. 进入法官员额的院长、副院长、审判委员会专职委员、庭长、副庭长应当办理案件。院长、副院长、审判委员会专职委员每年办案数量应当参照全院法官人均办案数量，根据其承担的审判管理监督事务和行政事务工作量合理确定。庭长每年办案数量参照本庭法官人均办案数量确定。对于重大、疑难、复杂的案件，可以直接由院长、副院长、审判委员会委员组成合议庭进行审理。

按照审判权与行政管理权相分离的原则，试点法院可以探索实行人事、经费、政务等行政事务集中管理制度，必要时可以指定一名副院长专门协助院长管理行政事务。

8. 人民法院可以分别建立由民事、刑事、行政等审判领域法官组成的专业法官会议，为合议庭正确理解和适用法律提供咨询意见。合议庭认为所审理的案件因重大、疑难、复杂而存在法律适用标准不统一的，可以将法律适用问题提交专业法官会议研究讨论。专业法官会议的讨论意见供合议庭复议时参考，采纳与否由合议庭决定，讨论记录应当入卷备查。

建立审判业务法律研讨机制，通过类案参考、案例评析等方式统一裁判尺度。

（二）审判委员会运行机制

9. 明确审判委员会统一本院裁判标准的职能，依法合理确定审判委员会讨论案件的范围。审判委员会只讨论涉及国家外交、安全和社会稳定的重大复杂案件，以及重大、疑难、复杂案件的法律适用问题。强化审判委员会总结审判经验、讨论决定审判工作重大事项的宏观指导职能。

10. 合议庭认为案件需要提交审判委员会讨论决定的，应当提出并列明需要审判委员会讨论决定的法律适用问题，并归纳不同的意见和理由。

合议庭提交审判委员会讨论案件的条件和程序，适用人民法院组织法、诉讼法以及《最高人民法院关于人民法院合议庭工作的若干规定》《最高人民法院关于改革和完善人民法院审判委员会制度的实施意见》。

11. 案件需要提交审判委员会讨论决定的，审判委员会委员应当事先审阅合议庭提请讨论的材料，了解合议庭对法律适用问题的不同意见和理由，根据需要调阅庭审音频视频或者查阅案卷。

审判委员会委员讨论案件时应当充分发表意见，按照法官等级由低到高确定表决顺序，主持人最后表决。审判委员会评议实行全程留痕，录音、录像，作出会议记录。审判委员会的决定,合议庭应当执行。所有参加讨论和表决的委员应当在审判委员会会议记录上签名。

建立审判委员会委员履职考评和内部公示机制。建立审判委员会决议事项的督办、回复和公示制度。

(三)审判管理和监督

12. 建立符合司法规律的案件质量评估体系和评价机制。审判管理和审判监督机构应当定期分析审判质量运行态势,通过常规抽查、重点评查、专项评查等方式对案件质量进行专业评价。

13. 各级人民法院应当成立法官考评委员会,建立法官业绩评价体系和业绩档案。业绩档案应当以法官个人日常履职情况、办案数量、审判质量、司法技能、廉洁自律、外部评价等为主要内容。法官业绩评价应当作为法官任职、评先评优和晋职晋级的重要依据。

14. 各级人民法院应当依托信息技术,构建开放动态透明便民的阳光司法机制,建立健全审判流程公开、裁判文书公开和执行信息公开三大平台,广泛接受社会监督。探索建立法院以外的第三方评价机制,强化对审判权力运行机制的法律监督、社会监督和舆论监督。

三、明确司法人员职责和权限

(一)独任庭和合议庭司法人员职责

15. 法官独任审理案件时,应当履行以下审判职责:

(1)主持或者指导法官助理做好庭前会议、庭前调解、证据交换等庭前准备工作及其他审判辅助工作;

(2)主持案件开庭、调解,依法作出裁判,制作裁判文书或者指导法官助理起草裁判文书,并直接签发裁判文书;

(3)依法决定案件审理中的程序性事项;

(4)依法行使其他审判权力。

16. 合议庭审理案件时,承办法官应当履行以下审判职责:

(1)主持或者指导法官助理做好庭前会议、庭前调解、证据交换等庭前准备工作及其他审判辅助工作;

(2)就当事人提出的管辖权异议及保全、司法鉴定、非法证据排除申请等提请合议庭评议;

(3)对当事人提交的证据进行全面审核,提出审查意见;

(4)拟定庭审提纲,制作阅卷笔录;

(5)自己担任审判长时,主持、指挥庭审活动;不担任审判长时,协助审判长开展庭审活动;

(6)参与案件评议,并先行提出处理意见;

(7)根据合议庭评议意见制作裁判文书或者指导法官助理起草裁判文书;

(8)依法行使其他审判权力。

17. 合议庭审理案件时,合议庭其他法官应当认真履行审判职责,共同参与阅卷、庭审、评议等审判活动,独立发表意见,复核并在裁判文书上签名。

18. 合议庭审理案件时,审判长除承担由合议庭成员共同承担的审判职责外,还应当履行以下审判职责:

(1)确定案件审理方案、庭审提纲、协调合议庭成员庭审分工以及指导做好其他必要的庭审准备工作;

(2)主持、指挥庭审活动;

(3)主持合议庭评议;

(4)依照有关规定和程序将合议庭处理意见分歧较大的案件提交专业法官会议讨论,或者按程序建议将案件提交审判委员会讨论决定;

(5)依法行使其他审判权力。

审判长自己承办案件时,应当同时履行承办法官的职责。

19. 法官助理在法官的指导下履行以下职责:

(1)审查诉讼材料,协助法官组织庭前证据交换;

(2)协助法官组织庭前调解,草拟调解文书;

(3)受法官委托或者协助法官依法办理财产保全和证据保全措施等;

(4)受法官指派,办理委托鉴定、评估等工作;

(5)根据法官的要求,准备与案件审理相关的参考资料,研究案件涉及的相关法律问题;

(6)在法官的指导下草拟裁判文书;

(7)完成法官交办的其他审判辅助性工作。

20. 书记员在法官的指导下,按照有关规定履行以下职责:

(1)负责庭前准备的事务性工作;

(2)检查开庭时诉讼参与人的出庭情况,宣布法庭纪律;

(3)负责案件审理中的记录工作;

(4)整理、装订、归档案卷材料;

(5)完成法官交办的其他事务性工作。

(二)院长庭长管理监督职责

21. 院长除依法律规定履行相关审判职责外,还应当从宏观上指导法院各项审判工作,组织研究相关重大问题和制定相关管理制度,综合负责审判管理工作,主持审判委员会讨论审判工作中的重大事项,依法主持法官考评委员会对法官进行评鉴,以及履行其他必要的审判管理和监督职责。

副院长、审判委员会专职委员受院长委托,可以依照前款规定履行部分审判管理和监督职责。

22.庭长除依照法律规定履行相关审判职责外,还应当从宏观上指导本庭审判工作,研究制定各合议庭和审判团队之间、内部成员之间的职责分工,负责随机分案后因特殊情况需要调整分案的事宜,定期对本庭审判质量情况进行监督,以及履行其他必要的审判管理和监督职责。

23.院长、副院长、庭长的审判管理和监督活动应当严格控制在职责和权限的范围内,并在工作平台上公开进行。院长、副院长、庭长除参加审判委员会、专业法官会议外不得对其没有参加审理的案件发表倾向性意见。

24.对于有下列情形之一的案件,院长、副院长、庭长有权要求独任法官或者合议庭报告案件进展和评议结果:

(1)涉及群体性纠纷,可能影响社会稳定的;

(2)疑难、复杂且在社会上有重大影响的;

(3)与本院或者上级法院的类案判决可能发生冲突的;

(4)有关单位或者个人反映法官有违法审判行为的。

院长、副院长、庭长对上述案件的审理过程或者评议结果有异议的,不得直接改变合议庭的意见,但可以决定将案件提交专业法官会议、审判委员会进行讨论。院长、副院长、庭长针对上述案件监督建议的时间、内容、处理结果等应当在案卷和办公平台上全程留痕。

四、审判责任的认定和追究

(一)审判责任范围

25.法官应当对其履行审判职责的行为承担责任,在职责范围内对办案质量终身负责。

法官在审判工作中,故意违反法律法规的,或者因重大过失导致裁判错误并造成严重后果的,依法应当承担违法审判责任。

法官有违反职业道德准则和纪律规定,接受案件当事人及相关人员的请客送礼、与律师进行不正当交往等违纪违法行为,依照法律及有关纪律规定另行处理。

26.有下列情形之一的,应当依纪依法追究相关人员的违法审判责任:

(1)审理案件时有贪污受贿、徇私舞弊、枉法裁判行为的;

(2)违反规定私自办案或者制造虚假案件的;

(3)涂改、隐匿、伪造、偷换和故意损毁证据材料的,或者因重大过失丢失、损毁证据材料并造成严重后果的;

(4)向合议庭、审判委员会汇报案情时隐瞒主要证据、重要情节和故意提供虚假材料的,或者因重大过失遗漏主要证据、重要情节导致裁判错误并造成严重后果的;

(5)制作诉讼文书时,故意违背合议庭评议结果、审判委员会决定的,或者因重大过失导致裁判文书主文错误并造成严重后果的;

(6)违反法律规定,对不符合减刑、假释条件的罪犯裁定减刑、假释的,或者因重大过失对不符合减刑、假释条件的罪犯裁定减刑、假释并造成严重后果的;

(7)其他故意违背法定程序、证据规则和法律明确规定违法审判的,或者因重大过失导致裁判结果错误并造成严重后果的。

27.负有监督管理职责的人员等因故意或者重大过失,怠于行使或者不当行使审判监督权和审判管理权导致裁判错误并造成严重后果的,依照有关规定应当承担监督管理责任。追究其监督管理责任的,依照干部管理有关规定和程序办理。

28.因下列情形之一,导致案件按照审判监督程序提起再审后被改判的,不得作为错案进行责任追究:

(1)对法律、法规、规章、司法解释具体条文的理解和认识不一致,在专业认知范围内能够予以合理说明的;

(2)对案件基本事实的判断存在争议或者疑问,根据证据规则能够予以合理说明的;

(3)当事人放弃或者部分放弃权利主张的;

(4)因当事人过错或者客观原因致使案件事实认定发生变化的;

(5)因出现新证据而改变裁判的;

(6)法律修订或者政策调整的;

(7)裁判所依据的其他法律文书被撤销或者变更的;

(8)其他依法履行审判职责不应当承担责任的情形。

(二)审判责任承担

29.独任制审理的案件,由独任法官对案件的事实认定和法律适用承担全部责任。

30.合议庭审理的案件,合议庭成员对案件的事实认定和法律适用共同承担责任。

进行违法审判责任追究时,根据合议庭成员是否存在违法审判行为、情节、合议庭成员发表意见的情况和过错程度合理确定各自责任。

31.审判委员会讨论案件时,合议庭对其汇报的事实负责,审判委员会委员对其本人发表的意见及最终表决负责。

案件经审判委员会讨论的,构成违法审判责任追究情形时,根据审判委员会委员是否故意曲解法律发表意见的情况,合理确定委员责任。审判委员会改变合议庭意见导致裁判错误的,由持多数意见的委员共同承担责任,合议庭不承担责任。审判委员会维持合议庭意见导致裁判错误的,由合议庭和持多数意见的委员共同承担责任。

合议庭汇报案件时,故意隐瞒主要证据或者重要情节,或者故意提供虚假情况,导致审判委员会作出错误决定的,由合议庭成员承担责任,审判委员会委员根据具体情况承担部分责任或者不承担责任。

审判委员会讨论案件违反民主集中制原则,导致审判委员会决定错误的,主持人应当承担主要责任。

32. 审判辅助人员根据职责权限和分工承担与其职责相对应的责任。法官负有审核把关职责的,法官也应当承担相应责任。

33. 法官受领导干部干预导致裁判错误的,且法官不记录或者不如实记录,应当排除干预而没有排除的,承担违法审判责任。

（三）违法审判责任追究程序

34. 需要追究违法审判责任的,一般由院长、审判监督部门或者审判管理部门提出初步意见,由院长委托审判监督部门审查或者提请审判委员会进行讨论,经审查初步认定有关人员具有本意见所列违法审判责任追究情形的,人民法院监察部门应当启动违法审判责任追究程序。

各级人民法院应当依法自觉接受人大、政协、媒体和社会监督,依法受理对法官违法审判行为的举报、投诉,并认真进行调查核实。

35. 人民法院监察部门应当对法官是否存在违法审判行为进行调查,并采取必要、合理的保护措施。在调查过程中,当事法官享有知情、辩解和举证的权利,监察部门应当对当事法官的意见、辩解和举证如实记录,并在调查报告中对是否采纳作出说明。

36. 人民法院监察部门经调查后,认为应当追究法官违法审判责任的,应当报请院长决定,并报送省（区、市）法官惩戒委员会审议。

高级人民法院监察部门应当派员向法官惩戒委员会通报当事法官的违法审判事实及拟处理建议、依据,并就其违法审判行为和主观过错进行举证。当事法官有权进行陈述、举证、辩解、申请复议和申诉。

法官惩戒委员会根据查明的事实和法律规定作出无责、免责或者给予惩戒处分的建议。

法官惩戒委员会工作章程和惩戒程序另行制定。

37. 对应当追究违法审判责任的相关责任人,根据其应负责任依照《中华人民共和国法官法》等有关规定处理:

（1）应当给予停职、延期晋升、退出法官员额或者免职、责令辞职、辞退等处理的,由组织人事部门按照干部管理权限和程序依法办理;

（2）应当给予纪律处分的,由纪检监察部门依照有关规定和程序依法办理;

（3）涉嫌犯罪的,由纪检监察部门将违法线索移送有关司法机关依法处理。

免除法官职务,必须按法定程序由人民代表大会罢免或者提请人大常委会作出决定。

五、加强法官的履职保障

38. 在案件审理的各个阶段,除非有确有证据证明法官存在贪污受贿、徇私舞弊、枉法裁判等严重违法审判行为外,法官依法履职的行为不得暂停或者终止。

39. 法官依法审判不受行政机关、社会团体和个人的干涉。任何组织和个人违法干预司法活动、过问和插手具体案件处理的,应当依照规定予以记录、通报和追究责任。

领导干部干预司法活动、插手具体案件和司法机关内部人员过问案件的,分别按照《领导干部干预司法活动、插手具体案件处理的记录、通报和责任追究规定》和《司法机关内部人员过问案件的记录和责任追究规定》及其实施办法处理。

40. 法官因依法履职遭受不实举报、诬告陷害,致使名誉受到损害的,或者经法官惩戒委员会等组织认定不应追究法律和纪律责任的,人民法院监察部门、新闻宣传部门应当在适当范围以适当形式及时澄清事实,消除不良影响,维护法官良好声誉。

41. 人民法院或者相关部门对法官作出错误处理的,应当赔礼道歉、恢复职务和名誉、消除影响,对造成经济损失的依法给予赔偿。

42. 法官因接受调查暂缓等级晋升的,后经有关部门认定不构成违法审判责任,或者法官惩戒委员会作出无责或者免责建议的,其等级晋升时间从暂缓之日起连续计算。

43. 依法及时惩治当庭损毁证据材料、庭审记录、法律文书和法庭设施等妨碍诉讼活动或者严重蔑视法庭权威的行为。依法保护法官及其近亲属的人身和财产安全,依法及时惩治在法庭内外恐吓、威胁、侮辱、跟踪、骚扰、伤害法官及其近亲属等违法犯罪行为。

侵犯法官人格尊严,或者泄露依法不能公开的法官及其亲属隐私,干扰法官依法履职的,依法追究有关人员责任。

44. 加大对妨碍法官依法行使审判权、诬告陷害法官、藐视法庭权威、严重扰乱审判秩序等违法犯罪行为的惩罚力度,研究完善配套制度,推动相关法律的修改完善。

六、附则

45. 本意见所称法官是指经法官遴选委员会遴选后进入法官员额的法官。

46. 本意见关于审判责任的认定和追究适用于人民法院的法官、副庭长、庭长、审判委员会专职委员、副院长和院长。执行员、法官助理、书记员、司法警察等审判辅助人员的责任认定和追究参照执行。

技术调查官等其他审判辅助人员的职责另行规定。

人民陪审员制度改革试点地区法院人民陪审案件中的审判责任根据《人民陪审员制度改革试点方案》另行规定。

47. 本意见由最高人民法院负责解释。

48. 本意见适用于中央确定的司法体制改革试点法院和最高人民法院确定的审判权力运行机制改革试点法院。

最高人民法院关于健全完善人民法院审判委员会工作机制的意见

· 2019 年 8 月 2 日
· 法发〔2019〕20 号

为贯彻落实中央关于深化司法体制综合配套改革的总体部署,健全完善人民法院审判委员会工作机制,进一步全面落实司法责任制,根据人民法院组织法、刑事诉讼法、民事诉讼法、行政诉讼法等法律及司法解释规定,结合人民法院工作实际,制定本意见。

一、基本原则

1. 坚持党的领导。坚持以习近平新时代中国特色社会主义思想为指导,增强"四个意识"、坚定"四个自信"、做到"两个维护",坚持党对人民法院工作的绝对领导,坚定不移走中国特色社会主义法治道路,健全公正高效权威的社会主义司法制度。

2. 实行民主集中制。坚持充分发扬民主和正确实行集中有机结合,健全完善审判委员会议事程序和议事规则,确保审判委员会委员客观、公正、独立、平等发表意见,防止和克服议而不决、决而不行,切实发挥民主集中

制优势。

3. 遵循司法规律。优化审判委员会人员组成,科学定位审判委员会职能,健全审判委员会运行机制,全面落实司法责任制,推动建立权责清晰、权责统一、运行高效、监督有力的工作机制。

4. 恪守司法公正。认真总结审判委员会制度改革经验,不断完善工作机制,坚持以事实为根据、以法律为准绳,坚持严格公正司法,坚持程序公正和实体公正相统一,充分发挥审判委员会职能作用,努力让人民群众在每一个司法案件中感受到公平正义。

二、组织构成

5. 各级人民法院设审判委员会。审判委员会由院长、副院长和若干资深法官组成,成员应当为单数。

审判委员会可以设专职委员。

6. 审判委员会会议分为全体会议和专业委员会会议。

专业委员会会议是审判委员会的一种会议形式和工作方式。中级以上人民法院根据审判工作需要,可以召开刑事审判、民事行政审判等专业委员会会议。

专业委员会会议组成人员应当根据审判委员会委员的专业和工作分工确定。审判委员会委员可以参加不同的专业委员会会议。专业委员会会议全体组成人员应当超过审判委员会全体委员的二分之一。

三、职能定位

7. 审判委员会的主要职能是:

(1)总结审判工作经验;

(2)讨论决定重大、疑难、复杂案件的法律适用;

(3)讨论决定本院已经发生法律效力的判决、裁定、调解书是否应当再审;

(4)讨论决定其他有关审判工作的重大问题。

最高人民法院审判委员会通过制定司法解释、规范性文件及发布指导性案例等方式,统一法律适用。

8. 各级人民法院审理的下列案件,应当提交审判委员会讨论决定:

(1)涉及国家安全、外交、社会稳定等敏感案件和重大、疑难、复杂案件;

(2)本院已经发生法律效力的判决、裁定、调解书等确有错误需要再审的案件;

(3)同级人民检察院依照审判监督程序提出抗诉的刑事案件;

(4)法律适用规则不明的新类型案件;

(5)拟宣告被告人无罪的案件;

（6）拟在法定刑以下判处刑罚或者免予刑事处罚的案件；

高级人民法院、中级人民法院拟判处死刑的案件，应当提交本院审判委员会讨论决定。

9. 各级人民法院审理的下列案件，可以提交审判委员会讨论决定：

（1）合议庭对法律适用问题意见分歧较大，经专业（主审）法官会议讨论难以作出决定的案件；

（2）拟作出的裁判与本院或者上级法院的类案裁判可能发生冲突的案件；

（3）同级人民检察院依照审判监督程序提出抗诉的重大、疑难、复杂民事案件及行政案件；

（4）指令再审或者发回重审的案件；

（5）其他需要提交审判委员会讨论决定的案件。

四、运行机制

10. 合议庭或者独任法官认为案件需要提交审判委员会讨论决定的，由其提出申请，层报院长批准；未提出申请，院长认为有必要的，可以提请审判委员会讨论决定。

其他事项提交审判委员会讨论决定的，参照案件提交程序执行。

11. 拟提请审判委员会讨论决定的案件，应当有专业（主审）法官会议研究讨论的意见。

专业（主审）法官会议意见与合议庭或者独任法官意见不一致的，院长、副院长、庭长可以按照审判监督管理权限要求合议庭或者独任法官复议；经复议仍未采纳专业（主审）法官会议意见的，应当按程序报请审判委员会讨论决定。

12. 提交审判委员会讨论的案件，合议庭应当形成书面报告。书面报告应当客观全面反映案件事实、证据、当事人或者控辩双方的意见，列明需要审判委员会讨论决定的法律适用问题、专业（主审）法官会议意见、类案与关联案件检索情况，有合议庭拟处理意见和理由。有分歧意见的，应归纳不同的意见和理由。

其他事项提交审判委员会讨论之前，承办部门应在认真调研并征求相关部门意见的基础上提出办理意见。

13. 对提交审判委员会讨论决定的案件或者事项，审判委员会工作部门可以先行审查是否属于审判委员会讨论范围并提出意见，报请院长决定。

14. 提交审判委员会讨论决定的案件，审判委员会委员有应当回避情形的，应当自行回避并报院长决定；院长的回避，由审判委员会决定。

审判委员会委员的回避情形，适用有关法律关于审判人员回避情形的规定。

15. 审判委员会委员应当提前审阅会议材料，必要时可以调阅相关案卷、文件及庭审音频视频资料。

16. 审判委员会召开全体会议和专业委员会会议，应当有其组成人员的过半数出席。

17. 审判委员会全体会议及专业委员会会议应当由院长或者院长委托的副院长主持。

18. 下列人员应当列席审判委员会会议：

（1）承办案件的合议庭成员、独任法官或者事项承办人；

（2）承办案件、事项的审判庭或者部门负责人；

（3）其他有必要列席的人员。

审判委员会召开会议，必要时可以邀请人大代表、政协委员、专家学者等列席。

经主持人同意，列席人员可以提供说明或者表达意见，但不参与表决。

19. 审判委员会举行会议时，同级人民检察院检察长或者其委托的副检察长可以列席。

20. 审判委员会讨论决定案件和事项，一般按照以下程序进行：

（1）合议庭、承办人汇报；

（2）委员就有关问题进行询问；

（3）委员按照法官等级和资历由低到高顺序发表意见，主持人最后发表意见；

（4）主持人作会议总结，会议作出决议。

21. 审判委员会全体会议和专业委员会会议讨论案件或者事项，一般按照各自全体组成人员过半数的多数意见作出决定，少数委员的意见应当记录在卷。

经专业委员会会议讨论的案件或者事项，无法形成决议或者院长认为有必要的，可以提交全体会议讨论决定。

经审判委员会全体会议和专业委员会会议讨论的案件或者事项，院长认为有必要的，可以提请复议。

22. 审判委员会讨论案件或者事项的决定，合议庭、独任法官或者相关部门应当执行。审判委员会工作部门发现案件处理结果与审判委员会决定不符的，应当及时向院长报告。

23. 审判委员会会议纪要或者决定由院长审定后，发送审判委员会委员、相关审判庭或者部门。

同级人民检察院检察长或者副检察长列席审判委员会的，会议纪要或者决定抄送同级人民检察院检察委员会办事机构。

24. 审判委员会讨论案件的决定及其理由应当在裁判文书中公开,法律规定不公开的除外。

25. 经审判委员会讨论决定的案件,合议庭、独任法官应及时审结,并将判决书、裁定书、调解书等送审判委员会工作部门备案。

26. 各级人民法院应当建立审判委员会会议全程录音录像制度,按照保密要求进行管理。审判委员会议题的提交、审核、讨论、决定等纳入审判流程管理系统,实行全程留痕。

27. 各级人民法院审判委员会工作部门负责处理审判委员会日常事务性工作,根据审判委员会授权,督促检查审判委员会决定执行情况,落实审判委员会交办的其他事项。

五、保障监督

28. 审判委员会委员依法履职行为受法律保护。

29. 领导干部和司法机关内部人员违法干预、过问、插手审判委员会委员讨论决定案件的,应当予以记录、通报,并依纪依法追究相应责任。

30. 审判委员会委员因依法履职遭受诬告陷害或者侮辱诽谤的,人民法院应当会同有关部门及时采取有效措施,澄清事实真相,消除不良影响,并依法追究相关单位或者个人的责任。

31. 审判委员会讨论案件,合议庭、独任法官对其汇报的事实负责,审判委员会委员对其本人发表的意见和表决负责。

32. 审判委员会委员有贪污受贿、徇私舞弊、枉法裁判等严重违纪违法行为的,依纪依法严肃追究责任。

33. 各级人民法院应当将审判委员会委员出席会议情况纳入考核体系,并以适当形式在法院内部公示。

34. 审判委员会委员、列席人员及其他与会人员应严格遵守保密工作纪律,不得泄露履职过程中知悉的审判工作秘密。因泄密造成严重后果的,严肃追究纪律责任和法律责任。

六、附则

35. 本意见关于审判委员会委员的审判责任范围、认定及追究程序,依据《最高人民法院关于完善人民法院司法责任制的若干意见》及法官惩戒相关规定等执行。

36. 各级人民法院可以根据本意见,结合本院审判工作实际,制定工作细则。

37. 本意见自 2019 年 8 月 2 日起施行。最高人民法院以前发布的规范性文件与本意见不一致的,以本意见为准。

最高人民法院关于规范合议庭运行机制的意见

· 2022 年 10 月 26 日
· 法发〔2022〕31 号

为了全面准确落实司法责任制,规范合议庭运行机制,明确合议庭职责,根据《中华人民共和国人民法院组织法》《中华人民共和国法官法》《中华人民共和国刑事诉讼法》《中华人民共和国民事诉讼法》《中华人民共和国行政诉讼法》等有关法律和司法解释规定,结合人民法院工作实际,制定本意见。

一、合议庭是人民法院的基本审判组织。合议庭全体成员平等参与案件的阅卷、庭审、评议、裁判等审判活动,对案件的证据采信、事实认定、法律适用、诉讼程序、裁判结果等问题独立发表意见并对此承担相应责任。

二、合议庭可以通过指定或者随机方式产生。因专业化审判或者案件繁简分流工作需要,合议庭成员相对固定的,应当定期轮换交流。属于“四类案件”或者参照“四类案件”监督管理的,院庭长可以按照其职权指定合议庭成员。以指定方式产生合议庭的,应当在办案平台全程留痕,或者形成书面记录入卷备查。

合议庭的审判长由院庭长指定。院庭长参加合议庭的,由院庭长担任审判长。

合议庭成员确定后,因回避、工作调动、身体健康、廉政风险等事由,确需调整成员的,由院庭长按照职权决定,调整结果应当及时通知当事人,并在办案平台标注原因,或者形成书面记录入卷备查。

法律、司法解释规定“另行组成合议庭”的案件,原合议庭成员及审判辅助人员均不得参与办理。

三、合议庭审理案件时,审判长除承担由合议庭成员共同承担的职责外,还应当履行以下职责:

(一)确定案件审理方案、庭审提纲,协调合议庭成员庭审分工,指导合议庭成员或者审判辅助人员做好其他必要的庭审准备工作;

(二)主持、指挥庭审活动;

(三)主持合议庭评议;

(四)建议将合议庭处理意见分歧较大的案件,依照有关规定和程序提交专业法官会议讨论或者审判委员会讨论决定;

(五)依法行使其他审判权力。

审判长承办案件时,应当同时履行承办法官的职责。

四、合议庭审理案件时,承办法官履行以下职责:

(一)主持或者指导审判辅助人员做好庭前会议、庭前调解、证据交换等庭前准备工作及其他审判辅助工作；

（二）就当事人提出的管辖权异议及保全、司法鉴定、证人出庭、非法证据排除申请等提请合议庭评议；

（三）全面审核涉案证据，提出审查意见；

（四）拟定案件审理方案、庭审提纲，根据案件审理需要制作阅卷笔录；

（五）协助审判长开展庭审活动；

（六）参与案件评议，并先行提出处理意见；

（七）根据案件审理需要，制作或者指导审判辅助人员起草审理报告、类案检索报告等；

（八）根据合议庭评议意见或者审判委员会决定，制作裁判文书等；

（九）依法行使其他审判权力。

五、合议庭审理案件时，合议庭其他成员应当共同参与阅卷、庭审、评议等审判活动，根据审判长安排完成相应审判工作。

六、合议庭应当在庭审结束后及时评议。合议庭成员确有客观原因难以实现线下同场评议的，可以通过人民法院办案平台采取在线方式评议，但不得以提交书面意见的方式参加评议或者委托他人参加评议。合议庭评议过程不向未直接参加案件审理工作的人员公开。

合议庭评议案件时，先由承办法官对案件事实认定、证据采信以及适用法律等发表意见，其他合议庭成员依次发表意见。审判长应当根据评议情况总结合议庭评议的结论性意见。

审判长主持评议时，与合议庭其他成员权利平等。合议庭成员评议时，应当充分陈述意见，独立行使表决权，不得拒绝陈述意见；同意他人意见的，应当提供事实和法律根据并论证理由。

合议庭成员对评议结果的表决以口头形式进行。评议过程应当以书面形式完整记入笔录，评议笔录由审判辅助人员制作，由参加合议的人员和制作人签名。评议笔录属于审判秘密，非经法定程序和条件，不得对外公开。

七、合议庭评议时，如果意见存在分歧，应当按照多数意见作出决定，但是少数意见应当记入笔录。

合议庭可以根据案情或者院庭长提出的监督意见复议。合议庭无法形成多数意见时，审判长应当按照有关规定和程序建议院庭长将案件提交专业法官会议讨论，或者由院长将案件提交审判委员会讨论决定。专业法官会议讨论形成的意见，供合议庭复议时参考；审判委员会的决定，合议庭应当执行。

八、合议庭发现审理的案件属于"四类案件"或者有必要参照"四类案件"监督管理的，应当按照有关规定及时向院庭长报告。

对于"四类案件"或者参照"四类案件"监督管理的案件，院庭长可以按照职权要求合议庭报告案件审理进展和评议结果，就案件审理涉及的相关问题提出意见，视情建议合议庭复议。院庭长对审理过程或者评议、复议结果有异议的，可以决定将案件提交专业法官会议讨论，或者按照程序提交审判委员会讨论决定，但不得直接改变合议庭意见。院庭长监督管理的情况应当在办案平台全程留痕，或者形成书面记录入卷备查。

九、合议庭审理案件形成的裁判文书，由合议庭成员签署并共同负责。合议庭其他成员签署前，可以对裁判文书提出修改意见，并反馈承办法官。

十、由法官组成合议庭审理案件的，适用本意见。依法由法官和人民陪审员组成合议庭的运行机制另行规定。执行案件办理过程中需要组成合议庭评议或者审核的事项，参照适用本意见。

十一、本意见自 2022 年 11 月 1 日起施行。之前有关规定与本意见不一致的，按照本意见执行。

十、第一审、第二审程序

1. 公开审判

最高人民法院关于严格执行公开审判制度的若干规定

· 1999 年 3 月 8 日
· 法发〔1999〕3 号

各省、自治区、直辖市高级人民法院,解放军军事法院,新疆维吾尔自治区高级人民法院生产建设兵团分院:

为了严格执行公开审判制度,根据我国宪法和有关法律,特作如下规定:

一、人民法院进行审判活动,必须坚持依法公开审判制度,做到公开开庭,公开举证、质证,公开宣判。

二、人民法院对于第一审案件,除下列案件外,应当依法一律公开审理:

(一) 涉及国家秘密的案件;

(二) 涉及个人隐私的案件;

(三) 14 岁以上不满 16 岁未成年人犯罪的案件;经人民法院决定不公开审理的 16 岁以上不满 18 岁未成年人犯罪的案件;

(四) 经当事人申请,人民法院决定不公开审理的涉及商业秘密的案件;

(五) 经当事人申请,人民法院决定不公开审理的离婚案件;

(六) 法律另有规定的其他不公开审理的案件。

对于不公开审理的案件,应当当庭宣布不公开审理的理由。

三、下列第二审案件应当公开审理:

(一) 当事人对不服公开审理的第一审案件的判决、裁定提起上诉的,但因违反法定程序发回重审的和事实清楚依法径行判决、裁定的除外。

(二) 人民检察院对公开审理的案件的判决、裁定提起抗诉的,但需发回重审的除外。

四、依法公开审理案件应当在开庭 3 日以前公告。公告应当包括案由、当事人姓名或者名称、开庭时间和地点。

五、依法公开审理案件,案件事实未经法庭公开调查不能认定。

证明案件事实的证据未在法庭公开举证、质证,不能进行认证,但无需举证的事实除外。缺席审理的案件,法庭可以结合其他事实和证据进行认证。

法庭能够当庭认证的,应当当庭认证。

六、人民法院审理的所有案件应当一律公开宣告判决。

宣告判决,应当对案件事实和证据进行认定,并在此基础上正确适用法律。

七、凡应当依法公开审理的案件没有公开审理的,应当按下列规定处理:

(一) 当事人提起上诉或者人民检察院对刑事案件的判决、裁定提起抗诉的,第二审人民法院应当裁定撤销原判决,发回重审;

(二) 当事人申请再审的,人民法院可以决定再审;人民检察院按照审判监督程序提起抗诉的,人民法院应当决定再审。

上述发回重审或者决定再审的案件应当依法公开审理。

八、人民法院公开审理案件,庭审活动应当在审判法庭进行。需要巡回依法公开审理的,应当选择适当的场所进行。

九、审判法庭和其他公开进行案件审理活动的场所,应当按照最高人民法院关于法庭布置的要求悬挂国徽,设置审判席和其他相应的席位。

十、依法公开审理案件,公民可以旁听,但精神病人、醉酒的人和未经人民法院批准的未成年人除外。

根据法庭场所和参加旁听人数等情况,旁听人需要持旁听证进入法庭的,旁听证由人民法院制发。

外国人和无国籍人持有效证件要求旁听的,参照中国公民旁听的规定办理。

旁听人员必须遵守《中华人民共和国人民法院法庭规则》的规定,并应当接受安全检查。

十一、依法公开审理案件,经人民法院许可,新闻记者可以记录、录音、录像、摄影、转播庭审实况。

外国记者的旁听按照我国有关外事管理规定办理。

最高人民法院关于加强
人民法院审判公开工作的若干意见

· 2007 年 6 月 4 日
· 法发〔2007〕20 号

为进一步落实宪法规定的公开审判原则,深入贯彻党的十六届六中全会提出的健全公开审判制度的要求,充分发挥人民法院在构建社会主义和谐社会中的职能作用,现就加强人民法院审判公开工作提出以下意见。

一、充分认识加强人民法院审判公开工作的重大意义

1. 加强审判公开工作是构建社会主义和谐社会的内在要求。审判公开是以公开审理案件为核心内容的、人民法院审判工作各重要环节的依法公开,是对宪法规定的公开审判原则的具体落实,是我国人民民主专政本质的重要体现,是在全社会实现公平和正义的重要保障。各级人民法院要充分认识到广大人民群众和全社会对不断增强审判工作公开性的高度关注和迫切需要,从发展社会主义民主政治、落实依法治国方略、构建社会主义和谐社会的高度,在各项审判和执行工作中依法充分落实审判公开。

2. 加强审判公开工作是建设公正、高效、权威的社会主义司法制度的迫切需要。深入贯彻落实《中共中央关于构建社会主义和谐社会若干重大问题的决定》,建设公正、高效、权威的社会主义司法制度,是当前和今后一个时期人民法院工作的重要目标。实现这一目标,必须加强审判公开。司法公正应当是“看得见的公正”,司法高效应当是“能感受的高效”,司法权威应当是“被认同的权威”。各级人民法院要通过深化审判公开,充分保障当事人诉讼权利,积极接受当事人监督,主动接受人大及其常委会的工作监督,正确面对新闻媒体的舆论监督,建设公正、高效、权威的社会主义司法制度。

二、准确把握人民法院审判公开工作的基本原则

3. 依法公开。要严格履行法律规定的公开审判职责,切实保障当事人依法参与审判活动、知悉审判工作信息的权利。要严格执行法律规定的公开范围,在审判工作中严守国家秘密和审判工作秘密,依法保护当事人隐私和商业秘密。

4. 及时公开。法律规定了公开时限的,要严格遵守法律规定的时限,在法定时限内快速、完整地依法公开审判工作信息。法律没有规定公开时限的,要在合理时间内快速、完整地依法公开审判工作信息。

5. 全面公开。要按照法律规定,在案件审理过程中做到公开开庭,公开举证、质证,公开宣判;根据审判工作需要,公开与保护当事人权利有关的人民法院审判工作各重要环节的有效信息。

三、切实加强人民法院审判公开工作的基本要求

6. 人民法院应当以设置宣传栏或者公告牌、建立网站等方便查阅的形式,公布本院管辖的各类案件的立案条件、由当事人提交的法律文书的样式、诉讼费用的收费标准及缓、减、免交诉讼费的基本条件和程序、案件审理与执行工作流程等事项。

7. 对当事人起诉材料、手续不全的,要尽量做到一次性全面告知当事人应当提交的材料和手续,有条件的人民法院应当采用书面形式告知。能够当场补齐的,立案工作人员应当指导当事人当场补齐。

8. 对决定受理适用普通程序的案件,应当在案件受理通知书和应诉通知书中,告知当事人所适用的审判程序及有关的诉讼权利和义务。决定由适用简易程序转为适用普通程序的,应当在作出决定后及时将决定的内容及事实和法律根据告知当事人。

9. 当事人及其诉讼代理人请求人民法院调查取证的,应当提出书面申请。人民法院决定调查收集证据的,应当及时告知申请人及其他当事人。决定不调查收集证据的,应当制作书面通知,说明不调查收集证据的理由,并及时送达申请人。

10. 人民法院裁定采取财产保全措施或者先予执行的,应当在裁定书中写明采取财产保全措施或者先予执行所依据的事实和法律根据,及申请人提供担保的种类、金额或者免予担保的事实和法律根据。人民法院决定不采取财产保全措施或者先予执行的,应当作出书面裁定,并在裁定书中写明有关事实和法律根据。

11. 人民法院必须严格执行《中华人民共和国刑事诉讼法》、《中华人民共和国民事诉讼法》、《中华人民共和国行政诉讼法》及相关司法解释关于公开审理的案件范围的规定,应当公开审理的,必须公开审理。当事人提出案件涉及个人隐私或者商业秘密的,人民法院应当综合当事人意见、社会一般理性认识等因素,必要时征询专家意见,在合理判断基础上作出决定。

12. 审理刑事二审案件,应当积极创造条件,逐步实现开庭审理;被告人一审被判处死刑的上诉案件和检察机关提出抗诉的案件,应当开庭审理。要逐步加大民事、行政二审案件开庭审理的力度。

13. 刑事二审案件不开庭审理的,人民法院应当在

全面审查案卷材料和证据基础上讯问被告人,听取辩护人、代理人的意见,核实证据,查清事实;民事、行政二审案件不开庭审理的,人民法院应当全面审查案卷,充分听取当事人意见,核实证据,查清事实。

14. 要逐步提高当庭宣判比率,规范定期宣判、委托宣判。人民法院审理案件,能够当庭宣判的,应当当庭宣判。定期宣判、委托宣判的,应当在裁判文书签发或者收到委托函后及时进行,宣判前应当通知当事人和其他诉讼参与人。宣判时允许旁听,宣判后应当立即送达法律文书。

15. 依法公开审理的案件,我国公民可以持有效证件旁听,人民法院应当妥善安排好旁听工作。因审判场所、安全保卫等客观因素所限发放旁听证的,应当作出必要的说明和解释。

16. 对群众广泛关注、有较大社会影响或者有利于社会主义法治宣传教育的案件,可以有计划地通过相关组织安排群众旁听,邀请人大代表、政协委员旁听,增进广大群众、人大代表、政协委员了解法院审判工作,方便对审判工作的监督。

17. 申请执行人向人民法院提供被执行人财产线索的,人民法院应当在收到有关线索后尽快决定是否调查,决定不予调查的,应当告知申请执行人具体理由。人民法院根据申请执行人提供的线索或依职权调查被执行人财产状况的,应当在调查结束后及时将调查结果告知申请执行人。被执行人向人民法院申报财产的,人民法院应当在收到申报后及时将被执行人申报的财产状况告知申请执行人。

18. 人民法院应当公告选择评估、拍卖等中介机构的条件和程序,公开进行选定,并及时公告选定的中介机构名单。人民法院应当向当事人、利害关系人公开评估、拍卖、变卖的过程和结果;不能及时拍卖、变卖的,应当向当事人、利害关系人说明原因。

19. 对办案过程中涉及当事人或案外人重大权益的事项,法律没有规定办理程序的,各级人民法院应当根据实际情况,建立灵活、方便的听证机制,举行听证。对当事人、利害关系人提出的执行异议、变更或追加被执行人的请求,经调卷复查认为符合再审条件的申诉申请再审案件,人民法院应当举行听证。

20. 人民法院应当建立和公布案件办理情况查询机制,方便当事人及其委托代理人及时了解与当事人诉讼权利、义务相关的审判和执行信息。

21. 有条件的人民法院对于庭审活动和相关重要审判活动可以录音、录像,建立审判工作的声像档案,当事人可以按规定查阅和复制。

22. 各高级人民法院应当根据本辖区内的情况制定通过出版物、局域网、互联网等方式公布生效裁判文书的具体办法,逐步加大生效裁判文书公开的力度。

23. 通过电视、互联网等媒体对人民法院公开审理案件进行直播、转播的,由高级人民法院批准后进行。

四、规范审判公开工作,维护法律权威和司法形象

24. 人民法院公开审理案件,庭审活动应当在审判法庭进行。巡回审理案件,有固定审判场所的,庭审活动应当在该固定审判场所进行;尚无固定审判场所的,可根据实际条件选择适当的场所。

25. 人民法院裁判文书是人民法院公开审判活动、裁判理由、裁判依据和裁判结果的重要载体。裁判文书的制作应当符合最高人民法院颁布的裁判文书样式要求,包含裁判文书的必备要素,并按照繁简得当、易于理解的要求,清楚地反映裁判过程、事实、理由和裁判依据。

26. 人民法院工作人员实施公务活动,应当依据有关规定着装,并主动出示工作证。

27. 人民法院应当向社会公开审判、执行工作纪律规范,公开违法审判、违法执行的投诉办法,便于当事人及社会监督。

最高人民法院关于人民法院通过互联网公开审判流程信息的规定

· 2018 年 2 月 12 日最高人民法院审判委员会第 1733 次会议通过
· 2018 年 3 月 4 日最高人民法院公告公布
· 自 2018 年 9 月 1 日起施行
· 法释〔2018〕7 号

为贯彻落实审判公开原则,保障当事人对审判活动的知情权,规范人民法院通过互联网公开审判流程信息工作,促进司法公正,提升司法公信,根据《中华人民共和国刑事诉讼法》《中华人民共和国民事诉讼法》《中华人民共和国行政诉讼法》《中华人民共和国国家赔偿法》等法律规定,结合人民法院工作实际,制定本规定。

第一条 人民法院审判刑事、民事、行政、国家赔偿案件的流程信息,应当通过互联网向参加诉讼的当事人及其法定代理人、诉讼代理人、辩护人公开。

人民法院审判具有重大社会影响案件的流程信息,可以通过互联网或者其他方式向公众公开。

第二条　人民法院通过互联网公开审判流程信息,应当依法、规范、及时、便民。

第三条　中国审判流程信息公开网是人民法院公开审判流程信息的统一平台。各级人民法院在本院门户网站以及司法公开平台设置中国审判流程信息公开网的链接。

有条件的人民法院可以通过手机、诉讼服务平台、电话语音系统、电子邮箱等辅助媒介,向当事人及其法定代理人、诉讼代理人、辩护人主动推送案件的审判流程信息,或者提供查询服务。

第四条　人民法院应当在受理案件通知书、应诉通知书、参加诉讼通知书、出庭通知书中,告知当事人及其法定代理人、诉讼代理人、辩护人通过互联网获取审判流程信息的方法和注意事项。

第五条　当事人、法定代理人、诉讼代理人、辩护人的身份证件号码、律师执业证号、组织机构代码、统一社会信用代码,是其获取审判流程信息的身份验证依据。

当事人及其法定代理人、诉讼代理人、辩护人应当配合受理案件的人民法院采集、核对身份信息,并预留有效的手机号码。

第六条　人民法院通知当事人应诉、参加诉讼,准许当事人参加诉讼,或者采用公告方式送达当事人的,自完成其身份信息采集、核对后,依照本规定公开审判流程信息。

当事人中途退出诉讼的,经人民法院依法确认后,不再向该当事人及其法定代理人、诉讼代理人、辩护人公开审判流程信息。

法定代理人、诉讼代理人、辩护人参加诉讼或者发生变更的,参照前两款规定处理。

第七条　下列程序性信息应当通过互联网向当事人及其法定代理人、诉讼代理人、辩护人公开:

(一)收案、立案信息,结案信息;

(二)检察机关、刑罚执行机关信息,当事人信息;

(三)审判组织信息;

(四)审判程序、审理期限、送达、上诉、抗诉、移送等信息;

(五)庭审、质证、证据交换、庭前会议、询问、宣判等诉讼活动的时间和地点;

(六)裁判文书在中国裁判文书网的公布情况;

(七)法律、司法解释规定应当公开,或者人民法院认为可以公开的其他程序性信息。

第八条　回避、管辖争议、保全、先予执行、评估、鉴定等流程信息,应当通过互联网向当事人及其法定代理人、诉讼代理人、辩护人公开。

公开保全、先予执行等流程信息可能影响事项处理的,可以在事项处理完毕后公开。

第九条　下列诉讼文书应当于送达后通过互联网向当事人及其法定代理人、诉讼代理人、辩护人公开:

(一)起诉状、上诉状、再审申请书、申诉书、国家赔偿申请书、答辩状等诉讼文书;

(二)受理案件通知书、应诉通知书、参加诉讼通知书、出庭通知书、合议庭组成人员通知书、传票等诉讼文书;

(三)判决书、裁定书、决定书、调解书,以及其他有中止、终结诉讼程序作用,或者对当事人实体权利有影响、对当事人程序权利有重大影响的裁判文书;

(四)法律、司法解释规定应当公开,或者人民法院认为可以公开的其他诉讼文书。

第十条　庭审、质证、证据交换、庭前会议、调查取证、勘验、询问、宣判等诉讼活动的笔录,应当通过互联网向当事人及其法定代理人、诉讼代理人、辩护人公开。

第十一条　当事人及其法定代理人、诉讼代理人、辩护人申请查阅庭审录音录像、电子卷宗的,人民法院可以通过中国审判流程信息公开网或者其他诉讼服务平台提供查阅,并设置必要的安全保护措施。

第十二条　涉及国家秘密,以及法律、司法解释规定应当保密或者限制获取的审判流程信息,不得通过互联网向当事人及其法定代理人、诉讼代理人、辩护人公开。

第十三条　已经公开的审判流程信息与实际情况不一致的,以实际情况为准,受理案件的人民法院应当及时更正。

已经公开的审判流程信息存在本规定第十二条列明情形的,受理案件的人民法院应当及时撤回。

第十四条　经受送达人书面同意,人民法院可以通过中国审判流程信息公开网向民事、行政案件的当事人及其法定代理人、诉讼代理人电子送达除判决书、裁定书、调解书以外的诉讼文书。

采用前款方式送达的,人民法院应当按照本规定第五条采集、核对受送达人的身份信息,并为其开设个人专用的即时收悉系统。诉讼文书到达该系统的日期为送达日期,由系统自动记录并生成送达回证归入电子卷宗。

已经送达的诉讼文书需要更正的,应当重新送达。

第十五条　最高人民法院监督指导全国法院审判流程信息公开工作。高级、中级人民法院监督指导辖区法院审判流程信息公开工作。

各级人民法院审判管理办公室或者承担审判管理职能的其他机构负责本院审判流程信息公开工作,履行以下职责:

(一)组织、监督审判流程信息公开工作;

(二)处理当事人及其法定代理人、诉讼代理人、辩护人对审判流程信息公开工作的投诉和意见建议;

(三)指导技术部门做好技术支持和服务保障;

(四)其他管理工作。

第十六条　公开审判流程信息的业务规范和技术标准,由最高人民法院另行制定。

第十七条　本规定自 2018 年 9 月 1 日起施行。最高人民法院以前发布的司法解释和规范性文件与本规定不一致的,以本规定为准。

人民法院在线诉讼规则

· 2021 年 5 月 18 日最高人民法院审判委员会第 1838 次会议通过
· 2021 年 6 月 16 日最高人民法院公告公布
· 自 2021 年 8 月 1 日起施行
· 法释〔2021〕12 号

为推进和规范在线诉讼活动,完善在线诉讼规则,依法保障当事人及其他诉讼参与人等诉讼主体的合法权利,确保公正高效审理案件,根据《中华人民共和国刑事诉讼法》《中华人民共和国民事诉讼法》《中华人民共和国行政诉讼法》等相关法律规定,结合人民法院工作实际,制定本规则。

第一条　人民法院、当事人及其他诉讼参与人等可以依托电子诉讼平台(以下简称"诉讼平台"),通过互联网或者专用网络在线完成立案、调解、证据交换、询问、庭审、送达等全部或者部分诉讼环节。

在线诉讼活动与线下诉讼活动具有同等法律效力。

第二条　人民法院开展在线诉讼应当遵循以下原则:

(一)公正高效原则。严格依法开展在线诉讼活动,完善审判流程,健全工作机制,加强技术保障,提高司法效率,保障司法公正。

(二)合法自愿原则。尊重和保障当事人及其他诉讼参与人对诉讼方式的选择权,未经当事人及其他诉讼参与人同意,人民法院不得强制或者变相强制适用在线诉讼。

(三)权利保障原则。充分保障当事人各项诉讼权利,强化提示、说明、告知义务,不得随意减少诉讼环节和减损当事人诉讼权益。

(四)便民利民原则。优化在线诉讼服务,完善诉讼平台功能,加强信息技术应用,降低当事人诉讼成本,提升纠纷解决效率。统筹兼顾不同群体司法需求,对未成年人、老年人、残障人士等特殊群体加强诉讼引导,提供相应司法便利。

(五)安全可靠原则。依法维护国家安全,保护国家秘密、商业秘密、个人隐私和个人信息,有效保障在线诉讼数据信息安全。规范技术应用,确保技术中立和平台中立。

第三条　人民法院综合考虑案件情况、当事人意愿和技术条件等因素,可以对以下案件适用在线诉讼:

(一)民事、行政诉讼案件;

(二)刑事速裁程序案件,减刑、假释案件,以及因其他特殊原因不宜线下审理的刑事案件;

(三)民事特别程序、督促程序、破产程序和非诉执行审查案件;

(四)民事、行政执行案件和刑事附带民事诉讼执行案件;

(五)其他适宜采取在线方式审理的案件。

第四条　人民法院开展在线诉讼,应当征得当事人同意,并告知适用在线诉讼的具体环节、主要形式、权利义务、法律后果和操作方法等。

人民法院应当根据当事人对在线诉讼的相应意思表示,作出以下处理:

(一)当事人主动选择适用在线诉讼的,人民法院可以不再另行征得其同意,相应诉讼环节可以直接在线进行;

(二)各方当事人均同意适用在线诉讼的,相应诉讼环节可以在线进行;

(三)部分当事人同意适用在线诉讼,部分当事人不同意的,相应诉讼环节可以采取同意方当事人线上、不同意方当事人线下的方式进行;

(四)当事人仅主动选择或者同意对部分诉讼环节适用在线诉讼的,人民法院不得推定其对其他诉讼环节均同意适用在线诉讼。

对人民检察院参与的案件适用在线诉讼的,应当征得人民检察院同意。

第五条　在诉讼过程中,如存在当事人欠缺在线诉讼能力、不具备在线诉讼条件或者相应诉讼环节不宜在线办理等情形之一的,人民法院应当将相应诉讼环节转为线下进行。

当事人已同意对相应诉讼环节适用在线诉讼,但诉讼过程中又反悔的,应当在开展相应诉讼活动前的合理期限内提出。经审查,人民法院认为不存在故意拖延诉讼等不当情形的,相应诉讼环节可以转为线下进行。

在调解、证据交换、询问、听证、庭审等诉讼环节中,一方当事人要求其他当事人及诉讼参与人线下参与诉讼的,应当提出具体理由。经审查,人民法院认为案件存在案情疑难复杂、需证人现场作证、有必要线下举证质证、陈述辩论等情形之一的,相应诉讼环节可以转为线下进行。

第六条　当事人已同意适用在线诉讼,但无正当理由不参与在线诉讼活动或者不作出相应诉讼行为,也未在合理期限内申请提出转为线下进行的,应当依照法律和司法解释的相关规定承担相应法律后果。

第七条　参与在线诉讼的诉讼主体应当先行在诉讼平台完成实名注册。人民法院应当通过证件证照在线比对、身份认证平台认证等方式,核实诉讼主体的实名手机号码、居民身份证件号码、护照号码、统一社会信用代码等信息,确认诉讼主体身份真实性。诉讼主体在线完成身份认证后,取得登录诉讼平台的专用账号。

参与在线诉讼的诉讼主体应当妥善保管诉讼平台专用账号和密码。除有证据证明存在账号被盗用或者系统错误的情形外,使用专用账号登录诉讼平台所作出的行为,视为被认证人本人行为。

人民法院在线开展调解、证据交换、庭审等诉讼活动,应当再次验证诉讼主体的身份;确有必要的,应当在线下进一步核实身份。

第八条　人民法院、特邀调解组织、特邀调解员可以通过诉讼平台、人民法院调解平台等开展在线调解活动。在线调解应当按照法律和司法解释相关规定进行,依法保护国家秘密、商业秘密、个人隐私和其他不宜公开的信息。

第九条　当事人采取在线方式提交起诉材料的,人民法院应当在收到材料后的法定期限内,在线作出以下处理:

(一)符合起诉条件的,登记立案并送达案件受理通知书、交纳诉讼费用通知书、举证通知书等诉讼文书;

(二)提交材料不符合要求的,及时通知其补正,并一次性告知补正内容和期限,案件受理时间自收到补正材料后次日重新起算;

(三)不符合起诉条件或者起诉材料经补正仍不符合要求,原告坚持起诉的,依法裁定不予受理或者不予立案;

当事人已在线提交符合要求的起诉状等材料的,人民法院不得要求当事人再提供纸质件。

上诉、申请再审、特别程序、执行等案件的在线受理规则,参照本条第一款、第二款规定办理。

第十条　案件适用在线诉讼的,人民法院应当通知被告、被上诉人或者其他诉讼参与人,询问其是否同意以在线方式参与诉讼。被通知人同意采用在线方式的,应当在收到通知的三日内通过诉讼平台验证身份、关联案件,并在后续诉讼活动中通过诉讼平台了解案件信息、接收和提交诉讼材料,以及实施其他诉讼行为。

被通知人未明确表示同意采用在线方式,且未在人民法院指定期限内注册登录诉讼平台的,针对被通知人的相关诉讼活动在线下进行。

第十一条　当事人可以在诉讼平台直接填写录入起诉状、答辩状、反诉状、代理意见等诉讼文书材料。

当事人可以通过扫描、翻拍、转录等方式,将线下的诉讼文书材料或者证据材料作电子化处理后上传至诉讼平台。诉讼材料为电子数据,且诉讼平台与存储该电子数据的平台已实现对接的,当事人可以将电子数据直接提交至诉讼平台。

当事人提交电子化材料确有困难的,人民法院可以辅助当事人将线下材料作电子化处理后导入诉讼平台。

第十二条　当事人提交的电子化材料,经人民法院审核通过后,可以直接在诉讼中使用。诉讼中存在下列情形之一的,人民法院应当要求当事人提供原件、原物:

(一)对方当事人认为电子化材料与原件、原物不一致,并提出合理理由和依据的;

(二)电子化材料呈现不完整、内容不清晰、格式不规范的;

(三)人民法院卷宗、档案管理相关规定要求提供原件、原物的;

(四)人民法院认为有必要提交原件、原物的。

第十三条　当事人提交的电子化材料,符合下列情形之一的,人民法院可以认定符合原件、原物形式要求:

(一)对方当事人对电子化材料与原件、原物的一致性未提出异议的;

(二)电子化材料形成过程已经过公证机构公证的;

(三)电子化材料已在之前诉讼中提交并经人民法院确认的;

（四）电子化材料已通过在线或者线下方式与原件、原物比对一致的；

（五）有其他证据证明电子化材料与原件、原物一致的。

第十四条　人民法院根据当事人选择和案件情况，可以组织当事人开展在线证据交换，通过同步或者非同步方式在线举证、质证。

各方当事人选择同步在线交换证据的，应当在人民法院指定的时间登录诉讼平台，通过在线视频或者其他方式，对已经导入诉讼平台的证据材料或者线下送达的证据材料副本，集中发表质证意见。

各方当事人选择非同步在线交换证据的，应当在人民法院确定的合理期限内，分别登录诉讼平台，查看已导入诉讼平台的证据材料，并发表质证意见。

各方当事人均同意在线证据交换，但对具体方式无法达成一致意见的，适用同步在线证据交换。

第十五条　当事人作为证据提交的电子化材料和电子数据，人民法院应当按照法律和司法解释的相关规定，经当事人举证质证后，依法认定其真实性、合法性和关联性。未经人民法院查证属实的证据，不得作为认定案件事实的根据。

第十六条　当事人作为证据提交的电子数据系通过区块链技术存储，并经技术核验一致的，人民法院可以认定该电子数据上链后未经篡改，但有相反证据足以推翻的除外。

第十七条　当事人对区块链技术存储的电子数据上链后的真实性提出异议，并有合理理由的，人民法院应当结合下列因素作出判断：

（一）存证平台是否符合国家有关部门关于提供区块链存证服务的相关规定；

（二）当事人与存证平台是否存在利害关系，并利用技术手段不当干预取证、存证过程；

（三）存证平台的信息系统是否符合清洁性、安全性、可靠性、可用性的国家标准或者行业标准；

（四）存证技术和过程是否符合相关国家标准或者行业标准中关于系统环境、技术安全、加密方式、数据传输、信息验证等方面的要求。

第十八条　当事人提出电子数据上链存储前已不具备真实性，并提供证据证明或者说明理由的，人民法院应当予以审查。

人民法院根据案件情况，可以要求提交区块链技术存储电子数据的一方当事人，提供证据证明上链存储前数据的真实性，并结合上链存储前数据的具体来源、生成机制、存储过程、公证机构公证、第三方见证、关联印证数据等情况作出综合判断。当事人不能提供证据证明或者作出合理说明，该电子数据也无法与其他证据相互印证的，人民法院不予确认其真实性。

第十九条　当事人可以申请具有专门知识的人就区块链技术存储电子数据相关技术问题提出意见。人民法院可以根据当事人申请或者依职权，委托鉴定区块链技术存储电子数据的真实性，或者调取其他相关证据进行核对。

第二十条　经各方当事人同意，人民法院可以指定当事人在一定期限内，分别登录诉讼平台，以非同步的方式开展调解、证据交换、调查询问、庭审等诉讼活动。

适用小额诉讼程序或者民事、行政简易程序审理的案件，同时符合下列情形的，人民法院和当事人可以在指定期限内，按照庭审程序环节分别录制参与庭审视频并上传至诉讼平台，非同步完成庭审活动：

（一）各方当事人同时在线参与庭审确有困难；

（二）一方当事人提出书面申请，各方当事人均表示同意；

（三）案件经过在线证据交换或者调查询问，各方当事人对案件主要事实和证据不存在争议。

第二十一条　人民法院开庭审理的案件，应当根据当事人意愿、案件情况、社会影响、技术条件等因素，决定是否采取视频方式在线庭审，但具有下列情形之一的，不得适用在线庭审：

（一）各方当事人均明确表示不同意，或者一方当事人表示不同意且有正当理由的；

（二）各方当事人均不具备参与在线庭审的技术条件和能力的；

（三）需要通过庭审现场查明身份、核对原件、查验实物的；

（四）案件疑难复杂、证据繁多，适用在线庭审不利于查明事实和适用法律的；

（五）案件涉及国家安全、国家秘密的；

（六）案件具有重大社会影响，受到广泛关注的；

（七）人民法院认为存在其他不宜适用在线庭审情形的。

采取在线庭审方式审理的案件，审理过程中发现存在上述情形之一的，人民法院应当及时转为线下庭审。已完成的在线庭审活动具有法律效力。

在线询问的适用范围和条件参照在线庭审的相关规则。

第二十二条　适用在线庭审的案件,应当按照法律和司法解释的相关规定开展庭前准备、法庭调查、法庭辩论等庭审活动,保障当事人申请回避、举证、质证、陈述、辩论等诉讼权利。

第二十三条　需要公告送达的案件,人民法院可以在公告中明确线上或者线下参与庭审的具体方式,告知当事人选择在线庭审的权利。被公告方当事人未在开庭前向人民法院表示同意在线庭审,被公告方当事人适用线下庭审。其他同意适用在线庭审的当事人,可以在线参与庭审。

第二十四条　在线开展庭审活动,人民法院应当设置环境要素齐全的在线法庭。在线法庭应当保持国徽在显著位置,审判人员及席位名称等在视频画面合理区域。因存在特殊情形,确需在在线法庭之外的其他场所组织在线庭审的,应当报请本院院长同意。

出庭人员参加在线庭审,应当选择安静、无干扰、光线适宜、网络信号良好、相对封闭的场所,不得在可能影响庭审音频视频效果或者有损庭审严肃性的场所参加庭审。必要时,人民法院可以要求出庭人员到指定场所参加在线庭审。

第二十五条　出庭人员参加在线庭审应当尊重司法礼仪,遵守法庭纪律。人民法院根据在线庭审的特点,适用《中华人民共和国人民法院法庭规则》相关规定。

除确属网络故障、设备损坏、电力中断或者不可抗力等原因外,当事人无正当理由不参加在线庭审,视为"拒不到庭";在庭审中擅自退出,经提示、警告后仍不改正的,视为"中途退庭",分别按照相关法律和司法解释的规定处理。

第二十六条　证人通过在线方式出庭的,人民法院应当通过指定在线出庭场所、设置在线作证室等方式,保证其不旁听案件审理和不受他人干扰。当事人对证人在线出庭提出异议且有合理理由的,或者人民法院认为确有必要的,应当要求证人线下出庭作证。

鉴定人、勘验人、具有专门知识的人在线出庭,参照前款规定执行。

第二十七条　适用在线庭审的案件,应当按照法律和司法解释的相关规定公开庭审活动。

对涉及国家安全、国家秘密、个人隐私的案件,庭审过程不得在互联网上公开。对涉及未成年人、商业秘密、离婚等民事案件,当事人申请不公开审理的,在线庭审过程可以不在互联网上公开。

未经人民法院同意,任何人不得违法违规录制、截取、传播涉及在线庭审过程的音频视频、图文资料。

第二十八条　在线诉讼参与人故意违反本规则第八条、第二十四条、第二十五条、第二十六条、第二十七条的规定,实施妨害在线诉讼秩序行为的,人民法院可以根据法律和司法解释关于妨害诉讼的相关规定作出处理。

第二十九条　经受送达人同意,人民法院可以通过送达平台,向受送达人的电子邮箱、即时通讯账号、诉讼平台专用账号等电子地址,按照法律和司法解释的相关规定送达诉讼文书和证据材料。

具备下列情形之一的,人民法院可以确定受送达人同意电子送达:

(一)受送达人明确表示同意的;

(二)受送达人在诉讼前对适用电子送达已作出约定或者承诺的;

(三)受送达人在提交的起诉状、上诉状、申请书、答辩状中主动提供用于接收送达的电子地址的;

(四)受送达人通过回复收悉、参加诉讼等方式接受已经完成的电子送达,并且未明确表示不同意电子送达的。

第三十条　人民法院可以通过电话确认、诉讼平台在线确认、线下发送电子送达确认书等方式,确认受送达人是否同意电子送达,以及受送达人接收电子送达的具体方式和地址,并告知电子送达的适用范围、效力、送达地址变更方式以及其他需告知的送达事项。

第三十一条　人民法院向受送达人主动提供或者确认的电子地址送达的,送达信息到达电子地址所在系统时,即为送达。

受送达人未提供或者未确认有效电子送达地址,人民法院向能够确认为受送达人本人的电子地址送达的,根据下列情形确定送达是否生效:

(一)受送达人回复已收悉,或者根据送达内容已作出相应诉讼行为的,即为完成有效送达;

(二)受送达人的电子地址所在系统反馈受送达人已阅知,或者有其他证据可以证明受送达人已经收悉的,推定完成有效送达,但受送达人能够证明存在系统错误、送达地址非本人使用或者非本人阅知等未收悉送达内容的情形除外。

人民法院开展电子送达,应当在系统中全程留痕,并制作电子送达凭证。电子送达凭证具有送达回证效力。

对同一内容的送达材料采取多种电子方式发送受送达人的,以最先完成的有效送达时间作为送达生效时间。

第三十二条　人民法院适用电子送达,可以同步通过短信、即时通讯工具、诉讼平台提示等方式,通知受送达人查阅、接收、下载相关送达材料。

第三十三条 适用在线诉讼的案件,各方诉讼主体可以通过在线确认、电子签章等方式,确认和签收调解协议、笔录、电子送达凭证及其他诉讼材料。

第三十四条 适用在线诉讼的案件,人民法院应当在调解、证据交换、庭审、合议等诉讼环节同步形成电子笔录。电子笔录以在线方式核对确认后,与书面笔录具有同等法律效力。

第三十五条 适用在线诉讼的案件,人民法院应当利用技术手段随案同步生成电子卷宗,形成电子档案。电子档案的立卷、归档、存储、利用等,按照档案管理相关法律法规的规定执行。

案件无纸质材料或者纸质材料已经全部转化为电子材料的,第一审人民法院可以采用电子卷宗代替纸质卷宗进行上诉移送。

适用在线诉讼的案件存在纸质卷宗材料的,应当按照档案管理相关法律法规立卷、归档和保存。

第三十六条 执行裁决案件的在线立案、电子材料提交、执行和解、询问当事人、电子送达等环节,适用本规则的相关规定办理。

人民法院可以通过财产查控系统、网络询价评估平台、网络拍卖平台、信用惩戒系统等,在线完成财产查明、查封、扣押、冻结、划扣、变价和惩戒等执行实施环节。

第三十七条 符合本规定第三条第二项规定的刑事案件,经公诉人、当事人、辩护人同意,可以根据案件情况,采取在线方式讯问被告人、开庭审理、宣判等。

案件采取在线方式审理的,按照以下情形分别处理:

(一)被告人、罪犯被羁押的,可以在看守所、监狱等羁押场所在线出庭;

(二)被告人、罪犯未被羁押的,因特殊原因确实无法到庭的,可以在人民法院指定的场所在线出庭;

(三)证人、鉴定人一般应当在线下出庭,但法律和司法解释另有规定的除外。

第三十八条 参与在线诉讼的相关主体应当遵守数据安全和个人信息保护的相关法律法规,履行数据安全和个人信息保护义务。除人民法院依法公开的以外,任何人不得违法违规披露、传播和使用在线诉讼数据信息。出现上述情形的,人民法院可以根据具体情况,依照法律和司法解释关于数据安全、个人信息保护以及妨害诉讼的规定追究相关单位和人员法律责任,构成犯罪,依法追究刑事责任。

第三十九条 本规则自 2021 年 8 月 1 日起施行。最高人民法院之前发布的司法解释涉及在线诉讼的规定与本规则不一致的,以本规则为准。

2. 裁判文书规范

最高人民法院关于刑事裁判文书中刑期起止日期如何表述问题的批复

· 2000 年 2 月 13 日最高人民法院审判委员会第 1099 次会议通过
· 2000 年 2 月 29 日最高人民法院公告公布
· 自 2000 年 3 月 4 日起施行
· 法释〔2000〕7 号

江西省高级人民法院:

你院赣高法〔1999〕第 151 号《关于裁判文书中刑期起止时间如何表述的请示》收悉。经研究,答复如下:

根据刑法第四十一条、第四十四条、第四十七条和《法院刑事诉讼文书样式》(样本)的规定,判处管制、拘役、有期徒刑的,应当在刑事裁判文书中写明刑种、刑期和主刑刑期的起止日期及折抵办法。刑期从判决执行之日起计算。判决执行以前先行羁押的,羁押 1 日折抵刑期 1 日(判处管制刑的,羁押 1 日折抵刑期 2 日),即自×××年××月××日(羁押之日)起至××××年××月××日止。羁押期间取保候审的,刑期的终止日顺延。

最高人民法院关于裁判文书引用法律、法规等规范性法律文件的规定

· 2009 年 7 月 13 日最高人民法院审判委员会第 1470 次会议通过
· 2009 年 10 月 26 日最高人民法院公告公布
· 自 2009 年 11 月 4 日起施行
· 法释〔2009〕14 号

为进一步规范裁判文书引用法律、法规等规范性法律文件的工作,提高裁判质量,确保司法统一,维护法律权威,根据《中华人民共和国立法法》等法律规定,制定本规定。

第一条 人民法院的裁判文书应当依法引用相关法律、法规等规范性法律文件作为裁判依据。引用时应当准确完整写明规范性法律文件的名称、条款序号,需要引用具体条文的,应当整条引用。

第二条　并列引用多个规范性法律文件的,引用顺序如下:法律及法律解释、行政法规、地方性法规、自治条例或者单行条例、司法解释。同时引用两部以上法律的,应当先引用基本法律,后引用其他法律。引用包括实体法和程序法的,先引用实体法,后引用程序法。

第三条　刑事裁判文书应当引用法律、法律解释或者司法解释。刑事附带民事诉讼裁判文书引用规范性法律文件,同时适用本规定第四条规定。

第四条　民事裁判文书应当引用法律、法律解释或者司法解释。对于应当适用的行政法规、地方性法规或者自治条例和单行条例,可以直接引用。

第五条　行政裁判文书应当引用法律、法律解释、行政法规或者司法解释。对于应当适用的地方性法规、自治条例和单行条例、国务院或者国务院授权的部门公布的行政法规解释或者行政规章,可以直接引用。

第六条　对于本规定第三条、第四条、第五条规定之外的规范性文件,根据审理案件的需要,经审查认定为合法有效的,可以作为裁判说理的依据。

第七条　人民法院制作裁判文书确需引用的规范性法律文件之间存在冲突,根据立法法等有关法律规定无法选择适用的,应当依法提请有决定权的机关做出裁决,不得自行在裁判文书中认定相关规范性法律文件的效力。

第八条　本院以前发布的司法解释与本规定不一致的,以本规定为准。

最高人民法院关于在裁判文书中
如何表述修正前后刑法条文的批复

· 2012 年 2 月 20 日最高人民法院审判委员会第 1542 次会议通过
· 2012 年 5 月 15 日最高人民法院公告公布
· 自 2012 年 6 月 1 日起施行
· 法释〔2012〕7 号

各省、自治区、直辖市高级人民法院,解放军军事法院,新疆维吾尔自治区高级人民法院生产建设兵团分院:

近来,一些法院就在裁判文书中引用修正前后刑法条文如何具体表述问题请示我院。经研究,批复如下:

一、根据案件情况,裁判文书引用 1997 年 3 月 14 日第八届全国人民代表大会第五次会议修订的刑法条文,应当根据具体情况分别表述:

(一)有关刑法条文在修订的刑法施行后未经修正,或者经过修正,但引用的是现行有效条文,表述为"《中

华人民共和国刑法》第××条"。

(二)有关刑法条文经过修正,引用修正前的条文,表述为"1997 年修订的《中华人民共和国刑法》第××条"。

(三)有关刑法条文经两次以上修正,引用经修正、且为最后一次修订前的条文,表述为"经××××年《中华人民共和国刑法修正案(×)》修正的《中华人民共和国刑法》第××条"。

二、根据案件情况,裁判文书引用 1997 年 3 月 14 日第八届全国人民代表大会第五次会议修订前的刑法条文,应当表述为"1979 年《中华人民共和国刑法》第××条"。

三、根据案件情况,裁判文书引用有关单行刑法条文,应当直接引用相应该条例、补充规定或者决定的具体条款。

四、《最高人民法院关于在裁判文书中如何引用修订前、后刑法名称的通知》(法〔1997〕192 号)、《最高人民法院关于在裁判文书中如何引用刑法修正案的批复》(法释〔2007〕7 号)不再适用。

3. 审　理

最高人民法院研究室关于对刑罚已执行完毕,由于发现新的证据,又因同一事实被以新的罪名重新起诉的案件,应适用何种程序进行审理等问题的答复

· 2002 年 7 月 31 日
· 法研〔2002〕105 号

安徽省高级人民法院:

你院〔2001〕皖刑终字第 610 号《关于对刑罚已执行完毕的罪犯,又因同一案件被以新的罪名重新起诉,应适用何种程序进行审理及原服完的刑期在新刑罚中如何计算的请示》(以下简称《请示》)收悉。经研究,答复如下:

你院《请示》中涉及的案件是共同犯罪案件,因此,对于先行判决且刑罚已经执行完毕,由于同案犯归案发现新的证据,又因同一事实被以新的罪名重新起诉的被告人,原判人民法院应当按照审判监督程序撤销原判决、裁定,并将案件移送有管辖权的人民法院,按照第一审程序与其他同案被告人并案审理。

该被告人已经执行完毕的刑罚,由收案的人民法院在对被指控的新罪作出判决时依法折抵,被判处有期徒刑的,原执行完毕的刑期可以折抵刑期。

最高人民法院关于刑事案件终审判决和裁定何时发生法律效力问题的批复

· 2004 年 7 月 20 日最高人民法院审判委员会第 1320 次会议通过
· 2004 年 7 月 26 日最高人民法院公告公布
· 自 2004 年 7 月 29 日起施行
· 法释〔2004〕7 号

各省、自治区、直辖市高级人民法院,解放军军事法院,新疆维吾尔自治区高级人民法院生产建设兵团分院:

近来,有的法院反映,关于刑事案件终审判决和裁定何时发生法律效力问题不明确。经研究,批复如下:

根据《中华人民共和国刑事诉讼法》第一百六十三条、第一百九十五条和第二百零八条规定的精神,终审的判决和裁定自宣告之日起发生法律效力。

最高人民法院、最高人民检察院关于对死刑判决提出上诉的被告人在上诉期满后宣判前提出撤回上诉人民法院是否准许的批复

· 2010 年 7 月 6 日最高人民法院审判委员会第 1488 次会议、2010 年 6 月 4 日最高人民检察院第 11 届检察委员会第 37 次会议通过
· 2010 年 8 月 6 日最高人民法院、最高人民检察院公告公布
· 自 2010 年 9 月 1 日起施行
· 法释〔2010〕10 号

各省、自治区、直辖市高级人民法院、人民检察院,解放军军事法院、军事检察院,新疆维吾尔自治区高级人民法院生产建设兵团分院、新疆生产建设兵团人民检察院:

近来,有的高级人民法院、省级人民检察院请示,对第一审被判处死刑立即执行的被告人提出上诉后,在第二审开庭审理中又要求撤回上诉的,是否允许撤回上诉。经研究,批复如下:

第一审被判处死刑立即执行的被告人提出上诉,在上诉期满后第二审开庭以前申请撤回上诉的,依照《最高人民法院、最高人民检察院关于死刑第二审案件开庭审理程序若干问题的规定(试行)》第四条的规定处理。在第二审开庭以后宣告裁判前申请撤回上诉的,第二审人民法院应当不准许撤回上诉,继续按照上诉程序审理。

最高人民法院、最高人民检察院以前发布的司法解释、规范性文件与本批复不一致的,以本批复为准。

最高人民法院关于适用刑事诉讼法第二百二十五条第二款有关问题的批复

· 2016 年 6 月 6 日最高人民法院审判委员会第 1686 次会议通过
· 2016 年 6 月 23 日最高人民法院公告公布
· 自 2016 年 6 月 24 日起施行
· 法释〔2016〕13 号

河南省高级人民法院:

你院关于适用《中华人民共和国刑事诉讼法》第二百二十五条第二款有关问题的请示收悉。经研究,批复如下:

一、对于最高人民法院依据《中华人民共和国刑事诉讼法》第二百三十九条和《最高人民法院关于适用〈中华人民共和国刑事诉讼法〉的解释》第三百五十三条裁定不予核准死刑,发回第二审人民法院重新审判的案件,无论此前第二审人民法院是否曾以原判决事实不清楚或者证据不足为由发回重新审判,原则上不得再发回第一审人民法院重新审判;有特殊情况确需发回第一审人民法院重新审判的,需报请最高人民法院批准。

二、对于最高人民法院裁定不予核准死刑,发回第二审人民法院重新审判的案件,第二审人民法院根据案件特殊情况,又发回第一审人民法院重新审判的,第一审人民法院作出判决后,被告人提出上诉或者人民检察院提出抗诉的,第二审人民法院应当依法作出判决或者裁定,不得再发回重新审判。

此复。

最高人民法院关于人民法院庭审录音录像的若干规定

· 2017 年 1 月 25 日最高人民法院审判委员会第 1708 次会议通过
· 2017 年 2 月 22 日最高人民法院公告公布
· 自 2017 年 3 月 1 日起施行
· 法释〔2017〕5 号

为保障诉讼参与人诉讼权利,规范庭审活动,提高庭审效率,深化司法公开,促进司法公正,根据《中华人民共和国刑事诉讼法》《中华人民共和国民事诉讼法》《中华人民共和国行政诉讼法》等法律规定,结合审判工作实际,制定本规定。

第一条　人民法院开庭审判案件,应当对庭审活动进行全程录音录像。

第二条　人民法院应当在法庭内配备固定或者移动的录音录像设备。

有条件的人民法院可以在法庭安装使用智能语音识别同步转换文字系统。

第三条　庭审录音录像应当自宣布开庭时开始,至闭庭时结束。除下列情形外,庭审录音录像不得人为中断:

(一)休庭;

(二)公开庭审中的不公开举证、质证活动;

(三)不宜录制的调解活动。

负责录音录像的人员应当对录音录像的起止时间、有无中断等情况进行记录并附卷。

第四条　人民法院应当采取叠加同步录制时间或者其他措施保证庭审录音录像的真实和完整。

因设备故障或技术原因导致录音录像不真实、不完整的,负责录音录像的人员应当作出书面说明,经审判长或独任审判员审核签字后附卷。

第五条　人民法院应当使用专门设备在线或离线存储、备份庭审录音录像。因设备故障等原因导致不符合技术标准的录音录像,应当一并存储。

庭审录音录像的归档,按照人民法院电子诉讼档案管理规定执行。

第六条　人民法院通过使用智能语音识别系统同步转换生成的庭审文字记录,经审判人员、书记员、诉讼参与人核对签字后,作为法庭笔录管理和使用。

第七条　诉讼参与人对法庭笔录有异议并申请补正的,书记员可以播放庭审录音录像进行核对、补正;不予补正的,应当将申请记录在案。

第八条　适用简易程序审理民事案件的庭审录音录像,经当事人同意的,可以替代法庭笔录。

第九条　人民法院应当将替代法庭笔录的庭审录音录像同步保存在服务器或者刻录成光盘,并由当事人和其他诉讼参与人对其完整性校验值签字或者采取其他方法进行确认。

第十条　人民法院应当通过审判流程信息公开平台、诉讼服务平台以及其他便民诉讼服务平台,为当事人、辩护律师、诉讼代理人等依法查阅庭审录音录像提供便利。

对提供查阅的录音录像,人民法院应当设置必要的安全防范措施。

第十一条　当事人、辩护律师、诉讼代理人等可以依照规定复制录音或者誊录庭审录音录像,必要时人民法院应当配备相应设施。

第十二条　人民法院可以播放依法公开审理案件的庭审录音录像。

第十三条　诉讼参与人、旁听人员违反法庭纪律或者有关法律规定,危害法庭安全、扰乱法庭秩序的,人民法院可以通过庭审录音录像进行调查核实,并将其作为追究法律责任的证据。

第十四条　人民检察院、诉讼参与人认为庭审活动不规范或者违反法律规定的,人民法院应当结合庭审录音录像进行调查核实。

第十五条　未经人民法院许可,任何人不得对庭审活动进行录音录像,不得对庭审录音录像进行拍录、复制、删除和迁移。

行为人实施前款行为的,依照规定追究其相应责任。

第十六条　涉及国家秘密、商业秘密、个人隐私等庭审活动的录制,以及对庭审录音录像的存储、查阅、复制、誊录等,应当符合保密管理等相关规定。

第十七条　庭审录音录像涉及的相关技术保障、技术标准和技术规范,由最高人民法院另行制定。

第十八条　人民法院从事其他审判活动或者进行执行、听证、接访等活动需要进行录音录像的,参照本规定执行。

第十九条　本规定自2017年3月1日起施行。最高人民法院此前发布的司法解释及规范性文件与本规定不一致的,以本规定为准。

人民法院办理刑事案件第一审普通程序法庭调查规程(试行)

· 2017年11月27日
· 法发〔2017〕31号

为贯彻落实最高人民法院、最高人民检察院、公安部、国家安全部、司法部《关于推进以审判为中心的刑事诉讼制度改革的意见》,规范法庭调查程序,提高庭审质量和效率,确保诉讼证据出示在法庭、案件事实查明在法庭、诉辩意见发表在法庭、裁判结果形成在法庭,根据法律规定,结合司法实际,制定本规程。

一、一般规定

第一条　法庭应当坚持证据裁判原则。认定案件事实,必须以证据为根据。法庭调查应当以证据调查为中心,法庭认定并依法排除的非法证据,不得宣读、质证。证据未经当庭出示、宣读、辨认、质证等法庭调查程序查证属实,不得作为定案的根据。

第二条　法庭应当坚持程序公正原则。人民检察院依法承担被告人有罪的举证责任,被告人不承担证明自己无罪的责任。法庭应当居中裁判,严格执行法定的审判程序,确保控辩双方在法庭调查环节平等对抗,通过法庭审判的程序公正实现案件裁判的实体公正。

第三条　法庭应当坚持集中审理原则。规范庭前准备程序,避免庭审出现不必要的迟延和中断。承办法官应当在开庭前阅卷,确定法庭审理方案,并向合议庭通报开庭准备情况。召开庭前会议的案件,法庭可以依法处理可能导致庭审中断的事项,组织控辩双方展示证据,归纳控辩双方争议焦点。

第四条　法庭应当坚持诉权保障原则。依法保障当事人和其他诉讼参与人的知情权、陈述权、辩护辩论权、申请权、申诉权,依法保障辩护人发问、质证、辩论辩护等权利,完善便利辩护人参与诉讼的工作机制。

二、宣布开庭和讯问、发问程序

第五条　法庭宣布开庭后,应当告知当事人在法庭审理过程中依法享有的诉讼权利。

对于召开庭前会议的案件,在庭前会议中处理诉讼权利事项的,可以在开庭后告知诉讼权利的环节,一并宣布庭前会议对有关事项的处理结果。

第六条　公诉人宣读起诉书后,对于召开庭前会议的案件,法庭应当宣布庭前会议报告的主要内容。有多起犯罪事实的案件,法庭可以在有关犯罪事实的法庭调查开始前,分别宣布庭前会议报告的相关内容。

对于庭前会议中达成一致意见的事项,法庭可以向控辩双方核实后当庭予以确认;对于未达成一致意见的事项,法庭可以在庭审涉及该事项的环节归纳争议焦点,听取控辩双方意见,依法作出处理。

第七条　公诉人宣读起诉书后,审判长应当询问被告人对起诉书指控的犯罪事实是否有异议,听取被告人的供述和辩解。对于被告人当庭认罪的案件,应当核实被告人认罪的自愿性和真实性,听取其供述和辩解。

在审判长主持下,公诉人可以就起诉书指控的犯罪事实讯问被告人,为防止庭审过分迟延,就证据问题向被告人的讯问可在举证、质证环节进行。经审判长准许,被害人及其法定代理人、诉讼代理人可以就公诉人讯问的犯罪事实补充发问;附带民事诉讼原告人及其法定代理人、诉讼代理人可以就附带民事部分的事实向被告人发问;被告人的法定代理人、辩护人,附带民事诉讼被告人及其法定代理人、诉讼代理人可以在控诉一方就某一问题讯问完毕后向被告人发问。有多名被告人的案件,辩护人对被告人的发问,应当在审判长主持下,先由被告人本人的辩护人进行,再由其他被告人的辩护人进行。

第八条　有多名被告人的案件,对被告人的讯问应当分别进行。

被告人供述之间存在实质性差异的,法庭可以传唤有关被告人到庭对质。审判长可以分别讯问被告人,就供述的实质性差异进行调查核实。经审判长准许,控辩双方可以向被告人讯问、发问。审判长认为有必要的,可以准许被告人之间相互发问。

根据案件审理需要,审判长可以安排被告人与证人、被害人依照前款规定的方式进行对质。

第九条　申请参加庭审的被害人众多,且案件不属于附带民事诉讼范围的,被害人可以推选若干代表人参加或者旁听庭审,人民法院也可以指定若干代表人。

对被告人讯问、发问完毕后,其他证据出示前,在审判长主持下,参加庭审的被害人可以就起诉书指控的犯罪事实作出陈述。经审判长准许,控辩双方可以在被害人陈述后向被害人发问。

第十条　为解决被告人供述和辩解中的疑问,审判人员可以讯问被告人,也可以向被害人、附带民事诉讼当事人发问。

第十一条　有多起犯罪事实的案件,对被告人不认罪的事实,法庭调查一般应当分别进行。

被告人不认罪或者认罪后又反悔的案件,法庭应当对与定罪和量刑有关的事实、证据进行全面调查。

被告人当庭认罪的案件,法庭核实被告人认罪的自愿性和真实性,确认被告人知悉认罪的法律后果后,可以重点围绕量刑事实和其他有争议的问题进行调查。

三、出庭作证程序

第十二条　控辩双方可以申请法庭通知证人、鉴定人、侦查人员和有专门知识的人等出庭。

被害人及其法定代理人、诉讼代理人,附带民事诉讼原告人及其诉讼代理人也可以提出上述申请。

第十三条　控辩双方对证人证言、被害人陈述有异议,申请证人、被害人出庭,人民法院经审查认为证人证言、被害人陈述对案件定罪量刑有重大影响的,应当通知证人、被害人出庭。

控辩双方对鉴定意见有异议,申请鉴定人或者有专门知识的人出庭,人民法院经审查认为有必要的,应当通知鉴定人或者有专门知识的人出庭。

控辩双方对侦破经过、证据来源、证据真实性或者证据收集合法性等有异议,申请侦查人员或者有关人员出庭,人民法院经审查认为有必要的,应当通知侦查人员或者有关人员出庭。

为查明案件事实、调查核实证据,人民法院可以依职权通知上述人员到庭。

人民法院通知证人、被害人、鉴定人、侦查人员、有专门知识的人等出庭的,控辩双方协助有关人员到庭。

第十四条　应当出庭作证的证人,在庭审期间因身患严重疾病等客观原因确实无法出庭的,可以通过视频等方式作证。

证人视频作证的,发问、质证参照证人出庭作证的程序进行。

前款规定适用于被害人、鉴定人、侦查人员。

第十五条　人民法院通知出庭的证人,无正当理由拒不出庭的,可以强制其出庭,但是被告人的配偶、父母、子女除外。

强制证人出庭的,应当由院长签发强制证人出庭令,并由法警执行。必要时,可以商请公安机关协助执行。

第十六条　证人、鉴定人、被害人因出庭作证,本人或者其近亲属的人身安全面临危险的,人民法院应当采取不公开其真实姓名、住址和工作单位等个人信息,或者不暴露其外貌、真实声音等保护措施。

决定对出庭作证的证人、鉴定人、被害人采取不公开个人信息的保护措施的,审判人员应当在开庭前核实其身份,对证人、鉴定人如实作证的保证书不得公开,在判决书、裁定书等法律文书中可以使用化名等代替其个人信息。

审判期间,证人、鉴定人、被害人提出保护请求的,人民法院应当立即审查,确有必要的,应当及时决定采取相应的保护措施。必要时,可以商请公安机关采取专门性保护措施。

第十七条　证人、鉴定人和有专门知识的人出庭作证所支出的交通、住宿、就餐等合理费用,除由控辩双方支付的以外,列入出庭作证补助专项经费,在出庭作证后由人民法院依照规定程序发放。

第十八条　证人、鉴定人出庭,法庭应当当庭核实其身份、与当事人以及本案的关系,审查证人、鉴定人的作证能力、专业资质,并告知其有关作证的权利义务和法律责任。

证人、鉴定人作证前,应当保证向法庭如实提供证言、说明鉴定意见,并在保证书上签名。

第十九条　证人出庭后,先向法庭陈述证言,然后先由举证方发问;发问完毕后,对方也可以发问。根据案件审理需要,也可以先由申请方发问。

控辩双方向证人发问完毕后,可以发表本方对证人证言的质证意见。控辩双方如有新的问题,经审判长准许,可以再行向证人发问。

审判人员认为必要时,可以询问证人。法庭依职权通知证人出庭的情形,审判人员应当主导对证人的询问。经审判长准许,被告人可以向证人发问。

第二十条　向证人发问应当遵循以下规则:

(一)发问内容应当与案件事实有关;

(二)不得采用诱导方式发问;

(三)不得威胁或者误导证人;

(四)不得损害证人人格尊严;

(五)不得泄露证人个人隐私。

第二十一条　控辩一方发问方式不当或者内容与案件事实无关,违反有关发问规则的,对方可以提出异议。对方当庭提出异议的,发问方应当说明发问理由,审判长判明情况予以支持或者驳回;对方未当庭提出异议的,审判长也可以根据情况予以制止。

第二十二条　审判长认为证人当庭陈述的内容与案件事实无关或者明显重复的,可以进行必要的提示。

第二十三条　有多名证人出庭作证的案件,向证人发问应当分别进行。

多名证人出庭作证的,应当在法庭指定的地点等候,不得谈论案情,必要时可以采取隔离等候措施。证人出庭作证后,审判长应当通知法警引导其退庭。证人不得旁听对案件的审理。

被害人没有列为当事人参加法庭审理,仅出庭陈述案件事实的,参照适用前款规定。

第二十四条　证人证言之间存在实质性差异的,法庭可以传唤有关证人到庭对质。

审判长可以分别询问证人,就证言的实质性差异进行调查核实。经审判长准许,控辩双方可以向证人发问。审判长认为有必要的,可以准许证人之间相互发问。

第二十五条　证人出庭作证的,其庭前证言一般不再出示、宣读,但下列情形除外:

(一)证人出庭作证时遗忘或者遗漏庭前证言的关键内容,需要向证人作出必要提示的;

(二)证人的当庭证言与庭前证言存在矛盾,需要证人作出合理解释的。

为核实证据来源、证据真实性等问题,或者帮助证人回忆,经审判长准许,控辩双方可以在询问证人时向其出示物证、书证等证据。

第二十六条　控辩双方可以申请法庭通知有专门知识的人出庭,协助本方就鉴定意见进行质证。有专门知识的人可以与鉴定人同时出庭,在鉴定人作证后向鉴定人发问,并对案件中的专门性问题提出意见。

申请有专门知识的人出庭,应当提供人员名单,并不得超过二人。有多种类鉴定意见的,可以相应增加人数。

第二十七条　对被害人、鉴定人、侦查人员、有专门知识的人的发问,参照适用证人的有关规定。

同一鉴定意见由多名鉴定人作出,有关鉴定人以及对该鉴定意见进行质证的有专门知识的人,可以同时出庭,不受分别发问规则的限制。

四、举证、质证程序

第二十八条　开庭讯问、发问结束后,公诉人先行举证。公诉人举证完毕后,被告人及其辩护人举证。

公诉人出示证据后,经审判长准许,被告人及其辩护人可以有针对性地出示证据予以反驳。

控辩一方举证后,对方可以发表质证意见。必要时,控辩双方可以对争议证据进行多轮质证。

被告人及其辩护人认为公诉人出示的有关证据对本方诉讼主张有利的,可以在发表质证意见时予以认可,或者在发表辩护意见时直接援引有关证据。

第二十九条　控辩双方随案移送或者庭前提交,但没有当庭出示的证据,审判长可以进行必要的提示;对于其中可能影响定罪量刑的关键证据,审判长应当提示控辩双方出示。

对于案件中可能影响定罪量刑的事实、证据存在疑问,控辩双方没有提及的,审判长应当引导控辩双方发表质证意见,并依法调查核实。

第三十条　法庭应当重视对证据收集合法性的审查,对证据收集的合法性有疑问的,应当调查核实证明取证合法性的证据材料。

对于被告人及其辩护人申请排除非法证据,依法提供相关线索或者材料,法庭对证据收集的合法性有疑问,决定进行调查的,一般应当先行当庭调查。

第三十一条　对于可能影响定罪量刑的关键证据和控辩双方存在争议的证据,一般应当单独举证、质证,充分听取质证意见。

对于控辩双方无异议的非关键性证据,举证方可以仅就证据的名称及其证明的事项作出说明,对方可以发表质证意见。

召开庭前会议的案件,举证、质证可以按照庭前会议

确定的方式进行。根据案件审理需要,法庭可以对控辩双方的举证、质证方式进行必要的提示。

第三十二条　物证、书证、视听资料、电子数据等证据,应当出示原物、原件。取得原物、原件确有困难的,可以出示照片、录像、副本、复制件等足以反映原物、原件外形和特征以及真实内容的材料,并说明理由。

对于鉴定意见和勘验、检查、辨认、侦查实验等笔录,应当出示原件。

第三十三条　控辩双方出示证据,应当重点围绕与案件事实相关的内容或者控辩双方存在争议的内容进行。

出示证据时,可以借助多媒体设备等方式出示、播放或者演示证据内容。

第三十四条　控辩双方对证人证言、被害人陈述、鉴定意见无异议,有关人员不需要出庭的,或者有关人员因客观原因无法出庭且无法通过视频等方式作证的,可以出示、宣读庭前收集的书面证据材料或者作证过程录音录像。

被告人当庭供述与庭前供述的实质性内容一致的,可以不再出示庭前供述;当庭供述与庭前供述存在实质性差异的,可以出示、宣读庭前供述中存在实质性差异的内容。

第三十五条　采用技术侦查措施收集的证据,应当当庭出示。当庭出示、辨认、质证可能危及有关人员的人身安全,或者可能产生其他严重后果的,应当采取不暴露有关人员身份、不公开技术侦查措施和方法等保护措施。

法庭决定在庭外对技术侦查证据进行核实的,可以召集公诉人和辩护律师到场。在场人员应当履行保密义务。

第三十六条　法庭对证据有疑问的,可以告知控辩双方补充证据或者作出说明;必要时,可以在其他证据调查完毕后宣布休庭,对证据进行调查核实。法庭调查核实证据,可以通知控辩双方到场,并将核实过程记录在案。

对于控辩双方补充的和法庭庭外调查核实取得的证据,应当经过庭审质证才能作为定案的根据。但是,对于不影响定罪量刑的非关键性证据和有利于被告人的量刑证据,经庭外征求意见,控辩双方没有异议的除外。

第三十七条　控辩双方申请出示庭前未移送或提交人民法院的证据,对方提出异议的,申请方应当说明理由,法庭经审查认为理由成立并确有出示必要的,应当准许。

对方提出需要对新的证据作辩护准备的,法庭可以

宣布休庭,并确定准备的时间。

第三十八条 法庭审理过程中,控辩双方申请通知新的证人到庭,调取新的证据,申请重新鉴定或者勘验的,应当提供证人的基本信息、证据的存放地点,说明拟证明的案件事实、要求重新鉴定或者勘验的理由。法庭认为有必要的,应当同意,并宣布延期审理;不同意的,应当说明理由并继续审理。

第三十九条 公开审理案件时,控辩双方提出涉及国家秘密、商业秘密或者个人隐私的证据的,法庭应当制止。有关证据确与本案有关的,可以根据具体情况,决定将案件转为不公开审理,或者对相关证据的法庭调查不公开进行。

第四十条 审判期间,公诉人发现案件需要补充侦查,建议延期审理的,法庭可以同意,但建议延期审理不得超过两次。

人民检察院将补充收集的证据移送人民法院的,人民法院应当通知辩护人、诉讼代理人查阅、摘抄、复制。辩护方提出需要对补充收集的证据作辩护准备的,法庭可以宣布休庭,并确定准备的时间。

补充侦查期限届满后,经人民法院通知,人民检察院未建议案件恢复审理,且未说明原因的,人民法院可以决定按人民检察院撤诉处理。

第四十一条 人民法院向人民检察院调取需要调查核实的证据材料,或者根据被告人及其辩护人的申请,向人民检察院调取在侦查、审查起诉期间收集的有关被告人无罪或者罪轻的证据材料,应当通知人民检察院在收到调取证据材料决定书后三日内移交。

第四十二条 法庭除应当审查被告人是否具有法定量刑情节外,还应当根据案件情况审查以下影响量刑的情节:

(一)案件起因;

(二)被害人有无过错及过错程度,是否对矛盾激化负有责任及责任大小;

(三)被告人的近亲属是否协助抓获被告人;

(四)被告人平时表现,有无悔罪态度;

(五)退赃、退赔及赔偿情况;

(六)被告人是否取得被害人或者其近亲属谅解;

(七)影响量刑的其他情节。

第四十三条 审判期间,被告人及其辩护人提出有自首、坦白、立功等法定量刑情节,或者人民法院发现被告人可能有上述法定量刑情节,而人民检察院移送的案卷中没有相关证据材料的,应当通知人民检察院移送。

审判期间,被告人及其辩护人提出新的立功情节,并提供相关线索或者材料的,人民法院可以建议人民检察院补充侦查。

第四十四条 被告人当庭不认罪或者辩护人作无罪辩护的,法庭对定罪事实进行调查后,可以对与量刑有关的事实、证据进行调查。被告人及其辩护人可以当庭发表质证意见,出示证明被告人罪轻或者无罪的证据。被告人及其辩护人参加量刑事实、证据的调查,不影响无罪辩解或者辩护。

五、认证规则

第四十五条 经过控辩双方质证的证据,法庭应当结合控辩双方质证意见,从证据与待证事实的关联程度、证据之间的印证联系、证据自身的真实性程度等方面,综合判断证据能否作为定案的根据。

证据与待证事实没有关联,或者证据自身存在无法解释的疑问,或者证据与待证事实以及其他证据存在无法排除的矛盾的,不得作为定案的根据。

第四十六条 通过勘验、检查、搜查等方式收集的物证、书证等证据,未通过辨认、鉴定等方式确定其与案件事实的关联的,不得作为定案的根据。

法庭对鉴定意见有疑问的,可以重新鉴定。

第四十七条 收集证据的程序、方式不符合法律规定,严重影响证据真实性的,人民法院应当建议人民检察院予以补正或者作出合理解释;不能补正或者作出合理解释的,有关证据不得作为定案的根据。

第四十八条 证人没有出庭作证,其庭前证言真实性无法确认的,不得作为定案的根据。

证人当庭作出的证言与其庭前证言矛盾,证人能够作出合理解释,并与相关证据印证的,应当采信其庭审证言;不能作出合理解释,而其庭前证言与相关证据印证的,可以采信其庭前证言。

第四十九条 经人民法院通知,鉴定人拒不出庭作证的,鉴定意见不得作为定案的根据。

有专门知识的人当庭对鉴定意见提出质疑,鉴定人能够作出合理解释,并与相关证据印证的,应当采信鉴定意见;不能作出合理解释,无法确认鉴定意见可靠性的,有关鉴定意见不能作为定案的根据。

第五十条 被告人的当庭供述与庭前供述、自书材料存在矛盾,被告人能够作出合理解释,并与相关证据印证的,应当采信其当庭供述;不能作出合理解释,而其庭前供述、自书材料与相关证据印证的,可以采信其庭前供述、自书材料。

法庭应当结合讯问录音录像对讯问笔录进行全面审查。讯问笔录记载的内容与讯问录音录像存在实质性差异的，以讯问录音录像为准。

第五十一条　对于控辩双方提出的事实证据争议，法庭应当当庭进行审查，经审查后作出处理的，应当当庭说明理由，并在裁判文书中写明；需要庭后评议作出处理的，应当在裁判文书中说明理由。

第五十二条　法庭认定被告人有罪，必须达到犯罪事实清楚，证据确实、充分，对于定罪事实应当综合全案证据排除合理怀疑。定罪证据不足的案件，不能认定被告人有罪，应当作出证据不足、指控的犯罪不能成立的无罪判决。定罪证据确实、充分，量刑证据存疑的，应当作出有利于被告人的认定。

第五十三条　本规程自 2018 年 1 月 1 日起试行。

4. 量　刑

最高人民法院、最高人民检察院、公安部、国家安全部、司法部关于规范量刑程序若干问题的意见

·2020 年 11 月 5 日
·法发〔2020〕38 号

为深入推进以审判为中心的刑事诉讼制度改革，落实认罪认罚从宽制度，进一步规范量刑程序，确保量刑公开公正，根据刑事诉讼法和有关司法解释等规定，结合工作实际，制定本意见。

第一条　人民法院审理刑事案件，在法庭审理中应当保障量刑程序的相对独立性。

人民检察院在审查起诉中应当规范量刑建议。

第二条　侦查机关、人民检察院应当依照法定程序，全面收集、审查、移送证明犯罪嫌疑人、被告人犯罪事实、量刑情节的证据。

对于法律规定并处或者单处财产刑的案件，侦查机关应当根据案件情况对被告人的财产状况进行调查，并向人民检察院移送相关证据材料。人民检察院应当审查并向人民法院移送相关证据材料。

人民检察院在审查起诉时发现侦查机关应当收集而未收集量刑证据的，可以退回侦查机关补充侦查，也可以自行侦查。人民检察院退回补充侦查的，侦查机关应当按照人民检察院退回补充侦查提纲的要求及时收集相关证据。

第三条　对于可能判处管制、缓刑的案件，侦查机关、人民检察院、人民法院可以委托社区矫正机构或者有关社会组织进行调查评估，提出意见，供判处管制、缓刑时参考。

社区矫正机构或者有关社会组织收到侦查机关、人民检察院或者人民法院调查评估的委托后，应当根据委托机关的要求依法进行调查，形成评估意见，并及时提交委托机关。

对于没有委托进行调查评估或者判决前没有收到调查评估报告的，人民法院经审理认为被告人符合管制、缓刑适用条件的，可以依法判处管制、宣告缓刑。

第四条　侦查机关在移送审查起诉时，可以根据犯罪嫌疑人涉嫌犯罪的情况，就宣告禁止令和从业禁止向人民检察院提出意见。

人民检察院在提起公诉时，可以提出宣告禁止令和从业禁止的建议。被告人及其辩护人、被害人及其诉讼代理人可以就是否对被告人宣告禁止令和从业禁止提出意见，并说明理由。

人民法院宣告禁止令和从业禁止，应当根据被告人的犯罪原因、犯罪性质、犯罪手段、悔罪表现、个人一贯表现等，充分考虑与被告人所犯罪行的关联程度，有针对性地决定禁止从事特定的职业、活动，进入特定区域、场所，接触特定的人等。

第五条　符合下列条件的案件，人民检察院提起公诉时可以提出量刑建议；被告人认罪认罚的，人民检察院应当提出量刑建议：

（一）犯罪事实清楚，证据确实、充分；

（二）提出量刑建议所依据的法定从重、从轻、减轻或者免除处罚等量刑情节已查清；

（三）提出量刑建议所依据的酌定从重、从轻处罚等量刑情节已查清。

第六条　量刑建议包括主刑、附加刑、是否适用缓刑等。主刑可以具有一定的幅度，也可以根据案件具体情况，提出确定刑期的量刑建议。建议判处财产刑的，可以提出确定的数额。

第七条　对常见犯罪案件，人民检察院应当按照量刑指导意见提出量刑建议。对新类型、不常见犯罪案件，可以参照相关量刑规范提出量刑建议。提出量刑建议，应当说明理由和依据。

第八条　人民检察院指控被告人犯有数罪的，应当对指控的个罪分别提出量刑建议，并依法提出数罪并罚后决定执行的刑罚的量刑建议。

对于共同犯罪案件，人民检察院应当根据各被告人在共同犯罪中的地位、作用以及应当承担的刑事责任分别提出量刑建议。

第九条 人民检察院提出量刑建议，可以制作量刑建议书，与起诉书一并移送人民法院；对于案情简单、量刑情节简单的适用速裁程序的案件，也可以在起诉书中写明量刑建议。

量刑建议书中应当写明人民检察院建议对被告人处以的主刑、附加刑、是否适用缓刑等及其理由和依据。

人民检察院以量刑建议书方式提出量刑建议的，人民法院在送达起诉书副本时，应当将量刑建议书一并送达被告人。

第十条 在刑事诉讼中，自诉人、被告人及其辩护人、被害人及其诉讼代理人可以提出量刑意见，并说明理由，人民检察院、人民法院应当记录在案并附卷。

第十一条 人民法院、人民检察院、侦查机关应当告知犯罪嫌疑人、被告人申请法律援助的权利，对符合法律援助条件的，依法通知法律援助机构指派律师为其提供辩护或者法律帮助。

第十二条 适用速裁程序审理的案件，在确认被告人认罪认罚的自愿性和认罪认罚具结书内容的真实性、合法性后，一般不再进行法庭调查、法庭辩论，但在判决宣告前应当听取辩护人的意见和被告人的最后陈述意见。

适用速裁程序审理的案件，应当当庭宣判。

第十三条 适用简易程序审理的案件，在确认被告人对起诉书指控的犯罪事实和罪名没有异议，自愿认罪且知悉认罪的法律后果后，法庭审理可以直接围绕量刑进行，不再区分法庭调查、法庭辩论，但在判决宣告前应当听取被告人的最后陈述意见。

适用简易程序审理的案件，一般应当当庭宣判。

第十四条 适用普通程序审理的被告人认罪案件，在确认被告人了解起诉书指控的犯罪事实和罪名，自愿认罪且知悉认罪的法律后果后，法庭审理主要围绕量刑和其他有争议的问题进行，可以适当简化法庭调查、法庭辩论程序。

第十五条 对于被告人不认罪或者辩护人做无罪辩护的案件，法庭调查和法庭辩论分别进行。

在法庭调查阶段，应当在查明定罪事实的基础上，查明有关量刑事实，被告人及其辩护人可以出示证明被告人无罪或者罪轻的证据，当庭发表质证意见。

在法庭辩论阶段，审判人员引导控辩双方先辩论定罪问题。在定罪辩论结束后，审判人员告知控辩双方可以围绕量刑问题进行辩论，发表量刑建议或者意见，并说

明依据和理由。被告人及其辩护人参加量刑问题的调查的，不影响作无罪辩解或者辩护。

第十六条 在法庭调查中，公诉人可以根据案件的不同种类、特点和庭审的实际情况，合理安排和调整举证顺序。定罪证据和量刑证据分开出示的，应当先出示定罪证据，后出示量刑证据。

对于有数起犯罪事实的案件的量刑证据，可以在对每起犯罪事实举证时分别出示，也可以对同类犯罪事实一并出示；涉及全案综合量刑情节的证据，一般应当在举证阶段最后出示。

第十七条 在法庭调查中，人民法院应当查明对被告人适用具体法定刑幅度的犯罪事实以及法定或者酌定量刑情节。

第十八条 人民法院、人民检察院、侦查机关或者辩护人委托有关方面制作涉及未成年人的社会调查报告的，调查报告应当在法庭上宣读，并进行质证。

第十九条 在法庭审理中，审判人员对量刑证据有疑问的，可以宣布休庭，对证据进行调查核实，必要时也可以要求人民检察院补充调查核实。人民检察院补充调查核实有关证据，必要时可以要求侦查机关提供协助。

对于控辩双方补充的证据，应当经过庭审质证才能作为定案的根据。但是，对于有利于被告人的量刑证据，经庭外征求意见，控辩双方没有异议的除外。

第二十条 被告人及其辩护人、被害人及其诉讼代理人申请人民法院调取在侦查、审查起诉阶段收集的量刑证据材料，人民法院认为确有必要的，应当依法调取；人民法院认为不需要调取的，应当说明理由。

第二十一条 在法庭辩论中，量刑辩论按照以下顺序进行：

（一）公诉人发表量刑建议，或者自诉人及其诉讼代理人发表量刑意见；

（二）被害人及其诉讼代理人发表量刑意见；

（三）被告人及其辩护人发表量刑意见。

第二十二条 在法庭辩论中，出现新的量刑事实，需要进一步调查的，应当恢复法庭调查，待事实查清后继续法庭辩论。

第二十三条 对于人民检察院提出的量刑建议，人民法院应当依法审查。对于事实清楚，证据确实、充分，指控的罪名准确，量刑建议适当的，人民法院应当采纳。

人民法院经审理认为，人民检察院的量刑建议不当的，可以告知人民检察院。人民检察院调整量刑建议的，应当在法庭审理结束前提出。人民法院认为人民检察院

调整后的量刑建议适当的,应当予以采纳;人民检察院不调整量刑建议或者调整量刑建议后仍不当的,人民法院应当依法作出判决。

第二十四条 有下列情形之一,被告人当庭认罪,愿意接受处罚的,人民法院应当根据审理查明的事实,就定罪和量刑听取控辩双方意见,依法作出裁判:

(一)被告人在侦查、审查起诉阶段认罪认罚,但人民检察院没有提出量刑建议的;

(二)被告人在侦查、审查起诉阶段没有认罪认罚的;

(三)被告人在第一审程序中没有认罪认罚,在第二审程序中认罪认罚的;

(四)被告人在庭审过程中不同意量刑建议的。

第二十五条 人民法院应当在刑事裁判文书中说明量刑理由。量刑说理主要包括:

(一)已经查明的量刑事实及其对量刑的影响;

(二)是否采纳公诉人、自诉人、被告人及其辩护人、被害人及其诉讼代理人发表的量刑建议、意见及理由;

(三)人民法院判处刑罚的理由和法律依据。

对于适用速裁程序审理的案件,可以简化量刑说理。

第二十六条 开庭审理的二审、再审案件的量刑程序,依照有关法律规定进行。法律没有规定的,参照本意见进行。

对于不开庭审理的二审、再审案件,审判人员在阅卷、讯问被告人、听取自诉人、辩护人、被害人及其诉讼代理人的意见时,应当注意审查量刑事实和证据。

第二十七条 对于认罪认罚案件量刑建议的提出、采纳与调整等,适用最高人民法院、最高人民检察院、公安部、国家安全部、司法部《关于适用认罪认罚从宽制度的指导意见》的有关规定。

第二十八条 本意见自 2020 年 11 月 6 日起施行。2010 年 9 月 13 日最高人民法院、最高人民检察院、公安部、国家安全部、司法部《印发〈关于规范量刑程序若干问题的意见(试行)〉的通知》(法发〔2010〕35 号)同时废止。

最高人民法院、最高人民检察院关于常见犯罪的量刑指导意见(试行)

· 2021 年 6 月 17 日
· 法发〔2021〕21 号

为进一步规范量刑活动,落实宽严相济刑事政策和认罪认罚从宽制度,增强量刑公开性,实现量刑公正,根据刑法、刑事诉讼法和有关司法解释等规定,结合司法实践,制定本指导意见。

一、量刑的指导原则

(一)量刑应当以事实为根据,以法律为准绳,根据犯罪的事实、性质、情节和对于社会的危害程度,决定判处的刑罚。

(二)量刑既要考虑被告人所犯罪行的轻重,又要考虑被告人应负刑事责任的大小,做到罪责刑相适应,实现惩罚和预防犯罪的目的。

(三)量刑应当贯彻宽严相济的刑事政策,做到该宽则宽,当严则严,宽严相济,罚当其罪,确保裁判政治效果、法律效果和社会效果的统一。

(四)量刑要客观、全面把握不同时期不同地区的经济社会发展和治安形势的变化,确保刑法任务的实现;对于同一地区同一时期案情相似的案件,所判处的刑罚应当基本均衡。

二、量刑的基本方法

量刑时,应当以定性分析为主,定量分析为辅,依次确定量刑起点、基准刑和宣告刑。

(一)量刑步骤

1. 根据基本犯罪构成事实在相应的法定刑幅度内确定量刑起点。

2. 根据其他影响犯罪构成的犯罪数额、犯罪次数、犯罪后果等犯罪事实,在量刑起点的基础上增加刑罚量确定基准刑。

3. 根据量刑情节调节基准刑,并综合考虑全案情况,依法确定宣告刑。

(二)调节基准刑的方法

1. 具有单个量刑情节的,根据量刑情节的调节比例直接调节基准刑。

2. 具有多个量刑情节的,一般根据各个量刑情节的调节比例,采用同向相加、逆向相减的方法调节基准刑;具有未成年人犯罪、老年人犯罪、限制行为能力的精神病人犯罪、又聋又哑的人或者盲人犯罪,防卫过当、避险过当、犯罪预备、犯罪未遂、犯罪中止,从犯、胁从犯和教唆犯等量刑情节的,先适用该量刑情节对基准刑进行调节,在此基础上,再适用其他量刑情节进行调节。

3. 被告人犯数罪,同时具有适用于个罪的立功、累犯等量刑情节的,先适用该量刑情节调节个罪的基准刑,确定个罪所应判处的刑罚,再依法实行数罪并罚,决定执行的刑罚。

(三)确定宣告刑的方法

1. 量刑情节对基准刑的调节结果在法定刑幅度内,且罪责刑相适应的,可以直接确定为宣告刑;具有应当减轻处罚情节的,应当依法在法定最低刑以下确定宣告刑。

2. 量刑情节对基准刑的调节结果在法定最低刑以下,具有法定减轻处罚情节,且罪责刑相适应的,可以直接确定为宣告刑;只有从轻处罚情节的,可以依法确定法定最低刑为宣告刑;但是根据案件的特殊情况,经最高人民法院核准,也可以在法定刑以下判处刑罚。

3. 量刑情节对基准刑的调节结果在法定最高刑以上的,可以依法确定法定最高刑为宣告刑。

4. 综合考虑全案情况,独任审判员或合议庭可以在20%的幅度内对调节结果进行调整,确定宣告刑。当调节后的结果仍不符合罪责刑相适应原则的,应当提交审判委员会讨论,依法确定宣告刑。

5. 综合全案犯罪事实和量刑情节,依法应当判处无期徒刑以上刑罚、拘役、管制或者单处附加刑、缓刑、免予刑事处罚的,应当依法适用。

(四)判处罚金刑,应当以犯罪情节为根据,并综合考虑被告人缴纳罚金的能力,依法决定罚金数额。

(五)适用缓刑,应当综合考虑被告人的犯罪情节、悔罪表现、再犯罪的危险以及宣告缓刑对所居住社区的影响,依法作出决定。

三、常见量刑情节的适用

量刑时应当充分考虑各种法定和酌定量刑情节,根据案件的全部犯罪事实以及量刑情节的不同情形,依法确定量刑情节的适用及其调节比例。对黑恶势力犯罪、严重暴力犯罪、毒品犯罪、性侵未成年人犯罪等危害严重的犯罪,在确定从宽的幅度时,应当从严掌握;对犯罪情节较轻的犯罪,应当充分体现从宽。具体确定各个量刑情节的调节比例时,应当综合平衡调节幅度与实际增减刑罚量的关系,确保罪责刑相适应。

(一)对于未成年人犯罪,综合考虑未成年人对犯罪的认知能力、实施犯罪行为的动机和目的、犯罪时的年龄、是否初犯、偶犯、悔罪表现、个人成长经历和一贯表现等情况,应当予以从宽处罚。

1. 已满十二周岁不满十六周岁的未成年人犯罪,减少基准刑的30%-60%;

2. 已满十六周岁不满十八周岁的未成年人犯罪,减少基准刑的10%-50%。

(二)对于已满七十五周岁的老年人故意犯罪,综合考虑犯罪的性质、情节、后果等情况,可以减少基准刑的40%以下;过失犯罪的,减少基准刑的20%-50%。

(三)对于又聋又哑的人或者盲人犯罪,综合考虑犯罪性质、情节、后果以及聋哑人或者盲人犯罪时的控制能力等情况,可以减少基准刑的50%以下;犯罪较轻的,可以减少基准刑的50%以上或者依法免除处罚。

(四)对于未遂犯,综合考虑犯罪行为的实行程度、造成损害的大小、犯罪未得逞的原因等情况,可以比照既遂犯减少基准刑的50%以下。

(五)对于从犯,综合考虑其在共同犯罪中的地位、作用等情况,应当予以从宽处罚,减少基准刑的20%-50%;犯罪较轻的,减少基准刑的50%以上或者依法免除处罚。

(六)对于自首情节,综合考虑自首的动机、时间、方式、罪行轻重、如实供述罪行的程度以及悔罪表现等情况,可以减少基准刑的40%以下;犯罪较轻的,可以减少基准刑的40%以上或者依法免除处罚。恶意利用自首规避法律裁判等不足以从宽处罚的除外。

(七)对于坦白情节,综合考虑如实供述罪行的阶段、程度、罪行轻重以及悔罪表现等情况,确定从宽的幅度。

1. 如实供述自己罪行的,可以减少基准刑的20%以下;

2. 如实供述司法机关尚未掌握的同种较重罪行的,可以减少基准刑的10%-30%;

3. 因如实供述自己罪行,避免特别严重后果发生的,可以减少基准刑的30%-50%。

(八)对于当庭自愿认罪的,根据犯罪的性质、罪行的轻重、认罪程度以及悔罪表现等情况,可以减少基准刑的10%以下。依法认定自首、坦白的除外。

(九)对于立功情节,综合考虑立功的大小、次数、内容、来源、效果以及罪行轻重等情况,确定从宽的幅度。

1. 一般立功的,可以减少基准刑的20%以下;

2. 重大立功的,可以减少基准刑的20%-50%;犯罪较轻的,减少基准刑的50%以上或者依法免除处罚。

(十)对于退赃、退赔的,综合考虑犯罪性质,退赃、退赔行为对损害结果所能弥补的程度,退赃、退赔的数额及主动程度等情况,可以减少基准刑的30%以下;对抢劫等严重危害社会治安犯罪的,应当从严掌握。

(十一)对于积极赔偿被害人经济损失并取得谅解的,综合考虑犯罪性质、赔偿数额、赔偿能力以及认罪悔罪表现等情况,可以减少基准刑的40%以下;积极赔偿但没有取得谅解的,可以减少基准刑的30%以下;尽管没有赔偿,但取得谅解的,可以减少基准刑的20%以下。对抢劫、强奸等严重危害社会治安犯罪的,应当从严掌握。

(十二)对于当事人根据刑事诉讼法第二百八十八条达成刑事和解协议的,综合考虑犯罪性质、赔偿数额、赔礼道歉以及真诚悔罪等情况,可以减少基准刑的50%以下;犯罪较轻的,可以减少基准刑的50%以上或者依法免除处罚。

(十三)对于被告人在羁押期间表现好的,可以减少基准刑的10%以下。

(十四)对于被告人认罪认罚的,综合考虑犯罪的性质、罪行的轻重、认罪认罚的阶段、程度、价值、悔罪表现等情况,可以减少基准刑的30%以下;具有自首、重大坦白、退赃退赔、赔偿谅解、刑事和解等情节的,可以减少基准刑的60%以下,犯罪较轻的,可以减少基准刑的60%以上或者依法免除处罚。认罪认罚与自首、坦白、当庭自愿认罪、退赃退赔、赔偿谅解、刑事和解、羁押期间表现好等量刑情节不作重复评价。

(十五)对于累犯,综合考虑前后罪的性质、刑罚执行完毕或赦免以后至再犯罪时间的长短以及前后罪罪行轻重等情况,应当增加基准刑的10%-40%,一般不少于3个月。

(十六)对于有前科的,综合考虑前科的性质、时间间隔长短、次数、处罚轻重等情况,可以增加基准刑的10%以下。前科犯罪为过失犯罪和未成年人犯罪的除外。

(十七)对于犯罪对象为未成年人、老年人、残疾人、孕妇等弱势人员的,综合考虑犯罪的性质、犯罪的严重程度等情况,可以增加基准刑的20%以下。

(十八)对于在重大自然灾害、预防、控制突发传染病疫情等灾害期间故意犯罪的,根据案件的具体情况,可以增加基准刑的20%以下。

四、常见犯罪的量刑

(一)交通肇事罪

1. 构成交通肇事罪的,根据下列情形在相应的幅度内确定量刑起点:

(1)致人重伤、死亡或者使公私财产遭受重大损失的,在二年以下有期徒刑、拘役幅度内确定量刑起点。

(2)交通运输肇事后逃逸或者有其他特别恶劣情节的,在三年至五年有期徒刑幅度内确定量刑起点。

(3)因逃逸致一人死亡的,在七年至十年有期徒刑幅度内确定量刑起点。

2. 在量刑起点的基础上,根据事故责任、致人重伤、死亡的人数或者财产损失的数额以及逃逸等其他影响犯罪构成的犯罪事实增加刑罚量,确定基准刑。

3. 构成交通肇事罪的,综合考虑事故责任、危害后果、赔偿谅解等犯罪事实、量刑情节,以及被告人的主观恶性、人身危险性、认罪悔罪表现等因素,决定缓刑的适用。

(二)危险驾驶罪

1. 构成危险驾驶罪的,依法在一个月至六个月拘役幅度内确定宣告刑。

2. 构成危险驾驶罪的,根据危险驾驶行为、实际损害后果等犯罪情节,综合考虑被告人缴纳罚金的能力,决定罚金数额。

3. 构成危险驾驶罪的,综合考虑危险驾驶行为、危害后果等犯罪事实、量刑情节,以及被告人主观恶性、人身危险性、认罪悔罪表现等因素,决定缓刑的适用。

(三)非法吸收公众存款罪

1. 构成非法吸收公众存款罪的,根据下列情形在相应的幅度内确定量刑起点:

(1)犯罪情节一般的,在一年以下有期徒刑、拘役幅度内确定量刑起点。

(2)达到数额巨大起点或者有其他严重情节的,在三年至四年有期徒刑幅度内确定量刑起点。

(3)达到数额特别巨大起点或者有其他特别严重情节的,在十年至十二年有期徒刑幅度内确定量刑起点。

2. 在量刑起点的基础上,根据非法吸收存款数额等其他影响犯罪构成的犯罪事实增加刑罚量,确定基准刑。

3. 对于在提起公诉前积极退赃退赔,减少损害结果发生的,可以减少基准刑的40%以下;犯罪较轻的,可以减少基准刑的40%以上或者依法免除处罚。

4. 构成非法吸收公众存款罪的,根据非法吸收公众存款数额、存款人人数、给存款人造成的直接经济损失数额等犯罪情节,综合考虑被告人缴纳罚金的能力,决定罚金数额。

5. 构成非法吸收公众存款罪的,综合考虑非法吸收存款数额、存款人人数、给存款人造成的直接经济损失数额、清退资金数额等犯罪事实、量刑情节,以及被告人主观恶性、人身危险性、认罪悔罪表现等因素,决定缓刑的适用。

(四)集资诈骗罪

1. 构成集资诈骗罪的,根据下列情形在相应的幅度内确定量刑起点:

(1)达到数额较大起点的,在三年至四年有期徒刑幅度内确定量刑起点。

（2）达到数额巨大起点或者有其他严重情节的，在七年至九年有期徒刑幅度内确定量刑起点。依法应当判处无期徒刑的除外。

2. 在量刑起点的基础上，根据集资诈骗数额等其他影响犯罪构成的犯罪事实增加刑罚量，确定基准刑。

3. 构成集资诈骗罪的，根据犯罪数额、危害后果等犯罪情节，综合考虑被告人缴纳罚金的能力，决定罚金数额。

4. 构成集资诈骗罪的，综合考虑犯罪数额、诈骗对象、危害后果、退赃退赔等犯罪事实、量刑情节，以及被告人主观恶性、人身危险性、认罪悔罪表现等因素，决定缓刑的适用。

（五）信用卡诈骗罪

1. 构成信用卡诈骗罪的，根据下列情形在相应的幅度内确定量刑起点：

（1）达到数额较大起点的，在二年以下有期徒刑、拘役幅度内确定量刑起点。

（2）达到数额巨大起点或者有其他严重情节的，在五年至六年有期徒刑幅度内确定量刑起点。

（3）达到数额特别巨大起点或者有其他特别严重情节的，在十年至十二年有期徒刑幅度内确定量刑起点。依法应当判处无期徒刑的除外。

2. 在量刑起点的基础上，根据信用卡诈骗数额等其他影响犯罪构成的犯罪事实增加刑罚量，确定基准刑。

3. 构成信用卡诈骗罪的，根据诈骗手段、犯罪数额、危害后果等犯罪情节，综合考虑被告人缴纳罚金的能力，决定罚金数额。

4. 构成信用卡诈骗罪的，综合考虑诈骗手段、犯罪数额、危害后果、退赃退赔等犯罪事实、量刑情节，以及被告人主观恶性、人身危险性、认罪悔罪表现等因素，决定缓刑的适用。

（六）合同诈骗罪

1. 构成合同诈骗罪的，根据下列情形在相应的幅度内确定量刑起点：

（1）达到数额较大起点的，在一年以下有期徒刑、拘役幅度内确定量刑起点。

（2）达到数额巨大起点或者有其他严重情节的，在三年至四年有期徒刑幅度内确定量刑起点。

（3）达到数额特别巨大起点或者有其他特别严重情节的，在十年至十二年有期徒刑幅度内确定量刑起点。依法应当判处无期徒刑的除外。

2. 在量刑起点的基础上，根据合同诈骗数额等其他

影响犯罪构成的犯罪事实增加刑罚量，确定基准刑。

3. 构成合同诈骗罪的，根据诈骗手段、犯罪数额、损失数额、危害后果等犯罪情节，综合考虑被告人缴纳罚金的能力，决定罚金数额。

4. 构成合同诈骗罪的，综合考虑诈骗手段、犯罪数额、危害后果、退赃退赔等犯罪事实、量刑情节，以及被告人主观恶性、人身危险性、认罪悔罪表现等因素，决定缓刑的适用。

（七）故意伤害罪

1. 构成故意伤害罪的，根据下列情形在相应的幅度内确定量刑起点：

（1）故意伤害致一人轻伤的，在二年以下有期徒刑、拘役幅度内确定量刑起点。

（2）故意伤害致一人重伤的，在三年至五年有期徒刑幅度内确定量刑起点。

（3）以特别残忍手段故意伤害致一人重伤，造成六级严重残疾的，在十年至十三年有期徒刑幅度内确定量刑起点。依法应当判处无期徒刑以上刑罚的除外。

2. 在量刑起点的基础上，根据伤害后果、伤残等级、手段残忍程度等其他影响犯罪构成的犯罪事实增加刑罚量，确定基准刑。

故意伤害致人轻伤的，伤残程度可以在确定量刑起点时考虑，或者作为调节基准刑的量刑情节。

3. 构成故意伤害罪的，综合考虑故意伤害的起因、手段、危害后果、赔偿谅解等犯罪事实、量刑情节，以及被告人的主观恶性、人身危险性、认罪悔罪表现等因素，决定缓刑的适用。

（八）强奸罪

1. 构成强奸罪的，根据下列情形在相应的幅度内确定量刑起点：

（1）强奸妇女一人的，在三年至六年有期徒刑幅度内确定量刑起点。

奸淫幼女一人的，在四年至七年有期徒刑幅度内确定量刑起点。

（2）有下列情形之一的，在十年至十三年有期徒刑幅度内确定量刑起点：强奸妇女、奸淫幼女情节恶劣的；强奸妇女、奸淫幼女三人的；在公共场所当众强奸妇女、奸淫幼女的；二人以上轮奸妇女的；奸淫不满十周岁的幼女或者造成幼女伤害的；强奸致被害人重伤或者造成其他严重后果的。依法应当判处无期徒刑以上刑罚的除外。

2. 在量刑起点的基础上，根据强奸妇女、奸淫幼女情节恶劣程度、强奸人数、致人伤害后果等其他影响犯罪

构成的犯罪事实增加刑罚量,确定基准刑。

强奸多人多次的,以强奸人数作为增加刑罚量的事实,强奸次数作为调节基准刑的量刑情节。

3. 构成强奸罪的,综合考虑强奸的手段、危害后果等犯罪事实、量刑情节,以及被告人的主观恶性、人身危险性、认罪悔罪表现等因素,从严把握缓刑的适用。

(九)非法拘禁罪

1. 构成非法拘禁罪的,根据下列情形在相应的幅度内确定量刑起点:

(1)犯罪情节一般的,在一年以下有期徒刑、拘役幅度内确定量刑起点。

(2)致一人重伤的,在三年至五年有期徒刑幅度内确定量刑起点。

(3)致一人死亡的,在十年至十三年有期徒刑幅度内确定量刑起点。

2. 在量刑起点的基础上,根据非法拘禁人数、拘禁时间、致人伤亡后果等其他影响犯罪构成的犯罪事实增加刑罚量,确定基准刑。

非法拘禁多人多次的,以非法拘禁人数作为增加刑罚量的事实,非法拘禁次数作为调节基准刑的量刑情节。

3. 有下列情节之一的,增加基准刑的10%-20%:

(1)具有殴打、侮辱情节的;

(2)国家机关工作人员利用职权非法扣押、拘禁他人的。

4. 构成非法拘禁罪的,综合考虑非法拘禁的起因、时间、危害后果等犯罪事实、量刑情节,以及被告人的主观恶性、人身危险性、认罪悔罪表现等因素,决定缓刑的适用。

(十)抢劫罪

1. 构成抢劫罪的,根据下列情形在相应的幅度内确定量刑起点:

(1)抢劫一次的,在三年至六年有期徒刑幅度内确定量刑起点。

(2)有下列情形之一的,在十年至十三年有期徒刑幅度内确定量刑起点:入户抢劫的;在公共交通工具上抢劫的;抢劫银行或者其他金融机构的;抢劫三次或者抢劫数额达到数额巨大起点的;抢劫致一人重伤的;冒充军警人员抢劫的;持枪抢劫的;抢劫军用物资或抢险、救灾、救济物资的。依法应当判处无期徒刑以上刑罚的除外。

2. 在量刑起点的基础上,根据抢劫情节严重程度、抢劫数额、次数、致人伤害后果等其他影响犯罪构成的犯罪事实增加刑罚量,确定基准刑。

3. 构成抢劫罪的,根据抢劫的数额、次数、手段、危害后果等犯罪情节,综合考虑被告人缴纳罚金的能力,决定罚金数额。

4. 构成抢劫罪的,综合考虑抢劫的起因、手段、危害后果等犯罪事实、量刑情节,以及被告人的主观恶性、人身危险性、认罪悔罪表现等因素,从严把握缓刑的适用。

(十一)盗窃罪

1. 构成盗窃罪的,根据下列情形在相应的幅度内确定量刑起点:

(1)达到数额较大起点的,二年内三次盗窃的,入户盗窃的,携带凶器盗窃的,或者扒窃的,在一年以下有期徒刑、拘役幅度内确定量刑起点。

(2)达到数额巨大起点或者有其他严重情节的,在三年至四年有期徒刑幅度内确定量刑起点。

(3)达到数额特别巨大起点或者有其他特别严重情节的,在十年至十二年有期徒刑幅度内确定量刑起点。依法应当判处无期徒刑的除外。

2. 在量刑起点的基础上,根据盗窃数额、次数、手段等其他影响犯罪构成的犯罪事实增加刑罚量,确定基准刑。

多次盗窃,数额达到较大以上的,以盗窃数额确定量刑起点,盗窃次数可以作为调节基准刑的量刑情节;数额未达到较大的,以盗窃次数确定量刑起点,超过三次的次数作为增加刑罚量的事实。

3. 构成盗窃罪的,根据盗窃的数额、次数、手段、危害后果等犯罪情节,综合考虑被告人缴纳罚金的能力,在一千元以上盗窃数额二倍以下决定罚金数额;没有盗窃数额或者盗窃数额无法计算的,在一千元以上十万元以下判处罚金。

4. 构成盗窃罪的,综合考虑盗窃的起因、数额、次数、手段、退赃退赔等犯罪事实、量刑情节,以及被告人的主观恶性、人身危险性、认罪悔罪表现等因素,决定缓刑的适用。

(十二)诈骗罪

1. 构成诈骗罪的,根据下列情形在相应的幅度内确定量刑起点:

(1)达到数额较大起点的,在一年以下有期徒刑、拘役幅度内确定量刑起点。

(2)达到数额巨大起点或者有其他严重情节的,在三年至四年有期徒刑幅度内确定量刑起点。

(3)达到数额特别巨大起点或者有其他特别严重情节的,在十年至十二年有期徒刑幅度内确定量刑起点。

依法应当判处无期徒刑的除外。

2. 在量刑起点的基础上，根据诈骗数额等其他影响犯罪构成的犯罪事实增加刑罚量，确定基准刑。

3. 构成诈骗罪的，根据诈骗的数额、手段、危害后果等犯罪情节，综合考虑被告人缴纳罚金的能力，决定罚金数额。

4. 构成诈骗罪的，综合考虑诈骗的起因、手段、数额、危害后果、退赃退赔等犯罪事实、量刑情节，以及被告人的主观恶性、人身危险性、认罪悔罪表现等因素，决定缓刑的适用。对实施电信网络诈骗的，从严把握缓刑的适用。

（十三）抢夺罪

1. 构成抢夺罪的，根据下列情形在相应的幅度内确定量刑起点：

（1）达到数额较大起点或者二年内三次抢夺的，在一年以下有期徒刑、拘役幅度内确定量刑起点。

（2）达到数额巨大起点或者有其他严重情节的，在三年至五年有期徒刑幅度内确定量刑起点。

（3）达到数额特别巨大起点或者有其他特别严重情节的，在十年至十二年有期徒刑幅度内确定量刑起点。依法应当判处无期徒刑的除外。

2. 在量刑起点的基础上，根据抢夺数额、次数等其他影响犯罪构成的犯罪事实增加刑罚量，确定基准刑。

多次抢夺，数额达到较大以上的，以抢夺数额确定量刑起点，抢夺次数可以作为调节基准刑的量刑情节；数额未达到较大的，以抢夺次数确定量刑起点，超过三次的次数作为增加刑罚量的事实。

3. 构成抢夺罪的，根据抢夺的数额、次数、手段、危害后果等犯罪情节，综合考虑被告人缴纳罚金的能力，决定罚金数额。

4. 构成抢夺罪的，综合考虑抢夺的起因、数额、手段、次数、危害后果、退赃退赔等犯罪事实、量刑情节，以及被告人的主观恶性、人身危险性、认罪悔罪表现等因素，决定缓刑的适用。

（十四）职务侵占罪

1. 构成职务侵占罪的，根据下列情形在相应的幅度内确定量刑起点：

（1）达到数额较大起点的，在一年以下有期徒刑、拘役幅度内确定量刑起点。

（2）达到数额巨大起点的，在三年至四年有期徒刑幅度内确定量刑起点。

（3）达到数额特别巨大起点的，在十年至十一年有

期徒刑幅度内确定量刑起点。依法应当判处无期徒刑的除外。

2. 在量刑起点的基础上，根据职务侵占数额等其他影响犯罪构成的犯罪事实增加刑罚量，确定基准刑。

3. 构成职务侵占罪的，根据职务侵占的数额、危害后果等犯罪情节，综合考虑被告人缴纳罚金的能力，决定罚金数额。

4. 构成职务侵占罪的，综合考虑职务侵占的数额、手段、危害后果、退赃退赔等犯罪事实、量刑情节，以及被告人的主观恶性、人身危险性、认罪悔罪表现等因素，决定缓刑的适用。

（十五）敲诈勒索罪

1. 构成敲诈勒索罪的，根据下列情形在相应的幅度内确定量刑起点：

（1）达到数额较大起点的，或者二年内三次敲诈勒索的，在一年以下有期徒刑、拘役幅度内确定量刑起点。

（2）达到数额巨大起点或者有其他严重情节的，在三年至五年有期徒刑幅度内确定量刑起点。

（3）达到数额特别巨大起点或者有其他特别严重情节的，在十年至十二年有期徒刑幅度内确定量刑起点。

2. 在量刑起点的基础上，根据敲诈勒索数额、次数、犯罪情节严重程度等其他影响犯罪构成的犯罪事实增加刑罚量，确定基准刑。

多次敲诈勒索，数额达到较大以上的，以敲诈勒索数额确定量刑起点，敲诈勒索次数可以作为调节基准刑的量刑情节；数额未达到较大的，以敲诈勒索次数确定量刑起点，超过三次的次数作为增加刑罚量的事实。

3. 构成敲诈勒索罪的，根据敲诈勒索的数额、手段、次数、危害后果等犯罪情节，综合考虑被告人缴纳罚金的能力，在二千元以上敲诈勒索数额的二倍以下决定罚金数额；被告人没有获得财物的，在二千元以上十万元以下判处罚金。

4. 构成敲诈勒索罪的，综合考虑敲诈勒索的手段、数额、次数、危害后果、退赃退赔等犯罪事实、量刑情节，以及被告人的主观恶性、人身危险性、认罪悔罪表现等因素，决定缓刑的适用。

（十六）妨害公务罪

1. 构成妨害公务罪的，在二年以下有期徒刑、拘役幅度内确定量刑起点。

2. 在量刑起点的基础上，根据妨害公务造成的后果、犯罪情节严重程度等其他影响犯罪构成的犯罪事实增加刑罚量，确定基准刑。

3. 构成妨害公务罪，依法单处罚金的，根据妨害公务的手段、危害后果、造成的人身伤害以及财产毁损情况等犯罪情节，综合考虑被告人缴纳罚金的能力，决定罚金数额。

4. 构成妨害公务罪的，综合考虑妨害公务的手段、造成的人身伤害、财物的毁损及社会影响等犯罪事实、量刑情节，以及被告人的主观恶性、人身危险性、认罪悔罪表现等因素，决定缓刑的适用。

（十七）聚众斗殴罪

1. 构成聚众斗殴罪的，根据下列情形在相应的幅度内确定量刑起点：

（1）犯罪情节一般的，在二年以下有期徒刑、拘役幅度内确定量刑起点。

（2）有下列情形之一的，在三年至五年有期徒刑幅度内确定量刑起点：聚众斗殴三次的；聚众斗殴人数多，规模大，社会影响恶劣的；在公共场所或者交通要道聚众斗殴，造成社会秩序严重混乱的；持械聚众斗殴的。

2. 在量刑起点的基础上，根据聚众斗殴人数、次数、手段严重程度等其他影响犯罪构成的犯罪事实增加刑罚量，确定基准刑。

3. 构成聚众斗殴罪的，综合考虑聚众斗殴的手段、危害后果等犯罪事实、量刑情节，以及被告人的主观恶性、人身危险性、认罪悔罪表现等因素，决定缓刑的适用。

（十八）寻衅滋事罪

1. 构成寻衅滋事罪的，根据下列情形在相应的幅度内确定量刑起点：

（1）寻衅滋事一次的，在三年以下有期徒刑、拘役幅度内确定量刑起点。

（2）纠集他人三次寻衅滋事（每次都构成犯罪），严重破坏社会秩序的，在五年至七年有期徒刑幅度内确定量刑起点。

2. 在量刑起点的基础上，根据寻衅滋事次数、伤害后果、强拿硬要他人财物或任意损毁、占用公私财物数额等其他影响犯罪构成的犯罪事实增加刑罚量，确定基准刑。

3. 构成寻衅滋事罪，判处五年以上十年以下有期徒刑，并处罚金的，根据寻衅滋事的次数、危害后果、对社会秩序的破坏程度等犯罪情节，综合考虑被告人缴纳罚金的能力，决定罚金数额。

4. 构成寻衅滋事罪的，综合考虑寻衅滋事的具体行为、危害后果、对社会秩序的破坏程度等犯罪事实、量刑情节，以及被告人的主观恶性、人身危险性、认罪悔罪表现等因素，决定缓刑的适用。

（十九）掩饰、隐瞒犯罪所得、犯罪所得收益罪

1. 构成掩饰、隐瞒犯罪所得、犯罪所得收益罪的，根据下列情形在相应的幅度内确定量刑起点：

（1）犯罪情节一般的，在一年以下有期徒刑、拘役幅度内确定量刑起点。

（2）情节严重的，在三年至四年有期徒刑幅度内确定量刑起点。

2. 在量刑起点的基础上，根据犯罪数额等其他影响犯罪构成的犯罪事实增加刑罚量，确定基准刑。

3. 构成掩饰、隐瞒犯罪所得、犯罪所得收益罪的，根据掩饰、隐瞒犯罪所得及其收益的数额、犯罪对象、危害后果等犯罪情节，综合考虑被告人缴纳罚金的能力，决定罚金数额。

4. 构成掩饰、隐瞒犯罪所得、犯罪所得收益罪的，综合考虑掩饰、隐瞒犯罪所得及其收益的数额、危害后果、上游犯罪的危害程度等犯罪事实、量刑情节，以及被告人的主观恶性、人身危险性、认罪悔罪表现等因素，决定缓刑的适用。

（二十）走私、贩卖、运输、制造毒品罪

1. 构成走私、贩卖、运输、制造毒品罪的，根据下列情形在相应的幅度内确定量刑起点：

（1）走私、贩卖、运输、制造鸦片一千克，海洛因、甲基苯丙胺五十克或者其它毒品数量达到数量大起点的，量刑起点为十五年有期徒刑。依法应当判处无期徒刑以上刑罚的除外。

（2）走私、贩卖、运输、制造鸦片二百克，海洛因、甲基苯丙胺十克或者其它毒品数量达到数量较大起点的，在七年至八年有期徒刑幅度内确定量刑起点。

（3）走私、贩卖、运输、制造鸦片不满二百克，海洛因、甲基苯丙胺不满十克或者其他少量毒品的，可以在三年以下有期徒刑、拘役幅度内确定量刑起点；情节严重的，在三年至四年有期徒刑幅度内确定量刑起点。

2. 在量刑起点的基础上，根据毒品犯罪次数、人次、毒品数量等其他影响犯罪构成的犯罪事实增加刑罚量，确定基准刑。

3. 有下列情节之一的，增加基准刑的10%-30%：

（1）利用、教唆未成年人走私、贩卖、运输、制造毒品的；

（2）向未成年人出售毒品的；

（3）毒品再犯。

4. 有下列情节之一的，可以减少基准刑的30%以下：

（1）受雇运输毒品的；

（2）毒品含量明显偏低的；

（3）存在数量引诱情形的。

5. 构成走私、贩卖、运输、制造毒品罪的，根据走私、贩卖、运输、制造毒品的种类、数量、危害后果等犯罪情节，综合考虑被告人缴纳罚金的能力，决定罚金数额。

6. 构成走私、贩卖、运输、制造毒品罪的，综合考虑走私、贩卖、运输、制造毒品的种类、数量、危害后果等犯罪事实、量刑情节，以及被告人的主观恶性、人身危险性、认罪悔罪表现等因素，从严把握缓刑的适用。

（二十一）非法持有毒品罪

1. 构成非法持有毒品罪的，根据下列情形在相应的幅度内确定量刑起点：

（1）非法持有鸦片一千克以上、海洛因或者甲基苯丙胺五十克以上或者其他毒品数量大的，在七年至九年有期徒刑幅度内确定量刑起点。依法应当判处无期徒刑的除外。

（2）非法持有毒品情节严重的，在三年至四年有期徒刑幅度内确定量刑起点。

（3）非法持有鸦片二百克、海洛因或者甲基苯丙胺十克或者其他毒品数量较大的，在一年以下有期徒刑、拘役幅度内确定量刑起点。

2. 在量刑起点的基础上，根据毒品数量等其他影响犯罪构成的犯罪事实增加刑罚量，确定基准刑。

3. 构成非法持有毒品罪的，根据非法持有毒品的种类、数量等犯罪情节，综合考虑被告人缴纳罚金的能力，决定罚金数额。

4. 构成非法持有毒品罪的，综合考虑非法持有毒品的种类、数量等犯罪事实、量刑情节，以及被告人主观恶性、人身危险性、认罪悔罪表现等因素，从严把握缓刑的适用。

（二十二）容留他人吸毒罪

1. 构成容留他人吸毒罪的，在一年以下有期徒刑、拘役幅度内确定量刑起点。

2. 在量刑起点的基础上，根据容留他人吸毒的人数、次数等其他影响犯罪构成的犯罪事实增加刑罚量，确定基准刑。

3. 构成容留他人吸毒罪的，根据容留他人吸毒的人数、次数、违法所得数额、危害后果等犯罪情节，综合考虑被告人缴纳罚金的能力，决定罚金数额。

4. 构成容留他人吸毒罪的，综合考虑容留他人吸毒的人数、次数、危害后果等犯罪事实、量刑情节，以及被告人主观恶性、人身危险性、认罪悔罪表现等因素，决定缓刑的适用。

（二十三）引诱、容留、介绍卖淫罪

1. 构成引诱、容留、介绍卖淫罪的，根据下列情形在相应的幅度内确定量刑起点：

（1）情节一般的，在二年以下有期徒刑、拘役幅度内确定量刑起点。

（2）情节严重的，在五年至七年有期徒刑幅度内确定量刑起点。

2. 在量刑起点的基础上，根据引诱、容留、介绍卖淫的人数等其他影响犯罪构成的犯罪事实增加刑罚量，确定基准刑。

3. 旅馆业、饮食服务业、文化娱乐业、出租汽车业等单位的主要负责人，利用本单位的条件，引诱、容留、介绍他人卖淫的，增加基准刑的10%-20%。

4. 构成引诱、容留、介绍卖淫罪的，根据引诱、容留、介绍卖淫的人数、次数、违法所得数额、危害后果等犯罪情节，综合考虑被告人缴纳罚金的能力，决定罚金数额。

5. 构成引诱、容留、介绍卖淫罪的，综合考虑引诱、容留、介绍卖淫的人数、次数、危害后果等犯罪事实、量刑情节，以及被告人主观恶性、人身危险性、认罪悔罪表现等因素，决定缓刑的适用。

五、附　则

（一）本指导意见规范上列二十三种犯罪判处有期徒刑的案件。其他判处有期徒刑的案件，可以参照量刑的指导原则、基本方法和常见量刑情节的适用规范量刑。

（二）各省、自治区、直辖市高级人民法院、人民检察院应当结合当地实际，共同制定实施细则。

（三）本指导意见自 2021 年 7 月 1 日起实施。最高人民法院 2017 年 3 月 9 日《关于实施修订后的〈关于常见犯罪的量刑指导意见〉的通知》（法发〔2017〕7 号）同时废止。

5. 刑事抗诉

人民检察院刑事抗诉工作指引

·2018 年 2 月 14 日
·高检发诉字〔2018〕2 号

第一章　总　则

第一条　刑事抗诉是法律赋予检察机关的重要职权。通过刑事抗诉纠正确有错误的裁判，是人民检察院履行法律监督职能的重要体现。加强刑事抗诉工作，对于维护司法公正,保护诉讼当事人合法权益,实现社会公平正义,促进社会和谐稳定,树立和维护法治权威具有重要意义。为规范刑事抗诉工作,强化法律监督,根据法律规定,结合检察工作实际,制定本指引。

第二条　人民检察院办理刑事抗诉案件适用本指引。

第三条　办理刑事抗诉案件,应当坚持依法、准确、及时、有效的基本要求。提出或者支持抗诉的案件,应当充分考虑抗诉的必要性。

涉及未成年人的,应当将成年人侵害未成年人人身权利的案件作为抗诉重点。

第四条　办理刑事抗诉案件,按照司法责任制改革确定的办案、审批机制运行。

第二章　刑事抗诉案件的启动

第五条　人民检察院通过审查人民法院的判决或裁定、受理申诉等活动,监督人民法院的判决、裁定是否正确。地方各级人民检察院认为本级人民法院第一审的判决、裁定确有错误的时候,应当向上一级人民法院提出抗诉。最高人民检察院对各级人民法院已经发生法律效力的判决和裁定,上级人民检察院对下级人民法院已经发生法律效力的判决和裁定,如果发现确有错误,有权按照审判监督程序向同级人民法院提出抗诉。

当事人及其法定代理人、近亲属认为人民法院已经发生法律效力的判决、裁定确有错误,向人民检察院申诉的,适用《最高人民检察院关于办理不服人民法院生效刑事裁判申诉案件若干问题的规定》和《人民检察院复查刑事申诉案件的规定》等规定。

第六条　人民检察院可以通过以下途径发现尚未生效判决、裁定的错误:

(一)收到人民法院第一审判决书、裁定书后,人民检察院通过指定专人审查发现错误;

(二)被害人及其法定代理人不服人民法院第一审判决,在收到判决书后五日以内请求人民检察院提出抗诉的,人民检察院应当立即进行审查,在法定抗诉期限内提出是否抗诉的意见;

(三)职务犯罪案件第一审判决,由上下两级人民检察院同步审查。作出一审判决人民法院的同级人民检察院是同步审查的主要责任主体,上一级人民检察院负督促和制约的责任;

(四)其他途径。

第七条　上一级人民检察院在抗诉期限内,发现下级人民检察院应当提出抗诉而没有提出抗诉的案件,可以指令下级人民检察院依法提出抗诉。下级人民检察院

在抗诉期限内未能及时提出抗诉的,应当在判决、裁定生效后提请上一级人民检察院按照审判监督程序提出抗诉。

第八条　人民检察院可以通过以下途径发现生效判决、裁定的错误:

(一)收到人民法院生效判决书、裁定书后,人民检察院通过指定专人审查发现错误;

(二)当事人及其法定代理人、近亲属不服人民法院生效刑事判决、裁定提出申诉,刑事申诉检察部门经复查发现错误;

(三)根据社会各界和有关部门转送的材料和反映的意见,对人民法院已生效判决、裁定审查后发现错误;

(四)在办案质量检查和案件复查等工作中,发现人民法院已生效判决、裁定确有错误;

(五)出现新的证据,发现人民法院已生效判决、裁定错误;

(六)办理案件过程中发现其他案件已生效判决、裁定确有错误;

(七)其他途径。

人民检察院对同级人民法院已经发生法律效力的刑事判决、裁定,发现确有错误的,应当提请上一级人民检察院抗诉。上级人民检察院发现下级人民法院已经发生法律效力的判决或裁定确有错误的,可以直接向同级人民法院提出抗诉,或者指令作出生效判决、裁定人民法院的上一级人民检察院向同级人民法院提出抗诉。

第三章　抗诉情形与不抗诉情形

第九条　人民法院的判决、裁定有下列情形之一的,应当提出抗诉:

(一)原审判决或裁定认定事实确有错误,导致定罪或者量刑明显不当的:

1. 刑事判决、裁定认定的事实与证据证明的事实不一致的;

2. 认定的事实与裁判结论有矛盾的;

3. 有新的证据证明原判决、裁定认定的事实确有错误的。

(二)原审判决或裁定采信证据确有错误,导致定罪或者量刑明显不当的:

1. 刑事判决、裁定据以认定案件事实的证据不确实的;

2. 据以定案的证据不足以认定案件事实,或者所证明的案件事实与裁判结论之间缺乏必然联系的;

3. 据以定案的证据依法应当作为非法证据予以排

除而未被排除的；

4. 不应当排除的证据作为非法证据被排除或者不予采信的；

5. 据以定案的主要证据之间存在矛盾，无法排除合理怀疑的；

6. 因被告人翻供、证人改变证言而不采纳依法收集并经庭审质证为合法、有效的其他证据，判决无罪或者改变事实认定的；

7. 犯罪事实清楚，证据确实、充分，但人民法院以证据不足为由判决无罪或者改变事实认定的。

（三）原审判决或裁定适用法律确有错误的：

1. 定罪错误，即对案件事实进行评判时发生错误：

（1）有罪判无罪，无罪判有罪的；

（2）混淆此罪与彼罪、一罪与数罪的界限，造成罪刑不相适应，或者在司法实践中产生重大不良影响的。

2. 量刑错误，即适用刑罚与犯罪的事实、性质、情节和社会危害程度不相适应，重罪轻判或者轻罪重判，导致量刑明显不当：

（1）不具有法定量刑情节而超出法定刑幅度量刑的；

（2）认定或者适用法定量刑情节错误，导致未在法定刑幅度内量刑或者量刑明显不当的；

（3）共同犯罪案件中各被告人量刑与其在共同犯罪中的地位、作用明显不相适应或者不均衡的；

（4）适用主刑刑种错误的；

（5）适用附加刑错误的；

（6）适用免予刑事处罚、缓刑错误的；

（7）适用刑事禁止令、限制减刑错误的。

（四）人民法院在审判过程中有下列严重违反法定诉讼程序情形之一，可能影响公正裁判的：

1. 违反有关公开审判规定的；

2. 违反有关回避规定的；

3. 剥夺或者限制当事人法定诉讼权利的；

4. 审判组织的组成不合法的；

5. 除另有规定的以外，证据材料未经庭审质证直接采纳作为定案根据，或者人民法院依申请收集、调取的证据材料和合议庭休庭后自行调查取得的证据材料没有经过庭审质证而直接采纳作为定案根据的；

6. 由合议庭进行审判的案件未经过合议庭评议直接宣判的；

7. 违反审判管辖规定的；

8. 其他严重违反法定诉讼程序情形的。

（五）刑事附带民事诉讼部分所作判决、裁定明显不当的。

（六）人民法院适用犯罪嫌疑人、被告人逃匿、死亡案件违法所得的没收程序所作的裁定确有错误的。

（七）审判人员在审理案件的时候，有贪污受贿、徇私舞弊或者枉法裁判行为，影响公正审判的。

第十条　下列案件一般不提出抗诉：

（一）原审判决或裁定认定事实、采信证据有下列情形之一的：

1. 被告人提出罪轻、无罪辩解或者翻供后，认定犯罪性质、情节或者有罪的证据之间的矛盾无法排除，导致人民法院未认定起诉指控罪名或者相关犯罪事实的；

2. 刑事判决改变起诉指控罪名，导致量刑差异较大，但没有足够证据或者法律依据证明人民法院改变罪名错误的；

3. 案件定罪事实清楚，因有关量刑情节难以查清，人民法院在法定刑幅度内从轻处罚的；

4. 依法排除非法证据后，证明部分或者全部案件事实的证据达不到确实、充分的标准，人民法院不予认定该部分案件事实或者判决无罪的。

（二）原审判决或裁定适用法律有下列情形之一的：

1. 法律规定不明确、存有争议，抗诉的法律依据不充分的；

2. 具有法定从轻或者减轻处罚情节，量刑偏轻的；

3. 被告人系患有严重疾病、生活不能自理的人，怀孕或者正在哺乳自己婴儿的妇女，生活不能自理的人的唯一扶养人，量刑偏轻的；

4. 被告人认罪并积极赔偿损失，取得被害方谅解，量刑偏轻的。

（三）人民法院审判活动违反法定诉讼程序，其严重程度不足以影响公正裁判，或者判决书、裁定书存在技术性差错，不影响案件实质性结论的，一般不提出抗诉。必要时以纠正审理违法意见书形式监督人民法院纠正审判活动中的违法情形，或者以检察建议书等形式要求人民法院更正法律文书中的差错。

（四）人民法院判处被告人死刑缓期二年执行的案件，具有下列情形之一，除原审判决认定事实、适用法律有严重错误或者社会反响强烈的以外，一般不提出判处死刑立即执行的抗诉：

1. 被告人有自首、立功等法定从轻、减轻处罚情节的；

2. 定罪的证据确实、充分，但影响量刑的主要证据存有疑问的；

3. 因婚姻家庭、邻里纠纷等民间矛盾激化引发的案件,因被害方的过错行为引起的案件,案发后被告人真诚悔罪、积极赔偿被害方经济损失并取得被害方谅解的;

4. 罪犯被送交监狱执行刑罚后,认罪服法,狱中表现较好,且死缓考验期限将满的。

(五)原审判决或裁定适用的刑罚虽与法律规定有偏差,但符合罪刑相适应原则和社会认同的。

(六)未成年人轻微刑事犯罪案件量刑偏轻的。

第四章　刑事抗诉案件的审查

第十一条　审查刑事抗诉案件,应当坚持全案审查和重点审查相结合原则,并充分听取辩护人的意见。重点审查抗诉主张在事实、法律上的依据以及支持抗诉主张的证据是否具有合法性、客观性和关联性。

第十二条　办理刑事抗诉案件,应当严格按照刑法、刑事诉讼法、相关司法解释和规范性文件的要求,全面、细致地审查案件事实、证据、法律适用以及诉讼程序,综合考虑犯罪性质、情节和社会危害程度等因素,准确分析认定人民法院原审裁判是否确有错误,根据错误的性质和程度,决定是否提出(请)抗诉。

(一)对刑事抗诉案件的事实,应当重点审查以下内容:

1. 犯罪动机、目的是否明确;

2. 犯罪手段是否清楚;

3. 与定罪量刑有关的事实、情节是否查明;

4. 犯罪的危害后果是否查明;

5. 行为和结果之间是否存在刑法上的因果关系。

(二)对刑事抗诉案件的证据,应当重点审查以下内容:

1. 认定犯罪主体的证据是否确实、充分;

2. 认定犯罪事实的证据是否确实、充分;

3. 涉及犯罪性质、认定罪名的证据是否确实、充分;

4. 涉及量刑情节的证据是否确实、充分;

5. 提出抗诉的刑事案件,支持抗诉意见的证据是否具备合法性、客观性和关联性;

6. 抗诉证据之间、抗诉意见与抗诉证据之间是否存在矛盾;

7. 抗诉证据是否确实、充分。

(三)对刑事抗诉案件的法律适用,应当重点审查以下内容:

1. 适用法律和引用法律条文是否正确;

2. 罪与非罪、此罪与彼罪、一罪与数罪的认定是否正确;

3. 具有法定从重、从轻、减轻或者免除处罚情节的,适用法律是否正确;

4. 适用刑种和量刑幅度是否正确;

5. 刑事附带民事诉讼判决、裁定,犯罪嫌疑人、被告人逃匿、死亡案件违法所得没收程序的裁定是否符合法律规定。

第十三条　审查抗诉案件一般按照下列步骤进行:

(一)认真研究抗诉书或提请抗诉报告书,熟悉案件的基本情况、重点了解不同诉讼阶段认定案件事实的差异,公诉意见、历次判决或裁定结论有何差异,将判决或裁定理由与抗诉理由或提请抗诉的理由进行对比,初步分析案件分歧的焦点所在;

(二)审阅起诉书、判决书或裁定书,核对抗诉书或提请抗诉报告书所列举的公诉意见、判决或裁定结论、判决或裁定理由等内容是否存在错误;

(三)审阅卷中证据材料。在全面审阅的基础上,重点审查判决、裁定认定案件事实所采信的证据,下一级人民检察院提出抗诉或提请抗诉所认定的证据,特别是对认定事实有分歧的,应当仔细审查各分歧意见所认定、采信的证据;

(四)根据卷中证据情况,提出对案件事实的初步认定意见,注意与判决、裁定的认定意见有无不同;

(五)初步列出案件分歧的焦点问题,包括事实认定、证据采信以及法律适用方面的分歧意见等;

(六)分析判决、裁定是否存在错误,提出抗诉或提请抗诉的理由是否成立以及是否存在疏漏,研判是否支持抗诉或决定抗诉;

(七)根据案件具体情况,必要时可以到案发地复核主要证据,对尚不清楚的事实和情节提出新的证据;

(八)根据复核证据的情况,进一步提出认定事实、采信证据和适用法律的意见,分析判决、裁定是否确有错误,抗诉理由是否充分,最后提出是否支持抗诉或者决定抗诉的审查意见。

第十四条　办理刑事抗诉案件,应当讯问原审被告人,并根据案件需要复核或者补充相关证据。

需要原侦查机关补充收集证据的,可以要求原侦查机关补充收集。被告人、辩护人提出自首、立功等可能影响定罪量刑的材料和线索的,人民检察院可以依照管辖规定交侦查机关调查核实,也可以自行调查核实。发现遗漏罪行或者同案犯罪嫌疑人的,应当建议侦查机关侦查。

根据案件具体情况,可以向侦查人员调查了解原案的发破案、侦查取证活动等情况。

在对涉及专门技术问题的证据材料进行审查时,可以委托检察技术人员或者其他具有专门知识的人员进行文证审查,或者请其提供咨询意见。检察技术人员、具有专门知识的人员出具的审查意见或者咨询意见应当附卷,并在案件审查报告中说明。

第十五条　人民检察院办理死刑抗诉案件,除依照本指引第十三条、第十四条规定审查外,还应当重点开展下列工作:

(一)讯问原审被告人,听取原审被告人的辩解;

(二)必要时听取辩护人的意见;

(三)复核主要证据,必要时询问证人;

(四)必要时补充收集证据;

(五)对鉴定意见有疑问的,可以重新鉴定或者补充鉴定;

(六)根据案件情况,可以听取被害人的意见。

第十六条　人民检察院在办理刑事抗诉案件过程中发现职务犯罪线索的,应当对案件线索逐件登记、审查,经检察长批准,及时移送有管辖权的单位办理。

第十七条　承办人审查后,应当制作刑事抗诉案件审查报告,阐明是否提出抗诉或者是否支持抗诉的意见。

刑事抗诉案件审查报告应当符合最高人民检察院规定的格式,并重点把握以下要求:

(一)充分认识审查报告制作质量直接影响对案件的审核和检察长或者检察委员会作出处理决定;

(二)承办人制作审查报告,可以根据案件汇报的需要及案件本身的特点作适当的调整;

(三)事实叙写应当清晰、完整、客观,不遗漏关键的事实、情节;

(四)证据摘录一般按照先客观性证据后主观性证据的顺序进行列举,以客观性证据为基础构建证据体系,对客观性证据优先审查、充分挖掘、科学解释、全面验证;同时,要防止唯客观性证据论的倾向,防止忽视口供,对口供在做到依法审查、客观验证基础上充分合理使用;

(五)引用判决或裁定的理由和结论应当全面客观,分析判决或裁定是否错误应当有理有据;

(六)审查意见应当注重层次性、针对性、逻辑性和说理性;

(七)对存在舆情等风险的案件,应当提出风险评估和预案处置意见。

第五章　按照第二审程序抗诉

第十八条　人民检察院应当严格落实对人民法院判决、裁定逐案审查工作机制。对提起公诉的案件,在收到人民法院第一审判决书或者裁定书后,应当及时审查,承办检察官应当填写刑事判决、裁定审查表,提出处理意见。

对于下级人民检察院在办理抗诉案件中遇到干扰的,上级人民检察院应当根据实际情况开展协调和排除干扰工作,以保证抗诉工作顺利开展。

第十九条　人民检察院对同级人民法院第一审判决的抗诉,应当在接到判决书的第二日起十日以内提出;对裁定的抗诉,应当在接到裁定书后的第二日起五日以内提出。提出抗诉应当以抗诉书送达同级人民法院为准,不得采取口头通知抗诉的方式。

第二十条　被害人及其法定代理人不服人民法院第一审判决,在收到判决书后五日以内请求人民检察院提出抗诉的,人民检察院应当立即进行审查,作出是否抗诉的决定,并制作抗诉请求答复书,在收到请求后五日以内答复请求人。

被害人及其法定代理人在收到人民法院判决书五日以后请求人民检察院提出抗诉的,由人民检察院决定是否受理。

第二十一条　办理职务犯罪抗诉案件,应当认真落实最高人民检察院公诉厅《关于加强对职务犯罪案件第一审判决法律监督的若干规定(试行)》和《关于对职务犯罪案件第一审判决进一步加强同步审查监督工作的通知》等要求,重点解决职务犯罪案件重罪轻判问题。

下级人民检察院审查职务犯罪案件第一审判决,认为应当抗诉的,应当在法定时限内依法提出抗诉,并且报告上一级人民检察院。

下级人民检察院收到人民法院第一审判决书后,应当在二日以内报送上一级人民检察院。上一级人民检察院认为应当抗诉的,应当及时通知下级人民检察院。下级人民检察院审查后认为不应当抗诉的,应当将不抗诉的意见报上一级人民检察院公诉部门。上一级人民检察院公诉部门不同意下级人民检察院不抗诉意见的,应当根据案件情况决定是否调卷审查。上一级人民检察院公诉部门经调卷审查认为确有抗诉必要的,应当报检察长决定或者检察委员会讨论决定。上一级人民检察院作出的抗诉决定,下级人民检察院应当执行。

上下两级人民检察院对人民法院作出的职务犯罪案件第一审判决已经同步审查的,上一级人民法院针对同一案件作出的第二审裁判,收到第二审裁判书的同级人民检察院依法按照审判监督程序及时审查,一般不再报其上一级人民检察院同步审查。

第二十二条　决定抗诉的案件应当制作刑事抗诉书。刑事抗诉书应当包括下列内容：

（一）原判决、裁定情况；

（二）审查意见；

（三）抗诉理由。

刑事抗诉书应当充分阐述抗诉理由。

第二十三条　按照第二审程序提出抗诉的人民检察院，应当及时将刑事抗诉书和检察卷报送上一级人民检察院。经本院检察委员会讨论决定的，应当一并报送本院检察委员会会议纪要。

第二十四条　上一级人民检察院支持或者部分支持抗诉意见的，可以变更、补充抗诉理由，及时制作支持刑事抗诉意见书，阐明支持或者部分支持抗诉的意见和理由，在同级人民法院开庭之前送达人民法院，同时通知提出抗诉的人民检察院。

第二十五条　上一级人民检察院不支持抗诉的，承办部门应当制作撤回抗诉决定书，在同级人民法院开庭之前送达人民法院，同时通知提出抗诉的人民检察院，并向提出抗诉的人民检察院书面说明撤回抗诉理由。

第二十六条　下级人民检察院如果认为上一级人民检察院撤回抗诉不当的，可以提请复议。上一级人民检察院应当复议，并另行指派专人进行审查，提出意见报告检察长或者检察委员会同意后，将复议结果书面通知下级人民检察院。

第二十七条　第二审人民法院发回原审人民法院重新按照第一审程序审判的案件，如果人民检察院认为重新审判的判决、裁定确有错误的，可以按照第二审程序提出抗诉。

第六章　按照审判监督程序抗诉

第二十八条　按照审判监督程序重新审判的案件，适用行为时的法律。

第二十九条　人民法院已经发生法律效力的刑事判决和裁定包括：

（一）已过法定期限没有上诉、抗诉的判决和裁定；

（二）终审的判决和裁定；

（三）最高人民法院核准的死刑的判决和高级人民法院核准的死刑缓期二年执行的判决。

第三十条　提请上级人民检察院按照审判监督程序抗诉的案件，原则上应当自人民法院作出裁判之日起二个月以内作出决定；需要复核主要证据的，可以延长一个月。属于冤错可能等事实证据有重大变化的案件，可以不受上述期限限制。

对于高级人民法院判处死刑缓期二年执行的案件，省级人民检察院认为确有错误提请抗诉的，一般应当在收到生效判决、裁定后三个月以内提出，至迟不得超过六个月。

对于人民法院第一审宣判后人民检察院在法定期限内未提出抗诉，或者判决、裁定发生法律效力后六个月内未提出抗诉的案件，没有发现新的事实或者证据的，一般不得为加重被告人刑罚而依照审判监督程序提出抗诉，但被害人提出申诉或上级人民检察院指令抗诉的除外。

第三十一条　提请上一级人民检察院按照审判监督程序抗诉的案件，应当制作提请抗诉报告书。提请抗诉报告书应当依次写明原审被告人基本情况，诉讼经过，审查认定后的犯罪事实，一审人民法院、二审人民法院的审判情况，判决、裁定错误之处，提请抗诉的理由和法律依据，本院检察委员会讨论情况等。

第三十二条　提请抗诉的人民检察院应当及时将提请抗诉报告书一式十份和侦查卷、检察卷、人民法院审判卷报送上一级人民检察院。经本院检察委员会讨论决定的，应当一并报送本院检察委员会会议纪要。

调阅人民法院的案卷，依据《最高人民法院办公厅、最高人民检察院办公厅关于调阅诉讼卷宗有关问题的通知》有关规定执行。

第三十三条　上级人民检察院审查审判监督程序抗诉案件，原则上应当自收案之日起一个半月以内作出决定；需要复核主要证据或者侦查卷宗在十五册以上的，可以延长一个月；需要征求其他单位意见或者召开专家论证会的，可以再延长半个月。

上级人民检察院审查下一级人民检察院提请抗诉的刑事申诉案件，应当自收案之日起三个月以内作出决定。

属于冤错可能等事实证据有重大变化的案件，可以不受上述期限限制。

有条件的地方，应当再自行缩短办案期限；对原判死缓而抗诉要求改判死刑立即执行的案件，原则上不得延长期限。

第三十四条　上一级人民检察院决定抗诉后，应当制作刑事抗诉书，向同级人民法院提出抗诉。以有新的证据证明原判决、裁定认定事实确有错误为由提出的抗诉，提出抗诉时应向人民法院移送新证据。

人民检察院按照审判监督程序向人民法院提出抗诉的，应当将抗诉书副本报送上一级人民检察院。

第三十五条　人民检察院依照刑事审判监督程序提出抗诉的案件，需要对原审被告人采取强制措施的，由人民检察院依法决定。

第三十六条　上级人民检察院决定不抗诉的,应当向提请抗诉的人民检察院做好不抗诉理由的解释说明工作,一般采用书面方式。

上级人民检察院对下一级人民检察院提请抗诉的刑事申诉案件作出决定后,应当制作审查提请抗诉通知书,通知提请抗诉的人民检察院。

第七章　出席刑事抗诉案件法庭

第三十七条　对提出抗诉的案件,同级人民检察院应当派员出席法庭。人民法院决定召开庭前会议的,同级人民检察院应当派员参加,依法履行职责。

第三十八条　检察员出席刑事抗诉法庭的任务是:

(一)支持抗诉,对原审人民法院作出的错误判决或者裁定提出纠正意见;

(二)维护诉讼参与人的合法权利;

(三)对法庭审理案件有无违反法律规定的诉讼程序的情况进行监督;

(四)依法从事其他诉讼活动。

第三十九条　收到刑事抗诉案件开庭通知书后,出席法庭的检察员应当做好以下准备工作:

(一)熟悉案情和证据情况,了解证人证言、被告人供述等证据材料是否发生变化;

(二)深入研究与本案有关的法律、政策问题,掌握相关的专业知识;

(三)制作出庭预案;

(四)上级人民检察院对下级人民检察院按照第二审程序提出抗诉的案件决定支持抗诉的,应当制作支持抗诉意见书,并在开庭前送达同级人民法院。

第四十条　出庭预案一般应当包括:

(一)讯问原审被告人提纲;

(二)询问证人、被害人、鉴定人、有专门知识的人、侦查人员提纲;

(三)出示物证,宣读书证、证人证言、被害人陈述、被告人供述、勘验检查笔录、辨认笔录、侦查实验笔录,播放视听资料、电子数据的举证和质证方案;

(四)支持抗诉的事实、证据和法律意见;

(五)对原审被告人、辩护人辩护内容的预测和答辩要点;

(六)对庭审中可能出现的其他情况的预测和相应的对策。

第四十一条　庭审开始前,出席法庭的检察员应当做好以下预备工作:

(一)了解被告人及其辩护人,附带民事诉讼的原告人及其诉讼代理人,以及其他应当到庭的诉讼参与人是否已经到庭;

(二)审查合议庭的组成是否合法;刑事抗诉书副本等诉讼文书的送达期限是否符合法律规定;被告人是盲、聋、哑、未成年人或者可能被判处死刑而没有委托辩护人的,人民法院是否指定律师为其提供辩护;

(三)审查到庭被告人的身份材料与刑事抗诉书中原审被告人的情况是否相符;审判长告知诉讼参与人的诉讼权利是否清楚、完整;审判长对回避申请的处理是否正确、合法。法庭准备工作结束,审判长征求检察员对法庭准备工作有无意见时,出庭的检察员应当就存在的问题提出意见,请审判长予以纠正,或者表明没有意见。

第四十二条　审判长或者审判员宣读原审判决书或者裁定书后,由检察员宣读刑事抗诉书。宣读刑事抗诉书时应当起立,文号及正文括号内的内容不宣读,结尾读至"此致某某人民法院"止。

按照第二审程序提出抗诉的案件,出庭检察员应当在宣读刑事抗诉书后宣读支持抗诉意见书,引导法庭调查围绕抗诉重点进行。

第四十三条　检察员在审判长的主持下讯问被告人。讯问应当围绕抗诉理由以及对原审判决、裁定认定事实有争议的部分进行,对没有异议的事实不再全面讯问。

讯问时应当先就原审被告人过去所作的供述和辩解是否属实进行讯问。如果被告人回答不属实,应当讯问哪些不属实。针对翻供,可以讯问翻供理由,利用被告人供述的前后矛盾进行讯问,或者适时举出相关证据予以反驳。

讯问时应当注意方式、方法,讲究技巧和策略。对被告人供述和辩解不清、不全、前后矛盾,或者供述和辩解明显不合情理,或者供述和辩解与已查证属实的证据相矛盾的问题,应当讯问。与案件无关、被告人已经供述清楚或者无争议的问题,不再讯问。

讯问被告人应当有针对性,语言准确、简练、严密。

对辩护人已经发问而被告人作出客观回答的问题,一般不进行重复讯问。辩护人发问后,被告人翻供或者回答含糊不清的,如果涉及案件事实、性质的认定或者影响量刑的,检察员必须有针对性再讯问。辩护人发问的内容与案件无关,或者采取不适当的发问语言和态度的,检察员应当及时请求合议庭予以制止。

在法庭调查结束前,检察员可以根据辩护人、诉讼代理人、审判长(审判员)发问的情况,进行补充讯问。

第四十四条　证人、鉴定人、有专门知识的人需要出庭的,人民检察院应当申请人民法院通知并安排出庭作证。

对于经人民法院通知而未到庭的证人或者出庭后拒绝作证的证人的证言笔录,检察员应当当庭宣读。对于经人民法院通知而未到庭的证人的证言笔录存在疑问、确实需要证人出庭作证,且可以强制其到庭的,检察员应当建议人民法院强制证人到庭作证和接受质证。

向证人发问,应当先由提请通知的一方进行;发问时可以要求证人就其所了解的与案件有关的事实进行陈述,也可以直接发问。发问完毕后,经审判长准许,对方也可以发问。

检察员对证人发问,应当针对证言中有遗漏、矛盾、模糊不清和有争议的内容,并着重围绕与定罪量刑紧密相关的事实进行。发问应当采取一问一答的形式,做到简洁清楚。

证人进行虚假陈述的,应当通过发问澄清事实,必要时还应当出示、宣读证据配合发问。

询问鉴定人、有专门知识的人参照询问证人的规定进行。

第四十五条　需要出示、宣读、播放原审期间已移交人民法院的证据的,出庭的检察员可以申请法庭出示、宣读、播放。

需要移送证据材料的,在审判长宣布休庭后,检察员应当与审判人员办理交接手续。无法当庭移交的,应当在休庭后三日以内移交。

第四十六条　审判人员通过调查核实取得并当庭出示的新证据,检察员应当进行质证。

第四十七条　检察员对辩护人在法庭上出示的证据材料,应当积极参与质证。质证时既要对辩护人所出示证据材料的真实性发表意见,也要注意辩护人的举证意图。如果辩护人运用该证据材料所说明的观点不能成立,应当及时予以反驳。对辩护人、当事人、原审被告人出示的新的证据材料,检察员认为必要时,可以进行讯问、质证,并就该证据材料的合法性、证明力提出意见。

第四十八条　审判长宣布法庭调查结束,开始进行法庭辩论时,检察员应当发表抗诉案件出庭检察员意见书,主要包括以下内容:

(一)论证本案犯罪事实清楚,证据确实充分,或者原审人民法院认定事实、证据错误之处;

(二)指明被告人犯罪行为性质、严重程度,评析抗诉理由;

(三)论证原审判决书适用法律、定罪量刑是否正确,有误的,应提出改判的建议。

第四十九条　检察员对原审被告人、辩护人提出的观点,认为需要答辩的,应当在法庭上进行答辩。答辩应当抓住重点,主次分明。与案件无关或者已经辩论过的观点和内容,不再答辩。

第五十条　对按照审判监督程序提出抗诉的案件,人民检察院认为人民法院作出的判决、裁定仍然确有错误的,如果案件是依照第一审程序审判的,同级人民检察院应当向上一级人民法院提出抗诉;如果案件是依照第二审程序审判的,上一级人民检察院应当按照审判监督程序向同级人民法院提出抗诉。

对按照审判监督程序提出抗诉的申诉案件,人民检察院认为人民法院作出的判决、裁定仍然确有错误的,由派员出席法庭的人民检察院刑事申诉检察部门适用本条第一款的规定办理。

第八章　刑事抗诉工作机制

第五十一条　下级人民检察院对于拟抗诉的重大案件,应当在决定抗诉前向上级人民检察院汇报。上级人民检察院要结合本地区工作实际,组织开展工作情况通报、工作经验推广、案件剖析评查、优秀案件评选、典型案例评析、业务研讨培训、庭审观摩交流等活动,推动刑事抗诉工作发展。

第五十二条　上级人民检察院要加强刑事抗诉个案和类案专项指导,主动帮助下级人民检察院解决办案中遇到的问题,排除阻力和干扰。对于重大普通刑事案件、重大职务犯罪案件、疑难复杂案件、人民群众对司法不公反映强烈的案件以及其他有重大影响的重要抗诉案件,上级人民检察院要加强抗诉前工作指导,必要时可以同步审查,确保抗诉质量。

第五十三条　认真执行最高人民法院、最高人民检察院《关于人民检察院检察长列席人民法院审判委员会会议的实施意见》的相关规定,人民法院审判委员会讨论人民检察院提出的刑事抗诉案件时,同级人民检察院检察长或者受检察长委托的副检察长应当依法列席。列席人员应当在会前熟悉案情、准备意见和预案,在会上充分阐述人民检察院的抗诉意见和理由。承办检察官应当按照列席要求,为检察长或者受委托的副检察长做好准备工作。

第五十四条　各级人民检察院要与同级人民法院有关审判庭加强经常性的工作联系,就办理抗诉案件中认识分歧、法律政策适用等问题充分沟通交流。

第五十五条　各级人民检察院对于引起媒体关注的敏感刑事抗诉案件,应当建立快速反应工作机制,依法查明事实真相,适时公开相关信息,及时回应社会关切,主动接受舆论监督,树立人民检察院维护司法公正的良好形象。

第九章　附　则
第五十六条　本指引由最高人民检察院负责解释,自下发之日起执行。

· 指导案例

1. 王某等人故意伤害等犯罪二审抗诉案①

【关键词】

二审抗诉　恶势力犯罪　胁迫未成年人犯罪　故意伤害致死　赔偿谅解协议的审查

【要旨】

检察机关在办案中要加强对未成年人的特殊、优先保护,对于侵害未成年人犯罪手段残忍、情节恶劣、后果严重的,应当依法从严惩处。胁迫未成年人实施毒品犯罪、参加恶势力犯罪集团,采用暴力手段殴打致该未成年人死亡的,属于"罪行极其严重",应当依法适用死刑。对于人民法院以被告方与被害方达成赔偿谅解协议为由,从轻判处的,人民检察院应当对赔偿谅解协议进行实质性审查,全面、准确分析从宽处罚是否合适。虽达成赔偿谅解但并不足以从宽处罚的,人民检察院应当依法提出抗诉,监督纠正确有错误的判决,贯彻罪责刑相适应原则,维护公平正义。

【基本案情】

被告人王某,男,1985年3月出生,无业,曾因犯盗窃罪被判处有期徒刑六个月。

被告人龙某,男,1989年12月出生,无业。

被告人王某湘,男,1963年1月出生,无业。

被告人米某华,女,1974年10月出生,无业。

被害人安某甲,男,2007年3月出生,殁年11岁。

被害人安某乙,男,2010年5月出生,系安某甲之弟。

2017年11月底至2019年1月,王某为牟取非法利益,组织龙某、王某湘、米某华在四川省攀枝花市零包贩卖毒品海洛因36次,并容留多人在其租住房内吸毒。2018年6、7月,为掩盖毒品犯罪事实,王某以赠送吸毒人员吉某货值100元的海洛因为条件,"收养"其两个儿子安某甲和安某乙,并控制、胁迫二人帮助其贩毒,还对二人长期殴打、虐待。自2018年8月起,王某在其租住房内,多次强迫安某乙吸食海洛因等毒品(经检测,在安某乙头发样本中检出吗啡、单乙酰吗啡和甲基苯丙胺成分,安某乙左侧外耳廓因被王某等人殴打未及时医治而出现明显畸形)。

2018年11月以来,王某安排龙某带领8岁的安某乙在市东区华山一带贩卖毒品,王某带领11岁的安某甲购买用于贩卖的毒品后"零星贩毒"。王某等人还备有塑料管、电击棍等工具,用于殴打、控制安某甲和安某乙。2019年1月22日晚至次日凌晨,王某从龙某处得知安某甲将团伙贩毒情况告知其母吉某后,不顾王某湘劝阻,伙同龙某在租住房内用烟头烫,用塑料管、电击棍等工具殴打、电击安某甲,并强迫安某乙殴打安某甲,还指使龙某逼迫安某甲吸毒。23日上午,安某甲因全身大面积皮肤及软组织挫伤,皮下出血致失血性和创伤性休克死亡。案发后,王某亲属与吉某达成赔偿协议,约定赔偿10万元,先行支付5万元并由吉某出具谅解书,余款于2021年12月31日前付清。2019年12月5日,吉某在其家人收到5万元后出具了谅解书。

2019年11月14日,攀枝花市人民检察院提起公诉,指控被告人王某犯故意伤害罪、贩卖毒品罪、强迫他人吸毒罪、容留他人吸毒罪,且王某等人构成恶势力犯罪集团。2020年5月29日,攀枝花市中级人民法院经审理认为,以被告人王某为首的恶势力犯罪集团,多次实施贩卖毒品、故意伤害、容留他人吸毒、强迫他人吸毒犯罪活动,应依法从严惩处,特别是王某在故意伤害犯罪中,手段残忍、情节恶劣,本应严惩,但考虑其赔偿了被害方部分经济损失并取得谅解,以故意伤害罪判处死刑,缓期二年执行,剥夺政治权利终身;以贩卖毒品罪判处有期徒刑十四年,并处罚金五万元;以强迫他人吸毒罪判处有期徒刑八年,并处罚金二万元;以容留他人吸毒罪判处有期徒刑三年,并处罚金一万元,数罪并罚,决定执行死刑,缓期二年执行,剥夺政治权利终身,并处罚金八万元,并限制减刑。对另3名被告人分别以故意伤害罪、贩卖毒品罪、容留他人吸毒罪判处有期徒刑五年至无期徒刑不等刑罚。被告人王某、龙某、米某华不服一审判决,提出上诉。

【检察机关履职过程】

(一)提出和支持抗诉

2020年6月7日,攀枝花市人民检察院以量刑不当为

---

①　案例来源:2023年6月25日最高人民检察院检例第178号。

由,向四川省高级人民法院提出抗诉,并报请四川省人民检察院支持抗诉。同年 8 月 21 日,四川省人民检察院支持抗诉。

四川省人民检察院在审查案件期间围绕"赔偿谅解情节是否足以影响量刑""王某是否可以判处死缓"等关键问题,补充完善了部分证据:一是复勘现场、复核部分证人及走访调查,重点研判伤害行为的方式及强度;二是询问证人,查明二被害人在被王某等人控制前均身体健康且没有吸毒行为;三是针对一审期间租住房周边居民因恐慌不愿作证的情况,释法说理,收集补强了王某等人长期殴打、虐待两名儿童,并威胁恐吓周边群众等恶势力犯罪证据;四是核实赔偿谅解情况,查明被告方的赔偿附加了被害方出具谅解书、法院不判处死刑、余款于两年后付清等条件。

（二）抗诉意见和理由

四川省检察机关认为,一审法院对被告人王某等人涉毒犯罪定罪准确、量刑适当;对王某等人故意伤害致未成年人死亡的行为定性准确,但量刑畸轻。根据 2020 年 3 月《最高人民法院、最高人民检察院、公安部、司法部关于依法严惩利用未成年人实施黑恶势力犯罪的意见》,对于胁迫未达到刑事责任年龄的未成年人参加恶势力犯罪集团的行为,应当依法严厉打击、从重处罚。被告人王某作为恶势力犯罪集团的首要分子,长期控制、利用未成年人贩卖毒品,具有殴打、虐待并残害未成年人致死的行为,犯罪动机卑劣、手段残忍,情节恶劣,属于"罪行极其严重"的犯罪分子,依法应当适用死刑立即执行。具体理由如下:

1. 一审法院以被告人王某亲属代为赔偿并取得被害方谅解为由判处王某死缓,量刑明显不当。一是被告人"赔偿"被害方损失属于其应当依法履行的义务,并非从宽处罚的必要性条件,而且本案的"赔偿"附加了被害人亲属出具谅解书、法院不判处死刑立即执行、两年后才支付全款等条件,并非真诚悔罪;二是被害人母亲吉某系吸毒人员,仅为收取货值 100 元的海洛因,就放弃法定抚养义务,将两名幼童交由毒贩控制、虐待,并对二被害人的伤痕长期不闻不问、置之不理,由吉某作为谅解主体出具的谅解书,不足以产生从宽处罚的法律后果;三是被告人王某"收养"两名儿童并故意伤害的动机和目的是控制、胁迫两名儿童实施毒品犯罪,对于这类罪行极其严重的犯罪,即使达成了赔偿谅解协议,也不足以产生从宽处罚的法律后果。

2. 综合评判本案的事实、情节和后果,一审法院对王某判处死缓不当。一是侵害对象系未成年人,该群体普遍缺乏自我保护能力,是法律予以特别保护的对象,本案被告人王某胁迫儿童吸毒、贩毒、殴打、虐待、残害两名儿童并致一人死亡,犯罪对象特殊;二是犯罪动机卑劣,王某长

期控制、利用被害人贩毒,又唯恐罪行败露而迁怒于被害人,对其实施长时间、高强度殴打;三是犯罪手段残忍,尤其在被害人受长时间折磨、身体越来越虚弱的情况下,被告人还逼迫被害人吸毒,加速了被害人的死亡;四是社会影响极其恶劣,王某等人为实施毒品犯罪,长期强迫、驱使儿童实施毒品犯罪行为,强迫儿童吸毒,致使一名儿童死亡,造成严重社会后果,犯罪行为令人发指,严重挑战社会道德底线。因此,王某的行为既侵害未成年人生命健康权,又严重扰乱社会秩序,社会危害性极大,罪行极其严重。同时,王某具有恶势力犯罪集团首要分子、盗窃犯罪前科等从重处罚情节,并在故意伤害犯罪中起主要作用,主观恶性极深,人身危险性极大,应当依法从严惩处。

（三）抗诉结果

2020 年 10 月 30 日,四川省高级人民法院作出二审判决,采纳人民检察院抗诉意见,以故意伤害罪改判王某死刑,数罪并罚,决定执行死刑。2021 年 3 月,最高人民法院裁定核准死刑。

（四）注重做好未成年人保护工作

四川省检察机关在办案过程中,关注涉案未成年人保护情况,通过多种方式推动全社会一体保护未成年人,为未成年人健康成长营造良好社会环境。被害人安某甲、安某乙的母亲吉某于 2019 年 8 月因贩卖毒品罪被判刑并在监狱服刑,父亲是吸毒人员且已失踪多年,四川省人民检察院积极推动当地民政部门认定被害人安某乙为"事实无人抚养儿童",变更监护人为其外祖父,协调解决户籍、入学、生活补贴等问题,开展心理辅导,给予司法救助,并委托第三方对司法救助资金进行监管。针对本案暴露出的城市房屋租赁监管、重点人员管理、街面治安巡查等问题,攀枝花市人民检察院向相关部门制发检察建议,推进落实整改,加强社会治安防控。

【指导意义】

（一）检察机关要对"赔偿谅解协议"作实质性审查,准确提出量刑建议。赔偿谅解是刑事案件常见的酌定从轻处罚情节,是评价被告人认罪悔罪态度和人身危险性的因素之一。审查时应主要考虑:一是赔偿谅解是"可以"从轻处罚,不是"必须"从轻处罚,且适用的前提是被告人认罪、悔罪;二是赔偿谅解要考察被犯罪行为破坏的社会关系是否得到一定程度的修复,在被害人死亡或者无法独立表达意志的情况下,对被害人亲属出具的赔偿谅解协议更要严格审查和全面准确把握;三是对于严重危害社会治安和影响人民群众安全感的犯罪,必须结合犯罪事实、性质及其他情节进行综合衡量,予以适当、准确的评价。在此基础上,检察机关要对赔偿谅解协议进行实质性审查,如

审查谅解主体是否适格、谅解意愿是否自愿真实、谅解内容是否合法、是否附有不合理条件等,综合案件全部量刑情节,准确提出量刑建议。

(二)对于"罪行极其严重"的侵害未成年人犯罪,应当坚决依法适用死刑。死刑只适用于极少数罪行极其严重的犯罪分子。根据《最高人民法院、最高人民检察院、公安部、司法部关于依法严惩利用未成年人实施黑恶势力犯罪的意见》,应当依法严厉打击、从重处罚胁迫未达到刑事责任年龄的未成年人参加恶势力犯罪集团的行为。此类恶势力犯罪集团的首要分子,利用未成年人实施毒品犯罪,强迫未成年人吸毒,并致该未成年人死亡,犯罪手段残忍、情节恶劣、社会危害性极大的,属于"罪行极其严重",应当坚决依法适用死刑。

(三)加强对未成年人的特殊、优先保护,依法从严惩处侵害未成年人犯罪。关心关爱未成年人的健康成长,是全社会的共同责任。检察机关在办案中,一方面,对于侵害未成年人犯罪手段残忍、情节恶劣、后果严重的,应当依法从严惩处;另一方面,要注重做好未成年人保护工作,通过开展司法救助、心理辅导、公益诉讼、提出社会治理类检察建议等方式,推进对涉案未成年人的综合帮扶,努力为未成年人健康成长营造良好环境。

【相关规定】
《中华人民共和国刑法》第四十八条、第二百三十四条
《中华人民共和国刑事诉讼法》(2018年修正)第二百二十八条、第二百三十二条、第二百三十六条
《中华人民共和国未成年人保护法》(2012年修正)第三条、第十条(现为2020年修订的《中华人民共和国未成年人保护法》第四条、第七条)
《最高人民法院、最高人民检察院、公安部、司法部关于依法严惩利用未成年人实施黑恶势力犯罪的意见》(2020年3月施行)第一条、第二条
《人民检察院刑事抗诉工作指引》(2018年施行)第九条

2. 刘某某贩卖毒品二审抗诉案①

【关键词】
二审抗诉 贩卖毒品罪 被告人不认罪 排除合理怀疑 直接改判
【要旨】
对于人民法院以存在"合理怀疑"为由宣告被告人无

罪的案件,人民检察院认为在案证据能够形成完整的证据链,且被告人的无罪辩解没有证据证实的,应当提出抗诉。同时,对于确有必要的,要补充完善证据,对人民法院认为存在的"合理怀疑"作出解释,以准确排除"合理怀疑",充分支持抗诉意见和理由。对于查清事实后足以定罪量刑的抗诉案件,如未超出起诉指控范围,人民检察院可以建议人民法院依法直接改判。

【基本案情】
被告人刘某某,女,1982年6月出生,无业。

2015年12月21日,公安机关接周某举报,在广东省广州市番禺区某小区附近刘某某所驾驶车辆的副驾驶位的脚踏板上,查获装在茶叶袋内的甲基苯丙胺1千克,在驾驶位座椅上缴获金色手机1部,在刘某某手上缴获黑色手机1部,在副驾驶座椅上缴获黑色钱包1个,内有银行卡8张。刘某某称自己经营燕窝生意,车内毒品系刚下车的朋友周某所留。次日,刘某某被刑事拘留。经公安机关询问,周某称车内毒品系刘某某所有,刘某某让其帮助卖掉,其乘坐刘某某车辆谎称去找购毒人,下车后即报警。

2016年9月22日,广州市番禺区人民检察院以非法持有毒品罪对刘某某提起公诉,后以贩卖毒品罪变更起诉。番禺区人民法院经三次开庭审理,认为被告人可能被判处无期徒刑以上刑罚,报送广州市中级人民法院管辖。2017年7月4日,广州市人民检察院以贩卖毒品罪对刘某某提起公诉。广州市中级人民法院经两次开庭审理,认为虽然在被告人刘某某的车上发现了涉案毒品,但是周某举报前刚从涉案车辆副驾驶位离开,毒品又系从副驾驶位的脚踏板上查获,无法排除刘某某提出的毒品归周某所有的合理辩解。因此,检察机关指控被告人刘某某贩卖毒品罪的事实不清、证据不足,遂于2018年2月2日一审宣告刘某某无罪。

【检察机关履职过程】
(一)提出和支持抗诉
2018年2月12日,广州市人民检察院提出抗诉。同年7月31日,广东省人民检察院支持抗诉。
广东省人民检察院在审查支持抗诉期间和支持抗诉后,围绕争议焦点进一步补充完善了相关证据:一是核查刘某某与周某之间关系及经济往来情况,进一步查清周某不具备购买1千克甲基苯丙胺的经济条件,且没有陷害刘某某的动机;二是通过梳理刘某某的社会关系和5起毒品

犯罪关联案件,发现凌某等4人贩卖毒品案与刘某某的毒品上家均为陈某,并发现陈某身份信息。经报告最高人民检察院协调公安部,成功抓获陈某。随后围绕陈某展开调查,证实陈某从未做过燕窝生意,且具有长期从事毒品犯罪活动的重大嫌疑,而扣押在案的刘某某手机在案发前的2015年12月5日至21日与陈某有28次通话记录、26次短信息来往记录。

(二)抗诉意见和理由

广东省检察机关认为,一审法院在对被告人刘某某所驾驶的车辆内发现涉案毒品的归属问题上,片面采信刘某某的不合理辩解,进而不合理地怀疑毒品为证人周某所有,认定刘某某构成贩卖毒品罪的证据没有形成完整的证明体系,不能排除合理怀疑,据此宣告刘某某无罪的判决确有错误。本案侦查工作中存在的取证问题和瑕疵并未切断证据链条,刘某某的无罪辩解与其他在案证据存在矛盾,全案证据足以证实刘某某具有贩卖毒品的主观故意和客观行为。具体理由如下:

1. "合理怀疑"不尽合理。被告人刘某某的辩解明显与其他在案证据相互矛盾,人民法院以存在"合理怀疑"为由作出无罪判决系确有错误。刘某某辩解自己经营燕窝生意,案发前一天去过汕尾购买走私燕窝,却无法验证和登录自己的微商账号,也提供不出下线微商或者客户的联系方式;刘某某辩解其与周某交易的系燕窝,但双方言语隐晦,短信、微信记录有大量疑似毒品交易的行话、黑话,与燕窝交易习惯不符;刘某某称开车带"货"贩卖,但车上的"货"只有毒品没有燕窝;周某不具备购买甲基苯丙胺1千克的经济条件,刘某某辩解毒品归周某所有无其他证据印证。本案侦查工作中存在的问题和部分证言的变化并不影响证据的真实性、客观性,并未切断全案证据链条。证人周某在举报电话中,称她与被举报人刘某某认识,因担心被打击报复而不愿意提供自己的个人情况、不愿意进行指认,并在开庭审理时当庭改变部分证言,但其一直稳定陈述本案基本事实,不能就此否认其证言的证据效力。

2. 在案证据足以证实刘某某具有贩卖毒品的主观故意和客观行为。检察机关提起公诉时提交的被告人刘某某手机中的微信语音、声纹鉴定书、通话清单和银行交易流水,以及刘某某驾车赴粤东往返的交通监控视频截图等证据,足以证实刘某某从粤东不法分子处购得毒品,并准备在案发当天通过周某卖出。从刘某某手机里存储的大量毒品交易行话和暗语,可以看出其从事毒品交易至少一年时间,案发前一天还有周某以外的其他人准备向刘某某购买毒品。综合原有证据及抗诉期间补充完善的毒品上家陈某的有罪供述、周某关于部分证言改变的原因等证

据,足以证实涉案毒品系刘某某案发前在陆丰市向陈某购买并带回广州准备贩卖的事实。

需要说明的是,本案已在三级法院七次开庭审理,而且人民检察院在开庭审理前已向刘某某及其辩护人开示新证据,充分听取了辩方意见,依法充分保障了当事人诉讼权利,鉴于本案事实清楚,证据确实、充分,广东省人民检察院建议省高级人民法院依法改判被告人有罪。

(三)抗诉结果及案件后续情况

2019年6月7日,广东省高级人民法院经审理依法作出终审判决,采纳抗诉意见,以贩卖毒品罪判处刘某某无期徒刑。

判决生效后,刘某某约见检察官,认罪悔罪,主动承认人民检察院指控的全部犯罪事实,并指认了上家陈某。2020年7月6日,陈某因贩卖甲基苯丙胺22千克,被广州市中级人民法院判处死刑立即执行,陈某未提出上诉,2023年3月已被执行死刑;向陈某购买甲基苯丙胺21千克的凌某等4人,被广州市中级人民法院以贩卖毒品罪判处死刑、无期徒刑等刑罚,判决已生效。

【指导意义】

(一)正确适用排除合理怀疑的证据规则。合理怀疑是指以证据、逻辑和经验法则为根据的怀疑,即案件存在被告人无罪的现实可能性。办理刑事案件要综合审查全案证据,考虑各方面因素,对所认定事实排除合理怀疑并得出唯一性结论。对于不当适用"合理怀疑"作出无罪判决的,人民检察院要根据案件证据情况,认真审查法院判决无罪的理由。对于确有必要的,要补充完善证据,以准确排除"合理怀疑",充分支持抗诉意见和理由。针对被告人的无罪辩解,要注意审查辩解是否具有合理性,与案件事实和证据是否存在矛盾。对于证人改变证言的情形,要结合证人改变的理由、证人之前的证言以及与在案其他证据印证情况进行综合判断。经综合审查,如果案件确实存在"合理怀疑",应当坚持疑罪从无原则,依法作出无罪的结论;如果被告人的辩解与全案证据矛盾,或者无客观性证据印证,且与经验法则、逻辑法则不相符,应当认定不属于"合理怀疑"。

(二)对于行为人不认罪的毒品犯罪案件,要根据在案证据,结合案件实际情况综合判断行为人对毒品犯罪的主观"明知"。人民检察院在办理案件中,判断行为人是否"知道或者应当知道行为对象是毒品",应综合考虑案件中的各种客观实际情况,依据实施毒品犯罪行为的过程、行为方式、毒品被查获时的情形和环境等证据,结合行为人的年龄、阅历、智力及掌握相关知识情况,进行综合分析判断。并且用作推定行为人"知道或者应当知道行为对象是

毒品"的前提的事实基础必须有确凿的证据证明。

（三）对于查清事实后足以定罪量刑的抗诉案件，如未超出起诉指控范围的，人民检察院可以建议人民法院依法直接改判。根据《中华人民共和国刑事诉讼法》第二百三十六条规定，对于原判决事实不清或者证据不足的，第二审人民法院在查清事实后可以依法改判或者发回重审。司法实践中，对于人民检察院提出抗诉后补充的证据，如果该证据属于补强证据，认定的案件事实没有超出起诉指控的范围，且案件已经多次开庭审理，应当综合考虑诉讼经济原则和人权保障的关系，建议人民法院在查明案件事实后依法改判。

【相关规定】

《中华人民共和国刑法》第三百四十七条

《中华人民共和国刑事诉讼法》（2018 年修正）第五十五条、第二百二十八条、第二百三十二条、第二百三十六条

《人民检察院刑事诉讼规则（试行）》（2013 年 1 月施行）第五百八十二条、第五百八十四条、第五百八十九条（现为 2019 年施行的《人民检察院刑事诉讼规则》第五百八十三条、第五百八十四条、第五百八十九条）

3. 孟某某等人组织、领导、参加黑社会性质组织、寻衅滋事等犯罪再审抗诉案①

【关键词】

再审抗诉　裁定准许撤回上诉　自行侦查　补充追加起诉　强化监督履职

【要旨】

被告人不服第一审判决，上诉后又在上诉期满后申请撤回上诉，人民法院裁定准许的，如果人民检察院认为该一审判决确有错误，作出准许撤回上诉裁定人民法院的同级人民检察院有权依照审判监督程序提出抗诉。抗诉后人民法院指令按照第一审程序审理的案件，人民检察院发现原案遗漏犯罪事实的，应当补充起诉；发现遗漏同案犯罪嫌疑人的，应当追加起诉，并建议人民法院对指令再审的案件与补充、追加起诉的案件并案审理，数罪并罚。人民检察院在办案中应当强化监督，充分运用自行侦查与侦查机关（部门）补充侦查相结合的方式，加强侦监衔接，深挖漏罪漏犯，推进诉源治理，把监督办案持续做深做实。

【基本案情】

被告人孟某某，男，1971 年 1 月出生，某采砂场主。

被告人张某，男，1989 年 10 月出生，无业，孟某某黑社

---

① 案例来源：2023 年 6 月 25 日最高人民检察院检例第 181 号。

会犯罪集团积极参加者。

其余 10 名被告人基本情况略。

2014 年至 2016 年 5 月，被告人孟某某等人在没有办理采砂许可证的情况下，在微山湖水域前程子段（可采砂区域，需持有采砂许可证）租用他人鱼塘私自开挖航道，利用砂泵船非法采砂共 29 万余吨，价值人民币 800 余万元；2014 年 11 月至 2016 年 5 月，被告人孟某某等人在明知南四湖水域系国家禁止采砂区域的情况下，仍在南四湖水域刘香庄段开辟非法采砂区域，非法采砂共 23 万余吨，价值人民币 749 余万元。

2014 年 3 月 3 日，被告人孟某某等人阻碍渔政站执法人员查获采砂船上用于非法采砂的两桶柴油和一些维修工具，用汽车将执法车辆前后堵住，言语辱骂、威胁执法人员，抢走被依法扣押的柴油和维修工具。2014 年 4 月 3 日，被告人孟某某等人驾车将在微山县张楼水域执法的警车截停，言语威胁执法民警，整个过程持续约 10 分钟，后孟某某等人见目的无法达到遂离去。2015 年 3 月 12 日，被告人张某等人驾驶多艘摩托艇冲撞在微山湖张楼水域执法巡逻的船只，并在执法船周围快速行驶盘旋，形成巨大波浪，阻碍执法船接近采砂船。张某还驾驶摩托艇冲撞执法船，造成执法船进水，并向执法船投掷石块、泥块等。

2016 年 2 月 26 日，被告人孟某某等人驾驶快艇围堵在微山湖水域张楼湖面捕鱼的韩某某、李某某，并在湖面的一个土堆上，使用竹竿等对二人进行殴打，致韩某某轻伤、李某某轻微伤。

2016 年 12 月 7 日，江苏省徐州市沛县人民检察院以非法采矿罪、妨害公务罪、寻衅滋事罪对孟某某等 12 人提起公诉。沛县人民法院经审理认为，检察机关指控的非法采矿罪不构成禁采区的从重规定；3 起妨害公务犯罪事实仅能够认定 1 起；寻衅滋事罪定性不当，应当认定为故意伤害罪。2017 年 6 月 26 日，沛县人民法院对孟某某等 12 人以非法采矿罪、妨害公务罪、故意伤害罪判处十个月至四年十个月不等的有期徒刑。一审宣判后，有两名被告人提出上诉，后又申请撤回上诉。2018 年 2 月 9 日，徐州市中级人民法院裁定准许撤回上诉，一审判决自裁定送达之日起生效。

【检察机关履职过程】

（一）提出抗诉

徐州市人民检察院在对同级人民法院作出的裁定进

行审查时发现,原审判决事实认定、法律适用错误,量刑畸轻,且存在遗漏犯罪事实、遗漏同案犯的重大线索,2018年3月15日,按照审判监督程序向徐州市中级人民法院提出抗诉。

（二）抗诉意见和理由

徐州市人民检察院认为,原审判决事实认定、法律适用错误,量刑畸轻。具体理由如下:

1. 原审判决未认定禁采区情节不当。行政机关依法公告微山湖水域为禁采区,并多次开展执法检查,同期多起类似案件的生效判决亦认定该区域为禁采区;

2. 原审判决未认定妨害公务犯罪部分事实不当。证人证言、执法记录仪以及执法人员陈述能够证实孟某某等人多次抗拒执法,纠集多人威胁、辱骂执法人员,驾车逼停执法车辆,破坏执法船只,抢夺被扣押物品,导致执法活动无法正常进行。

3. 原审判决改变寻衅滋事定性不当。被害人韩某某、李某某陈述称案发当天去湖里逮鱼时,遭到孟某某等人围堵、殴打,强迫下跪并被录像。不能因为此前双方存在纠纷就将孟某某等人的围堵、殴打行为认定为故意伤害罪。孟某某等人为谋取不法利益或者形成非法影响,有组织地非法划定水域采砂,追逐、拦截、殴打渔民,致人轻伤,严重破坏社会秩序,情节恶劣,应认定为寻衅滋事罪。

2018年9月21日,徐州市中级人民法院指令沛县人民法院再审。2019年4月1日,因沛县人民法院存在不适宜继续审理的情形,徐州市中级人民法院裁定撤销原判,指定云龙区人民法院按照第一审程序审判。

（三）检察机关自行侦查

徐州市人民检察院组织专门力量,调取关联案件,审查发现以孟某某为首的非法采矿团伙成员共20余人,已有多起案件在山东、江苏的法院审查处理,另有多起犯罪事实、多条犯罪线索未查证,还存在公职人员入股经营等问题,很可能是涉及自然资源领域的黑社会性质组织犯罪,于是开展了自行侦查工作。

1. 走访行政执法人员、周边群众等相关证人56人,调取禁止非法采砂通告、渔政部门执法录像、未有效处理报警记录、伤情鉴定等证据32份,补强了微山湖水域系禁采区及孟某某等人妨害公务犯罪的证据。

2. 围绕该团伙暴力抗拒执法、争夺采砂区域、组织架构层次、"保护伞"线索等方面,查实了孟某某等人利用组织势力和影响力强行购买渔民鱼塘,与其他非法采砂势力争夺地盘,聚众斗殴,拉拢腐蚀执法人员、基层组织人员,随意殴打、辱骂村民,在禁渔期内非法捕捞水产品等未处理的违法犯罪事实和线索。

3. 向公安机关通报案件情况,对孟某某等人组织、领导、参加黑社会性质组织、对非国家工作人员行贿等犯罪行为监督立案,对遗漏的楚某等人非法采矿、寻衅滋事等犯罪要求侦查并移送起诉,共涉及漏犯16人、新增罪名7个、新增犯罪事实18起。

4. 深挖职务犯罪并向纪委监委移送违法违纪线索。

（四）裁判结果及职务犯罪线索查处情况

2019年6月,云龙区人民检察院对孟某某等28人以涉嫌组织、领导、参加黑社会性质组织罪,抢劫罪,强迫交易罪,聚众斗殴罪,非法捕捞水产品罪,行贿罪,对非国家工作人员行贿罪等补充、追加起诉。2020年9月29日,云龙区人民法院采纳人民检察院抗诉意见和指控意见,对被告人孟某某以组织、领导、参加黑社会性质组织罪、抢劫罪、非法采矿罪、强迫交易罪、聚众斗殴罪、寻衅滋事罪、妨害公务罪、非法捕捞水产品罪、行贿罪、对非国家工作人员行贿罪,数罪并罚,决定执行有期徒刑十九年,其余27名被告人分别被判处二年三个月至十二年六个月不等的有期徒刑。一审宣判后,孟某某等人提出上诉。2021年3月15日,徐州市中级人民法院裁定驳回上诉,维持原判。

该组织"保护伞"沛县公安局原民警张某、郑某,沛县国土资源局矿管科原科长李某等5人,分别犯受贿罪、徇私枉法罪被判处五年六个月至一年六个月不等的有期徒刑,另有11名公职人员被给予党政纪处分。

（五）依法能动履职,推进源头治理

在案件办理期间,云龙区人民检察院对孟某某等人非法采矿、非法捕捞水产品行为,依法提起刑事附带民事公益诉讼。2021年4月6日,云龙区人民法院判决孟某某等人承担生态环境修复费用451万元。同时,针对案件反映出来的基层治理问题,云龙区人民检察院与沛县人民检察院沟通后发出检察建议,推动政府职能部门从加强廉政教育、基层组织建设等方面进行整改;沛县人民检察院牵头公安、水利、环保、南四湖下级湖水利管理局等单位联合召开"打击破坏环境犯罪,保护微山湖生态座谈会",与山东省微山县人民检察院建立扫黑除恶专项斗争协作机制,开展沛微"南四湖自然保护区生态环境保护暨公益诉讼专项活动"协作,以个案办理推动微山湖周边综合治理。

【指导意义】

（一）法院裁定准许撤回上诉后,生效的第一审裁判确有错误应当提出抗诉的,作出裁定的人民法院的同级人民检察院有权依照审判监督程序提出抗诉;法院指令再审后,人民检察院发现漏罪漏犯的,应当补充追加起诉。依据《最高人民法院关于适用〈中华人民共和国刑事诉讼法〉的解释》，在上诉期满后要求撤回上诉的，二审法院经审查作出准许被告人撤回上诉裁定后，第一审判决、裁定自准许撤回上诉裁定书送达上诉人之日起生效。法院对案件作出实体处理并发生法律效力的判决是第一审判决，如果上一级人民检察院认为该判决确有错误的，有权依照审判监督程序提出抗诉。抗诉后人民法院指令按照第一审程序再审的案件，人民检察院发现原案遗漏犯罪事实的，应当补充起诉；发现遗漏同案犯罪嫌疑人的，应当追加起诉，并建议人民法院对指令再审的案件与补充、追加起诉的案件并案审理，数罪并罚。

（二）检察机关要强化监督意识，充分发挥监督职能，加强自行侦查，积极引导侦查取证。对同案不同判、漏罪漏犯的审判监督线索，人民检察院应当以必要性、适度性、有效性为原则，开展自行侦查。灵活运用多种取证手段，通过实地勘查、调取书证、走访询问证人等方式，增强办案亲历性，完善指控证据体系；对事实、证据存在问题的案件，检察机关应当及时退回侦查机关开展补充侦查，列明详细的补充侦查提纲，督促及时补充完善证据。强化检警协作和监检衔接，通报研判案情，准确列明补充侦查提纲，与侦查、调查人员充分沟通查证要点，深挖彻查漏罪漏犯，全面、准确打击犯罪。

（三）人民检察院应当以个案的能动履职、融合履职，助推诉源治理。人民检察院在办案过程中，要全面深入履行法律监督职责，加强立案监督、侦查活动监督和审判监督，深挖漏罪漏犯，监督纠正确有错误的判决，做到罚当其罪；要强化能动履职，将检察办案职能向社会治理延伸，针对个案发现的社会治理问题，通过提出检察建议、开展司法救助、做好普法宣传、开展区域联合、部门协作等方式，促进相关行业、领域健全完善规章制度，推进源头防治；对环境资源领域的犯罪行为，要融合发力，同步提起刑事附带民事公益诉讼，助力生态环境保护，实现"治罪"与"治理"并重，服务经济社会发展大局。

【相关规定】

《中华人民共和国刑法》第二百七十七条、第二百九十三条、第三百四十三条

《中华人民共和国刑事诉讼法》（2018年修正）第一百一十三条、第二百五十四条

《最高人民法院关于适用〈中华人民共和国刑事诉讼法〉的解释》（2013年1月施行）第三百零八条（现为2021年施行的《最高人民法院关于适用〈中华人民共和国刑事诉讼法〉的解释》第三百八十六条）

《人民检察院检察建议工作规定》（2019年施行）第三条、第十一条

4. 宋某某危险驾驶二审、再审抗诉案①

【关键词】

接续抗诉　危险驾驶罪　不起诉的内部监督制约　司法鉴定的审查判断

【要旨】

人民检察院应当依法规范行使不起诉权，通过备案审查等方式加强对不起诉决定的内部监督制约，着力提高审查起诉工作水平和办案质量。对于就同一专门性问题有两份或者两份以上的司法鉴定意见，且结论不一致时，检察人员要注重从鉴定主体的合规性、鉴定程序的合法性、鉴定方法的科学性、鉴定材料的充分性及分析论证的合理性等方面进行实质化审查。对于提出抗诉的案件，为确保抗诉效果，人民检察院可以通过自行侦查进一步补强证据，充分支持抗诉意见和理由，通过接续抗诉，持续监督，全面履行刑事审判监督职责，维护司法公正。

【基本案情】

被告人宋某某，男，1980年2月出生，海南省海口市某局原科员。

2015年11月16日20时22分许，被告人宋某某驾车自西向东从海口市滨海大道右拐驶入长怡路，行驶至长怡新村东门处停下，宋某某从车上下来走到马路对面人行道上睡觉。这一过程被正在长怡新村东门站岗的武警战士张某某看到，张某某遂向排长温某某、班长陈某某报告，二人随即赶到现场查看，当时在该路段巡逻的城管队员发现该情况后报警，随后交警到达现场处理。经抽血检验，宋某某血样酒精浓度为213mg/100ml。同日19时40分许，被害人张某驾驶电动车在海口市滨海大道长安路口处被一车辆碰撞，肇事车辆逃逸。经鉴定，事故现场的散落物系从宋某某轿车的前车头右侧部位分离出来的，确认该轿车前车头右侧部位碰撞到电动车的后尾部。被害人张某损伤程度评定为轻微伤。同年11月18日，宋某某因涉嫌危险驾驶罪被海口市公安局决定取保候审。案发后，宋某某妻子吴某某与被害人张某达成协议，一次性赔偿被害人经济损失42000元，张某对车主表示谅解。

公安机关侦查终结后，2015年12月18日以宋某某涉嫌危险驾驶罪向海口市秀英区人民检察院移送审查起诉。

---

①　案例来源：2023年6月25日最高人民检察院检例第182号。

2016 年 6 月 3 日,秀英区人民检察院认为该案认定宋某某危险驾驶的事实不清、证据不足,不符合起诉条件,对宋某某作出不起诉决定,同日报上级检察院备案审查。海口市人民检察院审查后报海南省人民检察院。海南省人民检察院经审查,认为不起诉决定有误,要求秀英区人民检察院纠正。2017 年 3 月 23 日,秀英区人民检察院撤销原不起诉决定,同月 29 日以危险驾驶罪对宋某某提起公诉。2017 年 9 月 28 日,秀英区人民法院经审理认为,检察机关指控宋某某犯危险驾驶罪的事实不清、证据不足,判决宋某某无罪。

【检察机关履职过程】

(一)第一次二审抗诉

2017 年 10 月 9 日,秀英区人民检察院向海口市中级人民法院提出抗诉。2017 年 11 月 18 日,海口市人民检察院支持抗诉。

针对一审法院关于"检察机关证明涉案车辆由宋某某驾驶的证据均属间接证据,尚不能形成完整的证据链,不能排除其间有其他人驾驶车辆的可能性,依据现有证据不能排除合理怀疑,难以得出唯一结论,检察机关指控被告人犯危险驾驶罪的事实不清、证据不足"的无罪判决理由,海口市检察机关认为,一审法院片面采信被告人辩解,确有错误,在案证据足以证实案发时宋某某系该涉案车辆驾驶员。

1. 有充分证据证实案发时宋某某系该车驾驶员。本案目击证人张某某证言客观详细,多次证言稳定一致,能够证实宋某某从车上下来,且当时车上只有一人;温某某等多名证人证言均证实宋某某就是醉酒躺在绿化带边人行道上的人;出警经过、到案经过及《道路交通事故认定书》等书证,亦认定宋某某是该车驾驶员。

2. 宋某某关于小轿车不是其驾驶的辩解不应采信。宋某某辩解小轿车由"魏某"驾驶,但"魏某"身份信息无法核实,其手机号码已经停机,宋某某关于如何认识"魏某"以及两人偶然碰到并一起吃饭的辩解前后矛盾;目击证人张某某证实宋某某系从驾驶位下车,多名证人均证实醉卧街边的宋某某身边无人陪伴,车内没有其他人;宋某某供述只喝了一罐啤酒,但一罐啤酒致餐后近 5 个小时的宋某某血液酒精浓度含量高达 213mg/100ml,处于严重醉酒状态且大量呕吐,不符合常理。因此,宋某某的辩解无其他证据印证,且其辩解理由超出日常生活经验,内容真实性存疑,宋某某的辩解不应采信。

同时,为充分说明抗诉意见和理由,检察机关在提出抗诉后,提取了案发路段的监控录像检材并委托广东杰思特声像资料司法鉴定所进行了鉴定,鉴定意见(以下简称

"粤杰思图像鉴定意见")为:"送检监控录像记录:2015 年 11 月 16 日 20 时 20 分 41 秒,出现在'滨海大道——长怡路'被监控路面的银灰色嫌疑小轿车驾驶员,与被鉴定人宋某某,是同一人"。

2017 年 12 月 28 日,海口市中级人民法院裁定发回秀英区人民法院重审。在秀英区人民法院审理过程中,被告人宋某某不服"粤杰思图像鉴定意见",秀英区人民法院分别委托西南政法大学司法鉴定中心、广东天正司法鉴定中心对上述视频监控图像与被告人宋某某的同一性进行重新鉴定。2018 年 9 月 20 日、21 日,西南政法大学司法鉴定中心、广东天正司法鉴定中心分别作出书面意见,认为检材人像颜面高度模糊,不具备视频人像鉴定条件。2018 年 12 月 4 日,秀英区人民法院经审理认为,证实宋某某犯危险驾驶罪的证据不足,不能排除合理怀疑,再次判决宋某某无罪。

(二)第二次二审抗诉

2018 年 12 月 13 日,秀英区人民检察院第二次提出抗诉。2019 年 5 月 17 日,海口市人民检察院支持抗诉。

除第一次二审抗诉时提出的抗诉理由之外,海口市人民检察院提出以下抗诉意见和理由:

1. 秀英区人民法院未采纳"粤杰思图像鉴定意见"不当。"粤杰思图像鉴定意见"内容客观真实,鉴定程序合法,鉴定机构和鉴定人适格,应采信作为本案的证据之一使用。一是调取在案的鉴定机构及鉴定人资质证书及侦查机关到广东省司法厅调取的两名鉴定人资质证明等证据,证实鉴定机构及鉴定人适格。二是该鉴定意见与此前该图像鉴定中心第一次鉴定出具的"是一名男性"的意见,是根据不同委托范围而出具的鉴定意见,并不矛盾,而是进一步证实了本案事实。且该份证据仅是本案的其中一份证据,并非唯一,该份证据与在案其他证据共同达到确实、充分的证明程度,共同证明本案事实。三是秀英区人民法院重新委托的西南政法大学司法鉴定中心和广东天正司法鉴定中心所作的"不能对同一性检材进行鉴定"的意见,并不能否定"粤杰思图像鉴定意见"的客观真实性。

2. 道路交通管理部门出具的《道路交通事故认定书》和《道路交通安全违法行为处理通知书》是本案证据链重要一环,认定事故发生是由于宋某某醉酒驾驶机动车,肇事后逃逸和当事人张某某驾驶电动自行车未在非机动车道内行驶而造成的,据此认定宋某某承担事故的全部责任。该份证据佐证了张某某的证言,也与其他证据所证实的内容相互吻合,形成证据链,一审判决对此不予采信明显不当。

海口市中级人民法院经审理认为,用以证明本案事实的证人张某某的证言没有其他证据与之印证,不能排除合理怀疑;西南政法大学司法鉴定中心和广东天正司法鉴定中心均认定同样的检材不具备人像鉴定条件,而"粤杰思图像鉴定意见"所依据的同样检材作出同一性结论意见,比较论证后"粤杰思图像鉴定意见"缺乏可靠性。原审判决认定事实和适用法律正确,据此认定原审被告人宋某某无罪正确。2019年9月2日,海口市中级人民法院作出终审裁定,驳回抗诉,维持原判。

（三）再审抗诉

2019年9月29日,海口市人民检察院认为原判确有错误,提请海南省人民检察院按照审判监督程序抗诉。2019年12月27日,海南省人民检察院向海南省高级人民法院提出抗诉。抗诉期间,承办检察官新发现了案发路面监控抓拍的影像资料,遂委托上海市人民检察院司法鉴定中心对该影像中出现的小轿车驾驶员与原审被告人宋某某进行同一性鉴定。鉴定意见再次证实,案发当晚该车驾驶员所穿的上衣款式、颜色及驾驶员发际线和鼻部特征比对该车车主宋某某醉酒、抽血时所穿的上衣款式、颜色及发际线和鼻部特征,二者具有相似或者相同特征。综合分析原有证据和调取出示的新证据,全案证据更加确实、充分,证据链更加完整,完全排除他人驾车的可能性,能够得出宋某某醉酒驾车的唯一性结论。

（四）抗诉结果

2021年6月7日,海南省高级人民法院采纳抗诉意见,裁定撤销原判,改判原审被告人宋某某犯危险驾驶罪,判处拘役六个月,并处罚金二万元。

【指导意义】

（一）人民检察院应当依法规范行使不起诉权,加强对不起诉决定的内部监督制约。依据《人民检察院刑事诉讼规则》,上级人民检察院对于下级人民检察院确有错误的不起诉决定,应当予以撤销或者指令下级人民检察院纠正。对于存在较大争议、具有较大影响的案件,下级人民检察院经审查决定不起诉的,要及时向上级人民检察院备案,上级人民检察院发现存在错误的,应当及时予以纠正。为保证不起诉决定的公正性,各级检察院要充分认识建立健全备案审查工作制度的重要性,及时发现并纠正错误决定,有必要组织听证的,要及时召开不起诉听证会;加强对下业务指导,通过开展定期分析、情况通报、类案总结等,着力提高审查起诉工作水平和办案质量。

（二）人民检察院在办理抗诉案件过程中,要充分履行

法律监督职能,坚持接续抗诉、持续监督,确保案件裁判结果公正,以"小案"的客观公正办理体现检察担当。检察机关应当充分履行法律监督职能,上级检察院要加强对下级检察院抗诉工作的指导,紧扣抗诉重点,严把抗诉标准,形成监督合力。对下级检察院正确的抗诉意见,法院不予采纳的,上级检察院应当提供有力支持,与下级检察院接续监督,一抗到底,通过上下级检察院持续监督,确保错误裁判被监督纠正。要用心用情办好每一件"小案",这是检察机关客观公正义务的基本要求,展现了检察担当和为民情怀。

（三）强化对司法鉴定意见的实质性审查,确保审查结论的客观性、科学性。人民检察院如果发现案件就同一专门性问题有两份或者两份以上的鉴定意见,且结论不一致的,确有必要时,可以依法决定补充鉴定或者重新鉴定。对于司法鉴定意见要加强分析比对和判断鉴别,从鉴定主体的合规性、鉴定程序的合法性、鉴定方法的科学性、鉴定材料的充分性及分析论证的合理性等方面进行实质化审查,结合案件其他事实证据,分析得出科学的审查结论。

【相关规定】

《中华人民共和国刑法》第一百三十三条之一

《中华人民共和国刑事诉讼法》（2018年修正）第二百二十八条、第二百三十二条、第二百三十六条、第二百五十四条

《人民检察院刑事诉讼规则（试行）》（2013年1月施行）第四百二十五条、第五百九十一条（现为2019年施行的《人民检察院刑事诉讼规则》第三百八十九条、第五百九十一条）

5. 郭四记、徐维伦等人伪造货币案①

【关键词】

伪造货币　网络犯罪　共同犯罪　主犯　全链条惩治

【要旨】

行为人为直接实施伪造货币人员提供专门用于伪造货币的技术或者物资的,应当认定其具有伪造货币的共同犯罪故意。通过网络积极宣传、主动为直接实施伪造货币人员提供伪造货币的关键技术、物资,或者明知他人有伪造货币意图,仍积极提供专门从事伪造货币相关技术、物

资等,应当认定其在共同伪造货币犯罪中起主要作用,系主犯,对其实际参与的伪造货币犯罪总额负责。对于通过网络联络、分工负责、共同实施伪造货币犯罪案件,检察机关应当注重对伪造货币犯罪全链条依法追诉。

【基本案情】

被告人郭四记,男,防伪纸网络代理商。

被告人徐维伦,男,防伪纸网络代理商。

被告人胡春云、于文星、胡甲武、胡康康、宋金星,均系无业人员。

2018 年 9 月,徐维伦成为某品牌防伪纸网络代理商后,组建多个 QQ 群,发布销售防伪纸广告。徐维伦利用该防伪纸自行制造假币,在 QQ 群发布视频炫耀,至案发共伪造人民币 2.906 万元。郭四记等意图伪造货币的人员通过网络广告加入徐维伦建立的 QQ 群,购买防伪纸用于制造假币。郭四记认识徐维伦后,也成为该防伪纸销售代理商,徐维伦向其出售防伪纸、印章、假币电子模板等设备、材料,并传授制造假币技术。

2018 年 9 月至 11 月,徐维伦通过网络与胡春云、于文星、胡甲武、胡康康、宋金星共同伪造货币:(1)徐维伦通过网络向意图伪造货币的胡春云出售防伪纸、印油、丝印台、假币电子模板等制造假币材料,胡春云纠集同村村民于文星、胡甲武共同制造假币。在胡春云等人制造假币遇到困难时,徐维伦通过 QQ 远程操控电脑提供制假技术支持。胡春云等人共伪造人民币 1.8 万元,并使用了部分假币。(2)徐维伦通过网络向胡康康出售防伪纸、丝印网版等制造假币的材料,并赠送假币电子模板,胡康康纠集其堂弟宋金星共同伪造人民币 1.636 万元,并使用了部分假币。

期间,郭四记、徐维伦还通过网络分别或者共同与山西、贵州、河北、福建、山东等地相关人员伪造货币:(1)郭四记通过网络向意图伪造货币的张鑫出售防伪纸、打印机、假币模板、丝印网版等制造假币设备材料,并传授制假币技术,张鑫据此伪造人民币 3.822 万元。(2)郭四记通过网络向意图伪造货币的廖波出售防伪纸、丝印网版、印油、丝印网水等制造假币的材料,并赠送假币电子模板,廖波与汪钰芳、陈香等人据此共同伪造人民币 96.85 万元。(3)徐维伦通过网络向意图伪造货币的王刚刚、郭四记出售防伪纸、印章、假币模板等制造假币设备材料,王刚刚、郭四记据此共同伪造人民币 4000 张(多为面值 20 元)并销往全国各地,徐维伦参与介绍贩卖。(4)徐维伦通过网络向意图伪造货币的邱天佑出售防伪纸、印油、印章等制造假币的材料,赠送假币电子模板,传授制造假币技术,邱天佑与赵春杰据此共同伪造人民币 1.876 万元。(5)徐维伦通过网络向意图伪造货币的白青沛出售防伪纸,白青

沛据此伪造人民币 3.352 万元。张鑫、廖波等上述其他地区的人员均因伪造货币罪被当地法院判处刑罚。

【检察机关履职过程】

(一)审查起诉

2019 年 2 月 12 日,江西省庐山市公安局以郭四记、徐维伦、胡春云、于文星、胡甲武、胡康康、宋金星涉嫌伪造货币罪移送起诉。

江西省庐山市人民检察院审查发现,郭四记、徐维伦为全国多地伪造货币人员提供了大量制造假币所用防伪纸、丝印网版,并传授制假技术,但是直接实施伪造货币人员身份未查实,两名犯罪嫌疑人是否参与他人制造假币的事实以及具体犯罪数额不清。庐山市人民检察院将案件退回公安机关补充侦查,要求公安机关对全部直接实施伪造货币人员犯罪情况侦查取证。侦查人员赴相关省份提讯相关犯罪嫌疑人,并向当地公安机关调取犯罪嫌疑人供述、证人证言、制假设备及假币相关物证照片、扣押清单、假币鉴定意见等证明郭四记、徐维伦与直接实施伪造货币人员共同制造假币的证据材料,固定了共同犯罪的证据。2019 年 8 月 19 日,江西省庐山市人民检察院以伪造货币罪对郭四记、徐维伦等七名被告人提起公诉。

(二)指控和证明犯罪

2019 年 10 月 12 日,江西省庐山市人民法院依法公开开庭审理。

庭审中,被告人郭四记对指控罪名无异议,但对犯罪事实和犯罪数额提出异议。郭四记的辩护人提出,郭四记只是出售制造假币设备材料和提供制造假币技术,未直接实施伪造货币活动,不应认定为伪造货币的共犯,不应对直接实施伪造货币人员的犯罪数额负责。郭四记的行为属于制造、销售用于伪造货币的版样,应根据犯罪情节量刑。被告人徐维伦及其辩护人对犯罪数额提出异议,认为不应将郭四记等人伪造货币的数额计入徐维伦名下。

公诉人答辩指出,被告人计算机、手机、U 盘等电子设备中的聊天记录、电子邮件、交易记录、制作假币相关应用程序等电子数据以及被告人供述证实,被告人郭四记、徐维伦在向直接实施伪造货币的人员销售可用于制造假币的防伪纸、打印机等通用设备材料以外,还销售专门用于制造假币的电子模板、印章、丝印网版,足以认定其与伪造货币人员具有制造假币的共同故意。而且,二被告人不仅销售制造假币所需的设备材料,还提供制造假币技术,被告人徐维伦在他人制造假币遇到问题时,甚至远程控制他人电脑直接操作,足以认定二被告人在各自参与的伪造货币共同犯罪中起主要作用,系主犯,应当对他人实际使用二被告人提供的设备材料、技术伪造货币的总额负责。被

告人胡春云、胡康康主动联系徐维伦购买制造假币材料、学习制造假币技术并制造假币，均系主犯。被告人于文星、胡甲武、宋金星按照指令从事从属性工作，在共同犯罪中起次要、辅助作用，系从犯。

（三）处理结果

2019年11月14日，庐山市人民法院以伪造货币罪判处被告人郭四记有期徒刑十四年，并处罚金十万元；判处被告人徐维伦有期徒刑十二年，并处罚金五万元；判处胡春云等其他五名被告人二年至四年有期徒刑，并处罚金。宣判后，七名被告人均未上诉，判决已生效。

【指导意义】

（一）明知他人意图伪造货币，通过网络提供伪造货币技术或者设备、材料的人员，与直接实施伪造货币的人员构成伪造货币共同犯罪。为直接实施伪造货币人员提供专门用于伪造货币的技术或者设备、材料的，应当认定其具有伪造货币的共同犯罪故意。

（二）对于提供伪造货币的技术或者设备、材料但未直接实施伪造货币行为的人员，应当根据具体行为判断在共同伪造货币中的地位和作用。通过网络积极宣传、主动为直接实施伪造货币人员提供伪造货币的关键技术、设备、材料，或者明知他人有伪造货币意图，仍积极提供专门从事伪造货币的相关技术、设备、材料等，应当认定其在共同伪造货币犯罪中起主要作用，系主犯，对其实际参与的伪造货币犯罪总额负责。

（三）注重依法能动履职，对伪造货币犯罪全链条追诉。对于通过网络联络、分工负责、共同实施伪造货币犯罪案件，检察机关在审查逮捕、审查起诉时要注重审查伪造货币全链条行为人的犯罪事实是否全部查清，是否遗漏共同犯罪事实。办理利用网络共同伪造货币案件，要注重引导公安机关及时查封、扣押犯罪嫌疑人的计算机、手机、U盘等电子设备，全面提取社交通讯工具中留存的通讯记录、交易信息、制造假币应用程序等相关电子数据，以此为基础查清共同犯罪事实。

【相关规定】

《中华人民共和国刑法》第二十五条、第二十六条、第一百七十条

《中华人民共和国刑事诉讼法》第一百七十一条、第一百七十五条

《最高人民法院关于审理伪造货币等案件具体应用法律若干问题的解释》第一条

① 案例来源：2023年5月11日最高人民检察院检例第177号。

6. 孙旭东非法经营案①

【关键词】

非法经营罪　POS机套现　违反国家规定　自行侦查

【要旨】

对于为恶意透支的信用卡持卡人非法套现的行为，应当根据其与信用卡持卡人有无犯意联络、是否具有非法占有目的等，区分非法经营罪与信用卡诈骗罪。经二次退回补充侦查仍未达到起诉条件，但根据已查清的事实认为犯罪嫌疑人仍然有遗漏犯罪重大嫌疑的，检察机关依法可以自行侦查。应当结合相关类型犯罪的特点，对在案证据、需要补充的证据和可能的侦查方向进行分析研判，明确自行侦查的可行性和路径。检察机关办理信用卡诈骗案件时发现涉及上下游非法经营金融业务等犯罪线索，应当通过履行立案监督等职责，依法追诉遗漏犯罪嫌疑人和遗漏犯罪事实。

【基本案情】

被告人孙旭东，男，曾用名孙旭，别名孙盼盼。

2013年间，孙旭东对外谎称是某银行工作人员，可以帮助不符合信用卡申办条件的人代办该银行大额度信用卡。因某银行要求申办大额度信用卡的人员必须在该行储蓄卡内有一定存款，孙旭东与某银行北京分行某支行负责办理信用卡的工作人员王某君（在逃国外）商议，先帮助申办人办理某银行储蓄卡，并将孙旭东本人银行账户中的资金转入该储蓄以达到申办标准，审核通过后再将转入申办人储蓄卡的资金转回，随后由孙旭东帮助信用卡申办人填写虚假的工作单位、收入情况等信用卡申办资料，再由王某君负责办理某银行大额度信用卡。代办信用卡后，孙旭东使用其同乡潘兰军（因犯信用卡诈骗罪被判刑）经营的北京君香博业食品有限公司（以下简称"博业食品公司"）注册办理的POS机，以虚构交易的方式全额刷卡套现，并按照事先约定截留部分套现资金作为申办信用卡和套现的好处费，剩余资金连同信用卡交给申办人。通过上述方式，孙旭东为他人申办信用卡46张，套现资金共计1324万元。截至案发时，16张信用卡无欠款，30张信用卡持卡人逾期后未归还套现资金共计458万余元。

【检察机关履职过程】

（一）发现线索

2016年9月，在北京市西城区人民检察院（以下简称

"西城区检察院")办理史悦信用卡诈骗案过程中,史悦供称其信用卡系一名为"陈旭"的男子代办,"陈旭"帮助其套现40万元后截留10万元作为好处费。检察机关认为,该"陈旭"为他人套现信用卡资金的行为可能涉嫌非法经营罪,遂将线索移交公安机关。经公安机关核查,"陈旭"是孙旭东。

2016年12月24日,西城区检察院对史悦信用卡诈骗案提起公诉的同时,建议公安机关对孙旭东涉嫌犯罪问题进行调查核实。公安机关经调取相关银行账户交易流水、信用卡申办材料、交易记录等,证实孙旭东为史悦等4人办理了大额度信用卡,上述信用卡通过POS机将卡内额度全额刷卡消费,交易记录显示收款方为北京顺通泰达货运代理有限公司(以下简称"顺通货运代理公司")。2017年6月26日,北京市西城区人民法院以信用卡诈骗罪判处史悦有期徒刑五年八个月,并处罚金六万元。同年12月19日,公安机关将孙旭东抓获归案。

(二)审查起诉和退回补充侦查

2018年3月19日,北京市公安局西城分局将孙旭东作为史悦信用卡诈骗罪的共犯移送起诉。

在审查起诉期间,孙旭东辩称仅帮助某银行工作人员王某君将现金转交给办卡人,没有帮助他人进行信用卡套现。因在案证据不能证明孙旭东系套现POS机的实际使用人,西城区检察院将案件两次退回补充侦查,要求查明POS机开户信息、王某君相关情况、孙旭东银行卡交易记录及帮助办卡、套现等相关事实。公安机关经过补充侦查,发现孙旭东为40余人以同样方式办卡、套现,交易金额达1000余万元,交易收款方显示为顺通货运代理公司。因侦查时相关信用卡交易涉及的POS机商户信息已超过法定保存期限,无法查询。

公安机关重新移送起诉后,经对补充侦查的证据进行审查,检察机关认为,套现资金去向不明,王某君在逃国外,无法找到交易记录显示的商户顺通货运代理公司,孙旭东亦不供认使用该POS机套现,证明孙旭东使用POS机套现的证据尚不符合起诉条件。因相关证据无法查实,西城区检察院就孙旭东在史悦信用卡诈骗中的犯罪事实先行提起公诉,并要求公安机关对孙旭东遗漏罪行继续补充侦查。

(三)自行侦查

根据公安机关补充侦查后移送的相关证据仍无法找到POS机对应的商户,西城区检察院结合已有证据和已查清的案件事实对进一步侦查的方向和自行侦查的必要性、可行性进行研判。该院认为,涉案POS机对犯罪事实的认定具有重要作用,且根据已查明的事实孙旭东仍有遗漏犯罪的重大嫌疑,具有自行侦查的必要性。同时,从缺失证据情况看,检察机关也有自行侦查的可行性:第一,孙旭东为多人办理某银行信用卡,此前该院办理的其他信用卡诈骗案中不排除存在孙旭东帮助办理信用卡的情况,从中可能发现POS机商户信息的相关证据。第二,可以从已经查明的孙旭东相关银行交易记录中,进一步筛查可能包含涉案POS机商户信息的线索。研判后,该院决定围绕涉案POS机的真实商户和使用人以及套现资金去向等关键问题自行侦查。

西城区检察院对孙旭东名下20余张银行卡交易记录梳理发现,上述银行卡内转入大量资金,很有可能来自套现POS机账户,遂对20余张银行卡交易记录进行筛查,发现其中1张银行卡涉及的1笔交易对手方是博业食品公司名下的POS机,检察机关以此为突破口调取了博业食品公司POS机开户信息和交易记录,进而证实孙旭东使用该POS机进行非法套现,套现资金经博业食品公司对公账户流入孙旭东名下的银行账户,使用过程中交易记录显示的商户名被违规设置为顺通货运代理公司。同时,西城区检察院对该院近年办理的涉及某银行大额度信用卡诈骗案件逐案排查,发现已判决的一起信用卡诈骗案中被告人名字与孙旭东代办卡中的申办人相同,均为潘兰军。经调阅卷宗发现,两起案件中的潘兰军为同一人,且潘兰军曾供述其信用卡系一名为"孙盼盼"的人代为办理和套现。根据这一线索,检察机关提审潘兰军、询问相关证人、调取开户信息及交易明细,证实"孙盼盼"就是孙旭东,孙旭东曾以潘兰军经营的博业食品公司名义办理POS机并实际控制使用,博业食品公司对公账户由孙旭东代办,该账户接收过大量转账资金,又转至孙旭东名下多张银行卡,由此解开了此前侦查中无法找到顺通货运代理公司涉案证据的关键疑问。

根据自行侦查收集的POS机信息及相关交易记录,检察机关认定孙旭东为史悦之外的其他45人办理信用卡后,使用以博业食品公司名义开户的POS机,以顺通货运代理公司作为代收款方进行刷卡套现。2019年8月2日,西城区检察院以孙旭东犯非法经营罪补充起诉。

(四)指控和证明犯罪

2019年10月30日、12月6日,北京市西城区人民法院两次公开开庭审理。庭审中,孙旭东辩称其未办理涉案POS机,未帮助他人进行信用卡套现,相关资金系王某君提供,不构成犯罪。孙旭东的辩护人提出,没有证据证明孙旭东申办POS机刷卡套现,也无法确定涉案信用卡申请人与孙旭东有关联,孙旭东不构成非法经营罪。

公诉人针对上述辩护意见答辩指出,在案证据能够证实,孙旭东代办多张信用卡并使用实际控制的他人POS机进行非法套现活动,其行为已构成非法经营罪。一是POS机开户信息及交易明细、博业食品公司在某银行的开户资料、交易记录、证人证言等证实,孙旭东使用博业食品公司名义申办POS机并实际使用,但是该POS机交易记录显示的商户名称被违规设置为顺通货运代理公司。二是史悦等证人证言、POS机交易记录、孙旭东银行卡交易明细、史悦信用卡及其他45张信用卡交易记录证实,孙旭东以虚构交易的方式使用该POS机刷卡套现,套现资金进入博业食品公司账户后转入孙旭东实际控制的银行账户,再由孙旭东转账或者直接取现支付给信用卡申办人。三是潘兰军和史悦的刑事判决书、某银行提供的催收记录等证据材料证实,孙旭东帮助大量无申卡资质的人员办卡套现,多名信用卡持卡人未按期归还欠款给银行造成重大损失,孙旭东的行为严重扰乱了市场经济秩序。综上,孙旭东违反国家规定,使用销售点终端机具(POS机),以虚构交易方式向信用卡持卡人直接支付现金,构成非法经营罪,情节特别严重,应当依法追究刑事责任。

（五）处理结果

北京市西城区人民法院认为,孙旭东构成非法经营罪,根据《最高人民法院、最高人民检察院关于办理妨害信用卡管理刑事案件具体应用法律若干问题的解释》第十二条的规定,非法经营数额在500万元以上的,属于情节特别严重,于2019年12月6日以非法经营罪判处孙旭东有期徒刑六年,并处罚金十五万元。孙旭东提出上诉。2020年3月10日,北京市第二中级人民法院裁定驳回上诉,维持原判。

【指导意义】

（一）对于为恶意透支的信用卡持卡人非法套现的行为人,应当根据其与信用卡持卡人有无犯意联络、有无非法占有目的等证据,区分非法经营罪与信用卡诈骗罪。使用销售点终端机具(POS机)等方法,以虚构交易等方式向信用卡持卡人支付货币资金,违反了《中华人民共和国商业银行法》第三条、第十一条和2021年实施的《防范和处

置非法集资条例》第三十九条等规定,系非法从事资金支付结算业务,构成非法经营罪。与恶意透支的信用卡持卡人通谋,或者明知信用卡持卡人意图恶意透支信用卡,仍然使用销售点终端机具(POS机)等方法帮助其非法套现,构成信用卡诈骗罪的共同犯罪。虽然信用卡持卡人通过非法套现恶意透支,但证明从事非法套现的行为人构成信用卡诈骗罪共同犯罪证据不足的,对其非法经营POS机套现的行为依法以非法经营罪定罪处罚。

（二）对二次退回公安机关补充侦查,仍未达到起诉条件的,检察机关应当结合在案证据和案件情况充分研判自行侦查的必要性和可行性。经二次退回补充侦查的案件,虽然证明犯罪事实的证据仍有缺失,但根据已查清的事实认为犯罪嫌疑人仍然有遗漏犯罪重大嫌疑的,具有自行侦查的必要性。检察机关应当结合相关类型金融业务的特点、在案证据、需要补充的证据和可能的侦查方向进行分析研判,明确自行侦查是否具有可行性,决定自行侦查的具体措施,依照法定程序进行自行侦查。

（三）检察机关办理信用卡诈骗案件时发现涉及非法从事金融活动等犯罪线索的,应当依法追诉遗漏犯罪嫌疑人和遗漏犯罪事实。信用卡诈骗案件中,恶意透支与非法套现相互勾结的问题较为突出。检察机关办理此类案件时发现涉及POS机套现等非法经营金融业务犯罪线索的,应当对相关线索进行核查,积极运用立案监督、引导取证、退回补充侦查、自行侦查等措施,对犯罪进行全链条惩治。

【相关规定】

《中华人民共和国刑法》第二百二十五条

《中华人民共和国刑事诉讼法》第一百七十五条

《中华人民共和国商业银行法》第三条、第十一条

《防范和处置非法集资条例》第三十九条

《最高人民法院、最高人民检察院关于办理妨害信用卡管理刑事案件具体应用法律若干问题的解释》(法释〔2018〕19号)第十二条

《人民检察院刑事诉讼规则》(高检发释字〔2019〕4号)第三百四十五条、第四百二十三条

十一、死刑复核程序

最高人民法院关于报送复核被告人在死缓考验期内故意犯罪应当执行死刑案件时应当一并报送原审判处和核准被告人死缓案卷的通知

· 2004 年 6 月 15 日
· 法〔2004〕115 号

各省、自治区、直辖市高级人民法院,解放军军事法院:

　　为贯彻我院 2003 年 11 月 26 日,法〔2003〕177 号《关于报送按照审判监督程序改判死刑和被告人在死缓考验期内故意犯罪应当执行死刑的复核案件的通知》,正确适用法律、确保死刑案件质量,对报送复核被告人在死缓考验期内故意犯罪,应当执行死刑案件的有关事项通知如下:

　　一、各高级人民法院在审核下级人民法院报送复核被告人在死缓考验期限内故意犯罪,应当执行死刑案件时,应当对原审判处和核准该被告人死刑缓期二年执行是否正确一并进行审查,并在报送我院的复核报告中写明结论。

　　二、各高级人民法院报请核准被告人在死缓考验期限内故意犯罪,应当执行死刑的案件,应当一案一报。报送的材料应当包括:报请核准执行死刑的报告,在死缓考验期限内故意犯罪应当执行死刑的综合报告和判决书各十五份;全部诉讼案卷和证据;原审判处和核准被告人死刑缓期二年执行,剥夺政治权利终身的全部诉讼案卷和证据。

最高人民法院关于统一行使死刑案件核准权有关问题的决定

· 2006 年 12 月 13 日最高人民法院审判委员会第 1409 次会议通过
· 2006 年 12 月 28 日最高人民法院公告公布
· 自 2007 年 1 月 1 日起施行
· 法释〔2006〕12 号

　　第十届全国人民代表大会常务委员会第二十四次会议通过了《关于修改〈中华人民共和国人民法院组织法〉的决定》,将人民法院组织法原第十三条修改为第十二条:"死刑除依法由最高人民法院判决的以外,应当报请最高人民法院核准。"修改人民法院组织法的决定自 2007 年 1 月 1 日起施行。根据修改后的人民法院组织法第十二条的规定,现就有关问题决定如下:

　　(一)自 2007 年 1 月 1 日起,最高人民法院根据全国人民代表大会常务委员会有关决定和人民法院组织法原第十三条的规定发布的关于授权高级人民法院和解放军军事法院核准部分死刑案件的通知(见附件),一律予以废止。

　　(二)自 2007 年 1 月 1 日起,死刑除依法由最高人民法院判决的以外,各高级人民法院和解放军军事法院依法判处和裁定的,应当报请最高人民法院核准。

　　(三)2006 年 12 月 31 日以前,各高级人民法院和解放军军事法院已经核准的死刑立即执行的判决、裁定,依法仍由各高级人民法院、解放军军事法院院长签发执行死刑的命令。

附件

　　最高人民法院发布的下列关于授权高级人民法院核准部分死刑案件自本通知施行之日起予以废止:

　　一、《最高人民法院关于对几类现行犯授权高级人民法院核准死刑的若干具体规定的通知》(发布日期:1980 年 3 月 18 日)

　　二、《最高人民法院关于执行全国人民代表大会常务委员会〈关于死刑案件核准问题的决定〉的几项通知》(发布日期:1981 年 6 月 11 日)

　　三、《最高人民法院关于授权高级人民法院核准部分死刑案件的通知》(发布日期:1983 年 9 月 7 日)

　　四、《最高人民法院关于授权云南省高级人民法院核准部分毒品犯罪死刑案件的通知》(发布日期:1991 年 6 月 6 日)

　　五、《最高人民法院关于授权广东省高级人民法院核准部分毒品犯罪死刑案件的通知》(发布日期:1993 年 8 月 18 日)

　　六、《最高人民法院关于授权广西壮族自治区、四川

省、甘肃省高级人民法院核准部分毒品犯罪死刑案件的通知》(发布日期:1996 年 3 月 19 日)

七、《最高人民法院关于授权贵州省高级人民法院核准部分毒品犯罪死刑案件的通知》(发布日期:1997 年 6 月 23 日)

八、《最高人民法院关于授权高级人民法院和解放军军事法院核准部分死刑案件的通知》(发布日期:1997 年 9 月 26 日)

最高人民法院、最高人民检察院、公安部、司法部关于进一步严格依法办案确保办理死刑案件质量的意见

· 2007 年 3 月 9 日
· 法发〔2007〕11 号

中央决定改革授权高级人民法院行使部分死刑案件核准权的做法,将死刑案件核准权统一收归最高人民法院行使,并要求严格依照法律程序办案,确保死刑案件的办理质量。2006 年 10 月 31 日,全国人大常委会通过《关于修改〈中华人民共和国人民法院组织法〉的决定》,决定从 2007 年 1 月 1 日起由最高人民法院统一行使死刑案件核准权。为认真落实中央这一重大决策部署,现就人民法院、人民检察院、公安机关、司法行政机关严格依法办理死刑案件提出如下意见:

一、充分认识确保办理死刑案件质量的重要意义

1. 死刑是剥夺犯罪分子生命的最严厉的刑罚。中央决定将死刑案件核准权统一收归最高人民法院行使,是构建社会主义和谐社会,落实依法治国基本方略,尊重和保障人权的重大举措,有利于维护社会政治稳定,有利于国家法制统一,有利于从制度上保证死刑裁判的慎重和公正,对于保障在全社会实现公平和正义,巩固人民民主专政的政权,全面建设小康社会,具有十分重要的意义。

2. 最高人民法院统一行使死刑案件核准权,对人民法院、人民检察院、公安机关和司法行政机关的工作提出了新的、更高的要求。办案质量是人民法院、人民检察院、公安机关、司法行政机关工作的生命线,死刑案件人命关天,质量问题尤为重要。确保办理死刑案件质量,是中央这一重大决策顺利实施的关键,也是最根本的要求。各级人民法院、人民检察院、公安机关和司法行政机关必须高度重视,统一思想,提高认识,将行动统一到中央决策上来,坚持以邓小平理论和"三个代表"重要思想为指导,全面落实科学发展观,牢固树立社会主义法治理念,依法履行职责,严格执行刑法和刑事诉讼法,切实把好死

刑案件的事实关、证据关、程序关、适用法律关,使办理的每一起死刑案件都经得起历史的检验。

二、办理死刑案件应当遵循的原则要求

(一)坚持惩罚犯罪与保障人权相结合

3. 我国目前正处于全面建设小康社会、加快推进社会主义现代化建设的重要战略机遇期,同时又是人民内部矛盾凸显、刑事犯罪高发、对敌斗争复杂的时期,维护社会和谐稳定的任务相当繁重,必须继续坚持"严打"方针,正确运用死刑这一刑罚手段同严重刑事犯罪作斗争,有效遏制犯罪活动猖獗和蔓延势头。同时,要全面落实"国家尊重和保障人权"宪法原则,切实保障犯罪嫌疑人、被告人的合法权益。坚持依法惩罚犯罪和依法保障人权并重,坚持罪刑法定、罪刑相适应、适用刑法人人平等和审判公开、程序法定等基本原则,真正做到有罪依法惩处,无罪不受刑事追究。

(二)坚持保留死刑,严格控制和慎重适用死刑

4. "保留死刑,严格控制死刑"是我国的基本死刑政策。实践证明,这一政策是完全正确的,必须继续贯彻执行。要完整、准确地理解和执行"严打"方针,依法严厉打击严重刑事犯罪,对极少数罪行极其严重的犯罪分子,坚决依法判处死刑。我国现在还不能废除死刑,但应逐步减少适用,凡是可杀可不杀的,一律不杀。办理死刑案件,必须根据构建社会主义和谐社会和维护社会稳定的要求,严谨审慎,既要保证根据证据正确认定案件事实,杜绝冤错案件的发生,又要保证定罪准确,量刑适当,做到少杀、慎杀。

(三)坚持程序公正与实体公正并重,保障犯罪嫌疑人、被告人的合法权利

5. 人民法院、人民检察院和公安机关进行刑事诉讼,既要保证案件实体处理的正确性,也要保证刑事诉讼程序本身的正当性和合法性。在侦查、起诉、审判等各个阶段,必须始终坚持依法进行诉讼,坚决克服重实体、轻程序,重打击、轻保护的错误观念,尊重犯罪嫌疑人、被告人的诉讼地位,切实保障犯罪嫌疑人、被告人充分行使辩护权等诉讼权利,避免因剥夺或者限制犯罪嫌疑人、被告人的合法权利而导致冤错案件的发生。

(四)坚持证据裁判原则,重证据、不轻信口供

6. 办理死刑案件,要坚持重证据、不轻信口供的原则。只有被告人供述,没有其他证据的,不能认定被告人有罪;没有被告人供述,其他证据确实充分的,可以认定被告人有罪。对刑讯逼供取得的犯罪嫌疑人供述、被告人供述和以暴力、威胁等非法方法收集的被害人陈述、证

人证言,不能作为定案的根据。对被告人作出有罪判决的案件,必须严格按照刑事诉讼法第一百六十二条的规定,做到"事实清楚、证据确实、充分"。证据不足,不能认定被告人有罪的,应当作出证据不足、指控的犯罪不能成立的无罪判决。

（五）坚持宽严相济的刑事政策

7. 对死刑案件适用刑罚时,既要防止重罪轻判,也要防止轻罪重判,做到罪刑相当,罚当其罪,重罪重判,轻罪轻判,无罪不罚。对罪行极其严重的被告人必须依法惩处,严厉打击;对具有法律规定"应当"从轻、减轻或者免除处罚情节的被告人,依法从宽处理;对具有法律规定"可以"从轻、减轻或者免除处罚情节的被告人,如果没有其他特殊情节,原则上依法从宽处理;对具有酌定从宽处罚情节的也依法予以考虑。

三、认真履行法定职责,严格依法办理死刑案件

（一）侦查

8. 侦查机关应当依照刑事诉讼法、司法解释及其他有关规定所规定的程序,全面、及时收集证明犯罪嫌疑人有罪或者无罪、罪重或者罪轻等涉及案件事实的各种证据,严禁违法收集证据。

9. 对可能属于精神病人、未成年人或者怀孕的妇女的犯罪嫌疑人,应当及时进行鉴定或者调查核实。

10. 加强证据的收集、保全和固定工作。对证据的原物、原件要妥善保管,不得损毁、丢失或者擅自处理。对与查明案情有关需要鉴定的物品、文件、电子数据、痕迹、人身、尸体等,应当及时进行刑事科学技术鉴定,并将鉴定报告附卷。涉及命案的,应当通过被害人近亲属辨认、DNA 鉴定、指纹鉴定等方式确定被害人身份。对现场遗留的与犯罪有关的具备同一认定检验鉴定条件的血迹、精斑、毛发、指纹等生物物证、痕迹、物品,应当通过 DNA 鉴定、指纹鉴定等刑事科学技术鉴定方式与犯罪嫌疑人的相应生物检材、生物特征、物品等作同一认定。侦查机关应当将用作证据的鉴定结论告知犯罪嫌疑人、被害人。如果犯罪嫌疑人、被害人提出申请,可以补充鉴定或者重新鉴定。

11. 提讯在押的犯罪嫌疑人,应当在羁押犯罪嫌疑人的看守所内进行。严禁刑讯逼供或者以其他非法方法获取供述。讯问犯罪嫌疑人,在文字记录的同时,可以根据需要录音录像。

12. 侦查人员询问证人、被害人,应当依照刑事诉讼法第九十七条的规定进行。严禁违法取证,严禁暴力取证。

13. 犯罪嫌疑人在被侦查机关第一次讯问后或者采取强制措施之日起,聘请律师或者经法律援助机构指派的律师为其提供法律咨询、代理申诉、控告的,侦查机关应当保障律师依法行使权利和履行职责。涉及国家秘密的案件,犯罪嫌疑人聘请律师或者申请法律援助,以及律师会见在押的犯罪嫌疑人,应当经侦查机关批准。律师发现有刑讯逼供情形的,可以向公安机关、人民检察院反映。

14. 侦查机关将案件移送人民检察院审查起诉时,应当将包括第一次讯问笔录及勘验、检查、搜查笔录在内的证明犯罪嫌疑人有罪或者无罪、罪重或者罪轻等涉及案件事实的所有证据一并移送。

15. 对于可能判处死刑的案件,人民检察院在审查逮捕工作中应当全面、客观地审查证据,对以刑讯逼供等非法方法取得的犯罪嫌疑人供述、被害人陈述、证人证言应当依法排除。对侦查活动中的违法行为,应当提出纠正意见。

（二）提起公诉

16. 人民检察院要依法履行审查起诉职责,严格把握案件的法定起诉标准。

17. 人民检察院自收到移送审查起诉的案件材料之日起三日以内,应当告知犯罪嫌疑人有权委托辩护人;犯罪嫌疑人经济困难的,应当告知其可以向法律援助机构申请法律援助。辩护律师自审查起诉之日起,可以查阅、摘抄、复制本案的诉讼文书、技术性鉴定材料,可以同在押的犯罪嫌疑人会见和通信。其他辩护人经人民检察院许可,也可以查阅、摘抄、复制上述材料,同在押的犯罪嫌疑人会见和通信。人民检察院应当为辩护人查阅、摘抄、复制材料提供便利。

18. 人民检察院审查案件,应当讯问犯罪嫌疑人,听取被害人和犯罪嫌疑人、被害人委托的人的意见,并制作笔录附卷。被害人和犯罪嫌疑人、被害人委托的人在审查起诉期间没有提出意见的,应当记明附卷。人民检察院对证人证言笔录存在疑问或者认为对证人的询问不具体或者有遗漏的,可以对证人进行询问并制作笔录。

19. 人民检察院讯问犯罪嫌疑人时,既要听取犯罪嫌疑人的有罪供述,又要听取犯罪嫌疑人无罪或罪轻的辩解。犯罪嫌疑人提出受到刑讯逼供的,可以要求侦查人员作出说明,必要时进行核查。对刑讯逼供取得的犯罪嫌疑人供述和以暴力、威胁等非法方法收集的被害人陈述、证人证言,不能作为指控犯罪的根据。

20. 对可能属于精神病人、未成年人或者怀孕的妇女的犯罪嫌疑人,应当及时委托鉴定或者调查核实。

21. 人民检察院审查案件的时候,对公安机关的勘验、检查,认为需要复验、复查的,应当要求公安机关复验、复查,人民检察院可以派员参加;也可以自行复验、复查,商请公安机关派员参加,必要时也可以聘请专门技术人员参加。

22. 人民检察院对物证、书证、视听资料、勘验、检查笔录存在疑问的,可以要求侦查人员提供获取、制作的有关情况。必要时可以询问提供物证、书证、视听资料的人员,对物证、书证、视听资料委托进行技术鉴定。询问过程及鉴定的情况应当附卷。

23. 人民检察院审查案件的时候,认为事实不清、证据不足或者遗漏罪行、遗漏同案犯罪嫌疑人等情形,需要补充侦查的,应当提出需要补充侦查的具体意见,连同案卷材料一并退回公安机关补充侦查。公安机关应当在一个月以内补充侦查完毕。人民检察院也可以自行侦查,必要时要求公安机关提供协助。

24. 人民检察院对案件进行审查后,认为犯罪嫌疑人的犯罪事实已经查清,证据确实、充分,依法应当追究刑事责任的,应当作出起诉决定。具有下列情形之一的,可以确认犯罪事实已经查清:(1)属于单一罪行的案件,查清的事实足以定罪量刑或者与定罪量刑有关的事实已经查清,不影响定罪量刑的事实无法查清的;(2)属于数个罪行的案件,部分罪行已经查清并符合起诉条件,其他罪行无法查清的;(3)作案工具无法起获或者赃物去向不明,但有其他证据足以对犯罪嫌疑人定罪量刑的;(4)证人证言、犯罪嫌疑人的供述和辩解、被害人陈述的内容中主要情节一致,只有个别情节不一致且不影响定罪的。对于符合第(2)项情形的,应当以已经查清的罪行起诉。

25. 人民检察院对于退回补充侦查的案件,经审查仍然认为不符合起诉条件的,可以作出不起诉决定。具有下列情形之一,不能确定犯罪嫌疑人构成犯罪和需要追究刑事责任的,属于证据不足,不符合起诉条件:(1)据以定罪的证据存在疑问,无法查证属实的;(2)犯罪构成要件事实缺乏必要的证据予以证明的;(3)据以定罪的证据之间的矛盾不能合理排除的;(4)根据证据得出的结论具有其他可能性的。

26. 人民法院认为人民检察院起诉移送的有关材料不符合刑事诉讼法第一百五十条规定的条件,向人民检察院提出书面意见要求补充提供的,人民检察院应当在收到通知之日起三日以内补送。逾期不能提供的,人民检察院应当作出书面说明。

(三)辩护、提供法律帮助

27. 律师应当恪守职业道德和执业纪律,办理死刑案件应当尽职尽责,做好会见、阅卷、调查取证、出庭辩护等工作,提高辩护质量,切实维护犯罪嫌疑人、被告人的合法权益。

28. 辩护律师经证人或者其他有关单位和个人同意,可以向他们收集证明犯罪嫌疑人、被告人无罪或者罪轻的证据,申请人民检察院、人民法院收集、调取证据,或者申请人民法院通知证人出庭作证,也可以申请人民检察院、人民法院依法委托鉴定机构对有异议的鉴定结论进行补充鉴定或者重新鉴定。对于辩护律师的上述申请,人民检察院、人民法院应当及时予以答复。

29. 被告人可能被判处死刑而没有委托辩护人的,人民法院应当通过法律援助机构指定承担法律援助义务的律师为其提供辩护。法律援助机构应当在收到指定辩护通知书三日以内,指派有刑事辩护经验的律师提供辩护。

30. 律师在提供法律帮助或者履行辩护职责中遇到困难和问题,司法行政机关应及时与公安机关、人民检察院、人民法院协调解决,保障律师依法履行职责。

(四)审判

31. 人民法院受理案件后,应当告知因犯罪行为遭受物质损失的被害人、已死亡被害人的近亲属、无行为能力或者限制行为能力被害人的法定代理人,有权提起附带民事诉讼和委托诉讼代理人。经济困难的,还应当告知其可以向法律援助机构申请法律援助。在审判过程中,注重发挥附带民事诉讼中民事调解的重要作用,做好被害人、被害人近亲属的安抚工作,切实加强刑事被害人的权益保护。

32. 人民法院应当通知下列情形的被害人、证人、鉴定人出庭作证:(一)人民检察院、被告人及其辩护人对被害人陈述、证人证言、鉴定结论有异议,该被害人陈述、证人证言、鉴定结论对定罪量刑有重大影响的;(二)人民法院认为其他应当出庭作证的。经人民法院依法通知,被害人、证人、鉴定人应当出庭作证;不出庭作证的被害人、证人、鉴定人的书面陈述、书面证言、鉴定结论经质证无法确认的,不能作为定案的根据。

33. 人民法院审理案件,应当注重审查证据的合法性。对有线索或者证据表明可能存在刑讯逼供或者其他非法取证行为的,应当认真审查。人民法院向人民检察院调取相关证据时,人民检察院应当在三日以内提交。人民检察院如果没有相关材料,应当向人民法院说明情况。

34. 第一审人民法院和第二审人民法院审理死刑案件,合议庭应当提请院长决定提交审判委员会讨论。最高人民法院复核死刑案件,高级人民法院复核死刑缓期二年执行的案件,对于疑难、复杂的案件,合议庭认为难以作出决定的,应当提请院长决定提交审判委员会讨论决定。审判委员会讨论案件,同级人民检察院检察长、受检察长委托的副检察长均可列席会议。

35. 人民法院应当根据已经审理查明的事实、证据和有关的法律规定,依法作出裁判。对案件事实清楚,证据确实、充分,依据法律认定被告人有罪的,应当作出有罪判决;对依据法律认定被告人无罪的,应当作出无罪判决;证据不足,不能认定被告人有罪的,应当作出证据不足、指控的犯罪不能成立的无罪判决;定罪的证据确实,但影响量刑的证据存有疑点,处刑时应当留有余地。

36. 第二审人民法院应当及时查明被判处死刑立即执行的被告人是否委托了辩护人。没有委托辩护人的,应当告知被告人可以自行委托辩护人或者通知法律援助机构指定承担法律援助义务的律师为其提供辩护。人民法院应当通知人民检察院、被告人及其辩护人在开庭五日以前提供出庭作证的证人、鉴定人名单,在开庭三日以前送达传唤当事人的传票和通知辩护人、证人、鉴定人、翻译人员的通知书。

37. 审理死刑第二审案件,应当依照法律和有关规定实行开庭审理。人民法院必须在开庭十日以前通知人民检察院查阅案卷。同级人民检察院应当按照人民法院通知的时间派员出庭。

38. 第二审人民法院作出判决、裁定后,当庭宣告的,应当在五日以内将判决书或者裁定书送达当事人、辩护人和同级人民检察院;定期宣告的,应当在宣告后立即送达。

39. 复核死刑案件,应当对原审裁判的事实认定、法律适用和诉讼程序进行全面审查。

40. 死刑案件复核期间,被告人委托的辩护人提出听取意见要求的,应当听取辩护人的意见,并制作笔录附卷。辩护人提出书面意见的,应当附卷。

41. 复核死刑案件,合议庭成员应当阅卷,并提出书面意见存查。对证据有疑问的,应当对证据进行调查核实,必要时到案发现场调查。

42. 高级人民法院复核死刑案件,应当讯问被告人。最高人民法院复核死刑案件,原则上应当讯问被告人。

43. 人民法院在保证办案质量的前提下,要进一步提高办理死刑复核案件的效率,公正、及时地审理死刑复核案件。

核案件。

44. 人民检察院按照法律规定加强对办理死刑案件的法律监督。

（五）执行

45. 人民法院向罪犯送达核准死刑的裁判文书时,应当告知罪犯有权申请会见其近亲属。罪犯提出会见申请并提供具体地址和联系方式的,人民法院应当准许;原审人民法院应当通知罪犯的近亲属。罪犯近亲属提出会见申请的,人民法院应当准许,并及时安排会见。

46. 第一审人民法院将罪犯交付执行死刑前,应当将核准死刑的裁判文书送同级人民检察院,并在交付执行三日以前通知同级人民检察院派员临场监督。

47. 第一审人民法院在执行死刑前,发现有刑事诉讼法第二百一十一条规定的情形的,应当停止执行,并且立即报告最高人民法院,由最高人民法院作出裁定。临场监督执行死刑的检察人员在执行死刑前,发现有刑事诉讼法第二百一十一条规定的情形的,应当建议人民法院停止执行。

48. 执行死刑应当公布。禁止游街示众或者其他有辱被执行人人格的行为。禁止侮辱尸体。

四、人民法院、人民检察院、公安机关依法互相配合和互相制约

49. 人民法院、人民检察院、公安机关办理死刑案件,应当切实贯彻"分工负责,互相配合,互相制约"的基本诉讼原则,既根据法律规定的明确分工,各司其职,各负其责,又互相支持,通力合作,以保证准确有效地执行法律,共同把好死刑案件的质量关。

50. 人民法院、人民检察院、公安机关应当按照诉讼职能分工和程序设置,互相制约,以防止发生错误或者及时纠正错误,真正做到不错不漏,不枉不纵。人民法院、人民检察院和公安机关的互相制约,应当体现在各机关法定的诉讼活动之中,不得违反程序干扰、干预、抵制其他机关依法履行职权的诉讼活动。

51. 在审判过程中,发现被告人可能有自首、立功等法定量刑情节,需要补充证据或者补充侦查的,人民检察院应当建议延期审理。延期审理的时间不能超过一个月。查证被告人揭发他人犯罪行为,人民检察院根据犯罪性质,可以依法自行查证,属于公安机关管辖的,可以交由公安机关查证。人民检察院应当将查证的情况在法律规定的期限内及时提交人民法院。

五、严格执行办案责任追究制度

52. 故意违反法律和本意见的规定,或者由于严重不负责任,影响办理死刑案件质量,造成严重后果的,对直接负责的主管人员和其他直接责任人员,由其所在单位或者上级主管机关依照有关规定予以行政处分或者纪律处分;徇私舞弊、枉法裁判构成犯罪的,依法追究刑事责任。

最高人民法院关于办理死刑复核案件听取辩护律师意见的办法

· 2015 年 1 月 29 日
· 法〔2014〕346 号

为切实保障死刑复核案件被告人的辩护律师依法行使辩护权,确保死刑复核案件质量,根据《中华人民共和国刑事诉讼法》《中华人民共和国律师法》和有关法律规定,制定本办法。

第一条　死刑复核案件的辩护律师可以向最高人民法院立案庭查询立案信息。辩护律师查询时,应当提供本人姓名、律师事务所名称、被告人姓名、案由,以及报请复核的高级人民法院的名称及案号。

最高人民法院立案庭能够立即答复的,应当立即答复,不能立即答复的,应当在二个工作日内答复,答复内容为案件是否立案及承办案件的审判庭。

第二条　律师接受被告人、被告人近亲属的委托或者法律援助机构的指派,担任死刑复核案件辩护律师的,应当在接受委托或者指派之日起三个工作日内向最高人民法院相关审判庭提交有关手续。

辩护律师应当在接受委托或者指派之日起一个半月内提交辩护意见。

第三条　辩护律师提交委托手续、法律援助手续及辩护意见、证据等书面材料的,可以经高级人民法院同意后代收并随案移送,也可以寄送至最高人民法院承办案件的审判庭或者在当面反映意见时提交;对尚未立案的案件,辩护律师可以寄送至最高人民法院立案庭,由立案庭在立案后随案移送。

第四条　辩护律师可以到最高人民法院办公场所查阅、摘抄、复制案卷材料。但依法不公开的材料不得查阅、摘抄、复制。

第五条　辩护律师要求当面反映意见的,案件承办法官应当及时安排。

一般由案件承办法官与书记员当面听取辩护律师意见,也可以由合议庭其他成员或者全体成员与书记员当面听取。

第六条　当面听取辩护律师意见,应当在最高人民法院或者地方人民法院办公场所进行。辩护律师可以携律师助理参加。当面听取意见的人员应当核实辩护律师和律师助理的身份。

第七条　当面听取辩护律师意见时,应当制作笔录,由辩护律师签名后附卷。辩护律师提交相关材料的,应当接收并开列收取清单一式二份,一份交给辩护律师,另一份附卷。

第八条　当面听取辩护律师意见时,具备条件的人民法院应当指派工作人员全程录音、录像。其他在场人员不得自行录音、录像、拍照。

第九条　复核终结后,受委托进行宣判的人民法院应当在宣判后五个工作日内将最高人民法院裁判文书送达辩护律师。

第十条　本办法自 2015 年 2 月 1 日起施行。

附（略）

最高人民法院关于死刑复核及执行程序中保障当事人合法权益的若干规定

· 2019 年 4 月 29 日最高人民法院审判委员会第 1767 次会议通过
· 2019 年 8 月 8 日最高人民法院公告公布
· 自 2019 年 9 月 1 日起施行
· 法释〔2019〕12 号

为规范死刑复核及执行程序,依法保障当事人合法权益,根据《中华人民共和国刑事诉讼法》和有关法律规定,结合司法实际,制定本规定。

第一条　高级人民法院在向被告人送达依法作出的死刑裁判文书时,应当告知其在最高人民法院复核死刑阶段有权委托辩护律师,并将告知情况记入宣判笔录;被告人提出由其近亲属代为委托辩护律师的,除因客观原因无法通知的以外,高级人民法院应当及时通知其近亲属,并将通知情况记录在案。

第二条　最高人民法院复核死刑案件,辩护律师应当自接受委托或者受指派之日起十日内向最高人民法院提交有关手续,并自接受委托或者指派之日起一个半月内提交辩护意见。

第三条　辩护律师提交相关手续、辩护意见及证据等材料的,可以经高级人民法院代收并随案移送,也可以寄送至最高人民法院。

第四条　最高人民法院复核裁定作出后,律师提交辩护意见及证据材料的,应当接收并出具接收清单;经审查,相关意见及证据材料可能影响死刑复核结果的,应当暂停交付执行或者停止执行,但不再办理接收委托辩护手续。

第五条　最高人民法院复核裁定下发后,受委托进行宣判的人民法院应当在宣判后五日内将裁判文书送达辩护律师。

对被害人死亡的案件,被害人近亲属申请获取裁判文书的,受委托进行宣判的人民法院应当提供。

第六条　第一审人民法院在执行死刑前,应当告知罪犯可以申请会见其近亲属。

罪犯申请会见并提供具体联系方式的,人民法院应当通知其近亲属。对经查找确实无法与罪犯近亲属取得联系的,或者其近亲属拒绝会见的,应当告知罪犯。罪犯提出通过录音录像等方式留下遗言的,人民法院可以准许。

通知会见的相关情况,应当记录在案。

第七条　罪犯近亲属申请会见的,人民法院应当准许,并在执行死刑前及时安排,但罪犯拒绝会见的除外。

罪犯拒绝会见的情况,应当记录在案并及时告知其近亲属,必要时应当进行录音录像。

第八条　罪犯提出会见近亲属以外的亲友,经人民法院审查,确有正当理由的,可以在确保会见安全的情况下予以准许。

第九条　罪犯申请会见未成年子女的,应当经未成年子女的监护人同意;会见可能影响未成年人身心健康的,人民法院可以采取视频通话等适当方式安排会见,且监护人应当在场。

第十条　会见由人民法院负责安排,一般在罪犯羁押场所进行。

第十一条　会见罪犯的人员应当遵守羁押场所的规定。违反规定的,应当予以警告;不听警告的,人民法院可以终止会见。

实施威胁、侮辱司法工作人员,或者故意扰乱羁押场所秩序,妨碍执行公务等行为,情节严重的,依法追究法律责任。

第十二条　会见情况应当记录在案,附卷存档。

第十三条　本规定自2019年9月1日起施行。

最高人民法院以前发布的司法解释和规范性文件,与本规定不一致的,以本规定为准。

最高人民法院、司法部关于为死刑复核案件被告人依法提供法律援助的规定(试行)

· 2021年12月30日
· 法〔2021〕348号

为充分发挥辩护律师在死刑复核程序中的作用,切实保障死刑复核案件被告人的诉讼权利,根据《中华人民共和国刑事诉讼法》《中华人民共和国律师法》《中华人民共和国法律援助法》《最高人民法院关于适用〈中华人民共和国刑事诉讼法〉的解释》等法律及司法解释,制定本规定。

第一条　最高人民法院复核死刑案件,被告人申请法律援助的,应当通知司法部法律援助中心指派律师为其提供辩护。

法律援助通知书应当写明被告人姓名、案由、提供法律援助的理由和依据、案件审判庭和联系方式,并附二审或者高级人民法院复核审裁判文书。

第二条　高级人民法院在向被告人送达依法作出的死刑裁判文书时,应当书面告知其在最高人民法院复核死刑阶段可以委托辩护律师,也可以申请法律援助;被告人申请法律援助的,应当在十日内提出,法律援助申请书应当随案移送。

第三条　司法部法律援助中心在接到最高人民法院法律援助通知书后,应当采取适当方式指派律师为被告人提供辩护。

第四条　司法部法律援助中心在接到最高人民法院法律援助通知书后,应当在三日内指派具有三年以上刑事辩护执业经历的律师担任被告人的辩护律师,并函告最高人民法院。

司法部法律援助中心出具的法律援助公函应当写明接受指派的辩护律师的姓名、所属律师事务所及联系方式。

第五条　最高人民法院应当告知或者委托高级人民法院告知被告人为其指派的辩护律师的情况。被告人拒绝指派的律师为其辩护的,最高人民法院应当准许。

第六条　被告人在死刑复核期间自行委托辩护律师的,司法部法律援助中心应当作出终止法律援助的决定,并及时函告最高人民法院。

最高人民法院在复核死刑案件过程中发现有前款规定情形的,应当及时函告司法部法律援助中心。司法部法律援助中心应当作出终止法律援助的决定。

第七条　辩护律师应当在接受指派之日起十日内,

通过传真或者寄送等方式,将法律援助手续提交最高人民法院。

第八条　辩护律师依法行使辩护权,最高人民法院应当提供便利。

第九条　辩护律师在依法履行辩护职责中遇到困难和问题的,最高人民法院、司法部有关部门应当及时协调解决,切实保障辩护律师依法履行职责。

第十条　辩护律师应当在接受指派之日起一个半月内提交书面辩护意见或者当面反映辩护意见。辩护律师要求当面反映意见的,最高人民法院应当听取辩护律师的意见。

第十一条　死刑复核案件裁判文书应当写明辩护律师姓名及所属律师事务所,并表述辩护律师的辩护意见。受委托宣判的人民法院应当在宣判后五日内将最高人民法院生效裁判文书送达辩护律师。

第十二条　司法部指导、监督全国死刑复核案件法律援助工作,司法部法律援助中心负责具体组织和实施。

第十三条　本规定自 2022 年 1 月 1 日起施行。

十二、审判监督程序

最高人民法院关于刑事再审案件
开庭审理程序的具体规定（试行）

·2001 年 10 月 18 日最高人民法院审判委员会第 1196 次会议通过
·2001 年 12 月 26 日最高人民法院公告公布
·自 2002 年 1 月 1 日起施行
·法释〔2001〕31 号

为了深化刑事庭审方式的改革，进一步提高审理刑事再审案件的效率，确保审判质量，规范案件开庭审理的程序，根据《中华人民共和国刑事诉讼法》、最高人民法院《关于执行〈中华人民共和国刑事诉讼法〉若干问题的解释》的规定，制定本规定。

第一条 本规定适用依照第一审程序或第二审程序开庭审理的刑事再审案件。

第二条 人民法院在收到人民检察院按照审判监督程序提出抗诉的刑事抗诉书后，应当根据不同情况，分别处理：

（一）不属于本院管辖的，决定退回人民检察院；

（二）按照抗诉书提供的原审被告人（原审上诉人）住址无法找到原审被告人（原审上诉人）的，人民法院应当要求提出抗诉的人民检察院协助查找；经协助查找仍无法找到的，决定退回人民检察院；

（三）抗诉书没有写明原审被告人（原审上诉人）准确住址的，应当要求人民检察院在 7 日内补充，经补充后仍不明确或逾期不补的，裁定维持原判；

（四）以有新的证据证明原判决、裁定认定的事实确有错误为由提出抗诉，但抗诉书未附有新的证据目录、证人名单和主要证据复印件或者照片的，人民检察院应当在 7 日内补充；经补充后仍不完备或逾期不补的，裁定维持原判。

第三条 以有新的证据证明原判决、裁定认定的事实确有错误为由提出申诉的，应当同时附有新的证据目录、证人名单和主要证据复印件或者照片。需要申请人民法院调取证据的，应当附有证据线索。未附有的，应当在 7 日内补充；经补充后仍不完备或逾期不补的，应当决

定不予受理。

第四条 参与过本案第一审、第二审、复核程序审判的合议庭组成人员，不得参与本案的再审程序的审判。

第五条 人民法院审理下列再审案件，应当依法开庭审理：

（一）依照第一审程序审理的；

（二）依照第二审程序需要对事实或者证据进行审理的；

（三）人民检察院按照审判监督程序提出抗诉的；

（四）可能对原审被告人（原审上诉人）加重刑罚的；

（五）有其他应当开庭审理情形的。

第六条 下列再审案件可以不开庭审理：

（一）原判决、裁定认定事实清楚，证据确实、充分，但适用法律错误，量刑畸重的；

（二）1979 年《中华人民共和国刑事诉讼法》施行以前裁判的；

（三）原审被告人（原审上诉人）、原审自诉人已经死亡，或者丧失刑事责任能力的；

（四）原审被告人（原审上诉人）在交通十分不便的边远地区监狱服刑，提押到庭确有困难的；但人民检察院提出抗诉的，人民法院应征得人民检察院的同意；

（五）人民法院按照审判监督程序决定再审，按本规定第九条第（五）项规定，经两次通知，人民检察院不派员出庭的。

第七条 人民法院审理共同犯罪再审案件，如果人民法院再审决定书或者人民检察院抗诉书只对部分同案原审被告人（同案原审上诉人）提起再审，其他未涉及的同案原审被告人（同案原审上诉人）不出庭不影响案件审理的，可以不出庭参与诉讼；

部分同案原审被告人（同案原审上诉人）具有本规定第六条第（三）、（四）项规定情形不能出庭的，不影响案件的开庭审理。

第八条 除人民检察院抗诉的以外，再审一般不得加重原审被告人（原审上诉人）的刑罚。

根据本规定第六条第（二）、（三）、（四）、（五）项、第

七条的规定,不具备开庭条件可以不开庭审理的,或者可以不出庭参加诉讼的,不得加重未出庭原审被告人(原审上诉人)、同案原审被告人(同案原审上诉人)的刑罚。

第九条　人民法院在开庭审理前,应当进行下列工作:

(一)确定合议庭的组成人员;

(二)将再审决定书,申诉书副本至迟在开庭30日前,重大、疑难案件至迟在开庭60日前送达同级人民检察院,并通知其查阅案卷和准备出庭;

(三)将再审决定书或抗诉书副本至迟在开庭30日以前送达原审被告人(原审上诉人),告知其可以委托辩护人,或者依法为其指定承担法律援助义务的律师担任辩护人;

(四)至迟在开庭15日前,重大、疑难案件至迟在开庭60日前,通知辩护人查阅案卷和准备出庭;

(五)将开庭的时间、地点在开庭7日以前通知人民检察院;

(六)传唤当事人,通知辩护人、诉讼代理人、证人、鉴定人和翻译人员,传票和通知书至迟在开庭7日以前送达;

(七)公开审判的案件,在开庭7日以前先期公布案由、原审被告人(原审上诉人)姓名、开庭时间和地点。

第十条　人民法院审理人民检察院提出抗诉的再审案件,对人民检察院接到出庭通知后未出庭的,应当裁定按人民检察院撤回抗诉处理,并通知诉讼参与人。

第十一条　人民法院决定再审或者受理抗诉书后,原审被告人(原审上诉人)正在服刑的,人民法院依据再审决定书或者抗诉书及提押票等文书办理提押;

原审被告人(原审上诉人)在押,再审可能改判宣告无罪的,人民法院裁定中止执行原裁决后,可以取保候审;

原审被告人(原审上诉人)不在押,确有必要采取强制措施并符合法律规定采取强制措施条件的,人民法院裁定中止执行原裁决后,依法采取强制措施。

第十二条　原审被告人(原审上诉人)收到再审决定书或者抗诉书后下落不明或者收到抗诉书后未到庭的,人民法院应当中止审理;原审被告人(原审上诉人)到案后,恢复审理;如果超过2年仍查无下落的,应当裁定终止审理。

第十三条　人民法院应当在开庭30日前通知人民检察院、当事人或者辩护人查阅、复制双方提交的新证据目录及新证据复印件、照片。

人民法院应当在开庭15日前通知控辩双方查阅、复制人民法院调取的新证据目录及新证据复印件、照片等证据。

第十四条　控辩双方收到再审决定书或抗诉书后,人民法院通知开庭之日前,可以提交新的证据。开庭后,除对原审被告人(原审上诉人)有利的外,人民法院不再接纳新证据。

第十五条　开庭审理前,合议庭应当核实原审被告人(原审上诉人)何时因何案被人民法院依法裁判,在服刑中有无重新犯罪,有无减刑、假释,何时刑满释放等情形。

第十六条　开庭审理前,原审被告人(原审上诉人)到达开庭地点后,合议庭应当查明原审被告人(原审上诉人)基本情况,告知原审被告人(原审上诉人)享有辩护权和最后陈述权,制作笔录后,分别由该合议庭成员和书记员签名。

第十七条　开庭审理时,审判长宣布合议庭组成人员及书记员,公诉人、辩护人、鉴定人和翻译人员的名单,并告知当事人、法定代理人享有申请回避的权利。

第十八条　人民法院决定再审的,由合议庭组成人员宣读再审决定书。

根据人民检察院提出抗诉进行再审的,由公诉人宣读抗诉书。

当事人及其法定代理人、近亲属提出申诉的,由原审被告人(原审上诉人)及其辩护人陈述申诉理由。

第十九条　在审判长主持下,控辩双方应就案件的事实、证据和适用法律等问题分别进行陈述。合议庭对控辩双方无争议和有争议的事实、证据及适用法律问题进行归纳,予以确认。

第二十条　在审判长主持下,就控辩双方有争议的问题,进行法庭调查和辩论。

第二十一条　在审判长主持下,控辩双方对提出的新证据或者有异议的原审据以定罪量刑的证据进行质证。

第二十二条　进入辩论阶段,原审被告人(原审上诉人)及其法定代理人、近亲属提出申诉的,先由原审被告人(原审上诉人)及其辩护人发表辩护意见,然后由公诉人发言,被害人及其代理人发言。

被害人及其法定代理人、近亲属提出申诉的,先由被害人及其代理人发言,公诉人发言,然后由原审被告人(原审上诉人)及其辩护人发表辩护意见。

人民检察院提出抗诉的,先由公诉人发言,被害人及其代理人发言，然后由原审被告人（原审上诉人）及其辩护人发表辩护意见。

既有申诉又有抗诉的，先由公诉人发言，后由申诉方当事人及其代理人或者辩护人发言或者发表辩护意见，然后由对方当事人及其代理人或辩护人发言或者发表辩护意见。

公诉人、当事人和辩护人、诉讼代理人经审判长许可，可以互相辩论。

第二十三条　合议庭根据控辩双方举证、质证和辩论情况，可以当庭宣布认证结果。

第二十四条　再审改判宣告无罪并依法享有申请国家赔偿权利的当事人，宣判时合议庭应当告知其该判决发生法律效力后即有申请国家赔偿的权利。

第二十五条　人民法院审理再审案件，应当在作出再审决定之日起3个月内审结。需要延长期限的，经本院院长批准，可以延长3个月。

自接到阅卷通知后的第2日起，人民检察院查阅案卷超过7日后的期限，不计入再审审理期限。

第二十六条　依照第一、二审程序审理的刑事自诉再审案件开庭审理程序，参照本规定执行。

第二十七条　本规定发布前最高人民法院有关再审案件开庭审理程序的规定，与本规定相抵触的，以本规定为准。

第二十八条　本规定自2002年1月1日起执行。

最高人民法院审判监督庭关于刑事再审工作几个具体程序问题的意见

· 2003年10月15日
· 法审〔2003〕10号

最近，各地法院提出了一些在刑事再审工作中经常遇到的问题，希望予以解决。经研究并征求本院立案庭意见，现就有关刑事再审工作的几个具体问题提出意见如下，供参考。

一、对生效裁判再审发回重审的，应由哪一个庭重审，文书如何编号。

此类案件应由审监庭重新审理，编立刑再字号。主要理由是，此类案件在性质上属于再审案件，依法应按审判监督程序审理；由下级法院审监庭审理，便于上一级法院审监庭进行指导、监督。

二、刑事附带民事诉讼案件，原审民事部分已调解结案，刑事部分提起再审后，附带民事诉讼原告人对调解反悔，要求对民事部分也进行再审，如何处理。

调解书生效后，一般不再审，但根据《中华人民共和国民事诉讼法》第一百八十条的规定，当事人对已发生法律效力的调解书，提出证据足以证明调解违反自愿原则，或者调解协议的内容违反法律规定，经人民法院审查属实的，应当再审。

原刑事部分判决以民事调解为基础，刑事部分再审结果可能对原民事部分处理有影响的，附带民事诉讼原告人要求重新对民事部分进行审理，可以在再审时一并重新审理。

三、对可能改判死刑的再审案件，应由哪一部门负责羁押原审被告人。

此类案件的原审被告人应由看守所负责羁押。这样规定的考虑是：监狱一般不具备关押这类原审被告人的条件，而且关押在监狱不但不便于法院开庭审理，也很可能影响到其他服刑人员的改造，不利于监管秩序的稳定。

四、基层人民法院一审作出的判决生效后，检察院以量刑畸轻为由提出抗诉，上级法院受理后审查认为，原判确有错误，应启动再审程序对原审被告人判处无期徒刑以上刑罚。此类案件如果提审则会剥夺原审被告人的上诉权，发回重审则有级管辖问题，应如何解决。

对于此类案件，可以由中级人民法院撤销原判后，重新按照第一审程序进行审理，作出的判决、裁定，可以上诉、抗诉。这样做符合《中华人民共和国刑事诉讼法》对于可能判处无期徒刑以上刑罚的普通刑事案件，应由中级人民法院按照第一审程序审理的规定，同时也能够保证原审被告人依法行使上诉权。

对于再审改判为死刑立即执行的案件，今后，应一律报请最高人民法院核准。具体复核工作由最高人民法院审监庭负责。

五、经上级法院立案庭指令下级法院再审的刑事案件，下级法院审监庭在审理中遇有适用法律等问题需向上级法院请示的，应由上级法院哪一个庭负责办理。

上级法院立案庭指令下级法院再审后，案件已进入再审程序，立案庭的审查立案工作已经完结。按照立审分离的原则，上级法院立案庭不再对已进入再审程序案件的实体审理进行指导。进入再审程序的案件，下级法院审监庭在审理中对适用法律等问题确需向上级法院请示的，应由上级法院审监庭负责办理。

上列第一、五条规定的原则，民事再审案件可以参照执行。

最高人民法院关于审理人民检察院按照审判监督程序提出的刑事抗诉案件若干问题的规定

- 2011 年 4 月 18 日最高人民法院审判委员会第 1518 次会议通过
- 2011 年 10 月 14 日最高人民法院公告公布
- 自 2012 年 1 月 1 日起施行
- 法释〔2011〕23 号

为规范人民法院审理人民检察院按照审判监督程序提出的刑事抗诉案件，根据《中华人民共和国刑事诉讼法》及有关规定，结合审判工作实际，制定本规定。

第一条　人民法院收到人民检察院的抗诉书后，应在一个月内立案。经审查，具有下列情形之一的，应当决定退回人民检察院：

（一）不属于本院管辖的；

（二）按照抗诉书提供的住址无法向被提出抗诉的原审被告人送达抗诉书的；

（三）以有新证据为由提出抗诉，抗诉书未附有新的证据目录、证人名单和主要证据复印件或者照片的；

（四）以有新证据为由提出抗诉，但该证据并不是指向原起诉事实的。

人民法院决定退回的刑事抗诉案件，人民检察院经补充相关材料后再次提出抗诉，经审查符合受理条件的，人民法院应当予以受理。

第二条　人民检察院按照审判监督程序提出的刑事抗诉案件，接受抗诉的人民法院应当组成合议庭进行审理。涉及新证据需要指令下级人民法院再审的，接受抗诉的人民法院应当在接受抗诉之日起一个月以内作出决定，并将指令再审决定书送达提出抗诉的人民检察院。

第三条　本规定所指的新证据，是指具有下列情形之一，指向原起诉事实并可能改变原判决、裁定据以定罪量刑的事实的证据：

（一）原判决、裁定生效后新发现的证据；

（二）原判决、裁定生效前已经发现，但由于客观原因未予收集的证据；

（三）原判决、裁定生效前已经收集，但庭审中未予质证、认证的证据；

（四）原生效判决、裁定所依据的鉴定结论、勘验、检查笔录或其他证据被改变或者否定的。

第四条　对于原判决、裁定事实不清或者证据不足的案件，接受抗诉的人民法院进行重新审理后，应当按照下列情形分别处理：

（一）经审理能够查清事实的，应当在查清事实后依法裁判；

（二）经审理仍无法查清事实，证据不足，不能认定原审被告人有罪的，应当判决宣告原审被告人无罪；

（三）经审理发现有新证据且超过刑事诉讼法规定的指令再审期限的，可以裁定撤销原判，发回原审人民法院重新审判。

第五条　对于指令再审的案件，如果原来是第一审案件，接受抗诉的人民法院应当指令第一审人民法院依照第一审程序进行审判，所作的判决、裁定，可以上诉、抗诉；如果原来是第二审案件，接受抗诉的人民法院应当指令第二审人民法院依照第二审程序进行审判，所作的判决、裁定，是终审的判决、裁定。

第六条　在开庭审理前，人民检察院撤回抗诉的，人民法院应当裁定准许。

第七条　在送达抗诉书后被提出抗诉的原审被告人未到案的，人民法院应当裁定中止审理；原审被告人到案后，恢复审理。

第八条　被提出抗诉的原审被告人已经死亡或者在审理过程中死亡的，人民法院应当裁定终止审理，但对能够查清事实，确认原审被告人无罪的案件，应当予以改判。

第九条　人民法院作出裁判后，当庭宣告判决的，应当在五日内将裁判文书送达当事人、法定代理人、诉讼代理人、提出抗诉的人民检察院、辩护人和原审被告人的近亲属；定期宣告判决的，应当在判决宣告后立即将裁判文书送达当事人、法定代理人、诉讼代理人、提出抗诉的人民检察院、辩护人和原审被告人的近亲属。

第十条　以前发布的有关规定与本规定不一致的，以本规定为准。

人民检察院刑事申诉案件公开审查程序规定

- 2012 年 1 月 11 日
- 高检发刑申字〔2012〕1 号

第一章　总　则

第一条　为了进一步深化检务公开，增强办理刑事申诉案件透明度，接受社会监督，保证办案质量，促进社会矛盾化解，维护申诉人的合法权益，提高执法公信力，根据《中华人民共和国刑事诉讼法》、《人民检察院复查刑事申诉案件规定》等有关法律和规定，结合刑事申诉检察工作实际，制定本规定。

第二条　本规定所称公开审查是人民检察院在办理不服检察机关处理决定的刑事申诉案件过程中,根据办案工作需要,采取公开听证以及其他公开形式,依法公正处理案件的活动。

第三条　人民检察院公开审查刑事申诉案件应当遵循下列原则:

(一)依法、公开、公正;

(二)维护当事人合法权益;

(三)维护国家法制权威;

(四)方便申诉人及其他参加人。

第四条　人民检察院公开审查刑事申诉案件包括公开听证、公开示证、公开论证和公开答复等形式。

同一案件可以采用一种公开形式,也可以多种公开形式并用。

第五条　对于案件事实、适用法律存在较大争议,或者有较大社会影响等刑事申诉案件,人民检察院可以适用公开审查程序,但下列情形除外:

(一)案件涉及国家秘密、商业秘密或者个人隐私的;

(二)申诉人不愿意进行公开审查的;

(三)未成年人犯罪的;

(四)具有其他不适合进行公开审查情形的。

第六条　刑事申诉案件公开审查程序应当公开进行,但应当为举报人保密。

第二章　公开审查的参加人员及责任

第七条　公开审查活动由承办案件的人民检察院组织并指定主持人。

第八条　人民检察院进行公开审查活动应当根据案件具体情况,邀请与案件没有利害关系的人大代表、政协委员、人民监督员、特约检察员、专家咨询委员、人民调解员或者申诉人所在单位、居住地的居民委员会、村民委员会人员以及专家、学者等其他社会人士参加。

接受人民检察院邀请参加公开审查活动的人员称为受邀人员,参加听证会的受邀人员称为听证员。

第九条　参加公开审查活动的人员包括:案件承办人、书记员、受邀人员、申诉人及其委托代理人、原案其他当事人及其委托代理人。

经人民检察院许可的其他人员,也可以参加公开审查活动。

第十条　原案承办人或者原复查案件承办人负责阐明原处理决定或者原复查决定认定的事实、证据和法律依据。

复查案件承办人负责阐明复查认定的事实和证据,

并对相关问题进行解释和说明。

书记员负责记录公开审查的全部活动。

根据案件需要可以录音录像。

第十一条　申诉人、原案其他当事人及其委托代理人认为受邀人员与案件有利害关系,可能影响公正处理的,有权申请回避。申请回避的应当说明理由。

受邀人员的回避由分管检察长决定。

第十二条　申诉人、原案其他当事人及其委托代理人可以对原处理决定提出质疑或者维持的意见,可以陈述事实、理由和依据;经主持人许可,可以向案件承办人提问。

第十三条　受邀人员可以向参加公开审查活动的相关人员提问,对案件事实、证据、适用法律及处理发表意见。受邀人员参加公开审查活动应当客观公正。

第三章　公开审查的准备

第十四条　人民检察院征得申诉人同意,可以主动提起公开审查,也可以根据申诉人及其委托代理人的申请,决定进行公开审查。

第十五条　人民检察院拟进行公开审查的,复查案件承办人应当填写《提请公开审查审批表》,经部门负责人审核,报分管检察长批准。

第十六条　公开审查活动应当在人民检察院进行。为了方便申诉人及其他参加人,也可以在人民检察院指定的场所进行。

第十七条　进行公开审查活动前,应当做好下列准备工作:

(一)确定参加公开审查活动的受邀人员,将公开审查举行的时间、地点以及案件基本情况,在活动举行七日之前告知受邀人员,并为其熟悉案情提供便利。

(二)将公开审查举行的时间、地点和受邀人员在活动举行七日之前通知申诉人及其他参加人。

对未委托代理人的申诉人,告知其可以委托代理人。

(三)通知原案承办人或者原复查案件承办人,并为其重新熟悉案情提供便利。

(四)制定公开审查方案。

第四章　公开审查的程序

第十八条　人民检察院对于下列刑事申诉案件可以召开听证会,对涉案事实和证据进行公开陈述、示证和辩论,充分听取听证员的意见,依法公正处理案件:

(一)案情重大复杂疑难的;

(二)采用其他公开审查形式难以解决的;

（三）其他有必要召开听证会的。

第十九条　听证会应当在刑事申诉案件立案后、复查决定作出前举行。

第二十条　听证会应当邀请听证员，参加听证会的听证员为三人以上的单数。

第二十一条　听证会应当按照下列程序举行：

（一）主持人宣布听证会开始；宣布听证员和其他参加人员名单、申诉人及其委托代理人享有的权利和承担的义务、听证会纪律。

（二）主持人介绍案件基本情况以及听证会的议题。

（三）申诉人、原案其他当事人及其委托代理人陈述事实、理由和依据。

（四）原案承办人、原复查案件承办人阐述原处理决定、原复查决定认定的事实和法律依据，并出示相关证据。复查案件承办人出示补充调查获取的相关证据。

（五）申诉人、原案其他当事人及其委托代理人与案件承办人经主持人许可，可以相互发问或者作补充发言。对有争议的问题，可以进行辩论。

（六）听证员可以向案件承办人、申诉人、原案其他当事人提问，就案件的事实和证据发表意见。

（七）主持人宣布休会，听证员对案件进行评议。

听证员根据听证的事实、证据，发表对案件的处理意见并进行表决，形成听证评议意见。听证评议意见应当是听证员多数人的意见。

（八）由听证员代表宣布听证评议意见。

（九）申诉人、原案其他当事人及其委托代理人最后陈述意见。

（十）主持人宣布听证会结束。

第二十二条　听证记录经参加听证会的人员审阅后分别签名或者盖章。听证记录应当附卷。

第二十三条　复查案件承办人应当根据已经查明的案件事实和证据，结合听证评议意见，依法提出对案件的处理意见。经部门集体讨论，负责人审核后，报分管检察长决定。案件的处理意见与听证评议意见不一致时，应当提交检察委员会讨论。

第二十四条　人民检察院采取除公开听证以外的公开示证、公开论证和公开答复等形式公开审查刑事申诉案件的，可以参照公开听证的程序进行。

采取其他形式公开审查刑事申诉案件的，可以根据案件具体情况，简化程序，注重实效。

第二十五条　申诉人对案件事实和证据存在重大误解的刑事申诉案件，人民检察院可以进行公开示证，通过展示相关证据，消除申诉人的疑虑。

第二十六条　适用法律有争议的疑难刑事申诉案件，人民检察院可以进行公开论证，解决相关争议，以正确适用法律。

第二十七条　刑事申诉案件作出决定后，人民检察院可以进行公开答复，做好解释、说明和教育工作，预防和化解社会矛盾。

第五章　其他规定

第二十八条　公开审查刑事申诉案件应当在规定的办案期限内进行。

第二十九条　在公开审查刑事申诉案件过程中，出现致使公开审查无法进行的情形的，可以中止公开审查。

中止公开审查的原因消失后，人民检察院可以根据案件情况决定是否恢复公开审查活动。

第三十条　根据《人民检察院办理不起诉案件公开审查规则》举行过公开审查的，同一案件复查申诉时可以不再举行公开听证。

第三十一条　根据《人民检察院信访工作规定》举行过信访听证的，同一案件复查申诉时可以不再举行公开听证。

第三十二条　本规定下列用语的含意是：

（一）申诉人，是指当事人及其法定代理人、近亲属中提出申诉的人。

（二）原案其他当事人，是指原案中除申诉人以外的其他当事人。

（三）案件承办人包括原案承办人、原复查案件承办人和复查案件承办人。原案承办人，是指作出诉讼终结决定的案件承办人；原复查案件承办人，是指作出原复查决定的案件承办人；复查案件承办人，是指正在复查的案件承办人。

第六章　附　则

第三十三条　本规定自发布之日起施行，2000年5月24日发布的《人民检察院刑事申诉案件公开审查程序规定（试行）》同时废止。

第三十四条　本规定由最高人民检察院负责解释。

人民检察院审查案件听证工作规定

·2020年10月20日

第一章　总　则

第一条　为深化履行法律监督职责，进一步加强和规范人民检察院以听证方式审查案件工作，切实促进司法公开，保障司法公正，提升司法公信，落实普法责任，促进矛盾化解，根据《中华人民共和国人民检察院组织法》等法律规定，结合检察工作实际，制定本规定。

第二条　本规定中的听证，是指人民检察院对于符合条件的案件，组织召开听证会，就事实认定、法律适用和案件处理等问题听取听证员和其他参加人意见的案件审查活动。

第三条　人民检察院以听证方式审查案件，应当秉持客观公正立场，以事实为根据，以法律为准绳，做到依法独立行使检察权与保障人民群众的知情权、参与权和监督权相结合。

第四条　人民检察院办理羁押必要性审查案件、拟不起诉案件、刑事申诉案件、民事诉讼监督案件、行政诉讼监督案件、公益诉讼案件等，在事实认定、法律适用、案件处理等方面存在较大争议，或者有重大社会影响，需要当面听取当事人和其他相关人员意见的，经检察长批准，可以召开听证会。

人民检察院办理审查逮捕案件，需要核实评估犯罪嫌疑人是否具有社会危险性、是否具有社会帮教条件的，可以召开听证会。

第五条　拟不起诉案件、刑事申诉案件、民事诉讼监督案件、行政诉讼监督案件、公益诉讼案件的听证会一般公开举行。

审查逮捕案件、羁押必要性审查案件以及当事人是未成年人案件的听证会一般不公开举行。

第二章　听证会参加人

第六条　人民检察院应当根据案件具体情况，确定听证会参加人。听证会参加人除听证员外，可以包括案件当事人及其法定代理人、诉讼代理人、辩护人、第三人、相关办案人员、证人和鉴定人以及其他相关人员。

第七条　人民检察院可以邀请与案件没有利害关系并同时具备下列条件的社会人士作为听证员：

（一）年满二十三周岁的中国公民；

（二）拥护中华人民共和国宪法和法律；

（三）遵纪守法、品行良好、公道正派；

（四）具有正常履行职责的身体条件。

有下列情形之一的，不得担任听证员：

（一）受过刑事处罚的；

（二）被开除公职的；

（三）被吊销律师、公证员执业证书的；

（四）其他有严重违法违纪行为，可能影响司法公正的。

参加听证会的听证员一般为三至七人。

第八条　人民检察院可以邀请人民监督员参加听证会，依照有关规定接受人民监督员监督。

第三章　听证会程序

第九条　人民检察院可以根据案件办理需要，决定召开听证会。当事人及其辩护人、代理人向审查案件的人民检察院申请召开听证会的，人民检察院应当及时作出决定，告知申请人。不同意召开听证会的，应当向申请人说明理由。

第十条　人民检察院决定召开听证会的，应当做好以下准备工作：

（一）制定听证方案，确定听证会参加人；

（二）在听证三日前告知听证会参加人案由、听证时间和地点；

（三）告知当事人主持听证会的检察官及听证员的姓名、身份；

（四）公开听证的，发布听证会公告。

第十一条　听证员确定后，人民检察院应当向听证员介绍案件情况、需要听证的问题和相关法律规定。

第十二条　听证会一般在人民检察院检察听证室举行。有特殊情形的，经检察长批准也可以在其他场所举行。

听证会席位设置按照有关规定执行。

第十三条　听证会一般由承办案件的检察官或者办案组的主办检察官主持。

检察长或者业务机构负责人承办案件的，应当担任主持人。

第十四条　听证会开始前，人民检察院应当确认听证员、当事人和其他参加人是否到场，宣布听证会的程序和纪律。

第十五条　听证会一般按照下列步骤进行：

（一）承办案件的检察官介绍案件情况和需要听证的问题；

（二）当事人及其他参加人就需要听证的问题分别说明情况；

（三）听证员向当事人或者其他参加人提问；

（四）主持人宣布休会，听证员就听证事项进行讨论；

（五）主持人宣布复会，根据案件情况，可以由听证员或者听证员代表发表意见；

（六）当事人发表最后陈述意见；

（七）主持人对听证会进行总结。

第十六条　听证员的意见是人民检察院依法处理案

件的重要参考。拟不采纳听证员多数意见的,应当向检察长报告并获同意后作出决定。

第十七条　人民检察院充分听取各方意见后,根据已经查明的事实、证据和有关法律规定,能够当场作出决定的,应当由听证会主持人当场宣布决定并说明理由;不能当场作出决定的,应当在听证会后依法作出决定,向当事人宣告、送达,并将作出的决定和理由告知听证员。

第十八条　听证过程应当由书记员制作笔录,并全程录音录像。

听证笔录由听证会主持人、承办检察官、听证会参加人和记录人签名或者盖章。笔录应当归入案件卷宗。

第十九条　公开听证的案件,公民可以申请旁听,人民检察院可以邀请媒体旁听。经检察长批准,人民检察院可以通过中国检察听证网和其他公共媒体,对听证会进行图文、音频、视频直播或者录播。

公开听证直播、录播涉及的相关技术和工作规范,依照有关规定执行。

第二十条　听证的期间计入办案期限。

第四章　附　则

第二十一条　人民检察院听证活动经费按照人民检察院财务管理办法有关规定执行,不得向当事人收取费用。

第二十二条　参加不公开听证的人员应当严格遵守有关保密规定。

故意或者过失泄露国家秘密、商业秘密或者办案秘密的,依纪依法追究责任人员的纪律责任和法律责任。

第二十三条　本规定自公布之日起施行。

最高人民检察院以前发布的相关规范性文件与本规定不一致的,以本规定为准。

・指导案例

1. 陈某某刑事申诉公开听证案①

【关键词】

刑事申诉　大检察官主持听证　刑民交叉　释法说理　矛盾化解　应听证尽听证

【要旨】

检察机关办理疑难复杂和争议较大的刑事案件应当坚持"应听证尽听证",做到厘清案情、释明法理、化解矛盾、案结事了。刑事申诉案件公开听证,重在释法说理,解开"心结",引导当事人理解、认同人民检察院依法作出的处理决定。主办检察官主持听证,能当场作出决定的,可当场宣布处理决定并阐明理由。在听证员评议时,主办检察官可结合听证情况分别与双方当事人进一步沟通交流,做针对性更强、更为具体的矛盾化解和释法说理工作。听证员评议意见是人民检察院作出决定的重要参考,检察机关要保障听证员独立和充分发表意见。

【基本案情】

申诉人陈某某,系王某某、吕某某涉嫌合同诈骗案的被害人。

2010年至2013年,福建省某铝业有限公司(以下简称铝业公司)连续三年为福建省某塑胶制造有限公司(以下简称塑胶公司)向中国光大银行股份有限公司泉州分行(以下简称泉州分行)贷款提供担保,塑胶公司均按期还贷。2014年4月10日,塑胶公司与泉州分行签订有效期一年、最高授信额度2000万元的《综合授信协议》。铝业公司及王某某、吕某某(均为铝业公司股东)为塑胶公司提供最高额保证,保证期为塑胶公司履行债务期限届满之日起两年。在最高授信额度有效使用期限届满前二日,即2015年4月8日,塑胶公司利用南安市政府转贷"过桥"资金归还上述2000万元贷款,并于当日续贷2000万元,贷款期限至2015年10月6日。

2014年4月至2015年5月,陈某某得知铝业公司欲转让,遂多次到铝业公司实地考察。2015年5月12日,铝业公司股东王某某、吕某某与陈某某签订《股权转让协议书》,约定将铝业公司100%股权以1400万元转让给陈某某,并出具《保证书》,承诺铝业公司股权转让前对外不存在任何债务纠纷,股权转让后若铝业公司被第三方追讨债务,保证人愿意承担一切保证责任,所有债务及造成铝业公司或陈某某的损失,均由保证人承担。铝业公司总经理陈某钊作为该保证书的担保人。另约定,陈某某支付铝业公司库存材料款1400万元,其中1000万元直接由陈某某代偿铝业公司贷款。股权转让协议签订后,陈某某先后向铝业公司账户转款1000万元,向吕某某转款1800万元。

2015年10月6日,塑胶公司2000万元贷款到期后未

---

①　案例来源:2022年7月21日最高人民检察院检例第158号。

能如期归还贷款及利息。2016 年 1 月 7 日，泉州分行向泉州市丰泽区人民法院提起诉讼，要求塑胶公司和担保人铝业公司及股东王某某、吕某某归还贷款本息。2016 年 12 月 12 日，泉州市丰泽区人民法院判决铝业公司和王某某、吕某某对塑胶公司 2000 万元贷款本息承担连带担保责任。

因铝业公司被诉，陈某某于 2016 年 2 月 5 日以王某某、吕某某涉嫌合同诈骗罪向连城县公安局报案，连城县公安局遂立案侦查。同年 5 月 2 日，陈某某又向泉州市中级人民法院提起撤销股权转让协议之诉，要求王某某、吕某某返还 1400 万元股权转让款。

2017 年 4 月 24 日，连城县公安局以王某某、吕某某涉嫌合同诈骗罪移送连城县人民检察院审查起诉。同年 11 月 3 日，泉州市中级人民法院审理认为，陈某某因王某某、吕某某涉嫌合同诈骗一案已向连城县公安局提出控告，相关司法机关作为刑事案件受理并进入审查起诉阶段，故裁定予以驳回。陈某某不服，上诉至福建省高级人民法院。

2018 年 4 月 3 日，连城县人民检察院以事实不清、证据不足为由对王某某、吕某某作出不起诉决定。同年 7 月 23 日，福建省高级人民法院作出裁定，鉴于连城县人民检察院已经作出不起诉决定，针对王某某、吕某某的刑事程序已经终结，遂指令泉州市中级人民法院审理陈某某诉王某某、吕某某等人股权转让合同纠纷一案。

2018 年 12 月 3 日，泉州市中级人民法院审理认为，王某某、吕某某等人未如实告知陈某某铝业公司的担保事实，隐瞒真实情况，构成欺诈，判决撤销《股权转让协议书》，王某某、吕某某返还陈某某股权转让款 1400 万元，陈某钊对上述款项承担连带清偿责任。陈某钊不服，提出上诉。2019 年 9 月 26 日，福建省高级人民法院裁定驳回上诉，维持原判。后陈某某申请执行，因被执行人王某某、吕某某、陈某钊暂无可供执行的财产，泉州市中级人民法院裁定终结该次执行程序。

陈某某不服连城县人民检察院以事实不清、证据不足为由对王某某、吕某某涉嫌合同诈骗作出的不起诉决定，提出申诉。龙岩市人民检察院经复查，维持原不起诉决定。福建省人民检察院审查认为申诉人陈某某的申诉理由不成立，不予立案复查。申诉人陈某某仍不服，以被不起诉人王某某、吕某某的行为构成合同诈骗罪，应当追究二人的刑事责任为由，向最高人民检察院提出申诉。

【检察听证过程】

听证前准备。最高人民检察院依法受理后，根据"群众信访件件有回复"工作制度，于七日内回复申诉人陈某某受理情况，并经初步审查，认为本案系民营企业之间股权转让纠纷引发，刑事和民事法律关系交织，疑难复杂，属于检察机关办理的涉嫌经济犯罪以事实不清、证据不足作出不起诉决定的典型案件。为依法妥善处理此案，最高人民检察院成立了以大检察官担任主办检察官的办案组，研究制定工作预案，调阅全案卷宗，全面梳理刑事、民事各诉讼阶段的事实证据、法律适用和争议焦点，制作案发前后涉案贷款担保明细和资金交易去向图表，参考专家学者的理论观点和司法实务案例，深入分析涉案行为性质，厘清民事欺诈行为与合同诈骗罪的界限，提出依法解决路径。办案组检察官两次赴案发地，了解案发背景、涉案企业经营状况，当面听取申诉人陈某某的申诉理由和请求，核实被不起诉人王某某、吕某某及家族企业经营情况，通过当地工商联与涉案企业原法定代表人（被不起诉人亲属）联系，走访相关人民法院等。经研判认为此类案件在检察机关办理的以证据不足不予起诉涉嫌经济犯罪案件中较为典型，为全面查证案情，释法说理，维护申诉人、原案被不起诉人合法权益，增强办理刑事申诉案件透明度，促进社会矛盾化解，经征得申诉人、被不起诉人同意，办案组决定召开听证会，公开审查此案。

公开听证。听证会于 2020 年 10 月 22 日在福建省人民检察院检察听证室举行，由最高人民检察院大检察官作为办案组主办检察官主持。申诉人陈某某，被不起诉人吕某某（被不起诉人王某某因病无法参加）及其代理律师张某某，四级检察院承办检察官，全国人大代表、法学专家以及最高人民检察院指定的人民监督员等五名听证员参加听证，被不起诉人亲属、当地民营企业家代表等现场旁听。

围绕被不起诉人吕某某、王某某的行为是否构成合同诈骗罪这一争议焦点，办案组充分听取各方意见。原案承办检察官阐述了民事欺诈行为与合同诈骗罪在主观故意、行为目的等方面的区别，逐一展示证人证言、书证等在案证据，围绕现有证据不足以证实被不起诉人吕某某、王某某存在故意转嫁担保责任等问题，详细说明了检察机关作出不起诉决定及审查维持不起诉决定的理由和依据。申诉人陈某某充分陈述了申诉理由和请求，认为被不起诉人吕某某、王某某在转让公司股权时隐瞒负有担保责任的行为，给其造成了巨大损失，已构成合同诈骗罪，要求检察机关追究被不起诉人吕某某、王某某的刑事责任。当主办检察官询问申诉人陈某某在受让铝业公司股份前是否做了尽职调查时，申诉人陈某某承认未做尽职调查，表示如果再有同样情形绝不会轻易签合同。被不起诉人吕某某、王某某则表示其在转让铝业公司股份前并不知道塑胶公司资金链断裂以及续贷等情况，造成现在的结果并非其本意。因为其未能执行民事判决，已被法院列入失信被执行人名单,企业生产、个人生活均受到很大影响,愿意与申诉人陈某某和解,尽早脱困。

听证员分别向双方当事人和原案承办检察官提问。有听证员提出股权转让协议签订时铝业公司已经在为塑胶公司提供担保,而铝业公司最终因担保问题不能正常经营,且吕某某存在恶意取现转让资金行为,主观上是否具有非法占有目的的问题。原案承办检察官回应,铝业公司自2010年至2013年连续四年先后八次为塑胶公司提供合计1亿元贷款的担保,塑胶公司均如期如数归还贷款,均未产生担保之债。铝业公司股权转让磋商、协议签订过程持续一年之久,陈某某实地考察和当面洽谈后,委托其妻子公司的法律顾问起草《股权转让协议书》《保证书》,由王某某、吕某某签字后生效。现无证据证实王某某、吕某某在签订股权转让时即明知塑胶公司资金链断裂,必将产生担保之债,恶意将债务转嫁给陈某某。在担保之债产生后,陈某某无法向银行贷款,经营困难时,吕某某还给予协助,积极帮助其渡过难关。从双方股权转让过程看,不存在明显不正常交易情形,没有证据证明王某某、吕某某具有非法占有的预谋。针对股权转让款去向问题,原案承办检察官再次展示了证人证言,其中吕某某到案后有过数次供述,其供述与证人黄某春、黄某电的证言能相互印证,即吕某某取得1400万元股权转让款后交由黄某春,用以偿还其先前购买铝业公司股权时向黄某电的借款。原案承办检察官通过详细客观的证据,再现了案发前后细节,充分回应了听证员的疑问。

听证员提问后,主办检察官宣布休会,由听证员对本案进行讨论评议。一名听证员认为,王某某、吕某某未如实告知陈某某铝业公司的担保事实,隐瞒真实情况,获取股权转让款予以转移,具有非法占有的目的,构成合同诈骗罪,应予追究其刑事责任。但多数听证员认为本案事实不清,证据存在短缺,是一件疑罪案件,检察机关按照疑罪从无的原则作出证据不足不起诉的决定是适当的。建议检察机关加强对民营企业的依法均衡保护,为涉案企业解决实际问题,及时修复破损的社会关系。同时,期待被不起诉人吕某某、王某某积极履行法院民事裁判,实现和解。

听证员评议期间,主办检察官结合听证情况,分别与申诉人和被不起诉人及代理律师、亲属交谈,进一步有针对性地释法说理,充分阐释了妥处本案、及时化解矛盾纠纷,使双方当事人回归正常生产生活的重要性,对双方当事人进行了矛盾调处和化解工作。指出被不起诉人及其亲属应当真诚、全力执行法院判决,早日从失信被执行人名单中解脱,恢复正常的生产生活。同时,向申诉人进一步解释检察机关作出不起诉决定的事实、证据和法律依

据,并希望申诉人吸取教训,今后在签订合同前做好尽职调查,避免不必要的损失。申诉人和被不起诉人及代理律师、亲属均明确表示愿意接受最高人民检察院将作出的处理决定。

主办检察官宣布复会后,听证员代表发表了多数听证员的意见。结合听证意见,办案组讨论认为,王某某、吕某某确有隐瞒铝业公司负有担保责任的欺诈行为,但从签订、履行股权转让协议整个过程及客观行为分析判断,现有证据既不足以证实王某某、吕某某在签订股权转让协议时具有非法占有1400万元股权转让款的主观故意,也不足以证实王某某、吕某某在签订股权转让协议后实施了故意隐匿财产的行为,连城县人民检察院对王某某、吕某某作出的不起诉决定,并无不当,应予维持。理由如下:

一、现有证据不足以证实王某某、吕某某于2015年5月12日与申诉人陈某某签订股权转让协议时具有非法占有1400万元转让款的故意。经查,铝业公司转让磋商、协议签订过程持续一年之久,陈某某自愿实地考察和当面洽谈,并委托其妻公司法律顾问起草《股权转让协议书》《保证书》,最终由王某某、吕某某签字后生效。从双方合同协商、订立的过程看,不存在明显不正常交易情形,没有证据证明王某某、吕某某具有非法占有的预谋。按照一般交易习惯,受让方在订立合同和收购过程中应当对目标企业做尽职调查,但本案申诉人陈某某在签订股权转让协议过程中未做尽职调查。

二、现有证据不足以证实王某某、吕某某在签订股权转让协议时存在转嫁铝业公司担保责任的故意。申诉人陈某某称,王某某、吕某某在明知自身无财产可供偿债的情况下,在签订股权转让协议时以保证书形式承诺铝业公司股权转让前不存在任何债务纠纷,并承诺承担保证责任,属于故意隐瞒并转嫁担保责任。在案证据及公开听证情况表明,王某某、吕某某确有隐瞒铝业公司负有担保责任的欺诈行为,但这一行为并不必然构成刑法意义上的合同诈骗犯罪。本案中,从塑胶公司在泉州分行2010年至2013年贷款情况看,铝业公司连续三年先后八次为塑胶公司提供合计1亿元贷款的担保,塑胶公司均如期如数归还贷款,均未产生担保之债。认定王某某、吕某某二人是否存在故意转嫁铝业公司担保责任的故意,应当首先判断王某某、吕某某是否明知塑胶公司资金链断裂,必将产生担保之债,以及塑胶公司已经严重资不抵债。现有证据不能证实王某某、吕某某明知塑胶公司在最高授信额度有效使用期届满前二日续贷及还贷不能情况,故不能形成认定王某某、吕某某故意转嫁担保责任的证据链。

三、现有证据不足以证实王某某、吕某某在合同履行

完毕后实施了故意隐匿财产的行为。经查，双方签订股权转让协议后，即开始履行合同约定的主要义务：陈某某积极履行支付义务，王某某、吕某某委托陈某钊协助陈某某办理资产清算、过户等手续；在陈某某无法贷款时，吕某、陈某钊还给予协助。关于申诉人提出的支付履约现金去向问题，吕某到案后有过数次供述，后期供述与证人黄某春、黄某电的证言能相互印证，即吕某某取出现金交由黄某春，用以偿还其先行购买铝业公司时向黄某电的借款。由此不能得出吕某故意隐匿转让款的结论。

四、铝业公司转让申诉人陈某某前的实际控制人存疑。申诉人称，铝业公司以福建省闽发铝业股份有限公司（以下简称闽发铝业）为背景，铝业公司与闽发铝业存在关联。在案证据显示，铝业公司系家族企业，自 2001 年成立后至 2011 年期间共有三次股权变更，均系在亲属间流转，无现金交易记录；塑胶公司法定代表人陈某华等人证言证实，在铝业公司为塑胶公司提供担保、铝业公司股权转让谈判和协议签订等重大事项中，黄某电均不同程度地参与甚至起决策作用，且黄某电是铝业公司在泉州分行业务的指定联系人。作为商事合同，转让方在履约过程中存在欺诈行为，但有证据指向并归责一定实力的合同标的实际所有人，往往不必然导致受让方财产灭失，故难以认定王某某、吕某某具有诈骗犯罪的主观故意。

五、从法律后果看，担保责任一方提供担保并不必然导致担保人财产损失。本案中，铝业公司为塑胶公司向银行贷款提供担保，在签订公司股权转让协议时该担保只是一种"或然债务"，并不必然发生担保债务。虽然之后塑胶公司被法院判决返还银行欠款，铝业公司需承担连带保证责任，但从发生担保之债时企业经营情况看，塑胶公司在正常经营，铝业公司并不必然要实际履行担保债务，或履行该担保债务后无法向主债务人追偿，即铝业公司为塑胶公司提供担保并不必然导致铝业公司受让人陈某某财产损失。

主办检察官当场宣布了审查结论，申诉人陈某某表示无不同意见，被不起诉人吕某某及代理律师张某某明确表示，将尽快以实际行动与申诉人就民事判决的执行达成和解。

后续工作。听证会后，最高人民检察院办案组指导福建省检察机关继续做好案件后续工作。福建省三级检察院积极落实听证会对本案的处理决定，督促被不起诉人王某某、吕某某尽快履行福建省高级人民法院生效民事判决，为申诉人挽回经济损失。2020 年 11 月 2 日，双方当事人自愿签署了《执行和解协议》，由被不起诉人王某某、吕某某以 1200 万元收回涉案企业铝业公司。2021 年 3 月 10 日，《执行和解协议》履行完毕。

【指导意义】

（一）办理疑难复杂和争议较大的刑事案件应当坚持"应听证尽听证"，保障司法公正，提升司法公信，促进矛盾化解。检察听证既是深化案件审查、查明案件事实的有效方式，又是做好释法说理、矛盾化解工作的客观需要。检察机关受理、自办疑难复杂、争议较大的刑民交叉案件，应当以听证方式审查，依法准确定性处理。对于拟依法作出不批准逮捕或者不起诉决定的刑事案件，当事人矛盾冲突尖锐，或者属有影响性案件的，检察机关应当组织召开听证会，就事实认定、证据采信、法律适用和案件处理等听取当事人、听证员及其他参加人的意见。对于诉求强烈、矛盾突出的刑事申诉案件，检察机关也应当通过听证方式当面听取申诉人和其他相关人员意见，充分释法说理，达到消除疑虑、增进理解、化解矛盾、促进案结事了的目的。

（二）各级人民检察院检察长、副检察长应当直接主持重大疑难复杂刑事申诉案件的检察听证。检察长、副检察长主持听证，要在全面阅卷、掌握案情和申诉争议焦点的基础上，结合听证过程，有针对性地做好矛盾化解工作。特别是在听证员进行评议的暂时休会期间，要不失时机地结合听证情况，分别与当事人进一步沟通交流，从人民检察院拟作出决定考虑，做更为具体的矛盾化解和释法说理工作，为当事人理解、接受将要作出的处理决定奠定基础。

（三）要充分尊重听证员的独立评议地位，听证员评议意见是人民检察院作出决定的重要参考。听证员受邀参加听证，其职责主要是听取当事人、案件承办人及其他参加人就案件争议焦点等问题作出陈述和说明，独立进行评议，并发表评议意见。要保障所有听证员独立和充分发表意见。评议完毕，可以推举一名听证员代表全体听证员发表意见。听证员之间有意见分歧的，听证员代表阐述完多数听证员共同意见后，也要对少数听证员的不同意见予以适当表述。听证员的意见应当作为人民检察院依法处理案件的重要参考，拟不采纳听证员多数意见的，应当层报检察长作出决定。

【相关规定】

《中华人民共和国刑事诉讼法》（2012 年 3 月 14 日修正）第一百七十一条第四款、第一百七十六条（现为 2018 年 10 月 26 日修正后的第一百七十五条第四款、第一百八十条）

《人民检察院刑事诉讼规则（试行）》（2013 年 1 月 1 日施行）第四百零三条、第四百零四条、第四百一十三条、第四百一十七条（现为 2019 年 12 月 30 日施行的《人民检察院刑事诉讼规则》第三百六十七条、第三百六十八条、第三百七十七条、第三百八十一条）

《人民检察院办理刑事申诉案件规定》(2020 年 9 月 22 日施行)第十八条、第五十七条

《人民检察院审查案件听证工作规定》(2020 年 9 月 14 日施行)第四条、第十三条、第十七条

2. 吴某某、杨某某刑事申诉公开听证案①

【关键词】

刑事申诉　刑事责任年龄　附带民事诉讼执行监督　司法救助　反向审视

【要旨】

对于因司法机关依法改变原处理决定,但未对当事人释法说理引起刑事申诉的,检察机关应当充分做好释法说理,必要时组织检察听证,弥补原案办理中的缺陷,促进案结事了。要认真做好检察听证前的准备工作。出现申诉人不信任、不配合等抵触情形的,要做好情绪疏导工作,必要时争取当地有关部门支持配合,共同解开"心结",确保听证顺利举行。办案过程中发现申诉人因案致困,符合司法救助条件的,应当及时给予救助帮扶。对于反向审视发现的原案办理中履职不到位或者不规范司法等问题,应当促使相关检察机关提出切实可行的整改措施,进一步规范司法行为,提升案件办理质效。

【基本案情】

申诉人吴某某、杨某某,系吴某坚抢劫案被害人吴某辉的近亲属。

2008 年 1 月 28 日 12 时许,原审被告人吴某坚携带匕首在广西壮族自治区平南县大将客运中心乘坐被害人吴某辉的二轮摩托车,谎称去平南县官成镇横岭村。当摩托车行驶至平金公路转入横岭村的村级道路时,吴某坚用匕首连续捅刺吴某辉数刀。随后,吴某坚搜吴某辉的身体,抢走吴某辉的诺基亚牌手机 1 部、现金 2 元,并抢走吴某辉的二轮摩托车,逃离现场。经法医鉴定,吴某辉系颈动脉离断大出血死亡。2008 年 10 月 17 日,贵港市人民检察院以吴某坚涉嫌抢劫罪向贵港市中级人民法院提起公诉。2009 年 8 月 20 日,贵港市中级人民法院以吴某坚犯抢劫罪,判处其有期徒刑十五年。吴某坚以其犯罪时不满 14 周岁为由提出上诉。2010 年 7 月 30 日,广西壮族自治区高级人民法院以原判认定事实不清、证据不足为由,裁定撤销原判,发回重审。同年 12 月 28 日,贵港市人民检察院以事实、证据有变化为由向贵港市中级人民法院申请撤回起诉,退回公安机关补充侦查。同年 12 月 31 日,贵港

市中级人民法院裁定准许撤回起诉。2012 年 1 月 19 日,贵港市中级人民法院经审理由吴某某、杨某某提起的附带民事诉讼,判决赔偿被告人吴某某、杨某某经济损失 141075 元。吴某某、杨某某不服,提出上诉。2012 年 5 月 4 日,广西壮族自治区高级人民法院裁定驳回上诉,维持原判。吴某某、杨某某仍不服,以原审被告人吴某坚案发时已年满 14 周岁,构成抢劫罪为由,提出申诉。广西壮族自治区人民检察院审查认为申诉人的申诉理由不成立,审查结案。申诉人仍不服,向最高人民检察院提出申诉。

【检察听证过程】

听证前准备。经初步审查,本案是否为未成年人作案,存在罪与非罪的重大争议。案件办理过程中未向申诉人充分释法说理,检察机关撤回起诉并退回公安机关补充侦查后长期"挂案",原审被告人未赔礼道歉、未充分履行民事赔偿义务,申诉人生活非常困难,未能及时获得司法救助,导致申诉人长年信访申诉,不接受司法机关作出的决定。最高人民检察院组成由大检察官为主办检察官的办案组,认真审查申诉材料,调阅了原案全部卷宗,核实相关证据,听取原案承办人意见,围绕案件争议焦点即原审被告人吴某坚作案时是否年满 14 周岁进行重点调查核实。鉴于本案疑难复杂,办案组决定召开听证会,公开审查此案。

听证会前,办案组检察官两赴案发地,当面听取申诉人意见,实地了解申诉人家庭情况,耐心引导申诉人依法理性维权。在听证会前一天,申诉人突然提出不参加听证会,办案组及时协调当地检察机关和政府部门共同对申诉人开展心理疏导,确保听证会如期召开。针对原审被告人吴某坚案发后未被教育惩戒,未认错悔过等情形,办案组要求当地检察机关找到已经成家立业的吴某坚,对其进行严肃批评教育,吴某坚表示认错悔过,将尽自己所能赔偿被害人经济损失。

公开听证。2021 年 6 月 18 日,吴某某、杨某某刑事申诉案公开听证会在广西壮族自治区贵港市人民检察院检察听证室举行,办案组主办检察官主持听证会。申诉人及其委托代理人充分阐述申诉理由,原案一审公诉人就审查起诉情况、二审承办检察官就建议法院发回重审情况、二审主审法官就法院决定发回重审情况、重审案件公诉人就发回重审后检察机关撤回起诉情况、广西壮族自治区人民检察院办理申诉案件的检察官就申诉案件审查情况等详尽阐述和举证、示证,认真回应申诉人的诉求,并围绕争议

---

① 案例来源:2022 年 7 月 21 日最高人民检察院检例第 159 号。

焦点逐一释法说理。

听证会上，办案组检察官就吴某坚作案时是否年满 14 周岁，存在两组证据的情况向申诉人充分予以展示。一组认定吴某坚出生于 1993 年 6 月 24 日（农历端午节），作案时已年满 14 周岁的证据，有吴某坚的供述、嫌疑人信息登记表、在校学生名册、学籍卡、相关证人证言和公安部骨龄鉴定意见等。吴某坚供述系听其母亲讲出生于农历 1993 年 5 月 5 日，但该供述与其母亲的证言相矛盾；嫌疑人信息登记表所载吴某坚出生时间，为犯罪嫌疑人自述时间；在校学生名册、学籍卡所记载吴某坚的出生时间亦为其本人自行填报；一些证人证言表示，不知道吴某坚的具体出生日期；公安部骨龄鉴定意见证实吴某坚年龄为 17±1 岁，即使采信该骨龄鉴定意见认定吴某坚作案时 16 周岁，也与其他证据证实吴某坚作案时不满 15 周岁有较大差距。另一组证实吴某坚出生于 1994 年 6 月 13 日（农历端午节），作案时未满 14 周岁的证据，有证人柯某某（接生吴某坚的人）、王某、吴某成等人证言以及《未落实常住人口登记表》、水文资料等。其中，柯某某证言证实吴某坚是其唯一接生的孩子，因此印象深刻。之所以记得吴某坚出生于 1994 年，是因为当年是其嫁到江口镇以来洪水最大的一年，家里的房子都被洪水冲塌了。贵港市防汛办《贵港市浔江、郁江历次洪水记录》证实，1994 年 7 月该市贵港站经历新中国成立后第一大洪水，该书证与柯某某的证言能够相互印证；证人王某证言证实，其与吴某坚之母同年怀孕，且在吴某坚出生三四个月后其子于 1994 年 10 月出生；证人吴某成证言证实，之所以记得其子与吴某坚同岁（1994 年出生）是因为"我们同祠堂，得男丁的要在清明节的时候抓阉鸡拜祖，所以记得很清楚"；《未落实常住人口登记表》证实，2007 年 12 月人口普查时吴某坚登记出生日期为 1994 年。

五名听证员在充分听取案件事实和证据的基础上，经认真评议，形成听证意见，一致认为本案现有证据不足以证实原审被告人吴某坚作案时已满 14 周岁，骨龄鉴定意见也未能准确确定案发时吴某坚的真实年龄，而吴某坚在作案时的真实年龄是其应否承担刑事责任的关键，因此不能简单依骨龄鉴定意见认定，而应结合全案证据综合认定。故认定原审被告人吴某坚作案时已满 14 周岁的证据不足，检察机关撤回起诉并退回公安机关补充侦查的处理决定并无不当。鉴于被害人吴某辉死亡后，其妻子外出打工，下落不明；申诉人吴某某、杨某某以及被害人吴某辉的儿子吴某林祖孙三人目前仅靠每月 870 元左右的低保和养老金维持生活，无其他经济收入，加上申诉人吴某某、杨某某体弱多病，吴某林目前就读初中，尚未成年，祖孙三人

的生活极为困难，符合国家司法救助条件，建议检察机关给予其国家司法救助。

办案组在全面审查案件的基础上，参考听证意见，在听证会上向申诉人说明，由于原审被告人吴某坚未在医院出生，没有出生证明，出生时其父母未向户籍管理部门申报户口，吴某坚的出生年龄无法通过出生证明、户籍证明等材料证实，根据《最高人民法院关于审理未成年人刑事案件具体应用法律若干问题的解释》第四条第一款"对于没有充分证据证明被告人实施被指控的犯罪时已经达到法定刑事责任年龄且确实无法查明的，应当推定其没有达到相应法定刑事责任年龄"的规定，推定吴某坚犯罪时未达到法定刑事责任年龄，故办案机关综合全案证据所做处理决定，于法有据，并无不当，申诉人的申诉理由不能成立。办案组还当场播放了当地检察机关录制的吴某坚认错悔过和主动表示赔偿被害人经济损失的视频。申诉人表示服从检察机关作出的处理决定，承诺息诉罢访。

后续工作。2021 年 8 月 9 日，贵港市人民检察院向公安机关发出撤销案件的检察建议书。8 月 10 日，平南县公安局决定撤销此案。当地检察机关还依职权启动附带民事诉讼判决执行监督程序，向人民法院发出检察建议书，建议督促原审被告人吴某坚支付赔偿款。后吴某坚将 3 万元赔偿款汇至人民法院执行账户，并承诺今后每月履行 3300 元剩余赔偿款。为解决申诉人实际困难，广西壮族自治区三级检察院联合给予申诉人国家司法救助金，会同当地党委政法委、教委、妇联等部门，给予吴某林相应的民政救助，并开展心理辅导等。

广西壮族自治区人民检察院在全区范围就本案办理过程中，检察机关撤回起诉并退回公安机关补充侦查后长期"挂案"，检察机关既没有依法及时作出不起诉决定，也没有建议公安机关撤销案件；未对法院发回重审以及检察机关撤回起诉的具体理由和依据作出说明；未对被害人家属进行必要的释法说理，并给予帮扶救助；未对原审被告人吴某坚进行帮教，并移送相关部门采取相应的管束措施；未对附带民事诉讼判决执行情况跟进监督，导致赔偿款一直未执行到位，案未结、事未了等办案中的问题，开展专题反向审视，提出整改意见并督促落实，对相关责任人进行了责任追究。最高人民检察院向全国检察机关通报该案办理情况，要求各级检察机关进一步压实首办责任，建立常态化重复信访治理机制。

【指导意义】

（一）人民检察院组织检察听证，应当认真做好各项准备工作。对决定举行检察听证的刑事申诉案件，承办检察官在听证前要全面阅卷，充分了解案件事实、证据及焦点

问题,并对相关问题进行调查核实。对于矛盾激化、诉求强烈的申诉案件,应当做好申诉人情绪引导和安抚工作,使其理解和自愿参加听证。

(二)人民检察院办理刑事申诉案件,发现申诉人因案致困,符合司法救助条件的,应当及时给予救助帮扶。在办理刑事申诉案件过程中,发现申诉人因案导致生活困难,经调查核实其经济收入、生活状况后,认为其符合司法救助条件的,应当主动告知其申请救助的方式,及时按程序提供救助。要联合社会各方力量,多渠道、更大力度解决申诉人的实际困难,给予申诉人更多的人文关怀、帮扶救济,让人民群众在司法案件的办理中不仅感受到公平正义,还感受到司法的温度。

(三)人民检察院办理刑事申诉案件,应当通过反向审视,对原案办理中的问题和瑕疵进行针对性整改。办理刑事申诉案件具有检视整个刑事诉讼过程的独特优势。要通过全面审查案件和公开听证,反向审视检察环节存在的履职不到位或者司法不规范等问题和瑕疵,促使相关检察机关提出切实可行的整改措施,并认真落实。要依规依纪追究相关人员司法责任,促进规范司法行为、严格依法办案,提升案件办理质效,增强司法公信力。

【相关规定】

《中华人民共和国刑法》第十七条、第二百六十三条

《最高人民法院关于执行〈中华人民共和国刑事诉讼法〉若干问题的解释》(1998年9月8日施行)第一百七十七条(现为2021年3月1日施行《最高人民法院关于适用〈中华人民共和国刑事诉讼法〉的解释》第二百九十六条)

《最高人民法院关于审理未成年人刑事案件具体应用法律若干问题的解释》(2006年1月23日施行)第四条第一款

《人民检察院民事诉讼监督规则(试行)》(2013年11月18日施行)第四十一条第三项(现为2021年8月1日施行的《人民检察院民事诉讼监督规则》第三十七条第五项)

《人民检察院审查案件听证工作规定》(2020年9月14日施行)第二条、第四条、第六条

3. 董某某刑事申诉公开听证案①

【关键词】

刑事申诉　检察听证　引导和解　检察建议　能动履职　综合治理

---

① 案例来源:2022年7月21日最高人民检察院检例第160号。

【要旨】

检察机关办理因民间矛盾、邻里纠纷等引发的复杂、疑难刑事申诉案件,应当举行检察听证,消除双方当事人之间的误会和积怨,引导双方当事人和解。对于刑事申诉案件反映出的社会治理不完善的问题,检察机关应当依法能动履职,推动主管部门予以完善。必要时可以邀请相关主管部门负责人参加检察听证,就有效化解矛盾、妥善处理案件等提出意见建议,促进综合治理。

【基本案情】

申诉人董某某,江西省供销储运公司退休职工,系徐某某涉嫌故意伤害案的被害人。

被不起诉人徐某某,系南昌铁路局南昌供电段退休职工。

2017年7月6日18时40分许,董某某和徐某某在南昌铁路文化宫门口台阶处因跳广场舞发生口角,进而互相拉扯。多名广场舞队成员上前劝阻,场面一度混乱,董某某、徐某某等人在拉扯过程中摔下台阶。后经南昌市西湖区公安司法鉴定中心鉴定,董某某右锁骨肩峰端粉碎性骨折,右侧第2至第6根肋骨骨折,符合轻伤二级标准。2017年9月19日,徐某某主动到公安机关接受调查。2019年1月17日,公安机关侦查终结,以徐某某涉嫌故意伤害罪移送南昌铁路运输检察院审查起诉。南昌铁路运输检察院经审查并两次退回公安机关补充侦查,认为徐某某与被害人董某某二人相互拉扯,摔下台阶导致董某某轻伤,现有证据无法认定系徐某某将董某某推下台阶或者击打董某某导致董某某轻伤,认定徐某某故意伤害董某某的证据不足,本案不符合起诉条件,于2019年7月23日决定对徐某某不起诉。申诉人董某某不服,向江西省人民检察院南昌铁路运输分院提出申诉,要求以故意伤害罪对徐某某提起公诉,追究其刑事责任。南昌铁路运输分院经审查认为董某某的申诉理由不能成立,于2019年12月12日审查结案。申诉人董某某仍不服,于2020年4月24日向江西省人民检察院提出申诉。

【检察听证情况】

听证前准备。江西省人民检察院受理案件后,组成了以副检察长为主办检察官的办案组,调取了该案全部案卷材料,多次听取申诉人董某某及其委托代理律师的意见,详细了解申诉人诉求,对董某某伤情鉴定进行文证审查,询问被不起诉人徐某某,到案发地调查,核实相关证人证言。经调查了解,董某某申诉的主要原因是其受到伤害后

没有得到徐某某的道歉和赔偿,徐某某虽然表示愿意赔偿,但由于双方对赔偿金额分歧过大,无法达成一致,导致双方的矛盾一直没有化解。

公开听证。申诉人董某某和被不起诉人徐某某均向江西省人民检察院提出书面调解申请,并同意检察机关组织公开听证。2020年6月12日,办案组就该案举行公开听证,由主办检察官主持听证会。

听证会邀请了人大代表、政协委员、人民监督员、专家咨询委员、律师共五名听证员参加。听证会上,在主持人的引导下,申诉人董某某及其代理律师充分表达了申诉请求和理由,被不起诉人徐某某也表达了意见。三级检察机关承办检察官分别就案件办理经过、事实认定和证据情况以及作不起诉决定的理由向申诉人及其委托代理人进行了阐述和说明:一是认定徐某某实施伤害行为的证据存在疑问。董某某对于伤害过程的陈述前后不一致,在案多个证人证言内容相互矛盾,客观证据无法调取,徐某某是否实施了伤害行为存有疑问。二是认定徐某某主观上具有伤害故意存在疑问。现有证据仅能证实双方互有拉扯,徐某某未使用工具,没有确凿的证据显示徐某某有踢、打、推等伤害行为,证实徐某某主观上具有伤害董某某故意的证据不足。三是认定徐某某与他人共同犯罪的证据存在疑问。本案系突发性事件,没有证据显示徐某某与他人存在事先预谋、意思联络及共同行为。南昌铁路运输检察院经审查并两次退回补充侦查,仍然认为徐某某故意伤害董某某的证据不足,依法作出不起诉决定,并无不当。

五名听证员分别就有关问题向承办检察官、申诉人、被不起诉人进行了提问。经评议,听证员一致认为该案事发突然,徐某某是否殴打董某某,证人证言与董某某的陈述并不一致,徐某某坚决否认殴打董某某,侦查机关未提取到监控视频,依现有证据,难以认定徐某某具有伤害董某某的主观故意和行为,检察机关对徐某某作出不起诉决定正确,希望双方当事人推己及人、互让互敬,共同维护和谐稳定的社会秩序。申诉人董某某和被不起诉人徐某某均表示接受听证员意见。

本案办理过程中,办案组调查了解到,本案的起因系广场舞队活动场地纠纷引发。同时在该广场活动的广场舞队有铁路队、社区队。因场地、音乐声量等问题,两队纠纷不断,多次发生争斗事件,严重影响当地治安。为此,南昌铁路运输检察院曾向南站街道办制发检察建议书,针对其在规范管理、宣传引导和调解疏导等方面存在的问题,提出了改进工作、完善治理的检察建议。后又积极协助南站街道办落实检察建议,指派检察官支持配合南站街道办的调解工作。本着贯彻新时代"枫桥经验",能动办案,诉

源治理,举行听证会时,办案组还邀请了南站街道办、南昌铁路公安局南昌公安处治安支队、中国铁路南昌局集团有限公司政法办公室及退休管理科等部门的负责人,一并参加听证。听证会上,南昌铁路运输检察院检察长介绍了检察建议的制发和督促落实情况,南站街道办、南昌铁路公安局南昌公安处治安支队、中国铁路南昌局集团有限公司政法办公室及退休管理科等部门的负责人就检察建议落实情况、矛盾纠纷化解工作说明了情况。

后续工作。听证会后,江西省人民检察院继续做双方当事人和广场舞队场地纠纷调解工作,跟进落实检察建议。2020年6月28日,承办检察官向申诉人董某某送达了刑事申诉审查结果通知书,认为南昌铁路运输检察院对徐某某作不起诉处理符合法律规定,申诉人董某某的申诉理由不能成立,不予支持。在检察机关的见证下,董某某和徐某某签署《和解协议》,徐某某向董某某支付15000元补偿款,董某某不再就其人身损害问题申请追究徐某某的刑事责任,息诉罢访。2020年8月4日,两支广场舞队决定自主划分活动场地,邀请检察机关、南站街道办、南昌铁路文化宫等负责同志到场见证。检察机关办案人员再次对两支广场舞队代表进行法制教育,劝说她们和气共处、互谅互让、互相尊重,做好自我管理,自觉接受南昌铁路文化宫、社区、街道办等单位的管理。目前,两支广场舞队均在各自的场地划分区域开展活动,广场呈现安定平和景象。

【指导意义】

(一)人民检察院办理群众之间积怨较深、难解的"小案",应当通过检察听证消除误会积怨,引导双方和解。因民间矛盾、邻里纠纷等引发的轻伤害案件常见多发,许多是典型的"小案",但当事人申诉比例很高。究其原因,主要在于一些案件简单"依法"办理,走完诉讼程序,刑事和解、多元化解、释法说理等工作没有做到位,致矛盾激化,甚至存在诱发严重刑事案件的可能。对于此类案件,人民检察院拟作出不起诉决定时,应当举行检察听证,向当事人充分释法说理,将双方当事人的责任,犯罪嫌疑人是否构成犯罪的证据和法律依据,应当承担的损害赔偿等处理意见阐述清楚,引导双方当事人就民事赔偿达成和解,为当事人接受不起诉决定奠定基础。对于因释法说理和矛盾化解不到位导致反复申诉的"小案",人民检察院也应当通过检察听证搭建沟通化解的平台,让申诉人有理能讲、有怨能诉、有惑得释,在摆事实、讲证据、释法理的基础上积极引导双方达成谅解,从而化解矛盾纠纷。

(二)人民检察院应当结合办案依法能动履职,积极促进社会治理。不少久诉不息的刑事申诉案件背后,都存在

社会治理薄弱环节和突出问题。人民检察院在办理刑事申诉案件过程中，要自觉践行新时代"枫桥经验"，立足于法律监督定位，依法能动履职，对申诉案件反映出的社会治理不完善问题，通过制发检察建议推动解决。对于与案件处理有重要关系的问题，可以邀请相关主管部门负责人参加听证会，就案件处理和完善治理，就地化解矛盾，防范同类案事件发生等发表意见建议，协助案件的妥善处理。听证会后，要督促落实检察建议，积极促进综合治理，实现社会和谐稳定。

【相关规定】

《中华人民共和国刑事诉讼法》(2018 年 10 月 26 日修正)第一百七十五条第四款、第一百八十条

《人民检察院刑事诉讼规则》(2019 年 12 月 30 日施行)第三百六十七条、第三百六十八条、第三百七十七条、第三百八十二条

《人民检察院办理刑事申诉案件规定》(2020 年 9 月 22 日施行)第三十八条、第四十二条、第四十三条

《人民检察院审查案件听证工作规定》(2020 年 9 月 14 日施行)第四条、第十三条、第十七条

4. 董某娟刑事申诉简易公开听证案①

【关键词】

刑事申诉　自诉案件　简易公开听证　现场释惑心理疏导

【要旨】

检察机关办理申诉人走访申诉的案件，可以在 12309 检察服务中心等申诉案件办理场所举行简易公开听证，由检察官和听证员现场解答申诉人关于案件事实认定、证据采信和法律适用等方面的疑问。心理咨询师可以作为听证员或者辅助人员，参与检察听证，有针对性地给予申诉人专业化的心理疏导，纾解其心结，增强释法说理效果，促进矛盾化解、案结事了。

【基本案情】

申诉人董某娟，系王某某故意伤害案的自诉人。

2014 年 9 月 16 日，董某娟因家庭矛盾与刘某甲(董某娟之嫂)、刘某乙(刘某甲之妹)发生口角和推搡。途经案发地并与刘某甲相熟的王某某见状，用拳数次击打董某娟鼻部，导致董某娟先后住院治疗 21 天，医疗费等各项经济损失共计 15841.08 元。经鉴定，董某娟的损伤程度为轻伤二级，十级伤残。董某娟以刘某甲、刘某乙、王某某犯故

意伤害罪为由，向吉林省四平市铁西区人民法院提起自诉。2015 年 12 月 31 日，四平市铁西区人民法院判决被告人刘某甲、刘某乙无罪；被告人王某某犯故意伤害罪，判处有期徒刑六个月，赔偿董某娟 15841.08 元。董某娟不服，认为刘某甲、刘某乙、王某某系共同犯罪，不应当只追究王某某的刑事责任，也应当追究刘某甲、刘某乙的刑事责任，提出上诉。2016 年 4 月 28 日，四平市中级人民法院裁定驳回上诉，维持原判。董某娟仍不服，先后向四平市人民检察院和吉林省人民检察院申诉。两级检察院经审查，均认为原审裁判认定事实清楚，证据确实充分，适用法律正确，申诉人申诉理由不成立，予以结案。申诉人仍不服，到最高人民检察院 12309 检察服务中心走访申诉。

【检察听证过程】

听证前准备。最高人民检察院 12309 检察服务中心信访接待检察官受理案件后，初步审查并与申诉人沟通交流后认为，原审裁判认定事实清楚，证据确实、充分，定性准确，处理适当。两级检察机关的处理决定正确。本案系发生在亲属之间的矛盾纠纷案件，案情简单，申诉人之所以不服原审裁判及检察机关处理结论持续申诉的原因是，原案办理时未充分和清晰播放现场监控录像，没有就关键视频影像逐一进行说明质证，也未对申诉人进行充分的释法说理。两级检察机关在审查本案时，亦未对申诉人充分释法说理。因此，申诉人不信任司法机关的处理结论，不断信访申诉。

为回应申诉人的疑问，解开其"心结"，检察官在征得董某娟本人同意后，决定在 12309 检察服务中心举行简易公开听证。为依法有据向申诉人释法说理，检察官委托四平市铁西区人民检察院到四平市铁西区人民法院调取案发现场监控录像，查阅相关案例，为公开听证做好准备。由于调取案发现场监控录像需要时间，检察官与申诉人约定了简易公开听证的时间。

公开听证。2021 年 6 月 9 日，董某娟刑事申诉案简易公开听证会在最高人民检察院 12309 检察服务中心召开，由当天在 12309 检察服务中心值班的律师、心理咨询师和从最高人民检察院控告申诉检察专家咨询库中邀请的一名刑事律师，共三人担任听证员。为纾解申诉人的对立情绪和消极心态，听证会前，在检察官的主持下，心理咨询师与申诉人进行了沟通交流，给予心理疏导。

听证会上，检察官播放了案发现场监控录像，就申诉人申诉的关键环节逐帧播放，向申诉人详细分析讲解案发

①　案例来源：2022 年 7 月 21 日最高人民检察院检例第 161 号。

时的情况。监控录像证实,董某娟与刘某甲、刘某乙发生口角,进而相互撕扯、踢踹,但并未伤及董某娟鼻子部位;随后,王某某来到案发现场,用拳击打董某娟,致董某娟鼻子受伤。检察官指出,刘某甲、刘某乙与董某娟之间因家庭矛盾引发争执,进而发生撕扯、踢踹等行为,双方在冲突过程中没有使用凶器,能够保持一定的克制,均不具备伤害对方的主观故意,不属于刑法意义上的故意伤害行为。王某某路过案发现场后,用拳击打董某娟头面部,其击打力度、击打部位和损害后果已经达到了严重损害人体健康的程度,属于刑法意义上的故意伤害行为。没有证据证实王某某与刘某甲、刘某乙事先、事中有通谋。检察官还结合原审裁判文书中被告人王某某供述、申诉人董某娟的陈述以及现场目击证人证言等证据,从证据采信、事实认定、法律适用等方面逐一回应申诉人的疑问。

听证员围绕案发起因、共同犯罪认定、诉讼程序适用等焦点问题发表了专业、客观的意见,一致认为,原审裁判并无不当,申诉人的申诉理由不能成立,并对申诉人进行了劝慰。

听证会让申诉人多年的疑惑得以明晰,打开了心结,主动表示相信法律的公平公正,接受司法机关的处理决定,息诉罢访。

后续工作。最高人民检察院依法作出决定,委托申诉人所在地检察机关上门向董某娟送达刑事申诉结果通知书,并再次向其释法说理。同时,结合其家庭困难等因素,由申诉人所在地检察机关给予其适当的司法救助。董某娟主动签订了息诉息访协议,一起申诉6年的案件圆满化解。

【指导意义】

(一)人民检察院对于申诉人走访申诉的案件,根据案件情况,可以举行简易公开听证。简易公开听证是检察机关办理刑事申诉案件,化解矛盾纠纷的方式创新。承办检察官经审查申诉材料、相关法律文书等,认为司法机关对原案的处理决定并无不当,只是未对申诉人充分释法说理的,可以采取即时或者预约的方式在12309检察服务中心等申诉案件办理场所举行简易公开听证,由听证员和检察官向申诉人充分释法说理,消除申诉人对司法机关处理决定的疑惑。简易公开听证是对普通听证程序的简化,一般不需要制定听证方案、发布听证会公告等,通常也无需邀请被申诉人、原案承办人员等参加听证会。出席简易公开听证的主要是办理刑事申诉案件的检察官、申诉人和听证员。听证员可由当天在12309检察服务中心值班的律师、心理咨询师等组成,一般为3人。听证过程中,听证员可以休会评议,也可以直接发表意见。

(二)对于因原案办理时释法说理不充分,矛盾没有得到有效化解而导致长年申诉、对立情绪和消极心态比较强烈的申诉人,可以邀请心理咨询师介入,做好申诉人的心理疏导工作。心理咨询师作为听证员参加检察听证,或者作为辅助人员参与听证过程,有针对性地进行专业的心理疏导,可以有效平复申诉人的心态,增强释法说理效果,促进矛盾化解。

【相关规定】

《中华人民共和国刑法》第二百三十四条

《人民检察院审查案件听证工作规定》(2020年9月14日施行)第二条、第四条

十三、执行程序

1. 主　刑

中华人民共和国监狱法

· 1994 年 12 月 29 日第八届全国人民代表大会常务委员会第十一次会议通过
· 根据 2012 年 10 月 26 日第十一届全国人民代表大会常务委员会第二十九次会议《关于修改〈中华人民共和国监狱法〉的决定》修正

第一章　总　则

第一条　为了正确执行刑罚,惩罚和改造罪犯,预防和减少犯罪,根据宪法,制定本法。

第二条　监狱是国家的刑罚执行机关。

依照刑法和刑事诉讼法的规定,被判处死刑缓期二年执行、无期徒刑、有期徒刑的罪犯,在监狱内执行刑罚。

第三条　监狱对罪犯实行惩罚和改造相结合、教育和劳动相结合的原则,将罪犯改造成为守法公民。

第四条　监狱对罪犯应当依法监管,根据改造罪犯的需要,组织罪犯从事生产劳动,对罪犯进行思想教育、文化教育、技术教育。

第五条　监狱的人民警察依法管理监狱、执行刑罚、对罪犯进行教育改造等活动,受法律保护。

第六条　人民检察院对监狱执行刑罚的活动是否合法,依法实行监督。

第七条　罪犯的人格不受侮辱,其人身安全、合法财产和辩护、申诉、控告、检举以及其他未被依法剥夺或者限制的权利不受侵犯。

罪犯必须严格遵守法律、法规和监规纪律,服从管理,接受教育,参加劳动。

第八条　国家保障监狱改造罪犯所需经费。监狱的人民警察经费、罪犯改造经费、罪犯生活费、狱政设施经费及其他专项经费,列入国家预算。

国家提供罪犯劳动必需的生产设施和生产经费。

第九条　监狱依法使用的土地、矿产资源和其他自然资源以及监狱的财产,受法律保护,任何组织或者个人不得侵占、破坏。

第十条　国务院司法行政部门主管全国的监狱工作。

第二章　监　狱

第十一条　监狱的设置、撤销、迁移,由国务院司法行政部门批准。

第十二条　监狱设监狱长一人、副监狱长若干人,并根据实际需要设置必要的工作机构和配备其他监狱管理人员。

监狱的管理人员是人民警察。

第十三条　监狱的人民警察应当严格遵守宪法和法律,忠于职守,秉公执法,严守纪律,清正廉洁。

第十四条　监狱的人民警察不得有下列行为:

(一)索要、收受、侵占罪犯及其亲属的财物;

(二)私放罪犯或者玩忽职守造成罪犯脱逃;

(三)刑讯逼供或者体罚、虐待罪犯;

(四)侮辱罪犯的人格;

(五)殴打或者纵容他人殴打罪犯;

(六)为谋取私利,利用罪犯提供劳务;

(七)违反规定,私自为罪犯传递信件或者物品;

(八)非法将监管罪犯的职权交予他人行使;

(九)其他违法行为。

监狱的人民警察有前款所列行为,构成犯罪的,依法追究刑事责任;尚未构成犯罪的,应当予以行政处分。

第三章　刑罚的执行

第一节　收　监

第十五条　人民法院对被判处死刑缓期二年执行、无期徒刑、有期徒刑的罪犯,应当将执行通知书、判决书送达羁押该罪犯的公安机关,公安机关应当自收到执行通知书、判决书之日起一个月内将该罪犯送交监狱执行刑罚。

罪犯在被交付执行刑罚前,剩余刑期在三个月以下的,由看守所代为执行。

第十六条　罪犯被交付执行刑罚时,交付执行的人民法院应当将人民检察院的起诉书副本、人民法院的判决书、执行通知书、结案登记表同时送达监狱。监狱没有收到上述文件的,不得收监;上述文件不齐全或者记载有误的,作出生效判决的人民法院应当及时补充齐全或者作出更正;对其中可能导致错误收监的,不予收监。

第十七条 罪犯被交付执行刑罚,符合本法第十六条规定的,应当予以收监。罪犯收监后,监狱应当对其进行身体检查。经检查,对于具有暂予监外执行情形的,监狱可以提出书面意见,报省级以上监狱管理机关批准。

第十八条 罪犯收监,应当严格检查其人身和所携带的物品。非生活必需品,由监狱代为保管或者征得罪犯同意退回其家属,违禁品予以没收。

女犯由女性人民警察检查。

第十九条 罪犯不得携带子女在监内服刑。

第二十条 罪犯收监后,监狱应当通知罪犯家属。通知书应当自收监之日起五日内发出。

第二节 对罪犯提出的申诉、控告、检举的处理

第二十一条 罪犯对生效的判决不服的,可以提出申诉。

对于罪犯的申诉,人民检察院或者人民法院应当及时处理。

第二十二条 对罪犯提出的控告、检举材料,监狱应当及时处理或者转送公安机关或者人民检察院处理,公安机关或者人民检察院应当将处理结果通知监狱。

第二十三条 罪犯的申诉、控告、检举材料,监狱应当及时转递,不得扣压。

第二十四条 监狱在执行刑罚过程中,根据罪犯的申诉,认为判决可能有错误的,应当提请人民检察院或者人民法院处理,人民检察院或者人民法院应当自收到监狱提请处理意见书之日起六个月内将处理结果通知监狱。

第三节 监外执行

第二十五条 对于被判处无期徒刑、有期徒刑在监内服刑的罪犯,符合刑事诉讼法规定的监外执行条件的,可以暂予监外执行。

第二十六条 暂予监外执行,由监狱提出书面意见,报省、自治区、直辖市监狱管理机关批准。批准机关应当将批准的暂予监外执行决定通知公安机关和原判人民法院,并抄送人民检察院。

人民检察院认为对罪犯适用暂予监外执行不当的,应当自接到通知之日起一个月内将书面意见送交批准暂予监外执行的机关,批准暂予监外执行的机关接到人民检察院的书面意见后,应当立即对该决定进行重新核查。

第二十七条 对暂予监外执行的罪犯,依法实行社区矫正,由社区矫正机构负责执行。原关押监狱应当及时将罪犯在监内改造情况通报负责执行的社区矫正机构。

第二十八条 暂予监外执行的罪犯具有刑事诉讼法规定的应当收监的情形的,社区矫正机构应当及时通知监狱收监;刑期届满的,由原关押监狱办理释放手续。罪犯在暂予监外执行期间死亡的,社区矫正机构应当及时通知原关押监狱。

第四节 减刑、假释

第二十九条 被判处无期徒刑、有期徒刑的罪犯,在服刑期间确有悔改或者立功表现的,根据监狱考核的结果,可以减刑。有下列重大立功表现之一的,应当减刑:

(一)阻止他人重大犯罪活动的;

(二)检举监狱内外重大犯罪活动,经查证属实的;

(三)有发明创造或者重大技术革新的;

(四)在日常生产、生活中舍己救人的;

(五)在抗御自然灾害或者排除重大事故中,有突出表现的;

(六)对国家和社会有其他重大贡献的。

第三十条 减刑建议由监狱向人民法院提出,人民法院应当自收到减刑建议书之日起一个月内予以审核裁定;案情复杂或者情况特殊的,可以延长一个月。减刑裁定的副本应当抄送人民检察院。

第三十一条 被判处死刑缓期二年执行的罪犯,在死刑缓期执行期间,符合法律规定的减为无期徒刑、有期徒刑条件的,二年期满时,所在监狱应当及时提出减刑建议,报经省、自治区、直辖市监狱管理机关审核后,提请高级人民法院裁定。

第三十二条 被判处无期徒刑、有期徒刑的罪犯,符合法律规定的假释条件的,由监狱根据考核结果向人民法院提出假释建议,人民法院应当自收到假释建议书之日起一个月内予以审核裁定;案情复杂或者情况特殊的,可以延长一个月。假释裁定的副本应当抄送人民检察院。

第三十三条 人民法院裁定假释的,监狱应当按期假释并发给假释证明书。

对被假释的罪犯,依法实行社区矫正,由社区矫正机构负责执行。被假释的罪犯,在假释考验期限内有违反法律、行政法规或者国务院有关部门关于假释的监督管理规定的行为,尚未构成新的犯罪的,社区矫正机构应当向人民法院提出撤销假释的建议,人民法院应当自收到撤销假释建议书之日起一个月内予以审核裁定。人民法院裁定撤销假释的,由公安机关将罪犯送交监狱收监。

第三十四条 对不符合法律规定的减刑、假释条件的罪犯,不得以任何理由将其减刑、假释。

人民检察院认为人民法院减刑、假释的裁定不当,应

当依照刑事诉讼法规定的期间向人民法院提出书面纠正意见。对于人民检察院提出书面纠正意见的案件，人民法院应当重新审理。

第五节　释放和安置

第三十五条　罪犯服刑期满，监狱应当按期释放并发给释放证明书。

第三十六条　罪犯释放后，公安机关凭释放证明书办理户籍登记。

第三十七条　对刑满释放人员，当地人民政府帮助其安置生活。

刑满释放人员丧失劳动能力又无法定赡养人、扶养人和基本生活来源的，由当地人民政府予以救济。

第三十八条　刑满释放人员依法享有与其他公民平等的权利。

第四章　狱政管理

第一节　分押分管

第三十九条　监狱对成年男犯、女犯和未成年犯实行分开关押和管理，对未成年犯和女犯的改造，应当照顾其生理、心理特点。

监狱根据罪犯的犯罪类型、刑罚种类、刑期、改造表现等情况，对罪犯实行分别关押，采取不同方式管理。

第四十条　女犯由女性人民警察直接管理。

第二节　警戒

第四十一条　监狱的武装警戒由人民武装警察部队负责，具体办法由国务院、中央军事委员会规定。

第四十二条　监狱发现在押罪犯脱逃，应当即时将其抓获，不能即时抓获的，应当立即通知公安机关，由公安机关负责追捕，监狱密切配合。

第四十三条　监狱根据监管需要，设立警戒设施。监狱周围设警戒隔离带，未经准许，任何人不得进入。

第四十四条　监区、作业区周围的机关、团体、企业事业单位和基层组织，应当协助监狱做好安全警戒工作。

第三节　戒具和武器的使用

第四十五条　监狱遇有下列情形之一的，可以使用戒具：

（一）罪犯有脱逃行为的；

（二）罪犯有使用暴力行为的；

（三）罪犯正在押解途中的；

（四）罪犯有其他危险行为需要采取防范措施的。

前款所列情形消失后，应当停止使用戒具。

第四十六条　人民警察和人民武装警察部队的执勤人员遇有下列情形之一，非使用武器不能制止的，按照国家有关规定，可以使用武器：

（一）罪犯聚众骚乱、暴乱的；

（二）罪犯脱逃或者拒捕的；

（三）罪犯持有凶器或者其他危险物，正在行凶或者破坏，危及他人生命、财产安全的；

（四）劫夺罪犯的；

（五）罪犯抢夺武器的。

使用武器的人员，应当按照国家有关规定报告情况。

第四节　通信、会见

第四十七条　罪犯在服刑期间可以与他人通信，但是来往信件应当经过监狱检查。监狱发现有碍罪犯改造内容的信件，可以扣留。罪犯写给监狱的上级机关和司法机关的信件，不受检查。

第四十八条　罪犯在监狱服刑期间，按照规定，可以会见亲属、监护人。

第四十九条　罪犯收受物品和钱款，应当经监狱批准、检查。

第五节　生活、卫生

第五十条　罪犯的生活标准按实物量计算，由国家规定。

第五十一条　罪犯的被服由监狱统一配发。

第五十二条　对少数民族罪犯的特殊生活习惯，应当予以照顾。

第五十三条　罪犯居住的监舍应当坚固、通风、透光、清洁、保暖。

第五十四条　监狱应当设立医疗机构和生活、卫生设施，建立罪犯生活、卫生制度。罪犯的医疗保健列入监狱所在地区的卫生、防疫计划。

第五十五条　罪犯在服刑期间死亡的，监狱应当立即通知罪犯家属和人民检察院、人民法院。罪犯因病死亡的，由监狱作出医疗鉴定。人民检察院对监狱的医疗鉴定有疑义的，可以重新对死亡原因作出鉴定。罪犯家属有疑义的，可以向人民检察院提出。罪犯非正常死亡的，人民检察院应当立即检验，对死亡原因作出鉴定。

第六节　奖惩

第五十六条　监狱应当建立罪犯的日常考核制度，考核的结果作为对罪犯奖励和处罚的依据。

第五十七条　罪犯有下列情形之一的，监狱可以给予表扬、物质奖励或者记功：

（一）遵守监规纪律，努力学习，积极劳动，有认罪服法表现的；

（二）阻止违法犯罪活动的；

（三）超额完成生产任务的；

（四）节约原材料或者爱护公物，有成绩的；

（五）进行技术革新或者传授生产技术，有一定成效的；

（六）在防止或者消除灾害事故中作出一定贡献的；

（七）对国家和社会有其他贡献的。

被判处有期徒刑的罪犯有前款所列情形之一，执行原判刑期二分之一以上，在服刑期间一贯表现好，离开监狱不致再危害社会的，监狱可以根据情况准其离监探亲。

第五十八条 罪犯有下列破坏监管秩序情形之一的，监狱可以给予警告、记过或者禁闭：

（一）聚众哄闹监狱，扰乱正常秩序的；

（二）辱骂或者殴打人民警察的；

（三）欺压其他罪犯的；

（四）偷窃、赌博、打架斗殴、寻衅滋事的；

（五）有劳动能力拒不参加劳动或者消极怠工，经教育不改的；

（六）以自伤、自残手段逃避劳动的；

（七）在生产劳动中故意违反操作规程，或者有意损坏生产工具的；

（八）有违反监规纪律的其他行为的。

依照前款规定对罪犯实行禁闭的期限为七天至十五天。

罪犯在服刑期间有第一款所列行为，构成犯罪的，依法追究刑事责任。

第七节　对罪犯服刑期间犯罪的处理

第五十九条 罪犯在服刑期间故意犯罪的，依法从重处罚。

第六十条 对罪犯在监狱内犯罪的案件，由监狱进行侦查。侦查终结后，写出起诉意见书，连同案卷材料、证据一并移送人民检察院。

第五章　对罪犯的教育改造

第六十一条 教育改造罪犯，实行因人施教、分类教育、以理服人的原则，采取集体教育与个别教育相结合、狱内教育与社会教育相结合的方法。

第六十二条 监狱应当对罪犯进行法制、道德、形势、政策、前途等内容的思想教育。

第六十三条 监狱应当根据不同情况，对罪犯进行扫盲教育、初等教育和初级中等教育，经考试合格的，由教育部门发给相应的学业证书。

第六十四条 监狱应当根据监狱生产和罪犯释放后就业的需要，对罪犯进行职业技术教育，经考核合格的，由劳动部门发给相应的技术等级证书。

第六十五条 监狱鼓励罪犯自学，经考试合格的，由有关部门发给相应的证书。

第六十六条 罪犯的文化和职业技术教育，应当列入所在地区教育规划。监狱应当设立教室、图书阅览室等必要的教育设施。

第六十七条 监狱应当组织罪犯开展适当的体育活动和文化娱乐活动。

第六十八条 国家机关、社会团体、部队、企业事业单位和社会各界人士以及罪犯的亲属，应当协助监狱做好对罪犯的教育改造工作。

第六十九条 有劳动能力的罪犯，必须参加劳动。

第七十条 监狱根据罪犯的个人情况，合理组织劳动，使其矫正恶习，养成劳动习惯，学会生产技能，并为释放后就业创造条件。

第七十一条 监狱对罪犯的劳动时间，参照国家有关劳动工时的规定执行；在季节性生产等特殊情况下，可以调整劳动时间。

罪犯有在法定节日和休息日休息的权利。

第七十二条 监狱对参加劳动的罪犯，应当按照有关规定给予报酬并执行国家有关劳动保护的规定。

第七十三条 罪犯在劳动中致伤、致残或者死亡的，由监狱参照国家劳动保险的有关规定处理。

第六章　对未成年犯的教育改造

第七十四条 对未成年犯应当在未成年犯管教所执行刑罚。

第七十五条 对未成年犯执行刑罚应当以教育改造为主。未成年犯的劳动，应当符合未成年人的特点，以学习文化和生产技能为主。

监狱应当配合国家、社会、学校等教育机构，为未成年犯接受义务教育提供必要的条件。

第七十六条 未成年犯年满十八周岁时，剩余刑期不超过二年的，仍可以留在未成年犯管教所执行剩余刑期。

第七十七条 对未成年犯的管理和教育改造，本章未作规定的，适用本法的有关规定。

第七章　附　则

第七十八条 本法自公布之日起施行。

看守所留所执行刑罚罪犯管理办法

· 2013 年 10 月 23 日公安部令第 128 号公布
· 自 2013 年 11 月 23 日起施行

第一章　总　则

第一条　为了规范看守所对留所执行刑罚罪犯的管理,做好罪犯改造工作,根据《中华人民共和国刑事诉讼法》、《中华人民共和国监狱法》、《中华人民共和国看守所条例》等有关法律、法规,结合看守所执行刑罚的实际,制定本办法。

第二条　被判处有期徒刑的成年和未成年罪犯,在被交付执行前,剩余刑期在三个月以下的,由看守所代为执行刑罚。

被判处拘役的成年和未成年罪犯,由看守所执行刑罚。

第三条　看守所应当设置专门监区或者监室监管罪犯。监区和监室应当设在看守所警戒围墙内。

第四条　看守所管理罪犯应当坚持惩罚与改造相结合、教育和劳动相结合的原则,将罪犯改造成为守法公民。

第五条　罪犯的人格不受侮辱,人身安全和合法财产不受侵犯,罪犯享有辩护、申诉、控告、检举以及其他未被依法剥夺或者限制的权利。

罪犯应当遵守法律、法规和看守所管理规定,服从管理,接受教育,按照规定参加劳动。

第六条　看守所应当保障罪犯的合法权益,为罪犯行使权利提供必要的条件。

第七条　看守所对提请罪犯减刑、假释,或者办理罪犯暂予监外执行,可能存在利用权力、钱财影响公正执法因素的,要依法从严审核、审批。

第八条　看守所对罪犯执行刑罚的活动依法接受人民检察院的法律监督。

第二章　刑罚的执行

第一节　收　押

第九条　看守所在收到交付执行的人民法院送达的人民检察院起诉书副本和人民法院判决书、裁定书、执行通知书、结案登记表的当日,应当办理罪犯收押手续,填写收押登记表,载明罪犯基本情况、收押日期等,并由民警签字后,将罪犯转入罪犯监区或者监室。

第十条　对于判决前未被羁押,判决后需要羁押执行刑罚的罪犯,看守所应当凭本办法第九条所列文书收押,并采集罪犯十指指纹信息。

第十一条　按照本办法第十条收押罪犯时,看守所应当进行健康和人身、物品安全检查。对罪犯的非生活必需品,应当登记,通知其家属领回或者由看守所代为保管;对违禁品,应当予以没收。

对女性罪犯的人身检查,由女性人民警察进行。

第十二条　办理罪犯收押手续时应当建立罪犯档案。羁押服刑过程中的法律文书和管理材料存入档案。罪犯档案一人一档,分为正档和副档。正档包括收押凭证、暂予监外执行决定书、减刑、假释裁定书、释放证明书等法律文书;副档包括收押登记、谈话教育、罪犯考核、奖惩、疾病治疗、财物保管登记等管理记录。

第十三条　收押罪犯后,看守所应当在五日内向罪犯家属或者监护人发出罪犯执行刑罚地点通知书。对收押的外国籍罪犯,应当在二十四小时内报告所属公安机关。

第二节　对罪犯申诉、控告、检举的处理

第十四条　罪犯对已经发生法律效力的判决、裁定不服,提出申诉的,看守所应当及时将申诉材料转递给人民检察院和作出生效判决的人民法院。罪犯也可以委托其法定代理人、近亲属提出申诉。

第十五条　罪犯有权控告、检举违法犯罪行为。

看守所应当设置控告、检举信箱,接受罪犯的控告、检举材料。罪犯也可以直接向民警控告、检举。

第十六条　对罪犯向看守所提交的控告、检举材料,看守所应当自收到材料之日起十五日内作出处理;对罪犯向人民法院、人民检察院提交的控告、检举材料,看守所应当自收到材料之日起五日内予以转送。

看守所对控告、检举作出处理或者转送有关部门处理的,应当及时将有关情况或者处理结果通知具名控告、检举的罪犯。

第十七条　看守所在执行刑罚过程中,发现判决可能有错误的,应当提请人民检察院或者人民法院处理。

第三节　暂予监外执行

第十八条　罪犯符合《中华人民共和国刑事诉讼法》规定的暂予监外执行条件的,本人及其法定代理人、近亲属可以向看守所提出书面申请,管教民警或者看守所医生也可以提出书面意见。

第十九条　看守所接到暂予监外执行申请或者意见后,应当召开所务会研究,初审同意后根据不同情形对罪犯进行病情鉴定、生活不能自理鉴定或者妊娠检查,未通过初审的,应当向提出书面申请或者书面意见的人员告知原因。

所务会应当有书面记录,并由与会人员签名。

第二十条　对暂予监外执行罪犯的病情鉴定,应当到省级人民政府指定的医院进行;妊娠检查,应当到医院进行;生活不能自理鉴定,由看守所分管所领导、管教民警、看守所医生、驻所检察人员等组成鉴定小组进行;对正在哺乳自己婴儿的妇女,看守所应当通知罪犯户籍所在地或者居住地的公安机关出具相关证明。

生活不能自理,是指因病、伤残或者年老体弱致使日常生活中起床、用餐、行走、如厕等不能自行进行,必须在他人协助下才能完成。

对适用保外就医可能有社会危险性的罪犯,或者自伤自残的罪犯,不得保外就医。

第二十一条　罪犯需要保外就医的,应当由罪犯或者罪犯家属提出保证人。保证人由看守所审查确定。

第二十二条　保证人应当具备下列条件:

(一)愿意承担保证人义务,具有完全民事行为能力;

(二)人身自由未受到限制,享有政治权利;

(三)有固定的住所和收入,有条件履行保证人义务;

(四)与被保证人共同居住或者居住在同一县级公安机关辖区。

第二十三条　保证人应当签署保外就医保证书。

第二十四条　罪犯保外就医期间,保证人应当履行下列义务:

(一)协助社区矫正机构监督被保证人遵守法律和有关规定;

(二)发现被保证人擅自离开居住的市、县,变更居住地,有违法犯罪行为,保外就医情形消失,或者被保证人死亡的,立即向社区矫正机构报告;

(三)为被保证人的治疗、护理、复查以及正常生活提供帮助;

(四)督促和协助被保证人按照规定定期复查病情和向执行机关报告。

第二十五条　对需要暂予监外执行的罪犯,看守所应当填写暂予监外执行审批表,并附病情鉴定、妊娠检查证明、生活不能自理鉴定,或者哺乳自己婴儿证明;需要保外就医的,应当同时附保外就医保证书。县级看守所应当将有关材料报经所属公安机关审核同意后,报设区的市一级以上公安机关批准;设区的市一级以上看守所应当将有关材料报所属公安机关审批。

看守所在报送审批材料的同时,应当将暂予监外执行审批表副本、病情鉴定或者妊娠检查诊断证明、生活不能自理鉴定、哺乳自己婴儿证明、保外就医保证书等有关材料的复印件抄送人民检察院驻所检察室。

批准暂予监外执行的公安机关接到人民检察院认为暂予监外执行不当的意见后,应当对暂予监外执行的决定进行重新核查。

第二十六条　看守所收到批准、决定机关暂予监外执行决定书后,应当办理罪犯出所手续,发给暂予监外执行决定书,并告知罪犯应当遵守的规定。

第二十七条　暂予监外执行罪犯服刑地和居住地不在同一省级或者设区的市一级以上公安机关辖区,需要回居住地暂予监外执行的,服刑地的省级公安机关监管部门或者设区的市一级以上公安机关监管部门应当书面通知居住地的同级公安机关监管部门,由居住地的公安机关监管部门指定看守所接收罪犯档案、负责办理收监或者刑满释放等手续。

第二十八条　看守所应当将暂予监外执行罪犯送交罪犯居住地,与县级司法行政机关办理交接手续。

第二十九条　公安机关对暂予监外执行罪犯决定收监执行的,由罪犯居住地看守所将罪犯收监执行。

看守所对人民法院决定暂予监外执行罪犯收监执行的,应当是交付执行刑罚前剩余刑期在三个月以下的罪犯。

第三十条　罪犯在暂予监外执行期间刑期届满的,看守所应当为其办理刑满释放手续。

第三十一条　罪犯暂予监外执行期间死亡的,看守所应当将执行机关的书面通知归入罪犯档案,并在登记表中注明。

第四节　减刑、假释的提请

第三十二条　罪犯符合减刑、假释条件的,由管教民警提出建议,报看守所所务会研究决定。所务会应当有书面记录,并由与会人员签名。

第三十三条　看守所所务会研究同意后,应当将拟提请减刑、假释的罪犯名单以及减刑、假释意见在看守所内公示。公示期限为三个工作日。公示期内,如有民警或者罪犯对公示内容提出异议,看守所应当重新召开所务会复核,并告知复核结果。

第三十四条　公示完毕,看守所所长应当在罪犯减刑、假释审批表上签署意见,加盖看守所公章,制作提请减刑、假释建议书,经设区的市一级以上公安机关审查同意后,连同有关材料一起提请所在地中级以上人民法院裁定,并将建议书副本和相关材料抄送人民检察院。

第三十五条　看守所提请人民法院审理减刑、假释案件时,应当送交下列材料:

(一)提请减刑、假释建议书;

(二)终审人民法院的裁判文书、执行通知书、历次减刑裁定书的复制件;

(三)证明罪犯确有悔改、立功或者重大立功表现具体事实的书面材料;

(四)罪犯评审鉴定表、奖惩审批表等有关材料;

(五)根据案件情况需要移送的其他材料。

第三十六条　在人民法院作出减刑、假释裁定前,看守所发现罪犯不符合减刑、假释条件的,应当书面撤回提请减刑、假释建议书;在减刑、假释裁定生效后,看守所发现罪犯不符合减刑、假释条件的,应当书面向作出裁定的人民法院提出撤销裁定建议。

第三十七条　看守所收到人民法院假释裁定书后,应当办理罪犯出所手续,发给假释证明书,并于三日内将罪犯的有关材料寄送罪犯居住地的县级司法行政机关。

第三十八条　被假释的罪犯被人民法院裁定撤销假释的,看守所应当在收到撤销假释裁定后将罪犯收监。

第三十九条　罪犯在假释期间死亡的,看守所应当将执行机关的书面通知归入罪犯档案,并在登记表中注明。

第五节　释　放

第四十条　看守所应当在罪犯服刑期满前一个月内,将其在所内表现、综合评估意见、帮教建议等送至其户籍所在地县级公安机关和司法行政机关(安置帮教工作协调小组办公室)。

第四十一条　罪犯服刑期满,看守所应当按期释放,发给刑满释放证明书,并告知其在规定期限内,持刑满释放证明书到原户籍所在地的公安派出所办理户籍登记手续;有代管钱物的,看守所应当如数发还。

刑满释放人员患有重病的,看守所应当通知其家属接回。

第四十二条　外国籍罪犯被判处附加驱逐出境的,看守所应当在罪犯服刑期满前十日通知所属公安机关出入境管理部门。

第三章　管　理
第一节　分押分管

第四十三条　看守所应当将男性和女性罪犯、成年和未成年罪犯分别关押和管理。

有条件的看守所,可以根据罪犯的犯罪类型、刑罚种类、性格特征、心理状况、健康状况、改造表现等,对罪犯实行分别关押和管理。

第四十四条　看守所应当根据罪犯的改造表现,对罪犯实行宽严有别的分级处遇。对罪犯适用分级处遇,按照有关规定,依据对罪犯改造表现的考核结果确定,并应当根据情况变化适时调整。

对不同处遇等级的罪犯,看守所应当在其活动范围、会见通讯、接收物品、文体活动、奖励等方面,分别实施相应的处遇。

第二节　会见、通讯、临时出所

第四十五条　罪犯可以与其亲属或者监护人每月会见一至二次,每次不超过一小时。每次前来会见罪犯的人员不超过三人。因特殊情况需要延长会见时间,增加会见人数,或者其亲属、监护人以外的人要求会见的,应当经看守所领导批准。

第四十六条　罪犯与受委托的律师会见,由律师向看守所提出申请,看守所应当查验授权委托书、律师事务所介绍信和律师执业证,并在四十八小时内予以安排。

第四十七条　依据我国参加的国际公约和缔结的领事条约的有关规定,外国驻华使(领)馆官员要求探视其本国籍罪犯,或者外国籍罪犯亲属、监护人首次要求会见的,应当向省级公安机关提出书面申请。看守所根据省级公安机关的书面通知予以安排。外国籍罪犯亲属或者监护人再次要求会见的,可以直接向看守所提出申请。

外国籍罪犯拒绝其所属国驻华使(领)馆官员或者其亲属、监护人探视的,看守所不予安排,但罪犯应当出具本人签名的书面声明。

第四十八条　经看守所领导批准,罪犯可以用指定的固定电话与其亲友、监护人通话;外国籍罪犯还可以与其所属国驻华使(领)馆通话。通话费用由罪犯本人承担。

第四十九条　少数民族罪犯可以使用其本民族语言文字会见、通讯;外国籍罪犯可以使用其本国语言文字会见、通讯。

第五十条　会见应当在看守所会见室进行。

罪犯近亲属、监护人不便到看守所会见,经其申请,看守所可以安排视频会见。

会见、通讯应当遵守看守所的有关规定。对违反规定的,看守所可以中止本次会见、通讯。

第五十一条　罪犯可以与其亲友或者监护人通信。看守所应当对罪犯的来往信件进行检查,发现有碍罪犯改造内容的信件可以扣留。

罪犯写给看守所的上级机关和司法机关的信件,不受检查。

第五十二条　办案机关因办案需要向罪犯了解有关情况的,应当出具办案机关证明和办案人员工作证,并经看守所领导批准后在看守所内进行。

第五十三条　因起赃、辨认、出庭作证、接受审判等需要将罪犯提出看守所的,办案机关应当出具公函,经看守所领导批准后提出,并当日送回。

侦查机关因办理其他案件需要将罪犯临时寄押到异地看守所取证,并持有侦查机关所在的设区的市一级以上公安机关公函的,看守所应当允许提出,并办理相关手续。

人民法院因再审开庭需要将罪犯提出看守所,并持有人民法院刑事再审决定书或者刑事裁定书,或者人民检察院抗诉书的,看守所应当允许提出,并办理相关手续。

第五十四条　被判处拘役的罪犯每月可以回家一至二日,由罪犯本人提出申请,管教民警签署意见,经看守所所长审核后,报所属公安机关批准。

第五十五条　被判处拘役的外国籍罪犯提出探亲申请的,看守所应当报设区的市一级以上公安机关审批。设区的市一级以上公安机关作出批准决定的,应当报上一级公安机关备案。

被判处拘役的外国籍罪犯探亲时,不得出境。

第五十六条　对于准许回家的拘役罪犯,看守所应当发给回家证明,并告知应当遵守的相关规定。

罪犯回家时间不能集中使用,不得将刑期末期作为回家时间,变相提前释放罪犯。

第五十七条　罪犯需要办理婚姻登记等必须由本人实施的民事法律行为的,应当向看守所提出书面申请,经看守所领导批准后出所办理,由二名以上民警押解,并于当日返回。

第五十八条　罪犯进行民事诉讼需要出庭时,应当委托诉讼代理人代为出庭。对于涉及人身关系的诉讼等必须由罪犯本人出庭的,凭人民法院出庭通知书办理临时离所手续,由人民法院司法警察负责押解看管,并于当日返回。

罪犯因特殊情况不宜离所出庭的,看守所可以与人民法院协商,根据《中华人民共和国民事诉讼法》第一百二十一条的规定,由人民法院到看守所开庭审理。

第五十九条　罪犯遇有配偶、父母、子女病危或者死亡,确需本人回家处理的,由当地公安派出所出具证明,经看守所所属公安机关领导批准,可以暂时离所,由二名以上民警押解,并于当日返回。

第三节　生活、卫生

第六十条　罪犯伙食按照国务院财政部门、公安部门制定的实物量标准执行。

第六十一条　罪犯应当着囚服。

第六十二条　对少数民族罪犯,应当尊重其生活、饮食习惯。罪犯患病治疗期间,看守所应当适当提高伙食标准。

第六十三条　看守所对罪犯收受的物品应当进行检查,非日常生活用品由看守所登记保管。罪犯收受的钱款,由看守所代为保管,并开具记账卡交与罪犯。

看守所检查、接收送给罪犯的物品、钱款后,应当开具回执交与送物人、送款人。

罪犯可以依照有关规定使用物品和支出钱款。罪犯刑满释放时,钱款余额和本人物品由其本人领回。

第六十四条　对患病的罪犯,看守所应当及时治疗;对患有传染病需要隔离治疗的,应当及时隔离治疗。

第六十五条　罪犯在服刑期间死亡的,看守所应当立即报告所属公安机关,并通知罪犯家属和人民检察院、原判人民法院。外国籍罪犯死亡的,应当立即层报至省级公安机关。

罪犯死亡的,由看守所所属公安机关或者医院对死亡原因作出鉴定。罪犯家属有异议的,可以向人民检察院提出。

第四节　考核、奖惩

第六十六条　看守所应当依照公开、公平、公正的原则,对罪犯改造表现实行量化考核。考核情况由管教民警填写。考核以罪犯认罪服法、遵守监规、接受教育、参加劳动等情况为主要内容。

考核结果作为对罪犯分级处遇、奖惩和提请减刑、假释的依据。

第六十七条　罪犯有下列情形之一的,看守所可以给予表扬、物质奖励或者记功:

(一)遵守管理规定,努力学习,积极劳动,有认罪服法表现的;

(二)阻止违法犯罪活动的;

(三)爱护公物或者在劳动中节约原材料,有成绩的;

(四)进行技术革新或者传授生产技术,有一定成效的;

(五)在防止或者消除灾害事故中作出一定贡献的;

(六)对国家和社会有其他贡献的。

对罪犯的物质奖励或者记功意见由管教民警提出，物质奖励由看守所领导批准，记功由看守所所务会研究决定。被判处有期徒刑的罪犯有前款所列情形之一，在服刑期间一贯表现好，离开看守所不致再危害社会的，看守所可以根据情况准其离所探亲。

第六十八条　罪犯申请离所探亲的，应当由其家属担保，经看守所所务会研究同意后，报所属公安机关领导批准。探亲时间不含路途时间，为三至七日。罪犯在探亲期间不得离开其亲属居住地，不得出境。

看守所所务会应当有书面记录，并由与会人员签名。

不得将罪犯离所探亲时间安排在罪犯刑期末期，变相提前释放罪犯。

第六十九条　对离所探亲的罪犯，看守所应当发给离所探亲证明书。罪犯应当在抵家的当日携带离所探亲证明书到当地公安派出所报到。返回看守所时，由该公安派出所将其离所探亲期间的表现在离所探亲证明书上注明。

第七十条　罪犯有下列破坏监管秩序情形之一，情节较轻的，予以警告；情节较重的，予以记过；情节严重的，予以禁闭；构成犯罪的，依法追究刑事责任：

（一）聚众哄闹，扰乱正常监管秩序的；

（二）辱骂或者殴打民警的；

（三）欺压其他罪犯的；

（四）盗窃、赌博、打架斗殴、寻衅滋事的；

（五）有劳动能力拒不参加劳动或者消极怠工，经教育不改的；

（六）以自伤、自残手段逃避劳动的；

（七）在生产劳动中故意违反操作规程，或者有意损坏生产工具的；

（八）有违反看守所管理规定的其他行为的。

对罪犯的记过、禁闭由管教民警提出意见，报看守所领导批准。禁闭时间为五至十日，禁闭期间暂停会见、通讯。

第七十一条　看守所对被禁闭的罪犯，应当指定专人进行教育帮助。对确已悔悟的，可以提前解除禁闭，由管教民警提出书面意见，报看守所领导批准；禁闭期满的，应当立即解除禁闭。

第四章　教育改造

第七十二条　看守所应当建立对罪犯的教育改造制度，对罪犯进行法制、道德、文化、技能等教育。

第七十三条　对罪犯的教育应当根据罪犯的犯罪类型、犯罪原因、恶性程度及其思想、行为、心理特征，坚持因人施教、以理服人、注重实效的原则，采取集体教育与个别教育相结合，所内教育与所外教育相结合的方法。

第七十四条　有条件的看守所应当设立教室、谈话室、文体活动室、图书室、阅览室、电化教育室、心理咨询室等教育改造场所，并配备必要的设施。

第七十五条　看守所应当结合时事、政治、重大事件等，适时对罪犯进行集体教育。

第七十六条　看守所应当根据每一名罪犯的具体情况，适时进行有针对性的教育。

第七十七条　看守所应当积极争取社会支持，配合看守所开展社会帮教活动。看守所可以组织罪犯到社会上参观学习，接受教育。

第七十八条　看守所应当根据不同情况，对罪犯进行文化教育，鼓励罪犯自学。

罪犯可以参加国家举办的高等教育自学考试，看守所应当为罪犯学习和考试提供方便。

第七十九条　看守所应当加强监区文化建设，组织罪犯开展适当的文体活动，创造有益于罪犯身心健康和发展的改造环境。

第八十条　看守所应当组织罪犯参加劳动，培养劳动技能，积极创造条件，组织罪犯参加各类职业技术教育培训。

第八十一条　看守所对罪犯的劳动时间，参照国家有关劳动工时的规定执行。

罪犯有在法定节日和休息日休息的权利。

第八十二条　看守所对于参加劳动的罪犯，可以酌量发给报酬并执行国家有关劳动保护的规定。

第八十三条　罪犯在劳动中致伤、致残或者死亡的，由看守所参照国家劳动保险的有关规定处理。

第五章　附　则

第八十四条　罪犯在看守所内又犯新罪的，由所属公安机关侦查。

第八十五条　看守所发现罪犯有判决前尚未发现的犯罪行为的，应当书面报告所属公安机关。

第八十六条　设区的市一级以上公安机关可以根据实际情况设置集中关押留所执行刑罚罪犯的看守所。

第八十七条　各省、自治区、直辖市公安厅、局和新疆生产建设兵团公安局可以依据本办法制定实施细则。

第八十八条　本办法自2013年11月23日起施行。2008年2月29日发布的《看守所留所执行刑罚罪犯管理办法》（公安部令第98号）同时废止。

最高人民法院关于死刑缓期执行限制减刑案件审理程序若干问题的规定

· 2011 年 4 月 20 日最高人民法院审判委员会第 1519 次会议通过
· 2011 年 4 月 25 日最高人民法院公告公布
· 自 2011 年 5 月 1 日起施行
· 法释〔2011〕8 号

为正确适用《中华人民共和国刑法修正案（八）》关于死刑缓期执行限制减刑的规定，根据刑事诉讼法的有关规定，结合审判实践，现就相关案件审理程序的若干问题规定如下：

第一条 根据刑法第五十条第二款的规定，对被判处死刑缓期执行的累犯以及因故意杀人、强奸、抢劫、绑架、放火、爆炸、投放危险物质或者有组织的暴力性犯罪被判处死刑缓期执行的犯罪分子，人民法院根据犯罪情节、人身危险性等情况，可以在作出裁判的同时决定对其限制减刑。

第二条 被告人对第一审人民法院作出的限制减刑判决不服的，可以提出上诉。被告人的辩护人和近亲属，经被告人同意，也可以提出上诉。

第三条 高级人民法院审理或者复核判处死刑缓期执行并限制减刑的案件，认为原判对被告人判处死刑缓期执行适当，但判决限制减刑不当的，应当改判，撤销限制减刑。

第四条 高级人民法院审理判处死刑缓期执行没有限制减刑的上诉案件，认为原判事实清楚、证据充分，但应当限制减刑的，不得直接改判，也不得发回重新审判。确有必要限制减刑的，应当在第二审判决、裁定生效后，按照审判监督程序重新审判。

高级人民法院复核判处死刑缓期执行没有限制减刑的案件，认为应当限制减刑的，不得以提高审级等方式对被告人限制减刑。

第五条 高级人民法院审理判处死刑的第二审案件，对被告人改判死刑缓期执行的，如果符合刑法第五十条第二款的规定，可以同时决定对其限制减刑。

高级人民法院复核判处死刑后没有上诉、抗诉的案件，认为应当改判死刑缓期执行并限制减刑的，可以提审或者发回重新审判。

第六条 最高人民法院复核死刑案件，认为对被告人可以判处死刑缓期执行并限制减刑的，应当裁定不予核准，并撤销原判，发回重新审判。

一案中两名以上被告人被判处死刑，最高人民法院复核后，对其中部分被告人改判死刑缓期执行的，如果符合刑法第五十条第二款的规定，可以同时决定对其限制减刑。

第七条 人民法院对被判处死刑缓期执行的被告人所作的限制减刑决定，应当在判决书主文部分单独作为一项予以宣告。

第八条 死刑缓期执行限制减刑案件审理程序的其他事项，依照刑事诉讼法和有关司法解释的规定执行。

最高人民法院、最高人民检察院、公安部、司法部关于对判处管制、宣告缓刑的犯罪分子适用禁止令有关问题的规定（试行）

· 2011 年 4 月 28 日
· 法发〔2011〕9 号

为正确适用《中华人民共和国刑法修正案（八）》，确保管制和缓刑的执行效果，根据刑法和刑事诉讼法的有关规定，现就判处管制、宣告缓刑的犯罪分子适用禁止令的有关问题规定如下：

第一条 对判处管制、宣告缓刑的犯罪分子，人民法院根据犯罪情况，认为从促进犯罪分子教育矫正、有效维护社会秩序的需要出发，确有必要禁止其在管制执行期间、缓刑考验期限内从事特定活动，进入特定区域、场所，接触特定人的，可以根据刑法第三十八条第二款、第七十二条第二款的规定，同时宣告禁止令。

第二条 人民法院宣告禁止令，应当根据犯罪分子的犯罪原因、犯罪性质、犯罪手段、犯罪后的悔罪表现、个人一贯表现等情况，充分考虑与犯罪分子所犯罪行的关联程度，有针对性地决定禁止其在管制执行期间、缓刑考验期限内"从事特定活动，进入特定区域、场所，接触特定的人"的一项或者几项内容。

第三条 人民法院可以根据犯罪情况，禁止判处管制、宣告缓刑的犯罪分子在管制执行期间、缓刑考验期限内从事以下一项或者几项活动：

（一）个人为进行违法犯罪活动而设立公司、企业、事业单位或者在设立公司、企业、事业单位后以实施犯罪为主要活动的，禁止设立公司、企业、事业单位；

（二）实施证券犯罪、贷款犯罪、票据犯罪、信用卡犯罪等金融犯罪的，禁止从事证券交易、申领贷款、使用票据或者申领、使用信用卡等金融活动；

（三）利用从事特定生产经营活动实施犯罪的，禁止

从事相关生产经营活动;

（四）附带民事赔偿义务未履行完毕,违法所得未追缴、退赔到位,或者罚金尚未足额缴纳的,禁止从事高消费活动;

（五）其他确有必要禁止从事的活动。

第四条　人民法院可以根据犯罪情况,禁止判处管制、宣告缓刑的犯罪分子在管制执行期间、缓刑考验期限内进入以下一类或者几类区域、场所:

（一）禁止进入夜总会、酒吧、迪厅、网吧等娱乐场所;

（二）未经执行机关批准,禁止进入举办大型群众性活动的场所;

（三）禁止进入中小学校区、幼儿园园区及周边地区,确因本人就学、居住等原因,经执行机关批准的除外;

（四）其他确有必要禁止进入的区域、场所。

第五条　人民法院可以根据犯罪情况,禁止判处管制、宣告缓刑的犯罪分子在管制执行期间、缓刑考验期限内接触以下一类或者几类人员:

（一）未经对方同意,禁止接触被害人及其法定代理人、近亲属;

（二）未经对方同意,禁止接触证人及其法定代理人、近亲属;

（三）未经对方同意,禁止接触控告人、批评人、举报人及其法定代理人、近亲属;

（四）禁止接触同案犯;

（五）禁止接触其他可能遭受其侵害、滋扰的人或者可能诱发其再次危害社会的人。

第六条　禁止令的期限,既可以与管制执行、缓刑考验的期限相同,也可以短于管制执行、缓刑考验的期限,但判处管制的,禁止令的期限不得少于三个月,宣告缓刑的,禁止令的期限不得少于二个月。

判处管制的犯罪分子在判决执行以前先行羁押以致管制执行的期限少于三个月的,禁止令的期限不受前款规定的最短期限的限制。

禁止令的执行期限,从管制、缓刑执行之日起计算。

第七条　人民检察院在提起公诉时,对可能判处管制、宣告缓刑的被告人可以提出宣告禁止令的建议。当事人、辩护人、诉讼代理人可以就应否对被告人宣告禁止令提出意见,并说明理由。

公安机关在移送审查起诉时,可以根据犯罪嫌疑人涉嫌犯罪的情况,就应否宣告禁止令及宣告何种禁止令,向人民检察院提出意见。

第八条　人民法院对判处管制、宣告缓刑的被告人宣告禁止令的,应当在裁判文书主文部分单独作为一项予以宣告。

第九条　禁止令由司法行政机关指导管理的社区矫正机构负责执行。

第十条　人民检察院对社区矫正机构执行禁止令的活动实行监督。发现有违反法律规定的情况,应当通知社区矫正机构纠正。

第十一条　判处管制的犯罪分子违反禁止令,或者被宣告缓刑的犯罪分子违反禁止令尚不属情节严重的,由负责执行禁止令的社区矫正机构所在地的公安机关依照《中华人民共和国治安管理处罚法》第六十条的规定处罚。

第十二条　被宣告缓刑的犯罪分子违反禁止令,情节严重的,应当撤销缓刑,执行原判刑罚。原作出缓刑裁判的人民法院应当自收到当地社区矫正机构提出的撤销缓刑建议书之日起一个月内依法作出裁定。人民法院撤销缓刑的裁定一经作出,立即生效。

违反禁止令,具有下列情形之一的,应当认定为"情节严重":

（一）三次以上违反禁止令的;

（二）因违反禁止令被治安管理处罚后,再次违反禁止令的;

（三）违反禁止令,发生较为严重危害后果的;

（四）其他情节严重的情形。

第十三条　被宣告禁止令的犯罪分子被依法减刑时,禁止令的期限可以相应缩短,由人民法院在减刑裁定中确定新的禁止令期限。

2. 附加刑

最高人民法院关于刑事裁判涉财产部分执行的若干规定

· 2014年9月1日最高人民法院审判委员会第1625次会议通过
· 2014年10月30日最高人民法院公告公布
· 自2014年11月6日起施行
· 法释〔2014〕13号

为进一步规范刑事裁判涉财产部分的执行,维护当事人合法权益,根据《中华人民共和国刑法》《中华人民共和国刑事诉讼法》等法律规定,结合人民法院执行工作实际,制定本规定。

第一条　本规定所称刑事裁判涉财产部分的执行，是指发生法律效力的刑事裁判主文确定的下列事项的执行：

（一）罚金、没收财产；

（二）责令退赔；

（三）处置随案移送的赃款赃物；

（四）没收随案移送的供犯罪所用本人财物；

（五）其他应当由人民法院执行的相关事项。

刑事附带民事裁判的执行，适用民事执行的有关规定。

第二条　刑事裁判涉财产部分，由第一审人民法院执行。第一审人民法院可以委托财产所在地的同级人民法院执行。

第三条　人民法院办理刑事裁判涉财产部分执行案件的期限为六个月。有特殊情况需要延长的，经本院院长批准，可以延长。

第四条　人民法院刑事审判中可能判处被告人财产刑、责令退赔的，刑事审判部门应当依法对被告人的财产状况进行调查；发现可能隐匿、转移财产的，应当及时查封、扣押、冻结其相应财产。

第五条　刑事审判或者执行中，对于侦查机关已经采取的查封、扣押、冻结，人民法院应当在期限届满前及时续行查封、扣押、冻结。人民法院续行查封、扣押、冻结的顺位与侦查机关查封、扣押、冻结的顺位相同。

对侦查机关查封、扣押、冻结的财产，人民法院执行中可以直接裁定处置，无需侦查机关出具解除手续，但裁定中应当指明侦查机关查封、扣押、冻结的事实。

第六条　刑事裁判涉财产部分的裁判内容，应当明确、具体。涉案财物或者被害人人数较多，不宜在判决主文中详细列明的，可以概括叙明并另附清单。

判处没收部分财产的，应当明确没收的具体财物或者金额。

判处追缴或者责令退赔的，应当明确追缴或者退赔的金额或财物的名称、数量等相关情况。

第七条　由人民法院执行机构负责执行的刑事裁判涉财产部分，刑事审判部门应当及时移送立案部门审查立案。

移送立案应当提交生效裁判文书及其附件和其他相关材料，并填写《移送执行表》。《移送执行表》应当载明以下内容：

（一）被执行人、被害人的基本信息；

（二）已查明的财产状况或者财产线索；

（三）随案移送的财产和已经处置财产的情况；

（四）查封、扣押、冻结财产的情况；

（五）移送执行的时间；

（六）其他需要说明的情况。

人民法院立案部门经审查，认为属于移送范围且移送材料齐全的，应当在七日内立案，并移送执行机构。

第八条　人民法院可以向刑罚执行机关、社区矫正机构等有关单位调查被执行人的财产状况，并可以根据不同情形要求有关单位协助采取查封、扣押、冻结、划拨等执行措施。

第九条　判处没收财产的，应当执行刑事裁判生效时被执行人合法所有的财产。

执行没收财产或罚金刑，应当参照被扶养人住所地政府公布的上年度当地居民最低生活费标准，保留被执行人及其所扶养家属的生活必需费用。

第十条　对赃款赃物及其收益，人民法院应当一并追缴。

被执行人将赃款赃物投资或者置业，对因此形成的财产及其收益，人民法院应予追缴。

被执行人将赃款赃物与其他合法财产共同投资或者置业，对因此形成的财产中与赃款赃物对应的份额及其收益，人民法院应予追缴。

对于被害人的损失，应当按照刑事裁判认定的实际损失予以发还或者赔偿。

第十一条　被执行人将刑事裁判认定为赃款赃物的涉案财物用于清偿债务、转让或者设置其他权利负担，具有下列情形之一的，人民法院应予追缴：

（一）第三人明知是涉案财物而接受的；

（二）第三人无偿或者以明显低于市场的价格取得涉案财物的；

（三）第三人通过非法债务清偿或者违法犯罪活动取得涉案财物的；

（四）第三人通过其他恶意方式取得涉案财物的。

第三人善意取得涉案财物的，执行程序中不予追缴。作为原所有人的被害人对该涉案财物主张权利的，人民法院应当告知其通过诉讼程序处理。

第十二条　被执行财产需要变价的，人民法院执行机构应当依法采取拍卖、变卖等变价措施。

涉案财物最后一次拍卖未能成交，需要上缴国库的，人民法院应当通知有关财政机关以该次拍卖保留价予以接收；有关财政机关要求继续变价的，可以进行无保留价拍卖。需要退赔被害人的，以该次拍卖保留价以物退赔；

被害人不同意以物退赔的,可以进行无保留价拍卖。

第十三条　被执行人在执行中同时承担刑事责任、民事责任,其财产不足以支付的,按照下列顺序执行:

(一)人身损害赔偿中的医疗费用;

(二)退赔被害人的损失;

(三)其他民事债务;

(四)罚金;

(五)没收财产。

债权人对执行标的依法享有优先受偿权,其主张优先受偿的,人民法院应当在前款第(一)项规定的医疗费用受偿后,予以支持。

第十四条　执行过程中,当事人、利害关系人认为执行行为违反法律规定,或者案外人对执行标的主张足以阻止执行的实体权利,向执行法院提出书面异议的,执行法院应当依照民事诉讼法第二百二十五条的规定处理。

人民法院审查案外人异议、复议,应当公开听证。

第十五条　执行过程中,案外人或被害人认为刑事裁判中对涉案财物是否属于赃款赃物认定错误或者应予认定而未认定,向执行法院提出书面异议,可以通过裁定补正的,执行机构应当将异议材料移送刑事审判部门处理;无法通过裁定补正的,应当告知异议人通过审判监督程序处理。

第十六条　人民法院办理刑事裁判涉财产部分执行案件,刑法、刑事诉讼法及有关司法解释没有相应规定的,参照适用民事执行的有关规定。

第十七条　最高人民法院此前发布的司法解释与本规定不一致的,以本规定为准。

最高人民法院关于在执行附加刑剥夺政治权利期间犯新罪应如何处理的批复

· 2009年3月30日最高人民法院审判委员会第1465次会议通过
· 2009年5月25日最高人民法院公告公布
· 自2009年6月10日起施行
· 法释〔2009〕10号

上海市高级人民法院:

你院《关于被告人在执行附加刑剥夺政治权利期间重新犯罪适用法律问题的请示》(沪高法〔2008〕24号)收悉。经研究,批复如下:

一、对判处有期徒刑并处剥夺政治权利的罪犯,主刑已执行完毕,在执行附加刑剥夺政治权利期间又犯新罪,如果所犯新罪无须附加剥夺政治权利的,依照刑法第七十一条的规定数罪并罚。

二、前罪尚未执行完毕的附加刑剥夺政治权利的刑期从新罪的主刑有期徒刑执行之日起停止计算,并依照刑法第五十八条规定从新罪的主刑有期徒刑执行完毕之日或者假释之日起继续计算;附加刑剥夺政治权利的效力施用于新罪的主刑执行期间。

三、对判处有期徒刑的罪犯,主刑已执行完毕,在执行附加刑剥夺政治权利期间又犯新罪,如果所犯新罪也剥夺政治权利的,依照刑法第五十五条、第五十七条、第七十一条的规定并罚。

最高人民法院关于对故意伤害、盗窃等严重破坏社会秩序的犯罪分子能否附加剥夺政治权利问题的批复

· 1997年12月23日最高人民法院审判委员会第952次会议通过
· 1997年12月31日最高人民法院公告公布
· 自1998年1月13日公布起施行
· 法释〔1997〕11号

福建省高级人民法院:

你院《关于对故意伤害、盗窃(重大)等犯罪分子被判处有期徒刑的,能否附加剥夺政治权利的请示》收悉。经研究,答复如下:

根据刑法第五十六条规定,对于故意杀人、强奸、放火、爆炸、投毒、抢劫等严重破坏社会秩序的犯罪分子,可以附加剥夺政治权利。对故意伤害、盗窃等其他严重破坏社会秩序的犯罪,犯罪分子主观恶性较深、犯罪情节恶劣、罪行严重的,也可以依法附加剥夺政治权利。

此复

3. 监外执行

中华人民共和国社区矫正法

· 2019年12月28日第十三届全国人民代表大会常务委员会第十五次会议通过
· 2019年12月28日中华人民共和国主席令第40号公布
· 自2020年7月1日起施行

第一章　总　则

第一条　为了推进和规范社区矫正工作,保障刑事判决、刑事裁定和暂予监外执行决定的正确执行,提高教

育矫正质量,促进社区矫正对象顺利融入社会,预防和减少犯罪,根据宪法,制定本法。

第二条　对被判处管制、宣告缓刑、假释和暂予监外执行的罪犯,依法实行社区矫正。

对社区矫正对象的监督管理、教育帮扶等活动,适用本法。

第三条　社区矫正工作坚持监督管理与教育帮扶相结合,专门机关与社会力量相结合,采取分类管理、个别化矫正,有针对性地消除社区矫正对象可能重新犯罪的因素,帮助其成为守法公民。

第四条　社区矫正对象应当依法接受社区矫正,服从监督管理。

社区矫正工作应当依法进行,尊重和保障人权。社区矫正对象依法享有的人身权利、财产权利和其他权利不受侵犯,在就业、就学和享受社会保障等方面不受歧视。

第五条　国家支持社区矫正机构提高信息化水平,运用现代信息技术开展监督管理和教育帮扶。社区矫正工作相关部门之间依法进行信息共享。

第六条　各级人民政府应当将社区矫正经费列入本级政府预算。

居民委员会、村民委员会和其他社会组织依法协助社区矫正机构开展工作所需的经费应当按照规定列入社区矫正机构本级政府预算。

第七条　对在社区矫正工作中做出突出贡献的组织、个人,按照国家有关规定给予表彰、奖励。

第二章　机构、人员和职责

第八条　国务院司法行政部门主管全国的社区矫正工作。县级以上地方人民政府司法行政部门主管本行政区域内的社区矫正工作。

人民法院、人民检察院、公安机关和其他有关部门依照各自职责,依法做好社区矫正工作。人民检察院依法对社区矫正工作实行法律监督。

地方人民政府根据需要设立社区矫正委员会,负责统筹协调和指导本行政区域内的社区矫正工作。

第九条　县级以上地方人民政府根据需要设置社区矫正机构,负责社区矫正工作的具体实施。社区矫正机构的设置和撤销,由县级以上地方人民政府司法行政部门提出意见,按照规定的权限和程序审批。

司法所根据社区矫正机构的委托,承担社区矫正相关工作。

第十条　社区矫正机构应当配备具有法律等专业知识的专门国家工作人员(以下称社区矫正机构工作人员),履行监督管理、教育帮扶等执法职责。

第十一条　社区矫正机构根据需要,组织具有法律、教育、心理、社会工作等专业知识或者实践经验的社会工作者开展社区矫正相关工作。

第十二条　居民委员会、村民委员会依法协助社区矫正机构做好社区矫正工作。

社区矫正对象的监护人、家庭成员,所在单位或者就读学校应当协助社区矫正机构做好社区矫正工作。

第十三条　国家鼓励、支持企业事业单位、社会组织、志愿者等社会力量依法参与社区矫正工作。

第十四条　社区矫正机构工作人员应当严格遵守宪法和法律,忠于职守,严守纪律,清正廉洁。

第十五条　社区矫正机构工作人员和其他参与社区矫正工作的人员依法开展社区矫正工作,受法律保护。

第十六条　国家推进高素质的社区矫正工作队伍建设。社区矫正机构应当加强对社区矫正工作人员的管理、监督、培训和职业保障,不断提高社区矫正工作的规范化、专业化水平。

第三章　决定和接收

第十七条　社区矫正决定机关判处管制、宣告缓刑、裁定假释、决定或者批准暂予监外执行时应当确定社区矫正执行地。

社区矫正执行地为社区矫正对象的居住地。社区矫正对象在多个地方居住的,可以确定经常居住地为执行地。

社区矫正对象的居住地、经常居住地无法确定或者不适宜执行社区矫正的,社区矫正决定机关应当根据有利于社区矫正对象接受矫正、更好地融入社会的原则,确定执行地。

本法所称社区矫正决定机关,是指依法判处管制、宣告缓刑、裁定假释、决定暂予监外执行的人民法院和依法批准暂予监外执行的监狱管理机关、公安机关。

第十八条　社区矫正决定机关根据需要,可以委托社区矫正机构或者有关社会组织对被告人或者罪犯的社会危险性和对所居住社区的影响,进行调查评估,提出意见,供决定社区矫正时参考。居民委员会、村民委员会等组织应当提供必要的协助。

第十九条　社区矫正决定机关判处管制、宣告缓刑、裁定假释、决定或者批准暂予监外执行,应当按照刑法、刑事诉讼法等法律规定的条件和程序进行。

社区矫正决定机关应当对社区矫正对象进行教育,

告知其在社区矫正期间应当遵守的规定以及违反规定的法律后果,责令其按时报到。

第二十条　社区矫正决定机关应当自判决、裁定或者决定生效之日起五日内通知执行地社区矫正机构,并在十日内送达有关法律文书,同时抄送人民检察院和执行地公安机关。社区矫正决定地与执行地不在同一地方的,由执行地社区矫正机构将法律文书转送所在地的人民检察院、公安机关。

第二十一条　人民法院判处管制、宣告缓刑、裁定假释的社区矫正对象,应当自判决、裁定生效之日起十日内到执行地社区矫正机构报到。

人民法院决定暂予监外执行的社区矫正对象,由看守所或者执行取保候审、监视居住的公安机关自收到决定之日起十日内将社区矫正对象移送社区矫正机构。

监狱管理机关、公安机关批准暂予监外执行的社区矫正对象,由监狱或者看守所自收到批准决定之日起十日内将社区矫正对象移送社区矫正机构。

第二十二条　社区矫正机构应当依法接收社区矫正对象,核对法律文书、核实身份、办理接收登记、建立档案,并宣告社区矫正对象的犯罪事实、执行社区矫正的期限以及应当遵守的规定。

第四章　监督管理

第二十三条　社区矫正对象在社区矫正期间应当遵守法律、行政法规,履行判决、裁定、暂予监外执行决定等法律文书确定的义务,遵守国务院司法行政部门关于报告、会客、外出、迁居、保外就医等监督管理规定,服从社区矫正机构的管理。

第二十四条　社区矫正机构应当根据裁判内容和社区矫正对象的性别、年龄、心理特点、健康状况、犯罪原因、犯罪类型、犯罪情节、悔罪表现等情况,制定有针对性的矫正方案,实现分类管理、个别化矫正。矫正方案应当根据社区矫正对象的表现等情况相应调整。

第二十五条　社区矫正机构应当根据社区矫正对象的情况,为其确定矫正小组,负责落实相应的矫正方案。

根据需要,矫正小组可以由司法所、居民委员会、村民委员会的人员,社区矫正对象的监护人、家庭成员,所在单位或者就读学校的人员以及社会工作者、志愿者等组成。社区矫正对象为女性的,矫正小组中应有女性成员。

第二十六条　社区矫正机构应当了解掌握社区矫正对象的活动情况和行为表现。社区矫正机构可以通过通信联络、信息化核查、实地查访等方式核实有关情况,有

关单位和个人应当予以配合。

社区矫正机构开展实地查访等工作时,应当保护社区矫正对象的身份信息和个人隐私。

第二十七条　社区矫正对象离开所居住的市、县或者迁居,应当报经社区矫正机构批准。社区矫正机构对于有正当理由的,应当批准;对于因正常工作和生活需要经常性跨市、县活动的,可以根据情况,简化批准程序和方式。

因社区矫正对象迁居等原因需要变更执行地的,社区矫正机构应当按照有关规定作出变更决定。社区矫正机构作出变更决定后,应当通知社区矫正决定机关和变更后的社区矫正机构,并将有关法律文书抄送变更后的社区矫正机构。变更后的社区矫正机构应当将法律文书转送所在地的人民检察院、公安机关。

第二十八条　社区矫正机构根据社区矫正对象的表现,依照有关规定对其实施考核奖惩。社区矫正对象认罪悔罪、遵守法律法规、服从监督管理、接受教育表现突出的,应当给予表扬。社区矫正对象违反法律法规或者监督管理规定的,应当视情节依法给予训诫、警告、提请公安机关予以治安管理处罚,或者依法提请撤销缓刑、撤销假释、对暂予监外执行的收监执行。

对社区矫正对象的考核结果,可以作为认定其是否确有悔改表现或者是否严重违反监督管理规定的依据。

第二十九条　社区矫正对象有下列情形之一的,经县级司法行政部门负责人批准,可以使用电子定位装置,加强监督管理:

(一)违反人民法院禁止令的;

(二)无正当理由,未经批准离开所居住的市、县的;

(三)拒不按照规定报告自己的活动情况,被给予警告的;

(四)违反监督管理规定,被给予治安管理处罚的;

(五)拟提请撤销缓刑、假释或者暂予监外执行收监执行的。

前款规定的使用电子定位装置的期限不得超过三个月。对于不需要继续使用的,应当及时解除;对于期限届满后,经评估仍有必要继续使用的,经过批准,期限可以延长,每次不得超过三个月。

社区矫正机构对通过电子定位装置获得的信息应当严格保密,有关信息只能用于社区矫正工作,不得用于其他用途。

第三十条　社区矫正对象失去联系的,社区矫正机

构应当立即组织查找，公安机关等有关单位和人员应当予以配合协助。查找到社区矫正对象后，应当区别情形依法作出处理。

第三十一条　社区矫正机构发现社区矫正对象正在实施违反监督管理规定的行为或者违反人民法院禁止令等违法行为的，应当立即制止；制止无效的，应当立即通知公安机关到场处置。

第三十二条　社区矫正对象有被依法决定拘留、强制隔离戒毒、采取刑事强制措施等限制人身自由情形的，有关机关应当及时通知社区矫正机构。

第三十三条　社区矫正对象符合刑法规定的减刑条件的，社区矫正机构应当向社区矫正执行地的中级以上人民法院提出减刑建议，并将减刑建议书抄送同级人民检察院。

人民法院应当在收到社区矫正机构的减刑建议书后三十日内作出裁定，并将裁定书送达社区矫正机构，同时抄送人民检察院、公安机关。

第三十四条　开展社区矫正工作，应当保障社区矫正对象的合法权益。社区矫正的措施和方法应当避免对社区矫正对象的正常工作和生活造成不必要的影响；非依法律规定，不得限制或者变相限制社区矫正对象的人身自由。

社区矫正对象认为其合法权益受到侵害的，有权向人民检察院或者有关机关申诉、控告和检举。受理机关应当及时办理，并将办理结果告知申诉人、控告人和检举人。

第五章　教育帮扶

第三十五条　县级以上地方人民政府及其有关部门应当通过多种形式为教育帮扶社区矫正对象提供必要的场所和条件，组织动员社会力量参与教育帮扶工作。

有关人民团体应当依法协助社区矫正机构做好教育帮扶工作。

第三十六条　社区矫正机构根据需要，对社区矫正对象进行法治、道德等教育，增强其法治观念，提高其道德素质和悔罪意识。

对社区矫正对象的教育应当根据其个体特征、日常表现等实际情况，充分考虑其工作和生活情况，因人施教。

第三十七条　社区矫正机构可以协调有关部门和单位，依法对就业困难的社区矫正对象开展职业技能培训、就业指导，帮助社区矫正对象中的在校学生完成学业。

第三十八条　居民委员会、村民委员会可以引导志愿者和社区群众，利用社区资源，采取多种形式，对有特殊困难的社区矫正对象进行必要的教育帮扶。

第三十九条　社区矫正对象的监护人、家庭成员，所在单位或者就读学校应当协助社区矫正机构做好对社区矫正对象的教育。

第四十条　社区矫正机构可以通过公开择优购买社区矫正社会工作服务或者其他社会服务，为社区矫正对象在教育、心理辅导、职业技能培训、社会关系改善等方面提供必要的帮扶。

社区矫正机构也可以通过项目委托社会组织等方式开展上述帮扶活动。国家鼓励有经验和资源的社会组织跨地区开展帮扶交流和示范活动。

第四十一条　国家鼓励企业事业单位、社会组织为社区矫正对象提供就业岗位和职业技能培训。招用符合条件的社区矫正对象的企业，按照规定享受国家优惠政策。

第四十二条　社区矫正机构可以根据社区矫正对象的个人特长，组织其参加公益活动，修复社会关系，培养社会责任感。

第四十三条　社区矫正对象可以按照国家有关规定申请社会救助、参加社会保险、获得法律援助，社区矫正机构应当给予必要的协助。

第六章　解除和终止

第四十四条　社区矫正对象矫正期满或者被赦免的，社区矫正机构应当向社区矫正对象发放解除社区矫正证明书，并通知社区矫正决定机关、所在地的人民检察院、公安机关。

第四十五条　社区矫正对象被裁定撤销缓刑、假释，被决定收监执行，或者社区矫正对象死亡的，社区矫正终止。

第四十六条　社区矫正对象具有刑法规定的撤销缓刑、假释情形的，应当由人民法院撤销缓刑、假释。

对于在考验期限内犯新罪或者发现判决宣告以前还有其他罪没有判决的，应当由审理该案件的人民法院撤销缓刑、假释，并书面通知原审人民法院和执行地社区矫正机构。

对于有第二款规定以外的其他需要撤销缓刑、假释情形的，社区矫正机构应当向原审人民法院或者执行地人民法院提出撤销缓刑、假释建议，并将建议书抄送人民检察院。社区矫正机构提出撤销缓刑、假释建议时，应当说明理由，并提供有关证据材料。

第四十七条　被提请撤销缓刑、假释的社区矫正对象可能逃跑或者可能发生社会危险的，社区矫正机构可以在提出撤销缓刑、假释建议的同时，提请人民法院决定对其予以逮捕。

人民法院应当在四十八小时内作出是否逮捕的决定。决定逮捕的，由公安机关执行。逮捕后的羁押期限不得超过三十日。

第四十八条　人民法院应当在收到社区矫正机构撤销缓刑、假释建议书后三十日内作出裁定，将裁定书送达社区矫正机构和公安机关，并抄送人民检察院。

人民法院拟撤销缓刑、假释的，应当听取社区矫正对象的申辩及其委托的律师的意见。

人民法院裁定撤销缓刑、假释的，公安机关应当及时将社区矫正对象送交监狱或者看守所执行。执行以前被逮捕的，羁押一日折抵刑期一日。

人民法院裁定不予撤销缓刑、假释的，对被逮捕的社区矫正对象，公安机关应当立即予以释放。

第四十九条　暂予监外执行的社区矫正对象具有刑事诉讼法规定的应当予以收监情形的，社区矫正机构应当向执行地或者原社区矫正决定机关提出收监执行建议，并将建议书抄送人民检察院。

社区矫正决定机关应当在收到建议书后三十日内作出决定，将决定书送达社区矫正机构和公安机关，并抄送人民检察院。

人民法院、公安机关对暂予监外执行的社区矫正对象决定收监执行的，由公安机关立即将社区矫正对象送交监狱或者看守所收监执行。

监狱管理机关对暂予监外执行的社区矫正对象决定收监执行的，监狱应当立即将社区矫正对象收监执行。

第五十条　被裁定撤销缓刑、假释和被决定收监执行的社区矫正对象逃跑的，由公安机关追捕，社区矫正机构、有关单位和个人予以协助。

第五十一条　社区矫正对象在社区矫正期间死亡的，其监护人、家庭成员应当及时向社区矫正机构报告。社区矫正机构应当及时通知社区矫正决定机关、所在地的人民检察院、公安机关。

第七章　未成年人社区矫正特别规定

第五十二条　社区矫正机构应当根据未成年社区矫正对象的年龄、心理特点、发育需要、成长经历、犯罪原因、家庭监护教育条件等情况，采取针对性的矫正措施。

社区矫正机构为未成年社区矫正对象确定矫正小组，应当吸收熟悉未成年人身心特点的人员参加。

对未成年人的社区矫正，应当与成年人分别进行。

第五十三条　未成年社区矫正对象的监护人应当履行监护责任，承担抚养、管教等义务。

监护人怠于履行监护职责的，社区矫正机构应当督促、教育其履行监护责任。监护人拒不履行监护职责的，通知有关部门依法作出处理。

第五十四条　社区矫正机构工作人员和其他依法参与社区矫正工作的人员对履行职责过程中获得的未成年人身份信息应当予以保密。

除司法机关办案需要或者有关单位根据国家规定查询外，未成年社区矫正对象的档案信息不得提供给任何单位或者个人。依法进行查询的单位，应当对获得的信息予以保密。

第五十五条　对未完成义务教育的未成年社区矫正对象，社区矫正机构应当通知并配合教育部门为其完成义务教育提供条件。未成年社区矫正对象的监护人应当依法保证其按时入学接受并完成义务教育。

年满十六周岁的社区矫正对象有就业意愿的，社区矫正机构可以协调有关部门和单位为其提供职业技能培训，给予就业指导和帮助。

第五十六条　共产主义青年团、妇女联合会、未成年人保护组织应当依法协助社区矫正机构做好未成年人社区矫正工作。

国家鼓励其他未成年人相关社会组织参与未成年人社区矫正工作，依法给予政策支持。

第五十七条　未成年社区矫正对象在复学、升学、就业等方面依法享有与其他未成年人同等的权利，任何单位和个人不得歧视。有歧视行为的，应当由教育、人力资源和社会保障等部门依法作出处理。

第五十八条　未成年社区矫正对象在社区矫正期间年满十八周岁的，继续按照未成年人社区矫正有关规定执行。

第八章　法律责任

第五十九条　社区矫正对象在社区矫正期间有违反监督管理规定行为的，由公安机关依照《中华人民共和国治安管理处罚法》的规定给予处罚；具有撤销缓刑、假释或者暂予监外执行收监情形的，应当依法作出处理。

第六十条　社区矫正对象殴打、威胁、侮辱、骚扰、报复社区矫正机构工作人员和其他依法参与社区矫正工作的人员及其近亲属，构成犯罪的，依法追究刑事责任；尚不构成犯罪的，由公安机关依法给予治安管理处罚。

第六十一条　社区矫正机构工作人员和其他国家工作人员有下列行为之一的，应当给予处分；构成犯罪的，依法追究刑事责任：

（一）利用职务或者工作便利索取、收受贿赂的；

（二）不履行法定职责的；

（三）体罚、虐待社区矫正对象，或者违反法律规定限制或者变相限制社区矫正对象的人身自由的；

（四）泄露社区矫正工作秘密或者其他依法应当保密的信息的；

（五）对依法申诉、控告或者检举的社区矫正对象进行打击报复的；

（六）有其他违纪违法行为的。

第六十二条　人民检察院发现社区矫正工作违反法律规定的，应当依法提出纠正意见、检察建议。有关单位应当将采纳纠正意见、检察建议的情况书面回复人民检察院，没有采纳的应当说明理由。

第九章　附　则

第六十三条　本法自 2020 年 7 月 1 日起施行。

中央社会治安综合治理委员会办公室、最高人民法院、最高人民检察院、公安部、司法部关于加强和规范监外执行工作的意见

· 2009 年 6 月 25 日
· 高检会〔2009〕3 号

为加强和规范被判处管制、剥夺政治权利、宣告缓刑、假释、暂予监外执行罪犯的交付执行、监督管理及其检察监督等工作，保证刑罚的正确执行，根据《中华人民共和国刑法》、《中华人民共和国刑事诉讼法》、《中华人民共和国监狱法》、《中华人民共和国治安管理处罚法》等有关规定，结合工作实际，提出如下意见：

一、加强和规范监外执行的交付执行

1. 人民法院对罪犯判处管制、单处剥夺政治权利、宣告缓刑的，应当在判决、裁定生效后五个工作日内，核实罪犯居住地后将判决书、裁定书、执行通知书送达罪犯居住地县级公安机关主管部门，并抄送罪犯居住地县级人民检察院监所检察部门。

2. 监狱管理机关、公安机关决定罪犯暂予监外执行的，交付执行的监狱、看守所应当将罪犯押解至居住地，与罪犯居住地县级公安机关办理移交手续，并将暂予监外执行决定书等法律文书抄送罪犯居住地县级公安机关主管部门、县级人民检察院监所检察部门。

3. 罪犯服刑地与居住地不在同一省、自治区、直辖市，需要回居住地暂予监外执行的，服刑地的省级监狱管理机关、公安机关监所管理部门应当书面通知罪犯居住地的同级监狱管理机关、公安机关监所管理部门，由其指定一所监狱、看守所接收罪犯档案，负责办理该罪犯暂予监外执行情形消失后的收监、刑满释放等手续，并通知罪犯居住地县级公安机关主管部门、县级人民检察院监所检察部门。

4. 人民法院决定暂予监外执行的罪犯，判决、裁定生效前已被羁押的，由公安机关依照有关规定办理移交。判决、裁定生效前未被羁押的，由人民法院通知罪犯居住地的县级公安机关执行。人民法院应当在作出暂予监外执行决定后五个工作日内，将暂予监外执行决定书和判决书、裁定书、执行通知书送达罪犯居住地县级公安机关主管部门，并抄送罪犯居住地县级人民检察院监所检察部门。

5. 对于裁定假释的，人民法院应当将假释裁定书送达提请假释的执行机关和承担监所检察任务的人民检察院。监狱、看守所应当核实罪犯居住地，并在释放罪犯后五个工作日内将假释证明书副本、判决书、裁定书等法律文书送达罪犯居住地县级公安机关主管部门，抄送罪犯居住地县级人民检察院监所检察部门。对主刑执行完毕后附加执行剥夺政治权利的罪犯，监狱、看守所应当核实罪犯居住地，并在释放罪犯前一个月将刑满释放通知书、执行剥夺政治权利附加刑所依据的判决书、裁定书等法律文书送达罪犯居住地县级公安机关主管部门，抄送罪犯居住地县级人民检察院监所检察部门。

6. 被判处管制、剥夺政治权利、缓刑罪犯的判决、裁定作出后，以及被假释罪犯、主刑执行完毕后附加执行剥夺政治权利罪犯出监时，人民法院、监狱、看守所应当书面告知其必须按时到居住地公安派出所报到，以及不按时报到应承担的法律责任，并由罪犯本人在告知书上签字。自人民法院判决、裁定生效之日起或者监狱、看守所释放罪犯之日起，在本省、自治区、直辖市裁判或者服刑、羁押的应当在十日内报到，在外省、自治区、直辖市裁判或者服刑、羁押的应当在二十日内报到。告知书一式三份，一份交监外执行罪犯本人，一份送达执行地县级公安机关，一份由告知机关存档。

7. 执行地公安机关收到人民法院、监狱、看守所送达的法律文书后，应当在五个工作日内送达回执。

二、加强和规范监外执行罪犯的监督管理

8. 监外执行罪犯未在规定时间内报到的，公安派出所应当上报县级公安机关主管部门，由县级公安机关通

报作出判决、裁定或者决定的机关。

9. 执行地公安机关认为罪犯暂予监外执行条件消失的，应当及时书面建议批准、决定暂予监外执行的机关或者接收该罪犯档案的监狱的上级主管机关收监执行。批准、决定机关或者接收该罪犯档案的监狱的上级主管机关审查后认为需要收监执行的，应当制作收监执行决定书，分别送达执行地公安机关和负责收监执行的监狱。执行地公安机关收到收监执行决定书后，应当立即将罪犯收押，并通知监狱到羁押地将罪犯收监执行。

对于公安机关批准的暂予监外执行罪犯，暂予监外执行条件消失的，执行地公安机关应当及时制作收监执行通知书，通知负责收监执行的看守所立即将罪犯收监执行。

10. 公安机关对暂予监外执行罪犯未经批准擅自离开所居住的市、县，经警告拒不改正，或者拒不报告行踪、下落不明的，可以按照有关程序上网追逃。

11. 人民法院决定暂予监外执行罪犯收监执行的，由罪犯居住地公安机关根据人民法院的决定，剩余刑期在一年以上的送交暂予监外执行地就近监狱执行，剩余刑期在一年以下的送交暂予监外执行地看守所代为执行。

12. 暂予监外执行罪犯未经批准擅自离开所居住的市、县，经警告拒不改正的，或者拒不报告行踪、下落不明的，或者采取自伤、自残、欺骗、贿赂等手段骗取、拖延暂予监外执行的，或者两次以上无正当理由不按时提交医疗、诊断病历材料的，批准、决定机关应当根据执行地公安机关建议，及时作出对其收监执行的决定。

对公安机关批准的暂予监外执行罪犯发生上述情形的，执行地公安机关应当及时作出对其收监执行的决定。

13. 公安机关应当建立对监外执行罪犯的考核奖惩制度，根据考核结果，对表现良好的应当给予表扬奖励；对符合法定减刑条件的，应当依法提出减刑建议，人民法院应当依法裁定。执行机关减刑建议书副本和人民法院减刑裁定书副本应当抄送同级人民检察院监所检察部门。

14. 监外执行罪犯在执行期、考验期内，违反法律、行政法规或者国务院公安部门有关监督管理规定的，由公安机关依照《中华人民共和国治安管理处罚法》第六十条的规定给予治安管理处罚。

15. 被宣告缓刑、假释的罪犯在缓刑、假释考验期间有下列情形之一的，由与原裁判人民法院同级的执行地公安机关提出撤销缓刑、假释的建议：

（1）人民法院、监狱、看守所已书面告知罪犯应当按

时到执行地公安机关报到，罪犯未在规定的时间内报到，脱离监管三个月以上的；

（2）未经执行地公安机关批准擅自离开所居住的市、县或者迁居，脱离监管三个月以上的；

（3）未按照执行地公安机关的规定报告自己的活动情况或者不遵守执行机关关于会客等规定，经过三次教育仍然拒不改正的；

（4）有其他违反法律、行政法规或者国务院公安部门有关缓刑、假释的监督管理规定行为，情节严重的。

16. 人民法院裁定撤销缓刑、假释后，执行地公安机关应当及时将罪犯送交监狱或者看守所收监执行。被撤销缓刑、假释并决定收监执行的罪犯下落不明的，公安机关可以按照有关程序上网追逃。

公安机关撤销缓刑、假释的建议书副本和人民法院撤销缓刑、假释的裁定书副本应当抄送罪犯居住地人民检察院监所检察部门。

17. 监外执行罪犯在缓刑、假释、暂予监外执行、管制或者剥夺政治权利期间死亡的，公安机关应当核实情况后通报原作出判决、裁定的人民法院和原关押监狱、看守所，或者接收该罪犯档案的监狱、看守所，以及执行地县级人民检察院监所检察部门。

18. 被判处管制、剥夺政治权利的罪犯执行期满的，公安机关应当通知其本人，并向其所在单位或者居住地群众公开宣布解除管制或者恢复政治权利；被宣告缓刑的罪犯缓刑考验期满，原判刑罚不再执行的，公安机关应当向其本人和所在单位或者居住地群众宣布，并通报原判决的人民法院；被裁定假释的罪犯假释考验期满，原判刑罚执行完毕的，公安机关应当向其本人和所在单位或者居住地群众宣布，并通报原裁定的人民法院和原执行的监狱、看守所。

19. 暂予监外执行的罪犯刑期届满的，执行地公安机关应当及时通报原关押监狱、看守所或者接收该罪犯档案的监狱、看守所，按期办理释放手续。人民法院决定暂予监外执行的罪犯刑期届满的，由执行地公安机关向原判决人民法院和执行地县级人民检察院通报，并按期办理释放手续。

三、加强和规范监外执行的检察监督

20. 人民检察院对人民法院、公安机关、监狱、看守所交付监外执行活动和监督管理监外执行罪犯活动实行法律监督，发现违法违规行为的，应当及时提出纠正意见。

21. 县级人民检察院对人民法院、监狱、看守所交付本县（市、区、旗）辖区执行监外执行的罪犯应当逐一登

记,建立罪犯监外执行情况检察台账。

22. 人民检察院在监外执行检察中,应当依照有关规定认真受理监外执行罪犯的申诉、控告,妥善处理他们反映的问题,依法维护其合法权益。

23. 人民检察院应当采取定期和不定期相结合的方法进行监外执行检察,并针对存在的问题,区别不同情况,发出纠正违法通知书、检察建议书或者提出口头纠正意见。交付执行机关和执行机关对人民检察院提出的纠正意见、检察建议无异议的,应当在十五日内纠正并告知纠正结果;对纠正意见、检察建议有异议的,应当在接到人民检察院纠正意见、检察建议后七日内向人民检察院提出,人民检察院应当复议,并在七日内作出复议决定;对复议结论仍然提出异议的,应当提请上一级人民检察院复核,上一级人民检察院应当在七日内作出复核决定。

24. 人民检察院发现有下列情形的,应当提出纠正意见:

(1)人民法院、监狱、看守所没有依法送达监外执行法律文书,没有依法将罪犯交付执行,没有依法告知罪犯权利义务的;

(2)人民法院收到有关机关对监外执行罪犯的撤销缓刑、假释、暂予监外执行的建议后,没有依法进行审查、裁定、决定的;

(3)公安机关没有及时接收监外执行罪犯,对监外执行罪犯没有落实监管责任、监管措施的;

(4)公安机关对违法的监外执行罪犯依法应当给予处罚而没有依法作出处罚或者建议处罚的;

(5)公安机关、监狱管理机关应当作出对罪犯收监执行决定而没有作出决定的;

(6)监狱、看守所应当将罪犯收监执行而没有收监执行的;

(7)对依法应当减刑的监外执行罪犯,公安机关没有提请减刑或者提请减刑不当的;

(8)对依法应当减刑的监外执行罪犯,人民法院没有裁定减刑或者减刑裁定不当的;

(9)监外执行罪犯刑期或者考验期满,公安机关、监狱、看守所未及时办理相关手续和履行相关程序的;

(10)人民法院、公安机关、监狱、看守所在监外执行罪犯交付执行、监督管理过程中侵犯罪犯合法权益的;

(11)监外执行罪犯出现脱管、漏管情况的;

(12)其他依法应当提出纠正意见的情形。

25. 监外执行罪犯在监外执行期间涉嫌犯罪,公安机关依法应当立案而不立案的,人民检察院应当按照《中华人民共和国刑事诉讼法》第八十七条的规定办理。

四、加强监外执行的综合治理

26. 各级社会治安综合治理部门、人民法院、人民检察院、公安机关、司法行政机关应当充分认识加强和规范监外执行工作对于防止和纠正监外执行罪犯脱管、漏管问题,预防和减少重新犯罪,促进社会和谐稳定的重要意义,加强对这一工作的领导和检查;在监外执行的交付执行、监督管理、检察监督、综治考评等各个环节中,根据分工做好职责范围内的工作,形成各司其职、各负其责、协作配合、齐抓共管的工作格局。各级社会治安综合治理部门应当和人民检察院共同做好对监外执行的考评工作,并作为实绩评定的重要内容,强化责任追究,确保本意见落到实处。

27. 各级社会治安综合治理部门、人民法院、人民检察院、公安机关、司法行政机关应当每年定期召开联席会议,通报有关情况,研究解决监外执行工作中的问题。交付执行机关和县级公安机关应当每半年将监外执行罪犯的交付执行、监督管理情况书面通报同级社会治安综合治理部门和人民检察院监所检察部门。

28. 各省、自治区、直辖市应当按照中央有关部门的统一部署,认真开展并深入推进社区矫正试点工作,加强和规范对社区服刑人员的监督管理、教育矫正工作,努力发挥社区矫正在教育改造罪犯、预防重新违法犯罪方面的重要作用。社区矫正试点地区的社区服刑人员的交付执行、监督管理工作,参照本意见和依照社区矫正有关规定执行。

暂予监外执行规定

·2014 年 10 月 24 日
·司发通〔2014〕112 号

第一条　为了规范暂予监外执行工作,严格依法适用暂予监外执行,根据刑事诉讼法、监狱法等有关规定,结合刑罚执行工作实际,制定本规定。

第二条　对罪犯适用暂予监外执行,分别由下列机关决定或者批准:

(一)在交付执行前,由人民法院决定;

(二)在监狱服刑的,由监狱审查同意后提请省级以上监狱管理机关批准;

(三)在看守所服刑的,由看守所审查同意后提请设区的市一级以上公安机关批准。

对有关职务犯罪罪犯适用暂予监外执行,还应当依照有关规定逐案报请备案审查。

第三条 对暂予监外执行的罪犯,依法实行社区矫正,由其居住地的社区矫正机构负责执行。

第四条 罪犯在暂予监外执行期间的生活、医疗和护理等费用自理。

罪犯在监狱、看守所服刑期间因参加劳动致伤、致残被暂予监外执行的,其出监、出所后的医疗补助、生活困难补助等费用,由其服刑所在的监狱、看守所按照国家有关规定办理。

第五条 对被判处有期徒刑、拘役或者已经减为有期徒刑的罪犯,有下列情形之一的,可以暂予监外执行:

(一)患有属于本规定所附《保外就医严重疾病范围》的严重疾病,需要保外就医的;

(二)怀孕或者正在哺乳自己婴儿的妇女;

(三)生活不能自理的。

对被判处无期徒刑的罪犯,有前款第二项规定情形的,可以暂予监外执行。

第六条 对需要保外就医或者属于生活不能自理,但适用暂予监外执行可能有社会危险性,或者自伤自残,或者不配合治疗的罪犯,不得暂予监外执行。

对职务犯罪、破坏金融管理秩序和金融诈骗犯罪、组织(领导、参加、包庇、纵容)黑社会性质组织犯罪的罪犯适用保外就医应当从严审批,对患有高血压、糖尿病、心脏病等严重疾病,但经诊断短期内没有生命危险的,不得暂予监外执行。

对在暂予监外执行期间因违法违规被收监执行或者因重新犯罪被判刑的罪犯,需要再次适用暂予监外执行的,应当从严审批。

第七条 对需要保外就医或者属于生活不能自理的累犯以及故意杀人、强奸、抢劫、绑架、放火、爆炸、投放危险物质或者有组织的暴力性犯罪的罪犯,原被判处死刑缓期二年执行或者无期徒刑的,应当在减为有期徒刑后执行有期徒刑七年以上方可适用暂予监外执行;原被判处十年以上有期徒刑的,应当执行原判刑期三分之一以上方可适用暂予监外执行。

对未成年罪犯、六十五周岁以上的罪犯、残疾人罪犯,适用前款规定可以适度从宽。

对患有本规定所附《保外就医严重疾病范围》的严重疾病,短期内有生命危险的罪犯,可以不受本条第一款规定关于执行刑期的限制。

第八条 对在监狱、看守所服刑的罪犯需要暂予监外执行的,监狱、看守所应当组织对罪犯进行病情诊断、妊娠检查或者生活不能自理的鉴别。罪犯本人或者其亲属、监护人也可以向监狱、看守所提出书面申请。

监狱、看守所对拟提请暂予监外执行的罪犯,应当核实其居住地。需要调查其对所居住社区影响的,可以委托居住地县级司法行政机关进行调查。

监狱、看守所应当向人民检察院通报有关情况。人民检察院可以派员监督有关诊断、检查和鉴别活动。

第九条 对罪犯的病情诊断或者妊娠检查,应当委托省级人民政府指定的医院进行。医院出具的病情诊断或者检查证明文件,应当由两名具有副高以上专业技术职称的医师共同作出,经主管业务院长审核签名,加盖公章,并附化验单、影像学资料和病历等有关医疗文书复印件。

对罪犯生活不能自理情况的鉴别,由监狱、看守所组织有医疗专业人员参加的鉴别小组进行。鉴别意见由组织鉴别的监狱、看守所出具,参与鉴别的人员应当签名,监狱、看守所的负责人应当签名并加盖公章。

对罪犯进行病情诊断、妊娠检查或者生活不能自理的鉴别,与罪犯有亲属关系或者其他利害关系的医师、人员应当回避。

第十条 罪犯需要保外就医的,应当由罪犯本人或者其亲属、监护人提出保证人,保证人由监狱、看守所审查确定。

罪犯没有亲属、监护人的,可以由其居住地的村(居)民委员会、原所在单位或者社区矫正机构推荐保证人。

保证人应当向监狱、看守所提交保证书。

第十一条 保证人应当同时具备下列条件:

(一)具有完全民事行为能力,愿意承担保证人义务;

(二)人身自由未受到限制;

(三)有固定的住处和收入;

(四)能够与被保证人共同居住或者居住在同一市、县。

第十二条 罪犯在暂予监外执行期间,保证人应当履行下列义务:

(一)协助社区矫正机构监督被保证人遵守法律和有关规定;

(二)发现被保证人擅自离开居住的市、县或者变更居住地,或者有违法犯罪行为,或者需要保外就医情形消失,或者被保证人死亡的,立即向社区矫正机构报告;

(三)为被保证人的治疗、护理、复查以及正常生活提供帮助;

(四)督促和协助被保证人按照规定履行定期复查病情和向社区矫正机构报告的义务。

第十三条　监狱、看守所应当就是否对罪犯提请暂予监外执行进行审议。经审议决定对罪犯提请暂予监外执行的,应当在监狱、看守所内进行公示。对病情严重必须立即保外就医的,可以不公示,但应当在保外就医后三个工作日以内在监狱、看守所内公告。

公示无异议或者经审查异议不成立的,监狱、看守所应当填写暂予监外执行审批表,连同有关诊断、检查、鉴别材料、保证人的保证书,提请省级以上监狱管理机关或者设区的市一级以上公安机关批准。已委托进行核实、调查的,还应当附县级司法行政机关出具的调查评估意见书。

监狱、看守所审议暂予监外执行前,应当将相关材料抄送人民检察院。决定提请暂予监外执行的,监狱、看守所应当将提请暂予监外执行书面意见的副本和相关材料抄送人民检察院。人民检察院可以向决定或者批准暂予监外执行的机关提出书面意见。

第十四条　批准机关应当自收到监狱、看守所提请暂予监外执行材料之日起十五个工作日以内作出决定。批准暂予监外执行的,应当在五个工作日以内将暂予监外执行决定书送达监狱、看守所,同时抄送同级人民检察院、原判人民法院和罪犯居住地社区矫正机构。暂予监外执行决定书应当上网公开。不予批准暂予监外执行的,应当在五个工作日以内将不予批准暂予监外执行决定书送达监狱、看守所。

第十五条　监狱、看守所应当向罪犯发放暂予监外执行决定书,及时为罪犯办理出监、出所相关手续。

在罪犯离开监狱、看守所之前,监狱、看守所应当核实其居住地,书面通知其居住地社区矫正机构,并对其进行出监、出所教育,书面告知其在暂予监外执行期间应当遵守的法律和有关监督管理规定。罪犯应当在告知书上签名。

第十六条　监狱、看守所应当派员持暂予监外执行决定书及有关文书材料,将罪犯押送至居住地,与社区矫正机构办理交接手续。监狱、看守所应当及时将罪犯交接情况通报人民检察院。

第十七条　对符合暂予监外执行条件的,被告人及其辩护人有权向人民法院提出暂予监外执行的申请,看守所可以将有关情况通报人民法院。对被告人、罪犯的病情诊断、妊娠检查或者生活不能自理的鉴别,由人民法院依照本规定程序组织进行。

第十八条　人民法院应当在执行刑罚的有关法律文书依法送达前,作出是否暂予监外执行的决定。

人民法院决定暂予监外执行的,应当制作暂予监外执行决定书,写明罪犯基本情况、判决确定的罪名和刑罚、决定暂予监外执行的原因、依据等,在判决生效后七日以内将暂予监外执行决定书送达看守所或者执行取保候审、监视居住的公安机关和罪犯居住地社区矫正机构,并抄送同级人民检察院。

人民法院决定不予暂予监外执行的,应当在执行刑罚的有关法律文书依法送达前,通知看守所或者执行取保候审、监视居住的公安机关,并告知同级人民检察院。监狱、看守所应当依法接收罪犯,执行刑罚。

人民法院在作出暂予监外执行决定前,应当征求人民检察院的意见。

第十九条　人民法院决定暂予监外执行,罪犯被羁押的,应当通知罪犯居住地社区矫正机构,社区矫正机构应当派员持暂予监外执行决定书及时与看守所办理交接手续,接收罪犯档案;罪犯被取保候审、监视居住的,由社区矫正机构与执行取保候审、监视居住的公安机关办理交接手续。

第二十条　罪犯原服刑地与居住地不在同一省、自治区、直辖市,需要回居住地暂予监外执行的,原服刑地的省级以上监狱管理机关或者设区的市一级以上公安机关监所管理部门应当书面通知罪犯居住地的监狱管理机关、公安机关监所管理部门,由其指定一所监狱、看守所接收罪犯档案,负责办理罪犯收监、刑满释放等手续,并及时书面通知罪犯居住地社区矫正机构。

第二十一条　社区矫正机构应当及时掌握暂予监外执行罪犯的身体状况以及疾病治疗等情况,每三个月审查保外就医罪犯的病情复查情况,并根据需要向批准、决定机关或者有关监狱、看守所反馈情况。

第二十二条　罪犯在暂予监外执行期间因犯新罪或者发现判决宣告以前还有其他罪没有判决的,侦查机关应当在对罪犯采取强制措施后二十四小时以内,将有关情况通知罪犯居住地社区矫正机构;人民法院应当在判决、裁定生效后,及时将判决、裁定的结果通知罪犯居住地社区矫正机构和罪犯原服刑或者接收其档案的监狱、看守所。

罪犯按前款规定被判处监禁刑罚后,应当由原服刑的监狱、看守所收监执行;原服刑的监狱、看守所与接收其档案的监狱、看守所不一致的,应当由接收其档案的监狱、看守所收监执行。

第二十三条　社区矫正机构发现暂予监外执行罪犯依法应予收监执行的,应当提出收监执行的建议,经县级司法行政机关审核同意后,报决定或者批准机关。决定或者批准机关应当进行审查,作出收监执行决定的,将有关的法律文书送达罪犯居住地县级司法行政机关和原服刑或者接收其档案的监狱、看守所,并抄送同级人民检察院、公安机关和原判人民法院。

人民检察院发现暂予监外执行罪犯依法应予收监执行而未收监执行的,由决定或者批准机关同级的人民检察院向决定或者批准机关提出收监执行的检察建议。

第二十四条　人民法院对暂予监外执行罪犯决定收监执行的,决定暂予监外执行时剩余刑期在三个月以下的,由居住地公安机关送交看守所收监执行;决定暂予监外执行时剩余刑期在三个月以上的,由居住地公安机关送交监狱收监执行。

监狱管理机关对暂予监外执行罪犯决定收监执行的,原服刑或者接收其档案的监狱应当立即赴羁押地将罪犯收监执行。

公安机关对暂予监外执行罪犯决定收监执行的,由罪犯居住地看守所将罪犯收监执行。

监狱、看守所将罪犯收监执行后,应当将收监执行的情况报告决定或者批准机关,并告知罪犯居住地县级人民检察院和原判人民法院。

第二十五条　被决定收监执行的罪犯在逃的,由罪犯居住地县级公安机关负责追捕。公安机关将罪犯抓捕后,依法送交监狱、看守所执行刑罚。

第二十六条　被收监执行的罪犯有法律规定的不计入执行刑期情形的,社区矫正机构应当在收监执行建议书中说明情况,并附有关证明材料。批准机关进行审核后,应当及时通知监狱、看守所向所在地的中级人民法院提出不计入执行刑期的建议书。人民法院应当自收到建议书之日起一个月以内依法对罪犯的刑期重新计算作出裁定。

人民法院决定暂予监外执行的,在决定收监执行的同时应当确定不计入刑期的期间。

人民法院应当将有关的法律文书送达监狱、看守所,同时抄送同级人民检察院。

第二十七条　罪犯暂予监外执行后,刑期即将届满的,社区矫正机构应当在罪犯刑期届满前一个月以内,书面通知罪犯原服刑或者接收其档案的监狱、看守所按期办理刑满释放手续。

人民法院决定暂予监外执行罪犯刑期届满的,社区矫正机构应当及时解除社区矫正,向其发放解除社区矫正证明书,并将有关情况通报原判人民法院。

第二十八条　罪犯在暂予监外执行期间死亡的,社区矫正机构应当自发现之日起五日以内,书面通知决定或者批准机关,并将有关死亡证明材料送达罪犯原服刑或者接收其档案的监狱、看守所,同时抄送罪犯居住地同级人民检察院。

第二十九条　人民检察院发现暂予监外执行的决定或者批准机关、监狱、看守所、社区矫正机构有违法情形的,应当依法提出纠正意见。

第三十条　人民检察院认为暂予监外执行不当的,应当自接到决定书之日起一个月以内将书面意见送交决定或者批准暂予监外执行的机关,决定或者批准暂予监外执行的机关接到人民检察院的书面意见后,应当立即对该决定进行重新核查。

第三十一条　人民检察院可以向有关机关、单位调阅有关材料、档案,可以调查、核实有关情况,有关机关、单位和人员应当予以配合。

人民检察院认为必要时,可以自行组织或者要求人民法院、监狱、看守所对罪犯重新组织进行诊断、检查或者鉴别。

第三十二条　在暂予监外执行执法工作中,司法工作人员或者从事诊断、检查、鉴别等工作的相关人员有玩忽职守、徇私舞弊、滥用职权等违法违纪行为的,依法给予相应的处分;构成犯罪的,依法追究刑事责任。

第三十三条　本规定所称生活不能自理,是指罪犯因患病、身体残疾或者年老体弱,日常生活行为需要他人协助才能完成的情形。

生活不能自理的鉴别参照《劳动能力鉴定—职工工伤与职业病致残等级分级》(GB/T16180-2006)执行。进食、翻身、大小便、穿衣洗漱、自主行动等五项日常生活行为中有三项需要他人协助才能完成,且经过六个月以上治疗、护理和观察,自理能力不能恢复的,可以认定为生活不能自理。六十五周岁以上的罪犯,上述五项日常生活行为有一项需要他人协助才能完成即可视为生活不能自理。

第三十四条　本规定自 2014 年 12 月 1 日起施行。最高人民检察院、公安部、司法部 1990 年 12 月 31 日发布的《罪犯保外就医执行办法》同时废止。

附件:

保外就医严重疾病范围

罪犯有下列严重疾病之一,久治不愈,严重影响其身心健康的,属于适用保外就医的疾病范围:

一、严重传染病

1. 肺结核伴空洞并反复咯血;肺结核合并多脏器并发症;结核性脑膜炎。

2. 急性、亚急性或慢性重型病毒性肝炎。

3. 艾滋病病毒感染者和病人伴有需要住院治疗的机会性感染。

4. 其他传染病,如Ⅲ期梅毒并发主要脏器病变的,流行性出血热、狂犬病、流行性脑脊髓膜炎及新发传染病等监狱医院不具备治疗条件的。

二、反复发作的、无服刑能力的各种精神病,如脑器质性精神障碍、精神分裂症、心境障碍、偏执性精神障碍等,但有严重暴力行为或倾向,对社会安全构成潜在威胁的除外。

三、严重器质性心血管疾病

1. 心脏功能不全:心脏功能在 NYHA 三级以上,经规范治疗未见好转。(可由冠状动脉粥样硬化性心脏病、高血压性心脏病、风湿性心脏病、肺源性心脏病、先天性心脏病、心肌病、重度心肌炎、心包炎等引起。)

2. 严重心律失常:如频发多源室性期前收缩或有 R on T 表现、导致血流动力学改变的心房纤颤、二度以上房室传导阻滞、阵发性室性心动过速、病态窦房结综合征等。

3. 急性冠状动脉综合征(急性心肌梗死及重度不稳定型心绞痛),冠状动脉粥样硬化性心脏病有严重心绞痛反复发作,经规范治疗仍有严重冠状动脉供血不足表现。

4. 高血压病达到很高危程度的,合并靶器官受损。具体参见注释中靶器官受损相应条款。

5. 主动脉瘤、主动脉夹层动脉瘤等需要手术的心血管动脉瘤和粘液瘤等需要手术的心脏肿瘤;或者不需要、难以手术治疗,但病情严重危及生命或者存在严重并发症,且监狱医院不具备治疗条件的心血管疾病。

6. 急性肺栓塞。

四、严重呼吸系统疾病

1. 严重呼吸功能障碍:由支气管、肺、胸膜疾病引起的中度以上呼吸功能障碍,经规范治疗未见好转。

2. 支气管扩张反复咯血,经规范治疗未见好转。

3. 支气管哮喘持续状态,反复发作,动脉血氧分压低于 60mmHg,经规范治疗未见好转。

五、严重消化系统疾病

1. 肝硬化失代偿期(肝硬化合并上消化道出血、腹水、肝性脑病、肝肾综合征等)。

2. 急性出血性坏死性胰腺炎。

3. 急性及亚急性肝衰竭、慢性肝衰竭加急性发作或慢性肝衰竭。

4. 消化道反复出血,经规范治疗未见好转且持续重度贫血。

5. 急性梗阻性化脓性胆管炎,经规范治疗未见好转。

6. 肠道疾病:如克隆病、肠伤寒合并肠穿孔、出血坏死性小肠炎、全结肠切除、小肠切除四分之三等危及生命的。

六、各种急、慢性肾脏疾病引起的肾功能不全失代偿期,如急性肾衰竭、慢性肾小球肾炎、慢性肾盂肾炎、肾结核、肾小动脉硬化、免疫性肾病等。

七、严重神经系统疾病及损伤

1. 严重脑血管疾病,颅内器质性疾病并有昏睡以上意识障碍、肢体瘫痪、视力障碍等经规范治疗未见好转。如脑出血、蛛网膜下腔出血、脑血栓形成、脑栓塞、脑脓肿、乙型脑炎、结核性脑膜炎、化脓性脑膜炎及严重的脑外伤等。

2. 各种脊髓疾病及周围神经疾病与损伤所致的肢体瘫痪、大小便失禁经规范治疗未见好转,生活难以自理。如脊髓炎、高位脊髓空洞症、脊髓压迫症、运动神经元疾病(包括肌萎缩侧索硬化、进行性脊肌萎缩症、原发性侧索硬化和进行性延髓麻痹)；周围神经疾病,如多发性神经炎、周围神经损伤等;急性炎症性脱髓鞘性多发性神经病;慢性炎症性脱髓鞘性多发性神经病。

3. 癫痫大发作,经规范治疗未见好转,每月发作仍多于两次。

4. 重症肌无力或进行性肌营养不良等疾病,严重影响呼吸和吞咽功能。

5. 锥体外系疾病所致的肌张力障碍(肌张力过高或过低)和运动障碍(包括震颤、手足徐动、舞蹈样动作、扭转痉挛等出现生活难以自理)。如帕金森病及各类帕金森综合症、小舞蹈病、慢性进行性舞蹈病、肌紧张异常、秽语抽动综合症、迟发性运动障碍、投掷样舞动、阵发性手足徐动症、阵发性运动源性舞蹈手足徐动症、扭转痉挛等。

八、严重内分泌代谢性疾病合并重要脏器功能障碍,经规范治疗未见好转。如脑垂体瘤需要手术治疗、肢端肥大症、尿崩症、柯兴氏综合征、原发性醛固酮增多症、嗜铬细胞瘤、甲状腺机能亢进危象、甲状腺机能减退症出现严重心脏损害或出现粘液性水肿昏迷,甲状旁腺机能亢进及甲状旁腺机能减退症出现高钙危象或低钙血症。

糖尿病合并严重并发症:糖尿病并发心、脑、肾、眼等严重并发症或伴发症,或合并难以控制的严重继发感染、严重酮症酸中毒或高渗性昏迷,经规范治疗未见好转。

心:诊断明确的冠状动脉粥样硬化性心脏,并出现以下情形之一的:1. 有心绞痛反复发作,经规范治疗未见好转仍有明显的冠状动脉供血不足的表现;2. 心功能三级;3. 心律失常(频发或多型性室早、新发束支传导阻滞、交界性心动过速、心房纤颤、心房扑动、二度及以上房室传导阻滞、阵发性室性心动过速、窦性停搏等)。

脑:诊断明确的脑血管疾病,出现痴呆、失语、肢体肌力达Ⅳ级以下。

肾:诊断明确的糖尿病肾病,肌酐达到177mmol/L以上水平。

眼:诊断明确的糖尿病视网膜病变,达到增殖以上。

九、严重血液系统疾病

1. 再生障碍性贫血。

2. 严重贫血并有贫血性心脏病、溶血危象、脾功能亢进其中一项,经规范治疗未见好转。

3. 白血病、骨髓增生异常综合征。

4. 恶性组织细胞病、嗜血细胞综合征。

5. 淋巴瘤、多发性骨髓瘤。

6. 严重出血性疾病,有重要器官、体腔出血的,如原发性血小板减少性紫癜、血友病等,经规范治疗未见好转。

十、严重脏器损伤和术后并发症,遗有严重功能障碍,经规范治疗未见好转

1. 脑、脊髓损伤治疗后遗有中度以上智能障碍,截瘫或偏瘫,大小便失禁,功能难以恢复。

2. 胸、腹腔重要脏器及气管损伤或手术后,遗有严重功能障碍,胸腹腔内慢性感染、重度粘连性梗阻、肠瘘、胰瘘、胆瘘、肛瘘等内外瘘形成反复发作;严重循环或呼吸功能障碍,如外伤性湿肺不易控制。

3. 肺、肾、肾上腺等器官一侧切除,对侧仍有病变或有明显功能障碍。

十一、各种严重骨、关节疾病及损伤

1. 双上肢,双下肢,一侧上肢和一侧下肢因伤、病在腕或踝关节以上截肢或失去功能不能恢复。双手完全失去功能或伤、病致手指缺损6个以上,且6个缺损的手指中有半数以上在掌指关节处离断,且必须包括两个拇指缺失。

2. 脊柱并一个主要关节或两个以上主要关节(肩、膝、髋、肘)因伤、病发生强直畸形,经规范治疗未见好转,脊柱伸屈功能完全丧失。

3. 严重骨盆骨折合并尿道损伤,经治疗后遗有运动功能障碍或遗有尿道狭窄、闭塞或感染,经规范治疗未见好转。

4. 主要长骨的慢性化脓性骨髓炎,反复急性发作,病灶内出现大块死骨或合并病理性骨折,经规范治疗未见好转。

十二、五官伤、病后,出现严重的功能障碍,经规范治疗未见好转

1. 伤、病后双眼矫正视力<0.1,经影像检查证实患有白内障、眼外伤、视网膜剥离等需要手术治疗。内耳伤、病所致的严重前庭功能障碍、平衡失调,经规范治疗未见好转。

2. 咽、喉损伤后遗有严重疤痕挛缩,造成呼吸道梗阻受阻,严重影响呼吸功能和吞咽功能。

3. 上下颌伤、病经治疗后二度张口困难、严重咀嚼功能障碍。

十三、周围血管病经规范治疗未见好转,患肢有严重肌肉萎缩或干、湿性坏疽,如进展性脉管炎,高位深静脉栓塞等。

十四、非临床治愈期的各种恶性肿瘤。

十五、暂时难以确定性质的肿瘤,有下列情形之一的:

1. 严重影响机体功能而不能进行彻底治疗。

2. 身体状况进行性恶化。

3. 有严重后遗症,如偏瘫、截瘫、胃瘘、支气管食管瘘等。

十六、结缔组织疾病及其他风湿性疾病造成两个以上脏器严重功能障碍或单个脏器功能障碍失代偿,经规范治疗未见好转,如系统性红斑狼疮、硬皮病、皮肌炎、结节性多动脉炎等。

十七、寄生虫侵犯脑、肝、肺等重要器官或组织,造成继发性损害,伴有严重功能障碍者,经规范治疗未见好转。

十八、经职业病诊断机构确诊的以下职业病:

1. 尘肺病伴严重呼吸功能障碍,经规范治疗未见好转。

2. 职业中毒,伴有重要脏器功能障碍,经规范治疗

未见好转。

3. 其他职业病并有瘫痪、中度智能障碍、双眼矫正视力<0.1、严重血液系统疾病、严重精神障碍等其中一项,经规范治疗未见好转。

十九、年龄在六十五周岁以上同时患有两种以上严重疾病,其中一种病情必须接近上述一项或几项疾病程度。

注释:

1. 本范围所列严重疾病诊断标准应符合省级以上卫生行政部门、中华医学会制定并下发的医学诊疗常规、诊断标准、规范和指南。

2. 凡是确定诊断和确定脏器、肢体功能障碍必须具有诊疗常规所明确规定的相应临床症状、体征和客观医技检查依据。

3. 本范围所称"经规范治疗未见好转",是指临床上经常规治疗至少半年后病情恶化或未见好转。

4. 本范围所称"反复发作",是指发作间隔时间小于一个月,且至少发作三次及以上。

5. 本范围所称"严重心律失常",是指临床上可引起严重血流动力学障碍,预示危及生命的心律失常。一般出现成对室性期前收缩、多形性室性期前收缩、阵发性室性心动过速、室性期前收缩有 R on T 现象、病态窦房结综合征、心室扑动或心室颤动等。

6. 本范围所称"意识障碍",是指各种原因导致的迁延性昏迷 1 个月以上和植物人状态。

7. 本范围所称"视力障碍",是指各种原因导致的患眼低视力 2 级。

8. 艾滋病和艾滋病机会性感染诊断依据应符合《艾滋病和艾滋病病毒感染诊断标准》(WS293-2008)、《艾滋病诊疗指南》(中华医学会感染病分会,2011 年)等技术规范。其中,艾滋病合并肺孢子菌肺炎、活动性结核病、巨细胞病毒视网膜炎、马尼菲青霉菌病、细菌性肺炎、新型隐球菌脑膜炎等六种艾滋病机会性感染的住院标准应符合《卫生部办公厅关于印发艾滋病合并肺孢子菌肺炎等六个艾滋病机会感染病种临床路径的通知》(卫办医政发〔2012〕107 号)。上述六种以外的艾滋病机会性感染住院标准可参考《艾滋病诊疗指南》(中华医学会感染病分会,2011 年)及《实用内科学》(第 13 版)等。

9. 精神病的危险性按照《卫生部关于印发〈重性精神疾病管理治疗工作规范(2012 年版)〉的通知》(卫疾控发〔2012〕20 号)进行评估。

10. 心功能判定:心功能不全,表现出心悸、心律失常、低血压、休克,甚至发生心搏骤停。按发生部位和发病过程分为左侧心功能不全(急性、慢性)、右侧心功能不全(急性、慢性)和全心功能不全(急性、慢性)。出现心功能不全症状后,其心功能可分为四级。

Ⅰ级:体力活动不受限制。

Ⅱ级:静息时无不适,但稍重于日常生活活动量即致乏力、心悸、气促或者心绞痛。

Ⅲ级:体力活动明显受限,静息时无不适,但低于日常活动量即致乏力、心悸、气促或心绞痛。

Ⅳ级:任何体力活动均引起症状,静息时亦可有心力衰竭或者心绞痛。

11. 高血压判定:按照《中国高血压防治指南 2010》执行。

血压水平分类和定义(mmHg)

分级	收缩压(SBP)	舒张压(DBP)	
正常血压	<120	和	<80
正常高值血压	120~139	和/或	80~89
高血压 1 级(轻度)	140~159	和/或	90~99
高血压 2 级(中度)	160~179	和/或	100~109
高血压 3 级(重度)	≥180	和/或	≥110
单纯性收缩期高血压	≥140	和	<90

高血压危险分层

其他危险因素和病史	血压(mmHg)		
	1 级 SBP140 - 159 或 DBP90-99	2 级 SBP160 - 179 或 DBP100-109	3 级 SBP≥180 或 DBP≥110
无其他 CVD 危险因素	低危	中危	高危
1-2 个 CVD 危险因素	中危	中危	很高危
≥3 个 CVD 危险因素 或靶器官损伤	高危	高危	很高危
临床并发症或合并糖尿病	很高危	很高危	很高危

注：* CVD 为心血管危险因素

影响高血压患者心血管预后的重要因素

心血管危险因素	靶器官损害	伴临床疾患
·高血压(1-3 级) ·男性>55 岁；女性>65 岁 ·吸烟 ·糖耐量受损（餐后 2h 血糖 7.8 - 11.0mmol/L）和（或）空腹血糖受损（6.1-6.9mmol/L） ·血脂异常 TC≥5.7mmol/L（220mg/dl）或 LDL_C>3.3mmol/L（130mg/dl）或 HDL_C<1.0mmol/L（4. mg/dl） ·早发心血管病家族史（一般亲属发病年龄男性<55 岁；女性<65 岁） ·腹型肥胖（腰围：男性≥90cm，女性≥85cm）或肥胖（BMI≥28kg/m^2） ·血同型半胱氨酸升高（≥10μmol/L）	·左心室肥厚 心电图:Sokolow_Lyon>38mm 或 Cornell>2440mm·ms；超声心动图 LVMI：男≥125g/m^2，女≥120 g/m^2 ·颈动脉超声 IMT≥0.9mm 或动脉粥样斑块 ·颈-股动脉脉搏波速度≥12m/s ·踝/臂血压指数<0.9 ·eGFR 降低（eGFR<60ml·min1.73^{-1}·m^{-2}）或血清肌酐轻度升高：男性115-133μmol/L（1.3-1.5 mg/dl），女性107-124μmol/L（1.2-1.4mg/dl） ·微量白蛋白尿：30-300 mg/24h 或白蛋白/肌酐比：≥30mg/g(3.5 mg/mmol)	·脑血管病：脑出血,缺血性脑卒中短暂性脑缺血发作 ·心脏疾病：心肌梗死史,心绞痛,冠状动脉血动重建史,慢性心力衰竭 ·肾脏疾病：糖尿病肾病,肾功能受损,血肌酐：男性≥133μmol/L（1.5 mg/dl），女性≥124μmol/L（1.4mg/dl），蛋白尿（≥300mg/24h） ·外周血管疾病 ·视网膜病变：出血或渗出,视乳头水肿 ·糖尿病：空腹血糖≥7.0 mmol/L（126mg/dl），餐后2h血糖≥11.1 mmol/L（200mg/dl），糖化血红蛋白≥6.5%

注：TC:总胆固醇；LDL_C:低密度脂蛋白胆固醇；HDL_C:高密度脂蛋白胆固醇；BMI:体质指数；LVMI:左心室质量指数；IMT:颈动脉内中膜厚度；eGFR:估算的肾小球滤过率

12. 呼吸功能障碍判定：参照《道路交通事故受伤人员伤残评定》（GB 18667-2002）和《劳动能力鉴定——职工工伤与职业病致残程度鉴定标准》（GBT16180-2006），结合医学实践执行。症状：自觉气短、胸闷不适、呼吸费力。体征：呼吸频率增快，幅度加深或者变浅，或者伴周期节律异常，鼻翼扇动，紫绀等。实验室检查提示肺功能损害。在保外就医诊断实践中，判定呼吸功能障碍必须综合产生呼吸功能障碍的病理基础、临床表现和相关医技检查结果如血气分析，全面分析。

呼吸困难分级

Ⅰ级（轻度）：平路快步行走、登山或上楼梯时气短明显。

Ⅱ级（中度）：一般速度平路步行 100 米即有气短，体力活动大部分受限。

Ⅲ级（重度）：稍活动如穿衣、谈话即有气短，体力活动完全受限。

Ⅳ级（极重度）：静息时亦有气短。

肺功能损伤分级

	FVC	FEV1	MVV	FEV1/FVC	RV/TLC	DLco
正常	>80	>80	>80	>70	<35	>80%
轻度损伤	60-79	60-79	60-79	55-69	36-45	60-79
中度损伤	40-59	40-59	40-59	35-54	46-55	45-59
重度损伤	<40	<40	<40	<35	>55	<45

注:FVC、FEV1、MVV、DLco 均为占预计值百分数,单位为%。

FVC:用力肺活量;FEV1:1 秒钟用力呼气容积;MVV:分钟最大通气量;RV/TLC:残气量/肺总量;DLco:一氧化碳弥散量。

低氧血症分级

正常:Po2 为 13.3kPa~10.6kPa(100 mmHg~80 mmHg);

轻度:Po2 为 10.5kPa~8.0kPa(79 mmHg~60 mmHg);

中度:Po2 为 7.9kPa~5.3kPa(59 mmHg~40 mmHg);

重度:Po2<5.3kPa(<40 mmHg)。

13. 肝功能损害程度判定

A. 肝功能损害分度

分度	中毒症状	血浆白蛋白	血内胆红质	腹水	脑症	凝血酶原时间	谷丙转氨酶
重度	重度	<2.5g%	>10mg%	顽固性	明显	明显延长	供参考
中度	中度	2.5-3.0g%	5-10mg%	无或者少量,治疗后消失	无或者轻度	延长	供参考
轻度	轻度	3.0-3.5g%	1.5-5mg%	无	无	稍延长(较对照组>3s)	供参考

B. 肝衰竭:肝衰竭的临床诊断需要依据病史、临床表现和辅助检查等综合分析而确定,参照中华医学会《肝衰竭诊治指南(2012 年版)》执行。

(1)急性肝衰竭(急性重型肝炎):急性起病,2 周内出现Ⅱ度及以上肝性脑病并有以下表现:①极度乏力,并有明显厌食、腹胀、恶心、呕吐等严重消化道症状。②短期内黄疸进行性加深。③出血倾向明显,PTA≤40%,且排除其他原因。④肝脏进行性缩小。

(2)亚急性肝衰竭(亚急性重型肝炎):起病较急,15天-26 周出现以下表现者:①极度乏力,有明显的消化道症状。②黄疸迅速加深,血清总胆红素大于正常值上限10 倍或每日上升≥17.1μmol/L。③凝血酶原时间明显延长,PTA≤40%并排除其他原因者。

(3)慢加急性(亚急性)肝衰竭(慢性重型肝炎):在慢性肝病基础上,短期内发生急性肝功能失代偿的主要临床表现。

(4)慢性肝衰竭:在肝硬化基础上,肝功能进行性减退和失代偿。诊断要点为:①有腹水或其他门静脉高压

表现。②可有肝性脑病。③血清总胆红素升高,白蛋白明显降低。④有凝血功能障碍,PTA≤40%。

C. 肝性脑病

肝性脑病 West-Haven 分级标准

肝性脑病分级	临床要点
0 级	没有能觉察的人格或行为变化
	无扑翼样震颤
1 级	轻度认知障碍
	欣快或抑郁
	注意时间缩短
	加法计算能力降低
	可引出扑翼样震颤
2 级	倦怠或淡漠
	轻度定向异常(时间和空间定向)
	轻微人格改变

续表

肝性脑病分级	临床要点
3 级	行为错乱,语言不清
	减法计算能力异常
	容易引出扑翼样震颤
	嗜睡到半昏迷*,但是对语言刺激有反应
	意识模糊
	明显的定向障碍
	扑翼样震颤可能无法引出
4 级	昏迷**(对语言和强刺激无反应)

注:1-4级即Ⅰ-Ⅳ度。

按照意识障碍以觉醒度改变为主分类,*半昏迷即中度昏迷,**昏迷即深昏迷。

14. 急、慢性肾功能损害程度判定:参照《实用内科学》(第十三版)和《内科学》(第七版)进行综合判定。急性肾损伤的原因有肾前性、肾实质性及肾后性三类。每类又有少尿型和非少尿型两种。慢性肾脏病患者肾功能损害分期与病因、病变进展程度、部位、转归以及诊断时间有关。分期:

慢性肾脏病肾功能损害程度分期

CKD 分期	肾小球滤过率 (GFR)或 eGFR	主要临床症状
Ⅰ 期	≥90 毫升/分	无症状
Ⅱ 期	60-89 毫升/分	基本无症状
Ⅲ 期	30-59 毫升/分	乏力;轻度贫血;食欲减退
Ⅳ 期	15-29 毫升/分	贫血;代谢性酸中毒;水电解质紊乱
Ⅴ 期	<15 毫升/分	严重酸中毒和全身各系统症状

注:eGFR:基于血肌酐估计的肾小球滤过率。

15. 肢体瘫痪的判定:参照《神经病学》(第 2 版)判定。肢体瘫,以肌力测定判断肢体瘫痪程度。在保外就医诊断实践中,判定肢体瘫痪须具备疾病的解剖(病理)基础,0 级、1 级、2 级肌力可认定为肢体瘫痪。

0%;0 级:肌肉完全瘫痪,毫无收缩。

10%;1 级:可看到或者触及肌肉轻微收缩,但不能产生动作。

25%;2 级:肌肉在不受重力影响下,可进行运动,即肢体能在床面上移动,但不能抬高。

50%;3 级:在和地心引力相反的方向中尚能完成其动作,但不能对抗外加的阻力。

75%;4 级:能对抗一定的阻力,但较正常人为低。

100%;5 级:正常肌力。

16. 生活难以自理的判定:参照《劳动能力鉴定——职工工伤与职业病致残程度鉴定标准》(GBT 16180-2006),结合医学实践执行。

17. 视力障碍判定:眼残鉴定依据为眼球或视神经器质性损伤所致的视力、视野、立体视功能障碍及其他解剖结构和功能的损伤或破坏。

(1)主观检查:凡损伤眼裸视或者加用矫正镜片(包括接触镜、针孔镜等)远视力<0.3 为视力障碍。

(2)客观检查:眼底照相、视觉电生理、眼底血管造影,眼科影像学检查如相干光断层成像(OCT)等以明确视力残疾实际情况,并确定对应的具体疾病状态。

视力障碍标准:

低视力:1 级:矫正视力<0.3;2 级:矫正视力<0.1。

盲:矫正视力<0.05。

监狱暂予监外执行程序规定

·2016 年 8 月 22 日

第一章　总　则

第一条　为规范监狱办理暂予监外执行工作程序,根据《中华人民共和国刑事诉讼法》、《中华人民共和国监狱法》、《暂予监外执行规定》等有关规定,结合刑罚执行工作实际,制定本规定。

第二条　监狱办理暂予监外执行,应当遵循依法、公开、公平、公正的原则,严格实行办案责任制。

第三条　省、自治区、直辖市监狱管理局和监狱分别成立暂予监外执行评审委员会,由局长和监狱长任主任,分管暂予监外执行工作的副局长和副监狱长任副主任,刑罚执行、狱政管理、教育改造、狱内侦查、生活卫生、劳动改造等有关部门负责人为成员,监狱管理局、监狱暂予监外执行评审委员会成员不得少于 9 人。

监狱成立罪犯生活不能自理鉴别小组,由监狱长任组长,分管暂予监外执行工作的副监狱长任副组长,刑罚执行、狱政管理、生活卫生等部门负责人及 2 名以上医疗专业人员为成员,对因生活不能自理需要办理暂予监外执行的罪犯进行鉴别,鉴别小组成员不得少于 7 人。

第四条　监狱办理暂予监外执行,应当由监区人民警察集体研究,监区长办公会议审核,监狱刑罚执行部门审查,监狱暂予监外执行评审委员会评审,监狱长办公会议决定。

省、自治区、直辖市监狱管理局刑罚执行部门审查监狱依法定程序提请的暂予监外执行建议并出具意见,报请局长召集暂予监外执行评审委员会审核,必要时可以召开局长办公会议决定。

第五条　违反法律规定和本规定办理暂予监外执行,涉嫌违纪的,依照有关处分规定追究相关人员责任;涉嫌犯罪的,移送司法机关追究刑事责任。

第二章　暂予监外执行的诊断、检查、鉴别程序

第六条　对在监狱服刑的罪犯需要暂予监外执行的,监狱应当组织对罪犯进行病情诊断、妊娠检查或者生活不能自理的鉴别。罪犯本人或者其亲属、监护人也可以向监狱提出书面申请。

第七条　监狱组织诊断、检查或者鉴别,应当由监区提出意见,经监狱刑罚执行部门审查,报分管副监狱长批准后进行诊断、检查或者鉴别。

对于患有严重疾病或者怀孕需要暂予监外执行的罪犯,委托省级人民政府指定的医院进行病情诊断或者妊娠检查。

对于生活不能自理需要暂予监外执行的罪犯,由监狱罪犯生活不能自理鉴别小组进行鉴别。

第八条　对罪犯的病情诊断或妊娠检查证明文件,应当由两名具有副高以上专业技术职称的医师共同作出,经主管业务院长审核签名,加盖公章,并附化验单、影像学资料和病历等有关医疗文书复印件。

第九条　对于生活不能自理的鉴别,应当由监狱罪犯生活不能自理鉴别小组审查下列事项:

(一)调取并核查罪犯经六个月以上治疗、护理和观察,生活自理能力仍不能恢复的材料;

(二)查阅罪犯健康档案及相关材料;

(三)询问主管人民警察,并形成书面材料;

(四)询问护理人员及其同一监区 2 名以上罪犯,并形成询问笔录;

(五)对罪犯进行现场考察,观察其日常生活行为,并形成现场考察书面材料;

(六)其他能够证明罪犯生活不能自理的相关材料。

审查结束后,鉴别小组应当及时出具意见并填写《罪犯生活不能自理鉴别书》,经鉴别小组成员签名以后,报

监狱长审核签名,加盖监狱公章。

第十条　监狱应当向人民检察院通报对罪犯进行病情诊断、妊娠检查和生活不能自理鉴别工作情况。人民检察院可以派员监督。

第三章　暂予监外执行的提请程序

第十一条　罪犯需要保外就医的,应当由罪犯本人或其亲属、监护人提出保证人。无亲属、监护人的,可以由罪犯居住地的村(居)委会、原所在单位或者县级司法行政机关社区矫正机构推荐保证人。监狱刑罚执行部门对保证人的资格进行审查,填写《保证人资格审查表》,并告知保证人在罪犯暂予监外执行期间应当履行的义务,由保证人签署《暂予监外执行保证书》。

第十二条　对符合办理暂予监外执行条件的罪犯,监区人民警察应当集体研究,提出提请暂予监外执行建议,经监区长办公会议审核同意后,报送监狱刑罚执行部门审查。

第十三条　监区提出提请暂予监外执行建议的,应当报送下列材料:

(一)《暂予监外执行审批表》;

(二)终审法院裁判文书、执行通知书、历次刑罚变更执行法律文书;

(三)《罪犯病情诊断书》、《罪犯妊娠检查书》及相关诊断、检查的医疗文书复印件,《罪犯生活不能自理鉴别书》及有关证明罪犯生活不能自理的治疗、护理和现场考察、询问笔录等材料;

(四)监区长办公会议记录;

(五)《保证人资格审查表》、《暂予监外执行保证书》及相关材料。

第十四条　监狱刑罚执行部门收到监区对罪犯提请暂予监外执行的材料后,应当就下列事项进行审查:

(一)提交的材料是否齐全、完备、规范;

(二)罪犯是否符合法定暂予监外执行的条件;

(三)提请暂予监外执行的程序是否符合规定。

经审查,对材料不齐全或者不符合提请条件的,应当通知监区补充有关材料或者退回;对相关材料有疑义的,应当进行核查。对材料齐全、符合提请条件的,应当出具审查意见,由科室负责人在《暂予监外执行审批表》上签署意见,连同监区报送的材料一并提交监狱暂予监外执行评审委员会评审。

第十五条　监狱刑罚执行部门应当核实暂予监外执行犯拟居住地,对需要调查评估其对所居住社区影响或核实保证人具保条件的,填写《拟暂予监外执行罪犯调

查评估委托函》,附带原刑事判决书、减刑裁定书复印件以及罪犯在服刑期间表现情况材料,委托居住地县级司法行政机关进行调查,并出具调查评估意见书。

第十六条　监狱暂予监外执行评审委员会应当召开会议,对刑罚执行部门审查提交的提请暂予监外执行意见进行评审,提出评审意见。

监狱可以邀请人民检察院派员列席监狱暂予监外执行评审委员会会议。

第十七条　监狱暂予监外执行评审委员会评审后同意对罪犯提请暂予监外执行的,应当在监狱内进行公示。公示内容应当包括罪犯的姓名、原判罪名及刑期、暂予监外执行依据等。

公示期限为三个工作日。公示期内,罪犯对公示内容提出异议的,监狱暂予监外执行评审委员会应当进行复核,并告知其复核结果。

对病情严重必须立即保外就医的,可以不公示,但应当在保外就医后三个工作日内在监狱公告。

第十八条　公示无异议或者经复核异议不成立的,监狱应当将提请暂予监外执行相关材料送人民检察院征求意见。

征求意见后,监狱刑罚执行部门应当将监狱暂予监外执行评审委员会暂予监外执行建议和评审意见连同人民检察院意见,一并报请监狱长办公会议审议。

监狱对人民检察院意见未采纳的,应当予以回复,并说明理由。

第十九条　监狱长办公会议决定提请暂予监外执行的,由监狱长在《暂予监外执行审批表》上签署意见,加盖监狱公章,并将有关材料报送省、自治区、直辖市监狱管理局。

人民检察院对提请暂予监外执行提出的检察意见,监狱应当一并移送办理暂予监外执行的省、自治区、直辖市监狱管理局。

决定提请暂予监外执行的,监狱应当将提请暂予监外执行书面意见的副本和相关材料抄送人民检察院。

第二十条　监狱决定提请暂予监外执行的,应当向省、自治区、直辖市监狱管理局提交提请暂予监外执行书面意见及下列材料:

(一)《暂予监外执行审批表》;

(二)终审法院裁判文书、执行通知书、历次刑罚变更执行法律文书;

(三)《罪犯病情诊断书》、《罪犯妊娠检查书》及相关诊断、检查的医疗文书复印件,《罪犯生活不能自理鉴别

书》及有关证明罪犯生活不能自理的治疗、护理和现场考察、询问笔录等材料;

(四)监区长办公会议、监狱评审委员会会议、监狱长办公会议记录;

(五)《保证人资格审查表》、《暂予监外执行保证书》及相关材料;

(六)公示情况;

(七)根据案件情况需要提交的其他材料。

已委托县级司法行政机关进行核实、调查的,应当将调查评估意见书一并报送。

第四章　暂予监外执行的审批程序

第二十一条　省、自治区、直辖市监狱管理局收到监狱报送的提请暂予监外执行的材料后,应当进行审查。

对病情诊断、妊娠检查或者生活不能自理情况的鉴别是否符合暂予监外执行条件,由生活卫生部门进行审查;对上报材料是否符合法定条件、法定程序及材料的完整性等,由刑罚执行部门进行审查。

审查中发现监狱报送的材料不齐全或者有疑义的,刑罚执行部门应当通知监狱补交有关材料或者作出说明,必要时可派员进行核实;对诊断、检查、鉴别有疑义的,生活卫生部门应当组织进行补充鉴定或者重新鉴定。

审查无误后,应当由刑罚执行部门出具审查意见,报请局长召集评审委员会进行审核。

第二十二条　监狱管理局局长认为案件重大或者有其他特殊情况的,可以召开局长办公会议审议决定。

监狱管理局对罪犯办理暂予监外执行作出决定的,由局长在《暂予监外执行审批表》上签署意见,加盖监狱管理局公章。

第二十三条　对于病情严重需要立即保外就医的,省、自治区、直辖市监狱管理局收到监狱报送的提请暂予监外执行材料后,应当由刑罚执行部门、生活卫生部门审查,报经分管副局长审核后报局长决定,并在罪犯保外就医后三日内召开暂予监外执行评审委员会予以确认。

第二十四条　监狱管理局应当自收到监狱提请暂予监外执行材料之日起十五个工作日内作出决定。

批准暂予监外执行的,应当在五个工作日内,将《暂予监外执行决定书》送达监狱,同时抄送同级人民检察院、原判人民法院和罪犯居住地县级司法行政机关社区矫正机构。

不予批准暂予监外执行的,应当在五个工作日内将《不予批准暂予监外执行决定书》送达监狱。

人民检察院认为暂予监外执行不当提出书面意见

的，监狱管理局应当在接到书面意见后十五日内对决定进行重新核查，并将核查结果书面回复人民检察院。

第二十五条　监狱管理局批准暂予监外执行的，应当在十个工作日内，将暂予监外执行决定上网公开。

第五章　暂予监外执行的交付程序

第二十六条　省、自治区、直辖市监狱管理局批准暂予监外执行后，监狱应当核实罪犯居住地，书面通知罪犯居住地县级司法行政机关社区矫正机构并协商确定交付时间，对罪犯进行出监教育，书面告知罪犯在暂予监外执行期间应当遵守的法律和有关监督管理规定。

罪犯应当在《暂予监外执行告知书》上签名，如果因特殊原因无法签名的，可由其保证人代为签名。

监狱将《暂予监外执行告知书》连同《暂予监外执行决定书》交予罪犯本人或保证人。

第二十七条　监狱应当派员持《暂予监外执行决定书》及有关文书材料，将罪犯押送至居住地，与县级司法行政机关社区矫正机构办理交接手续。

罪犯因病情严重需要送入居住地的医院救治的，监狱可与居住地县级司法行政机关协商确定在居住地的医院交付并办理交接手续，暂予监外执行罪犯的保证人应当到场。

罪犯交付执行后，监狱应当在五个工作日内将罪犯交接情况通报人民检察院。

第二十八条　罪犯原服刑地与居住地不在同一省、自治区、直辖市，需要回居住地暂予监外执行的，监狱应当及时办理出监手续并将交接情况通报罪犯居住地的监狱管理局，原服刑地的监狱管理局应当自批准暂予监外执行三个工作日内将《罪犯档案转递函》《暂予监外执行决定书》以及罪犯档案等材料送达罪犯居住地的监狱管理局。

罪犯居住地的监狱管理局应当在十个工作日内指定一所监狱接收罪犯档案，负责办理该罪犯的收监、刑满释放等手续，并书面通知罪犯居住地县级司法行政机关社区矫正机构。

第六章　暂予监外执行的收监和释放程序

第二十九条　对经县级司法行政机关审核同意的社区矫正机构提出的收监建议，批准暂予监外执行的监狱管理局应当进行审查。

决定收监执行的，将《暂予监外执行收监决定书》送达罪犯居住地县级司法行政机关和原服刑或接收其档案的监狱，并抄送同级人民检察院、公安机关和原判人民法院。

第三十条　监狱收到《暂予监外执行收监决定书》后，应当立即赴羁押地将罪犯收监执行，并将《暂予监外执行收监决定书》交予罪犯本人。

罪犯收监后，监狱应当将收监执行的情况报告批准收监执行的监狱管理局，并告知罪犯居住地县级人民检察院和原判人民法院。

被决定收监执行的罪犯在逃的，由罪犯居住地县级司法行政机关通知罪犯居住地县级公安机关负责追捕。

第三十一条　被收监执行的罪犯有法律规定的不计入执行刑期情形的，县级司法行政机关社区矫正机构应当在收监执行建议书中说明情况，并附有关证明材料。

监狱管理局应当对前款材料进行审核，对材料不齐全的，应当通知县级司法行政机关社区矫正机构在五个工作日内补送；对不符合法律规定的不计入执行刑期情形的或者逾期未补送材料的，应当将结果告知县级司法行政机关社区矫正机构；对材料齐全、符合法律规定的不计入执行刑期情形的，应当通知监狱向所在地中级人民法院提出不计入刑期的建议书。

第三十二条　暂予监外执行罪犯刑期即将届满的，监狱收到县级司法行政机关社区矫正机构书面通知后，应当按期办理刑满释放手续。

第三十三条　罪犯在暂予监外执行期间死亡的，县级司法行政机关社区矫正机构应当自发现其死亡之日起五日以内，书面通知批准暂予监外执行的监狱管理局，并将有关死亡证明材料送达该罪犯原服刑或者接收其档案的监狱，同时抄送罪犯居住地同级人民检察院。

第七章　附　则

第三十四条　监区人民警察集体研究会议、监区长办公会议、监狱暂予监外执行评审委员会会议、监狱长办公会议、监狱管理局暂予监外执行评审委员会会议、监狱管理局局长办公会议的记录和本规定第二十条规定的材料，应当存入档案并永久保存。会议记录应当载明不同意见，并由与会人员签名。

第三十五条　监狱办理职务犯罪罪犯暂予监外执行案件，应当按照有关规定报请备案审查。

第三十六条　司法部直属监狱办理暂予监外执行工作程序，参照本规定办理。

第三十七条　本规定自2016年10月1日起施行。

罪犯生活不能自理鉴别标准

· 2016 年 7 月 26 日
· 法〔2016〕305 号

目　录

前　言

根据《中华人民共和国刑事诉讼法》《全国人民代表大会常务委员会关于〈中华人民共和国刑事诉讼法〉第二百五十四条第五款、第二百五十七条第二款的解释》《暂予监外执行规定》制定本标准。

本标准参考了世界卫生组织《国际功能、残疾和健康分类》（International Classification of Functioning, Disability, and Health, ICF, 中文简称为《国际功能分类》）有关"自理"的国际分类以及《劳动能力鉴定 职工工伤与职业病致残等级》（GB/T16180–2014）、《残疾人残疾分类与分级》（GB/T26341–2010）、《人体损伤程度鉴定标准》等。

本标准主要起草人：李永良、孙欣、徐俊波、徐洪新、李路明、徐丽英、张冉、唐亚青、王连生、郑四龙、魏婵娟、李洁、王娟、邢东升。

罪犯生活不能自理鉴别标准

1. 范围

1.1　本标准规定了罪犯生活不能自理鉴别的原则、方法和条款。

1.2　本标准适用于罪犯在被交付执行前生活不能自理的鉴别。

2. 术语和定义

2.1　罪犯生活不能自理是指罪犯因疾病、残疾、年老体弱等原因造成身体机能下降不能自主处理自己的日常生活。包括进食、大小便、穿衣洗漱、行动（翻身、自主行动）四项内容，其中一项完全不能自主完成或者三项以上大部分不能自主完成的可以认定为生活不能自理。

2.2　生活不能自理的鉴别是指对罪犯在被交付执行前生活自理能力作出的技术性判定意见。

3. 总则

3.1　鉴别原则

依据罪犯在被交付执行前，因疾病、损伤治疗终结后遗留器官缺损、严重功能障碍或者年老体弱导致生活不能自理程度进行的综合鉴别。

3.2　生活自理范围主要包括下列四项：

1) 进食：拿取食物，放入口中，咀嚼，咽下。

2) 大、小便：到规定的地方，解系裤带，完成排便、排尿。用厕包括：a) 蹲（坐）起；b) 拭净；c) 冲洗（倒掉）；d) 整理衣裤。

3) 穿衣：a) 穿脱上身衣服；b) 穿脱下身衣服。

洗漱：a) 洗（擦）脸；b) 刷牙；c) 梳头；d) 剃须。以上 4 项指使用放在身边的洗漱用具。e) 洗澡 进入浴室，完成洗澡。

4) 行动：包括翻身和自主行动。a) 床上翻身；b) 平地行走；c) 上楼梯；d) 下楼梯。

3.3　生活自理影响程度：

a) 完全不能自主完成：不能完成进食、大小便、穿衣洗漱、行动四项内容中任一项全过程。

b) 大部分不能自主完成：能够完成进食、大小便、穿衣洗漱、行动四项内容中任一项全过程，但十分困难。

c) 部分不能自主完成：完成进食、大小便、穿衣洗漱、行动四项内容中任一项全过程有困难。

4. 生活不能自理鉴别条款

4.1　智力残疾二级以上；

4.2　精神残疾二级以上；

4.3　完全感觉性或混合性失语，完全性失用或失认；

4.4　不完全失写、失读、失认、失用具有三项以上者；

4.5　偏瘫或截瘫肌力≤3 级；

4.6　双手全肌瘫肌力≤3 级；

4.7　双手大部分肌瘫肌力≤2 级（拇指均受累）；

4.8　双足全肌瘫肌力≤2 级；

4.9　中度运动障碍（非肢体瘫）；

4.10　脊柱并两个以上主要关节（肩、肘、髋、膝）强直畸形，功能丧失；

4.11　手或足部分缺失及关节功能障碍累积分值>150；

4.12　双手部分缺失以及关节功能障碍累积分值均>40 并伴双前足以上缺失；

4.13　一手或一足缺失，另一肢体两个以上大关节功能完全丧失或达不到功能位；

4.14　双手功能完全丧失；

4.15　肩、肘、髋、膝关节之一对称性非功能位僵直；

4.16　肩、肘、髋、膝中有三个关节功能丧失或达不到功能位；

4.17　双侧前庭功能丧失，不能并足站立，睁眼行走困难；

4.18 张口困难Ⅱ度以上;

4.19 无吞咽功能;

4.20 双侧上或下颌骨完全缺失;

4.21 一侧上颌骨及对侧下颌骨完全缺失;

4.22 一侧上或下颌骨缺失,伴对侧颌面部软组织缺损大于30平方厘米;

4.23 咽喉损伤、食管闭锁或者切除术后,摄食依赖胃造口或者空肠造口;

4.24 食管重建术吻合口狭窄,仅能进流食者;

4.25 消化吸收功能丧失,完全依赖肠外营养;

4.26 肺功能中度损伤或中度低氧血症;

4.27 心功能三级以上;

4.28 大、小便失禁;

4.29 年老体弱生活不能自理;

4.30 上述条款未涉及的残疾,影响进食、大小便、穿衣洗漱、行动(翻身、自主行动)四项内容,其中一项完全不能自主完成或者三项以上大部分不能自主完成的可以认定为生活不能自理。

附录 A

生活不能自理程度鉴别技术基准和方法

A.1 智力残疾

智力显著低于一般人水平,并伴有适应行为的障碍。此类残疾是由于神经系统结构、功能障碍,使个体活动和参与受到限制,需要环境提供全面、广泛、有限和间歇的支持。

智力残疾包括在智力发育期间(18岁之前),由于各种有害因素导致的精神发育不全或智力迟滞;或者智力发育成熟以后,由于各种有害因素导致智力损害或智力明显衰退。

A.1.1 智力残疾分级

按0~6岁和7岁及以上两个年龄段发育商、智商和适应行为分级。0~6岁儿童发育商小于72的直接按发育商分级,发育商在72~75之间的按适应行为分级。7岁及以上按智商、适应行为分级;当两者的分值不在同一级时,按适应行为分级。WHO-DASⅡ分值反映的是18岁及以上各级智力残疾的活动与参与情况。智力残疾分级见下表。

智力残疾分级

级别	智力发育水平		社会适应能力	
	发育商(DQ) 0~6岁	智商(IQ) 7岁及以上	适应行为 (AB)	WHO-DASⅡ分值 18岁及以上
一级	≤25	<20	极重度	≥116分
二级	26~39	20~34	重度	106~115分
三级	40~54	35~49	中度	96~105分
四级	55~75	50~69	轻度	52~95分

适应行为表现:

极重度——不能与人交流、不能自理、不能参与任何活动、身体移动能力很差;需要环境提供全面的支持,全部生活由他人照料。

重度——与人交往能力差、生活方面很难达到自理、运动能力发展较差;需要环境提供广泛的支持,大部分生活由他人照料。

中度——能以简单的方式与人交流、生活能部分自理、能做简单的家务劳动、能参与一些简单的社会活动;需要环境提供有限的支持,部分生活由他人照料。

轻度——能生活自理,能承担一般的家务劳动或工作,对周围环境有较好的辨别能力、能与人交流和交往、能比较正常地参与社会活动;需要环境提供间歇的支持,一般情况下生活不需要由他人照料。

A.2 精神残疾分级

18岁及以上的精神障碍患者依据WHO-DASⅡ分值和适应行为表现分级,18岁以下精神障碍患者依据适应行为的表现分级。

A.2.1 精神残疾一级

WHO-DASⅡ值大于等于116分,适应行为极重度障碍;生活完全不能自理,忽视自己的生理、心理的基本要求。不与人交往,无法从事工作,不能学习新事物。需要环境提供全面、广泛的支持,生活长期、全部需他人监护。

A.2.2　精神残疾二级

WHO-DASⅡ值在106~115分之间,适应行为重度障碍;生活大部分不能自理,基本不与人交往,只与照顾者简单交往,能理解照顾者的简单指令,有一定学习能力。监护下能从事简单劳动。能表达自己的基本需求,偶尔被动参与社交活动。需要环境提供广泛的支持,大部分生活仍需他人照料。

A.2.3　精神残疾三级

WHO-DASⅡ值在96~105分之间,适应行为中度障碍;生活上不能完全自理,可以与人进行简单交流,能表达自己的情感。能独立从事简单劳动,能学习新事物,但学习能力明显比一般人差。被动参与社交活动,偶尔能主动参与社交活动。需要环境提供部分的支持,即所需要的支持服务是经常性的、短时间的需求,部分生活需由他人照料。

A.2.4　精神残疾四级

WHO-DASⅡ值在52~95分之间,适应行为轻度障碍;生活上基本自理,但自理能力比一般人差,有时忽略个人卫生。能与人交往,能表达自己的情感,体会他人情感的能力较差,能从事一般的工作,学习新事物的能力比一般人稍差。偶尔需要环境提供支持,一般情况下生活不需要由他人照料。

A.3　失语、失用、失写、失读、失认

指局灶性皮层功能障碍,内容包括失语、失用、失写、失认等,前三者即在没有精神障碍、感觉缺失和肌肉瘫痪的条件下,患者失去用言语或文字去理解或表达思想的能力(失语),或失去按意图利用物体来完成有意义的动作的能力(失用),或失去书写文字的能力(失写)。失读指患者看见文字符号的形象,读不出字音,不了解意义,就像文盲一样。失认指某一种特殊感觉的认知障碍,如视觉失认就是失读。

A.3.1　语言运动中枢

位于大脑主侧半球的额下回后部。这个中枢支配着人的说话,如果这个中枢损伤,会使患者丧失说话能力,不会说话。但能理解别人说话的意思,常用手势或点头来回答问题。根据病变的范围,可表现为完全性不能说话,称完全性失语。或只能讲单字、单词,说话不流利,称为不完全性失语。这种情况叫做运动性失语。

A.3.2　语言感觉中枢

位于大脑主侧半球颞上回后部,此中枢可以使人能够领悟别人说话的意思。如果这个中枢受损,则引起患者听不懂别人说话的内容,不理解问话。但这种人语言运动中枢完好,仍会说话,而且有时说起话来快而流利,但所答非所问,这种情况叫感觉性失语。

A.4　运动障碍

A.4.1　肢体瘫

以肌力作为分级标准。为判断肢体瘫痪程度,将肌力分级划分为0~5级。

0级:肌肉完全瘫痪,毫无收缩。

1级:可看到或触及肌肉轻微收缩,但不能产生动作。

2级:肌肉在不受重力影响下,可进行运动,即肢体能在床面上移动,但不能抬高。

3级:在和地心引力相反的方向中尚能完成其动作,但不能对抗外加的阻力。

4级:能对抗一定的阻力,但较正常人为低。

5级:正常肌力。

A.4.2　非肢体瘫的运动障碍包括肌张力增高、深感觉障碍和(或)小脑性共济失调、不自主运动或震颤等。根据其对生活自理的影响程度划分为轻、中、重三度。

a)重度:不能自行进食,大小便、洗漱和穿衣、行动。

b)中度:完成上述动作困难,但在他人帮助下可以完成。

c)轻度:完成上述动作虽有一些困难,但基本可以自理。

A.5　关节功能障碍

a)关节功能完全丧失

非功能位关节僵直、固定或关节周围其他原因导致关节连枷状或严重不稳,以致无法完成其功能活动。

b)关节功能重度障碍

关节僵直于功能位,或残留关节活动范围约占正常的三分之一,较难完成原有的活动并对日常生活有明显影响。

c)关节功能中度障碍

残留关节活动范围约占正常的三分之二,能基本完成原有的活动,对日常生活有一定影响。

d)关节功能轻度障碍

残留关节活动范围约占正常的三分之二以上,对日常生活无明显影响。

A.6　手、足功能丧失程度评定

A.6.1　手、足功能量化评分示意图(见图1、图2)

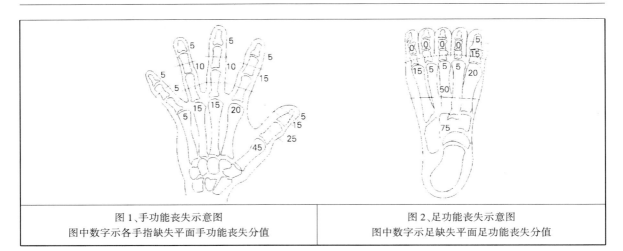

图1、手功能丧失示意图	图2、足功能丧失示意图
图中数字示各手指缺失平面手功能丧失分值	图中数字示足缺失平面足功能丧失分值

A.6.2 指、趾关节功能障碍评定（见表）

表：指关节功能丧失值评定

		手功能丧失值(%)		
		僵直于非功能位	僵直于功能位或<1/2关节活动度	轻度功能障碍或>1/2关节活动度
拇指	第一掌腕/掌指/指间关节均受累	40	25	15
	掌指、指间关节均受累	30	20	10
	掌指、指间单一关节受累	20	15	5
食指	掌指、指间关节均受累	20	15	5
	掌指或近侧指间关节受累	15	10	0
	远侧指间关节均受累	5	5	0
中指	掌指、指间关节均受累	15	5	5
	掌指或近侧指间关节受累	10	5	0
	远侧指间关节均受累	5	0	0
环指	掌指、指间关节均受累	10	5	5
	掌指或近侧指间关节受累	5	5	0
	远侧指间关节均受累	5	0	0
小指	掌指、指间关节均受累	5	5	0
	掌指或近侧指间关节受累	5	5	0
	远侧指间关节均受累	0	0	0
腕关节	手功能大部分丧失时的腕关节受累	10	5	0
	单纯腕关节受累	40	30	20

注1：单手、单足部分缺失及关节功能障碍评定说明：只有在现有条文未能列举的致残程度情形的情况下，可以参照本图表量化评估确定。（1）A.6.1图1中将每一手指划分为远、中、近三个区域，依据各部位功能重要性赋予不同分值。手部分缺失离断的各种情形可按不同区域分值累计相加。图2使用同图1。（2）A.6.2表中将手指各关节及腕关节功能障碍的不同程度分别给予不

同占比分值,各种手功能障碍的情形或合并手部分缺失的致残程度情形均可按对应分值累计相加。

注2:双手部分缺失及功能障碍评定说明:双手功能损伤,按双手分值加权累计确定。设一手功能为100分,双手总分为200分。设分值较高一手分值为A,分值较低一手的分值为B,最终双手计分为:A+B×(200-A)/200。

注3:双足部分缺失及功能障碍评定说明:双足功能损伤,按双足分值加权累计确定。设一足功能为75分,双足总分为150分。设分值较高一足分值为A,分值较低一足的分值为B,最终双足计分为:A+B×(150-A)/150。

A.7 前庭功能检查

内耳前庭器损害导致人体平衡功能障碍。根据眩晕、平衡功能障碍症状,结合神经系统检查及影像学检查予以确定。常见的前庭功能检查有平衡检查、旋转试验、冷热水试验。

A.8 张口度的判定和测量方法

张口度判定及测量方法以被检测者自身的食指、中指、无名指并列垂直置入上、下中切牙切缘间测量。

a)正常张口度:张口时上述三指可垂直置入上、下切牙切缘间(相当于4.5 cm左右)。

b)张口困难Ⅰ度:大张口时,只能垂直置入食指和中指(相当于3 cm左右)。

c)张口困难Ⅱ度:大张口时,只能垂直置入食指(相当于1.7 cm左右)。

d)张口困难Ⅲ度:大张口时,上、下切牙间距小于食指之横径。

e)完全不能张口。

A.9 呼吸困难及呼吸功能损害

A.9.1 呼吸困难分级

Ⅰ级:与同龄健康者在平地一同步行无气短,但登山或上楼时呈现气短。

Ⅱ级:平路步行1000 m无气短,但不能与同龄健康者保持同样速度,平路快步行走呈现气短,登山或上楼时气短明显。

Ⅲ级:平路步行100 m即有气短。

Ⅳ级:稍活动(如穿衣、谈话)即气短。

A.9.2 肺功能损伤分级

损伤级别	FVC	FEV_1	MVV	FEV_1/FVC	RV/TLC	DLco
正常	>80	>80	>80	>70	<35	>80
轻度损伤	60-79	60-79	60-79	55-69	36-45	60-79
中度损伤	40-59	40-59	40-59	35-54	46-55	45-59
重度损伤	<40	<40	<40	<35	>55	<45

注:FVC、FEV_1、MVV、Dlco为占预计值百分数,单位为%。

FVC:用力肺活量;FEV1:1秒钟用力呼气容积;MVV:分钟最大通气量;RV/TLC:残气量/肺总量;DLco:一氧化碳弥散量。

A.9.3 低氧血症分级

a)正常:PO2为13.3 kPa~10.6 kPa(100 mmHg~80 mmHg);

b)轻度:PO2为10.5 kPa~8.0 kPa(79 mmHg~60 mmHg);

c)中度:PO2为7.9 kPa~5.3 kPa(59 mmHg~40 mmHg);

d)重度:PO2<5.3 kPa(~40 mmHg)。

A.10 心功能分级

Ⅰ级:体力活动不受限,日常活动不引起过度的乏力、呼吸困难或者心悸。即心功能代偿期。超声心动图检查示左心室EF值大于50%以上。

Ⅱ级:体力活动轻度受限,休息时无症状,日常活动即可引起乏力、心悸、呼吸困难或者心绞痛。亦称Ⅰ度或者轻度心衰。超声心动图检查示左心室EF值41%~50%。

Ⅲ级:体力活动明显受限,休息时无症状,轻于日常的活动即可引起上述症状。亦称Ⅱ度或者中度心衰。超声心动图检查示左心室 EF 值 31%~40%。

　　Ⅳ级:不能从事任何体力活动,休息时亦有充血性心衰或心绞痛症状,任何体力活动后加重。亦称Ⅲ度或者重度心衰。超声心动图检查示左心室 EF 值小于 30% 以上。

A.11 肛门失禁(大便失禁)

A.11.1　重度

　　a)大便不能控制;

　　b)肛门括约肌收缩力很弱或丧失;

　　c)肛门括约肌收缩反射很弱或消失;

　　d)直肠内压测定:采用肛门注水法测定时直肠内压应小于 1961Pa(20 cm H$_2$O)。

A.11.2　轻度

　　a)稀便不能控制;

　　b)肛门括约肌收缩力较弱;

　　c)肛门括约肌收缩反射较弱;

　　d)直肠内压测定:采用肛门注水法测定时直肠内压应为 1961Pa~2942 Pa(20~30 cm H$_2$O)。

A.12 小便失禁

　　无法用意志去控制排尿(小便),尿液不由自主地从尿道流出。

A.13 年老体弱生活不能自理

　　年龄六十五周岁以上的罪犯,在进食、大小便、穿衣洗漱、行动(翻身、自主行动)四项中,有一项大部分不能自主完成。

附录 B

生活不能自理程度对照表

序号	条款	进食			大、小便			穿衣、洗漱			行动		
		部分影响	大部分影响	完全影响	部分影响	大部分影响	完全影响	部分影响	大部分影响	完全影响	部分影响	大部分影响	完全影响
01	智力残疾二级以上		√			√			√			√	
02	精神残疾二级以上		√			√			√			√	
03	完全感觉性或混合性失语,完全性失用或失认。		√			√			√			√	
04	不完全失用、失写、失读、失认等具有三项以上者。		√			√			√			√	
05	截瘫肌力≤3 级					√			√				√
06	偏瘫肌力≤3 级					√			√			√	
07	双手全肌瘫肌力≤3 级		√			√			√				
08	双手大部分肌瘫肌力≤2 级(拇指均受累)		√			√			√				
09	双足全肌瘫肌力≤2 级					√		√					√
10	中度运动障碍(非肢体瘫)		√			√			√			√	
11	脊柱并两个以上主要关节(肩、肘、髋、膝)强直畸形,功能丧失		√			√			√			√	
12	手或足部分缺失及关节功能障碍累积分值>150	√	或√		√	或√		√	或√		√	或√	

续表

序号	条款	进食			大、小便			穿衣、洗漱			行动		
		部分影响	大部分影响	完全影响	部分影响	大部分影响	完全影响	部分影响	大部分影响	完全影响	部分影响	大部分影响	完全影响
13	双手部分缺失以及关节功能障碍累积分值均>40并伴双前足以上缺失		√			√			√			√	
14	一手或一足缺失，另一肢体两个以上大关节功能完全丧失或达不到功能位		√	或√		√	或√		√	或√		√	或√
15	双手功能完全丧失		√			√			√				
16	肩、肘、髋、膝关节之一对称性非功能位僵直		√	或√		√	或√		√	或√		√	或√
17	肩、肘、髋、膝中有三个关节功能丧失或达不到功能位		√	或√		√	或√		√	或√		√	或√
18	双侧前庭功能丧失，不能并足站立，睁眼行走困难；					√			√			√	
19	张口困难Ⅱ度以上			√									
20	无吞咽功能			√									
21	双侧上或下颌骨完全缺失			√									
22	一侧上颌骨及对侧下颌骨完全缺失			√									
23	一侧上或下颌骨缺失，伴对侧颌面部软组织缺损≥30平方厘米			√									
24	咽喉损伤、食管闭锁或者切除术后，摄食依赖胃造口或者空肠造口			√									
25	食管重建术吻合口狭窄，仅能进流食者			√									
26	消化吸收功能丧失，完全依赖肠外营养			√									
27	肺功能中度损伤或中度低氧血症	√			√				√			√	
28	心功能三级以上	√			√				√			√	
29	大、小便失禁						√						
30	年老体弱生活不能自理		或√			或√			或√			或√	

中华人民共和国社区矫正法实施办法

· 2020 年 6 月 18 日
· 司发通〔2020〕59 号

第一条 为了推进和规范社区矫正工作,根据《中华人民共和国刑法》《中华人民共和国刑事诉讼法》《中华人民共和国社区矫正法》等有关法律规定,制定本办法。

第二条 社区矫正工作坚持党的绝对领导,实行党委政府统一领导、司法行政机关组织实施、相关部门密切配合、社会力量广泛参与、检察机关法律监督的领导体制和工作机制。

第三条 地方人民政府根据需要设立社区矫正委员会,负责统筹协调和指导本行政区域内的社区矫正工作。

司法行政机关向社区矫正委员会报告社区矫正工作开展情况,提请社区矫正委员会协调解决社区矫正工作中的问题。

第四条 司法行政机关依法履行以下职责:

(一)主管本行政区域内社区矫正工作;

(二)对本行政区域内设置和撤销社区矫正机构提出意见;

(三)拟定社区矫正工作发展规划和管理制度,监督检查社区矫正法律法规和政策的执行情况;

(四)推动社会力量参与社区矫正工作;

(五)指导支持社区矫正机构提高信息化水平;

(六)对在社区矫正工作中作出突出贡献的组织、个人,按照国家有关规定给予表彰、奖励;

(七)协调推进高素质社区矫正工作队伍建设;

(八)其他依法应当履行的职责。

第五条 人民法院依法履行以下职责:

(一)拟判处管制、宣告缓刑、决定暂予监外执行的,可以委托社区矫正机构或者有关社会组织对被告人或者罪犯的社会危险性和对所居住社区的影响,进行调查评估,提出意见,供决定社区矫正时参考;

(二)对执行机关报请假释的,审查执行机关移送的罪犯假释后对所居住社区影响的调查评估意见;

(三)核实并确定社区矫正执行地;

(四)对被告人或者罪犯依法判处管制、宣告缓刑、裁定假释、决定暂予监外执行;

(五)对社区矫正对象进行教育,及时通知并送达法律文书;

(六)对符合撤销缓刑、撤销假释或者暂予监外执行收监执行条件的社区矫正对象,作出判决、裁定和决定;

(七)对社区矫正机构提请逮捕的,及时作出是否逮捕的决定;

(八)根据社区矫正机构提出的减刑建议作出裁定;

(九)其他依法应当履行的职责。

第六条 人民检察院依法履行以下职责:

(一)对社区矫正决定机关、社区矫正机构或者有关社会组织的调查评估活动实行法律监督;

(二)对社区矫正决定机关判处管制、宣告缓刑、裁定假释、决定或者批准暂予监外执行活动实行法律监督;

(三)对社区矫正法律文书及社区矫正对象交付执行活动实行法律监督;

(四)对监督管理、教育帮扶社区矫正对象的活动实行法律监督;

(五)对变更刑事执行、解除矫正和终止矫正的活动实行法律监督;

(六)受理申诉、控告和举报,维护社区矫正对象的合法权益;

(七)按照刑事诉讼法的规定,在对社区矫正实行法律监督中发现司法工作人员相关职务犯罪,可以立案侦查直接受理的案件;

(八)其他依法应当履行的职责。

第七条 公安机关依法履行以下职责:

(一)对看守所留所服刑罪犯拟暂予监外执行的,可以委托开展调查评估;

(二)对看守所留所服刑罪犯拟暂予监外执行的,核实并确定社区矫正执行地;对符合暂予监外执行条件的,批准暂予监外执行;对符合收监执行条件的,作出收监执行的决定;

(三)对看守所留所服刑罪犯批准暂予监外执行的,进行教育,及时通知并送达法律文书;依法将社区矫正对象交付执行;

(四)对社区矫正对象予以治安管理处罚;到场处置经社区矫正机构制止无效,正在实施违反监督管理规定或者违反人民法院禁止令等违法行为的社区矫正对象;协助社区矫正机构处置突发事件;

(五)协助社区矫正机构查找失去联系的社区矫正对象;执行人民法院作出的逮捕决定;被裁定撤销缓刑、撤销假释和被决定收监执行的社区矫正对象逃跑的,予以追捕;

(六)对裁定撤销缓刑、撤销假释,或者对人民法院、公安机关决定暂予监外执行收监的社区矫正对象,送交看守所或者监狱执行;

（七）执行限制社区矫正对象出境的措施；

（八）其他依法应当履行的职责。

第八条　监狱管理机关以及监狱依法履行以下职责：

（一）对监狱关押罪犯拟提请假释的，应当委托进行调查评估；对监狱关押罪犯拟暂予监外执行的，可以委托进行调查评估；

（二）对监狱关押罪犯拟暂予监外执行的，依法核实并确定社区矫正执行地；对符合暂予监外执行条件的，监狱管理机关作出暂予监外执行决定；

（三）对监狱关押罪犯批准暂予监外执行的，进行教育，及时通知并送达法律文书；依法将社区矫正对象交付执行；

（四）监狱管理机关对暂予监外执行罪犯决定收监执行的，原服刑或者接收其档案的监狱应当立即将罪犯收监执行；

（五）其他依法应当履行的职责。

第九条　社区矫正机构是县级以上地方人民政府根据需要设置的，负责社区矫正工作具体实施的执行机关。社区矫正机构依法履行以下职责：

（一）接受委托进行调查评估，提出评估意见；

（二）接收社区矫正对象，核对法律文书、核实身份、办理接收登记，建立档案；

（三）组织入矫和解矫宣告，办理入矫和解矫手续；

（四）建立矫正小组、组织矫正小组开展工作，制定和落实矫正方案；

（五）对社区矫正对象进行监督管理，实施考核奖惩；审批会客、外出、变更执行地等事项；了解掌握社区矫正对象的活动情况和行为表现；组织查找失去联系的社区矫正对象，查找后依情形作出处理；

（六）提出治安管理处罚建议，提出减刑、撤销缓刑、撤销假释、收监执行等变更刑事执行建议，依法提请逮捕；

（七）对社区矫正对象进行教育帮扶，开展法治道德等教育，协调有关方面开展职业技能培训、就业指导，组织公益活动等事项；

（八）向有关机关通报社区矫正对象情况，送达法律文书；

（九）对社区矫正工作人员开展管理、监督、培训，落实职业保障；

（十）其他依法应当履行的职责。

设置和撤销社区矫正机构，由县级以上地方人民政府司法行政部门提出意见，按照规定的权限和程序审批。社区矫正日常工作由县级社区矫正机构具体承担；未设置县级社区矫正机构的，由上一级社区矫正机构具体承担。省、市两级社区矫正机构主要负责监督指导、跨区域执法的组织协调以及与同级社区矫正决定机关对接的案件办理工作。

第十条　司法所根据社区矫正机构的委托，承担社区矫正相关工作。

第十一条　社区矫正机构依法加强信息化建设，运用现代信息技术开展监督管理和教育帮扶。

社区矫正工作相关部门之间依法进行信息共享，人民法院、人民检察院、公安机关、司法行政机关依法建立完善社区矫正信息交换平台，实现业务协同、互联互通，运用现代信息技术及时准确传输交换有关法律文书，根据需要实时查询社区矫正对象交付接收、监督管理、教育帮扶、脱离监管、被治安管理处罚、被采取强制措施、变更刑事执行、办理再犯罪案件等情况，共享社区矫正工作动态信息，提高社区矫正信息化水平。

第十二条　对拟适用社区矫正的，社区矫正决定机关应当核实社区矫正对象的居住地。社区矫正对象在多个地方居住的，可以确定经常居住地为执行地。没有居住地，居住地、经常居住地无法确定或者不适宜执行社区矫正的，应当根据有利于社区矫正对象接受矫正、更好地融入社会的原则，确定社区矫正执行地。被确定为执行地的社区矫正机构应当及时接收。

社区矫正对象的居住地是指其实际居住的县（市、区）。社区矫正对象的经常居住地是指其经常居住的，有固定住所、固定生活来源的县（市、区）。

社区矫正对象应如实提供其居住、户籍等情况，并提供必要的证明材料。

第十三条　社区矫正决定机关对拟适用社区矫正的被告人、罪犯，需要调查其社会危险性和对所居住社区影响的，可以委托拟确定为执行地的社区矫正机构或者有关社会组织进行调查评估。社区矫正机构或者有关社会组织收到委托文书后应当及时通知执行地县级人民检察院。

第十四条　社区矫正机构、有关社会组织接受委托后，应当对被告人或者罪犯的居所情况、家庭和社会关系、犯罪行为的后果和影响、居住地村（居）民委员会和被害人意见、拟禁止的事项、社会危险性、对所居住社区的影响等情况进行调查了解，形成调查评估意见，与相关材料一起提交委托机关。调查评估时，相关单位、部门、村（居）民委员会等组织、个人应当依法为调查评估提供必要的协助。

社区矫正机构、有关社会组织应当自收到调查评估委托函及所附材料之日起十个工作日内完成调查评估，提交评估意见。对于适用刑事案件速裁程序的，应当在五个工作日内完成调查评估，提交评估意见。评估意见同时抄送执行地县级人民检察院。需要延长调查评估时限的，社区矫正机构、有关社会组织应当与委托机关协商，并在协商确定的期限内完成调查评估。因被告人或者罪犯的姓名、居住地不真实、身份不明等原因，社区矫正机构、有关社会组织无法进行调查评估的，应当及时向委托机关说明情况。社区矫正决定机关对调查评估意见的采信情况，应当在相关法律文书中说明。

对调查评估意见以及调查中涉及的国家秘密、商业秘密、个人隐私等信息，应当保密，不得泄露。

第十五条　社区矫正决定机关应当对社区矫正对象进行教育，书面告知其到执行地县级社区矫正机构报到的时间期限以及逾期报到或者未报到的后果，责令其按时报到。

第十六条　社区矫正决定机关应当自判决、裁定或者决定生效之日起五日内通知执行地县级社区矫正机构，并在十日内将判决书、裁定书、决定书、执行通知书等法律文书送达执行地县级社区矫正机构，同时抄送人民检察院。收到法律文书后，社区矫正机构应当在五日内送达回执。

社区矫正对象前来报到时，执行地县级社区矫正机构未收到法律文书或者法律文书不齐全，应当先记录在案，为其办理登记接收手续，并通知社区矫正决定机关在五日内送达或者补齐法律文书。

第十七条　被判处管制、宣告缓刑、裁定假释的社区矫正对象到执行地县级社区矫正机构报到时，社区矫正机构应当核对法律文书、核实身份，办理登记接收手续。对社区矫正对象存在因行动不便、自行报到确有困难等特殊情况的，社区矫正机构可以派员到其居住地等场所办理登记接收手续。

暂予监外执行的社区矫正对象，由公安机关、监狱或者看守所依法移送至执行地县级社区矫正机构，办理交付接收手续。罪犯原服刑地与居住地不在同一省、自治区、直辖市，需要回居住地暂予监外执行的，原服刑地的省级以上监狱管理机关或者设区的市一级以上公安机关应当书面通知罪犯居住地的监狱管理机关、公安机关，由其指定一所监狱、看守所接收社区矫正对象档案，负责办

理其收监、刑满释放等手续。对看守所留所服刑罪犯暂予监外执行，原服刑地与居住地在同一省、自治区、直辖市的，可以不移交档案。

第十八条　执行地县级社区矫正机构接收社区矫正对象后，应当建立社区矫正档案，包括以下内容：

（一）适用社区矫正的法律文书；

（二）接收、监管审批、奖惩、收监执行、解除矫正、终止矫正等有关社区矫正执行活动的法律文书；

（三）进行社区矫正的工作记录；

（四）社区矫正对象接受社区矫正的其他相关材料。

接受委托对社区矫正对象进行日常管理的司法所应当建立工作档案。

第十九条　执行地县级社区矫正机构、受委托的司法所应当为社区矫正对象确定矫正小组，与矫正小组签订矫正责任书，明确矫正小组成员的责任和义务，负责落实矫正方案。

矫正小组主要开展下列工作：

（一）按照矫正方案，开展个案矫正工作；

（二）督促社区矫正对象遵纪守法，遵守社区矫正规定；

（三）参与对社区矫正对象的考核评议和教育活动；

（四）对社区矫正对象走访谈话，了解其思想、工作和生活情况，及时向社区矫正机构或者司法所报告；

（五）协助对社区矫正对象进行监督管理和教育帮扶；

（六）协助社区矫正机构或者司法所开展其他工作。

第二十条　执行地县级社区矫正机构接收社区矫正对象后，应当组织或者委托司法所组织入矫宣告。

入矫宣告包括以下内容：

（一）判决书、裁定书、决定书、执行通知书等有关法律文书的主要内容；

（二）社区矫正期限；

（三）社区矫正对象应当遵守的规定、被剥夺或者限制行使的权利、被禁止的事项以及违反规定的法律后果；

（四）社区矫正对象依法享有的权利；

（五）矫正小组人员组成及职责；

（六）其他有关事项。

宣告由社区矫正机构或者司法所的工作人员主持，矫正小组成员及其他相关人员到场，按照规定程序进行。宣告后，社区矫正对象应当在书面材料上签字，确认已经了解所宣告的内容。

第二十一条　社区矫正机构应当根据社区矫正对象

被判处管制、宣告缓刑、假释和暂予监外执行的不同裁判内容和犯罪类型、矫正阶段、再犯罪风险等情况，进行综合评估，划分不同类别，实施分类管理。

社区矫正机构应当把社区矫正对象的考核结果和奖惩情况作为分类管理的依据。

社区矫正机构对不同类别的社区矫正对象，在矫正措施和方法上应当有所区别，有针对性地开展监督管理和教育帮扶工作。

第二十二条　执行地县级社区矫正机构、受委托的司法所要根据社区矫正对象的性别、年龄、心理特点、健康状况、犯罪原因、悔罪表现等具体情况，制定矫正方案，有针对性地消除社区矫正对象可能重新犯罪的因素，帮助其成为守法公民。

矫正方案应当包括社区矫正对象基本情况、对社区矫正对象的综合评估结果、对社区矫正对象的心理状态和其他特殊情况的分析、拟采取的监督管理、教育帮扶措施等内容。

矫正方案应当根据分类管理的要求、实施效果以及社区矫正对象的表现等情况，相应调整。

第二十三条　执行地县级社区矫正机构、受委托的司法所应当根据社区矫正对象的个人生活、工作及所处社区的实际情况，有针对性地采取通信联络、信息化核查、实地查访等措施，了解掌握社区矫正对象的活动情况和行为表现。

第二十四条　社区矫正对象应当按照有关规定和社区矫正机构的要求，定期报告遵纪守法、接受监督管理、参加教育学习、公益活动和社会活动等情况。发生居所变化、工作变动、家庭重大变故以及接触对其矫正可能产生不利影响人员等情况时，应当及时报告。被宣告禁止令的社区矫正对象应当定期报告遵守禁止令的情况。

暂予监外执行的社区矫正对象应当每个月报告本人身体情况。保外就医的，应当到省级人民政府指定的医院检查，每三个月向执行地县级社区矫正机构、受委托的司法所提交病情复查情况。执行地县级社区矫正机构根据社区矫正对象的病情及保证人等情况，可以调整报告身体情况和提交复查情况的期限。延长一个月至三个月以下的，报上一级社区矫正机构批准；延长三个月以上的，逐级上报省级社区矫正机构批准。批准延长的，执行地县级社区矫正机构应当及时通报同级人民检察院。

社区矫正机构根据工作需要，可以协调对暂予监外执行的社区矫正对象进行病情诊断、妊娠检查或者生活不能自理的鉴别。

第二十五条　未经执行地县级社区矫正机构批准，社区矫正对象不得接触其犯罪案件中的被害人、控告人、举报人，不得接触同案犯等可能诱发其再犯罪的人。

第二十六条　社区矫正对象未经批准不得离开所居住市、县。确有正当理由需要离开的，应当经执行地县级社区矫正机构或者受委托的司法所批准。

社区矫正对象外出的正当理由是指就医、就学、参与诉讼、处理家庭或者工作重要事务等。

前款规定的市是指直辖市的城市市区、设区的市的城市市区和县级市的辖区。在设区的同一市内跨区活动的，不属于离开所居住的市、县。

第二十七条　社区矫正对象确需离开所居住的市、县的，一般应当提前三日提交书面申请，并如实提供诊断证明、单位证明、入学证明、法律文书等材料。

申请外出时间在七日内的，经执行地县级社区矫正机构委托，可以由司法所批准，并报执行地县级社区矫正机构备案；超过七日的，由执行地县级社区矫正机构批准。执行地县级社区矫正机构每次批准外出的时间不超过三十日。

因特殊情况确需外出超过三十日的，或者两个月内外出时间累计超过三十日的，应报上一级社区矫正机构审批。上一级社区矫正机构批准社区矫正对象外出的，执行地县级社区矫正机构应当及时通报同级人民检察院。

第二十八条　在社区矫正对象外出期间，执行地县级社区矫正机构、受委托的司法所应当通过电话通讯、实时视频等方式实施监督管理。

执行地县级社区矫正机构根据需要，可以协商外出目的地社区矫正机构协助监督管理，并要求社区矫正对象在到达和离开时向当地社区矫正机构报告，接受监督管理。外出目的地社区矫正机构在社区矫正对象报告后，可以通过电话通讯、实地查访等方式协助监督管理。

社区矫正对象应在外出期限届满前返回居住地，并向执行地县级社区矫正机构或者司法所报告，办理手续。因特殊原因无法按期返回的，应及时向社区矫正机构或者司法所报告情况。发现社区矫正对象违反外出管理规定的，社区矫正机构应当责令其立即返回，并视情节依法予以处理。

第二十九条　社区矫正对象确因正常工作和生活需要经常性跨市、县活动的，应当由本人提出书面申请，写明理由、经常性去往市县名称、时间、频次等，同时提供相应证明，由执行地县级社区矫正机构批准，批准一次的有效期为六个月。在批准的期限内，社区矫正对象到批准市、县活动的，可以通过电话、微信等方式报告活动情况。到期后，社区矫正对象仍需要经常性跨市、县活动的，应当重新提出申请。

第三十条　社区矫正对象因工作、居所变化等原因需要变更执行地的，一般应当提前一个月提出书面申请，并提供相应证明材料，由受委托的司法所签署意见后报执行地县级社区矫正机构审批。

执行地县级社区矫正机构收到申请后，应当在五日内书面征求新执行地县级社区矫正机构的意见。新执行地县级社区矫正机构接到征求意见函后，应当在五日内核实有关情况，作出是否同意接收的意见并书面回复。执行地县级社区矫正机构根据回复意见，作出决定。执行地县级社区矫正机构对新执行地县级社区矫正机构的回复意见有异议的，可以报上一级社区矫正机构协调解决。

经审核，执行地县级社区矫正机构不同意变更执行地的，应在决定作出之日起五日内告知社区矫正对象。同意变更执行地的，应对社区矫正对象进行教育，书面告知其到新执行地县级社区矫正机构报到的时间期限以及逾期报到或者未报到的后果，责令其按时报到。

第三十一条　同意变更执行地的，原执行地县级社区矫正机构应当在作出决定之日起五日内，将有关法律文书和档案材料移交新执行地县级社区矫正机构，并将有关法律文书抄送社区矫正决定机关和原执行地县级人民检察院、公安机关。新执行地县级社区矫正机构收到法律文书和档案材料后，在五日内送达回执，并将有关法律文书抄送所在地县级人民检察院、公安机关。

同意变更执行地的，社区矫正对象应当自收到变更执行地决定之日起七日内，到新执行地县级社区矫正机构报到。新执行地县级社区矫正机构应当核实身份、办理登记接收手续。发现社区矫正对象未按规定时间报到的，新执行地县级社区矫正机构应当立即通知原执行地县级社区矫正机构，由原执行地县级社区矫正机构组织查找。未及时办理交付接收，造成社区矫正对象脱管漏管的，原执行地社区矫正机构会同新执行地社区矫正机构妥善处置。

对公安机关、监狱管理机关批准暂予监外执行的社区矫正对象变更执行地的，公安机关、监狱管理机关在收到社区矫正机构送达的法律文书后，应与新执行地同级公安机关、监狱管理机关办理交接。新执行地的公安机关、监狱管理机关应指定一所看守所、监狱接收社区矫正对象档案，负责办理其收监、刑满释放等手续。看守所、监狱在接收档案之日起五日内，应当将有关情况通报新执行地县级社区矫正机构。对公安机关批准暂予监外执行的社区矫正对象在同一省、自治区、直辖市变更执行地的，可以不移交档案。

第三十二条　社区矫正机构应当根据有关法律法规、部门规章和其他规范性文件，建立内容全面、程序合理、易于操作的社区矫正对象考核奖惩制度。

社区矫正机构、受委托的司法所应当根据社区矫正对象认罪悔罪、遵守有关规定、服从监督管理、接受教育等情况，定期对其考核。对于符合表扬条件、具备训诫、警告情形的社区矫正对象，经执行地县级社区矫正机构决定，可以给予其相应奖励或者处罚，作出书面决定。对于涉嫌违反治安管理行为的社区矫正对象，执行地县级社区矫正机构可以向同级公安机关提出建议。社区矫正机构奖励或者处罚的书面决定应当抄送人民检察院。

社区矫正对象的考核结果与奖惩应当书面通知其本人，定期公示，记入档案，做到准确及时、公开公平。社区矫正对象对考核奖惩提出异议的，执行地县级社区矫正机构应当及时处理，并将处理结果告知社区矫正对象。社区矫正对象对处理结果仍有异议的，可以向人民检察院提出。

第三十三条　社区矫正对象认罪悔罪、遵守法律法规、服从监督管理、接受教育表现突出的，应当给予表扬。

社区矫正对象接受社区矫正六个月以上并且同时符合下列条件的，执行地县级社区矫正机构可以给予表扬：

（一）服从人民法院判决，认罪悔罪；

（二）遵守法律法规；

（三）遵守关于报告、会客、外出、迁居等规定，服从社区矫正机构的管理；

（四）积极参加教育学习等活动，接受教育矫正的。

社区矫正对象接受社区矫正期间，有见义勇为、抢险救灾等突出表现，或者帮助他人、服务社会等突出事迹的，执行地县级社区矫正机构可以给予表扬。对于符合法定减刑条件的，由执行地县级社区矫正机构依照本办法第四十二条的规定，提出减刑建议。

第三十四条　社区矫正对象具有下列情形之一的，执行地县级社区矫正机构应当给予训诫：

（一）不按规定时间报到或者接受社区矫正期间脱离监管，未超过十日的；

（二）违反关于报告、会客、外出、迁居等规定，情节轻微的；

（三）不按规定参加教育学习等活动，经教育仍不改正的；

（四）其他违反监督管理规定，情节轻微的。

第三十五条　社区矫正对象具有下列情形之一的，执行地县级社区矫正机构应当给予警告：

（一）违反人民法院禁止令，情节轻微的；

（二）不按规定时间报到或者接受社区矫正期间脱离监管，超过十日的；

（三）违反关于报告、会客、外出、迁居等规定，情节较重的；

（四）保外就医的社区矫正对象无正当理由不按时提交病情复查情况，经教育仍不改正的；

（五）受到社区矫正机构两次训诫，仍不改正的；

（六）其他违反监督管理规定，情节较重的。

第三十六条　社区矫正对象违反监督管理规定或者人民法院禁止令，依法应予治安管理处罚的，执行地县级社区矫正机构应当及时提请同级公安机关依法给予处罚，并向执行地同级人民检察院抄送治安管理处罚建议书副本，及时通知处理结果。

第三十七条　电子定位装置是指运用卫星等定位技术，能对社区矫正对象进行定位等监管，并具有防拆、防爆、防水等性能的专门的电子设备，如电子定位腕带等，但不包括手机等设备。

对社区矫正对象采取电子定位装置进行监督管理的，应当告知社区矫正对象监管的期限、要求以及违反监管规定的后果。

第三十八条　发现社区矫正对象失去联系的，社区矫正机构应当立即组织查找，可以采取通信联络、信息化核查、实地查访等方式查找，查找时要做好记录，固定证据。查找不到的，社区矫正机构应当及时通知公安机关，公安机关应当协助查找。社区矫正机构应当及时将组织查找的情况通报人民检察院。

查找到社区矫正对象后，社区矫正机构应当根据其脱离监管的情形，给予相应处置。虽能查找到社区矫正对象下落但其拒绝接受监督管理的，社区矫正机构应当视情节依法提请公安机关予以治安管理处罚，或者依法提请撤销缓刑、撤销假释、对暂予监外执行的收监执行。

第三十九条　社区矫正机构根据执行禁止令的需要，可以协调有关的部门、单位、场所、个人协助配合执行禁止令。

对禁止令确定需经批准才能进入的特定区域或者场所，社区矫正对象确需进入的，应当经执行地县级社区矫正机构批准，并通知原审人民法院和执行地县级人民检

察院。

第四十条　发现社区矫正对象有违反监督管理规定或者人民法院禁止令等违法情形的，执行地县级社区矫正机构应当调查核实情况，收集有关证据材料，提出处理意见。

社区矫正机构发现社区矫正对象有撤销缓刑、撤销假释或者暂予监外执行收监执行的法定情形的，应当组织开展调查取证工作，依法向社区矫正决定机关提出撤销缓刑、撤销假释或者暂予监外执行收监执行建议，并将建议书抄送同级人民检察院。

第四十一条　社区矫正对象被依法决定行政拘留、司法拘留、强制隔离戒毒等或者因涉嫌犯新罪、发现判决宣告前还有其他罪没有判决被采取强制措施的，决定机关应当自作出决定之日起三日内将有关情况通知执行地县级社区矫正机构和执行地县级人民检察院。

第四十二条　社区矫正对象符合法定减刑条件的，由执行地县级社区矫正机构提出减刑建议书并附相关证据材料，报经地（市）社区矫正机构审核同意后，由地（市）社区矫正机构提请执行地的中级人民法院裁定。

依法应由高级人民法院裁定的减刑案件，由执行地县级社区矫正机构提出减刑建议书并附相关证据材料，逐级上报省级社区矫正机构审核同意后，由省级社区矫正机构提请执行地的高级人民法院裁定。

人民法院应当自收到减刑建议书和相关证据材料之日起三十日内依法裁定。

社区矫正机构减刑建议书和人民法院减刑裁定书副本，应当同时抄送社区矫正执行地同级人民检察院、公安机关及罪犯原服刑或者接收其档案的监狱。

第四十三条　社区矫正机构、受委托的司法所应当充分利用地方人民政府及其有关部门提供的教育帮扶场所和有关条件，按照因人施教的原则，有针对性地对社区矫正对象开展教育矫正活动。

社区矫正机构、司法所应当根据社区矫正对象的矫正阶段、犯罪类型、现实表现等实际情况，对其实施分类教育；应当结合社区矫正对象的个体特征、日常表现等具体情况，进行个别教育。

社区矫正机构、司法所根据需要可以采用集中教育、网上培训、实地参观等多种形式开展集体教育；组织社区矫正对象参加法治、道德等方面的教育活动；根据社区矫正对象的心理健康状况，对其开展心理健康教育、实施心理辅导。

社区矫正机构、司法所可以通过公开择优购买服务

或者委托社会组织执行项目等方式,对社区矫正对象开展教育活动。

第四十四条 执行地县级社区矫正机构、受委托的司法所按照符合社会公共利益的原则,可以根据社区矫正对象的劳动能力、健康状况等情况,组织社区矫正对象参加公益活动。

第四十五条 执行地县级社区矫正机构、受委托的司法所依法协调有关部门和单位,根据职责分工,对遇到暂时生活困难的社区矫正对象提供临时救助;对就业困难的社区矫正对象提供职业技能培训和就业指导;帮助符合条件的社区矫正对象落实社会保障措施;协助在就学、法律援助等方面遇到困难的社区矫正对象解决问题。

第四十六条 社区矫正对象在缓刑考验期内,有下列情形之一的,由执行地同级社区矫正机构提出撤销缓刑建议:

(一)违反禁止令,情节严重的;

(二)无正当理由不按规定时间报到或者接受社区矫正期间脱离监管,超过一个月的;

(三)因违反监督管理规定受到治安管理处罚,仍不改正的;

(四)受到社区矫正机构两次警告,仍不改正的;

(五)其他违反有关法律、行政法规和监督管理规定,情节严重的情形。

社区矫正机构一般向原审人民法院提出撤销缓刑建议。如果原审人民法院与执行地同级社区矫正机构不在同一省、自治区、直辖市的,可以向执行地人民法院提出建议,执行地人民法院作出裁定的,裁定书同时抄送原审人民法院。

社区矫正机构撤销缓刑建议书和人民法院的裁定书副本同时抄送社区矫正执行地同级人民检察院。

第四十七条 社区矫正对象在假释考验期内,有下列情形之一的,由执行地同级社区矫正机构提出撤销假释建议:

(一)无正当理由不按规定时间报到或者接受社区矫正期间脱离监管,超过一个月的;

(二)受到社区矫正机构两次警告,仍不改正的;

(三)其他违反有关法律、行政法规和监督管理规定,尚未构成新的犯罪的。

社区矫正机构一般向原审人民法院提出撤销假释建议。如果原审人民法院与执行地同级社区矫正机构不在同一省、自治区、直辖市的,可以向执行地人民法院提出建议,执行地人民法院作出裁定的,裁定书同时抄送原审人民法院。

社区矫正机构撤销假释的建议书和人民法院的裁定书副本同时抄送社区矫正执行地同级人民检察院、公安机关、罪犯原服刑或者接收其档案的监狱。

第四十八条 被提请撤销缓刑、撤销假释的社区矫正对象具备下列情形之一的,社区矫正机构在提出撤销缓刑、撤销假释建议书的同时,提请人民法院决定对其予以逮捕:

(一)可能逃跑的;

(二)具有危害国家安全、公共安全、社会秩序或者他人人身安全现实危险的;

(三)可能对被害人、举报人、控告人或者社区矫正机构工作人员等实施报复行为的;

(四)可能实施新的犯罪的。

社区矫正机构提请人民法院决定逮捕社区矫正对象时,应当提供相应证据,移送人民法院审查决定。

社区矫正机构提请逮捕、人民法院作出是否逮捕决定的法律文书,应当同时抄送执行地县级人民检察院。

第四十九条 暂予监外执行的社区矫正对象有下列情形之一的,由执行地县级社区矫正机构提出收监执行建议:

(一)不符合暂予监外执行条件的;

(二)未经社区矫正机构批准擅自离开居住的市、县,经警告拒不改正,或者拒不报告行踪,脱离监管的;

(三)因违反监督管理规定受到治安管理处罚,仍不改正的;

(四)受到社区矫正机构两次警告的;

(五)保外就医期间不按规定提交病情复查情况,经警告拒不改正的;

(六)暂予监外执行的情形消失后,刑期未满的;

(七)保证人丧失保证条件或者因不履行义务被取消保证人资格,不能在规定期限内提出新的保证人的;

(八)其他违反有关法律、行政法规和监督管理规定,情节严重的情形。

社区矫正机构一般向执行地社区矫正决定机关提出收监执行建议。如果原社区矫正决定机关与执行地县级社区矫正机构在同一省、自治区、直辖市的,可以向原社区矫正决定机关提出建议。

社区矫正机构的收监执行建议书和决定机关的决定书,应当同时抄送执行地县级人民检察院。

第五十条 人民法院裁定撤销缓刑、撤销假释或者决定暂予监外执行收监执行的,由执行地县级公安机关本着就近、便利、安全的原则,送交社区矫正对象执行地所属的省、自治区、直辖市管辖范围内的看守所或者监狱执行刑罚。

公安机关决定暂予监外执行收监执行的,由执行地县级公安机关送交存放或者接收罪犯档案的看守所收监执行。

监狱管理机关决定暂予监外执行收监执行的,由存放或者接收罪犯档案的监狱收监执行。

第五十一条　撤销缓刑、撤销假释的裁定和收监执行的决定生效后,社区矫正对象下落不明的,应当认定为在逃。

被裁定撤销缓刑、撤销假释和被决定收监执行的社区矫正对象在逃的,由执行地县级公安机关负责追捕。撤销缓刑、撤销假释裁定书和对暂予监外执行罪犯收监执行决定书,可以作为公安机关追逃依据。

第五十二条　社区矫正机构应当建立突发事件处置机制,发现社区矫正对象非正常死亡、涉嫌实施犯罪、参与群体性事件的,应当立即与公安机关等有关部门协调联动、妥善处置,并将有关情况及时报告上一级社区矫正机构,同时通报执行地人民检察院。

第五十三条　社区矫正对象矫正期限届满,且在社区矫正期间没有应当撤销缓刑、撤销假释或者暂予监外执行收监执行情形的,社区矫正机构依法办理解除矫正手续。

社区矫正对象一般应当在社区矫正期满三十日前,作出个人总结,执行地县级社区矫正机构应当根据其在接受社区矫正期间的表现等情况作出书面鉴定,与安置帮教工作部门做好衔接工作。

执行地县级社区矫正机构应当向社区矫正对象发放解除社区矫正证明书,并书面通知社区矫正决定机关,同时抄送执行地县级人民检察院和公安机关。

公安机关、监狱管理机关决定暂予监外执行的社区矫正对象刑期届满的,由看守所、监狱依法为其办理刑满释放手续。

社区矫正对象被赦免的,社区矫正机构应当向社区矫正对象发放解除社区矫正证明书,依法办理解除矫正手续。

第五十四条　社区矫正对象矫正期满,执行地县级社区矫正机构或者受委托的司法所可以组织解除矫正宣告。

解矫宣告包括以下内容:

(一)宣读对社区矫正对象的鉴定意见;

(二)宣布社区矫正期限届满,依法解除社区矫正;

(三)对判处管制的,宣布执行期满,解除管制;对宣告缓刑的,宣布缓刑考验期满,原判刑罚不再执行;对裁定假释的,宣布考验期满,原判刑罚执行完毕。

宣告由社区矫正机构或者司法所工作人员主持,矫正小组成员及其他相关人员到场,按照规定程序进行。

第五十五条　社区矫正机构、受委托的司法所应当根据未成年社区矫正对象的年龄、心理特点、发育需要、成长经历、犯罪原因、家庭监护教育条件等情况,制定适应未成年人特点的矫正方案,采取有益于其身心健康发展、融入正常社会生活的矫正措施。

社区矫正机构、司法所对未成年社区矫正对象的相关信息应当保密。对未成年社区矫正对象的考核奖惩和宣告不公开进行。对未成年社区矫正对象进行宣告或者处罚时,应通知其监护人到场。

社区矫正机构、司法所应当选任熟悉未成年人身心特点,具有法律、教育、心理等专业知识的人员负责未成年人社区矫正工作,并通过加强培训、管理,提高专业化水平。

第五十六条　社区矫正工作人员的人身安全和职业尊严受法律保护。

对任何干涉社区矫正工作人员执法的行为,社区矫正工作人员有权拒绝,并按照规定如实记录和报告。对于侵犯社区矫正工作人员权利的行为,社区矫正工作人员有权提出控告。

社区矫正工作人员因依法履行职责遭受不实举报、诬告陷害、侮辱诽谤,致使名誉受到损害的,有关部门或者个人应当及时澄清事实,消除不良影响,并依法追究相关单位或者个人的责任。

对社区矫正工作人员追究法律责任,应当根据其行为的危害程度、造成的后果、以及责任大小予以确定,实事求是,过罚相当。社区矫正工作人员依法履职的,不能仅因社区矫正对象再犯罪而追究其法律责任。

第五十七条　有关单位对人民检察院的书面纠正意见在规定的期限内没有回复纠正情况的,人民检察院应当督促回复。经督促被监督单位仍不回复或者没有正当理由不纠正的,人民检察院应当向上一级人民检察院报告。

有关单位对人民检察院的检察建议在规定的期限内经督促无正当理由不予整改或者整改不到位的,检察机关可以将相关情况报告上级人民检察院,通报被建议单位的上级机关、行政主管部门或者行业自律组织等,必要时可以报告同级党委、人大,通报同级政府、纪检监察机关。

第五十八条 本办法所称"以上""内",包括本数;"以下""超过",不包括本数。

第五十九条 本办法自 2020 年 7 月 1 日起施行。最高人民法院、最高人民检察院、公安部、司法部 2012 年 1 月 10 日印发的《社区矫正实施办法》(司发通〔2012〕12 号)同时废止。

关于进一步规范暂予监外执行工作的意见

· 2023 年 5 月 28 日
· 司发通〔2023〕24 号

为进一步依法准确适用暂予监外执行,确保严格规范公正文明执法,根据《中华人民共和国刑事诉讼法》《中华人民共和国监狱法》《中华人民共和国社区矫正法》等有关法律和《暂予监外执行规定》,结合工作实际,提出如下意见:

一、进一步准确把握相关诊断检查鉴别标准

1.《暂予监外执行规定》中的"短期内有生命危险",是指罪犯所患疾病病情危重,有临床生命体征改变,并经临床诊断和评估后确有短期内发生死亡可能的情形。诊断医院在《罪犯病情诊断书》注明"短期内有死亡风险"或者明确出具病危通知书,视为"短期内有生命危险"。临床上把某种疾病评估为"具有发生猝死的可能"一般不作为"短期内有生命危险"的情形加以使用。

罪犯就诊的医疗机构七日内出具的病危通知书可以作为诊断医院出具《罪犯病情诊断书》的依据。

2.《保外就医严重疾病范围》中的"久治不愈"是指所有范围内疾病均应有规范治疗过程,仍然不能治愈或好转者,才符合《保外就医严重疾病范围》医学条件。除《保外就医严重疾病范围》明确规定需经规范治疗的情形外,"久治不愈"是指经门诊治疗和/或住院治疗并经临床评估后仍病情恶化或未见好转的情形。在诊断过程中,经评估确认短期内有生命危险,即符合保外就医医学条件。

3.《保外就医严重疾病范围》关于"严重功能障碍"中的"严重",一般对应临床上实质脏器(心、肺、肝、肾、脑、胰腺等)功能障碍"中度及以上的"的分级标准。

4.《保外就医严重疾病范围》关于患精神疾病罪犯"无服刑能力"的评估,应当以法医精神病司法鉴定意见为依据。精神疾病的发作和控制、是否为反复发作,应当

以省级人民政府指定医院的诊断结果为依据。

5.《暂予监外执行规定》中"生活不能自理"的鉴别参照《劳动能力鉴定 职工工伤与职业病致残等级(GB/T 16180-2014)》执行。进食、翻身、大小便、穿衣洗漱、自主行动等五项日常生活行为中有三项需要他人协助才能完成,且经过六个月以上治疗、护理和观察,自理能力不能恢复的,可以认定为生活不能自理。六十五周岁以上的罪犯,上述五项日常生活行为有一项需要他人协助才能完成即可视为生活不能自理。

二、进一步规范病情诊断和妊娠检查

6. 暂予监外执行病情诊断和妊娠检查应当在省级人民政府指定的医院进行,病情诊断由两名具有副高以上专业技术职称的医师负责,妊娠检查由两名具有中级以上专业技术职称的医师负责。

罪犯被交送监狱执行刑罚前,人民法院决定暂予监外执行的,组织诊断工作由人民法院负责。

7. 医院应当在收到人民法院、公安机关、监狱管理机关、监狱委托书后五个工作日内组织医师进行诊断检查,并在二十个工作日内完成并出具《罪犯病情诊断书》。对于罪犯病情严重必须立即保外就医的,受委托医院应当在三日内完成诊断并出具《罪犯病情诊断书》。

8. 医师应当认真查看医疗文件,亲自诊查病人,进行合议并出具意见,填写《罪犯病情诊断书》或《罪犯妊娠检查书》,并附三个月内的客观诊断依据。《罪犯病情诊断书》《罪犯妊娠检查书》由两名负责诊断检查的医师签名,并经主管业务院长审核签名后,加盖诊断医院公章。

《罪犯病情诊断书》或《罪犯妊娠检查书》应当包括罪犯基本情况、医学检查情况、诊断检查意见等内容,诊断依据应当包括疾病诊断结果、疾病严重程度评估等。罪犯病情诊断意见关于病情的表述应当符合《保外就医严重疾病范围》相应条款。

《罪犯病情诊断书》自出具之日起三个月内可以作为人民法院、公安机关、监狱管理机关决定或批准暂予监外执行的依据。超过三个月的,人民法院、公安机关、监狱应当委托医院重新进行病情诊断,并出具《罪犯病情诊断书》。

9. 医师对诊断检查意见有分歧的,应当在《罪犯病情诊断书》或《罪犯妊娠检查书》中写明分歧内容和理由,分别签名或者盖章。因意见分歧无法作出一致结论的,人民法院、公安机关、监狱应当委托其他同等级或者以上等级的省级人民政府指定的医院重新组织诊断检查。

10. 在暂予监外执行工作中,司法工作人员或者参与诊断检查的医师与罪犯有近亲属关系或者其他利害关系的应当回避。

三、进一步严格决定批准审查和收监执行审查

11. 人民法院、公安机关、监狱管理机关决定或批准暂予监外执行时,采取书面审查方式进行。审查过程中,遇到涉及病情诊断、妊娠检查或生活不能自理鉴别意见专业疑难问题时,可以委托法医技术人员或省级人民政府指定医院具有副高以上职称的医师审核并出具意见,审核意见作为是否暂予监外执行的参考。

12. 对于病情严重适用立即保外就医程序的,公安机关、监狱管理机关应当在罪犯保外就医后三个工作日内召开暂予监外执行评审委员会予以确认。

13. 对在公示期间收到不同意见,或者在社会上有重大影响、社会关注度高的罪犯,或者其他有听证审查必要的,监狱、看守所提请暂予监外执行,人民法院、公安机关、监狱管理机关决定或批准暂予监外执行,可以组织听证。听证意见作为是否提请或批准、决定暂予监外执行的参考。

听证时,应当通知罪犯、其他申请人、公示期间提出不同意见的人等有关人员参加。人民法院、公安机关、监狱管理机关、监狱或者看守所组织听证,还应当通知同级人民检察院派员参加。

人民检察院经审查认为需要以听证方式办理暂予监外执行案件和收监执行监督案件的,人民法院、公安机关、监狱管理机关、监狱或者看守所应当予以协同配合提供支持。

14. 人民法院、人民检察院、公安机关、监狱管理机关审查社区矫正机构收监执行的建议,一般采取书面审查方式,根据工作需要也可以组织核查。社区矫正机构应当同时提交罪犯符合收监情形、有不计入执行刑期情形等相关证明材料,在《收监执行建议书》中注明并提出明确意见。人民法院、公安机关、监狱管理机关经审查认为符合收监情形的,应当出具收监执行决定书,送社区矫正机构并抄送同级人民检察院;不符合收监情形的,应当作出不予收监执行决定书并抄送同级人民检察院。公安机关、监狱应当在收到收监执行决定书之日起三日内将罪犯收监执行。

对于人民法院、公安机关、监狱管理机关经审查认为需要补充材料并向社区矫正机构提出的,社区矫正机构应当在十五个工作日内补充完成。

15. 对暂予监外执行期间因犯新罪或者发现判决宣告以前还有其他罪没有判决,被侦查机关采取强制措施的罪犯,社区矫正机构接到侦查机关通知后,应当通知罪犯原服刑或接收其档案的监狱、看守所。对被判处监禁刑罚的,应当由原服刑的监狱、看守所收监执行;原服刑的监狱、看守所与接收其档案的监狱、看守所不一致的,应当由接收其档案的监狱、看守所收监执行。对没有被判处监禁刑罚,社区矫正机构认为符合收监情形的,应当提出收监执行建议,并抄送执行地县级人民检察院。

16. 对不符合暂予监外执行条件的罪犯通过贿赂等非法手段被暂予监外执行的,应当由原暂予监外执行决定或批准机关作出收监执行的决定并抄送同级人民检察院,将罪犯收监执行。罪犯收监执行后,监狱或者看守所应当向所在地中级人民法院提出不计入执行刑期的建议书。人民法院应当自收到建议书之日起一个月内依法对罪犯的刑期重新计算作出裁定。

人民检察院发现不符合暂予监外执行条件的罪犯通过贿赂等非法手段被暂予监外执行的,应当向原暂予监外执行决定或批准机关提出纠正意见并附相关材料。原暂予监外执行决定或批准机关应当重新进行核查,并将相关情况反馈人民检察院。

原暂予监外执行决定或批准机关作出收监执行的决定后,对刑期已经届满的,罪犯原服刑或接收其档案的监狱或者看守所应当向所在地中级人民法院提出不计入执行刑期的建议书,人民法院审核裁定后,应当将罪犯收监执行。人民法院决定收监执行的,应当一并作出重新计算刑期的裁定,通知执行地公安机关将罪犯送交原服刑或接收其档案的监狱或者看守所收监执行。罪犯收监执行后应当继续执行的刑期自收监之日起计算。

被决定收监执行的罪犯在逃的,由罪犯社区矫正执行地县级公安机关负责追捕。原暂予监外执行决定或批准机关作出的收监执行决定可以作为公安机关追逃依据。

四、进一步强化全过程监督制约

17. 人民检察院应当对暂予监外执行进行全程法律监督。罪犯病情诊断、妊娠检查前,人民法院、监狱、看守所应当将罪犯信息、时间和地点至少提前一个工作日向人民检察院通报。对具有"短期内有生命危险"情形的应当立即通报。人民检察院可以派员现场监督诊断检查活动。

人民法院、公安机关、监狱应当在收到病情诊断意见、妊娠检查结果后三个工作日内将《罪犯病情诊断书》

或者《罪犯妊娠检查书》及诊断检查依据抄送人民检察院。

人民检察院可以依法向有关单位和人员调查核实情况，调阅复制案卷材料，并可以参照本意见第6至11条重新组织对被告人、罪犯进行诊断、检查或者鉴别等。

18. 人民法院、公安机关、监狱管理机关、监狱、看守所、社区矫正机构要依法接受检察机关的法律监督，认真听取检察机关的意见、建议。

19. 人民法院、人民检察院、公安机关、监狱管理机关、监狱、看守所应当邀请人大代表、政协委员或者有关方面代表作为监督员对暂予监外执行工作进行监督。

20. 人民法院、公安机关、监狱管理机关办理暂予监外执行案件，除病情严重必须立即保外就医的，应当在立案或收到监狱、看守所提请暂予监外执行建议后五个工作日内将罪犯基本情况、原则认定的罪名和刑期、申请或者启动暂予监外执行的事由，以及病情诊断、妊娠检查、生活不能自理鉴别的结果向社会公示。依法不予公开的案件除外。

公示应当载明提出意见的方式，期限为三日。对提出异议的，人民法院、公安机关、监狱管理机关应当在调查核实后五个工作日内予以回复。

21. 人民法院、公安机关、监狱管理机关应当在决定或批准之日起十个工作日内，将暂予监外执行决定书在互联网公开。对在看守所、监狱羁押或服刑的罪犯，因病情严重适用立即保外就医程序的，应当在批准之日起三个工作日内在看守所、监狱进行为期五日的公告。

22. 各省、自治区、直辖市高级人民法院、人民检察院、公安厅（局）、司法厅（局）、卫生健康委应当共同建立暂予监外执行诊断检查医院名录，并在省级人民政府指定的医院相关文件中及时向社会公布并定期更新。

23. 罪犯暂予监外执行决定书有下列情形之一的，不予公开：

（一）涉及国家秘密的；

（二）未成年人犯罪的；

（三）人民法院、公安机关、监狱管理机关认为不宜公开的其他情形。

人民法院、公安机关、监狱管理机关、监狱应当对拟公开的暂予监外执行决定书中涉及罪犯家庭住址、身份证号码等个人隐私的信息作技术处理，但应当载明暂予监外执行的情形。

五、进一步加强社区矫正衔接配合和监督管理

24. 社区矫正机构应当加强与人民法院、人民检察院、公安机关、监狱管理机关以及存放或者接收罪犯档案的监狱、看守所的衔接配合，建立完善常态化联系机制。需要对社区矫正对象采取限制出境措施的，应当按有关规定办理。

25. 社区矫正机构应当加强暂予监外执行罪犯定期身体情况报告监督和记录，对保外就医的，每三个月审查病情复查情况，并根据需要向人民法院、人民检察院、公安机关、监狱管理机关，存放或者接收罪犯档案的监狱、看守所反馈。对属于患严重疾病、久治不愈的，社区矫正机构可以结合具保情况、家庭状况、经济条件等，延长罪犯复查期限，并通报执行地县级人民检察院。

26. 社区矫正机构根据工作需要，组织病情诊断、妊娠检查或者生活不能自理的鉴别，应当通报执行地县级人民检察院，并可以邀请人民法院、人民检察院、公安机关、监狱管理机关、监狱、看守所参加。人民法院、人民检察院、公安机关、监狱管理机关、监狱、看守所依法配合社区矫正工作。

27. 社区矫正工作中，对暂予监外执行罪犯组织病情诊断、妊娠检查或者生活不能自理的鉴别应当参照本意见第6至11条执行。

六、进一步严格工作责任

28. 暂予监外执行组织诊断检查、决定批准和执行工作，实行"谁承办谁负责、谁主管谁负责、谁签字谁负责"的办案责任制。

29. 在暂予监外执行工作中，司法工作人员或者从事病情诊断检查等工作的相关人员有玩忽职守、徇私舞弊等行为的，一律依法依纪追究责任；构成犯罪的，依法追究刑事责任。在案件办理中，发现司法工作人员相关职务犯罪线索的，及时移送检察机关。

30. 在暂予监外执行工作中，司法工作人员或者从事病情诊断检查等工作的相关人员依法履行职责，没有故意或重大过失，不能仅以罪犯死亡、丧失暂予监外执行条件、违反监督管理规定或者重新犯罪而被追究责任。

31. 国家安全机关办理危害国家安全的刑事案件，涉及暂予监外执行工作的，适用本意见。

32. 本意见自2023年7月1日起施行。此前有关规定与本意见不一致的，以本意见为准。

· 指导案例

罪犯王某某暂予监外执行监督案①

【关键词】

暂予监外执行监督　徇私舞弊　不计入执行刑期　贿赂　技术性证据的审查

【要旨】

人民检察院对违法暂予监外执行进行法律监督时,应当注意发现和查办背后的相关司法工作人员职务犯罪。对司法鉴定意见、病情诊断意见的审查,应当注重对其及所依据的原始资料进行重点审查。发现不符合暂予监外执行条件的罪犯通过非法手段暂予监外执行的,应当依法监督纠正。办理暂予监外执行案件时,应当加强对鉴定意见等技术性证据的联合审查。

【相关规定】

《中华人民共和国刑法》第四百零一条

《中华人民共和国刑事诉讼法》第二百六十七条、第二百六十八条

《最高人民法院、最高人民检察院、公安部、司法部、国家卫生计生委〈暂予监外执行规定〉》第二十九条、第三十条、第三十一条、第三十二条

【基本案情】

罪犯王某某,男,1966年4月3日出生,个体工商户。2010年9月16日,因犯保险诈骗罪被辽宁省营口市站前区人民法院判处有期徒刑五年,并处罚金人民币十万元。

罪犯王某某审前未被羁押但被判处实刑,交付执行过程中,罪犯王某某及其家属以其身体有病为由申请暂予监外执行,法院随后启动保外就医鉴定工作。2011年5月17日,营口市站前区人民法院依据营口市中医院司法鉴定所出具的罪犯疾病伤残司法鉴定书,因罪犯王某某患"2型糖尿病"、"脑梗塞",符合《罪犯保外就医疾病伤残范围》(司发〔1990〕247号)第十条规定,决定对其暂予监外执行一年。一年期满后,经社区矫正机构提示和检察机关督促,法院再次启动暂予监外执行鉴定工作,委托营口市中医院司法鉴定所进行鉴定。期间,营口市中医院司法鉴定所被上级主管部门依法停业整顿,未能及时对出具鉴定意见书。2014年7月29日,营口市站前区人民法院依据营口市中医院司法鉴定所出具的罪犯疾病伤残司法鉴定书,以罪犯王某某患有"高血压病3期,极高危"、"糖尿病合并多发性脑梗塞",符合《罪犯保外就医疾病伤残范围》(司发〔1990〕247号)第

三条、第十条规定,决定对其暂予监外执行一年。

2015年1月16日,营口市站前区人民法院因罪犯王某某犯保险诈骗罪属于"三类罪犯"、所患疾病为"高血压",依据2014年12月1日起施行的《暂予监外执行规定》,要求该罪犯提供经诊断短期内有生命危险的证明。罪犯王某某因无法提供上述证明被营口市站前区人民法院决定收监执行剩余刑期有期徒刑三年,已经暂予监外执行的两年计入执行刑期。2015年9月8日,罪犯王某某被交付执行刑罚。

【检察机关监督情况】

线索发现　2016年3月,辽宁省营口市人民检察院在对全市两级法院决定暂予监外执行案件进行检察中发现,营口市站前区人民法院对罪犯王某某决定暂予监外执行所依据的病历资料、司法鉴定书等证据材料有诸多疑点,于是调取了该罪犯的法院暂予监外执行卷宗、社区矫正档案、司法鉴定档案等。经审查发现:罪犯王某某在进行司法鉴定时,负责对其进行查体的医生与本案鉴定人不是同一人,卷宗材料无法证实鉴定人是否见过王某某本人;罪犯王某某2011年5月17日、2014年7月29日两次得到暂予监外执行均因其患有"脑梗塞",但两次司法鉴定中均未做过头部CT检查。

立案侦查　营口市人民检察院经审查认为,罪犯王某某暂予监外执行过程中有可能存在违纪或违法问题,依法决定对该案进行调查核实。检察人员调取了罪犯王某某在营口市中心医院的住院病历等书证与鉴定档案等进行比对,协调监狱对罪犯王某某重新进行头部CT检查,对时任营口市中医院司法鉴定所负责人赵某、营口市中级人民法院技术科科长张某及其他相关人员进行询问。经过调查核实,检察机关基本查明了罪犯王某某违法暂予监外执行的事实,认为相关工作人员涉嫌职务犯罪。2016年4月10日,营口市人民检察院以营口市中级人民法院技术科科长张某、营口市中医院司法鉴定所负责人赵某涉嫌徇私舞弊暂予监外执行犯罪,依法对其立案侦查。经侦查查明:2010年12月至2013年5月,张某在任营口市中级人民法院技术科科长期间,受罪犯王某某亲友等人请托,在明知罪犯王某某不符合保外就医条件的情况下,利用其负责鉴定业务对外进行委托的职务便利,两次指使营口市中医院司法鉴定所负责人赵某为罪犯王某某作出虚假的符合保

外就医条件的罪犯疾病伤残司法鉴定意见。赵某在明知罪犯王某某不符合保外就医条件的情况下,违规签发了罪犯王某某因患"糖尿病合并脑梗塞"、符合保外就医条件的司法鉴定书,导致罪犯王某某先后两次被法院决定暂予监外执行。期间,张某收受罪犯王某某亲友给付好处费人民币五万元,赵某收受张某给付的好处费人民币七千元。同时,检察机关注意到罪犯王某某的亲友为帮助王某某违法暂予监外执行,向营口市中级人民法院技术科科长张某等人行贿,但综合考虑相关情节和因素后,检察机关当时决定不立案追究其刑事责任。

监督结果 案件侦查终结后,检察机关以张某构成受贿罪、徇私舞弊暂予监外执行罪,赵某构成徇私舞弊暂予监外执行罪,依法向人民法院提起公诉。2017年5月27日,人民法院以张某犯受贿罪、徇私舞弊暂予监外执行罪,赵某犯徇私舞弊暂予监外执行罪,对二人定罪处罚。

判决生效后,检察机关依法向营口市站前区人民法院发出《纠正不当暂予监外执行决定意见书》,提出罪犯王某某在不符合保外就医条件的情况下,通过他人贿赂张某、赵某等人谋取了虚假的疾病伤残司法鉴定意见;营口市站前区人民法院依据虚假鉴定意见作出的暂予监外执行决定显属不当,建议法院依法纠正2011年5月17日和2014年7月29日对罪犯王某某作出的两次不当暂予监外执行决定。

营口市站前区人民法院采纳了检察机关的监督意见,作出《收监执行决定书》,认定"罪犯王某某贿赂司法鉴定人员,被二次鉴定为符合暂予监外执行条件,人民法院以此为依据决定对其暂予监外执行合计二年,上述二年暂予监外执行期限不计入已执行刑期"。后罪犯王某某被收监再执行有期徒刑二年。

【指导意义】

1. 人民检察院对暂予监外执行进行法律监督时,应注重发现和查办违法暂予监外执行背后的相关司法工作人员职务犯罪案件。实践中,违法暂予监外执行案件背后往往隐藏着司法腐败。因此,检察机关在监督纠正违法暂予监外执行的同时,应当注意发现和查办违法监外执行背后存在的相关司法工作人员职务犯罪案件,把刑罚变更执行法律监督与职务犯罪侦查工作相结合,以监督促侦查,以侦查促监督,不断提升法律监督质效。在违法暂予监外执行案件中,一些罪犯亲友往往通过贿赂相关司法工作人员等手段,帮助罪犯违法暂予监外执行,这是违法暂予监外执行中较为常见的一种现象,对于情节严重的,应当依法追究其刑事责任。

2. 对司法鉴定意见、病情诊断意见的审查,应当注重对其及所依据的原始资料进行重点审查。检察人员办理

暂予监外执行监督案件时,应当在审查鉴定意见、病情诊断的基础上,对鉴定意见、病情诊断所依据的原始资料进行重点审查,包括罪犯以往就医病历资料、病情诊断所依据的体检记录、住院病案、影像学报告、检查报告单等,判明原始资料以及鉴定意见和病情诊断的真伪、资料的证明力、鉴定人员的资质、产生资料的程序等问题,以及是否能够据此得出鉴定意见、病情诊断所阐述的结论性意见,相关鉴定部门及鉴定人的鉴定行为是否合法有效等。经审查发现疑点的应进行调查核实,可以邀请有专门知识的人参加。同时,也可以视情况要求有关部门重新组织或者自行组织诊断、检查或者鉴别。

3. 办理暂予监外执行案件时,应当加强对鉴定意见等技术性证据的联合审查。司法实践中,负责直接办理暂予监外执行监督案件的刑事执行检察人员一般缺乏专业性的医学知识,为确保检察意见的准确性,刑事执行检察人员在办理暂予监外执行监督案件时,应当委托检察技术人员对鉴定意见等技术性证据进行审查,检察技术人员应当协助刑事执行检察人员审查或者组织审查案件中涉及的鉴定意见等技术性证据。刑事执行检察人员可以将技术性证据审查意见作为审查判断证据的参考,也可以作为决定重新鉴定、补充鉴定或提出检察建议的依据。

4. 减刑、假释

最高人民法院关于减刑、假释案件审理程序的规定

· 2014年4月10日最高人民法院审判委员会第1611次会议通过
· 2014年4月23日最高人民法院公告公布
· 自2014年6月1日起施行
· 法释〔2014〕5号

为进一步规范减刑、假释案件的审理程序,确保减刑、假释案件审理的合法、公正,根据《中华人民共和国刑法》《中华人民共和国刑事诉讼法》有关规定,结合减刑、假释案件审理工作实际,制定本规定。

第一条 对减刑、假释案件,应当按照下列情形分别处理:

(一)对被判处死刑缓期执行的罪犯的减刑,由罪犯服刑地的高级人民法院在收到同级监狱管理机关审核同意的减刑建议书后一个月内作出裁定;

(二)对被判处无期徒刑的罪犯的减刑、假释,由罪犯服刑地的高级人民法院在收到同级监狱管理机关审核

同意的减刑、假释建议书后一个月内作出裁定,案情复杂或者情况特殊的,可以延长一个月;

（三）对被判处有期徒刑和被减为有期徒刑的罪犯的减刑、假释,由罪犯服刑地的中级人民法院在收到执行机关提出的减刑、假释建议书后一个月内作出裁定,案情复杂或者情况特殊的,可以延长一个月;

（四）对被判处拘役、管制的罪犯的减刑,由罪犯服刑地中级人民法院在收到同级执行机关审核同意的减刑、假释建议书后一个月内作出裁定。

对暂予监外执行罪犯的减刑,应当根据情况,分别适用前款的有关规定。

第二条　人民法院受理减刑、假释案件,应当审查执行机关移送的下列材料:

（一）减刑或者假释建议书;

（二）终审法院裁判文书、执行通知书、历次减刑裁定书的复印件;

（三）罪犯确有悔改或者立功、重大立功表现的具体事实的书面证明材料;

（四）罪犯评审鉴定表、奖惩审批表等;

（五）其他根据案件审理需要应予移送的材料。

报请假释的,应当附有社区矫正机构或者基层组织关于罪犯假释后对所居住社区影响的调查评估报告。

人民检察院对报请减刑、假释案件提出检察意见的,执行机关应当一并移送受理减刑、假释案件的人民法院。

经审查,材料齐备的,应当立案;材料不齐的,应当通知执行机关在三日内补送,逾期未补送的,不予立案。

第三条　人民法院审理减刑、假释案件,应当在立案后五日内将执行机关报请减刑、假释的建议书等材料依法向社会公示。

公示内容应当包括罪犯的个人情况、原判认定的罪名和刑期、罪犯历次减刑情况、执行机关的建议及依据。

公示应当写明公示期限和提出意见的方式。公示期限为五日。

第四条　人民法院审理减刑、假释案件,应当依法由审判员或者由审判员和人民陪审员组成合议庭进行。

第五条　人民法院审理减刑、假释案件,除应当审查罪犯在执行期间的一贯表现外,还应当综合考虑犯罪的具体情节、原判刑罚情况、财产刑执行情况、附带民事裁判履行情况、罪犯退赃退赔等情况。

人民法院审理假释案件,除应当审查第一款所列情形外,还应当综合考虑罪犯的年龄、身体状况、性格特征、假释后生活来源以及监管条件等影响再犯罪的因素。

执行机关以罪犯有立功表现或重大立功表现为由提出减刑的,应当审查立功或重大立功表现是否属实。涉及发明创造、技术革新或者其他贡献的,应当审查该成果是否系罪犯在执行期间独立完成,并经有关主管机关确认。

第六条　人民法院审理减刑、假释案件,可以采取开庭审理或者书面审理的方式。但下列减刑、假释案件,应当开庭审理:

（一）因罪犯有重大立功表现报请减刑的;

（二）报请减刑的起始时间、间隔时间或者减刑幅度不符合司法解释一般规定的;

（三）公示期间收到不同意见的;

（四）人民检察院有异议的;

（五）被报请减刑、假释罪犯系职务犯罪罪犯,组织（领导、参加、包庇、纵容）黑社会性质组织犯罪罪犯,破坏金融管理秩序和金融诈骗犯罪罪犯及其他在社会上有重大影响或社会关注度高的;

（六）人民法院认为其他应当开庭审理的。

第七条　人民法院开庭审理减刑、假释案件,应当通知人民检察院、执行机关及被报请减刑、假释罪犯参加庭审。

人民法院根据需要,可以通知证明罪犯确有悔改表现或者立功、重大立功表现的证人,公示期间提出不同意见的人,以及鉴定人、翻译人员等其他人员参加庭审。

第八条　开庭审理应当在罪犯刑罚执行场所或者人民法院确定的场所进行。有条件的人民法院可以采取视频开庭的方式进行。

在社区执行刑罚的罪犯因重大立功被报请减刑的,可以在罪犯服刑地或者居住地开庭审理。

第九条　人民法院对于决定开庭审理的减刑、假释案件,应当在开庭三日前将开庭的时间、地点通知人民检察院、执行机关、被报请减刑、假释罪犯和有必要参加庭审的其他人员,并于开庭三日前进行公告。

第十条　减刑、假释案件的开庭审理由审判长主持,应当按照以下程序进行:

（一）审判长宣布开庭,核实被报请减刑、假释罪犯的基本情况;

（二）审判长宣布合议庭组成人员、检察人员、执行机关代表及其他庭审参加人;

（三）执行机关代表宣读减刑、假释建议书,并说明主要理由;

（四）检察人员发表检察意见;

（五）法庭对被报请减刑、假释罪犯确有悔改表现或立功表现、重大立功表现的事实以及其他影响减刑、假释的情况进行调查核实；

（六）被报请减刑、假释罪犯作最后陈述；

（七）审判长对庭审情况进行总结并宣布休庭评议。

第十一条　庭审过程中，合议庭人员对报请理由有疑问的，可以向被报请减刑、假释罪犯、证人、执行机关代表、检察人员提问。

庭审过程中，检察人员对报请理由有疑问的，在经审判长许可后，可以出示证据，申请证人到庭，向被报请减刑、假释罪犯及证人提问并发表意见。被报请减刑、假释罪犯对报请理由有疑问的，在经审判长许可后，可以出示证据，申请证人到庭，向证人提问并发表意见。

第十二条　庭审过程中，合议庭对证据有疑问需要进行调查核实，或者检察人员、执行机关代表提出申请的，可以宣布休庭。

第十三条　人民法院开庭审理减刑、假释案件，能够当庭宣判的应当当庭宣判；不能当庭宣判的，可以择期宣判。

第十四条　人民法院书面审理减刑、假释案件，可以就被报请减刑、假释罪犯是否符合减刑、假释条件进行调查核实或听取有关方面意见。

第十五条　人民法院书面审理减刑案件，可以提讯被报请减刑罪犯；书面审理假释案件，应当提讯被报请假释罪犯。

第十六条　人民法院审理减刑、假释案件，应当按照下列情形分别处理：

（一）被报请减刑、假释罪犯符合法律规定的减刑、假释条件的，作出予以减刑、假释的裁定；

（二）被报请减刑的罪犯符合法律规定的减刑条件，但执行机关报请的减刑幅度不适当的，对减刑幅度作出相应调整后作出予以减刑的裁定；

（三）被报请减刑、假释罪犯不符合法律规定的减刑、假释条件的，作出不予减刑、假释的裁定。

在人民法院作出减刑、假释裁定前，执行机关书面申请撤回减刑、假释建议的，是否准许，由人民法院决定。

第十七条　减刑、假释裁定书应当写明罪犯原判和历次减刑情况，确有悔改表现或者立功、重大立功表现的事实和理由，以及减刑、假释的法律依据。

裁定减刑的，应当注明刑期的起止时间；裁定假释的，应当注明假释考验期的起止时间。

裁定调整减刑幅度或者不予减刑、假释的，应当在裁定书中说明理由。

第十八条　人民法院作出减刑、假释裁定后，应当在七日内送达报请减刑、假释的执行机关、同级人民检察院以及罪犯本人。作出假释裁定的，还应当送达社区矫正机构或者基层组织。

第十九条　减刑、假释裁定书应当通过互联网依法向社会公布。

第二十条　人民检察院认为人民法院减刑、假释裁定不当，在法定期限内提出书面纠正意见的，人民法院应当在收到纠正意见后另行组成合议庭审理，并在一个月内作出裁定。

第二十一条　人民法院发现本院已经生效的减刑、假释裁定确有错误的，应当依法重新组成合议庭进行审理并作出裁定；上级人民法院发现下级人民法院已经生效的减刑、假释裁定确有错误的，应当指令下级人民法院另行组成合议庭审理，也可以自行依法组成合议庭进行审理并作出裁定。

第二十二条　最高人民法院以前发布的司法解释和规范性文件，与本规定不一致的，以本规定为准。

人民检察院办理减刑、假释案件规定

· 2014 年 7 月 21 日

第一条　为了进一步加强和规范减刑、假释法律监督工作，确保刑罚变更执行合法、公正，根据《中华人民共和国刑法》、《中华人民共和国刑事诉讼法》和《中华人民共和国监狱法》等有关规定，结合检察工作实际，制定本规定。

第二条　人民检察院依法对减刑、假释案件的提请、审理、裁定等活动是否合法实行法律监督。

第三条　人民检察院办理减刑、假释案件，应当按照下列情形分别处理：

（一）对减刑、假释案件提请活动的监督，由对执行机关承担检察职责的人民检察院负责；

（二）对减刑、假释案件审理、裁定活动的监督，由人民法院的同级人民检察院负责；同级人民检察院对执行机关不承担检察职责的，可以根据需要指定对执行机关承担检察职责的人民检察院派员出席法庭；下级人民检察院发现减刑、假释裁定不当的，应当及时向作出减刑、假释裁定的人民法院的同级人民检察院报告。

第四条　人民检察院办理减刑、假释案件，依照规定实行统一案件管理和办案责任制。

第五条　人民检察院收到执行机关移送的下列减刑、假释案件材料后,应当及时进行审查:

(一)执行机关拟提请减刑、假释意见;

(二)终审法院裁判文书、执行通知书、历次减刑裁定书;

(三)罪犯确有悔改表现、立功表现或者重大立功表现的证明材料;

(四)罪犯评审鉴定表、奖惩审批表;

(五)其他应当审查的案件材料。

对拟提请假释案件,还应当审查社区矫正机构或者基层组织关于罪犯假释后对所居住社区影响的调查评估报告。

第六条　具有下列情形之一的,人民检察院应当进行调查核实:

(一)拟提请减刑、假释罪犯系职务犯罪罪犯,破坏金融管理秩序和金融诈骗犯罪罪犯,黑社会性质组织犯罪罪犯,严重暴力恐怖犯罪罪犯,或者其他在社会上有重大影响、社会关注度高的罪犯;

(二)因罪犯有立功表现或者重大立功表现拟提请减刑的;

(三)拟提请减刑、假释罪犯的减刑幅度大、假释考验期长、起始时间早、间隔时间短或者实际执行刑期短的;

(四)拟提请减刑、假释罪犯的考核计分高、专项奖励多或者鉴定材料、奖惩记录有疑点的;

(五)收到控告、举报的;

(六)其他应当进行调查核实的。

第七条　人民检察院可以采取调阅复制有关材料、重新组织诊断鉴别、进行文证鉴定、召开座谈会、个别询问等方式,对下列情况进行调查核实:

(一)拟提请减刑、假释罪犯在服刑期间的表现情况;

(二)拟提请减刑、假释罪犯的财产刑执行、附带民事裁判履行、退赃退赔等情况;

(三)拟提请减刑罪犯的立功表现、重大立功表现是否属实,发明创造、技术革新是否系罪犯在服刑期间独立完成并经有关主管机关确认;

(四)拟提请假释罪犯的身体状况、性格特征、假释后生活来源和监管条件等影响再犯罪的因素;

(五)其他应当进行调查核实的情况。

第八条　人民检察院可以派员列席执行机关提请减刑、假释评审会议,了解案件有关情况,根据需要发表意见。

第九条　人民检察院发现罪犯符合减刑、假释条件,但是执行机关未提请减刑、假释的,可以建议执行机关提请减刑、假释。

第十条　人民检察院收到执行机关抄送的减刑、假释建议书副本后,应当逐案进行审查,可以向人民法院提出书面意见。发现减刑、假释建议不当或者提请减刑、假释违反法定程序的,应当在收到建议书副本后十日以内,依法向审理减刑、假释案件的人民法院提出书面意见,同时将检察意见书副本抄送执行机关。案情复杂或者情况特殊的,可以延长十日。

第十一条　人民法院开庭审理减刑、假释案件的,人民检察院应当指派检察人员出席法庭,发表检察意见,并对法庭审理活动是否合法进行监督。

第十二条　出席法庭的检察人员不得少于二人,其中至少一人具有检察官职务。

第十三条　检察人员应当在庭审前做好下列准备工作:

(一)全面熟悉案情,掌握证据情况,拟定法庭调查提纲和出庭意见;

(二)对执行机关提请减刑、假释有异议的案件,应当收集相关证据,可以建议人民法院通知相关证人出庭作证。

第十四条　庭审开始后,在执行机关代表宣读减刑、假释建议书并说明理由之后,检察人员应当发表检察意见。

第十五条　庭审过程中,检察人员对执行机关提请减刑、假释有疑问的,经审判长许可,可以出示证据,申请证人出庭作证,要求执行机关代表出示证据或者作出说明,向被提请减刑、假释的罪犯及证人提问并发表意见。

第十六条　法庭调查结束时,在被提请减刑、假释罪犯作最后陈述之前,经审判长许可,检察人员可以发表总结性意见。

第十七条　庭审过程中,检察人员认为需要进一步调查核实案件事实、证据,需要补充鉴定或者重新鉴定,或者需要通知新的证人到庭的,应当建议休庭。

第十八条　检察人员发现法庭审理活动违反法律规定的,应当在庭审后及时向本院检察长报告,依法向人民法院提出纠正意见。

第十九条　人民检察院收到人民法院减刑、假释裁定书副本后,应当及时审查下列内容:

(一)人民法院对罪犯裁定予以减刑、假释,以及起始时间、间隔时间、实际执行刑期、减刑幅度或者假释考

验期是否符合有关规定;

（二）人民法院对罪犯裁定不予减刑、假释是否符合有关规定;

（三）人民法院审理、裁定减刑、假释的程序是否合法;

（四）按照有关规定应当开庭审理的减刑、假释案件,人民法院是否开庭审理;

（五）人民法院减刑、假释裁定书是否依法送达执行并向社会公布。

第二十条 人民检察院经审查认为人民法院减刑、假释裁定不当的,应当在收到裁定书副本后二十日以内,依法向作出减刑、假释裁定的人民法院提出书面纠正意见。

第二十一条 人民检察院对人民法院减刑、假释裁定提出纠正意见的,应当监督人民法院在收到纠正意见后一个月以内重新组成合议庭进行审理并作出最终裁定。

第二十二条 人民检察院发现人民法院已经生效的减刑、假释裁定确有错误的,应当向人民法院提出书面纠正意见,提请人民法院按照审判监督程序依法另行组成合议庭重新审理并作出裁定。

第二十三条 人民检察院收到控告、举报或者发现司法工作人员在办理减刑、假释案件中涉嫌违法的,应当依法进行调查,并根据情况,向有关单位提出纠正违法意见,建议更换办案人,或者建议予以纪律处分;构成犯罪的,依法追究刑事责任。

第二十四条 人民检察院办理职务犯罪罪犯减刑、假释案件,按照有关规定实行备案审查。

第二十五条 本规定自发布之日起施行。最高人民检察院以前发布的有关规定与本规定不一致的,以本规定为准。

监狱提请减刑假释工作程序规定

· 2003 年 4 月 2 日司法部令第 77 号公布
· 根据 2014 年 10 月 11 日司法部令第 130 号修订
· 自 2014 年 12 月 1 日起施行

第一章 总 则

第一条 为规范监狱提请减刑、假释工作程序,根据《中华人民共和国刑法》、《中华人民共和国刑事诉讼法》、《中华人民共和国监狱法》等有关规定,结合刑罚执行工作实际,制定本规定。

第二条 监狱提请减刑、假释,应当根据法律规定的条件和程序进行,遵循公开、公平、公正的原则,严格实行办案责任制。

第三条 被判处有期徒刑和被减刑为有期徒刑的罪犯的减刑、假释,由监狱提出建议,提请罪犯服刑地的中级人民法院裁定。

第四条 被判处死刑缓期二年执行的罪犯的减刑,被判处无期徒刑的罪犯的减刑、假释,由监狱提出建议,经省、自治区、直辖市监狱管理局审核同意后,提请罪犯服刑地的高级人民法院裁定。

第五条 省、自治区、直辖市监狱管理局和监狱分别成立减刑假释评审委员会,由分管领导及刑罚执行、狱政管理、教育改造、狱内侦查、生活卫生、劳动改造、政工、监察等有关部门负责人组成,分管领导任主任。监狱管理局、监狱减刑假释评审委员会成员不得少于 9 人。

第六条 监狱提请减刑、假释,应当由分监区或者未设分监区的监区人民警察集体研究,监区长办公会议审核,监狱刑罚执行部门审查,监狱减刑假释评审委员会评审,监狱长办公会议决定。

省、自治区、直辖市监狱管理局刑罚执行部门审查监狱依法定程序提请的减刑、假释建议并出具意见,报请分管副局长召集减刑假释评审委员会审核后,报局长审定,必要时可以召开局长办公会议决定。

第二章 监狱提请减刑、假释的程序

第七条 提请减刑、假释,应当根据法律规定的条件,结合罪犯服刑表现,由分监区人民警察集体研究,提出提请减刑、假释建议,报经监区长办公会议审核同意后,由监区报送监狱刑罚执行部门审查。

直属分监区或者未设分监区的监区,由直属分监区或者监区人民警察集体研究,提出提请减刑、假释建议,报送监狱刑罚执行部门审查。

分监区、直属分监区或者未设分监区的监区人民警察集体研究以及监区长办公会议审核情况,应当有书面记录,并由与会人员签名。

第八条 监区或者直属分监区提请减刑、假释,应当报送下列材料:

（一）《罪犯减刑（假释）审核表》;

（二）监区长办公会议或者直属分监区、监区人民警察集体研究会议的记录;

（三）终审法院裁判文书、执行通知书、历次减刑裁定书的复印件;

（四）罪犯计分考核明细表、罪犯评审鉴定表、奖惩审批表和其他有关证明材料;

（五）罪犯确有悔改表现或者立功、重大立功表现的具体事实的书面证明材料。

第九条　监狱刑罚执行部门收到监区或者直属分监区对罪犯提请减刑、假释的材料后，应当就下列事项进行审查：

（一）需提交的材料是否齐全、完备、规范；

（二）罪犯确有悔改或者立功、重大立功表现的具体事实的书面证明材料是否来源合法；

（三）罪犯是否符合法定减刑、假释的条件；

（四）提请减刑、假释的建议是否适当。

经审查，对材料不齐全或者不符合提请条件的，应当通知监区或者直属分监区补充有关材料或者退回；对相关材料有疑义的，应当提讯罪犯进行核查；对材料齐全、符合提请条件的，应当出具审查意见，连同监区或者直属分监区报送的材料一并提交监狱减刑假释评审委员会评审。提请罪犯假释的，还应当委托县级司法行政机关对罪犯假释后对所居住社区影响进行调查评估，并将调查评估报告一并提交。

第十条　监狱减刑假释评审委员会应当召开会议，对刑罚执行部门审查提交的提请减刑、假释建议进行评审，提出评审意见。会议应当有书面记录，并由与会人员签名。

监狱可以邀请人民检察院派员列席减刑假释评审委员会会议。

第十一条　监狱减刑假释评审委员会经评审后，应当将提请减刑、假释的罪犯名单以及减刑、假释意见在监狱内公示。公示内容应当包括罪犯的个人情况、原判罪名及刑期、历次减刑情况、提请减刑假释的建议及依据等。公示期限为5个工作日。公示期内，如有监狱人民警察或者罪犯对公示内容提出异议，监狱减刑假释评审委员会应当进行复核，并告知复核结果。

第十二条　监狱应当在减刑假释评审委员会完成评审和公示程序后，将提请减刑、假释建议送人民检察院征求意见。征求意见后，监狱减刑假释评审委员会应当将提请减刑、假释建议和评审意见连同人民检察院意见，一并报请监狱长办公会议审议决定。监狱对人民检察院意见未予采纳的，应当予以回复，并说明理由。

第十三条　监狱长办公会议决定提请减刑、假释的，由监狱长在《罪犯减刑（假释）审核表》上签署意见，加盖监狱公章，并由监狱刑罚执行部门根据法律规定制作《提请减刑建议书》或者《提请假释建议书》，连同有关材料一并提请人民法院裁定。人民检察院对提请减刑、假释提出的检察意见，应当一并移送受理减刑、假释案件的人民法院。

对本规定第四条所列罪犯决定提请减刑、假释的，监狱应当将《罪犯减刑（假释）审核表》连同有关材料报送省、自治区、直辖市监狱管理局审核。

第十四条　监狱在向人民法院提请减刑、假释的同时，应当将提请减刑、假释的建议书副本抄送人民检察院。

第十五条　监狱提请人民法院裁定减刑、假释，应当提交下列材料：

（一）《提请减刑建议书》或者《提请假释建议书》；

（二）终审法院裁判文书、执行通知书、历次减刑裁定书的复印件；

（三）罪犯计分考核明细表、评审鉴定表、奖惩审批表；

（四）罪犯确有悔改或者立功、重大立功表现的具体事实的书面证明材料；

（五）提请假释的，应当附有县级司法行政机关关于罪犯假释后对所居住社区影响的调查评估报告；

（六）根据案件情况需要提交的其他材料。

对本规定第四条所列罪犯提请减刑、假释的，应当同时提交省、自治区、直辖市监狱管理局签署意见的《罪犯减刑（假释）审核表》。

第三章　监狱管理局审核提请减刑、假释建议的程序

第十六条　省、自治区、直辖市监狱管理局刑罚执行部门收到监狱报送的提请减刑、假释建议的材料后，应当进行审查。审查中发现监狱报送的材料不齐全或者有疑义的，应当通知监狱补充有关材料或者作出说明。审查无误后，应当出具审查意见，报请分管副局长召集评审委员会进行审核。

第十七条　监狱管理局分管副局长主持完成审核后，应当将审核意见报请局长审定；分管副局长认为案件重大或者有其他特殊情况的，可以建议召开局长办公会议审议决定。

监狱管理局审核同意对罪犯提请减刑、假释的，由局长在《罪犯减刑（假释）审核表》上签署意见，加盖监狱管理局公章。

第四章　附　则

第十八条　人民法院开庭审理减刑、假释案件的，监狱应当派员参加庭审，宣读提请减刑、假释建议书并说明理由，配合法庭核实相关情况。

第十九条　分监区、直属分监区或者未设分监区的

监区人民警察集体研究会议、监区长办公会议、监狱评审委员会会议、监狱长办公会议、监狱管理局评审委员会会议、监狱管理局局长办公会议的记录和本规定第十五条所列的材料,应当存入档案并永久保存。

第二十条 违反法律规定和本规定提请减刑、假释,涉嫌违纪的,依照有关处分规定追究相关人员责任;涉嫌犯罪的,移送司法机关依法追究刑事责任。

第二十一条 监狱办理职务犯罪罪犯减刑、假释案件,应当按照有关规定报请备案审查。

第二十二条 本规定自 2014 年 12 月 1 日起施行。

最高人民法院关于办理减刑、假释案件具体应用法律的规定

· 2016 年 9 月 19 日最高人民法院审判委员会第 1693 次会议通过
· 2016 年 11 月 14 日最高人民法院公告公布
· 自 2017 年 1 月 1 日起施行
· 法释〔2016〕23 号

为确保依法公正办理减刑、假释案件,依据《中华人民共和国刑法》《中华人民共和国刑事诉讼法》《中华人民共和国监狱法》和其他法律规定,结合司法实践,制定本规定。

第一条 减刑、假释是激励罪犯改造的刑罚制度,减刑、假释的适用应当贯彻宽严相济刑事政策,最大限度地发挥刑罚的功能,实现刑罚的目的。

第二条 对于罪犯符合刑法第七十八条第一款规定"可以减刑"条件的案件,在办理时应当综合考察罪犯犯罪的性质和具体情节、社会危害程度、原判刑罚及生效裁判中财产性判项的履行情况、交付执行后的一贯表现等因素。

第三条 "确有悔改表现"是指同时具备以下条件:

(一)认罪悔罪;

(二)遵守法律法规及监规,接受教育改造;

(三)积极参加思想、文化、职业技术教育;

(四)积极参加劳动,努力完成劳动任务。

对职务犯罪、破坏金融管理秩序和金融诈骗犯罪、组织(领导、参加、包庇、纵容)黑社会性质组织犯罪等罪犯,不积极退赃、协助追缴赃款赃物、赔偿损失,或者服刑期间利用个人影响力和社会关系等不正当手段意图获得减刑、假释的,不认定其"确有悔改表现"。

罪犯在刑罚执行期间的申诉权利应当依法保护,对其正当申诉不能不加分析地认为是不认罪悔罪。

第四条 具有下列情形之一的,可以认定为有"立功表现":

(一)阻止他人实施犯罪活动的;

(二)检举、揭发监狱内外犯罪活动,或者提供重要的破案线索,经查证属实的;

(三)协助司法机关抓捕其他犯罪嫌疑人的;

(四)在生产、科研中进行技术革新,成绩突出的;

(五)在抗御自然灾害或者排除重大事故中,表现积极的;

(六)对国家和社会有其他较大贡献的。

第(四)项、第(六)项中的技术革新或者其他较大贡献应当由罪犯在刑罚执行期间独立或者为主完成,并经省级主管部门确认。

第五条 具有下列情形之一的,应当认定为有"重大立功表现":

(一)阻止他人实施重大犯罪活动的;

(二)检举监狱内外重大犯罪活动,经查证属实的;

(三)协助司法机关抓捕其他重大犯罪嫌疑人的;

(四)有发明创造或者重大技术革新的;

(五)在日常生产、生活中舍己救人的;

(六)在抗御自然灾害或者排除重大事故中,有突出表现的;

(七)对国家和社会有其他重大贡献的。

第(四)项中的发明创造或者重大技术革新应当是罪犯在刑罚执行期间独立或者为主完成并经国家主管部门确认的发明专利,且不包括实用新型专利和外观设计专利;第(七)项中的其他重大贡献应当由罪犯在刑罚执行期间独立或者为主完成,并经国家主管部门确认。

第六条 被判处有期徒刑的罪犯减刑起始时间为:不满五年有期徒刑的,应当执行一年以上方可减刑;五年以上不满十年有期徒刑的,应当执行一年六个月以上方可减刑;十年以上有期徒刑的,应当执行二年以上方可减刑。有期徒刑减刑的起始时间自判决执行之日起计算。

确有悔改表现或者有立功表现的,一次减刑不超过九个月有期徒刑;确有悔改表现并有立功表现的,一次减刑不超过一年有期徒刑;有重大立功表现的,一次减刑不超过一年六个月有期徒刑;确有悔改表现并有重大立功表现的,一次减刑不超过二年有期徒刑。

被判处不满十年有期徒刑的罪犯,两次减刑间隔时间不得少于一年;被判处十年以上有期徒刑的罪犯,两次减刑间隔时间不得少于一年六个月。减刑间隔时间不得

低于上次减刑减去的刑期。

罪犯有重大立功表现的,可以不受上述减刑起始时间和间隔时间的限制。

第七条　对符合减刑条件的职务犯罪罪犯,破坏金融管理秩序和金融诈骗犯罪罪犯,组织、领导、参加、包庇、纵容黑社会性质组织犯罪罪犯,危害国家安全犯罪罪犯,恐怖活动犯罪罪犯,毒品犯罪集团的首要分子及毒品再犯,累犯,确有履行能力而不履行或者不全部履行生效裁判中财产性判项的罪犯,被判处十年以下有期徒刑的,执行二年以上方可减刑,减刑幅度应当比照本规定第六条从严掌握,一次减刑不超过一年有期徒刑,两次减刑之间应当间隔一年以上。

对被判处十年以上有期徒刑的前款罪犯,以及因故意杀人、强奸、抢劫、绑架、放火、爆炸、投放危险物质或者有组织的暴力性犯罪被判处十年以上有期徒刑的罪犯,数罪并罚且其中两罪以上被判处十年以上有期徒刑的罪犯,执行二年以上方可减刑,减刑幅度应当比照本规定第六条从严掌握,一次减刑不超过一年有期徒刑,两次减刑之间应当间隔一年六个月以上。

罪犯有重大立功表现的,可以不受上述减刑起始时间和间隔时间的限制。

第八条　被判处无期徒刑的罪犯在刑罚执行期间,符合减刑条件的,执行二年以上,可以减刑。减刑幅度为:确有悔改表现或者有立功表现的,可以减为二十二年有期徒刑;确有悔改表现并有立功表现的,可以减为二十一年以上二十二年以下有期徒刑;有重大立功表现的,可以减为二十年以上二十一年以下有期徒刑;确有悔改表现并有重大立功表现的,可以减为十九年以上二十年以下有期徒刑。无期徒刑罪犯减为有期徒刑后再减刑时,减刑幅度依照本规定第六条的规定执行。两次减刑间隔时间不得少于二年。

罪犯有重大立功表现的,可以不受上述减刑起始时间和间隔时间的限制。

第九条　对被判处无期徒刑的职务犯罪罪犯,破坏金融管理秩序和金融诈骗犯罪罪犯,组织、领导、参加、包庇、纵容黑社会性质组织犯罪罪犯,危害国家安全犯罪罪犯,恐怖活动犯罪罪犯,毒品犯罪集团的首要分子及毒品再犯,累犯以及因故意杀人、强奸、抢劫、绑架、放火、爆炸、投放危险物质或者有组织的暴力性犯罪的罪犯,确有履行能力而不履行或者不全部履行生效裁判中财产性判项的罪犯,数罪并罚被判处无期徒刑的罪犯,符合减刑条件的,执行三年以上方可减刑,减刑幅度应当比照本规定

第八条从严掌握,减刑后的刑期最低不得少于二十年有期徒刑;减为有期徒刑后再减刑时,减刑幅度比照本规定第六条从严掌握,一次不超过一年有期徒刑,两次减刑之间应当间隔二年以上。

罪犯有重大立功表现的,可以不受上述减刑起始时间和间隔时间的限制。

第十条　被判处死刑缓期执行的罪犯减为无期徒刑后,符合减刑条件的,执行三年以上方可减刑。减刑幅度为:确有悔改表现或者有立功表现的,可以减为二十五年有期徒刑;确有悔改表现并有立功表现的,可以减为二十四年以上二十五年以下有期徒刑;有重大立功表现的,可以减为二十三年以上二十四年以下有期徒刑;确有悔改表现并有重大立功表现的,可以减为二十二年以上二十三年以下有期徒刑。

被判处死刑缓期执行的罪犯减为有期徒刑后再减刑时,比照本规定第八条的规定办理。

第十一条　对被判处死刑缓期执行的职务犯罪罪犯,破坏金融管理秩序和金融诈骗犯罪罪犯,组织、领导、参加、包庇、纵容黑社会性质组织犯罪罪犯,危害国家安全犯罪罪犯,恐怖活动犯罪罪犯,毒品犯罪集团的首要分子及毒品再犯,累犯以及因故意杀人、强奸、抢劫、绑架、放火、爆炸、投放危险物质或者有组织的暴力性犯罪的罪犯,确有履行能力而不履行或者不全部履行生效裁判中财产性判项的罪犯,数罪并罚被判处死刑缓期执行的罪犯,减为无期徒刑后,符合减刑条件的,执行三年以上方可减刑,一般减为二十五年有期徒刑,有立功表现或者重大立功表现的,可以比照本规定第十条减为二十三年以上二十五年以下有期徒刑;减为有期徒刑后再减刑时,减刑幅度比照本规定第六条从严掌握,一次不超过一年有期徒刑,两次减刑之间应当间隔二年以上。

第十二条　被判处死刑缓期执行的罪犯经过一次或者几次减刑后,其实际执行的刑期不得少于十五年,死刑缓期执行期间不包括在内。

死刑缓期执行罪犯在缓期执行期间不服从监管、抗拒改造,尚未构成犯罪的,在减为无期徒刑后再减刑时应当适当从严。

第十三条　被限制减刑的死刑缓期执行罪犯,减为无期徒刑后,符合减刑条件的,执行五年以上方可减刑。减刑间隔时间和减刑幅度依照本规定第十一条的规定执行。

第十四条　被限制减刑的死刑缓期执行罪犯,减为有期徒刑后再减刑时,一次减刑不超过六个月有期徒刑,两次减刑间隔时间不得少于二年。有重大立功表现的,间隔

时间可以适当缩短,但一次减刑不超过一年有期徒刑。

第十五条　对被判处终身监禁的罪犯,在死刑缓期执行期满依法减为无期徒刑的裁定中,应当明确终身监禁,不得再减刑或者假释。

第十六条　被判处管制、拘役的罪犯,以及判决生效后剩余刑期不满二年有期徒刑的罪犯,符合减刑条件的,可以酌情减刑,减刑起始时间可以适当缩短,但实际执行的刑期不得少于原判刑期的二分之一。

第十七条　被判处有期徒刑罪犯减刑时,对附加剥夺政治权利的期限可以酌减。酌减后剥夺政治权利的期限,不得少于一年。

被判处死刑缓期执行、无期徒刑的罪犯减为有期徒刑时,应当将附加剥夺政治权利的期限减为七年以上十年以下,经过一次或者几次减刑后,最终剥夺政治权利的期限不得少于三年。

第十八条　被判处拘役或者三年以下有期徒刑,并宣告缓刑的罪犯,一般不适用减刑。

前款规定的罪犯在缓刑考验期内有重大立功表现的,可以参照刑法第七十八条的规定予以减刑,同时应当依法缩减其缓刑考验期。缩减后,拘役的缓刑考验期限不得少于二个月,有期徒刑的缓刑考验期限不得少于一年。

第十九条　对在报请减刑前的服刑期间不满十八周岁,且所犯罪行不属于刑法第八十一条第二款规定情形的罪犯,认罪悔罪,遵守法律法规及监规,积极参加学习、劳动,应当视为确有悔改表现。

对上述罪犯减刑时,减刑幅度可以适当放宽,或者减刑起始时间、间隔时间可以适当缩短,但放宽的幅度和缩短的时间不得超过本规定中相应幅度、时间的三分之一。

第二十条　老年罪犯、患严重疾病罪犯或者身体残疾罪犯减刑时,应当主要考察其认罪悔罪的实际表现。

对基本丧失劳动能力,生活难以自理的上述罪犯减刑时,减刑幅度可以适当放宽,或者减刑起始时间、间隔时间可以适当缩短,但放宽的幅度和缩短的时间不得超过本规定中相应幅度、时间的三分之一。

第二十一条　被判处有期徒刑、无期徒刑的罪犯在刑罚执行期间又故意犯罪,新罪被判处有期徒刑的,自新罪判决确定之日起三年内不予减刑;新罪被判处无期徒刑的,自新罪判决确定之日起四年内不予减刑。

罪犯在死刑缓期执行期间又故意犯罪,未被执行死刑的,死刑缓期执行的期间重新计算,减为无期徒刑后,五年内不予减刑。

被判处死刑缓期执行罪犯减刑后,在刑罚执行期间又故意犯罪的,依照第一款规定处理。

第二十二条　办理假释案件,认定"没有再犯罪的危险",除符合刑法第八十一条规定的情形外,还应当根据犯罪的具体情节、原判刑罚情况,在刑罚执行中的一贯表现,罪犯的年龄、身体状况、性格特征,假释后生活来源以及监管条件等因素综合考虑。

第二十三条　被判处有期徒刑的罪犯假释时,执行原判刑期二分之一的时间,应当从判决执行之日起计算,判决执行以前先行羁押的,羁押一日折抵刑期一日。

被判处无期徒刑的罪犯假释时,刑法中关于实际执行刑期不得少于十三年的时间,应当从判决生效之日起计算。判决生效以前先行羁押的时间不予折抵。

被判处死刑缓期执行的罪犯减为无期徒刑或者有期徒刑后,实际执行十五年以上,方可假释,该实际执行时间应当从死刑缓期执行期满之日起计算。死刑缓期执行期间不包括在内,判决确定以前先行羁押的时间不予折抵。

第二十四条　刑法第八十一条第一款规定的"特殊情况",是指有国家政治、国防、外交等方面特殊需要的情况。

第二十五条　对累犯以及因故意杀人、强奸、抢劫、绑架、放火、爆炸、投放危险物质或者有组织的暴力性犯罪被判处十年以上有期徒刑、无期徒刑的罪犯,不得假释。

因前款情形和犯罪被判处死刑缓期执行的罪犯,被减为无期徒刑、有期徒刑后,也不得假释。

第二十六条　对下列罪犯适用假释时可以依法从宽掌握:

(一)过失犯罪的罪犯、中止犯罪的罪犯、被胁迫参加犯罪的罪犯;

(二)因防卫过当或者紧急避险过当而被判处有期徒刑以上刑罚的罪犯;

(三)犯罪时未满十八周岁的罪犯;

(四)基本丧失劳动能力、生活难以自理,假释后生活确有着落的老年罪犯、患严重疾病罪犯或者身体残疾罪犯;

(五)服刑期间改造表现特别突出的罪犯;

(六)具有其他可以从宽假释情形的罪犯。

罪犯既符合法定减刑条件,又符合法定假释条件的,可以优先适用假释。

第二十七条　对于生效裁判中有财产性判项,罪犯确有履行能力而不履行或者不全部履行的,不予假释。

第二十八条　罪犯减刑后又假释的，间隔时间不得少于一年；对一次减去一年以上有期徒刑后，决定假释的，间隔时间不得少于一年六个月。

罪犯减刑后余刑不足二年，决定假释的，可以适当缩短间隔时间。

第二十九条　罪犯在假释考验期内违反法律、行政法规或者国务院有关部门关于假释的监督管理规定的，作出假释裁定的人民法院，应当在收到报请机关或者检察机关撤销假释建议书后及时审查，作出是否撤销假释的裁定，并送达报请机关，同时抄送人民检察院、公安机关和原刑罚执行机关。

罪犯在逃的，撤销假释裁定书可以作为对罪犯进行追捕的依据。

第三十条　依照刑法第八十六条规定被撤销假释的罪犯，一般不得再假释。但依照该条第二款被撤销假释的罪犯，如果罪犯对漏罪曾作如实供述但原判未予认定，或者漏罪系其自首，符合假释条件的，可以再假释。

被撤销假释的罪犯，收监后符合减刑条件的，可以减刑，但减刑起始时间自收监之日起计算。

第三十一条　年满八十周岁、身患疾病或者生活难以自理、没有再犯罪危险的罪犯，既符合减刑条件，又符合假释条件的，优先适用假释；不符合假释条件的，参照本规定第二十条有关的规定从宽处理。

第三十二条　人民法院按照审判监督程序重新审理的案件，裁定维持原判决、裁定的，原减刑、假释裁定继续有效。

再审裁判改变原判决、裁定的，原减刑、假释裁定自动失效，执行机关应当及时报请有管辖权的人民法院重新作出是否减刑、假释的裁定。重新作出减刑裁定时，不受本规定有关减刑起始时间、间隔时间和减刑幅度的限制。重新裁定时应综合考虑各方面因素，减刑幅度不得超过原裁定减去的刑期总和。

再审改判为死刑缓期执行或者无期徒刑的，在新判决减为有期徒刑之时，原判决已经实际执行的刑期一并扣减。

再审裁判宣告无罪的，原减刑、假释裁定自动失效。

第三十三条　罪犯被裁定减刑后，刑罚执行期间因故意犯罪而数罪并罚时，经减刑裁定减去的刑期不计入已经执行的刑期。原判死刑缓期执行减为无期徒刑、有期徒刑，或者无期徒刑减为有期徒刑的裁定继续有效。

第三十四条　罪犯被裁定减刑后，刑罚执行期间因发现漏罪而数罪并罚的，原减刑裁定自动失效。如漏罪系罪犯主动交代的，对其原减去的刑期，由执行机关报请有管辖权的人民法院重新作出减刑裁定，予以确认；如漏罪系有关机关发现或者他人检举揭发的，由执行机关报请有管辖权的人民法院，在原减刑裁定减去的刑期总和之内，酌情重新裁定。

第三十五条　被判处死刑缓期执行的罪犯，在死刑缓期执行期内被发现漏罪，依据刑法第七十条规定数罪并罚，决定执行死刑缓期执行的，死刑缓期执行期间自新判决确定之日起计算，已经执行的死刑缓期执行期间计入新判决的死刑缓期执行期间内，但漏罪被判处死刑缓期执行的除外。

第三十六条　被判处死刑缓期执行的罪犯，在死刑缓期执行期满后被发现漏罪，依据刑法第七十条规定数罪并罚，决定执行死刑缓期执行的，交付执行时对罪犯实际执行无期徒刑，死缓考验期不再执行，但漏罪被判处死刑缓期执行的除外。

在无期徒刑减为有期徒刑时，前罪死刑缓期执行减为无期徒刑之日起至新判决生效之日止已经实际执行的刑期，应当计算在减刑裁定决定执行的刑期以内。

原减刑裁定减去的刑期依照本规定第三十四条处理。

第三十七条　被判处无期徒刑的罪犯在减为有期徒刑后因发现漏罪，依据刑法第七十条规定数罪并罚，决定执行无期徒刑的，前罪无期徒刑生效之日起至新判决生效之日止已经实际执行的刑期，应当在新判决的无期徒刑减为有期徒刑时，在减刑裁定决定执行的刑期内扣减。

无期徒刑罪犯减为有期徒刑后因发现漏罪判处三年有期徒刑以下刑罚，数罪并罚决定执行无期徒刑的，在新判决生效后执行一年以上，符合减刑条件的，可以减为有期徒刑，减刑幅度依照本规定第八条、第九条的规定执行。

原减刑裁定减去的刑期依照本规定第三十四条处理。

第三十八条　人民法院作出的刑事判决、裁定发生法律效力后，在依照刑事诉讼法第二百五十三条、第二百五十四条的规定将罪犯交付执行刑罚时，如果生效裁判中有财产性判项，人民法院应当将反映财产性判项执行、履行情况的有关材料一并随案移送刑罚执行机关。罪犯在服刑期间本人履行或者其亲属代为履行生效裁判中财产性判项的，应当及时向刑罚执行机关报告。刑罚执行机关报请减刑时应随案移送以上材料。

人民法院办理减刑、假释案件时，可以向原一审人民法院核实罪犯履行财产性判项的情况。原一审人民法院应当出具相关证明。

刑罚执行期间，负责办理减刑、假释案件的人民法院可以协助原一审人民法院执行生效裁判中的财产性判项。

第三十九条　本规定所称"老年罪犯"，是指报请减刑、假释时年满六十五周岁的罪犯。

本规定所称"患严重疾病罪犯"，是指因患有重病，久治不愈，而不能正常生活、学习、劳动的罪犯。

本规定所称"身体残疾罪犯"，是指因身体有肢体或者器官残缺、功能不全或者丧失功能，而基本丧失生活、学习、劳动能力的罪犯，但是罪犯犯罪后自伤致残的除外。

对刑罚执行机关提供的证明罪犯患有严重疾病或者有身体残疾的证明文件，人民法院应当审查，必要时可以委托有关单位重新诊断、鉴定。

第四十条　本规定所称"判决执行之日"，是指罪犯实际送交刑罚执行机关之日。

本规定所称"减刑间隔时间"，是指前一次减刑裁定送达之日起至本次减刑报请之日止的期间。

第四十一条　本规定所称"财产性判项"是指判决罪犯承担的附带民事赔偿义务判项，以及追缴、责令退赔、罚金、没收财产等判项。

第四十二条　本规定自 2017 年 1 月 1 日起施行。以前发布的司法解释与本规定不一致的，以本规定为准。

最高人民法院关于办理减刑、假释案件具体应用法律的补充规定

· 2019 年 3 月 25 日最高人民法院审判委员会第 1763 次会议通过
· 2019 年 4 月 24 日最高人民法院公告公布
· 自 2019 年 6 月 1 日起施行
· 法释〔2019〕6 号

为准确把握宽严相济刑事政策，严格执行《最高人民法院关于办理减刑、假释案件具体应用法律的规定》，现对《中华人民共和国刑法修正案（九）》施行后，依照刑法分则第八章贪污贿赂罪判处刑罚的原具有国家工作人员身份的罪犯的减刑、假释补充规定如下：

第一条　对拒不认罪悔罪的，或者确有履行能力而不履行或者不全部履行生效裁判中财产性判项的，不予假释，一般不予减刑。

第二条　被判处十年以上有期徒刑，符合减刑条件的，执行三年以上方可减刑；被判处不满十年有期徒刑，符合减刑条件的，执行二年以上方可减刑。

确有悔改表现或者有立功表现的，一次减刑不超过六个月有期徒刑；确有悔改表现并有立功表现的，一次减刑不超过九个月有期徒刑；有重大立功表现的，一次减刑不超过一年有期徒刑。

被判处十年以上有期徒刑的，两次减刑之间应当间隔二年以上；被判处不满十年有期徒刑的，两次减刑之间应当间隔一年六个月以上。

第三条　被判处无期徒刑，符合减刑条件的，执行四年以上方可减刑。

确有悔改表现或者有立功表现的，可以减为二十三年有期徒刑；确有悔改表现并有立功表现的，可以减为二十二年以上二十三年以下有期徒刑；有重大立功表现的，可以减为二十一年以上二十二年以下有期徒刑。

无期徒刑减为有期徒刑后再减刑时，减刑幅度比照本规定第二条的规定执行。两次减刑之间应当间隔二年以上。

第四条　被判处死刑缓期执行的，减为无期徒刑后，符合减刑条件的，执行四年以上方可减刑。

确有悔改表现或者有立功表现的，可以减为二十五年有期徒刑；确有悔改表现并有立功表现的，可以减为二十四年六个月以上二十五年以下有期徒刑；有重大立功表现的，可以减为二十四年以上二十四年六个月以下有期徒刑。

减为有期徒刑后再减刑时，减刑幅度比照本规定第二条的规定执行。两次减刑之间应当间隔二年以上。

第五条　罪犯有重大立功表现的，减刑时可以不受上述起始时间和间隔时间的限制。

第六条　对本规定所指贪污贿赂罪犯适用假释时，应当从严掌握。

第七条　本规定自 2019 年 6 月 1 日起施行。此前发布的司法解释与本规定不一致的，以本规定为准。

最高人民法院、最高人民检察院、公安部、司法部关于加强减刑、假释案件实质化审理的意见

· 2021 年 12 月 1 日
· 法发〔2021〕31 号

减刑、假释制度是我国刑罚执行制度的重要组成部分。依照我国法律规定，减刑、假释案件由刑罚执行机关提出建议书，报请人民法院审理裁定，人民检察院依法进行监督。为严格规范减刑、假释工作，确保案件审理公平、公正，现就加强减刑、假释案件实质化审理提出如下

意见。

一、准确把握减刑、假释案件实质化审理的基本要求

1. 坚持全面依法审查。审理减刑、假释案件应当全面审查刑罚执行机关报送的材料，既要注重审查罪犯交付执行后的一贯表现，同时也要注重审查罪犯犯罪的性质、具体情节、社会危害程度、原判刑罚及生效裁判中财产性判项的履行情况等，依法作出公平、公正的裁定，切实防止将考核分数作为减刑、假释的唯一依据。

2. 坚持主客观改造表现并重。审理减刑、假释案件既要注重审查罪犯劳动改造、监管改造等客观方面的表现，也要注重审查罪犯思想改造等主观方面的表现，综合判断罪犯是否确有悔改表现。

3. 坚持严格审查证据材料。审理减刑、假释案件应当充分发挥审判职能作用，坚持以审判为中心，严格审查各项证据材料。认定罪犯是否符合减刑、假释法定条件，应当有相应证据予以证明；对于没有证据证实或者证据不确实、不充分的，不得裁定减刑、假释。

4. 坚持区别对待。审理减刑、假释案件应当切实贯彻宽严相济刑事政策，具体案件具体分析，区分不同情形，依法作出裁定，最大限度地发挥刑罚的功能，实现刑罚的目的。

二、严格审查减刑、假释案件的实体条件

5. 严格审查罪犯服刑期间改造表现的考核材料。对于罪犯的计分考核材料，应当认真审查考核分数的来源及其合理性等，如果存在考核分数与考核期不对应、加扣分与奖惩不对应、奖惩缺少相应事实和依据等情况，应当要求刑罚执行机关在规定期限内作出说明或者补充。对于在规定期限内不能作出合理解释的考核材料，不作为认定罪犯确有悔改表现的依据。

对于罪犯的认罪悔罪书、自我鉴定等自书材料，要结合罪犯的文化程度认真进行审查，对于无特殊原因非本人书写或者自书材料内容虚假的，不认定罪犯确有悔改表现。

对于罪犯存在违反监规纪律行为的，应当根据行为性质、情节等具体情况，综合分析判断罪犯的改造表现。罪犯服刑期间因违反监规纪律被处以警告、记过或者禁闭处罚的，可以根据案件具体情况，认定罪犯是否确有悔改表现。

6. 严格审查罪犯立功、重大立功的证据材料，准确把握认定条件。对于检举、揭发监狱内外犯罪活动，或者提供重要破案线索的，应当注重审查线索的来源。对于揭发线索来源存疑的，应当进一步核查，如果查明线索系通过贿买、暴力、威胁或者违反监规等非法手段获取的，不认定罪犯具有立功或者重大立功表现。

对于技术革新、发明创造，应当注重审查罪犯是否具备该技术革新、发明创造的专业能力和条件，对于罪犯明显不具备相应专业能力及条件、不能说明技术革新或者发明创造原理及过程的，不认定罪犯具有立功或者重大立功表现。

对于阻止他人实施犯罪活动，协助司法机关抓捕其他犯罪嫌疑人，在日常生产、生活中舍己救人，在抗御自然灾害或者排除重大事故中有积极或者突出表现的，除应当审查有关部门出具的证明材料外，还应当注重审查能够证明上述行为的其他证据材料，对于罪犯明显不具备实施上述行为能力和条件的，不认定罪犯具有立功或者重大立功表现。

严格把握"较大贡献"或者"重大贡献"的认定条件。该"较大贡献"或者"重大贡献"，是指对国家、社会具有积极影响，而非仅对个别人员、单位有贡献和帮助。对于罪犯在警示教育活动中现身说法的，不认定罪犯具有立功或者重大立功表现。

7. 严格审查罪犯履行财产性判项的能力。罪犯未履行或者未全部履行财产性判项，具有下列情形之一的，不认定罪犯确有悔改表现：

（1）拒不交代赃款、赃物去向；

（2）隐瞒、藏匿、转移财产；

（3）有可供履行的财产拒不履行。

对于前款罪犯，无特殊原因狱内消费明显超出规定额度标准的，一般不认定罪犯确有悔改表现。

8. 严格审查反映罪犯是否有再犯罪危险的材料。对于报请假释的罪犯，应当认真审查刑罚执行机关提供的反映罪犯服刑期间现实表现和生理、心理状况的材料，并认真审查司法行政机关或者有关社会组织出具的罪犯假释后对所居住社区影响的材料，同时结合罪犯犯罪的性质、具体情节、社会危害程度、原判刑罚及生效裁判中财产性判项的履行情况等，综合判断罪犯假释后是否具有再犯罪危险性。

9. 严格审查罪犯身份信息、患有严重疾病或者身体有残疾的证据材料。对于上述证据材料有疑问的，可以委托有关单位重新调查、诊断、鉴定。对原判适用《中华人民共和国刑事诉讼法》第一百六十条第二款规定判处刑罚的罪犯，在刑罚执行期间不真心悔罪，仍不讲真实姓名、住址，且无法调查核实清楚的，除具有重大立功表现等特殊情形外，一律不予减刑、假释。

10. 严格把握罪犯减刑后的实际服刑刑期。正确理解法律和司法解释规定的最低服刑期限，严格控制减刑起始时间、间隔时间及减刑幅度，并根据罪犯前期减刑情况和效果，对其后续减刑予以总体掌握。死刑缓期执行、无期徒刑罪犯减为有期徒刑后再减刑时，在减刑间隔时间及减刑幅度上，应当从严把握。

三、切实强化减刑、假释案件办理程序机制

11. 充分发挥庭审功能。人民法院开庭审理减刑、假释案件，应当围绕罪犯实际服刑表现、财产性判项执行履行情况等，认真进行法庭调查。人民检察院应当派员出庭履行职务，并充分发表意见。人民法院对于有疑问的证据材料，要重点进行核查，必要时可以要求有关机关或者罪犯本人作出说明，有效发挥庭审在查明事实、公正裁判中的作用。

12. 健全证人出庭作证制度。人民法院审理减刑、假释案件，应当通知罪犯的管教干警、同监室罪犯、公示期间提出异议的人员以及其他了解情况的人员出庭作证。开庭审理前，刑罚执行机关应当提供前述证人名单，人民法院根据需要从名单中确定相应数量的证人出庭作证。证人到庭后，应当对其进行详细询问，全面了解被报请减刑、假释罪犯的改造表现等情况。

13. 有效行使庭外调查核实权。人民法院、人民检察院对于刑罚执行机关提供的罪犯确有悔改表现、立功表现等证据材料存有疑问的，根据案件具体情况，可以采取讯问罪犯、询问证人、调取相关材料、与监所人民警察座谈、听取派驻监所检察人员意见等方式，在庭外对相关证据材料进行调查核实。

14. 强化审判组织的职能作用。人民法院审理减刑、假释案件，合议庭成员应当对罪犯是否符合减刑或者假释条件、减刑幅度是否适当、财产性判项是否执行履行等情况，充分发表意见。对于重大、疑难、复杂的减刑、假释案件，合议庭必要时可以提请院长决定提交审判委员会讨论，但提请前应当先经专业法官会议研究。

15. 完善财产性判项执行衔接机制。人民法院刑事审判部门作出具有财产性判项内容的刑事裁判后，应当及时按照规定移送负责执行的部门执行。刑罚执行机关对罪犯报请减刑、假释时，可以向负责执行财产性判项的人民法院调取罪犯财产性判项执行情况的有关材料，负责执行的人民法院应当予以配合。刑罚执行机关提交的关于罪犯财产性判项执行情况的材料，可以作为人民法院认定罪犯财产性判项执行情况和判断罪犯是否具有履行能力的依据。

16. 提高信息化运用水平。人民法院、人民检察院、刑罚执行机关要进一步提升减刑、假释信息化建设及运用水平，充分利用减刑、假释信息化协同办案平台、执行信息平台及大数据平台等，采用远程视频开庭等方式，不断完善案件办理机制。同时，加强对减刑、假释信息化协同办案平台和减刑、假释、暂予监外执行信息网的升级改造，不断拓展信息化运用的深度和广度，为提升减刑、假释案件办理质效和加强权力运行制约监督提供科技支撑。

四、大力加强减刑、假释案件监督指导及工作保障

17. 不断健全内部监督。人民法院、人民检察院、刑罚执行机关要进一步强化监督管理职责，严格落实备案审查、专项检查等制度机制，充分发挥层级审核把关作用。人民法院要加强文书的释法说理，进一步提升减刑、假释裁定公信力。对于发现的问题及时责令整改，对于确有错误的案件，坚决依法予以纠正，对于涉嫌违纪违法的线索，及时移交纪检监察部门处理。

18. 高度重视外部监督。人民法院、人民检察院要自觉接受同级人民代表大会及其常委会的监督，主动汇报工作，对于人大代表关注的问题，认真研究处理并及时反馈，不断推进减刑、假释工作规范化开展；人民法院、刑罚执行机关要依法接受检察机关的法律监督，认真听取检察机关的意见、建议，支持检察机关巡回检察等工作，充分保障检察机关履行检察职责；人民法院、人民检察院、刑罚执行机关均要主动接受社会监督，积极回应人民群众关切。

19. 着力强化对下指导。人民法院、人民检察院、刑罚执行机关在减刑、假释工作中，遇到法律适用难点问题或者其他重大政策问题，应当及时向上级机关请示报告。上级机关应当准确掌握下级机关在减刑、假释工作中遇到的突出问题，加强研究和指导，并及时收集辖区内减刑、假释典型案例层报。最高人民法院、最高人民检察院应当适时发布指导性案例，为下级人民法院、人民检察院依法办案提供指导。

20. 切实加强工作保障。人民法院、人民检察院、刑罚执行机关应当充分认识减刑、假释工作所面临的新形势、新任务、新要求，坚持各司其职、分工负责、相互配合、相互制约的原则，不断加强沟通协作。根据工作需要，配足配强办案力量，加强对办案人员的业务培训，提升能力素质，建立健全配套制度机制，确保减刑、假释案件实质化审理公正、高效开展。

最高人民法院关于办理减刑、假释案件审查财产性判项执行问题的规定

- 2024 年 1 月 3 日最高人民法院审判委员会第 1910 次会议通过
- 2024 年 4 月 29 日最高人民法院公告公布
- 自 2024 年 5 月 1 日起施行
- 法释〔2024〕5 号

为确保依法公正办理减刑、假释案件，正确处理减刑、假释与财产性判项执行的关系，根据《中华人民共和国刑法》《中华人民共和国刑事诉讼法》等法律规定，结合司法实践，制定本规定。

第一条　人民法院办理减刑、假释案件必须审查原生效刑事或者刑事附带民事裁判中财产性判项的执行情况，以此作为判断罪犯是否确有悔改表现的因素之一。

财产性判项是指生效刑事或者刑事附带民事裁判中确定罪犯承担的被依法追缴、责令退赔、罚金、没收财产判项，以及民事赔偿义务等判项。

第二条　人民法院审查财产性判项的执行情况，应将执行法院出具的结案通知书、缴付款票据、执行情况说明等作为审查判断的依据。

人民法院判决多名罪犯对附带民事赔偿承担连带责任的，只要其中部分人履行全部赔偿义务，即可认定附带民事赔偿判项已经执行完毕。

罪犯亲属代为履行财产性判项的，视为罪犯本人履行。

第三条　财产性判项未执行完毕的，人民法院应当着重审查罪犯的履行能力。

罪犯的履行能力应根据财产性判项的实际执行情况，并结合罪犯的财产申报、实际拥有财产情况，以及监狱或者看守所内消费、账户余额等予以判断。

第四条　罪犯有财产性判项履行能力的，应在履行后方可减刑、假释。

罪犯确有履行能力而不履行的，不予认定其确有悔改表现，除法律规定情形外，一般不予减刑、假释。

罪犯确无履行能力的，不影响对其确有悔改表现的认定。

罪犯因重大立功减刑的，依照相关法律规定处理，一般不受财产性判项履行情况的影响。

第五条　财产性判项未执行完毕的减刑、假释案件，人民法院在受理时应当重点审查下列材料：

（一）执行裁定、缴付款票据、有无拒不履行或者妨

害执行行为等有关财产性判项执行情况的材料；

（二）罪犯对其个人财产的申报材料；

（三）有关组织、单位对罪犯实际拥有财产情况的说明；

（四）不履行财产性判项可能承担不利后果的告知材料；

（五）反映罪犯在监狱、看守所内消费及账户余额情况的材料；

（六）其他反映罪犯财产性判项执行情况的材料。

上述材料不齐备的，应当通知报请减刑、假释的刑罚执行机关在七日内补送，逾期未补送的，不予立案。

第六条　财产性判项未履行完毕，具有下列情形之一的，应当认定罪犯确有履行能力而不履行：

（一）拒不交代赃款、赃物去向的；

（二）隐瞒、藏匿、转移财产的；

（三）妨害财产性判项执行的；

（四）拒不申报或者虚假申报财产情况的。

罪犯采取借名、虚报用途等手段在监狱、看守所内消费的，或者无特殊原因明显超出刑罚执行机关规定额度标准消费的，视为其确有履行能力而不履行。

上述情形消失或者罪犯财产性判项执行完毕六个月后方可依法减刑、假释。

第七条　罪犯经执行法院查控未发现有可供执行财产，且不具有本规定第六条所列情形的，应认定其确无履行能力。

第八条　罪犯被判处的罚金被执行法院裁定免除的，其他财产性判项未履行完毕不影响对其确有悔改表现的认定，但罪犯确有履行能力的除外。

判决确定分期缴纳罚金，罪犯没有出现期满未缴纳情形的，不影响对其确有悔改表现的认定。

第九条　判处没收财产的，判决生效后，应当立即执行，所执行财产为判决生效时罪犯个人合法所有的财产。除具有本规定第六条第一款所列情形外，没收财产判项执行情况一般不影响对罪犯确有悔改表现的认定。

第十条　承担民事赔偿义务的罪犯，具有下列情形之一的，不影响对其确有悔改表现的认定：

（一）全额履行民事赔偿义务，附带民事诉讼原告人下落不明或者拒绝接受，对履行款项予以提存的；

（二）分期履行民事赔偿义务，没有出现期满未履行情形的；

（三）附带民事诉讼原告人对罪犯表示谅解，并书面放弃民事赔偿的。

第十一条　因犯罪行为造成损害,受害人单独提起民事赔偿诉讼的,人民法院办理减刑、假释案件时应对相关生效民事判决确定的赔偿义务判项执行情况进行审查,并结合本规定综合判断罪犯是否确有悔改表现。

承担民事赔偿义务的罪犯,同时被判处罚金或者没收财产的,应当先承担民事赔偿义务。对财产不足以承担全部民事赔偿义务及罚金、没收财产的罪犯,如能积极履行民事赔偿义务的,在认定其是否确有悔改表现时应予以考虑。

第十二条　对职务犯罪、破坏金融管理秩序和金融诈骗犯罪、组织(领导、参加、包庇、纵容)黑社会性质组织犯罪等罪犯,不积极退赃、协助追缴赃款赃物、赔偿损失的,不认定其确有悔改表现。

第十三条　人民法院将罪犯交付执行刑罚时,对生效裁判中有财产性判项的,应当将财产性判项实际执行情况的材料一并移送刑罚执行机关。

执行财产性判项的人民法院收到刑罚执行机关核实罪犯财产性判项执行情况的公函后,应当在七日内出具相关证明,已经执行结案的,应当附有关法律文书。

执行财产性判项的人民法院在执行过程中,发现财产性判项未执行完毕的罪犯具有本规定第六条第一款第(一)(二)(三)项所列情形的,应当及时将相关情况通报刑罚执行机关。

第十四条　人民法院办理减刑、假释案件中发现罪犯确有履行能力而不履行的,裁定不予减刑、假释,或者依法由刑罚执行机关撤回减刑、假释建议。

罪犯被裁定减刑、假释后,发现其确有履行能力的,人民法院应当继续执行财产性判项;发现其虚假申报、故意隐瞒财产,情节严重的,人民法院应当撤销该减刑、假释裁定。

第十五条　本规定自 2024 年 5 月 1 日起施行,此前发布的司法解释与本规定不一致的,以本规定为准。

・指导案例

1. 罪犯向某假释监督案①

【关键词】

大数据监督模型　线索发现　再犯罪危险指标量化评估　优先适用假释　"派驻+巡回"检察机制

【要旨】

人民检察院办理假释监督案件可以充分运用大数据等手段进行审查,对既符合减刑又符合假释条件的案件,监狱未优先提请假释的,应依法监督监狱优先提请假释。可以对"再犯罪的危险"进行指标量化评估,增强判断的客观性、科学性。对罪犯再犯罪危险的量化评估应以证据为中心,提升假释监督案件的实质化审查水平。注重发挥"派驻+巡回"检察机制优势,充分运用巡回检察成果,以"巡回切入、派驻跟进"的方式,依法推进假释制度适用。

【基本案情】

罪犯向某,男,1991 年 12 月出生,户籍所在地湖北省来凤县绿水镇。

2014 年 10 月 28 日,向某等三人驾车途中与被害人张某某产生纠纷,在争执过程中发生打斗,向某持随手捡起的砖块击打被害人张某某头部,张某某经送医抢救无效后死亡。2015 年 8 月 25 日,向某因犯故意伤害罪被山东省临清市人民法院判处有期徒刑十年六个月,刑期至 2025 年 5 月 2 日止。该犯不服,提出上诉后被法院裁定驳回上诉,维持原判。2016 年 1 月 8 日,向某被交付山东省聊城监狱执行刑罚。聊城市中级人民法院于 2018 年 7 月 26 日、2020 年 11 月 16 日分别裁定对向某减刑九个月,刑期至 2023 年 11 月 2 日止。

【检察机关履职过程】

线索发现。2022 年 4 月底,聊城市人民检察院对聊城监狱开展机动巡回检察,重点检察假释案件办理情况。派驻聊城监狱检察室将派驻检察日常履职掌握的涉减刑、假释相关监管信息提供给巡回检察组。巡回检察组将信息输入大数据监督模型,发现向某可能既符合减刑条件又符合假释条件,属于可以依法优先适用假释的情形,鉴于监狱已将向某列入了拟提请减刑对象,遂决定启动对向某进行再犯罪危险评估。

调查核实。聊城市人民检察院坚持以证据为中心,按照假释的有关法律法规及相关司法解释,依据"再犯罪危险系数评估法",对原罪基本情况(包括前科劣迹、主从犯、既未遂等)、服刑期间表现情况(包括劳动任务完成情况、违规违纪次数、年均计分考核情况等)、罪犯主体情况(包括职业经历、健康程度、技能特长、监管干警和同监室人员

① 案例来源:2023 年 10 月 16 日最高人民检察院检例第 195 号。

评价等)、假释后生活及监管情况(包括婚姻状况、家庭关系、固定住所、出狱后就业途径等)四个方面多项具体指标进行定性定量分析。依据证据对各项指标进行正负面定性评定,以1和-1作为正面负面限值,根据程度轻重或有无计算各指标权重进行定量评定。通过定性定量分析,评定罪犯是否具有"再犯罪的危险"。

聊城市人民检察院依据该评估法,围绕证据的调取及审查运用开展了以下工作:一是调取原案卷宗材料综合评定罪犯主观恶性、人身危险性、社会危害程度。向某虽构成故意伤害罪(致人死亡),但归案后认罪态度较好,一审判决前积极主动赔偿被害人家属并取得谅解。二是审查监狱日常计分考核、劳动改造、教育改造、历次减刑、派驻检察工作记录等客观材料,调取其所在监室、劳动场所监控资料,并与监管民警、罪犯、相关人员进行谈话了解,综合评定其改造表现。三是询问罪犯户籍地和经常居住地相关人员、监管民警、同监室罪犯等,确定其生理、心理、认知正常,人格健全,无成瘾情况。四是征求社区矫正机构、基层组织、家庭成员、有关村民意见,确定假释后生活保障及监管条件。经了解,向某姐夫田某愿意为其提供工作条件并保证稳定收入,当地接纳程度、监管条件较好。五是召开有监狱民警、社区矫正工作人员、心理专家等参与的公开听证会,听证员均认为向某认真遵守监规,接受教育改造,确有悔改表现,认定其没有"再犯罪的危险"证据确实充分,同意检察院对罪犯向某适用假释的建议。

监督意见。聊城市人民检察院依据上述证据材料,综合评定向某各项指标,认为其没有再犯罪的危险,符合假释适用条件,根据相关规定,可依法优先适用假释,遂于2022年6月15日向聊城监狱提出对向某依法提请假释的检察意见。聊城监狱采纳检察机关的意见,于同年7月25日向聊城市中级人民法院提请对向某予以假释。

监督结果。2022年9月15日,聊城市中级人民法院依法对罪犯向某裁定假释,假释考验期至2023年11月2日止。向某假释后,由聊城监狱干警送至湖北省来凤县绿水镇司法所报到。聊城市人民检察院定期与聊城监狱、湖北当地司法所及所在地村委会联系沟通,了解到向某按期接受社区矫正监管教育,与周边村民相处融洽,现已融入正常生活。

此案办理后,聊城市人民检察院与聊城监狱召开联席会议,就假释适用的实体条件及"再犯罪危险系数评估法"达成共识,进一步完善假释适用大数据监督模型,形成常态化筛选机制。监狱依据模型设定的指标进一步完善罪犯具体监管信息,快速筛查出可能符合假释适用条件的罪犯,再结合相关证据材料,作出是否提请假释的决定。检

察机关通过该模型开展同步监督。2022年12月至2023年8月,筛选出16件符合假释条件的案件,已由法院裁定假释7件。

【指导意义】

(一)根据相关司法解释精神,对既符合减刑又符合假释条件的罪犯,应当监督刑罚执行机关依法优先提请假释。假释制度能够更好实现刑罚特殊预防功能,促进罪犯更好更快融入社会,司法解释规定,对同时符合法定减刑条件和法定假释条件的罪犯,可以优先适用假释。在办理假释案件过程中,可以将罪犯执行的刑期、服刑期间表现、财产性判项履行等情况作为基本要素,运用大数据监督模型,通过数据比对分析,发现可能既符合减刑又符合假释条件的案件线索。应当注重发挥减刑、假释制度的不同价值功能,通过调查核实,认定罪犯既符合减刑条件又符合假释条件,刑罚执行机关未优先提请的,应当建议其优先提请假释,依法推进假释制度适用。

(二)人民检察院在办理假释监督案件时,可以进行指标量化评估,科学客观认定罪犯是否有"再犯罪的危险"。要依据相关法律法规及司法解释,综合考量假释适用实体条件中的各项要素。在认定罪犯是否有"再犯罪的危险"时,可以将认定标准细化为"原罪基本情况、服刑期间表现情况、罪犯主体情况、假释后生活及监管情况"等方面的具体指标,进行定性定量评估,参考量化分值得出结论,增强假释制度适用的客观性、科学性。要秉持客观公正立场,全面收集、依法审查原审卷宗、自书材料、服刑期间现实表现等主客观证据材料,提升假释案件实质化审查水平。

(三)人民检察院应当充分发挥"派驻+巡回"检察机制优势,依法推进假释制度适用。对假释案件数量少、监狱适用主动性不高等问题,人民检察院可以通过开展机动巡回检察等方式监督监狱予以纠正。通过派驻检察日常监督掌握的涉减刑、假释相关监管信息,以巡回检察与派驻检察的相互协同、相互促进,提升假释案件检察监督质效。

【相关规定】

《中华人民共和国刑法》第八十一条、第八十二条

《人民检察院刑事诉讼规则》第六百三十六条

《最高人民法院关于办理减刑、假释案件具体应用法律的规定》第二十二条、第二十五条、第二十六条

《人民检察院巡回检察工作规定》第十四条

《最高人民法院、最高人民检察院、公安部、司法部关于加强减刑、假释案件实质化审理的意见》第三条

2. 罪犯杨某某假释监督案①

【关键词】

禁止适用假释范围　能动履职　再犯罪的危险　抚养未成年子女

【要旨】

人民检察院在日常监督履职中发现罪犯符合假释法定条件而未被提请假释的，应当依法建议刑罚执行机关启动假释提请程序。要准确把握禁止适用假释的罪犯范围，对于故意杀人罪等严重暴力犯罪罪犯，没有被判处十年以上有期徒刑、无期徒刑且不是累犯的，不属于禁止适用假释的情形，可在综合判断其主观恶性、服刑期间现实表现等基础上，对于符合假释条件的，依法提出适用假释意见。注重贯彻宽严相济刑事政策，对未成年子女确需本人抚养且配偶正在服刑等特殊情况的罪犯，可以依法提出从宽适用假释的建议。

【基本案情】

罪犯杨某某，女，1984 年 9 月出生，户籍所在地重庆市渝北区木耳镇。

杨某某与被害人周某存在不正当男女关系被丈夫刘某发现。杨某某为摆脱与周某之间的关系，在明知刘某及刘某甲等人欲殴打被害人周某的情况下，将周某邀约至自己家中，周某被刘某及刘某甲等人以菜刀、铁锤、木凳打击的方式故意杀害致死。2014 年 11 月 27 日，杨某某因犯故意杀人罪被重庆市第一中级人民法院判处有期徒刑七年，刑期至 2021 年 2 月 11 日止。2014 年 12 月 23 日，杨某某被交付重庆市女子监狱执行刑罚。2017 年 3 月 30 日，重庆市第五中级人民法院裁定对杨某某减刑九个月，刑期至 2020 年 5 月 11 日止。

【检察机关履职过程】

线索发现。2018 年 3 月，重庆市人民检察院第五分院（以下简称重庆市第五分院）派驻重庆市女子监狱检察室检察官在日常履职过程中，通过与罪犯谈话得知：杨某某家有两名未成年子女确需其抚养，其本人担心家中老人及两个年幼子女的生活学习，希望获得假释，早日出狱承担起母亲和家庭的责任。经了解，监狱已掌握杨某某希望被提请假释的情况，但考虑到杨某某犯故意杀人罪属于重罪罪犯不宜提请假释，故未将其纳入拟提请假释考察对象。重庆市第五分院为查明杨某某是否符合假释适用条件开展调查核实。

调查核实。重庆市第五分院重点围绕杨某某是否符

合假释条件开展了以下调查核实工作：一是研判杨某某的违法犯罪情况。杨某某并非犯意提起者，也未直接实施侵害行为，被判处有期徒刑七年，其主观恶性、人身危险性、社会危害性较其配偶刘某有明显区别。同时，杨某某对被害人亲属进行了民事赔偿，并已取得被害人亲属的谅解，本案财产性判项履行完毕。二是评估杨某某服刑期间现实表现。通过询问罪犯、监管民警、查阅计分考核材料等了解到，杨某某服刑以来认罪服法，遵守监规，服从安排，在监狱医院帮助护理病犯，确有悔改表现。三是调查杨某某的家庭经济情况。杨某某的配偶刘某、配偶的父亲刘某甲因共同实施故意杀人罪入狱服刑；家中两个未成年子女小学在读，由体弱多病的婆婆一人照顾，家庭缺乏收入来源，三口人仅依靠低保金生活，经济困难，确需杨某某承担抚养未成年子女等义务。四是评估杨某某个人基本情况和心理状况。杨某某身体健康，监狱提供的评估报告显示其心理状态良好，入狱前从事销售工作，是家庭收入的主要来源，其本人抚养教育子女、承担家庭责任的意愿强烈。五是评估其假释后的监管条件。建议监狱委托杨某某居住地社区矫正机构开展社区矫正调查评估。经调查，该罪犯具备社区矫正监管条件，可以适用社区矫正。综合分析研判全案事实、证据，认定杨某某人身危险性较低、没有再犯罪的危险、服刑期间现实表现较好，假释后能自食其力，具备社区监管条件。

监督意见。2018 年 4 月 6 日，重庆市第五分院建议重庆市女子监狱对罪犯杨某某依法启动假释程序。重庆市女子监狱采纳了检察意见，于同年 5 月 24 日向重庆市第五中级人民法院提请对罪犯杨某某予以假释。

监督结果。2018 年 6 月 29 日，重庆市第五中级人民法院依法裁定对罪犯杨某某予以假释，假释考验期限至 2020 年 5 月 11 日止。经重庆市第五分院跟踪回访，杨某某在社区矫正期间遵守社区矫正各项规定，表现良好，在社区矫正机构帮助下找到稳定工作，家庭生活条件得到较大改善，教育帮扶效果明显，其女儿因成绩优异，被一所重点中学录取。

【指导意义】

（一）人民检察院在日常检察履职过程中发现符合假释法定条件而未被提请假释的罪犯，应依法建议刑罚执行机关提请假释。人民检察院不仅应对提请假释案件的程序、条件是否符合法律规定进行监督，还应当在日常检察履职过程中，注重通过与罪犯谈话、列席假释评审委员会、

---

① 案例来源：2023 年 10 月 16 日最高人民检察院检例第 196 号。

查阅会议记录等方式发现监督线索,对符合假释条件而未被提请假释的罪犯,应当建议刑罚执行机关提请假释,依法推进假释制度适用。

(二)准确把握刑法第八十一条第二款禁止适用假释的案件范围,结合罪犯的主观恶性、服刑期间的表现等综合判断"再犯罪的危险"。我国刑法第八十一条第二款规定,"对累犯以及因故意杀人、强奸、抢劫、绑架、放火、爆炸、投放危险物质或者有组织的暴力性犯罪被判处十年以上有期徒刑、无期徒刑的犯罪分子,不得假释"。人民检察院在办理假释监督案件时,应准确把握禁止假释的条件和范围。对于故意杀人罪等严重暴力犯罪,没有被判处十年以上有期徒刑、无期徒刑,且不是累犯的,要结合罪犯的主观恶性、犯罪行为的危害程度、在共同犯罪中的作用、服刑期间现实表现、社区监管条件等综合判断有无再犯罪危险,符合假释条件的,可以依法提出适用假释的建议。

(三)对有未成年子女确需本人抚养等特殊情形的罪犯,符合法定假释条件的,要充分考虑案件办理的社会效果,提出依法从宽适用假释的建议。人民检察院对假释案件开展监督时,既要严格按照法律规定的条件、程序规范办理,又要贯彻落实宽严相济刑事政策,对符合假释条件、因配偶正在服刑有未成年子女确需本人抚养,或者父母等因患病、残疾、长期生活不能自理确需本人照顾等特殊情形的罪犯,可以提出依法从宽适用假释的建议。通过依法积极适用假释,既感化罪犯,促使其真诚悔改,又维护家庭、社会和谐稳定,实现假释案件办理政治效果、社会效果和法律效果的有机统一。

【相关规定】

《中华人民共和国刑法》第八十一条、第八十二条

《中华人民共和国刑事诉讼法》(2012年修正)第二百六十二条(现为2018年修正后的第二百七十三条)

《最高人民法院关于办理减刑、假释案件具体应用法律的规定》第二十二条、第二十三条、第二十五条、第二十六条

《人民检察院办理减刑、假释案件规定》第九条

3. 罪犯刘某某假释监督案①

【关键词】

单位犯罪　直接负责的主管人员假释　财产性判项履行　调查核实　公开听证

---

① 案例来源:2023年10月16日最高人民检察院检例第197号。

【要旨】

人民检察院办理涉及单位犯罪罪犯的假释监督案件,应分别审查罪犯个人和涉罪单位的财产性判项履行情况。对于罪犯个人财产性判项全部履行,涉罪单位财产性判项虽未履行或未全部履行,但不能归责于罪犯个人原因的,一般不影响对罪犯的假释。除实质化审查单位犯罪的罪犯原判刑罚、犯罪情节、刑罚执行中的表现等因素外,还应重点调查核实罪犯假释后对单位财产性判项履行的实际影响,实现假释案件办理"三个效果"有机统一。

【基本案情】

罪犯刘某某,男,1970年8月出生,户籍所在地山东省邹平市青阳镇,案发前为山东某实业有限公司等三家公司实际控制人。

山东某实业有限公司等三家公司为缓解资金压力,公司人员伪造虚假的工业品买卖合同,修改公司财务报表、隐瞒真实财务状况,向银行骗取贷款、票据承兑5400万元(判决前,已偿还银行贷款870万元)。2019年4月28日,山东某实业有限公司等三家公司因单位犯骗取贷款、票据承兑罪,被山东省邹平市人民法院判处罚金共计11万元,并追缴三家公司违法所得,刘某某作为单位直接负责的主管人员被判处有期徒刑四年一个月,并处罚金6万元,刑期至2022年2月26日止。2019年6月4日,刘某某被交付山东省鲁中监狱(以下简称鲁中监狱)执行刑罚。

【检察机关履职过程】

线索发现。2020年9月9日,山东省淄博市城郊地区人民检察院(以下简称淄博城郊地区检察院)收到罪犯刘某某妻子林某某的信访材料,请求检察机关监督鲁中监狱为其丈夫刘某某提请假释。淄博城郊地区检察院经与监狱沟通了解到,林某某此前也多次向监狱反映希望对刘某某适用假释的请求,但监狱未对其提请假释。为查明刘某某是否符合假释条件,淄博城郊地区检察院遂决定开展调查核实。

调查核实。为了确保监督意见的准确性,淄博城郊地区检察院重点开展了以下工作:一是加强沟通,找准争议焦点。分别从鲁中监狱和山东省淄博市中级人民法院了解到,两单位均以刘某某实控企业的财产性判项未全部履行为由,认为对刘某某适用假释可能存在风险。二是开展调查核实,各方达成共识。围绕争议焦点,办案人员与涉案企业部分员工进行了座谈,调取了刘某某实控企业资产评估报告,实地走访刘某某实控企业和被害银行,对刘某

某实控企业贷款偿还能力和社会影响进行核查。经调查核实，刘某某实控企业在涉案前经营状况良好，提供就业岗位600余个，销售收入60亿元；现有资产6230万元（包括写字楼、苗木等资产），涉罪单位的相关资产已被人民法院依法查控以履行相应财产性判项，但因无法立即变现，尚未完全履行财产性判项。刘某某案发后，其妻子林某某积极提交公司资产状况的材料，偿还部分利息；银行出具谅解书，希望刘某某尽快假释出狱经营公司；刘某某本人表示出狱后会尽心经营公司，尽快偿还所骗贷款。三是全面考察评估，开展实质化审查。通过审查监狱档案材料、法院卷宗材料，查明刘某某具有自首情节，已向法庭提供了大于逾期贷款数额的资产评估报告，取得涉案银行的谅解；在监狱服刑期间认罪悔罪，遵守法律法规和监规纪律，接受教育改造，没有被处罚记录，三次获得表扬奖励，执行期间足额履行财产刑；社区矫正机构对刘某某进行了社会调查评估，认定其不具有社会危险性，对所居住社区未发现有不良影响。四是开展检察听证，以公开促公正。2020年11月20日，淄博城郊地区检察院邀请法学专家、律师、民营企业家等参加听证会，公开听取社会各界意见。各方均认为适用假释能更好地帮助刘某某回归社会、服务社会，充分发挥假释罪犯对涉罪单位财产性判项履行的积极作用。

监督意见。淄博城郊地区检察院认为，对刘某某适用假释能够促进企业恢复生产经营，更好帮助企业履行财产性判项。2020年12月15日，向鲁中监狱提出对罪犯刘某某依法提请假释的检察意见。鲁中监狱采纳了检察意见，于2021年1月18日向淄博市中级人民法院提请对罪犯刘某某予以假释。

监督结果。2021年1月27日，淄博市中级人民法院依法对罪犯刘某某裁定假释，假释考验期限至2022年2月26日止。刘某某假释后认真遵守社区矫正相关规定，积极配合法院对单位财产性判项的执行，并在涉案公司之一山东某生态实业有限公司投入90余万元，聘用员工60余人，企业得以恢复生产经营，避免了企业经营停滞、资产缩水对涉罪单位履行财产性判项造成更大不利影响。

【指导意义】

（一）单位犯罪生效裁判中有财产性判项未履行或未全部履行的，非归责于罪犯个人的原因，一般不影响对罪犯个人适用假释。人民检察院办理涉及单位犯罪罪犯的假释监督案件，应分别审查罪犯个人和涉罪单位的财产性

判项履行情况。如果罪犯已经履行个人财产性判项，其主观恶性不大，取得被害人谅解且积极协助履行单位财产性判项的，不宜将单位犯罪财产性判项履行情况作为限制对罪犯个人适用假释的考量因素。如确有证据证实该罪犯滥用对公司支配地位或公司法人独立地位，隐藏、转移、故意毁损财产或者无偿转让财产，以明显不合理的低价转让财产等，妨害单位履行财产性判项的，不应认定该罪犯确有悔改表现，不能适用假释。

（二）人民检察院办理涉及单位犯罪罪犯的假释监督案件，应当重点调查核实罪犯假释后的社会影响，实现"三个效果"有机统一。人民检察院在办理涉单位犯罪罪犯假释案件过程中，除审查罪犯是否符合法定假释条件外，还应当重点审查罪犯假释后是否对单位履行财产性判项存在不利影响、是否影响社会安全稳定等。要充分发挥假释制度激励罪犯积极改造的价值功能，将刑罚执行对企业正常生产经营的负面影响降到最低，确保案件办理政治效果、社会效果和法律效果的有机统一。

【相关规定】

《中华人民共和国刑法》第八十一条、第八十二条

《最高人民法院关于办理减刑、假释案件具体应用法律的规定》第二十二条、第二十三条

《人民检察院办理减刑、假释案件规定》第六条、第九条

4. 罪犯邹某某假释监督案①

【关键词】

假释刑期条件　执行原判刑期二分之一　先行羁押折抵刑期

【要旨】

人民检察院应当准确把握假释罪犯的服刑期限条件，被判处有期徒刑的罪犯"执行原判刑期二分之一以上"的期限，包括罪犯在监狱中服刑刑期和罪犯判决执行前先行羁押期限。注重通过个案办理，推动司法行政机关及时调整不符合法律规定和立法原意的相关规定，保障法律统一正确实施。

【基本案情】

罪犯邹某某，男，1977年7月出生，户籍所在地江苏省江阴市。

邹某某在担任江苏某投资股份有限公司销售部经理、

---

① 案例来源：2023年10月16日最高人民检察院检例第198号。

总经理助理、副总经理期间，通过销售、购买沥青等业务，非法索取或者收受客户好处费 318.95465 万元；利用担任该投资公司副总经理的职务便利，通过私自购买空白的收款收据，私刻该投资公司财务专用章等方式，非法占有供货公司支付给该投资公司的银行承兑汇票贴息现金人民币 21.7908 万元。2017 年 3 月 29 日，邹某某被江苏省无锡市公安局刑事拘留，2019 年 4 月 19 日，因犯非国家工作人员受贿罪、职务侵占罪被江苏省江阴市人民法院判处有期徒刑六年六个月，并处没收财产人民币 30 万元，继续追缴违法所得人民币 318.95465 万元，刑期至 2023 年 9 月 27 日止。该犯不服，提出上诉。2020 年 6 月 2 日，江苏省无锡市中级人民法院作出刑事裁定，驳回上诉，维持原判。后邹某某被交付江苏省浦口监狱执行刑罚。

【检察机关履职过程】

线索发现。2022 年 5 月，江苏省南京市钟山地区人民检察院（以下简称钟山地区检察院）在审查浦口监狱报送的罪犯减刑假释案卷材料时，发现监狱拟对罪犯邹某某不予提请假释存在问题。浦口监狱认为，根据江苏省监狱管理局相关规定，对原判刑期不长，在监狱服刑时间较短的罪犯适用假释时，严格控制假释考验期，在监狱实际服刑时间一般应超过原判刑期的二分之一。罪犯邹某某属于该规定情形，不符合提请假释条件。钟山地区检察院认为，浦口监狱以该规定为依据对邹某某不予提请假释存在问题，应当予以监督纠正。

调查核实。围绕罪犯邹某某是否符合假释条件，钟山地区检察院开展了以下工作：一是调取起诉书、刑事判决书、刑事裁定书、刑事案件执行通知书、罪犯结案登记表等原始档案材料。证实罪犯邹某某在交付浦口监狱执行前，因案情疑难复杂已在无锡市某看守所先行羁押三年五个月，加上在浦口监狱执行的一年八个月，共计执行有期徒刑五年一个月，已执行原判刑期二分之一以上。二是核实罪犯邹某某认罪悔罪表现。通过对该犯奖励审批表、计分考核累计台账、罪犯评审鉴定表、改造小结、认罪悔罪书等材料的审查，认定该犯在浦口监狱服刑期间能够遵守监规，接受教育改造，努力完成劳动任务，财产性判项已全部履行，确有悔改表现。根据无锡市某看守所出具的羁押期间表现情况鉴定表等材料，认定该犯在所期间能遵守相关规定，表现较好。三是审查罪犯出监危险性评估报告、调查评估意见书等材料，证实该犯再犯罪危险性等级为低度，具备家庭监管条件，可适用社区矫正。

监督意见。钟山地区检察院审查后认为，根据《最高人民法院关于办理减刑、假释案件具体应用法律的规定》第二十三条，"被判处有期徒刑的罪犯假释时，执行原判刑

期二分之一的时间，应当从判决执行之日起计算，判决执行以前先行羁押的，羁押一日折抵刑期一日"的规定，"执行原判刑期二分之一以上"不仅包括交付监狱实际执行的刑期，也包括判决执行以前先行羁押的期限。江苏省监狱管理局相关规定不符合法律和司法解释，不应当作为办案依据。2022 年 5 月 31 日，钟山地区检察院综合考虑邹某某犯罪情节、刑罚执行中的一贯表现、假释后监管条件等因素，向浦口监狱提出对其依法提请假释的检察意见。浦口监狱采纳钟山地区检察院的意见，于 2022 年 6 月 20 日向南京市中级人民法院提请对罪犯邹某某予以假释。

监督结果。2022 年 8 月 5 日，南京市中级人民法院裁定对罪犯邹某某予以假释，假释考验期限至 2023 年 9 月 27 日止。裁定生效后，钟山地区检察院积极与江苏省监狱管理局沟通，建议撤销关于假释执行刑期的相关规定，此后该规定被废止。

【指导意义】

（一）刑法规定适用假释须"执行原判刑期二分之一以上"的期限，应当包含罪犯在监狱中服刑刑期和判决执行前先行羁押限期。根据刑法规定，"执行原判刑期二分之一以上"是依法适用假释的前提条件。为充分保障罪犯合法权益，按照刑法中刑期折抵的规定，"执行原判刑期二分之一以上"应包含罪犯先行羁押限期。在罪犯符合"执行原判刑期二分之一以上"的刑期条件的基础上，检察机关还要结合罪犯交付执行刑罚后的教育改造情况、认罪悔罪表现、在羁押期间的表现情况、调查评估意见等综合考虑罪犯"再犯罪的危险"，依法提出对罪犯适用假释的检察意见。

（二）人民检察院在对假释案件监督中应当注重通过个案办理推动法律适用的统一规范。人民检察院在办理假释监督案件过程中，要加强对法律、司法解释的正确理解和准确适用，依法实现个案办理公平公正。同时，也要通过个案办理加强类案监督，对执法司法机关出于认识不同可能导致司法适用中出现偏差的相关内部规定、政策性文件等，推动相关机关及时调整修正，保障法律统一正确实施。

【相关规定】

《中华人民共和国刑法》第四十七条、第八十一条、第八十二条

《最高人民法院关于办理减刑、假释案件具体应用法律的规定》第二十三条、第四十条

5. 罪犯唐某假释监督案①

【关键词】

毒品犯罪 虚假证明材料 悔改表现 不适用假释

【要旨】

人民检察院要加强对再犯罪危险性高的罪犯,如毒品犯罪罪犯等假释适用条件的审查把关。要深入开展调查核实工作,注重实质化审查,准确认定涉毒罪犯是否确有悔改表现和有无再犯罪危险。罪犯采取不正当手段获取虚假证明材料意图获得假释的,表明主观上未能真诚悔罪,不能认定其确有悔改表现。在办理假释监督案件过程中,发现违纪违法等问题线索的,应依法移送相关机关办理,延伸监督效果。

【基本案情】

罪犯唐某,男,1988 年 3 月出生,户籍所在地湖南省衡阳县金兰镇。

2017 年 1 月 4 日,唐某因犯贩卖毒品罪被湖南省衡阳县人民法院判处有期徒刑十年,并处罚金人民币 3 万元,刑期至 2024 年 11 月 19 日止。唐某提出上诉,2017 年 6 月 7 日,被湖南省衡阳市中级人民法院裁定驳回上诉,维持原判。后唐某被交付湖南省雁南监狱执行刑罚。

【检察机关履职过程】

线索发现。2022 年 4 月,雁南监狱对罪犯唐某拟提请假释征求检察机关意见,衡阳市华新地区人民检察院(以下简称华新地区检察院)进行审查,发现案卷中存在一份衡阳县公安局某派出所于 2019 年 8 月 19 日出具的证实唐某无吸毒史证明材料。案卷中还存在一份该派出所于 2021 年 9 月 29 日出具的上述证明材料作废的《声明》。华新地区检察院针对存在矛盾的两份材料开展调查核实。

调查核实。为查明案件事实,提出精准的监督意见,华新地区检察院重点开展了以下工作:一是对唐某提请假释证据的真实性、合法性进行调查核实。通过询问派出所负责人、公安民警及相关人员,查阅原审判决法律文书,认定唐某的哥哥唐某甲明知唐某有吸毒史,为使其获得假释,到公安派出所开具唐某无吸毒史的证明。二是对唐某是否确有悔改表现进行调查核实。调查发现,虽然唐某在服刑期间基本能够遵守监规纪律,但其明知自己有吸毒史,却多次与哥哥唐某甲通讯、会见,要求唐某甲获取无吸毒史的证明。三是对唐某是否具有再犯罪危险进行调查核实。通过对唐某居住地村委会部分村民、村干部等人进行调查走访,了解到唐某未婚未育,姐姐外嫁,哥哥唐某甲

长年在外地工作,经济状况较好。与罪犯唐某谈话,其明确表示出狱后要随唐某甲外出工作和生活。鉴于唐某甲在本案中使用不正当手段获取派出所假证明文件,又曾因犯交通肇事罪被检察机关作出不起诉处理,不宜由其承担协助监管唐某的责任。另外,唐某系贩卖毒品案件的主犯,有吸毒史,社会危害程度较高,再犯罪可能性较大。四是对衡阳县公安局某派出所出具的证明材料进行调查核实。经向该派出所负责人和相关民警、辅警了解情况,调阅公安机关出具的相关证明文件,发现派出所出具证明存在审核把关不严、公章使用不规范等问题。

监督意见。2022 年 10 月 26 日,华新地区检察院向雁南监狱出具不同意对罪犯唐某提请假释的检察意见,并将衡阳县公安局某派出所涉嫌违纪违法线索移送衡阳县纪委监委派驻县公安局纪检监察组。

监督结果。2022 年 10 月 28 日,雁南监狱采纳了华新地区检察院不同意对罪犯唐某提请假释的意见。衡阳县纪委监委派驻县公安局纪检监察组对检察机关移送的涉嫌违纪违法线索查实后,于 2023 年 5 月 16 日对该所相关人员予以党纪政务处分。

【指导意义】

(一)人民检察院要加强对再犯罪危险性高的罪犯,如毒品犯罪罪犯等假释适用条件的审查把关。人民检察院办理假释监督案件,既要依法推进假释制度适用,对于符合假释条件而监狱未提请的罪犯,依法监督监狱提请假释;又要严格把关,发现不符合假释条件的罪犯,监狱不当提请假释的,坚决依法监督纠正。要把改造难度大、再犯罪危险性高的罪犯作为监督重点。对毒品犯罪罪犯,赌博罪、盗窃罪等犯罪中的常业或者习惯犯等,在适用假释时要从严把握,提升假释监督案件办理质效。

(二)人民检察院办理假释监督案件,要深入开展调查核实工作,准确认定涉毒罪犯是否确有悔改表现和有无再犯罪危险。要严格审查涉毒罪犯假释案件相关证据材料。罪犯通过亲属采取不正当手段获取虚假证明材料意图获得假释的,表明其主观上未能真诚悔罪,不能认定其确有悔改表现。对于毒品犯罪罪犯有吸毒史,且家庭成员不具备协助社区矫正机构做好社区矫正工作条件,存在再犯罪危险的,依法不应当适用假释。

(三)人民检察院在办理假释监督案件过程中,发现违纪违法等问题线索的,应依法移送相关机关办理,延伸监督效果。要注重发现假释案件办理中不当履职背后的深

---

① 案例来源:2023 年 10 月 16 日最高人民检察院检例第 199 号。

层次问题,强化对出具虚假证明材料、社区矫正调查评估弄虚作假等问题的调查核实力度,发现违纪违法或犯罪线索,属于检察机关管辖,构成徇私舞弊假释罪等犯罪的要坚决立案查处;对不属于检察机关管辖的,应依法移送相关机关处理。要与纪检监察机关、公安机关等形成工作合力,延伸法律监督的效果。

【相关规定】

《中华人民共和国刑法》第八十一条、第八十二条

《中华人民共和国刑事诉讼法》(2018 年修正)第二百七十六条

《最高人民法院关于办理减刑、假释案件具体应用法律的规定》第三条第二款、第二十二条

《最高人民法院、最高人民检察院、公安部、司法部关于加强减刑、假释案件实质化审理的意见》第三条

6. 社区矫正对象孙某某撤销缓刑监督案①

【关键词】

社区矫正监督　违反规定外出、出境　调查核实　撤销缓刑

【要旨】

人民检察院应当加强对社区矫正机构监督管理和教育帮扶社区矫正对象等社区矫正工作的法律监督,保证社区矫正活动依法进行。人民检察院开展社区矫正法律监督,应当综合运用查阅档案、调查询问、信息核查等多种方式,查明社区矫正中是否存在违法情形,精准提出监督意见。对宣告缓刑的社区矫正对象违反法律、行政法规和监督管理规定的,应当结合违法违规的客观事实和主观情节,准确认定是否属于"情节严重"应予撤销缓刑情形。对符合撤销缓刑情形但社区矫正机构未依法向人民法院提出撤销缓刑建议的,人民检察院应当向社区矫正机构提出纠正意见;对社区矫正工作中存在普遍性、倾向性违法问题或者有重大隐患的,人民检察院应当提出检察建议。

【相关规定】

《中华人民共和国刑法》第七十五条、第七十七条

《中华人民共和国出境入境管理法》第十二条

《中华人民共和国社区矫正法》第二十七条

《中华人民共和国社区矫正法实施办法》第二十七条、第四十六条(2020 年 7 月 1 日起施行)

《社区矫正实施办法》第十三条、第二十五条(2012 年

---

① 案例来源:2022 年 2 月 14 日最高人民检察院检例第 131 号。

3 月 1 日起施行,2020 年 7 月 1 日废止)

《人民检察院刑事诉讼规则》第六百四十四条

《人民检察院检察建议工作规定》第九条

【基本案情】

社区矫正对象孙某某,男,1978 年 9 月出生,2016 年 7 月 6 日因犯非法买卖枪支罪被天津市滨海新区人民法院判处有期徒刑三年,宣告缓刑四年,缓刑考验期自 2016 年 7 月 17 日至 2020 年 7 月 16 日止。孙某某在北京市海淀区某镇司法所接受社区矫正。2019 年,北京市海淀区人民检察院在日常监督时发现孙某某存在未经批准擅自外出、出境等应当撤销缓刑情形,依法监督社区矫正机构提请人民法院对孙某某撤销缓刑,收监执行原判有期徒刑三年。

【检察机关履职过程】

线索发现　2019 年,海淀区人民检察院在日常监督中发现,社区矫正对象孙某某在被实施电子监管期间,电子定位轨迹出现中断情形,孙某某可能存在故意逃避监管等违法违规行为。

调查核实　海淀区人民检察院开展了以下调查核实工作。一是通过查看社区矫正综合管理平台和社区矫正档案,发现司法所对孙某某进行监督管理时,缺乏实地查访、信息核查等监管措施。二是向铁路、航空、出入境等部门调取孙某某社区矫正期间出行信息,并与请假批准手续记录对比,发现孙某某在被实施电子监管期间故意对电子定位装置不充电擅自外出一次,在被摘除电子定位装置(因法律法规调整,孙某某不再符合使用电子定位装置条件)后又利用每个月到司法所当面报到的间隔期间擅自外出二十余次,最长一次达十九天,其中违法出境两次、累计十一天。三是对孙某某进行询问,其对未经批准擅自外出的事实予以承认。

监督意见　海淀区人民检察院经审查认为,孙某某在社区矫正期间多次违规外出并两次违法出境,违反了《中华人民共和国刑法》第七十五条、《中华人民共和国出境入境管理法》第十二条及《社区矫正实施办法》(2020 年 7 月 1 日废止,有关规定内容被 2020 年 7 月 1 日起施行的《中华人民共和国社区矫正法实施办法》吸收)第二十五条规定,且情节严重,于 2019 年 5 月 24 日向海淀区司法局提出纠正意见,建议其向法院提出撤销缓刑建议。同时,向海淀区某镇司法所制发《纠正违法通知书》,依法纠正社区矫正监督教育措施落实不到位等问题。为促进本辖区社区矫正工作全面规范提升,海淀区人民检察院对近三年办理

的社区矫正监督案件进行全面梳理,针对发现的监督管理中存在的普遍性、倾向性问题,于 2019 年 10 月 21 日向海淀区司法局发出《检察建议书》,建议:建立有效监督管理机制,综合运用实地查访、信息化核查、通信联络等方式,准确掌握社区矫正对象实际情况;加强与出入境管理部门以及公安派出所的沟通协作和信息互通,采取有效措施防止社区矫正对象违法出境和违规外出等问题的发生。

监督结果　2019 年 6 月 19 日,海淀区司法局向天津市滨海新区人民法院制发《撤销缓刑建议书》。2019 年 7 月 22 日,滨海新区人民法院作出刑事裁定,撤销孙某某宣告缓刑四年,收监执行原判有期徒刑三年。同时,海淀区司法局采纳检察建议进行了整改:一是完善自身督察机制。采取专项督察、定项督察、随机督察、派驻督察等方式,进一步强化社区矫正监管教育措施的落实。二是完善与出入境管理部门及公安派出所的协作和信息互通机制。在采取原有出入境备案措施基础上,全面落实社区矫正对象护照、港澳台通行证暂停使用制度;同时加强与公安派出所的信息互通机制,及时排查社区矫正对象有无违规出行和违法出境等情况。三是加强社区矫正与法律监督配合机制。邀请检察机关共同研判社区矫正执法风险、开展线上线下警示教育,形成司法合力,以监督促社区矫正规范提升。四是对相关责任人员予以党政纪处分。

【指导意义】

(一)人民检察院开展社区矫正法律监督工作,应依法全面履行法律监督职责,确保社区矫正法的正确实施。《中华人民共和国社区矫正法》规定,对被判处管制、宣告缓刑、假释和暂予监外执行的罪犯,依法实行社区矫正,并规定人民检察院依法对社区矫正工作实行法律监督。人民检察院应当加强对社区矫正机构监督管理和教育帮扶社区矫正对象等社区矫正工作的法律监督,保证社区矫正工作依法进行,促进社区矫正对象顺利融入社会,预防社区矫正对象再次违法犯罪。在开展社区矫正监督工作时,应当加强对社区矫正档案和信息管理平台中社区矫正对象的日常监管教育、请假外出审批、考核奖惩等有关情况的审查。对于发现的违法违规监督线索,要及时开展调查核实,查清违法违规事实,准确适用法律,精准提出监督意见,更好地满足人民群众对司法公正和社会和谐稳定的需求。

(二)人民检察院办理撤销缓刑监督案件时,应当全面考量行为人主客观情形,依法判断是否符合"其他违反有关法律、行政法规和监督管理规定,情节严重"的撤销缓刑情形。现行《中华人民共和国社区矫正法实施办法》第四十六条第一款第五项沿用了 2012 年 3 月 1 日实施的《社区矫正实施办法》(2020 年 7 月 1 日废止)第二十五条第一款第五项的规定,对社区矫正对象撤销缓刑情形规定了兜底性条款,即有"其他违反有关法律、行政法规和监督管理规定,情节严重的情形",应当提出撤销缓刑建议。认定是否达到"情节严重"时,应当全面考量社区矫正对象违反有关法律、行政法规和监督管理规定行为的性质、次数、频率、手段、事由、后果等客观事实,并在准确把握其主观恶性大小的基础上作出综合认定。具有撤销缓刑情形而社区矫正机构未依法提出撤销缓刑建议的,人民检察院应当向社区矫正机构提出纠正意见,监督社区矫正机构向人民法院提出撤销缓刑建议。

(三)人民检察院应当依法监督社区矫正机构加强对社区矫正对象的监督管理,完善与公安机关等的沟通协作机制,防止社区矫正对象非法出境。社区矫正对象在社区矫正期间应当遵守外出、报告、会客等监管规定。依据《中华人民共和国出境入境管理法》规定,被判处刑罚尚未执行完毕的罪犯,不准出境。人民检察院应当监督社区矫正机构加强对社区矫正对象遵守禁止出境等规定情况的监督管理,督促社区矫正机构会同公安机关等部门完善沟通协作和信息互通机制,防止社区矫正对象非法出境。

(四)对社区矫正工作中存在的普遍性、倾向性违法问题和重大隐患,人民检察院应当充分运用检察建议等提升监督效果。检察建议是检察机关履行法律监督职责的重要方式。人民检察院办理社区矫正监督案件时,发现社区矫正机构存在的普遍性问题和管理漏洞,应充分运用检察建议,依法依规提出有针对性的建议,督促执行机关整改落实、规范管理、堵塞漏洞,最大限度地发挥法律监督促进社会治理的效果,实现法律监督工作和社区矫正工作的双促进、双提升。

十四、特别程序与刑事司法协助

1. 特别程序

中华人民共和国未成年人保护法

- 1991年9月4日第七届全国人民代表大会常务委员会第二十一次会议通过
- 2006年12月29日第十届全国人民代表大会常务委员会第二十五次会议第一次修订
- 根据2012年10月26日第十一届全国人民代表大会常务委员会第二十九次会议《关于修改〈中华人民共和国未成年人保护法〉的决定》第一次修正
- 2020年10月17日第十三届全国人民代表大会常务委员会第二十二次会议第二次修订
- 根据2024年4月26日第十四届全国人民代表大会常务委员会第九次会议《关于修改〈中华人民共和国农业技术推广法〉、〈中华人民共和国未成年人保护法〉、〈中华人民共和国生物安全法〉的决定》第二次修正

第一章　总　则

第一条　【立法目的和依据】为了保护未成年人身心健康,保障未成年人合法权益,促进未成年人德智体美劳全面发展,培养有理想、有道德、有文化、有纪律的社会主义建设者和接班人,培养担当民族复兴大任的时代新人,根据宪法,制定本法。

第二条　【未成年人的定义】本法所称未成年人是指未满十八周岁的公民。

第三条　【未成年人平等享有权利】国家保障未成年人的生存权、发展权、受保护权、参与权等权利。

未成年人依法平等地享有各项权利,不因本人及其父母或者其他监护人的民族、种族、性别、户籍、职业、宗教信仰、教育程度、家庭状况、身心健康状况等受到歧视。

第四条　【未成年人保护的基本原则和要求】保护未成年人,应当坚持最有利于未成年人的原则。处理涉及未成年人事项,应当符合下列要求:

(一)给予未成年人特殊、优先保护;

(二)尊重未成年人人格尊严;

(三)保护未成年人隐私权和个人信息;

(四)适应未成年人身心健康发展的规律和特点;

(五)听取未成年人的意见;

(六)保护与教育相结合。

第五条　【对未成年人进行教育】国家、社会、学校和家庭应当对未成年人进行理想教育、道德教育、科学教育、文化教育、法治教育、国家安全教育、健康教育、劳动教育,加强爱国主义、集体主义和中国特色社会主义的教育,培养爱祖国、爱人民、爱劳动、爱科学、爱社会主义的公德,抵制资本主义、封建主义和其他腐朽思想的侵蚀,引导未成年人树立和践行社会主义核心价值观。

第六条　【保护未成年人的共同责任】保护未成年人,是国家机关、武装力量、政党、人民团体、企业事业单位、社会组织、城乡基层群众性自治组织、未成年人的监护人以及其他成年人的共同责任。

国家、社会、学校和家庭应当教育和帮助未成年人维护自身合法权益,增强自我保护的意识和能力。

第七条　【监护人和国家在监护方面的责任】未成年人的父母或者其他监护人依法对未成年人承担监护职责。

国家采取措施指导、支持、帮助和监督未成年人的父母或者其他监护人履行监护职责。

第八条　【发展规划及预算】县级以上人民政府应当将未成年人保护工作纳入国民经济和社会发展规划,相关经费纳入本级政府预算。

第九条　【各级人民政府职责】各级人民政府应当重视和加强未成年人保护工作。县级以上人民政府负责妇女儿童工作的机构,负责未成年人保护工作的组织、协调、指导、督促,有关部门在各自职责范围内做好相关工作。

第十条　【群团组织及社会组织的职责】共产主义青年团、妇女联合会、工会、残疾人联合会、关心下一代工作委员会、青年联合会、学生联合会、少年先锋队以及其他人民团体、有关社会组织,应当协助各级人民政府及其有关部门、人民检察院、人民法院做好未成年人保护工作,维护未成年人合法权益。

第十一条　【检举、控告和强制报告制度】任何组织或者个人发现不利于未成年人身心健康或者侵犯未成年人合法权益的情形,都有权劝阻、制止或者向公安、民政、

教育等有关部门提出检举、控告。

国家机关、居民委员会、村民委员会、密切接触未成年人的单位及其工作人员，在工作中发现未成年人身心健康受到侵害、疑似受到侵害或者面临其他危险情形的，应当立即向公安、民政、教育等有关部门报告。

有关部门接到涉及未成年人的检举、控告或者报告，应当依法及时受理、处置，并以适当方式将处理结果告知相关单位和人员。

第十二条 【科学研究】国家鼓励和支持未成年人保护方面的科学研究，建设相关学科、设置相关专业，加强人才培养。

第十三条 【统计调查制度】国家建立健全未成年人统计调查制度，开展未成年人健康、受教育等状况的统计、调查和分析，发布未成年人保护的有关信息。

第十四条 【表彰和奖励】国家对保护未成年人有显著成绩的组织和个人给予表彰和奖励。

第二章　家庭保护

第十五条 【监护人及成年家庭成员的家庭教育职责】未成年人的父母或者其他监护人应当学习家庭教育知识，接受家庭教育指导，创造良好、和睦、文明的家庭环境。

共同生活的其他成年家庭成员应当协助未成年人的父母或者其他监护人抚养、教育和保护未成年人。

第十六条 【监护职责】未成年人的父母或者其他监护人应当履行下列监护职责：

（一）为未成年人提供生活、健康、安全等方面的保障；

（二）关注未成年人的生理、心理状况和情感需求；

（三）教育和引导未成年人遵纪守法、勤俭节约，养成良好的思想品德和行为习惯；

（四）对未成年人进行安全教育，提高未成年人的自我保护意识和能力；

（五）尊重未成年人受教育的权利，保障适龄未成年人依法接受并完成义务教育；

（六）保障未成年人休息、娱乐和体育锻炼的时间，引导未成年人进行有益身心健康的活动；

（七）妥善管理和保护未成年人的财产；

（八）依法代理未成年人实施民事法律行为；

（九）预防和制止未成年人的不良行为和违法犯罪行为，并进行合理管教；

（十）其他应当履行的监护职责。

第十七条 【监护禁止行为】未成年人的父母或者其他监护人不得实施下列行为：

（一）虐待、遗弃、非法送养未成年人或者对未成年人实施家庭暴力；

（二）放任、教唆或者利用未成年人实施违法犯罪行为；

（三）放任、唆使未成年人参与邪教、迷信活动或者接受恐怖主义、分裂主义、极端主义等侵害；

（四）放任、唆使未成年人吸烟（含电子烟，下同）、饮酒、赌博、流浪乞讨或者欺凌他人；

（五）放任或者迫使应当接受义务教育的未成年人失学、辍学；

（六）放任未成年人沉迷网络，接触危害或者可能影响其身心健康的图书、报刊、电影、广播电视节目、音像制品、电子出版物和网络信息等；

（七）放任未成年人进入营业性娱乐场所、酒吧、互联网上网服务营业场所等不适宜未成年人活动的场所；

（八）允许或者迫使未成年人从事国家规定以外的劳动；

（九）允许、迫使未成年人结婚或者为未成年人订立婚约；

（十）违法处分、侵吞未成年人的财产或者利用未成年人牟取不正当利益；

（十一）其他侵犯未成年人身心健康、财产权益或者不依法履行未成年人保护义务的行为。

第十八条 【监护人的安全保障义务】未成年人的父母或者其他监护人应当为未成年人提供安全的家庭生活环境，及时排除引发触电、烫伤、跌落等伤害的安全隐患；采取配备儿童安全座椅、教育未成年人遵守交通规则等措施，防止未成年人受到交通事故的伤害；提高户外安全保护意识，避免未成年人发生溺水、动物伤害等事故。

第十九条 【尊重未成年人的知情权】未成年人的父母或者其他监护人应当根据未成年人的年龄和智力发展状况，在作出与未成年人权益有关的决定前，听取未成年人的意见，充分考虑其真实意愿。

第二十条 【监护人的报告义务】未成年人的父母或者其他监护人发现未成年人身心健康受到侵害、疑似受到侵害或者其他合法权益受到侵犯的，应当及时了解情况并采取保护措施；情况严重的，应当立即向公安、民政、教育等部门报告。

第二十一条 【临时照护及禁止未成年人单独生活】未成年人的父母或者其他监护人不得使未满八周岁

或者由于身体、心理原因需要特别照顾的未成年人处于无人看护状态，或者将其交由无民事行为能力、限制民事行为能力、患有严重传染性疾病或者其他不适宜的人员临时照护。

未成年人的父母或者其他监护人不得使未满十六周岁的未成年人脱离监护单独生活。

第二十二条　【设立长期照护的条件】未成年人的父母或者其他监护人因外出务工等原因在一定期限内不能完全履行监护职责的，应当委托具有照护能力的完全民事行为能力人代为照护；无正当理由的，不得委托他人代为照护。

未成年人的父母或者其他监护人在确定被委托人时，应当综合考虑其道德品质、家庭状况、身心健康状况、与未成年人生活情感上的联系等情况，并听取有表达意愿能力未成年人的意见。

具有下列情形之一的，不得作为被委托人：

（一）曾实施性侵害、虐待、遗弃、拐卖、暴力伤害等违法犯罪行为；

（二）有吸毒、酗酒、赌博等恶习；

（三）曾拒不履行或者长期怠于履行监护、照护职责；

（四）其他不适宜担任被委托人的情形。

第二十三条　【设立长期照护的监护人的义务】未成年人的父母或者其他监护人应当及时将委托照护情况书面告知未成年人所在学校、幼儿园和实际居住地的居民委员会、村民委员会，加强和未成年人所在学校、幼儿园的沟通；与未成年人、被委托人至少每周联系和交流一次，了解未成年人的生活、学习、心理等情况，并给予未成年人亲情关爱。

未成年人的父母或者其他监护人接到被委托人、居民委员会、村民委员会、学校、幼儿园等关于未成年人心理、行为异常的通知后，应当及时采取干预措施。

第二十四条　【父母离婚对未成年子女的义务】未成年人的父母离婚时，应当妥善处理未成年子女的抚养、教育、探望、财产等事宜，听取有表达意愿能力未成年人的意见。不得以抢夺、藏匿未成年子女等方式争夺抚养权。

未成年人的父母离婚后，不直接抚养未成年子女的一方应当依照协议、人民法院判决或者调解确定的时间和方式，在不影响未成年人学习、生活的情况下探望未成年子女，直接抚养的一方应当配合，但被人民法院依法中止探望权的除外。

第三章　学校保护

第二十五条　【全面贯彻国家教育方针政策】学校应当全面贯彻国家教育方针，坚持立德树人，实施素质教育，提高教育质量，注重培养未成年学生认知能力、合作能力、创新能力和实践能力，促进未成年学生全面发展。

学校应当建立未成年学生保护工作制度，健全学生行为规范，培养未成年学生遵纪守法的良好行为习惯。

第二十六条　【幼儿园的保育教育职责】幼儿园应当做好保育、教育工作，遵循幼儿身心发展规律，实施启蒙教育，促进幼儿在体质、智力、品德等方面和谐发展。

第二十七条　【尊重未成年人人格尊严，不得实施体罚】学校、幼儿园的教职员工应当尊重未成年人人格尊严，不得对未成年人实施体罚、变相体罚或者其他侮辱人格尊严的行为。

第二十八条　【保障未成年学生受教育权利】学校应当保障未成年学生受教育的权利，不得违反国家规定开除、变相开除未成年学生。

学校应当对尚未完成义务教育的辍学未成年学生进行登记并劝返复学；劝返无效的，应当及时向教育行政部门书面报告。

第二十九条　【关爱帮扶　不得歧视】学校应当关心、爱护未成年学生，不得因家庭、身体、心理、学习能力等情况歧视学生。对家庭困难、身心有障碍的学生，应当提供关爱；对行为异常、学习有困难的学生，应当耐心帮助。

学校应当配合政府有关部门建立留守未成年学生、困境未成年学生的信息档案，开展关爱帮扶工作。

第三十条　【社会生活指导、心理健康辅导、青春期教育、生命教育】学校应当根据未成年学生身心发展特点，进行社会生活指导、心理健康辅导、青春期教育和生命教育。

第三十一条　【加强劳动教育】学校应当组织未成年学生参加与其年龄相适应的日常生活劳动、生产劳动和服务性劳动，帮助未成年学生掌握必要的劳动知识和技能，养成良好的劳动习惯。

第三十二条　【反对浪费　文明饮食】学校、幼儿园应当开展勤俭节约、反对浪费、珍惜粮食、文明饮食等宣传教育活动，帮助未成年人树立浪费可耻、节约为荣的意识，养成文明健康、绿色环保的生活习惯。

第三十三条　【保障未成年学生休息权】学校应当与未成年学生的父母或者其他监护人互相配合，合理安排未成年学生的学习时间，保障其休息、娱乐和体育锻炼的时间。

学校不得占用国家法定节假日、休息日及寒暑假期，组织义务教育阶段的未成年学生集体补课，加重其学习负担。

幼儿园、校外培训机构不得对学龄前未成年人进行小学课程教育。

第三十四条　【学校、幼儿园的卫生保健职责】学校、幼儿园应当提供必要的卫生保健条件，协助卫生健康部门做好在校、在园未成年人的卫生保健工作。

第三十五条　【保障未成年人校园安全】学校、幼儿园应当建立安全管理制度，对未成年人进行安全教育，完善安保设施、配备安保人员，保障未成年人在校、在园期间的人身和财产安全。

学校、幼儿园不得在危及未成年人人身安全、身心健康的校舍和其他设施、场所中进行教育教学活动。

学校、幼儿园安排未成年人参加文化娱乐、社会实践等集体活动，应当保护未成年人的身心健康，防止发生人身伤害事故。

第三十六条　【校车安全管理制度】使用校车的学校、幼儿园应当建立健全校车安全管理制度，配备安全管理人员，定期对校车进行安全检查，对校车驾驶人进行安全教育，并向未成年人讲解校车安全乘坐知识，培养未成年人校车安全事故应急处理技能。

第三十七条　【突发事件处置】学校、幼儿园应当根据需要，制定应对自然灾害、事故灾难、公共卫生事件等突发事件和意外伤害的预案，配备相应设施并定期进行必要的演练。

未成年人在校内、园内或者本校、本园组织的校外、园外活动中发生人身伤害事故的，学校、幼儿园应当立即救护，妥善处理，及时通知未成年人的父母或者其他监护人，并向有关部门报告。

第三十八条　【禁止商业行为】学校、幼儿园不得安排未成年人参加商业性活动，不得向未成年人及其父母或者其他监护人推销或者要求其购买指定的商品和服务。

学校、幼儿园不得与校外培训机构合作为未成年人提供有偿课程辅导。

第三十九条　【防治学生欺凌】学校应当建立学生欺凌防控工作制度，对教职员工、学生等开展防治学生欺凌的教育和培训。

学校对学生欺凌行为应当立即制止，通知实施欺凌和被欺凌未成年学生的父母或者其他监护人参与欺凌行为的认定和处理；对相关未成年学生及时给予心理辅导、教育和引导；对相关未成年学生的父母或者其他监护人

给予必要的家庭教育指导。

对实施欺凌的未成年学生，学校应当根据欺凌行为的性质和程度，依法加强管教。对严重的欺凌行为，学校不得隐瞒，应当及时向公安机关、教育行政部门报告，并配合相关部门依法处理。

第四十条　【防治性侵害、性骚扰】学校、幼儿园应当建立预防性侵害、性骚扰未成年人工作制度。对性侵害、性骚扰未成年人等违法犯罪行为，学校、幼儿园不得隐瞒，应当及时向公安机关、教育行政部门报告，并配合相关部门依法处理。

学校、幼儿园应当对未成年人开展适合其年龄的性教育，提高未成年人防范性侵害、性骚扰的自我保护意识和能力。对遭受性侵害、性骚扰的未成年人，学校、幼儿园应当及时采取相关的保护措施。

第四十一条　【参照适用规定】婴幼儿照护服务机构、早期教育服务机构、校外培训机构、校外托管机构等应当参照本章有关规定，根据不同年龄阶段未成年人的成长特点和规律，做好未成年人保护工作。

第四章　社会保护

第四十二条　【社会保护的基本内容】全社会应当树立关心、爱护未成年人的良好风尚。

国家鼓励、支持和引导人民团体、企业事业单位、社会组织以及其他组织和个人，开展有利于未成年人健康成长的社会活动和服务。

第四十三条　【居民委员会、村民委员会工作职责】居民委员会、村民委员会应当设置专人专岗负责未成年人保护工作，协助政府有关部门宣传未成年人保护方面的法律法规，指导、帮助和监督未成年人的父母或者其他监护人依法履行监护职责，建立留守未成年人、困境未成年人的信息档案并给予关爱帮扶。

居民委员会、村民委员会应当协助政府有关部门监督未成年人委托照护情况，发现被委托人缺乏监护能力、怠于履行照护职责等情况，应当及时向政府有关部门报告，并告知未成年人的父母或者其他监护人，帮助、督促被委托人履行照护职责。

第四十四条　【公用场馆的优惠政策】爱国主义教育基地、图书馆、青少年宫、儿童活动中心、儿童之家应当对未成年人免费开放；博物馆、纪念馆、科技馆、展览馆、美术馆、文化馆、社区公益性互联网上网服务场所以及影剧院、体育场馆、动物园、植物园、公园等场所，应当按照有关规定对未成年人免费或者优惠开放。

国家鼓励爱国主义教育基地、博物馆、科技馆、美术

馆等公共场馆开设未成年人专场,为未成年人提供有针对性的服务。

国家鼓励国家机关、企业事业单位、部队等开发自身教育资源,设立未成年人开放日,为未成年人主题教育、社会实践、职业体验等提供支持。

国家鼓励科研机构和科技类社会组织对未成年人开展科学普及活动。

第四十五条 【**未成年人免费或者优惠乘坐交通工具**】城市公共交通以及公路、铁路、水路、航空客运等应当按照有关规定对未成年人实施免费或者优惠票价。

第四十六条 【**母婴设施的配备**】国家鼓励大型公共场所、公共交通工具、旅游景区景点等设置母婴室、婴儿护理台以及方便幼儿使用的坐便器、洗手台等卫生设施,为未成年人提供便利。

第四十七条 【**不得限制针对未成年人的照顾或者优惠**】任何组织或者个人不得违反有关规定,限制未成年人应当享有的照顾或者优惠。

第四十八条 【**鼓励有利于未成年人健康成长的创作**】国家鼓励创作、出版、制作和传播有利于未成年人健康成长的图书、报刊、电影、广播电视节目、舞台艺术作品、音像制品、电子出版物和网络信息等。

第四十九条 【**新闻媒体的责任**】新闻媒体应当加强未成年人保护方面的宣传,对侵犯未成年人合法权益的行为进行舆论监督。新闻媒体采访报道涉及未成年人事件应当客观、审慎和适度,不得侵犯未成年人的名誉、隐私和其他合法权益。

第五十条 【**禁止危害未成年人身心健康的内容**】禁止制作、复制、出版、发布、传播含有宣扬淫秽、色情、暴力、邪教、迷信、赌博、引诱自杀、恐怖主义、分裂主义、极端主义等危害未成年人身心健康内容的图书、报刊、电影、广播电视节目、舞台艺术作品、音像制品、电子出版物和网络信息等。

第五十一条 【**提示可能影响未成年人身心健康的内容**】任何组织或者个人出版、发布、传播的图书、报刊、电影、广播电视节目、舞台艺术作品、音像制品、电子出版物或者网络信息,包含可能影响未成年人身心健康内容的,应当以显著方式作出提示。

第五十二条 【**禁止儿童色情制品**】禁止制作、复制、发布、传播或者持有有关未成年人的淫秽色情物品和网络信息。

第五十三条 【**与未成年人有关的广告管理**】任何组织或者个人不得刊登、播放、张贴或者散发有危害未成年人身心健康内容的广告;不得在学校、幼儿园播放、张贴或者散发商业广告;不得利用校服、教材等发布或者变相发布商业广告。

第五十四条 【**禁止严重侵犯未成年人权益的行为**】禁止拐卖、绑架、虐待、非法收养未成年人,禁止对未成年人实施性侵害、性骚扰。

禁止胁迫、引诱、教唆未成年人参加黑社会性质组织或者从事违法犯罪活动。

禁止胁迫、诱骗、利用未成年人乞讨。

第五十五条 【**对生产、销售用于未成年人产品的要求**】生产、销售用于未成年人的食品、药品、玩具、用具和游戏游艺设备、游乐设施等,应当符合国家或者行业标准,不得危害未成年人的人身安全和身心健康。上述产品的生产者应当在显著位置标明注意事项,未标明注意事项的不得销售。

第五十六条 【**公共场所的安全保障义务**】未成年人集中活动的公共场所应当符合国家或者行业安全标准,并采取相应安全保护措施。对可能存在安全风险的设施,应当定期进行维护,在显著位置设置安全警示标志并标明适龄范围和注意事项;必要时应当安排专门人员看管。

大型的商场、超市、医院、图书馆、博物馆、科技馆、游乐场、车站、码头、机场、旅游景区景点等场所运营单位应当设置搜寻走失未成年人的安全警报系统。场所运营单位接到求助后,应当立即启动安全警报系统,组织人员进行搜寻并向公安机关报告。

公共场所发生突发事件时,应当优先救护未成年人。

第五十七条 【**住宿经营者安全保护义务**】旅馆、宾馆、酒店等住宿经营者接待未成年人入住,或者接待未成年人和成年人共同入住时,应当询问父母或者其他监护人的联系方式、入住人员的身份关系等有关情况;发现有违法犯罪嫌疑的,应当立即向公安机关报告,并及时联系未成年人的父母或者其他监护人。

第五十八条 【**不适宜未成年人活动场所设置与服务的限制**】学校、幼儿园周边不得设置营业性娱乐场所、酒吧、互联网上网服务营业场所等不适宜未成年人活动的场所。营业性歌舞娱乐场所、酒吧、互联网上网服务营业场所等不适宜未成年人活动场所的经营者,不得允许未成年人进入;游艺娱乐场所设置的电子游戏设备,除国家法定节假日外,不得向未成年人提供。经营者应当在显著位置设置未成年人禁入、限入标志;对难以判明是否是未成年人的,应当要求其出示身份证件。

第五十九条　【对未成年人禁售烟、酒和彩票】学校、幼儿园周边不得设置烟、酒、彩票销售网点。禁止向未成年人销售烟、酒、彩票或者兑付彩票奖金。烟、酒和彩票经营者应当在显著位置设置不向未成年人销售烟、酒或者彩票的标志；对难以判明是否未成年人的，应当要求其出示身份证件。

任何人不得在学校、幼儿园和其他未成年人集中活动的公共场所吸烟、饮酒。

第六十条　【禁止向未成年人提供、销售危险物品】禁止向未成年人提供、销售管制刀具或者其他可能致人严重伤害的器具等物品。经营者难以判断购买者是否是未成年人的，应当要求其出示身份证件。

第六十一条　【劳动保护】任何组织或者个人不得招用未满十六周岁未成年人，国家另有规定的除外。

营业性娱乐场所、酒吧、互联网上网服务营业场所等不适宜未成年人活动的场所不得招用已满十六周岁的未成年人。

招用已满十六周岁未成年人的单位和个人应当执行国家在工种、劳动时间、劳动强度和保护措施等方面的规定，不得安排其从事过重、有毒、有害等危害未成年人身心健康的劳动或者危险作业。

任何组织或者个人不得组织未成年人进行危害其身心健康的表演等活动。经未成年人的父母或者其他监护人同意，未成年人参与演出、节目制作等活动，活动组织方应当根据国家有关规定，保障未成年人合法权益。

第六十二条　【从业查询】密切接触未成年人的单位招聘工作人员时，应当向公安机关、人民检察院查询应聘者是否具有性侵害、虐待、拐卖、暴力伤害等违法犯罪记录；发现其具有前述行为记录的，不得录用。

密切接触未成年人的单位应当每年定期对工作人员是否具有上述违法犯罪记录进行查询。通过查询或者其他方式发现其工作人员具有上述行为的，应当及时解聘。

第六十三条　【通信自由和通信秘密】任何组织或者个人不得隐匿、毁弃、非法删除未成年人的信件、日记、电子邮件或者其他网络通讯内容。

除下列情形外，任何组织或者个人不得开拆、查阅未成年人的信件、日记、电子邮件或者其他网络通讯内容：

（一）无民事行为能力未成年人的父母或者其他监护人代未成年人开拆、查阅；

（二）因国家安全或者追查刑事犯罪依法进行检查；

（三）紧急情况下为了保护未成年人本人的人身安全。

第五章　网络保护

第六十四条　【网络素养】国家、社会、学校和家庭应当加强未成年人网络素养宣传教育，培养和提高未成年人的网络素养，增强未成年人科学、文明、安全、合理使用网络的意识和能力，保障未成年人在网络空间的合法权益。

第六十五条　【健康网络内容创作与传播】国家鼓励和支持有利于未成年人健康成长的网络内容的创作与传播，鼓励和支持专门以未成年人为服务对象、适合未成年人身心健康特点的网络技术、产品、服务的研发、生产和使用。

第六十六条　【监督检查和执法】网信部门及其他有关部门应当加强对未成年人网络保护工作的监督检查，依法惩处利用网络从事危害未成年人身心健康的活动，为未成年人提供安全、健康的网络环境。

第六十七条　【可能影响健康的网络信息】网信部门会同公安、文化和旅游、新闻出版、电影、广播电视等部门根据保护不同年龄阶段未成年人的需要，确定可能影响未成年人身心健康网络信息的种类、范围和判断标准。

第六十八条　【沉迷网络的预防和干预】新闻出版、教育、卫生健康、文化和旅游、网信等部门应当定期开展预防未成年人沉迷网络的宣传教育，监督网络产品和服务提供者履行预防未成年人沉迷网络的义务，指导家庭、学校、社会组织互相配合，采取科学、合理的方式对未成年人沉迷网络进行预防和干预。

任何组织或者个人不得以侵害未成年人身心健康的方式对未成年人沉迷网络进行干预。

第六十九条　【网络保护软件】学校、社区、图书馆、文化馆、青少年宫等场所为未成年人提供的互联网上网服务设施，应当安装未成年人网络保护软件或者采取其他安全保护技术措施。

智能终端产品的制造者、销售者应当在产品上安装未成年人网络保护软件，或者以显著方式告知用户未成年人网络保护软件的安装渠道和方法。

第七十条　【学校对未成年学生沉迷网络的预防和处理】学校应当合理使用网络开展教学活动。未经学校允许，未成年学生不得将手机等智能终端产品带入课堂，带入学校的应当统一管理。

学校发现未成年学生沉迷网络的，应当及时告知其父母或者其他监护人，共同对未成年学生进行教育和引导，帮助其恢复正常的学习生活。

第七十一条　【监护人的网络保护义务】未成年人

的父母或者其他监护人应当提高网络素养，规范自身使用网络的行为，加强对未成年人使用网络行为的引导和监督。

未成年人的父母或者其他监护人应当通过在智能终端产品上安装未成年人网络保护软件、选择适合未成年人的服务模式和管理功能等方式，避免未成年人接触危害或者可能影响其身心健康的网络信息，合理安排未成年人使用网络的时间，有效预防未成年人沉迷网络。

第七十二条　【个人信息处理规定以及更正权、删除权】信息处理者通过网络处理未成年人个人信息的，应当遵循合法、正当和必要的原则。处理不满十四周岁未成年人个人信息的，应当征得未成年人的父母或者其他监护人同意，但法律、行政法规另有规定的除外。

未成年人、父母或者其他监护人要求信息处理者更正、删除未成年人个人信息的，信息处理者应当及时采取措施予以更正、删除，但法律、行政法规另有规定的除外。

第七十三条　【私密信息的提示和保护义务】网络服务提供者发现未成年人通过网络发布私密信息的，应当及时提示，并采取必要的保护措施。

第七十四条　【预防网络沉迷的一般性规定】网络产品和服务提供者不得向未成年人提供诱导其沉迷的产品和服务。

网络游戏、网络直播、网络音视频、网络社交等网络服务提供者应当针对未成年人使用其服务设置相应的时间管理、权限管理、消费管理等功能。

以未成年人为服务对象的在线教育网络产品和服务，不得插入网络游戏链接，不得推送广告等与教学无关的信息。

第七十五条　【网络游戏服务提供者的义务】网络游戏经依法审批后方可运营。

国家建立统一的未成年人网络游戏电子身份认证系统。网络游戏服务提供者应当要求未成年人以真实身份信息注册并登录网络游戏。

网络游戏服务提供者应当按照国家有关规定和标准，对游戏产品进行分类，作出适龄提示，并采取技术措施，不得让未成年人接触不适宜的游戏或者游戏功能。

网络游戏服务提供者不得在每日二十二时至次日八时向未成年人提供网络游戏服务。

第七十六条　【网络直播服务提供者的义务】网络直播服务提供者不得为未满十六周岁的未成年人提供网络直播发布者账号注册服务；为年满十六周岁的未成年人提供网络直播发布者账号注册服务时，应当对其身份

信息进行认证，并征得其父母或者其他监护人同意。

第七十七条　【禁止实施网络欺凌】任何组织或者个人不得通过网络以文字、图片、音视频等形式，对未成年人实施侮辱、诽谤、威胁或者恶意损害形象等网络欺凌行为。

遭受网络欺凌的未成年人及其父母或者其他监护人有权通知网络服务提供者采取删除、屏蔽、断开链接等措施。网络服务提供者接到通知后，应当及时采取必要的措施制止网络欺凌行为，防止信息扩散。

第七十八条　【接受投诉、举报】网络产品和服务提供者应当建立便捷、合理、有效的投诉和举报渠道，公开投诉、举报方式等信息，及时受理并处理涉及未成年人的投诉、举报。

第七十九条　【投诉、举报权】任何组织或者个人发现网络产品、服务含有危害未成年人身心健康的信息，有权向网络产品和服务提供者或者网信、公安等部门投诉、举报。

第八十条　【对用户行为的安全管理义务】网络服务提供者发现用户发布、传播可能影响未成年人身心健康的信息且未作显著提示的，应当作出提示或者通知用户予以提示；未作出提示的，不得传输相关信息。

网络服务提供者发现用户发布、传播含有危害未成年人身心健康内容的信息的，应当立即停止传输相关信息，采取删除、屏蔽、断开链接等处置措施，保存有关记录，并向网信、公安等部门报告。

网络服务提供者发现用户利用其网络服务对未成年人实施违法犯罪行为的，应当立即停止向该用户提供网络服务，保存有关记录，并向公安机关报告。

第六章　政府保护

第八十一条　【政府、基层自治组织未成年人保护工作的落实主体】县级以上人民政府承担未成年人保护协调机制具体工作的职能部门应当明确相关内设机构或者专门人员，负责承担未成年人保护工作。

乡镇人民政府和街道办事处应当设立未成年人保护工作站或者指定专门人员，及时办理未成年人相关事务；支持、指导居民委员会、村民委员会设立专人专岗，做好未成年人保护工作。

第八十二条　【家庭教育指导服务】各级人民政府应当将家庭教育指导服务纳入城乡公共服务体系，开展家庭教育知识宣传，鼓励和支持有关人民团体、企业事业单位、社会组织开展家庭教育指导服务。

第八十三条　【政府保障未成年人受教育的权利】各级人民政府应当保障未成年人受教育的权利，并采取

措施保障留守未成年人、困境未成年人、残疾未成年人接受义务教育。

对尚未完成义务教育的辍学未成年学生,教育行政部门应当责令父母或者其他监护人将其送入学校接受义务教育。

第八十四条　【发展托育、学前教育事业】各级人民政府应当发展托育、学前教育事业,办好婴幼儿照护服务机构、幼儿园,支持社会力量依法兴办母婴室、婴幼儿照护服务机构、幼儿园。

县级以上地方人民政府及其有关部门应当培养和培训婴幼儿照护服务机构、幼儿园的保教人员,提高其职业道德素质和业务能力。

第八十五条　【职业教育及职业技能培训】各级人民政府应当发展职业教育,保障未成年人接受职业教育或者职业技能培训,鼓励和支持人民团体、企业事业单位、社会组织为未成年人提供职业技能培训服务。

第八十六条　【残疾未成年人接受教育的权利】各级人民政府应当保障具有接受普通教育能力、能适应校园生活的残疾未成年人就近在普通学校、幼儿园接受教育;保障不具有接受普通教育能力的残疾未成年人在特殊教育学校、幼儿园接受学前教育、义务教育和职业教育。

各级人民政府应当保障特殊教育学校、幼儿园的办学、办园条件,鼓励和支持社会力量举办特殊教育学校、幼儿园。

第八十七条　【政府保障校园安全】地方人民政府及其有关部门应当保障校园安全,监督、指导学校、幼儿园等单位落实校园安全责任,建立突发事件的报告、处置和协调机制。

第八十八条　【政府保障校园周边安全】公安机关和其他有关部门应当依法维护校园周边的治安和交通秩序,设置监控设备和交通安全设施,预防和制止侵害未成年人的违法犯罪行为。

第八十九条　【未成年人活动场所建设和维护、学校文化体育设施的免费或者优惠开放】地方人民政府应当建立和改善适合未成年人的活动场所和设施,支持公益性未成年人活动场所和设施的建设和运行,鼓励社会力量兴办适合未成年人的活动场所和设施,并加强管理。

地方人民政府应当采取措施,鼓励和支持学校在国家法定节假日、休息日及寒暑假期将文化体育设施对未成年人免费或者优惠开放。

地方人民政府应当采取措施,防止任何组织或者个人侵占、破坏学校、幼儿园、婴幼儿照护服务机构等未成年人活动场所的场地、房屋和设施。

第九十条　【卫生保健、传染病防治和心理健康】各级人民政府及其有关部门应当对未成年人进行卫生保健和营养指导,提供卫生保健服务。

卫生健康部门应当依法对未成年人的疫苗预防接种进行规范,防治未成年人常见病、多发病,加强传染病防治和监督管理,做好伤害预防和干预,指导和监督学校、幼儿园、婴幼儿照护服务机构开展卫生保健工作。

教育行政部门应当加强未成年人的心理健康教育,建立未成年人心理问题的早期发现和及时干预机制。卫生健康部门应当做好未成年人心理治疗、心理危机干预以及精神障碍早期识别和诊断治疗等工作。

第九十一条　【对困境未成年人实施分类保障】各级人民政府及其有关部门对困境未成年人实施分类保障,采取措施满足其生活、教育、安全、医疗康复、住房等方面的基本需要。

第九十二条　【民政部门临时监护】具有下列情形之一的,民政部门应当依法对未成年人进行临时监护:

(一)未成年人流浪乞讨或者身份不明,暂时查找不到父母或者其他监护人;

(二)监护人下落不明且无其他人可以担任监护人;

(三)监护人因自身客观原因或者因发生自然灾害、事故灾难、公共卫生事件等突发事件不能履行监护职责,导致未成年人监护缺失;

(四)监护人拒绝或者怠于履行监护职责,导致未成年人处于无人照料的状态;

(五)监护人教唆、利用未成年人实施违法犯罪行为,未成年人需要被带离安置;

(六)未成年人遭受监护人严重伤害或者面临人身安全威胁,需要被紧急安置;

(七)法律规定的其他情形。

第九十三条　【临时监护的具体方式】对临时监护的未成年人,民政部门可以采取委托亲属抚养、家庭寄养等方式进行安置,也可以交由未成年人救助保护机构或者儿童福利机构进行收留、抚养。

临时监护期间,经民政部门评估,监护人重新具备履行监护职责条件的,民政部门可以将未成年人送回监护人抚养。

第九十四条　【长期监护的法定情形】具有下列情形之一的,民政部门应当依法对未成年人进行长期监护:

(一)查找不到未成年人的父母或者其他监护人;

(二)监护人死亡或者被宣告死亡且无其他人可以

担任监护人；

（三）监护人丧失监护能力且无其他人可以担任监护人；

（四）人民法院判决撤销监护人资格并指定由民政部门担任监护人；

（五）法律规定的其他情形。

第九十五条　【民政部门长期监护未成年人的收养】 民政部门进行收养评估后，可以依法将其长期监护的未成年人交由符合条件的申请人收养。收养关系成立后，民政部门与未成年人的监护关系终止。

第九十六条　【民政部门承担国家监护职责的政府支持和机构建设】 民政部门承担临时监护或者长期监护职责的，财政、教育、卫生健康、公安等部门应当根据各自职责予以配合。

县级以上人民政府及其民政部门应当根据需要设立未成年人救助保护机构、儿童福利机构，负责收留、抚养由民政部门监护的未成年人。

第九十七条　【建设全国统一的未成年人保护热线，支持社会力量共建未成年人保护平台】 县级以上人民政府应当开通全国统一的未成年人保护热线，及时受理、转介侵犯未成年人合法权益的投诉、举报；鼓励和支持人民团体、企业事业单位、社会组织参与建设未成年人保护服务平台、服务热线、服务站点，提供未成年人保护方面的咨询、帮助。

第九十八条　【违法犯罪人员信息查询系统】 国家建立性侵害、虐待、拐卖、暴力伤害等违法犯罪人员信息查询系统，向密切接触未成年人的单位提供免费查询服务。

第九十九条　【培育、引导和规范社会力量参与未成年人保护工作】 地方人民政府应当培育、引导和规范有关社会组织、社会工作者参与未成年人保护工作，开展家庭教育指导服务，为未成年人的心理辅导、康复救助、监护及收养评估等提供专业服务。

第七章　司法保护

第一百条　【司法机关职责】 公安机关、人民检察院、人民法院和司法行政部门应当依法履行职责，保障未成年人合法权益。

第一百零一条　【专门机构、专门人员及评价考核标准】 公安机关、人民检察院、人民法院和司法行政部门应当确定专门机构或者指定专门人员，负责办理涉及未成年人案件。办理涉及未成年人案件的人员应当经过专门培训，熟悉未成年人身心特点。专门机构或者专门人员中，应当有女性工作人员。

公安机关、人民检察院、人民法院和司法行政部门应当对上述机构和人员实行与未成年人保护工作相适应的评价考核标准。

第一百零二条　【未成年人案件中语言、表达方式】 公安机关、人民检察院、人民法院和司法行政部门办理涉及未成年人案件，应当考虑未成年人身心特点和健康成长的需要，使用未成年人能够理解的语言和表达方式，听取未成年人的意见。

第一百零三条　【个人信息保护】 公安机关、人民检察院、人民法院、司法行政部门以及其他组织和个人不得披露有关案件中未成年人的姓名、影像、住所、就读学校以及其他可能识别出其身份的信息，但查找失踪、被拐卖未成年人等情形除外。

第一百零四条　【法律援助、司法救助】 对需要法律援助或者司法救助的未成年人，法律援助机构或者公安机关、人民检察院、人民法院和司法行政部门应当给予帮助，依法为其提供法律援助或者司法救助。

法律援助机构应当指派熟悉未成年人身心特点的律师为未成年人提供法律援助服务。

法律援助机构和律师协会应当对办理未成年人法律援助案件的律师进行指导和培训。

第一百零五条　【检察监督】 人民检察院通过行使检察权，对涉及未成年人的诉讼活动等依法进行监督。

第一百零六条　【公益诉讼】 未成年人合法权益受到侵犯，相关组织和个人未代为提起诉讼的，人民检察院可以督促、支持其提起诉讼；涉及公共利益的，人民检察院有权提起公益诉讼。

第一百零七条　【继承权、受遗赠权和受抚养权保护】 人民法院审理继承案件，应当依法保护未成年人的继承权和受遗赠权。

人民法院审理离婚案件，涉及未成年子女抚养问题的，应当尊重已满八周岁未成年子女的真实意愿，根据双方具体情况，按照最有利于未成年子女的原则依法处理。

第一百零八条　【人身安全保护令、撤销监护人资格】 未成年人的父母或者其他监护人不依法履行监护职责或者严重侵害被监护的未成年人合法权益的，人民法院可以根据有关人员或者单位的申请，依法作出人身安全保护令或者撤销监护人资格。

被撤销监护人资格的父母或者其他监护人应当依法继续负担抚养费用。

第一百零九条　【社会调查】 人民法院审理离婚、抚养、收养、监护、探望等案件涉及未成年人的，可以自行或者委托社会组织对未成年人的相关情况进行社会调查。

第一百一十条 【法定代理人、合适成年人到场】公安机关、人民检察院、人民法院讯问未成年犯罪嫌疑人、被告人，询问未成年被害人、证人，应当依法通知其法定代理人或者其成年亲属、所在学校的代表等合适成年人到场，并采取适当方式，在适当场所进行，保障未成年人的名誉权、隐私权和其他合法权益。

人民法院开庭审理涉及未成年人案件，未成年被害人、证人一般不出庭作证；必须出庭的，应当采取保护其隐私的技术手段和心理干预等保护措施。

第一百一十一条 【特定未成年被害人司法保护】公安机关、人民检察院、人民法院应当与其他有关政府部门、人民团体、社会组织互相配合，对遭受性侵害或者暴力伤害的未成年被害人及其家庭实施必要的心理干预、经济救助、法律援助、转学安置等保护措施。

第一百一十二条 【同步录音录像等保护措施】公安机关、人民检察院、人民法院办理未成年人遭受性侵害或者暴力伤害案件，在询问未成年被害人、证人时，应当采取同步录音录像等措施，尽量一次完成；未成年被害人、证人是女性的，应当由女性工作人员进行。

第一百一十三条 【违法犯罪未成年人的保护方针和原则】对违法犯罪的未成年人，实行教育、感化、挽救的方针，坚持教育为主、惩罚为辅的原则。

对违法犯罪的未成年人依法处罚后，在升学、就业等方面不得歧视。

第一百一十四条 【司法机关对未尽保护职责单位的监督】公安机关、人民检察院、人民法院和司法行政部门发现有关单位未尽到未成年人教育、管理、救助、看护等保护职责的，应当向该单位提出建议。被建议单位应当在一个月内作出书面回复。

第一百一十五条 【司法机关开展未成年人法治宣传教育】公安机关、人民检察院、人民法院和司法行政部门应当结合实际，根据涉及未成年人案件的特点，开展未成年人法治宣传教育工作。

第一百一十六条 【社会组织、社会工作者参与未成年人司法保护】国家鼓励和支持社会组织、社会工作者参与涉及未成年人案件中未成年人的心理干预、法律援助、社会调查、社会观护、教育矫治、社区矫正等工作。

第八章 法律责任

第一百一十七条 【违反强制报告义务的法律责任】违反本法第十一条第二款规定，未履行报告义务造成严重后果的，由上级主管部门或者所在单位对直接负责的主管人员和其他直接责任人员依法给予处分。

第一百一十八条 【监护人不履行监护职责或者侵犯未成年人合法权益的法律责任】未成年人的父母或者其他监护人不依法履行监护职责或者侵犯未成年人合法权益的，由其居住地的居民委员会、村民委员会予以劝诫、制止；情节严重的，居民委员会、村民委员会应当及时向公安机关报告。

公安机关接到报告或者公安机关、人民检察院、人民法院在办理案件过程中发现未成年人的父母或者其他监护人存在上述情形的，应当予以训诫，并可以责令其接受家庭教育指导。

第一百一十九条 【学校等机构及其教职员工的法律责任】学校、幼儿园、婴幼儿照护服务等机构及其教职员工违反本法第二十七条、第二十八条、第三十九条规定的，由公安、教育、卫生健康、市场监督管理等部门按照职责分工责令改正；拒不改正或者情节严重的，对直接负责的主管人员和其他直接责任人员依法给予处分。

第一百二十条 【未给予免费或者优惠待遇的法律责任】违反本法第四十四条、第四十五条、第四十七条规定，未给予未成年人免费或者优惠待遇的，由市场监督管理、文化和旅游、交通运输等部门按照职责分工责令限期改正，给予警告；拒不改正的，处一万元以上十万元以下罚款。

第一百二十一条 【制作、复制、出版、发布、传播危害未成年人出版物的法律责任】违反本法第五十条、第五十一条规定的，由新闻出版、广播电视、电影、网信等部门按照职责分工责令限期改正，给予警告，没收违法所得，可以并处十万元以下罚款；拒不改正或者情节严重的，责令暂停相关业务、停产停业或者吊销营业执照、吊销相关许可证，违法所得一百万元以上的，并处违法所得一倍以上十倍以下的罚款，没有违法所得或者违法所得不足一百万元的，并处十万元以上一百万元以下罚款。

第一百二十二条 【场所运营单位和住宿经营者的法律责任】场所运营单位违反本法第五十六条第二款规定、住宿经营者违反本法第五十七条规定的，由市场监督管理、应急管理、公安等部门按照职责分工责令限期改正，给予警告；拒不改正或者造成严重后果的，责令停业整顿或者吊销营业执照、吊销相关许可证，并处一万元以上十万元以下罚款。

第一百二十三条 【营业性娱乐场所等经营者的法律责任】相关经营者违反本法第五十八条、第五十九条第一款、第六十条规定的，由文化和旅游、市场监督管理、烟草专卖、公安等部门按照职责分工责令限期改正,给予警告,没收违法所得,可以并处五万元以下罚款;拒不改正或者情节严重的,责令停业整顿或者吊销营业执照、吊销相关许可证,可以并处五万元以上五十万元以下罚款。

第一百二十四条　【公共场所吸烟、饮酒的法律责任】 违反本法第五十九条第二款规定,在学校、幼儿园和其他未成年人集中活动的公共场所吸烟、饮酒的,由卫生健康、教育、市场监督管理等部门按照职责分工责令改正,给予警告,可以并处五百元以下罚款;场所管理者未及时制止的,由卫生健康、教育、市场监督管理等部门按照职责分工给予警告,并处一万元以下罚款。

第一百二十五条　【未按规定招用、使用未成年人的法律责任】 违反本法第六十一条规定的,由文化和旅游、人力资源和社会保障、市场监督管理等部门按照职责分工责令限期改正,给予警告,没收违法所得,可以并处十万元以下罚款;拒不改正或者情节严重的,责令停产停业或者吊销营业执照、吊销相关许可证,并处十万元以上一百万元以下罚款。

第一百二十六条　【密切接触未成年人单位的法律责任】 密切接触未成年人的单位违反本法第六十二条规定,未履行查询义务,或者招用、继续聘用具有相关违法犯罪记录人员的,由教育、人力资源和社会保障、市场监督管理等部门按照职责分工责令限期改正,给予警告,并处五万元以下罚款;拒不改正或者造成严重后果的,责令停业整顿或者吊销营业执照、吊销相关许可证,并处五万元以上五十万元以下罚款,对直接负责的主管人员和其他直接责任人员依法给予处分。

第一百二十七条　【网络产品和服务提供者等的法律责任】 信息处理者违反本法第七十二条规定,或者网络产品和服务提供者违反本法第七十三条、第七十四条、第七十五条、第七十六条、第七十七条、第八十条规定的,由公安、网信、电信、新闻出版、广播电视、文化和旅游等有关部门按照职责分工责令改正,给予警告,没收违法所得,违法所得一百万元以上的,并处违法所得一倍以上十倍以下罚款,没有违法所得或者违法所得不足一百万元的,并处十万元以上一百万元以下罚款,对直接负责的主管人员和其他责任人员处一万元以上十万元以下罚款;拒不改正或者情节严重的,并可以责令暂停相关业务、停业整顿、关闭网站、吊销营业执照或者吊销相关许可证。

第一百二十八条　【国家机关工作人员渎职的法律责任】 国家机关工作人员玩忽职守、滥用职权、徇私舞弊,损害未成年人合法权益的,依法给予处分。

第一百二十九条　【民事责任、治安管理处罚和刑事责任】 违反本法规定,侵犯未成年人合法权益,造成人身、财产或者其他损害的,依法承担民事责任。

违反本法规定,构成违反治安管理行为的,依法给予治安管理处罚;构成犯罪的,依法追究刑事责任。

第九章　附　则

第一百三十条　【相关概念的含义】 本法中下列用语的含义:

(一)密切接触未成年人的单位,是指学校、幼儿园等教育机构;校外培训机构;未成年人救助保护机构、儿童福利机构等未成年人安置、救助机构;婴幼儿照护服务机构、早期教育服务机构;校外托管、临时看护机构;家政服务机构;为未成年人提供医疗服务的医疗机构;其他对未成年人负有教育、培训、监护、救助、看护、医疗等职责的企业事业单位、社会组织等。

(二)学校,是指普通中小学、特殊教育学校、中等职业学校、专门学校。

(三)学生欺凌,是指发生在学生之间,一方蓄意或者恶意通过肢体、语言及网络等手段实施欺压、侮辱,造成另一方人身伤害、财产损失或者精神损害的行为。

第一百三十一条　【外国人、无国籍未成年人的保护】 对中国境内未满十八周岁的外国人、无国籍人,依照本法有关规定予以保护。

第一百三十二条　【施行日期】 本法自 2021 年 6 月 1 日起施行。

中华人民共和国预防未成年人犯罪法

· 1999 年 6 月 28 日第九届全国人民代表大会常务委员会第十次会议通过
· 根据 2012 年 10 月 26 日第十一届全国人民代表大会常务委员会第二十九次会议《关于修改〈中华人民共和国预防未成年人犯罪法〉的决定》修正
· 2020 年 12 月 26 日第十三届全国人民代表大会常务委员会第二十四次会议修订
· 2020 年 12 月 26 日中华人民共和国主席令第 64 号公布
· 自 2021 年 6 月 1 日起施行

第一章　总　则

第一条　为了保障未成年人身心健康,培养未成年人良好品行,有效预防未成年人违法犯罪,制定本法。

第二条　预防未成年人犯罪,立足于教育和保护未成年人相结合,坚持预防为主、提前干预,对未成年人的不良行为和严重不良行为及时进行分级预防、干预和矫治。

第三条　开展预防未成年人犯罪工作,应当尊重未成年人人格尊严,保护未成年人的名誉权、隐私权和个人信息等合法权益。

第四条　预防未成年人犯罪,在各级人民政府组织下,实行综合治理。

国家机关、人民团体、社会组织、企业事业单位、居民委员会、村民委员会、学校、家庭等各负其责、相互配合,共同做好预防未成年人犯罪工作,及时消除滋生未成年人违法犯罪行为的各种消极因素,为未成年人身心健康发展创造良好的社会环境。

第五条　各级人民政府在预防未成年人犯罪方面的工作职责是:

(一)制定预防未成年人犯罪工作规划;

(二)组织公安、教育、民政、文化和旅游、市场监督管理、网信、卫生健康、新闻出版、电影、广播电视、司法行政等有关部门开展预防未成年人犯罪工作;

(三)为预防未成年人犯罪工作提供政策支持和经费保障;

(四)对本法的实施情况和工作规划的执行情况进行检查;

(五)组织开展预防未成年人犯罪宣传教育;

(六)其他预防未成年人犯罪工作职责。

第六条　国家加强专门学校建设,对有严重不良行为的未成年人进行专门教育。专门教育是国民教育体系的组成部分,是对有严重不良行为的未成年人进行教育和矫治的重要保护处分措施。

省级人民政府应当将专门教育发展和专门学校建设纳入经济社会发展规划。县级以上地方人民政府成立专门教育指导委员会,根据需要合理设置专门学校。

专门教育指导委员会由教育、民政、财政、人力资源社会保障、公安、司法行政、人民检察院、人民法院、共产主义青年团、妇女联合会、关心下一代工作委员会、专门学校等单位,以及律师、社会工作者等人员组成,研究确定专门学校教学、管理等相关工作。

专门学校建设和专门教育具体办法,由国务院规定。

第七条　公安机关、人民检察院、人民法院、司法行政部门应当由专门机构或者经过专业培训、熟悉未成年人身心特点的专门人员负责预防未成年人犯罪工作。

第八条　共产主义青年团、妇女联合会、工会、残疾人联合会、关心下一代工作委员会、青年联合会、学生联合会、少年先锋队以及有关社会组织,应当协助各级人民政府及其有关部门、人民检察院和人民法院做好预防未成年人犯罪工作,为预防未成年人犯罪培育社会力量,提供支持服务。

第九条　国家鼓励、支持和指导社会工作服务机构等社会组织参与预防未成年人犯罪相关工作,并加强监督。

第十条　任何组织或者个人不得教唆、胁迫、引诱未成年人实施不良行为或者严重不良行为,以及为未成年人实施上述行为提供条件。

第十一条　未成年人应当遵守法律法规及社会公共道德规范,树立自尊、自律、自强意识,增强辨别是非和自我保护的能力,自觉抵制各种不良行为以及违法犯罪行为的引诱和侵害。

第十二条　预防未成年人犯罪,应当结合未成年人不同年龄的生理、心理特点,加强青春期教育、心理关爱、心理矫治和预防犯罪对策的研究。

第十三条　国家鼓励和支持预防未成年人犯罪相关学科建设、专业设置、人才培养及科学研究,开展国际交流与合作。

第十四条　国家对预防未成年人犯罪工作有显著成绩的组织和个人,给予表彰和奖励。

第二章　预防犯罪的教育

第十五条　国家、社会、学校和家庭应当对未成年人加强社会主义核心价值观教育,开展预防犯罪教育,增强未成年人的法治观念,使未成年人树立遵纪守法和防范违法犯罪的意识,提高自我管控能力。

第十六条　未成年人的父母或者其他监护人对未成年人的预防犯罪教育负有直接责任,应当依法履行监护职责,树立优良家风,培养未成年人良好品行;发现未成年人心理或者行为异常的,应当及时了解情况并进行教育、引导和劝诫,不得拒绝或者怠于履行监护职责。

第十七条　教育行政部门、学校应当将预防犯罪教育纳入学校教学计划,指导教职员工结合未成年人的特点,采取多种方式对未成年学生进行有针对性的预防犯罪教育。

第十八条　学校应当聘任从事法治教育的专职或者兼职教师,并可以从司法和执法机关、法学教育和法律服务机构等单位聘请法治副校长、校外法治辅导员。

第十九条　学校应当配备专职或者兼职的心理健康教育教师,开展心理健康教育。学校可以根据实际情况与专业心理健康机构合作,建立心理健康筛查和早期干预机制,预防和解决学生心理、行为异常问题。

学校应当与未成年学生的父母或者其他监护人加强沟通，共同做好未成年学生心理健康教育；发现未成年学生可能患有精神障碍的，应当立即告知其父母或者其他监护人送相关专业机构诊治。

第二十条　教育行政部门应当会同有关部门建立学生欺凌防控制度。学校应当加强日常安全管理，完善学生欺凌发现和处置的工作流程，严格排查并及时消除可能导致学生欺凌行为的各种隐患。

第二十一条　教育行政部门鼓励和支持学校聘请社会工作者长期或者定期进驻学校，协助开展道德教育、法治教育、生命教育和心理健康教育，参与预防和处理学生欺凌等行为。

第二十二条　教育行政部门、学校应当通过举办讲座、座谈、培训等活动，介绍科学合理的教育方法，指导教职员工、未成年学生的父母或者其他监护人有效预防未成年人犯罪。

学校应当将预防犯罪教育计划告知未成年学生的父母或者其他监护人。未成年学生的父母或者其他监护人应当配合学校对未成年学生进行有针对性的预防犯罪教育。

第二十三条　教育行政部门应当将预防犯罪教育的工作效果纳入学校年度考核内容。

第二十四条　各级人民政府及其有关部门、人民检察院、人民法院、共产主义青年团、少年先锋队、妇女联合会、残疾人联合会、关心下一代工作委员会等应当结合实际，组织、举办多种形式的预防未成年人犯罪宣传教育活动。有条件的地方可以建立青少年法治教育基地，对未成年人开展法治教育。

第二十五条　居民委员会、村民委员会应当积极开展有针对性的预防未成年人犯罪宣传活动，协助公安机关维护学校周围治安，及时掌握本辖区内未成年人的监护、就学和就业情况，组织、引导社区社会组织参与预防未成年人犯罪工作。

第二十六条　青少年宫、儿童活动中心等校外活动场所应当把预防犯罪教育作为一项重要的工作内容，开展多种形式的宣传教育活动。

第二十七条　职业培训机构、用人单位在对已满十六周岁准备就业的未成年人进行职业培训时，应当将预防犯罪教育纳入培训内容。

第三章　对不良行为的干预

第二十八条　本法所称不良行为，是指未成年人实施的不利于其健康成长的下列行为：

（一）吸烟、饮酒；

（二）多次旷课、逃学；

（三）无故夜不归宿、离家出走；

（四）沉迷网络；

（五）与社会上具有不良习性的人交往，组织或者参加实施不良行为的团伙；

（六）进入法律法规规定未成年人不宜进入的场所；

（七）参与赌博、变相赌博，或者参加封建迷信、邪教等活动；

（八）阅览、观看或者收听宣扬淫秽、色情、暴力、恐怖、极端等内容的读物、音像制品或者网络信息等；

（九）其他不利于未成年人身心健康成长的不良行为。

第二十九条　未成年人的父母或者其他监护人发现未成年人有不良行为的，应当及时制止并加强管教。

第三十条　公安机关、居民委员会、村民委员会发现本辖区内未成年人有不良行为的，应当及时制止，并督促其父母或者其他监护人依法履行监护职责。

第三十一条　学校对有不良行为的未成年学生，应当加强管理教育，不得歧视；对拒不改正或者情节严重的，学校可以根据情况予以处分或者采取以下管理教育措施：

（一）予以训导；

（二）要求遵守特定的行为规范；

（三）要求参加特定的专题教育；

（四）要求参加校内服务活动；

（五）要求接受社会工作者或者其他专业人员的心理辅导和行为干预；

（六）其他适当的管理教育措施。

第三十二条　学校和家庭应当加强沟通，建立家校合作机制。学校决定对未成年学生采取管理教育措施的，应当及时告知其父母或者其他监护人；未成年学生的父母或者其他监护人应当支持、配合学校进行管理教育。

第三十三条　未成年学生偷窃少量财物，或者有殴打、辱骂、恐吓、强行索要财物等学生欺凌行为，情节轻微的，可以由学校依照本法第三十一条规定采取相应的管理教育措施。

第三十四条　未成年学生旷课、逃学的，学校应当及时联系其父母或者其他监护人，了解有关情况；无正当理由的，学校和未成年学生的父母或者其他监护人应当督促其返校学习。

第三十五条　未成年人无故夜不归宿、离家出走的，父母或者其他监护人、所在的寄宿制学校应当及时查找，必要时向公安机关报告。

收留夜不归宿、离家出走未成年人的,应当及时联系其父母或者其他监护人、所在学校;无法取得联系的,应当及时向公安机关报告。

第三十六条　对夜不归宿、离家出走或者流落街头的未成年人,公安机关、公共场所管理机构等发现或者接到报告后,应当及时采取有效保护措施,并通知其父母或者其他监护人、所在的寄宿制学校,必要时应当护送其返回住所、学校;无法与其父母或者其他监护人、学校取得联系的,应当护送未成年人到救助保护机构接受救助。

第三十七条　未成年人的父母或者其他监护人、学校发现未成年人组织或者参加实施不良行为的团伙,应当及时制止;发现该团伙有违法犯罪嫌疑的,应当立即向公安机关报告。

第四章　对严重不良行为的矫治

第三十八条　本法所称严重不良行为,是指未成年人实施的有刑法规定、因不满法定刑事责任年龄不予刑事处罚的行为,以及严重危害社会的下列行为:

(一)结伙斗殴,追逐、拦截他人,强拿硬要或者任意损毁、占用公私财物等寻衅滋事行为;

(二)非法携带枪支、弹药或者弩、匕首等国家规定的管制器具;

(三)殴打、辱骂、恐吓,或者故意伤害他人身体;

(四)盗窃、哄抢、抢夺或者故意损毁公私财物;

(五)传播淫秽的读物、音像制品或者信息等;

(六)卖淫、嫖娼,或者进行淫秽表演;

(七)吸食、注射毒品,或者向他人提供毒品;

(八)参与赌博赌资较大;

(九)其他严重危害社会的行为。

第三十九条　未成年人的父母或者其他监护人、学校、居民委员会、村民委员会发现有人教唆、胁迫、引诱未成年人实施严重不良行为的,应当立即向公安机关报告。公安机关接到报告或者发现有上述情形的,应当及时依法查处;对人身安全受到威胁的未成年人,应当立即采取有效保护措施。

第四十条　公安机关接到举报或者发现未成年人有严重不良行为的,应当及时制止,依法调查处理,并可以责令其父母或者其他监护人消除或者减轻违法后果,采取措施严加管教。

第四十一条　对有严重不良行为的未成年人,公安机关可以根据具体情况,采取以下矫治教育措施:

(一)予以训诫;

(二)责令赔礼道歉、赔偿损失;

(三)责令具结悔过;

(四)责令定期报告活动情况;

(五)责令遵守特定的行为规范,不得实施特定行为、接触特定人员或者进入特定场所;

(六)责令接受心理辅导、行为矫治;

(七)责令参加社会服务活动;

(八)责令接受社会观护,由社会组织、有关机构在适当场所对未成年人进行教育、监督和管束;

(九)其他适当的矫治教育措施。

第四十二条　公安机关在对未成年人进行矫治教育时,可以根据需要邀请学校、居民委员会、村民委员会以及社会工作服务机构等社会组织参与。

未成年人的父母或者其他监护人应当积极配合矫治教育措施的实施,不得妨碍阻挠或者放任不管。

第四十三条　对有严重不良行为的未成年人,未成年人的父母或者其他监护人、所在学校无力管教或者管教无效的,可以向教育行政部门提出申请,经专门教育指导委员会评估同意后,由教育行政部门决定送入专门学校接受专门教育。

第四十四条　未成年人有下列情形之一的,经专门教育指导委员会评估同意,教育行政部门会同公安机关可以决定将其送入专门学校接受专门教育:

(一)实施严重危害社会的行为,情节恶劣或者造成严重后果;

(二)多次实施严重危害社会的行为;

(三)拒不接受或者配合本法第四十一条规定的矫治教育措施;

(四)法律、行政法规规定的其他情形。

第四十五条　未成年人实施刑法规定的行为、因不满法定刑事责任年龄不予刑事处罚的,经专门教育指导委员会评估同意,教育行政部门会同公安机关可以决定对其进行专门矫治教育。

省级人民政府应当结合本地的实际情况,至少确定一所专门学校按照分校区、分班级等方式设置专门场所,对前款规定的未成年人进行专门矫治教育。

前款规定的专门场所实行闭环管理,公安机关、司法行政部门负责未成年人的矫治工作,教育行政部门承担未成年人的教育工作。

第四十六条　专门学校应当在每个学期适时提请专门教育指导委员会对接受专门教育的未成年学生的情况进行评估。对经评估适合转回普通学校就读的,专门教育指导委员会应当向原决定机关提出书面建议,由原决定机关决定是否将未成年学生转回普通学校就读。

原决定机关决定将未成年学生转回普通学校的,其原所在学校不得拒绝接收;因特殊情况,不适宜转回原所在学校的,由教育行政部门安排转学。

第四十七条　专门学校应当对接受专门教育的未成年人分级分类进行教育和矫治,有针对性地开展道德教育、法治教育、心理健康教育,并根据实际情况进行职业教育;对没有完成义务教育的未成年人,应当保证其继续接受义务教育。

专门学校的未成年学生的学籍保留在原学校,符合毕业条件的,原学校应当颁发毕业证书。

第四十八条　专门学校应当与接受专门教育的未成年人的父母或者其他监护人加强联系,定期向其反馈未成年人的矫治和教育情况,为父母或者其他监护人、亲属等看望未成年人提供便利。

第四十九条　未成年人及其父母或者其他监护人对本章规定的行政决定不服的,可以依法提起行政复议或者行政诉讼。

第五章　对重新犯罪的预防

第五十条　公安机关、人民检察院、人民法院办理未成年人刑事案件,应当根据未成年人的生理、心理特点和犯罪的情况,有针对性地进行法治教育。

对涉及刑事案件的未成年人进行教育,其法定代理人以外的成年亲属或者教师、辅导员等参与有利于感化、挽救未成年人的,公安机关、人民检察院、人民法院应当邀请其参加有关活动。

第五十一条　公安机关、人民检察院、人民法院办理未成年人刑事案件,可以自行或者委托有关社会组织、机构对未成年犯罪嫌疑人或者被告人的成长经历、犯罪原因、监护、教育等情况进行社会调查;根据实际需要并经未成年犯罪嫌疑人、被告人及其法定代理人同意,可以对未成年犯罪嫌疑人、被告人进行心理测评。

社会调查和心理测评的报告可以作为办理案件和教育未成年人的参考。

第五十二条　公安机关、人民检察院、人民法院对于无固定住所、无法提供保证人的未成年人适用取保候审的,应当指定合适成年人作为保证人,必要时可以安排取保候审的未成年人接受社会观护。

第五十三条　对被拘留、逮捕以及在未成年犯管教所执行刑罚的未成年人,应当与成年人分别关押、管理和教育。对未成年人的社区矫正,应当与成年人分别进行。

对有上述情形且没有完成义务教育的未成年人,公安机关、人民检察院、人民法院、司法行政部门应当与教育行政部门相互配合,保证其继续接受义务教育。

第五十四条　未成年犯管教所、社区矫正机构应当对未成年犯、未成年社区矫正对象加强法治教育,并根据实际情况对其进行职业教育。

第五十五条　社区矫正机构应当告知未成年社区矫正对象安置帮教的有关规定,并配合安置帮教工作部门落实或者解决未成年社区矫正对象的就学、就业等问题。

第五十六条　对刑满释放的未成年人,未成年犯管教所应当提前通知其父母或者其他监护人按时接回,并协助落实安置帮教措施。没有父母或者其他监护人、无法查明其父母或者其他监护人的,未成年犯管教所应当提前通知未成年人原户籍所在地或者居住地的司法行政部门安排人员按时接回,由民政部门或者居民委员会、村民委员会依法对其进行监护。

第五十七条　未成年人的父母或者其他监护人和学校、居民委员会、村民委员会对接受社区矫正、刑满释放的未成年人,应当采取有效的帮教措施,协助司法机关以及有关部门做好安置帮教工作。

居民委员会、村民委员会可以聘请思想品德优秀,作风正派,热心未成年人工作的离退休人员、志愿者或其他人员协助做好前款规定的安置帮教工作。

第五十八条　刑满释放和接受社区矫正的未成年人,在复学、升学、就业等方面依法享有与其他未成年人同等的权利,任何单位和个人不得歧视。

第五十九条　未成年人的犯罪记录依法被封存的,公安机关、人民检察院、人民法院和司法行政部门不得向任何单位或者个人提供,但司法机关因办案需要或者有关单位根据国家有关规定进行查询的除外。依法进行查询的单位和个人应当对相关记录信息予以保密。

未成年人接受专门矫治教育、专门教育的记录,以及被行政处罚、采取刑事强制措施和不起诉的记录,适用前款规定。

第六十条　人民检察院通过依法行使检察权,对未成年人重新犯罪预防工作等进行监督。

第六章　法律责任

第六十一条　公安机关、人民检察院、人民法院在办理案件过程中发现实施严重不良行为的未成年人的父母或者其他监护人不依法履行监护职责的,应当予以训诫,并可以责令其接受家庭教育指导。

第六十二条　学校及其教职员工违反本法规定,不履行预防未成年人犯罪工作职责,或者虐待、歧视相关未成年人的,由教育行政等部门责令改正,通报批评;情节严重的,对直接负责的主管人员和其他直接责任人员依法给予处分。构成违反治安管理行为的,由公安机关依法予以治安管理处罚。

教职员工教唆、胁迫、引诱未成年人实施不良行为或者严重不良行为,以及品行不良、影响恶劣的,教育行政部门、学校应当依法予以解聘或者辞退。

第六十三条　违反本法规定,在复学、升学、就业等方面歧视相关未成年人的,由所在单位或者教育、人力资源社会保障等部门责令改正;拒不改正的,对直接负责的主管人员或者其他直接责任人员依法给予处分。

第六十四条　有关社会组织、机构及其工作人员虐待、歧视接受社会观护的未成年人,或者出具虚假社会调查、心理测评报告的,由民政、司法行政等部门对直接负责的主管人员或者其他直接责任人员依法给予处分,构成违反治安管理行为的,由公安机关予以治安管理处罚。

第六十五条　教唆、胁迫、引诱未成年人实施不良行为或者严重不良行为,构成违反治安管理行为的,由公安机关依法予以治安管理处罚。

第六十六条　国家机关及其工作人员在预防未成年人犯罪工作中滥用职权、玩忽职守、徇私舞弊的,对直接负责的主管人员和其他直接责任人员,依法给予处分。

第六十七条　违反本法规定,构成犯罪的,依法追究刑事责任。

第七章　附　则

第六十八条　本法自 2021 年 6 月 1 日起施行。

最高人民法院关于审理未成年人刑事案件具体应用法律若干问题的解释

· 2005 年 12 月 12 日最高人民法院审判委员会第 1373 次会议通过
· 2006 年 1 月 11 日最高人民法院公告公布
· 自 2006 年 1 月 23 日起施行
· 法释〔2006〕1 号

为正确审理未成年人刑事案件,贯彻"教育为主,惩罚为辅"的原则,根据刑法等有关法律的规定,现就审理未成年人刑事案件具体应用法律的若干问题解释如下:

第一条　本解释所称未成年人刑事案件,是指被告人实施被指控的犯罪时已满十四周岁不满十八周岁的案件。

第二条　刑法第十七条规定的"周岁",按照公历的年、月、日计算,从周岁生日的第二天起算。

第三条　审理未成年人刑事案件,应当查明被告人实施被指控的犯罪时的年龄。裁判文书中应当写明被告人出生的年、月、日。

第四条　对于没有充分证据证明被告人实施被指控的犯罪时已经达到法定刑事责任年龄且确实无法查明的,应当推定其没有达到相应法定刑事责任年龄。

相关证据足以证明被告人实施被指控的犯罪时已经达到法定刑事责任年龄,但是无法准确查明被告人具体出生日期的,应当认定其达到相应法定刑事责任年龄。

第五条　已满十四周岁不满十六周岁的人实施刑法第十七条第二款规定以外的行为,如果同时触犯了刑法第十七条第二款规定的,应当依照刑法第十七条第二款的规定确定罪名,定罪处罚。

第六条　已满十四周岁不满十六周岁的人偶尔与幼女发生性行为,情节轻微、未造成严重后果的,不认为是犯罪。

第七条　已满十四周岁不满十六周岁的人使用轻微暴力或者威胁,强行索要其他未成年人随身携带的生活、学习用品或者钱财数量不大,且未造成被害人轻微伤以上或者不敢正常到校学习、生活等危害后果的,不认为是犯罪。

已满十六周岁不满十八周岁的人具有前款规定情形的,一般也不认为是犯罪。

第八条　已满十六周岁不满十八周岁的人出于以大欺小、以强凌弱或者寻求精神刺激,随意殴打其他未成年人、多次对其他未成年人强拿硬要或者任意损毁公私财物,扰乱学校及其他公共场所秩序,情节严重的,以寻衅滋事罪定罪处罚。

第九条　已满十六周岁不满十八周岁的人实施盗窃行为未超过三次,盗窃数额虽已达到"数额较大"标准,但案发后能如实供述全部盗窃事实并积极退赃,且具有下列情形之一的,可以认定为"情节显著轻微危害不大",不认为是犯罪:

(一)系又聋又哑的人或者盲人;

(二)在共同盗窃中起次要或者辅助作用,或者被胁迫;

(三)具有其他轻微情节的。

已满十六周岁不满十八周岁的人盗窃未遂或者中止

的,可不认为是犯罪。

已满十六周岁不满十八周岁的人盗窃自己家庭或者近亲属财物,或者盗窃其他亲属财物但其他亲属要求不予追究的,可以不按犯罪处理。

第十条　已满十四周岁不满十六周岁的人盗窃、诈骗、抢夺他人财物,为窝藏赃物、抗拒抓捕或者毁灭罪证,当场使用暴力,故意伤害致人重伤或者死亡,或者故意杀人的,应当分别以故意伤害罪或者故意杀人罪定罪处罚。

已满十六周岁不满十八周岁的人犯盗窃、诈骗、抢夺罪,为窝藏赃物、抗拒抓捕或者毁灭罪证而当场使用暴力或者以暴力相威胁的,应当依照刑法第二百六十九条的规定定罪处罚;情节轻微的,可不以抢劫罪定罪处罚。

第十一条　对未成年罪犯适用刑罚,应当充分考虑是否有利于未成年罪犯的教育和矫正。

对未成年罪犯量刑应当依照刑法第六十一条的规定,并充分考虑未成年人实施犯罪行为的动机和目的、犯罪时的年龄、是否初次犯罪、犯罪后的悔罪表现、个人成长经历和一贯表现等因素。对符合管制、缓刑、单处罚金或者免予刑事处罚适用条件的未成年罪犯,应当依法适用管制、缓刑、单处罚金或者免予刑事处罚。

第十二条　行为人在达到法定刑事责任年龄前后均实施了犯罪行为,只能依法追究其达到法定刑事责任年龄后实施的犯罪行为的刑事责任。

行为人在年满十八周岁前后实施了不同种犯罪行为,对其年满十八周岁以前实施的犯罪应当依法从轻或者减轻处罚。行为人在年满十八周岁前后实施了同种犯罪行为,在量刑时应当考虑对年满十八周岁以前实施的犯罪,适当给予从轻或者减轻处罚。

第十三条　未成年人犯罪只有罪行极其严重的,才可以适用无期徒刑。对已满十四周岁不满十六周岁的人犯罪一般不判处无期徒刑。

第十四条　除刑法规定"应当"附加剥夺政治权利外,对未成年犯罪一般不判处附加剥夺政治权利。

如果对未成年犯罪判处附加剥夺政治权利的,应当依法从轻判处。

对实施被指控犯罪时未成年、审判时已成年的罪犯判处附加剥夺政治权利,适用前款的规定。

第十五条　对未成年罪犯实施刑法规定的"并处"没收财产或者罚金的犯罪,应当依法判处相应的财产刑;对未成年罪犯实施刑法规定的"可以并处"没收财产或

者罚金的犯罪,一般不判处财产刑。

对未成年罪犯判处罚金刑时,应当依法从轻或者减轻判处,并根据犯罪情节,综合考虑其缴纳罚金的能力,确定罚金数额。但罚金的最低数额不得少于五百元人民币。

对被判处罚金刑的未成年罪犯,其监护人或者其他人自愿代为垫付罚金的,人民法院应当允许。

第十六条　对未成年罪犯符合刑法第七十二条第一款规定的,可以宣告缓刑。如果同时具有下列情形之一,对其适用缓刑确实不致再危害社会的,应当宣告缓刑:

(一)初次犯罪;

(二)积极退赃或赔偿被害人经济损失;

(三)具备监护、帮教条件。

第十七条　未成年罪犯根据其所犯罪行,可能被判处拘役、三年以下有期徒刑,如果悔罪表现好,并具有下列情形之一的,应当依照刑法第三十七条的规定免予刑事处罚:

(一)系又聋又哑的人或者盲人;

(二)防卫过当或者避险过当;

(三)犯罪预备、中止或者未遂;

(四)共同犯罪中从犯、胁从犯;

(五)犯罪后自首或者有立功表现;

(六)其他犯罪情节轻微不需要判处刑罚的。

第十八条　对未成年罪犯的减刑、假释,在掌握标准上可以比照成年罪犯依法适度放宽。

未成年罪犯能认罪服法,遵守监规,积极参加学习、劳动的,即可视为"确有悔改表现"予以减刑,其减刑的幅度可以适当放宽,间隔的时间可以相应缩短。符合刑法第八十一条第一款规定的,可以假释。

未成年罪犯在服刑期间已经成年的,对其减刑、假释可以适用上述规定。

第十九条　刑事附带民事案件的未成年被告人有个人财产的,应当由本人承担民事赔偿责任,不足部分由监护人予以赔偿,但单位担任监护人的除外。

被告人对被害人物质损失的赔偿情况,可以作为量刑情节予以考虑。

第二十条　本解释自 2006 年 1 月 23 日起施行。《最高人民法院关于办理未成年人刑事案件适用法律的若干问题的解释》(法发〔1995〕9 号)自本解释公布之日起不再执行。

人民检察院办理未成年人刑事案件的规定

· 2002 年 3 月 25 日最高人民检察院第九届检察委员会第一百零五次会议通过
· 2006 年 12 月 28 日最高人民检察院第十届检察委员会第六十八次会议第一次修订
· 2013 年 12 月 19 日最高人民检察院第十二届检察委员会第十四次会议第二次修订
· 高检发研字〔2013〕7 号

第一章　总　则

第一条　为了切实保障未成年犯罪嫌疑人、被告人和未成年罪犯的合法权益，正确履行检察职责，根据《中华人民共和国刑法》、《中华人民共和国刑事诉讼法》、《中华人民共和国未成年人保护法》、《中华人民共和国预防未成年人犯罪法》、《人民检察院刑事诉讼规则（试行）》等有关规定，结合人民检察院办理未成年人刑事案件工作实际，制定本规定。

第二条　人民检察院办理未成年人刑事案件，实行教育、感化、挽救的方针，坚持教育为主、惩罚为辅和特殊保护的原则。在严格遵守法律规定的前提下，按照最有利于未成年人和适合未成年人身心特点的方式进行，充分保障未成年人合法权益。

第三条　人民检察院办理未成年人刑事案件，应当保障未成年人依法行使其诉讼权利，保障未成年人得到法律帮助。

第四条　人民检察院办理未成年人刑事案件，应当在依照法定程序和保证办案质量的前提下，快速办理，减少刑事诉讼对未成年人的不利影响。

第五条　人民检察院办理未成年人刑事案件，应当依法保护涉案未成年人的名誉，尊重其人格尊严，不得公开或者传播涉案未成年人的姓名、住所、照片、图像及可能推断出该未成年人的资料。

人民检察院办理刑事案件，应当依法保护未成年被害人、证人以及其他与案件有关的未成年人的合法权益。

第六条　人民检察院办理未成年人刑事案件，应当加强与公安机关、人民法院以及司法行政机关的联系，注意工作各环节的衔接和配合，共同做好对涉案未成年人的教育、感化、挽救工作。

人民检察院应当加强同政府有关部门、共青团、妇联、工会等人民团体，学校、基层组织以及未成年人保护组织的联系和配合，加强对违法犯罪的未成年人的教育和挽救，共同做好未成年人犯罪预防工作。

第七条　人民检察院办理未成年人刑事案件，发现有关单位或者部门在预防未成年人违法犯罪等方面制度不落实、不健全，存在管理漏洞的，可以采取检察建议等方式向有关单位或者部门提出预防违法犯罪的意见和建议。

第八条　省级、地市级人民检察院和未成年人刑事案件较多的基层人民检察院，应当设立独立的未成年人刑事检察机构。地市级人民检察院也可以根据当地实际，指定一个基层人民检察院设立独立机构，统一办理辖区范围内的未成年人刑事案件；条件暂不具备的，应当成立专门办案组或者指定专人办理。对于专门办案组或者专人，应当保证其集中精力办理未成年人刑事案件，研究未成年人犯罪规律，落实对涉案未成年人的帮教措施等工作。

各级人民检察院应当选任经过专门培训，熟悉未成年人身心特点，具有犯罪学、社会学、心理学、教育学等方面知识的检察人员承办未成年人刑事案件，并加强对办案人员的培训和指导。

第九条　人民检察院根据情况可以对未成年犯罪嫌疑人的成长经历、犯罪原因、监护教育等情况进行调查，并制作社会调查报告，作为办案和教育的参考。

人民检察院开展社会调查，可以委托有关组织和机构进行。开展社会调查应当尊重和保护未成年人名誉，避免向不知情人员泄露未成年犯罪嫌疑人的涉罪信息。

人民检察院应当对公安机关移送的社会调查报告进行审查，必要时可以进行补充调查。

提起公诉的案件，社会调查报告应当随案移送人民法院。

第十条　人民检察院办理未成年人刑事案件，可以应犯罪嫌疑人家属、被害人及其家属的要求，告知其审查逮捕、审查起诉的进展情况，并对有关情况予以说明和解释。

第十一条　人民检察院受理案件后，应当向未成年犯罪嫌疑人及其法定代理人了解其委托辩护人的情况，并告知其有权委托辩护人。

未成年犯罪嫌疑人没有委托辩护人的，人民检察院应当书面通知法律援助机构指派律师为其提供辩护。

第十二条　人民检察院办理未成年人刑事案件，应当注重矛盾化解，认真听取被害人的意见，做好释法说理工作。对于符合和解条件的，要发挥检调对接平台作用，积极促使双方当事人达成和解。

人民检察院应当充分维护未成年被害人的合法权益。对于符合条件的被害人，应当及时启动刑事被害人救助程序，对其进行救助。对于未成年被害人，可以适当放宽救助条件、扩大救助的案件范围。

人民检察院根据需要，可以对未成年犯罪嫌疑人、未成年被害人进行心理疏导。必要时，经未成年犯罪嫌疑人及其法定代理人同意，可以对未成年犯罪嫌疑人进行心理测评。

在办理未成年人刑事案件时，人民检察院应当加强办案风险评估预警工作，主动采取适当措施，积极回应和引导社会舆论，有效防范执法办案风险。

第二章　未成年人刑事案件的审查逮捕

第十三条　人民检察院办理未成年犯罪嫌疑人审查逮捕案件，应当根据未成年犯罪嫌疑人涉嫌犯罪的事实、主观恶性、有无监护与社会帮教条件等，综合衡量其社会危险性，严格限制适用逮捕措施，可捕可不捕的不捕。

第十四条　审查逮捕未成年犯罪嫌疑人，应当重点审查其是否已满十四、十六、十八周岁。

对犯罪嫌疑人实际年龄难以判断，影响对该犯罪嫌疑人是否应当负刑事责任认定的，应当不批准逮捕。需要补充侦查的，同时通知公安机关。

第十五条　审查逮捕未成年犯罪嫌疑人，应当审查公安机关依法提供的证据和社会调查报告等材料。公安机关没有提供社会调查报告的，人民检察院根据案件情况可以要求公安机关提供，也可以自行或者委托有关组织和机构进行调查。

第十六条　审查逮捕未成年犯罪嫌疑人，应当注意是否有被胁迫、引诱的情节，是否存在成年人教唆犯罪、传授犯罪方法或者利用未成年人实施犯罪的情况。

第十七条　人民检察院办理未成年犯罪嫌疑人审查逮捕案件，应当讯问未成年犯罪嫌疑人，听取辩护律师的意见，并制作笔录附卷。

讯问未成年犯罪嫌疑人，应当根据该未成年人的特点和案件情况，制定详细的讯问提纲，采取适宜该未成年人的方式进行，讯问用语应当准确易懂。

讯问未成年犯罪嫌疑人，应当告知其依法享有的诉讼权利，告知其如实供述案件事实的法律规定和意义，核实其是否有自首、立功、坦白等情节，听取其有罪的供述或者无罪、罪轻的辩解。

讯问未成年犯罪嫌疑人，应当通知其法定代理人到场，告知法定代理人依法享有的诉讼权利和应当履行的义务。无法通知、法定代理人不能到场或者法定代理人是共犯的，也可以通知未成年犯罪嫌疑人的其他成年亲属，所在学校、单位或者居住地的村民委员会、居民委员会、未成年人保护组织的代表等合适成年人到场，并将有关情况记录在案。到场的法定代理人可以代为行使未成

年犯罪嫌疑人的诉讼权利，行使时不得侵犯未成年犯罪嫌疑人的合法权益。

未成年犯罪嫌疑人明确拒绝法定代理人以外的合适成年人到场，人民检察院可以准许，但应当另行通知其他合适成年人到场。

到场的法定代理人或者其他人员认为办案人员在讯问中侵犯未成年犯罪嫌疑人合法权益的，可以提出意见。讯问笔录应当交由到场的法定代理人或者其他人员阅读或者向其宣读，并由其在笔录上签字、盖章或者捺指印确认。

讯问女性未成年犯罪嫌疑人，应当有女性检察人员参加。

询问未成年被害人、证人，适用本条第四款至第七款的规定。

第十八条　讯问未成年犯罪嫌疑人一般不得使用械具。对于确有人身危险性，必须使用械具的，在现实危险消除后，应当立即停止使用。

第十九条　对于罪行较轻，具备有效监护条件或者社会帮教措施，没有社会危险性或者社会危险性较小，不逮捕不致妨害诉讼正常进行的未成年犯罪嫌疑人，应当不批准逮捕。

对于罪行比较严重，但主观恶性不大，有悔罪表现，具备有效监护条件或者社会帮教措施，具有下列情形之一，不逮捕不致妨害诉讼正常进行的未成年犯罪嫌疑人，可以不批准逮捕：

（一）初次犯罪、过失犯罪的；

（二）犯罪预备、中止、未遂的；

（三）有自首或者立功表现的；

（四）犯罪后如实交待罪行，真诚悔罪，积极退赃，尽力减少和赔偿损失，被害人谅解的；

（五）不属于共同犯罪的主犯或者集团犯罪中的首要分子的；

（六）属于已满十四周岁不满十六周岁的未成年人或者系在校学生的；

（七）其他可以不批准逮捕的情形。

对于不予批准逮捕的案件，应当说明理由，连同案卷材料送达公安机关执行。需要补充侦查的，应当同时通知公安机关。必要时可以向被害方说明解释。

第二十条　适用本规定第十九条的规定，在作出不批准逮捕决定前，应当审查其监护情况，参考其法定代理人、学校、居住地公安派出所及居民委员会、村民委员会的意见，并在审查逮捕意见书中对未成年犯罪嫌疑人是

否具备有效监护条件或者社会帮教措施进行具体说明。

第二十一条　对未成年犯罪嫌疑人作出批准逮捕决定后,应当依法进行羁押必要性审查。对不需要继续羁押的,应当及时建议予以释放或者变更强制措施。

第三章　未成年人刑事案件的审查起诉与出庭支持公诉

第一节　审　查

第二十二条　人民检察院审查起诉未成年人刑事案件,自收到移送审查起诉的案件材料之日起三日以内,应当告知被害人及其法定代理人或者其近亲属、附带民事诉讼的当事人及其法定代理人有权委托诉讼代理人。

对未成年被害人或者其法定代理人提出聘请律师意向,但因经济困难或者其他原因没有委托诉讼代理人的,应当帮助其申请法律援助。

未成年犯罪嫌疑人被羁押的,人民检察院应当审查是否有必要继续羁押。对不需要继续羁押的,应当予以释放或者变更强制措施。

审查起诉未成年犯罪嫌疑人,应当听取其父母或者其他法定代理人、辩护人、被害人及其法定代理人的意见。

第二十三条　人民检察院审查起诉未成年人刑事案件,应当讯问未成年犯罪嫌疑人。讯问未成年犯罪嫌疑人适用本规定第十七条、第十八条的规定。

第二十四条　移送审查起诉的案件具备以下条件之一,且其法定代理人、近亲属等与本案无牵连的,经公安机关同意,检察人员可以安排在押的未成年犯罪嫌疑人与其法定代理人、近亲属等进行会见、通话:

(一)案件事实已基本查清,主要证据确实、充分,安排会见、通话不会影响诉讼活动正常进行;

(二)未成年犯罪嫌疑人有认罪、悔罪表现,或者虽尚未认罪、悔罪,但通过会见、通话有可能促使其转化,或者通过会见、通话有利于社会、家庭稳定;

(三)未成年犯罪嫌疑人的法定代理人、近亲属对其犯罪原因、社会危害性以及后果有一定的认识,并能配合司法机关进行教育。

第二十五条　在押的未成年犯罪嫌疑人同其法定代理人、近亲属等进行会见、通话时,检察人员应当告知其会见、通话不得有串供或者其他妨碍诉讼的内容。会见、通话时检察人员可以在场。会见、通话结束后,检察人员应当将有关内容及时整理并记录在案。

第二节　不起诉

第二十六条　对于犯罪情节轻微,具有下列情形之一,依照刑法规定不需要判处刑罚或者免除刑罚的未成年犯罪嫌疑人,一般应当依法作出不起诉决定:

(一)被胁迫参与犯罪的;

(二)犯罪预备、中止、未遂的;

(三)在共同犯罪中起次要或者辅助作用的;

(四)系又聋又哑的人或者盲人的;

(五)因防卫过当或者紧急避险过当构成犯罪的;

(六)有自首或者立功表现的;

(七)其他依照刑法规定不需要判处刑罚或者免除刑罚的情形。

第二十七条　对于未成年人实施的轻伤害案件、初次犯罪、过失犯罪、犯罪未遂的案件以及被诱骗或者被教唆实施的犯罪案件等,情节轻微,犯罪嫌疑人确有悔罪表现,当事人双方自愿就民事赔偿达成协议并切实履行或者经被害人同意并提供有效担保,符合刑法第三十七条规定的,人民检察院可以依照刑事诉讼法第一百七十三条第二款的规定作出不起诉决定,并可以根据案件的不同情况,予以训诫或者责令具结悔过、赔礼道歉、赔偿损失,或者由主管部门予以行政处罚。

第二十八条　不起诉决定书应当向被不起诉的未成年人及其法定代理人宣布,并阐明不起诉的理由和法律依据。

不起诉决定书应当送达公安机关,被不起诉的未成年人及其法定代理人、辩护人、被害人或者其近亲属及其诉讼代理人。

送达时,应当告知被害人或者其近亲属及其诉讼代理人,如果对不起诉决定不服,可以自收到不起诉决定书后七日以内向上一级人民检察院申诉,也可以不经申诉,直接向人民法院起诉;告知被不起诉的未成年人及其法定代理人,如果对不起诉决定不服,可以自收到不起诉决定书后七日以内向人民检察院申诉。

第三节　附条件不起诉

第二十九条　对于犯罪时已满十四周岁不满十八周岁的未成年人,同时符合下列条件的,人民检察院可以作出附条件不起诉决定:

(一)涉嫌刑法分则第四章、第五章、第六章规定的犯罪;

(二)根据具体犯罪事实、情节,可能被判处一年有期徒刑以下刑罚;

(三)犯罪事实清楚,证据确实、充分,符合起诉条件;

(四)具有悔罪表现。

第三十条　人民检察院在作出附条件不起诉的决定

以前,应当听取公安机关、被害人、未成年犯罪嫌疑人的法定代理人、辩护人的意见,并制作笔录附卷。被害人是未成年人的,还应当听取被害人的法定代理人、诉讼代理人的意见。

第三十一条　公安机关或者被害人对附条件不起诉有异议或争议较大的案件,人民检察院可以召集侦查人员、被害人及其法定代理人、诉讼代理人、未成年犯罪嫌疑人及其法定代理人、辩护人举行不公开听证会,充分听取各方的意见和理由。

对于决定附条件不起诉可能激化矛盾或者引发不稳定因素的,人民检察院应当慎重适用。

第三十二条　适用附条件不起诉的审查意见,应当由办案人员在审查起诉期限届满十五日前提出,并根据案件的具体情况拟定考验期限和考察方案,连同案件审查报告、社会调查报告等,经部门负责人审核,报检察长或者检察委员会决定。

第三十三条　人民检察院作出附条件不起诉的决定后,应当制作附条件不起诉决定书,并在三日以内送达公安机关、被害人或者其近亲属及其诉讼代理人、未成年犯罪嫌疑人及其法定代理人、辩护人。

送达时,应当告知被害人或者其近亲属及其诉讼代理人,如果对附条件不起诉决定不服,可以自收到附条件不起诉决定书后七日以内向上一级人民检察院申诉。

人民检察院应当当面向未成年犯罪嫌疑人及其法定代理人宣布附条件不起诉决定,告知考验期限、在考验期内应当遵守的规定和违反规定应负的法律责任,以及可以对附条件不起诉决定提出异议,并制作笔录附卷。

第三十四条　未成年犯罪嫌疑人在押的,作出附条件不起诉决定后,人民检察院应当作出释放或者变更强制措施的决定。

第三十五条　公安机关认为附条件不起诉决定有错误,要求复议的,人民检察院未成年人刑事检察机构应当另行指定检察人员进行审查并提出审查意见,经部门负责人审核,报请检察长或者检察委员会决定。

人民检察院应当在收到要求复议意见书后的三十日以内作出复议决定,通知公安机关。

第三十六条　上一级人民检察院收到公安机关对附条件不起诉决定提请复核的意见书后,应当交由未成年人刑事检察机构办理。未成年人刑事检察机构应当指定检察人员进行审查并提出审查意见,经部门负责人审核,报请检察长或者检察委员会决定。

上一级人民检察院应当在收到提请复核意见书后的三十日以内作出决定,制作复核决定书送交提请复核的公安机关和下级人民检察院。经复核改变下级人民检察院附条件不起诉决定的,应当撤销下级人民检察院作出的附条件不起诉决定,交由下级人民检察院执行。

第三十七条　被害人不服附条件不起诉决定,在收到附条件不起诉决定书后七日以内申诉的,由作出附条件不起诉决定的人民检察院的上一级人民检察院未成年人刑事检察机构立案复查。

被害人向作出附条件不起诉决定的人民检察院提出申诉的,作出决定的人民检察院应当将申诉材料连同案卷一并报送上一级人民检察院受理。

被害人不服附条件不起诉决定,在收到附条件不起诉决定书七日后提出申诉的,由作出附条件不起诉决定的人民检察院未成年人刑事检察机构另行指定检察人员审查后决定是否立案复查。

未成年人刑事检察机构复查后应当提出复查意见,报请检察长决定。

复查决定书应当送达被害人、被附条件不起诉的未成年犯罪嫌疑人及其法定代理人和作出附条件不起诉决定的人民检察院。

上级人民检察院经复查作出起诉决定的,应当撤销下级人民检察院的附条件不起诉决定,由下级人民检察院提起公诉,并将复查决定抄送移送审查起诉的公安机关。

第三十八条　未成年犯罪嫌疑人及其法定代理人对人民检察院决定附条件不起诉有异议的,人民检察院应当作出起诉的决定。

第三十九条　人民检察院在作出附条件不起诉决定后,应当在十日内将附条件不起诉决定书报上级人民检察院主管部门备案。

上级人民检察院认为下级人民检察院作出的附条件不起诉决定不适当的,应当及时撤销下级人民检察院作出的附条件不起诉决定,下级人民检察院应当执行。

第四十条　人民检察院决定附条件不起诉的,应当确定考验期。考验期为六个月以上一年以下,从人民检察院作出附条件不起诉的决定之日起计算。考验期不计入案件审查起诉期限。

考验期的长短应当与未成年犯罪嫌疑人所犯罪行的轻重、主观恶性的大小和人身危险性的大小、一贯表现及帮教条件等相适应,根据未成年犯罪嫌疑人在考验期的表现,可以在法定期限范围内适当缩短或者延长。

第四十一条　被附条件不起诉的未成年犯罪嫌疑人,应当遵守下列规定:

（一）遵守法律法规，服从监督；

（二）按照考察机关的规定报告自己的活动情况；

（三）离开所居住的市、县或者迁居，应当报经考察机关批准；

（四）按照考察机关的要求接受矫治和教育。

第四十二条 人民检察院可以要求被附条件不起诉的未成年犯罪嫌疑人接受下列矫治和教育：

（一）完成戒瘾治疗、心理辅导或者其他适当的处遇措施；

（二）向社区或者公益团体提供公益劳动；

（三）不得进入特定场所，与特定的人员会见或者通信，从事特定的活动；

（四）向被害人赔偿损失、赔礼道歉等；

（五）接受相关教育；

（六）遵守其他保护被害人安全以及预防再犯的禁止性规定。

第四十三条 在附条件不起诉的考验期内，人民检察院应当对被附条件不起诉的未成年犯罪嫌疑人进行监督考察。未成年犯罪嫌疑人的监护人应当对未成年犯罪嫌疑人加强管教，配合人民检察院做好监督考察工作。

人民检察院可以会同未成年犯罪嫌疑人的监护人、所在学校、单位、居住地的村民委员会、居民委员会、未成年人保护组织等的有关人员定期对未成年犯罪嫌疑人进行考察、教育，实施跟踪帮教。

第四十四条 未成年犯罪嫌疑人经批准离开所居住的市、县或者迁居，作出附条件不起诉决定的人民检察院可以要求迁入地的人民检察院协助进行考察，并将考察结果函告作出附条件不起诉决定的人民检察院。

第四十五条 考验期届满，办案人员应当制作附条件不起诉考察意见书，提出起诉或者不起诉的意见，经部门负责人审核，报请检察长决定。

人民检察院应当在审查起诉期限内作出起诉或者不起诉的决定。

作出附条件不起诉决定的案件，审查起诉期限自人民检察院作出附条件不起诉决定之日起中止计算，自考验期限届满之日起或者人民检察院作出撤销附条件不起诉决定之日起恢复计算。

第四十六条 被附条件不起诉的未成年犯罪嫌疑人，在考验期内有下列情形之一的，人民检察院应当撤销附条件不起诉的决定，提起公诉：

（一）实施新的犯罪的；

（二）发现决定附条件不起诉以前还有其他犯罪需要追诉的；

（三）违反治安管理规定，造成严重后果，或者多次违反治安管理规定的；

（四）违反考察机关有关附条件不起诉的监督管理规定，造成严重后果，或者多次违反考察机关有关附条件不起诉的监督管理规定的。

第四十七条 对于未成年犯罪嫌疑人在考验期内实施新的犯罪或者在决定附条件不起诉以前还有其他犯罪需要追诉的，人民检察院应当移送侦查机关立案侦查。

第四十八条 被附条件不起诉的未成年犯罪嫌疑人，在考验期内没有本规定第四十六条规定的情形，考验期满的，人民检察院应当作出不起诉的决定。

第四十九条 对于附条件不起诉的案件，不起诉决定宣布后六个月内，办案人员可以对被不起诉的未成年人进行回访，巩固帮教效果，并做好相关记录。

第五十条 对人民检察院依照刑事诉讼法第一百七十三条第二款规定作出的不起诉决定和经附条件不起诉考验期满不起诉的，在向被不起诉的未成年人及其法定代理人宣布不起诉决定书时，应当充分阐明不起诉的理由和法律依据，并结合社会调查，围绕犯罪行为对被害人、对本人及家庭、对社会等造成的危害，导致犯罪行为发生的原因及应当吸取的教训等，对被不起诉的未成年人开展必要的教育。如果侦查人员、合适成年人、辩护人、社工等参加有利于教育被不起诉未成年人的，经被不起诉的未成年人及其法定代理人同意，可以邀请他们参加，但要严格控制参与人范围。

对于犯罪事实清楚，但因未达刑事责任年龄不起诉、年龄证据存疑而不起诉的未成年犯罪嫌疑人，参照上述规定举行不起诉宣布教育仪式。

第四节 提起公诉

第五十一条 人民检察院审查未成年人与成年人共同犯罪案件，一般应当将未成年人与成年人分案起诉。但是具有下列情形之一的，可以不分案起诉：

（一）未成年人系犯罪集团的组织者或者其他共同犯罪中的主犯的；

（二）案件重大、疑难、复杂，分案起诉可能妨碍案件审理的；

（三）涉及刑事附带民事诉讼，分案起诉妨碍附带民事诉讼部分审理的；

（四）具有其他不宜分案起诉情形的。

对分案起诉至同一人民法院的未成年人与成年人共同犯罪案件，由未成年人刑事检察机构一并办理更为适宜的,经检察长决定,可以由未成年人刑事检察机构一并办理。

分案起诉的未成年人与成年人共同犯罪案件,由不同机构分别办理的,应当相互了解案件情况,提出量刑建议时,注意全案的量刑平衡。

第五十二条　对于分案起诉的未成年人与成年人共同犯罪案件,一般应当同时移送人民法院。对于需要补充侦查的,如果补充侦查事项不涉及未成年犯罪嫌疑人所参与的犯罪事实,不影响对未成年犯罪嫌疑人提起公诉的,应当对未成年犯罪嫌疑人先予提起公诉。

第五十三条　对于分案起诉的未成年人与成年人共同犯罪案件,在审查起诉过程中可以根据全案情况制作一个审结报告,起诉书以及出庭预案等应当分别制作。

第五十四条　人民检察院对未成年人与成年人共同犯罪案件分别提起公诉后,在诉讼过程中出现不宜分案起诉情形的,可以建议人民法院并案审理。

第五十五条　对于符合适用简易程序审理条件的未成年人刑事案件,人民检察院应当在提起公诉时向人民法院提出适用简易程序审理的建议。

第五十六条　对提起公诉的未成年人刑事案件,应当认真做好下列出席法庭的准备工作:

(一)掌握未成年被告人的心理状态,并对其进行接受审判的教育,必要时,可以再次讯问被告人;

(二)与未成年被告人的法定代理人、合适成年人、辩护人交换意见,共同做好教育、感化工作;

(三)进一步熟悉案情,深入研究本案的有关法律政策问题,根据案件性质,结合社会调查情况,拟定讯问提纲、询问被害人、证人、鉴定人提纲、举证提纲、答辩提纲、公诉意见书和针对未成年被告人进行法制教育的书面材料。

第五十七条　公诉人出席未成年人刑事审判法庭,应当遵守公诉人出庭行为规范要求,发言时应当语调温和,并注意用语文明、准确,通俗易懂。

公诉人一般不提请未成年证人、被害人出庭作证。确有必要出庭作证的,应当建议人民法院采取相应的保护措施。

第五十八条　在法庭审理过程中,公诉人的讯问、询问、辩论等活动,应当注意未成年人的身心特点。对于未成年被告人情绪严重不稳定,不宜继续接受审判的,公诉人可以建议法庭休庭。

第五十九条　对于具有下列情形之一,依法可能判处拘役、三年以下有期徒刑,有悔罪表现,宣告缓刑对所居住社区没有重大不良影响,具备有效监护条件或者社会帮教措施、适用缓刑确实不致再危害社会的未成年被告人,人民检察院应当建议人民法院适用缓刑:

(一)犯罪情节较轻,未造成严重后果的;

(二)主观恶性不大的初犯或者胁从犯、从犯;

(三)被害人同意和解或者被害人有明显过错的;

(四)其他可以适用缓刑的情节。

建议宣告缓刑,可以根据犯罪情况,同时建议禁止未成年被告人在缓刑考验期限内从事特定活动,进入特定区域、场所,接触特定的人。

人民检察院提出对未成年被告人适用缓刑建议的,应当将未成年被告人能够获得有效监护、帮教的书面材料于判决前移送人民法院。

第六十条　公诉人在依法指控犯罪的同时,要剖析未成年被告人犯罪的原因、社会危害性,适时进行法制教育,促使其深刻反省,吸取教训。

第六十一条　人民检察院派员出席未成年人刑事案件二审法庭适用本节的相关规定。

第六十二条　犯罪的时候不满十八周岁,被判处五年有期徒刑以下刑罚的,人民检察院应当在收到人民法院生效判决后,对犯罪记录予以封存。

对于二审案件,上级人民检察院封存犯罪记录时,应当通知下级人民检察院对相关犯罪记录予以封存。

第六十三条　人民检察院应当将拟封存的未成年人犯罪记录、卷宗等相关材料装订成册,加密保存,不予公开,并建立专门的未成年人犯罪档案库,执行严格的保管制度。

第六十四条　除司法机关为办案需要或者有关单位根据国家规定进行查询的以外,人民检察院不得向任何单位和个人提供封存的犯罪记录,并不得提供未成年人有犯罪记录的证明。

司法机关或者有关单位需要查询犯罪记录的,应当向封存犯罪记录的人民检察院提出书面申请,人民检察院应当在七日以内作出是否许可的决定。

第六十五条　对被封存犯罪记录的未成年人,符合下列条件之一的,应当对其犯罪记录解除封存:

(一)实施新的犯罪,且新罪与封存记录之罪数罪并罚后被决定执行五年有期徒刑以上刑罚的;

(二)发现漏罪,且漏罪与封存记录之罪数罪并罚后被决定执行五年有期徒刑以上刑罚的。

第六十六条　人民检察院对未成年犯罪嫌疑人作出不起诉决定后,应当对相关记录予以封存。具体程序参照本规定第六十二条至第六十五条规定办理。

第四章　未成年人刑事案件的法律监督

第六十七条　人民检察院审查批准逮捕、审查起诉未成年犯罪嫌疑人,应当同时依法监督侦查活动是否合法,发现有下列违法行为的,应当提出纠正意见;构成犯罪的,依法追究刑事责任:

(一)违法对未成年犯罪嫌疑人采取强制措施或者采取强制措施不当的;

(二)未依法实行对未成年犯罪嫌疑人与成年犯罪嫌疑人分别关押、管理的;

(三)对未成年犯罪嫌疑人采取刑事拘留、逮捕措施后,在法定时限内未进行讯问,或者未通知其家属的;

(四)讯问未成年犯罪嫌疑人或者询问未成年被害人、证人时,未依法通知其法定代理人或者合适成年人到场的;

(五)讯问或者询问女性未成年人时,没有女性检察人员参加的;

(六)未依法告知未成年犯罪嫌疑人有权委托辩护人的;

(七)未依法通知法律援助机构指派律师为未成年犯罪嫌疑人提供辩护的;

(八)对未成年犯罪嫌疑人威胁、体罚、侮辱人格、游行示众,或者刑讯逼供、指供、诱供的;

(九)利用未成年人认知能力低而故意制造冤、假、错案的;

(十)对未成年被害人、证人以暴力、威胁、诱骗等非法手段收集证据或者侵害未成年被害人、证人的人格尊严及隐私权等合法权益的;

(十一)违反羁押和办案期限规定的;

(十二)已作出不批准逮捕、不起诉决定,公安机关不立即释放犯罪嫌疑人的;

(十三)在侦查中有其他侵害未成年人合法权益行为的。

第六十八条　对依法不应当公开审理的未成年人刑事案件公开审理的,人民检察院应当在开庭前提出纠正意见。

公诉人出庭支持公诉时,发现法庭审判有下列违反法律规定的诉讼程序的情形之一的,应当在休庭后及时向本院检察长报告,由人民检察院向人民法院提出纠正意见:

(一)开庭或者宣告判决时未通知未成年被告人的法定代理人到庭的;

(二)人民法院没有给聋、哑或者不通晓当地通用的语言文字的未成年被告人聘请或者指定翻译人员的;

(三)未成年被告人在审判时没有辩护人的;对未成年被告人及其法定代理人依照法律和有关规定拒绝辩护人为其辩护的,合议庭未另行通知法律援助机构指派律师的;

(四)法庭未告知未成年被告人及其法定代理人依法享有的申请回避、辩护、提出新的证据、申请重新鉴定或者勘验、最后陈述、提出上诉等诉讼权利的;

(五)其他违反法律规定的诉讼程序的情形。

第六十九条　人民检察院发现有关机关对未成年人犯罪记录应当封存而未封存的,不应当允许查询而允许查询的或者不应当提供犯罪记录而提供的,应当依法提出纠正意见。

第七十条　人民检察院依法对未成年犯管教所实行驻所检察。在刑罚执行监督中,发现关押成年罪犯的监狱收押未成年罪犯的,未成年犯管教所违法收押成年罪犯的,或者对年满十八周岁时余刑在二年以上的罪犯留在未成年犯管教所执行剩余刑期的,应当依法提出纠正意见。

第七十一条　人民检察院在看守所检察中,发现没有对未成年犯罪嫌疑人、被告人与成年犯罪嫌疑人、被告人分别关押、管理或者对未成年犯留所执行刑罚的,应当依法提出纠正意见。

第七十二条　人民检察院应当加强对未成年犯管教所、看守所监管未成年罪犯活动的监督,依法保障未成年罪犯的合法权益,维护监管改造秩序和教学、劳动、生活秩序。

人民检察院配合未成年犯管教所、看守所加强对未成年罪犯的政治、法律、文化教育,促进依法、科学、文明监管。

第七十三条　人民检察院依法对未成年人的社区矫正进行监督,发现有下列情形之一的,应当依法向公安机关、人民法院、监狱、社区矫正机构等有关部门提出纠正意见:

(一)没有将未成年人的社区矫正与成年人分开进行的;

(二)对实行社区矫正的未成年人脱管、漏管或者没有落实帮教措施的;

(三)没有对未成年社区矫正人员给予身份保护,其矫正宣告公开进行,矫正档案未进行保密,公开或者传播其姓名、住所、照片等可能推断出该未成年人的其他资料以及矫正资料等情形的;

(四)未成年社区矫正人员的矫正小组没有熟悉青

少年成长特点的人员参加的;

（五）没有针对未成年人的年龄、心理特点和身心发育需要等特殊情况采取相应的监督管理和教育矫正措施的;

（六）其他违法情形。

第七十四条　人民检察院依法对未成年犯的减刑、假释、暂予监外执行等活动实行监督。对符合减刑、假释、暂予监外执行法定条件的,应当建议执行机关向人民法院、监狱管理机关或者公安机关提请;发现提请或者裁定、决定不当的,应当依法提出纠正意见;对徇私舞弊减刑、假释、暂予监外执行等构成犯罪的,依法追究刑事责任。

第五章　未成年人案件的刑事申诉检察

第七十五条　人民检察院依法受理未成年人及其法定代理人提出的刑事申诉案件和国家赔偿案件。

人民检察院对未成年人刑事申诉案件和国家赔偿案件,应当指定专人及时办理。

第七十六条　人民检察院复查未成年人刑事申诉案件,应当直接听取未成年人及其法定代理人的陈述或者辩解,认真审核、查证与案件有关的证据和线索,查清案件事实,依法作出处理。

案件复查终结作出处理决定后,应当向未成年人及其法定代理人当面送达法律文书,做好释法说理和教育工作。

第七十七条　对已复查纠正的未成年人刑事申诉案件,应当配合有关部门做好善后工作。

第七十八条　人民检察院办理未成年人国家赔偿案件,应当充分听取未成年人及其法定代理人的意见,对于依法应当赔偿的案件,应当及时作出和执行赔偿决定。

第六章　附　则

第七十九条　本规定所称未成年人刑事案件,是指犯罪嫌疑人、被告人实施涉嫌犯罪行为时已满十四周岁、未满十八周岁的刑事案件,但在有关未成年人诉讼权利和体现对未成年人程序上特殊保护的条文中所称的未成年人,是指在诉讼过程中未满十八周岁的人。犯罪嫌疑人实施涉嫌犯罪行为时未满十八周岁,在诉讼过程中已满十八周岁的,人民检察院可以根据案件的具体情况适用本规定。

第八十条　实施犯罪行为的年龄,一律按公历的年、月、日计算。从周岁生日的第二天起,为已满××周岁。

第八十一条　未成年人刑事案件的法律文书和工作文书,应当注明未成年人的出生年月日、法定代理人或者到场的合适成年人、辩护人基本情况。

对未成年犯罪嫌疑人、被告人、未成年罪犯的有关情况和办案人员开展教育感化工作的情况,应当记录在卷,随案移送。

第八十二条　本规定由最高人民检察院负责解释。

第八十三条　本规定自发布之日起施行,最高人民检察院 2007 年 1 月 9 日发布的《人民检察院办理未成年人刑事案件的规定》同时废止。

最高人民检察院关于加强新时代未成年人检察工作的意见

· 2020 年 4 月 21 日

为深入学习贯彻习近平新时代中国特色社会主义思想,全面贯彻党的十九大和十九届二中、三中、四中全会精神,认真落实新时代检察工作总体部署,全面提升未成年人检察工作水平,现就加强新时代未成年人检察工作提出如下意见。

一、新时代未成年人检察工作的总体要求

1. 新时代未成年人检察工作的形势任务。党的十八大以来,在以习近平同志为核心的党中央坚强领导下,党和国家事业发生历史性变革、取得历史性成就,为加强未成年人保护工作带来前所未有的发展机遇,推动未成年人检察工作加速实现六个转变:从办理未成年人犯罪案件,教育挽救涉罪未成年人,向同时打击侵害未成年人犯罪,保护救助未成年被害人转变;从对未成年人犯罪强调宽缓化处理,逐渐向精准帮教、依法惩治、有效管束、促进保护并重转变;从传统的未成年人刑事检察向综合运用多种手段、全面开展司法保护转变;从注重围绕"人"开展犯罪预防,向更加积极促进社会治理创新转变;从强调法律监督,向同时注重沟通配合,凝聚各方力量转变;从各地检察机关积极探索自下而上推动,向高检院加强顶层设计,整体推进转变。未成年人检察专业化、规范化、社会化建设取得了长足进展,中国特色社会主义未成年人检察制度的框架初步形成。随着新时代社会主要矛盾发生变化,人民群众对未成年人司法保护的关注从"有没有"到"好不好"向"更加好"发展,提出许多新的更高要求。十九届四中全会作出推进国家治理体系和治理能力现代化的战略部署,《未成年人保护法》《预防未成年人犯罪法》正在修改,将赋予检察机关未成年人司法保护新的更重任务。但与此同时,未成年人检察工作在司法

理念、专业能力、办案效果、机制创新、监督力度等方面还存在很多突出问题，与新时代新要求相比尚有较大差距。特别是当前未成年人保护形势严峻复杂，涉及未成年人的犯罪多发高发，重大、恶性案件时有发生，未成年人保护有法不依、执法不严等问题较为普遍，严重危害未成年人健康成长。新时代未成年人检察工作在未成年人国家保护大格局中具有特殊重要的责任、地位，职责任务更加繁重，主导责任更加明确，必须下大力气进一步抓实、抓好，实现工作质效明显提升，确保取得新的更大成绩。

2. 新时代未成年人检察工作的总体思路。坚持以习近平新时代中国特色社会主义思想为指导，深入学习贯彻党的十九大和十九届二中、三中、四中全会精神，坚持"讲政治、顾大局、谋发展、重自强"的总体要求，积极贯彻"教育、感化、挽救"方针和"教育为主、惩罚为辅"原则，进一步更新司法理念，准确把握未成年人司法规律，持续加强专业化、规范化、社会化建设，推动未成年人检察工作更加深入开展，为保障未成年人保护法律全面落实到位，真正形成全社会保护合力，促进国家治理体系和治理能力现代化作出贡献。

3. 新时代未成年人检察工作必须遵循的基本原则：

——坚持党的绝对领导。自觉把党的绝对领导贯穿于未成年人检察工作全过程，实现讲政治、顾大局与讲法治、促保护的统一。充分发挥中国特色社会主义法律制度优越性，立足检察机关法律监督职能和承上启下诉讼地位，积极充分履职，推动未成年人司法发展进步。

——坚持以人民为中心。聚焦人民群众反映强烈的未成年人保护热点、难点和痛点问题，加大未成年人检察供给侧结构性改革力度，切实增强人民群众的获得感、幸福感、安全感。

——坚持遵循未成年人司法内在规律。以未成年人利益最大化理念为指引，实行办案、监督、预防、教育并重，惩戒和帮教相结合，保护、教育、管束有机统一，持续推进未成年人双向、综合、全面司法保护。实行专业化办案与社会化保护相结合，实现社会支持的体系化支撑、优势化互补、共享化构建，不断提升未成年人检察工作品质与效果。

——坚持标本兼治。注重结合办案推动解决未成年人案件背后的社会问题，坚持督导而不替代，助推职能部门充分履职，凝聚家庭、学校、社会、网络、政府、司法各方保护力量，形成未成年人保护大格局，促进社会治理体系和治理能力现代化建设。

——坚持创新发展。按照"未成年人检察工作没有止境"的要求，推动顶层设计与基层首创相结合，全面推进理论创新、制度创新、实践创新，形成更多可复制的经验、模式，使未成年人检察工作持续迸发生机活力。

二、从严惩治侵害未成年人犯罪

4. 依法从严从快批捕、起诉侵害未成年人犯罪。坚持零容忍，严厉打击宗教极端、民族分裂等敌对势力向未成年人灌输极端思想、组织利用未成年人实施恐怖活动犯罪和极端主义犯罪。突出打击性侵害未成年人、拐卖、拐骗儿童，成年人拉拢、迫使未成年人参与犯罪组织，组织未成年人乞讨或进行其他违反治安管理活动的犯罪。依法惩处危害校园安全、监护侵害、侵害农村留守儿童和困境儿童犯罪。坚持依法从严提出量刑建议，积极建议适用从业禁止、禁止令。上级检察院对重大案件要坚持挂牌督办，加强跟踪指导。坚持和完善重大疑难案件快速反应、介入侦查引导取证机制。加强与侦查、审判机关的沟通交流，通过典型案例研讨、同堂培训、一体推行司法政策等方式凝聚共识，统一司法尺度，形成打击合力。

5. 强化刑事诉讼监督。牢固树立"在办案中监督、在监督中办案"理念，拓展监督线索来源，完善监督方式，提升监督质效。对违反诉讼程序尤其是未成年人刑事案件特别程序规定，侵犯涉案未成年人诉讼权利的行为，要及时监督纠正。注重强化与公安机关执法办案管理中心等平台的沟通与衔接，深入开展立案监督、侦查活动监督，重点监督对性侵害未成年人案件有案不立、立而不侦、有罪不究、以罚代刑等问题。积极推进涉及未成年人案件刑事审判监督、刑罚执行监督，重点监督重罪轻判、有罪判无罪、特殊管教措施虚置、社区矫正空转等问题，确保罚当其罪、执行到位。

6. 持续推进"一站式"办案机制。加强与公安机关沟通，努力实现性侵害未成年人案件提前介入、询问被害人同步录音录像全覆盖，切实提高一次询问的比例，避免和减少二次伤害。会同公安机关、妇联等部门积极推进集未成年被害人接受询问、生物样本提取、身体检查、心理疏导等于一体的"一站式"取证、救助机制建设。2020年底各地市（州）至少建立一处未成年被害人"一站式"办案场所。

7. 加强未成年被害人关爱救助工作。认真落实《最高人民检察院关于全面加强未成年人国家司法救助工作的意见》等规定，实现符合条件对象救助全覆盖，重点加强对孤儿、农村留守儿童、困境儿童、事实无人抚养儿童及进城务工人员子女等特殊被害人群体的关爱救助。主动协调职能部门，借助社会力量，提供身心康复、生活安置、复学就业、法律支持等多元综合救助,帮助被害人及其家庭摆脱困境。会同司法行政部门,健全完善刑事案件未成年被害人法律援助制度。

三、依法惩戒、精准帮教罪错未成年人

8. 坚持惩治与教育相结合。克服简单从轻、单纯打击和帮教形式化倾向,对于主观恶性大、犯罪性质恶劣、手段残忍、后果严重的未成年人,依法惩处,管束到位,充分发挥刑罚的教育和警示功能;对于主观恶性不大、初犯偶犯的未成年人,依法从宽,实施精准帮教,促进顺利回归社会。准确把握未成年人定罪量刑标准,深入研究涉罪未成年人成长环境、犯罪心理,把个案情况吃透,将党和国家有关处理未成年人犯罪的统一方针、原则、个别化、精准化运用到每一个司法案件中。对未成年人涉黑涉恶案件要准确理解刑事政策和案件本质,认真全面审查事实证据,从严把握认定标准,不符合规定的依法坚决不予认定。对拟认定未成年人构成黑恶犯罪并提起公诉的案件,要逐级上报省级检察院审查把关。

9. 深入落实未成年人特殊检察制度。强化对未成年人严格限制适用逮捕措施,科学把握社会危险性、羁押必要性和帮教可行性。改进社会调查收集、审查方式,科学评估调查质量,解决调查报告形式化、同质化等问题,努力实现社会调查全覆盖,充分发挥社会调查在办案和帮教中的参考作用。加强合适成年人履职能力培训,推动建立稳定的合适成年人队伍。委托心理、社会工作等领域专家开展心理疏导、心理测评等工作,规范运用心理疏导、心理测评辅助办案的方式方法。准确把握附条件不起诉的意义和价值,对符合条件的未成年犯罪嫌疑人积极予以适用,确保适用比例不断提高。落实犯罪记录封存制度,联合公安机关、人民法院制定关于犯罪记录封存的相关规定,协调、监督公安机关依法出具无犯罪记录相关证明,并结合司法办案实践,适时提出修改完善封存制度的意见建议。

10. 准确适用认罪认罚从宽制度。依法履行主导责任,用符合未成年人认知能力的语言,阐明相关法律规定,发挥法定代理人和辩护人作用,帮助其理性选择,同时依法保障未成年被害人的参与、监督、救济等权利。发挥认罪认罚从宽制度的程序分流作用,依法积极适用相对不起诉、附条件不起诉。拟提起公诉的,在依法提出量刑建议的同时,探索提出有针对性的帮教建议。自2020年开始,未成年人犯罪案件认罪认罚从宽制度总体适用率达到80%以上。

11. 加强涉罪未成年人帮教机制建设。探索"互联网+"帮教模式,促进涉罪未成年人帮教内容和方式多元化。引入人格甄别、心理干预等手段,提高帮教的精准度、有效性。加强对附条件不起诉未成年人的考察帮教,积极开展诉前观护帮教,延伸开展不捕、相对不起诉后的跟踪帮教,把帮教贯穿刑事案件办理全过程。探索帮教工作案件化办理。建立流动涉罪未成年人帮教异地协作机制,联合开展社会调查、心理疏导、监督考察、社区矫正监督等工作,确保平等司法保护。

12. 推动建立罪错未成年人分级干预体系。加强与公安、教育等职能部门的配合协作,建立健全严重不良行为、未达刑事责任年龄不予刑事处罚未成年人的信息互通、线索移送和早期干预机制,推动完善罪错未成年人临界预防、家庭教育、保护处分等有机衔接的分级干预制度。认真落实《关于加强专门学校建设和专门教育工作的意见》,积极推动解决招生对象、入学程序、效果评估等方面的难题,探索建立检察机关与专门学校的工作衔接机制,把保护、教育、管束落到实处,切实发挥专门学校独特的教育矫治作用。全面加强家庭教育指导,督促父母提升监护能力,落实监护责任。

四、不断深化未成年人检察业务统一集中办理改革

13. 发挥统一集中办理特色与优势。未成年人刑事执行、民事、行政、公益诉讼检察业务统一由未成年人检察部门集中办理是实现未成年人综合司法保护的客观需要。在办案监督的同时,更加注重对涉案未成年人的帮教和救助。贯彻未成年人利益最大化理念,更加强调监督的主动性、及时性和有效性。注重从所办理的未成年人刑事案件中发现线索,发挥与传统未成年人刑事检察工作紧密相连的效率优势,更好地维护未成年人合法权益。

14. 突出统一集中办理工作重点。认真落实《社区矫正法》《人民检察院刑事诉讼规则》相关规定,积极开展羁押必要性审查,灵活运用派驻检察、巡回检察等方式,加强对看守所、未成年犯管教所监管未成年人活动的监督,配合做好对未成年人的教育,推动对在押未成年人分别关押、分别管理、分别教育落地落实。以纠正脱管漏管、落实特殊矫正措施为重点,加强对未成年人社区矫正活动的监督。切实强化监护侵害和监护缺失监督,稳步推进涉及未成年人抚养、收养、继承、教育等民事行政案件的审判监督和执行活动监督,补强未成年人重大利益家事审判活动监督"短板"。进一步加强对留守儿童等特殊群体民事行政权益保护工作的监督。对食品药品安全、产品质量、烟酒销售、文化宣传、网络信息传播以及其他领域侵害众多未成年人合法权益的,结合实际需要,积

极、稳妥开展公益诉讼工作。

15. 有序推进统一集中办理工作。检察机关涉未成年人刑事、民事、行政、公益诉讼案件原则上可由未成年人检察部门统一集中办理，没有专设机构的，由未成年人检察办案组或独任检察官办理，其他部门予以全力支持配合。稳步推进、适时扩大试点范围。具备条件的地方，可以在省级检察院指导下开展试点工作。各省级检察院可以择优确定重点试点单位，打造试点工作"升级版"，促进试点成果转化运用，推动"试验田"向"示范田"转变。上级检察院要切实承担对下指导责任，总结分析基层试点成效和经验，推出一批体现未成年人检察特色的指导性案例、典型案例，研究解决新情况新问题，并及时将有关情况报送高检院。争取自2021年起，未成年人检察业务统一集中办理工作在全国检察机关全面推开。

16. 完善统一集中办理工作长效机制。研究制定统一集中办理工作业务指引，明确受案范围、履职方式和工作标准。加强与公安机关、人民法院、民政、共青团、妇联等单位的协作，完善与刑事、民事、行政、公益诉讼检察部门的分工负责、互相配合机制，建立内外部信息通报、线索移交、协商沟通、衔接支持制度，形成工作合力。条件成熟时，联合有关单位出台统一集中办理未成年人案件工作指导意见。

五、积极促进未成年人保护社会治理现代化建设

17. 抓好"一号检察建议"监督落实。把"一号检察建议"监督落实作为各级人民检察院的"一把手"工程，没完没了抓落实，努力做成刚性、做到刚性。加强与教育行政部门、学校等沟通配合，各司其职、各负其责，深入中小学校、幼儿园以及校外培训机构等开展调研检查，建立问题整改清单，监督限期整改。积极推动健全事前预防、及时发现、有效处置的各项制度，跟踪监督落实落地。完善问责机制，对造成严重后果的失职、渎职人员，依法移送纪检监察部门追责问责。深刻认识督促落实"一号检察建议"的本质要求是把未成年人保护有关法律规定不折不扣地落到实处，真正形成政治、法治和检察监督的"三个自觉"，以性侵案件为切入点、突破口，以"一号检察建议"为牵引，助推各职能部门依法履职，促进未成年人保护社会治理。

18. 全面推行侵害未成年人案件强制报告和入职查询制度。加快推进、完善侵害未成年人案件强制报告制度，督促有关部门、密切接触未成年人行业的各类组织及其从业人员严格履行报告义务。积极沟通协调，联合公安部、教育部等部门，建立教职员工等特殊岗位入职查询性侵害等违法犯罪信息制度，统一管理，明确查询程序及相应责任，构筑未成年人健康成长的"防火墙"。

19. 切实发挥12309检察服务中心未成年人司法保护专区作用。依托专区功能，及时接收涉未成年人刑事申诉、控告和司法救助线索。进一步明确涉未成年人线索的受理、移送和答复流程，严格执行"七日内回复、三个月答复"规定，及时受理，逐级分流，依法办理，确保事事有着落、件件有回音。根据实践需求，不断完善功能，更新方式，逐步实现"未成年人司法保护专区"的全覆盖，构建起上下一体、协作联动、及时有效的工作格局。

20. 加强对未成年人权益维护的法律监督。立足检察办案，对制作传播网络违法及不良信息、未成年人沉迷网络特别是网络游戏管控、宣传报道侵犯未成年人权益、校园周边安全治理及文化市场整治、娱乐场所、网吧、宾馆及其他场所违规接待、容留未成年人等重点问题，加大监督力度，推动长效治理。探索通过支持起诉、强制家庭教育指导等方式，督促教育行政部门、学校、家庭等妥善解决涉案辍学未成年人的教育问题。对有关部门怠于履职，侵害未成年人权益的，依法通过检察建议、公益诉讼等方式开展法律监督，努力做到"办理一案、治理一片"。加强对涉未成年人案件特点、原因和趋势的分析，及时发现案件背后存在的社会治理问题，提出针对性、有价值的决策参考。推行向党委政府专题报告未成年人检察工作制度，适时发布未成年人检察工作白皮书。

六、深入开展未成年人法治宣传教育

21. 稳步推进检察官兼任法治副校长工作。至2020年底，实现全国四级检察院院领导、未成年人检察工作人员兼任法治副校长全覆盖。推广重庆检察机关"莎姐"团队等地经验，鼓励、吸纳其他部门检察人员、社会工作者、志愿者等加入法治宣讲队伍。联合教育部等部门出台检察官担任法治副校长工作规范。各级人民检察院要督促法治副校长认真充分履职，确保法治教育效果，积极协助学校制定法治教育规划、开设法治教育课程，推动提升法治教育和依法管理水平。

22. 常态化开展"法治进校园"活动。认真落实国家机关"谁执法谁普法"普法责任制。深化检校合作、检社合作，制定普法活动周期表，扩大覆盖面，努力满足外来务工人员子女、留守儿童、辍学闲散未成年人、中等职业院校学生等群体法治教育需求。根据实际需要，开展"菜单式"法治教育。充分发挥"法治进校园"全国巡讲团作用，适时开展专项巡讲活动。会同教育部出台"法治进校园"工作意见，推进"法治进校园"常态化、制度化。

23. 不断丰富未成年人法治教育内容。加强法治教育课程研发工作,建立未成年人普法精品课程库。围绕校园欺凌、性侵害、毒品危害、网络犯罪、"校园贷"等热点问题,组织编写图文并茂的法治教育教材。鼓励创作、拍摄未成年人保护主题的歌曲、话剧、微电影微视频等作品。会同中央广播电视总台,持续做好《守护明天》未成年人法治节目,拓展节目选题、创新讲述方式、丰富讲述内容,打造特色品牌。利用网络信息技术,建立完善线上法治教育平台,提高平台的覆盖率、使用率。会同司法行政、教育等部门,推进未成年人法治教育基地建设,综合运用知识讲授、体验教学、实践模拟等多种方式,提升法治基地教育效果。充分利用教育系统平台,联合推出优质法治教育网课。加强未成年人法治教育线上和线下平台建设,形成未成年人法治教育与实践立体化工作格局。

七、持续加强未成年人检察专业化规范化建设

24. 加强未成年人检察组织体系建设。认真落实高检院机构改革有关要求,省会城市、较大城市的检察院要设立独立的未成年人检察机构。没有专设未成年人检察机构的检察院,要有专门的未成年人检察办案组或者独任检察官,办案组实行对内单独考核管理,对外可以"未成年人检察工作办公室"名义开展工作。针对未成年人检察工作量大幅增加的新情况,加强研究论证,各地特别是基层检察院可以根据实际需要对未成年人检察人员配备、办案机构等进行适当调整。规范未成年人检察内设机构运行,落实检察官司法责任制。

25. 强化未成年人检察业务管理。以工作质量、帮教效果为核心,完善未成年人检察工作独立评价与指标体系。省级检察院要研究制定实施细则,对未成年人检察办案组、独任检察官履职情况单独评价。深化"捕、诉、监、防、教"一体化工作机制,明确同一案件的审查逮捕、审查起诉、法律监督、犯罪预防、教育挽救工作依法由同一检察官办案组或者独任检察官负责。明确未成年人刑事检察受案范围,所有未成年人犯罪案件、侵害未成年人犯罪案件原则上统一由未成年人检察部门或未成年人检察办案组办理,完善涉及未成年人的共同犯罪案件分案办理机制。推进办案方式和专用文书改革,探索逐步将未成年人检察特殊业务纳入案件管理体制。常态化开展未成年人检察案件质量评查,有效降低"案件比",提升办案质量、效率和效果。

26. 健全涉未成年人案件办理制度规则。修改完善《未成年人刑事检察工作指引(试行)》。制定下发有关性侵害未成年人犯罪、涉及未成年人黑恶犯罪、未成年人

毒品犯罪等疑难复杂案件办理规范或指导意见。准确把握涉未成年人案件的特殊规律,建立健全未成年人言词证据审查判断规则。

27. 研编未成年人检察案例。按照"一个案例胜过一打文件"的思路,聚焦未成年人司法保护的难点、热点问题,加大指导性案例、典型案例研编力度。认真落实《最高人民检察院关于案例指导工作的规定》,抓好案例的挖掘、筛选、储备、报送工作。加强案例意识培养,对于具有典型意义的案件,坚持高标准、严要求,努力办成精品、成为典型案例。建立全国未成年人检察案例库。省级检察院要总结、发布典型案例。

28. 推进"智慧未检"建设。做好未成年人检察部门部署应用检察机关统一业务应用系统2.0版工作。加快推进未成年人帮教维权平台建设。探索引入区块链技术,提升特殊制度落实、犯罪预防、帮教救助等工作的精准性、有效性。注重未成年人检察大数据建设与应用,加强对性侵害未成年人、校园欺凌、辍学未成年人犯罪、监护侵害和缺失、未成年人涉网等问题的分析研判,提升未成年人检察的智能化水平。

29. 促进未成年人检察工作交流协作。做好未成年人检察业务援藏援疆工作。加强全国未成年人检察业务和人员交流,推动省际、市际未成年人检察部门结对共建,引导加强直辖市、京津冀、长江经济带、少数民族地区等区域间未成年人检察工作联系,举办未成年人检察论坛,总结探索特色发展之路。组织全国未成年人检察业务专家、骨干人才赴工作相对滞后地区指导帮扶,促进未成年人检察整体发展。

八、积极推进未成年人检察社会化建设

30. 加强社会支持体系建设试点工作。认真落实与共青团中央会签的《关于构建未成年人检察工作社会支持体系合作框架协议》,加强与各级共青团组织沟通协作,完善建设未成年人检察社会支持体系的路径和机制。紧紧围绕未成年人司法社会服务机构实体化运行、社会力量参与未成年人司法保护工作的内容、流程,进一步创新工作方式,打造实践样板。联合有关部门强化督导,逐步扩大试点范围,2021年力争实现社会支持体系在重点地区、重点领域广泛适用。

31. 促进社会支持体系工作不断规范。会同有关部门,制定全国未成年人司法社工服务指引和评价标准。推动将服务经费列入办案预算,完善绩效管理和人才激励机制,保证司法社工参与未成年人检察工作的持续性和稳定性。建立检察机关参与司法社工人才培养机制,

将社会调查员、家庭教育指导人员等纳入培训范围，推动提升专业水平。积极争取党委、政府支持，推动未成年人检察（司法）社会服务中心建设，实现资源有效统筹和线索及时转介。

32. 规范未成年人观护基地建设。加强和规范涉罪未成年人社会观护工作，鼓励流动人口较多的地区根据工作需要在社区、企业等建立未成年人观护基地，组织开展帮扶教育、技能培训等活动。研究出台检察机关未成年人观护基地建设指导意见，规范观护流程、内容及经费保障等工作。

33. 推动建立未成年人司法保护联动机制。发挥检察机关承上启下、唯一参与未成年人司法保护全过程的职能定位，积极主动履行责任。争取党委政法委支持，联合法院、公安、司法行政、教育、民政、共青团、妇联、关工委等单位，建立未成年人司法保护联席会议机制，定期召开会议，共同研究解决未成年人司法保护中的重大疑难问题，实现信息资源共享、工作有效衔接。认真落实高检院与全国妇联会签的《关于建立共同推动保护妇女儿童权益工作合作机制的通知》。

九、切实加强对未成年人检察工作的组织领导

34. 加强对未成年人检察工作的领导和支持。各级人民检察院党组要把未成年人检察工作纳入重要议事日程，制定中长期规划，每年至少听取一次专门工作汇报，研究破解制约未成年人检察发展的重大问题。检察长要亲自出面，积极争取党委、政府支持，协调有关部门解决重点问题。分管院领导要一线抓、重点抓、深入抓，组织实施党组工作部署，指导、保障未成年人检察人员依法充分履行职责。

35. 加强未成年人检察专业队伍建设。加大业务培训力度，扩大覆盖面，强化典型案事例的示范引领，不断提高未成年人检察队伍综合业务能力。用好用足"检答网"，及时解疑答惑。加强岗位练兵，每三年举办全国未成年人检察业务竞赛，省级检察院定期举办全省（自治区、直辖市）业务竞赛，发现、培养一批政治素质高、业务能力强，热爱未成年人检察工作的专家型人才。逐级、分类建立未成年人检察人才库，为未成年人检察业务骨干提供成长成才平台。保持未成年人检察队伍相对稳定，对于未成年人检察条线的先进模范、全国未成年人检察业务竞赛标兵能手、"法治进校园"全国巡讲团成员、《守护明天》主讲人等，要尽量留在未成年人检察岗位，充分发挥"传帮带"作用。加强未成年人检察品牌建设，发展好已有特色品牌，增强示范和带动效应。

36. 切实抓好廉政建设。强化未成年人检察队伍廉洁自律意识和职业道德养成，及时排查未成年人检察部门廉政风险点，扎牢制度笼子。健全完善未成年人检察官权力清单和案件审批制度，检察长、分管检察长和部门负责人要切实履行主体责任。严格落实干预、过问案件"三个规定"，做到凡过问必登记。

37. 重视理论研究和国际交流。充分发挥高检院专家咨询委员会、未成年人检察专业委员会以及全国未成年人检察专家顾问的作用，凝聚法学院校、科研单位研究力量，加强未成年人检察基础理论和实务应用研究。积极促进未成年人检察、未成年人司法学科建设。加强未成年人检察研究基地建设，鼓励各级人民检察院开展相关课题研究。积极参与《未成年人保护法》《预防未成年人犯罪法》修改工作，结合实践提出意见建议。高检院深入推进重大课题研究，适时提出《未成年人司法法》《未成年人刑法》等立法建议稿，并向社会发布。加强与联合国儿童基金会、救助儿童会等国际组织的交流与合作，积极借鉴吸收域外先进经验。

38. 鼓励探索创新。高度重视创新对未成年人检察工作的特殊引领示范作用，建立崇尚创新、鼓励创新的激励机制。加强对全国未成年人检察工作创新实践基地工作的指导、评估、考察，及时进行总结规范，形成可复制的经验，成熟一个，推广一个。

39. 做好宣传工作。高度重视未成年人检察领域意识形态工作，建立预警、应用和处置机制。综合运用传统媒体和"两微一端"等新媒体平台，讲好未成年人检察故事。利用"六一"等重要时间节点，通过检察开放日、新闻发布会、发布典型案事例等多种方式，介绍检察机关在保护未成年人方面的工作举措及成效。加强宣传工作中的隐私保护，维护涉案未成年人合法权益，正确引导舆情方向，形成良好舆论氛围，促进"本在检察工作""要在检察文化""效在检察新闻宣传"的有机统一。

关于建立侵害未成年人案件强制报告制度的意见（试行）

·2020 年 5 月 7 日

第一条　为切实加强对未成年人的全面综合司法保护，及时有效惩治侵害未成年人违法犯罪，根据《中华人民共和国刑事诉讼法》《中华人民共和国未成年人保护法》《中华人民共和国反家庭暴力法》《中华人民共和国执业医师法》及相关法律法规，结合未成年人保护工作实际,制定本意见。

第二条　侵害未成年人案件强制报告,是指国家机关、法律法规授权行使公权力的各类组织及法律规定的公职人员,密切接触未成年人行业的各类组织及其从业人员,在工作中发现未成年人遭受或者疑似遭受不法侵害以及面临不法侵害危险的,应当立即向公安机关报案或举报。

第三条　本意见所称密切接触未成年人行业的各类组织,是指依法对未成年人负有教育、看护、医疗、救助、监护等特殊职责,或者虽不负有特殊职责但具有密切接触未成年人条件的企事业单位、基层群众自治组织、社会组织。主要包括:居(村)民委员会;中小学校、幼儿园、校外培训机构、未成年人校外活动场所等教育机构及校车服务提供者;托儿所等托育服务机构;医院、妇幼保健院、急救中心、诊所等医疗机构;儿童福利机构、救助管理机构、未成年人救助保护机构、社会工作服务机构;旅店、宾馆等。

第四条　本意见所称在工作中发现未成年人遭受或者疑似遭受不法侵害以及面临不法侵害危险的情况包括:

(一)未成年人的生殖器官或隐私部位遭受或疑似遭受非正常损伤的;

(二)不满十四周岁的女性未成年人遭受或疑似遭受性侵害、怀孕、流产的;

(三)十四周岁以上女性未成年人遭受或疑似遭受性侵害所致怀孕、流产的;

(四)未成年人身体存在多处损伤、严重营养不良、意识不清,存在或疑似存在受到家庭暴力、欺凌、虐待、殴打或者被人麻醉等情形的;

(五)未成年人因自杀、自残、工伤、中毒、被人麻醉、殴打等非正常原因导致伤残、死亡情形的;

(六)未成年人被遗弃或长期处于无人照料状态的;

(七)发现未成年人来源不明、失踪或者被拐卖、收买的;

(八)发现未成年人被组织乞讨的;

(九)其他严重侵害未成年人身心健康的情形或未成年人正在面临不法侵害危险的。

第五条　根据本意见规定情形向公安机关报案或举报的,应按照主管行政机关要求报告备案。

第六条　具备先期核实条件的相关单位、机构、组织及人员,可以对未成年人疑似遭受不法侵害的情况进行初步核实,并在报案或举报时将相关材料一并提交公安机关。

第七条　医疗机构及其从业人员在收治遭受或疑似遭受人身、精神损害的未成年人时,应当保持高度警惕,按规定书写、记录和保存相关病历资料。

第八条　公安机关接到疑似侵害未成年人权益的报案或举报后,应当立即接受,问明案件初步情况,并制作笔录。根据案件的具体情况,涉嫌违反治安管理的,依法受案审查;涉嫌犯罪的,依法立案侦查。对不属于自己管辖的,及时移送有管辖权的公安机关。

第九条　公安机关侦查未成年人被侵害案件,应当依照法定程序,及时、全面收集固定证据。对于严重侵害未成年人的暴力犯罪案件,社会高度关注的重大、敏感案件,公安机关、人民检察院应当加强办案中的协商、沟通与配合。

公安机关、人民检察院依法向报案人员或者单位调取指控犯罪所需的处理记录、监控资料、证人证言等证据时,相关单位及其工作人员应当积极予以协助配合,并按照有关规定全面提供。

第十条　公安机关应当在受案或者立案后三日内向报案单位反馈案件进展,并在移送审查起诉前告知报案单位。

第十一条　人民检察院应当切实加强对侵害未成年人案件的立案监督。认为公安机关应当立案而不立案的,应当要求公安机关说明不立案的理由。认为不立案理由不能成立的,应当通知公安机关立案,公安机关接到通知后应当立即立案。

第十二条　公安机关、人民检察院发现未成年人需要保护救助的,应当委托或者联合民政部门或共青团、妇联等群团组织,对未成年人及其家庭实施必要的经济救助、医疗救治、心理干预、调查评估等保护措施。未成年被害人生活特别困难的,司法机关应当及时启动司法救助。

公安机关、人民检察院发现未成年人父母或者其他监护人不依法履行监护职责,或者侵害未成年人合法权益的,应当予以训诫或者责令其接受家庭教育指导。经教育仍不改正,情节严重的,应当依法依规予以惩处。

公安机关、妇联、居民委员会、村民委员会、救助管理机构、未成年人救助保护机构发现未成年人遭受家庭暴力或面临家庭暴力的现实危险,可以依法向人民法院代为申请人身安全保护令。

第十三条　公安机关、人民检察院和司法行政机关及教育、民政、卫生健康等主管行政机关应当对报案人的信息予以保密。违法窃取、泄露报告事项、报告受理情况以及报告人信息的,依法依规予以严惩。

第十四条　相关单位、组织及其工作人员应当注意保护未成年人隐私,对于涉案未成年人身份、案情等信息资料予以严格保密,严禁通过互联网或者以其他方式进行传播。私自传播的,依法给予治安处罚或追究其刑事责任。

第十五条　依法保障相关单位及其工作人员履行强制报告责任,对根据规定报告侵害未成年人案件而引发的纠纷,报告人不予承担相应法律责任;对于干扰、阻碍报告的组织或个人,依法追究法律责任。

第十六条　负有报告义务的单位及其工作人员未履行报告职责,造成严重后果的,由其主管行政机关或者本单位依法对直接负责的主管人员或者其他直接责任人员给予相应处分;构成犯罪的,依法追究刑事责任。相关单位或者单位主管人员阻止工作人员报告的,予以从重处罚。

第十七条　对于行使公权力的公职人员长期不重视强制报告工作,不按规定落实强制报告制度要求的,根据其情节、后果等情况,监察委员会应当依法对相关单位和失职失责人员进行问责,对涉嫌职务违法犯罪的依法调查处理。

第十八条　人民检察院依法对本意见的执行情况进行法律监督。对于工作中发现相关单位对本意见执行、监管不力的,可以通过发出检察建议书等方式进行监督纠正。

第十九条　对于因及时报案使遭受侵害未成年人得到妥善保护、犯罪分子受到依法惩处的,公安机关、人民检察院、民政部门应及时向其主管部门反馈相关情况,单独或联合给予相关机构、人员奖励、表彰。

第二十条　强制报告责任单位的主管部门应当在本部门职能范围内指导、督促责任单位严格落实本意见,并通过年度报告、不定期巡查等方式,对本意见执行情况进行检查。注重加强指导和培训,切实提高相关单位和人员的未成年人保护意识和能力水平。

第二十一条　各级监察委员会、人民检察院、公安机关、司法行政机关、教育、民政、卫生健康部门和妇联、共青团组织应当加强沟通交流,定期通报工作情况,及时研究实践中出现的新情况、新问题。

各部门建立联席会议制度,明确强制报告工作联系人,畅通联系渠道,加强工作衔接和信息共享。人民检察院负责联席会议制度日常工作安排。

第二十二条　相关单位应加强对侵害未成年人案件强制报告的政策和法治宣传,强化全社会保护未成年人、与侵害未成年人违法犯罪行为作斗争的意识,争取理解与支持,营造良好社会氛围。

第二十三条　本意见自印发之日起试行。

最高人民检察院、教育部、公安部关于建立教职员工准入查询性侵违法犯罪信息制度的意见

· 2020 年 8 月 20 日

第一章　总　则

第一条　为贯彻未成年人特殊、优先保护原则,加强对学校教职员工的管理,预防利用职业便利实施的性侵未成年人违法犯罪,根据《中华人民共和国刑法》《中华人民共和国刑事诉讼法》《中华人民共和国未成年人保护法》《中华人民共和国治安管理处罚法》《中华人民共和国教师法》《中华人民共和国劳动合同法》等法律,制定本意见。

第二条　最高人民检察院、教育部与公安部联合建立信息共享工作机制。教育部统筹、指导各级教育行政部门及教师资格认定机构实施教职员工准入查询制度。公安部协助教育部开展信息查询工作。最高人民检察院对相关工作情况开展法律监督。

第三条　本意见所称的学校,是指中小学校(含中等职业学校和特殊教育学校)、幼儿园。

第二章　内容与方式

第四条　本意见所称的性侵违法犯罪信息,是指符合下列条件的违法犯罪信息,公安部根据本条规定建立性侵违法犯罪人员信息库:

(一)因触犯刑法第二百三十六条、第二百三十七条规定的强奸,强制猥亵,猥亵儿童犯罪行为被人民法院依法作出有罪判决的人员信息;

(二)因触犯刑法第二百三十六条、第二百三十七条规定的强奸,强制猥亵,猥亵儿童犯罪行为被人民检察院根据刑事诉讼法第一百七十七条第二款之规定作出不起诉决定的人员信息;

(三)因触犯治安管理处罚法第四十四条规定的猥亵行为被行政处罚的人员信息。

符合刑事诉讼法第二百八十六条规定的未成年人犯罪记录封存条件的信息除外。

第五条　学校新招录教师、行政人员、勤杂人员、安保人员等在校园内工作的教职员工,在入职前应当进行性侵违法犯罪信息查询。

在认定教师资格前,教师资格认定机构应当对申请人员进行性侵违法犯罪信息查询。

第六条　教育行政部门应当做好在职教职员工性侵违法犯罪信息的筛查。

第三章　查询与异议

第七条　教育部建立统一的信息查询平台，与公安部部门间信息共享与服务平台对接，实现性侵违法犯罪人员信息核查，面向地方教育行政部门提供教职员工准入查询服务。

地方教育行政部门主管本行政区内的教职员工准入查询。

根据属地化管理原则，县级及以上教育行政部门根据拟聘人员和在职教职员工的授权，对其性侵违法犯罪信息进行查询。

对教师资格申请人员的查询，由受理申请的教师资格认定机构组织开展。

第八条　公安部根据教育部提供的最终查询用户身份信息和查询业务类别，向教育部信息查询平台反馈被查询人是否有性侵违法犯罪信息。

第九条　查询结果只反映查询时性侵违法犯罪人员信息库里录入和存在的信息。

第十条　查询结果告知的内容包括：

（一）有无性侵违法犯罪信息；

（二）有性侵违法犯罪信息的，应当根据本意见第四条规定标注信息类型；

（三）其他需要告知的内容。

第十一条　被查询人对查询结果有异议的，可以向其授权的教育行政部门提出复查申请，由教育行政部门通过信息查询平台提交申请，由教育部统一提请公安部复查。

第四章　执行与责任

第十二条　学校拟聘用人员应当在入职前进行查询。对经查询发现有性侵违法犯罪信息的，教育行政部门或学校不得录用。在职教职员工经查询发现有性侵违法犯罪信息的，应当立即停止其工作，按照规定及时解除聘用合同。

教师资格申请人员取得教师资格前应当进行教师资格准入查询。对经查询发现有性侵违法犯罪信息的，应当不予认定。已经认定的按照法律法规和国家有关规定处理。

第十三条　地方教育行政部门未对教职员工性侵违法犯罪信息进行查询，或者经查询有相关违法犯罪信息，地方教育行政部门或学校仍予以录用的，由上级教育行政部门责令改正，并追究相关教育行政部门和学校相关人员责任。

教师资格认定机构未对申请教师资格人员性侵违法犯罪信息进行查询，或者未依法依规对经查询有相关违法犯罪信息的人员予以处理的，由上级教育行政部门予以纠正，并报主管部门依法依规追究相关人员责任。

第十四条　有关单位和个人应当严格按照本意见规定的程序和内容开展查询，并对查询获悉的有关性侵违法犯罪信息保密，不得散布或者用于其他用途。违反规定的，依法追究相应责任。

第五章　其他规定

第十五条　最高人民检察院、教育部、公安部应当建立沟通联系机制，及时总结工作情况，研究解决存在的问题，指导地方相关部门及学校开展具体工作，促进学校安全建设和保护未成年人健康成长。

第十六条　教师因对学生实施性骚扰等行为，被用人单位解除聘用关系或者开除，但其行为不属于本意见第四条规定情形的，具体处理办法由教育部另行规定。

第十七条　对高校教职员工以及面向未成年人的校外培训机构工作人员的性侵违法犯罪信息查询，参照本意见执行。

第十八条　各地正在开展的其他密切接触未成年人行业入职查询工作，可以按照原有方式继续实施。

最高人民法院关于加强新时代未成年人审判工作的意见

· 2020 年 12 月 24 日
· 法发〔2020〕45 号

为深入贯彻落实习近平新时代中国特色社会主义思想，认真学习贯彻习近平法治思想，切实做好未成年人保护和犯罪预防工作，不断提升未成年人审判工作能力水平，促进完善中国特色社会主义少年司法制度，根据《中华人民共和国未成年人保护法》《中华人民共和国预防未成年人犯罪法》等相关法律法规，结合人民法院工作实际，就加强新时代未成年人审判工作提出如下意见。

一、提高政治站位，充分认识做好新时代未成年人审判工作的重大意义

1. 未成年人是国家的未来、民族的希望。近年来，随着经济社会发展，未成年人的成长环境出现新的特点。进入新时代，以习近平同志为核心的党中央更加重视未成年人的健康成长，社会各界对未成年人保护和犯罪预防问题更加关切。维护未成年人权益，预防和矫治未成年人犯罪,是人民法院的重要职责。加强新时代未成年人审判工作,是人民法院积极参与国家治理、有效回应社会关切的必然要求。

2. 未成年人审判工作只能加强、不能削弱。要站在保障亿万家庭幸福安宁、全面建设社会主义现代化国家、实现中华民族伟大复兴中国梦的高度,充分认识做好新时代未成年人审判工作的重大意义,强化使命担当,勇于改革创新,切实做好未成年人保护和犯罪预防工作。

3. 加强新时代未成年人审判工作,要坚持党对司法工作的绝对领导,坚定不移走中国特色社会主义法治道路,坚持以人民为中心的发展思想,坚持未成年人利益最大化原则,确保未成年人依法得到特殊、优先保护。对未成年人犯罪要坚持"教育、感化、挽救"方针和"教育为主、惩罚为辅"原则。

4. 对未成年人权益要坚持双向、全面保护。坚持双向保护,既依法保障未成年被告人的权益,又要依法保护未成年被害人的权益,对各类侵害未成年人的违法犯罪要依法严惩。坚持全面保护,既要加强对未成年人的刑事保护,又要加强对未成年人的民事、行政权益的保护,努力实现对未成年人权益的全方位保护。

二、深化综合审判改革,全面加强未成年人权益司法保护

5. 深化涉及未成年人案件综合审判改革,将与未成年人权益保护和犯罪预防关系密切的涉及未成年人的刑事、民事及行政诉讼案件纳入少年法庭受案范围。少年法庭包括专门审理涉及未成年人刑事、民事、行政案件的审判庭、合议庭、审判团队以及法官。

有条件的人民法院,可以根据未成年人案件审判工作需要,在机构数量限额内设立专门审判庭,审理涉及未成年人刑事、民事、行政案件。不具备单独设立未成年人案件审判机构条件的法院,应当指定专门的合议庭、审判团队或者法官审理涉及未成年人案件。

6. 被告人实施被指控的犯罪时不满十八周岁且人民法院立案时不满二十周岁的刑事案件,应当由少年法庭审理。

7. 下列刑事案件可以由少年法庭审理:

(1)人民法院立案时不满二十二周岁的在校学生犯罪案件;

(2)强奸、猥亵等性侵未成年人犯罪案件;

(3)杀害、伤害、绑架、拐卖、虐待、遗弃等严重侵犯未成年人人身权利的犯罪案件;

(4)上述刑事案件罪犯的减刑、假释、暂予监外执行、撤销缓刑等刑罚执行变更类案件;

(5)涉及未成年人,由少年法庭审理更为适宜的其他刑事案件。

未成年人与成年人共同犯罪案件,一般应当分案审理。

8. 下列民事案件由少年法庭审理:

(1)涉及未成年人抚养、监护、探望等事宜的婚姻家庭纠纷案件,以及适宜由少年法庭审理的离婚案件;

(2)一方或双方当事人为未成年人的人格权纠纷案件;

(3)侵权人为未成年人的侵权责任纠纷案件,以及被侵权人为未成年人,由少年法庭审理更为适宜的侵权责任纠纷案件;

(4)涉及未成年人的人身安全保护令案件;

(5)涉及未成年人权益保护的其他民事案件。

9. 当事人为未成年人的行政诉讼案件,有条件的法院,由少年法庭审理。

10. 人民法院审理涉及未成年人案件,应当根据案件情况开展好社会调查、社会观护、心理疏导、法庭教育、家庭教育、司法救助、回访帮教等延伸工作,提升案件办理的法律效果和社会效果。

三、加强审判机制和组织建设,推进未成年人审判专业化发展

11. 坚持未成年人审判的专业化发展方向,加强未成年人审判工作的组织领导和业务指导,加强审判专业化、队伍职业化建设。

12. 大力推动未成年人审判与家事审判融合发展,更好维护未成年人合法权益,促进家庭和谐、社会安定,预防、矫治未成年人犯罪。未成年人审判与家事审判要在各自相对独立的基础上相互促进、协调发展。

13. 最高人民法院建立未成年人审判领导工作机制,加大对全国法院未成年人审判工作的组织领导、统筹协调、调查研究、业务指导。高级人民法院相应设立未成年人审判领导工作机制,中级人民法院和有条件的基层人民法院可以根据情况和需要,设立未成年人审判领导工作机制。

14. 地方各级人民法院要结合内设机构改革,落实《中华人民共和国未成年人保护法》《中华人民共和国预防未成年人犯罪法》关于应当确定专门机构或者指定专门人员办理涉及未成年人案件、负责预防未成年人犯罪工作的要求,充实未成年人审判工作力量,加强未成年人审判组织建设。

15. 探索通过对部分城区人民法庭改造或者加挂牌子的方式设立少年法庭，审理涉及未成年人的刑事、民事、行政案件，开展延伸帮教、法治宣传等工作。

16. 上级法院应当加强对辖区内下级法院未成年人审判组织建设工作的监督、指导和协调，实现未成年人审判工作的上下统一归口管理。

四、加强专业队伍建设，夯实未成年人审判工作基础

17. 各级人民法院应当高度重视未成年人审判队伍的培养和建设工作。要选用政治素质高、业务能力强、熟悉未成年人身心特点、热爱未成年人权益保护工作和善于做未成年人思想教育工作的法官负责审理涉及未成年人案件，采取措施保持未成年人审判队伍的稳定性。

18. 各级人民法院应当根据未成年人审判的工作特点和需要，为少年法庭配备专门的员额法官和司法辅助人员。加强法官及其他工作人员的业务培训，每年至少组织一次专题培训，不断提升、拓展未成年人审判队伍的司法能力。

19. 各级人民法院可以从共青团、妇联、关工委、工会、学校等组织的工作人员中依法选任人民陪审员，参与审理涉及未成年人案件。审理涉及未成年人案件的人民陪审员应当熟悉未成年人身心特点，具备一定的青少年教育学、心理学知识，并经过必要的业务培训。

20. 加强国际交流合作，拓展未成年人审判的国际视野，及时掌握未成年人审判的发展动态，提升新时代未成年人审判工作水平。

五、加强审判管理，推动未成年人审判工作实现新发展

21. 对涉及未成年人的案件实行专门统计。建立符合未成年人审判工作特点的司法统计指标体系，掌握分析涉及未成年人案件的规律，有针对性地制定和完善少年司法政策。

22. 对未成年人审判进行专门的绩效考核。要落实《中华人民共和国未成年人保护法》关于实行与未成年人保护工作相适应的评价考核标准的要求，将社会调查、心理疏导、法庭教育、延伸帮教、法治宣传、参与社会治安综合治理等工作纳入绩效考核范围，不能仅以办案数量进行考核。要科学评价少年法庭的业绩，调动、激励工作积极性。

23. 完善未成年人审判档案管理制度。将审判延伸、判后帮教、法治教育、犯罪记录封存等相关工作记录在案，相关材料订卷归档。

六、加强协作配合，增强未成年人权益保护和犯罪预防的工作合力

24. 加强与公安、检察、司法行政等部门的协作配合，健全完善"政法一条龙"工作机制，严厉打击侵害未成年人犯罪，有效预防、矫治未成年人违法犯罪，全面保护未成年人合法权益。

25. 加强与有关职能部门、社会组织和团体的协调合作，健全完善"社会一条龙"工作机制，加强未成年人审判社会支持体系建设。通过政府购买社会服务等方式，调动社会力量，推动未成年被害人救助、未成年罪犯安置帮教、未成年人民事权益保护等措施有效落实。

26. 加强法治宣传教育工作，特别是校园法治宣传。充分发挥法治副校长作用，通过法治进校园、组织模拟法庭、开设法治网课等活动，教育引导未成年人遵纪守法，增强自我保护的意识和能力，促进全社会更加关心关爱未成年人健康成长。

七、加强调查研究，总结推广先进经验和创新成果

27. 深化未成年人审判理论研究。充分发挥中国审判理论研究会少年审判专业委员会、最高人民法院少年司法研究基地作用，汇聚各方面智慧力量，加强新时代未成年人审判重大理论和实践问题研究，为有效指导司法实践、进一步完善中国特色社会主义少年司法制度提供理论支持。

28. 加强调查研究工作。针对未成年人保护和犯罪预防的热点、难点问题，适时研究制定司法解释、司法政策或者发布指导性案例、典型案例，明确法律适用、政策把握，有效回应社会关切。

29. 加强司法建议工作。结合案件审判，针对未成年人保护和犯罪预防的薄弱环节，有针对性、建设性地提出完善制度、改进管理的建议，促进完善社会治理体系。

30. 认真总结、深入宣传未成年人审判工作经验和改革创新成果。各级人民法院要结合本地实际，在法律框架内积极探索有利于强化未成年人权益保护和犯罪预防的新机制、新方法。通过专题片、微电影、新闻发布会、法治节目访谈、典型案例、重大司法政策文件发布、优秀法官表彰等多种形式，强化未成年人审判工作宣传报道，培树未成年人审判工作先进典型。

最高人民法院、最高人民检察院、公安部、司法部关于未成年人犯罪记录封存的实施办法

· 2022 年 5 月 24 日

第一条　为了贯彻对违法犯罪未成年人教育、感化、挽救的方针，加强对未成年人的特殊、优先保护，坚持最有利于未成年人原则，根据刑法、刑事诉讼法、未成年人

保护法、预防未成年人犯罪法等有关法律规定,结合司法工作实际,制定本办法。

第二条　本办法所称未成年人犯罪记录,是指国家专门机关对未成年犯罪人员情况的客观记载。应当封存的未成年人犯罪记录,包括侦查、起诉、审判及刑事执行过程中形成的有关未成年人犯罪或者涉嫌犯罪的全部案卷材料与电子档案信息。

第三条　不予刑事处罚、不追究刑事责任、不起诉、采取刑事强制措施的记录,以及对涉罪未成年人进行社会调查、帮教考察、心理疏导、司法救助等工作的记录,按照本办法规定的内容和程序进行封存。

第四条　犯罪的时候不满十八周岁,被判处五年有期徒刑以下刑罚以及免予刑事处罚的未成年人犯罪记录,应当依法予以封存。

对在年满十八周岁前后实施数个行为,构成一罪或者一并处理的数罪,主要犯罪行为是在年满十八岁周岁前实施的,被判处或者决定执行五年有期徒刑以下刑罚以及免予刑事处罚的未成年人犯罪记录,应当对全案依法予以封存。

第五条　对于分案办理的未成年人与成年人共同犯罪案件,在封存未成年人案卷材料和信息的同时,应当在未封存的成年人卷宗封面标注"含犯罪记录封存信息"等明显标识,并对相关信息采取必要保密措施。对于未分案办理的未成年人与成年人共同犯罪案件,应当在全案卷宗封面标注"含犯罪记录封存信息"等明显标识,并对相关信息采取必要保密措施。

第六条　其他刑事、民事、行政及公益诉讼案件,因办案需要使用了被封存的未成年人犯罪记录信息的,应当在相关卷宗封面标明"含犯罪记录封存信息",并对相关信息采取必要保密措施。

第七条　未成年人因事实不清、证据不足被宣告无罪的案件,应当对涉罪记录予以封存;但未成年被告人及其法定代理人申请不予封存或者解除封存的,经人民法院同意,可以不予封存或者解除封存。

第八条　犯罪记录封存决定机关在作出案件处理决定时,应当同时向案件被告人或犯罪嫌疑人及其法定代理人或近亲属释明未成年人犯罪记录封存制度,并告知其相关权利义务。

第九条　未成年人犯罪记录封存应当贯彻及时、有效的原则。对于犯罪记录被封存的未成年人,在入伍、就业时免除犯罪记录的报告义务。

被封存犯罪记录的未成年人因涉嫌再次犯罪接受司法机关调查时,应当主动、如实地供述其犯罪记录情况,不得回避、隐瞒。

第十条　对于需要封存的未成年人犯罪记录,应当遵循《中华人民共和国个人信息保护法》不予公开,并建立专门的未成年人犯罪档案库,执行严格的保管制度。

对于电子信息系统中需要封存的未成年人犯罪记录数据,应当加设封存标记,未经法定查询程序,不得进行信息查询、共享及复用。

封存的未成年人犯罪记录数据不得向外部平台提供或对接。

第十一条　人民法院依法对犯罪时不满十八周岁的被告人判处五年有期徒刑以下刑罚以及免予刑事处罚的,判决生效后,应当将刑事裁判文书、《犯罪记录封存通知书》及时送达被告人,并同时送达同级人民检察院、公安机关,同级人民检察院、公安机关在收到上述文书后应当在三日内统筹相关各级检察机关、公安机关将涉案未成年人的犯罪记录整体封存。

第十二条　人民检察院依法对犯罪时不满十八周岁的犯罪嫌疑人决定不起诉后,应当将《不起诉决定书》、《犯罪记录封存通知书》及时送达被不起诉人,并同时送达同级公安机关,同级公安机关收到上述文书后应当在三日内将涉案未成年人的犯罪记录封存。

第十三条　对于被判处管制、宣告缓刑、假释或者暂予监外执行的未成年罪犯,依法实行社区矫正,执行地社区矫正机构应当在刑事执行完毕后三日内将涉案未成年人的犯罪记录封存。

第十四条　公安机关、人民检察院、人民法院和司法行政机关分别负责受理、审核和处理各自职权范围内有关犯罪记录的封存、查询工作。

第十五条　被封存犯罪记录的未成年人本人或者其法定代理人申请为其出具无犯罪记录证明的,受理单位应当在三个工作日内出具无犯罪记录的证明。

第十六条　司法机关为办案需要或者有关单位根据国家规定查询犯罪记录的,应当向封存犯罪记录的司法机关提出书面申请,列明查询理由、依据和使用范围等,查询人员应当出示单位公函和身份证明等材料。

经审核符合查询条件的,受理单位应当在三个工作日内开具有 / 无犯罪记录证明。许可查询的,查询后,档案管理部门应当登记相关查询情况,并按照档案管理规定将有关申请、审批材料、保密承诺书等一同存入卷宗归档保存。依法不许可查询的,应当在三个工作日内向查询单位出具不许可查询决定书,并说明理由。

对司法机关为办理案件、开展重新犯罪预防工作需要申请查询的,封存机关可以依法允许其查阅、摘抄、复制相关案卷材料和电子信息。对司法机关以外的单位根据国家规定申请查询的,可以根据查询的用途、目的与实际需要告知被查询对象是否受过刑事处罚、被判处的罪名、刑期等信息,必要时,可以提供相关法律文书复印件。

第十七条　对于许可查询被封存的未成年人犯罪记录的,应当告知查询犯罪记录的单位及相关人员严格按照查询目的和使用范围使用有关信息,严格遵守保密义务,并要求其签署保密承诺书。不按规定使用所查询的犯罪记录或者违反规定泄露相关信息,情节严重或者造成严重后果的,应当依法追究相关人员的责任。

因工作原因获知未成年人封存信息的司法机关、教育行政部门、未成年人所在学校、社区等单位组织及其工作人员、诉讼参与人、社会调查员、合适成年人等,应当做好保密工作,不得泄露被封存的犯罪记录,不得向外界披露该未成年人的姓名、住所、照片,以及可能推断出该未成年人身份的其他资料。违反法律规定披露被封存信息的单位或个人,应当依法追究其法律责任。

第十八条　对被封存犯罪记录的未成年人,符合下列条件之一的,封存机关应当对其犯罪记录解除封存:

(一)在未成年时实施新的犯罪,且新罪与封存记录之罪数罪并罚后被决定执行刑罚超过五年有期徒刑的;

(二)发现未成年时实施的漏罪,且漏罪与封存记录之罪数罪并罚后被决定执行刑罚超过五年有期徒刑的;

(三)经审判监督程序改判五年有期徒刑以上刑罚的;

被封存犯罪记录的未成年人,成年后又故意犯罪的,人民法院应当在裁判文书中载明其之前的犯罪记录。

第十九条　符合解除封存条件的案件,自解除封存条件成立之日起,不再受未成年人犯罪记录封存相关规定的限制。

第二十条　承担犯罪记录封存以及保护未成年人隐私、信息工作的公职人员,不当泄露未成年人犯罪记录或者隐私、信息的,应当予以处分;造成严重后果,给国家、个人造成重大损失或者恶劣影响的,依法追究刑事责任。

第二十一条　涉案未成年人应当封存的信息被不当公开,造成未成年人在就学、就业、生活保障等方面未受到同等待遇的,未成年人及其法定代理人可以向相关机关、单位提出封存申请,或者向人民检察院申请监督。

第二十二条　人民检察院对犯罪记录封存工作进行法律监督。对犯罪记录应当封存而未封存,或者封存不当,或者未成年人及其法定代理人提出异议的,人民检察院应当进行审查,对确实存在错误的,应当及时通知有关单位予以纠正。

有关单位应当自收到人民检察院的纠正意见后及时审查处理。经审查无误的,应当向人民检察院说明理由;经审查确实有误的,应当及时纠正,并将纠正措施与结果告知人民检察院。

第二十三条　对于2012年12月31日以前办结的案件符合犯罪记录封存条件的,应当按照本办法的规定予以封存。

第二十四条　本办法所称"五年有期徒刑以下"含本数。

第二十五条　本办法由最高人民法院、最高人民检察院、公安部、司法部共同负责解释。

第二十六条　本办法自2022年5月30日起施行。

附件:1. 无犯罪记录证明

2. 保密承诺书

附件1

无犯罪记录证明

×公/检/法/司(×)证字【　】××号

经查,被查询人:　　　　,国籍　　,证件名称:　　,证件号码:　　　　,(在××××年××月××日至××××年××月××日期间),未发现有犯罪记录。

申请人

业务编号
及二维码

单位(盖章)

××××年××月××日

注:1. 此证明书只反映出具证明时信息查询平台内的犯罪记录信息情况。

2. 如未注明查询时间范围,即查询全时段信息。

3. 此证明书自开具之日起3个月内有效。

附件2

保密承诺书

_____：

　　为了_____（目的），根据_____
_____，我（我们）受_____委
派，查询贵单位_____卷宗。为保证该案未成
年人犯罪记录不被泄露，特作出以下承诺：

　　1. 查询获得的未成年人犯罪信息仅用于以上事
由，不超越范围使用。

　　2. 严格控制知情人范围，除必需接触的人员外，不
向任何个人和单位披露。

　　3. 对获取的信息，采取严格的保密措施，谨防信息
泄露。

　　违背以上承诺，造成后果的，愿意承担相应责任。

承诺人：　　　　　单位：

　　　　　　　　　　　　年　　月　　日

最高人民法院关于全面加强未成年人司法保护及犯罪防治工作的意见（节录）

·2024年5月30日
·法发〔2024〕7号

……

二、加强涉未成年人案件审判工作

（一）加强涉未成年人民事、行政审判工作

3. 增强未成年人保护和犯罪防治观念。着眼未成年人保护和犯罪防治，积极探索适合未成年人身心特点的审判方式，在民事、行政审判中要关注未成年人身心健康，善于发现苗头性倾向性问题，及时化解、消除可能滋生未成年人违法犯罪行为的各种消极因素，做实"抓前端、治未病"。

4. 建立涉未成年人案件快速办理机制。开辟"绿色通道"，本着便捷、高效的原则，对涉未成年人权益保护民事、行政案件，实现优先立案、快速审理、及时裁判、高效执行，切实保障未成年人合法权益。

5. 加强教育和诉讼引导。围绕保护未成年人全面健康成长，办案中注重从法律规定、社会道德、未成年人身心发展规律等方面对未成年人、监护人等相关人员进行针对性教育和诉讼引导。在涉及未成年子女的离婚等案件中，做实做好"关爱未成年人提示"工作，引导当事人以保障未成年子女健康成长为目的，妥善处理抚养、探望、财产等相关事宜。

6. 做实做细调解工作。民事案件除身份关系确认等不适宜调解的以外，应当重视调解。经双方当事人同意，可以邀请社会观护人员、未成年人的近亲属、学校、街道、居委会、村委会等参与案件调解。行政案件应当积极开展诉前调解。对行政赔偿、补偿以及行政机关行使法律、法规规定的自由裁量权的案件，应当在审判过程中注重通过调解实现最佳办案效果。

7. 及时指定诉讼中的代理人。在民事诉讼中，未成年人与其监护人存在利益冲突的，人民法院可以及时告知其他依法具有监护资格的人协商确定未成年人的代理人；协商不成的，人民法院在他们之中指定代理人。未成年人没有其他依法具有监护资格的人的，人民法院可以指定民法典第三十二条规定的有关组织担任代理人。

8. 合理确定直接抚养人。对涉抚养案件，未成年子女已满八周岁的，应当充分听取其意见，尊重其真实意愿。未成年子女向人民法院表达意愿或者陈述事实时，人民法院可以通知社会观护人员或者其他合适人员在场陪同。陪同人员可以辅助未成年子女表达真实意愿。必要时，人民法院可以单独询问、听取未成年子女意见，并提供适宜未成年人心理特点的友善环境，确保其隐私及安全。未成年子女表达的意见不利于其身心健康成长的，人民法院应当予以释明，并依据最有利于未成年人的原则进行裁判。

9. 妥善审理探望权案件。对于探望权案件，人民法院在裁判文书中应当根据案件实际情况，写明探望时间、方式等具体内容。不直接抚养一方因外出务工等原因不能见面探望的，人民法院可以引导当事人积极通过电话、书信、网络、视频连线等方式给予子女亲情关爱。

不直接抚养未成年子女的一方应当依照协议、人民法院判决或者调解确定的时间和方式，在不影响未成年子女学习、生活的情况下探望未成年子女，直接抚养的一方应当配合，拒不协助的，人民法院可予以教育、训诫，直至依法采取拘留、罚款等强制措施。探望不利于未成年子女身心健康、当事人请求中止探望的，人民法院在征询双方当事人及未成年子女意见并查明事实后，认为需要中止探望的，依法作出裁定。未成年子女请求父母探望，或者祖父母、外祖父母请求探望孙子女、外孙子女的，人

民法院根据案件具体情况,按照最有利于未成年人的原则依法裁判。

10. 妥善审理涉未成年人侵权案件。未成年人造成他人损害的,由监护人承担侵权责任。监护人尽到监护职责的,可以减轻其侵权责任。人民法院发现监护人未正确履行监护职责的,根据情况对监护人予以训诫,并可以责令其接受教育指导。

未成年人的人身权益受到侵害的,人民法院应当充分考虑未成年人发育、成长和康复需要,依法确定赔偿费用。对根据医疗证明或者鉴定结论确定必然发生的器官功能恢复训练等所必要的康复费、适当的整容费以及其他后续治疗费,可以与已经发生的医疗费一并予以赔偿。在确定精神损害赔偿数额时,可以根据案件具体情况参照成年人案件适当提高。

11. 依法保护未成年人合法财产权益。人民法院在审理离婚案件时,应当注意审查当事人拟分割的财产中是否包括未成年子女的财产以及是否已将未成年子女的财产分列,防止当事人违法处分未成年子女的财产。未成年子女存在重病等特殊情形的,人民法院根据财产的具体情况,应以照顾子女、女方和无过错方权益的原则依法处理。人民法院审理继承案件,应当依法保护未成年人的继承权和受遗赠权。

12. 强化行政行为合法性审查。人民法院对于涉及未成年人权益的行政行为,应当严格进行合法性审查,防止行政行为侵害未成年人权益。对于违法或者不当的行政行为,及时予以纠正。监督和支持教育、公安、民政、网信等相关部门依法履行保护未成年人合法权益的法定职责。

13. 强化行政许可与处罚审查。在涉及未成年人的行政许可、行政处罚等案件中,关注未成年人的特殊情况和权益保护需求。对涉及教育、卫生等领域的行政许可,应当确保未成年人的受教育权和健康权得到充分保障;对涉及未成年人的行政处罚,应当充分考虑未成年人的认知能力和行为特点,避免不当处罚。

14. 加强行政争议诉源治理。对事关未成年人切身利益的重大改革措施出台、政策制定或调整、敏感事件处置等事项,人民法院可以通过参与论证、提供法律咨询意见、发送司法建议等方式,助推涉未成年人重大行政决策的科学化、民主化和法治化,切实加强未成年人权益保护,从源头减少、杜绝侵害未成年人权益的行政行为。

15. 积极探索创新执行工作机制。探索由专门团队或专人负责涉未成年人民事、行政案件执行工作。对涉

抚养、探望等执行案件,积极开展教育疏导、调解等工作,引导当事人以有利于未成年子女身心健康为原则,主动履行义务或者达成和解。

(二)加强涉未成年人刑事审判工作

16. 对未成年人犯罪宽容不纵容。精准贯彻宽严相济刑事政策,依法贯彻“教育、感化、挽救”的方针,坚持“教育为主、惩罚为辅”原则,准确把握和判断犯罪行为的社会危害性,充分考虑未成年人的成长经历、导致犯罪的深层次原因等,最大限度挽救涉案未成年人。对于主观恶性深、情节恶劣、危害严重,特别是屡教不改的,绝不姑息纵容,坚决依法惩治,确保司法公正。

审理未成年人犯罪案件,应当采取适合未成年人身心特点的审判方式,坚持“寓教于审”,根据未成年被告人性格特点和犯罪行为等实际情况,有针对性地开展法庭教育,剖析引发犯罪的主客观原因和教训,引导未成年被告人正确认识法庭审判的严肃性和犯罪行为的社会危害,促其改过自新。

17. 从严惩处利用未成年人实施违法犯罪的行为。引诱、指使、利用未成年人实施违法犯罪活动,构成犯罪的,依法从重处罚。特别是对于胁迫、教唆、引诱、欺骗未成年人参与实施黑恶势力犯罪、有组织违法犯罪的,利用未成年人介绍、诱骗其他低龄未成年女性卖淫或者供其奸淫的,利用未达到刑事责任年龄的未成年人、留守儿童、在校学生实施犯罪的,以及通过向未成年人传授犯罪方法、提供毒品、管制麻醉精神药品、灌输色情暴力等不良信息继而加以利用等严重损害未成年人身心健康、严重危害社会和谐稳定的犯罪,依法从严惩处。

18. 从严惩处侵害未成年人犯罪。对于拐卖、拐骗、绑架儿童,暴力伤害、性侵害未成年人,引诱、介绍、组织、强迫未成年人卖淫,制作、贩卖、传播含有未成年人内容的淫秽电子信息,向未成年人传播淫秽物品等严重侵害未成年人身心健康的犯罪,坚持零容忍立场,依法从严惩处。

19. 加强未成年被害人权益保障。人民法院审理侵害未成年人刑事案件,应当充分考虑未成年被害人身心发育尚未成熟、易受伤害等特点,给予特殊和优先保护,强化对其权益的保障。应当将案件进展情况、案件处理结果及时告知未成年被害人及其法定代理人,并对有关情况予以说明。确定案件开庭日期后,应当将开庭的时间、地点通知未成年被害人及其法定代理人。宣判后,应当将判决书向未成年被害人及其法定代理人送达。

(三)做深做实涉未成年人特色审判工作

20. 深化未成年人隐私保护。对审判时被告人未满十八周岁的刑事案件，一律不公开审判；对涉未成年人民事、行政案件，涉及个人隐私的，应当不公开审理。对涉及未成年人的刑事案件，不得向外界披露未成年人的姓名、住所、照片以及可能推断出未成年人身份的其他资料。查阅、摘抄、复制的案卷材料，涉及未成年人的，不得公开和传播。对涉及未成年人的民事、行政案件，应当注意保护未成年人隐私。发布案例、制作法治宣传资料等均应当对相关信息进行必要的技术处理。

21. 深入开展社会调查。人民法院审理未成年人犯罪案件，应当详细了解未成年人成长环境和犯罪成因。对人民检察院移送的社会调查报告及有关人员提交的反映未成年被告人情况的书面材料，应当重点审查是否客观、全面地反映了未成年人性格特点、家庭监护情况、学校教育、社会交往、成长经历、实施犯罪前后的表现，以及其他反映未成年人走上犯罪道路深层原因的内容。社会调查报告不具体、不翔实的，人民法院应当通知人民检察院予以补充，也可以自行或者委托有关机构开展社会调查。对社会调查报告和有关人员提交的相关材料，经出示、质证，依法采纳的，可以作为办理案件和教育被告人的参考，以及向有关方面提出司法建议的依据。庭审中，人民法院可以通知作出调查报告的人员出庭说明情况，接受控辩双方和法庭的询问。

22. 积极完善社会观护。人民法院审理离婚、抚养、收养、监护、探望等民事案件涉及未成年人的，可以委托从事未成年人保护相关工作的社会组织或者人员就未成年人相关情况开展调查、参与案件调解、必要时陪同未成年人接受询问、对未成年人进行心理疏导、判后延伸观察保护等社会观护工作。社会观护员可通过分别听取当事人、未成年人意见和走访街道、社区、幼儿园、学校等方式，全面了解未成年人的实际生活状况。社会观护报告可以作为人民法院审理案件及开展司法延伸工作的参考和依据。

23. 积极开展心理疏导。人民法院审理涉未成年人案件，根据案件情况认为有必要时，可以自行或者聘请专业人员对未成年当事人进行心理疏导和矫治，安抚未成年人情绪，消除、化解未成年人心理危机和心理障碍；经未成年人及其法定代理人同意，也可以对未成年人进行心理测评，心理测评报告可以作为办理案件和教育矫治的参考。应当及时为未成年被害人及遭受家庭暴力的未成年人提供心理疏导。

24. 加大救助力度。根据未成年人的实际困难，对符合司法救助条件的未成年人优先救助，在救助力度上给予倾斜。积极与教育、民政、共青团、妇联等部门、社会慈善机构等建立联动关爱救助衔接机制，对确有需要的未成年人予以经济帮扶、转学安置等帮助，最大限度保护未成年人合法权益。

三、推动涉未成年人刑事、民事、行政"三审合一"实质化

25. 完善一体化审理机制。因同一事实或者相关事实产生的涉未成年人刑事、民事、行政互涉案件，在符合法律有关管辖规定且条件允许的情况下，原则上由同一审判组织审理。对涉未成年人民事案件反映出的涉未成年人行政管理、犯罪预防等工作中存在的突出问题、隐患，或者审理涉未成年人刑事案件，发现未成年人民事权利等也受到侵害的，应当一并依法妥善解决、处理。刑事或者行政生效裁判确认的基本事实，除有相反证据足以推翻外，在相关民事案件中可予以认定。

26. 做好线索移送和权利告知工作。审理变更抚养关系纠纷、探望权纠纷以及撤销监护人资格等案件，发现未成年人受到或者疑似受到虐待、暴力伤害、性侵害、遗弃等违法犯罪侵害的，应当将涉嫌违法犯罪的线索移送主管部门处理。审理行政案件发现未成年人民事合法权益受到侵害的，可以告知当事人另行提起民事诉讼。涉嫌违法犯罪的，将线索移送主管部门处理。审理涉未成年人刑事案件发现未成年人的父母或者其他监护人不依法履行监护职责或者侵犯未成年人合法权益，涉嫌违法犯罪的，或者发现其他侵害未成年人权益犯罪线索的，将线索移送主管部门处理。

27. 做好刑民衔接。未成年人实施犯罪但因未达到刑事责任年龄而不予追究刑事责任的案件，或者因已超过刑事追诉期限等客观原因无法追究刑事责任、但符合民法典第一百九十一条规定的损害赔偿请求权诉讼时效的性侵未成年人犯罪案件，或者其他侵害未成年人权益但尚不构成犯罪的案件，当事人提起民事诉讼的，人民法院应当依法予以支持，赔偿范围依照民法典相关规定确定。未成年人在宾馆、酒店、歌厅、酒吧、网吧、电竞酒店、剧本娱乐经营等场所或者互联网平台受到性侵害等伤害，相关场所、平台未尽到安全保障义务，未成年人以此为由提起民事诉讼的，人民法院应当依法予以支持，赔偿范围依照民法典相关规定确定。由公安机关、检察机关或者人民法院保存的与被诉侵权行为具有关联性的证据，侵权案件当事人及其诉讼代理人因客观原因不能自行收集，申请调查收集的，人民法院应当准许，但可能影

响正在进行的刑事诉讼程序的除外。

28. 建立公益诉讼衔接机制。人民法院发现未成年人合法权益受到侵犯,涉及公共利益的,可以将线索移送检察机关。应当注意发现涉案未成年人食品、玩具、用品等是否危害不特定多数未成年人身心健康,全面审查涉案网络游戏、网络直播、网络音视频、网络社交、网站等网络技术、产品和服务以及图书、广播电视、影视传媒等是否含有危害未成年人身心健康的信息,对未成年人保护负有监督管理职责的行政机关是否存在不作为、乱作为等损害未成年人公共利益的情形。

四、促推"六大保护"融合发力

29. 依法引领监护人履行监护职责。人民法院应当在审判中强化父母等监护人的监护职责,引导监护人尽到抚养、教育、保护的义务,创造有利于未成年人健康成长的家庭环境,不仅要为未成年人提供健康、安全等方面的保障,还应当关注未成年人的心理状况和情感需求。妥善审理申请确定和指定监护人案件,确保未成年人有人监护;妥善审理申请变更监护人和撤销监护人资格案件,确保未成年人得到妥当监护;监护人不履行监护职责或者侵害被监护人合法权益的,依法判令监护人承担相应法律责任。

30. 强化家庭教育指导。人民法院审理涉及留守未成年人、困境未成年人等特殊群体的案件,或者离婚、抚养、收养、监护、探望等民事案件涉及未成年人的,应当根据案件具体情况,在诉前调解、案件审理、判后回访等各个环节,通过法庭教育、释法说理、现场辅导、网络辅导、心理干预、制发家庭教育责任告知书、家庭教育指导建议书等多种形式开展家庭教育指导。人民法院在审理涉未成年人刑事、行政案件中,发现未成年人的父母或者其他监护人不依法履行监护职责、侵犯未成年人合法权益,或者存在其他因家庭监护管教缺失、不当等可能影响未成年人身心健康情形的,根据情况,对未成年人的父母或者其他监护人予以训诫,并可以责令其接受家庭教育指导。

31. 依法从严处理学生欺凌。人民法院在相关案件中发现存在学生欺凌现象的,应当与学校或培训机构及教育主管部门沟通,建议及时予以严肃处理,并跟进处理进展。未成年人因学生欺凌等行为遭受损害的,人民法院应当综合考虑欺凌行为的强度、持续时间以及对被侵害人身体、心理造成的损害后果等各方面因素,依法判决侵权人承担侵权责任。充分发挥赔礼道歉的修复、抚慰、诫勉功能和作用,探索通过诉前调解等方式,促使实施学生欺凌的未成年人真诚赔礼道歉。学校、培训机构等未

尽到教育管理职责的,依法判决承担侵权责任,并根据情况发送司法建议。欺凌行为构成犯罪的,依法追究刑事责任。

32. 妥善处理校园纠纷。人民法院审理校园纠纷案件,应当在查明事实、分清责任的基础上,依法妥善化解矛盾。积极引导当事人依法理性维权,坚决依法惩治各类"校闹"等违法犯罪行为,维护学校正常教育教学秩序。未成年人在学校学习、生活期间发生人身损害,学校已经尽到教育管理职责的,依法判决学校不承担侵权责任,为学校依法依规开展教学管理提供司法保障。

33. 加强法治副校长队伍建设。积极选派政治素质过硬、法律功底深厚、实践经验丰富、有宣传教育特长的业务骨干担任法治副校长,明晰工作职责,严格工作要求,进一步建立健全与教育行政部门、学校之间的长效联络沟通机制和常态化的信息反馈机制,提升法治副校长履职实效。

34. 及时提出专门教育的建议。人民法院审理涉未成年人案件,发现未成年人具有预防未成年人犯罪法第四十四条规定的行为,应当进行专门教育的,可以向相关部门提出建议。

35. 建立犯罪成因逐案分析报告机制。对未成年人犯罪案件逐案深入剖析案件背后是否存在家庭、学校、社会、网络、政府及司法保护薄弱、不到位等情形,并形成报告附卷,评议案件时单独予以说明。发现有关单位未尽到未成年人教育、管理、救助、看护等保护职责的,人民法院应当及时向有关单位发送司法建议;对涉嫌违法犯罪的,及时将相关线索移送主管部门处理。

36. 建立"强制报告制度"落实情况分析报告机制。对未成年人遭受侵害的案件,应当逐案审查相关国家机关、居委会、村委会、密切接触未成年人的单位及人员,在工作中发现未成年人身心健康受到侵害、疑似受到侵害或者面临其他危险情形时,是否履行了强制报告义务,并形成报告附卷,评议案件时单独予以说明。对存在应当报告而未报告情形的,应当及时发送司法建议;对涉嫌违纪或者违法犯罪的,及时将相关线索移送主管部门处理。

37. 建立相关场所法定义务落实情况分析报告机制。对发生在宾馆、酒店、电竞酒店等场所的涉未成年人案件,应当审查经营者接待未成年人入住时,是否履行了询问未成年人年龄、其父母或者其他监护人联系方式、与共同入住人员的身份关系等有关情况的义务,相关场所是否设置了相关标志等,并形成报告附卷,评议案件时单独予以说明。发现存在问题的,应当及时发送司法建议;

对涉嫌违法犯罪的,及时将相关线索移送主管部门处理。

38. 建立网络保护专项分析报告机制。对涉及网络的未成年人案件,应当结合案件成因和未成年人保护法律规定,会同有关职能部门建立协作机制,对相关主体是否履行了未成年人网络保护法定义务进行审查,并形成报告附卷,评议案件时单独予以说明。发现存在问题的,应当及时向有关网络企业、主管部门发送司法建议;对涉嫌违法犯罪的,及时将相关线索移送主管部门处理。

39. 提升法治宣传教育的系统性针对性。加强与学校、教育主管部门等的沟通协作,积极开展适合未成年人特点的法治宣传教育,坚持严肃性与可接受性、知识性与趣味性、普遍性与特殊性相结合,强化以案释法,创新宣传形式,教育引导未成年人遵纪守法,不断增强规则意识、法治意识、责任意识,切实增强自我保护意识和能力。

各高级人民法院应当加强对辖区法院发布涉未成年人刑事典型案例的审核、监督、指导,确保取得良好社会效果。

……

最高人民检察院关于办理当事人达成和解的轻微刑事案件的若干意见

· 2011 年 1 月 29 日
· 高检发研字〔2011〕2 号

为了保证人民检察院在审查逮捕和公诉工作中依法正确办理当事人达成和解的轻微刑事案件,根据《中华人民共和国刑法》、《中华人民共和国刑事诉讼法》等有关法律规定,结合检察工作实际,提出如下意见:

一、指导思想和基本原则

人民检察院办理当事人达成和解的轻微刑事案件的指导思想是:按照中央关于深入推进三项重点工作的总体要求,正确贯彻宽严相济刑事政策,充分发挥检察机关在化解社会矛盾和构建社会主义和谐社会中的职能作用,维护社会公平正义、促进社会和谐稳定。

办理当事人达成和解的轻微刑事案件,必须坚持以下原则:

1. 依法办案与化解矛盾并重;
2. 惩罚犯罪与保障人权并重;
3. 实现法律效果与社会效果的有机统一。

二、关于适用范围和条件

对于依法可能判处三年以下有期徒刑、拘役、管制或者单处罚金的刑事公诉案件,可以适用本意见。

上述范围内的刑事案件必须同时符合下列条件:

1. 属于侵害特定被害人的故意犯罪或者有直接被害人的过失犯罪;
2. 案件事实清楚,证据确实、充分;
3. 犯罪嫌疑人、被告人真诚认罪,并且已经切实履行和解协议。对于和解协议不能即时履行的,已经提供有效担保或者调解协议经人民法院确认;
4. 当事人双方就赔偿损失、恢复原状、赔礼道歉、精神抚慰等事项达成和解;
5. 被害人及其法定代理人或者近亲属明确表示对犯罪嫌疑人、被告人予以谅解,要求或者同意对犯罪嫌疑人、被告人依法从宽处理。

以下案件不适用本意见:

1. 严重侵害国家、社会公共利益,严重危害公共安全或者危害社会公共秩序的犯罪案件;
2. 国家工作人员职务犯罪案件;
3. 侵害不特定多数人合法权益的犯罪案件。

三、关于当事人和解的内容

当事人双方可以就赔偿损失、恢复原状、赔礼道歉、精神抚慰等民事责任事项进行和解,并且可以就被害人及其法定代理人或者近亲属是否要求或者同意公安、司法机关对犯罪嫌疑人、被告人依法从宽处理达成一致,但不得对案件的事实认定、证据和法律适用、定罪量刑等依法属于公安、司法机关职权范围的事宜进行协商。

双方当事人或者其法定代理人有权达成和解,当事人的近亲属、聘请的律师以及其他受委托的人,可以代为进行协商和解等事宜。双方达成和解的,应当签订书面协议,并且必须得到当事人或者其法定代理人的确认。犯罪嫌疑人、被告人必须当面或者书面向被害人一方赔礼道歉、真诚悔罪。

和解协议中的损害赔偿一般应当与其承担的法律责任和对被害人造成的损害相适应,并且可以酌情考虑犯罪嫌疑人、被告人及其法定代理人的赔偿、补救能力。

四、关于当事人达成和解的途径与检调对接

当事人双方的和解,包括当事人双方自行达成和解,也包括经人民调解委员会、基层自治组织、当事人所在单位或者同事、亲友等组织或者个人调解后达成和解。

人民检察院应当与人民调解组织积极沟通、密切配合,建立工作衔接机制,及时告知双方当事人申请委托人民调解的权利、申请方法和操作程序以及达成调解协议后的案件处理方式,支持配合人民调解组织的工作。

人民检察院对于符合本意见适用范围和条件的下列

案件,可以建议当事人进行和解,并告知相应的权利义务,必要时可以提供法律咨询:

1. 由公安机关立案侦查的刑事诉讼法第一百七十条第二项规定的案件;

2. 未成年人、在校学生犯罪的轻微刑事案件;

3. 七十周岁以上老年人犯罪的轻微刑事案件。

犯罪嫌疑人、被告人或者其亲友、辩护人以暴力、威胁、欺骗或者其他非法方法强迫、引诱被害人和解,或者在协议履行完毕之后威胁、报复被害人的,不适用有关不捕不诉的规定,已经作出不逮捕或者不起诉决定的,人民检察院应当撤销原决定,依法对犯罪嫌疑人、被告人逮捕或者提起公诉。

犯罪嫌疑人、被告人或者其亲友、辩护人实施前款行为情节严重的,依法追究其法律责任。

五、关于对当事人和解协议的审查

人民检察院对当事人双方达成的和解协议,应当重点从以下几个方面进行审查:

1. 当事人双方是否自愿;

2. 加害方的经济赔偿数额与其所造成的损害是否相适应,是否酌情考虑其赔偿能力。犯罪嫌疑人、被告人是否真诚悔罪并且积极履行和解协议或者是否为协议履行提供有效担保或者调解协议经人民法院确认;

3. 被害人及其法定代理人或者近亲属是否明确表示对犯罪嫌疑人、被告人予以谅解;

4. 是否符合法律规定;

5. 是否损害国家、集体和社会公共利益或者他人的合法权益;

6. 是否符合社会公德。

审查时,应当当面听取当事人双方对和解的意见、告知被害人刑事案件可能从轻处理的法律后果和双方的权利义务,并记录在案。

六、关于检察机关对当事人达成和解案件的处理

对于公安机关提请批准逮捕的案件,符合本意见规定的适用范围和条件的,应当作为无逮捕必要的重要因素予以考虑,一般可以作出不批准逮捕的决定;已经批准逮捕,公安机关变更强制措施通知人民检察院的,应当依法实行监督;审查起诉阶段,在不妨碍诉讼顺利进行的前提下,可以依法变更强制措施。

对于公安机关立案侦查并移送审查起诉的刑事诉讼法第一百七十条第二项规定的轻微刑事案件,符合本意见规定的适用范围和条件的,一般可以决定不起诉。

对于其他轻微刑事案件,符合本意见规定的适用范围和条件的,作为犯罪情节轻微,不需要判处刑罚或者免除刑罚的重要因素予以考虑,一般可以决定不起诉。对于依法必须提起公诉的,可以向人民法院提出在法定幅度范围内从宽处理的量刑建议。

对被不起诉人需要给予行政处罚、行政处分或者需要没收其违法所得的,应当提出检察意见,移送有关主管机关处理。

对于当事人双方达成和解、决定不起诉的案件,在宣布不起诉决定前应当再次听取双方当事人对和解的意见,并且查明犯罪嫌疑人是否真诚悔罪、和解协议是否履行或者为协议履行提供有效担保或者调解协议经人民法院确认。

对于依法可能判处三年以上有期徒刑刑罚的案件,当事人双方达成和解协议的,在提起公诉时,可以向人民法院提出在法定幅度范围内从宽处理的量刑建议。对于情节特别恶劣,社会危害特别严重的犯罪,除了考虑和解因素,还应注重发挥刑法的教育和预防作用。

七、依法规范当事人达成和解案件的办理工作

人民检察院适用本意见办理案件,应当遵守《中华人民共和国刑事诉讼法》、《人民检察院刑事诉讼规则》等有关办案期限的规定。

根据本意见,拟对当事人达成和解的轻微刑事案件作出不批准逮捕或者不起诉决定的,应当由检察委员会讨论决定。

人民检察院应当加强对审查批捕、审查起诉工作中办理当事人达成和解案件的监督检查,发现违法违纪,情节轻微的,应当给予批评教育;情节严重的,应当根据有关规定给予组织处理或者纪律处分;构成犯罪的,依法追究刑事责任。

最高人民法院、最高人民检察院关于适用犯罪嫌疑人、被告人逃匿、死亡案件违法所得没收程序若干问题的规定

・2016 年 12 月 26 日最高人民法院审判委员会第 1705 次会议、最高人民检察院第十二届检察委员会第 59 次会议通过
・2017 年 1 月 4 日最高人民法院、最高人民检察院公告公布
・自 2017 年 1 月 5 日起施行
・法释〔2017〕1 号

为依法适用犯罪嫌疑人、被告人逃匿、死亡案件违法所得没收程序,根据《中华人民共和国刑事诉讼法》《中华人民共和国刑法》《中华人民共和国民事诉讼法》等法

律规定,现就办理相关案件具体适用法律若干问题规定如下:

第一条　下列犯罪案件,应当认定为刑事诉讼法第二百八十条第一款规定的"犯罪案件":

(一)贪污、挪用公款、巨额财产来源不明、隐瞒境外存款、私分国有资产、私分罚没财物犯罪案件;

(二)受贿、单位受贿、利用影响力受贿、行贿、对有影响力的人行贿、对单位行贿、介绍贿赂、单位行贿犯罪案件;

(三)组织、领导、参加恐怖组织,帮助恐怖活动,准备实施恐怖活动,宣扬恐怖主义、极端主义、煽动实施恐怖活动,利用极端主义破坏法律实施,强制穿戴宣扬恐怖主义、极端主义服饰、标志,非法持有宣扬恐怖主义、极端主义物品犯罪案件;

(四)危害国家安全、走私、洗钱、金融诈骗、黑社会性质的组织、毒品犯罪案件。

电信诈骗、网络诈骗犯罪案件,依照前款规定的犯罪案件处理。

第二条　在省、自治区、直辖市或者全国范围内具有较大影响,或者犯罪嫌疑人、被告人逃匿境外的,应当认定为刑事诉讼法第二百八十条第一款规定的"重大"。

第三条　犯罪嫌疑人、被告人为逃避侦查和刑事追究潜逃、隐匿,或者在刑事诉讼过程中脱逃的,应当认定为刑事诉讼法第二百八十条第一款规定的"逃匿"。

犯罪嫌疑人、被告人因意外事故下落不明满二年,或者因意外事故下落不明,经有关机关证明其不可能生存的,依照前款规定处理。

第四条　犯罪嫌疑人、被告人死亡,依照刑法规定应当追缴其违法所得及其他涉案财产的,人民检察院可以向人民法院提出没收违法所得的申请。

第五条　公安机关发布通缉令或者公安部通过国际刑警组织发布红色国际通报,应当认定为刑事诉讼法第二百八十条第一款规定的"通缉"。

第六条　通过实施犯罪直接或者间接产生、获得的任何财产,应当认定为刑事诉讼法第二百八十条第一款规定的"违法所得"。

违法所得已经部分或者全部转变、转化为其他财产的,转变、转化后的财产应当视为前款规定的"违法所得"。

来自违法所得转变、转化后的财产收益,或者来自已经与违法所得相混合财产中违法所得相应部分的收益,应当视为第一款规定的"违法所得"。

第七条　刑事诉讼法第二百八十一条第三款规定的"利害关系人"包括犯罪嫌疑人、被告人的近亲属和其他对申请没收的财产主张权利的自然人和单位。

刑事诉讼法第二百八十一条第二款、第二百八十二条第二款规定的"其他利害关系人"是指前款规定的"其他对申请没收的财产主张权利的自然人和单位"。

第八条　人民检察院向人民法院提出没收违法所得的申请,应当制作没收违法所得申请书。

没收违法所得申请书应当载明以下内容:

(一)犯罪嫌疑人、被告人的基本情况;

(二)案由及案件来源;

(三)犯罪嫌疑人、被告人涉嫌犯罪的事实及相关证据材料;

(四)犯罪嫌疑人、被告人逃匿、被通缉、脱逃、下落不明、死亡的情况;

(五)申请没收的财产的种类、数量、价值、所在地以及已查封、扣押、冻结财产清单和相关法律手续;

(六)申请没收的财产属于违法所得及其他涉案财产的相关事实及证据材料;

(七)提出没收违法所得申请的理由和法律依据;

(八)有无利害关系人以及利害关系人的姓名、身份、住址、联系方式;

(九)其他应当载明的内容。

上述材料需要翻译件的,人民检察院应当将翻译件随没收违法所得申请书一并移送人民法院。

第九条　对于没收违法所得的申请,人民法院应当在三十日内审查完毕,并根据以下情形分别处理:

(一)属于没收违法所得申请受案范围和本院管辖,且材料齐全、有证据证明有犯罪事实的,应当受理;

(二)不属于没收违法所得申请受案范围或者本院管辖的,应当退回人民检察院;

(三)对于没收违法所得申请不符合"有证据证明有犯罪事实"标准要求的,应当通知人民检察院撤回申请,人民检察院应当撤回;

(四)材料不全的,应当通知人民检察院在七日内补送,七日内不能补送的,应当退回人民检察院。

第十条　同时具备以下情形的,应当认定为本规定第九条规定的"有证据证明有犯罪事实":

(一)有证据证明发生了犯罪事实;

(二)有证据证明该犯罪事实是犯罪嫌疑人、被告人实施的;

(三)证明犯罪嫌疑人、被告人实施犯罪行为的证据真实、合法。

第十一条　人民法院受理没收违法所得的申请后，应当在十五日内发布公告，公告期为六个月。公告期间不适用中止、中断、延长的规定。

公告应当载明以下内容：

（一）案由、案件来源以及属于本院管辖；

（二）犯罪嫌疑人、被告人的基本情况；

（三）犯罪嫌疑人、被告人涉嫌犯罪的事实；

（四）犯罪嫌疑人、被告人逃匿、被通缉、脱逃、下落不明、死亡的情况；

（五）申请没收的财产的种类、数量、价值、所在地以及已查封、扣押、冻结财产的清单和相关法律手续；

（六）申请没收的财产属于违法所得及其他涉案财产的相关事实；

（七）申请没收的理由和法律依据；

（八）利害关系人申请参加诉讼的期限、方式以及未按照该期限、方式申请参加诉讼可能承担的不利法律后果；

（九）其他应当公告的情况。

第十二条　公告应当在全国公开发行的报纸、信息网络等媒体和最高人民法院的官方网站刊登、发布，并在人民法院公告栏张贴。必要时，公告可以在犯罪地、犯罪嫌疑人、被告人居住地或者被申请没收财产所在地张贴。公告最后被刊登、发布、张贴日期为公告日期。人民法院张贴公告的，应当采取拍照、录像等方式记录张贴过程。

人民法院已经掌握境内利害关系人联系方式的，应当直接送达含有公告内容的通知；直接送达有困难的，可以委托代为送达、邮寄送达。经受送达人同意的，可以采用传真、电子邮件等能够确认其收悉的方式告知其公告内容，并记录在案；人民法院已经掌握境外犯罪嫌疑人、被告人、利害关系人联系方式，经受送达人同意的，可以采用传真、电子邮件等能够确认其收悉的方式告知其公告内容，并记录在案；受送达人未作出同意意思表示，或者人民法院未掌握境外犯罪嫌疑人、被告人、利害关系人联系方式，其所在地国（区）主管机关明确提出应当向受送达人送达含有公告内容的通知的，受理没收违法所得申请案件的人民法院可以决定是否送达。决定送达的，应当将公告内容层报最高人民法院，由最高人民法院依照刑事司法协助条约、多边公约，或者按照对等互惠原则，请求受送达人所在地国（区）的主管机关协助送达。

第十三条　利害关系人申请参加诉讼的，应当在公告期间内提出，并提供与犯罪嫌疑人、被告人关系的证明材料或者证明其可以对违法所得及其他涉案财产主张权利的证据材料。

利害关系人可以委托诉讼代理人参加诉讼。利害关系人在境外委托的，应当委托具有中华人民共和国律师资格并依法取得执业证书的律师，依照《最高人民法院关于适用〈中华人民共和国刑事诉讼法〉的解释》第四百零三条的规定对授权委托进行公证、认证。

利害关系人在公告期满后申请参加诉讼，能够合理说明理由的，人民法院应当准许。

第十四条　人民法院在公告期满后由合议庭对没收违法所得申请案件进行审理。

利害关系人申请参加及委托诉讼代理人参加诉讼的，人民法院应当开庭审理。利害关系人及其诉讼代理人无正当理由拒不到庭，且无其他利害关系人和其他诉讼代理人参加诉讼的，人民法院可以不开庭审理。

人民法院对没收违法所得申请案件开庭审理的，人民检察院应当派员出席。

人民法院确定开庭日期后，应当将开庭的时间、地点通知人民检察院、利害关系人及其诉讼代理人、证人、鉴定人员、翻译人员。通知书应当依照本规定第十二条第二款规定的方式至迟在开庭审理三日前送达；受送达人在境外的，至迟在开庭审理三十日前送达。

第十五条　出庭的检察人员应当宣读没收违法所得申请书，并在法庭调查阶段就申请没收的财产属于违法所得及其他涉案财产等相关事实出示、宣读证据。

对于确有必要出示但可能妨碍正在或者即将进行的刑事侦查的证据，针对该证据的法庭调查不公开进行。

利害关系人及其诉讼代理人对申请没收的财产属于违法所得及其他涉案财产等相关事实及证据有异议的，可以提出意见；对申请没收的财产主张权利的，应当出示相关证据。

第十六条　人民法院经审理认为，申请没收的财产属于违法所得及其他涉案财产的，除依法应当返还被害人的以外，应当予以没收；申请没收的财产不属于违法所得或者其他涉案财产的，应当裁定驳回申请，解除查封、扣押、冻结措施。

第十七条　申请没收的财产具有高度可能属于违法所得及其他涉案财产的，应当认定为本规定第十六条规定的"申请没收的财产属于违法所得及其他涉案财产"。

巨额财产来源不明犯罪案件中，没有利害关系人对违法所得及其他涉案财产主张权利，或者利害关系人对违法所得及其他涉案财产虽然主张权利但提供的相关证据没有达到相应证明标准的，应当视为本规定第十六条规定的"申请没收的财产属于违法所得及其他涉案财产"。

第十八条　利害关系人非因故意或者重大过失在第一审期间未参加诉讼，在第二审期间申请参加诉讼的，人民法院应当准许，并发回原审人民法院重新审判。

第十九条　犯罪嫌疑人、被告人逃匿境外，委托诉讼代理人申请参加诉讼，且违法所得或者其他涉案财产所在地国（区）主管机关明确提出意见予以支持的，人民法院可以准许。

人民法院准许参加诉讼的，犯罪嫌疑人、被告人的诉讼代理人依照本规定关于利害关系人的诉讼代理人的规定行使诉讼权利。

第二十条　人民检察院、利害关系人对第一审裁定认定的事实、证据没有争议的，第二审人民法院可以不开庭审理。

第二审人民法院决定开庭审理的，应当将开庭的时间、地点书面通知同级人民检察院和利害关系人。

第二审人民法院应当就上诉、抗诉请求的有关事实和适用法律进行审查。

第二十一条　第二审人民法院对不服第一审裁定的上诉、抗诉案件，经审理，应当按照下列情形分别处理：

（一）第一审裁定认定事实清楚和适用法律正确的，应当驳回上诉或者抗诉，维持原裁定；

（二）第一审裁定认定事实清楚，但适用法律有错误的，应当改变原裁定；

（三）第一审裁定认定事实不清的，可以在查清事实后改变原裁定，也可以撤销原裁定，发回原审人民法院重新审判；

（四）第一审裁定违反法定诉讼程序，可能影响公正审判的，应当撤销原裁定，发回原审人民法院重新审判。

第一审人民法院对于依照前款第三项规定发回重新审判的案件作出裁定后，第二审人民法院对不服第一审人民法院裁定的上诉、抗诉，应当依法作出裁定，不得再发回原审人民法院重新审判。

第二十二条　违法所得或者其他涉案财产在境外的，负责立案侦查的公安机关、人民检察院等侦查机关应当制作查封、扣押、冻结的法律文书以及协助执行查封、扣押、冻结的请求函，层报公安、检察院等各系统最高上级机关后，由公安、检察院等各系统最高上级机关依照刑事司法协助条约、多边公约，或者按照对等互惠原则，向

违法所得或者其他涉案财产所在地国（区）的主管机关请求协助执行。

被请求国（区）的主管机关提出，查封、扣押、冻结法律文书的制发主体必须是法院的，负责立案侦查的公安机关、人民检察院等侦查机关可以向同级人民法院提出查封、扣押、冻结的申请，人民法院经审查同意后制作查封、扣押、冻结令以及协助执行查封、扣押、冻结令的请求函，层报最高人民法院后，由最高人民法院依照刑事司法协助条约、多边公约，或者按照对等互惠原则，向违法所得或者其他涉案财产所在地国（区）的主管机关请求协助执行。

请求函应当载明以下内容：

（一）案由以及查封、扣押、冻结法律文书的发布主体是否具有管辖权；

（二）犯罪嫌疑人、被告人涉嫌犯罪的事实及相关证据，但可能妨碍正在或者即将进行的刑事侦查的证据除外；

（三）已发布公告的，发布公告情况、通知利害关系人参加诉讼以及保障诉讼参与人依法行使诉讼权利等情况；

（四）请求查封、扣押、冻结的财产的种类、数量、价值、所在地等情况以及相关法律手续；

（五）请求查封、扣押、冻结的财产属于违法所得及其他涉案财产的相关事实及证据材料；

（六）请求查封、扣押、冻结财产的理由和法律依据；

（七）被请求国（区）要求载明的其他内容。

第二十三条　违法所得或者其他涉案财产在境外，受理没收违法所得申请案件的人民法院经审理裁定没收的，应当制作没收令以及协助执行没收令的请求函，层报最高人民法院后，由最高人民法院依照刑事司法协助条约、多边公约，或者按照对等互惠原则，向违法所得或者其他涉案财产所在地国（区）的主管机关请求协助执行。

请求函应当载明以下内容：

（一）案由以及没收令发布主体具有管辖权；

（二）属于生效裁定；

（三）犯罪嫌疑人、被告人涉嫌犯罪的事实及相关证据，但可能妨碍正在或者即将进行的刑事侦查的证据除外；

（四）犯罪嫌疑人、被告人逃匿、被通缉、脱逃、死亡的基本情况；

（五）发布公告情况、通知利害关系人参加诉讼以及

保障诉讼参与人依法行使诉讼权利等情况；

（六）请求没收违法所得及其他涉案财产的种类、数量、价值、所在地等情况以及查封、扣押、冻结相关法律手续；

（七）请求没收的财产属于违法所得及其他涉案财产的相关事实及证据材料；

（八）请求没收财产的理由和法律依据；

（九）被请求国（区）要求载明的其他内容。

第二十四条　单位实施本规定第一条规定的犯罪后被撤销、注销，单位直接负责的主管人员和其他直接责任人员逃匿、死亡，导致案件无法适用刑事诉讼普通程序进行审理的，依照本规定第四条的规定处理。

第二十五条　本规定自 2017 年 1 月 5 日起施行。之前发布的司法解释与本规定不一致的，以本规定为准。

· 指导案例

1. 隋某某利用网络猥亵儿童，强奸，敲诈勒索制作、贩卖、传播淫秽物品牟利案①

【关键词】

未成年人网络保护　隔空猥亵　强奸　阻断传播
网络保护综合治理

【要旨】

对性侵害未成年人犯罪要依法从严惩处。行为人实施线上猥亵犯罪行为后，又以散布私密照片、视频相要挟，强迫未成年被害人与其发生性关系的，构成两个独立的犯罪行为，应分别认定为猥亵儿童罪和强奸罪。办案中发现未成年被害人私密照片、视频在互联网传播扩散的，检察机关应当及时协调有关部门删除信息、阻断传播。检察机关要能动发挥法律监督职能，积极推动各方协同发力，共同加强未成年人网络保护。

【基本案情】

被告人隋某某，男，2002 年 12 月 6 日出生，无业。

被害人刘某某，女，2009 年 2 月 27 日出生，学生。

2022 年 1 月，隋某某通过网络社交软件添加未成年被害人刘某某为好友，随后多次向刘某某发送淫秽视频，并威胁、诱导刘某某自拍裸照、裸体视频发送其观看。2022 年 2 月 8 日、15 日，隋某某以传播刘某某裸照、裸体视频相威胁，两次强迫刘某某与其发生性关系。隋某某还以传播照片、视频相威胁，先后三次向刘某某索要钱财，共计得款人民币 840 元。2022 年 3 月 5 日，隋某某将编辑后的刘某某视频以 5 元一件的价格出售给王某某等多人，其中 7 人为未成年学生，获利人民币 50 元。

【检察机关履职过程】

审查逮捕。2022 年 3 月 11 日，班主任发现刘某某表现异常后报警。山东省某市公安局某区分局于当日将隋某某抓获。2022 年 4 月 11 日，公安机关以隋某某涉嫌强奸罪，敲诈勒索罪，制作、贩卖、传播淫秽物品牟利罪向山东省某市某区人民检察院提请批准逮捕。公安机关认为，利用网络实施猥亵是犯罪嫌疑人实现强奸犯罪的手段，应按强奸一罪处理。检察机关审查认为，本案系性侵害未成年人犯罪，情节恶劣，严重损害未成年人身心健康，应当依法从严惩处。根据本案证据，隋某某最初系以刺激、满足性欲为目的，要求被害人拍摄裸照、裸体视频发送供其观看。收到被害人照片、视频后，认为被害人易哄骗、好控制，继而又产生与被害人发生性关系的犯罪意图，后实施强奸行为。本案猥亵行为与强奸行为相隔 9 天，具有明显的时空间隔，猥亵行为和强奸行为给被害人造成两次不同性质和程度的伤害。隋某某的线上猥亵是独立的犯罪行为，因此不宜评价为强奸犯罪的手段，应当认定为猥亵儿童罪。检察机关在依法批准逮捕隋某某的同时，与公安机关及时沟通，明确补充侦查方向，督促进一步查清隋某某实施猥亵儿童犯罪的事实。

审查起诉及处理结果。2022 年 6 月 17 日，公安机关以隋某某涉嫌猥亵儿童罪，强奸罪，敲诈勒索罪，制作、贩卖、传播淫秽物品牟利罪移送检察机关审查起诉。2022 年 7 月 15 日，检察机关向人民法院提起公诉。2022 年 8 月 11 日，人民法院作出判决，对隋某某以猥亵儿童罪判处有期徒刑一年六个月；以强奸罪判处有期徒刑八年六个月；以敲诈勒索罪判处有期徒刑六个月，并处罚金人民币二千元；以制作、贩卖、传播淫秽物品牟利罪判处有期徒刑九个月，并处罚金人民币一千元。数罪并罚，决定执行有期徒刑十年，并处罚金人民币三千元。

被害人权益保护。隋某某将被害人私密视频通过朋友圈售卖，导致视频在被害人所在学校多名学生间传播。为尽可能将犯罪的伤害降到最低，检察机关督促公安机关

---

①　案例来源：2024 年 2 月 22 日最高人民检察院检例第 200 号。

第一时间查清相关视频传播路径并固定证据后,将视频进行技术性彻底删除。同时,协调职能部门及时追踪、处理与本案有关的不当泄露的信息,阻断被害人照片及视频传播。联合公安机关对购买相关视频的学生开展法治教育,对学生家长制发督促监护令,避免对被害人造成二次伤害。检察机关还联系专门机构指派专业心理咨询师,为被害人提供心理疏导,持续关注被害人状况,帮助其尽快走出心理阴影。

促进综合治理。针对案件反映出的未成年人网络交友不当、防范网络侵害能力不足等问题,检察机关开展专题调研分析后,向涉案学校和教育行政主管部门制发检察建议,督促学校建立预防、处置网络侵害工作机制,落实侵害未成年人案件强制报告制度,采取科学、合理方式培养和提高未成年人网络素养,有效减少侵害发生。针对未成年人遭受网络侵害时不敢说不、不善求助等问题研发网络安全教育主题课程,组织开展"清朗网络进校园"活动,通过专题授课、短视频、网络安全知识问答等多种方式揭露犯罪分子常用伎俩,揭示网络交友中的风险和陷阱,讲授应对网络性侵的正确处理方式,引导学生理性交友,保护自我,及时求助,提升未成年人文明、安全用网的意识和能力。就未成年人网络保护问题,邀请人大代表、政协委员及未成年人保护相关职能部门进行座谈,推动相关职能部门加强涉未成年人网络侵害线索移送,现已报告并移送线索9件。

【指导意义】

(一)实施线上猥亵犯罪行为后,又利用线上猥亵获得的私密照片、视频要挟被害人,实施线下强奸犯罪行为的,应当认定构成猥亵儿童和强奸两个独立犯罪,实行数罪并罚。要依法从严惩处性侵害未成年人犯罪。行为人以满足性刺激为目的,利用网络胁迫、诱骗儿童拍摄裸体、敏感部位照片、视频等供其观看,其行为构成猥亵儿童罪。对儿童实施"隔空猥亵"后,行为人又以传播线上猥亵所获得私密照片、视频相要挟强迫被害人发生性关系的,线上猥亵行为与线下强奸行为在时空上相对独立,分别给被害人的人格尊严、身心健康造成不同程度的伤害,是两个独立的犯罪行为,应分别认定为猥亵儿童罪与强奸罪,数罪并罚。

(二)办理利用网络性侵害未成年人案件,检察机关应及时督促职能部门阻断私密信息传播,从线下到线上全方位保护未成年人免受次生伤害。互联网具有传播速度快、影响范围广的特点,涉案私密照片、视频的网络传播将进

一步对未成年被害人身心造成严重伤害,不利于被害人创伤修复。检察机关在从严打击利用网络性侵害未成年人犯罪的同时,应注重审查被害人私密照片、视频是否被传播,发现在网络空间传播扩散的,应当及时督促职能部门快速、精准阻断传播,从线下到线上、从直接接触被害人的群体到网络空间的传播路径,尽量避免被害人遭受次生伤害。

(三)针对未成年人网络保护的复杂性,检察机关应主动发挥法律监督职能,综合履职助推各方形成保护合力。针对未成年人网络风险认知不足、易受侵害的问题,精准开展法治教育,普及辨别、防范、应对网络侵害的知识;针对监护人监护不足的问题,开展家庭教育指导,提升网络安全监护意识和能力;针对职能部门履职不充分的问题,制发社会治理检察建议;召开部门联席会议,推动建立涉未成年人网络侵害线索移送机制,以检察综合履职积极助推家庭、学校、社会协同发力,为未成年人营造健康安全的网络环境,提升未成年人综合保护效果。

【相关规定】

《中华人民共和国刑法》第二百三十六条、第二百三十七条、第二百七十四条、第三百六十三条

《最高人民法院、最高人民检察院关于办理利用互联网、移动通讯终端、声讯台制作、复制、出版、贩卖、传播淫秽电子信息刑事案件具体应用法律若干问题的解释》第六条

《最高人民法院、最高人民检察院关于办理利用互联网、移动通讯终端、声讯台制作、复制、出版、贩卖、传播淫秽电子信息刑事案件具体应用法律若干问题的解释(二)》第一条

2. 姚某某等人网络诈骗案①

【关键词】

未成年人网络保护　网络诈骗　分类处理　分级干预　多部门协作　数字化预防

【要旨】

办理涉及众多未成年人的网络诈骗案件,应注重罪错未成年人分级干预,实现分类处理,精准帮教。依托侦查监督与协作配合机制,建议公安机关在全面收集证据、查清事实基础上,充分考量未成年人的涉案情节,综合判定其主观违法性认识,依法分类处置。在审查起诉时,结合

---

① 案例来源:2024年2月22日最高人民检察院检例第201号。

社会调查、心理测评、风险评估等情况,对涉罪未成年人进行分类处理并开展精准帮教。针对未成年人涉网违法犯罪防治难题,推动多部门搭建数字平台,实现对未成年人涉网违法犯罪的精准预防。

【基本案情】

被告人姚某某,男,1984年10月5日出生,初中文化,无业。

未成年被告人赵某某、张某某、邹某等16人。

被附条件不起诉人王某、成某、李某某等12人。

被不起诉未成年人许某某、王某某、任某某等41人。

2018年3月至2019年8月,姚某某伙同他人组建诈骗团伙,在诈骗团伙中设置团长、师傅、助理、外宣四个层级,通过网络平台虚构网络兼职、工资待遇等信息,骗取兼职人员缴纳会员费的方式实施诈骗,涉案人员750名,犯罪金额达1300余万元。在实施诈骗过程中,姚某某拉拢、招募、吸收大量未成年人参与违法犯罪,涉案未成年人达560人,其中450余人系在校学生。在诈骗团伙中,未成年人赵某某等4人担任师傅,承担小组管理职责,犯罪数额为30万至350万余元不等;王某等30人担任助理,协助师傅进行培训指导,犯罪数额为1万至95万余元不等;许某某、任某某等35人担任外宣,负责骗取新成员缴纳会费,犯罪数额为3千至1万余元不等。

检察机关经审查认定,姚某某为首要分子,应按照诈骗团伙所犯的全部罪行处罚,并且犯罪数额特别巨大。检察机关依法提起公诉后,姚某某被人民法院判处有期徒刑十三年九个月,并处罚金。

【检察机关履职过程】

分类处理。2019年7月,浙江省某市公安局某区分局对姚某某等人涉嫌诈骗罪立案侦查。按照侦查监督与协作配合机制,浙江省某市某区人民检察院介入案件后,认为涉案兼职犯罪模式对未成年人具有迷惑性、诱导性,案件处理的关键在于全面查清案情的基础上,着重从目的、动机等主观方面和参与次数、持续时间、涉及金额等客观方面,对涉案人员区分责任、区别处置。建议公安机关在查清涉案事实和综合判断主观违法性认识后,按照三种情形进行办理:一是对涉案金额未达到诈骗罪数额较大标准的,不认定为犯罪;二是对涉案金额达到或略高于诈骗罪数额较大标准,具有因谋求兼职需要、仅完成团伙规定任务、参与时间短、主动退出犯罪团伙、退赃退赔等情节的,认定为情节显著轻微、危害不大,不认为是犯罪,依法作出相应行政处罚;三是对涉案金额超出诈骗罪数额较大标准,具有主动参与、参与时间长、诈骗次数多等情节的,依法追究刑事责任。最终,公安机关对何某某等491名涉案

未成年人的行为不作为犯罪处理,对赵某某等69名涉罪未成年人移送审查起诉。

宽严相济。2019年11月至2022年1月,公安机关陆续将69名涉罪未成年人以诈骗罪移送审查起诉。检察机关受理后,依托社会支持体系对涉罪未成年人及时开展补充社会调查,从个体、家庭、成长经历、帮教条件、社会交往等方面进行综合评估,并结合案件事实依法分类处理:对在共同犯罪中起主要作用、社会危害性大的,依法提起公诉;对在共同犯罪中起次要作用、认罪悔罪态度好、认知行为存在偏差需要矫正,符合附条件不起诉条件的,设置考察条件,作出附条件不起诉决定;对符合不起诉条件的,作出不起诉决定。某区检察院先后对赵某某等16人提起公诉,对王某等12人作出附条件不起诉决定,对许某某等41人作出不起诉决定。赵某某等16人均被判处有期徒刑刑罚。

精准帮教。检察机关依托区少年司法一体化社会关护机制,联合公安、法院、司法等部门,为涉罪未成年人提供全流程精准帮教。在引导其认识罪错的同时,委托司法社工和心理咨询师、家庭教育指导师对严重行为偏差或存在心理问题的涉案未成年人开展心理危机干预、家庭教育指导、帮扶救助等工作。经过多方帮教,促使涉罪未成年人重回正轨,53名被附条件不起诉和不起诉的涉罪未成年人中有41人顺利考取大专以上院校。

预防治理。针对案件暴露的未成年人涉网违法犯罪高发、频发、面广,使用传统手段无法实现精准、及时预防等问题,区检察院联合公安、民政等多部门搭建数字化平台,预防网络违法犯罪。依托浙江省一体化数字资源系统(IRS),会商公安、民政、卫健、教育等职能部门,形成涵盖酒吧、网吧、旅馆等场所的数据库,通过内嵌于平台的算法和数据模型,发现异常人员和行为,及时向主管部门推送预警,实现未成年人涉网违法犯罪行为早发现、早介入、早阻断。

【指导意义】

(一)办理涉及众多未成年人网络犯罪案件,应在全面查清案件事实基础上,对案件依法分类处理。检察机关办理此类案件,应与公安机关统一执法司法理念,推动公安机关充分考虑网络犯罪手段特殊性和未成年人的身心特点、认知水平,全面审查涉案未成年人的动机、目的、参与次数、持续时间、涉及金额等情节,综合判断涉案未成年人主观违法性认识。对违法但不构成犯罪的,建议公安机关依法作出相应行政处罚。

(二)审查涉及众多未成年人网络犯罪案件时,应落实帮教精准化、处遇个别化。检察机关要立足未成年人保护

和预防再犯的立场,在审查起诉时全面审查涉罪未成年人的犯罪事实、地位作用、悔罪表现、监护帮教条件等,结合社会调查、心理测评和风险评估,依法提起公诉或作出附条件不起诉、不起诉决定,落实分级干预。同时根据涉罪未成年人的成长经历、行为习惯、认知和需求、风险等级等因素,选配司法社工、心理咨询师、家庭教育指导师等专业人员,对涉罪未成年人实施个性化帮教矫治。

（三）打破数据壁垒,利用数字化手段推动涉未成年人网络违法犯罪源头治理。针对履职过程中发现未成年人涉网络违法人数多、犯罪防治难度大、犯罪手段隐秘等治理难题,检察机关要充分发挥数字技术对检察业务的支撑和推动作用。对实践中多发的涉及未成年人诸如校园网贷、网络赌博等情形开展风险评估和动态预警,在保障信息安全和维护个人隐私的基础上,及时向职能部门推送保护、救助的预警信息,进而形成部门协作、数据融通、智能分析、精准预警、高效处理的未成年人数字保护新格局。

【相关规定】

《中华人民共和国刑法》第二百六十六条

《中华人民共和国刑事诉讼法》第一百七十七条、第二百七十七条、第二百七十九条、第二百八十二条

《中华人民共和国未成年人保护法》第一百条

《中华人民共和国预防未成年人犯罪法》第二条、第二十八条、第三十八条

《未成年人网络保护条例》第三条、第二十二条、第二十七条、第三十条

3. 康某某利用网络侵犯公民个人信息案①

【关键词】

未成年人网络保护　异常电话卡　大数据监督模型　未成年人入网规范

【要旨】

检察机关办理涉未成年人电信网络犯罪案件,发现未成年人异常办卡情况,可以积极运用数字检察监督手段,通过构建大数据模型,推动未成年人涉电信网络犯罪早期预防。针对类案反映出的未成年人一人办多卡等问题,可以运用联席磋商、检察建议等方式,联动相关部门完善长效机制,规范未成年人入网用网,保障未成年人用网环境健康安全。

【基本案情】

被告人康某某,男,2003年9月26日出生,初中文化,

系某网络科技公司法定代表人。

2022年12月至2023年2月,康某某以网络科技公司兼职为名招聘刘某某等人（另案处理）帮助其收购电话卡。刘某某系某学院学生,通过微信朋友圈发布兼职招聘信息,招募到40多名在校学生,其中未成年人21人。在康某某安排下,刘某某等人到指定网点办理电话卡577张,人均办卡14张。康某某将电话卡出售给上游犯罪行为人,用于注册各类社交APP账号,提供有偿引流、点赞服务。部分电话卡在康某某不知情的情况下,被上游犯罪行为人用于实施电信网络诈骗犯罪。

【检察机关履职过程】

刑事案件办理。2023年2月10日,内蒙古自治区某市公安局某区分局以侵犯公民个人信息罪对康某某立案侦查。2023年8月3日,内蒙古自治区某市某区人民检察院对康某某提起公诉。康某某被人民法院以侵犯公民个人信息罪判处刑罚。

构建大数据法律监督模型。某区检察机关办理康某某案件期间,梳理近年来本地发生的类似电信网络犯罪案件,发现出租、出借、出售电话卡是未成年人牵涉电信网络犯罪的主要方式。针对在校学生异常办卡情况,检察机关研究构建"在校学生异常电话卡法律监督模型",开展在校学生涉电信网络犯罪案件法律监督专项行动。在市大数据中心统筹下,依托在校学生常规数据信息、未成年人办理电话卡数据信息及涉未成年人电信网络犯罪发案数据信息,发现十余名未成年人被裹挟或被诱骗参与犯罪。

监督模型线索的移送处理。检察机关对依托大数据法律监督模型发现的有关线索进行审查后,依法移送公安机关。根据上述线索,公安机关破获十余起电信网络犯罪案件、缴获多套"无线语音网关"犯罪工具。对于参与电信网络犯罪活动且达到刑事责任年龄的3名未成年人,检察机关根据其犯罪情节、认罪悔罪情况依法处理。对于未达刑事责任年龄、被诱骗办卡卖卡的14名未成年人,检察机关会同公安机关对其开展规范用卡法治教育,并督促职能部门落实监管责任,及时注销异常电话卡。

促进社会治理。针对办案中发现在校学生涉嫌电信网络犯罪的实际情况和突出问题,检察机关形成专题报告报送地方党委、政府,并与区工信和科技局、教育体育局等相关部门联动,建立信息交换机制,加强对批量开卡以及短期内反复开卡、注销、补卡等高风险情形的有效管理;推动区工信和科技局出台《电话卡办理程序规范指引》,明确

---

① 案例来源:2024年2月22日最高人民检察院检例第202号。

低龄未成年人需在监护人在场并同意的情况下申请入网。对未成年人加强问询、反诈告知，加大异常卡复核力度。督促区教育体育局向师生发放"出租出借出卖电话卡风险提示函"，将法治教育列入学校就业指导规划。

家庭教育指导。针对涉案未成年人普遍存在的家庭教育缺位或不当问题，检察机关向其监护人发出督促监护令，并邀请专业人员开展家庭教育指导，加强对未成年人入网行为的引导和监督。同时，检察机关联合妇联、团委等多部门成立"家庭教育指导站"和"观护未成年人工作室"，结合办案中发现的家庭监护问题，引入社会力量深度参与家庭教育指导。

【指导意义】

（一）利用数字检察手段，对办理的未成年人涉电信网络犯罪案件进行延伸审查，通过法律监督切实保护未成年人权益。电信网络犯罪非接触性、涉众性、传播广域性导致其存在隐蔽化、查证难等问题，检察机关可以通过建构相关大数据法律监督模型，将办理案件中涉及的有关数据资源进行碰撞比对，把未成年人异常电话卡办理情况等信息与电信网络犯罪发案数据进行串联，准确锁定潜在高风险和已经涉罪未成年人，并从中分析研判未成年人涉电信网络犯罪的关系网，审查发现相关犯罪线索的，依法移送公安机关立案查处。

（二）会同有关部门跟进处置，实现对未成年人涉电信网络犯罪早期预防。未成年人心智尚未成熟、从众心理强，易受欺骗引诱，及早发现、有效拦截、阻断未成年人违法犯罪尤为重要。检察机关应当充分发挥大数据筛查的优势，精准发现未成年人办理电话卡的异常情况，及时敦促工信等职能部门，跟进处置注销异常电话卡，真正达到犯罪预防和保护未成年人的目的。

（三）推动完善未成年人入网规范，加强未成年人网络保护。未成年人涉嫌电信网络犯罪行为，往往以办理多张电话卡为发端，暴露出未成年人办理电话卡存在的机制问题和监管漏洞。检察机关可以联合相关部门完善未成年人入网规范机制，推动跨部门数据互联互通，督促行业主管部门重视异常账户的跟踪与监管，及早发现未成年人异常办卡情况，保障未成年人用网环境健康安全。

【相关规定】

《中华人民共和国刑法》第二百五十三条之一

《中华人民共和国未成年人保护法》第六十四条、第六十六条、第七十一条、第一百零五条

《中华人民共和国预防未成年人犯罪法》第三十条、第

三十一条、第六十一条

《中华人民共和国反电信网络诈骗法》第十条、第十一条、第二十八条、第三十一条、第三十八条

4. 李某某帮助信息网络犯罪活动案①

【关键词】

未成年人网络保护　银行卡　主观明知　附条件不起诉　检察建议

【要旨】

办理未成年人涉嫌使用本人银行卡帮助信息网络犯罪活动罪案，应当结合涉案未成年人身心特点，重点审查是否明知他人利用信息网络实施上游犯罪并提供帮助。对于主观恶性不大、社会危害较小且自愿认罪认罚的未成年人，坚持以教育、挽救为主，符合附条件不起诉的，依法适用附条件不起诉。对于未成年人银行账户管理存在漏洞，有异常交易风险的，检察机关通过向金融监管机关、商业银行制发检察建议，强化账户源头管理，推动诉源治理。

【基本案情】

被附条件不起诉人李某某，男，2003年9月5日出生，在校学生。

2019年，李某某在某职业中学就读期间，为方便支取生活费，在当地商业银行开设账户，办理了一张单日转账额度最高可为50万元人民币的借记卡。2021年5月，李某某的同学卢某某、彭某某（均已满18周岁，另案处理）向其提出"需要将网络赌博平台上汇集的充值资金，使用绑定的银行卡转账，如果愿意提供本人银行卡用于转账，就可以分钱"，并给其看了该赌博平台应用程序的截图。李某某为了能"轻松挣钱"遂表示同意。5月7日至18日，在彭某某的指使下，李某某使用本人借记卡代为转账，并采取变更转账地点的方式规避调查。上述期间内，该借记卡单向流水金额合计人民币420余万元，李某某在分得人民币3000元后，因"感觉容易出事"遂未再参与。

案发后，李某某投案自首。2022年8月，四川省某县人民检察院以帮助信息网络犯罪活动罪决定对李某某附条件不起诉并开展监督考察。2023年2月，考验期满后决定对李某某不起诉。

【检察机关履职过程】

全面审查证据。某县公安局对李某某以涉嫌帮助信息网络犯罪活动罪移送起诉，某县检察院经审查认为，李

---

① 案例来源：2024年2月22日最高人民检察院检例第203号。

某某系未成年犯罪嫌疑人,到案后虽作有罪供述,但案件缺乏证明其具备认知能力的证据。同时,侦查机关未查明涉案资金是否属于"犯罪所得及其收益"且李某某是否明知,检察机关遂退回补充侦查。侦查机关补充侦查重新移送后,检察机关经审查,认为侦查机关仅查明部分而非全链条利用网络开设赌场犯罪事实,故李某某代为转账的资金尚不能认定为"犯罪所得及其收益"。通过社会调查发现,李某某智力发育水平正常,接受教育经历连贯,作案时已开始毕业前的离校实习,说明其具有适应工作和社会生活的能力。本案中的转账行为呈现出短时间、高频率、大金额的异常特征,与日常生活开支场景毫无混同的可能。因此,可以认定李某某具备相当的认知能力,主观上明知他人利用信息网络实施犯罪。

依法适用附条件不起诉。李某某主观上明知他人利用信息网络实施犯罪,客观上实施了使用本人银行卡代为转账420余万元的帮助支付结算行为。但李某某提供本人银行卡的行为与"批量出租他人银行卡"相比,情节较轻,社会危害较小;系受引诱参与犯罪,参与时间较短,犯罪后自首且自愿认罪认罚,具有悔罪表现,主观恶性不大;系初犯、偶犯,社会调查表明其具有较大的教育矫治空间。为落实"教育、感化、挽救"方针,在听取公安机关意见后,检察机关依法对李某某适用附条件不起诉。

帮教考察。社会调查发现,李某某追求享乐,法律意识淡薄,父母教育方式不当,家庭教育支持不足,存在重蹈违法犯罪的风险。为此,检察机关联合妇联、司法社工组织等社会力量,制定个性化方案,加强综合教育帮教。针对其存在消费观念问题,通过定制法治教育志愿服务公益项目,帮助其认识到贪图享受的长远危害;针对其法律意识淡薄问题,通过开展线上线下预防网络犯罪教育,促使其主动学习法律知识;针对家庭教育缺失问题,发出督促监护令,加强家庭教育指导。通过帮教,李某某的理性消费观念逐步树立,法律意识逐渐提升,思想认识和行为习惯回归正轨。目前,李某某已经考上大学。

制发检察建议。检察机关办案发现,李某某的银行账户管理存在漏洞。经与人民银行所属支行会商研判,通过走访银行网点、开展座谈交流,促使商业银行查找出未落实未成年人独立开户标准、授权单日转账限额过高、异常交易风险预警不足等问题。检察机关有针对性地向人民银行某县支行制发检察建议后,该县人民银行对7家商业银行的46个网点,涉及120余个未成年人的账户全部进行了清理,对发现的问题立即进行整改。目前,该县未再发生利用未成年人银行卡实施网络犯罪的案件。省、市检察机关与人民银行等机构会商,推进涉未成年银行账户分级分类管理等要求在全省范围内得到完善和落实,巩固打击和治理成效。

【指导意义】

(一)检察机关办理未成年帮助他人利用网络实施犯罪的案件,要坚持主客观相一致原则,重点审查行为人主观方面对上游犯罪是否明知,并提供了客观帮助行为。要综合全案证据和社会调查情况,认为涉案未成年人知道或者应当知道上游系犯罪活动,自己行为具有帮助作用,可能共同造成危害结果的,应当认定其主观明知。未成年人客观上实施"供卡"等帮助支付结算的行为,符合帮助信息网络犯罪客观要件规定的,应按照主客观相一致原则,认定构成帮助信息网络犯罪活动罪。但如果经全案证据审查,认定未成年犯罪嫌疑人对上游是否系犯罪活动,以及犯罪的危害程度缺乏明确认识,即使在客观上对信息网络犯罪活动起到了帮助作用,因此获利,也不能认定为构成该罪。

(二)对未成年人使用本人银行卡实施的帮助他人利用网络犯罪行为,应当落实宽严相济刑事政策,加强教育、挽救,依法准确适用不起诉、附条件不起诉。对于积极主动参与犯罪、犯罪情节严重的,应依法提起公诉。对被利诱参与犯罪、参与时间较短、违法所得、涉案数额较少,情节显著轻微危害不大的涉案未成年人,检察机关可以根据刑法第十三条的规定,对其不认定为犯罪。对于犯罪情节轻微,依照刑法规定不需要判处刑罚或者免除刑罚的,检察机关应当做出不起诉决定。对于犯罪情节较轻,符合附条件不起诉条件的,检察机关可以依法适用附条件不起诉,同时针对性开展考察、矫治。

(三)检察机关应当注重运用检察建议,推动诉源治理。办理未成年帮助信息网络犯罪活动案件,发现银行账户监督、管理、使用存在漏洞的,应当依法开展调查核实,以检察建议的方式督促金融监管机构、商业银行完善制度机制,推动形成办卡审核和风险评估相结合、分类管理和异常预警相结合的未成年人银行卡管理保护模式,努力实现对未成年人参与电信网络犯罪的诉源治理。

【相关规定】

《中华人民共和国刑法》第十三条、第二百八十七条之二

《中华人民共和国刑事诉讼法》第二百七十七条、第二百七十九条、第二百八十二条、第二百八十三条、第二百八十四条

《中华人民共和国未成年人保护法》第一百一十三条、第一百一十五条

《中华人民共和国预防未成年人犯罪法》第五十条、第

五十一条

《最高人民法院、最高人民检察院关于办理非法利用信息网络、帮助信息网络犯罪活动等刑事案件适用法律若干问题的解释》第十二条

《人民检察院检察建议工作规定》第十一条

5. 禁止向未成年人租售网络游戏账号检察监督案①

【关键词】

未成年人网络保护　网络游戏账号租售　刑事检察与行政公益诉讼衔接　不良行为干预　综合治理

【要旨】

检察机关办理涉未成年人网络犯罪案件,应当注重审查刑事案件背后是否存在未成年人网络保护职责未落实的监督线索。检察机关发现互联网平台上存在向未成年人租售网络游戏账号的,可以依法督促行政监管部门履职,全面维护未成年人网络权益。发现未成年人因沉迷网络而遭受侵害的,应当同步落实被害修复与不良行为干预措施。检察机关应当促进法律监督与行政监管的配合协作,助推行政监管部门提升未成年人网络保护执法规范化水平。

【基本案情】

被告人孙某,男,2000 年 7 月 19 日生,汉族,中专文化,原系某房地产公司销售人员。

2021 年 1 月,被告人孙某以诈骗为目的,在某互联网平台发布出售网络游戏账号的虚假信息,骗取未成年被害人华某某信任后,向其提供虚假的游戏账号密码,并编造钱款被冻结、需支付保证金、过户费等理由,共骗取华某某人民币 15347 元。

孙某用以出售网络游戏账号的互联网平台是上海某公司开发运营的电子商务应用类平台。该平台上有数十家经营者不经身份核实,向包括未成年人在内的用户提供多款热门网络游戏账号的租售服务,部分经营者的累计订单数已达十万余件。

【检察机关履职过程】

刑事案件办理。2021 年 4 月 2 日,孙某自首。2021 年 11 月 8 日,上海市公安局某区分局以孙某涉嫌诈骗罪向某区检察院移送审查起诉。检察机关在办案过程中,责令孙某向被害人退赔诈骗钱款,弥补财产损失,并向被害人赔礼道歉。2021 年 12 月 6 日,检察机关以孙某犯诈骗罪向人民法院提起公诉。2021 年 12 月 16 日,人民法院以孙某

犯诈骗罪判处其有期徒刑七个月,缓刑一年,并处罚金人民币二千元。

行政公益诉讼案件办理。检察机关经调查发现,本案中孙某用以出售网络游戏账号的互联网平台上还有数十家经营者在商品详情中使用"未防沉迷""直接上号"等表述,不经核验身份,向包括未成年人在内的用户提供多款热门网络游戏账号的租售服务。

检察机关认为,该互联网平台上的经营者为未成年人规避网络游戏监管提供便利条件,违反《中华人民共和国未成年人保护法》有关向未成年人提供游戏服务的时间管理限制性规定。该互联网平台未根据《中华人民共和国电子商务法》对相关经营者违规行为予以及时处置、报告,增加了不特定未成年人沉迷网络游戏的潜在风险,损害了社会公共利益。根据未成年人网络保护法律法规,上海市某区网络安全和信息化委员会办公室(以下简称"网信办")对未成年人网络保护落实情况有监督管理职责,应当依法查处违规经营者和平台。

2021 年 9 月 14 日,检察机关向区网信办发出行政公益诉讼诉前检察建议,督促依法查处违法向未成年人提供网络游戏账号租售服务的经营者,并对互联网平台上租售网络游戏账号的情况进行全面检查和监督,压实平台责任。区网信办积极落实检察建议,督促该互联网平台对违法租售账号的经营者进行处理、增设实名购买功能,对平台落实未成年人网络保护规定的情况进行常态化检查督导。该互联网平台共清理违规游戏租号类商品 469 件,关闭相关店铺 26 家,对"某某租号"等关键词予以屏蔽;对游戏账号租售商品设置购买实名认证和上号二次实名认证环节,有效防止向未成年人租售游戏账号。

不良行为干预。针对未成年被害人华某某沉迷网络游戏的情况,检察机关根据《中华人民共和国预防未成年人犯罪法》关于不良行为干预的相关规定,积极对接学校、街道未成年人保护工作站组建协作干预小组,落实针对性管理教育措施。检察机关针对监护人放任华某某沉迷网络及处分大额钱款等问题,向华某某的监护人制发督促监护令,要求其履行监护职责,并委托家庭教育指导师开展家庭教育指导。目前,华某某已摆脱网络游戏沉迷,并顺利考入大学。

推动综合治理。结合该案办理,检察机关进一步会同区网信办等单位制定了涉未成年人网络保护分类处置的标准化工作流程。在此基础上,上海市人民检察院梳理全

市未成年人网络保护案件办理情况,与上海市网信办、上海市文化和旅游局执法总队建立了未成年人网络保护联动工作机制,共同发布《未成年人网络保护风险识别清单》《上海市侵害未成年人身心健康的网络信息执法指南》,细化执法规范和标准。

【指导意义】

(一)互联网平台上的经营者向未成年人租售网络游戏账号而平台未予及时处置、报告的,检察机关可以通过检察建议、公益诉讼等方式,督促行政监管部门采取有效监管措施。检察机关在办理涉未成年人网络刑事案件时,发现互联网平台上的经营者向未成年人提供网络游戏账号租售服务、互联网平台未予以审核监管,为未成年人规避游戏监管提供便利,有造成不特定未成年人沉迷网络、侵害未成年人网络公共利益风险的,检察机关可以通过制发检察建议、开展行政公益诉讼等手段,督促相关行政部门依法履行监管职责,推进互联网平台加强管理和机制建设。

(二)检察机关办理未成年人因沉迷网络而遭受侵害的案件,应当坚持被害修复与不良行为干预并重。检察机关在依法惩治利用网络实施的侵害未成年人犯罪的同时,应当通过积极追赃挽损、促成赔礼道歉、提供法律援助、落实心理疏导等方式,最大限度减少犯罪对未成年人造成的不利影响。同时,检察机关还应当根据《中华人民共和国预防未成年人犯罪法》的相关规定,督促家庭、学校、社会联动对未成年被害人沉迷网络的不良行为进行干预,通过精准管理教育措施引导未成年人安全合理地使用网络。发现被害人的监护人怠于履行职责的,可以通过制发督促监护令、开展家庭教育指导等方式,充分发挥家庭监护在未成年人网络保护中的作用。

(三)检察机关办理涉未成年人网络案件,应当综合履职,促进未成年人网络保护源头治理。在办理刑事案件、开展行政公益诉讼等工作基础上,检察机关还应当加强与未成年人网络保护行政监管部门配合协作,畅通信息渠道、建立共治机制,提升未成年人网络侵害源头预防实效。结合本地实际,推动完善法律监督与行政监管衔接机制,为未成年人构建健康清朗的网络空间环境。

【相关规定】

《中华人民共和国刑法》第二百六十六条

《中华人民共和国未成年人保护法》第六十六条、第六十七条、第七十四条、第七十五条、第一百零六条、第一百二十七条

《中华人民共和国预防未成年人犯罪法》第二十八条第四项、第二十九条、第三十一条、第三十二条

《中华人民共和国家庭教育促进法》第二十二条、第四十九条

《中华人民共和国行政诉讼法》第二十五条第四款

《中华人民共和国电子商务法》第十三条、第二十九条

《未成年人网络保护条例》第四十六条第二款

6. 防止未成年人滥用药物综合司法保护案①

【关键词】

综合履职　附条件不起诉　行政公益诉讼　滥用药物　数字检察

【要旨】

检察机关办理涉未成年人案件,应当统筹发挥多种检察职能,通过一体融合履职,加强未成年人综合司法保护。对有滥用药物问题的涉罪未成年人适用附条件不起诉时,可以细化戒瘾治疗措施,提升精准帮教的效果。针对个案中发现的社会治理问题,充分运用大数据分析,深挖类案线索,推动堵漏建制、源头保护,提升"个案办理—类案监督—系统治理"工作质效。

【基本案情】

被附条件不起诉人杨某某,男,作案时17周岁,初中文化,公司文员。

被附条件不起诉人李某某,男,作案时17周岁,初中文化,无业。

被附条件不起诉人杜某某,男,作案时16周岁,初中文化,在其父的菜场摊位帮工。

被附条件不起诉人何某某,男,作案时17周岁,小学文化,无业。

被告人郭某某,男,作案时17周岁,初中文化,休学。

被告人张某某,男,作案时16周岁,初中文化,无业。

被告人陈某某,男,作案时16周岁,初中文化,休学。

2019年至2020年7月,杨某某等7名未成年人在汪某等成年人(另案处理,已判刑)的纠集下,多次在浙江省湖州市某县实施聚众斗殴、寻衅滋事等违法犯罪活动。经查,杨某某、李某某长期大量服用通过网络购买的氢溴酸右美沙芬(以下简称"右美沙芬"),形成一定程度的药物依赖。"右美沙芬"属于非处方止咳药,具有抑制神经中枢的作用,长期服用会给人带来兴奋刺激,易产生暴躁不安、

冲动、醉酒样等成瘾性身体表现，易诱发暴力型犯罪或遭受侵害。该药物具有一定的躯体耐受性，停药后会出现胸闷、头晕等戒断反应。

【检察机关履职过程】

审查起诉和附条件不起诉。2020年10月，浙江省湖州市某县公安局将杨某某等7名未成年人分别以涉嫌聚众斗殴、寻衅滋事罪移送审查起诉，某县人民检察院受理后，及时启动社会调查、心理测评等特别程序。经综合评估7名未成年人在共同犯罪中的作用及其成长经历、主观恶性、悔罪表现、监护帮教条件、再犯可能性等因素，依法对杨某某、李某某、杜某某、何某某作出附条件不起诉决定。针对杨某某、李某某的暴力行为与长期大量服用"右美沙芬"成瘾相关，检察机关将禁止滥用药物、配合戒瘾治疗作为所附条件之一，引入专业医疗、心理咨询机构对二人进行"右美沙芬"戒断治疗，并阶段性评估和调整帮教措施，使二人的药物依赖问题明显改善。对犯罪情节严重的郭某某、张某某、陈某某等3人，依法提起公诉。后人民法院以聚众斗殴罪、寻衅滋事罪数罪并罚，判处郭某某、张某某、陈某某有期徒刑二年至二年三个月不等。

行政公益诉讼。办案期间，某县人民检察院对当地近年来发生的类似刑事案件进行梳理，发现多名涉案未成年人存在"右美沙芬"滥用情况，与未成年人实施犯罪或遭受侵害存在一定关联。在将该情况报告湖州市人民检察院后，湖州市人民检察院在浙江检察大数据法律监督平台上开展数字建模分析，汇总2020年1月起线下线上"右美沙芬"流通数据，集中筛选购买时间间隔短、频次高、数量大的人员，并与检察业务应用系统内的涉案未成年人信息以及公安行政违法案件中的未成年人信息进行数据碰撞，经比对研判后发现，该市46名涉案未成年人有"右美沙芬"滥用史。

经初步调查，当地部分实体、网络药店等违反《中华人民共和国药品管理法》《中华人民共和国药品管理法实施条例》等有关规定，存在部分微商无资质或者违法加价网络销售"右美沙芬"、部分网络平台未设置相关在线药学服务渠道等问题。同时，销售"右美沙芬"未履行用药风险提示和指导用药义务等情况也普遍存在。湖州市市场监督管理局作为承担药品安全监督管理职责的行政部门，未依法全面履行药品经营和流通监督管理职责，导致未成年人可以随意购买"右美沙芬"，危害未成年人身体健康，损害社会公共利益。2021年4月，湖州市人民检察院作为行政公益诉讼立案并开展调查取证工作，将在刑事案件中调取的涉案人员微信聊天记录、手机交易记录等，作为公益诉讼案件证据材料，并固定药物来源、用药反应、用药群体、公益受损事实等关联证据，证实不特定未成年人利益受到损害。

2021年4月25日，湖州市人民检察院向湖州市市场监督管理局发出行政公益诉讼诉前检察建议：一是严格落实监测药品销售实名登记制度，对未成年人购药异常情况予以管控。二是加大"右美沙芬"网络经营流通的监管力度，依法查处非法销售问题。三是对"右美沙芬"成瘾性及安全风险开展测评，推动提升药品管制级别。检察建议发出后，湖州市市场监督管理局采纳检察建议，依法排查销售记录34112条，排查网络销售企业326家，梳理异常购药记录600余条，查处网络违法售药案件8起，追踪滥用涉案药物人员89名；建立按需销售原则，明确医师的用药指导和安全提示义务；落实实名登记、分级预警等综合治理措施。

促进社会治理。湖州市人民检察院会同当地市场监督管理部门、药学会、药品经营企业代表围绕未成年人滥用药物风险防控深入研讨、凝聚共识，推动湖州市市场监督管理局制发《未成年人药物滥用风险管控实施意见（试行）》，加强对实体、网络药品销售企业的监督管理，健全涉未成年人滥用药物事件应急预警处置机制。浙江省人民检察院对湖州检察机关办案情况加强指导，同时建议浙江省教育厅、市场监督管理局等单位开展涉案药物的交易监测、专项检查、成瘾性研究，自下而上推动国家层面研究调整"右美沙芬"药物管制级别。2021年12月，国家药品监督管理局根据各地上报案件信息和反映情况，将"右美沙芬"口服单方制剂由非处方药转为处方药管理。2022年11月，国家药品监督管理局发布《药品网络销售禁止清单（第一版）》公告，将"右美沙芬"口服单方制剂纳入禁止通过网络零售的药品清单。

【指导意义】

（一）统筹运用多种检察职能，推动完善一体履职、全面保护、统分有序的未检融合履职模式，综合保护未成年人合法权益。检察机关应当充分发挥未检业务集中统一办理优势，强化系统审查意识和综合取证能力，在办理涉未成年人刑事案件过程中，一并审查未成年人相关公共利益等其他权益是否遭受损害。对经审查评估需要同步履行相关法律监督职责的案件，应当依法融合履职，综合运用法律赋予的监督手段，系统维护未成年人合法权益。

（二）附条件不起诉考验期监督管理规定的设定，应当以最有利于教育挽救未成年人为原则，体现帮教考察的个性化、精准性和有效性。检察机关对未成年人作出附条件不起诉决定时，应当考虑涉罪未成年人发案原因和个性需求，细化矫治教育措施。对共同犯罪的未成年人，既要考虑其共性问题，又要考虑每名涉罪未成年人的实际情况和个体特点，设置既有共性又有个性的监督管理规定和帮教措施，并督促落实。对存在滥用药物情形的涉罪未成年人，检察机关应当会同未成年人父母或其他监护人，要求其督促未成年人接受心理疏导和戒断治疗，并将相关情况纳入监督考察范围，提升精准帮教效果，落实附条件不起诉制度的教育矫治功能，帮助涉罪未成年人顺利回归社会。

（三）能动运用大数据分析，提升法律监督质效，做实诉源治理。检察机关要综合研判案件背后的风险因素、类案特质，主动应用数字思维，通过数字建模进行数据分析和比对，深挖药品流通过程中的问题，系统梳理类案监督线索，精准发现案发领域治理漏洞，通过开展公益诉讼等方式实现协同治理，促进有关方面依法履职、加强监管执法，推动从顶层设计上健全制度机制，完善相关领域社会治理，实现办案法律效果和社会效果的有机统一。

【相关规定】

《中华人民共和国刑事诉讼法》（2018 年修正）第二百八十三条

《中华人民共和国行政诉讼法》（2017 年修正）第二十五条第四款

《中华人民共和国未成年人保护法》（2020 年修订）第一百零六条

《中华人民共和国预防未成年人犯罪法》（2020 年修订）第四条

《中华人民共和国药品管理法》（2019 年修订）第三条、第十一条、第十二条、第五十一条、第五十二条

《中华人民共和国药品管理法实施条例》（2019 年修订）第十五条、第十九条、第五十一条

7. 张某、沈某某等七人抢劫案①

【关键词】

第二审程序刑事抗诉　未成年人与成年人共同犯罪　分案起诉　累犯

【裁判要旨】

1. 办理未成年人与成年人共同犯罪案件，一般应当将未成年人与成年人分案起诉，但对于未成年人系犯罪集团的组织者或者其他共同犯罪中的主犯，或者具有其他不宜分案起诉情形的，可以不分案起诉。

2. 办理未成年人与成年人共同犯罪案件，应当根据未成年人在共同犯罪中的地位、作用，综合考量未成年人实施犯罪行为的动机和目的、犯罪时的年龄、是否属于初犯、偶犯、犯罪后的悔罪表现、个人成长经历和一贯表现等因素，依法从轻或者减轻处罚。

3. 未成年人犯罪不构成累犯。

【相关法律规定】

《中华人民共和国刑法》第二百六十三条、第二十五条、第二十六条、第六十一条、第六十五条、第七十七条；《中华人民共和国刑事诉讼法》第二百一十七条、第二百二十五条第一款第二项。

【基本案情】

被告人沈某某，男，1995 年 1 月出生。2010 年 3 月因抢劫罪被判拘役六个月，缓刑六个月，并处罚金五百元。

被告人胡某某，男，1995 年 4 月出生。

被告人许某，男，1993 年 1 月出生。2008 年 6 月因抢劫罪被判有期徒刑六个月，并处罚金五百元；2010 年 1 月因犯盗窃罪被判有期徒刑七个月，并处罚金一千四百元。

另外四名被告人张某、吕某、蒋某、杨某，均为成年人。

被告人张某为牟利，介绍沈某某、胡某某、吕某、蒋某认识，教唆他们以暴力方式劫取助力车，并提供砍刀等犯罪工具，事后负责联系销赃分赃。2010 年 3 月，被告人沈某某、胡某某、吕某、蒋某经被告人张某召集，并伙同被告人许某、杨某等人，经预谋，相互结伙，持砍刀、断线钳、撬棍等作案工具，在上海市内公共场所抢劫助力车。其中，被告人张某、沈某某、胡某某参与抢劫四次；被告人吕某、蒋某参与抢劫三次；被告人许某参与抢劫二次；被告人杨某参与抢劫一次。具体如下：

1. 2010 年 3 月 4 日 11 时许，沈某某、胡某某、吕某、蒋某随身携带砍刀，至上海市长寿路 699 号国美电器商场门口，由吕、沈撬窃停放在该处的一辆黑色本凌牌助力车，当被害人甲制止时，沈、胡、蒋拿出砍刀威胁，沈砍击被害人致其轻伤。后吕、沈等人因撬锁不成，砸坏该车外壳后逃离现场。经鉴定，该助力车价值人民币 1930 元。

2. 2010 年 3 月 4 日 12 时许，沈某某、胡某某、吕某、蒋某随身携带砍刀，结伙至上海市老沪太路万荣路路口的临时菜场门口，由胡、吕撬窃停放在该处的一辆白色南方雅马哈牌助力车，当被害人乙制止时，沈、蒋等人拿出砍刀威胁，沈砍击被害人致其轻微伤，后吕等人撬开锁将车开走。经鉴定，该助力车价值人民币 2058 元。

3. 2010 年 3 月 11 日 14 时许，沈某某、胡某某、吕某、

蒋某、许某随身携带砍刀,结伙至上海市胶州路669号东方典当行门口,由沈撬窃停放在该处的一辆黑色宝雕牌助力车,当被害人丙制止时,胡、蒋、沈拿出砍刀将被害人逼退到东方典当行店内,许则在一旁接应,吕上前帮助撬开车锁后由胡将车开走。经鉴定,该助力车价值人民币2660元。

4. 2010年3月18日14时许,沈某某、胡某某、许某、杨某及王某(男,13岁)随身携带砍刀,结伙至上海市上大路沪太路路口地铁七号线出口处的停车点,由胡持砍刀威胁该停车点的看车人员,杨在旁接应,沈、许等人则当场劫得助力车三辆。其中被害人丁的一辆黑色珠峰牌助力车,经鉴定,该助力车价值人民币2090元。

【诉讼过程】

2010年3、4月,张某、吕某、蒋某、杨某以及三名未成年人沈某某、胡某某、许某因涉嫌抢劫罪先后被刑事拘留、逮捕。2010年6月21日,上海市公安局静安分局侦查终结,以犯罪嫌疑人张某、沈某某、胡某某、吕某、蒋某、许某、杨某等七人涉嫌抢劫罪向静安区人民检察院移送审查起诉。静安区人民检察院经审查认为,本案虽系未成年人与成年人共同犯罪案件,但鉴于本案多名未成年人系共同犯罪中的主犯,不宜分案起诉。2010年9月25日,静安区人民检察院以上述七名被告人犯抢劫罪依法向静安区人民法院提起公诉。

2010年12月15日,静安区人民法院一审认为,七名被告人行为均构成抢劫罪,其中许某系累犯。依法判决:(一)对未成年被告人量刑如下:沈某某判处有期徒刑五年六个月,并处罚金人民币五千元,撤销缓刑,决定执行有期徒刑五年六个月,罚金人民币五千元;胡某某判处有期徒刑七年,并处罚金人民币七千元;许某判处有期徒刑五年,并处罚金人民币五千元。(二)对成年被告人量刑如下:张某判处有期徒刑十四年,剥夺政治权利二年,并处罚金人民币一万五千元;吕某判处有期徒刑十二年六个月,剥夺政治权利一年,并处罚金人民币一万二千元;蒋某判处有期徒刑十二年,剥夺政治权利一年,并处罚金人民币一万二千元;杨某判处有期徒刑二年,并处罚金人民币二千元。

2010年12月30日,上海市静安区人民检察院认为一审判决适用法律错误,对未成年被告人的量刑不当,遂依法向上海市第二中级人民法院提出抗诉。张某以未参与抢劫,量刑过重为由,提出上诉。2011年6月16日,上海市第二中级人民法院二审判决采纳抗诉意见,驳回上诉,撤销原判决对原审被告人沈某某、胡某某、许某抢劫罪量刑部分,依法予以改判。

【抗诉理由】

一审宣判后,上海市静安区人民检察院审查认为,一审判决对犯罪情节相对较轻的胡某某判处七年有期徒刑量刑失衡,对未成年被告人沈某某、胡某某、许某判处罚金刑未依法从宽处罚,属适用法律错误,量刑不当,遂依法向上海市第二中级人民法院提出抗诉;上海市人民检察院第二分院支持抗诉。抗诉和支持抗诉的理由是:

1. 一审判决量刑失衡,对被告人胡某某量刑偏重。本案中,被告人胡某某、沈某某均参与了四次抢劫犯罪,虽然均系主犯,但是被告人胡某某行为的社会危害性及人身危险性均小于被告人沈某某。从犯罪情节看,沈某某实施抢劫过程中直接用砍刀造成一名被害人轻伤,一名被害人轻微伤;被告人胡某某只有持刀威胁及撬车锁的行为。从犯罪时年龄看,沈某某已满十五周岁,胡某某尚未满十五周岁。从人身危险性看,沈某某因抢劫罪于2010年3月4日被判处拘役六个月,缓刑六个月,缓刑期间又犯新罪;胡某某系初犯。一审判决分别以抢劫罪判胡某某有期徒刑七年、沈某某有期徒刑五年六个月,属于量刑不当。

2. 一审判决适用法律错误,对未成年被告人罚金刑的适用既没有体现依法从宽,也没有体现与成年被告人罚金刑适用的区别。根据最高人民法院《关于适用财产刑若干问题的规定》《关于审理未成年人刑事案件具体应用法律若干问题的解释》的规定,对未成年人犯罪应当从轻或者减轻判处罚金。一审判决对未成年被告人判处罚金未依法从宽,均是按照同案成年被告人罚金的标准判处五千元以上的罚金,属于适用法律错误。

此外,2010年12月21日一审判决认定未成年被告人许某系累犯正确,但审判后刑法有所修改。根据2011年2月全国人大常委会通过的《中华人民共和国刑法修正案(八)》和2011年5月最高人民法院《关于〈中华人民共和国刑法修正案(八)时间效力问题的解释〉》的有关规定,被告人许某实施犯罪时不满十八周岁,依法不构成累犯。

【终审判决】

上海市第二中级人民法院二审认为,原审判决认定抢劫罪事实清楚,定性准确,证据确实、充分。鉴于胡某某在抢劫犯罪中的地位作用略低于沈某某及对未成年犯并处罚金应当从轻或减轻处罚等实际情况,原判对胡某某主刑及对沈某某、胡某某、许某罚金刑的量刑不当,应予纠正。检察机关的抗诉意见正确,应予支持。另依法认定许某不构成累犯。据此,依法判决:撤销一审判决对原审三名未成年被告人沈某某、胡某某、许某的量刑部分;改判沈某某犯抢劫罪,处有期徒刑五年六个月,并处罚金人民币二千元,撤销缓刑,决定执行有期徒刑五年六个月,罚金人民币二千元;胡某某犯抢劫罪,处有期徒刑五年,罚金人民币二千元;许某犯抢劫罪,处有期徒刑四年,罚金人民币一千五百元。

8. 胡某某抢劫案①

【关键词】

抢劫　在校学生　附条件不起诉　调整考验期

【要旨】

办理附条件不起诉案件,应当准确把握其与不起诉的界限。对于涉罪未成年在校学生附条件不起诉,应当坚持最有利于未成年人健康成长原则,找准办案、帮教与保障学业的平衡点,灵活掌握办案节奏和考察帮教方式。要阶段性评估帮教成效,根据被附条件不起诉人角色转变和个性需求,动态调整考验期限和帮教内容。

【相关规定】

《中华人民共和国刑法》第二百六十三条

《中华人民共和国刑事诉讼法》第一百七十七条、第二百七十七条、第二百七十九条、第二百八十二条、第二百八十三条、第二百八十四条

《人民检察院刑事诉讼规则》第四百六十一条、第四百六十三条、第四百七十六条、第四百八十条

《人民检察院办理未成年人刑事案件的规定》第二十九条、第四十条、第四十一条、第四十二条、第四十三条

《未成年人刑事检察工作指引(试行)》第一百九十四条

【基本案情】

被附条件不起诉人胡某某,男,作案时17周岁,高中学生。

2015年7月20日晚,胡某某到某副食品商店,谎称购买饮料,趁店主方某某不备,用网购的电击器杆方某某腰部索要钱款,致方某某轻微伤。后方某某将电击器夺下,胡某某逃跑,未劫得财物。归案后,胡某某的家长赔偿了被害人全部损失,获得谅解。

【检察机关履职过程】

(一)补充社会调查,依法作出不批准逮捕决定。案件提请批准逮捕后,针对公安机关移送的社会调查报告不能充分反映胡某某犯罪原因的问题,检察机关及时补充开展社会调查,查明:胡某某高一时父亲离世,为减轻经济负担,母亲和姐姐忙于工作,与胡某某沟通日渐减少。丧父打击、家庭氛围变化、缺乏关爱等多重因素导致胡某某逐

渐沾染吸烟、饮酒等劣习,高二时因成绩严重下滑转学重读高一。案发前,胡某某与母亲就是否直升高三参加高考问题发生激烈冲突,母亲希望其重读高二以提高成绩,胡某某则希望直升高三报考个人感兴趣的表演类院校。在学习、家庭的双重压力下,胡某某产生了制造事端迫使母亲妥协的想法,继而实施抢劫。案发后,胡某某母亲表示愿意改进教育方式,加强监护。检察机关针对胡某某的心理问题,委托心理咨询师对其开展心理测评和心理疏导。在上述工作基础上,检察机关综合评估认为:胡某某此次犯罪主要是由于家庭变故、亲子矛盾、青春期叛逆,加之法治意识淡薄,冲动犯罪,认罪悔罪态度好,具备帮教条件,同时鉴于其赔偿了被害人损失,取得了被害人谅解,遂依法作出不批准逮捕决定。

(二)综合评估,依法适用附条件不起诉。案件审查起诉过程中,有观点认为,胡某某罪行较轻,具有未成年、犯罪未遂、坦白等情节,认罪悔罪,取得被害人谅解,其犯罪原因主要是身心不成熟,亲子矛盾处理不当,因此可直接作出不起诉决定。检察机关认真审查并听取各方面意见后认为,抢劫罪法定刑为三年有期徒刑以上刑罚,根据各种量刑情节,调节基准刑后测算胡某某可能判处有期徒刑十个月至一年,不符合犯罪情节轻微不需要判处刑罚或可以免除刑罚,直接作出不起诉决定的条件。同时,胡某某面临的学习压力短期内无法缓解,参考社会调查、心理疏导的情况,判断其亲子关系调适、不良行为矫正尚需一个过程,为保障其学业、教育管束和预防再犯,从最有利于未成年人健康成长出发,对胡某某附条件不起诉更有利于其回归社会。2016年3月11日,检察机关对胡某某作出附条件不起诉决定,考验期一年。

(三)立足帮教目标,对照负面行为清单设置所附条件,协调各方开展精准帮教。检察机关立足胡某某系在校学生的实际,围绕亲子共同需求,确立"学业提升进步,亲子关系改善"的帮教目标,并且根据社会调查列出阻碍目标实现的负面行为清单设置所附条件,如:遵守校纪校规;不得进入娱乐场所;不得吸烟、饮酒;接受心理辅导;接受监护人监管;定期参加社区公益劳动;阅读法治书籍并提交学习心得等。在此基础上,检察机关联合学校、社区、家庭三方成立考察帮教小组,围绕所附条件,制定方案,分解任务,精准帮教。学校选派老师督促备考,关注心理动态,社区为其量身定制公益劳动项目,家庭成员接受"正面管教"家庭教育指导,改善亲子关系。检察机关立足保障学

---

① 案例来源:2021年3月2日最高人民检察院检例第103号。

业,灵活掌握帮教的频率与方式,最大程度减少对其学习、生活的影响。组建帮教小组微信群,定期反馈与实时监督相结合,督促各方落实帮教责任,对帮教进度和成效进行跟踪考察,同时要求控制知情范围,保护胡某某隐私。针对胡某某的犯罪源于亲子矛盾这一"症结",检察机关协同公安民警、被害人、法律援助律师、法定代理人从法、理、情三个层面真情劝诫,胡某某表示要痛改前非。

(四)阶段性评估,动态调整考验期限和帮教措施。考验期内,胡某某表现良好,参加高考并考上某影视职业学院,还积极参与公益活动。鉴于胡某某表现良好、考上大学后角色转变等情况,检察机关组织家长、学校、心理咨询师、社区召开"圆桌会议"听取各方意见。经综合评估,各方一致认为原定考验期限和帮教措施已不适应当前教育矫治需求,有必要作出调整。2016 年 9 月,检察机关决定将胡某某的考验期缩为八个月,并对最后两个月的帮教内容进行针对性调整:开学前安排其参加企业实习,引导职业规划,开学后指导阅读法律读物,继续筑牢守法堤坝。11 月 10 日考验期届满,检察机关依法对其作出不起诉决定,并进行相关记录封存。目前,胡某某已经大学毕业,在某公司从事设计工作,心态乐观积极,家庭氛围融洽。

【指导意义】

(一)办理附条件不起诉案件,应当注意把握附条件不起诉与不起诉之间的界限。根据刑事诉讼法第一百七十七条第二款,检察机关对于犯罪情节轻微,依照刑法规定不需要判处刑罚或者可以免除刑罚的犯罪嫌疑人,可以决定不起诉。而附条件不起诉的适用条件是可能判处一年有期徒刑以下刑罚,符合起诉条件,但有悔罪表现的未成年犯罪嫌疑人,且只限定于涉嫌刑法分则第四章、第五章、第六章规定的犯罪。对于犯罪情节轻微符合不起诉条件的未成年犯罪嫌疑人,应依法适用不起诉,不能以附条件不起诉代替不起诉。对于未成年犯罪嫌疑人涉嫌刑法分则第四章、第五章、第六章规定的犯罪,根据犯罪情节和悔罪表现,尚未达到不需要判处刑罚或者可以免除刑罚程度,综合考虑可能判处一年有期徒刑以下刑罚,适用附条件不起诉能更好地达到矫正效果,促使其再社会化的,应依法适用附条件不起诉。

(二)对涉罪未成年在校学生适用附条件不起诉,应当最大限度减少对其学习、生活的影响。坚持最有利于未成年人健康成长原则,立足涉罪在校学生教育矫治和回归社会,应尽可能保障其正常学习和生活。在法律规定的办案期限内,检察机关可灵活掌握办案节奏和方式,利用假期

和远程方式办案帮教,在心理疏导、隐私保护等方面提供充分保障,达到教育、管束和保护的有机统一。

(三)对于已确定的考验期限和考察帮教措施,经评估后认为不能适应教育矫治需求的,可以适时动态调整。对于在考验期中经历考试、升学、求职等角色转变的被附条件不起诉人,应当及时对考察帮教情况、效果进行评估,根据考察帮教的新情况和新变化,有针对性地调整考验期限和帮教措施,巩固提升帮教成效,促其早日顺利回归社会。考验期限和帮教措施在调整前,应当充分听取各方意见。

9. 庄某等人敲诈勒索案①

【关键词】

敲诈勒索　未成年人共同犯罪　附条件不起诉　个性化附带条件　精准帮教

【要旨】

检察机关对共同犯罪的未成年人适用附条件不起诉时,应当遵循精准帮教的要求对每名涉罪未成年人设置个性化附带条件。监督考察时,要根据涉罪未成年人回归社会的不同需求,督促制定所附条件执行的具体计划,分阶段评估帮教效果,发现问题及时调整帮教方案,提升精准帮教实效。

【相关规定】

《中华人民共和国刑法》第二百七十四条

《中华人民共和国刑事诉讼法》第一百七十七条、第二百八十二条、第二百八十三条、第二百八十四条、第二百八十六条

《人民检察院刑事诉讼规则》第四百六十一条、第四百七十六条、第四百八十条

《人民检察院办理未成年人刑事案件的规定》第四十二条、第四十三条

《未成年人刑事检察工作指引(试行)》第三十一条、第一百八十一条、第一百九十四条、第一百九十五条、第一百九十六条

【基本案情】

被附条件不起诉人庄某,男,作案时 17 周岁,初中文化,在其父的印刷厂帮工。

被附条件不起诉人顾某,女,作案时 16 周岁,职业高中在读。

被附条件不起诉人常某,男,作案时 17 周岁,职业高

---

① 案例来源:2021 年 3 月 2 日最高人民检察院检例第 104 号。

中在读。

被附条件不起诉人章某,女,作案时 16 周岁,职业高中在读。

被附条件不起诉人汪某,女,作案时 17 周岁,职业高中在读。

2019 年 6 月 8 日,庄某因被害人焦某给其女友顾某发暧昧短信,遂与常某、章某、汪某及女友顾某共同商量向焦某索要钱财。顾某、章某、汪某先用微信把被害人约至某酒店,以顾某醉酒为由让被害人开房。进入房间后,章某和汪某借故离开,庄某和常某随即闯入,用言语威胁的手段逼迫焦某写下一万元的欠条,后实际获得五千元,用于共同观看球赛等消费。案发后,庄某等五人的家长在侦查阶段赔偿了被害人全部损失,均获得谅解。

【检察机关履职过程】

(一)开展补充社会调查和心理测评,找出每名未成年人需要矫正的"矫治点",设置个性化附带条件。该案公安机关未提请批准逮捕,直接移送起诉。检察机关经审查认为,庄某等五人已涉嫌敲诈勒索罪,可能判处一年以下有期徒刑,均有悔罪表现,符合附条件不起诉条件,但前期所作社会调查不足以全面反映犯罪原因和需要矫正的关键点,故委托司法社工补充社会调查,并在征得各未成年犯罪嫌疑人及法定代理人同意后进行心理测评。经分析,五人具有法治观念淡薄、交友不当、家长失管失教等共性犯罪原因,同时各有特点:庄某因被父亲强行留在家庭小厂帮工而存在不满和抵触情绪;顾某因被过分宠溺而缺乏责任感,且沉迷网络游戏;汪某身陷网瘾;常某与单亲母亲长期关系紧张;章某因经常被父亲打骂心理创伤严重。据此,检察官和司法社工研究确定了五名未成年人具有共性特点的"矫治点",包括认知偏差、行为偏差、不良"朋友"等,和每名未成年人个性化的"矫治点",如庄某的不良情绪、章某的心理创伤等,据此对五人均设置共性化的附带条件:参加线上、线下法治教育以及行为认知矫正活动,记录学习感受;在司法社工指导下筛选出不良"朋友"并制定远离行动方案;参加每周一次的团体心理辅导。同时,设置个性化附带条件:庄某学习管理情绪的方法,定期参加专题心理辅导;顾某、汪某主动承担家务,定期参加公益劳动,逐渐递减网络游戏时间;常某在司法社工指导下逐步修复亲子关系;章某接受心理咨询师的创伤处理。检察机关综合考虑五名未成年人共同犯罪的事实、情节及需要矫正的问题,对五名未成年人均设置了六个月考验期,并在听取每名未成年人及法定代理人对附条件不起诉的意见时,就所附条件、考验期限等进行充分沟通、解释,要求法定代理人依法配合监督考察工作。在听取公安机关、被害

人意见后,检察机关于 2019 年 10 月 9 日对五人作出附条件不起诉决定。

(二)制定具体的帮教计划并及时评估帮教效果,调整帮教方法。在监督考察期间,检察官与司法社工共同制定了督促执行所附条件的具体帮教计划:帮教初期(第 1-3 周)注重训诫教育工作,且司法社工与被附条件不起诉人及法定代理人密切接触,增强信任度;帮教中期(第 4-9 周)通过法治教育、亲子关系修复、行为偏差矫正、团体心理辅导等多措并举,提升被附条件不起诉人法律意识,促使不良行为转变;帮教后期(第 10-26 周)注重促使被附条件不起诉人逐步树立正确的人生观、价值观,自觉遵纪守法。每个阶段结束前通过心理测评、自评、他评等方式评估帮教效果,发现问题及时进行研判,调整帮教方法。比如,帮教初期发现庄某和章某对负责帮教的社工有一定的抵触情绪和回避、对抗行为,通过与司法社工机构共同评估双方信任度和匹配度后,及时更换社工。再如,针对章某在三次心理创伤处理后仍呈现易怒情绪,建议社工及时增加情绪管理能力培养的内容。又如,针对汪某远离不良"朋友"后亟需正面榜样力量引领的情况,联合团委确定大学生志愿者一对一结对引导。

(三)根据未成年人个体需求,协调借助相关社会资源提供帮助,促进回归社会。针对案发后学校打算劝退其中四人的情况,检察机关与教育局、学校沟通协调,确保四人不中断学业。根据五名被附条件不起诉人对就学就业的需求,检察机关积极协调教育部门为顾某、章某分别提供声乐、平面设计辅导,联系爱心企业为常某提供模型设计的实习机会,联系人力资源部门为庄某、汪某提供免费的职业培训,让矫治干预与正向培养双管齐下。经过六个月考察帮教,五名被附条件不起诉人逐步摒弃不良行为,法治观念、守法意识增强,良好生活学习习惯开始养成。2020 年 4 月 9 日,检察机关综合五人考察期表现,均作出不起诉决定。目前,庄某已成为某西点店烘焙师,常某在模具企业学习模型设计,顾某、章某、汪某都实现了在大专院校理想专业学习的愿望。五个家庭也有较大改变,亲子关系融洽。

【指导意义】

(一)附条件不起诉设定的附带条件,应根据社会调查情况合理设置,具有个性化,体现针对性。检察机关办理附条件不起诉案件,应当坚持因案而异,根据社会调查情况,针对涉罪未成年人的具体犯罪原因和回归社会的具体需求等设置附带条件。对共同犯罪未成年人既要针对其共同存在的问题,又要考虑每名涉罪未成年人的实际情况,设定符合个体特点的附带条件并制定合理的帮教计划,做到"对症下药",确保附条件不起诉制度教育矫治功能的实现。

（二）加强沟通，争取未成年犯罪嫌疑人及其法定代理人、学校的理解、配合和支持。检察机关应当就附带条件、考验期限等与未成年犯罪嫌疑人充分沟通，使其自觉遵守并切实执行。未成年犯罪嫌疑人的法定代理人和其所在学校是参与精准帮教的重要力量，检察机关应当通过释法说理、开展家庭教育指导等工作，与各方达成共识，形成帮教合力。

（三）加强对附带条件执行效果的动态监督，实现精准帮教。检察机关对于附条件不起诉所附带条件的执行要加强全程监督、指导，掌握落实情况，动态评估帮教效果，发现问题及时调整帮教方式和措施。为保证精准帮教目标的实现，可以联合其他社会机构、组织、爱心企业等共同开展帮教工作，帮助涉罪未成年人顺利回归社会。

10. 李某诈骗、传授犯罪方法，牛某等人诈骗案①

【关键词】

涉嫌数罪　听证　认罪认罚从宽　附条件不起诉　家庭教育指导　社会支持

【要旨】

对于一人犯数罪符合起诉条件，但根据其认罪认罚等情况，可能判处一年有期徒刑以下刑罚的，检察机关可以依法适用附条件不起诉。对于涉案未成年人存在家庭教育缺位或者不当问题的，应当突出加强家庭教育指导，因案因人进行精准帮教。通过个案办理和法律监督，积极推进社会支持体系建设。

【相关规定】

《中华人民共和国刑法》第二百六十六条、第二百九十五条

《中华人民共和国刑事诉讼法》第一百七十三条、第二百七十七条、第二百八十二条

《人民检察院刑事诉讼规则》第十八条、第四百五十七条、第四百六十三条、第四百八十条

《未成年人刑事检察工作指引（试行）》第一百七十七条、第一百八十八条

《关于适用认罪认罚从宽制度的指导意见》第十九条、第二十三条、第二十六条、第二十七条、第二十八条、第二十九条、第三十条、第三十一条

【基本案情】

被附条件不起诉人李某，男，作案时 16 周岁，高中学生。

被附条件不起诉人牛某，男，作案时 17 周岁，高中学生。

被附条件不起诉人黄某，男，作案时 17 周岁，高中学生。

被附条件不起诉人关某，男，作案时 16 周岁，高中学生。

被附条件不起诉人包某，男，作案时 17 周岁，高中学生。

2018 年 11 月至 2019 年 3 月，李某利用某电商超市 7 天无理由退货规则，多次在某电商超市网购香皂、洗发水、方便面等日用商品，收到商品后上传虚假退货快递单号，骗取某电商超市退回购物款累计 8445.53 元。后李某将此犯罪方法先后传授给牛某、黄某、关某、包某，并收取 1200 元"传授费用"。得知这一方法的牛某、黄某、关某、包某以此方法各自骗取某电商超市 15598.86 元、8925.19 元、6617.71 元、6206.73 元。

涉案五人虽不是共同犯罪，但犯罪对象和犯罪手段相同，案件之间存在关联，为便于查明案件事实和保障诉讼顺利进行，公安机关采纳检察机关建议，对五人依法并案处理。

【检察机关履职过程】

（一）适用认罪认罚从宽制度，发挥惩教结合优势。审查逮捕期间，检察机关依法分别告知五名未成年犯罪嫌疑人及其法定代理人认罪认罚从宽制度的法律规定，促其认罪认罚。五名犯罪嫌疑人均表达了认罪认罚的意愿，并主动退赃，取得了被害方某电商超市的谅解。检察机关认为五人虽利用网络实施诈骗，但并非针对不特定多数人，系普通诈骗犯罪，且主观恶性不大，犯罪情节较轻，无逮捕必要，加上五人均面临高考，因而依法作出不批准逮捕决定。审查起诉阶段，检察机关通知派驻检察院的值班律师向五人及其法定代理人提供法律帮助，并根据五人犯罪情节、认罪悔罪态度，认为符合附条件不起诉条件，提出适用附条件不起诉的意见，将帮教方案和附带条件作为具结书的内容一并签署。

（二）召开不公开听证会，依法决定附条件不起诉。司法实践中，对犯数罪可否适用附条件不起诉，因缺乏明确的法律规定而很少适用。本案中，李某虽涉嫌诈骗和传授犯罪方法两罪，但综合全案事实、社会调查情况以及犯罪后表现，依据有关量刑指导意见，李某的综合刑期应在一年以下有期徒刑，对其适用附条件不起诉制度，有利于顺

---

① 案例来源：2021 年 3 月 2 日最高人民检察院检例第 105 号。

利进行特殊预防、教育改造。为此，检察机关专门针对李某涉嫌数罪是否可以适用附条件不起诉召开不公开听证会，邀请了未成年犯管教干部、少年审判法官、律师、心理咨询师、公益组织负责人等担任听证员。经听证评议，听证员一致认为应对李某作附条件不起诉，以最大限度促进其改恶向善、回归正途。通过听证，李某认识到自己行为的严重性，李某父母认识到家庭教育中存在的问题，参加听证的各方面代表达成了协同帮教意向。2019 年 12 月 23 日，检察机关对李某等五人依法作出附条件不起诉决定，考验期为六个月。

（三）开展家庭教育指导，因人施策精准帮教。针对家庭责任缺位导致五人对法律缺乏认知与敬畏的共性问题，检察官会同司法社工开展了家庭教育指导，要求五人及其法定代理人在监督考察期间定期与心理咨询师沟通、与检察官和司法社工面谈，并分享法律故事、参加预防违法犯罪宣讲活动。同时，针对五人各自特点分别设置了个性化附带条件：鉴于李某父母疏于管教，亲子关系紧张，特别安排追寻家族故事、追忆成长历程以增强家庭认同感和责任感，修复家庭关系；鉴于包某性格内向无主见、极易被误导，安排其参加"您好陌生人"志愿服务队，以走上街头送爱心的方式锻炼与陌生人的沟通能力，同时对其进行"朋辈群体干扰场景模拟"小组训练，通过场景模拟，帮助其向不合理要求勇敢说"不"；鉴于黄某因达不到父母所盼而缺乏自信，鼓励其发挥特长，担任禁毒教育、网络安全等普法活动主持人，使其在学习法律知识的同时，增强个人荣誉感和家庭认同感；鉴于牛某因单亲家庭而自卑，带领其参加照料空巢老人、探访留守儿童等志愿活动，通过培养同理心增强自我认同，实现"爱人以自爱"；鉴于关某沉迷网络游戏挥霍消费，督促其担任家庭记账员，激发其责任意识克制网瘾，养成良好习惯。

（四）联合各类帮教资源，构建社会支持体系。案件办理过程中，引入司法社工全流程参与精准帮教。检察机关充分发挥"3+1"（检察院、未管所、社会组织和涉罪未成年人）帮教工作平台优势，并结合法治进校园"百千万工程"，联合团委、妇联、教育局共同组建"手拉手法治宣讲团"，要求五人及法定代理人定期参加法治教育讲座。检察机关还与辖区内广播电台、敬老院、图书馆、爱心企业签订观护帮教协议，组织五人及法定代理人接受和参与优秀传统文化教育或实践。2020 年 6 月 22 日，检察机关根据五人在附条件不起诉考察期间的表现，均作出不起诉决定。五人在随后的高考中全部考上大学。

【指导意义】

（一）办理未成年人犯罪案件，对于涉嫌数罪但认罪认罚，可能判处一年有期徒刑以下刑罚的，也可以适用附条件不起诉。检察机关应当根据涉罪未成年人的犯罪行为性质、情节、后果，并结合犯罪原因、犯罪前后的表现等，综合评估可能判处的刑罚。"一年有期徒刑以下刑罚"是指将犯罪嫌疑人交付审判，法院对其可能判处的刑罚。目前刑法规定的量刑幅度均是以成年人犯罪为基准设计，检察机关对涉罪未成年人刑罚的预估要充分考虑"教育、感化、挽救"的需要及其量刑方面的特殊性。对于既可以附条件不起诉也可以起诉的，应当优先适用附条件不起诉。存在数罪情形时，要全面综合考量犯罪事实、性质和情节以及认罪认罚等情况，认为并罚后其刑期仍可能为一年有期徒刑以下刑罚的，可以依法适用附条件不起诉，以充分发挥附条件不起诉制度的特殊功能，促使涉罪未成年人及早摆脱致罪因素，顺利回归社会。

（二）加强家庭教育指导，提升考察帮教效果。未成年人犯罪原因往往关联家庭，预防涉罪未成年人再犯，同样需要家长配合。检察机关在办理附条件不起诉案件中，不仅要做好对涉罪未成年人自身的考察帮教，还要通过家庭教育指导，争取家长的信任理解，引导家长转变家庭教育方式，自愿配合监督考察，及时解决问题少年背后的家庭问题，让涉罪未成年人知法悔过的同时，在重温亲情中获取自新力量，真正实现矫治教育预期目的。

（三）依托个案办理整合帮教资源，推动未成年人检察工作社会支持体系建设。检察机关办理未成年人犯罪案件，要在社会调查、人格甄别、认罪教育、不公开听证、监督考察、跟踪帮教等各个环节，及时引入司法社工、心理咨询师等各种专门力量，积极与教育、民政、团委、妇联、关工委等各方联合，依托党委、政府牵头搭建的多元化协作平台，做到专业化办案与社会化支持相结合，最大限度地实现对涉罪未成年人的教育、感化和挽救。

11. 牛某非法拘禁案①

【关键词】

非法拘禁　共同犯罪　补充社会调查　附条件不起诉　异地考察帮教

【要旨】

检察机关对于公安机关移送的社会调查报告应当认

---

① 案例来源：2021 年 3 月 2 日最高人民检察院检例第 106 号。

真审查，报告内容不能全面反映未成年人成长经历、犯罪原因、监护教育等情况的，可以商公安机关补充调查，也可以自行或者委托其他有关组织、机构补充调查。对实施犯罪行为时系未成年人但诉讼过程中已满十八周岁的犯罪嫌疑人，符合条件的，可以适用附条件不起诉。对于外地户籍未成年犯罪嫌疑人，办案检察机关可以委托未成年人户籍所在地检察机关开展异地协作考察帮教，两地检察机关要各司其职，密切配合，确保帮教取得实效。

【相关规定】

《中华人民共和国刑法》第二百三十八条

《中华人民共和国刑事诉讼法》第二百七十九条、第二百八十二条、第二百八十三条、第二百八十四条

《人民检察院刑事诉讼规则》第四百六十一条、第四百六十三条、第四百九十六条

《人民检察院办理未成年人刑事案件的规定》第三十条、第三十一条、第四十条、第四十四条

《未成年人刑事检察工作指引（试行）》第二十一条、第三十条、第六十九条、第一百八十一条、第一百九十四条、第一百九十六条

【基本案情】

被附条件不起诉人牛某，女，作案时17周岁，初中文化，无业。

2015年初，牛某初中三年级辍学后打工，其间经人介绍加入某传销组织，后随该组织到某市进行传销活动。2016年4月21日，被害人瞿某（男，成年人）被其女友卢某（另案处理）骗至该传销组织。4月24日上午，瞿某在听课过程中发现自己进入的是传销组织，便要求卢某与其一同离开。乔某（传销组织负责人，到案前因意外事故死亡）得知情况后，安排牛某与卢某、孙某（另案处理）等人进行阻拦。次日上午，瞿某再次开门欲离开时，在乔某指使下，牛某积极参与对被害人瞿某实施堵门、言语威胁等行为，程某（另案处理）等人在客厅内以打牌名义进行看管。15时许，瞿某在其被拘禁的四楼房间窗前探身欲呼救时不慎坠至一楼，经法医鉴定，瞿某为重伤二级。

因该案系八名成年人与一名未成年人共同犯罪，公安机关进行分案办理。八名成年人除乔某已死亡外，均被提起公诉，人民法院以非法拘禁罪分别判处被告人有期徒刑一年至三年不等。

【检察机关履职过程】

（一）依法对牛某作出不批准逮捕决定。公安机关对未成年犯罪嫌疑人牛某提请批准逮捕后，检察机关依法讯问牛某，听取其法定代理人、辩护人及被害人的意见。经审查，检察机关认为牛某因被骗加入传销组织后，积极参与实施了非法拘禁致被害人重伤的共同犯罪行为，已构成非法拘禁罪，但在犯罪中起次要作用，且归案后供述稳定，认罪悔罪态度好，愿意尽力赔偿被害人经济损失，采取取保候审足以防止社会危险性的发生，依法对牛某作出不批准逮捕决定，并联合司法社工、家庭教育专家、心理咨询师及其法定代理人组成帮教小组，建立微信群，开展法治教育、心理疏导、就业指导等，预防其再犯。同时，商公安机关对牛某的成长经历、家庭情况、犯罪原因等进行社会调查。

（二）开展补充社会调查。案件移送起诉后，检察机关审查认为，随案移送的社会调查报告不够全面细致。为进一步查明牛某犯罪原因、犯罪后表现等情况，检察机关遂列出详细的社会调查提纲，并通过牛某户籍所在地检察机关委托当地公安机关对牛某的成长经历、犯罪原因、平时表现、社会交往、家庭监护条件、取保候审期间的表现等进行补充社会调查。调查人员通过走访牛某父母、邻居、村委会干部及打工期间的同事了解到，牛某家庭成员共五人，家庭关系融洽，母亲常年在外打工，父亲在家务农，牛某平时表现良好，服从父母管教，村委会愿意协助家庭对其开展帮教。取保候审期间，牛某在一家烧烤店打工，同事评价良好。综合上述情况，检察机关认为牛某能够被社会接纳，具备社会化帮教条件。

（三）促成与被害人和解。本案成年被告人赔偿后，被害人瞿某要求牛某赔偿五万元医药费。牛某及家人虽有赔偿意愿，但因家庭经济困难，无法一次性支付赔偿款。检察机关向被害人详细说明牛某和家人的诚意及困难，并提出先支付部分现金，剩余分期还款的赔偿方案，引导双方减少分歧。经做工作，牛某与被害人接受了检察机关的建议，牛某当面向被害人赔礼道歉，并支付现金两万元，剩余三万元承诺按月还款，两年内付清，被害人为牛某出具了谅解书。

（四）召开听证会，依法作出附条件不起诉决定。鉴于本案涉及传销，造成被害人重伤，社会关注度较高，且牛某在诉讼过程中已满十八周岁，对是否适宜作附条件不起诉存在不同认识，检察机关举行不公开听证会，牛某及其法定代理人、辩护人和侦查人员、帮教人员等参加。听证人员结合具体案情、法律规定和现场提问情况发表意见，一致赞同对牛某附条件不起诉。2018年5月16日，检察机关依法对牛某作出附条件不起诉决定。综合考虑其一贯表现和犯罪性质、情节、后果、认罪悔罪表现及尚未完全履行赔偿义务等因素，参考同案人员判决情况以及其被起诉后可能判处的刑期，确定考验期为一年。

（五）开展异地协作考察帮教。鉴于牛某及其家人请求回户籍地接受帮教，办案检察机关决定委托牛某户籍地检察机关开展异地考察帮教，并指派承办检察官专程前往

牛某户籍地检察机关进行工作衔接。牛某户籍地检察机关牵头成立了由检察官、司法社工、法定代理人等组成的帮教小组，根据所附条件共同制定帮助牛某提升法律意识和辨别是非能力、树立正确消费观、提高就业技能等方面的个性化帮教方案，要求牛某按照方案内容接受当地检察机关的帮教，定期向帮教检察官汇报思想、生活状况，根据协议按时、足额将赔偿款汇到被害人账户。办案检察机关定期与当地检察机关帮教小组联系，及时掌握对牛某的考察帮教情况。牛某认真接受帮教，并提前还清赔偿款。考验期满，检察机关综合牛某表现，依法作出不起诉决定。经回访，目前牛某工作稳定，各方面表现良好，生活已经走上正轨。

【指导意义】

（一）办理附条件不起诉案件，应当进行社会调查，社会调查报告内容不完整的，应当补充开展社会调查。社会调查报告是检察机关认定未成年犯罪嫌疑人主观恶性大小、是否适合作附条件不起诉以及附什么样的条件、如何制定具体的帮教方案等的重要参考。社会调查报告的内容主要包括涉罪未成年人个人基本情况、家庭情况、成长经历、社会生活状况、犯罪原因、犯罪前后表现、是否具备有效监护条件、社会帮教条件等，应具有个性化和针对性。公安机关、人民检察院、人民法院办理未成年人刑事案件，根据法律规定和案件情况可以进行社会调查。公安机关侦查未成年人犯罪案件，检察机关可以商请公安机关进行社会调查。认为公安机关随案移送的社会调查报告内容不完整、不全面的，可以商请公安机关补充进行社会调查，也可以自行补充开展社会调查。

（二）对于犯罪时系未成年但诉讼过程中已满十八周岁的犯罪嫌疑人，可以适用附条件不起诉。刑事诉讼法第二百八十二条规定，对于涉嫌刑法分则第四章、第五章、第六章规定的犯罪，可能判处一年有期徒刑以下刑罚，符合起诉条件，但有悔罪表现的未成年人刑事案件，可以作出附条件不起诉决定。未成年人刑事案件是指犯罪嫌疑人实施犯罪时系未成年人的案件。对于实施犯罪行为时未满十八周岁，但诉讼中已经成年的犯罪嫌疑人，符合适用附条件不起诉案件条件的，人民检察院可以作出附条件不起诉决定。

（三）对外地户籍未成年人，可以开展异地协作考察帮教，确保帮教效果。被附条件不起诉人户籍地或经常居住地与办案检察机关属于不同地区，被附条件不起诉人希望返回户籍地或经常居住地生活工作的，办案检察机关可以

委托其户籍地或经常居住地检察机关协助进行考察帮教，户籍地或经常居住地检察机关应当予以支持。两地检察机关应当根据被附条件不起诉人的具体情况，共同制定有针对性的帮教方案并积极沟通协作。当地检察机关履行具体考察帮教职责，重点关注未成年人行踪轨迹、人际交往、思想动态等情况，定期走访被附条件不起诉人的法定代理人以及所在社区、单位，并将考察帮教情况及时反馈办案检察机关。办案检察机关应当根据考察帮教需要提供协助。考验期届满前，当地检察机关应当出具被附条件不起诉人考察帮教情况总结报告，作为办案检察机关对被附条件不起诉人是否最终作出不起诉决定的重要依据。

12. 李华波贪污案①

【关键词】

违法所得没收程序　犯罪嫌疑人到案　程序衔接

【要旨】

对于贪污贿赂等重大职务犯罪案件，犯罪嫌疑人、被告人逃匿，在通缉一年后不能到案，如果有证据证明有犯罪事实，依照刑法规定应当追缴其违法所得及其他涉案财产的，应当依法适用违法所得没收程序办理。违法所得没收裁定生效后，在逃的职务犯罪嫌疑人自动投案或者被抓获，监察机关调查终结移送起诉的，检察机关应当依照普通刑事诉讼程序办理，并与原没收裁定程序做好衔接。

【相关规定】

《中华人民共和国刑法》第五十七条第一款，第五十九条，第六十四条，第六十七条第一款，第三百八十二条第一款，第三百八十三条第一款第三项

《中华人民共和国刑事诉讼法》（2012 年 3 月 14 日修正）第十七条，第二百八十条，第二百八十一条，第二百八十二条，第二百八十三条

《中华人民共和国监察法》第四十八条

《最高人民法院、最高人民检察院关于办理贪污贿赂刑事案件适用法律若干问题的解释》第三条第一款，第十九条第一款

《最高人民法院、最高人民检察院关于适用犯罪嫌疑人、被告人逃匿、死亡案件违法所得没收程序若干问题的规定》

【基本案情】

被告人李华波，男，江西省上饶市鄱阳县财政局经济

建设股原股长。

2006年10月至2010年12月间，李华波利用担任鄱阳县财政局经济建设股股长管理该县基本建设专项资金的职务便利，伙同该股副股长张庆华(已判刑)、鄱阳县农村信用联社城区信用社主任徐德堂(已判刑)等人，采取套用以往审批手续、私自开具转账支票并加盖假印鉴、制作假银行对账单等手段，骗取鄱阳县财政局基建专项资金共计人民币9400万元。除李华波与徐德堂赌博挥霍及同案犯分得部分赃款外，其余赃款被李华波占有。李华波用上述赃款中的人民币240余万元为其本人及家人办理了移民新加坡的手续及在新加坡购置房产；将上述赃款中的人民币2700万元通过新加坡中央人民币汇款服务私人有限公司兑换成新加坡元，转入本人及妻子在新加坡大华银行的个人账户内。后李华波夫妇使用转入个人账户内的新加坡元用于购买房产及投资，除用于项目投资的150万新加坡元外，其余均被新加坡警方查封扣押，合计540余万新加坡元(折合人民币约2600余万元)。

【检察工作情况】

(一)国际合作追逃，异地刑事追诉。2011年1月29日，李华波逃往新加坡。2011年2月13日，鄱阳县人民检察院以涉嫌贪污罪对李华波立案侦查，同月16日，上饶市人民检察院以涉嫌贪污罪对李华波决定逮捕。中新两国未签订双边引渡和刑事司法协助条约，经有关部门充分沟通协商，决定依据两国共同批准加入的《联合国反腐败公约》和司法协助互惠原则，务实开展该案的国际司法合作。为有效开展工作，中央追逃办先后多次组织召开案件协调会，由监察、检察、外交、公安、审判和司法行政以及地方执法部门组成联合工作组先后8次赴新加坡开展工作。因中新两国最高检察机关均被本国指定为实施《联合国反腐败公约》司法协助的中央机关，其中6次由最高人民检察院牵头组团与新方进行工作磋商，拟定李华波案国际司法合作方案，相互配合，分步骤组织实施。

2011年2月23日，公安部向国际刑警组织请求对李华波发布红色通报，并向新加坡国际刑警发出协查函。2011年3月初，新加坡警方拘捕李华波。随后新加坡法院发出冻结令，冻结李华波夫妇转移到新加坡的涉案财产。2012年9月，新加坡总检察署以三项"不诚实盗取赃物罪"指控李华波。2013年8月15日，新加坡法院一审判决认定对李华波的所有指控罪名成立，判处其15个月监禁。

(二)适用特别程序，没收违法所得。李华波贪污公款9400万元人民币的犯罪事实，有相关书证、证人证言及同案犯供述等予以证明。根据帮助李华波办理转账、移民事

宜的相关证人证言、银行转账凭证复印件、新加坡警方提供的《事实概述》、新加坡法院签发的扣押财产报告等证据，能够证明被新加坡警方查封、扣押、冻结的李华波夫妇名下财产，属于李华波贪污犯罪违法所得。

李华波在红色通报发布一年后不能到案，2013年3月6日，上饶市人民检察院向上饶市中级人民法院提出没收李华波违法所得申请。2015年3月3日，上饶市中级人民法院作出一审裁定，认定李华波涉嫌重大贪污犯罪，其逃匿新加坡后被通缉，一年后未能到案。现有证据能够证明，被新加坡警方扣押的李华波夫妇名下财产共计540余万新加坡元，均系李华波的违法所得，依法予以没收。相关人员均未在法定期限内提出上诉，没收裁定生效。2016年6月29日，新加坡高等法院作出判决，将扣押的李华波夫妇名下共计540余万新加坡元涉案财产全部返还中方。

(三)追使回国投案，依法接受审判。为迫使李华波回国投案，中方依法吊销李华波全家四人中国护照并通知新方。2015年1月，新加坡移民局作出取消李华波全家四人新加坡永久居留权的决定。2015年2月2日，李华波主动写信要求回国投案自首。2015年5月9日，李华波被遣返回国，同日被执行逮捕。2015年12月30日，上饶市人民检察院以李华波犯贪污罪，向上饶市中级人民法院提起公诉。2017年1月23日，上饶市中级人民法院以贪污罪判处李华波无期徒刑，剥夺政治权利终身，并处没收个人全部财产。扣除同案犯徐德堂等人已被追缴的赃款以及依照违法所得没收程序裁定没收的赃款，剩余赃款继续予以追缴。

【指导意义】

(一)对于犯罪嫌疑人、被告人逃匿的贪污贿赂等重大职务犯罪案件，符合法定条件的，人民检察院应当依法适用违法所得没收程序办理。对于贪污贿赂等重大职务犯罪案件，犯罪嫌疑人、被告人逃匿，在通缉一年后不能到案，如果有证据证明有犯罪事实，依照刑法规定应当追缴其违法所得及其他涉案财产的，人民检察院应当依法向人民法院提出没收违法所得的申请，促进追赃追逃工作开展。

(二)违法所得没收裁定生效后，犯罪嫌疑人、被告人到案的，人民检察院应当依照普通刑事诉讼程序审查起诉。人民检察院依照特别程序提出没收违法所得申请，人民法院作出没收裁定生效后，犯罪嫌疑人、被告人自动投案或者被抓获的，检察机关应当依照普通刑事诉讼程序进行审查。人民检察院审查后，认为犯罪事实清楚，证据确实充分的，应当向原作出裁定的人民法院提起公诉。

(三)在依照普通刑事诉讼程序办理案件过程中，要与

原违法所得没收程序做好衔接。对扣除已裁定没收财产后需要继续追缴违法所得的，检察机关应当依法审查提出意见，由人民法院判决后追缴。

13. 白静贪污违法所得没收案①

【关键词】

违法所得没收　证明标准　鉴定人出庭　举证重点

【要旨】

检察机关提出没收违法所得申请，应有证据证明申请没收的财产直接或者间接来源于犯罪所得，或者能够排除财产合法来源的可能性。人民检察院出席申请没收违法所得案件庭审，应当重点对于申请没收的财产属于违法所得进行举证。对于专业性较强的案件，可以申请鉴定人出庭。

【基本案情】

犯罪嫌疑人白静，男，A国有银行金融市场部投资中心本币投资处原处长。

利害关系人邢某某，白静亲属。

诉讼代理人牛某，邢某某儿子。

2008至2010年间，白静伙同樊某某（曾任某国有控股的B证券公司投资银行事业部固定收益证券总部总经理助理、固定收益证券总部销售交易部总经理等职务，另案处理）等人先后成立了甲公司及乙公司，并在C银行股份有限公司为上述两公司开设了资金一般账户和进行银行间债券交易的丙类账户。白静、樊某某利用各自在A银行、B证券公司负责债券买卖业务的职务便利，在A银行购入或卖出债券，或者利用B证券公司的资质、信用委托其他银行代为购入、经营银行债券过程中，增加交易环节，将白静实际控制的甲公司和乙公司引入交易流程，使上述两公司与A银行、B证券公司进行关联交易，套取A银行、B证券公司的应得利益。通过上述方式对73支债券交易进行操纵，甲公司和乙公司在未投入任何资金的情况下，套取国有资金共计人民币2.06亿元余元。其中，400余万元由樊某某占有使用，其他大部分资金由白静占有使用，白静使用1.45亿余元以全额付款方式购买9套房产，登记在自己妻子及其他亲属名下。该9套房产被办案机关依法查封。

【诉讼过程】

2013年9月9日，内蒙古自治区公安厅以涉嫌职务侵占罪对白静立案侦查，查明白静已于2013年7月31日逃匿境外。2013年12月7日，内蒙古自治区人民检察院对

白静批准逮捕，同年12月17日国际刑警组织对白静发布红色通报。2019年2月2日，内蒙古自治区公安厅将白静涉嫌贪污罪线索移送内蒙古自治区监察委员会，同年2月28日，内蒙古自治区监察委员会对白静立案调查。同年5月20日，内蒙古自治区监察委员会向内蒙古自治区人民检察院移送没收违法所得意见书。同年5月24日，内蒙古自治区人民检察院将案件交由呼和浩特市人民检察院办理。同年6月6日，呼和浩特市人民检察院向呼和浩特市中级人民法院提出没收违法所得申请。利害关系人及其诉讼代理人在法院公告期间申请参加诉讼，对检察机关没收违法所得申请没有提出异议。2020年11月13日，呼和浩特市中级人民法院作出违法所得没收裁定，依法没收白静使用贪污违法所得购买的9套房产。

【检察履职情况】

（一）提前介入完善主体身份证据，依法妥善处理共同犯罪案件。内蒙古自治区检察机关提前介入白静案时，审查发现证明白静构成贪污罪主体身份的证据不足，而共同犯罪人樊某某已经被呼和浩特市赛罕区人民检察院以职务侵占罪提起公诉。检察机关依法将白静案和樊某某案一并审查，建议内蒙古自治区监察委员会针对二人主体身份进一步补充调取证据。监察机关根据检察机关列出的补充完善证据清单，补充调取了A银行党委会会议纪要、B证券公司党政联席会议纪要、任命文件等证据，证明白静与樊某某均系国家工作人员，二人利用职务上的便利侵吞国有资产的共同犯罪行为应当定性为贪污罪。检察机关在与监察机关、公安机关、人民法院就案件新证据和适用程序等问题充分沟通后，依法适用违法所得没收程序申请没收白静贪污犯罪所得，依法对樊某某案变更起诉指控罪名。

（二）严格审查监察机关没收违法所得意见，准确界定申请没收的财产范围。监察机关调查期间依法查封、扣押、冻结了白静亲属名下11套房产及部分资金，没收违法所得意见书认定上述财产均来源于白静贪污犯罪所得，建议检察机关依法申请没收。检察机关审查认为，监察机关查封的9套房产系以全额付款方式购买，均登记在白静亲属名下，但登记购买人均未出资且对该9套房产不知情；9套房产的购买资金均来源于白静实际控制的甲公司和乙公司银行账户；白静伙同樊某某利用职务便利套取A银行和B证券公司资金后转入甲公司和乙公司银行账户。根据现有证据，可以认定该9套房产来源于白静贪

---

① 案例来源：2021年12月9日最高人民检察院检例第127号。

污犯罪所得。

其余 2 套房产,现有证据证明其中 1 套系白静妻兄向白静借钱购买,且事后已将购房款项归还,检察机关认为无法认定该套房产属于白静贪污犯罪所得,不应列入申请没收的财产范围;另 1 套房产由樊某某购买并登记在樊名下,现有证据能够证明购房资金来源于二人贪污犯罪所得,但在樊某某案中处理更为妥当。监察机关冻结、扣押的资金,检察机关审查认为来源不清,且白静夫妇案发前一直在金融单位工作,收入较高,同时使用家庭收入进行了股票等金融类投资,现有证据尚达不到认定高度可能属于白静贪污违法所得的证明标准,不宜列入申请没收范围。监察机关认可上述意见。

(三)申请鉴定人出庭作证,增强庭审举证效果。本案证据繁杂、专业性强,白静贪污犯罪手段隐秘、过程复杂,在看似正常的银行间债券买卖过程中将其所控制公司引入交易流程,通过增加交易环节、控制交易价格,以低买高卖的方式套取 A 银行、B 证券公司应得利益。犯罪行为涉及银行间债券买卖的交易流程、交易策略、交易要素等专业知识,不为普通大众所熟知。2020 年 10 月 14 日,呼和浩特市中级人民法院公开开庭审理白静贪污违法所得没收案时,检察机关申请鉴定人出庭,就会计鉴定意见内容进行解释说明,对白静操纵债券交易过程和违法资金流向等进行全面分析,有力证明了白静贪污犯罪事实及贪污所得流向,增强了庭审举证效果。

(四)突出庭审举证重点,着重证明申请没收的财产属于违法所得。庭审中,检察机关针对白静有贪污犯罪事实出示相关证据。通过出示任职文件、会议纪要等证据,证明白静符合贪污罪主体要件;运用多媒体分类示证方式,分步骤展示白静对债券交易的操纵过程,证明其利用职务便利实施了贪污犯罪。对申请没收的 9 套房产属于白静贪污违法所得进行重点举证。出示购房合同、房产登记信息等书证及登记购买人证言,证明申请没收的 9 套房产系以全额付款方式购买,但登记购买人对房产不知情且未出资;出示委托付款书、付款凭证等书证,证明申请没收的 9 套房产的购买资金全部来源于白静控制的甲公司和乙公司银行账户;出示银行开户资料、银行流水等书证,相关证人证言,另案被告人樊某某供述及鉴定意见,并申请鉴定人出庭对鉴定意见进行说明,证明甲公司和乙公司银行账户的资金高度可能属于白静套取的 A 银行和 B 证券公司的国有资金,且部分用于购买房产等消费;出示查封、扣押通知书、接收协助执行法律文书登记表等书证,证明申请

没收的 9 套房产已全部被监察机关依法查封。利害关系人及其诉讼代理人对检察机关出示的证据未提出异议。人民法院采信上述证据,依法裁定没收白静使用贪污违法所得购买的 9 套房产。

【指导意义】

(一)准确把握认定违法所得的证明标准,依法提出没收申请。检察机关提出没收违法所得申请,应当有证据证明有犯罪事实。除因犯罪嫌疑人、被告人逃匿无法收集的证据外,其他能够证明犯罪事实的证据都应当收集在案。在案证据应能够证明申请没收的财产具有高度可能系直接或者间接来源于违法所得或者系犯罪嫌疑人、被告人非法持有的违禁品、供犯罪所用的本人财物。对于在案证据无法证明部分财产系犯罪嫌疑人、被告人违法所得及其他涉案财产的,则不应列入申请没收的财产范围。

(二)证明申请没收的财产属于违法所得,是检察机关庭审举证的重点。人民法院开庭审理申请没收违法所得案件,人民检察院应当派员出席法庭承担举证责任。针对犯罪嫌疑人、被告人实施了法律规定的重大犯罪出示相关证据后,应当着重针对申请没收的财产属于违法所得进行举证。对于涉及金融证券类等重大复杂、专业性强的案件,检察机关可以申请人民法院通知鉴定人出庭作证,以增强证明效果。

【相关规定】

《中华人民共和国监察法》第四十八条

《中华人民共和国刑法》第三百八十二条第一款

《中华人民共和国刑事诉讼法》第二百九十八条、第二百九十九条、第三百条

《人民检察院刑事诉讼规则》第十二章第四节

《最高人民法院、最高人民检察院关于适用犯罪嫌疑人、被告人逃匿、死亡案件违法所得没收程序若干问题的规定》第一条至第三条,第五条至第十条,第十三条至第十七条

14. 徐加富强制医疗案①

【关键词】

刑事诉讼　强制医疗　有继续危害社会可能

【裁判要旨】

审理强制医疗案件,对被申请人或者被告人是否"有继续危害社会可能",应当综合被申请人或者被告人所患

---

① 案例来源:2016 年 6 月 30 日最高人民法院指导案例第 63 号。

精神病的种类、症状,案件审理时其病情是否已经好转,以及其家属或者监护人有无严加看管和自行送医治疗的意愿和能力等情况予以判定。必要时,可以委托相关机构或者专家进行评估。

【相关法条】

《中华人民共和国刑法》第 18 条第 1 款

《中华人民共和国刑事诉讼法》第 284 条

【基本案情】

被申请人徐加富在 2007 年下半年开始出现精神异常,表现为凭空闻声,认为别人在议论他,有人要杀他,紧张害怕,夜晚不睡,随时携带刀自卫,外出躲避。因未接受治疗,病情加重。2012 年 11 月 18 日 4 时许,被申请人在其经常居住地听到有人开车来杀他,遂携带刀和榔头欲外出撞车自杀。其居住地的门卫张友发得知其出去要撞车自杀,未给其开门。被申请人见被害人手持一部手机,便认为被害人要叫人来对其加害。被申请人当即用携带的刀刺杀被害人身体,用榔头击打其头部,致其当场死亡。经法医学鉴定,被害人系头部受到钝器打击,造成严重颅脑损伤死亡。

2012 年 12 月 10 日,被申请人被公安机关送往成都市第四人民医院住院治疗。2012 年 12 月 17 日,成都精卫司法鉴定所接受成都市公安局武侯区分局的委托,对被申请人进行精神疾病及刑事责任能力鉴定,同月 26 日该所出具成精司鉴所(2012)病鉴字第 105 号鉴定意见书,载明:1. 被鉴定人徐加富目前患有精神分裂症,幻觉妄想型;2. 被鉴定人徐加富 2012 年 11 月 18 日 4 时作案时无刑事责任能力。2013 年 1 月成都市第四人民医院对被申请人的病情作出证明,证实徐加富需要继续治疗。

【裁判结果】

四川省武侯区人民法院于 2013 年 1 月 24 日作出(2013)武侯刑强初字第 1 号强制医疗决定书:对被申请人徐加富实施强制医疗。

【裁判理由】

法院生效裁判认为:本案被申请人徐加富实施了故意杀人的暴力行为后,经鉴定属于依法不负刑事责任的精神疾病人,其妄想他人欲对其加害而必须携带刀等防卫工具外出的行为,在其病症未能减轻并需继续治疗的情况下,认定其放置社会有继续危害社会的可能。成都市武侯区人民检察院提出对被申请人强制医疗的申请成立,予以支持。诉讼代理人提出了被申请人是否有继续危害社会的可能应由医疗机构作出评估,本案没有医疗机构的评估报告,对被申请人的强制医疗的证据不充分的辩护意见。法院认为,在强制医疗中如何认定被申请人是否有继续危害

社会的可能,需要根据以往被申请人的行为及本案的证据进行综合判断,而医疗机构对其评估也只是对其病情痊愈的评估,法律没有赋予医疗机构对患者是否有继续危害社会可能性方面的评估权利。本案被申请人的病症是被害幻觉妄想症,经常假想要被他人杀害,外出害怕被害必带刀等防卫工具。如果不加约束治疗,被申请人不可能不外出,其外出必携带刀的行为,具有危害社会的可能,故诉讼代理人的意见不予采纳。

2. 刑事司法协助

中华人民共和国国际刑事司法协助法

· 2018 年 10 月 26 日第十三届全国人民代表大会常务委员会第六次会议通过

· 2018 年 10 月 26 日中华人民共和国主席令第 13 号公布

· 自公布之日起施行

第一章 总 则

第一条 为了保障国际刑事司法协助的正常进行,加强刑事司法领域的国际合作,有效惩治犯罪,保护个人和组织的合法权益,维护国家利益和社会秩序,制定本法。

第二条 本法所称国际刑事司法协助,是指中华人民共和国和外国在刑事案件调查、侦查、起诉、审判和执行等活动中相互提供协助,包括送达文书,调查取证,安排证人作证或者协助调查,查封、扣押、冻结涉案财物,没收、返还违法所得及其他涉案财物,移管被判刑人以及其他协助。

第三条 中华人民共和国和外国之间开展刑事司法协助,依照本法进行。

执行外国提出的刑事司法协助请求,适用本法、刑事诉讼法及其他相关法律的规定。

对于请求书的签署机关、请求书及所附材料的语言文字、有关办理期限和具体程序等事项,在不违反中华人民共和国法律的基本原则的情况下,可以按照刑事司法协助条约规定或者双方协商办理。

第四条 中华人民共和国和外国按照平等互惠原则开展国际刑事司法协助。

国际刑事司法协助不得损害中华人民共和国的主权、安全和社会公共利益,不得违反中华人民共和国法律的基本原则。

非经中华人民共和国主管机关同意,外国机构、组织和个人不得在中华人民共和国境内进行本法规定的刑事诉讼活动,中华人民共和国境内的机构、组织和个人不得

向外国提供证据材料和本法规定的协助。

第五条　中华人民共和国和外国之间开展刑事司法协助,通过对外联系机关联系。

中华人民共和国司法部等对外联系机关负责提出、接收和转递刑事司法协助请求,处理其他与国际刑事司法协助相关的事务。

中华人民共和国和外国之间没有刑事司法协助条约的,通过外交途径联系。

第六条　国家监察委员会、最高人民法院、最高人民检察院、公安部、国家安全部等部门是开展国际刑事司法协助的主管机关,按照职责分工,审核向外国提出的刑事司法协助请求,审查处理对外联系机关转递的外国提出的刑事司法协助请求,承担其他与国际刑事司法协助相关的工作。在移管被判刑人案件中,司法部按照职责分工,承担相应的主管机关职责。

办理刑事司法协助相关案件的机关是国际刑事司法协助的办案机关,负责向所属主管机关提交需要向外国提出的刑事司法协助请求、执行所属主管机关交办的外国提出的刑事司法协助请求。

第七条　国家保障开展国际刑事司法协助所需经费。

第八条　中华人民共和国和外国相互执行刑事司法协助请求产生的费用,有条约规定的,按照条约承担;没有条约或者条约没有规定的,按照平等互惠原则通过协商解决。

第二章　刑事司法协助请求的提出、接收和处理
第一节　向外国请求刑事司法协助

第九条　办案机关需要向外国请求刑事司法协助的,应当制作刑事司法协助请求书并附相关材料,经所属主管机关审核同意后,由对外联系机关及时向外国提出请求。

第十条　向外国的刑事司法协助请求书,应当依照刑事司法协助条约的规定提出;没有条约或者条约没有规定的,可以参照本法第十三条的规定提出;被请求国有特殊要求的,在不违反中华人民共和国法律的基本原则的情况下,可以按照被请求国的特殊要求提出。

请求书及所附材料应当以中文制作,并附有被请求国官方文字的译文。

第十一条　被请求国就执行刑事司法协助请求提出附加条件,不损害中华人民共和国的主权、安全和社会公共利益的,可以由外交部作出承诺。被请求国明确表示对外联系机关作出的承诺充分有效的,也可以由对外联系机关作出承诺。对于限制追诉的承诺,由最高人民检察院决定;对于量刑的承诺,由最高人民法院决定。

在对涉案人员追究刑事责任时,有关机关应当受所作出的承诺的约束。

第十二条　对外联系机关收到外国的有关通知或者执行结果后,应当及时转交或者转告有关主管机关。

外国就其提供刑事司法协助的案件要求通报诉讼结果的,对外联系机关转交有关主管机关办理。

第二节　向中华人民共和国请求刑事司法协助

第十三条　外国向中华人民共和国提出刑事司法协助请求的,应当依照刑事司法协助条约的规定提出请求书。没有条约或者条约没有规定的,应当在请求书中载明下列事项并附相关材料:

(一)请求机关的名称;

(二)案件性质、涉案人员基本信息及犯罪事实;

(三)本案适用的法律规定;

(四)请求的事项和目的;

(五)请求的事项与案件之间的关联性;

(六)希望请求得以执行的期限;

(七)其他必要的信息或者附加的要求。

在没有刑事司法协助条约的情况下,请求国应当作出互惠的承诺。

请求书及所附材料应当附有中文译文。

第十四条　外国向中华人民共和国提出的刑事司法协助请求,有下列情形之一的,可以拒绝提供协助:

(一)根据中华人民共和国法律,请求针对的行为不构成犯罪;

(二)在收到请求时,在中华人民共和国境内对于请求针对的犯罪正在进行调查、侦查、起诉、审判,已经作出生效判决,终止刑事诉讼程序,或者犯罪已过追诉时效期限;

(三)请求针对的犯罪属于政治犯罪;

(四)请求针对的犯罪纯系军事犯罪;

(五)请求的目的是基于种族、民族、宗教、国籍、性别、政治见解或者身份等方面的原因而进行调查、侦查、起诉、审判、执行刑罚,或者当事人可能由于上述原因受到不公正待遇;

(六)请求的事项与请求协助的案件之间缺乏实质性联系;

(七)其他可以拒绝的情形。

第十五条　对外联系机关收到外国提出的刑事司法协助请求,应当对请求书及所附材料进行审查。对于请求书形式和内容符合要求的,应当按照职责分工,将请求

书及所附材料转交有关主管机关处理;对于请求书形式和内容不符合要求的,可以要求请求国补充材料或者重新提出请求。

对于刑事司法协助请求明显损害中华人民共和国的主权、安全和社会公共利益的,对外联系机关可以直接拒绝协助。

第十六条 主管机关收到对外联系机关转交的刑事司法协助请求书及所附材料后,应当进行审查,并分别作出以下处理:

(一)根据本法和刑事司法协助条约的规定认为可以协助执行的,作出决定并安排有关办案机关执行;

(二)根据本法第四条、第十四条或者刑事司法协助条约的规定,认为应当全部或者部分拒绝协助的,将请求书及所附材料退回对外联系机关并说明理由;

(三)对执行请求有保密要求或者其他附加条件的,通过对外联系机关向外国提出,在外国接受条件并且作出书面保证后,决定附条件执行;

(四)需要补充材料的,书面通知对外联系机关要求请求国在合理期限内提供。

执行请求可能妨碍中华人民共和国有关机关正在进行的调查、侦查、起诉、审判或者执行的,主管机关可以决定推迟协助,并将推迟协助的决定和理由书面通知对外联系机关。

外国对执行其请求有保密要求或者特殊程序要求的,在不违反中华人民共和国法律的基本原则的情况下,主管机关可以按照其要求安排执行。

第十七条 办案机关收到主管机关交办的外国刑事司法协助请求后,应当依法执行,并将执行结果或者妨碍执行的情形及时报告主管机关。

办案机关在执行请求过程中,应当维护当事人和其他相关人员的合法权益,保护个人信息。

第十八条 外国请求将通过刑事司法协助取得的证据材料用于请求针对的案件以外的其他目的的,对外联系机关应当转交主管机关,由主管机关作出是否同意的决定。

第十九条 对外联系机关收到主管机关的有关通知或者执行结果后,应当及时转交或者转告请求国。

对于中华人民共和国提供刑事司法协助的案件,主管机关可以通过对外联系机关要求外国通报诉讼结果。

外国通报诉讼结果的,对外联系机关收到相关材料后,应当及时转交或者转告主管机关,涉及对中华人民共和国公民提起刑事诉讼的,还应当通知外交部。

第三章 送达文书
第一节 向外国请求送达文书

第二十条 办案机关需要外国协助送达传票、通知书、起诉书、判决书和其他司法文书的,应当制作刑事司法协助请求书附带相关材料,经所属主管机关审核同意后,由对外联系机关及时向外国提出请求。

第二十一条 向外国请求送达文书的,请求书应当载明受送达人的姓名或者名称、送达的地址以及需要告知受送达人的相关权利和义务。

第二节 向中华人民共和国请求送达文书

第二十二条 外国可以请求中华人民共和国协助送达传票、通知书、起诉书、判决书和其他司法文书。中华人民共和国协助送达司法文书,不代表对外国司法文书法律效力的承认。

请求协助送达出庭传票的,应当按照有关条约规定的期限提出。没有条约或者条约没有规定的,应当至迟在开庭前三个月提出。

对于要求中华人民共和国公民接受讯问或者作为被告人出庭的传票,中华人民共和国不负有协助送达的义务。

第二十三条 外国向中华人民共和国请求送达文书的,请求书应当载明受送达人的姓名或者名称、送达的地址以及需要告知受送达人的相关权利和义务。

第二十四条 负责执行协助送达文书的人民法院或者其他办案机关,应当及时将执行结果通过所属主管机关告知对外联系机关,由对外联系机关告知请求国。除无法送达的情形外,应当附有受送达人签收的送达回执或者其他证明文件。

第四章 调查取证
第一节 向外国请求调查取证

第二十五条 办案机关需要外国就下列事项协助调查取证的,应当制作刑事司法协助请求书并附相关材料,经所属主管机关审核同意后,由对外联系机关及时向外国提出请求:

(一)查找、辨认有关人员;

(二)查询、核实涉案财物、金融账户信息;

(三)获取并提供有关人员的证言或者陈述;

(四)获取并提供有关文件、记录、电子数据和物品;

(五)获取并提供鉴定意见;

(六)勘验或者检查场所、物品、人身、尸体;

(七)搜查人身、物品、住所和其他有关场所;

（八）其他事项。

请求外国协助调查取证时，办案机关可以同时请求在执行请求时派员到场。

第二十六条　向外国请求调查取证的，请求书及所附材料应当根据需要载明下列事项：

（一）被调查人的姓名、性别、住址、身份信息、联系方式和有助于确认被调查人的其他资料；

（二）需要向被调查人提问的问题；

（三）需要查找、辨认人员的姓名、性别、住址、身份信息、联系方式、外表和行为特征以及有助于查找、辨认的其他资料；

（四）需要查询、核实的涉案财物的权属、地点、特性、外形和数量等具体信息，需要查询、核实的金融账户相关信息；

（五）需要获取的有关文件、记录、电子数据和物品的持有人、地点、特性、外形和数量等具体信息；

（六）需要鉴定的对象的具体信息；

（七）需要勘验或者检查的场所、物品等的具体信息；

（八）需要搜查的对象的具体信息；

（九）有助于执行请求的其他材料。

第二十七条　被请求国要求归还其提供的证据材料或者物品的，办案机关应当尽快通过对外联系机关归还。

第二节　向中华人民共和国请求调查取证

第二十八条　外国可以请求中华人民共和国就本法第二十五条第一款规定的事项协助调查取证。

外国向中华人民共和国请求调查取证的，请求书及所附材料应当根据需要载明本法第二十六条规定的事项。

第二十九条　外国向中华人民共和国请求调查取证时，可以同时请求在执行请求时派员到场。经同意到场的人员应当遵守中华人民共和国法律，服从主管机关和办案机关的安排。

第三十条　办案机关要求请求国保证归还其提供的证据材料或者物品，请求国作出保证的，可以提供。

第五章　安排证人作证或者协助调查

第一节　向外国请求安排证人作证或者协助调查

第三十一条　办案机关需要外国协助安排证人、鉴定人来中华人民共和国作证或者通过视频、音频作证，或者协助调查的，应当制作刑事司法协助请求书并附相关材料，经所属主管机关审核同意后，由对外联系机关及时向外国提出请求。

第三十二条　向外国请求安排证人、鉴定人作证或者协助调查的，请求书及所附材料应当根据需要载明下列事项：

（一）证人、鉴定人的姓名、性别、住址、身份信息、联系方式和有助于确认证人、鉴定人的其他资料；

（二）作证或者协助调查的目的、必要性、时间和地点等；

（三）证人、鉴定人的权利和义务；

（四）对证人、鉴定人的保护措施；

（五）对证人、鉴定人的补助；

（六）有助于执行请求的其他材料。

第三十三条　来中华人民共和国作证或者协助调查的证人、鉴定人在离境前，其入境前实施的犯罪不受追诉；除因入境后实施违法犯罪而被采取强制措施的以外，其人身自由不受限制。

证人、鉴定人在条约规定的期限内或者被通知无需继续停留后十五日内没有离境的，前款规定不再适用，但是由于不可抗力或者其他特殊原因未能离境的除外。

第三十四条　对来中华人民共和国作证或者协助调查的证人、鉴定人，办案机关应当依法给予补助。

第三十五条　来中华人民共和国作证或者协助调查的人员系在押人员的，由对外联系机关会同主管机关与被请求国就移交在押人员的相关事项事先达成协议。

主管机关和办案机关应当遵守协议内容，依法对被移交的人员予以羁押，并在作证或者协助调查结束后及时将其送回被请求国。

第二节　向中华人民共和国请求安排证人作证或者协助调查

第三十六条　外国可以请求中华人民共和国协助安排证人、鉴定人赴外国作证或者通过视频、音频作证，或者协助调查。

外国向中华人民共和国请求安排证人、鉴定人作证或者协助调查的，请求书及所附材料应当根据需要载明本法第三十二条规定的事项。

请求国应当就本法第三十三条第一款规定的内容作出书面保证。

第三十七条　证人、鉴定人书面同意作证或者协助调查的，办案机关应当及时将证人、鉴定人的意愿、要求和条件通过所属主管机关通知对外联系机关，由对外联系机关通知请求国。

安排证人、鉴定人通过视频、音频作证的，主管机关或者办案机关应当派员到场，发现有损害中华人民共和国的主权、安全和社会公共利益以及违反中华人民共和国法律的基本原则的情形的,应当及时制止。

第三十八条 外国请求移交在押人员出国作证或者协助调查,并保证在作证或者协助调查结束后及时将在押人员送回的,对外联系机关应当征求主管机关和在押人员的意见。主管机关和在押人员均同意出国作证或者协助调查的,由对外联系机关会同主管机关与请求国就移交在押人员的相关事项事先达成协议。

在押人员在外国被羁押的期限,应当折抵其在中华人民共和国被判处的刑期。

第六章 查封、扣押、冻结涉案财物

第一节 向外国请求查封、扣押、冻结涉案财物

第三十九条 办案机关需要外国协助查封、扣押、冻结涉案财物的,应当制作刑事司法协助请求书并附相关材料,经所属主管机关审核同意后,由对外联系机关及时向外国提出请求。

外国对于协助执行中华人民共和国查封、扣押、冻结涉案财物的请求有特殊要求的,在不违反中华人民共和国法律的基本原则的情况下,可以同意。需要由司法机关作出决定的,由人民法院作出。

第四十条 向外国请求查封、扣押、冻结涉案财物的,请求书及所附材料应当根据需要载明下列事项:

(一)需要查封、扣押、冻结的涉案财物的权属证明、名称、特性、外形和数量等;

(二)需要查封、扣押、冻结的涉案财物的地点。资金或者其他金融资产存放在金融机构中的,应当载明金融机构的名称、地址和账户信息;

(三)相关法律文书的副本;

(四)有关查封、扣押、冻结以及利害关系人权利保障的法律规定;

(五)有助于执行请求的其他材料。

第四十一条 外国确定的查封、扣押、冻结的期限届满,办案机关需要外国继续查封、扣押、冻结相关涉案财物的,应当再次向外国提出请求。

办案机关决定解除查封、扣押、冻结的,应当及时通知被请求国。

第二节 向中华人民共和国请求查封、扣押、冻结涉案财物

第四十二条 外国可以请求中华人民共和国协助查封、扣押、冻结在中华人民共和国境内的涉案财物。

外国向中华人民共和国请求查封、扣押、冻结涉案财物的,请求书及所附材料应当根据需要载明本法第四十

条规定的事项。

第四十三条 主管机关经审查认为符合下列条件的,可以同意查封、扣押、冻结涉案财物,并安排有关办案机关执行:

(一)查封、扣押、冻结符合中华人民共和国法律规定的条件;

(二)查封、扣押、冻结涉案财物与请求国正在进行的刑事案件的调查、侦查、起诉和审判活动相关;

(三)涉案财物可以被查封、扣押、冻结;

(四)执行请求不影响利害关系人的合法权益;

(五)执行请求不影响中华人民共和国有关机关正在进行的调查、侦查、起诉、审判和执行活动。

办案机关应当及时通过主管机关通知对外联系机关,由对外联系机关将查封、扣押、冻结的结果告知请求国。必要时,办案机关可以对被查封、扣押、冻结的涉案财物依法采取措施进行处理。

第四十四条 查封、扣押、冻结的期限届满,外国需要继续查封、扣押、冻结相关涉案财物的,应当再次向对外联系机关提出请求。

外国决定解除查封、扣押、冻结的,对外联系机关应当通过主管机关通知办案机关及时解除。

第四十五条 利害关系人对查封、扣押、冻结有异议,办案机关经审查认为查封、扣押、冻结不符合本法第四十三条第一款规定的条件的,应当报请主管机关决定解除查封、扣押、冻结并通知对外联系机关,由对外联系机关告知请求国;对案件处理提出异议的,办案机关可以通过所属主管机关转送对外联系机关,由对外联系机关向请求国提出。

第四十六条 由于请求国的原因导致查封、扣押、冻结不当,对利害关系人的合法权益造成损害的,办案机关可以通过对外联系机关要求请求国承担赔偿责任。

第七章 没收、返还违法所得及其他涉案财物

第一节 向外国请求没收、返还违法所得及其他涉案财物

第四十七条 办案机关需要外国协助没收违法所得及其他涉案财物的,应当制作刑事司法协助请求书并附相关材料,经所属主管机关审核同意后,由对外联系机关及时向外国提出请求。

请求外国将违法所得及其他涉案财物返还中华人民共和国或者返还被害人的,可以在向外国提出没收请求时一并提出,也可以单独提出。

外国对于返还被查封、扣押、冻结的违法所得及其他

涉案财物有特殊要求的,在不违反中华人民共和国法律的基本原则的情况下,可以同意。需要由司法机关作出决定的,由人民法院作出决定。

第四十八条　向外国请求没收、返还违法所得及其他涉案财物的,请求书及所附材料应当根据需要载明下列事项:

(一)需要没收、返还的违法所得及其他涉案财物的名称、特性、外形和数量等;

(二)需要没收、返还的违法所得及其他涉案财物的地点。资金或者其他金融资产存放在金融机构中的,应当载明金融机构的名称、地址和账户信息;

(三)没收、返还的理由和相关权属证明;

(四)相关法律文书的副本;

(五)有关没收、返还以及利害关系人权利保障的法律规定;

(六)有助于执行请求的其他材料。

第四十九条　外国协助没收、返还违法所得及其他涉案财物的,由对外联系机关会同主管机关就有关财物的移交问题与外国进行协商。

对于请求外国协助没收、返还违法所得及其他涉案财物,外国提出分享请求的,分享的数额或者比例,由对外联系机关会同主管机关与外国协商确定。

第二节　向中华人民共和国请求没收、返还违法所得及其他涉案财物

第五十条　外国可以请求中华人民共和国协助没收、返还违法所得及其他涉案财物。

外国向中华人民共和国请求协助没收、返还违法所得及其他涉案财物的,请求书及所附材料应当根据需要载明本法第四十八条规定的事项。

第五十一条　主管机关经审查认为符合下列条件的,可以同意协助没收违法所得及其他涉案财物,并安排有关办案机关执行:

(一)没收违法所得及其他涉案财物符合中华人民共和国法律规定的条件;

(二)外国充分保障了利害关系人的相关权利;

(三)在中华人民共和国有可供执行的财物;

(四)请求书及所附材料详细描述了请求针对的财物的权属、名称、特性、外形和数量等信息;

(五)没收在请求国不能执行或者不能完全执行;

(六)主管机关认为应当满足的其他条件。

第五十二条　外国请求协助没收违法所得及其他涉案财物,有下列情形之一的,可以拒绝提供协助,并说明理由:

(一)中华人民共和国或者第三国司法机关已经对请求针对的财物作出生效裁判,并且已经执行完毕或者正在执行;

(二)请求针对的财物不存在,已经毁损、灭失、变卖或者已经转移导致无法执行,但请求没收变卖物或者转移后的财物的除外;

(三)请求针对的人员在中华人民共和国境内有尚未清偿的债务或者尚未了结的诉讼;

(四)其他可以拒绝的情形。

第五十三条　外国请求返还违法所得及其他涉案财物,能够提供确实、充分的证据证明,主管机关经审查认为符合中华人民共和国法律规定的条件的,可以同意并安排有关办案机关执行。返还前,办案机关可以扣除执行请求产生的合理费用。

第五十四条　对于外国请求协助没收、返还违法所得及其他涉案财物的,可以由对外联系机关会同主管机关提出分享的请求。分享的数额或者比例,由对外联系机关会同主管机关与外国协商确定。

第八章　移管被判刑人
第一节　向外国移管被判刑人

第五十五条　外国可以向中华人民共和国请求移管外国籍被判刑人,中华人民共和国可以向外国请求移管外国籍被判刑人。

第五十六条　向外国移管被判刑人应当符合下列条件:

(一)被判刑人是该国国民;

(二)对被判刑人判处刑罚所针对的行为根据该国法律也构成犯罪;

(三)对被判刑人判处刑罚的判决已经发生法律效力;

(四)被判刑人书面同意移管,或者因被判刑人年龄、身体、精神等状况确有必要,经其代理人书面同意移管;

(五)中华人民共和国和该国均同意移管。

有下列情形之一的,可以拒绝移管:

(一)被判刑人被判处死刑缓期执行或者无期徒刑,但请求移管时已经减为有期徒刑的除外;

(二)在请求移管时,被判刑人剩余刑期不足一年;

(三)被判刑人在中华人民共和国境内存在尚未了结的诉讼;

(四)其他不宜移管的情形。

第五十七条　请求向外国移管被判刑人的,请求书及所附材料应当根据需要载明下列事项:

(一)请求机关的名称;

(二)被请求移管的被判刑人的姓名、性别、国籍、身份信息和其他资料;

(三)被判刑人的服刑场所;

(四)请求移管的依据和理由;

(五)被判刑人或者其代理人同意移管的书面声明;

(六)其他事项。

第五十八条　主管机关应当对被判刑人的移管意愿进行核实。外国请求派员对被判刑人的移管意愿进行核实的,主管机关可以作出安排。

第五十九条　外国向中华人民共和国提出移管被判刑人的请求的,或者主管机关认为需要向外国提出移管被判刑人的请求的,主管机关应当会同相关主管部门,作出是否同意外国请求或者向外国提出请求的决定。作出同意外国移管请求的决定后,对外联系机关应当书面通知请求国和被判刑人。

第六十条　移管被判刑人由主管机关指定刑罚执行机关执行。移交被判刑人的时间、地点、方式等执行事项,由主管机关与外国协商确定。

第六十一条　被判刑人移管后对原生效判决提出申诉的,应当向中华人民共和国有管辖权的人民法院提出。

人民法院变更或者撤销原生效判决的,应当及时通知外国。

第二节　向中华人民共和国移管被判刑人

第六十二条　中华人民共和国可以向外国请求移管中国籍被判刑人,外国可以请求中华人民共和国移管中国籍被判刑人。移管的具体条件和办理程序,参照本章第一节的有关规定执行。

第六十三条　被判刑人移管回国后,由主管机关指定刑罚执行机关先行关押。

第六十四条　人民检察院应当制作刑罚转换申请书并附相关材料,提请刑罚执行机关所在地的中级人民法院作出刑罚转换裁定。

人民法院应当依据外国法院判决认定的事实,根据刑法规定,作出刑罚转换裁定。对于外国法院判处的刑罚性质和期限符合中华人民共和国法律规定的,按照其判处的刑罚和期限予以转换;对于外国法院判处的刑罚性质和期限不符合中华人民共和国法律规定的,按照下列原则确定刑种、刑期:

(一)转换后的刑罚应当尽可能与外国法院判处的刑罚相一致;

(二)转换后的刑罚在性质上或者刑期上不得重于外国法院判处的刑罚,也不得超过中华人民共和国刑法对同类犯罪所规定的最高刑期;

(三)不得将剥夺自由的刑罚转换为财产刑;

(四)转换后的刑罚不受中华人民共和国刑法对同类犯罪所规定的最低刑期的约束。

被判刑人回国服刑前被羁押的,羁押一日折抵转换后的刑期一日。

人民法院作出的刑罚转换裁定,是终审裁定。

第六十五条　刑罚执行机关根据刑罚转换裁定将移管回国的被判刑人收监执行刑罚。刑罚执行以及减刑、假释、暂予监外执行等,依照中华人民共和国法律办理。

第六十六条　被判刑人移管回国后对外国法院判决的申诉,应当向外国有管辖权的法院提出。

第九章　附　则

第六十七条　中华人民共和国与有关国际组织开展刑事司法协助,参照本法规定。

第六十八条　向中华人民共和国提出的刑事司法协助请求或者应中华人民共和国请求提供的文件和证据材料,按照条约的规定办理公证和认证事宜。没有条约或者条约没有规定的,按照互惠原则办理。

第六十九条　本法所称刑事司法协助条约,是指中华人民共和国与外国缔结或者共同参加的刑事司法协助条约、移管被判刑人条约或者载有刑事司法协助、移管被判刑人条款的其他条约。

第七十条　本法自公布之日起施行。

中华人民共和国引渡法

·2000 年 12 月 28 日第九届全国人民代表大会常务委员会第十九次会议通过

·2000 年 12 月 28 日中华人民共和国主席令第 42 号公布

·自公布之日起施行

第一章　总　则

第一条　为了保障引渡的正常进行,加强惩罚犯罪方面的国际合作,保护个人和组织的合法权益,维护国家利益和社会秩序,制定本法。

第二条　中华人民共和国和外国之间的引渡,依照本法进行。

第三条　中华人民共和国和外国在平等互惠的基础上进行引渡合作。

引渡合作,不得损害中华人民共和国的主权、安全和社会公共利益。

第四条　中华人民共和国和外国之间的引渡,通过外交途径联系。中华人民共和国外交部为指定的进行引渡的联系机关。

引渡条约对联系机关有特别规定的,依照条约规定。

第五条　办理引渡案件,可以根据情况,对被请求引渡人采取引渡拘留、引渡逮捕或者引渡监视居住的强制措施。

第六条　本法下列用语的含义是:

(一)"被请求引渡人"是指请求国向被请求国请求准予引渡的人;

(二)"被引渡人"是指从被请求国引渡到请求国的人;

(三)"引渡条约"是指中华人民共和国与外国缔结或者共同参加的引渡条约或者载有引渡条款的其他条约。

第二章　向中华人民共和国请求引渡
第一节　引渡的条件

第七条　外国向中华人民共和国提出的引渡请求必须同时符合下列条件,才能准予引渡:

(一)引渡请求所指的行为,依照中华人民共和国法律和请求国法律均构成犯罪;

(二)为了提起刑事诉讼而请求引渡的,根据中华人民共和国法律和请求国法律,对于引渡请求所指的犯罪均可判处1年以上有期徒刑或者其他更重的刑罚;为了执行刑罚而请求引渡的,在提出引渡请求时,被请求引渡人尚未服完的刑期至少为6个月。

对于引渡请求中符合前款第一项规定的多种犯罪,只要其中有一种犯罪符合前款第二项的规定,就可以对上述各种犯罪准予引渡。

第八条　外国向中华人民共和国提出的引渡请求,有下列情形之一的,应当拒绝引渡:

(一)根据中华人民共和国法律,被请求引渡人具有中华人民共和国国籍的;

(二)在收到引渡请求时,中华人民共和国的司法机关对于引渡请求所指的犯罪已经作出生效判决,或者已经终止刑事诉讼程序的;

(三)因政治犯罪而请求引渡的,或者中华人民共和国已经给予被请求引渡人受庇护权利的;

(四)被请求引渡人可能因其种族、宗教、国籍、性别、政治见解或者身份等方面的原因而被提起刑事诉讼或者执行刑罚,或者被请求引渡人在司法程序中可能由于上述原因受到不公正待遇的;

(五)根据中华人民共和国或者请求国法律,引渡请求所指的犯罪纯属军事犯罪的;

(六)根据中华人民共和国或者请求国法律,在收到引渡请求时,由于犯罪已过追诉时效期限或者被请求引渡人已被赦免等原因,不应当追究被请求引渡人的刑事责任的;

(七)被请求引渡人在请求国曾经遭受或者可能遭受酷刑或者其他残忍、不人道或者有辱人格的待遇或者处罚的;

(八)请求国根据缺席判决提出引渡请求的。但请求国承诺在引渡后对被请求引渡人给予在其出庭的情况下进行重新审判机会的除外。

第九条　外国向中华人民共和国提出的引渡请求,有下列情形之一的,可以拒绝引渡:

(一)中华人民共和国对于引渡请求所指的犯罪具有刑事管辖权,并且对被请求引渡人正在进行刑事诉讼或者准备提起刑事诉讼的;

(二)由于被请求引渡人的年龄、健康等原因,根据人道主义原则不宜引渡的。

第二节　引渡请求的提出

第十条　请求国的引渡请求应当向中华人民共和国外交部提出。

第十一条　请求国请求引渡应当出具请求书,请求书应当载明:

(一)请求机关的名称;

(二)被请求引渡人的姓名、性别、年龄、国籍、身份证件的种类及号码、职业、外表特征、住所地和居住地以及其他有助于辨别其身份和查找该人的情况;

(三)犯罪事实,包括犯罪的时间、地点、行为、结果等;

(四)对犯罪的定罪量刑以及追诉时效方面的法律规定。

第十二条　请求国请求引渡,应当在出具请求书的同时,提供以下材料:

(一)为了提起刑事诉讼而请求引渡的,应当附有逮捕证或者其他具有同等效力的文件的副本;为了执行刑罚而请求引渡的,应当附有发生法律效力的判决书或者裁定书的副本,对于已经执行部分刑罚的,还应当附有已经执行刑期的证明;

（二）必要的犯罪证据或者证据材料。

请求国掌握被请求引渡人照片、指纹以及其他可供确认被请求引渡人的材料的，应当提供。

第十三条　请求国根据本节提交的引渡请求书或者其他有关文件，应当由请求国的主管机关正式签署或者盖章，并应当附有中文译本或者经中华人民共和国外交部同意使用的其他文字的译本。

第十四条　请求国请求引渡，应当作出如下保证：

（一）请求国不对被引渡人在引渡前实施的其他未准予引渡的犯罪追究刑事责任，也不将该人再引渡给第三国。但经中华人民共和国同意，或者被引渡人在其引渡罪行诉讼终结、服刑期满或者提前释放之日起30日内没有离开请求国，或者离开后又自愿返回的除外；

（二）请求国提出请求后撤销、放弃引渡请求，或者提出引渡请求错误的，由请求国承担因请求引渡对被请求引渡人造成损害的责任。

第十五条　在没有引渡条约的情况下，请求国应当作出互惠的承诺。

第三节　对引渡请求的审查

第十六条　外交部收到请求国提出的引渡请求后，应当对引渡请求书及其所附文件、材料是否符合本法第二章第二节和引渡条约的规定进行审查。

最高人民法院指定的高级人民法院对请求国提出的引渡请求是否符合本法和引渡条约关于引渡条件等规定进行审查并作出裁定。最高人民法院对高级人民法院作出的裁定进行复核。

第十七条　对于两个以上国家就同一行为或者不同行为请求引渡同一人的，应当综合考虑中华人民共和国收到引渡请求的先后、中华人民共和国与请求国是否存在引渡条约关系等因素，确定接受引渡请求的优先顺序。

第十八条　外交部对请求国提出的引渡请求进行审查，认为不符合本法第二章第二节和引渡条约的规定的，可以要求请求国在30日内提供补充材料。经请求国请求，上述期限可以延长15日。

请求国未在上述期限内提供补充材料的，外交部应当终止该引渡案件。请求国可以对同一犯罪再次提出引渡该人的请求。

第十九条　外交部对请求国提出的引渡请求进行审查，认为符合本法第二章第二节和引渡条约的规定的，应当将引渡请求书及其所附文件和材料转交最高人民法院、最高人民检察院。

第二十条　外国提出正式引渡请求前被请求引渡人已经被引渡拘留的，最高人民法院接到引渡请求书及其所附文件和材料后，应当将引渡请求书及其所附文件和材料及时转交有关高级人民法院进行审查。

外国提出正式引渡请求前被请求引渡人未被引渡拘留的，最高人民法院接到引渡请求书及其所附文件和材料后，通知公安部查找被请求引渡人。公安机关查找到被请求引渡人后，应当根据情况对被请求引渡人予以引渡拘留或者引渡监视居住，由公安部通知最高人民法院。最高人民法院接到公安部的通知后，应当及时将引渡请求书及其所附文件和材料转交有关高级人民法院进行审查。

公安机关经查找后，确认被请求引渡人不在中华人民共和国境内或者查找不到被请求引渡人的，公安部应当及时通知最高人民法院。最高人民法院接到公安部的通知后，应当及时将查找情况通知外交部，由外交部通知请求国。

第二十一条　最高人民检察院经审查，认为对引渡请求所指的犯罪或者被请求引渡人的其他犯罪，应当由我国司法机关追诉，但尚未提起刑事诉讼的，应当自收到引渡请求书及其所附文件和材料之日起1个月内，将准备提起刑事诉讼的意见分别告知最高人民法院和外交部。

第二十二条　高级人民法院根据本法和引渡条约关于引渡条件等有关规定，对请求国的引渡请求进行审查，由审判员三人组成合议庭进行。

第二十三条　高级人民法院审查引渡案件，应当听取被请求引渡人的陈述及其委托的中国律师的意见。高级人民法院应当在收到最高人民法院转来的引渡请求书之日起10日内将引渡请求书副本发送被请求引渡人。被请求引渡人应当在收到之日起30日内提出意见。

第二十四条　高级人民法院经审查后，应当分别作出以下裁定：

（一）认为请求国的引渡请求符合本法和引渡条约规定的，应当作出符合引渡条件的裁定。如果被请求引渡人具有本法第四十二条规定的暂缓引渡情形的，裁定中应当予以说明；

（二）认为请求国的引渡请求不符合本法和引渡条约规定的，应当作出不引渡的裁定。

根据请求国的请求，在不影响中华人民共和国领域内正在进行的其他诉讼，不侵害中华人民共和国领域内任何第三人的合法权益的情况下，可以在作出符合引渡条件的裁定的同时，作出移交与案件有关财物的裁定。

第二十五条　高级人民法院作出符合引渡条件或者不引渡的裁定后，应当向被请求引渡人宣读，并在作出裁定之日起 7 日内将裁定书连同有关材料报请最高人民法院复核。

被请求引渡人对高级人民法院作出符合引渡条件的裁定不服的，被请求引渡人及其委托的中国律师可以在人民法院向被请求引渡人宣读裁定之日起 10 日内，向最高人民法院提出意见。

第二十六条　最高人民法院复核高级人民法院的裁定，应当根据下列情形分别处理：

（一）认为高级人民法院作出的裁定符合本法和引渡条约规定的，应当对高级人民法院的裁定予以核准；

（二）认为高级人民法院作出的裁定不符合本法和引渡条约规定的，可以裁定撤销，发回原审人民法院重新审查，也可以直接作出变更的裁定。

第二十七条　人民法院在审查过程中，在必要时，可以通过外交部要求请求国在 30 日内提供补充材料。

第二十八条　最高人民法院作出核准或者变更的裁定后，应当在作出裁定之日起 7 日内将裁定书送交外交部，并同时送达被请求引渡人。

最高人民法院核准或者作出不引渡裁定的，应当立即通知公安机关解除对被请求引渡人采取的强制措施。

第二十九条　外交部接到最高人民法院不引渡的裁定后，应当及时通知请求国。

外交部接到最高人民法院符合引渡条件的裁定后，应当报送国务院决定是否引渡。

国务院决定不引渡的，外交部应当及时通知请求国。人民法院应当立即通知公安机关解除对被请求引渡人采取的强制措施。

第四节　为引渡而采取的强制措施

第三十条　对于外国正式提出引渡请求前，因紧急情况申请对将被请求引渡的人采取羁押措施的，公安机关可以根据外国的申请采取引渡拘留措施。

前款所指的申请应当通过外交途径或者向公安部书面提出，并应当载明：

（一）本法第十一条、第十四条规定的内容；

（二）已经具有本法第十二条第一项所指材料的说明；

（三）即将正式提出引渡请求的说明。

对于通过外交途径提出申请的，外交部应当及时将该申请转送公安部。对于向公安部提出申请的，公安部应当将申请的有关情况通知外交部。

第三十一条　公安机关根据本法第三十条的规定对被请求人采取引渡拘留措施，对于向公安部提出申请的，

公安部应当将执行情况及时通知对方，对于通过外交途径提出申请的，公安部将执行情况通知外交部，外交部应当及时通知请求国。通过上述途径通知时，对于被请求人已被引渡拘留的，应当同时告知提出正式引渡请求的期限。

公安机关采取引渡拘留措施后 30 日内外交部没有收到外国正式引渡请求的，应当撤销引渡拘留，经该外国请求，上述期限可以延长 15 日。

对根据本条第二款撤销引渡拘留的，请求国可以在事后对同一犯罪正式提出引渡该人的请求。

第三十二条　高级人民法院收到引渡请求书及其所附文件和材料后，对于不采取引渡逮捕措施可能影响引渡正常进行的，应当及时作出引渡逮捕的决定。对被请求引渡人不采取引渡逮捕措施的，应当及时作出引渡监视居住的决定。

第三十三条　引渡拘留、引渡逮捕、引渡监视居住由公安机关执行。

第三十四条　采取引渡强制措施的机关应当在采取引渡强制措施后 24 小时内对被采取引渡强制措施的人进行讯问。

被采取引渡强制措施的人自被采取引渡强制措施之日起，可以聘请中国律师为其提供法律帮助。公安机关在执行引渡强制措施时，应当告知被采取引渡强制措施的人享有上述权利。

第三十五条　对于应当引渡逮捕的被请求引渡人，如果患有严重疾病，或者是正在怀孕、哺乳自己婴儿的妇女，可以采取引渡监视居住措施。

第三十六条　国务院作出准予引渡决定后，应当及时通知最高人民法院。如果被请求引渡人尚未被引渡逮捕的，人民法院应当立即决定引渡逮捕。

第三十七条　外国撤销、放弃引渡请求的，应当立即解除对被请求引渡人采取的引渡强制措施。

第五节　引渡的执行

第三十八条　引渡由公安机关执行。对于国务院决定准予引渡的，外交部应当及时通知公安部，并通知请求国与公安部约定移交被请求引渡人的时间、地点、方式以及执行引渡有关的其他事宜。

第三十九条　对于根据本法第三十八条的规定执行引渡的，公安机关应当根据人民法院的裁定，向请求国移交与案件有关的财物。

因被请求引渡人死亡、逃脱或者其他原因而无法执行引渡时，也可以向请求国移交上述财物。

第四十条　请求国自约定的移交之日起 15 日内不接收被请求引渡人的，应当视为自动放弃引渡请求。公安机关应当立即释放被请求引渡人，外交部可以不再受理该国对同一犯罪再次提出的引渡该人的请求。

请求国在上述期限内因无法控制的原因不能接收被请求引渡人的，可以申请延长期限，但最长不得超过 30 日，也可以根据本法第三十八条的规定重新约定移交事宜。

第四十一条　被引渡人在请求国的刑事诉讼终结或者服刑完毕之前逃回中华人民共和国的，可以根据请求国再次提出的相同的引渡请求准予重新引渡，无需请求国提交本章第二节规定的文件和材料。

第六节　暂缓引渡和临时引渡

第四十二条　国务院决定准予引渡时，对于中华人民共和国司法机关正在对被请求引渡人由于其他犯罪进行刑事诉讼或者执行刑罚的，可以同时决定暂缓引渡。

第四十三条　如果暂缓引渡可能给请求国的刑事诉讼造成严重障碍，在不妨碍中华人民共和国领域内正在进行的刑事诉讼，并且请求国保证在完成有关诉讼程序后立即无条件送回被请求引渡人的情况下，可以根据请求国的请求，临时引渡该人。

临时引渡的决定，由国务院征得最高人民法院或者最高人民检察院的同意后作出。

第七节　引渡的过境

第四十四条　外国之间进行引渡需要经过中华人民共和国领域的，应当按照本法第四条和本章第二节的有关规定提出过境请求。

过境采用航空运输并且在中华人民共和国领域内没有着陆计划的，不适用前款规定；但发生计划外着陆的，应当依照前款规定提出过境请求。

第四十五条　对于外国提出的过境请求，由外交部根据本法的有关规定进行审查，作出准予过境或者拒绝过境的决定。

准予过境或者拒绝过境的决定应当由外交部通过与收到请求相同的途径通知请求国。

外交部作出准予过境的决定后，应当将该决定及时通知公安部。过境的时间、地点和方式等事宜由公安部决定。

第四十六条　引渡的过境由过境地的公安机关监督或者协助执行。

公安机关可以根据过境请求国的请求，提供临时羁押场所。

第三章　向外国请求引渡

第四十七条　请求外国准予引渡或者引渡过境的，应当由负责办理有关案件的省、自治区或者直辖市的审判、检察、公安、国家安全或者监狱管理机关分别向最高人民法院、最高人民检察院、公安部、国家安全部、司法部提出意见书，并附有关文件和材料及其经证明无误的译文。最高人民法院、最高人民检察院、公安部、国家安全部、司法部分别会同外交部审核同意后，通过外交部向外国提出请求。

第四十八条　在紧急情况下，可以在向外国正式提出引渡请求前，通过外交途径或者被请求国同意的其他途径，请求外国对有关人员先行采取强制措施。

第四十九条　引渡、引渡过境或者采取强制措施的请求所需的文书、文件和材料，应当依照引渡条约的规定提出；没有引渡条约或者引渡条约没有规定的，可以参照本法第二章第二节、第四节和第七节的规定提出；被请求国有特殊要求的，在不违反中华人民共和国法律的基本原则的情况下，可以按照被请求国的特殊要求提出。

第五十条　被请求国就准予引渡附加条件的，对于不损害中华人民共和国主权、国家利益、公共利益的，可以由外交部代表中华人民共和国政府向被请求国作出承诺。对于限制追诉的承诺，由最高人民检察院决定；对于量刑的承诺，由最高人民法院决定。

在对被引渡人追究刑事责任时，司法机关应当受所作出的承诺的约束。

第五十一条　公安机关负责接收外国准予引渡的人以及与案件有关的财物。

对于其他部门提出引渡请求的，公安机关在接收被引渡人以及与案件有关的财物后，应当及时转交提出引渡请求的部门；也可以会同有关部门共同接收被引渡人以及与案件有关的财物。

第四章　附　则

第五十二条　根据本法规定是否引渡由国务院决定的，国务院在必要时，得授权国务院有关部门决定。

第五十三条　请求国提出请求后撤销、放弃引渡请求，或者提出引渡请求错误，给被请求引渡人造成损害，被请求引渡人提出赔偿的，应当向请求国提出。

第五十四条　办理引渡案件产生的费用，依照请求国和被请求国共同参加、签订的引渡条约或者协议办理。

第五十五条　本法自公布之日起施行。

十五、刑事司法赔偿

中华人民共和国国家赔偿法

· 1994 年 5 月 12 日第八届全国人民代表大会常务委员会第七次会议通过
· 根据 2010 年 4 月 29 日第十一届全国人民代表大会常务委员会第十四次会议《关于修改〈中华人民共和国国家赔偿法〉的决定》第一次修正
· 根据 2012 年 10 月 26 日第十一届全国人民代表大会常务委员会第二十九次会议《关于修改〈中华人民共和国国家赔偿法〉的决定》第二次修正

第一章　总　则

第一条　【立法目的】为保障公民、法人和其他组织享有依法取得国家赔偿的权利，促进国家机关依法行使职权，根据宪法，制定本法。

第二条　【依法赔偿】国家机关和国家机关工作人员行使职权，有本法规定的侵犯公民、法人和其他组织合法权益的情形，造成损害的，受害人有依照本法取得国家赔偿的权利。

本法规定的赔偿义务机关，应当依照本法及时履行赔偿义务。

第二章　行政赔偿
第一节　赔偿范围

第三条　【侵犯人身权的行政赔偿范围】行政机关及其工作人员在行使行政职权时有下列侵犯人身权情形之一的，受害人有取得赔偿的权利：

（一）违法拘留或者违法采取限制公民人身自由的行政强制措施的；

（二）非法拘禁或者以其他方法非法剥夺公民人身自由的；

（三）以殴打、虐待等行为或者唆使、放纵他人以殴打、虐待等行为造成公民身体伤害或者死亡的；

（四）违法使用武器、警械造成公民身体伤害或者死亡的；

（五）造成公民身体伤害或者死亡的其他违法行为。

第四条　【侵犯财产权的行政赔偿范围】行政机关及其工作人员在行使行政职权时有下列侵犯财产权情形之一的，受害人有取得赔偿的权利：

（一）违法实施罚款、吊销许可证和执照、责令停产停业、没收财物等行政处罚的；

（二）违法对财产采取查封、扣押、冻结等行政强制措施的；

（三）违法征收、征用财产的；

（四）造成财产损害的其他违法行为。

第五条　【行政侵权中的免责情形】属于下列情形之一的，国家不承担赔偿责任：

（一）行政机关工作人员与行使职权无关的个人行为；

（二）因公民、法人和其他组织自己的行为致使损害发生的；

（三）法律规定的其他情形。

第二节　赔偿请求人和赔偿义务机关

第六条　【行政赔偿请求人】受害的公民、法人和其他组织有权要求赔偿。

受害的公民死亡，其继承人和其他有扶养关系的亲属有权要求赔偿。

受害的法人或者其他组织终止的，其权利承受人有权要求赔偿。

第七条　【行政赔偿义务机关】行政机关及其工作人员行使行政职权侵犯公民、法人和其他组织的合法权益造成损害的，该行政机关为赔偿义务机关。

两个以上行政机关共同行使行政职权时侵犯公民、法人和其他组织的合法权益造成损害的，共同行使行政职权的行政机关为共同赔偿义务机关。

法律、法规授权的组织在行使授予的行政权力时侵犯公民、法人和其他组织的合法权益造成损害的，被授权的组织为赔偿义务机关。

受行政机关委托的组织或者个人在行使受委托的行政权力时侵犯公民、法人和其他组织的合法权益造成损害的，委托的行政机关为赔偿义务机关。

赔偿义务机关被撤销的，继续行使其职权的行政机关为赔偿义务机关；没有继续行使其职权的行政机关的，撤销该赔偿义务机关的行政机关为赔偿义务机关。

第八条 【经过行政复议的赔偿义务机关】经复议机关复议的,最初造成侵权行为的行政机关为赔偿义务机关,但复议机关的复议决定加重损害的,复议机关对加重的部分履行赔偿义务。

第三节　赔偿程序

第九条 【赔偿请求人要求行政赔偿的途径】赔偿义务机关有本法第三条、第四条规定情形之一的,应当给予赔偿。

赔偿请求人要求赔偿,应当先向赔偿义务机关提出,也可以在申请行政复议或者提起行政诉讼时一并提出。

第十条 【行政赔偿的共同赔偿义务机关】赔偿请求人可以向共同赔偿义务机关中的任何一个赔偿义务机关要求赔偿,该赔偿义务机关应当先予赔偿。

第十一条 【根据损害提出数项赔偿要求】赔偿请求人根据受到的不同损害,可以同时提出数项赔偿要求。

第十二条 【赔偿请求人递交赔偿申请书】要求赔偿应当递交申请书,申请书应当载明下列事项:

(一)受害人的姓名、性别、年龄、工作单位和住所,法人或者其他组织的名称、住所和法定代表人或者主要负责人的姓名、职务;

(二)具体的要求、事实根据和理由;

(三)申请的年、月、日。

赔偿请求人书写申请书确有困难的,可以委托他人代书;也可以口头申请,由赔偿义务机关记入笔录。

赔偿请求人不是受害人本人的,应当说明与受害人的关系,并提供相应证明。

赔偿请求人当面递交申请书的,赔偿义务机关应当当场出具加盖本行政机关专用印章并注明收讫日期的书面凭证。申请材料不齐全的,赔偿义务机关应当当场或者在五日内一次性告知赔偿请求人需要补正的全部内容。

第十三条 【行政赔偿义务机关作出赔偿决定】赔偿义务机关应当自收到申请之日起两个月内,作出是否赔偿的决定。赔偿义务机关作出赔偿决定,应当充分听取赔偿请求人的意见,并可以与赔偿请求人就赔偿方式、赔偿项目和赔偿数额依照本法第四章的规定进行协商。

赔偿义务机关决定赔偿的,应当制作赔偿决定书,并自作出决定之日起十日内送达赔偿请求人。

赔偿义务机关决定不予赔偿的,应当自作出决定之日起十日内书面通知赔偿请求人,并说明不予赔偿的理由。

第十四条 【赔偿请求人向法院提起诉讼】赔偿义务机关在规定期限内未作出是否赔偿的决定,赔偿请求人可以自期限届满之日起三个月内,向人民法院提起诉讼。

赔偿请求人对赔偿的方式、项目、数额有异议的,或者赔偿义务机关作出不予赔偿决定的,赔偿请求人可以自赔偿义务机关作出赔偿或者不予赔偿决定之日起三个月内,向人民法院提起诉讼。

第十五条 【举证责任】人民法院审理行政赔偿案件,赔偿请求人和赔偿义务机关对自己提出的主张,应当提供证据。

赔偿义务机关采取行政拘留或者限制人身自由的强制措施期间,被限制人身自由的人死亡或者丧失行为能力的,赔偿义务机关的行为与被限制人身自由的人的死亡或者丧失行为能力是否存在因果关系,赔偿义务机关应当提供证据。

第十六条 【行政追偿】赔偿义务机关赔偿损失后,应当责令有故意或者重大过失的工作人员或者受委托的组织或个人承担部分或者全部赔偿费用。

对有故意或者重大过失的责任人员,有关机关应当依法给予处分;构成犯罪的,应当依法追究刑事责任。

第三章　刑事赔偿
第一节　赔偿范围

第十七条 【侵犯人身权的刑事赔偿范围】行使侦查、检察、审判职权的机关以及看守所、监狱管理机关及其工作人员在行使职权时有下列侵犯人身权情形之一的,受害人有取得赔偿的权利:

(一)违反刑事诉讼法的规定对公民采取拘留措施的,或者依照刑事诉讼法规定的条件和程序对公民采取拘留措施,但是拘留时间超过刑事诉讼法规定的时限,其后决定撤销案件、不起诉或者判决宣告无罪终止追究刑事责任的;

(二)对公民采取逮捕措施后,决定撤销案件、不起诉或者判决宣告无罪终止追究刑事责任的;

(三)依照审判监督程序再审改判无罪,原判刑罚已经执行的;

(四)刑讯逼供或者以殴打、虐待等行为或者唆使、放纵他人以殴打、虐待等行为造成公民身体伤害或者死亡的;

(五)违法使用武器、警械造成公民身体伤害或者死亡的。

第十八条 【侵犯财产权的刑事赔偿范围】行使侦查、检察、审判职权的机关以及看守所、监狱管理机关及其工作人员在行使职权时有下列侵犯财产权情形之一的,受害人有取得赔偿的权利:

(一)违法对财产采取查封、扣押、冻结、追缴等措施的;

（二）依照审判监督程序再审改判无罪，原判罚金、没收财产已经执行的。

第十九条　【刑事赔偿免责情形】属于下列情形之一的，国家不承担赔偿责任：

（一）因公民自己故意作虚伪供述，或者伪造其他有罪证据被羁押或者被判处刑罚的；

（二）依照刑法第十七条、第十八条规定不负刑事责任的人被羁押的；

（三）依照刑事诉讼法第十五条、第一百七十三条第二款、第二百七十三条第二款、第二百七十九条规定不追究刑事责任的人被羁押的；

（四）行使侦查、检察、审判职权的机关以及看守所、监狱管理机关的工作人员与行使职权无关的个人行为；

（五）因公民自伤、自残等故意行为致使损害发生的；

（六）法律规定的其他情形。

第二节　赔偿请求人和赔偿义务机关

第二十条　【刑事赔偿请求人】赔偿请求人的确定依照本法第六条的规定。

第二十一条　【刑事赔偿义务机关】行使侦查、检察、审判职权的机关以及看守所、监狱管理机关及其工作人员在行使职权时侵犯公民、法人和其他组织的合法权益造成损害的，该机关为赔偿义务机关。

对公民采取拘留措施，依照本法的规定应当给予国家赔偿的，作出拘留决定的机关为赔偿义务机关。

对公民采取逮捕措施后决定撤销案件、不起诉或者判决宣告无罪的，作出逮捕决定的机关为赔偿义务机关。

再审改判无罪的，作出原生效判决的人民法院为赔偿义务机关。二审改判无罪，以及二审发回重审后作无罪处理的，作出一审有罪判决的人民法院为赔偿义务机关。

第三节　赔偿程序

第二十二条　【刑事赔偿的提出和赔偿义务机关先行处理】赔偿义务机关有本法第十七条、第十八条规定情形之一的，应当给予赔偿。

赔偿请求人要求赔偿，应当先向赔偿义务机关提出。

赔偿请求人提出赔偿请求，适用本法第十一条、第十二条的规定。

第二十三条　【刑事赔偿义务机关赔偿决定的作出】赔偿义务机关应当自收到申请之日起两个月内，作出是否赔偿的决定。赔偿义务机关作出赔偿决定，应当充分听取赔偿请求人的意见，并可以与赔偿请求人就赔偿方式、赔偿项目和赔偿数额依照本法第四章的规定进行协商。

赔偿义务机关决定赔偿的，应当制作赔偿决定书，并自作出决定之日起十日内送达赔偿请求人。

赔偿义务机关决定不予赔偿的，应当自作出决定之日起十日内书面通知赔偿请求人，并说明不予赔偿的理由。

第二十四条　【刑事赔偿复议申请的提出】赔偿义务机关在规定期限内未作出是否赔偿的决定，赔偿请求人可以自期限届满之日起三十日内向赔偿义务机关的上一级机关申请复议。

赔偿请求人对赔偿的方式、项目、数额有异议的，或者赔偿义务机关作出不予赔偿决定的，赔偿请求人可以自赔偿义务机关作出赔偿或者不予赔偿决定之日起三十日内，向赔偿义务机关的上一级机关申请复议。

赔偿义务机关是人民法院的，赔偿请求人可以依照本条规定向其上一级人民法院赔偿委员会申请作出赔偿决定。

第二十五条　【刑事赔偿复议的处理和对复议决定的救济】复议机关应当自收到申请之日起两个月内作出决定。

赔偿请求人不服复议决定的，可以在收到复议决定之日起三十日内向复议机关所在地的同级人民法院赔偿委员会申请作出赔偿决定；复议机关逾期不作决定的，赔偿请求人可以自期限届满之日起三十日内向复议机关所在地的同级人民法院赔偿委员会申请作出赔偿决定。

第二十六条　【举证责任分配】人民法院赔偿委员会处理赔偿请求，赔偿请求人和赔偿义务机关对自己提出的主张，应当提供证据。

被羁押人在羁押期间死亡或者丧失行为能力的，赔偿义务机关的行为与被羁押人的死亡或者丧失行为能力是否存在因果关系，赔偿义务机关应当提供证据。

第二十七条　【赔偿委员会办理案件程序】人民法院赔偿委员会处理赔偿请求，采取书面审查的办法。必要时，可以向有关单位和人员调查情况、收集证据。赔偿请求人与赔偿义务机关对损害事实及因果关系有争议的，赔偿委员会可以听取赔偿请求人和赔偿义务机关的陈述和申辩，并可以进行质证。

第二十八条　【赔偿委员会办理案件期限】人民法院赔偿委员会应当自收到赔偿申请之日起三个月内作出决定；属于疑难、复杂、重大案件的，经本院院长批准，可以延长三个月。

第二十九条　【赔偿委员会的组成】中级以上的人民法院设立赔偿委员会，由人民法院三名以上审判员组成，组成人员的人数应当为单数。

赔偿委员会作赔偿决定，实行少数服从多数的原则。

赔偿委员会作出的赔偿决定,是发生法律效力的决定,必须执行。

第三十条　【赔偿委员会重新审查程序】赔偿请求人或者赔偿义务机关对赔偿委员会作出的决定,认为确有错误的,可以向上一级人民法院赔偿委员会提出申诉。

赔偿委员会作出的赔偿决定生效后,如发现赔偿决定违反本法规定的,经本院院长决定或者上级人民法院指令,赔偿委员会应当在两个月内重新审查并依法作出决定,上一级人民法院赔偿委员会也可以直接审查并作出决定。

最高人民检察院对各级人民法院赔偿委员会作出的决定,上级人民检察院对下级人民法院赔偿委员会作出的决定,发现违反本法规定的,应当向同级人民法院赔偿委员会提出意见,同级人民法院赔偿委员会应当在两个月内重新审查并依法作出决定。

第三十一条　【刑事赔偿的追偿】赔偿义务机关赔偿后,应当向有下列情形之一的工作人员追偿部分或者全部赔偿费用:

(一)有本法第十七条第四项、第五项规定情形的;

(二)在处理案件中有贪污受贿,徇私舞弊,枉法裁判行为的。

对有前款规定情形的责任人员,有关机关应当依法给予处分;构成犯罪的,应当依法追究刑事责任。

第四章　赔偿方式和计算标准

第三十二条　【赔偿方式】国家赔偿以支付赔偿金为主要方式。

能够返还财产或者恢复原状的,予以返还财产或者恢复原状。

第三十三条　【人身自由的国家赔偿标准】侵犯公民人身自由的,每日赔偿金按照国家上年度职工日平均工资计算。

第三十四条　【生命健康权的国家赔偿标准】侵犯公民生命健康权的,赔偿金按照下列规定计算:

(一)造成身体伤害的,应当支付医疗费、护理费,以及赔偿因误工减少的收入。减少的收入每日的赔偿金按照国家上年度职工日平均工资计算,最高额为国家上年度职工年平均工资的五倍;

(二)造成部分或者全部丧失劳动能力的,应当支付医疗费、护理费、残疾生活辅助具费、康复费等因残疾而增加的必要支出和继续治疗所必需的费用,以及残疾赔偿金。残疾赔偿金根据丧失劳动能力的程度,按照国家规定的伤残等级确定,最高不超过国家上年度职工年平均工资的二十倍。造成全部丧失劳动能力的,对其扶养的无劳动能力的人,还应当支付生活费;

(三)造成死亡的,应当支付死亡赔偿金、丧葬费,总额为国家上年度职工年平均工资的二十倍。对死者生前扶养的无劳动能力的人,还应当支付生活费。

前款第二项、第三项规定的生活费的发放标准,参照当地最低生活保障标准执行。被扶养的人是未成年人的,生活费给付至十八周岁止;其他无劳动能力的人,生活费给付至死亡时止。

第三十五条　【精神损害的国家赔偿标准】有本法第三条或者第十七条规定情形之一,致人精神损害的,应当在侵权行为影响的范围内,为受害人消除影响,恢复名誉,赔礼道歉;造成严重后果的,应当支付相应的精神损害抚慰金。

第三十六条　【财产权的国家赔偿标准】侵犯公民、法人和其他组织的财产权造成损害的,按照下列规定处理:

(一)处罚款、罚金、追缴、没收财产或者违法征收、征用财产的,返还财产;

(二)查封、扣押、冻结财产的,解除对财产的查封、扣押、冻结,造成财产损坏或者灭失的,依照本条第三项、第四项的规定赔偿;

(三)应当返还的财产损坏的,能够恢复原状的恢复原状,不能恢复原状的,按照损害程度给付相应的赔偿金;

(四)应当返还的财产灭失的,给付相应的赔偿金;

(五)财产已经拍卖或者变卖的,给付拍卖或者变卖所得的价款;变卖的价款明显低于财产价值的,应当支付相应的赔偿金;

(六)吊销许可证和执照、责令停产停业的,赔偿停产停业期间必要的经常性费用开支;

(七)返还执行的罚款或者罚金、追缴或者没收的金钱,解除冻结的存款或者汇款的,应当支付银行同期存款利息;

(八)对财产权造成其他损害的,按照直接损失给予赔偿。

第三十七条　【国家赔偿费用】赔偿费用列入各级财政预算。

赔偿请求人凭生效的判决书、复议决定书、赔偿决定书或者调解书,向赔偿义务机关申请支付赔偿金。

赔偿义务机关应当自收到支付赔偿金申请之日起七日内,依照预算管理权限向有关的财政部门提出支付申请。财政部门应当自收到支付申请之日起十五日内支付赔偿金。

赔偿费用预算与支付管理的具体办法由国务院规定。

第五章　其他规定

第三十八条　【民事、行政诉讼中的司法赔偿】人民法院在民事诉讼、行政诉讼过程中，违法采取对妨害诉讼的强制措施、保全措施或者对判决、裁定及其他生效法律文书执行错误，造成损害的，赔偿请求人要求赔偿的程序，适用本法刑事赔偿程序的规定。

第三十九条　【国家赔偿请求时效】赔偿请求人请求国家赔偿的时效为两年，自其知道或者应当知道国家机关及其工作人员行使职权时的行为侵犯其人身权、财产权之日起计算，但被羁押等限制人身自由期间不计算在内。在申请行政复议或者提起行政诉讼时一并提出赔偿请求的，适用行政复议法、行政诉讼法有关时效的规定。

赔偿请求人在赔偿请求时效的最后六个月内，因不可抗力或者其他障碍不能行使请求权的，时效中止。从中止时效的原因消除之日起，赔偿请求时效期间继续计算。

第四十条　【对等原则】外国人、外国企业和组织在中华人民共和国领域内要求中华人民共和国国家赔偿的，适用本法。

外国人、外国企业和组织的所属国对中华人民共和国公民、法人和其他组织要求该国国家赔偿的权利不予保护或者限制的，中华人民共和国与该外国人、外国企业和组织的所属国实行对等原则。

第六章　附　则

第四十一条　【不得收费和征税】赔偿请求人要求国家赔偿的，赔偿义务机关、复议机关和人民法院不得向赔偿请求人收取任何费用。

对赔偿请求人取得的赔偿金不予征税。

第四十二条　【施行时间】本法自 1995 年 1 月 1 日起施行。

最高人民法院关于行政机关工作人员执行职务致人伤亡构成犯罪的赔偿诉讼程序问题的批复

- 2002 年 8 月 5 日最高人民法院审判委员会第 1236 次会议通过
- 2002 年 8 月 23 日最高人民法院公告公布
- 自 2002 年 8 月 30 日起施行
- 法释〔2002〕28 号

山东省高级人民法院：

你院鲁高法函〔1998〕132 号《关于对行政机关工作人员执行职务时致人伤、亡，法院以刑事附带民事判决赔偿损失后，受害人或其亲属能否再提起行政赔偿诉讼的请

示》收悉。经研究，答复如下：

一、行政机关工作人员在执行职务中致人伤、亡已构成犯罪，受害人或其亲属提起刑事附带民事赔偿诉讼的，人民法院对民事赔偿诉讼请求不予受理。但应当告知其可以依据《中华人民共和国国家赔偿法》的有关规定向人民法院提起行政赔偿诉讼。

二、本批复公布以前发生的此类案件，人民法院已作刑事附带民事赔偿处理，受害人或其亲属再提起行政赔偿诉讼的，人民法院不予受理。

此复。

最高人民法院、司法部关于加强国家赔偿法律援助工作的意见

- 2014 年 1 月 2 日
- 司发通〔2014〕1 号

为切实保障困难群众依法行使国家赔偿请求权，规范和促进人民法院办理国家赔偿案件的法律援助工作，结合法律援助工作实际，就加强国家赔偿法律援助相关工作提出如下意见：

一、提高对国家赔偿法律援助工作重要性的认识

依法为申请国家赔偿的困难群众提供法律援助服务是法律援助工作的重要职能。在人民法院办理的国家赔偿案件中，申请国家赔偿的公民多属弱势群体，身陷经济困难和法律知识缺乏双重困境，亟需获得法律援助。加强国家赔偿法律援助工作，保障困难群众依法行使国家赔偿请求权，是新形势下适应人民群众日益增长的司法需求、加强法律援助服务保障和改善民生工作的重要方面，对于实现社会公平正义、促进社会和谐稳定具有重要意义。各级人民法院和司法行政机关要充分认识加强国家赔偿法律援助工作的重要性，牢固树立群众观点，认真践行群众路线，进一步创新和完善工作机制，不断提高国家赔偿法律援助工作的能力和水平，努力使困难群众在每一个国家赔偿案件中感受到公平正义。

二、确保符合条件的困难群众及时获得国家赔偿法律援助

人民法院和司法行政机关应当采取多种形式公布国家赔偿法律援助的条件、程序、赔偿请求人的权利义务等，让公众了解国家赔偿法律援助相关知识，引导经济困难的赔偿请求人申请法律援助。人民法院应当在立案时以书面方式告知申请国家赔偿的公民，如果经济困难可以向赔偿义务机关所在地的法律援助机构申请法律援助。法律

援助机构要充分发挥基层法律援助工作站点在解答咨询、转交申请等方面的作用,畅通"12348"法律服务热线;有条件的地方可以在人民法院设立法律援助工作站,拓宽法律援助申请渠道,方便公民寻求国家赔偿法律援助。法律援助机构对公民提出的国家赔偿法律援助申请,要依法进行审查,在法定时限内尽可能缩短时间,提高工作效率;对无罪被羁押的公民申请国家赔偿,经人民法院确认其无经济来源的,可以认定赔偿请求人符合经济困难标准;对申请事项具有法定紧急或者特殊情况的,法律援助机构可以先行给予法律援助,事后补办有关手续。

三、加大国家赔偿法律援助工作保障力度

人民法院要为法律援助人员代理国家赔偿法律援助案件提供便利,对于法律援助人员申请人民法院调查取证的,应当依法予以积极支持;对法律援助人员复制相关材料的费用,应当予以免收。人民法院办理国家赔偿案件,要充分听取法律援助人员的意见,并记录在案;人民法院办理国家赔偿案件作出的决定书、判决书和裁定书等法律文书应当载明法律援助机构名称、法律援助人员姓名以及所属单位情况等。司法行政机关要综合采取增强社会认可度、完善激励表彰机制、提高办案补贴标准等方法,调动法律援助人员办理国家赔偿法律援助案件积极性,根据需要与有关机关、单位进行协调,加大对案件办理工作支持力度。人民法院和法律援助机构要加强工作协调,就确定或更换法律援助人员、变更听取意见时间、终止法律援助等情况及时进行沟通,相互通报案件办理进展情况。人民法院和司法行政机关要建立联席会议制度,定期交流工作开展情况,确保相关工作衔接顺畅。

四、提升国家赔偿法律援助工作质量和效果

法律援助机构要完善案件指派工作,根据国家赔偿案件类型,综合法律援助人员专业特长、赔偿请求人特点和意愿等因素,合理确定承办机构及人员,有条件的地方推行点援制,有效保证办案质量;要引导法律援助人员认真做好会见、阅卷、调查取证、参加庭审或者质证等工作,根据法律法规和有关案情,从维护赔偿请求人利益出发提供符合标准的法律服务,促进解决其合法合理赔偿请求。承办法官和法律援助人员在办案过程中要注重做好解疑释惑工作,帮助赔偿请求人正确理解案件涉及的政策法规,促进赔偿请求人服判息诉。司法行政机关和法律援助机构要加强案件质量管理,根据国家赔偿案件特点完善办案质量监督管理机制,综合运用案件质量评估、案卷检查评比、回访赔偿请求人等方式开展质量监管,重点加强对重大疑难复杂案件办理的跟踪监督,促进提高办案质量。人

民法院发现法律援助人员有违法行为或者损害赔偿请求人利益的,要及时向法律援助机构通报有关情况,督促法律援助人员依法依规办理案件。

五、创新国家赔偿法律援助效果延伸机制

人民法院和法律援助机构要建立纠纷调解工作机制,引导法律援助人员选择对赔偿请求人最有利的方式解决纠纷,对于案情简单、事实清楚、争议不大的案件,根据赔偿请求人意愿,尽量采用调解方式处理,努力实现案结事了。要建立矛盾多元化解机制,指导法律援助人员依法妥善处理和化解纠纷,努力解决赔偿请求人的合理诉求,做好无罪被羁押公民的安抚工作,并通过引进社会工作者加入法律援助工作、开通心理热线等方式,加强对赔偿请求人的人文关怀和心理疏导,努力实现法律效果与社会效果的统一。要建立宣传引导机制,加大宣传力度,充分利用报刊、电视、网络等媒体,广泛宣传国家赔偿法律援助工作,及时总结推广工作中涌现出的好经验好做法,为国家赔偿法律援助工作开展营造良好氛围,并对法律援助工作中涌现的先进典型和经验,通过多种形式进行宣传推广,进一步巩固工作成果。

最高人民法院、最高人民检察院关于办理刑事赔偿案件适用法律若干问题的解释

· 2015 年 12 月 14 日最高人民法院审判委员会第 1671 次会议、2015 年 12 月 21 日最高人民检察院第十二届检察委员会第 46 次会议通过
· 2015 年 12 月 28 日最高人民法院、最高人民检察院公告公布
· 自 2016 年 1 月 1 日起施行
· 法释〔2015〕24 号

根据国家赔偿法以及有关法律的规定,结合刑事赔偿工作实际,对办理刑事赔偿案件适用法律的若干问题解释如下:

第一条 赔偿请求人因行使侦查、检察、审判职权的机关以及看守所、监狱管理机关及其工作人员行使职权的行为侵犯其人身权、财产权而申请国家赔偿,具备国家赔偿法第十七条、第十八条规定情形的,属于本解释规定的刑事赔偿范围。

第二条 解除、撤销拘留或者逮捕措施后虽尚未撤销案件、作出不起诉决定或者判决宣告无罪,但是符合下列情形之一的,属于国家赔偿法第十七条第一项、第二项规定的终止追究刑事责任:

(一)办案机关决定对犯罪嫌疑人终止侦查的;

（二）解除、撤销取保候审、监视居住、拘留、逮捕措施后，办案机关超过一年未移送起诉、作出不起诉决定或者撤销案件的；

（三）取保候审、监视居住法定期限届满后，办案机关超过一年未移送起诉、作出不起诉决定或者撤销案件的；

（四）人民检察院撤回起诉超过三十日未作出不起诉决定的；

（五）人民法院决定按撤诉处理后超过三十日，人民检察院未作出不起诉决定的；

（六）人民法院准许刑事自诉案件自诉人撤诉的，或者人民法院决定对刑事自诉案件按撤诉处理的。

赔偿义务机关有证据证明尚未终止追究刑事责任，且经人民法院赔偿委员会审查属实的，应当决定驳回赔偿请求人的赔偿申请。

第三条 对财产采取查封、扣押、冻结、追缴等措施后，有下列情形之一，且办案机关未依法解除查封、扣押、冻结等措施或者返还财产的，属于国家赔偿法第十八条规定的侵犯财产权：

（一）赔偿请求人有证据证明财产与尚未终结的刑事案件无关，经审查属实的；

（二）终止侦查、撤销案件、不起诉、判决宣告无罪终止追究刑事责任的；

（三）采取取保候审、监视居住、拘留或者逮捕措施，在解除、撤销强制措施或者强制措施法定期限届满后超过一年未移送起诉、作出不起诉决定或者撤销案件的；

（四）未采取取保候审、监视居住、拘留或者逮捕措施，立案后超过两年未移送起诉、作出不起诉决定或者撤销案件的；

（五）人民检察院撤回起诉超过三十日未作出不起诉决定的；

（六）人民法院决定按撤诉处理后超过三十日，人民检察院未作出不起诉决定的；

（七）对生效裁决没有处理的财产或者对该财产违法进行其他处理的。

有前款第三项至六项规定情形之一，赔偿义务机关有证据证明尚未终止追究刑事责任，且经人民法院赔偿委员会审查属实的，应当决定驳回赔偿请求人的赔偿申请。

第四条 赔偿义务机关作出赔偿决定，应当依法告知赔偿请求人有权在三十日内向赔偿义务机关的上一级机关申请复议。赔偿义务机关未依法告知，赔偿请求人收到赔偿决定之日起两年内提出复议申请的，复议机关应当受理。

人民法院赔偿委员会处理赔偿申请，适用前款规定。

第五条 对公民采取刑事拘留措施后终止追究刑事责任，具有下列情形之一的，属于国家赔偿法第十七条第一项规定的违法刑事拘留：

（一）违反刑事诉讼法规定的条件采取拘留措施的；

（二）违反刑事诉讼法规定的程序采取拘留措施的；

（三）依照刑事诉讼法规定的条件和程序对公民采取拘留措施，但是拘留时间超过刑事诉讼法规定的时限。

违法刑事拘留的人身自由赔偿金自拘留之日起计算。

第六条 数罪并罚的案件经再审改判部分罪名不成立，监禁期限超出再审判决确定的刑期，公民对超期监禁申请国家赔偿的，应当决定予以赔偿。

第七条 根据国家赔偿法第十九条第二项、第三项的规定，依照刑法第十七条、第十八条规定不负刑事责任的人和依照刑事诉讼法第十五条、第一百七十三条第二款规定不追究刑事责任的人被羁押，国家不承担赔偿责任。但是，对起诉后经人民法院错判拘役、有期徒刑、无期徒刑并已执行的，人民法院应当对该判决确定后继续监禁期间侵犯公民人身自由权的情形予以赔偿。

第八条 赔偿义务机关主张依据国家赔偿法第十九条第一项、第五项规定的情形免除赔偿责任的，应当就该免责事由的成立承担举证责任。

第九条 受害的公民死亡，其继承人和其他有扶养关系的亲属有权申请国家赔偿。

依法享有继承权的同一顺序继承人有数人时，其中一人或者部分人作为赔偿请求人申请国家赔偿的，申请效力及于全体。

赔偿请求人为数人时，其中一人或者部分赔偿请求人非经全体同意，申请撤回或者放弃赔偿请求，效力不及于未明确表示撤回申请或者放弃赔偿请求的其他赔偿请求人。

第十条 看守所及其工作人员在行使职权时侵犯公民合法权益造成损害的，看守所的主管机关为赔偿义务机关。

第十一条 对公民采取拘留措施后又采取逮捕措施，国家承担赔偿责任的，作出逮捕决定的机关为赔偿义务机关。

第十二条 一审判决有罪，二审发回重审后具有下列情形之一的，属于国家赔偿法第二十一条第四款规定的重审无罪赔偿，作出一审有罪判决的人民法院为赔偿义务机关：

（一）原审人民法院改判无罪并已发生法律效力的；

（二）重审期间人民检察院作出不起诉决定的；

（三）人民检察院在重审期间撤回起诉超过三十日或者人民法院决定按撤诉处理超过三十日未作出不起诉决

定的。

依照审判监督程序再审后作无罪处理的，作出原生效判决的人民法院为赔偿义务机关。

第十三条　医疗费赔偿根据医疗机构出具的医药费、治疗费、住院费等收款凭证，结合病历和诊断证明等相关证据确定。赔偿义务机关对治疗的必要性和合理性提出异议的，应当承担举证责任。

第十四条　护理费赔偿参照当地护工从事同等级别护理的劳务报酬标准计算，原则上按照一名护理人员的标准计算护理费；但医疗机构或者司法鉴定人有明确意见的，可以参照确定护理人数并赔偿相应的护理费。

护理期限应当计算至公民恢复生活自理能力时止。公民因残疾不能恢复生活自理能力的，可以根据其年龄、健康状况等因素确定合理的护理期限，一般不超过二十年。

第十五条　残疾生活辅助器具费赔偿按照普通适用器具的合理费用标准计算。伤情有特殊需要的，可以参照辅助器具配制机构的意见确定。

辅助器具的更换周期和赔偿期限参照配制机构的意见确定。

第十六条　误工减少收入的赔偿根据受害公民的误工时间和国家上年度职工日平均工资确定，最高为国家上年度职工年平均工资的五倍。

误工时间根据公民接受治疗的医疗机构出具的证明确定。公民因伤致残持续误工的，误工时间可以计算至作为赔偿依据的伤残等级鉴定确定前一日。

第十七条　造成公民身体伤残的赔偿，应当根据司法鉴定人的伤残等级鉴定确定公民丧失劳动能力的程度，并参照以下标准确定残疾赔偿金：

（一）按照国家规定的伤残等级确定公民为一级至四级伤残的，视为全部丧失劳动能力，残疾赔偿金幅度为国家上年度职工年平均工资的十倍至二十倍；

（二）按照国家规定的伤残等级确定公民为五级至十级伤残的，视为部分丧失劳动能力。五至六级的，残疾赔偿金幅度为国家上年度职工年平均工资的五倍至十倍；七至十级的，残疾赔偿金幅度为国家上年度职工年平均工资的五倍以下。

有扶养义务的公民部分丧失劳动能力的，残疾赔偿金可以根据伤残等级并参考被扶养人生活来源丧失的情况进行确定，最高不超过国家上年度职工年平均工资的二十倍。

第十八条　受害的公民全部丧失劳动能力的，对其扶养的无劳动能力人的生活费发放标准，参照作出赔偿决定时被扶养人住所地所属省级人民政府确定的最低生活保

障标准执行。

能够确定扶养年限的，生活费可协商确定并一次性支付。不能确定扶养年限的，可按二十年上限确定扶养年限并一次性支付生活费，被扶养人超过六十周岁的，年龄每增加一岁，扶养年限减少一年；被扶养人年龄超过确定扶养年限的，被扶养人可逐年领取生活费至死亡时止。

第十九条　侵犯公民、法人和其他组织的财产权造成损害的，应当依照国家赔偿法第三十六条的规定承担赔偿责任。

财产不能恢复原状或者灭失的，财产损失按照损失发生时的市场价格或者其他合理方式计算。

第二十条　返还执行的罚款或者罚金、追缴或者没收的金钱，解除冻结的汇款的，应当支付银行同期存款利息，利率参照赔偿义务机关作出赔偿决定时中国人民银行公布的人民币整存整取定期存款一年期基准利率确定，不计算复利。

复议机关或者人民法院赔偿委员会改变原赔偿决定，利率参照新作出决定时中国人民银行公布的人民币整存整取定期存款一年期基准利率确定。

计息期间自侵权行为发生时起算，至作出生效赔偿决定时止；但在生效赔偿决定作出前侵权行为停止的，计算至侵权行为停止时止。

被罚没、追缴的资金属于赔偿请求人在金融机构合法存款的，在存款合同存续期间，按照合同约定的利率计算利息。

第二十一条　国家赔偿法第三十三条、第三十四条规定的上年度，是指赔偿义务机关作出赔偿决定时的上一年度；复议机关或者人民法院赔偿委员会改变原赔偿决定，按照新作出决定时的上一年度国家职工平均工资标准计算人身自由赔偿金。

作出赔偿决定、复议决定时国家上一年度职工平均工资尚未公布的，以已经公布的最近年度职工平均工资为准。

第二十二条　下列赔偿决定、复议决定是发生法律效力的决定：

（一）超过国家赔偿法第二十四条规定的期限没有申请复议或者向上一级人民法院赔偿委员会申请国家赔偿的赔偿义务机关的决定；

（二）超过国家赔偿法第二十五条规定的期限没有向人民法院赔偿委员会申请国家赔偿的复议决定；

（三）人民法院赔偿委员会作出的赔偿决定。

发生法律效力的赔偿义务机关的决定和复议决定，与发生法律效力的赔偿委员会的赔偿决定具有同等法律效

力,依法必须执行。

第二十三条　本解释自 2016 年 1 月 1 日起施行。本解释施行前最高人民法院、最高人民检察院发布的司法解释与本解释不一致的,以本解释为准。

最高人民法院关于进一步加强
刑事冤错案件国家赔偿工作的意见

· 2015 年 1 月 12 日
· 法〔2015〕12 号

为进一步提升刑事冤错案件国家赔偿工作质效,切实加强人权司法保护,促进国家机关及其工作人员依法行使职权,根据《中华人民共和国国家赔偿法》,结合工作实际,提出如下意见。

一、坚持依法赔偿。各级人民法院要认真贯彻落实党的十八大和十八届三中、四中全会精神,紧紧围绕习近平总书记提出的"努力让人民群众在每一个司法案件中都感受到公平正义"的目标,认真做好刑事冤错案件的国家赔偿工作。要坚持依法赔偿原则,恪守职权法定、范围法定、程序法定和标准法定的要求,依法、及时、妥善地处理刑事冤错案件引发的国家赔偿纠纷。坚持公开公正原则,严格依法办案,规范工作流程,加强司法公开,自觉接受监督。坚持司法为民原则,不断创新和完善工作机制,延伸国家赔偿工作职能。

二、做好刑事审判与国家赔偿的衔接。各级人民法院要建立健全刑事冤错案件宣告无罪与国家赔偿工作的内部衔接机制,做到关口前移、联合会商、提前应对。对于拟宣告无罪并可能引发国家赔偿的案件,刑事审判(含审判监督)部门要在宣判前及时通知本院国家赔偿办案机构,国家赔偿办案机构接到通知后要及时形成赔偿工作预案,必要时要共同做好整体工作方案。对再审改判宣告无罪并依法享有申请国家赔偿权利的当事人,人民法院要在宣判的同时依照刑事诉讼法司法解释的规定告知其在判决发生法律效力后有依法申请国家赔偿的权利。

三、加强对赔偿请求人的诉权保护和法律释明。各级人民法院要坚持以法治思维、法治方式审查处理刑事冤错案件引发的国家赔偿纠纷,切实依法保障赔偿请求人申请赔偿的权利。要依法做好立案工作,准确把握立案的法定条件,畅通求偿渠道,不得以实体审理标准代替立案审查标准。要认真贯彻执行《最高人民法院、司法部关于加强国家赔偿法律援助工作的意见》,切实为经济困难的赔偿请求人申请赔偿提供便利。要认真对待赔偿请求人提出

的各项权利诉求,引导其依法、理性求偿,发现赔偿请求明显超出法律规定的范围或者依法应当赔偿而赔偿请求人没有主张的,人民法院要依法、及时予以释明。

四、提升执法办案的规范性和透明度。各级人民法院要严格执行国家赔偿法和相关司法解释的规定,确保程序合法公正。要不断创新和完善工作机制,加强审判管理,进一步提升立案、审理、决定、执行等各环节的规范化水平。要针对国家赔偿案件的特点,创新司法公开的形式,拓展司法公开的广度和深度,自觉接受人大、政协、检察机关和社会各界的监督。要加强直接、实时监督,对于重大、疑难、复杂案件决定组织听证或者质证的,可以邀请人大代表、政协委员、检察机关代表、律师代表、群众代表等参与旁听,也可以通过其他适当方式公开听证或者质证的过程,进一步提升刑事冤错案件国家赔偿工作的透明度。

五、严格依法开展协商和作出决定。各级人民法院要充分运用国家赔偿法规定的协商机制,与赔偿请求人就赔偿方式、赔偿项目和赔偿数额进行协商。经协商达成协议的,依法制作国家赔偿决定书确认协议内容;协商不成的,依法作出国家赔偿决定。针对具体赔偿项目,有明确赔偿标准的,严格执行法定赔偿标准;涉及精神损害赔偿的,按照《最高人民法院关于人民法院赔偿委员会审理国家赔偿案件适用精神损害赔偿若干问题的意见》办理。要注意加强文书说理,充分说明认定的案件事实和依据,准确援引法律和司法解释规定,确保说理全面、透彻、准确,语言通俗易懂,增强人民群众对国家赔偿决定的认同感。

六、加强国家赔偿决定执行工作。各级人民法院要积极协调、督促财政部门等做好生效国家赔偿决定的执行工作,共同维护生效法律文书的法律权威。赔偿请求人向作为赔偿义务机关的人民法院申请支付赔偿金的,被申请法院要依法审查并及时将审查结果通知赔偿请求人。人民法院受理赔偿请求人的支付申请后,要严格依照预算管理权限在七日内向财政部门提出支付申请。财政部门受理后超过法定期限未拨付赔偿金的,人民法院要积极协调催办并将进展情况及时反馈给赔偿请求人。赔偿请求人就决定执行、赔偿金支付等事宜进行咨询的,人民法院要及时予以回应。

七、积极推进善后安抚和追偿追责等工作。各级人民法院要在依法、及时、妥善处理刑事赔偿案件的同时,根据案件具体情况,沟通协调政府职能部门或者有关社会组织,促进法定赔偿与善后安抚、社会帮扶救助的衔接互补,推动形成刑事冤错案件国家赔偿纠纷的多元、实质化解机制。要深入研究和完善国家赔偿法规定的追偿追责制度,

严格依法开展刑事冤错案件的追偿追责工作。积极回应人民群众关切，既要做好正面宣传引导工作，又要根据舆情进展情况，动态、及时、主动、客观地进行回应，为刑事冤错案件的国家赔偿工作营造良好的社会氛围。

八、加强对新情况新问题的调查研究。各级人民法院要不断总结刑事冤错案件国家赔偿工作经验，密切关注重大、疑难、敏感问题和典型案件。对工作中发现的新情况新问题，要认真梳理提炼，深入分析研究，尽早提出对策，必要时及时层报最高人民法院。

人民检察院国家赔偿工作规定

· 2010 年 11 月 22 日

第一章 总 则

第一条 为了保障公民、法人和其他组织享有依法取得国家赔偿的权利，促进国家机关及其工作人员依法行使职权、公正执法，根据《中华人民共和国国家赔偿法》及有关法律，制定本规定。

第二条 人民检察院通过办理检察机关作为赔偿义务机关的刑事赔偿案件，并对人民法院赔偿委员会决定和行政赔偿诉讼依法履行法律监督职责，保障国家赔偿法的统一正确实施。

第三条 人民检察院国家赔偿工作办公室统一办理检察机关作为赔偿义务机关的刑事赔偿案件、对人民法院赔偿委员会决定提出重新审查意见的案件，以及对人民法院行政赔偿判决、裁定提出抗诉的案件。

人民检察院相关部门应当按照内部分工，协助国家赔偿工作办公室依法办理国家赔偿案件。

第四条 人民检察院国家赔偿工作应当坚持依法、公正、及时的原则。

第五条 上级人民检察院监督、指导下级人民检察院依法办理国家赔偿案件。上级人民检察院在办理国家赔偿案件时，对下级人民检察院作出的相关决定，有权撤销或者变更；发现下级人民检察院已办结的国家赔偿案件确有错误，有权指令下级人民检察院纠正。

赔偿请求人向上级人民检察院反映下级人民检察院在办理国家赔偿案件中存在违法行为的，上级人民检察院应当受理，并依法、及时处理。对依法应予赔偿而拒不赔偿，或者打击报复赔偿请求人的，应当依照有关规定追究相关领导和其他直接责任人员的责任。

第二章 立 案

第六条 赔偿请求人提出赔偿申请的，人民检察院应当受理，并接收下列材料：

（一）刑事赔偿申请书。刑事赔偿申请书应当载明受害人的基本情况，具体要求、事实根据和理由，申请的时间。赔偿请求人书写申请书确有困难的，可以委托他人代书；也可以口头申请。口头提出申请的，应当问明有关情况并制作笔录，由赔偿请求人签名或者盖章。

（二）赔偿请求人和代理人的身份证明材料。赔偿请求人不是受害人本人的，应当要求其说明与受害人的关系，并提供相应证明。赔偿请求人委托他人代理赔偿申请事项的，应当要求其提交授权委托书，以及代理人和被代理人身份证明原件。代理人为律师的，应当同时提供律师执业证及律师事务所介绍函。

（三）证明原案强制措施的法律文书。

（四）证明原案处理情况的法律文书。

（五）证明侵权行为造成损害及其程度的法律文书或者其他材料。

（六）赔偿请求人提供的其他相关材料。

赔偿请求人或者其代理人当面递交申请书或者其他申请材料的，人民检察院应当当场出具加盖本院专用印章并注明收讫日期的《接收赔偿申请材料清单》。申请材料不齐全的，应当当场或者在五日内一次性明确告知赔偿请求人需要补充的全部相关材料。

第七条 人民检察院收到赔偿申请后，国家赔偿工作办公室应当填写《受理赔偿申请登记表》。

第八条 同时符合下列各项条件的赔偿申请，应当立案：

（一）依照国家赔偿法第十七条第一项、第二项规定请求人身自由权赔偿的，已决定撤销案件、不起诉或者判决宣告无罪终止追究刑事责任；依照国家赔偿法第十七条第四项、第五项规定请求生命健康权赔偿的，有伤情、死亡证明；依照国家赔偿法第十八条第一项规定请求财产权赔偿的，刑事诉讼程序已经终结，但已查明该财产确与案件无关的除外；

（二）本院为赔偿义务机关；

（三）赔偿请求人具备国家赔偿法第六条规定的条件；

（四）在国家赔偿法第三十九条规定的请求赔偿时效内；

（五）请求赔偿的材料齐备。

第九条 对符合立案条件的赔偿申请，人民检察院应当立案，并在收到赔偿申请之日起五日内，将《刑事赔偿立案通知书》送达赔偿请求人。

立案应当经部门负责人批准。

第十条　对不符合立案条件的赔偿申请,应当分别下列不同情况予以处理:

(一)尚未决定撤销案件、不起诉或者判决宣告无罪终止追究刑事责任而请求人身自由权赔偿的,没有伤情、死亡证明而请求生命健康权赔偿的,刑事诉讼程序尚未终结而请求财产权赔偿的,告知赔偿请求人不符合立案条件,可在具备立案条件后再申请赔偿;

(二)不属于人民检察院赔偿的,告知赔偿请求人向负有赔偿义务的机关提出;

(三)本院不负有赔偿义务的,告知赔偿请求人向负有赔偿义务的人民检察院提出,或者移送负有赔偿义务的人民检察院,并通知赔偿请求人;

(四)赔偿请求人不具备国家赔偿法第六条规定条件的,告知赔偿请求人;

(五)对赔偿请求已过法定时效的,告知赔偿请求人已经丧失请求赔偿权。

对上列情况,均应当填写《审查刑事赔偿申请通知书》,并说明理由,在收到赔偿申请之日起五日内送达赔偿请求人。

第十一条　当事人、其他直接利害关系人或者其近亲属认为人民检察院扣押、冻结、保管、处理涉案款物侵犯自身合法权益或者有违法情形,向人民检察院投诉,并在刑事诉讼程序终结后又申请刑事赔偿的,尚未办结的投诉程序应当终止,负责办理投诉的部门应当将相关材料移交被请求赔偿的人民检察院国家赔偿工作办公室,依照刑事赔偿程序办理。

第三章　审查决定

第十二条　对已经立案的赔偿案件应当全面审查案件材料,必要时可以调取有关的案卷材料,也可以向原案件承办部门和承办人员等调查、核实有关情况,收集有关证据。原案件承办部门和承办人员应当协助、配合。

第十三条　对请求生命健康权赔偿的案件,人民检察院对是否存在违法侵权行为尚未处理认定的,国家赔偿工作办公室应当在立案后三日内将相关材料移送本院监察部门和渎职侵权检察部门,监察部门和渎职侵权检察部门应当在三十日内提出处理认定意见,移送国家赔偿工作办公室。

第十四条　审查赔偿案件,应当查明以下事项:

(一)是否存在国家赔偿法规定的损害行为和损害结果;

(二)损害是否为检察机关及其工作人员行使职权造成;

(三)侵权的起止时间和造成损害的程度;

(四)是否属于国家赔偿法第十九条规定的国家不承担赔偿责任的情形;

(五)其他需要查明的事项。

第十五条　人民检察院作出赔偿决定,应当充分听取赔偿请求人的意见,并制作笔录。

第十六条　对存在国家赔偿法规定的侵权损害事实,依法应当予以赔偿的,人民检察院可以与赔偿请求人就赔偿方式、赔偿项目和赔偿数额,依照国家赔偿法有关规定进行协商,并制作笔录。

人民检察院与赔偿请求人进行协商,应当坚持自愿、合法原则。禁止胁迫赔偿请求人放弃赔偿申请,禁止违反国家赔偿法规定进行协商。

第十七条　对审查终结的赔偿案件,应当制作赔偿案件审查终结报告,载明原案处理情况、赔偿请求人意见和协商情况,提出是否予以赔偿以及赔偿的方式、项目和数额等具体处理意见,经部门集体讨论、负责人审核后,报检察长决定。重大、复杂案件,由检察长提交检察委员会审议决定。

第十八条　审查赔偿案件,应当根据下列情形分别作出决定:

(一)请求赔偿的侵权事项事实清楚,应当予以赔偿的,依法作出赔偿的决定;

(二)请求赔偿的侵权事项事实不存在,或者不属于国家赔偿范围的,依法作出不予赔偿的决定。

第十九条　办理赔偿案件的人民检察院应当自收到赔偿申请之日起二个月内,作出是否赔偿的决定,制作《刑事赔偿决定书》,并自作出决定之日起十日内送达赔偿请求人。

人民检察院与赔偿请求人协商的,不论协商后是否达成一致意见,均应当制作《刑事赔偿决定书》。

人民检察院决定不予赔偿的,应当在《刑事赔偿决定书》中载明不予赔偿的理由。

第二十条　人民检察院送达刑事赔偿决定书,应当向赔偿请求人说明法律依据和事实证据情况,并告知赔偿请求人如对赔偿决定有异议,可以自收到决定书之日起三十日内向上一级人民检察院申请复议;如对赔偿决定没有异议,要求依照刑事赔偿决定书支付赔偿金的,应当提出支付赔偿金申请。

第四章　复　议

第二十一条　人民检察院在规定期限内未作出赔偿决定的,赔偿请求人可以自期限届满之日起三十日内向上一级人民检察院申请复议。

人民检察院作出不予赔偿决定的,或者赔偿请求人对赔偿的方式、项目、数额有异议的,赔偿请求人可以自收到人民检察院作出的赔偿或者不予赔偿决定之日起三十日内,向上一级人民检察院申请复议。

第二十二条 人民检察院收到复议申请后,应当及时进行审查,分别不同情况作出处理:

(一)对符合法定条件的复议申请,复议机关应当受理;

(二)对超过法定期间提出的,复议机关不予受理;

(三)对申请复议的材料不齐备的,告知赔偿请求人补充有关材料。

第二十三条 复议赔偿案件可以调取有关的案卷材料。对事实不清的,可以要求原承办案件的人民检察院补充调查,也可以自行调查。对损害事实及因果关系、重要证据有争议的,应当听取赔偿请求人和赔偿义务机关的意见。

第二十四条 对审查终结的复议案件,应当制作赔偿复议案件的审查终结报告,提出具体处理意见,经部门集体讨论、负责人审核,报检察长决定。重大、复杂案件,由检察长提交检察委员会审议决定。

第二十五条 复议赔偿案件,应当根据不同情形分别作出决定:

(一)原决定事实清楚,适用法律正确,赔偿方式、项目、数额适当的,予以维持;

(二)原决定认定事实或者适用法律错误的,予以纠正,赔偿方式、项目、数额不当的,予以变更;

(三)赔偿义务机关逾期未作出决定的,依法作出决定。

第二十六条 人民检察院应当自收到复议申请之日起二个月内作出复议决定。

复议决定作出后,应当制作《刑事赔偿复议决定书》,并自作出决定之日起十日内直接送达赔偿义务机关和赔偿请求人。直接送达赔偿请求人有困难的,可以委托其所在地的人民检察院代为送达。

第二十七条 人民检察院送达刑事赔偿复议决定书,应当向赔偿请求人说明法律依据和事实证据情况,并告知赔偿请求人如对赔偿复议决定有异议,可以自收到复议决定之日起三十日内向复议机关所在地的同级人民法院赔偿委员会申请作出赔偿决定;如对赔偿复议决定没有异议,要求依照复议决定书支付赔偿金的,应当提出支付赔偿金申请。

第二十八条 人民检察院复议赔偿案件,实行一次复议制。

第五章　赔偿监督

第二十九条 赔偿请求人或者赔偿义务机关不服人民法院赔偿委员会作出的刑事赔偿决定或者民事、行政诉讼赔偿决定,以及人民法院行政赔偿判决、裁定,向人民检察院申诉的,人民检察院应当受理。

第三十条 最高人民检察院发现各级人民法院赔偿委员会作出的决定,上级人民检察院发现下级人民法院赔偿委员会作出的决定,具有下列情形之一的,应当自本院受理之日起三十日内立案:

(一)有新的证据,可能足以推翻原决定的;

(二)原决定认定事实的主要证据可能不足的;

(三)原决定适用法律可能错误的;

(四)违反程序规定、可能影响案件正确处理的;

(五)有证据证明审判人员在审理该案时有贪污受贿、徇私舞弊、枉法处理行为的。

下级人民检察院发现上级或者同级人民法院赔偿委员会作出的赔偿决定具有上列情形之一的,经检察长批准或者检察委员会审议决定后,层报有监督权的上级人民检察院审查。

第三十一条 人民检察院立案后,应当在五日内将《赔偿监督立案通知书》送达赔偿请求人和赔偿义务机关。

立案应当经部门负责人批准。

人民检察院决定不立案的,应当在五日内将《赔偿监督申请审查结果通知书》送达提出申诉的赔偿请求人或者赔偿义务机关。赔偿请求人或者赔偿义务机关不服的,可以向作出决定的人民检察院或者上一级人民检察院申诉。人民检察院应当在收到申诉之日起十日内予以答复。

第三十二条 对立案审查的案件,应当全面审查申诉材料和全部案卷。

具有下列情形之一的,可以进行补充调查:

(一)赔偿请求人由于客观原因不能自行收集的主要证据,向人民法院赔偿委员会提供了证据线索,人民法院未进行调查取证的;

(二)赔偿请求人和赔偿义务机关提供的证据互相矛盾,人民法院赔偿委员会未进行调查核实的;

(三)据以认定事实的主要证据可能是虚假、伪造的;

(四)审判人员在审理该案时可能有贪污受贿、徇私舞弊、枉法处理行为的。

对前款第一至三项规定情形的调查,由本院国家赔偿工作办公室或者指令下级人民检察院国家赔偿工作办公室进行。对第四项规定情形的调查,应当根据人民检察院内部业务分工,由本院主管部门或者指令下级人民检察院主管部门进行。

第三十三条　对审查终结的赔偿监督案件,应当制作赔偿监督案件审查终结报告,载明案件来源、原案处理情况、申诉理由、审查认定的事实,提出处理意见。经部门集体讨论、负责人审核,报检察长决定。重大、复杂案件,由检察长提交检察委员会讨论决定。

第三十四条　人民检察院审查终结的赔偿监督案件,具有下列情形之一的,应当依照国家赔偿法第三十条第三款的规定,向同级人民法院赔偿委员会提出重新审查意见:

(一)有新的证据,足以推翻原决定的;

(二)原决定认定事实的主要证据不足的;

(三)原决定适用法律错误的;

(四)违反程序规定、影响案件正确处理的;

(五)作出原决定的审判人员在审理该案时有贪污受贿、徇私舞弊、枉法处理行为的。

第三十五条　人民检察院向人民法院赔偿委员会提出重新审查意见的,应当制作《重新审查意见书》,载明案件来源、基本案情以及要求重新审查的理由、法律依据。

第三十六条　《重新审查意见书》副本应当在作出决定后十日内送达赔偿请求人和赔偿义务机关。

人民检察院立案后决定不提出重新审查意见的,应当在作出决定后十日内将《赔偿监督案件审查结果通知书》,送达赔偿请求人和赔偿义务机关。赔偿请求人或者赔偿义务机关不服的,可以向作出决定的人民检察院或者上一级人民检察院申诉。人民检察院应当在收到申诉之日起十日内予以答复。

第三十七条　对赔偿监督案件,人民检察院应当在立案后三个月内审查办结,并依法提出重新审查意见。属于特别重大、复杂的案件,经检察长批准,可以延长二个月。

第三十八条　人民检察院对人民法院行政赔偿判决、裁定提出抗诉,适用《人民检察院民事行政抗诉案件办案规则》等规定。

第六章　执　行

第三十九条　负有赔偿义务的人民检察院负责赔偿决定的执行。

支付赔偿金的,由国家赔偿工作办公室办理有关事宜;返还财产或者恢复原状的,由国家赔偿工作办公室通知原案件承办部门在二十日内执行,重大、复杂的案件,经检察长批准,可以延长十日。

第四十条　赔偿请求人凭生效的《刑事赔偿决定书》、《刑事赔偿复议决定书》或者《人民法院赔偿委员会决定书》,向负有赔偿义务的人民检察院申请支付赔偿金。

支付赔偿金申请采取书面形式。赔偿请求人书写申请书确有困难的,可以委托他人代书;也可以口头申请,由负有赔偿义务的人民检察院记入笔录,并由赔偿请求人签名或者盖章。

第四十一条　负有赔偿义务的人民检察院应当自收到赔偿请求人支付赔偿金申请之日起七日内,依照预算管理权限向有关的财政部门提出支付申请。向赔偿请求人支付赔偿金,依照国务院制定的国家赔偿费用管理有关规定办理。

第四十二条　对有国家赔偿法第十七条规定的情形之一,致人精神损害的,负有赔偿义务的人民检察院应当在侵权行为影响的范围内,为受害人消除影响,恢复名誉,赔礼道歉;造成严重后果的,应当支付相应的精神损害抚慰金。

第七章　其他规定

第四十三条　人民检察院应当依照国家赔偿法的有关规定参与人民法院赔偿委员会审理工作。

第四十四条　人民检察院在办理外国公民、法人和其他组织请求中华人民共和国国家赔偿的案件时,案件办理机关应当查明赔偿请求人所属国是否对中华人民共和国公民、法人和其他组织要求该国国家赔偿的权利不予保护或者限制。

地方人民检察院需要查明涉外相关情况的,应当逐级层报,统一由最高人民检察院国际合作部门办理。

第四十五条　人民检察院在办理刑事赔偿案件时,发现检察机关原刑事案件处理决定确有错误,影响赔偿请求人依法取得赔偿的,应当由刑事申诉检察部门立案复查,提出审查处理意见,报检察长或者检察委员会决定。刑事复查案件应当在三十日内办结;办理刑事复查案件和刑事赔偿案件的合计时间不得超过法定赔偿办案期限。

人民检察院在办理本院为赔偿义务机关的案件时,改变原决定、可能导致不予赔偿的,应当报请上一级人民检察院批准。

对于犯罪嫌疑人没有违法犯罪行为的,或者犯罪事实并非犯罪嫌疑人所为的案件,人民检察院根据刑事诉讼法第一百四十二条第一款的规定作不起诉处理的,应当在刑事赔偿决定书或者复议决定书中直接说明该案不属于国家免责情形,依法作出予以赔偿的决定。

第四十六条　人民检察院在办理本院为赔偿义务机关的案件时或者作出赔偿决定以后,对于撤销案件、不起诉案件或者人民法院宣告无罪的案件,重新立案侦查、提起公诉、提出抗诉的,应当报请上一级人民检察院批准,正在办理的刑事赔偿案件应当中止办理。经人民法院终审判决有罪的,正在办理的刑事赔偿案件应当终结;已作出赔偿决定的,应当由作出赔偿决定的机关予以撤销,已支付的赔偿金应当追缴。

第四十七条　依照本规定作出的《刑事赔偿决定书》、《刑事赔偿复议决定书》《重新审查意见书》均应当加盖人民检察院印,并于十日内报上一级人民检察院备案。

第四十八条　人民检察院赔偿后,根据国家赔偿法第三十一条的规定,应当向有下列情形之一的检察人员追偿部分或者全部赔偿费用:

(一)刑讯逼供或者殴打、虐待等或者唆使、放纵他人殴打、虐待等造成公民身体伤害或者死亡的;

(二)违法使用武器、警械造成公民身体伤害或者死亡的;

(三)在处理案件中有贪污受贿、徇私舞弊、枉法追诉行为的。

对有前款规定情形的责任人员,人民检察院应当依照有关规定给予处分;构成犯罪的,应当依法追究刑事责任。

第四十九条　人民检察院办理国家赔偿案件、开展赔偿监督,不得向赔偿请求人或者赔偿义务机关收取任何费用。

第八章　附　则

第五十条　本规定自 2010 年 12 月 1 日起施行,2000年 11 月 6 日最高人民检察院第九届检察委员会第七十三次会议通过的《人民检察院刑事赔偿工作规定》同时废止。

第五十一条　本规定由最高人民检察院负责解释。

最高人民法院关于适用《中华人民共和国国家赔偿法》若干问题的解释(一)

· 2011 年 2 月 14 日最高人民法院审判委员会第 1511 次会议通过
· 2011 年 2 月 28 日最高人民法院公告公布
· 自 2011 年 3 月 18 日起施行
· 法释〔2011〕4 号

为正确适用 2010 年 4 月 29 日第十一届全国人民代表大会常务委员会第十四次会议修正的《中华人民共和国国家赔偿法》,对人民法院处理国家赔偿案件中适用国家赔偿法的有关问题解释如下:

第一条　国家机关及其工作人员行使职权侵犯公民、法人和其他组织合法权益的行为发生在 2010 年 12 月 1 日以后,或者发生在 2010 年 12 月 1 日以前、持续至 2010 年 12 月 1 日以后的,适用修正的国家赔偿法。

第二条　国家机关及其工作人员行使职权侵犯公民、法人和其他组织合法权益的行为发生在 2010 年 12 月 1 日以前的,适用修正前的国家赔偿法,但有下列情形之一的,适用修正的国家赔偿法:

(一)2010 年 12 月 1 日以前已经受理赔偿请求人的赔偿请求但尚未作出生效赔偿决定的;

(二)赔偿请求人在 2010 年 12 月 1 日以后提出赔偿请求的。

第三条　人民法院对 2010 年 12 月 1 日以前已经受理但尚未审结的国家赔偿确认案件,应当继续审理。

第四条　公民、法人和其他组织对行使侦查、检察、审判职权的机关以及看守所、监狱管理机关在 2010 年 12 月 1 日以前作出并已发生法律效力的不予确认职务行为违法的法律文书不服,未依据修正前的国家赔偿法规定提出申诉并经有权机关作出侵权确认结论,直接向人民法院赔偿委员会申请赔偿的,不予受理。

第五条　公民、法人和其他组织对在 2010 年 12 月 1 日以前发生法律效力的赔偿决定不服提出申诉的,人民法院审查处理时适用修正前的国家赔偿法;但是仅就修正的国家赔偿法增加的赔偿项目及标准提出申诉的,人民法院不予受理。

第六条　人民法院审查发现 2010 年 12 月 1 日以前发生法律效力的确认裁定、赔偿决定确有错误应当重新审查处理的,适用修正前的国家赔偿法。

第七条　赔偿请求人认为行使侦查、检察、审判职权的机关以及看守所、监狱管理机关及其工作人员在行使职权时有修正的国家赔偿法第十七条第(一)、(二)、(三)项、第十八条规定情形的,应当在刑事诉讼程序终结后提出赔偿请求,但下列情形除外:

(一)赔偿请求人有证据证明其与尚未终结的刑事案件无关的;

(二)刑事案件被害人依据刑事诉讼法第一百九十八条的规定,以财产未返还或者认为返还的财产受到损害而要求赔偿的。

第八条　赔偿请求人认为人民法院有修正的国家赔偿法第三十八条规定情形的,应当在民事、行政诉讼程序或者执行程序终结后提出赔偿请求,但人民法院已依法撤销对妨害诉讼采取的强制措施的情形除外。

第九条　赔偿请求人或者赔偿义务机关认为人民法院赔偿委员会作出的赔偿决定存在错误,依法向上一级人民法院赔偿委员会提出申诉的,不停止赔偿决定的执行;但人民法院赔偿委员会依据修正的国家赔偿法第三十条的规定决定重新审查的,可以决定中止原赔偿决定的执行。

第十条　人民检察院依据修正的国家赔偿法第三十条第三款的规定,对人民法院赔偿委员会在 2010 年 12 月 1 日以后作出的赔偿决定提出意见的,同级人民法院赔偿委员会应当决定重新审查,并可以决定中止原赔偿决定的执行。

第十一条　本解释自公布之日起施行。

最高人民法院关于国家赔偿案件立案工作的规定

· 2011 年 12 月 26 日最高人民法院审判委员会第 1537 次会议通过
· 2012 年 1 月 13 日最高人民法院公告公布
· 自 2012 年 2 月 15 日起施行
· 法释〔2012〕1 号

为保障公民、法人和其他组织依法行使请求国家赔偿的权利,保证人民法院及时、准确审查受理国家赔偿案件,根据《中华人民共和国国家赔偿法》及有关法律规定,现就人民法院国家赔偿案件立案工作规定如下:

第一条　本规定所称国家赔偿案件,是指国家赔偿法第十七条、第十八条、第二十一条、第三十八条规定的下列案件:

(一)违反刑事诉讼法的规定对公民采取拘留措施的,或者依照刑事诉讼法规定的条件和程序对公民采取拘留措施,但是拘留时间超过刑事诉讼法规定的时限,其后决定撤销案件、不起诉或者判决宣告无罪终止追究刑事责任的;

(二)对公民采取逮捕措施后,决定撤销案件、不起诉或者判决宣告无罪终止追究刑事责任的;

(三)二审改判无罪,以及二审发回重审后作无罪处理的;

(四)依照审判监督程序再审改判无罪,原判刑罚已经执行的;

(五)刑讯逼供或者以殴打、虐待等行为或者唆使、放纵他人以殴打、虐待等行为造成公民身体伤害或者死亡的;

(六)违法使用武器、警械造成公民身体伤害或者死亡的;

(七)在刑事诉讼过程中违法对财产采取查封、扣押、冻结、追缴等措施的;

(八)依照审判监督程序再审改判无罪,原判罚金、没收财产已经执行的;

(九)在民事诉讼、行政诉讼过程中,违法采取对妨害诉讼的强制措施、保全措施或者对判决、裁定及其他生效法律文书执行错误,造成损害的。

第二条　赔偿请求人向作为赔偿义务机关的人民法院提出赔偿申请,或者依照国家赔偿法第二十四条、第二十五条的规定向人民法院赔偿委员会提出赔偿申请的,收到申请的人民法院根据本规定予以审查立案。

第三条　赔偿请求人当面递交赔偿申请的,收到申请的人民法院应当依照国家赔偿法第十二条的规定,当场出具加盖本院专用印章并注明收讫日期的书面凭证。

赔偿请求人以邮寄等形式提出赔偿申请的,收到申请的人民法院应当及时登记审查。

申请材料不齐全的,收到申请的人民法院应当在五日内一次性告知赔偿请求人需要补正的全部内容。收到申请的时间自人民法院收到补正材料之日起计算。

第四条　赔偿请求人向作为赔偿义务机关的人民法院提出赔偿申请,收到申请的人民法院经审查认为其申请符合下列条件的,应予立案:

(一)赔偿请求人具备法律规定的主体资格;

(二)本院是赔偿义务机关;

(三)有具体的申请事项和理由;

(四)属于本规定第一条规定的情形。

第五条　赔偿请求人对作为赔偿义务机关的人民法院作出的是否赔偿的决定不服,依照国家赔偿法第二十四条的规定向其上一级人民法院赔偿委员会提出赔偿申请,收到申请的人民法院经审查认为其申请符合下列条件的,应予立案:

(一)有赔偿义务机关作出的是否赔偿的决定书;

(二)符合法律规定的请求期间,因不可抗力或者其他障碍未能在法定期间行使请求权的情形除外。

第六条　作为赔偿义务机关的人民法院逾期未作出是否赔偿的决定,赔偿请求人依照国家赔偿法第二十四条的规定向其上一级人民法院赔偿委员会提出赔偿申请,收到申请的人民法院经审查认为其申请符合下列条件的,应予立案:

(一)赔偿请求人具备法律规定的主体资格;

(二)被申请的赔偿义务机关是法律规定的赔偿义务机关;

(三)有具体的申请事项和理由;

(四)属于本规定第一条规定的情形;

(五)有赔偿义务机关已经收到赔偿申请的收讫凭证或者相应证据;

（六）符合法律规定的请求期间，因不可抗力或者其他障碍未能在法定期间行使请求权的情形除外。

第七条　赔偿请求人对行使侦查、检察职权的机关以及看守所、监狱管理机关作出的决定不服，经向其上一级机关申请复议，对复议机关的复议决定仍不服，依照国家赔偿法第二十五条的规定向复议机关所在地的同级人民法院赔偿委员会提出赔偿申请，收到申请的人民法院经审查认为其申请符合下列条件的，应予立案：

（一）有复议机关的复议决定书；

（二）符合法律规定的请求期间，因不可抗力或者其他障碍未能在法定期间行使请求权的情形除外。

第八条　复议机关逾期未作出复议决定，赔偿请求人依照国家赔偿法第二十五条的规定向复议机关所在地的同级人民法院赔偿委员会提出赔偿申请，收到申请的人民法院经审查认为其申请符合下列条件的，应予立案：

（一）赔偿请求人具备法律规定的主体资格；

（二）被申请的赔偿义务机关、复议机关是法律规定的赔偿义务机关、复议机关；

（三）有具体的申请事项和理由；

（四）属于本规定第一条规定的情形；

（五）有赔偿义务机关、复议机关已经收到赔偿申请的收讫凭证或者相应证据；

（六）符合法律规定的请求期间，因不可抗力或者其他障碍未能在法定期间行使请求权的情形除外。

第九条　人民法院应当在收到申请之日起七日内决定是否立案。

决定立案的，人民法院应当在立案之日起五日内向赔偿请求人送达受理案件通知书。属于人民法院赔偿委员会审理的国家赔偿案件，还应当同时向赔偿义务机关、复议机关送达受理案件通知书、国家赔偿申请书或者《申请赔偿登记表》副本。

经审查不符合立案条件的，人民法院应当在七日内作出不予受理决定，并应当在作出决定之日起十日内送达赔偿请求人。

第十条　赔偿请求人对复议机关或者作为赔偿义务机关的人民法院作出的决定不予受理的文书不服，依照国家赔偿法第二十四条、第二十五条的规定向人民法院赔偿委员会提出赔偿申请，收到申请的人民法院可以依照本规定第六条、第八条予以审查立案。

经审查认为原不予受理错误的，人民法院赔偿委员会可以直接审查并作出决定，必要时也可以交由复议机关或者作为赔偿义务机关的人民法院作出决定。

第十一条　自本规定施行之日起，《最高人民法院关于刑事赔偿和非刑事司法赔偿案件立案工作的暂行规定（试行）》即行废止；本规定施行前本院发布的司法解释与本规定不一致的，以本规定为准。

最高人民法院关于人民法院赔偿委员会适用质证程序审理国家赔偿案件的规定

· 2013 年 12 月 16 日最高人民法院审判委员会第 1600 次会议通过
· 2013 年 12 月 19 日最高人民法院公告公布
· 自 2014 年 3 月 1 日起施行
· 法释〔2013〕27 号

为规范人民法院赔偿委员会（以下简称赔偿委员会）适用质证程序审理国家赔偿案件，根据《中华人民共和国国家赔偿法》等有关法律规定，结合国家赔偿工作实际，制定本规定。

第一条　赔偿委员会根据国家赔偿法第二十七条的规定，听取赔偿请求人、赔偿义务机关的陈述和申辩，进行质证的，适用本规定。

第二条　有下列情形之一，经书面审理不能解决的，赔偿委员会可以组织赔偿请求人和赔偿义务机关进行质证：

（一）对侵权事实、损害后果及因果关系有争议的；

（二）对是否属于国家赔偿法第十九条规定的国家不承担赔偿责任的情形有争议的；

（三）对赔偿方式、赔偿项目或者赔偿数额有争议的；

（四）赔偿委员会认为应当质证的其他情形。

第三条　除涉及国家秘密、个人隐私或者法律另有规定的以外，质证应当公开进行。

赔偿请求人或者赔偿义务机关申请不公开质证，对方同意的，赔偿委员会可以不公开质证。

第四条　赔偿请求人和赔偿义务机关在质证活动中的法律地位平等，有权委托代理人，提出回避申请，提供证据，申请查阅、复制本案质证材料，进行陈述、质询、申辩，并应当依法行使质证权利，遵守质证秩序。

第五条　赔偿请求人、赔偿义务机关对其主张的有利于自己的事实负举证责任，但法律、司法解释另有规定的除外。

没有证据或者证据不足以证明其事实主张的，由负有举证责任的一方承担不利后果。

第六条　下列事实需要证明的，由赔偿义务机关负举证责任：

（一）赔偿义务机关行为的合法性；

（二）赔偿义务机关无过错；

（三）因赔偿义务机关过错致使赔偿请求人不能证明的待证事实；

（四）赔偿义务机关行为与被羁押人在羁押期间死亡或者丧失行为能力不存在因果关系。

第七条　下列情形，由赔偿义务机关负举证责任：

（一）属于法定免责情形；

（二）赔偿请求超过法定时效；

（三）具有其他抗辩事由。

第八条　赔偿委员会认为必要时，可以通知复议机关参加质证，由复议机关对其作出复议决定的事实和法律依据进行说明。

第九条　赔偿请求人可以在举证期限内申请赔偿委员会调取下列证据：

（一）由国家有关部门保存，赔偿请求人及其委托代理人无权查阅调取的证据；

（二）涉及国家秘密、商业秘密、个人隐私的证据；

（三）赔偿请求人及其委托代理人因客观原因不能自行收集的其他证据。

赔偿请求人申请赔偿委员会调取证据，应当提供具体线索。

第十条　赔偿委员会有权要求赔偿请求人、赔偿义务机关提供或者补充证据。

涉及国家利益、社会公共利益或者他人合法权益的事实，或者涉及依职权追加质证参加人、中止审理、终结审理、回避等程序性事项的，赔偿委员会可以向有关单位和人员调查情况、收集证据。

第十一条　赔偿请求人、赔偿义务机关应当在收到受理案件通知书之日起十日内提供证据。赔偿请求人、赔偿义务机关确因客观事由不能在该期限内提供证据的，赔偿委员会可以根据其申请适当延长举证期限。

赔偿请求人、赔偿义务机关无正当理由逾期提供证据的，应当承担相应的不利后果。

第十二条　对于证据较多或者疑难复杂的案件，赔偿委员会可以组织赔偿请求人、赔偿义务机关在质证前交换证据，明确争议焦点，并将交换证据的情况记录在卷。

赔偿请求人、赔偿义务机关在证据交换过程中没有争议并记录在卷的证据，经审判员在质证中说明后，可以作为认定案件事实的依据。

第十三条　赔偿委员会应当指定审判员组织质证，并在质证三日前通知赔偿请求人、赔偿义务机关和其他质证参与人。必要时，赔偿委员会可以通知赔偿义务机关实施原职权行为的工作人员或者其他利害关系人到场接受询问。

赔偿委员会决定公开质证的，应当在质证三日前公告案由，赔偿请求人和赔偿义务机关的名称，以及质证的时间、地点。

第十四条　适用质证程序审理国家赔偿案件，未经质证的证据不得作为认定案件事实的依据，但法律、司法解释另有规定的除外。

第十五条　赔偿请求人、赔偿义务机关应围绕证据的关联性、真实性、合法性，针对证据有无证明力以及证明力大小，进行质证。

第十六条　质证开始前，由书记员查明质证参与人是否到场，宣布质证纪律。

质证开始时，由主持质证的审判员核对赔偿请求人、赔偿义务机关，宣布案由，宣布审判员、书记员名单，向赔偿请求人、赔偿义务机关告知质证权利义务以及询问是否申请回避。

第十七条　质证一般按照下列顺序进行：

（一）赔偿请求人、赔偿义务机关分别陈述，复议机关进行说明；

（二）审判员归纳争议焦点；

（三）赔偿请求人、赔偿义务机关分别出示证据，发表意见；

（四）询问参加质证的证人、鉴定人、勘验人；

（五）赔偿请求人、赔偿义务机关就争议的事项进行质询和辩论；

（六）审判员宣布赔偿请求人、赔偿义务机关认识一致的事实和证据；

（七）赔偿请求人、赔偿义务机关最后陈述意见。

第十八条　赔偿委员会根据赔偿请求人申请调取的证据，作为赔偿请求人提供的证据进行质证。

赔偿委员会依照职权调取的证据应当在质证时出示，并就调取该证据的情况予以说明，听取赔偿请求人、赔偿义务机关的意见。

第十九条　赔偿请求人或者赔偿义务机关对对方主张的不利于自己的事实，在质证中明确表示承认的，对方无需举证；既未表示承认也未否认，经审判员询问并释明法律后果后，其仍不作明确表示的，视为对该项事实的承认。

赔偿请求人、赔偿义务机关委托代理人参加质证的，代理人在代理权限范围内的承认视为被代理人的承认，但参加质证的赔偿请求人、赔偿义务机关当场明确表示反对的除外；代理人超出代理权限范围的承认，参加质证的赔偿请求人、赔偿义务机关当场不作否认表示的，视为被代理人的承认。

上述承认违反法律禁止性规定，或者损害国家利益、社会公共利益、他人合法权益的，不发生自认的效力。

第二十条　下列事实无需举证证明：

（一）自然规律以及定理、定律；

（二）众所周知的事实；

（三）根据法律规定推定的事实；

（四）已经依法证明的事实；

（五）根据日常生活经验法则推定的事实。

前款（二）、（三）、（四）、（五）项，赔偿请求人、赔偿义务机关有相反证据否定其真实性的除外。

第二十一条　有证据证明赔偿义务机关持有证据无正当理由拒不提供的，赔偿委员会可以就待证事实作出有利于赔偿请求人的推定。

第二十二条　赔偿委员会应当依据法律规定，遵照法定程序，全面客观地审核证据，运用逻辑推理和日常生活经验，对证据的证明力进行独立、综合的审查判断。

第二十三条　书记员应当将质证的全部活动记入笔录。质证笔录由赔偿请求人、赔偿义务机关和其他质证参与人核对无误或者补正后签名或者盖章。拒绝签名或者盖章的，应当记明情况附卷，由审判员和书记员签名。

具备条件的，赔偿委员会可以对质证活动进行全程同步录音录像。

第二十四条　赔偿请求人、赔偿义务机关经通知无正当理由拒不参加质证或者未经许可中途退出质证的，视为放弃质证，赔偿委员会可以综合全案情况和对方意见认定案件事实。

第二十五条　有下列情形之一的，可以延期质证：

（一）赔偿请求人、赔偿义务机关因不可抗拒的事由不能参加质证的；

（二）赔偿请求人、赔偿义务机关临时提出回避申请，是否回避的决定不能在短时间内作出的；

（三）需要通知新的证人到场，调取新的证据，重新鉴定、勘验，或者补充调查的；

（四）其他应当延期的情形。

第二十六条　本规定自2014年3月1日起施行。

本规定施行前本院发布的司法解释与本规定不一致的，以本规定为准。

最高人民法院关于人民法院赔偿委员会依照《中华人民共和国国家赔偿法》第三十条规定纠正原生效的赔偿委员会决定应如何适用人身自由赔偿标准问题的批复

· 2014年6月23日最高人民法院审判委员会第1621次会议通过
· 2014年6月30日最高人民法院公告公布
· 自2014年8月1日起施行
· 法释〔2014〕7号

吉林、山东、河南省高级人民法院：

关于人民法院赔偿委员会在赔偿申诉监督程序中如何适用人身自由赔偿标准问题，经研究，批复如下：

人民法院赔偿委员会依照《中华人民共和国国家赔偿法》第三十条规定纠正原生效的赔偿委员会决定时，原决定的错误系漏算部分侵犯人身自由天数的，应在维持原决定支付的人身自由赔偿金的同时，就漏算天数按照重新审查或者直接审查后作出决定时的上年度国家职工日平均工资标准计算相应的人身自由赔偿金；原决定的错误系未支持人身自由赔偿请求的，按照重新审查或者直接审查后作出决定时的上年度国家职工日平均工资标准计算人身自由赔偿金。

最高人民法院关于人民法院赔偿委员会审理国家赔偿案件适用精神损害赔偿若干问题的意见

· 2014年7月29日
· 法发〔2014〕14号

2010年4月29日第十一届全国人大常委会第十四次会议审议通过的《全国人民代表大会常务委员会关于修改〈中华人民共和国国家赔偿法〉的决定》，扩大了消除影响、恢复名誉、赔礼道歉的适用范围，增加了有关精神损害抚慰金的规定，实现了国家赔偿中精神损害赔偿制度的重大发展。国家赔偿法第三十五条规定："有本法第三条或者第十七条规定情形之一，致人精神损害的，应当在侵权行为影响的范围内，为受害人消除影响，恢复名誉，赔礼道歉；造成严重后果的，应当支付相应的精神损害抚慰金。"为依法充分保障公民权益，妥善处理国家赔偿纠纷，现就人民法院赔偿委员会审理国家赔偿案件适用精神损害赔偿若干问题，提出以下意见：

一、充分认识精神损害赔偿的重要意义

现行国家赔偿法与1994年国家赔偿法相比，吸收了多年来理论及实践探索与发展的成果,在责任范围和责任方式等方面对精神损害赔偿进行了完善和发展,有效提升了对公民人身权益的保护水平。人民法院赔偿委员会要充分认识国家赔偿中的精神损害赔偿制度的重要意义,将贯彻落实该项制度作为"完善人权司法保障制度"的重要内容,正确适用国家赔偿法第三十五条等相关法律规定,依法处理赔偿请求人提出的精神损害赔偿申请,妥善化解国家赔偿纠纷,切实尊重和保障人权。

二、严格遵循精神损害赔偿的适用原则

人民法院赔偿委员会适用精神损害赔偿条款,应当严格遵循以下原则:一是依法赔偿原则。严格依照国家赔偿法的规定,不得扩大或者缩小精神损害赔偿的适用范围,不得增加或者减少其适用条件。二是综合裁量原则。综合考虑个案中侵权行为的致害情况,侵权机关及其工作人员的违法、过错程度等相关因素,准确认定精神损害赔偿责任。三是合理平衡原则。坚持同等情况同等对待,不同情况区别处理,适当考虑个案及地区差异,兼顾社会发展整体水平和当地居民生活水平。

三、准确把握精神损害赔偿的前提条件和构成要件

人民法院赔偿委员会适用精神损害赔偿条款,应当以公民的人身权益遭受侵犯为前提条件,并审查是否满足以下责任构成要件:行使侦查、检察、审判职权的机关以及看守所、监狱管理机关及其工作人员在行使职权时有国家赔偿法第十七条规定的侵权行为;致人精神损害;侵权行为与精神损害事实及后果之间存在因果关系。

四、依法认定"致人精神损害"和"造成严重后果"

人民法院赔偿委员会适用精神损害赔偿条款,应当严格依法认定侵权行为是否"致人精神损害"以及是否"造成严重后果"。一般情形下,人民法院赔偿委员会应当综合考虑受害人人身自由、生命健康受到侵害的情况,精神受损情况,日常生活、工作学习、家庭关系、社会评价受到影响的情况,并考量社会伦理道德、日常生活经验等因素,依法认定侵权行为是否致人精神损害以及是否造成严重后果。

受害人因侵权行为而死亡、残疾(含精神残疾)或者所受伤害经有合法资质的机构鉴定为重伤或者诊断、鉴定为严重精神障碍的,人民法院赔偿委员会应当认定侵权行为致人精神损害并且造成严重后果。

五、妥善处理两种责任方式的内在关系

人民法院赔偿委员会适用精神损害赔偿条款,应当妥善处理"消除影响,恢复名誉,赔礼道歉"与"支付相应的精神损害抚慰金"两种责任方式的内在关系。

侵权行为致人精神损害但未造成严重后果的,人民法院赔偿委员会应当根据案件具体情况决定由赔偿义务机关为受害人消除影响、恢复名誉或者向其赔礼道歉。

侵权行为致人精神损害且造成严重后果的,人民法院赔偿委员会除依照前述规定决定由赔偿义务机关为受害人消除影响、恢复名誉或者向其赔礼道歉外,还应当决定由赔偿义务机关支付相应的精神损害抚慰金。

六、正确适用"消除影响,恢复名誉,赔礼道歉"责任方式

人民法院赔偿委员会适用精神损害赔偿条款,要注意"消除影响、恢复名誉"与"赔礼道歉"作为非财产责任方式,既可以单独适用,也可以合并适用。其中,消除影响、恢复名誉应当公开进行。人民法院赔偿委员会可以根据赔偿义务机关与赔偿请求人协商的情况,或者根据侵权行为直接影响所及、受害人住所地、经常居住地等因素确定履行范围,决定由赔偿义务机关以适当方式公开为受害人消除影响、恢复名誉。人民法院赔偿委员会决定由赔偿义务机关公开赔礼道歉的,参照前述规定执行。

赔偿义务机关在案件审理终结前已经履行消除影响、恢复名誉或者赔礼道歉义务,人民法院赔偿委员会可以在国家赔偿决定书中予以说明,不再写入决定主文。人民法院赔偿委员会决定由赔偿义务机关为受害人消除影响、恢复名誉或者向其赔礼道歉的,赔偿义务机关应当自收到人民法院赔偿委员会国家赔偿决定书之日起三十日内主动履行消除影响、恢复名誉或者赔礼道歉义务。

赔偿义务机关逾期未履行的,赔偿请求人可以向作出生效国家赔偿决定的赔偿委员会所在法院申请强制执行。强制执行产生的费用由赔偿义务机关负担。

七、综合酌定"精神损害抚慰金"的具体数额

人民法院赔偿委员会适用精神损害赔偿条款,决定采用"支付相应的精神损害抚慰金"方式的,应当综合考虑以下因素确定精神损害抚慰金的具体数额:精神损害事实和严重后果的具体情况;侵权机关及其工作人员的违法、过错程度;侵权的手段、方式等具体情节;罪名、刑罚的轻重;纠错的环节及过程;赔偿请求人住所地或者经常居住地平均生活水平;赔偿义务机关所在地平均生活水平;其他应当考虑的因素。

人民法院赔偿委员会确定精神损害抚慰金的具体数额,还应当注意体现法律规定的"抚慰"性质,原则上不超过依照国家赔偿法第三十三条、第三十四条所确定的人身自由赔偿金、生命健康赔偿金总额的百分之三十五,最低不少于一千元。

受害人对精神损害事实和严重后果的产生或者扩大

有过错的，可以根据其过错程度减少或者不予支付精神损害抚慰金。

八、认真做好法律释明工作

人民法院赔偿委员会发现赔偿请求人在申请国家赔偿时仅就人身自由或者生命健康所受侵害提出赔偿申请，没有同时就精神损害提出赔偿申请的，应当向其释明国家赔偿法第三十五条的内容，并将相关情况记录在案。在案件终结后，赔偿请求人基于同一事实、理由，就同一赔偿义务机关另行提出精神损害赔偿申请的，人民法院一般不予受理。

九、其他国家赔偿案件的参照适用

人民法院审理国家赔偿法第三条、第三十八条规定的涉及侵犯人身权的国家赔偿案件，以及人民法院办理涉及侵犯人身权的自赔案件，需要适用精神损害赔偿条款的，参照本意见处理。

最高人民法院关于审理司法赔偿案件适用请求时效制度若干问题的解释

· 2023 年 4 月 3 日最高人民法院审判委员会第 1883 次会议通过
· 2023 年 5 月 23 日最高人民法院公告公布
· 自 2023 年 6 月 1 日起施行
· 法释〔2023〕2 号

为正确适用国家赔偿请求时效制度的规定，保障赔偿请求人的合法权益，依照《中华人民共和国国家赔偿法》的规定，结合司法赔偿审判实践，制定本解释。

第一条　赔偿请求人向赔偿义务机关提出赔偿请求的时效期间为两年，自其知道或者应当知道国家机关及其工作人员行使职权时的行为侵犯其人身权、财产权之日起计算。

赔偿请求人知道上述侵权行为时，相关诉讼程序或者执行程序尚未终结的，请求时效期间自该诉讼程序或者执行程序终结之日起计算，但是本解释有特别规定的除外。

第二条　赔偿请求人以人身权受到侵犯为由，依照国家赔偿法第十七条第一项、第二项、第三项规定申请赔偿的，请求时效期间自其收到决定撤销案件、终止侦查、不起诉或者判决宣告无罪等终止追究刑事责任或者再审改判无罪的法律文书之日起计算。

办案机关未作出终止追究刑事责任的法律文书，但是符合《最高人民法院、最高人民检察院关于办理刑事赔偿案件适用法律若干问题的解释》第二条规定情形，赔偿请求人申请赔偿的，依法应当受理。

第三条　赔偿请求人以人身权受到侵犯为由，依照国家赔偿法第十七条第四项、第五项规定申请赔偿的，请求时效期间自其知道或者应当知道损害结果之日起计算；损害结果当时不能确定的，自损害结果确定之日起计算。

第四条　赔偿请求人以财产权受到侵犯为由，依照国家赔偿法第十八条第一项规定申请赔偿的，请求时效期间自其收到刑事诉讼程序或者执行程序终结的法律文书之日起计算，但是刑事诉讼程序或者执行程序终结之后办案机关对涉案财物尚未处理完毕的，请求时效期间自赔偿请求人知道或者应当知道其财产权受到侵犯之日起计算。

办案机关未作出刑事诉讼程序或者执行程序终结的法律文书，但是符合《最高人民法院、最高人民检察院关于办理刑事赔偿案件适用法律若干问题的解释》第三条规定情形，赔偿请求人申请赔偿的，依法应当受理。

赔偿请求人以财产权受到侵犯为由，依照国家赔偿法第十八条第二项规定申请赔偿的，请求时效期间自赔偿请求人收到生效再审刑事裁判文书之日起计算。

第五条　赔偿请求人以人身权或者财产权受到侵犯为由，依照国家赔偿法第三十八条规定申请赔偿的，请求时效期间自赔偿请求人收到民事、行政诉讼程序或者执行程序终结的法律文书之日起计算，但是下列情形除外：

（一）罚款、拘留等强制措施已被依法撤销的，请求时效期间自赔偿请求人收到撤销决定之日起计算；

（二）在民事、行政诉讼过程中，有殴打、虐待或者唆使、放纵他人殴打、虐待等行为，以及违法使用武器、警械，造成公民人身伤害的，请求时效期间的计算适用本解释第三条的规定。

人民法院未作出民事、行政诉讼程序或者执行程序终结的法律文书，请求时效期间自赔偿请求人知道或者应当知道其人身权或者财产权受到侵犯之日起计算。

第六条　依照国家赔偿法第三十九条第一款规定，赔偿请求人被羁押等限制人身自由的期间，不计算在请求时效期间内。

赔偿请求人依照法律法规规定的程序向相关机关申请确认职权行为违法或者寻求救济的期间，不计算在请求时效期间内，但是相关机关已经明确告知赔偿请求人应当依法申请国家赔偿的除外。

第七条　依照国家赔偿法第三十九条第二款规定，在请求时效期间的最后六个月内，赔偿请求人因下列障碍之一，不能行使请求权的，请求时效中止：

（一）不可抗力；

（二）无民事行为能力人或者限制民事行为能力人没有法定代理人，或者法定代理人死亡、丧失民事行为能力、

丧失代理权;

(三)其他导致不能行使请求权的障碍。

自中止时效的原因消除之日起满六个月,请求时效期间届满。

第八条　请求时效期间届满的,赔偿义务机关可以提出不予赔偿的抗辩。

请求时效期间届满,赔偿义务机关同意赔偿或者予以赔偿后,又以请求时效期间届满为由提出抗辩或者要求赔偿请求人返还赔偿金的,人民法院赔偿委员会不予支持。

第九条　赔偿义务机关以请求时效期间届满为由抗辩,应当在人民法院赔偿委员会作出国家赔偿决定前提出。

赔偿义务机关未按前款规定提出抗辩,又以请求时效期间届满为由申诉的,人民法院赔偿委员会不予支持。

第十条　人民法院赔偿委员会审理国家赔偿案件,不得主动适用请求时效的规定。

第十一条　请求时效期间起算的当日不计入,自下一日开始计算。

请求时效期间按照年、月计算,到期月的对应日为期间的最后一日;没有对应日的,月末日为期间的最后一日。

请求时效期间的最后一日是法定休假日的,以法定休假日结束的次日为期间的最后一日。

第十二条　本解释自2023年6月1日起施行。本解释施行后,案件尚在审理的,适用本解释;对本解释施行前已经作出生效赔偿决定的案件进行再审,不适用本解释。

第十三条　本院之前发布的司法解释与本解释不一致的,以本解释为准。

最高人民法院关于司法赔偿案件案由的规定

·2023年4月19日
·法〔2023〕68号

为正确适用法律,统一确定案由,根据《中华人民共和国国家赔偿法》等法律规定,结合人民法院司法赔偿审判工作实际情况,对司法赔偿案件案由规定如下:

一、刑事赔偿

适用于赔偿请求人主张赔偿义务机关在行使刑事司法职权时侵犯人身权或者财产权的赔偿案件。

(一)人身自由损害刑事赔偿

适用于赔偿请求人主张赔偿义务机关在行使刑事司法职权时侵犯人身自由的赔偿案件。

1.违法刑事拘留赔偿

适用于赔偿请求人主张赔偿义务机关违反刑事诉讼法规定的条件、程序或者时限采取拘留措施的赔偿案件。

2.变相羁押赔偿

适用于赔偿请求人主张赔偿义务机关违反刑事诉讼法的规定指定居所监视居住或者超出法定时限连续传唤、拘传,实际已达到刑事拘留效果的赔偿案件。

3.无罪逮捕赔偿

适用于赔偿请求人主张赔偿义务机关采取逮捕措施错误的赔偿案件。

4.二审无罪赔偿

适用于赔偿请求人主张二审已改判无罪,赔偿义务机关此前作出一审有罪错判的赔偿案件。

5.重审无罪赔偿

适用于赔偿请求人主张二审发回重审后已作无罪处理,赔偿义务机关此前作出一审有罪错判的赔偿案件。

6.再审无罪赔偿

适用于赔偿请求人主张依照审判监督程序已再审改判无罪或者改判部分无罪,赔偿义务机关此前作出原生效有罪错判的赔偿案件。

(二)生命健康损害刑事赔偿

适用于赔偿请求人主张赔偿义务机关在行使刑事司法职权时侵犯生命健康的赔偿案件。

1.刑讯逼供致伤、致死赔偿

适用于赔偿请求人主张赔偿义务机关刑讯逼供造成身体伤害或者死亡的赔偿案件。

2.殴打、虐待致伤、致死赔偿

适用于赔偿请求人主张赔偿义务机关以殴打、虐待行为或者唆使、放纵他人以殴打、虐待行为造成身体伤害或者死亡的赔偿案件。

3.怠于履行监管职责致伤、致死赔偿

适用于赔偿请求人主张赔偿义务机关未尽法定监管、救治职责,造成被羁押人身体伤害或者死亡的赔偿案件。

4.违法使用武器、警械致伤、致死赔偿

适用于赔偿请求人主张赔偿义务机关违法使用武器、警械造成身体伤害或者死亡的赔偿案件。

(三)财产损害刑事赔偿

适用于赔偿请求人主张赔偿义务机关在行使刑事司法职权时侵犯财产权益的赔偿案件。

1.刑事违法查封、扣押、冻结、追缴赔偿

适用于赔偿请求人主张赔偿义务机关在刑事诉讼过程中,违法对财产采取查封、扣押、冻结、追缴措施的赔偿案件。

2.违法没收、拒不退还取保候审保证金赔偿

适用于赔偿请求人主张赔偿义务机关违法没收取保

候审保证金、无正当理由对应当退还的取保候审保证金不予退还的赔偿案件。

3. 错判罚金、没收财产赔偿

适用于赔偿请求人主张原判罚金、没收财产执行后，依照审判监督程序已再审改判财产刑的赔偿案件。

二、非刑事司法赔偿

适用于赔偿请求人主张人民法院在民事、行政诉讼等非刑事司法活动中，侵犯人身权或者财产权的赔偿案件。

（四）违法采取对妨害诉讼的强制措施赔偿

适用于赔偿请求人主张人民法院在民事、行政诉讼中，违法采取对妨害诉讼的强制措施的赔偿案件。

1. 违法司法罚款赔偿

适用于赔偿请求人主张人民法院在民事、行政诉讼中，违法司法罚款的赔偿案件。

2. 违法司法拘留赔偿

适用于赔偿请求人主张人民法院在民事、行政诉讼中，违法司法拘留的赔偿案件。

（五）违法保全赔偿

适用于赔偿请求人主张人民法院在民事、行政诉讼中，违法采取或者违法解除保全措施的赔偿案件。

（六）违法先予执行赔偿

适用于赔偿请求人主张人民法院在民事、行政诉讼中，违法采取先予执行措施的赔偿案件。

（七）错误执行赔偿

适用于赔偿请求人主张人民法院对民事、行政判决、裁定以及其他生效法律文书执行错误的赔偿案件。

1. 无依据、超范围执行赔偿

适用于赔偿请求人主张人民法院执行未生效法律文书，或者超出生效法律文书确定的数额、范围执行的赔偿案件。

2. 违法执行损害案外人权益赔偿

适用于赔偿请求人主张人民法院违法执行案外人财产、未依法保护案外人优先受偿权等合法权益，或者对其他法院已经依法保全、执行的财产违法执行的赔偿案件。

3. 违法采取执行措施赔偿

适用于赔偿请求人主张人民法院违法采取查封、扣押、冻结、拍卖、变卖、以物抵债、交付等执行措施，或者在采取前述措施过程中存在未履行监管职责等过错的赔偿案件。

4. 违法采取执行强制措施赔偿

适用于赔偿请求人主张人民法院违法采取纳入失信被执行人名单、限制消费、限制出境、罚款、拘留等执行强制措施的赔偿案件。

5. 违法不执行、拖延执行赔偿

适用于赔偿请求人主张人民法院违法不执行、拖延执行或者应当依法恢复执行而不恢复的赔偿案件。

最高人民法院关于 2024 年作出的国家赔偿决定涉及侵犯公民人身自由赔偿金计算标准的通知

·2024 年 5 月 20 日
·法〔2024〕102 号

各省、自治区、直辖市高级人民法院，解放军军事法院，新疆维吾尔自治区高级人民法院生产建设兵团分院：

国家统计局 2024 年 5 月 17 日公布，2023 年全国城镇非私营单位就业人员年平均工资为 120 698 元。按照人力资源和社会保障部提供的日平均工资计算公式，日平均工资为 462.44 元。根据国家赔偿法第三十三条和《最高人民法院、最高人民检察院关于办理刑事赔偿案件适用法律若干问题的解释》第二十一条第二款规定，各级人民法院自 2024 年 5 月 20 日起作出国家赔偿决定时，对侵犯公民人身自由的赔偿金，按照每日 462.44 元计算。

特此通知，请遵照执行。

· 指 导 案 例

朱红蔚申请无罪逮捕赔偿案①

【关键词】

国家赔偿　刑事赔偿　无罪逮捕　精神损害赔偿

【裁判要旨】

1. 国家机关及其工作人员行使职权时侵犯公民人身自由权，严重影响受害人正常的工作、生活，导致其精神极度痛苦，属于造成精神损害严重后果。

2. 赔偿义务机关支付精神损害抚慰金的数额，应当根据侵权行为的手段、场合、方式等具体情节，侵权行为造成的影响、后果，以及当地平均生活水平等综合因素确定。

---

① 案例来源：2014 年 12 月 25 日最高人民法院指导案例第 42 号。

【相关法条】

《中华人民共和国国家赔偿法》第三十五条

【基本案情】

赔偿请求人朱红蔚申请称：检察机关的错误羁押致使其遭受了极大的物质损失和精神损害，申请最高人民法院赔偿委员会维持广东省人民检察院支付侵犯人身自由的赔偿金的决定，并决定由广东省人民检察院登报赔礼道歉、消除影响、恢复名誉，赔偿精神损害抚慰金200万元，赔付被扣押车辆、被拍卖房产等损失。

广东省人民检察院答辩称：朱红蔚被无罪羁押873天，广东省人民检察院依法决定支付侵犯人身自由的赔偿金124254.09元，已向朱红蔚当面道歉，并为帮助朱红蔚恢复经营走访了相关工商管理部门及向有关银行出具情况说明。广东省人民检察院未参与涉案车辆的扣押，不应对此承担赔偿责任。朱红蔚未能提供精神损害后果严重的证据，其要求支付精神损害抚慰金的请求不应予支持，其他请求不属于国家赔偿范围。

法院经审理查明：因涉嫌合同诈骗罪，朱红蔚于2005年7月25日被刑事拘留，同年8月26日被取保候审。2006年5月26日，广东省人民检察院以粤检侦监核〔2006〕4号复核决定书批准逮捕朱红蔚。同年6月1日，朱红蔚被执行逮捕。2008年9月11日，广东省深圳市中级人民法院以指控依据不足为由，判决宣告朱红蔚无罪。同月19日，朱红蔚被释放。朱红蔚被羁押时间共计875天。2011年3月15日，朱红蔚以无罪逮捕为由向广东省人民检察院申请国家赔偿。同年7月19日，广东省人民检察院作出粤检赔决〔2011〕1号刑事赔偿决定：按照2010年度全国职工日平均工资标准支付侵犯人身自由的赔偿金124254.09元（142.33元×873天）；口头赔礼道歉并依法在职能范围内为朱红蔚恢复生产提供方便，对支付精神损害抚慰金的请求不予支持。

另查明：（1）朱红蔚之女朱某某在朱红蔚被刑事拘留时未满18周岁，至2012年抑郁症仍未愈。（2）深圳一和实业有限公司自2004年由朱红蔚任董事长兼法定代表人，2005年以来未参加年检。（3）朱红蔚另案申请深圳市公安局赔偿被扣押车辆损失，广东省高级人民法院赔偿委员会以朱红蔚无证据证明其系车辆所有权人和受到实际损失为由，决定驳回朱红蔚赔偿申请。（4）2011年9月5日，广东省高级人民法院、广东省人民检察院、广东省公安厅联合发布粤高法〔2011〕382号《关于在国家赔偿工作中适用精神损害抚慰金若干问题的座谈会纪要》。该纪要发布后，广东省人民检察院表示可据此支付精神损害抚慰金。

【裁判结果】

最高人民法院赔偿委员会于2012年6月18日作出（2011）法委赔字第4号国家赔偿决定：维持广东省人民检察院粤检赔决〔2011〕1号刑事赔偿决定第二项；撤销广东省人民检察院粤检赔决〔2011〕1号刑事赔偿决定第一、三项；广东省人民检察院向朱红蔚支付侵犯人身自由的赔偿金142318.75元；广东省人民检察院向朱红蔚支付精神损害抚慰金50000元；驳回朱红蔚的其他赔偿请求。

【裁判理由】

最高人民法院认为：赔偿请求人朱红蔚于2011年3月15日向赔偿义务机关广东省人民检察院提出赔偿请求，本案应适用修订后的《中华人民共和国国家赔偿法》。朱红蔚被实际羁押时间为875天，广东省人民检察院计算为873天有误，应予纠正。根据《最高人民法院关于人民法院执行〈中华人民共和国国家赔偿法〉几个问题的解释》第六条规定，赔偿委员会变更赔偿义务机关尚未生效的赔偿决定，应以作出本赔偿决定时的上年度即2011年度全国职工日平均工资162.65元为赔偿标准。因此，广东省人民检察院应按照2011年度全国职工日平均工资标准向朱红蔚支付侵犯人身自由875天的赔偿金142318.75元。朱红蔚被宣告无罪后，广东省人民检察院已决定向朱红蔚以口头方式赔礼道歉，并为其恢复生产提供方便，从而在侵权行为范围内为朱红蔚消除影响、恢复名誉，该项决定应予维持。朱红蔚另要求广东省人民检察院以登报方式赔礼道歉，不予支持。

朱红蔚被羁押875天，正常的家庭生活和公司经营也因此受到影响，导致其精神极度痛苦，应认定精神损害后果严重。对朱红蔚主张的精神损害抚慰金，根据自2005年朱红蔚被羁押以来深圳一和实业有限公司不能正常经营，朱红蔚之女患抑郁症未愈，以及粤高法〔2011〕382号《关于在国家赔偿工作中适用精神损害抚慰金若干问题的座谈会纪要》明确的广东省赔偿精神损害抚慰金的参考标准，结合赔偿协商协调情况以及当地平均生活水平等情况，确定为50000元。朱红蔚提出的其他请求，不予支持。

图书在版编目（CIP）数据

中华人民共和国刑事诉讼法及司法解释全书 ： 含指
导案例 ： 2025 年版 ／ 中国法治出版社编． -- 北京 ： 中
国法治出版社，2025. 1. -- （法律法规全书）． -- ISBN
978-7-5216-4872-0

Ⅰ. D925. 205

中国国家版本馆 CIP 数据核字第 2024MN0812 号

策划编辑：袁笋冰   责任编辑：王林林   封面设计：李 宁

中华人民共和国刑事诉讼法及司法解释全书：含指导案例：2025 年版
ZHONGHUA RENMIN GONGHEGUO XINGSHI SUSONGFA JI SIFA JIESHI QUANSHU：HAN
ZHIDAO ANLI：2025 NIAN BAN

经销/新华书店
印刷/三河市紫恒印装有限公司
开本/787 毫米×960 毫米 16 开   印张/ 55 字数/ 1587 千
版次/2025 年 1 月第 1 版   2025 年 1 月第 1 次印刷

中国法治出版社出版

书号 ISBN 978-7-5216-4872-0   定价：110.00 元

北京市西城区西便门西里甲 16 号西便门办公区
邮政编码：100053   传真：010-63141600
网址：**http：//www.zgfzs.com**   编辑部电话：**010-63141672**
市场营销部电话：010-63141612   印务部电话：**010-63141606**

（如有印装质量问题，请与本社印务部联系。）